SUPPLÉMENT

AU

TRAITÉ ALPHABÉTIQUE

DES

DROITS D'ENREGISTREMENT

DE TIMBRE ET D'HYPOTHÈQUE

SUPPLÉMENT

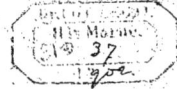

AU

TRAITÉ ALPHABÉTIQUE

DES

DROITS D'ENREGISTREMENT

DE TIMBRE ET D'HYPOTHÈQUE

Nouveau recueil de Législation, de Doctrine et de Jurisprudence

Par Édouard MAGUÉRO

Sous-Chef à la Direction générale de l'Enregistrement

AVEC LA COLLABORATION (POUR LE SUPPLÉMENT) DE MM.

BARRET, DESRIBES, GUILBERT et GUILLET

Rédacteurs à la Direction générale

LESCURE, sous-chef à la Direction générale des finances à Tunis

ET RAISON, s.-inspecteur de l'Enregistrement

PARIS

Administration de la Revue de l'Enregistrement :
17, rue Bois-le-Vent.

cations doivent être adressées au " Directeur de la REVUE DE L'ENREGISTREMENT "

1902

PRINCIPALES ABRÉVIATIONS

Av. Com. Fin.	Avis du Comité des finances.
Av. Cons. d'Et.	Avis du Conseil d'Etat.
Anal.	Argument par analogie.
Arg.	Argument.
Arr.	Arrêt.
Arr. Gouv.	Arrêté du Gouvernement.
Aubry et Rau.	Cours de droit civil. On s'est référé à la 4e édit.
B. C. ou Bull.	Bull. civil de la Cour de cass.
Béquet.	Rép. de Dr. adm. de Béquet.
Block.	Dict. de Dr. adm. de M. Maurice Block, 4e édition.
Bosquet.	L'édition citée est la dernière édit. en 4 vol.
C. ou Contr.	Contrôleur de l'Enregistrement.
Code D.	Code annoté de l'Enregistrement de Dalloz.
Code M.	Code annoté de l'Enreg. et du Domaine de M. Maguéro.
Cass.	Arrêt de la Cour de cassation.
Cass. ch. réun.	Chambres réunies.
Cass. civ.	Chambre civile.
Cass. req.	Chambre des requêtes.
C. Cass.	Cour de cassation.
Civ. ou C. c.	Code civil.
C.comm.ou Com.	id. de commerce.
C. for.	id. forestier.
I. crim.	id. d'instruction criminelle.
Pén.	id. pénal.
Proc. ou C. Proc.	id. de procédure.
Champ.	Championnière et Rigaud, Traité des droits d'Enreg.
Circ.	Circulaire de l'Adm.
Conf. ou Cf.	Conforme.
Comp. ou C.p.r.	Comparez.
Cont.	Contraire.
D.	Dalloz, Rép. périodique.
D. Rép.	Dalloz, Rép. de jurisprudence générale.
D. Supp.	Dalloz, Supplément au Répertoire.
Bosquet.	Dict. des Domaines de Bosquet.
Déc.	Décision.
Décr.	Décret.
Dél.	Délibération du Conseil d'Adm.

Dem.	Demante, Principe de l'Enreg., 4e édition
Demol.	Demolombe, Cours de Code civil.
D. Fess.	Dict. de l'Enreg. de M. Fessard.
D. M.	Décision ministérielle.
D. M. F.	Décision du ministre des Finances.
D. M. I.	Décision du ministre de l'Intérieur.
D. M. J.	Décision du ministre de la Justice.
D. N.	Dictionnaire du notariat.
Fess.	Recueil de Fessard.
Inst. ou I. G.	Instruction générale de l'Administration.
Inst. des Fin.	Inst. du min. des Finances.
J.	Jugement du tribunal de.
J. du Not.	Journal du Notariat.
J. E.	Journal de l'Enreg.
J. E. belge.	Journal de l'Enreg. belge.
J. N.	Journal des notaires et des avocats.
Jur. du not.	Jurisprudence du notariat.
L.	Loi.
Lett. comm. ou L.C.	Lettre commune (de l'Adm.).
Ord.	Ordonnance.
P.	Journal du Palais.
P. chr.	Précis chronologique.
Pand.ou Pand.fr.	Pandectes françaises.
Pasicr.	Pasicrisie belge.
Rég.	Régie.
R. E.	Revue de l'Enreg.
R. G.	Répertoire général de M. Garnier.
R. G. A.	Répertoire général alphabétique de droit français, publié par Fuzier-Herman.
R. P.	Répertoire périodique de M. Garnier.
R.ou Rec.Fess.	Recueil de Fessard continué par Cuénot.
Rev. not.	Revue du notariat.
Rob.	Recueil des décisions belges en matière d'enregistrement, par Robyns.
Rol. de Vill.	Recueil de Roland.
Roll.	Rolland de Villargues.
S.	Recueil de Sirey.
Sol.	Solution de l'Administration.
V.	Voir, Voyez.
Vo	Au mot.
Vis	Aux mots.

SUPPLÉMENT AU TRAITÉ ALPHABÉTIQUE

DES DROITS D'ENREGISTREMENT

DE TIMBRE ET D'HYPOTHÈQUES

. — Les chiffres entre parenthèses indiquent les nᵒˢ du mot du *TRAITÉ* modifiés ou complétés par le Supplément.

▸ANDONNEMENT. — (4). V. *Atermoiement.*

▸SENCE. — 1. (19). **Droits de mutation par ▸s. Prise de possession de fait. Preuve.** — Les héri-qui ont appréhendé les biens d'un absent sont te-◂acquitter les droits de mutation par décès dans le dé-▸ six mois à compter de cette prise de possession, alors ▸e qu'ils n'auraient pas fait déclarer l'absence. L'Ad-stration peut établir la prise de possession de fait au ◂n des actes ou des déclarations parvenus légalement à ▸nnaissance (Périgueux, 4 juin 1898 ; *R. P.* 9581).

(40 et 42). **Transmissions successives.** — Lors-◂'héritier présomptif de l'absent à l'époque de sa di-ion décède avant d'avoir été envoyé en possession, ▸cation se transmet à ses propres successeurs ; mais -ci ne sont censés recueillir les biens de l'absent que ◂'effet rétroactif de transmissions réalisées par l'inter-◂aire du défunt, et les droits de mutation par décès exigibles séparément sur chacune de ces transmis-◂s.

◂tte règle, qui est énoncée au *Traité*, a trouvé son ◂cation dans une espèce où l'envoi en possession ◂ été prononcé au profit des héritiers, au second de-▸ premier successeur de l'absent. D'après la fic-résultant de la théorie qui précède, on a considéré s'était opéré une triple transmission : de l'absent à ◂héritier présomptif, de celui-ci à ses propres héritiers ◂ ces derniers aux bénéficiaires de l'envoi en possession. ◂ là découlaient diverses conséquences. Pour détermi-la législation applicable à chaque transmission, la ◂ière mutation a été reportée, comme date extrême, ▸ur du décès de l'héritier présomptif de l'absent, et ◂ce même décès qui a fixé la date de la deuxième ◂▸. Le délai imparti aux successeurs définitifs pour ◂r la déclaration de cette triple transmission a été ◂té du jour de son envoi en possession. Enfin, la ◂e imposable pour chacune des trois mutations a été ▸posée des biens qui existaient aux dates où elles ◂ient fictivement ou réellement accomplis (Sol. 3 oct. ◂. ; *R. E.* 1067 ; *J. E.* 24.882 ; *R. P.* 8696).

(47 et 48). **Retour de l'absent. Restitution des ◂ts.** — En cas de retour de l'absent, postérieure-◂t à l'envoi en possession de ses héritiers présomptifs ◂ paiement des droits de mutation par décès, la va-◂imposable de la jouissance sur laquelle doit être cal-

culée, par application de l'art. 40 de la loi du 28 avril 1816, la portion des droits non sujette à restitution, doit être déterminée en raison de sa durée et sous déduction des fruits que les héritiers sont tenus de rembourser à l'absent (C. civ., 127).

Sous le régime antérieur à la loi du 25 février 1901, cette jouissance ne devait pas, toutefois, quelle qu'en eût été la durée, être évaluée à un taux supérieur à l'estimation légale de l'usufruit, diminuée elle-même du montant des fruits remboursés (Sol. 5 août 1893 ; *J. E.* 25.070 ; *R. P.* 8169).

Cette règle ne paraît plus compatible avec les disposi-tions de la loi nouvelle (art. 13) et il semble que la fixa-tion de la valeur imposable de la jouissance exercée par les héritiers d'un absent ne saurait désormais être déter-minée qu'en raison de la durée de cette jouissance et sans autre limitation que la valeur imposable de la pleine propriété.

ACCEPTATION DE SUCCESSION OU DE COMMUNAUTÉ. — (13 et 16). **Pluralité. Acte unique passé au greffe. Loi du 28 avril 1893.** — Il n'est dû qu'un droit sur l'acte passé au greffe, constatant à la fois acceptation ou répudiation de communautés et de successions par plusieurs cohéritiers (Sol. 29 juin 1893 ; *R. E.* 557 ; *J. E.* 24.899 ; *R. P.* 8271). Ainsi se trouve confir-mée l'opinion émise au *Traité*.

ACCEPTILATION. — (27). **Reprises. Renon-ciation de la veuve.** — Il a été reconnu, par une solution du 13 janvier 1894, que la renonciation faite par la femme à ses reprises en argent, lorsqu'il n'y a pas de sa part intention de libéralité, ne saurait être assujettie à un droit proportionnel, puisque le paiement lui-même des reprises ne comporte pas un droit de cette nature. Il n'est dû, de ce chef, qu'un droit fixe de 3 fr. (*R. E.* 635).

ACCIDENTS DU TRAVAIL (1).

SOMMAIRE ANALYTIQUE.

CHAP. Iᵉʳ. — **Droit civil**, 1-18.
    — II. — **Procédure**, 19-24.

(1) Ce mot n'existe pas au *T. A.* C'est pourquoi aucune réfé-rence n'est faite à cet ouvrage.

1

CHAP. III. — **Droit fiscal**, 25-51.

SECT. I. — *Gratuité du timbre et de l'enregistrement*, 25-36.
— II. — *Assistance judiciaire*, 37-49.
— III. — *Droits de mutation par décès*, 50-51.

SOMMAIRE ALPHABÉTIQUE.

A

Accident. Déclaration, 19.
— Définition, 4.
— Distinction, 4.
— intentionnellement provoqué, 1, 4.
Actes d'exécution, 42, 44, 48.
Action contre les tiers, 13, 35.
— de la Caisse nat. des retraites, 24.
— en fixation de l'indemnité, 21, 39.
— en modification de l'indemnité, 10, 23, 39.
— en révision de l'indemnité, 12, 22, 39.
Appel, 21, 43.
Apprentis, 8.
Ascendants, 7.
Assistance judiciaire.Acte d'exécution, 42, 44, 48.
— Avances, 45.
— Chef d'entreprise, 38.
— Conciliation, 41.
— Cour d'appel, 43.
— Cour de cassation, 43.
— Émoluments des greffiers, 45.
— en général, 37.
— Enquête, 40.
— Formalités, 44.
— Frais de transport, 45.
— Honoraires des experts, 45.
— Immunités, 45.
— Inscription hypothécaire, 49.
— Instances, 39.
— Recouvrement des dépens, 46 et s.
Assurance sur la vie, 51.

C

Carrières, 3, 9.
Cas fortuits, 4.
Certificat médical et certificat de vie, 36 *bis*.
Cessation d'industrie, 11, 24.
Cession d'établissement, 11, 24.
Chantiers, 3.
Chargements et déchargements (entreprise de), 3.
Commissaires-contrôleurs. Serment, 29.
Compétence, 21, 22.
Conciliation, 20, 21, 41, 47, 74 *bis*.
Conjoint survivant, 7, 10.
Conversion de la rente, 10, 23.

D

Déclaration des accidents, 19.
Dépens. Recouvrement des dépens, 46 et suivants.
Dépôt à la Caisse des dépôts et consignations, 11.
Dispense des droits de timbre et d'enregistrement. — V. Gratuité.
Dossier d'enquête. Frais d'envoi, 45.

E

Enfants légitimes, 7.
— naturels, 7.
Enquête. Assistance judiciaire, 40, 43.
— Forme, 19.
Enregistrement. — V. Gratuité.
Étranger, 7, 37.
Événements de force majeure, 4.
Exploitation agricole, 3, 5, 30 *bis*.

F

Faillite, 11, 24.
Faute inexcusable du patron, 1, 4.
— de l'ouvrier, 1, 4.
Frais funéraires, 7, 14.
— médicaux, 7, 14.
— pharmaceutiques, 7, 14.

G

Gratuité du timbre et de l'enregistrement, 26 et s.
— Actes passés en vertu des lois, décrets et arrêtés qui ont complété la loi du 9 avril 1898, 28.
— Action contre les tiers, 35.
— Affiliation à des syndicats de garantie, 32.
— Certificats médicaux et certificats de vie,36 *bis*.
— Contraventions de police, 34.
— Conventions avec des sociétés de secours mutuels, 33.
— Conventions constatant la transformation de la pension, 28.
— en général, 25, 26, 27.
— Expéditions, 28.
— Polices d'assurances des Compagnies, 30.
— Polices d'assurances de la Caisse nationale des retraites, 31.
— Polices d'assurances résiliées, 36.
— Procurations, 28.
— Quittances, 36 *bis*.
— Serment des commissaires-contrôleurs,29.
Greffiers de paix (honoraires),19.

H

Hypothèque judiciaire,15, 45, 49.

I

Incapacité absolue et permanente, 4, 7.
— partielle et permanente, 4, 7.
— temporaire, 4, 7.
Indemnité forfaitaire, 1.
— Incessibilité, 7.
— Insaisissabilité, 7.
— Modification dans la forme, 10.
— Règlement, 7.

Indemnité. Privilège, 14.
— Révision, 12.
Industries assujetties, 3.
Inscription hypothécaire, 15,49.

J

Jugement par défaut, 21.

L

Liquidation judiciaire, 11, 24.
Lois, décrets, arrêtés relatifs à l'exécution de la loi du 9 avril 1898, 2.

M

Magasins publics, 3.
Manufactures, 3.
Mines, minières, 3, 9.
Mineurs de 16 ans, 7, 8.
Mise en vigueur de la loi, 17.
Mort (Accident suivi de), 4, 7.
Mutation par décès, 50, 51.

O

Opposition, 21.
Ordonnance de conciliation. — V. Conciliation.

P

Personnes responsables, 5.
Polices d'assurances des Compagnies, 30.
— de la Caisse des retraites, 31.
— résiliées, 36.
Pourvoi en cassation, 21, 43.
Prescription, 16.
Privilège, 14.

Q

Quittance. Timbre, 36 *bis*.

R

Recours à la Caisse des retraites, 14.
— de la Caisse des rentes, 24.
Recouvrement des dépens. V. Assistance judiciaire.
Répertoire, 45.
Représentation en conciliation, 20, 28.
Rétroactivité, 18.
Rétroactivité, art. 31, L. 13 avril 1900, 47.
Réversion de rente, 51.
Reversement de frais, 49 *bis*.
Révision de l'indemnité, 12.
Risque professionnel (Principe du), 1.

S

Salaire de base, 8.
Serment des commissaires-contrôleurs, 29.
Sociétés de secours mutuels, 33.
Succession, 50, 51.
Syndicats de garantie. Affiliation, 11, 32.

T

Timbre. — V. Gratuité.
Transaction, 24.
Transports (Entreprise de).

U

Usines et manufactures, 3.

V

Visa du procureur de la République, 44.

CHAP. Ier. — DROIT CIVIL.

1. Principes du risque professionnel et de l'indemnité forfaitaire. — Antérieurement à la loi du 9 avril 1898, la responsabilité des patrons, en ce qui concerne les accidents survenus à leurs ouvriers, était réglée exclusivement par les art. 1382 et suiv., C. civ. Il n'y avait à réparation qu'autant que la faute du patron était montrée ; quant à l'indemnité, elle était déterminée d'après le préjudice subi par la victime.

La loi du 9 avril 1898 (Inst. 2988) rend le chef d'entreprise directement et de plein droit responsable de l'accident, quelles que soient les circonstances dans lesquelles l'accident s'est produit. Elle fixe à forfait, d'après un salaire qui a pour base le salaire de la victime, l'indemnité à allouer à celle-ci.

Elle ne déroge à ces règles que si la victime a intentionnellement provoqué l'accident, ou s'il y a eu faute inexcusable de l'ouvrier ou du chef d'entreprise. Dans le premier cas, le droit à l'indemnité disparaît ; dans le second et troisième cas, les tribunaux peuvent diminuer ou augmenter le chiffre de la pension (Voir ci-après n° 3, *in fine*).

2. Lois, décrets, arrêtés ayant pour objet l'exécution de la loi du 9 avril 1898. — La loi du 9 avril a été complétée par un certain nombre de lois, décrets et arrêtés destinés à en réglementer l'exécution.

En voici la nomenclature :

1° *Loi du 13 avril 1898, art.* 59, *sur les subventions communes pour les sapeurs-pompiers* (V. ci-après n° 24 de la nomenclature, décr. d'adm. publ. du 12 juill. 18

2° *Décret du 28 févr. 1899 portant règlement d'administration publique pour l'exécution de l'art.* 26 (*J. off. du* 1er mars

— Ce décret détermine les conditions dans lesquelles les victimes d'accidents ou leurs ayants droit sont admis à réclamer le paiement de leurs indemnités à la Caisse nationale des retraites, réglemente le recours que cette Caisse exerce contre le débiteur des indemnités pour le recouvrement de ses avances et pour l'encaissement des capitaux exigibles, et organise enfin le fonds de garantie pour lequel un compte spécial est ouvert dans les écritures de la Caisse des dépôts et consignations.

2° bis. *Décret du 28 févr.*1899 *portant règlement d'administration publique pour l'exécution de l'art.* 27 (*J. off. du* 1er mars). — Ce décret a trait aux cautionnements et aux réserves que les sociétés d'assurances mutuelles ou à primes fixes contre le risque des accidents du travail sont tenues de constituer, ainsi qu'aux mesures de surveillance et de contrôle auxquelles ces sociétés sont soumises. Il détermine, en outre, les conditions de la création et du fonctionnement des syndicats de garantie.

3° *Décret du 28 févr.* 1899 *portant règlement d'administration publique pour l'exécution de l'art.* 28 (*J. off. du* 1er mars). — Ce décret précise les conditions auxquelles les chefs d'entreprise, qui cessent leur industrie, peuvent être exonérés du versement à la Caisse nationale des retraites du capital représentatif des pensions à leur charge.

4° *Arrêté ministériel du* 1er mars 1899 (*J. off. du* 2). — Cet arrêté institue un comité consultatif des assurances contre les accidents du travail.

5° *Décret du 5 mars* 1899 (*J. off. du* 7). — Ce décret fixe, en conformité de l'art. 29 de la loi, les émoluments alloués aux greffiers des justices de paix, pour l'assistance aux actes de notoriété, aux enquêtes, à l'ensemble des opérations prévues par le règlement d'administration publique rendu en exécution de l'art. 26 de la loi, pour les envois par lettre recommandée, le dépôt des rapports d'expert ou autres pièces, la transmission de l'enquête au président du tribunal, la mention au répertoire, ainsi que les frais de transport auxquels ils auront droit, lorsque le lieu du transport sera à plus de deux kilomètres du chef-lieu de canton.

6° *Arrêté ministériel du* 29 *mars* 1899 (*J.off.du* 2 avr.). — Réglant les bases des cautionnements que doivent constituer les sociétés d'assurances contre les accidents du travail.

7° *Arrêté ministériel du 30 mars* 1899 (*J. off. du* 2 avr.). — Déterminant les groupements d'industries prévus par l'art. 6 du deuxième décret du 28 févr. 1899 en ce qui concerne les sociétés d'assurances mutuelles contre les accidents du travail.

8° *Arrêté ministériel du 30 mars* (*J. off. du* 2 avril). — Déterminant les primes prévues à l'art. 6 du deuxième décret du 28 févr. 1899 et à l'art. 2 de l'arrêté ministériel du 29 mars 1899, relatifs aux sociétés d'assurances contre les accidents du travail.

9° *Arrêté ministériel du 30 mars* 1899 (*J. off. du* 2 avr.). — Déterminant le barème minimum pour la vérification des réserves mathématiques des sociétés d'assurances contre les accidents du travail.

10° *Arrêté ministériel du 31 mars* 1899 (*J. off. du* 2 avr.).— Déterminant les conditions de recrutement des commissaires-contrôleurs des sociétés d'assurances contre les accidents du travail.

11° *Arrêté ministériel du 9 avril* 1899 (*J. off. du* 10). — Fixant le cadre et les conditions d'avancement des commissaires-contrôleurs des sociétés d'assurances contre les accidents du travail.

12° *Décret du 2 mai* 1899 (*J. off. du* 3). — Instituant une commission consultative chargée d'examiner les questions relatives à l'application de l'art. 5 de la loi.

13° *Arrêté ministériel du 5 mai* 1899 (*J. off. du* 7). — Complétant les arrêtés des 29 et 30 mars 1899 relatifs aux sociétés d'assurances contre les accidents du travail.

14° *Décret du* 10 *mai* 1899 (*J. off. du* 11). — Relatif à l'application de l'art. 6 de la loi du 9 avr. 1898.

15° *Arrêté du Ministre de l'intérieur du 16 mai* 1899 (*J. off. du* 17). — Relatif aux statuts-type à insérer, pour l'exécution de l'art. 5 de la loi du 9 avril 1898, dans les statuts des sociétés d'assurances qui se proposent de contracter avec les chefs d'entreprise dans les conditions spécifiées par ledit article.

16° *Loi du 24 mai* 1899 (*J.off. du* 25).— Etendant en vue de l'application de la loi du 9 avril 1898 les opérations de la Caisse nationale d'assurances en cas d'accidents.

17° *Décret du 26 mai* 1899 (*J. off. du* 27). — Approuvant les tarifs établis par la Caisse nationale d'assurances en cas d'accidents en conformité de la loi du 24 mai 1899.

18° *Décret du 8 juin* 1899 (*J. off. du* 10). — Admettant à circuler en franchise certaines correspondances échangées en exécution de la loi sur les accidents du travail.

19° *Décret du* 10 *juin* 1899 (*J. off. du* 11). — Admettant à la franchise postale les correspondances échangées entre la Caisse des dépôts et consignations et les ingénieurs en chef des mines et des ponts et chaussées.

20° *Décret du 22 juin* 1899 (*J. off. du* 24). — Portant approbation des statuts du syndicat général de garantie du bâtiment et des travaux publics.

21° *Loi du 29 juin* 1899 (*J. off. du* 30). — Relative à la résiliation des polices d'assurances souscrites par les chefs d'entreprise soumis à l'application de la loi du 9 avr. 1898.

22° *Loi du 30 juin* 1899 (*J. off. du* 1er juill.). — Concernant les accidents causés dans les exploitations agricoles par l'emploi de machines mues par des moteurs inanimés.

23° *Décret du 30 juin* 1899 (*J. off. du* 1er juill.). — Réglant les formes de la déclaration des accidents.

24° *Décret du 30 juin* 1899 (*J. off. du* 2 juill.).— Portant approbation des statuts du syndicat de garantie de l'union parisienne des entrepreneurs industriels.

24° bis. *Décret du* 12 *juill.* 1899 (*J. off. du* 13). — Relatif aux subventions aux communes pour les sapeurs-pompiers.

25° *Arrêté ministériel du 15 juill.* 1899. — Relatif au recrutement des commissaires-contrôleurs des sociétés d'assurances contre les accidents du travail.

26° *Arrêté ministériel du 11 août* 1899. — Relatif à l'organisation du service central de contrôle des sociétés d'assurances contre les accidents du travail.

27° *Décret du 18 août* 1899 (*J. off. du* 22). — Modifiant le deuxième décret du 30 juin 1899 sur les formes de la déclaration des accidents.

28° *Arrêté du Ministre du commerce du 24 août* 1899 (*J. off. du* 27). — Modifiant l'arrêté du 1er mars 1899 relatif au comité consultatif des assurances contre les accidents du travail.

29° *Loi du 13 avr.* 1900, *art.* 31 (*J. off. du* 14 ; Inst. 3012, § 3 et 3013). — Abrogeant partiellement l'art. 29 de la loi du 9 avr. 1898.

30° *Décret du 30 mai* 1900 (*J. off. du* 2 juin). — Modifiant le tarif des frais de transport des juges de paix.

3. Industries assujetties. — Certaines industries sont assujetties au régime nouveau, quelles que soient les conditions dans lesquelles elles fonctionnent ; pour d'autres, au contraire, l'application de la loi est subordonnée à des circonstances particulières.

Les établissements de la première catégorie sont énumérés et définis comme il suit dans la circulaire du Garde des sceaux du 10 juin 1899 :

« 1° *L'industrie du bâtiment*. — C'est-à-dire toutes les industries qui se rattachent à la construction des édifices, taille de pierre, maçonnerie, charpenterie, menuiserie, couverture, peinture, vitrerie, serrurerie... ;

« 2° *Les usines et manufactures*.— La différence entre ces deux sortes d'établissements est assez difficile à fixer. D'une manière générale, la manufacture est l'établissement où la main-d'œuvre domine et dans lequel s'opère la fabrication d'objets déterminés. Les usines servent à la préparation des matières premières en vue de leur application à des usages industriels.

« La loi s'applique-t-elle aux ateliers, par exemple, aux ateliers de tailleurs d'habits, de cordonniers, de chapeliers, d'emballeurs...., où le patron participe généralement au travail manuel des ouvriers qu'il emploie ?

« Sur ce point, il s'est produit, au cours de l'élaboration de la loi, des opinions contradictoires. La question est donc douteuse, et il appartiendra aux tribunaux de la trancher ;

« 3° *Les chantiers*.— Il s'agit ici du groupement, dans un emplacement déterminé, d'un certain nombre d'ouvriers employés à la préparation des matériaux, à des terrassements ou à des travaux quelconques, en vue de la construction d'édifices, de ponts, de canaux, de routes... ;

« 4° *Les entreprises de transport par terre et par eau, de chargement ou de déchargement*. — Il faut qu'il s'agisse d'une entreprise, c'est-à-dire d'opérations spécialisées par un industriel dans un but de lucre. Ainsi, le chef d'une exploitation non assujettie ne tomberait pas sous l'empire de la loi pour le transport, le chargement et le déchargement de ses produits ou des matières qui lui sont nécessaires, ainsi qu'il n'employât des voitures ou des appareils mus par une force élémentaire, c'est-à-dire par une force autre que celle des animaux.

« L'expression *entreprise de transport par terre et par eau*, quelque générale qu'elle soit, ne s'étend pas aux transports maritimes. Les conséquences des accidents dont les marins sont victimes dans l'exercice de leur profession, sont réglées par la loi du 21 avril 1898 qui a créé, dans ce but, une caisse de prévoyance ;

« 5° *Les magasins publics*. — La loi a assujetti les docks, magasins généraux, monts-de-piété, les salles de ventes publiques et les entrepôts de douane ;

« 6° *Les mines, minières, carrières*. — Leur définition se trouve dans les art. 1 à 4 de la loi du 21 avril 1810. »

Les établissements de la seconde catégorie comprennent toutes les exploitations qui ne rentrent pas dans l'énumération qui précède, et dans lesquelles il est fabriqué et mis en œuvre des matières explosives, ou dans lesquelles il est fait usage de machines mues autrement que par la force de l'homme ou des animaux.

Les exploitations agricoles qui remplissent ces conditions doivent être notamment considérées comme assujetties (V. ci-après n° 5, *in fine*) (1).

4. Accidents. — Les accidents peuvent avoir des suites plus ou moins graves. La loi les a classés en quatre catégories selon qu'ils entraînent : 1° la mort de la victime de l'accident ; 2° une incapacité absolue et permanente ; 3° une incapacité partielle et permanente ; 4° une incapacité temporaire.

« L'accident, tel qu'il faut l'entendre dans cette matière,

(1) Un tableau détaillé des industries assujetties a été publié au *J. Off.* du 18 juin 1901, avec la circulaire du Ministre du commerce du 8 du même mois à laquelle il est annexé. Le tableau et la circulaire ont été insérés dans le recueil des actes administratifs de chaque département.

porte à cet égard la circulaire précitée du Garde des sceaux, consiste dans une lésion corporelle provenant de l'action soudaine d'une cause extérieure.

« La loi ne s'applique pas aux maladies professionnelles provenant d'une cause lente et durable, telle que l'air vicié des locaux où s'effectue le travail, la manipulation de substances vénéneuses, l'absorption de poussières nuisibles à la santé.

« L'accident n'entraîne l'application du risque professionnel que lorsqu'il est survenu par le fait ou à l'occasion du travail, c'est-à-dire lorsque la lésion subie par la victime a une cause inhérente au travail, ou qu'elle s'y rattache par un lien plus ou moins étroit.

« Cette condition étant remplie, il importe peu que l'accident se produise hors de l'établissement et même en dehors des heures du travail. Il convient, sans doute, de se garder d'un abus d'interprétation qui donnerait à la loi une trop grande extension. Ainsi, l'ouvrier qui fait une chute et se blesse en se rendant à son travail ne saurait certainement se prévaloir du risque professionnel. Mais la loi reprendrait son empire si le même accident survenait, en dehors de l'usine, à un ouvrier chargé d'une mission extérieure.

« D'autre part, l'accident n'est pas à la charge du patron par cela seul qu'il s'est produit sur le lieu et aux heures du travail. La responsabilité du chef d'entreprise est dégagée si la cause de l'accident est complètement étrangère au travail.

« Il semble qu'à ce point de vue il y ait lieu de faire une distinction entre les cas de force majeure et les cas fortuits.

« L'événement de force majeure est étranger à l'exploitation ; on peut citer comme exemples, la foudre, l'inondation, un tremblement de terre. Le dommage qui en résulte ne me paraît pas garanti par le risque professionnel, à moins que les effets de l'événement de force majeure n'aient été aggravés, pour les ouvriers ou employés, par l'exercice de l'industrie dans laquelle ils sont occupés.

« De même que la force majeure, le cas fortuit déjoue les prévisions humaines, mais il a sa cause dans le fonctionnement même de l'exploitation. Ici, la responsabilité du chef d'entreprise est engagée. Le principal objet de la loi est de soustraire l'ouvrier aux conséquences de ces risques et des dangers inévitables qu'entraîne l'exercice d'une industrie.

« Lorsque l'accident est survenu par le fait ou à l'occasion du travail, la victime a droit à une indemnité, et cette indemnité est fixée d'après un tarif qui ne tient aucun compte des circonstances de l'événement. Ce tarif invariable s'applique même lorsque l'accident résulte d'une faute du patron ou d'une faute de l'ouvrier.

« Toutefois, cette règle fléchit lorsque la victime a intentionnellement provoqué l'accident ou lorsqu'il y a eu faute inexcusable, soit de l'ouvrier, soit du patron ou de ceux qu'il s'est substitués dans la direction.

« Dans le premier cas, aucune indemnité ne peut être allouée à la victime. Dans le deuxième et le troisième cas, les tribunaux ont la faculté de diminuer le chiffre de la pension résultant de l'application du tarif, ou de l'augmenter en restant dans la limite fixée par l'art. 20. »

C'est d'ailleurs dans le cas seulement où il s'agit de fixer la pension due pour le cas de décès ou d'incapacité permanente que les tribunaux peuvent prendre en considération la faute inexcusable du patron ou de l'ouvrier. En cas d'incapacité temporaire, la faute inexcusable de l'une ou l'autre partie est sans influence sur le règlement de l'indemnité.

5. Personnes responsables. — « Les personnes responsables, porte la même circulaire, sont celles qui dirigent l'exploitation ou l'industrie et qui en recueillent les bénéfices, depuis les grandes sociétés qui ont dans leur dépendance un personnel considérable, jusqu'au petit patron qui n'emploie qu'un nombre restreint d'ouvriers.

« La loi ne fait d'exception que pour l'ouvrier qui, travaillant seul d'ordinaire, s'adjoint accidentellement un ou plusieurs de ses camarades. Cette collaboration accidentelle ne suffit pas pour lui conférer la qualité de patron, qui suppose des rapports durables de direction d'un côté et de subordination de l'autre.

« Il est à peine besoin d'ajouter que le bénéfice de la loi ne peut pas être invoqué par un ouvrier qui loue son travail à un particulier. L'ouvrier est alors son propre patron, personne ne le commande dans son travail et il lui appartient de prendre lui-même toutes les précautions nécessaires pour se préserver d'un accident.

« Les chefs des industries visées dans l'art. 1er sont assujettis quelle que soit leur qualité. La loi s'applique non seulement aux entreprises privées, mais aussi aux entreprises similaires de l'État, des départements, des communes et des établissements publics. L'assimilation est complète même en ce qui touche les dispositions relatives à la compétence, qui échappe dans tous les cas aux tribunaux administratifs.

« Toutefois, aux termes de l'art. 32, il est fait exception à l'égard de deux catégories, savoir :

« 1° Les ouvriers, apprentis et journaliers appartenant aux ateliers de la marine ;

« 2° Les ouvriers immatriculés des manufactures d'armes dépendant du ministère de la guerre.

« En plaçant ce personnel sous le régime de la loi concernant les accidents, on lui aurait fait une situation moins avantageuse que celle dont il jouissait déjà. »

Il convient d'ajouter que la loi du 30 juin 1899 a mis à la charge de l'exploitant des moteurs, les accidents occasionnés par l'emploi des machines agricoles mues par des moteurs inanimés.

6. Personnes qui ont droit à l'indemnité forfaitaire. — « Les personnes admises à se prévaloir du risque professionnel sont tous les ouvriers et employés occupés dans les établissements visés à l'art. 1er, depuis l'ingénieur jusqu'au simple apprenti, sans distinction de sexe ni de nationalité, à la condition que l'ouvrier ou l'employé relève de la direction du chef d'industrie. Ainsi, l'ouvrier qui exécute chez lui des travaux à la tâche, en dehors de la surveillance de celui qui l'emploie, n'a aucune action contre ce dernier » (Circ. précitée du Garde des sceaux).

7. Indemnités. — Le chef d'entreprise supporte, dans tous les cas, les frais médicaux et pharmaceutiques ainsi que les frais funéraires.

En outre, il est tenu d'une indemnité dont le caractère et la quotité varient suivant la nature de l'accident.

L'ouvrier a droit d'après l'art. 3 :

Pour l'incapacité absolue et permanente, à une rente égale aux deux tiers de son salaire annuel ;

Pour l'incapacité partielle et permanente, à une rente égale à la moitié de la réduction que l'accident aura fait subir au salaire ;

Pour l'incapacité temporaire, à une indemnité journalière égale à la moitié du salaire touché au moment de l'accident, si l'incapacité de travail a duré plus de quatre jours et à partir du cinquième jour.

Lorsque l'accident est suivi de mort, une pension est servie aux personnes ci-après désignées, à partir du décès, dans les conditions suivantes :

A. Une rente viagère égale à 20 0/0 du salaire annuel de la victime pour le conjoint survivant non divorcé ou séparé de corps, à la condition que le mariage ait été contracté antérieurement à l'accident.

En cas de nouveau mariage, le conjoint cesse d'avoir droit à la rente mentionnée ci-dessus ; il lui est alloué, dans ce cas, le triple de cette rente à titre d'indemnité totale.

B. Pour les enfants, légitimes ou naturels, reconnus avant l'accident, orphelins de père ou de mère, âgés de moins de seize ans, une rente calculée sur le salaire annuel de la victime, à raison de 15 0/0 de ce salaire s'il n'y a qu'un enfant, de 25 0/0 s'il y en a deux, de 35 0/0 s'il y en a trois et de 40 0/0 s'il y en a quatre ou un plus grand nombre.

Pour les enfants, orphelins de père et de mère, la rente est portée pour chacun d'eux, à 20 0/0 du salaire.

L'ensemble de ces rentes ne peut, dans le premier cas, dépasser 40 0/0 du salaire ni 60 0/0 dans le second.

C. Si la victime n'a ni conjoint, ni enfant dans les termes des paragraphes A et B, chacun des ascendants et descendants qui était à sa charge recevra une rente, viagère pour les ascendants et payable jusqu'à seize ans pour les descendants. Cette rente sera égale à 10 0/0 du salaire annuel de la victime, sans que le montant total des rentes ainsi allouées puisse dépasser 30 0/0.

Chacune des rentes prévues par le paragraphe C est, le cas échéant, réduite proportionnellement.

L'importance du salaire et la nationalité de la victime exercent quelquefois une influence sur le mode de règlement de l'indemnité.

« Lorsque le salaire annuel dépasse 2,400 francs, le tarif établi par la loi fonctionne pleinement que jusqu'à concurrence de cette somme. Au delà, l'ouvrier n'a droit, à moins de convention contraire, qu'au quart des rentes et indemnités allouées par l'article 3. Cette disposition a pour objet d'alléger les charges de l'industrie, tout en fournissant à la victime ce qui lui est indispensable pour assurer sa subsistance et celle de sa famille.

« L'ouvrier étranger, victime d'un accident, qui cesse de résider sur le territoire français, reçoit, à ce moment, pour toute indemnité, un capital égal à trois fois la rente qui lui avait été allouée. En cas de décès, ses représentants ne reçoivent aucune indemnité s'ils ne résidaient pas en France au moment de l'accident » (Circ. précitée du 10 juin 1899).

La rente qui est allouée à la victime de l'accident est d'ailleurs incessible et insaisissable (art. 3). C'est là une disposition d'ordre public à laquelle les parties ne peuvent déroger même par convention expresse ; cette convention serait entachée de nullité absolue (art. 30).

8. Salaire de base. — Celui qui sert de base au règlement de l'indemnité est, en principe, le salaire annuel, s'il s'agit d'un accident suivi de mort ou ayant entraîné une incapacité permanente, et le salaire touché au moment de l'accident, s'il s'agit d'une incapacité temporaire.

L'art. 10 indique comment devra être calculé, dans tous les cas, le salaire annuel.

L'art. 8 contient enfin des dispositions spéciales en ce qui concerne l'apprenti et l'ouvrier qui n'a pas atteint l'âge de 16 ans. L'indemnité est établie pour l'un et pour l'autre en prenant pour base le salaire le plus bas des ouvriers valides de la même catégorie occupés dans l'établissement. Il en est ainsi soit qu'il s'agisse d'incapacité permanente ou de mort, soit qu'il s'agisse d'incapacité temporaire, sous cette réserve que, dans ce dernier cas, l'ouvrier mineur de 16 ans ne peut toucher une indemnité supérieure au montant de son propre salaire.

9. Faculté donnée au chef d'entreprise de se soustraire partiellement à l'action en responsabilité dans certaines conditions. — D'après l'art. 5, les chefs d'entreprise peuvent se décharger pendant les trente, soixante ou quatre-vingt-dix premiers jours, à partir de l'accident, de l'obligation de payer aux victimes les frais de maladie et l'indemnité temporaire, ou une partie seulement de cette indemnité, en justifiant :

1° Qu'ils ont affilié leurs ouvriers à des sociétés de secours mutuels et pris à leur charge une quote-part de la cotisation qui aura été déterminée d'un commun accord, et en se conformant aux statuts-type approuvés par le ministre compétent, mais qui ne devra pas être inférieure au tiers de cette cotisation ;

2° Que ces sociétés assurent à leurs membres, en cas de blessures, pendant trente, soixante ou quatre-vingt-dix jours, les soins médicaux et pharmaceutiques et une indemnité journalière.

Cependant si l'indemnité journalière servie par la société est inférieure à la moitié du salaire quotidien de la victime, le chef d'entreprise reste tenu de lui verser la différence.

D'après l'art. 6, les exploitants de mines et de carrières peuvent également se décharger des mêmes frais et indemnités moyennant une subvention annuelle versée aux caisses ou sociétés de secours constituées dans ces entreprises en vertu de la loi du 29 juin 1894. Mais le montant et les conditions de cette subvention doivent être acceptés par la société et approuvés par le Ministre des travaux publics.

Enfin le même article spécifie que certaines dispositions seront applicables d'une manière générale à tous les chefs d'industrie qui auraient créé en faveur de leurs ouvriers des caisses particulières de secours, conformément au titre III de la loi du 29 juin 1894. Dans cette dernière hypothèse, l'approbation du montant et des conditions de la subvention devra être donnée par le Ministre du commerce.

10. Modifications dans la forme de l'indemnité. — On a indiqué ci-dessus (n° 7) que la réparation allouée soit à la victime, soit à ses représentants en cas d'accident ayant entraîné la mort ou une incapacité permanente de travail consiste nécessairement en une pension incessible et insaisissable.

Les art. 9 et 21 contiennent certaines exceptions à cette règle que la circulaire du Garde des sceaux analyse ainsi qu'il suit :

« 1° Les parties peuvent toujours, après détermination du chiffre de l'indemnité, décider que le service de la pension sera suspendu et remplacé, tant que l'accord subsistera, par un autre mode de réparation.

« Cette convention ne crée d'ailleurs qu'un état de choses essentiellement provisoire, susceptible de cesser, à tout instant, par la volonté d'une seule des parties ;

« 2° Le conjoint survivant, bénéficiaire d'une pension, est libre de s'entendre avec le débiteur pour substituer à la rente qui lui est allouée, le payement d'un capital ;

« 3° La même faculté est accordée à tout titulaire d'une pension, sans distinction, lorsque cette pension n'est pas supérieure à cent francs (art. 21) ;

« 4° Lors du règlement définitif de la rente viagère, après le délai de révision prévu à l'art. 19, la victime peut demander que le quart au plus du capital nécessaire à l'établissement de cette rente, calculé d'après les tarifs dressés pour les victimes d'accidents par la Caisse de retraites pour la vieillesse, lui soit attribué en espèces.

« Les parties intéressées ne peuvent pas s'entendre à l'amiable au sujet de cette conversion. Elle doit être demandée au tribunal qui apprécie souverainement si elle est conforme à l'intérêt sagement entendu de la victime. Il statue en chambre du conseil.

« La même procédure s'applique dans une autre hypothèse (art. 9 § 1er).

« La victime peut aussi demander, toujours après l'expiration du délai de révision, que le capital nécessaire à l'établissement de la rente, ou ce capital réduit du quart au plus comme il est dit dans le premier paragraphe du même article, serve à constituer sur sa tête une rente viagère réversible, pour moitié au plus, sur la tête de son conjoint. La charge incombant au débiteur ne doit pas être aggravée ; la rente viagère sera donc, en pareil cas, diminuée » (art. 9 § 2).

11. Paiement ou exigibilité du capital de la rente. — Le débiteur qui veut se libérer immédiatement du service de la rente ne peut le faire qu'en versant le capital représentatif de cette rente à la Caisse nationale des retraites [1]. C'est alors celle-ci qui paie directement les arrérages qui viennent à échoir ultérieurement.

En cas de cessation d'industrie, soit volontaire, soit par décès, soit par liquidation judiciaire et faillite, soit enfin par cession d'établissement, le chef d'industrie est tenu de verser à la Caisse des retraites le capital représentatif de la rente (art. 28). Il ne peut s'exonérer de cette obligation qu'en justifiant :

Soit du versement de ce capital à l'une des sociétés d'assurances mutuelles ou à primes fixes, françaises ou étrangères, qui fonctionnent dans les conditions prévues par les art. 26 et 27 de la loi du 9 avril 1898 et qui figurent dans la liste spéciale publiée au *Journal officiel* en vertu de l'art. 18 du deuxième décret du 28 février 1899 ;

Soit de l'immatriculation d'un titre de rente pour l'usufruit au nom des titulaires de la pension ;

Soit du dépôt à la Caisse des dépôts et consignations, avec affectation spéciale de garantie, de valeurs de l'État ou jouissant de la garantie de l'État, d'obligations négociables et entièrement libérées des départements, des communes et des chambres de commerce, ou enfin d'obligations du Crédit foncier ;

Soit de son affiliation à un syndicat de garantie liant solidairement ses membres et garantissant le paiement des pensions ;

Soit, en cas de cession de l'établissement, de l'engagement pris par le cessionnaire vis-à-vis du Directeur général de la Caisse des dépôts et consignations d'acquitter les pensions dues et de rester solidairement responsable avec le chef d'entreprise de l'exécution de l'art. 28).

12. Révision de l'indemnité. — Lorsque l'état de la victime de l'accident vient à se modifier, ou qu'elle succombe, après la fixation de l'indemnité, la loi autorise soit le chef d'industrie, soit la victime ou ses représentants, selon les cas, à demander la révision du chiffre de la pension (art. 10).

Cette action ne peut s'exercer que pendant les trois années qui suivent l'accord intervenu ou la décision judiciaire (même article).

13. Action contre les tiers. — La loi du 9 avril 1898 ne s'applique pas aux rapports des ouvriers avec les person-

(1) Le taux de remboursement doit être déterminé d'après un tarif à établir par la Caisse nationale des retraites en tenant compte de la mortalité des victimes d'accidents et de leurs ayants droit.

nes autres que les chefs d'industrie ou leurs représentants, auxquelles serait imputable l'accident. Ces personnes restent responsables conformément aux règles du droit commun. Les ouvriers victimes d'accidents peuvent donc agir contre elles en vertu de l'art. 1382, C. civ. Lorsqu'ils le font, l'indemnité qui leur est allouée exonère jusqu'à due concurrence le chef d'entreprise de ses obligations. Celui-ci peut, d'ailleurs, exercer directement contre les tiers l'action qui appartient à la victime de l'accident, si celle-ci néglige de le faire (art. 7).

14. Garanties spéciales données à l'ouvrier pour le paiement de l'indemnité. — La loi du 9 avril 1898 a donné aux victimes des accidents du travail certaines garanties spéciales pour le paiement des indemnités ou pensions qui peuvent leur être allouées. Ces garanties qui font l'objet des art. 23 à 28 de la loi sont les suivantes :

1° Les créances pour frais médicaux, pharmaceutiques et funéraires, ainsi que les indemnités allouées pour incapacité temporaire jouissent du privilège de l'art. 2101, C. civ., sur la généralité des biens du chef d'industrie. Ce privilège est classé sous le n° 6 et vient immédiatement après celui prévu pour la fourniture de subsistances au débiteur et à sa famille ;

2° Les indemnités ou pensions dues pour incapacité permanente de travail ou en cas d'accidents suivis de mort, sont privilégiées sur le cautionnement et la réserve dont la loi impose la constitution aux sociétés d'assurances mutuelles ou à primes fixes auxquelles le chef d'entreprise a pu s'assurer pour se couvrir du risque professionnel (1) ;

3° Le paiement des mêmes indemnités se trouve enfin garanti par la constitution, au moyen de centimes additionnels à la contribution des patentes et d'une taxe particulière sur les mines, d'un fonds spécial de garantie qui est géré par la Caisse nationale des retraites : Lorsque le chef d'industrie ou les assureurs ne paient pas les arrérages de la rente, les créanciers ont le droit de s'adresser à la Caisse nationale des retraites qui acquitte alors le montant de ces arrérages au moyen de prélèvements sur le fonds de garantie, et sauf son recours contre le chef d'entreprise, ou contre l'assureur.

15. Hypothèque judiciaire. — Contrairement au droit commun, les jugements rendus en matière d'accidents du travail, dans les conditions prévues par la loi du 9 avril 1898, n'emportent pas hypothèque judiciaire. Il n'est fait exception que pour ceux rendus au profit de la Caisse nationale des retraites lorsqu'elle exerce son recours contre le chef d'entreprise ou l'assureur dans le cas prévu au paragraphe précédent (art. 26).

16. Prescription. — L'action découlant du risque professionnel est soumise à la prescription annale. Cette prescription court du jour de l'accident (art. 18).

17. Date de la mise en vigueur de la loi du 9 avril 1898. — L'art. 33 disposant que la loi serait applicable trois mois après la publication des décrets d'administration publique qui devaient en régler l'exécution, et ces décrets ayant été publiés le 1er mars 1899, la loi aurait dû entrer en vigueur le 1er juin suivant. Mais la loi du 24 mai 1899, qui a étendu les opérations de la Caisse nationale d'assurances en cas d'accidents créée par la loi du 11 juillet 1868

(1) La loi du 9 avril 1898 a soumis en même temps les compagnies d'assurances mutuelles ou à primes fixes et les syndicats de garantie à certaines mesures de surveillance. Ces mesures de surveillance ainsi que la constitution des réserves et cautionnements font l'objet du deuxième décret du 28 février 1899.

aux risques prévus par la loi du 9 avril 1898, a spécifié que cette dernière loi ne serait appliquée qu'un mois après le jour où la Caisse des accidents aurait publié ses tarifs au *Journal officiel*, admis les industriels à contracter des polices et où ces tarifs auraient été approuvés par décret. Ce décret a été inséré au *Journal officiel* le 27 mai 1899, et c'est à partir du 1er juin suivant que les chefs d'entreprise ont pu s'assurer à la Caisse des retraites. La loi du 9 avril 1898 a donc été applicable, en fait, à compter du 1er juillet 1899 seulement.

18. Rétroactivité. — La loi du 9 avril 1898 ne comporte aucun effet rétroactif. Les instances formées à l'occasion d'accidents survenus avant le 1er juillet 1899 restent donc régies, quant au fond du droit, par l'art. 1382, C. civ., et aucune des dispositions de la loi nouvelle ne leur est applicable (En ce sens, Circ. précitée du Garde des sceaux).

CHAP. II. — PROCÉDURE.

19. Formalités à remplir pour la déclaration des accidents. Enquête. — L'Instruction n° 2988 analyse comme il suit les formalités à remplir dès qu'un accident s'est produit : « Tout accident ayant occasionné une incapacité de travail doit être déclaré dans les quarante-huit heures, par le chef de l'entreprise ou ses préposés, au maire de la commune qui en dresse procès-verbal. Il est joint à cette déclaration un certificat du médecin indiquant l'état de la victime, les suites probables de l'accident et l'époque à laquelle il sera possible d'en connaître le résultat définitif (art. 11).

« Lorsque, d'après le certificat médical, la blessure paraît devoir entraîner la mort ou une incapacité permanente, absolue ou partielle de travail, le maire transmet immédiatement copie de la déclaration et le certificat médical au juge de paix du canton où l'accident s'est produit. Dans les vingt-quatre heures de cet avis, le juge de paix procède à une enquête qui a lieu contradictoirement dans les formes prescrites par les art. 35, 36, 37, 38 et 39, C. proc. civ., en présence des parties intéressées ou celles-ci convoquées d'urgence par lettre recommandée. Il se transporte, s'il y a lieu, auprès de la victime de l'accident ; il peut commettre un expert pour l'assister à l'enquête, et désigner un médecin pour examiner le blessé, si le certificat médical lui paraît insuffisant.

« Une fois l'enquête terminée, il avertit par lettre recommandée les parties de sa clôture ; il les informe en même temps du dépôt de la minute au greffe, où elles pourront, pendant un délai de cinq jours, en prendre connaissance et s'en faire délivrer une expédition affranchie du timbre et de l'enregistrement. »

Un décret du 5 mars 1899 (*Inst.* 2988) a, d'ailleurs, réglé ainsi qu'il suit le taux des honoraires à allouer aux greffiers des justices de paix pour leur transport et leur assistance à l'enquête ainsi que pour tous les actes qu'ils peuvent avoir à faire pour l'application de la loi : pour transmission de l'enquête au président du tribunal, tous frais de port compris, 4 fr. ; pour toute mention au répertoire, 10 centimes.

20. Conciliation. — A l'expiration du délai de cinq jours prévu ci-dessus, le dossier est transmis au président du tribunal civil de l'arrondissement qui est chargé de concilier les parties, s'il est possible. A cet effet, ce magistrat convoque devant lui les intéressés dans les cinq jours qui suivent la réception du dossier de l'enquête du juge de paix. Cette convocation est faite soit par lettre recommandée, soit par l'intermédiaire des maires (Circ. précitée du Garde des sceaux).

Chacune des parties paraît autorisée à se faire représenter. Cela ne saurait être douteux tout au moins pour la victime de l'accident, qui, la plupart du temps, sera dans l'impossibilité de se rendre en personne à la convocation qui lui aura été adressée.

Lorsque les parties se concilient, le président leur donne acte de leur accord, et l'indemnité se trouve définitivement fixée par son ordonnance. A défaut de conciliation, l'affaire est renvoyée devant le tribunal.

21. Instances judiciaires. Compétence. Procédure. — Contrairement aux règles ordinaires, c'est au juge du lieu de l'accident qu'appartient la connaissance des litiges. Les actions sont portées, selon la nature de l'indemnité réclamée, devant le juge de paix ou devant le tribunal civil.

Le juge de paix connaît des différends relatifs aux frais funéraires, aux frais de maladie ou aux indemnités temporaires. Ses décisions sont rendues en dernier ressort quel que soit le chiffre de la demande. Elles sont susceptibles d'opposition si elles ont été rendues par défaut. Elles peuvent également faire l'objet d'un pourvoi devant la Cour de cassation pour excès de pouvoir.

A défaut d'une dérogation expresse inscrite dans la loi, ces instances doivent, d'ailleurs, être précédées de la tentative de conciliation prescrite par l'art. 17 de la loi du 25 mai 1838.

Les demandes tendant à l'allocation de pensions, c'est-à-dire toutes les demandes autres que celles déférées aux juges de paix, sont, après l'enquête et le préliminaire de conciliation devant le président, portées devant le tribunal civil. Celui-ci est saisi par voie d'assignation. Les affaires sont instruites comme en matière sommaire. Les jugements sont susceptibles d'appel suivant les règles du droit commun. Toutefois l'appel doit être interjeté dans les quinze jours de la date du jugement, et, s'il est par défaut, dans la quinzaine à partir du jour où l'opposition n'est plus recevable. En cas de jugement par défaut contre partie, l'opposition n'est recevable que dans les quinze jours qui suivent la signification de ce jugement à personne. Les parties peuvent se pourvoir en cassation (Inst. n° 2988).

22. Demandes en révision. — C'est également aux tribunaux civils de première instance du lieu de l'accident qu'il appartient de connaître des actions en révision formées en vertu de l'art. 19 de la loi. Il semble d'ailleurs que les jugements rendus en cette matière soient susceptibles d'appel et d'opposition dans les mêmes délais que ceux visés dans l'article précédent. C'est du moins ce qu'on peut induire de l'art. 17 qui vise sans exception les jugements rendus en vertu de la loi nouvelle. Ces jugements peuvent être déférés à la Cour de cassation.

23. Conversions de partie de la rente en capital, ou en rente viagère réversible au profit du conjoint survivant. — Ces modifications dans le service de la rente doivent, ainsi que nous l'avons vu (n° 10), être demandées au tribunal. Celui-ci statue en chambre du conseil.

24. Instances suivies par la Caisse nationale des retraites. — Lorsque la Caisse nationale acquitte directement l'indemnité dans le cas prévu à l'art. 24 de la loi (V., supra, n° 14), elle exerce son recours, soit contre le chef d'entreprise débiteur, soit contre les compagnies auxquelles ce chef d'entreprise est assuré (1). Les formes de ce recours sont réglées par le deuxième décret du 28 février

(1) En cas d'assurance, le recours de la Caisse doit être dirigé obligatoirement contre l'assureur. La Caisse jouit alors du privilège de l'art. 2102, C. civ., sur l'indemnité due par l'assureur, et elle cesse d'avoir un recours contre le chef d'entreprise lui-même.

1899. Une contrainte est décernée par le Directeur général de la Caisse des dépôts et consignations. Cette contrainte est notifiée au débiteur, par exploit d'huissier, après avoir été visée et rendue exécutoire par le juge de paix du domicile de ce débiteur. L'exécution n'en peut être interrompue que par une opposition du redevable contenant assignation devant le tribunal civil de son domicile. L'instance est suivie comme en matière d'enregistrement. Les frais de poursuites et les dépens de l'instance sont recouvrés par le Directeur général de la Caisse des dépôts et consignations au moyen d'un état de frais taxé sur sa demande et rendu exécutoire par le président du tribunal.

En cas d'exigibilité du capital de la rente par suite de l'une des circonstances prévues à l'art. 28 de la loi du 9 avril 1898, et autres que la faillite ou la liquidation judiciaire, et si le débiteur ne fournit pas les garanties prescrites (V. supra, n° 11), le Directeur général de la Caisse des dépôts et consignations poursuit également le versement du capital représentatif de la rente. Il est procédé dans ce cas, comme il est dit au paragraphe précédent.

Lorsqu'il s'agit de faillite ou de liquidation judiciaire, il se borne à demander l'admission au passif pour le montant de la créance.

Le Directeur général de la Caisse des dépôts et consignations peut accorder des délais au débiteur et même transiger.

CHAP. III. — DROIT FISCAL.

25. Exceptions apportées par la loi du 9 avril 1898 aux règles générales établies en matière d'impôt. — La loi du 9 avril 1898 intéresse à un double point de vue les agents de l'administration de l'Enregistrement. D'une part, elle prononce des dispenses de droit qui profitent, indépendamment de la qualité des personnes, à tous les actes ou jugements faits ou rendus en vertu ou pour l'exécution de ses dispositions. D'autre part, elle accorde dans des conditions particulières l'assistance judiciaire à la victime de l'accident ou à ses représentants.

SECT. Iʳᵉ. — GRATUITÉ DU TIMBRE ET DE L'ENREGISTREMENT.

26. Immunité prononcée par la loi. — Aux termes de l'art. 29, « *les procès-verbaux, certificats, actes de notoriété, significations, jugements et autres actes faits ou rendus en vertu et pour l'exécution de la présente loi, sont délivrés gratuitement, visés pour timbre et enregistrés gratis lorsqu'il y a lieu à la formalité de l'enregistrement* ».

Le Trésor fait donc l'abandon complet de tous les droits de timbre et d'enregistrement, auxquels pourraient donner ouverture les actes ou jugements faits ou rendus en vertu ou pour l'exécution de la loi du 9 avril 1898 : ces actes et jugements sont visés pour timbre et enregistrés gratis toutes les fois qu'il y a lieu à la formalité de l'enregistrement.

La disposition qui précède s'appliquait également, d'ailleurs, à tous les autres frais relatifs aux actes et jugements (Circ. Garde des sceaux, 10 juin 1899; annexe à l'Inst. 2988, p. 40 et 41). Mais une restriction y a été apportée, par la loi du 13 avril 1900, art. 31, § 1, en faveur des greffiers et officiers ministériels: les expéditions comme les minutes des actes et jugements faits en vertu et pour l'exécution de la loi du 9 avril 1898 échappent désormais, en ce qui concerne les émoluments des greffiers et des autres officiers ministériels, à la règle générale de gratuité.

27. Conditions auxquelles est subordonnée l'immunité. — L'immunité prononcée par l'art. 29 est subordonnée à la condition unique que les actes, jugements ou pièces soient relatifs à l'exécution de la loi du 9 avril 1898. Les agents doivent s'assurer, d'après les énonciations des actes et écrits qui sont présentés à la formalité, que les pièces pour lesquelles la gratuité du visa pour timbre et de l'enregistrement est réclamée remplissent effectivement cette condition (Inst. n° 2988).

28. Etendue de l'immunité. — « L'art. 29, porte l'Inst. n° 2988, conçu dans les termes les plus larges, vise par l'expression « jugements » toutes les décisions judiciaires (1), de quelque autorité qu'elles émanent, et embrasse sous la dénomination d' « actes », notamment, toutes les pièces relatives à la constatation de l'accident (art. 11 et suiv.), le pouvoir donné par le chef de l'entreprise en vue de se faire représenter en conciliation devant le président du tribunal (art. 16), la convention constatant la transformation de la pension en un autre mode de réparation dans les termes de l'art. 21 de la loi, enfin les expéditions des actes de toute nature et des décisions judiciaires. L'art. 13 confirmant, d'ailleurs, en cela, la législation en vigueur, dispense de tout droit l'expédition que les parties peuvent se faire délivrer de l'enquête dressée par le juge de paix. »

L'immunité s'étend aussi aux actes, procès-verbaux, quittances et pièces de toute nature rédigés en exécution des divers décrets, lois et arrêtés qui complètent la loi du 9 avril 1898, ainsi qu'aux instances relatives au recours exercé contre le débiteur de l'indemnité par la Caisse des dépôts et consignations, chargée de la gestion de la Caisse nationale des retraites.

29. Commissaires-contrôleurs. Serment. — Aux termes du deuxième décret du 28 fév. 1899 (art. 14), les commissaires-contrôleurs chargés de la surveillance des collectivités qui pratiquent, dans les termes de la loi du 9 avril 1898, l'assurance mutuelle ou à primes fixes contre les risques des accidents ayant entraîné la mort ou une incapacité permanente de travail, prêtent serment de ne pas divulguer les secrets commerciaux, dont ils auraient eu connaissance dans l'exercice de leurs fonctions. Les actes de prestation de serment de ces agents, dressés soit devant l'autorité administrative, soit devant l'autorité judiciaire, semblent affranchis des droits de timbre et d'enregistrement, car il s'agit d'actes prévus dans le décret d'administration publique faisant corps avec la loi du 9 avril 1898, et ayant pour objet l'exécution de cette dernière loi.

30. Polices d'assurances passées pour risques prévus par la loi du 9 avril 1898. — On doit également considérer comme affranchies de tout impôt, les polices d'assurances mutuelles ou à primes fixes passées en vue des risques prévus par la loi du 9 avril 1898. Ces contrats doivent être considérés comme faits en vertu ou pour l'exécution de la loi dont il s'agit.

Le législateur de 1898 ne s'est pas proposé seulement d'introduire, dans la matière des accidents du travail, le double principe du risque professionnel et de l'indemnité forfaitaire ; il s'est encore préoccupé d'assurer dans tous les cas le paiement d'une indemnité. Dans ce but, il a notamment soumis à une surveillance très étroite les compagnies ou sociétés qui pratiquent l'assurance mu-

tuelle ou à primes fixes contre les risques des accidents du travail ayant occasionné la mort ou une incapacité permanente (2° décr. 28 fév. 1899, art. 10 à 20) ; il les a obligées à constituer des réserves et des cautionnements affectés au paiement par privilège des indemnités ou pensions qui reviennent à la victime de l'accident (art. 1 à 9, même décret) ; il leur a même imposé, pour la rédaction des contrats, certaines clauses auxquelles elles ne peuvent déroger (art. 11). Il paraît difficile de prétendre que des contrats ainsi réglementés par la loi du 9 avril 1898 ne sont pas faits en vertu et pour l'exécution de cette loi. L'immunité d'impôt prononcée par l'art. 29 ne saurait donc leur être refusée (D.M.F. 20 nov. 1900 ; R. E. 2554). Les compagnies d'assurances à primes fixes, ou les sociétés mutuelles, n'auront donc plus désormais à comprendre les polices passées pour des risques prévus par la loi de 1898 dans les états qu'elles fournissent pour le paiement de la taxe d'abonnement au timbre, ni à payer sur les mêmes actes le droit proportionnel d'enregistrement dans les cas où il y a lieu à la formalité.

30 bis. Polices d'assurances passées pour risques prévus par la loi du 30 juin 1899. — La loi du 30 juin 1899 concernant les accidents causés dans les exploitations agricoles par l'emploi des machines mues par des moteurs inanimés ne reproduit pas les dispositions de l'art. 29 de la loi du 9 avril 1898. Mais il est à noter que cette dernière loi comprenait déjà dans sa généralité les responsabilités encourues à l'occasion d'accidents survenus par le fait des travaux agricoles. La loi du 30 juin 1899 n'a eu pour objet que de dissiper l'incertitude qui régnait sur la détermination des cas dans lesquels la loi du 9 avril 1898 devait être appliquée à l'agriculture et sur la personne qui devait être considérée comme responsable de l'accident. Toutes les dispositions de la loi du 9 avril 1898 et des décrets réglementaires rendus pour l'exécution de cette loi qui n'ont pas été contraire à la loi du 30 juin 1899, notamment celles qui ont pour objet de réglementer les contrats d'assurances, ou qui ont accordé des immunités d'impôt, sont, par conséquent, applicables à la matière des accidents du travail agricole (D.M.F. précitée, 20 nov. 1900).

31. Polices passées par la Caisse nationale d'assurances. — La loi du 11 juillet 1868 a créé sous la garantie de l'État une Caisse d'assurances en cas d'accidents ayant pour objet de servir des pensions viagères aux personnes assurées qui, dans l'exécution de travaux agricoles ou industriels, sont atteintes de blessures entraînant une incapacité permanente de travail, et de donner des secours aux veuves et aux enfants mineurs des personnes qui ont péri par suite d'accidents survenus dans l'exécution des travaux. La loi du 24 mai 1899 a étendu les opérations de cette Caisse aux risques prévus par la loi du 9 avril 1898 pour les accidents ayant entraîné la mort ou une incapacité permanente, absolue ou partielle. Les polices passées en vertu de la loi du 24 mai 1899 paraissent rentrer aussi dans la catégorie des actes soumis gratuitement au visa pour timbre et à l'enregistrement par l'art. 29 précité. Du reste, l'art. 19 de la loi du 11 juillet 1868, dont les dispositions devraient en tous cas être étendues aux polices passées en vertu des dispositions nouvelles, accordait déjà l'immunité d'impôt à tous les actes faits par la Caisse nationale des accidents.

32. Syndicats de garantie. — La dispense de l'impôt s'applique encore aux contrats ayant pour objet la création et le fonctionnement des syndicats de garantie prévus à l'art. 27 de la loi du 9 avril 1898 et aux art. 21 et 26 du décret du 28 février 1899 (D. M. F. 20 nov. 1900, précitée).

(1) Lorsqu'un jugement condamne le patron à payer une indemnité à la victime de l'accident, la question de savoir si cette indemnité emporte le droit de 2 0/0 ou de 3 0/0 (dommages-intérêts) ne saurait donc se poser (R. E. 2340).

33. Convention avec des sociétés de secours mutuels. — D'après l'arrêté ministériel du 16 mai 1899, les sociétés de secours mutuels peuvent, dans les conditions prévues à l'art. 5 de la loi du 9 avril 1898, passer avec les chefs d'entreprise des conventions à l'effet de prendre à forfait, en cas d'accident entraînant une incapacité temporaire de travail, la charge de payer à ceux de leurs membres participants occupés par ces chefs d'entreprise, les frais de maladie et tout ou partie de l'indemnité journalière. Ces sortes de conventions sont également dispensées de tout droit de timbre et d'enregistrement en vertu de l'art. 49. Antérieurement à cette disposition, l'immunité résultait déjà, du reste, en ce qui concerne les conventions conclues entre les chefs d'entreprise et les sociétés de secours mutuels approuvées, de l'art. 11 du décret du 26 mars 1852 et de la loi du 9 avril 1898 (même D. M. F.).

34. Contraventions de simple police. — L'art. 471, § 15, C. pén., punit d'amende depuis 1 fr. jusqu'à 5 fr. les contraventions aux règlements légalement faits par l'autorité administrative. En cas de contravention aux règlements d'administration publique faits pour l'exécution de la loi du 9 avril 1898, les procès-verbaux dressés, les jugements de police rendus et tous les autres actes de l'instance paraissent devoir être visés pour timbre et enregistrés gratis et non en *débet*.

La même règle semble *à fortiori* applicable aux actes de poursuites faits en vertu des art. 14 et 31 de la loi du 9 avril 1898 (défaut de déclaration des accidents, défaut d'affichage de la loi).

35. Actions contre les personnes responsables autres que le chef d'entreprise. — Nous avons vu (n° 13) que les personnes autres que le patron, qui peuvent être responsables des accidents, restent tenues en vertu de l'art. 1382, C. civ., auquel l'indemnité payée par ces personnes exonère d'autant le chef d'entreprise. Les actes de la procédure dans ces sortes d'actions, qu'elles soient intentées par la victime de l'accident ou par le chef de l'entreprise, ne paraissent pas pouvoir bénéficier des dispositions de l'art. 29. Il ne s'agit évidemment pas là d'actes faits en vertu et pour l'exécution de la loi du 9 avril 1898. La condamnation à une indemnité est fondée, en ce cas, sur une faute de l'auteur de l'accident ; elle donne par conséquent ouverture au droit d'après le tarif fixé pour les dommages-intérêts (R. E. 2340).

36. Polices anciennes. Résiliation par acte extrajudiciaire. — D'après la loi du 29 juin 1899, les polices d'assurances-accidents concernant les industries prévues à l'art. 1er de la loi du 9 avril 1898, qui ont été contractées antérieurement à cette loi, peuvent être dénoncées pendant une période d'un an à compter de la promulgation de la loi, par l'assureur ou par l'assuré, soit au moyen d'une déclaration au siège social ou chez l'agent local, soit par un acte extrajudiciaire.

La question s'est élevée de savoir si la dénonciation faite par acte extrajudiciaire rend exigible le droit d'enregistrement sur la police d'assurance. Elle a été résolue négativement. La partie qui fait procéder à une telle dénonciation, porte la Lettre commune du 1er juillet 1899, n° 222, ne tient pas du contrat d'assurance le droit qu'elle exerce ; elle le tient exclusivement de la loi ; dès lors, on ne saurait dire que la dénonciation soit faite en vertu ou en conséquence de la police (Comp. Cass. ch. réunies, 21 juillet 1849 ; Inst. 1844 § 1er).

Dans ces conditions, l'huissier qui procédera à la dénonciation d'une police en vertu de la loi du 29 juin 1899 n'aura pas à présenter ce contrat à la formalité de l'enregistrement.

36 bis. Certificats. Quittances. — Les certificats médicaux et les certificats de vie délivrés pour l'exécution de la loi sur les accidents bénéficient de l'immunité générale (Sol. Compt. publ. 21 mars 1901 ; Rappr. V° *Certificat*, n° 1).

Les quittances sont également affranchies du droit de timbre (D. M. F. 8 mai 1901), notamment lorsqu'elles ont pour objet de constater des versements de primes d'assurances ou d'indemnités (Sol. 29 janvier 1901, Seine).

Mais la quittance délivrée par le receveur de l'Enregistrement, lors du paiement du montant d'un exécutoire en matière d'assistance judiciaire, demeure dans tous les cas régie par la loi du 8 juillet 1865 et elle est soumise au droit de timbre de 0 fr. 25 lorsque le paiement excède 10 francs (D. M. F. 24 mai 1901). Il va de soi, toutefois, que si le débiteur de l'exécutoire est un département ministériel ou une administration de l'État, la quittance est affranchie de l'impôt, en raison de la qualité des deux parties (même décision) ; c'est dans le même ordre d'idées que les quittances de frais de poursuites criminelles et correctionnelles remises par les percepteurs aux administrations financières qui ont agi comme parties civiles dans ces poursuites, sont affranchies de l'impôt (Circ. Compt. publ. 18 avril 1899 et 25 janvier 1900).

SECT. II. — ASSISTANCE JUDICIAIRE.

37. Principe général. — Indépendamment de la dispense générale des droits de timbre et d'enregistrement inscrite dans l'art. 29 et dont les chefs d'entreprise sont appelés à profiter aussi bien que les ouvriers victimes d'accidents, la loi a accordé à ces derniers une faveur particulière.

D'après la loi du 22 janvier 1851 (1), l'assistance judiciaire ne peut être donnée qu'à des nationaux français, et lorsqu'il est établi que les ressources de ces nationaux sont insuffisantes pour leur permettre de faire l'avance des frais de justice. Par dérogation à ces règles, la loi du 9 avril 1898 accorde de plein droit l'assistance judiciaire aux victimes des accidents du travail ou à leurs ayants droit, quelles que soient leur nationalité et leur situation de fortune. L'art. 22 contient à cet égard ce qui suit :

« ART. 22. — *Le bénéfice de l'assistance judiciaire est accordé de plein droit, sur le visa du procureur de la République, à la victime de l'accident ou à ses ayants droit, devant le tribunal.*

« *A cet effet, le président du tribunal adresse au procureur de la République, dans les trois jours de la comparution des parties prévue par l'art. 16, un extrait de son procès-verbal de non-conciliation ; il y joint les pièces de l'affaire.*

« *Le procureur de la République procède comme il est prescrit à l'art. 13 (paragraphes 2 et suiv.) de la loi du 22 janvier 1851.*

« *Le bénéfice de l'assistance judiciaire s'étend de plein droit aux instances devant le juge de paix, à tous les actes d'exécution mobilière et immobilière, et à toute contestation incidente à l'exécution des décisions judiciaires.* »

38. Chefs d'entreprise. — Les chefs d'entreprise ne bénéficient pas de plein droit de l'assistance judiciaire, mais il est de toute évidence qu'ils peuvent l'obtenir, s'ils remplissent les conditions spécifiées par la loi du 22 janvier 1851.

39. Instances pour lesquelles l'assistance judiciaire est accordée de plein droit. — Aux termes de l'art. 22, la victime de l'accident ou ses ayants cause jouissent de plein droit de l'assistance judiciaire en première instance

(1) Actuellement remplacée par la loi du 10 juillet 1901.

dans les contestations relatives aux frais funéraires, aux frais de maladie, ou aux indemnités temporaires ou autres, que ces instances soient portées devant le juge de paix ou qu'elles soient, au contraire, du ressort du tribunal civil.

Le bénéfice de l'assistance s'applique à la tentative de conciliation qui doit précéder les demandes relatives aux frais funéraires, aux frais de maladie et aux indemnités temporaires qui sont de la compétence des juges de paix (Inst. 3013, § 2-II).

Devant le tribunal civil, l'assistance s'applique d'ailleurs à toutes les instances prévues par la loi, et ayant pour objet soit le règlement des indemnités (art. 16), soit leur révision (art. 19), soit l'attribution en espèces à la victime du quart au plus du capital nécessaire à l'établissement de la rente qui lui est allouée (art. 9, § 1), soit enfin la constitution d'une rente réversible sur le conjoint survivant (art. 9, § 2).

40. Enquête. — On aurait pu soutenir que le bénéfice de l'assistance ne s'applique pas à l'enquête faite par le juge de paix conformément aux art. 12 et 13 de la loi, puisque l'art. 22 porte que l'assistance judiciaire est accordée sur le visa du procureur de la République et que ce magistrat n'est saisi du dossier qu'après la comparution des parties devant le président du tribunal, c'est-à-dire une fois l'enquête terminée. Mais il a été entendu entre les départements de la Justice et des Finances que le bénéfice de l'assistance judiciaire serait étendu à l'enquête.

« Cette solution, porte à cet égard la circulaire précitée du Garde des sceaux, est certainement conforme, sinon à la lettre, du moins à l'esprit de la loi de 1898. Alors, en effet, que dans les autres matières l'instruction nécessaire pour l'évacuation des litiges se fait, en général, après l'instance, cette instruction précède l'instance dans le cas qui nous occupe, en toute hypothèse, elle s'y rattache de la façon la plus intime, et on ne peut concevoir que le bénéfice de l'assistance judiciaire ne s'applique pas à la fois à l'une et à l'autre.

« J'ajoute que, l'enquête étant faite d'office par l'autorité judiciaire, les frais qu'elle nécessite doivent être nécessairement avancés par le Trésor. Il ne saurait en être autrement sous peine d'aboutir à une impossibilité d'exécution. »

La même circulaire indique d'ailleurs quels sont les frais de cette procédure dont le Trésor doit faire l'avance.

« L'art. 14, § 8, de la loi du 22 janvier 1851, exprime le Garde des sceaux, relatif aux frais avancés par le Trésor, et applicable à l'enquête du juge de paix, pour les raisons que je viens d'exposer, vise les frais de transport des juges, des officiers ministériels et des experts, les honoraires de ces derniers et les taxes des témoins. Or l'enquête du juge de paix entraînera d'autres dépenses pour la convocation des témoins et l'envoi de lettres recommandées aux parties intéressées. Par extension des dispositions de l'art. 14 prérappelé, ces dépenses seront également supportées par le Trésor, sauf son droit de condamnation prononcée contre l'adversaire de l'assisté. »

41. Conciliation devant le président du tribunal. — Il y a lieu d'admettre également et par identité de motifs que l'assistance judiciaire s'applique à la procédure de conciliation devant le président du tribunal. Cette procédure entraîne également certains frais tels que ceux de convocation des parties, dont l'avance doit être faite par le Trésor (V. n° 47 ci-après).

42. Actes d'exécution. — Par dérogation à la règle que la loi de 1851 avait posée (Inst. n°° 1879 et 1971), le bénéfice de l'assistance judiciaire s'étend de plein droit

à tous les actes d'exécution, mobilière et immobilière, et à toute contestation incidente à l'exécution des décisions judiciaires.

L'expression « *contestation incidente* » a d'ailleurs ici un sens absolument général. Il s'entend de toute contestation soulevée soit par le débiteur, soit par un tiers et dont le but est d'empêcher la victime de l'accident ou ses ayants droit d'assurer l'exécution du jugement. C'est ainsi notamment que la victime de l'accident jouirait de plein droit de l'assistance judiciaire lorsque, dans le cas de saisie-arrêt, la déclaration du tiers saisi est contestée, ou encore dans le cas où des objets sont revendiqués par un tiers.

L'assistance judiciaire s'applique-t-elle aux actes d'exécution, lorsque le titre de la victime de l'accident est non un jugement, mais l'ordonnance rendue par le président du tribunal et constatant l'accord des parties? Cette question nous paraît devoir être résolue affirmativement. L'intention du législateur a été de donner aux ouvriers victimes d'accidents l'assistance judiciaire dans la mesure la plus large possible, et il serait contraire à cette intention de limiter l'assistance aux exécutions de jugements. Le mot décision judiciaire qui figure dans la loi peut, d'ailleurs, très bien s'entendre de l'ordonnance du président du tribunal, qui constitue un titre judiciaire exécutoire, assimilable au jugement rendu par le tribunal tout entier.

43. Juridictions supérieures. — Devant les Cours d'appel ou la Cour de cassation, l'assistance judiciaire n'est accordée de plein droit à la victime de l'accident que dans les cas prévus par les trois premiers alinéas de l'art. 9 de la loi du 22 janvier 1851. (Rappr. les deux premiers alinéas de l'art. 9, L. 10 juillet 1901). Par conséquent, lorsque la victime de l'accident veut émettre un appel principal ou former un pourvoi, elle ne peut le faire avec le bénéfice de l'assistance judiciaire qu'autant qu'elle a demandé ce bénéfice et qu'elle l'a obtenu dans les formes tracées par la loi du 22 janvier 1851 (actuellement, L. du 10 juillet 1901) (Inst. n° 2988).

44. Formalités auxquelles est subordonné le bénéfice de l'assistance. — Pour les affaires de la compétence du juge de paix, cette faveur n'est soumise à aucune formalité préalable. Toutefois, le juge de paix doit faire parvenir au receveur de l'Enregistrement, conformément à une circulaire du Garde des sceaux du 10 juin 1899, un avis destiné à suppléer à l'envoi d'un extrait de la décision du bureau, prescrit, en matière ordinaire, par le dernier alinéa de l'art. 13 de la loi du 22 janvier 1851 (actuellement, L. du 10 juillet 1901) (Inst. n° 2988).

Pour les affaires de la compétence des tribunaux d'arrondissement, l'assistance est subordonnée au visa du procureur de la République qui vérifie si la demande est formée en vertu de la loi du 9 avril 1898. Ce magistrat est d'ailleurs chargé de remplir la mission conférée au président du tribunal par l'art. 13 de la loi du 22 janvier 1851 (actuellement, L. du 10 juillet 1901). C'est à lui, par conséquent, qu'incombe le soin de faire désigner l'avocat et l'huissier qui prêteront leur ministère à l'assisté.

Le procureur de la République informe le receveur de l'Enregistrement de son visa.

Lorsqu'il s'agit d'actes d'exécution ou d'instances ayant lieu après décision au fond, dans les cas prévus par les art. 19, 9, § 1 et 9, § 2, la victime de l'accident obtient l'assistance judiciaire en faisant viser le titre qu'elle a déjà par le procureur de la République (Circ. précitée du Garde des sceaux).

45. Immunités résultant de l'assistance judiciaire. — Le Trésor ayant fait l'abandon complet et définitif des droits de timbre et d'enregistrement, pour tous les actes de la procédure, l'assistance judiciaire accordée à la victime de l'accident ne produit que des effets limités. Elle oblige seulement le Trésor à faire pour le compte de l'assisté l'avance des frais indispensables pour la marche de la procédure, et les greffiers, avocats, avoués, huissiers et autres officiers publics à prêter à cet assisté leur concours gratuit.

Les frais dont le Trésor doit faire l'avance consistent dans ceux indiqués à l'art. 14, § 8 de la loi du 22 janvier 1851 (art. 14 § 9, L. 10 juillet 1901, frais de transport des juges, des officiers ministériels et des experts, honoraires de ces derniers, taxes des témoins dont l'audition a été ordonnée), et dans ceux spécialement prévus par la loi nouvelle, tels que les frais des convocations des témoins et des parties.

En ce qui concerne les émoluments alloués aux greffiers de justice de paix par le décret du 5 mars 1899, il y a lieu de distinguer entre ces honoraires, d'une part, et les déboursés et frais de transport d'autre part. Le Trésor ne doit faire l'avance que de ces dernières sommes, conformément à l'art. 14, § 8 précité, de la loi du 22 janvier 1851 (art. 14 § 9, L. 10 juill. 1901).

Quant à leurs honoraires ou émoluments, les officiers ministériels n'y ont droit que si la condamnation aux dépens est prononcée contre le chef d'entreprise et ils ne peuvent s'en faire payer qu'après recouvrement, par l'Administration, du montant des exécutoires dans lesquels ils sont compris (Inst. 3013, § 2-III).

Les frais des lettres recommandées adressées par le greffier en vue de la tentative de conciliation devant le président du tribunal sont compris dans les avances à faire par le Trésor (même Inst., § 2-I). Il en est de même des frais d'envoi des bulletins d'avertissement adressés par le greffier de la justice de paix, à la requête de la victime de l'accident ou de ses ayants droit, en vue de la conciliation devant le juge de paix (même Inst., § 2-II). Mais l'avance à faire est restreinte aux frais d'envoi et ne s'étend pas à l'émolument de 0 fr. 15 par avertissement alloué au greffier; cette somme fait partie des dépens ordinaires de l'instance. Les avertissements doivent, au surplus, être visés pour timbre gratis (ibid.).

Le décret du 5 mars 1899 alloue notamment aux greffiers de justice paix : « pour transmission de l'enquête au président du tribunal, tous frais de transport compris, 4 fr. ; pour toute mention au répertoire, 10 centimes. »

L'allocation de 4 fr. est destinée, pour partie, à indemniser les greffiers des frais d'affranchissement qu'ils ont payés pour l'envoi du dossier. Elle représente donc, à concurrence du montant de ces frais, de simples déboursés que le Trésor doit payer, à titre d'avance, sur le crédit des frais de justice criminelle. Pour le surplus, au contraire, elle a le caractère d'une rémunération accordée aux greffiers, et elle fait partie des frais ordinaires de l'instance dont le greffier ne peut se faire payer le montant qu'en le comprenant dans l'exécutoire à délivrer au profit de l'Administration contre le chef de l'entreprise, soit au vu de l'ordonnance de conciliation (art. 31, L. 13 avr. 1900), soit au vu du jugement de condamnation (art. 17 et 19, L. 22 janv. 1851 et L. 10 juill. 1901).

Quant à la somme de 10 centimes pour inscription au répertoire, elle constitue un simple émolument et elle ne peut être payée qu'après avoir été recouvrée en vertu des exécutoires, dans lesquels elle doit être également comprise (D. M. J., 3 août 1900 et 8 janv. 1901 ; Inst. 3052-1).

46. Recouvrement des dépens en cas d'instance terminée par jugement. — Il importe de distinguer plusieurs hypothèses :

1° La victime de l'accident est condamnée aux dépens. — Dans cette hypothèse, les honoraires des officiers ministériels tombent en non-valeur ; les avances faites par le Trésor seules sont susceptibles de recouvrement (L. 22 janv. 1851-10 juill. 1901, art. 19 ; Inst. n° 2988). L'assisté supporte d'ailleurs, comme en matière ordinaire, les dépens exposés par son adversaire.

2° Si c'est la partie adverse qui succombe, l'exécutoire comprend, indépendamment des avances faites par le Trésor, les émoluments dus aux officiers ministériels qui ont prêté leur concours à l'assisté (L. 22 janv. 1851-10 juill. 1901, art. 17).

46 bis. Remboursement des déboursés et frais de transport. Timbre des mémoires. — Les greffiers des justices de paix de Paris avaient exprimé le désir que les états de frais (frais de transport et déboursés) qu'ils ont à présenter à raison de leur participation aux procédures et instances prévues par la loi du 9 avril 1898 soient payés sur la simple taxe du juge de paix, sans être visés par le parquet général et sans être revêtus du réquisitoire et de l'exécutoire des magistrats compétents.

Ils ont demandé, en même temps, que ces états fussent dispensés du droit de timbre, même lorsqu'ils comprendraient des sommes supérieures à 10 francs.

Sur le premier point, le Ministre de la justice a décidé qu'il ne lui était pas possible d'admettre une dérogation aux règles établies pour le payement des dépenses de l'espèce tant par l'ordonnance du 28 novembre 1838 (art.2), que par la circulaire de sa Chancellerie du 23 février 1887 (Circ. de l'Enreg. 15 mars 1888, p. 9). Les comptables de l'Enregistrement auraient donc à refuser le paiement de tout mémoire ou état qui ne serait pas revêtu de la taxe et de l'exécutoire du juge et qui ne porterait pas en outre le visa du procureur général.

Sur le second point, le Ministre des finances a reconnu que l'un des exemplaires de chaque état de frais supérieur à 10 francs devait être dressé sur papier timbré,conformément à l'art. 146 du décret du 18 juin 1811 concernant le payement des frais de justice criminelle.

Il est, d'ailleurs, loisible aux greffiers, d'après les règlements en vigueur, de réunir, dans un même état ou mémoire, les frais de transport et les déboursés qui peuvent leur être dus pour une période déterminée, alors même que ces frais ou déboursés s'appliqueraient à des affaires distinctes. Toutefois, pour que des frais afférents à plusieurs affaires puissent être compris dans le même état ou mémoire, il est indispensable que le payement de ces frais incombe à une caisse unique. Les greffiers de justice de paix ne pourraient notamment réunir les sommes allouées pour leur assistance à l'enquête, qui sont payables par le receveur de l'enregistrement des actes judiciaires près le tribunal de première instance de l'arrondissement, et celles leur revenant pour leur participation aux instances de la compétence des juges de paix, que doit payer le receveur de leur canton. Comme la dépense, dans cette hypothèse, incomberait à deux caisses différentes, la rédaction d'un double mémoire serait nécessaire pour permettre à chacun des comptables intéressés de justifier de sa dépense (Inst. 3013, § 2-IV et V).

47. Affaire terminée par l'ordonnance de conciliation du président du tribunal. — Toute affaire terminée par une ordonnance de conciliation doit être assimilée aux affaires terminées par la condamnation de l'adversaire de l'assisté. Il en résulte que les frais avancés pour le compte de l'assisté soit au cours de l'enquête, soit dans l'instance en conciliation devant le président, sont dus de plein droit par le chef d'entreprise dès lors que l'ordonnance du président constate l'accord des parties (L. 13 avr. 1900, art. 31 ; Inst. 3013, § 1 ; R. E. 2378).

La disposition nouvelle nous paraît applicable à toutes les ordonnances postérieures à la mise à exécution de la loi du 13 avril 1900 dans chaque arrondissement, sans distinguer si les frais qui retombent ainsi à la charge de l'adversaire de l'assisté sont antérieurs ou postérieurs à la loi nouvelle.

47 bis. Convocation devant le juge de paix. — Si les parties se concilient devant le juge de paix, les avances faites par le Trésor tombent en non-valeur (Inst. 3013, § 2-II).

48. Dépens dans les procédures d'exécution.Recouvrement. — Les frais de mise à exécution d'un titre paré sont l'accessoire du principal. La partie qui a obtenu une condamnation principale peut donc réclamer exécutoire pour les frais de mise à exécution taxés. C'est ce qu'explique très bien M. Chauveau : « Lorsqu'il est rendu, dit-il (Dutruc sur Carré et Chauveau, V° *Exécution forcée des jugements*, n° 86), un jugement qui condamne un individu au paiement d'une somme déterminée avec les intérêts du jour de la demande et les frais exposés, il est certain que ce jugement constitue, au profit de celui qui l'a obtenu, un titre exécutoire, en vertu duquel il a le droit de poursuivre le paiement de toutes les sommes qui forment la créance en principal et accessoires. Si les poursuites auxquelles le jugement sert de base occasionnent des frais indispensables, il est naturel, il est logique que le paiement des frais de ces poursuites soit garanti par la force du jugement lui-même, puisque c'est dans ce jugement qu'elles puisent leur raison d'être, leur légitimité. Par cela seul qu'un jugement existe, il produit son effet, non seulement quant aux condamnations qu'il prononce formellement, mais encore quant à celles qu'il contient virtuellement, en germe. Sans doute, la taxe du jugement n'est pas exécutoire par elle-même, mais elle le devient parce qu'elle s'incorpore avec le jugement cause de l'exécuture. »

Il suit de là que l'adversaire de la victime de l'accident, lorsque celle-ci a obtenu un titre exécutoire, est, de plein droit, débiteur des frais de mise à exécution de ce titre. L'Administration qui se substitue à la partie assistée pour le recouvrement des dépens peut donc réclamer un exécutoire supplémentaire pour les avances qu'elle a eu à faire au cours des procédures d'exécution, ainsi que pour les honoraires des officiers ministériels qui auront prêté à l'assisté leur concours.

Les agents devront se concerter avec ces derniers pour la production de leurs états de frais, et faire toute diligence afin que les exécutoires supplémentaires puissent être délivrés assez à temps pour permettre à l'Administration d'obtenir le paiement des sommes dont elle est créancière sur le produit des objets vendus ou saisis.

Une dernière question doit être examinée en ce qui concerne les procédures d'exécution.

Nous avons admis que l'assistance judiciaire s'étendait aux actes d'exécution faits en vertu de l'ordonnance de conciliation rendue par le président du tribunal civil (V. supra, n° 42). L'administration de l'Enregistrement peut-elle poursuivre contre l'adversaire de l'assisté le recouvrement des avances faites par le Trésor dans ces procédures d'exécution ainsi que celui des honoraires dus aux officiers ministériels ? L'affirmative nous paraît devoir être adoptée. Si les frais antérieurs à cette ordonnance ne sont pas susceptibles de recouvrement, c'est parce qu'on ne peut pas dire qu'ils soient plutôt à la charge de l'adversaire de l'assisté que de celui-ci puisque aucune des parties n'est réputée avoir succombé. Il n'en est pas de même des frais ultérieurs. Ces frais, comme ceux des actes d'exécution faits en vertu de jugements, sont nécessités par la résistance injuste du débiteur, et constituent comme eux des accessoires de la dette principale. Ils doivent être, par conséquent, réputés à la charge du débiteur et l'Administration peut en poursuivre directement le recouvrement contre ce dernier. La seule question qui se pose est celle de savoir dans quelles formes il doit être procédé à ce recouvrement. Nous croyons, en ce qui nous concerne, qu'il y a lieu de demander taxe au greffier du tribunal du lieu où l'ordonnance de conciliation a été rendue, un exécutoire de dépens. Cette ordonnance paraît, en effet, constituer au profit de la victime de l'accident un titre paré assimilable de tout point à un jugement. L'Administration n'a pas été, il est vrai, partie à cette ordonnance, et aucune condamnation n'a été explicitement prononcée à son profit. Mais en l'obligeant à avancer pour la victime de l'accident les frais nécessités par les actes de procédure faits à la requête de celle-ci, la loi a mis la Régie aux lieu et place de l'assisté pour le recouvrement de la créance de dépens.

Il semble d'ailleurs que l'Administration ait également à poursuivre le recouvrement des honoraires des officiers ministériels qui ont prêté leur concours à l'assisté. On ne voit pas, en effet, pourquoi ces officiers ministériels seraient ici privés de leurs émoluments.

Il est à noter que les diverses règles qui viennent d'être indiquées sont spéciales aux procédures d'exécution qui ne constituent pas des instances proprement dites. S'il s'agissait d'actes d'exécution donnant lieu à des instances principales ou incidentes, il interviendrait nécessairement une nouvelle condamnation aux dépens. Le recouvrement des dépens serait alors poursuivi dans les conditions indiquées ci-dessus, n° 46.

49. Inscription hypothécaire. Privilège. — Les jugements rendus en matière d'accidents du travail, conformément à la loi du 9 avril 1898, n'emportant jamais hypothèque judiciaire au profit de l'assisté, l'Administration, qui est aux droits de cet assisté, ne jouit, pour le recouvrement des dépens, d'aucune garantie hypothécaire, mais elle peut invoquer les privilèges qui sont accordés à la victime de l'accident par la loi du 9 avril 1898 (V. ci-dessus, n° 13).

49 bis. Reversement de frais indûment alloués. — Les frais de justice qui auraient été indûment avancés par le Trésor seraient remboursés par les parties prenantes, conformément aux règles tracées par les circulaires du Garde des sceaux du 8 octobre 1898 et de la Comptabilité publique du 2 janvier 1899 pour les reversements en matière d'assistance judiciaire (D.M. F. et Just., 16 janv. 1901 ; Inst. 3052 ; Rappr., V° Assist. judic., n° 19).

SECT. III. — DROITS DE MUTATION PAR DÉCÈS.

50. Indemnité allouée à l'époux, aux ascendants ou descendants de la victime décédée. — Nous avons exposé au Traité (V° Succession, n° 254) qu'en thèse générale l'indemnité allouée aux héritiers d'une personne décédée à la suite d'un accident n'est pas soumise au droit de mutation par décès, cette indemnité constituant une valeur propre aux héritiers et qui n'a jamais fait partie de la succession. Cette règle est entièrement applicable lorsqu'il s'agit d'indemnité à payer par le chef d'entreprise au conjoint survivant, aux enfants légitimes ou naturels reconnus, aux autres descendants ou aux ascendants en vertu de l'art. 4 de la loi du 9 avril 1898, car ces divers ayants droit recueillent également non à titre héréditaire, mais en vertu d'un droit exclusivement personnel, la rente qui leur est allouée.

La même solution s'impose dans une autre hypothèse. Si la victime de l'accident vient à décéder dans les trois ans à partir de l'accord provisoire intervenu entre les parties au sujet de l'indemnité ou de la décision judiciaire qui a fixé cette indemnité, ses représentants peuvent exercer contre le chef d'entreprise une action en révision. La rente qui est allouée à la suite de l'exercice de cette action ne saurait non plus être considérée comme provenant de la succession du défunt et n'est pas, en conséquence, soumise au droit de mutation par décès.

Il est d'ailleurs évident que si la victime de l'accident ou ses représentants venaient à décéder après avoir obtenu définitivement soit une rente, soit même un capital dans le cas prévu par l'art. 9, le droit de mutation serait dû sur les arrérages de la rente ou sur la portion du capital qui seraient encore dus au décès.

51. Réversion de la rente au profit de l'époux survivant. — Nous avons vu qu'aux termes de l'art. 9 § 2 de la loi du 9 avril 1898, la victime de l'accident peut demander, lors du règlement définitif de la rente, c'est-à-dire après l'expiration du délai de révision, que le capital de la rente ou le capital réduit du quart conformément au 1er alinéa du même article, serve à constituer sur sa tête une rente viagère réversible pour moitié au plus sur la tête de son conjoint. La rente viagère provisoirement allouée est alors diminuée de façon à ce qu'il n'en résulte de cette transformation aucune augmentation de charge pour le chef d'entreprise. La réalisation de cette clause de réversion exerce-t-elle une influence quelconque sur la liquidation des droits de mutation par décès à payer lors du décès de la victime de l'accident ?

Nous ne le pensons pas.

On peut voir dans les clauses de réversion de l'espèce une stipulation pour autrui analogue à celle qui caractérise l'assurance sur la vie contractée par l'un des conjoints au profit de l'autre au cas de survie de celui-ci. La jurisprudence décide que le bénéfice de cette assurance, lorsqu'il est recueilli par le survivant, lui advient en vertu d'un droit propre et n'a jamais fait partie du patrimoine du défunt (Cass. 29 juin 1896 ; R. E. 4333). De même, au cas particulier, la rente viagère qui, au décès de l'époux victime de l'accident, se fixe sur la tête de son conjoint, appartient à ce dernier en vertu d'un droit propre et par l'effet d'une stipulation faite à son profit antérieurement au décès. La rente ne fait donc, en droit civil, l'objet d'aucune transmission en faveur du survivant lors du prédécès de son conjoint et le droit de mutation par décès ne peut, en conséquence, être exigé à ce moment. Si une règle différente est suivie en matière d'assurances sur la vie, c'est qu'une loi spéciale (L. 21 juin 1875, art. 5), a, en cette matière même article, serve à constituer sur sa tête soumis à l'impôt de succession des valeurs qui, en réalité, ne font l'objet d'aucune mutation au décès. Une règle aussi exorbitante du droit commun ne saurait être appliquée à l'espèce en l'absence d'un texte spécial.

La réversion de la rente, au surplus, alors même qu'elle serait considérée comme translative, échapperait encore au droit de mutation à titre gratuit, car elle n'a pas pour cause une intention de libéralité de l'un des époux envers l'autre. La loi de 1898 considère que l'accident préjudicie directement à l'époux victime de l'accident et indirectement à son conjoint par la réduction apportée aux gains communs. Le législateur autorise, en conséquence, deux modes de paiement de l'indemnité due par le chef d'en-

treprise : celui-ci servira une pension soit à la victi[me] principale seule, soit à celle-ci et, à son décès, à son co[n]joint, considéré avec raison comme ayant subi égalem[ent] un préjudice. Alors même qu'un seul des époux stip[ule] la constitution d'une rente avec réversion, il agit t[ant] pour lui qu'au nom de son conjoint et pour obtenir pa[ie]ment de l'indemnité due à chacun d'eux. On ne peut tr[ou]ver trace dans cette convention de l'*animus donandi* seul pourrait justifier la réclamation du droit de mutat[ion] par décès sur la réversion, à supposer même que cell[e-ci] fût translative.

En conséquence, à aucun point de vue, la réclamat[ion] du droit de succession ne nous paraîtrait justifiée d[ans] l'hypothèse prévue ci-dessus.

Une solution du 30 septembre 1890 a décidé, en ce se[ns] que lorsqu'un ouvrier, victime d'un accident, a stipulé [du] chef de l'entreprise une somme immédiatement payée de plus, un capital payable, après son décès, à sa fi[lle] aucun droit de succession ne peut être réclamé à celle-[ci] lors du prédécès de son père, sur le capital touché elle du chef d'entreprise en vertu de la stipulation fait[e à] son profit.

ACQUISITION PAR L'ÉTAT. — 1. (3). T[im]bre. — En thèse générale, les actes d'acquisitions de p[ro]priétés immobilières faites par l'État suivant les for[mes] du droit commun sont soumis au timbre, tant sur la m[i]nute que sur l'expédition (Sol. 10 déc. 1898 ; R. E. 19[..] J. E. 25.656 ; R. P. 9464).

Par dérogation à cette règle, les actes rédigés pour p[ré]parer ou constater les acquisitions effectuées même à [l'a]miable, par l'administration des Eaux et Forêts, en [exé]cution de la loi du 4 avril 1882, relative à la restaura[tion] et à la conservation des terrains en montagne, sont exem[pts] du timbre. Cette exemption ne s'applique toutefois qu'[aux] acquisitions ayant pour objet des terrains dont la rest[au]ration a été déclarée d'utilité publique par une loi ou d[ont] la mise en défens a été prononcée par décret et doit [se] prolonger au delà du terme de dix ans. Si les conditi[ons] qui précèdent n'étaient pas remplies, le contrat pour[rait] néanmoins être rédigé sur papier non timbré, si l'acqu[isi]tion était faite par acte administratif. Mais, lors de l'en[re]gistrement de la minute, le receveur devrait réclamer ce[lui]ci, ainsi que les expéditions destinées aux services [du] Domaine et des Eaux et Forêts, au moyen de timbres m[o]biles dont il avancerait le coût à charge de recouvrem[ent] sur le budget de l'administration forestière. Cette fac[ulté] ne saurait, d'ailleurs, être appliquée, en aucun cas, [aux] actes d'acquisition passés devant notaire.

L'exemption du timbre, dans les cas où elle est acc[or]dée, est limitée, au surplus, aux actes destinés à prépa[rer] ou à réaliser les acquisitions ; les autres actes occasion[nés] par les acquisitions et, en particulier, ceux relatifs [à la] procédure de purge, restent soumis au droit commun [en] ce qui concerne le timbre (D. M. F. 27 mars 1899 ; [R. P.] 3000 ; R. E. 2278).

2. (5). Enregistrement. Services de l'État. — [Les] *lycées*, constituant des établissements de l'État doivent bé[né]ficier, pour leurs acquisitions à titre onéreux ou à [titre] gratuit, de l'exemption des droits d'enregistrement d[ont] jouit l'État lui-même (D. M. F. 1er déc. 1894 ; R. E. [..] J. E. 24.607). Les *facultés* et *universités* jouissent des m[êmes] immunités ; elles sont affranchies, notamment, des dr[oits] de mutation sur les libéralités qu'elles recueillent par [do]nation ou testament (D. M. F. 2 avr. 1895 ; Inst. 28[..] R. E. 987 ; J. E. 24.607 ; D. 95.5.246).

Même solution en ce qui concerne l'*Institut de Fr[ance]*

et les cinq *Académies* considérées isolément (Perpignan, 22 avr. 1896 ; *R.P.* 8940 ; — Céret, 12 mai 1897 ; *R.P.* 9137, *J. E.* 25.363 ; — D. M. F. 30 juill. 1887; *T. A.*, V° *Etat (Souve-rain)*, 10, note 3 ; — Rappr. D. M. F. 25 mai 1899; *R. E.* 2108).

3. (12). **Procédure de purge.** — Les actes de la procédure de purge, qui sont la suite des acquisitions immobilières de l'Etat, bénéficient, comme ces acquisitions elles-mêmes, de l'immunité des droits d'enregistrement (Inst. 3000, *in fine*).

4. (nouveau). **Legs à l'Etat.** — Lorsqu'un legs particulier a été fait à l'Etat et n'a pas encore été accepté par celui-ci, l'héritier doit acquitter les droits de mutation sur l'intégralité des valeurs héréditaires, sans déduction du legs ; mais les droits perçus sur la valeur de ce dernier sont restituables s'il est justifié, dans les deux ans, de l'autorisation d'accepter, ou de l'encaissement, par le Trésor, de la somme léguée (Sol. 5 août 1893 ; *R. E.* 972).

ACTE. — **1.** (7). **Actes simulés.** — La qualification donnée à un contrat doit être respectée s'il n'est pas démontré qu'elle est frauduleuse ou erronée.

Le contrat par lequel un nu-propriétaire cède à l'usufruitier la nue propriété de valeurs industrielles moyennant une rente viagère, doit être tarifé comme un acte de cession de valeurs mobilières. Il n'a pas nécessairement pour objet principal la constitution de la rente, si la cession paraît sincère et conforme à l'intention des parties (Seine, 15 mars 1894 ; *R. E.* 735).

2. (10, *in fine*). **Expéditions d'actes notariés délivrées à l'administration de l'Enregistrement.**—Les honoraires dus au notaire sont réglés conformément au décret du 25 août 1898 portant fixation des honoraires, vacations, frais de rôles et de voyages et autres droits qui peuvent être dus aux notaires à l'occasion des actes de leur ministère (*R. E.* 1809).

ACTES ADMINISTRATIFS.

SOMMAIRE ANALYTIQUE.

Sect. I. — *Principes généraux*, 1-2.
Sect. II. — *Etendue de la loi de 1818*, 3-16.
§ 1. — Conditions de forme, 3-7.
§ 2. — Caractères intrinsèques des actes visés par la loi, 8-16.
Sect. III. — *Enregistrement des actes administratifs*, 17-22.

SOMMAIRE ALPHABÉTIQUE.

A

Actes administratifs. Caractères intrinsèques, 8.
— Forme, 3.
Actes de complément, 9, 12, 21.
Actes préparatoires, 15.
Algérie. Remises de séquestre, 3.
Aliénés, 10.
Approbation, 18.
Associations syndicales, 5.
Autorités administratives. Caractère, 3.

B

Baux à nourriture, 10.
— d'immeubles, 9.
Brevet (actes en), 6.
Bureau, 17.

C

Cahier des charges, 15.
Caisse des dépôts, 6.
Caisses d'épargne, 5.
Certificats de propriété, 6.
Cessions de créances, 13.
— de marchés, 12.
Compétence des tribunaux civils, 2.
Complément (actes de), 9.
Consensuel (caractère), 8.
Consentement à mariage, 16.
Conventions verbales, 7.
Corps de troupe, 3.
Créances (cessions de), 13.

D

Débit de tabacs (gérance d'un), 4.
Délai, 17.
Délibérations, 11.
Devis, 15.
Don manuel, 11.
Droit des pauvres, 12.

E

Emprunt, 13.

F

Forme administrative, 3.

G

Gérance d'un débit de tabacs, 4.
Grâce, 8.

H

Hospices. Hospitalisation, 10.

I

Indemnités, 14.
Indigents (hospitalisation des), 10.
Interprétation, 1, 2.

J

Jeu (établissements de), 12.

L

Liquidation des droits, 19.

M

Malades payants, 10.
Marchés, 12.
— (cessions de), 12.
Ministre de la guerre, 3 et 12.
Minute (actes en), 6.

P

Paiement des droits, 21.
Plans, 15.
Plusieurs originaux (actes en), 6.
Postes (service des). Indemnités, 14.
— Marché, 13.
Prescription, 22.

Q

Quittances des illettrés, 6.

R

Règles générales, 1.
Renseignements préalables à l'enregistrement, 20.
Rôles de recouvrement, 7.

S

Sauvetages maritimes, 15 *bis*.
Séquestre en Algérie (grâce), 8.
Sous-intendants militaires, 3.

T

Téléphones, 12.
Traités entre particuliers, 4.
Transactions, 14.
Transport de créances, 13.

V

Vente de meubles. Délai, 18.

SECT. Ire. — PRINCIPES GÉNÉRAUX.

1. (1 à 20). **Observations préliminaires.** — L'art. 78 de la loi du 15 mai 1818 a assujetti à la double formalité du timbre et de l'enregistrement, sur la minute, dans le délai de vingt jours, « les actes des autorités administratives et des établissements publics portant transmission de propriété, d'usufruit et de jouissance ; les adjudications ou marchés de toute nature, aux enchères, au rabais et sur soumission, les cautionnements relatifs à ces actes »

Quant aux actes émanant de l'autorité administrative qui ne rentrent pas dans cette énumération, ils ont été formellement exemptés par l'art. 80 de la même loi, « du timbre sur la minute et de l'enregistrement tant sur la minute que sur l'expédition », la formalité du timbre demeurant toutefois obligatoire pour les expéditions délivrées aux parties, « si ce n'est à des individus indigents, et à charge d'en faire mention dans l'expédition ».

La règle générale est l'exemption du timbre et de l'enregistrement, l'exception est l'assujettissement à cette formalité. Comme toutes les dispositions d'exception, l'art. 78 de la loi de 1818 doit, par conséquent, être interprété dans un sens restrictif, au double point de vue des caractères intrinsèques des actes visés par le législateur et des conditions de forme à l'existence desquelles est subordonnée l'exigibilité de l'impôt.

2. (20). **Interprétation. Compétence.** — C'est, du reste, aux tribunaux civils, spécialement compétents en matière de droits d'enregistrement (L. 22 frim. an VII, art. 65), qu'il appartient, à l'exclusion des autres autorités constituées ou administratives, d'interpréter les actes administratifs, pour apprécier s'ils tombent sous l'application de l'art. 78 de la loi de 1818, pour régler les droits qui leur sont applicables et pour en déduire les perceptions à effectuer à raison des conventions auxquelles ils ont donné naissance (Cass. req., 9 mai 1899 ; Inst. 3004-3 ; *R.P.* 9604 et 9946-20) ; — Cass. civ., 24 oct. 1899 ; *R. E.* 2228).

SECT. II. — ÉTENDUE DE LA LOI DE 1818.

§ 1er. — *Conditions de forme.*

3. (24, 25). **Forme administrative des actes.** — L'art 78 de la loi de 1818 vise exclusivement les actes émanant des autorités administratives ou des établissements publics. Encore faut-il que les autorités devant lesquelles les actes sont passés constituent de véritables autorités administratives et qu'elles opèrent dans les limites de leurs attributions.

C'est ainsi que les marchés passés par les *corps de troupe*, pour les fournitures payables sur les fonds de masse, ne constituent des actes administratifs, assujettis à l'enregistrement dans le délai de vingt jours, qu'autant qu'ils sont conclus entre l'entrepreneur et le ministre de la guerre, ou son délégué. Ils constituent, au contraire, de simples actes sous seing privé, et restent soumis à la législation fiscale qui régit cette nature d'actes, lorsqu'ils sont passés directement par les corps de troupe eux-mêmes et spécialement par leurs conseils d'administration, et cela pour le motif que les corps de troupe n'ont pas la qualité d'autorités administratives (D. M. F. 10 août 1893 ; J. E. 24.516). Tel serait le cas d'un marché passé entre un particulier et un capitaine commandant la portion détachée d'un régiment, en vue de l'enlèvement des fumiers ; et il serait sans intérêt même que l'acte portât mention d'approbation par le sous-intendant militaire, alors surtout que la validité du contrat n'aurait pas été subordonnée à cette formalité (Sol. 9 juill. 1898 ; J. E. 25.553 ; R. P. 9373).

Constitue, au contraire, un véritable acte administratif, dans le sens de l'art. 78 de la loi de 1818, le procès-verbal dressé par les membres du Conseil d'administration d'un régiment et accepté par le sous-intendant militaire, au nom du ministre de la guerre, aux termes duquel un particulier est déclaré adjudicataire des fumiers à provenir des chevaux d'un régiment. La double formalité du timbre et de l'enregistrement serait dès lors obligatoire, par le seul effet de la loi et alors même qu'une clause du cahier des charges aurait dispensé l'adjudicataire d'acquitter les droits (Vienne, 19 févr. 1897 ; J. E. 25.164 ; R. P. 9134).

4. (25). — Les traités intervenus entre particuliers ne constituent pas des actes administratifs, par cela seulement qu'ils sont assujettis à l'approbation d'une autorité administrative.

Il a été ainsi décidé que les traités passés entre le titulaire et le gérant d'un *débit de tabacs*, qui doivent être rédigés suivant une formule donnée par l'Administration et où sont insérées certaines clauses dans l'intérêt du Trésor ; qui, de plus, doivent être approuvés par le Directeur des contributions indirectes, ont le caractère d'actes sous seing privé ordinaires et non d'actes administratifs. L'approbation de ces traités par le Directeur des contributions indirectes ne constitue pas, d'ailleurs, l'usage devant une autorité constituée, qui nécessite, aux termes de l'art. 23 de la loi de frimaire, l'enregistrement préalable des actes qui en font l'objet (Sol. 21 nov. 1895 ; R. E. 1154 ; J. E. 24.939 ; R. P. 8976).

5. (26). — Les marchés aux enchères ou sur soumissions cachetées, passés devant la commission administrative d'une *caisse d'épargne*, ne sont pas soumis au régime des marchés administratifs, car les caisses d'épargne constituent des établissements d'utilité publique et non des établissements publics (R. E. 2506).

Même solution à l'égard de l'adjudication de travaux passée dans une salle du ministère de l'agriculture, au nom d'une *association syndicale* autorisée, par les soins d'une commission munie de la délégation de l'association ; et cela encore bien qu'à raison de la participation du Trésor aux dépenses de l'adjudication et de la tutelle exercée par l'État sur les travaux du syndicat, l'adjudication ait été subordonnée à l'homologation du ministre de l'agriculture (Seine, 20 mai 1893 ; R. P. 8164).

6. (34, 35). **Actes en minute.** — Les actes énumérés à l'art. 78 de la loi de 1818 sont soumis à la formalité du timbre et de l'enregistrement sur la minute. Les actes dressés en *brevet* échappent donc à cette disposition. Tel est le cas : 1° des *quittances des créanciers illettrés du Trésor* qui sont, en Algérie, dressées en la forme administrative en exécution des art. 108 et 109 de l'ordonnance du 27 janvier 1846 (D. M. F. 24 oct. 1892 ; R. E. 612) ; — 2° des *certificats délivrés par les préposés de la Caisse des dépôts et consignations* et joints aux procès-verbaux d'ordre, en vue d'établir le montant des intérêts du capital consigné échus au moment de la distribution (Sol. 28 avr. 1899 ; R. E. 2285 ; 15 nov. 1899 ; R. E. 2442 ; R. P. 9781 ; — 3° des *certificats de propriété* délivrés par les maires aux héritiers des créanciers de l'État, des départements, communes et établissements publics : la production de ces certificats aux comptables publics n'en rend pas l'enregistrement obligatoire et il suffit, dans ce cas, qu'ils soient timbrés (D. M. F. 17 juillet 1897 ; — Circ. min. Int. 16 oct. 1897 ; R. E. 1602).

Mais, la circonstance qu'un contrat est passé par une autorité administrative en *plusieurs originaux*, dont chacun est signé de tous les intéressés, ne saurait avoir pour effet d'imprimer à ce contrat le caractère d'un acte sous seing privé. La présence du fonctionnaire de l'ordre administratif, agissant comme partie contractante, suffit pour donner à l'acte l'authenticité qui le fait rentrer dans la catégorie des actes administratifs reçus en minute (Sol. 31 mai 1897 ; R. E. 1786).

7. (36, 37). — Les conventions verbales, arrêtées en l'absence de tout écrit, résistent à l'application de l'art. 78. On ne saurait donc soumettre obligatoirement à la formalité de l'enregistrement, les *états* ou *rôles* dressés par un maire et rendus exécutoires par le préfet ou le sous-préfet, pour le recouvrement des prix de vente de menus produits communaux, effectuées à l'amiable, sans publicité ni concurrence, ou des redevances pour concessions d'eau (D. M. F. 22 et 28 juin 1893 ; R. E. 531 et 532 ; J. E. 24.197 ; R. P. 8477).

§ 2. — *Caractères intrinsèques des actes visés par la loi de 1818.*

8. (39). **Caractère consensuel.** — L'art. 78 de la loi de 1818 a pour unique objet les actes de gestion auxquels les autorités administratives interviennent comme parties contractantes ; quant aux actes de la puissance publique, qui se rattachent à des mesures d'ordre public ou intérieur, ils sont exempts de la formalité de l'enregistrement, en vertu des dispositions combinées de l'art. 70, § III, nos 1 et 2, de l'art. 80 de la loi du 22 frim. an VII, et de la loi de 1818 (Inst. 2362-4, p. 42, 43 et 44 ; Sol. 2 mai 1866 ; R. P. 6739).

Les actes portant rétrocession, sous forme de remise gracieuse, en faveur des indigènes algériens, d'immeubles séquestrés pour faits d'insoumission, échappent ainsi à la formalité. Ils se rattachent, en effet, à des opérations accomplies dans un intérêt général et politique, sans la participation nécessaire des bénéficiaires.

9. (40). **Baux d'immeubles.** — L'art. 78 vise nommément les actes portant transmission de jouissance.

L'acte passé dans la forme administrative et portant complément d'un bail d'immeubles passé dans la même forme, rentre évidemment dans cette définition, et il doit être assujetti à l'enregistrement dans le délai de vingt jours (Sol. 5 janv. 1899 ; R. P. 784 ; — V. n° 12, ci-après).

10. (40-2). **Baux à nourriture. Hospices et asiles d'aliénés.** — Les contrats relatifs à l'hospitalisation des malades payants constituent des actes administratifs soumis à la formalité dans les vingt jours.

Toutefois, le traité réglant les conditions d'admission dans un hospice d'une personne qui, sans être complètement indigente, ne peut servir à l'établissement public qu'une redevance minime ne représentant qu'une partie des dépenses de son entretien, ne saurait être envisagé ni comme un bail à nourriture ni comme un marché et il ne serait pas assujetti, par conséquent, à l'enregistrement (Sol. 2 oct. 1894 ; R. E. 855 ; J. E. 24.645 ; R. P. 8526).

Si la formalité était volontairement requise, il ne serait dû que le droit fixe de 3 fr. (Comp. Inst. 2601).

On admet généralement qu'il en est ainsi toutes les fois que les pensions payées par les malades ne dépassent pas 300 fr. ; leur caractère d'actes de l'assistance publique les exonère de la formalité.

Mais les traités passés moyennant des pensions d'un chiffre plus élevé sont de véritables baux à nourriture, d'une durée limitée (à évaluer) ; ils sont assujettis à l'enregistrement dans les vingt jours et passibles du droit de 20 c. 0/0, dès lors qu'ils sont susceptibles de prendre fin à toute époque, soit par la volonté des pensionnaires, soit par la décision de la commission administrative (Sol. 8 juill. 1899 ; R. E. 2283 ; J. E. 25.954).

11. (40-6). **Dons manuels.** — Constitue un acte administratif soumis à l'enregistrement dans les vingt jours de l'approbation par l'autorité supérieure, la délibération de la commission administrative d'un bureau de bienfaisance constatant la donation d'un titre de rente faite à ce bureau, l'acceptation du don et la tradition du titre. Ce document est passible du droit proportionnel de donation, établi par l'art. 6 de la loi du 18 mai 1850, sur les reconnaissances ou déclarations de dons manuels (Mortain, 12 janv. 1899 ; J. E. 25.645), et fixé à 9 0/0 sans décimes par l'art. 19 de la loi du 25 février 1901.

Mais la délibération prise par la commission administrative d'un hospice en vue de la construction d'une chapelle, dans les bâtiments hospitaliers, ne donne pas ouverture à la perception du droit de don manuel quand elle porte que, tenant compte des désirs qui se manifestent dans la population de la commune, désirs qui ont pris corps par le versement collectif et conditionnel d'une somme provenant de quêtes et collectes, elle approuve les plans et devis dressés. Les souscripteurs agissent, en effet, dans le but de satisfaire leurs sentiments religieux, et n'ont pas l'intention de faire une libéralité à l'hospice qui ne tire aucun avantage direct de l'érection de la chapelle. La soumission par laquelle les intéressés s'engagent à fournir une certaine somme pour la réalisation du projet doit donc être considérée, non comme un don manuel, mais comme un contrat à titre commutatif (Sol. 14 avr. 1899 ; J. E. 25.821).

12. (41). **Marchés.** — La définition du marché implique essentiellement l'engagement par l'entrepreneur ou le fournisseur de faire un ouvrage ou une fourniture pour une autre personne (C. civ. 1787).

On ne doit donc pas voir un marché dans la convention par laquelle, d'une part, un hospice s'engage vis-à-vis d'une ville à exécuter lui-même, sur les terrains qui lui appartiennent, des travaux dont il doit rester propriétaire, et d'autre part, la ville s'oblige à reconstituer dans un délai déterminé les capitaux employés par l'hospice pour faire face à la dépense. Un tel acte est exempt du timbre et de l'enregistrement, par application de l'art. 80 de la loi de 1818, quand il est passé dans la forme administrative (Sol. 19 avr. 1898 ; R. P. 9300).

Lorsqu'une ville demande l'installation d'un réseau téléphonique sur son territoire, l'Administration des postes et télégraphes a l'habitude de se faire avancer par elle, à titre de fonds de concours, les sommes nécessaires pour l'exécution des travaux auxquels elle fait procéder par ses propres agents. L'Etat reste propriétaire du réseau, mais, pour désintéresser la ville des fonds avancés, il lui délègue le droit d'encaisser à son profit les sommes dues par les abonnés jusqu'à concurrence du montant de ses avances, tout en se réservant la faculté de mettre, à toute époque, fin à cette délégation par un versement anticipé. Les conventions de l'espèce ne constituent pas des marchés, puisque l'Etat exécute lui-même les travaux et en reste propriétaire. Quand elles sont passées sans le ministère d'un notaire, elles rentrent dans la catégorie des actes administratifs exempts de la formalité ; si elles sont présentées spontanément à l'enregistrement, le receveur doit les revêtir du timbre de dimension et les assujettir au droit fixe de 3 fr. (Inst. 2842-14 ; J. E. 24.196).

Même solution à l'égard de la convention par laquelle une ville concède à une compagnie d'air comprimé, l'occupation de certaines parties du sous-sol des voies publiques et s'engage à effectuer les travaux d'entretien des chaussées moyennant un prix à payer par le concessionnaire ; ce contrat ne constitue ni un marché de travaux, puisque la ville exécute elle-même les travaux et qu'elle en reste-propriétaire, ni aucun des autres contrats prévus par l'art. 78 de la loi du 15 mai 1818 ; la convention s'analyse en une simple obligation de somme ou promesse d'indemnité (Sol. 4 mars 1897 ; R. E. 1892 ; — V. ci-après, n° 13).

On devrait interpréter dans le même sens le contrat sous seing privé, par lequel le directeur d'un casino municipal s'engage envers le maire à verser une redevance annuelle au bureau de bienfaisance, comme condition de l'autorisation d'exploiter un jeu de « petits chevaux » (R. E. 2141).

Enfin, le droit fixe de 3 fr. serait seul exigible, pour des motifs identiques, sur l'engagement pris par une compagnie de tramways électriques de payer une certaine somme à l'administration des postes comme prix des travaux que celle-ci devra effectuer pour parer aux troubles que l'exploitation des tramways est de nature à jeter dans les communications télégraphiques et téléphoniques (Sol. 19 mars 1900 ; R. E. 2629).

Mais l'enregistrement est obligatoire dès l'instant que l'on se trouve en présence de l'un des contrats visés par l'article précité, sans qu'il y ait à distinguer entre les actes qui donnent ouverture au droit proportionnel et ceux qui ne sont assujettis qu'au droit fixe. C'est ainsi que les parties sont tenues de présenter à la formalité dans les vingt jours les actes administratifs suivants :

1° Les cessions de marchés ou substitutions d'entrepreneurs, lorsqu'étant faites sans prix, elles ne sont pas sujettes au droit proportionnel (Inst. 2817-14) ;

2° Les marchés passés par le ministère de la guerre et réalisables seulement en cas de mobilisation (D. M. F.

3 janv. 1884 ; 25 et 28 nov. 1889 ; 31 oct. 1891 ; R. G. V° *Marché*, n° 171) ;

3° Les traités modifiant dans le détail le devis des travaux qu'un entrepreneur s'était engagé à exécuter (Sol. 21 janv. 1895 ; R. E. 2168) ;

4° La convention par laquelle le département de la guerre autorise une ville, par addition aux clauses d'un bail antérieur de terrains militaires, à établir un chalet de nécessité, sans augmentation du prix de la location (Sol. 5 janv. 1899 ; R.E. 2168) ;

5° Les traités passés entre l'administration des postes, les maires et les piétons pour assurer la distribution gratuite des télégrammes dans les communes rurales (D. M. F. 21 sept. 1899 ; Inst. 3019-2) (1).

13. (41-5°). **Emprunts. Cessions de créances.** — Le prêt ne rentre pas dans la catégorie des marchés de toute nature, dont parle l'art. 78.

Mais les transports ou cessions de créances constituent des actes translatifs et, à ce point de vue, ils rentrent sous l'application de la disposition qui précède. Ces actes opèrent réellement la transmission de la propriété de la créance au profit du cessionnaire ; les créances doivent, en effet, en cette matière, être considérées non plus en elles-mêmes et d'après leur nature propre, mais comme des biens, c'est-à-dire comme des éléments constitutifs du patrimoine (Comp. C. civ., 711 ; C. com., 136 ; Aubry et Rau, t. IV, § 359 *bis*, p. 426, texte et note 1). Ces actes doivent, par conséquent, être enregistrés dans le délai de vingt jours, s'ils sont réalisés en la forme administrative (Sol. 31 mai 1897 ; R. E. 1786 ; J. E. 25.740 ; R. P. 9559).

14. (41-7°). **Indemnités. Transactions.** — Les règlements d'indemnité sont exclus de l'énumération de l'art. 78, au même titre que les obligations de sommes proprement dites. Lorsqu'ils font objet d'actes administratifs, ils bénéficient par conséquent des dispositions de l'art. 80. Tel est le cas de l'acte passé entre un directeur des postes et un particulier pour régler l'indemnité à laquelle a droit ce dernier pour les dommages causés par l'Administration (Sol. 17 oct. 1898 ; R.E. 2168 ; R.P. 9425).

15. (46). **Actes préparatoires.**— Les actes préparatoires des adjudications et marchés de travaux, dressés par les agents administratifs, tels que cahiers des charges spéciales (2), devis et détails estimatifs, plans, dessins,

(1) Cette décision est ainsi motivée :

« On ne saurait contester le caractère de marché à l'engagement par lequel les piétons s'obligent à exécuter le service de la distribution moyennant une rétribution payable sur les fonds communaux et à effectuer, à un tarif fixé, le transport des télégrammes par exprès pour le compte de l'État : ce n'est pas là un acte de la puissance publique, affranchi de l'enregistrement par application de l'art. 70 de la loi du 22 frimaire an VII, mais un acte contractuel de gestion, expressément assujetti à l'impôt par l'art. 78 de la loi du 15 mai 1818. Il est à peine besoin d'ajouter que cette dernière disposition atteint tous les marchés indistinctement, sans excepter ceux qui ont pour objet l'exécution d'un service public, et qu'elle est appliquée journellement à toutes les conventions de cette nature passées par l'État, bien que la plupart aient, au plus haut degré, le caractère d'actes se rapportant à un intérêt public, telles que les marchés concernant la guerre, la marine, etc. »

(2) Cette règle ne devrait pas être étendue aux cahiers des charges générales, qui constituent, en effet, des actes réglementaires, exempts du timbre, même lorsque le procès-verbal d'adjudication s'y réfère. Les cahiers des charges générales ne seraient passibles de l'impôt du timbre que si, transcrits dans le procès-verbal ou annexés matériellement à cet acte, ils en devenaient partie intégrante (D. M. F. 7 oct. 1895, citée au texte).

bordereaux de prix, sont, par eux-mêmes et pris isolément, exempts de timbre et d'enregistrement, comme actes administratifs, par application de l'art. 80 de la [loi] de 1818. Mais ils deviennent sujets au timbre lorsque marché ou procès-verbal auquel ils se rattachent, soit p[ar] une annexe effective, soit par une mention de référen[ce] et dont ils font ainsi partie intégrante, est réalisé. Le r[e]ceveur, auquel le contrat est présenté pour l'enregist[re]ment, est donc fondé à exiger la représentation de ces act[es] préparatoires pour les assujettir au timbre de dimensio[n] Mais par cela même qu'ils font partie intégrante du ma[r]ché ou procès-verbal, avec lequel ils ne forment qu'un se[ul] et même acte, ils ne donnent pas ouverture à un dr[oit] d'enregistrement distinct de celui qui est perçu pour [la] convention (D. M. F. 7 oct. 1895 ; J. E. 24.905 ; R.P. 812[)].

La même règle est observée en ce qui concerne les a[c]tes préparatoires des ventes des immeubles de l'État des communes (Sol. 20 oct. 1893 ; R. P. 8379).

Les prescriptions de l'Inst. 2648 § 29, d'après lesquel[les] les plans annexés aux ventes domaniales doivent être so[u]mis à l'enregistrement sont applicables uniquement [à] ceux de ces actes qui sont dressés par des personnes étra[n]gères à l'Administration et qui présentent, par suite, le ca[-]ractère d'écrits sous seings privés. Dès lors, aucun dr[oit] fixe particulier ne doit être perçu sur le plan dressé [par] un agent des ponts et chaussées et annexé à l'acte de c[es]sion à charge d'endigage d'un terrain domanial (S[ol.] 3 mai 1899 ; R. E. 2123 ; J. E. 25.865).

15 *bis*. (46). **Procès-verbaux de sauvetages mari[ti]mes.** — Les procès-verbaux de sauvetages maritim[es] dressés par les agents des douanes et les syndics des ge[ns] de mer ont incontestablement le caractère d'actes adm[i]nistratifs, puisqu'ils émanent de fonctionnaires de l'or[dre] administratif, agissant dans les limites de leur comp[é]tence. D'autre part, ces procès-verbaux ne rentrent é[vi]demment ni dans la catégorie des actes translatifs ni de celle des marchés visés par l'art. 78 de la loi du 15 m[ai] 1818. Il en résulte que l'art. 80 de la même loi, [qui] exempte du timbre sur la minute et de l'enregistreme[nt] tant sur la minute que sur l'expédition les actes des a[u]torités administratives non dénommés dans l'art. 78, l[eur] est applicable (D. M. F. 26 févr. 1900).

Toutefois, si des procès-verbaux de l'espèce étaient p[ré]sentés à l'enregistrement, non par ignorance de la di[s]pense qui leur est acquise, mais volontairement et en c[on]naissance de cause (ce dont le receveur aurait soin [de] s'assurer), cet agent devrait leur donner la formalité [au] droit fixe de 3 francs et les revêtir d'un timbre mobile [de] dimension dans le cas où ils auraient été rédigés sur p[a]pier non timbré (Comp. Inst. 2604).

La décision du 28 juin 1808 (Inst. 390, § 6), d'après [la]quelle les inventaires et récolements d'inventaires de ca[r]gaisons naufragées doivent être écrits sur papier timbré [et] soumis à l'enregistrement dans le délai de vingt jou[rs,] même lorsqu'ils émanent d'autorités administratives, [a] cessé d'être en vigueur depuis la promulgation de la [loi] du 15 mai 1818 (Inst. 3019-1).

16. (50 *bis*). **Consentements à mariage.**— Voy. *Actes* *l'état civil*, n° 1.

SECT. III. — ENREGISTREMENT DES ACTES
ADMINISTRATIFS.

17. (64 et 65). **Bureau compétent.** — Les actes des [au]torités administratives doivent être enregistrés au bure[au] dans l'arrondissement duquel ces autorités exercent le[urs] fonctions. Une soumission acceptée directement par le Ministre des beaux-arts doit par conséquent être enregistrée à Paris (Sol. 12 juin 1893 ; R. E. 530).

La consignation des droits, dans le délai légal, entre les mains du fonctionnaire qui a reçu l'acte, équivaut, du reste, au paiement de ces droits au bureau compétent. Le paiement des droits fait à un autre bureau serait au contraire inefficace pour faire obstacle à l'exigibilité de la pénalité de retard (Cass. civ., 13 nov. 1900 ; R. E. 2552).

18. (69 à 72). **Délai.** — Les actes administratifs doivent être enregistrés dans les vingt jours de leur date, sauf lorsqu'ils sont soumis à l'approbation de l'autorité supérieure, auquel cas le délai ne court que du jour de la réception de l'approbation, d'après l'attestation inscrite par le fonctionnaire rédacteur de l'acte, en marge de la minute.

L'inexactitude de cette date ne résulterait pas, d'ailleurs, de ce que, dans une lettre adressée au Directeur de l'enregistrement, à une date antérieure, le fonctionnaire détenteur de la minute, aurait mentionné l'approbation ; ce fonctionnaire aurait pu, en effet, avoir connaissance de l'approbation avant qu'elle lui fût officiellement parvenue (Dijon, 27 mars 1895 ; R.E. 1784 ; J.E. 25.446 ; — Beaune, 19 janv. 1900 ; R. E. 2331).

Mais il n'en est ainsi que si l'autorisation est nécessaire pour la perfection du contrat. Lorsque l'intention formelle des parties a été d'imprimer à leurs conventions, en dehors de toute autorisation, un caractère définitif, le délai de vingt jours court de la date même de l'acte (Sol. 19 déc. 1885 ; R. E. 611).

Aucune loi ne subordonne l'exécution des ventes régulièrement passées par les communes à l'approbation du préfet, et il en est ainsi alors même que le préfet, en autorisant la vente, se serait réservé le droit d'approbation ultérieure, cette réserve étant sans valeur légale. Il en résulte que c'est à partir du jour de l'acte que prendrait cours le délai réglementaire (D. M. F. 8 déc. 1890 et 7 déc. 1891 ; J. E. 24.448).

Par exception, c'est dans le délai de quatre jours que sont enregistrés les procès-verbaux de ventes publiques du mobilier national, alors même qu'ils auraient été dressés en la forme administrative (Sol. 18 déc. 1895 ; R. E. 1068). Cette pratique nous paraît cependant contestable. Du moment où l'Administration applique aux actes dont il s'agit les autres règles de la loi de 1818, il nous semble qu'il n'existe aucune raison pour leur appliquer, quant au délai imparti pour l'enregistrement, les dispositions du droit commun. Le délai de vingt jours a, d'ailleurs, été anciennement reconnu applicable aux procès-verbaux de vente du mobilier communal dressés par les maires (R.E. 1068).

19. (82 à 84). **Liquidation des droits.** — Aucune règle particulière n'a été établie pour le calcul des droits proportionnels sur les actes administratifs. On leur applique donc les dispositions générales.

Spécialement, les droits sont calculés, en conformité de l'art. 6 de la loi du 22 pluviôse an VII, sur le montant cumulé des prix des divers lots d'une même vente publique de meubles ou de coupes de bois (Belfort, 30 janv. 1895 et Sol. 11 avr. 1895 ; R. E. 944).

Cette règle souffre toutefois exception, lorsque chaque adjudicataire soumet isolément à la formalité, comme il en a lieu toujours qui requiert le concerne. Dans ce cas, la liquidation a lieu séparément sur le montant des lots adjugés à la personne qui requiert la formalité, en suivant les sommes de 20 francs en 20 francs (Sol. 3 févr. 1897 ; R. E. 1360).

20. (85). **Renseignements préalables à fournir par les receveurs.** — Par dérogation à la règle générale qui interdit aux agents de fournir des renseignements officieux sur les perceptions à effectuer à moins que les actes ne soient soumis à la formalité, les receveurs sont autorisés à éclairer à cet égard les fonctionnaires rédacteurs des actes administratifs au vu des minutes. Mais ils ne sont pas tenus d'aller au delà et ils n'auraient pas à fournir leur avis sur de simples projets d'actes (Sol. 23 juill. 1898 ; R. E. 2289).

21. (86). **Paiement des droits.** — Il résulte de l'art. 37 de la loi du 22 frimaire an VII que le montant des droits d'enregistrement d'un acte d'adjudication passé en séance publique doit être consigné dans les mains du fonctionnaire qui l'a reçu. Il suffit, pour donner satisfaction au vœu de la loi, que la consignation ait été effectuée dans le délai de vingt jours (Cass. civ., 13 nov. 1900 ; R. E. 2552).

22. (87). **Prescription.** — Les insuffisances de perception se prescrivent par le délai de deux ans. L'omission commise lors de l'enregistrement d'un marché ne peut plus être réparée, passé ce délai, même à l'occasion de l'enregistrement d'un acte modificatif du traité primitif, dès lors que la seconde convention se borne à fixer un mode nouveau pour le paiement du prix (Sol. 31 juill. 1897 ; R. E. 1793).

ACTE ANCIEN. — (3). **Timbre. Droits et amendes. Prescription.** — L'Administration a reconnu, par une solution du 24 août 1895 (R. E. 1059), qu'en principe, la prescription trentenaire s'oppose à toute réclamation tant du droit que de l'amende de timbre dont un écrit se trouve passible, lorsqu'il remonte à plus de trente ans à l'époque où il est soumis à l'enregistrement. Si, en ce qui concerne le *droit de timbre*, le fait que l'acte a été présenté volontairement à la formalité doit être considéré comme équivalent à une renonciation à la prescription, il n'en est pas de même au sujet de l'*amende* qui ne saurait être exigée en aucun cas, attendu que la renonciation à la prescription acquise est inopérante pour des droits en sus et des amendes qui ne peuvent faire l'objet d'une obligation naturelle.

Ainsi se trouve confirmée l'opinion que nous avions émise au T. A.

ACTE DE COMMERCE. — **1.** (10 et 34). **Marché. Délégation de créance en garantie.** — Nous avons exposé au T. A. que la délégation de créance consentie par acte sous seing privé, en garantie du prix d'un marché commercial, ne peut pas bénéficier du droit fixe dont profite le marché lui-même en vertu de l'art. 22 de la loi du 11 juin 1859.

Le contraire, toutefois, a été admis par le tribunal de la Seine (Jug. du 22 avril 1898 ; R. E. 1738 ; J. E. 25.597).

2. (28). **Mines et carrières.** — La cession par le concessionnaire primitif, à un tiers, du droit d'extraire d'un immeuble des matières phosphatées a le caractère d'un acte de commerce. En conséquence, l'écrit dressé pour constater le marché ou traité doit être enregistré provisoirement au droit fixe par application de l'art. 22 de la loi du 11 juin 1859 (Sol. 4 mai 1899 ; R. E. 2048).

3. (33-7°). **Marchés régis par la loi de 1859.** — Le traité passé entre un éditeur et un auteur pour fixer le prix de la rédaction d'une feuille périodique constitue un marché commercial provisoirement exempté du droit proportionnel (Sol. 23 oct. 1895 ; R. E. 1040).

4. (36). **Dispositions indépendantes.** — Lorsqu'un acte contient à la fois un marché commercial et un arrêté de compte, ces deux dispositions indépendantes doivent être tarifées d'après leur nature respective, la première, au droit fixe provisoire établi par l'art. 22 de la loi du 11 juin 1859, et la seconde, au droit de 1 0/0 fixé par l'art. 69, § 3, n° 3, de la loi du 22 frimaire an VII (Sol. 23 oct. 1895 ; R. E. 1040).

C'est l'application de la règle que nous avons exposée au T. A.

Nous devons mentionner également une autre solution du 17 décembre 1895 (R. E. 1628), inspirée des mêmes principes, dans une espèce très significative.

Il s'agissait d'un marché passé entre une association syndicale autorisée et des entrepreneurs pour l'exécution d'un travail d'utilité publique, subventionné par l'État. L'Administration a reconnu que, comme acte de commerce, ce marché pouvait bénéficier de l'art. 22 de la loi du 11 juin 1859, mais seulement dans ses dispositions donnant ouverture au droit de 1 0/0 ou 2 0/0 établi par l'art. 69, § 3, n° 1, et § 5, n° 1, de la loi du 22 frimaire an VII, et non dans la partie relative à la subvention à fournir par l'État. En pareil cas, la subvention est passible du droit de 0 fr. 20 0/0 (ancien droit gradué), et ce droit est exigible au moment même de la présentation de l'acte à la formalité, en dehors de toute reconnaissance judiciaire et de tout usage par acte public.

5. (40). Établissements publics. — Le bénéfice de la loi de 1859 ne s'étend pas, en principe, aux adjudications et marchés faits par les établissements publics, parce que ces actes rentrent dans la catégorie des actes administratifs.

Mais le marché passé par une association syndicale avec des entrepreneurs commerçants, pour la construction d'un canal d'irrigation, est par là même un acte de commerce (Cass. req. 26 juill. 1899 ; Inst. 3004-7 ; R. E. 1628 et 2144 ; J. E. 25.721 ; R. P. 9946-24 ; S. 1900.1.49-2 ; D. 1900.1.57-2).

6. (43). Rejet de demande en résiliation. — Il est de principe que le jugement rejetant la demande en résiliation d'un marché commercial enregistré provisoirement au droit fixe emporte reconnaissance de ce marché dans le sens de la loi de 1859 et donne ouverture au droit de titre.

L'arrêt du 26 juillet 1899, précité (n° 5), a fait une nouvelle application de cette règle, en décidant que le rejet, par le conseil de préfecture, de la demande en résiliation d'un marché de travaux, passé entre une association syndicale et des entrepreneurs, emportait reconnaissance du marché pour le tout et rendait exigible le droit proportionnel sur le montant total du prix à payer par l'association syndicale.

La Cour de cassation a également reconnu, dans le même sens :

1° Qu'en autorisant l'enregistrement provisoire, au droit fixe, des marchés commerciaux sous seings privés, et en limitant la perception du droit proportionnel au montant des condamnations, liquidations, reconnaissances portées dans les jugements pour intervenir à l'occasion de l'exécution partielle de ces marchés, l'art. 22 de la loi du 11 juin 1859 n'a point aboli le droit proportionnel dont ils étaient antérieurement passibles, lorsqu'ils étaient convertis en acte public ou reconnus en justice. Spécialement, lorsqu'un marché sous seings privés, réputé acte de commerce (traité passé par une compagnie de navigation pour l'embarquement et le débarquement de ses navires), a été produit en justice, contesté et validé, le droit proportionnel auquel ce marché donne lieu doit être perçu à l'occasion du jugement qui rejette la demande en résiliation

(Civ., 20 juill. 1896 ; Inst. 2930, § 4 ; D. 97.1.243 ; R. 1238).

2° Que, lorsqu'un marché ou acte de commerce a é enregistré provisoirement au droit fixe, conformémen à la loi du 11 juin 1859, art. 22, et que les juges, saisis d'u demande en résiliation dudit acte de commerce, rejette cette action et ordonnent l'exécution complète du marc cette reconnaissance implicite de la convention rend droit proportionnel de titre exigible sur l'intégralité prix (Req., 11 janv. 1898 ; Inst. 2965 § 8 ; S. 98.1.37 D. 98.1.226 ; P. 98.1.371 ; R. E. 1624 ; J. E. 25.31 R. P. 9216).

7. (49). Reconnaissance judiciaire. — Le droit de tit sur une convention verbale reconnue par le juge n'est que dans la mesure seulement de l'utilité juridique qu' sure à la convention litigieuse le jugement qui en reco naît l'existence et dans la limite où il l'a déclarée obli toire et a fourni ainsi le titre nécessaire à son exécuti (Sol. 15 nov. 1895 ; R. E. 1442).

8. (56 et 65). Usage par acte public. Délégati — Nous rappelons qu'indépendamment de la reconna sance judiciaire, la loi du 11 juin 1859 prévoit un seco chef d'exigibilité du droit de titre, à savoir l'usage de l'a de commerce par acte public, dans le sens de l'art. 41 la loi du 22 frimaire an VII. Le droit proportionnel re en suspens devient alors exigible, mais seulement les sommes faisant l'objet de l'acte public.

Spécialement, lorsque, dans un acte d'emprunt nota l'emprunteur délègue au prêteur, pour se libérer d'aut sur le montant du prêt, une somme à prendre sur le p des marchés commerciaux passés avec des tiers par lu sous seings privés, cette délégation ayant sa cause uni et immédiate dans les marchés, l'acte public qui la r ferme doit être considéré comme fait en conséquence traités sous seings privés auxquels il se rattache dire ment. Le droit proportionnel est, par suite, exigible su portion des prix des marchés qui fait l'objet de la délé tion (Cass. req., 22 mai 1895 ; Inst. 2890 § 12 ; S. 96.1. D. 96.1.60 ; P. 96.1.15 ; R. E. 949 ; J. E. 24.637).

9 (62). Apport en société. — Lorsqu'un acte sous se privé de société est déposé à un notaire avec reconn sance de signatures, il revêt le caractère authentique. conséquence, le droit proportionnel devient exigible les marchés et actes de commerce dont il est fait us dans l'acte de société, notamment sur les marchés app tés par un associé à l'être moral (Lyon, 23 mars 18 R. E. 2028).

Il en serait autrement si les statuts sous seings pri étaient seulement annexés à la déclaration notariée versement, en exécution de l'art. 1er, L. 24 juill. 1867 A., Acte passé en conséq., 99).

ACTE DE COMPLÉMENT. — (9 bis). Chem vicinaux. Fonds de concours. Cession d'immeub par la commune. Quotité du prix. Droit proportio nel. Acte de complément. — Doit être assujetti droit fixe l'acte par lequel un particulier cède à titre change, à une commune, des terrains destinés à être corporés à un chemin vicinal, et reçoit en retour des rains d'une moindre valeur, en renonçant à toute soulte sa faveur.

S'il est dit dans l'acte d'échange que la renonciatio la soulte n'a lieu qu'à la condition que la commune dera ultérieurement au particulier échangiste d'autres t rains, cet acte de cession donne lieu, lorsqu'il est réali au droit proportionnel de vente sur le prix stipulé et peut être considéré comme un acte de complément de change primitif, ni bénéficier du tarif de faveur dont a joui celui-ci.

Si la cession de terrains est faite par la commune moyennant l'engagement pris par le particulier de supporter la dépense incombant à la commune et au département dans la construction d'un chemin vicinal, indemnités foncières comprises, ce second acte donne lieu au droit de vente, non sur la totalité du fonds de concours à fournir par l'acquéreur, mais sur une somme à déclarer par les parties et qui ne peut être inférieure à la valeur des immeubles cédés (Sol. 9 avril 1898 ; R. E. 1848).

ACTE DE L'ÉTAT CIVIL.

SOMMAIRE ANALYTIQUE.

Sect. I. — *Registres de l'état civil*, 1.
Sect. II. — *Extraits des registres*, 2-10.
   § 1. — **Enregistrement**, 2-4.
   § 2. — **Timbre**, 5-10.
Sect. III. — *Actes relatifs à l'état civil. — Pièces annexées*, 11-12.

SECT. Iʳᵉ. — REGISTRES DE L'ÉTAT CIVIL.

1. (4). Registres des consentements à mariage. — La loi du 20 juin 1896 (Inst. 2908 ; R. E. 1202) porte que les actes de consentement à mariage pourront désormais, hormis le cas où le consentement doit être donné par le conseil de famille (C. civ., 160), être passés soit devant notaire, soit devant l'officier de l'état civil du domicile de l'ascendant, et, à l'étranger, devant les agents diplomatiques ou consulaires.

Dans une circulaire du Garde des sceaux, du 26 juillet 1896, relative à l'application de cette loi, il a été spécifié que les actes de consentement donnés devant l'officier de l'état civil seront dressés en brevet ; toutefois, pour permettre un contrôle nécessaire, il sera tenu dans chaque mairie un registre sur lequel les actes de consentement seront mentionnés sommairement avec un numéro d'ordre.

Ce registre échappe à l'impôt du timbre, comme étant tenu dans un intérêt général d'administration (1).

Les actes de consentement dressés par les officiers de l'état civil étant établis en brevet ne tombent pas sous la coup des art. 78 et 80 de la loi du 15 mai 1818, qui visent uniquement les actes en minute (Cass., 2 juin 1875 ; Inst. 2519 § 7) ; ils sont donc, à défaut d'autres dispositions, soumis au régime des actes sous seings privés et ils ne doivent être enregistrés que s'il en est fait usage dans le sens de l'art. 23 de la loi du 22 frim. an VII. (Sol. 16 mai 1898 ; R. E. 1816). Par les mêmes motifs, ils peuvent être présentés à la formalité à tous les bureaux compétents pour recevoir les actes sous seings privés (Note de la Dir. gén. de l'Enreg. 7 janv. 1898 ; R. E. 1770 ; J. E. 25.496).

SECT. II. — EXTRAITS DES REGISTRES.

§ 1ᵉʳ. — *Enregistrement.*

2. (18). Reconnaissance et légitimation. — Le droit de 7 fr. 50 ou de 3 fr. n'est pas dû sur l'expédition d'un acte de naissance qui ne contient pas la reconnaissance, mais est seulement émargé de la reconnaissance ou de la

(1) Sol. 14 déc. 1896 ; R. E. 1289 ; J. E. 25.063 ; — D. M. F. 21 janv. 1897 ; Inst. 2922-4 ; R. E. 1480 ; J.E. 25.230 ; R.P.8938.

légitimation résultant d'actes postérieurs (Sol. 8 mai 1891 ; R. E. 660 ; J. E. 24.349).

3. (20). Indigents. — Voy. n° 6 ci-après.

4. (22). Divorce. — D'après la loi du 27 juillet 1884, le divorce devait être admis par un jugement ou un arrêt et prononcé par l'officier de l'état civil. Aux termes de la loi du 18 avril 1886, il est prononcé par le jugement ou l'arrêt qui l'admet. Le dispositif de ce jugement ou de cet arrêt est transcrit sur les registres de l'état civil du lieu de la célébration du mariage et mention en est faite en marge de l'acte de mariage (Voir *T. A. Divorce*).

L'art. 49 de la loi du 28 avril 1816 a soumis au droit fixe de 100 fr., porté depuis à 150 fr. (L. 28 févr. 1872, art. 4), les arrêts de cour d'appel qui prononcent définitivement sur une demande en divorce. Il ajoute que si le jugement qui a statué sur la demande en divorce n'est pas frappé d'appel, le droit sera perçu sur l'acte de l'officier de l'état civil.

Cette tarification a été maintenue par l'art. 17 de la loi du 26 janvier 1892 et mise en harmonie avec les dispositions de la loi du 18 avril 1886, aux termes de laquelle le divorce n'est plus prononcé par l'officier de l'état civil, mais par l'autorité judiciaire, dont la décision doit être transcrite sur les registres de l'état civil et mentionnée en marge de l'acte de mariage (art. 251 nouveau, C. civ. ; Inst. 2726).

L'art. 17 de la loi du 26 janvier 1892 porte, en effet, ce qui suit :

« Il ne pourra être perçu moins de : ...... 12° 150 fr. pour les arrêts des cours d'appel....... prononçant un divorce. — Si le jugement prononçant le divorce n'est pas frappé d'appel, le droit de 150 fr. continuera à être perçu sur la première expédition, soit de la transcription, soit de la mention du dispositif du jugement effectuée sur les registres de l'état civil » (Inst. 2816).

L'art. 62 de la loi du 25 février 1901 abroge le dernier alinéa de cette disposition.

Il en résulte qu'à l'avenir, qu'il y ait ou non appel de la décision des juges de première instance, la première expédition de la transcription du jugement de divorce ou de l'acte de mariage modifié par la mention de ce jugement faite en marge ne sera plus soumise à aucun droit d'enregistrement et ne sera plus assujettie qu'au droit de timbre, comme celles qui pourraient être délivrées ensuite.

Le droit de 150 fr. continuera, bien entendu, d'être exigible sur les arrêts de cour d'appel, dans les mêmes conditions que par le passé (Inst. 3050).

Lorsque l'acte de l'état civil constatant la célébration d'un mariage a été émargé de la transcription d'un jugement de divorce rendu à l'étranger et non enregistré en France, la première expédition de l'acte de mariage ainsi émargée, qui est délivrée par l'officier de l'état civil, est passible : 1° d'une somme arbitrée d'office pour tenir lieu des droits exigibles sur le jugement de divorce, si ce jugement n'est pas représenté (R. P. 8200). — Voy. n°ˢ 10 et 11 ci-après, et V° *Divorce.*

§ 2. — *Timbre.*

5. (30). Timbre mobile. — Les receveurs sont autorisés à timbrer au moyen de timbres mobiles les formules imprimées destinées aux expéditions d'actes de l'état civil (D. M. F. 1ᵉʳ juin 1899 ; Inst. 2989-6 ; R. E. 2497).

6. (33). Indigents. — Le bénéfice de l'art. 4 de la loi du 10 décembre 1850, qui permet de viser pour timbre et d'enregistrer gratis les pièces nécessaires au mariage des indigents, et que l'art. 9 de la même loi étend au mariage entre Français et étrangers, doit être accordé aux actes et pièces venant de l'étranger,à la seule condition que l'indigence des parties soit établie par un certificat du maire ou du commissaire de police de leur résidence en France, sans qu'il soit nécessaire, pourtant, que les pièces admises au bénéfice de l'exemption portent, comme la loi le prescrit pour les actes délivrés en France, la mention expresse de leur destination. Il suffit que cette mention soit inscrite sur les actes par le receveur au moment de la formalité. La justification de l'indigence pourrait même être admise après la célébration du mariage (Sol. 19 mai 1893 ; J.E. 25.041; R. P. 8132).

Mais il est indispensable que les justifications relatives à l'indigence soient fournies au moment de la formalité.Et si les droits de timbre et d'enregistrement avaient été perçus au comptant, la restitution ne pourrait pas être opérée sur la production ultérieure de certificats. L'exemption est subordonnée, en effet, à la production de certificats d'indigence. A défaut de ces justifications, la perception se trouve régulière et définitive, au sens de l'art. 60 de la loi du 22 frimaire an VII. (D. M. F. 11 janv. 1899 ; R. E. 2484 ; R. P. 9782).

7. (35). **Administrations publiques.** — L'exemption de timbre accordée par les art. 12 et 16 de la loi du 13 brumaire an VII, en faveur des expéditions délivrées aux administrations publiques, n'est pas applicable aux extraits d'actes de l'état civil produits au service des contributions indirectes, à l'appui des demandes de débits de tabac (Sol. 28 avr. 1893 ; J. E. 24.179 ; R. P. 8153).

8. (38). **Caisse de prévoyance des marins.** — Les extraits d'actes de l'état civil, ainsi que toutes les pièces relatives à l'exécution de la loi du 21 avril 1898, sur la caisse de prévoyance des marins, sont délivrés gratuitement par les maires ou par les syndics des gens de mer et dispensés des droits de timbre et d'enregistrement (art. 27 de la loi ; Inst. 2947 ; R. E. 1734 ; R. P. 9294).

9. (39). **Conventions internationales.** — Sont exempts du timbre, les extraits d'actes de l'état civil relatifs à des sujets chiliens, délivrés par l'administration française ou gouvernement du Chili, dans un intérêt public ou administratif (Décr. 10 fév. 1900 ; R. E. 2197 ; J. E. 25.947).

10. (38). **Militaires.** — Bénéficient également de l'exemption du timbre les expéditions ou extraits d'actes de divorce nécessaires pour l'annotation des états de service des militaires, à la condition d'être directement délivrés par les officiers de l'état civil à l'autorité militaire avec mention expresse de la destination. Il en résultait sous le régime antérieur à la loi du 25 fév. 1901, (n° 4, supra), que le droit d'enregistrement auquel donnait lieu la première expédition de la transcription du jugement de divorce ou de l'acte de mariage annoté de la date de ce jugement (Inst. 2726), ne devait pas être perçu sur les expéditions ou extraits délivrés dans les conditions ci-dessus spécifiées (D. M. F. 11 févr.1893 ; J. E. 24.189 ; R. P. 8101 et 8194-34).

SECT. III. — ACTES RELATIFS À L'ÉTAT CIVIL. — PIÈCES ANNEXÉES.

11. (57). **Annexes.** — L'usage devant un officier de l'état civil d'actes (autres que les actes d'état civil) ayant pour but d'établir la capacité des parties rend obligatoire l'enregistrement desdits actes. Cette règle s'applique notamment à la production par des étrangers devant l'officier de l'état civil français : 1° de l'affirmation d'identité soit par les futurs époux, soit par leurs parents, reçue par des consuls ou agents diplomatiques ; 2° de déclarations émanant d'officiers publics étrangers et destinées à tenir

lieu d'actes de naissance ; 3° de certificats divers émanant d'autorités étrangères (Sol. 4 mars 1898 ; R. E. 1787)

Lorsque deux étrangers, dont l'un est divorcé,se marient en France, l'annexe à leur acte de mariage de l'expédition de l'arrêt étranger qui a prononcé le divorce rend exigible les droits d'enregistrement sur cet arrêt. Ces droits sont dus par les parties (Seine, 24 juill. 1897 ; R. 1458).

Le certificat de domicile délivré par un concierge et qui duit à un officier de l'état civil en vue des publications de mariage à effectuer, est exempt de timbre comme étant créé dans un intérêt purement administratif (Sol. 17 1899 ; R. E. 2284 ; J. E. 25.955).

12. (60). **Publications de mariage. Indigents.** — Sont dispensés du droit et de la formalité du timbre les extraits, affichés dans les conditions indiquées par l' 64, C. civ., des actes de publication relatifs au mariage sur place des indigents (1).

Les certificats de publication et de non opposition leur sont délivrés, lorsqu'ils se marient dans une commune autre que celle où le projet de mariage a été publié, sont soumis, par application de l'art. 6 de la loi 20 juin 1896 (R. E. 1202 ; J. E. 24.866), au visa pour timbre gratis (D. M. F. 10 juin 1899 ; Inst. 3038 § 3 ; 2079).

La raison de cette distinction est dans le texte de la disposition précitée de la loi de 1896 qui spécifie, d'une part, que les certificats de publication sont soumis au timbre et, d'autre part, que cette formalité n'est pas applicable aux publications elles-mêmes.

ACTE DE NOTAIRE. — 1. (13). Femmes témoins.

— Une loi du 7 décembre 1897 (J. off. du 9 déc.) accordé aux femmes le droit d'être témoins dans les actes de l'état civil et les actes instrumentaires en général (R. E. 1570 ; J. E. 25.285 ; R. P. 9177).

2. (15). **Présence du notaire en second.**— Le notaire auquel les parties ont eu recours pour faire dresser authentique de leurs conventions, tient de la loi même le pouvoir de faire tout qui est nécessaire accomplir sa mission, et, par suite, celui de requérir la signature du notaire en second, soit celle des témoins instrumentaires, conformément aux art. 3 et 9 de la loi du 25 ventôse an XI, sous la condition que l'acte pour quel la signature est requise soit régulier.

Cette signature du notaire en second peut être valablement donnée,même après la formalité de l'enregistrement, à moins qu'il ne s'agisse d'un contrat de mariage,actes nel devant réunir, avant la célébration du mariage les éléments essentiels exigés par la loi pour qu'il ait caractère d'un acte authentique (Cass. civ., 31 mai R. E. 1597 ; R. P. 9112).

3. (30). V. *Expédition.*

4. (66 bis). **Cadastre.**— La loi du 17 mars 1898 (J. du 19 mars), tendant à rendre plus rapide et plus économique la revision du cadastre, dispose (art. 9) que dans les communes où le cadastre aura été renouvelé ou refait la désignation des immeubles d'après les données du cadastre sera obligatoire dans tous les actes authentiques sous seings privés, ainsi que dans les jugements translatifs ou déclaratifs de propriété ou de droits réels immobiliers, à peine d'une amende de 25 fr. à recouvrer comme en matière d'enregistrement (R. E. 1668).

5. (114). **Acte à enregistrer gratis.** — Nous avons indiqué que, d'après une règle ancienne, le défaut de

(1) D. M. F. 24 sept. 1899 ; Inst. 3038 § 3 ; R. E. 2231 ; 25.889 ; R. P. 9905.

gistrement d'un acte à enregistrer gratis donnait ouverture à l'amende de dix francs.

Le tribunal de Mirecourt s'étant prononcé contre l'exigibilité de cette amende (jug. du 8 déc. 1893 ; *R. E.* 758 ; *R. P.* 8248), une solution du 4 novembre 1899 a fait abandonner toute réclamation contre un notaire qui avait omis de présenter à la formalité de l'enregistrement des certificats de propriété exempts de droits, comme ayant pour objet des livrets de la Caisse des retraites pour la vieillesse (*R. E.* 2319 ; *J. E.* 25.928).

Cette solution décide également qu'il n'y a pas lieu d'insister, au sujet des mêmes actes, sur les amendes que l'officier public aurait encourues pour les avoir remis aux parties, sans les avoir fait enregistrer (L. 22 frim. an VII, art. 41).

6. (120). **Étendue des obligations des notaires pour le payement des droits.** — Il est de principe que les notaires sont tenus de faire l'avance de tous les droits (simples, en sus et amendes), auxquels donnent ouverture les dispositions des actes ainsi que des pièces annexées.

Jugé, dans ce sens, que le notaire qui dresse l'acte de dépôt d'un acte sous seing privé de mutation immobilière, non enregistré dans le délai, répond personnellement vis-à-vis du Trésor, des droits simples et des pénalités exigibles sur cet acte (St-Nazaire, 20 juin 1890 ; *R. P.* 7466).

7. (126). **Recours du notaire contre les parties.** — Le recouvrement des frais dus aux notaires, avoués et huissiers a fait l'objet d'une loi du 24 décembre 1897 (*J. off.* des 26-27 déc. ; *R. E.* 1597 ; *R. P.* 9229), qui abroge l'art. 30 de la loi du 22 frimaire an VII, dans celles de ses dispositions qui lui sont contraires. Cet article ne subsiste donc plus que comme consacrant le principe du recours accordé aux notaires contre leurs clients pour recouvrer les droits d'enregistrement dont ils ont fait l'avance. Quant à la procédure spéciale organisée par l'art. 30 de la loi de frimaire, elle est remplacée par celle de la loi nouvelle (art. 3 et 4).

ACTE ÉCRIT A LA SUITE D'UN AUTRE.
1. (20). **Contributions directes.** — L'écrit contenant mandat, même sous forme de lettre missive, donné à un tiers à l'effet de présenter toutes réclamations en matière de contributions directes, est sujet au timbre. En conséquence, la pétition ou réclamation relative à une cote égale ou supérieure à 30 fr. ne peut, sans contravention, être écrite à la suite de ce mandat (Bourg, 9 juin 1898 ; *R. E.* 2013 ; *R. P.* 9470).

2. (25). **État de frais. Avis du président de la chambre de discipline.** — L'avis préliminaire à la taxe, donné par le président de la chambre de discipline des notaires, conformément à l'art. 54 de la loi du 25 ventôse an XI, est un complément de l'état de frais dressé par le notaire, et peut, dès lors, sans contravention, être écrit à la suite de cet état sur la même feuille de papier timbré (Sol. 20 déc. 1894 ; *J. E.* 24.667 ; *Rev. prat.* 3924).

3. (27-3). **Extraits d'actes de société. Mentions marginales. Certificat notarié. Publicité légale. Expédition. Régime matrimonial. Certificat à la suite. Époux mariés sans contrat.** — Questions résolues par une solution du 28 mars 1899 (*R. E.* 1998 ; *R. P.* 9623).

Un notaire ne peut, sans contravention aux lois sur le timbre, certifier en marge des extraits ou expéditions d'actes de société assujettis à la publicité, le dépôt fait en son étude des pièces constatant cette publicité.

La déclaration par laquelle un notaire certifie que les pièces constatant la publication d'un acte de société ont été déposées pour minute en son étude doit être établie

sur timbre à 1 fr. 80 comme constituant une expédition ou extrait de l'acte de dépôt.

Il en est de même de l'écrit par lequel il certifie, au vu de ses minutes, le régime matrimonial de deux époux.

Au contraire, revêt le caractère d'un certificat la déclaration d'un notaire attestant que les époux se sont mariés sans contrat.

Aucun de ces extraits ou certificats ne peut être écrit à la suite de l'expédition de l'acte auquel ils se réfèrent (Décision combattue au *J. N.* 27.118).

4. (27-5). **Mainlevée.** — Lorsqu'un notaire certifie, au pied de l'expédition de mainlevée déposée au bureau des hypothèques, que les contractants mariés n'ont fait précéder leur union d'aucun contrat de mariage, ou mentionne, sous forme analytique, les principales dispositions de leur contrat de mariage, il commet une contravention à l'art. 23 de la loi du 13 brumaire an VII qui défend d'écrire un acte à la suite d'un autre sur la même feuille de papier timbré. Le certificat que les époux sont mariés sans contrat constitue un acte assujetti au timbre d'après la dimension du papier employé. L'extrait analytique du contrat de mariage a le caractère d'une expédition et ne peut être écrit sur une feuille de timbre de moins de 1 fr. 80 (Sol. 5 avr. 1897 ; *R. E.* 1664).

4 bis. (27-10). **Greffiers de justice de paix. États de frais.** — Les greffiers de justice de paix peuvent, sans contravention, écrire, au pied des expéditions qu'ils délivrent sur papier non timbré, l'état de leurs frais, visé par le juge de paix, dont l'inscription leur a été imposée par l'art. 1er de l'ordonnance du 17 juillet 1825 (Sol. 12 avr. 1901 ; *R. E.* 2656).

4 ter. (29). **Douanes. Expédition de jugement de paix en matière civile. Signification à la suite. Timbre nécessaire.** — (D. M. F. 28 mai 1899 ; *R. E.* 2089 ; — V. *Douanes*).

5. (31 bis). **Greffiers. Prestations de serment.** — Les greffiers peuvent rédiger, à la suite les uns des autres et sur la même feuille de papier timbré, les procès-verbaux des prestations de serment reçues à l'audience (Sol. 22 juill. 1898 ; *R. E.* 1824 ; *R. P.* 9443 ; *Rev. prat.* 4483).

Mais les prestations de serment reçues en dehors de l'audience constituent des actes distincts qui doivent être rédigés sur des feuilles séparées de papier timbré (Sol. 18 sept. 1896 ; *R. E.* 1284 ; *Rev. prat.* 4277).

5 bis. (44). **Quittances de droits de mutation par décès.** — Si le redevable opère un versement complémentaire ayant pour cause, soit une omission, soit une insuffisance de revenu ou d'évaluation, l'Administration considère que ce versement se rapporte à une créance distincte de celle des droits de succession primitivement payés (et cela est rigoureusement vrai des droits en sus qui ont pour cause la faute commise) et elle prescrit de percevoir un droit de 0 fr. 25 sur le reçu, alors même que la quittance originaire serait représentée (Inst. 2996 § 1 ; *R. E.* 2499).

6. (80). **Formalités hypothécaires.** — Une solution du 30 juin 1893 (*R. E.* 533) avait décidé qu'un bordereau d'inscription hypothécaire ne peut être rédigé, sans être timbré, à la suite de l'expédition du titre conférant hypothèque, lorsque cette expédition est elle-même exempte du timbre.

La question ne peut plus se poser depuis la loi du 27 juill. 1900 (Inst. 3018), dont l'art. 1er affranchit du timbre tous les bordereaux d'inscription.

7. (82 et 84). **Avis de parents.** — Lorsque l'expédition d'un avis de parents a été délivrée sur papier timbré, par application de l'art. 12, § 1er, de la loi du 26 janvier 1892, la requête à fin d'homologation et le jugement d'homologation, rédigés à la suite,ne peuvent bénéficier de l'exemption du timbre (Sol. 27 juin 1894 ; R. E. 778),

8. (86). **Ordre. Serment d'expert.** — Le greffier peut inscrire, sans contravention, à la suite de l'ordonnance du juge-commissaire à un ordre qui nomme un expert pour procéder à la ventilation du prix de plusieurs immeubles vendus collectivement, le procès-verbal de prestation de serment de cet expert.

Mais il encourt l'amende de 20 fr., s'il rédige l'acte de dépôt du rapport d'expertise sur le cahier de l'ordre, au lieu de le transcrire sur le registre spécial des dépôts du greffe (Sol. 9 déc. 1896 ; Rev. prat. 4278).

9. (103-5). **Magasins généraux. Bon de sortie.** — Lorsque, pour autoriser le retrait partiel de marchandises déposées dans des magasins généraux, le cessionnaire des récépissés à ordre de ces marchandises a signé des bons de sortie au dos des récépissés mêmes, qui sont représentés, mais non remis aux magasins généraux, et restent en la possession du cessionnaire, jusqu'au retrait total des marchandises, ces bons de sortie, n'emportant pas décharge au profit des magasins généraux, ne sont pas soumis au timbre de quittance de 10 centimes.

Ils ne sont pas, non plus, passibles du timbre de dimension, les mentions qu'ils renferment n'ayant pour objet que d'indiquer la restriction apportée à la valeur du gage, et ne constituant qu'une simple énonciation modificative de l'engagement, affranchie comme celui-ci, de tout droit (Cass. civ., 2 janv. 1900 ; R. E. 2281 ; Inst. 3011, § 6).

En transmettant cet arrêt, l'Inst. n° 3011, § 6, a fait remarquer que la doctrine n'en saurait être étendue à des cas différents, tels que celui où les bons de sortie autorisant des retraits de marchandises déposées dans des magasins généraux feraient l'objet d'écrits, qui seraient distincts des récépissés à ordre et qui seraient remis à l'établissement dépositaire, au moment même de la sortie des marchandises autorisées.

10. (127). **Reconnaissances. Actes à la suite.** — La rédaction d'un testament à la suite d'une reconnaissance de dette souscrite sur timbre proportionnel donne lieu à une amende, non de 50 fr., mais de 5 fr. (1).

ACTE IMPARFAIT. — 1. (7 et 11). Caractères. Droits à réclamer des parties. — Les projets d'acte inachevés trouvés dans l'étude d'un notaire, lors des perquisitions opérées par l'autorité judiciaire, ne sont pas assujettis à l'enregistrement (Sol. 6 avr. 1892 ; R. E. 856-1 ; J. E. 24.552).

Jugé, dans le même sens, que, lorsque l'Administration, à la suite de la levée des scellés apposés sur l'étude d'un notaire décédé, prend communication d'un acte sous seing privé contenant vente d'immeubles, elle ne peut réclamer les droits de mutation sur cet acte, s'il n'y figure, ni au rang des minutes, ni au répertoire du notaire, et s'il renferme des lacunes telles qu'il ne saurait être considéré que comme un acte inachevé et imparfait. Il en est surtout ainsi, lorsque l'Administration ne prouve même pas un commencement de mise à exécution de la convention, de la part d'aucune des parties (Blois, 12 déc. 1895 ; R. P. 8730).

2. (7 et 20). **Date omise. Droits dus. Absence de la signature du notaire.** — Lorsque des actes notariés trouvés dans une étude, lors de la levée des scellés y ap-

(1) Sol. 1er févr. 1899 ; R. E. 1970 ; J. E. 25.665 ; Rev. prat. 4618.

posés, sont revêtus de toutes les signatures nécessaires que la date seule y est omise, ces actes sont assujettis à l'enregistrement obligatoire en tant qu'actes notariés le recouvrement des droits doit être poursuivi contre parties si le notaire rédacteur est insolvable.

Quant aux actes qui ne sont pas revêtus de la signatu du notaire ou de celle des témoins, ils valent comme ac sous seings privés s'ils sont revêtus de la signature parties contractantes. L'enregistrement, en conséquen n'en est obligatoire que s'ils constatent des conventions as jetties, par leur nature, à l'enregistrement dans un dé déterminé (Sol. 4 sept. 1894 ; R. E. 857 ; J. E. 24.552).

3. (13 et 27). **Acte de notaire. Défaut de signatu de l'une des parties.** — Dès que l'une des parties qui concouru à un acte notarié refuse de le signer, cet a resté incomplet, et le notaire n'est pas tenu de le sig ni de le faire signer par les témoins instrumentaires, art. 12 et 14 de la loi du 25 vent. an XI n'étant applicables à ce cas (C. Rennes, 20 oct. 1896 ; R. 1283).

ACTE JUDICIAIRE. — 1. (4). Nationalité. claration devant le juge de paix. — La déclarat souscrite par un étranger devant le juge de paix, en e cution de l'art. 7 du décret du 13 août 1889, soit pour quérir, soit pour répudier la qualité de Français, ne co titue pas un acte judiciaire et rentre dans la catégorie déclarations en matière civile assujetties au droit fixe 3 fr. L'enregistrement n'en est pas obligatoire dans un lai déterminé (Sol. 24 mai 1899 ; R. E. 2049).

2. (27). **Paiement des droits. Solidarité.** — Le s plément de droit reconnu exigible sur une adjudicat d'immeubles prononcée en justice peut être réclamé se ment aux parties bénéficiaires des dispositions non ou suffisamment tarifées et divisément contre chacune d les, dans la mesure du profit qu'elle retire de ces dispo tions. — Par application de ce principe, le paiement supplément de droit peut être poursuivi non seulem contre l'adjudicataire, mais encore contre les vende qui ont intérêt, comme créanciers du prix, à poursui l'exécution de l'adjudication. Mais chacun de ces derni n'est tenu du paiement que pour sa part divise (S 28 oct. 1898 ; R. E. 2051). V. Jugement.

ACTE PASSÉ EN CONSÉQUENCE D'UN AUTRE.

SOMMAIRE ANALYTIQUE.

§ 1. — Enregistrement, 1-33.

     Art. 1er. — Caractères distinctifs de l'usage, 1
     — 2. — De l'usage au point de vue des per nes, 14-20.
     — 3. — Actes qui tombent sous le coup de prohibition, 21-24.
     — 4. — Actes qui échappent à la prohibit 25-27.
     — 5. — Preuves de l'usage, 28-30.
     — 6. — Paiement des droits. Prescript Amendes, 31-33.

§ 2. — Timbre, 34-37.

SOMMAIRE ALPHABÉTIQUE.

Acte de l'état civil, 24.	Assurances, 8, 10.
Acte étranger, 20, 24, 35.	Cahier des charges, 12.
— exempt, 28.	Cession de marché, 11.
Appel, 7.	— en garantie, 10.

Colonies, 19 *bis*, 23, 25, 36.
Commissaire-priseur, 18.
Comptable public, 15.
Conseil d'État, 19 *bis*.
Conservateur des hypothèques, 16.
Cour de cassation, 19 *bis*.
Délégation, 9.
Dépôt à un notaire, 20 *bis*.
Devis, 23.
Directeur (contributions indi-rectes), 17.
Établissement public, 14.
Greffier, 19.
Instance, 6.
Jugements coloniaux, 19 *bis*.
Mémoire taxé, 29.
Notaire, 21, 33.
Notes, 27 *bis*.

Partage, 3, 13.
Paiement des droits, 31.
Pièce justificative, 26.
Plan, 23.
Pouvoir, 30.
Prescription, 32.
Quittances de fournisseurs, 26 *bis*.
Reconnaissance de signature, 20 *bis*.
Séparation, 27.
Solidarité, 31.
Société, 11, 20 *bis*.
Timbre, 34, 37.
Titre de propriété, 4.
Usage direct, 5.
— en justice, 1.
— par acte public, 2.

§ 1. — *Enregistrement.*

ART. 1er. — CARACTÈRES DISTINCTIFS DE L'USAGE.

1. (5). **Usage en justice.** — Nous avons dit qu'en principe, il y a usage en justice d'un acte sous seing privé, même indépendamment de toute représentation matérielle, dès lors que l'un des plaideurs fonde ses prétentions sur les dispositions de cet acte.

Aux autorités citées au T. A. (note 2), il convient d'ajouter un jugement du tribunal d'Auxerre, du 14 déc. 1898, aux termes duquel l'art. 23 de la loi du 22 frim. an VII vise, non seulement les actes dont l'exécution ou l'interprétation font l'objet du litige, mais encore ceux dont les parties ont jugé la production utile en vue de justifier, même accessoirement, leurs prétentions. Il n'est pas nécessaire qu'une pièce ait été remise ou exhibée matériellement pour qu'elle soit considérée comme produite en justice. L'usage ou la production d'une pièce existe, au sens légal du mot, dès qu'une partie croit utile d'en invoquer l'existence ou d'en tirer argument (R. E. 1945).

2. (8). **Usage par acte public. Simple mention.** — Parmi les actes qui ne tombent pas sous l'application de l'art. 42 de la loi du 22 frim. an VII, nous avons mentionné l'acte de notoriété rectifiant les prénoms du titulaire d'une police d'assurance. Dans le même sens, il a été reconnu que l'acte de notoriété ayant pour objet de constater le droit de propriété d'un héritier sur une police d'assurance contractée par son auteur n'est pas fait en conséquence de cette police, dans le sens de l'art. 42 de la loi de frimaire (Sol. 27 avr. 1895 ; *Rev. prat.* 3960).

3. (12). **Partages.** — L'exception apportée en matière d'inventaire, par l'arrêté du directoire exécutif du 27 vent. an VII, à l'art. 42 de la loi du 22 frim. an VII, et qui permet d'énoncer des titres constitutifs de créances, sans les faire préalablement enregistrer, a été étendue par la jurisprudence aux actes de partage (V. T. A., note 3), mais dans le cas seulement où l'énonciation ne s'applique pas à des titres de créances dues par des copartageants.

Toutefois, elle peut être invoquée, même dans ce dernier cas, lorsque le copartageant débiteur recevant dans son lot le montant de la créance (par exemple, un rapport), l'attribution ainsi faite opère confusion et entraîne l'extinction de la créance au moment même où l'usage du titre en rend, en principe, l'enregistrement obligatoire (Sol. 6 sept. 1894 ; J. E. 24.581 ; R. P. 8472).

4. (16). **Titre de propriété.** — L'énonciation par un avoué, dans un cahier des charges dressé pour parvenir à l'adjudication d'immeubles saisis, d'un jugement antérieur d'adjudication non enregistré, alors que cette adjudication a été résolue par une adjudication postérieure sur folle enchère, prononcée au profit du saisi et dûment enregistrée, n'est faite que pour l'historique de l'affaire et ne présente aucune utilité juridique, puisque ce jugement ne fait pas partie des titres en vertu desquels le saisi était propriétaire. Dès lors, elle ne constitue pas l'usage, par acte public, d'un acte antérieur non préalablement enregistré et ne fait pas encourir à l'avoué la pénalité et la responsabilité édictées par les art. 23 et 41 de la loi du 22 frim. an VII (Sol. 20 oct. 1893 ; J. E. 24.310).

5. (17). **Usage direct.** — L'usage prévu par la loi fiscale s'entend de l'usage *direct*. Ainsi, le notaire qui passe un acte en vertu d'un autre acte, dûment enregistré, mentionnant une convention sous seing privé non soumise à l'enregistrement, ne contrevient pas à l'art. 42 de la loi du 22 frim. an VII.

Il a été jugé, dans ce sens, que l'acte notarié constatant le dépôt aux minutes d'un notaire du procès-verbal de l'assemblée générale des actionnaires d'une société en voie de formation, dans lequel se trouvent relatées les pièces mentionnant l'accomplissement des formalités légales et notamment le versement, entre les mains d'un banquier, du capital appelé, ne peut être considéré comme passé en conséquence des écrits relatés dans ledit procès-verbal, et notamment de l'extrait du compte-courant ouvert à la société par le banquier dépositaire des fonds versés par les souscripteurs, et de la lettre d'envoi de cet extrait. En conséquence, ces pièces ne sont pas assujetties à l'obligation de l'enregistrement et l'Administration n'est pas fondée, dans ce cas, ni à exiger du notaire le payement de l'amende édictée par l'art. 42 de la loi du 22 frim. an VII, ni à réclamer le droit proportionnel de 1 0/0, pour reconnaissance de sommes, sur l'extrait du compte courant constatant le dépôt des fonds de la société entre les mains du banquier (Seine, 16 mars 1894 ; J. E. 24.443).

Cette décision sert de règle de perception.

Mais il est à peine besoin d'ajouter que, si le dépôt fait aux minutes du notaire a pour effet de conférer l'authenticité à l'acte déposé, l'écrit qui se trouve mentionné dans ce dernier acte fait alors l'objet d'un usage *direct* par acte public, et il n'est pas douteux que, dans cette hypothèse, les art. 23 et 42 de la loi de frim. doivent recevoir leur application (V. Sol. 8 déc. 1894 ; Rev. prat., 3911).

C'est ce qui a été reconnu au sujet de pouvoirs annexés aux procès-verbaux des délibérations constitutives d'une société anonyme, et mentionnés dans un acte de dépôt conférant l'authenticité à ces délibérations (Sol. 8 juin 1899 ; R. P. 9752).

6. (30-12). **Instances. Actes produits par les redevables.** — Dans les instances relatives à la perception des droits, les documents produits à titre de justification par les redevables ne sont pas soumis à la double formalité du timbre et de l'enregistrement à raison du fait seul de leur production. Mais l'Administration ne peut se dispenser de relever les infractions ou contraventions que la production de ces actes la mettrait en mesure de constater (Sol. 22 avr. 1895 ; R. P. 8793).

7. (34). **Jugement exécutoire par provision. Huissier. Exploit d'appel.** — L'huissier qui signifie l'exploit d'appel d'un jugement non enregistré contrevient à l'art. 41 de la loi du 22 frim. an VII, alors même que le jugement dont est appel est exécutoire par provision (Amiens, 13 mai 1899 ; R. E. 2050 ; J. E. 25.687 ; R. P. 9685).

8. (37). **Compagnies d'assurances contre les accidents. Paiement d'indemnités.** — En matière d'assurances contre les accidents, l'Administration a décidé, par plusieurs solutions, qu'il y a usage de la police, si l'ouvrier blessé est payé directement par la compagnie d'assurance ou le patron assuré, ou bien encore en leur présence.

La doctrine contraire, adoptée par le tribunal de Marseille, ne paraît pas devoir être suivie (Voir R. E. 1893, observ. sur le jugement du 9 août 1898).

9. (38-7). **Acte public. Délégation de prix d'un marché.** — Un acte est passé en conséquence d'un autre toutes les fois qu'il en tire des éléments utiles à la convention qu'il constate.

Spécialement, l'acte public qui constate un emprunt pour lequel le débiteur fait délégation du prix d'un marché commercial dont l'existence écrite est prouvée, est passé en conséquence de ce marché. Il résulte de là que le droit proportionnel est exigible sur la portion du prix du marché qui a fait l'objet de la délégation (Seine, 22 juill. 1893 ; R. E. 534).

Ce jugement a été confirmé par un arrêt (Chambre des requêtes), du 22 mai 1895 (Inst. 2890, § 12 ; S. 96.1.55 ; D. 96.1.60 ; P. 96.1.55 ; R. P. 8860-12), qui est ainsi motivé : « Attendu que la délégation de 4 millions que contient l'acte public du 27 avril 1889 a sa cause unique et immédiate dans les marchés antérieurs passés sous seings privés ; que ce transport consenti par la Société des ateliers et chantiers de la Loire, qui avait elle-même passé les dits marchés, tout à la fois pour donner une garantie aux prêteurs et pour permettre aux emprunteurs de se libérer d'autant, a été fait ainsi en conséquence des dits marchés auxquels il se rattache directement » (Comp. Cass. req., 17 mars 1875 et 27 juill. 1875 ; Inst. 2516, § 5, et 2531, § 6).

10. (38-8). **Polices d'assurances sur la vie. Cession en garantie.** — Lorsque, dans un acte notarié contenant ouverture de crédit, le crédité cède au créditeur, en garantie des avances qui lui seront faites, des polices d'assurances sur la vie, il y a usage de ces polices dans le sens des art. 23 et 42 de la loi de frimaire (Blois, 9 mars 1898 ; R. P. 9329 ; — Conf. C. cass. de Belgique, 10 févr. 1898 ; R. E. 2355).

11. (38-9). **Société. Cession de marchés.** — L'acte notarié constitutif d'une société civile à laquelle une des parties cède ou apporte un bail et des traités sous seings privés avec des particuliers, doit être considéré comme passé en conséquence de ce bail et de ces traités (Figeac, 21 déc. 1898 ; R. E. 9698).

12. (39). **Cahier des charges. Enonciation d'un jugement d'adjudication non enregistré et suivi de folle enchère.** — L'énonciation, dans un cahier des charges, pour l'établissement de l'origine de propriété, d'un jugement d'adjudication non enregistré et suivi de revente à la folle enchère, ne constitue pas l'usage par acte public prévu par les art. 23 et 44 de la loi du 22 frim. an VII (Sol. 20 oct. 1893 ; R. E. 613 ; J. E. 24.310).

13. (47). **Partages.** — Le partage notarié, dans lequel est énoncé un acte sous seing privé formant, pour l'une des parties, le titre de l'indivision, est fait en vertu de cet acte, cette énonciation rend exigibles les droits d'enregistrement auxquels la convention sous seing privé donne ouverture (Nevers, 27 nov. 1899 ; R. P. 9927).

Même décision, en ce qui concerne les actes d'acceptation de remploi émanant de l'un des copartageants. Il est certain, en effet, qu'il y a usage de ces actes dans le sens des art. 23 et 42 de la loi de frimaire, puisqu'ils servent à établir que l'emploi, auquel le copartageant était soumis en vertu de son contrat de mariage, a été régulièrement effectué (Sol. 6 sept. 1894 ; R. P. 8472).

ART. 2. — DE L'USAGE AU POINT DE VUE DES PERSONNE[S]

14. (64). **Préfets et sous-préfets.** — Ces magis[trats] sont tenus de se conformer aux dispositions fiscales l'usage d'actes non enregistrés, même dans les actes a[dmi]nistratifs exempts d'enregistrement, tels que les a[ctes] qu'ils rendent (1).

14 bis. (67). **Etablissements publics.** — Les actes [pro]duits par les départements, les communes et les établi[sse]ments publics sont soumis aux mêmes règles que [les actes] produits par les particuliers. Dans ce sens, il a été dé[cidé] que les pièces produites par les hospices et établissem[ents] de bienfaisance, en vue d'obtenir l'autorisation d'acce[pter] les dons et legs qui leur sont faits, et spécialement l[e] constatant le consentement des héritiers à l'exécutio[n d'un] testament visé dans l'arrêté préfectoral, doivent être brées et enregistrées (Sol. 10 oct. 1899 ; R. E. 2387).

15. (68 et 217). **Autorités constituées. Fonctio[nnai]res. Comptables.** — Nous rappelons que les aut[orités] constituées, dans le sens de l'art. 23 de la loi du 22 [frim.] an VII, sont, indépendamment des tribunaux judicia[ires,] le Corps législatif, les tribunaux administratifs (Co[nseil] d'Etat, Cour des Comptes, Conseils de préfecture), le P[rési]dent de la République, les ministres, les préfets et sous-[pré]fets et les maires. Cette qualité n'appartient pas aux fonc[tion]naires de l'Administration des finances (trésoriers-pa[yeurs] généraux, receveurs particuliers, receveurs et tréso[riers] des communes et établissements publics). Aussi, a-t-[on] reconnu que, lorsque des pièces d'hérédité d'origine é[tran]gère, telles que des actes de décès ou certificats de pro[p]riété, sont produites par les héritiers d'un pensionna[ire] l'Etat, en vue du paiement des arrérages de la pen[sion] d'abord au trésorier général et ultérieurement à la Cou[r des] comptes, cette production ne rend nécessaire, ni l'en[regis]trement, ni même le timbre desdits actes. Toutefo[is] des traductions, faites par des traducteurs jurés, des [actes] étrangers, sont déposées concurremment avec ceux-c[i, ces] traductions doivent être établies sur papier timbré, quelles qu'elles constituent des actes passés en France (D[. M.] F. 17 avr. 1895 ; R. E. 937 ; J. E. 24.718).

Par application du même principe, le Ministre de[s fi]nances a décidé, le 2 juin 1900, que les marchés p[assés] en France pour le compte du Protectorat de l'Anna[m et] du Tonkin peuvent, dès lors qu'ils ne sont pas assu[jettis] à l'enregistrement dans un délai déterminé, être pro[duits] à un comptable du Trésor, sans que l'enregistrement [en soit] lable en soit nécessaire. Mais ces actes, étant rédig[és en] France, sont passibles du droit de timbre de dime[nsion] au moment même de leur création (D. M. F. 27 août [1900 ;] R. E. 2597).

16. (72). **Conservateurs des hypothèques.** — [Nous] avons émis l'avis que les conservateurs des hypothé[ques] sont assimilables aux autorités constituées, lorsqu'il[s pro]cèdent à l'accomplissement des formalités hypothéc[aires.] Notre opinion a été confirmée par un jugement du tri[bunal] d'Argentan, du 5 décembre 1893 (J.E. 24.392), d'après [lequel] l'inscription de privilège de séparation des patrim[oines] prise par un conservateur des hypothèques est un [acte] public dressé par l'autorité constituée à cet effet. En [con]séquence, l'Administration est fondée, par applicatio[n de] l'art. 23 de la loi du 22 frim. an VII, à exiger l'enr[egis]trement de l'acte de reconnaissance sous seing priv[é en] vertu duquel l'inscription a été requise et mentionn[ée sur] le registre public. L'action en paiement des droits [qui]

(1) Cass., 8 déc. 1856 ; D. 57.1.101 ; S. 57.1.366 ; Inst. § 4.

s ce cas, soumise qu'à la prescription trentenaire (Voir en, 6 juill. 1893 ; Argentan, 5 déc. 1893 ; J. E.24.392) ; ne peut, d'ailleurs, être exercée contre le créancier, éficiaire de l'inscription, qu'à la charge par l'Administon de prouver que l'inscription a été prise à sa re-le.

ous avons enseigné que le conservateur n'encourt une amende lorsqu'il procède à l'accomplissement ne formalité hypothécaire en vertu d'actes non enre-trés, en indiquant que l'Administration tout en soute-nt, en principe, le système contraire, y apportait, en , de larges tempéraments. C'est ainsi qu'elle a décidé e le conservateur n'encourait aucune amende lorsqu'il océdait à une radiation en vertu d'un acte de *mainlevée* sé en Algérie et qui n'a pas payé en France le complé-nt du droit au tarif métropolitain.

17. (73). **Directeurs des contributions indirectes.** — atrairement à l'opinion émise au *T. A.*, l'Administra-n a admis que les traités conclus, pour la gérance des bits de tabac, entre le titulaire et le gérant peuvent e présentés à l'approbation du Directeur des contribu-ns indirectes, sans que cet usage entraîne pour les par-s l'obligation de faire enregistrer les traités dont il s'a-(Sol. 21 nov. 1895 ; R. E. 1154).

18. (79 et 185). **Commissaires-priseurs.** — Les com-ssaires-priseurs rentrent dans la catégorie des officiers blics à qui l'art. 42 de la loi du 22 frim. an VII fait dé-se d'agir en vertu d'un acte sous seing privé non préa-lement enregistré. Mais l'art. 41 de la même loi, con-rnant l'usage des actes assujettis à l'enregistrement sur minute ou l'original, ne leur est pas applicable (Sol. août 1883 et 24 mai 1877 ; R. E. 636).

19. (81). **Greffiers.** — Les greffiers, avons-nous dit, ne pondent que des actes qu'ils rédigent *seuls*, et non de ceux ii sont l'œuvre du juge. Décidé, dans ce sens, que la délibération d'un conseil de mille et, par suite, l'appréciation, soit des excuses propo-es par les personnes convoquées, pour y prendre part, t de la régularité des mandats produits par ceux qui les présentent, constituent l'œuvre du juge, et non du gref-r, qui n'a, dans l'espèce, qu'un rôle passif. Par consé-ient, ce dernier ne saurait être rendu responsable du faut d'enregistrement préalable de la procuration don-e par un membre du conseil à un tiers à l'effet de l'y présenter, et n'encourt pas, dès lors, pour ce fait, l'a-ende édictée par l'art. 42 de la loi du 22 frim. an VII isieux, 18 déc. 1895 ; J. E. 24.940 ; R. P. 8792).

19 bis. (93). **Jugements coloniaux. Pourvoi en ca-tion. Recours au Conseil d'État.** — Le fait de défé-r à la Cour de cassation les jugements et arrêts coloniaux : constitue pas l'usage de ces actes en France (Seine, nov. 1894 ; R. E. 842. — Sol. 18 janv. 1895 et 24 déc. 97 ; R. E. 1608). Même solution pour les actes passés aux lonies et produits à l'appui du recours formé au Conseil État contre une décision du Conseil du contentieux une colonie (Sol. 24 janv. 1899 ; R. E. 1946).

20. (98 et 99). **Dépôt d'actes étrangers chez un otaire.** — Le dépôt d'actes étrangers effectué aux mi-s d'un notaire français par le gérant d'une société isigné par les statuts, muni de pouvoirs réguliers et gissant dans l'intérêt commun, caractérise l'usage des ctes déposés qui rend leur enregistrement obligatoire Sol. 29 oct. 1895 ; R.E. 1125).

20 bis. (99). **Société.** — Nous avons vu que l'annexe es statuts sous seings privés d'une société, à la déclaration otariée de versement faite en vertu de la loi, n'a pas pour ésultat d'assimiler l'acte de société à un acte authenti-

que et de rendre obligatoire l'enregistrement des actes dont il est fait usage dans les statuts. Il en serait autre-ment et l'enregistrement de ces actes (traités, marchés, etc...) deviendrait nécessaire, si l'acte de société était déposé chez un notaire *avec reconnaissance de signatures*. Ce dépôt a pour résultat, en effet, de conférer l'authen-ticité à l'acte déposé (Lyon, 23 mars 1899 ; R.E. 2028).

Art. 3. — Actes qui tombent sous le coup de la prohibition.

21. (104). **Notaire. Acte reçu par un autre no-taire.** — Un notaire qui agit en vertu d'un acte reçu le même jour par un autre notaire, avant que ce dernier acte soit enregistré, contrevient à l'art. 41 de la loi du 22 frim. an VII (Sol. 27 avril 1896 ; R. E. 1373 ; J. E. 25.155 ; Rev. prat., 4135).

22. (113). **Actes passés aux colonies.** — Nous avons in-diqué que le notaire qui annexe à ses actes des actes déjà enregistrés en Algérie doit les soumettre à l'enregistre-ment pour acquitter le supplément de droit dont ils sont passibles en France. Il a été jugé qu'en pareil cas, le sup-plément de droit exigible en France n'est prescriptible que par trente ans (Valence, 28 févr. 1898 ; R. E. 2025 ; J. E. 25.523).

23. (131). **Plans et devis.** — Les plans et devis, dres-sés par les agents de la compagnie chargée du service de la distribution des eaux dans une ville, doivent être en-registrés lorsqu'il en est fait usage dans les marchés com-plémentaires passés entre la ville et la compagnie (Lyon, 23 nov. 1900 ; R. E. 2663).

24. (132). **Actes de l'état civil passés à l'étranger.** — Le fait pour un maire d'annexer à un acte de l'état civil des actes passés à l'étranger et destinés à justifier de la capacité des parties, constitue l'usage public de ces actes et en rend l'enregistrement obligatoire. Sans doute, les actes de l'état civil passés à l'étranger sont, comme ceux passés en France, dispensés de l'enregistrement et peuvent, par conséquent, être annexés à un acte public passé en France, sans que, pour cela, l'enregistrement en devienne obligatoire. Mais cette dispense ne concerne que les actes de l'état civil *proprement dits* ; elle ne saurait être étendue à des actes qui, bien que destinés à suppléer à l'absence des actes de l'état civil, n'ont pas, néanmoins, le caractère propre de ces actes. Tels sont : les affirmations d'identité, soit par les futurs époux, soit par leurs parents, reçues par des consuls ou agents diplomatiques ; les déclarations émanant des officiers publics étrangers et destinées à te-nir lieu d'actes de naissance , et les certificats divers émanant d'autorités étrangères. L'annexe de ces actes à un acte public (par exemple, un acte de mariage) en rend l'enregistrement obligatoire (Sol. 4 mars 1898 ; J. E. 25.516).

De même, lorsque deux étrangers se marient en France, et que l'un d'eux produit à l'officier de l'état civil, pour jus-tifier sa situation, l'expédition d'un jugement de divorce rendu à l'étranger, laquelle reste annexée à l'acte de célé-bration de mariage, il y a usage en France de cette expé-dition, soit devant une autorité constituée, soit par acte public, et cet usage rend exigible des parties le paiement du droit fixe afférent aux jugements de l'espèce (Seine, 24 juill. 1897 ; J. E. 25.231).

Art. 4. — Actes qui échappent a la prohibition.

25. (133 bis). **Jugements et arrêts coloniaux. Pour-voi en cassation. Usage en France.** — Le tribunal de la Seine a décidé, par un jugement du 23 nov. 1894 (R. P. 8508), que le plaideur qui défère à la Cour de cassation une décision émanant des Cours et tribunaux algériens ou coloniaux n'est pas tenu de faire enregistrer préalablement en France la décision faisant l'objet du pourvoi, et d'acquitter les mêmes droits que si la décision avait été rendue par un tribunal métropolitain.

26. (138). **Contrat de commission. Pièces justificatives.** — Le contrat de commission n'étant autre chose qu'un mandat salarié, les quittances de fournisseurs et autres pièces justificatives du compte à rendre, par le commissionnaire au commettant, sont dispensées d'enregistrement, par application de l'art. 537, C. proc. ; la même immunité profite aux factures non acquittées et à la correspondance qui s'y rapporte (Seine, 17 déc. 1897 ; R. P. 9334).

26 bis. (139 bis). **Quittances de fournisseurs. Art. 537, C. proc.** — L'exemption accordée par l'art. 537, C. proc. aux pièces justificatives d'un compte concerne uniquement les quittances des fournisseurs, ouvriers, maîtres de pension et autres de même nature. Elle ne saurait être étendue à d'autres actes ou écrits, tels que comptes, lettres missives, etc. (Cass. civ., 7 mai 1901 ; R. E. 2733).

27. (158 bis). **Extraits de jugements de séparation.** — Si, comme nous l'avons indiqué au T. A., n° 158, les greffiers peuvent recevoir en dépôt, sans les faire enregistrer, les extraits de demandes en séparation, il n'en est pas de même des extraits de jugements. Les avoués n'étant pas dépositaires des minutes des jugements de séparations de biens, les extraits qu'ils délivrent de ces jugements tombent sous l'application de l'art. 68, § 1er, n° 18, de la loi du 22 frim. an VII, qui tarife au droit fixe de 1 fr. — porté à 1 fr. 50 par l'art. 4 de la loi du 28 fév. 1872, pour les actes judiciaires — « les collations d'actes ou pièces ou des extraits d'iceux par quelque officier public qu'elles soient faites ». En dressant un acte constatant le dépôt d'un extrait de cette nature, sans que cet extrait ait été préalablement enregistré, le greffier contrevient, non à l'art. 41, mais bien à l'art. 42 de la loi du 22 frim. an VII. Il encourt, en conséquence, une amende de 10 francs en principal (L. 16 juin 1824, art. 10) et devient, en outre, personnellement responsable du droit simple (Sol. 21 juin 1897 ; J. E. 25.336).

La question, toutefois, est controversée ; le tribunal de Châlons-sur-Marne s'est prononcé en sens contraire, par un jugement du 15 déc. 1899 (J. E. 25.936 ; R. P. 9836).

27 bis. (159 bis). **Simples notes.** — Aucune amende n'est due pour l'usage d'un écrit qui ne constitue qu'une simple note sans date ni signature (Seine, 30 déc. 1893 ; R.E. 733).

ART. 5. — PREUVES DE L'USAGE.

28. (164). **Actes exempts.** — Dans une espèce où il s'agissait d'une cession de créance par acte notarié et où les parties avaient déclaré que cette créance résultait de « conventions arrêtées » entre le cédant et le débiteur, le tribunal de Bordeaux a admis, faute par l'Administration d'avoir fait la preuve du contraire, que le titre de la créance, en supposant qu'il fût écrit, pouvait résulter de notes et registres privés, exempts d'enregistrement (Jug. 14 janv. 1901 ; R. E. 2596).

29. (168). **Preuves de l'usage. Mémoire taxé.** — En général, le fait seul qu'une convention doit être obligatoirement constatée par écrit suffit pour justifier la réclamation de l'amende et des droits à l'officier public qui l'énonce comme verbale.

C'est ce qui a été décidé au sujet de l'état taxé, tionné dans une adjudication notariée. Comme la t peut avoir lieu verbalement, le notaire est tenu d enregistrer l'état auquel il se réfère.

Spécialement, il a été reconnu que les états de taxés dont il est fait usage, tant dans les procès-ve des adjudications passées en justice que des ord des contributions, doivent être enregistrés, bien qu soient pas signés par les avoués, ni mentionnés ex ment dans les procès-verbaux, lorsque ces état conservés par le greffier et inscrits à son répertoire 15 nov. 1899 ; Rev. prat. 4763 ; R. P. 9781).

Sont également soumis à l'enregistrement, les cer délivrés par la Caisse des dépôts et consignations sont joints aux procès-verbaux d'ordre, en vue d' le montant des intérêts du capital consigné, éch moment de la distribution (même Sol.).

Mais la production d'un état de frais taxé n'éta obligatoire en matière d'ordre amiable, l'existence état ne peut s'induire de l'énonciation du procès-d'ordre portant que les frais ont été taxés, cette tax vant être contenue au procès-verbal. L'Adminis n'est pas autorisée, en conséquence, à réclamer, au cette seule énonciation, une somme arbitrée d'offic droits de timbre et d'enregistrement sur un état p présumé produit (Sol. 26 mars 1895 ; R. E. 924 ; 8795).

30. (172 bis). **Pouvoir. Tribunal de comm** — En matière de saisie, bien que le pouvoir pré l'art. 556, C. proc., soit essentiel à la validité des rations de l'huissier, le droit d'enregistrement de ce voir n'est exigible que si l'huissier en fait mentio moins d'une manière implicite.

De même, il ne peut être perçu, pour product pouvoir, un droit spécial de 3 fr. à raison de la m d'un jugement commercial portant qu'une partie représentée par un mandataire, qu'autant que l' nistration est en mesure de prouver l'existence procuration écrite.

Il convient, pour prévenir toute contestation point, que le représentant de l'Administration se c avec le président du tribunal afin de faire ment par le greffier, dans tous les jugements, si les au tions ont été données verbalement à l'audience ou par des pouvoirs écrits visés par le greffier, conform à l'art. 627, C. com. (Sol. 27 juill. 1891 et 8 août R. E. 1522 ; J. E. 25.296).

Mais l'usage en justice d'un pouvoir écrit est su ment établi par la mention d'un jugement constata l'une des parties a comparu par son défenseur en v risé, « en vertu d'un pouvoir non enregistré, mais re suffisant à l'audience par le tribunal ». Toutefois, t en matière commerciale, le pouvoir donné au déf officieux peut être écrit au pied de l'original ou de pie de l'assignation (C. com., art. 627), il n'y a l percevoir, en pareil cas, si le pouvoir n'est pas repr qu'une somme égale au montant du droit fixe d'e trement, à l'exclusion d'un droit et d'une amende d bre (Sol. 16 oct. 1896 ; J. E. 25.296).

ART. 6. — PAYEMENT DES DROITS. PRESCRIPTION AMENDES.

31. (178). **Payement des droits. Solidarité.** droits exigibles sur un acte sous seing privé énonce un acte notarié peuvent être réclamés à toute partie figuré dans l'acte sous seing privé, alors même l'aurait pas comparu à l'acte public (Nevers, 27 nov. 1899 ; R. P. 9927 ; Comp. Blois, 9 mars 1898 ; R. P. 9329).

32. (178 *bis*). **Prescription.** — Les droits dus et non perçus sur un acte sous seing privé mentionné dans un acte notarié ne se prescrivent que par trente ans (Nevers, 27 nov. 1899, précité).

33. (179). **Notaire. Responsabilité.** — Le notaire est responsable des droits d'enregistrement auxquels donnent ouverture les actes sous seings privés en vertu desquels il agit (Figeac, 22 déc. 1898 ; R. P. 9698).

Cette responsabilité subsiste, encore bien que l'amende encourue personnellement par le notaire soit prescrite (Blois, 9 mars 1898 ; R. P. 9329).

Quant à l'amende, elle s'éteint par le fait du décès du notaire contrevenant (Figeac, jug. précité).

§ 2 : — Timbre.

34. (204). **Actes non timbrés. Facilités accordées aux notaires.** — Nous avons dit que l'art. 13 de la loi du 16 juin 1824, qui autorise les notaires à faire usage d'actes sous seings privés non enregistrés, sauf à annexer ces actes aux actes publics dans lesquels ils sont mentionnés, ou à les présenter simultanément à la formalité, a été reconnu applicable aux actes non timbrés ou insuffisamment timbrés.

Toutefois, un notaire encourt les amendes édictées par l'art. 49 de la loi du 5 juin 1850, en mentionnant dans un contrat de société des traités sous seings privés en vertu desquels il agit, sans indiquer s'ils sont revêtus du timbre prescrit et sans énoncer le montant du droit de timbre payé. Ces amendes ne s'éteignent pas par le fait du décès du notaire et elles peuvent être réclamées à ses héritiers (Figeac, 22 déc. 1898 ; R. P, 9698).

35. (218). **Acte étranger non timbré.** — L'art. 13 de la loi du 13 brum. an VII défend l'usage en France d'actes passés à l'étranger et non timbrés. En conséquence, le notaire qui agit dans un acte de son ministère en vertu d'un acte passé à l'étranger non timbré, doit acquitter le droit de timbre sur cet acte ; mais il n'est passible d'aucune amende, l'art. 13 précité n'ayant prononcé aucune sanction à la défense qu'il édicte (Sol. 1er fév. 1897 ; R. E. 1703 ; R. P. 9077).

36. (218 *bis*). **Acte passé dans les colonies.** — Mais il a été reconnu qu'il n'y a pas lieu d'exiger de droits de timbre sur les expéditions produites à l'appui du recours formé devant le Conseil d'Etat contre la décision d'un Conseil d'une colonie où l'impôt du timbre n'est pas établi (Sol. 26 janv. 1899 ; R. P. 9765).

37. (240). **Timbre. Pièce insuffisamment timbrée.** — La déclaration par le notaire rédacteur qu'un acte, en vertu duquel il agit, est écrit sur papier insuffisamment timbré, n'autorise pas l'Administration à réclamer, à défaut de la représentation matérielle de cet acte, le supplément de droit de timbre et l'amende qui seraient exigibles si l'existence de la contravention était régulièrement établie. L'aveu même des parties dans une pétition adressée à l'Administration ne peut suppléer à la représentation matérielle de l'écrit (D. M. F. 8 avr. 1896 ; R. E. 1155).

ACTE PRODUIT EN COURS D'INSTAN-CE. — 1. (7). Usage devant des arbitres ou experts commis. — La production d'un acte sous seing privé devant un arbitre ou un expert commis a le caractère de production en justice et rend l'enregistrement obligatoire (Montbrison, 11 mars 1899 ; J. E. 25777 ; R. P. 9654), alors même que le Tribunal déclarerait, dans les motifs

du jugement, que l'acte n'a pas été versé aux débats (1).

2. (8). **Ordre et contribution. Certificat de la Caisse des dépôts.** — Il y a lieu de soumettre à la formalité avant toute production en justice, notamment avant tout usage dans les procédures de contribution judiciaire, les certificats de la Caisse des dépôts et consignations constatant le montant des sommes consignées au compte du saisi et les états, délivrés par la même Caisse, des oppositions et réclamations dont ces sommes se trouvent grevées (Sol. 28 avr. 1899 ; R. E. 2285).

3. (13). **Action en répétition de l'indû. Quittance produite.** — L'action en répétition de l'indû ayant son fondement dans la loi (C. civ. 1376 et suiv.) et non dans les quittances qui se bornent à constater le versement des sommes dont le remboursement est demandé, la production de ces quittances, même au cours de l'instance, ne rend pas exigible le droit en sus édicté par l'art. 57 de la loi du 28 avril 1816 (2).

4. (21). **Effet de commerce non protesté. Dispense d'enregistrement.** — Sous l'empire de la loi du 22 frimaire an VII, et par dérogation au principe général écrit dans les art. 23 et 47 de ladite loi, d'après lequel il ne peut être fait usage en justice d'un acte sous seings privés sans qu'il ait été préalablement enregistré, les lettres de change tirées de place à place étaient expressément exemptées de la formalité par l'art. 70, § 3, n° 15 de la même loi. L'art. 30 de la loi du 28 avril 1816 avait soumis les lettres de change au droit de 25 cent. 0/0 et permettait de différer l'enregistrement des actes de l'espèce jusqu'à l'assignation en paiement ou en garantie. Mais l'art. 10 de la loi du 28 février 1872 a abrogé cette disposition en décidant, d'une part, que les lettres de change seront soumises au droit de 50 cent. 0/0, d'autre part, qu'elles devront être enregistrées avec les protêts qui en seront faits, enfin, qu'elles pourront n'être présentées à la formalité qu'à ce moment. Il suit de là que l'usage en justice de lettres de change non protestées ne saurait en rendre l'enregistrement obligatoire (3). Cette décision est évidemment applicable, par identité de motifs, aux billets à ordre (Toulouse, 28 mars 1899 ; R. E. 2018 ; J.E. 25.679 ; R. P. 9652).

5. (21). **Registre domestique.** — De même, le registre domestique produit en justice n'est assujetti ni à l'enregistrement ni même au timbre (4).

6. (22). **Pièces justificatives de comptes de fournisseurs.** — L'art. 537, C. proc., qui exempte de l'enregistrement les quittances de fournisseurs et autres, produites comme pièces justificatives de comptes, est applicable en matière commerciale comme en matière civile, notamment au compte à rendre par le commissionnaire à son mandant et aux factures acquittées produites à l'appui de ce compte ainsi qu'aux factures non acquittées et aux lettres missives formant l'accessoire des factures acquittées qu'elles accompagnent et dont elles constituent le développement et l'explication (Seine, 17 déc. 1897 ; R. E. 1629 ; J. E. 25.450 ; R. P. 9194). Mais les quittances seules bénéficient de l'exemption, à l'exclusion des autres actes (Cass. civ., 7 mai 1901 ; R. E. 2733 ; — V. Acte passé en conséquence, 26 bis).

7. (29 à 34). **Faits constitutifs de l'usage en justice.** — Il n'est pas nécessaire qu'une pièce ait été exhibée ma-

(1) Seine, 3 juill. 1896 ; R. E. 1245 ; J.E. 24.113 ; — Pont-Audemer, 31 mars 1897 ; R.E. 1481.
(2) Sol. 10 fév. 1897 ; R.E. 1739 ; J. E. 25.294 ; R.P. 9089.
(3) Cass. civ., 22 juill. 1896 ; Inst., 2930 § 6 ; D. 97.1.103 ; R.E. 1237 ; J.E. 24.896 ; R.P. 8814 ; J.N. 26.170.
(4) Seine, 5 avr. 1895 ; R.E. 939 ; J.E. 24,635 ; R.P. 8626.

tériellement pour qu'elle soit considérée comme produite en justice. L'usage ou la production d'une pièce existe, au sens légal du mot,dès qu'une partie croit utile d'en invoquer l'existence ou d'en tirer avantage : « Attendu, porte un jugement du tribunal civil d'Auxerre du 14 déc. 1898, que la Compagnie « l'Espérance » voulant établir sa prospérité financière... a, dans ses conclusions, invoqué la régularité de sa constitution sous le régime de la loi belge ; qu'elle a indiqué le but de la société ainsi constituée ; qu'elle s'est prévalue du § 7 de l'art. 30 de ses statuts... ; attendu que le jugement du 29 janv.1895 vise dans l'un de ses considérants l'acte de société passé le 6 août 1887... ; attendu qu'il résulte de ce qui précède qu'il y a usage en justice des pièces visées dans la contrainte » (R. E. 1945).

Il a été jugé, dans le même sens, que lorsque l'existence d'un traité écrit dont il a été fait usage en justice est établie d'une manière non équivoque par les constatations du jugement qui a mis fin au litige entre parties,notamment par l'importance des intérêts engagés, la durée du marché, la diversité des clauses, la précision des conditions du contrat dans l'assignation, ce traité étant ainsi reconnu par le jugement donne ouverture au droit proportionnel de titre suivant le vœu de l'art, 22 de la loi du 11 juin 1859, combiné avec l'art. 69, § 3, n° 1, de la loi du 22 frim. an VII (1).

Mais encore faut-il que l'écrit produit ait le caractère d'un acte et qu'il ne consiste pas en une simple note sans date ni signature (Seine, 30 déc. 1893 ; R. E. 733 ; R. P. 8423).

Toutefois, l'usage en justice d'un acte écrit n'a pas paru résulter suffisamment des énonciations d'un jugement portant que le tribunal compétent, *ratione loci*, est celui du lieu où une « promesse (d'obligation) a été souscrite » ; ces mots, relevés dans les considérants sur une pure question de forme, ont été regardés comme pouvant constituer une expression impropre, employée par inadvertance et sans tirer à conséquence (Seine, 30 juin 1894 ; R. E. 815).

8. (44). Acte non représenté. Droits arbitrés d'office. — Pour assurer le recouvrement des droits exigibles, l'Administration est fondée à exiger la représentation des actes produits en justice ou, à défaut, à arbitrer d'office le montant de ces droits, sans, d'ailleurs, que les parties puissent y suppléer par la déclaration estimative prévue par l'art. 16 de la loi du 22 frimaire an VII,qui,loin de tenir une semblable estimation comme susceptible de remplacer la représentation de l'acte, prévoit un cas tout spécial et différent où l'acte étant, au contraire, représenté, les énonciations en sont insuffisantes pour l'exacte liquidation du droit à percevoir (2).

La contrainte peut énoncer que la somme arbitrée d'office comprend des droits de timbre, sans qu'il y ait là une cause d'annulation des poursuites, dès lors que le droit des parties de passer une déclaration est réservé (Cass. civ., 7 mai 1901 ; R. E. 2733).

9. (45). Paiement du droit simple. Débiteur. — En principe, toutes les parties qui ont figuré dans un acte produit en justice,sans excepter celles qui sont demeurées étrangères à la production (*Contrà*, Seine, 20 nov. 1896 ;

(1) Cass. civ., 20 juill. 1896; R. E. 1238 ; J. E. 24.897 ; — Cf. Seine, 20 janv. 1889 ; R. E. 876 ; J. E. 24.545 ; R. P. 8504; — 10 juill. 1891 ; J. E. 24.111 ; R. P.7820 ; — 19 févr. 1897 ; J. E. 23.387 ; R. P. 9465; — 17 déc. 1897 ; R. E. 1629 ; J. E. 25.450 ; R. P. 9334 ; — Montbrison, 11 mars 1899 ; J. E. 25.777 ; R. P. 9654 ; — Sol. 13 juill. 1898 ; J. E. 25.686 ; R. P. 9535.

(2) Cass. civ.,20 juill. 1896, précité ; — D. M. F. 4 févr. 1896; R. E. 1156 ; — Sol. 13 juill. 1898 (précitée).

R. E. 1322 ; J. E. 25.183 ; R. P. 9085),sont tenues des dommages dont cet acte est passible. La solidarité de la condamnation principale entraîne, du reste, celle des défendeurs qui en sont l'accessoire (Cass. civ., 20 juill. 1896, préc. ; Cette règle a été reconnue applicable aux actes de commerce (Montpellier, 22 nov. 1897; R. E. 1628 ; J.E. 25. aux actes sous seings privés de toute nature (Seine,10 1891; J. E. 24.111 ; R. P. 7820) et notamment à ceux portant cession ou vente de meubles (Seine, 6 févr. 1 J. E. 25.325 ; R. P. 9129), et même aux plans (Seine 27 oct. 1893 ; J. E. 24.302).

L'action en recouvrement des droits dus sur les a produits de la production peut être dirigée également contre les auteurs de la production (1).

Les redevables ne peuvent, d'ailleurs, se soustraire à l'obligation de payer les droits réclamés, sous prétexte qu'ils n'ont pas en leur possession les actes qui ont donné ouverture à l'impôt (Seine, 10 juill. 1891, précité).

Lorsque la production émane d'un mandataire, ce dernier n'est pas tenu personnellement des droits (Seine, 29 nov. 1893 ; R. E. 1110).

10. (46). Paiement du droit en sus. — Le droit en sus est à la charge personnelle de l'auteur de la production. Tel est le cas de la partie qui a produit l'acte sans l'avoir fait enregistrer et en le dissimulant dans l'exploit introductif d'instance sous la qualification de convention verbale (Lyon, 20 mai 1891 ; J. E. 24.1 Exceptionnellement, le droit en sus peut être dû simultanément par le demandeur et par le défendeur, lorsqu'ils ont l'un et l'autre invoqué la convention : le demandeur dans l'exploit d'assignation, le défendeur dans une demande reconventionnelle (Seine, 19 févr. 1897 ; J. 25.387 ; R. P. 9463).

11. (51). Prescription. — En l'absence d'une disposition législative exceptionnelle, les droits simples sur une convention ne sont soumis qu'à la prescription de droit commun, c'est-à-dire à la prescription trentenaire à moins qu'il ne s'agisse d'omissions ou d'insuffisances de perception sur des actes précédemment soumis à la formalité, ou qu'il n'ait été présenté à l'enregistrement, puis la formation de la convention sujette aux droits acte ou un jugement pouvant être considéré comme constituant lui-même le titre de cette convention et, par suite, celui de l'exigibilité du droit. La prescription de 30 ans est donc seule applicable, à l'exclusion de la prescription biennale de l'art. 61, n° 1, de la loi du 22 frimaire an au droit proportionnel (remplaçant l'ancien droit gradué) exigible sur un acte de société en participation non enregistré et dont il a été fait usage en justice par l'un des contractants contre un tiers. Cet effet se produit en bien que le jugement ayant mis fin au procès et enregistré ait relaté le contrat, si, les parties litigiantes n'étant pas les mêmes que celles qui ont concouru à l'acte sociation,ledit jugement ne peut ainsi être regardé comme formant le titre de la convention et, par conséquent, de l'exigibilité du droit (2).

La prescription biennale est également inapplicable cas où, s'agissant de droits perçus au sujet d'un acte tendu produit en justice, mais dont la production pas eu lieu réellement, les parties ont demandé le

(1) Villefranche (Rhône), 24 nov.1892 ; J. E. 24.697 ; — S 12 avr. 1894 ; J.E. 24.455; R. P. 8404 ; — 5 avr. 1895 ; J. 24.635 ; R. E. 939 ; R. P. 8626 ; D. 96.5.568.

(2) Cass. civ., 13 mars 1895 ; Instr. 2890,§ 6 ; S. 95.1.45 95.1.421 ; R.E.918 ; J.E. 24.568 ; R. P. 8525 ; — Cf. Seine,29 1895 ; R. E. 1041 ; J. E. 24.745 ; R. P. 8627.

ursement de ces droits plus de deux ans après la perception effectuée en même temps que celle des droits exigibles sur le jugement qui a mis fin au procès entre parties (1).

On a refusé de même l'application de la prescription de deux ans à la réclamation du droit proportionnel dû sur une mutation dont l'instrument n'a jamais été soumis à la formalité et dont l'existence a été révélée à l'Administration par un jugement, si ce jugement, quoique enregistré depuis plus de deux ans, ne peut être considéré comme constituant lui-même le titre de la convention et l'exigibilité du droit et s'il ne révèle pas la mutation à l'Administration, de manière à lui permettre d'établir la perception sans recherches ultérieures et sans le rapprochement du jugement avec l'acte produit (2).

12. (53 bis). **Péremption d'instance. Enregistrement des actes produits.** — Il a été jugé que la péremption de l'instance ne fait pas obstacle à ce que l'Administration réclame les droits dus sur les actes produits au cours de l'instance périmée (La Réole, 12 nov. 1896 ; R. E. 740 ; R. P. 9107).

Cette décision, d'ailleurs non motivée, ne nous paraît pas devoir être suivie. Dès lors que le rapport d'experts, le jugement, etc., rédigés en conséquence d'actes produits à l'expert ou au juge sont mis à néant par la péremption, la production elle-même doit être considérée comme n'ayant jamais eu lieu.

13. (58). **Devoir des juges.** — La seule mesure préventive qui s'impose au tribunal en ce qui concerne l'enregistrement des actes produits en justice consiste dans l'injonction qu'il doit prononcer d'effectuer au greffe le dépôt desdits actes pour être immédiatement enregistrés. S'il n'existe plus dans nos lois de disposition analogue à celle de l'art. 11 de la loi du 19 déc. 1790, qui déclarait nulles toutes poursuites faites en vertu de titres non enregistrés, il résulte des art. 23 de la loi du 22 frim. an VII, 57 de celle du 28 avr. 1816, 16 de celle du 23 août 1871, et notamment de l'art. 47 de la loi du 22 frim. an VII, que le législateur a voulu atteindre un résultat identique en contraignant les juges à rejeter des débats les actes restés imparfaits et à repousser la demande si elle se trouve dépourvue d'autre base. Il ne suffit pas, d'ailleurs, que l'administration de l'Enregistrement ait été mise à même de déterminer l'assiette de l'impôt qu'elle est chargée de percevoir : les tribunaux ont la tâche d'assurer la perception des droits, en rejetant toute demande qui n'aurait d'autre fondement qu'un titre non enregistré. Il ne peut donc être fait droit à une demande fondée exclusivement sur les clauses d'un contrat qui a été déposé au greffe, mais dont aucune des parties ne s'est résolue, malgré les injonctions du tribunal, à requérir l'enregistrement (3).

Pour les actes non timbrés, V. n° 15 infra.

14. (64). **Instances en matière d'enregistrement.** — Les pièces produites par les parties à titre de justification, dans les instances en matière d'enregistrement, ne sont point passibles du timbre et de l'enregistrement à raison de ce seul fait. Mais la Régie ne peut se dispenser de relever les infractions aux lois sur le timbre ou sur l'enregistrement dont ces actes contiendraient la preuve (note

(1) Seine, 20 nov. 1896 ; R. E. 1332 ; J. E. 25.183 ; R. P. 9085.
(2) Cass. civ., 30 janv. 1895 : Inst. 2890, § 2 ; S. 96.1.529 ; D. 95.1.361 ; R. E. 876 ; J. E. 24.545 ; R. P. 8504.
(3) Seine, 7 déc. 1899 ; J. E. 25.468 ; 23 mars 1898 ; R. E. 2598 ; J. E. 25.468.

tamment en cas de mutation secrète ou de dissimulation de prix) et les amendes encourues par l'huissier qui instrumenterait en vertu de tels actes (Sol. 22 avr. 1895 ; R. E. 1389 ; J. E. 24.981 ; R. P. 8793).

15. (65). **Usage d'un acte non timbré.** — Les art. 1 et 24 de la loi du 13 brum. an VII, d'après lesquels l'impôt du timbre est établi sur tous les papiers destinés aux actes judiciaires et qui défendent aux juges de prononcer aucun jugement sur un acte non écrit sur papier timbré, s'appliquent à la requête contenant les moyens d'un demandeur en cassation, même devant la Chambre criminelle. Sont, en conséquence, non recevables les moyens présentés par un demandeur en cassation, sur papier non timbré (Cass. crim., 3 mars 1900 ; R. E. 2320).

La Cour de cassation ne saurait faire état d'un mémoire rédigé par la partie civile, sur papier non timbré, à l'appui d'un pourvoi en cassation (Cass. crim., 12 janv. 1901 ; Gaz. Trib. 19 mai 1901).

Le certificat dressé par un vétérinaire attestant que des animaux peuvent circuler sur la voie publique devrait être revêtu du timbre de dimension, bien qu'il n'en soit pas passible au moment de sa création, s'il venait à être produit en justice dans un intérêt privé (Sol. 14 janv. 1901 ; R. E. 2600). A plus forte raison, l'écrit par lequel un commerçant s'est engagé à payer une certaine somme pour le prix de la publicité à faire pour sa maison dans une feuille périodique ne pourrait pas être produit en justice sans avoir été soumis au droit de timbre de dimension. Et si un tel acte était, par sa nature, soumis au timbre, il serait, de plus, passible de l'amende de 62 fr. 50 s'il avait été rédigé sur papier libre (Seine, 8 févr. 1896 ; R. E. 1109).

Lorsqu'un jugement a constaté la production d'un acte en justice, que l'Administration a perçu, au vu du jugement, les droits d'enregistrement qui lui ont paru exigibles sur l'acte produit et que la partie représente cet acte à l'appui d'une demande en restitution des droits perçus, la Régie peut régulièrement constater les droits et amendes de timbre dus sur l'acte qui parvient ainsi entre ses mains, alors même que le pétitionnaire ne l'aurait remis à l'Administration que sur la réclamation de celle-ci et comme pièce justificative de la demande en restitution formée par lui (Seine, 15 juin 1895 ; R. E. 999 ; R. P. 8630).

Il n'y a pas usage en justice proprement dit lorsqu'un procès-verbal d'enquête en vérification d'écriture mentionne des quittances non timbrées produites comme pièces de comparaison. Mais l'annexe de ces écrits au procès-verbal rendrait les droits et amendes de timbre exigibles (D. M. F. Belge, 18 juin 1862 ; R. P. 1826). (Pour le droit et l'amende de timbre qui restent exigibles sur un acte judiciairement annulé, V. T. A., Restitution, 158).

16. (65). **Usage d'un écrit non timbré n'ayant pas le caractère d'un acte.** — Aux termes de l'art. 30 de la loi du 13 brum. an VII, les écrits qui ont été rédigés sur papier non timbré sans contravention (comme ne constituant pas des titres) ne peuvent, néanmoins, être produits en justice sans être soumis préalablement au timbre à peine d'une amende de 5 fr. en principal (1). — V. T. A., Timbre, 247 et 248. On trouvera loc. cit., n° 248, de nombreux exemples d'écrits de cette catégorie.

17. (66). **Etranger.** — La production en justice d'obligations négociables émises par un gouvernement étranger rend exigible le droit de timbre qui frappe les titres des

(1) Cette amende, de 30 fr. à l'origine, a été réduite à 5 fr. par l'art. 10, L. 16 juin 1824.

fonds d'Etats étrangers (Seine, 3 juill. 1896 ; *R. E.* 1215 ; *J. E.* 25.113).

18. (66 *bis*). **Colonies. Pourvoi devant le Conseil d'Etat.** — Lorsque des actes passés aux colonies sont produits à l'appui du recours formé au Conseil d'Etat contre une décision du Conseil du contentieux d'une colonie française, cette production ne constitue pas l'usage desdits actes en France et ne les rend pas passibles, notamment, de l'impôt du timbre, dès lors qu'ils ont été rédigés dans une colonie où cet impôt n'est pas établi (Sol. 24 janv. 1899 ; *R. E.* 1946 ; *J. E.* 25.613 ; *R. P.* 9629).

ACTE RESPECTUEUX. — (7). Voir *Enregistrement.*

ACTE SOUS SEING PRIVÉ. — 1. (9 *bis*). Voir *Acte de notaire*, n° 4.

2. (13 et 14). **Acte sous seing privé de vente remontant à plus de trente ans. Date certaine. Droit exigible.** — Lorsqu'un acte sous seing privé portant vente d'immeubles remonte à plus de 30 ans, sa date, même non rendue certaine par l'un des modes prévus en l'art. 1328, C. civ., doit être prise en considération pour le tarif du droit à percevoir.

Le droit proportionnel de vente n'est dû que si l'acte n'a pas 30 ans de date certaine,telle qu'elle est déterminée par l'art. 1328, C. civ. Il est prescrit, au cas contraire, le seul droit exigible est celui de 3 fr. pour salaire de la formalité (Sol. 6 juill. 1892 ; *R. E.* 595).

3. (16). **Société. Acte de formation et de prorogation. Changement de législation. Nouveau tarif. Rétroactivité.** — Les actes constitutifs ou prorogatifs de société rédigés en la forme sous seing privé sont soumis, non pas au tarif en vigueur au jour de leur date, mais à celui qui prévaut au jour où l'enregistrement est requis.

Les dispositions de la loi du 28 juill. 1867 (art. 55-56-61), d'après laquelle ces actes doivent être déposés au greffe, dans le mois de la constitution ou de la prorogation,n'ont point pour effet de modifier leur caractère d'actes non assujettis à l'enregistrement dans un délai déterminé.

En conséquence, le procès-verbal de l'assemblée générale des actionnaires d'une société anonyme tenue avant le 1er juin 1893, mais présenté à la formalité postérieurement à cette date, et qui constate la prorogation de la durée de cette société, tombe sous l'application de l'art. 19 de la loi du 28 avril 1893, et donne ouverture au droit proportionnel de 0 fr. 20 0/0, à l'exclusion du droit gradué (Seine, 9 août 1894 ; *R. E.* 807).

4. (25). **Enregistrement. Bureau. Contrainte décernée par un autre bureau.** — Les actes sous seings privés peuvent être enregistrés dans tous les bureaux de France indistinctement, à la seule exception des bureaux qui n'ont pas l'enregistrement des actes de cette espèce dans leurs attributions, et cette règle ne cesse pas d'être applicable, alors même qu'une contrainte a été décernée par un receveur en paiement des droits dus sur l'acte sous seing privé et que ledit acte est présenté à la formalité dans un bureau autre que celui d'où émane la contrainte (Sol. 7 mars 1896 ; *R. E.* 1174 ; *Rev. prat.* 4084).

5. (27). **Paiement des droits. Solidarité.** — Le principe, d'après lequel toutes les parties qui ont figuré dans un acte sous seing privé sont solidaires pour le paiement des droits auxquels il donne ouverture, a été consacré, de nouveau, par un arrêt de la Chambre des requêtes de la Cour de cassation, du 20 juillet 1896 (1).

(1) Instr. 2930, § 4 ; D. 97.1.243 ; *R. P.* 8123 ; — Comp. Seine, 15 avr. 1899 ; *R. P.* 9597.

Il a été jugé, toutefois, dans une espèce où un constatant le paiement partiel d'une dette et l'extinc du surplus par voie de confusion, et contenant maini entière de l'hypothèque, était passible du droit de 0 f 0/0 sur la partie de la dette qui ne supportait pas le de libération, que le supplément de droit dû de ce che pouvait être réclamé qu'au débiteur sur le titre duqu confusion s'était produite (Seine, 16 juin 1900 ; *R. P.* 9

6. (30). **Annexe à un acte notarié. Supplén de droit. Recouvrement sur les parties.** — Le ceveur est comptable vis-à-vis du Trésor de toutes sommes qui figurent dans ses écritures comme ene sées, notamment la différence entre la somme p en recette, pour l'enregistrement d'un acte sous s privé annexé à un acte notarié, et celle qui avait préalablement versée au notaire. C'est à lui d'exe sous sa responsabilité, et par les voies de droit, l'a en répétition des avances qu'il a faites aux redevable

Mais, quand la perception est insuffisante, le rece ne peut plus s'adresser qu'aux parties pour le paier des suppléments de droits reconnus exigibles, et règle concerne non seulement les actes reçus par le taire, mais encore les actes sous seings privés ann dans les conditions prévues par l'art. 13 de la l 16 juin 1824 (Sol. 3 déc. 1896 ; *Rev. prat.* 4269).

ADJUDICATION D'IMMEUBLES. — 1. **Liquidation du droit proportionnel. Plusieurs tractants.** — Lorsqu'un même acte comprend plusi stipulations passibles du droit proportionnel, cel doit être liquidé sur l'ensemble des stipulations qu'elles concourent à former une convention unique cas contraire, le droit proportionnel est liquidé sur ch convention considérée isolément en arrondissant sommes de 20 en 20 francs.

2. (29 *bis*). **Réunion de l'usufruit à la nue propr** — Le droit fixe de 4 fr. 50 pour réunion d'usufruit nue propriété est dû, le cas échéant, sur l'adjudica qui a lieu devant un notaire commis ; mais il n'est exigible si l'adjudication a lieu à la barre du trib (*R. E.* 2140). Remarquons, au surplus, que la loi du 2 vrier 1901 (art. 21) a exempté du droit fixe les réun d'usufruit opérées par acte à titre onéreux, dont le principal ne dépasse pas 2.000 francs.

2 bis. (30 *bis*). **Insuffisance de perception. F ment des droits supplémentaires.** — Le supplér de droit reconnu exigible sur une adjudication d'imr bles prononcée en justice ne peut être réclamé qu parties qui profitent des dispositions insuffisamment fées et divisément à chacune d'elles, dans la mesur profit qu'elle retire de ces dispositions. Par applicatio cette règle, l'adjudicataire et les vendeurs qui ont inte comme créanciers du prix, à poursuivre l'exécution de judication, peuvent être poursuivis en paiement du sup ment de droit, mais chacun d'eux n'en est tenu que sa part divise (Sol. 28 oct. 1898 ; *R. E.* 2054 ; *J. E.* 25.

3. (36). **Droit de contrôle de l'Administrat Expertise.** — La demande en expertise est receva même à la suite d'une adjudication judiciaire, lorsqu valeur imposable a dû être déterminée par une déclara estimative. Il en est ainsi lorsqu'un terrain et des c tructions ayant été adjugés pour un prix unique au priétaire du sol, une ventilation a dû être faite pour terminer, en vue de la perception du droit de muta la portion du prix afférente aux constructions (1).

(1) Sol. 22 juill. 1893 ; *J. E.* 25.066 ; — Seine, 26 déc. *R.E.* 1329 ; *J.E.* 25.184; *R. P.* 9106.

4. (43). Adjudication sur folle enchère. Droit minimum. — Le droit fixe auquel l'adjudication sur folle enchère donne ouverture, lorsque les droits proportionnels perçus sur l'adjudication folenchérie ont désintéressé le Trésor, est celui de 7 fr. 50, à l'exclusion du droit de 50 c. (Sol. 18 avr. 1899 ; *R.E.* 2147 ; *J. E.* 25.780 ; *R. P.* 56). C'est ce même droit de 7 fr. 50 qui est également exigible lorsque les droits proportionnels calculés sur une adjudication faite à la barre du tribunal n'atteignent pas ce chiffre. La raison en est que le procès-verbal de l'adjudication faite à la barre du tribunal est assimilé aux jugements. Mais il n'en est pas de même des ventes qui ont eu lieu devant l'un des juges du tribunal à l'audience des criées, soit devant un notaire commis ; constituant des actes judiciaires et non des jugements, elles échappent à l'application de l'art. 17 de la loi de 1892 (même Sol.).

5. (56). Surenchère. Réadjudication au profit d'un adjudicataire. Restitution des droits perçus sur la première adjudication. — Lorsqu'une adjudication d'immeubles prononcée au profit d'un étranger est présentée à l'enregistrement, les droits perçus lors de cette formalité ne sont pas restituables, alors même que, postérieurement à l'enregistrement, l'adjudication serait frappée de surenchère et qu'une nouvelle adjudication aurait lieu au profit d'un colicitant (Cass. req., 20 déc. 1899 ; *R.E.* 2252).

6. (56). Surenchère. Droit de cautionnement perçu sur la première adjudication. Restitution. — Le droit de cautionnement perçu sur une adjudication n'est pas restituable, alors même que par l'effet d'une surenchère postérieure le cautionnement tarifé se trouverait annulé et sans objet (Seine, 1er mai 1896 ; *R. E.* 1175 ; *J. E.* 24.871 ; *R. P.* 8773). Ce droit ne serait même pas imputable sur les droits auxquels la nouvelle adjudication donnerait ouverture (Sol. 5 déc. 1891 ; *J.E.* 24.224 ; *R. P.* 7816).

6 bis. (56). Droit proportionnel. Surenchère. Imputation du droit perçu. Retenue du droit fixe. — Lorsqu'une adjudication passée devant notaire commis est frappée de surenchère avant sa présentation à l'enregistrement et que néanmoins le droit proportionnel est perçu lors de la formalité, ce droit est restituable ou imputable sur celui dû sur l'adjudication sur surenchère. Mais la restitution ou l'imputation ne peut avoir faite que sous la retenue du droit fixe dû pour salaire de la formalité, sur la première adjudication. Il en est autrement lorsque la première adjudication n'est frappée de surenchère qu'après l'enregistrement. En ce cas, l'intégralité du droit proportionnel perçu d'abord est imputée, sans retenue du droit fixe, sur le droit exigible lors de l'enregistrement de l'adjudication sur surenchère. La raison en est que le droit proportionnel a été régulièrement perçu sur le premier acte et devait seul être perçu, à l'exclusion du droit fixe ; le second acte n'est passible que d'un supplément de droit proportionnel, le cas échéant, ou du droit fixe si la taxe proportionnelle à laquelle il donne lieu est inférieure à celle qui a déjà été perçue (*R. E.* 2307).

7. (61). Désistement de surenchère. — Lorsque l'adjudication a été enregistrée au droit fixe, alors qu'elle était frappée de surenchère, le droit proportionnel devient exigible s'il n'est pas donné suite à la surenchère, soit par suite du désistement du surenchérisseur, soit pour toute autre cause (Grasse, 30 déc. 1896 ; *J.E.* 25.692).

8. (61 bis). Surenchère annulée par jugement. Appel. — La surenchère n'annule la première adjudication qu'autant qu'elle n'a pas été elle-même annulée par juge-

ment. Si un tel jugement intervient, la première adjudication, alors même que ce jugement serait frappé d'appel, subsiste et est passible du droit de mutation dans le délai légal. Si le jugement qui a déclaré nulle la surenchère est réformé par la Cour qui déclare la surenchère valable, les droits de mutation payés sur la première adjudication sont à considérer comme ayant été régulièrement perçus et doivent être intégralement remboursés à l'adjudicataire primitif, qui en a fait l'avance, par le surenchérisseur, alors même que, celui-ci étant colicitant et celui-là étranger, les droits dus sur la seconde adjudication seraient moins élevés que ceux payés sur la première (Mortagne, 11 juin 1896 ; *R. E.* 1294).

9. (64). Délaissement. Adjudication au profit du délaissant. — À la différence de ce qui a lieu en matière d'adjudication sur surenchère ou sur folle enchère, l'adjudication prononcée à la suite du délaissement des immeubles par le tiers détenteur opère une seconde mutation qui ne détruit pas la première, et, par conséquent, donne ouverture, lorsqu'elle est prononcée au profit d'un acquéreur autre que le délaissant, à un second droit de mutation, sans qu'il y ait lieu d'imputer le droit perçu sur la première transmission. Il en est de même si l'immeuble adjugé d'abord au délaissant est ensuite, sur surenchère du sixième, adjugé à un tiers. Si la première adjudication, prononcée pour un prix égal ou inférieur au prix de la vente consentie antérieurement au délaissant, échappe au droit de mutation, comme ne faisant que confirmer le délaissant dans son titre primitif, la seconde opère, au contraire, une nouvelle mutation passible du droit proportionnel. Le délaissant serait, d'ailleurs, sans droit pour demander la restitution du droit de mutation perçu sur cette adjudication (Seine, 24 juill. 1891 ; *J.E.* 24.113 ; *R.P.* 7814).

10. (69). Caractère de la vente judiciaire passible de la taxe. — La taxe de 25 cent. 0/0, établie par la loi du 26 janvier 1892, n'est applicable qu'aux ventes auxquelles il est procédé, en vertu d'un ordre de justice, soit à la barre du tribunal, soit devant un notaire commis.

On ne saurait faire rentrer dans cette définition le procès-verbal d'adjudication dressé par un notaire en exécution d'une simple ordonnance sur requête du président du tribunal (1), ou d'une ordonnance de référé (Sol. 19 août 1893 ; *R. E.* 549 ; *R. P.* 8195).

11. (75 à 78). Ventes inférieures à 2.000 fr. — Pour savoir si le prix principal d'une vente judiciaire d'immeubles est inférieur à 2.000 fr. et doit être, en conséquence, exempté de la taxe judiciaire de 0 fr. 25 0/0 édictée par la loi du 26 janvier 1892, il y a lieu, comme pour l'application de la disposition similaire de l'art. 1er de la loi du 23 oct. 1884, de faire abstraction des frais antérieurs mis à la charge de l'adjudicataire (2).

Par contre, lorsqu'une vente judiciaire comprend, outre un immeuble et le fonds de commerce y exploité, le droit au bail des lieux, à charge de payer les loyers à courir, la taxe spéciale de 0 fr. 25 0/0 doit être liquidée sur le prix augmenté du montant des loyers, l'obligation de les acquitter, imposée à l'acquéreur, ayant le caractère d'une charge de l'adjudication du droit au bail (3).

(1) Sol. 16 fév. 1895 ; *R. E.* 1244-III ; *J. E.* 24.856 ; *R. P.* 8584 ; *J. N.* 26.039.
(2) Sol. 31 août 1893 ; *R. E.* 624 ; *J. E.* 24.780 ; *R. P.* 8631 ; *J. N.* 26.039.
(3) Sol. 30 mai 1895 ; *R. E.* 1300 ; *J. E.* 24.837 ; *R. P.* 8688.

12. *(78).* **Cumul du droit fixe et du droit proportionnel. Lots adjugés définitivement et lots surenchéris.** — On ne peut percevoir cumulativement le droit fixe et la taxe proportionnelle des frais de justice sur les jugements d'adjudication d'immeubles comprenant des lots adjugés définitivement et d'autres frappés de surenchère. L'art. 11 de la loi du 26 janvier 1892 s'oppose au cumul. La taxe proportionnelle est seule due sous le minimum du droit fixe. Cette règle est applicable aux procès-verbaux d'adjudication dressés par un juge commis (Sol. 30 août 1899 ; *R. E.* 2509 ; *J. E.* 25.979).

13. *(79).* **Licitation. Parts acquises.** — Lorsqu'une licitation a lieu par voie d'adjudication en justice et est prononcée au profit d'un des colicitants, la taxe des frais de justice de 0 fr. 25 0/0 est due sur l'intégralité du prix sans déduction de la part de l'acquéreur dans le prix (1).

14. *(80 bis).* **Acquisition par voie d'expropriation. Taxe non exigible.** — Si une acquisition faite par voie d'expropriation pour cause d'utilité publique a été réalisée aux termes d'un jugement d'adjudication, l'immunité générale accordée par l'art. 58 de la loi du 3 mai 1841 s'applique à la taxe de 25 cent. 0/0, et si cette taxe a été perçue, elle doit être restituée (Sol. 7 mars 1900 ; *J. E.* 25.978).

AGENT DIPLOMATIQUE. — *(1).* Exemption de timbre.

— Les réclamations formées par les consuls étrangers, en vertu d'un traité, et tendant à faire attribuer à leurs nationaux le produit net d'un sauvetage ou d'un naufrage, sont exemptes du droit de timbre de dimension (D. M. F. 19 fév. 1894 ; Inst. 2887, § 1 ; *R. E.* 994-I).

AGENTS DE CHANGE. — *(6).* Bourses départementales. Transfert des rentes sur l'Etat.

— Les agents de change établis près les bourses départementales, qui ne pouvaient jusqu'ici certifier le transfert que des rentes nominatives représentées par des inscriptions départementales 3 0/0 ou des inscriptions directes assignées payables à la Trésorerie générale de leur résidence, ont maintenant le droit de certifier le transfert de toutes les rentes nominatives, sans distinction du fonds auquel elles appartiennent, ni du lieu où elles sont payables, ni des rentes mixtes, c'est-à-dire de celles représentées par des inscriptions nominatives munies de coupons d'arrérages au porteur (Décr.24 déc. 1896 ; *R.E.* 1341).—V.*Taxe sur les opérations de Bourse.*

ALIÉNÉ. — **1.** *(6).* Recouvrement suivi par l'Administration. Avertissement préalable.

— Les instances en recouvrement des frais de séjour et d'entretien des aliénés placés dans les asiles publics, autonomes ou départementaux, doivent être indistinctement et exclusivement suivies par l'administration de l'Enregistrement, sauf aux receveurs à effectuer le versement des sommes encaissées entre les mains des trésoriers-payeurs généraux, pour être ultérieurement remises par ceux-ci, lorsqu'il s'agit d'asiles autonomes, aux comptables spéciaux de ces établissements. Cette règle est, d'ailleurs, applicable qu'il s'agisse d'aliénés *internés d'office*, par mesure administrative, ou de malades *placés volontairement* par leurs familles (D.

(1) Quimper, 17 mars 1898 ; *R. E.* 1741 ; *J. E.* 25.473 ; *R. P.* 9258 ; *J.N.* 26.888 ; — Lunéville, 9 juin 1898 ; *R.P.* 9356 ; — Gannat, 20 oct. 1898 ; *R.E.* 1971 ; — Mayenne, 6 janv.1899 ; *R. E.* 1971 ; *J. E.*25.572 ; *R.P.* 9599 ; — Marseille,5 juill. 1899, Négrel ; — *Contrà*, Lons-le-Saunier, 20 déc. 1898 ; *R. E.* 1971 ; *J. E.* 25.689 ; *R. P.* 9532.

M. F. 18 mai 1900 ; *R. E.* 2409 ; *R. P.* 9911 ; Circ. co 30 déc. 1900 (Enregistr.) et 31 janv. 1901 (Fin.).

Il importe, toutefois, d'observer une distinction, e les deux catégories d'aliénés, au point de vue des mes qui doivent précéder l'ouverture des poursuites.

Lorsqu'il s'agit d'aliénés internés d'office, la remis l'administration de l'Enregistrement,des titres exécuto doit toujours être précédée de l'envoi d'avertissem réitérés par le service des finances (Arr. 7 juin 1842 ; min. Int. 5 mai 1852 ; Circ. compt. 5 août 1832 et 27 1833 ; Inst. 2002).

A l'égard des pensions des malades placés volont ment, comme la créance dépend exclusivement d comptabilité particulière de l'asile, et non de la comp lité du département, ainsi que dans le cas précédent, aux agents de l'établissement eux-mêmes qu'il appar d'adresser aux redevables les avis comminatoires pr par les règlements (Sol. 11 avr. 1899 ; *R. E.* 2013 ; 25.897 ; *R. P.* 9365).

2. *(7).* — Le président de la commission administr d'un asile d'aliénés, administrateur provisoire des b d'une personne internée, est sans qualité pour poursu en justice le recouvrement des frais de pension qu parent de l'interné s'est engagé à payer, et l'instance être suivie par l'administration de l'Enregistrement, lors qu'aucune contestation n'est élevée sur l'existenc la quotité de cet engagement (Cass. req., 9 janv. 1 *R. E.* 2014 ; *J. E.* 25.897).

3. *(8 et 10).* **Procédure à suivre. Saisie-arrêt** Le recouvrement des frais de pension des aliénés est o par voie de contrainte et dans les formes de la loi l'enregistrement.

A défaut par les redevables d'avoir fait opposition contrainte, l'Administration est fondée à assigner d tement devant le tribunal compétent (St-Mihiel, 13 1896 ; *J. E.* 25.028).

La procédure spéciale de la loi du 22 frim. an VII plique à la saisie-arrêt qui constitue un mode de recou ment en même temps qu'une base de décision sur la dité des taxes. La procédure ordinaire devrait tout être suivie contre les tiers étrangers à la dette, et, spé lement, s'il s'agissait d'assigner le tiers saisi en décla tion affirmative (Seine, 6 févr. 1897 ; *J. E.* 25.222 ; 8958).

4. *(8 bis).* **Débiteurs. Epoux commun en biens** Les dépenses d'un aliéné placé dans un asile étant premier lieu à sa charge personnelle, l'Administration fondée, lorsque celui-ci est marié sous le régime d communauté,à en poursuivre le recouvrement sur les bi communs (St-Mihiel, 13 mai 1896, précité).

5. *(9).* **Prescription.** — Il a été décidé que la créa qui naît au profit d'un département pour les avances q fait annuellement pour les enfants assistés dont la cha incombe à un autre département procède d'un qu contrat de gestion d'affaires est soumise, non à la pr cription quinquennale, mais à celle de trente ans seu ment (C. Rennes, 22 mai 1894 ; *R. E.* 803 ; *J. E.* 24.5 La situation est identique en matière de frais de pens d'aliénés, et il est admis que la prescription trentena leur est également seule applicable (Sol. 25 avr. 18 *J. E.* 24.422).

6. *(9 bis).* **Privilège.** — D'après une décision conc tée le 19 décembre 1879, entre les départements Finances et de l'Intérieur (*R. P.* 5471), le privilège éta par l'art. 2101, C. civ., s'appliquerait aux fournitures subsistances, faites par le département aux aliénés p dant la dernière année.

La règle ainsi posée a cependant été contestée. Toute la question est de savoir si l'asile d'aliénés, aux droits duquel le département est substitué, peut être considéré comme rentrant dans la catégorie des maîtres de pension et marchands en gros, auxquels s'applique le 5° alinéa de l'art. 2101. L'Administration défend l'affirmative : il semble assez plausible, en effet, que vis-à-vis des aliénés non indigents, l'asile public doive être assimilé à un maître de pension et que le département lui-même, qui a payé à l'asile les frais de pension de l'aliéné, jouisse du privilège correspondant à la nature de la fourniture (1).

7. (10 bis). Aliéné non interdit. Mandataire ad litem. — L'administrateur provisoire n'est point, à ce titre, chargé de représenter en justice l'aliéné dont il gère les biens. Cette mission est confiée, le cas échéant, par l'autorité judiciaire, à un mandataire *ad litem* (L. 20 juin 1838, art. 33 ; Aubry et Rau, t. I, p. 531 et 532, texte et note 17).

D'un autre côté, il ne peut être procédé contre l'aliéné non régulièrement représenté sous peine de nullité de toute la procédure (2). La nullité dont il s'agit est d'ordre public et peut, par conséquent, être relevée pour la première fois devant la Cour de cassation (Cass. civ., 7 juin 1899 ; R. E. 2080).

Le mandataire *ad litem* est désigné par le tribunal du domicile de l'aliéné (Cass., 4 mai 1870 ; S. 73.1.230 ; D. 72.1.192), à la diligence de l'administrateur provisoire ou du procureur de la République, à l'exclusion des créanciers de l'aliéné (R. G. de Fuzier-Hermann, V° *Aliéné*, n° 440).

Le Domaine, chargé d'exercer des poursuites pour le recouvrement des frais de pension, doit donc, tout d'abord, prier le procureur de la République près le tribunal du domicile de l'aliéné débiteur, de provoquer la nomination d'un mandataire *ad litem*, contre lequel l'instance est suivie. Rien ne s'oppose, du reste, à ce que le tribunal porte son choix sur la personne même de l'administrateur provisoire (Sol. 31 août 1896 ; R. E. 1259).

Toutefois, il existe une exception à la règle qui précède et l'administrateur provisoire peut être directement assigné au cas, prévu par l'art. 87 de la loi de 1838, où il y a lieu de fixer le principe ou la quotité d'une dette d'aliments.

8. (11). Frais de régie. — Les frais de régie (5 0/0), dus à l'administration de l'Enregistrement en vertu de la loi du 5 mai 1855, sur les pensions d'aliénés qu'elle recouvre pour le compte des départements ou des établissements autonomes, ne peuvent être imputés sur le principal de la créance ; ils doivent être payés en sus par les débiteurs.

L'art. 16 de la loi précitée porte, il est vrai, que les frais de régie sont prélevés sur les sommes recouvrées, d'où l'on serait tenté, au premier abord, de conclure qu'ils doivent être déduits du principal.

Mais une telle interprétation serait manifestement contraire aux intentions du législateur et à la saine logique. Le prélèvement du 5 0/0, par voie de retenue, aurait, en effet, pour conséquence, ainsi que s'exprime une décision concertée entre les ministres des Finances et de l'Intérieur, « de priver le département ou l'établissement qui ont fait l'avance partie de ce qui leur est légitimement dû, en leur faisant supporter des frais résultant du fait des

(1) Sol. 3 nov. 1891 ; R. E. 907 ; — Tulle, 25 janv. 1899 ; J. E. 25.759 ; — Contrà, St-Gaudens, 29 juill. 1894 ; R. E. 907 ; J. E. 24.504.
(2) C. Paris, 23 mai 1873 ; S. 73.2.248 ; D. 74.5.24 ; P. 73. 1026 ; — C. Paris, 10 déc. 1898 ; R. E. 1259.

débiteurs » (1). L'intervention du Domaine ne se produisant qu'à défaut de paiement amiable, il est juste que les frais occasionnés par cette intervention soient supportés par les débiteurs récalcitrants, en sus du principal de leur dette.

On peut ajouter que l'administration de l'Enregistrement remplit, dans les instances en recouvrement des frais de pension d'aliénés, le rôle de représentant légal du département créancier, de même que, dans les procès ordinaires, l'avoué est constitué mandataire légal et nécessaire des plaideurs. La rémunération allouée au Trésor par un texte législatif, en raison du mandat dont il s'agit, rentre donc dans la catégorie des dépens, au même titre que les vacations des avoués ; il en résulte qu'elle doit, par application de l'art. 130, C. proc. civ., être mise à la charge de la partie qui succombe (2).

AMENDE. — 1 (11). Bonne foi. — L'exception de bonne foi n'est pas admissible en matière de contravention aux lois sur le timbre (Oran, 24 déc. 1894 ; R. P. 8604), et, d'une manière générale, aux lois fiscales (Vannes, 18 fév. 1897 ; R. P. 9211).

2. (16). Remise. Décentralisation. — Un décret du 11 janv. 1897 (Inst. 2921 ; R. E. 1292 ; J. E. 25.032 ; R. P. 8955) a délégué aux directeurs départementaux le pouvoir de statuer sur les demandes formées par les redevables à l'effet d'obtenir la remise des amendes, droits ou demi-droits en sus encourus, lorsque les pénalités qui font l'objet de la demande sont inférieures à 500 fr. Ce chiffre a été porté à 1.000 fr. par un nouveau décret du 8 mars 1899 (Inst. 2980 ; R. E. 2077 ; J. E. 25.602 ; R. P. 9675-36).

Ces mesures de décentralisation sont applicables aux demandes tendant à obtenir un délai pour déclarer une succession lorsque le demi-droit en sus, qui serait encouru à défaut de déclaration dans le délai légal, est inférieur à 1.000 fr.

Quand une pétition a pour objet des amendes dont la loi n'a déterminé que le minimum et le maximum, les directeurs sont également autorisés à statuer, à moins qu'ils ne soient d'avis de fixer le chiffre des pénalités exigibles à une somme supérieure à celle de leur propre compétence (Inst. 2921).

2 bis. (16 bis). Remise conditionnelle. Déchéance. — Le redevable se trouve déchu du bénéfice de la décision gracieuse qui lui a accordé la remise partielle d'un droit en sus, lorsqu'il n'a pas rempli la condition, imposée par cette décision, de payer immédiatement le droit simple (Seine, 29 juill. 1899 ; R. P. 9603), comme s'il refuse d'acquitter la portion réservée de la pénalité (3).

3. (17). Sursis. Loi Bérenger. — Si, en ce qui concerne le droit en sus et les amendes, qui sont des peines, des remises ou des modérations peuvent être accordées à titre de grâce, le recours en grâce, qui ne porte aucune atteinte aux droits des contribuables, ne saurait non plus altérer ni modifier ceux du Trésor public. D'autre part, le fait de la transmission par les préposés de l'Enregistrement à l'autorité compétente d'une pétition en remise du droit en sus n'entraîne, de la part de l'Administration, ni acquiescement, ni renonciation à son droit de poursuite. D'où il

(1) Circ. compt. 31 déc. 1856, n° 617-98, § III ; — Rappr. Circ. compt. 28 fév. 1900, n° 182, § V-D.
(2) St-Mihiel, 13 mai 1896, précité ; — Bar-le-Duc, 19 janv. 1899 ; R.E. 1947 ; J.E. 25.718 ; R. P. 9494.
(3) Versailles, 24 janv. 1896 ; J. E. 24.956 ; R. P. 8913 ; — Oran, 24 déc. 1894 ; R. P. 8604 ; — Castres, 20 juil. 1897 ; R. P. 8922 ; — Contrà ; Meaux, 21 déc. 1894 ; J. E. 24.815 ; R. P. 8603.

suit que l'Administration ne commet aucune faute et ne fait qu'user de son droit légal en procédant, à la suite d'un commandement, à une saisie mobilière contre le débiteur d'un droit en sus, pour agir ainsi, que la juridiction gracieuse ait statué sur la pétition en remise adressée par ce redevable à l'autorité compétente (1).

La loi du 26 mars 1891 (loi Bérenger), sur le sursis des peines, n'est pas applicable aux amendes fiscales, qui sont moins des peines que des réparations civiles (2).

3 bis. Amnistie. Loi du 28 décembre 1900. — Cette loi ne s'applique qu'aux cas spéciaux qu'elle a prévus, notamment aux contraventions en matière de contributions indirectes, à l'exclusion des autres contraventions fiscales, comme celles en matière d'enregistrement et de timbre (Rappr. C. Grenoble, 12 janv. 1901 ; D. 1901, 2.232 et la note).

4. (22). Décimes. — Le tribunal compétent pour prononcer la condamnation au principal des amendes, doit prononcer en même temps la condamnation aux décimes dont la perception est autorisée par les lois fiscales (L. 13 avr. 1900, art. 5 ; Inst. 3012 ; R. E. 2378).

5. (23). Personnalité des peines. — En règle générale, les pénalités en matière d'enregistrement s'éteignent par le fait du décès du contrevenant. Tel est le cas, notamment, des amendes prononcées par les art. 41 et 42 de la loi du 22 frim. an VII, à la charge des officiers publics et ministériels (Figeac, 22 déc. 1898 ; R. P. 9698). Il en est autrement des amendes en matière de timbre, telles que celles encourues pour contravention à l'art. 49 de la loi du 5 juin 1850, et les héritiers du contrevenant en sont tenus (même décision).

Il résulte, d'autre part, de l'art. 38 de la loi du 22 frim. an VII, interprété par l'avis du Conseil d'Etat du 3 févr. 1810 (Inst. 470 ; — V. T. A., Contre-lettre, n° 26), que le droit en sus édicté par cet article pour défaut d'enregistrement, dans le délai légal, des actes de mutation immobilière, n'a pas le caractère d'une peine personnelle et peut être réclamé aux héritiers du contrevenant, sans distinction entre le cas où l'acte est présenté spontanément à l'enregistrement par ces héritiers, et le cas où l'Administration, ayant fait la preuve de la mutation secrète, exerce des poursuites contre ces derniers. Cette règle continue, d'ailleurs, à être applicable, nonobstant l'art. 14 de la loi du 23 août 1871, qui, loin de vouloir enlever au Trésor les moyens de recouvrement qu'il tenait de l'art. 38 précité, n'a fait que désigner avec plus de précision les parties qui seraient tenues directement du droit en sus, et n'a aucunement entendu modifier les prescriptions de la législation antérieure qui assurait la perception de ce droit en sus contre les héritiers du contrevenant (3).

5 bis. (23 bis). Actes administratifs. — Pour les amendes encourues par les préfets, sous-préfets et maires, Voir T. A., Acte administratif, 90.

ARBITRAGE. — **1.(5). Nomination d'arbitres.** — Si la nomination est faite par acte extrajudiciaire, le droit est de 3 fr. (experts) ou 4 fr. (arbitres) (L. 28 avr. 1893, art. 22).

2. (7). Clause compromissoire. — La clause qui, dans un acte de bail, dispose que toutes les difficultés relatives

(1) Limoges, 25 juin 1892 ; R. P. 8684 ; — Cass. civ., 27 nov. 1895 ; Inst. 2900-8 ; D. 96.1.521 ; R. E. 1038 ; J. E. 24.740 ; R. P. 8820-29.
(2) C. Rennes, 11 mai 1892 ; R.P. 8184 ; —Cass.crim., 28 janv. 1897 ; R. E. 1598 ; J. E. 25.389.
(3) Cass. civ., 8 fév. 1893, S. 93.1.385 ; D. 93.1.409 ; P. 93. 1.385 ; J. E. 24.024.

à l'exécution du contrat seront soumises au juge de pa du canton, dont la compétence est en tant que de beso prorogée, ne donne pas ouverture à un droit particuli (Sol. 5 janv. 1895 ; R. E. 880).

ASSISTANCE JUDICIAIRE.

SOMMAIRE ANALYTIQUE.

§ 1. — Droit civil, 1-10.
§ 2. — Droit fiscal, 11-38.

ART. 1er. — ADMISSION A L'ASSISTANCE, 11.
— 2. — IMMUNITÉS RÉSULTANT DE L'ASSISTANC 12-18.
— 3. — ETENDUE ET LIMITES DES DISPENSES, 19-2
— 4. — RECOUVREMENT DES DROITS, FRAIS ET AVA CES, 22-26.
— 5. — DÉPENS, SOLIDARITÉ, 27-29.
— 6. — APPEL, POURVOI EN CASSATION, 30.
— 7. — DÉSISTEMENT. TRANSACTION, 31-32.
— 8. —, PRIVILÈGE, 33.
— 9. — PRESCRIPTION, 34.
— 10. — RETRAIT DE L'ASSISTANCE, 35.
— 11. — COLONIES. ETRANGER, 36-38.

SOMMAIRE ALPHABÉTIQUE.

Accidents, 13.
Accidents du travail, 6.
Actes conservatoires, 7, 14, 26 bis.
Actes de l'état civil, 11.
Actes d'exécution, 7, 12, 19.
Actes de l'instance, 12.
Actes produits, 23.
Algérie, 36.
Appel, 30, 32.
Arbitres, 16.
Associations privées, 3.
Avances, 16.
Avis de parents, 13.
Bureau, composition, 9.
Caisse de retraite des ouvriers mineurs, 4, 18.
Cassation, 30 bis.
Colonies, 36.
Communication des décisions, 10.
Compensation des dépens, 22, 28.
Condamnation contre l'adversaire de l'assisté, 22.
— contre l'assisté, 24.
Conditions d'admission, 2.
Conseils de préfecture, 8.
— de prud'hommes, 8.
Conservateurs des hypothèques, 16.
Consignation, 15.
Cours d'assises, 8, 15, 24-1.
Demande verbale, 10.
Dépens, 27 et s.
Désistement, 31.
Divorce, 11.
Etablissements publics, 3.
Etranger, 38.
Exécutoire, 22, 26.
Expédition, 16.
Extrait d'acte, 16.
— de jugement, 26.
— des décisions du bureau, 10-3.

Formalités hypothécaires, 21.
Forme de la décision, 10.
Honoraires des officiers min tériels, 17.
Hypothèque légale, 33.
Instruction des demandes, 10.
Insuffisance de ressources, 2.
Interdiction, 13.
Jugements définitifs et non d finitifs, 20.
Juridictions d'instruction, 8.
— de répression, 8.
— gracieuse, 7, 13, bis.
Ordonnances de référé, 24-2.
— sur requête, 26 bis.
Ouvriers mineurs, 4, 18.
Panama (Cie du canal de), 5.
Partage judiciaire, 28.
Partie civile, 8, 24-1.
Personnes morales, 3.
Police simple et correctionnell 8, 15, 24-1.
Prescription, 34.
Privilège, 33.
Procédure d'exécution, 25.
Prud'hommes, 8.
Receveur de l'enregistrement 16.
Recouvrement, 22.
Référés, 24, 26.
Réforme, 1.
Retrait de l'assistance, 35.
Saisie-arrêt, 14, 32.
Scellés, 13.
Séparation de biens, 33.
Solidarité, 27 et s.
Subrogation, 33.
Transaction, 32.
Tribunaux correctionnels et c police, 8, 15, 24-1.
Tribunal des conflits, 8.
Tunisie, 37.
Urgence (extrème), 10.

§ 1er. — Droit civil.

1. (1). — La loi du 10 juillet 1901 qui remplace les art. 1 à 21 de celle du 22 janvier 1851 apporte à celle-c un certain nombre de modifications (R. E. 2753 ; Inst. 3060).

Les plus importantes ont pour objet d'étendre l'assistance à un certain nombre d'actes ou de procédures qui n'en bénéficiaient pas sous la législation antérieure.

2. (2). Conditions d'admission. — D'après la loi de 1851 l'assistance ne pouvait être accordée qu'aux « indigents ». Aux termes de la loi nouvelle elle est accordée « à toutes personnes.... qui, à raison de *l'insuffisance de leurs ressources*, se trouvent dans l'impossibilité d'exercer leurs droits en justice, soit en demandant, soit en défendant » (art. 1).

3. (4). Personnes morales. — L'art. 1 de la loi du 10 juillet 1901, admet au bénéfice de l'assistance, s'ils justifient de l'insuffisance de leurs ressources, tous établissements publics ou d'utilité publique,quel que soit leur objet, ainsi que les associations privées ayant pour objet une œuvre d'assistance et jouissant de la personnalité civile.

4. (4). Ouvriers mineurs. Caisses de retraites. — D'autre part, aux termes de l'art. 27 de la loi du 29 juin 1894 sur les caisses de secours et de retraites des ouvriers mineurs,le bénéfice de l'assistance est acquis de plein droit à toutes les parties en cause dans les instances visées audit article,qu'il s'agisse de particuliersou de personnes morales (D. M. F. 5 nov. 1897 ; Inst. 2866 et 2937 ; R. E. 1576).

5. (4). Compagnie du canal de Panama. — Une autre loi du 1er juillet 1893 (R. E. 497), dans le but de faciliter la liquidation de la Compagnie universelle du canal interocéanique de Panama,a confié à un mandataire unique, nommé par jugement à la requête du procureur de la République près le tribunal civil de la Seine, l'exercice des actions individuelles des porteurs d'obligations contre la compagnie, et accordé de plein droit à ce mandataire le bénéfice de l'assistance judiciaire, pour l'exercice des actions dont il s'agit et pour l'exécution des décisions obtenues, ainsi que pour toute intervention comme partie civile et pour tous droits d'enregistrement qui pourraient être requis.

Toutefois, le bénéfice de l'assistance ne devait pas s'étendre aux frais de transport des juges, des officiers ministériels et des experts, aux honoraires de ces derniers et aux taxes des témoins.

Quant aux droits de timbre, d'enregistrement et de greffe, le Trésor ne devait pouvoir les exiger que du débiteur et après le payement des condamnations obtenues par le mandataire. Il en résultait qu'en aucun cas ce dernier ni ses mandants ne pouvaient être poursuivis pour le recouvrement des droits et amendes applicables aux titres et actes produits par eux et rentrant dans la catégorie de ceux dont les lois ordonnent l'enregistrement dans un délai déterminé et qui, dans les termes du droit commun, restent à la charge de l'assisté.

Enfin, le Trésor était privé du droit de préférence à l'encontre des assistés sur les biens de l'adversaire condamné. L'art. 4 de la loi spéciale disposait, en effet, que le Trésor ne pourrait exiger le payement des sommes lui revenant qu'après l'acquittement des condamnations obtenues par le mandataire (Inst. 2844).

6. (4). Accidents du travail. — L'art. 22 de la loi du 9 avril 1898 sur les accidents du travail accorde de plein droit à la victime de l'accident, ou à ses ayants droit, sur le visa du procureur de la République, le bénéfice de l'assistance judiciaire, pour toutes les actions se rattachant à l'exécution de la dite loi. — V. *Accidents du travail*, nos 37 à 49.

7. (5). Cas divers d'application. — La loi de 1851 n'accordait l'assistance que pour les actions en justice, à l'exclusion des contrats volontaires. La loi nouvelle l'étend, en dehors de tout litige, aux actes de juridiction gracieuse, aux actes conservatoires (art. 1) et aux actes et procédures d'exécution même lorsque ces actes sont faits et ces procédures suivies en vertu d'actes conventionnels (art. 2).

8. (6). Juridictions devant lesquelles l'assistance est admise. — Aux juridictions désignées par la loi de 1851, la loi de 1901 ajoute : les conseils de préfecture, le tribunal des conflits et les juridictions d'instruction et de répression (en ce qui concerne la partie civile).

Les conseils de prud'hommes restent soumis à la législation antérieure.

9. (7). Composition du bureau. — La composition des bureaux n'est pas modifiée. Celui établi au chef-lieu judiciaire de l'arrondissement devient compétent pour toutes les instances devant le tribunal de simple police, le tribunal correctionnel, la cour d'assises et le conseil de préfecture.

Quant aux instances devant le tribunal des conflits, elles ressortissent au bureau établi près le Conseil d'Etat (art. 3, L. 10 juill. 1901).

10. (8). Forme et instruction de la demande. — 1. DEMANDE VERBALE OU ADRESSÉE AU MAIRE. — Toute personne qui réclame l'assistance peut présenter sa demande *même verbale* au procureur de la République de son domicile ; elle peut présenter sa demande écrite ou verbale *au maire de son domicile* qui la transmet immédiatement au procureur avec les pièces justificatives (L. 1901, art. 8).

2. EXTRÊME URGENCE. — La loi nouvelle contient certaines dispositions particulières pour les cas d'urgence, et les actes et procédures d'exécution.

« Dans le cas d'extrême urgence, porte l'art. 6, l'admission provisoire pourra être prononcée par le bureau, quel que soit le nombre des membres présents, le président ou à son défaut le membre le plus ancien ayant voix prépondérante, et même par un seul membre. — Dans ces mêmes cas, par exception : 1° le magistrat du ministère public auquel doit être adressée la demande d'assistance judiciaire pourra, d'office, s'il y a lieu, convoquer le bureau ; 2° ce bureau, même s'il n'a, dans l'espèce, qualité que pour recueillir des renseignements dans les termes de l'art. 8, aura cependant, si les circonstances l'exigent, le droit de prononcer l'admission provisoire. — Lorsque l'admission n'aura été, dans les conditions qui précèdent, que provisoire, le bureau compétent statuera à bref délai sur le maintien ou le refus de l'assistance demandée. »

3. EXTRAIT DE LA DÉCISION. ENVOI. — Aux termes de l'art. 13, dans les trois jours de l'admission à l'assistance, le président du bureau envoie par l'intermédiaire du magistrat du ministère public, au président de la juridiction compétente ou au juge compétent, un extrait de la décision portant seulement que l'assistance est accordée. — Dans le même délai le secrétaire du bureau adresse un extrait de la décision au receveur de l'enregistrement.

Le même article indique les conditions dans lesquelles doivent être désignés les officiers ministériels et l'avoué qui auront à fournir leur concours à l'assisté. En ce qui concerne les actes et procédures d'exécution, il spécifie que les pièces doivent être transmises au président du tribunal civil du lieu où l'exécution doit se poursuivre, et que c'est ce magistrat qu'il appartient d'inviter le syndic des huissiers, et s'il y a lieu, le président de la chambre des avoués, à désigner l'huissier et l'avoué qui prêteront leur ministère à l'assisté.

4. COMMUNICATION DES DÉCISIONS. — L'art. 12 de la loi du 22 janvier 1851 (textuellement reproduit sur ce point par la loi du 10 juill. 1901) a déterminé limitativement les cas où les décisions du bureau peuvent être communiquées et en prohibe la production et la discussion en justice. En conséquence, aucune partie ne peut produire au tribunal les

pièces du dossier d'assistance judiciaire (Seine, 5 juill.
1900 ; R. E. 2477).

§ 2. — Droit fiscal.

ART. 1er. — ADMISSION A L'ASSISTANCE.

**11. (10). Justifications. Acte de l'état civil. Divorce.
Exemption des droits.** — Lorsque la première expédition de l'acte de l'état civil contenant transcription du jugement de divorce a été visée pour timbre et enregistrée
en débet à la requête de l'assisté, pour donner au jugement rendu à son profit un caractère définitif, l'usage
ultérieur qu'il fait de cette expédition pour contracter,
devant l'officier de l'état civil, un second mariage, ne rend
pas exigibles les droits de timbre et d'enregistrement au
comptant sur cet acte (Sol. 27 oct. 1896 ; R. E. 1342 ; J.
E. 25.182).

Rappelons, à cet égard, que, depuis la loi du 25 février
1901 (art. 62), la première expédition de la transcription
du jugement de divorce ou de l'acte de mariage modifiée
par la mention de ce jugement n'est plus soumise à aucun droit d'enregistrement et est seulement assujettie au
droit de timbre comme celles qui pourraient être délivrées
ensuite (V. Acte de l'état civil, n° 4).

ART. 2. — IMMUNITÉS RÉSULTANT DE L'ASSISTANCE.

12. (13). Actes de l'instance. Actes d'exécution. —
Aux termes de l'art. 2 de la loi du 10 juillet 1901, l'assistance
s'étend de plein droit aux actes et procédures d'exécution
à opérer en vertu de décisions déjà obtenues avec le bénéfice de l'assistance judiciaire ; elle peut, en outre, être
accordée, mais dans les formes ordinaires, pour tous les
autres actes et procédures d'exécution, même pour ceux
auxquels il serait procédé en vertu d'actes conventionnels. Le bureau compétent pour prononcer l'assistance
dans ce dernier cas est celui établi près le tribunal civil
de première instance du domicile de la partie qui sollicite
l'assistance.

Toutefois, afin de garantir la partie poursuivie de toute
vexation de la part de l'assisté, le législateur a voulu que
ces actes et procédures d'exécution, qui pourraient avoir
lieu avec le bénéfice de l'assistance judiciaire, fussent,
dans tous les cas, déterminés par le bureau lui-même.
Cette détermination doit être faite, dans la première hypothèse visée par l'art. 2, sur la demande de l'assisté, par
une décision spéciale du bureau qui a accordé l'assistance
pour l'instance sur le fond ; et, dans la seconde hypothèse,
par la décision du bureau qui statue sur la demande d'assistance (art. 4). Lors donc qu'il s'agira d'actes et de procédures d'exécution, les agents auront soin, avant de faire
des avances ou d'admettre des actes à la formalité en
débet, de s'assurer, soit en se reportant à la décision qui
aura accordé l'assistance et qui aura dû leur être notifiée,
soit en exigeant des intéressés les justifications nécessaires, que ces actes et procédures sont bien ceux qui ont été
déterminés par le bureau.

Les actes et procédures d'exécution peuvent faire naître
des instances nouvelles, soit entre l'assisté et la partie
poursuivie, soit entre l'assisté et un tiers. Dans ces deux
cas, le bénéfice de la décision primitive qui a accordé
l'assistance subsiste en ce qui concerne la constatation
de l'insuffisance des ressources de l'assisté. Mais l'assistance doit être néanmoins prononcée au fond par le bureau compétent selon les distinctions établies à l'art. 3.
Le bureau saisi dans ces conditions, n'a plus alors à examiner qu'un seul point : celui de savoir si l'instance nouvelle est suffisamment justifiée et ne constitue pas une

mesure purement vexatoire à l'encontre de la partie adverse (art. 4).

Il va sans dire, d'ailleurs, que les dispositions spécia-
des art. 2 et 4 ne concernent que la partie poursuivan
La partie poursuivie ou les tiers qui seraient appelés
intervenir dans des instances incidentes à des procédu
d'exécution, ne pourraient obtenir l'assistance judicia
que dans les formes ordinaires, et cela alors même qu'
auraient déjà bénéficié de l'assistance dans un premier p
cès suivi contre la partie poursuivante (Inst. 3060, p. 4 et

13. (13). Actes de juridiction gracieuse. — Sont é
lement admis à bénéficier de l'assistance les actes de
ridiction gracieuse et les actes conservatoires (L. 1901, art.

On entend plus spécialement par juridiction gracieu
dans le langage du droit, celle qui s'exerce sur des
mandes qui n'ont pas d'adversaires connus ou présum
(Garsonnet, Cours de procédure civile, t. VII, p. 205 et su
§ 1444). L'assistance judiciaire s'applique incontestal
ment aux actes de ces procédures spéciales et notamm
aux demandes d'adoption, d'homologation des délibé
tions de conseils de famille en matière d'emprunt
d'aliénation, à la première phase des demandes d'int
diction, de conseil judiciaire, aux actions en rectifica
d'actes de l'état civil qui ressortent à la juridiction
cieuse de la chambre du conseil (Garsonnet, Procéd.,
§ 1444, p. 215). La loi du 10 juillet 1901 embrasse,
plus, sous le nom d'actes de juridiction gracieuse, t
les actes qui émanent des tribunaux, conseils et co
ou même qui nécessitent simplement l'intervention
l'un des magistrats de ces tribunaux, cours et conseils
qui ne sont pas faits à l'occasion d'un litige propreme
dit : telles sont notamment les ordonnances sur requê
les appositions et levées de scellés, les actes de notor
dressés par le juge de paix (V. Dall. Rép. Ve Organisa
judiciaire, n° 465-3° et 6°). On doit comprendre dan
même catégorie les avis de parents ; ces derniers actes
du reste, été expressément visés dans le rapport fait
Chambre des députés, par M. Raoul Bompard, au nom
la commission chargée d'examiner les différents projet
revision de la loi du 22 janvier 1851 (Annexe, n° 511,
procès-verbal de la séance du 13 déc. 1898, § III). (I
3060, p. 2).

14. (13). Actes conservatoires. — Les actes con
vatoires sont ceux qui ont principalement pour objet,
de maintenir l'existence d'un droit menacé de périr pa
fait d'une déchéance ou d'une prescription, soit de
venir la perte ou l'altération même du gage pouvant
surer l'utile exécution du droit (C. Paris, 27 janv. 1
D. P. 51.2.58). Parmi les plus usuels, il convient de c
les inventaires, les appositions de scellés, les constitut
et les inscriptions d'hypothèque, les demandes en sép
tion de patrimoine, les interventions à partage, les acte
terruptifs de prescription, les protêts, etc (Inst. 3060, p.

1. SAISIE-ARRÊT. — Nous ajouterons à cette énumér
les saisies-arrêts qui sont à la fois des actes conservato
(dans la première phase de la procédure) et d'exécu
(dans la dernière phase). — Voir T. A., Procédure, 644

Suivant que la saisie-arrêt revêt le premier caractèr
le second, le sort des frais qu'elle entraîne est réglé c
formément à la distinction indiquée à l'art. 4 de la
(nos 25 et 26 bis ci-après).

La question de savoir à quel point de la procédur
saisie-arrêt cesse d'être une mesure conservatoire
devenir une mesure d'exécution est controversée (V.
sonnet, Procédure, 2e éd., IV, § 1463, p. 471 et sui
D'après ce dernier auteur, « le saisissant n'exécute pas e
core son débiteur en faisant défense au tiers saisi d

yer, mais il commence à l'exécuter en ordonnant, à ce
ers saisi de payer entre ses propres mains, et cette exécu-
on se consomme à son profit quand la créance lui est dé-
nitivement attribuée : aussi l'exploit de saisie-arrêt n'est-
qu'une mesure conservatoire, mais la demande de validité
, à plus forte raison, le jugement passé en force de chose
gée qui valide la saisie-arrêt sont-ils des actes d'exécu-
on » (*op. cit.*, p. 474).

**15. (14). Consignation. Tribunaux correctionnels
de simple police.** — En matière correctionnelle et de
mple police, la partie civile qui n'a pas justifié de son
digence, est tenue, avant toute poursuite, de consigner
à greffe la somme présumée nécessaire pour les frais de
procédure (Art. 160, Décr. 18 juin 1811 ; Inst. 1195).
lle doit également, lorsqu'il s'agit de poursuites devant
le juridiction répressive quelconque, acquitter au comp-
nt tous les droits de timbre et d'enregistrement exigi-
es (Art. 2, Ordon. 22 mai 1816). L'octroi de l'assistance
diciaire a pour effet, sous l'empire de la loi nouvelle.
dispenser la partie civile de cette double obligation.
s actes de la procédure seront, comme dans tous les au-
es cas, admis à la formalité en débet, et le Trésor fera
-même l'avance des divers frais prévus au dernier ali-
a de l'art. 14 (Inst. 3060, p. 6).

16. (17). Avances. — Le dernier paragraphe de l'art. 14
la loi du 10 juillet 1901 est ainsi conçu :
« Les frais de transport des juges, des officiers minist-
els et des experts, les honoraires de ces derniers, les taxes
s témoins dont l'audition a été autorisée par le tribunal
le juge, *et en général tous les frais dus à des tiers non offi-
rs ministériels*, sont avancés par le Trésor, conformément
l'art. 118 du décret du 18 juin 1811. Le paragraphe 6 du
ésent article s'applique au recouvrement de ces avan-
s. »

Cette nouvelle rédaction tranche une difficulté que la
i ancienne laissait indécise et qui avait été résolue dans
n sens opposé par l'Administration (Sol. 30 janv. 1900 ;
v. prat. 4936 (1) et 3 janv. 1890 ; *R. E.* 724).

Désormais tous les frais dus à des tiers non officiers mi-
stériels sont classés parmi les avances, et il en est ainsi
stamment des salaires des conservateurs pour les inscrip-
ns requises au nom de l'assisté et des honoraires des
bitres nommés par le tribunal de commerce.

Mais l'art. 16 de la loi du 10 juillet 1901, conforme à
rticle correspondant de la loi de 1851, aux termes duquel
es notaires, greffiers et tous autres dépositaires publics »
nt tenus à la délivrance gratuite des actes et expéditions
clamés par l'assisté, s'ils en sont requis par ordonnance
juge de paix ou du président, est applicable aux con-
rvateurs des hypothèques, et les actes et expéditions
évus par la loi embrassent les copies de tous documents
ntenus dans leurs archives et notamment celles des actes
aliénation soumis à la transcription (Sol. 4 sept. 1897 ; R.
1837 ; *J. E.* 25.316 ; *R. P.* 9110). La même obligation
mpose aux receveurs de l'enregistrement en ce qui con-
rne les extraits de leurs registres (Sol. 2 mai 1900 ; *R. E.*
78 ; *J. E.* 26.004).

1. FRAIS D'EXÉCUTION. — Lorsqu'il s'agira de procédures
exécutions mobilières, les receveurs auront notamment
payer sur la taxe du juge, les frais de garde ou de trans-

(1) Aux termes de cette solution, les frais et honoraires des
bitres rapporteurs, désignés pour l'examen d'affaires commer-
les intéressant des personnes admises au bénéfice de l'assis-
nce judiciaire, devaient être portés dans les exécutoires sous
même rubrique que les émoluments dus au greffier et à
uissier, pour n'être payés qu'en cas de recouvrement sur la
rtie condamnée aux dépens.

port des objets saisis. Ils auraient pareillement à acquitter
les frais de scellés dans les cas où la partie qui en aurait
requis l'apposition aurait obtenu l'assistance pour cette
mesure conservatoire (Inst. 3060, p. 6).

**17. (17). Honoraires des officiers ministériels tom-
bant en non valeur.** — Aux termes de l'art. 23 des décrets
du 25 août 1898 sur les tarifs des notaires (*R. E.* 1809),
ces officiers ministériels ne sont admis à réclamer le paiement de leurs honoraires, en matière d'assistance judiciaire, que si ceux-ci sont ultérieurement recouvrés par le
Trésor dans les formes prévues par la loi du 22 janvier
1851 (aujourd'hui, L. 10 juill. 1901) :

« Tous actes, quelle que soit leur nature, ayant pour
objet le mariage des indigents, le retrait de leurs enfants
des hospices et la reconnaissance de leurs enfants naturels,
sont reçus gratuitement par les notaires sur la production
par les parties intéressées du certificat prévu par l'art. 6
de la loi du 10 septembre 1850.

« La gratuité s'applique même aux frais de voyages.

« Il en est de même des actes reçus dans l'intérêt des personnes qui ont obtenu le bénéfice de l'assistance judiciaire,
lorsqu'ils sont passés à l'occasion ou en exécution des instances dans lesquelles elles ont figuré, mais seulement dans
le cas où ils doivent être visés pour timbre et enregistrés
en débet.

« Lorsqu'il s'agit des actes compris au paragraphe précédent, les honoraires des notaires peuvent être recouvrés
ultérieurement dans les conditions et les formes prévues
par la loi du 22 janvier 1851. »

Cette règle s'applique, sans aucun doute, à tous les officiers ministériels.

Les honoraires tombent donc en non valeur, ainsi que
les droits de timbre et d'enregistrement, en cas de non
recouvrement.

Il en sera de même sous l'empire de la loi du 10 juillet
1901, pour les honoraires des officiers ministériels en ce
qui concerne les actes relevant de la juridiction gracieuse,
dans tous les cas, et pour les actes conservatoires toutes
les fois qu'ils interviennent en dehors d'un litige (Inst.
3060, p. 10 et 11).

**18. (17). Caisses de secours et de retraites des ou-
vriers mineurs.** — Pour l'application de l'art. 27 de la
loi du 29 juin 1894, relatif à cette matière, il a été décidé
que celle des parties qui a été condamnée aux dépens n'a
d'autres frais à supporter que les frais de transport des
juges, des officiers ministériels et des experts, les honoraires de ces derniers et les taxes des témoins dont l'audition a été autorisée par le tribunal ou le juge-commissaire. Quant aux sommes dues au Trésor pour les droits
de timbre et d'enregistrement des actes de la procédure
qui ont reçu la formalité en débet, ils tombent en non
valeur (D. M. F. 5 nov. 1897 ; Inst. 2937).

ART. 3. — ÉTENDUE ET LIMITES DES DISPENSES.

19. (19 et 21). Actes d'exécution. — Ainsi que nous
l'avons vu ci-dessus (n° 13), la loi nouvelle étend le bénéfice de l'assistance *de plein droit* aux actes et procédures
d'exécution à opérer en vertu des décisions en vue desquelles l'assistance a été accordée.

De plus, ce bénéfice *peut être accordé* aux actes et procédures d'exécution à opérer en vertu des décisions obtenues sans assistance judiciaire, ou même en vertu d'actes conventionnels (L. 10 juill. 1901, art. 2).

20. (20). Jugements définitifs et non définitifs. —
La distinction ancienne entre les actes d'exécution, suivant
que le jugement en vertu duquel ils sont faits est définitif

ou non, n'a donc plus lieu d'être suivie, les actes d'exécution devant dans tous les cas bénéficier de l'assistance.

21. (22). **Formalités hypothécaires.** — Il en est de même des formalités hypothécaires requises en vertu de jugements définitifs ou non.

ART. 4. — RECOUVREMENT DES DROITS, FRAIS ET AVANCES.

22. (24). **Condamnation contre l'adversaire de l'assisté.** — Les art. 17 et 18 de la loi du 10 juillet 1901 sont ainsi conçus :

« ART. 17. — En cas de condamnation aux dépens prononcée contre l'adversaire de l'assisté, la taxe comprend tous les droits, frais de toute nature, honoraires et émoluments, auxquels l'assisté aurait été tenu s'il n'y avait pas eu assistance judiciaire.

« ART. 18. — Dans le cas prévu par l'article précédent, la condamnation est prononcée et l'exécutoire est délivré au nom de l'Administration de l'enregistrement et des domaines, qui en poursuit le recouvrement comme en matière d'enregistrement, sauf le droit pour l'assisté de concourir aux actes de poursuites conjointement avec l'Administration, lorsque cela est utile pour exécuter les décisions rendues ou en conserver les effets.

« Les frais, faits sous le bénéfice de l'assistance judiciaire, des procédures d'exécution et des instances relatives à cette exécution entre l'assisté et la partie poursuivie qui auraient été discontinuées ou suspendues pendant plus d'une année, sont réputés dus par la partie poursuivie, sauf justifications ou décisions contraires. L'exécutoire est délivré conformément au paragraphe 1er qui précède.

« Il est délivré un exécutoire séparé au nom de ladite Administration pour les droits qui ne devant pas être compris dans l'exécutoire délivré contre la partie adverse, restent dus par l'assisté au Trésor, conformément au 6e paragraphe de l'art. 14.

« L'Administration de l'enregistrement et des domaines fait immédiatement aux divers ayants droit la distribution des sommes recouvrées.

« La créance du Trésor, pour les avances qu'il a faites, ainsi que pour tous droits de greffe, d'enregistrement et de timbre, a la préférence sur celle des autres ayants droit. »

Ces articles ne visent expressément que les instances proprement dites, et les actes ou procédures d'exécution.

Pour les instances proprement dites, ils maintiennent en substance les dispositions de la loi du 22 janvier 1831. Les règles antérieures, soit en ce qui concerne les effets de la condamnation aux dépens, soit en ce qui concerne le mode de recouvrement de ces dépens, soit encore en ce qui a trait à leur répartition entre les ayants droit, continuent, par conséquent, d'être appliquées (Inst. 3060, p. 8).

Il n'y a pas à distinguer, pour le mode de recouvrement, entre les frais relatifs à une instance proprement dite et ceux faits en dehors de toute instance, par exemple pour assurer l'exécution des conventions conventionnels. Les uns et les autres seront recouvrés au moyen d'un exécutoire délivré par le greffier, au vu d'états taxés. Le 2e paragraphe de l'art. 18 est formel sur ce point.

Comme par le passé, l'action en recouvrement des frais compris dans un exécutoire de dépens en matière d'assistance judiciaire appartient personnellement à l'Administration. Et l'adversaire de l'assisté n'est pas fondé à opposer à cette action un paiement qu'il aurait effectué directement entre les mains de ce dernier, ni une compensation qui se serait établie entre sa dette et une créance personnelle contre l'assisté (Lyon, 29 mai 1896, *J. E.* 25.102 ; — Reims, 13 juill. 1897 ; *R. E.* 2232 ; *R. P.* 9173).

La loi nouvelle complète toutefois sur un point par lier les dispositions de l'art. 18 de la loi du 22 ja 1831, concernant les instances. Elle accorde à l'assis droit de concourir aux actes de poursuites, conjointe avec l'Administration, lorsque cela est utile pour exé les décisions rendues et en conserver les effets. Cette position spéciale a été justifiée dans les termes sui par M. Louis Legrand, rapporteur devant le Sénat, proposition de loi : « Nous proposons, a-t-il dit, d'aj au premier paragraphe de cet article (l'art. 18) le pour l'assisté, dans des cas déterminés, de concouri actes de la poursuite exercée par l'Administration de registrement et des domaines pour le payement des f Notre but est de mettre à la disposition de l'assis moyen d'exécution du jugement dans un certain no de cas où elle n'est possible qu'au moyen de la pour en payement des frais, et où elle doit intervenir da temps donné, par exemple pour empêcher la pérem d'un jugement par défaut. » (*Annexe* au procès-verb la séance du 15 mars 1901, n° 130 ; *R. E.* 2753, p. 656). l'hypothèse visée par la disposition dont il s'agit, l'A nistration doit donc se concerter avec l'assisté en v l'exécution de la condamnation aux dépens ; on ne pas perdre de vue, d'ailleurs, que l'intervention de ce nier aux actes d'exécution ne présente quelque utilit notamment, n'est susceptible de rendre définitive décisions par défaut, que si les actes d'exécution on précédés ou précédés de la signification même de ces décisions, f la requête de l'assisté (V. not. C. proc. civ., art. 156 ; 3060, p. 9).

23. (25). **Actes et titres produits par l'assisté.** — actes et titres produits par l'assisté, porte l'art. 14 loi de 1901, pour justifier de ses droits et qualités, visés pour timbre et enregistrés en débet. Si ces ac titres sont de ceux dont les lois ordonnent l'enreg ment dans un délai déterminé, les droits d'enregistre deviennent exigibles immédiatement après le juge définitif ; il en est de même des sommes dues pour travention aux lois sur le timbre. Si ces actes et titr sont pas du nombre de ceux dont les lois ordonnent registrement dans un délai déterminé, les droits d' gistrement de ces actes et titres sont assimilés à ceu actes de la procédure. »

Lorsqu'une personne assistée judiciairement a pro l'appui de sa demande divers actes qu'elle n'a pas s à l'enregistrement en débet et que les droits affér ces actes n'ont pas été compris dans l'exécutoire d contre son adversaire condamné aux dépens, l'Adm tration a le droit de former opposition à cet exécuto vue d'y faire comprendre les droits dont il s'agit. I fois, la signification faite sans réserves de l'exéc emporterait acquiescement tacite à cet exécutoi ferait obstacle à toute demande de rectification ulté

L'Administration n'est pas fondée, d'ailleurs, à contre l'adversaire de l'assisté en vertu des princip néraux de la loi fiscale même lorsque celui-ci a été aux actes produits par l'assisté. En cas d'assistance ciaire, le Trésor n'a d'autre action que celle qui résu la condamnation aux dépens prononcée à son profi 21 déc. 1898 ; *R. E.* 1973 ; *J. E.* 26.662).

24. (26). **Condamnation contre l'assisté.** — « de condamnation aux dépens prononcée contre l'a porte l'art. 19 de la loi nouvelle, il est procédé, conf ment aux règles tracées par l'article précédent, au r vrement des sommes dues au Trésor, en vertu des graphes 6 et 9 de l'art. 14 » (V. n°s 16 et 23).

1. PARTIES CIVILES. — Il est à noter que les inst

orrectionnelles ou criminelles peuvent se clore par des rdonnances de non-lieu du juge d'instruction ou de la hambre des mises en accusation. La partie civile qui s'est onstituée, en déposant sa plainte entre les mains du uge d'instruction ou au cours de l'information, succombe 'il intervient une ordonnance de cette nature au profit e l'inculpé, et elle est tenue des frais du procès, confor- nément à l'art. 157 du décret du 18 juin 1811, comme s'il avait eu acquittement ou absolution. Il s'ensuit que dans es cas où de semblables ordonnances auront été rendues, l y aura lieu à la délivrance d'un exécutoire spécial ontre l'assisté, exécutoire qui comprendra les sommes pré- vues à l'art. 19, c'est-à-dire les avances faites par le Tré- sor (Inst. 3060, p. 8).

2. RÉFÉRÉS. — Relativement aux procédures de référé, a jurisprudence est divisée sur le point de savoir si le uge peut prononcer une condamnation aux dépens. Il conviendra d'appliquer l'ordonnance telle qu'elle aura été rendue. Trois cas peuvent d'ailleurs se présenter : 1° l'or- donnance contiendra condamnation de l'assisté ou de son adversaire aux dépens ; 2° le référé constituera un incident l'une instance principale et le juge aura réservé les dépens pour être joints à ceux de cette dernière instance ; 3° enfin, il s'agira d'une procédure de référé ne se ratta- chant à aucune autre instance, et l'ordonnance qui termi- nera le litige n'aura pas statué sur les dépens. Dans la première hypothèse, il y aura lieu à la délivrance d'un exécutoire spécial pour les dépens du référé selon les dis- tinctions établies aux art. 17, 18 et 19 ; dans la seconde, es dépens du référé seront compris dans les exécutoires à délivrer après le jugement définitif ; dans la dernière hypothèse, au contraire, les dépens ne seront pas suscepti- bles de recouvrement, à défaut de condamnation pronon- cée contre l'une ou l'autre des parties (Inst.3060, p.8 et 9).

25. (26 bis). Frais des procédures d'exécution. — Le 2e paragraphe de l'art. 18 de la loi du 10 juillet 1901 met les frais relatifs aux actes et procédures d'exécution de plein droit à la charge de la partie poursuivie lorsque l'exécution a été suspendue ou discontinuée pendant plus d'une année et il ajoute que l'exécutoire est délivré dans ce cas conformément au premier paragraphe du même article.

Les dépens des instances incidentes à des actes ou pro- cédures d'exécution sont soumis à la même règle que ceux desdits actes ou procédures.

En conséquence, si ces instances sont suspendues ou discontinuées, les frais exposés ne tombent pas en non- valeur, comme dans le cas où il s'agit d'instances sur le fond ; la loi les répute, sauf justification ou décision con- traire, à la charge de la partie poursuivie, et elle autorise l'Administration à en suivre le recouvrement contre cette partie, toutes les fois que la suspension des poursuites s'est prolongée pendant un an.

Il est à considérer, d'ailleurs, que les frais d'exécution jouissent, en général, du privilège de l'art. 2101, n° 1, C. civ. Aussi appartient-il à l'Aministration de se concerter avec les officiers ministériels chargés de la réalisation du gage pour le paiement de ces frais, par préférence aux autres créanciers, sur le produit des sommes, biens ou valeurs saisis. Les agents sont fondés, par conséquent, à faire, au besoin, opposition à la délivrance des deniers en cas de saisie-exécution, ou à produire à la contribution ou à l'ordre s'il s'agit de saisies-arrêts ou de saisies immo- bilières (Inst. 3060, p. 10).

26. (27). Exécutoire. Extrait de jugement. — L'exécutoire délivré au nom de l'Administration de l'en- registrement (art. 18) doit comprendre, outre les sommes dues au Trésor, le montant des émoluments auxquels

l'assisté eût été tenu vis-à-vis des officiers ministériels qui lui ont prêté leur concours s'il n'avait pas obtenu l'assis- tance. Les officiers ministériels ne sont pas fondés à agir personnellement pour le recouvrement de leurs honorai- res et la poursuite appartient exclusivement à l'Adminis- tration (Seine, 19 mai 1893 ; R. E. 505 ; J. E. 24.140 ; R. P. 8134). Ils ne sauraient par conséquent se prévaloir des dispositions de la loi du 24 décembre 1897 relative au recouvrement des frais dus en matière ordinaire aux notaires, avoués et huissiers (Circ. M. J. 7 mai 1898 ; R. E. 1841 ; J. E. 25.519 ; R. P. 9422).

Lorsqu'un redevable insiste pour se libérer des frais à sa charge avant la délivrance de l'exécutoire, le receveur doit accepter le paiement offert, après s'être assuré que le détail des frais ne contient pas d'omission (Sol. 25 août 1893 ; R. E. 637 ; J. E. 24.332).

Lorsque l'assistance n'est accordée qu'après le jugement définitif, et afin de permettre à la partie qui a obtenu gain de cause de poursuivre l'exécution, le jugement peut être visé pour timbre et enregistré en débet, pourvu que le gref- fier consente à délivrer à l'Administration, comme substi- tuée aux droits de l'assisté, un exécutoire spécial pour le recouvrement des droits dont il s'agit (Lettre com. 4 déc. 1895 ; J. E. 24.809 ; R. P. 8759). Mais le juge des référés serait incompétent pour prescrire l'accomplissement de la formalité en débet si le receveur s'y refusait (St-Amand, 5 mars 1896 ; J. E. 24.919).

26 bis. Juridiction gracieuse. Actes conservatoi- res. — Les actes et procédures qui relèvent de la juridic- tion gracieuse, dans le sens juridique du mot, ne sont sus- ceptibles d'entraîner, dans la généralité des cas, aucune condamnation aux dépens. Les frais qu'ils occasionnent ne sauraient, par suite, être poursuivis ni contre l'assisté ni contre son adversaire. L'octroi de l'assistance judiciaire a donc pour conséquence d'assurer ici la gratuité absolue aux actes et procédures faits à la requête de l'assisté.

Quant aux ordonnances sur requêtes, et aux actes con- servatoires, il y a lieu de distinguer selon que ces actes et ordonnances interviennent ou non en dehors d'un litige. Dans la première hypothèse, les frais exposés pour le compte de l'assisté ne seront pas recouvrables, à moins qu'il ne résulte de la loi ou des conventions des parties que ces frais sont à la charge de l'adversaire de l'assisté (V. no- tamment, en matière d'inscriptions hypothécaires, art. 2155, C. civ.).

Dans le second cas, ils suivront le sort des dépens de l'instance dans lesquels ils seront généralement compris (Inst. 3060, p. 10 et 11).

ART. 5. — DÉPENS. SOLIDARITÉ.

27. (30). Défaut de solidarité. Division des dépens. — Tous les défendeurs succombant dans une instance in- tentée à la requête d'un plaideur pourvu du bénéfice de l'assistance judiciaire doivent rembourser, chacun pour sa part, les frais et dépens avancés par le Trésor. Spécia- lement le défendeur, même appelé pour ordre dans une instance en cassation, doit supporter sa part des frais, dès lors qu'il figure dans les qualités parmi les défendeurs et que la Cour a condamné indistinctement tous les défen- deurs aux dépens (Seine, 19 mars 1896 ; R. E. 1157 ; J. E. 24.988 ; R. P. 9092).

28. (31). Compensation. Division. — Lorsque le tribu- nal déclare compenser les dépens, chaque plaideur doit sup- porter les frais qu'il a exposés après comme avant le juge- ment. Il en résulte que si c'est l'assisté judiciaire qui profite du jugement rendu dans une instance dont les frais ont été compensés, le droit d'enregistrement et les frais de ce jugement font partie des dépens à sa charge et ne peuvent être exigés de ses adversaires qui n'ont pas été condamnés à les payer (Sol. 12 mai 1898 ; *R. E.* 1842 ; *J. E.* 25.493 ; *R. P.* 9301).

Lorsque les dépens sont compensés, l'adversaire de l'assisté supporte la part mise à sa charge en l'imputant d'abord sur les frais dont il a fait l'avance et il ne peut être poursuivi que pour l'excédent de sa part de frais sur lesdites avances.

Dans une instance en partage, le tribunal fait généralement masse des dépens pour être employés en frais de partage. Une telle disposition emporte condamnation non solidaire de chacun des ayants-droit dans la proportion de sa part virile. Si donc l'un d'eux est assisté judiciaire, l'administration n'est pas fondée à poursuivre le recouvrement de la totalité des frais exposés par lui, mais seulement la portion qui excède sa part virile dans la masse des dépens ; le surplus tombe en non-valeur (Sol. 20 juillet 1896 ; *J. E.* 25.151 ; *R. P.* 8932).

Lorsque l'adversaire de l'assisté n'est condamné qu'à une partie des frais, la perte qui en résulte doit être supportée : 1° par le Trésor ; 2° par les officiers ministériels proportionnellement aux avances de chacun d'eux. Si le recouvrement de la somme due n'est effectué que pour partie, les acomptes versés s'imputent d'abord sur la créance réduite du Trésor et ensuite sur celle des officiers ministériels (Sol., 25 août 1893 ; *R. E.* 637 ; *J. E.* 24.332).

29. (32). **Parties assistées toutes deux.** — Dans toutes les instances où les parties sont l'une et l'autre judiciairement assistées, celle qui est condamnée aux dépens n'a d'autres frais à supporter que les droits d'enregistrement des actes produits qui sont assujettis à la formalité dans un délai déterminé, les sommes dues pour contravention aux lois sur le timbre et les frais de transport, honoraires et taxes des témoins visés dans le dernier paragraphe de l'art. 14 de la loi du 22 janvier 1851. Les autres frais tombent en non-valeur (Sol. 29 déc. 1898 ; *R. E.* 2256 ; *J. E.* 25.837).

Art. 6. — Appel. Pourvoi en cassation.

30. (35). **Appel.** — L'adversaire de l'assisté peut être poursuivi en recouvrement des dépens auxquels il a été condamné dès que l'appel qu'il a interjeté contre la sentence des premiers juges a donné lieu à un arrêt contradictoire confirmatif (Seine, 19 mai 1893 ; *R. E.* 506 ; *R. P.* 8365). — V. ci-après, n° 32.

30 bis. (36). **Pourvoi en cassation.** — V. n° 27, *suprà*.

Art. 7. — Désistement. Transaction.

31. (38 et 39). **Désistement.** — Le désistement avant jugement, lorsqu'il émane de l'adversaire de l'assisté, avons-nous enseigné au T. A., équivaut à sa condamnation et entraîne les mêmes conséquences au point de vue du paiement des frais. Le tribunal de Langres a cependant décidé, par un jugement du 15 septembre 1897, que quoique le désistement d'une action intervenant avant le jugement de première instance emporte, en principe, l'obligation ou la soumission de payer les frais, conformément à l'art. 403, C. proc. civ., il n'y a pas lieu d'appliquer cette disposition en matière d'assistance judiciaire, et, par suite, l'adversaire de l'assisté ne peut être tenu dans ce cas au paiement des droits de timbre et d'enregistrement ni au remboursement des frais avancés par le Trésor (*Gaz. du Pal.*, 29 sept.-1er oct. 1897).

Quand le plaideur qui a obtenu gain de cause en première instance est admis à l'assistance judiciaire pour fendre à l'appel interjeté par son adversaire et que celui-ci se désiste ensuite de son appel, les frais peuvent être mis immédiatement en recouvrement contre ce der (Sol. 25 août 1893, préc.).

L'adversaire de l'assisté reste également tenu des dé auxquels il a été condamné en première instance qu'il ait interjeté appel du jugement rendu contre lu que, sur cet appel, l'assisté se soit désisté de son ac (Seine, 19 mai 1893 ; *R. E.* 505 ; *J. E.* 24.140 ; *R. P.* 8 Il semble douteux cependant que l'Administration pu procéder directement par voie d'exécutoire en vertu jugement frappé d'appel. A notre avis, elle devrait dé ner à l'adversaire de l'assisté une contrainte fondée su titre qui résulte du jugement, sauf, en cas d'oppositio suivre l'instance devant le tribunal civil comme en mat d'enregistrement. Le redevable serait ainsi mis à m de discuter au fond le titre que la Régie tirerait du ju ment frappé d'appel et à démontrer que cette déci n'eût pas été maintenue par le second degré de juridic ou du moins qu'elle eût subi les modifications équiva tes à celles que la transaction y a apportées.

En tout cas, l'appel ne serait plus un obstacle au rec vrement des frais de première instance s'il était éta notamment par la radiation du rôle, qu'il n'a pas été s sur cet appel (Seine, 15 mai 1896 ; *J. E.* 24.874 ; *R.* 8774 ; cf. Seine, 2 déc. 1893 ; *J. E.* 24.269).

32.(39). **Transaction.** — Si, après avoir frappé d'app jugement de première instance qui l'avait condamné dépens envers le Trésor public, l'adversaire de l'assis conclu, avec l'assisté lui-même, une transaction éteig le litige et mettant à la charge de chacune des parties frais exposés par elle, cette transaction ne peut être posée à l'Administration qui y est demeurée étrang Du moment, en effet, où l'Administration est investie droit propre, les conventions conclues, en dehors d' entre l'assisté et la partie adverse, ne peuvent lui être posées (Cass. civ., 22 oct. 1900 ; Inst. 3061-2 ; *R. E.* 25 — St-Étienne, 13 août 1894 ; *J. E.* 24.666 ; *R. P.* 8625)

L'action de l'Administration ne saurait davantage paralysée par une saisie-arrêt pratiquée par l'assisté même contre son adversaire (Lyon, 28 fév. 1895 ; *J.* 24.650).

Art. 8. — Privilège.

33. (41 et 42). **Hypothèque légale de la femme as tée. Subrogation.** — L'Administration soutient qu Trésor est subrogé de plein droit à l'hypothèque légale la femme pour les frais d'assistance judiciaire avan pour le compte de celle-ci dans l'instance en sépara contre le mari.

Elle justifie sa doctrine d'après les considérations suiv tes. En accordant à l'Administration une action personn contre l'adversaire de l'assisté, le législateur a évidemm entendu établir un droit analogue à celui qui résulte p l'avoué de la distraction des dépens prononcée en ve de l'art. 133, C. proc. civ. D'une part, en effet, il s' dans les deux cas de recouvrement, contre le plaid condamné, des frais avancés par un tiers pour le co du gagnant. Le but à atteindre est le même : il cons à enlever au gagnant le droit de disposer de la créa des dépens dont il ne pourrait conserver le profit e empêcher l'adversaire condamné d'opposer aux aya droit les exceptions dont il aurait pu se prévaloir du c du gagnant. D'un autre côté, le droit de l'Administrat ne diffère que sur un seul point de celui de l'avoué

ctionnaire des dépens. Celui-ci reste créancier de son
ent et peut agir contre lui pour le remboursement des
pens exposés en son nom ; l'Administration, au con-
ire, n'a pas, en principe, d'action contre l'assisté gagnant
i se trouve dispensé de tout payement. Mais cette diffé-
ce s'atténue sensiblement si l'on observe que la dis-
nse accordée à l'assisté est, même dans le cas où il gagne
n procès, toute provisoire et que le retrait de l'assis-
ce autorise l'Administration à répéter contre lui le mon-
nt de tous les droits et avances (art. 21, L. 22 janv. 1851).
Or, il est reconnu qu'en matière de séparation de biens
voué qui a obtenu la distraction des frais avancés par
dans l'intérêt de la femme peut se prévaloir de l'hy-
thèque légale de celle-ci pour recouvrer contre le mari
s dépens du procès (1).
Il ne peut en être autrement en matière d'assistance
diciaire. Dès l'instant où les frais ont été pour l'assisté
moyen indispensable d'arriver à la constatation de son
oit, ils forment une dépendance nécessaire de la con-
mnation principale, sans qu'il soit besoin de rechercher
l'action en recouvrement de ces frais appartient au plai-
eur lui-même ou au tiers qui en a fait l'avance. C'est
r une sorte de transport que la créance des dépens passe
tre les mains de l'Administration, et celle-ci, bien que
condamnation soit prononcée directement à son nom,
en exerce pas moins la créance de l'assisté.
Les diverses dispositions de la loi spéciale impliquent
u'il en est bien ainsi.
D'une part, le législateur n'a jamais rompu d'une ma-
ère absolue le lien qui, à l'égard de l'Administration rat-
che la dette des dépens à la personne de l'assisté. Si ce-
i-ci se trouve dispensé des frais avant le jugement, ce
'est que « provisoirement ». Quand la décision du tribunal
i est contraire, les frais tombent à sa charge pour une
artie ; et, s'il en est exempté de l'autre partie, c'est pour
n motif tout spécial que révèlent les travaux prépara-
ires de la loi de 1851. Lors de la rédaction du projet de
i, le Conseil d'État, considérant l'assistance judiciaire
omme un simple crédit, avait pensé que *tous* les droits,
moluments et honoraires devaient être payés par l'assisté
ondamné. Mais cette conséquence a été écartée en ce qui
oncerne les frais dont le défaut de payement constitue
our le Trésor et les officiers ministériels un simple « man-
ue à gagner ». Enfin, quel que soit le résultat du pro-
ès, le retrait de l'assistance soumet l'assisté, soit perdant,
oit même gagnant, à l'action du Trésor, dont l'exercice
tait, comme l'exprime Dalloz, suspendu jusqu'à la cessa-
on de l'indigence (*Jur. gén.*, V° *Organisation judiciaire*,
° 777).
D'autre part, du moment qu'il peut se trouver contraint
'acquitter les frais avancés dans son intérêt, on doit ad-
nettre que l'assisté est, en principe, créancier de son ad-
ersaire condamné aux dépens. Le caractère même de la
réance des frais de justice exige d'ailleurs qu'il en soit
nsi. Cette créance, en effet, a sa source dans le con-
rat judiciaire intervenu entre les parties contendantes à
'instant où elles ont porté leur différend devant le tribu-
al (Dalloz, *Suppl.*, V° *Frais et dépens*, n° 9), soit dans
obligation imposée au perdant d'indemniser le gagnant
u dommage causé par une attaque ou une résistance
njustifiée (Garsonnet, III, § 449, p. 169). Résultant ainsi
niquement des rapports personnels que le procès crée

(1) Baudry-Lacantinerie et de Loynes, *Privilèges et hypothèques*, II, n° 1048 ; Mérignhac, *Traité des contrats relatifs à
l'hyp. lég. de la femme*, n° 36 ; Dalloz, *Jur. gén.*, V° *Frais et
dépens*, n° 121 ; Garsonnet, III, § 504, p. 382, note ; — Cass.,
30 janv. 1839 ; Dall., *loc. cit.*, n° 122 ; S. 39.1.93.

entre les plaideurs, c'est entre ces plaideurs seuls qu'elle
peut prendre naissance. L'Administration ne figurant du
reste, à aucun titre, dans l'instance, la condamnation prononcée à son profit ne saurait être une condamnation par-
ticulière distincte de la condamnation principale prononcée au profit de l'assisté. Il suit de là que la créance des
dépens s'est formée originairement sur la tête de l'assisté
et non dans la personne de l'Administration et que celle-
ci est simplement substituée à cet assisté pour en opérer
le recouvrement. L'Administration n'étant ainsi, en définitive, que l'ayant cause de l'assisté, qui, sans l'assistance,
aurait été débiteur personnel des frais, sauf son recours
contre la partie adverse condamnée aux dépens, sa créance
reste bien, dans tous les cas, l'accessoire de la condamnation principale, et à ce titre elle continue à jouir, entre
les mains de l'Administration, des privilèges et hypothèques qui s'y seraient trouvés attachés si la condamnation
avait été prononcée directement au profit de la partie ga-
gnante.
Admise par la presque unanimité des auteurs, cette doctrine a été consacrée récemment par diverses décisions judiciaires (1).
Mais plusieurs tribunaux, ont, d'autre part, refusé d'y
souscrire (2).
Il importe que la question soit résolue au plus tôt par la
Cour de cassation.
L'Administration admet, du reste, que pour le recouvrement des frais d'assistance judiciaire, en matière de
séparation de biens, ses droits ne sont pas aussi étendus
que ceux de l'avoué d'une femme non assistée au profit
duquel la distraction des dépens a été prononcée. L'analogie entre les deux situations ne va pas jusqu'à une simi-
litude complète ; c'est ainsi, notamment, que le Trésor ne
jouit d'aucun privilège vis-à-vis de la femme assistée, sauf
en ce qui concerne les avances prévues par l'art. 14, §§ 5
et 8 de la loi de 1851.
L'Administration a d'abord soutenu que l'hypothèque
légale de la femme garantissant les frais de l'instance en
séparation, ces frais doivent être colloqués au même rang
que les reprises de la femme (C. Paris, 28 juill. 1853 ; D.
55.2.64 ; — Cass. civ., 4 fév. 1868 ; D. 68.1.57) et en concurrence avec elle dans le cas d'insuffisance de fonds. Mais,
à la suite d'un certain nombre de jugements ayant décidé que les frais de séparation ne peuvent être colloqués
qu'après les reprises de la femme (3), elle paraît avoir définitivement reconnu que l'esprit de la loi de 1851 se con-
cilierait difficilement avec une collocation en concours
qui aboutirait à faire supporter indirectement, par la femme assistée, une partie des frais dont on a entendu l'exonérer en lui accordant l'assistance (Sol. 2 fév. 1899 ; R. E.
1948 ; J. E. 25.611).

Art. 9. — Prescription.

34. (43).— Aux termes d'un arrêt de la Chambre civile de
la Cour de cassation du 17 juillet 1894, que l'Administration prend désormais pour règle (Inst. 2969-1), le délai de
dix ans imparti pour le recouvrement des dépens en matière d'assistance judiciaire court non du jour de la re-

(1) Marseille, 11 mai 1894 ; J.E. 24.420 ; — Nyons, 26 sept. 1895 ;
J. E. 24.793 ; — Bagnères, 3 juin 1898 ; R. E. 1788 ; R. P. 9531 ;
25 nov. 1898 ; R. E. 1894.
(2) Avallon, 23 mars 1892 ; R. E. 210 ; J. E. 24.674 ; — Avallon,
31 déc. 1897 ; R. E. 1704 ; J. E. 25.470 ; — Bagnères, 17 janv.
1899.
(3) Bourgoin, 1er mai 1883 ; — Montluçon, 31 déc. 1893 ; R.
E. 1704 ; — Bagnères, 25 nov. 1898 ; R. E. 1948.

mise de l'exécutoire, mais de la date du jugement qui prononce la condamnation aux dépens (*R. E.* 525 ; *J. E.*
24.164 ; *R. P.* 8114 ; S. 94.1.102).

ART. 10. — RETRAIT DE L'ASSISTANCE.

35. (45). — La loi du 10 juillet 1901 ne contient aucune
disposition réglant le sort des frais pour l'hypothèse où
l'assistance judiciaire provisoirement accordée dans les
termes de l'art. 6, se trouve ultérieurement refusée par
la décision définitive du bureau, et pour les cas où l'assistance est donnée en vue d'actes conservatoires ou de
juridiction gracieuse.

Lorsque l'assistance judiciaire provisoirement accordée
par le bureau, n'est pas maintenue par la décision définitive, on peut dire qu'il y a retrait de l'assistance. Les
droits, honoraires, émoluments et avances de toute nature,
dont l'assisté avait été dispensé, deviennent, en conséquence, exigibles conformément à l'art. 24 de la loi du
22 janvier 1851, et doivent être recouvrés contre l'assisté
(Inst. 3060, p. 10).

ART. 11. — COLONIES. ETRANGER.

36. (46). **Algérie.**— Un décret du 24 mars 1899 (*R. E.*
2044) a promulgué en Algérie la loi du 21 avril 1898 sur
les sociétés de secours mutuels, avec diverses dispositions
additionnelles et notamment celle ci-après : « Les sociétés
de secours mutuels pourront obtenir l'assistance judiciaire
dans les conditions déterminées par le décret du 2 mars
1859. »

37. (46 *bis*). **Tunisie.**— Un décret présidentiel du 18 juin
1884 (*J. O.* 18 août) a organisé l'assistance judiciaire devant
les tribunaux français créés en Tunisie par la loi du 27 mars
1883. Les dispositions de ce décret sont rappelées dans
une circulaire de la comptabilité publique du 25 juin 1901
(n° 1783) qui indique la marche à suivre pour le remboursement des frais avancés en France et fait observer que le
bénéfice de l'assistance accordée en Tunisie s'applique
même aux actes de procédure signifiés en France.

38. (47). **Etranger.** — Un décret du 16 mai 1899 (*R. E.*
2043) a déclaré exécutoire la convention internationale de
La Haye, du 14 novembre 1896, ratifiée le 29 avril 1899.
Les art. 14, 15 et 16 de cette convention ont notamment
pour objet d'admettre les ressortissants de chacun des
États dans tous les autres États contractants au bénéfice
de l'assistance judiciaire au même titre que les nationaux.

ASSISTANCE MÉDICALE (*). — **1. Exemp-
tion de droits.**— La loi du 15 juillet 1893, sur l'organisation
du service de l'assistance médicale gratuite dispose (art. 32)
que « les certificats, significations, jugements, contrats,
quittances ou autres actes faits en vertu de la présente
loi et exclusivement relatifs au service de l'assistance médicale sont dispensés du timbre et enregistrés gratis lorsqu'il y a lieu à la formalité de l'enregistrement, sans
préjudice du bénéfice de la loi du 22 janvier 1851 sur
l'assistance judiciaire » (*R.E.* 563 ; Inst. 2865).

2. Exception au principe. — Le bénéfice des exemptions qui précèdent est acquis de plein droit aux actes
visés par la loi, aussi bien lorsque le service dont il s'agit
est organisé dans les conditions spéciales prévues par
l'art. 35 de cette loi que dans le cas d'une organisation
rentrant dans les prévisions générales de la même loi.
Mais l'exonération ne peut profiter qu'aux actes exclusivement relatifs au service de l'assistance médicale et si,

(*) Ce mot n'existe pas au *T. A.* C'est pourquoi aucune référence n'est faite à cet ouvrage.

dans une commune, le bureau de bienfaisance se tr
chargé de ce service, l'exonération doit être refusée
actes concernant, pour le tout ou pour partie, le se
général ou d'autres services de ce bureau (Sol. 29
1899 ; *R.E.* 2321).

3. Assistance judiciaire. — Les actes de l'insl
engagée entre le service de l'assistance médicale e
assisté judiciaire ne donnent lieu, en aucune hypothè
la perception de droits de timbre et d'enregistren
Quant aux frais et avances visés au § 8, art. 14, L. 22
1851, le recouvrement doit en être suivi contre la p
condamnée aux dépens.

Enfin l'assisté reste personnellement responsable
droits et amendes visés au § 3 du même article (Inst.?
R.E. 1559).

ASSURANCES.

SOMMAIRE ANALYTIQUE.

SECT.   I. — *Assurances maritimes,* 1-3.
  —   II. — *Assurances contre l'incendie,* 4-7.

    § 1. — **Timbre,** 4, 4 *bis.*
    § 2. — **Enregistrement,** 5-7.

SECT. III. — *Assurances sur la vie et contre les acci*
    8-18.

    § 1. — **Timbre,** 8-13.
    § 2. — **Enregistrement,** 14-18.

SECT. IV. — *Assurances agricoles,* 19.
  —   V. — *Questions diverses,* 20.

SOMMAIRE ALPHABÉTIQUE.

Abonnement au timbre, 4 *bis*,	Contre-assurance, 18.
9, 12.	Enregistrement requis p
Accidents du travail, 13.	reur, 17.
Algérie, 6, 7.	Etats de mobilier, 4.
Assurances agricoles, 19.	Etrangers (polices passée
— à vie entière, 14-1.	1, 2, 12.
— contre les accidents,	Etrangers (assureurs), 7.
12.	Mixtes (assurances), 14-2.
— du travail, 13.	Participation aux bénéfic
— contre l'incendie, 4	Polices expirées ou ré
à 7.	4 *bis.*
— fluviales, 3.	Prescription, 14-1, 20.
— maritimes, 1 à 3.	Primes non recouvrées, 5
— mixtes, 14-2.	Rentes viagères, 9, 10.
— sur la vie, 8 à 18.	Répertoire, 2.
Certificat de médecin, 8.	Sapeurs-pompiers, 7.
Cession de police en cours, 16.	Taxe de 6 fr. par million,
Contrats de rente viagère, 9, 10.	Tontines, 18.
Contrats en cours, 4 *bis.*	Vie entière (assurances à

SECT. Iʳᵉ. — ASSURANCES MARITIMES.

1. (19). **Timbre. Polices passées à l'étrange**
La loi du 30 déc. 1876 a dispensé du timbre les co
d'assurances passés en pays étranger et ayant pour
des risques à l'étranger ; mais cette disposition exce
nelle n'est pas applicable aux polices signées à l'étr
par l'agent d'une compagnie française, même pou
risques étrangers, dès lors que ces polices doivent ê
ont été en fait revêtues, en France, de la signatur
directeurs ou administrateurs de la compagnie. L'
du timbre est, en effet, un impôt de consommation,
France par celui qui consomme l'objet imposé. Il es
par conséquent, sur toute police qui, par le fait ma
des signatures, a été, en fait, souscrite en France,
que soit le lieu de la formation juridique du contrat (§
31 juill. 1896 ; *J. E.* 24.933).

(33). **Enregistrement. Polices passées à l'étran-**
— L'impôt de l'enregistrement diffère essentiellement
impôt du timbre. Aussi ne doit-on pas s'étonner si,
des motifs tirés de la législation spéciale, les contrats
urance maritime passés à l'étranger ont été reconnus
pts de la taxe édictée par la loi du 23 août 1871.
algré la généralité des termes de cette loi, visant tout
rat d'assurance maritime, ainsi que toute convention
érieure contenant prolongation de l'assurance, aug-
tation de la prime ou du capital assuré, etc..., les
ues contrats sont affranchis de la taxe dès lors qu'ils
souscrits à l'étranger.
effet, l'application en est limitée par l'art. 8 de la
le loi qui n'assujettit pas à l'impôt les contrats d'assu-
e passés à l'étranger pour des immeubles sis en France
our des valeurs ou objets appartenant à des Français,
is de publicité ou d'usage en France excepté, et ce
it ajouter à la loi que de restreindre cet art. 8 aux
ns assurances maritimes souscrites en dehors des
tières par des assureurs étrangers. Le dernier para-
he de l'art. 6 et l'art. 9 montrent aussi que le légis-
ir s'est préoccupé du lieu du contrat plutôt que du
icile et de la nationalité des contractants.
illeurs, l'obligation d'inscrire les contrats d'assurance
itime passés à l'étranger sur les répertoires tenus en
ace, au siège social de l'assurance, n'est imposée par
ine disposition légale ; bien au contraire, l'art. 44 de
i du 5 juin 1850, auquel se réfère l'art. 7 de la loi du
oût 1871, puis le décret du 25 nov. suivant, ont exigé
formalités et imparti des délais évidemment inappli-
es aux assurances maritimes contractées à l'étranger.
résulte de l'ensemble de ces textes que l'art. 6 de la
iu 23 août 1871 n'a point créé une exception au prin-
de la territorialité de l'impôt, que les contrats d'assu-
es maritimes signés à l'étranger ne sont pas, sauf le
de publicité ou d'usage en France, frappé de la taxe
l a édictée, et que l'assureur n'est pas obligé de les
er sur les répertoires de son siège social en France (1).

(34). **Assurances fluviales.** — La loi de 1871 ne
cerne que les contrats d'assurances maritimes. Les
rats d'assurances contre les risques de la navigation
les fleuves, rivières et canaux sont donc restés, au
t de vue de l'enregistrement, placés sous le régime
al antérieur.
insi, la taxe de 0 fr. 50 0/0 n'est pas due sur les contrats
surances qui ont pour objet de garantir les risques des
res stationnant dans le port de Rouen ou naviguant
usivement sur la Seine, de Rouen au Havre, en em-
ntant le canal de Tancarville dont l'entrée est située
amont de la limite de la mer qui a été fixée, pour
bouchure de la Seine, par un décret du 24 février
) (2).

SECT. II. — ASSURANCES CONTRE L'INCENDIE.

§ 1er. — *Timbre*.

(60). **Avis de sinistres.** — V. n° 8 ci-après.
es états de mobiliers, joints aux avis de sinistres, ne
t pas sujets au timbre (Sol. 19 juin 1899 ; R.E. 2083 ;
3. 25.864).

Versailles, 12 mai 1893 ; — Cass. Ch. réunies, 28 mars 1895 ;
. 2890, § 8 ; R. E. 934 ; J. E. 24.578 ; R. P. 8532 et 8860-8 ;
5.1.293 ; D.95.1.417.
Rouen, 6 juill. 1893 ; — Cass.civ.21 juill.1896;Inst.2930-6 ;
3. 1243 ; J.E. 24.895 ; R. P. 8805 et 9125-27 ; S. 97.1.119.

4 bis. (61). **Abonnement. Contrats en cours. Polices
expirées ou résiliées.** — La taxe annuelle obligatoire
(0,04 0/00 décimes compris, des capitaux assurés par les
compagnies à primes fixes, 0,03 0/00 pour les compagnies
d'assurances mutuelles) atteint, en principe, tous les contrats en cours d'exécution pendant l'année qui sert de base
à la liquidation (L. 5 juin 1850, art. 37 ; L. 29 déc. 1884,
art. 8). Il n'y a pas lieu de déduire du total des capitaux
assurés par ces contrats, les capitaux assurés d'après des
polices ayant pris fin au cours de l'exercice, soit par l'expiration du terme convenu, soit par l'annulation ou la
résiliation du contrat (1).

§ 2. — *Enregistrement.*

5. (83). **Taxe annuelle. Liquidation. Primes non
recouvrées.** — La taxe annuelle de 8 0/0, en principal,
est exigible sur le montant des primes ou des cotisations ou
contributions (L. 23 août 1871, art. 6, 7, 8 et 9).
Mais l'art. 5 du décret du 25 novembre 1871 prescrit de
déduire, pour la liquidation de la taxe, les primes, cotisations ou contributions que les sociétés, compagnies ou
assureurs justifieraient n'avoir pas recouvrées par suite de
la résiliation ou de l'annulation des contrats ; et cette
disposition vise, dans la généralité de ses termes, toutes
les primes non recouvrées par suite de résiliation ou d'annulation, sans distinction entre l'exercice auquel appartient la prime non recouvrée et celui où s'est produit la
résiliation ou l'annulation (2).

6. (88). **Algérie. Polices passées en France.** — Pour
les polices passées en Algérie, le tarif a été réduit de
moitié, avec addition d'un seul décime.
Mais la taxe de 8 0/0 est applicable à toutes les polices relatives à des immeubles ou objets mobiliers situés
en Algérie, si ces polices étaient passées en France (Seine,
6 nov. 1897 ; R. E. 1631 ; J. E. 25.335 ; R. P. 9239).

7. (102 bis). **Taxe de 6 francs par million.** — Les art.
17 et 18 de la loi du 13 avril 1898 ont assujetti les compagnies et sociétés d'assurances françaises et étrangères
contre l'incendie, à l'exception des caisses départementales
organisées par les conseils généraux, à une taxe fixe annuelle calculée, à raison de 6 fr. par million, sans addition
de décimes, sur les capitaux assurés en France. L'établissement de cette taxe a eu pour objet de permettre à
l'Etat de subventionner plus largement les compagnies de
sapeurs-pompiers (Inst. 2953).
Un règlement d'administration publique du 12 juillet 1898
(Inst. 2966 ; R. E. 1810 ; J.E. 25.461 ; R. P. 9675-12) a déterminé le mode de perception et les époques de paiement
de cette taxe, ainsi que les mesures nécessaires pour assurer l'exécution des dispositions précitées. Les dispositions
de ce décret sont calquées sur celles du décret du 25 novembre 1871, relatives à la taxe de 8 0/0. Les interprétations données au décret de 1871 sont ainsi applicables au
décret de 1898.
La taxe atteint toutes les compagnies et sociétés d'assurances contre l'incendie qui assurent des biens situés en
France, qu'elles soient françaises ou étrangères, à primes
fixes ou mutuelles, les caisses départementales étant seules exceptées.
Elle atteint l'intégralité des capitaux assurés constatés
dans les écritures des compagnies, sous la seule déduc-

(1) Bourg, 29 juin 1893 ; R. E. 535 ; — Seine, 4 déc. 1897 ;
R. E. 1630 ; J.E. 25.337.
(2) Cass. civ., 18 déc. 1894 ; Inst. 2886-4 ; R.E. 850 ; J. E. 24.
490 ; R. P. 8467, 8468 et 8650-31 ; S. 96.1.52 ; D. 95.1.209.

tion : 1° des capitaux se rapportant à des meubles ou objets mobiliers situés hors de France ; 2° de ceux faisant l'objet de réassurances acceptées, lorsque la taxe est payée par l'assureur primitif ; 3° de ceux concernant des polices résiliées ou annulées, sans avoir donné lieu à aucune perception de prime au profit des compagnies (art. 1er du décret).

Le nouvel impôt ne constitue pas un droit d'enregistrement proprement dit ; il échappe donc à l'application des art. 2 et 3 de la loi du 27 vent. an IX et doit être liquidé par suite, exactement.

La taxe de 6 fr. par million est payable aux mêmes époques que celle de 8 0/0 et sur des justifications analogues. Elle doit, par conséquent, être acquittée par trimestre, dans les dix premiers jours du troisième mois du trimestre suivant, sauf règlement après clôture de l'exercice et au plus tard le 31 mai.

Pour les sociétés d'assurances mutuelles dans lesquelles ce montant des cotisations annuelles est, d'après les statuts, exigible par avance le 1er janvier de chaque année, le droit est payable par quart et dans les dix premiers jours qui suivent l'expiration de chaque trimestre, en ce qui concerne les contrats existant au 1er janvier. De plus, ces sociétés doivent verser dans les dix premiers jours du troisième mois de chaque trimestre, selon la règle générale, la taxe afférente aux contrats souscrits pendant l'exercice courant.

A l'appui des versements trimestriels et au moment de la liquidation générale, les compagnies remettent au receveur des états renfermant les indications énumérées dans l'art. 4 du décret : 1° capitaux assurés pendant le trimestre et provenant des exercices antérieurs ; 2° capitaux assurés provenant de souscriptions nouvelles ; 3° capitaux à déduire, en conformité de l'art. 1er du décret ; 4° montant net des capitaux assujettis. Elles doivent, d'ailleurs, ouvrir dans leurs écritures un compte spécial pour chacune des catégories de capitaux susceptibles d'être admis en déduction.

L'art. 18 de la loi du 13 avril 1898 étend à la surveillance de la taxe de 6 fr. par million l'exercice du *droit de communication* confié aux agents de l'Administration par l'art. 7 de la loi du 21 juin 1875. Conformément à l'art. 4 du décret, les préposés en usent pour vérifier l'exactitude des états fournis trimestriellement et en clôture d'exercice par les compagnies qui doivent certifier la conformité de ces relevés avec leurs écritures.

Le même article de loi punit d'une amende de 100 fr. à 1.000 fr., en principal, chaque contravention à ces dispositions.

Le recouvrement de la taxe est suivi et les instances introduites et jugées comme en matière d'enregistrement (même article).

La recette est effectuée par le bureau du siège des sociétés et compagnies (art. 2 du décret), et, dans les villes où le service est divisé, par le bureau chargé de la perception des taxes d'enregistrement et de timbre établies par les lois des 23 août 1871 et 29 déc. 1884.

La taxe de 6 fr. par million est due personnellement par les compagnies. Elle ne doit donc pas être déduite des primes, cotisations et contributions payées par les assurés pour la liquidation de l'impôt de 8 0/0. Cette règle s'applique aux compagnies d'assurances mutuelles, comme aux compagnies à primes.

A l'inverse, si la taxe de 6 fr. par million était mise par la compagnie à la charge de l'assuré, elle constituerait un supplément de prime passible de l'impôt de 8 0/0 (Sol. 24 déc. 1900 ; R. E. 2630).

Les *sociétés et compagnies étrangères* qui assurent d situés en France doivent acquitter la taxe de 6 million dans les mêmes conditions et de la même n que les sociétés françaises. De plus, elles doivent toute opération en France, faire agréer par le D général de l'Enregistrement un représentant franç sonnellement responsable de la taxe et des amende du décret). Elles étaient antérieurement soumises obligation analogue en ce qui concerne les taxes de et d'enregistrement. Pour l'exécution de la loi d l'engagement du représentant responsable doit por lement sur la taxe établie par cette loi.

Les art. 17 et 18 de la loi du 13 avril 1898 n'ont déclarés exécutoires en *Algérie*. La taxe de 6 fr. lion n'est due par les compagnies ayant leur siè la colonie que sur les capitaux assurés en Fra paiement est effectué, conformément à la règle g au bureau dans le ressort duquel les compagnies siège. Ces compagnies ne sont du reste pas tenues, le sont les sociétés étrangères, de faire agréer un sentant responsable du paiement des droits (Sol. 1900 ; R. E. 2354 ; J. E. 25.933).

SECT. III. — ASSURANCES SUR LA VIE ET CONT ACCIDENTS.

§ 1er. — *Timbre.*

8. (121). **Avis de sinistres. Certificat de mé Bénéfice de l'abonnement non applicable.** déclarations de sinistres adressées aux compagn vent être établies sur papier timbré si elles sont devant un magistrat de l'ordre administratif (ma de paix) ou si elles contiennent des énonciations s bles de faire titre à l'encontre des assurés ; mais lo les constituent de simples avis donnés par des a la société, sans l'intervention d'aucun magistra doivent être considérées comme des écritures pri peuvent, aux termes de l'art. 30 de la loi de bruma dressées sans contravention sur papier non timb 19 juin 1899 ; R. E. 2083 ; J. E. 25.854).

Les certificats de médecins dressés en matière rances contre les accidents doivent être rédigés bre lorsqu'ils créent un titre à l'une des parties, lorsqu'ils font connaître la date de la guérison termes de la police, clôt le droit à indemnité. Ils pas sujets au timbre, au contraire, s'ils ne con qu'un renseignement pour la compagnie, tel que l'accident, de sa nature et de la probable d pacité de travail (Sol. 28 mai 1895 ; R. E. 2082).

9. (122). **Contrats de rente viagère imm Abonnement obligatoire.** — A la différence d trats d'assurance sur la vie proprement dits, les de rente viagère immédiate passés avec les sociét pagnies d'assurances et tous autres assureurs, au régime de l'abonnement obligatoire institué paiement du droit de timbre par l'art. 8 de la loi 1884 (Cass. civ., 25 mai 1891 ; Inst. 2807-10). L'a la loi du 13 avril 1898 (Inst. 2953) a fait cesser ce galité et établi une assimilation complète entre le les autres. Les capitaux encaissés comme prix de titution de rentes viagères doivent donc entrer nant en ligne pour la liquidation de la taxe d'abon et, suivant la disposition expresse de la loi, les de cette nature sont inscrits sur le répertoire tenu cution de l'art. 35 de la loi du 5 juin 1850.

n ce qui concerne les polices souscrites antérieurement
à loi du 13 avril 1898 et régulièrement timbrées au comp-
t, les droits du Trésor étant épuisés par la perception à
nelle elles ont été soumises, les compagnies n'ont pas à
e état des sommes reçues de ce chef pour les contrats
cours (même Inst.).

0. (123). Rentes viagères différées. — Les contrats
rentes viagères différées, c'est-à-dire ceux pour lesquels
compagnie s'oblige, contre un versement immédiat ou
cessif de capitaux, à servir aux ayants-droit une rente
gère, si à une époque déterminée ils sont encore en
, présentent, à raison de la nature des risques qu'ils
t destinés à couvrir, les caractères essentiels du contrat
ssurance sur la vie. Ils doivent dès lors être assujet-
au timbre par abonnement (Seine, 13 nov. 1896 ; R. E.
3 ; J. E. 25048 ; R. P. 9070).

1. (127 bis). Étranger. — La loi du 30 décembre 1876 a
mpté du droit de timbre, sauf le cas d'usage en France,
contrats d'assurance passés en pays étranger et ayant
r objet des valeurs situées à l'étranger. Par suite de
e exemption, les capitaux des polices relatives aux
trats dont il s'agit sont déduits pour le calcul de la
e d'abonnement.

ette disposition est applicable aux assurances sur la
(Inst. 2567). Toutefois, comme les polices de ces assu-
nces ne peuvent devenir définitives qu'après avoir été
minées au siège social et signées par un administrateur
la compagnie (différant en cela des polices d'assurance
tre l'incendie qui peuvent acquérir leur perfection juri-
ue à l'étranger), l'application de la loi de 1876, qui vise
iquement les contrats passés en pays étranger, devait
duire à refuser le bénéfice de l'exemption aux polices
scrites dans les agences étrangères des compagnies
nçaises (Cf. Seine, 31 juill. 1896 ; R. E. 4267 ; J. E.
953 : décision en matière d'assurance contre les acci-
ts).

a loi du 13 avril 1898 (art. 16, 3e al.) a remédié à cette
uation en autorisant la déduction des sommes perçues
les compagnies françaises à raison des sommes tou-
es par elles pour les assurances souscrites dans leurs
nces de l'étranger. La même déduction doit avoir lieu
r les contrats de rente viagère passés dans les mêmes
ditions (Inst. 2953)

**2. (129). Assurances contre les accidents. Abon-
ment facultatif.** — Obligatoire pour les compagnies
ssurances sur la vie (L. 29 déc. 1884, art. 8), l'abonne-
nt au timbre est facultatif pour les compagnies d'assu-
nces contre les accidents.

En cas de non-abonnement, les polices sont assujetties
timbre de dimension. Tel est le cas des polices d'assu-
nces contre les accidents causés à des tiers par des che-
ux et des voitures appartenant aux assurés, lorsqu'elles
t signées de l'assureur ou de l'assuré ou que, revêtues
lement de la signature de l'assuré, elles sont détenues
l'assureur. Les duplicata ou copies des mêmes polices
vent également être timbrées (Oran, 24 déc. 1894 ; R. P.

3. (132). Accidents du travail. — Sont affranchies de
t impôt les polices d'assurances mutuelles ou à primes
es passées en vue des risques prévus par la loi du 9 avril
8 sur les accidents du travail (V. ce mot, n° 30).

§ 2. — Enregistrement.

**4. (137). Bases de la perception. Évaluation des
mes.** — 1. *Assurances à vie entière.* — Toute police
ssurance sur la vie donne ouverture au droit de 1 0/0

(réduit de moitié en temps de guerre) sur le montant des
primes (L. 28 avr. 1816, art. 51). S'il s'agit d'une assurance à vie entière, le montant des primes étant subordonné au décès et la valeur imposable n'étant irrévocablement fixée que par l'événement de ce décès, la perception
faite sur la déclaration estimative fournie par la partie
est essentiellement provisoire et l'Administration conserve
le droit d'asseoir l'impôt sur le montant réel et intégral
de la valeur imposable, lorsque le chiffre lui en est révélé
ultérieurement. Le supplément de droit ne se prescrit,
dans ce cas, que par le délai de trente ans ; la prescription
biennale ne s'applique, en effet, qu'aux droits dus à raison
des faits accomplis et connus le jour où l'acte est présenté
à l'enregistrement et non aux droits qui deviennent exigibles par suite de faits postérieurs, imprévus ou inconnus
(Seine, 15 avr. 1899 ; J. E. 25.711 ; R. P. 9597).

2. *Assurances mixtes.* — Les mêmes règles ont été reconnues applicables aux contrats stipulant le paiement
d'un capital à l'assuré à une date déterminée, s'il est
encore vivant à cette époque, ou aussitôt après son décès
s'il meurt avant la date fixée (1).

3. *Faculté de résiliation.* — La clause de résiliation facultative introduite dans un contrat d'assurance ne fait pas
obstacle à la perception du droit de 1 0/0 sur la totalité
des primes stipulées. La perception ainsi établie est, d'ailleurs, régulière, bien que la police ait été antérieurement
résiliée, s'il n'a pas été justifié de cette résiliation avant
l'enregistrement (Seine, 27 févr. 1897 ; J. E. 25.153 ; R. P.
8978) ; la résiliation amiable de la police ne saurait donc
motiver la restitution du droit perçu sur l'ensemble des
primes pour la période postérieure (Sol. 14 févr. 1896 ; R.
P. 8752).

Il en est ainsi aussi bien à l'égard des assurances contre
les accidents que des assurances sur la vie, qui sont régies
par des dispositions communes.

15. (138). Participation aux bénéfices. — Le droit de
1 0/0 doit être liquidé sur les sommes réellement payées,
à titre de primes, par l'assuré à la compagnie. Dès lors, si
l'assuré est admis à participer aux bénéfices réalisés par
cette dernière, il y a lieu, pour la liquidation du droit
proportionnel, de déduire sa quote-part du montant des
primes, soit que l'assuré touche effectivement un dividende, soit qu'il l'abandonne en diminution de la prime
(Sol. 21 sept. 1896 ; R. E. 1599 ; J. E. 25.388).

16. (141). Cession de police en cours. — En cas de
cession, moyennant un prix déterminé, du bénéfice d'assurances sur la vie contractées à une compagnie qui s'est
engagée à verser un capital convenu à date fixe, le droit
est dû, non sur le prix, mais sur le capital cédé, alors
même que la police stipulerait qu'à défaut de paiement
des primes à échoir, le capital serait réduit proportionnellement : cette réduction ne serait, en effet, que la conséquence de la réalisation partielle d'une condition résolutoire qui, dans les principes du droit, est sans influence sur
la perception (Sol. 7 juill. 1898 ; R. E. 2125 ; J. E. 25.754).

16 bis. Endossement. Timbre. — Il y aurait contravention à l'art. 23 de la loi de brumaire, prohibant la rédaction d'un acte à la suite d'un autre, si un endossement
avait lieu sur une police non contractée à ordre, alors
même que les statuts de la compagnie autoriseraient les
parties à constater la cession à la suite de la police (Sol.
6 janv. 1873 ; D. 75.5.430-431).

(1) Belley, 2 mai 1894 ; J. E. 24.529 ; R. P. 8451 ; — Blois,
9 mars 1898 ; R. E. 1742 ; J. E. 25.596 ; R.P. 9229 ; — Pont-l'Évêque, 31 mai 1900 ; R. E. 2443 ; J. E. 26.007 ; — *Contrà*, Sol.
15 oct. 1895 ; R. E. 1042 ; J. E. 24.742.

17. (144). Enregistrement requis par erreur. — Les droits perçus sur une police présentée volontairement à la formalité sont irrévocablement acquis au Trésor et ils ne peuvent être restitués sur le seul fondement que l'enregistrement aurait été requis par erreur (Sol. 16 oct. 1895 ; *J. E.* 24.742).

18. (144 *bis*). Tontines. — L'adhésion à une association tontinière avec engagement de verser chaque année, en cas de survie, une certaine somme, jusqu'à concurrence d'un maximum déterminé, ne constitue ni une assurance proprement dite, ni un apport en société. On ne doit y voir qu'un acte innommé, passible du droit fixe de 3 francs (Sol. 16 oct. 1895 ; *R. E.* 1042 ; *J. E.* 24.742).

Mais la contre-assurance, par laquelle l'adhérent à un pacte tontinier prémunit ses héritiers contre les risques de son décès prématuré en s'engageant à verser un certain nombre de primes, est passible du droit de 1 0/0 sur le montant cumulé des primes (même sol.).

SECT. IV. — ASSURANCES AGRICOLES.

19. (155). Assurances mutuelles agricoles. — Une loi du 4 juillet 1900 (Inst. 3017 ; *R. E.* 2459 ; *J. E.* 25.949) a affranchi des formalités prescrites pour la constitution des sociétés d'assurances, les sociétés ou caisses d'assurances mutuelles agricoles qui sont gérées et administrées gratuitement et ne réalisent aucun bénéfice. Ces sociétés peuvent se constituer en se soumettant aux prescriptions de la loi du 21 mars 1884 sur les syndicats professionnels. Ainsi formées, elles sont exemptes de tout droit de timbre et d'enregistrement autres que le droit de timbre de 10 centimes prévu par le paragraphe 1er de l'art. 18 de la loi du 23 août 1871.

Cette dernière disposition, conçue en termes généraux, affranchit de l'impôt tous les actes intéressant les collectivités dont il s'agit, à la seule exception de ceux qui, emportant libération, sont ou décharge, sont, d'après l'art. 18, n° 1 de la loi du 23 août 1871, passibles du droit de timbre spécial de 0 fr. 10.

Parmi les actes et pièces ainsi exonérés il convient de citer notamment les conventions d'association, les adhésions aux statuts ou contrats d'assurance, les actes faits à l'occasion des sinistres, tels que les nominations d'experts, les procès-verbaux d'expertise, les règlements d'indemnité qui ne contiennent pas libération, et, d'une manière plus générale, sous la réserve de l'exception concernant le timbre de 10 centimes, tous les actes relatifs à la constitution de ces sociétés ou caisses et à leur gestion, même quand ces actes constatent des transmissions de biens meubles et immeubles.

L'exemption de tous droits de timbre et d'enregistrement embrasse, notamment la taxe de 6 francs par million (n° 7, *supra*) que les écritures budgétaires classent parmi les produits de l'enregistrement.

L'immunité prononcée par la loi nouvelle entraine, en outre, en ce qui concerne l'application des dispositions inscrites dans la loi du 5 juin 1850, une autre conséquence. Aux termes des art. 34 et 35 de cette loi, toutes les sociétés d'assurances autres que les sociétés d'assurances maritimes sont tenues : 1° de faire, au bureau de l'enregistrement du lieu où elles ont le siège de leur principal établissement, une déclaration constatant la nature de leurs opérations et les noms du directeur de la société, ou du chef de l'établissement ; 2° d'avoir un répertoire sur lequel elles doivent porter toutes les assurances faites soit directement, soit par leurs agents, ainsi que les conventions qui prolongent l'assurance, augmentent la prime le capital assuré ; 3° de soumettre ce répertoire au des préposés de l'Enregistrement selon le mode indic par la loi du 22 frimaire an VII. Ces dispositions, avaient pour unique objet, en ce qui concerne les soc ou caisses d'assurances mutuelles agricoles visées pa loi du 4 juillet 1900, de garantir le paiement des droit timbre au comptant ou par abonnement, doivent considérées comme abrogées à l'égard de ces sociéte caisses, les contrats d'assurances passés par elles désormais dispensés du timbre.

Le fait par une société d'assurances mutuelles agri de ne s'être pas conformée aux règles spéciales à la co tution des syndicats agricoles (dépôt des statuts à la rie) ne l'exclut pas du bénéfice des exemptions accord par la loi. On ne doit pas perdre de vue, en effet, d'après les termes formels de la loi nouvelle, il suffit que l'immunité soit appliquée :

1° Qu'il s'agisse de sociétés ou caisses d'assurances tuelles ;

2° Que ces sociétés ou caisses se proposent de gar des risques agricoles ;

3° Qu'elles soient gérées et administrées gratuiter

4° Enfin qu'elles n'aient en vue et ne réalisent, en aucun bénéfice.

La deuxième condition vise la généralité des ri dont sont menacés les agriculteurs, sans en excepte cendie.

Les mutualités agricoles peuvent donc bénéficier détaxe même si elles ont pour objet d'assurer contr cendie les récoltes et les instruments aratoires de adhérents, ainsi que leurs divers bâtiments, mème affectés à l'habitation, pourvu que les personnes qui pent ces derniers immeubles fassent de l'agriculture principale occupation.

La troisième condition a été précisée en ces te dans le rapport supplémentaire fait à la Chambr députés par M. Émile Chevallier, au nom de la comm chargée de l'examen du projet de la loi : « Votre co sion entend ne viser que les petites sociétés d'assur mutuelles agricoles qui n'assurent à leurs administr et à leurs directeurs ni traitements, ni allocations div sauf cependant les minimes frais de bureau qui pe être accordés à leur secrétaire » (Chambre des dépu nexe n° 1522 au procès-verbal de la séance du 15 mars

Les actes et pièces, pour lesquels la dispense d'imp réclamée, n'y ont droit qu'autant qu'il résulte de leu texte ou d'une déclaration inscrite soit à la suite, s marge, qu'ils intéressent une société ou caisse rer sant les conditions qui viennent d'être énumérées.

Les agents sont d'ailleurs à même de contrôler l'e tude de ces énonciations en se reportant aux statut société ou caisse, dont le dépôt doit être effectué à la de la localité où la société a son siège (art. 4 de la 21 mars 1884),ou par l'exercice du droit de communi résultant des art. 35 de la loi du 5 juin 1850, 22 de du 23 août 1871 et 7 de celle du 5 juillet 1875.

La dispense octroyée par la loi nouvelle ne concer surplus,que les droits de timbre et d'enregistremen ne s'étend pas à la *formalité* de l'enregistrement qu tinue à être requise et donnée gratuitement toutes l qu'elle est nécessaire d'après les principes générau législation fiscale (Inst. 3017).

SECT. V. — QUESTIONS DIVERSES.

20. (246). Prescription. — V. *supra*, n° 14-1.

ASTREINTE. — V. *Procédure*, 44, 52 et pour les ~sions de parts sociales sur le pied du dernier inventaire, *A., Société*, 270-B-1-D.

ATERMOIEMENT. — (4 et 6). Caractères de l'a~moiement. Tarif. — Nous avons soutenu que l'ater~iement amiable consenti à un débiteur *non failli* est ~ssible du droit de 0 fr.50 0/0 édicté par l'art.69, § 2,n° 4, la loi du 22 frimaire an VII.

Notre opinion a été pleinement confirmée par la Cham~e civile de la Cour de cassation.

D'après un arrêt du 27 décembre 1893, le caractère d'a~moiement appartient à l'acte duquel il résulte : 1° que les ~anciers d'une société en commandite simple, mettant . à l'état de liquidation judiciaire qu'ils avaient provo~é, choisissent comme liquidateurs les gérants responsa~ es de la société dissoute et les autorisent à continuer ~as interruption l'exploitation de leurs usines ; 2° que, ~ur l'administration de ces établissements et les rapports ~ec la clientèle et les fournisseurs, les mêmes gérants ~couvrent le droit de faire usage de la signature sociale ; ~ enfin, que les créanciers s'engagent à n'exercer, pen~ nt un délai déterminé, aucune poursuite contre la ~ ciété pour le remboursement de leurs créances, dont ~ 1 état est annexé au traité avec lequel il fait corps. Par ~la même que les gérants adhèrent à l'acte renfermant ~tte dernière stipulation, ils reconnaissent l'existence des ~éances, et le droit de 0 fr. 50 0/0 est exigible, confor~ément à l'art. 69, § 2, n° 4, de la loi du 22 frimaire ~ n VII (1).

AVOUÉ. — **1.** (3 *bis*). Jugement d'interdiction. ~xtrait. — L'extrait sommaire du jugement ou de l'ar~ ~t prononçant une interdiction, que doit transmettre l'a~ ~oué qui l'a obtenu au greffe du tribunal du lieu de nais~ ~ance de l'interdit, ne bénéficie pas de la dispense du ~mbre et de l'enregistrement accordée par l'art. 5 de la ~ i du 26 janvier 1892 aux actes de procédure du ministère ~ es avoués qui ne sont pas susceptibles d'être signifiés. ~ et extrait doit être enregistré, avant tout usage, au droit ~ e 1 fr. 50 (D. M. F. 19 mai 1893 ; R. E. 555 ; R. P. 8151).

2. (4 *bis*). Jugements par défaut. Qualités. — La ~ ispense de la formalité du timbre accordée par l'art. 5 ~ e la loi du 26 janvier 1892 aux actes de procédure d'avoué ~ a avoué ne s'étend pas aux actes du ministère des avoués ~ ui ne se signifient pas et notamment aux qualités de ~ ugements par défaut dont l'art. 142, C. proc. civ. ne ~ rescrit pas la signification. Cependant, si ces qualités ~ sont, en fait, signifiées à l'avoué de la partie adverse, elles ~ présentent le caractère d'actes d'avoué à avoué et doivent, ~ à ce titre, être admises à bénéficier de l'exemption d'impôt ~ prononcée par l'article de loi susvisé (Sol. 13 déc. 1894 ; J.E. 24.590 ; — Sol. 3 sept. 1895 ; R. E. 1390 ; J.E. 24.851).

3. (5). Acquiescement et désistement. — Le désiste~ ment d'instance signé de la partie et signifié par acte ~ d'avoué à avoué reste soumis, sous l'empire de la loi du ~ 26 janvier 1892, au timbre et à l'enregistrement comme ~ sous la législation antérieure (Sol. 1er juin 1893 ; R. E. 536).

4. (7 *bis*). Assignation en police correctionnelle avec ~ constitution d'avoué. — Devant les tribunaux correc~ tionnels, le ministère des avoués n'est jamais obligatoire, ~ mais, dans certains cas, il est facultatif (Fuzier et Her~ man, *Rép. du droit français*, V° *Avoué*, n°s 294, 300, 301 ; ~ Garsonnet, VII, § 92, p. 365 ; Rivière, *Codes annotés*, arrêts ~ cités sur l'art. 185, C. instr. crim.). L'avoué constitué en

(1) Inst. 2812, § 3 ; S. 95.1.49 ; D. 94.1.191 ; P. 95.1.49 ; R.E. 605.

cette matière agit en vertu du mandat légal que lui con~ fère sa qualité d'officier ministériel, sans avoir besoin d'un pouvoir spécial.

En conséquence, il a été reconnu que la constitution d'un avoué dans un exploit contenant assignation devant un tribunal correctionnel ne présente pas le caractère d'une disposition indépendante ; elle n'est pas de l'essence de l'exploit, mais elle est de sa nature, et cela suffit pour l'exempter de tout droit particulier (Inst. 3019-3).

BAIL.

SOMMAIRE ANALYTIQUE.

Sect. I. — *Analogies et différences entre le bail et certains contrats*, 1-5.
— II. — *Exigibilité de l'impôt*, 6-13.
§ 1. — **Baux écrits**, 6.
§ 2. — **Locations verbales**, 7-13.
Sect. III. — *Liquidation de l'impôt*, 14-16.
— IV. — *Recouvrement des droits*, 17-22.
§ 1. — **Baux écrits**, 17-20.
§ 2. — **Locations verbales**, 21-22.
Sect. V. — *Preuves de l'existence de la convention*, 23.
— VI. — *Contraventions et pénalités*, 24-27.
— VII. — *Sous-baux. Cessions. Résiliations. Rétrocessions*, 28-34.
— VIII. — *Questions diverses*, 35-36.

SOMMAIRE ALPHABÉTIQUE.

Affichage, 8.
Bail à moitié fruits, 30 *bis*, 31.
— à périodes, 16, 20.
— conditionnel, 6.
— écrit dissimulé, 27.
Boues et vidanges, 2.
Cession. Bail à moitié fruits, 30.
— de créance, 29.
Charges, 15.
Chasse, 10.
Chênes-lièges, 1.
Déclaration collective, 14.
Disposition indépendante, 5, 35.
Droit en sus. Fractionnement, 25.
Employés, 7.
Fractionnement, 16.
— Droit en sus, 25.
— Prix variable, 18.
— Sous-bail, 28.
— Sous-location, 19.
Impôt foncier, 15.
Indemnité, 32.
Journal, 4.
Location verbale conditionnelle, 11.
— inférieure à 100 francs, 12-13.
Location partielle, suivie de lo~ cation totale, 29.
— suivant l'usage des lieux. Changement de propriétaire ou de locataire, 21-22.
Marché, 5.
Mines, 3.
Personnalité des peines, 24-26.
Preuve de l'existence du bail.
Impôt foncier, 23.
Prix variable, 18.
Promesse de vente, 36.
Réduction de prix, 20.
Réquisition, 17.
Résiliation. Bail à moitié fruits, 31.
— Indemnité, 32.
— Sous-location, 34.
— Visite et montrée, 33.
Société, 30.
Sous-bail, 28.
Sous-location, 19.
Tuteur, 26.
Vente déguisée, 4.
Visite et montrée, 33.
Voie publique, 9.

SECT. Ire. — ANALOGIES ET DIFFÉRENCES ENTRE LE BAIL ET CERTAINS CONTRATS.

1. (14-1-D). Bail et vente. Caractères distinctifs. Chênes-lièges. — Nous avons dit au T. A. qu'une con~ troverse s'était élevée au sujet du tarif applicable aux ventes, qualifiées baux, de l'écorce des chênes-lièges.

Depuis, la question a été soumise à la Cour de cassation sur le pourvoi formé par l'Administration contre un juge~ ment du tribunal de Toulon, du 25 avril 1893 (R. E. 1151), qui s'est prononcé pour l'application du droit de bail à 0 fr.20 0/0, à l'exclusion de celui de vente mobilière à 2 0/0.

4

Le jugement attaqué a été cassé par un arrêt de la Chambre civile, du 29 avril 1896 (1).

Lorsque, — porte en substance cet arrêt, — les clauses de l'adjudication de la ferme de l'écorce des chênes-lièges d'une forêt réservent au propriétaire le corps des chênes-lièges ainsi que le droit, dans le bois même où l'écorcement du liège est affermé, de faire toutes les ventes d'arbres ou autres produits quelconques, toutes exploitations et tous travaux, en un mot, de prendre toutes mesures ayant pour objet la mise en valeur, l'amélioration de la forêt en général, la culture des diverses essences, il résulte de ces stipulations que l'adjudicataire n'a aucun droit sur le sol et que ce qui lui est attribué uniquement, c'est le droit de recueillir un produit particulier de la terre dont la jouissance et l'usage direct continuent d'appartenir exclusivement au propriétaire. Une convention aussi restreinte n'a pas le caractère du louage qui, selon l'art. 1709, C. civ., a essentiellement pour objet de transporter la jouissance d'une chose pendant un certain temps ; mais elle constitue une vente mobilière obligeant le propriétaire, dans les termes de l'art. 1582 du même Code, et conférant à l'adjudicataire le droit d'enlever chaque année, moyennant le prix stipulé, le produit naturel qui a fait l'objet de l'adjudication. Le droit exigible, lors de l'enregistrement du procès-verbal, est, en conséquence, le droit de vente mobilière et non celui de bail.

La décision qui précède n'a pas, toutefois, résolu la question *in terminis*. L'affaire ayant été renvoyée devant le tribunal de Draguignan, ce tribunal s'est prononcé, comme celui de Toulon, pour l'exigibilité du droit de bail (Jug. du 1er déc. 1898 ; *R. E.* 1949).

Mais l'Administration s'est, de nouveau, pourvue en cassation, et l'affaire est actuellement devant les Chambres réunies.

2. (14-5-D). **Boues et vidanges.** — Lorsqu'il intervient entre une ville et un entrepreneur un traité par lequel : 1º la ville loue à l'entrepreneur, moyennant un prix déterminé, une usine municipale pour le traitement des vidanges ; 2º l'entrepreneur s'engage à recevoir, moyennant un prix fixé à tant par mètre cube, les matières de vidanges à traiter qui lui seront remises par la ville, laquelle s'oblige à lui en livrer au minimum une certaine quantité par jour, la convention renferme, indépendamment du bail de l'usine sujet au droit de 0 fr. 20 0/0, une vente mobilière passible du droit de 2 0/0 sur le prix des matières à livrer par la ville (2).

3. (14-3-E). **Mines. Cession de bail.** — La cession, par une ancienne société à une nouvelle, du bail d'une mine donne lieu au droit proportionnel de vente mobilière à 2 0/0, si, d'ailleurs, cette cession n'a pas été subordonnée à une condition suspensive.

4. (14-5-A). **Journal. Exploitation. Vente déguisée.** — Constitue une vente à terme, et non un bail, le traité par lequel l'exploitation d'un journal est cédée, pour une durée déterminée, moyennant une redevance annuelle, avec stipulation expresse qu'à l'expiration du contrat, le preneur ou, à son défaut, ses ayants-droit, deviendront propriétaires du journal, sans avoir à payer, à l'avenir, aucune redevance ou indemnité (Seine, 13 janv. 1900 ; *R. P.* 9876).

(1) Inst. 2910, § 8 ; *Bull.* 1896, nº 125, p. 169 ; D. 96.1.414 ; *R. E.* 1151 ; *J. E.* 24.847 ; *R. P.* 8749 et 8860-46.
(2) Cass. req., 9 mai 1899 ; Inst. 3004, § 3 ; D. 99.1.409 ; P. 99.1.417 ; *R. E.* 2047.
(2) Cass. req., 14 juin 1895 ; Inst. 2900, § 3 ; S. 96.1.149 ; D. 95.1.503 ; P. 96.1.149 ; *R. E.* 967-2 ; *R. P.* 8552 et 8860-24.

5. (15). **Conventions de nature complexe. B** marché. — Nous rappelons que le contrat de bail peu fermer plusieurs dispositions indépendantes, et que, ce cas, chaque disposition donne ouverture au droi lui est propre.

Jugé, par application de cette règle, que, lorsqu'u priétaire donne à bail un terrain à un entrepreneur d vaux, et par le même acte, stipule de celui-ci qu'il él sur ce terrain, pour le compte du bailleur, des cons tions dont il détermine l'importance, le prix et le d'exécution, cette dernière convention constitue une position indépendante des clauses relatives au bail pr ment dit et donne ouverture au droit de marché sur portance des travaux faits ou à faire (Seine, 30 mars *R. E.* 2444 ; *R. P.* 9825).

SECT. II. — EXIGIBILITÉ DE L'IMPOT.

§ 1er. — *Baux écrits.*

6. (19). **Bail conditionnel.** — Dès que la condition quelle est subordonné un contrat de bail dont il exis écrit, se réalise, le droit proportionnel devient exi sans qu'il y ait à rechercher si l'entrée en jouissan immédiate ou différée. Il n'y a donc pas lieu, pour miner l'époque de l'exigibilité du droit, de tenir cc des clauses du contrat qui n'ont d'influence qu'au de vue de l'entrée en jouissance effective et de la fix de la redevance à payer, et qui n'intéressent à aucu gré la perfection juridique du contrat (1).

§ 2. — *Locations verbales.*

7. (27). **Location verbale. Employés.** — L'A nistration a toujours admis que le droit de location bale n'est pas exigible pour les employés logés da maison de celui qui les emploie, dès lors qu'ils ne pai celui-ci aucun loyer de ce chef, et que le logeme considéré comme un accessoire du traitement. Aux sions mentionnées au *T. A.*, il convient d'ajouter une tion du 22 août 1893 (*R. E.* 639 ; *J.E.*24.517),d'après lac l'occupation gratuite, par des religieux, d'un loge dans une école qu'ils tiennent pour le compte et aux du propriétaire de l'immeuble, ne dérive pas d'un co de bail et n'est pas,en conséquence,soumise à la déclar prescrite par l'art. 11 de la loi du 23 août 1871.

8. (30). **Location de murs pour publicité. G de chemins de fer. Droit d'affichage.** — L'acte lequel une compagnie concède à une société de publ pour une durée déterminée et moyennant le paie d'une redevance annuelle, le droit d'apposer des aff sur les murs des gares et stations de son réseau, ne ferme une mutation de jouissance immobilière et pas soumis à l'enregistrement dans le délai fixé par l'a de la loi du 22 frim. an VII (Seine, 29 juill. 1893 ; 550 ; *J. E.* 24.263).

9. (32). **Voie publique. Location de places.** cession du droit de tenir les jeux d'une fête pa nale. — L'adjudication, à la requête d'une commune profit d'un industriel, du droit exclusif d'installer, l'enceinte d'un champ de foire,des jeux et des bals, m nant un prix à verser dans la caisse municipale, co

(1) Cass. civ., 14 déc. 1896 ; Inst. 2935, § 53 ; *Bull.* 1896, n p. 337 ; S. 98.1.97 ; D. 98.1.257 ; P. 98.1.97 ; *R. E.* J. E. 25.008 ; *R. P.* 8907 et 9395-3 ; *Rev. prat.* 4407.

un bail immobilier, passible du droit de 0 fr. 20 0/0.

ur la liquidation de ce droit, il convient d'ajouter au
x toutes les charges imposées par le contrat à l'adjudi-
aire, telles que les frais d'affiches et de criées qu'il est
u de rembourser et les rétributions qu'il doit payer aux
nts de police.

'intervention à l'adjudication, comme associé solidaire,
n tiers qui n'a aucun intérêt personnel dans l'entre-
sé, donne ouverture au droit de cautionnement de
r. 40 0/0.

L'adjudication, au profit d'un industriel, du droit exclu-
de tenir les jeux et bals d'une fête patronale, sans con-
asse d'un emplacement déterminé, n'a pas le caractère
n bail d'immeuble, mais constitue la location d'un droit
obilier, et donne, comme telle, ouverture au droit de
r. 20 0/0, et, le cas échéant, au droit de cautionne-
ent à 0 fr. 10 0/0 (Sol. 28 janv. 1888 et 19 sept. 1888 ;
E. 24.551).

10. (36). **Chasse.** — Le droit de chasse ne pouvant être
ermé qu'autant qu'il s'exerce sur une certaine étendue
ntinue et sans interruption, l'entente de plusieurs pro-
iétaires, qui se réunissent pour affermer le droit de
asse sur leurs biens, est une condition nécessaire pour
mer le contrat ; en affermant le droit de chasse dans
s conditions, le preneur traite avec un groupe de pro-
étaires représentant un intérêt collectif, une sorte de
ndicat, et il n'existe ainsi qu'une convention unique
tre le preneur, d'une part, et la collectivité des bail-
rs, d'autre part. En conséquence, le droit proportion-
l doit être liquidé, non pas distinctement sur la portion
venant à chaque bailleur dans la totalité des redevan-
s annuelles, mais cumulativement sur le total de ces
devances ; en outre, le retard dans l'enregistrement de
cte qui constate la mutation de jouissance ne rend exi-
oles que deux amendes : l'une, contre la collectivité des
illeurs, l'autre, contre le preneur (1).

11. (39). **Location verbale conditionnelle.** — Dans
cas d'une location conditionnelle d'immeubles qui ne
vient définitive que par l'événement de la condition,
st cet événement que les parties doivent porter à la
nnaissance de l'Administration, soit par la présentation
l'acte qui la constate, s'il en a été dressé acte, soit par
e déclaration spéciale s'il n'y a pas d'acte ou s'il n'est
s représenté. Et, précisément parce que la location
nditionnelle n'est pas immédiatement translative de
oit, le fait qu'il en existerait un acte ayant été enre-
stré à sa date, ne dispense pas de le représenter à la
rmalité ou de faire la déclaration prescrite quand s'ac-
mplit l'événement qui rend la convention définitive.
aute par les parties de satisfaire ainsi aux prescriptions
gales, elles encourent la peine du droit en sus (Cass,
v. 14 déc. 1898 ; V. supra, n° 6).

12. (42). **Locations verbales inférieures à 100 fr.** —
'art. 11 de la loi du 23 août 1871, en assujettissant à la
éclaration obligatoire, lorsque leur prix cumulé dépasse
00 fr. par an, les locations verbales, même inférieures à
00 fr. et d'une durée moindre de 3 ans, consenties par
e même bailleur, n'a visé que les locations de parcelles
isant partie ou susceptibles de faire partie de la même
xploitation et non les locations de parcelles qui, quoique
ppartenant au même propriétaire, sont tellement sépa-
ées l'une de l'autre qu'elles ne peuvent être comprises
ans la même exploitation (Besançon, 5 mars 1895 ; R. E.
296 ; J. E. 24.920 ; R. P. 8693).

(1) Sol. 13 juil. 1894 ; J. E. 25.475 ; — 24 juin 1898 ; R. E.
675 ; J. E. 25.631 ; Rev. prat. 4475 ; — 13 juill. 1900 ; Rev. prat.
391.

Ce jugement ne paraît pas susceptible d'être pris pour
règle.

La loi porte que « si le *même bailleur* a consenti plusieurs
locations verbales *de cette catégorie* (inférieures à 100 fr.),
mais dont le prix cumulé excède 100 fr. annuellement, il
sera tenu d'en faire la déclaration ».

C'est ajouter à ce texte que d'exiger, en outre, que les
biens loués soient compris dans la même exploitation.

L'Administration a exécuté, pour des motifs d'opportunité, le jugement du tribunal de Besançon ; mais elle ne
manquera sans doute pas de porter, s'il y a lieu, la question devant la Cour de cassation, lorsqu'elle jugera l'occasion favorable.

13. (42 *bis*). **Location verbale inférieure à 100 fr.
Acquisition, par le bailleur, d'un autre immeuble.
Autre location inférieure à 100 fr. Prix cumulé supérieur à ce chiffre.** — Lorsqu'un propriétaire, qui
avait loué verbalement un immeuble moyennant une
somme annuelle inférieure à 100 fr., fait l'acquisition d'un
autre immeuble également loué pour une somme inférieure
à 100 fr., il n'est pas tenu de déclarer ces deux locations,
même si le prix cumulé en excède 100 fr., aussi longtemps,
du moins, que dure la location consentie par son vendeur
(Sol. 28 avril 1900 ; R. E. 2631).

SECT. III. — LIQUIDATION DE L'IMPOT.

14. (45). **Déclaration collective. Perception.** — Lorsque plusieurs locations verbales consenties par le même
propriétaire sont comprises dans une seule déclaration
collective, le droit de 0 fr. 20 0/0 doit être perçu sur le
montant cumulé des locations.

S'il est fait, au contraire, plusieurs déclarations distinctes, la perception doit être distincte également avec, le
cas échéant, l'application du minimum de 0 fr. 25 par déclaration.

Cependant le propriétaire qui, dans une ville recensée,
se présente pour déclarer les locations consenties à la
même date ou dans une même période trimestrielle, et
produit, à la demande du receveur, une feuille distincte
pour chacune des maisons qu'il possède, doit être réputé
avoir fait une déclaration collective. Le droit de 0 fr. 20
0/0 doit, en ce cas, être calculé sur l'ensemble des locations (1).

15. (53-1). **Charges. Impôt foncier.** — Lorsque l'impôt foncier est mis par le bail à la charge du preneur, l'importance de cette charge s'évalue d'après le chiffre fixé
par le rôle de la contribution et non d'après la déclaration
des parties, et, à défaut de production d'un extrait du rôle,
par la fixation à forfait de l'impôt au quart du prix du bail.
Il n'en serait autrement que si la maison n'était pas encore
imposée à la contribution de la propriété bâtie, comme
étant récemment construite (Sol. 2 mars 1896 ; R. E.
1183).

16. (62). **Bail à périodes. Fractionnement.** — La règle d'après laquelle le fractionnement par périodes triennales, autorisé par la loi du 23 août 1871, est de droit pour
les baux *à périodes*, alors même que la faculté de résiliation
n'appartient qu'à une seule des parties, a été confirmée
par deux solutions du 24 oct. 1894 et du 22 fév. 1895 (Rev.
prat. 3991 ; R. E. 1204 ; J. E. 25.023).

16 bis. (70). **Délai d'enregistrement. Bail écrit.** —
S'il existe un bail écrit, il doit être enregistré dans les 3
mois de sa date et les parties ne peuvent se soustraire à

(1) Sol. 26 oct. 1895 ; R. E. 1482 ; J. E. 25.299 ; Rev. prat.
4035 ; — 6 oct. 1897 ; Rev. prat. 4390.

cette obligation par une déclaration de location verbale (Sol. 22 fév. 1895 ; R. E. 1204 ; Rev. prat. 3992).

SECT. IV. — RECOUVREMENT DES DROITS.

§ 1er. — Baux écrits.

17. (75). Nécessité de la réquisition. — La réquisition constitue une formalité indispensable pour autoriser le receveur à fractionner la perception. Si cette réquisition n'est pas faite,le droit est acquis au Trésor et doit être acquitté sur la durée entière.

Dans ce sens, il a été décidé que, faute d'avoir requis, au moment de la formalité, le fractionnement triennal d'un droit de bail, les parties ne sont pas fondées à le requérir ultérieurement, même dans le cas où l'Administration conteste l'évaluation des charges formant le prix (Tours, 13 avr. 1900 ; R. P. 9918).

18. (77-1). Bail à durée fixe. Prix variables. Fractionnement. — Lorsque le fractionnement des droits est requis lors de l'enregistrement d'un bail à durée fixe consenti moyennant des prix variables, la liquidation du droit afférent à chaque période triennale doit s'effectuer d'après les prix cumulés du bail entier et non de la période pour laquelle les droits sont payés (Sol. 18 oct. 1898 ; R. E. 2016 ; J. E. 25.657 ; Rev. prat. 4611).

Cette solution confirme la règle énoncée au T. A.

Mais c'est seulement pour les baux à durée fixe que le droit de 0 fr. 20 0/0 se liquide sur la totalité des fermages, même variables, sauf à être fractionné en cas de réquisition.

Pour les baux à périodes, il n'en est plus de même et il n'y a pas de moyenne à établir. Il en résulte que chaque période doit être considérée isolément pour la liquidation du droit.

L'Administration a décidé, par application de cette règle, que si le loyer est réduit lors du renouvellement du bail, à l'expiration de l'une des périodes, le droit n'est dû que sur le prix réduit,et que l'acte contenant réduction de prix constitue un bail nouveau assujetti à l'enregistrement dans les trois mois de sa date (V. R. E. 2446).

19. (82-4). Fractionnement des droits. Sous-location. — Lorsque, au cours d'un bail dont les droits sont acquittés par périodes triennales, le locataire principal sous-loue une partie des immeubles, les droits afférents à la période qui suit cette sous-location ne doivent être liquidés que sur le prix du bail diminué de celui de la sous-location (Sol. 28 août 1894 ; R. E. 1019).

20. (87). Bail à périodes. Réduction de prix. Nouveau bail. Enregistrement obligatoire. — L'acte par lequel le bailleur et le preneur conviennent, à l'expiration de l'une des périodes, d'un nouveau prix (inférieur à celui primitivement stipulé) pour la période suivante, constitue un bail nouveau assujetti, sous peine d'amende, à l'enregistrement dans les trois mois de sa date (Sol. 29 nov. 1899 ; R. E. 2445 ; J. E. 25.927 ; Rev. prat. 4766 ; R. P. 9753).

§ 2. — Locations verbales.

21. (110). Locations suivant l'usage des lieux. Changement de locataires. — Lorsqu'une location a été consentie pour une durée déterminée, le propriétaire est tenu de souscrire une nouvelle déclaration dans le délai légal s'il renouvelle la première location (Sol. 29 août 1893 ; R. E. 614 ; J. E. 24.305).

Mais, lorsqu'une déclaration de location verbale a été

souscrite pour plusieurs termes, le propriétaire n'e tenu de souscrire une nouvelle déclaration, s'il s dans l'intervalle un changement de locataire. Il en autrement, toutefois, s'il y avait, dans l'intervall mention du prix de location (Sol. précitée et sol. 1894 ; R. E. 1483).

La même règle est suivie en ce qui concerne les rations de locations faites suivant l'usage des lieu quelles n'ont pas besoin d'être renouvelées tant prix n'est pas augmenté. Mais si le prix de la loca augmenté, une nouvelle déclaration doit être f peine d'amende.

Dans les deux cas ci-dessus, comme aussi lor propriétaire se présente volontairement au bure passer une déclaration dont il aurait pu, à la rigu dispenser (par exemple, pour changement de l' locataires sans augmentation de prix), la déclarati être souscrite dans la forme ordinaire sur une nouvelle et non par voie de rectification opé l'ancienne feuille soit par le déclarant, soit par l veur lui-même (Sol. 17 mai 1894).

22. (110 bis). Location suivant l'usage des Changement de propriétaire. — La location l'usage des lieux étant censée se continuer pend temps indéterminé jusqu'à ce que les parties man l'intention de la résilier, il n'est pas besoin de fa déclaration nouvelle à l'échéance de chaque ter déclaration primitive suffit, même si, pendant le c la location, l'immeuble vient à changer de propriét

SECT. V. — PREUVES DE L'EXISTENCE DE LA CONVENTION.

23. (115). Preuve de l'existence des baux e tions verbales. — La mutation de jouissance d' meuble à titre de bail ou location verbale est suffisa établie, pour motiver la réclamation des droits sin en sus, par le paiement de la contribution foncière par le fermier en l'acquit du propriétaire (Mo 16 déc. 1892 ; J. E. 24.731).

SECT. VI. — CONTRAVENTIONS ET PÉNALITÉ

24. (127). Défaut de solidarité. — Les pein personnelles, le receveur ne peut percevoir qu' droit en sus sur le bail présenté à la formalité, ap piration du délai, par une seule des parties, sauf à mer à l'autre partie le payement du droit en su charge personnelle. Ainsi décidé par une solu 22 févr. 1895, qui confirme l'opinion émise au T. A 1204).

25. (128). Fractionnement. Liquidation du d sus. — Au sujet des baux d'une durée ferme p à l'enregistrement hors délai, avec une réquisi fractionnement triennal, la question s'était posée d si le droit en sus devait être calculé sur l'importe bail, d'après sa durée entière, ou bien sur les tr mières années seulement.

Nous avions émis l'avis que le fractionnemen rester sans influence sur la liquidation du droit er Mais la question a été résolue en sens contra l'arrêt du 14 décembre 1896 (supra, n° 6).

L'art. 11, 8e alinéa, de la loi du 23 août 1871, — Cour, — donne au bailleur, comme au preneur,

(1) Sol. 19 juin 1894 ; R. E. 817 ; — 5 mai 1897 ; R. J. E. 25.234 ; R. P. 9022 et 9178 ; Revue prat. 4352.

e réclamer, lors de l'enregistrement ou de la déclaration u bail, le fractionnement du montant du droit proportionnel en autant de paiements égaux qu'il y a de périodes triennales dans la durée du bail, et aucune disposition e loi ne les prive de cette faculté s'ils ne l'ont pas exercé au moment où ils ont présenté l'acte à la formalité u fait la déclaration, sauf la non-restitution des droits qui auraient été légalement perçus. D'un autre côté, le roit en sus encouru pour retard dans la déclaration ne saurait, sans pouvoir être inférieur à 50 fr. (art. 14), épasser le montant du droit proportionnel exigible. Il uit de là que, si la déclaration faite par le bailleur, débiteur solidaire avec le preneur, du droit simple de bail, ne peut avoir pour effet de relever celui-ci du droit en sus encouru par lui pour n'avoir pas déclaré la location et equitté le droit simple dans le délai de trois mois à compter de la réalisation de la condition dont le bail était ffecté, elle lui profite néanmoins en tant qu'elle renferme une réquisition de fractionnement de ce droit. Elle a pour ésultat de réduire le montant du droit simple exigible à elui qui est afférent à la première période triennale, et, ès lors, le droit en sus encouru par le preneur ne peut ui-même dépasser le chiffre du droit simple ainsi calculé. L'Administration a accepté la doctrine de cet arrêt qu'elle transmis au service par l'Inst. 2935, § 3. Il y a lieu, dès ors, de le prendre pour règle de perception.

26. (130). **Personnalité des peines. Tuteur.** — Lorsque le bail d'immeuble appartenant à un mineur n'est as présenté à la formalité dans le délai légal, l'amende ncourue ne peut être réclamée qu'au tuteur qui, seul, a ouscrit le bail, et non au mineur devenu majeur (Sol. 7 nov. 1896 ; R. E. 1600 ; Rev. prat, 4271).

27. (132). **Bail non enregistré. Location verbale** déclarée. — Lorsque, avons-nous dit au T. A., une mutation de jouissance a fait l'objet d'un écrit, et que les arties, au lieu de faire enregistrer l'acte de bail, se bornent à déposer, en temps utile, une déclaration de location verbale, d'ailleurs complète et sincère, aucune pénalité ne semble exigible, le Trésor n'ayant, en définitive, ubi aucun préjudice.

Cette opinion n'a pas été adoptée par l'Administration ui a décidé qu'en pareil cas, le défaut d'enregistrement u bail écrit entraîne, pour le bailleur comme pour le reneur, l'exigibilité des peines prononcées par l'art. 14 de la loi du 23 août 1871 (Sol. 22 fév. 1895 ; R. E. 1204 ; . E. 25.023 ; Rev. prat. 3992).

SECT. VII. — SOUS-BAUX. CESSIONS. RÉSILIATIONS. RÉTROCESSIONS.

28. (150). **Sous-bail. Droit de bail. Fractionnement.** Déduction. — Pour liquider le droit de bail à la charge du locataire primitif, il faut déduire le prix de la sous-ocation (Sol. 28 août 1894 ; Rev. prat. 3869).

29. (155). **Location partielle. Location totale subséquente par le bailleur. Louage et cession de créance.** — L'acte par lequel un propriétaire, après avoir consenti à un premier preneur la location d'une partie d'immeubles, loue à un tiers la totalité de ces mêmes immeubles pour un prix unique à charge par ce dernier de respecter les baux en cours, et sous la condition d'en percevoir les loyers, renferme deux dispositions distinctes : 1° une cession de loyers sur la portion du prix applicable aux loyers cédés ; 2° un bail pour le surplus Châlons-sur-Marne, 21 juillet 1890 ; R. E. 2148).

Ce jugement vient à l'appui de la règle enseignée au T. A.

Nous rappelons que, dans tous les cas où le droit de 1 0/0 est exigible sur les cessions de baux consenties par le bailleur, le paiement par fractionnement ne saurait être autorisé, puisqu'il est spécial aux baux et aux contrats similaires. C'est ce qui a été reconnu par un jugement du tribunal de Saint-Quentin, du 26 décembre 1894, pour les baux à périodes, résiliables à la volonté du preneur (J. E. 24.687).

Ainsi que le fait remarquer le tribunal, ces baux ont conservé, en droit civil, malgré la disposition d'ordre purement fiscal, édictée par l'art. 11, § 8, de la loi du 23 août 1871, en ce qui concerne le fractionnement de la perception, le caractère de contrats soumis à une condition résolutoire, et non à une condition suspensive. Il en résulte que la cession consentie par le bailleur des loyers à échoir en vertu d'un bail de cette nature, produit des effets translatifs, sous la condition résolutoire du résiliement, pour toute la durée du bail, et que le droit exigible à 1 0/0 doit être liquidé sur le montant cumulé des loyers à échoir pour toute cette durée, et non pas seulement sur le montant des loyers afférents à la période en cours, sans qu'il y ait à tenir compte de l'éventualité résultant de la condition résolutoire à laquelle la délégation est soumise parallèlement au bail.

30. (157-2). **Bail. Société.** — L'acte par lequel l'adjudicataire d'une entreprise consent à faire participer un tiers aux bénéfices moyennant une somme versée dans la caisse commune est une véritable association passible du droit exigible sur les actes de formation de société, à l'exclusion du droit de cession de bail (Cass. civ., 24 déc. 1821 ; S. 22.1.374).

30 bis. (157-7). **Cession. Bail à moitié fruits.** — L'acte par lequel le propriétaire d'un immeuble loué à moitié fruits par un bail en cours afferme le même immeuble à un tiers pour un prix annuel en argent, et le subroge dans tous ses droits résultant du premier bail, constitue une vente de récoltes passible du droit de 2 0/0 (Sol. 24 mars 1897 ; Rev. prat. 4309).

31. (159). **Résiliation de baux à moitié fruits.** — Bien que la loi du 23 août 1871 ne contienne aucune disposition qui autorise, même implicitement, une dérogation au principe de l'exigibilité du droit proportionnel sur les résiliations de baux, l'Administration a admis que les résiliations de l'espèce opèrent seulement le droit fixe de 3 fr., quand le droit proportionnel lui est supérieur.

Ce tempérament a été reconnu applicable aux baux à moitié fruits (Sol. 1er juin 1895 ; Rev. prat. 3995).

32. (161). **Résiliation de bail. Indemnité pour plus-value ou moins-value.** — Le T. A. enseigne qu'en principe, l'indemnité stipulée dans un acte de résiliation de bail donne lieu à la perception du droit de 0 fr. 50 0/0, lorsqu'elle consiste en une somme argent payée comptant, et à celle du droit de 1 0/0, si la somme convenue est payable à terme.

La même règle paraît applicable au cas où l'acte de résiliation constate le paiement par le bailleur (en espèces ou par compensation) d'une somme représentant la plus-value des bestiaux sur leur estimation à l'entrée du preneur, ou réciproquement le paiement, par le fermier, de leur moins-value (Voir R. E. 2017).

33. (162-1). **Résiliation de bail. Visite et montrée. Dispense d'indemnité.** — Lorsqu'il est déclaré, dans un acte de résiliation, que le preneur « demeure affranchi et quitte de toute charge de visite et montrée à l'égard du bailleur », il y a là, de la part de ce dernier, une remise de dette assujettie, soit à ce titre, soit à titre d'indemnité pour résiliation anticipée, au droit de 0 fr. 50 0/0 sur la déclaration estimative, à fournir par les parties, de la charge qui incombait de ce chef au fermier et dont il est libéré.

Toutefois, si les parties déclarent qu'il n'existait aucune moins-value dont le fermier fût tenu, et si, d'ailleurs, rien dans l'acte ne vient contredire cette affirmation, il semble qu'il ne peut être dû, pour disposition indépendante, qu'un droit fixe de 3 fr. (*R. E.* 2017).

34. (163-5). **Résiliation d'une sous-location. Tarif.** — Nous avons vu au *T. A.* que la résiliation d'un sous-bail reste soumise au droit proportionnel de 0 fr.20 0/0 comme rétrocession et ne bénéficie pas de la faveur du droit fixe accordée seulement à la résiliation du bail principal qui fait rentrer le propriétaire en jouissance de sa chose.

C'est ce que le tribunal de la Seine a reconnu, par un jugement du 10 avril 1897 (*R. E.* 1393-2 ; *R. P.* 9431).

SECT. VIII. — QUESTIONS DIVERSES.

35. (167). **Dispositions indépendantes.** — La clause qui, dans les actes de bail, stipule que toutes les difficultés relatives à l'exécution du contrat seront soumises au juge de paix du canton dont la compétence est, en tant que de besoin, prorogée, constitue une condition du bail destinée à en assurer l'exécution et ne donne pas lieu, dès lors, à un droit particulier (Sol. 5 janv. 1895 ; *R. P.* 9147).

36. (169). **Bail et promesse de vente.** — Conformément à l'opinion émise au *T. A.*, il a été reconnu que le droit fixe de 3 fr. est seul dû sur la promesse de vente contenue dans un bail et consentie moyennant un prix égal au montant des loyers stipulés, lorsque le preneur, tout en acceptant la promesse, ne s'est pas engagé à acquérir (Sol. 24 avr. 1895 ; *Rev. prat.* 3993).

BAIL A COLONAT. — **1.** (6). **Fractionnement triennal.** — Les règles sur le fractionnement triennal en matière de baux ordinaires sont applicables aux baux à colonat partiaire (Sol. 27 avr. 1878 ; *R. E.* 2423).

2. (15). **Tacite reconduction. Location verbale.** — Lorsqu'un acte de bail à colonage porte que la location est faite pour une année, à moins qu'il n'y ait renouvellement par tacite reconduction, la prolongation de la location est soumise à un nouveau accord dont le bail ne forme pas le titre et qui doit être considéré isolément. En conséquence, la continuation de la jouissance de l'immeuble n'est assujettie à la déclaration que s'il est stipulé au profit du propriétaire une redevance en argent ou en nature fixée à forfait et demeurant ainsi en dehors des risques de production des biens affermés (Sol. 22 mars 1895 ; *Rev. prat.* 3994).

BAIL A LONGUE DURÉE. — **1.** (42). **Bail à complant.** — L'ancienne coutume du Poitou qui régissait une partie de la Vendée ne déclarait pas, comme celle de la Rochelle, que le bail à complant fût translatif de propriété.

Depuis les avis du Conseil d'Etat du 2 ventôse an VIII et du 21 ventôse an X, qui ont force de loi, il n'est pas douteux qu'en Vendée spécialement, à moins de clause contraire, le preneur et ses héritiers ne possèdent qu'au même titre et de la même manière que les fermiers ordinaires, sauf la durée (Cass. req., 14 nov. 1900 ; *R. E.* 2678).

2. (56). **Domaines congéables.** — La loi du 6 août 1791 sur le contrat de bail à domaine congéable en usage dans certains départements bretons a été modifiée par une

loi du 8 février 1897 (*J. off.* du 9 ; *R. E.* 1315 ; *J. E.* 25.033) (1).

<small>(1) **Loi du 8 février 1897,** PORTANT MODIFICATION DE LA LOI DU 6 AOUT 1791 SUR LES DOMAINES CONGÉABLES (*J. Off.*, 9 fév. 1897).</small>

TITRE Ier. — *De l'exponse.*

1. Tout domanier exploitant par lui-même une tenue à domaine congéable, s'il a renoncé au droit de provoquer le congément, aura le droit de faire exponse dans les formes et aux époques prescrites pour le congément et sous les conditions établies ci-après.

2. Le domanier qui fait exponse reçoit du foncier une indemnité égale à la plus-value procurée à l'immeuble par l'existence des édifices et superfices.

3. Cette plus-value est constatée et déterminée par des experts nommés et fonctionnant dans les mêmes conditions que pour le congément.

Les experts estimeront la valeur vénale de l'immeuble recouvert, puis supposé dépouillé de ses édifices et superfices ; la différence entre les deux estimations constituera la plus-value, sous réserve de la disposition édictée par l'art. 4 ci-après.

Le chiffre de cette plus-value ne pourra jamais être supérieur à la valeur des droits édificiers telle qu'elle serait fixée en cas de congément.

4. Les édifices et superfices qui auraient été établis en dehors des titres et conventions n'entreront pas en compte dans les estimations ; le domanier aura le choix soit de les enlever, soit de les abandonner sans qu'il y ait lieu à indemnité de part ni d'autre ; le foncier pourra toujours les retenir en remboursant la valeur des matériaux et de la main-d'œuvre.

La présente disposition sera applicable en cas de congément comme au cas d'exponse.

5. Le foncier aura, pour solder sans intérêts au domanier l'indemnité de plus-value, un délai de six mois à partir du 29 septembre, date de sa rentrée en jouissance.

Les édifices et superfices et, en cas d'insuffisance, les fonds, seront affectés par privilège à la garantie de la créance du domanier. Faute de paiement au terme ci-dessus fixé, le domanier pourra exercer les droits établis par l'art. 23 de la loi du 6 août 1891 pour le cas de congément.

6. Le procès-verbal d'estimation devra être notifié avant le 29 septembre sous peine de nullité de l'instance ; un délai n'excédant pas un mois pourra être accordé par le juge de paix pour le procès-verbal d'ensouchement.

7. Le foncier retient par compensation sur l'indemnité de plus-value, et l'ensouchement toute créance qu'il peut avoir contre le domanier à raison du bail à domaine congéable.

8. Les frais de l'exponse sont à la charge du domanier.

9. Est nulle de plein droit et réputée non écrite toute clause par laquelle le domanier renoncerait à perpétuité ou pour une période plus longue que la durée totale du bail au droit d'exponse tel qu'il est réglementé par la présente loi.

10. Avant toute désignation d'experts, le foncier aura la faculté de faire ajourner la demande d'exponse en concédant pour six ans au moins une baillée dont la redevance et la commission seront fixées par voie d'expertise.

Les frais de cette expertise seront à la charge du foncier.

A l'expiration de cette baillée, le domanier aura le droit d'exiger qu'il soit donné suite à sa demande d'exponse, sans autre mise en demeure qu'un avertissement par lettre recommandée. L'exponse pourra être encore ajournée si le foncier concède des baillées successives dont la redevance et la commission seront à nouveau fixées par experts.

TITRE II. — *Dispositions diverses.*

11. En cas de congément, d'exponse ou de vente sur bannies, les créanciers hypothécaires du domanier auront un droit de préférence sur les sommes attribuées à ce dernier, d'après le rang de leurs inscriptions, sans aucun préjudice des droits du foncier.

Sera nul tout paiement effectué par le foncier à l'encontre de ce droit de préférence.

Le congément, l'exponse et la vente sur bannies rendront exigibles les créances hypothécaires consenties par le domanier

3. (59 et 71). **Domaine congéable. Loi du 8 février 1897, art. 11. Vente sur bannies ou congément judiciaire. Droit de transcription.** — L'art. 11 de la loi du février 1897 qui, en cas de congément, d'expense ou vente sur bannies, accorde aux créanciers hypothécaires un droit de préférence sur l'indemnité allouée au domanier, d'après le rang de leurs inscriptions, sans aucun éjudice des droits du foncier,n'a pas eu pour effet de molier le caractère résolutoire des opérations de l'espèce, de rendre exigible le droit de transcription de 1 fr.50 0/0, qu'il ne l'était pas jusqu'alors, sur les ventes sur bannies, le congément judiciaire.

En effet, sous l'empire de la loi du 6 août 1791, l'indemnité de congément devenait, lorsque celui-ci était judiciairement exercé, le gage commun des créanciers chirographaires et hypothécaires du domanier, sans droit de éférence pour ces derniers. La loi nouvelle leur accorde en un droit de préférence sur l'indemnité, *mais non un oit de suite sur l'immeuble*. Le congément judiciaire a en re pour effet, sous la législation nouvelle, comme il vait sous l'ancienne, de resoudre le droit de propriété convenancier (ou domanier) et le propriétaire foncier a pas besoin de faire transcrire son titre nouveau pour rêter le cours des inscriptions.

L'immeuble lui revient franc et quitte de tous droits els ; les inscriptions antérieures à la résolution des droits convenancier sont seules à considérer pour le propriéire foncier ; encore valent-elles à son égard comme des positions bien plutôt que comme des droits réels. C'est qui résulte du rapport fait au Sénat, par M. Grivard, sujet de la loi de 1897 :

« Il doit être bien entendu, a-t-il dit, qu'à défaut d'insption, ceux mêmes des créanciers qui en sont dispensés auront aucun recours à exercer contre le foncier, qui yant, d'ailleurs, pas reçu d'opposition,se sera libéré au éjudice de leur hypothèque. Le foncier, en effet, ne peut onnaître que par l'inscription les droits hypothécaires istant sur les édifices et superficies. *N'étant pas juridiement acquéreur d'immeubles, il ne trouverait pas dans la loi le moyen de procéder à la purge des hypothèques légales.* » all. Rép. pér., 1897, 4° partie, p. 15, note 5).

4. (63). **Bail à domaine congéable. Application la loi du 23 août 1871.** — Contrairement à ce que us avons enseigné au T. A., le tribunal de St-Brieuc écidé, par un jugement du 26 juillet 1893, que le bail à maine congéable n'est pas soumis aux dispositions de loi du 23 août 1871. Mais, comme le fait remarquer *Journal de l'Enregistrement*, en publiant ce jugement s l'art. 24.610, c'est là une erreur manifeste.

5. (73 bis). **Biens. Bestiaux et matériaux agricoles. ail à domaine congéable. Colon. Caractère mobir.** — Les bestiaux et le matériel agricole attachés par colon à l'exploitation d'un fonds qui lui a été concédé vertu d'un bail à domaine congéable ont le caractère biens meubles, le colon étant propriétaire uniquement édifices et superficies et non du fonds proprement dit imper, 23 mars 1899 ; R. E. 2085).

ses droits convenanciers.
2. En cas de tacite reconduction, aucun prorata de la comsion payée à l'occasion de la dernière baillée ne pourra outer à la rente convenancière telle que celle-ci résulte du e de la dite baillée.
3. La loi du 6 août 1791 est abrogée en tout ce qu'elle cont de contraire à la présente loi.

BAIL A NOURRITURE.— **1.** (6-3 B). **Interdit. Délibération du conseil de famille. Entretien par l'ancien tuteur.** — La délibération du conseil de famille d'un interdit portant que celui-ci sera nourri, logé et entretenu par les soins de l'un des membres du conseil présent à la délibération et que ce dernier recevra comme indemnité une somme annuelle de 2.500 fr., ne constitue pas un bail à nourriture d'une durée indéfinie et n'est passible que du droit fixe (Lons-le-Saunier, 4 janv. 1898 ; R. E. 1676).

Ce jugement, qui méconnaît, ainsi que la *Revue de l'Enregistrement* le fait ressortir, le caractère réel de l'accord intervenu entre les membres du conseil de famille et l'ancien tuteur, ne doit pas être pris pour règle de perception.
2. (12-2). **Convention principale ne présentant pas les caractères du bail à nourriture.** — Il arrive fréquemment que l'obligation de nourrir forme l'équivalent d'une cession de valeurs mobilières ; dans ce cas, la question se pose de savoir quelle est l'obligation principale ; car c'est évidemment la nature de cette obligation qui détermine le tarif applicable (bail ou vente). «

Le tribunal de Saint-Amand s'est prononcé pour l'exigibilité du droit de bail dans une espèce où il s'agissait de la cession de diverses créances et d'obligations au porteur, moyennant un prix immédiatement converti en une charge de logement et d'entretien (Jug. 5 juillet 1893 ; R. E. 640).

Dans le même sens, le tribunal du Mans a décidé, par un jugement du 30 septembre 1898, que la cession de la nue propriété de valeurs industrielles, moyennant un prix immédiatement converti en l'obligation, par les cessionnaires, de nourrir et d'entretenir le cédant pendant sa vie, constituait un bail à nourriture à vie passible du droit de 2 0/0 sur la valeur des titres cédés (R. E. 1843).

Mais ce ne sont là que des décisions d'espèce ; la question est toute d'interprétation et ne peut être résolue que d'après les termes des actes et l'intention des parties contractantes.

BANQUE DE FRANCE.— **1.**(8).**Prêts sur titres.** — Les intérêts des avances consenties par la Banque de France à une société sont passibles de la taxe de 4 0/0 (1).
2. (14). **Banque d'Algérie.** — Le régime fiscal des opérations de la Banque d'Algérie a été réglé par la loi d'institution du 4 août 1851.

L'art. 14 de cette loi a été modifié ainsi qu'il suit par l'art. 10 de la loi du 5 juillet 1900 (R. E. 2440) :
« Les billets au porteur émis par la Banque d'Algérie et ses succursales sont affranchis de la formalité préalable du timbre proportionnel. Le droit est perçu, par voie d'abonnement, conformément à l'art. 9 de la loi du 30 juin 1840.
« Est seule passible du tarif établi par l'art. 1er de la loi du 22 décembre 1878 la partie de la circulation excédant l'encaisse en numéraire.
« Le complément est passible d'un droit de 0 fr. 20 par mille francs. »

Ces nouvelles dispositions ont pour effet d'étendre à la Banque d'Algérie le régime de faveur accordé à la Banque de France.

BIENS. — **1.** (9). **Salines.** — La saline établie en partie sur les terrains acquis par des colicitants et pour le

(1) Cass. civ., 29 oct. 1894 ; R. E. 838 ; Inst. 2886 § 1-1° ; D. 95.1.25 ; S. 96.1.193.

surplus sur des terrains maritimes concédés par l'Etat présente un caractère immobilier (Toulouse, 28 mars 1899 ; *R. P.* 9652).

2. (20). **Usines. Matériel et approvisionnements.** — Constituent des immeubles par destination, dans le sens de l'art. 524, C. civ., le matériel industriel d'une fabrique de sucre, les approvisionnements existant dans l'usine, les ustensiles de laboratoire, les pièces de rechange et les outils destinés soit à la fabrication proprement dite, soit à l'essai et à l'analyse des produits fabriqués. Dès lors, l'adjudication de l'ensemble de ces objets est passible du droit de 5 fr. 50 0/0 sur l'intégralité du prix (Arras,3 mai 1899 ; *R. P.* 9637).

Même décision en ce qui concerne les papeteries (Saint-Omer, 27 juillet 1899 ; *R. E.* 2155 ; *R. P.* 9858).

3. Biens urbains et ruraux. Distinction. — Voir *T. A., Succession*, 410.

CADASTRE. — **1.** (6). **Extraits. Algérie.** — L'exemption de timbre, accordée, en principe, aux extraits du plan cadastral (Inst. 1006) doit être appliquée, par identité de motifs, aux extraits de plans-minutes qu'un règlement organique du 4 mai 1887 autorise le service topographique, en Algérie, à délivrer aux particuliers. Ces extraits deviennent toutefois passibles du timbre lorsqu'il en est fait usage par acte public ou en justice (D. M. F. 9 août 1893 ; *J. E.* 24.357).

2. Révision. — Une loi du 17 mars 1898 (*R. E.* 1608 ; *J. E.* 25.370) renferme un ensemble de mesures tendant à rendre plus rapide et plus économique la révision du cadastre.

Dans les communes dont le cadastre aura été renouvelé ou revisé, la désignation d'après les données du cadastre sera obligatoire dans tous les actes authentiques et sous seings privés, ainsi que dans les jugements translatifs ou déclaratifs de propriété ou de droits réels immobiliers, à peine d'une amende de 25 fr. à recouvrer comme en matière d'enregistrement. Cette amende sera due par les officiers publics ou greffiers pour chaque acte authentique ou jugement, et par les intéressés pour chaque acte sous signatures privées (art. 9 de la loi).

CAHIER DES CHARGES. — **1.** (5). **Adjudications judiciaires. Dires des avoués.** — Les dires des avoués insérés à la suite du cahier des charges d'une adjudication judiciaire ne constituent que des mentions d'ordre, s'identifiant avec l'ensemble du procès-verbal et ne sont pas passibles, dès lors, d'un droit d'enregistrement distinct, à moins cependant que le greffier n'intervienne à leur rédaction pour en donner acte à l'avoué. Dans ce cas, chaque dire constitue un acte de greffe et doit être enregistré moyennant un droit fixe d'enregistrement par dire et un droit de rédaction de 1 fr. 25 (Sol. 19 fév. 1890 et 18 nov. 1893 ; *J. E.* 24.823).

2. (12, 13 et 15). **Adjudications et marchés administratifs.** — Les cahiers des charges comme tous autres actes préparatoires dressés par les agents administratifs en vue de l'exécution de travaux intéressant l'Etat, sont, en principe, exempts du timbre sur la minute en tant qu'actes administratifs, mais ils deviennent passibles de cet impôt dès lors qu'ils sont annexés à l'acte de marché de travaux ou que cet acte s'y réfère (D. M. F. 7 oct. 1895 ; *R. E.* 1060 ; *J. E.* 24.905).

Mais les cahiers des charges et devis ne peuvent avoir le caractère d'actes administratifs qu'autant qu'ils sont rédigés par un fonctionnaire permanent d'une administration publique. Dressés par un architecte ou un expert

dont le concours n'est requis qu'à titre temporaire, ils ne sauraient être réputés actes administratifs alors même qu'ils seraient visés et approuvés par le maire ou le préfet (Sol. 18 nov. 1893 ; *R. E.* 645-3).

BREVET D'INVENTION. — (6). **Fonds de commerce. Brevet d'invention. Licence d'exploitation. Droit de 2 0/0.** — Lorsqu'un fonds de commerce à exempté des droits de timbre et d'enregistrement tous les actes nécessaires au fonctionnement de cette caisse (art. 19 ; droit au bail, le brevet d'invention qui en fait nécessairement partie, l'exploitation du fonds ne pouvant avoir lieu sans le droit d'exploiter le brevet, le droit de cession à 2 0/0 est dû sur le prix total de la vente du fonds, sans qu'il soit permis au juge d'en distraire arbitrairement la valeur spéciale afférente au brevet (Cass. civ. 12 juillet 1897 ; Inst. 2965, § 5 ; *Bull.* 1897, n° 104, p. 174 ; S. 98. 1.52 ; *R. E.* 1457).

CAISSE D'ASSURANCES. — La loi du 11 juillet 1868, qui a créé la caisse d'assurances en cas de décès, a exempté des droits de timbre et d'enregistrement tous les actes nécessaires au fonctionnement de cette caisse (art. 19 ; Inst. 2661, § 2). Une seconde loi du 17 juillet 1897 a autorisé la caisse ainsi constituée à passer des contrats d'assurances mixtes.

Un décret du 27 avril 1900 (*R. E.* 2380), portant règlement d'administration publique pour l'exécution de cette dernière loi, prévoit un certain nombre d'actes. Tous sont dispensés des droits, par application de l'art. 19 de la loi de 1868, non seulement l'extrait de naissance expressément visé par l'art. 2 du décret réglementaire, mais encore la proposition d'assurance (art. 2), l'acte de prestation du serment que doit prêter le médecin visiteur devant le sous-préfet ou le juge de paix (art. 4), le certificat de visite du dit médecin (art. 6), le livret-police délivré à l'assuré (art. 7), l'extrait de l'acte de décès de l'assuré et le certificat de propriété à produire lors du remboursement (art. 12) (Rapp. L. 1er avr. 1898, art. 19 ; Inst. 2958. — V. *Accidents du travail*, 31).

CAISSE D'ÉPARGNE. — **1.** (6). **Actes nécessaires pour le service des caisses.** — Les art. 20 et 21 de la loi du 9 avril 1881 ont exempté de la *formalité* du timbre et de l'enregistrement les imprimés, écrits et actes de toute nature nécessaires pour le service des caisses d'épargne. On doit entendre par là les documents présentant un intérêt collectif à l'exclusion de ceux établis dans l'intérêt privatif des caisses (Sol. 6 août 1894 ; *R. E.* 796 ; *J. E.* 24.454). En d'autres termes, l'immunité ne s'applique qu'à celles des opérations auxquelles participent directement ou indirectement les déposants eux-mêmes (Av. Cons. d'Et., 3 avr. 1900 ; Inst. 3029).

2. (5 et 6). **Quittances.** — Bénéficient de l'exemption ci-dessus les reçus délivrés par les receveurs des postes aux receveurs municipaux, des sommes versées par les communes pour l'achat des livrets de la caisse d'épargne postale à délivrer aux élèves des écoles publiques (Sol. 5 juill 1892 ; *J. E.* 24.721).

Les quittances données par les employés et par les fournisseurs des caisses d'épargne pour constater le paiement de leur traitement ou de leurs factures sont passibles du timbre de 10 centimes (1).

3. (6 et 7). **Certificats de propriété et actes de notoriété.** — On avait cru devoir faire profiter de cette dis-

(1) Av. Cons. d'Et., 3 avr. 1900 ; Inst. 3029 ; *R. E.* 2510 ; *J. E.* 25.999 ; *R. P.* 9886.

ase les certificats et les actes de notoriété produits, ur justifier de leurs droits, par les héritiers du titulaire n livret décédé ou absent (Cf. au *T. A.*, D. M. F., juin 1888 ; Inst. 2755-5).

La loi du 20 juillet 1895 a modifié ce régime. Aux ter- es de l'art. 23, « les certificats de propriété et actes notoriété exigés par les caisses d'épargne pour effec- r le remboursement, le transfert ou le renouvellement livrets appartenant aux titulaires décédés ou déclarés sents, seront visés pour timbre et enregistrés gratis ».

Cette disposition, qui est applicable aux caisses d'épar- e ordinaires comme à la caisse nationale d'épargne t. 25), ne supprime pas les exemptions d'impôt accor- es par la législation antérieure ; elle y déroge seulement, exigeant l'accomplissement de la double formalité du nbre et de l'enregistrement qui, tout en étant gratuite, vient obligatoire pour les actes nominativement dési- és par l'art. 23.

Cette dérogation a été inspirée par le souci d'assurer la rception des droits de mutation par décès sur le mon- nt des livrets dépendant de successions (Inst. 2888 ; R. 996 ; J. E. 24.664).

En ce qui concerne les actes de notoriété, il n'y a pas u de distinguer entre ceux qui sont reçus en minute et ux qui sont dressés en brevet. Ils bénéficient de la gra- té dans tous les cas, pourvu qu'ils mentionnent qu'ils nt destinés au service de la caisse d'épargne (1).

4. (13). Pouvoirs. — Les procurations données à des rs par les déposants, illettrés ou non, pour le retrait de urs fonds, rentrent dans la catégorie des actes indispen- bles au service des caisses d'épargne et profitent, en con- quence, de l'exemption du droit et de la formalité du nbre et de l'enregistrement par application des art. 20 21 de la loi du 9 avril 1881. Il n'y a pas à distinguer à égard entre les procurations suivant qu'elles sont no- riées ou sous seing privé, ou suivant qu'elles sont desti- es à être produites à une caisse d'épargne ordinaire ou a caisse d'épargne postale (2).

5. (13 bis). Décharge de mandat. — Lorsqu'un pou- ir dressé en vue du retrait de fonds déposés à une caisse pargne remplit les conditions requises pour être exempt s droits de timbre et d'enregistrement, la décharge don- e au mandataire doit bénéficier de la même exemption ol. 17 mars 1900 ; R. E. 2355).

6. (16). Factures de fournisseurs. — Contrairement a règle antérieurement posée par l'Inst. 2823-3, les fac- es relatives aux fournitures d'objets nécessaires aux isses d'épargne ne doivent pas être établies sur papier nbré. Bien que la comptabilité de ces établissements it sujette à l'inspection des finances, elle ne constitue cependant une comptabilité publique soumise au juge comptes (Av. Cons. d'Et. précité, 3 avr. 1900). Nous ons vu ci-dessus, n° 2, que les quittances inscrites au d de ces factures sont passibles du timbre de 10 cen- nes.

CAISSES DE SECOURS et de retraites des vriers mineurs. — V. *Assistance judiciaire.*

1) Inst. 3029 ; — *Contrà.* Sol. 11 oct. 1899 ; R. E. 2322 ; J. E. 892 ; R P. 9689 ; — 13 avr. 1900 ; J. E. 25.980 ; R. P. 9798. 2) Av. Cons. d'Et., 3 avr. 1900, précité ; Inst. 3029 ; — Con- , Sol. 31 oct. 1893 ; J. E. 24.309 ; — 28 oct. 1897 ; R. E. 4743 ; E. 25.593 ; — Orléans, 16 juill. 1895 ; — Caen, 8 nov. 1895 ; E. 24.755. Une solution du 29 janv. 1892 (R. E. 332) avait déjà statué ns le sens de l'Inst. 3029, mais seulement au cas où les man- ts étaient illettrés.

CAISSE DES DÉPOTS ET CONSIGNATIONS.

§ 1er. — *Règles générales.*

1. (1). Attributions. Algérie. — La loi du 28 juillet 1875 sur la consignation des titres et valeurs mobilières prévoyait (art. 2) un règlement d'administration publique pour déterminer les conditions à prendre pour la conser- vation, le dépôt ou le retrait des valeurs dont il s'agit ainsi que le mode de rémunération de la caisse.

Un règlement a été édicté pour la métropole, le 15 dé- cembre 1875. Les dispositions en ont été étendues à l'Al- gérie, avec certaines appropriations, par un décret du 17 mai 1896 (J. E. 24.892 ; B. O. d'Algérie, 247).

2. (5 bis). Intérêts. — La loi de finances du 26 juillet 1893 (art. 60) a fixé à 2 0/0, à partir du 1er janvier 1894, l'intérêt que la Caisse des dépôts est tenue de servir aux ayants-droit de chaque somme consignée (J. E. 24.127).

3. (6 bis). Prescription trentenaire. — Aux termes de l'art. 43 de la loi de finances du 16 avril 1895 (Inst. 2885, § 1er), les sommes déposées à quelque titre que ce soit à la Caisse des consignations sont acquises à l'Etat lorsqu'il s'est écoulé un délai de trente ans sans que le compte au- quel ces sommes ont été portées ait donné lieu à une opé- ration de versement ou de remboursement ou à une ré- quisition de paiement. Toutefois, l'acquisition à l'Etat des sommes abandonnées est subordonnée à l'accomplisse- ment préalable de certaines formalités de publicité.

Le délai de trente ans imparti par la disposition préci- tée prend cours, au surplus, non de la date de chacun des versements pris isolément, mais du dernier acte dont le compte a été l'objet (D. M. F. 4 fév. 1894 ; J. E. 24.965 ; Rapp. *Dict. des Dom.*, Vo *Caisse des dépôts et consignations*, n° 8).

§ 2. — *Enregistrement.*

4. (12). Ordre. Récépissé du Crédit foncier. — Lors- qu'un immeuble, hypothéqué au Crédit foncier, est vendu par adjudication, qu'un ordre est ouvert sur le prix, et que ce prix est versé à la clôture de l'ordre, le récépissé dé- livré par le Crédit foncier et annexé à l'ordonnance du juge-commissaire validant la consignation du prix n'est passible que du droit fixe (Sol. 9 fév. 1895 ; R. E. 940).

5. (20). Décharge. Mainlevée. — Donne ouverture au droit de quittance l'acte notarié par lequel un créancier, après avoir donné décharge à la Caisse des dépôts de la somme à lui attribuée dans un procès-verbal d'ordre, consent la mainlevée des inscriptions garantissant sa créance et libère ainsi son débiteur (Sol. 4 déc. 1894 ; R. P. 8478).

6. (22). Jugement prescrivant la consignation. Or- donnance de validité. — Le jugement ordonnant au tiers détenteur, sur la demande de créanciers inscrits, de consigner le montant des offres faites dans les notifica- tions à fin de purge ne contient pas condamnation et ne donne pas ouverture au droit de 2 0/0 mais seulement au droit fixe (Périgueux, 30 juin 1900 ; R. E. 2490).

L'ordonnance insérée dans un procès-verbal d'ordre ju- diciaire et qui, conformément à l'art. 777, C. proc., dé- clare valable, à défaut de contestation, la consignation du prix effectuée à la Caisse des dépôts et consignation par l'adjudicataire des biens saisis, n'est pas passible du droit de 0 fr. 50 0/0 pour libération, indépendamment du droit de collocation de même quotité auquel donne lieu le procès-verbal à raison de la distribution entre les créanciers inscrits de la somme déposée (Louviers, 19 mai 1893; Sol. 28 août 1893 ; *R. E.* 556).

7. (24). **Jugement. Autorisation de retrait d'un cautionnement.** — Le jugement qui, sur la demande de l'ayant-droit à la propriété d'un cautionnement versé à la Caisse des dépôts et consignations, ordonne à la Caisse, sans qu'il y ait eu d'ailleurs de contestation au sujet de ladite propriété entre le titulaire du cautionnement et le demandeur, de se libérer entre les mains et sur la seule quittance de ce dernier, ne renferme pas une véritable condamnation, mais une simple autorisation, uniquement passible du droit fixe (Sol. 6 oct. 1894 ; *R. E.* 1043, *J. E.* 24.886).

8. (27 *bis*). **Expropriation. Récépissés.** — L'art. 54 de la loi du 3 mai 1841 sur l'expropriation prescrit la consignation des sommes dues toutes les fois qu'il existe des obstacles au paiement entre les mains des ayants-droit ; il en résulte que le récépissé qui constate cette consignation se rapporte à une opération prévue par la loi et qu'il doit, par suite, être visé pour timbre et enregistré gratis par application de l'art. 58 de cette loi (Sol. 12 janv. 1899 ; *J. E.* 25.638 ; *R. P.* 9715).

9. (27 *ter*). **Certificats annexés aux procès-verbaux d'ordre.** — Doivent être soumis à l'enregistrement les certificats délivrés par les préposés de la Caisse des dépôts et consignations, qui sont joints aux procès-verbaux d'ordre en vue d'établir le montant des intérêts du capital consigné échus au moment de la distribution et dont il est fait, d'ailleurs, usage dans ce procès-verbal (Sol. 15 nov. 1899 ; *R. E.* 2442).

§ 3. — *Timbre.*

10. (29 *bis*). **Consignation des indemnités d'expropriation. Récépissés.** — V. n° 8 ci-dessus.

CAISSE DES INVALIDES DE LA MARINE.

— (8). **Caisse de prévoyance des marins français.** — Une loi du 21 avril 1898 (*R. E.* 1734 ; *R. P.* 9294 ; *J. E.* 25.443) a créé une caisse de prévoyance entre les marins français contre les risques et accidents de leur profession.

Aux termes de l'art. 27 de cette loi, « les actes de l'état civil (V. ce mot, n° 38), les certificats de propriété et autres pièces relatives à l'exécution de la présente loi sont délivrés gratuitement par les maires et par les syndics des gens de mer et dispensés des droits de timbre et d'enregistrement ».

Il convient, dit l'Inst. 2947, de ranger, parmi les pièces appelées à bénéficier de cette immunité, notamment les demandes d'allocations formées par les ayants-droit, les récépissés qui doivent en être délivrés, les justifications exigées par le règlement d'administration publique prévu par l'art. 21, les certificats de vie produits par les pensionnaires (art. 25), les reçus des cotisations versées par les inscrits, les propriétaires, armateurs et patrons de bateaux (art. 3 et 4), les quittances d'indemnités, de secours ou d'arrérages de pensions viagères.

Les actes et pièces auxquels s'applique l'art. 27 sont affranchis seulement des droits de timbre et d'enregistrement, mais non de la formalité de l'enregistrement, qui doit être requise, lorsqu'elle est nécessaire, et donnée gratuitement. Cette obligation ne comporte toutefois aucune sanction pénale (Rappr. Sol. 4 nov. 1899; *R. P.* 9702).

L'exonération ne devant profiter qu'aux pièces exclusivement relatives à l'exécution de la loi, il est nécessaire que la destination spéciale de ces pièces résulte soit de leur contexte, soit d'une mention expresse. L'omission cette mention autoriserait la réclamation des droits timbre et d'enregistrement sans préjudice des pénali qui pourraient être encourues. Il y aurait également c traventiön si les pièces étaient employées pour d'aut justifications que celles relatives à l'exécution de la loi 21 avril 1898 (Comp. Inst. 1880 et 1932).

La caisse de prévoyance des marins français est revê de la personnalité civile (art. 2). A la différence de la cai des invalides et la marine, ainsi que l'explique, d'ailleu l'exposé des motifs du projet, elle ne constitue pas un é blissement d'Etat. Les *dons et legs* qu'elle est autorisé recevoir et qu'on ne saurait classer dans la catégorie actes visés par l'art. 27 restent par conséquent soumis défaut d'exemption spéciale, au droit commun de la lé lation fiscale (Inst. 2947 ; *Contrà*, *R. E.* 1734). Ils sont t tefois appelés à bénéficier du tarif réduit et invariable 9 0/0 (sans décimes), institué par l'art. 19 de la loi du 25 vrier 1901 (Inst. 3049 ; *R. E.* 2622), pour les dons et l faits aux « sociétés de secours mutuels et toutes aut sociétés reconnues d'utilité publique, dont les ressour sont affectées à une œuvre d'assistance ».

CAISSE NATIONALE DES RETRAITI POUR LA VIEILLESSE.

— **1.** (5). **Communa conjugale.** — Les versements opérés à la Caisse nation des retraites pour la vieillesse par une compagnie chemins de fer, au compte de l'un de ses employés ma sous le régime de la communauté, profitent à cette co munauté et ne dépendent, par suite, que pour moitié la succession de l'employé (1).

2. (12). **Actes exempts de timbre et d'enregist ment.** — L'exemption de timbre et d'enregistreme édictée par l'art. 24 de la loi du 20 juillet 1886 en fav des « certificats, actes de notoriété et autres pièces néc saires (2) à l'exécution de ladite loi », est limitative. I s'applique aux *décharges* authentiques et aux *procurati* notariées exigées par la Caisse pour le remboursement capitaux réservés ou autres sommes supérieures à 150 à faire à des parties prenantes illettrées. Mais elle peut être étendue aux procurations, notariées ou s seing privé, qui, étant données en dehors des conditi précitées, constituent des actes facultatifs rédigés en de répondre à la convenance des parties. Ces procurati doivent être rédigées sur timbre et elles sont soumis lorsqu'elles sont passées par acte notarié, à la formalité l'enregistrement. Mais les pouvoirs sous seing privé p vent être produits sans avoir été préalablement enreg trés (Sol. 28 déc. 1893 ; *J. E.* 24.431).

Cette règle s'applique également aux procurations d nées : 1° par les déposants à un mandataire spécia l'effet de souscrire une déclaration d'abonnement ; 2° les personnes qui, désirant s'assurer en cas de déc donnent à un mandataire pouvoir de contracter en l nom ; 3° par les héritiers ou ayants-droit d'un assuré cas de décès ou d'accidents, en vue de toucher soit capital assuré, soit le secours alloué par suite d'un a

(1) Libourne, 19 mai 1897 ; *R. E.* 1601 ; *J. E.* 25.384 ; Sol. 22 fév. 1900 ; *R. E.* 2479 ; *J. E.* 24.991 ; — *Contrà*, 26 sept. 1894 et 2 mai 1896 ; *R. E.* 1297 ; *J. E.* 24.991 ; *R.* 8776.

(2) Cette disposition a été reproduite, en termes à peu identiques, par l'art. 19 de la loi du 1er avril 1898 (Inst. 29 *R. E.* 1765). Il convient toutefois de remarquer que les r velles dispositions visant les pièces *relatives* à l'exécution d loi du 20 juin 1886, sont peut-être plus compréhensives l'art. 24 de cette dernière loi qui se référait aux actes *nécessai*

dent ayant entraîné la mort d'un assuré (Circ. Dir. gén. Caisse des dép. et consign., 6 fév. 1894 ; *R. E.* 24.350).

3. (28). **Certificats de propriété.** — Les certificats de propriété concernant les livrets de la caisse des retraites pour la vieillesse rentrent dans la catégorie des actes nécessaires, visés par l'art. 24 de la loi de 1886. Ils sont exemptés des droits de timbre et d'enregistrement mais non de la formalité, qui tout en étant donnée gratuitement reste néanmoins obligatoire ; cette obligation ne comporte, d'ailleurs, aucune sanction, et le notaire qui omet de faire enregistrer un certificat de ce genre ne tombe sous le coup ni de l'art. 33, ni de l'art. 41 de la loi du 22 frimaire, an VII (Sol. 4 nov. 1899 ; *R. P.* 9702).

4. (36). **Quittances.** — La loi du 30 mars 1888, art. 8 (Inst. 2749), avait déclaré l'immunité des droits de timbre et d'enregistrement non applicable aux quittances d'arrérages de rentes viagères. Mais cette restriction a été abrogée implicitement par l'art. 19 de la loi du 13 avril 1898 (Inst. 2958) et formellement par l'art. 3 de la loi du 30 mai 1899 (Inst. 2987 ; *R. E.* 2042 ; *J. E.* 25.652), et les reçus délivrés en exécution de la loi de 1886, pour paiement d'arrérages de rentes viagères ou remboursement de capitaux réservés, sont affranchis de tout droit.

5. (36). **Versement par un tiers. Droits de succession.** — Lorsqu'il résulte des statuts d'une société de secours mutuels que les fonds versés, au nom de chaque sociétaire, à la Caisse nationale des retraites, à capital réservé au profit de l'association, seront, au décès de ce sociétaire, remboursés à certains parents déterminés, à l'exclusion de tous autres, le droit de mutation par décès est dû sur les sommes remises auxdits ayants-droit en vertu de cette clause (Sol. 21 nov. 1898 ; *R. E.* 2169).

Nous prions le lecteur de se reporter au mot *Communauté conjugale*, n° 2, pour l'exposé de la controverse à laquelle a donné lieu la détermination des droits respectifs des époux sur les versements effectués par un chef d'industrie, ou par une compagnie de chemins de fer, à la Caisse nationale des retraites pour la vieillesse, au compte de ses employés mariés.

CAPITAINE DE NAVIRE. — (5). — Le rapport d'arrivée d'un capitaine de navire fait au tribunal de commerce et signé du président constitue une minute du greffe qui doit y rester déposée et ne nécessite, par conséquent, la rédaction d'aucun acte de dépôt. Mais il y a lieu de dresser un acte de cette nature lors du dépôt au greffe du tribunal de commerce d'un rapport d'arrivée fait devant le juge de paix du canton (lorsqu'il n'y a pas de tribunal de commerce au lieu d'arrivée). Le rapport fait devant le juge de paix est assujetti au droit fixe de 1 fr. 50 et celui passé au greffe du tribunal au droit de 4 fr. 50 (Sol. 18 mai 1899 ; *R. E.* 2237).

CASIER JUDICIAIRE. — 1. (1). Institution. — L'institution du casier judiciaire, fondée jusqu'alors sur des circulaires administratives, a été consacrée par une loi du 5 août 1899. Cette loi, qui crée, d'autre part, la *réhabilitation de droit*, a été complétée par un règlement d'administration publique du 12 décembre 1899, puis modifiée par une seconde loi du 11 juillet 1900 (Inst. 3021 ; *R. E.* 2143 et 2471 ; *J. E.* 25.745, 25.784 et 25.951 ; *R. P.* 9946-48).

2. (2). **Bulletins n° 1.** — Le casier judiciaire se compose de bulletins, dits bulletins n° 1, sur lesquels ont été relatés les décisions ou arrêts qui doivent y figurer aux termes de l'art. 1er de la loi.

Ces bulletins, dressés par les greffiers de la juridiction qui a statué ou, dans certains cas spéciaux, par les fonctionnaires que le décret réglementaire a chargés de ce soin, sont centralisés et classés au greffe de chaque tribunal de première instance, pour les individus nés dans la circonscription du tribunal, et au casier judiciaire central, institué au ministère de la justice, pour les personnes nées à l'étranger, dans les colonies, ou dont l'acte de naissance n'est pas retrouvé. Toutefois les bulletins n° 1 concernant les musulmans du Maroc, du Soudan ou de la Tripolitaine sont centralisés au greffe de la Cour d'Alger (art. 1er et nouvel art. 3).

Les bulletins n° 1 sont, à raison de leur nature même, dispensés du timbre et de l'enregistrement.

3. (3). **Bulletins n° 2.** — Le relevé intégral des bulletins n° 1 concernant la même personne, porté, sous les réserves spécifiées, sur un bulletin, appelé bulletin n° 2, est délivré, sous cette forme, « aux magistrats du parquet et de l'instruction, au préfet de police, aux présidents des tribunaux de commerce, pour être joint aux procédures de faillites et de liquidations judiciaires, aux autorités militaires et maritimes pour les appelés des classes et de l'inscription maritime, ainsi que pour les jeunes gens qui demandent à contracter un engagement, et aux sociétés de patronage reconnues d'utilité publique ou spécialement autorisées à cet effet, pour les personnes assistées par elles ». Le bulletin n° 2 « est aussi délivré aux juges de paix qui le réclament pour le jugement d'une contestation en matière d'inscription sur les listes électorales. Il l'est également aux administrations publiques de l'État, saisies de demandes d'emplois publics, de propositions relatives à des distinctions honorifiques, ou de soumissions pour des adjudications de travaux ou de marchés publics, ou en vue de poursuites disciplinaires ou de l'ouverture d'une école privée, conformément à la loi du 30 octobre 1886 » (art. 4 nouveau).

Les bulletins n° 2, qui ne sont jamais délivrés dans un intérêt particulier, sont exempts de timbre et d'enregistrement, comme les bulletins n° 1 (Rappr. art. 12 et 13 du décret ; comp. Inst. 1957, 2341, § 2, 2607, § 2, 2641, § 9 et 2816).

Il en est nécessairement de même des duplicata de bulletins n° 1, prévus par l'art. 5 (nouveau) de la loi (1).

4. (3 bis). **Bulletins n° 3.** — Un bulletin n° 3, porte l'art. 6 de la loi, peut être délivré à la personne qu'il concerne. Il ne doit, dans aucun cas, être délivré à un tiers.

Ce bulletin n° 3 est dispensé du timbre mais soumis à l'enregistrement au droit de 20 centimes, en vertu de l'art. 5 de la loi du 26 janvier 1892 concernant les bulletins délivrés aux particuliers (Inst. n° 2816).

Le bulletin n° 3 ne peut être réclamé que par lettre signée de la personne qu'il concerne et précisant l'état civil de celle-ci. Si cette personne ne sait ou ne peut signer, cette impossibilité est constatée par le maire ou le commissaire de police, qui atteste, en même temps, que la demande est faite sur l'initiative de l'intéressé (art. 10 du décret).

Les demandes de bulletin n° 3, ainsi que les constatations et attestations du maire ou du commissaire de police, sans lesquelles ces demandes ne seraient pas complètes quand l'intéressé ne sait ou ne peut signer, sont affran-

(1) Il s'agit des duplicata délivrés : 1° aux autorités militaires ou maritimes, en cas de condamnation, faillite, liquidation judiciaire ou destitution d'un officier ministériel prononcées contre un individu soumis à l'obligation du service militaire ou maritime ; 2° aux autorités administratives, en cas de décision entraînant la privation des droits électoraux.

chiés du timbre par application de l'art. 37 de la loi du 28 avril 1893 (Inst. 2838, § II).

5. (8). **Emoluments des greffiers.** — L'art. 12 du règlement d'administration publique du 12 décembre 1899 fixe les droits alloués aux greffiers pour la rédaction des bulletins n⁰ˢ 1, 2 et 3.

6. Paiement des frais. — D'après l'art. 13 du même décret, les bulletins n° 1, les duplicata des bulletins n° 1, ainsi que les bulletins n° 2 délivrés aux magistrats du parquet et de l'instruction sont payés sur les crédits affectés aux frais de justice criminelle. Le prix de ces bulletins est compris parmi les frais de justice à recouvrer sur les condamnés.

7. Instance en rectification du casier. — D'après l'art. 14 (nouveau) de la loi, relatif à la rectification, à la requète d'un particulier, d'une mention portée à son casier judiciaire, le requérant est condamné aux frais dans le cas où la requète est rejetée. Si la requète est admise, les frais seront supportés par celui qui aura été la cause de l'inscription reconnue erronée, s'il a été appelé dans l'instance. S'il n'y a pas été appelé ou qu'il soit insolvable, ils seront supportés par le Trésor. Le ministère public aura le droit d'agir d'office dans les formes tracées par la disposition dont il s'agit pour obtenir la rectification d'un casier judiciaire. Enfin, les actes, jugements et arrêts intervenus pour l'application de cette disposition seront visés pour timbre et enregistrés *en débet*.

8. Réhabilitation de droit. — L'art. 15 (nouveau) ajoute qu'en cas de contestation sur la réhabilitation de droit, ou de difficultés soulevées par l'application des art. 7, 8 et 9 de la loi, ou par l'interprétation d'une loi d'amnistie dans les termes de l'art. 2, § 2, l'intéressé pourra s'adresser au tribunal correctionnel suivant les formes et la procédure prescrites par l'art. 14. Il y a donc lieu d'appliquer, en cette matière, le dernier alinéa de l'art. 14 précité qui accorde le bénéfice du visa pour timbre et de l'enregistrement en débet aux actes, jugements et arrêts (Inst. 3021).

CASSATION. — (11). Le droit de 25 fr. en principal applicable au premier acte de recours en cassation, en vertu de l'art. 47 de la loi du 28 avril 1816, porté à 37 fr. 50 par l'art. 2 de la loi du 19 février 1874, s'est trouvé ramené à 25 fr. par l'art. 22 de la loi du 28 avril 1893 qui a réduit d'un tiers les divers droits fixes d'enregistrement non visés par les art. 6 à 8 de la loi du 26 janvier 1892 (Sol. 29 sept. 1899 ; *R. E.* 2388 ; *J. E.* 25.912 ; *Rev. prat.*, 4722).

CAUTIONNEMENT. — **1.** (22). **Contrat de mariage. Restitution de la dot.** — Le taux du droit de cautionnement est de 0 fr. 50 0/0 ; mais ce droit ne peut en aucun cas, dépasser celui auquel donne ouverture la disposition garantie, et si celle-ci est exempte de tout droit, le cautionnement qui s'y applique participe de la même immunité.

Une controverse s'est élevée sur la question de savoir si le cautionnement, contenu dans un contrat de mariage, de l'obligation, prise par le futur, de restituer les sommes apportées par la future ou à elles données par contrat, est soumis on non à un droit particulier.

Les partisans de la négative invoquent le texte de l'art. 68, § 3, n° 1 de la loi du 22 frimaire, aux termes duquel « la reconnaissance, de la part du futur, d'avoir reçu la dot apportée par la future ne donne pas lieu à un droit particulier », et ils soutiennent que le cautionnement qui s'applique à l'obligation de rembourser découle de la reconnaissance de l'apport et doit, par conséquent, suivre

la règle générale que nous avons rappelée ci-dessus, être affranchi de l'impôt (Bastia, 13 juill. 1900 ; Tulle, 19 juill. 1900 ; *R. E.* 2481 et 2482).

Dans le système opposé, l'Administration soutient, avec raison selon nous, que l'art. 68 a tarifé au droit de 3 fr (actuellement 0 fr. 20 0/0) les déclarations d'apport par contrat de mariage et que, s'il a ajouté que la reconnaissance de la dot ne serait passible d'aucun droit particulier, c'est par application du principe fondamental en vertu duquel, dans un contrat bilatéral, c'est l'obligation principale qui seule est considérée, à l'exclusion de l'engagement corrélatif, pour déterminer le tarif applicable. La reconnaissance d'apport, par le futur, n'est donc pas à proprement parler affranchie de l'impôt ; elle échappe seulement à la perception d'un droit particulier en tant qu'elle est corrélative à la déclaration même de l'apport. L'impôt perçu atteint l'ensemble des clauses relatives à l'apport. Il en résulte que le cautionnement qui s'applique à l'une de ces clauses doit être tarifé d'après le taux du droit grevant le contrat d'apport tout entier. C'est ainsi que dans les actes de vente d'immeubles, bien que l'engagement pris par l'acquéreur de payer le prix soit affranchi par la loi de tout droit particulier d'obligation, le cautionnement fourni par un tiers pour garantir le paiement reste néanmoins soumis au droit de 0 fr. 50 0/0.

On est aussi amené à conclure, par analogie, que le cautionnement relatif aux apports matrimoniaux est également passible du droit qui lui est propre.

S'il s'agit d'apports purs et simples, dont la déclaration est assujettie au tarif de 0 fr. 20 0/0, le droit dû pour le cautionnement devrait lui-même être fixé à ce dernier taux (Sol. 18 mai 1893 ; *J. E.* 24.180).

Si, au lieu d'être opéré directement par la future, l'apport était corrélatif à une donation consentie dans le contrat de mariage même, c'est le droit de 0 fr. 50 0/0 qui deviendrait exigible (Sol. 3 janv. 1899 ; *R. E.* 1935 ; *J. E.* 25.609 ; *R. P.* 9688) et non plus celui de 0 fr. 20 0/0 (*Contra*, Tulle, 29 juill. 1900 ; *R. E.* 2482). On ne saurait, en effet, scinder arbitrairement les éléments divers qui forment de la donation par mariage un contrat tout aussi indivisible que l'apport matrimonial pur et simple. De même que ce dernier apport ne se conçoit pas sans l'obligation par le futur qui le reçoit, de le restituer, de même la donation faite à la future en faveur du mariage implique nécessairement l'engagement par le futur de restituer la chose donnée : cet engagement est la condition inéluctable de la libéralité, qui n'aurait pas lieu s'il n'était pas pris.

2. (46). **Obligation solidaire. Fonds retirés par un seul des emprunteurs.** — L'énonciation, contenue dans un acte d'emprunt contracté par deux personnes qui se sont obligées conjointement et solidairement, que l'une seulement des débiteurs a retiré la somme prêtée, constitue la preuve d'un cautionnement, et le droit de 0 fr. 50 0/0 est exigible, même s'il est dit que ce retrait de fonds n'a eu lieu par l'une des parties que sauf règlement ultérieur avec l'autre (Caen, 31 oct. 1899 ; *R. P.* 9748).

Lorsque, postérieurement à l'enregistrement d'un acte contenant une obligation solidaire par deux emprunteurs, l'Administration établit, à l'aide d'actes émanés des parties, que la totalité des fonds prêtés a été touchée par l'une d'elles, le droit de cautionnement peut être réclamé sur le montant de l'emprunt (Seine, 3 avr. 1897 ; *R. E.* 1391, *R. P.* 9069).

3. (50). **Command.** — V. ce mot, n° 8.

4. (59). **Vente simultanée d'immeubles indivis et d'un immeuble propre à l'un des vendeurs. Prix unique.** — Lorsqu'une vente consentie moyennant un prix unique par plusieurs personnes comprend des immeubles appartenant indivisément à tous les vendeurs et un immeuble appartenant en entier à l'un d'eux, le droit de cautionnement n'est pas dû alors même que tous les vendeurs s'engagent solidairement à l'exécution du contrat (Sol. 14 déc. 1895 ; R. E. 1111 ; J. E. 24.925).

5. (70 *bis*). **Marché administratif.** — Renferme un cautionnement passible du droit de 0 fr. 50 0/0, le traité par lequel une ville, qui a concédé l'éclairage à une société, accepte la substitution d'une autre société à la première, à la condition que celle-ci restera tenue de garantir la stricte et complète exécution du cahier des charges et de tous les traités intervenus, tant vis-à-vis de la ville que vis-à-vis des tiers et des souscripteurs des polices d'éclairage. Le droit de cautionnement est exigible encore bien que le traité de substitution ne soit assujetti qu'au droit fixe et que la société cédante se soit trouvée obligée par le traité primitif, attendu qu'il existe désormais une disposition indépendante de celles du marché initial et que les obligations premières étant anéanties, la société fondatrice a cédé la fonction de débitrice principale pour accepter celle de garante (Nantes, 1er août 1898 ; J. E. 25.709).

Mais si le marché est réputé *acte de commerce*, la garantie donnée pour en assurer l'exécution doit participer des avantages (perception provisoire du droit fixe) que la loi accorde au contrat principal (Seine, 22 avr. 1898 ; R. E. 1738 ; J. E. 25.597).

6. (76). **Forêts. Certificateur de caution.** — En matière d'adjudication de coupés dans les forêts domaniales, le droit fixe exigible, indépendamment du droit de cautionnement de 0 fr. 50 0/0, sur l'engagement du certificateur de caution, doit être réduit au montant du droit perçu sur le cautionnement, lorsqu'il excède ce droit (Sol. 15 juin 1893 ; R. E. 508 ; J. E. 24.208).

7. (76 *bis* et 87). **Faillite et liquidation judiciaire.** — Le concordat, en matière de faillite et de liquidation judiciaire, étant exempt d'enregistrement en vertu de l'art. 10 de la loi du 26 janvier 1892, le cautionnement qui pourrait y être stipulé, ne serait lui-même passible d'aucun droit. Il suit de là que si, en exécution de la promesse par lui faite dans le concordat intervenu, entre son fils, en état de liquidation judiciaire, et les créanciers de ce dernier, un père consent, par acte notarié, l'affectation hypothécaire de ses immeubles pour garantir le paiement des sommes promises par le débiteur concordataire, le cautionnement résultant de cette affectation est affranchi du droit proportionnel ; l'acte notarié que la constate est seulement passible du droit fixe établi pour les écrits qui ne contiennent que l'extension ou le complément d'actes antérieurs (Sol. 9 janv. 1897 ; R. E. 1462 ; J. E. 25.272).

7 *bis*. (88). **Reprises dues par le mari. Cautionnement au cours du mariage.** — Le cautionnement contracté par un tiers pour garantir le remboursement par le mari du prix de l'aliénation des propres de la femme, à titre de reprises matrimoniales, ne donne ouverture qu'au droit fixe, dès lors que l'engagement du mari n'est lui-même passible que de ce droit (Sol. 12 mai 1900 ; R. E. 2632).

8. (88 *bis*). **Cession de titres au porteur. Clause de garantie.** — L'acte sous seing privé qui a pour objet la cession d'obligations négociables au porteur soumises à la taxe annuelle de transmission n'est sujet qu'au droit fixe de 3 fr. On ne peut exiger un droit de cautionnement sur la clause de cet acte contenant engagement de garantir le paiement régulier des coupons jusqu'à une certaine date (Sol. 8 déc. 1899 ; R. E. 2356).

9. (91 *bis*). **Crédit d'acceptation.** — Le crédit d'acceptation, c'est-à-dire le contrat par lequel un banquier s'engage envers un de ses clients à accepter les effets tirés sur lui par ce client, moyennant le paiement d'une commission et à la condition que le montant de l'effet lui soit versé par le tireur deux jours avant l'échéance, n'a pas le caractère d'une ouverture de crédit, mais seulement celui d'une promesse de cautionnement passible d'un simple droit fixe. La disposition accessoire de l'acte par laquelle un tiers se porte garant de l'engagement pris par le tireur de faire les fonds des traites avant l'échéance ne donne également lieu qu'au droit fixe (Sol. 30 juin 1899 ; R. E. 2233 ; J. E. 25.891).

10. (98). **Comptables publics. Cautionnement en numéraire.** — Les cautionnements en numéraire versés au Trésor étaient anciennement productifs d'un intérêt à 3 0/0 (L. 4 août 1844, art. 7).

L'art. 55 de la loi du 13 avril 1898 a réduit le taux de cet intérêt à 2 fr. 50 0/0, à partir du 1er avril 1898 (Inst. 2953, § 7 ; R. E. 1733 ; J. E. 25.487 ; R. P. 9272).

Mais l'art. 56 de la même loi a laissé aux comptables de deniers publics, ainsi qu'aux autres fonctionnaires assujettis à un cautionnement en numéraire versé dans les caisses du Trésor, la faculté de le constituer désormais en rentes sur l'Etat (même art. § 8), Les conditions d'exécution de cette disposition ont été réglées par un décret du 2 juillet 1898 (Inst. 2964 ; R. E. 1781 ; J. E. 25.442).

11. (109). **Cautionnements en rentes. Comptables des établissements publics.** — Lorsque le cautionnement en rente départemental du comptable d'un établissement public est reçu par le directeur de l'enregistrement du département, l'acte qui en est dressé est soumis au timbre mais il est exempt d'enregistrement, et si la formalité est requise, il n'est dû que le droit fixe de 3 fr. (1).

12. (109). **Fournisseurs de l'Etat et des départements.** — La même règle est applicable aux actes d'affectation que souscrivent les titulaires des inscriptions de rentes, à titre de cautionnements provisoires ou définitifs, à la Caisse des dépôts et consignations, en matière de travaux, fournitures ou transports, pour le compte de l'Etat ou des départements (Circ. Caisse des dép. et consign., 29 mars 1892 ; J. E. 24.402 ; R. P. 8096 ; D. 93.5.581).

Il doit en être de même, à notre avis, des cautionnements imposés par le décret du 9 juin 1896 (R. E. 1241) aux personnes qui ouvrent une salle de ventes publiques, de marchandises en gros, lorsqu'ils sont fournis en rentes.

CERTIFICAT. — **1.** (4 *bis*). **Accidents du travail.** — Le certificat de médecin que les industriels doivent produire à l'appui de la déclaration qu'ils sont tenus de faire au maire de la commune dans les quarante-huit heures de tout accident survenu dans leurs usines ou ateliers (art. 11, L. 12 juin 1893 sur l'hygiène et la sécurité des travailleurs), est, comme cette déclaration, exempt du timbre, à titre de document rédigé dans un intérêt d'ordre public (art. 16, n° 1, L. 13 brum. an VII ; Rappr. Sol. 27 sept. 1894 ; J. E. 24.526).

Les certificats de vie délivrés par les maires ou les notaires aux ouvriers victimes d'accidents pour leur permettre de toucher les indemnités qui leur sont allouées sont exempts de timbre et d'enregistrement.

V. Accidents du travail, n° 36 bis.

2. (5 *bis*). **Agents-voyers.** — Les certificats délivrés par

(1) Sol. 22 oct. 1886, 14 déc. 1886, 21 avr. 1890, 22 oct. et 14 déc. 1886 (R. E. 1554 ; J. E. 24.284) ; Inst. 2868, § 5.

les agents-voyers pour le paiement des dépenses du service vicinal et destinés à la comptabilité publique, ne sont sujets au timbre que s'ils doivent tenir lieu de mémoires ou s'ils sont remis aux intéressés pour obtenir le paiement de leurs créances. Ils sont, au contraire, dispensés du timbre, s'ils sont remis directement à l'ordonnateur à titre de renseignement administratif et si les titres des créanciers résident dans des titres antérieurs (Circ. Compt., 2 août 1892 ; *J. E.* 24.028 ; *R. P.* 8000).

Le droit de timbre de ces certificats, dans les cas où il est exigible, d'après la distinction qui précède, est à la charge, non de la commune, mais de l'entrepreneur ou de toute autre partie prenante dans l'intérêt de laquelle ils sont délivrés (1).

3. (19 bis). Chaudières à vapeur. — Les certificats d'épreuve des chaudières à vapeur, délivrés par les ingénieurs des mines, sont soumis au timbre de dimension (2).

3 bis. (12 bis). Brocanteurs. — La loi du 15 février 1898 relative au commerce de brocanteur dispose (art. 1er) que tout commerçant de cette catégorie est tenu de se faire préalablement inscrire sur les registres ouverts à cet effet à la préfecture de police, s'il habite à Paris, ou à la préfecture du département où il habite. A cet effet, il sera tenu de présenter sa patente ou un certificat de décharge et un certificat d'individualité ; il lui sera remis un bulletin d'inscription qu'il sera tenu de « présenter à toute réquisition. » La loi précitée ne contenant, en ce qui concerne ces bulletins d'inscription, aucune dérogation au droit commun, en matière de timbre, les documents dont il s'agit, que les brocanteurs doivent « présenter à toute réquisition », et qui sont, dès lors, susceptibles d'être produits pour « justification » ou « défense » tombent sous l'application du dernier alinéa de l'art. 12 de la loi du 13 brumaire an VII et ils sont assujettis au timbre de dimension (Inst. 3038, § 4 ; *R. E.* 2584).

4. (19 ter). Chemins vicinaux. — V. *supra*, n° 2.

5. (23 bis). Culture du lin. — La loi du 9 avril 1898 a accordé aux cultivateurs de chanvre et de lin une prime d'encouragement. Aux termes d'un décret du 8 juillet suivant (*J. E.* 25.488), tout cultivateur désireux d'obtenir la prime doit faire une déclaration à la mairie avant le 1er juin de chaque année pour les cultures de lin, et avant le 1er juillet pour les cultures de chanvre. Cette déclaration est constatée par un certificat établi sur papier libre que le maire délivre à l'intéressé (art. 2 du décret).

6. (26). Douanes. — Les certificats d'origine délivrés en matière de douanes sont exempts du timbre, lorsqu'ils sont exigés dans un intérêt général et par mesure de police (art. 16, n° 1, dern. al., L. 13 brum. an VII). Tels sont les certificats requis, par application des mesures internationales arrêtées en vue de prévenir la propagation du phylloxéra, pour l'introduction en France ou l'expédition à l'étranger des produits d'horticulture ou d'arboriculture. Mais les autres certificats d'origine, qui sont délivrés aux commerçants dans leur intérêt particulier, notamment pour obtenir la restitution, la modération ou l'exemption de droits de douane, sont soumis au timbre de dimension (D. M. F. 23 mars 1893; Inst. 2856, § 3 ; *R. E.* 674 ; *J. E.* 24.355).

Toutefois les certificats d'origine pour les marchandises françaises destinées à l'exportation, qui sont délivrés par les chambres de commerce, en exécution de l'art. 16 de la

(1) D. M. Int. 2 mai 1893 ; *J. E.* 24.911 ; Rappr. Av. Cons. d'Et., 23 janv. 1894 ; *J. E.* 24.360.
(2) D. M. F. 12 août 1892 et 10 mars 1893 ; Inst. 2856-6 ; *R. E.* 673 ; *J. E.* 24.353.

loi du 9 avril 1898, ont été dispensés, d'une manière a[b]solue, du droit et de la formalité du timbre par l'art. 2[?] de la loi du 25 février 1901 (Inst. 3050).

7. (26 bis). Factures consulaires. — Les factures con[?] sulaires produites par les importateurs de certaines cat[é]gories de fils d'acier d'origine étrangère, à l'effet de bén[é]ficier d'une réduction de droits de douane, peuvent, être rédigées à l'étranger, être écrites sans contravention su[r] papier non timbré. Mais leur production à l'administra[?] tion des douanes françaises rend le timbre de dimensio[n] exigible (D. M. F. 21 juin 1893 ; *J. E.* 25.014 ; *R. [P.]* 8860-50).

8. (31). Hypothèques. — V. ce mot.

9. (37). Mariage. — Lorsqu'un notaire atteste un fa[it] connu de lui comme simple particulier, en dehors de to[us] les actes de son étude, cette attestation doit être rang[ée] dans la catégorie des certificats ordinaires assujettis a[u] timbre par l'art. 12 de la loi de brumaire ; mais si sa d[é]claration est faite au vu d'une pièce régulièrement dép[o]sée dans son étude, elle constitue une expédition qui do[it] être écrite sur du papier de 1 fr. 80, qu'elle reprodui[se] l'acte en entier, par extrait ou en substance. En confo[r]mité de cette distinction, l'écrit par lequel un notaire ce[r]tifie, au vu de ses minutes, le régime matrimonial de de[ux] époux, doit être établi sur moyen papier ; la déclaratio[n] portant que les parties se sont mariées sans contrat peu[t,] d'autre part, être rédigée sur une feuille de 60 centim[es] (Sol. 28 mars 1899 ; *J. E.* 25.670).

Le certificat que délivre un médecin en vue de constat[er] l'impossibilité où se trouve un particulier de se transpo[r]ter à la mairie pour assister à la célébration d'un maria[ge] doit être rédigé sur papier timbré (Loches, 5 mai 1898[;] *R. P.* 9441).

10. (39). Médecin. — Les certificats délivrés par [les] médecins des hôpitaux aux malades qu'ils ont soign[és] peuvent être rédigés sans contravention sur papier n[on] timbré et ils ne deviennent passibles de l'impôt que s[i] en est fait l'usage prévu par les art. 24 et 30 de la loi [de] brumaire (Inst. 2915 ; *J. E.* 25.021 ; *R. P.* 9125).

Les certificats de maladie délivrés par les médecins n[on] assermentés aux agents de l'Etat sont, en principe, ass[u]jettis au timbre de dimension. Par dérogation à cette règ[le,] l'art. 4 de la loi du 29 mars 1897 (Inst. 2924 ; *J. E.* 25.07[?] *R. P.* 8961) a exempté du droit et de la formalité du tim[?]bre les certificats de maladie délivrés par les médeci[ns] non assermentés quand ces documents concernent d[es] agents accomplissant un service actif de l'Etat. A rais[on] même de son caractère exceptionnel, cette disposition e[st] d'interprétation stricte. Les certificats qu'elle vise sont e[n] conséquence les seuls qui soient appelés à jouir de l'i[m]munité qu'elle consacre. Les agents accomplissant un se[r]vice actif de l'Etat sont ceux désignés dans le tablea[u] annexé, sous le n° 2, à la loi du 9 juin 1853 relative au[x] pensions civiles (Inst. 2000, p. 15) et dans l'art. 1er de la [loi] du 17 août 1876 sur la retraite de divers fonctionnaires [de] l'enseignement primaire (inspecteurs de l'enseigneme[nt] primaire ; directeurs et directrices, maîtres adjoints[,] maîtresses adjointes des écoles communales primaire[s,] instituteurs communaux et institutrices communales, tit[u]laires ou adjoints ; directrices des salles d'asiles comm[u]nales). Les certificats de maladie délivrés par les médeci[ns] assermentés aux fonctionnaires et agents de l'Etat, que[lle] que soit la catégorie à laquelle ceux-ci appartiennent, d[e]meurent, d'ailleurs, comme par le passé, exempts du tim[?]bre.

V. également, n°s 9 et 11.

11. (40). Militaires. — Sont exempts du timbre comm[e]

écritures concernant les gens de guerre : 1° le certificat délivré à un soldat par un médecin militaire ou civil, en cas de maladie grave rendant tout déplacement impossible ; 2° le certificat de maladie délivré à un militaire pour obtenir une saison aux eaux thermales ; 3° le certificat médical constatant la maladie d'un réserviste appelé pour une période d'exercice (D. M. F. 4 déc. 1896 ; R. E. 1288 ; J. E. 25.069 ; R.P. 9125-33). Est, au contraire, soumis au timbre le certificat de maladie délivré à un jeune homme en vue de justifier l'impossibilité pour lui de se présenter lors du tirage au sort ou de la révision.

Pour les certificats de maladie ou d'infirmités à l'époque de la révision, il y a lieu de distinguer : sont soumis au timbre le certificat d'un médecin civil produit par le jeune homme qui se prétend impropre au service et le certificat délivré après la révision par l'autorité compétente, en exécution de l'art. 20 de la loi du 15 juillet 1889, pour constater l'inaptitude complète de l'intéressé au service militaire ; est exempt du timbre le certificat délivré par la même autorité et qui limite l'aptitude de l'intéressé aux seuls services auxiliaires (Sol. 10 sept. 1898 ; R. E. 1933 ; J. E. 25.635 ; R. P. 9774).

Le certificat constatant qu'un individu a accompli le service militaire auquel il était astreint est exempt de l'impôt, quel que soit, d'ailleurs, l'usage qui en est fait. Il en est autrement du certificat attestant qu'un particulier est affranchi de tout service militaire (D. M. F. 23 mars 1894 ; R. P. 8860-52).

Pour justifier leur rédaction sur papier non timbré, les divers certificats médicaux exempts de timbre doivent faire mention de leur destination, si celle-ci ne résulte pas clairement de leur libellé (Sol. 10 sept. 1898, précitée).

12. (43). Notaire. — V. n°s 9 et 13.

13. (49 bis). Société. — D'après la disposition rappelée ci-dessus, n° 9, la déclaration par laquelle un notaire certifie que les pièces constatant la publication d'un acte de société ont été déposées pour prendre en son étude, suivant acte de son ministère, constitue une expédition et doit être rédigée sur timbre de 1 fr. 80 (Sol. 28 mars 1899 ; J. E. 25.670).

14. (49 ter). Société de secours mutuels.— Les certificats délivrés par les sociétés de secours mutuels sont exempts de timbre et d'enregistrement (L. 1er avr. 1898 ; R. P. 9295).

15. (51). Sucre.— Les attestations que les préposés des contributions indirectes délivrent aux acheteurs de vendange, pommes et poires, au vu du certificat délivré au récoltant par l'autorité municipale, en vue d'autoriser les dits acheteurs à employer au sucrage des vins, cidres et poirés les sucres bruts ou raffinés avec la réduction de taxe prévue par l'art. 2 de la loi du 29 juillet 1884, doivent, comme étant de nature à faire titre dans un intérêt particulier, être rédigées sur papier timbré de dimension (Sol. 11 nov. 1893 ; Circ. Adm. Contr. Ind., 14 déc. 1893 ; J. E. 24.467).

Mais le bulletin d'analyse et de titrage de sucre, délivré par un ingénieur chimiste, sur la demande d'une société, pour lui servir dans ses transactions commerciales, n'est pas créé en vue de faire titre, même éventuellement, au profit de la société ; il offre les mêmes caractères que la lettre missive et, en général, tous les écrits qui ne tendent qu'à fournir un renseignement et qui, s'ils peuvent être accidentellement produits en justice, n'ont pas été rédigés à cette fin. Ce bulletin n'est donc pas obligatoirement soumis au timbre (1).

(1) Le Havre, 21 déc. 1899 ; R. E. 2301 ; — Contrà, D. M. F. 26 janv. 1882, citée au T. A.

CERTIFICAT DE PROPRIÉTÉ. — 1. (6). Rentes sur l'État. Notaires. Répertoire. — Les certificats de propriété délivrés par les notaires, en exécution de la loi du 28 floréal an VII, au sujet de rentes sur l'État, constituent des actes notariés ordinaires, assujettis à l'enregistrement et à l'inscription au répertoire (Sol. 26 oct. 1895 ; R. E. 1052 ; J. E. 24.904 ; — Contrà, Lunéville, 3 août 1894 ; R. P. 8459).

2. (7). Caisses d'épargne. — V. ce mot, n° 3.

3. (9). Caisse des retraites pour la vieillesse. — V. ce mot, n° 3.

4. (21). Maires. — (V. Actes administratifs, n° 6). — Les certificats de propriété délivrés par les maires aux héritiers des créanciers de l'État, des départements, des communes et des établissements publics pour être produits à des comptables publics sont sujets au timbre, mais non à l'enregistrement, à raison de cette seule production (D. M. F. 17 juill. 1897 ; R. E. 1602).

CERTIFICAT DE VIE. — 1. (6). Caisse de prévoyance des marins. — V. Caisse des invalides de la marine.

2. (6 et 29). Pensions de retraite des agents des douanes et des forêts. — Il y a lieu de maintenir, en faveur de tous les pensionnaires de l'administration des douanes sans distinction, l'exemption de timbre accordée aux certificats de vie par les D. M. F. des 27 janvier et 20 mars 1827 (Inst. 1206). La même exemption doit être concédée aux agents des forêts désignés dans la loi du 4 mai 1892, c'est-à-dire aux inspecteurs adjoints, gardes généraux, gardes généraux stagiaires, brigadiers et gardes ordinaires, ainsi qu'à leurs veuves et orphelins (1).

3. (31). Offrandes nationales. — Les certificats de vie des héritiers du titulaire d'un secours provenant d'offrandes nationales sont exempts du timbre et de l'enregistrement (Sol. 27 fév. 1870 ; R. P. 4598).

4. Accidents du travail. — V. ce mot, n° 36 bis.

CHAMBRE DE COMMERCE. — 1. (3 et 10). Établissements publics. Communication. — Par un arrêt du 28 octobre 1885 (Inst. 2724, § 1), la Chambre des requêtes de la Cour de cassation a reconnu que les chambres de commerce ne sont pas de simples établissements d'utilité publique, bien que le décret du 3 septembre 1851 les ait ainsi qualifiées, attendu qu'en leur donnant une organisation qui les rattache de la façon la plus intime à l'organisation administrative de la France, ce décret a clairement manifesté son intention de créer en elles de véritables établissements publics (V. au Traité).

La loi du 9 avril 1898 (R. E. 1782), relative aux chambres de commerce, leur attribue, d'ailleurs, ce dernier caractère (art. 1er) et abroge formellement (art. 27) les dispositions du décret du 3 septembre 1851.

Le Ministre des finances a reconnu, en conséquence, le 13 août 1900 (Inst. 3025), d'accord avec son collègue du commerce, que les chambres de commerce sont soumises au droit de communication qu'il appartient aux agents de l'Administration d'exercer dans les établissements publics, en vertu des art. 1er du décret du 4 messidor an XIII (Inst. 293), 22 de la loi du 23 août 1871 (Inst. 2413, § 7) et 7 de la loi du 21 juin 1875 (Inst. 2517, § 7).

2. (9). Certificats d'origine. — V. V° Certificat, n° 6.

CHASSE. — (5). Bail. Pluralité.—L'acte sous seing privé par lequel plusieurs propriétaires afferment à une

(1) D. M. F. 28 fév. 1895 ; Inst. 2887, § 6 ; R. E. 994-III ; — 11 mai 1901 ; R. E. 2706.

seule personne le droit de chasse sur leurs immeubles se résout en une convention unique entre les preneurs d'une part, et la collectivité des bailleurs cointéressés, de l'autre. Il s'ensuit : 1° que le droit de 0 fr. 20 0/0 doit être liquidé en un seul calcul sur le total des redevances annuelles et non séparément sur la portion revenant à chaque bailleur dans ce total ; 2° que le retard dans l'enregistrement de l'acte ne rend exigible qu'une seule amende à la charge de la collectivité des bailleurs et non autant d'amendes distinctes qu'il existe de bailleurs (Sol. 24 juin 1898 ; R. P. 9405).

CHEMINS DE FER.— 1. (3). Caractère mobilier de la concession. Constructions cédées à un tiers. —

Malgré le caractère mobilier de la jouissance concédée à la compagnie, la vente par cette dernière à un tiers des constructions édifiées par elle donne ouverture au droit de 5 fr. 50 0/0. Ce tarif devrait, d'ailleurs, être seul appliqué alors même que la vente comprendrait également un fonds de commerce, s'il n'avait été stipulé qu'un prix unique pour le tout. Ainsi décidé au sujet de la cession, consentie par le tenancier d'un *buffet*, des constructions affectées à cet établissement commercial, de la clientèle, des approvisionnements et du droit au bail (Rouen, 2 janv. 1896 ; R. E. 1179).

Mais lorsque la cession d'un buffet ne comprend pas de constructions ou autres droits immobiliers, l'acte sous seing privé qui la constate n'est pas obligatoirement soumis à l'enregistrement, attendu que le buffet d'une gare n'a pas, entre les mains du tenancier qui l'exploite, le caractère d'un fonds de commerce ; s'il était cependant soumis à la formalité, il serait passible du droit de 2 0/0 sur le prix total, même sur la portion de ce prix afférente aux marchandises détaillées et estimées article par article (Sol. 10 juin 1897 ; R. E. 1439).

2. (6). **Chemins de fer d'intérêt local.** — V. n° 4 ci-après.

3. (10). **Sous-locations.** — Contrairement à l'opinion émise au *Traité* et que nous persistons à croire fondée, il a été décidé que l'acte par lequel une compagnie concède à une société de publicité, pour une durée déterminée et moyennant une redevance annuelle, le droit d'apposer des affiches sur les murs des gares et stations de son réseau ne renferme pas une mutation de jouissance immobilière n'est pas soumis à l'enregistrement dans un délai déterminé, pour le motif qu'il ne s'agirait pas d'une mutation de jouissance immobilière (Seine, 29 juill. 1893 ; R. E. 550).

Cet argument semble dénué de valeur ; les compagnies de chemins de fer n'ont sans doute sur les immeubles dépendant de leur concession qu'un droit mobilier ; mais leur situation ne diffère pas, à cet égard, de celle des preneurs ordinaires ; les engagements qu'elles consentent à des tiers constituent donc de véritables sous-locations d'immeubles, soumises à l'enregistrement dans les trois mois de leur date.

4. (16). **Marchés. Etudes.** — L'acte administratif passé entre un département et un particulier, aux termes duquel celui-ci s'engage à procéder, moyennant un prix déterminé, aux études préalables à l'ouverture d'une ligne de chemin de fer d'intérêt local, constitue un marché administratif passible du droit de 1 0/0. L'art. 84 de la loi du 11 juin 1880, qui réduit à 1 fr. fixe le droit des conventions relatives aux concessions et rétrocessions de chemins de fer d'intérêt local, n'est pas applicable à l'espèce, dès lors que la ligne n'a fait encore l'objet d'aucune concession (Sol. 16 mai 1896 ; R. E. 1246).

5. (15 *bis*). **Expropriation.**— L'acte par lequel un par-

ticulier cède à une compagnie un excédent non c dans les terrains désignés au jugement d'expropria peut bénéficier de la dispense des droits de timbre registrement et de transcription, que si l'on a pris s spécifier l'accomplissement des conditions prévu l'art. 50 de la loi du 3 mai 1841 (Sol. 5 avr. 1895 ; 975).

CHEMINS VICINAUX ET RURAU

1. (14). **Droit fixe. Nature des travaux.** — Le dr de 1 fr. 50 en principal, établi par l'art. 20 de la 21 mai 1836, ne s'applique qu'aux actes et contrat pour objet exclusif la construction, la réparation o tretien d'un chemin vicinal (D. M. F. 10 août 1894 8669).

Le traité passé entre une commune et une soc un particulier pour la construction d'un égout sou d'un chemin vicinal ne devrait donc pas bénéficier rif de faveur et il serait passible du droit de 1 0/ travaux prévus par le marché étaient destinés à ser intérêts ou des besoins autres que ceux de la vi (tels que l'assainissement, la propreté ou l'embellis d'un quartier, ainsi que l'intérêt ou l'utilité des p taires ou des locataires d'immeubles situés en bord à proximité de la partie de la voie publique sous l l'égout serait construit) et si ces travaux n'intéresse viabilité du chemin que d'une manière accessoire o recte (Lyon, 8 août 1898 ; R. E. 1895 ; J. E. 25.614 9463).

2. (15). **Expropriation.** — La dispense de tim d'enregistrement édictée par l'art. 58 de la loi du 1841 s'étend aux actes concernant les chemins vic Elle s'applique, d'ailleurs, aux acquisitions à tit tuit comme à celles à titre onéreux (Sol. 6 déc. 1892 24.103).

Mais, en vertu de cette disposition elle-même, le relatifs à des acquisitions faites en vue de l'ouvertu redressement ou de l'élargissement des chemins vi et ruraux, ainsi que des rues et places publiques, n vaient bénéficier de l'immunité d'impôt que s'il y tervenu, antérieurement à la présentation des act formalité ou dans les deux années ayant suivi la p tion des droits, une déclaration d'utilité publique re selon les cas, soit conformément à la loi du 3 mai soit conformément à la législation spéciale à l tière (1).

Aux termes de l'art. 3 de la loi du 13 avril 1900 3042, § 1 ; R. E. 2378 ; R. P. 9850), les dispositions nues dans le premier paragraphe de l'art. 15 et d art. 16, 17 et 58 de la loi du 3 mai 1841 sont dése applicables à tous les actes ou contrats relatifs à l'a tion de terrains, même clos ou bâtis, poursuivie en tion d'un plan d'alignement régulièrement app pour l'ouverture, le redressement, l'élargisseme rues ou places publiques, et des chemins vicina chemins ruraux reconnus.

Il résulte notamment de cette disposition que les et contrats relatifs à des acquisitions faites dans l' de la voirie urbaine, vicinale ou rurale sont admi gratuitement dès l'instant que les acquisitions ont été ré conformément à des plans d'alignement réguliere approuvés et sans qu'il soit besoin, comme autrefoi

(1) Art. 50 et 52, L. 16 sept. 1807 ; 15 et 16, L. 21 ma L. 8 juin 1864 ; art. 44 et 86, L. 10 août 1871. — Cf. Cas razin, 5 déc. 1896 ; R. E. 2228 ; J. E. 25.768 ; R. P. 97 Cass. civ. 25 oct. 1899 ; R. E. 2228).

ces plans emportent expropriation, ou qu'il ait été rendu un décret déclaratif d'utilité publique.

La loi nouvelle, conçue en termes généraux, vise, sans distinction, tous les actes et contrats relatifs aux acquisitions dont il s'agit. Elle ne s'applique donc pas seulement aux contrats d'acquisition eux-mêmes, mais encore aux actes ou contrats qui en sont le préliminaire, la suite ou le complément naturels. En outre, la dispense porte aussi bien sur les droits perçus au bureau des hypothèques au profit du Trésor que sur ceux encaissés au bureau de l'enregistrement. C'est en ce sens qu'a été interprété l'art. 58 de la loi du 3 mai 1841, en ce qui concerne les acquisitions faites en vertu de la loi sur l'expropriation, et on ne saurait lui attribuer une autre signification pour l'application de l'art. 3 de la loi du 13 avril 1900.

Les droits qui, en l'absence de plans d'alignement, auraient été perçus sur des actes relatifs à des acquisitions concernant la voirie, deviendraient d'ailleurs restituables si, dans les deux ans à compter de la perception, il était justifié que la condition à laquelle se trouve subordonnée l'immunité d'impôt, s'est depuis réalisée. Appliquées aux actes et contrats prévus par l'art. 3 de la loi du 13 avril 1900, les dispositions finales de l'art. 58 précité ne sauraient être autrement entendues.

Pour qu'il y ait lieu à la gratuité du visa pour timbre et de l'enregistrement, il faut qu'il s'agisse d'une acquisition poursuivie en vertu d'un plan d'alignement *régulièrement* approuvé.

Il convient donc, dans chaque cas particulier, de s'assurer que l'autorité administrative qui a revêtu le plan de son approbation était compétente pour le faire.

En ce qui concerne les chemins vicinaux, la loi du 10 avril 1871 a conféré le pouvoir d'approbation des plans d'alignement, savoir : aux conseils généraux, s'il s'agit de chemins de grande communication ou d'intérêt commun (art. 44 et 46) ; à la commission départementale, s'il s'agit de chemins vicinaux ordinaires (art. 86).

L'ouverture, le redressement et la fixation de la largeur et de la limite des chemins ruraux reconnus sont prononcés par la commission départementale sur le vu de plans d'exécution qui doivent rester annexés aux arrêtés pris par cette commission (art. 13, L. 20 août 1881). C'est, sans aucun doute, à l'existence de ces plans régulièrement approuvés par la commission départementale que se trouve subordonnée, en cette matière, la gratuité du timbre et de l'enregistrement, car il n'existe pas, pour les chemins ruraux reconnus, de plans généraux d'alignement.

Ajoutons qu'il appartient aux préfets, en vertu du décret du 25 mars 1852, d'approuver les plans d'alignement des villes, bourgs et villages. Cette règle générale comporte toutefois une double exception :

1° Les rues des villes, bourgs et villages qui ont été reconnues dans les formes légales être le prolongement de chemins vicinaux sont assimilées à ces chemins (L. 8 juin 1864) ;

2° Les rues de la ville de Paris faisant partie de la grande voirie (Décr. 26 mars 1852 ; Inst. 2106, § 2), les plans généraux d'alignement qui les concernent doivent être arrêtés par décret rendu en Conseil d'État, conformément à l'art. 52 de la loi du 16 septembre 1807 (Dall. Supp. Vᵒ Voirie par terre, nᵒ 776 ; Inst. 3012, § 1).

Sous le régime antérieur à la loi du 13 avril 1900, il était admis que le droit fixe de 1 fr. 50 était seul exigible, à l'exclusion de tout droit proportionnel, pour l'enregistrement des actes d'acquisition, lorsque les formalités de l'expropriation n'avaient pas été accomplies, dès lors qu'il était constant en fait que les travaux projetés intéres-

saient la voirie vicinale (Sol. 10 déc. 1897 ; R. E. 1819).

Il conviendrait encore de se conformer à cette règle au cas où, d'après les distinctions qui précèdent, le bénéfice des lois des 13 avril 1900 et 3 mai 1841 serait également inapplicable et où l'on se trouverait réduit à profiter du tarif de faveur de la loi du 21 mai 1836.

3. (16). Extraction de matériaux. — Sous l'empire de la loi du 21 mai 1836 (art. 20), les actes amiables de règlement d'indemnité pour extraction de matériaux nécessaires à la construction, à l'entretien ou à la réparation des chemins vicinaux, lorsqu'ils étaient rédigés dans la forme administrative, étaient exempts du timbre et de l'enregistrement sur la minute ; la formalité de l'enregistrement, lorsqu'elle était volontairement requise, devait être accomplie au droit fixe de 1 fr. 50, sauf application du droit proportionnel comme minimum ; enfin, l'expédition délivrée à un particulier était passible du droit de timbre à 1 fr. 80.

Depuis la loi du 29 décembre 1892 (art. 19), ces mêmes actes restent dispensés de la formalité du timbre et de l'enregistrement sur la minute ; mais l'enregistrement, lorsqu'il est requis, doit avoir lieu gratuitement, et, en outre, l'expédition délivrée à la partie doit être visée pour timbre gratis (Sol. 11 oct. 1895 ; J. E. 24.933).

4. (21). Échange. Soulte. — L'échange par lequel un particulier cède à une commune des terrains compris dans le tracé d'un chemin vicinal contre des terrains d'une valeur inférieure, sans stipuler aucune soulte, ne donne ouverture qu'au droit fixe. Mais si le traité porte que la renonciation à la soulte est subordonnée à la condition que la commune cèdera ultérieurement à la partie d'autres terrains, l'acte consécutif de cession n'est pas un acte de complément et il doit être assujetti au droit proportionnel sur le prix stipulé (Sol. 10 déc. 1897 ; R.P. 9562 ; — 9 avr. 1898 ; R. E. 1818). Si la cession des terrains est faite par la commune moyennant l'engagement pris par le particulier cessionnaire de supporter la dépense incombant à la commune dans la construction du chemin, indemnité d'expropriation comprise, ce second acte donne ouverture au droit de 5 fr. 50 0/0, non sur la totalité du fonds de concours à fournir par l'acquéreur, mais sur une somme à déclarer par les parties et qui ne peut être inférieure à la valeur des immeubles cédés (Sol. 9 avr. 1898, précitée).

5. (24). Fonds de concours. — L'acte par lequel une commune accepte le fonds de concours qui lui est offert par un particulier pour le prolongement d'un chemin vicinal est exempt de timbre et d'enregistrement, s'il a le caractère d'acte à titre onéreux, c'est-à-dire si le particulier qui fournit le fonds de concours est intéressé à l'exécution des travaux. Un tel acte emporte, en effet, quittance ou acceptation d'obligation de sommes et est dispensé de timbre sur la minute et d'enregistrement par application de l'art. 80 de la loi du 15 mai 1818, s'il est passé en la forme administrative. Alors même qu'il aurait le caractère d'acte à titre gratuit il ne serait passible que du droit fixe de 1 fr. 50, par application de l'art. 20 de la loi du 21 mai 1836, dès lors qu'il est relatif à la construction, à la réparation ou à l'entretien d'un chemin vicinal (Sol. 14 déc. 1896 ; R. E. 1844 ; R. P. 9620 ; — 23 déc. 1896 ; R. P. 9620).

6. (25). Traitement des cantonniers. Décomptes. — Les décomptes produits pour le traitement des salaires des cantonniers payés au moyen d'un traitement fixe, partie sur le budget départemental, partie sur le budget communal, sont exempts de timbre (D. M. F. 26 avr. 1898 ; Inst. 2989, § 1 ; R. E. 2186-1 ; J. E. 25.628 ; R. P. 9675-50).

7. (36). Certificats des agents-voyers. — V. Vᵒ Certificat, nᵒ 2.

5

66   COMMAND

CHÈQUE. — 1. (62). **Enonciation du lieu d'émission.** — La loi du 19 décembre 1874, art. 6, punit d'une amende proportionnelle de 6 0/0, au minimum de 100 fr., le tireur qui émet un chèque revêtu d'une fausse indication du lieu d'où il est tiré. Le défaut d'indication du lieu d'émission équivaut, d'ailleurs, à cet égard, à l'énonciation inexacte, spécialement visée par la loi.

Mais, par voie de conséquence, le chèque n'indiquant pas le lieu d'où il est émis ne doit pas être assimilé à un effet de commerce et il n'est assujetti qu'au droit de timbre établi sur les chèques. D'autre part, si cet écrit est timbré à 0 fr.10 seulement, l'Administration n'est pas fondée à exiger un complément de droit de 0 fr.10 et les amendes prononcées par les art. 4 et 7 de la loi du 5 juin 1850, à moins qu'elle ne puisse prouver que ledit écrit constitue réellement un chèque de place à place (Sol. 5 janv. 1899 ; R. E.1934).

2. (69). **Défaut de provision.** — Celui qui émet un chèque sans provision spéciale est passible d'une amende de 6 0/0, au minimum de 100 fr. (L. 19 déc. 1874, art. 6). Mais la pénalité n'est exigible qu'autant que l'absence de provision peut être constatée.

Le protêt d'un chèque ne suffit pas à lui seul et en dehors de toute autre circonstance pour établir juridiquement que ce chèque avait été émis sans provision préalable et disponible (Sol.20 avr.1895, précitée). On ne saurait non plus considérer comme une preuve juridique suffisante du défaut de provision la déclaration faite dans sa pétition par le tireur que le refus de paiement a eu pour cause véritable un manque d'argent (Sol. 27 nov. 1895 ; R. E. 1677).

La contravention qui résulte de l'émission d'un chèque sans provision préalable est purement fiscale et le tribunal correctionnel est incompétent pour en connaître (Seine, 21 juin 1901; R. E. 2764).

3. (70). **Présentation tardive à l'encaissement.** — Aux termes de la loi du 14 juin 1865, art. 5, le porteur d'un chèque doit en réclamer le paiement dans les cinq jours, y compris le jour de la date, si le chèque est tiré de la place sur laquelle il est payable et dans le délai de huit jours, s'il est tiré d'un autre lieu. Passé ces délais, le porteur du chèque perd son recours contre les endosseurs et même contre le tireur si la provision a péri, par le fait du tiré, après lesdits délais.

Mais la conséquence de la présentation tardive à l'encaissement se réduit à ces déchéances et elle ne comporte aucune pénalité fiscale (Sol. 20 avr. 1895 ; R. E. 1677).

COMMAND.

§ 1er. — Élection de command.

1. (5). **Droit fixe. Pluralité.** — La déclaration, faite par un adjudicataire, de plusieurs commands entre lesquels il partage les biens acquis et divise le prix de vente, donne ouverture à autant de droits fixes de 4 fr. 50 qu'il y a de commands distincts (Brest, 6 déc. 1899 ; R. E. 2286 ; R. P. 9925 ; — Rappr. n° 4, ci-après).

2. (10). **Forme de la réserve.** — Lorsque le cahier des charges d'une adjudication porte que l'adjudicataire « aura le droit de déclarer command s'il s'en est réservé la faculté dans le procès-verbal de l'adjudication », cette clause équivaut à la réserve même du droit d'élire command. L'élection du command, faite par l'adjudicataire et enregistrée dans les vingt-quatre heures, est elle-même régulière, alors même que le procès-verbal d'adjudication ne renferme pas la réserve prévue à titre facultatif par le cahier des charges, et elle ne donne ouverture qu'au droit fixe (1).

(1) Avignon, 28 juin 1898 ; R. E. 1845 ; R. P. 9438 ; — Contrà, Cosne, 14 mars 1892; R. E. 200 ; R. P. 9438 ; J. E. 23.888.

3. (32). **Calcul du délai. Jour férié.** — Lorsqu'une adjudication volontaire est faite à la veille d'un jour férié, le délai de 24 heures pour rédiger et faire enregistrer déclaration d'adjudicataire, de plusieurs commands est prorogé au surlendemain (Sol. 16 mai 1894 ; R. E. 757 ; Analog. n° 6, infrà).

3 bis. (41-2°). **Déclaration inexacte. Prix augmenté** — Lorsqu'il est établi que l'acquéreur qui a élu un command a, en fait, cédé son marché à celui-ci moyennant supplément de prix, la déclaration de command accep constitue en réalité une revente qui rend exigible un cond droit proportionnel de mutation (Grenoble, 30 ja 1901 ; R. E. 2657).

4. (54-4°). **Licitation.** — La déclaration, faite par adjudicataire, de plusieurs commands entre lesquels partage des biens acquis et divise le prix de la vente, don naissance à autant de ventes distinctes qu'il y a de co mands élus. Si les commands élus sont des colicitants, droit de 4 0/0 est exigible sur la valeur de chaque lot, duction faite de la part virile du colicitant dans ce et non dans l'ensemble des biens adjugés (Brest, 6 d 1899 ; R. E. 2286 ; R. P. 9925 ; — Rappr. n° 1, suprà).

5. (54-7°). **Adjudication de bois. Sol et superfi** — La superficie d'un bois vendu ne pouvant être mobili sans le consentement respectif du vendeur et de l'acq reur, le droit de vente est dû au taux de 5 fr. 50 0/0 la totalité du prix de la vente d'une forêt, alors même l'adjudicataire aurait déclaré command au profit d' personne pour la superficie et d'une autre pour le sol en est surtout ainsi quand le cahier des charges ne pré pas cette division et qu'il n'indique qu'un seul lot et seule mise à prix (Amiens, 16 juin 1898 ; R. E. 1876 ; R 9467 ; J. E. 25.660).

§ 2. — Déclaration d'adjudicataire.

6. (61). **Délai.** — La loi du 13 avril 1895 (nouvel 1033, C. proc. civ.) dispose que « toutes les fois que le nier jour d'un délai quelconque de procédure, franc non, est un jour férié, ce délai sera prorogé jusqu'au demain » (R. E. 993). Cette disposition est applicable délai de trois jours accordé par l'art. 707, C. proc. aux avoués, derniers enchérisseurs, pour souscrire les clarations d'adjudicataire (Sol. 12 juin 1895 ; R. E. 15 J. E. 25.334).

7. (70). **Acceptation. Mandat.** — L'avoué dernier chérisseur qui se borne à indiquer, dans les trois jours nom de l'adjudicataire pour lequel il a enchéri mais rapporte pas son acceptation, qui n'intervient que plusie mois après l'adjudication, doit être réputé acquéreur p son compte personnel. Un double droit de mutation dû, en conséquence, sur la transmission du même imm ble opérée au profit de l'avoué, puis de son client (Ma jols, 28 déc. 1899 ; R. E. 2287).

Même décision si l'avoué ne passe la déclaration q vertu d'un pouvoir verbal (Lorient, 25 juin 1901).

Lorsqu'à la suite d'une adjudication prononcée au p d'un avoué, qui a déclaré adjudicataire dans le délai lé gal, des actes produits en justice viennent prouver qu déclaration de l'officier ministériel a été faite non au p de son mandant véritable, mais au profit d'un tiers avait, dans l'intervalle, acquis de ce dernier, pour un supérieur, le bénéfice de son acquisition, l'Administra est fondée à soutenir qu'il s'est réalisé entre les parties mutation secrète donnant ouverture à un droit prop tionnel de revente et à deux droits en sus à la ch du cédant et du cessionnaire (Lille, 2 mars 1894 ; J 24.369).

§ 3. — Cautionnement.

8. (83 à 90). **Stipulation expresse ou implicite.** — La nature des contrats se détermine, non par les termes dont ils sont conçus, par les formes extérieures dont ils sont revêtus ou par les qualifications que les parties leur ont données, mais par l'objet des conventions qu'ils renferment. Lorsqu'il résulte d'un acte de vente que l'acquéreur, qui s'est réservé de déclarer command à la condition expresse de rester solidairement obligé avec le command élu au paiement du prix, a usé de cette faculté et fait connaître immédiatement après la vente et avant toute signature de l'acte destiné à la constater, que l'acquisition a eu lieu, soit en totalité, soit en partie seulement, pour le compte d'un tiers qui a accepté la déclaration ainsi faite en sa faveur et s'est obligé au paiement du prix, un tel acte renferme deux dispositions indépendantes. l'une de l'autre, une vente et un cautionnement, passibles chacune d'un droit particulier. Le cautionnement est caractérisé, dans l'espèce, par l'engagement de l'acquéreur primitif de payer, solidairement avec le command élu, le prix de l'acquisition, alors que, par l'effet de la déclaration de command, ladite acquisition est réputée lui être demeurée complètement étrangère (Seine, 17 fév. 1894 ; Cass. civ. 22 mars 1897 ; Inst. 2965-1 ; R. E. 1372-1 ; J. E. 25.080 ; R. P. 8962 ; J. N. 97.615 ; S. 98.1.147 ; D. 98.1.292).

Même décision dans le cas où le cahier des charges stipulerait que l'adjudicataire qui élira command restera solidairement obligé avec celui-ci, au cas où le command élu ne serait pas notoirement solvable. Le cautionnement n'étant subordonné qu'à une condition potestative de la part du créancier, la convention doit être regardée comme actuelle et le droit afférent est immédiatement exigible (Bordeaux, 1er juin 1898 ; J. E. 25.542 ; R. P. 9418).

Le droit de 0 fr.50 0/0 pour cautionnement perçu dans les diverses hypothèses n'est pas restituable alors même que, par l'effet d'une surenchère postérieure, la déclaration de command et la première adjudication sont anéanties et remplacées par une nouvelle adjudication au profit soit d'un tiers, soit même du command primitivement élu (Seine, 1er mai 1896 ; R. E. 1175 ; J. E. 24.871).

COMMISSAIRE-PRISEUR. — (2). Acte en conséquence.

— Les commissaires-priseurs rentrent dans la catégorie des officiers publics à qui l'art. 42 de la loi du 22 frimaire an VII fait défense d'agir en vertu d'un acte sous seing privé non préalablement enregistré. On ne saurait, du reste, les faire bénéficier des facilités qui ont été accordées aux notaires par l'art. 13 de la loi du 16 juin 1824 (Sol. 24 mai 1877 et 20 août 1883 ; R. E. 636).

COMMISSION. — 1. (4). Distributeur auxiliaire de papier timbré.

— Un arrêté du Ministre des finances du 9 janvier 1894 (Inst. 2860 ; R. E. 1555) dispose que les débitants de tabac, chargés de la vente des papiers timbrés, seront désormais commissionnés par une simple lettre de service non timbrée, émanant de l'autorité qui a qualité pour les nommer. D'autre part, les nouveaux distributeurs n'ont plus à payer, au moment de leur installation, le prix de la griffe d'estampillage ni celui du tableau indicateur du prix des papiers timbrés. Ils devraient, toutefois, pourvoir à leurs frais au remplacement de ces objets ; dans ce cas, le prix du tableau serait de 0 fr. 10.

2. (5). **Garde particulier. Plusieurs propriétaires.** — L'acte par lequel plusieurs propriétaires désignent à l'autorité administrative un individu pour qu'elle l'agrée comme garde particulier de leurs propriétés, ne constitue pas à proprement parler un mandat et ne comporte pas, dès lors, l'application des règles fiscales, notamment des règles de la pluralité, relatives aux procurations. C'est un acte innommé, sur lequel il n'est dû qu'un droit de 3 fr., quel que soit le nombre des propriétaires intéressés (D. M. F. 21 mai 1894 ; Sol. 28 mai 1894 ; J. E. 24.444).

COMMUNAUTÉ CONJUGALE.

SOMMAIRE ANALYTIQUE.

Sect. I. — *Communauté légale*, 1-16.

§ 1. — Actif de communauté, 1-3.
§ 2. — Des remplois et du retrait d'indivision, 4-5.
§ 3. — Des récompenses, 6-7.
§ 4. — Des constitutions de dot et des donations aux enfants, 8-10.
§ 5. — Renonciation de la femme à la communauté, 11-12.
§ 6. — Liquidation et partage de la communauté, 13-15.
§ 7. — De la contribution aux dettes de la communauté, 16.

Sect. II. — *Communauté d'acquêts*, 17-19.

Sect. III. — *Dérogations à la règle du partage égal de la communauté*, 20-22.

SOMMAIRE ALPHABÉTIQUE.

Accidents (indemnité), 1, 18.
Assurance sur la vie, 10.
Attribution totale au survivant, 20.
Bénéfice d'émolument, 16.
Caisse d'épargne, 2.
— des retraites pour la vieillesse, 2.
Chemins de fer (versements par les compagnies), 2.
Communauté d'acquêts, 17 à 19.
— légale, 1 à 16.
Compensation des récompenses, 13.
Créance du mari sur la femme, 7, 19.
Déchéance du droit de renoncer, 12.
Donation à un enfant commun, 9.
Dot constituée, 8.
— exclue de la communauté, 3.
Liquidation des reprises, 14.
Office, 17.
Récompense, 6, 7, 19.
Remplois, 4.
Renonciation, 4, 11, 12, 15.
Reprises, 14, 15.
Retrait d'indivision, 5.

SECT. Ire. — COMMUNAUTÉ LÉGALE.

§ 1er. — Actif de la communauté.

1. (20). **Indemnité après accident.** — Rappr. n° 18, ci-après.

2. (21). **Caisse des retraites pour la vieillesse. Chemins de fer.** — Les art. 4 de la loi du 18 juin 1850 et 13 de la loi du 20 juin 1886 attribuent impérativement à chacun des époux, par moitié, le bénéfice des versements faits par l'un d'eux, pendant le mariage, à la caisse des retraites pour la vieillesse. Mais il n'en est plus de même lorsque les versements sont opérés par un tiers donateur, au nom d'un seul des conjoints, parce qu'alors le donateur est présumé n'avoir voulu gratifier que l'époux désigné par lui au moment des versements.

La question de savoir si la veuve d'un agent des chemins de fer décédé en réforme ou dans les conditions voulues pour obtenir une retraite, a un droit de propriété sur les capitaux versés par la compagnie à la caisse des retraites pour la vieillesse, au nom du mari, est controversée.

Dans un premier système, on soutient que le livret est la propriété exclusive du titulaire, parce que la compagnie fait acte de libéralité en effectuant les versements (1) et la Direction générale s'est tout d'abord rangée à cette opinion (2).

(1) Seine, 31 juill. 1878 ; Pand. franç., V° *Caisse des retraites pour la vieillesse*, n° 60.
(2) Sol. 26 sept. 1894 et 2 mai 1896 ; R. E. 1297 ; R. P. 8776 ; J. E. 24.991.

Dans un deuxième système, qui s'appuie particulièrement sur une lettre du directeur de la Compagnie d'Orléans, du 16 août 1894, la compagnie, ouvrant des livrets dans le but de constituer une retraite à ses employés, d'abord, et ensuite à leurs veuves, ces dernières seraient appelées à bénéficier de la moitié des capitaux versés et ce, en vertu d'un droit propre, stipulé éventuellement à leur profit par la compagnie donatrice, et auquel le décès du mari donne ouverture (Lettre du directeur général de la Caisse des dépôts et consignations du 6 juin 1899).

Dans un troisième système, on conteste à la compagnie la qualité de donatrice : les sommes versées par elle proviendraient de la participation de ses agents aux bénéfices et ils constitueraient une rémunération supplémentaire. La règle générale posée par les lois de 1850 et de 1886 reprend donc tout naturellement son empire et, lorsque les époux sont communs en biens, les sommes versées tombent dans la communauté (1).

Quant aux versements effectués dans les mêmes conditions à une caisse d'épargne ou à toutes caisses autres que la Caisse nationale des retraites, et aux achats de rentes sur l'Etat effectués par une compagnie de chemins de fer, au compte de ses employés, ils ont, en toute hypothèse, le caractère d'acquêts, suivant le droit commun (Sol. 12 mai 1896, préc.).

3. (25). **Dot exclue de la communauté.** — Le mobilier donné par contrat de mariage à l'un des époux mariés sous le régime de la communauté légale ne tombe pas dans la communauté si le donateur a manifesté l'intention d'en gratifier *personnellement* l'époux donataire à l'exclusion de la communauté. Il n'est pas nécessaire que cette intention soit formulée en termes exprès et il suffit qu'elle ressorte des clauses de l'acte et des circonstances, comme de l'immatriculation au nom de la femme des titres à elle donnés (Sol. 12 mai 1897 ; R. E. 1589).

§ 2. — Des remplois et du retrait d'indivision.

4. (95 à 97). **Remploi des biens de la femme. Acceptation.** — Lorsqu'un immeuble a été acquis au cours d'une communauté entre époux et que, dans l'acte de quittance du prix passé postérieurement, il est expliqué que l'immeuble servira de remploi à la femme, cette déclaration ne correspond pas aux conditions spécifiées par l'art. 1435, C. civ. pour opérer directement le remploi proprement dit ; elle est au contraire régie par l'art. 1595-2 du même Code, qui vise la cession consentie par le mari à la femme d'un bien de communauté.

La renonciation ultérieure de la femme à la communauté rendrait dès lors exigible le droit de vente, car la femme renonçante se trouverait, dans ce cas, avoir acquis un immeuble propre de son mari, le titre de la mutation résidant dans la quittance du prix (Lille, 14 déc. 1894 ; J. E. 24.684). En l'absence d'une renonciation expresse, le fait par la femme séparée de corps ou de biens d'avoir laissé passer, sans accepter ni renoncer, le délai fixé par l'art. 1463, C. civ. et après lequel elle est réputée renonçante, suffirait, d'ailleurs, à rendre exigible le droit de 5 fr. 50 0/0 (Besançon, 3 déc. 1891 ; J. E. 24.223).

Aux termes de l'art. 1492, C. civ. la femme qui renonce à la communauté reste simple créancière de ses reprises ; l'abandon que lui fait le mari d'une partie des biens de la communauté pour la payer de ses reprises constitue

dès lors une dation en paiement passible du droit proportionnel. Cette solution, évidente pour le cas où la serait postérieure à la renonciation, est également pour celui où la renonciation a suivi la vente, puis quelque moment que l'acte ait été présenté à l'en trement, il n'a pu être affranchi du droit proporti que sous la condition ou sur la présomption que la fe aurait à partager la communauté. En conséquenc vente d'immeubles de communauté faite par le mar femme, conformément aux art. 1492 et 1495-2, C. pendant le cours de la communauté, et enregistrée visoirement moyennant le paiement d'un droit fi: 3 fr. et d'un droit proportionnel de transcriptie 1 fr. 50 0/0, devient passible du droit proportionn mutation à titre onéreux au taux de 4 0/0, lorsq femme, après avoir obtenu la séparation de biens, re à la communauté (1).

5. (117, 124 à 125). **Retrait d'indivision. Faculté tion.** — Le privilège connu sous le nom de « retrait d vision », accordé à la femme par l'art. 1408, § 2, C. ci vertu duquel elle peut prendre pour son compte l'ac tion d'une portion ou de la totalité d'un immeuble partenant par indivis, faite par son mari seul, ne peu invoqué que si les époux sont mariés sous le régime communauté ; il est tout au moins douteux qu'il être exercé sous le régime exclusif de communauté s'applique, en tout cas, que si l'acquisition porte s immeuble déterminé et non si elle a pour objet un e ble de biens composé de meubles et immeubles.

A supposer même que l'art. 1408, § 2 soit applica que la femme ait le droit d'exercer le retrait, l'imm acquis ne devient sien qu'après sa déclaration et, meurt sans l'avoir faite, son héritier a, comme e faculté soit d'exercer le retrait, soit de laisser l'acqu au compte du mari (Toulouse, 27 janv. 1894 ; R. E.

Ce cas échéant, l'intention de l'héritier de répudier quisition peut résulter suffisamment, en dehors de autre circonstance plus caractéristique, du fait qu' pas compris l'immeuble acquis dans la déclaration succession (2).

§ 3. — Des récompenses.

6. (135). **Aliénation des propres de la femme.** — le régime de la communauté, le mari est administ des propres de sa femme, d'où il suit qu'il doit être sumé avoir eu à sa disposition les sommes d'arger celle-ci a touchées comme prix de ses propres aliér qu'à défaut par lui de faire la preuve contraire ou d tifier qu'il en a été fait emploi au profit de sa femi communauté en doit récompense à celle-ci ou à ses tiers (Cass. 18 janv. 1897 ; R. P. 9116).

7. (142). **Créance du mari sur la femme contr antérieurement au mariage.** — V. *infrà*, n° 19.

§ 4. — Des constitutions de dot et des donatior aux enfants.

8. (164). **Dot à un enfant commun imputable s succession du prédécédé.** — Les père et mère qui d conjointement un enfant commun sont censés le

---

(1) J. E. 24.991 ; — Libourne, 15 mai 1897 ; R. E. 1601 ; J. E. 25.384 ; — Rappr. Sol. 22 févr. 1900 ; R. E. 2479 ; J. E. 25.934 ; R. P. 9812.

(1) Cass. req. 17 oct. 1893 ; Inst. 2864-1 ; R. E. 591 ; 24.237 ; S. 94.1.148 ; D. 94.1.190 ; — St-Quentin, 30 déc. J. E. 25.370.
(2) Sol. 24 août 1898 ; R. E. 2084 ; J. E. 25.863 ; — 1 Sol. 18 sept. 1895 ; R. E. 1081.

acun pour moitié (art. 1438, C. civ.). Mais ils peuvent àrter cette répartition et stipuler, notamment, que la sera à la charge de l'époux qui décèdera le premier, et elle devra être imputée sur la succession du prémou-nt des donateurs et, en cas d'insuffisance, sur celle du vivant. Cette dernière clause doit être interprétée en sens que l'époux survivant s'est engagé à prendre à sa rge toute la portion de la dot excédant la part du do-aire dans la succession de l'ascendant prédécédé, et e c'est le survivant personnellement qui est tenu de yer cet excédent, en avancement d'hoirie, et non pas sa ccession (1).

8 bis. (168). Donation par le mari à un bénéficiaire tre qu'un enfant commun. — La donation de biens ubles de communauté faite, à titre particulier et sans erve d'usufruit, par le mari, à un bénéficiaire autre un enfant commun ne donne lieu à aucune récompense sa part au profit de la communauté. Une telle libéra-rentre dans la catégorie des aliénations prévues par rt. 1421, C. civ. ; elle n'excède pas les pouvoirs d'admi-tration du mari, auquel il est seulement interdit de sentir la donation, au profit d'étrangers, d'immeubles communauté ou de l'universalité ou d'une quote-part meubles (Sol. 29 mars 1900 ; R. E. 2633).

9. (169 bis). Donation par le mari à un enfant com-n hors contrat de mariage. — La donation en avan-nent d'hoirie faite, sans le concours de la femme, par mari à un enfant commun, des deniers de la commu-uté et sans être opérée à titre de dot, ne donne lieu de part du mari à aucune récompense envers la commu-uté. En effet, en effectuant cette donation, le mari ne qu'user des droits que lui confère la disposition finale l'art. 1422, C. civ., et, d'autre part, l'éventualité du rap-t auquel est soumis le donataire ne constitue pas, pour donateur, un profit personnel dans le sens de l'art. 1437, civ. (Cass. civ. 7 déc. 1898 ; R. E. 1975).

10. (169 ter). Assurance constituée par le mari au ofit d'un enfant commun. — De même, le mari ne aucune récompense à la communauté pour les primes oursées par elle et qui ont servi à constituer une as-rance au profit de l'enfant commun (Seine, 1er juill. 99; R. E. 2337).

§ 5. — Renonciation de la femme à la communauté.

11. (225). Renonciation par le mari du chef de sa mme. — Le mari ne peut en aucun cas, ni de son chef, du chef de sa femme, dont il est légataire universel, noncer à la communauté. En conséquence, la renoncia-n qu'il aurait faite dans ces conditions ne le dispense-t pas d'acquitter les droits de mutation par décès dus r lui en sa qualité de légataire universel sur la part re-ant à la défunte dans les biens communs (St-Dié, nov. 1891 ; J. E. 24.215).

12. (228). Déchéance de la faculté de renoncer. — rsqu'une veuve forme une demande en liquidation et rtage de la communauté ayant existé entre elle et son ri et de la succession de celui-ci, ainsi qu'une demande licitation d'immeubles sur lesquels elle ne pouvait ir un droit de copropriété qu'à titre de commune en ns ou d'héritière, elle doit être réputée avoir fait un

(1) Cass. civ., 2 mai 1899 ; R. E. 2326 ; S. 99.1.420 ; D. 99.1. ; — C. Orléans, 28 mars 1900 ; Defrénois, Rép. gén. prat., 335.

acte d'héritier et de femme commune en biens, qui l'em-pêche de renoncer désormais valablement à la commu-nauté et cela malgré les réserves insérées par elle dans son assignation, ces réserves étant contredites par l'objet même de l'acte qui les renferme (Cass. req. 14 avr. 1899 ; R. E. 2323 ; D. 99.1.402).

§ 6. — Liquidation et partage de la communauté.

13. (249). Compensation des récompenses. — Les reprises et les récompenses d'un époux ne sauraient être considérées comme des dettes distinctes, indépendantes les unes des autres ; elles constituent les éléments d'un compte unique et indivisible dont le reliquat final est seul à considérer lorsqu'il s'agit de régler la situation récipro-que des parties. Il s'ensuit que, lorsque les récompenses dues par l'un des époux à la communauté sont inférieures au montant de ses reprises, aucune créance n'existe en faveur de la masse et que seule la différence entre ces deux sommes doit figurer au passif de communauté. Dans l'hypothèse contraire, où les récompenses dues par l'un des époux sont supérieures à ses reprises, c'est seulement la différence qui constitue créance en faveur de la masse et qui doit être comprise parmi les valeurs réelles à par-tager, pour servir, avec les biens communs existant en nature, au lotissement des ayants-droit et être soumise à la perception du droit de partage.

Si, contrairement à cette règle, les copartageants ont compris dans la masse le montant brut des récompenses et qu'au moyen de l'attribution de cette valeur fictive aux ayants-droit on ait fait passer dans le lot d'un autre, pour une quotité supérieure à sa part, tout ou partie de biens existant en nature dans la masse commune, il ap-partient à la Régie de rétablir la liquidation d'après les principes édictés par la loi et, après avoir fait ressortir par ce moyen l'excédent d'attribution consenti à l'un des copartageants, de réclamer le droit de soulte sur cet ex-cédent d'après la nature des valeurs attribuées à l'époux loti en trop (Périgueux, 23 déc. 1897 ; J. E. 25.333 ; — Seine, 9 déc. 1898 ; R. E. 1936 ; J. E. 25.568 ; R. P. 9492).

14. (255). Preuve de l'existence des reprises de la femme. — Le prix des propres aliénés par la femme doit être présumé, jusqu'à preuve contraire, avoir été touché par le mari administrateur de la communauté, et si celui-ci ne justifie pas en avoir fait emploi au profit de la femme, la communauté en doit récompense à la femme ou à ses héritiers (Cass. req. 18 janv. 1897 ; R. E. 1354).

14 bis. (255 bis). Liquidation des reprises du mari. Preuve. — C'est à l'Administration, qui réclame des droits de succession, à établir que le prix de propres au mari dé-funt vendus pendant la communauté a été encaissé par celle-ci et qu'elle en a profité. Faute de fournir cette preuve, la Régie ne peut réclamer le droit de mutation pour une prétendue omission de reprises (Perpignan, 28 mars 1900 ; R. E. 2389).

15. (264). Femme renonçante. Paiement des repri-ses. — V. supra, n° 4.

§ 7. — De la contribution aux dettes de la communauté.

16. (354). Bénéfice d'émolument. — La femme qui, en cas d'acceptation d'une communauté en déficit, n'est tenue des dettes que jusqu'à concurrence de son émolument (1483, C. civ.), n'en est pas moins saisie de la propriété de la moitié des biens. Par conséquent, si les héritiers lui

abandonnent tout l'actif de communauté en paiement des
dettes qu'elle a acquittées, ils ne lui cèdent en réalité que
la moitié de cet actif, l'autre moitié lui appartenant en
vertu de la loi, et c'est seulement sur cette moitié que le
droit de soulte peut être exigible. Il en résulte qu'aucun
droit de soulte n'est dû lorsque, dans le partage d'une
communauté en déficit, il est attribué à la femme, outre
les biens prélevés en paiement de ses reprises, la moitié de
l'actif restant après ce prélèvement, à charge de supporter
somme égale à cette moitié dans le passif commun préalablement acquitté par elle (Sol. 15 févr. 1892; *J. E.* 24.659).

SECT. II. — COMMUNAUTÉ D'ACQUÊTS.

17. (375). **Office.** — La simple estimation, dans le contrat de mariage portant adoption du régime de la communauté réduite aux acquêts, des meubles incorporels apportés, tels qu'un office ministériel, n'emporte pas, en général,
et sauf intention contraire, vente à la communauté. La
plus-value acquise par un office ministériel, au cours du
mariage, reste également propre au mari. Dès lors, en
cas de décès du mari et dans l'hypothèse où l'office a été
vendu pour un prix supérieur au montant de l'estimation
et touché par la communauté, c'est ce prix total, et non pas
seulement le montant de l'estimation, qui forme reprise
au profit de la succession et doit être assujetti aux droits
de mutation par décès (Arras, 31 janv. 1894 ; *J. E.* 24.312).
18. (382). **Accidents. Indemnité.** — Sous ce régime,
la créance résultant, au profit de la femme, d'une décision
judiciaire qui lui alloue une certaine somme à titre de
dommages-intérêts en réparation d'un accident dont elle
a été victime, n'entre pas dans la communauté mais reste
propre à la femme (Cass. 23 fév. 1897 ; *R. P.* 9380).
18 *bis*.(390).**Séparation de biens et société d'acquêts.**
— Lorsque deux époux se sont mariés sous le régime de la
séparation de biens auquel ils ont joint une société d'acquêts, l'immeuble acquis à titre onéreux par l'un d'eux
pendant le mariage sans déclaration d'emploi a le caractère d'acquêt et dépend de la communauté (Perpignan,
19 mai 1897 ; *R. E.* 2754).
19. (420-422). **Créance du mari sur sa femme antérieurement au mariage.** — Lorsque le mari, sous le
régime de la communauté d'acquêts, a apporté comme
propre une créance qu'il avait contre sa femme, antérieurement au mariage, il est payé de cette créance, à la
dissolution de la communauté, par la reprise qu'il fait de
son apport avant le partage de la masse commune. Dans
cette hypothèse, la femme se trouvant libérée d'une dette
au moyen du prélèvement opéré par le mari sur les deniers
communs, doit récompense à la masse d'une somme égale
(Cass. civ. 6 nov. 1899 ; *R. E.* 2257).

SECT. III. — DÉROGATIONS A LA RÈGLE DU PARTAGE
ÉGAL DE LA COMMUNAUTÉ.

20. (558). **Jurisprudence ancienne.** — La jurisprudence a pendant longtemps décidé que s'il a été convenu
que les héritiers de l'époux prédécédé ne pourront pas
exercer la reprise des capitaux tombés de son chef dans la
communauté, cette clause, qui n'est pas celle prévue par
l'art. 1525, C. civ.,constitue une véritable libéralité au profit
du survivant. De nombreuses décisions rendues en ce sens
sont analysées au *T. A.*, note 2 du n° 558 et n°° 559 et 561.
Mais cette jurisprudence est aujourd'hui abandonnée
(Voir *T. A.* 562).
21. (562). **Attribution totale au survivant.**— Aux termes de l'art. 1520, C. civ., les époux peuvent déroger au

partage égal, notamment en stipulant que la communa
entière appartiendra à l'époux survivant ou à l'un d
seulement. L'art. 1525 les autorise, d'autre part, à co
nir que cette attribution n'aura lieu que sous réserve
la reprise, par les héritiers de l'autre époux, des app
et capitaux tombés dans la communauté du chef de l
auteur.
Les stipulations dont il s'agit ne sont pas réputées c
tituer des avantages réels et elles échappent aux rè
des donations. C'est ainsi que la Cour de cassation
une simple convention de mariage dans la clause
contrat stipulant une attribution semblable tout en p
bant la reprise prévue par l'art. 1525, et elle a décidé
l'époux bénéficiaire de cette disposition était fondé à s
proprier la totalité des biens de communauté, comp
notamment d'une somme provenant de l'apport de
conjoint, sans avoir à subir la réduction à la quotité di
nible entre époux (C. civ. 1094 ; — Cass. civ. 2 août 1
J. E. 25.801).
22. (569). **Renonciation à la clause d'attribution
tale de la communauté.** — Il résulte d'un arrêt d
Cour de cassation du 20 février 1855 (D. P. 55.1.70) q
renonciation à l'attribution de la communauté totale
l'époux survivant pour s'en tenir à la moitié des acq
ne constitue pas une libéralité soumise aux formes
donations et a seulement le caractère extinctif.
Cette décision, — rendue sous l'empire de la juris
dence qui considérait comme une donation l'attribu
faite en vertu de l'art. 1525, C. civ. lorsque les appor
capitaux tombés dans la communauté du chef du prédé
n'étaient pas réservés,— ne devrait plus être suivie auj
d'hui. En effet, depuis l'arrêt solennel du 19 décer
1890 (n° 562, *T. A.*), les clauses de l'espèce sont con
rées, non plus comme des libéralités, mais comme des
ventions de mariage à titre onéreux, participant à l'inc
mutabilité de celles-ci. Y renoncer, c'est renoncer
tiellement à la communauté, ce qui n'est possible q
moyen d'une acceptation préalable pour le tout su
d'une rétrocession partielle aux héritiers du mari.

COMMUNES. — (4). **Poursuites en matière d
registrement. Mémoire préalable.** — Lorsqu'à
action en restitution formée par une commune, l'Adm
tration répond par une demande reconventionnell
paiement de droits supplémentaires, elle est tenue de f
tuer entre les mains du préfet le dépôt d'un mém
préalable (L. 5 avr. 1884, art. 124; Chauveau, *C.
adm.*, t. II, n° 1069). Ce mémoire doit être rédigé
papier timbré ; le récépissé qui en est délivré est sou
d'autre part, au timbre de 0 fr. 10 (1).

COMMUNICATION.

SECT. Iʳᵉ. — COMMUNICATIONS A FAIRE AUX AGEN
DE L'ENREGISTREMENT.

1. (17). **Impôt sur le revenu.** — Nous avons exp
l'avis au *T. A.* que l'Administration peut user du dro
communication pour assurer la perception de l'impô
le revenu. La question a été implicitement tranché
ce sens par l'art. 21, L. 26 juill. 1893, qui décide qu
prescription quinquennale de l'action du Trésor en
ment de l'impôt sur le revenu sera suspendue pa
procès-verbal dressé pour refus de communication.
2. (22). **Pénalités. Poursuites en recouvremen**
En matière d'enregistrement, le premier acte de pou

(1) Sol. 24 août 1899; *R. E.* 2455 ; *R. P.* 9767 ; *J. E.* 25.9

es, en vue d'assurer le recouvrement des peines et amendes, est la contrainte ; l'Administration doit donc procéder par voie de contrainte lorsqu'elle poursuit le recouvrement des amendes encourues pour refus de communication ; elle a, au surplus, la faculté de liquider provisoirement l'amende et elle peut, notamment, la fixer au maximum. La somme ainsi réclamée est liquide, sauf réduction qu'il appartient au tribunal de prononcer ; le paiement peut en être garanti par voie de saisie-arrêt (Valence, 4 mars 1898 ; *J. E.* 25.492).

3. (46). **Actes administratifs exempts de l'enregistrement.** — La question de savoir si ces actes sont sujets à communication reste controversée (Sol. 4 mars 1898 ; *R. E.* 1793 ; — pour la négative, Sol. 28 oct. 1881 ; *R. P.* 898 ; — pour l'affirmative, Inst. 2721, § 121).

3 bis. (67). **Lycées.** — Les économes des lycées sont tenus, en principe, de communiquer leurs registres et documents de comptabilité aux agents de l'Administration. Toutefois, comme il s'agit d'établissements de l'Etat, il a té convenu, sur la demande du département de l'instruction publique, que les agents vérificateurs se concerteraient, au préalable, avec les proviseurs des lycées pour que leurs opérations de contrôle au siège des bureaux l'économat n'apportent aucune gêne dans le travail de ces bureaux (1).

3 ter. (68). **Ecoles primaires supérieures.** — Les écoles primaires supérieures sont affranchies, au contraire, du droit de communication. Il ne s'agit plus, en effet, comme pour les lycées, d'établissements publics dotés de la personnalité civile, mais de services publics entretenus directement par l'Etat et régis, au point de vue budgétaire, par. l'art. 2 de la loi du 18 juillet 1889 (Sol. 21 juin 1896 ; *R. E.* 1485 ; *J. E.* 25.301).

4. (71). **Chambres de commerce.** — V. ce mot, n° 1.

5. (76). **Grands séminaires.** — Les économes des grands séminaires sont tenus, comme les trésoriers de ces établissements, de communiquer aux agents de l'enregistrement tous leurs livres, registres, titres, pièces de recette, de dépense et de comptabilité, même celles de ces pièces exemptes de l'impôt du timbre. L'assistance d'un officier municipal n'est pas nécessaire pour la validité du procès-verbal de refus de communication, comme lorsqu'il s'agit des actes et répertoires des officiers ministériels et des archives des dépositaires de titres publics (art. 52 et 54, L. 22 frim. an VII). Mais, lorsque le refus de communication opposé par l'un des agents d'un établissement public (en l'espèce le trésorier de l'établissement) s'applique à des registres détenus non par lui, mais par un autre agent de l'établissement (en l'espèce l'économe), le procès-verbal de refus doit, pour pouvoir servir de base à la réclamation de l'amende, être dressé contre ce dernier agent après qu'il aura été mis personnellement en demeure de déférer à la demande de communication (Sol. 4 nov. 1881 ; *R. E.* 1158 ; *J. E.* 24.932).

6. (87). **Sociétés étrangères. Succursales en France.** — Les sociétés étrangères par actions sont-elles tenues, quant aux succursales et établissements qu'elles possèdent en France, aux communications auxquelles les sociétés françaises similaires sont tenues à l'égard de la Régie ? (pour la négative, Seine, 29 juill. 1899 ; *R. E.* 2149 ; *J. E.* 25.791). La question est actuellement soumise à la Cour de cassation.

6 bis. (89). **Compagnies d'assurances étrangères.** — Quant aux compagnies étrangères d'assurances, l'art. 7 de la loi du 23 août 1871 déclare expressément applicables

(1) D. M. F. 28 août 1893 ; Inst. 2913-2 ; *R. E.* 1556 ; *J. E.* 25.013 ; *R. P.* 8850-51.

à leurs succursales établies en France les dispositions de la loi du 5 juin 1850 et, par conséquent, l'art. 35 relatif à la communication.

7. (98). **Sociétés par actions. Extraits des documents communiqués.** — L'amende relevée pour refus de communication est encourue non par le gérant mais par la société et c'est contre celle-ci que la contrainte doit être décernée.

Le droit de communication implique, d'ailleurs, pour les agents de l'Enregistrement la faculté de prendre des copies ou extraits des divers documents soumis à leurs investigations, et notamment du registre des comptes courants (Cass. req. 27 mars 1901 ; *R. E.* 2651), sans avoir à justifier de l'intérêt que présentent pour l'Administration ces copies ou extraits (Senlis, 22 mars 1899 ; *R. E.* 2020 ; *J. E.* 25.657).

8. (99 à 101). **Documents à communiquer par les sociétés par actions.** — Les dispositions de l'art. 22 de la loi du 23 août 1871 et de l'art. 7 de la loi du 21 juin 1875 qui obligent les sociétés par actions à représenter aux agents de l'Administration leurs registres, titres, pièces de recette, de dépense et de comptabilité, sont générales et absolues : elles englobent tous les documents ayant rapport à la comptabilité, soit principalement, soit accessoirement.

Aucune distinction ne doit être faite à cet égard entre les documents soumis au timbre et ceux qui en sont exempts.

On a cependant voulu dénier à la Régie le droit de prendre communication du registre des délibérations du conseil d'administration des sociétés anonymes, pour le motif qu'il n'est pas assujetti au timbre (Seine, 17 nov. 1893 ; *R. E.* 736 ; *J. E.* 24.427 ; — Rouen, 31 mai 1894 ; *R. E.* 1069 ; *J. E.* 24.752 ; *R. P.* 8610). Mais cette opinion ne nous paraît pas admissible et elle est, à notre avis, inconciliable, non seulement avec les dispositions précitées, mais encore avec l'art. 2 de la loi du 29 juin 1872, aux termes duquel le revenu imposable est déterminé « d'après les délibérations des assemblées générales d'actionnaires ou des conseils d'administration, les comptes rendus ou tous autres documents analogues », dont les copies ou extraits doivent, à cet effet, être « déposés, dans les dix jours de leur date, au bureau d'enregistrement du siège social ». Le droit, pour l'Administration, de contrôler les copies ou extraits déposés, implique celui de se faire représenter les originaux. Telle est du reste la règle définitivement admise par la Cour de cassation (1).

On ne pourrait même pas alléguer, pour refuser la communication, le caractère confidentiel des délibérations (St-Etienne, 10 août 1899), ni la circonstance que des lettres missives y seraient reproduites (Trib. com. Seine, 10 fév. 1896 ; *R. E.* 1178 ; — Cf. Lyon, 18 juin 1895, précité).

Même solution, en ce qui concerne les comptes rendus présentés par les gérants (Boulogne, 29 nov. 1900 ; *R. E.* 2601).

Le droit de communication s'étend également à tout acte sous seing privé constatant un traité passé entre la société et un tiers (Lyon, 18 juin 1895).

Pas plus que les autres commerçants, les sociétés anonymes ne sont tenues de conserver leurs registres et livres de comptabilité ayant plus de dix ans de date ; mais il appartient à l'Administration d'exiger la représentation de ces documents dès lors que l'existence en est démontrée (St-Etienne, 10 août 1899, précité ; — *Contrà*, Boulogne-sur-

(1) Civ. 28 fév. 1898 ; Inst. 2967-4 ; S. 98.1.465 ; D. 98.1.239 ; *R. E.* 1672 ; *J. E.* 25.375 ; *R. P.* 9252 ; J. N. 26.831 ; — Cf. Lyon, 18 juin 1895 ; *R. E.* 1020 ; *J. E.* 24.752 ; — Béthune, 17 mars 1898 ; *R. E.* 1706 ; *J. E.* 25.626 ; — St-Etienne, 10 août 1899 ; *R. E.* 2170 ; *J. E.* 25.793 ; — Seine, 6 janv. 1900 ; *R. E.* 2288.

Mer, 28 mars 1901 ; *R. E.* 2735). La preuve de l'existence des registres et papiers soumis au droit de communication peut d'ailleurs être faite au moyen de présomptions graves, précises et concordantes, tirées de faits constants au procès et d'actes légalement parvenus à la connaissance de l'Administration. On devrait dès lors considérer comme un refus de communication, entraînant les pénalités prononcées par la loi, l'allégation de la société touchant la prétendue destruction d'un document dont la représentation est demandée, si les circonstances de la cause ne permettent pas d'ajouter foi à cette allégation, notamment parce qu'il s'agit d'un traité qu'il eût été contraire à la plus élémentaire prudence d'anéantir (1).

9. (110). **But de la communication. Contrôle des déclarations des successions.** — D'après l'art. 7 de la loi du 21 juin 1875, l'exercice du droit de communication a pour objet, notamment, d'assurer l'exécution des lois sur le timbre et l'enregistrement. L'Administration est donc fondée, pour faire la preuve d'une omission commise dans une déclaration de succession, à invoquer les renseignements recueillis dans les établissements soumis au droit de communication, et à établir, par exemple, au moyen des constatations régulièrement faites dans un établissement de crédit, l'existence dans la succession de créances et de valeurs au porteur inscrites au compte du défunt ou déposées à son nom (Toulouse, 1er fév. 1893 ; *J. E.* 24.244 ; — Cf. Marseille, 22 janv. 1892 ; *J. E.* 23.343-25°).

10. (119). **Congrégations.** — V. ce mot, n° 25.

11. (121). **Banquiers, escompteurs, etc.** — **Livres de commerce du défunt.** — V. *Successions.*

12. (129). **Commissariats de police.** — En l'état actuel des lois et règlements, l'Administration n'a pas le droit d'exiger des commissaires de police la représentation des pièces se rattachant à leur service pour s'assurer de l'exécution des lois relatives au timbre ou à la remise au Domaine des objets considérés comme épaves (Sol. 21 mai 1898 ; *R. E.* 1771 ; *R. P.* 9311).

13. (134). **Douanes.** — D'après les instructions de l'Administration des douanes, les directeurs de ce service doivent créer, au moment de l'émission de tout mandat de paiement ayant pour objet un prorata de traitement ou un reliquat de solde dépendant de la succession d'un agent des douanes, de quelque catégorie que ce soit, un bulletin de renseignement qui est transmis au service de l'enregistrement pour le contrôle de la déclaration de la succession de l'ayant-droit (Inst. 3016).

SECT. II. — COMMUNICATIONS A FAIRE PAR LES AGENTS DE L'ENREGISTREMENT.

14. (143). **Communication aux particuliers.** — L'art. 37 du décret-loi du 7 messidor an II, qui permet à tout citoyen d'obtenir communication dans tous les dépôts, sans frais ni déplacement, des pièces qu'ils renferment, se réfère exclusivement, ainsi que cela ressort de l'ensemble des dispositions de ladite loi, aux dépôts des archives. D'autre part, l'art. 853, C. proc. civ., aux termes duquel les greffiers et dépositaires de registres publics en délivreront, sans ordonnance de justice, expédition, copie ou extrait, à tous requérants, ne s'applique qu'aux registres et documents dont un intérêt général commande la publicité, tels que jugements, actes de l'état civil, registres hypothécaires. Par suite, les textes précités ne sauraient

(1) Cass. civ. 28 fév. 1898, précité ; — Seine, 14 avr. 1894 ; *J. E.* 24.465, et 22 déc. 1899 ; *R. E.* 2369 ; *J. E.* 25.923 ; — V. cependant, Rouen, 9 mai 1901 ; *R. E.* 2736.

être utilement invoqués pour prétendre que les registres de toutes les administrations publiques sont à la disposition des particuliers, et que la communication en est due à quiconque la requiert (Cass. req. 23 oct. 1899 ; *R. E.* 2390)

14 *bis.* (149). **Communication aux administrations publiques.** — Une décision du Ministre des finances du 29 septembre 1899, autorise les agents accrédités du ministère de la guerre à se faire communiquer aux bureaux de l'Enregistrement tous les documents utiles pour l'évaluation des immeubles à acquérir par l'administration militaire (Circ. 12 oct. 1899 ; *R. E.* 2533-II).

COMPENSATION.

SOMMAIRE ANALYTIQUE.

Art. 1er. — Droit civil, 1.
  —   2. — Droit fiscal, 2.
  —   3. — Compensation en matière d'impôts 3-15.

Art. Ier. — Droit civil.

1. (1-2°). **Compte en banque.** — La compensation n'est tant possible qu'entre deux dettes également liquides et exigibles, ne peut avoir lieu entre la dette à terme incombant au défunt en vertu d'un emprunt contracté envers une maison de banque, et non encore exigible, et le compte de chèques qu'il avait dans cette banque, et dont la provision provient de la réalisation dudit emprunt (Seine 9 août 1894 ; *J. E.* 24.500; *R. E.* 809).

Art. II. — Droit fiscal.

2. (12). **Compensation légale constatée par acte ou jugement.** — Lorsqu'un expert a établi, dans un rapport une compensation, jusqu'à due concurrence, entre des sommes dont plusieurs parties étaient respectivement débitrices et créancières, le jugement qui homologue ce rapport et consacre la compensation ne donne pas ouverture au droit de libération sur le montant des sommes compensées, si elles sont les unes et les autres exigibles par le motif que la compensation s'est opérée de plein droit, en vertu de la loi (Grasse, 28 fév. 1898 ; *R. E.* 1707)

Le droit de 0 fr. 50 0/0 ne serait pas dû davantage sur l'acte constatant la compensation entre une récompense due par la femme renonçante à son mari et une reprise due par celui-ci (Sol. 16 mars 1899 ; *R. E.* 2357).

Nous avons enseigné au T. A. que le droit de 0 fr. 0/0 n'était pas exigible, en principe, sur l'acte constatant une libération opérée antérieurement par voie de compensation légale. On peut tirer un argument en faveur de système de l'Inst. 1562, § 24, relative à la perception d'un seul droit de quittance sur l'acte constatant le paiement du prix de la vente par l'acquéreur à un créancier inscrit en présence du vendeur qui, dit l'Instruction, ne touche rien et se trouve libéré de sa dette vis-à-vis du créancier inscrit *par voie de compensation légale.*

Art. III. — Compensation entre les dettes et les créances de l'État, en matière d'impôts.

3. (21). **Principes généraux. Renvoi.** — Nous demandons au lecteur la permission de nous référer à l'étude doctrinale publiée par M. Guillemin, à l'art. 2148 de la *Revue de l'Enregistrement* et où le savant magistrat résume dans les termes suivants les règles de la matière :

Il y a lieu d'apprécier dans chaque espèce si l'on se trouve en présence du règlement d'une seule et même perception, ou de perceptions distinctes et indépendantes.

S'agit-il d'un règlement de compte pour la liquidation des droits divers, nés *ex eâdem causâ* sur un même acte ou une même mutation, ou même sur un second acte qui se serait que le complément et l'exécution du premier et qui se confondrait avec lui ? L'unité de la relation fiscale qui embrasse indistinctement toutes les branches d'imposition dont l'acte à tarifer peut être l'objet, autorise la compensation au sein de la même liquidation. C'est ainsi qu'il est permis de compenser les droits insuffisamment perçus sur certaines valeurs, avec ceux qui ont été exigés en trop sur d'autres valeurs dépendant de la même succession. Lorsque la perception faite d'après une même déclaration a été insuffisante sur certains chefs et exagérée sur d'autres, la Régie est en droit de repousser jusqu'à due concurrence la demande en restitution formée contre elle, au moyen de la compensation entre ce qui lui est dû et ce qu'elle a perçu en trop, bien que l'action de l'Administration tendant au paiement du complément du droit soit prescrite (Cass., 30 janv. 1855). Dans ce cas, il n'y a pas à proprement parler deux causes de créances distinctes ; il n'y a qu'un règlement de compte portant sur un unique objet, sur le droit dû pour tel acte ou telle déclaration de mutation (*Dict. d'Enreg.*, V° *Compensation*, n° 122). « D'après l'art. 28 de la loi du 22 frimaire an VII, les droits sur les actes doivent être versés avant l'enregistrement, et les sommes perçues se trouvent ainsi avoir été payées en réalité à *valoir* sur les droits *quelconques auxquels l'enregistrement de l'acte pouvait donner ouverture*. Il s'opère alors une compensation entre les droits non dus et les droits dus et non perçus. En conséquence, dans ce cas, la demande en restitution du droit perçu à tort se trouve paralysée par l'exigibilité du droit dû à *raison du même acte*, pour une autre cause, alors même que ce second droit n'aurait pas fait l'objet d'une réclamation dans le délai de deux ans imparti par la loi de frimaire an VII » (Seine, 17 déc. 1897 ; *R. E.* 1629 ; *J. E.* 25.450 ; *R. P.* 9334). S'agit-il, au contraire, non plus du règlement des divers droits auxquels peut donner naissance un même acte ou une même mutation, mais de perceptions distinctes et séparées, ayant chacune leur autonomie et un caractère définitif ? Leur indépendance fiscale met alors obstacle à la compensation légale.

La difficulté pratique est de discerner, d'après l'organisation propre de la taxe, si les perceptions successives desquelles dérivent, d'une part, l'action en répétition de l'indû du contribuable, et d'autre part, la créance en recouvrement du Trésor, découlent de faits imposables différents, bien qu'appartenant au même régime fiscal. S'il n'existe aucune corrélation entre elles, les irrégularités qui pourraient affecter la première demeurent sans influence sur la régularité de la seconde (*R. E.* 2118, p. 605 et suiv.; — Rappr. Etude, *J. E.* 25.746).

3 bis. (27). Droits d'enregistrement et contributions directes. — Nous avons dit au *Traité* qu'en matière d'impôts la compensation ne pouvait s'établir qu'entre droits similaires.

Elle ne saurait en tous cas être admise entre deux taxes perçues par des administrations différentes, comme entre contributions directes et droits d'enregistrement (Tours, 17 juin 1898 ; *R. E.* 1822 ; *R. P.* 9485).

4. (28). Acte unique. — Les sommes perçues sur un acte s'appliquent à l'ensemble des dispositions que l'acte renferme. Les droits indûment liquidés par le receveur doivent s'imputer par conséquent sur ceux qu'il aurait omis

de percevoir, et cela alors même que la réclamation des droits impayés n'aurait pas été faite dans le délai de deux ans. En pareille hypothèse, il ne s'opère pas à proprement parler de compensation, puisque l'on se trouve en présence d'une dette unique (Seine, 17 déc. 1897 ; *R. E.* 1629 ; *J. E.* 25.450 ; *R. P.* 9334).

5. (28). Actes connexes. Parties différentes. — La compensation est admise entre les droits afférents à des actes formant un tout homogène ; elle n'est pas possible, toutefois, qu'autant que les sommes à restituer et à percevoir ont été payées et sont dues par la même personne (Seine, 22 janv. 1898 ; *R. E.* 1654 ; *J. E.* 25.448 ; *R. P.* 9359).

6. (32). Droits de succession et droits de donation. — En admettant qu'une somme d'argent mentionnée dans la déclaration passée après le décès de la donatrice par son légataire universel soit identique avec la somme indiquée par le donataire dans une lettre missive comme ayant fait l'objet d'un don manuel de la part de la défunte, il ne s'ensuit pas qu'il y ait lieu d'imputer le droit de mutation, à la perception duquel la déclaration après décès a donné ouverture, sur le droit exigible à raison de la déclaration du don manuel. La raison en est, d'une part, qu'on se trouve en présence de deux actes transmissifs absolument distincts et concernant chacun des personnes différentes, d'autre part, que le droit de mutation par décès ayant été régulièrement perçu ne saurait, d'après l'art. 60 de la loi du 22 frimaire an VII, être restitué ni directement, ni indirectement sous forme d'imputation de son montant sur le droit auquel la déclaration de don manuel donne ouverture (1).

7. (32). Droits de succession et droits de vente. — De même, le droit de succession entre époux devrait être perçu, indépendamment de celui à titre onéreux, qui était dû et a été payé à raison de la cession d'immeubles consentie au conjoint gratifié, en paiement soit de ses reprises soit de la libéralité à lui faite par l'époux décédé (Laval, 19 nov. 1897 ; *R. E.* 1694 ; *J. E.* 25.422).

8. (33). Droits de transmission et impôt sur le revenu. — V. ces mots.

9. (33). Congrégations. Taxe d'accroissement et droits de cession. — V. V° *Congrégations*, n° 22.

10. (34). Amende indéterminée. — Les amendes variables et spécialement celles encourues pour refus de communication ne se compensent pas avec des droits indûment perçus, tant que le montant n'en a pas été fixé par l'autorité compétente (Valence, 14 mars 1898 ; *R. E.* 1720 ; *J. E.* 25.492).

11. (35). Droits prescrits. — La prescription biennale, qui s'oppose à toute action en restitution pour cause d'indue perception empêche également toute compensation entre les droits irrégulièrement perçus depuis plus de deux ans et des droits présentement exigibles (2).

12. (35'. Valeurs successorales détournées. Droits de succession régulièrement perçus au décès du recéleur. — Nous avons vu, *suprà* (n° 6), que les droits régulièrement perçus ne peuvent être admis en compensation, pas plus qu'ils ne sont restituables. Il a été fait une intéressante application de cette règle en matière de valeurs successorales détournées par un héritier. On a décidé que les droits payés sur la déclaration de la succession de l'auteur du détournement et s'appliquant aux valeurs recélées, comprises dans cette déclaration, ne peu-

(1) Cass. civ., 23 mars 1896 ; S. 97.1.417 ; D. 96.1.319 ; *R. E.* 1130 ; *J. E.* 24.825 ; *R. P.* 8739.
(2) Cass. civ., 23 mars 1896, précité ; — Seine, 3 avr. 1897 ; *R. E.* 1394 ; *J. E.* 25.218 ; *R. P.* 9069.

vent entrer en compensation avec les droits dus par les personnes au préjudice desquelles le détournement avait été commis ni être imputés sur ces mêmes droits (1).

13. (35). **Marchés administratifs. Droits régulièrement perçus.** — La perception effectuée sur un marché d'après une déclaration estimative est définitivement acquise au Trésor. Lorsque deux marchés distincts ont été simultanément présentés à la formalité par le même entrepreneur, et que les prévisions viennent à être dépassées pour l'un tandis qu'elles ne sont pas atteintes pour l'autre, il n'y a pas lieu de compenser la somme perçue en excédent sur le second avec le supplément auquel le premier donne ouverture (Sol. 9 oct. 1893 ; R. E. 616).

14. (35). **Actes produits en justice. Perception irrégulière.** — Les droits indûment perçus sur des actes produits au cours d'une instance peuvent se compenser avec les droits réclamés sur le jugement (Pont-Audemer, 31 mars 1897, R. E. 1481).

15. (36). **Bureaux différents.** — Il ne peut être établi de compensation qu'entre deux dettes ressortissant du même bureau (Laval, 19 nov. 1897, précité ; Dalloz, *Suppl.* V° *Enreg.*, n° 3118).

COMPTE. — **1.** (22). **Affectation hypothécaire. Reprises. Prorogation de délai. Renonciation.** — La reconnaissance par le mari de sommes dues par elle à son mari pour reprises ou créances matrimoniales résultant d'actes précédemment enregistrés n'est pas passible du droit proportionnel d'obligation alors même que cette reconnaissance contiendrait affectation hypothécaire pour sûreté de la dette et modification du taux des intérêts. Mais la prorogation, stipulée dans cet acte, du délai primitivement imparti pour le paiement de cette dette donnerait ouverture au droit gradué, remplacé depuis le 28 avril 1893 par le droit proportionnel de 0 fr. 20 0/0 (Sol. 23 juill. 1895 ; R. E. 1112).

La renonciation par la femme à ses reprises en argent serait affranchie du droit proportionnel, dès lors qu'elle ne procéderait pas d'une intention de libéralité (Sol. 13 janv. 1894 ; R. E. 635).

2. (25-3°). **Contrat de mariage. Apport de droits héréditaires. Reconnaissance.** — Lorsque, dans un contrat de mariage, la future se constitue en dot une somme représentant ses droits dans la succession de son père, et que sa mère, dépositaire de cette somme, lui en rembourse une partie et s'oblige à lui payer le surplus, avec intérêts, dans un délai déterminé, cette dernière disposition constitue un arrêté de compte passible du droit d'obligation sur la somme stipulée payable à terme (Rouen, 30 nov. 1899 ; R. E. 2324).

3. (30). **Compte de tutelle. Reprises matrimoniales. Éléments divers.** — Le droit fixe est seul dû sur l'arrêté d'un compte de tutelle rendu par un père à son fils, lorsque les éléments du reliquat au profit de l'ayant-droit ont pour origine un remboursement par le père des reprises et droits matrimoniaux de sa femme (Inst. 1587). Mais cette règle souffre exception lorsque les éléments de l'arrêté de compte ont une autre origine et, notamment, s'ils consistent en des sommes que le tuteur a encaissées pendant sa gestion pour le compte de son pupille, ou qu'il lui doit pour rémunération de services. L'arrêté est, dans ce cas, exclusivement régi par l'art. 69, § 3, n° 3 de la loi du 22 frimaire an VII, et il donne ouverture, selon les termes de cette disposition, au droit de 1 0/0 sur le montant du

(1) Cass. civ., 23 fév. 1898 ; Inst. 2967, § 1 ; S. 98.1.373 ; R. E. 1649 ; J. E. 25.374 ; R. P. 9232.

reliquat non payé, alors même, d'ailleurs, que ce reliquat se composerait d'éléments résultant de titres enregistrés (Sol. 19 fév. 1896 ; J. E. 24.962 ; R. P. 8754).

4. (44). **Honoraires de notaire.** — Lorsqu'un acte notarié constate que le notaire rédacteur a reçu des parties le montant de ses débours et honoraires ou, au contraire, leur a versé un reliquat leur revenant, ou, enfin, que l'officier public reste créancier des parties pour honoraires et débours, ces mentions ne donnent ouverture au droit de quittance ou d'obligation que si elles ont pour objet formel de créer un lien de droit entre les intéressés. Hors cette circonstance exceptionnelle, elles échappent à l'impôt et l'acte est passible du seul droit fixe (Conf. Sol. 31 déc. 1878 ; R. E. 2139).

La Cour de cassation a jugé que la mention, dans un acte de liquidation, du paiement par le notaire liquidateur de sommes dont il était personnellement débiteur envers la succession ne créait pas de lien de droit entre les intéressés, le notaire n'étant pas partie à l'acte, et qu'en conséquence le droit de 0 fr. 50 0/0 n'était pas exigible (Civ. 17 juill. 1854 ; D. 54.1.314 ; J. E. 15.887 ; R. P. 200).

5. (53). **Pièces justificatives. Exemption d'enregistrement.** — La dispense d'enregistrement accordée par l'art. 537, C. proc. civ. est acquise, en matière de compte rendu par le commissionnaire au commettant : 1° aux factures acquittées ; 2° aux factures non acquittées qui ne sont que des duplicata ou des groupements de récapitulation, ou des relevés de détail, s'incorporant aux factures acquittées ; 3° aux lettres missives, alors que celles-ci ne sont que le développement et l'explication des factures dont elles accompagnent l'envoi (Seine, 17 déc. 1897 ; R. E. 1629 ; J. E. 25.450).

COMPTOIR D'ESCOMPTE. — (3). **Sous-comptoir des entrepreneurs.** — Un décret du 13 mars 1897 (J. off. du 16 ; R. E. 1370) a prorogé jusqu'au 31 décembre 1912, la durée de la société du Sous-Comptoir des entrepreneurs avec les privilèges dont elle était antérieurement investie.

CONCESSIONS. — **1.** (12 à 21). **Concessions emportant translation de jouissance.** — Le contrat de concession présente de l'analogie, tantôt avec le bail, tantôt avec la vente ou le marché. Sont considérées comme emportant transmission de jouissance, les concessions de passage dans les forêts communales ou domaniales, même accordées à titre temporaire et révocables par arrêté préfectoral. A ce titre, ces concessions sont assujetties à l'enregistrement obligatoire dans le délai de 20 jours, lorsqu'elles sont accordées par actes administratifs, et passibles du droit à 0 fr. 20 0/0 sur le montant des redevances stipulées (D. M. F. 18 mars 1895 ; R. E. 1134). La pétition du concessionnaire, la minute de l'acte synallagmatique ou de l'arrêté constatant la concession et les expéditions ou ampliations de ces actes sont soumises au timbre de dimension. Quant aux pièces d'ordre intérieur (ampliation de l'arrêté, avis d'autorisation, procès-verbal de délivrance) transmises au receveur pour lui tenir lieu de titres de recouvrement, elles sont exemptes du timbre (Sol. 30 déc. 1895 ; R. E. 1134 ; J. E. 24.756).

Dans le même ordre d'idées, on a décidé que la concession à une compagnie du droit d'établir des canalisations ou aqueducs sous le sol des propriétés communales constitue un bail à durée illimitée passible du droit de 4 0/0 sur le produit, pendant 20 ans, de la redevance annuelle et sur les charges.

Il en serait, autrement, toutefois, si d'après les circonstances de l'affaire, cette concession avait été accordée à titre de servitude.

En cas de doute on doit, d'ailleurs, présumer que le droit n'a été accordé qu'à la personne.

2. (22 à 25). Concessions assimilables aux ventes.— Si un droit de canalisation a été consenti pour le service d'un immeuble, il peut y avoir une constitution de servitude passible du droit de 5 fr. 50 0/0 sur le prix stipulé.

La concession au profit d'un particulier d'une source communale comporte également la perception du droit de mutation immobilière, lorsque la commune abandonne tous ses droits de propriété sur la source.

Sont passibles du droit de 2 0/0 comme ventes mobilières, les concessions de minières accordées par les communes, et le droit doit être perçu sur le montant cumulé des redevances, pendant toute la durée de la concession, sans que les parties puissent demander le bénéfice du fractionnement édicté uniquement en faveur des baux, par la loi de 1871.

Les polices d'abonnement intervenues entre les particuliers et le maire d'une commune, exploitant directement un service d'eau, sont soumises, comme actes administratifs, à l'enregistrement dans le délai de 20 jours, et passibles du droit de 2 0/0 sur les redevances mises à la charge des particuliers. Le droit doit être liquidé à 2 0/0 sur la totalité des redevances, alors même qu'une partie de ces redevances représenterait le prix des travaux de canalisation ou d'amenée. La convention constitue une vente mobilière pour le tout et le prix ne saurait être décomposé en ce qui concerne la liquidation des droits.

Toutefois, les polices passées entre des abonnés et une compagnie particulière, agissant comme régisseur intéressé de la ville, n'ont pas le caractère d'actes administratifs, et, dès lors, elles échappent à l'obligation de l'enregistrement dans un délai déterminé.

Certains règlements municipaux portent que les polices seront consenties pour une durée ferme au delà de laquelle la convention sera continuée par tacite reconduction à moins que les intéressés ne renoncent expressément à leurs abonnements. Dans de telles conditions, les engagements sont en réalité contractés par écrit pour une durée indéterminée, et les droits de vente deviennent exigibles, dès que l'Administration est en mesure de prouver la continuation du traité.

En vue d'assurer le recouvrement des droits d'enregistrement exigibles sur les documents dont il s'agit, les comptables municipaux doivent veiller à ce que les copies produites à l'appui de leurs comptes fassent mention de l'enregistrement. Dans le cas où les receveurs municipaux ne parviendraient pas à obtenir des pièces établies régulièrement, la Direction générale de la comptabilité publique leur recommande de signaler immédiatement le fait au receveur de l'enregistrement pour permettre à cet agent de poursuivre le recouvrement des droits, sans attendre la vérification des comptes de gestion.

3. Concessions assimilables aux marchés. — Ce sont de beaucoup les plus nombreuses. Nous renvoyons aux explications contenues à ce sujet au T. A. et au *Supplément* (V° *Marché*).

4. (43). Rachat de concessions. — L'Administration a soutenu récemment devant le tribunal de la Seine que le rachat par la Ville de Paris, de l'exploitation des marchés du Temple, avant l'expiration du délai prévu dans le contrat de concession, constituait une rétrocession de la concession, translative d'un droit mobilier incorporel de propriété et passible du droit de 2 0/0 en vertu de l'art. 69, § V n° 1 de la loi du 22 frimaire an VII.

Antérieurement, elle admettait que les contrats de l'espèce n'emportaient aucune mutation de valeurs, et qu'ils s'analysaient en une simple modification du marché primitif, quant au mode de libération du prix des ouvrages. L'Administration réclamait ainsi des suppléments de droit de marché lorsque les sommes payées à l'entrepreneur, au moment du rachat, excédaient celles qui avaient été soumises au droit lors de l'enregistrement du contrat de concession.

Le tribunal de la Seine n'a admis ni l'un ni l'autre de ces deux systèmes, et, par son jugement du 12 avril 1900, il a décidé que les sommes payées à l'occasion du rachat, avaient le caractère d'indemnités pures et simples et que, dès lors, l'opération échappait à la perception des droits d'enregistrement, lorsqu'elle était constatée par acte administratif [1].

Cette question, qui est des plus délicates, est actuellement soumise à la Cour, par suite du pourvoi formé par l'Administration contre le jugement du tribunal de la Seine. Lorsque le rachat, effectué par une ville, peut s'appliquer partie au privilège de concession, partie à divers immeubles appartenant à l'entrepreneur, l'opération donne lieu au droit de 5 fr. 50 0/0 sur le prix des immeubles. En cas de déclaration d'utilité publique, cette partie du prix est seule exempte du droit proportionnel, et l'acte reste assujetti au droit de vente mobilière sur le surplus.

5. (46 à 63). Concessions de sépultures.— L'Administration admet que les concessions trentenaires indéfiniment renouvelables sont assujetties au droit proportionnel de 4 0/0, comme baux à durée illimitée (Inst. 1757).

Dans certaines communes, les concessions sont accordées pour 20 ou 30 ans et peuvent être renouvelées pour une période égale à la première. Il a été décidé que ces concessions, ne comportant pas la faculté de renouvellement indéfini, à la différence des concessions trentenaires prévues par l'Inst. 1757, ne sauraient être assimilées à des concessions perpétuelles, et que, par suite, elles étaient passibles du droit de 0 fr. 20 0/0 pour la durée entière que les concessionnaires peuvent donner à leurs concessions, soit sur 40 ans (Sol. 13 juin 1893 ; R. E. 504 ; J. E. 24.182).

Les concessions de sépulture constituent en effet un contrat *sui generis*, qui tout en se rapprochant du bail par certains côtés, ne tombe pas sous l'application de la loi du 23 août 1871 (Inst. 2817, § 1).

Dans le même ordre d'idées, il a été reconnu que la donation entre vifs d'une concession perpétuelle de sépulture a pour objet un droit personnel et mobilier et donne ouverture au droit de mutation à titre gratuit sur la valeur en capital de la concession fixée par une déclaration estimative des parties (Sol. 6 déc. 1897 ; R. E. 1708 ; J. E. 25.424).

CONCLUSIONS. — (3). **Tribunaux de commerce.** — Qu'elles doivent ou non être signifiées, les conclusions prises devant les tribunaux de commerce sont, dans tous les cas, assujetties au timbre sur l'original, mais les copies de ces conclusions dûment timbrées, qui sont remises aux greffiers pour leur faciliter la rédaction des jugements, sont affranchies de l'impôt. Sont également exemptes de timbre les notes d'audience ou de plaidoiries remises au juge par les parties ou leurs conseils après la

(1) R. E. 2377 ; — V. également eod. loc. les conclusions de M. Guillemin, substitut ; — Marseille, 4 janvier 1899 ; R. E. 1999 ; — V. aussi T. A., V° Marché, n° 133.

clôture des débats (Sol. 15 févr. 1900 ; *R. E.* 2358 ; *J. E.* 25.979).

CONDITION. — (26 *bis*). Obligation. Compte à faire. Condition suspensive.

— Lorsqu'un mandataire salarié s'est engagé vis-à-vis de son mandant à le garantir de fautes commises dans l'exercice de sa gestion, et qu'il a été stipulé notamment que toutes les sommes déboursées par le mandant, pour une cause déterminée engageant la responsabilité du mandataire, formeraient une dette de celui-ci payable à des échéances déterminées et productive d'intérêts, le caractère ferme ou conditionnel de l'engagement pris dans de telles conditions dépend des circonstances. Mais, dès lors que l'Administration admet que cet engagement était, en fait, soumis à la condition suspensive que le compte des dommages serait contradictoirement établi entre les parties, la production faite par le mandant à une contribution ouverte sur des deniers appartenant au mandataire, ne constitue pas la réalisation de l'événement prévu et ne suffit pas, par conséquent, pour rendre exigible le droit proportionnel d'obligation (Seine, 11 mars 1898 ; *R. E.* 1715).

CONGRÉGATIONS.

SOMMAIRE ANALYTIQUE.

§ 1. — **Observations générales.** 1-8.
§ 2. — **Impôt sur le revenu.** 9-16.
§ 3. — **Taxe d'accroissement.** 17-23.
§ 4. — **Recouvrement. Procédure.** 24-29.

SOMMAIRE ALPHABÉTIQUE.

Accroissement (taxe d'), 17 à 23.
Associations religieuses. Définition. Caractère, 2, 3.
Acquisition en commun, 4.
Adjonction (clause d'), 3, 8.
Affiliation, 3.
Assistance gratuite.
Bénéfice (absence de), 3 à 7.
Biens occupés, 12 à 15.
Biens possédés, 10.
Biens sous scellés, 14 *bis*.
Bureau compétent, 8 *bis*.
But religieux, 3.
Chose jugée, 21.
Communication, 25.
Congrégations, définition. 2.
   — dissoutes, 6 *bis*.
Contrôle (moyens de), 25.
Costume religieux, 3.
Dispositions transitoires (L. de 1895), 19.
Dividendes (absence de), 3.
   — (distribution de), 7.
Emprunts, 15 *bis*.
Evaluation des valeurs de Bourse, 11.
Exemptions, 18.
Immeubles acquis sans autorisation, 18.
Impôt sur le revenu, 9, 16.
Imputation des droits perçus sur les cessions, 22.
Imputation des droits de succession, 22 *bis*.
Indivision, 4 et note 1.
Instance en cours (L. de 1895), 20.
Instruction (établissements d'), 6.
Israélites (communautés), 3.
Laïques (associations), 6.
Meubles acquis sans autorisation, 18.
Missions étrangères, 18.
Nue propriété, 23 *bis*.
Patrimoine personnel des congréganistes, 13, 26.
Pénalités, 16, 22.
Prescription, 16, 23.
Procédure,26, 29.
Protestantes (communautés), 3.
Recouvrement, 24, 29.
Réversion (clause de), 3, 8.
Saisie-arrêt, 29.
Saisie immobilière, 28.
Scellés (biens sous),14 *bis*.
Sociétés civiles et commerciales, 6.
Taxe d'accroissement, 17, 29.
Tontines, 5.
Valeurs de Bourse. Evaluation, 11.

§ 1er. — *Observations générales.*

1. Remarque préliminaire. — D'après les termes de la loi du 29 décembre 1884 (art. 9), à laquelle se réfère expressément la loi du 16 avril 1895 (art. 3), l'impôt sur le revenu et la taxe d'accroissement sont dus par « toutes les congrégations, communautés et associations religieuses, autorisées ou non autorisées ». Les deux natures

d'impôts sont mis à la charge des mêmes collectivités comme elles obéissent. d'autre part, sous quelques réserves, aux mêmes conditions d'exigibilité, il est rationnel d'en examiner concurremment les règles de perception.

Nous rétablirons donc ici, à la place qui lui convient l'étude de la taxe d'accroissement, qui n'avait été reportée, d'ailleurs, à la fin du *Traité*, sous une rubrique particulière, que parce que le premier tome, dans lequel avait été étudiée la matière des congrégations, avait déjà paru lorsque fut promulguée la loi de 1895 substituant une taxe annuelle aux anciens droits d'accroissement.

2. (1 à 6). Congrégations et communautés religieuses. — Pour préciser la portée des dispositions précitées il importe tout d'abord de définir les diverses natures d'agrégations de personnes qu'a entendu viser le législateur.

Les congrégations et communautés religiéuses, dont l'institution est particulièrement propre au culte catholique, mais se retrouve aussi dans certaines confessions dissidentes, telles que l'Eglise anglicane et l'Eglise grecque, se caractérisent généralement « par l'existence de vœux et d'une règle commune, canoniquement approuvée, à laquelle on s'engage à obéir ».

Le *Recueil de Dalloz*, auquel nous empruntons cette définition, distingue ainsi qu'il suit les communautés de congrégations proprement dites :

« La communauté religieuse est une association de plusieurs personnes qui s'engagent à vivre en commun sous l'empire de la même règle.

« La congrégation est la réunion de plusieurs communautés soumises à la même règle, vivant sous une direction unique et se proposant le même but. En ce sens, la congrégation est un faisceau de communautés réuni sous un supérieur général, comme la communauté est un faisceau d'individus soumis à la direction d'un supérieur particulier » (D. 89.1.25, note 1).

Les congrégations et communautés autorisées sont faciles à reconnaître, puisque leur fondation nécessite l'intervention de l'autorité publique.

Les congrégations et communautés non autorisées se distinguent également sans difficulté, dès lors que l'institution canonique se trouve à l'origine de leur fondation (V. Naquet, 2e édit., t. III, 1048).

Remarquons que les congrégations non autorisées n'ont qu'une existence de fait, ne peuvent posséder directement aucun patrimoine ni, par conséquent, recueillir de legs, directement ou par personne interposée (Cass. civ. 5 févr. 1895 ; *R. P.* 8850) ; elles diffèrent en cela des congrégations autorisées qui constituent des établissements d'utilité publique et jouissent de la personnalité morale.

3. (16 à 19). Associations religieuses. — Il est beaucoup plus difficile de définir les simples associations religieuses, qui se fondent sans la participation du pouvoir civil et, le plus souvent, en dehors de toute adhésion à parente de l'autorité ecclésiastique elle-même.

Les collectivités que le législateur a voulu atteindre sous le nom d'associations religieuses, seraient, d'après M. Guillemin, « les organes représentatifs des intérêts temporels des congrégations et communautés religieuses, quelque degré que ce soit, et sous quelque forme qu'ils dissimulent leur action : sociétés civiles, régulières ou non ou simples associations de fait qui, en dehors de toute institution canonique, se forment pour régler les conditions pécuniaires de leur union, faciliter leur vie juridique et pourvoir aux besoins de l'œuvre religieuse ; sociétés subalternes, détachées du même tronc et obéissant au même mot d'ordre, qui deviennent les chevilles ouvrières de leur prospérité financière ; satellites à l'ombre desquels elles créent, abritent et développent un patrimoine de mainmorte occulte et libre » (*R. E.* 1926).

Si cette définition a l'avantage de présenter assez exactement la portée générale et le but principal des dispositions de la loi, elle pèche cependant, à notre avis, par excès de précision. D'après l'éminent magistrat, toute association religieuse, au sens que le législateur de 1884 a attaché à cette dénomination, supposerait la coexistence d'une congrégation, autorisée ou non, aux œuvres de laquelle l'association serait intimement intéressée. Il en est ainsi, sans doute, dans la majorité des cas ; mais on peut concevoir et il existe, en fait, des associations essentiellement religieuses qu'aucun lien ne rattache à une congrégation proprement dite. Remarquons, en particulier, que la définition qui précède serait inapplicable aux sociétés fondées entre israélites ou protestants, derrière lesquelles ne saurait se dissimuler une congrégation proprement dite ; le caractère religieux dont elles sont revêtues a suffi néanmoins pour les faire ranger dans la catégorie des associations religieuses et les rendre passibles, à ce seul titre, des taxes fiscales (1).

D'après nous, on doit considérer comme formant une association religieuse toute réunion de personnes qui se concertent et agissent dans un but commun de piété et de religion, sans que cela constitue une congrégation canoniquement instituée.

On a quelquefois soutenu qu'une association ne peut être religieuse que si elle est formée entre personnes soumises à une règle commune et unies par un lien religieux (*Pand. franç.*, Vᵉ *Congr. relig.*, nᵒ 816 ; S. 95.1.146, note ; — Cf. Grasse, 10 avr. 1899 ; *R. E.* 2171). Mais cette doctrine, qui applique aux associations la définition même des communautés et congrégations, n'a pas prévalu. Comme le disait M. l'avocat général Cruppi devant la Chambre des requêtes, « il résulte des travaux préparatoires et du texte de l'art. 9 de la loi du 29 décembre 1884 qu'en étendant ses dispositions aux congrégations, communautés et associations religieuses, le législateur, loin de se livrer à une répétition de mots a voulu atteindre des associations qui, bien qu'ayant un but religieux, auraient pu échapper à l'impôt comme n'ayant pas les caractères de la congrégation (conclusions sur le pourvoi de l'Institut des Frères de Ploërmel ; S. 95.1.147).

La plupart des auteurs enseignent aujourd'hui, qu'une association est religieuse dans le sens des lois de 1884 et de 1895 par cela seul qu'elle poursuit un *but religieux* (2).

Ajoutons, avec M. Naquet, que l'on ne doit envisager, à cet égard, que le but principal de l'entreprise et négliger tout but accessoire. Une association religieuse ne perdrait pas son caractère propre, par le seul fait qu'elle se livrerait à des opérations industrielles, agricoles ou littéraires, s'il était constant, d'ailleurs, qu'elle obéît surtout à des préoccupations d'ordre spirituel. Inversement, une société

(1) Seine, 4 août, 24 nov. et 2 déc. 1899 ; *R. E.* 2150 et 2259 ; *R. P.* 9657 ; *J. E.* 25.868.

(2) « N'est-ce pas, en effet, fait remarquer M. Naquet (*loc. cit.*), par leur objet, par le but qu'elles se proposent, que toutes les associations sont caractérisées ? Qu'est-ce qu'une association commerciale, scientifique, littéraire, artistique, agricole, etc., si ce n'est l'association qui est destinée à réaliser une œuvre commerciale, scientifique, littéraire, artistique ou agricole. Ne serait-il pas étrange qu'il en fût autrement pour les associations religieuses ? Et s'il en était autrement, si, contrairement au langage courant et au bon sens pratique, le législateur avait donné une autre portée à ces mots, n'est-il pas de toute évidence qu'on en trouverait la preuve dans les travaux préparatoires ? »

constituée pour le fonctionnement d'un établissement d'enseignement libre ne devrait pas être rangée nécessairement dans la catégorie des associations religieuses pour le motif que le programme des études comporterait l'exposé des principes de la foi chrétienne. La même observation s'applique aux sociétés charitables qui se proposent accessoirement de pourvoir au service divin et à l'assistance religieuse des malades qu'elles hospitalisent (Seine, 17 nov. 1900 ; *R. E.* 2573) (1).

Telle est la règle à laquelle nous paraissent avoir définitivement abouti les évolutions de la doctrine et de la jurisprudence. Deux points sont de toute évidence c'est, d'une part, qu'il peut y avoir association religieuse, au sens de la loi, même en l'absence de règle spirituelle et de lien religieux entre les associés, et, d'autre part, que le critérium de la distinction entre les associations religieuses et celles qui ne le sont pas, doit être cherché uniquement dans le but fondamental poursuivi par l'association.

Mais si le principe peut paraître désormais incontestable, les applications pratiques n'en soulèvent pas moins toujours de sérieuses difficultés.

Le but religieux d'une association n'apparaît pas, en effet, dans tous les cas avec une égale évidence ; la variété des formes sous lesquelles il se manifeste rend malaisée la définition précise des signes extérieurs de ce but. Dans toutes les espèces qui lui ont été soumises, la Cour de cassation a tranché la question d'après les circonstances de chaque affaire. Elle s'est bornée généralement, au surplus, à s'approprier l'opinion des premiers juges auxquels elle s'en remet de l'appréciation des pures questions de fait (2).

Les particularités qui ont paru susceptibles de démontrer la nature de l'association ont été tirées, les unes de la condition juridique de la collectivité et de ses membres, les autres des manifestations extérieures par lesquelles se révèle publiquement le but confessionnel de l'entreprise.

Parmi les indices appartenant à la première catégorie, on peut ranger :

1ᵒ La circonstance que les contractants n'ont pas eu en vue de tirer un bénéfice personnel de leur association et qu'aucun dividende n'a jamais été versé (3) ;

2ᵒ Le fait que l'acte constitutif réunit les trois clauses, plus spécialement adoptées par les congréganistes, de non-répartition des bénéfices, d'adjonction de nouveaux membres et de réversion (Req., 4 fév. 1896, préc.) ;

3ᵒ Les clauses des statuts obligeant les associés à résider dans l'établissement social et, en cas de difficultés, à s'en rapporter à l'arbitrage souverain de l'évêque diocésain (*Id.*);

4ᵒ L'affiliation des membres de l'association à un ordre religieux (4) ;

5ᵒ L'administration de l'association par des religieuses appartenant à une congrégation (5) ;

(1) Naquet, *ibid.*, 1049, p. 83 ; — Rappr. Guillemin, précité ; *J. E.* 25.769 ; — *Contra*, Wahl ; S. 96. 1. 146 et 147.
(2) Req., 7 mars 1900 ; *R. E.* 2382 ; *J. E.* 25.856 ; — Civ. 9 mai 1900 ; Inst. 3037 § 5 ; *R. E.* 2406 ; *J. E.* 25.905.
(3) Cass. req., 3 janv. 1894 ; Inst. 2864, § 7 ; S. 95.1.445 ; D. 94.1.300 ; *R. E.* 606 ; *J. E.* 24.292 ; *R. P.* 8228 ; *J. N.* 95.56 ; — 4 févr. 1896 ; Inst. 2910, § 4 ; D. 97.175 ; S. 97.1.370 ; *R. E.* 1108 ; *J. E.* 24.805 ; *R. P.* 8707 ; — 18 oct. 1897 ; Inst. 2965, § 6 ; S. 98.1.291 ; *R. E.* 1574 ; *J. E.* 25.256 ; *R. P.* 9457.
(4) Req., 4 fév. 1896 et 18 oct. 1897 précités ; — Civ., 9 mai 1900 ; Inst. 3037, § 5 ; *R. E.* 2406 ; *J. E.* 25.905 ; *R. P.* 9851.
(5) Req., 28 janv. 1897 ; Inst. 2935, § 7 ; D. 97.1.531 ; S. 98.1. 55) ; *R. E.* 1320 ; *J. E.* 25.056 ; *R. P.* 8950 ; *J. N.* 97.678.

6° Le dépôt au bureau de l'enregistrement des déclarations exigées par les lois de 1880 et de 1884 pour le payement de la taxe sur le revenu, par une dame disant représenter une association de religieuses, en faisant suivre sa signature de la qualification d'abbesse, et l'envoi au ministre par la même dame, prenant le même titre, d'une pétition en remise d'amende encourue pour paiement tardif de la taxe (1) ;

7° L'affectation du personnel et des locaux à une œuvre d'éducation et d'instruction religieuse entreprise antérieurement par la congrégation même qui se dissimule sous l'apparence d'une société civile (Req., 18 oct. 1897).

Quant aux signes extérieurs qui peuvent révéler le caractère religieux de l'association, la Cour et les tribunaux n'ont pas cru devoir négliger d'en faire état, tout au moins pour corroborer les autres constatations de fait : on peut tenir compte notamment :

1° De ce que les membres de l'association portent le costume religieux et observent les règles monastiques (Cass., 4 fév. 1896) ;

2° De ce que le service intérieur est fait par des sœurs converses, provenant d'une communauté dans laquelle résident plusieurs des religieuses copropriétaires des immeubles de l'association (Cass., 25 janv. 1897) ;

3° De ce que, avant de revêtir la forme de société civile, une association s'était formée pour l'instruction de la jeunesse entre personnes soumises à une règle spirituelle et unies par un lien religieux, à laquelle un acte administratif (avis du conseil supérieur de l'instruction publique) contemporain de sa fondation avait donné la dénomination d'association religieuse (Lyon, 12 mars 1895 ; R. E. 1223).

Dans les espèces qui ont donné lieu à ces arrêts, les juges du fait avaient reconnu facilement l'existence d'une association, c'est-à-dire d'une convention entre plusieurs personnes, agissant de concert, dans un but général et mettant en commun leur activité et leur industrie (2).

4. Indivision de biens. — Mais, ainsi que le remarque M. Naquet (loc. cit.), il est parfois délicat d'attribuer le caractère d'association à une simple indivision de biens résultant, par exemple, de l'acquisition d'un immeuble réalisée en commun par des personnes appartenant à un ordre religieux. En principe, l'état d'indivision n'est pas à lui seul un indice probant de l'existence d'une association (3). Mais il suffit, avant que pour faire échec à la loi fiscale, que le patrimoine affecté à une œuvre religieuse repose sur la tête de plusieurs personnes, affiliées ou non à un ordre monastique, se déclarant propriétaires par indivis. L'acquisition en commun et l'indivision peuvent déguiser une véritable association et il appartient à l'Administration et aux tribunaux de dégager le caractère essentiel du contrat. Au point de vue qui nous occupe, l'association est avant tout un état de fait, dont l'existence est bien démontrée, même en l'absence de tout lien de droit entre

ses membres, dès lors que l'on voit clairement apparaître une action commune, soumise à une volonté directrice.

Les indivisions de biens entre congréganistes tombent, notamment, sous l'application des lois de 1884 et 1895, dès lors que le patrimoine indivis est mis à la disposition de la congrégation (1).

Mais, pour qu'une indivision de biens entre congréganistes donne naissance à une association religieuse, il faut que les copropriétaires ne se proposent pas de réaliser un profit personnel ; s'il est établi qu'ils retirent pour eux-mêmes des avantages matériels de l'exploitation de leur propriété commune, on ne saurait les considérer comme poursuivant l'accomplissement d'une œuvre religieuse dont le désintéressement constitue l'un des éléments caractéristiques (Sol. 13 juin 1899 ; R. E. 2171).

5.(20). Associations entre congréganistes. Tontines. — C'est surtout aux sociétés constituées entre congréganistes qu'il est facile d'assigner le caractère d'associations religieuses. Ces collectivités revêtent des formes multiples. Elles sont parfois organisées sous forme de tontines, chaque associé aliénant, dans ce cas, par le seul effet de la convention, son droit de propriété au profit du survivant, et se réservant pour lui-même l'éventualité d'un droit de survie. L'association tontinière est sujette aux taxes spéciales dès lors qu'elle poursuit un but religieux. Ce but est suffisamment établi s'il est constaté, en fait, que les immeubles mis en tontine sont à la disposition d'une congrégation, affectés à un usage conventuel et occupés par des congréganistes qui y vivent sous une règle monastique, avec un objectif exclusivement religieux (2).

6. (21). Sociétés civiles et commerciales. — Les associations religieuses empruntent parfois les formes des sociétés civiles. Une société de ce genre tombe sous le coup des taxes, par le seul fait que l'entreprise poursuit réellement un but religieux, comme son objet essentiel et primordial. De ce qu'il est beaucoup plus compréhensif, le terme d'association ne saurait exclure la société constituée dans les conditions prévues par la loi.

On pourrait, il est vrai, induire le contraire de la loi du 1er juillet 1901 (J. off. du 2), qui, dans son article 1er, définit l'association « la convention par laquelle deux ou plusieurs personnes mettent en commun d'une façon permanente leurs connaissances ou leur activité dans un but autre que celui de partager des bénéfices ». En s'exprimant ainsi, le législateur a eu évidemment pour but de distinguer l'association de la société proprement dite, dont l'objet essentiel est le partage de bénéfices (C. c. 1832).

Mais, grammaticalement, l'association est le genre dont la société n'est qu'une espèce (3) et l'on doit reconnaître que, dans l'énumération « congrégations, communautés et associations religieuses », les lois de 1884 et de 1895 ont englobé, sans exception, l'ensemble des agrégations de personnes qui poursuivent une œuvre religieuse, sous quelque forme qu'elles soient constituées et sans en ex-

---

(1) Req..28 avr. 1896; Inst. 2910, § 9 ; D. 97.1.101 ; S. 97.1.373 ; R. N. 1152 ; J. E. 24.849 ; R. P. 8750.

(2) Becquet, V° Association, n° 1 ; Chauveau et Faustin-Hélie, Théorie du Code pénal, 5e éd., t. III, n° 1161.

(3) L'état d'indivision entre communistes purs et simples ne constitue pas une société : si ces communistes se mettent d'accord pour louer leur immeuble, même à bas prix ou gratuitement, ils ne font pas en cela œuvre d'associés, mais seulement de propriétaires alors même que leur locataire serait une congrégation religieuse. La Régie ne peut, en conséquence, réclamer l'impôt sur le revenu et la taxe d'accroissement aux copropriétaires indivis, à raison des biens qu'ils possèdent en commun, sous le prétexte qu'ils forment une association religieuse (Nice, 27 déc. 1898, et Seine, 15 déc. 1899 ; R. E. 2360).

---

(1) Lyon, 1er déc. 1893 ; J.E. 24.311 ; — Toulon, 29 mars 1898 ; R. E. 1709 ; J. E. 25.495 ; — 26 janv. 1899 ; J. E. 25.612 ; — Req., 30 et 31 juill. 1900 ; R. E. 2475 et 2476 , J. E. 25.970 ; — Req., 14 mai 1901 ; R. E. 2732.

(2) Cass. req., 25 janv. 1897 ; Inst. 2935-7; S. 98.1.45 ; D. 97. 1.531 ; R. E. 1320 ; J. E. 25.056 ; R. P. 8950 ; — 25 juin 1900 ; R. E. 2441 ; J. E. 25.952 ; — 27 mars 1901 ; R. E. 2652 ; — Seine, 13 nov. 1897 ; J. E. 25.447; — Argentan, 21 juin 1898 ; J. E. 25.551 ; — Seine, 26 nov. 1898 ; J. E. 25.567.

(3) Le dictionnaire de l'Académie définit ainsi l'association : « Union de plusieurs personnes qui se joignent ensemble pour quelque intérêt commun, pour quelque entreprise. »

cepter même celles qui sont susceptibles de distribuer des bénéfices. Cette interprétation a,d'ailleurs, été sanctionnée par de nombreuses décisions judiciaires (1).

Les sociétés commerciales elles-mêmes sont susceptibles de réunir les caractères des associations visées par les lois de 1884 et 1895. L'Administration est fondée à établir, au moyen de présomptions graves, précises et concordantes, qu'une société anonyme formée entre divers membres d'une congrégation n'est en réalité que le prête-nom de celle-ci (Montpellier, 19 nov. 1894 ; R. E. 1324 ; J. E. 25.256 ; — Seine,19 mars 1900 ; J. E. 26.008). Dans une telle hypothèse, le but religieux de l'entreprise ne saurait être contesté et cette seule circonstance suffit.

On ne saurait, enseigne M. Guillemin (loc. cit.), s'attacher à l'étiquette que les associés se plaisent à adopter, pas plus qu'au mode de transmission des titres ni même avoir égard à la conversion des titres au porteur (2).

C'est ainsi que le caractère d'association religieuse doit être reconnu à une société par actions formée entre des dames appartenant toutes à une même congrégation non autorisée, alors que, pour remplir son objet, cette société utilise le personnel de la congrégation, que la présidente du conseil d'administration est la supérieure même de la congrégation, que le capital social tout entier appartient à des membres de cette congrégation, qu'il ne doit être distribué aucun dividende et que la perspective pour les actionnaires de voir s'accroître leur capital est insuffisante pour faire reconnaître à la société le caractère d'une véritable société civile, que des différentes clauses des statuts et des circonstances extérieures il résulte, enfin, que la société n'a d'autre but que de continuer, dans les mêmes locaux, l'œuvre d'éducation religieuse et d'instruction entreprise antérieurement par la congrégation même et qu'on ne se trouve pas, dès lors, en présence d'une société ordinaire sérieuse répondant, par ses dispositions, au titre qu'elle prend (Cass.req.,18 oct. précité).

Il importe peu, du reste, que pour masquer le caractère religieux de la société, les associés congréganistes se soient adjoints des prêtres séculiers ou même des laïques, dès lors que les sentiments pieux de ces derniers et leur dévouement à la communauté sont connus, et prémunissent contre toute transmission des actions à des personnes hostiles au but poursuivi par les fondateurs (Mâcon, 15 juin 1898 ; J. E. 25.556 ; — Tulle, 1er juin 1899 ; J. E. 25.790 ; — Angers, 6 janv. 1900 ; J. E. 25.835).

Mais on conçoit que le caractère religieux dont tous les sociétaires ou quelques-uns d'entre eux seraient revêtus ne suffirait pas à lui seul pour faire rentrer une société dans la catégorie visée par le législateur.

Il a été décidé, dans ce sens, que les taxes ne sont pas applicables à la société anonyme composée d'ecclésiastiques et de laïques, dont le but est tant l'instruction primaire, agricole, professionnelle et secondaire, que l'exploitation, l'achat, l'aliénation et la location des biens sociaux, dont le capital est divisé en actions, négociables dans les conditions ordinaires et conférant chacune des droits égaux dans la propriété des biens et la distribution des bénéfices, alors qu'il est constaté que ces droits sont

(1) Cass. req., 3 janv. 1894, 4 fév. 1896 et 25 janv. 1897, précités ; 7 mars 1900 ; J. E. 25.856 ; R. E. 2382 ; — Orléans, 3 fév. 1895 ; R. P. 8893 ; — Reims, 28 mai 1895 ; J. E. 25.859 ; — Mâcon, 15 juin 1898 ; J. E. 25.556 ; — Seine, 11 mars 1899 ; J. E. 25.723 ; — 4 août 1899 ; J. E. 25.749 ; — 24 nov. 1899 ; R. E. 2238.

(2) Cass.req.,18 oct. 1897, précité ; — Seine, 26 nov. 1898 ; R. E. 1927 ; J. E. 25.567 ; R. P. 9598 ; — 3 mars et 19 mai 1900 ; J. E. 25.926 et 26.008.

réels et non fictifs et que la société a une existence propre et n'est pas une annexe ou une dépendance de la congrégation dont plusieurs membres font partie (1).

6 bis. (19). Congrégations dissoutes. — Lorsqu'à la suite d'un décret qui a prononcé la dissolution d'une congrégation non autorisée et son expulsion de l'abbaye qu'elle occupait, un grand nombre de ses membres sont restés dans la localité, ont continué à porter l'habit de leur ordre, à vivre, quoique séparément, sous l'autorité d'un supérieur général, et à se réunir fréquemment pour accomplir les actes de leur ancienne règle monastique, cet état de fait constitue une association religieuse (2).

7. (28 et 32). Prohibition de distribuer des bénéfices. — La société civile dont les statuts prohibent la distribution de dividendes est redevable des taxes spéciales, en raison même de cette prohibition (3).

Mais une société civile, ne présentant pas, d'ailleurs, le caractère religieux, échapperait aux lois de 1880 et 1884 et serait régie exclusivement par la loi du 29 juin 1872, si les statuts prévoyaient et autorisaient des distributions de dividendes avant la dissolution de la société (Sol. 30 déc. 1894 ; R. E. 896 ; J. E. 24.698).

8. (101 à 112). Clauses d'adjonction et de réversion. — La société civile dont les statuts renferment la double clause d'adjonction facultative de nouveaux membres et de réversion en faveur des membres restants, de la part de ceux qui se retirent ou meurent, est passible de la taxe d'accroissement, en raison même de sa forme constitutive et quel que soit le but de l'entreprise. Une telle société est, en effet, directement visée par la loi du 28 décembre 1880, art. 9, dont le principe essentiel a été maintenu par les lois postérieures de 1884 et de 1895. Lorsque la double circonstance qui précède est établie, il est dès lors sans intérêt de rechercher si les associés obéissent ou non à des préoccupations confessionnelles (4).

On ne devrait pas voir, toutefois, une clause de réversion dans la stipulation portant qu'en cas de retraite ou de décès d'un associé, cet associé ou ses représentants n'auront aucun droit au partage du fonds social, mais recevront de la société une indemnité fixée à forfait (Reims, 28 mai 1895 ; J. E. 25.859). A plus forte raison en serait-il de même de la disposition des statuts d'une société par actions réservant la faculté de rembourser aux héritiers des associés décédés le montant de leurs actions sur le pied de l'estimation faite dans le dernier inventaire social (5).

8 bis. Siège social. Bureau compétent. — 1o Associations religieuses. — Les associations de fait, notamment les associations religieuses, ont leur siège au lieu de leur principal établissement qui, lorsqu'il s'agit d'une association cultuelle, ne peut être que le lieu de la si-

(1) Neufchâtel, 26 juill. 1893 et Cass. civ., 22 nov. 1899 ; J. E. 25.769 ; — Cf. Nancy, 5 mars 1900 ; J. E. 25.931 ; — Seine, 30 juin 1900 ; R. E. 2511 ; — Mayenne, 28 nov. 1900 ; R. E. 2603.

(2) Cass. req., 14 avril 1897 ; Inst. 2963, § 3 ; D. 97.1.373 ; S. 98.1.289 ; R. E. 1383 ; J. E. 24.768 ; R. P. 8991 ; — Civ., 9 mai 1900 ; R. E. 2406 ; J. E. 25.905 ; — Cf. Seine, 4 juin 1897 ; R. E. 1437 ; J. E. 25.221 ; R. P. 9188.

(3) Seine, 2 déc. 1899 ; J. E. 25.869 ; R. E. 2259 ; — Rapp. Sol. 29 mai 1894 ; R. E. 779 ; — 30 déc. 1894 ; J. E. 24.698 ; R. E. 896 ; — Seine, 24 nov. 1899, 2 déc. 1899 et 3 mars 1900 ; J. E. 25.868, 25.869 et 25.926.

(4) Seine, 11 mars 1899 ; J. E. 25.729 ; — 3 mars 1900 ; J. E. 25.926 ; — 19 mai 1900 ; J. E. 26.008.

(5) Seine, 30 juin 1900 ; R. E. 2511 ; — Rappr. toutefois, en sens contraire : Cass. civ., 23 janv. 1895 ; Inst. 2886-7 ; D. 95. 1.267 ; S. 95.1.294 ; R. E. 875 ; J. E. 24.543 ; R. P. 8487.

tuation des immeubles acquis sous pacte tontinier et exploités dans un but religieux.

C'est donc au bureau de la situation de ces biens que les taxes sur le revenu et d'accroissement sont exigibles (Vervins, 2 nov. 1900 ; *R. E.* 2707).

2° *Congrégations non reconnues.* — Chacun des établissements d'une congrégation non reconnue constituant une association de fait, indépendante des autres établissements du même ordre, doit payer les diverses taxes auxquelles il est assujetti au bureau dans le ressort duquel il se trouve situé (Sol. 18 juill. 1898 ; *R. E.* 2708).

§ 2. — *Impôt sur le revenu.*

9.(42). Revenu imposable. Minimum légal de 5 0/0. — La taxe annuelle de 4 0/0 dont les congrégations, communautés et associations religieuses sont passibles pour l'ensemble des biens qui leur appartiennent ou qu'elles occupent est liquidée sur un revenu qui ne doit pas être inférieur au 5 0/0 du capital. Cette règle est obligatoire même lorsqu'il s'agit de sociétés pourvues d'un conseil d'administration (Sol. 30 déc. 1894 ; *R. E.* 896 ; *J. E.* 24.698).

10. (46). Biens possédés. — Les rentes sur l'État immatriculées pour la pleine propriété au nom d'une congrégation religieuse constituent des biens possédés, dans le sens de l'art. 9 de la loi de 1884, lors même que leurs arrérages, en vertu de conditions imposées par les donateurs, devraient être employés à des œuvres de bienfaisance déterminées (Bordeaux, 4 avr. 1897 ; *R. E.* 1524). Il en est de même des rentes foncières affectées à des fondations particulières (Cholet, 21 juill. 1894 ; *R. E.* 797).

Une association religieuse est débitrice de la taxe à raison des biens qu'elle possède, alors même que ces biens seraient occupés par une congrégation distincte de l'association (Cass. req., 31 juill. 1900 ; *R. E.* 2476).

11. (48). Valeurs de Bourse. Évaluation. — La loi ne détermine pas l'époque à laquelle il faut se placer pour l'évaluation de ces valeurs ; il est rationnel, par conséquent, de se baser sur le cours moyen de l'année pour laquelle la taxe est exigible et non sur le cours du 31 décembre (même décision).

12. (57). Biens occupés. — Par biens occupés, le législateur a entendu viser ceux qui ne sont que la propriété apparente d'un tiers et qui, en fait, appartiennent à la communauté, lui ont été donnés ou ont été achetés de ses deniers et sont laissés à sa disposition. La communauté, qui en exerce la jouissance, a sur cette catégorie de biens un droit de disposition légal ; elle les détient pour son compte et les affecte au service des œuvres religieuses qu'elle a entreprises.

On considère notamment comme biens occupés les immeubles où se trouve le siège d'une congrégation, le domicile de plusieurs de ses membres, la chapelle où ils officient (1).

13. (59). Patrimoine personnel des associés. — Mais les biens propres des associés ne constituent pas des biens occupés, par le seul fait que les revenus en seraient effectivement consacrés aux œuvres de la congrégation (Sol. 17 nov. 1894 ; *R. E.* 858 ; *J. E.* 24.617).

14. (60). Biens occupés à titre de bail. — La Cour de cassation a définitivement tranché dans le sens de l'affirmative la question de savoir si les immeubles occupés par une congrégation à titre de locataire sont passibles de la taxe sur le revenu. Le fait seul de l'occupation suffit pour

(1) Cass. req., 5 juill. 1900 ; *R.E.* 2474 ; *J.E.* 25.953 ; — Seine, 4 juin 1897 ; *R. E.* 1437 ; *J. E.* 25.224 ; *R. P.* 9488.

rendre l'impôt exigible et les juges n'ont pas à rechercher dans quel but les immeubles ont été loués à la congrégation et de quelle façon les membres de celle-ci y vivent et s'y comportent (1).

Mais la taxe ne saurait atteindre l'immeuble affecté à une école dirigée par une congrégation, si l'école était tenue pour le compte d'une personne étrangère à la communauté, qui paierait les loyers et vis-à-vis de laquelle les congréganistes ne seraient que des employés salariés (Seine, 24 mai 1889 et Cass. civ., 27 déc. 1893, précité).

14 bis. Biens sous scellés. — Les biens mis sous scellés par mesure administrative à l'époque de la dispersion des membres d'une congrégation n'entreraient pas en ligne de compte pour la liquidation de la taxe sur le revenu. C'est du moins ce qui paraît résulter implicitement d'un arrêt de la Chambre des requêtes du 14 avril 1897 (2).

15. (64). Biens possédés par une association religieuse entre congréganistes et occupés par la congrégation. — Dans cette hypothèse, la taxe de 4 0/0 est due cumulativement par l'association propriétaire et par la congrégation occupante, en raison même de leur possession et de leur occupation respectives (Cass. req., 30 juill. 1900, précité).

15 bis. (68). Emprunts. — L'art. 1er-2° de la loi du 29 juin 1872, qui établit une taxe annuelle et obligatoire sur les intérêts des emprunts de toutes les sociétés, compagnies ou entreprises quelconques, financières, industrielles, commerciales ou civiles, comprend, dans sa généralité, toutes les sociétés ou entreprises, sans faire aucune distinction entre elles et s'applique à toutes les opérations à l'aide desquelles ces sociétés ou entreprises se procurent, par la voie de l'emprunt, les fonds dont elles ont besoin. La taxe est due, sur les intérêts des emprunts contractés par les congrégations autorisées, qui constituent des collectivités subsistant indépendamment des mutations susceptibles de se produire dans leur personnel et rentrent ainsi dans la catégorie des sociétés ou entreprises quelconques visées par la loi de 1872 (3).

Mais il en est autrement des emprunts contractés, soit par une congrégation non autorisée, soit par quelques membres de cette congrégation en leur nom personnel ; ces emprunts ne seraient passibles de la taxe de 4 0/0 que si l'Administration établissait que la congrégation est constituée sous la forme d'une véritable société (Sol. 27 mars 1893 ; *R. E.* 474 ; *J. E.* 24.570 ; *R. P.* 8480).

16. (80 et 86). Pénalités. Prescription. — Aux termes de l'art. 21 de la loi du 29 juillet 1893, l'action du Trésor en recouvrement de la taxe sur le revenu est soumise à la prescription de cinq ans et ce délai a pour point de départ l'exigibilité des droits et amendes.

Avant la promulgation de cette loi, la prescription trentenaire était seule applicable en pareille matière (Cholet, 26 juill. 1894 ; *R. E.* 794). Relativement aux droits exigibles antérieurement, le délai de prescription de cinq ans a pris cause à la date de la promulgation de la loi (Bordeaux, 4 août 1897 ; *R. E.* 1524).

La prescription spéciale édictée par l'art. 14 de la loi du 16 juin 1824 pour certaines amendes de contravention court elle-même du jour où les préposés ont été à même de constater la contravention au vu des actes présentés à

(1) Civ., 27 déc. 1893 ; Inst. 2864-5 ; S. 94.1.513 ; D. 94.1.297 ; *R.E.* 607 ; *J.E.* 24.259 ; — Req., 5 juill. 1900 ; *R.E.* 2474 ; *J.E.* 25.953.

(2) Inst. 2965-3 ; D. 97.1.373 ; D. 98.1.289 ; *R. E.* 1383 ; *J. E.* 25.100 ; *R. P.* 8991.

(3) Cass. civ., 27 nov. 1894 ; Inst. 2886-2 ; S. 96.1.49 ; D. 95. 1.185 ; *R. E.* 840 ; *J. E.* 24.489 ; *R. P.* 8435 ; *J. N.* 95.345.

l'enregistrement, et non point du jour où, avertis par de simples indices, ils ont été seulement en mesure de la soupçonner, de la rechercher ou de la découvrir à l'aide d'autres actes et de rapprochements ultérieurs. Dès lors, cette prescription fût-elle applicable en matière d'impôt sur le revenu, — ce que les termes de la loi précitée du 29 juillet 1893 ne permettent guère de soutenir, — l'association religieuse qui n'aurait pas acquitté la taxe dont elle était redevable à ce titre ne saurait l'invoquer utilement, pour échapper au paiement des amendes de retard, alors qu'elle n'aurait soumis à l'enregistrement aucun acte de nature à révéler son caractère et à permettre à l'Administration de constater les contraventions commises, qui n'auraient été découvertes qu'à l'aide d'autres éléments de preuve et depuis moins de deux ans (Cass. civ., 9 mai 1900 ; R. E. 2406 ; J. E. 25.905).

§ 3. — *Taxe d'accroissement* (1).

17. (6). **Collectivités passibles de l'impôt.** — Aux termes de l'art. 9 de la loi du 29 décembre 1884, le droit d'accroissement était dû par toutes les congrégations, communautés et associations religieuses d'hommes ou de femmes, autorisées ou non autorisées, sans que la loi énonçât aucune autre condition de cette qualité (2).

Spécialement, en ce qui concerne les congrégations autorisées de femmes, l'exigibilité du droit ne pouvait être subordonnée à l'existence d'une société civile entre leurs membres (3).

La taxe annuelle établie par la loi du 16 avril 1895 (art. 3 à 11) en remplacement des anciens droits d'accroissement et fixée à 0 fr. 40 0/0 (sans décimes) du capital social pour les immeubles non assujettis à la taxe de mainmorte et à 0 fr. 30 0/0 pour les autres valeurs, obéit aux règles qui précèdent (Cass. civ., 2 mai 1899 ; R. E. 2046).

18. (14). **Exemptions.** — Toutefois, par dérogation aux dispositions antérieures (V. Rennes, 7 avril 1897 ; J. E. 25.178), les biens acquis avec l'autorisation du gouvernement pour être affectés à des œuvres d'assistance gratuite ou aux œuvres des missions françaises à l'étranger peuvent être affranchis de la taxe d'accroissement en vertu d'un décret rendu en Conseil d'Etat (art. 3 de la loi).

L'exemption peut être prononcée d'office, en l'absence de toute demande des intéressés. Il s'agit, en effet, d'un acte de la puissance publique qui peut s'exercer spontanément dès lors qu'aucune disposition spéciale n'a déterminé les conditions dans lesquelles il doit intervenir (Cons., 22 juill. 1899 ; J. E. 25.935 ; R. E. 2359).

En ce qui concerne les immeubles et les titres de rente, l'immunité ne peut être octroyée qu'autant qu'ils ont été acquis avec l'autorisation du gouvernement. Si, d'ailleurs, un immeuble a été acquis par la supérieure d'une congrégation autorisée, pour le compte et au moyen des deniers de celle-ci, et que l'autorisation du gouvernement ne peut pas être ensuite obtenue, la propriété n'en continue pas

moins, au point de vue fiscal, à reposer sur la tête de la congrégation et la taxe est exigible (1).

Mais les meubles meublants possédés par une congrégation autorisée sont réputés, en l'absence de toute preuve contraire, avoir été acquis au moyen des revenus dont l'établissement a la libre disposition ; il en résulte que l'acquisition de ces meubles n'étant pas soumise à l'autorisation du gouvernement, l'Administration ne saurait exiger que cette formalité ait été remplie pour les faire bénéficier de l'exemption, s'ils remplissent au surplus les conditions d'affectation spécifiées par la loi (Cons. d'Et., 23 juill. 1896 ; R. E. 1264 ; J. E. 25.060 ; R. P. 8939).

19. (37). **Dispositions transitoires. Droits arriérés. Faculté d'option.** — Les congrégations débitrices de droits d'accroissement au moment de la promulgation de la loi du 16 avril 1895 et qui ne se sont pas libérées dans les six mois de cette date, en optant pour l'ancien ou le nouveau tarif, conformément à la faculté qui leur était réservée par l'article 8, sont devenues redevables, à l'expiration de ce délai, de la taxe nouvelle et d'un demi-droit en sus au minimum de 100 fr. (Seine, 18 mars 1899 ; R. E. 2096). Cette taxe doit être liquidée, en ce qui concerne la période antérieure à la loi de 1895, à compter de la plus ancienne créance du Trésor, suivant les termes du même article, c'est-à-dire, quand cette créance résulte d'un décès, à dater de ce décès et non pas seulement de l'échéance du délai dans lequel la déclaration aurait dû être passée et l'impôt versé (Cass.civ.,9 mai 1900 ; R. E. 2406 ; Inst. 3037 § 5 ; D. 1901.1. 241).

La déchéance du droit d'option serait encourue même au cas où la congrégation débitrice aurait fait, sous le régime antérieur, des offres réelles pour le paiement au bureau du siège social des droits d'accroissement afférents à l'ensemble de son patrimoine dont une partie seulement serait située dans la circonscription de ce bureau, et encore bien que l'instance fût pendante à l'époque de la promulgation de la loi (Cass. civ., 9 mai 1900, préc. ; et 10 juill. 1901 ; R. E. 2755).

Mais le fait que l'exigibilité des droits d'accroissement à l'ancien tarif aurait été antérieurement reconnue par un jugement définitif non exécuté n'a pas fait obstacle à l'exercice de la faculté d'option ; l'effet rétroactif de la loi ne saurait à cet égard être contesté (Besançon, 13 déc. 1898 ; J. E. 25.594).

20. (37). **Instances en cours au moment de la promulgation de la loi.** — Les termes de l'art. 8 de la loi du 16 avril 1895 démontrent clairement l'intention du législateur de lui donner un effet rétroactif pour le recouvrement des droits restant dus à l'expiration de ce délai, alors même qu'ils auraient fait l'objet d'une instance en cours (2).

La question s'est posée, toutefois, de savoir si lorsqu'une instance était en cours pour le recouvrement des droits d'accroissement, l'Administration était tenue de décerner et de faire signifier une nouvelle contrainte pour le paiement de la taxe afférente à la même période. Dans le sens de la négative, on a fait ressortir que la demande tendant à obtenir le paiement de la taxe nouvelle n'a ni une cause, ni un objet différents de la demande introduite sous l'empire de l'ancienne législation et qu'elle pouvait être formée, dans l'instance en cours, par voie de conclu-

(1) Pour ce paragraphe, les références au *T. A.* s'appliquent spécialement au mot *Taxe d'accroissement*, p. 1054 et suiv. du t. IV.

(2) Cass. req., 28 mai 1894 et Cass. civ., 29 mai 1894 ; Inst. 2872-6 ; S. 94.1.519 ; D. 94.1.445 et 482 ; R. E. 730 et 731 ; J. E. 24.389 et 24.390 ; R.P. 8329 et 8330 ; — Civ., 15 avr.1899 ; Inst. 3004-2 ; S. 99.1.418 et 420 ; D. 99.1.441 ; R. E. 2012 ; J. E. 25.622.

(3) Cass. civ., 23 fév. 1898 ; Inst. 2967-3 ; S. 98.1.294 ; D. 99. 1.261 ; R.E. 1647 ; J. E. 25.348 ; R.P. 9233 ; — 5 fév. 1901 ; R.E. 2625 ; — Seine, 19 nov. 1898 ; J. E. 25.625.

(1) Cass. req., 14 nov. 1898 ; Inst. 2986-3 ; S. 99.1.149 ; D. 99. 1.259 ; R. E. 1890 ; J. E. 25.514 ; — Rapp. Quimper, 8 avril 1897 ; J. E. 25.163 ; — Millau, 17 juill. 1897 ; R. E. 1523 ; J. E. 25.302 ; — Limoges, 16 mars 1901 ; R. E. 2679.

(2) Cass. civ., 2 mai 1899 ; S. 99.1.420 ; D. 99.1.441 ; J. E. 25.655 ; R.P. 9548 ; — 28 mars 1900 ; R. E. 2386 ; J.E. 25.884 ; — 9 mai 1900, précité.

sions additionnelles (Cherbourg,13 mai 1896 ; *J. E.* 24.870).
Mais l'opinion contraire a été également défendue (Reims,
8 déc., 18 déc. 1896 ; *J. E.* 25.058). Il s'agit là, au surplus,
d'une controverse dénuée maintenant d'intérêt pratique.

21. Chose jugée. — Nous avons vu précédemment
(n° 19) que la faculté d'option entre l'ancien et le nouveau
tarif a pu être exercée même lorsqu'on se trouvait en
présence d'un jugement définitif, antérieur à la loi de 1895.
Il va de soi que l'hypothèse ainsi visée est celle où la congrégation a été condamnée au paiement des droits d'accroissement. Si, au contraire, la Régie avait été déboutée
de la demande formée par elle pour paiement des droits
applicables aux biens d'une congrégation situés dans l'arrondissement où siège le tribunal,elle ne serait plus fondée
à réclamer l'impôt, sous forme de taxe d'accroissement,
sur les mêmes biens, devant un autre tribunal, tant que
la décision qui l'a débouteé n'est pas infirmée. Elle pourrait, d'ailleurs, réclamer la taxe sur tous les autres biens
de la congrégation (Seine, 4 déc. 1896 ; *R. E.* 1343 ; *J. E.*
25.043 ; *R. P.* 9060).

22. (19 et 39). **Imputation des droits perçus sur les
cessions.** — L'art. 4 de la loi du 28 décembre 1880 porte
que le droit de 9 0/0, qu'il établit, sera exigible lors des
accroissements opérés, par suite de décès ou de clauses
de réversion, au profit des membres restants, de la part
des membres qui cessent de faire partie de la société ou
association. Le même article ajoute que la perception du
droit de 9 0/0 aura lieu « nonobstant toutes cessions antérieures, faites entre vifs au profit d'un ou de plusieurs
membres ». Cette règle, à laquelle la loi de 1884 n'a porté
aucune atteinte (Inst. 2712, p. 13), a été interprétée par
certains auteurs, sous le régime antérieur à la loi de 1895,
comme prohibant l'imputation du droit, de quelque nature que ce soit, payé lors de la cession entre vifs, sur
celui exigible au moment du décès ou de la retraite.

« L'associé sortant, dit M. Demasure, peut avoir fait,
avant l'échéance de la clause de réversion, une cession
entre vifs à titre onéreux ou gratuit aux associés restants,
ou à l'un d'eux, de son intérêt dans la société. Cet acte
aura été enregistré et aura donné lieu aux perceptions de
droit commun. Quand l'événement, décès ou retraite,
prévu pour la réversion se réalisera, l'accroissement
n'aura plus d'objet. Les associés restants seront déjà en
possession des biens qui devaient leur parvenir et ils auront acquitté les droits afférents à cette transmission.
N'importe, ils paieront une seconde fois comme si la réversion s'opérait dans les conditions de l'art. 4 » (*Rég.
fiscal des soc.*, n° III).

« Il n'y a pas lieu, enseigne de même M. Primot, d'imputer sur le droit d'accroissement les droits perçus sur les
cessions entre vifs antérieures. Il en est ainsi quel qu'ait
été le tarif appliqué à ces cessions » (*Actions et obligations*,
n° 1490, *in fine*).

L'Administration a hésité à appliquer cette interprétation
rigoureuse et nous avons rapporté au *Traité* (V° *Congrégations*, n° 129) une solution du 2 février 1892, d'après
laquelle l'imputation du droit de 0 fr. 50 0/0 serait seule
refusée, tandis que l'on devrait accepter celle du droit de
5 fr. 50 0/0. Sous l'empire des lois de 1880 et de 1884, l'imputation n'était donc refusée que dans des limites restreintes, et lorsqu'un acte portant cession par un associé de
tous ses droits et entraînant, par conséquent, sa retraite,
avait été enregistré au droit de 5 fr. 50 0/0, on ne pouvait
plus réclamer que le complément du droit de 9 0/0, dans
les deux ans de la perception, puisque le fait générateur
de l'impôt était l'acte même de cession présenté à la formalité.

La situation a été complètement modifiée par la loi de
1895. La loi de 1880, maintenue sur ce point par celle de
1884, prévoyait le cas où la taxe de 9 0/0 devenait exigible par suite d'un événement déterminé, retraite ou
décès, et visait les cessions *antérieures* à cet événement,
pour dire qu'il n'en serait pas tenu compte. Aujourd'hui,
la taxe est due indépendamment de tout événement de
cette nature et à raison du mode particulier de possession
des biens. Il ne peut donc plus être question de cessions
antérieures et il est impossible désormais d'invoquer la
disposition de la loi de 1880.

La difficulté doit se résoudre, par conséquent, d'après les
principes généraux du droit fiscal. Considérant que la
taxe d'accroissement est entièrement distincte du droit de
vente dont elle diffère, quant à la cause et quant à l'objet,
qu'ils ne sont pas à la charge des mêmes redevables,l'Administration a décidé que le droit de 5 fr. 50 0/0 perçu à
raison d'une cession entre vifs ne saurait être imputé sur
la taxe annuelle d'accroissement, la perception de ce droit
demeurant d'ailleurs irrévocable et non sujette à restitution, comme étant régulière d'après les principes du droit
commun (Sol. 25 nov. 1899 ; *R. E.* 2447 ; *J. E.* 25.998).

Cette décision soulève de sérieuses critiques ; spécialement la régularité de la perception du droit de 5 fr. 50 0/0
est loin d'être démontrée.

La situation des biens assujettis à la taxe annuelle de
0 fr. 30 ou de 0 fr. 40 0/0 offre beaucoup d'analogie
avec celle des titres au porteur soumis à la taxe annuelle
de transmission. Il s'agit, en effet, dans les deux cas, de
taxes créées à titre d'équivalent des droits dont les cessions ou transferts étaient antérieurement passibles. Or
le paiement de la taxe de transmission exclut l'exigibilité
de tout autre droit de mutation entre vifs sur les titres au
porteur. De même, le paiement de la taxe annuelle d'accroissement sur les biens des congrégations couvre toutes
les transmissions à titre gratuit ou à titre onéreux dont
ces biens font l'objet et qui ont pour effet d'opérer un
accroissement, à l'exception seulement des cessions qui
n'auraient pas cet effet.

Or, du moment où la perception du droit de 5 fr. 50 0/0
serait entachée d'irrégularité, il n'y aurait aucune raison
d'en refuser la restitution par voie d'imputation sur le
montant de la taxe annuelle. Cette conclusion, contraire
à la doctrine de l'Administration, a du reste été sanctionnée
par un jugement du tribunal de la Seine, du 22 décembre
1900 (*R. E.* 2602).

22 bis. Imputation des droits de succession. —
L'imputation ne peut être admise s'il n'y a pas identité de
parties. Les droits de succession payés indûment par des
particuliers pour des immeubles soumis à la taxe d'accroissement ne sont donc pas imputables sur cette taxe, qui
est à la charge d'un être moral juridiquement distinct : les
particuliers sont seulement créanciers éventuels du Trésor
en restitution (Limoges, 16 mars 1890 ; *R. E.* 2679).

23. (35). **Prescription.** — La taxe d'accroissement ne
peut être considérée comme un impôt de succession ; si
elle remplace l'ancien droit d'accroissement qui était dû
à raison des retraites et des décès, elle est indépendante
de ces événements et demeure exigible, chaque année, par
cela seul qu'il existe un capital appartenant aux contribuables qui y sont assujettis ; par suite, en l'absence de
toute disposition à cet égard, le recouvrement n'est soumis qu'à la prescription trentenaire et échappe à l'application du dernier paragraphe de l'art. 61 de la loi du
22 frimaire an VII (1).

(1) Morlaix, 26 avril 1899 ; *J. E.* 25.623 ; *R. E.* 2095 ; — Vervins, 2 nov. 1900 ; *R. E.* 2707.

23 *bis*. **Biens possédés en nue propriété.** — La Chambre des requêtes, statuant dans une affaire régie par la législation antérieure au 25 février 1901, a décidé que la taxe devrait être assise, même pour les biens possédés en nue propriété seulement, sur la valeur de la pleine propriété (Cass., 14 mai 1901 ; *R. E.* 2732). Cette décision, qui ne résulte, du reste, qu'implicitement de l'arrêt, est fondée dans le cas où le droit de mutation n'a pas encore été payé par anticipation sur la réunion de l'usufruit, mais elle ne saurait, à notre avis, être étendue au cas inverse où la nue propriété a déjà supporté le droit sur sa valeur pleine lors du démembrement ; elle ne peut, dans cette dernière hypothèse, subir la taxe que sur la moitié de la valeur brute de la pleine propriété.

Pour la période postérieure à la loi du 25 février 1901, la règle sera différente et la taxe ne pourra être assise, même si la nue propriété n'a pas déjà acquitté par anticipation le droit, pour la réunion de l'usufruit, que sur sa valeur nette à fixer par une déclaration estimative des parties. En effet, l'hypothèse ne rentre exactement dans aucune de celles que l'art. 13 de la loi du 25 février 1901 a prévues : transmissions à titre onéreux, d'une part, transmissions à titre gratuit et échanges, d'autre part. On doit donc, de toute nécessité, recourir à la déclaration des parties, sauf contrôle par l'Administration, notamment au moyen de la présomption *simple* fondée sur l'âge de l'usufruitier, qui n'est une présomption *légale* qu'en matière de mutations à titre gratuit et d'échanges (Voir *R. E.* 2622-30 *bis* et 2732, observations).

§ 4. — *Recouvrement. Procédure* (1).

24. (69 et 130). **Déclarations.** — Les deux taxes sont perçues sur la remise d'une déclaration détaillée faisant connaître distinctement la consistance et la valeur des biens (L. 29 déc. 1884, art. 9 et L. 16 avr. 1895, art. 4). La même déclaration peut, d'ailleurs, servir de base à la perception des deux natures d'impôts (Inst. 2882, p. 4).

Le président du conseil d'administration d'une association religieuse engage valablement celle-ci et il est qualifié pour souscrire la déclaration prévue par la loi, dès lors qu'il a reçu du conseil d'administration le mandat de signer les délibérations dudit conseil (2).

25. (15 et 134). **Moyens de contrôle. Communication.** — Les congrégations, communautés et associations religieuses, autorisées ou non autorisées, sont tenues de communiquer aux agents de l'enregistrement, tant au siège social que dans les succursales, leurs livres et registres à peine d'une amende de 100 fr. à 1.000 fr. en principal. Lorsqu'il résulte tant des statuts que des circonstances de la cause que les succursales d'une congrégation autorisée, bien que dirigées par une supérieure locale, n'ont pas une existence propre et relèvent de l'autorité d'une supérieure générale, celle-ci est présumée posséder, à la maison-mère, un registre du personnel de toute la congrégation (3) et les documents relatifs à la gestion du patrimoine commun, sans en excepter les biens affectés aux succursales non autorisées, s'il en existe (Seine, 11 mars 1899 ; *J. E.* 25.729).

26. (89 et 141). **Procédure. Contre qui doit être dirigée l'action.** — L'art. 7 de la loi du 16 avril 1895 porte

(1) Pour ce paragraphe les références au *T. A.* s'appliquent à l'étude publiée sous le titre *Congrégations.*

(2) Cass. req., 4 fév. 1896 ; Inst. 2910-4 ; D. 97.1.75 ; *R. E.* 1108 ; *J. E.* 24.805 ; *R. P.* 8707 et 8860-42.

(3) Cass. req., 19 mars 1895 ; Inst. 2890-7 ; S. 96.1.102 ; D. 95.1.452 ; *R. E.* 917 ; *J. E.* 24.569.

que l'action en recouvrement sera valablement dirigée contre les supérieurs des congrégations, et, pour les autres associations, contre tout membre agrégé à un titre quelconque.

On disait précédemment, dans une forme moins précise, que la procédure devait être dirigée contre les représentants légaux des collectivités passibles de l'impôt (Inst. 2712, p. 15).

La question s'est posée de savoir, en ce qui concerne les congrégations et associations non autorisées, qui ne jouissent pas de la personnalité civile, si la Régie ne serait pas fondée à agir personnellement contre les membres de ces collectivités et sur leurs biens propres.

L'Administration a soutenu l'affirmative. Dans son système, les congrégations non autorisées doivent être envisagées comme formant des sociétés de fait dont les membres sont responsables des engagements et des obligations contractés par la collectivité.

Dans les sociétés de fait, en effet, la personnalité de la société se confond avec celle des associés, de sorte que les dettes de la collectivité deviennent les dettes personnelles des associés. « Quand une société est obligée, dit M. Laurent, le créancier a action contre tous les associés, car la société, ce sont les associés... Ce n'est pas la société qui est débitrice, ce sont les associés qui se trouvent liés » (*Droit civil français*, t. 26, n° 357). Et, plus loin, examinant les droits des créanciers de la société, l'éminent jurisconsulte ajoute : « Ils (les créanciers de la société) sont créanciers des associés ; ceux-ci ont un patrimoine qui leur est propre et ils ont un droit indivis dans ce patrimoine. Les créanciers de la société ont pour gage les biens propres des associés, puisque ceux-ci sont leurs débiteurs personnels ; sur ce patrimoine leurs droits sont absolument les mêmes que ceux des créanciers particuliers des associés : cela n'est point douteux » (*loc. cit.*, n° 359). M. Paul Pont exprime la même idée sous une forme différente : « Le droit des créanciers de la société, déclare-t-il, sur les biens extra-sociaux des associés ne comporterait pas la même distinction (entre les biens sociaux et ceux propres aux associés). Ces biens sont aussi leur gage, comme celui des créanciers pour cause étrangère à la société. Ce serait, de la part de ces derniers, une prétention inadmissible de dire que les biens personnels de leur débiteur sont avant tout leur gage. Seul, M. Duranton est d'un avis contraire et prétend que si les créanciers de la société demandaient à être payés par préférence sur son actif, ils devraient souffrir que les créanciers particuliers fussent payés par préférence à eux sur les biens personnels de cet associé. Mais il ne prend pas garde que ces créanciers de la société sont en même temps créanciers de tous les associés et de chacun d'eux pris individuellement, puisque chacun d'eux est tenu pour une part, et peut être recherché directement. Ils ont donc, par rapport aux biens personnels des associés, un droit égal à celui des créanciers particuliers » (*Sociétés civiles et commerciales*, t. 1, n° 667). Ces observations de MM. Laurent et Paul Pont ont été émises, il est vrai, à propos des sociétés civiles régulièrement constituées. Mais comme, dans l'opinion de ces auteurs, opinion qui n'a d'ailleurs pas prévalu en jurisprudence, les sociétés civiles ne donnent pas naissance à un être moral, il est clair que la doctrine qu'ils enseignent est entièrement applicable aux sociétés purement de fait qui, elles, sont incontestablement dépourvues de toute personnalité civile.

En sens opposé, on invoque l'interprétation littérale de la loi de 1884 qui vise expressément et exclusivement les congrégations, communautés et associations religieuses, autorisées ou non autorisées, et on en tire la conséquence que les impôts doivent être payés directement par ces collectivités. Et cette interprétation paraît devoir prévaloir en jurisprudence : « Attendu, porte un arrêt de la Chambre des requêtes du 21 novembre 1898, que la Direction générale de l'enregistrement soutient vainement qu'il y a lieu de faire une distinction entre les associations religieuses autorisées et celles qui ne le sont pas ; que l'impôt est, en ce qui concerne ces dernières, une dette à la charge personnelle de leurs membres et qu'elle est ainsi fondée, pour le recouvrement de l'impôt sur le revenu, à actionner personnellement et sur leurs biens propres les membres de ces associations ; qu'en effet, cette prétention est en opposition manifeste avec les termes de la loi qui ne comportent aucune distinction (1) ».

Mais de ce que l'Administration n'est pas fondée à poursuivre le recouvrement de l'impôt dû par les congrégations et associations non reconnues contre les membres de ces collectivités, il n'en résulte pas que ceux-ci doivent demeurer étrangers aux poursuites. Ils peuvent, au contraire, lorsqu'il s'agit de la taxe d'accroissement, être actionnés en tant que détenteurs des biens possédés par la congrégations et sur lesdits biens, et la Régie a la faculté d'exercer l'action en recouvrement contre l'un quelconque des associés pris en ladite qualité (Cass. req., 13 nov. 1900 ; R. E. 2553 ; J. E. 26.034). Cela résulte formellement de l'art. 7 de la loi du 16 avril 1895. Ainsi, d'ailleurs, que l'exprime l'Inst. n° 2882 (p. 6), « cette disposition se rapporte uniquement à la représentation des associations débitrices dans les instances et procédures ; elle n'a ni pour objet, ni pour conséquence de constituer leurs représentants débiteurs de l'impôt autrement qu'en leur qualité d'associés ».

La faculté accordée au Trésor par l'art. 7 de la loi du 16 avril 1895 ne s'applique pas au recouvrement de la taxe sur le revenu qui doit être réclamée personnellement à chacun des associés dans les sociétés de fait et les congrégations non reconnues (Vervins, 2 nov. 1900 ; R. E. 2707).

Lorsque l'Administration a fourni la preuve qu'une société anonyme formée entre divers membres d'une congrégation n'est que le prête-nom de celle-ci, elle est fondée à poursuivre sur les biens de la dite société le recouvrement des condamnations encourues par la congrégation (La Flèche, 7 nov. 1899 ; R. E. 2424 ; J. E. 25.774).

27. Signification. Domicile. — Les significations peuvent être faites d'une manière impersonnelle au siège social des congrégations et associations ; il n'est pas nécessaire à la validité des exploits qu'ils s'adressent au représentant de la collectivité et l'indication d'une personne qui, sans être ce représentant, est tenue pour telle par le poursuivant, constitue une mention surabondante et inutile, incapable, par conséquent, de vicier la procédure. On ne saurait, du reste, induire le contraire de l'art. 7 de la loi du 16 avril 1895 qui a voulu faciliter la tâche de l'Administration et non l'aggraver et qui, visant l'action en recouvrement et non les autres instances, en particulier la saisie réelle, n'a rien innové en cette matière (C. Nancy, 31 mars 1900 ; J. E. 25.855).

28. Saisie du patrimoine des congrégations autorisées. Saisie immobilière. — L'Administration est fondée à poursuivre le recouvrement de l'impôt dû par une congrégation autorisée sur l'ensemble des biens composant le

patrimoine tant de la maison-mère que des diverses succursales (C. Nancy, 31 mars 1900, précité).

L'art. 4, § 3, de la loi du 24 mai 1825, portant que les aliénations d'immeubles par les établissements autorisés sont soumises à l'autorisation du pouvoir exécutif, ne s'applique qu'aux ventes volontaires et non aux ventes forcées. En conséquence, tout créancier muni d'un titre exécutoire peut, sans autorisation préalable, poursuivre le recouvrement de sa créance contre une congrégation par la voie de la saisie immobilière. Il en est ainsi, notamment, de la Régie de l'enregistrement poursuivant le recouvrement des taxes spéciales (1).

Cette règle est applicable aussi bien aux congrégations de femmes qu'aux congrégations d'hommes (2) et même aux communautés hospitalières. L'art. 14 du décret du 18 février 1809 qui a soumis les biens de ces communautés à la législation relative aux établissements de bienfaisance a été implicitement abrogé par l'art. 8 de la loi du 24 mai 1825 (3).

On ne devrait pas s'arrêter davantage à l'exception tirée de ce que les immeubles saisis proviennent d'une donation avec charge d'affectation déterminée. Les conditions plus ou moins spéciales d'une donation ne suffisent pas, par elles-mêmes, pour permettre au donateur ou à ses ayants cause de s'opposer à toute poursuite d'expropriation des immeubles donnés. Ces biens font partie du patrimoine de la congrégation et sont, à ce titre, le gage de ses créanciers à l'action desquels ils restent soumis tant que la donation n'est pas révoquée. Le seul droit qui appartienne au donateur ou à ses représentants est celui de demander la révocation de la donation ; mais une telle instance ne pourrait être utilement suivie qu'après la vente des biens, attendu que la procédure de saisie ne dépossède pas le donataire qui peut, jusqu'à l'adjudication, exécuter les charges et conditions de la donation. L'intervention du donateur ne saurait donc faire échec aux droits du Trésor et suspendre les poursuites (C. Paris, 11 juill. 1900 ; J. E. 25.988).

L'exception de discussion préalable du mobilier, dont jouissent les mineurs et les interdits, aux termes de l'art. 2206, C. civ., ne peut être invoquée par les congrégations (4).

La situation des congrégations qui étaient établies dans le comté de Nice, avant sa réunion à la France, sont, à tous ces points de vue, dans la même situation que les congrégations existant sur le surplus du territoire national ; le traité du 24 mars 1860, qui a opéré l'annexion, la convention internationale du 23 août 1860, sanctionnée par un décret du 22 novembre de la même année, ne contiennent, en effet, aucune disposition qui affranchisse les congrégations du comté de Nice des charges et obligations qui pèsent sur les autres congrégations françaises (Nice, 8 févr. 1899 ; J. E. 25.659).

Lorsqu'un jugement par défaut a condamné une congrégation à payer le montant des taxes dont elle est rede-

---

(1) S. 99.1.193 ; D. 99.1.41 ; R. E. 1889 ; J. E. 25.515 ; — Cf. Seine, 4 juin 1897, actuellement déféré à la Cour de cassation ; R. E. 1437 ; J. E. 25.221 ; — Rap p. Cass. req., 30 et 31 juill. 1900 ; R. E. 2475 ; J. E. 25.970 ; Inst. 3061, §§ 1 et 4.

(1) C. d'Etat, 7 mai 1896 ; — Seine, 13 août 1896 ; R. E. 1268 ; J. E. 24.910 ; R. P. 8895.
(2) Cass. civ., 5 fév. 1901 ; R. E. 2626 ; — C. Caen, 13 déc. 1897 ; R. E. 1603 ; J. E. 25.334 ; R. P. 9304 ; — 26 juillet 1897 ; R. E. 1536 ; — C. Amiens, 2 nov. 1898 ; R. E. 1896 ; J. E. 25.714 ; — C. Angers, 26 déc. 1898 ; J. E. 25.752 ; R. P. 9557 ; — C. Paris, 11 juill. 1900 ; J. E. 25.988.
(3) C. d'Etat, 24 fév. 1897 ; R. E. 1388 ; J. E. 25.088 ; R. P. 8890 ; — Cass. civ., 21 mars 1899 ; Inst. 2997-6 ; S. 99.1.149 ; D. 99.1.413 ; R. E. 1996 ; J. E. 25.603 ; R. P. 9512 ; — 4 avril 1900 ; J. E. 25.882 ; — C. Rennes, 7 avr. 1897 ; J. E. 25.178.
(4) C. Nîmes, 1er déc. 1897 ; R. E. 1605 ; — C. Dijon, 20 janv. 1898 ; R. E. 1678 ; J. E. 24.572 ; R. P. 9305.

vable en lui accordant un délai de grâce pour se libérer (C. civ. 1244), l'Administration peut faire signifier un commandement à fin de saisie immobilière sans attendre l'expiration de ce délai ; il suffit que la saisie elle-même ne soit pratiquée qu'après le terme de grâce (1). Le commandement tendant à une poursuite de saisie immobilière est, en effet, un acte préalable à cette poursuite et n'en fait pas partie ; il ne constitue ni un acte d'exécution ni un acte de poursuite et il rentre dans la catégorie des actes réputés conservatoires puisque, tout en ayant pour objet d'assurer les droits du créancier, il ne change pas la situation du débiteur pendant le délai de grâce qui lui est accordé (2).

29. Saisie-arrêt.— Les saisies-arrêts peuvent être pratiquées au préjudice des congrégations autorisées sans autorisation préalable du gouvernement. Ce que nous avons dit ci-dessus au sujet de la saisie immobilière trouve son application en matière de saisie-arrêt.

Ajoutons qu'après avoir engagé la procédure de la saisie immobilière l'Administration peut abandonner cette voie d'exécution et opter pour la saisie-arrêt si ce dernier moyen lui paraît plus avantageux et de nature à lui procurer un résultat. La question des frais pourrait, il est vrai, être agitée, mais sans influer sur la validité de la saisie-arrêt (Castres, 15 juill. 1898 ; J. E. 25.728 ; R. P. 9583).

Le jugement de validité rendu par défaut est réputé exécuté lorsque le tiers saisi a été assigné en déclaration affirmative (Dinan, 5 août 1899 ; J. E. 25.757) ; si le tiers saisi est un comptable public, tel que le trésorier-payeur général du département, il suffit de faire signifier à la congrégation le certificat de ce fonctionnaire tenant lieu de déclaration affirmative (C. Caen, 26 juill. 1897 ; J. E. 25.238 ; R. E. 1536).

CONSEIL D'ÉTAT.— 1. (7).Délai du pourvoi.—

Le délai de recours au Conseil d'État, fixé à trois mois par l'art. 11 du décret du 22 juillet 1806, a été réduit à deux mois par l'art. 24 de la loi de finances du 13 avril 1900, sans qu'il soit dérogé toutefois aux dispositions des lois et règlements qui ont fixé des délais spéciaux (Inst. 3012 ; J. E. 25.986).

2. (14). Enregistrement des arrêts. — Lorsqu'un arrêté ministériel a été déféré au Conseil d'Etat par un particulier lésé, et que cet arrêté est ensuite rapporté par le ministre qui l'a rendu, l'arrêt postérieur, aux termes duquel le Conseil décide qu'il n'y a pas lieu à statuer dans ces conditions, a le caractère de mesure d'ordre intérieur, exonérée, à ce titre, de toute formalité (Sol. 30 janv. 1900 ; R. E. 2361).

3. (20). Acte de recours. Timbre et enregistrement. — La requête présentée au Conseil d'Etat n'est pas recevable si elle n'est pas timbrée et enregistrée (C. d'Et., 6 juill. 1894 ; R.E. 961 ; J. N. 25.537 ; R. N. 9201) ; alors même que le défaut de timbre n'aurait pas été relevé devant le conseil de préfecture (C. d'Et., 30 juin 1900 ; R. E. 2737).

(1) C. Caen, 13 déc. 1897 ; R. E. 1603 ; J. E. 25.304 ; R. P. 9304 ; — Cass. civ., 4 avr. 1900 ; J. E. 25.882.
(2) En matière de saisie immobilière, un jugement par défaut est réputé exécuté lorsque la saisie a été notifiée à la partie défaillante ; l'opposition est dès lors non recevable. La transcription au bureau des hypothèques, à la date même de la signification, de l'exploit de dénonciation de saisie, établit, d'ailleurs, suffisamment que l'exécution avait été accomplie avant quatre heures de l'après-midi (Chalon-sur-Saône, 11 mai 1897 ; J. E. 25.202.

CONSEIL DE PRÉFECTURE.— 1. (24). Demandes en décharge de contributions. Procurations.

— Les demandes en décharge ou réduction adressées au contentieux en matière de contributions directes sont assujetties au timbre à moins qu'elles n'aient pour objet une cote inférieure à 30 fr. Quant aux procurations données par les contribuables en vue de suivre en leur nom, devant le conseil, les instances qui les concernent, l'Administration a longtemps soutenu qu'elles sont, dans tous les cas et quel que soit le chiffre de la cote,soumises au timbre et à l'enregistrement (Sol. 4 mai 1894 ; R. E. 1114 ; J. E. 24.917). Mais la Cour de cassation s'est prononcée contre cette prétention (Cass. civ., 19 juin 1901, deux arrêts ; R. E. 2756) et a jugé, comme le Conseil d'État (21 nov. 1891 ;T. A. 24 ; — et 13 janv. 1899 ; R.E. 2756), que le pouvoir donné par le réclamant pour le représenter devant le conseil de préfecture n'est pas soumis à l'enregistrement.

2. (24).Timbre. — Lorsque des réclamants produisent au Conseil de préfecture des pouvoirs non timbrés relatifs à des cotes supérieures à 30 fr., l'administration des contributions directes doit demander au Conseil, par application de l'art. 24 de la loi du 13 brumaire an VII, de surseoir à statuer jusqu'à ce que les pièces produites devant lui aient été régulièrement timbrées. Cette règle est applicable non seulement aux arrêtés par lesquels les conseils de préfecture statuent définitivement sur le fond des litiges, mais encore aux arrêtés préparatoires en vertu desquels ils peuvent être appelés, au cours des instances, à prescrire une mesure d'instruction. Les demandes en remise pour vacance de maison ou chômage d'usine sont assimilables, au point de vue du timbre, aux réclamations ordinaires ; il en résulte que lorsque l'administration des contributions directes est appelée à formuler des conclusions sur des réclamations de l'espèce, elle doit demander au préfet de surseoir à statuer jusqu'à ce que les pièces produites devant lui aient été régulièrement timbrées (1).

La pétition relative à une cote égale ou supérieure à 30 fr., ne peut être écrite sans contravention à la suite de la procuration donnée par le contribuable à son mandataire spécial (Bourg, 9 juin 1898 ; R. E. 2013 ; R. P. 9470).

La procuration donnée en vue de suivre la réclamation ayant pour objet une cote inférieure à 30 fr. sont exemptes de timbre (C. d'Et., 13 janv. 1899 ; R. E. 2756).

CONSEIL JUDICIAIRE.— La mention, sur le

registre spécial tenu au greffe, de l'extrait de la décision qui pourvoit un individu d'un conseil judiciaire ne constitue pas un acte de greffe assujetti à la formalité de l'enregistrement (Sol. 16 déc. 1893 ; R. E. 617).

CONSTRUCTIONS.— 1. (29).Constructions élevées par un preneur. Cession à un tiers.

— Les constructions élevées sur le terrain du bailleur par le locataire sont immeubles et deviennent la propriété de celui-ci si le bailleur a renoncé d'une manière absolue ou temporairement au droit d'accession que lui confère l'art. 555, C. civ. Cette renonciation ne peut s'induire de certaines clauses du bail de la clause que les constructions doivent appartenir au bailleur moyennant une indemnité. On ne la présume pas si le preneur est obligé de faire des constructions déterminées pour une valeur fixée à l'avance, car alors il est censé agir pour le compte du bailleur, mais on la suppose au contraire, si le bail ne fixe ni la nature, ni l'im-

(1) Conf. D. M. F. 14 déc. 1871, 30 août 1892, 15 févr. 1893 et 3 déc. 1895 ; R. E. 1180 ; J.E. 24.936 ; — Sol. 4 mai 1894 ; R. E. 1114 ; Inst. Cont. dir. 29 janv. 1898 ; R. E. 1820.

portance des constructions ou si le preneur a la faculté d'en disposer ou de les modifier à son gré. Le droit dû sur la vente des constructions consenties en ce dernier cas par le preneur à un tiers, pendant le cours du bail, est donc celui de 5 fr. 50 0/0 (Sol. 19 mars 1894 ; *Contrà*, Seine, 30 nov. 1893 ; *R. E.* 707).

Cette règle est applicable à la vente des constructions édifiées sur un terrain concédé à une compagnie de chemins de fer et affectées à l'usage de buffet et de buvette ; le tarif de 5 fr. 50 0/0 serait seul appliqué alors même que la vente comprendrait également le fonds de commerce s'il n'était stipulé qu'un prix pour l'ensemble (Rouen, 2 janv. 1896 ; *R. E.* 1179 ; *R. P.* 8865 ; D. 97.5.259).

Même solution à l'égard des constructions édifiées par un concessionnaire de salins sur les dépendances du domaine public et vendues par lui à un tiers (Toulouse, 28 mars 1899 ; *R. E.* 2018 ; *J. E.* 25.679 ; *R. P.* 9652).

2. (30). Exercice du droit d'accession. Indemnité. — L'acte par lequel le preneur à bail d'un terrain s'engage, s'il y construit, à effectuer les bâtiments pour le compte du propriétaire et sur un plan déterminé par celui-ci, moyennant paiement par ce dernier, en fin de bail, d'un prix déterminé, représentant la valeur des constructions, doit être considéré comme une simple stipulation d'indemnité, passible du droit de 0 fr. 50 0/0 (Seine, 15 janv. 1897 ; *R. E.* 1325 ; *R. P.* 8934).

3. (39). Cession des constructions au propriétaire. — Si l'exercice du droit d'accession ne donne ouverture, en principe, qu'au droit de 0 fr. 50 0/0 édicté pour les indemnités mobilières, c'est à la condition que le propriétaire n'ait pas renoncé à l'avance à ce droit d'accession et réconnu au locataire un droit de propriété sur les constructions. Dans le cas contraire, les bâtiments élevés par le locataire d'un terrain étant immeubles par nature et pouvant être hypothéqués par le constructeur qui en est propriétaire, l'adjudication, moyennant un prix unique, au profit du bailleur, de son propre terrain et des constructions qui y sont élevées donne ouverture au droit de transcription à 1 fr. 50 0/0 sur le prix total et au droit de 4 0/0 sur la portion afférente aux constructions (1).

C'est par application des mêmes principes généraux que le droit d'échange à 3 fr. 50 0/0 a été reconnu exigible sur la convention par laquelle un particulier avait cédé à une commune, en retour du sol d'un chemin public, la propriété d'une fontaine-lavoir qu'il s'était engagé à édifier sur un terrain communal (Sol. 23 mai 1898 ; *R. E.* 1847).

4. (49). Droits de mutation par décès. — Lorsqu'un terrain est donné à loyer par un propriétaire pour une longue durée et que le preneur est tenu, aux termes du bail, d'élever sur le terrain loué des constructions dont la valeur minimum est fixée et qui deviendront, en fin de bail, la propriété du bailleur, ces constructions sont la propriété temporaire du preneur jusqu'à cette échéance. Si le bailleur décède au cours du bail, le terrain seul, à l'exclusion des constructions, dépend de sa succession; mais il y a lieu de considérer comme une charge de nature à être ajoutée au loyer annuel l'obligation imposée au preneur d'édifier les constructions. L'importance annuelle de cette charge peut être équitablement évaluée en divisant par le nombre des années du bail l'évaluation des travaux de constructions contenue dans le devis annexé à l'acte de bail. Au cas de refus de paiement amiable de la part des intéressés, la Régie doit procéder con-

(1) Cass. req., 19 juin 1895 ; Inst. 2900, § 4 ; S. 96.1.295 ; *R. E.* 968 ; *J. E.* 24.642 ; *R. P.* 8598 ; *J. N.* 26.062 ; — Cf. Cass. req., 27 juin 1893 ; Inst. 2854, § 2 ; S. 94.1.43 ; *R. E.* 498 ; *J. E.* 24.159 ; *R. P.* 8113 ; — Seine, 13 nov. 1891 ; *R. E.* 5 ; *J. E.* 24.213.

tre eux par voie d'expertise (Sol. 17 fév. 1898 ; *R. E.* 1659 *J. E.* 25.432 ; *R. P.* 9310).

CONTRAT DE MARIAGE. — 1. (11). Contra sans apports. Droit fixe. — Lorsqu'un contrat de ma riage ne constate aucun apport personnel net de la pa des futurs, il doit, à notre avis, être soumis au droit fix de 5 fr., par application de l'art. 20 de la loi du 28 av 1893, sans préjudice du droit proportionnel de mutatio à titre gratuit ou du droit fixe de 7 fr. 50 si cet acte co tient une donation actuelle ou éventuelle au profit d l'un des futurs. C'est, en effet, l'adoption du régime co jugal qui, en l'absence même de la constatation de tou apport, est frappée du droit fixe de 5 fr. Les donations q renferme le contrat constituent des dispositions indépe dantes soumises à un droit particulier.

2. (14). Enonciation des apports. Mention vagu — Le droit de 0 fr. 20 0/0 doit frapper tous les appo constatés dans le contrat, c'est-à-dire, non seulement l apports proprement dits, mais tous les biens des futu époux dont le contrat de mariage constate l'existence.

Mais cette constatation doit s'entendre, non d'une me tion vague et générale, ne faisant connaître ni la nature, l'importance des biens, mais seulement d'une constatati réelle et précise, opérant explicitement ou implicitem le règlement des biens qui en sont l'objet, et susceptib de servir de fondement à une action efficace. Si donc u contrat de mariage passé à l'étranger et enregistré e France, par suite de son usage dans un acte public, po que la future ayant droit à des immeubles et à des bie mobiliers d'une valeur considérable en France, place aux mains d'un fidéicommissaire une somme détermin en vue d'assurer l'exécution d'une clause du contrat, ce mention, si elle est suffisante pour autoriser la percepti du droit de 0 fr. 20 0/0 sur la dite somme, qui s'y trou nettement exprimée, ne l'est pas pour permettre à l'Adm nistration d'asseoir l'impôt sur une évaluation, à forfait, par les parties, de tous les biens appartenant en Fran à la future (Seine, 19 mai 1893 ; *R. E.* 473 ; *J. E.* 24.17

La mention, dans le contrat, qu'une maison détermin que le futur déclare donner à la future pour le cas où e lui survivrait révèle suffisamment, au contraire, l'ex tence de cet immeuble dans le patrimoine du futur po rendre exigible le droit de 0 fr. 20 0/0 (Sol. 22 mars 18 *J. E.* 25.239 ; *R. P.* 9020).

3. (21). Nue propriété. — Lorsque dans un contrat de mariage le futur fait apport de biens grevés d'usufr au profit de l'un de ses ascendants, le droit de 0 fr. 20 doit être liquidé, non sur la valeur de ces biens en plei propriété, mais sur une évaluation à fournir par les p ties (1), et cela encore bien que l'ascendant renoncer à son usufruit par une convention distincte du cont (Sol. 5 juin 1897 ; *R. E.* 1744 ; *R. P.* 9104).

4. (22). Déduction du passif. — Le droit de 0 fr. 20 doit être calculé sur le montant cumulé des apports épouх, déduction faite du passif qui les grève. Par con quent, si l'apport de l'un des époux est grevé d'un passi supérieur à l'actif, l'excédent du passif doit être déduit l'apport de l'autre époux (2).

5. (29). Prêt de la dot à la future aux père et m du futur. — Lorsque dans un contrat de mariage les p

(1) Remarquons que les nouvelles règles établies par la du 25 fév. 1901, art. 5, pour l'estimation de la nue propr et de l'usufruit ne paraissent pas applicables en matière perception de droits de 0 fr. 20 0/0.

(2) Beaune, 16 avril 1897 ; *R. E.* 1459 ; *J. E.* 25.179 ; *R.* 9266 ; — Sol. 26 juin 1897 ; *J. E.* 25.179.

et mère du futur donnent à celui-ci le quart de leurs biens présents, à condition qu'il leur remettra, à titre de prêt, une somme déterminée sur la dot constituée à la future, la reconnaissance faite par les donateurs d'avoir reçu du donataire la dite somme constitue une disposition dépendante de la donation et n'est pas soumise, dès lors, à la perception d'un droit particulier (Figeac, 14 août 1897 ; *J. E.* 23.401).

6. (33). Cautionnement. — Voir ce mot, n° 1.

7. (46). Reprise de part sociale. Convention de mariage. — Constitue une simple convention de mariage, et non une cession conditionnelle de part sociale, la clause d'un contrat de mariage portant qu'au prédécès du prémourant des époux, s'il dépend de la communauté des droits dans une société commerciale, le survivant pourra conserver cette part d'intérêt à charge de tenir compte de sa valeur, sur le pied du dernier inventaire, aux héritiers du prédécédé (Lille, 27 déc. 1900 ; *R. E.* 2765).

7 bis. (47). Attribution totale de la communauté à l'époux survivant non renonçant. — La clause d'attribution totale de la communauté à l'époux survivant non renonçant ne cesse pas d'être une convention matrimoniale, alors même qu'une disposition expresse du contrat prohibe la reprise, par les héritiers de l'époux prédécédé, des apports et capitaux tombés dans la communauté du chef de leur auteur (Cass. civ., 2 août 1899 ; *R. E.* 2480).

7 ter. (48). Autorisation à la femme renonçante de prélever ses reprises à titre de préciput. — De même, on ne saurait voir une donation éventuelle dans la clause autorisant la femme à opérer la reprise de ses apports personnels, à titre de préciput, même en cas de renonciation à la communauté d'acquêts (Sol. 19 juill. 1898 ; *R. E.* 2053).

8. (53). Tarif des donations par contrat de mariage. — Il a été modifié comme suit par l'art. 18 de la loi du 25 février 1901.

Ligne directe.	2 0/0	(aux futurs)
Entre époux.	3 fr. 50 0/0	
Entre frères et sœurs.	7 0/0	(aux futurs)
Oncles et tantes, neveux ou nièces.	8 0/0	id.
Grands-oncles, grand'tantes et petits-neveux ou petites-nièces et cousins germains.	9 0/0	id.
Parents aux 5° et 6° degrés. . . .	10 0/0	id.
Parents au delà du 6° degré et non parents. . :	11 0/0	id.

Ces droits ne comportent pas de décimes ; ils s'appliquent aux meubles comme aux immeubles et comprennent, pour ces derniers, le droit de transcription. La transcription au bureau des hypothèques ne donne lieu, en conséquence, qu'à la taxe hypothécaire établie par la loi du 27 juillet 1900. — V. *Hypothèques.*

9. (59). Dot constituée par un ascendant par imputation sur la succession de son conjoint décédé. — Lorsque, dans un contrat de mariage, la future se constitue en dot ses droits indivis dans la succession de sa mère et que son père survivant s'engage à lui remettre à valoir sur lesdits droits une somme déterminée qui « sera prise sur les valeurs mobilières » dépendant tant de la communauté ayant existé entre les deux ascendants que de la succession de la mère, il est à présumer que le père n'a pas entendu faire une avance à la future ni s'engager à compléter de ses propres deniers, en cas d'insuffisance de biens maternels, la dot promise.

Pour l'application de l'Inst. 1333, § 1, d'après laquelle la constitution par l'ascendant survivant d'une dot imputable sur la succession de son conjoint prédécédé rend exigible le droit de donation sur *tout ce qui excède les droits mobiliers de l'enfant dans l'hérédité*, on doit déduire de la dot constituée la *totalité* des valeurs mobilières encore indivises, alors même que la succession serait échue à plusieurs enfants. D'autre part, pour fixer l'importance des droits réellement apportés, il y a lieu d'imputer le passif qui grève la succession en premier lieu sur les immeubles héréditaires et subsidiairement sur les valeurs mobilières. De même, pour établir la part de l'auteur prédécédé dans la société conjugale, et, par voie de conséquence, celle du futur dans la succession, il convient d'imputer tant le passif commun proprement dit que les reprises du conjoint survivant, d'abord sur les immeubles acquêts et subsidiairement sur les valeurs mobilières (Sol. 5 juin 1897 ; *R. E.* 1744 ; — Cf. Sol. 20 fév. 1896 ; *R. E.* 1113).

10.(105). Donation déguisée. Don manuel antérieur. — L'apport en mariage par la future de valeurs mobilières importantes dont son père était dépositaire et qui sont remises par celui-ci au futur est sujet au seul droit de 0 fr. 20 0/0, à l'exclusion du droit de donation, le fait de la libéralité par contrat de mariage n'étant pas établi si l'acte ne contient, d'ailleurs, aucune déclaration de la future relative à un don manuel antérieur (Sol. 12 nov. 1898 ; *R. E.* 2054).

11. (112). Apport grevé. Reconnaissance de dette. — La déclaration par le futur, dans son contrat de mariage, constatant que son apport est grevé d'une dette déterminée, sans mention de titre enregistré, au profit de son père, qui comparaît à l'acte pour constituer une dot, doit être réputée disposition dépendante du contrat comme ayant pour unique objet d'établir la consistance nette de l'apport ; elle échappe par suite à la perception du droit d'obligation à 1 0/0 (Nancy, 14 août 1894 ; *J. E.* 24.571 ; *R. P.* 8436).

12. (112 bis). Compte. — Lorsque la future se constitue en dot une somme représentant ses droits dans la succession de son père, et que sa mère, dépositaire de cette somme, lui en rembourse une partie et s'oblige à lui payer le surplus, avec intérêts, dans un délai déterminé, cette dernière disposition est passible du droit d'obligation sur la somme stipulée payable à terme ; elle constitue, en effet, un véritable arrêté de compte (Rouen, 30 nov. 1899 ; *R. E.* 2324).

13. (112 ter). Ouverture de crédit. — La clause d'un contrat de mariage par laquelle le père et mère du futur s'engagent à lui fournir, jusqu'à concurrence d'une somme déterminée, les fonds dont il aura besoin pour fonder une maison de commerce, a le caractère d'une ouverture de crédit et est passible du droit de 0 fr. 50 0/0. Ce droit est immédiatement exigible sur la totalité de la somme promise, alors même que les père et mère se seraient réservé la faculté de réaliser une partie du crédit au moyen du versement de tout ou partie du capital de la rente constituée par eux au futur dans le contrat (Seine, 14 janv. 1893 ; *R. E.* 433 ; *J. E.* 24.054 ; *R. P.* 8125).

14.(119). Donation onéreuse. Rapport. — Lorsque les père et mère constituent en dot à leur enfant un immeuble à charge par le donataire de rapporter à leur succession une somme irrévocablement fixée le jour du contrat, l'immeuble demeurant aux risques et périls de l'enfant doté, cette convention a le caractère d'une donation et non d'une vente. Les père et mère en imposant au donataire et celui-ci en acceptant l'obligation d'effectuer le rapport manifestent leur intention d'assigner à la clause le caractère d'une donation, car le rapport n'est dû que d'un objet donné (Sol. 11 mars 1899 ; R. E. 2055). Sans méconnaître la distinction à établir au point de vue du tarif suivant que les biens transmis doivent ou non faire l'objet d'un rapport (Inst. 2375,§ 6 et 2389, § 5), on a pu cependant, en se fondant sur des circonstances particulières et en tenant compte de ce que, dans l'inventaire dressé après le décès du donateur, il avait été dit que le donataire s'était libéré d'une somme à valoir « sur le prix des immeubles donnés », attribuer à la transmission le caractère d'une vente et réclamer (moins de deux ans après l'enregistrement du contrat de mariage) le supplément de droit exigible (Sol. 18 mars 1898 ; R. E. 1679). Mais cette solution, fondée sur des motifs exceptionnels, n'a porté aucune atteinte au principe posé ci-dessus.

Les constitutions de dot peuvent, au surplus, présenter un caractère mixte et constituer pour partie une libéralité et pour partie une transmission à titre onéreux, et, si ces deux portions sont indépendantes l'une de l'autre, les droits peuvent être liquidés séparément sur chacune d'elles d'après le tarif correspondant à leur nature propre.

Par exemple, lorsque des père et mère constituent en dot à leur fils, par contrat de mariage, des meubles et des immeubles déterminés, en stipulant le paiement à leur profit d'une certaine somme par le donataire et en ajoutant que l'excédent de la valeur des biens donnés forme l'importance de l'avancement d'hoirie qu'ils font à leur fils, cette convention constitue une vente jusqu'à concurrence de la portion de biens déclarée non rapportable et une donation pour le surplus (Quimper, 23 mars 1899 ; R. E. 2085).

CONTRIBUTIONS DIRECTES. — **1.** (5). Actes de poursuites. Enregistrement. — Pour l'application de l'art. 6 de la loi du 6 juin 1824, d'après lequel les actes de poursuites et autres relatifs au recouvrement des contributions publiques sont enregistrés gratis lorsqu'il s'agit de cotes n'excédant pas 100 fr., on ne doit envisager que le total de la cote ou de chacune des cotes faisant l'objet de la poursuite, et non le total des cotes de différente nature comprises dans la réclamation, ni le total de l'article au rôle concernant le débiteur poursuivi (Sol. 24 mai 1893 et 23 mai 1896 ; J. E. 24.146 et 24.194). En vue de l'enregistrement, les percepteurs doivent désigner les contribuables, qui, bien que payant au total plus de 100 fr. d'impôts, ne sont poursuivis néanmoins pour aucune cote supérieure à ce chiffre et ont droit, par conséquent, à la gratuité de l'enregistrement. (Inst. 2935, § 8 ; R. E. 1606 ; R. P. 9395, § 8). Mais il faut considérer la cote dans son ensemble et la poursuite tendant au recouvrement du solde, inférieur à 100 fr., d'une créance supérieure à ce chiffre ne bénéficierait pas de l'immunité (Circ. Compt. 31 mars 1898, n° 1728, § VII ; J. E. 25.618).

2. (11). Demandes en décharge, mémoires et procurations. — V. Conseil de préfecture.

3. (16). Prestations. Timbre. — En matière de prestations, la réclamation est affranchie du timbre quel que soit le chiffre de la cote (L. 28 juill. 1824, art. 5 ; T. A., Cons. de préf., 24). C'est à tort que le contraire a été enseigné au T. A., Contrib. directes, 16. L'arrêt du Conseil d'État du 17 décembre 1886 cité hoc loco, ne s'applique qu'aux subventions spéciales pour dégradations extraordinaires aux chemins vicinaux.

CONTRIBUTIONS INDIRECTES. — **1.** (9). Assignations. — Doit être timbré et enregistré en débet l'exploit contenant assignation, à la requête du ministère public, devant la police correctionnelle, pour contraventio: en matière de droits de garantie constatée par un procès verbal des agents des contributions indirectes (Sol. 2 oct 1899 ; R. E. 2410).

2. Certificats. Timbre de dimension.— V. Certifica: n° 15.

CONTRIBUTIONS PUBLIQUES. — **1.** (2, Débet. Poursuites à la requête de l'agent judiciair du Trésor.— Les dispositions des art. 68, § 1, n° 30, 70,§ ? n° 2, L. 22 frimaire an VII, 43, n° 13, L. 28 avril 1816 et 6 L. 16 juin 1824, d'après lesquelles les exploits, significa tions et autres actes extra-judiciaires faits pour le recou vrement des contributions publiques, doivent être enre gistrés au comptant, au droit fixe de 1 fr., lorsque l cote excède 100 fr., et gratis dans le cas contraire, sont ap plicables à toutes les créances de l'État, et notamment au débets envers le Trésor dont l'agent judiciaire poursuit l recouvrement. Mais l'ordonnance du tribunal civil, qu est rendue au cours d'une procédure de cette nature, n rentre pas dans la classe des actes de poursuites régis pa ces dispositions, et elle doit, en tout état de cause, être enre gistrée au comptant, d'après le tarif ordinaire (Sol. 28 ma 1893 ; R. E. 454 ; J. E. 24.131).

2. (8). Algérie. Taxes municipales. — Aux terme de l'art. 32 du décret du 15 juin 1899 (J. off. du 18 ; R. I 2078), portant réglementation des taxes des loyers, de prestations et des chiens perçues au profit des commun en Algérie, les demandes en décharge ou réduction d matière de taxes municipales sont présentées, instruit et jugées comme les réclamations en matière de contr butions directes (V. ce mot). Toutefois, en ce qui concer la taxe sur les prestations, la demande peut être présent sur papier libre. Le conseil municipal statue sur les de mandes en remise ou modération, après avis de la con mission des répartiteurs, ainsi que sur les états des cot irrécouvrables présentés par les receveurs municipaux. Rapprochez, pour la métropole, ce qui est dit au T. A., Co: seil de préfecture, 24, au sujet des prestations.

CONVENTION. — (6 à 10). Interprétation. — qualification donnée à un contrat doit être respectée s n'est pas démontré qu'elle est frauduleuse ou erronée. contrat par lequel un nu propriétaire cède à l'usufruiti la nue propriété de valeurs industrielles moyennant ur rente viagère, doit être tarifé comme un acte de cessic de valeurs mobilières. Il n'a pas nécessairement pour obj principal la constitution de la rente, si la cession para sincère et conforme à l'intention des parties (Seine, 15 ma 1895 ; R. E. 735).

Il appartient d'ailleurs à l'autorité judiciaire de restitu leur véritable portée aux dispositions des actes et d'a surer la perception des droits conformément à la loi (1).

CONVERSION. — Voir T. A., Dette publique, 3 32 et 39.

COPIE COLLATIONNÉE. — **1.** (6). Purg Pluralité. — Les copies collationnées à fin de purge sor toujours passibles, même depuis la loi du 28 avril 189 d'autant de droits qu'il y a d'actes compris dans ces copie Mais les actes de dépôt au greffe des copies collatio nées ne sont soumis, en vertu de l'art. 23 de la loi pré tée, qu'à un seul droit, quel que soit le nombre des parti intéressées (Sol. 29 sept. 1894 ; R. E. 1044 ; J. E. 24.58: R. P. 8473).

(1) Cass. civ., 6 mai 1896 ; Inst. 2930, 3 ; D. 97 1.117 ; E. 1153 ; J. E. 24.848 ; R. P. 8769.

2. (6 *bis*). **Extraits de jugements dressés par les avoués.** — Les extraits de jugements de séparation de biens rédigés par les avoués en exécution de l'art. 872, C. proc. civ. ne constituent pas des copies collationnées, dans le sens de l'art. 68, § 1er, n° 18 de la loi du 22 frimaire an VII, mais des documents dispensés de la formalité par l'article 8 de la même loi (1).

COPIE DE PIÈCES. — **1.** (15-4°). **Registre des protêts. Excédent de syllabes. Supplément de droit.** — En cas d'excédent de syllabes constaté sur un registre de protêts composé de feuilles de la dimension de 1 fr. 80, le supplément de droit de timbre à répéter n'est pas nécessairement de 1 fr. 80 au minimum, mais il doit être calculé d'après le prix de la feuille ou demi-feuille de papier qui aurait été nécessaire pour contenir cet excédent de syllabes, sans toutefois que le prix de cette feuille ou demi-feuille puisse être fractionné (Sol. 22 nov. 1889 ; *J. E.* 24. 404).

2. (29 et 30). **Registre des protêts. Mots supprimés. Abréviations. Excédents.** — Aucune sanction fiscale n'est prononcée pour suppression de phrases ou de membres de phrases dans les copies transcrites sur le registre spécial des protêts. Ces infractions aux art. 174 et 176, C. com. doivent seulement être signalées au ministère public, seul compétent pour en provoquer la répression.

Mais il est dû, par application de l'art. 20 de la loi du 2 juillet 1862, une amende de 25 fr. par copie de protêt contenant des mots écrits en abrégé alors que l'original ne contient pas ces abréviations. Il ne peut être réclamé aucun droit supplémentaire de timbre en outre de l'amende, en cas d'abréviation.

En cas d'excédent de lignes et de syllabes, le droit de timbre complémentaire exigible doit être calculé toute compensation faite entre l'ensemble des pages du registre terminé (Sol. 28 janv. 1901 ; *R. E.* 2710).

3. (38). **Mentions sur les exploits.** — Les huissiers doivent mentionner au bas de l'original et des copies de leurs exploits, non pas le nombre et la quotité des timbres mobiles apposés sur l'original, mais le nombre et la valeur des feuilles de papier spécial qui ont servi à la rédaction des copies (*L.* 15 déc. 1873, art. 3). L'Administration doit prouver les contraventions à cette prescription de la loi soit par la représentation matérielle des copies, soit par les énonciations de l'original portant qu'il a été délivré un nombre de copies supérieur à celui des feuilles de papier spécial employées. Elle ne serait pas admise à démontrer l'inexactitude de la mention relative au nombre de feuilles employées en s'appuyant seulement sur ce fait qu'elles ne représentent pas le nombre des copies nécessaires pour la validité de la procédure (Sol. 29 fév. 1892 ; *R. E.* 923 ; *J. E.* 24.655).

4. (47). **Apposition de placards. Emploi de papier timbré ordinaire. Contraventions.** — Lorsqu'un huissier a rédigé des placards sur du papier au timbre de dimension, au lieu d'employer le papier spécial revêtu du timbre-copie, il est dû, pour contravention à l'art. 2 de la loi du 29 décembre 1873, autant d'amendes de 50 fr. qu'il y a eu de placards irrégulièrement timbrés. Mais, dans ce cas, aucun droit de timbre ne peut être exigé, puisque le Trésor est désintéressé, et, d'autre part, l'huissier n'encourt aucune des trois amendes édictées par l'art.5 de la loi précitée pour n'avoir pas apposé les timbres mobiles spéciaux sur son procès-verbal, et pour avoir omis les deux mentions prescrites par l'art. 3 de la même loi, relatives au nombre des feuilles de papier spécial employées.

(1) Châlons-sur-Marne, 15 déc. 1899 ; — Seine, 2 mars 1900 ; — Sol. 12 avr. 1900 ; *R. E.* 2362.

et au montant des droits de timbre exigibles (Sol. 10 sept. 1892 ; *J. E.* 24.243).

CORSE. — **1.** (1). **Arrêtés Miot** (1). — La délibération du 10 janvier 1851, citée au *T. A.*, est très contestable, en ce qu'elle assujettit au tarif métropolitain les donations par contrat de mariage faites aux futurs par des collatéraux ou des étrangers. L'art. 2 de l'arrêté du 21 prairial an IX qui soumettait les donations de l'espèce au demi-droit n'a jamais été abrogé et devrait, à notre avis, être appliqué intégralement. Il est inadmissible qu'on déclare que la loi de 1832 qui a élevé le tarif des donations par contrat de mariage émanant de collatéraux ou d'étrangers ait abrogé l'art. 2 de l'arrêté précité pour partie, et que les autres lois qui ont modifié le tarif des donations en ligne directe et entre époux aient laissé subsister le surplus de cet article. et aient maintenu, mais pour ces deux catégories de donations seulement, la détaxe de moitié.

2. (12). **Mutations par décès. Paiement des droits. Délai.** — En Corse, l'héritier doit souscrire au bureau de l'Enregistrement la déclaration de la succession qui lui est échue, immédiatement après le décès de son auteur. Tant que cette déclaration n'a pas été souscrite, il est non recevable dans son opposition à la contrainte qui lui est décernée en payement des droits de mutation exigibles, laquelle n'est que provisoire et est sujette à augmentation ou à diminution. La déclaration et le payement des droits ne peuvent être différés sous aucun prétexte, spécialement sous celui que les redevables sont encore dans les délais pour faire inventaire et délibérer (Sartène, 20 juin 1898 ; *R. E.* 1789).

3. Loi du 25 février 1901. Application en Corse. — *Successions.* — L'In. 3058, p. 29 à 31, trace les règles à suivre pour l'application en Corse des dispositions de la loi nouvelle relatives aux droits de mutation par décès. V. *Succession.*

Donations par contrat de mariage. — Le tarif nous paraît devoir en être fixé désormais à la moitié de ceux fixés par l'art. 18 de la loi du 25 février 1901, sans distinguer entre les donations en ligne directe ou entre époux et celles qui émanent de collatéraux ou d'étrangers. Mais l'Administration maintient, croyons-nous, cette distinction même sous l'empire de la loi nouvelle.

CRÉDIT. — **1.** (8 *bis*). **Ouverture de crédit et marché de fournitures.** — Lorsque le même acte constate l'ouverture d'un crédit et l'engagement pris par le crédité de se fournir de bière exclusivement chez le créditeur, si les énonciations de cet acte peuvent porter à penser que dans l'intention des parties, l'ouverture de crédit se liait à la promesse d'acheter, elles sont cependant insuffisantes pour faire considérer les deux opérations comme n'en faisant qu'une et pour établir entre elles la connexité nécessaire pour affranchir de l'impôt la vente de marchandises. En conséquence, le droit de 2 0/0 est exigible sur cette vente indépendamment de celui de 0 fr. 50 0/0 auquel donne lieu l'ouverture de crédit (Mirecourt, 5 avr. 1900 ; *R. E.* 2391).

2. (12 *bis*). **Crédit conditionnel. Droit fixe.** — Lorsque le créditeur subordonne à une condition le crédit qu'il accorde à un tiers, le contrat n'est passible que du droit fixe, à l'exclusion du droit de 0 fr. 50 0/0 (Dijon, 13 fév. 1901 ; *R. E.* 2658).

(1) Pour le texte des autres arrêtés Miot et l'examen de la législation spéciale à la Corse, on consultera avec fruit une étude de M. Jeanvrot insérée dans la *Revue critique de législation*, année 1878, p. 659 et suiv.

V. aussi *Contrôleur*, art. 16150, une étude de M. Demasure.

Mais il faut se garder de confondre le crédit condition-nel avec la promesse éventuelle de prêt qui constitue une ouverture de crédit. Il a été jugé en ce sens qu'un droit particulier de 0 fr. 50 0/0, pour ouverture de crédit, est dû sur la clause d'un acte de société par laquelle l'un des associés s'engage, si les besoins de la société l'exigent, à verser en compte courant et à laisser à la disposition de la société, jusqu'à la fin de celle-ci, les fonds nécessaires jusqu'à concurrence d'une somme déterminée (Orléans, 27 fév. 1901 ; *R.E.* 2711).

3. (14-1°). **Cautionnement. Crédit d'acceptation.** — V. V° *Cautionnement*, n° 9.

4. (23). **Réalisation. Compte courant.** — Lorsqu'un crédit a été ouvert par une maison de banque à un commerçant avec ouverture d'un compte courant pour la négociation de valeurs de commerce, le complément de droit proportionnel de 0 fr. 50 0/0 doit être liquidé et payé sur le montant régulièrement établi des sommes remises par le créditeur au crédité et non sur le solde du compte courant convenu entre les parties pour constater leur situation respective, lorsque le contrat primitif a pour objet principal un emprunt et non une suite d'escomptes commerciaux en compte courant (Marseille, 21 juin 1898 ; *R. E.* 1772 ; *J. E.* 25.722).

5. (34). **Preuve de la réalisation. Ouverture d'un nouveau crédit.** — La réalisation d'un crédit en marchandises et l'exigibilité du droit de 2 0/0, sous déduction du droit de 0 fr. 50 °/₀ perçu lors de l'enregistrement du contrat, peuvent être établies par l'Administration à l'aide de simples présomptions. La réalisation résulte notamment de ce fait que, pendant la durée fixée pour la dite réalisation, un nouveau crédit a été ouvert et de nouvelles garanties hypothécaires données tant pour ce dernier crédit que pour le premier ; de ce qu'en outre le créancier, en donnant mainlevée de son inscription sur quelques-uns des immeubles affectés, vendus par le crédité, en a expressément réservé l'effet sur les autres biens non vendus (Boulogne, 25 nov. 1893 ; *J. E.* 24.320).

Cependant, l'ouverture d'un second crédit ne constitue qu'une présomption de la réalisation du premier qui peut être détruite par la preuve contraire (Remiremont, 5 juillet 1901).

CRÉDIT FONCIER. — **1.** (40). **Prêt avec cession de priorité. Subrogation.** — Lorsque l'acte conditionnel de prêt passé avec le Crédit foncier constate l'engagement par l'emprunteur d'employer les fonds prêtés à payer les créanciers hypothécaires antérieurs, le droit de libération de 0 fr. 50 0/0 ne doit pas être perçu cumulativement avec le droit d'obligation sur l'acte définitif qui constate à la fois la réalisation du prêt et de la subrogation implicitement promise. Il n'en serait autrement que si l'acte constatant en même temps la réalisation du prêt conditionnel et le paiement par l'emprunteur, au moyen des deniers prêtés, d'une somme par lui due à un tiers, n'emportait pas subrogation au profit de la société prêteuse (Sol. 13 mars 1894 ; *R. E.* 683 ; *R. P.* 7855).

2. (47). **Ordre. Prix attribué au Crédit foncier. Récépissé.** — Lorsqu'un immeuble, hypothéqué au Crédit foncier pour sûreté d'un prêt qu'il a consenti, est vendu par adjudication, qu'un ordre est ouvert sur le prix et que ce prix est versé à cet établissement par l'adjudicataire avant la clôture de l'ordre, le récépissé constatant ce versement, délivré par le Crédit foncier et annexé à l'ordonnance du juge-commissaire validant la consignation du prix, n'est passible que du droit fixe (Sol. 9 fév. 1895 ; *R. E.* 940).

3. (53). **Bons des loteries réunies. Bons Algériens. Timbre.** — Le droit de timbre de 0 fr. 50 par 1000 fr. — qui peut être remplacé par une taxe annuelle d'abonnement de 5 cent. par 1000 fr. — établi par l'art. 29 de la loi du 8 juillet 1852 pour les obligations des compagnies de crédit foncier, est un tarif de faveur réservé exclusivement aux titres émis par ces sociétés dans certaines conditions spécifiées pour la création des obligations ou lettres de gage. D'après les art. 14 et 16 du décret du 28 février 1852, 1 et 5 § 1 de la loi du 6 juillet 1860 et 1er de la loi du 36 février 1862, déterminant ces conditions, les obligations foncières ou communales émises par le Crédit foncier de France portent intérêts, et leur valeur ne peut dépasser le montant des prêts par lui consentis aux propriétaires, aux départements, communes, associations syndicales, hospices et établissements publics, une proportion constamment égale devant être maintenue entre les fonds prêtés et les fonds produits par les émissions.

On ne saurait, dès lors, considérer comme des obligations foncières ou communales, pour l'application du droit de timbre de 50 cent. par 1000 fr., les bons des loteries réunies et les bons algériens ne portant pas d'intérêts et dont le capital d'émission a été, pour une notable partie, remis gratuitement soit aux administrateurs des diverses loteries pour leur permettre de satisfaire à leurs engagements, soit au gouverneur général de l'Algérie pour venir en aide aux victimes de l'invasion des sauterelles. Ces bons, bien qu'émis par le Crédit foncier, doivent donc être assujettis au droit de timbre de 1 0/0 auquel sont soumis, en principe, les titres d'obligations négociables souscrits par les départements, communes, établissements publics et compagnies (1).

4. (57). **Impôt sur le revenu. Prêt par le Crédit foncier.** — V. V° *Impôt sur le revenu*, n° 35.

5. (58). **Obligations foncières ou lettres de gage. Enregistrement obligatoire.** — Les lettres de gage (obligations) des établissements de crédit foncier doivent être enregistrées avant leur émission. L'art. 14 du décret du 28 février 1852, qui prescrit cette formalité et que l'art. 1er du décret du 31 décembre suivant ne fait que reproduire, ayant été rendu pendant une période où le chef de l'État réunissait les pouvoirs législatif et exécutif, revêt le caractère d'une disposition législative, puisqu'il établit un impôt. Une telle disposition n'aurait donc pu être modifiée ou abrogée, explicitement ou implicitement, que par une loi postérieure et cette loi n'existe pas (2).

DÉCHARGE. — (16). **Vente publique de meubles. Décharge rédigée à la suite du procès-verbal.** — La décharge rédigée par un huissier à la suite du procès-verbal de la vente de meubles à laquelle il a procédé, doit être considérée comme acte extrajudiciaire et bénéficie par suite de la réduction de tarif prononcée par l'art. 21 de la loi du 28 avril 1893.

Déjà, sous l'empire de la loi du 28 février 1872, l'Administration avait décidé à plusieurs reprises que les actes de l'espèce devant être considérés comme extrajudiciaires (Inst. 460) n'étaient pas frappés de la surtaxe de moitié établie par l'art. 4 de cette loi.

DÉCIMES. — **1.** (5). Les droits ci-après, nouvellement créés ou modifiés, ne comportent pas de décimes : Droit de timbre au comptant de 2 0/0 sur les valeurs

(1) Cass. req., 6 janvier 1897 ; Inst. 2935 § 4 ; D. 97.1.533 ; R. E. 1321 ; J. E. 25.037 ; R. P. 8914.

(2) Cass. civ., 13 mars 1895 ; Inst. 2890 § 4 ; S. 95.1.513 ; D. 95.1.521 ; R. E. 920-2 ; J. E. 24.567 ; R. P. 8523 ; J. N. 25.887.

mobilières étrangères (L. 28 déc. 1895, art. 3) et de 1 0/0 sur les fonds d'État étrangers (L. 13 avr. 1898, art. 13) ;

Droit de 7 0/0 sur les actes de vente des objets abandonnés chez les aubergistes (L. 31 mars 1896, art. 8) ;

Droit de timbre sur les cartes et permis de circulation (L. 29 mars 1897, art. 5) ;

Taxe de 6 fr. par million sur les assurances contre l'incendie (L. 13 avr. 1898, art. 17) ;

Taxe hypothécaire (L. 27 juill. 1900, art. 2) ;

Taxe additionnelle au profit de la Ville de Paris sur les ventes publiques de meubles (1 0/0), sur les cessions d'offices (1.25 0/0) et sur les cessions de fonds de commerce (1.25 0/0 pour le matériel et la clientèle, 0.32 0/0 pour les marchandises neuves) (L. 31 déc. 1900, art. 1 et 10) ;

Droits sur les successions et les donations (L. 25 févr. 1901, art. 2 et 18).

2. (16). Amendes. — Aux termes de l'art. 5 de la loi du 13 avril 1900 (Inst. 3012 ; *R.E.* 2378), le tribunal compétent pour prononcer la condamnation au principal des amendes doit prononcer en même temps, sur les conclusions de la partie chargée des poursuites, la condamnation aux décimes et demi-décimes dont la perception est autorisée par les lois spéciales et par les lois annuelles de finances.

La Cour de cassation avait récemment jugé (Ch.crim. 5 déc. 1896, 2 arrêts) que les décimes des amendes constituent non un supplément d'amende mais un « supplément d'impôt », et que le contentieux des impôts indirects appartenant aux tribunaux civils, c'est à ces tribunaux que la partie poursuivante devait s'adresser pour faire prononcer contre les individus convaincus de délits ou de contraventions la condamnation aux décimes des amendes prononcées par les tribunaux de répression. C'est pour éviter ces complications qu'a été édictée la nouvelle disposition.

L'art. 5 aura très rarement lieu d'être appliqué en matière d'enregistrement et de timbre, les tribunaux civils étant compétents dans presque tous les cas pour prononcer la condamnation à l'amende en ces matières.

DÉCLARATION ESTIMATIVE. — 1. (6).
Forme. Déclaration au pied de l'acte. — Si les sommes ou valeurs sur lesquelles doit être basée la perception ne sont pas déterminées dans un contrat, les parties sont tenues d'y suppléer par une déclaration estimative certifiée et signée au pied de l'acte. Une évaluation faite en cours d'instance, par voie de conclusions signifiées, ne remplirait pas le vœu de la loi (Seine, 17 déc. 1897 ; *J.E.* 25.450 ; *R.P.* 9334).

2. (7). Acte non représenté. Déclaration estimative non recevable. — L'Administration est fondée, pour assurer la perception régulière de l'impôt sur des lettres et autres pièces énoncées soit dans un rapport d'expert, soit dans un jugement, à exiger la représentation de ces documents et, à son défaut, le payement d'une somme arbitrairement fixée, sans que les parties puissent être admises à substituer leur évaluation à la sienne (1).

3. (11). Notaire. Porte-fort. — La déclaration estimative des biens faisant l'objet d'un acte de partage ne peut être faite que par les parties, et le notaire n'a pas qualité pour la fournir à leur place, à moins qu'il ne se porte fort pour elles : il en résulte que si cette déclaration a été donnée par le notaire seul qui ne s'est pas porté fort, aucun droit en sus n'est dû, en cas d'insuffisance, soit par les parties qui ne sauraient être rendues responsables d'une évaluation émanée d'un tiers sans qualité, soit par

(1) Cass. req., 20 juill. 1896, R.E. 1238 ; *J.E.* 24.897 ; — Seine, 14 janv. 1899 ; *J.E.* 25.706.

le notaire dont la responsabilité n'est pas en cause du moment où il ne s'est pas porté fort des redevables ; le seul recours de l'Administration est alors de mettre les parties en demeure de souscrire, dans une forme régulière, la déclaration estimative qui aurait dû être exigée avant l'enregistrement et qui peut l'être jusqu'à l'échéance de la prescription biennale (Sol. 30 mars 1899 ; *J.E.* 25.909).

4. (21). Contrôle des déclarations. — La déclaration estimative reste soumise au contrôle de l'Administration et l'insuffisance peut être établie à l'aide d'actes opposables aux parties (Lille, 23 nov. 1899 ; *R.E.* 2519) ; mais l'estimation du mobilier contenue dans un inventaire ne fournirait pas une base de vérification absolument certaine, permettant de réclamer un supplément de droit sur l'acte de partage des mêmes biens, attendu que le droit proportionnel de partage est assis sur la valeur nette de l'actif (Sol. 30 mars 1899, préc.).

5. (23). Prescription. — Lorsque le droit proportionnel a été perçu, lors de l'enregistrement de l'acte de cession d'une créance litigieuse, sur une somme fixée par la déclaration estimative des parties, que l'instance pendante au sujet de la créance cédée n'est terminée que postérieurement à l'enregistrement et qu'il résulte de l'arrêt définitif qui y met fin que l'évaluation approximative de la créance fournie par les parties était inférieure au chiffre nominal de la créance cédée, la réclamation par la Régie d'un droit supplémentaire sur l'excédent imposable n'est soumise qu'à la prescription trentenaire et non à la prescription biennale (Seine, 16 déc. 1898 ; *R.E.* 2086 ; *R.P.* 9509).

La même règle a trouvé son application au sujet d'un acte constatant la vente d'une mine moyennant la prestation de redevances proportionnelles à la quantité de minerai extrait. La déclaration estimative des parties fournie pour l'enregistrement du contrat ne pouvait avoir qu'un caractère tout à fait approximatif et provisoire, l'importance réelle de la cession demeurant subordonnée aux résultats de l'entreprise qu'il n'était pas possible de prévoir avec certitude. Lorsque l'évaluation a été dépassée, la perception primitive n'a pas pu être réputée insuffisante, car il n'y a, à proprement parler, insuffisance de perception qu'autant que le complément de droit exigible est réclamé en vertu de faits accomplis et connus au jour où l'acte a été présenté à la formalité. Les dépassements successifs des prévisions des parties ont donné naissance à de nouvelles créances au profit du Trésor, lesquelles, à défaut de dispositions particulières, ne se sont trouvées soumises qu'à la prescription de 30 ans (1).

Même solution au sujet de la concession d'un service d'eaux (Cass. req., 18 fév. 1895 ; *R.E.* 893 ; *R.P.* 8507).

L'obligation imposée à l'acquéreur de payer, à la décharge du vendeur, entre les mains des locataires expulsés le montant de la valeur des constructions que ces derniers avaient édifiées sur le fonds vendu, a le caractère d'une charge susceptible d'être ajoutée au prix pour la perception du droit de vente. Si, d'ailleurs, aucune évaluation n'avait été exigée des parties au moment de l'enregistrement, on se trouverait en présence, non d'une insuffisance de prix prescriptible par le délai de un an (Cf. Toulon, 26 avr. 1899 ; *R.E.* 2126), mais d'une insuffisance de perception tombant sous le coup de la prescription biennale.

DÉLÉGATION. — 1. (11). Délégation imparfaite.
— La convention, même qualifiée de simple mandat, aux termes de laquelle le débiteur affecte au paiement de son créancier, qui l'accepte, une créance à terme, qu'il a lui-

(1) Cass. civ., 12 janv. 1897 ; Inst. 2935 § 5 ; S. 98.149 ; R.E. 1319 ; *J.E.* 25.035 ; *R.P.* 8908.

même contre un tiers, a le caractère de dation en paiement et donne ouverture au droit de 1 0/0, alors même que le délégué n'est pas présent au contrat (Lyon, 8 fév. 1899 ; *R. E.* 2127).

2. (37). **Rentes**. — L'acte notarié par lequel un tiers s'engage, moyennant le versement d'une somme par le débi-rentier, à servir une rente perpétuelle due par celui-ci suivant acte authentique, doit être assujetti au droit de 2 0/0, comme délégation de rente ; il importe peu, d'ailleurs, que l'acte ait été qualifié d'obligation, s'il ne s'agit pas d'un prêt, et il est également sans intérêt que la délégation n'ait pas été acceptée par le créancier, cette circonstance ne faisant pas obstacle à la perception du droit proportionnel (Sol. 16 déc. 1898 ; *R. E.* 2067 ; *J. E.* 25.734 ; *R. P.* 9457).

3. (53). **Délégation de loyers en garantie d'intérêts.** — La délégation de loyers à échoir, consentie par le débiteur dans un acte d'emprunt en garantie des intérêts de la créance, ne donne pas ouverture à un droit particulier, alors même que le prêteur serait autorisé à toucher directement les loyers, si, d'ailleurs, l'emprunteur ne paraît pas dispensé d'une manière absolue d'acquitter les intérêts de sa dette (1).

En particulier, lorsque le débiteur a pris soin de spécifier que la délégation n'est consentie par lui que « par préférence et antériorité à lui-même et à tous futurs cessionnaires », il est évident que cette clause est exclusive de l'idée de novation et que le créancier délégataire n'a pas acquis un droit de propriété absolu sur la créance déléguée (Valenciennes, 13 mars 1895 ; *J. E.* 24.703 ; *R. P.* 8559).

4. (77-3 et 5). **Apport à une société à charge par elle de payer une dette de l'associé.** — Lorsqu'un apport de biens immeubles sis à l'étranger est fait à une société à charge de payer à un tiers le prix encore dû de ces immeubles, cette clause constitue une délégation de prix d'apport à titre onéreux et donne ouverture au droit de 1 0/0, dès lors que le titre constitutif de la créance n'a pas été enregistré (Seine, 21 janv. 1899 ; *R. E.* 1985). Il en serait autrement et aucun droit particulier ne serait dû si la créance résultait d'actes enregistrés (Sol. 30 juill. 1894 ; *R. E.* 1022-2).

5. (92). **Délégation de prix dans un acte de quittance partielle.** — Lorsque dans un acte portant quittance partielle d'un prix de vente, le vendeur autorise l'acquéreur à payer directement le surplus du prix de l'aliénation à un créancier inscrit qui pourra donner mainlevée de l'inscription d'office prise au profit du vendeur, cette clause constitue une délégation de créance à terme passible du droit de 1 0/0 (art. 69, § 3 de la loi de frimaire), et non un simple mandat passible du droit fixe, dès lors que le contrat de vente ne contient aucune délégation. Il en est ainsi bien que le créancier délégataire n'ait pas comparu à l'acte pour accepter la délégation (Bordeaux, 7 juin 1899 ; *R. E.* 2128 ; *R. P.* 9651).

6. (101-B). **Délégation de prix. Titre enregistré. Novation.** — La délégation de prix dans un contrat ne donne pas ouverture à un droit particulier d'obligation si la créance du délégataire résulte d'un titre enregistré. Cette règle est générale et s'applique même au cas où le délégataire décharge expressément, par acte séparé, le délégant de son obligation et où une créance nouvelle se trouve ainsi substituée à l'ancienne, par voie de novation (Sol. 30 juin 1899 ; *R. E.* 2325 ; *J. E.* 25.974). Quoique la novation ne soit pas de l'essence de la délégation, elle en

est cependant la suite naturelle (C. civ. 1275) ; aussi le Code a-t-il traité de la délégation dans la section spéciale à la novation. Dès lors que la délégation est exempte du droit de 1 0/0, en tant que délégation, elle doit profiter de la dispense aussi bien lorsqu'elle emporte novation que lorsqu'elle n'a pas cette conséquence, sous la même condition générale que le titre originaire ait déjà subi l'impôt.

DÉPENS. — **1.** (1). **Droits d'enregistrement des jugements.** — En principe, les droits de timbre et d'enregistrement des jugements sont rangés dans la catégorie des dépens. Il a été décidé, toutefois, que le droit proportionnel de mutation exigible sur un jugement portant résolution d'un legs d'immeubles pour cause d'inexécution des conditions a sa cause génératrice en dehors des dispositions du jugement et, par conséquent, n'est pas compris *de plano* dans la condamnation aux dépens prononcée par le tribunal contre la partie qui succombe. Le droit ne pourrait donc être mis à la charge de cette dernière qu'en vertu d'une condamnation expresse prononcée à titre de dommages-intérêts, sur la demande formelle de la partie adverse, et spécialement motivée (C. Nancy, 10 fév. 1894 ; *J. E.* 24.449).

2. (2). **Droits de timbre et d'enregistrement des actes produits en justice.** — Les droits d'enregistrement dus sur des actes produits en justice par l'une des parties n'ont pas le caractère de dépens et ne peuvent être mis à la charge d'une partie autre que celle qui en est débitrice aux termes de la loi fiscale, que par une disposition spéciale prononçant cette condamnation à titre de dommages-intérêts (Cass. civ., 30 avr. 1895 ; *R. E.* 980 ; *J. E.* 24.779 ; *R. P.* 8641). Cette condamnation doit, d'ailleurs, préciser la faute commise et le dommage causé (Cass. civ. 30 oct. 1895 ; *R. E.* 1070 ; *J. E.* 24.778). La seule résistance d'une partie aux réclamations de son adversaire ne suffit pas, alors qu'aucune faute ni aucun acte dolosif n'est spécifié à la charge de cette partie, à justifier une condamnation semblable, sous le prétexte que ce serait cette résistance reconnue mal fondée qui aurait amené les perceptions que l'Administration a exigées (Cass. civ., 11 nov. 1895 ; *R. E.* 1070).

DÉPOT DE PIÈCES. — **1.** (6). **Purge. Copies collationnées. Pluralité.** — L'art. 23 de la loi du 28 avril 1893 ayant fait disparaître la pluralité des droits résultant du nombre des personnes, notamment dans la procédure de purge, un seul droit fixe doit être exigé sur l'acte passé au greffe pour constater le dépôt, à fin de purge, de copies collationnées d'actes de vente, lorsque la purge est poursuivie par un seul acquéreur contre plusieurs vendeurs et qu'elle peut être considérée comme constituant une procédure unique ; mais il en est autrement dans le cas de dépôt par un acte unique de pièces destinées à purger des contrats distincts intervenus entre des parties différentes ; il y a alors plusieurs procédures de purge absolument indépendantes, et un droit particulier est exigible pour chacune d'elles (1).

2. (24-6). **Greffes. Actes de société.** — Les actes constatant le dépôt, au greffe de la justice de paix, des actes de formation, de prorogation ou de dissolution de société, constituent des actes judiciaires et non des actes civils ; ils doivent être assujettis, d'après la juridiction au droit de 1 fr. 50 et non à celui de 3 fr. (Sol. 29 nov. 1894 ; *J. E.* 24.470).

---

(1) Lille, 9 août 1895 ; *R. E.* 1159 ; *R. P.* 8691 ; — Sol. 8 mars 1897 ; *R. E.* 1344 ; *J. E.* 25.209.

(1) Sol. 29 nov. 1894 ; *R. E.* 1044 ; — 17 oct. 1898 ; *J. E.* 25.727 ; *R.E.* 2090.

A l'égard des *sociétés de crédit agricole*, les greffiers des justices de paix et des tribunaux de commerce sont dispensés de dresser acte du dépôt, tant des statuts que des états de situation annuels (L. 5 nov. 1894, art. 5). Les récépissés de dépôt ne constituent pas des actes de greffe proprement dits,et ils ne sont pas soumis à l'enregistrement dans un délai déterminé, mais ils doivent être rédigés sur papier timbré. Quant au dépôt effectué directement par le greffier de la justice de paix au greffe du tribunal de commerce, il constitue une simple mesure administrative et d'ordre public, et, à ce titre, il échappe à tout impôt. Enfin, les pièces à déposer sont elles-mêmes exemptes de timbre à moins qu'elles ne soient établies sous forme d'actes réguliers (1).

La suppression des droits de greffe édictée à partir du 1er juillet 1892 (L. 26 janv. 1892, art. 4) est applicable à toute expédition d'acte de dépôt délivrée postérieurement à cette date, alors même que le dépôt serait antérieur.

DÉPÔT DE SOMMES. — (20). Société anonyme.

Versement du quart des actions. — Lorsque l'état constatant le versement par chaque actionnaire du quart du montant des actions par lui souscrites, au lieu d'être arrêté par les fondateurs de la société, est signé par le directeur d'un établissement de crédit désigné pour recevoir les souscriptions des actionnaires, cet état de versement, ne rentrant pas dans les prévisions des art. 1 et 24 de la loi du 24 juillet 1867, constitue une convention indépendante du pacte social, passible, comme telle, d'un droit particulier. Cette convention ne saurait être considérée ni comme un mandat, ni comme une déclaration pure et simple ou un acte innommé : c'est une reconnaissance de dépôt, sujette au droit proportionnel de 1 0/0 (2).

DETTE PUBLIQUE. — V. *Jugement* et *Rente viagère*.

DEVIS. — V. *Actes administratifs*, n° 15, et *Cahier des charges*, n° 2.

DISSIMULATION. — 1. (6). Vente verbale. —

La dissimulation de prix punie de l'amende du quart s'entend de toute déclaration intentionnelle, *même d'une seule des parties*, sans accord préalable avec son co-contractant, d'un prix inférieur au chiffre réel. Si ce dernier chiffre, notamment, a bien été porté dans l'acte de vente et que l'acquéreur fasse au bureau une déclaration verbale de la mutation en indiquant un prix inférieur au prix réel, ce fait constitue la dissimulation réprimée par la loi fiscale (Seine, 29 oct. 1898 ; *R. E.* 1897 ; *J. E.* 25.634).

2. (9-1). **Cession de droits successifs.** — L'Inst. 1180, § 2, a prescrit d'exiger, avant l'enregistrement, la déclaration estimative des charges que le cessionnaire assume. Comme le fait remarquer l'Inst. 2482, p. 59, « cette déclaration est nécessaire pour fixer définitivement le prix de la cession ».

On ne saurait donc considérer comme régulière la perception établie sur un acte de cession de droits successifs dans lequel les parties se borneraient à déclarer qu'elles ignorent si la succession est grevée d'un passif.

Mais il en est autrement, lorsque les contractants déclarent qu'ils ne connaissent pas de dettes à la charge de la succession et que, dans l'évaluation qu'ils sont appelés

(1) D. M. Just.et Fin. 27 juill.-29 août 1895 ; Inst. 2889 ; *R.E.* 1557 ; *J.E.* 24.701.
(2) Cass. req., 24 déc. 1894 ; Inst. 2886 § 5 ; D. 95.1.210 ; S. 95.1.365 ; *R.E.* 832 ; *R. P.* 8464.
(3) Bordeaux, 7 mai 1894 ;— Sol. 24 juill. 1894 ; *R. P.* 8488.

à fournir pour l'assiette de la perception, il n'y a rien à ajouter au prix principal, tel qu'il est exprimé dans l'acte.Si,dans cette hypothèse, on découvre ultérieurement l'existence de dettes, le défaut de mention de ces dettes constitue la dissimulation prévue par la loi du 23 août 1871 et donne lieu à l'application de l'amende édictée par cette loi (Sol. 15 nov. 1898 ; *R.E.* 2173 ; *J.E.* 25.736 ; *Rev.prat.* 4723 ; *R. P.* 9585).

3. (13). **Exigibilité du droit en sus.** — L'acte contenant la preuve d'une dissimulation doit, en principe, être soumis, lors de l'enregistrement, à la perception : 1° du droit simple sur l'excédent du prix ; 2° du droit en sus sur cette même somme ; et 3° de l'amende du quart sur la somme dissimulée. L'Administration considère, en effet, que, du moment où elle a la preuve d'une dissimulation, l'insuffisance se trouve établie par voie de conséquence, et qu'elle est autorisée à réclamer la pénalité spéciale à cette contravention, si, toutefois, la somme dissimulée excède d'un huitième le prix exprimé et si le délai pour requérir l'expertise n'est pas expiré (Sol. 29 nov. 1898 ; *J. E.* 25.836).

Deux conditions sont donc nécessaires pour que le droit en sus soit exigible. Il faut, d'une part, que l'insuffisance soit constatée par voie d'expertise, conformément aux art. 17 et 18 de la loi du 22 frimaire an VII, ou bien reconnue par les parties dans l'année de l'enregistrement de l'acte, et, d'autre part, que la différence constatée ou reconnue excède d'un huitième le prix exprimé.

4. (13 bis). **Liquidation.** — Lorsque l'acte en contravention donne lieu, à la fois, à la perception de l'amende du quart pour dissimulation du prix, et au droit en sus pour insuffisance de ce prix par rapport à la valeur vénale de l'immeuble vendu, le droit en sus doit être calculé en tenant compte de l'excès de perception qui se serait produit lors de l'enregistrement de l'acte, et il ne peut être que d'une somme égale au complément de droit resté dû, après imputation de la somme perçue en trop (Sol. 20 déc. 1893 ; *R. E.* 818 ; *J. E.* 24.518).

5. (16). **Amende du quart. Liquidation.** — Lorsqu'il y a eu un excès de perception lors de l'enregistrement d'un acte de vente d'immeubles, et que, postérieurement, on constate une dissimulation de prix dans cette vente, l'amende du quart doit être calculée sur l'intégralité de la somme dissimulée, sans en retrancher le capital imposable correspondant à l'indue perception (Sol. 30 déc. 1893 ; *R. E.* 818).

Nous avons vu, sous le numéro précédent, qu'il en est autrement du droit en sus dû sur la somme dissimulée.

6. (19). **Par qui est due l'amende.** — 1. *Mandataire.* — Les droits complémentaires et l'amende devenus exigibles par suite de la découverte d'une dissimulation de prix dans un contrat de vente ne peuvent être réclamés à la personne qui n'a comparu à ce contrat que comme mandataire du vendeur (Sol. 7 mars 1898 ; *R. E.* 1898 ; *Rev. prat.* 4447).

2. *Mari et femme.* — Lorsque la dissimulation porte sur une vente de propres faite, pendant le mariage, par la femme même mariée sous le régime dotal et assistée de son mari, le droit simple et l'amende peuvent être réclamés à la femme venderesse. Il en est ainsi alors même que le contrat de mariage donne pouvoir au mari d'aliéner les biens dotaux de la femme à charge d'aliéner, dès lors que les ventes doivent avoir lieu en présence et du consentement de la femme (Grenoble, 14 mars 1901 ; *R. E.* 2659).

7. (21). **Amende du quart. Solidarité des parties.—** Lorsqu'une dissimulation de prix est reconnue par le vendeur et par l'acquéreur, il doit être statué par une décision unique sur la pétition du vendeur et sur celle de l'acquéreur. L'Administration ne saurait répartir entre eux la portion maintenue sans porter atteinte au principe de la solidarité établie par la loi (Sol. 2 sept. 1897 ; *Rev. prat.* 4393).

8. (27). **Preuve de la dissimulation. Preuve littérale. Dénégation d'écriture.** — La dissimulation de prix dans une vente de fonds de commerce peut être établie par tous les moyens de preuve admis par le droit commun, tels que les présomptions et la preuve littérale.

Quand elle résulte des constatations d'un acte dont la partie dénie l'existence ou tout au moins l'écriture et la signature, le tribunal est compétent pour statuer sur l'incident, et, il n'est pas tenu d'ordonner la vérification d'écriture s'il acquiert la conviction, par les éléments de la cause, que l'acte existe et qu'il porte bien la signature du redevable.

Spécialement, il n'y a pas lieu de recourir à cette procédure si l'Administration représente une copie de l'acte qui lui a été communiqué, mais qui, depuis, a été égaré, et si, en outre, la partie a, au cours d'un interrogatoire subi en qualité de témoin, devant un arbitre, reconnu l'existence de cet acte qu'elle a, de plus, déclaré avoir signé.

La partie qui succombe dans une demande en dénégation d'écriture ou de signature doit, d'ailleurs, être condamnée à une amende de 150 fr., par application de l'art. 213, C. proc. civ. (Seine, 7 juill. 1894 ; R. E. 780 ; J. E. 24.491).

9. (35). **Présomptions. Aveu des parties dans le procès-verbal d'un commissaire de police.** — La dissimulation de prix dans une vente de fonds de commerce peut être établie par la preuve testimoniale ou par des présomptions graves, précises et concordantes, notamment par un procès-verbal, même non signé des parties, dressé par un commissaire de police et contenant l'indication détaillée des faits constitutifs de la dissimulation. L'aveu renfermé dans ce procès-verbal, s'il n'a pas le caractère d'un aveu judiciaire, constitue tout au moins une présomption grave (1).

Les parties ne sauraient, d'ailleurs, se fonder sur une prétendue résiliation amiable de la cession, alors même qu'il en serait fait mention dans le procès-verbal du commissaire de police, pour refuser d'acquitter le droit simple et l'amende du quart dus sur le montant de la dissimulation ; car une telle résiliation, en admettant qu'elle fût prouvée, n'aurait pas le caractère d'une résolution judiciaire ; elle serait donc impuissante à mettre obstacle à l'exigibilité des droits et pénalités acquis au Trésor.

10. (40). **Procédure.** — La procédure organisée par la loi de frimaire n'a pas été abrogée, et l'Administration peut agir par voie de contrainte et suivant la procédure spéciale aux instances en matière d'enregistrement, toutes les fois que la preuve de la dissimulation résulte d'un acte émané des parties et parvenu régulièrement à sa connaissance (2).

11. (48). **Appel.** — Il résulte d'un jugement du tribunal de la Seine, du 15 mai 1897, que, même dans le cas où l'Administration est autorisée à agir par voie de contrainte pour obtenir le paiement d'une amende de dissimulation, les parties sont fondées à combattre ses prétentions au moyen des preuves de droit commun, conformément à l'art. 13 de la loi du 23 août 1871, et, s'il y a lieu, à interjeter appel du jugement intervenu (R. E. 1417 ; J. E. 25.270 ; R. P. 9073).

Nous ne saurions approuver cette décision. Du moment que le tribunal reconnaissait à l'Administration le droit de se servir de la procédure spéciale organisée par la loi de frimaire, il devait, pour être logique, statuer en dernier ressort. Le jugement du 15 mai 1897 est, d'ailleurs, contraire à la jurisprudence antérieure du tribunal et à un arrêt de la Cour de Paris, du 8 août 1893 (J. E. 24.295).

12. (75). **Droit gradué (ancien). Mainlevée. Droit en sus.** — Le droit en sus édicté par l'art. 21 de la loi du 28 avril 1893, en cas de dissimulation de sommes ou valeurs assujetties au droit de 0 fr. 15 ou de 0 fr. 20 0/0, est exigible sans distinguer si la dissimulation a été intentionnelle ou non. Mais si le droit proportionnel de 0 fr. 15 0/0 ou de 0 fr. 20 0/0 devait être liquidé, lors de l'enregistrement, sur une déclaration à fournir par les parties et si le receveur n'avait pas exigé cette déclaration, l'insuffisance ultérieurement reconnue ne pourrait donner lieu qu'à un supplément de droit simple, sans droit en sus.

Il en est ainsi spécialement lorsque l'acte portant mainlevée d'une inscription et n'indiquant pas le chiffre des frais et des intérêts formant l'accessoire du capital garanti, a été enregistré sans que la déclaration du chiffre de ces frais et intérêts soit demandée aux parties (Sol. 2 avr. 1900 ; R. E. 2483).

DIVORCE ET SÉPARATION DE CORPS ET DE BIENS.

Art. 1er. — DIVORCE.

1. (2). **Transcription sur les registres de l'état civil.** — Le divorce n'est définitif et ne dissout le mariage, à l'égard des tiers, qu'à partir de la transcription du jugement en marge de l'acte de mariage, et il n'est pas permis d'en faire remonter rétroactivement les effets ni au jour du jugement, ni au jour de la demande. Les actes soumis à la nécessité de l'autorisation maritale, que la femme aurait passés dans l'intervalle du jugement à la transcription sans y être autorisée par son mari, sont donc annulables, par application des art. 217 et 225,C. civ. (Brioude,18 mars 1891, et, sur appel, C. de Riom, 5 avr. 1892 ; J.E. 24.045 ; R. P. 7992).

2. (5). **Jugement de première instance non frappé d'appel. Droit de 150 fr.** — L'art. 17, n° 12, de la loi du 26 janvier 1892, a tarifé de 150 fr. les arrêts des Cours d'appel prononçant un divorce. Ce même article ajoutait : « Si le jugement de divorce n'est pas frappé d'appel, le droit de 150 fr. continuera à être perçu sur la première expédition soit de la transcription, soit de la mention du dispositif du jugement effectuée sur les registres de l'état civil » (Cf. Argentan, 26 juill. 1893 ; J. E. 24.296 ; R. P. 8201).

L'art. 62 de la loi du 25 février 1901 (Inst. 3049 ; R. E. 2622) a abrogé cette disposition particulière de l'art. 17 n° 12 ; la première expédition de la transcription du jugement de divorce sur les registres de l'état civil n'est plus assujettie qu'au droit de timbre de 1 fr. 80, comme l'était précédemment l'expédition de la transcription de l'arrêt de divorce. Il en est de même de l'expédition de l'acte de mariage, même émargée de la mention relative au divorce, si celui-ci a été prononcé par un jugement passé en force de chose jugée faute d'appel en temps utile, ou par un arrêt définitif. Quant aux arrêts de Cour d'appel prononçant un divorce, ils restent soumis au droit de 150 fr.

(1) Seine, 24 avr. 1896 ; R. E. 1163 ; J. E. 25.011 ; R. P. 8761.

(2) Seine, 15 mai 1897 et 29 oct. 1898 ; R. E. 1417 et 1897 ; J. E. 25.270 et 25.634 ; R. P. 9073.

3. (6 *bis*). **Divorce prononcé à l'étranger.** — L'usage en France d'un jugement de divorce prononcé à l'étranger, caractérisé par la transcription de ce jugement en marge de l'acte de célébration de mariage passé en France, rend exigibles, lors de la délivrance de la première expédition de cet acte de mariage, ainsi émargé, les droits afférents au jugement, lesquels doivent être arbitrés d'office si le jugement n'est pas représenté (Sol. 10 août 1893 ; J. E. 24.296).

4. (11). **Actes préparatoires. Ordonnance.** — L'ordonnance du président, statuant en vertu de l'art. 228, C.civ. sur les aliments dus aux époux au cours de l'instance en divorce, ne peut être, à raison de son caractère provisoire, assimilée à un jugement emportant condamnation, ni à aucun des actes auxquels les art. 2117 et 2123, C. civ. attribuent le pouvoir de conférer l'hypothèque judiciaire (Seine, 10 fév. 1894 ; R. E. 846).

Le droit de 7 fr. 50 édicté pour les « actes et jugements interlocutoires ou préparatoires des divorces » (droit qui n'a pas été modifié pour les ordonnances par l'art. 17 de la loi du 26 janvier 1892), est applicable, à l'exclusion du tarif général de 4 fr. 50, aux ordonnances de cette nature, ainsi qu'à celles autorisant la publication des jugements de divorce (Sol. 29 nov. 1894 ; J. E. 24.469 ; R.P. 8494).

Art. 2. — Séparation de corps et de biens.

5. (18 et 20). **Extraits de jugement délivrés par les avoués. Enregistrement.** — Les avoués n'étant pas détenteurs légaux des jugements de séparation de biens, les extraits qu'ils délivrent de ces jugements constituent des copies collationnées susceptibles d'enregistrement. Le greffier qui fait usage d'un de ces extraits sans qu'il soit préalablement enregistré contrevient à l'art.42 de la loi du 22 frimaire an VII (Sol. 21 juin 1897 ; R. E. 1710 ; J.E. 25.336 ; R. P. 9140).

DOMMAGES-INTÉRÊTS. — **Condamnation de l'Administration.** — Agissant de bonne foi et ne faisant qu'user de son droit strict en réclamant un supplément qui lui paraît exigible, l'Administration ne peut être passible de dommages-intérêts (Seine, 13 mai 1898 ; R.E. 1777 ; J. E. 25.549 ; R. P. 9527). V. *Indemnité*.

DOT. — V. *Communauté* et *Contrat de mariage*.

DON MANUEL.

SOMMAIRE ANALYTIQUE

Art. 1er. — Principes généraux, 1-2.
— 2. — De la déclaration de don manuel, 3-7.
— 3. — De la reconnaissance judiciaire, 8-11.
— 4. — Tarif. Liquidation des droits, 12-13.
— 5. — Payement des droits. Prescription, 14-18.
— 6. — Dons manuels aux établissements publics, 19-20.

Art. 1er. — Principes généraux.

1. (11). **Preuves et présomptions.** — La preuve du don manuel ne doit pas être recherchée par l'Administration en dehors des énonciations des actes soumis à la formalité. Le droit de don manuel ne peut être réclamé que sur un écrit et non sur une simple présomption (Seine, 5 avr. 1895 ; R. E. 953 ; R.P. 8569). — V. ci-après, n° 7.

1 *bis*. (23). **Absence de mise en possession.** — Le droit de don manuel ne peut être perçu sur une libéralité acceptée par délibération d'un conseil municipal postérieure au décès du donateur et non approuvée. L'accord de volontés nécessaire à la perfection du contrat n'a pu,

en effet, se produire (Sol. 13 avr. 1900 ; Rev. prat. 4827).

2. **Assurance sur la vie. Police à ordre.** — Une police d'assurance sur la vie, même à ordre, ne peut être assimilée à un titre au porteur ni, par suite, faire l'objet d'un don manuel (Narbonne, 28 juin 1899 ; R. E. 2392 ; — Conf. Dupuich, *Assurances sur la vie*, n° 157).

Art. 2. — De la déclaration de don manuel.

3. (32). **Partage d'ascendant. Egalisation de dots.** — La déclaration insérée dans un acte de donation-partage portant que les enfants, reconnaissant avoir été avantagés d'une manière égale par leurs père et mère, déclarent qu'ils ne se doivent et ne se devront aucun rapport pour raison des libéralités que ceux-ci ont pu leur faire antérieurement, soit par leurs contrats de mariage, soit autrement, alors qu'il résulte de leurs contrats de mariage qu'ils ont été dotés d'une façon inégale, doit être considérée comme impliquant que l'un d'eux a reçu, à titre de libéralité, le montant de la différence et comme constituant une reconnaissance de don manuel tombant sous l'application de l'art. 6 de la loi du 18 mai 1850 (La Réole, 11 nov. 1897 ; R. E. 1633 ; J. E. 25.331 ; R. P. 9165).

4. (33). **Partage. Déclaration d'un tiers. Présents d'usage.** — Lorsque dans un partage il est dit que l'un des copartageants, partie à l'acte, a reçu d'un auteur commun, à titre de don manuel, diverses sommes que ces copartageants le dispensent de rapporter à la masse, comme constituant des « présents d'usage », ces énonciations, qui n'émanent pas du donataire, ne peuvent être assimilées à une reconnaissance de don manuel qui seule entraîne l'exigibilité du droit édicté par l'art. 6 de la loi du 18 mai 1850 (Sol. 19 fév. 1896 ; R. E. 1145 ; J. E. 25.963).

5. (36). **Lettre missive. Réduction de la libéralité judiciairement constatée.** — Le droit de donation est exigible sur tout écrit susceptible d'enregistrement, qui renferme la déclaration par le donataire d'un don manuel, et, notamment, sur une lettre missive produite en justice et dont l'enregistrement a été ordonné par le juge, dès lors que cette lettre contient tous les éléments juridiques d'une déclaration de don manuel. Mais s'il a été constaté judiciairement que la libéralité a été réduite transactionnellement, c'est seulement sur la valeur effectivement transmise que le droit doit être liquidé et perçu (Cass. civ., 23 mars 1896 ; Inst. 2930-3 ; D. 96.1.318 ; S. 97.1.417 ; R. E. 1130 ; J. E. 24.285 ; R. P. 8739 ; J. N. 26.456).

6. (45). **Don manuel à la femme. Reconnaissance par le mari.** — La déclaration, émanée du mari, d'un don manuel qui aurait été fait à sa femme, ne rend pas exigible le droit de donation dès lors que la femme est restée étrangère à cette déclaration qui a été faite par le mari, spontanément et dans son intérêt exclusif (Guéret, 7 fév. 1899 ; R. E. 2057 ; J. E. 25.750).

7. (49). **Acte exempt d'enregistrement. Conclusions d'avoué.** — La déclaration de don manuel contenue dans un acte exempt de l'enregistrement, comme les conclusions signifiées d'avoué à avoué, ne peut donner ouverture au droit de donation (Sol. 26 mai 1898 ; R. E. 2087 ; J. E. 25.739).

Art. 3. — De la reconnaissance judiciaire.

8. (51). **Interrogatoire sur faits et articles.** — Lorsqu'une partie déclare, dans un interrogatoire sur faits et articles, avoir reçu une somme à titre de don manuel, le droit de donation est régulièrement perçu sur cet acte et le jugement ultérieur, qui constate que la somme prétendue donnée a fait, en réalité, l'objet d'un prêt, ne rend pas restituable le droit de don manuel (Seine, 21 avr. 1899 ; R. E. 2036 ; J. E. 25.712).

9. (57). **Reconnaissance implicite. Termes non équivoques.** — L'application de l'art. 6 de la loi du 18 mai 1850 s'étend à toute reconnaissance judiciaire de don manuel, conçue en termes ne laissant aucun doute sur l'existence de la libéralité. Un jugement qui rejette la demande de remboursement des sommes versées par le demandeur au défendeur pour le motif qu'elles ont été remises à titre de don manuel et ne sont pas susceptibles de restitution, justifie, par conséquent, la perception du droit de donation (Montauban, 4 juin 1897 ; J. E. 25.351 ; R. P. 9164).

10. (59). **Motifs et dispositif.** — La reconnaissance judiciaire d'un don manuel tombe sous l'application de la loi de 1850, alors même qu'elle est formulée dans les motifs et non dans le dispositif du jugement. Si cependant cette constatation était faite non en conformité des dires et déclarations du donataire, mais malgré ses protestations et ses dénégations, elle ne pourrait donner ouverture au droit proportionnel qu'autant qu'elle figurerait dans le dispositif et non pas seulement dans les motifs (Seine, 5 avr. 1895 ; R. E, 953 ; R. P. 8569) et que le jugement n'emploierait pas de termes dubitatifs exclusifs d'une reconnaissance formelle (Sol. 9 mai 1900 ; Rev. prat. 4826).

11. (60). **Homologation d'un état liquidatif.** — L'art. 6 de la loi du 18 mai 1850 qui assujettit au droit de donation « les actes renfermant soit la déclaration par le donataire ou ses représentants, soit la reconnaissance judiciaire d'un don manuel », ne subordonne point l'exigibilité du droit à la condition que la reconnaissance judiciaire du don manuel soit susceptible de créer un lien de droit entre le donateur et le donataire. Elle donne pour base à la perception le fait seul que le don manuel a été déclaré ou reconnu par le juge dans une décision qui, sans produire les effets légaux d'un titre valable, suffit pour établir, au point de vue de la loi fiscale et à l'égard du donataire, la transmission de la propriété mobilière (1).

Par suite, le jugement qui homologue purement et simplement un état liquidatif dressé par un notaire commis et relatant un don manuel, constitue la reconnaissance judiciaire prévue par la loi ; car, par l'effet de l'homologation, le tribunal s'assimile et s'approprie toutes les clauses et énonciations de l'acte homologué (2).

ART. 4. — TARIF. LIQUIDATION DES DROITS.

12. (2). **Tarif. Etablissements charitables.** — L'art. 19 de la loi du 25 février 1901 a soumis au droit de 9 0/0, sans décimes, les dons et legs faits aux départements, communes et établissements publics, pour être exclusivement affectés à des œuvres d'assistance (V. *Établissements publics*, n° 5).

L'art. 18 de la même loi a du reste institué un nouveau tarif pour les droits proportionnels exigibles sur les donations ordinaires (V. *Donation*).

12 bis. (63). **Quotité du droit.** — Le droit établi par la loi de 1850 est dû, non sur la mutation résultant du don manuel, mais sur l'acte qui la constate, sans qu'il y ait à se préoccuper des conditions dans lesquelles le don s'est accompli, ni même de sa réalité ou de sa validité (Cass.,

(1) Cass., 8 août 1882 ; Inst. 2673-11 ; D. 83.1.345 ; S. 83.1.135 ; J. E. 21.912 ; R. P. 6014 ; — 22 janv. 1883 ; Inst. 2680-5 ; D. 85.1.345 ; S. 84.1.168 ; J. E. 22.041 ; R.P. 6100 ; — 4 nov. 1891 ; Inst. 2816-6 ; D. 92.1.388 ; S. 92.1.164 ; R. E. 4 ; J. E. 23.708 ; R. P. 7.739.

(2) Cass., 19 juill. 1880 ; Inst. 2641-4 et 2654 ; D. 81.1.85 ; S. 81.1.38 ; J.E. 21.406 ; R. P. 5557 ; J. N. 22.391.

24 janv. 1854 ; 28 nov. 1859 ; 12 janv. et 15 fév. 1870 10 déc. 1877 ; 8 août 1882). Il en résulte que la quotité du droit de donation exigible est déterminée par la nature de l'acte contenant la déclaration de la reconnaissance. En conséquence, un jugement du 12 mars 1896, qui homologue un état liquidatif dressé par notaire commis, 20 août 1895, et constatant qu'une somme d'argent a été remise en 1874 et 1875 par une mère à sa fille « en avancement sur sa succession future » donne lieu à la perception du droit de mutation mobilière en ligne directe, d'après le tarif ordinaire de 2 fr. 50 0/0 en principal. La quotité du droit ne saurait être modifiée par ce motif, allégué par la partie, que le don aurait eu lieu à titre de partage d'ascendant (Charleville, 15 juill. 1897 R. E. 1526 ; J. E. 25.240 ; R. P. 9237).

C'est d'ailleurs d'après la législation en vigueur au moment de la déclaration et de la reconnaissance que le droit doit être perçu. Toutefois, si le don a acquis date certaine, soit par le fait du décès du donateur, soit par toute autre circonstance, on doit se reporter à cette date pour déterminer le tarif applicable. Cette réserve s'impose notamment à l'égard des nouveaux droits de donation établis par la loi du 25 février 1901.

13. (64). **Titres au porteur. Evaluation.** — De même si un don manuel ayant acquis date certaine antérieurement à sa reconnaissance judiciaire porte sur des titres au porteur, le capital imposable doit être déterminé non d'après la valeur des titres au moment du jugement, mais d'après celle qu'ils avaient à la date de la libéralité ; cette valeur s'établit au moyen du cours de la Bourse ou, à défaut, par une déclaration estimative des parties (Nancy 29 déc. 1896 ; J. E. 25.141).

ART. 5. — PAIEMENT DES DROITS. PRESCRIPTION.

14. (71). **Acte sujet à homologation. Jugement frappé d'appel.** — La reconnaissance d'un don manuel contenue dans un partage dressé par un notaire commis entraîne l'exigibilité immédiate du droit de donation, sans que l'on puisse surseoir au paiement jusqu'après l'homologation (Vitré, 31 déc. 1895 ; J. E. 25.931 ; R. P. 8723).

De même, l'appel dont serait frappé un jugement ne suspendrait pas l'exigibilité du droit proportionnel sur la reconnaissance de don manuel constatée par ce jugement. Mais si ce droit n'a pas été perçu au moment de l'enregistrement du jugement, l'Administration n'est plus fondée à le réclamer dès lors qu'un arrêt de la Cour d'appel a infirmé le jugement et annulé le dispositif qui contenait la reconnaissance (Evreux, 10 mai 1899 ; R. E. 2129 ; R. P. 9628).

15. (71). **Parties débitrices.** — La partie qui a fait la reconnaissance d'un don manuel dans un *interrogatoire sur faits et articles*, est seule tenue des droits proportionnels auxquels cet aveu donne ouverture, à l'exclusion de la partie qui a requis l'interrogatoire (Ribérac, 12 août 1898 ; R. E. 1846 ; R. P. 9460 ; — Guéret, 7 fév. 1899 ; R. E. 2057 ; J. E. 25.750).

Si la reconnaissance est contenue dans un *jugement*, le droit est dû seulement par la partie qui profite de ce jugement et a intérêt à en poursuivre l'exécution (1).

En ce qui concerne la déclaration insérée dans un *partage judiciaire* dressé par un notaire commis, le droit ne peut être poursuivi que contre le donataire ou contre toutes les parties à l'acte, comme en matière d'actes volontaires (Vitré, 31 déc. 1895 ; J. E. 24.931 ; R.P. 8723).

(1) Montauban, 4 juin 1897 ; J.E. 25.351 ; R.P. 9164 ; — Sedan, 26 déc. 1899 ; J. E. 25.992.

16. (72). **Prescription.** — La prescription n'est opposable à la réclamation du droit de don manuel qu'après deux ans écoulés, à partir de la présentation à la formalité de l'acte ou du jugement contenant la déclaration ou la reconnaissance du don, à quelque époque que remonte la donation elle-même, et encore bien qu'elle aurait depuis longtemps acquis date certaine par suite du décès du donateur (Charleville, 15 juill. 1897 ; *R. E.* 1526 ; *J. E.* 25.240 ; *R. P.* 9237).

17. (73). **Déclaration réitérée.** — La réitération d'une déclaration de don manuel dans plusieurs actes successifs ne suspend pas le cours de la prescription, dont le délai doit être compté à partir de l'enregistrement de l'acte contenant la première déclaration (Nice, 20 avr. 1898 ; *R. E.* 1745 ; *R. P.* 9412).

18. (73 *bis*). **Restitution. Droit régulièrement perçu.** — L'annulation judiciaire d'une reconnaissance de don manuel n'entraîne pas la restitution des droits proportionnels régulièrement perçus sur cette reconnaissance. Il en a été ainsi décidé dans une espèce où une décision de justice avait restitué le caractère de prêt à une remise de somme précédemment qualifiée don manuel par la personne qui avait reçu la somme (Seine, 21 avr. 1899 ; *R. E.* 2056 ; *J. E.* 25.712).

ART. 6. — DONS MANUELS AUX ÉTABLISSEMENTS PUBLICS.

19. (74). **Délibérations contenant reconnaissance de dons manuels. Approbation.** — Lorsque l'existence et la réalisation d'un don manuel au profit des pauvres d'une commune sont constatées par une délibération d'un conseil municipal d'où résulte la preuve, même implicite, que la donation a été acceptée et que la tradition des valeurs a eu lieu, le droit proportionnel de donation est exigible (La Rochelle, 8 mai 1901 ; *R. E.* 2738). Toutefois, il ne peut être réclamé, lorsque le don est fait sous des conditions déterminées, que lorsque la délibération a été approuvée par l'autorité compétente (D. M. F. 18 juin 1897 ; *R. E.* 1790 ; Rappr. n° 1 *bis, supra*).

On ne saurait, d'ailleurs, considérer comme une approbation suffisante celle qui est donnée uniquement en vue de régulariser la comptabilité de l'établissement donataire, à la suite d'une délibération constatant l'emploi en rentes sur l'État d'un don anonyme (Sol. 16 avr. 1896 ; *J. E.* 25.145 ; *R. P.* 8912).

Lorsqu'une libéralité ayant pour objet une somme d'argent destinée aux pauvres est acceptée par délibération du bureau de bienfaisance et que cette délibération est approuvée par le préfet, il y a lieu de soumettre à la formalité, dans le délai de 20 jours à partir de l'approbation, la délibération contenant acceptation de la libéralité. Le droit à percevoir est celui de donation. Le seul point à considérer, en principe, pour l'application du droit de don manuel est celui de savoir s'il existe un acte administratif remplissant les conditions prévues par les art. 6 de la loi du 18 mai 1850 et 78 de la loi du 15 mai 1818 (Sol. 14 mai 1897 ; *R. E.* 1746 ; *J. E.* 25.303 ; *R. P.* 9087).

La délibération qui contient l'acceptation d'une offre de libéralité non réalisée ne constitue pas une reconnaissance de don manuel puisque la tradition fait défaut ; et la preuve de cette tradition ne peut être recherchée par l'Administration dans les pièces de comptabilité (Sol. 9 oct. 1893 ; *J. E.* 24.308).

Lorsqu'un don manuel est fait à un bureau de bienfaisance par *l'intermédiaire d'un tiers* qui est chargé de remettre le don à l'établissement, le droit de donation peut-il être exigé sur la délibération qui constate l'acceptation

du donataire, alors même qu'il ne résulte pas formellement de la délibération que la tradition matérielle a été consommée ?

En principe, le don manuel de choses mobilières peut s'effectuer par l'entremise d'un tiers chargé de les remettre aux personnes que le donateur a entendu gratifier, et cela, sans qu'il soit besoin d'une procuration expresse. Sur ce point, la doctrine et la jurisprudence sont d'accord. Or à quel moment et sous quelle forme les dons de cette nature doivent-ils être considérés comme réalisés ? La plupart des auteurs enseignent que si le don manuel ne se consomme pas par le seul fait de la remise, il se parfait, au contraire, dès que le donataire averti de la remise accepte la donation, pourvu que son acceptation intervienne du vivant du donateur. En effet, à partir de cette acceptation, le tiers qui détenait jusque-là les objets au nom du donateur, les détient au nom du donataire et comme appartenant désormais à ce dernier. Le contrat est donc irrévocablement formé puisque les deux conditions requises pour la validité des dons manuels, le concours des volontés et la mise en possession légale du donataire, se trouvent remplies (1).

La commission administrative d'un bureau de bienfaisance qui accepte le don fait à son profit par un anonyme, de sommes ou titres déposés entre les mains d'un tiers chargé d'en effectuer la remise, est donc censée avoir ratifié le mandat jusqu'alors imparfait en vertu duquel le tiers détenait pour elle les sommes et valeurs données, et l'établissement donataire doit être réputé en possession du don dès cette acceptation (Mortain, 12 janv. 1899 ; *R. E.* 2157 ; *J. E.* 25.615).

20. (75). **Aumônes. Quêtes. Produit de fêtes de charité.** — Le don manuel dont la reconnaissance, dans un acte soumis à l'enregistrement, donne ouverture au droit de donation, se distingue de l'aumône, exempte de ce droit, moins par l'importance de la somme donnée que par le caractère que les corps administratifs eux-mêmes ont attribué à la libéralité. Celle-ci a notamment le caractère de don manuel si l'autorisation de l'autorité supérieure est sollicitée préalablement à son acceptation et si elle est classée, non dans les recettes ordinaires à distribuer (comme le produit des quêtes pour les bureaux de bienfaisance), mais parmi les recettes extraordinaires ; tel est le cas des sommes données pour être placées en rentes sur l'État (Sol. 2 déc. 1896 ; *R. E.* 1345).

Le droit de donation n'est dû, au surplus, qu'autant que *l'animus donandi* apparaît nettement. Ainsi a-t-il été décidé que la délibération prise par la commission administrative d'un hospice en vue de l'érection d'une chapelle ne donnait pas ouverture au droit de donation alors qu'il était spécifié que la construction était entreprise pour donner satisfaction aux vœux de la population de la commune qui s'étaient manifestés par le versement collectif et conditionnel du produit de fêtes de charité, quêtes et collectes et par la remise d'offrandes en nature. Il importait peu, d'ailleurs, que les offrandes eussent été qualifiées de dons si les circonstances résistaient à cette appréciation et si tout démontrait que les souscripteurs avaient eu pour but non de faire une libéralité à l'hospice, qui, en fait, n'en tirait aucun profit, mais de pourvoir aux besoins du culte dans un quartier éloigné de tout édifice paroissial (Sol. 14 avr. 1899 ; *J. E.* 25.821 ; *R. P.* 9617).

(1) Dall., *Rép. V° Disp. entre vifs et testament.*, n°s 1641 et s. — Marcadé, sur l'art. 931, n° 3 ; — Caen, 12 janv. 1822, Dall., *Vo cit.*, n° 1645 et note ; — Comp. Demolombe, *Don. et testament.*, III, n° 63 ; — Aubry et Rau, § 659, n° 18 ; — Cass., 22 mai 1867 ; D. 67.1.401 et la note.

7

DONATION.

SOMMAIRE ANALYTIQUE.

Art. 1. — Tarif et liquidation des droits, 1-7.
— 2. — Renonciations gratuites, 8.
— 3. — Donations secondaires ou indirectes, 9-10 *bis*.
— 4. — Donations déguisées, 11-15.
— 5. — Donations onéreuses, 16-17.
— 6. — Modalités, 18-19.
— 7. — Donations par contrat de mariage, 20.

Art. 1er. — Tarif et liquidation des droits.

1. (38, 39 et 39 *bis*). **Tarif des droits.** — L'art. 18 de la loi du 25 février 1901 (*J. off.* du 26 fév., p. 1313) a remanié le tarif des donations.

Indépendamment des différences de quotité, les nouveaux droits se distinguent des anciens :

1° En ce qu'ils sont affranchis de tout décime ;

2° En ce qu'ils comprennent le droit de transcription même dans les cas où ce droit était resté distinct du droit d'enregistrement proprement dit, de telle sorte que, pour chaque catégorie de donation, l'unification des tarifs applicables aux biens meubles et aux immeubles, réalisée partiellement par l'art. 33 de la loi du 21 mai 1832 (Inst. 1399, § 3), est désormais complète.

Il suit de là que le droit en sus exigible sur une donation immobilière enregistrée hors délai ou entachée d'une insuffisance d'évaluation de revenu sera toujours, même en ligne directe ou entre époux, d'une somme égale au droit simple, contrairement aux solutions du 15 décembre 1876 et du 20 janvier 1877 (*T. A.*, 39 *bis*) qui demeurent sans objet. La formalité de la transcription ne donnera lieu, au bureau des hypothèques, à la perception d'aucun droit autre que la taxe proportionnelle établie par la loi du 27 juillet 1900 (Inst. 3049) ;

3° En ce que les donations au profit de parents au delà du 6e degré sont soumises aux mêmes tarifs que celles au profit de personnes non parentes.

Nous donnons le nouveau tarif dans le tableau ci-dessous (pour le tarif en Corse, V. ce mot) :

PARENTÉ	PAR CONTRAT DE MARIAGE	HORS CONTRAT DE MARIAGE	TARIFS EXCEPTIONNELS
Ligne directe	2 0/0 (aux futurs)	3,50 0/0	1,70 0/0 *partages d'ascendants*
Entre époux	3,50 0/0	5 0/0	»
Entre frères et sœurs.	7 0/0 (aux futurs)	9 0/0	»
Oncles et tantes, neveux ou nièces.....	8 0/0 id.	10 0/0	»
Grands-oncles, grand'-tantes et petits-neveux ou petites-nièces et cousins-germains...........	9 0/0 id.	11 0/0	»
Parents aux 5e et 6e degrés	10 0/0 id.	12 0/0	»
Parents au delà du 6e degré et non parents.	11 0/0 id.	13,50 0/0	9 0/0 *dons charitables*

De plus, la valeur vénale (au lieu du revenu capitalisé) sert de base au droit de mutation à titre gratuit pour les immeubles non susceptibles de procurer un revenu (L. 25 fév. 1901, art. 12 ; V. *Insuffisance*).

2. Mise à exécution de la loi du 25 février 1901. — Le nouveau régime est applicable aux droits ouverts au profit du Trésor postérieurement à l'instant où la loi du 25 février 1901 est devenue exécutoire. Par conséquent, les mutations immobilières et les actes soumis à l'enregistrement dans un délai déterminé qui seront concomitants ou postérieurs à cette date seront régis par la législation nouvelle. S'ils sont antérieurs, ils resteront assujettis aux règles anciennes, alors même que le délai pour le paiement des droits ne serait pas encore expiré au jour où la loi est devenue exécutoire.

La loi nouvelle sera applicable aux donations antérieures à la loi, mais qui n'auront été *acceptées* que depuis sa mise à exécution. On sait, en effet, que, seule, l'acceptation du donataire opère la transmission de la propriété et détermine l'exigibilité du droit (Inst. 290, § 29).

Mais il en sera autrement de la donation sous *condition suspensive*, consentie sous l'ancien régime fiscal, et réalisée sous le nouveau. L'accomplissement de la condition produisant un effet rétroactif et le droit resté en suspens étant dû sur l'acte de donation lui-même, ce droit ne peut être liquidé que conformément à la loi en vigueur au moment de la rédaction de l'acte.

Quant aux actes qui ne sont soumis à l'enregistrement qu'en cas d'usage ou de présentation volontaire à la formalité (par exemple, les actes faits sous seings privés et contenant des déclarations de dons manuels ou ceux passés en pays étrangers), ils seront régis par la législation ancienne, si l'usage ou la réquisition de la formalité sont postérieurs à la mise à exécution de la loi, alors même qu'ils seraient d'une date antérieure (Comp. Inst. 2542, § 3 ; Besson, *Réforme fiscale des successions*, n° 356).

3. (49). **Donation entre époux par contrat de mariage. Résolution amiable. Droit de rétrocession.** — La résolution amiable, entre deux époux divorcés, d'une donation entre vifs d'immeubles faite par l'un d'eux à l'autre constitue une rétrocession qui donne ouverture au droit de vente de 5 fr.50 0/0, à liquider sur une déclaration estimative des parties, et non au droit de donation (Sol. 31 janv. 1896 ; *R. E.* 1119).

4. (50) **Dons charitables.** — L'art. 19 de la loi du 25 février 1901 assujettit à un droit de 9 fr. pour 100 fr., *sans décimes*, certaines donations présentant un caractère déterminé de bienfaisance ou d'assistance. Ce tarif de 9 fr. pour 100 fr. comprend, le cas échéant, le droit proportionnel de transcription établi par l'art. 54 de la loi du 28 avril 1816 (V. *Etablissement public* et *Succession*).

5. (58 *ter*). **Concession de sépulture. Donation.** — La donation entre vifs d'une concession perpétuelle dans un cimetière a pour objet un droit personnel et mobilier, et donne ouverture au droit de mutation à titre gratuit sur la valeur en capital de la concession fixée par une déclaration estimative des parties (Sol. 6 déc. 1897 ; *R. E.* 1708 ; *J. E.* 25.424 ; *R. P.* 9459).

6. (59). **Immeubles non productifs de revenu.** — Aux termes de l'art. 12 de la loi du 25 février 1901, les droits de donation sont liquidés sur la *valeur vénale* pour les immeubles dont la destination actuelle n'est pas de procurer un revenu, par exemple, les terrains à bâtir.

Les insuffisances d'évaluation en valeur vénale sont constatées par voie d'expertise suivant les règles en vigueur.

Ces règles sont celles applicables aux insuffisances de prix (prescription d'un an, droit en sus et frais, seulement si l'insuffisance excède 1/8), à l'exclusion de celles tracées par la loi de frimaire pour les insuffisances de revenu.

7. (63 à 69). **Transmissions de nue propriété et d'usufruit.** — Le régime fiscal applicable aux transmissions à titre gratuit de nue propriété et d'usufruit a été modifié par les art. 13 et 14 de la loi du 25 février 1901. Nos lecteurs trouveront, V° *Usufruit et nue propriété*, l'explication des règles nouvelles établies par cette loi.

ART. 2. — RENONCIATIONS GRATUITES.

8. (147). **Dispense de rapport à un cohéritier.** — Lorsque, avons-nous dit au *T. A.*, l'un des copartageants est dispensé par les autres successibles d'opérer à la masse le rapport d'une libéralité reçue du défunt en avancement d'hoirie, cette dispense procède en réalité d'une donation par les renonçants au profit du cohéritier dispensé du rapport. Mais nous avons fait remarquer que le droit de donation n'est pas exigible, si la somme rapportée à la masse en vertu de cet accord n'a pas le caractère d'un avantage émané du défunt et n'est pas sujette à rapport.

Dans ce sens, il a été décidé qu'il n'y a pas lieu d'exiger le droit de donation, si la dispense de rapport porte sur une somme payée par le *de cujus* à un successible pour éteindre une rente viagère constituée antérieurement au profit de celui-ci et dont les arrérages n'étaient pas rapportables (Seine, 28 fév. 1896 ; *R. E.* 1161 ; *R. P.* 8740).

ART. 3. — DONATIONS SECONDAIRES OU INDIRECTES.

9. (161, 173 et 179). **Donation secondaire sous condition de survie. Inexigibilité du droit de mutation par décès.** — Lorsqu'il est stipulé par le donateur, dans une donation entre vifs, que le bénéficiaire paiera une certaine somme, au décès du donateur, à un tiers ou aux héritiers de celui-ci, cette modalité apposée à la libéralité secondaire a le caractère d'un terme incertain, et non d'une condition. Il en résulte qu'il est dû, non un droit de succession au décès du donateur, mais un droit de mutation entre vifs lors de l'acceptation de la donation secondaire. Cette acceptation peut être donnée par un simple acte sous seing privé ou même être tacite et résulter uniquement des circonstances (Sol. 6 avr. 1895 ; *R. E.* 1021 ; *J. E.* 24.858).

10. (210). **Société. Fonds industriel apporté par un seul associé. Modification des statuts. Attribution à l'autre associé de partie du fonds en représentation de sa part dans les bénéfices.** — Lorsque, dans une société formée entre deux personnes, tous les apports en nature, composés notamment d'un établissement industriel, sont fournis par l'une d'elles et que, plusieurs années après cet apport, il intervient entre les deux associés un acte modificatif des statuts aux termes duquel le fonds social, tel qu'il existe à cette époque, appartiendra jusqu'à concurrence de 85 0/0 à l'associé apporteur de l'établissement et à l'autre associé pour le surplus, il ne résulte pas nécessairement de ce que les 15 0/0 du fonds social attribués à l'associé qui n'avait apporté originairement que son industrie lui proviennent d'une libéralité ou même d'une cession consentie en sa faveur par son coassocié. Dès lors, en effet, que l'apporteur d'industrie était fondé dans les bénéfices sociaux pour 15 0/0 et que ces bénéfices devaient, aux termes des statuts, accroître le fonds social, cet apporteur a pu très légitimement devenir propriétaire d'une portion du fonds représentant sa part dans les bénéfices (Toulon, 13 déc. 1898 ; *R. E.* 1950).

10 bis. (216). **Transaction.** — La convention par laquelle les parties se font des concessions réciproques, l'une pour prévenir un procès dont elle est menacée, l'autre pour éviter les difficultés, les frais et les lenteurs d'une contestation judiciaire, présente les caractères d'une transaction.

Et, dès lors, l'avantage que le contrat renferme au profit de l'un des contractants ne saurait être qualifié de donation pure et simple (Cass. req., 24 déc. 1900 ; D. 1901, 1.135).

ART. 4. — DONATIONS DÉGUISÉES.

11. (226-1). **Cession de créances.** — La jurisprudence autorise l'Administration à déjouer, par toutes les voies légales, la fraude consistant à déguiser une donation sous l'apparence d'une cession de créances.

La preuve de la fraude peut résulter de faits constants au procès.

C'est ainsi que le caractère de donation a été reconnu à un acte par lequel une grand'tante cédait à sa petite-nièce des obligations hypothécaires d'une valeur de 20.000 francs pour un prix égal dont le contrat portait quittance, alors, d'une part, que la cessionnaire ne justifiait pas avoir pu disposer d'une somme aussi importante à une époque quelconque antérieure au contrat, et, d'autre part, que la cédante avait, par testament authentique postérieur de deux mois à la cession, institué la cessionnaire pour légataire universelle et qu'enfin il ne s'était trouvé au décès de la testatrice, survenu peu de temps après, qu'une somme de 1.600 francs en numéraire, aucune justification n'étant fournie en ce qui concerne l'emploi du surplus du prix de la prétendue cession (Châteauroux, 7 fév. 1899 ; *R. E.* 2088).

12. (229). **Reconnaissance de dette.** — Une donation faite sous la forme d'un contrat à titre onéreux est valable si elle est faite conformément aux règles du contrat sous les apparences duquel elle est déguisée. Cette règle est applicable à la donation déguisée sous la forme d'une reconnaissance de dette « pour soins donnés » payable après le décès du débiteur (Cass. ch. civ., 11 fév. 1896 ; *R. E.* 1116 ; *J. E.* 24.958).

13. (229 *bis*). **Reconnaissance de dépôt.** — Lorsqu'il résulte d'un jugement rendu entre parties qu'un acte qualifié de reconnaissance de dépôt et antérieurement enregistré a, en réalité, le caractère de donation, il est dû la différence entre le droit perçu et le droit de donation, et ce complément de droit doit être exigé, non sur le jugement qui constate la simulation, mais sur l'acte lui-même (Seine, 21 juill. 1899 ; *R. E.* 2151).

14. (239). **Constitution de rente viagère.** — La constitution d'une rente viagère moyennant l'aliénation d'un capital susceptible de produire un intérêt égal au chiffre de la rente aliénée constitue, non un acte à titre onéreux, mais une donation avec charges passible du droit de mutation à titre gratuit (Melle, 30 mars 1895; *R. E.* 986 ; *R. P.* 8582).

La jurisprudence est constante sur ce point (Voir les nombreuses décisions citées au T. A., note 1).

Rappelons, toutefois, qu'il s'agit d'une question de fait dont la solution dépend des circonstances particulières de chaque affaire et dans laquelle les juges sont à peu près souverains pour apprécier le véritable caractère des conventions des parties.

Il nous paraît intéressant de signaler, dans cet ordre d'idées, un arrêt du 13 mai 1899, rendu en matière civile, et d'après lequel la Cour de cassation a reconnu que, si l'on ne peut voir un prix réel de vente dans la constitution, au profit du vendeur, d'une rente viagère dont les arrérages sont inférieurs ou simplement égaux au revenu de la chose vendue, parce que, en ce cas, il n'y a pas d'aléa contre le vendeur, celui-ci ne courant aucune chance de perte, il en est autrement lorsque les arrérages de la rente dépassent ce revenu. En cette hypothèse, a dit la

Cour, les juges peuvent, appréciant souverainement les circonstances de la cause, décider que la rente viagère présente un aléa et constitue réellement un prix (Ch. req., 15 mai 1889 ; *R. E.* 2058).

15. (240). **Rente inférieure au taux des compagnies d'assurances.** — L'Administration a fait décider que la cession de 570.000 fr. de valeurs de Bourse, moyennant une rente viagère de 30.000 fr. reposant sur la tête d'une personne de 85 ans, présentait le caractère d'une véritable donation dissimulée sous l'apparence d'un contrat à titre onéreux, dès lors que, d'après les tarifs des compagnies d'assurances, le chiffre d'une rente viagère créée dans les conditions ci-dessus aurait dû s'élever à 93.000 fr. (1).

ART. 5. — DONATIONS ONÉREUSES.

16. (290). **Rente viagère. Absence d'aléa.** — Le contrat de rente viagère est, de sa nature, aléatoire. Une convention de constitution de rente d'où l'élément aléatoire est exclu, ne peut être qualifiée de contrat de rente viagère. C'est ce qui se produit, notamment, si le chiffre de la rente stipulée est inférieur à l'intérêt légal du capital aliéné. En conséquence, lorsqu'une personne remet à une autre une somme de 30.000 fr. à la charge de la nourrir et entretenir ou de lui servir une rente annuelle de 1.200 fr. sa vie durant, au cas de cessation de la vie commune, cette convention constitue, non un contrat de rente viagère, mais un don manuel avec charges, dès lors que la somme de 30.000 fr. a été versée (C. Dijon, 22 janv. 1896 ; *R. E.* 1160).

17. (301). **Donation et vente. Rapport limité à une portion des biens.** — Lorsque des père et mère constituent en dot à leur fils, par contrat de mariage, des meubles et des immeubles déterminés en stipulant le paiement à leur profit d'une certaine somme par le donataire et en ajoutant que l'excédent de la valeur des biens donnés forme l'importance de l'avancement d'hoirie qu'ils font à leur fils, cette convention constitue une vente jusqu'à concurrence de la portion de biens déclarée non rapportable et une donation pour le surplus (Quimper, 23 mars 1899 ; *R. E.* 2085).

ART. 6. — MODALITÉS.

18. (361-4°). **Donation par contrat de mariage. Somme à prendre sur les biens les plus clairs que le donateur laissera à son décès. Institution contractuelle. Droit fixe.** — La clause d'un contrat de mariage portant donation à la future par sa tante, à titre de préciput et hors part, conformément aux art. 1082 et 1083, C. civ., d'une somme à prendre sur les biens les plus clairs et les plus apparents que la donatrice laissera à son décès, et qu'elle oblige ses héritiers à payer à la donataire dans les deux mois de cette date, sans intérêts jusque-là, constitue, non une donation actuelle, mais une institution contractuelle de biens passible seulement du droit fixe de 7 fr. 50 en principal (Brignoles, 8 fév. 1899 ; *R. E.* 1976 ; *Rev. Not.*, 10.291).

19. (393). **Rente viagère. Amortissement au denier 24. Dation en paiement.** — Lorsqu'un père et une mère ont donné en dot à leur fils, par contrat de mariage, une rente viagère, en se réservant la faculté de l'amortir par le payement d'un capital calculé au denier 24 de la

(1) Mâcon, 26 mai 1897 ; — Cass. req., 25 janv. 1899 : Inst. 2997, § 2 ; S. 99.1.295 ; D. 99.1.541 ; *R. E.* 1942 ; *J. E.* 25.584 ; *R. P.* 9482.

rente, ce versement ultérieur, lorsqu'il a lieu, constitue non une donation complémentaire, mais un simple remboursement de rente passible du droit de 0 fr. 50 0/0 sur le capital versé. Si cet amortissement a lieu sous forme de livraison au crédi-rentier de titres nominatifs et au porteur, la somme représentant la valeur de ceux-ci est exempte de tout droit de transmission et celle représentant la valeur des titres nominatifs n'est assujettie qu'au droit de 0 fr. 50 0/0 sans décimes (Orléans, 15 juill. 1896 ; *R. E.* 1607 ; *J. E.* 25.257 ; *R. P.* 9025 ; *Rev. Not.*, 10.197).

Décidé, dans le même sens, que lorsqu'un père et une mère ont constitué en dot à leur fille une rente viagère, en se réservant la faculté de l'éteindre, en totalité ou en partie, moyennant des versements en argent, d'un minimum déterminé, et dont l'intérêt compté à 5 0/0 viendra en diminution de la rente, le versement d'un capital effectué ultérieurement dans ces conditions ne saurait être considéré comme l'exécution d'une donation alternative.

Cette opération ne constitue qu'un simple remboursement de rente, passible du droit de 0 fr. 50 0/0 sur le montant au denier 10, de la fraction de rente éteinte ; il ne saurait être dû, en outre, un droit de donation de 1 fr. 25 0/0 sur la différence entre la somme remboursée et le capital au denier 10 de la partie de rente primitivement assujettie à l'impôt de donation et éteinte par le rachat (Tarbes, 3 avr. 1900 ; *R. E.* 2709).

ART. 7. — DONATIONS PAR CONTRAT DE MARIAGE.

20. (490-c). **Donation entre époux par contrat de mariage. Usufruit à la femme en cas de survie. Immeubles vendus pendant le mariage. Rente sur l'État acquise en remploi au profit exclusif de la femme. Droit de mutation au décès du mari.** — Si un mari a donné, par contrat de mariage, à sa femme l'usufruit d'immeubles déterminés sous la condition de survie de la donataire, le droit de mutation par décès est dû, à l'événement, sur l'usufruit desdits immeubles, alors même qu'ils auraient été vendus, au cours du mariage, avec le concours de la femme qui aurait cédé à l'acquéreur son droit d'usufruit éventuel moyennant une somme immédiatement attribuée et employée en l'achat d'une rente sur l'État immatriculée à son nom (Sol. 30 sept. 1898 ; *R. E.* 2196).

DOUANE.

ART. 1er. — ENREGISTREMENT.

1. (4). **Tableau des droits d'enregistrement des divers actes de procédure. Rectifications.** — Le tableau publié par l'Administration des douanes le 13 septembre 1893 (Circ. n° 2344) comporte les rectifications et additions ci-après :

Appels. — Les déclarations d'appel de jugements correctionnels, faites au greffe, constituent des actes judiciaires auxquels ne peuvent s'appliquer les dispositions des art. 7 de la loi du 26 janvier 1892 et 22 de la loi du 28 avril 1893, qui ont réduit d'un tiers les droits antérieurement perçus sur les exploits et déclarations d'appel en matière civile et commerciale, ainsi que sur les autres actes extrajudiciaires. Elles continuent donc, à la différence des appels faits par voie d'exploits, à rester soumises au droit fixe de 1 fr. 50 en principal (Sol. 30 mai 1896 ; *J. E.* 24.877).

Jugements définitifs prononçant des amendes et des confiscations. — Les jugements de cette nature donnent ouverture au droit fixe de 1 fr., en principal, s'ils émanent des justices de paix et au droit de 1 fr. 50 s'ils sont rendus par les tribunaux civils.

Procès-verbaux de saisie. — Lorsque, dans un procès-verbal de saisie de marchandises et de moyens de transport, l'Administration des douanes offre mainlevée de la saisie, en ce qui concerne ces derniers, sous condition de fournir une caution ou de consigner la valeur des moyens de transport saisis, le cautionnement fourni dans ces conditions donne ouverture à un droit fixe particulier de 1 fr. 50 en principal, indépendant du droit de 2 fr. en principal dû sur le procès verbal de saisie. Mais il n'en est pas de même de la consignation de deniers effectuée par le délinquant et constatée par le procès-verbal même de saisie. Dans ce cas, en effet, il n'y a plus engagement de la part d'une tierce personne, ni, par conséquent, constitution de cautionnement, mais un simple nantissement, une sûreté accessoire donnée par le débiteur dans l'acte même constatant l'obligation que sa contravention lui a fait contracter envers l'Etat. Cette stipulation accessoire, qui constitue une disposition dépendante de l'engagement principal, ne donne ouverture à aucun droit particulier (Sol. 24 juin 1895 ; *R. E.* 1392 ; *J. E.* 25.210).

Significations. Jugement de paix prononçant une confiscation. — L'exploit de signification d'un jugement de paix prononçant la confiscation de marchandises importées en fraude des droits de douane est assujetti au droit fixe de 1 fr. 25, dès lors que la valeur des marchandises confisquées est supérieure à 100 fr. (Sol. 28 mai 1899 ; *R. E.* 2088 ; *R. P.* 9601).

ART. 2. — TIMBRE.

2. (11). **Statistique commerciale. Quittances du droit spécial.** — La loi du 22 juin 1872 a établi une taxe spéciale pour subvenir aux frais de la statistique commerciale. Cette taxe est perçue par l'Administration des douanes. L'art. 8 de la loi de finances du 29 mars 1897 a spécifié que les quittances des droits de statistique, délivrées par les préposés des douanes, ne sont pas passibles du timbre spécial de douane, mais sont soumises, lorsqu'elles ont pour objet des perceptions supérieures à 10 fr., au droit de timbre de 0 fr. 10 (Inst. n° 2924, § 3).

3. (12). **Certificats d'origine.** — V. *Certificat.*

4. (14). **Expéditions de jugements. Exploits.** — L'expédition d'un jugement de justice de paix qui a prononcé la confiscation de marchandises importées en fraude peut être délivrée sur papier non timbré, mais l'exploit de signification écrit à la suite est soumis au timbre de dimension (Sol. 28 mai 1899, précitée).

DROIT PROPORTIONNEL. — **1.** (3). **Perception de 20 fr. en 20 fr.** — Lorsqu'un même acte comprend plusieurs stipulations passibles du droit proportionnel, celui-ci doit être liquidé sur l'ensemble des stipulations lorsqu'elles concourent à former une convention unique. Au cas contraire, le droit proportionnel est liquidé sur chaque convention considérée isolément en arrondissant les sommes de 20 fr. en 20 fr. (Dalloz, *Rép.*, V° *Enregistrement*, n° 4384 ; — Rappr. *T. A.*, V° *Adjudication d'immeubles*, n° 30).

Cette règle est applicable, non seulement au cas où un seul vendeur aliène des biens au profit de plusieurs acquéreurs distincts, mais encore à l'hypothèse inverse, où plusieurs cédants vendent au même acquéreur des biens séparés. Par contre, le droit proportionnel est liquidé sur l'ensemble des sommes stipulées lorsque plusieurs cointéressés stipulent en commun, parce qu'en cette circons-

tance ils doivent être considérés comme un seul contractant, ou encore lorsqu'un seul vendeur cède à un même acquéreur plusieurs objets, même de nature diverse, moyennant un prix unique, ou enfin lorsque plusieurs lots sont adjugés séparément au même acquéreur (1).

2. (7). **Hypothèques.** — La taxe hypothécaire est actuellement rigoureusement proportionnelle aux sommes, qu'elle suit de 20 fr. en 20 fr. (L. 27 juill. 1900).

DROITS D'AUTEUR. (4). — Le prix, stipulé d'un entrepreneur de théâtre par la Société des auteurs et compositeurs de musique, en échange du droit conféré à l'impresario de jouer les œuvres composant le répertoire de la Société, a le caractère d'une indemnité mobilière, et non d'un prix de marché, et donne ouverture au droit de 1 0/0, si l'indemnité est payable à terme, et de 0 fr. 50 0/0 si elle est immédiatement payée (Sol. 23 janv. et 29 juill. 1890 ; *R. E.* 1000 ; *J. E.* 24.795).

DROITS SUCCESSIFS (CESSION DE).

ART. 1ᵉʳ. — QUESTIONS DIVERSES.

1. (47-3). **Enfants débiteurs de reprises. Donation par la mère. Confusion. Taux du droit de vente.** — La donation de reprises, faite à titre de partage anticipé, par une mère à ses enfants, héritiers du père, a pour effet d'éteindre par confusion la créance résultant de ces reprises. En conséquence, si l'un des enfants donataires cède aux autres ses droits dans la succession du père et dans les valeurs abandonnées par la mère, le droit exigible sur cette cession doit être calculé sur l'ensemble des valeurs héréditaires et des biens donnés, et d'après la nature desdites valeurs, sans tenir compte des reprises (Tulle, 29 avr. 1897 ; *R. E.* 1448). — V. *Partage d'ascendants.*

2. (59). **Cession de droits successifs. Imputations. Application de l'Inst. n° 342.** — La cession de droits successifs étant un partage équipollent à partage doit être soumise, pour la perception, aux mêmes règles que le partage avec soulte. En conséquence, le prix doit s'imputer sur les biens, dont une part indivise est cédée, de la façon la plus favorable aux parties, conformément aux prescriptions de l'Inst. n° 342 (Guéret, 7 déc. 1898 ; *R. E.* 1974 ; — Ambert, 13 nov. 1900 ; *R. E.* 2575).

Ces jugements viennent à l'appui de l'opinion émise au *T. A.* La doctrine est également fixée en ce sens en Belgique (V. Schicks, *Dict. des droits d'Enregist.*, V° *Cession de droits successifs*, n° 9). Mais l'Administration persiste à refuser aux actes de l'espèce le bénéfice de la règle d'imputation tracée, en matière de partage, par l'Inst. n° 342 (V. Sol. 14 janv. 1896 ; *R. E.* 1095 ; *J. E.* 24.834). — V. *Partage-licitation.*

3. (67). **Droits successifs. Cession. Passif. Déclaration y relative. Dissimulation.** — Lorsque, dans un acte de cession de droits successifs, les contractants ont déclaré qu'ils ne connaissent pas de dettes à la charge de la succession, qu'ils n'ont rien à ajouter, du chef du passif, au prix stipulé, et qu'on découvre ultérieurement l'existence de dettes héréditaires, le défaut de mention de ces dettes constitue une dissimulation de prix passible de l'amende du quart. Il en est autrement et il y a simplement irrégularité de perception si les parties se sont bornées à déclarer qu'elles ignorent si la succession est grevée d'un passif (Sol. 15 nov. 1898 ; *R. E.* 2173 ; *J. E.* 25.736 ; *R. P.* 9585). — V. *Dissimulation.*

_____

(1) Dél. 19 mars 1823 ; Dalloz, *loc. cit.*, n° 4383 ; *Contrôleur*, 511 ; *J. N.* 4330 ; *R. E.* 2113.

4. (68-6). **Cession de droits successifs. Legs de sommes n'existant pas en nature. Charge à ajouter au prix.** — La question de savoir si, pour la perception du droit de mutation à titre onéreux sur une cession de droits successifs, il y a lieu d'ajouter au prix énoncé la part incombant au cédant dans les legs de sommes d'argent n'existant pas en nature et mis à la charge du cessionnaire, a été résolue dans le sens de l'affirmative par le tribunal d'Alger (jug. du 17 févr. 1900 ; R. E. 2448) et dans le sens de la négative par le tribunal de la Seine (jug. du 16 juin 1899 ; R. E. 2172).

En fait, le tribunal de la Seine a conformé sa jurisprudence à un arrêt du 13 décembre 1876, par lequel la Cour de cassation a décidé que les legs particuliers échus à des tiers et ne faisant pas partie de la fortune dont le testateur a disposé au profit de ses héritiers, doivent être déduits de la masse héréditaire pour le calcul des droits exigibles sur les cessions qui s'opèrent entre cohéritiers (Inst. 2570, § 3 ; S. 77.1.84 ; D. 77.1.272 ; P. 77.171).

Mais c'est à tort, comme l'a fait remarquer l'Administration dans l'Inst. n° 2570, § 3, pages 24 à 28, que la Cour a étendu aux actes de cessions entre vifs à titre onéreux la *fiction* admise en matière de déduction de legs de sommes non existant en nature, pour la perception de l'impôt de mutation par décès. Si, au point de vue du droit de succession applicable au patrimoine transmis par décès, l'actif brut peut être considéré comme échéant au légataire jusqu'à concurrence de son legs et à l'héritier seulement pour le surplus, il en est différemment de la mutation entre vifs. Celle-ci a pour effet de transmettre au tiers acquéreur une propriété *entière* dont la valeur est représentée tant par le prix que par les charges. Peu importe que les sommes d'argent qui constituent les charges soient dues à un légataire ou à un créancier ordinaire. Pour le tiers acquéreur, le résultat est le même, et on ne conçoit pas pourquoi, dans le premier cas, cet acquéreur serait dispensé d'acquitter l'impôt sur une fraction de la valeur qui lui est transmise.

Nous ne pouvons donc approuver le jugement du tribunal de la Seine.

Art. 2. — Constitutions de dot. Paiement du vivant des donateurs par un frère des enfants dotés. Partage des successions paternelle et maternelle. Cession des droits successifs des enfants dotés a leur frère moyennant une soulte.

5. (92 et s.). — Les questions soulevées par le paiement des constitutions de dot en l'acquit des donateurs suivi de cessions de droits successifs par les donataires sont assez compliquées et donnent souvent lieu à des difficultés de perceptions. C'est pourquoi nous croyons devoir donner ci-après les principaux extraits d'une étude publiée par M. Naquet dans la *Revue de l'Enregistrement* sur ce sujet (art. 2403).

6. Circonstances dans lesquelles la difficulté se présente. — C'est un usage assez fréquent dans certains départements du Midi, et plus spécialement dans le département du Tarn, que les parents fassent passer tout leur patrimoine immobilier sur la tête de l'un de leurs enfants, l'aîné en général. A cet effet, ils disposent par préciput, à son profit, de la quotité disponible de leur succession ; mais, en même temps, ils assurent l'avenir de leurs autres enfants au moyen de constitutions de dots en numéraire.

Les dots sont payées, du vivant des donateurs, par l'enfant préciputaire. Puis, lors du partage des successions paternelle et maternelle, cet enfant acquiert les droits successifs de ses frères et sœurs, au prix d'une soulte qui se cumule avec les dots antérieurement reçues.

Comment faut-il calculer le droit de mutation de 4 0/0 exigible sur la cession des droits successifs immobiliers ? Y a-t-il lieu de considérer les constitutions dotales comme restant en dehors de la masse partageable ?

7. Doctrine de l'Administration. Dots payées à titre d'avances. — Pour faire saisir tout l'intérêt fiscal de la question, nous reproduirons l'espèce qui a fait l'objet d'un arrêt de la Cour de cassation, le seul topique en la matière, telle qu'elle est clairement exposée dans une solution de la Régie du 22 janvier 1889 (citée au *T. A.*, n° 94, et *R. E.* 2403) :

« Par acte notarié du 25 mars 1884, M. Jean S...., Mme B... et Mme Jean S... ont procédé au partage des successions de leurs père et mère.

« Les deux filles des défunts avaient été dotées chacune d'une somme de 5.500 fr. dont 1.000 fr. seulement payés comptant à Mme B... Il a été expliqué dans l'acte de partage : 1° que cette dernière avait reçu le complément de sa dot, soit 4.500 fr., des mains de son frère aîné, M. Jean S..., lequel avait payé « *à la libération de ses père et mère, sans quittances publiques, mais de leur vivant et aux échéances stipulées au contrat de mariage, ainsi qu'il est reconnu par toutes les parties.*

« 2° Que Mme Jean S... n'avait reçu sur le montant de sa dot que la somme de 4.200 fr., laquelle lui avait été également payée par son frère aîné « *à la libération de ses père et mère, savoir :* 1.000 *fr. suivant quittance authentique du 9 février 1876 et* 3.200 *fr. sans quittances publiques, mais aux échéances stipulées au contrat, ainsi que cela a été déclaré et reconnu par toutes les parties.*

« Les copartageants ont procédé ensuite aux attributions. Les dames B... et S... ont été loties, au moyen de valeurs héréditaires, du rapport de 1.000 fr. montant de la portion de dot payée directement par les donateurs à Mme B... et d'une soulte de 3.500 fr. mise à la charge de M. Jean S... ; et enfin elles ont été autorisées à retenir les sommes de 4.500 fr. et 4.200 fr. soit au total 8.700 fr., qui leur avaient été avancées par leur frère.

« Dans la liquidation des droits de soulte, la question s'est élevée de savoir si les paiements effectués par M. Jean S... au profit de ses sœurs, avaient eu lieu du vivant et à la décharge des donateurs et avaient eu pour effet de libérer ces derniers, ou, si au contraire, ils devaient être considérés comme de simples avances donnant ouverture à une créance personnelle de M. Jean S... contre ses sœurs et laissant subsister les créances des donataires contre les donateurs.

« La première de ces deux interprétations conduisait aux résultats suivants : M. Jean S... ayant payé à la libération de ses père et mère, les donataires qui avaient ainsi reçu le montant de leur dot, en devaient le rapport à la masse partageable. Par conséquent, les sommes rapportées faisant partie de la masse partageable, pouvaient leur être attribuées pour les remplir de leurs droits de cohéritiers, sans que ce lotissement pût donner ouverture au droit de soulte. D'autre part, M. Jean S... était devenu, à raison de ces paiements, créancier de la succession : comme il faisait confusion sur lui-même jusqu'à concurrence de sa part virile, c'est-à-dire de moitié (en sa qualité de préciputaire pour 1/4 et d'héritier pour 1/3), l'attribution de valeurs héréditaires qui lui était faite à charge d'acquitter seul le passif et, par conséquent, de supporter la moitié incombant à ses sœurs dans la dette résultant du paiement des dots, ne formait soulte que jusqu'à concurrence de cette moitié. Le droit de 4 0/0 ne devait donc être liquidé, dans cette hypothèse, que sur moitié de 8.700 fr. soit

sur. . . . . 4.350 fr.
augmentés de la soulte en argent. . . . . 3.500 fr.

soit sur . . . . 7.850 fr.

« De la seconde interprétation, qui a été soutenue devant le tribunal d'Albi, découlaient les conséquences suivantes :

« Les dots étant encore dues aux décès des donateurs, les donations faites aux dames B... et S... se sont trouvées résolues, et ces dernières n'avaient aucun rapport à faire aux successions de leurs père et mère. D'un autre côté, M. Jean S... était créancier, à raison des avances qu'il avait faites, non de la succession, mais de ses sœurs. Par conséquent, l'attribution qui lui a été faite de valeurs héréditaires pour le remplir de cette créance, a emporté mutation pour le tout, et les sommes que les dames B... et S... ont conservées étaient pour le tout le prix de la cession de leurs droits successifs qu'elles ont consentie à leur frère. Il en résultait que le droit de soulte devait être perçu, comme en fait il l'a été, sur l'intégralité de ces sommes,

soit sur. . . . . 8.700 fr.
augmentés de la soulte stipulée, soit. . . 3.500 fr.

c'est-à-dire sur. . . . 12.200 fr. »

8. — Pour défendre cette seconde interprétation, qui était contraire aux déclarations faites par les parties dans l'acte de partage, l'Administration a, tout d'abord, invoqué de simples présomptions de fait tirées de l'usage des lieux et du but que les copartageants se proposent d'atteindre dans les contrats de ce genre.

D'après elle, le but poursuivi par les parties étant de préparer le transport du patrimoine de famille sur la tête de l'aîné, on doit présumer que ce dernier, en payant de ses deniers les dots de ses frères et sœurs, a entendu plutôt leur faire une avance, dont il se remboursera au moyen de la cession de leurs droits héréditaires, que de venir au secours de ses père et mère en acquittant une dette que ceux-ci eussent été embarrassés de solder. C'est, en effet, un principe de droit incontesté que chaque partie, dans un contrat, est réputée agir pour soi et dans son intérêt (C. civ., art. 1122). Or, l'intérêt du frère aîné n'est pas de payer les dots à la décharge des donateurs, puisque, dans ce cas, il n'aurait de recours que contre les donateurs, tandis qu'en procédant autrement, il assure le remboursement de son avance, soit sur la succession des donateurs, soit, si ceux-ci meurent insolvables, sur les biens des enfants dotés. L'intérêt des enfants dotés est, d'ailleurs, dans le même sens, car ils ont avantage à ne pas libérer les donateurs et à conserver vis-à-vis d'eux la plénitude des droits qu'ils tiennent de la donation (Cf. mémoire de l'Adm.; R. P. 7181).

9. Notre avis. Dots payées en l'acquit des donateurs. — Cette manière d'apprécier les faits nous paraît plus spécieuse qu'exacte.

Le but poursuivi par toutes les parties est l'exécution d'un pacte de famille, tel qu'il a été conçu par les parents. Ceux-ci ont entendu distribuer leurs biens en donnant au fils aîné l'ensemble de leur patrimoine, et en allotissant les autres au moyen d'une constitution de dot en numéraire. C'est à ce pacte de famille que se rattache le paiement fait, par l'aîné des enfants, des dots constituées à ses frères et sœurs, et il n'est pas rationnel de présumer qu'il ait voulu se dégager de l'opération consentie d'un commun accord, se placer sur un terrain nouveau et devenir le créancier de ses frères et sœurs.

Le raisonnement que fait la Régie pourrait être plausible si on était en présence de contractants étrangers les uns aux autres, mais il ne l'est plus quand il s'agit des membres d'une même famille. Au reste, ce n'est qu'au cas d'insolvabilité de la succession que le frère aîné pourrait avoir intérêt à invoquer un droit personnel contre ses frères et sœurs ; mais comme il est, en fait, investi de l'administration du patrimoine et qu'il en connaît les ressources, il sait bien qu'il n'a rien à craindre en accomplissant la volonté de ses parents.

Quant aux enfants dotés, ils ne peuvent avoir aucun intérêt à recevoir une avance au lieu du paiement de leur dot, et il y a naïveté à prétendre, comme le fait l'Administration, qu'ils ont avantage à conserver les garanties que leur assure l'exécution des constitutions dotales, et qu'ils doivent, pour ce motif, être présumés ne pas avoir voulu libérer les donateurs. Tout au contraire, leur avantage manifeste est de recevoir à titre de donataires et non point de devenir débiteurs de leur frère, puisque, dans le premier cas, ils acquièrent un droit incommutable sur les choses données, qu'ils peuvent conserver indéfiniment, même si la succession de leurs père et mère est insolvable, en renonçant à cette succession, tandis que, dans le second, ils s'engagent dans les liens d'une obligation personnelle vis-à-vis de leur frère. Quant à l'intérêt des parents, s'il est nul matériellement — car il leur importe peu d'être débiteurs des donateurs ou du solvens — il existe moralement. Ils ont voulu, en effet, que les enfants dotés fussent mis en possession de leur dot, et comme, sans doute, ils ne possédaient pas le numéraire suffisant pour la leur attribuer directement, leur volonté a été qu'elle leur fût remise par l'aîné en échange des avantages préciputaires qu'il recevait.

Ainsi, bien loin que les usages locaux et l'intention des parties viennent contredire aux déclarations du contrat, ils les confirment et les rendent absolument vraisemblables.

La Régie a, du reste, assez vite reconnu que l'argumentation déduite des présomptions de fait était insuffisante et elle a changé de tactique. Elle a dit : si, en principe, on doit s'en tenir aux déclarations que renferment les actes, il en est autrement en matière de partage à raison de la règle spéciale de l'art. 68, § 2, n° 3 de la loi de frimaire.

Nous examinerons ce point de vue plus loin en analysant le caractère des opérations diverses qui peuvent intervenir à la suite des constitutions dotales. Ce sera rendre notre étude plus complète et faciliter la solution des espèces, souvent douteuses, qui se présentent dans la pratique.

10. Cas divers qui peuvent se présenter. — Ces opérations peuvent consister, soit en une cession de créance, soit en un paiement. Dans le second cas, le paiement peut émaner du débiteur ou d'un tiers ; et s'il émane d'un tiers il peut être pur et simple ou accompagné de subrogation.

11. Cession de créance. — La cession de créance sera très rare en cette matière à raison même de la nature des rapports qui existent entre le débiteur et le créancier. Elle n'est cependant pas impossible et j'en signale les effets au point de vue fiscal.

Deux hypothèses doivent être distinguées : celle où le cessionnaire s'est fait rembourser par le débiteur, c'est-à-dire par les donateurs, et celle où il ne s'est pas fait rembourser.

Dans la première hypothèse, nous ne mettons pas en doute que le prix de la cession, reçu par les enfants dotés, ne soit sujet au rapport. Ce prix, en effet, n'est que la représentation de la créance dotale que les enfants avaient acquise. Ils ont réalisé leur droit de donataires, et ils ne pourraient conserver le bénéfice des sommes qu'ils ont touchées à ce titre aux dépens de leurs cohéritiers sans rompre le principe supérieur d'égalité qui est l'âme même de la théorie des rapports. Cela est manifeste si l'on suppose que le cessionnaire de la créance est un étranger, mais il n'y a aucun motif d'apprécier les choses autrement quand c'est un cohéritier.

Dans l'hypothèse, au contraire, où le cessionnaire n'a pas été remboursé par le débiteur cédé, il ne peut plus être question de rapport, car si les donataires ont retiré, par le fait de la cession, le bénéfice de la libéralité, les donateurs n'ont rien donné. S'ils n'ont rien payé, la donation disparaît à leur décès, et le rapport devient impossible. Le cessionnaire ne peut rien réclamer à la succession, car il n'a pas acquis plus de droit que le cédant, et le droit du cédant s'est éteint par le fait du décès des donateurs. Il n'aura qu'un recours contre son cédant, basé sur l'obligation, que contracte tout vendeur d'une créance, de garantir l'existence de la créance.

12. Paiement effectué par les constituants. — Lorsque les donateurs versent entre les mains des donataires les sommes constituées en dot, il y a exécution directe de la donation, et l'obligation de rapporter la dot s'impose, à moins que les enfants ne renoncent à la succession de leur auteur. Il faudrait une stipulation préciputaire à leur profit pour qu'ils fussent dégagés de cette obligation et nous raisonnons dans l'hypothèse où il n'en existe pas.

Les valeurs qui ont fait l'objet de la dot retournent donc à la succession et font partie de la masse partageable : il y a lieu d'en tenir compte pour la liquidation des droits de mutation à percevoir sur la soulte que l'un des enfants paie à ses frères et sœurs, en échange de la cession de leurs droits successifs.

13. Paiement fait par un tiers avant ou après le décès du débiteur. — Le Code civil consacre formellement le droit pour les tiers de payer la dette d'autrui.

L'art. 1236 de ce Code est ainsi conçu : « Une obligation peut être exécutée par toute personne qui y est intéressée, telle qu'un co-obligé ou une caution.

« L'obligation peut même être acquittée par un tiers qui n'est pas intéressé, pourvu que ce tiers agisse en son nom et en l'acquit du débiteur, ou que, s'il agit en son nom propre, il ne soit pas subrogé aux droits du créancier. »

Ce texte, mal rédigé et assez obscur, mérite qu'on s'y arrête un instant.

Il en résulte, tout d'abord, qu'un tiers peut, sans intérêt personnel et sans aucun mandat du débiteur, payer à la décharge de celui-ci.

Ce droit procède du même principe que la gestion d'affaires. On a pensé qu'il doit être permis d'améliorer la situation d'une personne même à son insu, aussi bien par un paiement que par un autre acte de la vie civile. Le créancier, lui, n'est pas en cause : il lui importe peu que la somme due lui soit donnée par celui-ci ou par celui-là (Cf. Pothier, *Des oblig.*, n° 500).

La loi va même plus loin en matière de paiement qu'en matière de gestion d'affaires proprement dite, car elle n'exige pas pour la validité du paiement que le débiteur ait retiré un avantage de l'opération, tandis qu'elle l'exige quand il s'agit d'un acte de gestion d'affaires (Cf. Aubry et Rau, t. III, p. 101 ; Demolombe, *Des contrats*, t. IV, n° 57 ; Larombière, t. III, n° 3).

Ce n'est pas seulement à l'insu du débiteur qu'un tiers peut payer, c'est encore contre sa volonté et contre celle du créancier, pourvu que ces deux volontés soient isolées. Ce n'est qu'autant que le débiteur et le créancier s'enten-

draient pour s'opposer au paiement que le droit du tiers disparaîtrait (Demolombe, *loc. cit.*, n° 58). Le paiement peut être fait au nom et en l'acquit du débiteur et, également, par un tiers *en son nom propre*. On comprend difficilement qu'un tiers vienne payer *en son nom propre* la dette d'autrui. Cependant, l'art. 1236 lui permet de procéder ainsi, probablement en vue de manifester nettement son intention de faire une simple avance, sujette à répétition.

On observera que, malgré la phrase ambiguë du texte, c'est toujours *en l'acquit du débiteur* que le paiement doit être effectué. S'il en était autrement, en effet, c'est donc que le *solvens* se croirait personnellement débiteur, et le paiement serait alors vicié par l'erreur qu'il aurait commise (C. civ., art. 1377).

D'après l'art. 1236, le tiers semble n'être autorisé à payer en son nom propre que s'il ne se fait pas subroger aux droits du créancier [1]. Mais ce n'est là qu'une apparence, qui s'évanouit à la lecture de l'art. 1250, cet article autorisant la subrogation sans distinguer selon que le tiers paie en son propre nom ou au nom d'autrui.

Que le paiement soit fait par un tiers au nom du débiteur ou en son nom propre, les conséquences sont les mêmes au point de vue du rapport, en tant que le paiement se rattache à une créance dotale. Dans les deux cas, il comporte l'exécution de la libéralité, et les donataires qui viennent à la succession du *de cujus* en doivent rapport à la masse.

14. Paiement après le décès. — Nous n'avons pas distingué, jusqu'à présent, selon que le paiement est antérieur ou postérieur au décès du débiteur, parce que cette distinction est indifférente en thèse générale ; mais elle importe, au contraire, beaucoup, au point de vue du rapport, lorsque la dette a pour cause une libéralité. Dans le second cas, en effet, les sommes remises aux anciens donataires ne peuvent constituer l'exécution de la libéralité, par la raison fort simple que les donations en avancement d'hoirie deviennent caduques par le fait du décès du donateur, et si elles ne constituent pas l'exécution d'une libéralité, elles ne peuvent être soumises au rapport. Lors donc, que les cohéritiers dotés cèdent leurs droits successifs à celui d'entre eux qui a effectué le paiement, l'impôt de mutation exigible sera calculé abstraction faite de toute idée de rapport, c'est-à-dire, cumulativement, sur la soulte stipulée et sur les sommes qui ont fait l'objet du paiement (Cass., 7 janv. 1850 ; Inst. n° 1857, § 2 ; J. E. 14.887).

15. Paiement avec subrogation. — Les civilistes ont longuement discuté pour fixer le caractère de cette opération.

Est-ce une cession de créance au profit du subrogé, emportant avec elle toutes les garanties attachées à la nature de la créance cédée, et non pas seulement les sûretés accessoires qui ont pu être stipulées ?

Est-ce simplement un paiement, avec cette particularité que la loi, par une fiction équitable, transporte au *solvens* les sûretés accessoires qui protégeaient l'ancienne créance ?

---

[1] On a fourni à ce propos deux explications différentes de l'art. 1236. Les uns, s'abritant derrière les paroles de M. Bigot de Préameneu (Locré, *Lég. civ.*, t. XII, p. 365), ont dit que le Code a voulu exprimer cette idée que l'opération perd son caractère de paiement pour dégénérer en cession de créance, dès lors que le tiers, *payant en son propre nom*, stipule la subrogation. Les autres pensent qu'il a voulu simplement donner au tiers le droit d'obliger le créancier à consentir une subrogation. C'est le sens que lui attribuait le tribun Jaubert (Locré, *loc. cit.*, 460-462 ; — Cf. Demolombe, *Des contrats*, t. IV, p. 68 ; Aubry et Rau, t. IV, p. 149).

Est-ce enfin, un acte à double face : paiement dans les rapports du créancier subrogeant et du subrogé, — cession dans les rapports du subrogé et du débiteur ?

C'est cette troisième opinion qui donne l'interprétation exacte de la volonté du législateur. Elle a été formellement indiquée par M. Bigot de Préameneu dans l'exposé des motifs du Code : « L'obligation, dit-il, est éteinte à l'égard du créancier... sans qu'elle soit éteinte à l'égard du débiteur » (Locré, *Lég. civ.*, t. XII, p. 369).

Elle donne, en outre, pleine satisfaction à tous les intérêts légitimes en investissant le subrogé des avantages quelconques que pouvait invoquer le subrogeant, même de ceux qui tenaient à la nature intime, à l'essence de la créance.

La très grande majorité de la doctrine est en ce sens (1).

L'opinion de la jurisprudence est plus difficile à dégager. Un point certain, c'est qu'elle attribue au subrogé tous les droits qui appartenaient au subrogeant, non seulement les sûretés accessoires, mais aussi les droits quelconques inhérents à la créance.

Dans tous ces cas elle rattache la solution qu'elle consacre à l'idée de cession de créance.

En résumé l'état de cette jurisprudence ne saurait conduire à soustraire le paiement au rapport lorsqu'il se rattache à une donation antérieure.

Qu'on généralise le principe de la cession ou qu'on le restreigne, il est bien impossible de soutenir que quand un frère paie, en l'acquit et à la décharge de ses parents, la dot que ceux-ci ont constituée à ses frères et sœurs, il n'y a pas eu exécution de la donation. Les enfants dotés n'avaient d'autre titre pour recevoir que leur titre de donataires, et si même le *solvens* s'était réservé un recours éventuel contre eux en vue de l'insolvabilité possible des donateurs, il ne s'ensuivrait pas — l'Administration n'a jamais osé le soutenir — qu'il y eût un prêt véritable. Il est manifeste que les enfants dotés ne peuvent, après avoir reçu leur dot des mains de leur frère, la reclamer une seconde fois au donateur, ce qui prouve qu'au moins à leur égard, le paiement a opéré un effet extinctif.

Mais s'il a opéré un effet extinctif, il y a un avancement d'hoirie à leur profit qui est sujet au rapport dès lors qu'ils viennent à la succession des donateurs. C'est donc à tort que l'Administration a prétendu que le rapport ne serait pas dû au cas de subrogation. (Cf. son mémoire ; R. P. 7181).

16. Avance faite aux donateurs. — Nous venons de supposer un paiement effectué en l'acquit et à la libération des donateurs. Mais, pour ne rien négliger et suivre l'Administration sur le terrain où elle s'est placée, supposons maintenant que le *solvens* a simplement entendu faire une *avance aux donateurs.*

D'après la Régie, une stipulation de ce genre, expresse ou tacite, impliquerait le maintien de la dette primitive et par cela même, exclusive de l'obligation du rapport. La donation, n'ayant pas été exécutée, disparaîtrait au jour de l'ouverture de la succession, et il ne pourrait être question d'en rapporter la valeur.

Cette manière d'envisager les choses est tout à fait arbitraire.

Il est vrai que si la dot n'avait pas été payée, le rapport deviendrait impossible, non point que la donation soit *résolue*, ainsi que le dit improprement l'Aministration (Sol.

(1) Cf. Demolombe, *Des contrats*, t. VI, nº 321 ; Aubry et Rau, t. IV, p. 168-169 ; Larombière, t. III, art. 1252, nº 7 ; Colmet de Santerre, t. V, nº 189 *bis* ; Mourlon, *De la subrogation*, p. 6 à 14 et p. 48.

22 janv. 1889) (1), mais parce que, tout en ayant existé dans le passé, elle est devenue caduque par le décès du donateur.

Qu'importe cela, si le paiement se rattache effectivement à la dot et en constitue l'exécution ?

Or l'idée d'une avance par le frère aîné à ses frères et sœurs se confond nécessairement avec l'idée de l'exécution de la dot.

Qu'est-ce, en effet, qu'une *avance* ? Le mot le dit ; c'est et ce ne peut être qu'une anticipation de paiement, et puisqu'il ne peut y avoir de paiement qu'au profit d'un créancier et que les frères et sœurs n'ont pas d'autre titre de créance que celui qu'ils puisent dans la donation, c'est donc qu'en leur faisant une avance on exécute la donation.

Pour donner aux conventions des parties une autre interprétation il faudrait de leur part une déclaration expresse en ce sens.

Est-ce le cas ? Non, puisque nous sommes en présence d'une clause portant que le frère aîné a payé *en l'acquit et à la libération des donateurs.*

La Régie ne se tient pas pour battue. Elle dit, et, c'est là son principal argument, que si la déclaration des contractants est, en fait, inexacte à cet égard, elle a pour conséquence d'introduire dans la masse des valeurs fictives ; elle ajoute que c'est aux parties à justifier de la copropriété des biens soumis au partage d'après la règle spéciale de l'art. 68, § 3, nº 2 de la loi de frimaire, et que cette justification ne découle pas de la seule déclaration dans l'acte de partage.

17. Arrêt du 14 décembre 1888. — La Cour de cassation, dans l'arrêt du 14 décembre 1888 cité au *T. A.* (nº 94), a consacré, dans les termes les plus catégoriques, la thèse contraire.

La Cour avait à statuer sur le pourvoi dirigé contre le jugement du tribunal d'Albi, qui avait adopté la thèse de l'Administration. Ce jugement portait que les déclarations de l'acte de partage ne pouvaient pas être considérées comme suffisantes pour justifier la nature des paiements effectués par le frère aîné au profit de ses frères et sœurs.

La question était donc nettement posée. La Régie, d'ailleurs, ne manqua pas de développer longuement, dans son mémoire contre le pourvoi, le principe consacré par le jugement.

Il est, par conséquent, tout à fait inexact de prétendre comme l'a fait l'Administration, dans la solution précitée de 1889, que la Cour n'a pas tranché la difficulté, qu'elle a refusé d'admettre la transformation du débat et s'est occupée uniquement des motifs du jugement d'Albi, sans examiner l'argument tiré de l'art. 68 de la loi de frimaire.

La vérité est que le tribunal d'Albi avait fait état de l'art. 68 (2), que, dès lors, il n'y avait eu aucune transformation du débat, et que la Cour de cassation a soigneusement examiné et condamné ensuite le principal argument de la défense. La lecture de l'arrêt est absolument convaincante à cet égard.

18. Règle à suivre. — Cette jurisprudence doit être approuvée.

(1) Les donations mobilières, à la différence des donations d'immeubles, transfèrent des droits incommutables au donataire, qui ne sont soumis à aucune résolution.

(2) « Attendu, lit-on dans l'arrêt de 1888, que le jugement attaqué objecte vainement que la déclaration contenue dans le partage ne fait pas foi à l'égard des tiers ; que pour écarter les preuves résultant de l'acte, il n'allègue aucune preuve contraire... »

La règle que les parties doivent établir leur droit de propriété pour profiter du tarif réduit édicté en matière de partage est certaine. Mais il s'agit de savoir de quelle façon cette justification pourra être faite.

On est d'accord qu'elle peut être faite par toutes les voies légales, par tous les moyens de preuve compatibles avec l'économie de la loi fiscale : titres publics ou privés, aveux, simples présomptions et même, d'après la jurisprudence, expertise de droit commun, encore que la contestation ait les meubles pour objet (1).

Or, l'acte authentique de partage est une preuve de droit commun puisqu'il fait foi de son contenu *ergà omnes*.

S'il en est ainsi, les parties auront fait la preuve de leur copropriété lorsqu'elles auront produit un acte authentique établissant cette copropriété.

Vainement la Régie excipera-t-elle du principe *res inter alios acta*... On lui répondra victorieusement que sa qualité de tiers ne lui permet pas d'écarter la force probante du titre.

Les parties lui disent : nous justifions par l'acte de partage que les sommes versées par le frère aîné l'ont été en l'acquit des donateurs et pour les libérer de la dot qu'ils avaient constituée, d'où il suit que ces sommes sont sujettes à rapport et rentrent dans la masse partageable ; à vous de prouver le contraire. L'argument est sans réplique.

Rien de plus logique d'ailleurs. La force probante de l'acte authentique repose sur cette présomption que tous les faits qui y sont rapportés sont réputés vrais. Comment pourraient-ils être tenus pour inexistants vis-à-vis de l'Administration ? Le caractère d'authenticité, que le caractère de l'officier public imprime à l'acte qu'il rédige, doit être respecté dans tous les cas. L'Administration a le droit, sans doute, d'administrer la preuve contraire et, s'il s'agit de faits non constatés par le notaire *de visu et auditu*, elle pourra le faire par la procédure ordinaire et ne sera pas obligée de s'inscrire en faux, mais c'est nécessairement à elle qu'incombe la charge de la preuve.

C'est bien ce qui a été reconnu dans les termes les plus précis par l'arrêt de la Cour de cassation de 1888.

« Attendu, lit-on dans cet arrêt, que les actes authentiques font foi *contre toutes personnes* et jusqu'à preuve contraire de la sincérité des reconnaissances qu'ils contiennent, et qu'en dehors de toute allégation de fraude, la preuve contraire ne peut résulter de simples présomptions. »

La question est donc définitivement jugée.

ÉCHANGE.

SOMMAIRE ANALYTIQUE.

Art. 1er. — Liquidation des droits d'échange et de soulte, 1-4.
— 2. — Caractères du contrat au point de vue fiscal, 5-7.
— 3. — Échange d'immeubles ruraux, 8-14.

Art. 1er. — Mode de liquidation des droits d'échange et de soulte.

1. (17). Assiette du droit d'échange. — La loi du 25 février 1901 (Inst. 3049), parmi les nombreux changements qu'elle a introduits dans le mode de liquidation des droits proportionnels, ne renferme aucune disposition nouvelle concernant la détermination de la valeur de la pleine propriété des immeubles passibles du droit d'échange.

(1) Cass., 4 juin 1867 ; S. 67.1.304.

Spécialement, l'art. 12, d'après lequel la valeur imposable des immeubles dont la destination actuelle n'est pas de procurer un revenu (ce qui est le cas des terrains à bâtir) est fixée en raison de leur valeur vénale pour la perception des droits de mutation à titre gratuit entre vifs ou par décès, n'est pas applicable en matière d'échange. Intentionnellement ou non, le législateur n'a pas étendu à l'évaluation de la propriété l'assimilation établie par l'art. 13 de la même loi, entre les mutations gratuites et les échanges, pour la détermination de la valeur de la nue propriété et de l'usufruit.

2. (19 à 22). Usufruit et nue propriété. Loi du 25 février 1901. — Sous le régime de la loi de frimaire, l'usufruit, quel que fût l'âge de l'usufruitier, était évalué, en général, à la moitié de la valeur de la propriété entière. D'autre part, la nue propriété était, le plus souvent, taxée au moment du démembrement, comme la pleine propriété.

Ces règles ont été abrogées par l'art. 13 de la loi du 25 février 1901.

Désormais, la nue propriété et l'usufruit ne doivent plus supporter l'impôt de mutation que sur leur valeur respective au moment de la transmission. Cette valeur est représentée par une fraction de la valeur de la pleine propriété de telle sorte que, même en cas de transmission simultanée les droits ne seront jamais perçus sur un capital supérieur à celui de la pleine propriété des biens transmis.

Pour les transmissions à titre gratuit, entre vifs et par décès, et, pour les échanges, c'est-à-dire pour les mutations ne comportant pas la stipulation d'un prix, la valeur imposable de l'usufruit et de la nue propriété sont respectivement arbitrées à une quote-part de la valeur de la pleine propriété qui varie suivant la durée présumable ou certaine pendant laquelle se prolongera le démembrement. S'il s'agit d'un usufruit viager, la répartition s'opère en tenant compte de l'âge de l'usufruitier ; s'il s'agit d'un usufruit à échéance fixe, on se base exclusivement, au contraire, sur la durée pour laquelle il a été constitué.

Nous ne pouvons du reste que nous référer, pour l'application de ces nouveaux principes, et l'exposé des règles de calcul qui devront être désormais observées, aux développements insérés ci-après, Vo *Usufruit*.

Sous le régime de la loi antérieure à la loi de 1901, lorsque le nu-propriétaire et l'usufruitier d'un immeuble échangeaient celui-ci contre un autre immeuble, dont ils recevaient respectivement la nue propriété et l'usufruit, le droit d'échange était dû sur le capital par 20 (ou 25), valeur de la nue propriété du lot dont l'échange opérait démembrement, plus sur le capital par 10 (ou 12 1/2) du même lot, valeur de l'usufruit, sans distinguer si la nue propriété antérieurement démembrée et cédée en échange avait déjà acquitté par anticipation les droits pour la réunion ultérieure de l'usufruit. Mais il n'était dû aucun droit de soulte malgré la plus-value résultant de la liquidation, si d'ailleurs, les revenus de chacun des lots échangés étaient égaux. Par voie de conséquence, si, ultérieurement, les acquéreurs vendaient simultanément pour un prix unique la nue propriété et l'usufruit ainsi acquis, l'acte, à raison de ce que les droits avaient été payés par anticipation pour la réunion de l'usufruit à la nue propriété, ne devait être soumis au droit de vente que sur la moitié du prix représentant la valeur de la nue propriété indépendamment du droit fixe de 4 fr. 50 (Sol. 11 juill. 1896 ; R. E 1247 ; J. E. 25.062 ; R. P. 9047).

On avait également reconnu, sous le même régime, que lorsque le légataire en usufruit des biens meubles et immeubles dépendant d'une succession et l'héritier de la nue propriété des mêmes biens conviennent que chacun d'eux sera attributaire d'une part en pleine propriété de l'hérédité, ce contrat a le caractère d'un échange de nue propriété contre un usufruit. Si les droits de mutation par décès avaient été acquittés antérieurement par le nu-propriétaire, sur l'expectative de l'usufruit, la transmission des droits en usufruit consentie à ce dernier contre l'aliénation d'une partie de ses droits en nue propriété n'était passible d'aucun droit proportionnel de mutation et il en était de même de la transmission corrélative de la nue propriété consentie au légataire en usufruit en retour d'une partie de ses droits. On ne distinguait pas, à ce point de vue, entre les meubles et les immeubles. L'acte n'était passible que du droit fixe de 4 fr. 50 augmenté, en ce qui concerne les immeubles, du droit de transcription à 1 fr. 50 0/0 sur le revenu multiplié, suivant la nature des biens, par 10 ou 12 fr. 50. Toutefois, si le capital de la nue propriété immobilière cédée à l'usufruitier était supérieur à celui de l'usufruit immobilier qu'il abandonnait, il était dû de ce chef un droit de 5 fr. 50 0/0 sur la plus-value, ou sur la soulte représentée par l'excédent de l'usufruit mobilier reçu par le nu-propriétaire, si cette soulte était plus élevée que la plus-value (Sol. 3 mai 1900 ; R. E. 2411).

Ces diverses solutions ne seraient plus en harmonie avec les dispositions nouvelles, tant en ce qui concerne la détermination de la valeur imposable de l'usufruit et de la nue-propriété qu'au point de vue des conditions dans lesquelles la réunion de l'usufruit à la nue propriété est affranchie de tout droit de mutation. Sous le nouveau régime, l'exemption de droits n'est acquise qu'autant que la réunion s'opère au décès de l'usufruitier ou à l'expiration du temps fixé pour la durée de l'usufruit. Mais si le nu-propriétaire entre en jouissance de la chose avant le terme prévu au moment de l'évaluation de ses droits, c'est-à-dire avant l'échéance normale prévue au jour du démembrement, il reçoit un supplément de valeur qui n'a pas acquitté l'impôt et qui doit le subir. Pour la perception, cette valeur supplémentaire est fixée par le prix stipulé et, à défaut de prix, d'après l'âge de l'usufruitier qui détermine la durée présumée de l'usufruit restant à courir.

Mais il n'en est ainsi, hâtons-nous d'ajouter, que si le démembrement de pleine propriété s'est lui-même opéré sous le régime nouveau ; s'il remontait à la période antérieure, la réunion continuerait à être affranchie de l'impôt suivant les règles anciennes. Les solutions qui précèdent pourraient donc, pendant longtemps encore, trouver leur application.

3. (30). **Soulte ou plus-value. Echange de biens de diverse nature.** — Lorsque les lots échangés sont respectivement composés de biens de diverse nature, les droits exigibles aux différents tarifs se calculent suivant l'imputation la plus favorable aux parties, dès lors qu'aucune disposition de l'acte ne s'y oppose.

Nous prenons par exemple l'échange dans lequel l'un des lots est composé d'un immeuble représentant une valeur imposable de 100.000 fr. et d'objets mobiliers estimés 20.000 fr., tandis que l'autre lot comprend, avec un immeuble évalué à 50.000 fr., des créances montant à 60.000 fr. et une rente sur l'Etat correspondant à un capital de 25.000 fr. La comparaison de ces lots fait ressortir une plus-value du second sur le premier de 15.000 fr. D'après la règle d'imputation posée ci-dessus, on doit considérer que le contrat opère échange d'un immeuble contre un autre immeuble à concurrence de 50.000 fr. ; dation d'une créance en paiement d'un immeuble, à concurrence de 50.000 fr ; cession d'objets mobiliers contre une créance à concurrence de 10.000 fr. et contre un titre

de rente sur l'Etat à concurrence de la même somme ; quant à la plus-value, elle s'impute sur le reliquat de la rente sur l'Etat. On doit donc percevoir les droits suivants : 3 fr. 50 0/0 sur 50.000 fr., 5 fr. 50 0/0 sur 50.000 fr. et 2 0/0 sur 20.000 fr. La soulte ou plus-value s'appliquant à une rente sur l'Etat ne donne lieu à aucun droit.

4. (42). **Soulte. Frais d'acte.** — Lorsque dans un échange avec soulte la plus-value de l'un des lots sur l'autre, résultant de leur capitalisation par 20, est supérieure à la soulte stipulée, le droit de vente est dû sur l'intégralité de cette plus-value sans qu'il y ait lieu d'en déduire la portion de frais payée par le créancier de la soulte à la décharge de son cessionnaire (Seine, 26 juin 1897 ; R. E. 1461 ; J. E. 25.264 ; R. P. 9102).

5. (45). **Soulte stipulée à la charge du moindre lot.** — Lorsque dans un échange d'immeubles il est stipulé une soulte en sens inverse de la plus-value, l'Administration est fondée à arrêter la perception de la façon la plus avantageuse pour le Trésor. L'Administration a statué en ce sens à plusieurs reprises.

ART. 2. — CARACTÈRES DU CONTRAT D'ÉCHANGE AU POINT DE VUE FISCAL.

6. (46). **Constructions à édifier sur le sol d'autrui. Cession en échange d'un immeuble.** — La convention par laquelle un particulier cède à une commune, en retour du sol d'un chemin public, la propriété d'une fontaine-lavoir qu'il s'engage à bâtir sur un terrain communal et le tiers d'une source lui appartenant, constitue, non une vente, mais un échange d'immeubles assujetti au droit de 3 fr. 50 0/0 (Sol. 23 mai 1898 ; R. E. 1847).

7. (52). **Vente déguisée.** — Si une vente d'immeubles a été déguisée sous la forme d'un échange et que ce dernier acte a été présenté à l'enregistrement dans le délai légal, la découverte de la simulation rend exigible le droit de vente à 5 fr. 50 0/0, imputation faite du droit perçu sur l'échange, mais non le droit en sus (Sol. 27 janv. 1899 ; R. E. 2174).

7 bis. (58). **Echange de nue propriété contre usufruit.** — La transaction par laquelle un héritier cède la moitié en usufruit contre moitié en nue propriété de la succession constitue un échange (Rapp. Cass. civ. 9 janv. 1899 ; R. E. 1944 ; Inst. 2986, § 6 ; S. 99.1.289).

ART. 3. — ECHANGE D'IMMEUBLES RURAUX.

8. (67). **Droit de transcription.** — V. Hypothèques.

9. (68). **Caractère rural.** — La convention entre une commune et un particulier, par laquelle ce dernier, en échange du sol d'un chemin, s'engage à construire une fontaine sur le territoire communal et à céder une source, ne constitue pas un échange d'immeubles ruraux ; elle est passible du tarif de 3 fr. 50 0/0 (Sol. 23 mai 1898 ; R. E. 1847).

10. (70). **Contiguïté. Usufruit et nue propriété.** — L'échange de la nue propriété contre l'usufruit des mêmes biens ne constitue pas un échange d'immeubles contigus et le tarif réduit ne lui est pas applicable (Vendôme, 29 juill. 1893 ; J. E. 24.280 ; R. E. 638).

11. (71). **Possession biennale.** — La double condition de contiguïté et de possession biennale exigée par l'art. 1er de la loi du 3 novembre 1884 pour que l'échange de deux immeubles ruraux bénéficie du tarif de faveur édicté par cette loi, doit être réalisée dans la personne de l'échangiste lui-même, et non pas seulement dans la personne de son conjoint, et, en outre, la durée de la possession est exigée non seulement pour les immeubles qui font l'objet de l'échange mais encore pour ceux qui produisent la contiguïté. Il doit, enfin, être justifié au moment de l'enregistrement de la réalisation de cette double condition, par des indications précises au sujet de la nature, de la désignation et de l'origine de propriété des immeubles échangés et de ceux produisant la contiguïté : faute de quoi la perception établie d'après le tarif des échanges ordinaires est régulière et ne peut, au moyen de justifications ultérieures, donner ouverture à une action en restitution (La Châtre, 11 fév. 1897 ; *J. E.* 25.177 ; *R.P.* 9059).

12. (73). **Indications cadastrales.** — Les conditions énumérées par la loi du 3 novembre 1884 sont toutes de rigueur ; il n'est pas permis de restreindre arbitrairement ces conditions ou d'y substituer des équivalents et l'on doit s'en tenir au texte même qui est clair et précis.

L'acte doit donc renfermer « l'indication de la contenance, du numéro, de la section, du lieu dit, de la classe, de la nature et du revenu du cadastre de chacun des immeubles échangés », sans préjudice du dépôt au bureau de l'enregistrement, au moment de l'accomplissement de la formalité, d'un extrait de la matrice cadastrale.

On ne devrait donc pas admettre du bénéfice du tarif réduit un acte qui, non seulement ne ferait mention du numéro de la classe pour aucun des biens, mais encore se bornerait à indiquer la totalité de la contenance et du revenu cadastral des parcelles (Sol. 17 déc. 1897 ; *R.E.* 1711 ; *J. E.* 25.430 ; *R. P.* 9194). L'exception de bonne foi ne peut d'ailleurs, être admise en aucun cas (La Flèche, 7 nov. 1899 ; *J. E.* 25.795). La production ultérieure des justifications requises resterait, de plus, sans influence sur la perception du droit de 3 fr. 50 0/0 régulièrement effectuée (Sol. 17 déc. 1897, précitée).

Les receveurs sont toutefois dispensés de reproduire les indications cadastrales sur le registre et ils peuvent se borner à y compléter la mention exigée, pour constater la remise d'un extrait de la matrice, par l'attestation que l'acte renferme la désignation cadastrale des immeubles échangés (Inst. 2925-11).

13. (74). **Communes limitrophes.** — L'échange d'immeubles ruraux sis pour partie dans des communes limitrophes et, pour le surplus, dans des communes qui ne le sont pas, ne peut, pour ceux situés dans ces dernières, bénéficier de l'abaissement de tarif accordé par la loi du 3 novembre 1884, lors même que le siège principal de chaque exploitation agricole se trouverait dans des communes limitrophes, surtout lorsque l'une de ces exploitations ne constitue pas un ensemble de domaines, mais se compose d'un nombre considérable de parcelles disséminées sur le territoire de plusieurs communes et provenant d'origines diverses (Bordeaux, 21 fév. 1898 ; *R. E.* 1680 ; *R. P.* 9274).

14. (78). **Algérie. Territoires non cadastrés.** — Les échanges d'immeubles ruraux situés dans des communes d'Algérie non encore cadastrées ne peuvent bénéficier du tarif réduit institué par la loi du 3 novembre 1884 (Sol. 12 déc. 1896 ; *R. E.* 1773 ; *J. E.* 25.300 ; *R. P.* 9146).

EFFETS NÉGOCIABLES ET NON NÉGOCIABLES.

SOMMAIRE ANALYTIQUE.

ART. 1ᵉʳ.— DROIT CIVIL ET COMMERCIAL, 1.
—   2. — TIMBRE, 2-6.
—   3. — ENREGISTREMENT, 7-8.
—   4. — EFFETS NÉGOCIABLES NON PRÉVUS PAR LE CODE DE
          COMMERCE, 9.

1. (3 et 12). **Forme de la lettre de change. Caractère commercial.** — La loi du 7 juin 1894 a apporté diverses modifications aux dispositions du Code de commerce relatives aux lettres de change. Elle a du reste réalisé purement et simplement la réforme législative dont il a été fait mention au *Traité* (V. *R. E.* 755 ; *J. E.* 24.386).

2. (123). **Effets venant de l'étranger mais payables en France.** — Lorsqu'un effet de commerce souscrit à l'étranger est payable en France, le droit de timbre exigible doit être calculé suivant le tarif établi pour les effets créés sur le territoire français (Sol. 19 janv. 1899 ; *J. E.* 25.974).

3. (100). **Effets notariés.** — L'obligation avec affectation hypothécaire, passée devant notaire et payable au porteur de la grosse ne peut être assimilée, au point de vue fiscal, à un effet négociable et, de même qu'elle est passible du droit d'enregistrement de 1 0/0, et non de celui de 0,50 0/0, de même le droit de timbre qui est applicable, tant à la minute qu'à la grosse et aux expéditions qui en sont délivrées, est non pas le timbre proportionnel des effets de commerce, mais le timbre de dimension (1).

4. (117). **Engagement de rembourser. Caisse de crédit agricole mutuel.** — Les actes souscrits par les caisses régionales de crédit agricole mutuel (LL. 31 mars 1899 et 13 avr. 1900, art. 10) et contenant l'engagement pris par les représentants des caisses, avant le versement des fonds, de rembourser l'avance qui leur est consentie par l'État, sont passibles du timbre proportionnel (Sol. 3 déc. 1900 et Circ. compt. 29 déc. 1900 ; *R. E.* 2605).

4 bis. (130). **Warrants agricoles.** — La loi du 18 juillet 1898, sur les warrants agricoles, a été votée dans le but de fournir un nouvel instrument de crédit aux cultivateurs en leur permettant de donner en gage d'un emprunt, sans les déplacer, des produits agricoles ou industriels qu'ils ne pouvaient warranter sous le régime de la législation antérieure, qu'en les transportant dans des *magasins généraux* (V. ce mot).

L'art. 16 de cette loi a dispensé du timbre et de l'enregistrement : les lettres prévues aux art. 2, 9 et 10 et leurs accusés de réception, la souche du registre institué par l'art. 4, la copie des inscriptions d'emprunt, le certificat négatif et le récépissé de radiation mentionnés aux art. 5 et 6.

D'après la même disposition, la feuille détachée du registre à souche prévu par l'art. 3 et qui est destinée à constituer le warrant au moyen duquel le cultivateur réalisera l'emprunt reste soumise au droit commun. En d'autres termes, exempte de tout droit de timbre jusqu'au moment de sa transformation en warrant et de sa remise comme tel au prêteur, elle devient, à ce moment même, passible du droit de timbre des effets de commerce au tarif ordinaire de 0 fr. 05 0/0. La formalité de l'enregistrement n'est obligatoire, comme pour les effets de commerce en général, que dans le cas de protêt ; le tarif applicable, le cas échéant, est celui de 0 fr. 50 0/0 édicté pour les effets (Inst. 2962 ; *R. E.* 1811 ; *J. E.* 25.444 ; *R. P.* 9342).

Les dispositions de cette loi ont été complétées par deux décrets réglementaires, des 11 août et 29 octobre 1898,

_____

(1) Sol. 19 août 1895 ; *R.E.* 1299 ; *J.E.* 24.985 ; *J.N.* 26.156 ; *Rev. not.*, 10.103 ; *D.* 95.5.238 ; 96.5.565.

relatifs aux émoluments à allouer aux greffiers des justices de paix pour l'accomplissement des formalités prescrites (*R. E.* 1814 et 1925 ; *J. E.* 25.462 et 25.512).

5. (140). **Acte écrit à la suite d'un autre. Testament à la suite d'un effet de commerce.** — La place occupée par l'art. 23 de la loi du 13 brumaire an VII après les textes qui ont créé les deux catégories de timbre (art. 2, 12 et 14),et aussi les termes exprès de l'art.26 de la même loi, qui, au sujet des pénalités encourues pour contravention à l'art. 23, ne fait de distinction pour les actes rédigés à la suite l'un de l'autre sur un coupon au timbre proportionnel que si l'acte à la suite est lui-même assujetti au droit de timbre proportionnel, démontrent clairement que l'art. 23 précité s'applique aux actes rédigés sur timbre proportionnel aussi bien qu'à ceux écrits sur timbre de dimension. La rédaction d'un testament à la suite d'une reconnaissance écrite sur papier revêtu du timbre déterminé par le montant de cette reconnaissance constitue donc une contravention à l'art. 23 de la loi de brumaire et rend exigible l'amende de 5 fr. (Sol. 1er fév. 1899 ; *R. E.* 1970 ; *J. E.* 25.663).

6. (185). **Oblitération manuscrite des timbres mobiles. Encre violette.** — On peut considérer comme remplissant les conditions prescrites par l'art. 4 du décret du 19 février 1874, d'après lequel l'oblitération des timbres mobiles doit être faite à l'encre noire,l'oblitération qui est faite à l'encre violette de la nature de celle qui est généralement employée dans le commerce (Sol. 25 mars 1897 ; *R. E.* 1821 ; *J. E.* 25.520 ; *R. P.* 9321).

Art. 3. — Enregistrement.

7. (211). **Affectation hypothécaire.** — L'obligation avec affectation hypothécaire et payable au porteur de la grosse ne peut être assimilée, au point de vue fiscal, à un effet négociable, et elle est passible du droit d'enregistrement de 1 0/0 (Sol. 19 août 1895 ; V. *supra*, n° 3).

8. (221). **Usage en justice avant protêt. Lettres de change.** — L'exemption d'enregistrement accordée par l'art. 70,§ 3,n° 15 de la loi du 22 frimaire an VII aux lettres de change, par dérogation au principe général des art. 23 et 47 de ladite loi, en vertu duquel il ne peut être fait usage en justice d'un acte sous seing privé sans qu'il ait été préalablement enregistré, n'a été abrogée que partiellement et dans les limites déterminées successivement : 1° par la loi du 28 avril 1816 (art. 50) qui les a soumises au droit de 0 fr. 25 0/0 et a permis d'en différer l'enregistrement jusqu'à l'assignation en paiement ou en garantie ; 2° et par l'art. 10 de la loi du 28 février 1872, qui, en portant le droit exigible à 0 fr. 50 0/0, a disposé en termes absolus qu'elles pourraient n'être présentées à la formalité qu'au cas de protêts qui sont abrogés. L'exception, ainsi maintenue à leur profit, devant être appliquée littéralement, il en résulte que l'usage en justice des lettres de change ne rend pas leur enregistrement obligatoire quand il a lieu en dehors de tout protêt et de toute demande en paiement, notamment lorsqu'il a lieu dans une instance et à l'appui d'une demande tendant à la restitution des effets entre les mains du demandeur (1).

8 bis. (228). **Cession sans endossement.** — Les cessions de titres négociables sont assujetties au droit de 1 0/0 si elles ont lieu autrement que par endossement (Sol. 30 juill. 1894 ; *R. E.* 1022-5). Lorsqu'en exécution du traité de fusion entre deux sociétés, l'association dissoute remet

à l'autre les traites existant dans son portefeuille qui lui ont été souscrites en représentation des prêts par elle consentis à un gouvernement étranger, une telle opération ne saurait être considérée comme un endossement, affranchi de l'impôt dans les termes de l'art. 70, § 3, n° 5, de la loi du 22 frimaire an VII ; c'est une cession de créance sujette comme telle au droit de 1 0/0 (1).

Art. 4. — Effets négociables non prévus par le code de commerce.

9. (238 bis). **Warrants agricoles.** — V. *supra*, n° 4 bis.

ENREGISTREMENT.

SOMMAIRE ANALYTIQUE.

Art. 1er. — De la formalité, 1.
— 2. — Enregistrement en débet, 2-4.
— 3. — Enregistrement gratis, 5-16.

Art. 1er. — De la formalité.

1. (4). **Renseignements officieux sur la quotité des droits.** — Les préposés ne doivent pas fournir de renseignements officieux sur le montant des droits d'enregistrement dont un acte est passible, à moins que l'acte ne leur soit remis pour être formalisé. C'est à ce moment seulement qu'ils peuvent, conformément aux prescriptions de la circulaire de la Régie n° 1310, s'expliquer sur la liquidation des droits auxquels cet acte donne ouverture (Sol. 30 juin 1899 ; *R. E.* 2289).

Toutefois des renseignements de cette nature peuvent être fournis aux autorités administratives, au vu des minutes. Mais les préposés ne sont pas tenus d'aller au delà, même à l'égard des autorités administratives, et ils n'ont pas à renseigner celles-ci au vu de simples projets d'actes (Sol. 23 juill. 1898 ; *R. E.* 2289).

Art. 2. — Enregistrement en débet.

2. (26). **Arrêt criminel. Diffamation.** — L'art. 368, C. instr. crim. est applicable en matière de plaintes pour diffamations et injures portées devant la Cour d'assises et dans le cas où la poursuite a lieu à la requête du ministère public (L. 3 avr. 1896). Les frais dont l'art. 368 précité dispense, dans les affaires soumises au jury, la partie civile qui n'a pas succombé comprennent les droits d'enregistrement dus sur l'arrêt de la Cour d'assises (Sol. 11 juill. 1896 ; *R. E.* 1327 ; *J. E.* 25.149).

2 bis. (29). **Réhabilitation.** — V. ce mot.

3. (30). **Révision des procès criminels ou correctionnels.** — Les art. 443 à 447, C. instr. crim., relatifs à la révision des procès criminels ou correctionnels, ont été modifiés par une loi du 8 juin 1895. L'art. 446 est désormais conçu ainsi qu'il suit :

« L'arrêt ou le jugement de révision d'où résultera l'innocence d'un condamné pourra, sur sa demande,lui allouer des dommages-intérêts... »

« Les frais de l'instance en révision seront avancés par le demandeur jusqu'à l'arrêt de recevabilité ; pour les frais postérieurs à cet arrêt, l'avance sera faite par l'Etat... »

Ce nouvel article distingue entre les frais de l'instance en révision antérieurs à l'arrêt de recevabilité et les frais de la procédure suivie, postérieurement à cet arrêt, soit

---

(1) Cass. civ., 22 juill. 1896 ; Inst. 2930-6 ; D. 97.1.103 ; *R. E.* 1237 ; *J. E.* 24.896 ; *R. P.* 8814 ; *J. N.*26.170.

(1) Cass. civ., 30 janv. 1895 ; Inst. 2890-2 ; S. 96.1.529 ; D. 95.1.364 ; *R. E.* 875 ; *J. E.* 24.545 ; *R. P.* 8504.

devant la Cour de cassation elle-même, soit devant la Cour ou le tribunal où l'affaire est renvoyée. Tandis qu'il laisse les premiers à la charge du demandeur en révision, il impose au Trésor l'avance des seconds, sauf remboursement, s'il y a lieu, par le demandeur dont la culpabilité serait confirmée, ou par des tiers par la faute desquels la condamnation aurait été prononcée.

Toutefois les droits d'enregistrement et de timbre des actes faits ou signifiés à la requête du demandeur en révision, postérieurement à l'arrêt de recevabilité, ne sauraient faire l'objet d'une avance effective. Aussi a-t-il été décidé, de concert entre les départements des finances et de la justice, que ces actes recevraient la double formalité en *débet*.

Quant aux actes faits à la requête du ministère public au cours de l'instance en révision, ils continuent, dans le silence de la loi nouvelle, à être soumis au régime qui leur est propre ; en d'autres termes, ils sont visés pour timbre et enregistrés en *débet* ou *gratis*, suivant les distinctions rappelées dans l'Inst. 2572 (Inst. 2907 ; R. E. 1203).

4. (30 *bis*). **Algérie. Comptes annuels des curateurs aux successions vacantes.** — Les comptes annuels que les curateurs aux successions vacantes en Algérie sont tenus de présenter au tribunal de première instance sont sujets au droit fixe d'enregistrement ; il n'est dû, toutefois, qu'un seul droit, quel que soit le nombre des hérédités auxquelles le compte s'applique. La formalité devrait, en principe, être donnée au comptant. Cependant, on peut admettre, par application de la D. M. F. du 15 décembre 1820, que les comptes dont il s'agit, lorsqu'aucune des successions auxquelles ils ont trait ne présente de fonds disponibles, doivent être visés pour timbre et enregistrés en débet, sauf recouvrement sur les biens des successions intéressées (Sol. 18 nov. 1898 ; R. E. 2176).

ART. 3. — ENREGISTREMENT GRATIS.

5. (32). **Enregistrement hors délai. Notaire.** — Le notaire encourt-il une amende lorsqu'il néglige de présenter à la formalité dans le délai légal un acte admis au bénéfice de la gratuité ? La question a été tranchée dans le sens de la négative par un jugement du tribunal de Mirecourt du 8 décembre 1893 (R. E. 758 ; R. P. 8248 ; Rev. not. 9068). L'Administration a autorisé l'exécution de ce jugement et elle a considéré que la solution ainsi proposée est conforme, sinon à l'esprit, du moins à la lettre même de la loi (Cf. Sol. 4 nov. 1899 ; R. E. 2319). On peut donc penser que la question ne sera plus soulevée ; nous croyons cependant que le texte de l'art. 33 et de l'art. 41 de la loi de frimaire résiste à la théorie qui semble prévaloir.

6. (33). **Accidents du travail.** — V. ce mot, nᵒˢ 25 à 36.

7. (33). **Actes respectueux. Mariage des indigents.** — Les actes respectueux à la requête des indigents sont timbrés et enregistrés gratis (L. 22 juin 1896, art. 6 ; Inst. 2908 ; R. E. 1202).

7 bis. (33). — Les extraits d'actes de l'état civil délivrés pour un mariage d'indigents par le maire d'une commune située hors de la circonscription du bureau dans le ressort duquel le mariage doit être célébré peuvent être transmis sans visa pour timbre au maire du lieu de la célébration et présentés à la formalité du timbre au bureau dudit lieu.

Il en est autrement des pièces sujettes non seulement au timbre, mais aussi à l'enregistrement. La double for-

malité doit nécessairement leur être donnée par le receveur dans le ressort duquel réside l'officier municipal qui les a dressées (Sol. 9 mai 1900, Rev. prat. 4942).

8. (33). **Assistance médicale gratuite.** — V. ce mot.

Les communes et syndicats de communes autorisés à avoir un service spécial d'assistance, par application de l'art. 35 de la loi du 15 juillet 1893, bénéficient des dispositions de l'art. 32 de la même loi d'après lequel « les certificats, significations, jugements, contrats, quittances et autres actes faits en vertu de ladite loi et exclusivement relatifs au service de l'assistance médicale sont dispensés du timbre et enregistrés gratis lorsqu'il y a lieu à la formalité de l'enregistrement, sans préjudice du bénéfice de la loi du 22 janvier 1851 sur l'assistance judiciaire » (D. M. fin. 8 août 1895 ; R. E. 1688).

L'exemption de droits est acquise aussi bien lorsque le service dont il s'agit est organisé dans les conditions spéciales prévues par l'art. 35 de la loi précitée que dans le cas d'une organisation rentrant dans les prévisions générales de ladite loi (art. 10). Mais si le bureau de bienfaisance se trouve chargé du service de l'assistance médicale gratuite, l'exonération du droit n'est pas acquise aux actes concernant, pour le tout ou pour partie, le service général du bureau de bienfaisance ou des services particuliers autres que celui de l'assistance médicale (Sol. 29 nov. 1899 ; R. E. 2321).

9. (33). **Caisses d'assurances.** — V. ce mot.

10. (33). **Caisse nationale de prévoyance des marins.** — V. *Caisse des invalides de la marine.*

11. (33). **Caisse de retraite des ouvriers mineurs.** — V. *Caisse nationale des retraites.* — Tous les actes et pièces à produire au cours des instances relatives à l'exécution de la loi du 29 juin 1894 sur les caisses de secours et de retraite des ouvriers mineurs sont dispensés du timbre et enregistrés gratis. Il en est de même des pièces et actes à produire devant la commission arbitrale instituée par les art. 24 et 26 de la même loi.

12. (33). **Enfants abandonnés.** — Les actes et jugements de la procédure en déchéance de la puissance paternelle organisée par la loi du 24 juillet 1889 sont soumis aux droits de timbre et d'enregistrement au comptant, à la seule exception des requêtes présentées au tribunal, soit par l'Assistance publique, les associations de bienfaisance autorisées ou les particuliers à l'effet de faire déléguer l'exercice de la puissance paternelle, soit par le père, la mère ou le tuteur qui veulent obtenir que l'enfant leur soit rendu, soit par le préfet en vue de faire prononcer la déchéance de l'association ou du particulier à qui la tutelle a été confiée ; seules ces requêtes sont dispensées des droits de timbre et d'enregistrement (D. M. F. 12 mars 1900 ; R. E. 2426).

13. (33). **Habitations à bon marché.** — V. T. A., Vᵒ *Ventes d'immeubles*, nᵒˢ 356 et suiv.

14. (33). **Saisies-arrêts sur les salaires et petits traitements.** — Aux termes de l'art. 15 de la loi du 12 janvier 1895 (Inst. 2875 ; R. E. 891 ; J. E. 24.646), « tous les exploits, significations, jugements, décisions, procès-verbaux de répartition qui pourront intervenir en exécution de la présente loi, seront rédigés sur papier non timbré et enregistrés gratis. Les avertissements et lettres recommandées et les copies d'états de répartition sont exempts de tout droit de timbre et d'enregistrement ». — V. *Saisie.*

15. (33). **Vente des objets abandonnés chez les hôteliers. Actes de procédure.** — Tous les actes faits en exécution de la loi du 31 mars 1896, relative à la vente des objets abandonnés ou laissés en gage par les voyageurs aux aubergistes ou hôteliers, sont dispensés du timbre et, s'il y a lieu, enregistrés gratis. Le procès-verbal d'adjudication desdits objets est assujetti à une taxe de 7 0/0, sans décimes, du produit de la vente (Inst. 2904 ; *R. E.* 1150 ; *J. E.* 24.802 ; *R. P.* 8762).

16. (33). **Warrants agricoles.** — V. *Effets négociables,* n° 4 *bis,* et *Warrants.*

ÉTABLISSEMENTS PUBLICS ET D'UTI-LITÉ PUBLIQUE. — 1. (1 à 5). Distinction entre les établissements publics et les établissements de l'État.

— Nous avons insisté au *T. A.* sur l'intérêt que présente, au point de vue fiscal, la distinction à établir entre les établissements publics et les établissements de l'État.

Les établissements publics proprement dits sont ratta-chés, d'une façon plus ou moins intime, à l'organisation administrative (1) et ils sont appelés à suppléer aux fonc-tions réservées à l'État, aux départements et aux commu-nes. Mais leur action est suffisamment distincte de celle de l'État lui-même, ou des autres unités territoriales, pour que leur autonomie reste complète et leur personnalité indépendante, et cette situation juridique n'est pas enta-mée par les droits de contrôle et de surveillance que peu-vent exercer sur les établissements publics l'administra-tion centrale ou les administrations départementales et communales.

Mais il est d'autres institutions qui, bien que dotées de la personnalité civile et appelées à gérer un patrimoine et un budget particuliers, présentent néanmoins le carac-tère de services publics. Leur autonomie, toute relative, ne les empêche pas de constituer à proprement parler des administrations de l'État, quoique d'une nature particu-lière, et cela suffit pour que leurs biens soient placés, au point de vue fiscal, sous le régime spécial aux biens de l'État.

La distinction entre les deux catégories d'établissements peut paraître spécieuse et il est difficile de l'établir d'après une définition précise. Pour chacun d'eux la question se résout d'après les circonstances et surtout en tenant compte des termes des lois et décrets constitutifs.

C'est ainsi que l'on a fait rentrer dans la catégorie des établissements publics : *les associations syndicales autori-sées* (2); *la caisse nationale de prévoyance entre les marins fran-çais* (3) ; *les chambres de commerce* (4) ; *l'Institut catholique de Saint-Louis des Français à Rome* (Sol. 1er mars 1898 ; *R. E.*

(1) Ils diffèrent, à cet égard, des simples établissements d'uti-lité publique.
(2) Cf. trib. des conflits, 9 déc. 1899 ; *R. E.* 2449 ; D. 1901. 3. 42 ; — Rappr. Seine, 16 juill. 1896 ; *J. E.* 25.150. — Les art.58 et 61 du règlement d'administration publique du 9 mars 1894 autorisent les préfets à inscrire d'office, au budget des as-sociations syndicales autorisées, les crédits nécessaires au paiement des dettes exigibles. D'autre part, l'art. 15 de la loi du 22 déc. 1888 dispose que le recouvrement des taxes que les associations de cette nature sont autorisées à percevoir est fait comme en matière de contributions directes. Ces deux particu-larités ont paru suffisantes pour motiver l'assimilation com-plète des associations syndicales autorisées avec les établisse-ments publics. — *Contrà:* Ducrocq, *Dr. adm.,* 6e éd., II, 825 et s. ; — Rappr. *T. A.,* V° *Société,* n° 351.
Malgré la décision précitée du tribunal des conflits, l'Admi-nistration paraît devoir persister dans sa jurisprudence anté-rieure (telle qu'elle est indiquée Inst. 2817 § 15) et considérer les associations syndicales comme des établissements d'utilité pu-blique (Sol. 24 août 1900 ; *R. P.* 10.023).
(3) L. 21 avr. 1898 ; Inst. 2947 ; *R. E.* 1734 ; *J.E.* 25.380 et 25.443 ; *R. P.* 9294.
(4) Cass. req., 28 oct. 1885 ; Inst. 2724-1 ; D. 85.1.397 ; S.

1684) ; *l'Institut français d'archéologie orientale au Caire* (L. 13 avr. 1898 ; *J. E.* 25.365).

Parmi les établissements de l'État sont classés : *les éta-blissements d'instruction publique* : universités (L. 10 juill. 1896 ; Décr. 21 juill. 1897), facultés et corps de facultés (1); lycées (L. 7 août 1850, art. 14 ; — D.M: F. 1er déc. 1894; *R.E.* 854 ; *J. E.* 24.607); écoles normales primaires (L. 19 juill. 1889 ; — Rappr. Laval, 29 juin 1894 et C. Angers, 25 mars 1895 ; *R. E.* 1229) ; *l'Institut de France et les cinq Académies* (2) ; *la Légion d'honneur* ; *les musées nationaux,* réunion des musées du Louvre, de Versailles, de St-Ger-main et du Luxembourg (3) ; *l'école supérieure des mines* et *l'Institut national agronomique* (V. V° *Etat souverain*).

2. (9). **Dons et legs. Devoirs des notaires. Procé-dure.** — Tout notaire constitué dépositaire d'un testa-ment contenant des libéralités en faveur de l'État, des dé-partements, des communes, des établissements publics ou d'utilité publique et des associations religieuses est tenu, aussitôt après l'ouverture du testament, de faire connaître aux établissements légataires les dispositions faites en leur faveur (Décr. 1er fév. 1896 ; *R. E.* 1106 ; *J. E.* 24.748 et 24.801 ; — V. au surplus, sur l'instruction des demandes d'autorisation, Dict. des Dom., V° *Dons et legs,* nos 13 et s.).

La loi du 4 février 1901 (*R. E.* 2623) a modifié la législa-tion des dons et legs et affranchi de la tutelle administra-tive un grand nombre de ces libéralités, notamment celles faites aux établissements publics sans charges, conditions ni affectation immobilière (V. Inst. 3058, p. 33 et suiv.).

En vertu de la loi du 4 février 1901, le Préfet est com-pétent pour autoriser l'acceptation d'un legs, même uni-versel, fait en faveur d'un établissement d'utilité publique par un testateur dont la succession est purement mobi-lière (Avis C. d'Ét, 20 mars 1901 ; *R. E.* 2739). — V. au sur-plus, pour le commentaire de la loi nouvelle l'Instruction du Ministre de l'Intérieur du 10 juin 1901, *R. E.* 2768.

3. (10). **Consentement des héritiers à l'exécution des legs.** — Par application de l'art. 23 de la loi du 22 fri-maire an VII, les actes de consentement des héritiers, que les établissements publics produisent à l'autorité ad-ministrative pour obtenir l'autorisation d'accepter les legs qui leur sont faits, sont soumis au timbre et doivent être préalablement assujettis à l'enregistrement ; on ne saurait, d'ailleurs, assimiler ces actes à de simples documents d'or-dre intérieur ayant uniquement pour objet de permettre au préfet de statuer sur l'autorisation : constituent comme sivement, en effet, des pièces d'ordre intérieur celles qui sont sans aucun rapport avec des personnes étrangères à l'établissement ; or les héritiers du défunt, de qui émanent les consentements, sont absolument étrangers à l'établis-sement. L'impôt est exigible, alors même que les arrêtés d'autorisation ne viseraient pas ces documents : la pro-duction effective au préfet suffit ; il importe peu, du reste, que la production ne soit pas légalement indispen-sable si, en fait, elle a eu lieu (Sol. 10 oct. 1899 ; *J. E.* 25.937).

86:1.436 ; *J. E.* 22.554 ; *R.P.* 6581 ; — L. 9 avr. 1898, art. 1er et 27 ; Inst. 3025 ; *R. E.* 1818 ; *J. E.* 25.489 ; — D.M.F. 13 août 1900, même Inst.
(1) Décr. 25 juill. 1885 ; 28 déc. 1885 ; L. 17 juill. 1889 ; Décr. 22 fév. 1890 ; L. 28 avr. 1893, art. 11 ; — D. M. F. 2 avr. 1895 ; Inst. 2881 ; *J. E.* 24.607 ; *R. E.* 987.
(2) L. 13 brum. an VII, tit. IV, art. 1er ; — Perpignan, 22 avr. 1893, *J.E.* 24.888 ; *R.P.* 8940 ; — Céret, 12 mai 1897 ; *J.E.* 25.363 ; *R. P.* 9137 ; — D.M. F. 25 mai-8 juin 1899 ; *R.E.* 2207 ; *J.E.* 25.920 ; *R. P.* 9610.
(3) L. 16 avr. 1895, art. 52 et s. ; Décr. 14 janv. 1896 ; *J.E.* 24.562 et 24.749.

Le droit exigible dans ce cas, surtout si le consentement émane des héritiers évincés de la succession par un légataire universel, est le droit fixe de 3 fr., à l'exclusion du droit proportionnel de délivrance de legs. Les héritiers agissant dans un intérêt commun, il n'est dû qu'un seul droit par chaque établissement légataire, quel que soit, d'ailleurs, le nombre des héritiers (Sol. 12 sept. 1895 ; *R. E.* 1966 ; *J. E.* 25.073).

4. (10). **Dons manuels. Délibérations constatant l'acceptation.** — V. *Don manuel*, n° 19.

5. (12). **Etablissements charitables.** — L'art. 19 de la loi du 25 février 1901 (Inst. 3049 et 3058 ; *R.E.* 2622) a soumis au droit de 9 0/0, sans addition de décimes,« les dons et legs faits aux départements et aux communes, en tant qu'ils sont affectés par la volonté expresse du donateur à des œuvres d'assistance, ainsi que les dons et legs faits aux établissements publics charitables et hospitaliers, aux sociétés de secours mutuels et à toutes autres sociétés reconnues d'utilité publique dont les ressources sont affectées à des œuvres d'assistance.

« Il sera statué sur le caractère de bienfaisance de la disposition par le décret rendu en Conseil d'Etat ou l'arrêté préfectoral qui en autorisera l'acceptation.

« Sont également soumis à un droit de neuf francs pour 100 fr. (9 p. 100), sans addition de décimes, les dons et legs faits aux sociétés d'instruction et d'éducation populaires gratuites reconnues d'utilité publique et subventionnées par l'Etat.

« A l'égard de tous les biens légués aux départements et à tous autres établissements publics ou d'utilité publique, le délai pour le paiement des droits de mutation par décès ne courra contre les héritiers ou légataires saisis de la succession qu'à compter du jour où l'autorité compétente aura statué sur la demande en autorisation d'accepter le legs, sans que le payement des droits puisse être différé au delà de deux années à compter du jour du décès.

« Cette disposition ne porte pas atteinte à l'exercice du privilège que l'art. 32 de la loi du 22 frimaire an VII accorde au Trésor sur les revenus des biens à déclarer. »

D'après le deuxième alinéa de cet article, c'est le décret d'autorisation rendu en Conseil d'Etat ou l'arrêté préfectoral qui statue sur le caractère de bienfaisance de la disposition. Nous avons vu *suprà*, n° 2, qu'un grand nombre de dons et legs faits en faveur des établissements publics sont affranchis de l'autorisation administrative. Dans ce cas,c'est l'administration de l'Enregistrement qui apprécie, sous le contrôle des tribunaux civils, le caractère de la libéralité (*R. E.* 2622-47).

V. au surplus V° *Succession*, ci-après.

ÉTAT (SOUVERAIN). — 1. (10). **Etablissements de l'Etat.** — L'école nationale supérieure des mines est investie de la personnalité civile (LL. 13 avr. 1900, art. 34 et 25 fév. 1901, art. 8). Il en est de même de l'Institut national agronomique (L. 25 fév. 1901, art. 57).

2. — V. *Etablissements publics*, n°ˢ 1 et 2. — Rappr. *Dict. des Dom.*, V° *Dons et legs*.

ÉTRANGERS (PAYS).

SOMMAIRE ANALYTIQUE.

CHAP. Iᵉʳ. — **Enregistrement**, 1-24.
Sᴇᴄᴛ. I. — *Actes entre vifs*, 1-6.
— II. — *Mutations par décès*, 7-23.
— III. — *Procédure*, 24.
CHAP. II. — **Timbre**, 25-30.
— III. — **Législation comparée**, 31-136.

Sᴇᴄᴛ. I. — *Pays de droit romain*, 32.
 § 1. — **Législation dérivée des Novelles**, 32-42.
 § 2. — **Législation dérivée du droit français**, 43-49.
Sᴇᴄᴛ. II. — *Pays de droit germanique*, 50.
 § 1. — **Pays allemands**, 51-56.
 § 2. — **Suisse**, 57-83.
Sᴇᴄᴛ. III. — *Pays anglo-saxons*, 84-136.

SOMMAIRE ALPHABÉTIQUE.

Acte en conséquence, 25.
Actions dans une société, 10.
Alabama, 106.
Alaska, 136.
Allemagne, 53.
Angleterre, 86.
Argentine (République), 41.
Arizona, 129.
Arkansas, 125.
Argovie, 74.
Appenzell (Rhodes extérieures), 75.
— (— intérieures), 76.
Assurance sur la vie, 7.
Autriche, 51.
Bâle-campagne, 58.
Bâle-Ville, 59.
Belgique, 44.
Berne, 77.
Brésil, 36.
Bureau compétent, 13.
Californie, 108.
Canada, 48.
Caroline du Nord, 103.
— du Sud, 131.
Cartes de légitimation, 30.
Certificat d'origine, 29.
Chili, 38.
Colombie, 120.
Colorado, 128.
Connecticut, 86.
Costa-Rica, 42.
Créances, 9.
Dakota méridional, 100.
— septentrional, 99
Danemark, 56.
Déclaration de résidence, 28.
Delai, 17.
Delaware, 118.
Divorce, 6.
Domicile de fait, 12.
Domicile légal, 11.
Donation, 3.
Emprunt, 2.
Espagne, 32.
Etat civil, 27.
Etats-Unis, 85.
Floride, 132.
Fonds de commerce, 8.
Fribourg, 62.
Genève, 65.
Géorgie, 104.
Glaris, 70.
Greffes. Expéditions, 26.
Grisons, 67.
Guatémala, 34.
Hollande, 47.
Hongrie, 52.
Idaho, 111.
Illinois, 95.
Indiana, 94.
Iowa, 117.
Italie, 49.
Kansas, 126.
Kentucky, 123.
Législation comparée, 21.
Législations dérivées du droit français, 43.
Legs en argent, 16.
— valeurs étrangères, 15.

Louisiane, 133.
Lucerne, 78.
Luxembourg, 45.
Maine, 87.
Marché, 1.
Mariage en France, 20.
Maryland, 119.
Massachusetts, 88.
Meubles corporels, 14.
Mexique, 37.
Michigan, 93.
Minnesota, 97.
Mississipi, 107.
Missouri, 124.
Montana, 110.
Nationalité des créances, 9.
Nebraska, 98.
Neuchâtel, 63.
Nevada, 109.
New-Hampshire, 89.
New-Jersey, 91.
New-York, 114.
Nouveau-Mexique, 113.
Ohio, 116.
Oklahoma, 135.
Orégon, 101.
Partage, 22, 23.
— Homologation, 5.
Pays de droit germanique, 50.
Pensylvanie, 92.
Pérou, 35.
Portugal, 33.
Procédure, 24.
République argentine, 41.
Rhode-Island, 115.
Roumanie, 46.
Russie, 54.
Saint-Gall, 61.
Schaffouse, 66.
Schwytz, 79.
Société, 4.
Soleure, 72.
Statut matrimonial, 19.
Suède, 55.
Suisse, 57.
Tennessee, 105.
Territoire indien, 134.
Tessin, 60.
Testament, 17.
Thurgovie, 69.
Texas, 127.
Turquie, 31, note.
Unterwald le Bas, 80.
— le Haut, 81.
Uri, 82.
Uruguay, 40.
Utah, 112.
Valais, 68.
Vatermagen (système du), 83.
Vaud, 64.
Vénézuéla, 39.
Vermont, 90.
Virginie, 121.
— de l'Ouest, 122.
Washington, 102.
Wisconsin, 96.
Wyoming, 130.
Zoug, 73.
Zurich, 71.

CHAP. Iᵉʳ. — ENRÉGISTREMENT.

SECT. 1ʳᵉ. — ACTES ENTRE VIFS.

1. (43). **Marché. Acte notarié.** — Le marché passé à l'étranger par acte notarié est passible, s'il est soumis à la formalité en France, des mêmes droits que s'il avait eu lieu par acte notarié sur notre territoire. Il ne bénéficie donc pas du tarif du droit fixe accordé aux marchés sous seing privé par l'art. 22 de la loi du 11 juin 1859 (Sol. 3 sept. 1892 ; R. E. 236 ; J. E. 24.729).

2. (43). **Emprunt. Société étrangère. Titres négociables.** — L'acte d'emprunt hypothécaire contenant création par la société emprunteuse d'obligations négociables soumises au timbre proportionnel en France (soit au comptant, soit par abonnement), n'est pas sujet au droit d'enregistrement de 1 0/0. Cette règle s'applique même au cas où l'emprunt est contracté par une société étrangère assujettie à l'impôt du timbre seulement sur une quotité de ses titres (Sol. 1ᵉʳ juin 1900 ; R. E. 2416) ; — Rappr. T. A., Obligation, 88.

3. (44). **Transmission à titre gratuit de valeurs mobilières étrangères. Usage en France.** — Lorsqu'il est fait usage en France, par acte public, d'un contrat de mariage passé à l'étranger, contenant notamment donation de valeurs mobilières étrangères à l'un des futurs par ses ascendants, le droit proportionnel de 1 fr. 25 0/0 est dû sur cette clause de l'acte étranger (Seine, 25 juin 1896 ; R. E. 1248 ; J. E. 25.111).

4. (46). **Société. Acte constitutif passé à l'étranger. Acte d'augmentation de capital passé en France. Droit de 0 fr. 20 0/0. Liquidation.** — Lorsque l'acte de formation d'une société a été passé à l'étranger (ou dans un pays de protectorat) et n'a pas été soumis à la formalité de l'enregistrement en France, l'acte modificatif des statuts portant augmentation du capital social et translation du siège de la société en France est passible, lors de son enregistrement en France, du droit de 0 fr. 20 0/0 sur la totalité du capital social et non pas seulement sur le montant de l'augmentation (Seine, 11 fév. 1898 ; R. E. 1682 ; — Rappr. Cass. req., 15 mars 1899 ; R. E. 1997 ; Inst. 2907, § 5 ; S. 99.1.369 ; D. 99.1.309).

5. (64). **Partage. Homologation judiciaire. Taxe des frais de justice.** — On ne saurait assimiler à l'expédition du jugement étranger le certificat signé d'un notaire étranger, au pied de l'expédition d'un acte de partage à son rapport, constatant que ce partage a été homologué par jugement d'un tribunal étranger en date du..... passé en force de chose jugée. En conséquence, l'usage en France de cette expédition ne donne pas ouverture à la taxe des frais de justice de 0 fr. 25 0/0 sur les valeurs partagées ou liquidées (Sol. 11 juill. 1896 ; R. P. 9255).

6. (64). **Jugement. Divorce.** — Il y a usage en France d'un jugement de divorce passé à l'étranger lorsque ce jugement est transcrit en marge de l'acte de mariage dressé en France. Il y a lieu d'exiger, lors de la délivrance de la première expédition de l'acte de mariage ainsi émargé, les droits afférents au jugement, qui doivent être arbitrés d'office si ce jugement n'est pas représenté (Sol. 10 août 1893 ; J. E. 24.296).

SECT. II. — MUTATIONS PAR DÉCÈS.

7. (80). **Assurance sur la vie. Droit de mutation par décès.** — Le capital dû par une compagnie française d'assurance à raison du décès d'un étranger, est une valeur française qui doit acquitter en France les droits de mutation par décès (Sol. 16 août 1895 ; R. E. 1071 ; Seine, 4 mai 1900 ; R. E. 2484).

Mais, on décidait déjà, même avant la loi du 25 février 1901, que le droit de mutation par décès n'est pas dû sur le capital d'une assurance sur la vie contractée hors de France par un étranger domicilié hors du territoire avec une compagnie française, alors surtout que ce capital a été stipulé payable à l'étranger en monnaie étrangère (Sol. 6 déc. 1899 ; R. E. 2327).

Loi du 25 février 1901. —. Aux termes de l'art. 19, avant-dernier alinéa de la loi du 25 février 1901, l'art. 6 de la loi du 21 juin 1875 n'est pas applicable lorsque l'assurance a été contractée par l'étranger et que l'assuré n'avait en France, à l'époque de son décès, ni domicile de fait, ni domicile de droit.

La police souscrite à l'étranger entre l'assuré et le représentant d'une compagnie française (par exemple le directeur d'une succursale) doit, à notre avis, être considérée comme contractée à l'étranger, alors même qu'elle serait soumise en France au visa du directeur de la compagnie pour être obligatoire à l'égard de l'assureur.

8. (82). **Français domicilié et décédé en France. Fonds de commerce situé à l'étranger.** — Lorsque la succession d'un Français comprend un fonds de commerce situé à l'étranger, les droits de mutation par décès ne sont pas dus sur ce fonds ni même sur la clientèle qui en forme l'élément incorporel, alors même que le de cujus serait domicilié en France et serait décédé (Seine, 27 janv. 1899 ; R. E. 1977 ; et Sol. 13 déc. 1899 ; R. E. 2260 ; — Rapp. Req., 9 nov. 1871 ; R. E. 10 ; Inst. 2814, § 7).

9. (84). **Nationalité des créances. Valeurs mobilières étrangères. Créance appartenant à une société étrangère, hypothéquée sur des immeubles français. Impôt sur le revenu.** — L'impôt de 4 0/0 sur le revenu n'est pas dû à raison d'une créance appartenant à une société étrangère, même hypothéquée sur des immeubles situés en France, dès lors que le paiement doit être effectué à l'étranger où le débiteur est domicilié (Sol. 2 mai 1894 ; R. E. 788).

On doit conclure de là qu'une telle créance n'est pas une valeur française.

10. (86). **Actions appartenant au défunt dans une société ayant son siège à l'étranger. Droit de mutation par décès exigible.** — Lorsqu'il est énoncé dans un acte constitutif de société que le capital social a été divisé en actions négociables en Bourse et que l'entreprise fonctionnera au moyen d'un conseil d'administration et d'un personnel salarié, dont les pouvoirs ont été déterminés avec précision, l'association ainsi formée présente les caractères d'une société par actions et non d'une simple participation. Dès lors, en cas de décès de l'un des associés, ses héritiers sont tenus, si la succession est régie par la loi française, ou si le défunt était domicilié en France, de déclarer, pour la perception du droit de mutation par décès, les actions qui lui appartiennent, encore bien que le siège de la société soit situé à l'étranger (L. 18 mai 1850, art. 7 ; 23 août 1871, art. 3 et 4 ; — Seine, 15 déc. 1893, et Cass. req., 23 déc. 1895 ; R. E. 1066 ; Inst. 2910, § 1 ; S. 96.1.533 ; D. 96.1.523).

11. (90). **Étranger. Résidence en France. Défaut d'autorisation. Domicile légal à l'étranger. Décès. Succession régie par la loi du domicile.** — C'est par la loi nationale du défunt, et non par la loi française, qu'est régie la succession d'un étranger non autorisé à établir son domicile en France, alors même qu'il y résiderait depuis de nombreuses années, qu'il s'y serait marié et qu'il y serait décédé (Cass. req., 8 mai 1894 ; R. E. 895).

8

12. (90). **Domicile de fait en France. Caractères. Lieu d'ouverture de la succession.** — Le domicile « *de fait* » d'un étranger en France suffit pour y fixer le lieu d'ouverture de la succession. L'existence de ce domicile de fait est suffisamment établie par la déclaration faite par l'étranger à la mairie du lieu où il réside, qu'il entend fixer son domicile, par l'acquisition d'un hôtel en ce lieu et l'occupation pendant plusieurs années de cet hôtel qui constituait son principal établissement, enfin par le paiement en cette même localité de sa cote mobilière (Cass. req., 1er juill. 1895 ; *R. E.* 981).

L'acquisition, par un étranger, d'immeubles importants en France, notamment d'un hôtel à Paris, n'est pas caractéristique d'un domicile de fait en France, alors même qu'elle serait corroborée par des séjours prolongés en France et par le paiement d'une cote mobilière importante dans le même pays alors que le *de cujus* payait dans d'autres pays des impôts plus élevés et y possédait des immeubles beaucoup plus importants.

Les énonciations d'actes passés par le défunt, et où il est désigné comme domicilié en France, sont détruites par les énonciations d'actes postérieurs indiquant qu'il demeure en France ou même qu'il y a « l'une de ses habitations ».

En conséquence les valeurs françaises dépendant de la succession du *de cujus* sont seules assujetties à l'impôt de mutation par décès, à l'exclusion des valeurs mobilières étrangères (Seine, 11 janv. 1901 ; *R. E.* 2635).

13. Bureau compétent. — Aux termes de l'art. 16 de la loi du 25 février 1901, les déclarations de successions sont passées au bureau du domicile en France et si le défunt n'était pas domicilié sur le territoire, au lieu du décès, enfin, si le décès n'est pas survenu en France, à ceux dès bureaux qui seront désignés par l'Administration. L'Inst. 3049 a désigné à cet effet le 1er bureau des successions à Paris ; l'Inst. 3051 y a ajouté ceux de Lille, Nancy, Annecy, Lyon, Nice, Marseille, Pau et Bordeaux et l'Inst. 3058 (p. 28) y a ajouté celui de Belfort. Les héritiers peuvent faire leur déclaration à l'un de ces bureaux, à leur choix, dans le cas prévu par l'art. 16 précité.

14. (97). **Meubles corporels situés à l'étranger.** — La *Revue* a publié, sous l'art. 2009, une étude de M. Guillemin critiquant la jurisprudence qui repousse l'exigibilité du droit de mutation par décès sur les meubles corporels situés à l'étranger et dépendant de successions régies par la loi française.

15. (97 *bis*). **Legs en valeurs étrangères. Bénéficiaire français. Droit de mutation par décès.** — Le legs d'une somme d'argent fait à un établissement public français, par un étranger n'ayant ni domicile ni résidence en France, n'est pas passible d'aucun droit de mutation par décès en France dès lors qu'il a été payé au moyen d'un chèque émis en monnaie étrangère par une banque établie à l'étranger (Sol. 31 j.. 1900 ; *R. E.* 2515).

L'impôt serait, au contr. exigible en France si le legs doit être acquitté en vale. ançaises (Seine, 16 mars 1888 ; *J. E.* 23.027).

16. (97 *bis*). **Legs en argent. Biens français et étrangers.** — Lorsque le testateur a fait des legs de sommes n'existant pas en nature dans la succession et que celle-ci comprend des biens français et étrangers, la question s'élève de savoir si le legs (fait, par hypothèse, à un non parent ou à un parent plus éloigné que l'héritier) doit être imputé tout entier sur les biens français ou sur les biens étrangers ou proportionnellement sur les uns et les autres. Faisons observer, en passant, que si le testateur est un Français ou un étranger domicilié en France, on

doit assimiler aux biens français les valeurs incorporelles étrangères. Si les parties ont fait connaître les valeurs qui seraient réalisées pour l'acquit des legs, les droits de mutation par décès doivent être liquidés en conséquence. En l'absence de cette indication, le receveur doit, à notre avis, s'en rapporter, sauf contrôle ultérieur, à leur déclaration. Enfin dans le silence de la déclaration de succession sur ce point, on peut, ou bien imputer le legs sur les biens français et étrangers proportionnellement à la valeur respective de chaque masse, ou bien suivre un procédé analogue à celui recommandé par l'Inst. 342 pour l'imputation des soultes de partage, et ne faire porter le legs sur les biens français qu'après avoir complètement rempli au moyen desdits biens les droits des héritiers plus proches. C'est en faveur de ce dernier système que paraît pencher l'Administration : c'est également celui qui aurait notre préférence. Dans les deux systèmes les parties devront faire connaître, tout au moins approximativement, la valeur des biens étrangers (Comp. observations du *J.E.* 23.027 qui préconise l'imputation proportionnelle si la succession est ouverte à l'étranger et l'imputation sur les biens français exclusivement si la succession est ouverte en France).

La solution du 4 février 1888, citée *T. A.*, n° 97 *bis*, porte que les parties sont admises à justifier que les legs de sommes ont été ou seront acquittés avec les valeurs étrangères.

17. (98). **Décès en Europe. Délai. Présentation et dépôt du testament en France. Compte rendu en France aux héritiers.** — La présentation et le dépôt en France du testament d'une personne décédée à l'étranger ne fait pas courir le délai de déclaration de la succession à l'égard du légataire institué si cette formalité a eu lieu en dehors du concours de ce légataire. Constitue, au contraire, un fait de prise de possession qui fait courir le délai de six mois, le compte de sa gestion rendu, en France, par le tuteur du *de cujus* aux héritiers (Sol. 1er mars 1900 ; *R. E.* 2514).

18. (101). — En ce qui concerne les successions ouvertes à l'étranger, le point de départ de la prescription pour la réclamation des droits de mutation par décès remonte non au jour du décès, mais seulement à la date où l'Administration a en légalement connaissance de ce décès (Bagnères, 11 fév. 1898 ; *R. E.* 1685) (1).

19. (102 *bis*). **Statut matrimonial. Reprises.** — On suit pour la liquidation de la succession de l'étranger marié, le statut matrimonial de son domicile et par conséquent la loi étrangère s'il est domicilié à l'étranger. Mais les reprises de l'époux survivant ne peuvent être prélevées sur les biens français que si les héritiers justifient de l'existence de ces reprises et produisent tous les documents utiles pour procéder à une liquidation générale de la communauté (Nancy, 30 déc. 1896 ; *J. E.* 25.241).

20. (102 *bis*). **Étranger. Mariage en France sans contrat. Régime matrimonial.** — Lorsqu'un étranger résidant en France épouse sans contrat une Française d'origine, c'est l'intention des parties, lors du mariage, qu'il faut rechercher et dégager des faits pour déterminer le régime matrimonial des époux, et, si l'on doit prendre en considération, suivant les cas, soit la nationalité du mari, soit le domicile matrimonial des futurs époux, ce sont là de simples présomptions qui ne sauraient prévaloir

(1) Rappr. *T. A.*, *Succession*, 68-14° et Cass. civ., 30 juin 1806, 8 mai 1809, 3 nov. 1813, 25 janv. 1815 ; D. *Rép.*, V° *Enregist.*, n° 5622, notes 1 à 4 ; — **V.** toutefois : Cass. civ., 21 juill. 1854 ; Inst. 1900, § 3 ; D. 54.1.201 ; S. 54.1.617 ; *J. E.* 15.248.

ÉTRANGERS (PAYS) — 115

contre toutes autres circonstances de fait qui peuvent révéler une volonté contraire.

Spécialement, lorsqu'un étranger établi en France depuis quelques années et à la tête d'une exploitation commerciale, y épouse une Française, avec l'intention de créer une famille française, c'est le régime matrimonial de la loi française, c'est-à-dire la communauté, qui doit être réputé le régime voulu par les deux époux (Seine, 10 juill. 1895 ; *R. E.* 1046).

21. (102 *bis*). **Législation comparée.** — V. le chapitre III, ci-après.

22. (105). **Partage. Droit de 0 fr. 15 0/0.** — Le partage pur et simple d'immeubles ou de meubles corporels situés à l'étranger donne lieu, lors de son enregistrement en France, au droit de 0 fr. 15 0/0, s'il est justifié par les copartageants de leur copropriété. Si cette justification n'était pas fournie, le droit exigible serait celui de 0 fr. 20 0/0 sur les immeubles et celui de 2 0/0 sur les meubles (*R. E.* 2420-1).

23. (113). **Partage. Biens français et valeurs mobilières étrangères. Droit de soulte. Droit gradué. Mineurs. Législation étrangère. Caractère définitif du partage.** — Les valeurs mobilières étrangères comprises dans un partage qui embrasse des biens français et des biens étrangers ne peuvent être considérées comme inexistantes, pour la détermination des soultes, dès l'instant où elles sont soumises au droit gradué établi par la loi du 28 février 1872 (*actuellement droit de 0 fr. 15 0/0*).
— Il importe peu que ce droit rentre dans la catégorie des droits fixes et ne soit pas, à proprement parler, un droit de mutation ; il suffit que « ces valeurs soient frappées d'après leur quotité par une tarification quelconque » pour qu'elles ne puissent être regardées comme inexistantes vis-à-vis du fisc. — La procédure applicable aux partages judiciaires est déterminée par la nationalité des héritiers. — Par suite, un partage intéressant des héritiers mineurs n'est pas soumis, pour devenir définitif, à l'homologation d'un tribunal français, si la loi du pays auquel appartiennent ces héritiers (*dans l'espèce, la Belgique*) attribue à ce partage un caractère définitif dès le jour où l'acte a été passé. Il en est ainsi, même au cas où le partage comprend des immeubles français (Bordeaux, 21 juin 1899 ; *R. E.* 2152).

SECT. III. — PROCÉDURE.

24. Signification d'actes. Etranger. Caution. — V. *Procédure*, nos 58, 84 et 239.

CHAP. II. — TIMBRE.

25. (123). **Production d'actes étrangers à un trésorier général.** — Cette production n'est pas caractéristique de l'usage devant une autorité constituée et ne rend pas exigible le timbre (et l'enregistrement) des actes produits à l'appui d'un payement de sommes dues par le Trésor (D. M. F. 17 avr. 1895 ; *R. E.* 937 ; *J. E.* 24.718).

26. (125). **Greffe de justice de paix. Expédition venant de l'étranger. Non-exemption.** — L'art. 12 de la loi du 26 janvier 1892, qui exempte du timbre les expéditions délivrées en matière civile par les greffiers de justice de paix, n'est pas applicable aux expéditions de l'espèce venant de l'étranger. Ces actes sont assimilés aux actes sous seing privé au point de vue du timbre (Sol. 1er nov. 1895 ; *R. E.* 1061).

27. (126). **Etat civil.** — L'usage devant l'officier de l'état civil français d'actes étrangers rend obligatoire le timbre (et l'enregistrement) de ces actes, notamment lorsqu'ils ont pour but d'établir la capacité des parties, comme les affirmations d'identité, certificats, etc. (Sol. 4 mars 1898 ; *R. E.* 1787).

28. Etranger. Déclaration de résidence. — Est soumis au timbre des expéditions (1 fr. 80 au minimum) l'extrait, remis à un étranger, de la déclaration de résidence inscrite sur le registre dont la tenue est prescrite par l'art. 1 de la loi du 8 août 1893.

29. Certificats d'origine. — L'art. 23 de la loi de finances du 25 février 1901 dispense du timbre les certificats d'origine pour les marchandises françaises destinées à l'exportation (*R. E.* 2622-52 ; Inst. 3050, § 1). Cette disposition ne fait que confirmer et généraliser une décision ministérielle du 17 juillet 1822 (Inst. 1051-3° ; *T. A., Timbre*, 323-1°) prise au sujet des exportations donnant lieu à des primes de sortie. L'art. 16 de la loi du 9 avril 1898 autorise les chambres de commerce à délivrer les certificats de l'espèce.

Il est à remarquer que les certificats d'origine exigés des *importateurs* par le service des douanes pour les marchandises venant de l'étranger restent assujettis au timbre (Inst. 2766 et 2913, § 1 ; *T. A., Certificat*, 26).

30. Cartes de légitimation. — Le même art. 23 exempte de timbre les cartes de légitimation délivrées aux commis-voyageurs circulant à l'étranger par les chambres de commerce, en exécution de l'art. 16 de la loi du 9 avril 1898 (*R. E.* 2622-53 ; Inst. 3050, § 1).

CHAP. III. — LÉGISLATION COMPARÉE (1)

31. — Nous avons vu au *T. A.* (V° *Etranger*, 1re partie, n° 102 *bis*) que pour la liquidation des droits dus sur les successions mobilières des étrangers domiciliés en France, avec ou sans autorisation, l'Administration suit la dévolution réglée par la loi étrangère (Sol. 10 août 1891). Il en est de même, à plus forte raison, pour la dévolution des biens français dépendant de la succession d'étrangers non domiciliés en France.

Les receveurs de l'enregistrement et les notaires sont ainsi appelés à appliquer les lois successorales étrangères dont il leur est souvent impossible de se procurer le texte ou même une simple analyse.

Nous avons pensé leur être utile en donnant un résumé des règles les plus importantes de la dévolution successoralé dans les divers pays dont nous avons pu consulter la législation.

A ce point de vue les pays chrétiens peuvent être ramenés à deux groupes principaux. Dans l'un, le principe de la parenté domine : le lien du sang détermine la dévolution des biens, et pour en attribuer la propriété on suit les ramifications de l'arbre généalogique ; c'est le droit germanique et le système des parentèles. Dans l'autre, la loi s'efforce de suivre l'ordre que le défunt eût vraisemblablement adopté s'il eût réglé la dévolution de sa fortune par un acte de dernière volonté ; c'est le droit latin et le système de l'affection présumée.

D'ailleurs certaines législations, tout en se rattachant à l'un de ces groupes par leurs principes généraux, se sont plus ou moins inspirées, dans leurs dispositions secondaires, des tendances juridiques de l'autre groupe. C'est ainsi que notre Code civil, foncièrement latin, a emprunté la fente au droit germanique. De même les peuples anglo-saxons suivent généralement le droit germanique pour la

(1) Tout ce chapitre est dû à la collaboration dévouée de M. Raison, sous-inspecteur à Rennes, qui a bien voulu condenser pour nous en quelques pages le fruit d'un long labeur.

dévolution des immeubles et le droit latin pour celle des meubles. Ces considérations nous ont amené à subdiviser chacun des groupes en deux séries. Le groupe latin comprendra, d'une part les notions qui suivent de plus près le système de l'affection présumée, tel qu'il dérive des Novelles 118 et 127 de Justinien, de l'autre celles qui se sont ralliées au Code civil français. Quant au groupe germanique il sera formé d'abord des nations qui n'ont fait que peu d'emprunts au droit latin, puis de celles qui suivent le droit anglo-saxon.

En vue de faciliter les recherches nous avons dû parfois nous écarter de cette classification. Ainsi les divers cantons suisses figurent tous à la deuxième série du groupe germanique, bien que certains d'entre eux suivent la législation latine. Nous avons agi de même pour les Etats de l'Union américaine que leur législation rattacherait plus logiquement aux nations latines qu'aux nations anglo-saxonnes.

Dans les pays musulmans le droit successoral s'inspire d'un autre principe, celui du devoir. Il dérive des versets 8, 9, 12 à 16 et 175 du chapitre IV du Coran. Les règles de dévolution des successions musulmanes ont été exposées en détail au T. A., V° *Etranger*, 2e partie, n°s 253 et suiv. (1).

SECT. Ire. — PAYS DE DROIT ROMAIN.

§ 1er. — *Législations dérivées des Novelles.*

32. Espagne. — Depuis le nouveau Code civil espa-

(1) En *Turquie* il existe deux statuts différents pour les successions, l'un dérivant du droit musulman (Chéri) régit les sujets du sultan qui suivent la loi de Mahomet, l'autre d'origine byzantine est applicable aux ressortissants des sièges patriarcaux de l'Eglise orthodoxe orientale.

La dévolution des successions est assez compliquée chez les musulmans car elle se fait d'une façon différente selon qu'il s'agit de biens *mulks* (possédés en toute propriété par les particuliers), *émirié* (domaniaux), *mercoufé* (de mainmorte) ou possédés en vertu de titres dits : *mulknamé* (de biens-fonds), *moussacafats* (urbains) et *mousteghillat* (ruraux), ou de biens *vacoufs* (biens affectés par les particuliers à un but humanitaire ou à un service public). Le musulman qui a des héritiers légitimes ne peut les exhéréder, mais il lui est loisible de disposer par testament du tiers de sa fortune au profit de personnes n'ayant pas vocation à sa succession. S'il n'existe pas d'héritiers légitimes le testateur peut disposer de la totalité de ses biens.

Voici, à titre de simple indication, la dévolution établie pour les biens *émirié* et *mercoufé* par la loi du 21 mai 1867 (17 moharrem 1284) et étendue par un iradé postérieur de quelques jours aux *vacouf moussacafat* et *mousseghillat* : 1° les enfants de l'un ou de l'autre sexe du défunt ou de la défunte (avec représentation) ; 2° les petits-enfants ; 3° les père et mère ; 4° les frères germains ou consanguins ; 5° ses sœurs germaines ou consanguines ; 6° les frères utérins ; 7° les sœurs utérines ; 8° le conjoint survivant. Ce dernier, en concours avec les héritiers du 3e ordre et des suivants, a droit à un quart de part.

Le musulman n'est pas admis à hériter d'un chrétien, et réciproquement. Les biens meubles des étrangers résidant en Turquie sont dévolus conformément à la loi nationale du *de cujus* ; mais pour la dévolution des immeubles on suit la loi ottomane.

Le droit byzantin est applicable aux sujets du sultan qui pratiquent les rites de l'Eglise orthodoxe orientale. Ce droit a pour fondement le droit romain de la basse époque (Digeste, Novelles), le Manuel d'Harménopule et les Basiliques, modifiés par les règlements du patriarcat, les firmans impériaux, etc. (*Bulletin de la société de législation comparée*, 1899, p. 323 ; — F. Rougon. *Régime de la propriété immobilière en Turquie, Journal du droit intern. privé*, 1886, pp. 57, 527).

gnol de 1889, l'ordre successoral est ainsi fixé : 1° descendants légitimes (art. 932) ; 2° ascendants (935) ; si un seul des père et mère survit, il prend toute la succession (936) ; 3° enfants naturels reconnus ou légitimés par concession royale (939) ; 4° frères et sœurs germains ; 5° frères et sœurs utérins et consanguins, chaque classe prenant les biens provenant de leur ligne ; 6° le conjoint ;7° les collatéraux jusqu'au 6e degré ; 8° l'Etat.

Le conjoint succède donc à la totalité de la succession à défaut de descendants, d'ascendants et de frères ou sœurs ou descendants d'eux. Mais il a droit, même en présence de descendants, à l'usufruit d'une part d'enfant le moins prenant ; en présence d'ascendants, à l'usufruit du tiers de la succession ; enfin à l'usufruit de moitié quand les héritiers sont des frères ou sœurs du *de cujus*.

En concours avec des descendants légitimes, chaque enfant naturel reconnu a droit à la moitié d'une part d'enfant légitime, à prendre sur la quotité disponible ; ils ont droit au quart de la succession, s'ils concourent avec des ascendants légitimes, sauf, s'il y a lieu, à subir l'usufruit du conjoint survivant (Lehr, *Elém. de dr. civ. espagnol*, II, n° 769).

La représentation est admise en ligne directe au profit des descendants légitimes ou naturels ; en ligne collatérale au profit des descendants des frères et sœurs.

Tout ascendant qui hérite des biens que le défunt avait reçus à titre gratuit d'un autre ascendant, ou de l'un de ses frères, est obligé de restituer ces biens aux héritiers de l'ascendant ou du frère donateur jusqu'au 3e degré (art. 811).

Les héritiers à réserve sont :

Les descendants à concurrence des deux tiers ; l'ascendant peut disposer de la moitié de cette réserve au profit de l'un des réservataires, à titre de *mejora* ;

Les ascendants à concurrence de moitié ; l'époux survivant et l'enfant naturel.

Le Code civil espagnol admet d'ailleurs l'exhérédation des héritiers réservataires dans certains cas déterminés.

33. Portugal. — Le régime successoral est réglé par les art. 1968 et suiv. C. civ., de 1868.

Les ordres successifs sont les suivants :

1° Les descendants, avec droit de représentation au profit des enfants des prédécédés. Les illégitimes viennent en concours avec les légitimes ; leur part est généralement égale à la réserve de ceux-ci diminuée d'un tiers ;

2° Les ascendants. Le père et la mère, ou le survivant prennent la totalité des biens. Les autres ascendants succèdent par tête, à égalité de degré sans que l'on tienne compte des lignes ;

3° Les frères et sœurs et leurs descendants par représentation, lorsqu'ils sont en concours avec ceux des frères. Les germains ont une part double. Les illégitimes succèdent à défaut de légitimes ;

4° L'époux survivant ;

5° Les autres collatéraux jusqu'au 10e degré. A défaut d'héritiers légitimes les enfants naturels succèdent aux collatéraux de leurs père et mère ;

6° Le Trésor public.

La réserve est des deux tiers au profit des descendants et des père et mère ; de moitié au profit des autres ascendants. La loi permet l'exhérédation des héritiers réservataires dans certains cas déterminés.

En concours avec les héritiers qui le priment, le conjoint survivant sans ressources a droit, jusqu'au convoi à des aliments pris sur les revenus de la succession.

34. Guatémala. — Le Code civil de 1877 règle ainsi qu'il suit la dévolution des successions :

En première ligne viennent les descendants par souches ; ensuite les ascendants ; puis le conjoint survivant enfin les collatéraux jusqu'au 4e degré. A défaut d'héritiers la succession est appréhendée par l'Etat.

Parmi les collatéraux la préférence est accordée aux frères et sœurs légitimes du défunt avec droit de représentation au profit des neveux et nièces, mais seulement lorsqu'un des frères et sœurs a survécu. S'il y a concours de germains et de non-germains on suit la règle *paterna paternis, materna maternis*, les germains prenant les deux tiers et les autres le dernier tiers des biens dont on ne peut retrouver l'origine.

Les enfants illégitimes, en concours avec les légitimes, prennent le cinquième de la succession. Ils sont par ailleurs assimilés aux enfants légitimes, dans tous les cas à l'égard de leur mère et de sa famille, lorsqu'ils ont été reconnus à l'égard de leur père et de sa famille, tant au point de vue de leur propre succession qu'à celui de eur capacité à succéder. Cependant à égal degré, leurs ascendants maternels excluent ceux de la ligne paternelle ; d'autre part, en ligne collatérale, les frères et sœurs légitimes excluent les illégitimes à l'égard des biens provenant de la ligne du père ou de la mère à laquelle ils appartiennent.

En concours avec les descendants et les ascendants l'époux survivant a droit à la quarte conjugale : la veuve, si elle est indigente ; le veuf, s'il est indigent et, en plus, s'il est invalide, malade ou âgé de 60 ans.

La liberté illimitée de tester a été établie par la loi du 13 avril 1884, sans autre restriction que la réserve d'une rente viagère et alimentaire au profit de certains héritiers.

35. Pérou. — Le Code civil de 1855 attribue la succession d'abord aux enfants et descendants légitimes, par souches, puis aux ascendants légitimes. Viennent ensuite les frères et sœurs et leurs descendants par représentation ; s'il y a concours entre germains et non-germains on suit la règle *paterna paternis, materna maternis*. A leur défaut les autres collatéraux sont appelés à la succession jusqu'au 3e degré, le plus proche excluant le plus éloigné. S'il n'y a pas de parents les biens sont attribués aux établissements de bienfaisance du lieu du décès.

L'époux survivant recueille la succession lorsqu'il n'existe pas de collatéraux d'un degré inférieur au cinquième.

En présence des héritiers qui le priment l'époux survivant a droit à la quarte conjugale. En face de descendants elle ne peut dépasser ni 8.000 pesos, ni la réserve de chaque héritier.

Le Code péruvien a conservé une institution du vieux droit espagnol, celle des *réserves*. Le père ou la mère qui a des enfants de plusieurs mariages et qui succède à l'un de ses enfants légitimes, doit *réserver* ce qui provient de cette succession aux descendants issus du même mariage que l'enfant décédé. La même règle est suivie au cas où un autre ascendant recueille la succession d'un descendant dont les collatéraux ne sont pas ses héritiers réservataires.

Les enfants naturels (ceux du père lorsqu'ils ont été reconnus) ont droit au cinquième de la succession en présence d'enfants légitimes, à la moitié en concours avec des ascendants légitimes et au tout dans les autres cas. La part de chacun d'eux ne peut d'ailleurs dépasser celle d'un enfant légitime.

Leur succession est régie par des règles identiques à celles que nous venons d'exposer pour les enfants légitimes. Cependant, à égal degré, les ascendants maternels excluent ceux de la ligne paternelle ; lorsque la succession revient aux frères et sœurs tant paternels que maternels

on recherche l'origine des biens pour en régler la dévolution.

La réserve des enfants et descendants légitimes est des quatre cinquièmes ; celle des ascendants des deux tiers. La *mejora* dont on peut disposer au profit des enfants réservataires est d'un tiers. La loi accorde le droit d'exhérédation dans certains cas déterminés.

36. Brésil. — La dévolution successorale est réglée par les art. 959 et suivants de la *Consolidaçao das leis civis*. Elle comporte cinq ordres de successibles :

1o Les enfants succèdent par tête, les descendants plus éloignés par souche et par représentation. Les enfants illégitimes concourent avec les légitimes ; mais en ce qui concerne le père, il faut qu'ils aient été reconnus par acte authentique avant le mariage d'où sont nés les enfants légitimes ;

2o Dans l'ordre des ascendants le plus proche exclut les plus éloignés. Ainsi le survivant des père et mère recueille la totalité de la succession de l'enfant né de leur mariage.

Lorsque le survivant de deux époux vient à se remarier, les droits qu'il a recueillis ou qu'il recueille dans la succession de l'un des enfants de son premier mariage, sur les biens provenant de l'époux prédécédé, sont réduits à l'usufruit. Cette sorte de réserve n'a lieu qu'autant qu'il existe d'autres enfants issus du premier mariage ;

3o A défaut de descendants et d'ascendants les collatéraux viennent à la succession suivant leur degré. La représentation est admise au profit des enfants des frères et sœurs. Les frères et sœurs germains sont préférés aux consanguins et aux utérins.

Les collatéraux au delà du 10e degré ne sont pas appelés à la succession ;

4o S'il n'existe pas de parents, l'époux survivant, non séparé de corps, est appelé à la succession ;

5o En dernier lieu, l'Etat.

La réserve est des deux tiers, au profit des descendants et des ascendants ; la loi autorise l'exhérédation des réservataires dans certains cas spécifiés.

37. Mexique. — Le Code civil mexicain admet (art. 3844) six ordres d'héritiers : 1o les descendants, les ascendants et le conjoint survivant ; 2o les ascendants et le conjoint survivant ; 3o les frères et sœurs, leurs descendants et le conjoint survivant ; 4o le conjoint survivant ; 5o les autres collatéraux jusqu'au 8e degré ; 6o le fisc.

1er Ordre. — La répartition des biens entre les héritiers du premier ordre est des plus compliquées.

Le conjoint survivant a droit à une part d'enfant légitime, s'il est indigent et possède moins que cette part.

Parmi les enfants on distingue les légitimes, les *naturales* (nés de parents qui, au moment de la conception, auraient pu se marier régulièrement sans dispenses) et les *espurios* (adultérins, incestueux ou sacrilèges) ; parmi les ascendants, ceux du premier degré et ceux des degrés subséquents.

Les enfants légitimes partagent la succession par tête et leurs descendants par souche et par représentation. S'il existe des *naturales* ceux-ci partagent avec les légitimes, mais en leur abandonnant un tiers de leur part. Les *espurios* et la *naturales*, en concours avec les enfants légitimes, n'ont droit qu'à des aliments.

Les enfants *naturales*, à défaut de légitimes, partagent la succession par tête, mais leurs descendants n'y ont aucun droit. Les *espurios* leur cèdent la moitié de la part leur revenant ; les ascendants du premier degré, comptés pour une seule personne, partagent également avec eux. En leur présence les autres ascendants n'ont droit qu'à des aliments.

Les enfants *espurios* partagent également la succession lorsqu'ils y viennent seuls ; leurs descendants n'ont aucun droit de représentation. En leur présence les ascendants du premier degré prennent la moitié de la succession ; ceux des degrés subséquents, comptés pour une seule personne, partagent avec eux par parts égales.

Enfin les ascendants, quel que soit leur degré, n'ont droit qu'à des aliments lorsqu'ils sont en concours à la fois avec des enfants légitimes et *naturales*.

En concours avec des *naturales* et des *espurios* les ascendants du premier degré profitent, avec les *naturales*, du prélèvement de moitié opéré sur la part des *espurios*. Dans le même cas les autres ascendants n'ont droit qu'à des aliments ;

2e *Ordre*. — Le père et la mère ou le survivant d'eux recueillent toute la succession. Les autres ascendants partagent la succession par tête ; mais il y a fente et, s'il y a des ascendants dans les deux lignes, chacune d'elles prend moitié de la succession ;

3e *Ordre*. — Le conjoint survivant a droit à la moitié de la succession en présence d'un seul frère, au tiers lorsqu'il y en a plusieurs.

Entre eux les frères germains partagent également ; les utérins et les consanguins n'ont droit qu'à une demi-part. Les neveux succèdent par souches qu'il existe ou non des frères légitimes. Viennent ensuite les frères *naturales*, puis les frères *espurios* légalement reconnus ; enfin leurs enfants légitimes ;

4e *Ordre*. — Le conjoint survivant prend toute la succession à défaut de frères légitimes. En concours avec lui les frères illégitimes n'ont droit qu'à des aliments.

Les deux autres ordres ne donnent lieu à aucune observation.

Depuis 1884 (art. 3323) le Code civil mexicain admet la liberté absolue de tester. Il n'existe d'autre restriction qu'une réserve en rente viagère et alimentaire au profit des ascendants, des descendants et du conjoint survivant dans certains cas spécifiés.

38. Chili. — Le Code civil chilien, promulgué le 14 décembre 1855, fixe l'ordre de dévolution héréditaire ainsi qu'il suit (liv. 2, tit. 5) :

1er *Ordre*. — Les descendants légitimes partagent la succession soit par tête, soit par souche lorsqu'il y a lieu à représentation. L'époux survivant, s'il n'a pas de ressources suffisantes pour vivre a droit à une *porcion viudal* égale à une part d'enfant ;

2e *Ordre*. — Les ascendants, l'époux survivant et les enfants naturels viennent en concours de la manière suivante : on divise la succession en cinq parts dont trois pour les ascendants légitimes du degré le plus proche, une pour le conjoint, une pour les enfants naturels. A défaut de conjoint ou d'enfants naturels, on divise la succession en quatre parts dont trois pour les ascendants, l'autre pour le conjoint ou les enfants naturels. S'il n'y a ni conjoint, ni enfants naturels, les ascendants recueillent la totalité de la succession ;

3e *Ordre*. — Il comprend les frères et sœurs légitimes ou leurs descendants, par représentation, le conjoint, les enfants naturels. Chaque catégorie d'héritiers prend un tiers de la succession ; mais il y a accroissement au profit des deux autres catégories, si l'une d'elles vient à manquer ; s'il n'en existe qu'une seule, elle prend le tout. Les frères germains ont double part ;

4e *Ordre*. — Viennent ensuite les autres collatéraux jusqu'au 6e degré ; le plus proche exclut tous les autres ;

5e *Ordre*. — A défaut d'héritiers le fisc appréhende la succession.

La succession de l'enfant naturel est dévolue à ses descendants légitimes ; à défaut d'eux au père et à la mère s'ils l'ont reconnu, le conjoint en concours avec eux ayant droit à un quart ; puis viennent les frères et sœurs légitimes ou naturels, vis-à-vis d'eux le conjoint survivant a droit à la moitié de la succession.

La réserve des descendants est de trois quarts ; un tiers de cette réserve peut être attribuée à l'un des réservataires à titre de *mejora*.

La réserve des ascendants est de moitié.

39. Vénézuéla. — Le Code civil (art. 686 et suiv.) admet cinq ordres d'héritiers :

1er *Ordre*. — Les descendants légitimes viennent d'abord soit par tête, soit par souche avec représentation, en concours avec l'époux survivant qui prend une part d'enfant ;

2e *Ordre*. — Il se compose des ascendants légitimes, des enfants naturels et du conjoint survivant. Le partage a lieu par tiers, avec accroissement de la part revenant aux enfants naturels ou au conjoint au profit des ascendants soit pour le tout, soit en concours avec les enfants naturels ou avec le conjoint, selon les cas ;

3e *Ordre*. — A défaut d'ascendants la succession échoit par tiers, au conjoint survivant, aux enfants naturels et aux frères légitimes ou leurs descendants, par représentation (sans que la survivance de l'un des frères soit nécessaire pour y donner ouverture), et avec préférence des germains sur les utérins ou consanguins. Le partage a lieu par moitié entre le conjoint et les enfants naturels ou les frères légitimes lorsqu'il n'existe pas d'héritiers de l'une de ces catégories. A défaut de frères légitimes et d'enfants naturels le conjoint survivant recueille la totalité de la succession ;

4e *Ordre*. — La succession est ensuite dévolue aux autres collatéraux légitimes jusqu'au 4e degré, le plus proche excluant tous les autres ;

5e *Ordre*. — A défaut d'héritiers, l'Etat appréhende la succession à titre de déshérence.

La succession de l'enfant naturel échoit à ses enfants légitimes, puis à son conjoint survivant et aux enfants naturels par moitié ; viennent ensuite les enfants naturels seuls ; les ascendants et le conjoint par moitié, avec accroissement ; enfin les frères et neveux.

La réserve est réglée ainsi qu'il suit :

Celle des descendants est de moitié s'il existe deux enfants, d'un tiers s'il y en a plus, l'époux survivant étant compté pour un enfant.

Celle des ascendants, du conjoint survivant et des enfants naturels réunis est de moitié. Si l'une des trois catégories d'héritiers vient à manquer cette réserve est ramenée à deux cinquièmes, à un tiers ou à un cinquième, la part des ascendants paraissant être du double de celle du conjoint et celle du conjoint du double de celle des enfants naturels.

Le Code vénézuélien n'admet ni l'exhérédation, ni la *mejora*.

40. Uruguay. — Les art. 973 et suiv. C. civ. établissent six ordres d'héritiers :

1er *Ordre*. — Les descendants légitimes succèdent soit par tête, soit par souche et par représentation ;

2e *Ordre*. — Viennent ensuite, en concours, les ascendants légitimes du plus proche degré pour trois cinquièmes, le conjoint survivant pour un cinquième et les enfants naturels (avec représentation au profit de leurs enfants) pour un cinquième. Si l'une des deux dernières classes d'héritiers vient à manquer le partage a lieu par quarts, les ascendants en prenant trois. S'il n'existe que des ascendants ils prennent la totalité de la succession ;

3e Ordre. — A défaut de descendants ou d'ascendants légitimes, la succession se partage par quarts entre les classes d'héritiers suivantes : les frères légitimes (avec représentation au profit des neveux sans que la survivance d'un frère soit nécessaire), — le conjoint survivant, — les enfants naturels, — les enfants adoptifs. Il y a accroissement de classe à classe. En concours avec des germains les frères utérins ou consanguins ne prennent que demi-part ;

4e Ordre. — S'il n'existe pas d'héritiers des trois ordres précédents la succession est dévolue au père ou à la mère adoptifs ;

5e Ordre. — Ou aux autres collatéraux légitimes, jusqu'au 10e degré, le plus proche en degré excluant les autres ;

6e Ordre. — A défaut d'héritiers, l'Etat recueille la succession.

La succession de l'enfant naturel revient à ses descendants ; puis par tiers et avec accroissement entre eux, au conjoint, aux enfants naturels, aux enfants adoptifs ; ensuite au père ou à la mère naturels qui a reconnu le défunt ; enfin aux frères et sœurs.

La réserve des descendants se calcule comme en droit français.

Les ascendants et les enfants naturels ont droit à une réserve de moitié à partager également entre eux.

Le Code civil de l'Uruguay admet l'exhérédation des réservataires, mais rejette la *mejora*.

41. République argentine. — La dévolution successorale comporte six ordres d'héritiers :

1er Ordre. — Les descendants légitimes succèdent soit par têtes, soit par souches au moyen de la représentation. En concours avec le conjoint survivant ils lui abandonnent une part d'enfant. Les enfants naturels viennent également en concours avec les enfants légitimes ; leur part est déterminée au moyen du calcul suivant : on ajoute leur nombre à celui des enfants légitimes multiplié par quatre. Le chiffre ainsi obtenu donne la part de chaque enfant naturel, les enfants légitimes prenant quatre parts ;

2e Ordre. — Les ascendants légitimes succèdent par têtes, le plus proche excluant les plus éloignés. Le conjoint survivant vient en concours et partage également avec eux ; mais il n'a alors aucun droit sur la part d'acquêts du prédécédé. S'il existe des enfants naturels, ils prennent une moitié de la succession, l'autre moitié revenant aux ascendants. En cas de concours entre les ascendants, le conjoint survivant et des enfants naturels les ascendants prennent une moitié, les enfants naturels un quart et le conjoint un quart, sauf sur la part d'acquêts du défunt ;

3e Ordre. — A défaut de descendants et d'ascendants la succession est dévolue au conjoint survivant soit pour le tout, soit pour moitié (en perdant tout droit sur la part d'acquêts du défunt), s'il existe des enfants naturels, ceux-ci prenant l'autre moitié ;

4e Ordre. — A défaut de conjoint survivant les enfants naturels recueillent la totalité de la succession ;

5e Ordre. — Viennent ensuite les collatéraux, le plus proche excluant les plus éloignés ;

Cependant la représentation est admise au profit des descendants des frères et sœurs. De plus, les frères utérins ou consanguins sont primés par les germains ;

6e Ordre. — A défaut d'héritiers la succession est dévolue à l'Etat.

La réserve, sauf le droit d'exhérédation dans les cas prévus par la loi, est fixée aux 4/5 au profit des descendants,

aux deux tiers au profit des ascendants et à la moitié au profit de l'époux survivant.

42. Costa-Rica. — Il existe à Costa-Rica six ordres d'héritiers. En général la filiation naturelle crée les mêmes liens que la filiation légitime à l'égard de la mère et de sa famille.

1er Ordre. — Les enfants, les père et mère et le conjoint survivant partagent entre eux par têtes. Les descendants plus éloignés viennent à la succession par représentation et par souches. Les descendants naturels reconnus succèdent à leur père à défaut d'enfants légitimes ;

2e Ordre. — Viennent ensuite les aïeuls et autres ascendants ;

3e Ordre. — A défaut des héritiers des deux premiers ordres la succession est dévolue aux frères et sœurs. La représentation est admise au profit de leurs descendants, mais seulement lorsque l'un des frères ou sœurs a survécu au défunt ;

4e Ordre. — La succession échoit ensuite aux neveux et nièces lorsqu'ils ne peuvent venir par représentation. Ils partagent alors par têtes ;

5e Ordre. — Après eux viennent les oncles et les tantes du défunt ;

6e Ordre. — A défaut des héritiers énumérés ci-dessus, la succession revient à la commune du lieu du dernier domicile du défunt.

Le père naturel n'a droit à la succession de son enfant qu'autant qu'il l'a reconnu avec son consentement.

La législation de Costa-Rica admet la liberté illimitée de tester sous réserve d'une rente viagère ou alimentaire au profit de certains héritiers.

§ 2. — *Législations dérivées du droit français.*

43. — Le Code civil, introduit par Napoléon 1er dans les divers pays qu'il avait annexés à l'Empire français, a été conservé jusqu'à nos jours, plus ou moins modifié, par la plupart d'entre eux. Naguère encore il régissait un sixième de la population de l'Empire d'Allemagne. La Roumanie l'a adopté depuis sa constitution en Etat indépendant. Fait digne de remarque, notre droit a mieux résisté que le droit espagnol à l'expansion anglo-saxonne : la Louisiane et le Canada ont conservé le droit français, alors que les Etats du sud-ouest de l'Union américaine, régis il y a moins d'un demi-siècle par le droit hispano-mexicain, se sont ralliés les uns après les autres au système anglo-saxon. En dehors des Etats dont nous allons exposer la législation, nous devons citer comme suivant le droit français : la Pologne (V. *Russie*), la Louisiane (V. *Etats-Unis*) et les cantons de Genève et de Vaud (V. *Suisse*).

44. Belgique. — Ce pays est régi par notre Code civil ; il n'a pas encore modifié l'art. 767 (ancien) de ce Code, de sorte que le conjoint ne succède qu'à défaut des parents. L'avant-projet de révision, préparé par M. Laurent, attribue au conjoint survivant l'usufruit de la moitié des biens en concours avec les ascendants du défunt, des deux tiers en présence des ascendants, de la totalité en face des collatéraux.

45. Luxembourg (Grand-Duché de). — De même que la Belgique le Grand-Duché de Luxembourg n'a encore apporté aucune modification à notre Code civil. Un projet de loi tendant à modifier les art. 205, 767 et 1094 (droit de succession du conjoint survivant), après avoir donné lieu à un rapport de la section centrale, a été renvoyé au gouvernement dans la séance du 16 mars 1897.

46. Roumanie. — La Roumanie suit l'ordre successoral de notre Code civil, sauf quelques modifications.

Le partage par lignes n'a pas lieu, de sorte que les ascendants excluent toujours les collatéraux non privilégiés, et que le plus proche collatéral dans une branche prend toute la succession.

L'enfant naturel, même reconnu, n'a aucun droit dans la succession paternelle; mais il succède à sa mère et aux parents de celle-ci comme s'il était légitime, et cela même s'il est adultérin ou incestueux. La succession de l'enfant naturel décédé sans postérité passe à sa mère ou aux parents de celle-ci.

En principe, le conjoint ne succède qu'à défaut de parents au degré successible; seulement, si la veuve n'a pas de fortune, la loi lui accorde dans la succession du mari une part virile en usufruit, quand il laisse des descendants. Lorsque le mari ne laisse qu'un seul descendant, l'usufruit de la femme est d'un tiers et il ne commence à courir qu'après la cessation de l'usufruit légal. Enfin, lorsque le mari ne laisse que des ascendants ou des collatéraux, la femme succède à un quart en pleine propriété.

La réserve des père et mère est uniformément de moitié, qu'ils aient survécu tous les deux ou que l'un d'eux soit prédécédé.

47. Hollande. — Même régime qu'en droit français, sauf en ce qui concerne les père et mère. Ceux-ci ont droit à la totalité de la succession s'il n'y a ni descendants, ni frères, ni sœurs; — aux deux tiers s'il n'y a qu'un frère ou une sœur; — à la moitié s'il y a plusieurs frères et sœurs. Le père ou la mère survivant a la moitié de la succession en présence d'un frère ou d'une sœur; le tiers s'il y en a deux; le quart s'il y en a plus de deux.

Le conjoint ne succède qu'à défaut d'héritiers légitimes, mais prime tous les parents naturels.

La quotité disponible, en cas d'existence d'enfants, est fixée d'après leur nombre; elle est uniformément d'une part d'enfant.

48. Canada (1). — Le Code civil du Bas-Canada, promulgué le 1ᵉʳ août 1866, suit notre Code civil, mais sans le copier servilement. Il admet la liberté absolue de tester. La computation des degrés a lieu d'après les règles du droit canonique. La représentation est admise en ligne directe descendante et en ligne collatérale privilégiée.

Les enfants légitimes et leurs descendants sont appelés à la succession en premier rang. La succession est ensuite divisée en deux parts égales, l'une revenant aux père et mère ou au survivant, l'autre aux frères et sœurs ou à leurs descendants au premier degré. Les frères et sœurs germains ont double part. A défaut de ces héritiers il y a fente entre les lignes paternelle et maternelle. Dans chaque ligne c'est l'ascendant le plus proche qui recueille d'abord la moitié qui lui est dévolue; à défaut d'ascendant elle passe au collatéral le plus proche. S'il y a plusieurs héritiers du même degré et de même rang ils partagent par têtes.

Comme en France les ascendants succèdent seuls aux biens par eux donnés à leurs enfants ou descendants décédés sans postérité.

A défaut de parents du 12ᵉ degré le conjoint survivant recueille la succession. L'Etat, en dernier lieu, appréhende la succession à titre de déshérence.

Les enfants naturels n'ont droit, en toute occurrence, qu'à des aliments.

49. Italie. — Le Code italien de 1865 (art. 621 et suiv.) suit d'assez près notre Code civil quant aux successions.

(1) Il s'agit ici non du *Dominion* mais de la province de Québec. Les autres provinces sont régies par le droit anglais, spécialement l'Ontario.

Cependant il ne reconnaît pas le droit de l'ascendant donateur, ni les présomptions de survie établies pour les *comorientes*. Enfin, il est plus favorable que notre Code à l'enfant naturel et au conjoint survivant (Weiss, *Traité élémentaire de dr. internat. privé*, p. 844).

La succession est d'abord dévolue aux enfants légitimes ou à leurs descendants, par représentation. Viennent ensuite les père, mère, frères et sœurs du défunt: ils partagent par têtes; mais, en aucun cas la part du père ou de la mère ne peut être inférieure au tiers. La représentation est admise au profit des descendants des frères et sœurs. Qu'ils concourent avec des germains ou qu'ils soient seuls, les frères et sœurs utérins ou consanguins ne prennent jamais que la moitié de ce qui leur serait échu s'ils eussent été germains. S'il n'y a pas de frères et sœurs, le père et la mère ou le survivant d'eux recueille le tout.

Réciproquement si le père et la mère sont prédécédés, la succession échoit en entier aux frères et sœurs ou à leurs descendants par représentation.

La succession se divise ensuite par moitié entre les ascendants de la ligne paternelle et ceux de la ligne maternelle; mais le plus proche en degré exclut tous les autres, quelle que soit sa ligne.

A défaut des héritiers qui précèdent, la succession échoit au parent le plus proche sans distinction de lignes.

En dernier lieu (sauf les droits de l'époux survivant) l'Etat appréhende la succession lorsqu'il n'y a pas de parents au 10ᵉ degré.

L'enfant naturel, en concours avec des descendants légitimes, a droit à la moitié de la part qui lui serait revenue s'il avait été légitime; en concours avec les ascendants ou le conjoint du *de cujus*, il a droit aux deux tiers; en concours avec un ascendant et le conjoint, il prend tout ce qui reste après prélèvement du tiers au profit de l'un, d'un quart au profit de l'autre (C. civ. ital. art. 744 et 745).

Le conjoint survivant en concours avec des enfants légitimes prend l'usufruit d'une part héréditaire égale à celle de chaque enfant, sans que cette part d'usufruit puisse excéder le quart de la succession; en concours avec des ascendants, des frères et sœurs, descendants d'eux, ou des enfants naturels, il a droit à un tiers de la succession en toute propriété; ce droit est réduit à un quart s'il existe à la fois des ascendants et des enfants naturels; — en concours avec d'autres successibles jusqu'au 6ᵉ degré, il prend les deux tiers (art. 753 et 754). Mais il doit imputer sur sa part les avantages qu'il a reçus de son conjoint par contrat de mariage. Il a droit à la succession entière si le *de cujus* n'a laissé que des parents au delà du 6ᵉ degré (art. 755).

La quotité disponible (art. 805) est de moitié, en présence de descendants et des deux tiers en présence d'ascendants. Les parts du conjoint survivant et de l'enfant naturel sont prises sur la disponible.

Le conjoint est héritier réservataire. Sa réserve, en usufruit, est d'une part d'enfant (du quart au plus) en présence d'enfants, d'un quart en présence d'ascendants, d'un tiers en présence de collatéraux. Il conserve ses droits même au cas de nouveau mariage.

SECT. II. — PAYS DE DROIT GERMANIQUE.

50. — La dévolution successorale, dans les pays de droit germanique, est basée sur le système des parentèles. Ce système, lorsqu'il est pur, suit à peu près exactement l'arbre généalogique. Après avoir épuisé l'ordre des descendants on remonte successivement chaque degré de la ligne directe ascendante en admettant pour chacune d'elles le principe de la représentation. Ainsi à défaut de descendants la succession du défunt passe à son père et à sa mère chacun pour moitié ; si l'un d'eux est prédécédé il est représenté par ses descendants, qui sont les frères et sœurs du défunt, ses neveux et nièces, petits-neveux et petites-nièces, etc. S'il n'y a pas d'héritiers dans cette parentèle on passe à la seconde, puis à la troisième et ainsi de suite, en observant que tous les ascendants du même degré, ou leur descendance, partagent également et doivent être épuisés avant que l'on passe à la parentèle suivante.

Le tableau ci-dessous permettra de se rendre compte de la computation des degrés dans les successions régies par ce système :

Arrière-grands-parents	**3**	Descendants des arrière-grands-parents (3e parentèle)	
Grands-pères et grand'mères	**2**	(2e parentèle)	
Père et mère	**1**	(1re parentèle)	**3** Oncles et tantes (2e parentèle)
Défunt	**0**	**2** Frères et sœurs (1re parentèle)	**4** Cousins germains (2e parentèle)
Enfants	**1**		**3** Neveux et nièces (1re parentèle) **5** Petits-enfants des oncles et tantes (2e parentèle)
Petits-enfants	**2**		**4** Petits-neveux et petites-nièces (1re parentèle)

Nous avons divisé les pays de droit germanique en trois séries comprenant : 1° les pays allemands ou de droit allemand où domine le système des parentèles ; 2° les cantons suisses où, à côté du système des parentèles on rencontre avec le droit romain et le droit français le système du *vatermagen* ; 3° enfin les pays anglo-saxons qui admettent tantôt le droit germanique, tantôt le droit romain, quand ils n'appliquent pas l'un à la dévolution des meubles et l'autre à celle des immeubles.

§ 1er. — Pays allemands.

51. Autriche. — La loi autrichienne contient l'application la plus typique du système des parentèles (Code de 1811, art. 731 à 761).

La succession légitime s'arrête à la 6e parentèle (quadrisaïeuls et leurs descendants). Les enfants succèdent par parts égales, et les petits-enfants représentent leur auteur décédé. Le père ou la mère prédécédé sans descendants laisse sa part à son conjoint. Les frères et sœurs qui ne sont pas germains ne succèdent que d'un côté. Quand les aïeux sont appelés, la succession se partage par moitié entre les ascendants du père et les ascendants de la mère ; et dans chaque ligne on distingue deux branches (paternelle et maternelle) ; ainsi dans la troisième ligne il y a quatre branches, dans la 4e huit, dans la 5e seize. Si dans chaque ligne il y a des représentants de chaque branche, chacune de celles-ci a une part égale ; si l'une des branches est éteinte, sa part accroît à celle d'entre elles provenant de la même souche. Un parent peut appartenir à deux branches et cumuler deux parts. Les enfants naturels ont les mêmes droits que les enfants légitimes sur la succession de leur mère, mais n'ont aucun droit sur celle de leur père ; et réciproquement lorsque ce sont les enfants naturels qui transmettent leur succession.

Une législation spéciale, ayant pour but d'éviter le morcellement, règle la dévolution par succession des domaines ruraux de moyenne étendue (L. 1er avr. 1889 ; *Ann. de législ. étr.*, 1890, p. 331).

Le conjoint a droit à l'usufruit d'une part d'enfant, s'il y en a trois au plus ; s'il y en a moins, il a droit à l'usufruit du quart. S'il n'existe pas d'enfant, mais seulement un autre héritier légitime, il a le quart de la succession en toute propriété. Il a toute la succession à défaut de parents. Son droit ne constitue pas une réserve et tombe par la séparation de corps.

L'héritier n'est jamais saisi de plein droit de la succession : jusqu'à l'acceptation l'hérédité est censée possédée par le défunt. On peut renoncer à une succession future. Les créanciers peuvent, même avant la décision de l'héritier appelé, faire nommer un curateur à la succession : en ce cas l'héritier n'est plus tenu *ultra vires*.

La réserve des descendants est de moitié, celle des ascendants du tiers. L'exhérédation des réservataires est admise dans certains cas déterminés.

52. Hongrie. — La législation successorale de la Hongrie s'écarte peu de celle de l'Autriche. La principale différence vient de ce que l'on tient compte de l'origine des biens pour régler leur dévolution. Les biens d'acquêt reviennent par moitié au conjoint survivant et aux descendants du défunt, et, à défaut de ceux-ci, au conjoint seul. Quant aux biens propres, ils sont distribués d'après le système autrichien des parentèles, mais avec application de la règle *paterna paternis, materna maternis*. Le conjoint n'a droit aux biens propres qu'à défaut de parents. Le fisc vient en dernier lieu.

La succession des ecclésiastiques échoit par tiers à l'église, au fisc (ou aux pauvres dans certains cas) et à la famille du défunt.

Les enfants naturels n'ont aucun droit sur les successions de leurs parents.

Le gouvernement hongrois préparait, il y a une dizaine d'années, un projet de loi sur les successions (*Ann. de législ. étr.*, 1890, p. 382). Ce projet, jusqu'à présent, ne paraît pas avoir été discuté.

53. Allemagne. — Depuis le 1er janvier 1900 l'empire d'Allemagne est régi par le Code civil promulgué le 16 août 1896. Ce Code remplace par une législation uniforme les innombrables statuts de l'empire. D'après les chiffres fournis au cours de la discussion, sur les 50 millions d'habitants composant sa population, 7 0/0 suivaient le droit saxon, 17 0/0 le droit français, 33 0/0 le *gemeinrecht* ou droit commun romain modifié par de vieux droits allemands particuliers, et 43 0/0 le *landrecht* prussien.

Le nouveau Code réglemente la dévolution des successions (liv. V, sect. 1, art. 1922 à 1941) d'après le système des parentèles, tout en lui faisant subir quelques modifications : c'est ainsi qu'à partir de la parentèle des bisaïeuls il n'y a plus de représentation et qu'à défaut de parentèle d'aïeuls l'époux survivant recueille toute la succession.

Il est précédé d'une loi d'introduction réglant des questions qui ne présentent qu'un intérêt temporaire ou ne s'appliquant qu'à certaines catégories de citoyens, ne pouvaient figurer dans le Code.

D'après cette loi, la succession d'un allemand est régie par la loi allemande, même lorsqu'il était domicilié à l'étranger (art. 24). Réciproquement la succession de l'étranger domicilié en Allemagne est dévolue d'après les lois de l'État auquel il appartient (art. 25). Il n'est pas dérogé aux constitutions familiales ou aux lois des États confédérés qui régissent les biens des princes régnants, des familles souveraines ou médiatisées (art. 57, 59 et 216) ; aux dispositions des lois des États sur la succession de l'*anerbe* (1), et sur la dévolution des biens, en cas de déshérence, au profit des corporations, fondations ou établissements publics substitués au fisc.

L'héritier, d'après le Code allemand, représente la masse des biens et non le défunt. Il ne peut être tenu *ultra vires* qu'au cas où, volontairement, il a confondu le patrimoine du défunt avec le sien.

Pour être héritier il faut être vivant au moment de l'ouverture de la succession ; l'enfant conçu à cette époque est réputé vivant au point de vue de la dévolution (art. 1923).

Il y a cinq ordres d'héritiers. La représentation est admise dans les trois premiers.

Les héritiers de ces trois premiers ordres, appartenant à la fois à plusieurs souches, cumulent les différentes parts qui leur échoient dans chaque souche (art. 1927). De même l'époux survivant, lorsqu'il fait partie des parents appelés à la succession, prend à la fois la part qui lui revient comme conjoint et celle qui lui échoit comme héritier (art. 1934).

Le premier ordre comprend les enfants légitimes du défunt ou leurs descendants (art. 1924). Le second les père et mère (art. 1925) ; ils héritent par moitié ; si l'un d'eux est prédécédé il est représenté par ses descendants. A défaut de descendants le survivant hérite seul. Le troisième ordre se compose des aïeuls du défunt (art. 1926). Ils partagent par têtes.

La part des prédécédés échoit à leurs descendants et, à défaut de descendants, soit à l'autre aïeul de la même ligne, soit à ses descendants s'il est lui-même prédécédé.

A défaut d'héritiers dans une ligne, la succession passe en entier aux héritiers de l'autre ligne.

Les héritiers du quatrième ordre sont les bisaïeuls du défunt et leurs descendants (art. 1928). Les bisaïeuls survivants héritent seuls et par parts égales, sans distinction de ligne. Ce n'est qu'à défaut de l'un d'eux que leurs descendants peuvent être appelés à la succession. Parmi ces derniers le plus proche exclut les autres ; s'ils sont plusieurs du même degré ils partagent par têtes.

Le cinquième ordre comprend les parentèles suivantes (art. 1929). Elles sont régies, au point de vue de l'ordre successoral, par les règles établies pour la parentèle des bisaïeuls.

Les droits du conjoint survivant sont déterminés par les art. 1931 à 1934. Ils ne peuvent être exercés au cas où le défunt, à l'époque de son décès, avait le droit de demander le divorce, pour une faute de son conjoint, et avait déjà intenté l'action en divorce ou en séparation de corps.

(1) En vertu d'une institution spéciale à l'Allemagne, l'*höferecht*, le *bauerhoff* (on logis de ferme avec les champs qui en dépendent) est considéré comme indivisible. La succession à ce bien est distincte de l'autre succession : elle se transmet toujours à un seul des héritiers qui prend un nom spécial, *anerbe*. Elle n'a lieu qu'en ligne directe (de la Grasserie, *La liberté testamentaire chez les peuples étrangers* ; *Réforme sociale*, année 1897).

En concours avec les descendants le conjoint survivant a droit au quart de la succession ; à la moitié en présence de parents du second ordre ou d'aïeuls. S'il se trouve en concours avec les parents du troisième ordre et, s'il existe à la fois des aïeuls et des descendants d'aïeuls, il prend, sur l'autre moitié, la part qui reviendrait aux descendants.

Enfin il recueille toute la succession lorsqu'il n'y a ni parents des deux premiers ordres, ni aïeuls.

A défaut de parents et de conjoint survivant la succession est dévolue à l'État confédéré auquel le défunt appartenait (art. 1936).

L'enfant naturel, reconnu par le père ou dont la filiation a été établie vis-à-vis de celui-ci, ne peut jamais obtenir qu'une pension alimentaire. Il en est tout différemment à l'égard de la mère : l'enfant naturel reconnu par sa mère est entièrement assimilé à l'enfant légitime ; il est héritier de tous les parents de sa mère, le cas échéant.

La réserve est uniformément fixée, pour chaque réservataire et en toute propriété, à la moitié de sa part *ab intestat*.

Sont héritiers réservataires : les descendants du défunt, les père et mère et le conjoint survivant. Celui-ci conserve ses droits, même au cas où il vient à se remarier.

Le Code allemand admet l'exhérédation dans certains cas extraordinaires, soit comme punition contre le réservataire, soit dans le but de permettre d'attribuer aux héritiers légitimes du prodigue la part lui revenant dans la réserve.

54. Russie. — L'acceptation de la succession sous bénéfice d'inventaire n'est pas autorisée : l'héritier n'a le choix qu'entre deux partis, l'acceptation pure et simple entraînant l'obligation de payer les dettes, même *ultra vires*, et la renonciation (*Svod*, 1259, 1265 et s.).

L'ordre successoral de la loi russe est le suivant :

1. DROIT COMMUN. — 1° Enfants mâles du défunt et leurs descendants par représentation (*Svod*, 1127) ; 2° les filles et leurs descendants par représentation (1132) ; 3° les frères germains et leurs descendants (1135) ; 4° les sœurs germaines et leurs descendants ; 5° les frères consanguins ou utérins et leurs descendants (1140) ; 6° les sœurs consanguines ou utérines et leurs descendants (1140) ; 7° les autres collatéraux, en commençant par les oncles ou tantes et leurs descendants (*Svod*, 1137). Cette énumération montre qu'en Russie le privilège de masculinité existe encore, mais non le droit d'aînesse : les fils succèdent par tête (Lehr, *Éléments de droit civil russe*, I, n° 483, II, n° 1619).

De plus les filles ne sont pas privées de tout droit par la présence d'héritiers de la première classe ; dans ce cas elles prélèvent chacune, avant tout partage, un quatorzième des immeubles et un huitième des meubles de la succession, mais sans que la part d'une fille puisse excéder celle d'un de ses frères.

Les ascendants n'ont aucun droit de succession. Cependant les père et mère ont un droit de retour sur les biens respectivement donnés par chacun d'eux à leurs enfants décédés sans postérité et un droit d'usufruit sur leurs biens acquêts.

Entre frères et sœurs et autres collatéraux, on s'attache à l'origine des biens. Les biens provenant du père sont dévolus aux frères germains, aux frères consanguins et aux collatéraux paternels ; ceux provenant de la mère aux frères germains, aux frères et aux collatéraux maternels. Enfin, en principe, les acquêts sont attribués au côté paternel.

Le conjoint survivant a droit, à *titre de réservataire*, au septième des immeubles, et au quart du mobilier. Lorsque le défunt n'a laissé que des meubles, le conjoint est admis à exercer sur les immeubles appartenant à son beau-père les droits qu'il eût pu réclamer sur la fortune immobilière du prémourant, si celui-ci eût succédé à son auteur.

À défaut d'héritiers la succession est dévolue à l'État, qui est primé cependant, dans plusieurs cas, par certaines collectivités dont le défunt faisait partie. Ainsi, en cas de déshérence, l'Église succède aux biens des ecclésiastiques, les établissements scolaires à ceux des fonctionnaires qui en dépendent, les communes rurales à ceux des paysans qui y sont immatriculés, les immeubles d'un noble héréditaire au corps de la noblesse de la province où ils sont situés, et ses biens mobiliers à la corporation des nobles sur le registre de laquelle le défunt était inscrit.

La législation russe interdit d'une manière absolue de disposer des biens propres par testament. À l'inverse, la liberté de tester est entière à l'égard des acquêts.

II. Gouvernement de Tchernigof et de Poltava. — La dévolution successorale est dévolue ainsi qu'il suit. S'il s'agit de l'hérédité du père : 1° les fils légitimes et leurs descendants, les filles en concours avec eux n'ayant droit qu'à une dot ; 2° à défaut d'héritiers de cette classe, les filles et leurs descendants. S'il s'agit de l'hérédité de la mère, les fils et les filles à rang égal, et respectivement leurs descendants, par représentation. À défaut d'enfants ou de descendants on applique le droit commun des autres parties de l'Empire (Lehr, op. cit., I, n° 455).

III. Pologne. — En Pologne on a conservé la législation française. Ce sont donc les règles de notre droit civil qui sont appliquées à la dévolution successorale.

Les droits de l'époux survivant sont réglés par une loi du 23 juin 1825. S'il y a des enfants, le conjoint survivant a droit à une part d'enfant. Il a droit, à défaut d'enfants, au quart en propriété de l'hérédité, s'il est en concours avec des parents du 4e degré ou plus proches, et à la moitié, s'il est en concours avec des parents plus éloignés. Enfin il recueille toute la succession à défaut de parents et d'enfant naturel.

Il a droit à titre de réserve à la moitié des quotités ci-dessus fixées (Lehr, op. cit., I, n° 476).

IV. Provinces baltiques. — Les droits de succession respectifs des époux font l'objet de 160 articles (1709-1869) dans le Code des provinces baltiques et varient suivant la ville où les époux sont domiciliés et suivant leur condition sociale. Il est impossible de donner ici même le résumé de cette législation (Lehr, op. cit., I, n° 477).

À défaut d'héritiers, la succession est dévolue à l'État qui peut cependant être primé par la corporation à laquelle appartenait le défunt : l'Église si le de cujus était ecclésiastique, l'établissement d'instruction publique auquel appartenait le défunt, la noblesse de la province, s'il était noble (V. Annuaire de législation étrangère, 1894, p. 614), la commune rurale, si c'était un paysan, etc.

La succession s'ouvre par la mort naturelle, par la privation des droits civils et civiques, par l'entrée dans les ordres monastiques.

L'acceptation bénéficiaire de la succession n'est pas admise.

Les provinces baltiques suivent le droit commun à l'égard des biens dont il est permis ou non de disposer par testament. Cependant les descendants du défunt ont une créance alimentaire lorsqu'ils sont privés des acquêts ou meubles par un acte de dernière volonté.

55. Suède. — Le Code de 1734 applique plusieurs principes du droit germanique, mais admet aussi nos trois ordres d'héritiers.

Les descendants sont appelés en première ligne ; il y a représentation et partage par souches.

Viennent ensuite les père et mère, par moitié. La part du prédécédé échoit aux frères et sœurs ou à leurs descendants, par représentation. Ce n'est qu'à défaut de frères et sœurs que le survivant des père et mère recueille toute la succession.

S'il n'y a ni père, ni mère, ni frères et sœurs ou descendants d'eux, la succession passe à la parentèle des aïeuls, à leur défaut viennent les frères et sœurs des aïeuls, ensuite les bisaïeuls, puis les cousins germains.

S'il n'y a pas d'héritiers dans ces parentèles le plus proche en degré, ascendant ou collatéral, hérite seul.

En cas de concours, dans la même parentèle, de collatéraux de branches différentes, celui qui dérive du plus proche ascendant exclut les autres. Les germains n'excluent pas les utérins ou consanguins, mais ils prennent double part.

Une particularité remarquable est la suivante : les biens de ville sont partagés également entre le père et la mère ; à la campagne le père a droit aux deux tiers et la mère seulement à un tiers.

Une loi du 27 juin 1890 a abrogé le privilège que l'ancien texte de 1734 attribuait aux frères sur les sœurs dans les partages de succession (Ann. de législ. étr., 1891, p.679).

Le conjoint, quels que soient les héritiers, n'a droit, outre sa part dans la communauté, qu'à un vingtième de la succession, à titre de préciput.

La loi du 21 décembre 1857 institue une réserve au profit des seuls descendants : elle est de moitié.

Norwège. — En Norwège, le conjoint a droit à une part d'enfant mâle ; à défaut d'enfants mâles il a le choix entre la moitié de la succession ou le quart des apports de son conjoint dans la communauté.

Une loi du 27 juin 1892 règle les devoirs du père envers ses enfants naturels. Elle est étrangère aux droits successoraux de ces derniers et se borne à fixer, par son art. 18, la quotité à prélever sur la succession du père naturel pour les alimens dûs à l'enfant né hors mariage (Ann. de législ. étr., 1893, p.674).

56. Danemark. — La dévolution successorale est régie par les lois du 21 mai 1845 et du 29 décembre 1857.

La succession est en premier lieu dévolue aux enfants ou à leurs descendants avec droit de représentation et par souches. Viennent ensuite le père et la mère, par moitié ou leurs descendants, par souches. À défaut de descendants de l'un d'eux, le survivant ou ses descendants recueillent le tout.

La succession est ensuite partagée entre les deux lignes paternelle et maternelle. La moitié échue à chaque ligne revient d'abord aux grand-père et grand-mère, par moitié. Le prédécédé est remplacé par ses descendants, comme dans la parentèle des père et mère. S'il n'y a aucun héritier dans une ligne, l'autre recueille le tout.

On remonte ensuite de parentèle en parentèle en observant les mêmes règles.

À défaut de parents le conjoint survivant recueille toute la succession.

En outre, il a une part d'enfant, du quart de la succession au plus, en présence de descendants ; en concours avec d'autres héritiers, il a le tiers. Son droit constitue une réserve.

§ 2. — Suisse.

57. — La Suisse est le pays où le droit civil présente les plus grandes complications. Non seulement chaque canton a sa législation propre, mais encore ces légis-

lations dérivent de principes complètement opposés (1).
On peut diviser, en effet, la Confédération helvétique en
deux parties : l'une où le droit germanique règne sans
partage, l'autre régie par le droit romain : cette dernière
comprend les cantons de Fribourg, Genève, Neufchâtel,
Tessin et Vaud : chacun d'eux possède un Code complet.
Dans la Suisse allemande, Argovie, Berne, Grisons, Lucerne, Schaffouse, Soleure, Zurich, Glaris et Zoug ont un
Code ; — Schwytz, Uri, St-Gall et d'autres ne sont régis
que par de vieux statuts locaux.

Les principes généraux qui régissent la Suisse allemande,
tirés du droit germanique, sont les suivants :

1° Le droit de succession est un droit de famille auquel
le *de cujus* ne peut porter atteinte que dans d'étroites limites ;

2° Le système adopté est celui des *parentèles* : tous les
héritiers issus d'un même auteur forment un groupe, excluant tous ceux du groupe plus éloigné : on ne tient
compte des degrés que dans une même parentèle. Les enfants naturels n'ont aucun droit dans la succession de leur
père, mais héritent de leur mère comme s'ils étaient légitimes ;

3° A Zurich, Zoug, Bâle, Thurgovie et dans les Grisons,
le principe de la *fente* (partage par moitié entre la ligne
paternelle et la ligne maternelle) est admis. A Schaffouse
et à Neufchâtel on applique la vieille règle : *paterna paternis, materna maternis*. Dans les cantons d'Unterwald, de
Schwytz, d'Uri et de Lucerne, la succession échoit, à défaut de postérité, à la ligne paternelle (système du *Vatermark*) ; dans ceux d'Appenzell, St-Gall, Argovie et Soleure, au parent le plus proche en degré et au conjoint
survivant ;

4° La représentation est admise plus largement qu'en
France ; tantôt à l'infini, tantôt jusqu'à la parentèle grand-
paternelle ;

5° Les mâles ont droit tantôt à une part plus forte que
les filles, tantôt à un prélèvement sur certains biens. A
Berne et à Soleure existe le droit de *juveignage* ou privilège du fils cadet ;

6° Les collatéraux ont droit à une réserve sauf à Berne,
Bâle, Argovie. La quotité disponible varie à l'infini. Dans
le district d'Einsiedel (Schwytz), elle est *absolue*. Dans le
reste du canton de Schwytz et à Unterwald-le-Haut, elle
est nulle, s'il y a des descendants ; à Appenzell (Rh. int.)
elle est de 2 0/0 ; à Appenzell (Rh. ext.) et Uri, de 10 0/0 ;
à Glaris, de 15 0/0. A Schaffouse le *de cujus* ne peut disposer de ses biens que s'il ne laisse pas de parents du tout.

Nous allons passer en revue la législation de chacun des
23 cantons dans l'ordre que nous avons adopté pour l'ensemble de cette étude : *cantons de droit romain*, Bâle-
Campagne, Bâle-Ville, Tessin, St-Gall, Fribourg, Neufchâtel, Vaud, Genève ; *cantons de droit germanique*, système
des parentèles, Schaffouse, Grisons, Valais, Thurgovie,
Glaris, Zurich, Soleure, Zoug, Argovie, Appenzell (Rhodes
extérieures), Appenzell (Rhodes intérieures), Berne ; système du *vatermark*, Lucerne, Schwitz, Unterwald-le-Bas,
Unterwald-le-Haut, Uri (2).

(1) Cet état de choses paraît appelé à disparaître à bref délai.
L'unification du droit civil (art. 64 de la constitution de 1874)
a été soumise à un *referendum* le 13 novembre 1898 : 264.904
suffrages se sont prononcés pour la loi et 101.762 contre elle,
tandis que 15 cantons et 3 demi-cantons l'ont votée (*Ann. lég.
étr.*, 1898, p. 529).

(2) Pour les détails on consultera avec fruit sur ce sujet l'ouvrage suivant qui nous a été précieux pour la préparation de
la présente étude : C. Lardy, *Les législations civiles des cantons suisses*, Paris, Sandoz, 1877.

58. Bâle-Campagne. — Loi du 20 avril 1891, §§ 40 à
46 (1). Ordre : 1° descendants ; 2° père et mère ; si l'un
d'eux seulement survit, il prend le tout ; 3° frères et sœurs
et leurs descendants sans distinguer entre les frères et
sœurs germains, utérins et consanguins.

Dans le cas des 1° et 3° la représentation a lieu à l'infini
et la succession se partage par souches ;

4° A défaut de frères ou sœurs ou descendants, le plus
proche parent du défunt, à l'exclusion de toute représentation ; 5° au delà du 5e degré la succession est dévolue
au conjoint survivant ; à défaut de celui-ci, à l'État, à titre
de déshérence.

Les enfants naturels sont assimilés aux légitimes à
l'égard de la mère et de leurs parents maternels.

Il n'existe pas de droit d'hérédité entre eux et leur père
ou les parents de celui-ci.

59. Bâle-Ville. — Loi du 10 mars 1884 : 1° le conjoint
a les deux tiers de la succession, les enfants l'autre tiers ;
2° les père et mère ; 3° les frères et sœurs, sans distinction entre les consanguins ou utérins et les germains ;
dans tous ces cas la représentation est admise à l'infini
et le partage a lieu par souches ; 4° le collatéral le plus
proche en degré, jusqu'au 5e degré ; 5° le conjoint ; 6°
l'État.

Les enfants naturels sont traités comme à Bâle-Campagne.

Le conjoint, outre ses deux tiers en propriété, a l'usufruit du tiers dévolu aux enfants communs, mais jusqu'à
leur majorité seulement.

La quotité disponible en présence de descendants est
d'une part d'enfant, et du quart au plus de la succession ;
— en présence des père et mère de la moitié ; — de la
la totalité s'il n'y a que des héritiers d'un autre ordre.

60. Tessin. — Code de 1837 et loi du 31 mai 1856 :
1° descendants avec représentation à l'infini, et partage
égal ; 2° ascendants, moitié à la ligne paternelle, moitié à
la ligne maternelle, le plus proche dans chaque ligne excluant le plus éloigné. Si les ascendants font défaut dans
une ligne, les frères et sœurs du défunt recueillent la part
afférente à cette ligne ; à leur défaut les ascendants recueillent toute l'hérédité ; 3° frères et sœurs et leurs descendants, les germains seuls prenant part dans les deux
lignes ; 4° les collatéraux pour les 2/3 de la succession et
le conjoint pour 1/3. Au delà du dixième degré (computation romaine), les parents ne succèdent plus ; 5° le conjoint survivant ; 6° l'État.

Un décret législatif du 14 janvier 1893, modifiant l'art. 577
C. civ., donne aux cohéritiers mâles un droit de préférence
quant aux immeubles de la succession (*Ann. de législ.
étrang.*, 1894, p. 558).

Les enfants naturels n'ont droit qu'à des aliments. Ils
ne recueillent la succession qu'à défaut de parents et de
conjoint. Ils ont pour héritiers, à défaut de descendants,
les père et mère qui les ont reconnus, ou leurs frères et
sœurs naturels.

Le conjoint survivant a droit au tiers de la succession
en l'absence de frères ou sœurs, à la totalité en l'absence
de parents au degré successible. De plus il a des *droits de
survie* :

1° *Régime de la séparation de biens.* — Le conjoint a
droit à l'usufruit de la moitié des *biens libres* du défunt,
s'il n'y a pas de postérité ; s'il y en a, l'usufruit ne porte
que sur une part d'enfant ;

2° *Régime dotal.* — A. Le mari survivant a droit, en
l'absence d'enfant, à la dot et au trousseau de la femme.

(1) *Annuaire de législation étrangère*, année 1892, p. 687.

S'il y a des enfants de la défunte d'un précédent mariage, le mari a le trousseau et une part de la dot égale à une part d'enfant. S'il n'y a que des enfants communs le mari a la jouissance des biens dotaux. S'il y a des enfants de deux catégories la jouissance ne porte que sur la partie de la dot dévolue aux enfants communs. — B. La femme, en l'absence d'enfant, reprend sa dot, son trousseau, ses paraphernaux et prélève sur les biens du mari sa contre-dot (moitié de la dot). Si le mari a laissé des enfants communs ou issus de précédents mariages, la veuve reprend sa dot, son trousseau, ses paraphernaux, et l'usufruit de la contre-dot, dont la nue-propriété appartient aux enfants communs. — *En outre*, sous ce régime, le survivant a sur les *biens libres* du prédécédé les mêmes droits que sous le régime de séparation de biens.

La quotité disponible est de moitié en présence de descendants légitimes, père ou mère, et ascendants *paternels* ; à défaut de ceux-ci elle peut absorber toute la succession.

Les substitutions sont permises, les successions contractuelles interdites.

61. Saint-Gall. — Lois des 9 décembre 1808, 30 mars 1819, 16 août 1832 : 1° enfants légitimes et leurs descendants, avec représentation à l'infini. Les fils ont le droit d'exiger les immeubles et outils d'agriculture à un taux modéré ; 2° père et mère, le survivant recueillant la part du prédécédé ; 3° frères et sœurs germains, et leurs descendants du premier et du second degré ; en concours avec les père et mère ils ont la moitié de la succession ; en concours avec d'autres ascendants, ils ont droit aux deux tiers. Les utérins et consanguins concourent avec les germains, mais les utérins n'ont que la moitié de la part revenant à un germain. Si les frères et sœurs sont seuls ils partagent par têtes ; les neveux et nièces par souches s'ils concourent avec leurs oncles ou tantes ; s'ils concourent entre eux, le partage a lieu par têtes ; 4° ascendants, les deux lignes succédant chacune par moitié et l'ascendant le plus proche dans chaque ligne excluant les plus éloignés.

Les enfants naturels n'ont aucun droit dans la succession de leur père, mais sont considérés comme légitimes dans celle de leur mère. Ils ont pour héritiers leur mère, et à défaut leurs frères et sœurs, ou leur commune d'origine.

Le conjoint hérite d'une part d'enfant, s'il y a des descendants ; s'il n'y en a pas, de la moitié de la succession ; du tout, à défaut de parents au degré successible.

Quiconque veut tester doit verser 2 0/0 du montant des legs aux pauvres de sa commune d'origine. La quotité disponible est de moitié s'il y a un seul descendant légitime ; s'il y en a deux, du tiers ; s'il y en a trois ou plus, du quart. Le conjoint survivant est compté comme un enfant. S'il y a le père et la mère ou des ascendants dans les deux lignes, le disponible est de moitié, et du tiers s'il y a un conjoint. En face du conjoint et d'héritiers ascendants que dans une ligne, et de moitié si le conjoint a survécu. En face du conjoint et d'héritiers autres que les précédents le testateur peut léguer la moitié de ses biens, et les deux tiers si le conjoint est prédécédé. Enfin si le seul héritier est le conjoint, il a une réserve du quart. Au delà, la quotité disponible comprend toute la succession.

Les contrats sur succession future entre un héritier et son auteur sont permis, mais ne peuvent porter atteinte à la légitime.

62. Fribourg. — Code de 1841 : La représentation a lieu à l'infini dans la ligne descendante ; n'a pas lieu en ligne ascendante. Elle est admise en faveur des descendants de

frères et sœurs même si aucun de ceux-ci n'est vivant.

1° En première ligne succèdent les descendants légitimes. Les fils prélèvent, à titre de prérogative masculine, un cinquième des biens de la succession *paternelle*, déduction faite de toutes charges ; mais le père peut réduire ou supprimer ce privilège. Les descendants des fils, même s'ils sont uniquement du sexe féminin, peuvent réclamer cette prérogative masculine. Les fils ou leurs représentants peuvent retenir les habits et armes du père, en tenant compte de leur valeur ; de même les filles pour les habits et bijoux de leur mère. — La succession *maternelle* est partagée également ; 2° à défaut de descendants, arrivent les frères et sœurs ou leurs descendants, les germains excluant les autres. Les père et mère ont l'usufruit de toute la succession ; 3° les père et mère, le survivant d'eux, ou, à défaut, l'ascendant le plus proche ; 4° le collatéral le plus proche, jusqu'au 10° degré ; en cas de concours, partage par têtes ; 5° le conjoint ; 6° la commune d'origine du défunt.

L'enfant naturel a la moitié de la part qu'il aurait eue s'il eût été légitime, en présence d'enfants légitimes ; les deux tiers en présence de frères et sœurs ou d'ascendants ; à défaut de ces héritiers il a le tout. Mais il n'a ces droits dans la succession de son père que s'il a été reconnu par celui-ci. Il n'a aucun droit sur les biens des parents de ses père et mère. Sa succession se partage par tiers entre son père, sa mère, son conjoint : si l'un de ceux-ci est prédécédé sa part accroît aux autres. A leur défaut les frères et sœurs légitimes ou naturels succèdent par tête.

Le conjoint, en l'absence d'enfant, a l'usufruit de toute la succession. En présence d'enfant d'un précédent mariage l'usufruit est du quart des biens (cessant en cas de convol, faillite, vie déréglée) ; s'il y a des enfants communs seulement, ou des enfants des deux catégories, la jouissance ne porte que sur la part des enfants communs. A partir de la majorité de chacun des enfants, elle est réduite à la moitié.

La quotité disponible est du quart lorsqu'il y a des enfants légitimes. Les enfants naturels ont une réserve des 3/4 de leurs droits légaux, et le conjoint ne peut être privé de l'usufruit de la légitime réservée à ses enfants.

63. Neufchâtel. — Code de 1855 : La loi de ce canton est la seule, avec celle de Schaffouse, qui tienne compte de l'origine des biens. Elle distingue les *acquêts*, les *biens paternels*, les *biens maternels*. Les biens d'une succession sont, jusqu'à preuve contraire, présumés acquêts.

1° Descendants, avec représentation à l'infini ; 2° ascendants, le père héritant des biens paternels, la mère des biens maternels, et tous deux partageant les acquêts. Si l'un et père et mère est décédé, le survivant conserve tous les acquêts, les biens de sa ligne, et l'*usufruit* des biens de l'autre ligne ; 3° frères et sœurs ; s'ils sont de lits différents ils partagent par lignes ; 4° grands-parents ; 5° collatéraux jusqu'au 12° degré (suivant la computation française), le plus proche excluant les autres. A remarquer qu'à partir du quatrième degré aucune distinction n'est admise entre les biens paternels, maternels ou d'acquêts.

L'enfant naturel reconnu a droit au tiers d'une part d'enfant légitime, s'il y a des descendants ; en présence des père et mère ou de frères et sœurs il réclame la moitié de la succession ; en présence d'autres ascendants ou de collatéraux, les trois quarts, et le tout s'il n'y a pas de parents au degré successible. S'il a reçu, du vivant des père ou mère, la moitié de la part à laquelle il a droit, avec déclaration expresse que cette avance comprend toute sa part, il ne peut plus rien réclamer. L'enfant naturel a pour héritiers les père et mère qui l'ont reconnu ; à défaut ses frères et sœurs légitimes pour les biens qu'il a reçus de ses père et mère, et ses frères et sœurs naturels pour les autres biens.

Le conjoint a droit à l'usufruit de la moitié de la succession, s'il y a des descendants légitimes ; s'il n'y en a pas, à l'usufruit de la totalité. Il a la pleine propriété de toute l'hérédité à défaut de parents au degré successible et d'enfants naturels.

La quotité disponible est de moitié, s'il y a des descendants légitimes ; de la totalité s'il n'y en a pas. Cependant les enfants naturels ont une réserve de la moitié de leurs droits légaux, et les droits de survie du conjoint doivent être sauvegardés. Ces droits du conjoint peuvent d'ailleurs être modifiés par le contrat de mariage.

64. Vaud. — Le Code civil français régit ce canton, à part les modifications suivantes :

A partir du 6e degré des collatéraux, la succession ne se divise plus entre les deux lignes ; elle est dévolue en entier au plus proche héritier. Les parents au delà du 10e degré ne succèdent pas.

Le conjoint succède à défaut de parents au degré successible ; il a droit à la moitié à défaut de descendants, père ou mère, frères ou sœurs ; en présence de ces deux dernières classes d'héritiers il recueille le quart ; enfin s'il n'y a que des descendants il a l'usufruit des biens qui sont dévolus à ceux-ci, jusqu'à leur majorité. Il ne peut être privé de l'usufruit de la légitime de ses enfants, et ne peut recevoir plus du quart des biens et de l'usufruit dû tout en l'absence d'enfants, et, s'il y en a, plus du quart en propriété seulement.

L'enfant naturel (L. 1er déc. 1855) a droit à une réserve égale à la légitime s'il n'y a pas d'enfants légitimes ; s'il y en a, sa réserve atteint la moitié de cette légitime. Il reçoit dans la succession de ses père et mère la moitié de ce qu'il aurait eu s'il avait été légitime, lorsque le défunt laisse des enfants ; sinon il a la moitié de la succession, et la totalité à défaut d'enfants, d'ascendants, de frères et sœurs et de conjoint.

Le disponible est de moitié des biens quel que soit le nombre des enfants ; du tout à leur défaut, sauf les droits déjà vus du conjoint et des enfants naturels.

65. Genève. — Ce canton est régi par le Code civil français, sauf les modifications suivantes :

L'enfant naturel dont la filiation est légalement constatée recueille, en présence d'enfants légitimes, la moitié de ce qui lui serait échu s'il avait été légitime ; en présence du père et de la mère du de cujus il a les 3/4 de l'hérédité, et si l'un des deux auteurs du défunt est prédécédé, sa part accroît à l'enfant. A défaut de ces héritiers il recueille toute la succession. Il succède à ses frères et sœurs comme s'il était légitime.

La succession de l'enfant naturel décédé sans postérité est dévolue pour un quart à son conjoint survivant, pour trois quarts à ses père et mère ; si l'un de ceux-ci est décédé sa part accroît au conjoint. S'il y a des frères et sœurs, ils partagent avec les 3/4 de l'hérédité ; si ceux-ci sont décédés ils partagent par moitié avec le conjoint ; si l'une de ces classes d'héritiers fait défaut, l'autre recueille toute la légitime.

Le conjoint survivant a droit (L. 5 sept. 1874) à l'usufruit de la moitié des biens du défunt laissant des enfants légitimes ; il perd cette jouissance en se remariant. En présence d'enfants naturels, des père et mère, des frères et sœurs du défunt, il hérite du quart en propriété. A défaut de ces héritiers il a la moitié des biens, et la tota-

lité à défaut de collatéraux. La successibilité est d'ailleurs limitée, à Genève, au huitième degré.

La quotité disponible est de moitié si le défunt laisse un enfant légitime ou naturel ; du tiers s'il en laisse deux, du quart s'il en laisse plus de deux. Elle est de moitié si à défaut de descendants il y a des ascendants dans les deux lignes, des trois quarts s'il n'y a d'ascendants que dans une seule ligne. Lorsqu'il y a trois enfants on peut donner à son conjoint un quart en propriété et un quart en usufruit, ou la moitié en usufruit. S'il n'y a pas d'enfants on peut lui assurer par contrat ou testament la propriété de la quotité disponible, plus l'usufruit de la légitime des réservataires. En tous cas l'époux impute sur sa part ce que lui a donné par contrat de mariage ou testament le de cujus.

66. Schaffouse. — Code de 1865 : 1o descendants, par parts égales ; en dehors de la ligne descendante les biens, se divisent en propres paternels, attribués à la ligne paternelle, propres maternels, attribués à la ligne maternelle, et acquêts, partagés entre les deux lignes ; 2o père et mère, en suivant la distinction ci-dessus ; si l'un d'eux est prédécédé ses descendants le remplacent, mais l'usufruit de sa part reste au survivant ; 3o frères et sœurs, les germains seuls héritent dans les deux lignes ; 4o grands-pères et grand'mères, représentés le cas échéant par leur postérité. Si un aïeul quelconque est prédécédé les biens que le défunt avait reçus de cet aïeul, la moitié des acquêts du père et du défunt, et le quart des acquêts du défunt sont dévolus à l'aïeul survivant ; 5o arrière-grands-parents,... etc. Il n'y a pas de limitation du degré successible, et à défaut des parents connus dans une ligne, le plus proche de l'autre ligne recueille toute la succession.

Les enfants naturels n'ont aucun droit dans la succession de leur père. Ils sont considérés comme légitimes dans celle de leur mère : celle-ci seule leur succède.

Le conjoint survivant, en présence d'enfants communs, jouit de l'usufruit de la succession entière, jusqu'à la majorité de tous les enfants ; après, cette jouissance est réduite de moitié. Mais si le conjoint se remarie, l'usufruit ne porte plus que sur une part d'enfant. Si, en plus des enfants communs, le de cujus laisse des enfants d'un précédent mariage, le conjoint survivant doit leur remettre immédiatement leur part, et a sur le reste les droits indiqués plus haut. S'il existe seulement des enfants d'un précédent mariage, le conjoint a la jouissance d'une part ; s'il n'y a pas d'enfant, il jouit de toute la succession ; il la recueille en toute propriété à défaut de parents au degré successible. Une réserve des trois quarts de ses droits est garantie par la loi au conjoint survivant.

On ne peut jamais disposer de plus du tiers des propres, des biens d'héritage. On peut disposer du tiers restant dans les limites suivantes : 1o en face de descendants légitimes, le disponible, en faveur de descendants, est du cinquième des acquêts et du tiers (soit 1/15 des biens d'héritage) ; en faveur de tiers, le disponible est réduit de moitié ; 2o en présence des père et mère, 1/12 des propres, 1/5 des acquêts ; 3o des frères et sœurs, 1/9 des propres, 2/3 des acquêts ; 4o des descendants des frères et sœurs, 1/6 des propres, tous les acquêts ; 5o des grands-pères et grand'mères, 2/9 des propres, et les acquêts ; 6o des oncles et tantes, 4/15 des propres et les acquêts. Au delà, le disponible est de toute la succession.

Les contrats de succession sont permis entre une personne et un de ses héritiers, et entre conjoints sans postérité. Sont autorisés également le fidéicommis au premier degré et la substitution vulgaire.

67. Grisons. — Code de 1862 : 1° descendants ; 2° père et mère par moitié ; la part du prédécédé va à ses descendants ; à défaut des père et mère arrivent les frères et sœurs ; 3° grands-parents ou leurs descendants ; 4° arrière-grands-parents, etc... sans limitation de degré successible. Mais la succession se divise entre les deux lignes, de sorte que si le père seul survit et qu'il n'y ait pas de descendants de la mère, le grand-père maternel hérite ; de même la 4ᵉ classe peut concourir avec la troisième.

Les enfants naturels n'ont de droits que dans la succession de leur mère.

Le conjoint a l'usufruit d'un tiers des biens en présence d'enfants, des deux tiers s'il n'y en a pas.

La quotité disponible, si les héritiers sont de la 1ʳᵉ classe, est d'un dixième des biens acquis par héritage(1), d'un tiers des biens acquêts ; si les héritiers sont de la 2ᵉ classe, un cinquième des héritages, moitié des autres ; de la 3ᵉ classe, un tiers de la totalité.

Cependant le conjoint peut être gratifié de l'usufruit de toute la succession pendant son veuvage, s'il y a des enfants ; pendant toute sa vie s'il n'y en a pas.

Les contrats sur successions futures sont valables si l'une des parties est celle dont la succession fait l'objet de l'acte.

68. Valais. — Code de 1853 : 1° descendants, par parts égales, représentés à l'infini ; 2° à défaut de descendants la succession se partage entre deux lignes ; dans la paternelle le père vient d'abord, puis les frères et sœurs germains et consanguins, puis les autres ascendants paternels, puis les collatéraux jusqu'au huitième degré. — *Idem* dans la maternelle. En ligne collatérale la représentation n'est admise qu'en faveur des descendants de frères et sœurs. A défaut de parents au degré successible dans une ligne, l'autre ligne succède.

L'enfant naturel a le tiers de la part qu'il aurait eue s'il avait été légitime, s'il y a des parents des deux lignes ; si l'une des lignes manque, il recueille la moitié attribuée à cette ligne. A défaut de parents au 8ᵉ degré il a droit à toute l'hérédité. Son père et sa mère lui succèdent.

Le conjoint survivant a l'usufruit de la moitié des biens s'il y a des descendants, du tout s'il n'y en a pas. Cet usufruit est réduit de moitié s'il se remarie. Le conjoint hérite de tout à défaut de parents et d'enfants naturels.

Les enfants naturels ne peuvent recevoir par testament plus que leur réserve s'il y a des enfants légitimes ; en face d'ascendants et de frères et sœurs peut leur léguer la moitié du disponible, et les 3/4 en présence d'autres collatéraux.

Le disponible est d'un tiers s'il y a des enfants ; de la moitié s'il y a des ascendants ou collatéraux au 4ᵉ degré dans les deux lignes ; des trois quarts si ces parents n'existent que dans une ligne ; de la totalité au delà. La réserve de l'enfant naturel est le 1/3 de celle qu'il aurait eue s'il avait été légitime.

La substitution vulgaire et fidéicommissaire est admise ; les contrats de succession sont interdits.

69. Thurgovie. — Lois des 17 juin 1839 et 4 février 1867 : Dans ce canton la représentation est admise à l'infini en ligne directe et en ligne collatérale. 1° Descendants légitimes. Les fils ont, dans la succession *paternelle ou maternelle*, une prérogative masculine de 15 0/0 des immeubles et 5 0/0 des meubles ; cette prérogative ne se transmet pas au delà du second degré (petits-enfants). Les fils peuvent retenir les immeubles au prix courant. Ils reprennent sans récompense les armes et habits de leur père, comme

(1) Par succession *ab intestat* seulement.

les filles les habits et joyaux de leur mère ; 2° les père et mère, et les frères et sœurs par moitié ; si le père ou la mère est prédécédé les frères et sœurs reçoivent les 3/4 ; les utérins et consanguins n'ont que la moitié de la part d'un germain, et l'autre moitié profite aux père et mère. A défaut de père et mère les frères et sœurs ont toute la succession ; de même les consanguins et utérins à défaut de germains ; 3° ascendants, chaque ligne ayant droit à la moitié de l'hérédité ; à défaut d'ascendants dans une ligne, le collatéral le plus proche de cette ligne succède ; 4° collatéraux, jusqu'au huitième degré, avec partage par lignes ; à défaut de collatéraux dans une ligne l'autre ligne ne succède que s'il n'y a pas de conjoint ; 5° le conjoint ; 6° les parents du 8ᵉ au 12ᵉ degré ; 7° la commune du domicile et la commune d'origine par moitié.

Les enfants naturels sont considérés comme légitimes dans la succession de leur mère ; celle-ci seule et ses parents en héritent.

Droits du conjoint survivant. — I. Le défunt laisse des descendants. Le survivant a droit à l'usufruit de toute la succession : cet usufruit cesse lors du partage, lequel se fait si le conjoint se remarie ou ne peut fournir caution. Le partage entre le conjoint et les enfants communs a lieu de la façon suivante : les 3/4 des propres et les 3/8 des acquêts sont dévolus aux enfants ; le conjoint reçoit la 1/2 des acquêts, et la jouissance du 1/4 des propres et du 1/8 des acquêts qui sont dévolus aux enfants qu'en nue-propriété. Partage entre le conjoint et les enfants de plusieurs lits ; les enfants du précédent mariage du défunt reçoivent d'abord la part dont leur auteur avait l'usufruit (sur les biens de son premier conjoint, soit 1/4 des propres et 1/8 des acquêts) ; tous les enfants reçoivent les 3/4 des propres : le conjoint a droit à la moitié des acquêts faits pendant le second mariage, et à l'usufruit de l'autre moitié, et du quart des propres dont les enfants n'ont que la nue-propriété.

II. Il n'y a que des enfants d'un précédent mariage : le survivant reçoit le quart de la succession en toute propriété.

III. Il n'y a pas de descendants : Le conjoint prend ses apports, ses propres, la moitié des acquêts, et la moitié de la succession ; les autres héritiers n'ont donc que le quart des acquêts et la moitié des propres. A défaut de parents au 8ᵉ degré le conjoint hérite seul.

Quotité disponible. — On ne peut disposer des biens *reçus par succession ab intestat d'ascendants ou de descendants* que jusqu'à concurrence : du cinquième en présence d'ascendants ou de descendants ; du tiers en présence de collatéraux jusqu'au 4ᵉ degré inclus ; de moitié en face de collatéraux jusqu'au 6ᵉ degré. Au delà, pas de limite.

Relativement aux autres biens le disponible est d'un tiers s'il y a des descendants, des deux tiers s'il y a des ascendants. Le conjoint a une légitime des deux tiers de ses droits légaux, et il peut recevoir en l'absence de descendants même l'usufruit de la légitime des autres réservataires.

Les contrats successoraux et les substitutions *in infinitum* sont admis.

70. Glaris. — Code de 1874 : 1° Descendants, avec représentation à l'infini et partage *égal* ; 2° le père et la mère par moitié ; la part du prédécédé est dévolue à ses descendants, à leur défaut au survivant. Si tous deux sont morts, leurs parts respectives vont à leurs descendants ; c'est-à-dire que les frères et sœurs germains du défunt touchent dans les deux lignes, les utérins seulement dans la maternelle et les consanguins dans la paternelle. Par-

tage par souches, entre les descendants de ces frères et
sœurs à moins que tous les descendants soient au même
degré ; 3° grands-pères et grands-parents et leurs descendants ; 4° arrière-grands-parents et leurs descendants ;
5° conjoint ; 6° la commune d'origine.

L'enfant naturel recueille toute la succession de son
père, en l'absence d'enfants légitimes : s'il y en a, il n'a
que les trois quarts de ce qu'il aurait eu s'il eût été légitime. Dans la succession de sa mère, il ne subit aucune
déchéance. Il a les mêmes droits dans les successions des
ascendants de ses auteurs que dans la succession de ceux-
ci.

Le conjoint peut, dans les deux mois du décès, réclamer à l'*autorité tutélaire* une part d'enfant, ou s'il n'y a
pas d'enfants, la moitié de la succession, mais en tous cas
il doit verser dans la masse sa propre fortune. A défaut
de réclamation dans le délai, il est forclos. Les époux
peuvent, *par testament réciproque*, s'assurer de tous leurs
biens. Le fiancé ou la fiancée qui survit a un tiers de
la fortune du prédécédé, en l'absence de descendants légitimes.

La quotité disponible est de 15 0/0 en présence d'enfants
légitimes ; du quart en présence des père ou mère ; d'un
tiers en présence de frères et sœurs, conjoint, enfants
naturels ; des deux tiers en présence de grands-parents ;
de la totalité en présence d'autres héritiers.

Tout pacte sur succession future est nul.

71. Zurich. — Code de 1887 : Le nouveau code zuri-
chois a admis le système des *parentèles* : 1° les descendants succèdent les premiers et sont représentés à l'infini ; le partage a lieu par souches. Dans la succession
paternelle, les fils ont le droit de prendre les immeubles
à un prix d'estimation réduit. L'art. 852 fixe la manière
d'obtenir cette estimation. Les fils prélèvent en outre
les armes, vêtements, outils du père ; les filles, dans la
succession de leur mère prélèvent aussi les habits et
bijoux : ce droit se transmet à leurs représentants. Ces
divers prélèvements faits, la succession se partage également entre tous les enfants ; 2° le père et la mère, par
moitié, et leurs descendants. Cependant le père jouit de
la prérogative masculine dans la succession de son fils ;
la part du prédécédé des père et mère est dévolue à ses
descendants, et, à défaut, au survivant. Si tous deux sont
décédés la succession échoit à leurs descendants, c'est-à-
dire aux frères et sœurs ; les germains viennent à la succession des deux côtés, et dans chaque souche le partage
a lieu par têtes. Dans cette parentèle, la représentation
est admise à l'infini ; 3° grands-parents paternels et maternels, par moitié, et leurs descendants, avec représentation
à l'infini. Le partage a lieu par souches, jusqu'au degré
de cousin germain inclus et un héritier qui appartient aux
deux lignes prend part à la succession des deux côtés ;
4° arrière-grands-parents et leurs descendants, le plus
proche en degré excluant les autres ; 5° l'époux survivant ;
6° l'État.

Les enfants de fiancés héritent comme les enfants légitimes. Les enfants naturels n'ont aucun droit dans la
succession de leur père, mais succèdent à leur mère comme
les enfants légitimes et y ont la même réserve que ceux-
ci. S'ils sont *adoptés* ils n'ont que demi-part en concurrence
avec des descendants légitimes, sinon ils ont part entière.
Leur mère et leurs parents maternels seuls leur succèdent.

Le fiancé ou l'époux n'a de droit héréditaire que sur la
succession *nette* du prémourant, c'est-à-dire sur le reliquat
de l'hérédité, déduction faite des legs, dettes, frais funéraires, etc. Le fiancé a droit à la propriété des présents

par lui faits, et au dixième de la succession, s'il n'y a pas
de descendants légitimes. Le conjoint survivant a droit :
1° s'il y a des descendants, à l'usufruit de la moitié, ou à
1/8 en propriété à son choix ; 2° si les héritiers appartiennent à la seconde parentèle, à l'usufruit du tout ou à 1/4
en propriété ; 3° en concurrence avec la 3° parentèle, à une
moitié en propriété et à l'autre moitié en usufruit ; 4° quand
la succession échoit aux arrière-grands-parents, aux 3/4 en
propriété et à l'usufruit du surplus. Si le conjoint se remarie, son usufruit est réduit de moitié.

Même dans le cas où l'époux survivant choisit la propriété d'un huitième de la succession, lorsqu'il y a des enfants, il a la jouissance des biens de ses enfants mineurs,
et même l'usufruit des biens des enfants majeurs jusqu'à
ce que *tous* les enfants aient atteint leur majorité. La mère
qui se remarie perd ce droit de jouissance.

La quotité disponible est d'un quart en présence de descendants ; de moitié en face des père et mère ; des 3/4 s'il
n'y a que des descendants de père et mère ou des grands-
parents ; de la totalité au delà. L'époux survivant ne peut
être privé de plus du quart de ses droits légaux ; mais il
peut être avantagé et recevoir, outre ses droits en propriété, l'usufruit de toute la succession, même des parts
attribuées aux héritiers réservataires.

Les pactes successoraux sont permis.

72. Soleure. — Code de 1842 : 1° Descendants légitimes. Les fils prélèvent les armes et habits du père, les filles
les habits et joyaux de la mère. Les fils ont en outre
le droit de reprendre les immeubles à un taux modéré,
c'est-à-dire 25 0/0 au-dessous de leur valeur réelle, à condition que ces 25 0/0 ne dépassent pas les 15 0/0 de la
succession tout entière. Le fils cadet peut garder la *maison*
du père et le terrain contigu ; les enfants des fils, même
ceux du sexe féminin, ont les mêmes privilèges que leurs
auteurs ; 2° les père et mère, la part du prédécédé accrois-
sant au survivant ; 3° les frères et sœurs en concours avec
les père et mère et autres ascendants ; partage par têtes.
A défaut de père et mère, ou autres ascendants, les frères
succèdent seuls ; les utérins et consanguins n'ont droit
qu'à la moitié de la part d'un germain. La représentation
est admise ; 4° les ascendants, en concours avec les frères
et sœurs. A défaut de tous ces parents, les utérins et consanguins recueillent toute la succession ; 5° autres collatéraux, sans limitation de degré ; 6° le conjoint survivant ;
7° le fisc.

Les enfants naturels succèdent à leur mère comme s'ils
étaient légitimes, mais n'ont de droit dans la succession
de ses ascendants que si ceux-ci ne laissent pas de descendants.

Droits du conjoint : 1° s'il y a des enfants communs la
femme a un tiers, le mari les deux tiers des acquêts ; 2°
en outre l'usufruit de la succession. Si le conjoint se remarie les enfants peuvent exiger leur part, et celui-ci n'a
plus en ce cas que l'intérêt à 5 0/0 d'une part d'enfant ;
2° s'il n'y a que des enfants d'un premier lit du défunt, le
conjoint reçoit les deux tiers des acquêts et l'intérêt à
5 0/0 d'une part d'enfant ; 3° s'il y a des enfants communs et d'autres d'un précédent mariage, le conjoint reçoit ce qui est indiqué ci-dessus, plus la jouissance de la
part des enfants communs ; 4° s'il n'y a que des frères ou
sœurs ou ascendants, le conjoint a droit aux deux tiers
des acquêts et à un tiers des propres, et de plus à l'usufruit du reste de la succession ; 5° à défaut de ces parents,
il a tous les acquêts, la moitié des propres et l'usufruit du
reste. A défaut de parents il recueille toute la succession.

La quotité disponible est d'un quart en présence de descendants ; de la moitié s'il y a des frères et sœurs ou as-

cendants ; du tout dans les autres cas. Cependant le conjoint a une légitime de la moitié de ses droits légaux dans
l'apport du prédécédé, du 1/6 au moins des acquêts, et de
la moitié de ses droits d'usufruit.

Les substitutions sont admises ; sont interdits les contrats successoraux même entre une personne et son héritier, sauf quelques exceptions.

73. Zoug. — Code de 1876 : 1° Descendants, représentés
à l'infini. Dans la succession du père les fils prélèvent un
cinquième et peuvent retenir les immeubles à un taux
modéré ; dans la succession de la mère parts égales ;
2° père et mère, par moitié, le père ayant la prérogative
masculine ; si l'un d'eux° est mort ses descendants prennent sa part ; à leur défaut le survivant recueille le tout ;
3° grands-pères et grand'mères, oncles et tantes et leurs
descendants ; la succession se divise entre les deux lignes,
et la représentation est admise jusqu'aux cousins germains ; au delà partage par têtes ; 4° arrière-grands-parents, grands-oncles et grand'tantes, etc. : la succession
est dévolue tout entière au plus proche en degré. Au delà
on ne succède plus.

Les enfants naturels n'ont aucun droit dans la succession de leur père, mais succèdent à leur mère comme
s'ils étaient légitimes.

Le conjoint survivant a l'usufruit d'un tiers s'il y a des
enfants ; de la moitié s'il n'y a que des héritiers de la
2° classe, les 2/3 en face d'autres parents. L'usufruit de
la veuve qui se remarie est réduit de moitié. Le conjoint
hérite de toute la succession à défaut de parents au degré
successible : il ne peut être privé de plus du quart de son
usufruit.

Le disponible est du quart des biens s'il y a des descendants ; de la moitié s'il y a des héritiers de la 2° classe ;
des 2/3 s'ils sont de la 3° classe, jusqu'aux cousins germains ; du tout au delà. Le conjoint peut cependant recevoir l'usufruit de tous les biens, réduit de moitié à la
majorité des enfants ; l'usufruit des 3/4 en face d'héritiers
des 2° et 3° classes ; à leur défaut l'usufruit de tous les
biens.

Les contrats de succession sont permis.

74. Argovie. — Loi du 1er février 1856 : 1° Descendants
par parts égales. Toutefois, les fils peuvent retenir les immeubles au prix courant, c'est-à-dire moyennant la valeur
habituelle et générale au lieu et à l'époque de l'évaluation.
La représentation est admise à l'infini ; 2° père et mère
du défunt, ou le survivant d'eux ; 3° frères et sœurs. Les
utérins et consanguins ont la moitié de la part d'un germain ; 4° grands-pères et grand'mères ; 5° le conjoint ; 6° oncles et tantes ; 7° autres parents à l'infini, sans distinction
entre les consanguins et utérins germains ; 8° l'État et la
commune d'origine, par moitié.

Les enfants naturels sont traités comme légitimes dans
la succession de leur mère. L'enfant naturel judiciairement attribué à un père reçoit la moitié de la part d'un
enfant légitime ; s'il y en a plusieurs, ils ne peuvent recueillir ensemble plus que la postérité légitime du défunt. Ils héritent en outre de la moitié des biens des ascendants de leurs père et mère s'il n'y a pas d'enfants
légitimes. Leur succession est dévolue comme s'ils étaient
légitimes.

En présence d'enfants communs, le conjoint a l'usufruit
de toute la succession ; si le défunt ne laisse que des enfants de précédents mariages, le conjoint a l'usufruit
de la moitié de la succession ; s'il y a des enfants des deux
catégories, le conjoint a l'usufruit de la moitié de ceux dévolus aux autres. Ce droit se perd par le remariage. Lorsque les enfants naturels recueillent la moitié de l'héré-

dité, le conjoint recueille le reste. En présence de père et
mère, frères et sœurs, grands-parents, le conjoint a la
propriété de la moitié de la succession et l'usufruit de
l'autre moitié.

La quotité disponible est du tiers en présence d'enfants
ou des père et mère (la femme qui laisse des enfants ne
peut même disposer que du sixième de ses biens). Les enfants ont une légitime des 2/3 de leur part. Le conjoint
peut être privé du 1/3 de ce que la loi lui attribue.

On peut faire des conventions sur sa succession future
avec son héritier à réserve.

75. Appenzell (Rhodes extérieures). — Loi du 28 avril
1861 : Les enfants et descendants légitimes succèdent
en première ligne, et le partage a lieu par souches, à l'infini. À défaut de cette première classe d'héritiers, le père
et la mère succèdent par moitié, ou le survivant pour le
tout ; mais s'il existe des frères et sœurs, le père, la mère
et chacun des frères et sœurs reçoit une part égale : les
descendants des frères et sœurs succèdent par souches, à
moins qu'il n'y ait plus en présence que des neveux et
nièces, ou des petites nièces : en ce cas le partage a lieu
par tête. Les utérins et consanguins sont assimilés aux
germains. — Les grands-parents succèdent par moitié avec
les oncles et tantes du défunt, les cousins germains concourant entre eux partagent par tête. — À défaut de ces
parents la succession échoit aux autres collatéraux succédant par tête, et le plus proche dans une ligne excluant
même ceux de l'autre ligne. — On suit le système des parentèles, la première ligne collatérale commençant aux
père et mère et comprenant tous leurs descendants, la seconde commençant aux grands-pères et grand'mères et
comprenant toute leur postérité, et ainsi de suite, la successibilité étant illimitée. À défaut de parents, le conjoint
hérite, et enfin la commune d'origine du défunt.

Les enfants naturels sont traités comme légitimes dans
la succession de leur mère et, dans celle de leur père, ils
ont droit à la moitié de la part qu'ils auraient eue s'ils
avaient été légitimes.

Le conjoint en présence de deux enfants ou plus a la
propriété d'une part d'enfant ; s'il n'a pas ou s'il n'y
en a qu'un, il a le tiers de l'hérédité en propriété.

Les descendants ont une réserve des 9/10 : Le conjoint,
les père et mère, frères et sœurs ont une réserve des 3/4 ;
les autres héritiers des 2/3.

76. Appenzell (Rhodes intérieures). — Loi du
30 avril 1865 : 1° enfants ; s'il n'y a que des petits-enfants
ou des descendants du même degré à concourir entre
eux, ils partagent par tête ; 2° père, mère, et frères et
sœurs ; 3° frères et sœurs ; 4° grands-pères et grand'mères,
concurremment avec les frères et sœurs du père et de la
mère du défunt, par parts égales, et avec représentation
des prédécédés ; 5° oncles et tantes.

Les enfants naturels héritent de leur conjoint et de
leurs descendants comme s'ils étaient légitimes. Dans les
autres cas, ils ont la moitié de ce à quoi ils auraient eu
droit s'ils avaient été légitimes. Leur succession est répartie comme s'ils étaient légitimes.

En présence d'enfants le conjoint a une part dans la fortune mobilière et l'usufruit de même portion dans la fortune immobilière. Cependant, s'il n'y a qu'un enfant, celui-ci a les deux tiers. À défaut de descendant, la femme
a la moitié en propriété des meubles et l'usufruit du tiers
des immeubles, le mari a tous les meubles et l'usufruit du
tiers des immeubles.

S'il y a des enfants, la quotité disponible n'est que de
2 0/0 ; en présence d'autres héritiers elle est de 5 0/0. Elle

9

peut être élevée avec le consentement des successibles. Tout legs entamant la réserve est *nul*.

77. Berne. — Ce canton est divisé en deux parties : le nouveau canton est régi par la loi française : il comprend les districts de Porrentruy, Franches-Montagnes, Delemont, Laufonds, Montier, Courtelary, Neuveville. L'ancien canton comprenant vingt-trois autres districts est régi par le Code civil bernois (1824-1831). Nous examinerons seulement cette dernière législation.

A Berne, on ne peut diviser la matière des successions en succession *ab intestat* et succession testamentaire. Les héritiers sont en effet répartis en trois classes, l'une excluant la suivante.

I. — *Héritiers nécessaires* : 1° Le conjoint ; 2° les descendants légitimes ; l'une de ces classes d'héritiers recueille toute la succession à défaut de l'autre. S'ils concourent, deux cas sont à considérer :

1° Si c'est *la femme* qui décède, laissant des enfants communs, le mari a sur les biens de la femme tous les droits qu'il avait pendant le mariage, et les enfants ont tous les droits qu'avait leur mère : or le mari est propriétaire de tous les biens de sa femme qui n'a jamais qu'une réserve très peu importante (ses bijoux, la somme que lui donne son mari pour en disposer, et les donations faites par des étrangers). Au fond le mari hérite seul. Si la femme ne laisse avec son mari que des enfants d'un précédent mariage, tous les biens attribués à la femme au décès de son premier mari sont attribués au second mari, et les biens qu'elle a apportés depuis sont partagés, par tête, entre le mari et les enfants. S'il y a des enfants d'un précédent mariage, et des enfants communs, les biens acquis pendant le premier mariage sont attribués au mari, les autres partagés entre les enfants du précédent mariage, chacun pour une part, et le mari, qui prend autant de parts qu'il existe d'enfants communs. Ces enfants communs ont sur ces derniers biens les mêmes droits que leur mère, c'est-à-dire presque rien ;

2° Si c'est le *mari* qui meurt, la veuve en présence d'enfants communs est seule héritière, et les enfants n'ont qu'un droit, celui de demander le partage si leur mère se remarie (1) ; en présence seulement d'enfants d'un précédent mariage, la veuve a une part d'enfants ; s'il y a des enfants des deux catégories, les héritiers sont les enfants du premier mariage, chacun pour une part, et la veuve, pour autant de parts qu'il y a d'enfants communs.

Le fils cadet, dans le partage, a le privilège de retenir la maison de ses père et mère.

II. — *Héritiers testamentaires.* — Les hommes qui ont des héritiers nécessaires ne peuvent disposer que du tiers de leurs biens, après déduction de la fortune de la femme et des dettes. *Les femmes*, dans le même cas, ne peuvent disposer que de leur réserve. Les ascendants peuvent remettre à leurs descendants, par contrat, leur part de succession future.

III. — *Héritiers légaux* : 1° le père ; 2° les frères et sœurs germains par représentation ; 3° la mère ; 4° les frères et sœurs consanguins et utérins par représentation et en concours avec les enfants des frères et sœurs germains, tous partageant par tête ; s'il n'y a que des enfants de frères et sœurs en présence, ils prennent les autres et le partage a lieu par tête ; 5° les autres parents à l'infini ; 6° le fisc.

Les contrats de succession sont admis entre conjoints et entre ascendants et ceux de leurs descendants qui ne sont plus en leur puissance.

(1) Il lui est attribué dans le partage une part d'enfant.

78. Lucerne. — Code de 1833 : Ce canton appartient avec ceux de Schwytz, Uri et les deux Unterwald au régime du *Vatermark*, qui attribue en principe la succession à la famille du père (1). — Cinq classes s'excluant : 1° descendants. La succession du *père* est partagée de telle façon qu'un fils reçoive cinq parts et une fille quatre parts (*textuel*). Les immeubles doivent être laissés aux fils à un taux modéré, c'est-à-dire moyennant les trois quarts de leur valeur vénale. La succession de la *mère* est partagée également. La représentation est admise à l'infini ; 2° le père, la mère et les descendants du père. Le père hérite seul ; s'il est prédécédé, la mère et les frères et sœurs ayant *même père* que le *de cujus* succèdent par égales parts et par souches, avec partage égal dans chaque souche. La mère hérite seule, il n'y a ni frères ni sœurs, et réciproquement ; 3° le grand-père paternel et ses descendants ; 4° le grand-père maternel et ses descendants. Mais ici les frères et sœurs *utérins* du *de cujus*, qui sont des descendants du grand-père maternel, succèdent les premiers ; le grand-père maternel ne vient qu'après eux, et après ce grand-père viennent ses descendants, autres que ceux que nous venons de mentionner ; 5° les autres parents du sang. Le plus rapproché exclut le plus éloigné. Remarque importante : dans cette classe la computation canonique (2) des degrés remplace la computation par parentèles.

Les enfants naturels ont tous les droits des légitimes dans la succession de leur mère, n'en ont aucun dans celle de leur père.

S'il y a des héritiers de la première classe, le conjoint survivant a l'usufruit d'un quart de la succession. S'il n'y en a pas, il reçoit la pleine propriété du quart. Si les héritiers de la seconde classe font aussi défaut, il a la propriété d'un tiers, et à défaut de parents au degré successible, de la moitié de l'hérédité. Lors du partage avec le conjoint survivant les héritiers du prédécédé peuvent réclamer les immeubles comme font les fils dans la succession paternelle. Les droits du conjoint disparaissent lorsque pendant le mariage a été fait un contrat réglementant les droits successoraux des époux vis-à-vis l'un de l'autre.

La succession en déshérence d'un Lucernois est attribuée par moitié aux écoles, et aux pauvres de sa commune d'origine.

La quotité disponible est du cinquième en présence d'héritiers de la 1re classe ; de moitié s'ils sont de la 2e classe ; au delà, tous les biens sont disponibles, sauf le quart en usufruit du conjoint. Le père ou la mère peut réduire ses enfants aux 2/3 de sa part légale. Tous les ascendants peuvent, par contrat, racheter à un de leurs descendants la part de celui-ci dans leur succession ; mais les autres contrats sur succession future sont nuls.

79. Schwytz. — Dans ce canton il n'existe pas de lois sur les successions, ni même de coutumes uniformes sur la matière. Une dizaine de statuts différents sont en vigueur dans les diverses régions du canton et se modifient tous les jours. En voici les principes généraux :

La succession est toujours dévolue à la ligne paternelle ; c'est le système du *Vatermagen* : 1° descendants. Dans la succession du père les fils peuvent retirer les immeubles au prix d'achat, ou encore exiger, à titre de prérogative

(1) Voir à la suite du canton d'Uri le tableau indiquant la computation des degrés dans ce système.

(2) En ligne directe on compte autant de degrés qu'il y a de générations et en ligne collatérale autant de degrés qu'il y a de générations entre une personne et l'ancêtre commun, compté du côté où se trouve le parent, *le plus éloigné* de cet ancêtre commun.

masculine, un dixième en sus de leur part. Ces deux droits se cumulent à Wollerau. Dans la succession de la mère, les fils n'ont aucun avantage. La représentation avec partage par souche est admise indéfiniment en ligne directe (L. 24 sept. 1893, sur la représentation successorale, ou *Eintrittsrecht*; *Ann. de législ. étrang.*, 1895, p. 668) ; 2º le père du défunt, ou sa postérité ; 3º le grand-père paternel et sa postérité ; 4º le père de ce dernier ; 5º le père de celui-ci. Au delà le fisc (district, ou commune d'origine) recueille la succession.

En ligne collatérale (descendants des frères et sœurs), la représentation, avec partage par souches, n'est admise que si des héritiers de degré différent se trouvent en présence. Ainsi il y aura partage par souches si l'on trouve en présence un frère du *de cujus* et deux enfants d'un autre frère prédécédé, mais non pas si ces deux neveux se trouvaient en présence de leur cousin germain ; le partage se ferait alors par têtes (L. 24 sept. 1893, précitée).

Les enfants naturels n'ont aucun droit dans la succession de leur père ; la coutume tend à leur en accorder quelques-uns dans celle de leur mère.

Depuis la loi du 18 novembre 1830 les droits du conjoint survivant sont réglés, pour tout le canton, de la façon suivante : le mari a l'usufruit de la moitié de la fortune de sa femme ; il en est de même de la femme survivante s'il n'y a pas d'enfant où s'il n'y a qu'une fille ; sinon la femme n'a que l'usufruit *d'une part de fille*.

Dans les districts de Schwytz, Gersau et Küssnacht, on ne peut en aucun cas disposer des biens reçus par succession. Pour disposer de ses autres biens le testateur doit avoir le consentement de ses héritiers et de l'autorité : aussi dans ces régions on ne teste pas, les libéralités se font par donations entre vifs. Ailleurs la règle est posée dans le statut suivant : « Chaque citoyen originaire d'Einsielden (1) a le droit de disposer de son bien en faveur de qui il veut, et s'il veut les attacher à la queue d'un chien, il peut le faire, s'il obtient la ratification du tribunal. »

Les contrats de succession sont admis entre ascendants et descendants.

80. Unterwald-le-Bas. — Loi du 22 février 1859. Système du *Vatermagen*. Huit classes d'héritiers, chacune excluant les subséquentes, les droits de la mère et du conjoint survivant étant réservés.

1º Les descendants, représentés à l'infini ; s'il n'y a que des représentants du même degré, partage par têtes. Le partage est égal dans la succession de la mère. Dans celle du père, les fils (représentés par leurs *fils* seulement) peuvent réclamer les immeubles, évalués par une commission de cinq membres dont un nommé par le grand Conseil, un autre par la commune, et trois par le Conseil d'Etat ; sur l'évaluation de cette commission les fils prélèvent 1/5 à titre de prérogative masculine ; 2º le père et ses descendants ; 3º le grand-père paternel et ses descendants ; 4º le père du grand-père paternel (*ahni*) et ses descendants les plus rapprochés, ceux-ci ne pouvant *pas* être représentés ; 5º la mère du défunt et ses descendants qui ne sont pas descendants du père ; 6º le père de la mère et ses descendants ; 7º le père du père de la mère du défunt (*ahnivater*) et ses descendants les plus proches ; 8º les descendants de celui des ascendants plus éloignés du défunt qui sont parents du défunt ou de sa mère par une ligne continue d'hommes. Dans toutes ces classes l'héritier qui appartient à deux lignes hérite double si l'on partage par souches, et une fois seulement si le partage a lieu par têtes.

(1) Et des districts qui suivent la même coutume.

Les enfants naturels ne succèdent qu'à leurs père et mère ; ils transmettent leur succession à leur plus proche parent légitime.

S'il y a quatre enfants ou plus le conjoint survivant a l'usufruit d'une part d'enfant ; du quart de la succession s'il y en a moins.

La mère survivante reçoit l'usufruit du quart si la succession est dévolue aux frères et sœurs et qu'il y en a moins de quatre ; s'il y en a quatre ou plus elle a l'usufruit d'une part. La succession dévolue à la 3º classe, usufruit du 1/4 ; au delà, de la moitié.

On peut disposer d'un vingtième de ce que l'on a gagné soi-même ; au delà le tribunal décide si le legs doit être maintenu. Mais dans aucun cas les descendants ne peuvent être privés des 9/10 des acquêts et des 19/20 des biens d'héritage ; les autres héritiers ont une légitime des 3/4 des acquêts et des 9/10 des biens d'héritage.

Les contrats successoraux entre une personne et son héritier doivent être approuvés par le tribunal.

81. Unterwald-le-Haut. — Lois et décisions éparses. Système du *Vatermagen*.

1º Les descendants sans prérogative masculine ; 2º le père et ses descendants ; 3º le grand-père paternel ; 4º le père du grand-père paternel ; 5º le père de l'arrière grand-père paternel (*urani*) ; 6º la mère ; 7º le père de la mère, etc...

Les enfants naturels succèdent à leurs père et mère seulement ; l'enfant naturel *mâle* ne succède *pas* à ses enfants légitimes ; il n'a que l'usufruit de leurs biens, et cela seulement si le défunt n'a pas de frères et sœurs légitimes.

Le conjoint survivant n'a aucun droit, même d'usufruit, dans la succession du prédécédé.

Aucun legs n'est permis s'il n'est approuvé par le tribunal.

82. Uri. — Lois diverses et lois des 5 mai 1856 et 4 mai 1873 : Système du *Vatermagen*. Les cinq premières classes comme ci-dessus (cependant dans la pratique les fils retiennent les immeubles à un prix modéré) ; dans la 6º classe la mère et ses descendants concourent à parts égales avec les descendants du père de l'*urani* ; à défaut la mère, puis son père, et son grand-père paternel ; les dernières classes composent la *muttermark* opposée au *vatermark*, ligne du père. — A défaut de ces héritiers, l'Etat succède.

Les enfants naturels ne succèdent pas à leurs parents ni le fisc (district) leur succède.

Le conjoint survivant a droit à une part d'enfant, et à défaut de postérité à un quart de la succession. Le mari a en outre l'usufruit des biens dévolus aux enfants, pendant leur minorité.

La quotité disponible est de 1/10 s'il y a des descendants, ou ascendants de 1/6 en face de frères et sœurs, de 1/4 en présence de neveux et nièces ; de la totalité au delà.

83. Système du Vatermagen
(Lucerne, Uri, Schwytz, Unterwalden)

Les femmes, en principe, n'héritent pas de leur postérité.

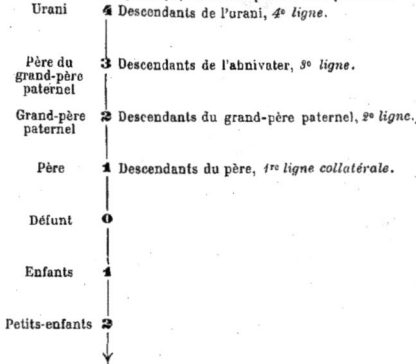

Urani   4 Descendants de l'urani, *4° ligne.*

Père du   3 Descendants de l'abnivater, *5° ligne.*
grand-père
paternel

Grand-père   2 Descendants du grand-père paternel, *2° ligne.*
paternel

Père   1 Descendants du père, *1re ligne collatérale.*

Défunt   0

Enfants   1

Petits-enfants 2

SECT. III. — PAYS ANGLO-SAXONS.

84. Angleterre. — Le régime successoral en Angleterre a un caractère nettement féodal, et la législation
anglaise constitue à ce point de vue comme un anachro-
nisme au milieu du droit moderne. En fait, ce que la loi
anglaise peut avoir de suranné se trouve tempéré par une
liberté de tester à peu près illimitée au moyen de laquelle
le *de cujus* peut modifier à son gré l'ordre légal.

Il y a lieu de distinguer entre la succession immobilière
et la succession mobilière.

La dévolution *ab intestat* des immeubles, ou mieux des
biens réels (*title by descent*) est régie par des règles déjà
inscrites pour la plupart dans le *Tractatus de legibus et con-
suetudinibus regni Angliæ* de Glanville, écrit vers 1180.
Elles ont été condensées dans l'*Act for amendment of the
law of inheritance* de 1833 (3 et 4, Guil. IV, ch. 106), entré
en vigueur le 1er janvier 1834 et amendé, il y a une qua-
rantaine d'années, par le *Property amendment Act* (22 et 23,
Vict. ch. 35, §§ 19 et 20).

Quant à la dévolution des meubles ou biens personnels
(*title by distribution*), elle est régie par deux lois de la seconde moitié du XVIIe siècle connues sous le nom de *Statutes of distribution* (22 et 23, Car. II, ch. 10 et 1, Jac. II,
ch. 17, § 7).

L'héritier des immeubles (*heir*) et celui des meubles
(*next of kin*) n'ont pas la saisine. Elle appartient à l'exécuteur testamentaire ou à l'administrateur désigné par
la *Probate division* de la Haute-Cour, qui ont charge de liquider la succession et de transférer les biens à ceux à qui
ils sont attribués soit par le testament du défunt, soit par
la loi (*Laud transfer Act* du 6 août 1897, 60 et 61, Vict.
ch. 65, § 1er). Les héritiers ne sont tenus des dettes qu'à
concurrence de la valeur des biens composant la succession.

La dévolution des immeubles a lieu d'après les principes du droit féodal, c'est-à-dire conformément au système
des parentèles et en tenant compte des privilèges d'aînesse
et de masculinité.(1). Les mâles succèdent avant les filles

(1) Depuis de longues années le droit d'aînesse est critiqué,
non pas comme portant atteinte à l'égalité des enfants, —

et l'aîné prime les autres enfants. Les filles priment les
collatéraux et succèdent entre elles par têtes. Les descendants représentent à l'infini leur auteur, de sorte que
la postérité du fils aîné, par exemple, passe avant le fils
puîné.

La règle qui fait ressortir peut-être le plus nettement
le caractère féodal de la dévolution anglaise est celle qui
attribue les biens réels aux descendants, non du défunt,
mais du *purchaser*, c'est-à-dire de celui qui a fait entrer
l'immeuble dans le patrimoine familial autrement que par
droit d'hérédité *ab intestat* ou par suite d'échette ou de
partage.

Voici d'après Lehr (*Eléments de droit civil anglais*) (1),
l'ordre successoral à compter de ce premier acquéreur :

1° Le fils aîné et sa postérité ; 2° les fils suivants, selon
l'ordre de leur naissance, et leur postérité respective ;
3° les filles, par tête, et leur postérité, par représentation ;
4° le père ; 5° l'aîné des frères germains et sa postérité ;
6° les frères germains suivants, selon l'orde de leur naissance, et leur postérité respective ; 7° les sœurs germaines, par tête, et leur postérité, par représentation ; 8° les
frères consanguins, dans l'ordre de leur naissance, et leur
postérité respective ; 9° les sœurs consanguines, par tête,
et leur postérité, par représentation ; 10° le grand-père ;
11° les frères et sœurs germains du père, et leurs descendants dans l'ordre et de la manière indiqués ci-dessus ;
12° les frères et sœurs consanguins du père et de leur postérité ; 13° l'arrière-grand-père ; 14° les frères et sœurs germains du grand-père et leurs descendants ; 15° les frères et
sœurs consanguins du grand-père et leurs descendants (*et
ainsi de suite en remontant d'ascendant paternel en ascendant
paternel*) ; 16° la femme du plus reculé des ascendants paternels ; 17° la postérité de cette femme, d'un autre lit ;
18° son père ; 19° ses frères et sœurs, suivant l'ordre déjà
vu ; 20° sa mère ; 21° la femme de l'ascendant plus rapproché d'un degré, et la parenté de cette femme, comme
il est dit de 17° à 20° ; 22° la mère du *purchaser* ; 23° ses
frères et sœurs utérins, ou leurs descendants ; 24° le père
de la mère (*et ainsi de suite en remontant jusqu'au dernier
ascendant de la mère, sauf à descendre de degré en degré de la
femme de l'ascendant le plus reculé jusqu'à la grand'mère
maternelle du purchaser*).

Enfin, à défaut de parents du *purchaser*, l'immeuble est
attribué à l'autre ligne de la famille du *de cujus*.

Cette dévolution est, comme on le voit, fort compliquée ; elle applique strictement les privilèges d'aînesse
et de masculinité et tient un compte exact de l'origine
du bien transmis.

Pour les biens mobiliers ou personnels la loi anglaise
abandonne complètement le droit féodal, et suit le droit
romain, c'est-à-dire qu'elle règle la dévolution d'après
l'ordre présumé des affections du défunt, sans aucun privilège. — Voici cet ordre : 1° enfants ou descendants, par
tête, ou par souche, s'il y a lieu à représentation ; 2° le
père ; 3° la mère, en concours avec les frères et sœurs ou
leurs descendants (les utérins et consanguins ayant autant
de droits que les germains) ; 4° ascendants ; 5° collatéraux
in infinitum (2) ; 6° l'État.

cette idée est absolument étrangère aux Anglais, — mais
comme contribuant à l'agglomération excessive de la propriété
du sol entre les mains d'un petit nombre de personnes. Le
bill qui est devenu le *Laud transfer Act* de 1897 le suppri-
mait. Cette suppression, votée par la Chambre des Lords le
7 juillet 1887 n'a pas été maintenue. En fait, la liberté de tester
sert à corriger ce que ce droit peut avoir d'exorbitant.

(1) Paris, Larose, 1885.
(2) En ligne collatérale, pour les successions des biens réels,

Cette dévolution de la succession mobilière est légèrement modifiée lorsqu'il existe un conjoint. La veuve a droit à l'usufruit du tiers des immeubles, à titre de douaire, et à la propriété du tiers des meubles s'il y a des enfants; s'il n'y a que des héritiers d'un autre ordre, elle a droit à la moitié de la succession. De plus, une loi du 25 juillet 1890 lui accorde, en cas d'absence de descendants, le droit de prélever, avant tout partage, une valeur nette de 500 livres sterling sur l'hérédité. Au cas où celle-ci ne dépasse pas ce chiffre, la veuve l'absorbe tout entière. Au cas contraire, elle vient au partage du surplus comme si elle n'avait opéré aucun prélèvement. Cette loi n'est pas applicable à l'Ecosse (*Ann. de législ. étr.*, 1891, p. 37).

Le mari survivant, lorsqu'il a eu de sa femme des enfants qui, vivants, eussent pu hériter des fiefs simples ou substitués appartenant à leur mère, a, en vertu de ce qu'on appelle la courtoisie d'Angleterre (*tenant by curtesy of England*) l'usufruit viager desdits fiefs. Quelle que soit la qualité des héritiers, il a droit à la propriété de tous les meubles (29, Car. II, ch. 3, § 25).

Pour le *trust*, sorte de fidéicommis, par laquelle la femme qui se marie se réserve la propriété de ses biens, voir *T. A.*, Vᵒ *Succession*, nᵒ 114.

Les enfants naturels n'ont aucun droit de succession, à moins qu'ils ne soient légitimés par acte du Parlement, auquel cas leurs droits dépendent plutôt des termes de cet acte que de la loi générale sur les successions. Si un enfant naturel meurt *intestat* et sans postérité, ses biens appartiennent à la Couronne; si cependant il laisse une veuve, celle-ci a droit à son douaire.

85. États-Unis. — Sauf en certains cas expressément spécifiés le gouvernement fédéral n'a pas compétence pour légiférer en matière de droit civil, criminel ou commercial (1). Aussi chaque Etat de l'Union possède une législation particulière en matière de succession.

En dehors de la Louisiane, qui a conservé le droit français, les Etats sont régis par des lois successorales d'origine anglaise. Le droit espagnol, qui dominait dans certains Etats du Sud-Ouest, a complètement disparu (2).

Ces législations peuvent se ramener aux deux systèmes que l'on rencontre concurremment dans la législa-

on compte les degrés selon la loi canonique, en commençant par l'auteur commun et en descendant (deux frères sont au 1ᵉʳ degré; deux cousins germains au 3ᵉ degré, etc.). Pour la succession aux biens personnels, la computation des degrés se fait selon la loi romaine, comme en droit français.

(1) Il y a en ce moment tendance à attribuer au gouvernement fédéral le pouvoir de légiférer en certaines matières d'intérêt général : mariage, divorce, faillites, forme des actes authentiques, etc. Des vœux ont été émis et des commissions nommées dans ce but par diverses législatures (*New-York*, L. 28 avr. 1890 ; *Pennsylvanie*, L. 15 avr. 1891 ; *Massachusetts*, L. 11 juin 1891 ; *Californie*, L. 9 mars 1897). La 2ᵉ session du 52ᵉ congrès, commencée le 5 décembre 1892, a été marquée par le vote d'un certain nombre de lois consacrant une ingérence plus active du gouvernement fédéral dans les matières jadis considérées comme étant de la compétence des divers États. Plus récemment une loi du 1ᵉʳ juillet 1898 a établi une législation uniforme pour les faillites.

(2) Au Nouveau-Mexique, jusqu'en 1887, les successions ont été régies par les lois hispano-mexicaines contenues dans le traité de don Pedro Murillo de Lorde. Elles ont été remplacées par une législation dérivée de celle de l'Indiana qui se rattache elle-même au groupe de la Nouvelle-Angleterre. Tout dernièrement encore, en Californie, les lois étaient publiées simultanément en anglais et en espagnol. La législature a supprimé la publication en espagnol à partir de 1897.

tion anglaise où le premier régit les biens personnels et le second les biens réels : le système de l'affection présumée et celui des parentèles.

Le groupe qui s'est rallié au premier système est de beaucoup le plus important. Les puritains qui fondèrent les colonies de la Nouvelle-Angleterre avaient proclamé la Bible comme seule règle des affaires publiques. En conséquence, ils adoptèrent pour la dévolution successorale la coutume anglaise des terres tenues en *common soccage*, ou roturièrement, dont les règles se rapprochaient à la fois de la dévolution anglaise des biens personnels et de la dévolution mosaïque (1). Pour se conformer encore plus à cette dernière on attribua double part à l'aîné. Il comprend au Nord-Ouest tous les Etats de la Nouvelle-Angleterre (moins Rhode-Island), soit le Connecticut, le Maine, le Massachusetts, le New-Hampshire, le Vermont, plus le New-Jersey et la Pennsylvanie, et ceux qui ont été colonisés par des émigrants provenant de ces états : Michigan, Indiana, Illinois, Wisconsin, Minnésota, puis en avançant vers le Nord-Ouest : le Nébraska, les deux Dakotas, l'Orégon et le Washington. Au Sud-Est, on rencontre une deuxième fraction ayant essaimé de la Caroline du Nord et de la Géorgie vers le Tennessee, l'Alabama et le Mississipi. Enfin, au Sud-Ouest, une troisième fraction a pour centre le premier Etat de cette région qui ait été colonisé, la Californie, et comprend le Névada, le Montana, l'Idaho, l'Utah et le Nouveau-Mexique.

Le second groupe a adopté le système des parentèles. Il comprend au nord les deux anciennes colonies de New-York et Rhode-Island (2), et les Etats colonisés par leurs émigrants, l'Ohio et l'Iowa.

Plus bas, des colons d'origine aristocratique, cavaliers chassés d'Angleterre après l'exécution de Charles Iᵉʳ, catholiques persécutés par Cromwell, que, par opposition aux quakers et puritains du Nord, on a dénommés les chevaliers du Sud, l'ont introduit dans le Delaware, le Maryland et les deux Virginies, qui ont colonisé le Kentucky, le Missouri, l'Arkansas, et, plus à l'ouest, le Kansas, le Texas, le Colorado, l'Arizona et le Wyoming. Il en a été de même pour la Caroline du Sud et la Floride.

Dans l'exposé des diverses législations nous avons suivi autant que possible, l'ordre de notre Code civil. Les indications relatives aux documents législatifs ont été puisées dans l'*American statute law*, de Stimson, ouvrage qui nous a servi de guide pour la rédaction de la plupart des notices qui vont suivre.

Ces notices ne contiennent que l'exposé de la législation statutaire ou écrite. On y rencontrera parfois des références à la *common law*. La *common law*, ou droit non écrit, est un ensemble de règles et de maximes juridiques qui, par l'assentiment général et un usage immémorial, ont ob-

(1) Laboulaye, *Histoire des États-Unis*, t. I, p. 176 ; Claudio Jannet, *Les États-Unis contemporains*, t. I, p. 16.

(2) La colonie de New-York a été conquise sur les Hollandais par les puritains de la Nouvelle-Angleterre. Ils y trouvèrent la propriété déjà constituée d'après le système féodal hollandais. La charte de concession octroyée au duc d'Albany en 1664 spécifiait que les lois et ordonnances de la colonie suivraient d'aussi près que possible les lois et statuts du royaume d'Angleterre (Laboulaye, *Hist. des Etats-Unis*, I, 277). Cela fait expliquent l'adoption du système des parentèles dans une colonie peuplée de puritains.

La colonie de Rhode-Island fut fondée par un ministre dissident du Massachusetts, Roger Williams, qui, au grand scandale des puritains, admettait la tolérance religieuse (Laboulaye, I, 161). On ne pouvait y introduire une loi basée sur l'unité de croyance ; d'où la préférence donnée au système anglais des parentèles.

tenu force de loi. Elle domine la loi statutaire et c'est à elle que l'on a recours, soit pour l'interpréter, soit pour y suppléer.

Comme toutes les colonies anglaises, les États de l'Union ont conservé comme *common law* les coutumes et, parfois, la législation statutaire en usage en Angleterre au moment de la formation de chaque colonie ou à l'époque de la déclaration d'indépendance. Dans son ensemble la législation anglaise, telle que nous l'avons exposée, peut être considérée comme formant la *common law* des États-Unis. Elle n'a subi en effet que d'insignifiantes modifications depuis trois siècles. Pris individuellement les États suivent comme *common law* la loi de l'État voisin ou plus ancien auquel ils se rattachent historiquement (1).

D'après la *common law* l'héritier n'est jamais tenu *ultra vires*. La saisine existe pour les immeubles; mais, pour les meubles, elle est conférée à l'exécuteur testamentaire ou à l'administrateur désigné par le juge de *probate*. Cette distinction a disparu dans bien des États comme en Angleterre.

La computation des degrés a lieu tantôt d'après les règles du droit civil, tantôt d'après celles du droit canonique. La computation civile est celle de notre Code (art. 735 à 738). La computation canonique procède de la même manière en ligne directe, mais, en ligne collatérale, elle compte les générations en remontant de l'un des parents à l'auteur commun, sans rédescendre à l'autre.

Les droits du conjoint survivant, lorsqu'il n'est pas question de douaire ou de *curtesy* (et sauf indication contraire), portent sur la toute propriété des biens.

Le douaire de la veuve est un droit viager sur le tiers de tous les biens réels dont le mari a été saisi, en droit ou en fait, à une époque quelconque du mariage (Shelford, *Real property statutes*, 9ᵉ éd., p. 340). Nous avons défini plus haut la *curtesy* (V. *Angleterre*). Le douaire et la *curtesy* existent toujours en principe : en pratique on les remplace par une part en toute propriété dans la plupart des États.

La liberté de tester est absolue, sauf en Louisiane. Le privilège de primogéniture a été partout aboli.

86. Connecticut. — (*Statutes, Revision of* 1875, *tit.* 18, *ch.* II, § 1 ; *ch.* VII, § 15 ; *Annual laws of* 1883, *ch.* 110, 189, 194, 195, 198 à 200).

Les biens personnels et les biens réels acquis à titre onéreux par le défunt sont répartis entre ses plus proches parents d'après les règles générales de dévolution.

Quant aux biens réels échus par succession, donation ou legs ils sont attribués aux parents de l'ascendant de qui ils proviennent.

Les parents utérins ou consanguins ne sont appelés à la succession qu'à défaut de germains du même degré.

On suppute les degrés de parenté d'après les règles du droit civil.

La représentation est admise à l'infini en ligne directe, au profit des descendants des frères et sœurs en ligne collatérale.

Les enfants légitimes succèdent à leurs père et mère par égales parts ou par têtes ; en cas de prédécès de l'un ou plusieurs d'entre eux leurs descendants viennent à la succession par souches et par représentation.

Si un enfant mineur, saisi d'une part dans la succession non encore liquidée de ses père et mère, vient à mourir sans s'être marié et sans laisser de descendants, cette part

(1) Il n'y a pas de *common law* en Louisiane, pays de droit français. Trois États (la Floride, les Dakotas) la rejettent lorsque la matière considérée est réglée par un Code. D'autres ne l'acceptent que sous certaines restrictions.

fait retour à la succession d'où elle provient et est distribuée comme si le mineur était décédé du vivant de l'auteur de la succession. S'il n'existe plus de parents de ce dernier, cette part est dévolue aux héritiers de son conjoint, dans les mêmes conditions.

Les biens donnés à l'enfant mineur par ses père et mère sont soumis à la même dévolution, sauf lorsque le donateur survit. Dans ce cas il succède seul au bien donné.

Lorsqu'il n'existe pas de descendants il y a lieu de distinguer entre les biens personnels et les biens réels acquis à titre onéreux par le défunt, d'une part, et les biens réels lui provenant d'un ascendant par succession, donation ou legs, d'autre part.

Biens de la 1ʳᵉ catégorie. — Ils sont dévolus aux frères et sœurs germains ou à leurs descendants, par représentation ; à défaut de frères et sœurs germains, au père et à la mère, par moitié, ou au survivant pour le tout. Si le père et la mère sont décédés, les frères et sœurs consanguins (ou leurs descendants au premier degré par représentation) sont appelés à les recueillir. A défaut de ces derniers ils reviennent au plus proche parent ; s'il y en a plusieurs du même degré ils partagent par têtes.

Enfin, à défaut de parents, ils sont appréhendés par l'État à titre de déshérence.

Biens de la 2ᵉ catégorie. — Ils ne peuvent revenir qu'aux descendants de l'ascendant de qui ils proviennent. Ils sont dévolus : 1° aux frères et sœurs du défunt, s'ils descendent de l'ascendant ; 2° aux enfants de l'ascendant ou à leurs descendants ; 3° aux frères et sœurs de l'ascendant ou à leurs représentants. A défaut de parents de la première catégorie ils sont répartis comme ceux de la première catégorie.

L'enfant naturel, né depuis 1864 et reconnu par ses père et mère, est légitimé par leur mariage. Il a dès lors les mêmes droits que les enfants légitimes.

L'adoption fait entrer l'adopté dans la famille de l'adoptant et rompt les liens qui le rattachent à sa famille naturelle. D'une part, l'adoptant et celui-ci ou sa famille succède à l'adopté d'après les règles qui précèdent ; d'autre part, l'adopté perd tout droit sur les successions de ses parents naturels et réciproquement.

Les droits de l'époux survivant diffèrent selon que le mariage est antérieur ou postérieur au 20 avril 1877.

S'il est antérieur, le douaire de la veuve (usufruit du tiers) ne porte que sur les biens réels dont le mari était saisi au moment de son décès. La *curtesy* du mari est soumise aux règles de la *common law* ; en toute occurrence le mari a droit à tous les biens personnels appartenant à la femme.

Les époux soumis à cette législation ont, d'ailleurs, la faculté d'y renoncer par acte enregistré à la Cour de *Probate*, pour profiter des droits résultant de la nouvelle législation.

Celle-ci attribue à l'époux survivant, en propriété, le tiers des biens réels et personnels du prédécédé, lorsqu'il laisse des descendants ; la moitié dans tous les autres cas.

87. Maine. — [*Revised statutes of* 1883, *ch.* 65, *sect.* 6, 7, 36 ; 67, *sect.* 35 ; 75, *sect.* 1, 2, 3, 8, 9 ; 74, *sect.* 5 ; 103, *sect.* 1, 5, 14, 15 ; *Biennial laws of* 1887, *ch.* 14).

L'enfant conçu au moment du décès est considéré comme existant au point de vue de la dévolution de la succession.

Lorsque le défunt est domicilié hors de l'État, les biens situés sur le territoire de l'État sont dévolus conformément à la loi du Maine et les biens personnels conformément à la loi du domicile.

La transmission des biens personnels est régie par les

mêmes règles que celle des biens réels sauf en ce qui concerne les droits de l'époux survivant.

L'origine des biens n'a généralement aucune influence sur leur dévolution. Il n'est fait aucune différence entre les parents germains, utérins ou consanguins.

Les degrés de parenté sont comptés conformément aux règles de la loi civile.

La représentation n'est admise, en ligne directe, que lorsqu'il existe des enfants ou petits-enfants, en ligne collatérale que lorsqu'il existe des frères, sœurs, neveux ou nièces. La représentation doit être soutenue par l'existence d'un enfant ou d'un frère.

Les descendants légitimes succèdent par égales parts et par têtes, sauf, pour les petits-enfants, l'application des règles de la représentation.

Lorsqu'un mineur décède célibataire et sans descendant pouvant prétendre à sa succession, les biens qu'il a reçus de ses père et mère par succession, donation ou legs font fictivement retour à la succession de ces derniers et sont dévolus comme si le défunt n'avait jamais existé.

A défaut de descendants la succession revient en entier au père; s'il est prédécédé, à la mère, lorsqu'il n'existe pas de frères et sœurs.

Lorsque le père est décédé, les biens sont partagés également entre la mère, les frères et sœurs. Si la mère est aussi décédée, la succession est dévolue en entier aux frères et sœurs; sauf, dans ces deux hypothèses, l'application des règles de la représentation, en cas de prédécès d'un ou plusieurs frères ou sœurs.

A défaut de père, mère, frères, sœurs, neveux ou nièces la succession est dévolue au plus proche parent. Lorsqu'il en existe plusieurs du même degré ils partagent par têtes, étant observé que celui qui tire ses droits de l'ascendant le plus rapproché du défunt exclut les autres.

A défaut de parents la succession revient à l'époux survivant en propriété, puis à l'État, à titre de déshérence.

L'enfant naturel est légitimé à tous égards par le mariage subséquent de ses père et mère.

A l'égard de son père et de sa famille paternelle l'enfant naturel a les mêmes droits successoraux qu'un enfant légitime, lorsque son père l'a traité comme son enfant et l'a introduit dans sa famille, ou lorsqu'il l'a reconnu comme tel en justice ou devant notaire. Réciproquement, lorsqu'il a été ainsi reconnu, le père et sa famille héritent de lui comme s'il était légitime.

Il en est de même à l'égard de la mère et de sa famille, sans qu'il soit besoin de reconnaissance expresse.

L'adoption ne crée de lien successoral qu'entre l'adoptant et l'adopté (1). En conséquence, l'adopté ne peut prétendre aux successions des parents de l'adoptant soit de son chef, soit par représentation.

La *curtesy* du mari a été abolie en 1844; depuis cette époque le mari survivant a sur les biens de sa femme des droits égaux à ceux que la femme a sur les biens de son mari.

Le douaire de la veuve porte sur tous les immeubles dont le mari a été saisi par succession au cours du mariage.

En concours avec les descendants du prédécédé, l'époux survivant a droit au tiers en propriété des biens personnels et, à titre de douaire ou de *curtesy*, au tiers en usufruit des biens réels.

Dans tous les autres cas les droits de l'époux survivant sont de moitié, en propriété pour les biens personnels, en usufruit pour les biens réels.

(1) Les adoptions antérieures au 24 février 1880 ne produisent même pas cet effet.

88. Massachusetts. — (*Public statutes of* 1882, ch. 124, § 1er et 3; 125, § 1 à 6; 135, § 3; 138, § 1er; 148, § 7; *Annual laws of* 1882, ch. 141; 1885, ch. 255, 276; 1887, ch. 290).

L'enfant conçu est considéré comme vivant au point de vue de la dévolution successorale.

Les biens réels (excepté ceux constituant un *homestead*), et les biens personnels sont répartis d'après les mêmes règles, sauf à l'égard de la part de l'époux survivant.

Lorsque le défunt est domicilié hors de l'État, ses biens réels sont dévolus conformément à la loi du Massachusetts et ses biens personnels conformément à la loi du domicile.

En aucun cas les parents germains ne priment les non germains.

Les degrés de parenté sont comptés d'après les règles de la loi civile.

La représentation ne profite en ligne directe qu'aux petits-enfants du défunt, en ligne collatérale qu'à ses neveux et nièces. Elle n'a lieu qu'autant qu'un enfant ou un frère ait survécu.

Les descendants légitimes succèdent par têtes, ou par souches lorsqu'il y a en concours des enfants et petits-enfants.

A leur défaut la succession est dévolue par moitié aux père et mère, ou pour le tout au survivant.

Si les père et mère sont décédés la succession revient aux frères et sœurs, ou à leurs descendants, par têtes. La représentation n'est admise au profit des neveux et nièces qu'autant que l'un des frères ou sœurs survit.

A défaut des frères et sœurs ou de leurs descendants la succession échoit au plus proche parent. S'il y en a plusieurs du même degré, ils partagent par têtes. Cependant celui dont l'auteur commun est du degré le plus rapproché avec le défunt exclut les autres.

A défaut de parents la succession appartient d'abord à l'époux survivant, puis à l'État.

L'enfant naturel reconnu par ses père et mère est légitimé par leur mariage. Il a alors les droits de l'enfant légitime.

Les enfants naturels (ou leurs descendants légitimes lorsqu'il y a lieu à représentation) sont appelés à la succession de leur mère et de leurs parents maternels au même titre que les enfants légitimes. Si l'enfant naturel décède sans descendants sa succession est dévolue à sa mère et, à défaut de celle-ci, à sa famille.

L'enfant adoptif est considéré comme l'enfant légitime de l'adoptant dans ses rapports avec celui-ci et ses descendants. Mais l'adoption ne lui confère aucun droit sur les successions des collatéraux de l'adoptant.

Lorsque l'adopté a des frères et sœurs l'adoption ne rompt pas les liens qui l'unissent à sa famille naturelle: il est, dans ce cas, appelé à recueillir la part lui revenant dans les successions qui viennent à s'ouvrir dans cette famille.

Au décès de l'adopté la dévolution de sa succession, à défaut de descendants, est déterminée d'après l'origine des biens qui la composent. Ceux qu'il a acquis autrement que par donation, succession ou legs, appartiennent à ses parents adoptifs ou à leur famille. Il en est de même de ceux qu'il a reçus de sa famille adoptive à quelque titre que ce soit. Quant à ceux qu'il a reçus de sa famille naturelle ils lui font retour.

Les droits de l'époux survivant varient selon qu'il s'agit de biens réels ou personnels.

Biens personnels. — En concours avec les descendants le mari en prend la moitié, la veuve le tiers.

Lorsqu'il n'existe pas de descendants le mari prend la totalité des biens personnels et la veuve la moitié.

Biens réels. — Sur les biens réels la veuve exerce le douaire de la *common law*, en concours avec les descendants du mari. Quant à celui-ci il ne paraît avoir aucun droit sur les biens réels lorsqu'il existe des enfants nés de son union avec la défunte. Si les descendants de la femme sont issus d'un précédent mariage il a droit soit à la *curtesy*, soit, s'il n'est né de son union avec la défunte aucun enfant viable, à l'usufruit de moitié.

En concours avec des héritiers autres que les descendants, les droits de l'époux survivant sont réglés ainsi qu'il suit :

Le mari, lorsqu'il existe des biens soumis à sa *curtesy*, prélève sur les autres biens une part en toute propriété dont la valeur ne peut dépasser $ 5.000.

Dans le cas contraire il a droit à la propriété des biens réels à concurrence de $ 5.000 et à l'usufruit de la moitié du surplus.

La veuve a le choix entre son douaire et la moitié en propriété des biens réels. Dans tous les cas, lorsque la valeur totale des biens réels et personnels ne dépasse pas $ 5.000, elle les recueille intégralement à l'exclusion des héritiers du mari.

89. New-Hampshire. — (*General laws of* 1878, ch. 180, sect. 15 ; 188, sect. 4 ; 202, sect. 2, 4, 7, 8, 9, 10, 14, 15 et 16 ; 203, sect. 1 à 8).

L'origine des biens n'exerce aucune influence sur leur transmission. Les biens réels (sauf ceux constituant le *homestead*) et les biens personnels sont, en général, dévolus d'après les mêmes règles.

La représentation n'est admise que, lorsqu'au moment du décès, il existe en ligne directe des enfants et petits-enfants, en ligne collatérale des frères, sœurs, neveux ou nièces. Dans les autres cas le partage a lieu par tête (*Biennial laws of* 1883, ch. 72).

Les enfants légitimes et leurs descendants succèdent à leurs ascendants par égales portions, par tête lorsqu'ils sont appelés de leur chef, par souche lorsqu'ils viennent tous ou en partie par représentation.

Si, après avoir recueilli la succession de ses père et mère ou de l'un deux, l'un des enfants meurt célibataire et en état de minorité, les biens qu'il a ainsi recueillis passent à ceux de ses frères et sœurs auxquels ils eussent été dévolus, s'il eût été lui-même décédé au moment de l'ouverture de la succession.

A défaut de descendants la succession revient en entier au père du défunt.

Si le père est décédé, elle est transmise par égales parts à la mère, aux frères et aux sœurs, ou à leurs descendants, par représentation.

Si le père et la mère sont décédés la succession revient en entier aux frères et sœurs. A défaut de frères et sœurs elle est dévolue au plus proche parent : s'il existe plusieurs parents du même degré, ils partagent par tête.

A défaut de parents la succession est appréhendée par l'État, à titre de deshérence (1).

L'enfant naturel, reconnu par ses père et mère est légitimé purement et simplement par leur mariage ; il est dès lors traité comme s'il était né postérieurement à sa célébration.

Les enfants naturels succèdent à leur mère au même titre que les enfants légitimes ; en cas de prédécès leurs descendants viennent à la succession, par représentation.

Réciproquement lorsque l'enfant naturel décède sans laisser de descendants légitimes, sa succession est dévolue à sa mère, à ses frères et sœurs, ou, à leur défaut, au plus proche parent maternel.

L'enfant adoptif est entièrement assimilé à l'enfant légitime.

Lorsque le défunt laisse des enfants, l'époux survivant prend le tiers des biens personnels après prélèvement de la somme nécessaire pour acquitter les dettes et les charges de la succession.

A l'égard des biens réels les droits de l'époux survivant varient selon qu'il s'agit du mari ou de la femme.

Le mari recueille, en propriété, un tiers des biens réels qui restent après le paiement des dettes et charges.

Mais, lorsque les descendants de la femme sont nés d'un précédent mariage, si le mari n'a pas droit à l'*estate by curtesy*, ce tiers ne lui est dévolu qu'en usufruit (*at life*).

La veuve a le droit d'opter entre le douaire de la *common law* et la propriété du tiers des biens réels, dans les mêmes conditions que le mari.

Lorsqu'il n'existe pas de descendants, l'époux survivant recueille, en propriété, la moitié des biens, réels ou personnels, délaissés par son conjoint.

90. Vermont. — (*Revised laws of* 1880, *sect.* 2215, 2228 à 2235, 2237, 2536 et 2541).

La nature des biens n'exerce aucune influence sur leur dévolution, sauf en ce qui concerne les droits de l'époux survivant.

Il en est de même de leur origine. Il n'est fait aucune distinction entre les parents germains, utérins ou consanguins.

On compte les degrés de parenté conformément aux règles de la loi civile.

La représentation n'est admise, en ligne collatérale, qu'au profit des descendants des frères et sœurs du défunt. En ligne directe elle paraît admise à l'infini.

Les enfants légitimes succèdent à leurs père et mère par parts égales et par tête. Les descendants de ceux qui sont prédécédés viennent à la succession par souche et par représentation.

A défaut de descendants, la succession est dévolue au père. Si celui-ci est prédécédé elle revient par parts égales à la mère, aux frères et sœurs ou à leurs descendants par représentation. La part de la mère, en cas de prédécès, accroît aux frères et sœurs.

Lorsqu'il n'existe pas de frères et sœurs ou de descendants d'eux, la succession est recueillie par égales parts par les parents du degré le plus rapproché, sans tenir compte des règles de la représentation.

A défaut de parents la succession est attribuée à l'époux survivant.

Enfin, s'il n'existe ni parents, ni conjoint survivant, les biens personnels sont attribués à la cité (*town*) du domicile du défunt, les biens réels à la cité de leur situation. Ils sont employés au profit du fonds des écoles.

L'enfant naturel, reconnu par le père, est légitimé par le mariage subséquent de ses père et mère. Il est dès lors assimilé purement et simplement à l'enfant légitime.

A l'égard de la mère et de sa famille l'enfant naturel a les mêmes droits que l'enfant légitime.

Réciproquement le père et sa famille, lorsqu'il y a eu légitimation, la mère et sa famille, dans tous les cas, héritent de l'enfant naturel décédé sans descendants.

L'adoption ne crée de lien familial qu'entre l'adoptant et l'adopté. Celui-ci est considéré comme l'enfant légitime de l'adoptant. Il est cependant certains biens à la succession desquels l'adopté ne peut prétendre.

---

(1) L'époux survivant est tout probablement préféré à l'État. *Stimson* (t. I, § 3123, B) pose la question sans la résoudre.

Le douaire de la veuve ne porte que sur les biens réels existant au moment du décès du mari. Mais celui-ci ne peut, durant le mariage, porter atteinte aux droits de sa femme au moyen de ventes ne devant prendre effet qu'au jour de son décès.

Enfin, lorsque la veuve est la seconde femme du défunt, les tribunaux peuvent décider qu'elle n'a pas droit au douaire lorsqu'ils considèrent qu'elle a été suffisamment avantagée par son contrat de mariage.

La *curtesy* du mari survivant est réglée par la *common law*.

En concours avec des enfants la veuve n'a droit qu'à son douaire sur le tiers des biens réels et personnels de son mari. Le mari n'a droit qu'à sa *curtesy* sur les mêmes biens.

Dans les autres cas l'époux survivant a droit à tous les biens dépendant de la succession à concurrence de § 2.000. Au delà de cette somme le mari prend la moitié en propriété, la femme la moitié en usufruit de tous les biens réels et personnels.

91. New-Jersey. — (*Statutes, Revision of* 1877, V^{is} Descent, *sect.* 1 à 7, 9 ; Dower, *sect.* 1 ; Escheat, *sect.* 1 ; Orphan's Court, *sect.* 146 à 148 ; *Appendix*, V^{is} Descent, *sect.* 1 ; Infants, *sect.* 9 ; *Annual laws of* 1880, *ch.* 195 ; 1882, *ch.* 185).

L'enfant conçu au moment du décès est appelé à la succession, qu'il y ait droit de son chef ou par représentation.

Les biens sont répartis entre les héritiers d'après des règles qui diffèrent légèrement selon qu'ils sont réels ou personnels. De même leur origine exerce une grande influence sur leur dévolution : lorsque le défunt a reçu des biens réels d'un de ses parents par succession, donation ou legs, ces biens sont dévolus à ceux de ses héritiers faisant partie de la famille de celui de qui ils proviennent.

La représentation est admise à l'infini en ligne directe. En ligne collatérale elle profite aux descendants des frères et sœurs à l'égard des biens réels, et aux neveux et nièces, seuls, en ce qui concerne les biens personnels.

Les enfants légitimes succèdent à leurs parents par parts égales ; les descendants de ceux qui sont prédécédés viennent à la succession par souches et par représentation.

Lorsque le défunt n'a eu qu'un enfant et que celui-ci est prédécédé laissant plusieurs enfants, ceux-ci recueillent les biens réels conformément à la *common law* ; c'est-à-dire que ceux de ces biens dont le défunt avait la pleine propriété et la libre disposition vont à l'aîné de ses petits-fils et, à défaut de petits-fils, aux petites-filles par égales parts (4, *Griff. Reg.* 1250).

A défaut de descendants les biens réels reviennent au père ; s'il est décédé, à la mère, en usufruit, aux frères et sœurs germains en nue-propriété.

Cependant le père n'a aucun droit sur les biens provenant au défunt de la famille de sa mère.

Les frères et sœurs utérins ou consanguins n'ont droit aux biens réels qu'à défaut de germains.

Les biens personnels sont dévolus d'après des règles à peu près identiques. La mère, au lieu de n'avoir qu'un usufruit, a droit à une part égale à celle échue à chacun des frères et sœurs.

A défaut des héritiers ci-dessus désignés, les biens réels et personnels échoient aux plus proches parents d'égal degré, les germains étant toujours préférés aux non-germains.

S'il n'y a pas de parents au degré successible, l'Etat appréhende la succession.

Les enfants naturels ont droit aux biens personnels de leur mère si elle ne laisse pas de descendance légitime.

La succession de l'enfant naturel est dévolue à ses enfants légitimes ; puis au conjoint survivant ; à leur défaut elle revient à la mère ou à sa famille.

L'adopté succède à l'adoptant au même titre que ses enfants légitimes. Cependant il ne peut prétendre aux biens provenant à l'adoptant de sa famille.

Les enfants adoptifs et naturels héritent les uns des autres et du chef les uns des autres de même que s'ils étaient tous enfants naturels du même père ou de la même mère.

En concours avec les descendants de l'époux prédécédé le mari a droit à tous les biens personnels de la femme et à sa *curtesy* sur les biens réels. La femme prend un tiers des biens personnels du mari et exerce son douaire sur les biens réels.

En concours avec les autres héritiers l'époux survivant exerce les mêmes droits, sauf la femme qui prélève la moitié et non un tiers des biens personnels.

92. Pennsylvanie. — (*Brightly's Purdon's Digest of* 1872-73, Intestates, 1 à 34, 36, 39 et 40 ; Escheats, 1 à 3 ; Marriage, 9 ; Adoption, 1 ; Dower, 4 ; *Biennial laws of* 1885, n° 172 ; 1887, n°^s 22 *et* 145 ; 1889, n°^s 68 *et* 187).

Lorsque le défunt est domicilié hors de l'Etat, ses biens réels sont dévolus conformément à la loi de la Pennsylvanie et ses biens personnels conformément à la loi du domicile.

L'enfant conçu au moment du décès est considéré comme vivant au point de vue de la dévolution successorale.

En dehors de ceux dont la dévolution a été réglée par contrat de mariage et sauf à l'égard de l'époux survivant, tous les biens, réels ou personnels, dépendant d'une succession sont répartis d'après les mêmes règles.

L'ascendant donateur succède de préférence à tout autre aux biens qu'il a donnés au défunt, lorsque sa succession est dévolue aux ascendants. Hors ce cas l'origine des biens n'exerce aucune influence sur leur dévolution.

Les degrés de parenté sont comptés d'après les règles du droit civil.

Lorsqu'il existe plusieurs héritiers du même degré ils partagent par têtes. Cette règle n'est pas applicable aux enfants et petits-enfants des frères et sœurs du défunt et aux enfants des oncles et tantes qui partagent par souches.

Les descendants succèdent par têtes, s'ils sont tous du même degré, sinon par souches et par représentation.

A défaut de descendants les biens personnels reviennent au père et à la mère par moitié ou au survivant pour le tout. Il en est de même des biens réels lorsqu'il n'existe pas de frères et sœurs. Au cas où ces biens viennent en concours avec des frères et sœurs ou leurs descendants ils n'ont droit qu'à l'usufruit des biens réels avec réversion au profit du survivant.

S'il n'existe pas de descendants et si les père et mère du défunt sont prédécédés, la succession est dévolue aux frères et sœurs ou à leurs descendants, par représentation. A l'égard des biens réels les germains excluent les non-germains ; de plus, ainsi qu'on vient de le voir, en concours avec le père et mère, les frères et sœurs recueillent la nue-propriété des biens réels.

A défaut des héritiers ci-dessus la succession est dévolue par parts égales aux aïeuls du défunt ou à leurs descendants par souches et par représentation.

S'il n'existe pas d'héritiers appartenant à cette parentèle

la succession échoit au plus proche parent. S'il y en a plusieurs du même degré, ils partagent par têtes, étant observé que les germains priment toujours les non-germains à l'égard des biens réels et que le collatéral tirant ses droits du plus proche ascendant du défunt prime les autres.

A défaut de parents la succession est dévolue au conjoint survivant ou, s'il n'en existe pas, au fisc.

Les enfants naturels sont appelés à la succession de leur mère et de leurs parents maternels au même titre que leurs frères et sœurs légitimes.

La succession de l'enfant naturel est dévolue d'abord à ses descendants légitimes, puis au conjoint survivant, enfin à sa mère ou à sa famille maternelle.

L'adopté entre dans la famille de l'adoptant et est traité, au point de vue de la dévolution successorale, de même que s'il était l'enfant légitime de l'adoptant.

Le douaire de la veuve, bien que subsistant en principe tel qu'il résulte de la *common law*, est, en pratique, remplacé par une part en toute propriété.

Le mari a droit à la *curtesy* même lorsqu'il n'est pas né d'enfants du mariage.

En concours avec les descendants l'époux survivant a droit :

Le mari à une part d'enfant des biens personnels et à sa *curtesy* sur les biens réels ;

La femme à un tiers des biens personnels et à son douaire sur les biens réels.

S'il n'existe pas de descendants ses droits sont fixés ainsi qu'il suit :

Le mari prend la totalité des biens personnels et exerce sa *curtesy* sur les biens réels.

La femme prend la moitié des biens personnels et exerce son douaire sur les biens réels à concurrence de moitié.

93. Michigan. — (*Howell's annotated statutes of* 1882, nᵒˢ 411, 5733 à 5770, 5773 à 5776, 5784, 5847, 6379 ; *Biennial laws of* 1883, nᵒ 169).

L'enfant conçu est considéré comme vivant au point de vue de la dévolution successorale.

La nature des biens n'exerce aucune influence sur leur répartition, excepté à l'égard de l'époux survivant. Cependant, lorsque la succession est dévolue aux frères et sœurs, les biens réels échus au défunt par succession, donations ou legs reviennent aux héritiers qui en même temps parents de l'ascendant de qui ils proviennent.

La computation des degrés a lieu d'après les règles de la loi civile.

La représentation n'est admise qu'au profit des petits-enfants, en ligne directe, et des neveux et nièces, en ligne collatérale.

La succession est d'abord dévolue aux descendants légitimes soit par têtes, soit par souches, lorsque la représentation est autorisée. Si l'un d'eux décède en état de minorité, célibataire ou sans avoir de descendants, les biens lui provenant par succession, dons ou legs de ses auteurs reviennent aux autres descendants de ceux-ci, de même que s'ils n'avaient pas cessé d'en être propriétaires.

A défaut de descendants la succession échoit aux père et mère par moitié ; en totalité au père, s'il survit seul ; de même à la mère si elle survit seule et s'il n'y a pas de frères et sœurs. S'il en existe la mère prend la moitié de la succession, l'autre moitié revient aux frères et sœurs. Ceux-ci recueillent la totalité si le père et la mère sont décédés.

Ensuite les biens personnels vont à l'époux survivant et les biens réels aux plus proches parents germains d'égal degré, étant observé que ceux tirant leur droit du plus proche ascendant du défunt doivent être préférés.

A défaut de parents les biens échoient à l'époux survivant.

Enfin, l'État appréhende la succession dont le produit est employé au profit des écoles publiques.

L'enfant naturel est légitimé par le mariage subséquent de ses père et mère ou par un acte authentique émanant du père.

Même non reconnu il hérite de sa mère au même titre que les légitimes ; mais il n'a aucun droit sur les successions venant à s'ouvrir dans sa famille maternelle.

La succession de l'enfant naturel revient d'abord à ses descendants légitimes, ensuite à l'époux survivant, puis à sa mère ou à sa famille maternelle.

L'adopté est assimilé à tous égards à l'enfant légitime de l'adoptant.

En concours avec les descendants le mari survivant n'a droit qu'à la *curtesy* qu'il soit né ou non des enfants du mariage.

La veuve a droit au tiers des biens personnels ; à la moitié s'il n'y a qu'un enfant. Elle exerce son douaire sur les biens réels.

En concours avec les père, mère, frères et sœurs les droits de l'époux survivant sont réglés ainsi qu'il suit :

Sur les biens réels le mari exerce sa *curtesy*, la femme son douaire.

Quant aux biens personnels le mari en prend la moitié en propriété ; la veuve exerce un prélèvement de § 1000 et prend la moitié du surplus.

94. Indiana. — (*Statutes revised of* 1881, nᵒˢ 825, 829, 2467 à 2471, 2473 à 2478, 2481 à 2491, 2510 ; *Biennial laws of* 1883, nᵒ 55). — L'enfant conçu est considéré comme vivant à l'égard de la succession de son père.

Lorsque le défunt est domicilié hors de l'État, seuls les biens réels dépendant de sa succession sont régis par la loi de l'Indiana ; les biens personnels sont dévolus d'après la loi du domicile.

Sauf en ce qui concerne l'époux survivant les biens personnels sont entièrement assimilés aux biens réels.

Lorsque le défunt ne laisse pas de descendants les biens provenant d'une donation font retour au donateur. Les biens donnés, en cas du décès du donateur, ceux recueillis par succession ou legs sont attribués de préférence aux héritiers qui sont parents du défunt et de celui de qui proviennent les biens.

Les descendants du défunt lui succèdent par têtes, s'ils sont tous du même degré, par souches dans le cas contraire.

A défaut de descendants, les biens reviennent pour une moitié au père et à la mère, avec réversion du survivant. Si l'un d'eux est prédécédé, cette moitié revient en entier à l'autre. La seconde moitié échoit aux frères et sœurs ou à leurs descendants, par représentation.

Si les père et mère sont décédés, les frères et sœurs recueillent le tout. Réciproquement les père et mère prennent toute la succession à défaut de frères et sœurs.

La succession est ensuite dévolue à l'époux survivant.

Enfin, s'il n'y a ni descendants, ni père, ni mère, ni frères ou sœurs, ni époux survivant, les biens se partagent par moitié entre les lignes paternelle et maternelle. Dans chaque ligne la dévolution a lieu dans l'ordre suivant :

1º Le grand-père et la grand'mère, par moitié, ou le survivant pour le tout ;

2º Les oncles et tantes, ou leurs descendants par représentation.

Il y a *réversion* d'une ligne à l'autre lorsqu'il n'y a pas de parents dans l'une d'elles.

A défaut d'héritiers de cette parentèle la succession revient aux plus proches parents d'égal degré.

En cas de déshérence les biens sont attribués aux écoles du comté de leur situation.

L'enfant naturel, reconnu par le père, est légitimé purement et simplement par le mariage subséquent de ses père et mère.

L'enfant naturel non légitimé est assimilé aux enfants légitimes à l'égard de sa mère et de la famille de celle-ci.

A l'égard du père, l'enfant naturel reconnu peut être appelé à recueillir toute la succession, lorsque les héritiers légitimes, ne résidant pas aux États-Unis, n'ont pas les qualités requises pour succéder.

La succession de l'enfant naturel est dévolue à ses enfants légitimes, puis à l'époux survivant, enfin à la mère ou à la famille de la mère.

L'adoption confère à l'adopté les droits de l'enfant légitime.

Si l'adopté décède célibataire, intestat et sans enfants, les biens qu'il a reçus par succession, dons ou legs de ses parents adoptifs et de leur famille reviennent à celle-ci.

En concours avec les descendants le mari prend un tiers des biens réels et personnels dépendant de la succession de la femme.

Les droits de la veuve sont réglés ainsi qu'il suit :

S'il n'y a qu'un enfant (ou ses représentants) elle prend la moitié de la succession, un tiers dans les autres cas. Cependant si la valeur des biens réels dépasse $ 10.000, elle n'a droit qu'à un quart ; si elle dépasse $ 20.000, à un cinquième.

La veuve qui se remarie ne peut aliéner la part qui lui est ainsi dévolue tant que les enfants du premier lit n'ont pas atteint leur 21e année. Lorsqu'ils sont devenus tous majeurs elle peut les vendre avec leur consentement. Ceux qui existent encore au moment de son décès font retour aux enfants du premier lit.

En concours avec les père et mère du défunt, l'époux survivant exclut les frères et sœurs ; il prend les trois quarts de la succession, l'autre quart revient aux père et mère, avec réversion, ou au survivant d'eux. Lorsque la valeur de la succession ne dépasse pas $ 1.000, l'époux survivant prend le tout.

95. Illinois. — (*Statutes, Cothran's edition*, 1883, ch. 4, sect. 5, 6 ; ch. 17, s. 15 ; ch. 39, s. 1 à 3, 9 ; ch. 41, s. ; ch. 49, s. 1 ; *Loi du 14 mai 1897*). — L'enfant conçu est considéré comme vivant au point de vue de la dévolution successorale.

Les personnes qui n'ont pas la qualité de citoyen américain peuvent posséder en Illinois des biens personnels et les transmettre à leurs héritiers. Elles peuvent également acquérir des biens réels et les transmettre. Mais si, dans les six ans de l'acquisition, le propriétaire étranger ne s'est pas fait naturaliser, l'attorney de comté peut l'obliger à vendre.

Sauf à l'égard de l'époux survivant les biens réels et personnels sont dévolus d'après les mêmes règles. Il n'est fait aucune différence entre les parents germains, utérins ou consanguins.

Les degrés de parenté sont comptés d'après les règles de la loi civile.

La représentation est admise indéfiniment en ligne directe et, en ligne collatérale, au profit des descendants des frères et sœurs.

La succession est dévolue en premier lieu aux enfants du défunt, ou à leurs descendants, par représentation.

A défaut de descendants la succession échoit par parts égales au père, à la mère, aux frères et aux sœurs ou aux descendants de ceux-ci par représentation. Si le père ou la mère seul survit, il prend double part ; s'ils sont décédés tous les deux, les frères et sœurs se partagent toute la succession.

Les biens sont ensuite dévolus aux parents les plus proches en degré. Ils partagent par têtes. Viennent ensuite l'époux survivant, puis le comté où sont situés les biens ou leur portion principale.

L'enfant naturel reconnu par le père est légitimé soit par le mariage subséquent de ses père et mère, soit par le fait qu'il est traité par la famille comme enfant légitime.

A l'égard de la mère et de sa famille l'enfant naturel est assimilé à l'enfant légitime.

La succession de l'enfant naturel échoit à ses descendants légitimes, puis au conjoint survivant. A leur défaut elle est dévolue moitié à la mère, moitié aux frères et sœurs utérins, légitimes ou non, et à leurs descendants par représentation. Au delà la dévolution a lieu conformément aux règles ci-dessus, au profit de la famille maternelle du défunt.

L'adopté hérite de l'adoptant, mais n'a aucun droit sur les successions qui viennent à s'ouvrir dans la famille de celui-ci.

Les biens de l'adopté sont recueillis par sa famille naturelle. S'il décède intestat, sans laisser de descendant ou d'époux survivant, les biens qu'il a reçus par succession, dons ou legs de sa famille adoptive lui font retour.

En concours avec les descendants du conjoint, l'époux survivant a droit au tiers des biens personnels et exerce son douaire sur les biens réels.

En concours avec les père, mère, frères et sœurs, il prend la moitié des biens réels et la totalité des biens personnels.

96. Wisconsin. — (*Revised statutes of* 1878, *as amended by sanborn and Berrysman's supplement of* 1883, *sect.* 2159, 2270 à 2275, 3521, 3935, 4024). — L'institution d'héritier a lieu au moyen d'une ordonnance sur requête de la Cour supérieure.

Les enfants conçus au moment du décès soit de l'auteur de la succession, soit de la personne qu'ils sont appelés à représenter, sont considérés comme vivants au point de vue de la dévolution successorale.

Sauf à l'égard des droits de l'époux survivant on ne tient pas compte de la nature des biens pour leur répartition. Les biens provenant au défunt de l'un de ses ascendants par succession, donation ou legs sont attribués de préférence aux héritiers appartenant à la famille de l'ascendant. Pour les autres biens on ne fait aucune différence entre les germains, les consanguins et les utérins.

On compte les degrés d'après les règles de la loi civile.

La représentation est admise à l'infini en ligne directe, mais elle n'a lieu qu'autant qu'un héritier au moins du degré précédent ait survécu. En ligne collatérale elle ne profite qu'aux neveux et nièces.

Les descendants légitimes recueillent la succession soit par têtes, soit par souches s'il y a lieu à représentation.

Si l'un d'eux décède mineur, célibataire et sans descendants, les biens lui provenant d'un ascendant par succession, donation ou legs font retour à la succession de cet ascendant et sont dévolus comme si le mineur n'avait jamais existé.

S'il n'y a pas de descendants la succession échoit en entier à l'époux survivant.

A défaut d'époux survivant elle est recueillie par moitié par le père et mère. Si l'un d'eux est prédécédé, le survivant a droit à la totalité des biens.

La succession revient ensuite aux frères et sœurs ou à leurs descendants ; le partage a lieu par têtes, sauf à l'égard des neveux et nièces, qui viennent par représentation. Puis elle est dévolue au plus proche parent. S'il y en a plusieurs d'égal degré, ils partagent par têtes, étant observé que celui qui tire son droit du plus proche ascendant du défunt doit être préféré.

A défaut de parents la succession est appréhendée par l'État et est employée au profit des écoles publiques.

L'enfant naturel, reconnu par le père, devient son héritier, mais n'a aucun droit sur les successions qui viennent à s'ouvrir dans sa famille paternelle.

Il en est de même à l'égard de la mère et de la famille maternelle ; une reconnaissance formelle n'est pas nécessaire.

Légitimé par le mariage de ses père et mère il est entièrement assimilé aux enfants légitimes.

La succession de l'enfant naturel revient à ses descendants légitimes, puis à l'époux survivant, enfin à la mère et à la famille maternelle.

L'adopté est, à l'égard de l'adoptant, assimilé à l'enfant légitime, mais il ne peut prétendre qu'aux biens personnels de l'adoptant et aux biens réels qu'il a acquis à titre onéreux.

A défaut de descendants et d'époux survivants, les biens reçus par l'adopté, par succession, dons ou legs, de l'adoptant, reviennent à celui-ci ou à ses héritiers.

En concours avec les descendants du prédécédé l'époux prend une part d'enfant sur les biens personnels ; sur les biens réels le mari exerce sa *curtesy* et la veuve son douaire.

97. Minnesota. — (*General statutes* of 1878, art. 46, § 1er, 3, 5 et 6, 15 ; 51, § 1er ; 61, § 17 ; 124, § 31 ; *Biennial laws of* 1885, ch. 75). — L'enfant conçu au moment du décès, soit de l'auteur de la succession, soit de la personne qu'il représente, est considéré comme vivant au point de vue de la dévolution successorale.

La nature des biens n'exerce aucune influence sur leur répartition.

Les biens réels acquis par le défunt par succession, donation ou legs reviennent de droit à ceux de ses héritiers appartenant à la famille de l'ascendant de qui ils proviennent.

Les degrés de parenté sont supputés d'après les règles du droit civil.

Les petits-enfants, en ligne directe, les neveux et nièces, en ligne collatérale, peuvent seuls venir à une succession par représentation.

La succession est d'abord dévolue aux descendants légitimes du défunt. Si l'un d'eux décède mineur, non marié, et sans descendants les biens qu'il a reçus de ses auteurs par succession, dons ou legs font retour aux descendants de celui de qui ils proviennent.

A défaut de descendants la succession échoit au père, puis pour un tiers à la mère et pour deux tiers aux frères et sœurs. Si la mère est prédécédée les frères et sœurs prennent le tout. De même, s'il n'y a pas de frères et sœurs, la mère a droit à la totalité des biens.

La succession échoit ensuite au plus proche parent. S'il y en a plusieurs d'égal degré ils partagent par têtes, étant observé que celui qui tire ses droits du plus proche ascendant du défunt doit être préféré.

A défaut de parents la succession va d'abord à l'époux survivant, puis à l'État, à titre de deshérence.

L'enfant naturel est légitimé par le mariage de ses père et mère ; mais il n'est entièrement assimilé aux enfants légitimes que s'il naît d'autres enfants du mariage.

L'enfant naturel hérite de son père (s'il a été reconnu) et de sa mère, comme s'il était légitime ; il ne peut prétendre aux successions des parents de ses père et mère.

La succession de l'enfant naturel échoit à ses descendants, puis au conjoint survivant, enfin à la mère et à sa famille.

L'adoption ne rompt pas les liens de parenté qui unissent l'adopté à sa famille naturelle. L'adopté est considéré comme l'enfant légitime de l'adoptant. Ses biens, sauf ceux qu'il a reçus par succession, donation ou legs de sa famille naturelle, échoient à l'adoptant ou à sa famille.

En concours avec les héritiers du prédécédé l'époux survivant prend le tiers de la succession.

98. Nébraska. — Guy A. Brawn (*Compiled statutes of* 1881, *part.* I, *ch.* 23, §§ 29, 31 à 33, 41, 71 ; *ch.* 80, *art.* 2, § 3 ; *ch.* 83, *art.* 9, § 2 ; *Biennial laws of* 1887, *ch.* 34). — L'enfant conçu au moment du décès soit de l'auteur de la succession, soit de celui qu'il représente, est considéré comme vivant au point de vue de la dévolution successorale.

Sauf à l'égard des droits de l'époux survivant la nature des biens n'exerce aucune influence sur leur répartition. Ceux que le défunt a reçus d'un ascendant par succession, donation ou legs reviennent de droit à ceux des héritiers qui appartiennent à la famille de cet ascendant.

Les degrés se comptent d'après les règles du droit civil.

La représentation n'est admise en ligne directe qu'au profit des petits-enfants, en ligne collatérale qu'au profit des neveux et nièces.

Les descendants légitimes sont appelés à la succession en premier rang. Ils succèdent par têtes s'ils sont du même degré. Cependant la représentation est admise au profit des petits-enfants lorsqu'elle est soutenue par la survivance d'un ou plusieurs enfants.

Si l'un des descendants, encore mineur, vient à mourir célibataire ou sans descendants, les biens lui provenant d'un ascendant par succession, dons ou legs font retour aux héritiers directs de cet ascendant.

Les biens vont ensuite au père, s'il est décédé à la mère ; à défaut de l'un et de l'autre aux frères et sœurs.

En dernier lieu ils sont dévolus au plus proche parent ; s'il y en a plusieurs du même degré ils partagent par têtes. Celui qui tire ses droits de l'ascendant le plus proche du défunt exclut les autres.

A défaut de parents la succession revient à l'époux survivant et, s'il n'y en a pas, à l'État. Le produit en est alors affecté aux écoles publiques.

L'enfant naturel reconnu par le père, est légitimé purement et simplement par le mariage subséquent de ses parents.

Il hérite de son père, s'il a été reconnu régulièrement, de sa mère en toute occurrence ; mais il ne peut prétendre aux successions de leurs parents.

A défaut de descendants légitimes ou d'époux survivant la succession de l'enfant naturel est dévolue à sa mère ou à sa famille maternelle.

L'adopté ne devient l'héritier de l'adoptant qu'autant qu'il en a été ainsi convenu dans l'acte d'adoption.

En concours avec les descendants la veuve prélève une part d'enfant sur les biens personnels et exerce son douaire sur les biens réels.

Le mari survivant a l'usufruit des biens réels ; il en est de même lorsqu'il est en concours avec les autres héritiers.

Dans ce dernier cas, la veuve prend tous les biens personnels en propriété (il en est sans doute de même pour le mari) et l'usufruit des biens réels.

99. Dakota septentrional. — (*Civil Code, art.* 87, 112, 114, 115, 116, 777 à 787, 793, 795). — L'enfant conçu au moment de l'ouverture d'une succession est considéré comme vivant au point de vue de sa dévolution.

La loi ne considère pas la nature des biens pour régler leur répartition. Ceux provenant au défunt d'un ascendant par succession, donation ou legs reviennent aux héritiers qui appartiennent à la famille de cet ascendant.

La computation des degrés a lieu d'après les règles du droit civil. La représentation est admise à l'infini en ligne directe, mais elle doit être soutenue par la survivance d'un héritier du degré représenté. En ligne collatérale elle n'a lieu qu'au profit des neveux et nièces.

La dévolution est réglée ainsi qu'il suit : 1° les enfants et descendants légitimes ; 2° le père ; 3° la mère et les sœurs, par parts égales ; à défaut de frères et sœurs la mère hérite seule ; 4° les frères et sœurs où leurs descendants ; 5° l'époux survivant ; 6° le plus proche parent ; s'il y en a plusieurs d'égal degré le partage a lieu par têtes, mais celui qui tire son droit du plus proche ascendant du défunt exclut les autres ; 7° l'État (les biens sont employés au profit des écoles publiques).

A défaut de descendants et sauf les droits du conjoint survivant, les biens provenant à un mineur, par succession, donation ou legs, de ses père et mère, font retour aux descendants de ceux-ci.

Lorsque ses père et mère se sont unis en légitime mariage ou lorsque le père (du consentement de sa femme s'il est marié), l'a introduit dans sa famille et l'a traité publiquement comme s'il était légitime, l'enfant naturel acquiert tous les droits de l'enfant légitime.

La reconnaissance par le père par écrit signé en présence d'un témoin, mais non rendu public, ne lui confère de droits que sur la succession de celui qui l'a reconnu.

A l'égard de sa mère il est assimilé à l'enfant légitime. Mais il ne peut prétendre aux successions qui viennent à s'ouvrir dans sa famille maternelle.

La succession de l'enfant naturel est dévolue à ses descendants légitimes, puis à l'époux survivant, ensuite à la mère, en dernier lieu à la famille maternelle.

L'adoption crée entre l'adoptant et l'adopté les liens de paternité et de filiation avec toutes leurs conséquences.

Le douaire et la *curtesy* ont été expressément abolis.

L'époux survivant, en concours avec les héritiers qu'il n'exclut pas, prend la moitié des biens ; sa part est réduite au tiers lorsqu'il y a deux enfants ou plus.

100. Dakota méridional. — Cet État, constitué par la loi fédérale du 22 février 1889, est régi, en matière de droit civil, par les mêmes lois que le Dakota septentrional.

101. Orégon. — (*Miscellaneous laws* [1872], *ch.* 10, §§ 1, 2, 5, 6 ; *ch.* 13, §§ 14, 67 ; *ch.* 16, § 1er ; *ch.* 17, §§ 1, 30 et 38). — L'enfant conçu au moment de l'ouverture d'une succession est considéré comme vivant au point de vue de sa dévolution.

En dehors des biens constituant un *homestead* et sauf à l'égard des droits de l'époux survivant, les biens réels et personnels sont distribués conformément aux mêmes règles.

Les degrés de parenté sont comptés d'après les règles du droit civil. Il n'est fait aucune différence entre les germains, les utérins et les consanguins. La représentation ne peut être invoquée que par les descendants et les neveux et nièces du défunt, mais elle n'est admise, en ligne directe, qu'autant qu'elle est appuyée par la survivance d'un descendant du degré représenté.

La dévolution des biens a lieu dans l'ordre suivant :

1° les enfants légitimes ou leurs descendants ; 2° la veuve pour le tout, le mari pour les biens personnels seuls ; 3° le père ; 4° la mère et les frères et sœurs (ou leurs représentants) par égales parts, s'il n'y a pas de frères et sœurs ou de descendants d'eux la mère recueille le tout ; de même si la mère est prédécédée les frères et sœurs héritent seuls ; 5° le plus proche parent ; s'il y en a plusieurs du même degré ils partagent par têtes étant observé que celui qui tire son droit du plus proche ascendant du défunt exclut les autres ; 6° l'État.

Lorsqu'un enfant décède mineur, non marié et sans descendants, les biens qu'il a reçus de ses père et mère par donation, succession ou legs vont aux autres enfants de celui de qui ils proviennent, ou à leurs descendants, par représentation.

L'enfant naturel est entièrement assimilé aux enfants légitimes par le mariage de ses père et mère. Même non explicitement reconnu il hérite de sa mère ; mais il ne peut prétendre aux successions qui viennent à s'ouvrir dans sa famille maternelle. Sa succession est dévolue dans l'ordre suivant : descendants, époux survivant, mère, famille maternelle.

L'adopté est appelé à la succession de l'adoptant ; il ne peut prétendre aux biens qui proviennent à celui-ci de sa famille. Il n'a aucun droit sur les successions qui viennent à s'ouvrir dans la famille de l'adoptant, du chef de ce dernier.

Le mari survivant a droit à la *curtesy*, qu'il soit né ou non des enfants de son mariage avec la défunte.

En concours avec les descendants le mari a droit à tous les biens personnels et à sa *curtesy* sur les biens réels ; la femme a la moitié des biens personnels et à son douaire sur les biens réels.

102. Washington. — (*Code of* 1881, art. 1669, 1670, 2388, 2410, 2414, 3302 à 3307, 3314 à 3316 ; *Biennial laws of* 1883, p. 57). — L'enfant conçu au moment de l'ouverture d'une succession est considéré comme vivant au point de vue de sa dévolution.

Sauf à l'égard de la part du conjoint survivant la répartition des biens réels et personnels a lieu d'après les mêmes règles. Les parents germains, utérins et consanguins partagent également. Les degrés sont comptés d'après les règles du droit civil. La représentation en ligne directe doit être soutenue par la survivance d'un héritier du degré représenté ; en ligne collatérale elle n'est admise qu'au profit des neveux et nièces.

La succession est dévolue dans l'ordre suivant : 1° descendants légitimes ; 2° le père et la mère, par moitié, ou le survivant pour le tout ; 3° les frères et sœurs, ou leurs enfants, par représentation ; 4° l'époux survivant ; 5° le plus proche parent ; s'il en existe plusieurs d'égal degré, ils partagent par têtes, celui qui tire son droit du plus proche ascendant du défunt exclut les autres ; 6° le comté où les biens (ou leur portion principale) sont situés.

Lorsqu'un enfant décède mineur, les biens qu'il a reçus par donation, succession ou legs de ses père et mère sont dévolus, à défaut de descendants et sauf les droits de l'époux survivant, aux autres descendants de celui de qui ils proviennent.

L'enfant naturel est purement et simplement légitimé par le mariage de ses père et mère. Il est l'héritier de celui qui, par écrit signé en présence d'un témoin, a reconnu être son père ; mais cette reconnaissance ne lui confère aucun droit sur les successions qui viennent à s'ouvrir dans sa famille paternelle.

A l'égard de la mère l'enfant naturel est assimilé à l'enfant légitime. Il n'a aucun droit sur les biens de sa famille maternelle.

La succession de l'enfant naturel, à défaut de descendants légitimes, est dévolue à l'époux survivant, puis à la mère et à sa famille.

L'adoption crée entre l'adoptant et l'adopté les liens de paternité et de filiation avec toutes leurs conséquences. A défaut de descendants légitimes, les biens provenant à l'adopté de sa famille adoptive font retour à celle-ci.

Le douaire et la *curtesy* ont été supprimés.

Les biens de la communauté, lorsque le prédécédé n'a pas disposé de sa moitié par testament ou ne laisse pas de descendants, reviennent en entier à l'époux survivant.

En concours avec les descendants le conjoint survivant prend la moitié des biens personnels. Il a droit à la même quotité des biens réels s'il n'y a qu'un enfant, au tiers s'il y en a deux et plus.

En concours avec les autres héritiers qu'il n'exclut pas le conjoint survivant prélève tous les biens personnels et la moitié des biens réels.

103. Caroline du Nord. — (*Code of* 1883, *art.* 3, 39, 40, 1281, 1478, 1486, 1838, 2102, 2103, 2106, 2626). — L'enfant né dans les dix mois de l'ouverture d'une succession y participe comme s'il avait été vivant au jour du décès.

En dehors des biens réels constituant un *homestead* et sauf à l'égard des droits de l'époux survivant la nature des biens n'exerce aucune influence sur leur dévolution.

Les biens que le défunt a reçus d'un membre de sa famille par succession, donation ou legs échoient, de préférence aux autres héritiers, à ceux d'entre eux qui appartiennent à la famille de celui de qui ils proviennent.

Les parents germains, utérins et consanguins ont des droits égaux.

Les degrés de parenté sont comptés d'après les règles du droit canonique.

La représentation est admise pour tous les ordres d'héritiers et à l'infini.

En première ligne la succession revient aux enfants légitimes par parts égales et à leurs descendants, par représentation.

Si l'un des enfants vient à mourir sans laisser de descendants et d'époux survivant, ce qu'il a recueilli dans la succession de son père revient, par parts égales, à sa mère et à ses frères et sœurs.

A défaut de descendants la succession est dévolue aux frères et sœurs; s'il n'y en a pas, au père et s'il est prédécédé, à la mère. Est ensuite appelé le plus proche parent (ou ses descendants, par représentation) quelle que soit la ligne à laquelle il appartient. S'il y a plusieurs parents (ou leurs descendants) du même degré, ils partagent par têtes, la fente n'étant pas admise.

A défaut de parents la succession échoit à l'époux survivant. En dernier lieu elle est appréhendée par l'État. Le produit en est employé au profit de l'Université de l'État.

L'enfant naturel, régulièrement reconnu par son père, hérite des biens réels et personnels de celui-ci. Dans la succession de sa mère il partage les biens personnels également avec les enfants légitimes, mais il ne peut prétendre aux biens réels qu'à défaut de ces derniers.

Les enfants naturels nés de la même mère sont considérés comme légitimes dans leurs rapports entre eux et leurs descendants. A défaut de descendants la succession de l'enfant naturel est dévolue à ses frères et sœurs naturels, et, s'il n'en existe pas, à la mère.

Lorsque l'enfant naturel a été reconnu par son père, sa succession est dévolue comme s'il était légitime.

En aucun cas l'enfant naturel ne peut être appelé aux successions des parents de ses père et mère.

Lorsque l'adoption n'est pas limitée à la minorité de l'adopté, celui-ci hérite de l'adoptant mais ne peut le représenter aux successions qui viennent à s'ouvrir dans sa famille; à moins qu'il n'en ait été autrement décidé par le décret d'adoption.

En concours avec les descendants le mari a droit à tous les biens personnels de sa femme prédécédée et à sa *curtesy* sur les biens réels.

La femme prélève un tiers des biens personnels, s'il n'y a pas plus de deux enfants, une part d'enfant s'il y en a trois et plus. Elle exerce son douaire sur les biens réels.

En concours avec les autres héritiers, le conjoint survivant a les mêmes droits, sauf la veuve qui prend moitié des biens personnels.

104. Géorgie. — (*Code of* 1882, *art.* 1761 à 1764, 1769, 1786 à 1788, 1797, 1800, 1801, 2259, 2301, 2484, 2570, 2669; *Biennial laws of* 1883, *ch.* 391). — L'enfant conçu au moment de l'ouverture d'une succession est considéré comme vivant au point de vue de sa dévolution.

La nature des biens n'exerce aucune influence sur leur répartition. On compte les degrés d'après les règles du droit canonique. En ligne directe la représentation est admise à l'infini; en ligne collatérale elle ne profite qu'aux enfants et petits-enfants des frères et sœurs du défunt.

La dévolution est réglée ainsi qu'il suit : 1° les enfants légitimes ou leurs descendants; 2° l'époux survivant; 3° par parts égales, le père (ou, s'il est mort, la mère),les frères et sœurs germains et consanguins, ou leurs enfants et petits-enfants; 4° par parts égales le père, (ou s'il est mort, la mère), les frères et sœurs utérins, ou leurs enfants et petits-enfants, par souches; 5° le père pour le tout; 6° la mère pour le tout; 7° les cousins germains, les oncles et les tantes, par parts égales; 8° les parents plus éloignés, le plus proche excluant les autres; 9° le comté de la situation des biens.

L'enfant naturel est légitimé par le mariage de ses père et mère; il peut également être légitimé au moyen d'une procédure spéciale par son père, si celui-ci n'était pas marié au moment de la naissance.

A l'égard de la mère il est assimilé aux enfants légitimes;

La succession de l'enfant naturel échoit à ses enfants légitimes, puis au conjoint survivant, ensuite par parts égales à sa mère et à ses frères et sœurs naturels ou à leurs descendants, par représentation. A défaut de ceux-ci viennent les frères et sœurs utérins légitimes ou leurs descendants. En dernier lieu la succession est dévolue à la famille maternelle d'après les règles générales.

L'adopté hérite de l'adoptant, mais ne peut prétendre aucun droit sur les successions venant à s'ouvrir dans la famille de ce dernier.

L'adoptant n'hérite jamais de l'adopté.

L'époux survivant a droit, sur la succession du prédécédé, à une part d'enfant qui ne peut être inférieure au cinquième. La veuve peut opter entre cette part et le douaire.

105. Tennessee. — (*Milliken and Vertrees'Iode* 1884, *n°s* 2961, 3244, 3268-3272, 3274, 3278 à 3280, 4385, 4387, 4390; *Biennial laws of* 1885, *ch.* 34). — A l'égard des biens réels il y a lieu de distinguer entre ceux acquis à titre onéreux par le défunt et ceux qu'il a reçus d'un ascendant par succession, donation ou legs.

Ceux-ci sont dévolus, à défaut de descendants, aux frères et sœurs du défunt, s'ils descendent de cet ascendant, puis à ses père et mère, enfin à ceux de ses héritiers qui appartiennent à la famille de l'ascendant.

Les autres sont répartis d'après les règles générales ci-après.

La représentation est admise à l'infini en ligne directe ; en ligne collatérale elle ne profite qu'aux neveux et nièces.

La succession est d'abord dévolue aux enfants légitimes du défunt ou à leurs descendants, par représentation.

À défaut de descendants les biens personnels vont au père ; s'il est prédécédé, à la mère, aux frères et sœurs par portions égales. Enfin s'il n'y a ni père, ni mère, pour les biens personnels, en toute occurrence pour les biens réels, la succession échoit aux frères et sœurs.

La succession est ensuite divisée entre les lignes paternelle et maternelle ; le plus proche parent, dans chaque ligne, prend la moitié qui lui revient. S'il y en a plusieurs d'égal degré ils partagent par têtes.

À défaut de parents la succession passe d'abord à l'époux survivant, puis à l'État. Le produit en est alors affecté aux écoles publiques.

Le père de l'enfant naturel, s'il n'est pas marié au moment de la naissance, peut le reconnaître légalement. L'enfant obtient alors tous les droits de l'enfant légitime.

L'enfant naturel vient à la succession de sa mère au même titre que les enfants légitimes. D'autre part, quand il n'existe pas d'héritiers directs, la succession de l'enfant naturel est dévolue à la mère et à la famille maternelle.

L'adopté hérite de l'adoptant. Mais celui-ci n'a aucun droit sur la succession de l'adopté.

En concours avec les descendants la veuve prend une part d'enfant sur les biens personnels et exerce son douaire sur les biens réels.

En concours avec les autres héritiers, le mari survivant paraît ne pouvoir prétendre qu'à sa *curtesy* ; quant à la veuve elle obtient, outre son douaire sur les biens réels, la propriété de tous les biens personnels.

106. Alabama. — (*Code of* 1876, *art.* 2233, 2252 à 2259, 2261, 2714 à 2716, 2742 à 2745, 2851). — L'enfant conçu au moment de l'ouverture d'une succession n'y a aucun droit, excepté lorsqu'il s'agit de celle de son père.

Sauf à l'égard des droits de l'époux survivant la nature des biens n'exerce aucune influence sur leur dévolution.

Il n'en est pas de même de leur origine. En règle générale les collatéraux germains et non germains sont traités sur le pied d'égalité, mais, lorsqu'une succession comprend des biens advenus au défunt de l'un de ses ascendants par succession, donation ou legs, ces biens reviennent de droit aux héritiers qui font partie de la famille de l'ascendant. Parmi ces héritiers les germains priment les non germains du degré égal, qui eux-mêmes excluent les germains du degré survivant.

Les degrés de parenté sont comptés d'après les règles du droit civil. La représentation est admise à l'infini en ligne directe ; en ligne collatérale elle ne profite qu'aux neveux et nièces du défunt.

La dévolution a lieu dans l'ordre suivant : 1° les enfants et descendants légitimes ; 2° les frères et sœurs, neveux et nièces, ceux-ci par représentation ; 3° le père ; 4° la mère ; 5° le plus proche parent ; s'il y en a plusieurs d'égal degré ils partagent par têtes ; 6° l'époux survivant ; 7° l'État.

L'enfant naturel, reconnu par le père, est légitimé par le mariage de ses parents.

Le père peut également le légitimer par une procédure spéciale ; mais cette légitimation l'habilite simplement à hériter de son père.

À l'égard de sa mère l'enfant naturel est entièrement assimilé à l'enfant légitime.

La succession de l'enfant naturel est dévolue à ses enfants légitimes, au conjoint survivant, enfin à la mère ou à sa famille.

L'adopté hérite de l'adoptant. Il n'a aucun droit sur les successions qui viennent à s'ouvrir dans la famille de ce dernier.

La veuve ne peut exercer son douaire sur la succession de son mari, ni prétendre à sa part *ab intestat*, lorsque la valeur de ses biens personnels est supérieure à celle du douaire et de cette part cumulés. Si elle est inférieure il y a lieu à complément. Le douaire, en ce cas, est évalué au denier 7 de la rente qu'il produit.

Le mari a droit à la *curtesy* qu'il soit né ou non des enfants de son union.

En concours avec les descendants la veuve a droit à son douaire sur les biens réels et sur les biens personnels, à la moitié s'il n'y a qu'un enfant, à une part d'enfant s'il y en a deux et plus, sans que cette part puisse descendre au-dessous d'un cinquième.

Le mari ne peut prétendre qu'à sa *curtesy* sur les biens réels et à la moitié des biens personnels.

En concours avec les autres héritiers ils ont les mêmes droits, sauf la veuve qui, outre son douaire, prélève uniformément la moitié des biens personnels.

107. Mississipi. — (*Code of* 1880, *art.* 884, 1170, 1171, 1270 à 1273, 1275, 1496). — La loi de l'État régit la dévolution de tous les biens, réels ou personnels, qui y sont situés, quel que soit le domicile soit du défunt, soit de ses héritiers.

Tous les biens sont dévolus d'après les mêmes règles, quelle que soit leur nature.

Les collatéraux utérins ou consanguins ne sont appelés à la succession qu'à défaut de germains du même degré. La computation des degrés a lieu conformément au droit civil. La représentation est admise à l'infini en ligne directe ; en ligne collatérale elle ne profite qu'aux enfants des frères et sœurs du défunt.

La dévolution des biens est réglée dans l'ordre suivant : 1° les enfants ou descendants légitimes ; 2° le conjoint survivant ; 3° les frères et sœurs, ou les neveux et nièces, ceux-ci par représentation ; 4° le père et la mère, par moitié, ou le survivant pour le tout ; 5° le plus proche parent ; s'il y en a plusieurs du même degré ils partagent par têtes ; 6° l'État.

L'enfant naturel, reconnu par le père, est légitimé purement et simplement par le mariage de ses parents. Le père de l'enfant naturel peut également le légitimer au moyen d'une procédure spéciale.

L'enfant naturel hérite de sa mère au même titre que les enfants légitimes.

À l'égard des autres membres de leur famille les droits des enfants naturels sont fixés ainsi qu'il suit :

Ils héritent de leurs frères et sœurs utérins et de leurs autres parents maternels. Leurs enfants et descendants participent aux successions de leurs aïeuls et de leurs oncles et tantes, légitimes ou non. Mais ils ne peuvent hériter des parents plus éloignés qu'à défaut d'héritiers légitimes.

La succession de l'enfant naturel échoit d'abord à ses descendants légitimes, puis vraisemblablement au conjoint survivant avant de passer à sa famille maternelle.

Le douaire et la *curtesy* ont été expressément supprimés.

En concours avec les descendants du prédécédé l'époux survivant a droit à une part d'enfant.

108. Californie. — (*Hittell's Code of* 1876-1881, §§ 41, 5173, 5215, 5226 *à* 5230, 6384 *à* 6394, 6403, 6421, 11.269 ; *Biennial laws of* 1891, *ch.* 37, § 224). — L'enfant conçu au moment de l'ouverture d'une succession est considéré comme vivant au point de vue de sa dévolution.

La nature des biens n'exerce aucune influence sur leur répartition. Ceux qui proviennent au défunt de l'un de ses ascendants par succession, donation ou legs reviennent exclusivement aux héritiers qui appartiennent à la famille de cet ascendant.

La computation des degrés de parenté a lieu conformément aux règles de la loi civile. La représentation est admise à l'infini en ligne directe et, en ligne collatérale, au profit des descendants des frères et sœurs.

La succession est dévolue en premier lieu aux descendants légitimes soit par têtes, soit lorsqu'il y a lieu à représentation, par souches.

A défaut de descendants les biens échoient par moitié aux père et mère, ou pour le tout au survivant. En cas de prédécès des père et mère la succession échoit aux frères et sœurs ou à leurs descendants par représentation.

A défaut de frères et sœurs la succession échoit à l'époux survivant. S'il est prédécédé elle va d'abord au plus proche parent germain ; s'il y en a plusieurs d'égal degré ils partagent également, mais ceux qui tiennent leur droit de l'ascendant le plus proche du défunt priment les autres. A défaut de ces parents les biens qui ont été la propriété commune de deux conjoints vont aux père et mère de l'époux prédécédé ou à ses frères et sœurs et à leurs descendants, par représentation. En dernier lieu les biens sont appréhendés par l'Etat, à titre de déshérence, et sont employés au profit des écoles publiques.

L'enfant naturel est légitimé purement et simplement par le mariage de ses père et mère.

Est considéré comme légitime à l'égard du père, l'enfant naturel qu'il introduit dans sa famille (avec le consentement de la femme, s'il est marié) et qu'il traite publiquement et en toute circonstance comme son enfant légitime.

Lorsqu'il y a eu simple reconnaissance par écrit, sans publicité, l'enfant naturel hérite bien de son père, mais il ne peut prétendre aux successions qui viennent à s'ouvrir dans sa famille paternelle.

A l'égard de leur mère et de sa famille les enfants naturels sont placés sur le même pied que les enfants légitimes. Réciproquement leur succession est dévolue à leur mère ou à leur famille maternelle.

Sauf en certains cas d'indignité nommément prévus, un enfant légitime ne peut être adopté par un tiers sans le consentement de ses parents, un enfant naturel sans le consentement de sa mère, l'adoption enlevant tout droit sur l'enfant à ses parents naturels.

L'adoption a pour effet d'établir entre l'adoptant et l'adopté les liens de paternité et de filiation avec toutes leurs conséquences.

Le douaire et la *curtesy* ont été expressément abolis.

Quels que soient les héritiers avec lesquels il se trouve en concours l'époux survivant prend la moitié de la succession du prédécédé. S'il y a plus d'un enfant (ou les représentants de plus d'un enfant) sa part est réduite au tiers.

109. Névada. — (*Compiled laws of* 1873, *art.* 208, 794 *à* 797, 804, 805 ; *Biennial laws of* 1881, *ch.* 69 ; 1883, *ch.* 11 ; *ch.* 73, § 1er ; 1885, *ch.* 24, §§ 2 *et* 9). — L'enfant conçu au moment de l'ouverture d'une succession est considéré comme vivant au point de vue de sa dévolution.

La nature des biens n'influe en rien sur leur répartition. Ceux provenant au défunt de l'un de ses ascendants par donation, succession ou legs reviennent exclusivement à

ceux de ses héritiers qui appartiennent à la famille de cet ascendant.

Le degré de parenté est déterminé d'après les règles du droit civil. La représentation est admise en ligne directe, mais elle doit être soutenue par la survivance d'un héritier du degré représenté. En ligne collatérale elle ne peut profiter qu'aux descendants des frères et sœurs du défunt.

La dévolution a lieu dans l'ordre suivant : 1° descendants légitimes ; 2° le père ; 3° la mère, les frères et sœurs, par égales parts ; s'il n'y a pas de frères et sœurs la mère recueille le tout à l'exclusion des descendants des frères et sœurs ; 4° les frères et sœurs, ou leurs descendants par représentation ; 5° le conjoint survivant ; 6° le plus proche parent ; s'il y en a plusieurs du même degré ils partagent par têtes, étant observé que celui qui tire ses droits du plus proche ascendant du défunt doit être préféré ; 7° l'Etat.

Au décès d'un enfant mineur, non marié et ne laissant pas de descendants, les biens qu'il a reçus de ses père et mère par succession, donation ou legs sont dévolus aux autres descendants de celui de qui ils proviennent.

Le mariage des père et mère légitime purement et simplement leurs enfants naturels.

A l'égard du père l'enfant naturel est entièrement assimilé à l'enfant légitime lorsque (du consentement de sa femme, s'il est marié) il le reçoit dans sa famille et le traite publiquement comme son enfant légitime.

La reconnaissance écrite, mais non rendue publique, habilite l'enfant naturel à hériter de son père ; elle ne lui confère aucun droit sur les successions qui viennent à s'ouvrir dans sa famille paternelle.

La recherche de la paternité est admise : sauf les cas énoncés ci-dessus, elle paraît, lorsqu'elle est prouvée, ne donner aucun droit à l'enfant naturel sur la succession de son père.

L'enfant naturel hérite de sa mère au même titre que les enfants légitimes ; il n'a aucun droit sur les successions de ses autres parents maternels. Sa succession est dévolue, à défaut de descendants et sauf les droits de l'époux survivant, à sa mère ou à sa famille maternelle.

L'adopté devient l'héritier de l'adoptant comme s'il était son enfant légitime.

Le douaire et la *curtesy* sont abolis.

Les biens de communauté appartiennent en entier au mari au décès de la femme. Au décès du mari ils sont partagés par moitié entre la veuve et les descendants ou les légataires du mari : s'il est décédé *ab intestat* et sans descendance, le tout revient à la veuve.

En concours avec les héritiers du prédécédé l'époux survivant a droit à la moitié de tous les biens composant la succession ; s'il y a plus d'un enfant cette part est réduite au tiers.

110. Montana. — (*Probate Code* (1879), *art.* 532, 534 *à* 543, 550 *à* 552 ; *General laws*, n° 864). — L'enfant conçu au moment de l'ouverture d'une succession est considéré comme vivant au point de vue de sa dévolution.

On ne fait aucune distinction entre les biens réels et personnels pour leur répartition. Ceux qui proviennent au défunt d'un ascendant par succession, donation ou legs, reviennent de droit à ceux de ses héritiers qui font partie de la famille de cet ascendant.

Le degré de parenté est déterminé conformément aux règles du droit civil. La représentation a lieu à l'infini en ligne directe, mais elle doit être soutenue par la survivance d'un héritier du degré représenté. En ligne collatérale elle n'est admise qu'au profit des descendants des frères et sœurs.

L'ordre successoral est réglé ainsi qu'il suit : 1° les descendants légitimes ; 2° le père ; 3° la mère et les frères et sœurs par parts égales ; s'il n'y a pas de frères et sœurs la mère recueille le tout ; 4° les frères et sœurs, ou leurs descendants par représentation ; 5° l'époux survivant ; 6° le plus proche parent ; s'il y en a plusieurs du même degré, ils partagent par têtes, à moins que l'un d'eux ne tienne ses droits d'un ascendant plus rapproché du défunt ; cas auquel il exclut les autres ; 7° l'État.

Lorsqu'un enfant décède mineur, sans descendance légitime et sans conjoint survivant, les biens qu'il tient de ses père et mère par succession, donation ou legs, font retour aux descendants de celui de qui ils proviennent.

L'enfant naturel est légitimé par le mariage de ses père et mère. Ilors ce cas il ne peut prétendre qu'à la succession de son père, si celui-ci l'a reconnu par écrit, et à celle de sa mère. Il n'a aucun droit sur les successions qui viennent s'ouvrir dans leurs familles respectives.

A défaut de descendants légitimes et de conjoint survivant, la succession de l'enfant naturel est recueillie par sa famille maternelle.

Le mari, au décès de sa femme, devient seul propriétaire de tous les biens acquis en commun. La veuve n'a aucun droit particulier sur cette sorte de biens.

En concours avec les héritiers qu'il n'exclut pas, le conjoint survivant a droit à la moitié des biens du prédécédé ; cette part est réduite au tiers s'il y a deux enfants ou plus.

111. Idaho. — (*Probate Code, art.* 315 à 318, 325, 5702 à 5704 ; *Biennial laws of* 1874-1875, p. 636, §§ 10 et 11 ; 1876-1877, p. 27, § 21 ; 1879, p. 8, § 8, p. 9, § 10, *et* p. 50, § 1). — L'enfant conçu au moment de l'ouverture d'une succession est considéré comme vivant au point de vue de sa dévolution.

La loi ne fait aucune différence entre les biens réels et les biens personnels pour leur répartition entre les héritiers. Ceux provenant au défunt d'un ascendant par succession donation ou legs, reviennent de droit à ceux de ses héritiers qui appartiennent à la famille de cet ascendant.

La computation des degrés a lieu conformément aux règles du droit civil. La représentation est admise à l'infini en ligne directe ; cependant, lorsque tous les descendants sont du même degré, ils partagent par têtes. En ligne collatérale elle ne peut être invoquée que par les enfants des frères et sœurs du défunt.

La dévolution de la succession a lieu dans l'ordre suivant : 1° descendants légitimes du défunt ; 2° le père et la mère, par moitié, ou le survivant pour le tout ; 3° les frères et sœurs, neveux ou nièces (ceux-ci par représentation) ; 4° le conjoint survivant ; 5° le plus proche parent ; s'il y en a plusieurs d'égal degré ils partagent par têtes, étant observé que celui d'entre eux qui tire ses droits du plus proche ascendant du défunt exclut les autres ; 6° l'État ; les biens sont alors affectés au profit des écoles publiques.

Si le défunt est mineur et ne laisse ni descendants légitimes ni époux survivant, les biens qu'il a reçus, par succession, donation ou legs, de ses père et mère reviennent aux autres descendants de ces derniers.

L'enfant naturel, reconnu par le père, est légitimé par le mariage de ses parents.

Il acquiert également les droits d'enfant légitime lorsque le père (du consentement de sa femme, s'il est marié) le reconnaît publiquement comme son enfant et l'introduit comme tel dans sa famille.

Hors ce cas la reconnaissance du père ne lui confère de droit que sur sa propre succession.

L'enfant naturel hérite de sa mère au même titre que les enfants légitimes ; mais il n'a aucun droit sur les successions qui viennent à s'ouvrir dans sa famille maternelle.

Sa succession, s'il ne laisse ni descendants légitimes, ni conjoint, échoit à sa famille maternelle.

L'adoption crée entre l'adoptant et l'adopté les liens de paternité et de filiation avec toutes leurs conséquences.

Le douaire et la *curtesy* ont été supprimés.

Les biens acquis en commun par deux époux appartiennent en entier au mari au décès de la femme. Lorsque celle-ci survit à son mari elle n'a aucun droit spécial sur cette sorte de biens.

En concours avec les héritiers qui le priment l'époux survivant prélève la moitié des biens du prédécédé. Cette part est réduite au tiers lorsqu'il existe deux enfants ou plus.

112. Utah. — (*Biennial laws of* 1884, *tit.* 44, *ch.* II, §§ 3 à 11, 18 *et* 19). — L'enfant conçu au moment de l'ouverture d'une succession est considéré comme vivant au point de vue de sa dévolution.

La nature des biens n'exerce aucune influence sur leur répartition. Ceux qui proviennent au défunt d'un ascendant par succession, donation ou legs, reviennent de droit à ceux de ses héritiers qui font partie de la famille de cet ascendant.

La computation des degrés a lieu conformément aux règles du droit civil. La représentation est admise en ligne directe et, en ligne collatérale, au profit des descendants des frères et sœurs. En ligne directe elle doit être soutenue par la survivance d'un héritier du degré représenté ; il en est sans doute de même en ligne collatérale.

La dévolution a lieu dans l'ordre suivant : 1° les enfants légitimes et leurs descendants ; 2° le père et la mère, par moitié ou le survivant, pour le tout, 3° les frères et sœurs ou leurs descendants ; 4° l'époux survivant ; 5° le plus proche parent ; s'il y en a plusieurs d'égal degré ils partagent par têtes, mais celui qui tire son droit de l'ascendant le plus rapproché du défunt exclut les autres ; 6° l'État ; les biens profitent alors aux écoles publiques.

Si un enfant meurt en état de minorité, sans descendance légitime et sans conjoint survivant, les biens qu'il a reçus par succession, donation ou legs de ses père et mère font retour aux autres descendants de ceux-ci.

Il existe une succession spéciale pour les biens communs entre deux époux, au décès du survivant des deux conjoints, lorsqu'il n'a pas de parents au degré successible. Ces biens font retour à la famille du conjoint prédécédé et sont répartis conformément aux règles générales de dévolution, comme si le conjoint eût survécu et les eût recueillis lui-même.

A l'égard de la mère il n'est fait aucune différence entre les enfants naturels et les enfants légitimes. Il en est de même, à l'égard du père, des enfants nés avant le 1er janvier 1883 et légitimés par application de la loi du 22 mars 1882, section 7, et de ceux, simplement reconnus, nés du 1er janvier 1883 au 3 mars 1888. Ceux nés postérieurement à cette dernière date n'ont aucun droit sur la succession de leur père (*L. fédérale du* 3 mars 1887, *ch.* 397, *sect.* 11).

A défaut de descendance légitime et de conjoint survivant, la succession de l'enfant naturel est dévolue à sa famille maternelle.

L'adopté n'acquiert la qualité d'héritier à l'égard de l'adoptant qu'autant qu'il en a été ainsi convenu dans l'acte d'adoption.

En concours avec les héritiers qui le priment le conjoint survivant a droit à la moitié de la succession. Mais s'il y a deux enfants ou plus sa part est réduite au tiers.

113. Nouveau Mexique. — (*Compiled laws of* 1884, art. 974, 975, 1079, 1083, 1434 ; *Biennial laws of* 1887, *ch.* 32, §§ 1 à 12, 16 à 24, 44). — L'enfant conçu au moment du décès de son père est appelé à prendre part à sa succession.

Lorsqu'une succession comprend les biens advenus au défunt par succession, donation ou legs, de l'un de ses ascendants, ils reviennent à ceux de ses héritiers qui appartiennent à la famille de cet ascendant. La nature des biens n'exerce aucune influence sur leur dévolution.

La computation des degrés a lieu d'après les règles du droit civil. Les descendants d'une personne décédée recueillent, par souches, les biens dont leur auteur eût hérité du défunt, s'il eût survécu. Cependant, en ligne directe, le partage a lieu par têtes lorsque tous les descendants sont du même degré.

La dévolution de la succession a lieu dans l'ordre suivant : 1° les enfants légitimes ou leurs descendants ; 2° le père, la mère et le conjoint survivant en concours, celui-ci prend les trois quarts de la succession, les père et mère ou le survivant le quart ; s'il n'y a ni père, ni mère, le conjoint survivant recueille toute la succession ; 3° les père et mère pour moitié, les frères et sœurs, ou leurs descendants, pour l'autre moitié ; à défaut des père et mère leur part accroît à celle des frères et sœurs et réciproquement ; 4° la succession est ensuite partagée par moitié entre les lignes paternelle et maternelle ; la moitié revenant à chaque ligne est dévolue ainsi qu'il suit : *a*) le grand-père et la grand'mère par moitié ou le survivant, pour le tout ; *b*) les oncles et les tantes, par parts égales ou leurs descendants, par souches ; *c*) le plus proche parent, s'il y en a plusieurs du même degré ils partagent par têtes ; 5° à défaut de parents dans une ligne sa part fait réversion à l'autre ligne ; 6° l'État.

Les biens qui proviennent au défunt d'une donation ou d'un transfert accompli pour des motifs d'affection, font retour au donateur, s'il n'existe ni enfants,ni descendants, et sauf les droits du conjoint survivant.

L'enfant naturel, reconnu par le père, est légitimé purement et simplement par le mariage de ses parents.

Le père naturel, s'il n'était pas marié au moment de la naissance, peut légitimer son enfant au moyen d'une procédure spéciale. Cette légitimation confère au légitimé le droit d'hériter de son père.

Enfin les enfants naturels, lorsqu'ils ont droit aux aliments, deviennent héritiers directs en l'absence d'enfants légitimes, s'ils sont légitimés par ordre du gouvernement de l'État.

A l'égard de la mère et de sa famille,les enfants naturels sont entièrement assimilés aux enfants légitimes.

Si un homme meurt sans descendance légitime, ses enfants naturels résidant aux États-Unis excluent tous les autres héritiers lorsque ceux-ci résident à l'étranger.

A défaut de descendants et sauf les droits de l'époux survivant, la succession de l'enfant naturel échoit à sa mère et à sa famille maternelle.

L'adoption établit entre l'adoptant et l'adopté les liens de paternité et de filiation avec toutes leurs conséquences.

Les droits du conjoint survivant, en concours avec les descendants du prédécédé, sont réglés de la manière suivante :

Le mari a droit à un tiers de la succession de sa femme.

La veuve, lorsqu'il n'existe qu'un enfant, prélève la moitié des biens ; s'il y en a deux et plus elle prélève le tiers. Dans tous les cas elle ne peut prétendre qu'au cin-

quième lorsque la valeur nette des biens est supérieure,à § 20.000.

Si la veuve vient à se remarier elle ne peut aliéner les biens qu'elle a ainsi recueillis jusqu'à ce que tous les enfants nés de sa première union aient atteint l'âge de 21 ans. Même à partir de cette époque l'aliénation n'est valable à l'égard des enfants que s'ils y ont concouru. Au décès de la mère les biens non régulièrement aliénés font retour aux enfants du premier lit.

114. New-York. — (*Banks and brothers Revised statutes*, 7ᵉ éd., 2ᵉ part., *ch.* II, *sect.* 1 à 18, 20, 29 : *Annual laws of* 1857, *ch.* 547 ; 1873, *ch.* 830, *s.* 10 *et* 12 ; 1887, *ch.* 703 ; 1890, *ch.* 279 ; 1895, *ch.* 71 ; 1897, *ch.* 37). — Les enfants conçus au moment de l'ouverture d'une succession sont considérés comme vivants au point de vue de sa dévolution.

L'origine et la nature des biens n'ont généralement aucune influence sur leur répartition entre les héritiers. Cependant les biens réels échus au défunt par succession, legs ou donation sont dévolus d'après des règles particulières.

La répartition des biens a lieu par têtes, si tous les héritiers sont du même degré ; sinon elle est faite par souches. Mais, pour les biens personnels la représentation n'est admise qu'en ligne directe et, en ligne collatérale, qu'au profit des descendants des frères et sœurs.

La succession est d'abord dévolue aux descendants légitimes du défunt, par têtes s'ils sont tous du même degré, par souches dans le cas contraire.

A défaut de descendants les biens personnels et les biens réels acquis à titre onéreux par le défunt échoient au père ; s'il est prédécédé ils reviennent à la mère. Lorsque les père et mère sont décédés la succession est dévolue aux frères et sœurs ou à leurs représentants.

A défaut de frères et sœurs ces mêmes biens vont aux oncles et tantes et à leurs descendants. Ils sont ensuite dévolus conformément à la *common law* (c'est-à-dire d'après le système anglais dégagé des privilèges de masculinité et de primogéniture).

Les biens personnels, lorsque les père, mère, frères et sœurs sont prédécédés, sont dévolus à l'époux survivant.

Les biens réels provenant au défunt de succession, dons ou legs sont soumis à des règles spéciales, lorsqu'il ne laisse pas de descendants.

Les biens venant du père ou de sa famille font retour en toute propriété au père. S'il est décédé la mère en a l'usufruit, les frères et sœurs germains et consanguins la nue propriété.

Ceux venant de la mère et de sa famille reviennent à la mère en usufruit, aux frères et sœurs germains et utérins en nue propriété. Si la mère est prédécédée son usufruit échoit au père.

S'il n'existe pas de frères et sœurs ou de descendants d'eux, ces biens sont dévolus en toute propriété au père ou à la mère.

A défaut du père ou de la mère ils échoient aux oncles et tantes du défunt sauf application de la règle *paterna paternis, materna maternis* ; les oncles paternels ne succédant aux biens maternels qu'à défaut d'oncles maternels, et réciproquement.

Au delà on se conforme aux règles de la *common law* (il y a doute sur le point de savoir si, dans ce cas, on doit suivre ou non la loi anglaise de masculinité et de primogéniture).

A défaut de parents, l'État appréhende la succession.

Les enfants naturels, à défaut de descendants légitimes, héritent de tous les biens personnels appartenant à leur mère.

La succession de l'enfant naturel est dévolue d'abord à ses descendants légitimes, puis à l'époux survivant, enfin à la mère ou à la famille de la mère.

L'adopté hérite de l'adoptant au même titre que l'enfant légitime. Les biens délaissés par l'adopté vont à ses parents adoptifs et à leur famille.

En concours avec les descendants le conjoint survivant a droit à un tiers des biens personnels. Le douaire de la veuve a été converti en une part d'enfant sur les biens réels.

115. Rhode-Island. — (*Public statutes of* 1882, *ch.* 164, *sect.* 7 ; 172, *sect.* 2 ; 187, *sect.* 1 à 9 ; 188, *sect.* 1 ; 229, *sect.* 1). — L'enfant conçu au moment du décès de son père est appelé à la succession comme s'il était né à cette époque. En dehors de ce cas, l'enfant conçu n'a aucun droit sur les successions ouvertes entre le moment de sa conception et celui de sa naissance.

La nature des biens n'exerce aucune influence sur leur dévolution sauf à l'égard des droits de l'époux survivant.

Il n'en est pas de même de leur origine.

Les biens personnels, sans exception, et les biens réels acquis par le défunt autrement que par succession, legs ou donation, sont dévolus aux plus proches parents. A l'égard des biens réels provenant de successions, donations ou legs, lorsque le défunt ne laisse pas de descendants, il y a lieu de rechercher l'ascendant ou le parent qui a donné ou légué le bien ou dans la succession duquel il a été recueilli. Peuvent seuls prétendre à ce bien les héritiers du défunt qui appartiennent à la famille de cet ascendant ou de ce parent.

Sauf l'application de cette règle, lorsque le défunt ne laisse ni descendants, ni père, mère, frères ou sœurs, sa succession est divisée en deux parts, l'une attribuée à la ligne paternelle, l'autre à la ligne maternelle ; l'une des lignes n'héritant de la totalité qu'à défaut de l'autre. Quant aux frères et sœurs du défunt ils partagent par têtes, qu'ils soient germains, utérins ou consanguins.

La représentation est admise dans tous les cas et à l'infini : les descendants recueillent, par souches, la part de la succession qui eût été dévolue à leur auteur s'il eût survécu au défunt.

Les enfants légitimes succèdent par parts égales et par tête et leurs descendants par souche et par représentation.

A défaut de descendants légitimes et sauf l'application des règles spéciales aux biens acquis par successions, donations ou legs, la succession est dévolue d'abord au père du défunt, en entier ; puis, par parts égales, à sa mère, à ses frères et à ses sœurs ou leurs descendants, par représentation.

La succession est ensuite dévolue dans chaque ligne d'après le système des parentèles et dans l'ordre suivant :

1° Le grand-père ;

2° La grand'mère, les oncles et les tantes, par égales parts, ou leurs descendants, par représentation ;

3° Les arrière-grands-pères par moitié ou le survivant d'eux, pour le tout ;

4° Les arrière-grand'mères, les grands-oncles et les grand'tantes, par parts égales, ou leurs descendants par représentation ;

Et ainsi de suite en allant d'abord aux plus proches ascendants masculins, à leur défaut aux plus proches ascendants féminins et aux descendants de ces ascendants.

A défaut de parents la succession revient à l'époux survivant et, s'il est prédécédé, à sa famille, de même que s'il était décédé saisi de la succession.

Enfin, à défaut de parents naturels ou par alliance, les biens sont appréhendés par la cité (*town*) de leur situation.

Les enfants naturels sont placés sur le même pied que les enfants légitimes à l'égard de leur mère et de sa famille.

L'adoption ne crée de lien de parenté qu'entre l'adoptant et l'adopté. L'adopté succède à l'adoptant (1) ; mais il ne peut prétendre aux successions qui viennent à s'ouvrir dans la famille de ce dernier. Cette famille n'a, de son côté, aucun droit sur la succession de l'adopté.

Le douaire de la veuve s'étend à tous les biens réels dont le mari a été saisi par succession au cours du mariage.

La *curtesy* du mari est réglée par la *common law*.

Les biens personnels, même lorsqu'il existe des enfants ou descendants, reviennent en entier au mari survivant. Quant à la femme elle a droit au tiers de ces biens lorsqu'il existe des enfants ou descendants, à la moitié dans les autres cas.

En ce qui concerne les biens réels, le mari n'a jamais droit qu'à sa *curtesy* et la veuve à son douaire (usufruit du tiers). Mais lorsqu'il n'existe pas de descendants, les tribunaux peuvent attribuer à la veuve, à titre de supplément de douaire, telle part des biens réels du mari qu'ils jugent convenable.

116. Ohio. — (*Revised statutes of* 1880, *sect.* 3140, 4158 à 4168, 4174 à 4176, 4179, 4181, 4182, 4188, 6194 ; *Annual laws of* 1881, *p.* 107 ; 1883, *p.* 81 ; 1887, *p.* 134 *et* 135). — L'institution d'héritier est autorisée. Elle a lieu par déclaration écrite, affirmée devant le juge de *Probate* et enregistrée dans le comté de la résidence de l'instituant.

L'enfant conçu est considéré comme vivant au point de vue de la dévolution successorale, mais en ligne directe seulement.

Sauf à l'égard des droits de l'époux survivant la nature des biens n'exerce aucune influence sur leur dévolution. Leur origine, au contraire, les soumet à des règles particulières.

La représentation est admise dans tous les ordres de successions.

Pour la dévolution des biens il y a lieu de distinguer entre les biens personnels et les biens réels à titre onéreux par le défunt, d'une part, et les biens réels qu'il a reçus par successions, dons ou legs, d'autre part.

Quelle que soit leur origine, les biens sont dévolus aux descendants légitimes. Ils partagent par têtes, s'ils sont tous du même degré ; sinon le partage a lieu par souches.

A défaut de descendants les règles varient selon qu'il s'agit de biens de la première ou de la seconde catégorie.

1re *Catégorie*. — Les biens de cette catégorie reviennent d'abord à l'époux survivant, à son défaut aux frères et sœurs germains du défunt, puis au père, s'il est décédé, à la mère, ensuite aux frères et sœurs utérins ou consanguins. Enfin sont appelés les plus proches parents d'égal degré et les représentants de ceux de même degré prédécédés ; le partage a lieu par souches.

Si le conjoint survivant, après s'être remarié, meurt sans enfants et *intestat*, les biens qu'il a reçus par succession, don ou legs du conjoint prédécédé reviennent aux héritiers de celui-ci.

A défaut de parents du défunt sa succession va aux enfants de son conjoint prédécédé, si le mariage n'a pas été annulé du vivant de celui-ci, puis à ses frères et sœurs, enfin à ses parents les plus proches.

2e *Catégorie*. — Le conjoint survivant a l'usufruit des biens de cette catégorie. La toute propriété ou la nue pro-

(1) Mais ses droits paraissent restreints aux biens personnels et aux biens réels acquis à titre onéreux par l'adoptant.

priété, selon les cas, revient d'abord aux frères et sœurs du défunt ou à leurs descendants, par représentation, s'ils sont eux-mêmes parents de l'ascendant de qui les biens proviennent. A défaut de frères et sœurs l'ascendant donateur exerce le droit de retour. Si cet ascendant est lui-même décédé ou s'il s'agit de biens échus par succession ou par legs, ils échoient aux enfants de l'ascendant de qui ils proviennent ou à leurs représentants. S'il n'en existe pas les biens sont dévolus en usufruit au conjoint de l'ascendant, s'il est lui-même ascendant du défunt, en nue propriété aux frères et sœurs de l'ascendant ou à leurs représentants. Viennent ensuite : 1° les frères et sœurs consanguins ou utérins du défunt non parents de l'ascendant ; 2° le plus proche parent du défunt, de la famille de l'ascendant ; 3° l'époux survivant du défunt (en propriété) ; 4° le plus proche parent du défunt n'appartenant pas à la famille de l'ascendant ; 5° les enfants du conjoint prédécédé dont le mariage avec le défunt n'avait pas été annulé, ou à leurs représentants ; 6° enfin aux frères et sœurs du conjoint prédécédé.

En dernier lieu la succession revient à titre de déshérence à l'État. Les biens personnels sont assignés aux écoles publiques du comté de leur situation. Les biens réels reviennent, dans les villes de première classe, à la maison de refuge, partout ailleurs à la société d'agriculture du comté de leur situation.

L'enfant naturel, né postérieurement à 1864, est légitimé par le mariage de ses père et mère lorsqu'il a été antérieurement reconnu par le père. Il est alors mis au même rang que les enfants légitimes.

A l'égard de sa mère et de la famille de celle-ci l'enfant naturel est entièrement assimilé à l'enfant légitime.

L'adopté est, à tous égards, considéré comme l'enfant de l'adoptant.

S'il meurt *intestat* ou sans descendants, les biens qu'il a reçus par succession, dons ou legs de ses parents adoptifs reviennent à ceux-ci ou à leurs héritiers.

En concours avec les descendants de l'époux prédécédé, le survivant a droit au douaire de la *common law*.

117. Iowa. — (*Miller's revised Code of* 1880, *sect.* 2200, 2310, 2440, 2453 *à* 2458, 2460, 2465 *à* 2468). — La nature des biens n'exerce aucune influence sur leur dévolution.

Les degrés de parenté sont comptés conformément aux règles de la loi civile.

La représentation n'est admise qu'au profit des petits-enfants en ligne directe, des neveux et nièces en ligne collatérale.

Les enfants légitimes et leurs descendants succèdent par têtes ou par souches et par représentation, lorsqu'il y a lieu.

A défaut de descendants la succession échoit au père et à la mère, par moitié, ou au survivant pour le tout.

Si les père et mère sont décédés la succession est dévolue comme s'ils avaient survécu au défunt, c'est-à-dire aux frères et sœurs ou à leurs descendants. S'il n'y a pas d'héritiers dans cette parentèle, on remonte à la parentèle suivante, soit aux grands-pères et grand'mères et à leurs descendants, et ainsi de suite en remontant de parentèle en parentèle.

A défaut de parents tous les biens vont à l'époux survivant. S'il s'agit du mari et qu'il a été marié plusieurs fois, la succession se partage par portions égales entre la veuve et les représentants des femmes prédécédées.

En dernier lieu la succession est appréhendée par l'État. Le produit est employé au profit des écoles publiques.

L'enfant naturel, légitimé par mariage, prend le rang d'enfant légitime.

L'enfant naturel succède à sa mère et à son père, lorsqu'il y a eu reconnaissance mutuelle, au même titre que l'enfant légitime.

La succession de l'enfant naturel est dévolue à ses descendants légitimes, puis à l'époux survivant, en dernier lieu à la mère et à la famille maternelle, au père et à la famille paternelle, lorsqu'il y a eu reconnaissance mutuelle de la part du père et de l'enfant ; la mère et sa famille étant toujours préférées.

L'adopté devient l'héritier de l'adoptant.

En concours avec les descendants l'époux survivant prend le tiers de la succession ; en concours avec les autres héritiers il a droit à la moitié.

118. Delaware. — (*Revised Code of* 1874, *ch.* 5, § 1ᵉʳ ; *ch.* 82, § 1ᵉʳ ; *ch.* 84, § 22 ; *ch.* 85, §§ 1, 2 *et* 6 ; *ch.* 87, § 1ᵉʳ ; *ch.* 89, §§ 32, 33 ; *Biennial laws, vol.* 5, *ch.* 243). — L'enfant conçu au moment du décès soit de l'auteur de la succession, soit de celui qu'il est appelé à représenter, est considéré comme vivant.

Sauf entre frères et sœurs les germains n'excluent jamais les non-germains.

On compte les degrés d'après les règles du droit civil.

La représentation est admise à l'infini en toute occurrence.

Les enfants légitimes et leurs descendants, par représentation, recueillent la succession en première ligne. Viennent ensuite les frères et sœurs germains, puis le père, la mère, s'il est prédécédé, et, à leur défaut, les frères et sœurs utérins ou consanguins.

Au delà la succession revient au plus proche parent ou à ses descendants par représentation. S'il y a plusieurs parents du même degré ou leurs représentants, le partage a lieu entre eux par parts égales, par têtes ou par souches. En outre, à degré égal, l'héritier qui tire son droit de l'ascendant le plus proche du défunt doit être préféré.

A défaut de parents la succession est dévolue à l'État.

La succession de l'enfant naturel, s'il ne laisse pas de descendants légitimes, échoit à la mère et à sa famille.

L'adoption crée entre l'adoptant et l'adopté les mêmes liens que la paternité et la filiation légitimes.

Le douaire de la veuve ne porte que sur les biens réels appartenant au mari au moment de son décès.

L'époux survivant ne paraît, en aucun cas, être appelé à recueillir intégralement la succession du prédécédé.

En concours avec les descendants le mari prend tous les biens personnels et encore sa *curtesy* sur les biens réels.

La veuve a droit au tiers des biens personnels et à son douaire sur les biens réels.

En concours avec les autres héritiers le mari a droit sur les biens réels à sa *curtesy* ; s'il ne peut l'exercer il a l'usufruit de moitié.

La veuve prend la moitié des biens personnels ; son douaire, sur les biens réels, est de moitié.

Lorsque la succession est dévolue à l'État, l'époux survivant a l'usufruit de la portion dont il n'obtiendrait la propriété en concours avec les héritiers.

119. Maryland. — (*Revised Code of* 1878, *art.* 16, § 17 ; *art.* 47, §§ 2 *à* 23, 25, 27, 29, 30 ; *art.* 48, §§ 1 *à* 19 ; *art.* 50, § 92 ; *art.* 65, § 104 ; *Biennial laws of* 1882, *ch.* 477). — Sauf en ligne directe l'enfant conçu ne peut prétendre à une succession ouverte entre sa conception et sa naissance.

Pour les biens réels les germains sont préférés aux non-germains. En outre les biens reçus par le défunt d'un ascendant par succession, donation ou legs reviennent de droit aux héritiers appartenant à la famille de l'ascendant.

On compte les degrés d'après les règles du droit canonique.

La représentation n'est admise en ligne directe qu'au profit des petits-enfants, en ligne collatérale qu'au profit des neveux et nièces. Elle semble cependant être exercée à l'infini à l'égard des biens réels, en ligne directe.

La succession échoit en premier lieu aux enfants légitimes et aux autres descendants du défunt, par représentation lorsqu'il y a lieu.

A défaut de descendants les biens personnels vont au père ; si le père est prédécédé ils sont recueillis par parts égales par la mère, les frères et sœurs. Ceux-ci prennent le tout si la mère est aussi prédécédée. S'il n'y a pas de frères et sœurs ils reviennent à l'époux survivant, puis aux aïeuls par parts égales ou au survivant dans chaque ligne, puis à leurs descendants, et ainsi de suite jusqu'au 5ᵉ degré.

Quant aux biens réels ils sont dévolus différemment selon qu'ils ont été acquis à titre onéreux par le défunt ou qu'il les a reçus de ses père et mère.

Biens de la 1ʳᵉ catégorie. — Ils échoient d'abord aux frères et sœurs germains ou à leurs descendants, avec représentation, lorsqu'il y a lieu ; ils vont ensuite au père ; s'il est prédécédé, à la mère ; s'ils sont tous deux décédés aux frères et sœurs consanguins ou utérins et à leurs descendants. Au delà leur dévolution est réglée dans l'ordre suivant :

1° Le grand-père paternel ;
2° Les descendants de celui-ci, d'égal degré, par têtes ;
3° Le grand-père maternel ;
4° Les descendants de celui-ci, etc. ;

Et ainsi de suite en allant d'abord au plus proche ascendant masculin paternel, puis à ses descendants ; enfin au plus proche ascendant masculin maternel puis à ses descendants ; la ligne paternelle prime la ligne maternelle.

Biens de la 2ᵉ catégorie. — Si le bien vient du père il lui fait retour ; s'il est décédé le bien est recueilli par les frères et sœurs germains et consanguins ou leurs descendants, par parts égales ; à leur défaut il passe au grand-père paternel puis à ses descendants les plus proches d'égal degré ; ensuite au bisaïeul paternel ou à ses descendants et ainsi de suite. S'il n'y a pas de parents dans la ligne paternelle le bien va à la mère, puis à ses descendants, à ses ascendants, et à leurs descendants comme dans la ligne paternelle. Lorsque le bien vient de la mère il lui fait retour et va ensuite aux frères germains et utérins ; il est dévolu ensuite comme dans la ligne paternelle, *mutatis mutandis.*

A défaut de parents du 5ᵉ degré tous les biens, réels et personnels, vont à l'époux survivant. Si le défunt est veuf ils échoient à la famille de l'époux prédécédé ; s'il a été marié plusieurs fois les familles des époux prédécédés partagent également entre elles. Dans chaque famille la répartition a lieu comme pour les biens de la première catégorie.

En dernier lieu la succession revient à l'État. Les terres en déshérence appartiennent au premier occupant ; les biens personnels sont employés au profit des écoles publiques du comté où ils sont situés.

L'enfant naturel, reconnu par le père, est purement et simplement légitimé par le mariage subséquent de ses parents.

Les enfants naturels héritent de leur mère comme s'ils étaient légitimes. Ceux nés de la même mère héritent les uns des autres tant à l'égard des biens réels que des biens personnels.

La succession de l'enfant naturel, à défaut de descendants légitimes et d'époux survivant, échoit à sa mère et à la famille de celle-ci.

En concours avec les descendants le mari survivant obtient l'usufruit des biens personnels et exerce sa *curtesy* sur les biens réels, s'il y a lieu.

La veuve prend un tiers, en propriété, des biens personnels et exerce son douaire sur les biens réels.

En concours avec les autres héritiers le mari prend la totalité des biens personnels et exerce sa *curtesy* sur les biens réels.

La veuve a droit, en propriété, à la moitié des biens personnels et prend son douaire sur les biens réels.

120. Colombie. — (*District fédéral de*). — Le district de Colombie suit, en général, les lois du Maryland. Il en est spécialement ainsi en matière de dévolution successorale.

121. Virginie. — (*Code of* 1873, *ch.* 109, § 3 ; *ch.* 119. §§ 1, 2, 3, 5, 6, 8 à 11). — L'enfant né dans les dix mois de l'ouverture d'une succession est considéré comme vivant au point de vue de sa dévolution.

L'origine des biens n'exerce aucune influence sur leur répartition. Il en est de même de leur nature, sauf à l'égard des droits de l'époux survivant.

Les collatéraux consanguins ou utérins n'ont droit qu'à la moitié de la part revenant aux germains. Si, dans une parentèle, tous les collatéraux sont consanguins ou utérins, les ascendants prennent double part.

Si tous les cohéritiers sont du même degré ils partagent par têtes ; sinon il y a lieu à représentation. Elle est admise à l'infini.

Les enfants légitimes et leurs descendants sont appelés à la succession en entier au père, s'il est prédécédé à la mère et aux frères et sœurs, ou leurs descendants, par égales parts. S'il n'y a ni père, ni mère, les frères et sœurs héritent seuls.

A défaut de ces héritiers les biens sont partagés par moitié entre les lignes paternelle et maternelle. Dans chaque ligne ils sont dévolus dans l'ordre suivant :

1° Au grand-père pour le tout ;
2° Par parts égales à la grand'mère, aux oncles et tantes, par têtes, ou à leurs descendants, par souches ;
3° Aux arrière-grands-pères, par parts égales ou au survivant pour le tout ;
4° Par parts égales aux arrière-grand'mères, aux grands-oncles et grand'tantes, par têtes, ou à leurs descendants, par souches.

Et ainsi de suite en allant d'abord au plus proche ascendant masculin, puis au plus proche ascendant féminin du même degré et à leurs descendants.

S'il n'y a pas de parents dans une ligne l'autre recueille toute la succession.

A défaut de parents elle est dévolue au conjoint survivant, ou, s'il est prédécédé, à sa famille de même que s'il l'avait recueillie avant son décès.

En dernier lieu la succession est appréhendée par l'État.

L'enfant naturel, reconnu par le père, obtient les mêmes droits que les enfants légitimes par le mariage subséquent de ses père et mère.

Les enfants naturels sont assimilés aux légitimes à l'égard de leur mère et de la famille de leur mère. Réciproquement leur succession est dévolue à leur famille maternelle.

En concours avec les descendants le mari prend tous les biens personnels et sa *curtesy* sur les biens réels.

La veuve a droit au tiers en propriété des biens personnels et à son douaire sur les biens réels.

En concours avec les autres héritiers le mari a les mêmes droits.

La veuve prend la moitié des biens personnels et, en outre, tous ceux dont le mari a obtenu la propriété par suite de son mariage avec elle et qui existent en nature au décès. Elle n'a droit qu'à son douaire sur les biens réels.

A défaut de la veuve, la femme du défunt dont le mariage a été rompu a droit à la moitié des biens personnels.

122. Virginie de l'Ouest. — (*Biennial laws of* 1882, ch. 86, §§ 1, 15 ; *ch.* 94, §§ 1, 2, 3, 5, 8 ; *ch.* 99, §§ 9 et 10).

— L'enfant né dans les dix mois de l'ouverture d'une succession est considéré comme vivant au jour du décès, au point de vue de la dévolution.

La nature des biens, sauf à l'égard des droits de l'époux survivant, n'exerce aucune influence sur leur répartition.

Les héritiers collatéraux utérins ou consanguins n'ont droit qu'à la moitié de ce qui revient aux germains. S'ils sont tous non germains les ascendants qui concourent avec eux ont une part double.

Les héritiers, lorsqu'ils sont tous du même degré, partagent par têtes ; si l'un d'eux est prédécédé, ses descendants viennent à la succession par représentation.

En première ligne la succession est dévolue aux enfants légitimes du défunt ou à leurs descendants. A défaut de descendants elle échoit au père seul ; s'il est prédécédé, elle revient par égales parts à la mère, aux frères et sœurs ou à leurs descendants, par représentation. La part de la mère, si elle est prédécédée, accroît aux frères et sœurs.

Au delà la succession est partagée par moitié entre les lignes paternelle et maternelle, l'une des lignes ne pouvant prétendre à la totalité qu'à défaut de l'autre. Dans chaque ligne les biens sont dévolus ainsi qu'il suit :

1° Au grand-père pour le tout ;

2° Par égales parts à la grand'mère, aux oncles et tantes ou à leurs descendants, par représentation ;

3° Par parts égales aux arrière-grands-pères ou au survivant d'eux pour le tout ;

4° Par parts égales aux arrière-grand'mères, aux grands-oncles et aux grand'tantes ou à leurs descendants, par représentation ;

Et ainsi de suite en allant d'abord au plus proche ascendant masculin ; à son défaut au plus proche ascendant féminin et à leurs descendants.

S'il n'y a de parents dans aucune des deux lignes la succession échoit à l'époux survivant. S'il est prédécédé ses droits passent à sa famille de même que s'il avait survécu.

En dernier lieu la succession est appréhendée par l'État.

L'enfant naturel, reconnu par le père, est légitimé purement et simplement par le mariage de ses parents.

Dans ses rapports avec sa mère et la famille de celle-ci il est entièrement assimilé aux enfants légitimes.

Le mari survivant a droit à sa *curtesy* qu'il soit né ou non des enfants de son union avec la défunte.

En concours avec les descendants, l'époux survivant a droit au tiers des biens personnels. Sur les biens réels la femme exerce son douaire et le mari sa *curtesy*.

En concours avec les autres héritiers l'époux survivant a droit à tous les biens personnels du prédécédé (il en est de même, à défaut de veuve, de la femme dont l'union a été rompue avant le décès). Sur les biens réels le mari a droit à sa *curtesy* et la femme à son douaire.

123. Kentucky. — (*General statutes of* 1881, *ch.*7, § 1er; *ch.* 31, §§ 1, 2, 3, 5, 6, 7, 9, 11, 17 ; *ch.* 52, § 4). — L'enfant posthume, né dans les dix mois du décès de son père, hérite de lui comme s'il était né avant le décès.

Les biens réels reçus par un mineur de ses auteurs à

titre de succession, donation ou legs font retour soit au donataire, soit à ses héritiers. Ce retour n'a lieu qu'au profit des deux premières parentèles. Hors ce cas, l'origine des biens n'exerce aucune influence sur leur dévolution. Il en est de même de leur nature, sauf à l'égard des droits de l'époux survivant.

Les collatéraux utérins ou consanguins n'ont droit qu'à la moitié de ce qui revient aux germains.

Les ascendants prennent double part lorsqu'ils se trouvent en concours avec des collatéraux non-germains.

La représentation est admise à l'infini pour tous les ordres d'héritiers.

La succession revient en premier lieu aux enfants légitimes du défunt ou à leurs descendants par représentation. A leur défaut elle échoit par moitié au père et à la mère et au père seul si la mère est prédécédée. Si le père est prédécédé, la moitié lui revenant passe aux frères et sœurs ou à leurs descendants, par représentation. Les frères et sœurs prennent le tout si le père et la mère sont tous deux décédés.

Ensuite la dévolution a lieu dans l'ordre suivant, sans division entre les lignes paternelle et maternelle :

1° Les grands-pères et grand'mères par parts égales ; si dans une ligne l'un des grands-parents est décédé, sa part accroît à celle de son conjoint ;

2° Les oncles et tantes ou leurs descendants par représentation ;

3° Les arrière-grands-parents, puis leurs descendants.

Et ainsi de suite en remontant aux plus proches ascendants pour passer ensuite à leurs descendants.

A défaut de parents les biens échoient à l'époux survivant, ou à sa famille, dans l'ordre ci-dessus, s'il est prédécédé.

En dernier lieu la succession revient à l'État. Il n'y a pas d'affectation spéciale, sauf à Louisville où le produit est attribué aux écoles publiques.

L'enfant naturel, reconnu par son père, est purement et simplement légitimé par le mariage de ses parents.

Il hérite de sa mère au même titre que les enfants légitimes ; mais il ne la représente pas dans les successions qui viennent à s'ouvrir dans sa famille.

Dans leurs rapports entre eux les enfants naturels nés de la même mère sont assimilés aux légitimes.

A défaut de descendants la succession de l'enfant naturel échoit à sa mère ou à sa famille maternelle.

L'adopté est, à tous égards, considéré comme l'enfant légitime de l'adoptant.

En concours avec les descendants le mari prend la totalité et la veuve le tiers des biens personnels. Sur les biens réels ils exercent, le mari sa *curtesy*, la veuve son douaire.

Il en est de même lorsque l'époux survivant est en concours avec les autres héritiers, sauf à l'égard des biens personnels dont la veuve prend la totalité et non le tiers.

124. Missouri. — (*Revised statutes of* 1879, *sect.* 2161-2163, 2169, 2170, 2186, 2189-1292, 2195, 3961, 5564). — Excepté en ligne directe, l'enfant conçu n'a aucun droit sur la succession qui vient à s'ouvrir entre sa conception et sa naissance.

Sauf à l'égard des droits de l'époux survivant la nature des biens n'influe en rien sur leur répartition.

Les collatéraux utérins ou consanguins n'ont droit qu'à la moitié de ce qui revient aux germains lorsqu'ils sont en concours avec eux. Les ascendants, en concours avec des collatéraux non germains, obtiennent double part.

Lorsque tous les héritiers sont d'égal degré ils partagent également entre eux. La représentation est d'ailleurs admise à l'infini dans tous les cas.

Les enfants légitimes recueillent la succession par têtes, et leurs descendants par souches et par représentation.

Les biens sont ensuite dévolus par parts égales au père, à la mère, aux frères et aux sœurs ou à leurs descendants, par représentation.

A défaut des héritiers qui précèdent la succession échoit à l'époux survivant.

La dévolution successorale est ensuite réglée d'après le système des parentèles. La succession revient d'abord aux grands-pères, grand'mères, oncles et tantes, ou à leurs descendants par représentation ; étant observé que les ascendants féminins ne peuvent jamais prétendre qu'à ce qui leur revient par le partage par têtes. Puis elle passe aux parentèles suivantes :

A défaut de parents la succession échoit à la famille de l'époux prédécédé, de même que s'il avait survécu au défunt.

En dernier lieu l'Etat appréhende la succession à titre de déshérence.

L'enfant naturel est purement et simplement légitimé par le mariage de ses parents, s'il a été antérieurement reconnu par le père.

Il a, sur la succession de sa mère et celles qui viennent à s'ouvrir dans la famille de celle-ci, les mêmes droits que l'enfant légitime.

A défaut d'héritiers directs, sa succession échoit à sa mère et à sa famille maternelle.

La veuve, en concours avec les descendants, prend une part d'enfant dans la succession de son mari, mais seulement à titre de douaire à l'égard des biens réels.

Le mari n'a droit qu'à sa *curtesy*.

En concours avec les autres héritiers l'époux survivant prend la moitié des biens personnels. Sur les biens réels le mari ne peut prétendre qu'à sa *curtesy* ; le douaire de la femme est de moitié.

125. Arkansas. — (*Mansfield's Digest of* 1884, nᵒˢ 2162, 2522 à 2525, 2528 à 2534, 2544, 2545, 2571, 2591 à 2593, 2599, 2602, 2759 ; *Biennial laws of* 1885, *ch.*18, § 3 ; *ch.* 28, § 4). — L'institution d'héritier a lieu au moyen d'une déclaration écrite, affirmée devant un officier de justice, et enregistrée tant dans le comté du domicile du déclarant que dans celui du domicile de l'institué.

Sauf à l'égard de celle de son père l'enfant conçu n'est point considéré comme existant au point de vue de la dévolution des successions qui viennent à s'ouvrir entre l'instant de sa conception et celui de sa naissance.

La nature des biens n'a pas d'influence sur leur dévolution, exception faite de celle qui s'opère au profit de l'époux survivant. Il n'en est pas de même de leur origine.

La représentation est admise à l'infini en toute occurrence.

La succession échoit en premier rang aux enfants légitimes du défunt ou à leurs descendants, par représentation.

Lorsqu'il n'y a pas de descendants il faut tenir compte de l'origine des biens. Les biens réels que le défunt a reçus par succession, donation ou legs de ses père et mère ou de leurs parents sont régis par la règle *paterna paternis, materna maternis*. Dans chaque ligne ils sont répartis, *mutatis mutandis*, d'après les règles générales de dévolution, applicables aux biens réels acquis à titre onéreux et aux biens personnels.

La succession revient d'abord en propriété au père ; s'il est prédécédé à la mère ; enfin, s'ils sont morts tous les deux, aux frères et sœurs et à leurs descendants par représentation.

A défaut de frères et sœurs la succession échoit aux grand-pères, aux grand'mères, aux oncles et aux tantes et

à leurs descendants par représentation ; et ainsi de suite en remontant de parentèle en parentèle (1).

S'il n'y a pas de parents l'époux survivant recueille la succession. L'Etat vient en dernier lieu : le produit des biens est affecté aux écoles publiques.

L'enfant naturel, reconnu par le père, est légitimé par le mariage de ses parents. Il jouit alors des mêmes droits que les enfants légitimes.

En toute circonstance l'enfant naturel est considéré comme légitime à l'égard de sa mère et de sa famille maternelle.

L'adoption a pour effet d'établir entre l'adoptant et l'adopté les liens de parenté et de filiation avec toutes leurs conséquences.

En concours avec les descendants de son mari la veuve a le choix entre le tiers des biens personnels et son douaire sur les biens réels, ou une part d'enfant sur l'ensemble de la succession.

De même, en concours avec les autres héritiers elle peut opter entre la moitié de tous les biens ou la moitié des biens personnels et son douaire sur les biens réels.

Il n'est pas question des droits du mari qui sont sans doute régis par la *common law*.

126. Kansas. — (*Compiled laws of* 1879, *ch.* 33, § 8, 18 à 23, 25, 28 à 31 ; *ch.* 37, § 177 ; *ch.* 67, § 7). — L'enfant conçu est considéré comme vivant au point de vue de la dévolution successorale.

La nature des biens n'influe en rien sur leur répartition. Il en est de même de leur origine ; les parents germains ne jouissent d'aucun privilège. La représentation est admise à l'infini dans toutes les lignes.

Les enfants légitimes sont appelés en première ligne ; ils succèdent par têtes et leurs descendants par souches et par représentation.

S'il n'y a pas de descendants la succession échoit à l'époux survivant.

Viennent ensuite les père et mère par moitié, ou le survivant pour le tout.

A défaut des père et mère la succession est dévolue à leurs descendants de même que s'ils étaient décédés nantis chacun de leur part (c'est-à-dire aux frères et sœurs ou à leurs descendants, par représentation). S'il n'existe pas d'héritiers dans cette parentèle on remonte à celle des grands-pères et grand'mères et ensuite aux autres.

S'il n'y a pas de parents les biens reviennent au comté du domicile ou de la situation et sont employés au profit des écoles publiques.

Les enfants naturels héritent comme les enfants légitimes, de leur mère en toute occurrence, de leur père, s'il y a eu reconnaissance de sa part.

A défaut de descendants et de conjoint survivant la succession de l'enfant naturel est dévolue à sa mère et à la famille de celle-ci, puis à son père, s'il y a eu reconnaissance mutuelle, et à la famille de celui-ci.

L'adopté est considéré comme l'enfant légitime de l'adoptant.

En concours avec les descendants l'époux survivant prend la moitié de la succession.

127. Texas. — (*Revised statutes of* 1879, nᵒˢ 1645 à 1648, 1650, 1652, 1653, 1656, 1657, 1770 ; *Biennial laws of* 1887,

(1) Le *Mansfield's Digest* donne à dix articles près (2522 et 2532) deux dévolutions différentes ; voici la seconde : 1º le père, à défaut la mère, mais en usufruit seulement, la nue propriété aux frères et sœurs, 2º à la seconde parentèle et sans doute aux suivantes les parents maternels ne viennent qu'à défaut de parents paternels.

ch. 70 et 96). — L'enfant conçu n'est considéré comme vivant qu'en ce qui concerne la succession de son père.

Sauf à l'égard des droits de l'époux survivant la nature des biens n'exerce aucune influence sur leur dévolution. Il en est de même de leur origine.

Les collatéraux germains prennent une part double de celle revenant aux utérins ou aux consanguins. Lorsque les collatéraux sont tous non germains les ascendants qui sont en concours avec eux ont droit à une part double de la leur.

La représentation est admise à l'infini dans tous les ordres d'héritiers.

En première ligne la succession est dévolue, par égales parts, aux enfants légitimes du défunt ou à leurs descendants, par représentation.

Elle échoit ensuite moitié aux père et mère avec réversion au profit du survivant, moitié aux frères et sœurs ou à leurs descendants, soit par têtes, s'ils sont tous du même degré, soit par souches dans le cas contraire. La part du père ou de la mère prédécédé accroît aux frères et sœurs.

A défaut des père, mère, frères et sœurs l'époux survivant recueille tous les biens.

Au delà la succession est divisée en deux parts, l'une pour la ligne paternelle l'autre pour la ligne maternelle. Chaque part est dévolue ainsi qu'il suit :

1° Au grand-père et à la grand'mère, par moitié ;

2° Si l'un d'eux est décédé la moitié lui revenant échoit à ses descendants ;

3° S'il n'y a pas de descendants elle accroît au survivant ;

4° S'ils sont tous deux décédés la part dévolue à la ligne passe en entier à leurs descendants, et ainsi de suite, de parentèle en parentèle.

En dernier lieu la succession appartient à l'État.

L'enfant naturel, reconnu par le père, est légitimé purement et simplement par le mariage de ses parents.

Dans ses rapports avec sa mère et sa famille naturelle il est entièrement assimilé à l'enfant légitime.

L'adopté est considéré comme l'enfant de l'adoptant, mais, en concours avec les enfants légitimes de celui-ci il n'a droit qu'au quart de la succession.

Les biens que l'adopté a reçu par succession, donation ou legs de l'adoptant ou de sa famille, leur font retour lorsqu'il ne laisse ni descendants, ni époux survivant.

En concours avec les descendants du prédécédé l'époux survivant prend le tiers des biens personnels en propriété et des biens réels, en usufruit. En concours avec les autres héritiers il a droit à l'intégralité des biens personnels et à la moitié des biens réels, le tout en propriété.

128. Colorado. — (*General statutes of* 1883, art. 1039 à 1041,1045, 1048, *Biennial laws of* 1885, ch.17,§ 4). — L'enfant posthume ne peut prétendre qu'à la succession de son père.

La nature des biens n'exerce aucune influence sur leur dévolution. Les collatéraux utérins ou consanguins n'ont droit qu'à la moitié de la part revenant aux germains. En cas de concours d'ascendants et de collatéraux non germains, les ascendants ont double part.

La dévolution des biens a lieu dans l'ordre suivant ; 1° les enfants légitimes ou leurs descendants avec droit de représentation à l'infini ; 2° le père ; 3° l'époux survivant ; 4° la mère, les frères et sœurs, par parts égales ; 5° les frères et sœurs ou leurs descendants, par représentation ; 6° les aïeuls ou leurs descendants, avec droit de représentation à l'infini ; et ainsi de suite en remontant de parentèle en parentèle.

L'enfant naturel est légitimé par le mariage de ses père et mère.

Sa succession, à défaut de descendants légitimes, passe à l'époux survivant, puis elle est partagée par moitié entre la mère naturelle et ses descendants, c'est-à-dire les frères et sœurs utérins, légitimes ou non, du défunt et leurs descendants par représentation. A défaut elle revient à la famille maternelle conformément aux règles exposées ci-dessus.

L'adopté est entièrement assimilé à l'enfant légitime de l'adoptant. Sa succession est dévolue conformément aux règles générales soit à sa famille naturelle, soit à sa famille adoptive, selon l'origine des biens.

Le douaire et la *curtesy* ont été expressément supprimés.

En concours avec les héritiers qu'il n'exclut pas l'époux survivant a droit à la moitié de la succession du prédécédé.

129. Arizona. — (*Revised statutes of* 1887, art. 1459, 1461, 1462 à 1467, 1475, 1976, 1977, 3551). — L'enfant conçu au moment de l'ouverture d'une succession n'est appelé à y participer qu'autant qu'il s'agit de celle de son père ou d'un autre ascendant.

La nature des biens, sauf à l'égard des droits de l'époux survivant, n'influe en rien sur leur dévolution. Il en est de même de leur origine.

Lorsqu'il y a concours de collatéraux germains, utérins et consanguins, les non germains n'ont droit qu'à une demi-part. Les ascendants, en présence de collatéraux utérins ou consanguins, prennent double part lorsqu'il n'y a pas de germains.

La représentation n'est admise qu'au profit des petits-enfants ou des neveux et nièces du défunt, elle doit être soutenue par la survivance d'un héritier du degré précédent.

La dévolution des biens est réglée ainsi qu'il suit : 1° les enfants légitimes ou leurs descendants ; 2° le père, la mère et le conjoint survivant en concours : le père et la mère ont droit chacun à un quart des biens réels ; ce quart en cas de prédécès va à l'époux survivant ; de telle sorte que celui-ci recueille, en toute occurrence, les biens personnels, et qu'il obtient la moitié, les trois quarts ou la totalité des biens réels selon que les père et mère ont tous les deux survécu, que l'un d'eux ou les deux sont prédécédés ; 3° les père, mère, frères et sœurs ; à défaut de conjoint survivant les père et mère recueillent la succession par moitié ; la part du prédécédé échoit à ses descendants, c'est-à-dire aux frères et sœurs du défunt ; 4° au delà la succession se divise entre les lignes paternelle et maternelle ; dans chaque ligne la dévolution a lieu dans l'ordre suivant : *a*) le grand-père et la grand'mère par moitié entre eux ; si l'un d'eux est décédé sa part échoit à ses descendants (oncles et tantes du défunt) ; ce n'est qu'à défaut de descendants du prédécédé que le survivant des aïeuls recueille le tout ; *b*) et ainsi de suite en remontant de parentèle en parentèle, les ascendants et les descendants des ascendants prédécédés partagent par souches ; 5° en dernier lieu vient l'État ; les biens recueillis profitent aux écoles publiques.

Lorsque le défunt est mineur, qu'il ne laisse ni descendants, ni époux survivant, les biens qu'il a reçus par succession, dons ou legs de ses père et mère sont dévolus aux autres descendants de ces derniers.

L'enfant naturel, reconnu par son père, est légitimé purement et simplement par le mariage de ses père et mère.

Le père (avec le consentement de sa femme, s'il est marié) peut également légitimer son enfant naturel en le traitant publiquement comme son enfant légitime et en l'introduisant comme tel dans sa famille.

A l'égard de sa mère et de sa famille maternelle l'enfant naturel est complètement assimilé à l'enfant légitime ; sa succession est dévolue en conséquence.

L'adopté devient l'héritier de l'adoptant. Les biens qu'il a reçus de sa famille adoptive font retour à celle-ci.

En concours avec les descendants de son conjoint prédécédé le survivant a droit au tiers des biens personnels en propriété et des biens réels en usufruit.

A défaut de descendants, les biens acquis en commun par deux époux appartiennent en entier au survivant.

130. Wyoming. — (*Code civil* [1876], *art.* 42, §§ 1, 2, 3, 7, 10 ; *Biennial laws of* 1877, *p.* 35). — L'enfant conçu au moment de l'ouverture d'une succession est considéré comme vivant au point de vue de sa dévolution, mais en ligne directe seulement.

Les biens réels appartenant à un étranger sont répartis d'après les lois du Wyoming ; ses biens personnels d'après la loi du domicile.

Il n'est fait aucune différence entre les biens réels et personnels pour déterminer leur dévolution. Les collatéraux utérins ou consanguins n'ont, en concours avec des germains, que la moitié de la part revenant à ces derniers. S'il y a concours entre ascendants et collatéraux non germains, les ascendants ont une part double. La représentation est admise à l'infini.

La dévolution des biens est réglée ainsi qu'il suit : 1° les enfants et descendants légitimes ; 2° le conjoint survivant et les père et mère, en concours ; l'époux survivant prend les trois quarts sans que sa part puisse être inférieure à $ 10.000 ; si la succession est égale ou inférieure à ce chiffre il prend le tout ; le quart réservé aux père et mère fait réversion au profit du survivant ; l'époux survivant paraît exclure tous les héritiers autres que les père et mère ; 3° les père, mère, frères et sœurs, par parts égales ou leurs descendants avec représentation ; 4° au delà on remonte de parentèle en parentèle, étant observé que, dans chacune d'elles, les ascendants féminins ne peuvent jamais prétendre qu'à ce qui leur revient par le partage par têtes.

L'enfant naturel est légitimé purement et simplement par le mariage de ses père et mère.

Il est, en toute occurrence, assimilé aux enfants légitimes à l'égard de sa mère. Sa succession, lorsqu'il ne laisse pas de descendants légitimes, est dévolue au conjoint survivant. A défaut elle passe moitié à la mère, moitié aux descendants de celle-ci, c'est-à-dire aux frères et sœurs utérins, légitimes ou non, de l'enfant naturel, ou à leurs descendants, par représentation. Au delà elle échoit à la famille de la mère conformément aux règles générales de dévolution.

L'adopté est considéré comme l'enfant légitime de l'adoptant.

Le douaire et la *curtesy* ont été expressément supprimés. En concours avec les descendants du prédécédé, le conjoint survivant a droit à la moitié de la succession.

131. Caroline du Sud. — (*General statutes of* 1882, §§ 1844, 1845, 1852, 2300 ; *Annual laws of* 1883, *ch.* 215).— Les biens personnels et les biens réels sont dévolus d'après les mêmes règles.

Les collatéraux utérins ou consanguins sont primés par les germains. Ainsi, s'il n'y a pas de frères et sœurs germains, leurs descendants partagent également avec les frères et sœurs utérins ou consanguins ; mais les descendants de ces derniers sont entièrement exclus par ceux des germains.

Les degrés de parenté sont comptés d'après les règles de la loi civile. La représentation est admise à l'infini en ligne directe et, en ligne collatérale, aux enfants des frères et sœurs, sous la condition de la survivance de l'un de ces derniers.

La dévolution a lieu d'après le système des parentèles. La succession revient d'abord aux descendants légitimes. Elle passe ensuite aux diverses parentèles, dans l'ordre suivant : 1° les ascendants masculins ; 2° les ascendants féminins et les représentants des ascendants masculins ; un ascendant féminin ne peut recueillir la totalité de ce qui revient à sa souche qu'à défaut de représentants de l'ascendant masculin correspondant, et, dans tous les cas, il n'a jamais droit qu'à ce qui lui revient par le partage par têtes ; les collatéraux non germains ne sont appelés qu'à défaut de germains du même degré, et, s'il y a lieu, en concours avec les germains du degré inférieur.

A défaut de parents la succession échoit au conjoint survivant. Elle est appréhendée en dernier lieu par l'État.

L'époux survivant a droit au tiers de la succession en présence des descendants ; à la moitié en concours avec la parentèle des père, mère, frères et sœurs ; aux deux tiers dans les autres cas.

132. Floride. — (*Digest of* 1881, ch. 11, § 5, ch. 92, §§ 1 à 5, 8 ; *Biennial laws of* 1885, n° 3594).— Pour prétendre à une succession il faut être né au moment de son ouverture. Cette règle ne souffre d'exception qu'au profit de l'enfant posthume du défunt.

La nature des biens n'exerce aucune influence sur leur dévolution.

Les collatéraux utérins et consanguins recueillent la moitié de la part revenant aux germains. Lorsque des ascendants sont en concours avec des collatéraux tous non germains, ils prennent double part.

La représentation est admise à l'infini en ligne directe et en ligne collatérale.

La dévolution est réglée, d'après le système des parentèles, dans l'ordre suivant : 1° les enfants légitimes ou leurs descendants ; 2° le conjoint survivant ; 3° la mère ; 4° par parts égales, la mère, les frères et sœurs ou leurs descendants, par représentation ; si la mère est prédécédée les frères et sœurs ou leurs descendants héritent seuls, au delà la succession se partage par moitié entre les lignes paternelle et maternelle et la dévolution a lieu ainsi qu'il suit :

1° Le grand-père ; 2° la grand'mère, les oncles et tantes, par parts égales, ou leurs descendants par représentation ; 3° les bisaïeuls ou le bisaïeul ; 4° les bisaïeules ou la bisaïeule, les grands-oncles, les grand'tantes, par parts égales, ou leurs descendants, par représentation ; 5° et ainsi de suite en allant d'abord au plus proche ascendant masculin, à son défaut au plus proche ascendant féminin et à leurs descendants ; 6° s'il n'y a pas de parents dans une ligne la succession échoit en entier à l'autre ligne ; 7° s'il n'y a pas de parents, la succession passe à la famille de l'époux prédécédé ou la dévolution a lieu d'après les mêmes règles.

En dernier lieu l'État appréhende la succession à titre de déshérence.

Lorsqu'un enfant encore mineur décède sans descendant et sans conjoint survivant, les biens lui provenant par succession, donation ou legs de ses père et mère, font retour à ceux-ci ou à leurs descendants.

L'enfant naturel est légitimé par le mariage de ses père et mère.

A l'égard de sa mère et de sa famille maternelle il est assimilé aux enfants légitimes. Sa succession, à défaut de descendants légitimes et sauf les droits du conjoint survivant, est dévolue conformément aux règles générales à ses héritiers maternels.

L'adoption crée entre l'adoptant et l'adopté les liens de paternité et de filiation avec toutes leurs conséquences.

En concours avec les descendants du prédécédé le mari a droit à une part d'enfant ; la femme à la moitié des biens s'il n'y a qu'un enfant, au tiers s'il y en a deux et plus.

133. Louisiane. — (*Code civil, art.* 879 à 1062). — La Louisiane, malgré la pénétration des éléments anglo-saxons, a conservé, avec l'usage du français, des mœurs et une physionomie toutes distinctes au milieu de l'Union américaine. Lors de son annexion (1803), on stipula le maintien des lois qui la régissaient alors. En 1825, fut publié un Code qui reproduit le plus souvent, avec une grande prolixité, le système du Code civil français. La *common law* n'y est pas en vigueur.

Les règles qui régissent l'ouverture des successions, la saisine des héritiers, l'acceptation ou la répudiation, les qualités requises pour succéder, la computation des degrés, la représentation sont les mêmes qu'en France. L'origine et la nature des biens n'exercent aucune influence sur leur dévolution ; cependant le Code de la Louisiane, comme le nôtre, admet le retour légal (906-908).

La dévolution des biens se rapproche beaucoup de la dévolution française.

La loi reconnaît trois sortes d'héritiers : les héritiers testamentaires ou institués, les héritiers légitimes et les héritiers irréguliers (879-884).

Il y a trois classes d'héritiers légitimes : les descendants, les ascendants et les collatéraux (887).

En premier lieu sont appelés les enfants légitimes ou leurs ascendants par représentation.

A défaut de descendants la succession revient aux père et mère chacun pour un quart, aux frères et sœurs ou à leurs descendants par représentation pour l'autre moitié. La part des père et mère décédés accroît aux frères et sœurs.

L'émolument des frères et sœurs se divise entre eux par égales portions s'ils sont du même lit. Sinon il est partagé par moitié entre les lignes paternelle et maternelle, les germains prennent une part dans les deux lignes, les consanguins ou utérins ne prennent de part que dans la leur. A défaut de frères et sœurs d'une ligne ceux de l'autre ligne recueillent tout l'émolument.

A défaut de frères et sœurs la succession échoit aux ascendants à l'exclusion des autres collatéraux.

S'il y a des ascendants du même degré dans les deux lignes, la succession se partage en deux parts égales, l'une à la ligne paternelle, l'autre à la ligne maternelle ; dans chaque ligne les ascendants partagent par têtes. Mais, contrairement à ce qui a lieu en France, l'ascendant le plus proche exclut tous les autres, même ceux n'appartenant pas à sa ligne.

A défaut d'ascendant la succession va au collatéral le plus proche ; s'ils sont plusieurs du même degré le partage a lieu d'après les mêmes principes que pour les ascendants (902-916).

Lorsque le défunt ne laisse ni descendants ni ascendants ni parents au degré successible (12e degré), la loi appelle à sa succession les héritiers irréguliers, c'est-à-dire l'époux survivant (1), les enfants naturels (2) et l'Etat de la manière et dans l'ordre suivants :

(1) Non séparé de corps et de biens.

(2) Seuls les enfants naturels nés de personnes qui, au moment de la conception, pouvaient légalement contracter mariage, peuvent être reconnus ou légitimés.

La reconnaissance a lieu soit au moment de l'enregistrement

Les enfants naturels recueillent la succession de leur mère lorsqu'elle les a régulièrement reconnus, si elle ne laisse ni enfants, ni descendants légitimes. Ils excluent tous les ascendants, y compris les père et mère, et les collatéraux.

Lorsque la mère naturelle laisse des enfants ou descendants légitimes, les droits des enfants naturels se réduisent à des aliments.

Les enfants naturels sont appelés à la succession de leur père, s'il les a régulièrement reconnus, lorsqu'il ne laisse ni descendants, ni ascendants, ni collatéraux, ni épouse survivante. Ils l'excluent que l'Etat.

Dans les autres cas ils ont simplement une action en aliments contre la succession.

Les enfants naturels non reconnus, adultérins ou incestueux n'ont jamais droit qu'à des aliments.

L'époux survivant est appelé à la succession à défaut d'héritiers légitimes. La femme survivante est préférée à l'enfant naturel dans la succession du mari, bien que l'enfant naturel soit préféré au père dans la succession de la femme (917-924).

En dernier lieu la succession est attribuée à l'Etat à titre de déshérence (485).

L'adoption établit entre l'adoptant et l'adopté les liens de paternité et de filiation avec toutes leurs conséquences. Elle ne peut nuire aux droits des descendants légitimes de l'adoptant existant au moment de l'adoption (214).

Lorsque l'époux prédécédé n'a pas disposé de sa part dans les biens de communauté par testament, l'époux survivant en a l'usufruit. Cet usufruit cesse en cas de convol (913-916).

La quotité disponible est des deux tiers des biens du disposant, s'il laisse à son décès un seul enfant légitime (ou ses représentants), de moitié, s'il en laisse deux, et du tiers s'il en laisse trois et plus.

Elle est uniformément des deux tiers lorsque, à défaut d'enfants, le défunt laisse pour héritiers son père et sa mère ou l'un d'eux (1493-1501).

Une loi du 15 juin 1882 (*Ann. lég. étr.*, 1883, p. 1009) limite à un tiers en propriété ou en usufruit la quotité dont peut disposer l'époux qui se remarie ayant des enfants d'une précédente union.

Les réservataires peuvent être exhérédés par testament pour l'une des causes nommément spécifiées par la loi (1617-1624).

134. Territoire indien. — Ce territoire ne possède pas encore, à l'heure actuelle, de législation relative à la dévolution successorale. Il est occupé par cinq tribus soumises à un système de lois et de gouvernement qui, tout en révélant clairement l'influence de la civilisation blanche, se différencie par des traits particuliers. C'est ainsi que, dans chaque tribu, la propriété est collective. L'immigration continuelle des blancs devait fatalement aboutir à la cessation d'un état de choses qui, destiné

de la naissance ou du baptême, soit par acte passé devant notaire en présence de deux témoins.

L'enfant naturel peut être légitimé par le mariage de ses père et mère. Le père ou la mère naturel peut, en outre, lorsqu'il n'a ni ascendant, ni descendant légitime, légitimer son enfant par acte authentique.

La recherche de la paternité est admise dans certains cas déterminés (180-213).

Les enfants légitimés par mariage ne peuvent prétendre qu'aux successions qui viennent à s'ouvrir postérieurement au mariage dans leurs familles paternelle et maternelle (954).

La reconnaissance ne crée de lien de parenté qu'entre l'enfant et celui qui l'a reconnu.

primitivement à protéger les Indiens, leur est devenu à la longue préjudiciable. Le gouvernement fédéral a entamé dernièrement des négociations avec les tribus en vue de les amener à consentir à leur incorporation dans l'Union. Les membres de trois tribus, les Choctaws, les Chickasaros et les Creeks ont consenti à se transformer en citoyens américains. Une loi fédérale du 28 juin 1898 a promulgué les conventions intervenues et les mesures législatives concernant la juridiction des Cours américaines, la répartition de la propriété foncière, etc. (*Ann. lég. étr.*, 1899, p. 740).

135. Oklahoma. — Le territoire d'Oklahoma a été constitué, au moyen d'un démembrement du territoire indien, par une loi fédérale du 2 mai 1890.

Il ne paraît pas avoir de législation particulière. Selon la coutume il a dû adopter comme *common law* les législations des États voisins (Kansas, Missouri, Arkansas et Texas).

136. Alaska. — Il en est de même du territoire d'Alaska. On y applique sans doute comme *common law* les législations de l'Orégon et du Washington. Une loi fédérale du 14 mai 1898 l'a soumis au régime du *homestead.*

BIBLIOGRAPHIE.

Lehr. — Éléments de droit civil anglais.
Frédéric J. Stimson. — American statute law.
De la Grasserie. — Code civil allemand, 2e éd.
— De l'ordre de la dévolution de la succession *ab intestat* chez les peuples latins (*Recueil de l'Académie de législation de Toulouse*, t. XLV).
— De l'ordre de la dévolution de la succession *ab intestat* chez les peuples germaniques (*même recueil*, t. XLIII).
— De la liberté testamentaire chez les peuples étrangers (*Réforme sociale*, 1897).

ÉTRANGER

DEUXIÈME PARTIE. — ALGÉRIE.

1. (7). Pouvoirs du gouverneur général. Suppression des décrets de rattachement. — Un décret du 31 décembre 1896 rapporte les décrets de rattachement des divers services en Algérie aux départements ministériels correspondants de la métropole (*J. off.*, 1er janv. 1897 ; R. E. 1317 ; Inst. 2922).

2. (8). Service de l'enregistrement et du domaine. Attributions du gouverneur général. — Un décret du 25 mai 1898 (*J. off.*, 25 juin), a précisé les conditions dans lesquelles doit fonctionner en Algérie le service de l'enregistrement, des domaines et du timbre (V. *Rép. Manut., Algérie*, 1 et suiv.).

3. (21). Loi déclarée applicable à l'Algérie. Promulgation spéciale inutile. — Dès lors qu'une loi est déclarée expressément, dans l'un de ses articles, applicable à l'Algérie, les dispositions d'ordre fiscal qu'elle contient sont, comme tout le reste de la loi, exécutoires de plein droit dans la colonie et il ne saurait y avoir matière, en l'espèce, à la promulgation spéciale prévue par les ordonnances du 15 octobre 1841 et du 10 janvier 1843 (Décis. Gouv. gén., 18 mai 1895 ; R. E. 934 ; J. E. 24.740).

4. (28). Justices de paix à compétence étendue. — Voir le n° 26, *infrà*.

4 bis. (30). Prud'hommes. — On verra au n° 27, *infrà*, qu'un décret du 8 juillet 1899 a promulgué en Algérie la loi du 7 août 1850 et l'art. 27 de la loi du 22 janvier 1851, sur le timbre et l'enregistrement des actes de la juridiction des prud'hommes.

5. (40). Domaine. Instances en matière de recouvrement de produits domaniaux. Forme. Caution solidaire. Étendue de son engagement. — Les instances engagées en vue d'obtenir le paiement de redevances dont le recouvrement est confié à l'Administration de l'enregistrement et des domaines ne comportent pas de constitution d'avoué et doivent s'instruire par simples mémoires respectivement signifiés, sans plaidoiries. La caution solidaire, qui a renoncé au bénéfice de la discussion, est engagée au même titre que le fermier lui-même (Bône, 30 mars 1894 ; R. E. 720).

6. (41). Exploit. Signification. Préposé de l'Administration qualifié pour le recevoir. Cassation. Pourvoi. Algérie. Contributions diverses. Instance. Formes. — La signification d'un exploit à une administration publique, dans un lieu où elle n'a pas son siège, doit être faite en la personne et au bureau de son préposé, conformément à l'art. 69, § 3, C. pr. civ., à peine de nullité. Spécialement est nulle et, dès lors, inefficace pour faire courir le délai du pourvoi en cassation d'un jugement rendu contre l'Administration des contributions diverses en Algérie, la signification de ce jugement faite dans une ville où ladite administration a un directeur chef de service, non à la personne ou dans les bureaux de ce directeur, son préposé dans cette ville, mais au domicile élu pour les actes de l'instance dans les bureaux du receveur des contributions diverses de ladite ville.

En Algérie, il y a lieu d'observer, pour les oppositions que peuvent former les contribuables aux poursuites exercées contre eux par l'Administration des contributions diverses, les règles de compétence et de procédure qui, d'après le droit commun, sont applicables à chacun des impôts que cette administration est chargée de percevoir. Spécialement, les contestations engagées sur poursuites exercées par ladite administration en matière de contributions indirectes, doivent être instruites et jugées en se conformant aux règles de procédure édictées par l'art. 88 de la loi du 5 ventôse an XII, lequel se réfère, à cet égard, aux formalités prescrites par la loi du 22 frimaire an VII pour le jugement des contestations qui s'élèvent en matière de droits perçus par la régie de l'Enregistrement. Est nul, dès lors, le jugement rendu en matière de contributions indirectes entre un contribuable et ladite Administration des contributions diverses en Algérie, lorsqu'il ne constate ni que les parties se soient respectivement signifié leurs mémoires ou conclusions écrites, ni qu'il ait été précédé du rapport d'un juge et de conclusions orales du ministère public à l'audience (Cass. civ., 20 juill. 1898 ; R. E. 1864).

7. (41). Procédure. Délais d'ajournement. Décret du 24 juin 1900. — Un décret du 24 juin 1900 promulgué au *Journal officiel* du 27 porte :

« Art. 1. — Le délai des ajournements à comparaître devant les tribunaux de l'Algérie est réglé, pour les parties qui sont domiciliées sous un résident habituellement en Algérie, conformément aux prescriptions des art. 72 et 1033 C. proc. civ.

Art. 2. — Pour ceux qui sont cités devant un tribunal de l'Algérie, le délai unique est :

1° Pour ceux qui demeurent dans les États soit de l'Europe, soit du littoral de la Méditerranée et celui de la Mer Noire, de deux mois ;

2° Pour ceux qui demeurent hors d'Europe, en deçà des détroits de Malacca et de la Sonde, et en deçà du cap Horn, de cinq mois ;

3° Pour ceux qui demeurent au delà des détroits de

Malacca et de la Sonde, et au delà du cap Horn, de huit mois.

Les délais ci-dessus sont doublés pour les pays d'outre-mer, en cas de guerre maritime.

ART. 3. — Lorsqu'une assignation à une partie domiciliée et résidant habituellement hors de l'Algérie est donnée à sa personne en Algérie, elle n'emporte que les délais ordinaires, sauf au tribunal à les prolonger, s'il y a lieu.

ART. 4.— Les articles 5, 6, 7 et 9 de l'ordonnance du 16 avril 1843 sont abrogés. »

8. (42). Procédure. Instances en matière de recouvrement de produits domaniaux. Contrainte. Election de domicile dans la commune des débiteurs non obligatoire. — Les prescriptions de l'art. 534, C. proc. civ., relatives à l'élection de domicile dans la commune où habitent les débiteurs, n'est pas applicable aux contraintes décernées pour obtenir le paiement de sommes dont le recouvrement est confié à l'Administration de l'enregistrement et des domaines (Batna, 22 janv. 1895 ; R. E. 881).

9. (72). Office. Décret de nomination. Droit de 20 0/0. — Le droit de 20 0/0 du cautionnement n'est pas exigible sur les décrets portant nomination d'officiers publics en Algérie (Sol. 20 nov. 1891 ; R. E. 1486).

10. (86). Curateurs aux successions vacantes. Droits et honoraires. Éléments de fixation. — En vertu de l'ordonnance du 26 décembre 1842 et du décret du 7 octobre 1884, la remise proportionnelle due à un curateur aux successions vacantes doit être calculée par les tribunaux tant d'après l'importance de la succession que d'après les soins effectifs donnés à la succession par le curateur qui agit sous sa responsabilité dans le double intérêt des héritiers et des créanciers. Mais on ne saurait admettre que le curateur doive être largement rémunéré, dans les successions importantes, en compensation des successions minimes qui ne lui rapportent rien (C. Alger, 20 nov. 1894 ; R. E. 910).

11. (86). Successions vacantes de personnes décédées à l'hôpital. Délivrance au curateur. Justifications. — En Algérie, les curateurs aux successions vacantes ont qualité pour obtenir livraison, sur une simple décharge de leur part et sans autres justifications, des objets et valeurs ayant appartenu à des personnes décédées à l'hôpital sans héritiers connus (Décis. Gouv. gén. 18 mai 1895 ; R. E. 970).

12. (86). Curateurs aux successions vacantes. Comptes annuels. Timbre et enregistrement. Formalités en débet. — Les comptes présentés, chaque année, au tribunal de première instance par les curateurs aux successions vacantes en Algérie doivent être rédigés sur timbre de dimension, aux frais de la succession. Le curateur peut, du reste, reproduire, sans contravention, dans un extrait unique, à la suite les unes des autres et sous des paragraphes distincts, ses opérations concernant des successions différentes. Chaque compte est sujet à l'enregistrement, mais il n'est dû qu'un droit, quel que soit le nombre des hérédités auxquelles il s'applique. La formalité du timbre et de l'enregistrement doit, en principe, être donnée au comptant. Cependant on peut admettre, par application de la décision ministérielle du 15 décembre 1820, que les extraits dont il s'agit, lorsqu'aucune des successions auxquelles ils ont trait ne présente de fonds disponibles, doivent être visés pour timbre et enregistrés en débet, sauf recouvrement sur les biens dépendant des successions intéressées (Sol. 18 nov. 1898 ; R. E. 2176 ; J. E. 25.861).

13. (86 et 87). Valeurs mobilières. Consignation. — Un décret du 17 mai 1886 (J. O., 22 mai) règle la consignation, en Algérie, des titres et valeurs mobilières à la Caisse des dépôts et consignations (R. E. 1172).

14. (88). Successions vacantes des agents des Douanes. Attributions des curateurs. — En Algérie, en vertu de l'article 20 de l'ordonnance du 26 décembre 1842, la gestion des successions vacantes des agents des Douanes appartient aux curateurs, au même titre que celles des successions vacantes ordinaires. En conséquence, c'est entre leurs mains, et non directement aux receveurs des Domaines, que doivent être versés les produits des successions vacantes des agents de cette Administration (D. M. F. 24 juill. 1899 ; R. E. 2177).

15. (139). Domaine. Interprètes traducteurs et interprètes judiciaires. Honoraires. Tarif. — Un décret du 18 mai 1898 fixe les honoraires des interprètes-traducteurs assermentés et des interprètes judiciaires en Algérie (R. E. 1755).

16. (140). Budget spécial. — Une loi du 19 décembre 1900 (J. off., 20 déc.) a institué pour l'Algérie un budget spécial. L'état F annexé à la loi du 29 décembre 1900 qui fixe le budget algérien pour 1901, contient l'énumération des droits et revenus dont la perception est autorisée (R. E. 2594).

17. (151). Quart colonial. — Le quart colonial attribué comme supplément de traitement aux agents de la colonie a été rétabli par l'article 63 de la loi du 16 avril 1895.

18. (154). Banque d'Algérie. Versements des comptables aux succursales. Timbre des billets. Abonnement. Tarif de 0 fr. 50 et 0 fr. 20 p. 1000. — Les comptables des administrations financières peuvent opérer des versements et des prélèvements dans les succursales et les bureaux auxiliaires de la Banque d'Algérie (art. 9, L. 5 juill. 1900).

Les billets émis par la Banque sont soumis au timbre abonnement de 0 fr. 05 0/0 sur la partie de la circulation excédant l'encaisse en numéraire et de 0 fr. 20 p. 1000 sur le surplus (art. 10, même loi ; R. E. 2440).

19. (159). Bureau. Heures d'ouverture et de fermeture. — Un décret du 9 juill. 1900 (R. E. 2469) dispose que les bureaux d'enregistrement sont ouverts en Algérie : du 1er mai au 1er octobre, de 7 h. à 11 h. du matin et de 1 h. à 4 h. du soir ; — du 1er octobre au 1er mai, de 8 h. du matin à midi et de 1 h. à 4 du soir,

20. (160). Lois fiscales (enregistrement) promulguées en Algérie. Suite du tableau du T. A., n° 160.

N° D'ORDRE	Désignation des lois ou décrets promulgués	OBJET	Promulgation	REV. ENREG.
10bis	L. 7 août 1850.	Actes des conseils de prud'hommes.	Décr. 8 juill. 1899.	2120
22bis	L. 22 janv. 1851, art. 27.	id.	id.	2120
81	L. 28 déc. 1895, art. 31.	Impôt sur le revenu, avances sur warrants.	Décr. 3 juin 1896.	1171
82	L. 1er avril 1898.	Sociétés de secours mutuels.	Décr. 24 mars 1899.	2044
83	Décr. 15 août 1900.	Obligation de rappeler l'acte initial de l'instance, suppression, sauf lorsqu'il sera antérieur au 1er oct. 1892.	Décr. 11 oct. 1900.	2543

21. (196). **Vente d'immeubles situés en Algérie. Acte passé devant notaire en France. Paiement du droit proportionnel.** — Lorsqu'un acte notarié, passé en France, emporte mutation entre vifs d'immeubles situés en Algérie, il n'est soumis, lors de son enregistrement en France, qu'au droit fixe pour le salaire de la formalité (Inst. 1703). Le droit proportionnel est acquitté ensuite en Algérie dans le délai légal, au bureau compétent, au vu d'une expédition de l'acte notarié ou sur une déclaration de mutation (R. E. 1951).

22. (196). — Le droit proportionnel de mutation immobilière ne peut, en principe, être perçu que sur le territoire où sont situés les immeubles auxquels il s'applique.

Au point de vue fiscal, l'Algérie forme un territoire distinct de celui de la métropole.

Il suit de là que les receveurs de la métropole sont sans qualité pour percevoir le droit proportionnel sur les actes translatifs d'immeubles sis en Algérie.

En conséquence, si un acte contenant mutation d'immeubles algériens est présenté à l'enregistrement en France, il n'appartient pas au receveur de France de percevoir le droit proportionnel de mutation et ce préposé ne commet ni omission, ni insuffisance de perception en enregistrant cet acte au droit fixe. La prescription biennale ne s'applique donc pas à l'action exercée par le receveur de la situation des immeubles tendant au paiement du droit proportionnel.

23. — La même règle serait applicable au jugement, enregistré en France, qui constaterait la transmission d'immeubles en Algérie (Cass. civ., 21 janv. 1901 ; R. E. 2595).

L'art. 9 de la loi de frimaire, rendu exécutoire en Algérie par l'ordonnance du 19 octobre 1841, s'applique à l'acte portant cession, pour un prix unique, de droits immobiliers sis en Algérie et de droits mobiliers. Il en résulte que, si cet acte est présenté à l'enregistrement en France, le droit de mutation ne peut être exigé, même pour la partie du contrat relative aux meubles (Cass. civ., 21 janv. 1901, préc.).

24. (196 ter). **Actes passés en Algérie. Usage en France.** — L'usage en France, par acte public, d'un acte notarié passé en Algérie et portant vente d'un immeuble situé dans la colonie ne rend pas exigible un complément de droit au tarif de la métropole.

Mais il en est autrement des actes, non sujets au droit de mutation d'immeubles, passés en Algérie et dont il est fait usage en France (Sol. 6 sept. 1894 ; J. E. 24.581).

1. Prescription. — Ouverture de crédit. — Acte enregistré en Algérie. — Complément perçu en France. — Réalisation. — Droit supplémentaire perçu en Algérie. — Réclamation du complément dans la métropole. — La prescription trentenaire régit seule, à l'exclusion de la prescription biennale, les droits exigibles dans la métropole à titre de supplément, sur les actes déjà enregistrés dans les colonies, l'impôt dû en France étant tout à fait indépendant de celui payé dans les colonies (Seine, 27 nov. 1896 ; R. E. 1351).

25. (212). **Taux de l'intérêt.** — Aux termes de l'art. 61 de la loi de finances du 13 avril 1898 l'intérêt conventionnel en Algérie ne peut excéder 8 0/0 en matière civile et commerciale. Aux termes de la même loi l'intérêt légal en matière civile et commerciale, fixé à 6 0/0 par la loi du 27 août 1881, est abaissé à 5 0/0.

La loi du 19 décembre 1850 sur l'usure est déclarée applicable à l'Algérie (art. 63, L. 13 avr. 1898).

26. (230 et 231). **Juges de paix à compétence étendue. Droits d'enregistrement des jugements. Timbre des expéditions.** — La disposition de l'art. 6 de la loi du 26 janvier 1892, réduisant à 1 fr. (0 fr. 50 en Algérie) le droit d'enregistrement des exploits relatifs aux instances, en matière civile, devant les juges de paix est applicable en Algérie, même lorsque l'objet de l'instance portée devant un juge de paix à compétence étendue excède les limites de la compétence des juges de paix de la métropole. Il en est de même lorsque le juge de paix à compétence étendue est appelé à statuer en matière commerciale.

Il en est encore de même lorsque le juge de paix est saisi d'un litige en qualité de juge des référés.

L'art. 12 de la loi du 26 janvier 1892, qui dispense du timbre les expéditions délivrées par les greffiers de justices de paix, est applicable dans les trois catégories d'instances qui viennent d'être énumérées.

Dans ces mêmes catégories d'instances, il y a lieu d'appliquer l'art. 16, § 4, n° 1 de la loi de 1892 qui fixe à 1 0/0 (0 fr. 50 0/0 en Algérie) le droit proportionnel sur les jugements et l'art. 16, § 6, n° 2, qui soumet au droit de 2 0/0 (1 0/0 en Algérie) les dommages-intérêts prononcés par les juges de paix en matière civile.

Dans le cas où la juridiction correctionnelle est exercée par un juge de paix, la condamnation à des dommages-intérêts est assujettie au droit de 3 0/0 (1 fr. 50 0/0 en Algérie) établi par l'art. 16, § 7. — L'art. 17, n° 1, de la loi de 1892, qui fixe à 1 0/0 (0 fr. 50 0/0 en Algérie) le minimum du droit pour les jugements des juges de paix, même lorsqu'il y a débouté de la demande, est applicable aux trois catégories d'instances énumérées sous les alinéas ci-dessus. La loi du 26 janvier 1892 n'est pas applicable aux actes et jugements relatifs aux instances en matière musulmane (Sol. 6 janv. 1893 ; R. E. 925).

27. (234). **Actes de la juridiction des prud'hommes. Timbre et enregistrement.** — Un décret du 8 juillet 1899 (R. E. 2120) a promulgué en Algérie la loi du 7 août 1850 et l'art. 27 de la loi du 22 janvier 1851 sur le timbre et l'enregistrement des actes de la juridiction des prud'hommes.

28. (254). **Droits de l'enfant adopté.** — La loi musulmane n'autorise pas l'adoption, ou du moins ne confère pas à l'adopté les droits d'un enfant légitime. Elle ne permet pas non plus de disposer par testament d'une quotité supérieure au tiers de la succession. Le décret du 17 avril 1889, réorganisant la justice musulmane, n'a pas d'effet rétroactif ; il ne peut régir par conséquent un testament d'une date antérieure (Constantine, 3 avr. 1894 ; R. E. 708).

29. (263). **Lois fiscales (Timbre) promulguées en Algérie.** Suite du tableau du T. A., n° 263.

N° D'ORDRE	Désignation des lois ou décrets promulgués.	OBJET	Promulgation	Réf. Enreg.
72	L. 28 déc. 1895, art. 3 à 7.	Valeurs mobilières étrangères.	Décr. 3 juin 1896.	1171
73	L. 28 déc. 1895, art. 9 et 10.	Timbre des affiches.	id.	id.
74	L. 29 mars 1897, art. 7.	Certificats de maladie.	Décr. 4 déc. 1897.	1372
	— art. 8.	Cartes de circulation.	id.	id.
		Douanes, quittances de droit de statistique.	id.	id.
	— art. 42.	Demandes en restitution.	id.	id.
75	Décr. 31 juill. 1897.	Cartes de circulation.	id.	id.
	id.	point de départ du droit nouveau 1er mai 1898 et 1er janv. 1899.	Décr. 29 avr. 1898.	1783

30. (267 *bis*). **Banque d'Algérie. Timbre des billets.**
V. n° 18, *suprà*.

31. (272 *bis*). **Contributions directes et assimilées.
Demandes en décharge. Timbre.** — Les demandes en
décharge ou réduction en matière de taxes municipales
sont présentées et instruites comme les réclamations en
matière de contributions directes (V. *T. A., Contributions
directes*). Pour la taxe sur les *prestations* la demande peut
être présentée sur papier non timbré, comme dans la métropole (1), quel que soit le chiffre de la cote (Décr. 15 juin
1899; *J. O.* 18 juin; *R. E.* 2078; *J. E.* 25.699).

32. (299 *bis*). **Acquisition d'immeubles par les communes. Propriétés musulmanes. Purge légale. Dispense.** — Décret dispensant les communes en Algérie de
remplir les formalités de la purge des hypothèques légales
lorsqu'il s'agit d'acquisition d'immeubles n'ayant pas cessé
d'appartenir à des indigènes soumis à la loi musulmane
(Décr. 6 janv. 1899; *R. E.* 2234).

33. (300). **Domaine. Constitution de la propriété
foncière. Salaires des conservateurs des hypothèques.** — Le décret du 30 novembre 1897 fixe les salaires
qui seront payés aux conservateurs des hypothèques à raison des formalités accomplies en exécution des art. 14 et
15 de la loi du 16 février 1897 (*R. E.* 1756).

Ils sont de 0 fr. 20 pour chacune des mentions prévues
par l'art. 15 de la loi du 16 février 1897 (art. 1er du décret),
de 1 fr. pour les certificats délivrés sur la demande et aux
frais des parties pour constater qu'un titre a été ou non
revêtu de la mention de purge et de 0 fr. 20 sur le premier certificat délivré pour chaque titre (art. 2 du décret).

34. (328). **Concession de mines. Cession à un tiers
de la superficie (Chênes-liège). Cession temporaire
et cession définitive.** — L'ordonnance du 9 novembre
1845, par laquelle les mines ont été concédées, en Algérie de
à des particuliers, leur a attribué le droit exclusif d'exploiter le minerai même à ciel ouvert, à l'encontre du
concessionnaire ultérieur des forêts de chênes-liège situées
dans le même périmètre (Cass. req., 25 août 1894 et civ.,
13 mars 1899; *R. E.* 2166). Le concessionnaire des forêts
ne peut, de son côté, dans de telles conditions, recourir
en garantie contre l'État, pour cause d'éviction (C. civ.,
1625) (1er arrêt). L'État ne saurait toutefois invoquer la
clause du décret de concession temporaire de la superficie
(7 juill. 1862), excluant formellement les mines, dès lors
que le décret ultérieur de cession définitive (2 fév. 1870) a
résilié le précédent sans reproduire cette disposition restrictive (2e arrêt).

35. (335). **Domaine. Successions vacantes Mozabites. Beit-El-Mal.** — Les successions vacantes Mozabites,
précédemment réglées par les compatriotes et les coréli-
gionnaires du défunt, sont à l'avenir soumises à la loi du
16 juin 1851 en ce qui concerne les droits revenant à l'État
comme substitué au Beit-El-Mal (Décis. Gouv. gén.,
19 juin 1894; *R. E.* 771).

36. (342, 343 et suiv.). **Loi relative à la propriété
foncière en Algérie.** — Une loi du 16 fév. 1897 a remanié les règles posées par les lois du 26 juillet 1873 et du
28 avril 1887 (Voir *R. E.* 1339). Nous en donnons le texte
en note (2).

(1) V. au *Suppl.*, V° *Contributions directes*, 3.
(2) Loi du 16 février 1897 (*J. off. du 18 février*).

1. Les procédures soit d'ensemble, soit partielles instituées
par les titres II et III de la loi du 26 juillet 1873 et par la loi
du 28 avril 1887 pour la constatation de la propriété privée
et la constitution de la propriété individuelle, sont et demeurent abrogées.

Néanmoins, les opérations commencées en exécution de ces

37. (358). **Biens habous. Transcription. Droit de
1 fr. 50 0/0.** — L'acte constitutif d'un habous est soumis
au droit de 1 fr.50 0/0 lors de la transcription, si cette formalité est volontairement requise (Guelma, 15 fév. 1900;
R. E. 2363).

deux lois pourront être continuées jusques et y compris la délivrance des titres de propriété.

Il pourra être procédé aux opérations d'acquisition ou d'é-
change de plusieurs parcelles, soit par l'État, soit par les particuliers, conformément à la procédure d'enquête prévue par la
présente loi.

2. Les titres délivrés par l'Administration des domaines,
à la suite des procédures édictées par la présente loi, assure-
ront, à l'égard de tous, la propriété entre les mains des bénéficiaires de ces titres; tous les droits réels non légalement
maintenus à la suite de ces procédures seront définitivement
abolis, quelles que soient la nature et la date de l'acte constatant ces droits.

3. À compter de la délivrance de ces titres, les immeubles
auxquels ils se réfèrent resteront, quels que soient leurs propriétaires, soumis à toutes les prescriptions de la loi française,
sauf les exceptions prévues aux art. 16, 17 et 18 ci-après.

4. Dans tout territoire compris dans le périmètre d'application de la présente loi, tel qu'il est déterminé par l'art. 12 ci-
après, les propriétaires comme les acquéreurs, sans distinction de nationalité ni d'origine, pourront toujours prendre l'i-
nitiative des procédures organisées par la présente loi, afin
d'obtenir la délivrance des titres de propriété ci-dessus indiqués.

5. Les intéressés qui désireront obtenir les titres délivrés
par l'Administration des domaines devront adresser au préfet
du département, en territoire civil, ou au général commandant
la division, en territoire militaire, une requête en délivrance
de titre.

Cette requête devra contenir une désignation, aussi précise
que possible, de l'immeuble, ses tenants et aboutissants, sa
contenance approximative, ainsi qu'une élection de domicile
faite par le requérant. Elle sera non avenue si elle n'est accompagnée de la consignation des frais. La réception de la requête
sera consignée sur un registre *ad hoc* et récépissé en sera donné
à l'intéressé.

6. Dans les trente jours qui suivront le dépôt de la requête,
un agent de l'Administration, désigné par le préfet ou le général, se rendra sur les lieux, accompagné du requérant, qui est
dûment appelé, et procédera au bornage de l'immeuble et au
lever du plan, s'il n'y a déjà été procédé.

L'arrêté désignant l'agent de l'Administration et fixant le
jour des opérations sera, vingt jours au moins à l'avance, inséré
au *Journal officiel* de l'Algérie. Avis en sera donné au Directeur des domaines, ainsi qu'au requérant, par lettre recommandée, adressée au domicile élu dans la requête. Il sera, en
outre, publié, dans les principaux marchés de la tribu, affiché,
en français et en arabe, à la mairie de la commune et partout
où besoin sera.

Ces insertions et publications constitueront pour tous les intéressés, une mise en demeure d'avoir à produire tous documents ou témoignages propres à établir des droits auxquels ils
prétendraient sur l'immeuble objet de la requête. Leurs dires
et les témoignages et pièces à l'appui seront recueillis par
l'agent de l'Administration et insérés au procès-verbal.

7. Le procès-verbal des opérations faites et des dires recueillis restera déposé à la mairie pendant un délai de quarante-cinq jours à dater de sa clôture. Sa traduction en arabe
sera déposée, pendant le même délai, entre les mains de l'adjoint indigène de la situation des biens. Ce double dépôt sera
porté à la connaissance des intéressés, dix jours avant le jour de la
clôture du procès-verbal, par un avis affiché au chef-lieu de la
commune et par des publications sur les marchés de la tribu.

Pendant ce délai de quarante-cinq jours, toutes personnes
pourront en prendre communication et faire consigner, à la
suite du procès-verbal, tous les dires et réclamations concernant les droits réels qu'elles pourraient avoir à exercer sur
l'immeuble dont il s'agit.

8. Dans les dix jours qui suivront l'expiration de ce délai,

ÉTRANGER

TROISIÈME PARTIE. — COLONIES.

SECT. Iʳᵉ. — GÉNÉRALITÉS.

1. (1). **Colonies où l'enregistrement n'est pas établi.** — Les seules colonies où l'enregistrement ne paraît pas encore établi en 1901 sont : St-Pierre et Miquelon en

l'agent qui aura rédigé le premier procès-verbal se rendra de nouveau sur les lieux, si de nouvelles réclamations se sont produites, et rédigera un procès-verbal définitif. Il constatera les réclamations qui se seront produites en temps utile et donnera son avis motivé, tant sur le mérite de la requête originaire que sur lesdites réclamations. Il devra, d'office, signaler dans son procès-verbal les droits pouvant appartenir à l'État sur l'immeuble et que l'enquête lui aura révélés.

Conformément à l'art. 2 ci-dessus, l'immeuble objet de la requête demeurera libre et affranchi de tous les droits réels qui n'auront point été réclamés en temps utile. Toute réclamation ou revendication ultérieure n'ouvrira aux prétendants droit qu'une action personnelle contre celui qui aura bénéficié de leur déchéance.

9. Le procès-verbal définitif et les pièces à l'appui seront transmis au Directeur des domaines.

Celui-ci devra procéder de suite à l'établissement et à la délivrance des titres, dans le cas où le procès-verbal ne constaterait aucune réclamation, sauf ce qui sera dit à l'art. 13 ci-après.

Dans le cas contraire, s'il s'agit d'un droit réclamé par l'État ou en son nom, le procès-verbal sera communiqué au gouverneur général. Dans tous les cas, le titre ne pourra être établi et délivré qu'autant que le requérant rapportera mainlevée de toutes réclamations consignées au procès-verbal.

La mainlevée devra consister, soit en une renonciation émanant des auteurs de la réclamation, soit en une décision judiciaire repoussant définitivement cette réclamation.

Lorsque la requête émane d'un acquéreur, celui-ci pourra contraindre son vendeur à poursuivre la mainlevée des réclamations, sous peine de résiliation de contrat et de tous dommages-intérêts.

Les réclamants pourront, s'il y a lieu, être condamnés à tous dommages-intérêts envers le requérant.

10. Si des réclamations portant non sur la propriété même, mais sur des charges pesant sur cette propriété, sont reconnues fondées, le requérant pourra, néanmoins, obtenir délivrance d'un titre, mais les charges reconnues y seront inscrites. L'acquéreur pourra demander la résiliation de la vente et des dommages-intérêts, s'il y a lieu.

11. La requête en délivrance de titres et les opérations y relatives seront considérées comme non avenues si, dans les six mois qui suivront la transmission du procès-verbal au Directeur des domaines, le requérant n'a pas fait connaître à ce dernier, par une notification mentionnant les actes introductifs d'instance, qu'il poursuit, ou, s'il s'agit d'un acquéreur, que son vendeur poursuit la mainlevée des réclamations produites.

12. Les dispositions qui précèdent ne seront appliquées qu'à la région du Tell algérien, délimitée conformément à l'art. 31 de la loi du 26 juillet 1873, et, en dehors du Tell, aux territoires déterminés par les arrêtés spéciaux du gouverneur général.

13. Lorsqu'une demande d'enquête partielle aura lieu en territoire délimité par application du sénatus-consulte du 22 avril 1863, le plan parcellaire dressé afin de régulariser, d'après la jouissance effective, la situation de l'occupant de la terre, sera homologué par arrêté pris par le gouverneur général en conseil de gouvernement.

A dater de cet arrêté, les occupants maintenus en possession seront considérés comme propriétaires, à titre privé, des terres dont ils auront été reconnus possesseurs.

Amérique ; la colonie du Haut-Sénégal et Moyen Niger (Soudan français) en Afrique.

2. Protectorats (2). — Sont considérés comme pays étrangers les pays de protectorat, tels que la Tunisie et l'Annam, où une souveraineté indigène a été maintenue à côté de l'autorité française.

Quant au Tonkin il doit être actuellement considéré comme une colonie française (Cass. req., 15 mars 1899 ; R. E. 1997 ; Inst. 2997, § 5).

L'île de Madagascar a été déclarée colonie française par la loi du 6 août 1896.

A partir de la publication de l'arrêté d'homologation du gouverneur général dans le Journal officiel de l'Algérie, les contestations relatives à la propriété de ces territoires seront de la compétence des tribunaux judiciaires.

14. Dans les territoires où les lois des 26 juillet 1873 et 28 avril 1887 ont reçu leur application, les détenteurs de titres français non purgés auront un délai de six mois à compter de la publication de la présente loi, pour actionner en reconnaissance de leurs droits les possesseurs des titres délivrés par l'Administration des domaines, en exécution des lois précitées.

Ils devront, avant l'expiration de ce délai, faire parvenir au Directeur des domaines une copie de leur assignation ou de la reconnaissance qui serait faite de leurs droits.

15. A l'expiration de ce délai, tous les droits non révélés qui pourraient exister sur lesdites propriétés, seront purgés.

Les titres non touchés par les assignations devront être, par les soins du Directeur des domaines, munis d'une mention spéciale qui sera reproduite sur toutes les expéditions délivrées désormais.

La même mention sera portée sur le double déposé à la conservation des hypothèques. Elle y sera apposée par le conservateur des hypothèques, sur le vu de l'état des assignations, qui lui sera adressé, tous les mois, par le Directeur des domaines.

Les titres touchés par les assignations ne pourront être munis de cette mention qu'après le règlement définitif des litiges.

Les titres munis de cette mention produiront les mêmes effets que ceux délivrés postérieurement à la présente loi.

16. Les transactions entre indigènes concernant les immeubles ayant fait l'objet des titres prévus aux art. 1 et 2 de la présente loi et de ceux délivrés antérieurement en vertu des lois du 26 juillet 1873 et du 28 avril 1887, pourront, dans les territoires déterminés par arrêté du gouverneur général, tant que ces immeubles demeureront entre les mains des indigènes, avoir lieu par actes du ministère des cadis.

Ils seront assujettis à la formalité de la transcription hypothécaire, conformément à la loi du 23 mars 1855.

17. Lorsque le partage ou la licitation d'un immeuble rural, dont la moitié au moins appartient à des indigènes musulmans, sera demandé soit par un copropriétaire, soit par le tuteur, curateur ou créancier de l'un des copropriétaires, le tribunal attribuera si faire se peut, en nature, au demandeur, une part de l'immeuble représentant ses droits ; si l'immeuble n'est pas commodément partageable, l'art. 827, C. civ. ne sera pas applicable. Dans ce cas, le partage sera fait entre familles, et un ou plusieurs copropriétaires de la part affectée à la famille dont fait partie le demandeur auront le choix ou d'accepter la licitation ou de lui payer une somme d'argent représentant la valeur de ses droits sur l'immeuble. A défaut d'entente amiable entre les copropriétaires de la part revenant à une même famille, cette somme sera arbitrée par le tribunal, dont le jugement contiendra condamnation solidaire des défendeurs au paiement de ladite somme avec les intérêts et les frais.

Les jugements rendus en cette matière ne seront susceptibles ni d'opposition, ni d'appel.

18. Les dispositions des art. 11 et suivants de la loi du 28 avril 1887, relative aux licitations et partages où figureront des indigènes, continueront à être appliquées.

Sont abrogées toutes les dispositions des lois, décrets ou ordonnances contraires à la présente loi.

La présente loi, délibérée et adoptée par le Sénat et par la Chambre des députés, sera exécutée comme loi de l'État.

3. (4) **Actes translatifs d'immeubles situés aux colonies.**— Enregistrés en France, ces actes n'y sont sujets qu'au droit fixe (1).

3 *bis*. (7). **Jugements, décisions et arrêts rendus aux colonies. Pourvoi en cassation ou au Conseil d'Etat. Complément de droit en France.**— Le fait de déférer à la Cour de cassation les jugements et arrêts des tribunaux coloniaux ne constitue pas l'usage en France rendant applicable à ces actes judiciaires le complément de droit au tarif métropolitain (Seine, 23 nov. 1894 ; *R. E.* 842 et Sol. 18 janv. 1895, 24 déc. 1897 ; *R. E.* 1608).

Même solution pour les décisions de juridictions administratives coloniales déférées au Conseil d'Etat (Sol. 24 janv. 1899 ; *R. E.* 1946).

4. **Actes passés et enregistrés en France et dont il est fait usage dans les colonies.** — L'art. 15 de l'ordonnance du 31 décembre 1828 (2) établissant l'enregistrement à la Martinique, à la Guadeloupe et à la Guyane, porte : « A l'égard des actes enregistrés en France ou dans une colonie française, ils seront de nouveau soumis à cette formalité dans la colonie, avant qu'il puisse en être fait aucun usage public ; mais il ne sera perçu qu'un droit fixe dans le cas où la perception déjà faite serait égale ou supérieure à celle déterminée par la présente ordonnance ; et, dans le cas où elle lui serait inférieure, il y aura lieu d'acquitter le complément des droits auxquels ces actes sont assujettis par leur nature. »

L'art. 15 de l'ordonnance du 19 juillet 1829 qui a réorganisé l'impôt de l'enregistrement à l'île Bourbon (la Réunion) contient une disposition identique.

Règle. — On peut donc poser en règle générale que l'acte enregistré en France dont il est fait usage dans une colonie n'y est soumis qu'au droit fixe, à moins que le tarif colonial ne soit supérieur au tarif métropolitain, auquel cas l'excédent est exigible dans la colonie.

Pour la Tunisie il y a des distinctions à observer, V. *Tunisie*, n° 2.

5. (20). **Colonies où le timbre est établi. Chèque tiré sur la métropole. Timbre.** — Il peut être fait usage en France, sans paiement de nouveaux droits de timbre, de tous actes et effets venant du Sénégal, de la Martinique ou de la Guadeloupe et qui sont régulièrement revêtus du timbre colonial. — Il en est ainsi d'un chèque tiré de la Martinique sur la métropole et régulièrement timbré au tarif de la colonie (Sol. 17 avr. 1899 ; *R. E.* 2175).

6. (23). **Etranger. Banque de l'Indo-Chine. Actes de nantissement. Droit fixe. Transports de contrats hypothécaires. Droit proportionnel.** — Les actes constitutifs d'un transport de créance hypothécaire au profit de la Banque de l'Indo-Chine sont passibles du droit proportionnel et non du droit fixe dont l'application doit être limitée dans les termes de la disposition exceptionnelle de l'article 11 de la loi du 24 juin 1874, qui vise exclusivement et limitativement les actes ayant pour objet de constituer des nantissements par voie d'engagement, de cession de récoltes, de transport ou autrement au profit de la banque (Hanoï (Tonkin), 23 mars 1894 ; Cass. req., 23 juill. 1895 ; *R. E.* 982-3).

(1) Avis C. d'Et., 15 nov.-12 déc. 1896 ; — Cass., 20 déc. 1820 ; Inst. 978 ; — Inst. 1703, § 1 ; — Cass. civ., 21 janv. 1901 ; *R. E.* 2595 et Mémoire de l'Administration, *R. E.* 2595, p. 185 et 186.

(2) Promulguée le 28 août 1829 (VIII, B. 312 *bis*).

SECT. II. — LÉGISLATION SPÉCIALE A CHAQUE COLONIE.

7. (26). — Nous donnons ci-dessous, d'après les budgets locaux de 1901, les règles principales de la législation fiscale de chacune de nos colonies.

§ 1er. — Colonies d'Afrique.

ART. 1er. — SÉNÉGAL.

8. **Enregistrement et timbre établis.** — (Budget de 1901, p. 60 et suiv.).

9. **Droits de greffe** réglés par vote du Conseil général du 31 décembre 1891, l'arrêté du 7 janvier 1892 et la délibération du conseil général du 24 décembre 1897 (Budget de 1901, p. 61 et 62).

10. **Droits d'hypothèque maritime établis.** — (Décr. 6 août 1887 ; arr. des 25 sept. 1887 et 21 déc. 1893).

11. **Droits d'hypothèque terrestre** réglés par l'ordonnance du 14 juin 1829, la loi du 5 janvier 1875, le décret du 28 août 1875, l'arrêté du 10 octobre 1877, le décret du 16 mars 1876 et l'arrêté du 5 septembre 1876.

12. **Droits d'enregistrement.** — (Décret du 4 août 1860. — Arrêté du 3 août 1861. — Décret du 11 février 1863 et arrêté du 21 mars 1863. — Loi du 23-25 août 1871. — Délibération du conseil général du 24 décembre 1897. — Ordonnance du 31 décembre 1828, le décret du 17 juillet 1857, l'art. 2 de la loi du 27 ventôse an IX, les art. 5 et 6 de la loi du 18 mai 1850. — Loi du 23 juin 1857. — Loi du 1er mai 1822. — Décret du 14 août 1896, article 37).

Sont exempts du droit d'enregistrement les actes de quittance portant décharge pure et simple au profit de la Caisse des dépôts et consignations ; toutes stipulations particulières insérées dans ces actes et qui seraient étrangères à cette Caisse restent soumises aux droits dont elles sont passibles suivant leur nature.

13. **Timbre.** — Droits de timbre établis par décret du 4 août 1860 avec application du tarif du 5 juin 1850, modifié par les art. 17 à 28 de la loi du 2 juillet 1862 et par la loi du 23 août 1871.

(Arrêté du 3 août 1861. — Loi du 13 brumaire an VII, art. 1, 2, 3, 6, 7, 11, 12, 13 à 16, 18, 19, 20 à 24, 25, moins les paragraphes concernant les titres, les registres de commerçants, 26 à 32. — Loi du 16 juin 1824, art. 10, 12, 13. — Loi du 11 juin 1859. — Décret du 18 janvier 1860. — Arrêté du 24 février 1872. — Délibération du Conseil général du 29 mai 1899).

I. — DROITS DE DIMENSION :

La feuille de grand papier registre		3 fr. 60
— de grand papier —		2 » 40
— de moyen papier —		1 » 80
— de petit papier —		1 » 20
Demi-feuille de petit papier —		« » 90

Le timbre des quittances de produits et revenus de toute nature délivrés par les comptables de deniers publics, est fixé à 25 centimes. La délivrance de cette quittance est obligatoire. Le prix du timbre, lorsqu'il est exigible, s'ajoute de plein droit au montant de la somme due et est soumis au même mode de recouvrement.

Sont maintenues les dispositions de l'art. 16 de la loi du 13 brumaire an VII, concernant les contributions directes et celles des lois relatives aux quittances des contributions indirectes.

II. — DROITS DE TIMBRE SUR LES AFFICHES :

(L. du 18 juill. 1866, art. 4.— Décr. 16 août 1893).

Par feuille de 12 déc. 1/2 carrés et au-dessous . . 0 fr. 05
Au-dessus de 12 déc. 1/2 jusqu'à 25 décimètres . . 0 » 10
Au-dessus de 25 décimètres jusqu'à 50 décimètres . 0 » 15
Au-delà de cette dernière dimension. . . . . . . 0 » 20
Droits en principal. — Décimes perçus en vertu de la loi du 23 août 1871 (art. 2).

III. — DROITS SUR LES TITRES ou certificats d'actions dans les sociétés, compagnies, entreprises quelconques, financières, commerciales, industrielles ; droits sur les titres d'obligations souscrites par les communes, établissements publics et compagnies, sous quelque dénomination que ce soit, dont la cession n'est pas soumise aux dispositions de l'art. 1690, C. civ., les contrats d'assurance, ainsi que toute convention postérieure contenant prolongation de l'assurance, augmentation de la prime ou du capital assuré, ou bien, en cas de police flottante, portant désignation d'une somme en risque ou d'une prime à payer ; tous lesdits droits seront perçus aux taux fixés, dans les délais et aux conditions déterminés par les dispositions de la loi du 5 juin 1850 et du décret du 17 juillet 1857 (Délib. Cons. gén. 24 déc. 1898), en vigueur dans la colonie, avec ces modifications :

1° Que les droits de l'abonnement prévu par l'art. 37 de la loi du 5 juin 1850, par les sociétés, compagnies d'assurances et assureurs, seront de 3 centimes par 1.000 fr. du total des sommes assurées ;

2° Et que les droits sur les bordereaux et arrêtés des agents de change, tels que les courtiers dont parle l'art. 13 de la dite loi, sur le total des sommes employées aux opérations qui y sont mentionnées, seront de 60 centimes pour les sommes de 10.000 fr. et au-dessous, et de 1 fr.80 pour les sommes au-dessus de 10.000 fr.

Droits de timbre sur les quittances :
10 centimes par chaque quittance donnée au pied des factures et mémoires. Le droit est dû pour chaque acte, reçu, décharge ou quittance ; il peut être acquitté par l'apposition d'un timbre mobile.

IV. — AUTRES DISPOSITIONS.
Un décret du 16 août 1893 a rendu applicables à la colonie du Sénégal et dépendances un grand nombre de dispositions métropolitaines relatives au timbre. — V. ce décret, à sa date, dans le *Code Manuel*.

ART. 2. — DAHOMEY.

14. **Enregistrement établi.** — Les droits d'enregistrement sont perçus conformément à l'ordonnance du 28 décembre 1828 et à l'arrêté local du 17 décembre 1894.
Les *droits de greffe* sont perçus conformément à l'arrêté local du 17 décembre 1894 (Budget de 1901, p. 6).

ART. 3. — GUINÉE FRANÇAISE.

15. **Enregistrement établi.** — Les droits d'enregistrement figurent pour 500 fr. dans les évaluations de recettes de 1901, et les droits de greffe pour 200 fr. (Budget de 1901, p. 6).

ART. 4. — CÔTE D'IVOIRE.

16. **Enregistrement établi.** — Droits d'enregistrement, un franc par rôle (Arr. du 5 avr. 1891).
Droits de greffe de 0 fr.75, 6 fr., 7 fr.50 et 12 fr. suivant la nature des actes (Arr. 27 août 1894 ; Budget de 1901, p. 44 et 45).

ART. 5. — CONGO FRANÇAIS.

17. **Enregistrement établi.** — (Budget de 1900,p.37).
1° Droit d'enregistrement (arr. 31 déc. 1892) :

Par chaque expédition, copie ou extrait d'acte et par rôle,pour tous les actes de procédure civile et commerciale et tous les actes notariés. 1.00
2° Droits de greffe (arrêté du 5 nov. 1887) ;
3° Droits de timbre.
Sont soumis à un droit de timbre de 10 centimes les quittances ou acquits donnés au pied des factures et mémoires, les quittances pures et simples, reçus ou décharges de sommes, titres, valeurs ou objets et généralement tous les titres de quelque nature qu'ils soient, signés ou non, qui emportent libération, reçu ou décharge.
Le droit est dû pour chaque acte reçu, décharge ou quittance (arr. 27 fév. 1892).
4° Produits du domaine (vente, location et concession de terrain), arrêté du 26 septembre 1891.
Ventes et concessions de terrain :
Par acte de vente ou de concession. 10.00
Pour levé de terrain :
Par vacation journalière. 15.00
Pour copie de plan. 10.00
Pour titre de concession provisoire 5.00
Pour permis d'établir sur des terrains réservés . 3.00
Indépendamment des droits d'enregistrement et des frais du bornage obligatoire pour les concessions urbaines (arr. 26 août 1863 et 26 sept.1891).

ART. 6. — HAUT SÉNÉGAL ET MOYEN NIGER.

18. **Enregistrement et timbre non établis.** — (Aucun produit ne figure de ce chef au budget de 1901).

ART. 7. — ILE DE LA RÉUNION.

19. **Enregistrement et timbre établis.** — (Budget de 1901, p. 11). Voici l'indication des actes qui ont autorisé la perception des différents droits :
20. **Droits d'enregistrement.** — Ordonnance du 29 juillet 1829, modifiée par arrêté local du 27 décembre 1864.
21. **Droits de greffe.** — Ordonnance du 15 octobre 1817, modifiée par l'arrêté du 9 février 1830.
22. **Droits de timbre.** — Arrêté du 28 vendémiaire an XII, modifié par le décret du 21 septembre 1864 et l'arrêté local du 22 décembre de la même année. — Dix centimes par colis postal. — Décret du 30 juillet 1881. — Projet de décret du 1er décembre 1885 relatif aux effets de commerce inférieurs à 500 fr. — Arrêté du 11 septembre 1899 relatif aux quittances des comptables publics. Voir, pour le détail des droits, *T. A.*, *Timbre*, 368, note 2.
23. **Droits d'hypothèques.** — Ordonnance du 22 novembre 1829 et décret du 27 avril 1848.

ART. 8. — CÔTE DES SOMALIS Y COMPRIS OBOCK ET DJIBOUTI.

24. **Enregistrement établi.** — Droits sur les actes de l'état civil, de juridiction civile, commerciale, criminelle, des actes notariés, administratifs, de navigation et divers ; tarif fixé par l'arrêté local du 12 novembre 1899 (Budget de 1900, p. 20).

ART. 9. — MADAGASCAR ET DÉPENDANCES.

25. **Droits d'enregistrement et de timbre.** — Deux arrêtés (n° 1305) du 31 décembre 1897 et du 10 avril 1898, ont fixé le tarif des droits d'enregistrement et de timbre.

11

Ces arrêtés sont eux-mêmes sur le point d'être remplacés (en septembre 1901) par une législation nouvelle faisant l'objet d'un décret à soumettre à la signature du Président de la République.

Aux termes de ce décret, il est établi une taxe tantôt fixe, tantôt proportionnelle, sur les actes extrajudiciaires, judiciaires, notariés, les actes des commissaires-priseurs, sur certains actes administratifs et sur tous actes sous seings privés produits en justice.

Les droits fixes sont de 1 fr., 2 fr., 3 fr., 5 fr., 10 fr. et 20 fr. Le taux en est fixé d'après la nature de l'acte et la juridiction.

Les droits proportionnels sont de 1 0/0 sur les jugements en premier ressort et de 2 0/0 sur les décisions d'appel prononçant condamnation, collocation ou liquidation de sommes ou valeurs.

Tous ces droits sont payés au moyen de l'apposition de timbres mobiles en marge des actes. Il existe sept types de timbres : 1 fr., 2 fr., 3 fr., 4 fr., 5 fr., 10 fr. et 100 fr. De plus, les expéditions délivrées par tous officiers publics doivent être écrites sur du papier de timbre-copie du prix de 0,60 le rôle.

Tout acte régulièrement timbré et enregistré en France ou dans une autre colonie est exonéré à Madagascar de tous droits similaires.

Sont également exemptés de tous droits :

1° Le bulletin de casier judiciaire délivré aux particuliers ;

2° Les actes, jugements et arrêts relatifs à l'application du décret du 16 juillet 1897 sur la propriété foncière, ainsi que les actes déposés dans une conservation à l'appui d'une demande en immatriculation ou dans le but de requérir une formalité hypothécaire ;

3° Les actes, exploits, procès-verbaux, jugements et arrêts en matière de simple police, de police correctionnelle et en matière criminelle et, généralement, tous actes relatifs à la répression des contraventions, délits ou crimes, quand il n'y a pas de partie civile en cause ;

4° Tous les actes de procédure faits à la requête d'une personne bénéficiant de l'assistance judiciaire, ainsi que les jugements ou arrêts rendus dans une cause où le paiement des dépens est mis à la charge de l'assisté ;

5° Les avis de parents des mineurs qui justifieront d'un certificat d'indigence. Même dispense est concédée aux actes nécessaires pour la convocation et la constitution des conseils de famille et l'homologation des délibérations prises dans ces conseils, dans le cas d'indigence des mineurs ;

Les personnes dont l'interdiction est demandée et les interdits sont, dans le même cas, assimilés aux mineurs ;

6° Les actes d'acquisitions et d'échanges faits par l'Etat ;

Les partages de biens faits entre lui et les particuliers et tous autres actes dont les droits seraient supportés par le gouvernement ;

7° Les actes rédigés en exécution des lois relatives aux faillites et liquidations judiciaires ;

8° Les actes nécessaires pour faciliter le mariage des indigents, sur la présentation d'un certificat délivré conformément à la loi du 10 décembre 1850 ;

9° Les actes qui doivent être produits à la caisse des retraites pour la vieillesse, aux monts-de-piété, aux caisses d'épargne et aux caisses de l'établissement des Invalides de la marine ;

10° Les actes qui sont relatifs aux successions des militaires français décédés en cours de campagne et des marins en cours de campagne ou de voyage ;

11° Les actes de l'état civil délivrés par les greffiers, les actes de dépôt des registres de l'état civil ;

12° Les actes et jugements rendus à la requête du ministère public pour des rectifications ou pour réparer des omissions concernant les actes de l'état civil ;

13° Les actes de la procédure relative aux inscriptions, réclamations, recours en matière d'élection ;

14° Les actes relatifs à l'obtention de l'assistance judiciaire ;

15° Les prestations de serment des fonctionnaires ;

16° Les affirmations des procès-verbaux des agents salariés, employés et gardes de l'Etat ou de la colonie, faits dans l'exercice de leurs fonctions ;

17° Les certificats de vie à produire pour les rentes et pensions viagères sur l'Etat ou caisses et institutions assimilées ;

18° Les cédules pour appeler en conciliation, les certificats ou mentions de non-comparution, les procès-verbaux de conciliation ;

Les actes de production des pièces faits sur le registre tenu au greffe à cet effet et ceux sur le registre des contributions et des adjudications pour la distribution des deniers, les actes portés sur le registre des délibérations intérieures des cours et tribunaux ;

19° Les doubles minutes des jugements et actes notariés que, conformément aux prescriptions de l'édit de juin 1776, les greffiers et les notaires sont dans l'obligation de fournir pour être envoyés en France au dépôt de papiers public des colonies ;

20° Les expéditions ou extraits d'actes délivrés sur la demande de l'Administration ou à la requête du ministère public.

26. Impôts indigènes. — Extrait de l'arrêté du 30 décembre 1808 fixant les impôts indigènes en Imerina.

Sect. II. — Enregistrement. — Timbre.

Art. 5. — Tous les contrats et obligations, de quelque nature que ce soit, tous les actes relatifs à l'état civil, ainsi que les testaments, devront être déclarés aux chefs de districts et inscrits sur leurs registres, à peine de nullité. Exception est faite pour les actes passés d'après la loi foncière sur l'immatriculation.

Art. 6. — Un droit fixe de 1 fr. 50 sera dû pour toutes les inscriptions faites sur les registres du gouvernement, à l'exception des naissances, mariages et décès, qui seront enregistrés gratuitement. Un droit proportionnel sera, en outre, perçu sur les contrats ci-après :

1° Vente de maisons ou de terrains à titre définitif : 5 0/0 sur le prix de vente ;

2° Location de maisons ou de terrains : 5 0/0 sur le prix des loyers ;

3° Prêts d'argent avec ou sans intérêts : 2 0/0 sur le montant du prêt ;

4° Vente de terrains ou de maisons à titre provisoire : 7 1/2 0/0 sur le prix de vente.

Art. 10. — Les pétitions, réclamations, demandes ou suppliques des indigènes sont frappées d'un droit de timbre unique de vingt-cinq centimes (0 fr. 25) ; les copies de tous actes inscrits sur les registres tenus par les autorités indigènes seront frappées d'un droit de timbre unique de un franc.

Nota. — Les arrêtés fixant les impôts indigènes dans les autres provinces de la colonie fixant les tarifs des droits d'enregistrement et de timbre qui y sont applicables.

Art. 10. — Mayotte et dépendances.

27. — A *Mayotte* il existe des droits d'enregistrement, d'hypothèques et de greffe. Ces droits ont été établis par les actes énumérés ci-après.

28. Droits d'enregistrement. — Arrêtés des 18 novembre 1869, 16 décembre 1872 et du 22 octobre 1896.

29. Droits d'hypothèques. — Décret du 17 mai 1872, rendant applicable à la colonie l'ordonnance du 22 décembre 1829 sur le régime hypothécaire à la Réunion.

30. Droits de greffe. — Arrêtés des 24 janvier 1857 et 16 décembre 1872 (Budget de 1901, p. 23).

31. Anjouan. — Dans le protectorat d'Anjouan, dépendant de la colonie de Mayotte, les droits d'enregistrement sont établis. Leur produit est évalué à 1.000 fr. pour l'exercice 1901 (Budget de 1901, p. 44).

32. Mohéli. — Même observation pour le protectorat de Mohéli. Produit de l'enregistrement évalué à 200 fr. (Budget de 1901, p. 52).

Protectorat de la Grande Comore. — Le budget de 1901 (p. 30) prévoit une somme de 500 fr. pour droits d'enregistrement des contrats d'engagement et de rengagement (Budget de 1901, p. 23).

§ 2. — *Colonies d'Amérique.*

ART. 1er. — ST-PIERRE ET MIQUELON.

33. Enregistrement et timbre non établis. — Il n'y existe pas de droits d'enregistrement proprement dits, ni de droits de timbre, mais seulement des droits sur l'expédition et la délivrance des titres de concession de terrain ou de grève (Arr. 13 juin 1876) et des droits sur les permis d'exploitation, d'occupation, les envois en possession et les copies collationnées de ces actes ; des droits de greffe établis par arrêtés des 24 octobre 1844 et 4 mars 1850, enfin un droit fixe de 1 fr. sur la transcription des actes et jugements en vertu du décret du 28 août 1862, art. 13 (Budget de 1900, p. 34).

ART. 2. — MARTINIQUE.

34. Enregistrement. — Les droits ont été établis (budget de 1901, p. 53 et suiv.) par l'ordonnance du 31 décembre 1828, tarif triplé par le vote du Conseil général en date du 19 décembre 1871 et augmenté d'un tiers par délibération du 7 décembre 1900 approuvée par décret du 3 avril 1901 (R. E. 2674).

Sous les modifications ci-après savoir :

1er Droits sur la vénalité des offices (L. 25 juin 1841 ; arr. 1er juill. 1849) ;

2° Droits sur les actes ayant pour objet de constituer ou de réaliser des créances en faveur de la société du Crédit foncier colonial (Arr. 11 avr. 1861 ; décr. 31 août 1863) ;

3° Droits sur les échanges d'immeubles sans distinction (Décr. 21 sept. 1864 et vote Cons. gén. 19 déc. 1871) ;

4° Droits sur les reconnaissances délivrées par les préposés de la Caisse des dépôts et consignations (L. 28 niv. an XIII et vote Cons. gén. 19 déc. 1871) ;

5° Droits sur les contrats portant engagement de fournir des cannes aux usines centrales (Vote Cons. gén. 20 déc. 1869)....5 centimes par 1,000 fr. ;

6° Récépissés délivrés pour le dépôt de marchandises dans les magasins généraux ;

7° Warrants ou bulletins de gage ;

8° Ventes publiques de marchandises en gros (Décr. 30 avr. 1870 et vote Cons. gén. 19 déc. 1871) ;

9° Actes portant quittance ou décharge pure et simple au profit de la Caisse des dépôts et consignations... Exempts Vote Cons. gén. 7 mars 1871 et arr. 20 mars 1871) ;

10° Les exemptions de droits prononcées par les art. 92, § 2, n° 10, et 93, § 3, n° 16, de l'ordonnance du 31 décembre 1828, au profit des mutations, par décès, des biens meubles en ligne directe, naturelle ou adoptive, qui s'opèrent en vertu de la loi, ou par suite de legs ou donations à cause de mort, sont supprimées (Vote Cons. gén. 18 déc. 1882 et décr. 15 oct. 1883) ;

11° Les transmissions de biens meubles à titre gratuit entre vifs et celles qui s'effectuent par décès sont assujetties aux diverses quotités de droits établis pour les transmissions d'immeubles de la même espèce.

Cependant les mutations par décès en ligne directe descendante ne sont pas soumises à la majoration du tiers résultant de la délibération du 7 décembre 1900 (R. E. 2674) ;

12° Double décime à ajouter au principal des droits d'enregistrement (Vote Cons. gén. 17 déc. 1884 ; arr. 31 du dit).

Droit fixe sur les contrats d'engagement, de réengagement et de transfert des immigrants introduits dans la colonie. . . . . 30 fr. 00

Droit proportionnel fixé au 20e des salaires (Décr. 13 févr. 1852, art. 3).

Double décime (Vote Cons. gén. 17 déc. 1881) ;

13° Sont enregistrés :

1° Les actes et jugements interlocutoires et préparatoires des divorces, au droit de. . . . . 3 fr. 00

2° Les jugements de première instance prononçant le divorce, au droit de. . . . . . 9 fr. 00

3° Les arrêts qui prononceront définitivement sur une demande en divorce et l'expédition de l'acte de l'officier de l'état civil, s'il n'y a pas d'appel, au droit de. . . . . 15 fr. 00

(Vote Cons. gén. 18 déc. 1884) ;

14° Droits sur les actes portant concession de terrains situés sur les 50 pas géométriques du littoral :

Concessions gratuites, droit proportionnel. . . 1 fr. 0/0.

Aliénation à titre onéreux, droit proportionnel 0 fr. 50 0/0 (Délib. Cons. gén. 30 août 1887 ; arr. 3 oct. 1887) ;

15° Exemption des droits sur les actes, jugements, etc., relatifs aux saisies-arrêts sur les salaires et petits traitements des ouvriers ou employés (L. 12 janv. 1895 ; arr. 12 fév. 1895) ;

16° L'enfant naturel légalement reconnu, appelé à la succession *ab intestat* ou testamentaire de son auteur, sera considéré, quant à la quotité du droit, comme enfant légitime (L. 25 mars 1896 ; arr. 11 mai 1896) ;

17° Exemption de droits sur les actes, jugements, etc., relatifs au mariage des indigents (L. 20 juin 1896 ; arr. 22 juill. 1896) ;

18° Droits à percevoir sur les biens meubles en matière de successions et de donations entre vifs ;

19° Sont et demeurent abrogées les dispositions de l'ordonnance du 31 décembre 1828 qui n'ont assujetti qu'au droit fixe les actes d'acquisition et les donations et legs faits au profit des colonies, communes, hospices, séminaires, fabriques, congrégations religieuses et tous autres établissements publics légalement autorisés. En conséquence, ces acquisitions, donations et legs seront soumis aux droits proportionnels d'enregistrement établis par les lois existantes pour les actes de même nature intéressant les particuliers.

Les mutations par décès et les transmissions entre vifs à titre gratuit d'inscriptions sur le grand-livre de la Dette publique seront soumises aux droits établis pour les successions ou donations. Il en sera de même des mutations

par décès de fonds publics et d'actions des compagnies ou
sociétés d'industrie et de finances étrangers, dépendant
d'une succession régie par la loi française, et des transmissions entre vifs à titre gratuit de ces mêmes valeurs
au profit d'un Français.

Les dispositions de l'article précédent sont applicables :
1° aux obligations des compagnies ou sociétés d'industrie
et de finances étrangères ; 2° aux créances, parts d'intérêts, obligations des villes, établissements publics et généralement à toutes les valeurs mobilières étrangères de
quelque nature qu'elles soient.

Sont assujettis au droit de mutation par décès, les fonds
publics, actions, obligations, parts d'intérêts, créances et
généralement toutes les valeurs mobilières étrangères, de
quelque nature qu'elles soient, dépendant de la succession
d'un étranger domicilié dans la colonie avec ou sans autorisation. Il en sera de même des transmissions entre
vifs à titre gratuit ou à titre onéreux de ces mêmes valeurs,
lorsqu'elles s'opéreront dans les conditions prévues par
l'art. 15 de l'ordonnance du 31 décembre 1828.

Sont considérés, pour la perception du droit de mutation
par décès, comme faisant partie de la succession d'un
assuré, sous la réserve des droits de communauté, s'il en
existe une, les sommes, rentes ou émoluments quelconques dus par l'assureur, à raison du décès de l'assuré.

Les bénéficiaires à titre gratuit de ces sommes, rentes
ou émoluments sont soumis aux droits de mutation, suivant la nature de leurs titres et leurs relations avec le
défunt conformément au droit commun.

Les lettres de change sont soumises au droit proportionnel fixé pour les billets à ordre et tous autres effets négociables, et leur enregistrement aura lieu sous les mêmes
conditions (Délib. Cons. gén. 22 déc. 1897 ; Arr. local du
29 déc. même année ; décr. 24 mai 1898).

Droit de transmission des valeurs mobilières de 0 fr. 50
0/0 pour les titres nominatifs et de 0 fr. 20 0/0 pour les
titres au porteur (Délib. Cons. gén. 23 nov. 1899).

20° Décret du 3 avril 1901 (R. E. 2674) approuvant une
délibération du Conseil général de la Martinique, prise
conformément aux dispositions de l'art. 33, § 3, de la loi
de finances du 13 avril 1900, dans sa séance du 7 décembre 1900.

§ 1. — Droits proportionnels d'enregistrement.

Sont augmentés d'un tiers les droits proportionnels
d'enregistrement fixés par l'art. 92 de l'ordonnance du
31 décembre 1828 et par le vote du Conseil général en date
du 19 décembre 1871, ainsi que les droits proportionnels
sur les mutations par décès et les donations entre vifs
fixés par le décret du 24 mai 1898, à l'exception de ceux
en ligne directe descendante qui resteront soumis au tarif
édicté par ledit décret.

§ 2. — Droits fixes convertis en droits proportionnels.

ART. 1er. — Sont soumis au droit proportionnel d'enregistrement, d'après les bases déterminées ci-dessous, les
actes ci-après, énumérés à l'art. 91 de l'ordonnance du
31 décembre 1828 :

1° Les actes de formation et de prorogation de société
qui ne contiennent ni obligation, ni libération, ni transmission de biens meubles ou immeubles, entre les associés ou autres personnes, par le montant total des apports
mobiliers ou immobiliers, déduction faite du passif ;

2° Les actes translatifs de propriété, d'usufruit ou de
jouissance de biens immeubles situés en pays étranger ou
dans les colonies françaises, dans lesquels le droit d'enre-

gistrement n'est pas établi, par le prix exprimé en y ajoutant toutes les charges en capital.

Le 2e alinéa de l'art. 15 de l'ordonnance du 31 décembre 1828 est abrogé ;

3° Les actes ou procès-verbaux de vente de marchandises avariées par suite d'événements de mer et de débris
de navires naufragés, par le prix exprimé en y ajoutant
toutes les charges en capital ;

4° Les contrats de mariage, par le montant net des
apports personnels des futurs époux ;

5° Les partages de biens meubles et immeubles entre
copropriétaires, cohéritiers et coassociés à quelque titre
que ce soit, par le montant de l'actif net partagé ;

6° Les délivrances de legs, par le montant des sommes
ou par la valeur des objets légués ;

7° Les consentements à mainlevées totales ou partielles
d'hypothèques, par le montant des sommes faisant l'objet
de la mainlevée.

S'il y a seulement réduction de l'inscription, il ne sera
perçu qu'un droit de 1 fr. 50 par chaque acte ;

8° Les prorogations de délai pures et simples, par le
montant de la créance dont le terme d'exigibilité est prorogé ;

9° Les adjudications et marchés pour constructions, réparations, entretien, approvisionnements et fournitures
dont le prix doit être payé directement par le Trésor public, et les cautionnements relatifs à ces adjudications et
marchés, par le prix exprimé ou par l'évaluation des objets.

Le premier alinéa du n° 10 du § 2, de l'art. 91 de l'ordonnance du 31 décembre 1828 est abrogé ;

10° Les titres nouvels et reconnaissances de rentes dont
les actes constitutifs ont été enregistrés, par le capital des
rentes.

ART. 2. — La quotité du droit est fixée à 0 fr. 10 0/0
pour les partages, et à 0 fr. 15 0/0 pour les autres actes.

ART. 3. — Sont soumis au droit fixe de 3 fr. les contrats
de mariage qui ne contiennent que la déclaration du régime adopté par les futurs, sans constater de leur part
aucun apport.

ART. 4. — Si, dans le délai de deux années à partir de
l'enregistrement, la dissimulation des sommes ou valeurs
ayant servi de base à la perception du droit proportionnel est établie par des actes ou écrits émanés des parties
ou par des jugements, il sera perçu, indépendamment des
droits simples supplémentaires, un droit en sus, lequel ne
pourra être inférieur à 50 fr.

35. Droits de timbre. — Décrets des 24 octobre 1860
et 21 septembre 1864 ; arrêté du 11 avril 1862 ; vote du
Conseil général du 4 mars 1871 et arrêté du 20 mars 1871 ;
vote du Conseil général du 12 novembre 1872 et arrêté du
3 décembre suivant.

Sous les modifications ci-après, savoir :

1° Rejet du droit de timbre de 10 centimes sur les quittances, etc. ;

2° Exonération du droit de timbre sur les lettres de conciliation devant les juges de paix (Délib. 9 déc. 1874 et arr.
29 dudit) ;

3° Double décime au principal des droits de timbre des
actions et obligations, perçus au comptant ou par abonnement, des affiches, des polices d'assurances, quel que
soit le mode de perception (Vote Cons. gén. 17 déc. 1881
et arr. 31 dudit) ;

4° Exemption du droit et de la formalité sur les actes,
jugements, etc., relatifs aux saisies-arrêts sur les salaires
et petits traitements des ouvriers ou employés (L. 12 janv.
1895 ; arr. 12 fév. 1895) ;

5° Exemption des droits sur les actes, jugements, etc.,

relatifs au mariage des indigents. Les publications civiles et les certificats constatant la célébration civile du mariage sont exempts de la formalité (L. 20 juin 1896 ; Arr. 22 juill. 1896) ;

6° Le droit de timbre afférent aux traites tirées sur la France est ramené de 1 fr. 50 à 1 fr. pour 1000 ;

7° Les chèques de place à place sont soumis au droit de 0 fr. 20 (Délib. Cons. gén. 23 nov. 1899) ;

8° Sont affranchis du timbre :

1° Les registres de toute nature tenus dans les bureaux d'hypothèque ;

2° Les bordereaux d'inscription ;

3° Les pièces produites par les requérants pour obtenir l'accomplissement des formalités hypothécaires et qui restent déposées au bureau des hypothèques ;

4° Les reconnaissances de dépôts remises aux requérants en exécution de l'art. 2200, C. civ., et les états, certificats, extraits et copies dressés par les conservateurs.

Les pièces visées au n° 3 ci-dessus mentionneront expressément qu'elles sont destinées à être déposées au bureau des hypothèques, pour obtenir l'accomplissement d'une formalité hypothécaire qui devra être spécifiée. Elles ne pourront servir à aucune autre fin, sous peine de 100 fr. d'amende, outre le paiement des droits contre ceux qui en auront fait usage (Délib. 7 déc. 1900 et Décr. 3 avr. 1901 ; R. E. 2674).

36. Droits d'hypothèques. — Fixés par l'ordonnance du 14 juin 1829, sous les modifications suivantes :

1° Le droit sur la transcription des actes emportant mutation de propriétés immobilières sera de 2 fr. p. 1000, soit du prix intégral desdites mutations, soit, à défaut de prix, du montant de la valeur transmise, suivant que l'un ou l'autre aura été réglé à l'enregistrement (Décr. 3 avr. 1901 ; R. E. 2674 ; Délib. Cons. gén. 22 déc. 1897 ; Arr. local, 29 déc. de la même année et décr. 24 mai 1898 ; délib. du 7 déc. 1900 et Décr. 3 avr. 1901) ;

2° Droit d'hypothèque à percevoir sur les actes portant cession de terrains situés sur les 50 pas géométriques du littoral. Ce droit est fixé à 0 fr. 35 par 1.000 fr. (Délib. Cons. gén. 30 août 1887 ; Arr. 3 oct. 1887 ; Décr. 30 déc. 1887) ;

3° Double décime au principal des droits d'hypothèques (Vote Cons. gén. 17 déc. 1881 ; Arr. 31 dudit) ;

4° Taxe proportionnelle non sujette aux décimes, qui sera perçue d'avance, au moment de la réquisition de la formalité et liquidée :

1° Pour les transcriptions, sur le prix ou la valeur des immeubles ou des droits qui font l'objet de la transcription, suivant les règles applicables à la perception des droits d'enregistrement ;

2° Pour les inscriptions et leurs renouvellements, sur le capital de la créance inscrite.

Les inscriptions faites d'office , conformément à l'art. 2108, C. civ., sont exemptes de la taxe : celle-ci devra être acquittée lors du renouvellement desdites inscriptions ;

3° Pour les mentions des subrogations et radiations, sur la somme exprimée dans l'acte ; à défaut de somme, la taxe sera perçue sur la valeur du droit hypothécaire faisant l'objet de la formalité. En cas de réduction de l'hypothèque, la taxe est liquidée sur le montant de la dette ou sur la valeur de l'immeuble affranchi, si cette valeur est inférieure. Si plusieurs créanciers consentent des réductions sur le même immeuble, la perception ne pourra excéder le montant de la taxe calculée sur la valeur de l'immeuble.

La perception suivra les sommes et valeurs de 20 fr. en 20 fr. inclusivement et sans fraction.

Il ne pourra être perçu moins de 0 fr. 25 pour les formalités qui ne produiraient pas 0 fr. 25 de taxe proportionnelle.

ART. 3. — Le taux de la taxe établie par l'article précédent est fixé à 0 fr. 10 0/0 pour les formalités désignées sous le numéro 3 dudit article et 0 fr. 25 0/0 pour toutes les autres formalités.

Toutefois, le taux de 0 fr. 25 0/0 est réduit de moitié pour la transcription des actes visés dans l'art. 13 du sénatus-consulte du 7 juillet 1856 et des actes de donation contenant partage fait entre vifs, conformément aux art. 1075 et 1076, C. civ. (Délib. 7 déc. 1900 et Décr. 3 avr. 1901 ; R. E. 2674).

37. Droits de greffe. — Fixés par les lois des 21 ventôse, 22 prairial an VII et décret du 12 juillet 1808 ; décret colonial du 13 août 1835, art. 20.

Double décime au principal de ces droits (Vote Cons. gén. 17 déc. 1881 et Arr. 31 dudit).

Exemption de droits sur les minutes et originaux ainsi que sur les copies ou expéditions des actes désignés au 1er alinéa de l'art. 4 de la loi du 20 juin 1896 (L. 20 juin 1896, art. 4, 2° alin. ; Arr. 22 juill. 1896).

38. Impôt sur le revenu des valeurs mobilières. — Taxe annuelle et obligatoire de 4 0/0 :

1° Sur les intérêts, dividendes, revenus et tous autres produits des actions de toute nature, des sociétés, compagnies ou entreprises quelconques, financières, industrielles, commerciales ou civiles, quelle que soit l'époque de leur création ;

2° Sur les arrérages et intérêts annuels des emprunts et obligations des départements, des communes et établissements publics, ainsi que des sociétés, compagnies et entreprises ci-dessus désignées ;

3° Sur les intérêts, produits et bénéfices annuels des parts d'intérêts et commandites dans les sociétés, compagnies et entreprises dont il n'est pas divisé en actions, à l'exception des parts d'intérêts dans les sociétés commerciales en nom collectif et dans les sociétés dites de coopération entre ouvriers et artisans ;

4° Sur les lots et primes de remboursement payés aux créanciers et aux porteurs d'obligations, effets publics et autres titres d'emprunt ;

5° Sur les produits et bénéfices annuels des actions, parts d'intérêts et commandites de toutes sociétés dans lesquelles les produits ne doivent pas être distribués en tout ou en partie entre leurs membres. Ces dispositions s'appliquent aux associations reconnues et aux sociétés ou associations même de fait existant entre des membres des associations reconnues ou non reconnues (Vote Cons. gén.17 déc.1881 et 18 déc.1882 ; Décr. 15 oct. 1883 et 16 nov. 1884).

Cette taxe est applicable :

1° Aux sociétés, compagnies, entreprises, corporations, villes, provinces étrangères, ainsi qu'à tout autre établissement public étranger ;

2° Aux congrégations, communautés et associations religieuses autorisées ou non autorisées et à toutes les sociétés ou associations désignées au paragraphe 5 ci-dessus (Vote Cons. gén. 19 déc. 1890 ; Arr. 19 janv. 1891 ; délib. Cons. gén. 23 nov. 1899).

Exemption de droit pour les emprunts des sociétés en nom collectif pures et simples (Délib. Cons. gén. 23 nov. 1899).

Art. 3. — GUADELOUPE ET DÉPENDANCES.

39. Enregistrement et timbre établis. — (Budget de 1901, p. 83 et suiv.).

40. Droits de greffe, de double minute et de sceau, réglés par les lois des 21 ventôse, 22 prairial an VII, le décret du 12 juillet 1808, l'édit de juin 1776. (Droits de double minute) et par les arrêtés locaux des 3 octobre 1832, 8 novembre 1848 (Droits de sceau sur les dispenses de mariage) ; 16 novembre et 24 décembre 1855 (Application du tarif de France).

Un décime additionnel (Sess. Cons. gén. 1874).

Un second décime additionnel (Séances des 12 et 21 nov. 1874).

41. Droits d'enregistrement, réglés par l'ordonnance du 31 décembre 1828 ; les lois des 25 juin 1841 et 19 mai 1849 (transmissions d'offices), du 20 décembre 1850 (mariage d'indigents), du 24 juin 1874 (banque), les décrets des 13 février 1852 (immigration), 21 septembre 1864 et 5 juillet 1882 (enregistrement), les arrêtés locaux des 16 novembre 1855 (triplement du tarif), 29 janvier 1881 (sous réserve de la disposition qui ramène au droit fixe les ventes de navires), du 17 décembre 1885 (droit gradué, uniformité du tarif des transmissions de biens meubles et immeubles). Délibération du Conseil général du 20 décembre 1898 (augmentation du tarif des droits de mutations par décès et de donations entre vifs).

Le droit fixe d'enregistrement et le droit proportionnel au montant des salaires des immigrants fixés par l'art. 3 du décret du 13 février 1852 sont dus sur chaque contrat d'engagement, sur chaque renouvellement d'engagement et sur chaque transfert de contrat.

Le droit fixe n'est pas dû, par exception, lorsque le transfert n'est que la conséquence de la vente de l'immeuble auquel sont attachés les immigrants.

Il n'est dû ni droit fixe, ni droit proportionnel sur les contrats passés par les immigrants qui ont été autorisés, conformément aux règlements, à séjourner librement dans la colonie. Ces contrats restent soumis aux règles du droit commun.

Les droits proportionnels compris, avec le droit fixe, dans le total de la somme à payer comptant par l'engagiste ne sont sujets à aucune restitution (Délib. Cons. gén. 13 janv. 1868).

Le droit fixe de rengagement ou de transfert, est liquidé d'après le nombre des années de l'engagement, à raison de 6 fr. par an (Arr. 17 déc. 1885).

Seront enregistrés au droit fixe de 2 fr., tous actes ayant pour objet de réaliser des créances en faveur de l'ancienne Société du crédit colonial contre les propriétaires, pour prêts faits conformément au décret du 24 octobre 1860, de même que les actes et pièces destinés à garantir à ladite société, par voie de cession, de transport, de nantissement mobilier, le recouvrement de ces créances (Délib. Cons. gén. 12 déc. 1860 et 27 nov. 1863).

Sont soumis aux droits proportionnels fixés par le paragraphe 6, n° 6, de l'art. 92 de l'ordonnance du 31 décembre 1828 les échanges de biens immeubles contigus qui, aux termes du n° 30 de l'art. 91, § 2, de ladite ordonnance, étaient assujettis au droit fixe (Délibération du conseil général du 16 décembre 1864).

Tous contrats passés entre producteurs et usiniers ou fabricants pour vente de récoltes à fabriquer, de quelque nature qu'elles soient, seront soumis au droit proportionnel d'enregistrement de 2 centimes 1/2 par 100 fr. (Délib. Cons. gén. 27 déc. 1866).

Les actes d'obligation conférant hypothèque maritime passés sous signature privée, seront enregistrés provisoirement moyennant un droit fixe de 2 fr. Des droits proportionnels seront ultérieurement perçus lorsqu'un jugement portant condamnation, liquidation, collocation et reconnaissance interviendra sur ces actes ou qu'un acte public sera fait ou rédigé en conséquence, mais seulement sur la partie des sommes faisant l'objet des condamnation, liquidation, collocation et reconnaissance, ou de dispositions de l'acte public (L. 10 déc. 1874 ; Décr. 18 janv 1877 ; Délib. Cons. gén. 14 déc. 1877 ; Arr. 26 déc. 1877)

Droit d'enregistrement sur les actes portant concession de terrains situés sur les cinquante pas du littoral (Délib Cons. gén. 28 juill. 1882 ; arr. 4 août 1882).

Droits de mutations par décès sur les valeurs mobilière étrangères et les capitaux provenant d'assurances sur la vie (Délib. Cons. gén. 24 déc. 1886).

Droit sur les actes et jugements relatifs au divorce (Même délib.).

Un décime additionnel (Sess. Cons. gén. 1874).

Un second décime additionnel (Séances des 12 et 21 nov 1878).

Sont exempts de droits d'enregistrement :

Les actes de quittances portant *décharge pure et simpl* au profit de la Caisse des dépôts et consignations, toute stipulation particulière insérée dans des actes et qui serait étrangère à cette Caisse restant soumise au droit dont elle est passible suivant sa nature (Arr. 17 déc. 1872).

Les recours au Conseil d'État contre les décisions du conseil du Contentieux et les expéditions des procès-verbaux de prestations de serment des experts nommés par décision du même conseil (Délib. Cons. gén. 26 déc. 1881 Arr. 27 déc.1881 ; Décr. 11 juill. 1882).

Les obligations, reconnaissances et tous actes concernant l'administration des Monts-de-Piété (Délib. Cons gén. 24 déc. 1883 ; Arr. 14 mars 1884).

Les droits de mutations, de donations, etc., ont été modifiés ainsi qu'il suit :

Les droits de mutations par décès de biens meubles ou immeubles seront perçus, en principal, sur les successions ouvertes à partir du 1er janvier 1899, suivant les quotités ci-après :

1° En ligne directe . . . . 0 fr. 50 0/0
2° Entre époux (non appelés à défaut de parents au degré successible) . . . . 1 » 50 »
3° En ligne collatérale . . . . 3 » »
4° Entre personnes non parentes. . . . . 6 » »

Les droits de donation entre vifs de biens meubles ou immeubles seront perçus, en principal, à partir du 1er janvier 1899, suivant les quotités ci-après :

1° En ligne directe . . . . 0 fr. 80 0/0
2° Entre époux . . . . 1 » 50 »
3° En ligne collatérale . . . . 3 » »
4° Entre personnes non parentes. . . . . 6 » »

41 *bis.* Droits d'hypothèques, réglés par l'ordonnance du 14 juin 1829, le sénatus-consulte du 7 juillet 1856 (transcription hypothécaire), le décret du 16 mars 1878 rendant applicable aux colonies la loi du 5 janvier 1857 (modification de l'art. 2200, C. civ.), l'arrêté local du 16 novembre 1855 (tarif proportionnel des droits d'hypothèques). Tarif élevé au double (Délib. Cons. gén. 14 déc. 1887 ; Arr. 29 déc. 1887). Minimum ; perception de 20 fr. en 20 fr. (Arr. 30 déc. 1895).

Il ne sera perçu qu'un droit fixe de 2 fr. pour les inscriptions hypothécaires en faveur de la Société du crédit colonial (Délib. Cons. gén. 18 nov. 1861).

Les exonérations de droits d'enregistrement et d'hypo

thèques accordées en ce qui concerne les opérations de l'ancienne Société du crédit colonial ne seront maintenues envers la compagnie du Crédit foncier que pour les actes qui seraient la conséquence des opérations consommées par la première société.

Droit proportionnel d'hypothèque sur les actes portant concession de terrains situés sur les cinquante pas du littoral (Arr. 4 août 1882).

Un décime additionnel (Sess. Cons. gén. 1875).

Un second décime additionnel (Séances des 12 et 21 nov. 1878).

Le droit d'hypothèque sera liquidé et perçu uniformément, savoir :

1° Le minimum du droit proportionnel des formalités hypothécaires sera de 1 fr. ;

2° La perception de ce droit proportionnel suivra les sommes et valeurs de 20 fr. en 20 fr. inclusivement et sans fraction (Arr. 20 déc. 1895).

42. Droits de timbre, établis par les décrets des 24 octobre 1860 et 21 septembre 1864, avec application du tarif établi par la loi du 2 juillet 1862, modifié par l'art. 2 de la loi du 23 août 1871 et par l'art. 3 de la loi du 19 février 1874. Délibérations du Conseil général des 17 décembre 1873, 8 décembre 1874, 7 et 8 décembre 1875, 18 janvier 1881 et 17 décembre 1881. Arrêtés des 29 janvier 1881 et 23 décembre 1881. Décret du 7 juillet 1882. Délibération du Conseil général du 2 décembre 1885. Arrêtés des 17 décembre 1885 et 19 mars 1886. Arrêté du 10 janvier 1895 et décret du 27 avril 1895. Délibération du Conseil général du 20 décembre 1898, triplant le tarif des droits proportionnels (Arr. 28 déc. 1898).

TIMBRE DE DIMENSION.

La feuille de papier grand registre. . . . . . 3 fr. 60
La feuille de grand papier. . . . . 2 » 40
  — de moyen papier . . . . 1 » 80
  — de petit papier . . . . 1 » 20
Demi-feuille *idem*. . . . . 0 » 60

Les lettres de voitures, chartes-parties, etc., doivent être timbrées et, en cas de contravention, les préposés des douanes doivent rapporter procès-verbal (*Décr.* 16 mes. an XIII, promulgué à la Guadeloupe par arrêté du 10 juill. 1862).

Les connaissements créés dans la colonie ou venant de l'étranger sont timbrés au moyen de timbres mobiles spéciaux à estampilles de contrôle. Les contraventions sont constatées par les employés des douanes et des contributions indirectes et par tous autres agents ayant qualité de verbaliser en matière de timbre.

Les expéditions par le petit cabotage sont exemptes de la formalité et du droit de timbre (Arr. 10 janv. 1895).

Le timbre des quittances de produits et revenus de toute nature délivrées par les comptables de deniers publics est fixé à 0 fr. 25. La délivrance de ces quittances est obligatoire. Le prix du timbre, lorsqu'il est exigible, s'ajoute au plein droit au montant de la somme due et est soumis au même mode de recouvrement (Arr. 29 déc. 1873).

Sont maintenues les dispositions de l'art. 16 de la loi du 13 brumaire an VII concernant les contributions directes et celles des lois relatives aux quittances des douanes et à celles des contributions indirectes.

Le droit proportionnel de timbre a été ramené à 0 fr. 05 0/0.

Dans le cas prévu par l'art. 2 de la loi du 5 juin 1850, ce droit sera de 0 fr. 15 0/0.

DROITS PROPORTIONNELS OU GRADUÉS EN RAISON DES SOMMES.

0 fr. 05 par effet de 100 fr. et au-dessous.
« 10 par effet au-dessus de 100 fr. jusqu'à 200 fr.
« 15 . . . . de 200 . . . . . 300 fr.
« 20 . . . . de 300 . . . . . 400 fr.
« 25 . . . . de 400 . . . . . 500 fr.
« 30 . . . . de 500 . . . . . 600 fr.
« 35 . . . . de 600 . . . . . 700 fr.
« 40 . . . . de 700 . . . . . 800 fr.
« 45 . . . . de 800 . . . . . 900 fr.
« 50 . . . . de 900 . . . . 1,000 fr.

Et ainsi de suite en suivant la même progression à raison de 0 fr. 05 par 100 fr. et sans fractions, à quelque somme que puissent monter les effets.

DROITS DE TIMBRE SUR LES AFFICHES.

0 fr. 12 pour la feuille d'affiche portant 25 décimètres carrés de superficie.

0 fr. 06 pour la demi-feuille d'affiche.

Droits sur les titres ou certificats d'actions dans les sociétés, compagnies, entreprises quelconques, financières, commerciales, industrielles et civiles ; droits sur les titres d'obligations souscrites par les communes, établissements publics et compagnies, sous quelque dénomination que ce soit, dont la cession n'est pas soumise aux dispositions de l'art. 1690, C. civ., les contrats d'assurance ainsi que toute convention postérieure contenant prolongation de l'assurance, augmentation de la prime ou dans le capital assuré ou bien, en cas de police flottante, portant désignation d'une somme en risque ou d'une prime à payer ; tous lesdits droits seront perçus aux taux fixés, dans les délais et aux conditions déterminés par les dispositions de la loi du 5 juin 1850, en vigueur dans la colonie, avec ces modifications : 1° que les droits de l'abonnement prévus par l'art. 37 de la loi du 5 juin 1850, pour les sociétés, compagnies d'assurances et assureurs, seront de 3 centimes par 1.000 fr. du total des sommes assurées ; et 2° que les droits sur les bordereaux et arrêtés des agents de change et courtiers, dont parle l'art. 13 de ladite loi, sur le total des sommes employées aux opérations qui y sont mentionnées, seront de 0 fr. 60 pour les sommes de 10,000 fr. et au-dessous et de 1 fr. 80 pour les sommes au-dessus de 10,000 fr. (Délibération du Conseil général du 19 décembre 1864 ; Arr. 26 déc. 1864).

Les journaux publiés dans la colonie sont exonérés du droit de timbre (Délib. Cons. gén. 18 nov. 1861).

A partir du jour de l'ouverture de la période électorale seront affranchies du timbre les affiches d'un candidat contenant sa profession de foi ou une circulaire signée de lui ou portant son nom.

Les mêmes affiches préparées avant l'ouverture de la période électorale et celle émanées, pendant cette période, d'électeurs autres que les candidats resteront soumises au droit de timbre (Délib. Cons. gén. 24 déc. 1877 ; Arr. 26 déc. 1877).

Sont exempts du timbre les factures, les acquits au pied des factures, les quittances et les décharges de toute nature sous signatures privées et entre particuliers (Délib. Cons. gén. 24 déc. 1886).

Sont également exonérés du droit de timbre les obligations, reconnaissances et tous actes concernant l'administration des Monts-de-Piété (Délib. Cons. gén. 24 déc. 1883 ; Arr. 14 mars 1884).

NOTA. — Les chèques continueront à jouir dans la colonie de l'exemption des droits de timbre qui avait été prononcée pour dix ans par la loi du 14 juin 1865, promulguée à la Guadeloupe le 28 février 1867 (Délib. Cons. gén. 29 nov. et arr. 21 déc. 1876).

DROITS SUR LES PAPIERS DU SERVICE DES DOUANES.

Droit de 3 fr. 60 — Remboursement de frais de parchemin.

Droit de 0 fr. 75 *par feuille.* — États d'inscriptions hypothécaires. Loi du 10 décembre 1874 sur l'hypothèque maritime. — Décret du 18 janvier 1877. — Délibérations du Conseil général des 14 et 21 décembre 1877.

Droit de 0 fr. 75. — Commission d'employé. — Acte de francisation. — Congé de navire français. — Passe-port de navire étranger. — Acquit-à-caution de mutation d'entrepôt et permis de transbordement par mer et par terre, — Acquit-à-caution destiné à accompagner les chargements de denrées du cru de la colonie.

Droit de 0 fr. 25. — Quittance de droit au-dessus de 10 fr.

Droit de 0 fr. 05. — Quittance de droit de 10 fr. et au-dessous.— Permis de réexportation d'entrepôt à destination de l'étranger. — Certificat d'origine. — Expédition simple délivrée pour le cabotage intérieur, la France, les colonies françaises et l'étranger.

DROITS SUR LES PAPIERS SERVANT A L'ÉTABLISSEMENT DES ACTES DE POURSUITES EN MATIÈRE DE CONTRIBUTIONS.

Seront compris dans les papiers visés pour timbre gratis les actes de poursuite en matière de contributions directes et indirectes pour le recouvrement des créances au-dessous de 100 fr.

43. Impôt sur le revenu des valeurs mobilières. — Délibération du Conseil général des 14 décembre 1887 et 15 décembre 1888. — Arrêté du 29 décembre 1887 et décret du 12 février 1889. — Délibération du Conseil général du 20 décembre 1898 et arrêté du 28 décembre 1898.

Application des lois des 29 juin 1872, 21 juin 1875, 1er décembre 1875, 28 décembre 1880, 29 décembre 1884 et décrets des 6 décembre 1880, 29 décembre 1884, et décrets des 6 décembre 1872 et 15 décembre 1875. L'art. 4 de la loi du 26 décembre 1890 ainsi conçu : « La taxe de 3 0/0 établie sur le revenu des valeurs mobilières par les lois des 29 juin 1872, du 21 juin 1875, du 28 décembre 1880 et du 29 décembre 1884 est fixée à 4 0/0 » est rendu applicable dans la colonie à partir du 1er janvier 1899.

ART. 4. — GUYANE.

44. Enregistrement et timbre établis. — (Budget de 1901, p. 62 et suiv.).

45. Droits d'enregistrement. — Tarif primitivement fixé par l'ordonnance du 31 décembre 1828, complété et modifié par les actes ci-après :

1° Loi du 25 juin 1841 ;
2° Arrêté local du 19 juillet 1849 ;
3° Circulaire ministérielle du 14 août 1850, n° 275 ;
4° Arrêté local du 4 décembre 1861 ;
5° Arrêté local du 26 mai 1869 ;
6° Arrêté local du 17 octobre 1872 ;
7° Art. 25 du décret du 18 mars 1881 ;
8° Décret du 10 mai 1882 ;
9° Loi du 23 octobre 1884 ;
10° Décret du 9 juin 1885 ;
11° Arrêté local du 29 décembre 1888 ;

12° Arrêté local du 23 mars 1889 ;
13° Loi du 9 mars 1891 ;
14° Loi du 25 mars 1896 ;
15° Loi du 20 juin 1896 ;
16° Modifications adoptées par le Conseil général, les 6, 7 et 8 décembre 1899 :

1° Enregistrement des actes de commerce : application des art. 22 et 23 de la loi du 11 juin 1859 ;

« Les dispositions des art. 22 et 23 de la loi du 11 juin 1859 sont applicables à la Guyane » ;

2° Enregistrement des actes relatifs aux faillites et liquidations judiciaires : résolution spéciale adoptée :

« Sont affranchis de la formalité du timbre et de l'enregistrement les actes rédigés en exécution des lois relatives aux faillites et liquidations judiciaires, et dont l'énumération suit : les bilans, les affiches et certificats d'insertion relatifs à la déclaration de faillite ou aux convocations de créanciers, les procès-verbaux d'assemblée, de dires, d'observations et délibérations de créanciers ; les états des créances présumées ; les actes de produit ; les requêtes adressées au juge-commissaire ; les ordonnances et décisions de ce magistrat ; les rapports et comptes des syndics ; les états de répartition ; les procès-verbaux de vérification et d'affirmation des créances, les concordats ou atermoiements. Toutefois, ces différents actes continueront à rester soumis à la formalité du répertoire.

Les quittances de répartition données par les créanciers sont dispensées d'enregistrement ».

3° Enregistrement des ventes de navires : application du droit fixe prévu par l'art. 91, § 2, n° 54, de l'ordonnance du 31 décembre 1828 :

« Les ventes de navires et bateaux de toute nature, y compris ceux servant à la navigation intérieure, sont assujetties au droit fixe prévu par l'art. 91, § 2, n° 54, de l'ordonnance du 31 décembre 1828, et dont la quotité est actuellement de 1 fr. 50.

4° Enregistrement des prestations de serment : modification de l'art 91, §§ 4, n° 10, et 7, n° 3 :

« ART. 91, § IV. — Actes sujets au droit fixe de 3 fr...

n° 10. Les prestations de serment des gardes des particuliers et des agents salariés par l'Etat ou la colonie, les communes et les établissements publics ou d'utilité publique, qui y sont assujettis à raison de leurs fonctions et quelle que soit l'autorité devant laquelle le serment sera reçu, lorsque le traitement colonial, à l'exclusion de tous accessoires, n'excède pas 4,000 fr.

ART. 91, § VII. — Actes sujets au droit fixe de 9 fr...

n° 3. Les prestations de serment des notaires, avocats, avoués, commissaires-priseurs et arpenteurs, pour entrer en fonction ; des agents salariés par l'Etat ou la colonie, les communes et les établissements publics ou d'utilité publique, qui y sont assujettis par leurs fonctions et quelle que soit l'autorité devant laquelle le serment sera reçu, lorsque le traitement colonial, à l'exclusion de tous accessoires, excède 4,000 fr.

Il n'est dû de nouveau droit que dans le cas de changement de grade ou de fonctions et non lors d'un simple changement de résidence ; toutefois si, dans ce dernier cas, il était rédigé un nouvel acte de prestation de serment, il serait dû le droit déterminé par le n° 6, § 2 du présent article. »

5° Enregistrement des actes soumis au droit gradué : résolution spéciale adoptée :

« 1. — Sont soumis au droit proportionnel les actes désignés dans l'art. 2 de la décision locale du 7 février 1882 annexée au décret du 10 mai suivant.

Le droit sera liquidé sur les sommes ou valeurs actuellement passibles du droit gradué,
La quotité en est fixée à 0 fr. 10 0/0.

2. — Est maintenu le droit fixe de 1 fr. 50 (précédemment 1 franc) pour les mainlevées partielles d'hypothèques, en cas de simple réduction de l'inscription. Toutefois, ce droit ne pourra excéder le droit proportionnel qui serait exigible pour la mainlevée totale.

Sont soumis au droit fixe de 3 fr. les contrats de mariage qui ne contiennent que la déclaration du régime adopté par les futurs sans constater de leur part aucun apport.

3. — Si dans le délai de deux années, à partir de l'enregistrement, la dissimulation des sommes ou valeurs ayant servi de base à la perception du droit proportionnel est établie par des actes ou écrits émanés des parties ou par des jugements, il sera perçu, indépendamment des droits simples supplémentaires, un droit en sus, lequel ne pourra être inférieur à 25 fr. »

6° Enregistrement des avis de fixation d'allocations aux tuteurs et curateurs : simple droit fixe (au lieu du droit proportionnel) :

« Les fixations d'allocations aux tuteurs et curateurs ne seront plus assujetties qu'au simple droit fixe à partir du 1er janvier 1900. »

7° Enregistrement des décharges des commissaires-priseurs : exemption jusqu'à 50 fr. :

« Les décharges données aux commissaires-priseurs en exécution de la décision du 19 août 1831 seront enregistrées gratis quand elles auront pour objet des ventes inférieures à 50 fr. »

Hypothèques (Ord. 14 juin 1829, et arr. locaux, 4 déc. 1861 et 31 août 1876, le dernier promulguant le décret du 16 mars 1875, qui a rendu applicables aux colonies la loi du 5 janv. 1875, portant modifications de l'art. 2200, C. civ., ainsi que le décret du 28 août 1875 rendu en exécution de ladite loi. — Décr. sur la transcription hypothécaire du 2 mars 1864).

Droit proportionnel de 1 0/00 sur le nombre des créances à inscrire, et de 2 0/00 sur celui des mutations à transcrire.

Il suit les sommes et valeurs de 100 en 100 fr., sans fraction en sus qu'il puisse être au-dessous de 1 franc.—
Droit fixe de 1 franc pour la transcription de certains actes (Arr. 12 août 1880 et 28 mai 1887).

46. Droits de greffe. — (LL. 21 vent. et 22 prair. an VII ; décr. 12 juill. 1808 et arr. local, 24 oct. 1829).

Ils se décomposent ainsi :

Amendes et consignations déterminées par le Code de procédure civile et variant suivant la juridiction.

MISE AU RÔLE.

Cour d'appel. — Inscription des causes, 5 fr.
et 1/2 en sus. . . . . 7 fr. 50
Première instance. — Matière commerciale ou
sommaire,affaires civiles, 1 fr. 50 et 1/2 en sus. 2 fr. 25
Première instance. — Matière ordinaire civile,
3 francs et 1/2 en sus. . . . . 4 fr. 50

RÉDACTION.

Tous actes en matière civile et commerciale passés aux greffes des Cours et tribunaux de 1re
instance, 1 fr. 25 avec 1/2 en sus. . . . . . 1 fr. 88
Dépôt de titres pour distribution par contribution, radiation de saisie immobilière, surenchère, 1 fr. 50 avec 1/2 en sus . . . . 2 fr. 25

Dépôt d'exemplaires d'apposition d'affiches et de
l'état des inscriptions, transcriptions de saisie,
3 fr. avec 1/2 en sus. . . . . 4 fr. 50
Sur les jugements d'adjudication, montant
principal et frais sur les cinq premiers
mille francs . . . . 0 fr. 75 0/0
Sur l'excédant . . . . 0 fr. 37 »
Sur les bordereaux de collocation,37 centimes et 1/2 0/0
sur la somme (minimum 1 fr. 88), indépendamment du
droit d'expédition, 1 fr. 50 par rôle.

DROITS D'EXPÉDITION. — RÔLES A 1 FR. 50.

Tous jugements de commerce.
Tous jugements ou arrêts préparatoires civils.
Toutes expéditions d'actes du greffe.
—   —   de procès-verbaux de juge.

RÔLES A 1 FR. 87 ET 1/2.

Toutes expéditions de jugements définitifs en matière civile.

RÔLES A 3 FR.

Toutes expéditions d'arrêts définitifs.
Double minute dans tous arrêts et jugements définitifs, par rôle . . . . 1 fr.

FRAIS DE JUSTICE.

Extrait. . . . . 0 fr. 90
Original et copie des citations à prévenus ou à
témoins. . . . . 0 fr. 80
Taxes à témoins pour la ville :
Pour les hommes . . . . 3 fr.
Pour les femmes . . . . 1 fr. 875
Les taxes sont payées pour les témoins venant des quartiers d'après les arrêtés des 14 septembre 1881 et 24 octobre 1829.
Taxes d'experts par vacation (non compris les
frais de transport) . . . . 7 fr. 50
Les jugements susceptibles d'opposition ou d'appel sont, par audience, portés sur des relevés ;
chaque inscription est payée . . . . 0 fr. 15

47. Hypothèque maritime. — (Décret du 23 février 1875 portant promulgation aux colonies de la loi du 10 décembre 1874 sur les hypothèques des navires, promulgué par arrêté du 24 mai 1875 ; arrêté du 24 juillet 1875 portant règlement, pour l'application dans la colonie, de la loi du 10 décembre 1874 sur les hypothèques des navires ; décret du 23 avril 1875 concernant les droits à percevoir par les employés de l'Administration des douanes et le cautionnement spécial à leur imposer, à raison des actes auxquels donne lieu l'exécution de la loi du 10 décembre 1874 sur l'hypothèque maritime, ledit décret promulgué par arrêté du 12 mai 1876).

Les remises et salaires alloués aux employés de l'Administration des douanes ont été fixés comme ci-après par le décret du 23 avril 1875 :

Remises. — Un demi pour mille du capital des créances donnant lieu à l'hypothèque ou au renouvellement d'une inscription.

Salaires. — 1 franc : 1° pour l'inscription de chaque hypothèque requise par un seul bordereau, quel que soit le nombre des créanciers ;

2° Pour chaque inscription reportée d'office, en vertu de l'art. 7 de la loi du 10 décembre 1874, sur l'acte de francisation, sur le registre du lieu de francisation ou sur le registre du nouveau port d'attache ;

3° Pour chaque déclaration, soit de changement de domicile, soit de subrogation, soit de tous les deux par le même acte ;

4° Pour chaque radiation d'inscription ;

5° Pour chaque extrait d'inscription ou pour le certificat, s'il n'en existe pas.

Ces remises et salaires sont augmentés de moitié en sus dans la colonie (Arr. 24 juill. 1875).

48. Droits de timbre. — (Arrêtés des 18 juin, 16 août et 17 décembre 1872 ; arrêté du 22 octobre et décision du 26 novembre 1873; règlement du 26 décembre suivant et arrêté du 26 janvier 1874 ; vote du Conseil général du 19 décembre 1883 ; arrêté local du 29 décembre 1883 et délibération du Conseil général du 27 décembre 1895, supprimant le timbre de 10 centimes sur les quittances).

TIMBRE DE DIMENSION.

Papier grand registre, superficie.	0 m. 2500	3 fr.	60
Grand papier	0 » 1768	2 »	40
Moyen papier (moitié grand registre).	0 » 1250	1 »	80
Petit papier (moitié du grand) . .	0 » 0884	1 »	20
Demi-feuille (moitié du grand papier)	0 » 0442	0 »	60

TIMBRE PROPORTIONNEL.

De	1 franc	à	100 francs	. . . .	0 fr.	05
De	100	» à	200	»	. . . .	0 »	10
De	200	» à	300	»	. . . .	0 »	15
De	300	» à	400	»	. . . .	0 »	20
De	400	» à	500	»	. . . .	0 »	25
De	500	» à	600	»	. . . .	0 »	30
De	600	» à	700	»	. . . .	0 »	35
De	700	» à	800	»	. . . .	0 »	40
De	800	» à	900	»	. . . .	0 »	45
De	900	» à 1.000		»	. . . .	0 »	50
De 1.000		» à 2.000		»	. . . .	1 »	

Et ainsi jusqu'à 20.000 francs, à raison de 50 centimes par 1.000 francs, sans fractions.

Au-dessus de 20.000 francs, les papiers sont visés pour timbre et toujours dans la même proportion.

Les traites expédiées de la colonie sur la France et sur les autres colonies françaises sont soumises au même droit.

TIMBRE DES CONNAISSEMENTS.

Par chaque expédition il est fourni quatre connaissements dont l'un est revêtu d'un timbre de 2 fr.40, et les trois autres portent un cachet de contrôle gratis.

Pour les connaissements délivrés à l'étranger, timbre de 1 fr. 20 frappant deux exemplaires.

TIMBRE SPÉCIAL DES QUITTANCES.

Chaque quittance au-dessus de 10 francs, fournie par l'État ou la colonie à des particuliers.   0 fr. 25

TIMBRE DES AFFICHES.

La feuille de douze décimètres et demi carrés,et au-dessous . . . .   0 fr. 06
Au-dessus de douze décimètres et demi carrés jusqu'à vingt-cinq décimètres carrés. . . . .   0 fr. 12
Au-dessus de vingt-cinq décimètres et demi carrés jusqu'à cinquante décimètres carrés . . .   0 fr. 18
Au delà de cette dernière dimension. . . . . .   0 fr. 24

§ 3. — *Colonies d'Asie.*

ART. 1er. — ETABLISSEMENTS FRANÇAIS DE L'INDE.

49. Etablissements de l'Inde. Tarif des taxes locales pour 1901. — (Budget de 1901, p. II et suiv.).

50. Enregistrement. — DROIT D'ENREGISTREMENT SUR LES ACTES SOUS SEINGS PRIVÉS EN MATIÈRE CIVILE.

Ce droit est perçu dans les cinq établissements, conformément aux délibérations du Conseil général des 13 décembre 1887 et 8 décembre 1888, à raison de 4 annas par rôle.

DROIT DE LODS ET VENTES.

Ce droit est perçu, conformément à la coutume de Paris (art. 78, 79, 80 et 84) (voir la délibération du Conseil de la Compagnie du 30 octobre 1715) à raison de 5 0/0 dans les cinq établissements (Délib. Cons. gén. 21 janv. 1885).

51. Droits de greffe. — Le détail de ces droits est indiqué au budget de 1901, p. II.

52. Droit de timbre. — ACTES CIVILS ET JUDICIAIRES.

Ce droit est fixé à deux fanons dans les cinq établissements pour chaque acte ou écrit, suivant délibération du Conseil général en date du 26 juin 1882, rendue exécutoire par arrêtés des 17 juillet et 28 décembre de la même année.

(Délib. Cons. gén. des 21 janv. 1885, 22 déc. 1894 et 15 déc. 1899).

Ce droit, fixé à un fanon et demi par le Conseil général, a été porté à deux fanons, par arrêté de M. le gouverneur en date du 31 décembre 1894.

Des actes ou écrits soumis au droit fixe.

L'apposition et l'oblitération des timbres seront faites par les agents préposés à leur débit (Délib. Cons. gén. 18 déc. 1897).

Sont assujettis au droit fixe de timbre :

1° Les conclusions et tous actes de procédure devant les tribunaux de la colonie, soit de l'ordre administratif, soit de l'ordre judiciaire, ainsi que toutes les copies desdits conclusions et actes qui sont signifiées de conseil à conseil ou remises à l'amiable, sauf toutefois les cas où il s'agit de procédures qui, d'après la législation en vigueur dans la colonie, doivent être faites sans frais ;

Ce droit est dû alors même que, usant de la faculté qui leur est accordée par l'ordonnance organique du 17 février 1842, les parties feraient elles-mêmes la procédure ;

2° Les conclusions et les mémoires des hommes de loi ;

3° Les rapports d'experts et les levés de plans ;

4° Les cahiers des charges et les originaux des placards pour parvenir aux ventes judiciaires ou volontaires, que la vente ait lieu à la barre du tribunal ou devant un officier ministériel ;

5° Les extraits, expéditions et grosses exécutoires des actes notariés ou tabellionnés, ainsi que les certificats et les actes ou livrets délivrés par les notaires et les tabellions ;

6° Les exploits et tous autres actes d'huissiers et les copies et expéditions qu'ils notifient ou délivrent, à l'exception des actes de conseil à conseil ayant déjà acquitté le droit de timbre ;

7° Les extraits, expéditions et grosses des actes, ordonnances de référés, jugements et arrêts des divers tribunaux de la colonie, soit de l'ordre administratif, soit de l'ordre judiciaire ;

8° Les extraits, certificats et expéditions délivrés par les greffiers, y compris les greffiers chargés de la tenue des actes en langue native ;

9° Les actes de commandement, de saisie-exécution et immobilière, de contrainte par corps et tous autres actes de poursuites, à l'exception des avertissements et sommations et autres actes d'exécution en matière de contributions directes ou indirectes ;

10° Les copies, cédules de citations, même sur celles devant la justice de paix, si l'objet de la demande excède 31 roupies deux fanons ;

11° Les copies, expéditions et extraits des procès-verbaux de délibération du conseil de famille, d'apposition et de levée de scellés, d'inventaire, quel que soit le nombre de vacations, et les actes de notoriété reçus par les juges de paix ;

12° Les pétitions, requêtes, mémoires présentés même sous une forme de lettres aux autorités administratives et judiciaires, ainsi qu'aux conseils électifs ;

13° Les écrits et actes produits à l'appui de ces pétitions, requêtes et mémoires ;

14° Les actes et écrits produits soit aux tribunaux de l'ordre judiciaire ou administratif, soit aux membres de ces tribunaux et à ceux qui remplissent près desdits tribunaux les fonctions de ministère public ;

15° Les expéditions des actes de l'état civil ;

16° Les extraits des actes administratifs et autres délivrés par le service du domaine, par celui des contributions ou par tout autre service administratif, en exceptant toutefois les extraits délivrés par l'administration de la marine ;

17° Les extraits, états, certificats et généralement tous actes ou copies délivrés par la conservation des hypothèques ;

18° Les traductions faites par les interprètes assermentés près les tribunaux et la Cour, ainsi que celles faites par les interprètes administratifs.

Des actes ou écrits non soumis au timbre.

Les actes non compris dans la précédente nomenclature ne sont pas soumis au timbre et notamment :

1° Les exploits en originaux et copies, notifiés à la requête du ministère public, à l'occasion de poursuites exercées par lui ;

2° Les requêtes présentées par le ministère public au nom de personnes indigentes, en vue de réparer des omissions ou des erreurs commises dans les actes de l'état civil, les pièces jointes à ces requêtes et en général les pièces qui sont affranchies du droit de timbre, aux termes de la loi du 10 décembre 1850, laquelle a pour objet de faciliter le mariage des indigents, la légitimation de leurs enfants naturels et le retrait de ces enfants déposés dans les hospices ;

3° Les actes d'instruction faits par le parquet et les auxiliaires, le juge d'instruction ou tous autres magistrats ;

4° Les actes et titres produits par assisté judiciaire, ainsi que tous les actes de procédure faits à sa requête ;

5° Les bordereaux de communication de pièces à l'amiable entre conseils agréés ;

6° Les placets destinés à l'inscription des litiges au rôle d'un tribunal ou de la Cour d'appel ;

7° Les certificats de vie des titulaires de pensions et secours ;

8° Les pétitions et mémoires pour secours, pensions et retraite, pour demandes en remise ou modération d'avance

à la culture et de travaux, par extrait de la matrice de la contribution foncière pour la première fois seulement, ainsi que les pièces jointes à l'appui de ces pétitions et mémoires ;

9° Les extraits, expéditions, certificats et actes dont la délivrance est requise par une autorité judiciaire ou administrative, pourvu que, dans les dits extraits, expéditions, certificats et actes, il soit fait mention de cette destination ;

10° Les certificats d'indigence ;

11° Les copies des pièces de procédure criminelle, correctionnelle ou de police, qui doivent être délivrées sans frais ;

12° Tous actes et expéditions qui, d'après la législation en vigueur dans la colonie, sont affranchis du droit de greffe ou l'acquittent en débet ;

13° Toute traduction faite par le greffier chargé de la tenue des actes en langue native, d'un acte, extrait, expédition ou grosse d'un jugement délivré par le greffier chargé de la tenue des actes en langue française ;

14° Les copies de tous actes et décisions judiciaires certifiés par un officier ministériel et annexées à un exploit de signification.

L'acte ou l'écrit qui aura été une fois soumis au timbre n'y sera pas soumis de nouveau pour son usage ultérieur.

Si un acte ou écrit est produit en même temps que sa traduction, il sera exempt du droit, si la traduction a été soumise au timbre, et réciproquement. De même, les copies en langue française et en langue native d'une même cédule ou d'un même exploit donneront lieu à la perception d'un droit unique.

DROIT DE TIMBRE GRADUÉ SUR LES EFFETS DE COMMERCE.

Un droit de timbre gradué en raison des sommes exprimées dans les actes, sans égard à la dimension du papier dont il est fait usage, est établi sur tous les effets de commerce ci-après dénommés.

La contribution du timbre gradué est acquittée par l'apposition de timbres mobiles sur les effets qui y sont soumis.

Timbre proportionnel ou gradué.

Les lettres de change et tous effets de commerce négociables, quelle que soit d'ailleurs leur forme ou leur dénomination, sont soumis à un droit de cinq centimes pour 100 fr. ou fraction de 100 fr. Ce droit est gradué de 100 fr. en 100 fr.

Ce droit est applicable aux effets de commerce négociables, souscrits dans la colonie et payables dans la colonie ou hors de la colonie.

Les chèques et traites à vue sont exemptés de tout droit.

Les billets à ordre ou au porteur, les effets de commerce négociables venant de l'Inde et payables dans la colonie et les effets tirés de l'Inde qui viendraient à être acceptés ou acquittés dans la colonie, sont soumis à un droit de 12 centimes et demi par 1.000 fr. ou fraction de 1.000 fr. Ce droit est gradué de 1.000 fr. en 1.000 fr.

Ces effets doivent être soumis au timbre, avant qu'ils puissent être négociés, acceptés ou acquittés dans la colonie.

Le Gouverneur fixera, chaque année, par un arrêté le taux du change des diverses monnaies étrangères en usage dans le commerce de la colonie.

Celui qui reçoit du souscripteur un billet ou un effet de

commerce non timbré ou revêtu d'un timbre est tenu de le soumettre au droit de timbre indiqué ci-dessus dans les quinze jours de sa date, ou avant l'échéance, si cet effet a moins de quinze jours de date, et dans tous les cas avant toute négociation.

Les effets de commerce tirés de l'Inde anglaise sur l'Inde anglaise, qui seraient endossés ou négociés dans la colonie, sont soumis à un droit de timbre fixé à un fanon par 2.000 roupies ou fraction de 2.000 roupies.

Art. 2. — Indo-Chine.

53. L'enregistrement et le timbre y sont établis. — Quatre arrêtés du 13 novembre 1900 portent réglementation le premier, de l'enregistrement des actes régis par la loi française ; — le second, de l'enregistrement des actes indigènes ; — le troisième, de la contribution du timbre ; — enfin le quatrième porte fixation des droits d'hypothèque. Ces quatre arrêtés ont été approuvés par décret du 2 février 1901.

54. Enregistrement. —Le premier de ces arrêtés, qui reproduit la plupart des dispositions de la loi de frimaire, édicte les règles suivantes au sujet de l'enregistrement des actes sous seing privé ou passés à l'étranger.

Art. 27. — Les actes sous seings privés portant transmission de propriété ou d'usufruit de biens immeubles situés en Indo-Chine, les ventes de fonds de commerce, les baux, cessions ou subrogations de baux et les engagements aussi sous seings privés de biens immeubles situés également en Indo-Chine sont enregistrés dans les six mois de leur date. Lorsque ces mêmes actes sont passés en dehors de l'Indo-Chine, le délai est de un an.

Ces dispositions sont applicables même au cas où les mutations de propriété ou d'usufruit de biens immeubles et les ventes de fonds de commerce ne seraient pas constatées par écrit. A défaut d'actes, il y est suppléé par des déclarations détaillées et estimatives dans les trois mois de l'entrée en jouissance.

Art. 28. — Il n'y a point de délai de rigueur pour l'enregistrement de tous autres actes que ceux mentionnés dans l'article précédent faits sous seings privés ou passés en pays étranger et dans les colonies françaises où l'enregistrement n'est pas établi ; mais il ne peut en être fait aucun usage, soit par acte public, soit en justice, ou devant toute autre autorité constituée, qu'ils n'aient été préalablement enregistrés.

Les actes en forme authentique ou sous seings privés passés en ndo-Chine ou à l'étranger, ayant pour objet des obligations ou mutations de valeurs mobilières situées en dehors de l'Indo-Chine, sont assujettis aux droits proportionnels établis par le présent arrêté.

Quant aux actes passés dans les mêmes conditions et qui portent mutation d'immeubles situés à l'étranger ou dans les colonies françaises où l'enregistrement n'est pas établi, ils sont assujettis au droit proportionnel établi par l'art. 76, § 3, n° 4, du présent arrêté (20 cents par piastre).

Art. 29. — Dans les délais fixés par les articles précédents pour l'enregistrement des actes et des déclarations, le jour de la date de l'acte ou de la déclaration n'est point compté. Si le dernier jour du délai se trouve être un dimanche ou un jour férié légal, ces jours-là ne sont point comptés non plus.

L'art. 36, relatif à l'enregistrement des marchés, est ainsi conçu :

Art. 36. — Les droits d'enregistrement auxquels donnent lieu les marchés, soit par adjudication, soit de gré à gré, passés, au nom de l'Etat, de la colonie, des services

locaux, provinciaux et municipaux, ou des établissements publics, sont à la charge de ceux qui contractent avec l'Etat, la colonie ou ces différents services et établissements.

Art. 43. — Les actes sous signature privée et ceux passés en dehors de l'Indo-Chine, désignés dans l'art. 27, qui n'ont pas été enregistrés dans le délai déterminé, sont soumis à un double droit d'enregistrement au minimum de 20 piastres. L'ancien et le nouveau possesseur, le bailleur et le preneur sont tenus personnellement et sans recours, nonobstant toute stipulation contraire, chacun d'un droit en sus. Cette disposition est applicable aux mutations de propriété de fonds de commerce.

Les testaments non enregistrés dans le délai sont soumis au droit en sus.

Tarif des marchés et actes obligatoires.

I. — Sont soumis au droit de 20 cents par 100 piastres (art. 76, § 3, nos 12 et 13) :

12° Les adjudications et marchés ayant pour objet l'affermage par la colonie de la vente et de la fabrication de l'opium, du tabac, de l'alcool et autres denrées dont la colonie s'est réservé ou se réservera le monopole, et les cautionnements relatifs à ces adjudications et marchés ;

Le droit est perçu sur le montant net des annuités à la charge des adjudicataires ou fermiers ;

13° Les actes de cession et rétrocession des contrats d'adjudication ou de marchés énoncés au numéro précédent ;

Le droit est perçu sur le prix exprimé, en y ajoutant les charges. En cas de rétrocession, le droit est perçu sur le montant des annuités net restant à courir.

II. — Sont soumis au droit de 1 piastre par 100 piastres (art. 76, § 5) :

1° Les abandonnements pour fait d'assurance ou grosse aventure ;

Le droit est perçu sur la valeur des objets abandonnés. En temps de guerre, il n'est dû que demi-droit ;

2° Les adjudications au rabais et marchés pour constructions, réparations, entretien, approvisionnements et fournitures dont le prix doit être payé par les budgets provinciaux ou municipaux ou par des établissements publics ;

3° Les adjudications au rabais et marchés pour constructions, réparations et entretien, et tous objets mobiliers susceptibles d'estimation, faits entre particuliers, qui ne contiennent ni vente, ni promesse de livrer des marchandises, denrées ou autres objets mobiliers ;

4° Les contrats, transactions, promesses de payer, arrêtés de comptes, billets, mandats ; les transports, cessions et délégations de créances à terme, les délégations de prix stipulées dans un contrat, pour acquitter des créances à terme envers un tiers, sans énonciation de titre enregistré, sauf, pour ce cas, la restitution dans le délai prescrit s'il est justifié d'un titre précédemment enregistré ; les reconnaissances, celles de dépôts de sommes chez des particuliers et tous autres actes et écrits qui contiendront obligation de sommes, sans libéralité et sans que l'obligation soit le prix d'une transmission de meubles ou immeubles non enregistrée.

Toutefois, le droit d'enregistrement des actes constitutif d'hypothèque maritime est de 1 piastre par 1.000 piastre des sommes ou valeurs portées aux contrats.

III. — Sont soumis au droit de 2 piastres par 100 piastres (art. 76, § 6) :

1° Les adjudications, ventes, reventes, cessions, rétrocessions, marchés, traités et tous autres actes, soit civils soit judiciaires, translatifs de propriété à titre onéreux, de meubles, récoltes de l'année sur pied, coupes de bois taillis et de hautes futaies et autres objets mobiliers généralement quelconques, même les ventes de biens de cette nature faites par la colonie.

55. Timbre. — L'arrêté relatif au timbre contient les dispositions suivantes :

TITRE PREMIER. — De l'établissement et de la fixation des droits.

ARTICLE PREMIER. — La contribution du timbre est établie en Indo-Chine sur tous les papiers destinés aux actes civils et judiciaires et aux écritures qui peuvent être produites en justice et y faire foi, que ces actes ou écritures soient passés ou rédigés entre Européens, entre Européens et indigènes ou Asiatiques, entre indigènes ou entre Asiatiques seulement. — Il n'y a d'autres exceptions que celles nommément exprimées dans le présent arrêté.

ART. 2. — Cette contribution est de deux sortes :
La première est le droit de timbre imposé et tarifé à raison de la dimension du papier dont il est fait usage ;
La seconde est le droit de timbre créé pour les effets négociables ou de commerce, ainsi que pour les billets et obligations non négociables et gradué en raison des sommes à y exprimer, sans égard à la dimension du papier.
Elle est acquittée soit par l'emploi du papier timbré fourni par l'Administration, soit par l'apposition de timbres mobiles.

ART. 3. — Les papiers destinés au timbre sont fabriqués, dans les dimensions déterminées, suivant le tableau ci-après :

	Hauteur	Largeur	Superficie.
Grand papier.	0 30	0 420	0 126
Moyen papier.	0 25	0 352	0 088
Petit papier.	0 25	0 176	0 044
Effets de commerce	0 10	0 25	0 025

ART. 4. — Les prix des papiers timbrés fournis par l'Administration sont fixés ainsi qu'il suit :

DROIT DE TIMBRE EN RAISON DE LA DIMENSION DU PAPIER.

La feuille de grand papier, encre rouge . 0 § 36
—   moyen papier, encre verte . 0 24
—   petit papier, encre bleue. . . 0 12

DROIT DE TIMBRE EN RAISON DES SOMMES.

Ce droit est de :

0 § 02 pour une somme de.	50 § 00 et au-dessous.
0 04 —	50 01 à 100 00
0 06 —	100 01 à 150 00
0 08 —	150 01 à 200 00
0 10 —	200 01 à 250 00
0 20 —	250 01 à 500 00
0 30 —	500 01 à 750 00
0 40 —	750 01 à 1.000 00

et ainsi de suite, à raison de 0 § 40 par 1.000 § 00. — L'impression des cachets est faite à l'encre bleue.

ART. 5. — Chaque feuille porte filigrané dans le papier le mot *Indo-Chine* en français et en caractères chinois. Ces feuilles sont, en outre, revêtues à la marge gauche : 1° de la figurine de la République ; 2° du cachet de l'Enregistrement, et 3°, celles désignées au § 1er de l'article précédent, d'un cachet en caractères chinois, cambodgiens, français, quoc-ngu, imprimés typographiquement en les couleurs indiquées ci-dessus.

ART. 6. — Il est créé des timbres mobiles d'une valeur

correspondant à chacune des feuilles énumérées à l'art. 4 ci-dessus, §§ 1er et 2.

ART. 7. — Les administrations publiques ou privées, les officiers ministériels et les particuliers ont la faculté de se servir de papiers ou parchemins de dimensions autres que celles qui sont désignées à l'art. 3. Toutefois, ces parchemins doivent, avant tout usage, être revêtus par l'agent, l'officier ministériel ou le particulier, d'un timbre mobile d'une valeur correspondant à la dimension employée. Si la dimension est inférieure à celle d'une feuille de 12 cents, le droit exigible est celui de 12 cents ; — si elle est supérieure à une feuille de 24 cents, le droit est de 36 cents, quelle que soit la dimension de la feuille ; — pour les feuilles intermédiaires, le droit est de 24 cents.
Le payement du droit peut être constaté par l'apposition de un ou plusieurs timbres mobiles.

ART. 8. — Les particuliers peuvent également rédiger leurs reconnaissances, billets ou effets sur papier non timbré, mais ils doivent se conformer aux dispositions indiquées ci-après au titre III, art. 34 et suivants.

TITRE II. — De l'application des droits.

ART. 9. — Sont assujettis au droit de timbre établi en raison de la dimension tous les papiers à employer pour les actes et écritures, soit publics, soit privés, savoir :
1° Les actes des notaires et les extraits, copies et expéditions qui en sont délivrés ;
Ceux des huissiers ;
Les actes et les procès-verbaux des gardes et de tous autres employés ou agents ayant le droit de verbaliser et les copies qui en sont délivrées ;
Les actes et jugements de la justice de paix, des bureaux de conciliation, des tribunaux de police ordinaire, des tribunaux civils et de commerce, de la Cour d'appel et des arbitres, ainsi que les extraits, copies et expéditions qui en sont délivrés ;
Les actes particuliers des juges de paix et de leurs greffiers ; ceux des autres juges et ceux reçus aux greffes ou par les greffiers, ainsi que les extraits, copies et expéditions qui en sont délivrés ;
Les actes des avocats défenseurs et des mandataires agréés près les tribunaux, les copies et expéditions qui en sont faites ou signifiées ;
Les consultations et mémoires de toute nature signés par les hommes de loi et avocats défenseurs et, en général, tous les actes de procédure produits devant les tribunaux et émanant des parties elles-mêmes ;
Les actes des autorités constituées administratives qui sont assujettis à l'enregistrement ou qui se délivrent aux particuliers, toutes les expéditions et tous les extraits des actes, arrêtés et délibérations desdites autorités qui sont délivrés aux particuliers ;
Les pétitions et mémoires, sous quelque forme que ce soit, présentés au Gouverneur général, au lieutenant-gouverneur, aux résidents supérieurs, aux administrateurs des services civils et des établissements publics et, d'une façon générale, à toutes les autorités constituées ;
Les actes entre particuliers sous signature privée, les certificats délivrés par les officiers de l'état civil pour justifier aux ministres du culte de l'accomplissement préalable des formalités civiles relatives au mariage ;
Les publications de promesse de mariage ;
Les états et certificats délivrés par les conservateurs des hypothèques ;
Les lettres de voiture, connaissances, chartes-parties ;
Les polices d'assurances, sans aucune exception, ainsi

que les conventions postérieures contenant prolongation de l'assurance, modification de la prime ou du capital assuré ;

Les récépissés délivrés aux déposants par les directeurs de magasins généraux. Les actes, y compris ceux de poursuites, faits par ou à la requête des administrations publiques, telles que les postes et télégraphes, les douanes et régies, les travaux publics, l'enregistrement, qui ne sont pas compris dans l'exception des art. 10 et 12 ;

Et, généralement, tous actes et écritures, extraits, copies et expéditions, publics ou privés, devant ou pouvant faire titre ou être produits pour obligation, décharge, justification, demande ou défense ;

2° Les registres de l'autorité judiciaire où s'écrivent les actes sujets à l'enregistrement sur les minutes, et les répertoires des greffiers ;

Les registres des communes et établissements publics servant aux actes d'administration extérieure, les registres et tables des actes de l'état civil ou ceux qui en tiennent lieu, ainsi que les extraits qui en sont délivrés ;

Les extraits du *dia-bo* (livre foncier) ;

Les répertoires des notaires, huissiers et autres officiers publics et ministériels, ainsi que ceux des courtiers de commerce ;

Les registres des receveurs des droits et revenus des communes et des établissements publics ;

Les registres de dépôts, d'inscription, de transcription d'actes de mutation, de transcription de saisies et de dénonciation de saisies tenus par les conservateurs des hypothèques.

ART. 10. — Tous actes et procès-verbaux des huissiers, gendarmes, préposés, gardes forestiers, commissaires de police et, généralement, tous actes et procès-verbaux concernant la police ordinaire et qui ont pour objet la poursuite et la répression des délits et contraventions aux règlements généraux de police ou d'impositions, sont visés pour timbre en débet, lorsqu'il n'y a pas de partie civile poursuivante.

Sont également visés pour timbre en débet les actes et procès-verbaux faits en matière civile, à la requête du ministère public, et en matière correctionnelle ou de simple police, lorsqu'il n'y a pas de partie civile en cause ; les procès-verbaux dressés par les vérificateurs des poids et mesures, les agents agréés par l'administration des chemins de fer et dûment assermentés pour délits et contraventions à la police des chemins de fer ; ceux dressés en matière de contravention à la police du roulage et des messageries publiques, aux règlements sur les appareils et bateaux à vapeur ; les procès-verbaux dressés par les agents de l'administration des postes et télégraphes pour délits ou contraventions en matière de lignes télégraphiques ; par les agents des travaux publics en matière de contraventions aux règlements concernant les voies de communication de toute nature ; ceux des gardes d'artillerie ; ceux dressés en matière de servitudes militaires, en matière de salubrité publique ; ceux dressés pour contravention aux règlements sur la grande voirie.

Sont encore visés pour timbre en débet, les déclarations d'appel de tous les jugements rendus en matière de police correctionnelle, s'il n'y a pas de partie civile poursuivante ; les actes et jugements relatifs à l'interdiction des aliénés, ainsi que les actes de procédure de toute nature faits à la requête d'un assisté judiciaire et les actes et titres produits par cet assisté à l'appui de son action.

La mention du receveur de l'enregistrement doit toujours indiquer le montant des droits en suspens, afin d'en faciliter le recouvrement et de permettre l'établissement de la taxe des frais. La rentrée de ces droits est suivie contre les parties condamnées, d'après les extraits des jugements qui sont fournis aux préposés de l'enregistrement par les greffiers.

ART. 11. — Lorsqu'il y a une partie civile poursuivante, tous les actes, procès-verbaux énoncés en l'article qui précède sont écrits sur papier timbré, dont le prix est avancé par elle, sauf son recours ultérieur contre la partie condamnée.

ART. 12. — Sont exceptés du droit et de la formalité du timbre :

Les actes de l'autorité publique ;

Les actes d'acquisition ou de location dont les frais sont à la charge de l'État français ou des budgets de l'Indo-Chine et les actes y relatifs.

Les minutes ou les expéditions de tous les actes, arrêtés, décisions et délibérations de l'administration publique en général, et de tous les établissements publics, lorsque ces actes ne contiennent aucune mutation de valeurs mobilières ou immobilières, aucun marché de travaux ou de fournitures ; il en est de même pour les extraits, copies et expéditions qui se délivrent par une administration ou un fonctionnaire public à une autre administration ou un autre fonctionnaire public, avec mention de la destination desdits extraits, copies et expéditions ; les minutes ou les expéditions de tous les actes, arrêtés ou décisions de nomination des officiers ministériels et des fonctionnaires de tous ordres ;

Les effets ou valeurs négociables émis et créés directement par le Trésor ;

Les effets publics français, coloniaux et étrangers ;

Les mandats sur le Trésor ;

Les actes nécessaires à la liquidation de la dette publique soit de la Métropole, soit de l'Indo-Chine, soit de toute autre colonie française ;

Les comptes rendus par les comptables publics ;

Tous les actes judiciaires et extrajudiciaires en matière électorale ; les extraits d'actes de naissance nécessaires pour établir l'âge des électeurs, à la condition de porter l'énonciation de leur destination spéciale ;

Tous les actes judiciaires et extrajudiciaires auxquels donnent lieu les instances relatives aux listes servant à l'élection des membres des tribunaux de commerce ;

Les extraits de la matrice cadastrale ;

Les quittances de toute nature, quelle que soit l'importance de la somme quittancée, délivrées par un particulier à un autre particulier, par un comptable de deniers publics à un particulier ou par un particulier à un comptable de deniers publics ;

Toutes les pièces ou écritures quelconques concernant les gens de guerre, tant pour le service de terre que pour le service de mer ;

Les pétitions pour demandes de secours, les certificats d'indigence ;

Les réclamations en matière de contributions directes ou indirectes et de toutes autres sommes dues à la colonie ou aux services locaux, provinciaux ou municipaux, à quelque titre et pour quelque objet que ce soit, lorsque le montant total de la cote, des droits ou de la créance n'est pas supérieur à 40 piastres ;

Les passeports et permis de port d'armes ;

Les lettres de change tirées par seconde, troisième ou quatrième, à la condition que la première soit régulièrement timbrée ; toutefois, si celle-ci n'est pas jointe à la lettre mise en circulation et destinée à recevoir les endossements, le timbre doit toujours être apposé sur cette dernière, sous les peines édictées par le présent arrêté ;

Les registres de toutes les administrations publiques, des communes et des établissements publics tenus pour les actes de police intérieure et d'administration générale ;

Les actes constatant le dépôt du double des registres des conservateurs des hypothèques ;

Les livrets d'ouvriers, les cartes d'identité ;

Les registres, obligations, reconnaissances, procès-verbaux et tous les actes concernant l'administration des Monts-de-Piété ;

Les actes et pièces relatifs au dessèchement et à l'assainissement des marais ;

Les actes concernant les sociétés de secours mutuels régulièrement constituées ;

Les registres et livrets à l'usage des caisses d'épargne ;

Les certificats de vie, actes de notoriété et autres pièces exclusivement relatifs à l'exécution de la loi sur la caisse des retraites pour la vieillesse et des décret et arrêté relatifs aux caisses locales de retraite ;

Les actions des sociétés ; les titres d'obligations souscrits par les provinces, communes, établissements publics et sociétés ;

Les affiches, quel que soit leur objet ;

Les récépissés remis aux expéditeurs par les compagnies ou entrepreneurs de transport de quelque genre que ce soit ;

Les billets au porteur émis par la Banque d'Indo-Chine conformément aux décrets organiques de cet établissement ;

Les chèques ;

Les marques de fabrique ;

Les contrats d'assurance ou de réassurance passés en pays étranger ayant exclusivement pour objet des meubles, immeubles ou valeurs situés à l'étranger (mais ces contrats doivent être soumis au timbre avant d'en faire usage en Indo-Chine, soit dans un acte public, soit dans une déclaration quelconque, soit devant une autorité judiciaire ou administrative) ;

Les récépissés, lettres de voiture et connaissements concernant le service des colis postaux ;

Les rôles servant à l'appel des causes ;

Les actes de police générale et de vindicte publique et les copies de pièces de procédure criminelle qui doivent être délivrées sans frais ;

Les registres des tribunaux où il ne se transcrit aucune minute d'acte soumis à l'enregistrement ;

Les actes de procédure et les jugements à la requête du ministère public, ayant pour objet : 1° de réparer les omissions et de faire les rectifications sur les registres de l'état civil, des actes qui intéressent des individus notoirement indigents ou qui sont requis d'office par le ministère public en dehors des parties et dans un intérêt d'ordre public ; 2° de remplacer les registres de l'état civil perdus ou incendiés ou de suppléer aux registres qui n'auraient pas été tenus ;

Les procès-verbaux de scellés dressés par les juges de paix sur la caisse et les papiers des comptables décédés ou en faillite ;

Les plans, procès-verbaux, certificats, significations, jugements, contrats, quittances et autres actes faits ou passés en exécution de la législation en vigueur en Indo-Chine sur l'expropriation pour cause d'utilité publique ;

Les actes et pièces relatifs au mariage des indigents de quelque nationalité que ce soit ou à la légitimation ou reconnaissance de leurs enfants naturels, notamment les extraits des registres de l'état civil, les actes de notoriété et de consentement, les délibérations du conseil de famille, du conseil privé ou des conseils de protectorat, les

certificats de publication, de libération du service militaire, les dispenses de parenté, d'alliance ou d'âge, les actes de procédure, les jugements et arrêts, l'expédition de la transcription du jugement de divorce dont la production est nécessaire pour lesdits mariage et légitimation ;

Les procès-verbaux, certificats, significations, jugements, contrats, quittances et autres actes faits en vertu de la loi du 3 juillet 1877, sur les réquisitions militaires et exclusivement relatifs au règlement de l'indemnité ;

Les duplicata des actes dont le dépôt est ordonné aux bureaux où sont enregistrés les originaux, afin d'être classés dans les archives, les doubles minutes et copies d'actes destinés au dépôt des archives coloniales.

Art. 13. — Les personnes qui justifient d'un certificat d'indigence à elles délivré par le commissaire de police, par le maire de la commune ou par l'administrateur de la province, constatant que ces personnes payent moins de 3 piastres d'impôt direct, sont dispensées de l'impôt du timbre sur tous les actes et pièces nécessaires à la célébration de leur mariage ou à la légitimation ou reconnaissance de leurs enfants.

Mais les actes, extraits, copies et expéditions faits ou délivrés doivent mentionner expressément qu'ils sont destinés à la célébration d'un mariage d'indigents ou à la légitimation ou reconnaissance de leurs enfants. Ils ne peuvent pas servir à d'autres fins, sous peine de 10 piastres d'amende, outre le paiement des droits contre ceux qui en ont fait usage ou contre ceux qui les ont indûment délivrés ou reçus.

Le recouvrement desdits droits et amendes de contravention est poursuivi conformément aux dispositions des art. 53 et 55 du présent arrêté.

Art. 14. — Les copies et expéditions que les huissiers délivrent tant de leurs exploits que des pièces qui y sont annexées sont dispensées du timbre ; mais elles doivent être écrites sur du papier aux dimensions prévues par l'art. 4, § 1, et les huissiers doivent indiquer sur l'original de l'exploit : 1° le nombre des feuilles de papier employées tant pour ces copies et expéditions que pour les pièces annexées ; 2° le montant des droits de timbre dus à raison de ces feuilles, et apposer sur ledit original des timbres mobiles dont la valeur totale soit égale à ce montant.

Ces timbres mobiles sont oblitérés par l'agent du Trésor qui enregistre l'exploit.

Il ne peut être alloué en taxe et les officiers ministériels ne peuvent demander et se faire payer, à titre de remboursement de droit de timbre de ces copies, aucune somme que la valeur des timbres mobiles apposés en exécution des dispositions précédentes.

Art. 15. — Sont assujettis au droit de timbre, en raison des sommes et valeurs, les billets à ordre ou au porteur, les mandats et tous autres effets négociables ou de commerce, même les lettres de change par seconde, troisième et quatrième, négociées séparément de la première, et ceux faits dans la colonie et payables à l'étranger, les billets et obligations non négociables, les mandats à terme ou de place à place.

TITRE III. — **Des obligations respectives des notaires, huissiers, greffiers, secrétaires d'administration, arbitres et experts, des diverses autorités publiques et des contribuables. — Peines prononcées contre les contrevenants.**

Art. 16. — Toute personne qui, pour la rédaction d'un acte, se sert de feuilles de papier revêtues de timbres mobiles de dimension, doit le rédiger de telle sorte que ces timbres soient apposés sur le recto et à l'angle supérieur gauche de la feuille. Puis elle les annule immédiatement, au moyen de sa signature, à l'encre noire, et de la date de cette annulation. Si cet acte doit être fait à plusieurs dates, les timbres mobiles doivent être apposés et annulés par la personne qui, la première, signe l'acte.

S'il s'agit d'une administration, le timbre peut être annulé au moyen du cachet du bureau d'où émane la pièce sujette au timbre.

Art. 17. — Tout acte fait ou passé en pays étranger ou dans une colonie française où le timbre n'est pas établi, est soumis au droit de timbre avant qu'il puisse en être fait aucun usage en Indo-Chine, soit dans un acte public, soit dans une déclaration quelconque, soit devant une autorité judiciaire ou administrative. Le paiement du droit est effectué au moyen de timbres mobiles annulés, suivant la règle fixée par les art. 16 et 49 du présent arrêté.

Toute contravention est punie d'une amende à la charge de la personne qui fait usage de cet acte ou le produit en justice.

. . . .

Art. 34. — Lorsqu'un particulier veut rédiger sur papier non timbré une reconnaissance, un billet ou un effet, il doit le revêtir du timbre mobile correspondant au montant de ces reconnaissance, billet ou effet.

Ce timbre mobile est apposé avant tout usage du papier, collé sur le recto et annulé immédiatement par le souscripteur.

Cette annulation est faite suivant les formes prescrites aux art. 16 et 49 du présent arrêté. Cependant, s'il s'agit d'un négociant, le timbre peut être annulé au moyen de la griffe portant la raison sociale de sa maison et la date de cette annulation, mais à la condition expresse que l'encre employée soit noire.

Il est défendu à tout particulier d'accepter ou d'endosser un effet en contravention au présent article.

Art. 35. — Lorsqu'une lettre de change ou un billet à ordre venant de l'étranger, soit d'une colonie dans laquelle le timbre n'est pas établi, a été accepté ou négocié en Indo-Chine, l'accepteur ou le premier endosseur doivent y apposer un timbre mobile et l'annuler au moyen de leur signature et de la date de l'acceptation ou de l'endossement.

Dans le cas où ils ne l'auraient pas fait, chacun de ces deux contraventions est séparément passible de l'amende proportionnelle fixée par l'art. 36 du présent arrêté.

Si l'accepteur a omis d'apposer un timbre mobile, le premier endosseur doit réparer cette omission, alors une seule amende, due par l'accepteur, est exigible.

A défaut d'accepteur ou d'endosseur en Indo-Chine, l'amende est due par le porteur.

Les agents des postes chargés d'encaisser des effets venant de l'étranger ou d'une colonie où le timbre n'est pas établi, peuvent y apposer des timbres mobiles et les annuler par la timbre à date de leur bureau.

Enfin, en cas de protêt, faute d'acceptation d'un effet venant de l'étranger, le timbre est collé par le porteur et annulé par le receveur au moment de l'enregistrement du protêt.

Art. 36. — L'amende due en cas de contravention aux art. 34 et 35 par le souscripteur d'une lettre de change, d'un billet à ordre, d'un billet ou d'une obligation ou d'une reconnaissance, négociables ou non, est de 1 0/0 du montant des sommes exprimées dans ces actes, sans que cette amende puisse être inférieure à 1 piastre. L'accepteur

d'un tel effet non écrit sur papier timbré ou sur papier revêtu du timbre mobile, est passible d'une amende de pareille quotité, indépendamment de celle encourue par le souscripteur. A défaut d'accepteur, cette seconde amende sera due par le premier endosseur.

Le premier endosseur et le premier cessionnaire d'un tel effet sont également passibles d'une amende de pareille quotité.

Art. 37. — Le porteur d'une lettre de change non timbrée n'a d'action, en cas de non-acceptation, que contre le tireur ; en cas d'acceptation, il aura seulement action contre l'accepteur et le tireur, si ce dernier ne justifie pas qu'il y ait provision à l'échéance.

Le porteur de tout autre effet sujet au timbre et non timbré, n'a d'action que contre le souscripteur.

Art. 38. — Lorsqu'un effet, un billet ou une obligation a été écrit sur du papier timbré d'un timbre inférieur à celui qui aurait dû être employé, les amendes prononcées par l'art. 36 ne sont perçues que sur le montant de la somme excédant celle qui aurait pu être exprimée, sans contravention sur le papier employé, mais sans qu'elle puisse, dans aucun cas, être inférieure à 1 piastre.

Les mêmes effets écrits sur du papier portant le timbre de dimension ne sont assujettis à aucune amende, si ce n'est dans le cas d'insuffisance du prix du timbre et dans la proportion ci-dessus fixée.

Art. 39. — Sont solidaires pour le paiement des droits de timbre et des amendes le souscripteur, l'accepteur et le premier endosseur, l'avance devant être faite par le porteur, sauf son recours contre qui de droit.

Art. 40. — Il est interdit à toutes personnes, à toutes sociétés, à tous établissements publics d'encaisser ou de faire encaisser, pour leur compte ou pour le compte d'autrui, même sans leur acquit, des effets de commerce non timbrés ou insuffisamment timbrés, sous peine d'une amende personnelle de 1 0/0 du montant des effets encaissés, dans le premier cas, ou de la partie insuffisamment timbrée, dans le second cas, comme il est indiqué aux art. 36 et 38 du présent arrêté.

Toute mention ou convention de retour sans frais, soit sur le titre, soit en dehors du titre, est nulle, si elle est relative à des effets non timbrés ou insuffisamment timbrés.

Art. 41. — Lorsqu'un warrant est endossé séparément du récépissé délivré au déposant, il devient passible du droit de timbre proportionnel établi par l'art. 4, § 2. Ce droit de timbre est acquitté au moyen de timbres mobiles apposés et annulés par l'endosseur, conformément aux prescriptions de l'art. 35 du présent arrêté et sous la même pénalité.

L'endossement d'un warrant séparé du récépissé et non timbré ne peut pas être transcrit ou mentionné sur les registres du magasin, sous peine, contre l'administration du magasin, d'une amende égale au montant du droit auquel le warrant est soumis.

Art. 42. — Les lettres de voiture et connaissements sont soumis au droit de timbre. Tout connaissement venant de l'étranger ou d'une colonie où l'impôt du timbre n'est pas établi, est soumis à ce droit, avant tout usage en Indo-Chine. Le tout, à peine, en cas de contravention, d'une amende de 5 piastres, à la charge personnellement, et sans recours entre eux, du chargeur, du capitaine et de l'armateur, des directeurs de compagnies de chemins de fer ou entreprises de transports.

Art. 43. — Lorsque les lettres de voiture et connaissements ne sont pas rédigés sur papier timbré, les timbres mobiles sont annulés au moment de la rédaction desdites lettres de voiture et connaissements, par l'apposition, à l'encre noire, de la signature du chargeur ou de l'expéditeur et de la date de l'expédition.

Pour les lettres de voiture et connaissements venant de l'étranger, les timbres mobiles sont apposés par les agents des douanes et oblitérés par eux au moyen du cachet du bureau.

ART. 44. — Les capitaines des navires français ou étrangers, les agents des entrepreneurs ou compagnies de transports doivent exhiber aux agents de l'Enregistrement et des Douanes, soit à l'entrée, soit à la sortie des bateaux, soit à l'arrivée, soit au départ des voitures ou trains chargés du transport, les connaissements et lettres de voiture dont ils sont porteurs, à peine d'une amende de 20 piastres qui ne se confond pas avec les autres amendes qu'ils pourraient avoir encourues.

ART. 45. — Si des entrepreneurs de transports ou d'autres intermédiaires groupent en une expédition des colis ou paquets adressés à des destinataires distincts, ils doivent remettre aux compagnies chargées du transport un bordereau détaillé et certifié, écrit sur papier non timbré et faisant connaître les nom et adresse de chacun de ces destinataires réels. Il est rédigé autant de lettres de voiture qu'il y a de destinataires distincts, et chacune de ces lettres de voiture est passible d'un droit particulier.

ART. 49. — Dans tous les cas où le présent arrêté permet ou impose l'usage d'un timbre mobile, l'annulation de ce timbre doit être faite de façon que le texte, la signature et la date débordent de chaque côté de ce timbre.

ART. 50. — Sont considérés comme non timbrés, les actes ou écrits sur lesquels un timbre mobile a été apposé sans l'accomplissement des conditions prescrites par le présent arrêté, ou sur lesquels est apposé un timbre mobile faux ou ayant déjà servi, ou bien qui sont écrits sur un papier timbré falsifié ou ayant déjà servi.

ART. 51. — Les écritures privées faites sur papier non timbré, sans contravention au présent arrêté, quoique non comprises nommément dans les exceptions, ne peuvent pas être produites en justice sans avoir été préalablement timbrées, à peine d'une amende de 5 piastres, outre le droit de timbre.

56. Hypothèques. — L'arrêté du 13 novembre 1900 portant fixation des droits d'hypothèque est ainsi conçu :

1. — Les droits d'hypothèque à percevoir en Indo-Chine sont fixés ainsi qu'il suit :

Le droit d'inscription est de 1 0/00 du capital de la créance inscrite ;

Le droit de transcription est de 1 1/2 0/0 du prix intégral des mutations.

2. — Lorsque le droit de transcription aura été perçu au moment de l'enregistrement, la formalité de la transcription hypothécaire ne donnera lieu qu'à la perception d'un droit fixe de 0 fr. 40.

3. — Le droit de 1 0/00 est perçu lors de l'inscription des hypothèques garantissant les ouvertures de crédit.

§ 4. — Colonies d'Océanie.

ART. 1. — NOUVELLE-CALÉDONIE.

57. Enregistrement établi. — (Budget de 1901, p. 72).

58. Droits d'enregistrement. — Sont perçus conformément au tarif fixé par les arrêtés des 12 février 1886, 24 juillet 1893 et 8 décembre 1899, et décisions du Conseil général du 29 novembre 1895 et du 1er décembre 1899.

59. Droits de greffe. — Sont perçus conformément au tarif fixé par l'arrêté du 26 mai 1884.

60. Droits d'hypothèques. — Sont perçus conformément au tarif fixé par l'arrêté du 17 septembre 1874, promulguant le décret du 15 août 1873 réglant le régime hypothécaire de la Nouvelle-Calédonie.

61. Timbre. — Supprimé depuis 1886. — Voir T. A., Timbre, 368, note 2.

ART. 2. — TAHITI ET MOOREA.

62. — Des droits d'enregistrement et des frais de justice devant la Haute-Cour tahitienne et les Conseils de district ont été établis par l'ordonnance du 6 octobre 1868, les arrêtés et décisions des 25 juin 1866, 14 janvier 1869, 30 janvier et 15 novembre 1873, 25 janvier 1883, 22 octobre 1890, 27 décembre 1890, 19 décembre 1896 et 22 décembre 1898. — Des droits de greffe ont été établis par arrêtés des 23 mars 1869, 16 juin 1870, 21 mai 1874 et 25 janvier 1883 (Budget de l'exercice 1901, p. 53). Les arrêtés des 15 novembre 1873 et 25 janvier 1883 ont établi les droits hypothécaires suivants :

0 fr. 75 0/0 sur la valeur des mutations, pour chaque acte susceptible d'être transcrit en forme authentique ou sous seing privé.

1 fr. de droit fixe :

1° Pour chaque inscription, excepté celle d'office, laquelle ne donnera lieu à aucune perception au profit du Trésor ;

2° Pour chaque renouvellement d'inscription, même de celle d'office, faite dans le but d'éviter la péremption ou de rectifier des erreurs émanant des parties.

1 fr. de droit fixe pour toutes autres formalités hypothécaires.

1 fr. de droit fixe de transcription perçu en sus du droit de mutation.

(Droits prévus par l'art. 44, ordon. du 22 nov. 1829).

EXÉCUTOIRE DE DÉPENS. — 1. (1 à 3).

Procédure. — D'après l'art. 3 de la loi du 24 décembre 1897 (R. E. 1596), les notaires, avoués et huissiers ne peuvent poursuivre le paiement des frais, s'appliquant aux actes de leur ministère qu'après en avoir obtenu la taxe.

La demande de taxe, pour les notaires, est portée devant le tribunal civil de leur résidence, ou, en cas d'empêchement, devant un juge commis par lui. La taxe est arrêtée conformément au tarif, s'il s'agit d'actes qui y sont compris, et, s'il s'agit d'actes non tarifés, suivant la nature et l'importance des actes, les difficultés que leur rédaction a présentées et la responsabilité qu'ils peuvent entraîner.

Pour les avoués et les huissiers, la taxe est faite par le président du tribunal ou par le premier président de la Cour où les frais ont été faits, ou, à leur défaut, par un juge commis par eux. S'il s'agit de frais relatifs à une instance, le magistrat doit avoir, à moins d'empêchement, avoir pris part au jugement ou à l'arrêt.

Pour les notaires et les avoués, en matière de compte, liquidation et partage, les frais faits devant le tribunal sont taxés, à moins d'empêchement, par le juge-commissaire.

Les articles suivants instituent la procédure à suivre. L'art. 30 de la loi du 21 frimaire an VII est du reste formellement abrogé dans celles de ses dispositions qui sont contraires à la loi nouvelle. Cet article ne subsiste plus que comme consacrant le principe du recours accordé aux notaires contre leurs clients pour recouvrer les droits

12

d'enregistrement dont ils ont fait l'avance. Mais la procédure organisée par l'art. 30 est remplacée par celle de la loi de 1897.

Le notaire doit donc désormais s'adresser, pour obtenir exécutoire, non plus au juge de paix, mais au président du tribunal ; l'exécutoire consiste non plus dans l'expédition de l'ordonnance du juge délivrée par le greffier, mais dans l'état des frais taxés suivi de l'ordonnance du magistrat taxateur et de la formule exécutoire apposée sur la minute. Cet état taxé emporte *hypothèque judiciaire*, à la différence de l'ancien (Albi, 10 août 1897 ; *R. E.* 1581 ; *J. E.* 25.343). Enfin, l'instance engagée par l'opposition à l'ordonnance de taxe est jugée non dans les formes spéciales aux instances en matière d'enregistrement, mais en chambre du conseil, avec constitution d'avoué, et le jugement rendu est susceptible d'appel dans les cas ordinaires (art. 4).

La loi nouvelle ne semble pas applicable à l'exécutoire délivré pour le recouvrement des frais en matière d'*assistance judiciaire*, qui resterait soumis aux règles spéciales édictées par la loi du 22 janvier 1851 et maintenues par la loi du 10 juillet 1901.

Mais il y a lieu d'en tenir compte pour la procédure à suivre dans le jugement de l'opposition formée, en matière de *ventes judiciaires d'immeubles*, à l'ordre de restitution des frais. La loi nouvelle abrogeant les dispositions du décret du 16 février 1807 qui lui sont contraires, ce n'est plus ce décret qui régit la procédure d'opposition à l'ordre de restitution, mais bien la loi du 24 décembre 1897.

2. (4). Timbre. — L'état de frais établi par un avoué, en un ou plusieurs exemplaires, signés chacun par leur auteur et revêtus respectivement de la taxe du juge, est réputé fait en autant d'originaux qu'il y a de taxes distinctes. Chacun de ces originaux est sujet au timbre par application de l'art. 12 de la loi du 13 brumaire an VII (Blidah, 9 juill. 1895 ; *J. E.* 24.759 ; *R. P.* 8629).

3. (10). Enregistrement. Tarif. — Sous le régime antérieur à la loi du 24 décembre 1897, il avait été reconnu que l'exécutoire délivré par le greffier, à la réquisition d'un notaire, conformément à l'art. 3 de la loi du 5 août 1881, et en vertu de la taxe des frais et honoraires dus à cet officier public pour la rédaction d'actes de son ministère, n'était passible que du droit fixe, à l'exclusion du droit proportionnel de condamnation (Sol. 28 janv. 1898 ; *R.E.* 1747 ; — Cf. Bagnères, 21 fév. 1896 ; Seine, 6 nov. 1897 ; — *Contrà*, Sol. 29 mai 1895 ; *R. E.* 1269 ; *J. E.* 24.105).

La doctrine de cette règle doit continuer à être suivie sous l'empire de la loi nouvelle, et l'ordonnance de taxe, rendue dans les termes de cette loi, et comportant la formule exécutoire en vue de permettre aux notaires, avoués et huissiers de poursuivre le recouvrement de leurs frais, est passible exclusivement du droit fixe. Le tarif applicable est celui de 4 fr. 50, si l'exécutoire émane d'un juge de première instance, et de 7 fr. 50, si elle émane d'un magistrat de Cour d'appel (Sol. 11 juin 1898 ; *R. E.* 1868). D'après la loi du *Journal des notaires* (26.871), le droit ne serait, dans tous les cas, que celui de 1 fr. 50 dû pour les actes judiciaires innomés.

Quant aux états de frais taxés mais non encore revêtus de la formule exécutoire, ils ne donnent ouverture qu'au droit fixe de 1 fr. 50 sans qu'il y ait à distinguer si la taxe émane d'un juge de première instance ou d'un magistrat de Cour d'appel. Mais l'Administration est fondée à réclamer le supplément du droit de 4 fr. 50 ou de 7 fr. 50 si elle vient à reconnaître ultérieurement que l'état taxé a été revêtu de la formule exécutoire postérieurement à son

enregistrement. L'imputation du droit de 1 fr. 50 n'est du reste admissible qu'autant que l'exécutoire est inscrit au pied même de l'état. Et si l'état de frais taxé et l'ordonnance suivie de la formule exécutoire font l'objet de deux écrits distincts, les deux droits, savoir celui de 1 fr. 50 sur l'état taxé et celui de 4 fr. 50 ou 7 fr. 50 sur l'ordonnance exécutoire, sont dus séparément et cumulativement (Sol. 15 nov. 1899 ; *R. E.* 2235).

4. (10 bis). Enregistrement. Délai. Répertoire. — Les états de frais taxés et rendus exécutoires sont, à titre d'actes judiciaires, assujettis en principe à l'enregistrement dans le délai de vingt jours ; mais l'inaccomplissement de cette prescription n'entraîne aucune pénalité.

Le fait que la formule exécutoire est l'œuvre du greffier ne suffit pas, d'ailleurs, pour rendre obligatoire l'inscription de l'ordonnance de taxe sur le répertoire de cet officier ministériel (Sol. 17 janv. 1900 ; *R. E.* 2557).

EXPÉDITION. — **1. (26). Actes des autorités administratives. Arrêté préfectoral autorisant l'ouverture d'un colombier de pigeons voyageurs.** — Les expéditions, délivrées aux particuliers, des arrêtés préfectoraux portant autorisation d'ouvrir un colombier de pigeons voyageurs doivent être délivrées sur papier au timbre de dimension de 1 fr. 80 (D. M. F. 28 nov. 1896 ; *R. E.* 1346).

2. (27). Justices de paix. — L'art. 12 de la loi du 26 janvier 1892 a dispensé du timbre les expéditions délivrées par les greffiers des justices de paix en matière civile.

Cette exemption est applicable aux expéditions des délibérations de conseils de famille. Mais elle ne saurait profiter aux *actes mis à la suite*, tels que la requête à fin d'homologation et le jugement qui homologue la délibération. Ces actes restent soumis au droit commun et doivent être rédigés sur papier timbré (Sol. 27 juin 1894 ; *R. E.* 778 ; *J. E.* 24.585).

L'expédition d'un jugement de justice de paix, qui prononce la confiscation de marchandises importées en fraude, doit bénéficier de la même exemption, attendu que la procédure suivie en matière d'infractions aux lois de douanes est purement civile. Dans le cas, de même que dans la précédente hypothèse, l'immunité du timbre ne doit pas être étendue à l'expédition de signification que l'huissier a la faculté de rédiger à la suite de la grosse du jugement. Cet acte doit donc être établi sur papier timbré ; il est, d'ailleurs, assujetti à l'enregistrement du moment où il s'agit de créances excédant 100 fr. (Sol. 28 mai 1899 ; *R. E.* 2089 ; *J. E.* 25.846).

L'exemption de timbre n'est pas applicable aux *expéditions venant de l'étranger*, telles, par exemple, que l'expédition d'un acte de parents, délivrée par le greffier d'un juge de paix belge et déposée dans l'étude d'un notaire en France. Considérés, au point de vue de la loi fiscale, comme des actes sous seing privé, les actes et jugements provenant de l'étranger ne peuvent recevoir aucun usage en France sans qu'ils aient été assujettis au payement d'un droit de timbre déterminé par la dimension du papier employé, à l'exclusion du droit de timbre spécial aux expéditions (Sol. 6 nov. 1895 ; *R. E.* 1061 ; *J. E.* 24.808).

L'ordonnance rendue sur requête d'une partie étant la propriété de celle-ci ne peut, en principe, figurer aux minutes du greffe ni être expédiée. Dans tous les cas, ce dépôt, s'il est effectué, doit avoir lieu au greffe du tribunal auquel appartient le magistrat dont l'ordonnance émane. Effectué à un autre greffe, le dépôt ne peut être reçu par le greffier en sa dite qualité, mais seulement en celle de dépositaire public. Il en résulte que si une ordonnance sur requête émanée du président du tribunal civil est déposée au greffe d'une justice de paix, l'expédition qui en est délivrée par le greffier de paix est soumise au timbre et ne peut bénéficier de l'exemption d'impôt prononcée par l'art. 12 de la loi du 26 janvier 1892 (Sol. 17 mars 1896 ; R. E. 1609 ; J. E. 25.242 ; R. P. 9013).

Les expéditions des procès-verbaux des *ventes publiques de meubles* passées devant les greffiers des justices de paix ne rentrent à aucun point de vue dans les termes de la loi précitée et elles demeurent soumises au droit de timbre de 1 fr. 80 (Sol. 14 déc. 1894 ; J. E. 24.475 ; R. P. 8496).

3. (32 bis). Expéditions délivrées aux administrations publiques. — En thèse générale, les expéditions en forme des jugements ou arrêts, qu'une administration publique se fait délivrer pour compléter le dossier d'une procédure, sont sujettes au timbre. Mais il est admis que les simples copies ou extraits demandés à titre de renseignements, soit dans un intérêt doctrinal, soit même dans une affaire où l'Administration est partie, peuvent être établis sur papier non timbré, pourvu qu'il y soit fait mention de leur destination (1).

4. (39). Nombre de lignes et de syllabes. Renvois. — Lorsqu'une expédition contient des renvois en marge, le nombre des lignes supplémentaires que représentent ces renvois doit être calculé à raison de quinze syllabes à la ligne, et le chiffre ainsi obtenu doit être ajouté au total des lignes comprises dans le corps de l'expédition, pour savoir si le nombre de lignes réglementaires n'a pas été dépassé. En cas d'excédent, le notaire est passible de l'amende de 5 fr. édictée par les art. 20 et 26 de la loi du 13 brumaire an VII (art. 10, L. 16 juin 1824), sans préjudice du supplément de droit de timbre exigible (Orléans, 19 déc. 1894 ; J. E. 24.685).

5. (61). Certificat écrit à la suite d'une expédition. — Un notaire peut, sans contravention aux lois sur le timbre, certifier, en marge des expéditions d'actes de société assujettis à la publicité, le dépôt fait en son étude des pièces constatant cette publicité.

La même prohibition s'applique au certificat d'un notaire attestant que des époux se sont mariés sans contrat ou ont adopté un régime matrimonial déterminé, suivant contrat passé en son étude. Une semblable attestation constitue soit un simple certificat (dans la première hypothèse) soit une expédition (dans le second cas) et elle est assujettie au timbre de dimension (Sol. 28 mars 1899 ; R. E. 1998 ; J. E. 25.670 ; R. P. 9623).

6. (71). Honoraires des notaires. Expéditions délivrées aux administrations publiques. Assistance judiciaire. — Vingt-six décrets du 25 août 1898 ont fixé les honoraires des notaires dans le ressort de toutes les Cours d'appel et du département de la Seine. Les art. 21 et 23 de ces divers décrets sont à signaler ici.

D'après l'art. 21 les honoraires sont réduits à 0 fr. 75 par rôle pour les expéditions dont le coût est à la charge de l'État..., et à 0 fr. 50 pour celles dont le coût incombe à l'administration de l'Enregistrement.

Les actes passés dans l'intérêt des personnes qui ont obtenu le bénéfice de l'assistance judiciaire sont reçus gratuitement par les notaires, art. 23, lorsqu'ils sont passés à l'occasion ou en exécution des instances dans lesquelles elles ont figuré, mais seulement dans le cas où ils doivent être visés pour timbre et enregistrés en

(1) D.M.F. 16 juill. 1894 ; Inst. 2887, § 3 ; R. E. 991-III ; J. E. 24.766 ; R. P. 8394. — V. ci-après, n° 5.

débet. Dans ce cas, les honoraires peuvent être recouvrés ultérieurement dans les conditions et les formes prévues par la loi du 22 janvier 1851. La gratuité s'étend évidemment aux expéditions délivrées aux assistés (R. E. 1809).

EXPLOIT. — **1. (4). Formalités substantielles. Enveloppe fermée. Étranger. Algérie et Tunisie.** — Deux lois des 15 février 1899 et 11 mai 1900 ont modifié les art. 68 et 69, C. proc. civ., au point de vue de la forme dans laquelle doivent être remises les copies signifiées et des voies par lesquelles doivent parvenir aux personnes résidant à l'étranger ou dans les colonies les copies des actes extrajudiciaires qui leur sont destinées. Cette double réforme est exposée *infrà*, V° *Procédure*.

2. (101). Constitution d'avoué en matière correctionnelle. Mandat. — Devant les tribunaux correctionnels, le ministère des avoués n'est jamais obligatoire, mais, dans certains cas, il est facultatif (Fuzier-Herman, *Rép. du droit français*, V° *Avoué*, n°s 294, 300, 301 ; Garsonnet, VII, p. 365 ; Rivière, *Codes annotés*, arrêts cités sur l'art. 185, C. instr. crim.). L'avoué constitué en cette matière agit en vertu du mandat légal que lui confère sa qualité d'officier ministériel, sans avoir besoin d'un pouvoir spécial.

En conséquence, il a été reconnu que la constitution d'un avoué dans un exploit contenant assignation devant un tribunal correctionnel ne présente pas le caractère d'une disposition indépendante ; elle n'est pas de l'essence de l'exploit, mais elle est dans sa nature, et cela suffit pour l'exempter de tout droit particulier (1).

3. (113). Pluralité des droits. Notification par les adhérents d'une compagnie d'assurance mutuelle. — Chaque adhérent à une compagnie d'assurance mutuelle conservant sa personnalité juridique et agissant dans son intérêt propre, aussi bien pour adhérer que pour se retirer, la pluralité des droits est applicable à l'exploit unique par lequel plusieurs membres d'une société de cette nature notifient leur intention de résilier, à l'expiration de la période en cours, les polices qu'ils ont contractées, et il n'est pas possible de prétendre qu'une telle société emporte, par elle-même, solidarité, lorsque, d'après ses statuts, elle exclut toute solidarité entre ses membres (Sol. 6 sept. 1898 ; J. E. 25.642 ; R. P. 9458).

4. (155). Purge. Dépôt simultané des copies collationnées d'actes de ventes distinctes. — Il ne doit être exigé, par application de l'art. 23 de la loi du 28 avril 1893, qu'un seul droit fixe d'enregistrement sur l'acte passé au greffe pour constater le dépôt, à fin de purge, de copies collationnées d'actes de vente, lorsque la purge est poursuivie par un seul acquéreur contre plusieurs vendeurs ou par plusieurs acquéreurs contre un seul vendeur et qu'elle peut être considérée comme constituant une procédure unique (Inst. 2838). Il en est autrement dans le cas de dépôt par un acte unique de pièces tendant à purger des contrats distincts, intervenus entre des parties différentes. En cette hypothèse, il y a plusieurs procédures de purge absolument indépendantes et un droit particulier paraît exigible pour chacune d'elles (Sol. 17 oct. 1898 ; R. E. 2090 ; J. E. 25.727).

EXPOSITION UNIVERSELLE. — (1). Une loi du 13 juin 1896, relative à l'Exposition universelle ouverte à Paris en 1900, a approuvé deux conventions ayant pour objet la participation financière de la Ville de Paris aux dé-

(1) Sol. 15 fév. 1900 ; Inst. 3019-3 ; R. E. 2427 et 2485 ; J. E. 25.981.

penses de l'Exposition et l'émission, par un groupe d'établissements financiers, de 3.250.000 bons de 20 fr., munis chacun de 20 billets d'entrée à l'Exposition et appelés à participer à 29 tirages de lots.

Aux termes de l'art. 2 de la loi, ces bons ont été dispensés de tout impôt à l'exception de la taxe établie sur les lots. L'exemption accordée portait sur les droits de timbre et de transmission. Les titres dont la création a été autorisée n'étant pas productifs de revenus n'auraient pas donné ouverture à la taxe de 4 0/0 ; mais les lots, attribués par voie de tirage à un certain nombre d'entre eux, sont demeurés assujettis à cette taxe, conformément aux dispositions des lois du 21 juin 1875 et du 26 décembre 1890.

D'autre part, l'art. 9 de la loi du 13 juin 1896 était ainsi conçu : « Les conventions approuvées par les art. 1 et 2 de la présente loi, les actes désignés dans les art. 1er, § 9 de la loi du 28 février 1872 et dans l'art. 19 de la loi du 28 avril 1893, et, d'une manière générale, les autres actes à passer par l'administration de l'Exposition ne seront assujettis qu'au droit de 3 fr. »

La faveur ainsi accordée ne portait, d'ailleurs, que sur le tarif des droits d'enregistrement ; les actes appelés à en bénéficier sont donc restés soumis sur tous les autres points et notamment en ce qui concerne le timbre, aux principes généraux de la législation fiscale (Inst. 2916 ; R. E. 1316 ; J. E. 24.974).

EXPROPRIATION. — 1. (8). Nécessité d'une déclaration d'utilité publique régulière. — Le bénéfice de l'art. 58 de la loi du 3 mai 1841 est exclusivement réservé aux acquisitions déclarées d'utilité publique *dans les formes légales* (Castelsarrasin, 15 déc. 1896 ; R. E. 2228). En ce qui concerne la procédure de l'expropriation en matière de voirie commerciale, V. ci-après, n° 11.

2. (11). Travaux complémentaires. Justifications. — Pour bénéficier de l'art. 58 de la loi du 3 mai 1841, l'expropriant doit justifier que les travaux complémentaires en vue desquels une acquisition d'immeubles est faite sont la suite et le complément des travaux primitivement déclarés d'utilité publique, et l'existence d'un arrêté spécial de cessibilité et d'une décision ministérielle autorisant les travaux ne suffirait point si ces actes ne visaient pas la loi ou le décret déclaratif d'utilité publique. En l'absence de ces justifications les droits d'enregistrement et d'hypothèque, à l'exclusion des salaires, peuvent encore être restitués s'il est démontré que l'acquisition est faite en définitive pour le compte de l'État, mais les droits de timbre restent acquis au Trésor (Sol. 16 janv. 1895 ; R. E. 877 ; J. E. 24.646).

Il suffit toutefois, dans une telle hypothèse, pour justifier l'application de l'art. 58, que la décision ministérielle représentée se réfère elle-même à la loi ou au décret déclaratif d'utilité publique et qu'il en résulte la preuve que l'arrêté a été rendu pour l'exécution d'un travail constituant la suite ou le complément des projets dont l'utilité a été primitivement déclarée (Sol. 7 mars 1900 ; J. E. 25.978).

3. (13). Acquisition intégrale sur réquisition de l'exproprié. — L'exemption des droits ne profite aux actes par lesquels l'expropriant acquiert, sur la réquisition de l'exproprié, les excédents de propriétés morcelées par l'expropriation, qu'autant que cette acquisition a eu lieu dans les conditions déterminées par l'art. 50. Ces conditions doivent être constatées dans l'acte d'acquisition, faute de quoi les droits doivent être perçus, sauf aux parties à en obtenir la restitution, en justifiant, avant l'échéance de la prescription, de l'accomplissement des condi-

tions prescrites (Sol. 5 avr. 1895 ; R. E. 975 ; J. E. 24.763).

4. (31 bis). Ventes judiciaires d'immeubles. — Si une acquisition faite par voie d'expropriation pour cause d'utilité publique a été réalisée aux termes d'un jugement d'adjudication passible de la taxe de 0 fr. 25 0/0, en vertu de la loi du 26 janvier 1892, l'immunité de l'art. 58 de la loi de 1841 s'applique à cette taxe qui, si elle a été perçue, doit être restituée avec les autres droits (Sol. 7 mars 1900 ; J. E. 25.978 ; R. P. 9777).

5. (34). Acquisition à titre gratuit. — L'exemption des droits (ou leur restitution, le cas échéant) prononcée par l'art. 58 de la loi du 3 mai 1841, au profit des acquisitions amiables faites pour cause d'expropriation, s'étend aux acquisitions à titre gratuit comme à celles faites à titre onéreux (Fougères, 13 déc. 1899 et Sol., 24 fév. 1900 ; R. E. 2290 ; J. E. 25.913 ; — Cf. Sol. 6 déc. 1892 ; J. E. 24.103).

6. (36). Consignation du prix. Récépissé. Timbre. — Sont exempts de timbre les récépissés délivrés par la Caisse des dépôts à l'expropriant en vue de constater la consignation par celui-ci des indemnités dues aux expropriés et qui ne peuvent leur être versées par suite de l'existence d'inscriptions hypothécaires grevant les immeubles (Sol. 12 janv. 1899 ; R. E. 1952 ; J. E. 25.638).

7. (49). Etats et certificats hypothécaires. — La restitution des droits autorisée par l'art. 58 de la loi du 3 mai 1841, lorsque l'arrêté de cessibilité intervient après la passation des actes amiables, s'applique même aux états et certificats hypothécaires (d'inscription et de transcription) réclamés par l'expropriant en vue de la purge spéciale organisée par la loi de 1841 (Sol. 20 mai 1896 ; R. E. 1182 ; J. E. 24.986 ; R. P. 8947).

8. (55). Remploi d'immeubles dotaux. — L'acquisition faite en remploi de biens dotaux expropriés bénéficie de l'exemption des droits dès lors que la déclaration de remploi est contenue dans l'acte même d'acquisition (Sol. 8 mai 1896 ; R. E. 1487).

9. (74). Restitution des droits de timbre. — La restitution autorisée par l'art. 58 de la loi de 1841 s'étend au coût du papier timbré employé pour la rédaction des actes passés avant les arrêtés de cessibilité ; elle comprend l'intégralité du coût du timbre, sans qu'il y ait lieu de retenir les frais de fabrication du papier (Sol. 11 mars 1896 ; R. E. 1182 ; J. E. 24.986).

Les droits de timbre des annexes et, notamment, des plans, sont compris dans la restitution. Toutefois, le remboursement de ces droits ne peut avoir lieu que sur la représentation matérielle des pièces timbrées et il ne peut être suppléé à cette représentation par le certificat du notaire rédacteur attestant que ces documents ont été rédigés sur papier timbré (Sol. 18 et 20 oct. 1894 ; R.E. 859 ; J.E. 24.616).

10. (77). Actes nécessités par la demande en restitution. — En cas d'assignation en restitution, le remboursement doit comprendre la totalité du coût de l'exploit, et non pas seulement les droits de timbre et d'enregistrement auxquels il a été assujetti (Mêmes Sol.). Cet exploit doit, du reste, être timbré et enregistré au comptant (Sol. 17 oct. 1900 ; Rev. prat. 4869).

Par application de la loi du 29 mars 1897, art. 42, le coût du timbre de la pétition en restitution n'est lui-même restituable qu'autant que cette demande s'applique à des droits indûment et irrégulièrement perçus (Inst. 2924-6). Le coût du timbre de la pétition ne devrait donc pas être remboursé si les droits à rembourser avaient été pour la totalité régulièrement perçus sur des actes passés avant la déclaration d'utilité publique et si la restitution ne se trouvait par suite motivée que par des événements postérieurs à la perception (Sol. 20 août 1897 ; *R. E.* 1583 ; *J. E.* 25.324).

10 *bis*. (78). Prescription. Droits de timbre. —Le délai de deux ans accordé à l'expropriant pour réclamer la restitution des droits perçus sur les actes nécessités par l'expropriation et antérieurs à l'arrêté de cessibilité court, en ce qui concerne les droits de timbre de dimension, à partir du jour de la rédaction des actes écrits sur papier timbré (Sol. 18, 20 oct. 1894, précitées).

11. (79). Voirie urbaine, vicinale ou rurale. Plans *d'alignement. — Anciennement, les actes relatifs à des acquisitions faites en vue de l'ouverture, du redressement ou de l'élargissement des rues et places publiques, ainsi que des chemins vicinaux et ruraux ne pouvaient bénéficier de l'immunité prononcée par l'art. 58 de la loi de 1841, que s'il était intervenu antérieurement à la présentation des actes à la formalité ou dans les deux ans ayant suivi la perception des droits une déclaration d'utilité publique rendue, selon les cas, soit conformément à la loi du 3 mai 1841, soit conformément à la législation spéciale à la matière (1).

Aux termes de l'art. 3 de la loi de finances du 13 avril 1900 (*R. E.* 2378), les dispositions contenues dans le premier paragraphe de l'art. 15 et dans les art. 16, 17 et 58 de la loi du 3 mai 1841 sont applicables à tous les actes ou contrats relatifs à l'acquisition de terrains, même clos ou bâtis, poursuivie en exécution d'un plan d'alignement régulièrement approuvé pour l'ouverture, le redressement, l'élargissement des rues ou places publiques, des chemins vicinaux et des chemins ruraux reconnus.

Il résulte notamment de cette disposition que les actes et contrats relatifs à des acquisitions faites dans l'intérêt de la voirie urbaine, vicinale ou rurale devront être désormais admis à la gratuité dès l'instant que les acquisitions seront réalisées conformément à des plans d'alignement régulièrement approuvés et sans qu'il soit besoin, comme autrefois, que ces plans emportent expropriation, ou qu'il ait été rendu un décret déclaratif d'utilité publique.

La loi nouvelle, conçue en termes généraux, vise, sans distinction, tous les actes et contrats relatifs aux acquisitions dont il s'agit. Elle ne s'applique donc pas seulement aux contrats d'acquisition eux-mêmes, mais encore aux actes ou contrats qui en sont le préliminaire, la suite ou le complément naturels. En outre, la dispense porte aussi bien sur les droits perçus au bureau des hypothèques au profit du Trésor que sur ceux encaissés au bureau de l'enregistrement. C'est en ce sens qu'a été interprété l'art. 58 de la loi du 3 mai 1841, en ce qui concerne les acquisitions faites en vertu de la loi sur l'expropriation, et on ne saurait lui attribuer une autre signification pour l'application de l'art. 3 de la loi du 13 avril 1900.

Les droits qui, en l'absence de plans d'alignement, auraient été perçus sur des actes relatifs à des acquisitions concernant la voirie, deviendraient d'ailleurs restituables si, dans les deux ans à compter de la perception, il était justifié que la condition à laquelle se trouve subordonnée l'immunité d'impôt, s'est depuis réalisée (Inst. 3042). Cette condition consiste uniquement en la production d'un plan régulier d'alignement approuvant l'opération en vue de laquelle l'acquisition est réalisée. Peu importe que l'acquisition soit antérieure à la loi du 13 avril 1900 (Sol. 3 juill. 1900 ; *Rev. prat.* 4870).

Pour qu'il y ait lieu à la gratuité du visa pour timbre et de l'enregistrement, il faut qu'il s'agisse d'une acquisition

(1) Art. 30 et 52, L. 16 sept. 1807 ; 15 et 16, L. 21 mai 1836 ; L. 8 juin 1864 ; art. 44 et 86, L. 10 août 1871.

poursuivie en vertu d'un plan d'alignement *régulièrement* approuvé. On doit donc s'assurer, dans chaque cas particulier, si l'autorité administrative qui a revêtu le plan de son approbation était compétente pour le faire. Voici d'ailleurs, quelles sont, sur ce dernier point, les règles qui résultent de la législation en vigueur.

Voirie urbaine. — C'est aux préfets qu'il appartient, depuis le décret du 25 mars 1852, d'approuver les plans d'alignement des villes, bourgs et villages (Sol. 13 janv. et 1ᵉʳ avr. 1893 ; *J. E.* 25.068).

Cette règle générale comporte toutefois une double exception :

1° Les rues des villes, bourgs et villages qui ont été reconnues dans les formes légales être le prolongement de chemins vicinaux sont assimilées à ces chemins (L. 8 juin 1864).— V. ci-après : *Chemins vicinaux* ;

2° Les rues de la Ville de Paris faisant partie de la grande voirie (Décr. 26 mars 1852 ; Inst. 2106 § 2), les plans généraux d'alignement qui les concernent doivent être arrêtés par décret rendu en Conseil d'État, conformément à l'art. 52 de la loi du 16 septembre 1807 (Dall., *Jur. gén., Supp.*, Vᵉ Voirie par terre, n° 776).

Chemins vicinaux. — En ce qui concerne les chemins vicinaux, la loi du 10 août 1871 a conféré le pouvoir d'approbation du plan d'alignement, savoir : aux conseils généraux, s'il s'agit de chemins de grande communication ou d'intérêt commun (art. 44 et 46) ; à la commission départementale, s'il s'agit de chemins vicinaux ordinaires (art. 86).

Chemins ruraux reconnus. — L'ouverture, le redressement et la fixation de la largeur et de la limite des chemins ruraux reconnus sont prononcés par la commission départementale sur le vu de plans d'exécution qui doivent rester annexés aux arrêtés pris par cette commission (art. 13, L. 20 août 1881). C'est, sans aucun doute, à l'existence de ces plans régulièrement approuvés par la commission départementale que se trouve subordonnée, en cette matière, la gratuité du timbre et de l'enregistrement, car il n'existe pas pour les chemins ruraux reconnus de plans généraux d'alignement (Inst. 3042).

12. (86). Forêts. Reboisement des montagnes. — Une loi du 4 avril 1882, abrogeant les lois des 28 juillet 1860 et 8 juin 1864 sur le même objet, a prescrit une série de mesures relatives à la restauration et à la conservation des terrains en montagne. Aux termes de l'art. 2, l'utilité publique des travaux de restauration ne peut être déclarée que par une loi qui fixe le périmètre des terrains sur lesquels les travaux doivent être entrepris. Les terrains nécessaires sont acquis par l'administration des forêts, soit à l'amiable, soit par expropriation, suivant une procédure simplifiée.

Les art. 7 à 11 disposent que la *mise en défens* des bois appartenant aux communes ou aux particuliers peut être prononcée par décret lorsque l'état de dégradation du sol rend cette mesure nécessaire (V. *Dict. des Dom.*, Vᵉ Gazonnement). La mise en défens constitue une véritable expropriation temporaire.

Suivant la règle générale, les acquisitions et mises en défens ainsi effectuées sont exemptes des droits de timbre et d'enregistrement, qu'elles soient faites à l'amiable ou par voie d'expropriation. Mais il n'en est ainsi qu'autant que les conditions spécifiées par la loi de 1882 se trouvent accomplies, et les droits de timbre et d'enregistrement seraient dus si la restauration entreprise n'avait pas été déclarée d'utilité publique ou si la mise en défens n'avait pas été prononcée par décret ou ne devait pas se prolonger au delà du terme de 10 ans (D. M. F. 27 mars 1899 ; Inst. 3000 ; *R. E.* 2278 ; *J. E.* 25.866).

13. (95). **Occupation temporaire. Extraction de matériaux.** — Sous l'empire de la loi du 21 mai 1836, l'acte amiable de règlement d'indemnité pour extraction de matériaux nécessaires à la construction, à l'entretien ou à la réparation des chemins vicinaux était assujetti à l'enregistrement au droit fixe maximum de 1 fr. 50, lorsqu'il était présenté volontairement à la formalité et au timbre sur l'expédition. Depuis la loi du 29 décembre 1892, il est exempt de l'enregistrement et du timbre, même sur l'expédition. Et si la formalité est requise, elle doit être accomplie gratuitement et l'expédition délivrée à la partie doit être visée pour timbre gratis (Sol. 11 oct. 1895 ; R. E. 1162 ; J. E. 24.933).

EXTRAIT. — 1. (5). **Avoués.** — Les extraits de jugements de séparation de biens rédigés par les avoués en exécution de l'art. 872, C. pr. civ. ne constituent pas des copies collationnées dans le sens de l'art. 68, § 1er, n° 18 de la loi du 22 frimaire an VII, mais des documents dispensés de la formalité par l'art. 8 de la même loi (Châlons-sur-Marne, 15 déc. 1899 ; Seine, 2 mars 1900 et, Sol. 12 avr. 1899 ; R.E. 2362). Les extraits de demandes en séparation, tirés de l'exploit, ne sont pas davantage soumis à l'enregistrement préalablement au dépôt au greffe (Sol. 12 avr. 1899 ; R. E. 2362).

Cette règle serait également applicable en matière de séparation de corps, de divorce ou d'interdiction.

2. (8). **Contrats de mariage.** — L'extrait analytique du contrat de mariage produit pour justifier du régime matrimonial des époux a le caractère d'une expédition et il ne peut être inscrit sur une feuille de timbre de moins de 1 fr.80. Cette règle qui a toujours été observée à l'égard des extraits de mariage que les commerçants doivent déposer au greffe est également applicable aux justifications du même ordre produites devant une autorité constituée et notamment, en vue de la radiation d'une inscription d'hypothèques, le notaire contreviendrait de plus à l'art. 23 de la loi du 13 brumaire an VII s'il rédigeait une attestation similaire au pied de l'expédition d'un acte de mainlevée (Sol. 5 avr. 1897 ; R. E. 1664 ; J. E. 25.433).

FABRIQUES ET CONSISTOIRES. — 1. (2). **Comptabilité.** — L'art. 78 de la loi de finances du 26 janvier 1892 a soumis, à partir du 1er janvier 1893, les comptes et budgets des fabriques et consistoires à toutes les règles de la comptabilité des autres établissements publics, et confié au Gouvernement le soin de déterminer les conditions d'application de cette mesure.

Trois décrets du 27 mars 1893 ont, en conséquence, réglementé les comptabilités respectives des fabriques, des conseils presbytéraux et consistoires protestants, et des consistoires et communautés israélites (1).

Enfin, en exécution de ces décrets, le Ministre des cultes et le Ministre des finances ont arrêté, de concert, les règles de détail à suivre par les fabriques (Inst. 15 décembre 1893), par les conseils presbytéraux (Inst. 24 décembre 1893) et par les communautés israélites (Inst. 19 juin 1894).

Ces règlements renferment un certain nombre de dispositions d'ordre fiscal qu'il convient de rappeler ici (Voy. Inst. Enreg. 2868).

I. — *Registres des ordonnateurs et des comptables.* — Les

(1) Les dispositions de ces décrets ont été complétées par trois autres décrets du 18 juin 1898 (J. E. 25.412) qui ne présentent, du reste, aucun intérêt particulier au point de vue fiscal ; c'est pourquoi nous nous bornons à les signaler en passant.

règles de la comptabilité publique exigent deux comptes : le compte administratif, rendu par l'ordonnateur, et le compte de gestion, rendu par le comptable.

Pour obéir à ces prescriptions, les ordonnateurs de la fabrique, du conseil presbytéral et de la communauté tiennent :

1° Un livre d'enregistrement des droits des créanciers ;

2° Un livre des mandats délivrés ;

3° Enfin, lorsque le comptable est un receveur spécial ou un percepteur, un carnet d'enregistrement des titres de perception qu'il remet au comptable.

De leur côté, les comptables tiennent :

1° Un journal à souche pour l'enregistrement des recettes et pour la délivrance des quittances aux parties versantes ;

2° Un livre journal de caisse sur lequel ils portent, chaque jour, d'une part, le total des recettes inscrites sur le journal à souche, d'autre part, le détail des dépenses au fur et à mesure qu'ils les effectuent ;

3° Un livre de détail sur lequel les recettes et les dépenses sont classées par articles du budget.

Tous ces registres sont exempts de timbre, en vertu de l'art. 81 du décret-loi du 30 décembre 1809, dont les dispositions s'appliquent également aux fabriques, aux conseils presbytéraux et consistoires protestants, et aux consistoires israélites.

Lorsque le comptable est un percepteur, il n'y a pas lieu de revêtir du timbre de dimension les pages du livre des comptes divers, affectées à la comptabilité de la fabrique, du conseil presbytéral ou du consistoire et de la communauté.

II. — *Quittances délivrées par les comptables et les régisseurs de recettes.* — A. COMPTABLES. — Les comptables délivrent, pour toutes les sommes versées à leur caisse, des quittances extraites du journal à souche. Ces quittances sont passibles du timbre à 0 fr. 25 (art. 4, L. 8 juill. 1865 et 2, L. 23 août 1871), lorsque la recette excède 10 fr., ou lorsque, n'excédant pas 10 fr., elle a pour objet, soit un acompte, soit un payement final sur une somme supérieure à ce chiffre.

Par dérogation aux prescriptions des décrets des 29 octobre 1862, art. 1er, et 21 juillet 1865, art. 1er, suivant lesquelles les timbres mobiles doivent être apposés et annulés immédiatement au moyen d'une griffe, les trésoriers et receveurs spéciaux des fabriques et consistoires ont été autorisés par décret du 29 juin 1894 à annuler les timbres mobiles à 0 fr. 25 par l'apposition, à l'encre noire, en travers du timbre, de leur signature ainsi que de la date de l'oblitération. Ce n'est là, d'ailleurs, qu'une simple faculté accordée aux fabriques, conseils presbytéraux et consistoires israélites, et ces établissements ont le droit d'opter entre les deux modes d'oblitération.

En ce qui concerne l'exigibilité du droit, il a été reconnu qu'il n'y a pas lieu d'apposer le timbre sur les quittances qui sont données pour ordre, notamment pour les recettes ci-après : produit des quêtes, produit des troncs, produit de la location des bancs et chaises lorsqu'il est perçu en régie par un préposé de l'établissement public. Les reçus délivrés par le trésorier de la fabrique ou qui lui sont remis pour les sommes versées dans la caisse à trois serrures ou qui en sont extraites, sont également exempts de tout droit de timbre (Sol. 7 août 1893 ; R. E. 709 ; J. E. 24.999 ; R. P. 8454).

B. RÉGISSEURS DE RECETTES. — Les oblations ou offrandes ainsi que les droits perçus à l'occasion des cérémonies du culte conformément aux tarifs régulièrement approuvés peuvent être reçus par les ministres du culte ou par leurs délégués, moyennant la délivrance aux parties versantes d'une quittance détachée d'un registre à souche. Cette quittance, n'émanant pas d'un comptable public, est passible seulement du droit de timbre de 0 fr. 10, lorsqu'il y a lieu à l'exigibilité d'un droit de timbre.

Quant aux quittances souscrites par les créanciers des fabriques elles restent soumises exclusivement au droit de 0 fr. 10. Tel est le cas, notamment, des reçus délivrés soit au comptable de la fabrique, soit à l'ecclésiastique régisseur des recettes, par le clergé et les serviteurs de l'église, pour la part leur revenant dans les droits perçus à l'occasion des cérémonies du culte. Le coût du timbre reste, d'ailleurs, à la charge de la fabrique (Sol. 5 fév. 1895 ; *J. E.* 24.636).

III. — *Mémoires ou quittances des entrepreneurs et fournisseurs et pièces justificatives des comptes.* — A l'appui des mandats pour le payement des prix de fournitures ou de travaux, les établissements peuvent, comme par le passé, produire, au lieu de mémoires ou factures, de simples quittances explicatives soumises seulement au timbre de 0 fr. 10, lorsque la somme excède 10 fr., ou que n'excédant pas 10 fr., elle a pour objet soit un acompte, soit un payement final sur une somme supérieure à ce chiffre.

La dispense de timbre accordée par l'art. 81 du décret-loi du 30 décembre 1809 s'étend aux copies ou extraits d'actes produits à l'appui des comptes à titre de justifications, sous la condition qu'ils soient délivrés par le comptable, le président du bureau des marguilliers, le président du conseil presbytéral ou le président du consistoire, et qu'ils fassent mention de leur destination.

IV. — *Prestations de serment des comptables.* — Aux termes des décrets du 27 mars 1893, les trésoriers remplissant les fonctions de comptables ou, à leur défaut, les receveurs spéciaux prêtent, devant les conseils de fabriques, les conseils presbytéraux ou les consistoires, le serment professionnel des comptables publics : les percepteurs, seuls, ne sont pas astreints à cette obligation. La prestation de serment est constatée sur le registre des délibérations de l'établissement.

Le procès-verbal dressé en exécution de ces dispositions est passible du timbre de dimension ; il est assujetti à l'enregistrement dans le délai de vingt jours, sous peine d'un droit en sus (L. 1816, art. 14).

Quant à la quotité du droit exigible, il y a lieu de distinguer suivant que le comptable reçoit une rémunération ou qu'il exerce gratuitement ses fonctions. Dans la première hypothèse, le tarif est de 4 fr. 50, si le traitement et les accessoires n'excèdent pas 4.000 fr. (L. 28 avr. 1893, art. 26 ; Inst. 2838), et de 22 fr. 50, s'ils dépassent ce chiffre (L. 28 fév. 1872, art. 4 ; Inst. 2433, chap. 1ᵉʳ, § 2).

Dans la seconde hypothèse, le droit fixe de 3 fr., en principal, est seul exigible (Comp. D. M. F. 22 fév. 1825, Inst. 1166, § 11).

V. — *Cautionnements en rentes sur l'État.* — Les comptables peuvent constituer leurs cautionnements en rentes sur l'État.

Les actes, établis en double, pour constater la réception de ces cautionnements, doivent être dressés sur papier timbré ; mais ils sont affranchis de la formalité de l'enregistrement par application de l'art. 80 de la loi du 15 mai 1808 (Pour les formalités auxquelles est soumise la réception des cautionnements en rentes, V. *Rép. de Manutention*, Vᵒ Cautionnement, nᵒˢ 112 et s.).

2. (9). **Instances contre les fabriques et consistoires.** — Sauf les exceptions prévues par la loi, les formes

et conditions dans lesquelles les communes reçoivent l'autorisation de plaider s'observent également en ce qui concerne les établissements publics soumis à la tutelle administrative, et, spécialement, à l'égard des fabriques. Par conséquent, les fabriques, comme les communes, doivent être considérées comme autorisées à plaider par le seul fait que dans le délai de deux mois à compter de la demande d'autorisation qui lui a été adressée, le conseil de préfecture n'a pas rendu de décision (Cass. civ., 24 fév. 1897 ; *J. E.* 25.273 ; *R. P.* 9380).

Par une assimilation analogue, les revenus des fabriques étant insaisissables comme ceux des communes, une saisie-arrêt, tendant à garantir le payement de droits d'enregistrement, ne peut pas être pratiquée au préjudice d'une fabrique, même à titre de mesure conservatoire, avant que la créance du Trésor ait été reconnue et liquidée et que des fonds aient été assignés sur les revenus de l'établissement par l'autorité administrative ; les frais d'une saisie-arrêt pratiquée à la requête de l'Administration, avant l'accomplissement des formalités requises, resteraient nécessairement à la charge du Trésor (Sol. 19 avr. 1900 ; *J. E.* 26.005).

FAILLITE.

ART. 1ᵉʳ. — RÈGLES DE PERCEPTION.

1. (14). Procès-verbaux d'affichage. — Sont exempts des droits et de la formalité du timbre et de l'enregistrement, en vertu de l'art. 10 de la loi du 26 janvier 1892, non seulement les certificats constatant les insertions dans les journaux des extraits des jugements déclaratifs de faillite, mais encore les certificats constatant l'affichage ou l'insertion au tableau de l'auditoire du tribunal des mêmes extraits (Prades, 6 juin 1894 ; *R. E.* 1007 ; *J. E.* 24.492 ; *R. P.* 8657).

2. (22). Vente des effets mobiliers et marchandises du failli. Fonds de commerce. — Lorsque le syndic a été autorisé judiciairement à vendre le mobilier et les marchandises du failli, sans mention de la clientèle, la cession qu'il réalise au profit d'un tiers ne constitue pas une cession de fonds de commerce, mais une simple vente de mobilier et de marchandises, alors même que le cessionnaire aurait été inscrit au rôle de la patente à la place du failli, et dans le même local. Une telle convention, quand elle est verbale, n'est pas soumise à la formalité de la déclaration dans un délai déterminé et elle donne lieu, lors de l'enregistrement, à la perception du droit de vente au tarif réduit de 0 fr. 50 0/0 édicté par l'art. 12 de la loi du 24 mai 1834 (Bordeaux, 1ᵉʳ août 1898 ; *R. E.* 1851 ; *R. P.* 9488).

Remarquons que la taxe additionnelle de 1 fr. 25 0/0 et de 0 fr. 32 0/0, établie au profit de la Ville de Paris par la loi du 31 décembre 1900 sur les cessions de fonds de commerce et de marchandises, n'est pas applicable aux cessions après faillite ou liquidation judiciaire (Sol. 11 mars 1901 ; *R. E.* 2680).

3. (37). Vérification de créances. Jugement formant titre. — L'exemption du droit et de la formalité édictée par l'art. 10 de la loi du 26 janvier 1892 pour les procès-verbaux d'affirmation et de vérification de créances doit être limitée aux jugements qui ne produisent que les effets d'une simple vérification de créance et ne sont que confirmatifs d'une créance préexistante ; elle ne saurait être étendue à des jugements emportant reconnaissance, au profit d'une partie autre que le failli, d'un droit de créance ne résultant pas d'un titre antérieur et dont la constatation judiciaire était indispensable pour conférer à cette partie le titre primordial de sa créance.

Par conséquent, le jugement qui, après avoir déclaré un failli responsable des mauvais placements de fonds par lui effectués pour le compte d'un tiers, admet ce tiers au passif de la faillite pour les sommes à lui allouées par le tribunal en réparation du dommage causé et emporte ainsi virtuellement condamnation du failli au paiement de ces sommes à titre de dommages-intérêts, est passible du droit proportionnel de condamnation (Villeneuve-sur-Lot, 21 nov. 1896 (1) ; *J. E.* 25.304 ; *R. P.* 9095).

4. (48). Concordat amiable. Pacte d'atermoiement. — Le traité qualifié atermoiement, par lequel les créanciers d'une société dont ils ont provoqué la liquidation judiciaire, autorisent les gérants à continuer l'exploitation de leurs usines et à faire usage de la signature sociale et consentent, en outre, à proroger pendant un délai déterminé l'exigibilité de leurs créances en prenant toutefois certaines mesures conservatoires destinées à empêcher le débiteur d'aliéner ou de dissiper ses biens, ne constitue ni un contrat d'atermoiement après faillite, ni une cession de biens, mais présente tous les caractères de l'atermoiement ordinaire passible du droit proportionnel de 0 fr. 50 0/0 (Cass. civ., 27 déc. 1893 ; *R. E.* 605 ; *J. E.* 24.261 ; *R. P.* 8225 ; Inst. 2872-3 ; D. 94.1.191).

5. (50). Transaction portant cession à un créancier gagiste. — La transaction par laquelle un failli cède en toute propriété à un créancier gagiste, à la condition par celui-ci de renoncer à ses droits de dividende dans la répartition d'une somme déjà réalisée, les valeurs faisant l'objet du gage, donne ouverture au droit proportionnel de cession, non pas sur le dividende auquel le cessionnaire renonce, mais sur les valeurs effectivement cédées, d'après le tarif qui leur est propre (Senlis, 10 juill. 1895; *J. E.* 24.995 ; *R. P.* 8775).

6. (53). Concordat. Affectation hypothécaire et cautionnement par un tiers. — Depuis la loi du 26 janvier 1892, le cautionnement ou l'affectation hypothécaire fournie par un tiers pour garantir les engagements pris par le failli est exempt de droit comme le cautionnement lui-même. Si la caution promet seulement dans le concordat de fournir ultérieurement une garantie hypothécaire, l'acte notarié postérieur qui constate la réalisation de cet engagement a le caractère d'acte d'exécution ou de complément et ne donne ouverture qu'au droit fixe (Sol. 9 janv. 1897 ; *R. E.* 1462 ; *J. E.* 25.272).

7. (67). Etats de répartition. — L'exemption de timbre et d'enregistrement accordée par l'art. 10 de la loi du 26 janvier 1892, aux états de répartition dressés en matière de faillite s'applique tout aussi bien aux actes de cette nature qui interviennent en vertu de décisions judiciaires rendues en exécution des lois relatives aux faillites qu'à ceux rédigés directement en exécution de ces lois. Doit bénéficier notamment de l'exemption l'état de répartition dressé par l'ancien syndic, en cas de concordat pur et simple, en vertu et en exécution de ce concordat et du jugement qui l'homologue (Domfront, 29 juill. 1899 ; *R. E.* 2178).

(1) Ce jugement a été rendu à l'occasion d'un litige né antérieurement à la mise en vigueur de la loi du 26 janvier 1892. Et il a décidé que le droit de condamnation était exigible à l'exclusion du droit fixe auquel étaient alors assujettis les procès-verbaux d'affirmation et vérification de créance par l'art. 13 de la loi du 24 mai 1834.

. ART. 2. — TAXE DE RÉPARTITION.

8. (76). Assiette de la taxe. — Les art. 15 et 16 de la loi du 26 janvier 1892, qui ont établi la taxe de 0 fr. 25 0/0 sur les répartitions faites aux créanciers, en matière de faillite ou de liquidation judiciaire, s'appliquent, sans exception, à toutes les répartitions et atteignent toutes les sommes mises en distribution, sans qu'il y ait à distinguer entre les créanciers privilégiés et ceux qui viennent seulement au marc le franc (Sol. 28 nov. 1894 ; *J. E.* 24.791 ; *R. P.* 8055 ; — Tours, 17 juin 1898 ; *R. E.* 1822 ; *R. P.* 9485 ; — Bordeaux, 29 juin 1898; *R. E.* 1848 ; *R. P.* 9423; — Bordeaux, 18 déc. 1899 ; — Le Havre, 10 mars 1900; *R. E.* 2412).

Ce droit frappe notamment les sommes prélevées au profit des créanciers privilégiés et non comprises dans la répartition et il est dû alors même que la faillite étant close pour insuffisance d'actif, un seul créancier privilégié absorberait l'intégralité de l'actif (Rouen, 18 nov. 1897; *R. E.* 1634 ; *J. E.* 23.326 ; *R. P.* 9272).

On a cependant prétendu que la taxe de 0 fr. 25 0/0 n'atteignait pas les sommes attribuées aux créanciers gagistes (Mâcon, 11 juil. 1900 ; *R. E.* 2486). Mais les termes de la loi résistent à une semblable interprétation et nous n'hésitons pas à nous rallier à l'opinion contraire qui a du reste réuni l'adhésion de la grande majorité des tribunaux, et suivant laquelle le droit établi par les art. 15 et 16 doit être étendu à toutes les distributions faites par les soins du syndic ou du liquidateur, à tous les créanciers, dans quelque forme que ce soit.

Par les mêmes motifs, nous repoussons la thèse d'après laquelle l'exigibilité de la taxe ferait exception à l'égard des attributions faites au Trésor en paiement de contributions directes et au propriétaire en paiement de loyers. (Le Havre, 10 mars 1900, précité). Il ne pourrait en être ainsi que si la taxe due sur les répartitions faisait partie des frais dont le Trésor doit faire l'avance en cas d'insuffisance des deniers de la faillite et dont il ne peut être remboursé sur les premiers recouvrements que sous réserve du privilège du propriétaire (461, C. com.). On conçoit, en effet, que l'Administration ne puisse prélever sur les sommes dues pour loyers ou contributions directes des frais qui ne seraient privilégiés qu'en second rang. Mais la question ne peut pas se poser, dès lors que le Trésor n'a pas à faire l'avance de la taxe ni, par suite, à s'en rembourser par privilège. Le droit commun reprend donc son empire et chaque intéressé doit supporter les frais auxquels donnent lieu la conservation et le recouvrement de sa créance.

9. (77). Paiement de la taxe. Obligations du syndic. — L'art. 16, § 1 de la loi du 26 janvier 1892 ne met à la charge personnelle du syndic le paiement de la taxe de 0 fr. 25 0/0 que s'il ne l'a pas acquittée dans la huitaine de la répartition, ou s'il n'a pas mis le receveur à même d'en faire une liquidation exacte. Il satisfait à cette dernière obligation en remettant au receveur une note contenant tous les renseignements utiles pour l'assiette de l'impôt et il ne peut plus être recherché pour le paiement du supplément exigible en cas d'insuffisance de perception (Sol. 19 avr. 1899 ; *R. E.* 2261 ; *J. E.* 25.886).

La taxe incombe, en définitive, aux créanciers qui ont reçu la répartition (Même Sol.). Le syndic ne pourrait toutefois s'opposer à la réclamation du droit sous le prétexte qu'il en pourrait répéter une partie contre le Trésor lequel aurait, comme créancier privilégié du failli, touché, pour contributions et droits de consommation, une partie des sommes distribuées (Tours, 17 juin 1898, précité).

Le recouvrement de la taxe de 0 fr. 25 0/0 est soumis à la prescription biennale. Mais le point de départ de cette prescription remonte seulement au jour où le syndic a mis l'Administration à même de liquider les droits et non à la date du visa du répertoire spécial du greffier où est inscrit l'état de répartition (Même jug.).

10. (79). **Répertoire spécial.** — Les greffiers des tribunaux de commerce doivent inscrire sur le répertoire spécial non timbré dont la tenue a été prescrite par l'art. 19 de la loi du 26 janvier 1892, les états de répartition dressés par les syndics de faillite et rendus exécutoires par une ordonnance du juge-commissaire que le greffier doit signer, mais non les comptes et rapports de ces syndics.

Par contre, les comptes et rapports des syndics étant non pas des actes du greffe, mais bien des actes sous seing privé qui, antérieurement à la loi de 1892, n'étaient sujets à l'enregistrement qu'à raison de leur usage en justice et ne devaient pas être portés au répertoire du greffe, leur inscription au nouveau répertoire non timbré ne semble pas obligatoire, par le motif que cette formalité ne paraît avoir été prescrite, par l'art. 19 de la loi nouvelle, que pour les actes précédemment assujettis à l'inscription au répertoire et dispensés du timbre et de l'enregistrement par l'art. 10 de cette loi (Sol. 3 juill. 1899 ; R. E. 2153).

FONDATION. — **1.** (18). **Fondation de lits dans les hospices.** — L'abandon de sommes ou valeurs pour la fondation de lits dans un hospice, sans stipulation d'avantages spirituels ou temporels au profit du fondateur ou de sa famille, présente les caractères d'une libéralité, alors même que la totalité des revenus de la fondation serait absorbée par les charges imposées à l'hospice (Lunéville, 31 oct. 1894 ; J. E. 24.524).

Mais il n'en est ainsi, lorsqu'il s'agit d'un hospice communal, qu'autant que la fondation doit profiter aux habitants mêmes de la commune. En effet, l'obligation d'assistance gratuite, qui résulte pour un hospice communal de sa destination légale est restreinte aux habitants de la commune dans laquelle cet hospice est établi. Dès lors, quand un particulier s'est obligé à remettre à l'hospice d'une commune un titre de rente sur l'Etat moyennant l'engagement pris par l'hospice d'entretenir un nouveau lit pour recevoir et soigner une personne d'une commune différente, de la désignation du fondateur, on ne saurait prétendre, si d'ailleurs et, en fait, la charge assumée par l'hospice est équivalente à la valeur du titre de rente à lui remis, qu'une semblable convention augmente les ressources de cet établissement et a pour effet de lui permettre de mieux atteindre le but de son institution. Elle présente les caractères d'un contrat à titre onéreux, et l'acte qui la constate ne peut, en conséquence, être assujetti au droit de donation (Cass. civ., 28 oct. 1895 ; D. 96. 1.497 ; S. 97.1.289 ; R. E. 1033 ; J. E. 24.714 ; R. P. 8654).

2. (25 et 31). **Messes. Désignation du bénéficiaire.** — Un testateur ayant légué ses biens à une personne déterminée, à charge par celle-ci de verser, dans les trois mois du décès, au curé d'une paroisse désignée une certaine somme pour les frais de l'enterrement du testateur et pour faire dire des messes et prières à son intention, cette disposition a été considérée comme constituant non un legs particulier au profit du curé, mais une simple charge exempte du droit de mutation par décès, alors surtout que la somme affectée aux frais des messes et prières ne dépassait pas sensiblement les frais ordinaires d'enterrement et de services religieux (Sol. 28 janv. 1898 ; R. E. 1849 ; J. E. 25.524 ; R. P. 9348).

On a vu, au contraire, un legs particulier et non une simple charge, dans la disposition d'un testament ainsi conçu : « Je donne et lègue au prêtre qui administrera la paroisse de B... à mon décès, une somme de 300 fr. pour être employée en messes ou autres prières pour le repos de mon âme » (Sol. 14 janv. 1898 ; R. E. 1906).

On aurait tort de croire ces deux solutions contradictoires.

Dans le premier cas, le testament ne conférait aucune action personnelle en délivrance au bénéficiaire de la disposition. Elle imposait, il est vrai, aux héritiers la charge de verser une certaine somme, pour frais funéraires et autres, au curé d'une paroisse, mais la latitude accordée aux héritiers, quant au délai d'exécution, laissait incertaine la personne du bénéficiaire de la disposition rémunératoire. L'élément caractéristique du legs faisait par conséquent défaut. Il en était différemment dans la seconde espèce : le bénéficiaire était nettement désigné ; de plus, l'*animus donandi* n'était pas douteux et il résultait des termes mêmes de la disposition.

FONDS DE COMMERCE.

SOMMAIRE ANALYTIQUE.

§ 1. — Dispositions préliminaires.Législation, 1-2.
§ 2. — Des mutations qui tombent sous l'application de la loi du 28 février 1872, 3-5.

§ 3. — Assiette de l'impôt, 6.
§ 4. — Quotité du droit, 7-12.

    ART. 1ᵉʳ. — FONDS DE COMMERCE, 7-8.
    ART. 2. — MARCHANDISES NEUVES, 9.
    ART. 3. — CONDITIONS D'EXIGIBILITÉ DU DROIT DE 0 fr. 50 0/0, 10-12.

§ 5. — Liquidation du droit, 13-14.
§ 6. — Preuve de la mutation, 15.
§ 7. — Insuffisance et dissimulation, 16-19.

§ 1ᵉʳ. — Dispositions préliminaires. Législation.

1. (2). **Ventes de fonds de commerce exploités à Paris. Taxe additionnelle.** — En remplacement des droits d'octroi sur les boissons hygiéniques supprimés par application de la loi du 29 décembre 1897, la Ville de Paris a été autorisée, par la loi du 31 décembre 1900 (J. off., 1ᵉʳ janv. 1901 ; Inst. 3041 ; R. E. 2568), à établir, à partir du 1ᵉʳ janvier 1901, diverses taxes directes et indirectes, parmi lesquelles figure « une taxe additionnelle au droit d'enregistrement sur les ventes de fonds de commerce exploités à Paris et sur celles des marchandises neuves dépendant de ces fonds ».

L'art. 10 de la loi fixe le taux de cette taxe à 1 fr. 25 0/0, pour les mutations de propriété à titre onéreux de fonds de commerce ou de clientèle établis sur le territoire de la commune de Paris, et à 0 fr. 32 0/0 pour les cessions de marchandises neuves garnissant les fonds de commerce ainsi spécifiés, lorsque le droit d'enregistrement proprement dit ne sera dû qu'au taux de 0 fr. 50 0/0.

La perception des taxes nouvelles est confiée à l'administration de l'Enregistrement.

Elles sont soumises à toutes les règles qui gouvernent l'exigibilité, la restitution et le recouvrement des droits auxquels elles s'ajoutent (art. 10, dernier alinéa).

L'Inst. 3041 donne les indications suivantes relatives à l'exécution de la loi :

« Les taxes nouvelles sont applicables à dater de l'expiration des délais fixés par l'art. 2 du décret du 5 novembre 1870 (1). Leur exigibilité est déterminée par la date de l'acte ou de l'entrée en possession pour les actes ou les mutations assujettis à l'enregistrement dans un délai préfix, ce qui est précisément le cas des ventes de fonds de commerce.

« La situation du fonds de commerce est seule à considérer pour l'application de la loi du 31 décembre 1900 : si les biens assujettis sont situés à Paris, l'acte de transmission est passible des taxes nouvelles dans tous les cas, *sans distinguer s'il est présenté à la formalité à Paris ou partout ailleurs*.

« La perception de la taxe de 1 fr. 25 0/0 sur les mutations de propriété à titre onéreux de fonds de commerce ainsi que de la taxe de 0 fr. 32 0/0 sur les marchandises neuves sera réglée comme celle des droits établis au profit du Trésor par les art. 7, 8 et 9 de la loi du 28 février 1872. »

2. (7 et 8). **Mutations à titre gratuit. Preuve de la gratuité.** — La Cour de cassation a décidé par un arrêt du 2 août 1886 (Voir *T. A.*, n° 7, note 3), que la loi du 28 février 1872 n'est pas applicable aux mutations à titre gratuit de fonds de commerce ou de clientèle.

Tout en paraissant admettre la doctrine de cet arrêt, l'Administration soutient que, lorsque la mutation est établie par des présomptions suffisantes, c'est à la partie qui allègue la gratuité de la cession, pour échapper au paiement de l'impôt, à prouver ce qu'elle avance (Sol. 26 mai 1891 ; *R. E.* 748).

Cette opinion conforme à celle que nous avons enseignée au *T. A.*, a été accueillie par les tribunaux (2).

Quant aux preuves à fournir par la partie, elles varieront suivant les circonstances ; mais, en toute hypothèse, de simples allégations seraient insuffisantes.

§ 2. — *Mutations soumises à la loi du 28 février 1872.*

3. (17). **Débit de tabac. Gérance.** — Ainsi que nous l'avons indiqué au *T. A.*, l'Administration reconnaît qu'un débit de tabac ne constitue pas un fonds de commerce et que, par suite, la cession qui en est faite, ne rentre pas dans les prévisions de la loi du 28 février 1872. Mais elle soutient que l'exploitation du débit forme, entre les mains du débitant, une valeur mobilière incorporelle dont la cession rentre dans les dispositions générales de l'art. 69, § 5, n° 7, de la loi du 22 frimaire an VII concernant les cessions et rétrocessions de meubles et autres objets mobiliers généralement quelconques (Sol. 21 juill. 1898 ; *R. E.* 2520 ; *Rev. prat.*, 4772).

La cession des tabacs, timbres et autres articles de régie ne saurait, d'ailleurs, tomber sous l'application du droit proportionnel dû pour la cession du droit d'exploiter le débit (Même Sol.).

Lorsque le même acte contient cession d'un débit de tabac et d'un fonds de vins y annexé, moyennant un prix de 25.000 fr. applicable pour 5.000 fr. au fonds de vins et pour 20.000 fr. à la gérance du débit de tabac, cet acte est assujetti à l'enregistrement dans le délai de

3 mois comme constatant une cession de fonds de commerce et est passible du droit de 2 0/0 tant sur le prix du fonds proprement dit, que sur celui de la gérance du débit de tabac considérées comme un bien meuble incorporel. La formalité étant indivisible, le droit proportionnel est dû sur les deux cessions constatées au même acte (Seine, 2 août 1901, époux Avril).

4. (18 *bis*). **Buffet de gare.** — Il résulte de deux solutions du 10 juin 1897 que le buffet d'une gare n'a pas, entre les mains du concessionnaire qui l'exploite, le caractère d'un fonds de commerce. Par conséquent, l'acte sous seing privé constatant la cession d'un buffet n'est pas obligatoirement soumis à l'enregistrement dans un délai déterminé. Mais s'il est présenté à la formalité, il est passible du droit de 2 0/0 sur le prix total, même sur celui des marchandises détaillées et estimées article par article (*R. E.* 1439 ; *J. E.* 25.269 ; *R. P.* 9286).

Toutefois, le contraire a été décidé par un jugement du tribunal de Vervins, du 23 mars 1899 (*R. E.* 2021 ; *J. E.* 25.684 ; *R. P.* 9584). D'après ce jugement, le buffet d'une gare constitue, entre les mains de celui qui en obtient la concession, un fonds de commerce dont il a la pleine propriété et non pas seulement la jouissance, bien que son exploitation, en ce qui concerne les tarifs, soit soumise au contrôle de la Compagnie et qu'il dépende de celle-ci de développer ou de restreindre l'achalandage de cet établissement. Il en résulte que la vente du matériel et des marchandises en dépendant tombe sous l'application de la loi du 28 février 1872. Il en est surtout ainsi lorsqu'il est constant, en fait, que celui qui exploite un buffet possède une clientèle personnelle qui se confond avec celle qu'il tient de la Compagnie et qui est entrée en ligne de compte pour la fixation du prix du matériel. En conséquence, le tarif réduit doit profiter aux marchandises neuves détaillées et estimées article par article, et pour lesquelles un prix distinct a été stipulé.

Nous inclinons à penser avec l'Administration qu'en principe, la clientèle d'un buffet de chemin de fer doit être considérée comme formant la propriété de la Compagnie, plutôt que celle du gérant, et que, par suite, ce dernier se trouve, au point de vue fiscal, dans la même situation que le locataire d'un fonds de commerce qui n'est pas tenu, s'il acquiert le matériel et les marchandises, d'en faire la déclaration (V. *T. A.*, n° 44-2, C).

Le jugement du tribunal de Vervins paraît néanmoins devoir être approuvé, dès lors qu'il était constant au procès que le cédant possédait, en dehors de l'exploitation du buffet, une clientèle personnelle dont les parties avaient tenu compte pour la fixation du prix de la cession. Cette particularité, qui ne se rencontre pas dans les affaires ayant donné lieu aux solutions du 10 juin 1897, permettait difficilement de soutenir que le buffet ne constituait pas un fonds de commerce dans les mains du gérant.

En définitive, il s'agit d'une question de fait dont la solution dépend des circonstances de chaque affaire.

5. (21). **Applications de la loi de 1872.** — La loi de 1872 est applicable à la convention par laquelle le fondateur d'une société anonyme transmet à titre onéreux à cette société la propriété du titre d'un *Indicateur* qu'il a créé (Lyon, 27 mai 1898 ; *R. E.* 1850 ; *J. E.* 25.586).

§ 3. — *Assiette de l'impôt.*

6. (25). **Eléments du fonds de commerce.** — Nous rappelons qu'un fonds de commerce constitue une universalité juridique formée de tous les droits utiles à l'exercice de la profession de commerçant, et que, si la loi de 1872

---

(1) La loi du 31 décembre 1900, promulguée au *Journal officiel* du 1er janvier 1901, est devenue exécutoire à Paris le 3 janvier, et partout ailleurs, dans l'étendue de chaque arrondissement, un jour franc après que le *Journal officiel* du 1er janvier 1901 est parvenu au chef-lieu de l'arrondissement (Décr. 5 nov. 1870, art. 2 ; Inst. 2422, note 1).

(2) Périgueux, 16 juill. 1892 ; *R. E.* 346 ; *J. E.* 24.717 ; — Château-Thierry, 6 juin 1894 ; *J. E.* 24.411 ; — Seine, 24 janv. 1895 ; *J. E.* 24.835 ; — St-Dié, 26 juill. 1895 ; *R. E.* 4206 ; *R. P.* 8724 — Villefranche, 1er avr. 1898 ; *R. E.* 1748 ; *R. P.* 9486.

indique certains éléments de cette universalité : achalandage, cession du droit au bail, cession des objets mobiliers
ou autres servant à l'exploitation du fonds, il n'est pas
nécessaire, pour l'exigibilité de l'impôt, que ces divers
éléments se trouvent réunis (Comp. Inst. 2965, p. 56).
La jurisprudence est constante.

Il faut ajouter aux décisions citées au *T.A.* un jugement
du tribunal de la Seine du 13 février 1896, d'après lequel il
y a lieu de considérer comme une cession de fonds de commerce prévue par la loi du 28 février 1872, celle qui a pour
objet un matériel et une clientèle, alors même qu'aucun
droit au bail ne serait cédé en même temps que la clientèle
(*R. E.* 1118 ; *R. P.* 8725).

La Cour d'Amiens s'est également prononcée dans ce
sens par un arrêt du 29 janvier 1898 (*Rev. prat.*, 4490).

CESSION DE MARCHÉS EN COURS. — Quand des marchés en
cours sont cédés avec le fonds, c'est seulement le prix
particulier à recevoir par le vendeur, comme bénéfice de
la cession des marchés, qui est assujetti au droit de 2 0/0,
et non le prix à payer par l'acquéreur au maître du marché, comme substitué aux obligations de son cédant (Inst.
2673, § 4, p. 109 et 112 ; Voir *T. A.*, *Marché*, 67 et 68).

§ 4. — *Quotité du droit.*

ART. 1ᵉʳ. — FONDS DE COMMERCE.

7. (32). Tarif. Achalandage. — L'élément le plus
important d'un fonds de commerce, c'est l'achalandage ;
car il est impossible de concevoir un fonds de commerce
sans les pratiques qui y sont attachées et qui, seules, assurent la rémunération du travail du commerçant (V. Dalloz, Vᵒ *Achalandage* ; Boistel, *Précis de droit comm.*, p. 289 ;
Ruben de Couder, *Dict. de droit comm.*, Vᵒ *Fonds de commerce*, nᵒ 3).

Or, il est bien certain, comme le fait remarquer l'Inst.
2965, § 5, p. 57, que l'achalandage comprend les procédés
de fabrication, les marques de fabrique et tous les droits
analogues qui concourent à former et à maintenir les relations entre le public et l'établissement commercial.

Tous ces droits font donc partie de l'universalité juridique qui est le fonds de commerce, et, sauf le cas où ils
sont exclus de la cession par une clause expresse de
l'acte, ils tombent sous l'application de la loi du 28 février
1872.

Dans ce sens, la Cour de cassation a décidé, par un arrêt du 12 juillet 1897, que, lorsqu'un fonds de commerce
comprend, outre le matériel, la clientèle et le droit au
bail, un *brevet d'invention* dont on fait nécessairement partie,
l'exploitation du fonds ne pouvant avoir lieu sans le droit
d'exploiter le brevet, le droit de cession à 2 0/0 est dû sur
le prix total de la vente du fonds, sans qu'il soit permis au
juge d'en distraire arbitrairement la valeur spéciale afférente au brevet (1).

8. (34). Droit au bail. Bonification. — Le droit de 2 0/0
est exigible sur la somme d'argent que le cédant reçoit du
cessionnaire en sus des loyers de l'immeuble, comme
prix de l'abandon de son bail.

Jugé, par application de cette règle :

Que, lorsque la cession du bail des locaux où s'exploite
un fonds de commerce est concomitante à la cession du
fonds, elle donne ouverture au droit de 0 fr. 20 0/0 sur
les loyers à payer par le cessionnaire au bailleur primitif,

(1) Inst. 2965, § 5 ; Bull. civ., 1897, nᵒ 104, p. 174 ; S. 98.1.52 ;
P. 98.1.52 ; R. E. 1457 ; J. E. 25.174 ; R. P. 9036 ; *Rev. prat.*,
4590 ; J. N. 26.603 ; *Rev. not.*, 10.003 ; J. *du Not.*, 98-490.

en l'acquit du cédant, et au droit de 2 fr. 0/0 sur l'excédent des loyers à courir que le cédant doit conserver.

Le droit de 2 0/0 sur la bonification stipulée par le
premier cédant est exigible non seulement lors de la première cession du bail, mais encore sur toutes les cessions
successives qui en sont consenties pour le même prix en
même temps que la vente du fonds (Seine, 29 juillet 1898 ;
R. E. 1852 ; *J. E.* 25.550) ;

Que c'est le droit de 2 0/0 et non celui de 0 fr. 20 0/0
qui est exigible sur le prix moyennant lequel le cessionnaire à titre de bail de sources thermales déclare apporter
ses droits à un tiers, tenu, en outre, du payement des
loyers à échoir (Pontoise, 13 décembre 1899 ; *R. E.* 2297).

ART. 2. — MARCHANDISES NEUVES.

9. (36-5). Objets à manufacturer. — Il est constant
que le tarif réduit de 0 fr. 50 0/0 est applicable aux matières premières destinées à entrer dans la fabrication des
marchandises neuves et à être vendues, après leur mise
en œuvre ou leur transformation (1).

ART. 3. — CONDITIONS D'EXIGIBILITÉ DU DROIT DE 0 fr. 50 0/0.

**10. (39 et 40). Marchandises neuves. Evaluation dé-
taillée. Inventaire.** — Pour bénéficier du tarif de
0 fr. 50 0/0, la cession de marchandises neuves vendues
en même temps que la clientèle d'un fonds de commerce
doit, non seulement être faite pour un prix distinct, mais
encore être accompagnée d'une évaluation *détaillée* de ces
marchandises (Seine, 2 avr. 1896 ; *R.E.* 1164 ; *J.E.* 25.011).

Il n'est pas nécessaire que cette évaluation soit contenue
dans l'acte même de vente. Le vœu de la loi est suffisamment rempli, si le détail et l'estimation font l'objet d'un
acte annexé, ou même d'un acte contemporain auquel les
parties se réfèrent expressément.

Mais la référence à un inventaire passé plusieurs années
avant la vente et renfermant le détail de marchandises
renouvelées depuis lors, est, de l'aveu même des parties, est
insuffisante pour justifier l'application du tarif réduit (Bourgoin, 4 août 1899 ; *R. E.* 2154 ; *J. E.* 25.932).

Il en est de même de l'estimation contenue dans un
état annexé à l'acte, si les parties ne s'y réfèrent pas
expressément, et si, d'autre part, l'évaluation est faite par
groupes dans lesquels les parties ont compris et évalué en
bloc des marchandises de nature dissemblable et de valeur différente, de telle sorte que le contrôle de l'Administration soit rendu absolument illusoire (Le Mans, 28 août
1896 ; *J. E.* 25.082 ; *Rev. not.*, 10.002).

Enfin, bien que le contraire ait été admis par le tribunal de la Seine (jug. 18 janv. 1901 ; *R. E.* 2643), nous
pensons que la même solution est applicable au cas où
l'état descriptif et estimatif est signé par une seule des
parties. En effet, l'art. 7 de la loi du 28 février 1872
exige, indépendamment du détail estimatif des marchandises, la stipulation d'un prix particulier. Or, le prix étant
l'un des éléments essentiels du contrat, le concours des
deux parties est indispensable pour le déterminer.

**11. (40-1). Marchandises neuves. Adjudication. Dé-
tail dans le cahier des charges. Prix unique. Calcul
du droit de 0 fr. 50 0/0.** — Lorsque le cahier des charges
dressé préalablement à l'adjudication d'un fonds de commerce par devant notaire contient des mises à prix distinctes pour le fonds proprement dit et pour les marchandises
neuves, et donne, en outre, le détail estimatif de

(1) Sol. 16 fév 1895 ; R. E. 1300 ; J. E. 24.856 ; R. P. 8584 ;
J. N. 26.039 ; J. du Not., 96-761.

celles-ci, on peut admettre la perception du droit réduit de 0 fr. 50 0/0 sur les marchandises, alors même que l'adjudication aurait eu lieu moyennant un prix unique. L'excédent de ce prix sur la mise à prix doit être, en ce cas, ajouté en entier à la fraction du prix passible du droit de 2 0/0 (1).

12. (44-2). **Vente de marchandises neuves non correspective à celle du fonds de commerce.** — Il est de règle que le droit de 2 0/0 est dû sur toute cession de marchandises neuves non correspective à l'aliénation du fonds de commerce alors même que les prescriptions légales pour l'application du tarif réduit de 0 fr. 50 0/0 seraient observées. C'est ce qui résulte des solutions de l'Administration mentionnées au *T. A.*, auxquelles nous devons ajouter une solution du 11 juin 1894, rendue en matière de cession de marchandises concomitante à un *bail* du fonds de commerce (*J. E.* 24.524), et une autre solution du 26 janvier 1897, portant que la vente de marmarchandises distraites d'un fonds de commerce par un *partage antérieur* est passible du droit de 2 0/0, bien que, par un acte du même jour, l'acquéreur les ait apportées à une société formée avec le propriétaire du mobilier et du matériel (*Rev. prat.*, 4230).

Par une extension peut-être excessive de cette règle, il a été jugé que lorsqu'une société, après avoir acquis une usine, achète ultérieurement les marchandises et appprovisionnements en dépendant, cette seconde acquisition n'est obligatoirement assujettie à l'enregistrement (ou à la déclaration) dans le délai de 3 mois, que si elle dépend de la cession du fonds de commerce exploité dans l'usine et ne forme avec celle-ci qu'une seule mutation.

Faute de fournir la preuve de cette dépendance, l'Administration ne peut réclamer le droit de mutation sur la cession des marchandises.

Le fait que l'achat des marchandises a été prévu dans une délibération d'actionnaires antérieure à l'acquisition de l'usine n'est pas de nature à établir une corrélation nécessaire entre ces deux actes, lors que l'actuel propriétaire n'a pas assisté à la délibération et n'a pris, en cédant l'usine, aucun engagement relatif à la vente des marchandises (Nantes, 22 fév. 1897 ; *R. E.* 1823 ; *R. P.* 9144).

Cette décision repose sur des considérations de fait qui tendent à la justifier. Mais il faudrait se garder d'en généraliser la doctrine. La question ne peut être résolue que par l'examen des circonstances de chaque affaire.

§ 5. — *Liquidation du droit.*

13. (54-1). **Créances.** — L'Administration admet que, lorsque des créances sont cédées avec un fonds de commerce, le tarif qui leur est applicable est celui de 1 0/0, alors même qu'elles n'auraient fait l'objet, dans le contrat, d'aucune évaluation détaillée.

Elle a fait décider, toutefois, qu'à défaut de distinction entre les espèces en créances en portefeuille, la cession portant sur les unes et les autres doit être assujettie au droit de transport de créances (Montauban, 12 août 1898 ; *R. E.* 1897 ; *R. P.* 9550).

Cette décision ne paraît pas devoir être approuvée. C'est seulement en matière de vente de meubles et d'immeubles, pour un prix unique, que l'art. 9 de la loi du 22 frimaire, an VII prescrit de percevoir le droit de 5 fr. 50 0/0 sur la totalité du prix. Cette disposition est exceptionnelle et ne

(1) Sol. 16 fév. 1895 ; *R. E.* 1300 ; *J. E.* 24.856 ; *R. P.* 8584 ; *J. N.* 26,039 ; *J. du not.*, 96.761.

peut, dès lors, être étendue par voie d'analogie à des cas autres que ceux prévus par le législateur.

14. (60). **Vente d'immeubles et de fonds de commerce. Matériel industriel. Caractère immobilier. Défaut de désignation article par article. Droit de 5 fr. 50 0/0 sur le prix total.** — Lorsqu'un établissement industriel est vendu en même temps que des constructions, qu'un seul prix est stipulé pour le fonds et un autre pour les constructions et que le fonds vendu comprend un matériel industriel ayant le caractère d'immeuble par destination, c'est à juste titre que le droit de 5 fr. 50 0/0 est perçu sur la totalité des deux prix stipulés (Seine, 8 mai 1897 ; *R. E.* 1473 ; *R. P.* 9018 et 9135 ; D. 97.5.260).

§ 6. — *Preuve de la mutation.*

15. (64 et 67). **Mutation. Preuve.** — Nous avons enseigné qu'en principe, la preuve d'une mutation de fonds de commerce peut être fournie au moyen de tous actes émanés des parties.

Jugé, dans ce sens, que, lorsqu'après la dissolution d'une société, un associé fait apport à une société nouvelle du fonds de commerce qui avait été apporté à l'ancienne par un autre associé, cette déclaration d'apport constate la transmission du fonds et donne ouverture au droit proportionnel établi par les art. 7 et suivants de la loi du 15 février 1872 (Seine, 15 fév. 1895 ; *R. E.* 926 ; *J. du not.*, 96.423).

De même, lorsque le propriétaire d'un immeuble et du fonds de commerce qui y est exploité, donne l'immeuble à bail à un tiers et lui cède le matériel, les objets mobiliers et les marchandises neuves dépendant du fonds, la clientèle doit être réputée avoir été cédée avec le matériel et les marchandises (Villefranche-sur-Rhône, 1er avr. 1898 ; *R. E.* 1748).

§ 7. — *Insuffisance et dissimulation.*

16. Insuffisance. Expertise. — La faculté de requérir l'expertise, accordée à l'Administration par l'art. 8 de la loi du 28 février 1872 a été étendue aux mutations par décès par l'art. 11 *in fine* de la loi du 25 février 1901.— V. *Succession.*

17. (98). — V. *Dissimulation.*

18. (105). — V. *Faillite.*

19. (108-5). **Société.** — Lorsqu'il est fait apport pur et simple à une société en formation d'un fonds de commerce et d'une certaine quantité de marchandises neuves, l'apporteur se réservant de disposer comme il l'entendrait du surplus des marchandises, et que, par une seconde convention concomitante à la première et la complétant, tout cet excédent de marchandises est cédé à la société nouvelle moyennant un prix déterminé, les deux contrats établissent l'existence d'une cession unique de fonds de commerce réalisée sous forme d'un apport en société ayant pour partie le caractère onéreux.

L'acte distinct de cession de marchandises doit, en conséquence, être obligatoirement présenté à l'enregistrement, dans les trois mois de la mutation.

Le tarif réduit de 0,50 0/0 est applicable si les parties produisent un inventaire estimatif et détaillé des marchandises (Seine, 14 juin 1901 ; *R. E.* 2799).

FORÊTS. — **1.** (25). **Procès-verbaux de délivrance aux adjudicataires ou aux usagers.** — Les procès-verbaux de délivrance dressés par les agents forestiers contradictoirement avec l'adjudicataire d'une coupe ou avec les usagers ont le caractère d'actes contractuels administratifs. Comme, d'autre part, ils ne constituent ni des actes translatifs, ni aucun des autres contrats prévus par l'art. 78 de la loi du 15 mai 1818, ils sont régis par l'art. 80 de la même loi qui déclare les actes qu'il vise exempts du timbre sur la minute et de l'enregistrement tant sur la minute que sur l'expédition. Les dispositions contraires des Inst. n°s 1504, § 5 et 1576, § 16, ne doivent plus continuer à être suivies (Sol. 6 juin 1898 ; R. E. 1791 ; J. E. 25.527 ; R. P. 9561).

Les *permis d'exploiter* délivrés par les agents forestiers sont des actes de police intérieure dispensés, à ce titre, du timbre et de l'enregistrement (Sol. 29 octobre 1900 ; R. E. 2808).

2. (26). **Reconnaissance des cantons défensables. Procès-verbaux et notifications.** — Les actes rédigés par les agents forestiers tant pour la notification à l'usager de la reconnaissance des cantons défensables que pour la marque des bestiaux admis au parcours sont visés pour timbre en débet et enregistrés gratis, sauf le cas où les titres constitutifs de l'usage imposeraient formellement à l'usager le paiement des droits de timbre et d'enregistrement. Les procès-verbaux de reconnaissance sont euxmêmes exempts du timbre sur la minute et de l'enregistrement tant sur la minute que sur l'expédition (Sol. 9 juil. 1892 ; R. E. 1518 ; J. E. 24.700 ; R. P. 8010).

3. (44). **Procès-verbaux de martelage et d'estimation.** — La demande d'un particulier en délivrance de bois forme avec les procès-verbaux de martelage et d'estimation dressés ensuite par les agents forestiers, un contrat administratif régi par l'art. 78 de la loi du 15 mai 1818. Le procès-verbal d'estimation, qui donne à la convention translative sa perfection, constitue le titre imposable et doit être assujetti au droit de 2 0/0 dans les vingt jours. Mais le procès-verbal de martelage, dès lors qu'il forme avec celui d'estimation un seul contrat, ne doit pas être soumis à un droit fixe particulier. Les deux procès-verbaux sont passibles du timbre de dimension. La formalité peut être donnée en débet (Sol. 30 oct. 1899 ; R. E. 2450).

Les procès-verbaux de martelage dressés par les fonctionnaires des forêts sont des actes administratifs, exempts, en principe, du timbre sur la minute et de l'enregistrement.

Cette règle s'applique notamment aux procès-verbaux de l'espèce relatifs aux délivrances faites en nature aux usagers dans les bois communaux (Rappr. Sol. 6 juin 1898, n° 1 supra).

Quant aux procès-verbaux de martelage annexés aux actes d'adjudication de bois communaux, ils sont soumis au visa pour timbre en débet avec l'acte d'adjudication dont ils font partie intégrante, et le droit de timbre est recouvré après la vente (Inst. 1522. dern. alin.).

Même règle pour les procès-verbaux annexés aux adjudications de coupes domaniales, avec cette différence que le droit de timbre est compris dans la taxe de 1,60 0/0 à payer par les adjudicataires (Sol. 29 oct. 1900 ; R.E.2808).

4. (58). **Procès-verbaux de récolement.** — Les procès-verbaux dressés contradictoirement entre les agents forestiers et les adjudicataires de coupes pour constater le bris accidentel de réserves et arrêter le chiffre du dommage éprouvé et de la réparation à en faire soit en arbres, soit en argent, constituent des actes administratifs qui, ne rentrant dans aucune des catégories visées par l'art. 78 de la loi du 15 mai 1818, sont exempts de l'enregistrement en vertu de l'art. 80 de la même loi. Il en est autrement quand le procès-verbal constate à la charge de l'adjudica-

taire un délit ou une contravention, ce qui arrive notamment lorsqu'il n'a pas averti le chef du cantonnement du dommage survenu accidentellement à la forêt. Dans ce cas le procès-verbal aurait le caractère de procès-verbal de contravention et devrait être enregistré en débet dans le délai de 4 jours au droit fixe de 2 fr. en principal (Sol. 12 fév. 1897 ; R. E. 1347 ; J. E. 25.205 ; R. P. 9005).

5. (70). **Taxe de 1 fr. 60 0/0. Mode de liquidation.** — La taxe de 1 fr. 60 0/0, que les adjudicataires des produits forestiers domaniaux acquittent en sus du prix principal, constitue une recette d'ordre domanial ; les lois de finances la classent, en effet, au rang des revenus des bois et forêts de l'Etat. Bien que formant, pour la majeure partie, la représentation de droits de timbre et d'enregistrement, elle échappe dès lors aux règles de liquidation et de perception établies pour les taxes purement fiscales et, notamment, pour les droits d'enregistrement (L. 22 frim. an VII, art. 6 ; L. 27 vent. an IX, art. 2).

La question de savoir si la taxe de 1.60 0/0 doit être liquidée en un seul calcul, sur le prix total des lots vendus à un même adjudicataire, ou séparément sur le prix de chaque lot, ne saurait donc être résolue par un argument de texte. Mais, dans le silence de la loi, rien n'autorise à contester la régularité du mode de perception, alors surtout que d'après une pratique générale une seule quittance est délivrée à chaque adjudicataire. Il n'existe d'ailleurs aucune raison pour agir différemment lorsque les lots adjugés à une même personne proviennent d'inspections forestières distinctes, cette circonstance restant sans influence sur la perception à effectuer (Sol. 12 avr. 1901).

6. (72). **Liquidation du droit de vente sur les coupes adjugées.** — L'art. 6 de la loi du 22 pluviôse an VII, qui prescrit de liquider le droit de vente sur le montant cumulé du prix, est applicable à l'adjudication, faite par voie administrative, de coupes dans les bois de l'Etat ou des communes (Belfort, 30 janv. 1895 ; R. E. 944 ; J. E. 24.679 ; R. P. 8528 ; — Sol. 11 avr. 1895 ; R. E. 944 ; J. E. 24.679 ; R. P. 8585). Toutefois, cette règle ne peut être appliquée qu'autant que le procès-verbal est présenté en entier à l'enregistrement et que les droits sont versés simultanément pour la totalité de l'adjudication. Chaque acquéreur est admis, en effet (D. M. F. 21 janv. 1885), à soumettre isolément à la formalité la partie du procès-verbal qui le concerne. Dans ce cas, le droit est calculé sur le prix du lot ou des lots auxquels l'enregistrement s'applique, sans avoir égard aux prix des autres lots et en arrondissant la somme sujette au droit de 20 fr. en 20 fr. (Sol. 3 fév. 1897 ; R. E. 1360 ; J. E. 25. 206).

7. (79). **Droits de cautionnement et de certificat de caution.** — Dès lors que le procès-verbal d'une vente de coupes contient l'engagement d'une caution et d'un certificateur de caution, et ne constate pas que le prix est payé comptant, les droits de 0 fr. 50 0/0 (cautionnement) et de 3 fr. (certificat de caution) sont régulièrement perçus et ne peuvent être restitués, alors même que la partie allèguerait que le prix a été, en réalité, payé comptant (Sol. 20 août 1897 ; R. E. 1774 ; J. E. 25. 693).

Lorsque l'adjudication est faite à la requête de plusieurs propriétaires distincts, le droit de cautionnement doit être calculé séparément sur chacun des lots appartenant à des vendeurs différents, même s'ils sont acquis par un seul adjudicataire (Sol. 29 nov. 1898 ; J. E. 25. 643 ; R. P. 9462).

Lorsque le droit fixe de certificat de caution excède le droit de cautionnement proprement dit, il est réduit au montant de celui-ci (Sol. 15 juin 1893 ; R. E. 508 ; J. E. 24.208).

8. (80 *bis*). Prorogations de délai de vidange. — La décision du conservateur des eaux et forêts accordant à l'adjudicataire d'une coupe un délai supplémentaire pour en achever l'exploitation, moyennant une indemnité additionnelle au prix principal, constitue un acte administratif et elle complète le contrat dont la soumission de l'acquéreur constitue l'un des éléments. Mais ce contrat n'ayant aucun caractère translatif, l'enregistrement n'est pas obligatoire (L. 15 mai 1818, art. 80), et, s'il est volontairement requis, le seul droit à percevoir serait le droit fixe de 3 fr. La soumission ou pétition de l'adjudicataire est soumise au timbre de dimension (Sol. 24 juill. 1895 ; J. E. 24.677).

9. (92). Forêts communales. Permis d'extraction de menus produits. — Le permis d'extraction de menus produits dans les forêts communales délivré par l'inspecteur des forêts, à la suite de la pétition sur timbre du futur concessionnaire, et remis au receveur municipal comme titre de recouvrement, a le caractère d'un acte administratif portant mutation et est, à ce titre, assujetti à l'enregistrement dans le délai de vingt jours, au droit de 2 0/0 (Sol. 1er mai 1901 ; R. E. 2681).

10. (96). Concessions de passages. — Les concessions temporaires de passage dans les forêts de l'État ou des communes emportent transmission de jouissance ; elles sont, par conséquent, soumises à l'enregistrement dans le délai de vingt jours et les droit de 0 fr. 20 0/0 sont perçus au comptant. La minute de l'acte de concession est soumise au timbre de dimension, ainsi que l'expédition délivrée à la partie ; mais le titre de recouvrement remis au receveur des domaines échappe à l'impôt comme document d'ordre intérieur (Sol. 22 mars et 30 déc. 1895 ; R. E. 1134 ; J. E. 24.756).

11. (105). Actes extrajudiciaires des agents forestiers. — La réduction du tiers apportée au tarif des droits des actes extrajudiciaires par l'art. 22 de la loi du 28 avril 1893 est applicable aux actes dressés par les agents forestiers, aux citations à récolement ainsi qu'aux procès-verbaux de délits, mais non aux procès-verbaux de martelage et de balivage qui constituent des actes administratifs et restent dès lors soumis au droit de 3 fr. (Sol. 20 juill. 1893 ; R. E. 588 et 882 ; J. E. 24.212).

12. (110). Jugement correctionnel. Dommages-intérêts. — Le jugement rendu à la suite d'un délit forestier, qui condamne le délinquant non à la restitution en nature des objets soustraits, mais au paiement d'une somme représentative de leur valeur, est passible, sur le montant de cette condamnation, du droit de 3 0/0 (dommages-intérêts) (Toulon, 10 mai 1898 ; R. E. 1853 ; J. E. 25.533 ; R. P. 9444).

13. (123 *bis*). Acquisitions par l'État. Reboisement — V. *Expropriation.*

14. (130). Certificats administratifs. Bois communaux. — Sont exempts de timbre, comme actes administratifs, le certificat délivré en minute aux communes par l'agent forestier pour constater la bonne exécution des travaux dans les bois soumis à sa surveillance (D. M. F. 30 août 1889), ainsi que le procès-verbal de réception de travaux mis à la charge de l'adjudicataire, lorsque ce document est dressé par un agent forestier pour être remis au receveur municipal (D. M. F. 30 août 1889 et 27 janvier 1899 ; Inst. 2989, § 3 ; R. E. 2179).

FRAIS DE JUSTICE. — 1. Renvoi.

— La réforme des frais de justice, réalisée par la loi du 26 janvier 1892, a été exposée au *T. A.*, sous diverses rubriques et notamment sous les mots *Adjudications d'immeubles*, *Jugement*, *Partage* et *Partage-Licitation*. — Conformément au plan général de l'ouvrage, nous n'avons à nous occuper ici que des amendes relatives au notariat et à la procédure civile.

2. (31 *bis*). Amendes concernant le notariat. Recours en grâce. — Les contraventions à la loi du 25 ventôse an IX sur le notariat sont constatées par les agents de l'administration de l'Enregistrement, mais la répression en est poursuivie par le ministère public seul devant les tribunaux civils, et les amendes prononcées en cette matière ne peuvent être remises ou réduites que par voie de grâce, sur la proposition du Garde des sceaux. Les demandes en remise ou modération des amendes dont il s'agit ne doivent donc pas être adressées au service de l'Enregistrement mais à celui de la Justice, qui a seul qualité pour les instruire (D. M. F. et J., 17 oct. 1899). La même règle doit être observée, par identité de motifs, dans les autres cas où la poursuite des contraventions constatées par l'administration de l'Enregistrement n'appartient qu'au ministère public et où le jugement de l'affaire rentre dans les attributions exclusives des tribunaux civils (Inst. 3002 ; R. E. 2328).

Cependant, l'usage est établi de réclamer sans condamnation préalable l'amende encourue par l'avoué qui a omis de faire mentionner un jugement de résolution en marge de la transcription de la vente et, par conséquent, de l'assimiler aux amendes d'enregistrement (R. E. 2615 ; Rapp. T. A., Vo *Hypothèques*, no 354 et *Rép. de manut.*, Vo *Amende*, no 9). Au contraire, l'amende encourue par le notaire qui a négligé de déposer au greffe un contrat de mariage de commerçant ne peut être recouvrée sans condamnation préalable (R. E. 2615).

3. (38, 39, 48). Amendes d'appel. Délai de consignation. — Les avoués ou greffiers qui font rendre ou expédier des jugements ou arrêts sur appel, sans avoir préalablement consigné l'amende spéciale, sont passibles d'une amende de 50 fr., en principal, qu'il s'agisse d'affaires ordinaires ou d'affaires sommaires. Spécialement, lorsqu'un arrêt intervient sans qu'il y ait eu consignation, l'avoué qui a poursuivi l'affaire, soit au nom de l'appelant, soit au nom de l'intimé, est passible de la pénalité ci-dessus (Cass. req, 19 mai 1899 ; J. E. 25.713 ; R. P. 9622).

Mais il ne suffit pas que l'avoué consigne l'amende avant le jugement ou l'arrêt définitif, et il ne commet pas de contravention si le juge d'appel rend une décision préparatoire avant que la consignation ait eu lieu (Rochefort, 12 août 1896 ; R. E. 1749 ; J. E. 25.390 ; R. P. 9176).

4. (52). Requête civile. Jugement de première instance. Taux de l'amende. — La disposition de l'art. 493, C. proc. civ., aux termes de laquelle la consignation à faire, avant toute requête civile, de 300 fr. pour amende et 150 fr. pour dommages-intérêts, est réduite au quart lorsqu'il s'agit de jugements rendus par les tribunaux de première instance, s'applique à toutes les décisions émanées de ces tribunaux, sans distinguer si elles ont été rendues sur appel des décisions de juges de paix ou directement en dernier ressort (Cass. civ., 17 nov. 1897 ; R. E. 1575).

5. (63-4). Pourvoi en cassation. Cour d'assises. Acquittement au criminel. Condamnation au civil. — Lorsqu'un prévenu est acquitté, par arrêt de la Cour d'assises, de l'accusation portée contre lui et condamné seulement à des dommages-intérêts envers la partie civile, le pourvoi qu'il forme en cassation n'est recevable que s'il consigne auparavant l'amende de 150 fr. (Cass. crim., 2 fév. 1900 ; R. E. 2291).

6. (78). Pourvoi en cassation. Ouvriers mineurs. —
Le pourvoi en cassation contre un arrêt rendu sur un différend né de l'exécution de la loi du 29 juin 1894 sur les
caisses de secours et de retraite des ouvriers mineurs, n'est
pas dispensé par l'art. 27 de ladite loi de l'amende de
consignation, comme celui qui est formé dans les instances visées par l'art. 13. Et il n'appartient pas à la Cour de
cassation, saisie de ce pourvoi, d'ordonner la restitution
des frais de timbre et d'enregistrement, à tort exposés par
les parties dans un litige de cette nature (Cass. req.,
2 mars 1896 ; R. E. 1133 ; J. E. 24.994).

**7. (87 bis). Déchéance de la puissance paternelle.
Recouvrement des frais par les percepteurs.** — Les
percepteurs sont seuls compétents, à l'exclusion des receveurs de l'enregistrement, pour recouvrer les frais des
instances suivies par le ministère public et tendant à
prononcer la déchéance de la puissance paternelle conformément à la loi du 24 juillet 1889 (art. 3) (Sol. 2 avr.
1894 ; R.E. 897 ; J. E. 24.451 ; R. P. 8372).

**8. (88 et 93). Inscriptions de faux. Jugement par dé-
faut prononçant l'amende. Opposition.** — Lorsqu'une
demande d'inscription en faux, formée contre un procès-
verbal des agents de la Régie des Contributions indirectes,
après avoir été déclarée admissible par le tribunal, est
ensuite reconnue non fondée, et que le demandeur est
condamné par défaut à l'amende de 300 fr., il reste redevable de cette amende nonobstant l'opposition formée par
lui au jugement dès lors qu'il signe avec l'Administration
des Contributions indirectes, une transaction aux termes
de laquelle il se désiste de son inscription en faux (Sol.
27 février 1899 ; R. E. 2262 ; J. E. 25.893).

9. (94). Remise des amendes de procédure civile. —
V. supra, n° 2.

10. (96). Amendes encourues par les avoués. —
V. supra, n° 2.

GARANTIE. — (16). **Délégation de créances en
garantie d'un marché commercial. Droit fixe.** — Un
jugement du tribunal civil de la Seine du 22 août 1898
a décidé, contrairement à l'opinion émise au *T.A.*, V°
Acte de commerce, n°s 10 et 34, que la délégation de créances consentie par acte sous seings privés en garantie du
prix d'un marché commercial doit participer au bénéfice du droit fixe dont profite le marché lui-même en vertu
de l'art. 22 de la loi du 11 juin 1859 (R. E. 1738 ; J. E.
25.597).

GARDE ASSERMENTÉ. — **1. (1). Gardes
champêtres.** — Les procès-verbaux de contravention,
en matière de police rurale, rédigés par les greffiers sous
la dictée des gardes champêtres illettrés ne doivent pas être
assimilés aux actes de greffe (Sol. 16 fév. 1897 ; R. E. 1578).

2. (4). Gardes particuliers. — Il n'est dû qu'un seul
droit sur l'acte par lequel plusieurs propriétaires désignent,
à l'autorité administrative un même garde pour la surveillance de leurs propriétés (D. M. F. 21 mai 1894 ; R. E.
739 ; — Sol. 28 mai 1894 ; J. E. 24.444 ; R. P. 8346).

Les gardes particuliers sont admis à faire enregistrer
leurs procès-verbaux au bureau le plus voisin de leur résidence, alors même que ce bureau ne serait pas celui de
leur canton (D.M.F. 21 fév. 1898 ; Inst. 2950 ; R. E.
1880).

GREFFE. — **1. (3 et 7). Attributions des greffiers.
Émoluments.** — V. *Accidents du travail, Casier judiciaire,
Warrants agricoles.*

2. (10). Prestations de serment. Actes à la suite. —
Les greffiers peuvent rédiger à la suite les uns des autres
et sur la même feuille de papier timbré les procès-verbaux
de prestations de serment reçues à l'audience. Mais il en
est autrement des prestations de serment reçues hors de
l'audience pour chacune desquelles il doit être employé
une feuille spéciale (Sol. 18 sept. 1896 ; R. E. 1284 ; J. E.
25.117 ; — 22 juill. 1898 ; R.E. 1824 ; J.E. 25.524 ; R.P.
9443).

3. (12). Saisie des salaires et des petits traitements.
— L'art. 14 de la loi du 12 janvier 1895, relative à la saisie-arrêt sur les salaires et petits traitements des ouvriers
et employés, prescrit la tenue, au greffe de chaque justice
de paix, d'un registre en papier non timbré, destiné à
recevoir la mention de toutes les phases de la procédure
et l'inscription des décisions du juge de paix, ainsi que
de la répartition entre les ayants-droit. Aux termes de
l'art. 15 de la même loi, tous les exploits, autorisations,
jugements, décisions, procès-verbaux et états de répartition, intervenus en exécution de cette loi, doivent être
rédigés sur papier non timbré et enregistrés gratis. Les
avertissements et lettres recommandées et les copies d'états
de répartition sont exempts de tout droit de timbre et
d'enregistrement (Inst. 2875 ; R. E. 891).

4. (18). Interdiction et conseil judiciaire. — La loi
du 16 mars 1893, complétée par le décret du 9 mai suivant (R. E. 469 ; J. E. 24.017 et 24.074), a organisé un
nouveau système de publicité pour les décisions prononçant une interdiction ou nommant un conseil judiciaire.

Aux termes de l'art. 1er de la loi, les greffiers des tribunaux civils doivent tenir un registre spécial, où sont relevés, au vu des extraits transmis d'office par les avoués,
tous les jugements ou arrêts de cette nature rendus contre
des personnes nées dans le ressort du tribunal, et ils
adressent ensuite à l'avoué un certificat constatant l'accomplissement de la formalité, le tout à peine de 50 fr. d'a-
mende.

Le registre dont il s'agit est soumis au timbre de dimension. La mention des jugements ou arrêts ne constitue
pas, d'ailleurs, un acte de greffe et elle n'est pas assujettie
à la formalité de l'enregistrement (Sol. 16 déc. 1893 ; R.
E. 617 ; J. E. 24.320).

Les extraits des jugements ou arrêts transmis par les
avoués peuvent être rédigés par ces officiers ministériels
ou délivrés par les greffiers. Dans le premier cas, ils sont
soumis au timbre de dimension et assujettis avant tout
usage au droit fixe d'enregistrement de 1 fr. 50. Dans le
second cas, ils constituent des expéditions, et, comme
tels, sont assujettis au droit de timbre de 1 fr. 80 mais
sont dispensés d'enregistrement.

Les certificats des greffiers sont également soumis au
timbre de dimension et à l'enregistrement, dans les
vingt jours de leur date, au droit fixe de 1 fr. 50 (D. M.
F. 8 et 19 mai 1893 ; R. E. 355 ; J. E. 24.248 ; R. P. 8151).

4 bis. (19). Compte rendu sommaire des audiences.
— Le décret du 28 novembre 1900 a prescrit la tenue, par
les greffiers des Cours et tribunaux de première instance,
d'un registre mentionnant, pour chaque audience, l'indication sommaire des arrêts ou jugements rendus, avec
les noms des magistrats ayant participé. Ce registre
constitue un document authentique comme la feuille
d'audience. Chaque mois, un extrait certifié par le greffier est transmis au parquet en même temps que le relevé
du registre des pointes auquel il sert de contrôle.

Comme le nouveau registre est un document d'ordre
intérieur, nous estimons qu'il est, à ce titre, exempt du
timbre (R. E. 2549).

5. (21). Fonds de commerce. Nantissement. — Aux termes de la loi du 1er mars 1898 (R. E. 1646 ; J. E. 25.372), tout nantissement d'un fonds de commerce doit, à peine de nullité à l'égard des tiers, être inscrit sur un registre public, tenu au greffe du tribunal de commerce dans le ressort duquel le fonds est exploité.

5 bis. Faillites. — Le greffier du tribunal de commerce doit tenir un répertoire spécial sur papier non timbré, des actes exemptés de l'enregistrement par la loi du 26 janv. 1892 (Même loi, art. 19).

6. (33). Expéditions. — L'art. 12 de la loi du 26 janvier 1892 a exempté du timbre les expéditions délivrées en matière civile par les greffiers de justice de paix. Pour les applications de cette disposition et les exceptions qu'elle comporte, Voir *Expédition*.

7. (34). Garde assermenté. — V. ce mot.

8. (40). Exécutoire. — V. ce mot.

9. (43). Purge. Dépôt au greffe des copies collationnées. Pluralité. — Il ne doit être exigé, par application de l'art. 23 de la loi du 28 avril 1893, qu'un seul droit fixe d'enregistrement sur l'acte passé au greffe pour constater le dépôt, à fin de purge, de copies collationnées d'actes de vente, lorsque la purge est poursuivie par un seul acquéreur contre plusieurs vendeurs ou par plusieurs acquéreurs contre un seul vendeur et qu'elle peut être considérée comme constituant une procédure unique. Il en est autrement dans le cas de dépôt par un acte unique de pièces tendant à purger des contrats distincts, intervenus entre des parties différentes. En cette hypothèse, en effet, il y a plusieurs procédures de purge absolument indépendantes et un droit particulier paraît exigible pour chacune d'elles (Sol. 17 oct. 1898 ; R. E. 2090 ; J. E. 25.727).

10. (44). Droits de greffe. Actes auxquels s'applique la suppression. — Est exempte du droit de greffe l'expédition, délivrée postérieurement au 1er juillet 1892, de l'acte de dépôt d'un contrat de société, d'un rapport de capitaine de navire, d'un contrat de mariage, alors même que le dépôt serait antérieur au 1er juillet 1892 (Bordeaux, 7 mai 1894 ; Sol. 24 juill. 1894 ; R. E. 1165 ; R. P. 8342 et 8488).

HABITATIONS A BON MARCHÉ. — V. au
T. A. Vente d'immeubles, nos 356 et suiv. — V. également, ci-après, *Impôt sur le revenu*, 9.

HYPOTHÈQUE MARITIME. — 1. (2). Ouverture de crédit.
— Dès lors qu'il contient constitution d'hypothèque maritime, l'acte d'ouverture de crédit ne donne lieu qu'au droit de 1 0/00 (Inst. 2834, § 9), de même que l'acte d'obligation passé dans les mêmes conditions.

2. (2). Affectation hypothécaire. — L'engagement de construire un navire constitue une vente à livrer. En cas de construction à forfait, celui qui a commandé le navire n'en acquiert la propriété qu'après la réception qu'il en a faite. Il résulte de là que, durant la construction, le navire peut être hypothéqué par le constructeur (Lyon-Caen et Renault, *Droit commercial*, 2e éd., V. n° 152 ; — Cass. 10 juill. 1888, D. 89.1.107).

L'affectation hypothécaire consentie par le constructeur à l'armateur afin de garantir à celui-ci le remboursement des acomptes versés sur le prix du navire n'est pas l'accessoire d'un contrat de prêt, mais d'un marché. Elle n'est pas soumise, en conséquence, au droit de 1 0/00, mais seulement au droit fixe, comme acte innommé (Nantes, 4 août 1898 ; R. E. 4838), à moins que l'acte qui la renferme ne constitue le titre d'un marché ou d'une libé-

ration, auquel cas il convient de l'imposer suivant la nature de la convention ainsi constatée (Sol. 16 janv. 1899 ; R. E. 4953).

3. (6). Mainlevée. — Le tribunal de St-Nazaire a jugé, le 19 janvier 1900 (R. E. 2329), que les mainlevées d'hypothèque maritime n'étaient soumises qu'au droit fixe et non à celui de 0 fr. 20 0/0 qui a remplacé le droit gradué. Cette décision ne nous paraît pas devoir être suivie en présence des termes généraux de la loi du 28 février 1872 (art. 1-7°), qui vise les mainlevées d'hypothèques, sans distinguer entre les hypothèques maritimes et terrestres. Ces dernières hypothèques existaient seules, il est vrai, en 1872, mais il importe peu, la loi statuant pour l'avenir et tarifant les actes d'après leur caractère au moment où l'impôt leur est appliqué.

HYPOTHÈQUES (1).

SOMMAIRE ANALYTIQUE.

TITRE I. — **Droits d'hypothèques. — Commentaire de la loi du 27 juillet 1900.**

CHAP. I. — Observations préliminaires, 1-2.
— II. — Droits supprimés, 3-4.
— III. — Droits établis, 5-48.
SECT. I. — *Inscriptions*, 6-15.
— II. — *Transcriptions*, 16-28.
— III. — *Saisies*, 29.
— IV. — *Mentions*, 30-35.
— V. — *Dispositions communes aux inscriptions et aux transcriptions*, 36-48.

§ 1er. — Application du tarif, 36-37.
§ 2. — Pénalités, 38-39.
§ 3. — Point de départ de l'application de la loi, 40.
§ 4. — Procédure. — Prescription, 41.
§ 5. — Dispositions transitoires, 42.
§ 6. — Recouvrement des droits, 43-48.

TITRE II. — Salaires.

SOMMAIRE ALPHABÉTIQUE.

A

Acte complémentaire, taxe, 22.
Assistance judiciaire, salaires, 49-IV.
Attribution des salaires, 49-1.

B

Baux, taxe, 18, 26.
Biens domaniaux, vente, taxe, 21.
Bordereau d'inscription, timbre, dispense, 3-II.

C

Certificats, salaires, 36.
Communications, 37.
Contestations sur les salaires, compétence, 49.
Contraventions au timbre, 46. autres, 47.

Créance éventuelle, taxe, 9, 44.
Crédit (ouverture de), 12.

D

Débiteur des droits, 43, 45.
Décimes, 5.
Départements, renseignements, 49-IV.
Direction générale, attributions, 49.
Dissimulation, taxe, 38.
Double du registre des dépôts, reconstitution, 49-II.

E

Erreur, transcription, 25.
Expropriation, 28.
Extraits succincts, 54-55.

H

Hypothèque légale de la femme, 44.

(1) Nous avons borné la mise à jour du mot *Hypothèques* du *T. A.* aux questions de perception proprement dite, comprenant notamment l'étude de la loi du 27 juillet 1900, et de salaires, à l'exclusion des difficultés relatives à la responsabilité du conservateur et à la manutention hypothécaire qui sont examinées au *Répertoire de Manutention*.

I

Incendie des copies déposées au greffe, 49-II.
Inscriptions échues, état, 54.
— d'office, 8, 50.
— Créance éventuelle, 9, 44.
— exclusives, 54.
— modificatives, 7.
— renouvellements, 8, 50.
Instance, perception, 41.
Insuffisance de perception, 38.
Intérimaire, salaires, 49-I.

L

Liquidation du droit, 13-18, 32.

M

Mention de résolution, 56.
— en marge des inscriptions, 30.
— en marge des transcriptions, 31 et suiv.
Minimum, taxe, 14, 22.
Minutes, communication, 37.

O

Ouverture de crédit, 9.

P

Pièces à l'appui des registres, 3.
— déposées, amendes, 46.
— produites, 3-III.
Pluralité, taxe, 15, 35.
Procédure, perception, 41.

Q

Quittance des droits, timbre, 3-V.

Quittance des salaires, 3-V.

R

Radiations, taxe, 33 et suiv.
Ratification, 20.
Réalisation de crédit, 9.
Reconnaissance de dépôts, timbre, 3-IV.
Recouvrement des droits, 43 et suiv.
Réduction d'inscription, taxe, 34.
Renouvellement d'inscription, 8, 50.
Renseignements gratuits, 49-IV.
Réquisitions, 25.
— limitatives, 54.
Résolutions, mentions, 56.

S

Saisies, 29, 56.
Salaires, 49 à 56.
— abus, 49.
— attribution, 49-II.
— changement de titulaire, 49-II.
— quittance, 3-V.

T

Tarif, 12, 17, 32.
Timbre, états et certificats, 3.
— expropriation, 28.
— pièces déposées, 46.
— usage de pièces non timbrées, 47.
Transcription, 16 à 28.
— erreurs, 25.
— indivisibilité, 24.
— salaires, 55 et s.

TITRE Ier. — DROITS D'HYPOTHÈQUE. — COMMENTAIRE DE LA LOI DU 27 JUILLET 1900.

CHAP. I. — OBSERVATIONS PRÉLIMINAIRES.

1. Historique. — On a vu au *Traité alphabétique* qu'un impôt modéré sur la publicité hypothécaire est légitimement dû par ceux auxquels les formalités procurent une utilité. On a indiqué, en même temps que la raison du droit, les critiques auxquelles donnait lieu la rigueur des perceptions opérées au bureau des hypothèques d'après un tarif sans proportion avec l'importance des intérêts engagés, et de manière à former, en partie, double emploi avec le droit dit de transcription perçu au bureau de l'enregistrement. Les projets de réforme suscités par le mouvement d'opinion auquel nous faisions allusion (*T. A.*, *loc. cit.* 4, 7 et s., 388) ont été partiellement abordés par le gouvernement. Dans la séance du 19 février 1900, le ministre des Finances (1) déposait un projet relatif à la transformation en une taxe proportionnelle, des droits perçus sur les formalités hypothécaires. Ce projet, diversement amendé par les deux Chambres, est devenu la loi du 27 juillet 1900. Cette loi réalise la proportionnalité dans les taxes appliquées au bureau des hypothèques. Elle dégrève, dans une certaine mesure, les opérations de minime importance. Mais elle ne s'étend pas au droit de transcription compris dans la perception opérée par les receveurs de l'enregistrement, et laisse subsister, de ce chef, la plus lourde des charges fiscales assises sur les mutations immobilières (*T. A.*, *loc. cit.* 181 et s.).

(1) M. Caillaux, *R. E.* 2349 ; *J. C.* 5162.

Il faut sans doute en voir le motif dans cette appréciation du rapporteur de la commission du budget : « La commission n'avait pas à examiner le fond même du projet de loi ; elle devait uniquement se préoccuper des conséquences fiscales qu'entraînerait son application. Des statistiques fournies par l'Administration et des calculs auxquels elles ont servi de base, il résulte que *la réforme se suffit à elle-même*, et qu'elle se traduira même par un excédent de recettes (1). »

La commission de législation fiscale n'a pas été beaucoup plus loin. Elle a renvoyé au ministre de la Justice le vœu qu'une révision des décrets concernant les honoraires des notaires vînt les mettre en harmonie avec les réformes proposées, et a réservé la question du salaire des conservateurs qui ne paraît pas avoir été, dans les derniers temps, envisagée à son véritable point de vue dans les sphères parlementaires (2).

2. Texte de la loi du 27 juillet 1900. — Cette loi est ainsi conçue (3) :

« ART. 1er. — Sont affranchis du timbre :

1° Les registres de toute nature tenus dans les bureaux d'hypothèques ;

2° Les bordereaux d'inscription ;

3° Les pièces produites par les requérants pour obtenir l'accomplissement des formalités hypothécaires et qui restent déposées au bureau des hypothèques ;

4° Les reconnaissances de dépôts, remises aux requérants en exécution de l'art. 2200, C. civ., et les états, certificats, extraits et copies dressés par les conservateurs.

Les pièces visées au n° 3 ci-dessus mentionneront expressément qu'elles sont destinées à être déposées au bureau des hypothèques pour obtenir l'accomplissement d'une formalité hypothécaire qui devra être spécifiée. Elles ne pourront servir à une autre fin, sous peine de 100 fr. d'amende, outre le paiement des droits, contre ceux qui en auraient fait usage.

Sont supprimés les droits d'inscription et les droits fixes de transcription.

ART. 2. — En remplacement des impôts supprimés par l'article précédent, il est établi une taxe proportionnelle non sujette aux décimes qui sera perçue d'avance au moment de la réquisition de la formalité et liquidée :

1° Pour les transcriptions, sur le prix ou la valeur des immeubles ou des droits qui font l'objet de la transcription suivant les règles applicables à la perception des droits d'enregistrement ;

2° Pour les inscriptions, sur le capital de la créance inscrite.

Les inscriptions faites d'office conformément à l'art. 2108, C. civ., sont exemptes de la taxe ; celle-ci devra être acquittée lors du renouvellement desdites inscriptions ;

3° Pour les mentions des subrogations et radiations, sur la somme exprimée dans l'acte ; à défaut de somme, la taxe est perçue sur la valeur du droit hypothécaire faisant l'objet de la formalité. En cas de réduction de l'hypothèque, la taxe est liquidée sur le montant de la dette ou

(1) M. Merlou, *J. O.*, annexe n° 1509, p. 468 ; *R. H.* 2365.
(2) M. Klotz, rapporteur, séance du 1er mars 1900 ; *J. O.*, annexe n° 1477, p. 607 ; *R. H.* 2368.
(3) Promulguée au *Journal officiel* le 7 août 1900, Inst. 3018 ; elle est appliquée dans les arrondissements un jour franc après que le *Journal officiel* qui en contient le texte est parvenu au chef-lieu de cet arrondissement (Décr. 5 nov. 1870 ; Inst. 2422, note 1). La date de l'arrivée du *Journal officiel* doit être constatée sur un registre tenu à la sous-préfecture.

sur la valeur de l'immeuble affranchi, si cette valeur est inférieure.

Si plusieurs créanciers consentent des réductions sur le même immeuble, la perception ne pourra excéder le montant de la taxe calculée sur la valeur de l'immeuble.

La perception suivra les sommes et valeurs de 20 fr. en 20 fr. inclusivement et sans fraction.

Il ne pourra être perçu moins de 0 fr. 25 de taxe proportionnelle.

Art. 3. — Le taux de la taxe établie par l'article précédent est fixé à 0 fr. 10 0/0 pour les formalités désignées sous le n° 3 dudit article et 0 fr. 25 0/0 pour toutes les autres formalités.

Toutefois le taux de 0 fr. 25 0/0 est réduit de moitié pour la transcription des actes visés dans l'art. 12 de la loi du 23 mars 1855 et des actes de donation contenant partage, faits entre vifs, conformément aux art. 1075 et 1076, C. civ.; ainsi que pour l'inscription des hypothèques prises en vertu d'actes d'ouverture de crédit non réalisé; le complément de la taxe de 0 fr. 25 0/0 deviendra exigible lors de la réalisation ultérieure du crédit.

Art. 4. — Si les sommes et valeurs ne sont pas déterminées dans les actes ou extraits donnant lieu à la formalité, les requérants seront tenus d'y suppléer par une déclaration estimative, laquelle ne pourra être inférieure à celle fournie, le cas échéant, au bureau de l'enregistrement.

Art. 5. — Si, dans le délai de deux années à partir de la formalité, l'insuffisance ou la dissimulation des sommes ou valeurs ayant servi de base à la perception est établie conformément aux modes de preuve admis en matière d'enregistrement, il sera perçu au bureau des hypothèques, indépendamment des droits simples supplémentaires, un droit en sus, lequel ne pourra être inférieur à 50 fr.

Art. 6. — Sont applicables à la taxe établie par l'art. 2 les dispositions des lois concernant les droits d'hypothèque qui n'ont rien de contraire à la présente loi.

Si la même mention de subrogation ou radiation est requise dans plusieurs bureaux, le droit sera acquitté ainsi qu'il est porté aux art. 22 et 26 de la loi du 21 ventôse an VII pour les inscriptions et les transcriptions. »

La loi du 27 juillet 1900 a été promulguée en Algérie, sans réduction des tarifs, par décret du 7 décembre 1900 (R. E. 2560-VI). Les taxes nouvelles étant surtout destinées à remplacer les droits de timbre supprimés, il a paru que l'Algérie devait subir les mêmes taxes que la métropole, puisque cette colonie ne jouit d'aucun privilège spécial, relativement aux droits de timbre.

Nous analysons ci-dessous les dispositions de l'Inst. 3018 qui a donné le commentaire de cette loi, et nous faisons connaître toutes les décisions relatives à la loi nouvelle, ainsi que celles intervenues depuis la publication du *Traité alphabétique*, et qui peuvent encore être appliquées sous le régime nouveau.

CHAP. II. — DROITS SUPPRIMÉS (T. A. 389 à 406).

3. Droits de timbre. — La suppression s'applique au droit ainsi qu'à la formalité du timbre pour tous les registres, ainsi que pour les actes et pièces ci-après désignés.

I. Registres. — Tous les registres tenus dans les bureaux d'hypothèques qui, d'après la législation antérieure (1), étaient soumis au timbre de dimension, sont affranchis de cet impôt.

(1) T. A., *Hyp.* 388 et s.

II. Bordereaux. — L'immunité s'étend aux bordereaux d'inscription, dont la rédaction est exigée par l'art. 2148, C. civ., et pareillement à ceux qui sont établis par les conservateurs pour l'exécution de la loi du 5 septembre 1807 (Inst. 350), et par les avoués dans le cas prévu par l'art. 4 de la loi du 23 mars 1855 (Inst. 2031; T. A., Hyp. 352, 390).

III. Pièces produites. — Sont également dispensées du droit et de la formalité du timbre les pièces produites par les requérants pour obtenir l'accomplissement des formalités hypothécaires et qui restent déposées au bureau des hypothèques.

Il n'y a donc plus lieu, pour ces pièces, même au visa pour timbre gratis (1), dussent-elles être produites en justice.

La faculté de délivrer des expéditions ou extraits sur papier libre appartient dès lors à tout détenteur des originaux : notaires, greffiers, secrétaires d'administrations, administrateurs de sociétés, etc.

Le rédacteur doit mentionner expressément dans les pièces ainsi délivrées qu'elles sont destinées à être déposées au bureau des hypothèques pour l'accomplissement d'une formalité hypothécaire, et *spécifier cette formalité*.

Elles ne pourraient servir à aucune autre fin, sous peine de 100 fr. d'amende, outre le paiement du droit, contre ceux qui en auront fait usage.

Le conservateur auquel une pièce de cette nature aurait été remise devra la conserver en toute hypothèse sans pouvoir la restituer, même dans le cas où il aurait reconnu la production inutile.

Les pièces produites affranchies du timbre sont, suivant le texte, celles qui restent déposées au bureau des hypothèques, c'est-à-dire que le conservateur garde pour être en mesure, le cas échéant, d'écarter une action en responsabilité, par exemple, les expéditions d'actes de mariage, d'actes de remploi, etc.

Mais l'exemption ne concerne pas les pièces qui doivent être simplement représentées au conservateur et qu'il n'a pas le droit de retenir : expéditions destinées à être transcrites, ou, en cas d'inscription, brevet ou expédition authentique du jugement ou de l'acte qui a donné naissance au privilège ou à l'hypothèque (C. civ. 2148).

Il importe de remarquer qu'il n'est pas nécessaire, pour que l'immunité soit acquise à une pièce, que la formalité pour l'obtention de laquelle elle est produite donne ouverture à la taxe de remplacement établie par la loi. Il n'y a, sous ce rapport, aucune distinction à établir entre les formalités assujetties à la taxe et celles qui n'y sont pas soumises. Ainsi, lorsque l'inscription d'une même créance a eu lieu dans un premier bureau d'hypothèques sous l'empire de l'ancien tarif, l'inscription de cette même créance dans un second bureau sous l'empire du nouveau tarif ne donne pas lieu à la perception de la taxe proportionnelle et cela, par application de l'art. 22 de la loi du 21 ventôse an VII, auquel se réfère l'art. 6 de la loi du 27 juillet 1900. Néanmoins les pièces produites à l'appui de cette formalité, ainsi que les feuilles du registre employées bénéficient de l'exemption du droit de timbre (Sol. 20 nov. 1900 ; R. E. 2560-II).

IV. Reconnaissances de dépôts, états, certificats, extraits et copies dressés par les conservateurs. — La loi appelle enfin à la faveur de l'exemption les reconnaissances remi-

(1) T. A., *Timbre*, 32.

ses aux requérants en exécution de l'art. 2200 C. civ., et les états, certificats, extraits et copies dressés par les conservateurs.

La dispense est générale. Elle s'applique comme celle dont bénéficient les pièces produites, même aux écrits pour lesquels la taxe de remplacement n'est pas exigible, même aux certificats négatifs.

Les copies collationnées délivrées par les conservateurs n'en sont pas exclues.

V. QUITTANCES. a) *Taxe*. — Elle profite : 1° à la quittance de la taxe de remplacement ou du droit proportionnel de transcription qui est maintenu, attendu que cette quittance doit être considérée comme faisant corps avec le certificat de formalité.

b) *Duplicata*. — 2° Aux duplicata des quittances de la taxe, attendu que ces pièces, selon la doctrine de l'Administration, sont plutôt des certificats que de véritables quittances, et sont, comme tels, compris dans l'énumération donnée par l'Instruction et ci-dessus rapportée.

c) *Quittances d'anciens droits*. — Mais elle ne s'étendrait pas aux quittances des droits établis par les lois antérieures à celle du 27 juillet 1900 et qui, demeurés en suspens, seront recouvrés postérieurement à cette date. Ces droits seront perçus d'après les anciens tarifs, et les reçus qui en seront délivrés demeureront passibles du timbre de 0 fr. 25 quand il s'agira de sommes supérieures à 10 fr.

d) *Salaires*. — Enfin, l'exemption du timbre ne paraît pas devoir s'appliquer à la quittance des salaires excédant 10 fr. La loi ne modifie en rien le régime antérieur en ce qui concerne les salaires ; bien que cette perception doive être certifiée au pied des actes (L. 21 vent. an VII, art. 27), elle n'a pas un rapport juridique avec l'accomplissement des formalités et doit rester soumise à la législation spéciale. Le droit de timbre est, d'ailleurs, perçu soit que la quittance soit mise au pied ou à la suite du certificat du conservateur, soit qu'elle figure dans le certificat lui-même (L. 23 août 1871, art. 18 ; Comp. Sol. 26 mars 1900 ; R. H. 2358 ; R. P. 9915) (1).

(1) L'opinion contraire est enseignée par le *Rép. pér. de l'Enr.*, art. 9884, n° 2, 6°, dont le rédacteur invoque l'analogie entre le timbre des quittances de salaires et le timbre des quittances de droits et le caractère semi-fiscal des salaires dont une part est appréhendée par le Trésor.

Sur le premier point, il convient de remarquer que le timbre des quittances est un impôt de nature spéciale, perçu en vertu d'une loi qui atteint tous les reçus de sommes supérieures à 10 fr., notamment ceux des émoluments de toute nature, peu importe qu'ils soient perçus isolément ou englobés dans une recette de sommes de nature différente ; or une loi spéciale n'est jamais modifiée par la loi générale, lorsque celle-ci ne s'en explique point précisément.

Quant à la nature des salaires, elle n'a pas été atteinte par le prélèvement opéré pour le service des pensions civiles ni même par celui qui a été prescrit temporairement en vertu de la loi du 30 mai 1899. La transformation du salaire en un impôt a été repoussée par les diverses commissions du budget comme ayant pour conséquence la substitution de la responsabilité de l'État à celle du préposé, et il a été entendu que le prélèvement, mesure provisoire, n'était qu'un mode de taxation des conservateurs, dont le chiffre serait déterminé d'après les salaires sans avoir pour effet de donner à l'État aucune participation aux émoluments des préposés ni à leurs rapports juridiques avec le public. (V. notamment le rapport de M. Prevet au Sénat, et la discussion devant la Haute Assemblée, séance du 30 mai 1899 ; *J. C.* 5074, 5055.) Sous le régime de l'ordonnance du 31 mai 1816, la Cour de cassation a décidé que le salaire encaissé par le conservateur n'est nullement assimilable à un impôt (Cass. civ., 28 fév. 1846; In. 1753), et la même interprétation se retrouve dans les décisions récentes qui n'autorisent pas les con-

C'est ce qui résulte, au moins implicitement, de l'Inst. 3018 où l'Administration spécifie que la dispense du timbre est accordée à la quittance de la taxe de remplacement ou du droit proportionnel, c'est-à-dire uniquement des perceptions effectuées au profit du Trésor.

VI. LIGNES ET SYLLABES. — A dater de la nouvelle loi, les distinctions qui avaient été précédemment établies au sujet du nombre des lignes et syllabes, des écrits qui pouvaient ou non être portés sur la même feuille, des renvois (*T. A., Hyp.* 395 et s., 401 et s.), seront sans objet au point de vue du timbre.

Cependant, la netteté des écritures demande que, sur les registres d'inscriptions tout au moins, les anciennes règles soient maintenues, bien que l'on ne doive plus y appliquer aucune pénalité (*T. A., Hyp.* 399).

Quant aux transcriptions, le mode de perception des salaires n'étant pas modifié, les conservateurs ne devront pas se départir du nombre des syllabes prescrit par les Inst. 530-4, 2333, 2721-181, 2758 (*T. A., Hyp.* 471). Les insuffisances de syllabes pouvaient être excusables, dans une certaine mesure, sous l'empire de la législation antérieure à la loi du 27 juillet 1900, parce que, si le nombre réglementaire des syllabes devait être atteint, il importait, d'autre part, qu'il ne fût pas dépassé, afin de prévenir une perte des droits de timbre pour le Trésor, perte dont les conservateurs auraient pu être rendus responsables (Inst. 2721-181, *in fine*). Ce motif d'excuse ne saurait plus être invoqué sous l'empire de la loi actuelle qui affranchit du timbre les registres hypothécaires, et il y a lieu d'exiger que les transcriptions contiennent toujours le nombre de syllabes réglementaire.

L'Administration a prescrit aux conservateurs d'y tenir étroitement la main (Circ. 10 avr. 1901).

Quant aux états et certificats V. *supra*.

VII. CONTRAVENTIONS. — V. *infrà*, n° 46.

4. Droits d'hypothèque. — L'art. 1er de la loi supprime le droit proportionnel d'inscription et tous les droits fixes de transcription qui étaient perçus au bureau des hypothèques en vertu de la législation antérieure (*T. A., Hyp.* 29 et s., 189 et s.).

I. DROIT PROPORTIONNEL DE TRANSCRIPTION. — La loi laisse subsister le droit proportionnel de transcription établi par les lois des 28 avril 1816, art. 54 et 61, et 24 juin 1875, art. 1er. Ce droit continuera d'être perçu soit par le receveur, soit par le conservateur, suivant les règles actuelles (*T. A., Hyp.* 192, 270 et s.). La taxe établie par l'art. 2 de la loi du 27 juillet 1900 ayant pour objet de *remplacer* les droits de timbre et les droits fixes perçus au bureau des hypothèques, *se cumulera avec le droit de transcription*, soit qu'il ait été perçu au bureau de l'enregistrement, soit qu'il doive l'être à la conservation.

CHAP. III. — DROITS ÉTABLIS.

5. — En remplacement des impôts supprimés par l'art. 1er, l'art. 2 de la nouvelle loi établit une taxe proportionnelle qui sera *perçue d'avance* au moment de la réquisition de la formalité.

Décimes. — Cette taxe n'est pas sujette aux décimes.

Nous passerons en revue les diverses formalités qui y sont assujetties.

servateurs à user, pour le recouvrement des salaires, de la procédure usitée pour la poursuite des droits d'hypothèque, que si ces derniers sont encore dus au Trésor.

SECT. Ire. — INSCRIPTIONS (T. A. 26-174).

6. — La taxe s'applique, sous les réserves ci-après indiquées, à toutes les inscriptions, même à celles prises en renouvellement.

7. Modification. Renouvellement. — Il est de principe que toute inscription hypothécaire donne lieu à un droit proportionnel spécial. Cette règle a été consacrée par une décision ministérielle du 5 novembre 1809 (*J. E.* 3344), d'après laquelle toute inscription, qu'elle ait pour objet la conservation de l'hypothèque ou le renouvellement d'une inscription antérieure, ou la rectification d'erreurs pouvant vicier les précédentes inscriptions, doit être assujettie à un nouveau droit proportionnel, comme salaire de la garantie qu'elle offre au requérant (V. égal. Sol. 9 janv. 1874 ; *R. P.* 3877 ; *T. A.*, *Hyp.* 105 et s., — et Seine, 10 nov. 1900 ; *R. E.* 2586).

L'Administration renonce néanmoins à exiger un nouveau droit lorsqu'une seconde inscription, prise à un court intervalle de la première, n'a pour but que la réparation d'une omission ou la rectification d'une erreur non susceptible d'invalider la première inscription (D. M. F. 15 mai 1816 ; *D. E.*, *Hyp.* 49 ; — Délib. 14 fév. 1819 ; *J. E.* 6382 ; *T. A.*, *Hyp.* 119), ou bien lorsque la seconde formalité, étant surabondante, se confond avec la première (Sol. 26 mars 1874, 7 sept. 1876 ; *J. E.* 19.412, 20.313).

Ces solutions sont fondées sur ce que les doubles inscriptions prises dans ces cas particuliers ne constituent qu'une seule et même formalité hypothécaire dont les effets indivisibles remontent à une date unique. L'Administration a été ainsi amenée à ne pas insister sur l'application du droit à l'inscription prise en second lieu, et, cela par une application peut-être extensive de la règle écrite dans l'art. 21 de la loi du 21 ventôse an VII.

On peut se demander si, en présence du caractère de la nouvelle taxe, qui représente en partie les droits de timbre supprimés des registres et des pièces produites à l'appui des deux inscriptions, l'Administration ne renoncera pas à ses errements actuels.

L'art. 6 de la loi du 27 juillet 1900 maintient, par voie de référence, la disposition contenue dans l'art. 21 de la loi de ventôse, mais bien que les solutions antérieures aient été dictées par un esprit de modération, l'Administration serait en fâcheuse situation pour soutenir, contrairement à ses décisions précédentes, que l'exception écrite dans cet article ne doit pas être étendue aux inscriptions dont il s'agit.

Quoi qu'il en soit, le principe d'après lequel toute inscription rend exigible une taxe particulière, doit être appliqué lorsque la créance a subi des modifications qui rendent nécessaire ou simplement utile une nouvelle formalité devant produire effet à sa date (Sol. 10 juill. 1899 ; *R. E.* 2463 ; — Jug. Seine, 10 nov. 1900, précité ; — *Sic* : *T. A.*, *Hyp.* 105, 114 et s.).

Dans ce sens, l'Administration a reconnu récemment qu'un nouveau droit est dû sur l'inscription rectificative prise en vertu d'une donation à titre de partage anticipé, refaite pour cause de nullité de forme.

La question, d'ailleurs, est actuellement soumise à la Cour de cassation, par suite du pourvoi formé par les parties contre le jugement du 10 novembre 1900 précité.

Il est bien entendu toutefois que la taxe doit être restituée, lorsque les pièces déposées au conservateur sont retirées avant l'accomplissement effectif de la formalité.

8. Inscription d'office. — L'inscription d'office (C. civ., art. 2108) est exempte de la taxe ; mais le renouvellement de cette inscription y est soumis (Inst. 374, 3018).

9. Créances éventuelles. — Les inscriptions requises en garantie d'une créance éventuelle, autres que celles prises en vertu d'un acte d'ouverture de crédit, ne sont pas immédiatement sujettes à la taxe. La loi nouvelle maintient à leur égard la disposition de l'art. 1er de la loi du 6 messidor an VII (L. 27 juill. 1900, art. 6 ; rapport de M. Boulanger au Sénat ; annexe au procès-verbal de la séance du 6 juill. 1900). Mais la taxe deviendra exigible, conformément à l'art. 2 de ladite loi de messidor, lorsque le droit éventuel ayant donné lieu à l'inscription se sera converti en créance réelle (*T. A.*, 120 et s.).

Ces dispositions s'appliquent notamment : 1° à l'inscription d'hypothèque légale prise pour sûreté de droits encore éventuels, au profit des mineurs, des interdits ou des femmes mariées ; 2° à l'inscription des privilèges et hypothèques légales du Trésor public, des communes et établissements publics et des fabriques sur les biens des comptables (Circ. Rég. 1676 ; Inst. 316, § 1, 374, 442) ; 3° à l'inscription des cautionnements en immeubles fournis par les comptables sur des immeubles déterminés (Circ. Rég. 1676 ; L. 6 mess. an VII, art. 5) ; 4° à l'inscription des cautionnements en immeubles des conservateurs des hypothèques (L. 21 vent. an VII, art. 5) ; 5° à l'inscription que doivent prendre les préfets sur les biens de fournisseurs ou entrepreneurs auxquels l'État fait des avances et qui n'ont pas rempli leurs engagements (Circ. Rég. 1761 ; 6° à l'inscription prise par l'acquéreur contre le vendeur pour la restitution du prix, en cas d'éviction (D. M. F. 31 juill. 1810 ; Inst. 487) ; 7° à l'inscription prise, jusqu'à concurrence d'une somme fixe, sauf à augmenter, par un cohéritier sur les biens de son cohéritier pour sûreté de la charge imposée à celui-ci, de payer les dettes communes (Cass., 23 août 1830 ; Inst. 1347, § 14) ; 8° aux frais d'exécution à faire, *s'il y a lieu*, provisoirement évalués dans le bordereau (Sol. 18 oct. 1900 ; *R. E.* 2560-I) ; 9° aux prêts différés du Crédit foncier non réalisés (Sol. 24 déc. 1900 ; *R. E.* 2592-I).

Le droit proportionnel laissé en suspens lors de l'inscription indéterminée ayant pour objet la conservation d'une hypothèque éventuelle devient exigible lorsque la créance incertaine qui a donné lieu à l'inscription indéterminée se convertit en créance réelle (L. 6 mess. an VII, art. 2). En conséquence, lorsqu'une femme a pris, après le jugement prononçant sa séparation de biens, inscription sur les biens du mari, pour assurer le paiement de ses reprises, et que le montant de ces dernières a été fixé par une liquidation postérieure approuvée par toutes les parties en cause, il y a lieu de réclamer le droit réservé au moment de l'inscription (Muret, 13 mai 1899 ; *R. E.* 2165).

Un jugement du tribunal de Charleville, du 26 décembre 1900, a écarté la réclamation du droit proportionnel dans une espèce où une femme commune avait été allotie de ses reprises dans l'acte même de liquidation, au moyen de biens de la communauté et de biens propres à son mari.

Cette décision ne nous paraît pas entièrement fondée. Dans la mesure où les reprises ont pu être prélevées sur les biens communs, la femme a agi comme copropriétaire, et dès lors, elle n'a jamais été créancière de son mari ; mais pour le surplus, l'attribution qui lui avait été faite présentait le caractère d'une dation en payement et le droit proportionnel était exigible sur la créance ainsi éteinte, conformément à la disposition formelle de l'art. 3 de la loi du 6 messidor an VII (*R. E.* 2591 et la note).

Cet article dispose que « l'enregistrement d'aucune transaction ou quittance de payement de ladite créance ne peut être requis, que le droit proportionnel d'inscription n'ait été préalablement acquitté », et l'Administration a admis (Inst. 2721, § 188) que cet article s'applique aux conservateurs et que ceux-ci commettent une omission ou une insuffisance de perception, en s'abstenant de faire payer le droit avant la radiation d'une hypothèque indéfinie.

Dans certaines circonstances, il est vrai, elle a autorisé le conservateur à effectuer la formalité, sans paiement préalable, mais, dans ce cas, elle prescrit d'ordonner des poursuites contre les intéressés, avant l'expiration d'un délai de deux ans, pour éviter toutes difficultés au sujet de la prescription.

Un arrêt de la Cour de cassation du 27 décembre 1892, a décidé que le droit proportionnel ne pouvait être réclamé plus de deux ans après la date de l'enregistrement de l'acte constatant la réalisation de la créance (V. R. E. 359), ainsi que nous l'avons indiqué au *T. A.* (*Hyp.*, n° 323). L'Administration n'accepte pas la doctrine de cette décision, qu'elle a exécutée pour des raisons d'opportunité. Quoi qu'il en soit, on ne saurait étendre l'application de l'arrêt au cas où la liquidation fixant le montant des reprises d'une femme mariée a été dressée et enregistrée antérieurement à l'inscription indéfinie prise en son nom. Dans ce cas, la partie ayant inexactement mentionné au bordereau que le chiffre de la créance était indéterminé, les droits dont le Trésor a été privé par suite de cette fausse indication ne sont soumis qu'à la prescription trentenaire.

Il n'est pas d'ailleurs nécessaire que l'Administration soit en mesure de démontrer que le jugement d'homologation des reprises a acquis l'autorité de la chose jugée. La Régie serait, le plus souvent, dans l'impossibilité de fournir cette preuve, et il semble que le vœu de la loi est suffisamment rempli lorsque la créance de la femme a fait l'objet d'une liquidation homologuée par le tribunal de première instance.

D'après les dispositions exceptionnelles contenues dans les art. 2155 et 873, C. civ., les droits devenus exigibles par suite de la liquidation ne peuvent être réclamés qu'au mari débiteur des reprises ; si le mari est décédé, le paiement peut en être poursuivi indivisiblement contre tous ses héritiers. Il importe peu, en effet, que l'acquit des droits ne soit pas concomitant à l'accomplissement de la formalité, les droits d'inscription n'en sont pas moins indivisibles, comme la cause qui les a fait naître.

10. Exemptions. — Sont dispensées de tout droit, indépendamment des inscriptions d'office et des inscriptions rectificatives, selon les distinctions établies ci-dessus : 1° les inscriptions concernant les associations ouvrières (Inst. 1826, § 1) ; 2° les inscriptions syndicales dont l'effet ne se prolonge pas au delà du jugement homologatif du concordat (C. com. 490 ; L. 4 mars 1889, art. 4) ; 3° la première inscription prise pour conserver le privilège du constructeur (C. civ. 2110) (*T. A.*, V° *Hyp.* 142-148 et suiv.).

11. Assistance judiciaire. — V. *T. A.*, *Hyp.* 141.

12. Tarif (art. 3). — Le taux de la taxe est de 0 fr. 25 0/0. Ce taux est réduit de moitié, c'est-à-dire abaissé à 0 fr. 125 0/0 pour les inscriptions prises en vertu d'actes d'ouverture de crédit *non réalisé*. Le complément du droit de 0 fr. 125 0/0 devient exigible lors de la réalisation ultérieure du crédit.

13. Liquidation. — La taxe se perçoit selon les mêmes règles que le droit établi par la loi du 21 ventôse an VII.

Elle est assise sur le *capital* de la créance inscrite. Cette disposition, identique à celle de l'art. 20 de la loi du 21 ven-

tôse an VII, laisse, par conséquent, subsister, en ce qui concerne la composition du capital imposable, l'interprétation primitivement admise relativement à l'addition des accessoires, notamment des frais faits au jour de l'inscription (*T. A.*, *Hyp.* 92 et s., 99). C'est au surplus en ce sens qu'est fixée la pratique de l'Administration.

14. Minimum. — Il ne pourra être perçu moins de 0 fr. 25 pour les formalités assujetties à la taxe qui ne produiraient pas 0 fr. 25 de droit proportionnel.

Ces deux dispositions, calquées sur les art. 2 et 3 de la loi du 27 ventôse an IX, relatifs au droit proportionnel d'enregistrement, doivent recevoir la même interprétation que ces derniers articles (Rapport de M. Boulanger).

Il est bien entendu que ce minimum ne peut être appliqué qu'aux créances soumises à la taxe ; les inscriptions de créances indéfinies, ou celles qui sont exemptées du paiement de la taxe en vertu de dispositions spéciales ne donnent lieu à la perception d'aucun droit.

15. Pluralité. — L'art. 6 déclare communes à la taxe de remplacement les dispositions des lois concernant les droits d'hypothèque qui n'ont rien de contraire à la loi nouvelle. Il rend ainsi applicable à la perception de la taxe, notamment les art. 22 et 26 de la loi du 21 ventôse an VII, concernant les cas où il y a lieu d'inscrire une même créance dans plusieurs bureaux. Le duplicata de quittance sera délivré dans les conditions prévues par ces articles et restera déposé au bureau, qui, sur la production de cette pièce, donnera la formalité sans paiement du droit (*T. A.*, 111, 112 ; Inst. 2721-180).

Si donc une inscription doit être formalisée dans plusieurs bureaux, la taxe sera intégralement payée au premier et il sera délivré, indépendamment de la quittance comprise dans le certificat de formalité, autant de duplicata qu'il en sera demandé.

Les duplicata rentrent dans la catégorie des actes affranchis du timbre par l'art. 1 n° 4 de la loi. Ils ne donnent lieu qu'à la perception du salaire de 0 fr. 25.

Dans le cas prévu par l'art. 22 de la loi du 21 ventôse an VII, la dispense de la taxe de 0 fr. 25 0/0 profite à la seconde inscription, même dans le cas où la formalité a été accomplie dans le premier bureau, sous l'empire de l'ancien tarif. En effet, la loi du 27 juillet 1900 a maintenu, par voie de référence, l'exemption d'impôt accordée par la loi de ventôse aux inscriptions d'une même créance dans plusieurs bureaux, lorsque une première inscription a déjà subi l'impôt, et cela, sans distinguer entre le cas où la formalité a été effectuée à l'ancien tarif et celui où elle a donné lieu à l'application de la loi nouvelle. Dans les deux hypothèses, les inscriptions requises ultérieurement pour la même créance dans des bureaux différents sont couvertes par le droit perçu lors de la première inscription (Sol. 20 nov. 1900 ; R. E. 2560-N).

Si la seconde inscription a donné lieu au paiement de la taxe, à défaut par le requérant de produire le duplicata de la quittance des droits perçus lors de l'accomplissement de la première formalité, on autorise la restitution du droit payé en dernier lieu ; mais, comme il s'agit d'une erreur de perception imputable à la partie, le coût du timbre de la pétition ne saurait être remboursé.

SECT. II. — TRANSCRIPTIONS (T. A. 331-345).

16. — Indépendamment du droit de transcription de 1 fr. 50 0/0 dont la perception ne reçoit aucune modification dans le régime nouveau, la loi du 27 juillet 1900 soumet à la taxe de remplacement toutes les transcriptions, à l'exception des transcriptions de saisies (Rapport de

M. Klotz à la Chambre des députés; annexe au procès-verbal de la séance du 1er mars 1900; rapport précité de M. Boulanger au Sénat).

17. Tarif. — Le taux en est fixé à 0 fr. 25 0/0.

Cependant ce taux est réduit de moitié :

1° Pour la transcription des actes ou jugements qui n'étaient pas soumis à cette formalité avant la loi du 23 mars 1855 et qui, d'après l'art. 12 de cette loi, étaient transcrits au droit fixe de 1 fr., c'est-à-dire :

Les actes constitutifs d'antichrèse, de servitude, d'usage et d'habitation et ceux qui contiennent renonciation à ces mêmes droits ;

Les jugements qui en déclarent l'existence en vertu d'une convention verbale ;

Les baux d'une durée de plus de dix-huit ans ;

Les actes ou jugements constatant, même pour un bail de moindre durée, quittance ou cession d'une somme équivalente à trois années de loyers ou de fermages non échus ;

Les jugements prononçant la résolution, nullité ou rescision d'un acte non transcrit, mais ayant date certaine avant le 1er janvier 1856 (L. 23 mars 1855, art. 2 et 11 § 3 ; *T. A.*, *Hyp.* 197, 220 et s.) ;

2° Pour la transcription des actes de donation à titre de partage anticipé, faits entre vifs, conformément aux art. 1075 et 1076, C. civ. (*T. A.*, *Hyp.* 186 et s., 194, 287).

Le droit proportionnel de transcription édicté par les art. 54 et 61 de la loi du 28 août 1816 et l'art. 1er de celle du 24 juin 1875, continue d'être perçu, soit par le receveur, soit par le conservateur, suivant les règles actuelles, et il se cumule avec la taxe établie par l'art. 2 de la nouvelle loi.

C'est ainsi que, pour les actes qui ne sont pas de nature à être transcrits dans le sens de la loi de 1816, et qui sont néanmoins présentés à la formalité, le conservateur percevra la taxe nouvelle outre le droit de transcription à 1 fr. 50 0/0. La taxe de 0 fr. 25 0/0 étant destinée surtout à remplacer le timbre des formalités, doit être perçue dans tous les cas où les pièces produites bénéficient de l'exonération du droit de timbre, qu'il s'agisse d'une formalité qui aurait donné lieu à la perception du droit fixe de 1 fr. sous l'empire de l'ancienne loi, ou bien que la transcription soit passible du droit proportionnel à 1 fr. 50 0/0 (Sol. 19 avr. 1901 ; R. E. 2694-II).

18. Liquidation. — De même que le droit d'inscription, la taxe sur les transcriptions, se perçoit sur les sommes et valeurs de 20 fr. en 20 fr. inclusivement et sans fraction. Il ne peut être perçu moins de 0 fr. 25 pour les formalités assujetties à la taxe qui ne produiraient pas 0 fr. 25 de taxe proportionnelle (art. 2, *in fine* de la loi).

Ces deux dispositions, calquées sur les art. 2 et 3 de la loi du 27 ventôse au IX, relatifs au droit proportionnel d'enregistrement, doivent recevoir la même interprétation. Il s'ensuit que le minimum de 0 fr. 25 n'est pas exigible si l'acte donne lieu, au bureau des hypothèques, à la perception d'un droit de transcription supérieur, car, en matière d'enregistrement, il est de principe que le minimum est dû seulement dans le cas où l'ensemble des perceptions effectuées sur une même formalité n'excèdent pas 0 fr. 25 en principal.

Pour les transcriptions d'adjudications d'immeubles divisés en plusieurs lots, il y a autant de formalités distinctes que de lots transcrits ; par suite, il semble que chacune de ces transcriptions doit supporter le minimum de 0 fr. 25 (*T. A.* (V° *Hyp.*, n° 166). — V. en ce qui concerne les lots vendus au même adjudicataire, Cass. civ., 11 mars 1891, D. P. 91.1.353 ; — Boulogne-sur-Mer,

17 oct. 1894, R. E. 845 ; — en ce qui concerne des lots vendus à plusieurs adjudicataires distincts, Cass. civ., 13 avr. 1893, J. E. 24.084.

Par contre, il n'y a pas lieu à pluralité, lors de la transcription soit d'un acte constatant la vente solidaire par deux époux à un seul acquéreur et pour un prix unique, d'un immeuble propre à l'un d'eux et d'un autre immeuble dépendant de la communauté ; soit d'un acte par lequel un nu-propriétaire et un usufruitier vendent solidairement, au même acquéreur et pour un prix unique, des immeubles leur appartenant (Sol. 19 mai 1893 ; J. E. 24.205).

D'après l'art. 2, § 1er de la loi du 27 juillet 1900, la taxe est assise, pour les transcriptions, sur le prix ou la valeur des immeubles ou des droits qui font l'objet de la formalité, suivant les règles applicables aux droits d'enregistrement. Le cadre de ce Supplément ne permet pas de les rappeler à cette place, même sommairement. Elles sont exposées avec la précision et les détails nécessaires sous les divers mots du *Traité alphabétique*, et notamment V° *Hypothèques*, n°s 277 et s., 300 et s.

Il faut retenir que toutes les charges qui, dans les ventes, s'ajoutent au prix, frais préparatoires, paiement de dettes ou de rentes, contributions arriérées, primes d'assurance, intérêts anticipés ou maintenus malgré le paiement d'acomptes, travaux susceptibles de profiter au vendeur, etc., doivent être cumulés avec le prix exprimé pour le calcul de la taxe (V. *T. A.*, *Vente d'immeubles*, 267 et s.).

Il a été décidé dans ce sens par l'Administration que la transcription, sans limitation ni réserve, d'une promesse de vente d'immeubles qui doit être réalisée après l'achèvement de travaux sur ces immeubles, donne lieu au droit de transcription sur la valeur des immeubles et des travaux.

Par contre, on déduira du prix les frais et loyaux coûts mis à la charge des vendeurs dans le cas où la vente est faite *contrat en mains*. Ces frais doivent être évalués par les parties (*T. A.*, loc. cit., 293 et s.).

De même pour les échanges, la valeur des immeubles doit être calculée comme à l'enregistrement. La taxe sera perçue, s'il n'y a pas de soulte, sur la somme obtenue par la capitalisation du plus fort revenu, et en cas de soulte, sur le capital formé par la multiplication du revenu le plus faible et augmenté de la soulte, soit que celle-ci consiste en numéraire, soit qu'elle consiste en charges. Toutefois, si la soulte était inférieure à la plus-value, la taxe de 0 fr. 25 0/0 devrait être perçue sur le revenu capitalisé du lot le plus fort sans tenir compte de la soulte (*T. A.*, *Echange*, 44).

Pour les actes ou mutations qui sont taxés à raison d'un capital formé par la multiplication du revenu (donations, testaments, échanges, etc.), le revenu, augmenté des charges, sera multiplié par 20 ou par 25 selon qu'il s'agira d'immeubles urbains ou d'immeubles ruraux (Conf. *T. A.*, *Hyp.*, 300). Exceptionnellement, c'est la valeur vénale qui sert d'assiette au droit pour les immeubles non productifs de revenus (L. 25 fév. 1901, art. 12).

La disposition de l'art. 2, § 1 de la loi du 27 juillet 1900 est analogue à celle qui est contenue dans l'art. 25 de la loi du 21 ventôse an VII et comporte la même interprétation. Or, il a été reconnu que le droit de transcription à 1 fr. 50 0/0 et le droit d'enregistrement sont entièrement distincts et indépendants. « L'art. 25 de la loi du 21 ventôse an VII, porte un arrêt de la Chambre civile du 6 décembre 1871, n'a point entendu subordonner le droit de transcription au droit d'enregistrement ; il n'existe point de corrélation nécessaire entre ces droits, lesquels diffèrent par leur nature comme par leur objet et sont indépendants l'un de l'autre ; aussi ne saurait-on induire de la disposition des lois susvisées (21 vent. an VII, art. 25 et 28 avr. 1816, art. 54), qu'on ne peut exiger le droit de transcription qu'autant que celui d'enregistrement serait perçu et dans les mêmes proportions. Le législateur a seulement entendu donner pour base au droit de transcription le prix intégral de mutation, tel qu'il devrait être évalué et composé à l'enregistrement s'il s'agissait de la perception des droits d'enregistrement pour le tout (Inst. 2434, § 4). Le même raisonnement s'applique entièrement à la nouvelle taxe.

Décidé en ce sens que la transcription d'un bail immobilier de plus de 18 ans donne lieu à la perception de la taxe hypothécaire de 0, 125 0/0 sur le montant cumulé des loyers pendant toute la durée du bail. Le bénéfice du fractionnement admis en matière d'enregistrement ne saurait être appliqué pour le calcul du droit de transcription (Sol. 25 mars 1901 ; R. E. 2694-I).

Décidé également que la transcription d'un procès-verbal d'adjudication sur surenchère donne ouverture à la taxe hypothécaire de 0 fr. 25 0/0 sur la totalité du prix payé par le surenchérisseur et non uniquement sur la somme excédant le prix de l'adjudication surenchérie.

Les règles admises en matière de taxe judiciaire ne sauraient être étendues à la taxe hypothécaire qui en diffère par sa nature comme par son objet (Sol. 6 mars 1901 ; R. E. 2694-V).

Mais doivent être appliquées à la taxe hypothécaire toutes les règles admises en matière d'enregistrement qui n'ont rien de contraire à la nature spéciale du nouvel impôt.

Dès lors, si le prix d'une transmission immobilière est déterminé par le contrat qui la constate, c'est sur ce prix que doit être assis le droit de transcription exigible, lors de l'accomplissement de la formalité, et non sur la déclaration des parties. Il en est ainsi spécialement de l'acte de société constatant l'apport pur et simple d'immeubles, moyennant l'attribution d'un certain nombre d'actions d'un capital déterminé. Le droit de 1 fr. 50 0/0 augmenté de la taxe à 0 fr. 25 0/0 est dû, lors de la transcription de cet acte, sur le capital total des actions attribuées en représentation de l'apport, sans qu'il y ait lieu d'avoir égard à la déclaration estimative fournie par le notaire qui a requis la formalité (Besançon, 16 fév. 1899 ; R. E. 1989).

19. Actes divers soumis à la transcription. — Nous avons vu au *T. A.* (*Hyp.*, 276) que le droit de 1 fr. 50 0/0 est exigible sur toutes les formalités requises, sans que le conservateur puisse être juge de leur utilité. La loi nouvelle n'a rien changé à ce principe.

Ainsi demeure assujettie au droit de 1 fr. 50 0/0 et à la taxe hypothécaire, la transcription :

1° *Des promesses de vente.* — S'il est vrai, en droit, qu'une promesse unilatérale de vente immobilière, tant qu'elle n'a pas été acceptée par le stipulant, n'emporte pas mutation de la propriété de l'immeuble et, par suite, n'est pas de nature à être transcrite, les parties sont libres de penser autrement et de préférer, à telles fins que de raison, soumettre l'acte à la formalité de la transcription. Il importe donc peu que la transcription requise dans ce cas ne porte pas sur un acte translatif de propriété ; il suffit qu'elle soit requise pour que l'art. 25 de la loi du 21 ventôse an VII posant la règle de la matière, reçoive son application dans les mêmes conditions que s'il s'agissait d'un acte translatif de propriété, c'est-à-dire pour que le droit de 1 fr. 50 0/0 soit perçu sur le prix stipulé dans l'acte pour la promesse de vente, et non sur une évaluation par

les parties de la valeur de l'aliénation du droit du propriétaire en faveur du stipulant (Chambéry, 17 fév. 1894 et Cass. civ., 21 janv. 1896 ; R. E. 1092 ; Inst. 2910, § 3) ;

2° *D'un partage d'immeubles.* — Alors même que cet acte a été par erreur qualifié d'échange (Louhans, 24 mars 1899) ;

3° *De l'acte portant constitution de habous.* — Le habous est une institution du droit civil musulman « qui soustrait le bien constitué aux règles du droit commun et en opère l'immobilisation, en l'affectant au service d'une œuvre pie, charitable ou humanitaire, contre récompense que recevra le fondateur dans la vie future » (Clavel, *Traité du habous*, t. 1ᵉʳ, p. 76). La transcription de cet acte de constitution donne lieu à la perception du droit à 1 fr. 50 0/0 (Guelma, 15 fév. 1900) et, actuellement, de la taxe à 0 fr. 25 0/0.

20. Ratifications. — La pratique administrative admet que la ratification présentée à la transcription donne ouverture à la taxe hypothécaire de 0 fr. 25 0/0, alors même qu'elle se réfère à une vente antérieurement transcrite et qui a supporté une première fois cette taxe.

A l'appui de sa manière de voir, elle fait ressortir que le nouvel impôt est, en ce qui concerne les transcriptions, presque exclusivement destiné à compenser la perte résultant pour le Trésor de la suppression des droits de timbre des registres et pièces hypothécaires, et que, par suite, cette cause d'exigibilité existe pour tout acte présenté à la formalité, sans qu'il y ait à rechercher s'il se rattache ou non à un autre acte déjà transcrit (V. Sol. 24 nov. 1900 ; R. E. 2560-IV ; — et Sol. 27 fév. 1901 ; R. E. 2694-III).

21. Ventes de biens domaniaux. — La question de savoir si les actes de cette nature, volontairement présentés à la transcription, donnent ouverture au droit proportionnel de 1 fr. 50 0/0 reste controversée. Contrairement à l'opinion de l'Administration (Sol. 16 sept. 1875, 5 sept. 1896, *J. C.* 4834 ; *T. A.*, *Hyp.* 299), le tribunal de Céret a jugé, le 12 mai 1897, par application de la loi du 15 floréal an X, qu'aucun droit autre que le droit d'enregistrement de 2 0/0 ne peut être exigé. Mais cette décision, faiblement motivée, ne semble pas pouvoir être prise pour règle par les conservateurs (*J. E.* 25.363 ; *J. C.* 4918 ; *R. H.* 1974). L'Administration n'a pas cru devoir déférer cette décision à la Cour suprême, pour que, d'après un nouvel examen de la question, l'affaire lui a paru mal engagée. Elle estime, en effet, que l'exigibilité du droit de transcription à 1 fr. 50 0/0 ne dérive pas ici de l'accomplissement de la formalité, comme il avait été soutenu devant le tribunal, et que ce droit est dû lors de l'enregistrement et doit être perçu par le receveur en vertu de l'art. 54 de la loi du 28 avril 1816.

On a soutenu que la clause du cahier des charges-type, d'après laquelle les biens domaniaux sont vendus « libres de tous droits hypothécaires », rendait inutile la formalité de la purge, et que, par suite, l'acte n'était pas de nature à être transcrit dans le sens de l'art. 54 de la loi de 1816. Cette argumentation ne paraît pas fondée. Les biens de l'État peuvent être grevés d'hypothèques du chef des anciens propriétaires, ou des tiers qui ont pu acquérir des droits sur ces immeubles par voie de prescription ou autrement. Dès lors, les acquéreurs de l'État ont intérêt à purger, pour parer à toutes éventualités. D'après l'Administration, cette circonstance suffit à justifier la réclamation du droit de 1 fr. 50 0/0, lors de l'enregistrement de la vente.

La même règle est applicable aux ventes d'immeubles dépendant de successions en déshérence dont l'État a été envoyé en possession définitive ; au moment de l'enregistrement, le receveur doit exiger le droit de mutation de

2 0/0, augmenté du droit de transcription de 1 fr. 50 0/0 (Sol. 17 mars 1901 ; R. E. 2769).

Nous inclinerions plutôt à penser que le droit de 1 fr. 50 p. 0/0 est dû aujourd'hui exactement dans les mêmes conditions que sous l'empire de la loi de Floréal an X, qui a abaissé à 2 0/0 le droit d'enregistrement sur les ventes d'immeubles domaniaux, c'est-à-dire uniquement en cas de présentation volontaire à la formalité, au bureau des hypothèques (Voir en ce sens R. E. 2769, obs.).

22. Actes explicatifs ou complémentaires. — Il arrive assez souvent que l'on présente à la transcription des actes relatifs à des immeubles, mais qui n'ont pourtant pour effet de transférer aucun droit. Tels sont les actes explicatifs ou complémentaires, ayant pour objet de préciser ou de développer des conventions antérieures contenues dans des actes transcrits ; les actes contenant établissement de propriété, qui servent de complément à une vente, à une obligation, etc.

Ces actes ne sont pas susceptibles d'une déclaration estimative ; il n'en est pas exigé pour l'enregistrement, et l'on ne saurait les assujettir à la taxe sur la valeur des immeubles dont il y est question. Autrefois, ils étaient admis à la transcription moyennant le droit fixe de 1 fr.

Aujourd'hui, le seul droit applicable paraît être le minimum de 0 fr. 25.

Ainsi, on a reconnu en pratique que la transcription d'un acte de complément portant l'origine de propriété d'immeubles vendus antérieurement ne donne pas lieu à la perception de la taxe de 0 fr. 25 0/0.

En sens contraire, il a été reconnu que la transcription de l'acte portant renonciation par un vendeur non entièrement payé, à son action résolutoire, donne ouverture à la taxe.

L'impôt doit être liquidé sur le montant des inscriptions prises en vertu d'affectations consenties par l'acquéreur des immeubles, la mutation se trouvant consolidée et confirmée jusqu'à concurrence des sommes garanties par ces inscriptions (Sol. 1er mai 1901 ; R. E. 2694-IV). L'Administration reconnaît d'ailleurs qu'il n'y a pas lieu de réclamer un nouveau droit de 1 fr. 50 0/0, alors que ce droit a déjà été acquitté sur la valeur entière de l'immeuble.

Par contre, la transcription de la ratification d'un acte qui n'a pas été soumis antérieurement à cette formalité, donne lieu à la perception du droit de 1 fr. 50 0/0 et de la nouvelle taxe (Comp. Loches, 29 mars 1900 ; R. E. 2398). La transcription de cette ratification équivaut à celle de l'acte ratifié et doit être assujettie aux mêmes droits.

Donne également ouverture à la perception des taxes à 1 fr. 50 0/0 et à 0 fr. 25 0/0 la transcription de l'acte par lequel une femme dotale déclare accepter les immeubles acquis par son mari en remploi de sa dot et désigne ses valeurs dotales à aliéner.

Cet acte ne saurait être considéré comme étant juridiquement identique à l'acte d'acquisition ; il a, en effet, pour objet non pas de rendre définitive l'acquisition faite par la femme, mais de fixer la condition juridique de l'immeuble acquis et de garantir contre toute éviction les acquéreurs des biens dotaux à aliéner en vue de cette acquisition (Sol. 19 avr. 1901 ; R. E. 2694-II).

Le tribunal de Toulon a décidé que la transcription d'un acte portant renonciation à une clause de réversion était passible de la taxe, et que cette taxe devait être calculée sur la valeur de l'immeuble, et non sur une déclaration estimative du droit auquel il était renoncé (Jug. du 24 mai 1898 ; R. E. 1804 ; J. E. 25.697).

23. Indivisibilité du droit de transcription. — La règle de l'indivisibilité du droit de transcription se trouve maintenue par cela seul qu'il n'est apporté aucune dérogation aux effets de la transcription (T. A., Hyp. 301 et s.). Ainsi décidé que le droit de transcription doit être calculé sur le prix total porté dans les actes susceptibles d'être transcrits. Spécialement, l'adjudication d'un terrain et des constructions élevées sur ce terrain, prononcée, moyennant un prix unique, au profit du propriétaire du sol est sujette au droit de transcription sur la totalité du prix, encore bien qu'il eût été stipulé que ce prix représentera pour telle somme déterminée d'avance la valeur du terrain et, pour le surplus, la valeur des constructions (Seine, 2 fév. 1894 ; R. E. 844 ; — Cass. req., 19 juin 1895 ; R. E. 968).

24. Actes complexes. Transcription partielle. — Quand un acte renferme plusieurs conventions indépendantes dont les unes sont assujetties à la transcription et les autres en sont dispensées, les parties ont certainement la faculté de requérir la transcription des unes et d'exclure celle des autres, mais elles doivent, en ce cas, ou ne présenter au conservateur que des extraits littéraux, relatifs aux dispositions sujettes à la formalité, ou, si elles présentent l'acte entier, limiter expressément leurs réquisitions aux parties qu'elles entendent faire transcrire ; autrement, elles sont censées avoir requis la transcription de l'acte tout entier, et doivent, par conséquent, acquitter les droits que comporte cette transcription intégrale. Spécialement quand un acte renfermant un bail d'une durée supérieure à 18 ans et une promesse unilatérale de vente des immeubles loués a été présenté à la transcription, sans distinction ni réserve, les parties ont, en procédant ainsi, manifesté leur intention de faire transcrire toutes les dispositions de cet acte, sans distinguer entre celles qui étaient de nature à être transcrites et celles qui ne l'étaient pas. Dès lors, le droit est dû pour la transcription de la disposition par laquelle le bailleur a promis de vendre au preneur les immeubles donnés à bail (V. Arr. précité, 21 janv. 1896).

Quant aux actes indivisibles dont la transcription ne peut être facilement scindée, mais qui renferment cependant des dispositions utiles à transcrire et d'autres inutiles, la Direction générale admet que le droit n'est dû, lors de la transcription intégrale, que sur les immeubles à raison desquels la formalité était nécessaire. Ainsi décidé à l'occasion d'un partage testamentaire contenant substitution de certains des immeubles partagés et transcrit en entier (Sol. 5 juin 1838 ; J. E. 12.185), et plus récemment au sujet d'un testament contenant des legs purs et simples avec un legs à charge de restitution (Sol. 28 juill. 1899 ; R.H. 2363).

Décidé également que la transcription d'une donation à titre de partage anticipé portant partage des biens recueillis par les donataires dans une succession ouverte antérieurement, ne donne pas lieu à la perception de la taxe sur la valeur des biens partagés. Ce partage formant une des conditions de la validité de la donation, l'Administration admet que l'acte ne peut être facilement scindé. Il en est de même des clauses de réversion d'usufruit au profit des donateurs ; on admet que ces stipulations ne comportent pas la perception d'un droit de transcription distinct, et cela, alors même que la réversion d'usufruit stipulée dans le partage anticipé a été acceptée par le bénéficiaire dans un acte distinct.

Cette interprétation a même été étendue à la transcription d'un contrat de mariage contenant une donation immobilière à raison de laquelle la transcription avait été requise, et la constatation d'apports immobiliers au sujet desquels aucune réquisition n'avait été déposée (Sol. 27 nov. 1894 ; R. H. 1463 ; J. E. 24.691). Mais la décision dictée par des considérations d'opportunité ne saurait être d'une application usuelle; dans l'esprit de la Direction générale, elle ne devait pas impliquer l'abandon des principes reconnus par la Cour de cassation (Arr. 12 mai 1891 ; *T. A.*, *Hyp.* 283, et nombreux arrêts antérieurs cités au n° 276, note), ni infirmer la règle selon laquelle tout ce qui est copié sur le registre est réellement transcrit dans le sens de l'art. 2181, C. civ. (*T. A.*, *Ibid.*, 268 et notes). Il importe, au contraire, ajoute la solution, que les conservateurs se conforment aux dispositions des Inst. 2324, § 4 et 2367, § 5.

Dans tous les cas, lorsqu'on présente à la transcription un contrat de mariage contenant une institution contractuelle, le droit ne paraît pas dû sur la valeur des biens compris dans cette institution (V. Etude, *R. E.* 725).

De même si un acte de vente d'immeubles porte une clause d'indemnité mobilière, aucun droit particulier n'est dû sur cette indemnité, alors même que l'acte a été transcrit dans son intégralité (*T. A.*, V° *Hyp.*, 305, § 2).

Au surplus, si les parties ont présenté à la formalité l'extrait d'un acte de société complexe et divisible, comprenant uniquement les immeubles réels apportés, l'Administration n'est pas fondée à se reporter à la minute de l'acte pour y découvrir les immeubles par destination compris dans l'apport et réclamer le droit proportionnel sur ces immeubles. En cette matière, les parties sont seules juges de l'utilité de la formalité et de l'étendue qui doit lui être donnée (Le Vigan, 19 juill. 1888 ; *R. H.* 403 ; Marseille, 3 janv. 1895 ; *J. E.* 24.843).

25. Erreur des parties. — Nous avons vu au *T. A.*, (*Hyp.*, 326 et suiv.) que les parties ne sont pas recevables à se prévaloir de l'erreur qu'elles ont commise en déposant au bureau des hypothèques, en vue de la transcription, un acte qui n'était pas soumis à la formalité. L'accomplissement de la formalité met obstacle à la restitution des droits qui en constituent la rémunération.

Ainsi décidé que ne sont pas restituables les droits perçus à l'occasion de la transcription:

1° D'un contrat de mariage ne contenant que des apports mobiliers ;

2° D'un contrat de mariage contenant des libéralités immobilières, mais non suivi de célébration.

Toutefois, lorsque le conservateur s'aperçoit de l'erreur, l'Administration admet, par une dérogation bienveillante aux principes, que les titres non encore transcrits peuvent être remis aux parties requérantes, après qu'elles ont signé en marge du registre des dépôts une réquisition de non-transcription. On ne saurait, du reste, faire aucun grief au conservateur de n'avoir pas signalé l'erreur commise.

Par ailleurs, la circonstance que le conservateur n'a pas perçu, lors de l'accomplissement de la formalité, le droit proportionnel exigible, ne saurait entraver l'action de l'Administration en recouvrement de l'impôt, car il est de principe que le Trésor peut toujours poursuivre le redressement des erreurs de perception commises par ses agents (Loches, 29 mars 1900 ; *R. E.* 2398).

Au surplus, les conservateurs sont fondés à refuser de rendre un acte présenté par erreur à la transcription, lorsque la formalité est commencée; les droits auxquels cette transcription donne ouverture sont définitivement acquis au Trésor et, s'ils n'ont pas été perçus, doivent être réclamés aux parties (Sol. 9 sept. 1895 ; *J. E.* 24.912).

26. Actes soumis au tarif de 0 fr. 125 0/0. — Sous l'empire de l'ancienne loi, l'Administration a admis que la transcription des baux immobiliers de moins de dix-huit ans pouvait être effectuée moyennant le paiement du droit fixe de 1 fr., et cela, parce que les parties avaient requis cette formalité par une application erronée de l'art. 2

de la loi de 1855. Désormais, il conviendrait d'exiger la taxe de 0 fr. 125 0/0 dans les cas analogues.

D'ailleurs, doit être assujetti à la taxe ordinaire de 0 fr. 25 0/0 l'acte portant concession du droit d'exploiter des minières, lequel, bien que qualifié bail, a en réalité le caractère d'une vente mobilière (Guelma, 22 nov. 1900).

Il a été reconnu que les renonciations à antichrèse stipulées comme conséquence de l'extinction de la créance garantie pouvaient bénéficier du droit fixe de 1 fr., bien que la plupart des auteurs reconnaissent que les conventions de cette nature ne tombent pas sous le coup de l'art. 2 de la loi du 23 mars 1855 (V. Sol. 12 nov. 1898 ; *R.E.* 2277) ; actuellement, il y aurait lieu de percevoir la taxe de 0 fr. 125 0/0.

27. Transcriptions à opérer dans plusieurs bureaux. — Elles bénéficient des dispositions des art. 22 et 26 de la loi du 21 ventôse an VII, et 6 de la loi du 27 juillet 1900, de sorte que, sur la production d'un duplicata de quittance, le conservateur opérera la formalité sans autre perception que celle des salaires du dépôt et des rôles d'écriture.

Il en est ainsi, alors même que la transcription a été opérée dans le premier bureau, sous l'empire de l'ancienne loi et moyennant le paiement du droit fixe de 1 fr. Les transcriptions ultérieures du même acte dans des bureaux différents sont, en effet, dispensées de la taxe, dans tous les cas où la formalité a déjà subi le droit de transcription (Sol. 16 nov. 1900 ; *R. E.* 2560-III).

28. Exemptions. — Du principe que la loi générale n'est pas présumée déroger aux lois spéciales (Cass.,13 fév. 1840, 8 août 1822, 14 juill. 1826; Dall., *Rép.* V° *Lois*, 548), il résulte que les exemptions d'impôt accordées par des lois particulières, antérieures au 27 juillet 1900 n'en demeurent pas moins en vigueur. Ainsi, demeurent exemptés de tout droit, les actes faits en vertu d'expropriation pour cause d'utilité publique, d'alignement et autres assimilés (L. 3 mai 1841, art. 58 ; Inst. 1660).

SECT. III. — SAISIES.

29. — Les transcriptions de saisies et dénonciations de saisies sont affranchies de tout droit. Bien que la nouvelle loi soit muette à cet égard, les rapports déjà cités de MM. Klotz et Boulanger ne laissent aucun doute sur l'intention des législateurs, et l'Inst. 3018 est très affirmative sur ce point.

Le salaire du dépôt et celui de la transcription seront donc seuls exigibles.

SECT. IV. — MENTIONS (T.A. 367 à 387).

30. — Les seules mentions qui soient assujetties à la taxe de remplacement sont celles des subrogations et des radiations, les subrogations et les radiations de saisies exceptées.

En conséquence, les mentions des subrogations et des radiations de saisies, ainsi que toutes celles qui ne sont pas expressément tarifées, continueront d'être effectuées sans donner lieu à aucune perception au profit du Trésor. Telles sont les mentions de changement de domicile, de cession d'antériorité, de jugement prononçant la résolution, la nullité ou la rescision d'un acte transcrit.

Dans le même ordre d'idées, il a été décidé que, dans le cas où une inscription a été radiée définitivement, au vu de l'ordonnance contenue dans un procès-verbal de clôture d'ordre et moyennant le paiement de la taxe à 0 fr. 10 0/0, la seconde mention de radiation mise en marge de la même inscription, en vertu du consentement du créancier inscrit,échappe à l'impôt (Sol. 28 fév. 1901 ; *R. E.* 2694-VIII).

Lorsque l'inscription est provisoirement dispensée de la taxe par application de la loi du 6 messidor an VII (*suprà*), la mention de subrogation doit nécessairement profiter de la même dispense.

La mention de radiation ou de réduction, quand elle se rapporte à une inscription de cette nature, est également exempte de taxe ; mais, dans ce cas, l'exemption est définitive. C'est ce que le rapport de M. Boulanger exprime très nettement au sujet de l'hypothèque légale.

« Si, dit-il, l'inscription d'hypothèque légale est rayée *avant* cette conversion (du droit éventuel en créance réelle), la radiation *n'est sujette à aucune taxe.* Si la radiation intervient *après*, le droit commun devient applicable.

C'est une raison de plus pour annoter soigneusement, en marge des inscriptions, les actes qui révèlent la réalisation d'un droit éventuel.

31. Date. — La date de la réquisition se place, pour les radiations, au jour où le conservateur a été saisi de la demande de radiation ; peu importe que les justifications produites à l'appui soient ultérieurement reconnues incomplètes. Pour toutes les autres formalités, la date de la réquisition se confond avec celle de l'inscription au registre de dépôt.

Dans le cas, ajoute l'Instruction, où une formalité requise, spécialement une mention de radiation ou de subrogation ne pourra être accomplie, par suite de l'insuffisance des justifications fournies, la taxe acquittée sera restituée si la demande en est faite avant que la prescription biennale soit acquise au Trésor (art. unique, L. 24 mars 1806).

C'est là, pensons-nous, une règle susceptible de provoquer pour les conservateurs de graves difficultés, et nous n'hésitons pas à exprimer le vœu qu'elle ne soit pas maintenue.

32. Tarif. — La taxe applicable aux mentions des subrogations et des radiations est uniformément de 0 fr. 10 0/0.

Elle est portée en recette, pour les premières, au registre des dépôts ; et pour la radiation, jusqu'à ce qu'il en ait été autrement ordonné, au registre du visa pour timbre.

33. Radiations définitives. — Les dispositions déjà rappelées à l'occasion des inscriptions et des transcriptions sont applicables aux mentions. Le droit suit, par conséquent, les sommes de 20 fr. en 20 fr. ; il ne peut être perçu moins de 0 fr. 25. S'il y a lieu de remplir la formalité dans plusieurs bureaux, la taxe sera acquittée au premier seulement, et dans les autres, le salaire seul sera exigé sur la production d'un duplicata de quittance.

D'après l'art. 2 de la loi du 27 juillet 1900 la taxe est perçue : « 3° pour les mentions des subrogations et radiations, sur la somme exprimée dans l'acte ; à défaut de somme..... sur la valeur du droit hypothécaire faisant l'objet de la formalité ». Ce texte vise ainsi deux ordres de faits différents ; d'une part, les subrogations et radiations partielles consenties jusqu'à concurrence d'un chiffre déterminé ; pour ces formalités l'impôt est liquidé sur le chiffre visé ; d'autre part, les subrogations entières et les radiations définitives ; pour ces mentions, c'est la valeur du droit hypothécaire qui sert d'assiette à la taxe, c'est-à-dire sur la somme garantie par l'inscription. D'ailleurs, comme pour la liquidation du droit d'inscription, il convient d'ajouter au principal le montant des accessoires évalués dans le bordereau ; mais on ne doit pas tenir compte des frais ou accessoires mentionnés sous des formules éventuelles, à moins que l'Administration soit en mesure de prouver que ces droits éventuels se sont convertis en créance réelle depuis la date de l'inscription (V. le rapport de M. Boulanger au Sénat, cité *suprà*, n° 9).

Décidé que lorsqu'à la suite de la quittance du dernier terme des arrérages d'une rente viagère il est donné mainlevée entière et définitive de l'inscription prise pour sûreté de la rente, la taxe de 0 fr. 10 0/0 est due, lors de la radiation, sur la totalité du capital. La même taxe est due sur l'évaluation des frais accessoires garantis par l'inscription, lorsque l'évaluation faite dans l'inscription portait sur les frais faits et à faire et qu'aucune ventilation n'a été opérée entre les uns et les autres (Sol. 24 nov. 1900 ; *R. E.* 2560-V).

34. Radiations partielles. — La renonciation par un créancier à une partie de ses droits hypothécaires peut se présenter sous trois formes différentes :

I. — Ou le créancier réduit l'inscription quant à la somme garantie, sans restreindre le gage :

C'est le cas visé dans le premier membre de phrase de l'art. 2-3° ; la taxe doit être liquidée sur la somme exprimée dans l'acte.

II. — Le créancier dégrève certains immeubles déterminés en maintenant le chiffre de l'inscription :

C'est le cas visé par le deuxième paragraphe du même article : « en cas de réduction de l'hypothèque, la taxe est liquidée sur le montant de la dette ou sur la valeur de l'immeuble affranchi, si cette valeur est inférieure. » Cette valeur est déterminée, le cas échéant, par la déclaration estimative des parties, conformément à l'art. 4 de la loi.

Ainsi une inscription a été prise pour une créance de 5.000 fr. sur plusieurs immeubles, et l'on désire affranchir l'un de ces immeubles dont la valeur déclarée dans l'acte, ou estimée dans une déclaration spéciale est de 1.000 fr. La taxe sera perçue sur 1.000 fr.

La valeur de l'immeuble affranchi est-elle de 10.000 fr. le droit sera dû sur 5.000 fr. seulement.

III. — Le créancier consent à la fois la réduction de la somme garantie et la diminution du gage :

La loi nouvelle ne s'en occupe pas spécialement. Mais, comme les deux stipulations se confondent en une seule disposition et aboutissent à une formalité hypothécaire unique, les deux droits de radiation et de réduction ne sauraient être perçus cumulativement et seul, le droit afférent à la disposition principale devra être perçu. C'est là une question à résoudre d'après les circonstances de chaque affaire, mais, le plus souvent, la radiation partielle devra être envisagée comme la partie dominante de l'opération (Sol. 24 janv. 1901 ; *R. E.* 2592-2).

35. Pluralité. — En principe, il est dû un droit particulier pour la radiation de chaque inscription distincte grevant le même immeuble, alors même que le total des sommes garanties par ces inscriptions excéderait la valeur de l'immeuble.

Toutefois, lorsqu'à la suite d'un ordre judiciaire, le procès-verbal de règlement ordonne la radiation de toutes les inscriptions grevant les immeubles dont le prix est distribué, la radiation de l'inscription d'office du vendeur non payé ne donne ouverture à l'impôt que dans la mesure où cette inscription profitait à des créanciers privilégiés non inscrits ; mais aucune taxe n'est due sur la partie de cette inscription qui garantissait le paiement des sommes attribuées aux créanciers ayant des inscriptions particulières.

En effet, l'inscription d'office, qui profite aux créanciers hypothécaires colloqués, se confond jusqu'à un certain point avec les inscriptions prises au profit de ces créanciers, si bien que le conservateur, sur la représentation du bordereau et de la quittance du créancier, décharge d'office l'inscription jusqu'à concurrence de la somme acquittée (art. 774, C. proc.).

En l'état, il a été très rigoureux de percevoir une taxe spéciale en raison de la radiation de l'inscription d'office (V. Sol. 13 fév. 1901 ; R. E. 2694-VII).

On n'insiste pas davantage sur l'application de la pluralité des taxes au cas où un créancier hypothécaire, en recevant le paiement de ce qui lui est dû, consent dans le même acte à la radiation de son inscription particulière, et de l'inscription d'office du vendeur non payé, dans la mesure où cette inscription lui profite.

Il en est de même en ce qui concerne les radiations d'inscriptions originaires et d'inscriptions prises en renouvellement, lorsque le consentement du créancier a été fourni dans un seul acte.

Mais le principe de la pluralité des taxes doit reprendre son empire, lorsque les consentements à radiation d'inscriptions d'office et d'inscriptions prises en renouvellement ont fait l'objet d'actes séparés.

De même la disposition finale du premier paragraphe de l'art. 2-3° de la nouvelle loi s'applique uniquement au cas où les consentements à réduction d'hypothèque sont portés dans un seul acte (Inst. 3018, p. 6).

La taxe de 0 fr. 10 est, en effet, une taxe de remplacement. C'est ce que M. Boulanger, rapporteur de la loi au Sénat, disait précisément à propos des radiations et subrogations : « Quel est l'objet de la taxe de remplacement ? C'est uniquement de tenir lieu des droits de timbre qui sont actuellement dus sur les actes, pièces ou registres qui sont nécessaires à l'accomplissement de la formalité. »

La perception devant ainsi tenir lieu des droits de timbre des actes et pièces produits à l'appui de la réquisition de radiation et surtout de l'expédition de l'acte portant consentement à radiation, la taxe hypothécaire, calculée au maximum sur la valeur de l'immeuble dégrevé, doit être exigée autant de fois qu'il y a d'actes distincts et cela, quelle que soit la date de leur dépôt à la conservation (Sol. 29 avr. 1901 ; R. E. 2694-VI).

SECT. V. — DISPOSITIONS COMMUNES AUX INSCRIPTIONS ET AUX TRANSCRIPTIONS.

§ 1er. — Application du tarif.

36. Détermination des valeurs. — C'est, en principe, sur les sommes et valeurs exprimées dans les actes ou dans les extraits présentés à la formalité et conformément aux règles adoptées pour la perception des droits d'enregistrement, que la taxe doit être liquidée (art. 2).

Si les sommes et valeurs ne sont pas déterminées dans ces actes ou extraits, les *requérants* sont tenus d'y suppléer par une déclaration estimative (art. 4) (Comp. *T. A.*, *Hyp.* 308).

Cette disposition doit être entendue dans le même sens que la disposition analogue qui fait l'objet de l'art. 16 de la loi du 22 frimaire an VII.

La déclaration estimative devra être fournie avant la formalité, puisqu'elle est nécessaire pour la liquidation du droit dont le paiement doit avoir lieu d'avance (Comp. *T. A.*, *Hyp.* 31, 65, 250, 316 et s.). Cette déclaration ne pourra être inférieure à celle fournie, le cas échéant, au bureau de l'enregistrement (article 2).

Toutefois, si le prix d'une transmission immobilière est

déterminé par le contrat qui la constate, c'est sur ce prix que doit être assis le droit de 1 fr. 50 0/0 exigible lors de la transcription du contrat, et non sur la déclaration des parties.

Il en est ainsi spécialement de l'acte de société constatant l'apport pur et simple d'immeubles moyennant l'attribution d'un certain nombre d'actions d'un capital déterminé.

Le droit de 1 fr. 50 0/0 est dû lors de la transcription de cet acte sur le capital total des actions attribuées en représentation de l'apport, sans qu'il y ait lieu d'avoir égard à la déclaration estimative fournie par le notaire qui a requis la formalité (Besançon, 16 fév. 1899 ; R. E. 1989).

37. Communication des minutes. — Le contrôle des évaluations et déclarations estimatives, la nécessité de baser les perceptions sur les mêmes données que le droit d'enregistrement, pourront mettre les conservateurs dans l'obligation de se reporter aux minutes dont les extraits ne reproduisent pas toujours les parties intéressantes.

Nous n'avons jamais douté que les conservateurs fussent fondés à se prévaloir de l'art. 54 de la loi du 22 frimaire an VII, pour exercer le droit de communication dans l'intérêt du Trésor (Voir *J. C.* 5041).

Si une hésitation avait pu se produire avant la loi du 27 juillet 1900, elle serait levée par les nouvelles dispositions.

Rappelons que, pour l'exercice du droit de communication, les agents ne sont tenus de justifier d'aucune mission spéciale, ni même de faire connaître le but de leurs investigations (*T. A.*, V° *Communication*, 6, 15).

§ 2. — Pénalités.

38. Insuffisances ou dissimulations. — Aux termes de l'art. 5 de la loi, si dans le délai de deux années à partir de la formalité, l'insuffisance ou la dissimulation des sommes ou valeurs ayant servi de base à la perception est établie conformément aux modes de preuve admis en matière d'enregistrement, il sera perçu au bureau des hypothèques, indépendamment des droits simples supplémentaires, un droit en sus, lequel ne pourra être inférieur à 50 fr.

Cette pénalité ne doit pas être augmentée de décimes dès lors que le droit simple n'y est pas soumis.

En se référant « aux modes de preuve admis en matière d'enregistrement », la disposition dont il s'agit autorise, notamment, l'emploi de l'expertise pour la constatation des insuffisances qu'elle entend réprimer. Cette procédure pourra donc être requise et suivie dans les mêmes formes qu'en matière d'enregistrement, pour assurer la perception complète de la taxe créée par la loi nouvelle. Il sera d'ailleurs inutile d'y recourir lorsque la liquidation de la taxe hypothécaire devant s'effectuer sur les mêmes bases que celle du droit d'enregistrement, l'insuffisance aura été dûment reconnue ou constatée pour l'application de ce droit. Quand l'expertise aura pour objet la détermination de la valeur vénale, les frais de la procédure ne tomberont à la charge du redevable, et celui-ci ne sera passible du droit en sus, qu'autant que l'insuffisance constatée excédera d'un huitième au moins la valeur exprimée dans l'acte, ou déclarée.

39. Usage de pièces non timbrées. — L'usage en dehors de la conservation des hypothèques d'une pièce rédigée sur papier non timbré en conformité de l'art. 1er entraîne, contre le contrevenant, une amende de 100 fr. (V. § 1er de l'Inst. 3018).

Cette amende est augmentée des décimes conformément au droit commun [Rapport précité de M. Boulanger).

§ 3. — *Point de départ de l'application de la loi.*

40. — Les formalités requises avant le jour où la loi nouvelle est devenue exécutoire restent soumises pour le tout à la législation ancienne.

Les pièces produites par les requérants pour en obtenir l'accomplissement demeurent sujettes au timbre, alors même que la production en serait effectuée à titre de justification complémentaire sous le régime nouveau. Les certificats constatant que ces formalités ont été accomplies ne profiteront pas non plus de l'exemption du timbre. Il en est de même des états, certificats, extraits et copies, dressés par les conservateurs, quand la délivrance en a été requise antérieurement à la mise en vigueur de la loi.

§ 4. — *Procédure. — Prescription.*

41. — Le projet du gouvernement déclarait applicables à la taxe de remplacement les dispositions de la loi du 22 frimaire an VII qui règlent la procédure en matière d'enregistrement (*R. E.* 2349, p. 299).

Cette partie du projet n'a pas paru devoir être reproduite dans le texte définitif; on a jugé suffisantes les dispositions antérieures qui ont été consacrées par la jurisprudence rappelée *T. A., Hyp.* 315 et s.

De même, la prescription demeure réglée par les dispositions combinées des lois des 22 frimaire an VII et 24 mars 1806, tant pour la demande des droits que pour la restitution (*T. A., loc. cit.* 322 et s.).

§ 5. — *Dispositions transitoires.*

42. — L'Inst. 3018 prescrit quelques mesures transitoires au sujet de l'imputation sur la nouvelle taxe des droits de timbre de bordereaux ou d'expéditions qui auraient été commencées avant la mise en vigueur de la loi, et déposées avant le 9 septembre 1900; de l'annulation des empreintes sur les formules et registres timbrés constituant l'approvisionnement des conservations et des magasins de timbre, et enfin de la comptabilité des feuilles de timbre employées soit totalement, soit en partie, avant le 9 août 1900, ainsi que pour la restitution aux conservateurs de la valeur des fractions de feuilles dont ils auraient eu à faire l'avance conformément à l'Inst. 2606.

Vu leur caractère transitoire, nous n'avons pas à les détailler ici (V. aussi C. C. 30 déc. 1900, § II).

Provisoirement, les demandes d'impressions et registres hypothécaires doivent continuer à être adressées par les directeurs à leur collègue, chef de l'atelier général du timbre à Paris, en même temps que les demandes de papiers et impressions non timbrées (Inst. 3034).

§ 6. — *Recouvrement des droits.*

43. Consignation préalable. — Nous avons vu au *T. A.* (n° 3162), que les droits et salaires dus pour les formalités hypothécaires sont payables d'avance par les requérants.

Si le conservateur n'a pas exigé de ceux-ci la consignation préalable des droits et salaires, il peut, après l'accomplissement de la formalité, agir contre eux, pour le tout, par voie de contrainte, tant que des droits d'inscription ou de transcription restent dus en même temps que des

salaires. Mais si le Trésor a été désintéressé, le conservateur doit, pour le recouvrement des salaires seuls, suivre la procédure de droit commun. Il est tenu de communiquer à ses adversaires les pièces en vertu desquelles il les poursuit (C. Poitiers, 5 juin 1899 ; *R. E.* 2164).

44. Hypothèque légale. — Par exception, celui qui requiert une inscription d'hypothèque légale est affranchi de tout recours en vertu de l'art. 2155, C. civ., mais les débiteurs visés n'en restent pas moins tenus, chacun pour le tout, des droits exigibles (V. *suprâ,* n° 9, *in fine*).

45. Annulation du contrat transcrit. — L'Administration renonce à poursuivre le recouvrement des droits non perçus par suite d'une erreur du conservateur, au moment de l'accomplissement de la formalité, lorsque la convention transcrite se trouve annulée judiciairement. Elle étend ainsi aux droits d'hypothèque, la doctrine admise par l'arrêt du 28 janvier 1890, relativement aux droits d'enregistrement (Inst. 2790, § 6). L'application de cette règle a même été étendue à un cas où il s'agissait de la résiliation volontaire d'une promesse de vente consentie par un département à un établissement public. Cette promesse de vente avait été transcrite par erreur au droit fixe de 1 fr., mais, la formalité étant devenue objet par suite de la résiliation, il a paru que le droit de 1 fr. 50 0/0 ne pouvait être réclamé par une application extensive de la doctrine résultant de l'arrêt de 1890.

46. Timbre des pièces déposées à la conservation. Contraventions. — Les conservateurs doivent constater les contraventions aux lois sur le timbre qui existent dans les pièces produites (Inst. 659, 852, 2721-187 ; *T. A., Hyp.* 389). Mais, contrairement à l'opinion émise par M. Baudot (*Traité des formalités hypothécaires,* 1441 et 1914), la défense portée par l'art. 25 de la loi du 13 brumaire an VII, d'enregistrer aucun acte qui ne serait pas sur papier timbré du timbre prescrit, ou qui n'aurait pas été visé pour timbre, sous peine d'une amende de 10 fr. (L. 13 brum. an VII, art. 26, et L. 16 juin 1824, art. 10), n'est pas applicable aux conservateurs. Les formalités hypothécaires ne sont pas des enregistrements, mais des actes qui ne peuvent être retardés ou refusés (C. civ. art. 2199 ; Voir *T. A.,* V° *Timbre,* 180).

Un conservateur ne serait donc en faute que s'il néglige de constater la contravention. L'Administration se réserve, en pareil cas, et à défaut de recouvrement sur les débiteurs, de statuer sur la responsabilité encourue à raison d'amendes relevées au § 13 du rapport de gestion (Inst. 2122, 2721-154).

Les principales contraventions à surveiller sont : 1° celles relatives au nombre de lignes que doivent contenir les expéditions ou copies délivrées par les notaires, greffiers, huissiers et autres, d'après les prescriptions de l'art. 20 de la loi du 13 brumaire an VII, de l'art. 6 de la loi du 21 ventôse an VII, de l'art. 48 du décret du 18 juin 1811 et de l'art. 1er du décret du 30 juillet 1862 ; 2° celles relatives aux mentions réglementaires (coût de l'acte, nombre de feuilles de papier spécial et montant des droits de timbre) que doivent renfermer les originaux et les copies d'exploits ; 3° celles relatives au timbre des quittances (art. 18, L. 23 août 1871).

Le recouvrement des amendes, l'instruction des pétitions en remise auxquelles elles donnent lieu incombent aux conservateurs ; la recette en est effectuée sur le registre du visa pour timbre.

Quant aux pièces produites à la conservation pour y rester déposées, du moment où elles sont exemptes du timbre, elles ne peuvent plus donner lieu à contravention. La forme des expéditions, en pareille hypothèse, ne peut plus intéresser que les parties au point de vue des honoraires, que les conservateurs ne sont pas appelés à surveiller.

La mention prescrite par l'art. 1er de la loi du 27 juillet 1900, relativement à la spécification des formalités, n'est pas ordonnée sous peine d'amende. En cas d'omission, il y a lieu de la faire compléter, mais non de relever une contravention.

Il en est autrement de l'usage hors de la conservation des pièces délivrées dans la forme autorisée par l'art. 1er. Si le conservateur était à même de reconnaître un abus, il aurait le devoir de réclamer l'amende.

47. Autres contraventions. — Les conservateurs ont à relever également, sur les pièces qui leur sont produites : 1° les contraventions résultant du défaut de transcription de la relation de l'enregistrement dans les expéditions ou les extraits déposés (Inst. 1351, art. 17) ; 2° les infractions à la loi du 1er ventôse an IV sur les poids et mesures (Inst. 1415 ; T. A., Hyp. 389).

La recette des amendes pourrait, le cas échéant, être opérée sur le registre du visa pour timbre qui, depuis l'Inst. 2720-52, est, par sa réunion au registre des actes sous seings privés, affecté à la recette des droits et amendes d'enregistrement.

48. Vérification des perceptions des receveurs. — Lorsque les conservateurs se trouvent à même de constater des insuffisances de perception sur des mainlevées ou autres actes, il leur est prescrit de les consigner et de faire le renvoi de cette consignation au bureau percepteur (Inst. 2721-187).

L'Administration n'impose nullement aux conservateurs l'obligation de faire acquitter, avant de procéder à l'accomplissement des formalités hypothécaires, les suppléments de droits d'enregistrement reconnus exigibles et de refuser la formalité si ce paiement n'est pas obtenu. Elle ne songe pas davantage à rendre les conservateurs responsables des insuffisances de perception et à mettre à leur charge des droits qu'un autre agent avait le devoir de percevoir, sous la surveillance et la responsabilité des employés supérieurs. Mais, en vertu du principe qui demande aux fonctionnaires de tout ordre leur concours à la sauvegarde des intérêts du Trésor, elle prescrit aux conservateurs de relever, à titre de découvertes, les insuffisances de perception qu'ils sont à même de constater. Les termes mêmes de l'Inst. 2721 précisent bien que les formalités hypothécaires ne sont pas subordonnées au paiement immédiat de ces droits complémentaires, puisque le rôle du conservateur, tel qu'il est tracé dans l'Instruction, consiste seulement à consigner l'article et à en faire le renvoi au receveur qui a enregistré l'acte et qui demeure chargé du recouvrement.

Il en est de même des amendes : le conservateur a mission de les relever, mais le défaut de paiement préalable n'apporte aucun obstacle à l'accomplissement des formalités.

Seule, la taxe hypothécaire sur les inscriptions, transcriptions et radiations est versable d'avance, et la simple admission de l'acte à la formalité rend le conservateur comptable du montant des droits.

Les actes sous seings privés présentés à la transcription doivent être préalablement enregistrés (Av. Cons. d'Et. 3-12 flor. an XIII ; Inst. 316). A défaut d'enregistrement, le conservateur n'a pas à percevoir le droit, mais à refuser la transcription, sauf exécution des règles spéciales en matière de mutations de propriété ou de jouissance.

Quant aux actes notariés, judiciaires ou administratifs qui ne peuvent échapper aux investigations des receveurs

et employés supérieurs, nous pensons que le conservateur ne peut faire du paiement des droits la condition de l'accomplissement de la formalité. Son rôle doit se borner à consigner sur son sommier le montant des droits et amendes et à renvoyer au bureau compétent un article destiné à en assurer le recouvrement (Comp. Mayenne, 5 juin 1889 ; R. P. 7272 ; J. C. 4010 ; — Rouen, 6 juill. 1893; R. H. 1227 ; R. P. 8289 ; — Argentan, 5 déc. 1893 ; R. P. 8315 ; — V. aussi J. C. 4641).

TITRE II. — SALAIRES.

49. (407 à 422). Observations générales. — Nous avons examiné avec beaucoup de détails au T. A. les difficultés auxquelles donne lieu la perception des salaires ; nous avons indiqué également qu'en cette matière, l'Administration ne saurait intervenir pour dicter aux conservateurs une règle de conduite uniforme. En dehors des cas où la perception revêt manifestement un caractère abusif et permet d'exercer une action disciplinaire contre le conservateur, l'Administration n'a pas qualité pour rendre des décisions juridiquement obligatoires en matière de salaires.

Toutefois, la Direction générale est fréquemment saisie de difficultés intervenues entre les conservateurs, relativement à l'attribution de salaires, et de plaintes formulées par des particuliers contre des perceptions qui leur paraissent excessives. A ce sujet, elle se trouve amenée à examiner si le conservateur a fait une exacte application du tarif.

I. *Cessation de fonctions.* — Lorsque par suite du départ d'un conservateur pour rejoindre un nouveau poste, l'intérim de la conservation est confié à un sous-inspecteur, le conservateur nommé postérieurement a qualité pour déférer aux réquisitions déposées avant le départ de l'ancien conservateur et pour certifier et signer les formalités laissées inachevées par lui. Toutefois, si le sous-inspecteur, intérimaire, a procédé à la liquidation de l'arriéré, on ne revient pas sur le fait accompli, et les salaires des formalités ainsi effectuées sont entièrement attribués à ce dernier.

II. *Incendie des doubles des registres de dépôts.* — D'après l'art. 4 du décret réglementaire du 28 avril 1875, en cas de destruction des doubles des registres de dépôts conservés au greffe, l'Administration doit procéder à la reconstitution de ces registres, sans qu'il puisse en résulter aucune charge nouvelle pour les parties (Inst. 2524, Annexe). Le décret ne prévoit, d'ailleurs, aucune rémunération spéciale pour cette reconstitution, et on peut soutenir qu'il a été tenu compte de cette éventualité dans la détermination des salaires à exiger des parties, lors de l'accomplissement des formalités. Néanmoins, comme le conservateur doit s'assurer de la régularité des copies et constater le résultat de son travail par une mention de confirmation, on ne saurait lui refuser une indemnité au moins égale aux frais de collaboration extraordinaire qu'il aura exposés pour la copie et la collation. Cette indemnité doit être supportée par le budget de l'Administration, sur le crédit du chapitre des dépenses diverses (Sol. 3 déc. 1900 ; R. E. 2793).

III. *Renseignements verbaux.* — Les renseignements sur la situation hypothécaire des propriétaires fonciers ne peuvent être fournis qu'au moyen d'extraits ou de certificats réguliers. Les renseignements verbaux sont interdits, lors même qu'ils seraient suivis d'un extrait régulier (Sol. 2 mai 1894 ; 7 mars 1895 ; R. E. 930).

IV. *Renseignements gratuits.* — L'art. 16 du décret

du 2 mars 1859 (*Bull.* 672, n° 6290), porte que « les notaires, greffiers, interprètes, traducteurs et tous les dépositaires publics ne sont tenus à la délivrance ou à la traduction gratuite des actes et expéditions réclamés par l'assisté que sur une ordonnance du président, du juge de paix, du commissaire civil ou du juge militaire ». Or, les conservateurs des hypothèques sont incontestablement des dépositaires publics dans le sens de cet article. Ils sont donc tenus, sur ordonnance du tribunal civil, à délivrer gratuitement aux assistés judiciairement des copies de tous les documents contenus dans leurs bureaux (Sol. 3 sept. 1897 ; *J. E.* 25.316).

Dans certains cas limitativement prévus, les conservateurs ont été invités à fournir gratuitement des indications demandées dans l'intérêt des services de l'État ; mais cette exception ne saurait être étendue ni aux départements, ni aux établissements hospitaliers, qui ont toujours été assimilés aux particuliers pour l'accomplissement des formalités hypothécaires.

50. Inscriptions d'office. — Lorsque par le même procès-verbal plusieurs lots sont adjugés séparément au même adjudicataire, les conservateurs ont la faculté ou de prendre une inscription unique par adjudicataire ou de formaliser autant d'inscriptions qu'il y a de lots adjugés. Dans le premier cas, les conservateurs ont droit à un salaire unique ; dans le second, ils sont autorisés à percevoir autant de fois 1 fr. qu'il y a de lots adjugés (Cass., 11 mars 1891 ; S. 92.1.273). De même, quand il s'agit de renouveler les inscriptions d'office prises à la suite d'une adjudication en détail, ils peuvent soit exiger un bordereau spécial par inscription, soit se contenter d'un bordereau collectif unique. Le salaire, se réglant d'après les bordereaux, se trouve être ainsi unique ou multiple, selon la volonté des conservateurs, et l'Administration ne peut intervenir pour leur dicter une règle de conduite. Quoi qu'il en soit, lorsque les parties requièrent, au moyen d'un bordereau unique, le renouvellement de plusieurs inscriptions d'office, prises contre des acquéreurs distincts, et que le conservateur a formalisé une inscription unique, en vertu de ce bordereau collectif, un seul salaire est exigible (Sol. 30 août 1856, 21 déc. 1860, 22 juin 1877 ; *J. E.* 20.498).

51. Inscriptions analytiques. — Ainsi que le prescrit formellement une décision ministérielle du 11 février 1865 (Inst. 2309), les conservateurs ne peuvent sous aucun prétexte, et même avec l'assentiment des intéressés, se dispenser de copier littéralement les bordereaux sur leurs registres.

52. Mentions. (435 à 439). — Il y a lieu d'appliquer aux mentions d'antériorité et de jugements de résolution, le paragraphe du tarif concernant les mentions de subrogation. D'autre part, les cessions d'antériorité devant être mentionnées en marge de chacune des deux inscriptions dont le rang se trouve modifié, deux salaires de 0 fr. 50 chacun sont exigibles.

Les certificats de subrogation doivent contenir une analyse succincte de la mention opérée sur le registre, ils doivent énoncer si la subrogation est entière ou partielle et rappeler sommairement, s'il y a lieu, les réserves et les conditions.

53. Radiations. (440 à 449). — De même que pour les certificats de subrogation, les certificats de radiation doivent reproduire la substance de la mention de radiation, et cela bien qu'ils ne soient rémunérés par aucun salaire distinct de celui de la formalité elle-même.

Ces deux espèces de certificats ont été placés sous un régime identique par l'Inst. 2758.

54. Etats d'inscriptions et certificats négatifs. (449 à 471). — Les conservateurs doivent apprécier, sous leur responsabilité, s'ils peuvent délivrer, au lieu d'une copie entière et collationnée des inscriptions existantes, des états succincts aux parties qui les requièrent (Sol. 30 janv. 1895 et 7 mars 1895 ; *J. E.* 24.623). Le salaire exigible dans cette hypothèse n'est pas expressément prévu pour les règlements, mais la perception par voie d'analogie étant admise, les conservateurs sont fondés, ce semble, à percevoir 1 fr. pour chaque inscription mentionnée dans le certificat. Un état peut, d'ailleurs, être requis, avec exclusion de telle ou telle inscription déterminée.

Dans ce cas, aucun salaire n'est dû pour les inscriptions exclues, alors même qu'elles sont rappelées, par la date, le volume et le numéro, en tête des certificats. Certains conservateurs se bornent à une simple référence à la réquisition, en ce qui concerne les inscriptions exclues ; ils paraissent craindre d'en attester implicitement l'existence en rappelant dans les états la date et les numéros de ces inscriptions. Cette pratique a pour effet d'obliger les parties à se faire représenter leurs réquisitions écrites pour se rendre compte de la portée exacte de l'état délivré ; aussi a-t-elle soulevé des objections, de la part des officiers publics.

Pour éviter toutes difficultés, il suffirait, ce semble, de transcrire la réquisition en tête de l'état, en y ajoutant des réserves expresses au sujet de l'existence ou de la non-existence des inscriptions exclues (V. Cass., 26 juill. 1859 ; D.P. 59.1.469 ; Inst. 1046 ; — Cass. req., 6 janv.1891 ; *R. G.* 7° édit., V° *Hyp.*, n° 720). Ce mode de procéder obvierait aux graves inconvénients qui peuvent résulter pour le conservateur lui-même de la perte de la réquisition. Quoi qu'il en soit, comme il s'agit d'une question de nature à engager la responsabilité du conservateur, l'Administration ne doit pas, ce semble, intervenir.

I. INSCRIPTIONS COLLECTIVES. — D'après l'Inst. 1634, lorsqu'un état d'inscriptions est requis sur plusieurs personnes, il ne peut être exigé plusieurs salaires pour l'extrait d'une inscription prise collectivement. La raison en est, suivant une solution du 29 août 1860 (Géraud, 3833), qu'à la différence du certificat négatif concernant les personnes, la certification qui se rapporte à un fait, n'engendre qu'un salaire. Cette règle n'a pas été modifiée par l'Inst. 2758.

D'ailleurs, il paraît abusif de percevoir un double salaire, en raison de la délivrance d'un certificat concernant un indigène musulman désigné tant sous le nom patronymique, qui lui a été donné, en exécution des lois des 26 juillet 1873 et 23 mars 1882, que sous ses noms anciens. Le droit de certificat négatif est dû à raison d'un franc par chaque personne sur laquelle il est certifié, et cela, alors même qu'elle est connue sous deux noms différents.

II. CERTIFICATS IMPLICITES. — L'Inst. 547 exprime que « lorsque l'état est requis sur plusieurs individus, dont les uns se trouvent grevés et les autres ne le sont pas, il y a lieu, indépendamment du salaire d'un franc pour chaque extrait d'inscription contenu dans l'état, de percevoir le droit de certificat négatif à raison d'un franc par chacun des individus, sur lesquels il est attesté qu'il n'existait aucune inscription ».

Doit-il en être de même lorsqu'en délivrant l'extrait de la seule inscription qui grevait les immeubles du chef de deux des personnes désignées dans la réquisition, le conservateur atteste implicitement qu'il n'existait aucune charge de même nature au chef des autres personnes, sur lesquelles il était également requis de certifier ? Nous croyons qu'à défaut de certification expresse, quant à ces dernières personnes, le conservateur ne peut exiger les salaires afférents aux certificats négatifs.

Néanmoins, l'Administration doit, ce semble, laisser aux tribunaux le soin de trancher la difficulté.

55. (471 à 474).**Transcriptions d'actes et de saisies.** —De même que pour les états d'inscriptions, les conservateurs ont la faculté de remettre aux parties, au lieu de copies littérales des actes transcrits, de simples extraits analytiques. Ces extraits peuvent être fournis sous forme d'états collectifs. Rien ne paraît s'opposer, d'ailleurs, à ce que les réquisitions des parties visent l'ensemble des contrats transcrits dans une période déterminée (Sol. 13 janv. 1899).

Au sujet de la délivrance des états des transcriptions, il existe, à Paris, un usage qui résulte d'un accord entre les conservateurs et la chambre des notaires.

L'état des transcriptions est-il réclamé à la suite d'une inscription, on ne délivre qu'un état succinct. Dans cette hypothèse, en effet, les requérants ont intérêt à savoir seulement si les immeubles sont ou non sortis du patrimoine du débiteur et des renseignements très sommaires leur suffisent.

La réquisition est-elle jointe, au contraire, à une expédition à transcrire, on donne toujours des copies collationnées et cela de façon à ce que les intéressés soient toujours renseignés sur les servitudes ou autres charges réelles, pouvant grever les immeubles qui font l'objet de l'acte à transcrire. Toutes les fois que les officiers publics entendent déroger à ces usages, ils joignent au dossier une note indiquant avec précision leur intention.

Dans d'autres conservations, il est d'usage de ne délivrer que des copies collationnées.

Quoi qu'il en soit, les conservateurs ne peuvent percevoir pour un simple extrait analytique, le salaire qui aurait été exigible si une copie collationnée avait été délivrée.

Les conservateurs peuvent copier la réquisition en tête de l'état qu'ils délivrent, mais cette copie ne saurait être assimilée à une copie d'acte. On ne peut pas dire non plus qu'elle constitue « dans cette forme » un simple intitulé de la copie d'acte et qu'elle fait, à ce titre, partie intégrante de celle-ci. C'est donc un abus d'exiger pour cela un salaire qui n'est pas prévu par les tarifs ; mais on peut, ce semble, considérer comme un intitulé formant partie intégrante de la copie collationnée, sinon le texte entier de la réquisition, avec les noms, qualités, domicile et signature du requérant etc, du moins, les énonciations de cette réquisition qui spécifient la nature et l'étendue des renseignements demandés et désignent ainsi l'objet précis de la copie délivrée.

Cela étant, l'art. 9 du tarif du 21 septembre 1810, qui alloue un salaire calculé « pour les copies collationnées des actes déposés ou transcrits au bureau des hypothèques par rôle d'écriture du conservateur » paraît devoir être appliqué à la copie collationnée, telle qu'elle est ci-dessus définie, c'est-à-dire y compris l'extrait de la réquisition, qui sert d'intitulé et détermine l'objet de cette copie.

56. Certificats négatifs de transcriptions de saisies, de mentions de résolutions. (474 à 480). — Dans certaines conservations, on perçoit trois salaires de 1 fr. à l'occasion de la délivrance des certificats négatifs de transcription d'acte de mutation, de transcription de saisie et de mention de résolution. Si le conservateur certifie sur plusieurs personnes, il perçoit 2 salaires de 1 fr. par personne, pour les certificats négatifs de transcription d'actes de mutation et de saisie, et un salaire unique de 1 fr. pour les certificats négatifs de mention de résolution, quel que soit le nombre des actes vérifiés. D'autres con-

servateurs exigent, pour les certificats négatifs de mentions de résolutions, un franc par chaque individu sur lequel il est certifié, d'autres encore, pour chaque titre certifié non résolu.

Chacun de ces modes de procéder peut se justifier par des arguments sérieux ; aussi la Direction générale ne doit-elle pas, ce semble, prendre parti dans la question.

Mais il n'est pas dû un salaire spécial en raison de la délivrance de certificats négatifs sur les transcriptions d'acte de donation et de substitution. Sous le nom générique d'actes de mutation, le tarif a classé tous les actes portant transmission à quelque titre que ce soit, les donations et les substitutions aussi bien que les contrats de vente. Il n'est dû, par conséquent, qu'un droit unique de 1 fr. pour la certification relative aux transcriptions : 1° des actes prévus dans les art. 1, 2, 4 de la loi du 23 mars 1855 ; 2° des actes de donation et de substitution.

IMPOT SUR LE REVENU.

SOMMAIRE ANALYTIQUE.

CHAP. I. — **Généralités**, 1-2.
— II. — **Actions, parts d'intérêt et commandites,** 3-24.

SECT. I. — *Sociétés assujetties à l'impôt*, 3-10.
— II. — *Conditions d'exigibilité de la taxe*, 11-19.
— III. — *Détermination du revenu imposable*, 20-24.

CHAP. III. — **Obligations et emprunts**, 25-37.

SECT. I. — *Collectivités assujetties*, 25.
— II. — *Titres passibles de la taxe*, 26-33.
— III. — *Conditions d'exigibilité*, 34-35.
— IV. — *Lots et primes de remboursement*, 36-37.

CHAP. IV. — **Paiement et liquidation de la taxe. Poursuites et instances**, 38-42.
— V. — **Pénalités. Moyens de contrôle**, 43-46.
— VI. — **De la prescription**, 47-48.

SOMMAIRE ALPHABÉTIQUE.

Action contre les prêteurs, 39.
Actions, 3, 24.
— de capital, 19.
— dédoublement, 13.
— de jouissance, 19.
Amendes. Pluralité, 43.
— Prescription, 47.
Amortissement, 14, 15.
Association religieuse, 22.
Attribution de nouveaux titres, 18.
Aval en pension, 22.
Avances sur titres, 31.
— sur warrants, 32.
Bénéfices imposés, 11.
Bons au porteur, 26.
Caisses de retraites, 27.
Capitalisation des intérêts, 34.
Colonies, 1.
Communication, 46.
Compensation, 41.
Compte-courant, 33.
Congrégations reconnues, 25.
Conversion d'actions, 19.
— d'emprunt, 37.
Crédit agricole, 3.
— foncier, 35.
— Ouverture. Réalisation, 29.
Dédoublement d'actions, 13.
Délai, 21.
Dépôt de documents, 20, 44.
Dividendes fictifs, 11.
— sous forme d'amortissement, 15.

Emprunts, 25, 37.
— hypothécaires, 28.
Étranger, 1.
Faillite, 42.
Fonds de réserve, 12.
Fusion de sociétés, 16.
Habitations à bon marché, 9.
Improductivité, 24, 45.
Intérêts (capitalisation des), 34.
Lots, 36.
Nantissement, 34.
Nationalité des sociétés, 1.
Obligations, 25.
Pacte de famille, 8.
Parts de fondateur. Rachat, 6, 15.
Parts de fonds de garantie, 26.
Parts d'intérêt, 3.
Payement de l'impôt par les sociétés, 17.
Prescription quinquennale, 47.
— Promesse de), 30.
— sur nantissement, 31.
Primes de remboursement, 37 et s.
Recours contre les prêteurs, 39.
Rémunération des administrateurs, 5.
Sociétés civiles, 23.
— de crédit agricole, 3.
— en commandite, 7.
— en faillite, 42.

Sociétés en nom collectif, 7, 8. | Surtaxe. Point de départ, 2.
— pour la contruction | Tarif. Élévation, 2.
des habitations à | Transformation des sociétés, 7.
bon marché, 9. | Warrants, 32.

CHAP. Ier. — GÉNÉRALITÉS.

1. (3). Colonies. Etranger. Nationalité des sociétés.
— La taxe sur le revenu n'est pas exigible sur les emprunts
contractés en France pour une ville d'une colonie où cet
impôt n'est pas établi. C'est ainsi qu'une D. M. F. de 6 avril
1892 a déclaré ladite taxe non applicable aux obligations
émises à Paris, par un banquier, pour le compte de la ville
de Nouméa ; la même immunité a été étendue par identité
de motifs à l'impôt du timbre et à la taxe de transmission
(R. E. 118).

La nationalité est un fait indivisible pour les personnes
morales comme pour les personnes physiques. Une société
ne peut, en conséquence, être en partie française et en
partie étrangère. La nationalité d'une société se détermine
par son siège social et, si elle en a plusieurs, par son siège
principal. Ce dernier est, notamment, caractérisé par ce
fait que les associés peuvent y prendre connaissance des
registres et pièces et qu'il est attributif de juridiction pour
certains cas prévus (Seine, 27 mars 1896 ; R. E. 1166 ; J. E.
25.010 ; R. P. 8873). — V. Valeurs mobilières étrangères.

2. (5). Elévation du tarif de 3 à 4 0/0. Point de
départ de la surtaxe. — Le fait générateur de la taxe est
la mise en distribution des produits qui en sont passibles.
On conçoit dès lors que la surtaxe de 1 0/0 établie par
l'art. 4 de la loi du 26 décembre 1890,à partir du 1er janvier
1891, est devenue exigible sur les dividendes mis en distribution et les intérêts mis en paiement postérieurement
au 31 décembre 1890 ; le fait que les dividendes des actions
auraient été fixés à une date antérieure a été reconnu sans
influence au point de vue spécial (Seine, 28 avr. 1894 ;
J. E. 24.394 ; R. P. 8381 ; — 9 janv. 1897 ; R. E., 1348 ;
J. E. 25.139 ; R. P. 9062).

On a reconnu, d'autre part, que pour les sociétés qui
étaient en règle vis-à-vis du Trésor au moment de la mise
à exécution de la loi de 1890 et qui paient les arrérages de
leurs emprunts les 1er janvier et 1er juillet, le terme d'impôt exigible le 1er janvier 1891 s'appliquait au coupon représentant le revenu du 2e semestre de 1890 mis en distribution le 1er janvier 1891. Or, comme nous l'avons vu
précédemment,tous les revenus distribués postérieurement
au 31 décembre 1890 étaient passibles de la surtaxe de
1 0/0. Il s'en suivait nécessairement que les coupons
échus et distribués à partir du 1er janvier 1891 y étaient
assujettis (Délib. 19 juill. 1895 et Sol. 12 sept. 1895 ; R. E.
1047 ; J. E. 24.782 ; R. P. 8868 ; D. 97.5.010).

Lois. — L'art. 20 de la loi du 25 février 1901 a élevé de
4 0/0 à 8 0/0 le tarif de la taxe sur les lots, à l'exclusion
des primes de remboursement. — V. 30 infrà.

CHAP. II. — ACTIONS, PARTS D'INTÉRÊT ET COMMANDITES.

SECT. Ire. — SOCIÉTÉS ASSUJETTIES A L'IMPOT.

3. (14). Sociétés de crédit agricole. — Une loi du
5 novembre 1894 (Inst. 2874 et 2889 ; R. E. 873) a autorisé
la constitution, entre les membres des syndicats agricoles,
de sociétés de crédit, exclusivement destinées à faciliter et
à garantir les opérations concernant l'industrie agricole et
effectuées par ces syndicats ou par des membres de ces
syndicats.

Le capital social ne peut être divisé en actions ; il doit être
constitué à l'aide de souscriptions formant des parts nominatives qui peuvent être de valeur inégale et ne sont
transmissibles que par voie de cession aux membres des
syndicats et avec l'agrément de la société.

Les sociétés de crédit agricole peuvent notamment recevoir des dépôts de fonds en compte courant, avec ou
sans intérêts, et contracter les emprunts nécessaires pour
constituer ou pour augmenter leur fonds de roulement.
Leurs ressources se composant des prélèvements faits sur
les opérations effectuées par leur intermédiaire. Après
l'acquittement des frais généraux et le payement des intérêts des emprunts et du capital social, les produits sont
obligatoirement affectés, à concurrence des trois quarts
au moins, à la constitution d'un fonds de réserve égal à la
moitié de ce capital. Le surplus peut être réparti, à la fin
de chaque exercice, entre les sociétaires proportionnellement à leur souscription, à moins que les statuts n'en aient
affecté l'emploi à une œuvre d'intérêt agricole.

Aux termes de l'art. 4, les sociétés de crédit autorisées
par la nouvelle loi sont exemptes de l'impôt sur les valeurs
mobilières. Cette disposition, conçue en termes généraux,
a pour effet d'affranchir de la taxe de 4 0/0 les intérêts
payés, au cours de la société, aux titulaires des parts d'intérêt, ainsi que les bénéfices qui, à la dissolution, leur
proviendront du partage du fonds social. Elle s'étend également aux intérêts des emprunts contractés par les sociétés de l'espèce. Quant aux répartitions effectuées entre
les associés au prorata des prélèvements faits sur leurs opérations, elles échappent de plein droit à l'application de la
loi du 29 juin 1872, comme constituant, non un revenu des
parts d'intérêt, mais une restitution partielle des commissions perçues par la société.

4. (20). Distinction entre les sociétés par actions et
les sociétés par parts d'intérêt. — La question de savoir
si une société a le caractère d'association de personnes
ou d'association de capitaux et constitue une société par
parts d'intérêt ou une société par actions est parfois très
délicate à résoudre. Dans un cas où l'existence de la société envisagée n'avait duré que quelques mois et où, d'autre part, les circonstances tendaient à faire supposer qu'il
n'avait pas été créé de titres individuels représentatifs des
droits des associés et que les intéressés n'avaient jamais
eu le droit d'en requérir la délivrance, l'Administration a
jugé opportun de considérer la dite société comme société
par parts d'intérêt (Sol. 21 mai 1894 ; R. E. 760).

5. (26 et 28). Attribution aux administrateurs d'une
part dans les bénéfices. — Lorsque des administrateurs
d'une société anonyme sont rémunérés de leur travail et
des soins qu'ils donnent aux affaires sociales au moyen de
l'attribution d'un tant pour cent sur les bénéfices, cette
attribution, dès lors qu'elle n'a pas pour cause un apport
soit en nature, soit d'industrie effectué par lesdits administrateurs, ne constitue pas une distribution de dividendes passible de la taxe de 4 0/0 (Sol. 6 avr. 1895 ; R. E.
1073), alors même qu'elle n'aurait lieu que s'il y a bénéfice
et dans la mesure de ce bénéfice (Houpin, Sociétés, 2e éd.,
n° 130 in fine et la note).

6. (27). Rachat des parts de fondateur. — Le rachat,
par une société, de parts de fondateur à un prix supérieur
à l'évaluation de ces titres au moment de leur création,
donne ouverture à la taxe de 4 0/0 sur la différence entre

cette évaluation et le prix du rachat. L'impôt est exigible même au cas où le rachat est effectué, non avec les bénéfices, mais au moyen de fonds provenant de l'émission d'actions nouvelles (Seine, 26 mars 1898 ; R. E. 1854 ; J. E. 25.504 ; R. P. 9442 ; — 7 avr. 1900 ; R. E. 2428).

7. (36). **Société en nom collectif transformée en société en commandite.** — Lorsqu'il a été convenu dans l'acte constitutif d'une société en nom collectif que, survenant le décès de l'un des associés, le fils de ce dernier, pendant un délai d'un mois à compter du décès, et le coassocié, pendant un second délai de 10 jours, pourront succéder au défunt en qualité d'associés en nom collectif et que, à défaut par eux d'avoir profité de cette faculté, la société continuera avec tous les héritiers de l'associé décédé qui deviendront simples commanditaires, la taxe de 4 0/0 sur le revenu applicable aux commandites est exigible dès qu'il est établi que ni le fils du défunt, ni son coassocié n'ont revendiqué dans le délai imparti la qualité d'associés en nom collectif. Peu importe, d'ailleurs, que les héritiers de l'associé décédé soient encore mineurs, leurs intérêts restant sauvegardés par le bénéfice d'inventaire qui les exonère de la responsabilité *ultra vires.* Enfin, les parties sont tenues de produire le dernier inventaire social qui, d'après les statuts, doit servir de base pour la fixation du montant de la commandite ; à défaut, l'Administration peut arbitrer d'office le chiffre de la perception (Lille, 6 mai 1897 ; R. E. 1528 ; J. E. 25.219).

8. (56). **Prétendu pacte de famille. Société en nom collectif.** — La société civile ainsi dénommée par les parties qui prétendent, d'autre part, avoir voulu former un simple pacte de famille, en vue de l'achat et de l'exploitation de terrains, ne constitue pas une simple indivision et elle est passible de la taxe de 4 0/0 (Seine, 28 nov. 1896 ; R. E. 1328 ; J. E. 25.140 ; R. P. 8975).

9. (60 bis). **Habitations à bon marché. Sociétés de construction et de crédit.** — La loi du 30 novembre 1894, relative aux habitations à bon marché (Inst. 2901 ; R. E. 1562), contient plusieurs dispositions qui dérogent au droit commun, notamment en matière de taxe sur le revenu. Cette loi, que complètent un décret d'administration publique du 21 septembre 1895 et une loi du 31 mars 1896 (*ibid.*), a pour but « d'encourager la construction de maisons salubres et à bon marché, soit par des particuliers ou des sociétés, en vue de les louer ou de les vendre à échéance fixe ou par payements fractionnés à des personnes n'étant propriétaires d'aucune maison, notamment à des ouvriers ou employés vivant principalement de leur travail ou de leur salaire, soit par les intéressés eux-mêmes pour leur usage personnel ».

Les sociétés visées par la loi de 1894 sont assujetties, en principe, au régime du droit commun en ce qui concerne l'impôt sur le revenu.

Toutefois, par une faveur particulière, l'art. 13 exempte de la taxe le revenu attribué aux actions et aux parts d'intérêt appartenant aux associés dont les versements, constatés par le dernier inventaire, ne dépassent pas 2.000 fr., à la condition que les statuts imposent pour ces titres la forme nominative. La dispense d'impôt est maximum au surplus, à tout associé qui n'a pas versé un capital supérieur à 2.000 fr., alors même que la souscription s'élèverait à une somme plus forte. S'agissant d'une exception à la loi générale, les sociétés doivent justifier du montant des déductions qu'elles réclament en vertu de l'art. 13, sauf à l'Administration à contrôler, par tous les moyens dont la législation en vigueur autorise l'emploi, l'exactitude des renseignements fournis.

Remarquons, enfin, que les seules sociétés admises au bénéfice de l'exemption d'impôt sont celles dont les statuts indiquent :

1° Qu'elles ont pour objet exclusif soit de procurer l'acquisition d'habitations salubres et à bon marché à des personnes qui ne sont déjà propriétaires d'aucune maison, soit de mettre en location des habitations de cette nature, soit d'améliorer des habitations déjà existantes ;

2° Que les dividendes annuels soient limités à 4 0/0 au plus ;

3° Que, dans les six mois qui suivent la clôture de chaque exercice, le compte rendu de l'assemblée générale de la société, accompagné du bilan, soit adressé, par l'intermédiaire du préfet, au ministre du commerce, pour être soumis au comité permanent.

Enfin, les statuts, ainsi que toute modification qui y serait apportée, doivent être approuvés par le ministre du commerce, sur l'avis du comité permanent du conseil supérieur des habitations à bon marché ;

L'art. 9 du décret exigeait, en outre, que, lors de l'expiration de la société, ou en cas de dissolution anticipée, l'actif qui resterait, après payement du passif et remboursement du capital-actions versé, ne pût être attribué qu'à une société constituée conformément aux prescriptions de la loi du 30 novembre 1894. Mais la loi du 31 mars 1896 portant que l'obligation de fixer un maximum ne s'applique qu'aux dividendes annuels (art. 1er), il n'y a plus nécessité de régler par avance, dans les statuts, le mode de répartition ou d'emploi des bénéfices qui ressortiraient des opérations de liquidation (Inst. précitée).

10. (63). **Sociétés agricoles.** — V. *supra*, n° 3.

SECT. II. — CONDITIONS D'EXIGIBILITÉ DE LA TAXE.

11. (99). **Bénéfices imposés. Dividendes fictifs.** — L'annulation judiciaire d'une réduction de capital n'équivaut pas à l'annulation, comme frauduleuses, des distributions de dividendes qui ont suivi la réduction du capital, alors même qu'il est judiciairement constaté que les bilans faisaient ressortir des bénéfices fictifs afin de permettre la distribution de dividendes. La taxe de 4 0/0 à laquelle ces dividendes ont été assujettis reste donc acquise au Trésor (Seine, 13 mai 1899 ; R. E. 2091 ; J. E. 25.781 ; R. P. 9631).

12. (101). **Fonds de réserve.** — Lorsqu'une société décide la répartition aux actionnaires d'une réserve spéciale faisant partie des apports et la reconstitution immédiate de cette réserve au moyen d'un prélèvement effectué sur les bénéfices, cette double opération n'a pas le caractère d'une distribution de bénéfices passible de la taxe sur le revenu (1).

13. (106). **Dédoublement des actions.** — Lorsqu'une société double le nombre de ses actions au capital de 500 fr., à raison de deux nouveaux titres libérés de 500 fr. pour un ancien libéré de la même somme, sans attribuer aux titres dédoublés une part des bénéfices nets supérieure à celle qui était attribuée aux titres originaires, et en assurant seulement l'amortissement au pair des actions nouvelles par voie de tirage au sort, cette opération ne constitue pas, en principe, une distribution de bénéfices passible de la taxe de 4 0/0 et donne seulement ouverture au payement de l'impôt, après chaque tirage, sur les actions amorties (Sol. 11 mai 1894 ; R. E. 938).

14. (107). **Amortissement.** — Lorsqu'une société par

(1) Cass. civ., 11 janv. 1899 ; Inst. 2997-1 ; S. 99.1.373 ; R. E. 1943 ; J. E. 25.583 ; R. P. 9453. Cette décision, toute de fait, a donné lieu aux plus sérieuses critiques.

14.

actions, après avoir remboursé à ses actionnaires, au moyen de ses ressources disponibles ou d'un emprunt, le capital apporté, tout en continuant de faire figurer ce capital à l'actif et au passif de ses bilans annuels, et après avoir remplacé ses actions par de nouveaux titres, dits de jouissance, qui mentionnent, néanmoins, le capital social, a maintenu, plus tard, le capital au passif social, en le supprimant à l'actif, et en a constaté l'existence dans de nouveaux statuts, ce fait n'est pas de nature à établir juridiquement que la société a changé le caractère du remboursement qu'elle avait effectué, et qu'elle a attribué rétroactivement à ce remboursement le caractère d'une distribution de bénéfices tombant sous l'application de la loi du 29 juin 1872 (Nice, 2 août 1897 ; R. E. 1579 ; R. P. 9308).

Mais lorsqu'un dividende a été attribué purement et simplement à ses actionnaires par une société, celle-ci ne peut être admise à prétendre, après coup, que cette distribution n'avait en réalité que le caractère d'un remboursement partiel du capital, alors surtout qu'il existe, en fait, une réserve sociale qui a été laissée intacte (Cass. req., 15 nov. 1899 ; R. E. 2253 ; Inst. 3011 § 2 ; S. 1900.1.420 ; D. 1900.1.187).

Lorsqu'il est attribué à chaque action, lors de la formation d'une société, un certain nombre de titres au porteur dénommés « délégations de bénéfices », les sommes distribuées aux porteurs de ces titres ont le caractère de bénéfices passibles de la taxe sur le revenu et ne sauraient être considérées comme des remboursements d'apports alors que les actions seules ont concouru à former le capital social et que les titres de délégations ne forment que les accessoires des dites actions sans distinction entre celles attribuées en représentation d'apports en nature ou en espèces. Il en est ainsi même s'il est allégué que les distributions faites à certains des titres de délégations proviennent du recouvrement de créances mises en société, dès lors que ces distributions ont lieu en dehors du remboursement du capital des actions, seul indiqué dans les statuts comme formant le capital social (Seine, 2 nov. 1899 ; R. E. 2263).

15. (111). **Distributions sous forme d'amortissement.** — Lorsqu'une société distribue à ses actionnaires des sommes égales au montant de leurs actions et maintient à ces titres, lors d'une revision des statuts postérieure à cette distribution, la dénomination d'actions de capital, on doit en conclure ou que les actions de capital primitives n'ont pas été amorties et transformées en actions de jouissance, ou que si elles ont été amorties, le capital en a été ultérieurement reconstitué. Dans l'un et l'autre cas, il y a distribution passible de la taxe sur le revenu (1).

Jugé, de même, que lorsqu'une société, après avoir amorti son capital et remplacé les actions de propriété par des actions de jouissance, crée des titres nouveaux dénommés « parts de propriété » donnant droit à une fraction dans la propriété de l'actif social une dans les bénéfices réalisés et échange ces nouveaux titres contre les actions de jouissance, cette opération constitue une distribution indirecte de bénéfices rendant exigible la taxe de 4 0/0 sur la valeur des parts ainsi distribuées (Seine, 18 mai 1901 ; R. E. 2766).

Lorsque des actions primitivement émises à 1000 fr., dont 400 fr. versés, ont ensuite été déclarées libérées par cet unique versement et que plus tard ce capital porté au passif du bilan de la société, à raison de 400 fr. par titre, est reconstitué, jusqu'à concurrence de 1000 fr. par action, au moyen d'un prélèvement sur le fonds de roulement,

(1) Cass. civ., 8 mars 1898; Inst. 2967-5 ; S. 98.1.532 ; R. E. 1673 ; J. E. 25.376 ; R. P. 9235.

cette opération constitue une distribution indirecte passible de la taxe sur le revenu (Béthune, 31 juillet 1901 ; R. E. 2771).

De même, le fait par une société de rembourser à 500 fr. des parts de fondateurs émises à 100 fr. constitue une distribution implicite donnant lieu à la taxe de 4 0/0 sur la différence entre le taux de l'émission et celui du remboursement (Seine, 26 mars 1898 ; R. E. 1854 ; J. E. 25.504 ; R. P. 9442).

Dans cette hypothèse, la taxe de 4 0/0 est due sur la différence entre le prix d'achat et la valeur au moment de l'émission. Il importe peu, d'ailleurs, que la société ait racheté les parts au moyen de fonds qu'elle s'est procurés par l'émission d'actions nouvelles et non au moyen des bénéfices résultant de ses propres opérations. A défaut de preuve contraire, l'Administration est fondée à considérer comme valeur initiale des parts celle déclarée par la société elle-même pour la perception du timbre d'abonnement (Seine, 8 fév. 1901 ; R. E. 2661).

Mais, lorsque tous les porteurs des parts bénéficiaires créées par une société ont été mis à même de recevoir, soit le prix en argent de leurs parts, soit des obligations en échange, l'émolument représenté par l'excédent du prix reçu sur l'évaluation primitive des parts ne constitue pas un produit passible de la taxe sur le revenu, dès lors que le rachat desdits titres par la société qui les a émis a eu lieu à titre de placement et non en vue de leur amortissement (Lyon, 27 juillet 1900 ; R. E. 2487).

16. (113). **Fusion de deux sociétés.** — Lorsqu'une société se dissout en fusionnant avec une autre société chargée de sa liquidation et reçoit de celle-ci, en échange de son actif, des actions nouvelles, si la valeur de ces actions réparties entre les actionnaires de la société dissoute dépasse le chiffre de leurs apports sociaux, il y a, jusqu'à concurrence de cet excédent, distribution de bénéfices passible de la taxe sur le revenu (1).

17. (134). **Paiement par la société de l'impôt de 4 0/0 et du droit de transmission. Distribution indirecte.** — Le fait par une société d'acquitter, sans recours contre ses actionnaires, la taxe de transmission et l'impôt de 4 0/0 dus sur leurs actions, constitue une distribution indirecte de bénéfices passible elle-même de l'impôt sur le revenu (2).

18. (142). **Distribution par voie d'attribution d'obligations.** — Lorsqu'une société, au lieu de payer en espèces à ses actionnaires l'intérêt statutaire de leurs titres, leur délivre, en représentation de cet intérêt, des obligations ou bons diffèrés négociables, productifs d'intérêts et remboursables par voie de tirage au sort dans un délai déterminé, cette délivrance constitue une distribution passible de la taxe sur le revenu. L'impôt ainsi exigible doit être liquidé sur la valeur nominale des bons, dès lors que c'est pour cette valeur qu'ils ont été remis en paiement aux actionnaires (3).

L'arrêt du 24 juillet 1899 est, toutefois, vivement critiqué sur ce dernier point par le recueil de Sirey qui soutient que c'est la valeur réelle des titres remis aux actionnaires et non leur valeur nominale qui doit servir d'assiette à l'impôt. Cette critique nous paraît fondée.

19. (143). **Actions de capital converties en actions de jouissance.** — On ne saurait voir une distribution de

(1) Cass. civ., 13 mars 1895 ; Inst. 2890-5 ; S. 95.1.465 ; R. E. 919 ; J. E. 24.564 ; R. P. 8534.
(2) Seine, 30 janv. 1897 ; R. E. 1374 ; J. E. 23.203 ; R. P. 9063 ; — Cass. req., 5 déc. 1899 ; R. E. 2254.
(3) Cass. req., 24 juill. 1899 ; R. E. 2145 ; J. E. 25.704 ; R. P. 9616 ; S. 1900.1.145 ; D. 1900.1.185 ; Inst. 3004 § 6.

bénéfices dans le remboursement effectué au moyen du remplacement d'actions de capital sorties au tirage par des actions de jouissance, alors même que les actionnaires rembourses devraient reverser, à première demande, les sommes ainsi touchées (Sol. 11 juill. 1895 ; J. E. 24.907 ; R. P. 8622).

SECT. III. — DÉTERMINATION DU REVENU IMPOSABLE.

20. (150). **Documents à déposer au bureau de l'enregistrement.** — Les sociétés dans lesquelles le dividende est fixé par l'assemblée générale des actionnaires ne sont tenues de produire à l'Administration, pour la liquidation de la taxe sur le revenu, que l'extrait de la délibération de l'assemblée générale des actionnaires fixant le dividende, à l'exclusion du compte rendu du conseil d'administration proposant le dividende (Seine, 12 juill. 1895 ; R. E. 1001 ; J. E. 24.751 ; R. P. 8623 ; — Béthune, 17 mars 1898 ; R. E. 1706 ; J. E. 25.626). Mais il est indispensable de produire un extrait littéral de la délibération et non pas seulement un extrait analytique (1).

21. (151). **Délai. Point de départ.** — Le délai de vingt jours fixé pour le dépôt des extraits des délibérations, est de rigueur et le point de départ ne saurait en être modifié alors même que la distribution du dividende n'aurait été effectuée que postérieurement à la délibération (Seine, 30 janv. 1897 ; R. E. 1374 ; J. E. 25.203 ; R. P. 9063).

22. (169). **Association religieuse sous forme de société à parts d'intérêt.** — Les associations de cette nature échappent aux dispositions des lois de 1880 et 1884 du moment que l'acte constitutif autorise et prévoit la distribution de tout ou partie des bénéfices avant la dissolution de la société. Mais il va de soi qu'elles restent néanmoins passibles de l'impôt sur le forfait de 5 0/0, s'il n'intervient pas une délibération du conseil d'administration fixant les dividendes à distribuer (Sol. 30 déc. 1894 ; R. E. 896 ; J. E. 24.698). — V. Congrégations religieuses, n° 9.

23. (170). **Sociétés civiles autres que les sociétés par actions.** — Pour les sociétés non constituées par actions (sociétés civiles à parts d'intérêt, sociétés en commandite simple), le revenu imposable est déterminé non seulement par les délibérations des conseils d'administration, mais encore par les délibérations de l'assemblée générale des intéressés lorsque les statuts confèrent à cette assemblée le droit de fixer les dividendes, à l'exclusion du conseil d'administration ; c'est seulement à défaut de fixation par l'un ou l'autre de ces modes que la taxe est établie sur un forfait calculé, à raison de 5 0/0 du capital social ou du prix moyen des cessions de parts consenties pendant l'année précédente (Cass. civ., 27 fév. 1900 ; R. E. 2316).

De même, lorsque les statuts d'une société en commandite par parts d'intérêt confèrent au conseil des associés en nom collectif, au regard des commanditaires, les fonctions de conseil d'administration, c'est sur le revenu déterminé par les délibérations de ce conseil que la taxe de 4 0/0 doit être assise et non sur l'évaluation à 5 0/0 de la commandite ou du prix moyen des cessions de parts consenties pendant l'année précédente (L. 29 juin 1872, art. 2, § 3). Les extraits de toutes les délibérations, par lesquelles le conseil dont il s'agit a fixé les bénéfices à distribuer, doivent être déposés au bureau de l'enregistre-

ment dans les 20 jours sous peine d'amende (Seine, 10 juin 1899 ; R. E. 2131).

24. (191). **Improductivité.** — Les sociétés civiles soumises au forfait de 5 0/0 ne peuvent s'exonérer du paiement de la taxe que si elles n'ont réalisé aucune espèce de bénéfices. Il ne suffit donc pas qu'il n'y ait pas eu distribution et que, par exemple, l'assemblée générale ait décidé qu'il n'y aurait pas de distribution de dividendes (1). Les sociétés doivent justifier de leur improductivité par la communication complète de leurs livres, et cette preuve leur incombe exclusivement (Bône, 12 nov. 1897 ; R. E. 1610 ; J. E. 25.356).

Pour apprécier si l'année sociale n'a donné aucun bénéfice, il faut déterminer la valeur de l'actif net existant à la fin de l'exercice et la comparer avec l'actif net de l'exercice précédent. Pour la première année sociale, il y a bénéfice si l'actif net est supérieur au capital social, et, pour les années suivantes, si l'actif est supérieur à l'actif constaté à la fin de l'année précédente et au capital social (Sol. 10 nov., 16 déc. 1897 ; R. E. 1652 ; J. E. 25.469). Il a toutefois été décidé que l'exonération d'impôt fondée sur l'improductivité ne peut s'appliquer qu'aux exercices sociaux, pris séparément, pour lesquels l'improductivité serait démontrée. Chaque exercice devrait donc être considéré isolément pour la liquidation de la taxe, et la société ne serait pas admise à établir une compensation entre les pertes et les bénéfices de divers exercices pour démontrer que, toute balance faite, au bout d'un certain nombre d'années, l'entreprise s'est soldée par des pertes (Bône, 12 nov. 1897, précité).

Entre ces deux systèmes, nous n'hésitons pas à nous rallier au premier qui paraît, d'ailleurs, avoir été consacré par la pratique administrative.

CHAP. III. — OBLIGATIONS ET EMPRUNTS.

SECT. Irᵉ. — COLLECTIVITÉS ASSUJETTIES.

25. (212). **Congrégations reconnues.** — Par cela même qu'elles constituent des collectivités subsistant indépendamment des mutations qui peuvent se produire dans leur personnel, les congrégations reconnues doivent l'impôt de 4 0/0 sur les intérêts de leurs emprunts (Cass. civ., 27 nov. 1894 ; Inst. 2886-2 ; S. 96.1.49 ; D. 95.1.185 ; R. E. 840 ; J. E. 24.489 ; R. P. 8435).

SECT. II. — TITRES PASSIBLES DE LA TAXE.

26. (242). **Parts de fonds de garantie. Bons au porteur.** — L'impôt de 4 0/0 sur le revenu est exigible sur les titres qui doivent être délivrés, sous la forme au porteur et avec la dénomination de « parts de fonds de garantie », par une société d'assurances mutuelles sur la vie, en représentation du versement effectué par divers souscripteurs d'une somme devant constituer un premier fonds de garantie. Il en est ainsi spécialement alors que ce fonds est destiné à couvrir les dépenses d'organisation de l'association et à en assurer le bon fonctionnement et qu'il est stipulé que les « parts » dont il s'agit donneront droit à un intérêt de 5 0/0 et à une bonification complémentaire payables annuellement par une masse formée au moyen d'un prélèvement de 1 0/0 sur le montant brut

(1) Boulogne-sur-Mer, 24 juill. 1896 ; R. E. 1419 ; J. E. 25.049 ; — Cass. civ., 11 janv. 1899 ; Inst. 2997-1 ; S. 99.1.373 ; R. E. 1943 ; J. E. 25.583 ; R. P. 9453.

(1) Sol. 30 janv. 1895 ; R. E. 898 ; J. E. 24.645 : — 30 janv. 1896 ; R. E. 1147 ; J. E. 24.957 ; — Contrà, Cass. civ. 27 mars 1893 ; R. E. 428 ; J. E. 24.006 ; R. P. 8065 ; S. 93. 1.436 ; D. 93. 1.233.

de chaque souscription de survie, et devront être remboursées lorsque le fonds général de garantie, alimenté au moyen du prélèvement dont il vient d'être parlé, aura atteint un chiffre donné (Lyon, 13 déc. 1899 ; *R. E.* 2292).

27. (244). Obligations affectées à la dotation des services de pensions et de secours d'une compagnie de chemins de fer. — Lorsque, pour assurer le fonctionnement de ses caisses de retraites et de prévoyance, une compagnie de chemins de fer leur a affecté un certain nombre de ses propres titres d'obligations, les intérêts et autres produits de ces titres ne sont pas assujettis à la taxe sur le revenu, si, d'une part, les caisses, auxquelles les titres ont été affectés par la compagnie pour ordre dans sa comptabilité, n'ont pas de personnalité juridique propre, et si, d'autre part, les agents ou employés dans l'intérêt desquels ces caisses fonctionnent, n'ont aucun droit collectif ou individuel sur les titres qui en constituent la dotation, et sont seulement créanciers de la compagnie en vertu de conventions accessoires au contrat de louage d'ouvrage intervenu entre elle et ses agents (Cass. civ., 6 mars 1895 ; *R. E.* 921 ; *J. E.* 24.566 ; *R. P.* 8505 ; D. 95.1.265 ; S. 97.1.193).

28. (252). Emprunts hypothécaires des sociétés. — La loi du 29 juin 1872, en établissant une taxe annuelle et obligatoire sur le revenu des valeurs mobilières, a soumis à cette taxe, entre autres valeurs, les intérêts et arrérages annuels des emprunts et obligations des départements, communes, établissements publics et sociétés. Cette disposition de la loi est générale ; et, en visant les emprunts des sociétés, elle atteint toute opération par laquelle une société se procure, par un moyen quelconque, par une souscription publique ou autrement, les fonds dont elle a besoin. Les emprunts garantis par un gage ou une hypothèque n'ont point été exceptés de cette disposition, et la taxe de 4 0/0 les frappe comme tous les emprunts de même origine. L'abrogation de la loi du 28 juin 1872 qui avait frappé d'une autre taxe les créanciers hypothécaires et qui n'atteignait pas des emprunts des sociétés soumis à la taxe de 3 0/0 par la loi du 29 juin, n'a pu modifier en rien ce dernier impôt, et en exempter les sociétés qui y avaient été expressément assujetties (1). Cette règle, admise à peu près sans interruption depuis plus de vingt ans par la jurisprudence, a été définitivement consacrée par un arrêt des chambres réunies, du 27 mars 1901 (*R. E.* 2653).

29. (258). Crédit réalisé. Intérêts capitalisés. — La capitalisation des intérêts d'un emprunt contracté sous forme d'ouverture de crédit équivaut à paiement. La taxe de 4 0/0 est, par conséquent, exigible sur le montant intégral de ces intérêts (Constantine, 27 mai 1896 ; *R. E.* 1208 ; *J. E.* 25.067 ; *R. P.* 8969).

30. (260). Promesse de prêt. Réalisation. — Constitue une promesse de prêt la convention aux termes de laquelle une ville doit payer à une compagnie concessionnaire du service des eaux une subvention qui lui sera intégralement remboursée en 50 annuités comprenant l'intérêt et la prime nécessaire à l'amortissement. Et du jour où la promesse s'est réalisée, il y a un véritable prêt rendant exigible l'impôt sur le revenu, calculé sur la portion de l'annuité servie par la compagnie et représentant l'intérêt de l'emprunt contracté par elle (Senlis, 11 janv. 1899 ; *R. E.* 1978 ; *J. E.* 25.616).

(1) Cass. civ., 9 mars 1896 ; Inst. 2910-5 ; D. 96.1.290 ; S. 97. 1.150 ; *R. E.* 1107 ; *J. E.* 24.824 ; *R. P.* 8719 ; — Seine, 18 janv. 1895 ; *J. E.* 24547 ; — Lyon, 17 nov. 1896 ; *J. E.* 25.065 ; — Seine, 2 avril 1898 ; *R. E.* 1792 ; *J. E.* 25.477 ; *R. P.* 9464 ; — *Contrà*, Seine, 4 août 1893 ; *J. E.* 24-266.

31. (275). Prêt sur nantissement. Aval en pension. Avances sur titres. — Les opérations connues dans la pratique sous le nom de « aval en pension », « mise en dépôt » ou « mise en pension », par lesquelles un banquier consent à une société des avances remboursables avec intérêt à époque convenu et garanties par le dépôt entre ses mains de titres au porteur, constituent, non des dépôts irréguliers, mais des prêts à intérêt passibles de l'impôt sur le revenu (Cass. civ., 29 oct. 1894 ; Inst. 2886-1 ; S. 96.1.193 ; *R. E.* 837 ; *J. E.* 24.464 ; *R. P.* 8426).

Il en est ainsi, notamment, lorsqu'il y a versement de sommes portant intérêts, que ce versement a lieu contre remise de valeurs commerciales, dont le total est généralement plus élevé que le montant des sommes remises, et que, de plus, le remboursement des sommes versées est stipulé pour une époque antérieure à l'échéance des valeurs remises (Seine, 15 avr. 1899 ; *R. E.* 2059 ; *J. E.* 52.748 ; *R. P.* 9633).

La taxe de 4 0/0 est également applicable aux intérêts des emprunts à court terme contractés par une société vis-à-vis de la Banque de France, sous forme d'avances sur titres (1).

32. (276). Avances sur warrants ou bulletins de gage. — En l'absence de toute disposition exceptionnelle, la taxe de 4 0/0 avait été reconnue applicable à l'opération par laquelle une société, pour garantir des avances à elle faites par son banquier, transférait à celui-ci, par voie d'endossement, des varrants à elle délivrés par les magasins-généraux ; en effet, le premier endossement de ces warrants ne s'analyse pas, comme les endossements ultérieurs, en une simple opération d'escompte ; il renferme tous les éléments d'un contrat de prêt sur gage (Cass. civ., 29 oct. 1894 ; Inst. 2886, § 1er ; *R. E.* 839 ; *R. P.* 8428 ; S. 96.1.196).

Mais l'art. 31 de la loi du 28 décembre 1895 (Inst. 2897 ; *R. E.* 1065 ; *J. E.* 24.739 ; *R. P.* 8664) a formellement affranchi de la taxe de 4 0/0 les intérêts des emprunts consentis sous forme d'avances faites aux sociétés au moyen d'endossement de warrants

Les termes de cette disposition ont paru autoriser l'Administration à ne pas insister sur le recouvrement des sommes n'ayant pas encore fait l'objet, au moment de la promulgation de la loi, d'un jugement rendu à son profit et passé en force de chose jugée (même Inst.).

33. (278). Compte courant. — On peut dissimuler sous la forme de dépôts en compte courant de véritables opérations de prêt. Les deux natures de contrats se distinguent par le but principal et déterminant de la remise des fonds, et celle-ci doit être réputée avoir été faite à titre de dépôt, si c'est surtout pour l'avantage de celui qui verse les fonds que le versement a eu lieu, et à titre de prêt, si l'on a eu surtout en vue de procurer des capitaux à la partie prenante (Annecy, 8 mars 1894 et Sol. 20 déc. 1895 ; *R. E.* 1768).

C'est ainsi que l'on a attribué le caractère d'un prêt à intérêt passible de la taxe de 4 0/0 sur le revenu, et non d'un dépôt en compte courant exempt de ladite taxe, au contrat par lequel un associé verse en dépôt à la société à laquelle il appartient une certaine somme dont il lui est servi un intérêt plus élevé que celui de la moyenne des placements mobiliers, et dont la quotité, pour laquelle un maximum est fixé chaque année par la société, reste en principe la même pendant tout un exercice. On a vu, au

(1) Cass. civ., 29 oct. 1894 ; *R. E.* 838 ; *R. P.* 8427 ; S. 96. 1.195 ; D. 95.1.25 ; — Melun, 10 juill. 1896 ; *J. E.* 24.955 ; *R. P.* 8810.

contraire, un simple dépôt dont les intérêts échappent à l'impôt, dans le compte comportant des remises réciproques de fonds ou de valeurs, dont tous les articles de débit et de crédit se fondent en un solde final qui seul a le caractère d'une créance active ou passive (Cass. req., 3 mai 1898 ; Inst. 2967-8 ; S. 99.1.97 ; D. 98.1.451 ; *R. E.* 1767 ; *J. E.* 25.400 ; *R. P.* 9268).

De même, les dépôts effectués dans un établissement de crédit, de sommes versées en compte, productives d'un intérêt inférieur au taux de l'escompte et remboursables après un avis donné quelques jours à l'avance, ne doivent pas être considérés comme des emprunts contractés par la société (Sol. 8 fév. 1900 ; *J. E.* 25.973).

Mais l'ouverture de crédit garantie par une hypothèque et par laquelle une société s'est engagée à fournir à une autre société les fonds dont celle-ci a besoin, ne saurait être envisagée comme comportant l'établissement d'un compte courant proprement dit dès lors qu'il n'y a.pas réciprocité de remises entre les deux sociétés et que les seules remises effectuées consistent dans les avances de la société créditrice, celles de la société créditée constituant uniquement des acomptes sur les avances reçues ou sur les annuités dont elle était débitrice. On se trouve en présence d'un emprunt nettement caractérisé et passible de la taxe de 4 0/0 (Constantine, 27 mai 1896 ; *R. E.* 1208 ; *J. E.* 25.067 ; *R. P.* 8969).

SECT. III. — CONDITIONS D'EXIGIBILITÉ.

34. (300). **Capitalisation des intérêts.** — V. n° 29 *supra.*

35. (306). **Crédit foncier.** — Les intérêts des prêts consentis aux communes par le Crédit foncier au moyen des fonds provenant de l'émission d'obligations communales sont dispensés de l'impôt sur le revenu. La raison en est que le Crédit foncier agit, dans cette hypothèse, comme l'intermédiaire légal entre les communes emprunteuses et les propres prêteurs, qui sont les souscripteurs des obligations communales par lui émises (Délib. Ch. dép., 11 mars 1898 ; *J. O.* du 12, p. 117 et s. ; *J. E.* 25.398).(1)

(1) M. Marcel Habert ayant questionné, à la séance du 11 mars 1898, en raison de la prescription imminente, le Ministre des finances sur l'exigibilité de la double taxe, l'honorable M. Cochery répondit en ces termes :

M. Georges Cochery, *Ministre des finances,* Messieurs, si le Ministre des finances n'avait, comme paraît le croire l'honorable M. Marcel Habert, qu'à tendre la main pour faire rentrer dans le budget une créance réellement existante de 32 ou 33 millions, je vous assure que, dans la situation actuelle, il s'empresserait de le faire. (*Rires et applaudissements au centre.*)

Malheureusement, il n'en est pas ainsi ; une première question se pose : La créance existe-t-elle en réalité ?

La loi de 1872, qui a établi l'impôt sur le revenu des valeurs mobilières, dit expressément qu'une « taxe de 3 0/0 (portée ensuite à 4 0/0) est établie sur les arrérages et intérêts annuels des emprunts et obligations des départements, communes et établissements publics, ainsi que des sociétés, compagnies et entreprises désignées d'autre part ».

Il est stipulé, en outre, que « l'avance de l'impôt est faite précisément par cesdits établissements ».

Il a été reconnu par la jurisprudence que lorsqu'une société prête, dans les conditions indiquées par la loi de 1872, à une autre société des fonds qu'elle a empruntés elle-même, l'impôt sur le revenu des valeurs mobilières doit être appliqué à chacun des emprunts de chacune des sociétés.

Et pourquoi le fait-on ? — La jurisprudence indiquée par M. Marcel Habert est formelle. — On le fait parce qu'il n'y a aucun lien direct entre les deux emprunts, parce que le pro-

L'Inst. 2457, qui avait, dès l'origine, statué en ce sens, doit donc être suivie.

De même, les intérêts des prêts fonciers consentis aux sociétés échappent à la taxe de 4 0/0 lorsque les fonds de l'emprunt sont fournis au moyen de l'émission d'obligations ou lettres de gage déjà frappées de l'impôt : il appartient, au surplus, aux sociétés emprunteuses de faire cette justification et d'établir la provenance des fonds (Seine, 18 janv. 1895 ; *J. E.* 24.547 ; — 31 juill. 1896 ; *R. E.* 1272 ; *J. E.* 25.039 ; *R. P.* 8952). Si l'impôt était dû, à défaut de la justification dont il s'agit, la société emprunteuse serait tenue d'acquitter la taxe, sauf son recours contre le Crédit foncier, auquel incomberait, en sa qualité de créancier, la charge de l'impôt (Seine, 18 janv. 1895, précité).

SECT. IV. — LOTS ET PRIMES DE REMBOURSEMENT.

36. (310). **Taxe de 8 0/0 sur les lots.** — L'art. 20 de la loi du 25 février 1901 a élevé de 4 0/0 à 8 0/0 l'impôt direct exigible sur les lots payés aux créanciers et aux porteurs d'obligations, effets publics et tous autres titres d'emprunt.

Les primes de remboursement restent assujetties à la taxe de 4 0/0.

Le tarif seul, pour les lots, est modifié ; toutes les règles antérieures de perception restent en vigueur (Inst. 3049, p. 17).

Ce nouveau tarif est applicable à tous les lots mis en paiement à partir de la date où la loi nouvelle est devenue exécutoire. Les lots dont le tirage est antérieur seront donc soumis à la surtaxe s'ils ne sont exigibles que postérieurement à la mise en exécution de la loi (Conf. note 27 déc. 1890 ; *J. O.,* 28 déc. ; Sol., 20 déc. 1890, 14 janv., 3 fév. 1891 ; *J. E.* 23.526 ; *T. A., Impôt sur le revenu,* 5).

37. (315). **Primes. Taux variable.** — Lorsqu'un département émet un emprunt, représenté par des obligations négociables d'une valeur nominale de 500 fr., et que la totalité de cet emprunt lui est pris ferme par un établissement de crédit au taux de 490 fr. par obligation, qu'enfin cet établissement les place dans le public au prix de

duit d'un de ces emprunts est venu se confondre dans l'ensemble des ressources générales de la première société, et la première société, au moyen de ses ressources générales, a consenti un prêt à l'autre. En réalité, il n'y a pas superposition.

La situation est-elle la même, en ce qui concerne les prêts du Crédit foncier ? La jurisprudence qui s'est prononcée très fermement dans le sens indiqué par M. Marcel Habert pour les sociétés en général, a considéré qu'en raison du caractère spécial du Crédit foncier la situation n'est pas la même. En effet, en vertu des statuts constitutifs de cet établissement, les émissions d'obligations doivent correspondre obligatoirement aux prêts effectués ; il existe entre ces émissions et ces prêts un lien si étroit, que l'établissement n'est en réalité qu'un intermédiaire entre le prêteur et l'emprunteur. (*Très bien ! très bien !*)

C'est à raison de ce caractère d'intermédiaire, de cette obligation d'appliquer immédiatement les ressources réalisées par l'émission des emprunts aux prêts consentis, que la jurisprudence a considéré que le Crédit foncier intervient en quelque sorte comme le mandataire de ceux qui empruntent et qu'il ne pourrait pas dès lors y avoir lieu à une double taxe de 4 0/0 sans qu'il y eût superposition.

Il n'a pu entrer dans l'esprit du législateur d'imposer en réalité une double taxe et de dire que, lorsqu'une commune emprunterait directement au public la somme dont il est nécessaire, elle serait frappée de 4 0/0, mais que si elle avait recours pour améliorer son crédit ou simplifier l'opération à un intermédiaire légal, au Crédit foncier, cette même commune,

497 fr. 50, il y a lieu de distinguer, pour calculer la prime de remboursement passible de la taxe de 4 0/0, deux hypothèses. Pour les obligations existant encore dans le por-

indépendamment de la commission qu'elle payerait au profit du Crédit foncier, verrait les intérêts qu'elle sert assujettis, non seulement à l'impôt de 4 0/0, mais encore payerait une seconde fois cet impôt ; de sorte qu'en réalité ces intérêts payeraient 8 0/0. (Très bien ! très bien !)

Voilà ce qu'ont considéré mes prédécesseurs.

. . . .

Je dis que, dans l'espèce, la question qui se posait était la suivante. L'Administration devait-elle soutenir que, par cela seul que le Crédit foncier serait pris comme intermédiaire, les intérêts afférents aux emprunts des communes seraient assujettis, non pas à un impôt de 4 0/0, mais à un impôt de 8 0/0.

M. Gabriel Dufaure. Ce n'est pas une question de droit.

M. le ministre. L'honorable M. Marcel Habert disait tout à l'heure qu'aucun ministre n'a pris de décision sur cette question. Je lui en demande pardon.

La question a été résolue le 12 septembre 1895 par l'un de mes prédécesseurs, l'honorable M. Ribot. Voici un extrait de sa décision.

M. Marcel Habert. Je demande la parole.

M. le ministre. Voici, dis-je, un extrait de cette décision :
« Le Ministre des finances partage l'avis exprimé par le directeur général. Il estime qu'en droit la réclamation ne serait pas justifiée et se heurterait à la jurisprudence implicitement contenue dans les jugement et arrêt ci-dessus visés. Il considère qu'en fait, il ne serait pas sans inconvénients graves d'exercer des poursuites rétroactives contre les communes et les départements qui, depuis plus de vingt ans, ont traité avec le Crédit foncier et seraient exposés aujourd'hui à payer des sommes plus ou moins considérables, sans avoir pu prévoir ce changement de jurisprudence de l'administration. »

Je cite cette décision de M. Ribot à titre historique, car je considère qu'en prenant cette résolution il a agi sagement et conformément au droit. (Très bien ! très bien !)

J'arrive à un second point ; le plus important par les conséquences auxquelles il entraine.

Si une réclamation est faite, à qui devra payer, à qui devra-t-on s'adresser ? A l'heure actuelle, le Crédit foncier paye l'impôt de 4 0/0 sur le revenu pour tous les coupons des obligations qu'il a émises ; il fait l'avance de l'impôt, sauf à le recouvrer sur les obligataires.

M. Gabriel Dufaure. Parfaitement ! Il fait l'avance, mais ce sont les obligataires qui payent !

M. le ministre. Oui ! Aux termes de la loi, la taxe est avancée par l'établissement public ou la société qui fait l'emprunt, sauf à recouvrer la taxe sur les obligataires. Il en est ainsi pour le Crédit foncier, cet établissement fait constamment l'avance de l'impôt, sauf à le recouvrer sur les porteurs de ses titres.

Quelle serait donc la taxe que nous aurions à réclamer et pour quels prêts ? Il s'agirait des emprunts faits au Crédit foncier par les communes.

Donc, en exécution de la loi de 1872, si nous voulions réclamer les 30 millions dont parle M. Marcel Habert, ce n'est pas au Crédit foncier que nous devrions nous adresser, c'est à chacune des communes, sauf aux communes à rechercher ultérieurement si elles ont le moyen de recouvrer sur le Crédit foncier les sommes qu'elles auraient ainsi avancées.

Il n'est donc pas douteux que nous devions faire une réclamation, envoyer du papier timbré, ce serait aux milliers de communes qui, depuis 1872, ont fait des emprunts au Crédit foncier.

Je n'examinerai pas la question de savoir si, dans certains cas, les communes ne pourraient pas exciper des circulaires de l'Administration qui, au lendemain de la loi de 1872, avaient déclaré qu'il ne pouvait pas y avoir double emploi en ce qui concerne les prêts faits par le Crédit foncier. Je m'en tiendrai à cette seule question : de même que le Crédit foncier, lorsqu'il fait l'avance de l'impôt, peut réclamer à ses obligataires le remboursement de cet impôt, les communes auraient-elles

tefeuille de l'établissement de crédit au moment du tirage, la prime de remboursement est de 10 fr. Elle ne s'élève, au contraire, qu'à 2 fr. 50 pour les obligations déjà placées

le droit de réclamer au Crédit foncier le remboursement de la taxe de 4 0/0 ? A cet égard, il faut distinguer entre deux périodes : la période antérieure à 1880 et la période postérieure à 1880.

Pour la période antérieure à 1880, la somme totale de l'impôt pourrait s'élever à 6 millions. Le Crédit foncier, — ce n'est pas un argument que je lui donne, mais je sais que c'est l'argument qu'il fait valoir auprès de l'Administration, — le Crédit foncier fait remarquer qu'il n'a le droit de prélever en sus des intérêts qu'il verse pour les obligations qu'une commission tout à fait limitée ; et il en conclut : « Je n'ai aucun moyen de payer l'impôt de 4 0/0 ; et d'ailleurs, vous avez emprunté, en pleine connaissance du contrat qui me lie, des obligations légales qui m'incombent. Par conséquent c'est vous, emprunteur, qui devez supporter l'impôt de 4 0/0. »

Mais si pour la période antérieure à 1880, la question peut être litigieuse ; si les communes peuvent adresser avec quelques chances de succès une réclamation au Crédit foncier et essayer, au prix de longs procès, de se faire indemniser des sommes dont l'Etat aurait exigé l'avance, il n'y a, au contraire, aucun doute en ce qui concerne la période postérieure à 1880. En effet, depuis 1880, le Crédit foncier a eu soin d'insérer dans tous les contrats passés avec les communes une disposition ainsi conçue :

« Dans tous les cas où, en vertu des lois, décrets ou décisions judiciaires, le présent prêt sera passible d'impôts quelconques, ces impôts devront être acquittés par les emprunteurs en sus de l'annuité ci-dessus fixée, de façon que le Crédit foncier conserve toujours nette de toute retenue l'annuité qui a servi de base au calcul de l'amortissement. »

Vous voyez donc que pour la période postérieure à 1880, pour laquelle la réclamation pourrait s'élever à 25 millions environ, les communes ont d'avance renoncé au recours facultatif que la loi leur donnait. (Très bien ! très bien !)

En présence de cette situation, je n'ai pas cru devoir prendre l'initiative de revenir sur la décision de mon prédécesseur de 1895 et de faire porter la question devant la Cour de cassation, comme le demandait tout à l'heure notre collègue. Je ne l'ai pas fait, d'abord parce qu'il m'a paru que les jugements du tribunal de la Seine étaient fortement motivés, qu'ils correspondaient à l'état légal spécial du Crédit foncier, mais je ne l'ai pas fait surtout par une raison de fait qui vaut les raisons de droit et qui est de nature à frapper singulièrement la Chambre. Je ne l'ai pas fait parce que la réclamation aurait causé dans tout le pays une émotion profonde, parce qu'il aurait fallu réclamer plus de 30 millions à toutes les communes qui ont contracté des emprunts au Crédit foncier et qui pour la plupart auraient dû payer, en cas de condamnation, du reste plus que douteuse, sans avoir aucun recours contre l'établissement prêteur. (Très bien ! très bien !)

Je me demande quelle serait la situation de ces communes si on leur adressait cette réclamation. Quel trouble, quelle émotion n'y produirait-on pas ?

Aussi m'en suis-je tenu à la décision de mes prédécesseurs et j'espère que la Chambre sera de même en écartant l'amendement de M. Marcel Habert. (Très bien ! très bien ! à gauche et au centre.)

M. le président. La parole est à M. Marcel Habert.

. . . .

M. le ministre. En réalité, l'honorable M. Marcel Habert demande que l'on dirige des poursuites contre toutes les communes débitrices du Crédit foncier, et cela, je le répète, alors que l'opinion de beaucoup de personnes, celle du tribunal de la Seine en tout cas, est tout à fait contraire à la légitimité de pareilles poursuites, alors qu'il y aurait de grandes chances — je ne dis pas une certitude mon pas engager d'avance le jugement — d'aboutir dans plusieurs années à un jugement déclarant que la double taxe n'est pas due.

Nous aurions ainsi provoqué une émotion profonde dans le pays, et cela sans aucune utilité.

M. Gauthier (de Clagny). Il n'y a que les actionnaires du dans le public au jour du tirage (Sol. 12 déc. 1898 ; R. E. 2180 ; J. E. 25.738 ; R. P. 9553).

37 bis. (320). **Conversion d'emprunt.** — Les primes de remboursement sont dans tous les cas passibles de l'impôt de 4 0/0 aussi bien lorsqu'elles sont payées comme condition du remboursement que lorsqu'elles se composent d'intérêts réservés. Si donc des obligations émises à un taux inférieur au chiffre fixé pour le remboursement sont converties et si les porteurs reçoivent, en paiement des titres anciens, soit une somme en espèces égale au chiffre du remboursement fixé, soit des titres nouveaux d'une valeur égale, la taxe sur le revenu est due, pour tous les titres convertis ou remboursés, sur la différence entre le taux d'émission et celui du remboursement (Cass. req., 5 déc. 1899 ; R. E. 2254 ; J. E. 25.787).

De même, lorsque des obligations rapportant 5 0/0 d'intérêt, émises au-dessous du pair (en l'espèce à 465 fr., le taux de remboursement étant de 500 fr.), sont converties en titres 4 1/2 0/0 remis pour une valeur de 410 fr. chacun aux porteurs de titres anciens, qui reçoivent en plus une soulte en argent de 60 fr. par obligation, il s'opère, par suite de cette conversion, une novation en vertu de laquelle le titre primitif doit être considéré comme entièrement remboursé (1). La taxe sur le revenu est, en conséquence, exigible sur la prime de remboursement (35 fr.) des obligations an-

Crédit foncier qui éprouveront l'émotion.

M. le ministre. Mais non, ce sont les communes.

J'ai montré que, pour les réclamations postérieures à 1880, qui représentent 26 millions sur 33 millions, le Crédit foncier a pris ses précautions et que, dans tous les contrats, est insérée une clause aux termes de laquelle les communes s'engagent à payer tous les impôts qui pourraient être non pas établis, mais même réclamés sur leurs emprunt. (*Très bien ! très bien !*)

M. Gabriel Dufaure. En raison de l'opinion exprimée par M. le Ministre des finances, je suis très étonné qu'il ne cherche pas à se couvrir par un ordre du jour au Parlement contre des reproches éventuels qui pourraient lui être adressés si on venait à découvrir que réellement nous avons abandonné gracieusement une somme aussi importante.

M. le ministre des finances. Mais, Monsieur Dufaure, le vote de l'amendement de M. Habert aura ce caractère d'indication. Si l'augmentation de 1,000 francs est adoptée, le devoir du gouvernement sera de réclamer aux communes l'impôt de 4 0/0 sur tous les prêts qui leur ont été consentis par le Crédit foncier.

M. le président. L'amendement de M. Marcel Habert tend à relever de 1,000 fr., à titre d'indication, le chiffre des recettes prévues pour la taxe sur le revenu des valeurs mobilières.

Le gouvernement s'oppose à l'amendement.

M. le ministre des finances. Parfaitement !

M. le président. Je mets aux voix l'amendement de M. Marcel Habert.

Notre collègue a retiré sa demande de scrutin, mais j'ai reçu une autre demande signée de MM. Marchegay, Castillard, Cros-Bonnel, Deker-David, de Lasteyrie, Lacombe, Renault-Morlière, Thoulouse, Riotteau, Le Mare, Guérin, Emile Chevallier, Plichon, Bourcy, Dubois, Dansette, etc.

Le scrutin est ouvert.

(Les votes sont recueillis. — MM. les secrétaires en font le dépouillement.)

M. le président. . Voici le résultat du dépouillement du scrutin :

Nombre des votants	501
Majorité absolue	251
Pour l'adoption	93
Contre	408

La Chambre des députés n'a pas adopté.

(1) Seine, 11 juin 1896 ; R. E. 1207 ; — Cass. req., 24 janv. 1898 ; Inst. 2965-9 ; R. E. 1648 ; J. E. 25.345 ; R. P. 9234 ; S. 98.1. 529 ; D. 98.1.276.

ciennes tout comme si les porteurs de ces titres recevaient en payement 500 fr. en espèces, au lieu d'être payés partie en espèces, partie en une obligation nouvelle.

CHAP. IV. — PAIEMENT ET LIQUIDATION DE LA TAXE. POURSUITES ET INSTANCES.

38. (327). **Avertissement préalable.** — L'Administration n'est pas tenue d'adresser un avertissement préalable. La taxe est, en effet, portable et non quérable et les assujettis doivent l'acquitter spontanément, tout retard les rendant passibles de l'amende (Seine, 15 avr. 1899 ; R. E. 2059 ; J. E. 25.748 ; R. P. 9633 ; — Rouen, 30 nov. 1899 ; J. E. 25.830).

39. (348). **Action contre les prêteurs.** — Les prêteurs peuvent être directement poursuivis pour le paiement de l'impôt de 4 0/0. Toutefois le jugement rendu contre la société emprunteuse serait, à leur égard, res inter alios acta, l'action dirigée contre eux restant subordonnée, nonobstant la condamnation prononcée contre la société, à la preuve du paiement effectif des intérêts (Seine, 17 mars 1894 ; J. E. 24.450).

40. (353). **Recours en garantie de la société contre les prêteurs.** — Lorsque le prêteur appelé en garantie a conclu au fond à ce que l'Administration soit déclarée mal fondée dans sa demande et s'est ainsi constitué débiteur direct de l'impôt, le tribunal ne peut disjoindre la demande en garantie qui peut être valablement instruite et jugée dans les formes de la loi de frimaire (Cass. civ., 15 nov. 1893 ; Inst. 2872-8 ; S. 95.1.493 ; R. E. 588 ; J. E. 24.239 ; R. P. 8215).

41. (356-358). **Compensation.** — La compensation s'opère-t-elle automatiquement et de plein droit à la fin de chaque trimestre entre les sommes versées en excédent antérieurement et celles successivement exigibles ? Cette question a été diversement résolue (Voy. R. E. 2118 et J. E. 25.748 ; — Rapp. Seine, 18 mars 1893 ; R. E. 577 ; J. E. 24.256).

Les parties peuvent, en tout cas, renoncer à la compensation légale soit expressément soit tacitement, même après qu'elle s'est accomplie. Une telle renonciation résulterait, en ce qui concerne la taxe sur le revenu perçue pendant des exercices déterminés sur les titres d'une société, de l'assignation en restitution formée par cette société. La demande en restitution une fois rejetée par des décisions judiciaires passées en force de chose jugée, la société est irrecevable à reprendre l'exception de compensation à laquelle elle avait tacitement renoncé (Seine, 19 mai 1899 ; R. E. 2130 ; J. E. 25.747; R. P. 9632). — V. Compensation.

42. (361). **Société en faillite. Concordat. Procédure.** — La vérification et l'admission d'une créance au passif d'une faillite, suivie de son affirmation, forme un véritable contrat judiciaire liant, sauf les cas de dol ou de fraude, toutes les parties présentes ou régulièrement appelées et produisant, en ce qui concerne l'existence et la quotité de la créance admise, des effets définitifs et irrévocables. Ce contrat participe, en outre, lorsqu'il a été homologué, à l'autorité de la chose jugée. Il suit de là que l'administration de l'Enregistrement, créancière sur une société en faillite de taxe sur le revenu à raison d'obligations négociables émises par cette société, a épuisé son droit lorsqu'elle s'est fait admettre au passif de la faillite pour ces sommes et qu'elle a concouru au concordat homologué qui a clôturé les opérations ; elle ne peut plus, en conséquence, s'adresser à une autre société qui, en vertu d'une convention spéciale antérieure à la faillite, aurait été chargée d'assurer le service des obligations, pour exiger le versement des retenues que celle-ci aurait opérées pour le paiement des droits de transmission et de l'impôt sur le revenu.

Si, après avoir été admise au passif d'une faillite, par privilège pour une partie de sa créance et au marc le franc pour le surplus, la Régie demandait à se faire payer ce reliquat par préférence à la masse des créanciers, par le motif que des retenues correspondantes ont été opérées à cet effet sur les coupons payés aux obligataires, cette question se rattachant de la manière la plus étroite aux opérations de la faillite, serait de la compétence de la juridiction consulaire (Cass. civ., 7 mars 1900 ; *R. E.* 2384).

CHAP. V. — PÉNALITÉS. MOYENS DE CONTROLE.

43. (377). **Pluralité des amendes.** — Le défaut de paiement de la taxe fait encourir par les assujettis une amende distincte pour chaque trimestre de retard (1).

44. (380). **Dépôt des documents.** — Le défaut de dépôt au bureau de l'enregistrement des comptes rendus et extraits des délibérations des conseils d'administration ou des actionnaires, prescrit par l'art. 2 de la loi du 29 juin 1872, rend les sociétés passibles d'autant d'amendes de 100 fr. à 5.000 fr. qu'il existe de documents dont le dépôt devait être effectué et ne l'a pas été (même arrêt).

45. (387). **Improductivité.** — Les amendes pour défaut de payement de la taxe restent encourues alors même qu'il serait ultérieurement constaté que l'exercice a été improductif et qu'il n'a été rien distribué (même arrêt).

46. (395). **Communication.** — Les sociétés par actions sont tenues de donner communication aux agents de l'Enregistrement du registre des délibérations du conseil d'administration lorsque ce registre a trait à la comptabilité, ce qui a lieu toutes les fois que le conseil d'administration a qualité pour autoriser les achats, ventes, marchés et pour transiger (Béthune, 17 mars 1898 ; *R. E.* 1706 ; *J. E.* 25.626).

CHAP. VI. — DE LA PRESCRIPTION.

47. (401). **Prescription quinquennale.** — L'art. 61 de la loi du 22 frimaire an VII n'a jamais été applicable en matière d'impôt sur le revenu. Cette taxe était demeurée soumise, sous le régime de la loi de 1872, à la prescription de trente ans. Les amendes de retard se prescrivaient elles-mêmes par le délai de deux ans (Seine, 31 juill. 1896 ; *R. E.* 1272 ; *J. E.* 25.039).

Elles sont actuellement régies, à ce point de vue, par l'art. 21 de la loi du 26 juillet 1893 qui les a assujetties à la prescription de cinq ans, comme la taxe elle-même.

Passé le délai de cinq ans, qui est calculé suivant la règle tracée par la loi du 29 janvier 1831, art. 9, les droits indûment perçus à titre d'impôt sur le revenu ne peuvent plus être restitués. La prescription de cinq ans n'a toutefois commencé à courir, pendant la période transitoire, que du jour de la promulgation de la loi de 1893 (2).

La prescription de cinq ans est valablement interrompue par une demande signifiée avant l'expiration du délai, quoiqu'elle ne soit enregistrée qu'après. La disposition

(1) Cass. civ., 11 janv. 1899 ; Inst. 2997-1 ; S. 99.1.373 ; *R. E.* 1943 ; *J. E.* 25.583 ; *R. P.* 9453.
(2) Seine, 13 août 1896 ; *R. E.* 1301 ; *R. P.* 8949 ; — 2 avr. 1898 ; *R. E.* 1792 ; *J. E.* 25.477 ; — Senlis, 11 janv. 1899 ; *R. E.* 1978 ; *J. E.* 25.616 ; — Rouen, 30 nov. 1899 ; *J. E.* 25.830.

contraire de la loi de frimaire est, en effet, inapplicable à l'espèce. Le délai de prescription qui expire un jour férié n'est pas, d'ailleurs, prorogé au lendemain, la loi du 13 avril 1895, qui proroge au lendemain des jours fériés les délais de procédure, étant étrangère à la matière des prescription (Sol. 8 juill. 1899 ; *R. E.* 2364).

48. (407). **Point de départ de la prescription. Restitution.** — Dans les sociétés soumises au forfait de 5 0/0, la prescription de 5 ans opposable aux parties qui agissent en restitution court du jour où l'improductivité de la société, et, par suite, la non-exigibilité de la taxe (*T, A.* 190), peut être établie et non du jour où cette taxe a été définitivement liquidée (Limoges, 25 mai 1901 ; *R. E.* 2767).

C'est seulement au cas où une taxe est due et où la contestation porte sur son *quantum* que la prescription commence à courir du jour où l'impôt a été définitivement liquidé par l'agent du Trésor.

INDEMNITÉ et DOMMAGES-INTÉRÊTS.

— 1. (16). **Droits d'auteurs.** — Le prix stipulé d'un entrepreneur de théâtre par la Société des auteurs et compositeurs de musique en échange du droit conféré à l'imprésario de jouer les œuvres composant le répertoire de la Société a le caractère d'une indemnité mobilière, et non d'un prix de marché, et donne ouverture au droit de 1 0/0 si l'indemnité est payable à terme et de 0 fr. 50 0/0 si elle est immédiatement payée (Sol. 23 et 29 juill. 1890 ; *R. E.* 1000 ; *J. E.* 24.795).

2. (18). **Bail. Résiliation.** — L'indemnité de relocation prononcée contre un locataire comme conséquence de la résiliation du bail arrivée par la faute de ce dernier donne ouverture au droit de 3 0/0 établi par l'art. 16 § 7 de la loi du 26 janvier 1892, pour les dommages-intérêts alloués par les tribunaux de première instance. Le droit ordinaire de 2 0/0 serait toutefois seul exigible si l'indemnité de relocation avait été stipulée dans le contrat de bail (Seine, 10 avr. 1897 et Sol. 14 mai 1897 ; *R. E.* 1394 ; *J. E.* 25.242).

Le tarif de 3 0/0 doit également être appliqué à l'indemnité prononcée pour réparations locatives (Sol. 18 fév. 1897; *R. E.* 1349 ; *J. E.* 25.175).

3. (19). **Transaction sur procès.** — La transaction sur procès aux termes de laquelle l'administrateur d'une société anonyme s'engage à payer aux actionnaires, à titre de réparation de dommages, une somme déterminée, donne ouverture au droit de 1 0/0 (Seine, 27 janv. 1899 ; *R. E.* 1979 ; *J. E.* 25.624 ; *R. P.* 9606).

4. (20). **Accidents du travail.** — L'art. 29 de la loi du 9 avril 1898 exonère formellement de tous droits d'enregistrement les jugements rendus pour l'exécution de cette loi. — V. *Accidents du travail*, 26 et s.

Mais en dehors des cas où cette loi est applicable, la condamnation, prononcée contre un patron déclaré responsable de l'accident arrivé à un ouvrier, à servir à celui-ci une rente viagère acquise au moyen d'un capital déterminé, donne ouverture au droit de 3 0/0 sur le capital au denier 10 de la rente (Sol. 22 juin 1895 ; *R. E.* 1463).

5. (23-5°). **Représentant de commerce. Perte de colis.** — Lorsqu'un jugement condamne un représentant de commerce à payer à la maison qu'il représente la valeur d'une caisse d'échantillons perdue par lui et, sur le recours en garantie du défendeur, condamne la compagnie de chemins de fer responsable de la perte du colis, à indemniser le représentant de la condamnation principale prononcée contre celui-ci, il y a deux dispositions distinctes dérivant de deux causes différentes et donnant chacune ouverture à un droit particulier de condamnation de

3 0/0 ? L'affirmative avait été décidée par une solution du 27 mai 1896 (*R. E.* 1279 ; *J. E.* 25.103 ; *R. P.* 8826) ; mais le tribunal civil de Lille, saisi de la même affaire, s'est prononcé, au contraire, pour la perception d'un seul droit proportionnel, par un jugement du 31 décembre 1897 (*R. E.* 1684 ; *J. E.* 25.436 ; *R. P.* 9306). La thèse admise par le tribunal ne nous paraît pas exacte ; à notre avis, la condamnation récursoire était fondée sur une cause nettement indépendante de celle d'où procédait la condamnation principale.

6. (25). **Délit forestier.** — La disposition d'un jugement par laquelle un délinquant qui a frauduleusement coupé et enlevé des arbres dans une forêt est condamné à la restitution des bois ou au paiement de leur valeur, a le caractère d'une condamnation à des dommages-intérêts, donnant ouverture au droit de 3 0/0 et non à celui de 0 fr. 50 0/0 (Toulon, 10 mai 1898 ; *R. E.* 1853 ; *J. E.* 25.533 ; *R. P.* 9444).

7. (27). **Notaire. Responsabilité.** — La condamnation d'un notaire qui a servi d'intermédiaire pour la négociation d'un prêt, à indemniser le prêteur du dommage qu'il éprouve par suite de l'insolvabilité de l'emprunteur donne ouverture au droit de 3 0/0 (Caen, 3 mars 1897 ; *R. E.* 1489).

8. (40). **Concurrence déloyale.** — Lorsqu'un acte de cession de fonds de commerce a stipulé une indemnité déterminée pour l'hypothèse où le cédant se rendrait coupable de concurrence déloyale, le jugement qui condamne le cédant au paiement de l'indemnité, par application de cette clause, est passible du droit de titre de 0 fr. 50 0/0 sur l'indemnité, sans préjudice du droit de condamnation (Sol. 26 nov. 1898 ; *R. E.* 2517).

9. (41). **Incendie. Locataire responsable.** — Le jugement qui condamne un locataire à indemniser une compagnie d'assurances, subrogée aux droits du propriétaire, des conséquences d'un incendie survenu par la faute de ce locataire dans l'immeuble occupé par lui, est passible du droit de 3 0/0 établi sur les dommages-intérêts (Bordeaux, 18 nov. 1896 ; *R. E.* 1393 ; *J. E.* 25.103 ; — Nîmes, 4 août 1900 ; *R. E.* 2488 ; — Lyon, 5 déc. 1900, *Cie le Soleil*).

10. (à la suite de 44). **Divorce et séparation de corps. Pension alimentaire.** — Lorsqu'une pension alimentaire a été attribuée à la femme par le juge en vertu des art. 212 et 214, C. civ., lors de la séparation de corps, et qu'elle cesse d'être due par suite de la conversion postérieure de cette séparation en divorce, la pension qui lui est allouée au moment du divorce, en vertu de l'art. 301, C. civ., procède d'un titre nouveau et a le caractère d'une indemnité judiciaire. La condamnation qui a pour objet le service de cette pension donne, en conséquence, ouverture au tarif spécial des dommages-intérêts (3 0/0) devant les tribunaux civils de première instance (Sol. 25 fév. 1899 ; *R. E.* 2092 ; *J. E.* 23.735).

INDIGENTS. — (2). **Pièces en vue du mariage. Justification de l'indigence.** — Pour être admises au bénéfice de l'exemption de droits accordé par la loi du 10 décembre 1850, les parties doivent justifier de leur indigence avant de présenter à la formalité du timbre et de l'enregistrement les actes nécessaires à leur mariage. Si elles ne fournissent cette justification qu'après avoir acquitté les droits, elles ne peuvent se pourvoir en restitution (D. M. F. 11 janv. 1899 ; *R. E.* 2181). — V. *Acte de l'état civil*, 6 et 12.

INSUFFISANCE (DE PRIX OU DE REVENU). EXPERTISE.

SOMMAIRE ANALYTIQUE.

§ 1. — Moyens de contrôle autres que l'expertise, 1-15.

    ART. 1er. — INSUFFISANCES DE REVENU, 1-9.
    — 2. — INSUFFISANCES D'ÉVALUATION ET DE PRIX, 10-15.

§ 2. — De l'expertise, 16-23.

    ART. 1er. — INSUFFISANCE DE REVENU, 16-18.
    — 2. — INSUFFISANCE DE PRIX, 19-23.

§ 3. — Pénalités, 24.

§ 1er. — *Moyens de contrôle autres que l'expertise.*

ART. 1er. — INSUFFISANCES DE REVENU.

1. (12). **Immeubles non susceptibles de produire un revenu.** — D'après l'art. 15, n°s 7 et 8, de la loi du 22 frimaire an VII, c'est le revenu déterminé, soit par les baux courants, soit, à leur défaut, par l'évaluation des parties, qui sert à fixer la valeur imposable des immeubles transmis en propriété ou en usufruit, tant entre vifs, à titre gratuit, que par décès.

Cette règle a été modifiée par l'art. 12 de la loi du 25 février 1901, aux termes duquel les droits de mutation *à titre gratuit, entre vifs et par décès*, sont liquidés sur la *valeur vénale* pour les immeubles dont la destination actuelle n'est pas de procurer un revenu, par exemple les terrains à bâtir.

Les insuffisances d'évaluation en valeur vénale sont constatées par voie d'expertise suivant les règles en vigueur.

Ces règles sont celles applicables aux insuffisances de prix des immeubles transmis entre vifs à titre onéreux (prescription d'un an, droit en sus et frais, seulement si l'insuffisance excède 1/8), à l'exclusion de celles tracées par la loi de frimaire pour les insuffisances de revenu (Inst. 3058, p. 33 et 34).

En cas de transmission de l'usufruit ou de la nue propriété d'un immeuble non susceptible de produire un revenu, la valeur imposable est fixée à une fraction de la valeur vénale de la toute propriété calculée conformément à l'art. 13-2° de la loi du 25 fév. 1901 (Inst. 3058, p. 34).

L'art. 12 de la loi du 25 février 1901 ne nous paraît applicable, en ce qui concerne les successions, qu'à celles qui se sont ouvertes postérieurement à la date où la loi est devenue exécutoire.

2. (17). **Succession. Bail courant. Point de départ. Beauce. Terres soumises à un assolement triennal. Usages locaux.** — Lorsqu'il est stipulé, dans un bail passé par acte authentique, que la jouissance du preneur prendra cours le 1er avril pour les bâtiments et *par la levée des guérets* pour les terres, et qu'il est constant, en fait, que la levée des guérets s'effectue le 23 avril au plus tard, c'est au plus tard le 23 avril de la dernière année du bail que la jouissance du fermier prend fin (Dreux, 10 janv. 1899 ; *R. E.* 2000 ; *R. P.* 9576).

3. (26). **Bail à la saison. Droit de mutation par décès. Déclaration estimative.** — Les baux, soit écrits, soit verbaux, dont la durée a été, dès l'origine, déterminée et limitée à un petit nombre de mois représentant, soit la période réellement utile de jouissance, soit une période plus particulièrement lucrative, ne peuvent servir de base légale à la perception du droit de mutation par décès sur l'immeuble loué. La perception doit, en pareil cas, être assise sur le revenu déclaré par les parties, sauf le droit pour l'Administration de le contrôler par voie d'expertise (Sol. 5 mars 1897 ; R. E. 1490 ; J. E. 25.216 ; R. P. 8988).

Toutefois, si les locations consenties pour une courte durée, par exemple au mois, ne peuvent servir d'assiette légale à l'impôt de mutation, c'est seulement au cas où elles ne sont consenties que pour un petit nombre de mois représentant soit la période réellement utile de jouissance, soit la période particulièrement lucrative.

Dès lors que la location au mois est faite suivant l'usage des lieux, c'est-à-dire doit se continuer aussi longtemps que l'une des parties n'a pas donné congé à l'autre, il n'existe plus de motif de l'écarter en raison de son caractère éphémère ou accidentel et elle doit être prise pour base de la perception (Sol. 27 déc. 1900 ; R. E. 2772).

4. (31 et 34). Immeubles transmis par décès. Bail courant. Quantité fixe de grains. Conversion facultative en argent au cours d'un certain marché. Mercuriales. — Lorsqu'un immeuble transmis par décès est affermé moyennant une quantité fixe de grains et qu'il est stipulé que ces denrées seront livrées en nature ou appréciées en argent au cours d'un certain marché déterminé, la valeur en argent de ce fermage doit être calculée, pour la perception, d'après les mercuriales, conformément à l'art. 75 de la loi du 15 mai 1848, et non au cours du marché indiqué par les parties (Sol. 19 août 1898 ; R. E. 2182 ; R. P. 9406 ; Rev. Prat., 4596).

5. (33). Succession. Bail courant. Prix comprenant des charges. Concession d'eau à la charge du locataire. Déduction. — Lorsqu'un propriétaire a pris à sa charge la redevance annuelle due pour une concession d'eau et incombant à son locataire, cette charge doit être distraite du prix du bail courant au décès pour la liquidation du droit de succession (Sol. 20 juin 1893 ; R. E. 1255).

6. (33 et 100). Charge de construire. — On peut équitablement l'évaluer en divisant par le nombre des années du bail l'évaluation des travaux de constructions imposés au preneur (Sol. 17 fév. 1898 ; R. E. 1659).

7. (34). Bail à durée ferme. Prix variable. — Lorsqu'un bail courant a été consenti moyennant deux prix éventuellement différents, l'un à payer jusqu'au décès du bailleur, l'autre moindre, à servir après ce décès, c'est le prix moyen de toutes les années qui doit être pris pour base du revenu des biens passibles du droit de mutation par décès (Sol. 28 sept. 1897 ; Rev. prat., 4374).

8. (35 bis). Fermage indéterminé. Estimation nécessaire. — Lorsque le prix d'un bail, subordonné à diverses éventualités, n'est pas déterminé dans l'acte d'une manière précise et a dû faire l'objet d'une évaluation, l'Administration, qui n'est pas liée par cette évaluation, nécessairement arbitraire, est autorisée, pour la perception du droit de mutation par décès, à requérir l'expertise du revenu des immeubles, objet de ce bail (Nîmes, 26 nov. 1896 ; J. E. 25.046 ; R. P. 9075).

9. (54 et 56). Domaine rural. Maison d'habitation. Revenu global. Expertise. Procédure. Mission du tiers expert. — Lorsqu'une déclaration de succession comprend dans l'ensemble d'un domaine rural, par exemple un vignoble, la maison d'habitation du propriétaire et assigne à ce domaine un revenu global, les parties peuvent, en cas d'expertise, critiquer le procès-verbal des experts en se fondant sur ce qu'il n'évalue pas distinctement la maison d'habitation. L'évaluation du tiers expert forme, du reste, l'avis de la majorité des experts chargés de l'estimation du revenu de l'immeuble dont l'expertise

a été demandée et doit être prise pour base de la liquidation des droits exigibles. Mais le tiers expert n'a pas qualité pour émettre une opinion différente sur les points admis par les deux autres experts, sa mission consistant simplement à départager ces derniers (Béziers, 12 août 1898 ; R. E. 1899).

9 bis. (57). Biens urbains et ruraux. Distinction. — Voir T. A., Succession, 410.

ART. 2. — INSUFFISANCES D'ÉVALUATION ET DE PRIX.

10. (60 bis et 68). Ventes mobilières. Action de l'Administration. — En matière de ventes mobilières, le droit proportionnel a pour base unique le « prix exprimé » et l'Administration ne peut, ni à l'aide de présomptions, ni par tout autre mode de preuve, établir l'insuffisance de ce prix, pour réclamer un supplément de droit simple, dès lors qu'elle n'en conteste pas la sincérité (Seine, 19 janv. 1894 ; R. E. 644 ; — Sol. 1er mai 1894 ; R. E. 706).

Mais il ne faut pas confondre avec la réclamation pour insuffisance de prix celle qui est fondée sur ce que les prévisions primitives qui ont fait l'objet d'une déclaration estimative lors de l'enregistrement sont ultérieurement dépassées, par exemple en matière de marchés, de cessions de créances litigieuses, etc. (V. T.A., Déclaration estimative, nos 18 et 23).

11. (63). Des insuffisances d'évaluation mobilière en matière de transmission par décès. — Dans le système de la loi du 22 frimaire an VII, les seules bases légales d'évaluation des biens meubles corporels transmis par décès étaient l'inventaire dressé par un officier public et, à défaut d'un inventaire, la déclaration estimative des parties.

L'art. 3 de la loi du 21 juin 1875 a remplacé la déclaration estimative des parties, comme base légale de la perception, par l'estimation contenue dans les inventaires ou autres actes passés dans les deux années du décès, ou par le prix des ventes publiques intervenues dans le même délai.

Cette disposition a été modifiée, à son tour, par l'art. 11 de la loi du 25 février 1901 qui autorise l'expertise des fonds de commerce ou des clientèles transmis par décès, suivant les formes tracées par l'art. 8 de la loi 28 février 1872, pour les fonds transmis à titre onéreux.

Le même article ajoute aux présomptions légales instituées par l'art. 3 de la loi du 21 juin 1875 l'estimation contenue aux polices d'assurances. Les héritiers ne pourront déclarer pour les biens meubles une valeur inférieure à 33 0/0 (un peu moins du tiers) du chiffre pour lequel ils sont assurés par police en cours au décès et datant de moins de 5 ans. Cette présomption pourra être combattue par la preuve contraire, de telle sorte que les héritiers seront admis à prouver que la police a été résiliée ou qu'un avenant l'a réduite (Rapport de M. Monestier au Sénat, annexe à la séance du 31 déc. 1900, J. off., Doc. parl., p. 978, col. 2).

Il est bien entendu que cette disposition ne sera appliquée qu'à défaut d'inventaire, de vente publique ou d'actes passés dans les deux années du décès et de nature à faire connaître la véritable valeur des biens.

Elle ne pourra, d'ailleurs, jamais être invoquée, s'il s'agit de récoltes, de bestiaux ou de marchandises.

Quant aux ventes amiables et sous seing privé, l'Administration pourra, comme par le passé, les invoquer pour établir l'insuffisance d'une déclaration antérieure (paroles de M. Cordelet, au Sénat, approuvées par le Ministre des finances, séance du 22 janv. 1901, J. off. du 23, Débats, p. 76, col. 3).

Mais il ne faut pas perdre de vue que la vente amiable ne constitue qu'une présomption simple, et que, presque toujours, cette présomption devra être corroborée par d'autres indices pour autoriser une réclamation (V. Sol. 20 juin 1882 et 30 janv. 1888 ; R. E. 1595).

L'insuffisance dans l'estimation des biens déclarés est punie d'un droit en sus, si elle résulte d'un acte antérieur à la déclaration. Si, au contraire, l'acte est postérieur à cette déclaration, il ne sera perçu qu'un droit simple sur la différence existant entre l'estimation des parties et l'évaluation contenue aux actes.

Les dispositions de l'art. 11 de la loi du 25 février 1901 ne sont applicables ni aux créances ni aux rentes, actions, obligations, effets publics et autres biens meubles dont la valeur et le mode d'évaluation sont déterminés par des lois spéciales (V. T. A., n° 59).

12. (63). **Entrée en vigueur des nouvelles règles.** — Les règles nouvelles exposées ci-dessus pour les polices d'assurances ne nous paraissent applicables qu'aux successions ouvertes depuis la date où la loi du 25 février 1901 est devenue exécutoire ; car elles modifient la base légale de l'impôt (Comp. Inst. 2517, p. 9, relative à l'exécution de l'art. 2, L. du 21 juin 1875, qui modifie le mode de capitalisation des immeubles ruraux).

Quant aux règles relatives à l'expertise des fonds de commerce dépendant de successions ouvertes sous la législation antérieure, elles pourraient, suivant la rigueur des principes, être appliquées immédiatement.

13. (63). **Bases légales d'évaluation. Mobilier.** — 1. INVENTAIRE. ÉVALUATIONS CONTESTÉES. RÉSERVES. — L'évaluation portée à l'inventaire doit servir de base pour la liquidation du droit de mutation par décès sur le mobilier héréditaire, si cette évaluation est supérieure au prix obtenu lors de la vente publique dudit mobilier et alors même que l'inventaire contiendrait des protestations contre les chiffres fixés par l'expert dans son estimation (Sol. 1er mai 1894).

2. INVENTAIRE RECTIFICATIF. — L'inventaire rectificatif dressé longtemps après le premier, avec le concours du même expert qui a procédé à l'estimation à l'aide de ses seuls souvenirs et après l'enlèvement des objets, ne peut être pris en considération par l'Administration qui a le droit de s'en tenir aux chiffres de l'estimation primitive (Sol. 25 août 1894).

3. INVENTAIRE ET VENTE. PRIX INFÉRIEUR POUR CERTAINS OBJETS ET SUPÉRIEUR POUR D'AUTRES A L'ESTIMATION. — Si les évaluations de l'inventaire sont dépassées, lors de la vente, pour certains objets, tandis que d'autres sont adjugés à un prix inférieur à leur estimation, le droit de succession doit se liquider d'après le prix de vente pour les premiers et d'après les chiffres de l'inventaire pour les seconds (Sol. 25 août 1894).

4. PRIX DE VENTE. FRAIS A DÉDUIRE. — Le prix brut de la vente doit être diminué, avant de servir de base légale au droit de succession, des frais faits pour parvenir à l'adjudication ; mais, si quelques-uns des objets héréditaires seulement sont imposés d'après leur prix de vente, la déduction à opérer ne doit consister qu'en une fraction proportionnelle des frais (même Sol. ; R. E. 1218).

14. (66). **Succession. Valeurs non cotées à la Bourse. Insuffisance d'évaluation. Preuve.** — Il est de règle que, pour les valeurs non cotées à la Bourse, la perception du droit de mutation par décès doit être assise sur la déclaration estimative des parties.

Mais cette déclaration tombe sous le contrôle de l'Admi-

nistration, et l'insuffisance peut en être établie par des présomptions tirées d'actes même étrangers aux parties, notamment par l'évaluation des mêmes valeurs dans d'autres successions et par les prix de cession portés aux états de transferts.

Le chiffre des dividendes distribués par la société dont il s'agit d'estimer les actions, la situation du bilan et des réserves peuvent également être pris en considération (1).

La Cour de cassation s'est prononcée dans ce sens par un arrêt du 7 juillet 1898 (2).

En prévoyant et punissant les omissions et insuffisances dans les déclarations, — porte en substance cet arrêt, — l'art. 39 de la loi du 22 frimaire an VII n'a rien précisé quant au genre des preuves à l'aide desquelles ces omissions ou ces insuffisances seraient constatées.

Si du silence de ce texte on ne doit pas conclure qu'il y a lieu d'admettre toutes les preuves du droit commun, notamment celles qui, comme l'enquête et la preuve testimoniale, sont contraires au texte et à l'esprit de la loi fiscale, il est juste d'en induire que la preuve peut résulter soit des actes des parties ou de leurs ayants cause, soit même des présomptions tirées des faits constants au procès et des actes qui parviennent par l'enregistrement à la connaissance de l'Administration ou que la loi soumet à ses investigations et qui la mettent ainsi à même d'exercer son droit de contrôle.

Spécialement, la preuve de l'évaluation insuffisante d'actions non cotées d'une société comprises dans une déclaration de succession, peut être établie au moyen de présomptions graves, précises et concordantes tirées tant des bilans de la société, déposés pour la perception de la taxe sur le revenu, que du chiffre des dividendes distribués durant les exercices antérieurs au décès et l'exercice en cours au jour du décès.

Jugé, par application du même principe, que la valeur imposable des obligations négociables des sociétés, pour la liquidation du droit de mutation par décès, est déterminée, non par leur capital nominal, mais par leur cours en Bourse ou en banque, et, à défaut, par la déclaration des parties, sauf contrôle de l'Administration (Seine, 11 août 1898 ; R. E. 1900; J. E. 23.610).

15. (78). **Capacité pour souscrire une soumission. Association religieuse. Présidente du conseil d'administration.** — La présidente du conseil d'administration d'une association religieuse engage valablement celle-ci, lorsque, ayant reçu du conseil d'administration qui avait qualité pour lui conférer tous pouvoirs qu'il jugerait convenables, le mandat de signer tout extrait des délibérations dudit conseil, elle souscrit une soumission par laquelle elle s'oblige à verser au Trésor les droits exigibles à raison d'une insuffisance d'évaluation commise dans une déclaration précédemment passée au nom de ladite association (Cass. req., 4 fév. 1896 ; Inst. 2910, § 4 ; D. 97.1.75 ; R. E. 1108).

15 bis. (93). **Soumission acceptée. Effets juridiques. Nouvelle soumission.** — Dès lors qu'une soumission tendant à reconnaître une insuffisance de prix (ou de revenu) dans la valeur soumise au droit de mutation est acceptée par l'Administration, elle lie celle-ci au même titre que les parties, et tient lieu de l'expertise dont elle produit les effets juridiques. Par suite, si la Régie conserve

(1) Lunéville, 1er août 1895 et 30 oct. 1897 ; R. E. 1249 ; J. E. 24.878 et 25.588 ; — Comp. Seine, 27 juill. 1893 ; R. E. 544 ; Sol. 16 déc. 1893 ; R. E. 765.
(2) R. E. 1815 ; Inst. 2967, 10 ; S. § 98.1.469 ; D. 99.1.120 ; P. 98.1.469 ; J. E. 25.445 ; R. P. 9343 ; J. N. 26.721.

le droit de constater, le cas échéant, une dissimulation de prix, en établissant que la somme véritablement payée est supérieure au prix annoncé, elle ne peut plus provoquer ni soumission nouvelle, ni expertise en vue d'augmenter encore la valeur soumise à l'impôt (Sol. 12 juill. 1895 ; *R. E. 1440*).

§ 2. — De l'expertise.

ART. 1ᵉʳ. — INSUFFISANCES DE REVENU.

16. (100 *bis*). **Mode d'évaluation.** — L'art. 17 de la loi du 22 frimaire an VII ne déterminant pas, d'une manière précise, les bases que les experts doivent suivre dans leurs évaluations, ils doivent choisir celles que leur suggèrent leurs lumières et leur conscience, sauf au juge à les apprécier.

Spécialement, lorsque des experts ont, conformément à la mission qu'ils avaient reçue, fixé, après visite des lieux, la valeur locative d'une usine et de terrains donnés, leur estimation ne saurait être attaquée sous le prétexte qu'ils ont pris pour base de leurs opérations le produit de l'exploitation de l'industrie exercée dans l'usine et qu'ils ont ainsi estimé, non un revenu foncier, mais un revenu commercial (1).

Dans le même sens, il a été jugé que l'expertise du revenu d'un immeuble transmis par décès ne peut être critiquée sous le prétexte que les experts auraient fondé leur appréciation sur la valeur vénale de cet immeuble, alors qu'ils n'ont cherché à se rendre compte de la valeur vénale que pour contrôler la valeur locative, et qu'ils ont fixé cette valeur locative par comparaison avec celle des immeubles voisins, qui a été la base réelle de leur estimation (Cass. req., 15 fév. 1899) (2).

17. (100 *ter*). **Insuffisance de revenu. Terrain à bâtir.** — Lorsqu'un immeuble comprend, au jour du décès, une maison en ruines entourée d'un grand parc, et que, peu de temps après le décès, la maison est démolie et le terrain mis en vente par lots, cet immeuble a le caractère de terrain à bâtir et doit être évalué comme tel (Seine, 29 mai 1897 ; *R. E.* 1420-2 ; *J. E.* 25.601).

18. (100 *quater*). **Usine. Revenu brut.** — C'est le revenu brut, déterminé sans aucune déduction des charges qui le grèvent, qui doit servir de base à la liquidation du droit de mutation par décès sur les immeubles. Il n'y a donc pas lieu, lorsqu'il s'agit d'une usine, de déduire du revenu une somme quelconque pour l'usure et la dépréciation du matériel (Angoulême, 9 mars 1896 ; *J. E.* 25.124).

ART. 2. — INSUFFISANCES DE PRIX.

19. (113). **Mutation secrète. Forêt. Vente simultanée du fonds et de la superficie. Insuffisance. Expertise.** — Lorsque la vente d'une forêt est effectuée au moyen de deux actes distincts passés le même jour, portant, l'un sur le fonds, l'autre sur la superficie, le tribunal appelé à apprécier si la vente a le caractère immobilier pour le tout, peut ordonner une expertise aux fins d'établir si la superficie vendue pour être exploitée l'a été en effet, et si la valeur qui lui a été attribuée dans l'acte n'a pas été exagérée au détriment de celle attribuée au fonds (Ste-Menehould, 16 févr. 1887 ; *R. E.* 988).

20. (121). **Insuffisance. Prescription. Vente d'immeubles. Charge non évaluée. Déclaration non exigée.** — Il a été jugé par le tribunal de Toulon, le 26 avril

---

(1) Cass. req., 8 mai 1893 ; *R. E.* 950 ; Inst. 2890, § 11 ; S. 95. 1.518 ; D. 96.1.59 ; P. 95.1.518 ; *J. E.* 24.626.
(2) *R. E.* 1968 ; Inst. 2997, § 4 ; S. 99.1.371 ; D. 99.1.542 ; *R. E.* 1968 ; *J. E.* 25.604.

1899, qu'il y a lieu de considérer comme une charge susceptible d'être ajoutée au prix exprimé dans un acte de vente, pour la perception du droit de mutation, l'obligation imposée à l'acquéreur de payer, à la décharge du vendeur, entre les mains de locataires ou concessionnaires dépossédés, le montant de la valeur des constructions que ces derniers avaient édifiées sur le fonds vendu ; mais que le droit exigible sur l'importance de cette charge et non perçu lors de l'enregistrement de l'acte de vente tombe sous l'application de la prescription annale édictée par l'art. 17 de la loi du 22 frimaire an VII (*R. E.* 2126).

Sur ce dernier point, la décision du tribunal de Toulon est certainement mal fondée.

Une charge de nature à être ajoutée au prix ayant été stipulée dans le contrat de vente, le receveur devait, conformément à la règle rappelée au *T. A.*, en exiger l'évaluation. Il était en faute de s'être écarté de cette règle, et son omission pouvait, comme toute erreur ou insuffisance de perception, être réparée dans les deux ans de l'enregistrement.

L'action en expertise n'est ouverte au profit de l'Administration que lorsqu'il s'agit de contrôler la sincérité d'un prix stipulé ou déclaré. Dans l'espèce, le prix que la charge représentait n'avait pas été déclaré. L'expertise était donc impossible, faute d'objet, et l'art. 17 de la loi de frimaire restait évidemment sans application.

La doctrine du jugement précité ne doit donc pas être suivie.

Mais, d'un autre côté, l'Administration reconnaît que, si la vente entachée d'insuffisance a été enregistrée depuis plus d'un an, l'expertise ne peut plus être demandée, alors même que les parties auraient fait, depuis moins d'un an, la déclaration estimative d'une charge non évaluée dans le contrat de vente (Sol. 25 mars 1899 ; *R. E.* 2264 ; *J. E.* 25.911).

21. (122). **Nue propriété.** — Il est constant que la nue propriété d'un immeuble peut faire l'objet d'une expertise à l'effet d'établir l'insuffisance du prix stipulé.

Ajouter aux décisions mentionnées au *T. A.* un jugement du tribunal de Rochechouart du 4 juillet 1896, duquel il résulte spécialement que les conclusions définitives de l'Administration devant le tribunal doivent seules être prises en considération et que le juge n'a pas à s'arrêter à l'objection des parties tirée de ce que l'évaluation du tiers expert est supérieure au chiffre fixé primitivement par l'Administration, lors d'une première réclamation amiable, comme représentant la valeur de l'immeuble (*R. E.* 1611 ; *J. E.* 25.019).

22. (125). **Mutation secrète. Déclaration estimative. Meubles et immeubles. Insuffisance. Contrainte.** — L'insuffisance d'une déclaration de valeurs mobilières et immobilières peut être établie à l'aide d'actes opposables aux parties et sans recourir à l'expertise, dès lors que l'Administration tend à prouver, non que telle valeur comprise dans la déclaration a été estimée à un chiffre insuffisant, mais que telle valeur mobilière ou même immobilière a été déclarée et ne l'a pas été (Lille, 23 nov. 1899 ; *R. E.* 2519).

23. (130). **Expertise. Vente globale d'immeubles. Evaluation d'une parcelle déterminée.** — Lorsqu'un acte constate la vente de tous les immeubles « sans exception » que les vendeurs possédaient dans des communes déterminées, consistant « notamment » en diverses parcelles détaillées audit acte, et qu'il est stipulé que ces parcelles « ainsi que tous autres immeubles que les vendeurs pourraient posséder à quelque titre que ce soit » dans les dites communes, sont vendus à l'acquéreur, il

il y a lieu de reconnaître que la vente comprend une parcelle de terre ne figurant pas parmi celles dont on donne le détail, mais dont l'un des vendeurs était propriétaire en vertu du titre énoncé dans l'origine de propriété, alors surtout que cette parcelle, qui figurait d'ailleurs à son nom à la matrice cadastrale, a été transférée, après l'acte de vente, au nom de l'acquéreur et que celui-ci, inscrit au rôle de la contribution foncière, a payé le montant de cette contribution. Par conséquent, si l'Administration requiert l'expertise de tous les immeubles faisant l'objet de la vente, les opérations des experts doivent porter sur la pièce de terre dont il s'agit, aussi bien que sur celles dont l'acte contient la désignation détaillée (Orthez, 3 nov. 1898 ; R. E. 1901).

§ 3. — Pénalités.

24. (153). **Insuffisance de prix. Vente d'immeubles. Soumission souscrite par le vendeur. Défaut de qualité.** — Le vendeur n'étant débiteur, ni du droit en sus, ni même du droit simple dû sur une insuffisance reconnue dans le prix d'une vente d'immeubles, n'a pas qualité pour souscrire une soumission en payement des droits exigibles sur l'insuffisance (Sol. 24 juill. 1895 ; R. E. 1074).

INTERDICTION. — V. Conseil judiciaire et greffe.

INTÉRÊTS. — (1). Une loi du 7 avril 1900 (Circ. compt. 26 oct. 1900 ; R. E. 2379 ; J. E. 25.879) a réduit à 4 0/0 le taux de l'intérêt légal en matière civile. Ce taux s'applique, notamment, aux créances de l'État telles que les portions payables à terme des prix de ventes d'immeubles domaniaux passibles jusqu'ici du taux de 5 0/0 en vertu des art. 5 de la loi des 3-17 novembre 1790 et 106 de la loi du 25 ventôse an XII (Sol. 3 mai 1900 ; R. E. 2379).

JUGEMENT.

SOMMAIRE ANALYTIQUE.

CHAP. I. — **Principes généraux,** 1-11.

SECT. I. — Classification des jugements. Dispositions transitoires, 1-3.
  — II. — Paiement des droits, 4-8.
  — III. — Dispositions indépendantes, 9-11.

CHAP. II. — **Taxe des frais de justice,** 12-37.

SECT. I. — Condamnation, 12-27.
  — II. — Liquidation, 28.
  — III. — Jugements translatifs, 29 et 30.
  — IV. — Homologations, 31-34.
  — V. — Appels, 35-37.

CHAP. III. — **Droits fixes. Droits minima,** 38-47.

SECT. I. — Généralités. Tribunaux de première instance, 38-40.
  — II. — Tarifs spéciaux. Exemptions, 41-47.

CHAP. IV. — **Droit de titre,** 48-52.

SOMMAIRE ALPHABÉTIQUE.

Action du Trésor, 5.
Adjudications, 29.
Appel, 35 et suiv.
  — décision confirmative, 36.
  — demande nouvelle, 37.
  — tarifs, 35.
Autorisation à fin de retrait, 15.
Bail. Résiliation, 11.
  — Rétrocession, 11.
Compensation 47.
Condamnation, 12 et suiv.
Condamnation aux dépens, 27.
  — au paiement des reprises, 19.
  — à remettre des titres, 20.
  — compensation, 47.
  — conditionnelle, 21.
  — éventuelle, 25.
  — intérêts, 36.
  — pour double cause, 26 bis.
  — préparatoire à un compte, 23.
  — récursoire, 26.
  — séparation de biens, 19.
  — validité de saisie-arrêt, 18.
Contrainte. Débouté d'opposition, 16.
Contributions. Jugements, 16.
Cours d'appel, 35.
Débouté, 40 et suiv.
  — appel, 44.
  — de demande, 41.
  — de demande reconventionnelle, 43.
  — d'opposition à commandement, 42.
Délibéré, 46.
Dépens, 27.
Dissimulation de la nature du contrat, 52.
Divorce, 22.
Donné acte, 48.
Droit de titre, 48 et suiv.
  — conditions d'exigibilité, 48.
  — compensation, 51.
  — indemnité, 50.
  — rejet de demande en résiliation, 49.
Droits fixes, pluralité, 9 bis.
  — tarifs, 38 et suiv.
Enregistrement (instance en matière d'), 16.
Exemptions, 46-47.
Faillite, 24.
Folle enchère, 26 ter.
Greffier. Responsabilité, 4.
Homologations, 31 et suiv.
  — avis de parents, 34.
  — liquidation de reprises, 32.
  — partage, lotissement, 30.
  — prix ayant supporté la taxe, 33.
Indemnité, 50.
Intérêts, 36.
Jugements translatifs, 29 et 30.
Legs. Condamnation, 14.
Liquidation, 28 et suiv.
  — absence de contestation, 28.
Marché, 49.
Minimum de perception, 38.
Ordonnance de référé, 22.
Partage. Exigibilité du droit, 31.
Paiement des droits, 4 et suiv.
  — action contre les parties, 5.
  — demandeur reconventionnel, 7.
  — indivisibilité, 8.
  — partie condamnée aux dépens, 6.
Pluralité des droits, 2.
Radiation de cause, 47.
Reprises. Liquidation, 32.
Résiliation de bail, 11,50 bis.
Restitution de titres, 20.
Réunion d'usufruit, 9.
Saisie-arrêt, 18.
Séparation de biens, 19.
Usufruit. Réunion, 9.

CHAP. Ier. — PRINCIPES GÉNÉRAUX.

SECT. Ire. — CLASSIFICATION DES JUGEMENTS. DISPOSITIONS TRANSITOIRES.

1. (10). **Jugement sur requête.** — Un jugement sur requête peut être, comme un jugement ordinaire, préparatoire ou définitif. Le tarif du droit minimum à lui appliquer ne peut donc être déterminé a priori, mais seulement après examen de ses dispositions intrinsèques (Sol. 19 déc. 1891 ; R. E. 1530).

2. (19). **Droits fixes.** — La loi du 26 janvier 1892 a supprimé en principe la pluralité des droits fixes. — V. n° 9 bis infrà.

3. (21). **Dispositions transitoires.** — Un décret du 15 août 1900 a supprimé l'obligation édictée par l'art. 24 de la loi du 26 janvier 1892 de rappeler sur les ventes et jugements la date et la nature de l'acte initial de la procédure. Cette mention ne doit plus être faite que lorsque l'acte initial sera antérieur au 1er juillet 1892 (R. E. 2472).

SECT. II. — PAIEMENT DES DROITS.

4. (29). **Payement des droits. Responsabilité des greffiers.** — Les greffiers qui, n'ayant pas reçu des parties la consignation des droits, n'ont pas remis au receveur un extrait du jugement dans les dix jours de l'expiration du délai d'enregistrement, sont responsables du payement des droits simples et en sus dus sur le jugement (R. E. 892).

5. (32 à 34). **Action directe du Trésor contre les parties.** — Les droits d'enregistrement d'un jugement sont à la charge de la partie qui profite de la décision. Or, une partie profite d'un jugement seulement lorsqu'elle obtient la déchéance d'une obligation dont le paiement était demandé contre elle. Spécialement, lorsqu'un jugement, statuant sur les conclusions respectives des parties, a reconnu fondées certaines conclusions du défendeur et écarté une partie des prétentions du demandeur, on peut dire que le demandeur profite de la décision ainsi rendue et est, par suite, tenu envers le Trésor au paiement des droits d'enregistrement auxquels cette décision donne ouverture (Cass. civ., 19 oct. 1896 ; D. 97.1.213 ; R. E. 1280 ; Inst. 2930, § 7).

Au surplus, le payement des droits peut être poursuivi non seulement contre ceux qui profitent du jugement, mais encore contre tous ceux qui ont mis la justice en mouvement (Seine, 5 avr. 1895 ; R. E. 939 ; J. E. 24.635 ; — Seine, 29 juin 1895 ; R. E. 1041).

6. (36). **Défendeur condamné aux dépens.** — Il en est ainsi, alors même que le défendeur aurait été condamné aux dépens, cette condamnation ne pouvant modifier l'action du Trésor, telle qu'elle est fixée par la loi (V. Jug. 5 avr. 1895, cité *supra*).

La partie condamnée aux dépens n'est pas fondée à exiger que celle qui lève l'expédition du jugement, afin de faire exécuter celui-ci, dont elle profite, lui fasse connaître le montant des droits d'enregistrement avant de les payer pour permettre à son adversaire, qui doit, en définitive, les supporter, d'en discuter le montant (Béthune, 9 mars 1899 ; R. E. 2060).

7. (40). **Demande reconventionnelle.** — Par application de ces principes, il a été décidé que les droits exigibles sur un jugement peuvent être réclamés à un demandeur reconventionnel, sans qu'il y ait lieu de rechercher dans quelle mesure il a triomphé ou succombé (Blidah, 15 mai 1895 ; J. E. 24.634).

8. (50). **Contribution au paiement.** — Les droits d'enregistrement sont indivisibles comme la formalité même. Dès lors, s'il s'agit d'un jugement non enregistré, l'intégralité des droits exigibles et dont la perception ne saurait être morcelée, peut être mise à la charge du défendeur quand celui-ci a profité du jugement (Senlis, 6 déc. 1893 et Cass. civ., 19 oct. 1896, précités).

Toutefois, s'il s'agit du recouvrement d'un supplément de droit dû sur un jugement enregistré, le recouvrement ne peut en être poursuivi que contre les parties bénéficiant des dispositions non ou insuffisamment tarifées et indivisément contre chacune d'elles, dans la mesure du profit qu'elle retire de ces dispositions. Spécialement, dans une adjudication sur licitation, on doit considérer que le jugement profite non seulement à l'adjudicataire, mais encore aux vendeurs et, par voie de conséquence, que ces derniers sont tenus, chacun pour sa part divise, d'acquitter les suppléments de droit exigibles (Sol. 20 oct. 1898 ; J. E. 25.645).

SECT. III. — DISPOSITIONS INDÉPENDANTES.

9. (61). **Réunion d'usufruit à la nue propriété.** — Le droit fixe de 4 fr. 50 pour réunion d'usufruit à la nue propriété est dû, le cas échéant, sur l'adjudication qui a lieu devant notaire commis. Mais ce droit n'est pas exigible si l'adjudication a lieu à la barre du tribunal (R. E. 2140).

9 bis. (62). **Droits fixes.** — L'art. 11 de la loi du 26 janvier 1892 qui prohibe la perception de plusieurs droits fixes s'applique aux jugements d'adjudication frappés de surenchère. Si donc un jugement de cette nature a été présenté à l'enregistrement, après qu'il a été formé une surenchère pour deux lots, un seul droit fixe de 4 fr. 50 est exigible (Sol. 26 juin 1894 ; R. P. 8488).

L'art. 11 précité s'oppose à ce qu'il soit perçu un droit particulier sur le *mandat*, donné dans le *partage homologué*, à l'effet de transférer des valeurs et d'acquitter le passif (Sol. 24 juill. 1895 ; R. E. 1270 ; R. P. 8658).

Il a été décidé, au contraire, que les jugements auxquels donnent lieu les *procédures* collectives d'envoi en possession provisoire ou définitive de l'État sont réputés contenir autant de jugements différents qu'il y a de successions distinctes comprises dans chaque procédure et sont passibles, par conséquent, d'un nombre de droits fixes égal au nombre de ces successions (Sol. 17 nov. 1898 ; R. E. 1902). Cette solution nous paraît contraire au texte formel de l'art. 11.

10. (66). **Jugement translatif.** — Le jugement qui condamne l'une des parties à payer à l'autre une certaine somme, pour prix de la mitoyenneté d'un mur, donne ouverture au droit de 5 fr. 50 0/0 sur cette somme, alors même que le juge condamnerait subsidiairement l'acquéreur à enlever des constructions appuyées par lui au mur voisin au cas où il ne paierait pas le prix de la mitoyenneté. Lorsque le titre de la transmission de mitoyenneté réside dans le jugement même, et non dans une convention antérieure que le juge se borne à reconnaître, le droit de condamnation ne peut se percevoir cumulativement avec le droit de mutation et sur les mêmes sommes (Seine, 4 juill. 1896 ; R. E. 1249 ; R. P. 9052 ; J. E. 25.115).

Un jugement qui donne acte à un vendeur de son offre de considérer une vente verbale comme nulle, en reconnaît implicitement l'existence et donne ouverture au droit de mutation (Sol. 13 juill. 1898 ; R. E. 9535). Toutefois, le droit de mutation ne peut être immédiatement perçu, que dans le cas où le prix est dores et déjà fixé. Spécialement, il n'est pas exigible sur le jugement préparatoire qui enjoint à l'une des parties en cause, d'acquérir un immeuble, dont le prix sera fixé par le tribunal après expertise. La perception du droit de mutation immobilière doit être réservée jusqu'au jugement définitif qui fixe le prix (Sol. 21 mai 1896 ; R. P. 8841).

11. (66). **Résiliation et rétrocession de bail.** — La résiliation d'un bail d'immeubles ne donne lieu qu'à la perception d'un droit fixe déterminé par la juridiction, lorsque le droit proportionnel est supérieur à ce droit fixe ; mais la disposition d'un jugement portant rétrocession de bail doit être assujettie au droit principal de 0 fr. 20 0/0, sur le montant des loyers restant à courir, sans qu'il y ait lieu de faire application du droit fixe maximum (Seine, 10 avr. 1897 ; R. E. 1394 ; J. E. 25.212).

CHAP. II. — TAXE DES FRAIS DE JUSTICE.

SECT. Irᵉ. — CONDAMNATION.

12. (92). **Jugement prononçant la déchéance du terme.** — Le jugement qui se borne à prononcer contre le débiteur la déchéance du bénéfice du terme ne donne pas ouverture au droit de condamnation, dès lors que la créance est constatée par un acte ayant force exécutoire et que le juge lève, en vertu de l'art. 1188 du Code civil, l'obstacle que les débiteurs, par leur opposition à un commandement, avaient apporté à l'exécution de ce titre authentique (Lyon, 17 nov. 1896 ; R. E. 1532 ; J. E. 25.306 ; — *Contrà*, Mantes, 17 nov. 1899 ; R. E. 2265 ; R. P. 9778).

À plus forte raison, doit-il en être de même lorsque le débiteur est déchu du bénéfice du terme, conformément à une clause expresse de l'acte, à raison des dégradations commises sur le fonds hypothéqué à la garantie de la dette (Sol. 4 sept. 1895 ; J. E. 24.792).

Dans le même sens, il a été reconnu que lorsqu'un jugement, qui déclare résilier un bail et une cession de bail authentiques, constate que le bailleur est, en vertu de son titre, créancier d'une somme déterminée pour les termes échus et le terme courant, ni le droit de liquidation ni le droit de condamnation ne sont exigibles sur la somme que le tribunal déclare due en vertu de titres exécutoires, ni même sur la partie de cette somme au sujet de laquelle il prononce la déchéance du bénéfice du terme (Sol. 1er juin 1900 ; R. E. 2516). La même solution admet qu'il n'est dû qu'un seul droit fixe pour la résiliation.

13. (98). **Condamnation implicite.** — Pour que le droit proportionnel soit exigible, il faut que le jugement porte une condamnation expresse. Spécialement, lorsqu'un jugement condamne un débi-rentier à payer au crédi-rentier les arrérages échus d'une rente viagère, dont le titre même était contesté, le droit proportionnel ne peut être exigé que sur le montant de ces arrérages et non sur le capital de la rente viagère (Sol. 20 mars 1899 ; J. E. 25.137).

14. (104). **Jugement portant délivrance de legs.** — Le jugement ordonnant une délivrance de legs est passible du droit de 0 fr. 20 0/0 lorsqu'il constitue l'acte qui établit pour la première fois la reconnaissance par la légataire universelle des droits des légataires particuliers que leur a attribués le testateur ; mais il y a lieu de percevoir le droit proportionnel de condamnation sur les sommes que l'héritier est tenu de payer au légataire, en vertu du jugement, et qui ne font pas l'objet d'une délivrance proprement dite (Sol. 3 sept. 1891 ; R. E. 1048).

Même, lorsque le legs est contesté et que l'héritier est expressément condamné à en payer le montant, c'est la délivrance de legs qui constitue l'élément principal et dominant de la décision judiciaire et qui la caractérise au point de vue de la perception. Le droit de 0 fr. 20 0/0 est donc seul exigible à l'exclusion du droit de condamnation de 2 0/0 (Sol. 12 mai 1898 ; R. E. 1904 ; — 19 avr. 1899 ; Rev. prat., 4614).

15. (106). **Autorisation à fin de retrait ou de consignation.** — Le droit proportionnel n'est pas dû sur le jugement qui autorise la Caisse des consignations à verser le montant d'un cautionnement entre les mains du bailleur de fonds et sur sa seule quittance (Sol. 6 oct. 1894 ; R. E. 1043 ; J. E. 24.886).

16. (116). **Jugements en matière d'enregistrement.** — Les jugements des tribunaux, en matière de contributions publiques ou locales sont assujettis aux mêmes droits d'enregistrement que ceux rendus entre particuliers (art. 39, L. 28 avr. 1816) ; mais la Cour de cassation a décidé que les jugements entre particuliers, qui se bornent à débouter un débiteur de son opposition à commandement n'opèrent que le droit fixe (Req., 26 fév. 1878 ; S. 78.1.473 ; — Civ., 26 mars 1889 ; T. A., Vo Jugement, no 113). A notre avis, le droit fixe doit être perçu, par application du droit commun, au cas où un redevable demandeur en opposition se voit débouté de cette demande, sauf à appliquer en ce sens le tarif majoré (20 fr.) spécial aux jugements de débouté (Lille, 30 juin 1898 ; R. E. 1825).

Une solution du 14 janvier 1901 (R. E. 2773) a décidé, en sens contraire, que lorsqu'un jugement condamne un redevable au paiement envers l'État de droits simples pour taxe sur le revenu et d'amendes de retard, le droit de 2 0/0 est exigible sur l'ensemble de ces condamnations.

Nous ne saurions approuver cette solution. Ainsi qu'on l'a enseigné au T. A. (Vo Jugement, 116), le redevable qui fait opposition à une contrainte est demandeur. Telle est la doctrine de l'Administration admise par la jurispru-

dence. Or, lorsque ce demandeur est condamné, c'est par voie de débouté, le tribunal annule l'opposition à la contrainte ; il n'ajoute rien, à proprement parler, au titre exécutoire que la Régie possédait déjà et se borne à supprimer l'obstacle qui en paralysait l'exercice (conf. Lille, 30 juin 1898 ; R. E. 1825). Les effets du jugement sont absolument identiques même au cas où le juge ne croit pas devoir se borner à débouter le demandeur de son opposition et prononce une condamnation expresse au payement des droits et amendes qui font l'objet de la contrainte. Cette condamnation surabondante ne peut, à notre avis, justifier la perception du droit proportionnel, la contrainte restant, même dans cette hypothèse, le titre exécutoire de la créance du Trésor.

C'est seulement au cas où la Régie, après avoir décerné contrainte, assigne directement le redevable, à défaut d'opposition de celui-ci, que le jugement qui intervient est passible du droit proportionnel sur la condamnation prononcée (Cholet, 24 févr. 1898 ; R. E. 1712 ; J. E. 25.502).

17. (117 bis). **Ordre de consigner une somme.** — Le jugement par lequel, sur la demande d'un ou de plusieurs créanciers inscrits, un tribunal de première instance ordonne au tiers détenteur de verser à la Caisse des dépôts et consignations le montant des offres faites dans les notifications à fin de purge, ne contient pas condamnation de sommes dans le sens des art. 4 et 69, § 2, no 9 de la loi du 22 frimaire an VII, et ne donne pas ouverture au droit de 2 0/0 (L. 26 janv. 1892, art. 16, § 6, no 1). La raison en est que l'ordre de justice a trait à une simple mesure conservatoire, c'est-à-dire une obligation de faire qui échappe à la perception du droit proportionnel (Périgueux, 30 juin 1900 ; R. E. 2490).

18. (120). **Validité de saisie-arrêt.** — Nous avons vu au T. A. que si la saisie-arrêt est fondée sur un titre authentique, le jugement de validité n'est passible que du droit fixe. Il en est autrement lorsque la saisie a été pratiquée en vertu d'un titre non exécutoire. Ainsi l'arrêt d'une Cour d'appel qui valide une saisie-arrêt pratiquée pour sûreté d'une somme due en vertu d'un contrat de dépôt (entre les mains d'un officier public) et de mandat non enregistré donne ouverture au droit de condamnation (de 2 0/0 et 0 fr. 50 0/0) et au droit de titre, encore bien que le tiers saisi n'ait pas été mis en cause. Mais en l'espèce ce dernier droit est le droit fixe dont sont passibles les actes de mandat et de dépôt entre les mains d'un officier public (Sol. 12 juin 1899 ; R. E. 2330 ; Rev. prat. 4654).

19. (122). **Séparation de biens.** — L'art. 2, § 6 de l'art. 68 de la loi du 22 frimaire an VII dispose que les jugements de séparation de biens ne seront soumis qu'au droit fixe de 15 fr. (porté depuis à 22 fr. 50) (L. 28 fév. 1872, art. 4), mais, ce n'est, au termes de la même disposition, que dans le cas où lesdits jugements ne portent point condamnation de sommes et valeurs.

Un jugement de séparation contenant condamnation contre la mari à la restitution de tout ce qu'il a reçu de sa femme ne peut être rangé dans la classe des actes contenant l'exécution, le complément et la consommation d'un acte antérieur, ni être, comme tel, dispensé du droit proportionnel.

L'art. 17-7o de la loi du 26 janvier 1892 qui assujettit au droit minimum de 22 fr. 50 les jugements de séparation de biens, sans ajouter, comme l'art. 68 précité, « lorsqu'ils ne portent point condamnation de sommes et valeurs », doit être complété par les art. 15 et 16, § 6, de la même loi qui, d'une façon générale, soumettent les jugements et arrêts au droit proportionnel de 2 0/0 à percevoir sur le montant des condamnations (Sol. 16 nov. 1895 ;

R. E. 1404 ; — Montmorillon, 14 juin 1899, et Cass. req., 22 avr. 1901 ; R. E. 2675 ; J. E. 23.572).

Il en est ainsi, alors même que les valeurs à restituer consistent en une rente sur l'Etat (Sol. 31 janv. 1896 ; R. E. 1119).

20. Condamnation à remettre des titres. — Lorsque la personne pourvue d'un conseil judiciaire, qui a remis sans l'assistance de celui-ci des titres en nantissement d'un emprunt, réclame la restitution de ces valeurs, le jugement qui condamne le créancier gagiste à les restituer est passible de la taxe des frais de justice sur le montant de ces titres. Il importe peu que les valeurs dont la remise est ordonnée fussent, dès avant le jugement, la propriété du demandeur, ni que les motifs de cette décision visent la nullité du nantissement résultant du défaut d'autorisation du conseil judiciaire, dès lors que le dispositif ne se prononce pas sur cette nullité et ne statue que sur la restitution (Seine, 12 janv. 1900 ; R. E. 2413).

21. (140). Condamnation conditionnelle. — La condamnation qui est affectée d'une condition suspensive ne donne pas immédiatement ouverture au droit proportionnel. Mais ce droit devient exigible dès qu'il est établi que la condition s'est réalisée (Montmédy, 2 mars 1898 ; R. E. 2158).

22. (146-1). Ordonnances de référé. — L'art. 69, § 2, n° 9 de la loi du 22 frimaire an VII qui assujettit au droit proportionnel les jugements portant condamnation, collocation ou liquidation de sommes et de valeurs, et la loi du 26 janvier 1892 qui modifie les tarifs, relativement aux mêmes jugements ne sont pas, en principe, applicables aux ordonnances de référé qui restent soumises au droit fixe (Bagnères-de-Bigorre, 21 fév. 1896 et Sol. 3 déc. 1896 ; R. E. 1424 ; J. E. 23.089). Spécialement, l'ordonnance rendue par le président d'un tribunal civil pour fixer la pension à servir par un époux à l'autre pendant une instance en divorce échappe à la perception du droit proportionnel de condamnation (Seine, 6 nov. 1897 ; R. E. 1612 ; J. E. 25.329).

Dans le même ordre d'idées, l'Administration a reconnu que les ordonnances de référé rendues en Algérie par les juges de paix à compétence étendue, n'opèrent en toute hypothèse que le droit fixe prévu par l'art. 68, § 1er, n° 46 de la loi du 22 frimaire an VII, et porté à 1 fr. 50 (0 fr. 75 en Algérie) par l'art. 4 de la loi du 28 février 1872 (Sol. 27 nov. 1897 ; R. E. 1612 ; J. E. 25.405). Cette décision rapporte deux solutions antérieures des 6 janvier 1893 et 9 janvier 1895 qui avaient assimilé ces ordonnances à des jugements de justice de paix, pour le tarif des droits fixes.

23. (147). Jugement ordonnant un rapport. — Ainsi que nous l'avons vu au T. A., l'exigibilité de la taxe dépend du point de savoir si la décision du tribunal produit ou non des effets définitifs. A ce point de vue, l'opération frappée par la loi fiscale du droit proportionnel comporte non seulement la fixation exacte du chiffre ou de la valeur jusque-là indéterminés d'une masse indivise, mais encore la détermination du droit de chacune des parties en cause sur cette masse et l'attribution à chacune d'une part proportionnée à ses droits. Spécialement, le droit de liquidation n'est pas dû sur un jugement qui détermine les rapports litigieux à effectuer, alors que la fixation de ces rapports n'est pas suivie d'une attribution définitive et n'est que préparatoire au partage de la succession (Châteauroux, 46 nov. 1897 ; R. E. 1713 ; — Contrà, Saumur, 17 mars 1898 ; J. E. 25.500).

24. (151). Jugements en matière de faillite. — Le bénéfice du droit fixe accordé par l'art. 13 de la loi du 24 mai 1834 aux procès-verbaux d'affirmation et de vérification de créance ne peut être étendu aux jugements qui reconnaissent au profit d'une partie contre le failli, un droit de créance ne résultant pas d'un titre antérieur et dont la reconnaissance judiciaire était indispensable pour lui conférer le titre primordial. Ainsi décidé, dans une espèce où un failli a été déclaré responsable des mauvais placements effectués pour le compte d'un tiers. Le droit de dommages-intérêts (2 0/0 ancien tarif) a été reconnu exigible sur le montant de la condamnation prononcée pour ce motif (Villeneuve, 21 nov. 1896 ; J. E. 25.304 ; R. P. 9095).

25. (152). Condamnation éventuelle. — Un jugement qui prononce une condamnation principale sujette au droit fixe seulement et une condamnation éventuelle susceptible de donner ouverture au droit proportionnel, n'est passible que du droit fixe tant que la condition à laquelle est subordonnée la condamnation éventuelle n'est pas réalisée. L'Administration est fondée à réclamer le droit proportionnel, lors de la réalisation de la condition (Montmédy, 2 mars 1898 ; R. P. 9353).

26. (156 bis). Des condamnations récursoires. — On entend par condamnation récursoire, la condamnation qui est prononcée sur un recours en garantie formé par le défendeur à une demande principale. Lorsque la condamnation principale et la condamnation récursoire sont contenues dans un même jugement, la question de savoir si cette dernière condamnation donne lieu à un droit distinct, consiste à déterminer si les deux condamnations procèdent de la même cause, du même contrat, ou de deux causes, de deux contrats distincts. Dans le premier cas, un seul droit de condamnation est exigible, dans le second, au contraire, la pluralité est applicable (Voir l'étude publiée R. E. 1277 ; — Addo, Sol. 24 août 1893 ; R. E. 1279 ; Sol. 14 août 1896, R. E. 1278 ; — Rappr. T. A., 188 à 190).

Spécialement, lorsqu'un jugement condamne un représentant de commerce à payer à la maison qu'il représente la valeur d'une caisse d'échantillons perdue par lui, et le recours en garantie du défendeur, condamne la compagnie de chemins de fer, responsable de la perte du colis, à indemniser le représentant de la condamnation principale prononcée contre lui, il y a là deux dispositions distinctes dérivant de deux causes différentes et donnant chacune ouverture à un droit particulier de condamnation au taux de 3 0/0 (dommages-intérêts).

Le jugement rendu en sens contraire par le tribunal de Lille, le 31 décembre 1897, ne nous paraît pas fondé (V. R. E. 1084 et la note ; J. E. 25.436 ; R. P. 9306).

Au surplus, les condamnations successives au paiement de la même somme, prononcée contre deux débiteurs distincts, même solidairement, doivent être assujetties chacune distinctement au droit proportionnel que leur nature comporte, dès lors qu'elles ne rentrent pas dans l'une des hypothèses prévues par la loi (jugements rendus sur appel ou sur opposition à des jugements par défaut). Il en est surtout ainsi lorsqu'elles ne dérivent pas du même titre et qu'elles émanent de juridictions différentes (Sol. 8 sept. 1894 ; J. E. 24.587).

Le tribunal de Vassy a cependant refusé d'admettre la réclamation du droit proportionnel qui se borne à prononcer contre le coauteur d'un délit civil, à titre de débiteur solidaire, une condamnation à des dommages-intérêts déjà prononcée par un précédent jugement qui a subi la taxe proportionnelle de 3 0/0. Cette décision ne nous paraît pas fondée. Le droit de condamnation est un droit d'acte exigible sur chaque injonction du juge, et, en dehors des exceptions limitativement prévues par la loi, chacune des condamnations prononcées doit donner ouverture à une taxe particulière (Jug. 6 août 1900 ; *R. E.* 2489).

26 bis. (157). Condamnation pour dette antérieure et pour indemnité. — Lorsque la condamnation a un double caractère, par exemple est prononcée pour « terme en cours et indemnité de relocation » il convient de ventiler la somme unique dont la condamnation est prononcée et d'appliquer à chaque élément distinct le tarif qui lui est propre (Sol. 24 août 1900 ; *Rev. prat.*, 4873).

26 ter. (157). Dommages-intérêts. Liquidation. — Le tarif majoré de la taxe des frais de justice spécial aux dommages-intérêts est applicable non seulement aux décisions judiciaires qui contiennent une condamnation expresse, mais encore à celles qui portent seulement reconnaissance ou liquidation de dommages-intérêts (Amiens, 17 mai 1901 ; *R. E.* 2774).

26 quater. (157). Folle enchère. Déficit de prix. — La condamnation du fol-enchérisseur à payer la différence entre le prix de son adjudication et celui de la revente a pour objet un prix de vente et non des dommages-intérêts. Elle est passible, en conséquence, du tarif ordinaire de 2 0/0 si elle est prononcée par le tribunal de première instance (Sol. 24 août 1900 ; *Rev. prat.*, 4874).

27. (162). Exclusion des dépens. — La loi de 1892 ne comprend pas les dépens parmi les sommes passibles de la taxe. Ainsi, lorsque le jugement qui homologue un partage dressé par un notaire commis par justice fixe les honoraires dus à cet officier public, cette disposition particulière ne donne pas ouverture au droit de liquidation ou de condamnation sur le montant des honoraires, ceux-ci devant être assimilés aux dépens exempts du droit proportionnel (Sol. 24 juill. 1895 ; *R. E.* 1270 ; *J. E.* 24.790).
Mais l'immunité du droit de condamnation ou liquidation dont jouissent les dépens ne s'étend pas à l'indemnité que le tribunal de commerce a la faculté d'allouer aux syndics de faillite pour la rémunération de leur mandat (C. com., 462). Cette indemnité rentre dans la catégorie des frais d'administration de la faillite, mais ils ne sauraient être rangés à aucun titre dans la classe des dépens visés par l'art. 130, C. proc. En conséquence, la disposition d'un jugement portant liquidation des honoraires dus au syndic d'une faillite donne donc ouverture à la taxe proportionnelle des frais de justice (Sol. 29 juill. 1896 ; *R. E.* 1529 ; *J. E.* 25.305).

SECT. II. — LIQUIDATION.

28. (207). Éléments constitutifs de la liquidation. — La liquidation assujettie au droit proportionnel par les art. 69, § 2, n° 9 de la loi du 22 frimaire an VII et art. 15 et 16 de celle du 26 janvier 1892 est définie par un arrêt de la Cour de cassation du 25 mai 1875 (Inst. 2519, § 5), qui porte : « Attendu que la perception de ce droit se fonde sur ce que la décision judiciaire qui est intervenue constitue désormais le titre commun des parties ; qu'elle est subordonnée à la seule condition que la liquidation s'applique à des sommes et valeurs mobilières jusque-là indéterminées et incertaines dans leur quotité. »
Ainsi, décidé qu'il n'y a pas liquidation au sens de la loi fiscale, lorsque le juge se borne à fixer au préalable l'un des éléments de la liquidation, sans compléter celle-ci par la fixation des droits respectifs des parties, remise à une date ultérieure (Châteauroux, 16 nov. 1897, cité *suprà* ; Lille, 6 mai 1897 ; *R. P.* 9127).
Décidé également que le droit de liquidation n'est pas exigible sur les sommes entrant dans l'établissement d'un compte, et pour lesquelles les parties étaient d'accord. En l'état, ces sommes ne servent que de motifs et d'éléments à la discussion et ne forment pas l'objet du litige ; par suite, elles échappent à la perception du droit (Châteauroux, 12 juill. 1897 ; *R. E.* 1531 ; *R. P.* 9128 ; — Seine, 25 juin 1898 ; *R. P.* 9435).
Lorsque le litige ne porte que sur le solde d'un compte, il importe peu que les experts commis par le tribunal aient dû procéder à la réfection complète de la comptabilité, il ne s'agit là que d'une opération préliminaire dont le résultat seul peut constituer une liquidation passible de l'impôt (1).
Dans une espèce où, sur une demande en paiement de primes d'assurances contre les accidents, le tribunal avait confié à un expert le soin de rechercher quel était le montant des salaires payés à la victime de l'accident, il a été reconnu qu'aucun droit de liquidation n'était dû, en raison de la fixation de ces salaires, qui ne faisait pas l'objet direct du débat (Sol. 22 fév. 1900 ; *J. E.* 26.009).

SECT. III. — JUGEMENTS TRANSLATIFS.

29. (242). Adjudications judiciaires. — Voir *T. A.*, V° *Adjudications d'immeubles*, notamment pour la taxe des frais de justice.

30. (243). Jugements translatifs. Prête-nom. — Lorsqu'un jugement constate que c'est en vertu d'une simulation faite en fraude des droits des tiers qu'un époux a été porté dans un contrat de vente d'immeubles comme acquéreur alors que l'acquéreur véritable était son conjoint, ce jugement a les effets primordiaux d'une transmission d'immeubles en propriété à titre onéreux et donne ouverture au droit de vente (Seine, 26 déc. 1896 ; *R. E.* 1209 ; V. au surplus les décisions citées *suprà*, n° 10).

SECT. IV. — HOMOLOGATIONS.

31. (258). Homologations passibles de la taxe. — La taxe des frais de justice de 1 fr. 25 0/0 est due sur le jugement homologuant un rapport d'experts qui contient un lotissement des biens à partager, alors même que le tirage au sort des lots n'aurait eu lieu qu'après la sentence d'homologation, dès lors que ladite sentence approuve par avance, en tant que de besoin, cette opération (Montluçon, 24 avr. 1896 ; *R. E.* 1302 ; *J. E.* 25.064).
Le droit de partage de 0 fr. 15 0/0 est dû, de plus, sur le procès-verbal de tirage au sort et de délivrance des lots dressé par un notaire en exécution du jugement homologatif (Abbeville, 9 mars 1897 ; *R. E.* 1421 ; *R. P.* 8979 ; *J. E.* 25.192).
Le tribunal de Lorient a pareillement jugé, le 11 juin 1901 (R. E. 2775), que la taxe de 0,25 0/0 n'est pas due sur le jugement qui homologue un rapport d'expert contenant estimation et lotissement d'immeubles indivis entre plusieurs cohéritiers.
Cette décision ne nous paraît devoir être suivie que dans le cas, visé par l'art. 971 du Code de procédure, où les droits des parties sur les biens à partager n'ont pas déjà été liquidés, mais non dans l'hypothèse contraire prévue par l'art. 975 du même Code (2).

(1) V. observ. de M. le conseiller Tardif, *D. E.* V° *Jugement*, n° 741 ; — Oran, 17 fév. 1896 ; *R. P.* 9084 ; — Besançon, 16 juin 1896 ; *R. P.* 8986.
(2) Le lotissement dûment homologué constitue le partage et le tirage au sort n'en est que le complément. Cette appréciation est conforme aux art. 975 et 982, C. proc. Aux termes de

15

Donne également ouverture à la taxe d'homologation à 0 fr. 25 0/0 la sentence arbitrale contenant la formation d'une masse héréditaire, la composition des lots et la décision qui rend les opérations du partage définitives (Sol. 8 juill. 1895 ; *R. P.* 8690 ; *J. E.* 24.838).

Mais ne tombe pas sous l'application de la taxe le jugement portant homologation d'un partage amiable intervenu sans ordre de justice entre des ayants-droit maîtres de leurs droits, lorsque cette homologation a été prononcée à raison des contestations élevées par des créanciers et dans

ces articles, lorsque les lots ont été fixés, soit par le notaire, soit par l'expert commis et que les contestations sur leur formation, s'il y en a eu, auront été jugées, l'homologation du *procès-verbal du partage* sera poursuivie devant le tribunal ; celui-ci homologuera le partage (art. 981) ; le jugement d'homologation ordonnera le tirage au sort des lots, soit devant le juge-commissaire, soit devant le notaire, lequel en fera la délivrance aussitôt après le tirage (art. 982,).

Donc le Code de procédure lui-même appelle partage l'acte de lotissement qui arrête la composition des lots et il considère le tirage au sort comme une opération postérieure à ce partage.

« L'homologation, enseigne M. Garsonnet, consiste à approuver la liquidation proposée par le notaire (ou l'expert dans le cas prévu par l'art. 975, C. proc.), à donner à son projet un caractère définitif et à *lui imprimer toute l'autorité d'une décision judiciaire.*

« Le tribunal statue comme en matière sommaire ;... s'il homologue le partage, il ordonne que le tirage au sort des lots aura lieu de la manière déterminée au paragraphe suivant.

« Il (le jugement) devient définitif, et acquiert l'autorité de la chose jugée lorsqu'il a été rendu sur des bases acceptées d'un commun accord par toutes les parties intéressées.

« Le *jugement d'homologation s'exécute* par le tirage des lots au sort et par la délivrance de ces lots ainsi que des titres qui y sont relatifs » (*Procédure*, VII, §§ 1393 et 1394, p. 632 et 634).

Ainsi que l'a justement observer le tribunal de Montluçon, le jugement d'homologation, en fixant, d'après le rapport de l'expert, les conditions dans lesquelles serait effectué le tirage au sort des lots, a par avance donné son approbation à cette dernière opération (jugement du 24 avril 1896 ; *R. E.* 1302 ; — Conf. Abbeville, 9 mars 1897 ; *R. E.* 1421).

Faisons observer, toutefois, que les décisions précitées ont été rendues dans des espèces où le procès-verbal d'experts avait été dressé conformément à l'art. 975 C. proc., pour le cas où les droits des parties sur les biens à partager sont déjà liquidés. L'art. 973 dispose qu'en ce cas les experts non seulement procèderont à l'estimation, mais encore composeront les lots.

Dans les autres cas, visés par l'art. 971 C. proc., le rapport d'experts, même entériné par le juge, n'équivaut pas à partage et ne constitue effectivement qu'une opération préliminaire. Dans ces cas, en effet, « les rapports d'experts présentent sommairement les bases de l'estimation *sans entrer dans le détail descriptif* des biens à partager ou à liciter » (art. 971).

L'entérinement de ce rapport ne constitue donc pas la dernière intervention du juge dans les opérations qu'il a mission de diriger et de mener à bien.

Enfin, même dans l'hypothèse où le procès-verbal de lotissement homologué constitue le partage judiciaire et marque la dernière intervention du juge dans les opérations tendant à mettre fin à l'indivision, c'est uniquement la taxe des frais de justice qui peut être réclamée sur cet acte. Quant aux droits de partage de 0 fr. 15 0/0, de soulte, etc., auxquels le contrat donne ouverture, c'est seulement sur le procès-verbal de tirage au sort qu'ils deviennent exigibles parce que ce n'est qu'au moment de l'attribution des lots que s'effectuent les transmissions tarifées aux droits de 0 fr. 15 0/0, 4 0/0, etc.

Il n'y a pas contradiction entre les deux règles de perception parce que le fait imposable n'est pas le même dans les deux cas. La cause de l'exigibilité de la taxe des frais de justice est l'intervention de l'autorité judiciaire ; celle de l'exigibilité des droits d'enregistrement sur les contrats, c'est la mutation ou l'obligation que ceux-ci constatent.

le seul but de mettre le partage à l'abri de toute attaque ultérieure vis-à-vis de ces derniers (Sol. 27 nov. 1894 ; *R. P.* 8674).

De même, lorsqu'un jugement d'homologation a trait à des biens ayant fait l'objet d'un partage testamentaire et à d'autres biens, la taxe de 0 fr. 25 0/0 n'est exigible que sur ces derniers biens, le partage testamentaire n'étant pas sujet à homologation, alors même qu'il intéresse des mineurs (Sol. 17 janv. 1899 ; *R. E.* 1955 ; *J. E.* 23.860).

32. (204). **Liquidation de reprises.** — Le jugement homologuant purement et simplement un acte de liquidation de reprises matrimoniales est passible de la taxe des frais de justice de 0 fr. 25 0/0, mais seulement sur les reprises en argent, à l'exclusion des reprises en nature (Louviers, 31 juill. 1896 ; *R.E.* 1441 ; *J.E.* 25.191. — V. également Sol. 19 nov. 1896 ; *J. E.* 25.191 ; *R. P.* 8980).

Lorsqu'à défaut d'actif à partager, l'état liquidatif homologué se borne à fixer le montant des reprises de la femme renonçante, la taxe est due sur ces reprises (Loches, 22 mai 1896 ; *R. P.* 8937 ; *J. E.* 24.990).

33. (267). **Déduction des prix ayant déjà donné lieu à la taxe.** — Aux termes de l'art. 15 *in fine* de la loi du 26 janvier 1892, lorsque les états liquidatifs ou partages comprennent des prix de meubles ou d'immeubles ayant déjà supporté le droit proportionnel sur une adjudication antérieure, ces prix doivent être déduits de l'actif net qui sert de base à la taxe des frais de justice de 0 fr. 25 0/0 exigible sur le jugement d'homologation du partage. Cette règle est applicable même au cas où l'adjudication antérieure, dont le prix figure au partage, a été tranchée au profit d'une compagnie de chemin de fer qui a fait, postérieurement à l'enregistrement de la liquidation, déclarer d'utilité publique les travaux en vue desquels son acquisition a été faite et a obtenu la restitution des droits, y compris la taxe des frais de justice, perçus sur l'adjudication. En conséquence, les droits perçus sur l'adjudication prononcée au profit de l'expropriant doivent être restitués intégralement et cette restitution ne rend pas rétroactivement exigible la taxe de 0 fr. 25 0/0 sur le prix d'adjudication compris dans le partage antérieurement enregistré (Sol. 7 mars 1900 ; *R. E.* 2523).

34. (273). **Homologation d'avis de parents.** — Le jugement qui homologue la délibération d'un conseil de famille approuvant le projet de partage intéressant un interdit rend exigible la taxe des frais de justice de 0 fr. 25 0/0 sur l'actif net partagé (Seine, 16 déc. 1899 ; *R. E.* 2293).

SECT. V. — APPELS.

35. (276). **Tarifs.** — L'arrêt confirmatif d'un jugement de collocation passible du droit de 1 0/0 doit être assujetti à la taxe spéciale de 0 fr. 50 0/0 si le jugement est lui-même passible du droit de 1 0/0 établi sur les collocations judiciaires. Il en est autrement, s'il s'agit d'une décision sur appel d'un simple jugement de contredit qui se borne à modifier l'ordre des distributions ; les jugements de l'espèce étant passibles d'un simple droit fixe, le jugement confirmatif échappe également à la perception de la taxe à 0 fr. 50 0/0 (*R. E.* 2420-III).

36. (278-2). **Décision confirmative. Infirmation partielle.** — Lorsqu'un jugement en premier ressort a été exécuté par provision et que l'arrêt qui intervient, sur appel, infirme partiellement ce jugement et ordonne le remboursement de la somme payée en trop en exécution des condamnations prononcées par les premiers juges, le droit de 0 fr. 50 0/0 est seul dû sur le chiffre de la condamnation maintenue, à l'exclusion de tout droit proportionnel sur les sommes dont la Cour ordonne le reversement (Sol. 30 nov. 1898 ; R. E. 2183 ; J. E. 25.576). Lorsqu'un arrêt confirme purement et simplement la décision rendue en première instance, il n'est dû aucun droit proportionnel ni à 2 0/0, ni à 0 fr. 50 0/0 sur les intérêts courus sur le principal de la condamnation dans l'intervalle qui s'est écoulé du jugement à l'arrêt. Le droit de 2 0/0 est dû, au contraire, si la Cour condamne expressément la partie qui a déjà succombé en première instance au paiement des intérêts courus du jour du jugement à celui de l'arrêt (R. E. 1903).

En vue d'assurer la vérification des perceptions établies sur les décisions d'appel qui confirment purement et simplement des jugements en premier ressort, l'Inst. n° 2909 a prescrit l'établissement de renvois, remplis par le receveur du bureau où a été enregistré le jugement confirmé et qui sont ensuite rapprochés de l'enregistrement des arrêts confirmatifs.

37. (285 bis). Demande nouvelle. — Lorsqu'une juridiction du second degré, statuant sur l'appel d'un jugement préparatoire, use de la faculté qui lui est ouverte par l'art. 473, C. proc. et, après avoir infirmé le jugement frappé d'appel, retient la connaissance du fond sur lequel elle statue, sa décision, passible du droit ordinaire de condamnation, ne donne pas ouverture à la taxe additionnelle de 0 fr. 50 0/0 exigible sur les arrêts infirmatifs ou confirmatifs. Dans ce cas, en effet, la question de fond est encore entière et la juridiction du premier degré s'est bornée à rendre une décision préparatoire. L'arrêt statue, quant au fond, sur une matière nouvelle, il n'est ni infirmatif, ni confirmatif et ne donne pas ouverture, par conséquent, à la taxe additionnelle de 0 fr. 50 0/0, mais seulement au droit de 1 fr. 25 0/0, 2 0/0, 3 0/0, ou de débouté, suivant les circonstances. La situation est la même que celle qui se présente, lors de l'application de l'art. 464, C. proc.

Il y a lieu, au contraire, à l'application des règles spéciales aux arrêts infirmatifs, lorsque la juridiction d'appel, après avoir annulé pour vice de forme (d'incompétence, etc...), le jugement définitif qui lui est déféré, use de la faculté qui lui est donnée par le même art. 473 et évoque le fond.

Dans cette seconde hypothèse, la question de fond a déjà été examinée par les premiers juges; en l'évoquant, le juge du second degré ne statue pas sur une matière nouvelle. Peu importe, au surplus, que le jugement soit infirmé pour vice de forme ou autre cause ; il n'en reste pas moins que le litige fait l'objet, de la part de l'autorité judiciaire, d'un second examen qui légitime la perception de la taxe additionnelle de 0 fr. 50 0/0 (R. E. 1826).

CHAP. III. — DROITS FIXES, DROITS MINIMA.

SECT. Iʳᵉ. — GÉNÉRALITÉS. TRIBUNAUX DE PREMIÈRE INSTANCE.

38. (293). Minimum applicable à l'ensemble des droits. — La loi de 1892 porte dans son art. 17. in fine que dans aucun cas « l'ensemble des droits proportionnels ne pourra être inférieur au minimum qu'elle détermine ». Pour l'application de cette disposition, il a été reconnu que le droit de partage et les droits de soulte à percevoir sur le jugement d'homologation sont des droits de jugement, comme la taxe à 0 fr. 25 0/0. Dès lors, ces impôts sont seuls exigibles, lorsque le montant en est supérieur

au minimum fixé par l'article en question (Sol. 24 juill. 1893 ; J. E. 24.790).

La même solution a admis que le mandat donné au notaire dans le partage homologué, à l'effet de transférer des valeurs et d'acquitter le passif, ne donne ouverture à aucun droit particulier.

39. (294). Application des nouveaux tarifs. — Le jugement qui statue sur deux instances connexes, introduites l'une avant, et l'autre postérieurement à la mise en application de la nouvelle loi, donne ouverture à la perception des anciens tarifs sur les dispositions concernant la première instance, et à celle des nouvelles taxes sur tout ce qui est relatif à la seconde. Néanmoins, il n'y a pas lieu à la pluralité des droits fixes, dès l'instant que les droits proportionnels établis par la loi de 1892 sont exigibles (Bordeaux, 20 juin 1898 ; R. E. 9437).

Les jugements, sentences d'arbitres et arrêts de Cours d'appel, ainsi que les procès-verbaux de conciliation ou de non conciliation sont seuls visés par l'art. 17. Lorsqu'un tribunal « donne acte » d'un fait ou d'une déclaration « après en avoir délibéré », ce donné acte constitue un jugement assujetti aux nouveaux tarifs et non un simple procès-verbal du juge (Sol. 26 juin 1894 ; R. E. 899).

40. (304). Jugements préparatoires ou définitifs. — Pour les jugements préparatoires des tribunaux de première instance, le minimum de la taxe à percevoir est de 4 fr. 50; tandis que, pour les jugements définitifs, ce minimum est de 7 fr. 50. Pour l'application de ces tarifs, il a été décidé que le jugement qui ordonne la licitation d'immeubles dépendant d'une succession échue en partie à des mineurs et commet un notaire pour procéder à l'adjudication et au partage du prix, constitue une décision préparatoire (Sol. 29 oct. 1898 ; R. P. 9472).

Par contre, sont définitifs les jugements d'adjudication sur folle enchère et, dès lors, ils sont passibles du droit fixe de 7 fr. 50, lorsque le prix est inférieur à celui de la première adjudication (Sol. 18 avr. 1899 ; R. P. 9656).

SECT. II. — TARIFS SPÉCIAUX. EXEMPTIONS.

41. (340). Débouté de demande. Demandeur partiellement débouté. — Le débouté de demande doit s'entendre du rejet des prétentions dont un plaideur a demandé à la justice de reconnaître la légitimité. Lorsqu'un jugement accueille les prétentions d'un demandeur sur un point et les rejette sur un autre, il y a lieu de suivre, pour la perception, les distinctions suivantes : s'il existe une condamnation contre le défendeur, passible d'un droit proportionnel supérieur au minimum fixé pour les jugements définitifs, c'est le droit proportionnel qui est seul dû ; si la condamnation prononcée contre le défendeur donne lieu à un droit proportionnel inférieur au droit fixe minimum, c'est ce minimum qui est exigible, à l'exclusion de tout droit proportionnel (Sol. 26 juin 1894 ; R. E. 899 ; R. P. 8488) et même du droit fixe majoré spécial aux déboutés purs et simples. La solution contraire rapportée R. E. 899-IV paraît avoir été abandonnée par l'Administration.

41 bis. (340). Demandeur débouté et condamné à des dommages-intérêts. — Si le jugement déboute le demandeur et le condamne en outre à des dommages-intérêts, l'Administration prescrit de percevoir le droit fixe majoré de 10 fr., 20 fr. ou 30 fr., si le droit proportionnel ne s'élève pas à cette somme. Cette décision est conforme à l'opinion enseignée R. E. 2203.

41 *ter*. (340). **Débouté partiel. Autres dispositions passibles du droit fixe.** — Quand le jugement ne donne lieu à aucun droit proportionnel, il faut examiner si le débouté partiel constitue la disposition principale ou une disposition indépendante des autres, au sens de l'art. 11 de la loi de frimaire, en d'autres termes, s'il eût donné ouverture, avant la mise en vigueur de la loi de 1892, à la perception d'un droit particulier. Dans le cas de l'affirmative, c'est le droit fixe majoré qui doit être perçu. A ce point de vue, on doit considérer le débouté partiel comme la disposition principale, lorsque le demandeur supporte la plus forte part des dépens (Sol. 4 janv. 1895 ; R. E. 8675).

Toutefois, le droit fixe ne saurait être appliqué à un jugement qui rejette un des moyens proposés par le demandeur et sursoit à statuer sur les autres moyens après expertise (Sol. 23 juill. 1898 ; R. E. 2093 ; J. E. 25.730) : chacun des moyens invoqués par le demandeur ne peut, en effet, être considéré comme une demande principale.

42. (341). **Débouté d'opposition à commandement.** — Les jugements portant débouté d'opposition à commandement sont en principe passibles du droit fixe majoré, parce que le débiteur opposant joue le rôle de demandeur à l'instance. Toutefois, le débiteur qui forme opposition à une saisie immobilière pratiquée à son préjudice est défendeur à l'instance. Par suite, le jugement qui le déboute de son opposition ne saurait être considéré comme renfermant un débouté de demande assujetti au droit fixe majoré (Sol. 14 nov. 1899 ; R. E. 2393).

43. (343). **Demande reconventionnelle. Débouté.** — Le jugement qui porte débouté d'une demande reconventionnelle donne lieu au droit majoré, lorsque ses autres dispositions donnent uniquement ouverture à un droit fixe et que le débouté de la demande reconventionnelle constitue une disposition indépendante des autres, au sens de l'art. 11 de la loi de frimaire (Sol. 28 déc. 1893 ; R. E. 878).

44. (343 *bis*). **Débouté. Appel.** — Les arrêts confirmatifs de jugements de débouté constituent eux-mêmes des arrêts de débouté, et donnent ouverture au droit fixe de 30 fr. établi par l'art. 17 de la loi du 26 janvier 1892 (Sol. 11 fév. 1895 et 18 avr. 1895 ; R. E. 1135 et 1395).

45. (344 *bis*). **Défaut-congé. Débouté de demande.** — Le jugement qui prononce défaut contre le demandeur non comparant et renvoie le défendeur de la demande est assujetti au tarif majoré des déboutés de demande toutes les fois que le tribunal a jugé le fond, soit qu'il y fût sollicité par les conclusions formelles du défendeur, ou à raison des demandes reconventionnelles formées par celui-ci, soit qu'il l'ait fait à tort alors que le défendeur n'y avait pas conclu et ne s'était pas porté demandeur reconventionnel. Dans tous les autres cas, le jugement de défaut-congé n'est passible que du tarif fixé pour les jugements ordinaires (R. E. 1775).

46. (360). **Mise en délibéré.** — Le jugement qui n'a pour objet qu'une mise en délibéré est exempt de l'enregistrement, alors même qu'il donne, en outre, défaut contre l'une des parties (Sol. 2 août 1897 ; R. E. 1465).

47. (363). **Radiation de cause.** — Le jugement qui ordonne une radiation de cause à la demande des parties et après transaction est exempt de l'enregistrement, à moins que les parties ne requièrent volontairement la formalité (Sol. 2 juin 1897 ; R. E. 1466 ; R. P. 9143).

CHAP. IV. — DROIT DE TITRE.

48. (373 à 379). **Conditions d'exigibilité.** — L'art. 69, § 2, n° 9 de la loi du 22 frimaire an VII soumet les jugements rendus sur une demande non établie par un acte enregistré à un droit de titre à percevoir sur l'objet de la demande. L'objet de la demande doit s'entendre de tout ce qui a été compris dans les contestations soumises au juge par les conclusions respectives des parties et sur lesquelles il a été statué. Le droit de titre n'est exigible que sur la partie contestée de la convention et dans la mesure où elle a été reconnue par le tribunal (Sol. 15 nov. 1895 ; J. E. 25.274). Le droit de titre est exigible même sur les jugements qui ne prononçant pas de condamnation,collocation ou liquidation, forment entre les parties le titre d'une convention antérieure non enregistrée. Ainsi le jugement qui donne acte au demandeur d'un prêt de somme consenti au défendeur est passible du droit de 1 0/0 (Nevers, 5 juin 1895 ; J. E. 24.781).

49. (375). **Rejet d'une demande en résiliation.** — Spécialement, lorsqu'un tribunal rejette une demande en résiliation formée pour inexécution des obligations essentielles d'un marché de travaux publics et portant sur la totalité de l'entreprise et même sur le règlement des travaux déjà exécutés, ce rejet emporte reconnaissance du marché pour le tout et rend exigible le droit de titre sur le montant total du prix à payer par le maître de l'affaire (1).

50. (383). **Indemnité.** — La disposition qui condamne à payer une indemnité fondée sur la loi et non sur une convention n'est pas passible du droit de titre (Sol. 21 mai 1896 ; R. P. 8841). Lorsqu'un acte de cession de fonds de commerce a stipulé une indemnité déterminée pour l'hypothèse où le cédant se rendrait coupable de concurrence déloyale, le jugement qui condamne le cédant au paiement de l'indemnité, par application de cette clause, est passible du droit de titre de 0 fr. 50 0/0 sur l'indemnité, sans préjudice du droit de condamnation (Sol. 26 nov. 1898 ; R. E. 2517).

50 *bis*. (388 *bis*). **Résiliation et indemnité de relocation.** — Le jugement de paix qui prononce la résiliation d'une location verbale et qui alloue au bailleur une indemnité de relocation égale au montant du loyer restant à courir donne lieu à la perception du droit de 0,20 0/0 pour résiliation (au maximum de 1 fr.) et de 2 0/0 pour dommages-intérêts. Ce second droit, qui atteint la condamnation, ne forme pas double emploi avec le premier qui est un droit de titre (Sol. 24 août 1900 ; Rev. prat., 4872).

51. (407). **Condamnations réciproques.** — Le droit de titre de 2 0/0 pour vente mobilière n'est pas dû lorsque le prix des fournitures, au paiement duquel le jugement condamne l'une des parties, n'est pas contesté, est liquide, exigible et se compense immédiatement avec les sommes au paiement desquelles l'autre partie est condamnée (Seine, 14 janv. 1899 ; R. E. 2001 ; R. P. 9655).

52. (413). **Contrat simulé.** — Lorsqu'un jugement ou arrêt constate qu'une prétendue vente d'immeubles antérieure déguise en réalité une donation, il est passible du complément de droit de titre dû, le cas échéant, d'après la différence du tarif entre le droit de vente et celui de donation qui était exigible (Douai, 11 août 1897 ; R. E. 1730 ; J. E. 25.669 ; R. P. 9528 ; — Contrà, Seine, 2 juill. 1897 ; R. E. 1580 ; R. P. 9307).

(1) Cass. req., 11 janv. 1898 ; R. E. 1624 ; Inst. 2965, § 8 ; S. 98.1.371 ; D. 98.1.226 ; J. E. 25.319 ; — et 26 juill. 1899, 2 arrêts, R. E. 2144 ; Inst. 3004, § 7 ; S. 1900.1.49, § 2 ; D. 1900.1.57, § 2.

LÉGALISATION.— 1.(2) **Incompétence des notaires.** — Les notaires n'ont pas qualité pour légaliser les signatures apposées par des particuliers sur des actes sous-seings privés, notamment sur des pouvoirs destinés à être produits à l'administration d'une caisse d'épargne (D. M. Just. et Com., 16 avr. 1896 ; *R. E.* 1303).

2. (2). **Légalisation par un notaire. Bordereaux de transfert.** — La légalisation par un notaire de la signature d'un de ses clients, notamment sur un bordereau de transfert, constitue, d'après une Solution du 5 mai 1890, un certificat qui doit être écrit sur timbre et ne peut être apposé à la suite d'un autre acte, même rédigé sur papier timbré. Le *Journal des notaires* (art. 26.739) combat cette solution.

LEGS. DÉLIVRANCE DE LEGS.

SOMMAIRE ANALYTIQUE.

Sect.   I. — *Droit civil,* 1-2.
 —   II. — *Droit fiscal,* 3-27.

§ **1.** — Droit de mutation par décès, 3-15.
   Art. 1ᵉʳ. — Objet des legs, 3-6.
    — 2. — Conditions et modalités des legs, 7-11.
    — 3. — Questions diverses, 12-15.

§ **2.** — Droit de 0 fr. 20 0/0, 16-27.
   Art. 1ᵉʳ. — Règles générales, 16-17.
    — 2. — Délivrances tarifées, 18-20.
    — 3. — Liquidation du droit de 0 fr. 20 0/0, 21.
    — 4. — Dation en paiement, 22.
    — 5. — Questions diverses, 23-27.

SECT. Iʳᵉ. — DROIT CIVIL.

1. (5). **Legs universel. Etablissement public. Autorisation partielle d'accepter. Saisine.** — Le legs universel fait au profit d'un établissement public et soumis à l'autorisation du gouvernement conserve son caractère de legs universel, alors même que l'établissement n'est autorisé à l'accepter que pour partie.

Il en résulte que, en l'absence d'héritiers réservataires, l'établissement gratifié a la saisine de l'hérédité entière (1).

1 bis. (6). **Legs d'objets déterminés composant toute la succession.** — Un tel legs n'a pas le caractère de legs universel (2).

1 ter. (9). **Legs d'usufruit. Universalité de biens. Legs à titre universel. Déchéance.** — Le legs d'usufruit portant sur une universalité de biens est un legs à titre universel.

Le bénéficiaire d'un tel legs encourt, en conséquence, la déchéance prononcée par l'art. 792, C. civ., s'il divertit des valeurs successorales (Cass. civ., 19 juin 1895 ; *R. E.* 998 ; *J. E.* 24.738 ; *R. P.* 8642).

Cet arrêt paraît devoir mettre fin à la controverse qui s'est élevée entre les auteurs sur le point de savoir si le legs de l'usufruit des biens d'une succession a le caractère de legs à titre universel ou de legs particulier (V. *R. E.*, *loc. cit.*, note).

1 quater. (19). **Etablissements publics.** — La loi du 4 février 1901 (*R. E.* 2623) sur la tutelle administrative en

(1) Cass., 4 déc. 1866 ; S. 67.1.66 ; — C. cass. de Belgique, 8 déc. 1898 ; D. 1900.2.355 ; *R. E.* 2776 ; — Cass. civ., 9 janv. 1899 ; *R. E.* 1944 ; Inst. 2986, § 6 ; S. 99.1.289.
(2) Cass. civ., 9 janv. 1899, implicitement ; *R. E.* 1944 ; Inst. 986, § 6 ; S. 99.1.289.

matière de dons et legs a profondément modifié les règles antérieures sur la matière.

Aux termes de cette loi modifiant notamment l'art. 46, § 5, de la loi du 23 août 1871 et les art. 68, § 8, 111 et 112 de la loi du 5 avril 1884, le conseil général statue définitivement sur l'acceptation des dons et legs faits au département, quand ils ne donnent pas lieu à réclamation, et sur le refus de ces libéralités dans tous les cas (art. 2). Le conseil municipal statue définitivement sur l'acceptation quand il n'y a pas réclamation des familles (art. 3).

Les établissements publics acceptent et refusent, sans autorisation de l'administration supérieure, les dons et legs qui leur sont faits sans charges, conditions ni affectation immobilière.

Lorsque ces dons ou legs sont grevés de charges, conditions ou d'affectation immobilière, l'acceptation ou le refus est autorisé par arrêté du préfet, si l'établissement bénéficiaire a le caractère communal ou départemental, et par décret en Conseil d'Etat, s'il a le caractère national.

Toutefois, les conseils municipaux continueront à donner leur avis sur les dons et legs faits aux hospices et bureaux de bienfaisance qui auront le caractère communal, et, en cas de désaccord entre la commune et l'hospice ou bureau de bienfaisance sur l'acceptation ou le refus des libéralités, le préfet statuera définitivement par arrêté motivé (art. 4).

L'acceptation des dons et legs faits aux établissements reconnus d'utilité publique est autorisée par le préfet du département où est le siège de l'établissement.

Toutefois, si la donation ou le legs consiste en immeubles d'une valeur supérieure à trois mille francs (3.000 fr.), l'autorisation est accordée par décret en Conseil d'Etat (art. 5).

Il n'est pas dérogé à la loi du 1ᵉʳ avril 1898 sur les sociétés de secours mutuels.

Sont également maintenues les dispositions concernant l'autorisation des dons et legs faits aux établissements publics du culte, ainsi qu'aux congrégations et communautés religieuses autorisées (art. 6).

Dans tous les cas où les dons et legs donnent lieu à des réclamations des familles, l'autorisation de les accepter est donnée par décret en Conseil d'Etat (art. 7).

Tous les établissements peuvent, sans autorisation préalable, accepter provisoirement ou à titre conservatoire les dons et legs qui leur sont faits (art. 8).

V. sur ces différents points l'instruction du Ministre de l'Intérieur du 10 juin 1901 (*R. E.* 2768).

2. (21). **Légataire universel. Envoi en possession. Ordonnance du président. Voies de recours.** — Le légataire universel institué par testament olographe ou mystique est tenu, lorsque le testateur n'a pas laissé d'héritier à réserve, d'obtenir l'envoi en possession (art 1006 et 1008, C. civ.). L'envoi en possession pouvant compromettre les intérêts de l'héritier légitime, celui-ci est fondé à exercer son recours contre la décision du juge qui a ordonné l'envoi. Ce recours s'exerce conformément au droit commun par voie d'opposition, si l'ordonnance a été rendue en son absence, ou, par voie d'appel, si elle a été contradictoire (Cass., 3 avr. 1895 ; *R. P.* 8643).

SECT. II. — DROIT FISCAL.

§ 1ᵉʳ. — *Droits de mutation par décès.*

Art. 1ᵉʳ. — Objet des legs.

3. (31). **Remise de dette par le testateur. Payement des droits. Prescription. Décès à l'étranger.** — La remise expresse d'une dette faite par le créancier dans son testament constitue un legs donnant ouverture au droit de mutation par décès sur le montant des sommes dues par le débiteur, au taux fixé par le degré de parenté existant entre le créancier et son débiteur.

L'action du Trésor à l'effet d'obtenir le paiement des droits de mutation par décès dus à raison de ce legs particulier est soumise à la prescription décennale établie, en matière de successions non déclarées dans le délai, par les art. 61 de la loi du 22 frimaire an VII et 11 de la loi du 18 mai 1850.

En ce qui concerne les successions ouvertes à l'étranger, le point de départ de la prescription pour la réclamation des droits de mutation par décès remonte, non au jour du décès, mais à la date où l'Administration a eu légalement connaissance de ce décès (Bagnères, 11 fév. 1898 ; R. E. 1685).

4. (32). Legs verbal. Caractères. Charge de conserver et de rendre. Délivrance. Droit de donation entre vifs. — Aux termes de l'arrêt de la Cour de cassation du 19 décembre 1860, mentionné au T. A., la délivrance d'un legs verbal, *si elle est exempte de fraude*, n'offre pas les caractères d'une donation entre vifs ; elle se résume, en ce qui concerne l'héritier ou le légataire universel qui l'a consentie, dans l'acquittement d'une obligation naturelle, exclusive de toute libéralité ; elle n'est pas attributive, mais déclarative d'une mutation de propriété qui s'opère directement du testateur au légataire institué verbalement. Le droit exigible n'est donc pas celui de donation entre vifs, mais celui de mutation par décès.

Toutefois, on ne saurait considérer comme un *legs verbal* la disposition par laquelle une personne charge son frère, héritier de sa fortune, de distribuer celle-ci, après que lui-même en aura joui pendant sa vie, entre tous les petits-neveux du testateur. L'héritier se trouve, en vertu de cette disposition, investi de la toute propriété de l'hérédité, et s'il consent aux petits-neveux du défunt la délivrance des prétendus legs verbaux qui leur ont été faits, cet acte constitue en réalité une donation qui donne ouverture à un droit de mutation entre vifs à titre gratuit indépendant du droit de mutation par décès perçu pour la transmission des mêmes valeurs à l'héritier (Die, 28 juill. 1898 ; R. E. 1856).

5. (32 bis). Legs verbal. Exécution par les héritiers. Établissement public. — Nous avons enseigné qu'en principe, il faut, pour que le droit de mutation par décès puisse être exigé sur une somme payée d'après les intentions verbales d'une personne décédée, que le bénéficiaire ait comparu ou participé aux actes constatant l'exécution des dispositions du défunt.

Néanmoins, dans une espèce où des héritiers avaient déclaré, dans l'acte de partage de l'hérédité, qu'ils se proposaient, « pour respecter et exécuter les intentions du défunt », de donner une somme d'argent à un établissement public désigné, et avaient effectivement versé cette somme aux administrateurs de l'établissement public, le tribunal de Beauvais a décidé que ces faits, bien que corroborés par les délibérations de la commission administrative de l'établissement gratifié, ne suffisaient pas pour établir l'existence d'un legs verbal assujetti au droit de mutation par décès (Jug. du 4 déc. 1898 ; R. E. 1905).

Ce jugement, qui ne tient pas compte de l'aveu formel des héritiers, ni des actes émanés de l'établissement légataire, paraît devoir donner lieu à de sérieuses critiques.

Au surplus, si l'on admettait, avec le tribunal, que l'existence du legs verbal n'est pas suffisamment établie, il faudrait reconnaître qu'il s'est opéré, au cas particulier, un don manuel donnant ouverture au droit de mutation à titre gratuit ; et il est à remarquer que ce don ne pourrait pas être imputé, comme le legs, sur la valeur des biens assujettis au droit de mutation par décès.

6. (33). Legs secondaires. Corps certains. Charges. Non déduction. — Lorsqu'un légataire est chargé par testament de remettre à d'autres légataires un immeuble qui lui appartient personnellement et que la disposition reçoit son exécution, il s'opère du légataire principal aux sous-légataires une mutation immobilière entre vifs à titre onéreux passible du droit de 5 fr. 50 0/0 (Sol. 11 août 1885 et 9 avr. 1889 ; R. E. 1167).

ART. 2. — CONDITIONS ET MODALITÉS DES LEGS.

7. (38 bis). Legs à une commune non accepté. Droits dus par le légataire universel. Prescription. Déclaration passée par ce dernier. — Les communes et établissements publics n'ont qu'un droit conditionnel et éventuel sur les legs qui leur sont faits, tant qu'ils n'ont pas été autorisés à les accepter (1).

Il en résulte que le légataire universel a la saisine légale des biens ainsi légués sous condition, jusqu'à ce que l'autorisation d'accepter soit intervenue. Par voie de conséquence, il est tenu du payement des droits de mutation par décès sur ces mêmes biens (Bordeaux, 13 fév. 1895 ; R. E. 993).

Cette solution, qui se dégage implicitement d'un arrêt de la Cour de cassation du 28 novembre 1893 (2), résultait déjà de plusieurs décisions des tribunaux secondaires (3).

Le jugement du tribunal de Bordeaux, précité, décide également que si, dans la déclaration de succession, le légataire universel a agi, *non en son propre et privé nom*, mais uniquement comme mandataire du légataire en usufruit, l'Administration a dix ans, en vertu des art. 61 de la loi du 22 frimaire an VII, et 11 de la loi du 18 mai 1850, pour réclamer au légataire universel les droits qu'il est tenu d'acquitter, au taux fixé d'après son degré de parenté avec le défunt, sur les valeurs faisant l'objet des legs particuliers.

Si, au contraire, le légataire universel détaille, dans la déclaration qu'il passe *en cette qualité*, le legs fait à l'établissement public, la réclamation de l'Administration, en paiement des droits sur les biens faisant l'objet de ce legs, se prescrit par deux ans à partir de la déclaration (Même trib., jug. 2 déc. 1891 ; R. E. 993).

8. (39-10°). Legs universel en toute propriété sous condition résolutoire. Interprétation du testament. Droit de mutation par décès. — Le testament par lequel le défunt institue pour légataire universelle sa nièce et présomptive héritière, avec stipulation que si elle n'atteint pas l'âge de 25 ans ou ne se marie pas avant cet âge, elle n'aura que l'usufruit de ses biens, la nue propriété devant alors revenir aux héritiers qui, à son défaut, auraient été appelés à la succession au moment du décès du testateur, renferme deux dispositions distinctes : d'une part, un legs en toute propriété sous condition résolutoire au profit de la nièce, présomptive héritière ; d'autre part, un legs de nue propriété sous condition

(1) Cass., 13 nov. 1849 ; S. 50.1.198 ; — 4 déc. 1866 ; S. 67.1. 66 ; — 7 juill. 1868 ; S. 68.1.145.
(2) Inst. 2864, § 3 ; S. 94.1.369 ; D. 94.1.217 ; P. 94.1.369 ; R. E. 593.
(3) Marseille, 21 juill. 1868 ; J. E. 20.899 ; — Charolles, 2 fév. 1888 ; J. E. 23.030 ; — Marvejols, 7 août 1890 ; J. E. 23.609 ; — Comp. Inst. 2755, § 1er.

suspensive au profit des héritiers subsidiairement appelés à la succession.

Le droit de mutation par décès est, en conséquence, exigible sur la toute propriété recueillie par la nièce. Mais aucun impôt de cette nature n'est dû, avant l'événement de la condition prévue, par les légataires éventuels de la nue propriété, encore bien qu'ils aient figuré dans l'inventaire comme habiles à se dire et porter héritiers de la nue propriété, cette énonciation ayant réservé tous leurs droits et notamment celui de soutenir qu'ils n'étaient légataires que sous condition suspensive (Cass. civ., 26 juin 1895 ; D. 95.1.484 ; R. E. 983-1).

9. (39-11°). **Legs de nue propriété sous condition résolutoire.** — La disposition par laquelle un testateur a institué un légataire universel et a légué à une autre personne un immeuble et une somme d'argent, pour en avoir la jouissance immédiate et la toute propriété seulement si elle atteint l'âge de 25 ans, doit être considérée, en ce qui concerne cet immeuble et cette somme d'argent, comme un legs de nue propriété sous condition résolutoire au profit du légataire universel (1).

Cet arrêt a décidé qu'en pareil cas, le légataire de la nue propriété était tenu, aux termes de l'art. 15, n° 7, de la loi du 22 frimaire an VII, d'acquitter le droit proportionnel sur la valeur entière de la pleine propriété.

Actuellement, il y aurait lieu de régler la perception, conformément aux art. 13 et 14 de la loi du 25 février 1901 (V. *Succession*).

10. (41). **Réalisation des conditions. Imputation des droits antérieurement perçus.** — Bien que l'art. 60 de la loi du 22 frimaire an VII s'oppose à la restitution, à l'événement de la condition, du droit régulièrement payé à raison de la mutation sous condition résolutoire, l'Administration admet l'imputation, sur le droit dû par le légataire sous condition suspensive, du droit déjà payé par le légataire sous condition résolutoire. Mais elle n'étend pas le bénéfice de cette imputation au droit qui serait payé, *pendente conditione*, par l'*héritier* de ce dernier.

Ainsi, lorsqu'un testateur a légué une somme d'argent à un établissement public, son héritier ou son légataire universel doit acquitter le droit de mutation par décès sur l'actif entier de l'hérédité, sans déduction du legs particulier, dès lors que l'établissement public n'a pas encore été autorisé à accepter celui-ci.

Si l'héritier décède à son tour et si la déclaration de sa succession est passée avant que l'autorisation d'accepter soit intervenue, son propre héritier doit encore acquitter le droit de mutation sur l'entier actif héréditaire, sans déduction du legs particulier.

Enfin, lorsque l'établissement public est postérieurement autorisé à accepter le legs, il doit supporter le droit de mutation qui lui est personnel, sous l'imputation du droit payé sur le montant du legs par le testateur, mais sans qu'il y ait lieu d'imputer, de plus, le droit payé sur la même valeur par l'héritier du testateur (Sol. 13 mai 1898 ; R. E. 2061).

11. (45). **Legs rémunératoire.** — Le testateur étant libre d'imposer à son légataire telle charge qui lui convient, il en résulte, comme nous l'avons enseigné au T. A., qu'une disposition testamentaire, même faite à titre rémunératoire, conserve son caractère de legs et donne ouverture au droit de mutation par décès.

Jugé, dans ce sens, que le legs d'une somme d'argent

(1) Cass. civ., 29 oct. 1895 ; Inst. 2900, § 7 ; *Bull.* 1895, n° 128 ; S. 97.1.53 ; D. 96.1.453 ; P. 97.1.53 ; R. E. 1034.

fait à une personne « pour honoraires de son travail et services rendus » est passible, non du droit de reconnaissance de dette, mais du droit de mutation par décès, alors surtout que le bénéficiaire n'aurait eu, pour réclamer la somme léguée, aucune action contre les héritiers, en l'absence de conventions spéciales et à défaut de justification d'avances faites au défunt (1).

Par contre, il a été décidé qu'une somme modique allouée annuellement pour honoraires, soins et démarches par le testateur à un tiers qui est, en même temps que l'exécuteur testamentaire, l'administrateur d'une partie des biens de l'hérédité, a le caractère, non d'un legs, mais d'une disposition à titre onéreux affranchie du droit de mutation par décès (Lisieux, 9 mai 1899 ; R. E. 2132).

Cette dernière décision paraît justifiée par le caractère d'administrateur *salarié* qui, au cas particulier, appartenait à l'exécuteur testamentaire.

ART. 3. — QUESTIONS DIVERSES.

12. (45 *bis*). **Réduction d'un legs. Transaction. Renonciation. Droit de mutation.** — Lorsque le légataire particulier d'une somme d'argent renonce à son legs après avoir reçu de l'héritier, à titre de transaction, une somme inférieure, le droit de mutation par décès est dû sur le chiffre du legs ainsi réduit, nonobstant la renonciation qui doit être considérée comme simulée (Nérac, 24 mars 1899 ; R. E. 2062).

13. (45 *ter*). **Legs particulier consigné dans un codicille adiré ou supprimé par le légataire universel. Condamnation des héritiers de ce dernier à payer à titre de dommages-intérêts, au légataire particulier, une somme équivalente aux objets légués non retrouvés en nature. Droit de mutation par décès exigible sur la valeur du legs particulier.** — Le droit de mutation par décès est exigible sur le legs particulier contenu dans un codicille adiré ou supprimé, mais dont l'existence a été judiciairement constatée. Ce droit est dû notamment lorsque les héritiers du légataire universel, auteur de la suppression du codicille, ont été condamnés par une décision judiciaire à payer au légataire particulier une somme équivalente au montant de son legs, encore bien que la condamnation ait été prononcée à titre de dommages-intérêts, si cette condamnation n'a pas eu d'autre base que l'existence constatée, la consistance et la validité reconnues du legs particulier (2).

14. (50). **Legs sous condition résolutoire. Événement de la condition. Imputation des droits.** — Lorsqu'un legs est fait sous condition résolutoire, il est de règle, comme nous venons de le voir, n° 10, que les droits payés par le bénéficiaire de ce legs doivent être imputés sur ceux qui deviennent exigibles, à l'événement, de la mutation que se réalise au profit du légataire sous condition suspensive.

Mais si le légataire sous condition résolutoire n'est pas tenu de rendre compte, au légataire sous condition suspensive, des fruits qu'il a perçus, il a été, en réalité, légataire de l'usufruit et il est tenu d'acquitter, à raison de cet usufruit, un droit de mutation par décès indépendant de celui dû par le nu-propriétaire (Sol. 29 juin 1895 ; R. E. 1049 ; J. E. 24.906 ; — 25 janv. 1899 ; R. E. 2195).

C'est l'application pure et simple des principes que nous avons enseignés au T. A., au sujet des legs payables sans

(1) Toulon, 9 mai 1899 ; R. E. 2063 ; J. E. 25.682.
(2) Cass. req., 26 avr. 1895 ; Inst. 2890, § 10 ; S. 96.1.151 ; D. 95.1.453 ; P. 96.1.451 ; R. E. 935.

intérêts au décès de l'héritier ou du légataire universel.

15. (53 et 54). **Legs fait à l'État.** — V. *Acquisition par l'État et Établissement public.*

§ 2. — *Droit de 0 fr. 20 0/0.*

ART. 1er. — RÈGLES GÉNÉRALES.

16. (61). **Réduction du legs.** — Lorsque des legs de corps certains sont réduits, le droit de délivrance n'est dû que sur la portion des objets en nature non soumise à réduction, alors même que le surplus serait conservé par le légataire à la condition d'acquitter des charges équivalentes (Sol. 3 sept. 1891 ; *R. E.* 1048).

17. (67). **Legs verbal préciputaire. Délivrance. Droit de 0 fr. 20 0/0.** — Comme nous l'avons dit au nº 4, *suprà*, la Cour de cassation a décidé, par un arrêt du 19 décembre 1860, que la délivrance d'un legs verbal, lorsqu'elle est exempte de fraude, n'est pas attributive, mais déclarative de la transmission qui est censée s'effectuer directement du défunt aux légataires.

On est autorisé à en conclure que, le cas de fraude excepté, la délivrance d'un legs verbal ne donne ouverture qu'au droit de 0 fr. 20 0/0.

C'est ce qui a été admis par l'Administration au sujet d'un partage dans lequel il était attribué à l'un des cohéritiers divers immeubles héréditaires, en sus de sa part, pour exécuter un legs préciputaire fait verbalement à ce cohéritier par le père et la mère communs (Sol. 5 déc. 1896 ; *R. P.* 9041).

ART. 2. — DÉLIVRANCES TARIFÉES.

18. (72). **Délivrances judiciaires.** — Le jugement rendu sur une demande en délivrance de legs portant qu'il tiendra lieu d'acte de délivrance, donne ouverture au droit proportionnel de 0 fr. 20 0/0 sur la valeur des biens légués. Si cette valeur n'est pas déterminée, le légataire est tenu d'y suppléer par une déclaration estimative.

Lorsqu'un jugement de l'espèce a été enregistré au droit fixe seulement et que le légataire refuse de fournir, dans la forme prescrite, l'évaluation nécessaire pour liquider exactement le supplément de droit exigible, l'Administration est fondée à réclamer provisoirement une somme arbitrée d'office (1).

Il suffit, d'ailleurs, pour qu'un jugement ordonnant une délivrance de legs soit passible du droit de 0 fr. 20 0/0, qu'il constitue l'acte établissant pour la première fois la reconnaissance par le légataire universel des droits des légataires particuliers aux biens que leur a attribués le testateur (Sol. 3 sept. 1891 ; *R. E.* 1048).

Le droit de condamnation de 2 0/0 ne peut être perçu cumulativement avec le droit de 0 fr. 20 0/0, sur les jugements de l'espèce (Sol. 12 mai 1898 ; *R. E.* 1904).

19. (75). **Légataire ayant la saisine.** — Le droit de délivrance n'est pas dû sur le legs fait au légataire universel ayant la saisine, alors même que le montant de ce legs serait judiciairement reconnu contradictoirement avec les légataires particuliers (Sol. 3 sept. 1891, précitée).

20. (77). **Legs conditionnel. Usufruit successif.** — La délivrance d'un usufruit successif consentie avant l'ouverture de cet usufruit n'est passible que du droit fixe. Mais le droit de 0 fr. 20 0/0 qui n'a pu être perçu devient

(1) Draguignan, 30 juill. 1897 ; *R. E.* 1533 ; *J. E.* 25.332 ; *R. P.* 9139.

exigible à l'événement de la condition (Sol. 14 sept. 1898 ; *Rev. prat.*, 4518).

ART. 3. — LIQUIDATION DU DROIT DE 0 FR. 20 0/0.

21. (81). **Intérêts.** — Comme nous l'avons indiqué au *T. A.*, l'Administration décide que le droit de délivrance doit être calculé, non seulement sur le principal du legs, mais encore sur les fruits échus et dont il est tenu de rendre compte au légataire (Sol. 3 sept. 1891 ; *R. E.* 1048).

ART. 4. — DATION EN PAIEMENT.

22. (84-1). **Nature du legs parfaitement déterminée. Dation en paiement.** — Il est de règle que, lorsque la nature du legs est parfaitement déterminée, le droit de dation en paiement devient exigible si, au lieu de délivrer au légataire l'objet légué, on lui remet une chose différente.

Dans ce sens, l'Administration a décidé que la délivrance de legs de sommes d'argent, consentie au moyen de l'abandon de valeurs autres que du numéraire, constitue une dation en paiement qui donne lieu au droit de mutation, d'après la nature des valeurs transmises, et au droit de délivrance au cas où la mutation qui en résulte n'est pas sujette au droit proportionnel, comme lorsque l'héritier abandonne au légataire de somme d'argent une créance sur lui-même, qui s'éteint par confusion, ou une rente sur l'État (Sol. 3 sept. 1891 ; *R. E.* 1048).

Par application du même principe, il a été jugé qu'un legs de 80.000 fr., « à prendre d'abord sur les capitaux de la succession avant tout partage », confère au légataire, du jour du décès du testateur, un droit à la propriété des capitaux existant dans la succession (art. 1014 et 1018, C. civ.). Par conséquent, si, en paiement de ce legs, les héritiers attribuent la propriété de meubles et d'immeubles de la succession au légataire, il s'opère, à concurrence des capitaux existant dans sa succession, une dation en paiement passible du droit de mutation à titre onéreux (La Réole, 10 août 1898 ; *R. E.* 1853).

22 bis. (89). **Établissement public. Legs transformé.** — L'autorité supérieure, dans le cas où elle doit statuer sur l'autorisation d'accepter, ne peut qu'accorder l'autorisation d'accepter totalité ou partie du legs ou refuser cette autorisation, mais il ne lui appartient pas de régler la dévolution de la partie du legs dont elle n'a pas autorisé l'acceptation (Inst. 2986, § 6, alin. 5 et 6 ; *R. E.* 1944, p. 187 et 188 ; Laferrière, *Répert. de droit admin.*, Vº *Dons et legs*, nº 473), ni, à plus forte raison, de substituer à l'objet légué un objet d'une autre nature. Il en résulte que, contrairement à la solution du 17 décembre 1866 analysée au *T. A.* (nº 89), le droit de dation en paiement serait dû, à l'exclusion de celui de délivrance, lorsqu'un établissement public légataire d'un immeuble, reçoit à la place une somme d'argent, conformément au décret rendu pour autoriser l'exécution du testament.

ART. 5. — QUESTIONS DIVERSES.

23. (92). **Délivrance et partage.** — Le droit de délivrance de legs ne doit pas être perçu, cumulativement avec le droit de 0 fr. 15 0/0, sur la disposition d'un partage déterminant dans quelles conditions et sur quels biens le conjoint survivant exercera l'usufruit qui lui a été légué. Le droit qui aurait pu être exigé si la délivrance du legs avait été effectuée par un acte distinct du partage se confond, dans ce cas, avec le droit de 0 fr. 15 0/0, la délivrance et la tradition effective de l'objet du legs étant concomitantes et ne formant, par suite, qu'une seule opération (D. E. V° *Délivrance de legs*, n° 111).

Quant à l'attribution au conjoint survivant, dans un acte de l'espèce, du mobilier qui lui a été légué, elle donne ouverture au droit établi pour les délivrances de legs et non pour les partages, le mobilier n'étant pas indivis entre le légataire et les héritiers (Sol. 28 sept. 1891; R. E. 1048).

24. (100 *bis*). **Legs de l'usufruit de toute la succession. Délivrance partielle.** — L'Administration reconnaît que, lorsque la succession est échue à des héritiers d'ordres différents, et que la délivrance est consentie par actes distincts, d'abord par les héritiers d'une ligne, et ensuite par les héritiers de l'autre, chacun de ces actes est passible du droit de 0 fr. 20 0/0 sur la valeur seulement de la part virile de ces héritiers (V. T. A., n° 100).

Il semble également que, lorsqu'un acte, dressé pour régler l'exécution d'un testament instituant un légataire de l'usufruit total de la succession, se borne à constater la délivrance, par l'héritier au légataire, de quelques-uns seulement des objets compris dans le legs, le receveur doit limiter la perception du droit de 0 fr. 20 0/0 à la valeur de ces objets et n'est pas fondé à percevoir l'impôt sur l'importance totale du legs (R. E. 2114).

25. (101). **Compensation.** — Le tribunal de Pau a jugé, le 7 août 1901, que, lorsque le légataire particulier d'une somme d'argent, adjudicataire d'un immeuble héréditaire, compense son legs avec le prix d'adjudication jusqu'à due concurrence, le droit de délivrance de legs est dû sur l'acte qui constate cette compensation (*de la Puente*).Cette décision doit être approuvée, dès lors que la compensation s'opère légalement. Si la compensation est conventionnelle, il convient d'examiner, d'après les circonstances, quelle est la disposition principale — libération ou délivrance — et de régler la perception en conséquence.

26. (105). **Consentement à exécution de testament. Établissement public. Droit fixe. Pluralité. Héritiers agissant dans un intérêt commun.** — Les consentements à exécution de testament souscrits par les héritiers et produits à l'autorité supérieure par les établissements publics légataires, à l'appui de leur demande en autorisation d'accepter la libéralité, doivent être soumis au timbre et à l'enregistrement préalablement à cette production (D. M. F. 24 mars 1881, 31 déc. 1885 et 24 juill. 1887).

Ces actes de consentement pur et simple ne rentrent pas dans la catégorie des actes de délivrance de legs soumis au droit de 0 fr. 20 0/0 et ne sont passibles que du droit fixe de 3 fr. (Nantes, 25 fév. 1895; R. P. 8851).

Lorsque les héritiers qui donnent le consentement agissent dans un intérêt commun, l'acte n'est assujetti qu'à un seul droit par chaque établissement légataire, quel que soit le nombre des héritiers consentants (D.M.F. 27 nov. 1893; — Sol. 12 sept. 1895; R. E. 1266).

27. **Décharge.** — L'acte par lequel le légataire particulier d'une somme d'argent en donne quittance à l'héritier, hors la délivrance de celui-ci, implique bien que la délivrance a eu lieu antérieurement, mais il n'en constitue pas l'instrument. Un tel acte ne nous semble, pour ce motif, passible que du droit fixe de 3 fr. pour décharge.

LETTRE MISSIVE. — (7). **Confirmation d'un marché. Timbre.** — Une lettre missive contenant confirmation d'un marché de commerce, dont elle rappelle les clauses principales, doit être rédigée sur papier timbré sous peine d'amende, et il ne suffit pas qu'elle soit soumise à l'impôt du timbre au moment de son usage en justice (Seine, 3 avr. 1897; R. E. 1403; R. P. 9096).

LIVRES DE COMMERCE. — (2). **Registre domestique.** — Le registre ou carnet domestique produit en justice n'est soumis ni au timbre ni à l'enregistrement (Seine, 5 avr. 1895; R. E. 939-3; J. E. 24.635; R. P. 8626).

LOI. — (7). **Publication.** — La date d'arrivée du *Journal officiel* au chef-lieu de chaque arrondissement, qui sert de point de départ au délai de mise à exécution des lois, doit, en principe, être constatée sur un registre *ad hoc* tenu dans les préfectures et sous-préfectures. Dans le silence du décret du 5 novembre 1870, qui ne s'explique pas sur ce point, on admet généralement qu'il convient d'appliquer l'art. 4 de l'ordonnance du 27 novembre 1816 (Dall.; V° *Lois*, 93; M. Fauvel, *Rev. crit.*, 1872-1873, p. 729; Aubry et Rau, éd. 1897, t. 1er, n° 88; Fuzier-Herman, *Lois et décrets*, n° 195; M. Beudant, *Cours de droit civil*, fasc. 1er, n° 93).

Les auteurs enseignent, d'ailleurs, que ce mode de constatation n'est pas exclusif de tout autre et qu'il serait suffisant que l'arrivée du *Journal officiel* fût officiellement établie par un moyen équivalent, impliquant la même certitude. Si donc le registre spécial n'est pas tenu, la date d'arrivée peut être officiellement constatée par tous les modes de preuve (Sol. 25 avr. 1901; R. E. 2682).

LYCÉE. — V. *Acquisition par l'État, Communication et Établissement public.*

MAGASINS GÉNÉRAUX.— **1.** (4). **Cautionnement.** — Les textes législatifs ne déterminent pas l'autorité à laquelle incombe la mission de recevoir les cautionnements que doivent fournir les personnes qui ouvrent des magasins généraux (L. 31 août 1870; Inst. 2406). Toutefois,l'usage s'est établi de faire vérifier la valeur des immeubles destinés à former le gage par les directeurs de l'Enregistrement, qui doivent s'assurer en outre, par l'examen des titres de propriété et autres pièces justificatives, que ces immeubles sont entièrement libres entre les mains de la caution. D'après l'avis qui leur est donné du résultat de cet examen, les préfets autorisent les directeurs à préparer l'acte de cautionnement. C'est en définitive aux préfets qu'appartient l'acceptation du cautionnement et les directeurs ne doivent pas figurer comme partie à l'acte de caution, mais seulement requérir l'inscription (Sol. 30 janv. 1896; R. E. 1127).

Un décret du 9 juin 1896 (R. E. 1241) a soumis à un régime analogue l'ouverture des salles de vente publique de marchandises en gros, notamment au point de vue du cautionnement à fournir qui varie de 3.000 à 30.000 fr. et peut être exceptionnellement élevé à 100,000 fr. sur la demande expresse de la chambre ou du tribunal de commerce. Ce cautionnement peut être fourni en argent, en rentes, en obligations cotées à la Bourse, ou par une première hypothèque sur des immeubles d'une valeur double de la somme garantie. Pour la conservation de la garantie hypothécaire, une inscription est prise, dans l'intérêt des tiers, à la diligence et au nom du directeur de l'Enregistrement.

2. (11 et 21). **Récépissés et bons de sortie. Timbre.** — Lorsque des marchandises ont été déposées aux magasins généraux, le bon de sortie inscrit, par le porteur du récépissé, au dos de ce titre afin de permettre l'enlèvement partiel des marchandises n'est sujet ni au timbre de 0 fr. 10 ni au timbre de dimension (1). Le bon de sortie

(1) Cass. civ., 2 janv. 1900; Inst. 3011-6; S. 1900.1.529; D. 1900.1.537; R. E. 2281; J. E. 25.789.

ne constitue pas, en effet, un titre libératoire au profit du détenteur de la marchandise puisque, dans l'hypothèse qui précède, il ne lui est pas remis; il a pour unique objet de restreindre l'étendue du titre de propriété sur lequel il est inscrit. On ne peut donc qu'appliquer la règle enseignée au *T. A.*, au sujet des endossements successifs destinés à permettre à un tiers d'enlever une portion des marchandises déposées.

V. Reçu, n° 21.

MAINLEVÉE.

SOMMAIRE ANALYTIQUE.

Art. 1er. — Exigibilité du droit de 0 fr. 20 0/0, 1-4 bis.
— 2. — Liquidation du droit de 0 fr. 20 0/0, 5-7.
— 3. — Exigibilité du droit de quittance, 8-9.
— 4. — Réductions d'hypothèque, 10.
— 5. — Pluralité des droits de mainlevée, 11.
— 6. — Questions diverses, 12-15.

Art. 1er. — Exigibilité du droit de 0 fr. 20 0/0.

1. (20). **Hypothèque maritime. Mainlevée. Tarif de 0 fr. 20 0/0.** — V. *Hypothèque maritime.*

2. (30). **Créance éteinte par confusion. Inscription d'office. Droit de 0 fr. 20 0/0.** — Le droit de 0 fr. 20 0/0 est dû sur l'acte constatant qu'un vendeur, déclaré adjudicataire de son propre bien, fait confusion sur sa tête du prix qu'il se doit à lui-même et contenant mainlevée de l'inscription d'office prise par le conservateur pour sûreté du prix (Seine, 11 nov. 1899; R. E. 2236; J. E. 25.833).

Cette décision vient à l'appui de la règle enseignée au *T.A.*,d'après laquelle lorsqu'un acte constatant l'extinction d'une dette, par voie de compensation légale ou de confusion,renferme une mainlevée d'hypothèque,cette mainlevée est passible de l'impôt, abstraction faite de son utilité.

Le tribunal de la Seine a, du reste, reconnu, par application du même principe, que lorsqu'à la suite de l'adjudication sur licitation d'un immeuble prononcée pour le tout au profit d'un colicitant, le conservateur, requis de transcrire l'acte, a pris inscription d'office pour le prix total, la mainlevée de cette inscription — contenue dans la quittance ultérieurement donnée par le vendeur et constatant que la partie du prix lui revenant a été payée et que le surplus s'éteint par confusion sur la tête du colicitant adjudicataire — donne ouverture au droit de 0 fr. 20 0/0 sur la portion du prix que l'adjudicataire se doit à lui-même et dont il fait ainsi confusion sur sa tête (Jug. 16 juin 1900; R. E. 2491; R. P. 9870).

3. (41 *bis*). **Mainlevée. Constitution de rente viagère. Disposition dépendante. Terme incertain.** — Lorsque, dans un contrat de constitution de rente viagère, le débi-rentier fournit une affectation hypothécaire en garantie de ses obligations et stipule que l'inscription prise en vertu de cette affectation sera radiée sur la simple représentation de l'acte de décès du crédi-rentier, cette clause n'a pas le caractère d'une mainlevée sous condition suspensive et ne peut donner ouverture, au droit de 0 fr. 20 0/0 (Sol. 22 fév. 1900; R. E. 2636).

4. (46). **Inscription indéterminée. Pouvoir annexé. Indication du chiffre des créances garanties.** — Se fondant sur ce qu'un acte annexé à un autre en forme une partie intégrante, l'Administration décide que, lorsque l'indication du chiffre des créances garanties par une inscription indéterminée se trouve, non dans l'acte de mainlevée, mais dans un pouvoir y annexé, la mainlevée est néanmoins passible du droit de 0 fr. 20 0/0 sur le chiffre ainsi fixé (Sol. 20 fév. 1895; R. E. 1396; R. P. 8573; Rev. prat., 3968).

4 *bis* .(47). **Liquidation du droit de 0 fr. 20 0/0. Mainlevée totale. Accessoires.** — V. *Dissimulation.*

Art. 2. — Liquidation du droit de 0 fr. 20 0/0.

5. (48-A). **Inscription hypothécaire. Intérêts. Capital imposable.** — Le droit de 0 fr. 20 0/0 est dû, en principe, « sur le montant des sommes faisant l'objet de la mainlevée » (L. 28 fév. 1872, art. 1-7°). Or, lorsque la mainlevée est totale, elle porte à la fois sur le capital et sur les accessoires auxquels l'art. 2148, C. civ., étend le bénéfice de l'hypothèque. Le droit de 0 fr. 20 0/0 est exigible, par suite, sur les intérêts et les frais qui constituent ces accessoires.

Toutefois, en ce qui concerne les intérêts, ceux dont la loi conserve le rang ne doivent pas être ajoutés au capital de la créance pour le calcul du droit de mainlevée de 0 fr. 20 0/0, alors même qu'ils seraient évalués dans le bordereau d'inscription (Sol. 27 mai 1896; R. E. 1422; J. E. 25.213; Rev. prat., 4188).

Cette règle s'applique aux intérêts *des deux années à échoir et de l'année courante.* Elle est motivée avec juste raison sur ce que, si les frais de mise à exécution sont garantis seulement dans le cas où ils sont mentionnés dans l'inscription, et si, par suite, lorsqu'ils l'ont été, ils doivent être considérés, pour la perception, comme faisant l'objet de la mainlevée au même titre que le principal, cette distinction ne s'étend pas aux intérêts conservés par la loi, à l'égard desquels une mention spéciale dans l'inscription n'ajoute rien à la garantie du créancier.

6. (49). **Créance éventuelle.** — Le droit de 0 fr. 20 0/0 est dû même sur la mainlevée d'une créance conditionnelle (Sol. 13 fév. 1886; R. E. 799).

En effet, si la loi du 6 messidor an VII affranchit de l'impôt les inscriptions hypothécaires de créances éventuelles, celle du 28 février 1872 assujettit sans distinction au droit gradué (aujourd'hui droit de 0 fr. 20 0/0) toutes les mainlevées définitives d'hypothèques, sans qu'il y ait lieu de se préoccuper, suivant ce qu'a dit le rapporteur lors de la discussion de la loi (Séance du 26, p. 1396, J. off.), « de la présomption de payement » (V. Inst. 2562, § 9, n° 5).

7. (56). **Réduction d'hypothèque légale. Créance indéterminée. Tarif.** — L'art. 20 de la loi du 28 avril 1893, portant que le droit fixe de 5 fr. auquel sont assujetties les réductions d'hypothèque « ne pourra excéder le droit proportionnel qui serait exigible pour la mainlevée totale », doit être entendu en ce sens que, si le droit de 0 fr. 20 0/0 dû sur la créance totale garantie par l'hypothèque est inférieur à 5 fr. en principal, c'est le droit proportionnel qui devra être perçu; mais si la créance au sujet de laquelle la réduction d'inscription est consentie est indéterminée, c'est le droit fixe maximum de 5 fr. qui est exigible (Sol. 12 sept. 1894; R. E. 800; J. E. 24.588).

Art. 3. — Exigibilité du droit de quittance.

8. (59). **Mainlevée établissant par elle-même la libération du débiteur. Désistement de tous droits d'hypothèque et autres.** — L'art. 69, § 2, n° 11, de la loi

du 22 frimaire an VII assujettit au droit proportionnel de 0 fr. 50 0/0 « les quittances et tous autres écrits portant libération de sommes et valeurs mobilières », et suivant l'art. 14, n° 3, de la même loi, ce droit doit être liquidé « sur le total des sommes ou capitaux dont le débiteur se trouve libéré ».

Lorsqu'il s'agit d'un prêt hypothécaire, les actions civiles appartenant au créancier sont de deux sortes. Il a d'abord l'action personnelle qui lui permet de poursuivre le recouvrement de sa créance sur tous les biens mobiliers et immobiliers du débiteur (art. 2092, C. civ.); il a, en outre, l'action hypothécaire qui assure l'efficacité de l'action personnelle en lui donnant une cause légitime de préférence sur les autres créanciers de l'obligé (art. 2098, C. civ.).

La renonciation du créancier à l'action hypothécaire fait disparaître l'action spéciale attachée à l'engagement du débiteur, mais elle laisse subsister cet engagement lui-même ; à ce titre, l'acte qui la constate ne peut être rangé dans la catégorie des actes de libération *de sommes et valeurs mobilières*, puisque le droit d'hypothèque ou de privilège dont il opère l'extinction, est un droit réel immobilier.

Mais, lorsque la renonciation comprend tous les droits que le créancier avait contre son débiteur, c'est-à-dire l'action personnelle aussi bien que l'action hypothécaire, elle détruit le lien de droit qui existait entre les parties et fait évanouir, non seulement les garanties de la créance, mais encore la créance elle-même ; par suite, l'acte dans lequel elle·est exprimée constitue, pour le débiteur, tout aussi bien qu'une quittance proprement dite, un titre de libération passible du droit proportionnel de 0 fr. 50 0/0, en vertu du texte précité de la loi de l'an VII.

C'est ce que la Cour de cassation, qui s'était déjà prononcée dans ce sens par un arrêt du 6 novembre 1871, cité au T. *A.*, a formellement décidé, le 1er février 1898 (1).

Toutefois, le droit de quittance ne serait pas dû s'il était constant, en fait, que le débiteur ne s'est pas libéré de sa dette ; car, dans cette hypothèse, la présomption de payement résultant des termes compréhensifs de la mainlevée se trouverait détruite par la preuve contraire (Sol. 30 avr. 1896 ; *R. E.* 1375 ; *Rev. prat.*, 4143).

Il en serait de même s'il était justifié que le débiteur possédait déjà une quittance, même non enregistrée (Même Sol.).

L'Administration considère que, dans ce dernier cas, le créancier n'a pas à constater implicitement la libération de son débiteur, puisque cette libération résulte d'un acte spécial.

9. (68 *bis*). **Réduction d'inscription. Renonciation par la femme à son hypothèque légale. Quittance. Disposition dépendante.** — Lorsque le mari reçoit le prix de vente d'un immeuble à lui propre et que, dans l'acte de quittance, sa femme comparaît pour renoncer, en faveur de l'acquéreur, à son hypothèque légale, en tant qu'elle grèverait l'immeuble vendu, cette renonciation constitue une disposition dépendante de la quittance et ne donne pas ouverture à un droit fixe particulier pour réduction d'hypothèque (Sol. 8 juin 1896 ; *R. E.* 1423 ; *J. E.* 25.214 ; *Rev. prat.*, 4189).

(1) Inst. 2965, § 10 ; S. 98.1.369 ; D. 98.1.227 ; P. 98.1.369 ; *R. E.* 1625 ; *J. E.* 25.346 ; *R. P.* 9187 et 9675-10 ; *Rev. prat.*, 4591 ; — Conf. Lille, 6 juill. 1899 ; *R.P.* 9747.

10. (73 *bis*). **Faillite. Inscription au profit de la masse. Réduction du gage. Droit fixe de 5 fr.** — Lorsque la mainlevée, consentie par un liquidateur judiciaire, de l'inscription hypothécaire prise au profit de la masse des créanciers, a uniquement pour objet de dégrever certains immeubles et réserve l'effet des inscriptions sur les autres biens, il n'est dû qu'un droit fixe de 5 fr., à l'exclusion du droit de 0 fr. 20 0/0.

Peu importe qu'en fait, le débiteur se trouve libéré par l'abandon consenti à ses créanciers des immeubles dégrevés ; la perception doit être réglée exclusivement d'après les dispositions de l'acte (Sol. 14 août 1895 ; *Rev. prat.*, 4041).

11. (78). **Faillite. Inscription au profit de la masse.** — Lorsqu'une inscription a été prise au profit de la masse des créanciers d'une faillite en vertu de l'art. 490,C. comm., la mainlevée de cette inscription ne peut donner lieu qu'à un seul droit, quel que soit le nombre des créanciers et quand même la solidarité qui les liait, aurait cessé par suite de l'homologation du concordat (Sol. 19 juill. 1894 ; *R. E.* 798 ; *J. E.* 24.495).

Nous rappelons que la pluralité de droits paraît applicable, lorsqu'il s'agit de la mainlevée de l'inscription prise, après homologation du concordat, en vertu de l'art. 517, C. comm., cette inscription ayant pour effet de déterminer l'étendue du droit hypothécaire de chaque créancier.

12. (79). **Désistement d'hypothèque et de saisie immobilière. Dispositions dépendantes.** — L'acte de mainlevée contenant désistement par le créancier, non seulement des inscriptions d'hypothèques prises à son profit, mais encore de ses droits à la saisie opérée sur les immeubles de son débiteur, ne donne ouverture qu'à un seul droit de mainlevée, le désistement de la saisie ne constituant pas une disposition indépendante (Château-Chinon, 21 janv. 1898 ; *R. E.* 1653 ; *J. E.* 25.480 ; *R. P.* 9267).

Cette décision est motivée sur ce que, sans l'inscription hypothécaire, le droit de subrogation à la saisie ne pourrait pas exister. Or, c'est là une affirmation qui n'est pas complètement exacte. En effet, le droit de se faire substituer à la poursuite n'est pas le privilège des créanciers inscrits ; il appartient également, dans les conditions déterminées par les art. 721 et 722, C. pr. civ., à tout saisissant, fût-il simple créancier chirographaire, dont l'action est paralysée par l'existence d'une première saisie.

Tout ce qu'on peut dire, c'est que le créancier inscrit n'a pas besoin, pour profiter de la subrogation, de pratiquer une saisie subséquente ; le bénéfice de l'inscription suffit pour le lier à la procédure.

Faut-il en conclure qu'en donnant mainlevée de son inscription, le créancier perd *ipso facto* sa qualité de cosaisissant ?

La négative résulte, en matière d'inscription périmée, de jugements rendus par les tribunaux de Murat, le 9 mars 1860, et de Caen, le 27 novembre 1876 (V. Boulanger, *Traité des rad.*, t. II, n° 823).

Or, comme le fait remarquer cet auteur, ce qui est vrai de l'inscription périmée doit être également de l'inscrip-

tion rayée ; car, « la radiation de l'inscription ne porte
atteinte ni au droit hypothécaire, ni à la qualité des créanciers ; à plus forte raison, ne peut-elle faire perdre à celui
qui est lié à la procédure sa qualité de co-saisissant »
(*op. cit.*, n° 824 ; Comp. *Journ. conserv.*, 2347).

La décision du tribunal de Château-Chinon est donc très
contestable, et nous ne pensons pas qu'il y ait lieu de la
prendre pour règle. Il nous semble plus juridique d'admettre que la mainlevée de la saisie, du moment qu'elle
n'est pas la conséquence nécessaire de la mainlevée de
l'inscription, constitue une disposition indépendante rendant exigible un droit fixe particulier.

C'est, d'ailleurs, ce que soutient l'Administration. Elle
décide que, lorsqu'un créancier consent, par le même
acte, mainlevée spéciale de la transcription d'une saisie
immobilière et mainlevée des inscriptions hypothécaires
grevant les immeubles saisis, la première disposition
donne ouverture à un droit fixe particulier de 3 fr., sans
qu'il y ait à distinguer si la mainlevée émane du créancier saisissant ou des autres créanciers hypothécaires
(Sol. 16 nov. 1899 ; R. E. 2451 ; *Rev. prat.*, 4728).

Toutefois, cette solution reconnaît que la mainlevée
d'une saisie immobilière ne saurait, pas plus que la mainlevée d'une inscription hypothécaire, être assujettie à un
droit particulier, lorsqu'elle est contenue dans l'acte même
de quittance.

12 bis. (82). **Quittance d'un prix de vente à un
créancier. Mainlevée de l'inscription d'office par le
vendeur.** — Lorsque le vendeur intervient à l'acte de
quittance du prix payé par l'acquéreur entre les mains
des créanciers inscrits, et qu'il donne mainlevée de l'inscription d'office, il y a là une disposition dépendante de
la quittance et qui n'est pas passible du droit spécial de
mainlevée. L'analyse de la solution du 7 juin 1890 donnée
au *T. A.* doit être rectifiée en ce sens.

La disposition dont il s'agit n'est même pas passible du
droit fixe de 3 fr. pour consentement (Sol. 2 oct. 1899 ;
R. E. 2187, rapportant la règle contraire de l'Inst. 1562,
§ 24).

13. (85). **Mainlevée partielle. Reconnaissance implicite de dette. Intérêts échus. Droit proportionnel
de 1 O/O.** — L'acte portant réduction d'hypothèque et
mainlevée partielle d'une inscription garantissant des intérêts échus d'une obligation établie par titre enregistré
donne ouverture au droit de mainlevée partielle et, en
outre, au droit proportionnel de 1 0/0 sur les intérêts dont
le débiteur se reconnaît encore redevable aux termes de
la mainlevée (Toulon, 6 juin 1899 ; R. E. 2133).

14. (86). **Division d'hypothèque. Droit fixe de 3 fr.**
— Lorsque deux personnes, après avoir affecté à la garantie
du remboursement d'un emprunt solidaire de 80.000 fr.,
des immeubles leur appartenant indivisément, ont partagé
par moitié entre elles ces immeubles, l'acte ultérieur par
lequel le prêteur consent mainlevée de son inscription,
mais seulement en ce qu'elle conserve sur chacun des lots
une somme supérieure à 39.445 fr. 37, ne donne ouverture
qu'au droit fixe de 3 fr. établi pour les consentements purs
et simples.

Toutefois, comme la portion de l'immeuble attribuée à
chacun des copartageants ne se trouve plus grevée que
jusqu'à concurrence de 39.445 fr. 37, soit pour les deux
78.890 fr. 74, alors que l'inscription avait été prise pour
une somme de 80.000 fr., il y a pour la différence une
mainlevée partielle qui rend exigible un droit particulier
de 0 fr. 20 0/0 (Sol. 18 mai 1897 ; *Rev. prat.*, 4359).

15. (87). **Disposition indépendante. Quittance.
Créancier non complètement désintéressé. Créancier**

unique. Absence d'ordre. Revente des immeubles.
Tiers acquéreurs. Mainlevée totale. Droit de libération seul exigible. — Lorsque des immeubles, grevés
d'inscriptions au profit d'un seul créancier pour une somme
supérieure à leur valeur, sont revendus et que le paiement
du prix est effectué par les tiers acquéreurs entre les mains
du créancier, l'acte constatant ce paiement et contenant
mainlevée de toutes les inscriptions n'est passible que du
droit de quittance (Sol. 8 juin 1898 ; *Rev. prat.*, 4480) (1).

(1) M. le Directeur, la société des terrains de C... était restée
créancière, sur le prix de terrains vendus à la société immobilière de A..., d'une somme de 276.770 fr. 45 garantie par des
inscriptions d'office et, en outre, par une inscription d'hypothèque conventionnelle.

Les immeubles grevés ayant été revendus, par le liquidateur
de la société débitrice, moyennant des prix payés comptant
entre ses mains, et s'élevant en totalité à 28.980 fr., cette
somme a été versée, suivant acte notarié du 30 juin 1896, à la
société des terrains de C... qui a donné mainlevée de toutes
les inscriptions prises à son profit.

Vous pensez que cette mainlevée donne ouverture à un droit
particulier sur la somme faisant l'objet de la garantie, déduction faite de celle qui est assujettie au droit de libération et
pour laquelle la mainlevée est une disposition dépendante de
la quittance.

Je ne saurais partager cet avis.

Ainsi que vous le reconnaissez, il est admis en matière d'ordre, que la mainlevée consentie par les créanciers désintéressés,
ne saurait donner ouverture à un droit particulier (Inst.
n° 1704-6°). L'ordre ayant pour objet de libérer l'immeuble de
ses charges hypothécaires moyennant le payement du prix
entre les mains des créanciers qui viennent en rang utile pour
le recevoir, la mainlevée de toutes les inscriptions existantes
est, aux termes de l'art. 2186, C. civ., la condition essentielle
de la libération de l'acquéreur et constitue, dès lors, un élément du contrat. « Comme l'acquéreur, dit M. Boulanger (*Traité
des radiations*, t. II, p. 361), ne peut être tenu au delà de la
« somme pour laquelle il s'est porté adjudicataire, *il faut* que,
« moyennant le payement de cette somme, il obtienne la ra-
« diation de toutes les inscriptions qui grèvent ses immeubles
« *sans distinguer entre les créances acquittées et celles qui n'ont*
« *pu l'être.* »

Cette règle paraît applicable, par identité de motifs, à l'espèce
actuelle.

Sans doute, et comme vous le faites remarquer, l'acte du 30
juin 1896 ne se présente pas sous la forme d'un ordre, puisqu'un
ordre suppose nécessairement le concours de plusieurs créanciers, et que la société des terrains de C... était seule créancière
inscrite sur les immeubles vendus, mais cette circonstance
n'était évidemment pas de nature à enlever aux tiers acquéreurs
le droit de procéder à la purge des privilèges et hypothèques ;
ils n'avaient qu'à remplir les formalités prescrites par les art.
2181 et suivants, C. civ., et une fois les prix de vente ainsi définitivement fixés, ils pouvaient, au moyen du versement de ces
prix entre les mains de la société créancière, exiger de celle-ci
le dégrèvement de leurs immeubles.

Or, les parties sont arrivées au même résultat, sans recourir
à aucune procédure, en faisant accepter, par la société des terrains de C..., les prix stipulés dans les contrats de vente ; en
consentant à recevoir les sommes dues par les acquéreurs, la
société s'est par là même interdit la faculté de surenchérir ; les
prix ont été ainsi fixés, d'une manière définitive, à l'égard de
tous les intéressés. La société ne pouvait donc refuser de dégrever les immeubles vendus, et la radiation de toutes les inscriptions prises à son nom, quels qu'en fussent l'objet et le
montant, était la conséquence nécessaire tant de l'accord qui
s'était établi entre les parties au sujet de la valeur des immeubles, que des payements effectués en exécution de cet accord.

D'après ces considérations, on doit reconnaître qu'un droit de
0 fr. 20 0/0 a été perçu à tort, lors de l'enregistrement de l'acte
du 30 juin 1896, indépendamment du droit de quittance qui
était seul exigible, et vous voudrez bien le faire restituer.

MAJORATS ET DOTATIONS. — 1. (13). Majorats en rentes. Dédoublement du fonds d'accroissement. Droits de succession. — Lors de la transmission par décès des rentes comprises dans un majorat de propre mouvement, le droit de mutation n'est exigible que sur la valeur imposable des rentes immatriculées au nom du majoratoire défunt, à l'exclusion des accroissements en formation et du fonds de retenue du dixième portés en compte d'accroissement. Survenant le dédoublement du compte d'accroissement au cours de l'existence d'un majoratoire, il y a lieu de considérer les portions de rentes, qui étaient inscrites à ce compte lors du décès du précédent majoratoire et qui en sont distraites pour être remises au titulaire actuel, comme constituant un bien rentré dans l'hérédité du précédent titulaire du majorat et passible, à ce titre, du droit de mutation par décès, lequel doit être acquitté dans les six mois de l'événement, à peine d'un demi-droit en sus. Mais il n'y a pas lieu de considérer comme rentrées dans l'hérédité les portions de rentes produites par l'accumulation des arrérages de la retenue du dixième depuis le décès du précédent majoratoire et inscrites, postérieurement à ce décès, au compte de l'accroissement (Sol. 21 oct. 1898 ; R. E. 1907 ; J. E. 25.639 ; R. P. 9420).

2. (9). **Tarif des droits de mutation.** — Les transmissions des majorats et des dotations sont assimilées, au point de vue fiscal, aux mutations par décès d'usufruit en ligne directe. Lorsqu'elles s'opèrent par le décès du titulaire, elles restent distinctes de sa succession et constituent une mutation indépendante. Nous pensons donc qu'on doit les envisager séparément pour l'application du tarif progressif édicté par l'art. 2 de la loi du 25 février 1901 (V. *Succession*, n° 373).

3. (10, 16, 17). **Capitalisation.** — Les rentes affectées à des majorats ou à des dotations, étant essentiellement inaliénables, on ne saurait leur appliquer le cours moyen de la Bourse comme base d'évaluation en capital. La même observation peut être faite avec plus de raison encore, en ce qui concerne les prestations annuelles servies par le Trésor aux titulaires des dotations restituées de l'ancien Mont-de-Milan (1) ou de celles affectées sur les canaux d'Orléans et du Loing ; ces dotations figurent, il est vrai, sur le grand livre de la dette publique, mais elles n'en demeurent pas moins essentiellement distinctes des rentes proprement dites et ne se rattachent à aucun des types de ces rentes.

Les majorats et les dotations composés de ces diverses valeurs, doivent donc être traités comme des rentes viagères ordinaires ; leur capitalisation s'opère, par suite, en conformité de la règle tracée par l'art. 13-2° de la loi du 25 février 1901, pour la détermination de la valeur imposable des usufruits (V. *Usufruit*).

MANDAT. — 1. (3). **Plusieurs mandants. Usufruitier et nu-propriétaire.** — Le mandat de vendre un titre de rente sur l'État grevé d'usufruit ne donne ouverture qu'à un seul droit, alors même qu'il émane du nu-propriétaire et de l'usufruitier, ceux-ci agissant, en l'espèce, dans un intérêt commun (Sol. 7 mars 1898 ; R. E. 1908 ; J. E. 25.641).

2. (42). **Plusieurs mandataires. Mandat alternatif.** — Un seul droit est dû pour le mandat conféré par le même acte à deux mandataires qui sont appelés, par la nature même de l'opération qui leur est confiée, à n'agir que l'un à défaut de l'autre. Tel est le cas du mandat conféré à

(1) Sol. 6 sept. 1899 ; R. E. 2184 ; J. E. 25.600 ; R. P. 9648.

deux employés d'une maison de banque à l'effet de vendre un titre de rente sur l'État (Sol. 22 oct. 1895 ; J. E. 24.923).

3. (5). **Caisses d'épargne.** — Les procurations données par les déposants à des tiers pour le retrait de leurs fonds rentrent dans la catégorie des actes indispensables au service des caisses d'épargne et profitent, en conséquence, de l'exemption du droit et de la formalité du timbre et de l'enregistrement par application des art. 20 et 21 de la loi du 9 avril 1881. Il n'y a pas à distinguer à cet égard entre les procurations, suivant qu'elles sont notariées ou sous seing privé, ou suivant qu'elles sont destinées à être produites à une caisse d'épargne ordinaire ou à la caisse d'épargne postale (Av. Cons. d'Et., 3 avr. 1900 ; Inst. 3029 ; — V. *Caisse d'épargne*, 4).

4. (71-6 bis). **Constitution d'avoué en matière correctionnelle.** — La constitution d'un avoué dans une instance correctionnelle ne donne pas ouverture au droit de procuration (Sol. 13 fév. 1900 ; J. E. 25.981. — V. *Avoué*, n° 4).

5. (71-7). **Instances devant les conseils de préfecture en matière de contributions directes.** — V. *Conseil de préfecture*, 1.

6. (72-1). **Pièces de comptabilité. Pouvoir notarié.** — Le pouvoir donné, par acte notarié, à l'effet de toucher le montant d'un mandat de restitution doit être enregistré au comptant (Sol. 12 avr. 1900 ; R. E. 2637).

MARCHÉ.

SOMMAIRE ANALYTIQUE.

Sect. I. — *Marchés entre particuliers, tarif*, 1.
— II. — *Marchés administratifs*, 2-7.
— III. — *Règles communes à tous les marchés*, 8-18.
— IV. — *Règles spéciales aux marchés administratifs les plus usuels*, 19-23.

SOMMAIRE ALPHABÉTIQUE.

Acte de commerce, 5-3.
— refait, 10.
Actes (réunion d'), 8.
Annulation de marchés, 17-3.
Assistance médicale gratuite, 7-I.
Associations syndicales, 5-I.
Avances par les entrepreneurs, 17-I.
Bail, distinction avec le marché, 21-II et III.
Bénéfices (partage de), 21-III.
Boues (adjudication des),21-IV.
Bureau compétent pour l'enregistrement, 3.
Cautionnement, 23.
Cession de marché, 15.
— de matériaux, 15.
Chambres de commerce (marchés des), 5-II.
Chemins de fer, 5-IV.
Colonies (marchés des), 5-III.
Compagnie de chemin de fer, 5-IV.
Compensation de droits, 17.
Concession d'eaux, 22-I.
— de travaux publics, 22-II.
Condition suspensive, 9.
Construction de navires, 7-II.
Correspondance (marché par),8.
Délibérations des conseils municipaux, 8.
Dispositions indépendantes, 21-III.
Durée indéterminée, 14.
Écoles, 21-II.
Établissements d'Etat, 4.
Étranger (navire), 7-II.
Étrangers (actes administratifs), 5-III.
Exemption du droit proportionnel, 7.
Exposition (marché pour les travaux de l'), 21-VI.
Haras (service des), 20-II.
Lycées (marchés des), 4.
Malades militaires, 20-I.
Marchés administratifs, 2 et suiv.
— prix payé par le Trésor, 4.
— bail (diff. avec le), 21-II.
— cautionnement de, 23.
— vente et marchélouage, 4.
Marine marchande, 7-II.
Matériaux abandonnés à l'entrepreneur, 15.
Modifications dans l'objet du marché, 10.
Novation, 10.
Octroi (exemption des droits d'), 13.
Opéra Comique (théâtre de l'), 5-III.
Pari mutuel, 6.
Partage de bénéfices,21-III.
Pièces justificatives, 9.
Postes et télégraphes, 19-I.

Prescription, 17-II.
Preuves de l'existence d'un écrit, 8 bis.
Prisons (marchés pour l'entre-tien des détenus), 19-II.
Prix payé par le Trésor, 4.
— par les communes ou départements, 5.
— par les chambres de commerce, 5-II.
Professeur, 21-VI.
Protectorats (marchés pour le compte des), 5-III.
Rachat, V. V° Concession, 4.
Rapprochement d'actes, 8.

Reprise d'approvisionnements, 20-III.
Résiliation, 17-III et IV.
Restitution, 17.
Solidarité des établissements publics, 18-II.
Subsistances militaires, 20-III.
Substitution d'entrepreneurs, 15.
Subvention, 6.
Terrains (vente de), 22-II.
Théâtre (subvention), 21-V.
Théâtre-Français, 3-I.
Travaux prévus, 17-I.
Trésor (prix payable par le), 4.
Vente mobilière, 21.

SECT. Iʳᵉ.— MARCHÉS ENTRE PARTICULIERS. TARIF.

1. (1 à 14). — Les marchés passés entre particuliers sont soumis à des règles différentes, au point de vue fiscal, suivant que l'ouvrier fournit seulement son travail et son industrie, ou qu'il fournit tout à la fois son travail et la matière. Dans le premier cas, la convention est passible du droit de 1 0/0 et, dans le second cas, du droit de 2 0/0. Au sujet de la distinction entre les deux sortes de marchés, nous avons fourni toutes les explications nécessaires au *T. A.* (*eod. verb.*, n°ˢ 1 à 13) ; aussi bien la question ne présente aucun intérêt, en ce qui concerne les marchés dont le prix est payé par l'Etat ou par les établissements publics, c'est-à-dire relativement aux actes de beaucoup les plus importants parmi les marchés soumis à la formalité de l'enregistrement. Ces conventions sont soumises à des tarifs uniformes, qu'il s'agisse de marchés-louage ou de marchés-vente, et les observations qui vont suivre (sect. II), s'appliquent indifféremment aux deux catégories d'actes.

SECT. II. — RÈGLES SPÉCIALES AUX MARCHÉS ADMINISTRATIFS.

2. (14 et 15). — Pour la désignation des actes émanant des autorités administratives et qui sont visés par l'art. 78 de la loi du 15 mai 1818, Voir V° *Acte administratif*, *supra*, n°ˢ 3 à 5 et *T. A. eod. verb.*, n°ˢ 24 et 25.

Le marché administratif est exclusivement celui qui est dressé par un agent dépositaire quelconque de la puissance publique, dans l'exercice de ses fonctions. Les contrats passés par les régisseurs intéressés de l'Etat, des départements et des communes, ne répondent pas à cette définition. Ainsi, décidé que les polices d'abonnement intervenues entre les particuliers et la Compagnie générale des Eaux, agissant en qualité de régisseur intéressé de la Ville de Paris, ne sont pas obligatoirement soumises à l'enregistrement.

De plus, la délégation du pouvoir appartenant aux autorités constituées, n'est permise qu'en faveur de certaines personnes désignées par la loi elle-même. C'est ainsi que les préfets ne peuvent déléguer leurs fonctions qu'aux secrétaires généraux ou à l'un des membres du conseil de préfecture. Les auxiliaires qu'ils jugent à propos de s'adjoindre, en dehors de ces fonctionnaires, ne participent à aucun degré à l'exercice de la puissance publique. Aussi a-t-il été reconnu que la loi de 1818 n'est pas applicable aux marchés passés par un particulier désigné par un préfet pour procéder aux diverses opérations d'expropriation intéressant un département.

3. (14-15). Enregistrement. Bureau compétent. — Les marchés administratifs doivent être enregistrés, dans les vingt jours de leur date, au bureau dans l'arrondissement duquel exerce ses fonctions l'autorité qui les a reçus ; à défaut de quoi, les pénalités sont encourues alors même que l'acte a reçu la formalité à un bureau incompétent, avant l'expiration du délai de 20 jours (Cass. civ., 13 nov. 1900 ; R. E. 2552).

Toutefois, exception a été faite en faveur des soumissions déposées par les entrepreneurs d'un service de transport de dépêches et acceptées par le sous-secrétaire d'Etat des Postes et Télégraphes.

En raison de la multiplicité des conventions de la sorte et pour éviter à l'Administration des Télégraphes de nombreuses complications d'écritures, il est d'usage que ces soumissions soient enregistrées au bureau le plus voisin du bureau de poste où elles ont été déposées par les entrepreneurs.

I. THÉÂTRE-FRANÇAIS. — Le marché de travaux et de fournitures passé par le Ministre de l'Instruction publique et l'administrateur de la Comédie-Française, d'une part, et un entrepreneur d'autre part, doit être soumis, comme les marchés des établissements publics, à l'enregistrement dans le délai de 20 jours, au droit uniforme de 1 0/0 (Seine, 8 août 1901 ; R. E. 2814).

Ce jugement peut être critiqué en ce qu'il attribue le caractère d'établissement public au Théâtre-Français qui a été constitué par ses statuts organiques sous forme d'une association d'acteurs et qui a tout au plus le caractère d'établissement d'utilité publique.

II. OPÉRA-COMIQUE. — La décision adoptée pour le Théâtre-Français est suivie par l'Administration pour les marchés de l'Opéra-Comique.

4. (16 à 19). Marchés dont le prix est payé directement par le Trésor public. — Les marchés, dont le prix est à la charge du Trésor public, sont passibles du droit de 0 fr. 20 0/0, en vertu de l'art. 19 de la loi du 28 avril 1893.

On doit considérer comme payé par l'Etat un marché aux termes duquel un éditeur s'est engagé à faire une publication officielle, pour le compte du Ministère de l'Agriculture, et dont il se trouve rémunéré au moyen de cotisations particulières. Le droit à 0 fr. 20 0/0 est exigible sur le montant des abonnements que l'éditeur a été autorisé à encaisser au nom du Trésor public.

Par assimilation avec ce qui a été décidé pour les marchés concernant les lycées, les facultés et les corps de facultés (Inst. 2881) doivent bénéficier du tarif à 0 fr. 20 0/0 les marchés payés : 1° par l'Ecole coloniale ; 2° par les établissements nationaux de bienfaisance : les hospices des Quinze-Vingts, de Charenton, des jeunes aveugles, des sourds-muets de Paris et des sourds-muets de Bordeaux, et les asiles nationaux de Vincennes, du Vésinet et de Vacassy (V. au surplus, *T. A., Etablissements publics*, 3).

5. (20 à 24). Marchés dont le prix est payé par les départements, communes et établissements publics. — L'art. 51 de la loi du 28 avril 1816 assujettit au droit de 1 0/0 tous les marchés dont le prix est à la charge des établissements publics.

I. ASSOCIATIONS SYNDICALES. — Nous avons indiqué au *T. A.* (V° *Acte administratif*, n° 26), que les associations syndicales ne sont que des établissements d'utilité publique et que dès lors les marchés passés par elles échappent aux dispositions de l'art. 78 de la loi du 15 mai 1818. Un arrêté du tribunal des conflits du 9 décembre 1899 a reconnu, il est vrai, que lesdites associations présentaient les caractères essentiels d'établissements publics (*R. E.* 2449). Aux termes d'une solution du 9 août 1900 (*Rev. prat.* 4863), cette décision, contraire à la doctrine de l'arrêt de la Cour de cassation du 1ᵉʳ décembre 1886 (D. 87. 1.183), ne saurait modifier les règles antérieurement admises pour la perception de l'impôt, et on doit continuer à envisager les associations syndicales, même autorisées, comme des établissements d'utilité publique. Cette solution ne nous semble pas devoir être approuvée. Dès lors que le tribunal des conflits a statué sur la question, sa décision est souveraine et la jurisprudence aussi bien judiciaire qu'administrative doit s'y conformer. Nous concluons de là que les marchés passés par les associations syndicales autorisées sont soumis à toutes les règles des marchés administratifs.

II. Chambres de commerce. — La loi du 9 avril 1898, relative aux chambres de commerce, leur reconnaît expressément. dans son art. 1ᵉʳ, le caractère d'établissements publics ; de plus, l'art. 27 de cette loi abroge le décret du 3 septembre 1851, en tout ce qu'il a de contraire aux dispositions nouvelles ; les marchés payés par ces établissements tombent donc incontestablement sous le coup de la loi de 1818 (Inst. 3025).

III. Colonies et pays de protectorat. — D'après la jurisprudence de l'Administration, les marchés passés à Paris, par le Ministre des colonies, pour le compte d'un *pays de protectorat*, spécialement de l'Annam et du Tonkin, ne sont pas assujettis obligatoirement en France à l'enregistrement ; lorsque la formalité est requise volontairement ou devient nécessaire, par exemple en cas d'usage en France, ces conventions doivent être assujetties au tarif de 2 0/0 ou de 1 0/0, suivant les distinctions admises pour les marchés entre particuliers (1). S'agissant au surplus d'actes assimilables, aux actes administratifs étrangers, le bénéfice de l'enregistrement provisoire au droit fixe (art. 22, L. 11 juin 1859), ne saurait en aucun cas leur être applicable.

Mais les marchés passés, dans les mêmes conditions, pour le compte d'une *colonie française*, ne seraient, toujours, d'après l'Administration, passibles que du droit de 1 0/0 dans tous les cas ; dès lors que le prix en est payable sur le budget local de la colonie, l'enregistrement n'en étant obligatoire en France qu'en cas d'usage.

IV. Département et Cie de chemin de fer. — A le caractère non d'un traité de commerce sous seings privés, mais d'un marché administratif assujetti à l'enregistrement dans le délai de 20 jours, le contrat approuvé par le Ministre des travaux publics, aux termes duquel une Cie de chemin de fer s'engage à construire une ligne d'intérêt local pour le compte d'un département, moyennant le remboursement de la dépense, plus 10 0/0 pour frais généraux, et à l'exploiter de compte à demi avec le département (Charleville, 6 juin 1901 ; R. E. 2777).

6. (24 à 30). Prix payable au moyen de subventions. — La loi du 28 février 1872 frappe d'un droit gradué (actuellement droit proportionnel à 0 fr. 25 0/0), les marchés dont le prix doit « être payé directement par le Trésor public ». L'exception ainsi apportée à la règle générale édictée par la loi de 1816, ne peut être étendue en dehors du cas spécialement prévu, et, pour en faire l'application, il faut rechercher par qui le prix du marché doit être payé ; si une partie de la dépense incombe à une commune, le droit proportionnel à 1 0/0 est exigible sur

(1) D. M. F. 2 juin et 27 août 1900 ; Sol. 30 août 1900 ; R. E. 2597. — Il est contestable que le Tonkin ait actuellement le caractère de pays de protectorat. La Cour de cassation le considère comme une colonie française (Req., 15 mars 1899 ; R. E. 1997 ; Inst. 2997 § 5 ; — V. *supra*, *Etranger (colonies)*, n° 2). Quant à l'Indo-Chine, elle forme une entité mixte comprenant des colonies comme la Cochinchine et un pays de protectorat, tel que l'Annam où subsiste un souverain indigène. Le caractère de colonie nous paraît l'emporter.

la somme mise à la charge de celle-ci, et cela, alors même que le marché ne fait pas mention de ce fonds de concours (V. arr. préc., 13 nov. 1900 ; R. E. 2552). Il n'est pas d'ailleurs nécessaire que les fonds de concours soient payés directement aux entrepreneurs ; le droit à 1 0/0 est dû lorsqu'une subvention est versée par une commune au Trésor public, avec affectation spéciale au paiement de travaux entrepris par l'Etat.

Lorsque les fonds de concours sont fournis par une chambre de commerce, qui, pour couvrir ses dépenses, est autorisée à percevoir certaines taxes spéciales sur les particuliers, l'Administration considère que la subvention de cet établissement public constitue une simple avance remboursable au moyen des produits d'un droit de péage, abandonné par l'Etat, de telle sorte que, dans la réalité des faits, ce serait le département des travaux publics qui supporterait la dépense (Sol. 20 avr. 1898 ; R. E. 1827 ; R. P. 9270).

Si la subvention s'applique à un ensemble de travaux sans affectation spéciale, elle doit être répartie proportionnellement à toutes les dépenses, d'après une déclaration estimative à fournir par les parties, sauf liquidation définitive de l'impôt, lorsque tous les travaux prévus auront été exécutés (D. M. F. 11 juin 1895).

Toutefois, échappe à l'impôt la subvention fournie à l'Etat, en vue de travaux publics qui sont exécutés directement par ses agents, ou qui ne donnent pas lieu à la rédaction de marchés enregistrés. Une telle subvention constitue une offre de concours, présentant la plus grande analogie avec les conventions prévues par l'Inst. 2842, § 14, et l'acte administratif qui la constate est exempt d'enregistrement sur la minute (art., 80, L. 15 mai 1818).

Le tribunal de Villeneuve-sur-Lot a décidé, le 1ᵉʳ août 1901 (R. E. 2779), que le marché qui a pour objet des travaux à exécuter dans un hospice, et dont le prix doit être payé au moyen d'une subvention accordée par l'autorité supérieure et prélevée sur les fonds du pari mutuel, est assimilable aux marchés dont le prix est payable directement par le Trésor public. Le tribunal en a conclu qu'un tel acte n'est sujet qu'au droit de 0 fr. 20 0/0. Cette décision ne semble pas devoir être suivie, car la loi du 2 juin 1891, art. 5, et les décrets des 7 juillet 1891 et 24 novembre 1896 relatifs au fonctionnement du pari mutuel, séparent nettement les fonds de cette origine des deniers de l'Etat et leur donnent une affectation toute spéciale (V. R. E. 2779, observ.).

7. (31). Marchés exempts du droit proportionnel. — Nous avons indiqué au T. A. les divers marchés exemptés du droit proportionnel par certaines lois spéciales. Ajoutons à cette nomenclature les contrats suivants :

I. Assistance médicale gratuite. — Les marchés faits en vertu de la loi du 15 juillet 1893 et exclusivement relatifs au service de l'assistance médicale. Ainsi, les traités passés par un bureau de bienfaisance avec les médecins, pharmaciens et droguistes, qu'on aura à pourvoir le bénéfice de l'assistance médicale à domicile, peuvent profiter de l'enregistrement gratuit par application de l'art. 32 de la loi précitée. Mais, la même faveur devrait être refusée à ceux de ces actes concernant, pour le tout ou pour partie, le service général ou d'autres services du bureau de bienfaisance (Inst. 2887, § 5, *in fine* ; D. M. F. 24 août 1894).

II. Marine marchande. — L'art. 10 de la loi du 30 janvier 1893 a accordé la faveur du droit fixe, pour l'enregistrement des ventes de navires français. Ce bénéfice ne saurait être étendu aux marchés de construction de navires étrangers (Sol. 5 fév. 1895 ; R. E. 879. — V. T. A., *Marché*, 13-3).

SECT. III. — RÈGLES COMMUNES A TOUS LES MARCHÉS.

8. (32 à 37). **Réunion d'actes.** — En matière de droit de marché, le fait générateur de l'impôt est la rédaction d'un ou de plusieurs écrits ayant un caractère contractuel ; l'existence d'un traité en forme n'est pas nécessaire et il suffit, pour justifier la perception de l'impôt, que la convention résulte de la combinaison de divers documents, tels que lettres, soumissions, arrêtés et délibérations des conseils municipaux ou des commissions administratives (Cass., 21 nov. 1892 ; Inst. 2834, § 6 ; R. E. 326 ; S. 93.1.157 ; D. 93.t.291). Ces derniers documents, il est vrai, doivent être considérés, dans la plupart des cas, comme des actes d'ordre intérieur ou de police générale, exempts des droits de timbre et d'enregistrement, en vertu de l'art. 80 de la loi du 15 mai 1818. Mais il en est autrement, lorsque les délibérations ont manifestement pour effet de tenir lieu d'un traité en forme, en assurant la preuve écrite des conventions (Inst. 454, p. 260, art. 6).

Ainsi, la Cour de cassation a reconnu que diverses correspondances échangées entre les préfets de deux départements constituaient par leur réunion un marché administratif tombant sous le coup de l'art. 78 de la loi du 15 mai 1818 (Req., 21 nov. 1892, précité).

De simples visas, apposés sans restriction, au pied des pétitions présentées par les particuliers, donnent à l'acte écrit une perfection suffisante pour la réclamation du droit, lorsque ces visas impliquent l'adhésion de la ville.

Les offres écrites faites par des commerçants, à un hospice, de fournir des marchandises à un prix déterminé constituent, lorsqu'elles sont acceptées par la commission administrative, un marché administratif obligatoirement assujetti à l'enregistrement.

La soumission doit être produite au juge des comptes, revêtue de la mention de l'enregistrement, par le comptable de l'hospice (Cour des Comptes, 22 fév. 1897 et 3 juill. 1900 ; R. E. 2741).

8 bis. (38). **Preuve.** — Il n'est pas indispensable, pour justifier de l'exigibilité de l'impôt, que l'Administration produise les actes eux-mêmes, dont la rédaction est la cause génératrice du droit ; il suffit qu'elle soit à même de démontrer, par tous les moyens compatibles avec la procédure suivie en matière fiscale, que le consentement des deux parties a été donné par écrit. Toutefois, la disposition d'un règlement général, relatif à une distribution d'eau, d'après laquelle les abonnements sont constatés au moyen d'une police, ne serait pas, à elle seule, une présomption suffisante ; la Direction générale doit encore établir qu'en fait cette clause a été exécutée (Montargis, 6 août 1895).

9. (39 et 40). **Condition.** — Les marchés affectés d'une condition suspensive ne sont pas passibles du droit proportionnel, tant que cette condition n'est pas échue.

On doit considérer comme soumis à une condition suspensive la disposition d'un marché, aux termes de laquelle une ville qui a concédé à un entrepreneur le privilège de la fourniture du gaz d'éclairage, s'est réservé le droit d'exiger, quand elle le jugera convenable, ce mode d'éclairage pour ses rues, places et promenades publiques (1).

Constitue, au contraire, un marché indéterminé et non un marché conditionnel la clause d'un marché, d'après laquelle une compagnie s'engage à fournir à une commune, gratuitement, une quantité d'eau fixée, affectée à un service spécial, et à prix d'argent les quantités nécessaires, en sus de cette fourniture gratuite, à tous les services

(1) Cass., 20 mai 1868 : Inst. 2274, § 4 ; D. 63.1.245 ; S. 63. 1.316 ; J. E. 17.685 ; R. P. 1811.

municipaux en général. Un pareil traité contient un marché de fourniture d'eau, ferme et actuel pour le tout. En conséquence, la compagnie doit, lors de l'enregistrement, souscrire une déclaration estimative de toutes les quantités d'eau à fournir pendant la durée du marché et le droit proportionnel à 1 0/0 doit être perçu d'après cette évaluation.

A défaut de déclaration estimative, la Régie ne peut poursuivre, plus de deux ans après l'enregistrement du contrat, le recouvrement des droits de marché sur les fournitures excédant les prévisions de l'acte (Seine, 29 juill. 1893) (1).

10. Acte refait. Modifications dans l'objet du marché. — L'art. 68, § 1er, de la loi du 22 frimaire an VII a classé dans la catégorie des droits fixes, sous le n° 6 : « les actes qui ne contiennent que l'exécution, le complément et la consommation d'actes antérieurs enregistrés ». Cette exception n'est pas applicable au cas où, après l'annulation d'un premier marché, un second traité est passé avec un autre entrepreneur pour les mêmes travaux. Ainsi décidé dans une espèce où le premier traité avait été annulé par arrêt du Conseil d'Etat (Constantine, 17 oct. 1899).

Dans le même sens, il a été décidé qu'un marché contenant une clause formelle d'annulation d'un contrat antérieur, doit être assujetti à l'impôt, sans qu'il y ait lieu de tenir compte des droits perçus sur le marché précédent (V. les motifs du jugement du 8 mars 1897, cité n° 9, sur le 2e chef de contestation ; Inst. 2986 § 4, p. 33).

Toutefois, on a reconnu qu'une pareille clause d'annulation n'entraînait pas la novation du contrat visé, lorsque l'objet du traité n'était pas modifié dans ses parties essentielles, et que, par suite, le droit proportionnel était exigible uniquement sur les sommes excédant les prévisions du contrat primitif (Tours, 13 avr. 1900 ; R. E. 2415).

Les conventions qui interviennent pour régler les détails d'exécution de travaux prévus dans des marchés antérieurs ne constituent pas les titres des conventions ; elles ne donnent pas ouverture au droit proportionnel qui est dû à titre de supplément sur la concession primitive. Mais ces actes de complément n'en constituent pas moins des marchés tombant sous le coup de l'art. 18 de la loi du 15 mai 1818, lorsqu'ils sont passés dans la forme administrative, et ils sont assujettis obligatoirement à l'enregistrement dans un délai déterminé, moyennant le payement du droit fixe de 3 fr. (Lyon, 23 nov. 1900 ; R. E. 2663).

11. Prorogations de marchés. — L'Administration admet que la prorogation pure et simple d'un marché antérieur n'emporte pas novation et, par suite, lors de l'enregistrement de l'acte de prorogation, le droit n'est dû que sur le montant des fournitures prévues pour la période de prorogation ; mais les sommes payées jusqu'à l'expiration du marché originaire ne sont passibles de l'impôt que d'après les tarifs en vigueur au jour où ce marché a reçu sa perfection, c'est-à-dire que, suivant les cas, le principal du droit ne doit être augmenté que d'un ou de deux décimes. Néanmoins, si, à l'occasion de la prorogation de la concession, l'entrepreneur obtient de la ville un supplément de prix, l'augmentation qui en résulte ne peut pas bénéficier de l'application des anciens tarifs ; on doit percevoir les décimes en vigueur au jour de la passation de l'acte modificatif.

12. (46 à 51). **Assiette de l'impôt.** — D'après l'art. 14, n° 4, de la loi du 22 frimaire an VII, la valeur imposable est déterminée « pour les marchés et traités, par le prix exprimé ou l'évaluation qui sera faite des objets qui en

(1) Seine, 29 juill. 1893 ; R. E. 552 ; R. P. 8403 ; — Seine, 8 mai 1897 et Cass. req., 7 déc. 1898 ; R. E. 1928 ; J. E. 25.565.

seront susceptibles ». A défaut d'évaluation dans le contrat, il y a lieu de recourir à la déclaration estimative prévue par l'art. 16 de la loi du 22 frimaire an VII. Toutefois, les droits sont régulièrement calculés sur les estimations contenues aux cahiers des charges, alors même que ces estimations ne sont données qu'à titre de simples renseignements; la déclaration que les parties seraient admises à fournir aurait essentiellement le même caractère, puisque, dans la plupart des cas, le montant exact des travaux à effectuer n'est pas d'ores et déjà connu. La pratique administrative est fixée en ce sens.

L'Administration, au surplus, n'insiste pas pour obtenir une déclaration estimative, en ce qui concerne les divers éléments du prix pour lesquels elle n'aurait aucun moyen de contrôler les évaluations des parties (Inst. 3037, § 7, p. 101).

13. (52 à 61). Prix. — Nous avons vu au *T. A.* que la clause d'un marché, par laquelle un entrepreneur est exempté de l'acquit des droits d'octroi sur les matières employées ne constitue pas une charge à ajouter au prix pour la liquidation de l'impôt. Par contre, lorsque dans un marché ayant pour objet des bois à brûler à livrer dans l'intérieur d'une ville, le prix a été fixé à forfait, il n'y a pas lieu d'en déduire les droits d'octroi payés par le fournisseur sur ces marchandises (Sol. 20 juill. 1897; *R. E.* 1828).

14. (62 à 65). Durée. — Lorsque la durée d'un marché n'est pas déterminée, le droit doit être liquidé d'après une déclaration estimative fournie par les parties (Sol. 9 août 1889; *Rev. prat.*, 3121).

Constituent des marchés à durée indéterminée, les concessions faites pour un an, avec stipulation qu'elles continueront d'année en année, jusqu'à ce que l'une des parties notifie à l'autre son intention de les faire cesser.

Pourtant, dans ce cas, une déclaration estimative de la durée ne paraît pas indispensable; ce mode de procéder, en effet, ne doit être employé qu'en l'absence de tout autre moyen certain d'évaluation (Cass., 22 juin 1885; Inst. 2718, § 6; — et 5 avr. 1887; D. 88.1.65; R. P. 6862; *J. E.* 22.824). Or, la clause des actes assignant aux traités une durée d'au moins un an peut paraître équivalente à la déclaration prescrite par l'art. 16 de la loi du 22 frimaire an VII.

L'Administration, toutefois, recommande, par mesure de prudence, à ses préposés d'exiger, lors de l'enregistrement, une déclaration estimative de la durée du contrat, et cela, en vue d'éviter toutes contestations au sujet de la prescription biennale.

Les marchés à périodes, avec faculté de résiliation à l'expiration de chacune des périodes, sont affectés d'une condition résolutoire, *si displicuerit*, qui ne met pas obstacle à la perception du droit sur la totalité de la durée stipulée, de telle sorte que le droit perçu n'est pas restituable, même partiellement, en cas de résiliation du marché (Sol. 17 avr. 1899; *Rev. prat.*, 4617). Au contraire, doit être considéré comme subordonné à une condition suspensive, *si placuerit*, un marché portant une clause ainsi conçue : « La durée du présent traité est fixée à 4, 8 ou 12 ans, à la volonté de l'Administration, à partir du 1er octobre 1888 ». Le droit de marché n'est exigible en ce cas d'après la Régie elle-même, que sur la portion du prix afférente à la première période de 4 ans.

15. (66 à 68 bis). Cessions de marchés. — Les substitutions d'entrepreneurs réalisées suivant acte administratif, en présence du maître du marché, ne donnent ouverture qu'au droit fixe de 3 fr. lorsqu'elles ne contiennent la stipulation d'aucun prix en faveur de l'entrepreneur sortant (Inst. 2673-4, p. 109; *a contrario* et 2817, § 14).

Il en est ainsi, d'après l'Administration, alors même que le traité primitif reçoit certaines modifications, pourvu que ces changements n'emportent pas novation du contrat antérieur.

Si les entrepreneurs sortants abandonnent à leurs successeurs les travaux et installations en cours, sans aucune stipulation de prix, il s'agit d'une simple modalité de la substitution d'entrepreneurs, et aucun droit particulier n'est dû sur cette clause. La pratique administrative est fixée en ce sens.

Au contraire, la cession d'un marché en cours consentie moyennant un prix, donne lieu à la perception du droit de vente mobilière à 2 0/0; si l'acte de cession comprend plusieurs marchés de travaux, dont les uns sont terminés et les autres restent à exécuter, le droit de 1 0/0 est dû sur la portion du prix afférente aux premiers (transport de créance) et le droit de 2 0/0 sur le surplus. Une ventilation doit, en conséquence, être exigée des parties (Sol. 14 juin 1895; *R. E.* 1409).

16. (69 à 72). Clauses indépendantes. — Les marchés consentis par l'État ou par les établissements publics contiennent fréquemment des dispositions indépendantes — bail ou vente — passible d'un droit spécial (V. *infra*, sect. IV). Néanmoins, en pratique, on n'insiste pas sur le paiement d'un droit fixe particulier, en ce qui concerne les promesses de vente ou marchés sous conditions suspensives, contenues dans un contrat donnant lieu, par ailleurs, à la perception immédiate du droit proportionnel (V. cep. Inst. 2780, p. 11 et 12 et 2798, § 1, p. 13).

17. (73 à 87). Événements postérieurs. — Dans la plupart des cas, l'importance du marché ne peut pas être exactement déterminée au moment du contrat, et des droits supplémentaires deviennent exigibles lorsque les évaluations primitives sont dépassées. Nous avons vu au *T. A.* que, pour la liquidation de chaque complément de droit, il y a lieu de faire le total de toutes les sommes payées à l'entrepreneur et de calculer le droit de marché sur ce total, imputation faite de l'impôt précédemment acquitté (Inst. 2596, *in fine*).

L'Administration admet ainsi qu'il peut être tenu compte, soit par voie d'imputation, soit par voie de compensation, des insuffisances et des excès de perception, même lorsqu'ils ont été commis depuis plus de deux ans, et cela, sans distinguer entre les droits municipaux et les décimes.

I. Travaux prévus. — Il convient, d'ailleurs, de distinguer entre les sommes allouées aux entrepreneurs, à titre de dommages-intérêts, et celles qui représentent le prix des travaux supplémentaires.

Les premières ne rentrent à aucun point de vue dans les prévisions du contrat, et, dès lors, elles échappent à l'impôt ; quant aux autres, elles sont passibles du droit de marché. Par contre, ce droit doit être liquidé sur toutes les sommes qui représentent l'équivalent des travaux et des livraisons dont les entrepreneurs étaient tenus, et cela, sans déduction des retenues imposées à ceux-ci pour malfaçons ou inexécutions de leurs engagements. Telle est la règle de perception suivie par l'Administration.

La charge assumée par les entrepreneurs de faire des avances donne lieu au droit sur les sommes qui ont fait l'objet de l'engagement et la valeur des sommes spéciaux que la répartition de ces avances peut entraîner. Toutefois, l'Administration reconnaît qu'on ne doit pas tenir compte des paiements que les entrepreneurs sont obligés à effectuer après remise préalable des fonds par le maître du marché. La charge de ces paiements n'apparaît plus alors comme un engagement de sommes, mais comme une obligation de faire, laquelle échappe à toute perception particulière.

II. PRESCRIPTION. — Nous avons vu au *T. A.* que l'action de l'Administration à l'effet de réclamer les suppléments de droit exigibles par suite de l'exécution des marchés, n'est prescriptible que par trente ans. Cette prescription ne court que de la date du dernier paiement effectué par le maître de l'affaire, c'est-à-dire de l'événement qui a rendu le supplément de droit exigible.

Au contraire, les parties n'ont qu'un délai de deux ans pour réclamer la restitution des droits en trop perçus, lors de l'enregistrement du traité. Cependant, il a été décidé que la Régie n'est pas recevable à opposer la prescription biennale, lorsque la demande en restitution a trait à des droits supplémentaires acquittés volontairement, sans qu'aucune déclaration estimative n'ait été souscrite par les parties au moment du paiement (Seine, 13 mai 1898; *R. E.* 1777).

III. RÉSILIATION. — Une décision ministérielle du 8 nivôse an IX a décidé que les droits perçus sur les marchés passés entre les agents du gouvernement et les particuliers peuvent être restitués, lorsque ces actes éprouvent des changements, par la seule volonté de ces agents (*J.E.* 688). Encore faut-il que la demande en restitution soit formulée avant l'échéance de la prescription biennale.

De plus, la Régie restreint le bénéfice de cette décision au cas où il s'agit d'un marché de l'Etat, annulé en totalité ou partiellement par mesure administrative, dans l'intérêt seul de l'Administration, et refuse de l'étendre aux contrats résiliés sur la demande de l'entrepreneur et dans l'intérêt des deux parties en cause.

De même, il n'y a pas lieu, d'après l'Administration, de faire application aux marchés des communes du tempérament ainsi admis.

IV. DROIT DU SUR LA RÉSILIATION. — L'acte de résiliation de marché n'étant pas compris dans l'énumération limitative de l'art. 78 de la loi de 1818, est exempt de l'enregistrement (de Colonjon et Cantrel, *Traité sur l'Enregistrement*, II, nº 946).

Si un tel acte était présenté à la formalité, il ne devrait être assujetti qu'au droit fixe (Marseille, 4 janv. 1899; *R. E.* 1999).

18. (88). **Paiement des droits.** — Voir *T. A., Acte Administratif*, 82 à 87 et *Supplément, hoc verbo*.

Ajoutons les décisions suivantes, rendues en ce qui concerne les droits de marché :

I. CONSIGNATION DES DROITS. — Les autorités administratives sont dans l'obligation stricte de recevoir la consignation des droits dus, et de les verser ensuite à la caisse du receveur compétent.

Cette consignation est, d'ailleurs, libératoire pour les parties, et, en cas de détournement par les agents préposés à l'opération, la responsabilité des villes ou des établissements publics peut être engagée (D. M. F. 23 sept. 1895).

II. SOLIDARITÉ DES COMMUNES ET DES ÉTABLISSEMENTS PUBLICS. — La jurisprudence tend à admettre que les communes et les établissements publics sont tenus solidairement avec les entrepreneurs des droits d'enregistrement exigibles sur leurs marchés (V. Jug. Bordeaux, 12 déc. 1888; *R. P.* 7255; — St-Etienne, 29 déc. 1892; *R. P.* 8124; — Lyon, 9 juin 1893; *J. E.* 24.447). Toutefois, la question n'est pas sans difficultés (*J. E.* 20.332, obs. et 24.448, obs.).

Ainsi, lorsqu'il s'agit de suppléments de droit minimes restant dus sur des marchés anciens, il n'est pas d'usage d'actionner solidairement les établissements publics, en cas d'insolvabilité des entrepreneurs ; la Direction générale s'est bornée à faire insérer aux recueils administratifs des

préfectures, une note rappelant aux établissements publics qu'ils sont tenus vis-à-vis du Trésor au paiement solidaire des droits dus sur leurs marchés.

III. PÉNALITÉS. — Le droit en sus ne saurait être réclamé sur les devis ou autres documents préparatoires aux marchés, alors même que ces marchés n'ont pas été enregistrés dans le délai utile.

SECT. IV. — RÈGLES SPÉCIALES AUX MARCHÉS
ADMINISTRATIFS LES PLUS USUELS.

19. (89 à 97). **Marchés de l'Etat. Services civils.** — 1. POSTES ET TÉLÉGRAPHES. — Constituent des marchés assujettis obligatoirement à la formalité de l'enregistrement les traités passés entre l'Administration des Postes et Télégraphes, des communes, et des particuliers désignés pour remplir l'office de piétons, et contenant engagement par ceux-ci de remettre à domicile tous les télégrammes à destination de la localité, ainsi que les télégrammes par exprès, moyennant, pour les premiers, une somme déterminée qui lui est versée par la commune et, pour les seconds, une rétribution fixée d'après le nombre de kilomètres parcourus, qui lui est payée par l'Etat. Le taux du droit exigible est de 0 fr. 20 0/0 sur les redevances à verser par l'Etat, et de 1 0/0 sur celles qui sont à la charge des communes (D. M. F. 21 sept. 1899; Inst. 3019). L'Administration reconnaît qu'on doit, au contraire, envisager comme de simples offres de concours, exemptées d'enregistrement lorsqu'elles sont constatées dans la forme administrative, les contrats par lesquels l'Etat s'engage à assurer, moyennant une redevance annuelle, le service de la distribution des télégrammes officiels ou privés sur le territoire d'une commune. La redevance ainsi stipulée n'a pas pour objet de rémunérer l'Etat de travaux ou d'ouvrages exécutés pour le compte des communes, mais d'indemniser l'administration municipale des dépenses résultant de la création de services nouveaux qu'elle entend établir pour son propre compte et régir en dehors de toute immixtion de l'autorité municipale.

II. SERVICES PÉNITENTIAIRES. — Les traités passés pour l'entretien et le travail des détenus dans la colonie pénitentiaire de Fouilleuse, doivent bénéficier de l'enregistrement au droit fixe édicté par la loi du 6 juin 1857. D'après les travaux préparatoires de cette loi, les marchés de toute nature relatifs aux services des prisons sont admis à la faveur du droit fixe, sans qu'il y ait lieu de distinguer entre les traités collectifs de fournitures et de travail, et les traités ayant pour seul objet le travail des détenus. La pratique administrative est en ce sens.

III. SERVICES DE L'AGRICULTURE. — Les marchés passés par le directeur de la bergerie nationale de Rambouillet sont obligatoirement assujettis à l'enregistrement en vertu de l'art. 18 de la loi du 15 mai 1818.

20. (98 à 110). **Marchés militaires.** — I. SERVICES HOSPITALIERS. — Constitue un louage d'industrie et non un bail le traité passé par le département de la guerre avec la commission administrative d'un hospice, pour la désinfection d'effets de militaires malades. Dès lors, cet acte ne saurait bénéficier de la gratuité édictée en faveur des baux dont le prix est à la charge de l'Etat (D. M. F. 28 déc. 1896; *R. E.* 2266).

II. SERVICE DES HARAS. — L'acte par lequel un particulier a mis à la disposition du Ministre de la guerre divers immeubles pour y établir un dépôt de remonte, et s'est engagé à pourvoir à l'alimentation des chevaux logés dans l'établissement, contient deux dispositions indépendantes, un bail d'immeubles et un marché. La première échappe au droit proportionnel en vertu de l'article 70, § 2, n° 1, de la loi du 22 frimaire an VII, et la seconde seule est assujétie au droit de marché à 0 fr. 25 0/0.

III. Subsistances militaires. — Le droit de 2 0/0 est dû sur les marchés de subsistances militaires portant que les entrepreneurs entrants sont tenus de prendre le matériel et les approvisionnements des entrepreneurs sortants à un prix déterminé (D. M. F. 29 sept. 1899 ; R. E. 2518).

Toutefois, il a été admis que cette décision n'aurait pas d'effet rétroactif et qu'elle ne s'appliquerait pas aux marchés enregistrés avant la date à laquelle elle a été rendue (D. M. F. 3 juill. 1900 ; R. E. 2518).

21. (111 à 121). **Marchés ordinaires des départements, communes et établissements publics.** — I. Vente mobilière. — Nous avons rapporté au T. A. une solution de l'Administration d'après laquelle la vente pure et simple d'objets mobiliers à une commune n'est passible que du droit de 1 0/0, comme les marchés dont le prix est à sa charge (Marché, n° 112). Cette doctrine est actuellement abandonnée, et des solutions plus récentes ont reconnu que les ventes mobilières consenties au profit des communes sont passibles du tarif à 2 0/0.

II. Distinction entre le bail et le marché. — Constitue un louage d'industrie et non une location immobilière, l'acte, qualifié bail, par lequel une ville concède à une société l'exploitation d'un établissement de bains de mer, moyennant un prélèvement de moitié sur les recettes brutes. Le droit de 1 0/0 est exigible sur tous les produits attribués à la compagnie concessionnaire (Bayonne, 27 mars 1900).

On reconnaît également le caractère d'un louage de services à un traité par lequel un chef d'institution s'engage à donner l'enseignement et le trousseau à des élèves boursiers, qui lui sont confiés par une ville. Ainsi décidé, en ce qui concerne les internes placés à l'École Pompée par la Ville de Paris (Seine, 27 mai 1898). Il en serait autrement, toutefois, du placement d'enfants dans des écoles enfantines ou même dans des écoles primaires ordinaires ; le traité passé à ce sujet peut être envisagé comme un bail à nourriture passible du droit à 0 fr.20 0/0, s'il résulte des circonstances que les rétributions accordées par la ville s'appliquent principalement à la garde et à la nourriture des enfants.

A le caractère d'un marché administratif et non d'un bail d'immeubles l'acte par lequel une ville concède à un entrepreneur, outre la jouissance d'une usine à gaz déjà construite, le service exclusif de distribution de l'eau et du gaz moyennant l'engagement pris par le concessionnaire d'exécuter des travaux déterminés, d'une valeur bien supérieure à ceux de l'usine déjà construite et des autres travaux antérieurement effectués, et de fournir gratuitement à la ville une certaine quantité annuelle d'eau et de gaz.

Le droit de 1 0/0 doit être liquidé sur l'évaluation totale des travaux à effectuer et des fournitures à faire par le concessionnaire (Mâcon, 12 mars 1901 ; R. E. 2778).

III. Dispositions indépendantes. Bail. — L'acte par lequel une ville concède la jouissance d'un terrain communal, moyennant le paiement d'une redevance annuelle et à charge, par le concessionnaire d'élever un casino à ses frais et pour le compte de la ville, renferme deux clauses indépendantes, un bail et un marché passibles, la première, du droit à 0 fr. 20 0/0 sur le montant cumulé des redevances et la seconde, du droit à 1 0/0 sur l'évaluation des travaux dont l'entrepreneur se trouve rémunéré au moyen de l'exploitation du casino pendant toute la durée assignée à la convention.

Renferme également un bail et un marché, la convention par laquelle une ville concède à une compagnie la jouissance d'un service d'éclairage, en cours d'exploitation, moyennant un prélèvement sur les bénéfices bruts et s'engage à payer le gaz employé à l'éclairage de la voie publique, suivant un tarif fixé dans l'acte.

Le droit de 0 fr. 20 0/0 est dû sur le montant des prélèvements (V. Rouen, 4 mai 1893 et Cass. req., 18 fév. 1895 ; R. E. 893-1), et le droit de marché à 1 0/0 sur les redevances cumulées.

IV. Adjudication des boues. — Nous avons indiqué au T. A. que si une ville paie des redevances à un entrepreneur, pour l'enlèvement des boues et vidanges, le contrat a le caractère d'un louage d'industrie et donne ouverture au droit de 1 0/0 sur le montant des redevances mises à la charge de la ville ; mais il n'y a pas lieu d'y ajouter la valeur des boues laissées à l'entrepreneur.

V. Théatres. — La question de savoir si les traités passés entre les villes et des particuliers, pour l'exploitation des théâtres municipaux, rentrent dans la catégorie des actes visés par l'art. 78 de la loi du 15 mai 1818, a donné lieu à des décisions contradictoires des tribunaux secondaires (T. A., V° Marché, n° 118 et la note). Un arrêt de la Cour de cassation du 21 mai 1900 a décidé que ces conventions constituent des louages d'industrie passibles du droit de 1 0/0 (R.E. 2422 ; Inst. 3037, § 7). Depuis lors, des difficultés nouvelles se sont élevées, en ce qui concerne la détermination des valeurs passibles du droit de marché. En dehors des subventions en espèces, les villes fournissent, dans la plupart des cas, des subventions en nature (éclairage de la salle, paiement des primes d'assurance et des traitements de certains employés) ; on s'est demandé si l'impôt devait être calculé sur l'ensemble de ces prestations. A en juger d'après les observations contenues dans le mémoire que l'Administration a présenté pour défendre à l'instance engagée devant la Cour (V. Inst. précitée, p. 101), le droit de marché serait exigible sur les subventions en nature et sur les subventions en argent.

La question nous paraît délicate et ne peut être tranchée qu'après examen des clauses de chaque traité.

VI. Marchés divers. — Il a été décidé que le droit de 1 0/0 est exigible sur le traité par lequel une ville charge un entrepreneur de construire les bâtiments nécessaires à une exposition, puis de la diriger et de l'exploiter, et lui abandonne, en échange, les produits de l'exploitation jusqu'à concurrence d'une certaine somme au delà de laquelle les recettes se partageront, par égales parts, entre la ville et le concessionnaire. L'impôt doit être liquidé sur le montant total des travaux formant l'objet du marché (V. Lyon, 13 mai 1896 ; R. P. 9086).

D'après la jurisprudence de l'Administration, constitue également un louage d'industrie, passible du droit à 1 0/0, l'acte par lequel un particulier s'est engagé à diriger la musique d'une ville, à donner des leçons gratuites de solfège aux élèves fréquentant une école communale et à diriger un cours gratuit de musique, moyennant un traitement annuel.

Les offres écrites faites par un commerçant à un hospice de fournir des marchandises à un prix déterminé, constituent un marché obligatoirement soumis à l'enregistrement lorsqu'elles sont acceptées par la commission administrative (C. des Comptes, 3 juill. 1900 ; R. E. 2741).

22. (122 à 142). **Concessions de travaux publics.** — I. Concession d'eaux. — Le traité par lequel une ville concède à une compagnie le privilège exclusif de conduire et de distribuer les eaux au moyen de tuyaux placés sous le sol des voies communales, à l'effet de satisfaire aux besoins publics et privés, avec droit pour la compagnie de percevoir à son profit, pendant toute la durée de la concession, les produits de l'entreprise, mais à charge d'entretenir les conduites existantes, d'édifier de nouvelles conduites, qui resteront la propriété de la ville à l'expiration de la concession, d'effectuer, pour les besoins municipaux, certaines fournitures d'eau, les unes gratuitement, les autres à prix d'argent, constitue un marché unique et indivisible, dont le prix consiste dans la valeur de la concession abandonnée et les sommes à payer pour la fourniture d'eau non gratuite. Ce traité donne, en conséquence, ouverture au droit de 1 0/0 soit sur la totalité du prix, soit, à défaut de prix exprimé, sur l'évaluation des objets qui en seront susceptibles, c'est-à-dire, dans l'espèce, sur le montant à déterminer par une déclaration des parties, des travaux et fournitures à faire soit gratuitement, soit à prix d'argent (1).

Si, en échange du monopole concédé, la ville obtient des réductions de prix pour les fournitures qui lui profitent, il a été décidé que le droit de 1 0/0 est exigible sur la différence des tarifs imposés à la ville et aux particuliers (Corbeil, 11 fév. 1892 ; R. E. 82 ; R. P. 7912) ; il en serait autrement, toutefois, si les réductions de tarifs ainsi obtenues ne représentaient pas uniquement la valeur du monopole concédé à l'entrepreneur, et tenaient en partie à l'importance des fournitures et à la sûreté du crédit de la ville. Dans les espèces de ce genre, l'Administration admet les parties à souscrire une déclaration estimative, fixant la valeur du monopole.

Et même, en pratique, on néglige cet élément du prix, lorsque les préposés n'ont aucun moyen efficace pour contrôler les évaluations des parties.

II. TRAVAUX POUR LE COMPTE D'UNE VILLE OU D'UN ÉTABLISSEMENT PUBLIC. — L'Administration admet que le droit est dû uniquement sur les prestations en argent mises à la charge de la ville ou de l'établissement public, sans qu'il y ait lieu d'ajouter la valeur estimative des travaux, lorsque l'entreprise a pour seul but de satisfaire aux besoins de cet établissement public et que la rémunération de l'entrepreneur consiste simplement dans les prestations en argent.

Lorsqu'un traité intervenu entre une ville et une société d'éclairage par le gaz proroge, à certaines conditions, le privilège précédemment accordé à la société de placer des tuyaux pour la conduite du gaz, sous le sol des voies municipales, et constate la cession par la société à la ville d'une ancienne usine à gaz et d'un terrain y attenant, la clause relative à cette dernière cession constitue une disposition indépendante sujette au droit de 5 fr.50 0/0 et non au droit de marché de 1 0/0 dont le contrat principal est passible (Beaune, 19 janv. 1900 ; R. E. 2331).

23. (150). Substitution d'entrepreneurs. Cautionnement. — L'acte qui constate la substitution pure et simple d'un entrepreneur dans les droits et obligations résultant pour le substituant d'un marché antérieur ne donne ouverture qu'au droit fixe de 3 fr. sur cette disposition ; mais si, dans le même acte, le substituant reste garant vis-à-vis du maître du marché de l'exécution complète de ce contrat, le droit de cautionnement de 0 fr.50 0/0 est exigible sur cette clause particulière (Nantes, 1er août 1898 ; R. E. 1858).

MARINE MARCHANDE. — 1. (2). Gens de mer. Inscription maritime. — Une loi du 24 décembre 1896 (R. E. 1340 ; J. E. 25.006) a réorganisé le service

(1) Cass. req., 7 déc. 1898 ; R. E. 1928 ; Inst. 2986, § 4 ; S. 99.1.246 ; D. 99.1.474 ; J. E. 25.565.

de l'inscription maritime. Aux termes de l'art. 1er de cette loi, l'inscription comprend « les Français et les naturalisés français qui exercent la navigation à titre professionnel, c'est-à-dire comme moyen d'existence, soit sur la mer, soit dans les ports ou dans les rades, soit sur les étangs et canaux salés compris dans le domaine public maritime, soit dans les fleuves, rivières et canaux, jusqu'au point où remonte la marée et, pour ceux où il n'y a pas de marée, jusqu'à l'endroit où les bâtiments de mer peuvent remonter ».

2. (4). Rôles d'équipages et engagements de matelots. — Les rôles d'équipages et engagements de matelots et gens de mer sont exempts d'enregistrement (L. 22 frim. an VII, art. 70, § 3, n° 13). Mais cette immunité ne s'étend pas au traité passé par une compagnie de navigation avec un particulier pour l'embarquement et le débarquement de ses navires. Ce traité constitue un marché passible du droit de 1 0/0 (Cass. civ., 20 juill. 1896 ; R. E. 1238 ; J. E. 24.897).

3. (12 bis). Procès-verbaux de sauvetages maritimes. Inventaires. — Les procès-verbaux de sauvetages maritimes dressés par les agents des Douanes et les syndics des gens de mer sont exempts d'enregistrement. Les inventaires et récolements d'inventaires de cargaisons naufragées bénéficient de la même exemption lorsqu'ils émanent d'autorités administratives (D.M. F. 26 fév. 1900 ; Inst. 3019, § 1 ; R. E. 2493).

4. (16-2). Long cours, grand et petit cabotage. Procès-verbaux de visite. Connaissances. — La loi du 30 janvier 1893 (art. 1er) a substitué aux anciennes classes de navigation (long cours, grand et petit cabotage) trois classes nouvelles (long cours, cabotage international et cabotage français) ; mais cette disposition ne peut avoir d'effet qu'en ce qui concerne l'objet de ladite loi, et principalement le droit aux primes de navigation : elle a laissé subsister l'ancienne classification pour tous autres objets. Spécialement, en ce qui concerne les droits de tonnage locaux et temporaires perçus dans certains ports, en vertu de la loi du 19 mai 1866 et de lois spéciales, sur tous navires autres que ceux qui font le petit cabotage, il y a lieu d'appliquer les anciennes définitions ; particulièrement la navigation entre les ports de l'Algérie et Dunkerque, qui a toujours été classée comme grand cabotage, ne saurait bénéficier de l'exemption des droits de tonnage réservée au petit cabotage, bien qu'elle soit classée comme cabotage français par ladite loi de 1893 (Cass. civ., 18 juill. 1898 ; R. E. 1920).

Par les mêmes motifs, on doit continuer de suivre les règles anciennes pour l'enregistrement et le timbre des procès-verbaux de visite de navires et le timbre des connaissances.

5. (20). Rapport à l'arrivée. — V. Capitaine de navire.

6. (20 bis). Navires naufragés. Pétitions des consuls étrangers. — On considère comme constituant de simples correspondances administratives exemptes du timbre les pétitions par lesquelles les consuls étrangers réclament pour leurs nationaux, en vertu des traités, le produit net du sauvetage ou d'un naufrage (D.M.F. 19 fév. 1894 ; R. E. 994 ; J. E. 24.764 ; R. P. 8650).

7. (63). Marchés de construction. Navires étrangers. — Les marchés de construction de navires étrangers sont assujettis au droit proportionnel et ne peuvent bénéficier de la faveur du droit fixe accordée par l'art. 10 de la loi du 30 janvier 1893 aux seules ventes de navires français (Sol. 5 fév. 1895 ; R. E. 879 ; J. E. 24.636-44 ; D. 95.5.535).

MUTATION SECRÈTE D'IMMEUBLES.

SOMMAIRE ANALYTIQUE.

ART. 1er. — RÈGLES D'EXIGIBILITÉ DE L'IMPÔT, 1-4.
— 2. — DÉLAIS, 5-8.
— 3. — PÉNALITÉS, 9-11.
— 4. — PREUVES DE LA MUTATION, 12-17.
— 5. — PRESCRIPTION (RENVOI).

ART. 1er. — RÈGLES DE L'EXIGIBILITÉ DE L'IMPÔT.

1. (18). **Mutation conditionnelle. Réalisation.** — Nous avons établi au *T. A.* que, dans le cas d'une mutation conditionnelle, l'événement qui réalise la condition et rend définitive la convention restée jusque-là incertaine, doit être porté par les parties à la connaissance de l'Administration, dans les délais fixés par les art. 22 de la loi du 22 frimaire an VII et 14 de la loi du 23 août 1871, soit au moyen de la présentation de l'acte qui le constate, s'il en a été dressé acte, soit au moyen d'une déclaration spéciale, s'il n'existe pas d'acte, alors même que la transmission conditionnelle aurait fait l'objet d'un acte public ou sous-seing privé, dûment enregistré.

Ce principe a reçu son application dans les espèces suivantes :

I. MUTATION. RÉVERSION. ACQUISITION CONJOINTE D'USUFRUIT RÉVERSIBLE. DÉCÈS DE L'UN DES ACQUÉREURS. DROIT EN SUS. — Lorsque l'usufruit d'un immeuble a été acquis conjointement par deux personnes et que la réversion s'opère au décès de l'une d'elles, il est dû par la survivante un droit de mutation à titre onéreux sur la valeur de la part qui lui accroît. Elle doit, de plus, un droit en sus si elle ne fait pas au bureau de l'enregistrement, dans les trois mois de l'événement, la déclaration de cette mutation ; mais il n'est pas dû, en ce cas, un second droit en sus par les héritiers du prédécédé (Sol. 9 août 1893 ; *R. E.* 646).

II. IMMEUBLES APPORTÉS EN SOCIÉTÉ PAR DEUX PERSONNES QUI EN ÉTAIENT COPROPRIÉTAIRES PAR INDIVIS, AVEC CLAUSE D'ACCROISSEMENT AU PROFIT DE L'APPORTEUR SURVIVANT. RÉALISATION. DÉCLARATION DE LA MUTATION. DÉLAI DE TROIS MOIS. DROIT EN SUS. — L'acte par lequel deux personnes mettent des immeubles en société et stipulent qu'en cas de décès de l'une d'elles, sa part sera la propriété de la survivante, renferme une cession conditionnelle donnant lieu, lors de la réalisation de la condition, c'est-à-dire au décès du prémourant des associés, au droit de mutation à titre onéreux.

Lorsque la transmission ainsi prévue dans le pacte social se réalise par le décès du prémourant des associés, un droit en sus devient exigible, outre le droit simple de mutation, faute par l'associé survivant d'avoir porté à la connaissance de l'Administration, dans le délai de trois mois, l'événement qui a fait passer sur sa tête les droits dont le défunt était investi (Cass. req., 13 juin 1895) (1).

III. VENTE SOUS CONDITION SUSPENSIVE. RÉALISATION DE LA CONDITION. OBLIGATION POUR LES PARTIES DE FAIRE ENREGISTRER DANS LES DÉLAIS LÉGAUX L'ACTE CONSTATANT L'ACCOMPLISSEMENT DE L'ÉVÉNEMENT. — Si une vente immobilière a été faite sous la condition d'un mesurage, et s'il résulte d'une quittance sous seings privés que cette condition a été remplie, cet écrit qui constate la réalisation de l'événement et forme ainsi le titre de l'exigibilité du droit de mutation, doit être, dans les trois mois de sa date, pré-

senté à la formalité. À défaut, l'Administration est fondée, aux termes de l'art. 14 de la loi du 23 août 1871, à réclamer à l'ancien possesseur le montant du droit simple, si cet ancien possesseur n'a pas, dans le délai de trois mois établi par les lois du 22 frimaire an VII et du 27 ventôse an IX, présenté ladite quittance à la formalité, et si, dans le mois courant de l'expiration de ce délai, il n'a pas usé de la faculté de s'affranchir non seulement du droit en sus, mais du payement immédiat du droit simple, en se conformant aux prescriptions de l'art. 14, alinéa 2, précité (Cass. civ., 27 nov. 1895) (1).

IV. BAIL ÉCRIT CONDITIONNEL. RÉALISATION DE LA CONDITION. OBLIGATION POUR LES PARTIES DE SOUSCRIRE AU BUREAU DE L'ENREGISTREMENT, DANS LE DÉLAI LÉGAL, LA DÉCLARATION DE L'ÉVÉNEMENT QUI TENAIT LA CONVENTION EN SUSPENS. — Dans le cas d'une location conditionnelle d'immeubles qui ne devient définitive que par l'événement de la condition, c'est cet événement que les parties doivent porter à la connaissance de l'Administration, soit par la présentation de l'acte qui le constate, s'il en a été dressé acte, soit par une déclaration spéciale, s'il n'y a pas d'acte ou s'il n'est pas représenté. Et, précisément parce que la location conditionnelle n'est pas immédiatement translative de droit, le fait qu'il en existerait un acte ayant été enregistré à sa date, ne dispense pas de le représenter à la formalité, ou de faire la déclaration prescrite quand s'accomplit l'événement qui rend la convention définitive. Faute par les parties de satisfaire ainsi aux prescriptions légales, elles encourent la peine du droit en sus (Cass. civ., 14 décembre 1896) (2).

2. (30). **Acquisition faite par un prête-nom.** — Il est consacré, en jurisprudence, que tout acte, civil ou judiciaire, qui a pour effet de dessaisir le propriétaire apparent des biens reposant ostensiblement sur sa tête, pour en investir un tiers reconnu comme étant le propriétaire réel, opère, au regard du Trésor, une seconde mutation sujette au droit proportionnel, alors même que l'acheteur apparent exciperait de la qualité de prête-nom du véritable propriétaire.

Aux autorités citées au *T. A.* il faut ajouter les suivantes :

I. PRÊTE-NOM. RÉSOLUTION DE VENTE. JUGEMENT. TIERS DÉCLARÉ ACQUÉREUR. — Lorsqu'un jugement constate que c'est en vertu d'une simulation faite en fraude des droits des tiers qu'un époux a été porté dans un contrat de vente d'immeubles comme acquéreur alors que l'acquéreur véritable était son conjoint, ce jugement a les effets primordiaux d'une transmission d'immeubles en propriété à titre onéreux et donne ouverture au droit de vente (Seine, 26 déc. 1896 ; *R. E.* 1329 ; *J. E.* 25.138 ; *R. P.* 9106).

II. PROPRIÉTÉ APPARENTE. FONDS DE COMMERCE. JUGEMENT. PRÊTE-NOM. — Le jugement constatant qu'une personne ayant figuré à un acte d'acquisition d'un fonds de commerce n'était que le prête-nom d'un tiers, opère dans la propriété apparente une mutation passible du droit proportionnel (Sol. 21 juill. 1898 ; *R. E.* 2520).

3. (36). **Acquisition en remploi. Paiement en valeurs tenues en usufruit par un tiers. Acquisition de l'usufruit par ce dernier.** — Lorsque, dans l'acte passé pour constater l'acquisition d'un immeuble par une femme mariée, celle-ci déclare faire l'acquisition en remploi de capitaux à elle propres en nue propriété, qu'elle indique comme étant grevés de l'usufruit d'un tiers, l'acquisition

---

(1) Inst. 2900, § 1er ; D. 96.1.41 ; R. E. 966.

(1) Inst. 2900, § 8 ; D. 96.1.521 ; R. E. 1038.
(2) Inst. 2935, § 3 ; S. 98.1.97 ; D. 98.1.257 ; P. 98.1.97 ; R. E. 1293-2 ; J. E. 24.740 ; R. P. 8684 et 8860-29.

doit être censée faite pour la femme en nue propriété seulement et, pour l'usufruit, au nom et pour le compte du tiers usufruitier.

Cette stipulation pour autrui, conforme à l'art. 1121, C. civ., est valable sous la seule condition d'être ratifiée par le tiers intéressé. La ratification résulte suffisamment de l'acte portant quittance du prix, où l'usufruitier intervient pour accepter l'usufruit de l'immeuble à la place de l'usufruit des valeurs affectées au paiement de ce prix.

La quittance ne saurait donc être considérée comme contenant la preuve d'une mutation secrète de l'usufruit de l'immeuble (Arbois, 29 déc. 1899 ; *R. E.* 2002).

4. (37). Stipulation pour autrui. Hypothèques. Acquisition pour le compte d'une société par un porte-fort. Affectation hypothécaire sur l'immeuble. Ratification ultérieure par la société. Transcription. — Lorsqu'une acquisition d'immeubles a été faite conjointement par deux particuliers au nom d'une société en formation pour laquelle ils se portent fort, la ratification ultérieure de la société ne constitue pas une nouvelle mutation et ne donne ouverture ni au droit de vente, lors de l'enregistrement, ni au droit de 1 fr. 50 0/0, lors de la transcription au bureau des hypothèques (Saint-Nazaire, 4 août 1899 ; *R. E.* 2294).

Art. 2. — Délais.

5. (42). Fonds de commerce. Acte non enregistré. Déclaration de mutation prétendue verbale. — Lorsqu'il existe un acte constatant la mutation de propriété d'un fonds de commerce, les parties ne peuvent se dispenser de soumettre cet acte à l'enregistrement et ne sauraient suppléer à cette obligation par une déclaration souscrite conformément à l'art. 8, 2e alinéa, de la loi du 28 février 1872.

En conséquence, à défaut d'enregistrement de l'acte dans le délai légal, elles encourent les pénalités édictées par l'art. 14 de la loi du 23 août 1871, alors même qu'une déclaration de la mutation présentée comme verbale aurait été passée dans ledit délai (Seine, 16 avril 1896 ; *R. E.* 1184).

C'est là une règle constante (V. les arrêts cités au *T. A.*, note 1).

6. (47-2). Promesse de vente. Jugement ordonnant sa réalisation. Entrée en possession antérieure. — L'Administration est fondée, après l'enregistrement, moyennant le paiement du droit simple, d'un jugement qui a ordonné la réalisation par acte public d'une promesse synallagmatique de vente d'immeubles et déclaré qu'à défaut par les parties de passer acte, le jugement en tiendra lieu, à prouver, par les voies légales, notamment à l'aide des motifs du jugement et des faits de la cause, que la perfection de la vente remonte à une époque antérieure à celle qui résulte du jugement, et, par voie de conséquence, à exiger du vendeur et de l'acquéreur les droits en sus encourus par eux pour n'avoir pas soumis l'acte à l'enregistrement ou déclaré la convention verbale dans les délais fixés par la loi (Seine, 15 mai 1896 ; *J. E.* 25.091 ; *R. P.* 8774).

Ce jugement confirme les règles enseignées au *T. A.*

7. (48). Vente d'immeubles. Mutation secrète. Stipulation qu'une portion du prix sera payée le jour où la vente sera convertie en acte public. Condition suspensive. Non-exigibilité du droit de mutation. Appréciation des juges du fond. Droit de révision de la Cour de cassation. — La Cour de cassation a décidé, par un arrêt du 20 juillet 1896, qu'il n'y a pas, de la part d'un tribunal, violation de la loi, lorsque, appréciant d'après les termes d'un acte l'intention des parties contrac-

tantes, il décide que cet acte renferme, non une vente pure et simple, mais une vente sous condition suspensive, ne devant être réalisée qu'après la rédaction du contrat en la forme authentique. Il n'en serait autrement que s'il était prouvé que l'interprétation des premiers juges est inexacte (1).

Cet arrêt appelle quelques observations.

Il arrive fréquemment que, dans les actes de vente sous signatures privées, les parties conviennent de passer ultérieurement acte notarié de la convention.

Quel est le caractère d'une telle stipulation ? Faut-il y voir une condition suspensive faisant obstacle à la perception immédiate du droit proportionnel, ou bien une simple modalité n'exerçant aucune influence sur la perfection du contrat ni, par conséquent, sur l'exigibilité de l'impôt ?

La question, fort délicate, ne peut être résolue que par l'examen des dispositions de l'acte susceptible de révéler l'intention des parties contractantes.

Le lecteur trouvera au *T. A.* tous les éclaircissements que comporte la matière.

Nous nous bornerons à rappeler qu'en principe, la convention stipulée dans une vente verbale ou sous seings privés d'en passer plus tard acte par écrit ou devant notaire, n'empêche pas qu'il y ait vente parfaite dès le jour de la convention. Les clauses de cette nature doivent, *a priori*, être considérées comme ayant uniquement pour objet d'assurer plus efficacement le mode de preuve et d'exécution de la convention à laquelle elles se rapportent.

La raison en est que les obligations doivent, — suivant l'expression de MM. Aubry et Rau, t. IV, § 302, p. 62, — « être réputées non conditionnelles, à moins qu'elles n'aient été soumises à quelque condition par une disposition de la loi ou par une déclaration de volonté de l'homme ».

Or, si, nonobstant la convention qu'il sera passé acte de la vente devant un notaire, la mutation de propriété s'opère du jour même où les parties se sont trouvées d'accord, le droit proportionnel est nécessairement exigible.

Il ne peut en être autrement que si les termes de l'acte sous seings privés ou les faits démontrent qu'il est entré dans la commune intention des parties de subordonner l'effet translatif de leur convention à la rédaction future de l'acte public. Encore cette intention ne saurait-elle être facilement présumée ; il faut, comme l'a dit Pothier, (*Traité des obligations*, no 11) qu'elle « *paraisse* », c'est-à-dire qu'elle ressorte clairement de la teneur même du contrat ou des circonstances.

Tels sont les principes qui ont toujours été admis par la doctrine et par la jurisprudence (Voir les autorités citées au *T. A.*, notes 2 et 3).

L'arrêt ci-dessus rapporté ne les a nullement infirmés. L'interprétation des premiers juges trouvait un appui très sérieux dans l'ensemble des clauses du contrat, et il n'est pas surprenant qu'elle ait été maintenue par la Cour de cassation qui se montre généralement très réservée dans l'exercice de son droit de révision, toutes les fois que l'appréciation du tribunal n'est pas manifestement erronée (Arr. 28 janv. 1875 ; Inst. 2468, § 3 ; S. 73.1.227).

La question reste donc entière, et nous répétons que la solution dépend avant tout de l'intention des parties, telle qu'elle ressort de l'acte soumis à la formalité.

8. (48-2). Acte sous seing privé. Réalisation ultérieure par acte authentique. Droit en sus. — L'acte

_____

(1) Cass. civ., 20 juill. 1896 ; S. 97.1.149 ; D. 97.1.242 ; *R. E.* 1242 ; *J. E.* 24.894.

sous seings privés formant le titre d'une vente parfaite d'immeubles, doit être enregistré dans les délais fixés par les art. 22 de la loi du 22 frimaire an VII et 14 de la loi du 23 août 1871, sous peine des droits en sus établis par ces articles. Il en est ainsi bien que l'acte ait été ensuite réalisé par acte public, si l'acte public n'a été rédigé qu'après l'expiration des délais légaux (Bagnères, 13 fév. 1895 ; *J. E.* 24.702 ; *R. P.* 8561).

ART. 3. — PÉNALITÉS.

9. (56). **Personnalité du droit en sus. Vente faite par le mandataire du vendeur. Responsabilité de ce dernier.** — L'art. 14 de la loi du 23 août 1871, aux termes duquel *l'ancien* et *le nouveau possesseur* seront tenus d'un droit en sus, *personnellement et sans recours*, à défaut d'enregistrement ou de déclaration dans les délais légaux, doit être appliqué littéralement.

Pour se soustraire à l'application du droit en sus édicté contre lui personnellement, le vendeur n'est pas fondé à objecter que la vente a eu lieu par l'entremise d'un mandataire, et que, si celui-ci a commis un délit fiscal en ne présentant pas le titre de la mutation à la formalité, c'est lui seul qui doit acquitter le droit en sus, le mandant ne pouvant être rendu responsable du fait qui rend cette peine applicable. Les termes absolus de l'art. 14 précité ne permettent pas, en effet, de distinguer entre le cas où la mutation a été opérée par le fait direct de l'ancien possesseur et celui où la vente a eu lieu par l'entremise d'un mandataire ; et, d'autre part, la loi désigne expressément l'ancien possesseur comme devant être personnellement puni d'un droit en sus en cas d'inobservation des délais légaux. C'est donc à cet ancien possesseur lui-même que doit être appliquée une pénalité attachée par la loi à sa qualité (Cass. civ., 27 nov. 1895 ; Voir *supra*, n° 1-3).

10. (58). **Droit simple. Solidarité des parties.** — Toutes les parties qui ont figuré dans une vente, le vendeur aussi bien que l'acquéreur, sont obligées envers l'Administration, au paiement des droits auxquels cet acte est soumis (Même arrêt).

11. (59-2). **Payement des droits. Acte constituant ou ne constituant pas le titre de la mutation.** — Voir *Société.*

ART. 4. — PREUVES DE LA MUTATION.

12. (65). **Preuve. Présomptions simples tirées de faits constants. Admissibilité de ce mode de preuve.** — Toute mutation immobilière doit acquitter l'impôt dans les délais fixés par la loi, à peine d'un droit en sus tant contre le vendeur que contre l'acheteur ; et, pour établir l'existence des mutations tenues secrètes, l'Administration peut invoquer tous les modes de preuve admis par les lois fiscales. Elle peut notamment faire valoir des présomptions tirées soit des faits constants, soit de tout acte, quel qu'il soit, parvenant, par les voies légales, à sa connaissance, et la mettant à même d'exercer son droit de contrôle.

Tel est le principe consacré par une jurisprudence formelle (V. arr. C. cass., 27 juin 1883, cité au *T. A.*, et Inst. 2935, § 6, p. 127).

Spécialement, l'Administration est fondée, pour justifier la réclamation des droits simples et en sus qu'elle a adressée à l'ancien possesseur, à prouver l'existence d'une mutation immobilière restée secrète, en invoquant contre lui les énonciations d'un arrêt de Cour d'appel constatant la transmission, encore bien que cet arrêt ait été rendu dans une instance dans laquelle l'ancien possesseur n'a

pas été partie. Si, en effet, ces énonciations ne sauraient constituer une preuve complète dans les termes des art. 1319 et 1320, C. civ., elles fournissent, dans les termes de l'art. 1353, une présomption de nature à établir la fraude commise au détriment des droits du Trésor public. D'où il suit, qu'en refusant d'examiner ces énonciations et d'en apprécier la valeur et en annulant, par suite de ce refus, la contrainte décernée par l'Administration, le tribunal saisi de la réclamation a violé la loi (1).

13. (70 et 99). **Société. Apport à titre onéreux dissimulé sous la forme d'un apport pur et simple. Fraude. Preuve. Livres sociaux.** — L'apport effectué à une société nouvelle d'immeubles dépendant d'une société dissoute par les anciens associés prouve l'appropriation par ceux-ci desdits immeubles (Cass. civ., 4 fév. 1901 ; *R. E.* 2628). V. *Société.*

14. (105-4). **Aveu judiciaire. Rapport d'experts.** — La Cour de cassation a reconnu, par un arrêt du 7 mai 1901, qu'une mutation secrète est suffisamment établie, pour la réclamation des droits, par de simples présomptions dans les termes de l'art. 1353, C. civ., et notamment par un ensemble d'indices graves, précis, concordants, résultant d'actes produits à des experts commis par justice et d'aveux des parties constatés dans les rapports de ces experts (*R. E.* 2733-III).

Sur ce point, la Cour n'a fait que confirmer sa jurisprudence antérieure (V. arr. 18 avr. 1855, cité au *T. A.*).

15. (108-8). **Existence d'un écrit. Preuves. Lettres missives. Inadmissibilité.** — L'aveu des acquéreurs contenu dans des lettres missives adressées au fils du vendeur et remises par ce dernier à un préposé de l'Administration, ne peut être invoqué par celle-ci pour établir l'existence d'un écrit constatant une mutation secrète (Rouen, 9 déc. 1897 ; *R. E.* 1714).

Cette décision est motivée sur ce que les lettres dont il s'agissait ont, par leur caractère, avaient un caractère éminemment personnel et confidentiel, et qu'en les communiquant à un agent de l'Administration, le destinataire avait violé le secret d'une confidence qu'il avait reçue ; d'où le tribunal a conclu qu'il y avait lieu de les rejeter des débats.

Ainsi se trouve confirmée l'opinion émise au *T. A.*, d'après laquelle, si l'Administration a le droit de se prévaloir, pour établir l'existence d'une mutation secrète, des aveux contenus dans une lettre missive, c'est à la condition que ce document lui parvienne par une voie régulière.

16. (113). **Forêt. Vente simultanée du fonds et de la superficie. Insuffisance. Expertise.** — Lorsque la vente d'une forêt est effectuée au moyen de deux actes distincts passés le même jour, portant, l'un sur le fonds, l'autre sur la superficie, le tribunal appelé à apprécier si la vente a le caractère immobilier pour le tout, peut ordonner une expertise aux fins d'établir si la superficie vendue avec l'être exploitée l'a été en effet, et si la valeur qui lui a été attribuée dans l'acte n'a pas été exagérée au détriment de celle attribuée au fonds (Ste-Menehould, 16 fév. 1887 ; *R. E.* 988).

Cette décision nous paraît contestable.

En principe, les preuves par écrit et les présomptions sont seules admissibles, à l'exclusion de la preuve testimoniale et de l'enquête, dans les instances suivies conformément aux lois du 22 frimaire an VII et du 27 ventôse an IX.

Dans l'espèce, l'expertise ordonnée par le tribunal pour

(1) Cass. civ., 18 janvier 1897 ; Inst. 2935, § 6 ; *Bull.* 1897, n° 9, p. 14 ; S. 97.1.535 ; D. 97.1.532 ; P. 97.1.535 ; *R. E.* 1318 ; *J. E.* 25.036 ; *R. P.* 8929 et 9395-6 ; *Rev. prat.*, 4412.

rechercher si le prix de vente de la superficie n'était pas exagéré, pouvait, à la rigueur, se justifier, parce qu'en définitive, elle ne tendait qu'à établir l'insuffisance du prix stipulé pour l'aliénation du sol.

Mais la mission confiée aux experts de rechercher si les bois vendus avaient été, ou non, exploités, se trouvait absolument hors des prévisions de la loi fiscale.

17. (114). Surenchère annulée. Rétrocession secrète. — Lorsqu'à la suite de l'adjudication d'un immeuble frappée d'une surenchère qui n'a pas été suivie de revente et que tous les intéressés ont annulée d'un commun accord, les anciens possesseurs ont continué à être inscrits à la matrice cadastrale et au rôle de la contribution comme propriétaires de l'immeuble adjugé et à acquitter l'impôt foncier et ont, en outre, loué cet immeuble par des baux écrits ou des locations verbales déclarées et l'ont compris dans un partage judiciaire poursuivi entre eux, il y a présomption légale qu'ils sont redevenus propriétaires verbalement ou par un acte tenu secret de l'immeuble dont ils avaient été dépossédés. L'Administration est, par suite, fondée à réclamer les droits dus à raison de cette mutation restée secrète (Grasse, 10 avr. 1899 ; *J. E.* 25.763 ; *R. P.* 9574).

ART. 5. — PRESCRIPTION.

18. (120 et 125-4). Société. Dissolution. Attribution d'apports à un autre que l'apporteur. Réalisation de mutation conditionnelle. Nouvelle société établie par un acte révélant l'accomplissement de la condition. Exigibilité du droit proportionnel. Prescription. — V. *Prescription.*

NATIONALITÉ. — La déclaration souscrite par un étranger devant le juge de paix, en exécution de l'art. 7 du décret du 13 août 1889, soit pour acquérir, soit pour répudier la qualité de Français, ne constitue pas un acte judiciaire et rentre dans la catégorie des déclarations en matière civile assujetties au droit fixe de 3 fr. L'enregistrement n'en est pas obligatoire dans un délai déterminé (Sol. 24 mai 1899 ; *R. E.* 2049).

NOTAIRE. — **1.** (8). **État de frais. Avis du président.** — Le président de la Chambre des notaires peut inscrire, sans contravention, à la suite d'un état de frais rédigé sur timbre l'avis préliminaire à la taxe exigé par l'art. 51 de la loi du 25 ventôse an XI (Sol. 20 déc. 1894 ; *R. E.* 900 ; *J. N.* 25.997 ; *Rev. Not.* 9673).

2. (9). **Tarif légal.** — En exécution de la loi du 20 juin 1896 (*R. E.* 1202 ; *J. E.* 24.866 et 24.867), des décrets du 25 août 1898 (*R. E.* 1809 ; *J. E.* 25.490) ont fixé, pour le ressort de chaque Cour d'appel, le tarif des honoraires, vacations, frais de rôles et de voyages et autres droits qui peuvent être dus aux notaires à l'occasion des actes de leur ministère.

V. *Acte de notaire.*

NOVATION. — (41 *bis*). **Substitution d'un créancier à un autre.** — Lorsqu'il résulte des énonciations d'un acte et des faits et circonstances qu'un débiteur a été déchargé de sa dette vis-à-vis de son créancier originaire et a contracté une nouvelle obligation à l'égard d'un second créancier, passée avec le concours du débiteur, de l'ancien et du nouveau créancier, emporte novation et donne ouverture au droit proportionnel d'obligation (Cass. req., 19 mai 1896 ; *R. E.* 1173 ; *J. E.* 24.898 ; *R. P.* 8784).

NULLITÉ. — (24). **Enregistrement des actes sous seings privés entachés de nullité.** — Un acte sous seings privés est assujetti à l'enregistrement, alors même qu'il était entaché de nullité comme n'étant rédigé qu'en un seul original bien qu'il contienne des conventions synallagmatiques (Sol. 6 avr. 1892 ; *R. E.* 856-3). La double circonstance qu'un tel acte, emportant vente d'immeubles, n'a contient pas la mention de sa rédaction en autant d'originaux qu'il y a de parties et a été rédigé effectivement en simple original, ne met pas obstacle à la perception du droit de mutation, alors surtout que cet acte n'a pas été judiciairement annulé (Figeac, 13 août 1899 ; *R. P.* 9403). Les droits auxquels ces actes donnent ouverture sont, en effet, acquis au Trésor par le seul fait de l'existence de ces actes, sans que l'Administration ait à se préoccuper de leur valeur juridique ou des motifs qui pourraient entraîner leur annulation.

OBLIGATION. — **1.** (40). **Compte. Notaire. Honoraires. Sommes dues aux parties.** — Comme nous l'avons indiqué, V° *Compte*, n° 4, lorsqu'un acte notarié constate que le notaire rédacteur a reçu des parties le montant de ses débours et honoraires, ou qu'il en reste créancier, ces mentions ne donnent ouverture au droit d'obligation que si elles ont pour objet de créer un lien de droit entre les intéressés.

Le principe à suivre en cette matière a été posé par l'Administration dans l'Inst. 1786, § 9.

« Un acte, — porte cette Instruction, — ne fait foi qu'entre les parties contractantes ; les notaires qui reçoivent un acte n'y sont point parties, puisque leur mission consiste simplement à rédiger les conventions qu'elles leur sont dictées. L'énonciation, dans un acte de partage, du montant des honoraires à payer aux notaires rédacteurs n'établit donc aucun lien de droit et ne fait titre, ni pour, ni contre les notaires. C'est une nécessité du partage même, une simple indication qui laisse aux notaires, de même qu'aux contractants, la faculté de demander la taxe et qui, par conséquent, ne donne pas ouverture au droit de 1 0/0... »

La Cour de cassation s'est prononcée dans le même sens par un arrêt du 17 juillet 1854 (1).

Mais le droit de 1 0/0 est incontestablement dû, lorsque les parties ont eu l'intention formelle de créer un titre obligatoire. C'est ce qui a été décidé au sujet d'une obligation hypothécaire souscrite au profit d'un officier ministériel pour frais et honoraires (D. M. F. 11 juin 1818 ; *J. E.* 6505 ; *J. N.* 3132), — d'une cession de créance consentie en paiement d'honoraires (Remiremont, 31 août 1854 ; *R. P.* 3330), — d'une reconnaissance formelle souscrite au profit du notaire pour ses honoraires (Angers, 18 mars 1837 ; *R. P.*, *loc. cit.*).

En définitive, il s'agit d'une question de fait dont la solution comporte l'examen attentif des circonstances de chaque affaire.

2. (41). **Mainlevée partielle. Reconnaissance implicite de dette. Intérêts échus. Droit proportionnel de 1 0/0.** — V. *Mainlevée*, n° 13.

3. (54 *bis*). **Promesse de prêter.** — La convention par laquelle une personne s'oblige à verser une somme déterminée à titre de prêt à une autre personne qui accepte et s'oblige à recevoir la somme convenue, constitue l'obligation de sommes tarifée par l'art. 69, § 3, n° 3, de la loi

(1) D. 54.1.314 ; S. 54.1.478 ; P. 54.2.493 ; *J. E.* 15.887 ; *J. N.* 15.264 ; *R. P.* 200 ; *R. E.* 2139.

du 22 frimaire an VII et donne ouverture, bien que les deniers n'aient pas encore été délivrés, au droit de 1 0/0, tant que la nullité n'en a pas été judiciairement prononcée (Nevers, 5 juin 1895 ; *J. E.* 24.781).

4. (56-10). Obligation hypothécaire. Intervention des donateurs des biens affectés. Solidarité apparente. Simple consentement. Disposition dépendante.
— Lorsqu'un père et une mère contractent solidairement avec leur fils, qui encaisse seul les fonds, un emprunt hypothécaire, avec stipulation qu'ils n'entendent pas contribuer à la dette, mais renoncer seulement à leur action révocatoire sur les immeubles affectés, qui ont fait l'objet d'une donation à l'emprunteur, ainsi qu'à la clause d'inaliénabilité et d'interdiction d'hypothéquer insérée à leur profit dans l'acte de donation, nous pensons qu'il est dû seulement un droit d'obligation, à l'exclusion du droit de cautionnement et même de tout droit fixe pour disposition indépendante.

On ne saurait, en effet, soutenir qu'il y a cautionnement, puisque le père et la mère déclarent qu'ils entendent ne contracter aucune obligation susceptible de les atteindre personnellement (Comp. Inst. 2472, § 10, p. 74).

Quant à leur intervention, comme elle était nécessaire à la perfection de l'affectation hypothécaire consentie par l'emprunteur, elle se rattache intimement à la disposition principale du contrat, dont elle n'est qu'une dépendance. Aucun droit fixe particulier ne semble donc exigible du chef de cette intervention (Voir *R. E.* 2559-11).

5. (60). Prêt sur nantissement. Fonds de commerce.
— Le prêt sur nantissement d'un fonds de commerce ne peut bénéficier de l'immunité du droit proportionnel accordée aux seuls droits sur dépôt de marchandises ou valeurs mobilières par la loi du 8 septembre 1830. Ce prêt est soumis au droit de 1 0/0 comme les obligations ordinaires (Sol. 26 juill. 1900 ; *R. E.* 2494).

6. (61). Obligation. Compte à faire. Condition suspensive. Quantum indéterminé. — V. *Condition.*

7. (69). Obligation. Novation. Substitution d'un créancier à un autre. Droit de titre exigible. — V. *Novation.*

8. (70). Reconnaissance de dette. — D'après la théorie de l'Administration, le droit de 1 0/0 est applicable en matière de reconnaissance de dette, toutes les fois que la déclaration du débiteur a été faite dans le but d'avouer la dette et de fournir au créancier le titre qui lui manquait (V. Sol. 30 oct. 1877, reproduite au *T. A.*).

Toute la difficulté est donc de savoir si l'intervention du débiteur dans l'acte a pour but et pour effet de créer un titre de la créance.

Telle est aussi la doctrine du tribunal de la Seine qui a reconnu, par un jugement du 12 mars 1898, l'exigibilité du droit de 1 0/0 dans une espèce où le fondateur d'une société faisait l'apport d'une créance sur une autre société dont il était l'administrateur. Les parties avaient essayé de soutenir que cet administrateur n'avait pas les pouvoirs nécessaires pour reconnaître la dette ; mais le tribunal a écarté ce moyen, par le motif que les circonstances de la cause tendaient à prouver le contraire (*J. E.* 25.555 ; R. P. 9372).

9. (74). Ordre et contribution. Règlement consensuel. Droit de titre. — V. *Ordre.*

10. (77). Reconnaissance de sommes. Valeurs en marchandises. — La reconnaissance de dette causée pour fournitures en marchandises ne renferme pas les éléments suffisants pour constituer le titre d'une vente mobilière et donner ouverture au droit de 2 0/0, lorsqu'elle n'exprime pas le consentement des parties contractantes,

que les objets vendus n'y sont pas déterminés quant à leur espèce, et qu'enfin le prix de la vente n'y est pas fixé et désigné selon les prescriptions des art. 1582, 1591 et 1129, C. civ.

Cette reconnaissance de dette ne peut donc bénéficier de l'exemption provisoire du droit proportionnel édictée par l'art. 22 de la loi du 11 juin 1859 seulement en faveur des actes de commerce qui présentent le caractère d'une vente ou d'un marché (Blaye, 11 mars 1896 ; *J. E.* 24.883).

11. (83-3). Somme dotale. Emploi au payement d'un prix de vente dû par le mari. Non-exigibilité du droit de 1 0/0. — Lorsqu'un mari acquiert un immeuble et que l'acte d'acquisition auquel la femme a concouru constate que le prix a été payé en partie avec une somme dotale appartenant à cette dernière, cette constatation ne forme pas le titre d'un prêt consenti par la femme au mari, et le droit de 1 0/0 n'est pas exigible (Seine, 3 juin 1899 ; *R. P.* 9650).

12. (88). Valeurs mobilières étrangères. Emprunt hypothécaire. Obligations négociables. Droit de 1 0/0 pour prêt. Droit de timbre par abonnement. — L'acte d'emprunt hypothécaire contenant création par la société emprunteuse d'obligations négociables soumises au timbre proportionnel, au comptant ou par abonnement, n'est pas sujet au droit d'enregistrement de 1 0/0. Cette règle s'applique même au cas où l'emprunt est contracté par une société étrangère assujettie seulement à l'impôt du timbre sur une quotité de ses titres (Sol. 1er juin 1900 ; *R. E.* 2416).

OFFICE. — 1. (11). Communauté conjugale. — V. ce mot, n° 17.

2. (45). Taxe additionnelle au profit de la Ville de Paris. — Une loi du 31 décembre 1900 (*R. E.* 2568) a autorisé la Ville de Paris à établir des taxes directes et indirectes en remplacement des droits d'octroi sur les boissons hygiéniques.

Parmi ces taxes, énumérées dans l'art. 1er de la loi, figure une taxe de 1 fr. 25 0/0 sans décimes, additionnelle au droit d'enregistrement, sur les cessions d'offices ministériels ayant leur siège à Paris. La perception de cette taxe est confiée à l'Administration de l'enregistrement. Elle est soumise à toutes les règles qui gouvernent l'exigibilité, la restitution et le recouvrement des droits auxquels elle s'ajoute (art. 10).

La taxe nouvelle est devenue applicable à dater de l'expiration des délais fixés par l'art. 2 du décret du 5 novembre 1870 (1). Son exigibilité est déterminée par la date de l'acte s'il a été passé devant notaire. S'il a été réalisé sous signatures privées, comme alors l'enregistrement n'est obligatoire qu'en cas d'usage, l'exigibilité de la taxe additionnelle se détermine par la date de la présentation volontaire à la formalité, laquelle doit nécessairement précéder la production du traité à l'appui de la demande de nomination du successeur désigné (L. 25 juin 1841, art. 6).

La situation de l'office seule à considérer pour l'application de la loi nouvelle : si l'office assujetti est situé à Paris, l'acte de transmission est passible de la taxe nouvelle dans tous les cas, sans distinguer s'il est présenté à la formalité à Paris ou partout ailleurs.

_____

(1) La loi du 31 décembre 1900, promulguée au *Journal officiel* du 1er janv. 1901, est devenue exécutoire à Paris le 3 janv. et partout ailleurs, dans l'étendue de chaque arrondissement, un jour franc après que le *Journal officiel* du 1er janv. 1901 est parvenu au chef-lieu de l'arrondissement (Décr. 5 nov. 1870, art. 2 ; Inst. n° 2422, note 1).

Les offices dont la transmission donne lieu à la taxe additionnelle sont ceux visés par l'art. 91 de la loi du 28 avril 1816, c'est-à-dire ceux des avocats à la Cour de cassation, notaires, avoués, greffiers, huissiers, agents de change, courtiers et commissaires-priseurs. Les mutations assujetties comprennent toutes les transmissions, qu'elles s'opèrent à titre onéreux ou à *titre gratuit* (art. 10-2° de la loi). On suit, pour la perception de la taxe nouvelle, les règles posées par les art. 6 à 14 de la loi du 25 juin 1841 (Inst. 3041).

2 *bis*. (58-A). Droits de mutation par décès. Bureau compétent. — D'après l'art. 9 de la loi du 25 juin 1841, lorsque l'office passe à l'héritier unique du titulaire, le droit de 2 0/0 est perçu d'après une déclaration estimative de la valeur de l'office et des objets en dépendant. Cette déclaration, ajoute le même article, est faite au bureau de l'enregistrement de la résidence du titulaire.

Depuis lors est intervenue la loi du 25 février 1901 qui a prescrit de déclarer au bureau du domicile du *de cujus* la totalité de l'actif successoral, quelle que soit la situation des valeurs à déclarer (art. 16).

Cette règle est absolue et ne comporte aucune exception. C'est donc, dans tous les cas, au bureau du domicile du titulaire de l'office que devrait être passée la déclaration prévue par la loi de 1841 (art. 9) alors même que ce domicile serait distinct de la résidence du défunt.

3. (61). Nomination sans présentation. — L'officier public nommé par décret en remplacement de l'ancien titulaire destitué, à charge de verser une indemnité déterminée à la Caisse des dépôts et consignations, est redevable du droit de 2 0/0 sur le montant de cette indemnité. Ce droit ne se prescrit que par trente ans à partir du jour où il est devenu exigible. Mais le droit en sus se prescrit par deux ans à compter du jour où l'Administration a eu connaissance de la mutation, notamment par l'enregistrement du jugement donnant acte au nouveau titulaire de sa prestation de serment (Seine, 30 mars 1901 ; R. E. 2683).

4. (69-2). Décès du cessionnaire avant la prestation de serment. — Le décès du cessionnaire survenu après sa nomination mais avant sa prestation de serment ne rend pas les droits de cession restituables, alors même que la présentation du nouveau titulaire de l'office aurait eu lieu à la diligence exclusive de l'ancien et sans la participation des héritiers du titulaire intermédiaire (Sol. 13 nov. 1894 ; J. E. 24.528 ; R. P. 8450).

5. (69 *bis*). Décret de nomination rapporté avant la prestation de serment. — Le droit d'enregistrement perçu sur l'acte de cession d'un office de notaire doit être restitué si le décret de nomination du cessionnaire a été rapporté avant la prestation de serment de celui-ci et pour une cause indépendante de sa volonté, notamment par suite de la destitution du cédant (Blois, 10 mars 1897 ; R. E. 1751 ; J. E. 25.245 ; R. P. 9019 ; J. N. 26.540).

6. (74-G-II). Succession. Evaluation réduite par la Chancellerie. Droits de mutation par décès non restituables. — Contrairement à l'opinion émise au T. A., il a été décidé que les droits de mutation par décès perçus sur un office ministériel d'après l'évaluation fournie par les héritiers et correspondant au prix de cession, ne sont pas restituables alors même que ce prix aurait été réduit depuis par la Chancellerie (Sol. 29 mars 1892 ; J.E.24.672 ; R. P. 7850).

7. (78). Justifications. Décès du cessionnaire avant nomination. — Les justifications exigées par les Inst. 1640, 1677 et 2853 à l'appui de la demande en restitution des droits perçus lors de l'enregistrement d'une cession

d'office non suivie d'effet sont inutiles et sans objet dès lors que, avant tout décret de nomination, la caducité du traité de cession résulte d'événements qui l'ont produite sans retour, tels que le décès du cessionnaire ou la nomination d'un autre titulaire de l'office (Sol. 25 janv. 1898 ; R. E. 1859).

OFFRES RÉELLES. — (8). Offres non acceptées. Droit d'obligation. — Le procès-verbal d'offres réelles constitue, jusqu'à concurrence de la somme offerte, une reconnaissance de dette ; si donc la dette ne résulte pas de titre enregistré et si l'offre est refusée, le droit est dû sur le procès-verbal au tarif de 1 0/0 (Seine, 28 avr. 1894 ; J. E. 24.410 ; R. P. 8331).

ORDONNANCE. — 1. (12). Ordonnance de référé. Algérie. — Il avait semblé que les ordonnances de référé pouvaient être assimilées, au point de vue fiscal, à de véritables jugements (Inst. 2816, p. 10 et 28) et on en avait déduit qu'elles donnaient ouverture aux droits proportionnels établis par la loi du 26 janvier 1892, lorsque leurs dispositions emportaient condamnation de valeurs mobilières. On reconnaissait seulement que la loi du 22 frimaire an VII, art. 68, § 2, n° 6, continuait à régir les actes de cette nature quand ils ne renfermaient pas de disposition opérant le droit proportionnel ; et que le droit fixe applicable dans ce cas était celui de 4 fr. 50 (1).

Mais la jurisprudence a repoussé toute assimilation entre les ordonnances de référé et les jugements et déclaré que les ordonnances ne tombent sous l'application ni de l'art. 69 de la loi du 22 frimaire ni, par conséquent, de la loi de 1892, mais qu'elles demeurent régies par l'art. 68 de la loi de frimaire qui les assujettit au seul droit fixe (2).

C'est par conséquent au droit fixe que demeurent assujetties, en toute hypothèse, les ordonnances de référé rendues en Algérie par les juges de paix à compétence étendue (Sol. 27 nov. 1897 ; R. E. 1612 ; J. E. 25.405).

2. (12). Ordonnance de taxe. — V. *Exécutoire*, 3.

ORDRE ET CONTRIBUTION. — 1. (14). Actes d'avoué. — Les états de frais remis par l'avoué au juge-commissaire dans la procédure de l'ordre amiable ne constituent, lorsqu'ils ne sont pas revêtus de la taxe du juge, que des pièces d'ordre intérieur non assujetties au timbre. Mais il en est autrement lorsque le juge, au lieu de taxer les frais dans le procès-verbal, arrête cette taxe au pied de l'état lui-même. La production d'un état taxé n'est, du reste, prescrite par aucune loi ; aussi l'existence d'un tel document ne peut s'induire des énonciations du procès-verbal portant que les frais ont été taxés, cette taxe pouvant être contenue au procès-verbal. L'Administration ne serait donc pas fondée à réclamer, au vu de cette seule énonciation, une somme arbitrée d'office pour droits de timbre et d'enregistrement sur un état de frais présumé produit (Sol. 26 mars 1895 ; R. E. 924 ; J. E. 24.705).

2. (14 *bis*). Jugement sur contredits. — Lorsque plusieurs contredits sont élevés sur le règlement provisoire d'un ordre dressé par le juge-commissaire, le jugement qui, tout en admettant plusieurs de ces contredits, rejette

(1) L. L. 28 avril 1816, art. 44, n° 10, et 28 fév. 1872, art. 4 ; — Sol. 18 août 1892 ; R.E. 226 ; R. P. 7981.
(2) Bagnères, 24 fév. 1896 ; R. E. 1424 ; J. E. 25.089 ; R. P. 8941 ; — Seine, 6 nov. 1897 ; R. E. 1612 ; J. E. 25.329 ; R. P. 9271 ; — Cf. Sol. 3 déc. 1896 ; R. E. 1424.

l'un ou quelques-uns d'entre eux, donne ouverture au droit fixe spécial des déboutés de demande (Sol. 17 avr. 1897 ; R. E. 1829).

3. (30 bis). **Certificats de consignation annexés au procès-verbal.** — Les certificats délivrés par les préposés de la Caisse des dépôts et consignations, qui sont joints aux procès-verbaux d'ordre en vue d'établir le montant des intérêts de capital consigné échus au moment de la distribution et dont il est fait, d'ailleurs, usage dans les procès-verbaux, doivent être préalablement soumis à l'enregistrement (Sol. 15 nov. 1899 ; R. E. 2442).

Ces certificats, de même que les récépissés de la Caisse, ont le caractère d'actes administratifs en brevet ; ils ne rentrent donc sous l'application ni de l'art. 78, ni de l'art. 80 de la loi du 15 mai 1818 ; c'est donc comme rentrant sous l'application du droit commun en matière de timbre et d'enregistrement qu'ils doivent être enregistrés avant tout usage (Sol. 28 avr. 1899 ; R. E. 2285).

4. (33). **Ordre consensuel.** — Le règlement d'un prix de vente entre les créanciers seuls, et hors la présence du vendeur et de l'acquéreur, a le caractère d'un ordre consensuel assujetti au droit de 0 fr. 50 0/0 (Sol. 12 avr. 1895 ; R. E. 1136 ; J. E. 24.927). — V. infra, n° 9.

5. (33). **Arrêt confirmatif d'un jugement de collocation.** — L'arrêt confirmatif d'un jugement passible du droit de collocation de 1 0/0 donne lui-même ouverture à la taxe spéciale de 0 fr. 50 0/0. Mais il en serait autrement s'il s'agissait d'une décision sur appel d'un simple jugement de contredit se bornant à modifier l'ordre des distributions ; les jugements de l'espèce ne sont passibles, en effet, que du droit fixe (V. n° 2, ci-dessus) et la taxe proportionnelle n'est exigible, en ce cas, que sur le procès-verbal dressé par le juge-commissaire (R. E. 2420-III).

6. (38). **Ordre amiable. Minimum du droit proportionnel.** — Le minimum du droit proportionnel de 0 fr. 75 0/0 à percevoir sur les ordres amiables en vertu de l'art. 16, § 3, de la loi du 26 janvier 1892 est celui de 1 fr. 50 afférent aux actes judiciaires innomés, à l'exclusion de celui de 4 fr. 50 fixé pour les jugements (Sol. 26 juin 1894 ; R. E. 899 ; R. P. 8488).

6 bis. (39). **Droit de libération. Récépissé du Crédit foncier.** — V. Caisse des dépôts et consignations, 5 et Crédit foncier, 2.

7. (40). **Consignation. Ordonnance de validité. Droit de libération.** — Lorsque, au cours d'une procédure d'ordre ouverte à la suite d'une adjudication d'immeubles, l'adjudicataire consigne son prix à la Caisse des dépôts, l'ordonnance rendue par le juge-commissaire pour valider cette consignation donne ouverture au droit de 0 fr. 50 0/0, dès lors qu'elle est présentée à l'enregistrement avant le procès-verbal d'ordre (Seine, 3 juill. 1897 ; R. E. 1468 ; J. E. 25.246 ; R. P. 9220).

Pour l'enregistrement des jugements prescrivant la consignation, V. Caisse des dépôts, 6.

8. (42). **Sous-ordre.** — L'Administration soutient que les collocations en sous-ordre, considérées comme indépendantes des collocations principales, donnent ouverture à un droit particulier de collocation (Sol. 8 juin 1899 ; J. E. 25.896) (1). Un jugement du tribunal de Saint-Yrieix, du 24 mai 1899 (R. E. 2134 ; J. E. 25.755 ; R. P. 9626), a décidé, au contraire, que les sous-collocations constituent des dispositions dépendantes des collocations principales et qu'elles échappent, par suite, à toute perception spéciale

(1) V. dans le même sens, Dall. Rép., V° Ordre, n° 1350 ; Chauveau et Carré, Lois de la procédure, 4° éd., VI, Quest. 2617, quinquies, p. 358.

lorsqu'elles sont contenues dans le même acte que ces dernières. La question a été soumise à la Cour de cassation.

Peut-être doit-on la résoudre par une distinction. Lorsque le créancier colloqué en sous-ordre agit, en vertu de l'art. 1166, C. civ., comme exerçant les droits de son propre créancier, il se substitue à lui, pour ainsi dire ; la perception d'un double droit proportionnel ne se justifierait pas au cas particulier. Elle serait légitime, au contraire, par application de l'art. 11 de la loi de frimaire relatif aux dispositions indépendantes, quand plusieurs créanciers agissent directement contre leur débiteur colloqué en restant étrangers aux opérations de l'ordre ou de la distribution principale. Dans cette hypothèse, en effet, il y a deux opérations successives, parfaitement distinctes, la collocation en premier lieu et ensuite la sous-collocation qui n'a lieu qu'après un règlement particulier, indépendant du règlement principal.

9. (46). **Droit de titre. Ordre consensuel.** — Le droit de titre est dû sur la reconnaissance judiciaire d'un contrat verbal d'obligation, de marché, de vente, etc., résultant de la collocation. C'est là une application particulière de l'art. 69 de la loi de frimaire. Mais cette disposition est spéciale aux condamnations ou reconnaissances judiciaires. Elle est donc inapplicable en cas d'ordre consensuel et doit être restreinte à la matière des ordres judiciaires ou amiables, comportant l'intervention du juge, et des contributions judiciaires.

Lorsque la distribution consensuelle constate le versement d'une certaine somme par le débiteur à un créancier en paiement de fournitures antérieurement faites, le droit de 0 fr. 50 0/0 est seul dû, à l'exclusion du droit de titre à 2 0/0 pour vente de meubles. En effet, l'acte n'a, dans ce cas, ni pour objet, ni pour résultat de créer un titre de vente en ce qui concerne les fournitures non détaillées dont le prix a été payé immédiatement. Les dispositions de l'art. 69, § 3, n° 3, et § 5, n° 1, de la loi du 22 frimaire an VII n'ont assujetti au droit de 2 0/0 que les obligations qui sont le prix de ventes de meubles non enregistrées ; mais il n'existe pas de dispositions de cette nature à l'égard des quittances de prix de ventes de meubles. Il s'ensuit que pour percevoir le droit de 2 0/0 sur une quittance, il faut que, d'après les circonstances, cette quittance puisse être considérée comme un acte translatif de propriété de meubles à titre onéreux (Sol. 27 juill. 1874 et 23 oct. 1877 ; R. E. 2022 ; — Vendôme, 12 déc. 1835 ; Dalloz, Rép., V° Enregistrement, n°° 247 et 2809).

Il en est de même en ce qui touche le droit de 1 0/0, pour les quittances de prix de marchés de travaux (Le Havre, 28 déc. 1864 ; R. P. 2171).

L'Instr. 2241, § 4, doit rester ici sans application, car elle est spéciale aux procès-verbaux dressés par le juge et qui sont régis par l'art. 69, § 9, de la loi de frimaire, concernant les jugements ou autres actes qui contiennent des ordres de justice (Sol. 23 oct. 1877, préc.).

En résumé, lorsque la contribution est réglée amiablement devant un notaire ou par acte sous seing privé, sans le concours de l'autorité judiciaire, le droit de 0 fr. 50 0/0 est seul dû sur l'ensemble des collocations, sans distinguer si celles-ci ont pour cause des créances résultant, ou non, de titres enregistrés.

Quant aux créances non colloquées, dès lors que le procès-verbal n'a eu ni pour but, ni pour résultat de conférer un titre aux créanciers produisants, les droits de titre de 1 0/0 ou de 2 0/0 ne sont pas exigibles (Sol. 15 juin 1885 ; R. E. 2022). C'est ce qui a été décidé dans une espèce où l'acte ne renfermait aucune reconnaissance formelle de dette de la part du débiteur et où il portait seulement que

« les créanciers ont reconnu l'exactitude des calculs et des résultats présentés » par le notaire ; qu'ils « approuvent les bases et les résultats de l'état de répartition » ; et qu'ils font « la réserve expresse de tous leurs droits et actions » contre le débiteur (Sol. 9 janv. 1875 ; R. E. 2022 ; — Cf. Avesnes, 16 janv. 1874 ; J. E. 19.584).

Lorsqu'il est procédé seulement au décompte des sommes dues aux créanciers, tant en principal qu'en intérêts et frais, et au règlement de leurs droits respectifs sur les deniers disponibles, sans paiement immédiat, il y a là non pas une quittance, mais un ordre consensuel assujetti au droit de 0 fr. 50 0/0 par l'art. 50 de la loi du 28 février 1872. Ce droit est perçu sur les sommes colloquées, dues en vertu de titres enregistrés. Quant à celles pour lesquelles il n'est pas justifié de titres enregistrés, notamment les intérêts et les frais, c'est le droit de 1 0/0 pour reconnaissance de dette qui est exigible, à l'exclusion de celui de 0 fr. 50 0/0, la loi de 1872 n'assujettissant ce dernier droit que les ordres ne contenant ni obligation, ni transport (Sol. 10 nov. 1887 ; R. E. 2022).

10. (47). **Faillite.** — V. ce mot.

PARTAGE.

SOMMAIRE ANALYTIQUE.

Art. 1er. — Justification de la copropriété, 1-2.
— 2. — Droit proportionnel de partage, 3-12.
— 3. — Partage avec soulte, 13-20.
— 4. — Questions diverses, 21-28.

Art. 1er. — Justification de la copropriété.

1. (94). **Règle de perception concernant les dons manuels.** — V. Don manuel, n° 3.

2. (96). **Droits de la masse indivise. Jouissance légale. Calcul du droit de soulte.** — Nous avons enseigné que les sommes d'argent dont il n'a pas été fait mention dans l'inventaire, ni dans la déclaration de succession du défunt, peuvent néanmoins entrer en ligne de compte pour la perception du droit de soulte, lorsque la possession en est justifiée, soit par la perception de revenus, soit par la réalisation, après le décès, d'économies ou de bénéfices.

Mais les droits de la mère survivante, à titre de jouissance légale, sur les fruits des biens propres de ses enfants mineurs de 18 ans, sont des droits divis dont il n'y a pas lieu de tenir compte, pour le calcul de sa part dans la masse indivise, lors de l'enregistrement d'une licitation d'immeuble commun tranchée à son profit. Il n'y a pas, en effet, justification de copropriété quant à ces fruits, et ils doivent être écartés de la masse pour le calcul des droits de soulte (Seine, 20 nov. 1897 ; R. E. 1687).

2 bis. (101). **Echange.** — Le prétendu partage par lequel l'usufruitier et le nu-propriétaire s'abandonnent réciproquement une partie de la pleine propriété constitue en réalité un échange de leur nue propriété contre usufruit. Aux arrêts rendus en ce sens cités au T. A., on peut ajouter un arrêt de la Chambre civile du 9 janv. 1899 (R. E. 1944 ; Inst. 2986, § 6 ; S. 99.1.289).

Art. 2. — Droit proportionnel de partage.

3. (108). **Déclaration estimative. Notaire se portant fort des parties.** — V. ci-après, n° 7.

4. (119). **Droit de 0 fr. 15 0/0. Valeur des biens. Epoque de l'estimation.** — En principe, et sauf l'examen

des difficultés qui résulteraient de circonstances particulières, le droit de 0 fr. 15 0/0 doit, aussi bien que celui de soulte, être liquidé d'après la valeur des biens au jour où, par l'effet du partage, ils sortent de la masse jusqu'alors indivise pour devenir la propriété de chacun des copartageants (Sol. 18 janv. 1896 ; R. E. 1492).

Cette solution est conforme à la règle enseignée au T. A.

5. (122 et 123). **Taxe de 0 fr. 25 0/0 sur les partages judiciaires.** — Depuis la publication du T. A., il a été rendu, au sujet de la liquidation de la taxe des frais de justice de 0 fr. 25 0/0, plusieurs décisions intéressantes.

I. Partage testamentaire complété par un partage ordinaire. Homologation. — La taxe de 0 fr. 25 0/0 établie par les art. 15 et 16, § 1, n° 2, de la loi du 26 janvier 1892, sur les jugements prononçant l'homologation d'un partage ou d'un état liquidatif, n'est exigible que lorsqu'il y a homologation dans le sens juridique de ce mot, c'est-à-dire lorsque la sanction de l'autorité judiciaire est nécessaire pour que l'acte qui lui est soumis soit définitif inter partes et produise tous ses effets.

Lorsqu'un état liquidatif, notamment, contient, à titre préliminaire, la répartition de biens compris dans un partage testamentaire, et, ensuite, le partage du surplus des biens de la succession, l'homologation de cet état liquidatif a le caractère d'une simple approbation en ce qui concerne les biens répartis dans le testament. Il est de principe, en effet, que les partages testamentaires ne sont pas sujets à homologation, alors même qu'ils intéressent des mineurs. Il en résulte que la taxe de 0 fr. 25 0/0 n'est pas due sur l'actif net compris au partage testamentaire (Sol. 17 janv. 1899 ; R. E. 1955 ; R. P. 9627).

II. Rapports en moins prenant. — Les rapports effectués en moins prenant sont passibles, non seulement du droit de partage à 0 fr. 15 0/0, mais encore, en cas d'homologation du partage, de la taxe des frais de justice à 0 fr. 25 0/0 (Coutances, 15 mai 1900 ; R. E. 2521).

III. Rapport d'experts. Lotissement. Homologation. — La taxe des frais de justice de 0 fr. 25 0/0 est due sur le jugement homologuant un rapport d'experts qui contient un lotissement des biens à partager, alors même que le tirage au sort des lots est ajourné jusqu'après le jugement d'homologation, si l'opération est, par avance et en tant que de besoin, approuvée par ce jugement (Montluçon, 24 avr. 1896 ; R. E. 1302 ; J. E. 25.064).

IV. Partage judiciaire. Homologation. Prix d'immeuble vendu judiciairement. Expropriation. Taxe restituée. — Aux termes de l'art. 15 in fine de la loi du 26 janvier 1892, lorsque les états liquidatifs ou partages comprennent des prix de meubles ou d'immeubles ayant déjà supporté le droit proportionnel sur une adjudication judiciaire antérieure, ces prix doivent être déduits de l'actif net pour servir de base à la taxe des frais de justice de 0 fr. 25 0/0 exigible sur le jugement d'homologation du partage. Cette règle est applicable même au cas où l'adjudication antérieure, dont le prix figure au partage, a été tranchée au profit d'une compagnie de chemin de fer qui a fait, postérieurement à l'enregistrement de la liquidation, déclarer d'utilité publique les travaux en vue desquels son acquisition a été faite et a obtenu la restitution des droits, y compris la taxe des frais de justice, perçus sur l'adjudication.

En conséquence, les droits perçus sur l'adjudication prononcée au profit de l'expropriant doivent être restitués intégralement et cette restitution ne rend pas rétroactivement exigible la taxe de 0 fr. 25 0/0 sur le prix d'adjudication compris dans le partage antérieurement enregistré (Sol. 7 mars 1900 ; R. E. 2523).

6. (124). **Homologation. Droits perçus à Paris. Prescription. Point de départ.** — A Paris, les droits exigibles sur les actes de liquidation et partage sujets à homologation sont perçus, dès que l'homologation a eu lieu, savoir : la taxe des frais de justice, au bureau des actes judiciaires, et les autres droits proportionnels, au bureau des actes civils.

La question s'est posée de savoir si celui de ces deux paiements qui est effectué le premier entame la perception et fait courir la prescription biennale pour les suppléments qui viendraient à être réclamés sur le paiement ultérieur. Elle a été résolue affirmativement par le tribunal de la Seine dans une espèce où les droits proportionnels ordinaires avaient d'abord été versés au bureau des actes civils, et où, le paiement de la taxe des frais de justice n'ayant eu lieu que quelques jours plus tard au bureau des actes judiciaires, un supplément de droit sur cette dernière perception avait été réclamé plus de deux ans après l'enregistrement au bureau des actes civils (Jug. 9 nov. 1899 ; *R. E.* 2332).

Cette décision nous paraît bien fondée, car, en principe, les droits sont dus sur le jugement d'homologation (Cass., 19 juillet 1880 ; Inst. 2641, § 4, et 2654), et il n'est pas douteux, dès lors, que la perception se trouve entamée lorsque, au vu de ce jugement, l'Administration encaisse une partie des droits exigibles, qu'il s'agisse de la taxe judiciaire ou des droits proportionnels ordinaires.

7. (126). **Confirmation d'un partage verbal antérieur. Meubles meublants. Déclaration estimative. Notaire ne se portant pas fort. Insuffisance. Droit en sus.** — Lorsque des cohéritiers déclarent, dans un acte de partage, s'être réglés antérieurement de la main à la main au sujet des meubles meublants leur appartenant par indivis, cette clause donne ouverture au droit de 0 fr. 15 0/0 sur la valeur nette des meubles antérieurement partagés.

Mais cette valeur doit être déterminée, à défaut d'indication de la part, par une déclaration estimative des contractants. Le notaire rédacteur de l'acte n'a pas qualité pour passer cette déclaration en leurs lieu et place, dès lors qu'il ne se porte pas fort pour eux.

En conséquence, si l'insuffisance de la déclaration ainsi passée par le notaire est établie, l'Administration ne peut réclamer aux parties qu'un supplément de droit simple, à l'exclusion du droit en sus (Sol. 30 mars 1899 ; *R. E.* 2522 ; *J. E.* 25.909 ; *R. P.* 9696).

8. (138). **Transaction. Partage. Cessation partielle d'indivision. Soulte.** — Nous avons enseigné qu'en matière de partage partiel, deux cas peuvent se présenter :

1° Les héritiers partagent une fraction quelconque de l'hérédité, les meubles, par exemple.

Le droit de 0 fr. 15 0/0 n'est dû que sur la fraction partagée.

Jugé, dans ce sens, que la délibération de l'assemblée générale des actionnaires qui décide, décidant le remboursement aux associés d'une partie du capital social, au moyen de fonds disponibles provenant de la réalisation des biens sociaux constitue le titre d'un partage partiel et rend exigible, lorsqu'elle est présentée à l'enregistrement, le droit de 0 fr. 15 0/0 sur la somme répartie (Seine, 2 mars 1900 ; *R. E.* 2431) ;

2° L'un des indivisaires est loti au moyen d'une attribution que lui font ses copropriétaires qui, eux, restent dans l'indivision.

Le droit de partage est dû sur la totalité des biens indivis.

Le tribunal de Caen a fait l'application de cette dernière règle dans une espèce où il s'agissait d'une transaction sur procès par laquelle des héritiers attribuaient à certains d'entre eux, pour les remplir de leurs droits, un immeuble de la succession et leur versaient, en outre, une somme d'argent.

Le tribunal a reconnu que cette opération constituait un partage donnant ouverture au droit de 0 fr. 15 0/0 sur le chiffre global de la masse nette héréditaire, alors même que l'indivision continuait à subsister entre tous les héritiers autres que ceux lotis par l'acte de transaction ; qu'en conséquence, les parties étaient tenues de déclarer, pour l'assiette de l'impôt, le montant total net des valeurs héréditaires, et non pas seulement celui des valeurs divises abandonnées (Jug. 11 mars 1896 ; *R. E.* 1225 ; *J. E.* 24.836). — V. *Société.*

9. (146). **Partage anticipé. Partage des biens de l'ascendant prédécédé.** — Il est de règle que lorsque, dans un partage anticipé, les donataires réunissent aux biens donnés ceux provenant de l'ascendant prédécédé pour procéder ensuite au partage de la masse ainsi formée, le droit de 0 fr. 15 0/0 est dû sur les biens de l'ascendant prédécédé (Sol. 10 fév. 1890 ; *J. E.* 23.362 ; *R. P.* 7419).

Toutefois, dans l'hypothèse où des enfants partagent entre eux les biens qui leur sont abandonnés, à titre de partage anticipé, par leur mère, en même temps que ceux qui leur proviennent de leur père prédécédé, et, laissent en dehors de ce partage les dots qui ont été constituées à quelques-uns d'entre eux, en stipulant que « les dots et avantages faits à l'un ou à quelques-uns d'entre eux feraient l'objet d'un arrangement ultérieur », nous pensons que la perception doit être établie d'après la consistance des valeurs effectivement comprises au partage, sans tenir compte des dots non rapportées et maintenues en dehors du partage (Voir *R. E.* 2115).

10. (155 bis). **Partage. Caractères. Notaire. Reddition de compte aux héritiers. Indivision ne cessant pas.** — Par un arrêt rendu en matière civile, la Cour de cassation a décidé, le 6 novembre 1896, qu'il n'y a pas lieu de voir un partage de succession dans l'acte par lequel un notaire s'est borné à rendre compte aux héritiers des deniers qu'il avait entre les mains au décès du *de cujus*, et de ceux qu'il a touchés depuis, avec détermination des sommes que chaque héritier a à recueillir sur l'ensemble de ces valeurs, mais sans que ledit acte ait pour objet de faire cesser l'indivision par l'attribution spéciale à chaque ayant-droit de sa part héréditaire, et sans qu'en fait aucun des héritiers ait été apporionné du montant de ses droits.

Un tel acte ne fait donc pas obstacle à la recevabilité de l'action ultérieure introduite par l'un des héritiers en partage de la succession (R. E. 1805).

11. (156). **Partage partiel. Passif. Mode de déduction.** — Lorsqu'une hérédité fait l'objet d'un partage partiel, il y a lieu, pour déterminer le bénéfice réalisé par les copartageants et liquider le droit de 0 fr. 15 0/0 sur l'actif net partagé, d'imputer le passif, en premier lieu, sur les biens restés indivis (Sol. 21 avr. 1896 ; *R. E.* 1425 ; *J. E.* 25.190 ; *Rev. prat.*, 4190).

Si, par exemple, les biens partagés étant évalués à 50,000 fr. et ceux laissés dans l'indivision à 40,000 fr., le passif de la succession s'élève à 60,000 fr., la portion du passif à déduire de l'actif partagé sera représentée par la différence entre 60.000 fr. et 40.000 fr., soit 20.000 fr. Le droit de 0 fr. 15 0/0 sera dû, par suite, sur 50.000 fr. diminués de 20.000 fr., soit 30.000 fr.

12. (160). **Partage d'ascendant. Donation par la mère. Partage préalable des biens communs. Cession à l'un des copartageants.** — Dans une espèce où, préalablement à la donation de ses biens faite par une mère à ses enfants, ces derniers avaient procédé au partage de la communauté ayant existé entre la donatrice et son conjoint prédécédé, le tribunal de Périgueux a décidé que ce partage préalable ne rendait pas exigible le droit de 0 fr. 15 0/0 sur les biens paternels, du moment que ces biens étaient, par le même acte, cédés à un seul des copartageants par les autres (Jug. 25 mars 1899 ; R. E. 2064).

Cette décision ne nous paraît pas entièrement fondée. Puisque, au lieu de se répartir les biens de l'ascendant prédécédé, les enfants les cédaient à un seul d'entre eux moyennant une somme d'argent, cette soulte devait être déduite de la masse pour le calcul du droit de 0 fr. 15 0/0, et c'est à tort, à notre avis, que ce droit a été réclamé par l'Administration sur la totalité des biens non compris dans la donation. Mais, d'autre part, le droit de 0 fr. 15 0/0 était dû, contrairement à ce qu'a décidé le tribunal, sur la part virile du cessionnaire dans les biens de l'ascendant prédécédé.

ART. 3. — PARTAGE AVEC SOULTE.

13. (167). **Soulte. Imputation.** — V. *Droits successifs.*

14. (168 bis). **Soulte. Imputation. Usufruit. Réunion à la nue propriété.** — Lorsque le lot d'un copartageant grevé de soulte comprend un usufruit immobilier détaché de la nue propriété avant le moment où s'effectue le partage et qui a déjà acquitté le droit proportionnel par anticipation lors du démembrement, la soulte doit s'imputer de préférence sur la valeur de cet usufruit, par application de la règle inscrite dans l'Inst. 342, et il n'est dû que le droit fixe de 4 fr. 0 de réunion d'usufruit, si l'attributaire de l'usufruit était déjà nanti de la nue propriété (Sol. 19 mars 1894 ; R. E. 2238).

Lorsque le démembrement de la propriété se sera effectué sous le régime de la loi du 25 février 1901, le droit afférent à l'usufruit compris dans le lot grevé de la soulte devra être liquidé conformément à l'art. 13 de cette loi.

15. (180). **Rapport en argent de la valeur d'un immeuble non aliéné.** — Le copartageant qui a reçu par voie de donation entre vifs un immeuble qu'il est tenu de rapporter, peut effectuer ce rapport en numéraire, alors même que l'immeuble existe encore dans son patrimoine, sans qu'un droit de soulte devienne exigible (Tours, 30 déc. 1898 ; R. E. 1980) (1).

Cette décision est conforme à la règle enseignée au T. A.

15 bis. (185 bis). **Partage de communauté. Récompenses. Reprises. Compensation non opérée. Attribution de valeur fictive.** — Sous le régime de la communauté légale ou conventionnelle, les récompenses dues par l'un des époux à la masse et les reprises qu'il a le droit de prétendre contre elle, constituent deux éléments opposés d'un même compte qui, lors de la liquidation, se balancent et s'annihilent jusqu'à concurrence du plus faible d'entre eux, de façon à ne laisser subsister que l'excédent de l'un sur l'autre. Lors donc que les récompenses dues par l'un des époux à la communauté excèdent ses reprises, c'est seulement la différence existant entre ces deux termes qui

(1) Le lecteur est prié de rectifier une erreur typographique qui s'est glissée au n° 180, ligne 5, du *T. A.*, et de lire : le prix d'estimation d'un immeuble « *non* aliéné », au lieu de « aliéné ».

constitue créance en faveur de la masse et qui doit être comprise parmi les valeurs réelles à partager pour servir, avec les autres biens communs existant en nature, au lotissement des ayants-droit et être soumise à la perception du droit de partage à 0 fr. 15 0/0.

Par conséquent, si, contrairement à cette règle, les copartageants ont compris dans la masse le montant brut des récompenses dues par les conjoints à la communauté, sans en avoir préalablement déduit les reprises, et qu'au moyen de l'attribution de cette valeur, fictive à l'un des ayants-droit, ils ont fait passer dans le lot de l'autre, pour une quotité supérieure à sa part, tout ou partie des biens existant en nature dans la masse commune, il appartient à l'Administration de rétablir la liquidation d'après les principes édictés par le Code et, après avoir fait ressortir, par ce moyen, l'excédent d'attribution consenti à l'un des copartageants, de réclamer le droit de mutation à titre onéreux sur cet excédent d'après la nature des valeurs attribuées à l'époux loti en trop (Périgueux, 23 déc. 1897 ; R. E. 1615 ; J. E. 25.333).

16. (193). **Soulte résultant de l'inégale répartition du passif.** — Nous avons mentionné au T. A. les décisions judiciaires qui ont consacré le principe de l'exigibilité du droit de soulte, lorsque quelques-uns des cohéritiers prennent l'engagement de payer le passif à la charge des autres. Il convient d'y ajouter le jugement du tribunal de Caen, du 11 mars 1896, cité *supra*; n° 8.

17. (204). **Soulte déguisée sous la forme de mandat.** — Lorsqu'un acte constate que l'un des successibles est attributaire des valeurs mobilières de la succession, à charge de payer le passif héréditaire, cette attribution doit être considérée comme une mutation à titre onéreux, et non comme un mandat de *réaliser* les valeurs indivises et d'en employer le prix au paiement du passif, s'il ressort des termes du contrat que l'attributaire a été définitivement approprié des valeurs dont il s'agit et n'est pas tenu de rendre compte (Sol. 9 juin 1897 ; J. E. 25.290).

18. (214). **Biens situés à l'étranger. Plus-value.** — Lorsque l'inégalité des attributions en biens français a été compensée par une attribution de biens étrangers faite par un acte passé hors du territoire français, il n'y a pas dissimulation de soulte, mais simple plus-value dont l'Administration doit établir l'existence dans l'année, par voie d'expertise (Sol. 25 sept. 1899 ; J. E. 25.929).

19. (219 bis). **Partage. Biens français et étrangers.** — Nous avons enseigné au T. A. qu'en matière de partage de biens français et de biens étrangers, le droit de 0 fr. 15 0/0 et le droit de soulte sont dus sur les biens français, et le droit de 0 fr. 20 0/0 sur les biens étrangers, l'acte opérant mutation du chef de ces derniers biens.

Après nouvel examen, cette thèse nous semble inconciliable avec l'art. 68,§ 3, n° 2, de la loi du 22 frimaire an VII, qui vise « tous les partages entre copropriétaires, à quelque titre que ce soit, pourvu qu'il en soit justifié ».

Nous pensons qu'un partage pur et simple d'immeubles ou de meubles corporels situés à l'étranger donne lieu, lors de son enregistrement en France, au droit de 0 fr. 15 0/0, *s'il est justifié par les copartageants de leur co-propriété.* Mais, si cette justification n'est pas fournie, comme le partage constitue la première manifestation, à l'égard du Trésor français, de la mutation des immeubles partagés, le droit exigible paraît être celui de 0 fr. 20 0/0 sur les immeubles et celui de 2 0/0 sur les meubles (R. E. 2420).

20. (224 bis). **Partage. Soulte. Imputation. Marchandises neuves. Tarif.** — Nous avons dit au T. A. que, sauf le cas de fraude, les dispositions de l'art. 9 de la loi du

22 frimaire an VII ne sont pas applicables aux soultes de partage.

Mais, lorsqu'une soulte s'impute sur des objets mobiliers de diverse nature comprenant des marchandises neuves, le tarif de 2 0/0 est applicable à celles-ci, même lorsqu'elles forment l'accessoire d'un fonds de commerce, dès lors que l'acte ne contient, ni leur détail estimatif, article par article, ni la stipulation d'un prix particulier (Charleville, 29 nov. 1900 ; *R. E.* 2582).

ART. 4. — QUESTIONS DIVERSES.

21. (226). **Partage. Acte modificatif. Droit de vente ou d'échange.** — Le droit d'échange ou de vente, le cas échéant, est dû sur l'acte par lequel des copartageants modifient les attributions définitives qui leur ont été faites par un partage antérieur et cela, alors même que le second acte aurait eu pour but d'éviter l'exercice de l'action en garantie de la part de l'un des copartageants (Tarbes, 5 août 1895 ; *R. E.* 1210).

22. (229 *bis*). **Créances. Garanties de solvabilité.** — La clause d'un partage par laquelle, en vue de maintenir l'égalité entre eux, les copartageants ont stipulé à l'égard des créances respectivement comprises dans chaque lot, que la garantie s'étendra à la solvabilité des débiteurs jusqu'au complet recouvrement, ne donne pas ouverture à un droit particulier (Sol. 17 nov. 1899 ; *R. E.* 2417).

23. (252). **Prix de licitation antérieure. Rapport. Payement aux attributaires. Droit de quittance.** — Lorsque, lors d'un partage, le prix d'une licitation antérieure est rapporté à la masse par l'adjudicataire et versé aux divers attributaires dans la proportion de leurs droits, cette attribution constitue l'un des éléments du partage et ne donne pas ouverture au droit de quittance (Brest, 23 juin 1897 ; *R. E.* 1491 ; *J. E.* 25.359 ; *R. P.* 9166 ; *J. N.* 26.490 ; *Rev. not.*, 10.066).

Cette décision est conforme à l'opinion émise au *T. A.* ; mais l'Administration soutient la thèse contraire.

24. (253-B). **Renonciation à un droit.** — La renonciation par un donataire à la dispense de rapporter une valeur qui lui a été donnée entre vifs par préciput constitue, en principe, de la part du renonçant, une libéralité au profit de ses cohéritiers.

Il en est autrement, toutefois, lorsque la renonciation est la condition d'un partage d'ascendants (Cass. civ., 11 déc. 1855 ; Inst. 2137, § 10 ; D. 57.1.24 ; *J. E.* 16.200).

Il y a également exception à cette règle, lorsque le renonçant, tout en conservant le montant de la donation à lui faite par préciput, agit, non comme donataire, mais comme légataire.

C'est ce qui résulte d'un jugement du tribunal de Tours, du 30 décembre 1898, d'après lequel, si l'un des copartageants, au profit duquel l'auteur commun a fait une donation entre vifs par préciput, est institué par le donateur, légataire, également par préciput, de toute la quotité disponible, ce donataire peut renoncer à la dispense de rapport contenue dans l'acte de libéralité entre vifs et effectuer à ses cohéritiers le rapport de cette libéralité, sans que cette renonciation puisse être considérée comme ayant, à l'égard de ceux-ci, le caractère d'une transmission à titre gratuit (*R. E.* 1980).

25. (255). **Reliquat de compte d'attribution. Droit de titre.** — Conformément à la règle enseignée au *T. A.*, il a été jugé que, lorsqu'un partage de communauté attribue à un copartageant des sommes à recevoir de ses copartageants sur celles dont ils sont en possession pour recouvrement de créances ou réalisation de biens com-

muns, une telle stipulation confère à l'attributaire un titre contre ses copartageants et donne lieu au droit proportionnel d'obligation, conformément à l'art. 69, § 3, n° 3, de la loi du 22 frimaire an VII (St-Jean d'Angély, 6 janv. 1898 ; *R. E.* 1686 ; *J. E.* 25.404 ; *R. P.* 9297).

26. (255 *bis*). **Créance sur un copartageant. Attribution aux autres. Droit d'obligation.** — Il a été reconnu également, par application du même principe, que lorsque dans un partage de succession, la masse comprend le montant du compte courant du défunt dans la maison de commerce de l'un des héritiers et qu'une partie de cette somme est attribuée aux autres cohéritiers, le droit d'obligation est exigible à concurrence du montant de ces attributions, si aucune disposition du partage n'est de nature à établir la libération du débiteur des sommes attribuées (Marseille, 22 juin 1898 ; *R. E.* 1794 ; *R. P.* 9573).

27. (261). **Partage. Soulte. Reliquat de compte et rente sur l'Etat. Paiement à terme. Valeur à la satisfaction du créancier.** — Lorsqu'il est stipulé, dans un partage, que le cohéritier créancier d'une soulte a été *payé en une valeur à sa satisfaction*, le débiteur de la soulte doit être considéré comme libéré.

Par conséquent, si la soulte s'impute sur des rentes sur l'Etat ou bien sur un reliquat de compte d'administration, c'est-à-dire sur des valeurs exonérées du droit de mutation, il ne peut être dû, ni droit de soulte, ni droit d'obligation à 1 0/0 (Seine, 17 nov. 1894 ; *R. E.* 1050).

Dans l'affaire qui a donné lieu à ce jugement, toute la difficulté se réduisait à savoir si l'expression « *payé en une valeur à la satisfaction du créancier* » est l'équivalent de celle-ci : « *payé comptant ou en espèces* ».

En se prononçant pour l'affirmative, le tribunal paraît s'être mis en contradiction avec un arrêt de la Cour de Paris, du 9 mars 1893, aux termes duquel l'énonciation qu'un prix de vente a été payé *en valeur à la satisfaction des vendeurs* « est exclusive d'un paiement en espèces ou valeurs mobilières de Bourse, et, dans la pratique, ne se réfère qu'à un paiement en billets ou lettres de change » (*R. P.* 8138 ; *T. A.*, V° *Hypothèques*, n° 54, texte et note 5).

Quoi qu'il en soit, il s'agit d'une question d'espèce dont la solution dépend des circonstances de chaque affaire.

28. (264). **Usufruit et nue propriété. Marchandises. Choses fongibles. Estimation. Vente.** — Lorsque le mari propriétaire de la moitié de la communauté et usufruitier de l'autre moitié est, aux termes du partage passé avec ses enfants, nu-propriétaires de l'autre moitié, déclaré attributaire du mobilier, du matériel et des marchandises constituant un fonds de commerce dépendant de la communauté, à charge d'abandonner aux enfants, pour les remplir de leurs droits, une somme en nue propriété égale à la valeur dudit fonds, cette convention a le caractère d'une cession mobilière, pour le mobilier et le matériel, mais non pour les marchandises qui ont le caractère de choses fongibles et dont l'usufruitier est tenu seulement de rendre la valeur à l'expiration de sa jouissance (St-Quentin, 6 déc. 1899 ; *R. E.* 2333 ; *R. P.* 9802).

PARTAGE D'ASCENDANT.

SOMMAIRE ANALYTIQUE.

ART. 1er. — TARIF, 1.
— 2. — APPLICATION DU TARIF RÉDUIT, 2-7.
— 3. — DROIT DE TRANSCRIPTION, 8-9.
— 4. — DES SOULTES, 10-13.
— 5. — QUESTIONS DIVERSES, 14-17.

Art. 1er. — Tarif.

1. (114 à 117). — Le tarif applicable aux partages faits en conformité des art. 1075 et 1076, C. civ., est actuellement réglé, *pour les meubles comme pour les immeubles*, par l'art. 18 de la loi du 25 février 1901, ainsi conçu :

« Les droits d'enregistrement des donations entre vifs de biens meubles ou immeubles sont affranchis de tout décime ; ils seront perçus selon les quotités ci-après, et la formalité de la transcription au bureau du conservateur des hypothèques ne donnera plus lieu à aucun droit proportionnel autre que la taxe établie par la loi du 27 juillet 1900 :

« En ligne directe ;

« 1° Pour les donations portant partage, faites conformément aux art. 1075 et 1076, C. civ., par les père et mère ou autres ascendants entre leurs enfants ou descendants, un franc soixante-dix centimes par cent francs (1 fr. 70 0/0)» (V. *Donation*).

Art. 2. — Application du tarif réduit. Liquidation des droits.

2. (135). **Enfant unique de chaque époux.** — Conformément à un jugement du tribunal de la Rochelle, du 4 février 1869 (*R. P.* 3022), l'Administration soutient que la donation, à titre de partage anticipé, par deux époux, des biens de leur seconde communauté à l'enfant unique que chacun d'eux avait d'un précédent mariage, est passible du droit des donations ordinaires (Sol. 3 nov. 1898 ; *Rev. prat.*, 4576).

2 bis. (147). **Egalisation de libéralités.** — Il y a lieu de considérer comme partage d'ascendants l'acte par lequel un ascendant, qui, par un premier acte, a fait donation anticipée de ses biens, 1/2 à un enfant et 1/2 à deux petits-enfants, représentant leur père prédécédé, soit 1/4 à chacun, puis qui a recueilli par voie de retour légal le 1/4 donné à l'un des petits-enfants, fait donation anticipée, au petit-enfant survivant, du 1/4 ainsi recueilli (Sol. 10 déc. 1874 ; *T. A.*, V° *Retour*, 26).

3. (150). **Rapport. Donation ordinaire.** — L'acte qualifié partage d'ascendant, doit être considéré comme une donation entre vifs, lorsqu'il y est stipulé que les enfants donataires seront tenus d'effectuer le rapport des valeurs données (Sol. 26 fév. 1900 ; *R. P.* 9813 ; *Rev. prat.*, 4144).

4. (179). **Partage d'ascendant. Donation par la mère. Partage préalable des biens communs. Cession à l'un des copartageants. Droit de 0 fr. 15 0/0.** — V. *Partage*, n° 12.

5. (179 bis). **Partage d'ascendant. Ascendant prédécédé. Biens paternels et maternels. Partage. Soulte. Imputation. Calcul du droit de 0 fr. 15 0/0.** — Si l'on suppose que deux enfants, *Primus* et *Secundus*, seuls héritiers de leur père, partagent les biens de ce dernier et ceux dont leur mère leur a fait donation par le même acte à titre de partage anticipé, et que *Primus*, dont les droits sont de 3.000 fr., reçoive, indépendamment d'objets mobiliers d'une valeur de 2.000 fr. provenant de la donation, 4.000 fr. en biens de la succession, savoir : une créance de 4.000 fr. et un immeuble de 3.000 fr., à charge d'une soulte de 3.000 fr. à *Secundus*, comment se liquidera le droit de 0 fr. 15 0/0 ?

Pour la perception du droit de mutation, il est évident que la soulte doit être considérée comme le prix de 1.000 fr., créance de la succession, et de 2.000 fr., valeurs mobilières de la présuccession.

Nous pensons que, pour la perception du droit de 0 fr. 15 0/0, il y aura lieu de suivre la même règle, c'est-à-dire que la soulte ne sera applicable à la succession que jusqu'à concurrence de 1.000 fr., au lieu d'être réputée applicable à la succession d'après une proportion à établir suivant la composition de l'attribution du copartageant qui en est débiteur.

Du moment, en effet, où l'on suppose, par interprétation de la volonté des parties, que, sur les 4.000 fr. de la succession, 1.000 fr. seulement ont été cédés, il faut bien admettre que le surplus, soit 3.000 fr., est passible du droit de 0 fr. 15 0/0 (Voir *R. E.* 2204).

Mais, si le lot qui présente la plus-value se compose exclusivement d'immeubles provenant les uns, de la donation maternelle, les autres, de la succession du père, il y aura lieu, pour se conformer aux considérations qui ont inspiré la règle de perception tracée, en matière de partage, par l'Inst. 342, de liquider le droit de 0 fr. 15 0/0 de la manière la plus favorable aux parties, et d'admettre *à défaut d'indications contraires dans l'acte*, que la plus-value s'applique aux immeubles donnant ouverture au droit de partage. Par conséquent, la soulte devra, pour la perception du droit de 0 fr. 15 0/0, être déduite *en totalité* de la valeur de ces derniers biens, et non pas seulement dans la proportion de l'importance des biens de l'ascendant par rapport à la masse totale partagée (Sol. 16 nov. 1899 ; *R. E.* 2383).

6. (203). **Charges excédant la valeur des biens donnés.** — L'obligation d'acquitter le passif est inhérente à la qualité d'héritier et constitue ainsi une charge qui rentre dans les conditions ordinaires des démissions de biens.

D'autre part, la libéralité n'est pas, d'une manière absolue, une condition indispensable du partage anticipé.

Il en résulte que l'engagement pris par les enfants, dans un acte de partage anticipé, d'acquitter les dettes de l'ascendant donateur et de le tenir quitte des reprises dont il était redevable envers ses enfants, ne modifie pas, en thèse générale, la nature du contrat et n'autorise pas l'Administration à lui appliquer le tarif des ventes, au lieu de celui des donations à titre de partage, quelle que soit l'importance des charges assumées par les donataires, et alors même qu'elles égaleraient ou excéderaient la valeur de l'actif abandonné (Sol. 21 sept. 1896 ; *J. E.* 25.050 ; *R. P.* 8931).

Cette solution confirme l'opinion émise au *T. A.*

7. (210). **Nue propriété. Rente viagère. Double libéralité.** — Lorsqu'un partage d'ascendant contient donation : 1° de la nue propriété de biens, meubles et immeubles ; 2° d'une rente annuelle et viagère, à charge, notamment, pour les donataires de laisser à leur mère donatrice l'usufruit des biens provenant de la succession de leur père, l'acte renferme deux libéralités distinctes, ayant pour objet l'une, la nue propriété des biens meubles et immeubles, l'autre, la rente viagère. Cette dernière libéralité est, en conséquence, passible d'un droit de donation indépendant de celui auquel la donation en nue propriété demeure assujettie (Vitré, 17 janv. 1900 ; *R. P.* 9874).

Art. 3. — Droit de transcription.

8. (236). **Partage d'ascendant. Réserve d'usufruit sur les biens des donataires. Renonciation ultérieure. Acte de complément. Droit de mutation. Usufruit. Renonciation non translative. Nu-propriétaires sortis d'indivision. Pluralité de droits fixes.** — Lorsqu'un ascendant s'est fait attribuer, dans un acte de donation et partage, l'usufruit de biens appartenant aux donataires en se réservant de leur en faire ultérieurement l'abandon, l'acte qui constate cette renonciation *in favorem* constitue un acte de complément qui n'est assujetti qu'au droit fixe.

La renonciation non translative à usufruit donne ouverture à autant de droits fixes qu'il y a de nus-propriétaires sortis d'indivision auxquels elle profite et qui l'acceptent (Rambouillet,28 janv. 1898; *R.E.* 1753; *J.E.* 25.481; *R. P.* 9275).

Sur le premier point, cette décision paraît très contestable.

Il ne semble pas possible de considérer comme un simple acte de complément un acte constatant un transfert de propriété aussi nettement caractérisé que celui qui résulte d'une renonciation anticipée à usufruit consentie en faveur de bénéficiaires déterminés (V. cep. *Rép. gén. not.* de Defrénois, art. 10.561).

8 bis. (229). Renonciations frauduleuses. — Pour les renonciations qui, en réalité translatives, sont dissimulées sous l'apparence de renonciations pures et simples, V. *T. A., Renonciation*, 174.

9. (238 bis). Usufruit transmis par décès au conjoint survivant. Partage. Entrée en jouissance immédiate des enfants. Renonciation implicite à usufruit. Réserve de rente viagère. — Lorsque l'époux survivant, usufruitier partiel, — en vertu d'un contrat de mariage, d'un testament ou de la loi, — de son conjoint prédécédé, acquitte les droits de succession sur ledit usufruit, sans faire aucun acte d'acceptation exprès ou tacite, et donne ensuite par voie de partage anticipé à ses enfants tous ses biens, à charge d'une rente viagère en rapport avec la valeur des biens donnés, ces faits ne suffisent pas à établir qu'il y a eu rétrocession d'usufruit de l'ascendant à ses enfants. On ne peut exiger, par conséquent, sur le partage, ni le droit fixe de réunion d'usufruit, ni le droit de transcription, ni le droit fixe de 3 fr., alors même qu'il serait stipulé que les donataires entreront en jouissance immédiate tant des biens paternels que des biens maternels (R. E. 2065).

Art. 4. — Des soultes.

10. (247). Biens en nature. Reprises de l'un des donateurs. Soulte. Imputation. — Lorsqu'un partage d'ascendant comprend des biens en nature mobiliers et immobiliers donnés par les père et mère, et, en outre, les reprises de la mère grevant lesdits biens, ces reprises s'éteignent par confusion sur la tête des enfants qui en deviennent ainsi débiteurs et créanciers.

Il en résulte que si l'un des donataires est chargé d'une soulte vis-à-vis des autres, cette soulte s'impute de la façon la plus favorable aux parties conformément à l'Inst. 342, *mais seulement sur les valeurs réelles et existantes de la masse donnée et non sur les reprises qui n'existent plus et se sont éteintes du moment même où elles étaient données* (1).

L'application de cette règle, dont nous avons donné la justification au *T. A.* (n° 248), a rencontré une vive résistance devant les tribunaux. Presque tous ceux qui ont été saisis de la difficulté l'ont tranchée dans un sens opposé à la doctrine de l'Administration (2).

(1) Sol. 29 nov. 1894; *R. E.* 1271 ; *J. E.* 24.469 ; *R. P.* 8494 ; S. 95.2.319 ; P. 97.2.222 ; — 29 mai 1895 ; *J. E.* 24.954.
(2) Tarbes, 29 nov. 1897 ; *R. E.* 1636 ; *J. E.* 25.598 ; *R. P.* 9265 ; — Cahors, 13 juin 1898 ; *R. E.* 1795 ; *R. P.* 9109 ; — Ribérac,24 nov. 1898 ; *R.E.*2003 ; *J.E.* 25.538 ; — Aubusson,17 janv. 1899 ; *R. E.* 2004 ; — Yssingeaux, 6 mars 1899 ; *R. E.* 2005 ; — St-Etienne, 31 juill. 1899 ; *R. E.* 2156 ; — *Contra*,c.-à-d. conformes au système de l'Administration, Brive, 29 avr. 1897 ; *R. E.* 1418 ; — Aurillac, 29 juin 1898 ; *R. P.* 9109 ; — Gap, 27 déc. 1900 ; *R. E.* 2664.

La question devant être soumise à la Cour de cassation, nous nous bornerons, en attendant l'arrêt qui mettra fin à la controverse, à renvoyer nos lecteurs à l'étude publiée par M. Naquet, sous le n° 2376 de la *Revue de l'Enregistrement*, et où l'éminent auteur défend le système suivi par l'Administration.

11. (248 bis). Reprises de la mère donatrice comprises dans la donation. Liquidation du droit de soulte. Dots encore dues au jour du partage anticipé. Paiement par un copartageant en l'acquit des père et mère. Soulte. — Lorsque deux époux font donation-partage en spécifiant que ceux de ces biens qui ont été acquis au cours de la communauté représentent les reprises que la mère donatrice est en droit d'exercer contre son mari, ces reprises n'ont pas le caractère de valeur distincte. Le droit de donation n'est, en conséquence, exigible que sur les immeubles transmis, à l'exclusion des reprises qui ne constituent qu'un élément de compte destiné à fixer les parts respectives des donateurs dans lesdits immeubles. Par voie de conséquence, on doit décider que, si l'un des lots est grevé de soulte au profit d'un autre, cette soulte ne peut s'imputer sur la prétendue créance en reprises.

Dès lors que les père et mère procèdent au partage anticipé de leurs biens, après avoir constitué en dot à l'un de leurs enfants une somme non encore payée au jour du partage, si l'un des donataires verse au copartageant auquel elle a été promise, le montant de la dot, ce paiement a lieu en réalité à titre de soulte, encore bien qu'il soit dit dans l'acte qu'il est effectué « en l'acquit des père et mère donateurs (Sol. 5 mai 1900 ; *R. E.* 2418).

12. (252). Partage d'ascendant. Licitation consécutive. Droit de mutation. — Lorsqu'un père et une mère font à leurs enfants abandon de leurs biens, par voie de partage anticipé, à la charge de payer toutes leurs dettes et moyennant le service d'une rente viagère, et que, dans le même acte, tous les biens sont attribués par voie de licitation à l'un des enfants, à la charge de supporter tout le passif, le droit de soulte est dû sur le passif, sous déduction de la part virile de l'attributaire (St-Jean-de-Maurienne, 14 déc. 1900 ; *R. E.* 2742).

13. (254-255). Somme réservée par les donateurs. Paiement imposé à l'un des enfants non préciputaire. Droit de soulte non exigible. — Lorsque, dans une donation-partage, les ascendants stipulent de l'un des enfants, à l'exclusion des autres, le paiement à leur profit d'une somme déterminée, cette clause ne donne pas ouverture au droit de soulte, même lorsque le copartageant auquel ce paiement est imposé n'est pas avantagé d'un préciput.

Mais cette règle cesse d'être applicable, lorsque la somme réservée doit servir à acquitter les dettes du donateur et n'est point supportée par les copartageants dans la proportion de leurs droits (Sol. 23 janv. 1899 ; *R. E.* 2239).

Il résulte de l'arrêt du 23 avril 1867 (Inst. 2358, § 4), dont nous avons reproduit les motifs au *T. A.*, que, dans un acte de donation, la somme payée par l'un des donataires au donateur sur la valeur de l'immeuble à lui donné ne saurait être considérée comme une soulte de partage ; cette somme ne constitue qu'une réserve exercée à son profit par le donateur sur les biens donnés et formant, à ce titre, une dépendance du contrat de donation.

Bien que, dans l'espèce de cet arrêt, le donataire chargé de payer au donateur la somme réservée fût en même temps préciputaire, la solution précitée, sur laquelle nous appelons l'attention de nos lecteurs, décide que la doctrine

17

de l'arrêt du 23 avril 1867 doit servir de règle de perception toutes les fois qu'un capital est versé aux donateurs par les donataires ou par l'un d'eux, comme condition de la donation, *avec ou sans clause de préciput* (Comp. Sol. 6 août 1895 ; R. E. 1211 ; J. E. 24.984).

Toutefois, si, dans un partage anticipé, l'ascendant avait manifesté l'intention de faire un partage égal de ses biens, et si, néanmoins, l'un des enfants était seul chargé du paiement d'une rente viagère stipulée par le donateur à son profit, la portion de cette rente dépassant la part virile du donateur formerait une soulte assujettie au droit proportionnel (Sol. 2 oct. 1896 ; R. E. 1350).

ART. 5. — QUESTIONS DIVERSES.

14. (289). Partage d'ascendant. Caractère onéreux. Dation en payement. Tarif. — Bien qu'il soit constaté dans les motifs d'un jugement qu'un contrat présenté sous la forme d'une donation à titre de partage anticipé a constitué, en réalité, une véritable dation en payement, cette circonstance ne modifie pas le caractère primitif du contrat et ne saurait, dès lors, donner ouverture, lors de l'enregistrement du jugement, à un complément de droit pour transmission à titre onéreux d'après la nature des biens donnés en payement (Soissons, 15 déc. 1897 ; R. E. 1716).

14 bis. (290). Donation-partage postérieure à la déclaration de succession. — On a rapporté au *T. A.* une solution du 10 juillet 1893 qui a décidé que si la déclaration de succession du mari porte que toutes les valeurs communes sont absorbées par la veuve survivante et si, dans le partage anticipé postérieur, celle-ci fait donation seulement de sa moitié dans les acquêts, le droit de donation est régulièrement perçu sur cette moitié seulement. Cette solution est motivée sur ce que les reprises de la veuve ont pu être remboursées en deniers. Ajoutons que, dans cette hypothèse, la Régie réclame un supplément de droit de succession sur la moitié de la communauté considérée comme rentrée dans l'hérédité du mari (Rappr. *T. A., Succession,* 246).

15. (292). Avances verbales aux enfants. Rapport. Réserve d'usufruit. Partage non effectué. Droit de titre. — Lorsque l'ascendant survivant fait entre ses enfants la donation-partage de ses biens en s'en réservant l'usufruit, et comprend parmi les choses données des avances verbales consenties par lui aux donataires dans des proportions inégales et qu'ils rapportent à la masse, le droit de donation à 1 0/0 est dû sur les dettes dont la remise a lieu dans ces conditions ; mais nous pensons que le droit d'obligation de 1 0/0 ne peut être exigé pour surcroît, même sur la partie de ces sommes excédant la part virile des attributaires.

En effet, l'éventualité d'un partage ultérieur entre les enfants et de l'attribution à l'un d'eux d'une somme due à la masse par son copartageant ne peut justifier la perception, sur les valeurs rapportées, d'un droit de titre qui ferait double emploi avec celui de donation.

C'est seulement au cas où la donation comporterait partage effectif, attribution du rapport à un cohéritier autre que le débiteur, enfin stipulation d'un terme *pour le paiement,* que le droit d'obligation pourrait être exigé (Voir R. E. 2307-II).

16. (386). Partage. Homologation. Caractères. Taxe des frais de justice. Partage testamentaire. — V. *Partage,* n° 5.

17. (303). Quittance. Partage anticipé soumis à homologation. Soultes payées avant l'homologation. Droit de libération. — Lorsque la validité d'un partage anticipé est soumise à la condition suspensive de l'homologation de justice, il ne peut donner immédiatement ouverture aux droits proportionnels.

Mais le droit de libération est exigible sur le montant des soultes et rapports dont l'acte constate le payement (Sol. 15 janv. 1892 ; R. E. 806).

PARTAGE DE COMMUNAUTÉ. — 1. (10). Compensation entre les reprises et les récompenses.
— V. *Communauté,* n° 13.

2. (36, 37 et 39). Succession. Communauté en déficit. Décès du mari. Application de l'art. 1483, C. civ. Attribution à la succession de tout l'actif à charge de payer le passif. Part des biens communs passible du droit de mutation par décès. — Lorsqu'après le décès du mari la communauté se trouvant en déficit, il est déclaré dans l'acte de liquidation de la communauté que la veuve ne sera tenue du passif que jusqu'à concurrence de son émolument, conformément à l'art. 1483, C. civ., et qu'en conséquence tout l'actif commun sera attribué aux héritiers à charge d'acquitter le passif, cette convention n'équivaut pas, de la part de la veuve, à une renonciation à communauté. En conséquence, les droits de mutation dus après le décès du mari ne doivent être liquidés que sur la moitié et non sur la totalité des biens communs (Sol. 19 oct. 1895 ; R. E. 1079).

PARTAGE-LICITATION.

SOMMAIRE ANALYTIQUE.

ART. 1er. — BASES DE LA PERCEPTION, 1-6.
— 2. — DROIT DE TRANSCRIPTION, 7-12.
— 3. — QUESTIONS DIVERSES. 13.

ART. 1er. — BASES DE LA PERCEPTION.

1. (9). Justification de l'indivision. — V. *Partage,* n° 2.

2. (12 et 18). Etranger adjudicataire. Election de command au profit de colicitants. Liquidation du droit de mutation. — V. *Command,* n° 4.

3. (30). L'Inst. n° 342 est-elle applicable aux licitations ? — Après avoir longtemps hésité sur le point de savoir s'il y a lieu, ou non, d'appliquer aux licitations les règles d'imputation admises par l'Inst. n° 342 en matière de soultes de partage, l'Administration a fini par se prononcer dans le sens de la négative ; elle a réussi à faire consacrer sa doctrine par trois jugements, l'un du tribunal de Nantes, du 17 juin 1895, l'autre du tribunal de St-Quentin, du 22 mars précédent, le dernier du tribunal d'Abbeville (jug. du 25 juin 1901 ; R. E. 2800).

D'après ce dernier jugement, lorsque deux personnes procèdent au partage d'une société qui existait entre elles et que l'une est déclarée attributaire de tout l'actif à charge de payer à l'autre une soulte déterminée et d'acquitter la totalité du passif, l'opération ne constitue pas un partage avec soulte, mais une licitation. Le prix doit être liquidé, non de la façon la plus favorable aux parties et conformément aux règles tracées par l'Inst. n° 342, mais proportionnellement à l'importance respective des diverses valeurs composant la masse indivise (R. E. 1095 et 1723).

Mais les conclusions de l'Administration ont été rejetées dans les deux espèces suivantes :

I. LICITATION. — Lorsque deux copropriétaires mettent fin à l'indivision existant entre eux par une licitation attribuant à l'un d'eux la totalité des valeurs communes à charge de payer à l'autre un certain prix, ce prix doit s'imputer, pour la perception du droit proportionnel de mutation, de la façon la plus favorable aux parties, c'est-à-dire, en premier lieu, sur l'argent comptant et les valeurs dont la transmission est exempte du droit proportionnel, puis sur celles qui sont soumises au droit le moins élevé et ainsi de suite, en remontant. En d'autres termes, l'Inst. n° 342, relative aux soultes de partage, est applicable aux prix de licitation (Lesparre, 30 déc. 1897 ; *R. E.* 1637 ; *J. E.* 25.403).

II. Société. Licitation. — Lorsque l'associé survivant et les représentants du prédécédé mettent fin à l'indivision existant entre eux par une licitation attribuant au survivant la totalité des valeurs sociales à charge de payer aux héritiers du prédécédé une certaine somme d'argent, ce prix doit s'imputer, pour la perception du droit proportionnel de mutation, de la façon la plus favorable aux parties, c'est-à-dire, en premier lieu, sur l'argent comptant et sur les valeurs dont la transmission est exempte du droit proportionnel, puis sur celles qui sont soumises au droit le moins élevé et ainsi de suite, en remontant. En d'autres termes, l'Inst. n° 342, relative aux soultes de partage, est applicable au prix de licitation, même entre associés (Vassy, 10 août 1898 ; *R. E.* 1869 ; *R. P.* 9552).

Pour nous, nous pensons que l'Administration serait peut-être mieux inspirée en étendant à tous les actes équipollents à partage, comme elle l'avait fait dans une solution du 16 août 1883 (*J. E.* 22.187), le mode d'imputation admis par l'Inst. n° 342 (Rappr. ce qui a été dit, *suprà*, V° *Droits successifs*, n° 2).

Toutefois, comme la doctrine de cette solution est actuellement abandonnée (V. Sol. 14 janv. 1896 ; *R. E.* 1035) et qu'en définitive, l'Administration invoque à l'appui du système qu'elle a adopté de très sérieux arguments, les receveurs feront bien de se conformer strictement à la nouvelle règle administrative et de s'abstenir de suivre l'Inst. n° 342, toutes les fois qu'il ne s'agira pas d'un partage proprement dit.

4. (33). **Licitation. Promesse d'attribution. Droit fixe de 3 fr. Taxe des frais de justice.** — Si le cahier des charges d'une adjudication judiciaire sur licitation porte que, au cas où la plus forte enchère sera mise par un colicitant, celui-ci ne sera pas déclaré adjudicataire, mais que le fait même de l'extinction des feux vaudra engagement de sa part et de celle de ses cohéritiers d'en faire l'attribution à l'enchérisseur dans le partage définitif pour la somme fixée, cette promesse d'attribution n'emporte pas mutation et ne donne ouverture qu'au droit fixe de 3 fr. — Mais la taxe des frais de justice de 0 fr.25 0/0 est exigible sur le prix de l'enchère augmenté des frais (Nantes, 28 fév. 1901 ; *R. E.* 2684).

4 bis. Licitation. Promesse d'attribution. Droit de bail. — Lorsque, dans l'hypothèse examinée au numéro précédent, le colicitant enchérisseur doit faire compte à ses copartageants de l'intérêt à 5 0/0 de la somme fixée pour la valeur de l'immeuble pendant la période de sa jouissance commençant du jour de la promesse d'attribution et se terminant à celui du partage définitif, le droit de bail est dû de ce chef (Sol. 8 nov. 1899 ; *R. E.* 2452). — Cette solution confirme, sur tous les points, la règle enseignée au *T. A.*

5. (41). **Licitation enregistrée, après le délai, avec le partage.** — Nous avons émis l'avis au *T. A.* que si la présentation de la licitation à la formalité est retardée au delà du délai légal et si le partage est soumis en même temps à l'enregistrement, la Régie ne

peut exiger *comme droits simples* que ceux dus d'après l'ensemble des contrats qui lui sont simultanément présentés. La règle posée par la Cour de cassation dans son arrêt du 28 janvier 1890 (Inst. 2790, § 6) s'oppose à ce qu'on réclame sur la licitation les droits qui eussent été exigibles sur cet acte s'il avait été présenté en temps utile à la formalité, mais qui ne le sont plus dès lors que le partage présenté en même temps donne rétroactivement à la licitation un effet déclaratif.

Droit en sus. — La seule pénalité encourue par le notaire qui soumet tardivement, dans ces conditions, l'acte de licitation à la formalité est l'amende de 10 fr., à moins que le droit simple exigible sur la licitation ne soit supérieur, auquel cas la pénalité est égale à ce droit simple.

La pratique administrative semble établie en ce sens.

6. (50). **Licitation enregistrée en même temps que le partage ou après. Partage soumis à homologation.** — Pour qu'un partage sujet à homologation puisse servir de base à la liquidation des droits à percevoir sur la licitation que ce partage concerne, il faut qu'il ait été homologué *avant l'enregistrement de la licitation.*

Mais il n'est pas nécessaire que le jugement d'homologation ait été enregistré avant la licitation, ou qu'il soit soumis, en même temps que celle-ci, à la formalité (Sol. 29 juill. 1895 ; *J. E.* 25.275).

Art. 2. — Droit de transcription.

7. (77). **Licitation ne faisant pas cesser l'indivision. Partage par acte séparé, mais présenté à l'enregistrement avant ou en même temps que la cession.** — Après avoir été longtemps débattue, la question de savoir si la licitation qui, sans faire cesser complètement l'indivision, a seulement pour effet de la restreindre entre quelques-uns des cohéritiers, est passible du droit de transcription, lorsqu'elle est présentée à l'enregistrement en même temps que le partage de la succession, a été résolue *in terminis* par un arrêt de la Cour de cassation, du 12 mars 1900 (*R. E.* 2352 ; *J. E.* 25.857).

D'après cet arrêt, que l'Administration a décidé de prendre pour règle de perception (Inst. 3015, § 5), la licitation d'un immeuble dépendant d'une succession et adjugé à plusieurs des cohéritiers ne constitue qu'une opération du partage lui-même, avec lequel il se confond, lorsqu'elle est présentée à la formalité de l'enregistrement simultanément avec l'acte de partage *qui comprend dans la masse partageable le prix dudit immeuble et d'une manière définitive les droits de tous les héritiers.* Ces deux actes forment par leur réunion une convention unique qui, ayant un effet purement déclaratif, n'est pas de nature à être transcrite et ne saurait, par suite, donner ouverture au droit de transcription.

Il importe peu que les héritiers adjudicataires demeurent dans l'indivision en ce qui concerne l'immeuble par eux acquis. Cette circonstance n'a pas empêché le partage avec lequel la licitation s'est confondue de produire ses conséquences légales, puisque l'indivision nouvelle a sa cause, non plus dans la dévolution héréditaire, mais dans des accords particuliers.

La règle qui résulte de cette décision est nette et précise. Que la licitation fasse, ou non, cesser l'indivision, elle ne donnera jamais lieu au droit de transcription, dès lors qu'elle sera présentée à l'enregistrement en même temps que le partage, sans qu'il y ait lieu, d'ailleurs, de distinguer suivant que le prix d'adjudication est attribué aux colicitants acquéreurs, ou bien à des cohéritiers autres que les adjudicataires. Dans cette dernière hypothèse, en effet, l'opération s'analyse en un partage avec soulte. Or, un tel acte n'est pas sujet au droit de transcription, alors même que le lot grevé de soulte est attribué indivisément à plusieurs copartageants (Voir *T. A.*, V° *Partage*, n° 222, texte et note 2).

M. le conseiller Fabreguettes s'est prononcé en ce sens dans ses conclusions devant la Cour (Voir *R.E.* 2352, p.327).

L'Administration étend le bénéfice de cette jurisprudence à la licitation au profit d'héritiers mineurs et d'un légataire universel en concours avec des héritiers à réserve, dans le cas où cette licitation est présentée à l'enregistrement avec un partage dans lequel les prix des immeubles acquis sont attribués aux colicitants, à valoir sur leurs droits (Sol. 26 mars 1901 ; *R. E.* 2685).

Mais le droit de transcription doit être perçu lorsqu'une licitation de nature à être transcrite est présentée isolément à la formalité, sans être accompagnée du partage d'où elle serait susceptible de tirer le caractère déclaratif.

Nous ne saurions donc approuver le jugement du 25 juillet 1900, par lequel le tribunal de Libourne a décidé que, lorsqu'un immeuble acquis indivisément par deux copropriétaires est licité au profit des colégataires universels de l'un d'eux, l'indivision nouvelle existant entre ces derniers a sa cause, non plus dans l'acquisition primitive, mais bien dans une convention nouvelle ; que, par suite, une telle convention, ayant un effet purement déclaratif, résout les hypothèques du chef du copropriétaire vendeur, n'est pas de nature à être transcrite et ne saurait donner ouverture au droit de transcription (*R. E.* 2495) (1).

(1) La deuxième Chambre du tribunal de la Seine, jugeant en matière civile, a statué dans le même sens que le tribunal de Libourne et décidé, par un jugement du 3 novembre 1900, que la licitation d'un immeuble indivis, prononcée au profit de plusieurs héritiers, produit l'effet déclaratif du partage, de telle sorte que les coadjudicataires sont censés avoir toujours été propriétaires de l'immeuble, et que les hypothèques prises du chef d'un autre héritier pendant l'indivision se trouvent résolues. Ce jugement est ainsi conçu :

« Le tribunal ;

« Attendu que Claude Martel est décédé le 4 janvier 1893, laissant la dame Marguerite Séjournant, sa veuve, commune en biens, et, pour héritiers, ses trois enfants, Charles Martel, la dame Marie Martel, veuve d'Etienne Gautherin, la dame Louise Martel, épouse de Louis Brunet ; que les parties ont procédé à la liquidation de la communauté ayant existé entre les époux Martel ainsi que de la succession de Claude Martel, suivant acte dressé par Pierre, notaire à Meudon, le 28 juin 1893, et ont laissé dans l'indivision un immeuble situé rue Lemercier, n° 30 ;

« Attendu que Charles Martel est décédé le 16 février 1897, laissant la dame Emilie Joubert, sa veuve, commune en biens, et pour héritières sa mère et ses deux sœurs, qui ont renoncé à sa succession ; qu'un état dressé par Pinguet, notaire à Paris, le 24 mai 1898, homologué par jugement du 20 mai suivant, a liquidé les reprises de la dame Emilie Joubert, veuve Charles Martel à la somme de 36,418 fr. 65 ;

« Attendu qu'un jugement du tribunal civil de Dijon, du 20 octobre 1897, a ordonné la licitation de l'immeuble sis à Paris, rue Lemercier, n° 30, et a commis Pierre, notaire, à l'effet de procéder aux opérations de compte, liquidation et partage du prix de l'immeuble ; que, suivant procès-verbal dressé par Pierre, le 24 janvier 1898, ledit immeuble a été adjugé aux dames Brunet et Gautherin, colicitantes, moyennant le prix de 205,000 francs ; que l'état liquidatif, dressé par Pierre, le 19 janvier 1899, homologué par jugement du tribunal de Dijon du 28 décembre suivant, a attribué à la succession vacante de Charles Martel une somme en toute propriété de 27,044 fr. 71 ; que la veuve Charles Martel-Joubert a, le 3 septembre 1897, pris une inscription d'hypothèque légale pour sûreté de ses reprises, notamment sur les parts et portions ayant appartenu à son mari dans l'immeuble de la rue Lemercier ; que, par

8. (80 *bis*). **Licitation. Mari commun en biens acquéreur. Cessation de l'indivision. Droit de transcription non exigible.** — Lorsqu'un immeuble indivis — entre deux époux communs en biens, d'une part, et, d'autre part, deux autres époux également communs en biens, — est licité entre eux et acquis en totalité par les derniers, l'opération constitue une licitation qui fait cesser l'indivision et ne donne ouverture qu'au droit de 4 0/0, à l'exclusion du droit de transcription de 1 fr. 50 0/0 (Sarlat, 3 août 1898 ; *R. E.* 1830).

Le tribunal de Bourganeuf s'est prononcé dans le même sens, par un jugement du 17 janvier 1901 (*R. E.* 2605 ; — Conf. Hazebrouck, 22 fév. 1901). L'Administration a exécuté ce dernier jugement et en a accepté la doctrine.

La règle contraire admise par le tribunal de Verdun, le 25 juin 1901 (*R. E.* 2780), et enseignée au *T. A.* paraît, dès lors, devoir être abandonnée.

9. (88). **Associés. Apports indivis et acquêts. Adjudication sur surenchère. Associé autre que l'apporteur. Droit de transcription.** — En vertu du principe de l'indivisibilité de la formalité de la transcription, le droit de 1 fr. 50 0/0 est exigible sur le prix total, charges comprises, lorsque tous les immeubles ne proviennent pas aux colicitants d'un titre commun et que l'adjudication a pour objet, en même temps que des acquêts sociaux, des immeubles apportés indivisément à la société par ses deux membres, alors que cette indivision est née de la cession antérieure, faite par l'un des futurs associés à l'autre, d'une fraction de ses droits dans la propriété intégrale des biens apportés.

Le fait que l'adjudication a eu lieu après surenchère du sixième ne s'oppose pas à ce que cette adjudication soit de nature à être transcrite (Toulouse, 28 mars 1899 ; *R. E.* 2018 ; *J. E.* 25.679).

Ce jugement a fait une très exacte application du principe d'après lequel le tiers acquéreur d'une part indivise n'a pas de titre commun avec les propriétaires du surplus (V. les arrêts cités au *T. A.*).

exploits des 19 et 28 mai 1900, elle a fait sommation à la dame Brunet et la veuve Gautherin, en leur qualité de tiers détentrices, de lui payer le montant de ses reprises ou de délaisser l'immeuble ; que les dames Brunet et Gautherin demandent la discontinuation des poursuites et la mainlevée de l'inscription prise le 3 septembre 1897 ;

« Attendu que l'adjudication prononcée au profit des dames Brunet et Gautherin, en dessaisissant la succession de Charles Martel de ses droits héréditaires sur l'immeuble, et en faisant cesser à son égard l'indivision préexistante, a produit vis-à-vis d'elle les effets d'un partage, que les dames Brunet et Gautherin sont censées, dans les termes de l'art. 883 C. civ. avoir succédé seules au bien qui leur est échu sur licitation ; qu'il importe peu que l'immeuble demeure indivis entre elles ; que cette indivision nouvelle ne continue pas l'indivision qui existait précédemment ; qu'elle résulte non de la dévolution successorale, mais de la convention, et prend naissance au jour du partage qui règle d'une façon définitive les droits des héritiers entre eux ; qu'il en résulte que Charles Martel est réputé n'avoir point été propriétaire de l'immeuble dont il s'agit sur lequel sa veuve ne saurait, dès lors, revendiquer le bénéfice de son hypothèque légale ;

« Par ces motifs,

« Déclare la veuve Martel-Joubert, mal fondée dans ses demandes ; déclare nulle et de nul effet la sommation de payer ou de délaisser faite par la veuve Martel-Joubert les 19 et 28 mai 1900 ; fait défense d'y donner aucune suite ; fait mainlevée de l'hypothèque de la veuve Martel-Joubert en ce qu'elle frapperait l'immeuble sis à Paris, rue Lemercier, n° 30, et notamment de l'inscription prise, le 3 septembre 1897, au deuxième bureau des hypothèques de la Seine. »

10. (93 et 94). **Légataire universel en concours avec un héritier à réserve. Licitation au profit du légataire. Droit de transcription.** — Par un arrêt du 13 août 1851 (D. 51.1.281 ; S. 51.1.1.667 ; P. 52.1.481), la Cour de cassation avait décidé que la charge des dettes pèse sur le légataire universel, *ultrà vires*, qu'il soit, ou non, en concours avec un héritier à réserve, c'est-à-dire qu'il ait, ou non, la saisine.

On en concluait que la licitation d'un immeuble indivis entre l'héritier réservataire et le légataire universel ne donnait pas lieu au droit de transcription, alors même qu'elle était tranchée au profit du légataire universel, celui ci ne pouvant pas purger.

Le même raisonnement s'appliquait au légataire à titre universel qui, dans ce système, continuait la personne du défunt au même titre que le légataire universel non pourvu de la saisine (1).

Mais, la Cour de cassation, saisie de nouveau de la question, n'a pas maintenu son ancienne jurisprudence.

Il résulte d'un arrêt du 12 mai 1897 (2) que, lorsque le légataire en une propriété de la quotité disponible en concours avec un héritier à réserve, se rend acquéreur, par voie de licitation, d'immeubles de la succession, l'adjudication prononcée à son profit donne ouverture au droit de transcription, par application des art. 52 et 54 de la loi du 28 avril 1816.

La raison en est, — a dit la Cour, — que l'adjudicataire « ne continuant pas, à raison de l'existence de l'héritier réservataire, la personne du testateur, a le droit de faire transcrire et a intérêt à le faire pour purger les hypothèques pouvant grever les biens acquis par lui, soit du chef du testateur, soit de celui de l'héritier, plein propriétaire, soit enfin de celui de la veuve usufruitière ». La Cour a ajouté qu'il n'y avait pas à rechercher si, en fait, il existe, ou non, des hypothèques sur les biens licités.

En portant cet arrêt à la connaissance de ses préposés, l'Administration leur a prescrit, dans l'Inst. 3004, § 1er (p. 13), de le prendre pour règle de perception.

Par conséquent, lorsqu'un légataire universel en concours avec un héritier à réserve se rend acquéreur d'immeubles de la succession, le procès-verbal d'adjudication doit, par application de l'art. 54 de la loi du 28 avril 1816, être assujetti au droit de transcription, *au moment où il est présenté à l'enregistrement.*

Conformément à l'arrêt du 12 mai 1897, l'Administration a décidé que le droit de transcription est dû sur la licitation, tranchée au profit d'un légataire à titre universel, d'un immeuble indivis entre lui et les héritiers réservataires (Sol. 22 janv. 1901 ; R. E. 2796). Le tribunal de Remiremont a jugé, au contraire, le 8 nov. 1900 (R. E. 2796) que le droit de 1,50 0/0 n'est pas exigible sur l'adjudication tranchée au profit de l'époux survivant, donataire de la quotité disponible, qui se trouve en concours avec des héritiers à réserve. Ce jugement est actuellement déféré à la Cour de cassation.

11. (104). **Usufruit légal de l'époux survivant. Conversion en rente viagère. Droit fixe.** — Lorsque les héritiers profitant de la faculté qui leur est accordée par l'art. 1er de la loi du 9 mars 1891 (C. civ., 767 nouveau), ont converti en une rente viagère l'usufruit attribué par la loi à l'époux survivant, le droit de mutation par décès doit être liquidé sur le capital au denier dix de la rente

(1) Dall. Rép., Vo *Disposit. entre vifs et test.*, n° 3737 ; *Supp. eod.* Vo, n° 950 ; — Cass. req., 11 mai 1870 ; D. 71.1.141 ; — Sol. 11 mars 1853 ; J.E. 18.563-1.
(2) S. 98.1.193 ; D. 98.1.164 ; Inst. 3004, § 1 ; R. E. 1414 ; J. E. 25.161 ; R. P. 9009 ; J. N. 26.533 ; Rev. not., 10.009.

viagère, si la conversion est antérieure à la déclaration de succession, et l'acte de conversion ne donne ouverture qu'au droit fixe, à l'exclusion du droit proportionnel pour cession d'usufruit (Sol. 1er août 1895 ; R. E. 1005).

12. (106). **Légataires particuliers. Cessation de l'indivision. Droit de transcription.** — Lorsqu'un immeuble a été légué conjointement, à titre particulier, à plusieurs personnes, la licitation tranchée au profit de l'une d'elles donne ouverture au droit de transcription, alors même qu'elle fait cesser l'indivision (Cass.,28 déc. 1897) (1).

Toutefois, lorsque la licitation a lieu à l'amiable, *sans l'accomplissement des formalités de justice*, l'Administration admet que cette licitation, ne pouvant servir de point de départ à la purge, n'est pas de nature à être transcrite et ne donne pas, en conséquence, ouverture au droit de transcription de 1 fr. 50 0/0 (Sol. 22 mai 1897 ; R. E. 1752 ; — V. *Hypothèques*).

ART. 3. — QUESTIONS DIVERSES.

13. (140, 141 et 142). **Succession. Retrait d'indivision. Propre de la femme. Acquisition de part indivise par le mari seul. Décès de la femme. Option de ses héritiers. Part acquise abandonnée au mari. Droit de mutation par décès non exigible.** — Lorsque, pendant le mariage, le mari acquiert des droits indivis dans un immeuble dont sa femme était propriétaire pour partie, cette acquisition est censée faite pour le compte de la femme, alors même que le mari aurait acquis en son nom personnel (1408, 2e al., C. civ.).

Mais la propriété des droits ainsi acquis n'appartient à la femme que sous la condition résolutoire qu'à la dissolution du mariage elle ou ses représentants ne répudieront pas l'acquisition. Si la femme décède et que ses héritiers exercent leur faculté d'option en abandonnant au mari les biens acquis par celui-ci en son nom personnel, ces biens sont réputés rétroactivement n'avoir jamais fait partie de la succession de la femme ; ils ne sont pas passibles, en conséquence, des droits de mutation dus au décès de celle-ci (Sol. 18 sept.1895 ; R.E. 1081 ; —V. *Communauté*, n° 5).

PAYEMENT DES DROITS. — **1.** (1). Une convention qui a pour objet principal un règlement d'intérêts entre parties ne peut être nulle par cela seul qu'elle aurait pour conséquence, même volontaire, de préjudicier au fisc en rendant incomplète la perception des droits d'enregistrement. Si elle a une cause licite, cette convention doit produire ses effets entre les parties (Cass. req., 27 mars 1900 ; R. E. 2395).

2. (14). **Marché administratif. Solidarité.** — Les droits de bail et de marché dus sur un traité conclu entre une ville et un entrepreneur dans la forme administrative sont dus solidairement par les deux contractants (Lyon, 9 juin 1893 ; J. E. 24.447 ; R. P. 8369).

3. (17). **Acte volontaire. Supplément de droit. Solidarité.** — L'Administration est fondée à s'adresser solidairement à toutes les parties contractantes pour parvenir au recouvrement d'un supplément de droit exigible sur un acte volontaire. Vainement objecterait-on que, aux termes de l'art. 1202, C. civ., la solidarité ne se présume pas et doit être expressément stipulée. Cet article ne peut, en effet, recevoir son application, en pareil cas, puisque la solidarité pour les actes volontaires est, en matière d'enregistrement, spécialement régie par les art. 29, 30 et 31 de la loi du 22 frimaire an VII (2).

(1) Inst. 2965, § 7 ; S. et P. 98.1.145 ; D. 98.1.225 ; R. E.1137 ; J. E. 23.287 ; R. P. 8874.
(2) Cass. req., 19 mai 1896 ; S. 97.1.420 ; D. 97.1.77 ; R. E.

4. (20). **Disposition indépendante.** — Les diverses parties ayant concouru à un acte ne sont obligées solidairement qu'au paiement des droits afférents aux dispositions de l'acte où elles ont figuré comme contractantes, à l'exclusion des droits afférents aux dispositions qui leur sont étrangères (Seine, 16 juin 1900 ; R. E. 2491). Dans le même sens, il a été décidé que le supplément de droit reconnu exigible sur une disposition indépendante d'un acte ne peut être réclamé qu'à la partie que cette disposition indépendante intéresse, à l'exclusion des autres contractants (Sol. 11 oct. 1897 ; R. E. 1582).

5. (22). **Impôt sur le revenu et taxe de transmission. Société en faillite.** — L'Administration de l'enregistrement, créancière sur une société en faillite de droits de transmission et de taxe sur le revenu à raison d'obligations négociables émises par cette société, ne peut que se faire admettre au passif de la faillite pour le montant de ce qui lui est dû et participer au concordat. Elle serait sans droit pour s'adresser à une autre société qui, en vertu d'une convention spéciale antérieure à la faillite, aurait été chargée d'assurer le service des obligations, pour exiger le versement des retenues que celle-ci aurait opérées pour le payement des droits de transmission et de l'impôt sur le revenu (Cass. civ., 7 mars 1900 ; R. E. 2384).

6. (23). **Recours des parties entre elles. Succession.** — Le tribunal, saisi par la Régie de la demande en recouvrement des droits, n'a pas à régler le recours des parties entre elles. Ce recours ne peut être réglé que par une décision spéciale à laquelle l'Administration n'a pas à intervenir (Seine, 21 juill. 1899 ; R. E. 2151).

Dans les rapports des successibles entre eux, les droits de mutation par décès grèvent exclusivement l'émolument dont chacun d'eux est personnellement gratifié. Spécialement, les droits afférents à la transmission en nue propriété qui s'est opérée au profit de l'héritier bénéficiaire ne sauraient, même partiellement, être mis à la charge de l'usufruitier (C. de Dijon, 19 déc. 1895 ; R. E. 1099).

L'art. 32 de la loi du 22 frimaire an VII qui accorde au Trésor un privilège sur les revenus des biens de la succession pour le payement des droits de mutation, n'est pas applicable au règlement à faire entre les héritiers et légataires pour la contribution au payement desdits droits. Spécialement, l'héritier, dont les droits n'ont été reconnus que longtemps après le partage de la succession, ne peut invoquer l'art. 32 précité pour exiger que les droits de mutation soient imputés d'abord sur les fruits échus pendant l'indivision, et subsidiairement sur les capitaux, cette prétention ne tendant à rien moins qu'à faire restituer à des possesseurs de bonne foi les fruits qui leur ont été régulièrement acquis en vertu des art. 549 et 550, C. civ. (C. de Paris, 20 nov. 1894 ; R. E. 901).

7. (26). **Droits des actes produits en justice. Condamnation aux dépens.** — Les droits d'enregistrement dus sur les actes, dont les énonciations d'une décision de justice ont révélé l'existence à l'Administration de l'enregistrement, et de la perception desquels cette décision est la cause occasionnelle, ne font pas partie des dépens de l'instance ; ils ne peuvent être mis à la charge d'une personne autre que celle qui en est débitrice d'après la loi fiscale, qu'à titre de dommages-intérêts, et à la condition de préciser la faute commise et le dommage éprouvé (Cass. civ., 15 déc. 1896 ; 28 déc. 1896 et 13 janv. 1897 ; R. E. 1331).

1473 ; J. E. 24.898 ; R. P. 8784 ; — Cf. Avranches, 28 mai 1897 ; J.E.25.211 ; — St-Quentin, 30 déc.1898 ; R.E. 1984 ; J.E. 25.570 ; — Rappr. Cass. civ., 27 nov. 1895 ; Inst.2900-8 ; D. 96.1. 521 ; S. 97.1.361 ; R. E. 1088 ; J. E. 24.740 ; R. P. 8684.

La partie condamnée aux dépens n'est pas fondée à exiger que celle qui lève l'expédition, afin de faire exécuter le jugement, dont elle profite, lui fasse connaître le montant des droits d'enregistrement avant de les payer pour permettre à son adversaire, qui doit, en définitive, les supporter, d'en discuter la liquidation (Béthune, 9 mars 1899 ; R. E. 2060).

8. (27). **Recours des notaires contre les parties.** — V. *Acte de notaire*, n° 7.

L'art. 30 de la loi du 22 frimaire an VII ne concerne que les avances faites par les notaires en leur qualité d'officiers publics. Le notaire qui, sur le dépôt d'un acte sous seing privé de vente d'immeubles effectué en son étude, a fait l'avance des droits dus pour cette vente, ne peut donc exercer son recours contre les parties dans les conditions spécifiées par l'art. 30 de la loi de frimaire et suivant les formes tracées par la loi du 24 décembre 1897. Il ne serait pas fondé davantage, à moins de pouvoir justifier d'un mandat spécial donné par le vendeur, à agir en vertu de l'action *mandati contraria*, ni en vertu de la subrogation légale de l'art. 1251-3, C. civ., ni enfin en vertu de l'action du *negotiorum gestor*. Il en est ainsi alors même que le vendeur aurait reconnu sa signature sur l'acte sous seing privé et lui aurait ainsi donné un caractère authentique, si cet acte était déjà enregistré au moment de la reconnaissance (Trévoux, 29 mai 1894 ; J. E. 24.611).

9. (27). **Recours des greffiers.** — Le greffier qui, aux termes de l'art. 37, L. 22 frimaire an VII, n'est pas tenu de faire l'avance des droits des jugements rendus à l'audience, n'est pas fondé, après avoir acquitté ces droits, à invoquer le bénéfice de la subrogation légale institué par l'art. 1251, 3, C. civ.

Il jouit seulement, pour le remboursement de son avance, d'une action de *in rem verso* contre la partie condamnée aux dépens (Privas, 24 janvier 1901 ; R. E. 2704).

PENSION ALIMENTAIRE. — **1.** (8). **Séparation de corps et divorce.** — Lorsqu'une pension alimentaire a été attribuée à la femme par le juge en vertu des art. 212 et 214, C. civ., lors de la séparation de corps, et qu'elle cesse d'être due par suite de la conversion postérieure de cette séparation en divorce, la pension allouée au moment du divorce, en vertu de l'art. 301, C. civ., procède d'un titre nouveau et a le caractère d'une indemnité judiciaire. La condamnation qui a pour objet le service de cette rente donne, dès lors, ouverture au tarif spécial des dommages-intérêts (3 0/0) devant les tribunaux civils de première instance (Sol. 25 fév. 1899 ; R.E. 2092 ; J. E.25.735).

2. Constituants non tenus aux aliments. — La dette alimentaire d'un gendre ou d'une belle-fille au profit de ses beaux-parents cesse d'exister lorsque l'époux qui produisait l'affinité vient à décéder. Et si, malgré cette circonstance, le gendre ou la belle-fille constituent néanmoins une pension à leurs beaux-parents, l'acte de constitution doit être assujetti au droit ordinaire des donations ; il produit, en effet, une libéralité pure et simple dès lors qu'il n'a pas sa cause dans l'obligation édictée par les art. 205 et suiv. C. civ. Tel est le cas de la pension constituée par un gendre resté veuf sans enfants au profit de sa belle-mère. Les parties ne sauraient, d'ailleurs, alléguer, pour se soustraire au droit de donation, que la pension est le prix d'une renonciation de la belle-mère à son quart réservataire dans la succession de sa fille, si aucune dispositions de l'acte n'autorise cette interprétation (St-Étienne, 24 déc. 1896 ; J. E. 25.134 ; R. P. 9197).

3. (15). **Pension viagère continuée par les héritiers du constituant.** — Constitue une donation de rente viagère possible du droit de 2 fr. 50 0/0, et non de celui de 0 fr. 20 0/0 spécial aux rentes viagères, le contrat qualifié de constitution de pension alimentaire, alors qu'il est dit dans l'acte que la pension sera incessible et insaisissable et que le constituant oblige lui et ses héritiers à la payer à la crédi-rentière jusqu'à son décès (Seine, 2 juill. 1898 ; *R. E.* 1909 ; *J. E.* 25.552 ; *R. P.* 9350).

4. (16). Usufruit. — Les pensions alimentaires ne peuvent revêtir que la forme des prestations personnelles, sans qu'aucune atteinte soit portée au droit de propriété du débiteur sur la chose qui fournit le moyen de les acquitter. Pour être admis au bénéfice du tarif réduit édicté par l'art. 1er de la loi du 16 juin 1824, il est nécessaire que les actes constitutifs soient la réalisation même des obligations résultant des art. 205 et suiv. C. civ. et ne consacrent qu'une obligation essentiellement personnelle, mobile et variable, ne créant au profit du titulaire qu'un droit de créance présentant les mêmes caractères.

La convention par laquelle des enfants abandonnent à leur mère, pour que celle-ci en jouisse jusqu'à son décès, l'usufruit de tous les biens meubles et immeubles leur appartenant, a le caractère d'une donation et non d'un contrat constitutif de pension alimentaire (Lure, 9 déc. 1898 ; *R. E.* 2006).

L'affectation d'un titre de rente sur l'Etat au service d'une pension constituerait de même une donation d'usufruit (Montdidier, 16 juin 1899 ; *J. E.* 25.813).

PERMIS DE CHASSE (1). — **1. Demandes de permis.** — Les demandes primitives ou en renouvellement de permis adressées au préfet ou au sous-préfet, doivent être écrites sur papier timbré (D. M. F. 28 août 1849 ; Inst. 1838). On avait d'abord décidé qu'elles étaient exemptes de timbre (Inst. 1749).

2. Quittance du percepteur. — La quittance délivrée par le percepteur et qui doit accompagner la demande de permis (Circ. 5 oct. 1849) est exempte de timbre (Inst. 1577, § 26 ; et Sol. 12 mars 1872 ; V. au *T. A.*, *Reçu*, n° 238).

3. Restitution. — Le prix du permis versé par le postulant au percepteur est restituable, *avant la délivrance de la formule*, dans deux cas : 1° quand la demande de permis a été rejetée ; 2° quand le déposant est resté un mois après le versement du prix du permis sans réclamer son titre et demande la restitution du prix dans les deux mois qui suivent l'expiration de ce premier délai. C'est le préfet ou le sous-préfet qui statue sur cette demande de remboursement, et le trésorier-payeur général qui restitue (Circ. Compt. pub., n° 64).

Mais si la formule a été délivrée, le prix n'en est plus restituable, alors même que le permis aurait été retiré par mesure de police (Inst. 587 et 937 ; D. M. F. 27 sept. 1889 ; Circ. min. Int., 4 août 1896 ; *J. E.* 25.022), ou perdu par le titulaire (Sol. 22 nov. 1867 ; D. M. F. 7 mars 1896), ou que ce dernier serait décédé sans avoir pu en faire usage (Sol. 22 août 1853 ; 25 oct. 1854 ; 13 janv. 1857 et 26 juin 1873 ; *R. G.* V° *Permis de chasse*, n° 12).

4. Echange des formules. — Il a été autorisé par une décision du 20 août 1853 (Inst. 2050 ; *J. E.* 16.172 2), lorsque les formules ont été délivrées par double emploi.

5. Remplacement. — Les formules de permis annulées pour erreurs, déchirures, etc., avant ou après qu'elles ont été signées par le préfet ou le sous-préfet, ou égarées après leur sortie des bureaux, peuvent être remplacées

(1) Cet article n'est que la reproduction d'une addition du 2e tirage du *Traité*. Nous l'avons reproduit ici à l'intention des détenteurs du 1er tirage.

(Inst. 1197 ; 2036 ; 2050 et 2198), pourvu qu'elles n'aient pas encore été délivrées à la partie (Sol. 25 oct. 1854 et 13 janv. 1857 ; Géraud, *Dict. Manut.*, n° 4612, 2e éd.).

Le remplacement est effectué par le garde-magasin, conformément aux règles tracées par les Instructions précitées.

Le prix des formules égarées dans les bureaux des préfectures et sous-préfectures qui ne peuvent être représentées doit être payé au Trésor (Inst. 2036 ; D. M. F. 12 fév. 1895).

Toutefois il peut être fait exception à cette règle dans des circonstances exceptionnelles, lorsque le déficit peut être, par exemple, imputé aux événements de guerre ou à des causes fortuites (D. M. F. 10 nov. 1882, 16 sept. 1887), et aussi au cas de vol constaté (D. M. F. 30 juin 1894).

V. au surplus, *Répert. de Manut.*, V° *Timbre*, n°s 45 et suiv.

PÉTITION. — **1. (1). Remboursement du droit de timbre des pétitions.** — Aux termes de l'art. 12 de la loi du 13 brumaire an VII, toute pétition ou mémoire, même en forme de lettre, adressée au gouvernement, aux ministres, aux administrations et aux établissements publics doit être rédigée sur du papier timbré de dimension, et le droit de timbre, étant un impôt de consommation, reste définitivement acquis au Trésor, quel que soit le résultat de la pétition. Cette règle générale n'excluait même pas le cas où la réclamation était reconnue fondée.

L'art. 42 de la loi du 29 mars 1897 (Inst. 2924-6 ; *R. E.* 1367-4) a apporté un tempérament à cette rigueur : « Lorsqu'à la suite d'une réclamation reconnue fondée, « porte cet article, il y aura lieu de rembourser des con- « tributions, droits fixes ou taxes quelconques indûment « perçus, le Trésor, le département, la commune ou l'é- « tablissement public pour le compte duquel la perception « aura été faite rembourseran au pétitionnaire, en même « temps que le principal, le montant des droits de timbre « auxquels aura été assujettie la pétition conformément à « l'art. 12 de la loi du 13 brumaire an VII. — En ce qui « concerne les réclamations en décharge ou en réduction « de contributions directes ou de taxes y assimilées, les « frais de timbre de la demande introductive d'instance, « sauf le cas d'exemption de ces frais prévu par l'art. 28 « de la loi du 21 avril 1832, sont compris dans les dépens « de l'instance, et les art. 62 et 65 de la loi du 22 juillet « 1809 leur sont applicables. »

La disposition nouvelle ayant un caractère limitatif ne peut recevoir son application qu'autant qu'il s'agit de pétition tendant au remboursement de droits ou taxes indûment perçus et seulement lorsque ces demandes ont été reconnues fondées en tout ou en partie. Par conséquent, en ce qui concerne spécialement les impôts dont le recouvrement est confié à l'Administration de l'enregistrement, le bénéfice ne saurait en être étendu aux pétitions adressées pour obtenir soit l'abandon d'une réclamation, soit la remise ou la restitution à titre de remise de droits en sus ou d'amendes (Inst. précitée).

C'est ainsi que le droit de timbre de la pétition ne doit pas être restitué si les droits perçus l'ont été régulièrement et sont remboursés seulement en vertu d'une disposition spéciale, comme en matière de contrat de mariage enregistré au droit proportionnel et non suivi de la célébration du mariage (Sol. 8 sept. 1897 ; *R. E.* 1498 ; *J. E.* 25.324), ou d'expropriation pour cause d'utilité publique, lorsque les arrêtés de cessibilité sont rendus après l'enregistrement des actes d'acquisitions amiables (Sol. 20 août 1897 ; *R. E.* 1583 ; *J. E.* 25.324).

La limitation des effets de la loi nouvelle aux demandes en remboursement de droits ou taxes empêche également d'en étendre le bénéfice au droit de timbre des pétitions qui ont pour objet la restitution des frais de poursuites ou d'instance (Sol. 19 avr. 1900 ; *J. E.* 26.005).

La disposition de la loi de 1897 est applicable, au surplus, dans tous les cas où la décision qui reconnaît l'irrégularité de la perception est postérieure à la mise en vigueur de la dite loi, sans qu'il y ait lieu de s'arrêter à la date de la pétition (14 mai 1897 ; *R. E.* 1397).

2. (3). **Défaut de timbre. Refus de statuer.** — La pétition adressée à l'administration des contributions indirectes par un débitant de boissons, en vue d'être admis à l'abonnement, doit être rédigée sur timbre, alors même qu'elle aurait lieu par voie de lettre recommandée. L'Administration est fondée, en conséquence, par application de l'art. 24, § 1, de la loi du 13 brumaire an VII, à ne pas donner suite à une demande de ce genre si elle n'est pas rédigée sur papier timbré (C. Besançon, 15 mars 1899 ; *R. E.* 2023).

3. (5). **Exemptions.** — La Direction générale des contributions indirectes a rappelé, dans une circulaire du 23 décembre 1898 (*R. E.* 1956), divers cas pour lesquels il a été fait exception à la règle tracée par l'art. 12 de la loi du 13 brumaire an VII. Sont affranchies du timbre de dimension, outre les pétitions et demandes spécifiées par l'art. 16 de la même loi, les réclamations ayant pour simple objet de signaler des retards dans la solution des demandes primitives ; les demandes d'autorisation formées par les détaillants d'alcools dénaturés, en exécution de l'art. 32 du décret réglementaire du 1er juin 1898 (Rappr. Circ. Contr. indir. 22 août 1898, n° 301).

PIÈCES DE COMPTABILITÉ. — 1. (13 *bis*). **Certificats de propriété.** — V. *Actes administratifs*, n° 6.

2. (42). **Procuration notariée.** — Aucune disposition légale n'accorde la gratuité au pouvoir donné, par acte notarié, à l'effet de toucher le montant d'un mandat de restitution. Un tel acte doit être enregistré au comptant (Sol. 12 avr. 1900 ; *R. E.* 2637 ; *Rev. prat.* 4834).

3. (56 *ter*). **Cession de matériel de guerre. Récépissé de livraison.** — La facture de cession constatant la remise par le service militaire à un particulier d'objets cédés et portant récépissé de la partie prenante est passible du timbre de 0 fr. 10 ; en est exempt, au contraire, le duplicata de cette pièce qui est remis au receveur des domaines à titre de pièce justificative de la recette qu'il effectue (D. M. F. 3 avr. 1901 ; *R. E.* 2715).

4. (67). **Travaux communaux. États de salaire.** — Les états de journées d'ouvriers payés à la tâche ou à la journée et employés à des travaux communaux tiennent lieu de mémoires, lorsque, après avoir été réglés par l'architecte de la commune et arrêtés par l'agent-voyer, ils sont produits à l'ordonnateur de la dépense et visés par lui, puis joints au mandat de paiement. Ils sont, en conséquence, assujettis au timbre de dimension (1).

Le droit de timbre est dû sur les états de journées, alors même que le total en soit inférieur à 10 fr., et le droit ainsi que l'amende sont légitimement réclamés à l'employé qui a signé ces états (2).

5. (107). **Asiles d'aliénés et dépôts de mendicité. Décomptes de journées.** — Les états produits par les asiles d'aliénés et dépôts de mendicité pour le recouvrement des frais d'entretien à la charge des départements ou des communes sont sujets au timbre, en principe. Mais il en est autrement lorsque l'asile ou le dépôt sont des établissements départementaux ; les décomptes produits à l'appui des payements effectués par le comptable du département à celui de l'établissement ne sont, en ce cas, que des documents d'ordre intérieur, exempts de timbre. L'immunité d'impôt ne s'étend pas, toutefois, à l'état rédigé pour recouvrer sur les communes ou sur les départements autres que celui dont l'établissement relève, les sommes dont ils sont débiteurs (1).

6. (126). **Enfants moralement abandonnés. Décomptes des sommes à rembourser aux hospices.** — Tous les écrits tenant lieu de mémoires et produits à l'ordonnateur comme titres de créances sont assujettis, en principe, au timbre de dimension. Cette règle s'applique aux décomptes des sommes à rembourser aux hospices pour frais payés soit aux nourrices, soit aux dépositaires des enfants maltraités ou moralement abandonnés. En effet, ces décomptes, dressés par les administrateurs de l'hospice et arrêtés par le préfet, constituent de véritables titres de créance.

Le Ministre des finances a décidé, pour ces motifs, le 3 juillet 1899, que ces décomptes sont sujets au timbre de dimension, ainsi que l'indique d'ailleurs le règlement sur la comptabilité départementale du 12 juillet 1893 (Nomenclature des dépenses budgétaires, p. 134) (Inst. 3038-3 ; *R. E.* 2584).

7. (128). **Lycées et institutions des jeunes aveugles. Bourses départementales et communales. États de liquidation et décomptes.** — Les comptables des lycées nationaux de garçons ou de jeunes filles ont à produire, pour le recouvrement des bourses accordées à des élèves de leurs établissements par un département ou une commune, des états de liquidation ou décomptes qui restent joints aux pièces de la comptabilité départementale ou communale. Ces états ou décomptes, ayant le caractère de mémoires produits à des comptables publics, sont assujettis au timbre, abstraction faite de la question de savoir si les lycées sont, ou non, des établissements de l'État, sans personnalité distincte. Au cas de l'affirmative, en effet, la seule disposition applicable serait celle de l'art. 29 de la loi du 13 brumaire an VII qui, au lieu d'affranchir du timbre les actes passés entre la République et les citoyens, en met le coût à la charge de ces derniers.

Mais le droit de timbre n'est dû que sur les états de liquidation ou décomptes formant titre de créances. A cet égard, il y a lieu d'observer les distinctions suivantes :

Toutes les fois que le prix des bourses concédées par les départements ou les communes ne doit être versé dans les caisses des lycées qu'autant que les élèves, titulaires de ces bourses, en ont profité, des mémoires sont indispensables soit pour établir, soit pour liquider la créance, et ces mémoires doivent être rédigés sur timbre.

Lorsque, au contraire, en vertu des traités intervenus entre les lycées et les départements ou les communes, le prix des bourses doit être versé dans tous les cas, que les places correspondantes aient été ou non occupées, le titre de créance des lycées réside dans les traités mêmes, et les états dressés par leurs économes ne sont plus que des pièces d'ordre et de contrôle, non assujetties au timbre.

(1) D. M. F. 26 déc. 1888, 26 juin 1893 et 27 juin 1898 ; Inst. 2794-8, 2856-1 et 3038-1 ; R. E. 2584.
(2) D. M. F. 26 déc. 1888, précitée, et 21 sept. 1899 ; Inst. 3038-1 ; R. E. 2584.

(1) D. M. F. 11 sept. 1894 ; Inst. 2332, § 1 ; R. E. 1493 ; J. E. 24.587 ; R. P. 8493.

Quant aux états de liquidation ou décomptes concernant des bourses de l'une et de l'autre des deux catégories susvisées, ils doivent être timbrés, à cause de l'indivisibilité du droit de timbre (1).

Par des considérations analogues, on a décidé que, quel que soit le caractère de l'Institution nationale des jeunes aveugles, qu'elle soit considérée comme un établissement autonome ou comme une administration publique dont la personnalité s'absorbe dans celle de l'État, les bordereaux ou mémoires qu'elle peut être appelée à présenter aux départements ou aux communes, pour le recouvrement de pensions de boursiers, sont assujettis au timbre de dimension, dès l'instant qu'ils doivent être joints à la comptabilité des dépenses départementales ou communales. Il n'en serait autrement que s'il s'agissait de bourses établies par des traités réguliers et dues en tout état de cause, que les élèves auxquels elles sont attribuées en jouissent ou non. Dans ce cas seulement, les bordereaux ou mémoires ne constitueraient que des pièces d'ordre exemptes de l'impôt du timbre (2).

8. (152). **Livres des comptes divers des percepteurs-receveurs municipaux.** — Il y a lieu d'assujettir au droit de timbre de dimension la partie du livre des comptes divers d'un percepteur qui se rapporte à la part revenant à une commune dans le prix des permis de chasse (Sol. 11 mars 1896 ; R. E. 1469 ; J. E. 24.884).

9. (168). **Assistance médicale gratuite.** — Les communes et syndicats de communes autorisés à avoir un service spécial d'assistance, par application de l'art. 35 de la loi du 15 juillet 1893, bénéficient des dispositions de l'art. 32 de la même loi d'après lequel « les certificats, significations, jugements, contrats, quittances et autres actes faits en vertu de la dite loi et exclusivement relatifs au service de l'assistance médicale sont dispensés du timbre et enregistrés gratis lorsqu'il y a lieu à la formalité de l'enregistrement, sans préjudice du bénéfice de la loi du 22 janvier 1851 sur l'assistance judiciaire ». Il doit être bien entendu cependant que l'exonération des droits ne saurait profiter qu'aux actes qui rentrent rigoureusement dans les prévisions de la loi comme étant exclusivement relatifs au service de l'assistance médicale (D. M. F. 8 août 1893 ; R. E. 1688). — V. Assistance médicale.

10. (171). **Cantonniers.** — Les décomptes produits pour le mandatement des salaires des cantonniers des chemins vicinaux payés au moyen d'un traitement fixe, partie sur le budget départemental, partie sur le budget communal, sont exempts de timbre (D. M. F. 26 avr. 1898 ; Inst. 2989-1 ; R. E. 2186-1 ; J. E. 25.628 ; R. P. 9675-50).

11. (183-4). **Caisses d'épargne.** — V. ce mot.

12. (183-5). **Fournitures par l'État aux communes.** — Sont exempts de timbre les relevés produits en vue du payement des fournitures d'impressions et d'instruments de vérification faites aux communes par l'Administration des contributions indirectes (D. M. F. 2 mai 1899 ; Inst. 2989, § 5 ; R. E. 2186-2).

13. (184). **Rôles des licences communales. Exemption de timbre.** — L'art. 4 de la loi du 29 décembre 1897 (J. off. du 31) autorise les communes à créer, en remplacement des droits d'octroi supprimés, un certain nombre de taxes nouvelles, et notamment une licence municipale à la charge des commerçants de boissons, en addition au droit de licence actuellement perçu pour le compte du

(1) D. M. F. 10 août et 27 octobre 1899 ; Circ. Min. inst. publ. 30 nov. 1899 ; Inst. 3038-6 ; R. E. 2584.

(2) D. M. F. 1er juin 1900 ; Inst. 3038-6 ; R. E. 2584 ; — Rappr. D. M. F. 29 déc. 1869 ; Inst. 2400-6.

Trésor. Le recouvrement des licences municipales doit avoir lieu en vertu de rôles établis par le directeur des contributions directes et rendus exécutoires par le préfet (Décr. 16 juin 1898, J. off. du 21).

Aux termes de la loi du 14 décembre 1900 (Inst. 3040 ; R. E. 2569), les rôles ainsi émis pour le recouvrement des licences municipales sont dispensés de tout droit de timbre.

14. (199). **Comptabilité des fabriques.** — D'après l'instruction ministérielle du 15 décembre 1893 sur la comptabilité des fabriques (Inst. 2868), le compte de gestion du trésorier doit être établi en quatre expéditions pour le conseil de fabrique, l'évêque, la mairie et le juge du compte. Certains trésoriers croient devoir établir, en outre, pour leur usage personnel, une expédition supplémentaire, en sus de celles prescrites par le règlement précité. Dès lors que ce double du compte de gestion n'est pas approuvé par le conseil de fabrique, il ne peut servir de décharge au comptable ni être considéré comme un titre dans le sens de l'art. 12 de la loi du 13 brumaire an VII. Il n'est, par conséquent, pas assujetti au timbre de dimension (D. M. F. 1er sept. 1899 ; Inst. 3038-5 ; R. E. 2584).

PLAN.—1. (1). **Plan sur plusieurs feuilles. Timbre de dimension.** — Un plan dressé sur plusieurs feuilles collées les unes aux autres n'est soumis qu'à un seul droit de timbre d'après la dimension de l'ensemble (Sol. 11 juill. 1895 ; R. E. 1062).

V. Acte administratif, n° 15.

2. (1). **Plan signé. Papier non timbré. Amende.** — Nous avons dit que la signature d'un plan rédigé sur papier non revêtu des timbres exigibles d'après la dimension rendait le signataire passible d'une amende de 50 fr. en principal.

On peut citer en sens contraire, une décision belge du 13 avril 1842, portant qu'un plan signé par un géomètre-arpenteur n'est pas passible de la formalité du timbre s'il n'est pas justifié que le plan a été dressé pour être annexé à un acte ou être produit en justice (J. E. belge ,1526 ; Pand. belges, V° Acte en conséq., n° 17 bis ; Schicks, Dict. des droits d'enreg., V° Acte en conséq., n° 144).

PLURALITÉ DES DROITS. — (3). **Dispositions indépendantes.**—Pour que les dispositions diverses d'un même acte soient soustraites à la pluralité des droits édictés par l'art. 11 de la loi du 22 frimaire an VII, il ne suffit pas qu'elles aient été liées dans l'intention des parties contractantes, il faut encore qu'elles soient, les unes par rapport aux autres, dans une dépendance juridique telle qu'elles forment toutes les éléments corrélatifs et nécessaires d'un contrat unique.

La Cour de cassation a fait une nouvelle application de ce principe au sujet d'un traité passé dans la forme administrative entre une ville et un entrepreneur, et par lequel : 1° l'entrepreneur s'était engagé envers la ville à démolir des maisons expropriées, à en construire de nouvelles et à exécuter divers travaux prévus dans le contrat, moyennant certaines avances à faire par la ville et l'abandon pendant 60 ans de la jouissance des maisons à édifier ; 2° la ville avait cédé à bail à l'entrepreneur, également pour 60 ans et moyennant un prix particulier, les délaissés des maisons expropriées, des voies publiques et des immeubles communaux. Elle a décidé qu'un tel acte renfermait deux dispositions distinctes et indépendantes juridiquement, savoir : un bail de terrain et un marché de travaux publics , et donnant respectivement ouverture aux droits spéciaux afférents à chacune d'elle, c'est-à-dire au droit proportionnel de bail et à celui de marché (1).

PORTEURS DE CONTRAINTES. — (1). — L'Administration des contributions directes est autorisée à faire notifier par le service des postes, à l'exclusion des porteurs de contraintes, les sommations avec frais (L. 13 avr. 1898, art. 53) et les commandements en matière de contributions directes, taxes assimilées, amendes et condamnations pécuniaires (L. 25 fév. 1901, art. 49). Par suite de l'application de ces mesures, le rôle des porteurs de contraintes pourra se trouver notablement restreint.

POSTES. — V. *Actes administratifs*, n°ˢ 13 et 14.

PRESCRIPTION.

SOMMAIRE ANALYTIQUE.

Sect. I. — *Notions générales*, 1.
—   II. — *Des différentes prescriptions*, 2-13.

§ 1. — **Prescription biennale**, 2-3.
§ 2. — **Prescription quinquennale**, 4.
§ 3. — **Prescription décennale**, 4 *bis*.
§ 4. — **Prescription trentenaire**, 5-13.

—   III. — *Du point de départ de la prescription*, 14-26.

§ 1. — **Prescription biennale**, 14-18
§ 2. — **Prescription décennale**, 19-22.
§ 3. — **Prescription trentenaire**, 23.
§ 4. — **Prescription spéciale aux pénalités**, 24-26.

—   IV. — *Des causes qui interrompent ou suspendent la prescription*, 27-30.
—   V. — *De la déchéance quinquennale*, 31-33.

SOMMAIRE ALPHABÉTIQUE.

Acomptes, 18.
Acte passé aux colonies ou en Algérie, 6.
— passé en conséquence, 6.
— produit en justice, 8.
Assignation en restitution, 28.
Assurance, 11.
Condition suspensive, 10.
Congrégation, 4.
Contrainte, 27.
Contumax. Succession, 20.
Déchéance quinquennale, 31,33.
Déclaration estimative, 2, 16.
Délai. Calcul, 1.
Dépens, 31.
Dissimulation, 3, 8 *bis*, 25.
Droits en suspens, 10.
Estimation provisoire, 11.
Étranger (Décès à l'), 21.
Impôt sur le revenu, 4. 28.
Insuffisance de perception, 2.
Interruption de la prescription, 27, 30.
Jour férié, 1.
Jugement, 5.
Legs à un établissement public, 4 *bis*.
Location verbale, 24.
Mandat de restitution, 33.
Marché, 17.
Mutation secrète, 3, 12, 25.

Novation, 30.
Partage sujet à homologation, 15.
Point de départ de la prescription, 14, 26.
Prescription annale, 2.
— biennale, 2, 4, 14, 18.
— décennale, 4 *bis*, 19-22.
— quinquennale, 4.
— trentenaire, 5-13, 23.
Reconnaissance du débiteur, 29.
Renonciation à communauté, 9.
— à succession, 9.
— Fraude, 19.
Restitution, 28.
Société. Cessions de parts, 10, 17 *bis*.
Solution administrative, 14.
Succession. Indication inexacte des degrés de parenté, 9 *bis*.
— Renonciation frauduleuse, 19.
Timbre, 13.
— amendes, 26.
Usufruits successifs, 22.
Vente judiciaire d'immeubles, 32.
Versements d'acomptes, 18.

(1) Cass. civ., 14 déc. 1896 ; Inst. 2935-3 ; S. 98.1.97; R. E. 1293 ; J. E. 25.008 ; R. P. 8907.

SECT. Iʳᵉ. — NOTIONS GÉNÉRALES.

1. (83). Calcul du délai. Jour férié. — Le délai de prescription qui expire un jour férié n'est pas prorogé au lendemain. La loi du 13 avril 1895, prorogeant au lendemain des jours fériés l'expiration des délais de *procédure*, est étrangère, en effet, à la matière des prescriptions (Sol. 8 juill. 1899 ; R. E. 2364 ; J. E. 25.960).

SECT. II. — DES DIFFÉRENTES PRESCRIPTIONS.

§ 1ᵉʳ. — *Prescription biennale.*

2. (109). Déclaration estimative. — Lorsque le receveur omet, lors de l'enregistrement d'un acte soumis au droit proportionnel, de faire souscrire par les parties la déclaration estimative des objets et des charges dont l'évaluation est nécessaire pour la liquidation de l'impôt, l'erreur de perception qui en résulte peut être réparée dans le délai de deux ans.

C'est à tort que le tribunal civil de Toulon, dans un jugement du 26 avril 1899 (R. E. 2626 ; R. P. 9649) a assimilé, au point de vue de la prescription, l'insuffisance de perception résultant du défaut d'évaluation d'une charge en nature à une insuffisance de prix. L'action en expertise, pour laquelle a été établie la prescription annale, ne s'ouvre, en effet, au profit de l'Administration, que lorsqu'un prix a été stipulé dans l'acte ou déclaré. Dans le cas suivant au tribunal, la portion du prix représentée par la charge en nature n'ayant pas été déclarée, il ne pouvait y avoir lieu à expertise.

Nous ne saurions adhérer davantage à la doctrine d'un jugement du tribunal civil de la Seine, en date du 13 mai 1898 (R. E. 1777 ; J. E. 25.549 ; R. P. 9527), qui a dénié à l'Administration le droit d'opposer la prescription biennale à l'action en restitution de droits supplémentaires de marché qui avaient été perçus sans déclaration estimative des parties.

Cependant la jurisprudence tend de plus en plus à restreindre le champ d'application de la prescription biennale s'appliquant aux demandes en restitution. C'est ainsi que, par un jugement du 27 mars 1896 (R. E. 1169 ; J. E. 24.934 ; R. P. 8770), le tribunal de la Seine a décidé que la prescription biennale n'est pas applicable à la demande en restitution de droits versés à valoir sur l'impôt de mutation par décès, et ne commence à courir qu'à partir de la déclaration de la succession. De même, par jugement du 20 novembre 1896 (R. E. 1332 ; J. E. 25.183 ; R. P. 9085), le même tribunal avait déclaré non prescrite par l'expiration du délai de deux ans écoulé depuis la perception, l'action en restitution des droits exigés lors de l'enregistrement d'un jugement, à raison de la production, au cours de l'instance, d'un acte sous seing privé non représenté au receveur.

Le pourvoi formé par la Régie contre ce dernier jugement a été rejeté par un arrêt de la Chambre des requêtes du 24 avril 1901 (R. E. 2676) (1).

(1) Cet arrêt a été rendu conformément aux conclusions de M. l'avocat général Feuilloley dont nous extrayons le passage suivant :
« Les droits exigibles par suite de l'enregistrement d'un acte sont de deux espèces : les droits qui doivent être perçus sur l'acte lui-même comme conséquence nécessaire de la formalité, et les droits dus seulement *à l'occasion* de cet acte, c'est-à-dire les droits qui ne sont pas dus pour son enregistrement lui-même, mais qui se rapportent à un acte ou à une convention

Quelque critiquable que soit cette jurisprudence, en théorie, la règle qui s'en dégage n'en doit pas moins être suivie en pratique jusqu'au jour où la Chambre civile sera saisie, à son tour, de la question.

V. *Déclaration estimative*, n° 5.

3. (122). **Mutation secrète et dissimulation. Droits en sus.** — En matière de mutations secrètes d'immeu-préexistante dont le second acte révèle seulement l'existence.

Les droits de la première espèce sont perçus, soit au vu des actes présentés à la formalité, dont le receveur doit faire l'analyse sur ses registres, soit, s'il s'agit de mutations de propriété, qui ne donnent pas lieu à la rédaction d'actes écrits, d'après les déclarations des parties transcrites sur ces mêmes registres. C'est l'enregistrement proprement dit !

Les droits de la deuxième espèce ne donnent pas lieu à un enregistrement, puisqu'il n'y a pas d'acte présenté à la formalité. Il y a simplement *perception* d'un droit, et, en pareil cas, à défaut de base certaine, l'Administration a le droit d'arbitrer d'office les droits présumés exigibles.

Il est bien évident que des contestations peuvent s'élever au sujet de la perception des droits de l'une et de l'autre espèces. En cas d'enregistrement, l'Administration peut avoir trop ou insuffisamment perçu ; en cas de perception sans enregistrement, le principe ou la quotité du droit peut être contesté. C'est alors que la loi de frimaire an VII, soucieuse d'assurer aussi bien la tranquillité des redevables que la stabilité des revenus publics, a édicté l'article 61 ainsi conçu : « Il y a prescription pour la demande des droits, savoir : 1° après deux années, à compter de l'enregistrement, s'il s'agit d'un droit non perçu sur une disposition particulière dans un acte, ou d'un supplément de perception insuffisamment faite, ou d'une fausse évaluation dans une déclaration, et pour la constater par voie d'expertise, les parties seront également non recevables, dans le même délai, pour toute demande de restitution de droits perçus. »

Je ne sais pas de texte plus clair ! Ne vous apparaît-il pas, à la simple lecture, que cette prescription biennale n'est applicable qu'au cas où il y a eu enregistrement proprement dit, formalité accomplie, et comme je le disais, au début, lorsqu'il s'agit de droits *qui doivent être perçus sur cet acte lui-même, comme conséquence nécessaire de la formalité*.

Et bien ! je vous le demande, est-ce qu'un texte pareil peut être étendu au cas prévu, droits perçus en conséquence de l'enregistrement de l'acte lui-même, au cas non prévu, droits perçus sur un acte préexistant à l'occasion d'un acte soumis ultérieurement à l'enregistrement ? Les termes de la loi résistent à cette extension !

Quant à votre jurisprudence, elle proclame, en toute occasion, dans toutes les matières fiscales, douanes, régie, octroi, enregistrement, que les textes doivent être interprétés à la lettre, dans le sens restrictif, et qu'ils ne peuvent être étendus sous prétexte d'analogie.

Mais rencontre-t-on même cette analogie entre le cas où il y a eu formalité accomplie, c'est-à-dire enregistrement proprement dit, et celui où il y a eu simple perception d'un droit à l'occasion d'acte non produit ? Je le constate absolument ! Il y a, au contraire, entre ces deux cas une dissemblance absolue. Quand il y a enregistrement proprement dit, acte produit et soumis à la formalité, la situation des parties est, en somme, simple, claire, nette : les parties, l'Administration ou le redevable, ont un texte sous les yeux ; à elles de voir si la perception a été bien assise ; et un délai de deux ans est bien largement suffisant pour cela. Mais, s'il y a simple perception sur un acte non présenté, perception effectuée sur simple évaluation, la situation n'est plus ni simple, ni claire, ni nette : il y a, vis-à-vis de l'Administration de l'Enregistrement, une présomption de dissimulation, de fraude, et, vis-à-vis du redevable, l'éventualité d'une erreur dans la liquidation des droits et même dans la légalité de la perception ; et on comprend qu'en pareil cas, le législateur n'ait point établi une prescription aussi courte et qu'il ait laissé les parties sous l'empire du droit commun. Vous ne pouvez donc appliquer la règle *ubi eadem ratio, idem jus*, parce qu'il n'y a pas *eadem ratio*. »

(*Gaz. Trib.* des 2-4 sept. 1901).

bles et de dissimulations de prix, la prescription trentenaire est seule opposable à la réclamation du droit simple (V. ci-après, n° 8 *bis* et 12), mais la prescription biennale peut être invoquée en ce qui concerne les droits en sus et amendes, si les préposés de l'Administration ont été mis à même de découvrir la contravention au vu d'un acte, soumis à la formalité depuis plus de deux ans, notamment au vu d'une déclaration de succession qui, révélant le véritable possesseur, a fait apparaître clairement l'événement translatif de la propriété et aurait pu servir de base à la constatation de la contravention (1).

Mais la prescription biennale « ne commence à courir que du jour où la Régie a été à même de constater d'une façon complète la contravention au vu des actes soumis à l'enregistrement », ce qui exclut le cas où « la contravention ne pouvait être découverte au seul vu de l'acte (présenté à l'enregistrement), mais seulement par le rapprochement et la combinaison ultérieure de plusieurs actes et par des recherches diverses ». (Cass. civ., 4 fév. 1901 ; R. E. 2628).

Pour que la prescription commence à courir, il faut donc que l'acte présenté à l'enregistrement constitue, sinon l'instrument même de la mutation, du moins un titre suffisant pour rendre les droits exigibles sans recherches ultérieures.

§ 2. — *Prescription quinquennale.*

4. (126 *bis*). **Impôt sur le revenu.** — V. *Congrégations* et *Impôt sur le revenu.*

§ 3. — *Prescription décennale.*

4 *bis.* (131). **Legs à un établissement public.** — Les communes et établissements publics n'ont qu'un droit conditionnel et éventuel sur les legs qui leur sont faits tant qu'ils n'ont pas été autorisés à les accepter. Il en résulte que le légataire universel à la saisine légale des biens ainsi légués sous condition jusqu'à ce que l'autorisation d'accepter soit intervenue. Par voie de conséquence, il est tenu du payement des droits de mutation par décès dus sur les mêmes biens. Lorsqu'il a détaillé dans la déclaration de succession qu'il passe en qualité de légataire universel, le legs fait à l'établissement public, la réclamation de l'Administration en paiement des droits dus sur ces biens se prescrit par deux ans à partir de la déclaration. Mais la prescription de dix ans est seule applicable si le légataire universel a passé une déclaration, non en son propre et privé nom, mais uniquement comme mandataire du légataire en usufruit (Bordeaux, 2 déc. 1894 et 13 fév. 1895 ; R. E. 993).

Lorsqu'un héritier a payé les droits de mutation sur toutes les valeurs de l'hérédité et qu'ultérieurement un établissement d'État (exempt du droit de mutation) est autorisé à accepter le legs qui lui a été fait d'une fraction de la succession, le représentant de l'établissement n'a pas qualité pour réclamer la restitution des droits payés par l'héritier pour sa portion léguée. Quant à l'héritier, son action en restitution est prescrite lorsque plus de deux ans se sont écoulés sans réclamation de sa part depuis le versement des droits (Sol. 31 oct. 1900 ; R. E. 2781).

Sous l'empire de la loi du 25 février 1901 dont l'art. 19 accorde deux ans, à partir du décès, à l'héritier pour

(1) Grasse, 10 avr. 1899 ; J. E. 25.763; — Cass. req., 29 janv. 1900 ; R. E. 2317; J. E. 25.828 ; — Grenoble, 14 mars 1901 ; R. E. 2659.

payer les droits sur les valeurs léguées à des établissements publics, lorsqu'aucune décision administrative n'est intervenue dans ce délai, la difficulté tranchée par la solution ci-dessus se présentera très rarement.

§ 4. — Prescription trentenaire.

5. (133-C). **Jugement non enregistré.** — L'action en recouvrement des droits simples exigibles sur un jugement non enregistré est soumise à la prescription de trente ans. Les droits en sus tombent, au contraire, sous le coup de la prescription biennale qui prend cours du jour de la remise par le greffier à l'Administration de l'extrait du jugement non enregistré (1).

6. (133-H). **Acte passé en conséquence d'un autre.** — Les droits dus et non perçus sur un acte sous seing privé mentionné dans un acte notarié ne se prescrivent que par trente ans (Nevers, 27 nov. 1899 ; R. P. 9927).

7. (133-I). **Complément de droit sur les actes enregistrés en Algérie ou dans les colonies.** — Aux termes d'un arrêt de la Chambre des requêtes du 18 juillet 1888 (Inst. 2761-5 ; J. E. 23.066 ; R. P. 7118), la prescription biennale n'est établie contre le Trésor par le n° 1 de l'art. 61 de la loi de frimaire que lorsque les redevables ont présenté à l'enregistrement l'acte sujet aux droits et que l'Administration, mise ainsi en situation, par la présentation de l'acte à la formalité, de réclamer dans son intégralité les droits exigibles, a cependant perçu moins que ce qui était à percevoir. La présentation à la formalité doit s'entendre de l'enregistrement en France, si l'acte a déjà été enregistré en Algérie, au tarif réduit. Ce n'est qu'au cas où cet acte serait annexé à l'acte public et présenté en même temps que celui-ci à la formalité que la prescription biennale serait applicable à la réclamation des droits complémentaires non perçus sur l'acte annexé. En dehors de cette circonstance, le complément de droit exigible par suite de l'usage en France d'un acte provenant de l'Algérie ou des autres colonies ne se prescrit que par trente ans (2).

8. (133-J). **Actes produits en justice.** — La prescription de trente ans est seule applicable aux droits dus sur les actes produits en justice. Tout en constatant l'existence de la convention, la mention contenue dans le jugement ne saurait suppléer à la représentation du titre même de cette convention (3).

Il a été fait application de ce principe en matière de droit gradué exigible sur un acte de société en participation non enregistré, dont il avait été fait usage en justice par l'un des contractants contre un tiers. Bien que le jugement qui a terminé le procès eût relaté le contrat, la prescription de trente ans a été reconnue applicable au droit gradué, pour le motif que les parties litigantes n'étant pas les mêmes que celles ayant concouru à l'acte d'association, le jugement ne pouvait être regardé comme formant le titre de la convention et, par conséquent, celui de l'exigibilité du droit (Cass. civ., 13 mars 1895 ; Inst. 2890-6 ; R. E. 918 ; J. E. 24.568 ; R. P. 8325). — V. Acte produit en cours d'instance, n° 11.

(1) Cass. req., 24 mai 1894 ; Inst. 2872-5 ; S. 95.1.289 ; D. 94.1.444 ; R. E. 732 ; J. E. 23.388 ; R. P. 8361.
(2) Seine, 27 nov. 1896 ; R. E. 1351 ; R. P. 9987 ; — Valence, 28 fév. 1898 ; R. E. 2025 ; J. E. 25.523 ; R. P. 9360.
(3) Cass. civ., 30 janv. 1895 ; Inst. 2890-2 ; S. 96.1.529 ; D. 95.1.361 ; R. E. 876 ; J. E. 24.545 ; R. P. 8504 ; — Seine, 29 juin 1893 ; R. E. 1041 ; J. E. 24.745 ; R. P. 8627.

8 bis. (133-K). **Dissimulation de prix.** — En matière de dissimulation de prix dans un acte de vente d'immeubles, la prescription est de trente ans pour la réclamation du supplément de droit simple et de deux ans pour l'amende (Grenoble, 14 mars 1901 ; R. E. 2659).

9. (133-K). **Renonciation à communauté. Paiement des reprises de la veuve. Droit proportionnel.** — Par l'effet de sa renonciation à communauté, la femme perd toute espèce de droit sur les biens qui en dépendaient ; elle n'a plus qu'une action en remboursement de ses reprises. Il en résulte que la convention par laquelle les héritiers du mari abandonnent à la veuve renonçante, pour la remplir des reprises dont elle est créancière, des valeurs provenant de la communauté répudiée, constitue une vente de ces valeurs, moyennant un prix représenté par l'extinction de la dette du mari envers la femme ; elle est passible, à ce titre, du droit proportionnel de transmission à titre onéreux (art. 1492, 1493 et 1495, C. civ. ; L. 22 frim. an VII, art. 14, n°s 5 et 15, n° 6). Ce droit ne cesse pas d'être exigible, alors même que la veuve, revenant sur sa renonciation, aurait, par un acte ultérieur, déclaré accepter la communauté. La prescription trentenaire est applicable, à l'exclusion de la prescription biennale, au recouvrement de ce droit, du moment où l'acte de règlement des reprises ne faisait pas mention de la renonciation et où il ne s'agit, dès lors, ni d'une omission, ni d'une insuffisance de perception (C. civ., art. 2262 ; L. 22 frim. an VII, art. 61) (St-Quentin, 30 déc. 1898 ; R. E. 1984 ; J. E. 25.570).

9 bis. (133-L). **Succession. Indication inexacte du degré de parenté.** — Le droit complémentaire dû dans ce cas tombe sous le coup de la prescription de trente ans seulement (Sartène, 15 mars 1898 ; J. E. 24.574).

10. (137). **Droits en suspens. Réalisation de la condition.** — Lorsqu'une donation faite par contrat de mariage à l'enfant du donateur doit profiter à son conjoint en cas de survie, la réalisation de cette condition rend exigible le droit de donation, d'après le degré de parenté existant entre le donateur et l'époux survivant, et l'exigibilité de ce droit ne se prescrit que par trente ans (Bordeaux, 26 mai 1897 ; R. E. 1525 ; J. E. 25.229).

Même solution au sujet des droits dus sur la cession de parts sociales qui s'accomplit au décès d'un associé lorsqu'il a été stipulé dans le contrat de société que si l'une des parties décède au cours de ladite société, celle-ci continuera entre les survivants, à charge par eux de rembourser aux héritiers du défunt la valeur de sa part sur le pied du dernier inventaire ; la prescription de trente ans demeurerait d'ailleurs seule applicable, alors même qu'il aurait été présenté à la formalité un extrait d'une délibération prise par les membres survivants de la société, constatant le décès et déclarant que la société continuerait entre les survivants et que les héritiers du prédécédé seraient remplis de leur part, conformément aux statuts ; cet acte, en effet, constitue d'autant moins le titre de la cession que les héritiers cédants n'y comparaissent pas (Seine, 21 fév. 1896 ; R. E. 1124 ; R. P. 8729). — Rappr. n° 17 bis.

Mais, lorsque la mutation, réalisée par l'attribution à un autre que l'apporteur des biens mis en société, est constatée par un acte présentant en lui-même un titre à l'exigibilité du droit, de telle sorte que la Régie aurait pu, au vu de cet acte soumis à l'enregistrement, exiger le droit proportionnel, la réclamation ultérieure de ce droit est soumise, à partir de l'enregistrement dudit acte, à la prescription biennale édictée par l'art. 61, n° 1 de la loi du 22 frimaire an VII. Il en est ainsi notamment lorsqu'une première société formée entre trois membres qui y avaient apporté certains biens indivis est dissoute et remplacée par une société nouvelle à laquelle deux des anciens associés apportent la totalité des apports mis en commun à l'origine. L'acte constitutif de la seconde société fournit la preuve complète de la mutation pouvant donner ouverture au droit proportionnel (Cass. req., 29 janv. 1900 ; *R. E.* 2317 ; *J. E.* 25.828 ; — V. Etude de M. Naquet, *R. E.* 2546). — V. n° 17 *bis, infrà.*

11. (140). **Estimation provisoire.** — Lorsque le droit proportionnel a été perçu, lors de l'enregistrement de l'acte de cession d'une créance litigieuse, sur une somme fixée par la déclaration estimative des parties, que l'instance pendante au sujet de la créance cédée n'est terminée que postérieurement et qu'il résulte de l'arrêt définitif qui y met fin que l'évaluation approximative fournie par les parties était inférieure à l'importance réelle de la créance, la réclamation par l'Administration d'un droit supplémentaire sur l'excédent imposable n'est soumis qu'à la prescription trentenaire(Seine, 16 déc.1 898 ; *R. E.* 2086 ; *J.E.* 25.834 ; *R. P.* 9509).

Lorsqu'il ressort des stipulations d'un contrat, constatant la vente d'une mine moyennant un prix qui consiste dans la prestation de redevances proportionnelles à la quantité de minerai à extraire chaque année, que le prix ainsi stipulé, et sur lequel est assis le droit de mutation, est, au moment de l'enregistrement de l'acte, subordonné aux résultats ultérieurs et incertains de l'exploitation, le montant des redevances étant susceptible de varier suivant l'importance et la consistance des gîtes, il y a lieu, pour les parties, dans l'impossibilité où elles sont de faire du prix une détermination immédiate et précise, de recourir à une déclaration estimative. Mais cette déclaration a un caractère essentiellement provisoire, car l'exécution du contrat peut seule révéler quel est le chiffre exact de la somme payée au vendeur et si les prévisions des contractants ont, ou non, été dépassées. Si ce fait vient à se produire, la perception opérée lors de l'enregistrement sur le montant de la déclaration ne saurait être considérée comme insuffisante ; il n'y a insuffisance de perception qu'autant qu'un complément de droit est réclamé en vertu de faits accomplis et connus au jour où l'acte a été présenté à la formalité, et non pas quand il s'agit pour le Trésor public de l'exercice d'une créance principale née d'un événement ultérieur qui, seul, pouvait lui donner l'existence, à savoir, dans l'espèce, l'acquittement, au cours de l'exploitation, de redevances supérieures à la déclaration estimative. Chaque payement de redevances en sus de cette évaluation donne sans doute ouverture à l'action du Trésor et fait courir la prescription contre lui ; mais, à défaut de dispositions particulières dans la loi fiscale, cette prescription ne peut, conformément au droit commun, être acquise que par 30 ans (1).

Il a été jugé de même que la prescription trentenaire était seule opposable à la réclamation du complément de droit exigible sur une assurance à vie entière enregistrée moyennant le paiement de l'impôt calculé sur une estimation des parties (Seine, 15 avr. 1899 ; *J. E.* 25.711 ; *R. P.* 9597).

12. (141). **Mutation secrète.** — En matière de mutation secrète, avons-nous vu précédemment (n° 3), la prescription de trente ans est seule opposable à la réclamation des droits simples. Tel est le cas, notamment, des droits auxquels donne ouverture une mutation dont l'instrument n'a jamais été soumis à la formalité et dont l'existence n'a

(1) Cass. civ., 12 janv.1897 ; Inst. 2935-5 ; S. 98.1.49 ; *R. E.* 1319; *J. E.* 25.035 ; *R. P.* 8908.

été révélée que par l'usage qui en a été fait en justice (Cass. civ., 30 janv. 1895, cité n° 8, *suprà*)

13. (143). **Droits de timbre.** — Les droits de timbre se prescrivent généralement par trente ans. Cette prescription est opposable, notamment à l'action en recouvrement des droits de timbre d'abonnement exigibles sur des actions dont le capital nominal est indiqué sur les titres. La prescription de l'art. 51 de la loi du 22 frimaire an VII, que, par sa référence aux lois sur l'enregistrement, l'art. 14 de la loi du 5 juin 1850 a étendue au droit de timbre en ce qui concerne la détermination du capital imposable des actions dépourvues de capital nominal, est une prescription exceptionnelle et qui doit, par conséquent, être restreinte au seul cas d'insuffisance de la déclaration estimative de la valeur réelle des actions (1).

Passé trente ans, aucune amende ne pourrait plus être exigée ; mais si la formalité était volontairement requise, le droit de timbre serait régulièrement perçu, la réquisition équivalant à une renonciation à la prescription (Sol. 24 août 1895 ; *J. E.* 24.887).

SECT. III. — DU POINT DE DÉPART DE LA PRESCRIPTION.

§ 1er. — *Prescription biennale.*

14. (150). **Le délai court du jour de la formalité.** — La prescription biennale de l'art. 61 de la loi de frimaire ayant son point de départ dans la date de l'accomplissement de la formalité, ne saurait y substituer un autre fait tel qu'une solution administrative aboutissant à l'abandon du droit réclamé (Cass. civ.,13 mars 1895, cité *suprà*, n° 8), ni même le payement des droits, si ceux-ci ont été perçus, non au vu d'un acte présenté à l'enregistrement ou sur une déclaration des parties, mais d'après une évaluation faite d'office par l'Administration (2).

15. (150). **Partages sujets à homologation.** — En vertu de règles spéciales suivies depuis plusieurs années à Paris, les droits exigibles sur les actes de liquidation et partage sujets à homologation sont perçus,dès que l'homologation a eu lieu, savoir : la taxe des frais de justice, au bureau des actes judiciaires, et les autres droits proportionnels, au bureau des actes civils.

Celui de ces payements qui est effectué le premier entame-t-il la perception ? En d'autres termes, en supposant que les droits proportionnels ordinaires aient d'abord été versés au bureau des actes civils et que le payement de la taxe des frais de justice n'ait eu lieu que quelques jours plus tard au bureau des actes judiciaires, la prescription pour la réclamation d'un supplément de droit sur cette dernière perception courra-t-elle du jour où elle a été effectuée ou de la date de l'enregistrement au bureau des actes civils ? Appelé à se prononcer sur cette question, le tribunal de la Seine a, par un jugement du 9 novembre 1899 (*R. E.* 2332 ; *J. E.* 25.940), décidé que la prescription biennale devait, en une telle hypothèse, être réputée avoir pris cours de la première perception effectuée au bureau des actes civils. Le receveur des actes civils procède, en effet, à un véritable enregistrement du jugement d'homologation dès lors qu'il encaisse une partie des droits exigibles sur cette décision et sur l'état liquidatif annexé, qui en fait partie intégrante au point de vue de l'impôt ; il importe peu que d'après les règlements intérieurs il ne

(1) Cass. civ., 17 juill. 1895 ; Inst. 2900-5 ; S. 96.1.467 ; D. 95.1.431 ; *R. E.* 984 ; *J. E.* 24.694 ; *R. P.* 8599.
(2) Cass. req.,24 avr. 1901 ; *R.E.*2676 ; — Seine,20 nov.1896 ; *R. E.* 1332 ; *J. E.* 25.183 ; *R. P.* 9085.

soit pas compétent pour enregistrer le jugement proprement dit et y apposer la relation de l'enregistrement.
Cette incompétence est toute relative, et l'Administration
elle-même l'a singulièrement atténuée puisque c'est sur
ses instructions que le receveur des actes civils perçoit la
plus grande partie des droits.

16. (150). **Déclaration estimative.** — V. *suprà*, n° 2.

17. (150). **Marché annulé et remplacé par un traité
nouveau.** — Lorsqu'un marché est annulé en cours d'exécution et remplacé par un traité nouveau, les droits non
perçus sur le premier acte et ouverts de nouveau par le
second peuvent être réclamés sans que les parties soient
fondées à invoquer la prescription biennale en se fondant
sur ce que plus de deux ans se seraient écoulés depuis
l'enregistrement de la convention initiale. Du moment, en
effet, où le deuxième acte annule le précédent, il ne peut
être considéré comme en formant la continuation ; l'exigibilité des droits auxquels le deuxième traité donne ouverture est donc indépendante de l'exigibilité des droits
dont le premier pouvait être passible (Seine, 8 mai 1897 ;
J. E. 25.565).

17 *bis.* (150). **Cession de parts sociales. Réalisation
d'une condition suspensive.** — Lorsque dans un acte
de société en nom collectif il a été stipulé que, en cas de
décès de l'un des associés, les survivants auront le droit
de conserver la totalité de l'actif en remboursant aux héritiers du défunt la valeur estimative de la part de leur
auteur, l'enregistrement de l'acte amiable ou extrajudiciaire constatant l'exercice, par les associés survivants, de
la faculté réservée par les statuts à leur profit, fait courir
la prescription biennale à l'égard des droits exigibles sur
la mutation qui s'est accomplie [1] (Rappr., n° 10 *suprà*).

18. (161). **Versements d'acomptes.** — Lorsque les
héritiers demandent une prorogation de délai pour souscrire une déclaration de succession et versent une certaine somme à valoir sur les droits auxquels la déclaration
à passer donnera ouverture, la prescription biennale en
restitution de la somme ainsi versée ne court, si elle a
été indûment perçue, qu'à partir de la déclaration effective de la succession et non à partir du versement de
l'acompte (Seine, 27 mars 1896 ; R. E. 1169 ; J. E. 24.934;
R. P. 8770).

§ 2. — *Prescription décennale.*

19. (172). **Droits de succession. Renonciation
frauduleuse.** — Lorsqu'un héritier ou un légataire s'est
soustrait au paiement du droit de mutation par décès en
opposant à la Régie une renonciation régulière en la
forme et que cette renonciation est ultérieurement reconnue frauduleuse, la prescription de dix ans opposable à
l'action du Trésor en paiement des droits de succession
dus par le prétendu renonçant, prend cours du jour du
décès (Mamers, 17 mai 1899 ; R. E. 2135).

20. (174). **Biens séquestrés. Succession d'un contumax.** — Les droits de mutation par décès dus sur la
succession d'un contumax ne deviennent exigibles que
du jour de la mainlevée du séquestre et de la remise des
biens aux héritiers ou au curateur, si la succession est

<hr>

(1) Cass. civ., 16 janv. 1894 ; S. 95.1.97 ; D. 94.1.247 ; R. E.
633 ; J. E. 24.274 ; R. P. 8229 ; — Req., 21 avr. 1898 ; Inst. 2967 ;
S. 99.1.52 ; D. 98.1.449 ; R. E. 1735 ; J. E. 25.399 ; R. P. 9278 ;
— Civ. 18 déc. 1899 ; R. E. 2255 ; — Rappr. Cass. req., 25 juill.
1893 ; Inst. 2854-6 ; S. 94.1.374 ; D. 94.1.76 ; R. E. 529 ; J. E.
24.163 ; R. P. 8156 ; — *Contrà*, 24 fév. 1896 ; R. E. 1124 ; R. P.
8729.

vacante, et la prescription ne prend cours qu'à compter
de la même date (Sol. 6 mai 1899 ; R. E. 2033 ; R. P.
9542).

21. (179). **Décès à l'étranger.** — En ce qui concerne
les successions ouvertes à l'étranger, le point de départ
de la prescription pour la réclamation des droits de mutation par décès remonte non au jour du décès, mais
seulement à la date à laquelle l'Administration a eu légalement connaissance du décès (Bagnères, 11 fév. 1898 ;
R. E. 1685 ; R. P. 9282).

Mais, lorsque le décès a été constaté, à sa date, par le
consul de France, qu'une expédition de l'acte mortuaire a
été envoyée par cet agent au ministère des affaires étrangères et transmise par ce dernier à la préfecture du département où le défunt avait en dernier lieu son domicile,
la Régie doit être considérée comme ayant eu, par ces
faits, la connaissance légale du décès. Il importe peu,
dès lors, que ce décès n'ait pas été transcrit sur les registres de l'état civil du domicile d'origine du *de cujus* ; si
plus de dix ans se sont écoulés depuis la date de la notification du décès au ministère des affaires étrangères, il
y a prescription des droits de succession, alors surtout
que les héritiers ont pris possession, depuis un plus long
délai, des biens du défunt (Figeac, 9 mars 1899, R. E.
2024 ; J. E. 25.681).

22. (180). **Usufruits successifs.** — La prescription de
dix ans, en matière d'usufruits successifs, ne court que
du jour de la réalisation de la condition, c'est-à-dire, lorsqu'il s'agit d'usufruits viagers, du jour du décès du premier usufruitier (Guéret, 27 déc. 1892 ; J. E. 24.175 ; R.
P. 8081).

§ 3. — *Prescription trentenaire.*

23. (187). **Droits de timbre.** — V. *suprà*, n° 13.

§ 4. — *Prescription spéciale aux pénalités.*

24. (189). **Locations verbales.** — En thèse générale,
la prescription biennale des droits en sus et amendes,
court du jour où les préposés de la Régie ont été mis à
portée de constater les contraventions, et non seulement
du jour où, avertis par de simples indices, ils ont pu être
amenés à soupçonner les infractions à la loi, à les rechercher et à les découvrir à l'aide d'autres actes et de rapprochements ultérieurs (Cass. civ., 19 mai 1900 ; R. E.
2406 ; S. 1900.1.447 ; — Rappr. Etude de M. Naquet, R.
E. 2546).

En matière de locations verbales, on a décidé que le
dépôt au bureau de l'Enregistrement de déclarations sans
payement des droits ne fait pas courir le délai de la prescription pour les amendes encourues par suite du défaut
de payement des droits dans le délai légal (Sol. 28 sept.
1891 ; R. E. 1494). Nous devons ajouter que cette solution
nous paraît isolée et que la règle qu'elle pose n'est pas
généralement observée.

25. (189). **Dissimulation de prix et mutation secrète.**
— C'est du jour où l'Administration est mise à même de
découvrir une dissimulation de prix que prend cours la
prescription de deux ans applicable à l'amende (Grenoble,
14 mars 1901 ; R.E. 2659 ; — V. *suprà*, n° 3). Même solution
à l'égard des droits en sus sur les mutations secrètes (Cass.
civ., 7 mai 1901 ; R. E. 2733-XI).

26. (189). **Amendes de timbre.** — Lorsque le registre
à souche des actions d'une société contient des décharges
non timbrées de titres remis à l'actionnaire, l'amende
encourue de ce fait est prescrite si le registre a été visé

par un employé supérieur depuis plus de deux ans et alors que les infractions étaient déjà commises (Sol. 6 mars 1896 ; R. E. 1376 ; J. E. 25.154).

Une décision analogue a été rendue.en matière de timbre à quittance (Rouen, 5 fév. 1895 ; J. E. 24.743 ; R. P. 8619).

SECT. IV. — DES CAUSES QUI INTERROMPENT OU SUSPENDENT LA PRESCRIPTION.

27. (192). **Contrainte.** — Pour interrompre le cours de la prescription applicable aux droits exigibles sur un contrat, il n'est pas nécessaire que la contrainte énonce distinctement chacun de ces droits, il suffit qu'elle soit conçue dans des termes suffisamment généraux pour n'en exclure aucun et les embrasser tous au moins implicitement (Seine, 8 mai 1897 ; J. E. 25.365).

28. (192). **Assignation en restitution. Enregistrement.** — Pour interrompre les prescriptions établies par l'art. 61 de la loi de frimaire, il faut que l'assignation soit non seulement signifiée mais encore enregistrée avant l'expiration du délai de prescription (1).

Quant aux prescriptions autres que celles établies par l'art. 61 de la loi de frimaire il n'est pas nécessaire que l'enregistrement de l'exploit interruptif ait lieu avant l'échéance de la prescription. C'est ce qui a été décidé notamment en matière d'impôt sur le revenu ; la prescription de cinq ans, instituée par la loi du 26 juillet 1893, est valablement interrompue par une demande signifiée avant l'expiration du délai, bien qu'elle ne soit enregistrée qu'après (Sol. 8 juill. 1899 ; R. E. 2364).

La sommation de restituer, signifiée au Trésor par un redevable, n'interrompt du reste la prescription que si elle contient assignation ou est suivie d'une assignation dans l'année (2).

29. (198). **Reconnaissance du débiteur résultant du paiement d'un acompte.** — Le paiement d'un acompte sur le droit réclamé implique reconnaissance par le redevable de la créance du Trésor, et il a pour effet, à ce titre, d'interrompre la prescription, mais la prescription qui recommence ensuite à courir est celle-là même qui a été interrompue. Ce ne serait la prescription trentenaire que si la reconnaissance résultant du paiement partiel était accompagnée d'un engagement formel de la part du débiteur et constituait ainsi au profit du Trésor un titre distinct du titre primitif et efficace par lui-même (Sol. 19 juill. 1896 ; R. E. 1250 ; J. E. 25.061).

30. (198). **Nouveau titre de perception présenté à la formalité.** — Nous avons vu *supra*, n° 17 *bis*, que l'enregistrement d'un acte extrajudiciaire par lequel les membres survivants d'une société notifient aux héritiers d'un associé décédé leur volonté d'exercer la faculté qui leur est réservée par les statuts, d'acquérir la part du défunt, faisait courir la prescription biennale des droits de mutation. Mais cette prescription serait interrompue si, avant l'expiration du délai de deux ans, les parties présentaient à la formalité un acte de cession portant fixation du prix et le droit était perçu sur cet acte (Cass. req., 21 avr. 1898)(3). Nous hésitons cependant à nous rallier sur ce point à l'opinion de la Chambre des requêtes, et il nous paraît peu conforme aux principes généraux qui gouvernent la

(1) Seine, 22 janv. 1898 ; R. E. 1654 ; J. E. 25.448 ; R. P. 9359 ; — Marseille, 13 juin 1899.
(2) Seine, 9 déc. 1898 ; R. E. 1936 ; — Cf. Seine, 6 fév. 1855 et Angers, 16 janv. 1869 ; J. E. 18.666 ; R. P. 3054.
(3) R. E. 1735 ; Inst. 2967 § 7 ; S. 99.1.52 ; D. 98.1.449.

matière de dire que la perception effectuée sur l'acte de cession a pu interrompre la prescription biennale, en ce qui concerne les droits qui auraient dû être réclamés sur l'acte extrajudiciaire.

Nous ne pouvons, d'autre part, approuver l'arrêt en ce qu'il a décidé que la prescription biennale ainsi interrompue avait fait place à la prescription trentenaire.

SECT. V. — DE LA DÉCHÉANCE QUINQUENNALE.

31. (207). **Dépens.** — Lorsque l'Administration a été condamnée à tous les dépens d'une instance, l'avoué au profit duquel la distraction a été prononcée doit produire, en demandant son paiement, l'exécutoire délivré à son profit, avant l'expiration de la déchéance quinquennale, faute de quoi sa réclamation ne peut plus être admise, sans qu'il y ait même à rechercher s'il a fait enregistrer l'exécutoire avant l'expiration du délai précité (Sol. 7 janv. 1897 ; R. E. 1352 ; J. E. 25.186).

32. (207). **Vente judiciaire d'immeubles.** — La créance d'un avoué au profit duquel une restitution de droits a été ordonnée par un acte ou un jugement d'adjudication nes'éteintque par la déchéance quinquennale. L'exercice financier auquel il appartient se détermine, non par la date de l'acte ou du jugement d'adjudication contenant l'ordre de restitution, mais par celle du jour où les conditions requises pour le remboursement se trouvent remplies, c'est-à-dire après que les délais de surenchère de huitaine et de quinzaine sont expirés (Inst. 2704-25) et lorsque le délai de trois jours accordé au receveur pour faire opposition a pris fin (même Inst., § 26) (Sol. 7 avr. 1897 ; R. E. 1407 ; J. E. 25.188 ; R. P. 9142).

33. (209) **Mandat de restitution de droits indûment perçus.** — Lorsqu'un mandat — pour restitution de droits indûment perçus au cours d'un exercice antérieur — a été délivré à un particulier et que ce mandat est annulé à la clôture de l'exercice, le bénéficiaire ne s'étant pas présenté pour en toucher le montant, la déchéance quinquennale court contre le créancier de l'État seulement à partir du commencement de l'exercice sur lequel le mandat a été ordonnancé et non à partir du premier jour de l'exercice au cours duquel est né le droit à restitution (Sol. 19 avr. 1900 ; R. E. 2496 ; J. E. 25.941 ; Rev. prat., 4923. — Rappr. Rép. Manut., V° Comptabilité, 75.

PRESTATION DE SERMENT. — 1. (3).
Serment prêté devant l'autorité administrative. Registre. Timbre. — Les prestations de serment devant l'autorité administrative demeurent assujetties à l'enregistrement dans le délai de 20 jours par application de l'art. 14 de la loi du 27 ventôse an IX. L'enregistrement doit avoir lieu sur la minute, quels que soient les inconvénients qui puissent résulter de son déplacement.

Deux procès-verbaux ne peuvent, en principe, être rédigés sur la même feuille de papier timbré ; mais l'Administration tolère que les procès-verbaux de cette nature soient rédigés sur un registre non timbré, à condition qu'ils soient revêtus, par le receveur, au moment de l'enregistrement, d'un timbre mobile de dimension représentant le coût du timbre du papier employé.

Les expéditions doivent, dans tous les cas, être délivrées sur papier au timbre de 1 fr. 80 (D. M. F. 15 déc. 1893 et 8 fév. 1894 ; R. E. 1054 ; J. E. 24.630 ; R. P. 8509).

2. (3). **Agents des administrations financières. Surnuméraires de l'Enregistrement.** — Aux termes d'un arrêté du 27 juin 1898 (Inst. 2957 ; R. E. 1884 ; J. E. 25.449), le Ministre des finances a réglé sur de nouvelles bases et d'après des dispositions uniformes pour toutes les administrations financières, la prestation de serment des agents.

Il résulte de l'art. 1er de cet arrêté, que les agents sont tenus, désormais, de prêter serment lors de leur entrée dans l'Administration en qualité de surnuméraires, sous réserve des conditions d'âge établies par les lois en vigueur. En conséquence, les surnuméraires de l'Enregistrement ne sont plus astreints au serment spécial qui leur était antérieurement imposé ; mais ils doivent prêter serment, *en qualité de préposés de l'Administration*, dès leur installation, s'ils sont âgés de 21 ans, et, dans le cas contraire, aussitôt qu'ils ont atteint cet âge. Cette formalité a lieu devant le tribunal civil de l'arrondissement de leur résidence. La prestation de serment est mentionnée et certifiée par le greffier, à la suite du brevet du surnuméraire (Inst. 534).

Le serment, une fois prêté dans ces conditions, n'a pas besoin d'être renouvelé à chaque changement de grade ou de fonction, quelle que soit, d'ailleurs, la nature des attributions successivement confiées aux agents.

Cette dispense de renouvellement de serment, qui est générale et absolue, s'étend même aux agents qui avaient prêté serment dans les formes anciennes, antérieurement à l'arrêté ministériel. Elle n'est, toutefois, applicable qu'autant qu'il n'y a pas d'interruption dans les fonctions, par suite de démission ou de radiation des cadres (V. *Rép. de Manut.*, V° *Serment*).

Les surnuméraires de l'Enregistrement ne recevant, en cette qualité, ni traitement ni salaires proprement dits, ne peuvent être rangés dans la catégorie des agents salariés dont les prestations de serment sont tarifées aux droits de 22 fr. 50 et de 4 fr. 50.

Les procès-verbaux de prestation de serment des surnuméraires rentrent dans la catégorie des actes judiciaires innomés et ne doivent être assujettis qu'au droit fixe de 1 fr. 50 (Sol. 12 août 1898 ; R. E. 2094).

3. (15). **Accessoires du traitement.** — Pour déterminer le montant du droit exigible sur le procès-verbal de prestation de serment d'un agent salarié, il y a lieu de tenir compte, sinon des gratifications qui n'ont pas de caractère permanent, au moins des frais de tournées accordés annuellement en augmentation du traitement, bien que cette allocation ne soit que le remboursement d'une dépense. Il en a été ainsi décidé pour les vérificateurs des poids et mesures (D. M. F. 22 mars 1892 ; J. E. 23.966 ; R. P. 7908).

4. (20). **Huissiers.** — Les actes de prestation de serment des huissiers sont assujettis au tarif de 4 fr. 50 ou de 22 fr. 50, selon que ces officiers ministériels sont attachés à une justice de paix ou placés près d'une Cour, d'un tribunal civil ou d'un tribunal de commerce. Rentre dans la première catégorie, l'huissier nommé près d'un tribunal qui lui assigne pour résidence le siège d'une justice de paix (Inst. 659 et 1058 ; — Sol. 5 mai 1898 ; J. E. 25.479 ; R. E. 9298 ; Rev. prat., 4526).

5. (22 bis). **Comptables des fabriques et consistoires.** — Aux termes des décrets du 27 mars 1893 sur la comptabilité des fabriques et établissements assimilés, les trésoriers remplissant les fonctions de comptables ou, à leur défaut, les receveurs spéciaux prêtent, devant les conseils de fabriques, les conseils presbytéraux ou les consistoires, le serment professionnel des comptables publics ; les percepteurs seuls ne sont pas astreints à cette obligation. La prestation de serment est constatée sur le registre des délibérations de l'établissement.

Le procès-verbal dressé en exécution de ces dispositions

est dispensé du timbre et de l'enregistrement (D. M. F. 27 oct. 1894 ; Inst. 2969 ; J. E. 24.532).

6. (30). **Interprètes.** — Les procès-verbaux de prestation de serment des interprètes, qui ne sont pas des agents salariés (Rapp. n° 2, *suprà*), constituent des actes judiciaires innomés et sont exclusivement soumis au droit fixe de 1 0/0 (Sol. 21 juill. 1886 ; J. E. 24.282 ; R. E. 596).

PRÊTS SUR DÉPOT. — **1.** (1). **Nantissement fourni par un tiers. Actions.** — Le but de la loi du 8 septembre 1830 a été de procurer aux commerçants des moyens faciles de crédit en leur permettant d'emprunter sans frais sur consignation ou nantissement de valeurs mobilières ou de marchandises ; elle ne distingue pas entre le cas où le dépôt est fait par l'emprunteur commerçant lui-même et celui où il est fait par un tiers. L'acte de prêt consenti par un banquier à un autre banquier sur le dépôt d'actions appartenant à de tierces personnes doit donc être enregistré au droit fixe édicté par la loi du 8 septembre 1830 (1).

2. (5). **Fonds de commerce.** — Mais le bénéfice de la loi de 1830 ne devrait pas être étendu au prêt sur nantissement d'un fonds de commerce ; un tel acte donnerait ouverture au droit ordinaire de 1 0/0.

La loi de 1830 est, en effet, une loi d'exception dont l'application doit être strictement limitée aux actes qui s'y trouvent dénommés, c'est-à-dire, d'après ses termes mêmes, « aux actes de prêts sur dépôt ou consignations de marchandises, fonds publics français et actions de compagnies d'industrie ou de finance ». On ne saurait, sans lui donner une extension abusive, faire rentrer dans cette énumération les fonds de commerce.

Sans doute, une loi du 1er mars 1898 a réglementé les nantissements des fonds de commerce ; mais, comme elle ne contient aucune référence à la loi du 8 septembre 1830, il n'est pas possible de prétendre qu'elle a eu pour résultat d'en étendre, en quoi que ce soit, la sphère d'application au point de vue du tarif.

Il importe peu, d'ailleurs, que le cautionnement soit fourni pour partie en marchandises, du moment où il l'est également au moyen d'autres biens (clientèle et matériel) non compris dans la catégorie de ceux visés par la loi de 1830 (Sol. 26 juill. 1900 ; R. E. 2494. — V. Inst. 2383-4).

PROCÉDURE.

CHAP. PRÉL.— Généralités, 1.

TITRE I. — INSTANCES RELATIVES AU RECOUVREMENT DES DROITS, 2-204.

CHAP. 1. — Règles générales, 2-193.

Sect. I. — *Règlement amiable des contestations*, 2-17.

§ 1. — Réclamation des parties, 2-8.
§ 2. — Réclamation aux parties, 9-17.

Sect. II. — *Mesures conservatoires. Interruption de la prescription*, 18-24.

— III. — *Premier acte de poursuites*, 25.

§ 1. — Procès-verbal, 25-36.
§ 2. — Contrainte, 37-76.

(1) Cass. civ., 11 mars 1896 ; Inst. 2910-6 ; D. 96.1.289 ; S. 97.1.243 ; R. E. 1131 ; J. E. 24.806 ; R. P. 8715 ; J. N. 26.419 ; R. N. 9749.

Art. 1. — Formes substantielles, 37-53.
— 2. — Signification, 54-76.

Sect. IV. — Opposition à contrainte et assignation en restitution, 77-86.
— V. — Introduction des instances ; devoirs des agents, 87-89.
— VI. — Tribunal compétent, 90-98.
— VII. — Instruction des instances, 99-122.
— VIII. — Instance en état, 123-127.
— IX. — Jugement, 128-142.
— X. — Expédition du jugement ; mesures conservatoires, 143-152.
— XI. — Exécution du jugement, 153-164.

§ 1. — Jugement favorable, 153-161.
§ 2. — Jugement contraire ou mixte, 162.
§ 3. — Règlement des frais, 162 bis.
§ 4. — États du contentieux, 163.
§ 5. — Ordres et contributions, 164.

Sect. XII. — Voies de recours contre le jugement, 165-193.

§ 1. — Jugement par défaut, 165-169.
§ 2. — Requête civile, 170-171.
§ 3. — Pourvoi en cassation, 172-193.

Art. 1. — Admissibilité du pourvoi, 172-176.
— 2. — Chambre des requêtes, 177-183.
— 3. — Chambre civile, 184-185.
— 4. — Frais et dépens, 186-193.

Chap. II. — Règles spéciales, 194-204.

Sect. I. — Hypothèques, 194.
— II. — Avance des droits par les officiers publics, 195.
— III. — Timbre, 196-202.
— IV. — Ventes judiciaires d'immeubles, 203-204.

TITRE II. — EXPERTISE, DISSIMULATION DE PRIX ET SIMULATION DE PASSIF, 205-223.

TITRE III. — VOIES D'EXÉCUTION, 224-325.

CHAP. I. — Saisie-arrêt, 225-267.

Sect. I. — Principes généraux, 225-236.
— II. — Phases de la procédure, 237.

§ 1. — Formes de la saisie-arrêt, 237-257.
§ 2. — Effets de la saisie-arrêt, 258-260.
§ 3. — Incidents de la procédure, 261-267.

Chap. II. — Saisie-exécution, 268-281.
— III. — Saisie-brandon, 282-283.
— IV. — Saisie des rentes, 284.
— V. — Saisie immobilière, 285-307.

Sect. I. — Généralités, 285-294.
— II. — Formes, 295-307.

CHAP. VI. — Ordre et contribution, 308-325.

Sect. I. — Distribution par contribution, 310-312.
— II. — Ordre, 313-325.

§ 1. — Ordre amiable, 313-317.
§ 2. — Ordre judiciaire, 318-325.

TITRE IV. — FRAIS DE POURSUITES ET D'INSTANCES, 326-343.

CHAP. I. — Avance des frais, 326-329.
— II. — Liquidation des dépens, 330-343.

SOMMAIRE ALPHABÉTIQUE.

A

Acquiescement, 145.
— de l'adversaire, 161.

Acte en conséq., contrainte, 57.
Acte s. s. p., contrainte, bureau, 47-1.

Actes produits, 110-3, 113.
Actionnaire intervenant, 103-2.
Administration publique, signification d'exploit, 79, 239.
Adjudication sur saisie, 301.
Administration condamnée aux dépens, 340.
Admissibilité du pourvoi, 172.
Affaire en état, 125.
— péremption, 83-4.
Agents des postes, 200.
Agents verbalisateurs, 199.
Algérie, signification, 58.
Amendes, remise, 8.
— non-comparution à l'ordre, 316.
Annulation d'articles, surséances, 15, 16.
Appel, 307.
Arguments nouveaux, 175.
Arrêt d'admission, signification, 178 et s.
Assignation directe, 76, 110 bis.
— héritiers, 47 bis.
Assignation en déclaration affirmative, 243.
— en restitution, 23, 77.
— formule, 78 note.
— en validité, 241.
— sans élection de domicile, 78, 78 bis.
Association religieuse, signification, 63.
— syndicale, 51.
Astreinte, 44, 52.
Autorisation, contrainte, 38 et 39.
Avances des frais d'instance, 326.
— par les officiers publics, 195.
Avertissement, 9.
Avis aux parties, cassation, 185.
Avis des experts obligatoire, 146.
Avis du jugement au directeur, 198.
— aux parties, 153.
Avoués, honoraires, 295.
— saisie immobilière, 295, 331-1.

B

Biens, désignation, contrainte, 52.
— dans différents arrondissements, 293.
— indivis, saisie, 291.
Biens saisissables, 288.
Bordereau de collocation, 317, 324.
Bordereau d'inscription hypothécaire, 150-2.
Bureau compét., contrainte, 47.
— successions d'étrangers, 47-2.

C

Cahier des charges, saisie immobilière, 300.
Caisse des Dépôts, 260.
Cassation, frais, 192.
Cause en état, délai, 123.
Caution, 180.
Caution judicatum solvi, 81.
Cautionnements d'officiers publics, saisie, 134.
Certificats d'indigence, 12, 13.
Cession de la créance saisie, 264.
Chambre des vacations, 92-1.
Changement d'état, reprise d'instance, 126-2.
Chose jugée, 91, 103, 172-4.
Citation en justice, 22.
Clôture de l'ordre, 323.

Commandement, 237, 272, 298.
Commissaire de police, renseignements, 11.
Commune, autorisation, 80.
— inscription hypothécaire, 149-1.
— mémoire préalable, 50.
Communication au directeur, 87.
— de pièces, 111.
Concessionnaires, recouvrement, 1.
Conclusions additionnelles, 110-3.
— ayant frappé l'oreille du juge, 138-1.
— du ministère public, 132, 133.
— rectifiant une erreur matérielle, 110-2.
Condamnation ultra petita, 171.
Congrégation, signification, 62, 63.
— saisie, 292.
Connexité, 90.
Contestation, tiers saisi, 250.
Contrainte, autorisation, 38 et 39.
— autorisant la saisie, 226.
— élection de domicile, 55.
— éléments essentiels, 52.
— en matière de timbre, 196.
— formes, 40 et s.
— renouvelée, 94.
— signification, 54 et s.
— visa, 53.
Contrat judiciaire, 137-1.
Contre-dénonciation, 242.
Contredits, 322.
— non formulés, 306.
Contribution, 308.
Contumax, pièces non timbrées, 3.
Convention diplomatique, signification, 57.
Convocation de créanciers, ordre, 315.
Copie (remise de la), 64, 65.
— signification, 54 et s.
Copies du jugement à l'Administ., 147.
Corse, signification, 58.
Créance non liquide, saisie-arrêt, 230.
Créances saisissables, 233.

D

Date des frais d'expertise, 218.
Débiteur des frais d'instance, 330.
Décès, reprise d'instance, 126.
Déchéance du demandeur en cassation, 178.
Déchéance quinquennale, 96.
Déclaration affirmative, 253.
— préalable, 277.
Défaut, 184.
Défaut profit-joint, 166.
Défenses, délai, 123, 124.
Délai de grâce, 142, 167, 275.
Délai pour juger, 123.
— saisir, 274.
— vendre, 276.
Demande nouvelle, 93, 110.
— reconventionnelle, 37.
Dénonciation au saisi, 24.
— effets, 259.
— de saisie, visa, 292-2.
Denrées insaisissables, 287.
Dépens (liquidation des) 330 et s.
Dépôt au greffe, péremp., 83-6.
Dépôt du dossier au greffe, 122.
Désistement, 73-75, 77 bis, 82.
— du pourvoi, 182.

18

Désistement, frais, 193.
— par le défendeur éventuel,183.
— refusé, 110 bis.
— signification, 88.
Directeur général, pétition, 3.
— (requête du), 54.
Discussion préalable du mobilier, 290.
Dissimulation de prix, 222.
Distribution par contribution, 310.
Domaine, 1.
Domicile des experts, 209.
— réel, signification, 208.
Dommages-intérêts, 141.
— désistement, 82-1.
Dossier égaré, péremption, 83, 127.
Dossiers des instances, 109.
Droits arbitrés d'office, 44, 55.

E

Election de domicile, contrainte, 55.
— opposition, 78, 78 bis.
— saisie-arrêt,231.
— saisie - exécution, 268.
Employé supérieur, contrainte, 46.
Employés, remise de la copie,65.
Enonciations inexactes dans les qualités, 143.
Enquête, 100-1.
Enregistrement et timbre, usage d'actes, 57.
Equipement militaire, 270.
Erreur matérielle, contrainte, 110-2.
Etablissements publics, biens légués, 18.
Etat des inscriptions hypothécaires, ordre, 314.
Etats de frais, 327, 332.
Etats de recette, Ministre des finances, 1.
Etats du contentieux, 163.
Etranger,caution judicatum solvi, 81.
Etranger, signification, 58, 239.
— succession, 47.
Exception de litispendance, 94.
Exécution du jugement, 142, 153 et s.
Expédition du jugement, 155.
— irrégularité, 148.
Expertise, 205 et s.
— d'immeubles situés dans plusieurs ressorts, 207.
— exploit,domicile réel, 208.
— volontaire ou judiciaire, 211.
Exploit de saisie-arrêt, validité, 238.
— , effets, 258.

F

Faillite, production, 97.
Farines insaisissables, 270.
Fonds de concours, 1.
Forclusion, 183, 184, 321.
Formule, assignat. en restitut., 78 note.
— signification d'arrêt d'admission,177.
Frais d'inscription hypothécaire, 150-4.
Frais d'instance, 330, 331.
— comptabilité, 187, et s.
— recouvrement 334.
— d'adjudication, 303.

Frais et dépens en cassation, 186 et s.
— frustratoires, 56, 66-1.

G

Garantie (recours en), 103-1.
Greffier et parties, 104.

H

Habits insaisissables, 270.
Héritiers, assignation directe, 47 bis.
Honoraires des avoués, 331-1.
Huissier compétent, contrainte, 56.
— saisie, 276.
— secret des actes, 64.
Hypothèque, 18.
— contrainte, 70.
— (recouvrement des droits d'),194.

I

Immeubles saisis, désignation, 299-1.
Imputation des acomptes, 336.
Incapables, signification, 68.
Incidents, 119.
— de la saisie, 278.
Inimitié d'un expert, 210.
Inscription hypothécaire, 149, 150.
— séparation de patrimoines, 18 bis.
Insolvabilité des débiteurs, 11, 15, 338.
Instance entre parties, 105.
Instance en validité de saisie-arrêt, 232.
— interrompue, décès,126-1.
Instruction de pétitions, 5.
— écrite obligatoire,99.
Intérêt (défaut d'), pourvoi, 175 bis.
Intérêts moratoires, 141.
Interprétation d'actes administratifs, 95.
Intervention dans une saisie,279.
— de l'Administration, 105, 263.
Irrégularité des poursuites, 339.
Itératif commandement, 49.

J

Jonction de causes, 110 bis.
Juge de paix, contrainte, visa, 53.
— expertise, 214, 215.
— nom omis, copie, 67.
Juge suppléant, contrainte, visa, 53.
Jugement contraire ou mixte, 162.
— rapport, 148.
— de validité, 246.
— effet, 260.
— par défaut, 235.
— signification, 256.
Jugement, double date, 134.
— formes, 128 et s.
— par défaut, signification, 168.
— point de fait et de droit, 136.
— signification, 154.

L

Liquidation des dépens, 330.
— des droits,contrainte, 42 et 43.
Livres insaisissables, 270.
Lois (indication des), contrainte, 52.

M

Mainlevée de saisie-arrêt, 261.
Maires, renseignements, 11.
Mémoire préalab., commune, 50.
— Etat, 202.
Mémoires ampliatifs, 173.
— développements éventedus, 107.
— échangés, 115.
— non signifiés, 116.
— pas de mémoires signifiés, 106.
— passages injurieux, 114.
— produits au tribunal,117.
— rédaction, 106 bis, 108.
Mesures conservatoires,18 et s., 227 et s.
Meubles insaisissables, 270.
Ministère public, conclusions, 132.
Ministère public,proc.-verb., 36.
Ministre des finances, pétit.,3.
Mission des experts, 219.
Motifs, contrainte, 52.
— erronés, 140.
— implicites, 139.
— suffisants, 137, 138.
Moyens nouveaux, 173, 174.

N

Nombre de juges, 128.
Notes marginales, 120.
Nullité de forme non invoquée in limine litis, 69.
Nullité d'exploit de significat. d'arrêt d'admission,180.
— de la copie de cet exploit, 181.

O

Offic. pub., avance, droits,195.
Offres réelles, 157.
— refusées, 157.
Opérat. des experts ; présence des parties, 220;
Opposant demandeur, 85.
Opposition à partage, 151.
— à saisie, 280, 281.
— motivée, 165.
— non motivée, 77 bis et ter, 165-1.
— sans élection de domicile, 78, 78 bis.
— sur prix de vente, 279.
Ordonnance autorisant la saisie-arrêt, 227.
— de collocation, 324.
Ordre amiable, 313.
— judiciaire, 348.
— production, 150-6, 164.
Ordre de restitution, prescription interrompue, 24.
Outils insaisissables, 270.

P

Paiement des frais, 145.
Parquet (signification au),58 bis.
Partage des biens indivis, 291.
Partie décédée(signification d'arrêt d'admission), 179-1.
Passages injurieux dans un mémoire, 114.
Péremption annale, 72.
— du jugement de validité, 257.
— triennale, 83 et s.
Personnes publiq., significat., 66.
Pétition, 2.

Pétition, envoi, 3.
— instruction, 5.
— timbre, 4.
Pièces à remet.aux parties,158.
— de procéd.à conserver,337
— en contrav. au timb.,197.
— justificat. d'avances, 329.
— produites, 112, 113, 121.
Plaidoiries, 100.
Pluralité de défendeurs, significat. d'arrêt d'admission,179.
Pluralité de saisies, 262.
Poursuites correct. (timb.), 201.
Pourvoi en cassation, 172 et s.
— mesures conservatoires, 156.
— non suivi, 176.
— sommaire, 173.
Pouvoir à l'huiss. p. saisir,298.
Prescription imminente, 10.
— ordre de restitution, 24.
— (renonciation à), 21.
Prestat. de serm. des experts, 214, 215, 216.
Privilège, 18.
— biens légués à des établissements publics, 18.
— droits de succession, saisie-arrêt, 101.
— timbre par abonnement, 202.
Procès-verbal, 25 et s.
— affirmation, 32.
— timbre et enregistrement,33.
Product. des mémoires, 117.
— à une contribution, 341.
— à une faillite, 97.
— à un ordre, 316,319.
Publicat. avant la vente, 277.
Publicité de l'audience, 131.
— du jugement, 135.
Purge, 289.

Q

Qualités, 143.
— mentions aux actes, 143.
— rédaction, 144.
— saisie immobilière, 305.
Quittance des frais, 152.

R

Radiation d'inscription hypothécaire, 103 bis, 150-5.
Rapport au directeur, jugement contraire, 147.
— du directeur à l'Administration, 89.
— du juge, 125, 129.
— des experts, 221.
Réassignation de débiteurs défaillants, 102, 166.
Receveur, contrainte, 46.
Receveur-contrôleur, contrainte, 46.
Réclamation par voie administrative, 2.
Récolement, 277.
Recours en garantie, 103-1.
Recouvrement des frais, 334.
Récusation d'expert, 210, 212, 213.
Rédaction des mémoires, 108.
— qualités, 144.
Redevable décédé, 124-1.
Référé, 98, 278.
Règlement des frais, 162 bis.
Règlement d'ordre, 317.
Régularisation d'avances, 341.
Régularité des poursuites, 88.

Rejet du pourvoi, frais, 188 à
191.
Remise d'amende, 8.
Renonciation à la succession du
redevable, 126-3.
— à péremption, 83-2.
— à prescription, 21.
Renseignements à demander
aux maires, 11.
Rentes sur l'État, 233-1.
Répliques, 108, 118.
Reprise d'instance, 84, 126 et s.
Requête civile, 170.
Requête aux fins de prestation
de serment,
217.
— — de saisie-ar-
rêt, 227.
— en validité de saisie-
arrêt, 247.
Réquisition d'ordre, 314.
Responsabilité des préposés, 20.
— de l'huissier, 180.
Restitution (assignation en),
23.
— timbre de pétition,
4.
Revendication du propriétaire,
279.

S

Saisie, 276.
— conservatoire, 18, 19, 227,
229.
— de fruits de biens héréditaires, 101.
Saisie-arrêt de sommes dues par
l'État, 266.
— sur l'Administra-
tion, 265.
— voies d'exécution,
225 et s.
Saisie-brandon, 282.
Saisie des rentes, 284.
Saisie-exécution, 269 et s.
— formes, 271.
Saisie immobilière, 285 et s.
— contrainte, 70.
Saisie irrégulière de pièces non
timbrées, 198.
Saisie spéciale, 325.
— super non domino, 269.
Salaires et petits traitements,
236.
Secret des significations, 64.
Séparation des patrimoines,
18 bis.
Serviteur, remise de la copie,
65.
Signification, contrainte, 54
et s.
— exploit, 79, 20,
259.

Signification, jugement, 154.
— — de validité,
256.
— — par défaut,
168.
Simulation de passif, 223.
Société, actionnaires intervenant, 102-2.
— assignation, 48.
— commerciale, signifi-
cation, 59.
— en liquidation, 61.
— étrangère, significa-
tion, 60.
Solution, caractère, 6.
— directeur, 5.
— exécution, 7.
Sommation sans assignation,
72-3, 86.
Sommier des instances, 109.
— des procès-verbaux,
35.
Supplément de droit, conclusions additionnelles, 110-3.
Surséances (sommier des),16,17.
Sursis, 124.

T

Taxe d'accroissement, péremp-
tion, 72-2.
Taxe des frais, 327.
Tierce-opposition, 169.
Tiers détenteur, 289.
Tiers-expert, 224 bis et quater.
Tiers intervenant, appel, 103.
Tiers saisi, contestation, 250.
— solidaire, 252.
Timbre par abonnement, 202.
— pétition, 4.
— procès-verbal, 33.
— (recouvrement des droits
de), 196 et s.
Titre exécutoire, 227, 294.
Tribunal compétent, 92.
Tunisie, signification, 58.
Tuteur légal, signification, 68.

U

Usufruitier, saisie-arrêt, 228.

V

Vente après saisie, 277.
Vente simultanée du fonds et de
la superficie, expertise, 206.
Ventes judiciaires d'immeubles,
203, 204.
— inférieures à 2.000 fr.,304.
Vers à soie insaisissables, 270.
Virement, 187.
Visa, contrainte, 53.
— dénonciation de saisie,
299-2.
Voies de recours, 165 et s.

CHAP. PRÉLIMINAIRE. — GÉNÉRALITÉS.

1. (4). — Les règles des instances concernant le Domaine de l'État ainsi que les biens régis par l'Administration sont exposées au *Dictionnaire des Domaines*, V° *Procédure*, où nous renvoyons le lecteur.

Nous nous bornerons à mentionner ici l'art. 54 de la loi
du 13 avril 1898, aux termes duquel « les états arrêtés par
les ministres, formant titres de perception des recettes
de l'État, qui ne comportent pas, en vertu de la législation existante, un mode spécial de recouvrement ou de
poursuite, ont force exécutoire jusqu'à opposition de la
partie intéressée devant la juridiction compétente. Les
oppositions, lorsque la matière est de là compétence des
tribunaux ordinaires, sont jugées comme en matière som-

maire ». Ce mode de recouvrement s'appliquera aux
fonds de concours fournis à l'État par les départements,
communes et particuliers, aux sommes dues en vertu des
cahiers des charges imposés à des concessionnaires de
travaux publics, etc... (Suppl. au Rapport gén. de la loi
de fin., *J. O. Doc. parl.*, p. 744, annexe n° 3080 à la séance
du 28 fév. 1898).

TITRE Ier. — INSTANCES RELATIVES AU RECOUVREMENT DES DROITS.

CHAP. Ier. — RÈGLES GÉNÉRALES.

SECT. Ire. — RÈGLEMENT AMIABLE DES CONTESTATIONS.

§ 1er. — *Réclamations des parties.*

**2. Caractère facultatif des réclamations par voie
administrative.** — Le recours à l'Administration n'est
pas le préliminaire indispensable de l'instance, et les parties qui assigneraient directement l'Administration, sans
lui avoir soumis au préalable la question litigieuse, n'en-
courraient pour cela aucune déchéance (Inst. 1537-1).
Comme l'a déclaré avec raison un jugement du tribunal de
Lourdes du 20 juillet 1875 (*J. E.* 20.078 ; *R. P.* 4276) l'art. 63
de la loi du 22 frimaire an VII « n'exige pas à peine de
nullité qu'avant d'introduire une instance en justice, le contribuable soumette à la Régie la solution des difficultés qu'a
pu faire naître la perception des droits d'enregistrement ».

Un jugement du tribunal de Pau du 6 juin 1856 (*J. E.*
16,316 ; *R. P.* 726) a, il est vrai, condamné un redevable
à tous les dépens d'une instance où il avait obtenu partiellement gain de cause, par ce motif qu'il ne s'était pas
adressé préalablement à l'Administration. Mais la doctrine
de ce jugement ne paraît pas fondée.

3. Envoi des pétitions. — Il résulte d'une décision
ministérielle du 10 octobre 1821 (Inst. n° 1002) que les pétitions doivent être adressées :

1° soit au Ministre des finances, soit au directeur départemental, lorsqu'elles tendent à des remises ou modérations de droits en sus ou d'amendes, à des prorogations
de délai pour le paiement des droits simples ;

2° au Ministre des finances dans tous les autres cas.

Ces règles ne sont pas suivies dans la pratique. Les pétitions sont adressées indifféremment au ministre, au directeur général de l'enregistrement, au directeur du département où est situé le bureau de perception, ou même
au receveur de ce dernier bureau.

Les réclamations adressées directement au ministre ou
au directeur général peuvent ne pas être affranchies, ces
fonctionnaires ayant la franchise postale pour toutes les
correspondances à leur adresse.

Mais il en serait différemment de celles qui seraient envoyées au directeur départemental ou au directeur local,
ces derniers ne jouissant d'aucune immunité postale en ce
qui concerne leurs rapports avec les simples particuliers.

4. (19). Timbre de la pétition. — La réclamation amiable des parties a lieu sous forme de pétition sur timbre.
Sous la législation antérieure le droit de timbre n'était
jamais remboursé au pétitionnaire, alors même que sa
réclamation était reconnue fondée. L'art. 42 de la loi du
29 mars 1897 a autorisé ce remboursement lorsqu'il s'agit
de *droits indûment perçus* dont la restitution est ordonnée.
Mais dans tous les cas autres que l'indue perception, le timbre reste acquis au Trésor : il en est ainsi en cas de remise
gracieuse, ou de restitution pour suite d'événements pos-

térieurs à la perception (Sol. 8 sept. 1897 ; R. E.1498).

Lorsqu'il y a lieu de rembourser le droit de timbre de la pétition, le montant en est réuni, sur le mandat délivré, au droit dont la restitution est autorisée, et la pétition est jointe au mandat, à titre de pièce justificative de la dépense (Inst. 2924).

5. Instruction de la pétition. — A toute pétition le receveur doit joindre la copie textuelle de l'enregistrement, suivie des observations mises en marge par les employés supérieurs. Il donne dans son rapport toutes les indications nécessaires à l'instruction de la demande. Mais le directeur peut se faire adresser, s'il le juge utile, les copies ou extraits des documents susceptibles d'éclairer sa religion, tels que copie de l'article consigné sur les sommiers, copie de partie ou de l'intégralité de l'acte sur lequel porte la difficulté, etc.

Le directeur départemental statue lui-même lorsque la question est simple ou de peu d'importance. Sinon, il adresse son rapport au Directeur général, avec toutes les pièces nécessaires. Celui-ci tranche la difficulté par une solution.

6. (23). Caractère des solutions administratives. — Les décisions et solutions que la loi du 22 frimaire an VII (art. 63) donne à l'Administration le droit d'émettre ne sont que des actes de gestion ayant un caractère provisoire qui ne lient pas plus le Trésor public que les contribuables, le premier, comme les seconds, ayant toujours le droit de s'adresser aux tribunaux auxquels seuls appartient le pouvoir de rendre, en cette matière, des décisions définitives. Qu'elles émanent du ministre ou de la Régie, les décisions et solutions administratives peuvent donc être rétractées tant qu'il n'est pas intervenu une décision judiciaire passée en force de chose jugée ou que la prescription n'est pas acquise (Seine, 13 juill. 1888, 15 fév. 1889 et 13 nov. 1892 ; — Cass. civ., 13 mars 1895 (3 arrêts) ; R. E. 918 ; S. 95.1. 465 ; D. 95.1.524 ; Inst. 2890, § 6).

7. (24). Exécution de la décision. — Les pétitionnaires sont avertis de la décision intervenue soit par les directeurs, soit par les receveurs (Inst. 2720-134). La solution est aussitôt exécutée, soit au moyen de la délivrance d'un mandat de restitution, soit par la continuation des poursuites : ces poursuites ne peuvent être dorénavant entravées par de nouvelles réclamations, à moins que les parties ne produisent un moyen nouveau (Inst. 1202).

8. Amendes. Demandes en remise gracieuse. — Les règles relatives à l'instruction des demandes en remise gracieuse d'amendes et de droits en sus sont exposées au *Répertoire de Manutention*, V⁰ *Amende* et *Pétition en remise*.

§ 2. — *Réclamations aux parties.*

9. (32). Forme et envoi des avertissements. — L'avertissement énonce la somme due, lorsque cela est possible. Il explique les motifs de fait et de droit de l'exigibilité des droits, de façon à ce que le contribuable se rende compte du bien fondé de la demande. La menace doit être, en tous cas, évitée.

Ces avis sont écrits soit sur des imprimés fournis par l'Administration et préalablement revêtus du timbre postal, soit sur une lettre manuscrite ordinaire. Dans ce cas, comme les préposés n'ont pas la franchise postale avec les particuliers, ils doivent adresser leurs avertissements aux maires des communes où résident les destinataires, et ces magistrats les font parvenir sans frais aux intéressés ; une lettre d'envoi doit accompagner chaque pli ; le maire mentionne la remise de l'avis au bas de cette lettre et la renvoie au préposé qui la conserve dans les archives (Inst.

1356, 1376, 1466 et 2101). En ce qui concerne les avertissements à destination de l'étranger, ils sont passibles de la taxe de 0 fr. 25 (0 fr. 15 pour certains bureaux « du rayon limitrophe » en Belgique, Espagne et Suisse). Le receveur présente au bureau de poste expéditeur une liste des plis de l'espèce ; cet état est timbré par la poste à chaque envoi, et adressé aux directeurs avec la comptabilité du mois de janvier : un mandat de remboursement est adressé ultérieurement au préposé qui a fait l'avance (V. sur ce point D. M. F. 12 sept. 1896, et Inst. 2918).

10. (34). Prescription imminente. — Il importe, avant tout, en pareil cas, d'interrompre la prescription. Aussi le receveur doit-il décerner contrainte sans délai.

11. (35). Insolvabilité des débiteurs. — Les receveurs doivent s'abstenir de diriger des poursuites contre des personnes notoirement insolvables. Ce serait mal défendre les intérêts du Trésor, à qui les frais incomberaient en fin de compte.

Pour éviter cet inconvénient, des renseignements sont demandés aux maires ou aux commissaires de police du domicile des redevables ; ces officiers civils fournissent, le cas échéant, un certificat d'insolvabilité.

12. Rédaction des certificats. — Les préposés s'abstiennent de remplir eux-mêmes ces certificats, que les maires doivent rédiger avec le plus grand soin, en s'expliquant sur la nature des biens possédés par le débiteur, sur leur valeur, leur assiette ; sur la situation des père et mère du redevable ; sur les successions que celui-ci est apte à recueillir, ou sur ses chances de retour à meilleure fortune. Ils énoncent expressément l'insolvabilité absolue, le décès, l'absence du débiteur ou déclarent qu'il leur est inconnu (Inst. 238, 381, 1550). En général, la légalisation de la signature des maires n'est plus exigée (Inst. 2720-100).

13. Vérification des certificats. — Les receveurs vérifient l'exactitude des attestations des maires au moyen des documents du bureau, mais ils n'ont aucune attestation à inscrire sur le certificat, malgré la formule inscrite à cet effet au dos des imprimés fournis par l'Administration (V. Inst. 2108).

14. — Si donc les préposés reconnaissent, à des preuves certaines, qu'un débiteur est solvable, le certificat d'insolvabilité qu'il fournit n'empêche nullement les poursuites. Il est indispensable, en ce cas, d'en référer au directeur.

15. Annulation des articles. — Lorsque le receveur possède le certificat d'insolvabilité, il annote l'article consigné au sommier de la date du certificat, et conserve ce dernier dans une chemise spéciale, de manière à pouvoir justifier de l'absence de poursuites. Il demande ensuite au directeur l'autorisation de surseoir aux poursuites, mais n'annule jamais de sa propre autorité un article consigné par lui (quand l'annulation a pour cause *l'insolvabilité*).

16. Surséances. — Le certificat n'opère pas, en effet, la décharge absolue du débiteur. Dans le cas d'un retour à meilleure fortune, les poursuites peuvent être continuées contre le redevable, si la prescription n'est pas acquise. Le receveur doit, en conséquence, se faire autoriser à reporter l'article au sommier des surséances indéfinies ; cette autorisation est donnée par le directeur, ou par l'employé supérieur en vérification au bureau (Inst. 2720-98). La consignation reproduit celle qui est annulée ; elle contient les références nécessaires et est annotée des diligences faites pour l'apurement et de la date de l'autorisation du directeur ou du sous-inspecteur.

17. — Les receveurs doivent constamment s'occuper des articles consignés au sommier des surséances, prendre les mesures conservatoires nécessaires au cas où le débiteur deviendrait solvable. A cet effet, ils doivent, tous les trois ans au moins, se procurer un nouveau certificat d'insolvabilité pour tout article non prescrit. Les résultats de cette surveillance sont considérés par l'Administration comme de véritables découvertes, et l'article est alors reporté au sommier des droits certains (Inst. 2098, 2721-91).

SECT. II. — MESURES CONSERVATOIRES. INTERRUPTION DE LA PRESCRIPTION.

18. Privilèges et hypothèques. — L'Administration a certains privilèges pour le recouvrement des droits de succession et de timbre (V. *Succession* et *Timbre* et *infrà*,202), mais elle n'a pas d'hypothèque pour le paiement de l'impôt; et est assimilée sur ce point aux particuliers. En dehors des cas d'hypothèque conventionnelle, inscription ne peut être prise qu'en vertu d'un jugement : la contrainte, en effet, n'emporte pas hypothèque (1).

La prorogation de délai accordée par l'art. 19, 4e alinéa, de la loi du 25 février 1901 aux héritiers pour le paiement des droits de mutation par décès sur des biens légués à des établissements publics ne porte pas atteinte à l'exercice du privilège sur les revenus de la succession (art. 19, préc. dernier alinéa).

La Régie peut, en conséquence, saisir-arrêter à titre conservatoire les revenus héréditaires avant même l'échéance de la date fixée comme point de départ du délai de 6 mois accordé aux héritiers pour le paiement des droits. La même mesure peut être prise avant l'expiration du délai de 2 ans, à partir du décès, dont parle le même article.

18 bis. Séparation de patrimoines. — L'Administration peut, comme tout créancier de la succession, demander la séparation du patrimoine du défunt d'avec celui de l'héritier (art. 878 et 2111, C. civ.). Prise dans le délai de 6 mois à dater de la déclaration de succession, l'inscription de séparation de patrimoines confère au créancier qui la requiert un privilège sur les immeubles héréditaires à l'encontre de tous les créanciers, même privilégiés ou hypothécaires, de l'héritier. Prise après ce délai, elle vaut à la date de l'inscription, comme hypothèque (Aubry et Rau, 4e éd., VI, § 619; Baudry-Lacantinerie et de Loynes, *Privil. et Hyp.*, I, n° 867 ; — Sol. 8 juin 1901 ; R. E. 2788 ; *Rev. prat.* 4919).

La séparation de patrimoines doit être demandée au tribunal civil (Baudry-Lacantinerie et Wahl, *Successions*, III, n° 4083). La demande doit être dirigée, en principe, contre les créanciers de l'héritier ; cependant, s'ils sont inconnus, la jurisprudence admet que l'action peut être intentée contre l'héritier lui-même (Baudry-Lacantinerie et de Loynes, *Privil. et Hyp.*, I, n° 858). Aucune autre formalité n'est exigée pour conférer au créancier un privilège sur les meubles de la succession. Pour les immeubles, une inscription est de plus nécessaire (*op. cit.*, n° 860).

19. Saisie-arrêt à titre conservatoire. — L'inscription hypothécaire est impuissante à interrompre la prescription de la créance du Trésor; seule la contrainte a cet effet. Cependant, en cas d'urgence et lorsque la saisie-arrêt est possible, il y a lieu de demander au juge la permission de saisir-arrêter *à titre conservatoire* les sommes dues au débiteur de l'Administration. La saisie-arrêt n'est, en effet, au début, qu'une mesure conservatoire ; elle ne devient voie d'exécution qu'à partir de la demande en

(1) Inst. 1537-40 ; Cass., 9 nov. 1880 ; R.P.5787 ; J.E.21.768 ; — 4 déc. 1899 ; R. E. 2230 ; Inst. 3011, § 3, p. 41, al. V.

validité (*infrà*, n° 225) ; mais l'exploit qui entame la procédure suffit pour interrompre la prescription. Nous donnons *infrà*, n° 227, note 1, le modèle de la requête à adresser au juge.

20. Responsabilité des préposés. — Les préposés sont responsables des droits qu'ils ont laissé prescrire, lorsqu'il y a eu négligence de leur part : s'ils ne pouvaient avoir connaissance de l'exigibilité des droits dus, rien ne peut leur être reproché. De plus, cette responsabilité n'est effective qu'au cas où un préjudice est causé à l'Etat : s'il est prouvé que des poursuites exercées en temps utile n'auraient eu aucun effet, le comptable est déchargé.

La prescription doit donc être interrompue par une contrainte, lorsqu'il y a urgence, alors même que les parties auraient adressé une pétition à l'Administration ; il est bon, dans ce cas, d'avertir les débiteurs du but purement conservatoire de la signification.

21. Renonciation à prescription. — On ne peut renoncer d'avance à la prescription. Une pareille renonciation faite par un redevable n'aurait aucun effet ; seule une obligation régulière de payer les sommes demandées peut dispenser des actes interruptifs; le cas se présente pour les soumissions en matière d'insuffisances de prix ou de revenu. Mais les particuliers (à la différence de l'Administration : L. frim. art. 59) peuvent renoncer à la prescription acquise, sauf quand il s'agit de droits en sus et amendes (Sol. 15 janv. 1875 ; R. P. 3093, 4244).

22. — Lorsque le recouvrement ne peut être suivi par voie de contrainte, et nécessite une condamnation judiciaire, la prescription est interrompue par une citation en justice, par exemple en matière d'expertise.

23. Assignation en restitution. — Une telle assignation interrompt la prescription, alors même que l'exploit serait nul en la forme pour n'avoir pas été revêtu du visa du fonctionnaire public auquel il a été signifié (Sol. 17 juin 1885 ; R. E. 648 ; J. E. 24.323 ; T. A. 131).

24. — Relativement aux parties, la prescription est interrompue par l'ordre de restitution, émanant du directeur seul (T. A. *Prescription*, 198, texte et note 3). Les propositions des employés supérieurs n'ont pas cet effet(Domfront, 29 déc. 1882 ; R. P. 6118).

SECT. III. — PREMIER ACTE DE POURSUITES.

§ 1er. — *Procès-verbal.*

25. (37). — Ainsi qu'on l'a dit au T. A., ce n'est que dans des cas exceptionnels qu'un procès-verbal doit être dressé préalablement à la contrainte.

On trouvera au T. A., sous le mot propre à chaque matière, les règles spéciales à chaque procès-verbal, et au mot *Procédure*, in fine, les formules à employer pour la rédaction des procès-verbaux les plus fréquents (form. 7 et suiv.). Nous donnons ci-dessous seulement les règles communes à tous les procès-verbaux.

26. Rédaction. — Ces actes sont rédigés à la requête du Directeur général de l'Enregistrement, poursuite et diligence du directeur du département, alors même que la poursuite appartiendrait au ministère public (contraventions aux lois sur le notariat). Ils contiennent élection de domicile aux bureaux du directeur à la diligence duquel les poursuites sont ordonnées, en outre, au bureau chargé du recouvrement ; pour les contraventions qui nécessitent une condamnation judiciaire, domicile est élu au bureau de la résidence du contrevenant ou au parquet.

27. — Le préposé énonce ses nom, prénoms, qualités et résidence, qu'il fait suivre de la mention « dûment commissionné et ayant serment en justice » ; puis il certifie l'existence de la contravention qu'il a constatée. Les faits doivent être précisés très soigneusement, afin d'éviter le recours aux actes mêmes. Il y a lieu d'énoncer la date, la nature, la forme des actes, les noms des contractants, la désignation précise des contrevenants, et, au besoin, on rapporte le texte même contenant la contravention, de manière à ce qu'il ne puisse y avoir ultérieurement aucune contestation sur la réalité des faits consignés au procès-verbal.

28. — Aucune mention marginale n'est inscrite sur les actes en contravention, et les blancs laissés à tort dans l'acte ne doivent pas être remplis par le rédacteur du procès-verbal.

29. — Plusieurs contraventions de même nature et commises par le même officier public peuvent être constatées dans le même acte.

30. — L'agent énonce enfin l'article de loi auquel il a été contrevenu, celui qui a prononcé la peine (dont le chiffre sera indiqué), et termine, s'il y a lieu, par la mention que le procès-verbal est rédigé pour être transmis au ministère public. Il date et signe.

31. — Sauf les cas d'urgence, le procès-verbal doit être soumis à l'approbation du directeur qui vérifie la réalité de la contravention et la régularité du procès-verbal (Circ. Rég. 1419, 1498).

32. Affirmation. — En matière de contravention aux lois sur le notariat, le notaire doit reconnaître, au pied de l'acte, l'exactitude des faits constatés ; s'il refuse de le faire, le procès-verbal doit être affirmé, dans les vingt-quatre heures, devant le juge de paix du canton (Inst. 1347-15 et 1537-234 ; J. E. 9352). Cependant cette formalité n'est pas prescrite à peine de nullité (Cass., 26 juin 1820 ; Inst.1537-234).

En matière de refus de communication, de vente de meubles, etc., le procès-verbal doit être affirmé ; cette formalité est inutile en matière de timbre (Inst. 1537-203 ; — V., au surplus, T.A., V° Affirmation, et Inst. 1537-9 et s.).

33. Timbre et enregistrement. — Les procès-verbaux doivent être visés pour timbre et enregistrés en débet lorsque la répression des contraventions doit être suivie par le ministère public (timbres mobiles ayant déjà servi, dépôt annuel des répertoires, dépôt des extraits de contrats de mariage des commerçants, fausse mention d'enregistrement, contraventions diverses à la loi de vendôse sur le notariat, etc...).Ils sont timbrés et enregistrés au comptant (2 fr. 50) lorsqu'ils constatent une infraction purement fiscale (L. 25 mars 1817 ; Inst. 2572). Les receveurs font l'avance des droits comme frais de poursuites à recouvrer ou à régulariser.

34. — Le procès-verbal n'est pas un acte de poursuite. Lorsque la rédaction d'un pareil acte n'était pas nécessaire, cette rédaction n'entraîne pas la nullité des poursuites, mais les frais qu'elle a occasionnés peuvent être regardés comme frustratoires. Il a même été décidé que les nullités dont pourrait être entaché le procès-verbal ne nuiraient point à la régularité de la contrainte (Inst. 1537-9).

35. Sommier des procès-verbaux. — Le sommier des procès-verbaux, tenu autrefois par les directeurs, a été supprimé par l'Inst. 2720-138.

36. Communication au ministère public. — Le directeur assure la mise à exécution du procès-verbal. Si la poursuite appartient au ministère public, le directeur lui adresse le procès-verbal, et avertit à la fois le receveur qui a rédigé l'acte, et le receveur à qui incombe le recouvrement.

Les articles du sommier sont annulés au fur et à mesure de leur apurement, avec mention du motif de cette annulation.

§ 2. — Contrainte.

37.(36).Demande reconventionnelle. — La contrainte est le premier acte des poursuites (L. frim. art. 64 ; Inst. 1537-9). Cependant, lorsque l'Administration est défenderesse à une action en restitution intentée par un particulier, elle peut formuler dans son mémoire en défense une demande reconventionnelle (Cass., 13 juin 1864 ; Inst. 2288-7 ; J. P. 64.1221 ; R. P. 1922 ; J. E. 17.838), pourvu que sa réclamation porte sur des droits dus à raison de l'acte ou de la mutation faisant l'objet de la demande principale (Cass., 21 fév. 1831 ; Inst. 1370-11).

38. (40). Autorisation. — Dans la pratique, le receveur demande au directeur l'autorisation de décerner contrainte ; cette formalité a l'avantage de mettre à couvert la responsabilité du receveur. La circulaire dont nous citons ci-après les dispositions principales semble d'ailleurs en faire une obligation pour les préposés.

39.—Tout projet de contrainte soumis à l'approbation du directeur doit être accompagné d'un rapport et des pièces ou copies de pièces à l'appui. Le directeur veille à ce que ce projet soit rédigé de façon à mettre en lumière la question à résoudre et les motifs de sa solution. Cet exposé sommaire conduit habituellement les parties à faire connaître dans leur opposition leurs divers moyens de défense ; de sorte qu'au début de l'instance tous les éléments du litige peuvent être connus et appréciés. Aucune contrainte ne doit d'ailleurs être décernée avant que la question qui y donne lieu ait été étudiée sous tous ses aspects, et dans tous les cas douteux ou difficiles, le directeur doit lui-même en référer à la Direction générale (Circ. 19 janv. 1865).

40. Forme. — Le mode de rédaction n'est pas déterminé par la loi ; mais la contrainte doit exposer clairement les causes de la dette, indiquer avec exactitude le domicile et la qualité des parties, et présenter tous les développements propres à établir l'infraction commise et à démontrer au redevable la légitimité de la demande.

41. — En matière domaniale, la forme de la contrainte est soumise à des règles spéciales (V. Dict. des Dom., V° Procédure).

42. (42). Liquidation des droits. — Lorsque la contrainte est décernée pour le paiement de droits dont la liquidation est subordonnée à une déclaration des parties (mutation par décès, mutation secrète d'immeubles), le montant de ces droits doit être fixé par approximation dans la contrainte, et l'on ajoute à la suite de la mention de la somme arbitrée d'office : sauf à augmenter ou à diminuer suivant la déclaration que les parties sont tenues de faire. Des offres réelles ne peuvent dispenser les parties de faire au bureau la déclaration légale (Seine, 3 avr. 1869 ; J. P. 70.604 ; S. 70.2.160), à moins que l'acte extrajudiciaire ne contienne tous les éléments nécessaires,et, en outre, donne pouvoir à l'officier ministériel rédacteur pour souscrire et signer cette déclaration (Inst. 1537-17). L'Inst. 1537, § 18 fait remarquer à ce sujet que, si la contrainte n'énonçait pas l'obligation imposée aux parties de faire une déclaration, les offres réelles de la somme réclamée pourraient être déclarées valables, et les poursuites interrompues.

43.—La contrainte est valable lorsqu'elle explique que la somme unique y énoncée se compose de deux droits distincts de mutation par décès dus par un légataire et un héritier non solidaires, et contient des énonciations permettant d'établir facilement le calcul des droits afférents à chacun en particulier (Lesparre, 2 déc. 1897 ; *R. E.* 1619 ; *J. E.* 25.353).

44. — Lorsqu'il y a lieu d'arbitrer d'office une somme à déterminer ultérieurement, le préposé doit la fixer au taux le plus élevé, sans cependant faire une appréciation manifestement exagérée. C'est ainsi qu'au cas de refus de communication, rendant exigible une amende de 100 à 1000 fr. en principal, la Régie est autorisée à décerner contrainte pour 1250 fr., sauf réduction par le tribunal (Valence, 14 mars 1898 ; *R. E.* 1720).

45. Rectification de l'évaluation. — Le tribunal apprécie, en effet, souverainement si l'estimation contenue dans la contrainte est, ou non, exagérée, et il peut soit la réduire, ainsi qu'il a été jugé en matière de somme fixée pour *astreinte* (Seine, 29 juin 1895 ; *R. E.* 1041 ; et 29 déc. 1900, *Fagot*), soit ordonner l'exécution pure et simple de la contrainte, sauf aux parties à faire les déclarations nécessaires (Cass., 18 janv. 1871 ; Inst.2421, § 5 ; S. 71.1.184). Les redevables ne peuvent critiquer les évaluations de la contrainte, tant qu'ils n'ont pas fait la déclaration prescrite par la loi (Cass., 7 juill. 1863 ; *J. P.* 64.67 ; S. 63.1. 450 ; Inst. 2274, § 6) ; mais les préposés ne peuvent refuser les déclarations régulièrement faites, sous prétexte que la déclaration n'est pas conforme aux bases d'une contrainte antérieure (Cass., 3 fév. 1869 ; *J.P.* 69.435 ; S. 69.1. 85).

46. (43). **Qui peut décerner une contrainte.** — La contrainte est décernée par un receveur, ou un employé supérieur (Inst. 1537-16) ; en général, celui-ci se borne à indiquer les poursuites à exercer, laissant au receveur le soin de les mettre à exécution. Le *receveur intérimaire*, même non assermenté, peut aussi décerner contrainte (Rambouillet, 28 janv. 1898 ; *R. E.* 1753 ; *J. E.* 25.481). Il en est de même d'un *receveur-contrôleur* des successions, pour le bureau auquel il est attaché (Rouen, 15 nov. 1894 ; *J. E.* 24.594).

47. (45). **Bureau compétent.** — Le receveur compétent pour décerner contrainte est celui au bureau duquel les droits sont dus. Telle est la règle.

I. Actes sous seing privé. — Nous avons vu au *T. A.* (n° 45-1), que les actes sous seing privé pouvant être enregistrés à tous les bureaux indistinctement, le receveur d'un bureau quelconque était compétent pour poursuivre le recouvrement de droits dus sur les actes de l'espèce non enregistrés. S'il s'agit d'un supplément de droit à réclamer, le bureau compétent est celui où l'acte a été enregistré.

II. Mutations par décès. Successions d'étrangers. — Aux termes de l'art. 16 de la loi du 25 février 1901, si le *de cujus* n'avait pas de domicile en France et n'y est pas décédé, les valeurs mobilières ou immobilières dépendant de sa succession doivent être déclarées aux bureaux désignés par l'Administration. Les Inst. 3049 p. 6, 3051, § III et 3058, p. 28 désignent ces bureaux. Ce sont, au choix du redevable, les suivants : Paris (1er bureau des successions), Lille (1er bureau des successions), Nancy, Annecy, Lyon (1er bureau des successions), Nice, Marseille (1er bureau des successions), Pau, Bordeaux (1er bureau des successions) et Belfort.

Le receveur de l'un quelconque de ces bureaux est compétent pour décerner une contrainte tendant au recouvrement des droits dus sur la succession non déclarée d'un étranger ni domicilié ni décédé en France. S'il s'agit

d'un droit supplémentaire ou de droits simples et en sus dus pour omission ou insuffisance, c'est le bureau où la déclaration a été passée qui seul est compétent.

47 *bis.* (47). **Héritiers. Assignation directe.** — L'Administration est fondée, lorsqu'il y a urgence, à assigner directement les héritiers en paiement des droits de mutation sur la succession qui leur est échue, sans même décerner préalablement contrainte ; mais elle ne doit avoir recours à cette procédure que s'il lui est impossible d'obtenir par une autre voie la garantie hypothécaire qu'un jugement de condamnation lui procurera. L'assignation doit être donnée contre tous les héritiers, pour que la condamnation porte sur la totalité des droits réclamés et que l'hypothèque, qui en est la conséquence, garantisse le paiement intégral (Sol. 4 avr. 1895 ; *R. E.* 1308).

48. (48). **Société.** — L'assignation introductive d'instance donnée aux directeurs et administrateurs *non nommément désignés* d'une société anonyme, au siège social de cette société, est régulière comme étant faite à la société elle-même. Il en est ainsi même si la société est en liquidation ; il n'est pas nécessaire, en effet, que l'assignation faite à une société en liquidation soit donnée nommément à la personne du liquidateur (Cass. req., 28 juin 1893 ; *R. E.* 701 ; *D.* 93.1.473). Cette règle s'applique à la contrainte comme à l'assignation.

Voir les règles exposées ci-après pour la signification de la contrainte.

49. (32-53). **Décès du débiteur. Itératif commandement aux héritiers. Titre exécutoire non signifié. Art. 877, C. proc. Nullité.** — Lorsqu'un redevable décède après la signification à lui faite de la contrainte, il ne suffit pas que la Régie fasse à ses héritiers un commandement en vertu de la contrainte : elle doit, par application de l'art. 877,C. proc., leur notifier une nouvelle contrainte (Valence, 23 mars 1988 ; *R. E.* 1717).

Le fait d'avoir assigné l'un des associés après son décès ne peut entacher le jugement qui a suivi de nullité à l'égard des coassociés survivants, qui représentent seuls l'association (Vervins, 2 nov. 1900 ; *R. E.* 2707).

50. (56). **Instance contre une commune. Mémoire préalable de la Régie et récépissé. Timbre.** — Lorsqu'a une action en restitution formée par une commune, la Régie répond par une demande reconventionnelle en paiement de droits, elle est tenue d'effectuer entre les mains du préfet le dépôt d'un mémoire préalable. Ce mémoire doit être sur papier timbré alors même qu'il émane de la Régie de l'Enregistrement. Le récépissé qui en est délivré est soumis au timbre de 0 fr. 10 (Sol. 24 août 1899 ; *R. E.* 2455).

51. (58 *bis*). **Associations syndicales autorisées.** — Ces associations ont le caractère d'établissements publics. En conséquence, les voies d'exécution instituées par le Code de procédure civile pour le recouvrement des créances contre les particuliers ne peuvent être suivies contre ces associations (Trib. conflits, 9 déc. 1899 ; *R.E.* 2449). Les règles à suivre pour le recouvrement sont donc les mêmes que celles indiquées pour les communes, hospices, fabriques, etc...

52. (59). **Éléments essentiels.** — La contrainte doit déterminer l'*objet* et le *chiffre* de la demande, les *articles de loi* applicables et les *motifs* qui légitiment les poursuites (Inst. 1537, sect. 3, n° 1, p. 99). Toutes ces indications sont nécessaires : le redevable doit trouver dans la contrainte les causes de la poursuite, afin de pouvoir motiver son opposition,s'il y a lieu.Toutefois,certains tempéraments ont été admis. C'est ainsi que parfois le *chiffre* de la demande ne peut être fixé qu'approximativement (V. n° 44).

L'erreur commise dans la contrainte et provenant de ce que la Régie a réclamé pour droits simples et en sus une somme représentant exclusivement les droits simples, seuls exigibles, peut être rectifiée dans des conclusions ultérieures, sans qu'il soit indispensable de décerner une nouvelle contrainte (Cass .req., 20 juill. 1896 ; *R. E.* 1238 ; Inst. 2930, § 4 ; D. 97.1.243 ; *J. E.* 24.897).

Le défaut de motifs, ou d'énonciation des textes de loi n'est pas une cause de nullité de la contrainte (1) ; de même pour l'erreur dans l'*objet* ou la *nature* du droit réclamé (Inst. 1537-21), dans la désignation des biens sujets à l'impôt (Quimper, 8 avril 1897 ; *J. E.* 25.163), pour l'omission de l'acte en vertu duquel la contrainte est décernée, ou pour l'erreur dans la date de cet acte ; ces derniers renseignements sont, en effet, souvent impossibles à fournir. Tel est le cas où il s'agit d'actes à représenter par les parties et dont les droits sont réclamés pour cause d'usage en justice ou par acte public (Inst. 1537-22 ; — Le Havre, 16 juin 1887 ; *R. P.* 6909 ; *J. E.* 23.066). Dans cette hypothèse, la Régie réclame à titre d'astreinte une *somme fixe* que les parties ne peuvent discuter tant qu'ils n'ont pas mis l'Administration à même de liquider exactement les droits dus, par la production des actes (2), mais que les tribunaux peuvent cependant réduire (3).

53. (70). **Visa.** — La contrainte doit, à peine de nullité, être *visée* et rendue exécutoire par le juge de paix du canton où le bureau est établi (L. frim. art. 64) : le *nom* et la *qualité* du juge sont indispensables (Inst. 1537-24). Si le bureau est fixé en dehors du canton, c'est néanmoins le juge de paix dudit canton qui est compétent (Lyon, 20 mars 1866 ; *J. E.* 18.387).

Le juge *suppléant* n'est admis à viser la contrainte que si le titulaire est absent ou empêché, et cette circonstance doit être mentionnée avant la signature du suppléant ; l'omission de cette mention n'entraînerait cependant pas la nullité de la contrainte (Cass., 24 mai 1897 ; *R. E.* 1436 ; Inst. 2965, § 4 ; D. 98.1.84 ; *J. E.* 25.159).

ART. 2. — SIGNIFICATION.

54. (78). **Requête du directeur général. Domicile.** — Les actes et procédures concernant l'Administration doivent, depuis le 10 mai 1898, être faits et signifiés *à la requête de M. le Conseiller d'État* (s'il y a lieu), *Directeur général de l'Enregistrement, des Domaines et du Timbre, au Ministère des finances, palais du Louvre, rue de Rivoli ; poursuites et diligences*, etc. (Circ. 30 avr. 1898 ; *R. E.* 2066).

Lorsque le siège d'une direction est transféré d'une ville dans une autre, il y a lieu pour l'Administration de modifier l'élection de domicile indiquée dans les actes de procédure, et de faire signifier, en conséquence, aux parties un exploit notifiant cette modification (Sol. 24 mai 1897 ; *R. E.* 1861).

55. (80). **Élection de domicile au bureau d'où émane la contrainte.** — Les prescriptions de l'art. 584, C. proc. civ., relatives à l'élection de domicile dans la commune où habitent les débiteurs, n'est pas applicable aux con-

(1) Seine, 4 mai 1867, *R. P.* 3135 ; — Nice, 22 déc. 1879 ; *R. P.* 5564 ; *J. E.* 21.248 ; — Valence, 11 juill. 1887 ; *R. P.* 6961 ; — Quimper, 29 juill. 1896 ; *J. E.* 29.948 ; — Pau, 19 mai 1899 ; *J. E.* 25.713.
(2) Cass., 28 mars 1859 ; Inst. 2160-1 ; *J. P.* 59. 703 ; — 2 janvier 1872 ; Inst. 2434-5 ; — 19 oct. 1886 ; Inst. 2735-1 ; — 24 mai 1894 ; *R. E.* 732 ; Inst. 2872, § 5 ; D. 94.1.444 ; — Seine, 4 mars et 10 déc. 1892 ; *R. E.* 128 et 366.
(3) Cass. civ., 7 mai 1901 ; *R. E.* 2733-VIII ; — Seine, 29 juin 1895 et 29 déc. 1900, précités (n° 45).

traintes décernées pour obtenir le paiement de sommes dont le recouvrement est confié à l'Administration de l'Enregistrement et des Domaines (Batna, 22 janv. 1895 ; *R. E.* 881).

56. (81). **Huissier compétent.** — Tout huissier ayant pouvoir d'instrumenter dans le ressort du tribunal du domicile du débiteur est compétent pour lui signifier la contrainte. Aux autorités citées note 6 du *T. A.* Adde, Cass., 28 janv. 1884 ; S. 54.1.449 ; D. 54.1.307 ; et 18 avr. 1899, *Grenet, Gaz. Trib.*, 21 sept. 1899.

Le choix de l'officier ministériel appartient à la partie qui requiert son ministère, à la condition qu'il soit pris dans le nombre de ceux qui ont qualité pour instrumenter dans la circonscription où ils sont requis d'opérer. Les parties notamment peuvent recourir, pour signifier un acte à la Régie, à un autre huissier que celui résidant dans la localité d'où émane la contrainte, et les frais de transport dus à cet huissier ne peuvent être considérés comme frustratoires (Vire, 14 fév. 1895 ; *R. E.* 1185).

57. **Usage d'actes non timbrés ni enregistrés.** — L'huissier peut évidemment signifier une contrainte — tendant au paiement de droits dus sur des actes non timbrés ni enregistrés — sans contrevenir aux art. 24 de la loi du 13 brumaire an VII, ou 42 de la loi du 22 frimaire an VII, car il serait absurde que l'Administration fût obligée de faire timbrer ou enregistrer au préalable des actes pour lesquels elle réclame précisément l'accomplissement de la formalité (Inst. 290, n° 2 ; Voir *T. A.*, V° *Acte produit*, n° 64 ; — *Contrà*, Angers, 8 déc. 1900 ; *R. E.* 2599).

58. (85). — L'Algérie, la Corse et les petites îles situées dans les eaux françaises sont assimilées, pour la forme des significations, à la France continentale (L. 8 mars 1882). Il en est de même de la Tunisie (L. 11 mai 1900 ; *R. E.* 2404 ; Adde, D. M. J. 5 fév. 1896 ; *R. E.* 1120).

I. CONVENTIONS DIPLOMATIQUES. — La copie destinée à une personne qui n'a ni domicile réel, ni domicile élu en France est valablement signifiée, ainsi que nous l'avons vu, au parquet du procureur de la République près le tribunal qui doit connaître de l'affaire. Ce magistrat la transmet directement au chef du service judiciaire de la colonie ou du pays de protectorat et, si l'intéressé habite l'étranger, au ministre des affaires étrangères qui fait parvenir l'exploit au destinataire par les voies diplomatiques ou à toute autre autorité déterminée par les conventions internationales (V. Décr. 16 mai 1899 ; *R. E.* 2043 (a) et, pour la Belgique, Décr. 3 déc. 1900 ; *R. E.* 2570-1).

L'acte à signifier est transmis en double, et l'autorité étrangère compétente certifie l'accomplissement de la signification sur l'un des doubles, qui est renvoyé ensuite à l'envoyeur (Convention annexée au décr., 16 mai 1899, art. 3 ; *R. E.* 2042).

58 bis. **Signification au parquet.** — La signification d'un exploit (et notamment de la contrainte) ne peut être faite valablement au parquet du procureur de la République que lorsque tous les renseignements propres à faire penser que la partie n'a ni domicile ni résidence connus ont été suffisamment pris par l'huissier. Lorsqu'il suffisait à celui-ci de quelques recherches pour découvrir le domicile actuel de la partie, la signification faite au parquet est nulle (Seine, 10 mai 1901 ; *R. E.* 2783).

59. (86). **Sociétés commerciales.** — Pour les sociétés anonymes, la signification doit être faite au siège social, en la personne d'un des gérants et non à la personne ou au domicile d'un actionnaire (Garsonnet, *Procédure*, 2e éd., II, § 602). Mais elle peut être faite au domicile du directeur (Cass. req., 28 juin 1893 ; D. 93.1.473 ; S. 95.1.260 ; *R. E.* 701).

Pour les sociétés en commandite, la signification peut être faite soit au siège social, soit à l'un des associés *commandités* personnellement, à l'exclusion des commanditaires ou actionnaires (Garsonnet, II, § 602).

La signification est valablement faite, au siège social, à l'un des gérants quand bien même les statuts auraient conféré à un membre du conseil d'administration le pouvoir de représenter la société en justice (Req., 23 nov. 1880 ; D. 81.1. 136).

Pour les sociétés en nom collectif, on peut signifier soit au siège social, par un seul exploit fait au nom de la raison sociale, ou, s'il n'y a pas de siège social, en la personne ou au domicile d'un des associés (Dall. *Rép.*, V° *Exploit*, n°ˢ 389, 435, 412), soit à chaque associé individuellement, par copies séparées remises à sa personne ou en son domicile (Garsonnet, II, § 602).

60. Sociétés étrangères. — Les sociétés anonymes étrangères peuvent être poursuivies en France, mais n'y peuvent être demanderesses que s'il existe en leur faveur un traité diplomatique ou si elles ont été reconnues par un décret rendu en Conseil d'État (Garsonnet, 2ᵉ éd., II, § 400, texte et notes 15 et 16).

Le mode de signification prescrit pour les sociétés françaises s'applique aux sociétés étrangères (Req., 9 juin 1873 ; D. 74.1.15).

61. (87). Sociétés en liquidation. — On peut leur signifier l'exploit soit à l'ancien siège social (Cass. civ., 3 janv. et 26 fév. 1872, 28 juin 1893 ; D. 72.1.9 et 93.1.473 ; — Req., 28 fév. 1894 ; D. 94.1.239).

Mais dès que la liquidation est terminée, ou s'il n'y en a pas, dès la dissolution de la société, le droit commun reprend son empire et les exploits doivent être remis, par copies séparées, à chacun des anciens associés (Garsonnet, 2ᵉ éd., § 603).

62. Congrégations autorisées. — Un exploit peut être valablement signifié à une congrégation autorisée à son siège social, avec remise de la copie à un préposé de ladite congrégation. Il n'est pas nécessaire que cet acte, pour être valable, s'adresse au représentant de l'association. S'il contient une indication erronée au sujet du nom du véritable représentant de l'association, cette mention surabondante et inutile n'est pas de nature à vicier l'exploit. L'art. 7 de la loi du 16 avril 1895, qui exprime que l'action en recouvrement de la taxe d'accroissement sera valablement dirigée contre le supérieur ou la supérieure de la congrégation, n'a pas modifié les règles ci-dessus (C. Nancy, 31 mars 1900 ; R. E. 2425).

63. Congrégations non autorisées et associations religieuses. — En ce qui les concerne, l'art. 7 de la loi du 16 avril 1895, relatif à la taxe d'accroissement, dispose que l'action en recouvrement de la taxe sera valablement dirigée contre le supérieur ou la supérieure, et, pour toutes les autres associations, contre tout membre agrégé à un titre quelconque. Ainsi, tout membre agrégé à un titre quelconque à une association religieuse non reconnue représente légalement la dite association dans la procédure en recouvrement de la taxe annuelle d'accroissement (Req., 13 nov. 1900 ; R. E. 2533).

S'il s'agit de recouvrement de droits autres que la taxe d'accroissement (par exemple l'impôt sur le revenu), il semble que le droit commun reprend son empire et que la signification doit être faite au représentant de l'association et, s'il n'y en a pas, aux associés individuellement.

64. (90). Copie remise à une personne autre que la partie elle-même ou le procureur de la République. — Dans ce cas, l'huissier doit remettre la copie sous enveloppe fermée et constater, tant sur l'original que sur la copie, l'accomplissement de cette formalité, après le « parlant à » dans les termes suivants : « sous enveloppe fermée ne portant, conformément à la loi, d'un côté, que les nom et demeure de la partie, et de l'autre que le cachet de mon étude apposé sur la fermeture du pli » (L. 15 fév. 1899 ; R. E. 2010 (1).

La jurisprudence tend à décider que ces expressions ne sont pas sacramentelles et peuvent être remplacées par des équivalents, tels que « parlant à... qui a reçu la copie sous pli fermé conformément à la loi » (Montpellier, 14 déc. 1899 ; S. 1900.2.6), ou « sous enveloppe fermée portant suscription et cachet conformément à la loi (V. Seine, 3 nov. 1899, 25 nov. 1899 ; — Evreux, 4 août 1899, etc. ; D. 1900.2.1 ; — C. Toulouse, 5 déc. 1900 ; D. 1901.2.217 et la note).

« Toute personne autre que l'intéressé doit recevoir la copie sous enveloppe. Seul, le procureur de la République continue à recevoir la copie ouverte. Donc, parents, domestiques, voisins, maire, adjoint, tous sont soumis à la même règle » (Garsonnet, *Procéd.*, 2ᵉ éd., IV, p. 836).

Lorsqu'un acte est signifié à la femme, seule intéressée, et au mari, pour autorisation, l'huissier, s'il ne rencontre que la femme, doit lui remettre sous enveloppe fermée la copie destinée au mari (*op.* et *loc. cit.*).

Les représentants légaux des personnes morales publiques ou privées énumérées par l'art. 69, C. proc. sont assimilables au véritable intéressé ; il n'est pas nécessaire, en conséquence, que la signification faite à ces représentants (préfet, maire, directeur d'une société anonyme, gérant, associé) soit remise sous enveloppe. M. Garsonnet pense que si l'exploit est remis à des agents subalternes, préposés ou commis, la copie doit être remise sous enveloppe (*op. cit.*, p. 838). Il semble que cette règle est un peu trop absolue et que, dès lors que le fonctionnaire à qui la copie est remise a le pouvoir de viser l'original et le vise, les formalités prescrites par la loi de 1899 ne sont pas nécessaires.

La Chambre civile de la Cour de cassation a décidé en ce sens, le 1ᵉʳ mai 1901, que l'obligation d'insérer dans une enveloppe fermée la copie des exploits d'ajournement

(1) Une circulaire autographiée du 18 novembre 1899 a été adressée aux directeurs pour l'exécution de la loi. Elle est ainsi conçue :

M. le Directeur, une loi du 15 février 1899, tendant à assurer le secret des actes signifiés par huissiers, a modifié l'art. 68, C. proc. civ. en y insérant l'alinéa suivant :

« Lorsque la copie sera remise à toute autre personne que la partie elle-même ou le procureur de la République, elle sera délivrée sous enveloppe fermée, ne portant d'autre indication, d'un côté, que les nom et demeure de la partie et, de l'autre, que le cachet de l'étude de l'huissier apposé sur la fermeture du pli. »

L'huissier doit, en vertu de la disposition finale de l'article précité, constater tant sur l'original que sur la copie l'accomplissement de ces formalités. Leur inexécution entraînerait, aux termes de l'art. 50, C. proc., la nullité de l'exploit.

Je vous prie, en conséquence, de veiller avec le plus grand soin à ce que, dans la rédaction des exploits signifiés à la requête de la Direction générale, les huissiers se conforment rigoureusement aux prescriptions de la loi nouvelle. A cet effet, lorsque la copie d'un exploit ne sera pas remise à la partie elle-même ou au procureur de la République, *l'original et la copie* devront contenir, après le « parlant à..... », la mention suivante :

« Sous enveloppe fermée ne portant, conformément à la loi, d'autre indication, d'un côté, que les nom et demeure de la partie, et, de l'autre, que le cachet de mon étude apposé sur la fermeture du pli. »

Recevez, M. le Directeur....,

lorsqu'elle est remise à une personne autre que la partie elle-même, n'est pas applicable à ceux de ces exploits qui concernent les administrations ou établissements publics visés par l'art. 69, § 3, C. proc. La procédure spéciale organisée par un autre alinéa du même article en pareille matière et notamment la nécessité d'un visa donné par celui à qui est laissée la copie sont exclusives de la formalité du pli fermé. Spécialement, s'il s'agit de la signification d'un arrêt d'admission obtenu contre l'Administration des Douanes, on doit tenir pour valable la délivrance de l'exploit faite à découvert, dans les bureaux de ladite administration à Paris, entre les mains d'un employé du contentieux qui a visé l'original (*R. E.* 2686; D. 1901.1.289).

La jurisprudence et la doctrine s'accordent à reconnaître que le défaut d'accomplissement des formalités prescrites par la loi de 1899 entraîne la nullité de l'exploit (Garsonnet, *op. cit.*, p. 839, notes 1 et 2; — Cass. civ., 21 mai 1901; *Gaz. Trib.*, 24 mai 1901).

Mais l'exploit ne serait pas nul s'il avait été remis *sous enveloppe fermée* au procureur de la République, celui-ci pouvant toujours ouvrir le pli et prendre connaissance de son contenu (Vannes, 9 mai 1901; *R.E.* 2743).

65. (90). **Remise aux serviteurs. Employés.** — La copie de la contrainte est valablement remise à un employé du redevable contre lequel elle est décernée, le mot « serviteur » de l'art. 68, C. proc. civ. devant être entendu *lato sensu* et comprenant les intendants, clercs et commis (Seine, 29 juin 1893; *R. E.* 1041).

66. (91). **Personnes publiques.** — Ce sont l'État, représenté par le préfet, le Trésor, représenté par l'agent judiciaire, les différentes Régies financières, représentées par leurs administrateurs, chefs de service et préposés, les départements, représentés par leurs préfets et, s'ils plaident contre l'État, par un membre de la commission départementale désigné par elle (L. 10 août 1871, art. 54), les communes, représentées par le maire, les sections de communes par le délégué de la commission syndicale (V. L. 5 avr. 1884, art. 4 et 129), les hospices, hôpitaux et bureaux de bienfaisance, représentés par les maires présidents des bureaux et des commissions administratives (Garsonnet, II, § 307).

Le tribunal de Mortain a jugé, il est vrai, que tous les membres des commissions administratives des hospices ou bureaux de bienfaisance doivent être individuellement assignés (12 janv. 1899; *R. E.* 2157), mais cette décision ne semble pas fondée (V. Dall. *Rép.*, V° Hospice, n° 443, note 1; — Cass., 21 août 1871; S. 71.1.144; — Montmédy, 2 mars 1898; *R. E.* 2158; — *R. E.* 2157, observ.).

L'huissier ne doit remettre la copie qu'au représentant légal qui a qualité pour la recevoir ou à la personne qui a mission de le remplacer en cas d'empêchement (comme l'adjoint qui substitue le maire). Ces personnes publiques sont désignées par le titre de leurs fonctions, sans indication de leur nom, et l'exploit est remis au siège de leurs bureaux ou de leur résidence officielle; il ne peut être remis ni à leur domicile particulier, ni aux parents, serviteurs ou voisins (Garsonnet, II, § 600).

Cependant il a été jugé que l'assignation donnée à la personne et au domicile particulier des administrateurs d'un bureau de bienfaisance est régulière si l'établissement ne possède aucun bureau permanent où il puisse recevoir les exploits (Mortain, 12 janv. 1899; *R. E.* 2157; — Conf. Cass., 11 janv. 1830 et 3 juill. 1838; Dall. *Rép.*, V° *Exploit*, n°s 415 et 416; — C. Poitiers, 24 juin 1863; D. 63.5.167).

I. FRAIS FRUSTRATOIRES. — La signification aux membres d'une commission administrative d'un bureau de bienfai-

sance, pris personnellement, d'une contrainte tendant à obtenir le paiement de droits dus par le bureau lui-même, n'est pas nulle s'il ressort des énonciations de la contrainte que c'est bien contre l'établissement lui-même que l'Administration a entendu diriger sa poursuite. Toutefois, le président de la commission administrative ayant qualité pour représenter le bureau de bienfaisance en justice, la mise en cause des autres membres de la commission est irrégulière, et les frais exposés de ce chef doivent être considérés comme frustratoires et laissés à la charge de la partie qui les a faits (Montmédy, 2 mars 1898; *R. E.* 2158).

67. (94-1). **Nom du juge de paix. Omission sur la copie.** — Le tribunal de Lodève a jugé le 4 décembre 1878 (*J. E.* 21.432), contrairement à celui de Gap (18 déc. 1885; *J. E.* 22.592), que l'omission, sur la copie, du nom du juge de paix qui a visé la contrainte entraîne la nullité de cette copie et nécessite une nouvelle signification. Il convient donc de faire à l'huissier les recommandations nécessaires sur ce point.

68. (96). **Incapables.** — Les significations destinées aux incapables doivent être faites à leur représentant légal. Le mineur non émancipé et l'interdit sont représentés par leur tuteur; l'individu qui, sans être interdit, est placé dans un établissement d'aliénés, est représenté par un mandataire spécial désigné par le tribunal civil (L. 30 mai 1838, art. 33), le contumax, par l'Administration des domaines. Si la signification concerne une personne pourvue d'un conseil judiciaire, des copies distinctes doivent être remises à cette personne et à son conseil.

Si la contrainte a été signifiée au père du redevable pris en qualité de « tuteur légal » au lieu de « administrateur légal », cette erreur n'est pas de nature à entraîner la nullité de la contrainte (Le Puy, 18 mai 1893; *J. E.* 24.604).

La signification faite au mari « pour la validité de la procédure » ne l'expose à aucune condamnation personnelle (Cass. civ., 7 mai 1901; *R. E.* 2733-VI).

69. (98). **Nullité de forme non invoquée avant toute défense au fond.** — L'art. 173, C. proc. civ. qui dispose que toute nullité d'exploit est couverte si elle n'est proposée avant toute défense au fond, est applicable en matière d'enregistrement. Lorsqu'un procès-verbal a été dressé pour constater une contravention aux lois sur le timbre, la réclamation des droits et amendes est valablement faite par voie de contrainte et non par assignation directe (Le Havre, 21 déc. 1899; *R. E.* 2301).

Si un redevable, contre lequel la Régie des contributions indirectes a décerné contrainte et, qui s'est borné, dans son opposition et son mémoire à l'appui, à soutenir qu'il ne devait rien, excipe, seulement après avoir abordé le fond du débat, de la nullité de la contrainte fondée sur ce qu'elle aurait été visée par un juge de paix incompétent, c'est à bon droit que cette exception est rejetée comme présentée tardivement, attendu que la contrainte constitue un acte de procédure et que la nullité aurait dû en être proposée avant toute défense au fond (Cass. req., 25 juin 1900; *R. E.* 2429).

70. (100). **Saisie immobilière.** — La question de savoir si l'on y peut procéder en vertu d'une simple contrainte est douteuse (Inst. 3011, § 3, p. 42).

71. (101). **Hypothèque.** — La contrainte n'emporte pas hypothèque (Cass. civ., 4 déc. 1899; R.E. 2230; Inst. 3011, § 3).

72. (103). **Péremption annale.** — I. RECEVEUR SANS QUALITÉ. — La péremption d'une contrainte décernée par un receveur autre que celui du siège social, pour le payement de l'ancien droit d'accroissement, non frappée d'opposition et non renouvelée dans le délai d'une année, n'implique pas la prescription des droits réclamés. Le recouvrement peut en être suivi utilement même après la péremption, par le receveur du siège social (Quimperlé, 17 nov. 1898 ; R. E. 1937).

II. TAXE D'ACCROISSEMENT. — A la différence du droit d'accroissement antérieur à la loi du 16 avril 1895, la taxe annuelle d'accroissement ne peut être assujettie aux mêmes règles que l'impôt de mutation par décès. Elle n'est soumise qu'à la prescription trentenaire. Il en résulte qu'on ne peut appliquer à la contrainte délivrée en cette matière l'art. 61 de la loi du 22 frimaire an VII qui institue, *pour les cas qu'il prévoit*, une péremption spéciale si les poursuites commencées sont interrompues pendant une année (Morlaix, 26 avr. 1899 ; R. E. 2095 ; — *Contrà*, Troyes, 23 janv. 1901 ; R. E. 2607 et Vannes, 9 mai 1901 ; R. E. 2743).

III. SOMMATION, SANS ASSIGNATION, PAR LE REDEVABLE. — La péremption annale de l'art. 61 de la loi de frimaire s'applique en cas de sommation de restituer signifiée par le redevable et non suivie, dans l'année, d'un second acte de poursuites (Seine, 6 fév. 1855 et 9 déc. 1898 ; R. E. 1936 ; V. 86 *infrà*).

IV. PÉREMPTION TRIENNALE. — Voir *T. A.*, 143 et s. et *infrà*, 83.

73. (109 et 110). **Désistement.** — I. SIGNATURE. — Le tribunal de la Seine a jugé, le 18 mars 1899 (R. E. 2096), qu'un désistement exprès peut régulièrement émaner d'un receveur déclarant agir *au nom de l'Administration*, cette formule indiquant suffisamment que le receveur agit au nom du Directeur général et comme son préposé (1).

Décidé, par le tribunal de Ploërmel, que le désistement par exploit d'huissier d'une contrainte non suivie d'opposition est valable alors même qu'il n'est pas signé du directeur. Mais, ajoute le tribunal, cette signature est indispensable à la validité du désistement s'il porte sur une contrainte qui a été suivie d'une assignation directe devant le tribunal (Ploërmel, 11 nov. 1896 ; R. E. 1534).

Jugé de même, par le tribunal de la Seine, que le désistement d'une première contrainte non suivie d'opposition résulte suffisamment de la signification d'une nouvelle contrainte et que l'exception de litispendance ne peut être invoquée par les parties (5 déc. 1896 ; R. E. 1353 ; J. E. 25.185).

On soutient même que la règle de l'art. 402, C. proc., d'après laquelle l'exploit de désistement d'*instance* doit être signé de la partie, n'est pas applicable aux instances d'enregistrement qui ne comportent pas le ministère des avoués (2). Nous croyons qu'il est prudent, au contraire, de la part de la Régie de veiller à ce que le directeur du département signe toujours les exploits de désistement d'instance.

II. FOND DU DROIT. — Dans tous les cas, le désistement d'un premier acte de poursuite signifié par une seconde contrainte tendant au payement des droits déjà réclamés par une première contrainte ne peut, à aucun point de vue, avoir pour effet d'entraîner désistement quant au fond du droit (Seine, 21 fév. 1896 ; R. E. 1124).

III. DÉSISTEMENT TACITE. — Le désistement peut être tacite. La contrainte en paiement de la taxe d'accroissement décernée postérieurement à la loi du 16 avril 1895 et mentionnant expressément les droits dus en vertu des

lois de 1880 et 1884 et convertis, faute d'option en temps utile, en une taxe annuelle, implique suffisamment le désistement et l'abandon des poursuites antérieures (Seine, 18 mars 1899 ; R. E. 2096).

IV. ACCEPTATION PARTIELLE. — Le désistement des actes de procédure signifiés par l'Administration pour obtenir le paiement d'un droit d'enregistrement peut n'être accepté que dans la mesure où il ne porte aucun préjudice au débiteur.

Spécialement, le redevable est fondé à ne pas accepter le désistement d'une contrainte, afin d'opposer à l'Administration la péremption annale édictée par l'art. 61, L. 22 frim. an VII (Vannes, 9 mai 1901 ; R. E. 2743).

74. (112). **Désistement. Compétence exclusive de l'Administration. Décisions ministérielles et solutions administratives. Caractères et effets légaux.** — Il n'appartient qu'à la Régie, c'est-à-dire au Directeur général et à ses agents de poursuivre en justice le recouvrement des droits édictés par la loi. Les préposés délivrent les contraintes et suivent les instances au nom du Directeur général qui, étant seul partie, a aussi seul qualité pour consentir le désistement des instances engagées. Un tel acte émanant du ministre est, dès lors, sans valeur juridique et inopérant (Cass. civ., 13 mars 1895, 3 arrêts ; R. E. 918-1, 919-1, 920-1).

75. (113). **Désistement. Frais.** — Lorsque, après l'introduction d'une instance en payement de droits d'enregistrement sur un acte, cet acte est judiciairement annulé et que la Régie se désiste de l'instance pour ce motif, elle doit supporter seule tous les frais exposés (Mamers, 14 mars 1898 ; R. E. 1718).

76. (114). **Assignation directe.** — La contrainte décernée par la Régie pour le recouvrement des droits n'est qu'un acte de pur commandement non introductif d'instance. C'est l'opposition motivée du redevable signifiée à la Régie avec assignation devant les juges compétents qui constitue le litige. Les termes de l'art. 64 de la loi du 22 frimaire an VII ne sont pas impératifs et n'emportent pas pour l'administration de l'Enregistrement interdiction d'agir par voie d'assignation ; notamment lorsque, par suite du défaut d'opposition à la contrainte, l'instance n'est pas ouverte (1).

SECT. IV. — OPPOSITION A CONTRAINTE
ET ASSIGNATION EN RESTITUTION.

77. (117). **Assignation en restitution. Tiers sans intérêt.** — Le particulier qui, tout en ayant été partie à un acte, n'en a pas acquitté les droits est non recevable à agir en restitution contre la Régie, soit qu'il réclame le remboursement à son profit, soit même qu'il le réclame au profit de la partie versante (Muret, 17 fév. 1900 ; R. E. 2453).

77 bis. (122). **Opposition non motivée. Frais. Désistement de contrainte.** — Les frais d'une opposition non motivée restent, en tout état de cause, à la charge du redevable, alors même que la Régie se désisterait de la contrainte à laquelle il a été fait opposition (Sol. 30 mars 1893 ; R. E. 463 ; J. E. 24.202).

77 ter. (124). **Opposition non motivée. Irrégularité couverte.** — L'irrégularité de l'opposition non motivée est couverte soit par l'intention manifestée par la Régie de ne pas invoquer ce vice (Seine, 19 fév. 1897 ; J. E.

(1) Conf. Seine, 19 nov. 1898 ; J. E. 25.625.
(2) J. E. 25.185, obs. ; — *Pandectes françaises*, V° *Désistement*, 54 et 55 ; Garsonnet, *Proc.*, 1re éd., V. p. 795 et note ; — *Contrà*, Chauveau et Carré, *Lois de procédure*, III, p. 457.

(1) Sol. 4 avr. 1895 ; R. E. 1398 ; — Cass. civ., 4 déc. 1899 ; 2 arrêts ; R. E. 2230 ; inst. 3011, § 3 — et 4 avr. 1900 ; R. E. 2385 ; — Cass. civ., 26 fév. 1901 ; R. E. 2627 ; — et 17 juin 1901 ; R. E. 2761.

25.387), soit par la signification d'un mémoire motivé du redevable (Beaune, 16 fév. 1894 ; J. E. 24.322).

78. (126). **Pas d'élection de domicile. Mémoire signifié au domicile réel, de tous les demandeurs.** — Lorsque la copie d'une assignation en restitution remise à la Régie ne contient aucune mention relative à l'élection de domicile des parties dans la commune où siège le tribunal, l'Administration est fondée à faire distinctement aux domiciles réels de tous les demandeurs la signification des mémoires sur lesquels elle se fonde et les frais occasionnés par ces significations multiples ne peuvent être considérés comme frustratoires (Cambrai, 13 mai 1898 ; R. E. 1797) (1).

78 bis. (128). **Opposition. Pas d'élection de domicile. Sanction.** — Le défaut d'élection de domicile dans l'opposition à contrainte n'entraîne pas la nullité de cet exploit (Mauriac, 7 août 1895 ; J. E. 25.159).

Le tribunal de la Seine a jugé, au contraire, que la contrainte qui ne contenait pas l'élection de domicile dans la commune où siège le tribunal n'interrompait pas les poursuites (Jug. 24 janv. 1895 ; J. E. 24.688).

79. (131). **Exploit. Préposé de l'Administration qualifié pour le recevoir.** — La signification d'un exploit à une administration publique, dans un lieu où elle n'a pas son siège, doit être faite en la personne et au bureau de son préposé, conformément à l'art. 69, § 3, C. pr. civ., à peine de nullité. Spécialement est nulle et, dès lors, inefficace pour faire courir le délai du pourvoi en cassation d'un jugement rendu contre l'Administration des contributions diverses en Algérie, la signification de ce jugement faite dans une ville où ladite administration a un directeur chef de service, non à la personne ou dans les bureaux de ce directeur, son préposé dans cette ville, mais au domicile élu pour les actes de l'instance dans les bureaux du receveur des contributions diverses de ladite ville (Cass. civ., 20 juill. 1898 ; R. E. 1864).

ALGÉRIE. — En Algérie, il y a lieu d'observer, pour les oppositions que peuvent former les contribuables aux poursuites exercées contre eux par l'Administration des contributions diverses, les règles de compétence et de procédure qui, d'après le droit commun, sont applicables à chacun

---

(1) On trouvera ci-dessous une formule d'assignation en restitution qui diffère quelque peu de la formule d'opposition donnée *T. A*, (p. 407).

L'an. . . . . à la requête de M. . . . . .
demeurant à, ... pour lequel domicile est élu. (*dans la commune où siège le tribunal*) (a).

J'ai. . . . . huissier près le tribunal civil de. . . . .
demeurant à. . . . . . soussigné ai déclaré à M. le Directeur général de l'Enregistrement, poursuites et diligences du directeur du département de. . . . . . à. . . . . en ses bureaux, parlant à. . . . .

Qui a visé le présent.

Que le requérant réclame à l'Administration la restitution d'une somme. . . . . indûment perçue le. . . . . au bureau de. . . . . ;

Attendu. . . . .

Et pour être statué sur le mérite de cette réclamation, j'ai donné assignation à M. le Directeur général de l'Enregistrement, parlant comme dessus, à comparaître à huitaine franche, délai de la loi, par devant MM. les président et juges composant le tribunal civil de. . . . . séant à. . . . . , au Palais de justice . . . . , heures.

Par les motifs ci-dessus, ordonner la restitution réclamée, condamner l'Administration au paiement de ladite somme de . . . . . et en tous les dépens.

Sous toutes réserves, à ce qu'il n'en ignore, et je lui ai. . .

(a) Cette élection de domicile n'est pas indispensable (T. A. 129).

---

des impôts que cette administration est chargée de percevoir (Cass. civ., 20 juill. 1898, préc.).

80. (134). **Incapables.** — Une nouvelle autorisation est nécessaire à la commune pour se pourvoir contre une décision en premier ressort devant la juridiction supérieure (L. 5 avr. 1884, art. 121) ou pour exercer la requête civile (1).

La commune ou l'établissement public doit être considéré comme autorisé à plaider si, dans le délai de deux mois, le conseil de préfecture n'a pas statué sur sa demande d'autorisation (L. 5 avr. 1884, art. 121 ; — Cass. civ., 24 fév. 1897 ; Dall. 97, 1.414).

Le juge peut, sur la fin de non-recevoir opposée par la Régie à une commune et tirée du défaut d'autorisation de plaider, impartir un délai à la commune pour solliciter cette autorisation. Quand celle-ci a été obtenue, l'instance peut reprendre son cours (Compiègne, 11 août 1897 ; R. E. 1614).

80 bis. (136). **Changement d'état de l'opposant.** — V. n° 125 infra.

81. (139). **Étranger. Caution judicatum solvi.** — La convention internationale approuvée par décret du 16 mai 1899 (R. E. 2043) dispense (art. 11 à 13) de la caution judicatum solvi les nationaux des États ci-après : Allemagne, Autriche-Hongrie, Belgique, Danemark, Espagne, Italie, Luxembourg, Pays-Bas, Portugal, Roumanie, Russie, Suède et Norvège, Suisse.

82. (140). **Désistement.** — Ce n'est que lorsqu'il a été accepté par la partie adverse, ou à son refus déclaré valable par le tribunal, que le désistement a pour effet d'effacer l'acte introductif d'instance et tout ce qui s'en est suivi (Garsonnet, 1re éd., V, §§ 1184 et 1185). En conséquence, le jugement intervenu après un désistement de l'opposant non accepté par la Régie est contradictoire (Bordeaux, 20 juin 1898, *Sœurs de la Doctrine chrétienne*).

I. PAIEMENT DES DROITS PAR L'OPPOSANT. DOMMAGES-INTÉRÊTS. — Si l'Administration n'exige pas un acte de désistement lorsque la partie qui a fait opposition à une contrainte acquitte avant tout jugement les droits réclamés, il n'en saurait être de même quand le débiteur, dans l'exploit d'opposition, conclut non seulement à l'abandon de la réclamation, mais encore à l'allocation de dommages-intérêts (Sol. 6 av. 1900 ; R. E. 2782).

83. (143). **Péremption triennale. — I. DOSSIER ÉGARÉ.** — Lorsque le dossier d'une instance s'est égaré au greffe du tribunal, alors surtout que l'affaire paraissait en état, aucune des deux parties litigantes ne peut invoquer une péremption dont la responsabilité incomberait aux magistrats (Sol. 13 août 1874 et 20 nov. 1890 ; R. E. 1719).

II. RENONCIATION ANTICIPÉE. — On ne peut renoncer d'avance à la péremption triennale (Dall. *Rép.*, V° *Péremption*, n° 31 ; Garsonnet; *Proc.*, 1re éd., V, § 1196, *in fine*). L'acte sous seing privé souscrit par le défendeur et contenant une telle renonciation serait donc inefficace.

III. DÉLAI SUPPLÉMENTAIRE DE SIX MOIS. — Le délai de péremption de trois ans est augmenté de six mois dans tous les cas où il y a lieu à demande en reprise d'instance (C. proc. 397).

IV. AFFAIRE EN ÉTAT. — Il n'y a plus lieu à péremption triennale dès lors que l'affaire est en état.

V. FRAIS. — Lorsqu'un demandeur en restitution a encouru la péremption triennale, le jugement qui la pro-

---

(1) Cass. req., 19 oct. 1898 ; *Gaz. Trib.* 17 nov. 1898 ; Dall. *Rép.*, V° *Commune*, n° 1540, Supp. eod. V°, n° 874 ; — Garsonnet, *Proc. civ.*, 1re éd., V, § 930, p. 131 et §.1090, p. 554 ; — Décr. en Cons. d'Ét., 17 mars 1876, *Rec. Lebon*, p. 964.

nonce doit mettre à sa charge tous les frais, y compris ceux de la procédure périmée (Le Havre, 2 fév. 1893 ; J. E. 24.052).

VI. Dépôt de mémoires au greffe. — Ce dépôt est une formalité d'ordre intérieur qui ne peut, comme ferait une signification, interrompre la péremption (Angoulême, 4 mars 1896 ; J. E. 27,918).

84. (143 *bis*). **Reprise d'instance.** — Lorsqu'une instance a été ouverte par l'opposition du redevable à une contrainte et que, plus de trois ans après, l'Administration fait signifier à son débiteur un exploit par lequel elle déclare maintenir expressément la réclamation formulée par sa contrainte, ainsi que les arguments développés et les conclusions prises dans un mémoire signifié à sa requête, postérieurement à la contrainte et à l'opposition qui l'a suivie, cet acte de procédure a pour effet de faire obstacle à la péremption et la partie adverse ne peut plus l'invoquer utilement après la signification de l'acte interruptif (Seine, 21 mai 1898 ; — Cass. req., 28 mars 1900 ; R. E. 2386 ; Inst. 3015, § 7).

85. (144). **Opposant demandeur.** — La mention contenue dans un jugement que « le demandeur » a été entendu par l'organe du ministère public désigne ainsi mal à propos l'administration de l'Enregistrement, attendu que celle-ci est, en réalité, défenderesse au procès lorsqu'elle a été assignée devant le tribunal par la partie faisant opposition à contrainte (1).

En conséquence, la péremption triennale de l'instance court, non du jour de la signification de la contrainte, mais du jour de la signification de l'opposition qui, seule, lie l'instance (Seine, 2 avr. 1898 ; R. E. 1792).

Le tribunal de Constantine a jugé dans le même sens, le 24 avril 1895, que la partie qui fait opposition à la contrainte joue le rôle de demanderesse dans l'instance et ne peut, en conséquence, invoquer la péremption triennale (R. E. 955).

Les décisions contraires (Seine, 20 juill. 1895 ; Sol. 3 déc. 1895 ; — Seine, 18 mars 1899 ; R. E. 1008, 1017, 1053, 2096) ne semblent pas devoir être suivies.

86. (146). **Sommation sans assignation.** — La sommation de restituer signifiée au Trésor par un redevable n'interrompt pas la prescription si elle ne contient pas assignation et si elle n'est pas suivie d'une assignation dans le délai d'un an prévu par l'art. 61 de la loi du 22 frimaire an VII (Seine, 9 déc. 1898 ; R. E. 1936 ; J. E. 25.568).

Il résulte, *a contrario*, de ce jugement que la simple sommation, même ne contenant pas assignation, signifiée par le redevable suspend la prescription si elle est suivie d'un second acte de poursuites avant l'expiration de l'année à partir du premier exploit (Conf. Seine, 6 fév. 1855 ; R. E. 1936, obs.).

SECT. V. — INTRODUCTION DES INSTANCES. — DEVOIRS DES AGENTS.

87. Communication au directeur. — Aussitôt que l'opposition à l'exécution d'une contrainte lui a été signifiée, le receveur fait adresse au directeur avec les originaux de tous les actes de poursuites, et, le cas échéant, avec les copies certifiées des pièces nécessaires à l'examen de l'affaire. Lorsque l'opposition a été notifiée au directeur, celui-ci réclame sur le champ au receveur l'envoi de ces pièces, et lui prescrit de cesser les poursuites.

(1) Cass. civ., 21 oct. 1896 ; R. E. 4281-1 ; Inst. 2935, § 1 ; S. 97.1.497 ; D. 97.1.193 ; — Conf. civ., 4 déc. 1899, 4 avr. 1900 et 17 juin 1901, cités n° 76, *supra*.

88. Régularité des poursuites. — Le directeur doit alors vérifier si les poursuites ont été bien dirigées et si elles ne renferment aucun vice de forme : si le receveur s'est aperçu d'un pareil vice, il doit donc le signaler dans son rapport. Dans le cas où il serait nécessaire de se désister de la contrainte, l'acte de désistement devrait être signifié avant la nouvelle contrainte qui serait à décerner (V. *supra*, n° 86 ; Inst. 1537, sect. 3).

Aucune instance ne peut être introduite ou soutenue sans l'autorisation de l'Administration centrale, qui peut rendre responsable des frais le préposé qui aurait contrevenu à cette règle.

89. Rapport à l'Administration. — Si l'affaire qui donne lieu soit à l'opposition de la partie, soit à sa demande, a déjà été soumise à l'Administration, le directeur peut se dispenser de demander une nouvelle autorisation. Si, au contraire, l'objet de la contestation n'est pas connu de l'Administration, le directeur doit préalablement faire un rapport dans lequel il expose les moyens dont il se propose de se servir pour combattre les prétentions de l'adversaire. Dans ce dernier cas, il peut être convenable de faire demander au tribunal un délai pour l'instruction de l'instance (Inst. 1537, sect. 3).

SECT. VI. — TRIBUNAL COMPÉTENT.

90. (155). **Connexité.** — Un tribunal saisi de deux causes connexes, introduites par le même demandeur contre le même défendeur, peut en prononcer la jonction soit d'office, soit à la demande de l'une des parties (Nice, 9 mars 1897 ; R. E. 1550 ; — Conf. Nice, 2 août 1897 ; R. E. 1545).

Il n'y a pas nécessairement connexité entre l'instance introduite par l'opposition du redevable à la contrainte et l'instance en validité de la saisie-arrêt pratiquée par la Régie pour obtenir le payement des droits réclamés par la contrainte. Il en est surtout ainsi lorsque le mémoire concluant à la jonction des instances n'a été signifié qu'après le rapport du juge sur l'une des affaires qui se trouvait ainsi en état. Le tribunal n'est donc pas tenu de joindre les causes dans ces circonstances (Prades, 20 déc. 1893 ; J. E. 24.301 ; — Rapp. Seine, 8 déc. 1900 ; R. E. 2713) (1).

91. (156). **Chose jugée par un tribunal.** — Lorsqu'un tribunal a débouté la Régie de la demande formée par elle contre une congrégation pour payement de droits d'accroissement dus sur des biens situés dans l'arrondissement où siège ce tribunal, l'Administration n'est pas fondée à réclamer à nouveau ce droit, même sous forme de taxe an-

(1) Le tribunal de la Seine a jugé, le 8 déc. 1900, que lorsqu'une société en commandite simple se dissout pour se reconstituer immédiatement sous la forme d'une société anonyme, l'apport de l'actif de l'ancienne société effectué par ses membres à la société nouvelle implique l'appropriation préalable par lesdits associés de cet actif. En conséquence, si la valeur des biens de la première des apports originaires, l'excédent a le caractère de bénéfice dont la répartition est passible de la taxe de 4 0/0.

Le tribunal ajoute qu'il importe peu que le jugement antérieur, — statuant au sujet du droit de 0,20 0/0 sur les formations et prorogations de sociétés et qui a décidé que la transformation de la société avait donné naissance à un titre moral, — soit déféré à la Cour de cassation. L'autorité de ce premier jugement n'en demeure pas moins entière et *il n'y a pas lieu de surseoir, pour raison de connexité*, à l'examen de la réclamation de la Régie tendant au payement de la taxe sur le revenu par application de ce jugement (R. E. 2713).

nuelle d'accroissement, sur les mêmes biens devant un autre tribunal tant que la décision qui l'a déboutée de sa demande n'est pas annulée (Seine, 4 déc. 1896 ; *R. E.* 1343). Mais il n'y a chose jugée que pour les droits réclamés par la contrainte et dus sur les biens situés dans l'arrondissement, à l'exclusion des droits exigibles postérieurement à la contrainte ou sur des biens sis dans d'autres arrondissements (Cass. civ., 10 juill. 1901 ; *R. E.* 2755).

Lorsqu'un premier jugement a reconnu que la taxe sur le revenu a été justement perçue sur une certaine catégorie de titres négociables pendant une certaine période, la demande en restitution de la même taxe *sur les mêmes titres* pendant une période postérieure est repoussée à bon droit par l'exception de chose jugée (Belfort, 9 juin 1896 ; — Cass. req., 3 mai 1898 ; *R. E.* 1767 ; Inst. 2967, § 8 ; D. 98.1.451 ; S. 99.1.97).

92. (157). Tribunal de première instance compétent. — Il n'appartient pas à la Cour de cassation, saisie d'un pourvoi sur un arrêt qui aurait dû être timbré et enregistré gratis, d'ordonner la restitution des droits de timbre et d'enregistrement indûment versés à l'occasion de l'instance par les parties (Req., 2 mars 1896 ; *R. E.* 1133).

I. CHAMBRE DES VACATIONS. — L'art. 65 de la loi du 22 frimaire an VII, aux termes duquel les jugements doivent être rendus au plus tard dans les trois mois à compter du jour de l'introduction des instances, a pour but évident d'accélérer la décision des affaires d'enregistrement. Le législateur les a ainsi classées parmi celles qui requièrent célérité ; pour salure, les chambres des vacations des tribunaux peuvent en connaître, aux termes mêmes des art. 44 et 78 du décret du 30 mars 1808 (Cass. req., 23 janv. 1893 ; *R. E.* 375 ; Inst. 2842, § 1 ; D. 93.1.386 ; S. 93.1.481 ; *J. E.* 24.018).

93. (158). Demande nouvelle. — Il n'y a pas connexité entre la demande en nullité d'une contrainte et la demande en nullité de la saisie-arrêt pratiquée en vertu de cette contrainte (Prades, 20 déc. 1893 ; *R. E.* 1007).

94. (159). Contrainte renouvelée. Défaut de désistement de la première contrainte. Litispendance. — Lorsqu'après avoir décerné une première contrainte, à laquelle il n'a point été fait opposition, la Régie en décerne une seconde au même redevable pour le même objet sans se désister de la première, l'exception de litispendance ne peut être invoquée dans l'instance liée par l'opposition formée à la seconde contrainte (Seine, 5 déc. 1896 ; *R. E.* 1353).

95. (163). Actes administratifs. Interprétation. Compétence des tribunaux civils. — Les tribunaux civils sont compétents pour apprécier le caractère des conventions qui donnent lieu à la perception des droits d'enregistrement. Cette règle s'applique même aux conventions formées en vertu d'actes administratifs. Il appartient, en conséquence, aux tribunaux d'apprécier ces actes, soit pour régler les droits d'enregistrement qui leur sont applicables, soit pour en déduire l'exigibilité des droits sur les conventions auxquelles ils ont donné naissance (Cass. req., 9 mai 1899 ; *R. E.* 2047 ; Inst. 3004, § 3 ; S. 99.1.417 ; D. 99.1.409 ; — Civ., 24 oct. 1899 ; *R. E.* 2228 ; Inst. 3011, § 1).

L'autorité judiciaire a le droit d'appliquer un acte administratif (en l'espèce un décret autorisant l'acceptation d'un legs) dont les termes sont clairs et précis, sans surseoir jusqu'à son interprétation par l'autorité compétente (Cass. civ., 9 janv. 1899 ; *R. E.* 1944 ; Inst. 2986, § 6 ; S. 99.1.289).

96. (166). Déchéance quinquennale. — L'autorité administrative, seule compétente pour procéder à la liquidation des dettes de l'État, a qualité exclusive à l'effet de prononcer la déchéance d'un créancier du Trésor en vertu des art. 8, 9 et 10 de la loi du 29 janvier 1831.

S'il rentre dans les attributions de l'autorité judiciaire de statuer, en cas de litige, sur les demandes en restitution de droits de timbre et d'enregistrement, il n'appartient qu'au Ministre des finances de faire application de la déchéance établie par ladite loi (Cass. civ., 6 mars 1901 ; *R. E.* 2654).

La jurisprudence contraire du tribunal de la Seine (Jug. 18 mars 1892 et 13 août 1896 ; *R. E.* 577 et 1301) ne doit donc pas être suivie.

97. (168-2). Droits dus par un failli. Production. — La Cour d'Aix a jugé, contrairement à la théorie de l'Administration, que lorsqu'aucune question relative à la perception des droits n'est en jeu et que la Régie, admise au passif d'une faillite, par privilège pour une partie de sa créance (en droits de transmission et taxe sur le revenu) et au marc le franc pour le surplus, demande à se faire payer ce reliquat de préférence à la masse des créanciers, par le motif que les retenues correspondantes ont été opérées, à cet effet, sur les coupons payés aux obligataires, cette question se rattache de la manière la plus étroite aux opérations de la faillite et est, en conséquence, de la compétence de la juridiction consulaire (C. Aix, 20 juill. 1896 ; *R. E.* 2384 ; *J. E.* 25.855).

98. (169). Référé. — Il a été décidé que le juge des référés est compétent, aux termes de l'art. 806, C. proc. civ., pour statuer provisoirement sur les difficultés relatives à l'exécution d'un jugement, alors même qu'il s'agirait d'un jugement rendu en faveur de l'administration de l'Enregistrement (Trib. Seine, référés, 26 janv. et 25 fév. 1899 ; *R. E.* 2027). Mais cette décision est contraire à l'art. 59 de la loi du 22 frimaire an VII, qui dispose que « aucune autorité publique... ne peut suspendre ou faire suspendre le recouvrement des droits », et ne nous parait pas de nature à être suivie (1).

La décision précitée est de plus contraire à l'art. 65 de la loi du 22 frimaire an VII, qui attribue aux tribunaux civils la connaissance exclusive des instances en matière d'enregistrement.

SECT. VII. — INSTRUCTION DES INSTANCES.

99. (171). Instruction écrite. — La procédure écrite est obligatoire en matière d'enregistrement et de contributions indirectes, mais les règles à suivre sont celles prescrites par les lois spéciales à ces matières et non celles des art. 96 et suiv. C. proc. La nomination d'un rapporteur et la lecture de son rapport en audience publique sont les seules parties de l'instruction par écrit qui soient ordonnées, dans les instances relatives à la perception, sous peine de nullité (Garsonnet, *Proc.*, 2e éd., III, § 983).

100. (172 et 172 bis). Plaidoirie. — Il y a nullité des formes prescrites s'il est constaté qu'il y a eu débat oral, mais cette constatation ne peut résulter de ce que le jugement exprime que les demandeurs en opposition *ont conclu* à ce que la contrainte soit mise à néant. Ces conclusions peuvent, en effet, être celles qui ont été prises dans l'opposition, si les parties n'ont pas signifié de mémoire, et avoir, par suite, le caractère de conclusions écrites (Cass.

(1) Comp. Cass., 20 mars 1833 ; S. 33.1.659 ; *J. P.* 25.286 ; *J. E.* 10.596 ; Inst. 1537-75 ; — 16 août 1843 ; Dall. *Rép.*, V° *Enregistrement*, n° 3335 ; S. 43.1.822 ; *J. E.* 13.332 ; — V. également Cass., 13 nov. 1848 ; D. 49.1.264 ; S. 49.1.60 ; *J. E.* 14.610.

civ., 21 fév. 1898 ; R. E. 1651 ; Inst. 2986. § 1 ; S. 98.1.422).
- I. ENQUÊTE. — Il a été jugé que le tribunal peut procéder à une enquête dans les formes du droit commun pour rechercher si la vente d'une superficie a été arrêtée et conclue avant la vente du tréfonds (Jonzac, 23 janvier 1900 ; R. E. 2339).

Nous ne croyons pas cette décision fondée, tout au moins dans sa généralité.

La Cour de cassation a admis, il est vrai, que le juge du fait peut, dans une instance en matière d'enregistrement, ordonner une expertise dans les formes du droit commun (Civ., 4 juin 1857 ; D. 67.1.218 ; Inst. 2389, § 1). Mais la Cour avait eu soin de constater au préalable que les experts commis par le tribunal ne devaient avoir égard, dans leur appréciation, qu'aux livres, registres et autres *documents écrits* que leur fourniraient les parties, que, de plus, ils étaient tenus de déposer au greffe un procès-verbal qui pouvait devenir, de la part des intéressés, l'objet de mémoires supplémentaires.

Mais la décision de la Cour eût, sans nul doute, été différente si l'expertise eût comporté l'audition de témoins. La procédure en matière d'enregistrement, en effet, est essentiellement écrite et ne comporte pas plus la preuve testimoniale que les plaidoiries. Toute mesure d'instruction, telle que l'enquête, impliquant une déposition orale, est donc contraire à cette règle fondamentale.

101. (178-1). **Privilège pour droits de succession. Saisie-arrêt.** — Si la Régie poursuit le recouvrement de droits de mutation par décès contre l'usufruitier ou le légataire en toute propriété d'une partie des biens — non débiteur direct des droits, — elle peut, ainsi qu'on l'a enseigné au T. A., agir contre eux en reddition de compte, dans les formes du droit commun, si les revenus soumis au privilège ont été encaissés par eux.

Elle peut également pratiquer, au préjudice de ces détenteurs, une saisie-arrêt entre les mains des fermiers ou locataires des biens de la succession (Voir *T. A., Succession,* 665). La procédure de saisie-arrêt doit, en ce cas, être suivie dans les formes du droit commun, attendu qu'aucune question de perception n'est en jeu (R. E. 2693-I).

Même si une contrainte a été décernée contre l'héritier débiteur direct, la saisie-arrêt ne peut avoir lieu qu'en vertu d'une permission du juge (*T. A., Procédure,* 643 et *Succession,* 664 ; R. E. 2698-I).

102. (178-2). **Plusieurs redevables. Absence d'opposition de quelques-uns. Réassignation. Jugement de défaut profit-joint. Opposition irrecevable.** — Lorsque l'Administration, poursuivant le recouvrement d'un droit d'enregistrement contre plusieurs débiteurs, a assigné directement ceux des redevables qui n'ont pas fait opposition à la contrainte, le tribunal doit, conformément aux dispositions de l'art. 153, C. proc. civ., ordonner la réassignation des débiteurs défaillants. Le jugement rendu sur cette réassignation n'est pas susceptible d'opposition (Bordeaux, 8 août 1898 ; R. E. 1862 ; J. E. 25.554).

103. (180). **Tiers intervenant. Appel.** — Dans les cas exceptionnels où l'instance est soumise à deux degrés de juridiction (comme en matière de saisie immobilière), si l'intervention du tiers demandant sa mise en cause est rejetée par le tribunal de première instance, il y a chose jugée, en ce qui concerne cet incident, faute d'appel en temps utile par l'intervenant, alors même que la partie principale aurait fait appel dans le délai légal (C. Paris, 11 juill. 1900 ; R. E. 2512).

I. RECOURS EN GARANTIE. PROCÉDURE DE DROIT COMMUN. — L'appel en garantie d'un tiers par le redevable poursuivi en paiement des droits forme une instance distincte qui doit être disjointe et jugée dans les formes du droit commun (1).

II. DROITS RÉCLAMÉS A UNE SOCIÉTÉ. ACTIONNAIRES NON FONDÉS A INTERVENIR. — Les actionnaires d'une société ne sont pas fondés à intervenir à l'instance ayant pour objet la réclamation de droits formée par la Régie contre la société dont ils sont membres (2).

103 bis. Demande en radiation d'inscription hypothécaire. Procédure de droit commun. — Est soumise aux deux degrés de juridiction la demande en radiation d'une inscription hypothécaire prise par la Régie des contributions indirectes à la suite d'une contrainte et d'un jugement de validation postérieurement annulé. Il ne s'agit pas là, en effet, d'une instance relative au recouvrement des droits (C. Montpellier, 15 mai 1899 ; J. E. 25.875). Cette décision serait applicable en matière d'enregistrement.

104. (180-3). **Greffier et parties.** — Est recevable l'action formée par les parties — conjointement avec le greffier débiteur personnel de l'amende de 12 fr. 50 relevée pour usage d'extrait sans enregistrement préalable — et tendant à faire trancher de sens de la négative la question d'exigibilité du droit simple non perçu relatif audit extrait. (Châlons-sur-Marne, 15 déc. 1899 ; R. E. 2362).

105. (180 *ter*). **Instance entre parties. Intervention de l'Administration. Légitimité.** — L'Administration est fondée à intervenir, par ministère d'avoué, dans une instance entre parties lorsque cette intervention se justifie par l'intérêt du Trésor directement en cause (Sol. 7 mars 1896 ; R. E. 1495).

105 bis. Avoué. — Dans les instances en matière d'enregistrement, les frais de constitution d'avoué doivent, dans tous les cas, rester à la charge de la partie qui les a exposés (Vannes, 9 mai 1901 ; R. E. 2743 et Cass. civ., 17 juin 1901 ; R. E. 2761).

106. (182). **Contrainte et opposition. Pas de mémoires.** — La contrainte motivée et l'opposition à cette contrainte peuvent suffire, même s'il n'y a pas eu de mémoires signifiés, pour la décision du tribunal (Cass. civ., 7 mai 1901 ; R. E. 2733-I).

106 bis. (183). **Mémoire. Rédaction.** — Dans la discussion des moyens de la partie adverse, le directeur doit éviter toute critique trop vive, toute allusion personnelle, toute réponse acerbe, alors même qu'elle paraîtrait justifiée par une attaque des parties. La discussion doit être maintenue dans le domaine juridique ; toute polémique doit en être bannie. Cette modération ne doit pas empêcher le directeur, toutes les fois qu'un mémoire des parties contiendra des attaques trop violentes, d'en faire remarquer l'exagération et de demander au tribunal le blâme ou la suppression des passages incriminés (Voir R. E. 1138).

La réfutation des arguments spéciaux consiste à citer textuellement ces arguments, et à y répondre, en termes très brefs, en montrant qu'ils sont en contradiction avec les principes exposés ou avec la jurisprudence générale. Si la convention s'interpréter se rattache à des traditions locales, le directeur doit s'appuyer sur la jurisprudence des tribunaux du pays (Circ. 19 janv. 1865).

(1) Nevers, 5 juin 1895 ; J. E. 24.781 ; — Tours,10 janv. 1896 ; J. E. 25.382 ; — St-Nazaire, 8 mars 1901, *Besseneau* ; — Seine, 31 juill. 1896 ; J. E. 25.039 ; — Sedan, 26 déc. 1899 ; J. E. 25.992.
(2) Epinal, 14 août 1899 et Cass. civ., 26 avr. 1893 ; R. E. 449 ; Inst. 2842, § 11 ; S. 93.1.443 ; D. 93.1.530 ; J. E. 24.076.

107. (183-4). **Mémoire. Développements étendus.** — La Régie, en consacrant dans un mémoire des développements — même étendus — à établir un point de fait utile au soutien de sa cause ne fait qu'exercer un droit légitime et ne saurait être recherchée de ce fait comme ayant exposé des frais frustratoires (La Flèche, 12 déc. 1895 et Cass. req., 14 avr. 1897 ; R. E. 1383 ; Inst. 2965, § 3 ; D. 97.1.373 ; S. 98.1.289).

108. (185). **Rédaction des mémoires et répliques. Devoirs des directeurs.** — Si le directeur reconnaît que l'affaire doit être suivie devant le tribunal, il rédige le mémoire destiné à répondre aux moyens de l'opposition ou de l'assignation. Une copie de chaque mémoire est transmise à l'Administration, et ce n'est qu'après son autorisation qu'il peut être signifié. Un délai pour l'instruction de l'instance est, s'il y a lieu, demandé au tribunal. — Lorsqu'après son assignation la partie a fait signifier un mémoire, le directeur doit, sauf les cas d'urgence, le transmettre à l'Administration, en y joignant un projet de mémoire en réplique, s'il le juge nécessaire. Il en est de même dans le cas où, après un premier mémoire, la partie fait faire d'autres notifications (Inst. 2194).

Il n'est fait exception à cette règle que lorsqu'il y a urgence, lorsque la question est très simple, ou lorsque le mémoire ne fait que reproduire les moyens approuvés ou recommandés par la réponse de l'Administration au rapport du directeur.

En transmettant à l'Administration le projet de mémoire et les pièces, le directeur fait connaître si la question engagée est isolée ou si elle est de nature à se reproduire, et, dans ce dernier cas, quel est l'intérêt financier qu'elle représente pour le département (Circ. 19 janv. 1865).

109. Sommier des instances tenu dans les directions. Dossiers. — Le directeur tient un sommier spécial des instances sur lequel il ouvre un article pour chaque affaire. La consignation contient tous les renseignements nécessaires pour qu'il soit facile de se rendre compte à tout instant de l'état de la procédure. Les dates de tous les actes y sont mentionnées, jusqu'à la solution définitive.

Le directeur forme, en outre, pour chaque instance, un dossier avec les copies des divers actes sur lesquels porte le litige, la contrainte, l'opposition et tous les autres actes de procédure. La chemise du dossier porte le numéro du sommier des instances, le nom du département et du bureau qu'elle concerne, la désignation du tribunal saisi, le nom de l'adversaire, l'objet de l'instance, et le sommaire des pièces du dossier, dont chacune porte un numéro d'ordre.

110. (186). **Demande nouvelle.** — I. Assignation en restitution. Mémoire. Augmentation de la demande primitive. Prescription. — Lorsqu'un redevable présente dans un mémoire, signifié plus de deux ans après la perception critiquée, une demande nouvelle non formulée dans son assignation en restitution, laquelle avait été signifiée en temps utile, il y a prescription résultant de l'art. 61 de la loi du 22 frimaire an VII. C'est la demande principale seule qui détermine ce qui n'est pas prescrit (Seine, 14 janv. 1899 ; R. E. 2001).

Il semble que la décision devrait être différente si les parties se réservaient, dans leur assignation, la faculté d'augmenter ou de diminuer leur demande.

II. Contrainte. Erreur matérielle. Rectification par voie de conclusions ultérieures. Validité. — S'il a été énoncé par erreur, dans une contrainte, que les droits réclamés consistent en droits simples et en droit en sus, alors qu'en réalité la réclamation a exclusivement pour objet des droits simples, il appartient à la Régie de rectifier, par des conclusions ultérieures, cette énonciation inexacte en précisant que le chiffre réclamé par la contrainte se compose uniquement de droits simples (Alger, 10 mars 1894 et Cass. req., 20 juill. 1896 ; R. E. 1238 ; Inst. 2930, § 4 ; D. 97.1. 243).

III. Actes produits. Droits sur le jugement. Conclusions additionnelles dans un mémoire. Irrecevabilité. — Lorsque dans la contrainte, la Régie réclame uniquement une somme arbitrée d'office pour droits de timbre et d'enregistrement dus sur des actes produits en justice, elle ne peut valablement réclamer dans un mémoire ultérieur, par voie de conclusions additionnelles, un supplément de droit sur le jugement qui a terminé l'instance au cours de laquelle la production a eu lieu (Seine, 17 déc. 1897 ; R. E. 1629 ; J. E. 25.450).

Même décision si la réclamation additionnelle formulée dans le mémoire a pour objet un supplément de droit sur un acte de mainlevée, alors que la contrainte ne visait que les droits dus sur des actes sous seing privé énoncés dans ladite mainlevée (Domfront, 29 juill. 1899 ; R. E. 2178).

IV. Demande reconventionnelle. — En réponse à une assignation en restitution de taxe sur le revenu indûment perçue, la Régie peut demander reconventionnellement les amendes encourues pour retard dans le dépôt des comptes rendus par la société qui a payé la taxe (Lyon, 9 juill. 1895 ; J. E. 24.785), ou un supplément de droit (Sol. 24 août 1899 ; R. E. 2455), sans qu'il soit nécessaire de décerner une contrainte au préalable.

V. Droits d'accroissement, Taxe annuelle. — Lorsqu'une contrainte ayant été décernée contre une congrégation religieuse, antérieurement à la loi du 16 avril 1895, pour droits d'accroissement, la Régie augmente sa demande primitive dans un mémoire — signifié postérieurement à l'expiration du délai d'option accordé par la loi de 1895 et où la taxe annuelle est réclamée aux lieu et place des droits d'accroissement originairement dus, ces conclusions additionnelles ne sont pas distinctes de la demande primitive et n'en forment que le complément. La procédure suivie est, en conséquence, régulière (Cass. req., 17 juill. 1901 [2 arrêts] et Seine, 10 août 1899 [2 jug.] ; R. E. 2758).

110 bis. Contrainte. Désistement refusé. Assignation directe. Jonction de causes. — Lorsque la Régie, après s'être désistée d'une première contrainte tendant au payement de droits d'accroissement, forme, par voie d'assignation directe, une nouvelle demande comprenant notamment une partie des droits réclamés par la contrainte, il importe peu que le désistement à cet acte de poursuites ait été refusé par le redevable qui y a formé opposition. Dès lors que celui-ci a présenté sa défense, au fond il y a deux instances contradictoires au sujet de la même réclamation, et le juge est fondé à en prononcer la jonction (Seine, 19 mai 1900 ; J. E. 26.008).

111. (189). **Communication de pièces. Dépôt au greffe.** — La communication de pièces à la partie adverse, prévue par l'art. 188, C. pr. civ., ne doit s'entendre que des pièces *employées contre cette partie* ; la communication des pièces visées ou mentionnées incidemment par l'Administration dans ses mémoires, et qui ne sont pas, par leur nature, susceptibles d'être invoquées contre son adversaire, n'est pas obligatoire.

À l'égard des pièces réellement employées contre la partie adverse, l'Administration satisfait suffisamment aux prescriptions de l'art. 188, C. proc. civ., en déposant au greffe du tribunal des copies certifiées, sans qu'il soit nécessaire de communiquer les pièces elles-mêmes au déplacement desquelles s'opposent des raisons d'ordre public (Libourne, 23 juill. 1900 ; *R. E.* 2498).

112. (189). **Pièces produites. Signification.** — Dans les instances en matière de contributions indirectes (et d'enregistrement) la signification des mémoires est seule exigée, à l'exclusion de celle des pièces produites à l'appui. En ce qui concerne celles-ci, il suffit que la partie adverse ait été mise à même d'en prendre connaissance par la mention qui en a été faite dans les mémoires signifiés ; et par leur dépôt au greffe (Cass. civ., 15 déc. 1897 ; *R. E.* 1616).

En matière d'enregistrement, la loi n'exige pas la signification des pièces et documents versés au procès à l'appui des prétentions des parties ; il suffit que ces pièces et documents soient portés à la connaissance de la partie adverse par leur mention dans les mémoires signifiés (Cass. req., 4 fév. 1896 ; *R. E.* 1108 ; Inst. 2910, § 4 ; D. 97.1.75 ; *J. E.* 24.805).

Mais la production doit avoir lieu en temps utile et le juge est fondé à ne tenir aucun compte d'une pièce produite alors que l'instance avait reçu une instruction complète, après le rapport du juge, les conclusions du ministère public et après que l'affaire avait été mise en délibéré (Cass. req., 15 fév. 1893 ; *R. E.* 404 ; Inst. 2842 § 7 ; S. 94. 1.149 ; D. 93.1.292 ; *J. E.* 24.025).

113. (189). **Pièces produites. Timbre et enregistrement.** — L'Administration n'est pas tenue de faire enregistrer ou timbrer au préalable les actes dont elle réclame les droits. — V. n° 57 *supra*.

I. ACTES PRODUITS PAR LES PARTIES. — Il a même été décidé, par voie de tolérance, que les pièces produites par les parties dans les instances en matière d'enregistrement, à titre de justification, ne sont point passibles, à raison de ce seul fait, du timbre et de l'enregistrement. Toutefois, l'Administration ne peut se dispenser de relever les infractions aux lois sur le timbre ou l'enregistrement dont ces actes contiendraient la preuve (notamment en matière de mutation secrète et de dissimulation de prix) ainsi que les amendes encourues par l'huissier qui instrumenterait en vertu de tels actes (Sol. 12 avr. 1895 ; *R. E.* 1389).

114. (192). **Mémoire de la partie. Passages injurieux. Suppression. Affichage du jugement.** — Le tribunal auquel a été produit un mémoire contenant des passages injurieux pour l'Administration peut ordonner la suppression de ces passages et l'affichage du jugement aux frais de la partie (Lisieux, 18 déc. 1895 ; *R. E.* 1138 ; — Gaillac, 22 mars 1898 ; *R. E.* 2454).

Le chef du jugement y relatif est un accessoire de la décision principale, et pas plus qu'elle, n'est susceptible d'appel (C. Caen, 30 juin 1896 ; *J. E.* 25.110).

115. (195). **Mémoires échangés. Mention de leur signification omise dans le jugement. Nullité.** — L'instruction des instances en matière d'enregistrement doit être faite sur mémoires respectivement signifiés. Cette formalité étant substantielle, l'observation doit en être constatée, à peine de nullité, par les jugements rendus en cette matière qui doivent, en conséquence, mentionner que les mémoires produits ont été signifiés [1].

Est nul, comme ne portant pas en lui-même la preuve de sa régularité, le jugement qui ne mentionne dans au-

cune de ses parties la signification d'un mémoire aux arguments duquel il répond dans ses motifs (Cass. civ., 2 juin 1897 ; *R. E.* 1415 ; S. 97.1.532 ; D. 98.1.85).

Mais le jugement n'est pas nul, même s'il omet de mentionner l'un des mémoires signifiés, dès lors qu'il n'*en fait pas état* (Cass. civ., 26 juin 1895 ; *R. E.* 983 ; D. 95.1.484 ; *J. E.* 24.643).

116. (197). **Mémoires non signifiés.** — Si la mention des mémoires respectivement signifiés est exigée, à peine de nullité, dans les jugements rendus en matière d'enregistrement, cette prescription ne s'applique qu'aux mémoires *réellement* signifiés et non à ceux que les parties allèguent avoir été produits, sans rapporter la preuve de la signification (Cass. civ., 21 fév. 1898 ; *R. E.* 1651 ; Inst. 2986, § 1 ; S. 98.1.422).

117. (198). **Production au tribunal. Mention implicite.** — Les art. 65 de la loi du 22 frimaire an VII et 17 de la loi du 27 ventôse an IX règlent seuls, à l'exclusion des art. 71 du décret du 30 mars 1808, 96 et suiv. C. proc. civ., le mode spécial d'instruction auquel sont soumises les instances relatives à la perception des droits d'enregistrement. Or, ces dispositions n'exigent pas qu'il soit fait mention, dans la rédaction des jugements, de la production au tribunal des mémoires ; elles prescrivent seulement que mention y soit faite des mémoires respectivement signifiés, et que les jugements soient rendus sur le rapport d'un juge (Cass. req., 14 juin 1895 ; *R. E.* 967 ; Inst. 2900, § 3 ; S. 96.1.149 ; D. 95.1.503).

118. **Répliques.** — Lorsque la partie fait signifier son mémoire, le receveur le transmet immédiatement au directeur. Celui-ci peut rédiger un second mémoire, qui doit être signifié comme le premier. Le nombre des mémoires n'est pas limité, mais, en général, on ne doit répondre, dans les répliques, qu'à des arguments non examinés dans la première discussion ; de même il est inutile d'y reproduire les faits ; seuls les actes accomplis depuis la première signification doivent être mentionnés.

119. **Incidents.** — Le receveur du siège du tribunal doit aviser le directeur de tous les actes et incidents de la procédure ; c'est, en effet, le directeur seul qui dirige les instances et en est responsable ; il doit donc être tenu très exactement au courant de toutes les circonstances de chaque affaire.

120. **Notes marginales.** — Tout mémoire devant être signifié à peine de nullité du jugement, il a été décidé que les notes, observations ou critiques, même au crayon et non signées, inscrites en marge d'un mémoire signifié sont interdites : elles constituent, en effet, une réponse aux passages correspondants du mémoire et il n'est pas permis de les soustraire à l'examen de l'adversaire (Cass., 23 mars 1887 ; Inst. 2737, § 4 ; R. P. 6847 ; *J. E.* 22.817 ; S. 88.1. 135). Toutefois, les receveurs ne peuvent refuser de fournir aux magistrats les renseignements complémentaires que ceux-ci réclameraient (Orléans, 21 janv. 1857 ; *Contrôleur*, 11.008).

121. **Pièces produites.** — Lorsque des pièces et documents sont invoqués par l'une des parties à l'appui de sa demande, il n'est pas nécessaire qu'elle les fasse signifier à l'adversaire, pourvu qu'elle les joigne à son mémoire et les dépose au greffe où l'autre partie pourra en prendre connaissance [1]. En conséquence, les directeurs doivent joindre à leurs mémoires toutes les pièces justificatives et en constater la production par une nomenclature inscrite

---

[1] Cass. civ., 24 juill. 1894 ; *R. E.* 794 ; S. 94.1.471 ; D. 94. 1.556 ; *J. E.* 24.425 ; — 2 juin 1897 ; *R. E.* 1415 ; S. 97.1.532 ; D. 98.1.85 ; *J. E.* 25.460 ; — 4 juill. 1898 ; *R. E.* 1784 ; Inst. 2967, § 9 ; S. 98.1.469 ; D. 99.1.81 ; — 17 juill. 1901 ; *R. E.* 2759.

[1] Cass., 15 fév. 1881 ; *R. P.* 5823 ; *J. E.* 22.412 ; — 9 janv. 1889 ; *R. P.* 7492 ; *J. E.* 23.152 ; Inst. 2768, § 4 ; D. 89.1.298 ; S. 90.1.178 ; — 15 déc. 1897 ; *R. E.* 1616).

à la fin de chaque mémoire (Inst. 1967, § 5 ; — Cass., 13 mars 1860 ; Inst. 2185, § 5).

122. Dépôt du dossier au greffe. — Dès que le dernier mémoire de l'Administration a été signifié, le receveur joint le mémoire et l'exploit de signification au dossier qu'il dépose au greffe ; le greffier lui remet un récépissé aussitôt transmis au directeur. Celui-ci informe alors le ministère public du dépôt effectué, et lui demande de présenter l'affaire au tribunal.

SECT. VIII. — INSTANCE EN ÉTAT.

123. (203 et 204). **Délai pour les défenses et le jugement.** — Le délai d'un mois dans lequel les parties doivent fournir leurs moyens de défense, aux termes de l'art. 65 de la loi de frimaire, et celui de trois mois dans lequel les tribunaux doivent statuer, sont purement comminatoires et aucune déchéance n'est attachée à l'infraction de ces dispositions (Constantine, 24 avr. 1895 ; *R. E.* 955 ; — Conf. Seine, 13 juill. 1894 ; *R. E.* 804, en ce qui concerne le délai de trois mois pour juger).

Les tribunaux n'ont à accorder aux parties, dans les instances en matière d'enregistrement, un délai (ne pouvant dépasser 30 jours) pour produire leurs défenses que si celles-ci le demandent. Aucune disposition de loi ne prescrit une forme spéciale d'avertissement à donner aux parties, dans les mêmes instances, pour les mettre en mesure d'assister à l'audience où sera fait le rapport de l'affaire qui les concerne (Cass. req., 26 juill. 1899 ; *R. E.* 2144 ; Inst. 3004, § 7 ; S. 1900.1.49, § 4 ; D. 1900.1.57, § 1).

124. (204). **Sursis.** — Si l'art. 65 de la loi du 22 frimaire an VII autorise le juge à accorder soit aux parties, soit à la Régie, pour produire leurs défenses, un délai qui ne peut dépasser 30 jours, rien ne s'oppose à ce que le tribunal puisse d'office, dans l'intérêt de l'instruction de l'affaire et dans les limites prévues par cet article, surseoir à statuer pour donner aux parties la faculté de développer et de compléter leurs défenses (Seine, 11 juin 1898 ; *R. E.* 1863).

La discontinuation des poursuites ne peut être ordonnée en raison de l'existence d'un pourvoi en cassation, un recours de cette nature n'étant pas suspensif, mais le juge des référés peut accorder, en pareil cas, un sursis, alors surtout que la créance de l'administration de l'Enregistrement contre le redevable ne paraît pas en danger (Trib. Seine (référés), rent. et 25 fév. 1899 ; *R. E.* 2027).

Cette dernière décision nous paraît avoir été rendue par une juridiction incompétente (V. *suprà*, n° 98) ; elle ne saurait donc faire jurisprudence.

I. REDEVABLE DÉCÉDÉ. — Lorsqu'un redevable décède en cours d'instance, ses héritiers peuvent se refuser à plaider pendant les trois mois et quarante jours qui leur sont accordés pour faire inventaire et délibérer (Boitard, *Procéd. civ.*, I, §§ 539 et 540). Cette règle est applicable aux instances suivies en matière d'enregistrement. Si les héritiers acceptent la succession et prennent qualité avant l'expiration du délai, il est évident qu'ils ne peuvent plus opposer cette exception dilatoire.

125. (208). **Affaire en état.** — Ainsi que nous l'avons vu (n° 99 *suprà*) les formalités prescrites par les art. 96 et suiv. C. proc. pour les instructions par écrit ne sont pas, en général, obligatoires en matière d'enregistrement sous peine de nullité. Cependant, comme la marche de la procédure est, en fait, la même, dans les instances d'enregistrement et les causes ordinaires qui s'instruisent par écrit, à partir du moment où la cause est en état, **nous croyons utile de reproduire ici le paragraphe du**

savant traité de M. Garsonnet relatif à cette phase de la procédure :

« Les productions faites ou les délais expirés, la cause est en état dans le sens et avec les conséquences attachés d'ordinaire à cette expression. A la requête de la partie la plus diligente, le greffier remet les pièces entre les mains d'un juge commis, ainsi qu'il sera dit au paragraphe suivant, pour présenter un rapport au tribunal. Cela n'empêche pas les parties de prendre de nouvelles conclusions ou de produire de nouvelles pièces ; mais elles ne peuvent plus, dès ce moment, obtenir communication des pièces déjà produites, à moins que le produisant n'y consente. Le rapporteur a, pour préparer son rapport, tout le temps qui lui est nécessaire ; dès qu'il est prêt, il avertit le président qui fait mettre l'affaire au rôle d'audience, afin que le rapport y soit fait publiquement : formalité indispensable et prescrite à peine de nullité, par application du principe général posé au § 549. Les parties doivent être prévenues par le greffier, ou par un avenir donné à la requête de la plus diligente d'entre elles : formalité également nécessaire suivant moi, et sans laquelle la publicité du rapport serait illusoire, les intéressés ne pouvant ni l'entendre et, par conséquent, le contrôler, ni se prévaloir contre le rapporteur des causes de récusation survenues depuis sa nomination. Au jour indiqué, le magistrat donne lecture de son rapport, où sans indiquer son avis, il résume les faits et les moyens de droit allégués par chacune des parties. Le rapport fait, l'instruction est close, les parties ne peuvent plus prendre de conclusions, aucune pièce ne peut désormais être produite ou communiquée ; bien plus « les défenseurs n'ont, sous aucun prétexte, la parole après le rapport ; ils peuvent seulement remettre sur le champ au président de simples notes énonciatives des faits sur lesquels ils prétendraient que le rapport a été incomplet ou inexact ». Le ministère public est ensuite entendu, si l'affaire est de communication ou qu'il croie devoir y donner ses conclusions. Enfin les pièces sont remises au greffe par le rapporteur qui en est déchargé par le greffier, et retirées par les avoués contradictoirement sur la sommation du plus diligent ; à leur tour ils en donnent décharge au greffier. S'il s'élève des difficultés sur la propriété de ces pièces, elles sont jugées par le tribunal en la forme ordinaire ; si le rapporteur ne remet pas ces pièces au greffe, il en est responsable pendant cinq ans, conformément à l'art. 2276, C. civ. » (*Procéd.*, 2° éd., § 982, III, p. 294 et suiv.).

En matière d'enregistrement, une cause est en état après la signification de la contrainte et de l'opposition. Il n'y a donc pas lieu à reprise d'instance à raison du changement d'état des parties survenu plus de 3 mois après l'introduction de l'instance et plus de 30 jours après la signification du mémoire de l'Administration (L. 22 frim. an VII, art. 65. — Lorient, 11 juin 1901 ; *R. E.* 2775).

126. Décès ou changement d'état de l'une des parties. Reprise d'instance. — Si la cause est en état, le décès de l'une des parties, même notifié à l'autre, ni, à plus forte raison, le changement d'état de l'une d'elles, ni la cessation des fonctions en vertu desquelles elles procédaient ne sont de nature à retarder le jugement (art. 342, C. proc.).

I. DÉCÈS. — Mais il en est autrement du décès de l'une des parties survenant avant que la cause soit en état. Cet événement interrompt l'instance. Quant à l'interruption provenant de la mort, démission, interdiction ou destitution de l'avoué, elle ne peut se produire dans les instances en matière d'enregistrement qui ne comportent pas constitution d'avoué (Seine, 13 juill. 1894 ; *R. E.* 804). Si, en fait, le redevable a constitué avoué, la nature et les règles spéciales de l'instance ne sont pas modifiées par cette constitution qui n'a pas plus de portée que n'en aurait l'élection d'un mandataire chargé de suivre l'instance au nom de la partie.

Nous avons vu au *T. A.* (n° 52) que si le redevable contre lequel la contrainte est décernée meurt avant d'avoir fait opposition à cet acte de poursuites, il convient de la notifier aux héritiers ou même de leur décerner une nouvelle contrainte.

Si le décès du redevable intervient après l'opposition dans laquelle il assignait l'Administration devant le tribunal, ou si la partie qui a assigné la Régie en restitution décède avant que l'instance engagée par cet exploit soit en état, l'Administration, *dès lors que ce décès lui aura été notifié par les ayants-droit du de cujus*, ne pourra pas conclure à sa condamnation devant le tribunal avant que l'instance ait été reprise contre ses héritiers.

A l'inverse, ces derniers ne pourront, en vertu de l'assignation émanée de leur auteur, requérir un jugement par défaut contre l'Administration ; ils devront l'assigner itérativement (art. 345, § 2, C. proc.).

Si c'est l'Administration qui procède contre un particulier par voie d'assignation directe elle doit, au cas où le redevable décède avant que l'affaire soit en état, signifier à ses héritiers un acte de reprise d'instance (V. art. 346, 349 et 350, C. proc. ; Boitard, *Proc.*, I, § 540).

II. Changement d'état. — L'obligation d'une assignation nouvelle s'imposera encore au redevable s'il a changé d'état depuis son assignation primitive, par suite de mariage, séparation, divorce, veuvage, nomination de conseil judiciaire, interdiction prononcée ou rapportée, majorité accomplie. L'art. 345, § 2, C. proc. ne prescrit, il est vrai, cette réassignation que pour le cas où le défendeur n'a pas constitué avoué, mais on peut dire que cette condition est toujours remplie dans les instances en matière d'enregistrement.

Il est bien entendu, du reste, que, dès lors que l'affaire est en état, l'instance ne peut pas plus être interrompue par le changement d'état du redevable que par son décès.

La mise en liquidation d'une société ne peut être considérée comme un changement d'état dès lors que l'être moral subsiste pour les besoins de la liquidation (Seine, 13 juill. 1894 ; *R. E.* 804).

III. Renonciation à la succession du redevable. — Si les héritiers du redevable assignés en reprise d'instance, renoncent à sa succession, la Régie fait déclarer la succession vacante et assigne en reprise d'instance le curateur (V. Garsonnet, *Proc.*, 2ᵉ éd., III, § 896, *in fine*).

Quant au cas où les héritiers sollicitent seulement un délai pour prendre parti, V. n° 124 *suprà*.

127. (210). **Dossier égaré.** — La perte de l'original de l'exploit de signification d'une contrainte ne fait pas obstacle à ce que l'instance suive son cours si, dans l'opposition faite à la contrainte, le redevable n'invoque aucune nullité de forme contre cet acte de poursuites et reconnaît formellement avoir reçu la copie qui lui a été signifiée dudit acte.

Lorsque le dossier d'une instance s'est égaré au greffe du tribunal, alors surtout que l'affaire paraissait en état, aucune des deux parties litigantes ne peut invoquer une péremption dont la responsabilité incomberait aux magistrats.

Le dossier peut être reconstitué au moyen de copies des

pièces respectivement signifiées (Sol. 13 août 1874 et 20 nov. 1890 ; *R. E.* 1719).

SECT. IX. — JUGEMENT.

128. (213 et 220). **Juges. Nombre impair. Concours du rapporteur au délibéré.** — Lorsqu'un jugement constate qu'il a été rendu par le président et deux juges, le jour même où a été fait le rapport, il en résulte nécessairement que le magistrat chargé du rapport a concouru au délibéré et au vote formant le jugement et que cette décision a été rendue par trois juges, sans qu'il puisse être question d'un quatrième juge ayant à s'abstenir (Cass. req., 14 nov. 1898 ; *R. E.* 1890 ; Inst. 2986, § 3 ; S. 99.1.149 ; D. 99.1.259).

129. (229). **Jugement. Rapport du juge non visé. Nullité.** — Un jugement rendu en matière de contributions indirectes ou d'enregistrement est nul lorsqu'il ne constate pas qu'il a été précédé d'un rapport fait par l'un des juges du tribunal (Cass. civ., 24 avr. 1898 ; *R. E.* 1737), en *audience publique* (Civ., 15 juill. 1901 ; *R. E.* 2754). Il ne suffit donc pas que le jugement porte : « Oui, à la date du ..., M.... juge commis en son rapport ». Il doit mentionner expressément que l'audition de ce rapport a eu lieu à l'audience.

130. — Mais, si la formalité d'un rapport fait en audience publique est substantielle, aux termes de l'art. 65 de la loi du 22 frimaire an VII, aucune disposition de loi ne prescrit que le nom du juge rapporteur soit indiqué (Cass. req., 14 nov. 1898, précité ; *R. E.* 1890).

131. (230). **Publicité de l'audience.** — Le jugement qui constate qu'il a été rendu en audience publique atteste la publicité de l'audience pour tout ce qui s'y est passé et notamment pour les conclusions verbales du ministère public (Cass. req., 26 juill. 1899 ; *R. E.* 2144 ; Inst. 3004, § 7 ; S. 1900.1.49, § 1 ; D. 1900.1.57, § 1).

Lorsqu'un jugement se termine par cette mention générale : « Jugé et prononcé en audience publique tenue au Palais de justice le 19 juillet 1893 », cette mention doit être regardée comme s'appliquant à toutes les audiences consacrées au jugement de la cause, et comme attestant, par conséquent, la publicité de celles où le président a fait son rapport et, le procureur de la République, donné ses conclusions (Cass. req., 14 juin 1895 ; *R. E.* 967-3 ; Inst. 2900, § 3 ; S. 96.1.149 ; D. 95.1.503 ; *R. E.* 24.641).

132. (232). **Conclusions du ministère public.** — La mention contenue dans un jugement et d'après laquelle l'Administration a été entendue par l'organe du ministère public est contraire aux dispositions de la loi, en ce que le ministère public n'est, à aucun degré, le représentant de la Régie. Mais une telle mention n'a pu avoir pour effet d'attribuer au procureur de la République une qualité qui ne lui appartient pas, ni de prouver qu'il a agi en cette qualité, du moment qu'il résulte également des énonciations du jugement que le litige a été suivi par la Régie, poursuites et diligences du Directeur général de l'Enregistrement, des Domaines et du Timbre, représenté par le directeur départemental (Cass. civ., 21 oct. 1896 ; *R. E.* 1281-1 ; Inst. 2935, § 1 ; S. 97.1.197 ; D. 97.1.193).

133. (235). **Conclusions du ministère public. Constatation dans le jugement.** — Le jugement, rendu en matière de contributions indirectes, qui porte que le juge rapporteur a été oui en audience publique ainsi que le ministère public en ses conclusions et qui se termine par la formule : « Ainsi prononcé en audience publique » constate suffisamment la publicité des conclusions du ministère public et ne peut être attaqué de ce chef (Cass. civ., 26 janv. 1898 ; R. E. 1736).

Mais l'absence de ladite mention donne ouverture au pourvoi en cassation et non à la requête civile, alors que le moyen n'est pas tiré d'un défaut de communication au ministère public (Cass. civ., 6 déc. 1898 ; R. E. 1981).

134. (241). **Jugement. Double date. Régularité.** — Est régulier le jugement constatant qu'après l'audience publique de tel jour, dans laquelle ont été entendus le rapport du juge et les conclusions orales du ministère public, l'affaire a été mise en délibéré pour le jugement être prononcé à l'audience d'un autre jour déterminé, les deux dates ayant ainsi leur explication naturelle et n'impliquant entre elles aucune contradiction (Cass. req., 23 juill. 1895 ; R. E. 982-2).

135. (246). **Publicité du jugement. Mentions.** — Dans les instances en matière de contributions indirectes, la publicité des débats et du jugement résulte suffisamment de la mention dudit jugement portant qu'il a été rendu à l'audience publique, le rapport du juge-commissaire et le ministère public entendus (Cass. req., 12 mai 1896 ; R. E. 1212).

136. (249). **Jugement. Point de fait et de droit. Mention essentielle.** — Est nul le jugement, rendu en matière de contributions indirectes, qui ne contient dans aucune de ses parties, ni l'objet de la demande, ni la mention des points de fait et de droit qui ont été soumis au tribunal (Cass. civ., 24 déc. 1895 ; R. E. 1096).

137. (253). **Motifs suffisants. Régularité du jugement.** — En déclarant que la perception du droit de transcription de 1 fr. 50 0/0, fixé par l'art. 25 de la loi du 21 ventôse an VII, constitue le droit commun de la matière, et que la liquidation de ce droit doit se faire d'après le prix exprimé dans l'acte conformément aux règles déterminées par les lois sur l'enregistrement, un jugement répond suffisamment à la prétention des parties de ne payer, en tous cas, le droit de transcription que sur une estimation par elles faite de la valeur de l'aliénation du droit du propriétaire en faveur du stipulant.Ce jugement satisfait donc, de ce chef, au vœu de l'art. 7 de la loi du 20 avril 1810 (Cass. civ., 21 janv. 1896 ; R. E. 1092 ; Inst. 2910, § 3 ; S. 97.1.245 ; D. 96.1.541).

Est suffisamment motivé le jugement qui, ayant à statuer sur la demande de nullité d'un ordre de restitution basée, d'une part, sur le défaut de mention du chiffre des droits à restituer et, d'autre part, sur la non-annexion de l'état des frais de poursuite, rejette cette demande en déclarant que, s'il est énoncé dans l'art. 3 de la loi du 23 octobre 1884 que l'état des frais doit être taxé et annexé au procès-verbal d'adjudication, il n'est dit nulle part que cette formalité soit exigée à peine de nullité de l'ordonnance de restitution, le motif s'appliquant à la double irrégularité servant de base à la demande (Cass. civ., 14 juin 1895 ; R. E. 969-2 ; Inst. 2900, § 3 ; S. 96.1.149 ; D. 95.1.503).

Il n'y a pas contradiction dans les motifs quand le juge, après avoir constaté l'existence d'une mutation secrète, reproduit, pour les réfuter, les allégations du redevable prétendant qu'il s'agit d'une simple promesse unilatérale de vente (Cass. civ., 7 mai 1901 ; R. E. 2733-II).

I. OFFRES REFUSÉES. PRÉTENDU CONTRAT JUDICIAIRE. — Lorsque des offres ont été faites au cours de l'instance, par le défendeur au demandeur, si celui-ci, loin d'y adhérer et d'en demander acte, les a, au contraire, formellement repoussées, on ne peut dire qu'il soit intervenu, entre les parties litigantes, un contrat judiciaire dont le juge aurait à tort refusé de tenir compte dans sa décision. Ce dernier

n'a d'ailleurs pas à s'expliquer sur des offres expressément déclinées, et, en se bornant à donner des motifs sur le rejet de la demande, telle qu'elle a été formulée par le demandeur, la seule dont il a été saisi, son jugement satisfait au vœu de l'art. 7 de la loi du 20 avril 1810 (Cass. civ., 21 oct. 1896 ; R. E. 1282-2 ; Inst. 2935, § 2 ; S. 97.1. 148 ; D. 97.1.454).

138. (257). **Chefs distincts. Prétention formulée « pour mémoire ». Jugement non motivé de ce chef.** — Les juges ne sont pas tenus de donner des motifs spéciaux sur un point du débat que les parties se sont bornées à mentionner « pour mémoire » sans vouloir en faire un chef distinct de conclusions (Cass. civ., 23 mars 1896 ; R. E. 1130 ; Inst. 2930, § 2 ; D. 96.1.318).

I. CONCLUSIONS AYANT FRAPPÉ L'OREILLE DU JUGE. — Les conclusions rapportées aux qualités ou rappelées aux motifs des jugements et arrêts sont les seules qui soient réputées avoir frappé l'oreille du juge et auxquelles ce dernier soit tenu de répondre (Cass. civ., 6 nov. 1900, Contrib. dir. c. Gras ; Gaz. Trib. 22 fév. 1901).

Mais, dès lors qu'un chef distinct de conclusions a été soumis par l'un des plaideurs au juge, celui-ci est tenu d'y répondre dans ses motifs, à peine de nullité de la décision rendue (Cass. civ., 17 juill. 1901 ; R. E. 2757).

139. (260). **Motifs implicites.** — Une réponse même implicite au moyen invoqué par l'un des plaideurs constitue un motif suffisant pour répondre au vœu de l'art. 7 de la loi du 20 avril 1810 (Cass. req., 15 nov. 1897 ; R. E. 1573 ; S. 98.1.337 ; D. 98.1.38).

140. (264). **Motifs erronés d'un jugement. Dispositif conforme à la loi. Validité.** — Un motif erroné ne suffit pas à entraîner la cassation d'une décision judiciaire dont le dispositif est conforme à la loi, et il appartient à la Cour régulatrice de puiser dans les faits dûment constatés des motifs qui la justifient (Cass. req., 14 mai 1895 ; R. E. 951 ; D. 95.1.418).

I. CONTRADICTION ENTRE LES MOTIFS ET LE DISPOSITIF. — Un jugement doit être cassé en tant qu'il y a, sur certains chefs, contradiction entre les motifs et le dispositif de la décision rendue (Cass. civ., 2 mai 1900, Mathon et Theymus ; Gaz. Trib., 12 mai 1900).

141. (274). **Dommages-intérêts. Saisie non justifiée.** — L'Administration ne saurait être condamnée à des dommages-intérêts lorsqu'elle réclame des droits dont l'exigibilité paraît résulter de documents officiels, même si elle en a suivi le recouvrement par voie de saisie. Il en est ainsi, notamment, lorsqu'elle réclame, au vu des relevés de paiements fournis par un percepteur ou un receveur municipal, des droits supplémentaires de marché qui, en réalité, n'étaient pas exigibles, soit par suite d'erreurs contenues dans les relevés fournis, soit à raison de circonstances que ne faisaient pas connaître les actes et documents portés à la connaissance des agents de l'Administration (Bordeaux, 13 août 1900 ; R. E. 2497).

Il a été jugé cependant que la Régie peut être condamnée à des dommages-intérêts si elle a opéré une perception contrairement aux textes formels de la loi fiscale (Bagnères-de-Bigorre, 21 fév. 1896 ; J. E. 25.089). Cette décision ne nous semble pas devoir être suivie, à moins de circonstances exceptionnelles et de faute particulièrement lourde de la part du préposé.

Les particuliers qui se prêtent à des combinaisons, telles que la simulation d'actes translatifs de propriété ou de jouissance, ayant pour but d'entraver le recouvrement de l'impôt, peuvent être condamnés envers le Trésor à des dommages-intérêts en représentation du préjudice qu'ils lui causent (arrêt) (Trib. Lyon, 17 nov. 1896 et 13 mai 1897 ; — C. Lyon, 25 avril 1899 ; *R. E.* 2097).

1. INTÉRÊTS MORATOIRES. — Si une condamnation à des intérêts moratoires est prononcée, à titre de dommages-intérêts, au *taux légal*, on doit calculer ces intérêts sur le pied de 4 0/0 en matière civile et 5 0/0 en matière commerciale (L. 7 avr. 1900 ; *R. E.* 2379).

141 *bis.* (276). ERREUR MATÉRIELLE. RECTIFICATION. — Un second jugement qui déclare commun à plusieurs redevables un premier jugement prononçant condamnation contre l'un d'eux seulement, peut, sans que les règles sur la réformation des jugements soient violées, réparer une erreur commise dans le premier jugement dont la matérialité est évidente (Vervins, 2 nov. 1900 ; *R. E.* 2707).

142. (278). **Jugement favorable à la Régie. Exécution. Délai de grâce.** — Le commandement est un acte préalable à la poursuite, mais ne fait pas partie de la procédure d'exécution. Il peut donc être signifié au cours du délai de grâce accordé au débiteur, à la condition, toutefois, qu'il ne soit pas suivi d'un acte d'exécution pendant ce délai (Cass. civ., 4 avr. 1900 ; *R. E.* 2383 ; Inst. 3037, § 2).

SECT. X. — EXPÉDITION DU JUGEMENT.
MESURES CONSERVATOIRES.

143. (280). **Qualités.** — En matière d'enregistrement il n'y a pas lieu à la signification de qualités (Cass.,27 juill. 1863 ; Inst. 2274, § 8 ; D. 63.1.284).

Si, néanmoins, des qualités ont été signifiées, il n'y a pas lieu d'y former opposition. En effet, signifiées ou non, les qualités ne dispensent pas, en cette matière, de la justification devant la Cour de cassation (en matière d'enregistrement) ou la Cour d'appel (en matière de commerce) des mentions contestées qu'elles renferment (1).

Les énonciations inexactes insérées dans les qualités,en matière d'enregistrement, par la partie qui lève le jugement, ne sont pas opposables à son adversaire, par exemple la production d'un mémoire qui n'a jamais été produit ni signifié et que, par conséquent, le tribunal ne peut viser dans ses motifs (2).

(1) Fuzier-Hermann,*Rép. alph. de droit,* Vº *Jugement*, nº 4249 ; C. Rennes, 15 nov. 1869 ; S.71.2.90 ; — Cass., 21 juill. 1890 ; D. 91.1.270 ; S.92.1.501).

(2) En matière ordinaire, les qualités dûment signifiées ou réglées font foi de leurs affirmations, et cela s'explique, car l'avoué à qui elles sont signifiées et qui n'y forme pas opposition est présumé y adhérer, et, en cas d'opposition, le règlement en est opéré par le juge.
Mais en matière d'enregistrement, où le ministère des avoués n'est pas obligatoire, la procédure particulière à la rédaction et le règlement des qualités, s'il y a lieu, est inapplicable.
C'est ce que la Chambre civile a reconnu expressément par l'arrêt du 27 juillet 1863 cité au texte (Inst. 2284 § 8). En cette matière, comme en matière de commerce, les qualités sont l'œuvre du greffier. Aussi les auteurs enseignent-ils, spécialement en ce qui concerne les décisions des tribunaux de commerce et des juges de paix, que les qualités n'ayant pas été communiquées à la partie adverse, celle-ci a le droit d'y faire opposition jusqu'à l'exécution du jugement (Garsonnet,*Traité de procédure*, 2e éd., III, §§ 1186 et 1187).
La conséquence de ce mode de rédaction des qualités sans le concours des plaideurs, dit M. Bourbeau, c'est qu'elles ne peuvent ni leur nuire, ni leur profiter. Il sera donc utile de demander acte au juge de paix des aveux et des reconnaissances échappées à l'audience ; *la simple énonciation dans les qualités de faits présentés comme constants ne serait empreinte d'aucune autorité légale* (*Théorie de la procédure civile*, t. VII, nº 481).
La jurisprudence est fixée en ce sens : « Attendu, porte un

La procédure en matière d'enregistrement ne comporte pas une rédaction particulière des qualités signifiées entre les parties. Dès lors que le texte du jugement fournit, sur les points de fait et de droit, toutes les indications exigées par l'art. 141, C. proc., il importe peu que diverses mentions inexactes figurent dans un exposé des points de fait et de droit libellé, sous le titre de qualités, en tête de l'expédition du jugement. Ces mentions inexactes constituent des énonciations surabondantes dont la rédaction vicieuse est sans conséquence au point de vue de la régularité de l'expédition (Rouen, 5 avr. 1900 ; *R. E.* 2396 ; Conf. Garsonnet, 2e éd., III, § 1183).

Le jugement satisfait à l'art. 141, C. proc. dès lors que les qualités et les motifs font exactement connaître les conclusions des parties ainsi que les points de fait et de droit soumis à l'examen du tribunal (Cass. civ., 3 janv. 1900 ; *R. E.* 2282 ; Inst. 3015, § 1 ; S. 0.1.291 ; D. 0.1.586).

Il suffit, quant aux conclusions et aux points de fait et de droit, d'énoncer l'objet de la demande assez clairement pour qu'aucun doute ne plane sur les dires des parties. Quant à ces dernières, il suffit de les désigner assez clairement pour qu'on ne risque pas de les confondre avec d'autres personnes (Garsonnet, § 1183, texte et notes 7 et 8).

144. (280). **Rédaction des qualités.** — La Lettre comarrêt de la Cour de Rennes du 15 nov. 1869 (S. 71.2.90), qu'à la différence de ce qui se pratique en matière civile, où les qualités pouvant être discutées et, dans ce cas, devant être réglées par le juge, sont contradictoires et *font foi de leur contenu*,cet acte, en matière commerciale, est, d'après un usage généralement admis, l'œuvre du greffier, et n'est soumis à aucun contrôle ; attendu que si cet officier public, chargé de tenir la plume à l'audience, a qualité pour consigner les incidents qui s'y produisent à l'effet de constater si les formalités prescrites par les lois de procédure ont été observées, il ne saurait s'ensuivre que, dans la rédaction des qualités d'un jugement commercial, *les parties fussent liées* et que leurs intérêts puissent être compromis par les énonciations ou interprétations de fait que le greffier aurait cru devoir y insérer ; qu'il en doit surtout être ainsi, alors que ces énonciations seraient de nature à enlever à l'une des parties le droit important de soumettre le litige à un second degré de juridiction ».

La Cour de cassation a consacré le même principe par un arrêt du 21 juillet 1890, ainsi conçu : « Attendu que la procédure tracée par les art. 142 et suiv. C. proc. civ. est inapplicable dans les jugements des tribunaux de commerce ; *qu'on n'y signifie pas ce qu'on appelle les qualités* des jugements ; que la rédaction de ces qualités étant *l'œuvre exclusive et sans contrôle du greffier* du tribunal et n'appartenant point aux parties ou à leurs mandataires ne peut ni leur profiter ni leur nuire ; *qu'elles n'ont par elles-mêmes aucune force probante* ; que la partie qui conteste les qualités qui sont données par le greffier a le droit d'exiger la représentation de l'original de l'exploit d'ajournement, à l'effet de vérifier si elles sont conformes à celles de cet exploit » (D. 91.1.270 ; S. 92.1.501).

En résumé, dans les affaires où les avoués n'exercent pas leur ministère, les déclarations ou énonciations des qualités sont de simples affirmations qu'une affirmation contraire suffit à détruire. Autrement, suivant la juste remarque de la Cour de Rennes (*arrêt précité*), le greffier pourrait compromettre gravement les intérêts des parties ; car des qualités erronées qu'il aurait lui-même rédigées ou qu'il aurait acceptées de l'un des plaideurs,il pourrait rendre le jugement rendu en matière d'enregistrement difficile à recourir, le cas échéant, au second degré de juridiction.

La doctrine et la jurisprudence précitées conduisent à cette conclusion que les qualités d'un jugement rendu en matière d'enregistrement doivent être tenues pour exactes sur tous les points admis par les deux parties, et écartées, au contraire, en ce qui concerne les points contestés, jusqu'à ce qu'il soit juridiquement démontré que la contestation est mal fondée.

mune n° 61, du 15 décembre 1874, rappelle aux directeurs les Inst. 1537 (sect. III-3°) et 1986, § 4 relatives à la rédaction d'un exposé des points de fait et de droit et des conclusions respectives des parties à déposer au greffe, et leur recommande de faire mentionner dans les jugements (tout au moins dans les qualités) la signification des mémoires respectivement produits.

A peine de rejet de la taxe, le tarif interdit en matière ordinaire, de reproduire les motifs des conclusions dans les qualités et de rappeler les moyens des parties dans l'exposé des points de fait et de droit (Garsonnet, § 1183, texte et note 16).

Cette règle semble devoir être observée dans les instances fiscales où elle est parfois perdue de vue et les droits de timbre afférents aux développements exagérés des qualités nous paraissent avoir le caractère de frais frustratoires.

145. (282). **Jugement contraire. Paiement des frais. Acquiescement.** — Le paiement par une Régie financière (en l'espèce la Régie des contributions indirectes) des frais qu'un arrêt a mis à sa charge, effectué postérieurement au pourvoi et à la suite de la signification dudit arrêt n'est pas volontaire et ne saurait, dès lors, emporter acquiescement (Cass. civ., 28 nov. 1899 ; R. E. 2295).

Mais toute signification de jugement ou d'arrêt, faite sans protestations ni réserves, renferme, en principe, un acquiescement virtuel et absolu, par la partie de qui émane la signification, à ce même jugement ou arrêt dont elle tend à procurer l'exécution (Cass., 1er juill. 1901, Vve Garanon).

146. (278-282). **Avis du jugement.** — Conformément aux Inst. 389, 1284 et 1427, les receveurs des actes judiciaires de la résidence du tribunal doivent informer le directeur des jugements aussitôt qu'ils sont rendus ; cet avis doit être adressé d'urgence, afin que le directeur ait le temps nécessaire pour examiner la décision. La même règle est suivie en ce qui concerne les significations faites aux parties.

Les receveurs sont informés de toutes les instances engagées devant le tribunal de leur résidence, puisque ce sont eux qui sont chargés de faire les dépôts nécessaires ; ils doivent se concerter avec les greffiers pour avoir connaissance des jugements le jour même où ceux-ci sont rendus. De son côté, le directeur avise immédiatement l'Administration (Inst. 1537, p. 103).

147. Copie du jugement à adresser à l'Administration. — V. le Rép. de Manut., V° Directeur, n° 52.

Lors même qu'un jugement favorable a été exécuté par les parties, la copie n'en doit pas moins être adressée à l'Administration, qui a intérêt à connaître dans tous ses détails la jurisprudence en matière fiscale.

148. Jugement contraire. Rapport du directeur. — Si les conclusions prises au nom de l'Administration ont été rejetées ou si elles n'ont été admises qu'en partie, le directeur fait un rapport dans lequel il examine et discute les divers motifs du jugement, et émet son avis sur les moyens du pourvoi en cassation. Il adresse avec ce rapport le dossier de l'instance, après s'être assuré que tous les actes et pièces cités, soit dans le jugement, soit dans les mémoires, y sont compris en originaux, expéditions ou copies (Inst. 1537, p. 103). Lorsque le jugement aura été signifié, le directeur devra se hâter de rédiger son rapport, puisque ce rapport a déjà été adressé à l'Administration, il devra prévenir celle-ci de la date de la signification, car c'est de cette date que court le délai du pourvoi en cassation.

148 bis. (284). **Expédition. Irrégularités.** — La Cour de cassation avait d'abord décidé que la partie qui lève l'expédition d'un jugement en matière d'enregistrement n'est pas fondée à se prévaloir des irrégularités qui ont été commises, parce qu'elles lui sont imputables et qu'elle aurait pu ou dû les prévenir (1) mais elle s'est ralliée, dans ses derniers arrêts (2) à la doctrine contraire, et a annulé des jugements pour vice de forme, sans tenir compte de cette circonstance que l'expédition du jugement avait été requise et levée par les demandeurs en cassation qui auraient pu, lors du dépôt des qualités au greffe, faire réparer l'omission en fournissant au greffier les renseignements nécessaires, par exemple, lorsqu'il s'agit d'un mémoire non mentionné au jugement et qu'ils ont eux-mêmes fait signifier (Inst. 2716 § 5, p. 90).

149. (290). **Inscription hypothécaire. Mesure conservatoire.** — « Le créancier porteur d'un jugement de condamnation peut, en vertu dudit jugement, prendre inscription sur les immeubles de son débiteur sans qu'on puisse lui opposer, lors même que le jugement serait rendu par défaut, l'art. 155, C. proc., qui ne permet d'exécuter les jugements par défaut qu'après les avoir signifiés, parce que l'inscription n'est qu'une mesure purement conservatoire, qui ne peut, par elle-même, être considérée comme un acte d'exécution dans le sens dudit article » (Cass. civ., 29 nov. 1824 ; Inst. 1156, § 14 ; S. 25. 1.132 ; J. P. 18.1151 ; J. E. 7964 ; — Adde, Inst. 2137, § 11).

1. COMMUNE. — L'inscription peut être requise contre une commune sans autorisation administrative préalable (Cass. req., 18 déc. 1893 ; R. E. 960 ; D. 94.1.99).

150. (290). **Inscription. Formalités à remplir.** — Nous reproduisons ci-après l'exposé très précis donné par M. Vuarnier, dans son Traité de Manutention, de la marche à suivre pour opérer les inscriptions au nom de la Régie, ainsi que la radiation, le cas échéant, et pour produire à l'ordre (n° 2829 à 2842).

I. INSCRIPTIONS A REQUÉRIR. — « Pour conserver l'hypothèque de l'Etat, dans les cas déterminés, il y a lieu de requérir inscription au bureau des hypothèques, selon le vœu de l'art. 2134, C. civ. On ne doit jamais négliger de requérir inscription, s'il y a lieu.....

« Lorsque le redevable possède des immeubles, la responsabilité du receveur lui fait un devoir de prendre inscription. Les inscriptions sont, en général, très requises par le receveur chargé du recouvrement ; cependant il n'y aurait aucun inconvénient à ce qu'elles le fussent par un employé supérieur. Dans tous les cas, l'inscription doit être requise au nom de l'administration de l'Enregistrement et des Domaines.

II. BORDEREAU. — L'Administration a fait imprimer des bordereaux d'inscription qui sont fournis aux receveurs pour le service de leur bureau ; il suffit de remplir ces cadres. On n'omettra dans le bordereau aucune des énonciations prescrites pour la validité de l'inscription, notamment la nature et la date du titre ; les noms, prénoms, professions et domiciles des débiteurs ; le montant des sommes dues et des frais de mise à exécution ; l'époque de l'exigibilité ; la désignation des biens, lorsque l'hypothèque est spéciale, ou l'indication que l'inscription est prise sur tous les immeubles du débiteur dans l'arrondissement, si l'hypothèque est générale ou judiciaire.

« Le requérant fera élection de domicile au bureau où le recouvrement doit être suivi, si ce bureau est situé dans l'arrondissement de la conservation où l'hypothèque doit être inscrite. Dans le cas contraire, le domicile sera élu, soit au bureau de la conservation des hypothèques, soit à celui du chef-lieu d'arrondissement où se fait ordinairement la recette des produits de la même nature que la créance à inscrire. »

Ces bordereaux sont affranchis du timbre par application de la règle générale posée par l'art. 1-2°, L. 27 juill. 1900.

III. INSCRIPTION. — « Les bordereaux sont adressés en double au conservateur des hypothèques ; il peut être utile de constater l'envoi par une lettre inscrite au registre de correspondance. Dans tous les cas, le conservateur est tenu de faire l'inscription le jour du dépôt et de renvoyer promptement l'un des bordereaux revêtu de la mention d'inscription.

IV. FRAIS. — Les droits d'hypothèque pour les inscriptions requises au nom de l'Administration, sont à la charge des débiteurs. Les receveurs en font l'avance sur les deniers de leur caisse, comme frais de poursuites et d'instances à régulariser ou à recouvrer. Toutefois, les salaires du conservateur ne lui seront payés que dans le cas de recouvrement sur les parties, et après ce paiement (Inst. 1551 ; — Rappr. notre *Rép. de Manut.*, Vis *Comptabilité*, 374 et *Hypothèques*, 181).

Pour les règles de comptabilité, V. notre *Rép. de Manut.*, Vo *Comptabilité*, 373 à 398.

« Lors du recouvrement de l'article principal, il faut faire payer aussi le coût de l'inscription. Les frais avancés sont portés en recette sur le registre des opérations de trésorerie, et le receveur tient compte directement au conservateur du montant de ses salaires. Il en retire un récépissé au bas du bordereau.

V. RADIATION. — « La mainlevée peut être consentie valablement par le directeur ; il n'en sera référé à l'Administration que dans les cas qui présenteraient quelques difficultés (Circ. Rég. 1669, 2030 ; Inst. 426, § 2). Cette dernière instruction semblait exiger que la mainlevée fût donnée par le directeur lui-même ; mais il a été admis qu'elle peut être signée par le receveur avec l'autorisation spéciale et écrite du directeur.

« Lorsque la radiation est demandée et que les causes de l'inscription ne subsistent plus, soit par suite du paiement ou de l'extinction de la dette, soit parce que l'inscription a été prise à tort ou qu'il n'est pas possible d'en revendiquer le bénéfice par une cause quelconque, le receveur doit rendre compte des faits au directeur, en joignant au besoin les pièces nécessaires pour obtenir l'autorisation de consentir à la radiation. L'autorisation du directeur peut être donnée par simple lettre ; la mainlevée doit l'être par acte notarié (Circ. 21 vent. an XI).

« La mainlevée est consentie aux frais du débiteur, des requérants ou de l'Administration, selon les différents cas. On aura soin de faire mention dans l'acte de la date de l'autorisation du directeur, afin que le conservateur des hypothèques ne refuse pas la radiation. Toutefois, il n'est pas nécessaire de lui justifier de la lettre originale, ni même de la joindre à l'acte portant mainlevée ; il suffit de l'y rappeler, sans qu'il soit d'ailleurs nécessaire de la faire timbrer ni enregistrer. Cette pièce, par sa nature, est exempte de ces formalités ; par conséquent, le notaire peut l'énoncer dans son acte, sans contrevenir aux dispositions de l'art. 42 de la loi du 22 frimaire an VII.

VI. ORDRE. PRODUCTION. — Lorsque le certificat sur transcription, délivré à un acquéreur d'immeubles, révèle au nouveau possesseur l'existence d'une inscription au profit de l'État, il est tenu, pour purger cette hypothèque, de faire notifier son contrat, conformément à l'art. 2183, C. civ., au bureau où il a été fait élection de domicile par l'inscription, avec offre d'acquitter les charges jusqu'à concurrence du prix, sauf le droit de surenchère accordé à tous créanciers.

« Lorsqu'un receveur reçoit une notification de cette nature, il doit s'empresser de vérifier si les causes de l'inscription subsistent, afin d'obtenir le paiement ou de faire admettre, s'il y a lieu, la créance du Trésor dans l'ordre ouvert pour la distribution du prix. — Si les causes de l'inscription ne subsistent plus, le receveur demande sur le champ l'autorisation d'en consentir mainlevée, et se concerte, en attendant, avec le nouveau possesseur ou l'officier ministériel chargé de ses intérêts, afin d'éviter des poursuites ultérieures. »

151. Autres mesures conservatoires. Opposition à partage. — L'Administration peut faire défense à des héritiers — condamnés à lui payer des droits de mutation par décès — de procéder, hors sa présence, au partage des biens héréditaires. S'il était procédé néanmoins au partage, au mépris de cette opposition, le Trésor serait fondé à demander qu'un nouveau partage fût effectué, sans être tenu de démontrer l'existence d'un concert frauduleux et à la seule condition d'établir l'intérêt qu'il aurait à faire écarter comme préjudiciable à ses droits le partage effectué sans son concours. Sauf lorsque des circonstances exceptionnelles le lui commandent, l'Administration doit se borner à faire signifier une opposition à partage et éviter d'assigner les cohéritiers de son débiteur en partage, les frais nécessités par l'intervention étant à sa charge, sauf son recours contre le débiteur (Sol. 21 déc. 1896 ; *R. E.* 1638).

152. (295). Administration condamnée aux dépens. Quittance de frais par les parties ou les officiers ministériels. Timbre de 0 fr. 10. — Les quittances, souscrites directement par les parties ou les officiers ministériels au Trésor, constatant le remboursement de frais (supérieurs à 10 fr.) au paiement desquels celui-ci a été condamné, sont assujetties au timbre de 0 fr. 10. Ce droit est à la charge des particuliers qui donnent quittance, par application de l'art. 29 de la loi du 13 brumaire an VII. Il en est autrement du timbre des quittances inscrites au bas des exploits par l'officier ministériel et données par celui-ci aux parties, en dehors de toute intervention de l'État. Le timbre de ces quittances doit être remboursé, avec les autres frais, par le Trésor (Sol. 7 fév. 1899 ; *R. E.* 2524).

SECT. XI. — EXÉCUTION DU JUGEMENT.

§ 1er. — *Jugement favorable.*

153. Avis aux parties. — Lorsque le jugement est favorable, le directeur en informe le receveur chargé du recouvrement. Celui-ci adresse un avis aux parties pour le paiement des droits et des frais.

154. Signification. — A défaut de paiement dans le délai déterminé, ou si les parties refusent d'exécuter le jugement, le directeur fait lever une expédition du jugement et le fait signifier avec commandement d'y satisfaire. En cas de paiement, le receveur informe le directeur, qui lui-même avertit l'Administration. Si les parties résistent, il faut recourir aux voies d'exécution.

155. Expédition. — Le receveur qui se fait délivrer une expédition doit veiller à ce qu'elle ne contienne aucune cause de nullité ni vice de forme, car c'est elle qui forme le titre exécutoire. Elle devra donc reproduire textuellement le jugement, et en outre l'exposé remis par le directeur au greffier.

156. — Lorsqu'un jugement reconnaissant l'exigibilité de certains droits est déféré par les parties à la Cour de cassation, il est prudent de se borner à prendre des mesures conservatoires. Quoique le pourvoi en cassation ne soit pas suspensif, la situation de l'Administration ne laisserait pas que d'être embarrassante si elle faisait saisir et vendre les immeubles du redevable et si le jugement était ensuite cassé.

157. Offres réelles. — L'exécution du jugement peut être arrêtée par des offres réelles faites dans les formes des art. 1258, C. civ. et 612 et suiv. C. proc. (Inst. 1537-117).

158. Pièces à remettre aux parties. — La partie qui acquitte les condamnations et frais de l'instance, n'est admise à réclamer que la grosse du jugement rendu contre elle, toutes les autres pièces devant rester entre les mains de l'Administration, pour le cas où la décision viendrait à être attaquée, par la voie de la requête civile, ou tout autre moyen légal (Sol. 10 avr. 1872; — Voir Inst. 1219-10; J. E. 13.678).

159. Caution. — La Régie ne peut être tenue de fournir un cautionnement pour l'exécution des jugements rendus à son profit (Inst. 1537-118).

160. — Mais elle peut exiger ce cautionnement de l'adversaire qui réclame l'exécution d'un jugement rendu contre elle (Inst. 1537, sect. 3, n° 5).

161. Acquiescement de l'adversaire. — Même après le paiement des condamnations, la partie peut se pourvoir en cassation. Si elle ne fournit pas un acquiescement, il y a lieu de signifier le jugement pour faire courir le délai du pourvoi (Sol. 10 nov. 1885 et Inst. 2447, § 2).

§ 2. — *Jugement contraire ou mixte.*

162. — Voir le *T. A.* n°s 281 *bis*, 282 et 283.

§ 3. — *Règlement des frais.*

162 bis. — V. le titre IV ci-après.

§ 4. — *Etats du contentieux à fournir par le Directeur.*

163. — V. le *Rép. de Manut.,* V° *Directeur,* n° 53.

§ 5. — *Ordres et contributions.*

164. — V. le *Rép. de Manut.,* V° *Directeur,* n° 54 et les n°s 308 et suiv. *infra.*

SECT. XII. — VOIES DE RECOURS CONTRE LE JUGEMENT.

§ 1er. — *Jugement par défaut.*

165. (303). **Opposition motivée. Jugement contradictoire.** — L'opposition à une contrainte, par cela même qu'elle est motivée, contient la défense du contribuable. Il importe peu que celui-ci n'ait pas usé de la faculté qu'il avait de répliquer au mémoire de l'Administration pour donner plus de développements aux moyens contenus dans l'opposition ; la cause n'en est pas moins liée par les conclusions respectives des parties, et le jugement qui statue sur l'opposition à contrainte est contradictoire (Constantine, 2 nov. 1897 ; *R. E.* 1584).

I. OPPOSITION NON MOTIVÉE. — Même décision au cas où l'opposition ne contenait pour tous motifs que l'allégation de la fausse application par la Régie des lois invoquées par elle (Cass. req., 2 mai 1893 ; *R. E.* 453 ; Inst. 2842, § 12 ; S. 94.1.100 ; D. 93.1.546 ; J. E. 24.077).

166. (310). **Défaut profit-joint. Réassignation. Jugement contradictoire.** — Lorsque l'Administration, poursuivant le recouvrement d'un droit d'enregistrement contre plusieurs débiteurs qui n'ont pas fait opposition à la contrainte, a assigné directement ceux des redevables qui n'ont pas fait opposition à la contrainte, le tribunal doit, conformément aux dispositions de l'art. 153, C. proc. civ., ordonner la réassignation des débiteurs défaillants. Le jugement rendu sur cette réassignation n'est pas susceptible d'opposition (Bordeaux, 8 août 1898 ; *R. E.* 1862).

167. (311 *bis*). **Exécution d'un jugement par défaut.** I. DÉLAI DE GRACE. — Lorsqu'un redevable (dans l'espèce une congrégation religieuse) a été condamné par défaut à payer un droit d'enregistrement, et que ce jugement accorde au débiteur un délai de deux mois à partir de la signification du jugement pour se libérer, le commandement de payer immédiatement fait avant l'expiration du délai de grâce serait nul comme ayant pour objet une somme non exigible. Mais le commandement de payer *à l'expiration du délai* est valable en tant qu'acte conservatoire, alors même qu'il est signifié avant cette échéance. Il peut, en conséquence, servir de point de départ au délai de 30 jours à l'expiration duquel le créancier peut procéder aux divers actes de poursuites sur saisie immobilière. Il est à remarquer, du reste, que le tribunal qui accorde un délai de grâce pour le payement des droits d'enregistrement contrevient à l'art. 59 de la loi du 22 frimaire an VII (C. Caen, 13 déc. 1897, réf. Jug. Coutances, 20 juill. 1897 ; *R. E.* 1603).

II. ASSIGNATION DU TIERS SAISI. — L'assignation du tiers saisi en déclaration affirmative, intervenue dans les 6 mois du jugement par défaut qui valide une saisie-arrêt, constitue une exécution suffisante de ce jugement et en empêche la péremption (Niort, 21 juill. 1899 ; *R. E.* 2797).

168. (311 *quater*). **Jugement par défaut. Signification. Requête à fin de commission d'huissier. Avoué. Ministère non obligatoire. Signification de la requête.** — Le ministère des avoués n'étant pas obligatoire en matière d'enregistrement, la requête à fin de commission d'un huissier pour la signification d'un jugement par défaut peut avoir lieu sans ministère d'avoué, car elle est le complément nécessaire de l'instance. Cette requête ne saurait être assimilée aux mémoires contenant les moyens respectifs des parties. Elle constitue un acte de juridiction gracieuse. Il n'est pas nécessaire, en conséquence, de la signifier à la partie adverse et il suffit de la présenter au magistrat compétent (Amiens, 2 nov. 1898 ; *J. des avoués,* 99.255 ; *R. E.* 2419).

169. (312). **Tierce opposition incidente. Cour d'appel.** — Une Cour d'appel ne peut pas être saisie par voie de tierce opposition incidente que par voie directe de la connaissance d'une question de perception de droits, les instances y relatives étant de la compétence exclusive des tribunaux civils (C. Nancy, 31 mars 1900 ; *R. E.* 2425).

§ 2. — *Requête civile.*

170. (318). **Forme de la requête civile.** — La requête est formée par assignation en requête civile notifiée au domicile de la partie; l'assignation au domicile de l'avoué exceptionnellement prévue par l'art. 493 C. proc. ne pouvant avoir lieu en matière d'enregistrement où aucun avoué n'a dû être constitué dans l'instance dont la rétractation est demandée. En tête de la demande figure une consultation de trois avocats (art. 495, C. proc. ; Inst. 1537-136). La Régie, qui agit dans l'intérêt de l'État, n'a pas à consigner d'amende (art. 494). La demande est adressée au tribunal qui a rendu le jugement attaqué, dans un délai de deux mois à compter de la signification (art. 483, G. proc. ; L. 3 mai 1862; Inst. 2222 ; — V. aussi art. 488 et 489). La requête civile ne suspend pas l'exécution du jugement (C. proc. 497).

171. (321). **Condamnation ultra petita. Saisie. Contredits.** — En matière de saisie immobilière, le tribunal ne peut statuer que sur les contredits qui lui ont été formellement proposés par les parties (art. 728, C. proc.). Il statue *ultra petita* s'il relève une prétendue irrégularité qui ne lui a pas été soumise par la dire d'une partie (C. Nancy, 31 mars 1900) ; R. E. 2425).

I. CONDAMNATION ULTRA PETITA ET VIOLATION DE LA LOI. CASSATION. — Le jugement qui prononce une condamnation non demandée est sujet à cassation pour violation de la règle *ultra petita*, alors du moins que le chef de la sentence qui a statué *ultra petita* n'est pas motivé et se complique ainsi d'une violation de la loi (Cass. civ., 28 fév. 1898 ; R. E. 1672 ; Inst. 2967, § 4 ; S. 98.1.465 ; D. 98.1.239).

§ 3. — *Pourvoi en cassation.*

ART. 1ᵉʳ. — ADMISSIBILITÉ DU POURVOI.

172. (321). **Généralités.** — Pour qu'une décision soit susceptible de faire l'objet d'un pourvoi en cassation il faut : 1° qu'elle ait le caractère d'un jugement ; 2° qu'elle soit définitive ; 3° qu'elle soit rendue en dernier ressort ; 4° qu'elle n'ait pas acquis l'autorité de la chose jugée. Nous allons examiner séparément chacune de ces quatre conditions.

1° *Décisions ayant le caractère d'un jugement.* — Les jugements proprement dits seuls peuvent être déférés à la Cour de cassation, et par là il faut entendre les dispositifs des jugements seulement. Les motifs d'un jugement n'ayant de valeur que pour l'interprétation du dispositif ne peuvent notamment faire l'objet d'un moyen de cassation (Req., 19 mai 1873 ; D. P. 74.1.251).

2° *Décisions définitives.* — En principe, il n'y a de jugements définitifs que ceux qui statuent sur le fond même de l'affaire. Cependant, il existe des jugements qui, bien que préparatoires, préjugent le fond en ce sens que la décision définitive est liée à l'issue de la mesure ordonnée : ce sont les jugements interlocutoires. Ces derniers jugements sont susceptibles d'être déférés à la Cour de cassation avant le jugement définitif. Ils doivent même y être déférés, à peine de déchéance, comme les jugements ordinaires, dans les deux mois de la signification. Parmi les jugements de l'espèce, on peut citer, en matière d'enregistrement, ceux qui ordonneraient une enquête, une expertise ou autoriseraient l'admission de la preuve testimoniale dans des cas où ces modes de preuve ne sont pas autorisés par la loi fiscale (Voir T. A., Vᵒ *Procédure*, nᵒ 339).

Mais on ne peut se pourvoir directement contre des jugements préparatoires qui ne préjugent en rien le fond de l'affaire. Le recours en cassation contre ces jugements n'est ouvert qu'après le jugement définitif (art. 14, L. 2 brum. an VII ; Voir au surplus, T. A., nᵒ 339-2).

3° *Décisions en dernier ressort.* — On ne peut recourir à la voie du recours en cassation qu'à défaut de tout autre moyen de réformation. Un jugement susceptible d'être attaqué par la voie de l'opposition, de l'appel, de la requête

civile, etc. n'est donc pas susceptible d'être déféré à la Cour de cassation.

4° *Jugement n'ayant pas acquis l'autorité de la chose jugée.* — Une décision acquiert l'autorité de la chose jugée, lorsque le délai fixé par la loi pour le recours à une juridiction supérieure est expiré. Nous verrons tout à l'heure quel est le délai dans lequel les parties peuvent utilement se pourvoir devant la Cour de cassation.

173. (332). **Pourvoi sommaire. Mémoire ampliatif. Moyens nouveaux.** — Le demandeur en cassation peut présenter dans son mémoire ampliatif, après l'expiration du délai de pourvoi, des moyens nouveaux s'ils se réfèrent aux chefs de décision déjà attaqués dans la requête introductive, ou s'il s'agit d'un moyen d'ordre public ou enfin lorsque la requête originaire, rédigée en termes généraux, contient implicitement les moyens ultérieurs, comme lorsqu'à la suite du moyen invoqué elle porte cette mention : « et tous autres à ajouter, s'il y a lieu » (R. E. 609, obs.).

Lorsque, au contraire, le demandeur en cassation a restreint son pourvoi à l'un des chefs de la décision attaquée, il n'est plus admis à produire devant la Cour, à l'expiration du délai de pourvoi, des moyens relatifs aux autres chefs qu'il n'a pas attaqués et auxquels il a laissé acquérir l'autorité de la chose jugée (Cass. crim., 3 janv. 1863 ; D. 70.5.50).

174. (334). **Moyens nouveaux présentés en cassation.** — On ne peut, en règle générale, fonder un pourvoi en cassation sur un moyen qui n'a pas déjà été présenté aux juges du fond (Crépon, *Du pourvoi en cassation*, II, nᵒ 811), à moins que le moyen nouveau ne soit d'ordre public.

Les moyens de droit pur, non mélangés de fait, sont, en matière d'impôt, considérés comme touchant à l'ordre public. Ils sont, en conséquence, recevables même lorsqu'ils sont présentés pour la première fois par les redevables devant la Cour (1).

Mais lorsque la contestation qui fait l'objet du moyen ne s'élève point au sujet du droit lui-même, mais seulement au sujet du mode de poursuite employé pour son recouvrement, cette difficulté ne saurait être considérée comme intéressant l'ordre public, ni, par conséquent, être soumise pour la première fois à la Cour (2).

Le moyen même fondé sur l'ordre public n'est pas recevable s'il repose sur des faits n'ayant été l'objet d'aucune discussion devant le tribunal dont la décision est attaquée (Cass. req., 28 janv. 1895 ; R. E. 874 ; Inst. 2890, § 1 ; D. 95.1.353) ; même objection pour le moyen mélangé de fait et de droit sur lequel les conclusions des parties devant les premiers juges ne fournissent aucune indication permettant de l'apprécier (3).

Constitue un moyen nouveau et, par suite, irrecevable, l'argument invoqué pour la première fois devant la Cour de cassation et consistant à alléguer que, à défaut d'accomplissement des formalités prescrites par la loi, une société par actions doit être considérée comme nulle (Cass. req., 23 déc. 1895 ; R. E. 1066 ; Inst. 2910, § 1 ; Conf. Cass. req., 14 avr. 1897 ; R. E. 4382 ; Inst. 2965, § 3 ; S. 98.1.289 ; D. 97.1.373.

Lorsque l'exception de prescription n'a point été opposée devant les premiers juges, elle ne peut être invoquée pour

(1) Cass. civ., 9 avr. 1856, 2 arrêts ; Inst. 2150, § 1-6° ; D. 56.1.157 ; S. 56.1.541 ; P. 56.2.489.
(2) Cass., 14 mai 1855 ; S. 56.1.63 ; P. 56.2.373 ; D. 55.1.241 ; Crépon, *Du pourvoi en cassation*, II, nᵒˢ 1084 et 1082.
(3) Cass. req., 26 juill. 1899 ; R. E. 2144 ; Inst. 3004, § 7 ; S. 1900.1.49, § 1 ; D. 1900.1.57, § 1 ; — Conf. Cass. req., 14 avr. 1897 ; R. E. 4382 ; Inst. 2965, § 3 ; S. 98.1.289 ; D. 97.1.373.

la première fois devant la Cour de cassation (Cass. req., 17 mars 1896 ; *R. E.* 1132 ; Inst. 2910, § 7 ; S. 97.1.102 ; D. 97.1.22 ; *J. E.* 24.826 ; — Civ., 10 juill. 1901 ; *R. E.* 2755).

175. (335). **Arguments nouveaux.** — Il ne faut pas confondre avec les moyens nouveaux, irrecevables en règle générale, les moyens de *pur droit* ou arguments nouveaux produits pour la première fois devant la Cour soit par le défendeur, soit même par le demandeur (Crépon, *Du pourvoi en cassation,* II, n° 823). « Les juges saisis d'une demande sont, par cela même, tenus d'examiner tous les arguments ou moyens de droit qui étaient de nature à en faire apprécier le fondement, de telle sorte que ces moyens, bien qu'ils n'aient pas été proposés aux juges d'appel, peuvent, dès lors, être soulevés devant la Cour de cassation et ne constituent pas des moyens nouveaux » (Cass., 27 juin 1876 ; S. 77.1.241 ; P. 77, 625 ; D. 77.1.121).

175 bis. (343 *bis*). **Défaut d'intérêt. Pourvoi non recevable.** — Lorsqu'un jugement énonce dans ses motifs que certaines valeurs au sujet desquelles sa conviction n'est pas suffisamment établie, ont pu faire partie de la succession et condamné simplement le redevable à souscrire une déclaration en ce qui touche ces valeurs, sans attacher aucune sanction à son injonction, ce chef du jugement ne peut faire l'objet d'un pourvoi, faute d'intérêt de la part du demandeur en cassation auquel il ne fait pas grief (Cass. req., 4 juill. 1901 ; *R. E.* 2762).

176. (355). **Pourvoi non suivi. Défaut de production d'un mémoire ampliatif.** — Doit être rejeté le pourvoi dirigé contre un arrêt de Cour d'appel, d'ailleurs régulier en la forme, lorsque le demandeur en cassation ne produit aucune justification de fait ni de droit, à l'appui des moyens invoqués dans la requête introductive (Cass. req., 4 mai 1896 ; *R. E.* 1265).

ART. 2. — CHAMBRE DES REQUÊTES.

177. (362 et suiv.). **Formule de signification d'arrêt d'admission.** — Nous donnons en note la formule que l'Administration prescrit de suivre (1).

(1) Voici cette formule suivie des observations de la Direction générale :

SIGNIFICATION D'ARRÊT D'ADMISSION.

L'an mil neuf cent,
A la requête de M. le Conseiller d'État, Directeur général de l'Enregistrement, des Domaines et du Timbre, dont les bureaux sont établis, au ministère des finances, Palais du Louvre, rue de Rivoli, à Paris, et pour lequel domicile est élu en la même ville, rue d'Anjou, n° 3, au cabinet de Mᵉ Moutard-Martin, son avocat à la Cour de cassation.

J'ai (a)....
soussigné, signifié, avec le présent exploit,
1° A M.
demeurant à
en son domicile, où étant et parlant à (b)
2° A M.
demeurant à
en son domicile, où étant et parlant à (b)
La grosse d'un arrêt d'admission rendu le
par la Chambre des requêtes de la Cour de cassation sur le

a) *Aux termes des art. 11 de la loi du 2 brumaire an IV, 70 de la loi du 27 ventôse an VIII, et 25 du décret du 14 juin 1813, les huissiers près la Cour de cassation ont seuls le droit de faire, à Paris, les actes de leur ministère pour les affaires de la compétence de la Cour de cassation ; et, d'après la jurisprudence, il y a nullité des exploits faits par d'autres huissiers, nullité qui peut être prononcée d'office.*
b) *Ajouter en cet endroit tant sur l'original que sur la copie,*

La lettre qui accompagne l'envoi fait au directeur par l'Administration de la grosse d'arrêt à signifier et des copourvoi formé par l requérant , ledit pourvoi enregistré à Paris, le
folio case, au droit de 25 fr. pour principal et de 6 fr. 25 pour 2 décimes 1/2 comme premier acte de recours.
A ce que l susnommé n'en ignore , en exécution dudit arrêt d'admission, je l ai assigné à comparaître dans les délais de la loi à l'audience de la Chambre civile de la Cour de cassation siégeant au Palais de justice, à Paris, pour y défendre par le ministère d'un avocat près ladite Cour, au pourvoi dont l'admission a été prononcée.
Et j'ai, au domicile susindiqué, en parlant et procédant comme dessus, laissé au susnommé copie (ou à chacun des susnommés, copie séparée) tant de la grosse de l'arrêt d'admission susdite que du présent dont le coût est de
non compris le timbre et le droit de copie.
(Suit l'indication du timbre employé.)

OBSERVATIONS.

1° MM. les huissiers doivent, avant de délivrer les copies qui leur sont remises, s'enquérir et tenir compte, pour la régularité des significations qu'ils auront à faire, des changements qui, depuis le pourvoi, ont pu survenir dans l'état, la qualité et le domicile réel ou légal des parties soit demanderesses, soit défenderesses, notamment par suite de décès, nomination de conseil judiciaire, interdiction prononcée ou rapportée, majorité accomplie, mariage, séparation, divorce, veuvage, convol à de secondes noces, remplacement de maires, administrateurs, liquidateurs, etc. Si le défendeur a été interdit, c'est son tuteur qu'il faut assigner ; s'il lui a été donné un conseil judiciaire, on doit l'assigner avec ce conseil et par des copies distinctes.
Si un mineur est devenu majeur, si un interdit a été relevé de l'interdiction, c'est à lui-même que l'assignation est donnée.
Si une fille est mariée ou une veuve remariée, il faut assigner la femme et le mari, ce dernier pour la validité de la procédure, et par deux copies distinctes. En cas de décès du défendeur, chacun de ses héritiers doit être assigné personnellement.
Les communes doivent être assignées dans la personne de leur maire et, en cas d'absence, c'est à l'adjoint que la copie doit être laissée (arrêt du 8 mars 1834) ; l'original doit être visé.
Les compagnies, les établissements publics et particuliers sont assignés conformément à l'art. 69, C. proc. civ.
MM. les huissiers doivent exiger que les visas soient régulièrement donnés avant l'expiration du délai prescrit pour la signification. Ils doivent aussi remplir avec la plus grande régularité toutes les formalités intrinsèques et extrinsèques nécessaires à la validité de leurs exploits, les nullités, en pareil cas, entraînant déchéance du pourvoi.
2° L'enregistrement des significations d'arrêt d'admission avec assignation devant la Chambre civile n'est soumis qu'au droit principal de 5 fr. (art. 22, L. 28 avr. 1893), le droit principal de 31 fr. 25 n'étant dû que pour l'enregistrement du premier acte rendu sur lequel a été rendu l'arrêt d'admission, et ce droit ayant été perçu ainsi qu'il résulte de la mention insérée dans le corps de l'exploit. Un seul droit est dû, quel que soit le nombre des demandeurs et des défendeurs.
3° La signification doit avoir lieu dans les deux mois de la date de l'arrêt d'admission, à peine de déchéance (Pour les délais de signification à faire hors la France continentale, Voir L. 2 juin 1862, art. 6). Aucune irrégularité ne peut être rectifiée ; lorsqu'il en existe, il faut une signification nouvelle qui ne peut être faite que dans le délai de deux mois susindiqué.
Ce délai est franc ; si le dernier jour du délai est un jour férié, le délai est prorogé au lendemain (L. 2 juill. 1862, art. 9).

lorsque la copie n'est pas remise à la partie elle-même ou au procureur de la République, la mention suivante : « Sous enveloppe fermée, ne portant, conformément à la loi, d'autre indication, d'un côté, que les nom et demeure de la partie, et de l'autre, que le cachet de mon étude apposé sur la fermeture du pli ».
Lorsque la signification ne doit pas être faite au domicile de la personne, mais au domicile légal de l'Administration que

pies préparées contient les recommandations suivantes :
« Je vous prie de veiller notamment : 1° à ce que la signification soit faite régulièrement dans le plus bref délai, et, au plus tard, dans les deux mois de la date de l'arrêt, ce qui est exigé sous peine de nullité ; 2° à ce que le droit de copie d'arrêt, s'élevant à   par chaque copie préparée, qui appartient à l'avocat de l'Administration, d'après l'art. 28 du décret du 16 février 1807, et le droit de timbre de ces copies préparées, montant à   , soient compris dans le coût de l'exploit, mais déduits de la somme à payer à l'huissier pour la signification.

« Le droit d'enregistrement des exploits de signification de l'espèce est fixé à 5 fr. en principal par les art. 45, n° 1, de la loi du 28 avril 1816, 2 de la loi du 19 février 1874, et 22 de la loi du 28 avril 1893 et les cas où il y a lieu à la pluralité des droits sont déterminés par l'art. 68, § 1, n° 30, de la loi du 22 frimaire an VII, modifié par l'art. 23 de la loi du 28 avril 1893.

« Vous aurez soin de m'accuser immédiatement réception de la présente lettre, de me renvoyer ensuite l'expédition aussitôt qu'elle aura été signifiée, et d'y joindre l'original de l'exploit, après vous être assuré de sa régularité, en consultant les n°s 162 et suivants de l'Instruction du 5 juin 1837, n° 1537.

« Vous me renverrez aussi le modèle de signification et vous aurez soin d'indiquer, dans votre lettre de renvoi, la date et le coût de l'exploit de signification. »

178. (362). **Arrêt d'admission. Signification dans les deux mois. Erreur de date dans la copie. Nullité. Déchéance.** — Le demandeur en cassation est tenu, à peine de déchéance de son pourvoi, de signifier au défendeur l'arrêt d'admission dans les deux mois de sa date (L. 2 juin 1862, art. 2). Si la copie de cette signification porte une date erronée (antérieure, en l'espèce, à la date même de l'arrêt signifié), elle ne porte pas en elle-même la preuve de la date réelle de sa signification. Cette inexactitude de date entraine la nullité de la copie, nullité qui ne peut être couverte par la régularité de l'original. Il en résulte que le demandeur, ne pouvant justifier légalement de la notification de l'arrêt d'admission dans les deux mois de sa date, est déchu de son pourvoi (Cass. civ., 14 mars 1900 ; R. E. 2353 ; Inst. 3015, § 6).

179. (369). **Pluralité de défendeurs. Signification à chaque défendeur, par copie séparée, obligatoire. Déchéance.** — L'arrêt de la Chambre des requêtes qui prononce l'admission d'un pourvoi en cassation doit être, à peine de déchéance, signifié, par copies séparées, à chacune des parties défenderesses. Dès lors, si, dans une instance tendant au payement de droits de mutation par décès à la charge de deux légataires, l'arrêt d'admission obtenu par la Régie a été signifié seulement à l'un des légataires pris tant en son nom personnel qu'au nom de son colégataire, la Régie doit être déclarée déchue de son pourvoi à l'égard de ce dernier légataire à qui la notification aurait dû être faite par copie séparée (Cass. civ., 26 juin 1895 ; R. E. 983-3 ; D. 95.1.484).

I. PARTIE DÉCÉDÉE. HÉRITIERS. — La signification d'un arrêt d'admission doit être considérée comme non avenue lorsqu'elle est postérieure au décès de la personne à laquelle elle était destinée. Si cette signification n'a pas ultérieurement, dans les deux mois de l'arrêt d'admission, été faite aux héritiers du défunt, le demandeur est, vis-à-

cette personne représente, par exemple, dans le lieu du siège social, dans les bureaux de l'Administration, etc., la substitution devra être faite avec soin. On exigera les visas, conformément à l'art. 69, C. proc. civ.

vis de ces derniers, déchu de son pourvoi (Civ., 26 déc. 1900 ; Gaz. Trib.).

II. SOCIÉTÉ. — La signification d'un arrêt d'admission concernant une société composée de deux personnes est valable lorsque l'exploit porte qu'elle a été faite « à Mr N.. et compagnie... en parlant à leurs personnes ».

Ces mentions et notamment l'emploi du pluriel « parlant à leurs personnes » établissent suffisamment que l'huissier a parlé et remis la copie aux deux associés (Cass. civ., 18 fév. 1901, Admin. des Douanes ; Gaz. Trib., 16 juin 1901).

180. (391). **Nullité de l'exploit. Responsabilité de l'huissier.** — Si l'exploit de signification était nul par la faute de l'huissier, la responsabilité civile de cet officier ministériel serait engagée vis-à-vis du demandeur au pourvoi (C. proc., 1031 ; note de M. Glasson, D. 95.2.487 ; Dall. C. proc. civ. annoté, art. 71, n°s 26 et suiv., 32 et suiv.).

181. (392). **Nullité dans la copie.** — V. n° 178, supra.

182. (395). **Désistement du pourvoi.** — Si le demandeur veut se désister du bénéfice de l'arrêt d'admission qu'il a obtenu, il doit donner à son avocat devant la Cour mandat spécial à cet effet. L'avocat passe ensuite au greffe de la Cour une déclaration de désistement.

Le désistement peut encore résulter de la remise par le demandeur à la partie adverse de la grosse de l'arrêt d'admission, avec engagement de payer les frais.

Si l'arrêt d'admission a été signifié avec assignation devant la Chambre civile, celle-ci se trouve saisie. Le désistement peut encore avoir lieu de la même manière si le défendeur n'a pas encore constitué avocat.

Si, au contraire, il y a un avocat constitué, c'est-à-dire qui est signifié et déposé sa défense au greffe, il est nécessaire que le désistement soit accepté par lui ou que, sur son refus, il en soit donné acte par la Cour.

Le désistement n'est accepté, en général, que sous la condition que le demandeur paiera tous les frais exposés jusque là, outre l'indemnité qui serait due au défendeur en cas de rejet du pourvoi par la Chambre civile. Même avec ces charges, le désistement offre encore un certain avantage au demandeur, lorsqu'il n'a aucune confiance dans l'issue de son pourvoi, car il lui évite le paiement de la seconde moitié de l'amende de 300 fr. ainsi que des frais d'enregistrement de levée et de signification de l'arrêt que la Chambre civile aurait rendu.

En cas de refus du désistement par le défendeur, la Cour rend un arrêt qui en donne acte et qui condamne le demandeur à la seconde moitié de l'amende et à tous les frais (Langlois, Guide de la procédure devant la C. de cass., p. 59 et 60).

183. Désistement par le défendeur éventuel du bénéfice de la décision attaquée. — Il peut arriver, à l'inverse, que sur la signification qui lui est faite de l'arrêt d'admission, le défendeur éventuel au pourvoi se désiste du bénéfice du jugement en dernier ressort qu'il avait obtenu. Dans ce cas, le demandeur en cassation exige, en général, de son adversaire qu'il lui remette la copie de l'arrêt d'admission qui lui a été signifié, afin de l'empêcher de saisir la Chambre civile de l'affaire, par voie de forclusion. De plus, la partie qui se désiste s'engage à payer tous les frais faits devant le tribunal et devant la Cour ainsi que le montant des réclamations produites par son adversaire et que les premiers juges ont repoussées.

De son côté, l'avocat du demandeur signe un désistement de pourvoi si la Chambre civile est déjà saisie par le dépôt au greffe de l'arrêt d'admission. Si, au contraire, ce dépôt n'a pas eu lieu, et si, par conséquent, la Chambre civile n'est pas encore saisie, un désistement par acte au greffe est inutile, puisque la Chambre des requêtes est dessaisie.

Art. 3. — Chambre civile.

184. (397). Défaut et forclusion. — Lorsque l'arrêt d'admission a été signifié au défendeur, celui-ci a un délai d'un mois pour produire sa défense. A l'expiration de ce délai, le demandeur peut, à la rigueur, saisir la Chambre civile en déposant au greffe la grosse de l'arrêt d'admission. Sur ce dépôt,et faute par le défendeur de produire sa défense, la Chambre civile statue par défaut. Le défendeur peut faire opposition à cet arrêt par voie de requête en restitution.

À l'inverse, il peut arriver que le demandeur,après avoir obtenu l'arrêt d'admission, ne saisisse pas la Chambre civile, alors même que le défendeur lui aurait signifié sa défense et l'aurait déposée au greffe. Dans ce cas, le défendeur peut suivre l'instance en sommant son adversaire de produire l'arrêt d'admission dans le délai de deux mois, et en sollicitant la Chambre civile de statuer par forclusion contre le demandeur. L'arrêt rendu dans ces conditions a la même force qu'un arrêt contradictoire (Langlois, *op. cit.*,p. 45 et suiv. ; — Cass. civ., 8 fév. 1893 ; *R. E.* 381 ; D. 93.1.409 ; S. 93.1.385 ; *J. E.* 24.024).

185. (401). Cassation sur pourvoi de la Régie. Avis aux parties. — Le directeur compétent est invité à donner sans retard connaissance des motifs de l'arrêt de la Cour suprême à la partie adverse qui doit, en même temps, être priée de déclarer si elle est dans l'intention d'y adhérer. Dans le cas où elle refuserait de fournir une adhésion par écrit et de désintéresser l'Administration sur tous les points, l'arrêt de la Cour lui est signifié et la cause portée devant le tribunal de renvoi.

Art. 4. — Frais et dépens.

186. (407). Cassation. Dépens du jugement cassé. Frais faits en cassation. — La partie qui a obtenu la cassation d'un arrêt (ou d'un jugement en dernier ressort) ne peut être condamnée par la Cour(ou le tribunal)de renvoi, ni aux frais faits devant la Cour de cassation, sur lesquels il est définitivement statué par la Cour de cassation elle-même, ni aux frais de l'arrêt (ou du jugement) cassé sur son pourvoi, c'est-à-dire au coût, enregistrement et signification dudit arrêt (ou jugement). La Cour (ou le tribunal) de renvoi doit se borner à statuer sur les frais de la procédure qui a précédé l'arrêt (ou le jugement) cassé et sur ceux qui ont suivi la cassation (1) (Cass. civ., 28 nov. 1899 ; *R. E.* 2335 ; et implicitement, Civ., 7 mai 1901 ; *R. E.* 2733-XII).

Quant aux frais de la première instance (autres que ceux relatifs au coût, enregistrement et signification du jugement cassé) c'est au tribunal de renvoi qu'il appartient d'en régler le sort. En effet, la cassation d'un jugement entraîne virtuellement, lors même qu'elle a lieu sur un seul chef, l'annulation du chef portant condamnation aux dépens.

187. (408). Comptabilité. — Les règles de comptabilité à suivre pour le payement des frais sont exposées au *Répertoire de Manutention*, V° *Comptabilité*, n° 377.

Les droits et frais sont avancés par l'avocat de l'Administration près la Cour de cassation et lui sont remboursés

(1) Cass., 8 déc. 1847 ; D. 47.4.279 ; — 20 avr. 1852 ; D. 54. 5.398 ; — 14 juill. 1852 ; S. 52.1.749 ; P. 52.5.292 ; D. 52.1. 203 ; — 26 janv. 1881 ; S. 81.1.322 ; P. 81.1.777 ; D. 81.1.150 ; — 28 nov. 1899 ; *R. E.* 2335.

par le receveur établi près cette Cour. Ce comptable opère la dépense par virement pour le compte des receveurs dans les bureaux desquels les affaires ont pris naissance. Les états de frais dûment acquittés par l'avocat doivent être joints aux bordereaux de virement que le receveur près la Cour de cassation doit adresser par l'intermédiaire du directeur de la Seine aux receveurs pour le compte desquels il a payé.

De leur côté, ceux-ci se conforment tant à la circulaire de la Comptabilité du 30 novembre 1833, à celle du 12 décembre 1835, n° 38, au titre des avances à *charge de recouvrement et de régularisation*, qu'aux dispositions de l'Inst. 1531 qui sont relatives au même objet.

Les états de frais sont exempts du timbre, attendu qu'ils n'ont été dressés que pour l'ordre intérieur de la comptabilité.

Les pièces de procédure, étant nécessaires pour l'instruction ou la suite des instances dans lesquelles il a été fait des avances *de droits et frais*,ne sont pas annexées aux états fournis par l'avocat ; elles sont adressées ultérieurement aux receveurs, s'il y a lieu, pour qu'ils puissent effectuer le recouvrement des avances ou en opérer la régularisation.

188. Rejet du pourvoi des parties par la Chambre des requêtes. — Il n'y a pas de frais à faire rembourser par l'adversaire.Il est dû seulement à l'avocat de l'Administration, pour droit de surveillance, une somme de 5 fr. qui est payée par virement par le receveur près la Cour de cassation et régularisée par un mandat que le directeur du département intéressé émet au profit du receveur que l'affaire concerne.

189. Rejet du pourvoi de l'Administration par la Chambre des requêtes. — Les frais avancés par l'avocat de l'Administration et qui lui ont été remboursés sont régularisés sur mandat délivré par le directeur intéressé.

190. Rejet du pourvoi des parties par la Chambre civile. — Le demandeur est condamné envers l'Administration à l'indemnité de 150 fr. ainsi qu'aux dépens. Les frais avancés par l'avocat de l'Administration sont presque toujours supérieurs à ceux admis en taxe (ils comprennent notamment les frais d'impression des mémoires). La totalité de ces frais est payée par virement à Paris et l'Administration réclame à l'adversaire le montant de l'indemnité et des frais taxés.

Lorsque le montant de l'indemnité et des frais alloués à l'Administration a été recouvré, le receveur compétent se charge en recette : 1° de l'indemnité, sous le titre dommages-intérêts adjugés à l'Etat ; 2° De la somme de à titre de recouvrement d'avances de frais de poursuites et d'instances.

L'excédent du total des frais sur ceux admis en taxe tombe en non-valeur et doit faire sans retard l'objet d'un mandat de régularisation au nom du receveur intéressé.

Quant à l'amende de 300 fr., elle est recouvrée selon le mode en usage, sur la remise d'un extrait de l'arrêt.

191. Rejet du pourvoi de l'Administration par là Chambre civile. — Les frais avancés par l'avocat de la Régie, et qui lui ont été payés par virement par le receveur près la Cour de cassation, comprennent notamment le coût de la signification de l'arrêt d'admission, moins ce qui a été versé à l'huissier (V. n° 177, *supra*).

La somme revenant à l'huissier instrumentaire lui a été payée par le receveur dans le bureau duquel l'instance a pris naissance ou, pour son compte et par virement, par son collègue au bureau duquel l'exploit a été enregistré.

Les avances faites par l'Administration devant rester à sa charge par suite du rejet du pourvoi, le directeur compétent doit délivrer au nom du receveur qui a introduit l'instance un mandat de régularisation du montant de ces avances.

Quant aux frais exposés par la partie adverse devant la Cour et qui doivent être également supportés par l'Administration, le payement en est effectué au moyen d'un mandat délivré par le directeur du département intéressé sur la caisse du receveur près la Cour de cassation.

192. Cassation d'un jugement sur le pourvoi de la Régie. — L'arrêt de cassation condamne aux dépens de l'instance en cassation le défendeur qui doit acquitter, de plus, le droit d'enregistrement de l'arrêt.

Les frais avancés par l'avocat de l'Administration s'élevant presque toujours à une somme supérieure, l'excédent tombe en non-valeur et est régularisé. Quant aux dépens admis en taxe, ils sont recouvrés sur la partie condamnée.

193. Désistement de la Régie. — Si la Régie se désiste d'un pourvoi qu'elle avait formé, les frais avancés par l'avocat de l'Administration, tant pour le pourvoi que pour le désistement, lui sont payés par virement par le receveur près la Cour de cassation et sont régularisés au moyen d'un mandat émis par le directeur du département intéressé, au profit du receveur dans le bureau duquel l'affaire a pris naissance.

CHAP. II — RÈGLES SPÉCIALES.

SECT. Ire. — HYPOTHÈQUES.

194. (413). — Voir *T. A., Hypothèques,* 315 et 421, *Procédure,* 412 à 421.

Les instances relatives au recouvrement de la taxe hypothécaire créée par la loi du 27 juillet 1900 sont soumises aux mêmes règles que les instances en matière d'enregistrement. Le projet du gouvernement le déclarait en propres termes (*R. E.* 2349, p. 299). Quoiqu'on ait jugé inutile de maintenir cette partie du projet dans le texte définitif, la question ne peut faire doute.

SECT. II. — AVANCES DES DROITS PAR LES OFFICIERS PUBLICS.

195. (425). — L'art. 30 de la loi du 22 frimaire an VII, qui organisait le recours du receveur pour l'avance du droit contre les parties tenues de le supporter, a été abrogé par la loi du 24 décembre 1897 (*R. E.* 1596) dans toutes celles de ses dispositions qui sont contraires à la dite loi. L'art. 30 ne subsiste donc plus que comme consacrant le principe du recours accordé à l'officier public. Quant à la procédure spéciale organisée par l'art 30, elle est remplacée par celle de la loi nouvelle (art. 3 et 4) (1).

(1) Voici le texte de ces articles :

3. — Les notaires, avoués et huissiers ne pourront poursuivre le payement des frais s'appliquant aux actes de leur ministère qu'après en avoir obtenu la taxe et suivant les formes établies à l'article suivant.

La demande de taxe pour les notaires est portée devant le tribunal civil de la résidence des notaires ou, en cas d'empêchement, devant un juge commis par lui. La taxe sera arrêtée conformément au tarif, s'il s'agit d'actes qui y sont compris; et, s'il s'agit d'actes non tarifés, suivant la nature et l'importance de ces actes, les difficultés que leur rédaction a présentées et la responsabilité qu'ils peuvent entraîner.

Pour les avoués et les huissiers, la taxe sera faite par le président du tribunal ou par le premier président de la cour d'appel où les frais ont été faits, ou, à leur défaut, par un juge qu'ils désigneront. S'il s'agit de frais relatifs à une instance,

Le notaire doit s'adresser, en conséquence, pour obtenir exécutoire, non plus au juge de paix, mais au président du tribunal (art. 3) ; l'exécutoire consiste désormais non plus dans l'expédition de l'ordonnance du juge délivrée par le greffier, mais dans l'état des frais taxés suivi de l'ordonnance du magistrat taxateur et de la formule exécutoire apposée sur la minute même (art. 4). Cet état taxé emporte hypothèque judiciaire, à la différence de l'ancien exécutoire (Voir *R.E.* 1581).Enfin l'instance engagée par l'opposition à l'ordonnance de taxe est jugée non dans les formes spéciales aux instances d'enregistrement, mais en chambre du conseil, avec constitution d'avoué et le jugement rendu est susceptible d'appel dans les cas ordinaires (art. 4).

SECT. III. — TIMBRE.

196. (441). Contrainte. — Lorsqu'un procès-verbal a été dressé pour constater une contravention aux lois sur le timbre, la réclamation des droits et amendes est valablement faite par voie de contrainte et non par voie d'assignation directe (Le Havre, 21 déc. 1899 ; *R. E.* 2301).

197. (446-1). Pièces en contravention. Présentation à la formalité. Saisie. — Est régulière la saisie, opérée par le receveur, d'une pièce en contravention aux lois sur le timbre qui lui est présentée non pour qu'il fasse connaître officiellement le montant des droits auxquels elle donne ouverture, mais avec réquisition formelle de la formalité (Sol. 30 juin 1899 ; *R. E.* 2289).

198. (450). Saisie non régulière. — L'Administration

magistrat taxateur devra, à moins d'empêchement, avoir pris part au jugement ou à l'arrêt.

Pour les notaires et les avoués, en matière de compte, liquidation et partage, les frais faits devant le tribunal seront taxés, à moins d'empêchement, par le juge-commissaire.

4. — Les notaires, avoués et huissiers devront signifier à la partie débitrice par acte d'avoué à avoué, sinon à personne ou domicile, l'état détaillé des frais taxés et l'ordonnance du magistrat taxateur revêtue, sur minute, de la formule exécutoire.

Cette signification contiendra, en outre, à peine de nullité : 1° constitution d'avoué pour le requérant ; 2° la déclaration que cette ordonnance deviendra définitive si elle n'est pas frappée d'opposition dans les délais déterminés au paragraphe suivant.

Dans les quinze jours de la signification, sauf l'application des art. 73, 74 et 1033 C. proc. civ., l'ordonnance de taxe est susceptible d'opposition de la part tant de la partie débitrice que de la partie qui en est bénéficiaire. Cette opposition est motivée et faite par acte d'avoué à avoué, s'il y a avoué constitué ; sinon, par ajournement.

Le délai imparti par le paragraphe précédent est suspendu par la mort de l'une des parties ayant le droit d'opposition. Il reprend son cours après une nouvelle signification faite au domicile du défunt, et à compter de l'expiration des délais pour faire inventaire et délibérer si cette signification a eu lieu avant que ces derniers délais fussent expirés. Cette signification pourra être faite aux héritiers collectivement et sans désignation des noms et qualités.

Les débats auront lieu en chambre du conseil, sans procédure, le ministère public entendu.

Le jugement sera rendu en audience publique ; il sera susceptible d'appel dans les formes et dans les cas ordinaires.

La signification de l'ordonnance de taxe, faite conformément aux prescriptions de la présente loi, à la requête des notaires avoués et huissiers, interrompt la prescription et fait courir les intérêts.

L'ordonnance de taxe vaut titre exécutoire ; elle emporte hypothèque judiciaire ; mais elle ne pourra être exécutée et l'inscription ne pourra être prise valablement qu'après l'expiration du délai d'opposition.

doit s'abstenir de relever les contraventions aux lois sur le timbre qu'elle n'a été à même de découvrir qu'au cours d'opérations suivies au seul point de vue domanial (D. M. F. 18 nov. 1883 et Sol. 1er sept. 1886).

Il en est ainsi notamment en ce qui concerne les pièces non timbrées existant dans le dossier d'un contumax (Sol. 19 oct. 1896 ; R. E. 1306).

Mais il est fait exception à cette règle pour les écrits libératoires rédigés en contravention à l'article 18 de la loi du 23 août 1871 (Même Sol., et T. A., Reçu, 611).

199. (457). **Agents compétents pour verbaliser.** — Les agents autorisés par les lois antérieures à verbaliser en matière de timbre, y compris les agents de la force publique, peuvent relever les infractions au timbre des effets publics étrangers ou des titres de valeurs étrangères (L. 28 déc. 1895, art. 7), ainsi qu'à la taxe des opérations de Bourse (L. 28 avr. 1893, art. 32).

200. (457). **Agents des postes.** — Ils sont compétents pour relever les contraventions au timbre des marques de fabrique ou de commerce (L. 26 nov. 1873, art. 4).

Lorsqu'un employé des postes constate la présence d'une facture ou note acquittée, non timbrée et qui aurait dû l'être, dans un paquet d'échantillons, d'imprimés, de papiers de commerce ou d'affaires, il prévient du fait le receveur du timbre, s'il en existe un dans sa résidence, ou bien, à défaut de receveur, le directeur des postes du département, qui en réfère à son collègue de l'enregistrement. L'employé de l'enregistrement prévenu ou désigné par le directeur se transporte au bureau des postes pour prendre immédiatement connaissance des pièces. S'il ne juge pas convenable de les saisir et de dresser procès-verbal, elles sont expédiées à destination. Dans le cas contraire, un procès-verbal est dressé par lui. Ce document énonce que la contravention a été signalée par un agent des postes et il est signé par cet agent et par l'employé rédacteur. Une expédition du procès-verbal, rédigée sur papier non timbré, est remise au préposé des postes (Décis. 14 janv. 1873 ; Inst. 2439).

201. Poursuites correctionnelles. — Certaines infractions aux lois sur le timbre constituent des délits passibles de poursuites devant le tribunal correctionnel (Voir T. A., Timbre, n° 297). L'infraction se constate de la même façon qu'en matière purement fiscale, mais l'agent verbalisateur doit rédiger deux procès-verbaux, l'un constatant l'infraction fiscale, l'autre le délit (Inst. 2255). Ces procès-verbaux sont timbrés et enregistrés en débet ; ils sont transmis au directeur qui les fait parvenir au procureur de la République. Le rôle des agents de l'Administration est alors terminé, l'amende, lorsqu'il y a lieu, étant recouvrée par les percepteurs.

202. (463). **Timbre par abonnement. Privilège. Tribunal compétent.** — Le tribunal de commerce — saisi d'une demande en collocation par privilège formée par l'Administration pour droits de timbre dus par une société en état de liquidation judiciaire — est incompétent pour trancher la question de savoir si le privilège s'étend, ou non, aux droits dus depuis trente ans. Il doit, sur ce point spécial du litige, renvoyer les parties à se pourvoir devant la juridiction compétente (le tribunal civil) (C. Rennes, 30 déc. 1899 ; R. E. 2365).

Aux termes de l'art. 4, L. 12 nov. 1808 sur le privilège accordé au Trésor pour le paiement des contributions directes, toute demande formée par un tiers en vue de revendiquer les meubles et objets mobiliers saisis par le Trésor doit être soumise à l'avance à l'autorité administrative, conformément aux dispositions de l'art. 15, L. 5 nov. 1790, qui ordonne le dépôt d'un mémoire préala-

blement à toute action intentée contre l'Etat. Les règles suivies pour l'interprétation de la loi de 1790 (V. Dict. des Dom., V° Procédure, 12 et suiv.) sont applicables à l'art. 4 précité de la loi de 1808. Notamment la nullité résultant de ce que l'action en justice n'a pas été précédée d'une réclamation par voie administrative est couverte par toute défense de l'Etat au fond (Cass. civ., 6 mars 1901 ; R. E. 2819). Cette règle nous semble devoir être suivie au cas où l'Administration exerce le privilège des contributions directes pour le recouvrement des droits de timbre.

SECT. IV. — VENTES JUDICIAIRES D'IMMEUBLES.

203. — La loi du 23 octobre 1884 ordonne, dans certains cas, la restitution des droits perçus sur les ventes judiciaires d'immeubles. Les parties intéressées, et, entre autres, le receveur de l'enregistrement, peuvent faire opposition à l'ordre de restitution contenu dans le jugement ou dans le procès-verbal dressé par le notaire commis (Inst. 2704-20 et 22). L'opposition doit être formée dans les quinze jours de l'ordre de restitution, par acte d'avoué à avoué, s'il y a avoué constitué, ou par ajournement (L. 24 déc. 1897, art. 4).

L'instance est jugée, non dans les formes spéciales de la procédure d'enregistrement, mais en chambre du conseil et avec constitution d'avoué ; le jugement rendu n'est pas susceptible d'appel, et peut seulement être déféré en cassation (Inst. 2704-22).

204. — La procédure a lieu sans frais ; tous les actes sont dispensés du timbre et enregistrés gratis. Le receveur des actes judiciaires représente ses collègues des autres cantons, le cas échéant (Inst. 2704, § 22). — Voir pour les détails, le T A., V° Vente judiciaire d'immeubles, n°s 150 et suiv.

TITRE II. — EXPERTISE, DISSIMULATION DE P IX ET SIMULATION DE PASSIF.

205. (520). — L'expertise n'est autorisée, en principe, que pour établir les insuffisances de prix ou de revenu. Cependant, les tribunaux ont parfois recours à l'expertise — même en matière d'enregistrement — en dehors des cas ci-dessus, notamment pour justifier la co-propriété des valeurs partagées, déterminer le caractère d'objets considérés comme immeubles par destination, etc.

Ces décisions sont d'une légalité contestable (Voir T. A., Insuffisance, 98 et R. E. 989, obs.).

206. Mutation secrète. Forêt. Vente simultanée du fonds et de la superficie. Insuffisance. Expertise. — Le tribunal de Ste-Menehould a jugé, le 16 février 1887 (R. E. 988), que lorsque la vente d'une forêt est effectuée au moyen de deux actes distincts passés le même jour, portant, l'un sur le fonds, l'autre sur la superficie, le tribunal, appelé à apprécier si la vente a le caractère immobilier pour le tout, peut ordonner une expertise aux fins d'établir si la superficie vendue pour être exploitée l'a été en effet, et si la valeur qui lui a été attribuée dans l'acte n'a pas été exagérée au détriment de celle attribuée au fonds.

Ce jugement n'est pas exempt de critique, tout au moins en tant qu'il confie aux experts le soin de rechercher si les lots vendus ont été exploités ou non. Une telle enquête ne nous paraît pas autorisée par les règles de la procédure en matière d'enregistrement.

207. (543). **Expertise d'immeubles situés dans le ressort de plusieurs tribunaux.** — Le tribunal compétent est en ce cas celui où se trouve le chef-lieu d'exploitation, aux termes de la loi du 15 novembre 1808. Cette loi ne régissait que les transmissions par acte entre vifs. L'art. 17 de la loi du 25 février 1901 (1) étend notamment aux *biens transmis par décès* les dispositions de la loi de 1808 qui, jusqu'ici, ne s'y appliquaient pas.

Il est de principe que les lois nouvelles relatives à l'organisation judiciaire et à la compétence en matière civile forment la règle pour le jugement des contestations même portant sur des actes ou des faits antérieurs à leur promulgation (Aubry et Rau, 5ᵉ édit., I, p. 106, texte et notes 14 et 16 bis). Il est également reconnu que les lois de procédure civile s'appliquent à l'instruction et au jugement des affaires auxquels auraient donné naissance des faits même antérieurs à leur promulgation (Aubry et Rau, *loc. cit.*, texte et note 17). Il n'y a d'exception que pour les affaires dont le juge est déjà saisi au moment où la loi nouvelle devient exécutoire.

Les règles tracées par l'art. 17 s'appliqueront donc à l'expertise de tous biens transmis par décès, alors même qu'ils dépendraient d'une succession ouverte avant la mise à exécution de la loi du 25 février 1901, dès lors que le juge n'a pas été saisi de la demande sous l'empire de la législation ancienne (R. E. 2622-45 ; Inst. 3049).

208. (544). **Exploits. Signification à domicile réel.** — Dans les procédures en expertise, les significations doivent être faites à personne ou au domicile réel, sauf au cas où la partie a signifié à l'Administration une élection de domicile pour tel ou tel des actes de la procédure. Même en cette hypothèse, les significations à domicile élu doivent être restreintes aux cas prévus (Lisieux, 6 juill. 1897 ; R. E. 1335).

209. (552). **Domicile des experts.** — Sauf dans le cas prévu par l'art. 17 de la loi du 25 février 1901 (immeubles situés dans plusieurs arrondissements) les parties peuvent choisir les experts domiciliés hors du canton ou de l'arrondissement où sont situés les immeubles à expertiser (Rochechouart, 4 juill. 1896 ; R. E. 1611).

210. (564). **Inimitié d'un expert. Récusation.** — En matière d'enregistrement, les causes de récusation d'experts sont régies par le droit commun. L'expert choisi par le redevable peut être récusé par l'Administration lorsqu'il est prouvé qu'il a manifesté à l'égard de celle-ci ou de ses représentants les sentiments d'animosité les plus vifs. — En cas d'admission par le tribunal de la récusation proposée, le jugement donne un délai à la partie pour choisir un autre expert et, faute de ce faire, en nomme un d'office (Rouen, 12 juill. 1899 ; R. E. 2296).

211. (554). **Expertise volontaire. Expertise judiciaire.** — L'expertise n'est judiciaire dès le début de la procédure que lorsque le tribunal a connu de la demande en ordonnant l'expertise.

(1) Cette disposition est ainsi conçue :
17. — Lorsqu'il y aura lieu de requérir l'expertise d'un immeuble ou d'un corps de domaine ne formant qu'une seule exploitation située dans le ressort de plusieurs tribunaux, la demande en sera portée au tribunal de première instance dans le ressort duquel se trouve le chef-lieu de l'exploitation ou, à défaut de chef-lieu, la partie des biens présentant le plus grand revenu d'après la matrice du rôle.
Les experts et, le cas échéant, le tiers expert prêteront serment devant le juge de paix du canton dans lequel se trouve le chef-lieu de l'exploitation ou, à défaut du chef-lieu, la partie des biens présentant le plus grand revenu d'après la matrice du rôle. Le tiers expert sera nommé par le juge de paix, si les experts ne peuvent en convenir. Les dispositions de l'art. 18 de la loi du 22 frimaire an VII non contraires au présent article sont maintenues.

Elle est volontaire lorsque la partie a acquiescé, en nommant son expert, à la requête qui lui a été signifiée par la Régie, dès lors que cette requête ne contient pas assignation (Dall. *Rép.*, Vᵒ *Enregistrement*, nᵒ 4798).

Quand, à la suite de la sommation qui lui a été faite, la partie a volontairement nommé son expert, il est inutile que le tribunal rende un jugement soit pour ordonner l'expertise, soit pour désigner le magistrat qui recevra le serment des experts (Orthez, 23 mars 1901 ; R. E. 2687).

212. (567). **Récusation. Compétence.** — Les difficultés auxquelles donnent lieu les récusations d'experts doivent, même si l'expertise est suivie en matière d'enregistrement, être jugées suivant les formes du droit commun (art. 309 et 311, C. proc.) (Barbezieux, 27 déc. 1898 ; R. E. 2026).

213. (568 et 570). **Demande en récusation. Délai.** — La récusation doit être proposée, à peine de déchéance, dans les trois jours de la nomination de l'expert (art. 309, C. proc.). Ce délai a pour point de départ la date à laquelle la nomination de l'expert a été portée à la connaissance de la partie récusante par une signification régulière (Barbezieux, 27 déc. 1898, préc.).

214. (574). **Loi de 1808, modifiée par celle de 1901.** — Le juge de paix de la situation des biens est compétent pour recevoir la prestation de serment des experts dans tous les cas où il y a transmission simultanée, soit entre vifs, soit par décès, de biens situés dans plusieurs arrondissements (L. 25 fév. 1901, art 17).

215. (575). **Biens situés dans des arrondissements différents. Prestation de serment.** — Lorsque des immeubles transmis à titre onéreux et faisant l'objet d'une demande en expertise sont situés dans des arrondissements différents, les experts doivent prêter serment devant le juge de paix des cantons de la situation des biens qui appartient à l'arrondissement dans lequel ils sont domiciliés (Sol. 20 juill. 1893 ; R. E. 882).

216. (576). **Juge compétent pour recevoir la prestation de serment.** — On doit, semble-t-il, décider que le juge de paix a qualité pour recevoir le serment des experts, en cas d'expertise volontaire, dès lors qu'aucune juridiction n'est saisie de la demande d'expertise (Contrà, Argentan, 16 déc. 1896, *Clouet*).

217. (577). **Requête aux fins de prestation de serment.** — Le receveur nous paraît avoir qualité pour signer cette requête (Contrà, Argentan, 16 déc. 1896, *Clouet*). Mais il est plus régulier qu'elle soit signée du directeur.

218. (580). **Fixation de la date des opérations d'expertise. Compétence.** — Le rôle du juge de paix, dans les expertises en matière d'enregistrement, se borne à recevoir la prestation de serment des experts. Il n'a pas qualité pour fixer d'office la date à laquelle devront commencer les opérations des experts. C'est à ceux-ci qu'il incombe de déterminer cette date. Si l'un d'eux ne se présente pas pour arrêter le jour et l'heure des opérations, la partie poursuivante peut sommer la partie adverse et les experts d'avoir à commencer l'expertise à une date déterminée, sauf à eux à faire connaître le jour qui serait à leur convenance (Sol. 25 août 1899 ; R. E. 2334).

219. (584). **Mission des experts. Fixation du revenu d'une usine. Liberté d'appréciation.** — Les art. 17 à 19 de la loi du 22 frimaire an VII, relatifs aux expertises en matière d'enregistrement, ne déterminant pas les bases que les experts doivent suivre dans leurs évaluations, ceux-ci peuvent choisir celles que leurs lumières et leur conscience leur suggèrent, sauf au juge à les apprécier. Spécialement, des experts s'acquittent régulièrement de leur mission lorsque, ayant à déterminer la valeur loca-

tive d'une usine et de terrains faisant l'objet d'une donation, ils déclarent, dans leur rapport, avoir visité cette
usine et ces terrains et en fixer le revenu l'un à 9.000 fr.,
l'autre à 8.000 fr. En homologuant, dans ces conditions, le
rapport des experts, un tribunal ne fait que se conformer
aux règles de la matière ; et on objecterait vainement que
les experts ont pris pour base de leur évaluation le produit
de l'exploitation de l'industrie exercée dans l'usine et ont
ainsi estimé non un revenu foncier, mais un revenu commercial (Cass. req., 8 mai 1895 ; R. E. 950 ; Inst. 2890,
§ 11 ; S. 95.1.518 ; D. 96.1.59).

220. (583). **Opérations des experts. Présence des
parties.** — Il suffit, pour la régularité des opérations de
l'expertise, que les parties aient été sommées de comparaître à la première vacation des opérations du tiers expert
et il n'est pas nécessaire qu'une sommation spéciale leur
soit adressée avant chacune des vacations ultérieures
(Seine, 29 mai 1897 ; R. E. 1420-1).

Les parties ne sauraient prétendre qu'elles n'ont pas été
régulièrement informées de la date de l'ouverture des
opérations d'une expertise, alors que leur présence à la
prestation de serment des experts est constatée au procès-
verbal de cette prestation qui a indiqué les jour et heure
de la première opération et qu'il est constant, en fait,
qu'elles ont assisté aux opérations. L'expertise ne saurait
être viciée malgré l'absence des parties si les opérations
auxquelles les experts se sont livrés hors leur présence
n'ont trait qu'à l'examen et à la discussion de leurs prétentions respectives et n'ont pas pour objet une formalité
substantielle de l'expertise (Libourne, 25 juill. 1900 ; R.
E. 2498).

L'observation des formalités prescrites en matière d'expertise par les art. 315 et suiv. C. proc. n'est pas prescrite à peine de nullité. Cependant leur omission pourrait
entraîner la nullité des expertises comme portant atteinte
à la libre défense si elle avait pour effet d'enlever aux
parties la possibilité de faire aux experts les observations
et réquisitions utiles à leurs intérêts (Cass. req., 15 fév.
1899 ; R. E. 1968 ; Inst. 2997, § 4 ; S. 99.1.371 ; D. 99.1.
542).

221. — I. (589). RAPPORT RÉDIGÉ DANS UN LIEU AUTRE QUE LE
LIEU CONTENTIEUX. — Une expertise est valable, s'il est
constant, en fait, que la partie et son conseil ont assisté à
la prestation du serment des experts, qu'ils ont connu la
date du commencement de l'expertise, qu'ils en ont suivi
les opérations, et qu'il leur a été loisible de faire toute
objection et de produire toute justification au cours des
opérations. Il importe peu que le rapport des experts ait
été rédigé dans un lieu autre que les lieux contentieux et
que l'indication du jour et de l'heure de la rédaction n'ait
pas été notifiée spécialement à la partie défaillante. L'art.
317, C. proc. civ. permet, en effet, que le rapport soit
rédigé dans un lieu autre que le lieu contentieux aux jour
et heure qui seront indiqués par les experts, et cette disposition n'exige nullement que cette indication soit signifiée à la partie défaillante. Celle-ci ne saurait donc tirer
aucun grief de ce défaut de signification, surtout lorsqu'il
est établi, en fait, qu'elle a été exactement informée de
toutes les opérations des experts (1).

II. (590). DATE ET LIEU DE RÉDACTION NON INDIQUÉS. — L'o-
mission, dans le rapport des experts, des lieu, jour et
heure de sa rédaction n'est pas une cause de nullité, non
plus que le défaut d'avis préalable à la partie intéressée,
bien que le rapport ait été rédigé hors du lieu contentieux,

(1) Cass. req., 21 oct. 1895 ; R. E. 1035 ; Inst. 1900 § 6 ; S.
97.1.102 ; D. 96.1.498.

surtout quand ce défaut d'indication et d'avis n'a porté aucune atteinte aux droits de la défense sauvegardés soit par
la sommation faite aux parties d'assister aux diverses opérations de l'expertise, soit par leur présence aux opérations
principales (Orthez, 23 mars, 1901 ; R. E. 2687).

III. (590). RAPPORT CONTENANT DES PASSAGES INJURIEUX. —
Un tribunal auquel a été soumis un rapport d'expert contenant des passages injurieux pour l'Administration ou
pour certains de ses agents, peut, même d'office, prescrire
la suppression de ces passages (Orthez, 15 juillet 1898 ;
R. E. 2687).

IV. (591). CONSTATATION DU DISSENTIMENT DES EXPERTS. —
L'art. 18 de la loi du 22 frimaire an VII n'exige ni procès-
verbal ni autre mode spécial de constater le dissentiment
qui existe entre les experts au sujet de la nomination du
tiers expert.

Ce dissentiment est suffisamment établi quand il fait
l'objet, dans le rapport de l'un des experts, d'une mention
expresse non contredite dans le rapport de l'autre expert
décédé, alors surtout que la partie intéressée a ratifié implicitement par des actes la nomination du tiers expert effectuée sur ces préliminaires (Orthez, 23 mars 1901 ; R. E.
2687).

V. (594). RÉDACTION DE DEUX RAPPORTS SÉPARÉS. — La rédaction par les deux premiers experts de deux rapports
séparés ne constitue pas une violation de l'art. 318, C. proc.
civ. et ne saurait, en conséquence, entraîner la nullité de
l'expertise (Orthez, 23 mars 1901 ; R. E. 2687).

221 bis. (597). **Nomination du tiers expert. Recours.**
— La nomination du tiers expert par le juge de paix n'est
susceptible d'aucun autre recours que la récusation, le
cas échéant (Narbonne, 20 déc. 1900 et Sol. 28 mars 1901 ;
R. E. 2665). C'est au juge de paix qu'on doit soumettre en
premier ressort les motifs de récusation, sauf appel devant
le tribunal civil (T. A., 604).

221 ter. (622). **Avis des experts obligatoire pour le
tribunal.** — Dans la procédure d'expertise en matière
d'enregistrement, l'avis des experts s'impose au tribunal
dès lors que le procès-verbal d'expertise ne contient pas
d'erreurs matérielles (Seine, 17 nov. 1894 et 5 juin 1896 ;
R. E. 1054 et 1186).

221 quater. (625). **Tiers expert.** — En cas de désaccord
des premiers experts sur l'estimation du revenu des biens,
le tiers expert doit fournir une évaluation personnelle du
revenu desdits biens (Cass. req., 21 oct. 1895 préc. ; R. E.
1035).

Mais il n'a pas qualité pour émettre une opinion différente sur les points admis par les deux autres experts, sa
mission consistant uniquement à départager ces derniers
(Béziers, 12 août 1898 ; R. E. 1899).

221 quinquies. (626). **Évaluation intermédiaire.** — En
matière d'insuffisance du prix exprimé dans un contrat
de vente d'immeubles, le résultat de l'expertise à laquelle
il a été procédé par deux experts et par un tiers expert est
représenté par l'évaluation intermédiaire ; cette évaluation
fait la loi des parties, sans qu'il soit possible d'adopter une
autre estimation (Orthez, 15 juill. 1898 ; R. E. 2687).

222. Dissimulation de prix. — V. ce mot au T. A.,
et au Supplément.

223. Simulation de passif. — Aux termes de l'art. 8
de la loi du 25 février 1901, l'exactitude des déclarations
ou attestations de dettes peut être établie par tous les
moyens de preuve admis par le droit commun, le serment
excepté. Les formes spéciales aux instances d'enregistrement sont suivies en cette matière, sauf lorsque le mode
de preuve invoqué ne comporte pas la procédure écrite. On

suivra par analogie, au cas particulier, les règles admises pour les dissimulations de prix.

TITRE III. — VOIES D'EXÉCUTION.

224. (640). — Les agents de l'Administration peuvent avoir à exercer des poursuites en vertu de titres de recette et de jugements qui donnent un titre exécutoire au Trésor ou confirment celui qui résultait de la contrainte : ils ont alors recours aux voies d'exécution qui forment le dernier terme des poursuites.

Il est recommandé aux préposés, quand cela est possible, d'employer d'abord les moyens d'exécution les plus modérés. Ils ont à suivre, par conséquent, en général, l'ordre que nous suivons nous-mêmes ci-après dans l'examen des différentes voies d'exécution.

CHAP. Ier. — SAISIE-ARRÊT.

SECT. Ire. — PRINCIPES GÉNÉRAUX.

225. (641). — « La saisie-arrêt est l'acte par lequel un créancier (le saisissant) arrête entre les mains d'un tiers (le tiers-saisi) les sommes et objets mobiliers qui sont dus ou qui appartiennent à son débiteur (le saisi), et par suite duquel il obtient, jusqu'à concurrence de ce qui lui est dû, la délivrance de ces sommes ou du prix provenu de la vente de ces objets » (Garsonnet, *Proc.*, 2e éd., IV, no 1376).

La saisie-arrêt ou opposition est, dans le principe, un acte conservatoire puisqu'il a pour but immédiat de maintenir entre les mains d'un tiers des valeurs appartenant au débiteur et qui sont le gage de ses créanciers.

Mais cet acte, purement conservatoire au début, devient par la suite un acte d'exécution dès lors qu'il tend à transférer au saisissant la propriété des sommes ou valeurs saisies-arrêtées.

L'instance en validité de saisie-arrêt qui représente la seconde phase de cette procédure d'exécution met en scène deux parties principales, le saisissant et le saisi et, à titre accessoire, une troisième personne, le tiers saisi. Si celui-ci n'est mis en cause que pour déclarer ce qu'il doit au saisi, il joue le rôle de témoin plutôt que celui de défendeur, ainsi que le fait remarquer M. Boitard (*Proc. civ.*, II, no 829). Si, au contraire, le saisissant ne se borne pas à assigner le tiers saisi en déclaration affirmative, mais conclut de plus, à ce que, faute de fournir sa déclaration dans le délai imparti par le juge, il soit condamné comme débiteur pur et simple des causes de la saisie, ou si la déclaration du tiers saisi est contestée, alors celui-ci devient partie au procès. Ce fait est de nature à modifier sur certains points la procédure de saisie-arrêt. En matière civile, il a pour conséquence le renvoi de la cause devant le tribunal du domicile du tiers saisi pour toutes les contestations où celui-ci est défendeur (C. proc. 570). En matière fiscale, la procédure de droit commun doit être suivie, à l'exclusion des règles spéciales tracées par la loi de frimaire, dès lors que le tiers saisi est poursuivi comme débiteur direct des droits réclamés ou prend le fait et cause du saisi en contestant au fond la réclamation.

226. (642). **Contrainte.** — La contrainte formant un titre exécutoire permet de pratiquer une saisie-arrêt (Langres, 7 juill. 1886 ; R. P. 6804 ; J. E. 23.060 ; — Valence, 14 mars 1898 ; R. E. 1720).

227. (643). **Titre.** — On peut saisir-arrêter sans titre exécutoire ; en cas d'urgence absolue, le président du tribunal

du domicile du tiers saisi peut permettre la saisie à titre conservatoire. Le saisissant présente à ce magistrat une requête exposant les causes et le montant de la réclamation, ainsi que les motifs d'urgence ; le président apprécie s'il doit refuser l'autorisation, l'accorder purement et simplement ou la subordonner à certaines conditions. C'est un acte de juridiction gracieuse. Voici un modèle de requête et d'ordonnance (1).

(1) REQUÊTE AUX FINS DE SAISIE-ARRÊT.

À Monsieur le président du tribunal civil de première instance de..... séant à.....

À l'honneur d'exposer,

Le conseiller d'État, directeur général de l'enregistrement, des domaines et du timbre, au Ministère des Finances, palais du Louvre, rue de Rivoli, à Paris, — poursuites et diligences de M..... directeur soussigné de l'enregistrement, des domaines et du timbre du département de..... demeurant à.....

Que M. (*nom, prénoms, profession, domicile*) est décédé à....., laissant pour héritier son fils unique, M..... (*nom, etc.*), demeurant à.....

Qu'il dépend de la succession une maison à....., d'un revenu de...., suivant bail du...., au capital de.....

Qu'il n'a été fait, dans le délai légal de six mois, aucune déclaration pour le paiement des droits de mutation dus par suite du décès de M..... et s'élevant à la somme de...., en principal, décimes et demi-droit en sus, sauf à augmenter ou à diminuer ;

Qu'une contrainte a été signifiée à M..... le.... à l'effet de le contraindre au payement des droits dus au Trésor, mais que cet acte a été suivi d'une opposition de la part du redevable à la date du..... ;

Que cette opposition ne paraît pas sérieuse au fond, mais que le jugement qui doit la mettre à néant ne pouvant être rendu à bref délai, il importe à l'Administration de prendre à l'encontre de son débiteur les mesures conservatoires nécessaires pour assurer le recouvrement de la créance du Trésor après l'issue de l'instance qui ne peut que lui être favorable ;

Que l'Administration est informée que M... possède des sommes et valeurs déposées à la Banque de France à.....

Dans ces conditions et pour sauvegarder les droits du Trésor, dans la mesure du possible, le directeur soussigné à l'honneur de vous demander, monsieur le président, de vouloir bien, conformément à l'art. 558 C. proc. civ. autoriser l'Administration de l'Enregistrement à faire pratiquer entre les mains de la Banque de France, à....., une saisie-arrêt sur toutes les sommes et valeurs dont elle peut être débitrice pour le compte de M.....

Fait à l'hôtel de la Direction à.....

Le.....

Le directeur de l'enregistrement,
(*Signature*).

Cette requête est rédigée sur timbre ; l'ordonnance est écrite à la suite et enregistrée au droit de 4 fr. 50.

ORDONNANCE.

Nous président du tribunal de..... séant à.....

Vu la requête ci-dessus et les pièces ;

Permettons à l'Administration de l'Enregistrement, de former opposition entre les mains de la Banque de France sur toutes les sommes et valeurs dont elle peut être débitrice pour le compte de M....., pour la conservation de la somme de..... (*montant des droits dus, plus une somme pour les frais faits ou à faire*), à laquelle nous évaluons provisoirement la créance, en capital et frais, réservant à la partie saisie de nous en référer en cas de difficulté.

Disons qu'en laissant entre les mains du tiers saisi ou en déposant à la Caisse des consignations la somme ci-dessus fixée avec délégation expresse au profit de la requérante et affectation spéciale au payement de sa créance, pour le cas où elle serait ultérieurement reconnue, la partie saisie est autorisée dès à présent, en vertu de notre ordonnance et sans qu'il en

20

228. (643). **Droits de succession. Usufruitier.** — La permission du juge est nécessaire pour pratiquer une saisie-arrêt contre un usufruitier tenu, non comme débiteur personnel, mais en vertu de l'art. 32 de la loi de frimaire, des droits de mutation par décès dus par le nu-propriétaire (Lyon, 14 janv. 1888 ; *R. P.* 7049 ; *J. E.* 23.060. — Conf. *T. A.* V° *Succession*, 663 et 664).

229. (648). **Délai non expiré pour la déclaration. Mesure conservatoire.** — La Régie est fondée à pratiquer à titre conservatoire, même avant l'expiration du délai imparti pour passer les déclarations de successions, une saisie-arrêt entre les mains de la compagnie d'assurances afin de garantir le recouvrement des droits exigibles (Seine, 4 mai 1900 ; *R. E.* 2484).

230. (650). **Créance non liquide.** — On ne peut faire opposition qu'à raison d'une créance *certaine* et *exigible* : mais il n'est pas nécessaire qu'elle soit *liquide* : ainsi une saisie-arrêt peut être pratiquée pour avoir paiement d'une amende variable, de 125 fr. à 1250 fr., par exemple, non encore déterminée par le juge (Valence, 14 mars 1898 ; *R. E.* 1720).

231. (651). **Élection de domicile.** — L'art. 559, § 3, C. proc. civ., qui exige à peine de nullité que l'exploit de saisie-arrêt contienne élection de domicile par le saisissant au lieu où demeure le tiers saisi est obligatoire pour *les administrations publiques* aussi bien que pour les particuliers (Prades, 20 déc. 1893 ; *R. E.* 1007).

Mais cette élection spéciale n'est pas nécessaire si le tiers saisi demeure au même lieu que le directeur de l'enregistrement à la diligence duquel la saisie-arrêt est pratiquée (Cass. req., 4 juill. 1901 ; *R. E.* 2762).

232. (651). **Instance en validité. Procédure spéciale.** — L'instance en validité, dès lors qu'elle ne s'agite qu'entre l'Administration saisissante et le saisi, est régie par les règles spéciales aux instances concernant le recouvrement des droits (Mamers, 6 mars 1894 ; *J. E.* 24.372 ; — Seine, 13 juill. 1894 ; *J. E.* 24.468 ; Castres, 15 juill. 1898 ; *J. E.* 25.728 ; — Cass. civ., 22 avr. 1898 ; *R. E.* 1785 (1). La demande en validité doit, en conséquence, être portée devant le tribunal auquel ressortit le bureau d'où émane la contrainte (Besançon, 27 fév. 1894 ; *J. E.* 24.366).

233. (662). **Créances saisissables. Sommes dues par l'État.** — En principe toutes les créances sont saisissables. Il y a exception pour : 1° les rentes sur l'État, les sommes dues à l'État, aux communes, ou aux établissements de bienfaisance, les revenus des majorats, les traitements *dans une certaine limite* (V. *Répert. de Manutention*, V° *Comptabilité* , 65 et 192 et *Saisie-arrêt*, 4, 18 et 26) ; 2° les provisions alimentaires accordées par le juge ; 3° les sommes ou objets déclarés insaisissables par le donateur ou testateur ; 4° les sommes ou pensions dues pour aliments (C. proc. art. 581, 582).

soit besoin d'autre, à toucher le surplus des sommes qui lui sont dues.

A. . . . . le. . . . .   (*Signature*.)

(1) La demande formée par la régie des contributions indirectes en vue de faire valider une saisie-arrêt pratiquée par elle afin d'obtenir le paiement de droits exigibles, soulève entre l'Administration et le redevable une contestation sur le fond de ces droits et doit, en conséquence, aux termes de l'art. 88 de la loi du 5 ventôse an XII, être instruite et jugée dans les formes prescrites par les art. 65 de la loi du 22 frimaire an VII et 17 de la loi du 27 ventôse an IX, c'est-à-dire sur simples mémoires respectivement signifiés, après rapport d'un juge et sans plaidoiries. — Les parties ne peuvent valablement renoncer à ce mode de procéder, institué dans un intérêt public, pour assurer le prompt et économique recouvrement de l'impôt (Cass. civ., 22 avr. 1898).

I. RENTES SUR L'ÉTAT. — Observons, au sujet de l'insaisissabilité des rentes sur l'État, que d'après la jurisprudence de la Cour de cassation et même un arrêt récent du Conseil d'État, les art. 4 de la loi du 8 nivôse an VI et 7 de la loi du 22 floréal an VII, confirmés par les lois des 11 juin 1878, 27 avril 1883 et 17 janvier 1894, ont eu seulement pour objet d'interdire les saisies-arrêts de ces rentes pratiquées entre les mains du Trésor public. Mais les créanciers peuvent faire ordonner par justice la réalisation à leur profit des rentes sur l'État que leur débiteur est appelé à recueillir dans une succession, dès lors qu'il n'y a pas lieu à saisie entre les mains du Trésor (1).

Cette jurisprudence est plus conforme à l'équité qu'au droit strict ; les préposés doivent donc jusqu'à nouvel ordre considérer les rentes sur l'État comme absolument insaisissables, suivant la solution et la décision ministérielle précitées.

II. RENTES SUR PARTICULIERS. — V. n° 284 *infra*.

234. (662-1). **Cautionnements d'officiers publics.** — Les cautionnements des notaires sont insaisissables, sauf pour faits de charge (L. 25 vent. an XI, art. 33) ; les cautionnements des autres officiers publics sont saisissables (L. 25 niv. an XIII, art. 1 ; Garsonnet, *Procéd.*, 2° éd., IV, n° 1286, note 3).

234 bis. (662-3). **Deniers consignés. — Versement au receveur.** — Des deniers déposés, au compte d'une succession bénéficiaire, à la Caisse des consignations peuvent être versés sans formalité au Receveur, en paiement des droits de mutation, par le préposé de la Caisse si aucune opposition n'a été notifiée à celui-ci et si les héritiers bénéficiaires y consentent. Si ces deux conditions ne se trouvent pas réunies, les deniers doivent faire l'objet d'une distribution régulière (Sol. 26 juill. 1899 ; *R. E.* 2807).

235. (667). **Jugement de validité par défaut. Exécution.** — L'Administration est fondée, pour exécuter conformément à l'art. 159 C. proc., un jugement de validité de saisie-arrêt rendu par défaut à son profit, à poursuivre la saisie des immeubles du son débiteur, dès lors que le tiers saisi refuse de vider ses mains jusqu'à ce qu'il lui soit justifié de l'exécution du jugement de validité. — Les frais exposés dans la procédure de saisie immobilière engagée dans ces conditions n'ont pas le caractère frustratoire (C. Caen, 26 juill. 1897 ; *R. E.* 1536).

236. (668 *quater*). **Salaires et petits traitements.** — La loi du 20 janvier 1895 (Inst. 2875) n'autorise la saisie-arrêt des salaires des ouvriers et gens de service que jusqu'à concurrence du dixième, quel que soit le montant de ces salaires ; il en est de même des appointements ou traitements ne dépassant pas 2.000 fr. par an. En outre, la procédure est plus rapide et moins coûteuse.

S'il y a titre, la saisie ne peut être pratiquée que sur le visa du greffier de paix ; s'il n'y a point titre, il faut l'autorisation du juge de paix du domicile du saisi sur réquisition du saisissant ou d'une autre partie ; les intéressés sont convoqués, par lettres recommandées, devant le juge de paix qui prononce sur la validité de la saisie et sur la distribution affirmative que le tiers saisi est tenu de faire à l'audience. C'est aussi le juge de paix qui procède à la distribution des deniers, s'il y a lieu ; la copie de l'état de répartition adressée par le greffier au créancier colloqué donne à celui-ci une action directe contre le tiers saisi (V. aussi *Répert. de Manut.*, V° *Saisie-arrêt*, § 2).

(1) Cass. civ., 2 juill. 1894 ; *R. E.* 1077 ; S. 95.1.5 ; D. 94.1. 497 ; — 16 juill. 1894 ; *R. E.* 1077 ; S. 95.1.5 ; D. 94.1.497 ; — 23 nov. 1897 ; *R. E.* 1627 ; — Arr. C. d'Ét., 8 juill. 1898 ; *R. E.* 1867, Coudray ; — *Contrà*, Sol. 31 déc. 1895 ; *R. E.* 1077 ; — D. M. F. 20 nov. 1897 ; *R. E.* 1627.

SECT. II. — PHASES DE LA PROCÉDURE.

§ 1er. — Formes de la saisie-arrêt.

237. Commandement. — La saisie-arrêt n'est précédée d'un commandement au saisi que dans le cas où elle est faite avec la permission du juge et où celui-ci a subordonné son autorisation à cette formalité.

238. Exploit de saisie-arrêt. — La procédure débute par un exploit qui contient les noms et domicile du saisissant et du saisi, la désignation des sommes ou objets saisis, l'indication du titre en vertu duquel le demandeur agit ou de l'ordonnance du juge, le montant de la somme pour laquelle est faite l'opposition ; enfin l'élection de domicile au lieu du domicile du tiers saisi, à peine de nullité (C. proc. 559). Cette dernière énonciation s'applique même à l'Administration qui devra élire domicile chez le maire de la commune du domicile du tiers saisi (Inst. 1537-313).

Est régulière la saisie-arrêt pratiquée entre les mains d'un tiers à la requête du Directeur général de l'Administration de l'enregistrement et des domaines, demeurant à Paris, rue de Rivoli, n° 192, poursuites et diligences du directeur de l'Enregistrement, demeurant au chef-lieu du département (Cass. req., 4 juillet 1901 ; R. E. 2762).

239. Signification. — Certaines précautions spéciales sont prises afin qu'il soit certain que l'exploit est parvenu à la connaissance du tiers saisi.

I. — Si le tiers saisi habite hors de France, la signification n'est pas faite au parquet, comme en matière de droit commun, mais à personne ou à domicile, en observant, dans les colonies françaises, les formalités prescrites pour les significations par la loi française, et en pays étranger les formalités usitées dans ce pays (Garsonnet, 2e éd., IV, § 1410). Pour la plupart des États européens, le mode de signification est réglé par la convention internationale déclarée exécutoire par décret du 16 mai 1899 (R. E. 2043).

II. — Les saisies-arrêts formées entre les mains des receveurs, dépositaires et administrateurs de caisses ou deniers publics, sont signifiées à un fonctionnaire spécialement désigné à cet effet, qui vise l'original ; à défaut, le visa est donné par le procureur de la République.

240. Dénonciation au saisi. — L'opposition est dénoncée au saisi dans la huitaine de la saisie, outre un jour par cinq myriamètres de distance entre le domicile du saisi et le bureau du receveur saisissant, et un jour pour cinq myriamètres entre ce bureau et le domicile du débiteur saisi ; quand le débiteur réside à l'étranger, les délais sont augmentés, conformément à l'art. 73 C. proc. Cette dénonciation se fait par exploit contenant copie de l'opposition : elle peut être faite par le même acte que l'opposition, si le tiers saisi et le saisi sont domiciliés dans le même canton.

241. Assignation. — Par le même exploit ou par un autre signifié dans le même délai, le saisi est assigné en validité de la saisie devant le tribunal de première instance dans le ressort duquel le receveur a son bureau (L. frim., art. 64). L'art. 566 C. proc. civ. ne s'applique pas, en effet, en matière d'enregistrement (Inst. 1537-345).

242. Contre-dénonciation. — Dans les huit jours à compter de la demande en validité (délai augmenté à raison des distances), la demande est contre-dénoncée au tiers saisi par exploit d'huissier. Cette formalité a lieu dans l'intérêt du saisi, car si elle n'est pas accomplie dans le délai, les fonds deviennent disponibles aux mains du tiers saisi (C. proc. 565).

243. Assignation en déclaration affirmative. — Le tiers saisi est assigné en déclaration affirmative, afin qu'il

avoue ou conteste sa dette. C'est le moyen de le lier à l'instance engagée contre le saisi. Aucun délai n'est fixé pour cette assignation, ordinairement formulée dans l'exploit de contre-dénonciation lorsque le saisissant a un titre authentique : or, en matière d'enregistrement, la contrainte forme titre authentique.

244. Formalités multiples. — Ces formalités très compliquées en apparence peuvent, en pratique, être fort simplifiées. L'exploit de saisie-arrêt et la dénonciation au saisi avec assignation peuvent être réunis dans un même acte signifié par le même huissier si le saisi et le tiers saisi sont domiciliés dans le même canton. Ce même exploit de saisie-arrêt peut encore contenir la contre-dénonciation au tiers saisi et l'assignation en déclaration affirmative. Toute la procédure peut donc se réduire à un seul acte ; mais, en général, l'Administration en notifie deux : 1° l'opposition contenant dénonciation et demande en validité ; 2° la contre-dénonciation contenant assignation en déclaration affirmative.

245. — Quand le tiers saisi et le saisi reconnaissent la dette, il n'y a pas d'assignation en déclaration affirmative. Enfin, dans les saisies-arrêts pratiquées entre les mains des receveurs ou administrateurs de caisses publiques, la contre-dénonciation, la déclaration affirmative et la procédure qui s'ensuit sont inutiles (Décr. 18 août 1807, art. 6).

246. Jugement de validité. — La demande en validité est un accessoire des poursuites exercées contre le débiteur est jugée selon les formes spéciales de l'art. 65 de la loi de frimaire, à moins toutefois que le tiers saisi n'élève de contestation (Inst. 1537-316). La procédure écrite s'impose à peine de nullité (Cass., 22 avr. 1898 ; R. E. 1785 ; — Seine, 8 mars 1888 ; R. P. 7096 ; J. E. 23.060 ; — 18 nov. 1893 ; R. E. 715). — Voir T. A. n° 654.

247. — La demande en validité de saisie-arrêt est faite par requête du directeur ou du receveur au président du tribunal : elle rappelle les poursuites faites, la saisie, la dénonciation avec assignation en validité et la contre-dénonciation. Elle conclut à ce qu'il plaise au tribunal déclarer la saisie bonne et valable, condamner le saisi au paiement de la somme réclamée, ordonner que toutes les sommes dont le tiers saisi se reconnaîtra ou sera jugé débiteur seront versées au bureau compétent, et condamner la partie saisie aux dépens. A cette requête sont joints les titres et les actes de procédure. La requête et tous les mémoires sont signifiés au saisi.

248. — Le jugement examine la prétention de l'Administration, et décide si les formalités légales ont été observées ; mais son examen ne s'étend pas à la validité de la dette du tiers saisi (Inst. 1537-317).

249. — Le jugement de validité peut précéder la déclaration du tiers saisi, mais le plus souvent les deux instances sont jointes et un seul jugement est rendu.

250. Contestations du tiers saisi. — Si le tiers saisi conteste la saisie, ou s'il s'oppose aux poursuites exercées directement contre lui en vertu du jugement qui a prononcé la validité de la saisie, il doit être procédé contre lui suivant les règles du droit commun. Le tiers débiteur qui n'est pas redevable de l'Administration, ne doit pas, en effet, être privé, parce que celle-ci a pris la place de son créancier, du droit de se défendre par le ministère d'avoués et selon les formes ordinaires de la procédure (Inst. 1537-319 ; — Alais, 16 mai 1883 ; R. P. 6195 ; J. E. 22.229 ; — Sol. 25 juill. 1883 ; R. P. 6195 ; T. A., 654). Le tribunal compétent est celui du domicile du tiers saisi (Avignon, décembre 1891).

251. — La règle est la même quand un tiers créancier forme opposition à la saisie-arrêt faite à la requête de l'Administration (Inst. 1537-320).Mais la procédure spéciale serait suivie lorsque les tiers interviennent sans être contestants (Sol. 20 juin 1888 et 7 août 1889 ; *Rev. prat.*, 2875).

252. Tiers saisi se solidarisant avec le saisi. — Le tiers saisi qui, sur les poursuites de l'Administration, a déclaré prendre fait et cause pour la partie saisie, se constitue par là même débiteur direct et redevable personnel des droits qui ont motivé la saisie. En conséquence, il y a lieu de suivre en ce cas la procédure spéciale (Inst. 1537-321).

253. Déclaration du tiers saisi. — Il n'est pas donné suite à l'assignation en déclaration affirmative tant que la saisie n'est pas validée. Le jugement de validité rendu, si le tiers saisi n'a pas fait sa déclaration, l'Administration suit la procédure contre lui sur l'assignation donnée. Nous avons fait observer plus haut qu'un second jugement n'est pas nécessaire lorsque le tiers débiteur fait sa déclaration en temps utile.

254. — La déclaration affirmative doit énoncer les causes et le montant de la dette, les acomptes payés, les circonstances qui peuvent la modifier, et les autres saisies-arrêts déjà formées (C. proc. 573).

255. — Ce n'est que si cette déclaration est contestée qu'une nouvelle instance s'engage pour laquelle le tiers saisi peut demander à être renvoyé devant le tribunal de son domicile ; en ce cas, si les deux demandes en validité et en déclaration ont été jointes, le tribunal du saisi doit surseoir à statuer sur la validité jusqu'à ce qu'il ait été jugé sur la déclaration définitive (Voir à ce sujet, Sol. 20 juin 1888 et 7 août 1889 ; *Rev. prat.*, 2875).

256. Signification du jugement de validité. — Le jugement de validité est signifié à la fois au saisi et au tiers saisi, si celui-ci a fait sa déclaration affirmative, afin de le contraindre à se libérer entre les mains de l'Administration. Lorsque le tiers saisi n'a pas fait de déclaration, un nouveau jugement est pris contre lui le condamnant comme débiteur pur et simple des causes de la saisie, c'est-à-dire du montant intégral de la créance du saisissant, fût-il supérieur à sa dette envers le saisi, sauf bien entendu son recours contre ce dernier. Il va sans dire que le tiers saisi peut faire opposition au jugement qui l'a condamné, et obtenir par un jugement contradictoire un certain délai pour produire sa déclaration.

257. Péremption. — Si le jugement a été rendu par défaut, il est périmé à défaut d'exécution dans les six mois. L'exécution peut résulter du dépôt de la somme saisie à la Caisse des consignations, de l'ouverture d'une distribution par contribution et de la production à cette contribution (Seine, 16 nov. 1886 ; *Rev. prat.*, 2323, 2390, § 2), ou de l'assignation du tiers saisi en déclaration affirmative (Niort, 21 juill. 1899 ; *R. E.* 2797).

§ 2. — *Effets de la saisie-arrêt.*

258. Effets de l'exploit de saisie-arrêt. — L'exploit de saisie-arrêt rend indisponibles entre les mains du tiers saisi les sommes dont il est redevable au saisi ; il ne peut même pas payer le saisissant : la prescription au profit du tiers contre le saisi est interrompue. Ces effets peuvent durer 30 ans, sauf pour les saisies-arrêts faites entre les mains des administrations publiques qui sont sans effet si elles ne sont pas renouvelées dans les cinq ans (L. 9 juill. 1836, art. 14).

259. Effets de la dénonciation. — La dénonciation de la saisie-arrêt au saisi interrompt la prescription de la créance du Trésor contre le saisi, lorsqu'elle n'a pas été précédée d'une contrainte (saisie-arrêt à titre conservatoire).

260. Effets du jugement de validité. — Le jugement de validité déclare la saisie valable, ordonne au tiers saisi de payer l'Administration et attribue au saisissant la propriété des sommes saisies-arrêtées (d'après la jurisprudence). Les deniers sont retirés de la Caisse des dépôts, s'il y a eu consignation ; quand il s'agit d'une créance non échue, elle est mise en vente dans les formes prescrites par les art. 636 et suiv., C. proc. (V. *infrà*, nº 284) ; enfin, si le tiers saisi refuse de payer, on pratique contre lui les voies ordinaires d'exécution. Ceci suppose que le jugement de validité est passé en force de chose jugée, et que les contestations soulevées par le saisi ont été écartées par ce jugement ou par une autre décision ayant aussi force de chose jugée.

§ 3. — *Incidents de la procédure.*

261. Mainlevée. — La demande en mainlevée de la saisie-arrêt, formée par le débiteur, doit être portée, à peine de nullité, devant le tribunal où l'instance en validité est pendante (L. frim. art. 64).

262. Pluralité de saisie. — Lorsque l'Administration se trouve en concours avec d'autres créanciers saisissants, elle n'a aucun privilège pour le recouvrement de ses droits, et vient au marc le franc, quelle que soit la date des saisies des autres créanciers et même celle de leurs créances ; des créanciers postérieurs à la saisie-arrêt pratiquée par la Régie n'en concourent pas moins avec elle, pourvu qu'ils fassent opposition dans le mois qui suit la sommation faite aux créanciers par le juge commissaire chargé de la distribution (C. proc. 659 et 660). La règle contraire notifiée par l'Inst. 1537-323 ne doit pas être suivie, pas plus que la jurisprudence qui n'admet pas d'opposition après le jugement de validité (Garsonnet, *Voies d'exécution*, nᵒˢ 114 et 115).

263. — Réciproquement, l'Administration peut intervenir dans la procédure engagée par un autre saisissant. Si une distribution par contribution est déjà ouverte, il lui suffit même, les formes ordinaires de saisie-arrêt étant mises de côté, de faire valoir ses droits par simple production, à condition qu'elle se trouve dans les délais, c'est-à-dire qu'il ne soit écoulé moins d'un mois depuis la sommation faite aux créanciers (Hazebrouck, 19 mai 1899 et Sol. 29 déc. 1899 ; *R. E.* 2300).

264. Cession de la créance saisie. — Si le saisi cède sa créance et si cette cession est signifiée au tiers saisi ou acceptée par lui postérieurement à la saisie-arrêt pratiquée par l'Administration, elle n'est pas valable *comme cession*, c'est-à-dire que le cessionnaire ne peut poursuivre le tiers saisi en paiement de sa créance (Inst. 1537-323 ; — Seine, 16 janv. 1884 ; *Rev. prat.*, 1564), mais sa signification vaut *comme saisie-arrêt*, et le cessionnaire concourt au marc le franc avec l'Administration à laquelle la saisie antérieure n'a conféré aucun privilège (Garsonnet, IV, § 1459).

265. Saisie-arrêt sur l'Administration. — Un particulier peut former opposition entre les mains de la Régie sur les sommes que celle-ci pourrait devoir à un contribuable pour droits indûment perçus. L'Administration délivre, le cas échéant, un certificat constatant qu'elle ne doit rien ; si ce certificat est contesté, l'instance est portée devant le tribunal d'où dépend le bureau compétent, et la procédure est suivie suivant les formes du droit commun (Seine, 20 déc. 1887 ; *Rev. prat.*, 2511).

Nous avons vu (*supra* nº 258) qu'une opposition entre les mains de l'Administration est périmée après cinq ans (Sol. 14 janv. 1891).

266. Saisie-arrêt de sommes dues par l'État. — Lorsque par suite d'un acte antérieur, des sommes dues par l'État à un débiteur de l'Administration ont été frappées d'indisponibilité, toute saisie-arrêt est inutile, et la Régie a le droit d'intervenir dans la distribution par contribution en produisant simplement ses titres. Elle est dispensée de la dénonciation, de la contre-dénonciation et de la demande en validité, car elle ne demande en définitive qu'une attribution de sommes (Cass., 10 août 1881 ; Inst. 2664, § 7 ; R. P. 5805 ; J. E. 21.750 ; S. 83. 1.38). — V. *Rép. de Manut.*, V° *Saisie-arrêt*.

Pour les rentes sur l'État, V. le n° 233-I, *supra* ; pour les cautionnements, V. n° 234, *supra* et le *Répert. de Manut.*, V° *Cautionnement*, n°s 121 et suiv.

267. Formules. — On trouvera au *T. A.*, à la fin du mot *Procédure*, toutes les formules usuelles en matière de saisie-arrêt.

CHAP. II. — SAISIE-EXÉCUTION.

268. (670). **Élection de domicile.** — L'art. 584, C. proc. qui exige que le commandement contienne élection de domicile dans la commune où l'exécution doit avoir lieu n'est pas applicable aux poursuites en matière d'enregistrement. Il suffit, en cette matière, que le receveur fasse élection de domicile en son bureau (Bastia, 30 déc. 1891 ; J. E. 24.234 ; — Cahors, 3 mai 1892 ; R. E. 156).

269. (671). — La saisie-exécution permet au créancier de vendre les meubles de son débiteur pour se payer sur le prix. Cette saisie se fait sans l'intervention de la justice, et avec plus de rapidité que la saisie-arrêt.

Le receveur qui propose une saisie-exécution doit s'assurer : 1° que les objets à saisir appartiennent bien au débiteur : la saisie pratiquée *super non domino* est nulle, et le préposé qui aurait engagé une pareille action à la légère pourrait être déclaré responsable des frais faits en pure perte ; 2° que les meubles représentent une somme suffisante pour couvrir les frais et au moins une partie de la créance du Trésor ; 3° qu'ils ne sont pas insaisissables.

270. Meubles insaisissables. — La loi déclare insaisissables : 1° les immeubles par destination, c'est-à-dire les objets mobiliers placés sur le fonds à perpétuelle demeure par le propriétaire lui-même (C. proc. art. 592) ; ces objets ne peuvent être compris que dans une saisie-immobilière ; 2° le coucher nécessaire du saisi et de ses enfants vivant avec lui ; 3° les habits dont ils sont vêtus ; 4° les livres relatifs à la profession du saisi, et les machines lui servant, jusqu'à concurrence de 300 fr. à son choix ; 5° son équipement, s'il est militaire ; 6° les outils dont il se sert personnellement dans son métier ; 7° les farines et menues denrées nécessaires à sa consommation et à celle de sa famille pendant un mois ; 8° une vache, trois brebis ou deux chèvres, à son choix, avec leur nourriture pendant un mois (C. proc. art. 592) ; 9° les vers à soie pendant leur travail (L. 28 sept.-6 oct. 1791).

271. Formes. — La procédure débute, à peine de nullité, par un commandement contenant notification du titre en vertu duquel le saisissant agit, énonciation de la somme due et ordre de la payer, élection de domicile au bureau du receveur saisissant ; cette dernière mention, contraire à l'art. 584, C. proc., est spéciale aux receveurs des deniers publics (Inst. 1537-343 ; — Cahors, 3 mai 1892 ; R. E. 156). Toutes les énonciations ci-dessus sont prescrites à peine de nullité.

272. Commandement. — Le commandement peut être fait en même temps que la signification du jugement constituant le saisi débiteur ; à défaut de jugement, la contrainte remplace le commandement.

273. — Le débiteur touché par le commandement peut

prendre trois partis : 1° payer ; les poursuites cessent ; 2° faire des offres réelles ; les poursuites cessent encore jusqu'à ce que le tribunal ait statué sur la validité de ces offres ; 3° faire opposition au commandement. Si cette opposition vise à arrêter l'exécution de la saisie, elle doit être jugée en référé (C. proc., art. 607) ; mais si la contestation porte sur la validité du titre de l'Administration, le tribunal est seul compétent.

274. Délai pour saisie. — Un jour franc au moins doit s'écouler entre le commandement et la saisie ; ce délai est compté de minuit à minuit et s'augmente suivant la distance entre le domicile du débiteur et le lieu de la saisie (C. proc., art. 583 et 1033). Le commandement ne se périme que par trente ans.

275. Délai de grâce. — Le commandement est un acte préalable à la poursuite, mais ne fait pas partie de la procédure d'exécution. Il peut donc être signifié au cours du délai de grâce accordé au débiteur, à la condition, toutefois, qu'il ne soit pas suivi d'un acte d'exécution dans le délai (Cass. civ., 4 avr. 1900 ; R. E. 2383 ; Inst. 3037, § 2).

276. Saisie. — La saisie ne peut être faite que par un huissier. Cet officier ministériel se charge de toutes les opérations ; le rôle du receveur se borne à contrôler l'observation des formes prescrites par les art. 585 et suiv. C. proc. : assistance de deux témoins capables, itératif commandement dans l'exploit quand la saisie est faite au domicile du débiteur ; assistance d'un officier de police en cas de résistance du saisi ; désignation détaillée dans l'exploit des objets saisis, et indication du jour de la vente ; établissement d'un gardien ; remise d'une copie du procès-verbal au saisi et au gardien.

276 bis. Délai pour la vente. — Huit jours francs s'écoulent entre la saisie et la vente (art. 613). Ce délai ne peut être réduit que par ordonnance du président du tribunal et pour des objets sujets à dépérissement ; il peut être augmenté des délais de distance, et en outre le saisissant peut retarder la vente comme bon lui semble, sauf au saisi à se pourvoir en référé.

277. Vente. — La vente est précédée de publications (art. 617), d'un procès-verbal de récolement (616), et d'une déclaration préalable au bureau de l'enregistrement du lieu de la vente (622). Il ne doit être vendu que les objets nécessaires pour payer les sommes dues et les frais (622).

278. Incidents. — La saisie peut, nous l'avons vu, demander l'arrêt de la saisie par la voie du référé ; si la contestation porte sur le fond du droit, il y a lieu de suivre la procédure spéciale en matière d'enregistrement (Inst. 1537-325).

279. (671 bis). **Intervention.** — Mais la procédure de droit commun est seule applicable lorsque la contestation est soulevée par un tiers. Une pareille contestation peut provenir de plusieurs causes : 1° le véritable propriétaire revendique les objets saisis à tort chez le débiteur (C. proc. 608) ; 2° des créanciers forment opposition sur le prix de la vente (Cahors, 3 mai 1892 ; R. E. 156) : une pareille opposition peut être faite sans titre exécutoire.

280. Opposition à saisie formée par la Régie. — Si un redevable du Trésor est saisi par un tiers, le receveur peut, en cas d'urgence, former opposition avant de décerner contrainte ; mais il est plus prudent de faire faire une nouvelle saisie, conformément à l'art. 611, C. proc. ; le préposé n'a pas, de cette façon, à se préoccuper des causes de nullité qui peuvent entacher la première saisie.

281. Opposition. Prétendue indivision. Allégation sans preuves. — Les tiers qui font opposition, sous prétexte d'un état d'indivision, à la vente d'objets mobiliers saisis, doivent justifier de leurs droits de copropriété (C.

proc. civ., art. 608). Il ne suffit pas d'une simple allégation, surtout si cette allégation est contredite par les faits et circonstances de la cause ; si, comme dans l'espèce, la saisie a été opérée non dans un domicile commun, mais au domicile distinct du débiteur ; si le saisi a déclaré à l'huissier instrumentaire que les objets saisis lui appartenaient en propre ; s'il a été fait un inventaire après décès des auteurs communs et si les objets saisis ne sont pas ceux portés sur l'inventaire (Bastia, 3 juin 1898 ; R. E. 1796).

Pour la revendication par un tiers d'objets saisis en vertu du privilège des contributions directes dont l'Administration jouit en matière de timbre. V. n° 202 suprá.

CHAP. III. — SAISIE-BRANDON.

282. — C'est la saisie des fruits pendants par branches ou racines. Les règles de cette saisie sont fixées par les art. 627 et suiv. C. proc. et sont à peu de chose près les mêmes que celles de la saisie-exécution ; la saisie-brandon ne peut cependant être faite que dans les six semaines qui précèdent la maturité ordinaire des fruits (C. proc., art. 626).

283. — Le receveur devra s'assurer que ces fruits ne sont pas immobilisés en vertu d'une saisie immobilière déjà transcrite.

CHAP. IV. — SAISIE DES RENTES.

284. — Cette saisie, très rare, ne peut être faite qu'en vertu d'un titre exécutoire. Elle est formée entre les mains du débi-rentier, par un exploit contenant élection de domicile chez un avoué près le tribunal devant lequel la vente aura lieu (art. 637). La constitution d'avoué est nécessaire même lorsque c'est l'Administration qui est poursuivante, en raison des formes spéciales de cette saisie (V. C. proc., art. 636 à 655).

Lorsque le créancier du crédi-rentier a pratiqué entre les mains du débi-rentier une saisie-arrêt « de tous arrérages et de toutes sommes » dus par celui-ci au titulaire de la rente, le remboursement de ladite rente effectué par le tiers saisi postérieurement à la saisie, est inopposable au créancier saisissant (C. Poitiers, 12 mars 1900 ; R. E. 2797).

CHAP. V.— SAISIE IMMOBILIÈRE.

SECT. Iʳᵉ.— GÉNÉRALITÉS.

285. (674 et s.). **Précautions à prendre.** — La saisie immobilière est une mesure très rigoureuse, entraînant de grands frais, et qui ne doit être employée qu'à la dernière extrémité. Une autorisation de l'Administration est absolument indispensable pour l'entreprendre. Avant de proposer cette voie d'exécution, le receveur s'assurera que la valeur des immeubles est suffisante pour couvrir les frais et au moins une partie de la créance du Trésor, et que les créanciers hypothécaires préférables à l'Administration n'absorbent pas la totalité de l'actif.

286. — Si le débiteur justifie, par baux authentiques, que le revenu net de ses biens pendant une année, suffit pour désintéresser le Trésor, et s'il en offre la délégation à la Régie, la poursuite doit être suspendue (C. civ., 2212).

287. Rapport à l'Administration. — Dès qu'il est en possession des renseignements fournis par le receveur, le directeur adresse à l'Administration un rapport dans lequel il énonce le revenu des biens et leur valeur vénale, le chiffre des créances préférables à celle de la Régie, le

montant approximatif des frais, en un mot tous les renseignements permettant à la Direction générale de statuer en connaissance de cause (Inst. 606, § 2, n° 7).

288. Biens saisissables. — Sont susceptibles de saisie immobilière : 1° les immeubles par nature (y compris les fruits pendants par racines qui n'auraient pas été précédemment l'objet d'une saisie-brandon) ; 2° les immeubles par destination ; 3° les démembrements de la propriété immobilière (nue propriété, usufruit immobilier, propriété résultant d'une concession, droit de superficie, d'emphytéose ; 4° les actions de la Banque de France immobilisées.

289. Tiers détenteur. — Le tiers détenteur peut purger l'immeuble qu'il a acquis ; il peut aussi le délaisser, auquel cas il y a lieu de faire nommer à l'immeuble un curateur contre lequel sont dirigées les poursuites (C. civ., 2168 à 2174).

290. Discussion préalable du mobilier. — Les immeubles appartenant à un mineur, même émancipé, ne peuvent être mis en vente avant la discussion du mobilier (C. civ., 2207). Lorsque c'est la Régie qui est requérante, la règle précédente s'appliquera très rarement, attendu que la saisie immobilière ne sera autorisée par l'Administration qu'à défaut de meubles suffisants pour la désintéresser.

L'art. 2207, C. civ. ne peut être invoqué par des incapables autres que le mineur et notamment par une congrégation non autorisée (Cass. civ., 21 mars 1899 ; R. E. 1996 ; Inst. 2997, § 6 ; S. 99.1.449 ; D. 99.1.483).

291. Biens indivis. — Lorsque les immeubles à saisir sont indivis, il y a lieu d'en requérir préalablement la licitation ou le partage. Le receveur doit donc faire signifier aux intéressés une opposition à tout partage en l'absence d'un représentant de l'Administration, ou une demande en partage (C. civ., 882 et 2205). L'instance, concernant des tiers, est suivie d'après les formes du droit commun.

292. Congrégation religieuse. — Aucune autorisation de l'autorité administrative n'est nécessaire pour poursuivre les congrégations religieuses autorisées, même pour les congrégations hospitalières de femmes (1).

293. Biens situés dans différents arrondissements. — Lorsque le débiteur possède des immeubles dans différents arrondissements, la saisie ne peut se faire que successivement dans chaque arrondissement, et doit être arrêtée dès que l'Etat se trouve rempli de ce qui lui est dû (C. civ., 2210). Exception est faite à cette règle, et une seule instance peut comprendre des biens dans plusieurs arrondissements, lorsque ces biens font partie d'une même exploitation (C. civ. 2211).

I. CONGRÉGATION AUTORISÉE. — Une congrégation autorisée peut avoir, indépendamment de la maison-mère, des succursales sans que l'unité de sa personnalité morale soit, pour cela, rompue. Un créancier de la congrégation peut, en conséquence, valablement saisir sur elle un immeuble dépendant d'une de ses succursales (C. Nancy, 31 mars 1900 ; R. E. 2423).

294. Titre. — La saisie immobilière ne peut être poursuivie qu'en vertu d'un titre authentique et exécutoire, pour une dette certaine et liquide, ou dont la liquidation sera faite avant l'adjudication (C. civ., 2213). Il est douteux qu'une contrainte constitue un titre suffisant pour procéder à la saisie immobilière (Inst. 3011, § 3, p. 42).

(1) Av. Cons. d'Et., 7 mai 1896 ; R. E. 1268 ; — V. aussi R. E. 1536, 1603, 1605, 1678, 1896 ; — Cass. civ., 21 mars 1899 précité (n° 293), 4 avr. 1900 ; R. E. 2383 ; Inst. 3037, § 2 ; — 19 mars 1901 ; R. E. 2655 ; et 17 juin 1901 ; R. E. 2761.

SECT. II. — FORMES.

295. Ministère d'avoués. — Dans les instances relatives à la saisie immobilière, l'Administration est assujettie aux mêmes formes que les particuliers ; le ministère des avoués est donc indispensable (In. 1537-326 et 327). Dès que le directeur a reçu l'autorisation nécessaire, il doit faire choix, dans chaque arrondissement, d'un avoué qui sera chargé de toute la procédure. Cependant le directeur, ou le receveur à qui le directeur aura donné ses instructions, est chargé de veiller à la régularité et à la célérité des diverses formalités.

296. — L'avoué dirige les poursuites sous sa responsabilité personnelle ; il peut demander une certaine avance pour les frais nécessaires. Après autorisation de l'Administration, le directeur délivre un mandat, payé par le receveur et compris dans la comptabilité comme avance à régulariser, sous le titre : *frais de poursuites et d'instances concernant l'Administration* (Inst. 606).

297. Tribunal compétent. — Le tribunal compétent est celui de la situation des biens ; c'est pourquoi le directeur doit faire choix d'un avoué par chaque arrondissement.

298. Formalités préliminaires. — La saisie est précédée d'un *commandement* à personne ou à domicile, contenant, entre autres énonciations, signification du titre en vertu duquel agit l'Administration, élection de domicile au bureau de la résidence du tribunal, et pouvoir donné à l'huissier de procéder à la saisie à défaut de paiement (C. proc., 556 et 673). Ce pouvoir, exigé à peine de nullité (C. Metz, 29 janv. 1861 ; S. 61.2.390) est donné et signé *par le directeur* (Inst. 606, n° 7-2e). En même temps, sommation est faite, le cas échéant, au tiers détenteur de payer ou de délaisser (C. civ., 2169). Toutes ces formalités, qui ne font pas partie intégrante de la saisie, sont accomplies à la diligence du receveur, et non de l'avoué de l'Administration.

Le commandement ne faisant pas partie de la procédure d'exécution, peut être signifié au cours du délai de grâce accordé au débiteur, à la condition qu'il ne soit pas suivi d'un acte d'exécution dans ce délai (Cass. civ., 4 avr. 1900 ; R. E. 2383 ; Inst. 3037, § 2).

299. Poursuites. — Il doit être procédé à la saisie trente jours au plus tôt, 90 jours au plus tard après le commandement et la sommation (C. proc., 674). Les règles relatives au procès-verbal dressé par l'huissier, à la dénonciation de ce procès-verbal et à sa transcription, sont fixées par les art. 675 à 689, C. proc. C'est seulement dans le procès-verbal de saisie qu'est faite la constitution d'avoué ; et ce même acte contient élection de domicile en l'étude de l'avoué poursuivant (C. proc., 675).

I. DÉSIGNATION DES IMMEUBLES. — Est nul l'exploit de saisie dans lequel la désignation des immeubles saisis est erronée tant par rapport à leur nature (Ploërmel, 24 avr. 1901, *Ursulines de Ploërmel* ; R. E., 2688 ; — D. Rép., Vo *Vente publ. d'imm.*, n° 545) que par rapport à leurs tenants et aboutissants (Jug. préc. ; Carré et Chauveau, *Quest.* 2234 ; V. art. 675, C. proc.).

II. DÉNONCIATION DU PROCÈS-VERBAL DE SAISIE. VISA DU MAIRE. COPIE. — L'art. 677, C. proc., qui dispose que l'original de dénonciation d'une saisie immobilière sera visé dans le jour par le maire du lieu où l'acte de dénonciation aura été signifié, n'exige pas que la copie, qui doit être laissée à la partie saisie, contienne la transcription ou la mention du visa donné par le maire. En conséquence, le défaut de mention de ce visa sur la copie n'entraîne pas la nullité de la saisie (Cass. civ., 19 mars 1901 ; R. E. 2655).

300. Cahier des charges. — L'instance se poursuit par la rédaction du cahier des charges, contenant la mise à prix (Inst. 1537-327), le dépôt de ce cahier au greffe, les sommations au saisi et à ses créanciers, etc... (C. proc. 690 à 700), enfin l'adjudication.

300 bis. Remise. Délai de 60 jours. — L'art. 703, C proc. civ., aux termes duquel la remise de l'adjudication sur saisie, lorsqu'elle sera dûment justifiée, ne pourra être éloignée de plus de 60 jours, n'est pas compris dans l'énumération limitative des articles dont les formalités et les délais sont prescrits à peine de nullité (art. 715, C. proc.).

En conséquence, lorsque le poursuivant qui a obtenu plusieurs remises successives à 60 jours de l'adjudication sur saisie immobilière laisse expirer le dernier de ces délais sans solliciter une nouvelle remise et sans qu'il soit, d'ailleurs, procédé à la vente après insertions et affiches préalables dans les termes de l'art. 704, C. proc., le juge peut, sans violer la loi, accorder un nouveau renvoi de la vente, alors même que cette remise serait sollicitée après le délai de 60 jours fixé par l'art. 703 (Cass. req., 26 juin 1901 ; R. E. 2760).

301. Adjudication. — A défaut d'enchérisseur, l'Administration reste adjudicataire pour la mise à prix (C. proc. 706 ; Inst. 1537-327), sauf la faculté de demander au tribunal remise de l'adjudication à une date ultérieure (art. 703). L'avoué, qui seul peut enchérir, doit recevoir les instructions nécessaires pour augmenter le prix au cas où la somme offerte par les enchérisseurs est manifestement inférieure à la valeur de l'immeuble et ne suffit pas pour couvrir la créance du Trésor (Inst. 202).

302. — Quand l'État est resté adjudicataire, il peut se présenter une personne offrant de prendre la place du Trésor, à charge de le désintéresser ; le receveur ne doit donner aucune réponse avant d'en avoir référé à l'Administration.

Quel que soit le résultat d'une adjudication, le receveur doit en informer le directeur qui lui-même en avise l'Administration. Les instructions de la Direction générale doivent toujours être attendues quand il y a lieu de former surenchère, ou lorsque l'État est resté adjudicataire.

303. Frais. — Les frais d'adjudication sont supportés par l'adjudicataire (C. proc., 713). Quand l'État reste acquéreur, à défaut d'enchères, l'acte d'adjudication est enregistré gratis (L. 22 frim. an VII, art. 70-1o) ; et ne supporte aucun droit d'hypothèque. Mais les actes faits pour parvenir à l'adjudication et ceux nécessaires pour la procédure d'ordre restent à la charge de l'Administration. Les préposés devront calculer approximativement tous ces frais pour déterminer la mise à prix ou fixer jusqu'à quel chiffre devront être poussées les enchères.

304. Ventes judiciaires inférieures à 2.000 fr. — Pour ces ventes, les formalités de la saisie sont simplifiées, et des dégrèvements de droits et d'honoraires sont accordés (L. 23 oct. 1884). — Voir T. A., *Ventes judiciaires d'immeubles*.

305. Demande en nullité de la saisie. Jugement de débouté. Qualités rédigées par le greffier. Appel. Défaut de notification au greffier. — L'art. 142, C. proc. civ., qui prescrit, en matière ordinaire, de signifier les qualités réglées entre avoués, n'est pas applicable en matière de saisie immobilière. Il suffit, en cette matière, que le jugement signifié contienne les qualités rédigées par le greffier, notamment les noms et qualités des parties, leurs conclusions, les noms des juges, et du membre du ministère public ayant occupé le siège (C. d'Angers, 3 mars 1897 ; R. E. 1444).

306. Contredits non formulés. Jugement ultra petita. — En matière de saisie immobilière, le tribunal ne peut statuer que sur les contredits qui lui ont été formellement proposés par les parties (art. 728, G. proc.). Il statue *ultra petita* s'il statue sur une prétendue irrégularité qui ne lui a pas été soumise par le dire d'une partie (C. Nancy, 31 mars 1900 ; *R. E.* 2425).

307. Appel. — Lorsqu'un jugement a statué à la fois sur la validité d'une inscription hypothécaire et sur la nullité d'une saisie immobilière, l'appel qui en est interjeté est soumis aux mêmes règles que les appels des instances ordinaires, et non aux règles spéciales édictées en matière d'incidents de saisie immobilière (C.Caen, 26 juill. 1897 ; *R. E.* 1536).

CHAP. VI. — ORDRE ET CONTRIBUTION.

308. (676 et s.) **Ordre et contribution.** — Lorsque la saisie est arrivée à son terme, c'est-à-dire lorsque le tiers saisi a versé les sommes dont il était débiteur, ou lorsque les acquéreurs du mobilier ou les adjudicataires des immeubles se sont acquittés de leurs prix, il y a lieu de distribuer le produit de la saisie entre les divers ayants droit. La procédure d'ordre a pour objet d'opérer la répartition des prix de vente d'immeubles entre créanciers privilégiés et hypothécaires ; la distribution par contribution s'applique aux deniers saisis-arrêtés ou provenant de la vente d'immeubles, et au prix des immeubles sur lesquels il n'y a ni privilège ni hypothèque (C.proc., art. 654).

309. — L'ordre et la contribution, quand ils n'ont pas lieu à l'amiable, sont de véritables instances ; le ministère des avoués y est indispensable même pour l'Administration (Inst.. 1537-326)

SECT. Ire.— DISTRIBUTION PAR CONTRIBUTION.

310. — Si le saisi et ses créanciers ne s'accordent pas, dans le mois de la vente, sur la répartition du prix (C. proc., 656),la réquisition de contribution est portée devant le tribunal qui a connu de la saisie. C'est l'avoué de l'Administration qui est chargé d'agir en son nom, mais le receveur doit s'assurer que les règles fixées par les art. 657 et suiv. C. proc. sont exactement suivies.

311. — Quand il s'agit de produire à une contribution déjà ouverte, le receveur adresse immédiatement au directeur l'exploit par lequel le juge-commissaire le somme de produire (C. proc., 659), avec toutes les pièces à l'appui et un rapport motivé. Si la production est autorisée, le dossier est transmis à l'avoué avec les instructions nécessaires. Toutes ces formalités doivent être accomplies avec célérité, les créanciers n'ayant, pour produire, qu'un délai d'un mois à compter de la sommation (C. proc., 660).

312. — Huit jours après l'ordonnance de clôture de la procédure rendue par le juge, le greffier délivre à chaque créancier un mandement de collocation payable à la Caisse des dépôts et consignations.

SECT. II. — ORDRE.

§ 1er. — *Ordre amiable.*

313. Devoirs des agents. — Depuis la loi du 21 mai 1858, une tentative d'ordre amiable doit toujours précéder la procédure d'ordre judiciaire (C. proc., 751). Dans l'ordre amiable le ministère des avoués n'est pas indispensable et les agents peuvent intervenir directement (C. Caen, 29 mars 1859 ; S. 59.2.200).

314. Réquisition. — Dans la huitaine qui suit la transcription du jugement d'adjudication, le saisissant, ou à

défaut le créancier le plus diligent, le saisi ou l'adjudicataire dépose au greffe l'état des inscriptions, et requiert l'ouverture du procès-verbal d'ordre (C. proc., 750).

315. Convocation. — Les créanciers sont ensuite convoqués par le juge-commissaire. Lorsqu'un immeuble dont le prix est à distribuer est grevé d'une inscription hypothécaire prise à la requête de l'administration de l'Enregistrement, la lettre de convocation, destinée au domicile réel ne doit pas être adressée à l'administration centrale à Paris, mais à la direction du département où l'ordre est poursuivi, et le greffier doit indiquer dans la lettre la cause de la créance (D.M.J. et F., 28 mai-10 juin 1859 ; Inst. 2157).

D'après la loi du 21 mai 1858, les lettres de convocation doivent être adressées tant au domicile réel qu'au domicile élu dans l'inscription. Le receveur à qui parvient une de ces lettres fait immédiatement connaître à son directeur si la créance du Trésor existe encore, et s'il est de l'intérêt de l'Administration de satisfaire à la convocation. Dans le cas de l'affirmative, le directeur donne des instructions au receveur placé près le tribunal dont un des juges a été chargé du règlement amiable, et il lui prescrit de comparaître en personne aux jour et heure fixés. Mais si le Trésor est désintéressé ou étranger à l'ordre, le directeur en donne avis par lettre au juge-commissaire. Au moyen des lettres de convocation qu'ils reçoivent eux-mêmes, les directeurs sont en mesure de se faire fournir sans retard les renseignements qui peuvent leur être nécessaires pour l'exécution de ces dispositions (Inst. 2157).

Il est donc utile que les directeurs prient les présidents des tribunaux de leur département de rappeler la décision ministérielle des 28 mai-10 juin 1859 aux juges commis de leur siège, et d'inviter les greffiers à transmettre les lettres de convocation, destinées au domicile élu, aux receveurs du lieu désigné, sans indication de leur nom.

316. Productions. — Tout créancier non comparant au jour indiqué est passible d'une amende de 25 fr. (C. pr., 751), mais il n'est pas forclos, pourvu qu'il produise à l'ordre judiciaire.

317. Règlement. — Si l'ordre amiable réussit, procès-verbal est dressé par le juge qui délivre des bordereaux de collocation (art. 769 et 770) et ordonne la radiation des inscriptions. L'accord, signé par le juge et les parties, constitue un titre authentique et exécutoire, il peut être attaqué, par la voie de l'opposition, dans les formes et délais fixés par l'art. 767, C. proc. (Garsonnet, *Voies d'exécution*, no 353).

§ 2. — *Ordre judiciaire.*

318. Délai. — A défaut de règlement amiable dans le délai d'un mois à compter du jour où les convocations ont été lancées, le juge déclare l'ordre ouvert (C. pr., art. 752). Dans les huit jours de l'ouverture de l'ordre, sommation est faite aux créanciers inscrits d'avoir à produire dans les quarante jours (C. proc., 753).

319. Productions. — Cette sommation est faite par l'avoué de l'Administration lorsque celle-ci est saisissante. L'avoué est averti de l'ouverture de l'ordre par une lettre que lui adresse le greffier (Inst. 2157). Lorsqu'au contraire la Régie ne fait qu'intervenir à un ordre, elle est sommée par lettre adressée au directeur ; celui-ci réunit les pièces nécessaires et les remet avec les instructions utiles à l'avoué chargé de produire. La production se fait par simple acte d'avoué déposé au greffe et accompagné de titres.

320. — Si le directeur voit, d'après l'état des inscriptions, que les créances préférables à celle de l'Administration ne pouvant être contestées, celle-ci ne peut venir en ordre utile, il s'abstient de faire produire à l'ordre.

321. Forclusion. — Le délai de 40 jours pour produire est fatal, et toute créance non produite est forclose *de plein droit* (C. proc., 755). Le receveur doit donc veiller avec soin à ce que l'avoué produise en temps utile. Ajoutons que cette déchéance ne concerne que l'ordre actuellement ouvert ; le Trésor conserve sa créance intacte.

322. Contredit. — Le juge dresse l'état de collocation provisoire, et le dénonce aux produisants par acte d'avoué à avoué (C. proc., 755). L'avoué de l'Administration en réfère au directeur qui examine s'il y a lieu de contester cet état, et, dans le cas de l'affirmative, veille à ce que l'avoué contredise dans les trente jours (art. 755 et 756) ; le contredit consiste dans une déclaration inscrite au procès-verbal, *motivée* et signée de l'avoué. Le contredit est jugé comme matière sommaire ; le jugement est signifié dans les trente jours de sa date à l'avoué qui en avise immédiatement le directeur ; tout retard peut être préjudiciable, car l'appel contre ce jugement doit être interjeté dans les dix jours, plus les délais de distance (art. 762).

323. Clôture. — L'ordre est clos par une ordonnance du juge, dénoncée dans les trois jours par acte d'avoué à avoué, et par les soins de l'avoué poursuivant (art. 767). Si cette ordonnance contient une erreur ou une irrégularité qui ne figurait pas sur l'état provisoire, si l'État, créancier inscrit, n'a pas été sommé ou n'a pas été appelé au jugement des contredits, il y a lieu de former opposition, dans la huitaine de la dénonciation, par acte d'avoué à avoué (art. 767).

324. Exécution de l'ordonnance. — Les inscriptions sont radiées et les créanciers colloqués reçoivent un bordereau de collocation exécutoire contre l'adjudicataire ou la Caisse des dépôts et consignations ; ces bordereaux sont délivrés par le greffier.

325. Saisie spéciale. — Lorsqu'il y a moins de quatre créanciers inscrits, après l'essai de règlement amiable, la distribution du prix est réglée par le tribunal, jugeant comme en matière sommaire, sur assignation signifiée à personne ou à domicile, par la partie la plus diligente, sans autre procédure que des conclusions motivées (art. 773).

TITRE IV. — FRAIS DE POURSUITES ET D'INSTANCES.

CHAP. Ier. — AVANCES DES FRAIS.

326. Définition. — Les frais de poursuites et d'instances comprennent les émoluments des officiers ministériels qui ont concouru aux procédures dans lesquelles était intéressée l'Administration, et les droits d'enregistrement, de timbre et d'hypothèque perçus sur les actes de ces procédures. Ces droits doivent, en effet, être perçus *au comptant* au moment de la formalité (Inst. 1551) ; il est fait exception pour les salaires des conservateurs qui ne leur sont payés qu'en cas de recouvrement sur les parties (Même Inst.).

327. Surveillance à exercer par les préposés. — Non seulement les agents ne doivent exposer que les frais absolument nécessaires pour arriver au recouvrement des droits, mais encore ils doivent exercer une surveillance très active et vérifier les mémoires ou états de frais dans toutes les instances concernant l'Administration, alors même que ces frais doivent retomber à la charge des redevables. Lorsqu'il s'agit d'actes faits à la requête de la Régie, ils ne doivent payer que les droits exactement dus d'après les tarifs légaux ; en cas de contestation, ils requièrent la taxe par le magistrat, auquel ils présentent leurs observations. Si cette taxe elle-même est exagérée, ils en réfèrent au directeur et lui demandent s'il y a lieu de faire opposition à la taxe.

328. Avances à faire. — Les frais de poursuites et d'instances sont avancés par le receveur du bureau que l'affaire concerne, à charge de recouvrement ou de régularisation (Inst. 1551), selon les règles de comptabilité exposées au *Répert. de Manut.*, Vᵒ *Comptabilité*, nᵒˢ 373 et s.

329. Pièces justificatives. — Le paiement est fait sur la production et la remise des actes eux-mêmes ; quittance est donnée par la partie prenante au pied des actes ou au moyen d'une quittance spéciale. Toutes ces pièces doivent être conservées pour justifier des avances.

CHAP. II. — LIQUIDATION DES DÉPENS.

330. Débiteur des frais. — La partie qui succombe est condamnée aux dépens (C. proc., art. 130) ; la liquidation en est faite par le jugement ou par un des juges qui y ont assisté (Inst. 1347-16). Lorsque les parties ont offert et demandé acte de leurs offres de payer un droit moins élevé que celui réclamé par la Régie, le tribunal qui les condamne à ce paiement peut mettre les frais à la charge de l'Administration (Inst. 1537-112) ; de même si la Régie succombe dans une partie de ses prétentions, elle peut être condamnée à une partie des frais (In. 1537-113).

331. Frais. — D'après l'art. 65 de la loi de frimaire, il n'y a d'autres frais à supporter par la partie qui succombe que ceux du papier timbré, des significations, et du droit d'enregistrement des jugements. Si l'adversaire a eu recours à un avoué, les frais qui en résultent n'étant pas nécessaires, restent à sa charge (Inst. 1537, sect. 3, nᵒ 4).

1. AVOUÉ, HONORAIRES. — Il en est autrement dans les instances qui doivent être suivies suivant les formes du droit commun, telles que celles de saisie immobilière (V. 295, *suprà*) et de saisie-arrêt en certains cas (V. 224, *in fine*). Dans ces instances les frais taxés dus aux avoués font partie des dépens.

Il peut même y avoir lieu, en certains cas, d'allouer aux avoués des *honoraires hors taxe*, pour soins particuliers donnés à l'affaire (Cass. civ., 24 avr. 1901, Galtier ; R. E. 2716). Les honoraires hors taxe restent, en tout état de cause, à la charge de la partie qui les alloue.

332. Adversaire condamné. — Lorsque l'adversaire de la Régie est condamné aux dépens, le receveur établit ou fait établir, au vu des pièces, par le receveur près le tribunal, l'état des frais à comprendre dans la liquidation. Cet état est remis au greffier avec l'exposé des points de fait et de droit dont il a été question, nᵒ 158 (Inst. 1537, sect. 3, nᵒ 4).

333. — Quand le receveur reçoit le jugement, il compare la liquidation y contenue avec l'état des frais qu'il avait dressé, et en provoque la rectification s'il y a lieu (V. nᵒ 340, *infrà*).

334. Recouvrement. — Les frais de poursuites et d'instances doivent être recouvrés en même temps que le montant de la condamnation principale ; il faut donc, pour chaque affaire, constituer un dossier spécial, constamment mis à jour et présentant à chaque instant le total des frais exposés. Pour arriver à ce résultat, il importe d'acquitter sans retard les frais dus aux officiers ministériels et de faire sur les sommiers les consignations et annotations convenables (Voir *Répert. de Manut.*, Vᵃ *Comptabilité* et *Directeur*).

335. — Quand le jugement n'a pas liquidé les dépens et que le débiteur demande que les frais soient taxés, l'état est dressé par le receveur, sur papier timbré; il y joint les pièces justificatives (L. 22 frim. an VII, art. 66); si certains frais sont réduits ou rejetés, le receveur en demande le remboursement à la partie prenante.

336. Imputation. — Lorsque la totalité des sommes dues n'est pas versée, le receveur doit imputer ce qu'il reçoit, d'abord sur les frais de poursuites (Inst. 194 et 1359).

337. Pièces à conserver. — Le receveur n'a d'ailleurs aucune pièce de la procédure à remettre au débiteur qui acquitte les frais auxquels il a été condamné (V. *supra*, n° 158).

338. Insolvabilité. — Si le débiteur condamné est insolvable, les frais tombent en non-valeur. Le receveur doit fournir un certificat d'insolvabilité, vérifié par le directeur.

339. Irrégularité des poursuites. — Les frais tombent encore en non-valeur lorsque l'Administration abandonne les poursuites, ou lorsque les poursuites ont été irrégulières. Dans ce dernier cas, si l'irrégularité est due à la négligence d'un agent, il en est déclaré responsable, et les frais restent à sa charge (Circ. 23 mars 1808). Il en est de même lorsqu'une instance dans laquelle la Régie a été condamnée, a été engagée sans l'autorisation de la Direction générale (Inst. 606).

340. Administration condamnée aux dépens. — Les frais tombent encore en non-valeur quand la Régie est condamnée; les directeurs doivent vérifier la liquidation des dépens à la charge de l'Administration. Dans le cas où cette liquidation comprendrait d'autres frais que ceux dont la loi spéciale autorise l'allocation, le directeur devrait former opposition à l'exécutoire ou au jugement quant au chef de la liquidation, dans les trois jours de la signification, conformément à l'art. 6 du décret du 16 février 1807. L'instance engagée sur cette opposition est instruite et jugée suivant la procédure spéciale d'enregistrement (Inst. 1537, sect. 3, n° 4).

341. Timbre à 0 fr. 10. — Le timbre à 0 fr. 10 apposé sur l'acquit donné par l'huissier pour le paiement de ses honoraires est à la charge de cet officier ministériel (L. 13 brumaire an VII, art. 29; — Sol. 18 déc. 1882).

342. Remboursement ou régularisation. — Les frais avancés par les receveurs leur sont remboursés au vu d'un état des frais, accompagné des pièces justificatives, et arrêté par le directeur (D. M. F. 23 sept. 1854; Inst. 1891); lorsque les frais seront tombés en non valeur par suite d'*insolvabilité* des débiteurs, l'état devra être taxé par le tribunal s'il y a eu condamnation (L. 22 frim. an VII, art. 66). Au vu de cet état, l'Administration autorise le remboursement, et le directeur délivre un mandat en conséquence.

343. — Ce sont les directeurs qui, sous leur responsabilité personnelle, donnent l'autorisation d'abandonner les poursuites, et fixent le montant des frais à rembourser aux receveurs; dans tous les cas, le remboursement ne peut avoir lieu qu'après que l'Administration a autorisé l'exécution du jugement (Inst. 1302 et 1537, sect. 3, n° 5).

344. Recouvrement ultérieur. — En cas d'insolvabilité, l'état taxé (n° 342) sera rédigé en double, et l'un des exemplaires sera conservé au bureau, afin que le receveur puisse suivre le recouvrement si le débiteur revient à meilleure fortune (Inst. 302).

345. Frais des instances en cassation. — Voir ci-dessus, n°° 186 et suiv.

PROROGATION DE DÉLAI. — **1.** (4-2-C). Obligation. Prorogation de délai d'une dette antérieure. — Lorsque, dans un acte d'obligation, les parties prorogent le délai de remboursement d'une créance antérieure résultant d'un acte enregistré et actuellement exigible, ou exigible à une date antérieure à celle fixée par le nouveau prêt, cette stipulation constitue, en ce qui concerne l'ancienne créance, une prorogation de délai et doit être assujettie, comme disposition indépendante, au droit de 0 fr. 20 0/0 (Sol. 30 août 1893; J. E. 24.370).

2. (13). Acte de société. Somme due par un associé. Terme et délai. — Le droit de prorogation de délai est exigible sur les sommes dues à l'un des commanditaires par l'associé en nom et dont celui-ci impose le paiement à la société en lui accordant un terme de 6 mois pour les acquitter (Sol. 30 juill. 1894; R.E. 1022-4).

3. (15). Compte. Créance de reprises. Reconnaissance. Affectation hypothécaire. Prorogation de délai. — V. *Compte*, n° 1.

PROTECTION DES ENFANTS MORALEMENT ABANDONNÉS. — Les requêtes au tribunal, dans les cas prévus par la loi du 24 juillet 1889, sont dispensées de timbre et d'enregistrement. Tous les autres actes de la procédure sont soumis au comptant (Inst. 2779; D. M. F. 12 mars 1900; R. E. 2426).

PRUD'HOMMES. — **1.** (311). Jugements et actes divers. Timbre. — Tous les actes et jugements de la juridiction des prud'hommes doivent être visés pour timbre en débet, sans distinguer si l'objet de la contestation excède ou non 25 fr., par application de la loi du 7 août 1850. Le secrétaire du conseil doit tenir sur papier timbré le registre de dépôts des dessins et modèles industriels (D. M. F. 24 mars 1876; Inst. 2548, § 1) ainsi que le répertoire. Il doit se conformer, pour la tenue de ce dernier registre, aux dispositions des décrets des 24 mai 1854 et 8 décembre 1862 (Inst. 2024 et 2240) relatives au nombre de lignes à inscrire par les greffiers sur leurs registres timbrés (Sol. 29 mars 1872; R. E. 2420-IV).

2. Algérie. — Un décret du 8 juillet 1899 (R. E. 2120) a promulgué en Algérie la loi du 7 août 1850 ainsi que l'art. 27 de la loi du 22 janvier 1851, sur le timbre et l'enregistrement des actes de la juridiction des prud'hommes.

QUITTANCE. — **1.** (21). Vente. Prix payé comptant. Condition suspensive. Droit de libération. — Lorsqu'un immeuble a été légué à un établissement d'utilité publique, la vente qui en est consentie par l'héritier, avant que l'établissement ait été autorisé à accepter le legs, et sous la condition qu'il n'aura d'effet que si le legs n'est pas accepté, ne donne ouverture qu'au droit fixe. La mutation est, en effet, subordonnée à une condition suspensive.

Si l'acte de vente constate que le prix a été payé comptant, ce paiement lui-même ne donne pas ouverture au droit de quittance (Seine, 12 mars 1897; R. E. 1380).

Ce jugement appelle quelques observations, en ce qui concerne le droit de quittance.

L'acquéreur sous condition suspensive ne devant rien à son vendeur tant que la condition n'est pas encore réalisée, le payement qu'il effectue ne peut évidemment avoir le caractère libératoire.

Mais si le versement de fonds n'a pas pour cause une libération, il a le caractère d'un dépôt. Or, les dépôts de sommes entre les mains d'un particulier sont assimilés aux prêts d'argent et assujettis au droit d'obligation de

1 0/0. Nous pensons que l'Administration aurait été autorisée à réclamer ce dernier droit.

2. (30-D). **Notaire. Compte. Honoraires. Payements faits ou reçus.** — V. *Compte*, n° 4, et *Obligation*, n° 1.

3. (34 *bis*). **Avance temporaire. Engagement de prêter un capital après remboursement de l'avance. Acte ultérieur. Constatation du remboursement de l'avance. Droit de libération.** — L'acte qui constate la remise d'une somme, à titre d'avance temporaire, et l'engagement par le prêteur de verser à l'emprunteur, à des échéances déterminées et après le remboursement de cette somme, un capital remboursable dans un délai déterminé, forme le titre de deux obligations. Lorsque, dans un acte ultérieur, le prêteur reconnaît avoir été remboursé du montant de son avance temporaire, cette constatation donne ouverture au droit de libération de 0 fr. 50 0/0 (Seine, 10 fév. 1899 ; *R. P.* 9580).

4. (40). **Adjudication. Contrat en mains. Paiement du prix net. Distraction des frais. Mainlevée.** — Lorsqu'un immeuble est vendu par adjudication avec stipulation que le prix comprendra les frais, et que distraction de ces frais sera ordonnée au profit des avoués, la quittance par les vendeurs de la portion nette du prix leur revenant, déduction faite des frais, ne donne ouverture au droit de libération que sur cette portion nette et non sur le prix total.

La mainlevée totale donnée dans la quittance de l'inscription d'office prise pour sûreté du prix ne donne ouverture à aucun droit particulier, comme constituant une disposition dépendante (St-Jean-d'Angély, 26 mars 1896 ; *R. E.* 1187).

5. (46-E et 46-1-4). **Quittance. Vente de fonds de commerce sous condition suspensive. Marchandises. Reprise sur estimation. Réalisation du contrat. Droits de vente et de quittance.** — Lorsqu'un fonds de commerce a été cédé par acte sous seing privé sous condition suspensive, avec stipulation que les marchandises seraient reprises par le cessionnaire d'après leur consistance et leur valeur au moment de son entrée en jouissance, l'acte authentique ultérieur, constatant la réalisation de la condition, le paiement d'une partie du prix du fonds, l'estimation et le paiement du prix des marchandises, donne ouverture au droit de 2 0/0 sur le prix du fonds, au droit de cession de 0 fr. 50 0/0 sur le prix des marchandises, et au droit de quittance sur la partie du prix du fonds dont ce contrat constate le paiement.

Mais le même droit de quittance n'est pas exigible sur le prix des marchandises, l'acte de réalisation qui porte paiement de ce prix constituant en même temps le titre de la cession desdites marchandises (Compiègne, 4 déc. 1895 ; *R. E.* 1399 ; *R. P.* 8828).

L'affaire soumise au tribunal de Compiègne soulevait une question très délicate : celle de savoir quel acte constituait le *titre de la vente.*

Comme nous l'avons indiqué au *T. A.*, c'est là une question de *fait* à résoudre d'après les termes des contrats et les circonstances de chaque affaire.

L'acte conditionnel contient-il tous les éléments concourant à la perfection du contrat dont l'exécution seule est suspendue ? Dans ce cas, le second acte constatant la réalisation de la condition renferme deux dispositions indépendantes : d'une part, une clause qui rend *rétroactivement* le contrat définitif, d'autre part, une quittance qui, *ne prenant date que du jour où elle est constatée*, doit nécessairement être soumise au droit qui lui est propre.

C'est ce qui a été reconnu par le tribunal de la Seine au sujet d'une promesse de vente émanant d'une personne capable d'aliéner et réalisée après son décès par ses héritiers, alors que le payement du prix avait été constaté par un acte distinct de celui formant le titre de la réalisation de la promesse (Seine, 22 mars 1901 ; *R. E.* 2689).

La convention primitive manque-t-elle, au contraire, de l'un quelconque des éléments essentiels à la perfection du contrat, tels, par exemple, que la fixation du prix ? L'acte ultérieur qui constate, outre la réalisation de la condition, les accords complémentaires des parties sur les points non encore réglés, constitue le *titre* même de la mutation. Si donc cet acte constate le paiement de tout ou partie du prix, cette clause a le caractère de disposition dépendante et ne donne ouverture à aucun droit particulier (L. 22 frim. an VII, art. 10).

6. (54). **Prix de vente. Créancier inscrit non délégataire. Intervention du vendeur. Disposition dépendante.** — Lorsque le prix d'une vente immobilière est payé entre les mains d'un créancier inscrit, non délégataire, en présence et du consentement du vendeur, l'intervention de celui-ci ne donne pas ouverture à un droit fixe particulier (Sol. 2 oct. 1899 ; *R. E.* 2187 ; *R. P.* 9647 ; *J. E.* 25.775 ; Inst. 3004, § 8).

Cette solution abroge la règle de perception qui résultait de l'Inst. 1562, § 24.

7. (93). **Partage anticipé soumis à homologation. Soultes payées avant l'homologation. Droit de libération.** — V. *Partage d'ascendant*, n° 16.

QUOTITÉ DISPONIBLE. — **1.** (13). **Droits des enfants naturels dans la succession de leurs père et mère.** — Une loi du 25 mars 1896 (*R. E.* 1129) a sensiblement amélioré la situation des enfants naturels reconnus telle qu'elle avait été établie par les rédacteurs du Code. Cette loi, entr'autres dispositions, décide que l'enfant naturel légalement reconnu est appelé, en qualité d'héritier, à la succession de ses père et mère, et elle fixe la quotité de sa part héréditaire ainsi qu'il suit : à la moitié de la portion qu'il aurait s'il était légitime, quand le père ou la mère a laissé des descendants ; aux trois quarts, si le père ou la mère ne laissent pas de descendants mais des ascendants ou des frères ou sœurs, ou des descendants légitimes de frères ou sœurs ; à la totalité des biens, dans tous les autres cas.

Les enfants naturels reconnus ne peuvent rien recevoir par donation entre vifs au delà de ce qui leur est accordé ci-dessus. Mais leurs père et mère peuvent leur léguer tout ou partie de la quotité disponible, sans toutefois qu'en aucun cas, lorsqu'il se trouve en concours avec des enfants légitimes, un enfant naturel puisse recevoir plus qu'une part d'enfant légitime le moins prenant.

L'enfant naturel reconnu a droit à une réserve. Cette réserve est une quotité de celle qu'il aurait eue s'il eût été légitime, calculée en observant la proportion qui existe entre la portion attribuée à l'enfant naturel au cas de succession *ab intestat* et celle qu'il aurait eue dans la même cas s'il eût été légitime.

2. (69-70). **Quotité disponible entre époux. Réserve des ascendants.** — Sous le régime du Code civil (art. 1094), l'époux avait la faculté de laisser à son conjoint, outre la disponible ordinaire, l'usufruit de la portion réservée aux ascendants. Cette règle aboutissait à réduire à une nue propriété, de valeur à peu près nulle, vu le grand âge des titulaires, la part des ascendants, beaucoup plus âgés en général que l'époux gratifié.

Une loi du 14 février 1900 (*R. E.* 2314 ; *J. E.* 25.807) a remédié à cet inconvénient. Désormais, lorsque le défunt décède sans postérité et laisse comme héritiers des ascendants, la quotité dont il peut disposer en faveur de son conjoint est la même que celle dont il peut disposer en faveur d'un étranger. Il n'a pas été porté atteinte toutefois aux institutions contractuelles faites avant la promulgation de la nouvelle loi ; les dispositions testamentaires non encore réalisées par le décès du disposant tomberaient au contraire sous le coup de la réduction.

3. (122). **Usufruit légal du conjoint cumulé avec une donation d'usufruit.** — V. *Succession du conjoint prédécédé.*

4. (126). **Concours de dispositions au profit du conjoint et au profit d'autres personnes. Réduction.** — Lorsqu'une libéralité soumise à l'événement du décès du disposant excède la quotité disponible, si, dans la déclaration de la succession du donateur ou testateur, les intéressés ont, d'une part, opté pour la quotité disponible et en ont arrêté définitivement le chiffre, et si, d'autre part, un acte ultérieur constate que la libéralité a reçu son exécution au delà de la quotité disponible telle qu'elle a été déclarée, la prescription, pour la réclamation des droits supplémentaires, ne court qu'à partir de ce dernier acte. Mais si, au contraire, les parties n'ont pas, dans la déclaration de succession, exprimé leur opinion d'une façon ferme et indiqué en termes nets et précis la manière dont elles opéreront, il appartient au receveur de calculer la quotité disponible et d'établir sa perception de la façon la plus avantageuse au Trésor et, si les parties fixent ultérieurement un mode de réduction des libéralités qui rende exigible un supplément de droit de mutation par décès, la prescription, pour réclamer ce supplément, court du jour de la déclaration de succession et non de celui de l'acte ultérieur (Sol. 29 déc. 1896 ; R. E. 4445; R. P. 8964).

5. (214). **Dot constituée en avancement d'hoirie à charge de rapport. Attribution des biens rapportés.** — La clause par laquelle un père faisant à sa fille, par contrat de mariage, un don en avancement d'hoirie, impose à celle-ci l'obligation de rapporter à sa succession la valeur du bien donné, sans aucune réduction ou imputation, alors même qu'elle renoncerait à cette succession, n'implique pas nécessairement, de la part du donateur, la volonté de se réserver la faculté de disposer ultérieurement de ce qui serait reconnu excéder la réserve de l'enfant gratifié. En tout cas, l'interprétation de cette clause par les juges du fond est souveraine. Le rapport de ce don peut n'être exigé par un cohéritier que dans le cas même que ce cohéritier aurait reçu du défunt une libéralité préciputaire, mais ce cohéritier ne peut exercer son prélèvement sur les biens rapportés tout en conservant le droit de prendre sa part, comme héritier *ab intestat*, sur les valeurs excédant la réserve du gratifié (Cass. civ., 8 fév. 1898 ; R. E. 2045 ; J. E. 25.466 ; R. P. 9390 ; J. N. 26.499).

6. (239). **Renonciation à succession. Retenue par le renonçant de libéralités excédant la quotité disponible.** — V. *Renonciation*, 3 bis.

7. (299). **Biens rentrés dans l'hérédité par suite de réduction.** — Les biens rentrés dans l'hérédité par l'effet de l'action en réduction doivent, à peine d'un demi-droit en sus, être déclarés dans les six mois de la décision qui a prononcé la réduction. Tel est le cas des sommes qu'un héritier qui a renoncé à la succession pour s'en tenir à une donation en avancement d'hoirie est condamné à restituer à ses cohéritiers acceptants, comme excédant la quotité disponible (Sol. 27 fév. 1897 ; J. E. 25.136 ; R. P. 9012). Si toutefois un héritier non successible est condamné à restituer des immeubles sur lesquels il a élevé des constructions, les droits de mutation par décès ne sont dus que sur le terrain effectivement donné et rapporté

et non sur les constructions qui adviendront aux héritier en vertu du droit d'accession et à charge d'indemniser l constructeur (Sol. 31 mars 1897 ; J. E. 25.386 ; R. P. 9161) — V. Vᵒ *Succession.*

RAPPORT A SUCCESSION. — (1 et 4). **Leg sans stipulation de préciput. Imputation des dona tions sur la quotité disponible.** — Aux termes d'une loi du 24 mars 1898 (R. E. 1669; J. E. 25.369), portant mo dification des art. 843, 844 et 919, C. civ., les legs à ur héritier sont réputés faits par préciput et hors part, à moins que le testateur n'ait exprimé la volonté contraire. D'autre part, les legs faits à un enfant ou à un autre successi ble du testateur s'imputent, de même que les donation par préciput, sur la quotité disponible.

RATIFICATION. — (17). **Transcription.** — La ratification, par les administrateurs d'une société, de l'acquisition d'immeubles effectuée pour son compte par des tiers qui se sont portés forts ne donne pas ouverture au droit de transcription, alors même que dans l'intervalle qui a séparé l'acquisition de la ratification, les immeubles auraient été frappés de saisie entre les mains des acquéreurs en nom et que ceux-ci, pour arrêter les effets de la saisie, auraient contracté un emprunt avec affectation hypothécaire sur les dits immeubles. Il est même indifférent que la société n'ait eu d'existence légale que postérieurement à l'acquisition et que la ratification n'ait pas été rapportée dans le délai promis (Saint-Nazaire, 4 août 1899 ; J. E. 25.984).

RÉCEL. — 1. (3). **Usufruitier.** — Le legs d'usufruit portant sur une universalité de biens est un legs à titre universel. Le bénéficiaire d'un tel legs encourt, en conséquence, la déchéance prononcée par l'art. 792, C. civ., s'il divertit des valeurs successorales (Cass. civ., 19 juin 1895 ; R. E. 998 ; J. E. 24.758 ; J. N. 25.934).

2. (15). **Conjoint survivant.** — La dissimulation par un époux d'un don manuel reçu par lui du défunt et dont il devait tenir compte aux autres successibles, par un rapport en moins prenant, pour le calcul de ses droits, constitue un recel. L'art. 792, C. civ., aux termes duquel le successible est privé de sa part dans les objets qu'il a recélés, est applicable au conjoint survivant qui exerce sur la succession de l'époux prédécédé les droits en usufruit que lui a reconnus la loi du 9 mars 1891 modifiant l'art. 767, C. civ. (Cass. civ., 8 février 1898 ; R. E. 1982 ; R. P. 9394 ; J. N. 26.608 ; D. 99.1.153).

3. (23). **Prescription.** — Lorsqu'une succession non déclarée comprend notamment des valeurs recélées par un des héritiers, la prescription décennale pour le paiement des droits court contre la Régie à partir du décès, même pour les valeurs détournées, et non pas seulement du jour où le recel a été connu. (Sol. 1ᵉʳ avril 1901 ; R. E. 2717).

4. (30). **Décès du recéleur. Droits de succession acquittés sur les valeurs recélées. Restitution.** — Lorsque l'héritier recéleur est décédé et que ses héritiers ayant compris les valeurs recélées dans la déclaration de sa succession, les droits ont été perçus sur ces valeurs, la perception a été accomplie régulièrement. Les droits perçus ne peuvent donc pas être restitués. Ils ne seraient pas davantage susceptibles d'être imputés sur ceux dus par les ayants cause de l'héritier au détriment duquel avait été commis le vol et qui bénéficient de la déchéance du recéleur (1). — V. *Compensation.*

(1) Cass. civ., 23 fév. 1898 ; Inst. 2967-1 ; S. 98.1.373 ; R. E. 1649 ; J. E. 25.374 ; R. P. 9232.

RÉCÉPISSÉ. — (6). **Crédit foncier. Ordre.** — Lorsqu'un immeuble, hypothéqué au Crédit foncier pour sûreté d'un prêt qu'il a consenti, est vendu par adjudication, qu'un ordre est ouvert sur le prix et que ce prix est versé à cet établissement par l'adjudicataire avant la clôture de l'ordre, le récépissé constatant ce versement, délivré par le Crédit foncier et annexé à l'ordonnance du juge-commissaire validant la consignation du prix, n'est passible que du droit fixe (Sol. 9 fév. 1895 ; R. E. 940). — V. *Crédit foncier*, n° 2.

REÇU

SOMMAIRE ANALYTIQUE.

§ 1. — Quittances délivrées par les comptables publics, 1-9.
§ 2. — Quittances délivrées par les particuliers, 10-28.

SOMMAIRE ALPHABÉTIQUE.

Agio, 14.
Algérie, 7.
Banquiers, 14.
Bons de sortie, 21.
Bourses, 1.
Bulletins d'achat au comptant, 11.
Caisse des retraites, 24.
Centimes communaux, 23.
Chambres de commerce, 3.
Chemins de fer, 19.
Colis égarés ou avariés, 19.
Collèges communaux, 1.
Compte de courtier, 14.
Consignation, 4.
Date, 13.
Douane, douaniers, 3, 5 *bis*, 22 *bis*.
Droit des pauvres, 2 *bis*.
Droits de tonnage, 3.
Encre violette, 25.
Enveloppes, sacs, etc.., 13.
Escompte, 14.
Fabriques, 16.
Facteurs aux Halles, 11.
Factures, 13, 13 *bis*.
Forêts, 22 *bis*.
Garantie, 11 *bis*.
Gardes forestiers, 22 *bis*.
Gardiens de batterie, 11 *bis*.
Griffes d'oblitération, 5, 26.
Hannetonnage, 18.
Honoraires, 14.
Hôpitaux, 17.
Indigents, 28.
Instances. Récépissé de mémoire, 20.
Lettres missives, 10.
Magasins généraux, 21.
Mandats frappés d'opposition, 4.
Mémoirepréalable. Récépissé, 20.
Militaires, 22.
Oblitération, 5, 25, 26.
Opposition, 4, 8.
Ouvriers militaires, 22.
— mineurs, 24.
Pénalités, 27.
Pensions civiles, 7.
Percepteurs, 23.
Quittance collective, 15,
— non signée, 12 *bis*.
— subrogative, 12.
Rabais, 13 *bis*.
Reçu obligatoire, 13.
Rentes sur l'Etat, 6.
Retenues sur traitements, 8.
Reversement d'excédents de traitement, 9.
Secours mutuels, 24.
Signature, 13.
Somme non exprimée, 10.
Subrogation, 12.
Statistique (Droits de), 5 *bis*.
Stipulation de garantie, 11 *bis*.
Syndicats professionnels, 24.
Taxe communale additionnelle aux droits d'enregistrement, 2.
Ville de Paris, 2.

§ 1er. — *Quittances délivrées par les comptables publics.*

1. (57). **Collèges communaux. Quittances d'ordre.** — La quittance délivrée par l'économe d'un collège communal au receveur municipal pour constater le versement entre ses mains de la subvention fournie par la ville ou des sommes allouées par l'Etat à titre de compléments de traitement des professeurs ou de pensions des boursiers nationaux, constitue une quittance d'ordre, exempte à ce titre du droit de timbre (Sol. 1er août 1892 ; J. E. 24.727 ; R. P. 7919).

2. (59). **Taxes additionnelles aux droits d'enregistrement perçues pour le compte de la Ville de Paris.** — Une décision ministérielle du 30 janvier 1901 a prononcé l'exemption du droit de timbre de 0 fr. 25 pour les quittances mises au pied des actes par les receveurs, des droits additionnels d'enregistrement perçus par application de la loi du 31 décembre 1900, au profit de la Ville de Paris, en remplacement des droits d'octroi supprimés (D. M. F. 30 janv. 1901 ; R. E. 2608).

2 bis. (67). **Droit des pauvres.** — Les quittances délivrées par le receveur d'un établissement de bienfaisance pour constater l'encaissement des sommes versées, à titre de droit des pauvres, par un directeur de théâtre, sont passibles du timbre de 0 fr. 25 si elles excèdent 10 fr. (Sol. 10 mai 1900 ; R. E. 2784).

3. (81). **Chambres de commerce. Droits de tonnage. Reversement par les préposés des douanes.** — Les récépissés délivrés aux préposés des douanes pour les droits de tonnage qu'ils recouvrent pour le compte des chambres de commerce sont assimilés aux quittances ordinaires et assujettis au droit de timbre de 0 fr. 10 à l'exclusion de celui de 0 fr. 25 (Sol. 16 déc. 1899 ; J. E. 25.982).

4. (117). **Mandats frappés d'opposition. Consignation.** — Une décision du Ministre des finances, du 19 février 1898 (R. E. 1655 ; J. E. 25.465) a prononcé l'exemption de tout droit de timbre des récépissés délivrés par les préposés de la Caisse des dépôts et consignations aux comptables publics qui versent entre leurs mains le montant des retenues effectuées, par voie d'opposition, sur les traitements, appointements et salaires à la charge du Trésor public. Cette décision confirme la règle tracée par le règlement général de 1851 sur le service des consignations et par celui de 1859 sur la comptabilité publique (*Contrà*, Sol. 25 nov. 1896 ; R. E. 1655 ; J. E. 25.047 ; Rev. prat., 4282).

5. (143). **Griffes d'oblitération.** — Les trésoriers généraux, receveurs particuliers et percepteurs ont la faculté d'employer, pour oblitérer les timbres mobiles de dimension et de quittance qu'ils sont autorisés à apposer, soit les griffes spéciales dont le modèle est déterminé par l'Inst. 2260, soit la griffe *Payé*. La même faculté est accordée aux receveurs des communes et des établissements de bienfaisance pour l'oblitération des timbres mobiles de quittance (D. M. F. 16 août 1897; Inst. 2941 ; R. E. 1882).

5 bis. (171). **Douanes. Droits de statistique.** — La loi de finances du 29 mars 1897, art. 8, a affranchi du droit de timbre spécial de douane pour les soumettre au timbre de 0 fr. 10 les quittances du droit de statistique délivrées par l'Administration des Douanes (Inst. 2924-3 ; R. E. 1367).

6. (176). **Rentes sur l'Etat. Amortissement. Récépissés de titres.** — Le récépissé délivré par le trésorier-payeur général ou le receveur des finances pour constater le dépôt de titres de rente 3 0/0 amortissable appelés au remboursement n'est pas assujetti au timbre de 0 fr. 25. La quittance du capital remboursé ultérieurement, souscrite par le rentier à la suite du récépissé, n'est pas sujette au timbre de 0 fr. 10 (Sol. 16 avr. 1897 ; Inst. 2932-17 ; R. E. 1496 ; J. E. 25.247).

7. (246). **Pensions civiles. Comptables communaux d'Algérie.** — Les récépissés délivrés par les receveurs des finances d'Algérie aux receveurs des contributions diverses pour constater le versement, dans les caisses du Trésor, des retenues exercées pour le compte du service des pensions civiles sur les remises allouées à ces derniers comptables à raison de la gestion financière des communes dont les revenus sont inférieurs à 50.000 fr., sont exempts du timbre comme s'appliquant à une seule opération de trésorerie (D. M. F. 10 avr. 1893 ; Inst. 2856-8 ; R. E. 678 ; J. E. 24.359).

8. (246 bis). **Retenues sur traitements frappés d'opposition.** — V. *supra*, n° 4.

9. (247). **Reversements par les comptables d'excédents de traitement.** — Sont exemptes de timbre les quittances qu'un comptable se délivre à lui-même afin de constater le reversement à sa caisse de sommes qu'il a perçues en trop pour son traitement (Sol. 17 oct. 1894 ; *R.E.* 927).

§ 2. — *Quittances délivrées par les particuliers.*

10. (272). **Lettres missives. Récépissé. Somme non exprimée. Duplicata.** — La lettre missive accusant la réception d'une valeur adressée pour solde de facture est passible du droit de timbre de 0 fr. 10 dès lors qu'elle s'applique à une somme supérieure à 10 fr. Mais il incombe à l'Administration de faire la preuve de ce fait. Elle peut fournir cette preuve par les moyens d'investigation que la loi met à sa disposition, et notamment par l'exercice du droit de communication au siège d'une société par actions (Sol., 30 mars 1896 ; *R. E.* 1213 ; *J. E.* 24.829).

La lettre missive contenant accusé de réception d'un chèque remis en paiement constitue un titre libératoire passible du timbre de 0 fr. 10, alors même qu'elle devait être et qu'elle aurait été, en fait, suivie d'une quittance régulière, dûment timbrée (Rouen, 5 fév. 1895 ; *J. E.* 24.743 ; *R. P.* 8619).

Mais l'accusé de réception d'effets négociables à encaisser par le destinataire pour le compte et au crédit de l'expéditeur est exempt du timbre à 0 fr. 10, en vertu de l'art. 4 de la loi du 30 mars 1872, s'il ne renferme aucune mention de paiement et s'il ne fournit pas la preuve d'une libération (Sol. 24 août 1896 ; *J. E.* 24.207 ; *R. P.* 8921).

11. (278). **Facteurs aux Halles. Bulletin d'achat au comptant.** — Les bulletins, que les facteurs remettent aux acheteurs au comptant et qui énoncent le poids et le décompte des marchandises achetées et la somme consignée pour les paniers et enveloppes, ne constituent pas des écrits libératoires. Ce sont de simples pièces d'ordre, destinées à rentrer à bref délai en possession de l'agence qui les délivre et ayant surtout pour objet de centraliser les écritures, de faciliter la comptabilité du caissier et de fournir à l'acheteur les renseignements qui lui sont utiles. Ils échappent dès lors à tout droit de timbre (Seine, 2 déc. 1893 ; *J. E.* 25.072 ; *R. P.* 8306).

11 bis. (283). **Quittance avec stipulation de garantie.** — Le droit de quittance à 0 fr. 10 ne saurait être appliqué à l'écrit par lequel le vendeur de titres d'actions ou d'obligations donne quittance du prix, s'il contient en outre une clause de garantie ; dans ce cas, c'est le droit de timbre de dimension qui est dû, alors même que l'acte ne serait pas signé de l'acheteur et ne pourrait être considéré comme le titre d'un contrat synallagmatique. Le coût du timbre de 0 fr. 10 dont il aurait été revêtu ne serait pas, d'ailleurs, susceptible d'être imputé sur les droits et amendes exigibles (Seine, 24 mars 1893 ; *R. E.* 441 ; *J. E.* 24. 082 ; *R. P.* 8097).

12. (291 et 294). **Quittance subrogative.** — La clause de subrogation enlève au reçu son caractère pur et simple et rend exigible le droit de timbre de dimension à l'exclusion du droit de quittance à 0 fr. 10 (Lisieux, 18 déc. 1895 ; *R. E.* 1138 ; *J. E.* 24.828 ; *R. P.* 8863).

12 bis. (302). **Quittance non signée.** — Tous écrits libératoires sont passibles du droit de timbre de 0 fr. 10, qu'ils soient ou non signés. Il en est ainsi de l'acquit signé par un employé au nom de son patron. En cas de dénégation de signature, l'on peut passer outre si l'authenticité de l'écriture résulte de présomptions graves, précises et concordantes rendant superflue une vérification d'écriture (Bordeaux, 18 déc. 1895 ; *R. E.* 1188 ; *J.E.* 24.902).

13. (319). **Reçu obligatoire.** — Le récépissé constatant la prise en charge de marchandises n'est pas passible du timbre de 0 fr. 10, mais du timbre de dimension si les conditions d'exigibilité prescrites par l'art. 12 de la loi de Brumaire se trouvent remplies (Le Havre, 12 juill. 1901 ; *R. E.* 2815).

13 bis. (327). **Factures. Reprise d'enveloppes. Déduction du prix.** — La déduction opérée par un fournisseur sur une facture supérieure à 10 fr. du prix de fûts vides (ou de sacs et autres enveloppes) précédemment rendus par son client, constitue au profit de celui-ci un titre libératoire contre le fournisseur et est passible du timbre de 0 fr. 10. Il en est ainsi même lorsque le prix des fûts et enveloppes est inférieur lui-même à 10 fr. (1).

La mention portée sur une facture (ou une lettre missive) et constatant le retour par un client à un fournisseur d'un récipient qui, suivant les usages commerciaux, doit être renvoyé contre un prix déterminé, donnerait également ouverture au droit de timbre de quittance (Cass. req. 23 avr. 1901 ; *R. E.* 2677). En conséquence, lorsqu'une telle facture, même non acquittée, n'est pas revêtue du timbre de 0 fr. 10, le vendeur est, par application de l'art. 23 de la loi du 23 août 1871, tenu personnellement et sans recours du montant des droits, frais et amendes (Rouen, 1ᵉʳ mars 1898 ; *R. E.* 1656).

La circonstance que la décharge de l'acheteur résulterait d'autres pièces, telles que le récépissé du chemin de fer à lui délivré serait, d'ailleurs, sans influence. Ces pièces se distinguent, en effet, de la facture par leur nature et par leur objet, et on admettant même que la facture puisse être considérée comme un duplicata, elle n'en rentre pas moins dans les prévisions de la loi de 1871 (Rouen, 26 juill. 1894 ; *J. E.* 24.496 ; *R. P.* 8391).

De même, lorsque du montant brut d'une facture, le fournisseur déduit le prix (supérieur à 10 fr.) de fûts vides rendus par le client et en crédite ainsi celui-ci sur la facture, cette mention a le caractère libératoire et est passible du timbre de 0 fr. 10 (Versailles, 5 juill. 1895 ; *R. E.* 1215 ; *J. E.* 24.787 *R. P.* 8620). Il en serait autrement et le droit de timbre ne serait pas dû si le créancier se bornait à rappeler incidemment dans une lettre missive, un acompte versé par le débiteur.

13 ter. (328). **Facture. Déduction d'un rabais.** — La mention d'une facture constatant la déduction d'une somme supérieure à 10 fr. pour rabais, rectification d'erreur ou toute autre cause, rend exigible le droit de timbre de 0 fr. 10 (Chalon-sur-Saône, 2 juin 1896 ; *J. E.* 25.112)

14. (330). **Compte d'un courtier. Prélèvement d'honoraires. Bordereau d'un banquier. Escompte.** — Les relevés, que des courtiers de commerce adressent à leurs commettants et où ils constatent le prélèvement sur les sommes revenant à ceux-ci d'honoraires ou d'avances dépassant 10 fr., sont passibles, par ce chef, du timbre de 0 fr. 10 dès lors qu'ils ne rentrent pas dans la catégorie des bordereaux ou arrêtés assujettis au timbre de dimension par l'art. 19 de la loi du 2 juillet 1862, et qu'ils ne peuvent être assimilés aux relevés par doit et avoir que s'adressent les commerçants qui sont en compte courant (Sol. 3 avr. 1896 ; *R. E.* 1214 ; *J. E.* 24.830).

Le bordereau qu'un banquier délivre à un client et qui contient, indépendamment du détail des effets de commerce escomptés, la mention de l'agio prélevé sur le montant des sommes versées, est, au contraire, dispensé du timbre à 0 fr. 10, par application de l'art. 4 de la loi du

(1) Sol. 23 déc. 1898 ; *J. E.* 25.683 ; *R. P.* 9540.

30 mars 1872 (Seine, 18 nov. 1898 ; — Sol. 3 janv. 1899 ; R. E. 1938 ; J. E. 25.961).

15. (371 *bis*). **Quittances collectives. Plusieurs débiteurs. Un seul créancier.** — Lorsqu'un reçu constate la quittance par un seul créancier de plusieurs sommes dues par divers débiteurs, il n'est dû qu'un seul droit de timbre de 0 fr. 10. De même, en effet, que plusieurs droits sont exigibles pour une libération unique si elle est constatée par plusieurs titres distincts (duplicata ou autres), de même un seul droit est dû lorsque plusieurs libérations distinctes résultent d'un titre unique. Ce qui est assujetti à l'impôt, c'est le titre libératoire ; et l'unité ou la pluralité des droits dépendent de l'unité ou de la pluralité des titres (Sol. 24 juin 1898 ; R. E. 1957 ; J. E. 25.640 ; R. P. 9446).

16. (453). **Fabriques. Droits perçus pour les services religieux.** — Les quittances, par les membres du clergé et les employés de l'église, de leur part dans les droits perçus sur les services religieux, doivent être timbrées à 0 fr. 10 lorsqu'elles ont pour objet des sommes supérieures à 10 fr. (Sol. 5 fév. 1895 ; R. E. 879).

17. (463). **Hôpitaux. Remise aux héritiers des objets déposés par les hospitalisés.** — La décharge d'objets confiés par les malades aux receveurs des hôpitaux et retirés par les héritiers du déposant, après son décès, constitue, quoique libellée sous forme de reçu d'objets, à titre de reçu d'objets, au droit de timbre de 0 fr. 10 quelle que soit la valeur de l'objet remis et alors même qu'elle ne dépasserait pas 10 fr. (Sol. 28 août 1899 ; R. E. 2188).

18. (465). **Hannetonnage.** — Les quittances des rétributions allouées aux particuliers pour la destruction des hannetons sont passibles du timbre de 0 fr. 10 ; on ne saurait, en effet, les assimiler ni aux quittances de secours aux indigents, ni aux quittances d'indemnités d'incendies, inondations ou autres cas fortuits, qui sont spécialement exemptées du timbre (Sol. 4 avr. 1893 ; J. E. 24.133).

19. (465). **Chemins de fer. Indemnités pour colis égarés ou avariés.** — L'écrit rédigé à l'occasion du paiement, par une compagnie de chemins de fer à un particulier, d'une indemnité en représentation de la perte ou de l'avarie d'un colis, et constatant le versement d'une somme déterminée pour règlement, n'est assujetti qu'au timbre de 0 fr. 10 (si la somme versée est supérieure à 10 fr.), à l'exclusion du timbre de dimension. Il en est ainsi alors même que l'écrit contient, outre le reçu proprement dit, signé du particulier, une première partie, signée du chef de gare et contenant la désignation des marchandises perdues ou avariées et l'indication de l'indemnité à payer par la compagnie (Sol. 24 juill. 1899 ; R. E. 2159 ; J. E. 25.778).

20. (467). **Instance contre une commune. Récépissé du mémoire préalable.** — Le récépissé du mémoire préalable, qui est délivré par le préfet ou le sous-préfet en cas de poursuites contre une commune, est passible du timbre à 0 fr. 10. Il n'est pas fait exception à cette règle lorsque le mémoire est déposé par une administration de l'État, non plus que pour le service de l'Enregistrement (Sol. 24 août 1899 ; J. E. 25.958).

21. (475). **Magasins généraux.** — Les bulletins de sortie qui constatent la remise au déposant de tout ou partie des marchandises déposées aux magasins généraux, constituent des titres libératoires, passibles du timbre de 0 fr. 10 (Seine, 2 jug., 5 avr. 1893 ; J. E. 24.660).

Présentent le même caractère et sont également soumis au timbre spécial : les bons ou autorisations au porteur qu'un commerçant remet, avec ou sans mention de décharge, aux magasins généraux, contre les livraisons des marchandises par lui déposées (Seine, 10 nov. 1893 ; R. E. 622 ; J. E. 25.071 ; R. P. 8283) ; les bons de livraison délivrés au verso du reçu des marchandises à transporter et remis à l'entrepreneur par les magasins généraux ou les consignataires (Seine, 2 avr. 1896 ; J. E. 25.109 ; R. P. 8869).

Quant aux autorisations de sortie que les déposants peuvent adresser d'avance aux magasins généraux, sous formes de lettres missives, pour donner l'ordre de mettre les marchandises à la disposition d'un camionneur chargé de les enlever, comme elles ne sont pas remises au moment de l'enlèvement des marchandises et pour constater leur livraison, elles ne contiennent pas, par elles-mêmes, une décharge passible du timbre à 0 fr. 10. Mais, étant destinées à établir la validité des décharges qui seront ultérieurement données par le voiturier, elles doivent être rangées dans la catégorie des écrits pouvant faire titre ; elles sont assujetties, dès lors, au timbre de dimension (Seine, 25 juin 1896, R. E. 1251 ; J. E. 25.109 ; R. P. 8870).

Il a été décidé de même que le bon de sortie inscrit, par le porteur du récépissé, au dos de ce titre, afin de permettre l'enlèvement partiel des marchandises n'est pas sujet au timbre de 0 fr. 10. Et comme cette mention n'a pour objet que d'indiquer la restriction apportée à la valeur du gage, et ne constitue qu'un simple endossement, elle ne donne pas davantage ouverture au droit de timbre de dimension (1).

22. (486). **Militaires. Ouvriers d'état et gardiens de batterie. États d'émargement.** — Comme actes concernant les gens de guerre, les acquits donnés sur les états d'émargement par les ouvriers d'état et les gardiens de batterie, qui ont rang de sous-officiers, sont affranchis du timbre à 0 fr. 10, par application de la loi du 13 brumaire an VII, art. 16, n° 1. La dérogation apportée à cette règle par l'art. 20 de la loi du 23 août 1871 concerne exclusivement les quittances relatives aux traitements et émoluments des officiers (D.M.F. 4 juill. 1893 ; Inst. 2856-6 ; R. E. 677 ; J. E. 24.358).

22 bis. (486). **Douaniers. Brigadiers et gardes forestiers domaniaux.** — Ces agents sont assimilés aux gens de guerre. Tous les actes relatifs à leur service sont, par conséquent, exempts du timbre (D.M.F. 3 avr. 1894 ; Inst. 2887-2 ; R. E. 989 ; J. E. 24.765 ; R. P. 8650).

23. (494). **Percepteurs. Centimes communaux.** — L'acquit du mandat dit « reçu solde » payé aux percepteurs, en fin d'exercice, pour clore les allocations à eux dues pour frais de centimes communaux, n'est passible du timbre de 0 fr. 10 que s'il dépasse 10 fr. (D.M.F. 2 avr. 1895 ; R. E. 1446 ; J. E. 25.288).

24. (506). **Caisse nationale des retraites. Sociétés de secours mutuels.** — Aux termes de l'art. 3 de la loi du 30 mai 1899 (Inst. 2987 ; R. E. 2042), les quittances délivrées à la caisse des retraites pour la vieillesse ou aux sociétés de secours mutuels pour remboursement de capitaux réservés et payement d'arrérages de rentes viagères et de pensions de retraite sont exemptes du timbre à 0 fr. 10.

Déjà la loi du 1er avril 1898 (Inst. 2958 ; R. E. 1765) avait exempté de timbre et d'enregistrement tous les actes intéressant les sociétés de secours mutuels approuvées (art. 19), les caisses de secours et de retraite des ouvriers mineurs (art. 38), les syndicats professionnels, institués légalement, et dont les statuts prévoient la distribution de

---

(1) Cass. civ., 2 janv. 1900 ; Inst. 3011-6 ; S. 1900.1.529 ; D. 1900.1.537 ; R. E. 2281 ; J. E. 25.789.

secours mutuels entre leurs membres (art. 40). Cette exemption générale embrasse, notamment, les reçus des cotisations et les quittances des pensions et des secours alloués aux pensionnaires et aux malades (1).

Sont également exempts du timbre à 0 fr. 10 les récépissés délivrés par les ouvriers mineurs et constatant la remise qui leur est faite par l'exploitant d'un exemplaire des statuts de la caisse de retraites et de secours, en exécution de la loi du 29 juin 1894, art. 14 (Sol. 22 juin 1895 ; R. E. 1058 ; J. E. 24.900).

25. (532 *bis*). **Oblitération manuscrite. Date et signature. Contexte de la quittance.** — Les timbres mobiles apposés sur les quittances doivent être oblitérés au moyen de la date et de la signature du souscripteur. La signature seule serait insuffisante et la quittance, réputée non timbrée, donnerait ouverture à l'amende de 50 fr. et à un nouveau droit de timbre (Rouen, 1er déc. 1898 ; R. E. 1910 ; J. E. 25.571).

L'oblitération du timbre au moyen de contexte de la quittance serait également irrégulière (Rouen, 5 fév. 1895 ; J. E. 24.743 ; R. P. 8619).

Il peut être fait usage de l'encre violette pour l'oblitération des timbres de quittance (Rappr. Sol. 25 mars 1897, en matière de timbre des effets négociables ; R. E. 1821 ; J. E. 25.520 ; R. P. 9321).

26. (536). **Griffe.** — La griffe d'oblitération, dont l'usage supplée à l'oblitération manuscrite, doit indiquer le nom ou la raison sociale et la résidence du souscripteur et la date de la quittance (Seine, 19 mai 1893 ; J. E. 24.141 ; R. P. 8204).

27. (577). **Pénalités pour oblitération irrégulière.** — Dans tous les cas, avons-nous dit au T. A., la quittance revêtue d'un timbre irrégulièrement oblitéré doit être considérée comme non timbrée et elle est passible de l'amende de 50 fr.

Le tribunal civil de Rouen a décidé, cependant, par un jugement du 9 février 1895,précité, rendu en matière d'oblitération effectuée au moyen du contexte de la quittance, que l'amende de 20 fr., prononcée par l'art. 24 de la loi du 23 août 1871 pour infraction aux dispositions du règlement d'administration publique du 27 novembre 1871, était seul encourue à l'exclusion de l'amende de 50 fr. qui frappe spécialement les quittances non timbrées.

Nous ne pouvons adhérer à cette décision ni admettre la distinction sur laquelle elle se fonde. La doctrine contraire de l'Administration paraît seule logique et conforme aux dispositions législatives.

28. (744). **Mandats de secours payés aux indigents.** — Pour bénéficier de l'exemption du timbre à 0 fr. 10, les quittances de secours payés aux indigents doivent être revêtus d'une attestation de l'ordonnateur portant que le titulaire est indigent (Circ. compt. pub. 9 mars 1901 ; R. E. 2744).

RÉGIME DOTAL. — 1. (31). Livret de caisse d'épargne.

Lorsqu'un livret de caisse d'épargne est inscrit au nom d'une femme mariée sous le régime dotal,

(1) Les quittances pour payement de journées de maladies aux membres des sociétés de secours mutuels sont exemptes de timbre, même lorsqu'elles sont portées sur de simples feuilles volantes et non sur des registres à souche (D.M.F. 19 déc. 1898 ; Inst. 2989, § 2). Sont également exemptes de timbre les quittances d'arrérages de pensions constituées par les départements ou les communes au profit des vieillards, des infirmes et des incurables (D.M.F. 6 fév. 1899 ; Inst. 2989, § 4 ; R. E. 2169).

le montant des sommes déposées appartient en entier à la femme et doit supporter, si elle décède, le droit de mutation par décès, sauf à déduire du montant du livret pour la liquidation de l'impôt, les intérêts échus postérieurement au décès (Sol. 22 déc. 1897 ; R. E. 1917).

2. (35). **Aliénation de paraphernaux sans emploi. Créance sur le mari. Droits de mutation par décès.** — Lorsque le mari d'une femme dotale a concouru à la vente des immeubles paraphernaux de cette dernière, soit comme covendeur, soit seulement pour autoriser sa femme, et lorsqu'il a reçu le prix de la vente, il est garant du défaut de remploi du prix dans les termes de l'art. 1450 C. civ. Il en résulte que la femme mourant avant que le remploi ait été effectué, les héritiers ont contre le mari une créance d'une valeur égale à celle du prix non remployé. Cette créance doit supporter le droit de mutation par décès au même titre que les autres valeurs actives dépendant de la succession de la femme (Albi, 17 mars 1898 ; R. E. 1721 ; R. P. 9344).

3. (36). **Recouvrement des droits d'enregistrement sur les biens dotaux.** — Le paiement des droits d'enregistrement et spécialement des droits de mutation par décès dus par la femme dotale peut être poursuivi même sur les biens dotaux que la loi déclare inaliénables (Seine 23 juill. 1896 ; R. E. 1285 ; J. E. 25.114).

En tout cas, la dot cesse d'être inaliénable par le fait de la dissolution du mariage ; elle garantit, par conséquent le paiement des droits dus par la femme sur le legs à elle fait par son mari. Si donc un légataire et une veuve dotale sont respectivement colloqués au règlement provisoirement sur la succession du défunt, — le légataire, pour la somme jugée nécessaire au service de la rente viagère qui fait l'objet de son legs, et la veuve, pour le capital correspondant aux libéralités résultant à son profit du contrat de mariage, — la Régie de l'Enregistrement peut être colloquée en sous-ordre pour les droits de mutation incombant à l'un et à l'autre à raison des avantages recueillis par eux dans la succession du défunt (Nice, 26 mai 1898 ; J. E. 25.587).

Le fait que la condamnation requise contre la femme, en matière de dissimulation de prix, ne pourrait être poursuivie que sur ses biens dotaux ne peut influer en rien sur la question de l'exigibilité des sommes réclamées, le tribunal n'ayant pas à préjuger des voies qui seront employées pour ramener le jugement à exécution (Grenoble, 14 mars 1901 ; R. E. 2659).

REGISTRE. — 1. (3). Carnet domestique produit en justice.

Le registre ou carnet domestique produit en justice n'est assujetti ni au timbre ni à l'enregistrement (Seine, 5 avr. 1895 ; R. E. 939 ; J. E. 24.635 ; R. E. 8626).

2. (4 et 5). **Prestation de serment devant l'autorité administrative. Registre spécial. Timbre.** — V. *Prestation de serment*, n° 1.

RÉHABILITATION. — (2). Réhabilitation de droit.

La loi du 5 août 1899 (art. 10) a organisé la réhabilitation de droit des condamnés qui satisfont à certaines conditions déterminées (art. 8). En cas de contestation sur la réhabilitation, le demandeur peut s'adresser au tribunal du lieu de son domicile dans les formes et suivant la procédure prescrite à cet effet (art. 14).

Cette loi a été complétée par celle du 11 juillet 1900, de laquelle il résulte notamment que le bénéfice du visa pour timbre et de l'enregistrement en débet sont accordés aux actes, jugements et arrêts de la procédure de réhabilitation (art. 14 et 15 nouveaux) (Inst. 3021 ; *R. E.* 2143 ; *J. E.* 25.745, 25.784 et 25.951). — V. *Casier judiciaire.*

RÉMÉRÉ. — (42). **Retrait par le vendeur nonobstant cession de l'action à un tiers.** — Lorsque des immeubles ayant été vendus à réméré, le vendeur cède son action en réméré à un tiers, qu'ensuite il exerce le retrait par acte public et dans le délai de 5 ans, l'acte constatant ce retrait n'est passible que du droit de 0 fr. 50 0/0. Alors même qu'il serait établi qu'il y a présomption suffisante de rétrocession de l'action en réméré du cessionnaire au cédant qui a exercé le retrait, cette rétrocession ne constituerait qu'une mutation mobilière non assujettie à l'enregistrement dans un délai déterminé (Sol. 17 déc. 1895 ; *R. E.* 1124 ; *J. E.* 24.832).

REMPLOI. — **1.** (38 et 40). **Régime dotal avec société d'acquêts. Acquisition par le mari au moyen de deniers dotaux.** — Lorsqu'un mari achète, sous le régime dotal avec société d'acquêts, un immeuble qu'il paie partie avec des deniers de communauté, partie avec des deniers dotaux, que l'acte d'acquisition indique cette double origine et stipule la subrogation de la femme au privilège du vendeur pour lui assurer la situation prévue par son contrat de mariage, ces diverses clauses n'établissent pas que la femme ait entendu consentir un prêt à son mari et que celui-ci ait voulu nover sa situation d'administrateur comptable pour lui substituer celle de débiteur. Les clauses dont il s'agit ne constituent que l'exécution, le complément et la consommation du contrat de mariage antérieurement enregistré et ne peuvent donner lieu, en conséquence, qu'au droit fixe, à l'exclusion du droit proportionnel de 1 0/0 (Seine, 3 juin 1899 ; *R. E.* 2190 ; *R. P.* 9650).

2. (47 à 50). **Liquidation des reprises d'une femme séparée de biens et renonçante. Dation en paiement.** — Lorsque des immeubles ont été acquis au cours du mariage sans mention expresse d'emploi de deniers dotaux, l'attribution qui en est faite à la femme, après que celle-ci a obtenu la séparation de biens et renoncé à la société d'acquêts, donne ouverture au droit de vente à 5 fr. 50 0/0 (Uzès, 23 août 1881 ; *R. E.* 928).

RENONCIATION. — **1.** (24). **Renonciation à usufruit non translative. Nus propriétaires sortis de l'indivision. Pluralité des droits fixes.** — La renonciation à usufruit non translative donne ouverture à autant de droits fixes qu'il y a de nus propriétaires sortis d'indivision auxquels elle profite et qui l'acceptent (Rambouillet, 28 janv. 1898 ; *R. E.* 1753 ; *J. E.* 25.484 ; *R. P.* 9275).

2. (35). **Renonciation à usufruit translative. Convention de mariage. Droit fixe et droit de transcription.** — La renonciation par l'époux survivant à l'usufruit auquel il a droit en vertu d'une convention de mariage sur la part de son conjoint dans les bénéfices de la communauté est translative et non extinctive dès lors que la communauté a été acceptée par l'époux renonçant et que sa renonciation a été elle-même acceptée par les héritiers de son conjoint. L'acte de renonciation est, en conséquence, passible du droit fixe de 4 fr. 50 et, s'il y a lieu, du droit de transcription à 1 fr. 50 0/0 (Dunkerque, 5 nov. 1897 ; *R. E.* 1689 ; *J. E.* 25.427 ; *R. P.* 9190) ; — St-Pol, 19 mai 1900 ; *R. E.* 2666.

L'Administration a reconnu devant ce dernier tribunal que si la renonciation a eu lieu *à titre de partage anticipé,* le droit de transcription exigible est seulement de 0 fr. 50 0/0, à l'exclusion de celui de 1 fr. 50 0/0.

Remarquons, au surplus, que cette jurisprudence sera sans application toutes les fois que le démembrement se sera opéré sous le régime institué par les art. 13 et 14 de la loi du 25 février 1901. Dans ce cas, en effet, la réunion anticipée de l'usufruit à la nue propriété donnera ouverture au droit de mutation (Inst. 3049-V). — V. *Usufruit.*

3. (67). **Renonciation à communauté. Acceptation résultant d'une demande en liquidation.** — Lorsqu'une veuve forme une demande en liquidation et partage de la communauté ayant existé entre elle et son mari et de la succession de celui-ci, ainsi qu'une demande en licitation d'immeubles sur lesquels elle ne pouvait avoir un droit qu'à titre de commune en biens ou d'héritière, elle doit être réputée avoir pris une qualité qui l'empêche de se porter ultérieurement renonçante, et cela malgré les réserves insérées dans son assignation, ces réserves étant contredites par l'objet même de l'acte qui les renferme (Cass. req., 14 avr. 1899 ; *R. E.* 2323 ; D. 99.1.402).

3 *bis.* (54). **Retenue par le renonçant de libéralités dépassant la quotité disponible.** — La renonciation faite par des enfants à la succession de leur père, pour s'en tenir aux dots qui leur avaient été constituées en avancement d'hoirie dans leurs contrats de mariage, n'est pas pure et simple et ne leur fait pas perdre la qualité d'héritiers, lorsque les dots excèdent chacune la quotité disponible, par suite de l'existence de dettes réduisant d'autant l'actif de l'hérédité.

Une telle renonciation déguise une cession au profit du cohéritier qui n'a pas renoncé, de tout ce qui excède sa part virile dans les biens de la succession, à la charge du paiement des dettes, et l'Administration est fondée à réclamer sur cet excédent le droit de mutation à titre onéreux (Castres, 23 janv. 1901 ; *R. E.* 2639).

4. (68). **Rétractation de la renonciation à communauté. Inefficacité.** — L'Administration à la communauté étant irrévocable, comme l'acceptation, l'abandon fait à la veuve renonçante à la communauté des biens de cette communauté pour la remplir de ses reprises constitue une dation en paiement passible du droit de 5 fr. 50 0/0, alors même que la veuve aurait rétracté sa renonciation antérieurement à l'attribution (St-Quentin, 30 déc. 1898 ; *R. E.* 1984 ; *J. E.* 25.570).

5. (86). **Succession ab intestat. Forme de la renonciation.** — L'Administration n'admet comme régulières, en matière de successions *ab intestat,* que les renonciations passées au greffe conformément à l'art. 784, C. civ. et refuse de tenir compte d'une renonciation faite par acte notarié (Sol. 3 févr. 1896 ; *R. E.* 1122).

5 *bis.* (100). **Usufruit légal du conjoint survivant.** — Lorsque l'époux survivant décède peu après son conjoint, sans avoir pris possession de l'usufruit légal qui lui était dévolu, l'Administration présume que les héritiers renoncent de son chef au dit usufruit et elle n'insiste pas au sujet du paiement des droits de succession y afférents, alors même que les héritiers ne rapporteraient pas un acte de renonciation (*R. E.* 2559-IV).

6. (106 et 107). **Succession échue à un mineur. Acceptation par le tuteur. Irrévocabilité.** — Lorsqu'une succession échue à un mineur a été acceptée en son nom, sous bénéfice d'inventaire, par le tuteur avec l'autorisation du conseil de famille, la renonciation ultérieure émanée, soit du tuteur, soit du mineur devenu majeur est inopérante. Ces principes s'appliquent à la renonciation faite, dans les mêmes conditions, du chef du mineur prédécédé, par son héritier. Il en est ainsi alors même que la déclaration de l'acceptation bénéficiaire n'a pas été faite au greffe, conformément à l'art. 793, C. civ., s'il a été fait par le tuteur de nombreux actes de disposition impliquant adition de l'hérédité (Montpellier, 17 avr. 1899 ; R. E. 2136).

De même, lorsque le tuteur, autorisé par délibération du conseil de famille, a aliéné des biens dépendant d'une succession échue à un mineur et lorsque le mineur a joui, en fait, pendant plusieurs années des biens de ladite succession, ces différents faits emportent acceptation de l'hérédité et rendent les héritiers du mineur non recevables à renoncer à cette hérédité pour éviter le paiement des droits de mutation par décès (Brest, 24 nov. 1898 ; R. E. 1958 ; J. E. 25.575).

7. (118). **Acceptation de succession résultant d'une demande en partage.** — V. n° 3, *suprà.*

8. (132, 133 et 137). **Renonciation rétractée. Conséquences de la rétractation.** — Lorsque l'héritier, après avoir renoncé à une succession, fait un acte emportant acceptation, par exemple en concourant comme copropriétaire à la vente d'immeubles dépendant de cette succession, il est tenu de passer, dans les six mois de cet acte, une déclaration complémentaire pour la part qu'il a recueillie, à peine d'un demi-droit en sus (Arras, 17 juill. 1895 ; R. E. 1075). La déclaration passée dans les six mois du décès par un de ses cohéritiers acceptant ne peut, en présence de sa renonciation, être considérée comme faite en son nom et les effets doivent en être restreints au déclarant qui seul a accepté (Cambrai, 13 mai 1898 ; R. E. 1797).

9. (159). **Renonciation frauduleuse. Preuve.** — Lorsqu'un héritier renonce du chef de son auteur à une succession recueillie par celui-ci, l'attribution ultérieure faite à l'époux de ce dernier, pour le remplir de ses droits en usufruit sur la succession à laquelle il a été renoncé, constitue soit la preuve que la renonciation a été frauduleuse, soit, tout au moins, une rétractation de cette renonciation, et donne ouverture au droit de mutation par décès comme si la renonciation n'avait pas eu lieu (Confolens, 10 août 1895 ; R. E. 1216 ; R. P. 8734).

L'Administration peut faire, au moyen de simples présomptions, la preuve qu'une renonciation est entachée de simulation ou qu'elle a été rétractée. C'est ainsi que l'on a considéré comme démontrée la fraude de la renonciation souscrite par une veuve à l'usufruit qui lui avait été donné par son mari, alors que cette dame avait affermé seule et en son nom personnel les immeubles de communauté et stipulé qu'elle en toucherait seule les fermages, et que, d'autre part, dans le contrat de mariage de sa fille, passé en sa présence, l'usufruit des droits de la future dans la succession paternelle avait été faite en tenant compte de l'usufruit de la mère. La renonciation a, d'ailleurs, été écartée pour le tout et non pas seulement pour l'immeuble à l'égard duquel la preuve de l'exercice des droits d'usufruit était directement faite (Le Havre, 5 mai 1894 ; J. E. 24.396 ; R. P. 8438).

On a, par contre, considéré le défaut de sincérité d'une renonciation par un époux survivant, à la donation en usufruit à lui faite par son conjoint décédé, comme insuffisamment démontré, à défaut de preuve matérielle, par une prise de qualité contenue dans un inventaire et dans un acte de cession de droits successifs, si cette prise de qualité a été accompagnée de réserves expresses, ou par les énonciations d'un acte de cession de droits successifs, parce qu'un tel acte présente toujours un certain caractère aléatoire de nature à influer sur la fixation du prix (Dijon, 19 juill. 1899 ; R. E. 2240).

Lorsqu'une veuve instituée légataire en usufruit de tous les biens de son mari, renonce à cet usufruit, pour s'en tenir à ses droits dans la communauté, et partage ensuite les biens communs avec l'héritier, l'attribution qui lui est faite dans ce partage, en représentation de ses droits, de l'usufruit auquel elle avait renoncé ne suffit pas pour établir que cette renonciation était frauduleuse, alors surtout que la Régie ne réclame pas les droits de mutation par décès sur le legs d'usufruit, mais seulement un droit de donation sur le partage et ne s'adresse qu'à l'héritier, en laissant la veuve hors de cause (Clermont, 19 avr. 1901 ; R. E. 2718).

10. (168). **Pension alimentaire constituée au profit du renonçant.** — La renonciation par une veuve à son usufruit doit être réputée frauduleuse alors que la renonçante n'a que des ressources insuffisantes pour vivre et que, le jour même de sa renonciation, il lui est constitué par les héritiers une pension alimentaire (Lure, 6 déc. 1894 ; J. E. 24.609 ; R. P. 8577).

11. (174-2). **Partage d'ascendant. Renonciation implicite à usufruit. Réserve de rente viagère.** — Lorsque l'époux survivant, usufruitier partiel de son conjoint prédécédé, en vertu d'une convention de mariage, d'un testament ou de la loi, acquitte les droits de succession sur ledit usufruit, sans faire acte d'acceptation exprès ou tacite, et donne ensuite par voie de partage anticipé à ses enfants, tous ses biens, à charge d'une rente viagère en rapport avec la valeur des biens donnés, ces faits ne suffisent pas à établir qu'il y a eu rétrocession d'usufruit de l'ascendant à ses enfants. On ne peut exiger, par conséquent, sur le partage ni le droit fixe de réunion, ni le droit de transcription, ni le droit fixe de 3 fr., alors même qu'il était stipulé que les donataires entreront en jouissance immédiate tant des biens paternels que des biens maternels (R. E. 2065).

12. (185-3). **Renonciation partielle. Legs universel. Usufruit de valeurs léguées à des tiers pour la nue propriété.** — Le légataire universel est, en l'absence de réservataires, saisi de plein droit, au décès du testateur, de tous les biens de celui-ci et notamment de l'usufruit des sommes léguées à titre particulier et payables seulement au décès dudit légataire universel. La renonciation de ce dernier à cet usufruit seulement n'est pas valable et ne peut être opposée à la Régie réclamant les droits de mutation par décès sur ledit usufruit (Remiremont, 23 nov. 1899 ; R. E. 2267 ; J. E. 25.812).

13. (186). **Legs universel. Réduction à la quotité disponible.** — En cas d'existence d'enfants communs, le legs universel fait au conjoint survivant se décompose en une double disposition ayant pour objet un quart en propriété et un quart en usufruit. Envisagée isolément, cette dernière libéralité est divisible et peut n'être acceptée que partiellement ; il en résulte que l'époux légataire a la faculté de renoncer à tout ou partie du quart en usufruit et de limiter son acceptation du legs au quart en nue propriété. L'acceptation ainsi limitée doit donc servir de base à la perception du droit de mutation par décès, et l'acte notarié qui constate la renonciation à l'usufruit n'est passible, lors de l'enregistrement, que du droit fixe de 3 fr., à l'exclusion du droit de réunion d'usufruit à la nue propriété et du droit de transcription (Sol. 27 sept. 1897 ; J. E. 25.355 ; R. P. 9169).

14. (188). **Legs au conjoint du disponible en propriété et usufruit. Rapports. Renonciation. Concours du testateur à la donation-partage des biens à rapporter. Substitution.** — Lorsqu'un époux a institué, par testament olographe, sa femme légataire de la quotité disponible la plus étendue en usufruit et propriété de tous ses biens, y compris les rapports, et que postérieurement il fait avec son épouse donation à titre de partage anticipé de divers immeubles aux enfants communs, à charge de substitution du quart au profit des descendants, la femme survivante peut être admise à renoncer à exercer son legs du quart en propriété et du quart en usufruit sur les rapports et à ne payer les droits de mutation par décès que sur lesdites quotités des biens existants au décès (Sol. 2 avr. 1898 ; R. E. 2191).

15. (192). **Legs d'usufruit universel. Renonciation partielle.** — Le legs d'usufruit universel présente les caractères d'un legs à titre universel (Cass., 15 juin 1895). Néanmoins, l'Administration admet que la renonciation partielle à un tel legs doit servir de base à la perception des droits de mutation par décès dus par le légataire (Sol. 18 août 1896 ; J. E. 25.189 ; R. P., 8998).

16. (210). **Renonciation du chef d'un tiers qui a pris qualité.** — Est inopérante la renonciation faite du chef d'un héritier prédécédé, qui intervient après des actes impliquant de la part de celui-ci acceptation des droits auxquels on renonce en son nom (Sol. 3 fév. 1896 ; R. E. 1122).

Lorsque le conseil de famille a autorisé la mère tutrice légale à accepter sous bénéfice d'inventaire, au nom de ses enfants mineurs, une succession qui leur est échue, et que la tutrice, ès qualités, donne quittance avec subrogation d'une créance dépendant de ladite succession, la renonciation à cette succession qu'elle fait plus tard du chef d'un des mineurs décédé est inopérante (Sol. 8 mai 1900 ; R. E. 2638).

RENTE. — **1.** (11). — **Assiette du droit proportionnel.** — Aux termes de l'art. 13, n° 3, de la loi du 25 février 1901, la valeur de la propriété ou de l'usufruit des rentes perpétuelles ou non perpétuelles et des pensions continue d'être déterminée, quelle que soit la nature de la transmission, conformément aux dispositions des paragraphes 6, 7 et 9 de la loi du 22 frim. an VII, c'est-à-dire soit par le capital constitué, soit par un capital formé de 20 fois la rente perpétuelle ou de 10 fois la rente viagère ou la pension (1).

La valeur imposable de la nue propriété et celle de l'usufruit des rentes sont ensuite fixées respectivement à une fraction du capital ainsi obtenu, d'après l'âge de l'usufruitier ou la durée assignée à l'usufruit, conformément aux règles tracées au n° 2 du même art. 13 (V. *Usufruit*).

Il s'ensuit, notamment, qu'en cas de mutation par décès de l'usufruit d'une rente, la valeur imposable de cet usufruit doit être fixée, d'après l'âge de l'usufruitier, à une fraction du capital (Inst. 3049, § II).

C'est également sur une partie du capital constitué et, à défaut, sur une fraction du capital par 20 ou par 10 de la rente, correspondant à la valeur, soit de la nue propriété soit de l'usufruit, que doit être liquidé le droit en matière de cession de rente perpétuelle ou viagère sous réserve d'usufruit, de cession d'usufruit de rente au profit d'un tiers, pour la durée de la vie de celui-ci, ou enfin

(1) On a critiqué le maintien de cette règle ancienne sous le régime nouveau et il est certain qu'il n'y aura pas égalité, dans la plupart des cas, entre l'usufruitier d'une somme d'argent et le titulaire d'une rente viagère ou pension d'un taux égal à l'intérêt de cette somme ; mais dans l'hypothèse d'une rente viagère, la question de la valeur respective de chacun des démembrements de la pleine propriété, qui alors soulevé les réclamations les plus vives et, à notre avis, les plus justifiées, ne s'élève pas. Quant à l'estimation de la rente sur le pied du capital 10, à forfait, il n'y a guère que le Trésor qui pouvait s'en indigner, car elle est fort avantageuse aux redevables et il est bien rare qu'un crédi-rentier n'ait pas 10 ans de vie probable (V. T. A., *Usufruit*, n° 121, *in fine*, note 1, p. 1318).

d'amortissement ou de rachat de nue propriété ou l'usufruit de rente ou de pension (1).

Sous l'empire de la législation antérieure, l'Administration avait admis, par un tempérament d'équité, même au sujet des mutations à titre onéreux spécialement prévues par le texte de l'article précité, de la loi de frimaire, que dans le cas où la personne sur la vie de laquelle le service d'une rente viagère avait été limité vient à décéder et où, par conséquent, le chiffre des arrérages échus est exactement déterminé, le droit proportionnel dû à raison de la rente peut être exigé sur le montant seulement des arrérages réellement transmis au lieu de l'être sur le capital au denier dix de la rente. Tel est le cas où le *de cujus* ayant vendu de son vivant un immeuble moyennant le service d'une rente viagère jusqu'au décès d'une tierce personne, au profit de laquelle était stipulée une réversion révoquée depuis, cette personne meurt quelques mois après le crédi-rentier. On admettait que la rente viagère qui dépendait, en ce cas, de la succession, pouvait être évaluée, pour le payement du droit de mutation par décès, d'après le montant exact des arrérages dus pour solde par le débi-rentier à la succession (Sol. 7 avr. 1898 ; R. E. 1865 ; J. E. 25.529 ; R. P. 9349).

Il n'y a pas de raison pour que cette interprétation libérale ne continue pas à être observée, sauf à en adapter l'application au système d'évaluation de la nouvelle loi.

2. (40). **Rente viagère formant le prix d'une cession de valeurs industrielles.** — Le contrat par lequel un nu-propriétaire cède à l'usufruitier la nue propriété de valeurs industrielles moyennant une rente viagère doit être tarifé comme un acte de cession de valeurs mobilières. Il n'a pas nécessairement pour objet principal la constitution de la rente, si la cession paraît sincère et conforme à l'intention des parties (Seine, 15 mars 1894 ; R. E. 735 ; J. E. 24.434 ; R. P. 8291).

3. (53). **Délégation par le débi-rentier.** — Le contrat, qualifié d'obligation, par lequel le débi-rentier, en versant un capital déterminé, se substitue un tiers pour le service d'une rente perpétuelle, constitue en réalité une délégation de rente donnant ouverture au droit de 2 0/0, alors même que la délégation n'aurait pas été acceptée par le crédi-rentier (Sol. 16 déc. 1898 ; R. E. 2067 ; J. E. 25.734 ; R. P. 9457).

4. (54). **Usufruit du conjoint. Conversion en rente viagère.** — Lorsque les héritiers profitant de la faculté qui leur est accordée par l'art. 1 de la loi du 9 mars 1891 (C. civ. 767 nouveau), ont converti en une rente viagère l'usufruit attribué par la loi à l'époux survivant, le droit de mutation par décès doit être liquidé sur le capital au denier 10 de la rente viagère (si la réversion est antérieure à la déclaration de succession) et l'acte de conversion ne donne ouverture qu'au droit fixe à l'exclusion du droit proportionnel pour cession d'usufruit (Mayenne, 5 déc. 1894 ; — Sol. 1er août 1895 ; R. E. 1005).

4 bis. (58). **Rente viagère réversible. Droit de mutation par décès.** — Lorsqu'une personne décède après avoir constitué sur sa tête, au moyen de l'aliénation d'un certain capital, une rente viagère réversible pour partie sur la tête d'un tiers étranger au contrat, ce dernier recueille à titre gratuit, par le décès du constituant, la rente dont la réversion s'opère en sa faveur. Sous le régime antérieur à la loi du 25 février 1901, on avait décidé que,

(1) Anciennement, le droit proportionnel était assis, en cas de cession de rente sous réserve d'usufruit, sur la totalité du capital constitué et, en cas de cession de l'usufruit de la rente, sur la moitié de ce capital.

dans cette hypothèse, le droit était dû, non sur le capital au denier 10 de cette rente, mais sur une portion du capital aliéné, proportionnelle à l'importance de la portion réversible par rapport à la rente primitive (Boulogne-sur-Mer, 14 mai 1897 ; *R. E.* 1538). Désormais, le droit devrait, semble-t-il, être assis, en pareil cas, sur une portion du capital, fixée conformément aux règles tracées par le n° 2 de l'art. 13 de la nouvelle loi. — V. n° 1 ci-dessus.

5. (69,70). Rente viagère. Exercice de la faculté de rachat réservée par les donateurs. — Lorsque les père et mère ont donné en dot à leur fils, par contrat de mariage, une rente viagère qu'ils se sont réservé la faculté d'amortir par le payement d'un capital calculé au denier 24 de la rente, ce versement ultérieur, lorsqu'il y a lieu, constitue-t-il une donation complémentaire, ou bien un simple remboursement de rente passible du droit de 0 fr. 50 0/0 sur le capital versé ? Le tribunal d'Orléans s'est prononcé pour cette dernière solution, par un jugement du 15 juillet 1896 (*R. E.* 1607 ; *J. E.* 25.257 ; *R. P.* 9025), et, comme l'amortissement avait eu lieu sous forme de livraison, au crédi-rentier, de titres nominatifs et au porteur, la somme représentant la valeur de ceux-ci a été déclarée exempte de tout droit de transmission, celle représentant la valeur des titres nominatifs n'étant elle-même passible que du droit de 0 fr. 50 0/0 sans décimes.

Cette décision est contraire à la doctrine de l'Administration, dont les motifs sont exposés dans une solution du 29 mars 1886 (*T. A.*, 69) qui nous paraît très juridique. Dans l'espèce soumise au tribunal, la rente ne représentait guère que l'intérêt à 4 0/0 du capital d'amortissement ; il nous paraît dès lors inadmissible que l'opération se soit réellement effectuée à titre onéreux. Il est vrai que la rente a été amortie non par le versement d'une somme en argent, mais par voie de dation en paiement. Mais cette particularité devait rester sans influence, au point de vue de l'application du tarif, puisqu'elle laissait au contrat son caractère propre et qu'elle n'était pas susceptible de dénaturer l'intention des parties qui ne nous paraît pas pouvoir être sérieusement discutée.

On peut rapprocher du jugement d'Orléans une décision du tribunal de Tarbes rendue dans le même esprit. Aux termes de ce dernier jugement, lorsque des père et mère ont constitué en dot à leur fille une rente viagère en se réservant la faculté de l'éteindre, en totalité ou en partie, moyennant des versements en argent d'un minimum déterminé, et dont l'intérêt compté à 5 0/0 viendra en diminution de la rente, le versement d'une capital effectué ultérieurement dans ces conditions ne saurait être considéré comme l'exécution d'une donation alternative.

Cette opération ne constitue qu'un simple remboursement de rente, passible du droit de 0 fr. 50 0/0 sur le montant, au denier 10, de la fraction de rente éteinte ; il ne saurait être dû, en outre, un droit de donation de 1 fr. 25 0/0 sur la différence entre la somme remboursée et le capital au denier 10 de la partie de rente primitivement assujettie à l'impôt de donation et éteinte par le rachat (V. *suprà, Donation*, 19).

Lorsque la rente viagère ainsi créée sans expression de capital est amortie au moyen d'une somme déterminée, le droit de 0 fr. 50 0/0 doit être liquidé non sur la somme versée, mais sur le capital par 10 de la rente annuelle (Tarbes, 3 avr. 1901, *R. E.* 2709).

Les considérations de fait invoquées par les juges à l'appui de leur décision ne manquaient pas de force, notamment celle relative au taux d'intérêt sur le pied duquel le rachat était effectué comparé au taux moyen des placements à l'époque actuelle. On ne doit pas perdre de vue,

en effet, que la rente était réversible sur deux têtes ; le rachat sur le pied du denier 20 n'avait, dans ces conditions, rien d'exagéré et ne constituait pas, à raison de ce seul motif, une libéralité déguisée. Mais nous trouvons la thèse du tribunal difficilement conciliable avec l'obligation imposée aux futurs par le contrat de rapporter à la succession des donateurs les sommes versées pour amortissement. Dès lors, en effet, que les arrérages de la rente payés par les donateurs de leur vivant étaient stipulés non rapportables, le prix de rachat de ces arrérages n'aurait pas dû, non plus, être soumis au rapport si l'amortissement avait eu un caractère onéreux, comme les parties le prétendaient.

RÉPERTOIRE. — 1. (38). Notaires. Charge personnelle. — L'inscription des actes des notaires à leur répertoire constitue pour ces officiers ministériels une charge personnelle et ils ne sont pas fondés à réclamer aucun émolument aux parties pour l'accomplissement de la formalité ni même à se faire rembourser le coût du timbre employé (Cass. req., 16 avr. 1894 ; *R. E.* 712 ; *J. E.* 24.344 ; *R. P.* 8310).

2. (45). Notaires. Dépôt des testaments olographes. — Lorsque des procès-verbaux de description de testaments olographes, dressés par le président du tribunal civil, assisté du greffier, constatant que le dépôt desdits testaments a été ordonné en l'étude d'un notaire désigné et que cet officier public en a pris charge, ce dernier, par l'effet de cette constatation, doit être considéré comme dépositaire public des testaments dont il s'agit. Il est donc tenu, par une conséquence nécessaire et pour obéir aux prescriptions formelles de l'art. 49 de loi du 22 frimaire an VII, d'inscrire ces testaments au répertoire de ses minutes, le jour même où il les reçoit. A défaut de cette inscription, et aucun empêchement provenant d'un cas de force majeure n'étant seulement allégué, cet officier public encourt l'amende qui punit cette contravention (1).

3. (53). Greffiers. Saisie-arrêt des petits traitements. Jugements de validité. — Les greffiers de justice de paix sont tenus d'inscrire sur le répertoire timbré institué par l'art. 49 de la loi de frimaire les jugements rendus en exécution de la loi du 12 janvier 1895, relative aux saisies-arrêts des salaires et petits traitements des ouvriers et employés (Sol. 19 août 1897 ; *R. E.* 1497 ; *J. E.* 25.323).

4. (54). Greffiers des justices de paix. Procès-verbal dressé pour suppléer un garde champêtre illettré. — Les procès-verbaux dressés par les greffiers des justices de paix, suppléant des gardes champêtres illettrés, pour constater des délits ou contraventions en matière de police rurale, ne sont pas susceptibles d'être inscrits au répertoire de ces officiers ministériels (Sol. 16 fév. 1897 ; *J. E.* 25.454 ; *R. P.* 9236).

5. (56 bis). Répertoire spécial non timbré. Greffes des tribunaux de commerce. Actes concernant les faillites. — Les greffiers des tribunaux de commerce doivent inscrire sur le répertoire spécial non timbré dont la tenue a été prescrite par l'art. 19 de la loi du 26 janvier 1892, les états de répartition dressés par les syndics de faillite et rendus exécutoires par une ordonnance du juge-commissaire que le greffier signe ; mais les comptes et rapports des syndics n'ont pas à être inscrits à ce répertoire (Sol. 3 juill. 1899 ; *R. E.* 2153).

6. (74). Notaires. Dépôt au greffe du double du répertoire. Délai. — Le délai de deux mois, à partir du

(1) Cass. civ., 21 oct. 1896 ; *R. E.* 1281 ; *J. E.* 24.977 ; *R. P.* 8862 ; Inst. 2933-1 ; S. 97.1.148 ; D. 97.1.193.

1er janvier de chaque année, qui est accordé aux notaires pour effectuer au greffe du tribunal de l'arrondissement, ne peut être prorogé au 1er mars, même si le dernier jour de février est un dimanche (1).

RÉSOLUTION. — 1. (87-A). **Défaut de payement du prix.** — Pour que le jugement qui prononce la résolution d'une vente pour défaut de payement du prix échappe à la perception du droit de mutation, deux conditions sont nécessaires. Il faut : 1° que le vendeur n'ait reçu aucun acompte sur le prix ; 2° que l'acquéreur ne soit pas entré en jouissance (L. 27 vent. an IX, art. 12).

Or, l'Administration est autorisée à puiser en dehors du jugement la preuve que la vente a reçu un commencement d'exécution au moyen du versement d'un acompte par l'acquéreur. Elle peut administrer cette preuve au moyen de tout acte parvenu à sa connaissance par les voies légales et susceptible de faire foi à l'égard de la personne contre laquelle il est invoqué (Cass., 16 mars 1898) (2).

2. (104-C). **Partage d'ascendants. Inexécution des charges. Résiliation amiable. Droit de rétrocession.** — La résolution volontaire d'une donation d'immeubles pour cause d'inexécution des charges donne ouverture au droit de 5 fr. 50 0/0, pour rétrocession, sur les biens donnés (Mayenne, 17 déc. 1896 ; R. E. 1400 ; R. P. 9039).

3. (105). **Donation. Résolution volontaire. Tarif.** — Nous avons enseigné que, lorsque la résolution volontaire d'une donation procède d'une intention de libéralité bien caractérisée, cette résolution donne ouverture à un nouveau droit de mutation à titre gratuit.

Lorsque, au contraire, l'acte qui la constate établit qu'elle est intervenue dans l'intérêt et pour l'utilité réciproques des deux parties, elle constitue un contrat commutatif et doit être assujettie à un droit de mutation à titre onéreux (Figeac, 14 août 1897 ; J. E. 23.407 ; R. P. 9198).

En définitive, il s'agit d'une question de fait à résoudre d'après les circonstances de chaque affaire.

4. (120-A et 127-C). **Résolution judiciaire de vente. Prix non payé. Entrée en possession effectuée. Constructions édifiées par l'acquéreur. Remboursement. Droit de 4 0/0.** — Lorsqu'un jugement prononce pour défaut de payement du prix la résolution d'une vente de terrains dont l'acquéreur avait pris possession et sur lesquels il avait fait édifier des constructions, et décide, en outre, que le vendeur, rentrant en possession de l'immeuble qu'il avait aliéné, devra tenir compte à l'acquéreur dépossédé ou à ses créanciers de la valeur de ces constructions, le droit de mutation auquel ce jugement donne ouverture doit être calculé tant sur la valeur des terrains que sur celle des constructions.

Le droit de mutation n'est pas susceptible, d'ailleurs, d'être augmenté du droit de transcription (3).

5. (120-B et 128-F). **Vente et revente d'un même immeuble. Délégation de prix. Annulation judiciaire de la revente au profit du vendeur primitif. Reprise des immeubles libres de toutes charges du chef du dernier acquéreur. Jugement de nature à**

(1) Charolles, 30 avr. 1897 ; R. E. 1426 ; J. E. 25.258 ; — C. Dijon, 28 juill. 1897 ; R. E. 1585 ; J. E. 25.258 ; R. P. 9167.
(2) Inst. 2967, § 6 ; S. et P. 90.1.52 ; D. 98.1.449 ; R. E. 1674 ; J. E. 25.382 ; R. P. 9675-18 ; Rev. prat. 4622.
(3) Cass. req., 13 fév. 1900 ; R. E. 2318 ; Inst. 3015, § 2 ; S. 1900.1.289 ; D. 1901.1.153 ; J. E. 25.829 ; R. P. 9866.

être transcrit. Purge des droits réels grevant l'immeuble du chef du premier acquéreur. Valeur imposable. Prix. Intérêts. — Lorsqu'un immeuble a fait l'objet d'une vente, puis d'une revente avec délégation du prix de la revente au profit du vendeur originaire, et qu'un jugement prononce, à la requête de ce dernier, la résolution de la revente pour défaut de payement du prix et remet le premier vendeur en possession des immeubles libres de toutes charges et hypothèques du chef du second acquéreur, ce jugement laisse subsister les droits réels qui peuvent grever l'immeuble du chef du premier acquéreur. Cet acte est, en conséquence, de nature à être transcrit en vue de la purge. Il est, pour ce motif, passible du droit de 5 fr. 50 0/0, à l'exclusion de celui de 4 0/0.

Ce droit est exigible sur le prix et les intérêts dus par l'acquéreur et dont la résolution le libère (Civray, 13 juill. 1899 ; R. E. 2492 ; J. E. 25.797).

6. (151). **Donation résiliée dans les 24 heures. Droit proportionnel sur l'acte résolu.** — Une donation entre vifs, quoique résiliée dans les 24 heures par acte authentique, n'en est pas moins passible du droit proportionnel. L'acte de résiliement seul est assujetti au droit fixe (D. M. F. 11 déc. 1895 ; R. E. 1117 ; J. E. 24.924).

Cette décision est motivée sur ce que l'exonération d'impôt qui résulte pour un contrat de son annulation avant la perception ne s'applique, d'après la jurisprudence de la Cour de cassation (arr. 28 janv. 1890 ; T. A., n° 153), qu'aux annulations prononcées en justice.

7. (155). **Applications diverses de l'arrêt du 28 janvier 1890.** — A. Inexigibilité du droit. — L'arrêt de cassation du 28 janvier 1890, en vertu duquel les droits dus sur un contrat deviennent en non-valeur si ce contrat est judiciairement annulé avant que les droits ne soient versés au Trésor, est applicable :

1° En cas d'annulation judiciaire de legs, à l'impôt de mutation par décès dû sur ce legs ;

2° En cas de réalisation d'une condition résolutoire qui efface rétroactivement une mutation non encore imposée ;

3° Dans la même hypothèse d'une condition résolutoire anéantissant un legs sur lequel les droits de succession n'ont pas encore été acquittés alors même qu'ils auraient été réclamés par voie de contrainte toutes fois que l'événement de la condition résolutoire (Sol. 27 août 1892, 28 sept. 1894 et 12 juin 1896 ; R. E. 1232) ;

4° Dans le cas où un arrêt ordonnant l'enregistrement de la reconnaissance d'un don manuel, dispose, en même temps, que par suite d'une transaction, le donataire n'a reçu qu'une somme moindre ; le droit n'est alors exigible que dans la limite où la transmission mobilière s'est réalisée (Cass., 23 mars 1896 ; R. P. 8739).

B. Exigibilité du droit. — 1. Par contre, le droit de 5 fr. 50 0/0 auquel une vente d'immeubles a donné ouverture, demeure exigible et peut être réclamé après la résolution de cette vente judiciairement prononcée pour défaut de payement d'une somme restée due sur le prix. Au point de vue fiscal, en effet, la résolution d'une vente pour cause de non payement du prix ne saurait être assimilée à l'annulation d'un contrat prononcée en justice pour cause de nullité radicale. Soumise à un droit de mutation par les art. 69, § 7, n° 1 de la loi du 22 frimaire an VII et 12 de la loi du 27 ventôse an IX, la résolution pour défaut de payement du prix implique une rétrocession de l'acheteur au vendeur, ce qui suppose nécessairement que le contrat de vente avait opéré une première transmission du vendeur à l'acheteur (Cass. civ., 16 mars 1898, suprà, n° 1 ; — Lyon, 19 mars 1896 ; R. P. 9093 ; — Nantes, 16 juin 1898 ; R. P. 9534).

2. — De même, lorsqu'une mutation a été résiliée par un accord verbal, la circonstance que cette résiliation aurait servi de base à une décision judiciaire statuant sur une demande d'indemnité née de cette résiliation, ne saurait mettre obstacle au recouvrement du droit de mutation, dès lors qu'en fait, il n'y a pas eu, à proprement parler, résolution prononcée en justice (Seine, 7 août 1897 ; R. P. 9221).

RESTITUTION. — **1.** (9). **Remboursement du coût du timbre des pétitions.** — Aux termes de l'art. 42 de la loi du 29 mars 1897 (Inst. 2924-6), l'Administration doit restituer aux parties le coût du timbre des pétitions tendant au remboursement de droits indûment perçus lorsque ces demandes sont reconnues fondées. — V. *Pétition,* n° 1.

2. (108). **Licitation entre cohéritiers. Renonciation postérieure de l'un d'eux à la succession.** — Lorsqu'il est procédé à la licitation des biens héréditaires indivis entre deux cohéritiers et qu'après l'enregistrement de l'adjudication prononcée au profit de l'un d'eux, l'autre renonce à la succession, cet événement postérieur ne peut motiver la restitution du droit proportionnel de mutation perçu sur la licitation, quoique, par suite de la renonciation, l'adjudicataire doive être rétroactivement considéré comme ayant été seul propriétaire *ab initio* des biens réclamés. Le fait que l'événement de la restitution était prévu en même temps réservé dans le procès-verbal d'adjudication ne peut justifier une dérogation à la prescription formelle de l'art. 60 de la loi du 22 frimaire an VII (Seine, 20 juin 1896 ; R. E. 1254 ; J. E. 25.084).

3. (147). **Annulation volontaire d'un contrat.** — A la différence de celle qui est prononcée judiciairement, l'annulation volontaire d'un contrat ne fait pas obstacle à la perception des droits auxquels il donne ouverture (Seine, 2 et 24 avr. 1895 ; R. E. 1163 et 1164 ; J. E. 25.011 ; R. P. 8761).

3 bis. (162 et 163). **Quotité disponible. Succession d'un mineur.** — Lorsqu'une femme mariée décède après avoir institué pour légataire universel, alors qu'elle était encore mineure (mais âgée de plus de 16 ans), son frère et en laissant pour héritière réservataire une fille unique, le frère légataire universel a droit au quart de la succession, la testatrice mineure n'ayant pu lui léguer que la moitié de la quotité disponible, qui était de la moitié de l'hérédité ; l'époux survivant a droit, en vertu de la loi du 9 mars 1891, à l'usufruit du quart des trois autres quarts, soit aux 3/16 et l'héritière réservataire au surplus des biens. Lorsque les parties ont porté par erreur à moitié de l'hérédité, au lieu du quart, dans la déclaration, la quotité recueillie par le frère légataire universel, les droits perçus en trop de ce chef sont restituables (Sol. 12 mars 1894 ; R. E. 1640).

4. (170). **Succession conforme à la déclaration des parties. Prétendue erreur de fait.** — Est régulière et, comme telle, à l'abri de toute restitution, la perception du droit de mutation par décès effectuée conformément au tarif légal, sur les bases indiquées par les héritiers dans leur déclaration, alors même que ceux-ci, par suite d'une erreur, auraient fait figurer dans la valeur imposable le capital d'une rente viagère dont le défunt était tenu envers un tiers (1).

De même, si les héritiers négligent de déduire de l'actif successoral une somme donnée entre vifs et encore due

(1) Cass. civ., 26 déc. 1894 ; R. E. 851 ; J. E. 24.513 ; R. P. 8463 ; Inst. 2886-6 ; D. 95.1.129 ; S. 95.1.424.

par le *de cujus,* les droits perçus en excédent ne sont pas susceptibles d'être restitués ni même imputés sur ceux de donation restant dus (1).

5. (171). **Succession. Créances irrecouvrables. Rapport de sommes données.** — Lorsque, dans une déclaration de succession, il a été compris des créances héréditaires pour avances faites par le défunt à l'un des successibles, le droit de mutation par décès est régulièrement perçu sur ces créances. La renonciation à la succession faite postérieurement par l'héritier débiteur ne peut, même jointe à son insolvabilité, autoriser les parties à réclamer la restitution des droits perçus. Les parties ne sont pas davantage fondées à se pourvoir en restitution en alléguant que c'est à tort que les sommes à rapporter ont été qualifiées d'avances et qu'elles avaient, en réalité, le caractère de donations en avancement d'hoirie (Seine, 31 juill. 1896 ; R. E. 1304).

6. (176 et 179). **Changement dans la dévolution de l'hérédité. Absence.** — Les droits payés par un héritier tant en son nom, en ladite qualité et en celle de légataire de l'usufruit,qu'au nom de son cohéritier dont l'existence était alors présumée, ne sont pas restituables, bien que par un jugement ultérieur, ce dernier ait été, à défaut de preuve établissant son existence au moment de l'ouverture de la succession, déclaré inhabile à y prendre part et qu'ainsi l'auteur de la déclaration ait été reconnu fondé à recueillir les biens en toute propriété. On ne devrait même pas avoir égard aux réserves insérées dans la déclaration (Marseille, 12 avr. 1894 ; J. E. 24.393).

7. (177). **Recel. Décès du légataire coupable de recel. Payement des droits sur les objets recélés. Déchéance postérieure.** — Lorsque le légataire auteur d'un recel étant décédé, les objets recélés ont été compris dans la déclaration de succession et ont subi le droit de mutation par décès, ce droit est régulièrement perçu et ne peut être restitué, alors même que cette restitution serait demandée dans les deux ans, comme conséquence d'un jugement ayant prononcé la déchéance du recéleur (2).

8. (182). **Licitation. Première adjudication au profit d'un tiers. Surenchère et adjudication définitive au profit d'un colicitant.** — Le droit perçu sur la première adjudication est définitivement acquis au Trésor et il ne peut être restitué pour partie, lorsque l'adjudication sur surenchère est prononcée au profit d'un colicitant (3). — V. *Adjudication d'immeubles,* n°s 5 à 9.

9. (183). **Usufruit et nue propriété. Vente. Erreur dans les qualités.** — Le droit de vente est régulièrement perçu sur la totalité du prix exprimé lorsque le vendeur a déclaré dans l'acte que l'immeuble vendu lui provenait d'une donation sous réserve d'usufruit et que l'usufruit réservé s'était éteint par le décès du donateur, bien que cette allégation soit plus tard reconnue inexacte et que l'on rapporte la preuve de l'existence de l'usufruitier. La demande en restitution de l'excès de perception résultant d'une semblable erreur de fait a été rejetée dans une espèce où les circonstances faisaient d'ailleurs présumer que l'usufruit s'était effectivement éteint par la renonciation de l'ayant héritier (Nantes, 14 août 1895 ; J. E. 24.916).

10. (194). **Succession. Erreur de fait.** — Lorsque des billets de banque étrangers dépendant d'une succes-

(1) Cass. civ., 23 mars 1896 ; R. E. 1130 ; J. E. 24.825 ; R. P. 8739 ; Inst. 1930-3 ; D. 96.1.318 ; S. 97.1.417 ; — Lectoure, 16 avr. 1896 ; J. E. 25.499 ; R. P. 9219.
(2) Cass. civ., 23 fév. 1898 ; R. E. 1649 ; J. E. 25.374 ; R. P. 9232 ; S. 98.1.373 ; Inst. 2967-1.
(3) Cass. req., 20 déc 1899 ; R. E. 2252 ; J. E. 25.788.

sion ouverte en France ont été déclarés pour leur valeur nominale, sans tenir compte de la perte au change, il y a là une erreur de fait de nature à justifier la demande en restitution des droits indûment acquittés sur l'excédent de la valeur nominale des billets par rapport à leur valeur au cours du change (Sol. 23 nov. 1899 ; *R. E.* 2641).

10 bis. (201). Succession. Erreur dans l'indication des reprises et des récompenses. — En matière d'erreur de fait une preuve légale et complète de l'erreur est nécessaire pour que la restitution puisse être autorisée. Lorsqu'il s'agit de reprises et de récompenses, cette preuve ne peut résulter que d'une liquidation de l'ensemble des reprises ou récompenses des deux conjoints, c'est-à-dire d'un acte constatant définitivement les droits respectifs des parties. Les déclarations contenues à cet égard dans un inventaire peuvent parfois suffire lorsqu'elles fixent contradictoirement les droits des intéressés, mais il n'en saurait être de même quand elles émanent d'une seule des parties et restent sujettes à contestation de la part de toutes les autres (Sol. 24 nov. 1897 ; *R. E.* 1959 — ; et 29 juin 1900, *R. E.* 2640).

11. (204). Enfant naturel. Preuve de la reconnaissance fournie postérieurement à la déclaration de succession. — Dans un cas où la preuve de la reconnaissance d'un enfant naturel n'avait été rapportée que postérieurement à la déclaration de la succession à laquelle il était appelé à prendre part, l'Administration a accordé la restitution de l'excès de perception résultant de la double erreur de fait commise tant sur la qualité du successible que sur la dévolution de l'hérédité (Sol. 20 mai 1895 ; *R. E.* 991 ; *J. E.* 24.859).

12. (212). Biens n'existant pas dans la succession. — Est régulière et, comme telle, à l'abri de toute restitution, la perception du droit de mutation par décès effectuée conformément au tarif légal, sur les bases indiquées par les héritiers dans leur déclaration, alors même que ceux-ci justifient d'une erreur qu'ils ont commise en comprenant parmi les biens propres du défunt, des biens de communauté (Seine, 5 avr. 1895 ; *R. E.* 942 ; *R. P.* 8571).

13. (222). Legs à l'Etat. — Lorsqu'un legs particulier a été fait à l'Etat mais n'a pas encore été accepté par celui-ci, l'héritier doit acquitter les droits de mutation sur l'intégralité des valeurs héréditaires, sans déduction du legs ; mais les droits perçus sur la valeur de ce dernier sont restituables s'il est justifié, dans les deux ans, de l'autorisation d'accepter ou de l'encaissement, par le Trésor, de la somme léguée (Sol. 5 août 1893 ; *R. E.* 972).

14. (227). Revenu exagéré. — L'art. 60 de la loi de frimaire, aux termes duquel les droits d'enregistrement perçus ne sont pas restituables, quels que soient les événements ultérieurs, s'applique aux droits perçus par suite d'une erreur de fait imputable aux parties et spécialement au cas où ces dernières ont attribué à un immeuble, dans une déclaration de succession, un revenu supérieur au loyer exprimé dans un bail courant au décès, alors surtout que l'Administration n'admet pas la sincérité de la déclaration dans l'ensemble (Bordeaux, 7 juin 1899 ; *R. E.* 2137).

15. (295). Don manuel. Annulation judiciaire. — Le droit de donation perçu sur un interrogatoire où faits et articles où il est déclaré par le donataire qu'une certaine somme lui a été donnée est définitivement acquis au Trésor et ne devient pas restituable lorsqu'il est ultérieurement jugé que la somme prétendue donnée n'a été que prêtée (Seine, 21 avr. 1899 ; *R. E.*, 2055 ; *J. E.* 25.712).

16. (335). Résolution judiciaire d'un contrat au cours d'une instance intentée par l'Administration. Frais de procédure. — Par application de la règle posée

par l'arrêt de cassation du 28 janvier 1890, si l'Administration est amenée à se désister d'une instance introduite pour le recouvrement de droits dus sur un contrat dont l'annulation judiciaire intervient au cours de cette instance, elle doit garder à sa charge les frais de poursuite qu'elle a exposés (Mamers, 14 mars 1898 ; *R. E.* 1718 ; *J. E.* 25.455 ; *R. P.* 9579).

17. (349). Expropriation pour cause d'utilité publique. — V. *Expropriation*.

18. (390). Vente résolue pour défaut de paiement. — On ne saurait assimiler, au point de vue fiscal, l'annulation d'un contrat prononcée par justice pour cause de nullité radicale avec la résolution judiciaire pour inexécution des conditions et la règle de l'arrêt du 28 janvier 1890 est sans application dans le dernier cas.

Rien ne fait obstacle à ce que l'Administration poursuive le recouvrement des droits exigibles sur un acte de vente d'immeubles non enregistré, même après que le contrat a été résolu par justice pour défaut de paiement du prix. Cette résolution implique, au fond, rétrocession de l'acheteur au vendeur et elle ajoute une deuxième transmission à la première (1).

19. (407). Imputation et compensation. Acte unique. — La compensation s'établit entre la demande en restitution d'un droit indûment perçu sur un acte et la réclamation par la Régie d'un droit dû et non perçu sur une autre disposition du même acte, alors même que ce second droit n'aurait pas fait l'objet d'une demande en justice dans les deux ans de l'enregistrement (2).

Il a été décidé, par application du même principe, que pour savoir si une perception est régulière ou irrégulière, il faut considérer l'ensemble des droits dus sur les dispositions distinctes d'un même acte et non isolément la perception opérée sur chacune de ces dispositions.

En conséquence, si sur un arrêt donnant ouverture au droit de mutation de 4 0/0 il n'est perçu qu'une partie de ce droit et en outre des droits de 1 0/0 et de 0 fr. 50 qui n'étaient pas dus, ces derniers représentent à due concurrence celui de 4 0/0 qui était exigible et n'a pas été perçu. Dès lors, si le recouvrement du supplément de droit réclamé devient impossible par suite de l'*annulation judiciaire* ultérieure de l'arrêt, les parties ne sont pas fondées à exiger la restitution de la somme encaissée au tarif de 1 0/0 et de 0 fr. 50 0/0 (Sol. 8 déc. 1900 ; *R. E.* 2785).

Rappr. *Compensation*, 3, *Impôt sur le revenu*, 41, et *Titres négociables*, 17.

20. (410). Actes distincts. — Lorsqu'un droit perçu sur un acte qualifié de reconnaissance de dépôt et enregistré comme tel son véritable caractère, qui est celui d'une donation, le supplément de droit dû de ce chef par le donataire ne peut être imputé sur le droit de mutation par décès versé par l'héritier du donateur pour la transmission de la même valeur (Seine, 21 juill. 1899 ; *R. E.* 2151).

Les parties ne sont pas davantage admises à demander l'imputation, sur un droit de cautionnement, d'un droit de libération qui aurait été perçu depuis plus de deux ans, à leur préjudice, dès lors que le droit réclamé est exigible sur un autre acte que celui qui a déterminé la perception du droit libératoire versé (Seine, 3 avr. 1897 ; *R. E.* 1391 ; *J. E.* 25.218 ; *R. P.* 9069).

21. (416 et 417). Successions différentes. Mêmes héritiers. — Lorsque deux époux communs en biens

(1) Cass. civ. 16 mars 1898 ; *R. E.* 1674 ; *J. E.* 25.382 ; *R. P.* 9253 ; Inst. 2967-6 ; D. 98.1.237 ; S. 99.1.49.
(2) Seine, 6 mars 1896 ; *R. E.* 1139 ; *J. E.* 24.833 ; *R. P.* 8839 ; — 17 déc. 1897 ; *R. E.* 1629 ; *J. E.* 25.450 ; *R. P.* 9334.

décèdent successivement en laissant les mêmes héritiers, si la déclaration de succession du premier mourant renferme un excès de perception *sur les biens de la communauté,* l'Administration admet, après le décès du dernier mourant, l'imputation des droits perçus en trop, lors de la première déclaration, sur ceux auxquels *les mêmes biens* donnent ouverture, et cette imputation peut être effectuée lors même que la première perception remonte à plus de deux ans. En conséquence, sont imputables sur les droits simples exigibles par suite d'une omission dans la seconde succession, les droits payés en trop dans la première par *l'héritier* auquel les droits supplémentaires sont réclamés. Mais les droits payés en trop dans la même succession *par un autre héritier ou légataire* ne peuvent entrer en compte dans cette imputation.

Lorsque l'héritier de l'époux prédécédé débiteur de reprises envers le conjoint survivant recueille la succession de celui-ci, il doit payer les droits de mutation par décès sur le montant des reprises dues à ce dernier. L'extinction de la créance de reprises, provenant de la confusion qui s'opère en la personne de l'héritier des deux époux, est, en effet, postérieure au décès du second conjoint et ne peut faire obstacle à l'exigibilité du droit sur cette créance dès lors qu'aucun autre mode d'extinction antérieur au décès n'est établi (1).

22. (424). **Droits de vente et droits de succession. Legs annulé. Immeuble dévolu à l'héritier qui l'a acquis du légataire.** — Si un immeuble héréditaire légué par le testateur à un étranger est acquis, sur adjudication, par un héritier du sang et si le legs est annulé postérieurement à cette vente, les droits de mutation à titre onéreux à 5 fr. 50 0/0 payés par l'héritier sont imputables sur les droits de succession exigibles sur l'immeuble qui lui advient à titre héréditaire (Sol. 15 oct. 1894 ; R. E. 1586).

23. (459). **Mandat de restitution. Ayants droit.** — Les restitutions de droits indûment perçus sur les actes sous seings privés doivent être mandatées au profit de toutes les parties contractantes. Si l'une d'elles allègue, sans d'ailleurs en justifier, que le payement des droits a été fait de ses deniers personnels, et si les parties ne s'accordent pas, dans ces conditions, pour donner quittance, au pied du mandat, il est indispensable qu'une décision judiciaire intervienne pour permettre à l'Administration de se libérer valablement entre les mains du demandeur (Grasse, 5 déc. 1898 ; R. E. 1960 ; J. E. 25.574).

24. (487). **Prescription. Délai.** — Lorsque les héritiers demandent une prorogation de délai pour souscrire une déclaration de succession et versent une certaine somme à valoir sur les droits auxquels la déclaration à passer donnera ouverture, la prescription biennale de l'action en restitution de la somme ainsi versée ne court, si elle a été indûment perçue, qu'à partir de la déclaration effective de la succession et non du versement de l'acompte (Seine, 27 mars 1896 ; R. E. 1169 ; J. E. 24.934 ; R. P. 8770).

RÉTENTION (DROIT DE). — **Acte non soumis à l'enregistrement. Communication.** — Si une société entre deux personnes a été dissoute et mise en liquidation, la transmission de ses droits que fait ensuite l'un des associés à l'autre a le caractère d'une cession de part sociale passible seulement du droit de 0 fr. 50 0/0. L'acte qui constate cette cession n'est pas obligatoirement

(1) Sol. 13 fév. 1894 ; R. E. 1076 ; J. E. 24.443 ; R. P. 8324 ; — 19 avr. 1895 ; R. E. 1076 ; R. P. 8689 ; — 11 sept. 1896 ; R. E. 1471 ; J. E. 25.289.

soumis à l'enregistrement et l'Administration n'est pas fondée à le retenir s'il lui a été communiqué, non en vue de la formalité, mais pour prouver qu'il n'y a pas lieu de satisfaire à la réclamation d'un droit plus élevé (Seine, 6 avr. 1885 ; R. E. 941 ; J. E. 24.657 ; R. P. 8558).

RETOUR. — **1.** (3 et 9). **Sommes d'argent. Emploi.** — Le retour légal ne s'exerce que sur les biens donnés qui se retrouvent en nature dans la succession du donataire, à l'exclusion, notamment, des sommes d'argent dont il a été fait emploi, et le droit de retour ne peut atteindre les objets acquis, soit au moyen de sommes données en argent, soit de soultes de partages d'ascendants (Sol. 19 juin 1897 ; J. E. 25.290 ; R. P. 9048).

2. (26). **Partage d'ascendant. Biens de diverses origines.** — Les partages d'ascendants ont souvent pour objet des biens donnés respectivement par le père et la mère. Il arrive fréquemment aussi que la donation ne soit consentie par un seul ascendant qu'à la condition, pour les donataires, de réunir aux valeurs données, pour en former une seule masse partageable, d'autres biens restés indivis et leur provenant de la succession du conjoint prédécédé du donateur. Dans ces divers cas, les biens des deux origines entrent dans la composition des lots pour des proportions variables. Qu'arrive-t-il alors si l'un des donataires vient à mourir sans postérité, du vivant du donateur, et dans quelle mesure ce dernier peut-il exercer son droit de retour ?

D'après la théorie de l'Administration, le retour ne peut s'appliquer qu'aux biens donnés, mais il doit entraîner la totalité de ces biens. Si donc il n'est entré dans la composition du lot du défunt qu'une portion des biens donnés inférieure à sa part virile, c'est à cette portion de biens que se réduit le retour légal. Inversement, si le défunt a reçu dans son lot une partie des biens donnés, supérieure à son émolument dans la donation, le retour légal s'exerce dans la même proportion (1).

Certaines décisions, rendues en matière civile, ont cependant reconnu que lorsque les biens paternels et maternels ont été confondus en une seule masse, le retour légal s'exerce, dans la succession de l'enfant donataire, pour une valeur correspondante à son émolument dans la donation, et même sur les biens étrangers à la donation (2), mais qu'il ne peut jamais excéder le montant de cet émolument (3).

RETRAIT. — (15). **Retrait successoral. Communauté entre époux.** — La faculté de retrait établie par l'art. 841, C. civ., en faveur des successibles et à l'occasion de la cession des droits héréditaires, ne peut être exercée par un époux commun en biens ou ses représentants, à l'encontre du cessionnaire de la part de communauté dévolue à l'autre époux ou à ses ayants cause (Cass. civ., 12 déc. 1894 ; J. E. 24.614 ; Rev. Not., 9269).

RÉTROCESSION. — (104-C). **Partage d'ascendants. Inexécution des charges. Résiliation amiable.** — V. *Résolution,* n° 2.

(1) Sol. 3 juill. 1872 ; 18 mai 1878 ; 21 juill. 1884 ; 1er oct. 1885 ; Garnier, *Rép. gén.,* V° *Retour,* n° 94 ; — Cf. Cholet 29 avr. 1863 ; J. E. 17.886 ; J. N. 18.066 ; — *Contrà,* Dunkerque, 17 mars 1876 ; J. E. 20.026 ; R. P. 4489.
(2) Bordeaux, 20 mars 1867 ; *Rép.gén., eod. verbo,* n° 94.
(3) Angers, 3 mai 1871 ; S. 71.2.343 ; — Rappr. Demolombe *Successions,* t. 1er, n° 542.

RÉVERSION. — **1.** (24). **Réversion d'usufruit. Acquisition conjointe de la pleine propriété.** — Le tarif du droit de mutation à appliquer à la réversion réalisée au profit du survivant de deux acquéreurs de l'usufruit d'un immeuble acquis conjointement pour la pleine propriété est celui de 4 0/0, la cession de l'usufruit ayant, en ce cas, le caractère d'une licitation faisant cesser l'indivision (Sol. 14 janv. 1896 ; *R. E.* 1123 ; *J. E.* 24.926).

2. (40 *bis*). **Usufruit éventuel. Renonciation au profit d'un tiers acquéreur de la nue propriété.** — Lorsqu'un usufruit a été légué sous la condition suspensive du prédécès d'un premier usufruitier et que le bénéficiaire éventuel renonce à son droit en faveur d'un tiers acquéreur de la nue propriété, cette renonciation *in favorem* emporte acceptation du legs. En conséquence, le décès du premier usufruitier survenant, le légataire du second usufruit est tenu de payer les droits de mutation par décès sur la valeur de l'usufruit ; à ce moment, en effet, la translation s'opère sur la tête du légataire et immédiatement après, *brevi manu*, sur la tête du cessionnaire (Rouen, 14 déc. 1899 ; *R. E.* 2501).

3. (41). **Rente viagère. Evaluation du capital.** — V. *Rente*, n° 4.

4. (49). **Vente.** — **Biens indivis ou même divis. Garantie solidaire des vendeurs.Rentes de quotité différente au profit de chacun. Rente unique au profit du prémourant.** — La clause de réversion d'une rente viagère stipulée dans un contrat de vente n'a pas le caractère de libéralité, alors même que les biens aliénés appartiennent divisément aux vendeurs, si ceux-ci sont intéressés au contrat tout entier, par exemple lorsqu'ils se sont portés garants solidaires de l'exécution de ce contrat.

En conséquence, si chacun d'eux stipule, pour prix de sa part dans les biens vendus, une rente de quotité différente et, au prédécès du prémourant, une rente unique supérieure, aucun droit proportionnel n'est exigible pour l'accroissement qui s'opère à l'événement (Sol. 9 mai 1900 ; *R. E.* 2642).

5. (55). **Rente viagère formant le prix de propres du mari. Réversion au profit de la femme.** — La vente, consentie solidairement par le mari et la femme, d'immeubles propres au mari, moyennant une rente annuelle et viagère à servir aux deux époux et au survivant d'eux, sans réduction au décès du prémourant, renferme, en faveur de l'épouse, une donation éventuelle soumise à l'événement du décès du mari et qui a pour objet la rente viagère dont la réversion s'opère sur la tête de la bénéficiaire par le seul fait du décès. Une renonciation à cette libéralité ne modifie pas la situation des acquéreurs débirentiers qui n'en sont pas moins tenus de servir les arrérages de la rente aux représentants du vendeur jusqu'au décès du conjoint survivant. Par suite, si l'épouse légataire universelle se trouve, à ce titre, seule appelée à la succession, sa renonciation à la clause de réversion ne l'empêche pas de recueillir dans l'hérédité le bénéfice de la rente. En conséquence, cette renonciation ne saurait l'affranchir du payement des droits de mutation par décès dus sur le capital de la rente comme sur les autres biens de la succession (Avesnes, 5 nov. 1896 ; *R. E.* 1504 ; *J. E.* 25.059 ; *R. P.* 8965).

6. (69 *bis*). **Accidents du travail. Rentes et pensions.** — V. *Accidents du travail,* n° 51.

ROLE D'ÉQUIPAGE. — (1). **Enregistrement. Contrats passés pour le chargement ou le déchargement des navires.** — Aux termes de l'art. 70, § 3, n° 13 de la loi du 22 frimaire an VII, les rôles d'équipage et les engagements de matelots et gens de mer de la marine marchande et des armements en course sont exempts de la formalité de l'enregistrement. Mais ces termes, nets et précis, établissant une exception au principe de la formalité de l'enregistrement, doivent être entendus *stricto sensu*. Désignant exclusivement les états de personnes montant un navire ainsi que les actes mêmes d'engagement des matelots et gens de mer dans la marine marchande, la disposition dont il s'agit ne saurait être étendue au contrat passé entre une société de navigation et des industriels pour le chargement et le déchargement de ses navires (Cass. civ., 20 juill. 1896 ; *R. E.* 1238 ; *J. E.* 24.897 ; *D.* 97.1.242). — V. *Marine marchande,* n° 2.

ROLES DES TAXES LOCALES. — **1.** Assujettissement au timbre. — Ces rôles sont soumis au timbre de dimension, par application du principe général, inscrit dans l'art. 12 de la loi du 13 brumaire an VII, soit parce qu'ils constituent le titre d'une créance au profit de la commune ou de l'établissement public qui les émet, soit parce qu'ils rentrent parmi « les registres des administrations municipales tenus pour objets qui leur sont particuliers, et n'ayant point de rapport à l'administration ».

Cette règle s'étend aux rôles de toutes les taxes dont l'établissement est laissé à l'initiative des pouvoirs locaux (Cass. civ., 2 juin 1875 ; *D.* 75.1.432 ; *S.* 75.1.381 ; Inst. 2519, § 7).

2. Éxemptions. — Cependant ont été reconnus exempts du timbre les rôles de certaines taxes locales ayant un but d'utilité générale et publique, telles que : taxe de curage (Inst. 387, § 1), prestations (Inst. 1391), taxe pour le dessèchement des marais (Inst. 2111, § 5), taxe sur les chiens (D. M. F. 19 avr. 1856, Inst. 2071), taxe d'arrosage au profit des concessionnaires des canaux d'irrigation (Inst. 2167, § 5), licences municipales (L. 14 déc. 1900 ; Inst. 3040).

SAISIE. — **1.** (1). **Procédure.** — Pour l'exposé des règles de la procédure des saisies pour les formes particulières aux poursuites relatives au recouvrement des droits d'enregistrement et de timbre ainsi que des taxes assimilées,nous ne pouvons que renvoyer le lecteur à l'article *Procédure* du présent Supplément, où ces questions ont reçu les développements nécessaires. Nous n'avons à citer ici que les diverses solutions rendues au sujet des formalités d'enregistrement et de timbre concernant les actes de poursuites.

2. (17). **Saisie-arrêt. Comptable public. Certificat.** — Le certificat délivré par le préposé de la Caisse des dépôts et constatant le chiffre des sommes dues par l'Etat à un fonctionnaire contre lequel est dirigée une saisie-arrêt, est passible du droit de timbre (Sol. 3 janv. 1898 ; *R. E.* 1705 ; *J. E.* 25.547 ; *R. P.* 9238). — Rappr. n° 4, ci-après.

3. (31). **Saisie-arrêt des petits traitements. Registre tenu au greffe. Répertoire ordinaire.** — Les jugements rendus en exécution de la loi du 12 janvier 1895 doivent être inscrits au répertoire ordinaire, et il ne peut être suppléé à cette inscription par la mention sur le registre non timbré, dont la tenue est prescrite aux greffiers par l'art. 14 de la dite loi (Sol. 19 août 1897 ; *R. E.* 1477 ; *J. E.* 25.323). — V. *Répertoire,* n° 3.

4. (32). **Saisie-arrêt des petits traitements. Exemption de droits.** — L'immunité d'impôt prononcée par l'art. 15 de la loi du 12 janvier 1895, en faveur des actes de la procédure des saisies-arrêts des salaires et petits traitements ne s'étend pas aux saisies-arrêts qui sont la suite de celles prévues par la loi, dès lors qu'elles ne remplissent pas les conditions prévues par celle-ci et qu'elles sont pratiquées notamment à l'encontre du patron, déclaré débiteur direct des causes de la saisie originaire et ont pour objet des loyers. Cette immunité ne s'applique pas davantage à la saisie-arrêt pratiquée sur toutes les sommes que le patron « doit ou devra à son ouvrier à quelque titre et pour quelque cause que ce soit » (Sol. 12 août et 23 déc. 1897 ; R. E. 2098), ni à l'exploit portant signification de cession amiable de salaires et traitements ne dépassant pas 2000 fr. (Sol, 10 nov. 1900 ; R. E. 2609).

Enfin, l'immunité de timbre n'est pas applicable au certificat délivré par un comptable public, entre les mains duquel est opérée la saisie, pour constater le montant des sommes dues par l'Etat au saisi (Sol. 3 janv. 1898, précitée).

5. (35). **Saisie-arrêt des petits traitements. Mainlevée par acte sous seing privé.** — La mainlevée, donnée par le créancier saisissant à une saisie-arrêt pratiquée conformément aux règles de la loi du 12 janvier 1895, est soumise au timbre et à l'enregistrement au comptant dès lors qu'elle revêt la forme d'un acte sous seings privés (Sol. 7 sept. 1895 ; R. E. 1401 ; J. E. 25.215).

SÉPARATION DE BIENS ET DE CORPS. — V. Divorce.

SERVITUDES. — 1. (6). **Mitoyenneté.** — La mitoyenneté est le droit de copropriété que les possesseurs de deux héritages contigus ont sur la clôture commune de leurs fonds.

« La mitoyenneté, enseignent MM. Aubry et Rau, constitue une véritable communauté avec une indivision forcée » (5e éd., II, § 222, p. 596). Les savants auteurs font remarquer que, suivant une ancienne doctrine, reproduite par quelques auteurs modernes, chacun des voisins serait propriétaire exclusif pro diviso de la moitié du mur attenant à son héritage (Toullier, III, 183 ; Taulier, II, p. 378). Mais c'est là, ajoutent-ils, une idée que repoussent les art. 657 et 658, desquels il résulte que les deux voisins sont également copropriétaires pro indiviso de la totalité du mur (loc. cit., note 2 ; — Conf. Demolombe, XI, 309 ; Laurent, VII, 494 et 495).

Le Code civil prévoit plusieurs cas de cession de mitoyenneté.

Aux termes de l'art. 661 tout propriétaire joignant un mur a la faculté de le rendre mitoyen, en remboursant au maître du mur la moitié de sa valeur.

L'art. 660 applique la même règle à l'exhaussement exécuté sur le mur mitoyen par un seul des propriétaires. L'autre peut acquérir la moitié de l'exhaussement en payant la moitié de la dépense et, le cas échéant, la valeur de la moitié du sol pris pour l'excédent d'épaisseur.

Dans ces deux cas, le prix représentatif soit du sol et des constructions, soit des constructions seules, a le caractère d'un prix de vente d'immeubles et est passible du droit de 5 fr. 50 0/0. Le fait que ce prix serait qualifié d'indemnité n'est évidemment pas de nature à modifier le taux du droit.

L'art. 663, C. civ., spécial aux villes et faubourgs, stipule que chacun peut contraindre son voisin à contribuer aux frais de construction ou de réparation d'une clôture commune jusqu'à une hauteur déterminée.

On interprète, en général, cette disposition en ce sens qu'elle autorise chaque voisin à forcer l'autre à construire un mur à frais communs, mais non à lui rembourser la demi-valeur (sol et constructions) d'un mur que le constructeur a, de sa seule initiative, élevé sur son propre terrain, sans consulter le propriétaire de l'héritage contigu (1).

Quoi qu'il en soit, si, en fait, l'un des copropriétaires d'un terrain urbain a construit à la limite de sa propriété et si son voisin lui rembourse ensuite la moitié du sol et des constructions pour acquérir la mitoyenneté du mur, nous retombons dans l'hypothèse de l'art. 661 et il y a cession immobilière.

Si, au contraire, les propriétaires des deux héritages contigus conviennent, avant le commencement des travaux, que ceux-ci seront exécutés à frais communs, dans des conditions qu'ils déterminent, le remboursement ultérieur par l'un des voisins de la moitié des frais à l'autre qui en a fait l'avance ne constitue qu'un règlement de compte et n'a pas le caractère d'une cession de mitoyenneté.

Il se peut, enfin, que la limite de deux héritages contigus soit formée par une bande de terrain commune entre eux et qui doit, par destination du père de famille, recevoir le mur séparatif. Si l'un des copropriétaires construit à ses frais, sans consulter son voisin, un mur de clôture et se fait ensuite rembourser la moitié de la dépense, on peut se demander si les caractères constitutifs de la cession de mitoyenneté se rencontrent dans l'espèce. A l'appui de la négative on peut dire que le constructeur a fait un acte de gestion d'affaires, en agissant dans l'intérêt de son voisin autant que dans le sien propre, et que le remboursement qui lui est fait n'est, par conséquent, que le paiement de la créance née du quasi-contrat de gestion d'affaires.

Pour l'affirmative, on peut invoquer le caractère immobilier des constructions qui justifie la perception du droit de vente alors même que ces constructions ont été édifiées sur le terrain d'autrui (T. A., Vo Constructions, nos 26 et suiv.).

La question ne peut être résolue, à notre avis, que d'après les circonstances de chaque affaire. Si le constructeur a agi en vertu d'un mandat exprès ou tacite du voisin, celui-ci aura eu, dès l'origine, la propriété de la mitoyenneté et, par conséquent, le droit de mutation ne pourra être exigé. C'est ce qui a été décidé au sujet de constructions élevées par l'un des copropriétaires sur un terrain indivis. Il y a, en ce dernier cas, présomption que la construction a eu lieu pour le compte commun (Voir T. A., Vo Constructions, no 44). Or, il est généralement reconnu, ainsi que nous l'avons vu, que le droit de mitoyenneté est une indivision : il a, semble-t-il, ce caractère non seulement lorsque la mitoyenneté s'applique au sol et aux constructions, mais encore lorsqu'elle porte sur le terrain seul. Les solutions admises pour le cas de construction par l'un des copropriétaires sur le terrain indivis semblent donc devoir être étendues à l'espèce prévue ci-dessus, tout au moins lorsque le remboursement au constructeur de la moitié de la dépense a lieu aussitôt après la fin des travaux ou dans un bref délai après leur achèvement. Le mandat tacite peut, en effet, se présumer dans cette hypothèse. Il n'en serait plus de même si le rembour-

(1) C. Douai, 13 janv. 1851 ; J. P. 53.1.686 ; — Trib. Seine, 23 juin 1863 ; S. 64.2.221, à la note ; — C. Paris, 15 juill. 1864 ; S. 64.2.221 ; — Cass. belge, 5 nov. 1885 ; S. 86.4.19 ; — Baudry-Lacantinerie et Chauveau, Des biens, no 984 ; — Aubry et Rau, 5e éd., II, § 200, p. 357, texte et note 7 ; — Contra, Demolombe, XI, 386.

sement de la dépense avait lieu longtemps après la construction ou s'appliquait non à un simple mur de clôture (dépassant ou non la hauteur réglementaire prévue par l'art. 633), mais au mur d'un bâtiment pour toute sa hauteur. Dans cette hypothèse il y aurait une véritable cession de mitoyenneté et non pas un règlement du prix de travaux effectués à compte commun.

L'art. 658, enfin, prévoit le cas où l'un des copropriétaires du mur mitoyen exhausse seul cette clôture et lui impose l'obligation de payer, en cette hypothèse, une indemnité de surcharge au propriétaire voisin. Cette indemnité a le caractère mobilier et l'acte qui en constate le payement ou en arrête le chiffre (1) ne donne ouverture qu'au droit de 0 fr. 50 0/0.

2. (13). Concessions de passage dans les forêts. — Les concessions de passage dans les forêts domaniales ou communales, faites à perpétuité à titre de servitude, donnent ouverture au droit de mutation immobilière de 5 fr. 50 0/0.

Si ces concessions sont accordées à titre temporaire et révocable, par arrêté préfectoral, elles sont considérées comme emportant mutation de jouissance et sont assujetties à l'enregistrement dans le délai de vingt jours (D. M-F. 18 mars 1895 ; R. E. 1134).

L'enregistrement a lieu au comptant sur une évaluation des parties si le prix n'est pas fixé dans l'arrêté de concession. La pétition du concessionnaire, la minute de l'acte synallagmatique ou de l'arrêté constatant la concession et les expéditions ou ampliations de ces actes sont soumises au timbre de dimension. Quant aux pièces d'ordre intérieur (ampliation de l'arrêté, avis d'autorisation, procès-verbal de délivrance) qui sont transmises au receveur pour lui tenir lieu de titres de recouvrement, elles sont exemptes de timbre (Sol. 30 déc. 1895 ; R. E. 1134 ; J. E. 24.756).

SERVITUDES MILITAIRES.

1. — Une ordonnance du 1er août 1821 (Inst. 998) avait déterminé l'étendue et le mode d'exercice des servitudes imposées à la propriété pour la défense de l'État. De nouvelles règles ont été prescrites sur cette matière par un décret du 10 août 1853. Plusieurs dispositions de ce décret (notamment les art. 26 à 32 et 40 à 50) intéressent le service de l'enregistrement. Elles sont commentées ainsi qu'il suit par l'Inst. 1994.

2. — Les travaux à exécuter dans l'étendue des zones de servitudes sont divisés par l'art. 26 et 27 du décret en deux catégories comprenant l'une, les travaux qui sont l'objet d'une autorisation générale, et qui peuvent être entrepris après une simple déclaration faite au chef du génie ; l'autre, les travaux pour lesquels une permission spéciale est nécessaire.

3. Timbre : déclaration, demande, soumission. — On doit considérer comme exempte du timbre la déclaration à remettre au chef du génie, conformément à l'art. 26, avant l'exécution des travaux de la première catégorie ; mais la demande tendant à obtenir une permission spéciale est sujette au timbre, suivant les termes exprès de l'art. 27.

L'art. 28 exige que les soumissions de démolir, qui doivent être jointes à la déclaration comme à la demande, soient faites en double sur papier timbré, et il ajoute, par exception à la règle posée dans l'art. 8 de la loi du 18 mai

(1) Dans la théorie de l'Administration, que nous n'acceptons pas, l'acte contenant promesse d'indemnité donnerait ouverture au droit de 1 0/0 (V. T. A., V° Indemnité, n° 16).

1850, qu'elles seront enregistrées au droit fixe d'un franc.

La quittance pourra être donnée sur chacun des doubles par duplicata.

4. Permissions et certificats. — Les permissions et les certificats remis aux intéressés par le chef du génie, conformément à l'art. 29, ne donnent lieu à aucun droit de timbre ou d'enregistrement.

5. Instance. Actes de procédure. — Des contestations sur l'époque à laquelle ont été élevées des constructions qui se trouvent dans les zones de servitudes peuvent naître entre le domaine militaire et les propriétaires. D'après l'art. 32 du décret, ces contestations sont de la compétence des tribunaux ordinaires et doivent être jugées sommairement comme en matière domaniale. Les conseils de préfecture conservent néanmoins, sauf recours au Conseil d'État, le droit de statuer sur les questions d'interprétation d'actes administratifs.

Le règlement du 10 août 1853 ne dit pas, comme le fait sait l'ordonnance du 1er août 1821, que l'enregistrement des actes de procédures portées devant les tribunaux dans le cas de l'art. 32 aura lieu gratis. Mais ces actes étant relatifs à l'établissement des servitudes imposées à la propriété pour cause d'utilité publique, sont du nombre de ceux que l'art. 58 de la loi du 3 mai 1841 (Inst. n° 1660) prescrit de viser pour timbre et d'enregistrer gratis. Si cependant l'affaire était portée devant le conseil de préfecture, les actes d'instruction faits dans la forme administrative et les décisions du conseil seraient exempts de toute formalité, par application de l'art. 80 de la loi du 15 mai 1818, comme actes administratifs non dénommés dans l'art. 78.

6. Procès-verbaux de contraventions. — Les art. 40 et suivants du décret du 10 août, qui s'occupent de la répression des contraventions, chargent les gardes du génie de rédiger les procès-verbaux et de faire les notifications et sommations qui en sont la suite. Ces actes doivent être visés pour timbre et enregistrés en débet dans les quatre jours de leur date, selon les termes exprès de l'art. 40 qui reproduit à cet égard les dispositions des art. 20 de la loi du 22 frimaire an VII et 74 de celle du 25 mars 1817.

7. Mémoires et plans. Arrêtés des conseils de préfecture. — Mais les mémoires et plans remis au préfet et les significations faites par voie administrative, conformément à l'art. 43 du décret, sont des actes administratifs affranchis du timbre et de l'enregistrement. Il en est de même des décisions des conseils de préfecture intervenues sur les procès-verbaux de contravention. Lorsque les expéditions de ces décisions sont délivrées aux agents militaires, avec mention de leur destination, en exécution des art. 42 et 43, elles sont dispensées du timbre, suivant l'art. 80 de la loi du 13 mai 1818, qui n'assujettit à cet impôt que les expéditions remises à des particuliers.

8. Actes produits. — Les actes que les contrevenants jugent à propos de produire dans l'intérêt de leur défense ne profitent pas de ces exemptions et demeurent assujettis aux droits ordinaires.

9. Recouvrement des droits en débet et des amendes. — L'art. 47 du décret du 10 août 1853 dispose qu'après le jugement définitif de condamnation, les droits de timbre et d'enregistrement, en débet seront payés par les contrevenants. En conséquence, ces droits seront compris dans les dépens, et les receveurs en suivront le recouvrement d'après les extraits des décisions des conseils de préfecture qui leur seront remis en conformité de l'art. 70, § 1er, de la loi du 22 frimaire an VII, et qu'ils consigneront au sommier des droits et produits constatés n° 3 (actuellement n° 1).

S'il est prononcé des amendes contre les contrevenants, en vertu de l'art. 48 du décret, elles seront portées dans la colonne intitulée : *autres amendes de condamnation*.

Des actes peuvent être faits, après la décision du conseil de préfecture, pour l'exécution des démolitions et des travaux mis à la charge des contrevenants. Ces actes seront visés pour timbre et enregistrés en débet selon leur nature ; et comme les droits auxquels ils donneront lieu ne pourront pas être compris dans les extraits des jugements, ils seront relevés par les receveurs au sommier des droits en débet, et recouvrés sur les parties condamnées par les voies ordinaires. Les receveurs auront soin d'émarger les enregistrements portés au registre du visa pour timbre et de l'enregistrement, du numéro de l'article du sommier des droits en débet où les sommes à recouvrer auront été portées.

SOCIÉTÉ.

SOMMAIRE ANALYTIQUE.

SECT. I. — *Contrat de société. Tarif*, 1-34.

§ 1. — Conditions d'exigibilité du droit de 0 fr. 50 0/0, 1-3.

§ 2. — Apports purs et simples, 4-5.

§ 3. — Assiette du droit de 0 fr. 20 0/0, 6-17.

ART. 1er. — FORMATION DE SOCIÉTÉ, 6-9.
— 2. — MODIFICATION DES STATUTS, 10.
— 3. — AUGMENTATION OU RÉDUCTION DU CAPITAL SOCIAL, 11-12.
— 4. — TRANSFORMATION DE SOCIÉTÉ, 13-15.
— 5. — FUSION DE SOCIÉTÉ, 16.
— 6. — PROROGATION DE SOCIÉTÉ, 17.

§ 4. — Apports à titre onéreux, 18-28.

ART. 1er. — VENTE OU ÉCHANGE, 18-27.
— 2. — BAIL, 28.

§ 5. — Dispositions indépendantes, 29-34.

SECT. II. — *Cession d'actions*, 35-43.

§ 1. — Cessions pures et simples, 36.
§ 2. — Cessions conditionnelles, 38-43.

SECT. III. — *Dissolution de société*, 44-65.

§ 1. — Retraite d'un associé, 44.
§ 2. — Cessions d'actions et vente de biens, 46-51.
§ 3. — Partage de la société, 52-65.

SECT. IV. — *Associations et sociétés particulières*, 66-70.

SOMMAIRE ALPHABÉTIQUE

Actions privilégiées, 19.
Adjonction d'un nouveau membre, 10.
Apports. Adjudication, 50.
— Attribution à d'autres qu'aux apporteurs, 15, 42, 49, 50, 51, 53, 55, 56, 56.
— à titre onéreux, 18, 27, 29, 32.
— inégaux, 33.
— indivis, 49, 58, 59, 60.
— d'industrie, 8.
— Bénéfices futurs, 7.
— Évaluation, 6.
Associations syndicales, 69.
Augmentation de capital, 10.
Caisse des retraites pour la vieillesse, 68.
Caisses de secours, 68.
Carrières, 24.

Cession d'apport. Valeur imposable, 49, 50.
Cession conditionnelle, 43, 47, 60.
— en cours de liquidation, 36, 41, 42, 53.
— déguisée, 64.
— facultative, 37, 41, 46.
— obligatoire, 38, 60.
Cessionnaire héritier, 39, 60.
Commandite, 19, 34.
Compte de dépréciation, 28.
Constructions, 48.
Conversion de société, 14.
Délégation de prix, 32.
Dissolution, 36, 40, 44, 46, 54.
Donation, 66.
Droit en sus, 35, 51, 57.
Droit de mutation par décès, 40.
Fonds de commerce, 22, 26, 53.
Fusion de sociétés, 16, 45.

Habitations à bon marché, 67.
Imputation du prix, 47, 55.
Inventaire social, 43.
Marchandises neuves, 53, 55.
Marché, 22, 29.
Matériel industriel, 28.
Meubles et immeubles, 27.
Modification des statuts, 4, 66.
Mutation, 35.
Licitation, 48, 54, 55, 58.
Liquidation, 36, 42.
Lotissement, 44, 45, 52, 63.
Louage d'industrie, 30.
Partage, 53, 56, 58, 59, 61, 62, 65.
— déguisant une cession, 64.
Passif, 9, 20.
Plus-value, 48.
Prescription, 15, 37, 41, 51, 57.
Prorogation, 17.
Protectorat, 2.
Rachat d'actions, 11.

Reconnaissance de dette, 31.
Réduction du capital, 12.
Remboursement de dépenses aux associés, 21.
Répartition des bénéfices, 33.
Retrait d'apports, 52.
Retraite d'un associé, 35, 44.
Société anonyme. Titre de la perception du droit de 0 fr. 20 0/0, 3.
— Partage, 62.
Simulation d'apports, 23.
Sociétés de crédit agricole, 70.
— de secours mutuels, 68.
Soulte, 61, 65.
Substitution d'apport, 5.
Syndicat de porteurs de titres, 1.
Syndicats professionnels, 68.
Transcription (droit de), 48, 54, 62.
Transformation de société, 13, 52.

SECT. Ire. — CONTRAT DE SOCIÉTÉ. TARIF.

§ 1. — *Conditions d'exigibilité du droit de 0 fr. 20 0/0.*

1. (108-5). **Syndicat de porteurs de titres.** — Lorsque, dans un acte d'emprunt hypothécaire, une société crée, en représentation de cet emprunt, des obligations négociables, la disposition du même acte, constatant la création d'un syndicat entre les porteurs de titres pour la défense de leurs droits, n'est pas sujette à un droit spécial comme acte de formation de société (Sol. 1er juin 1900 ; R. E. 2416).

2. (109-5). **Société. Acte constitutif passé dans un pays de protectorat. Acte d'augmentation de capital passé en France. Droit de 0 fr. 20 0/0. Liquidation.** — Les actes passés dans les pays de protectorat sont assimilables, au point de vue de l'enregistrement, aux actes passés en pays étranger. Cette règle s'applique à l'acte de constitution de société passé au Tonkin depuis l'établissement du protectorat, mais avant l'annexion.

La délibération, par laquelle l'assemblée générale des actionnaires de la société ainsi constituée décide le transfert du siège social à Paris et l'augmentation du capital, ne constitue pas un acte susceptible d'être enregistré, dès lors que cette délibération a été prise au Tonkin, après l'annexion et postérieurement à l'établissement des droits d'enregistrement dans cette colonie.

Lorsque la seconde délibération, approbative de la première, est prise en France, arrête le texte entier des statuts nouveaux, fixe le chiffre total du capital augmenté, le nouveau siège et la durée de la société, l'acte de dépôt de cette délibération doit être considéré comme le titre même de la constitution d'une société nouvelle donnant ouverture au droit proportionnel de 0 fr. 20 0/0 sur l'intégralité du capital et non pas seulement sur le montant de l'augmentation (Cass. req., 15 mars 1899) (1).

3. (117-2). **Société anonyme. Constitution définitive. Acte constatant l'accomplissement des formalités préalables. Délibération constatant la constitution définitive. Droits proportionnels sur ce dernier acte.** — Les divers droits d'enregistrement dus sur les apports faits à une société *anonyme* doivent être perçus sur *le procès-verbal de la délibération constatant la constitution définitive de la société*, d'après la valeur des apports fixée par cette délibération, et non sur l'acte notarié antérieur constatant l'accomplissement des formalités préalables à

(1) Inst. 2997, § 5 ; S. et P. 99.1.369 ; D. 99.1.309 ; R. E. 1997 ; J. E. 25.606 ; R. P. 9503 ; Rev. prat., 4738.

la constitution de la société. Ce dernier acte n'est sujet qu'au droit fixe (Sol. 29 nov. 1898 ; *R. E.* 2194 ; *Rev.prat.*, 4578).

§ 2. — *Apports purs et simples.*

4. (121 *quater*). **Fonds industriel apporté par un seul associé. Modification des statuts. Attribution à l'autre associé de partie du fonds en représentation de sa part dans les bénéfices. Droit de donation non exigible.** — V. *Donation.*

5. (123). **Substitution d'apport immobilier à un apport mobilier. Droit fixe.** — Lorsque la veuve commune en biens succède à son mari comme associée, la substitution par celle-ci d'un apport immobilier à l'apport mobilier originairement effectué par le mari ne donne ouverture qu'au droit fixe de 3 fr., à l'exclusion du droit de 0 fr. 20 0/0 (Sol. 20 avr. 1896 ; *R. E.* 1470).

L'Administration avait déjà statué dans le même sens par une solution du 24 juin 1880, reproduite au *T. A.*, note 2.

§ 3. — *Assiette du droit de 0 fr. 20 0/0.*

ART. 1ᵉʳ. — FORMATION DE SOCIÉTÉ.

6. (129). **Apport en nature. Valeur aléatoire. Déclaration estimative des parties.** — Quand la valeur des biens apportés en nature à une société est aléatoire, parce qu'elle dépend d'événements futurs et incertains, il appartient aux parties de fournir une déclaration estimative de cette valeur par application de l'art. 16 de la loi du 22 frimaire an VII, et cette déclaration doit provisoirement servir de base au droit de 0 fr. 20 0/0 en l'absence de tout document de nature à en établir l'insuffisance (Seine, 24 janv. 1899 ; *R.E.* 1985 ; *R. P.* 9571).

7. (130 B-4). **Apport. Part de bénéfices futurs. Evaluation.** — Lorsqu'il est attribué, en représentation d'un apport fait à une société, des actions de capital entièrement libérées, et, en outre, une quote-part des bénéfices sociaux disponibles après le prélèvement du dividende aux actions de capital, la portion de l'apport représentée par cette quote-part de bénéfices, doit-elle être évaluée indépendamment de la portion représentée par les actions de capital ?

L'affirmative ne paraît pas douteuse.

Lorsqu'il s'agit d'un apport, en nature ou en espèces, représenté par des actions de capital entièrement libérées, l'évaluation de l'apport résulte de l'acte lui-même.

Il en est de même si les actions ne sont pas entièrement libérées. Supposons qu'il soit délivré en échange d'un apport 10 actions de 1000 fr. libérées de moitié. Il y a apport réalisé de 5.000 fr. et apport à réaliser de 5.000 fr. Le droit de 0 fr. 20 0/0 sera dû sur 10.000 fr., comme nous l'avons enseigné au *T. A.*

S'il est attribué, à l'auteur de l'apport une portion dans les bénéfices nets qui resteront disponibles après certains prélèvements, cette portion forme la contre-partie de l'excédent d'apport non évalué et qui doit l'être (R. E. 2116).

8. (132). **Apport d'industrie. Evaluation.** — Pour la liquidation du droit de 0 fr. 20 0/0 auquel sont soumis les apports en société, y compris l'apport d'industrie, la clause qui règle la répartition des bénéfices constitue, en thèse générale, une indication à l'aide de laquelle la valeur de l'apport d'industrie peut être déterminée d'une manière assez précise pour exclure l'évaluation des parties. Ainsi,

lorsque les bénéfices doivent être répartis également entre l'auteur de cet apport et son coassocié, il y a présomption que les deux apports sont d'égale valeur. Mais cette présomption doit être corroborée par d'autres indices opposables aux parties.

Dans le cas contraire, et surtout lorsque d'autres clauses, notamment celle qui exclurait l'auteur de l'apport d'industrie de la copropriété du fonds social, peuvent être opposées à cette présomption de l'égalité des mises, la règle de l'article 16 de la loi du 22 frimaire an VII reprend son empire et la valeur de l'apport d'industrie, pour la perception du droit proportionnel, doit être déterminée par l'estimation des parties (Sol. 27 juill. 1896 ; *J. E.* 25.152 ; *R. P.* 8910).

9. (134-3). **Passif. Valeur imposable.** — En aucun cas le droit proportionnel de 0 fr. 20 0/0 pour apport pur et simple ne peut être perçu sur une valeur inférieure à celle du capital social *représenté par l'ensemble des actions émises.* Il n'y a donc pas lieu de déduire du capital-actions le passif dont est grevé un apport et qui est mis à la charge de la société (Bar-le-Duc, 22 fév. 1899 ; *R. E.* 2031 ; *J. E.* 25.678).

ART. 2. — MODIFICATION DES STATUTS.

10. (143). **Société en nom collectif. Adjonction d'un nouveau membre. Augmentation du capital. Acquêt social. Partage. Attribution à l'associé nouveau.** — L'adjonction d'un nouveau membre à une société en nom collectif et les changements dans le capital, la raison sociale et le mode de partage des bénéfices qui en sont la suite n'ont pas pour effet de dissoudre la société primitive et de la remplacer par une autre.

En conséquence, si un immeuble acquis par la société, même avant l'adjonction du nouveau membre, est attribué à celui-ci, par voie de partage, en fin de société, cette attribution ne donne pas ouverture au droit de mutation (Lille, 20 juill. 1899 ; *R. E.* 2456).

ART. 3. — AUGMENTATION OU RÉDUCTION DU CAPITAL SOCIAL.

11. (146). **Rachat d'une partie des actions. Droit de cession.** — Le rachat d'un certain nombre d'actions nominatives au cours d'une société constitue, non un partage passible du droit de 0 fr. 15 0/0, mais une cession d'actions passible du droit de transfert de 0 fr. 50 0/0 (Seine, 6 mars 1896 ; *R. E.* 1139 ; *J. E.* 24.833 ; *R. P.* 8839).

Ce jugement est motivé sur ce qu'il ne peut y avoir partage entre la société qui continue de subsister et les actionnaires qui se retirent, du moment que la société garde tout l'actif social et que les actionnaires reçus reçoivent une somme d'argent représentée par des obligations créées pour les besoins de l'opération et qui, par conséquent, n'existait pas dans la caisse sociale.

Tout en approuvant la solution admise par le tribunal, nous ferons remarquer qu'en pareil cas, le droit de transfert ne doit pas être perçu sur l'acte constatant la réduction du capital, mais sur les déclarations à faire par la société en exécution de la loi du 23 juin 1857 et du décret du 17 juillet suivant.

Quant à l'acte qui opère la cession des titres, il n'est passible que du droit fixe (V. *T. A.*, Vᵒ *Titres négociables*, nᵒ 137).

12. (146-1). **Réduction du capital social. Distribution aux actionnaires. Partage. Droit de 0 fr. 15 0/0.** — La délibération d'une assemblée générale d'actionnaires qui décide le remboursement, entre tous les porteurs d'actions, d'une somme déterminée provenant de l'aliénation d'une partie de l'actif de la société, constitue un véritable lotissement ; en conséquence, lorsqu'un extrait de cette délibération est soumis à l'enregistrement, le tarif applicable est celui de 0 fr. 15 0/0 (Seine, 2 mars 1900 ; *R. P.* 9891).

Mais il a été décidé que le droit de partage n'est pas dû sur la délibération de l'assemblée générale des actionnaires décidant que le capital sera réduit de 40 à 30 millions au moyen de l'annulation d'une action sur quatre et que les actions annulées seront remboursées sur le pied de 550 fr., dès lors que les parties prenantes ne sont pas spécifiées (Marseille, 8 fév. 1894 ; *R. P.* 8336).

ART. 4. — TRANSFORMATION DE SOCIÉTÉ.

13. (150). **Société civile. Transformation en société anonyme. Loi du 1er août 1893. Droit fixe.** — Lorsqu'une société civile se transforme en société anonyme, conformément aux prévisions de l'art. 7 de la loi du 1er août 1893, l'acte de transformation ne donne ouverture qu'au droit fixe de 3 fr., dès lors qu'il n'opère aucune modification, ni dans le fonds social, ni dans la nature, l'objet ou la durée de l'entreprise, ni dans le personnel des associés (Sol. 28 fév. 1895 ; *R. E.* 1056 ; *R. P.* 8588).

Une décision analogue avait été prise, sous l'empire de la loi du 24 juillet 1867, au sujet de la transformation en société anonyme d'une société en commandite par actions (Sol. 12 sept. 1876 ; *J. E.* 20.179 ; *R. P.* 4550 ; *J. N.* 21.621).

14. (151). **Conversion en simple commandite des droits de l'associé en nom collectif.** — Pour décider si la transformation d'une société en nom collectif en une société en commandite simple donne naissance à un être moral nouveau, l'Administration a, en général, recours au critérium suivant : il n'y a pas société nouvelle, si la transformation était prévue par les statuts ; il y a société nouvelle, dans le cas contraire.

Mais cette formule n'est pas toujours acceptée sans réserve par les tribunaux.

Elle a été écartée dans les espèces ci-après :

I. SOCIÉTÉ EN NOM COLLECTIF. TRANSFORMATION EN SOCIÉTÉ EN COMMANDITE SIMPLE. — Lorsqu'une société en nom collectif se transforme en société en commandite simple par la substitution d'un commanditaire à un des associés primitifs, cette modification, alors même qu'elle serait accompagnée d'une réduction du capital et qu'elle n'aurait pas été expressément prévue par les statuts, n'a pas pour effet de substituer une nouvelle société à l'ancienne, si les statuts prévoient, d'ailleurs, pour certains cas déterminés autres que celui qui s'est produit, une transformation analogue.

L'acte qui le constate ne donne, en conséquence, ouverture au droit de 0 fr. 20 0/0 que sur l'apport de l'associé nouveau.

Le droit de cession de bail n'est pas dû, pour le même motif, sur la clause de l'acte modificatif portant que le bail consenti à la société primitive sera continué (Seine, 1er juill. 1899 ; *R. E.* 2193 ; *J. E.* 25.810).

II. SOCIÉTÉ EN NOM COLLECTIF. PROROGATION. ADJONCTION D'UN COMMANDITAIRE. — Lorsque des associés en nom collectif prorogent la durée de la société formée entre eux et s'adjoignent un commanditaire, cette acte modificatif n'a pas pour effet de dissoudre l'ancien être moral pour en créer un nouveau. Il en est ainsi alors même que cette modification coïncide avec une augmentation du capital social, surtout si cette augmentation n'est que la consta-

tation de l'accroissement du fonds social par suite de l'accumulation des bénéfices (Remiremont, 25 janv. 1900 ; *R. E.* 2432 ; *R. P.* 9855).

III. SOCIÉTÉ EN NOM COLLECTIF. ADJONCTION D'UN NOUVEAU MEMBRE. — Lorsque les parties ont entendu maintenir la société originaire, l'adjonction d'un nouveau membre dans une société en nom collectif, alors même qu'elle n'a pas été prévue par les statuts, n'entraîne pas la formation d'une société nouvelle (Lille, 29 juin 1894 ; *R. P.* 8457).

Jugé en sens contraire :

1o Que la transformation d'une société anonyme en société en commandite simple entraîne la création d'un être moral nouveau, lorsqu'elle n'a pas été prévue par les statuts primitifs (Seine, 21 mai 1898 ; *R. E.* 1831 ; *J. E.* 25.539) ;

2o Que le droit de 0 fr. 20 0/0 est exigible sur le capital social entier, et non pas seulement sur son augmentation, lorsque la conversion, non prévue par les statuts, d'une société en nom collectif en société en commandite simple, coïncide avec la réduction des opérations commerciales, l'augmentation du capital social et le changement de la raison sociale, de telles modifications entraînant la dissolution du pacte primitif et la création d'un être moral nouveau (Valenciennes, 29 avr. 1898 ; *R. E.* 1799).

L'Administration a reconnu elle-même, par une solution du 6 avril 1897 (*R. E.* 1587 ; *J. E.* 25.260 ; *R. P.* 8999), que la transformation d'une société en nom collectif en une société en commandite simple ne donne pas naissance à un nouvel être moral, dès lors que les membres de la société en nom collectif demeurent, en qualité de gérants de la société en commandite, indéfiniment responsables envers les tiers.

Même solution pour le cas de transformation d'une société en nom collectif en société en commandite, lorsqu'elle a été prévue par les statuts, que la société continue entre les mêmes associés, et qu'aucune modification n'est apportée dans l'objet, la durée ou le capital de l'ancienne société (Sol. 5 avr. 1897 ; *R. P.* 9027).

En définitive, il s'agit d'une question de fait à résoudre d'après les circonstances de chaque affaire. Mais, généralement, les tribunaux refusent de voir un changement d'être moral dans une modification qui laisse à l'association son caractère de société de personnes.

15. (151-1). **Société en nom collectif. Dissolution. Formation d'une société nouvelle à forme anonyme. Appropriation des anciens associés. Biens attribués à d'autres qu'aux apporteurs. Droit de vente. Prescription.** — Lorsqu'une société de personnes a été dissoute d'un commun accord et remplacée par une société de capitaux absolument distincte, l'apport des biens de l'ancienne société fait par les membres de celle-ci à l'être moral nouveau implique nécessairement qu'ils ont été préalable appropriés desdits biens.

En conséquence, si les biens qui leur ont été ainsi attribués comprennent des apports faits par d'autres à la société primitive, cette attribution a le caractère d'une mutation à titre onéreux passible du droit proportionnel.

Mais on ne doit considérer comme biens apportés que ceux qui ont été mis en commun lors de la formation de la société primitive. Si celle-ci est arrivée au terme de sa durée sans avoir été prorogée, elle ne se trouve pas nécessairement dissoute par la seule échéance du terme. Lorsque ses membres ont continué à poursuivre, en fait, l'œuvre commune, il importe peu que l'acte de prorogation régularisant cet état de fait n'ait été souscrit que plusieurs années après l'échéance du terme assigné à la société originaire. Le juge du fait peut décider que c'est le même être moral qui continue de subsister, dès lors que les clauses essentielles des statuts régissant les associés demeurent les mêmes.

Par suite, lorsqu'intervient la dissolution de la société ainsi prorogée et l'attribution de l'actif aux associés, c'est à la date de la formation de la société primitive et non au jour du nouvel acte la prorogeant, même postérieur de plus de deux ans à l'expiration de sa durée, qu'on doit se placer pour apprécier quels sont, parmi les biens attribués aux copartageants, ceux qui ont le caractère d'apports (Cass. civ., 4 fév. 1901 ; R. E. 2628).

Il s'agissait d'une société fondée pour 25 ans, à partir du 14 mai 1834, prorogée le 1er octobre 1861 et dissoute. La Cour a décidé avec raison que, du moment où la société n'avait pas été reconstituée en 1861, c'était à l'année 1834, et non à l'année 1861, qu'il fallait se placer pour apprécier la quotité des apports faits à l'être moral disparu en 1880.

L'arrêt que nous recueillons décide encore que la prescription de deux ans, édictée par l'art. 61, no 1, de la loi du 22 frimaire an VII, est restreinte par son objet aux omissions et insuffisances de perception sur des actes soumis à l'enregistrement.

Quant aux droits simples ou principaux, ils ne sont soumis qu'à la prescription trentenaire. Spécialement cette dernière prescription est applicable au droit principal exigible à raison de la mutation de propriété de biens opérée des apporteurs à d'autres associés par suite de la dissolution d'une société, lorsque cette transmission ne se manifeste d'abord à l'Administration que par un acte de disposition émané des nouveaux propriétaires et notamment par l'apport qu'ils opèrent à une société nouvelle des biens dont ils ont été allotis. Cet acte de disposition du nouveau possesseur ne saurait être considéré comme la preuve complète de la mutation et le titre de l'exigibilité du droit.

La prescription biennale à laquelle sont soumis les droits en sus ne commence à courir que du jour où la Régie a été à même de constater d'une façon complète la contravention au vu des actes soumis à l'enregistrement, et non du jour où elle a eu connaissance d'un acte qui n'a été que le point de départ de recherches et de rapprochements ultérieurs. Sur ce dernier point, voir Cass. civ., 18 déc. 1899 et Req., 29 janv. 1900 ; R. E. 2255 et 2317.

ART. 5. — FUSION DE SOCIÉTÉS.

16. (155). Prétendue liquidation de la société absorbée par la société absorbante. Transport de l'actif à charge de payer le passif. Apport à titre onéreux. Exigibilité du droit proportionnel de cession. — Aux termes de l'art. 68, § 3, n° 4, de la loi du 22 frimaire an VII, c'est seulement lorsque les actes de société ne contiennent ni libération, ni obligation, ni transmission de biens entre les associés et autres personnes qu'ils ne sont assujettis qu'au droit fixe (aujourd'hui droit proportionnel de 0 fr. 20 0/0), et ceux de ces actes qui renferment des dispositions de cette sorte sont passibles du droit proportionnel.

Il en est ainsi spécialement du traité de fusion intervenu entre deux sociétés et duquel il résulte que l'une a apporté à l'autre tout son actif à charge par celle-ci d'acquitter le passif et de remettre aux actionnaires de la première un certain nombre d'actions de la seconde, nouvellement créées.

On ne pourrait objecter, pour échapper au droit de mutation mobilière auquel un semblable traité donne ouverture, que la société absorbante a été constituée liquidateur avec le mandat de réaliser l'actif et d'éteindre le passif pour le compte de la première. La liquidation a, en effet, pour but de dégager, de l'actif brut, l'actif net que les associés auront à se partager. Mais, si, d'ordinaire, cette opération comporte l'achèvement des affaires en cours, l'acquittement des dettes et le recouvrement des créances, rien n'empêche les associés de convenir que l'actif sera attribué, soit à l'un d'eux, soit à une autre société, à charge par elle de payer les dettes sociales et de remettre aux membres de la société dissoute une certaine valeur qui représente le bénéfice évalué à forfait aux risques et périls comme au profit éventuel du cessionnaire.

Sans doute, la répartition par les soins de la société absorbante des actions nouvelles attribuées aux actionnaires de la société absorbée par le traité de fusion, dans la mesure où la valeur vénale des nouveaux titres dépassait le montant des versements faits à celle-ci par ses actionnaires, constitue la distribution des bénéfices réalisés par elle, ce qui était l'objet même de sa liquidation.

Mais, c'est en qualité de cessionnaire de l'actif, et non en celle de liquidateur, que la société absorbante accomplit les autres opérations juridiques que comportait l'exécution complète du traité de fusion, dès lors que c'est à ses risques et périls qu'elle a apuré le passif mis à sa charge et qu'elle a profité seule des bénéfices pouvant résulter de la réalisation de l'actif.

Le contrat passé dans ces conditions entre les deux sociétés renferme une cession caractérisée et donne, en conséquence, ouverture au droit de mutation (Cass. civ., 6 mai 1896) (1).

Dans le même sens, le tribunal de Bar-le-Duc a décidé, par un jugement du 22 février 1899, qu'en cas de fusion de deux sociétés, il est dû, non le droit de 0 fr. 50 0/0 pour cession d'actions, mais celui de mutation calculé d'après la nature des biens composant l'actif de la société absorbée, lorsqu'il est constant que l'apport fait à la société absorbante n'est pas pur et simple, en ce sens que la société absorbante s'engage non seulement à acquitter tout le passif de la société dissoute, mais aussi à verser une certaine somme, le tout en échange de l'actif mis à sa disposition. On ne saurait, d'ailleurs, valablement prétendre que cet apport à titre onéreux est fait antérieurement à la dissolution et à la liquidation de la société absorbée, puisque celle-ci est dissoute par le fait même de la cession de tout son actif et passif et que sa liquidation est devenue inutile (R. E. 2031 ; J. E. 25.678).

ART. 6. — PROROGATION DE SOCIÉTÉ.

17. (160). Prorogation. Base du droit de 0,20 0/0. — Le droit de 0 fr. 20 0/0 qui a remplacé le droit gradué doit être assis, lors de la prorogation d'une société, sur la valeur nette du fonds social existant au jour de la prorogation et non sur le montant des apports originaires (2).

Ces décisions confirment l'opinion que nous avons émise au T. A. et qui est partagée par M. Naquet dans une étude publiée par la Revue de l'Enregistrement, n° 2421 (3).

(1) Inst. 2930, § 3 ; Bull., 1896, n° 130, p. 177 ; D. 97.1.117 ; R. E. 1453 ; J. E. 24.848 ; R. P. 9125-25 ; Rev. prat., 4373.
(2) Seine, 25 juin 1897 et 24 mai 1898 ; R. E. 1447 et 1834 ; J. E. 25.308 et 25.539 ; R. P. 9100 et 9402 ; — Lille, 4 juill. 1901 ; R. E. 2786.
(3) On sait, dit le savant professeur, que la loi de frimaire ne prévoyait que les actes de formation et de dissolution des sociétés, non les actes de prorogation (art. 68, § 3, n° 4). C'est la loi du 28 février 1872 qui, la première, a placé la pro-

Le système contraire admis par le tribunal de Soissons (*R. E.* 2786) se fonde sur le texte de la loi du 28 février 1872 (art 1-1°) d'après laquelle la quotité du droit est dérogation sur la même ligne que la formation de la société. Les travaux préparatoires de cette loi ne contiennent, d'ailleurs, pas un mot qui se réfère à cette assimilation. Même mutisme dans les travaux préparatoires de la loi du 28 avril 1893, qui a substitué le droit proportionnel de 0 fr. 20 au droit gradué de la loi de 1872.

Mais si rien n'a été dit sur ce point particulier, l'exposé des motifs de la loi de 1872 a pris soin d'indiquer nettement le but qu'on poursuivait. On y trouve le passage suivant : « La loi organique de l'impôt et celles qui l'ont suivie ont pris pour base du droit fixe la nature des divers actes. — Il nous a paru qu'il était à la fois plus juste et plus fructueux de faire varier la qualité des droits fixes en *raison des sommes ou valeurs exprimées dans ces actes*. Certains contrats, tels que *les sociétés*, les partages etc., se prêtent incontestablement à un mode d'évaluation qui en indique l'intérêt pour les contractants et qui, à ce point de vue, peut servir de base à l'impôt » (Exposé des motifs rapporté *Rép.*, *pér.*, n° 3406).

Ainsi, le principe qui domine la loi est que l'impôt doit être calculé en *raison des sommes et valeurs exprimées dans les actes*. Si ce principe est exact, et il est difficile de le contester en l'état des affirmations de l'exposé des motifs, il semble bien qu'on ne peut pas soustraire à l'impôt la partie de l'actif social qui se détache des apports.

On ne conçoit pas, d'ailleurs, qu'il puisse en être autrement, car l'esprit se refuse à comprendre une restriction de la matière imposable. Cette conception d'un impôt qui ne grèverait qu'une partie des biens sujets aux droits est plus qu'arbitraire, elle est absurde, et on n'en trouve aucun exemple dans les lois fiscales. Il existe des modérations de tarifs en faveur de tels ou tels contrats ; il n'existe nulle part des réductions fictives des valeurs transmises. Et si, par impossible, le législateur entrait dans cette voie, il ne manquerait pas d'établir dans quelle mesure la matière imposable serait réduite (1/4, 1/3, 1/2, etc.), et ne laisserait pas au hasard le soin de faire cette détermination. Ne serait-il pas, en effet, choquant au suprême degré que la partie des biens soustraite à l'impôt variât suivant l'importance des bénéfices réalisés par la société ? L'actif social, au jour de la prorogation dépasse-t-il les apports de 100.000 fr., c'est 100.000 fr. qui échapperaient à l'impôt ? N'est-il supérieur aux apports que de 10.000 fr., c'est 10.000 fr. seulement qui seraient affranchis du droit ! On voit la gamme discordante qui serait établie suivant les résultats divers des opérations de chaque société !

Peut-on raisonnablement induire de l'emploi du mot *apports* dans la loi du 28 février 1872, la preuve d'un système aussi incohérent.

C'est d'autant moins admissible que les actes de prorogation ayant été assimilés aux actes de société quant à l'exigibilité du droit, il est naturel de supposer que la loi a entendu également les traiter de même au point de vue de la liquidation. Or, si l'on décidait que le droit de prorogation sera calculé seulement sur les apports primitifs, on aboutirait à liquider ce droit tout autrement que celui qui est dû sur les actes de société. Celui-ci, en effet, est liquidé sur le montant des apports, c'est-à-dire sur l'ensemble des valeurs existantes au moment où la société est constituée ; celui-là serait liquidé sur une partie seulement des valeurs sociales. En sorte qu'en prenant pour base, dans les deux cas, le seul capital social, — d'où apparence d'identité, — on arriverait à une différence certaine dans les résultats de la liquidation. La loi ayant manifesté l'intention de mettre la prorogation sur le même pied que la constitution de la société, ne peut pas avoir consacré une différence aussi sensible et aussi peu justifiable.

Ce n'est pas tout, si l'on veut appliquer littéralement la loi on se verra juridiquement forcé de créer la plus criante et la plus absurde des injustices. Il ne peut, en effet, y avoir deux poids et deux mesures. Les apports ne peuvent exister qu'au moment où une société se forme. Lors donc que la loi parle du montant total des apports, elle vise nécessairement les apports tels qu'ils ont été constitués au jour de la naissance de

terminée en cas de prorogation, comme en cas de formation de société « par le montant total des apports mobiliers et immobiliers, déduction faite du passif ». La question, au surplus, ne tardera pas à être tranchée par la Cour de cassation, le jugement de la Seine du 25 juin 1897 lui ayant été déféré.

§ 4. — *Apports à titre onéreux.*

ART. 1er. — VENTE OU ÉCHANGE.

18. (169). **Apport à titre onéreux.** — Lorsqu'un apport est fait à une société, à charge par celle-ci de remettre en échange à l'apporteur, non pas une part des droits sociaux, mais des valeurs fermes, soustraites aux chances sociales, le droit de mutation est dû sur cet apport au taux fixé d'après la nature des biens qui en font l'objet (Péronne, 10 janv. 1896 ; *R. E.* 1217 ; *J. E.* 25.038 ; *R. P.* 8760 ; *J. N.* 97.748).

19. (173). **Apport en argent. Commandite. Stipulation de remboursement par voie de prélèvement sur les bénéfices. Droit d'obligation non dû.** — L'apport d'une somme en argent, à titre de commandite, par deux associés, dont l'un est encore et l'autre a été associé en nom collectif, n'a pas le caractère de prêt et n'est pas soustrait aux risques de l'entreprise par cela seul qu'il ne donne droit à aucune participation dans les bénéfices et qu'il est

la société, et c'est d'après leur étendue et leur consistance à ce jour que la liquidation devra être faite, et cela aussi bien lorsque ces apports auront été diminués par les pertes que lorsqu'ils auront été augmentés par des bénéfices. Cette conséquence serait forcée et rien ne servirait d'invoquer pour s'y soustraire que la loi n'atteint que les *apports nets* au moment de l'ouverture du droit. Ces mots, en effet, se réfèrent uniquement aux dettes existantes au jour de la constitution des apports et nullement à celles qui pourront naître plus tard. Il n'y a pas deux sortes d'apports, et si l'on conserve à cette expression son sens technique, ce sont les apports primitifs, tels qu'ils se comportent, qui devront servir de base à la liquidation de l'impôt. Il faut, pour écarter cette conséquence, reconnaître que la formule légale ne peut pas être appliquée littéralement, et si l'on fait cette concession, tout le système croule, car il ne peut s'abriter que derrière le mot *apports*, restrictivement interprété.

Il est bien certain, d'autre part, qu'il ne peut venir à l'idée de frapper l'actif primitif quand il a été réduit, puisque ce serait étendre l'impôt au delà de la matière imposable. Je sais bien que cette situation se rencontre parfois dans une certaine mesure, en vertu du principe de la non-distraction des charges, mais c'est là un tout autre ordre d'idées et, d'ailleurs, la loi de 1872 a formellement pris soin de répudier ce principe.

Donc, et en résumé, l'esprit de la loi répugne absolument à liquider le droit, en matière de prorogation, sur le montant des apports, et l'impossibilité absolue d'appliquer littéralement le texte dans tous les cas prouve que la formule employée par le législateur est due à une inadvertance.

Cette inadvertance n'est pas, du reste, inexplicable.

Lorsqu'une société se constitue, les valeurs exprimées sont rigoureusement représentées par les apports et la question ne se pose pas de distinguer le capital du fonds social.

Il n'en est plus de même, sans doute, quand la société a fonctionné et que les apports ont été diminués ou augmentés du chef de ce fonctionnement.

Mais le législateur avait principalement en vue l'extension de l'exigibilité de l'impôt et il ne s'est pas préoccupé autrement de la liquidation. Si l'on considère que l'application de l'impôt aux actes de prorogation a passé presqu'inaperçue et n'a donné lieu à aucune observation, on admettra, sans trop de difficulté, qu'un vice de rédaction ait pu se glisser dans le texte de la loi.

stipulé remboursable annuellement, sans intérêts, par dixièmes, au moyen d'un prélèvement sur les bénéfices (Seine, 1er juill. 1899 ; *R. E.* 2193).

Il est bien certain, en effet, que, du moment où la commandite n'est remboursable que sur les bénéfices et après payement préalable du passif, elle ne saurait être considérée comme soustraite aux risques de l'entreprise (1).

20. Concession. Passif à payer par la société en l'acquit de l'apporteur. Propriété litigieuse de l'apporteur. Consolidation ultérieure de ses droits. — Lorsqu'à une société en formation il est fait apport, par l'un de ses membres, des droits et obligations résultant pour celui-ci de l'adjudication, tranchée à son profit, de la concession d'un casino municipal, et que la société s'engage à payer, en l'acquit de l'apporteur, le prix de l'adjudication, l'apport ainsi effectué à titre onéreux emporte mutation mobilière au profit de la société et donne ouverture au droit de 2 0/0 sur le montant du prix de cession et des charges que la société s'engage à payer en l'acquit de l'apporteur.

Il en est ainsi alors même que l'adjudication prononcée au profit de ce dernier aurait été annulée, antérieurement à l'apport, par un arrêté de conseil de préfecture, dès lors que, postérieurement, cet arrêté a été réformé par le Conseil d'Etat et l'adjudicataire maintenu dans ses droits primitifs (Cass. req., 27 déc. 1898) (2).

20 bis. (179-5). Marchandises. —Il arrive fréquemment que l'apport pur et simple d'un fonds de commerce est accompagné de l'apport à titre onéreux de marchandises, dissimulé sous forme de cession distincte. — V. *supra, Fonds de commerce,* n° 19.

21. (180-2). Apport. Frais de travaux et dépenses. Remboursement. Obligation et quittance. — Lorsque le fondateur d'une société stipule, comme condition de son apport, que la société lui remboursera le montant des frais de travaux et de dépenses faites par lui avant la constitution de la société et dans l'intérêt de sa formation, il est dû le droit d'obligation à 1 0/0 sur la partie des avances remboursables à terme, et le droit de quittance à 0 fr. 50 0/0 sur la partie de ces avances qui a été payée comptant (Lyon, 17 mai 1900 ; *R. P,* 9924).

22. (181-9). Fonds de commerce. Apport à titre onéreux. Marchés. Acte de commerce. Droit fixe. — Lorsqu'il a été fait apport à titre onéreux à une société d'un fonds de commerce qui comprend, indépendamment du matériel, des marchandises, du droit aux baux et monopoles, de la clientèle et de l'achalandage, le droit et l'obligation d'exécuter tous les traités et marchés en cours, ce dernier droit fait nécessairement partie intégrante du fonds de commerce dans lequel il se confondu.

En conséquence, le droit de mutation est dû, en exécution de l'art. 7 de la loi du 28 février 1872, sur l'ensemble du prix stipulé, sans qu'il y ait lieu de distinguer entre la fraction de ce prix qui serait afférente à la cession des traités et marchés et celle qui serait applicable à la transmission des autres éléments du fonds (Lyon, 23 mars 1899 ; *R. E.* 2028).

(1) Les actions privilégiées ou de priorité ont fait l'objet, dans le *Journal des Sociétés* (numéros de février et de mars 1899, art. 629 et 649), sous la signature de M. Houpin, d'une étude approfondie reproduite dans la *Revue de l'Enregistrement,* n° 1995. Nos lecteurs y trouveront de précieuses indications pour résoudre la question de savoir si l'apport effectué sous des conditions doit être considéré comme pur et simple ou à titre onéreux.
(2) Inst. 2986, § 5 ; S. et P. 99.1.147 ; D. 97.1.473 ; *R. E.* 1929 ; *J. E.* 25.566 ; *R. P.* 9465 ; *J. N.* 26.856 ; *Rev. prat.,* 4673.

23. (182 bis). Apport à titre onéreux. Simulation d'apport pur et simple. — Lorsqu'un immeuble grevé d'un passif hypothécaire est apporté à une société et que les apporteurs déclarent conserver ce passif à leur charge personnelle, l'Administration peut être admise à démontrer que cette obligation est inexacte et que le passif est, en réalité, mis à la charge de la société ; mais elle doit faire la preuve complète de la simulation pour rendre exigibles les droits de mutation dus pour la vente qu'elle prétend avoir été faite à la société (Seine, 2 avr. 1896 ; *R. E.* 1189 ; *J. E.* 24.992 ; *R. P.* 8760 ; *J. N.* 26.127).

Dans le même sens, le tribunal de la Seine a reconnu que, nonobstant la qualification d'apport pur et simple, donnée par les parties à un apport, le droit proportionnel de mutation est dû, s'il résulte des faits et circonstances de la cause que cet apport est fait, en réalité, à titre onéreux.

Il en est ainsi, notamment, lorsque l'apporteur a déclaré garder à sa charge le paiement des annuités d'emprunts hypothécaires grevant les immeubles apportés et se réserver, pour y faire face, sur les revenus desdits immeubles, la jouissance d'une somme égale au chiffre de la dette annuelle, lorsque la propriété entière de l'apport a passé sur la tête de la société et que celle-ci reste chargée du paiement de la dette réservée par l'apporteur en cas d'insuffisance des revenus y affectés ou d'insolvabilité de l'apporteur (Jug. 24 juill. 1896 ; *R. E.* 1305).

Jugé de même, dans une espèce où deux cabinets d'affaires ayant été apportés par leurs propriétaires respectifs dans une société formée entre eux à un capital déterminé, qui est déclaré appartenir pour moitié à chacun des associés, que le droit de mutation était exigible, dès lors qu'il résultait d'un rapport d'arbitre, du jugement du tribunal de commerce et d'une quittance, que l'un des associés avait payé à l'autre la moitié de la valeur du fonds apporté par ce dernier, sous déduction de la moitié de la valeur du fonds dont lui-même avait fait l'apport (Seine, 4 mars 1899 ; *J. E.* 25.683).

De même, lorsqu'un premier acte, seul soumis à l'enregistrement, exprime qu'une société est formée entre un associé en nom collectif, qui apporte un fonds de commerce pour 500.000 francs, et deux commanditaires qui apportent chacun 250.000 francs en numéraire et qu'un second acte, resté secret, stipule que l'associé en nom pourra retirer les fonds versés en commandite, sans avoir à en payer l'intérêt, et que les commanditaires lui paieront de plus, sur leurs premiers bénéfices, la moitié des marchandises en magasin et des loyers d'avance, il est suffisamment établi que l'associé en nom a cédé aux commanditaires la moitié du fonds moyennant 500.000 francs outre la moitié des marchandises et des baux en cours.

Le droit proportionnel de mutation est, en conséquence, exigible (Seine, 3 nov. 1900 ; *R. E.* 2820).

D'après un jugement du tribunal de Péronne, du 10 janvier 1896, la preuve de la simulation peut résulter de l'examen des livres de la société (V. *supra,* n° 18).

23 bis. (183). Apport de biens indivis. Passif dans des proportions égales. Droit de mutation. — La dispense du droit proportionnel de mutation, accordée aux apports en société par l'art. 68, § 3, n° 4, de la loi du 22 frimaire an VII, ne leur est acquise que si la situation active ou passive d'un ou de plusieurs associés ne se trouve pas, par l'effet de l'apport, modifiée à l'égard des autres associés ou de tierces personnes.

Une modification de cette nature se produit et, par suite, il y a mutation lorsque l'un ou quelques-uns des associés reçoivent, en retour de leurs apports, soit une

22

somme d'argent, soit tout autre avantage, comme la charge, acceptée par la société, de payer une dette qui leur est propre.

Mais lorsqu'il s'agit d'une société en nom collectif formée entre cohéritiers qui font conjointement apport de droits égaux dans la succession non liquidée de l'auteur commun et qui tous reçoivent une part sociale égale, la charge assumée par la société de payer les dettes qui grèvent l'apport n'introduit aucun changement réel dans la situation réciproque des associés quant au passif. Ceux-ci en restent tenus en leur qualité d'associés en nom collectif comme ils l'étaient avant l'association et dans les mêmes proportions.

Il suit de là que la société constituée dans ces conditions n'a eu ni pour but ni pour résultat de créer un avantage particulier au profit de l'un ou de l'autre des associés, non plus que de soustraire ces apports aux risques de l'entreprise. Cet acte ne donne pas lieu, en conséquence, au droit de mutation (C. cass., Belgique, 15 déc. 1898 ; R. E. 2787). Cet arrêt est conforme à la jurisprudence française sur la même question. — Voir T. A., 183.

23 ter. (182). **Dissimulation du caractère véritable d'un apport.** — Contrairement à l'opinion que nous avons émise au T. A., l'Administration admet que la fraude consistant à dissimuler un apport à titre onéreux, sous l'apparence d'un apport pur et simple, n'est punie d'aucune peine par la loi fiscale (Sol. 13 janv. 1894 ; R. E. 1217 ; J. E. 25.038 ; — Comp. Seine, 3 nov. 1900 ; R.E. 2820).

24. (194 bis). **Carrières. Redevances et fermages à la charge de la société. Droits de 0 fr. 20 et de 2 0/0.** — Lorsque des associés apportent à une société des carrières à exploiter ou en cours d'exploitation dans des terrains à eux concédés, et subrogent, en même temps, cette société dans toutes les obligations leur incombant par suite des conventions passées avec les propriétaires des terrains, l'apport donne ouverture au droit de 0 fr. 20 0/0 sur le montant des fermages à payer pour la jouissance des terrains, et au droit de 2 0/0 sur le total des redevances applicables à l'exploitation même des carrières (Laon, 24 mars 1896 ; R. P. 8997).

25. (194 ter). **Concessions d'eaux thermales. Droit au bail. Tarif de 2 0/0.** — Lorsque le concessionnaire, à titre de bail, de sources thermales apporte à une société chargée de payer les loyers à échoir, son droit au bail, le matériel d'exploitation et divers objets mobiliers, et reçoit, en échange, des actions et une somme d'argent, le droit de 2 0/0 est exigible à l'exclusion du droit de 0 fr. 20 0/0, sur la portion de la somme qui, d'après la déclaration des parties, représente le prix du droit au bail (Pontoise, 6 déc. 1899 ; R. P. 9806).

26. (196). **Fonds de commerce. Apport en société.** — V. Fonds de commerce.

27. (197). **Biens de nature diverse apportés pour partie purement et simplement, et pour partie à titre onéreux. Défaut d'évaluation article par article des objets mobiliers et absence de stipulation dans le contrat de société du prix afférent à ces objets. Droit de mutation exigible au taux immobilier.** — Si l'art. 68 de la loi du 22 frimaire an VII ne soumet qu'à un droit fixe les actes de société (droit fixé à 0 fr. 20 0/0 par l'art. 19, L. 28 avr. 1893), c'est à la condition qu'ils ne contiennent pas transmission de biens meubles ou immeubles. Lorsque l'apport en société n'est pas fait purement et simplement moyennant une part de droits sociaux, mais moyennant un équivalent à fournir ou à payer par la société, il y a transmission de biens par un

associé à la société dont il fait partie et, dès lors, le droit de mutation à titre onéreux est exigible.

Spécialement, quand il résulte des statuts sociaux qu'un associé a fait apport, d'une part, d'immeubles et d'un matériel industriel pour une valeur de 200.000 fr. entièrement libérée, et, d'autre part, de marchandises évaluées à la somme de 193.790 fr., à charge par la société de payer à l'apporteur, ou en son acquit, une somme équivalente, un tel apport constitue, jusqu'à concurrence de cette dernière somme, une transmission à titre onéreux passible du droit de mutation.

D'après l'art. 9 de la loi du 22 frimaire an VII, le droit d'enregistrement d'un acte translatif de meubles et d'immeubles doit être perçu sur la totalité du prix au taux réglé pour les immeubles, à moins qu'il ne soit stipulé un prix particulier pour les objets mobiliers, et qu'ils ne soient désignés et estimés, article par article, dans le contrat. Cette disposition, dont les termes sont absolus et ne comportent aucune distinction, s'applique notamment au cas d'un apport en société de meubles et d'immeubles, présentant pour partie le caractère d'une transmission à titre onéreux, si, dans le pacte social lui-même, il n'a pas été stipulé de prix spécial pour les meubles, et si ces objets n'ont pas été évalués article par article (Cass. civ., 15 janv. 1896) (1).

ART. 2. — BAIL.

28. (203-1-A et 204). **Société. Usine et matériel industriel. Apport de jouissance. Compte de dépréciation. Droit de mutation.** — Nous avons fait remarquer, au T. A., que, si le droit proportionnel de bail est incontestablement dû quand un associé fait l'apport d'un immeuble dont le loyer doit lui être payé, il est souvent difficile d'apprécier si l'associé a entendu louer sa chose à la société ou en transmettre la jouissance à titre d'apport.

Dans cet ordre d'idées, il a été jugé que, lorsqu'un établissement industriel exploité par une société est la propriété personnelle de l'un des associés et qu'il est stipulé, dans les statuts, qu'un compte spécial sera ouvert à cet associé pour être crédité de la valeur en capital de l'usine ainsi que des dépenses d'amélioration et débité, pour dépréciation, d'une somme de 4 0/0 en raison des intérêts, une telle clause n'emporte pas mutation à titre onéreux, même partielle, de l'usine au profit de la société (Lille, 31 déc. 1897 ; R. E. 1722 ; R. P. 9345).

§ 5. — Dispositions indépendantes.

29. (206). **Marché. Apport onéreux.** — Lorsque, dans un contrat de société relatif à l'exploitation d'une imprimerie, la société se substitue à l'un des associés pour l'exécution des obligations prises envers un tiers, en vertu d'un traité ayant pour objet la direction de l'imprimerie, cet engagement pris par la société de décharger l'associé de ses obligations et de les exécuter en son lieu et place, donne à la convention le caractère d'une transmission s'ajoutant au contrat de société; la charge prise par la société forme le prix de cette cession et le droit de 1 0/0 est dû sur l'importance de cette charge (Valenciennes, 10 mars 1897 ; R. P. 9347).

30. (210). **Impôt sur le revenu. Société anonyme. Administrateur. Attribution d'une part sur les bénéfices. Louage d'industrie.** — V. Impôt sur le revenu.

31. (219). **Apport d'une créance. Intervention du**

(1) Inst. 2910, § 2 ; D. 96.1.539 ; R. E. 1093 ; J. E. 24.750 ; R. P. 8705 ; J. N. 26.150 ; Rev. not., 9750 ; Rev. prat., 4152.

débiteur. Reconnaissance de dette. Droit de 1 fr. 0/0.
— Lorsque dans un acte de formation de société, il est fait apport pur et simple, par l'un des associés, d'une créance sur un tiers, et que celui-ci intervient à l'acte afin de s'entendre avec la société nouvelle au sujet du mode de paiement de la dette, cette intervention constitue une reconnaissance formelle qui donne ouverture au droit d'obligation de 1 fr. 0/0 (Seine, 12 mars 1898 ; R. E. 1798 ; J. E. 25.555 ; R. P. 9372).

32. (220). **Apport à la charge par la société de payer une créance à un tiers. Délégation de prix, Droit de 1 fr. 0/0.** — Lorsqu'un apport de biens immeubles est fait à une société à la charge de payer à un tiers le prix encore dû de ces immeubles, cette clause constitue une délégation de prix d'apport à titre onéreux et donne ouverture au droit de 1 fr. 0/0, dès lors que le titre constitutif de la créance du délégataire n'a pas été enregistré (Seine, 21 janv. 1899 ; R. E. 1985 ; R. P. 9571).

33. (222 et 225-4). **Apports inégaux. Stipulation de partage égal du patrimoine social. Mutation.** — Lorsque deux personnes forment entre elles une société en nom collectif pour l'exploitation d'une usine apportée, pour deux tiers, par l'un des associés et, pour un tiers, par l'autre, et qu'il est stipulé que, nonobstant l'inégalité de ces apports, le partage du patrimoine social aura lieu par parts égales, cette clause ne constitue, ni une vente actuelle entre associés d'une part de biens indivis, ni même une cession de droits sociaux (St-Etienne, 8 mai 1897 ; R. E. 1693 ; R. P. 9433).

Cette décision, qui est, du reste, conforme à la doctrine enseignée au *T. A.*, doit être approuvée.

D'une part, en effet, la circonstance que la répartition des bénéfices n'est pas proportionnelle à l'importance des apports est insuffisante pour caractériser une donation ; d'autre part, il se peut qu'à la dissolution de la société, chacun reprenne son apport originaire, l'importance des acquêts permettant d'égaliser les parts au moyen des bénéfices.

Il n'y a donc pas donation, même sous condition suspensive, et s'il y a, dans la clause litigieuse, une mutation à titre onéreux, elle est purement éventuelle.

34. (232). **Mutation. Retraite d'un associé. Dissolution. Apport par les autres associés à une société nouvelle. Droit en sus.** — Lorsqu'un associé qui figure dans l'acte primitif de société comme apporteur d'une part indivise d'immeubles et d'un fonds de commerce n'est plus au nombre des associés au jour de la transformation entraînant création d'un nouvel être moral et que, d'autre part, la société est toujours propriétaire de la totalité du fonds de commerce et des immeubles, il résulte de ce fait la preuve qu'une mutation de propriété, portant sur ladite portion indivise de ces valeurs s'est effectuée de l'apporteur aux autres associés.

Les parties ne peuvent arguer, en l'espèce, de l'existence d'une prétendue liquidation de la société anonyme transformée depuis en société en commandite.

Le droit proportionnel est dû, non par la société nouvelle, qui est restée étrangère à la mutation, mais par les membres de l'ancienne société pris individuellement.

La mutation établie par le rapprochement d'actes soumis dans le délai légal à la formalité, tels que actes de formation et de transformation de société, transferts, extraits de délibérations d'assemblées générales, les parties passibles d'un droit en sus (Seine, 21 mai 1898 ; R. E. 1831 ; J. E. 25.539 ; R. P. 9402 ; J. N. 25.956).

On peut, en ce qui concerne les droits en sus, contester l'exactitude de cette décision.

La pénalité est encourue, lorsque les parties n'ont pas présenté à la formalité, dans le délai légal, l'acte constituant le titre de la mutation ; ou n'ont point souscrit, à défaut d'acte, une déclaration dans le même délai. Or, au cas particulier, les actes présentés au receveur ne constituaient pas le titre même de la mutation, mais seulement des commencements de preuve par écrit de nature à en établir l'existence.

Le fait que l'Administration a été mise à même de connaître la mutation, suffit, à la rigueur, pour faire courir le délai de la prescription biennale en ce qui concerne le droit en sus ; mais nous pensons qu'il ne peut avoir aucune influence sur l'exigibilité même de ce droit.

35. (237-2). **Commandite productive d'intérêts. Remboursement.** — V. *suprà*, n° 19.

SECT. II. — CESSIONS D'ACTIONS.

§ 1er. — *Cessions pures et simples.*

36. (247 *ter*). **Société. Dissolution. Prétendue liquidation. Cession de part. Tarif.** — Lorsqu'une société formée entre deux personnes est dissoute par l'expiration du temps pour lequel elle avait été constituée et que, dans l'acte dressé pour constater cette dissolution, l'un des associés est chargé de la liquidation et que l'autre cède tous ses droits à un tiers, cette cession a pour objet, non une part sociale, mais des droits indivis dans les biens de diverse nature composant le fonds social, alors surtout que, par un second acte passé le lendemain de la dissolution, l'associé liquidateur et le cessionnaire forment une nouvelle société où celui-ci apporte tous les droits acquis par lui de l'autre associé.

Le tarif à appliquer à la cession est, en pareil cas, celui de 2 0/0 si les droits cédés ont pour objet une portion indivise d'un fonds de commerce et non celui de 0 fr. 50,0/0 spécial aux cessions de parts d'intérêts dans les sociétés (Seine, 6 avr. 1895 ; R. E. 1097).

Ce jugement consacre la règle enseignée au *T. A.*

Mais, dans une espèce où la cession, par un associé commanditaire, de ses droits dans une société en voie de transformation était concomitante à la formation de la nouvelle société, le tribunal de Valenciennes a décidé qu'il y avait cession de part sociale, et non vente de biens en nature (Jug. 29 avr. 1898 ; R. E. 1799).

37. (248 C-3). **Cession facultative en cas de décès. Dissolution. Enregistrement de l'acte de cession. Droits supplémentaires. Prescription biennale.** — V. *Prescription.*

§ 2. — *Cessions conditionnelles.*

38. (262). **Cession obligatoire de part. Décès. Réalisation de l'événement. Droits de cession.** — Lorsqu'un acte de société porte que, dans le cas du prédécès d'un des associés, ses héritiers ne pourront prétendre qu'au remboursement de ses droits sociaux, sur le pied du dernier inventaire, la société continuant entre les survivants, cette clause constitue une cession éventuelle de part sociale qui se réalise obligatoirement à l'événement prévu et donne alors ouverture au droit proportionnel de cession de part sociale.

Si les survivants admettent dans la société le fils de l'associé prédécédé, aux lieu et place de celui-ci, ce ne peut être qu'en vertu d'une nouvelle cession consentie par eux et qui rend exigible un nouveau droit proportionnel (Seine, 30 oct. 1896 ; R. E. 1286 ; R. P. 9016).

39. (262-b). **Cession obligatoire de part. Condition suspensive. Héritiers de l'associé prédécédé seuls cessionnaires. Droit de mutation à titre onéreux non exigible.** — Lorsque les statuts d'une société portent que, au décès d'un associé, la société continuera entre les autres, à charge par ceux-ci de payer aux héritiers du prédécédé la valeur en argent de la part de ce dernier, cette clause constitue une cession obligatoire de part sociale qui donne, en règle générale, ouverture, lorsqu'elle se réalise, au droit de mutation à titre onéreux de 0 fr. 50 0/0 sur la valeur de la part transmise.

Mais il y a exception à cette règle et le droit de 0 fr. 50 0/0 n'est pas exigible, si les associés survivants sont précisément les seuls héritiers du prédécédé (Sol. 9 avr. 1897 ; R. E. 1692 ; J. E. 25.259 ; R. P. 9026 ; J. N. 98.521).

Un jugement du tribunal de la Seine du 6 juillet 1894 (R. E. 1500 ; J. E. 24.534 ; R. P. 8430) avait déjà statué dans le même sens pour le cas où il ne reste qu'un associé survivant qui est l'unique héritier du prédécédé. La décision ne pouvait évidemment être différente dans le cas où il y a plusieurs associés survivants qui sont les seuls héritiers du prédécédé. Dans une hypothèse comme dans l'autre, il ne peut y avoir vente, par ce motif que les qualités d'acheteurs et de vendeurs se réunissent sur la même tête.

Nous approuvons donc pleinement la solution du 9 avril 1897.

Mais nous devons faire remarquer à nos lecteurs que l'Administration, qui n'a pas admis sans réserve la doctrine du jugement de la Seine du 6 juillet 1894, paraît encore hésitante ; car elle a fait décider, par le tribunal de Lille, que le droit de 0 fr. 50 0/0 est exigible même au cas où les associés survivants au profit desquels la mutation s'est accomplie, sont en même temps les seuls héritiers de l'associé prédécédé (Jug. 1er avr. 1898 ; R. E. 1754).

Pour nous, nous estimons que ce système se condamne lui-même par ses conséquences. Soutenir que la cession obligatoire, aux associés survivants, de la part du prédécédé, a été stipulée même pour le cas où les survivants se trouveraient être les seuls héritiers du prédécédé, c'est supposer que les survivants se sont consenti une vente à eux-mêmes ; or, il est bien évident qu'une telle convention ne peut pas être dans l'intention des parties contractantes.

La règle admise par la solution du 9 avril 1897 est la seule qui soit logique.

40. (263). **Société dissoute. Part sociale. Droit de mutation par décès.** — Lorsqu'il est stipulé, dans l'acte constitutif d'une société passé entre deux personnes, que le prédécès de l'un des associés au cours de la société entraînera la dissolution de la société de plein droit si le survivant manifeste la volonté de continuer seul l'exploitation des affaires sociales à charge de payer aux héritiers du prédécédé la valeur de la part de celui-ci, le droit de mutation par décès doit être assis sur la valeur brute des biens composant cette part. Il en serait autrement et le droit de mutation ne serait dû que sur la valeur nette de la part sociale, considérée dans tous les cas comme un bien meuble, s'il était procédé à la liquidation de la société entre le survivant et les héritiers du prédécédé (Sol. 13 août 1895 ; R. E. 1045 ; J. E. 25.012 ; R. P. 8791).

Cette règle de perception doit se combiner avec l'art. 3 de la loi du 25 février 1901 qui a autorisé la déduction des dettes pour la liquidation et le payement du droit de mutation par décès. — V. *Succession*.

41. (267-B). **Société. Cession de part facultative. Prédécès de l'un des deux associés. Réalisation de** la promesse de vente. **Droit de cession de part sociale. Droit de mutation. Prescription.** — Lorsque, dans l'acte constitutif d'une société en nom collectif formée entre deux personnes, il est convenu que, au cas de prédécès de l'un des associés au cours de la société, le survivant aura le droit de conserver tout l'actif social en payant aux héritiers du prédécédé la valeur de la part de celui-ci, sur le pied du dernier inventaire, et que, lors de l'événement prévu, l'associé survivant opte pour la conservation de toutes les valeurs sociales, cette option, dûment constatée, a pour effet de rendre définitive la cession conditionnelle résultant du contrat de société, et exigible le droit de mutation resté en suspens jusqu'à l'événement de la condition.

La cession mettant fin, à l'instant même où elle a lieu, à toute liquidation commencée et rendant inutile toute liquidation postérieure, l'être moral cesse d'exister avec la société, de telle sorte que c'est la propriété même des biens composant le fonds social qui se trouve directement acquise par le cessionnaire.

Dans ces conditions, la mutation constitue, non point une cession d'action soumise au droit de 0 fr. 50 0/0, mais une transmission à titre onéreux de la part de l'associé prédécédé dans les biens et valeurs qui avaient appartenu à la société dissoute. Cette transmission donne, en conséquence, ouverture à l'impôt *sur le prix augmenté des charges et eu égard à la nature des biens vendus.*

Si l'associé survivant signifie, par acte extrajudiciaire, aux héritiers du prédécédé son intention de réaliser la promesse de vente consentie en sa faveur par son associé, l'enregistrement de cet exploit au droit fixe de 3 fr. fait courir la prescription biennale du droit proportionnel contre l'Administration.

Mais cette prescription se trouve interrompue par le payement du droit de mutation, fait sans protestation ni réserve, avant l'expiration du délai de deux ans, lors de l'enregistrement d'un acte confirmant l'acte d'option (Cass. req., 21 avr. 1898) (1).

42. (269-B-1 et 286). **Société entre deux personnes. Décès de l'une d'elles. Acquisition de sa part par le survivant. Fin de la liquidation. Droit de mutation à titre onéreux. Tarif.** — Lorsqu'une société formée entre deux personnes est dissoute par la mort de l'une d'elles, l'être moral subsiste pendant toute la durée de la période de liquidation qui s'est ouverte au décès. Mais la liquidation est définitivement close par la cession de tous les droits sociaux du prédécédé consenti par les ayants cause de celui-ci au profit du survivant.

Cette cession est passible, en conséquence, non du droit de 0 fr. 50 0/0 qui frappe les transmissions de parts dans une société, mais du droit de 1 0/0, 2 0/0, 4 0/0 afférent aux cessions de parts et portions indivises de créances, de biens meubles, fonds de commerce et immeubles qui s'opèrent par voie de licitation (Cass. civ., 23 fév. 1898) (2).

Cet arrêt tranche, de façon catégorique, une question qui avait laissé jusqu'ici place à quelques doutes, celle de savoir si la période de liquidation d'une société dissoute ne peut pas, dans certaines circonstances, se prolonger au delà de l'époque où tous les droits sociaux

(1) Inst. 2967, § 7 ; S. et P. 99.1.52 ; D. 98.1.449 ; R. E. 1735 ; J. E. 25.399 ; R. P. 9278 ; J. N. 26.660 ; J. Not., 99.53 Rev. prat., 4624 ; — Grasse, 13 juill. 1898 ; R. P. 9575 ; — Conf Bayeux, 1er déc. 1899 ; J. E. 25.957.

(2) Inst. 2967, § 2 ; Bull., 1898, no 44, p. 60 ; S. et P. 98.1.293 R. E. 1650 ; J. E. 25.349 ; R. P. 9251 ; J. N. 26.660 ; J. Not. 99.53 ; Rev. prat., 4623.

se sont réunis sur la tête d'un associé unique. La Cour pose en principe que jamais ce résultat ne peut se produire, quelles que soient les circonstances : si la société ne comprend que deux membres et que l'un d'eux cède à l'autre tous ses droits, l'être moral s'évanouit *ipso facto*, et la période de liquidation ne s'ouvre même pas ; si une telle cession a lieu au cours de la liquidation, celle-ci se trouve close par là même immédiatement et la personne morale que formait encore la société en liquidation se confond et s'absorbe en la personnalité du seul associé subsistant.

Deux autres arrêts du 14 juin 1898 sont venus confirmer cette jurisprudence (1).

43. (270-A et B-1). **Cession conditionnelle de part. Décès d'un associé. Réalisation de la condition. Prix fixé par le dernier inventaire. Défaut de production de ce document. Droits arbitrés d'office.** — Lorsqu'il est stipulé, dans un acte de société, qu'au cas de décès de l'un des associés, la société continuera entre les survivants et que les droits des héritiers du prédécédé leur seront réglés sur le pied de l'inventaire qui suivra le décès, la réalisation de cet événement donne ouverture au droit de 0 fr. 50 0/0 pour cession de part sociale, sur le prix payé aux héritiers du prédécédé, à l'exclusion, toutefois, du solde créditeur du compte courant du prédécédé.

A défaut de production de l'inventaire social servant à déterminer ce prix, l'Administration est autorisée à arbitrer d'office les droits à réclamer (Seine, 5 mars 1898 ; R. E. 1868).

La jurisprudence est constante (2).

SECT. III. — DISSOLUTION DE SOCIÉTÉ.

§ 1er. — *Retraite d'un associé.*

44. (278-G-2). **Retraite d'un associé. Dissolution. Lotissement. Droit de partage.** — Lorsqu'un des membres d'une société en nom collectif se retire et que la société, dissoute par cette retraite, se reconstitue entre les membres restants, l'attribution d'un acquêt social faite au membre sortant donne ouverture au droit de partage de 0 fr. 15 0/0 sur la valeur de cet acquêt et sur celle du surplus de la masse indivise (Sol. 24 juill. 1895 ; R. E. 1690).

45. (286). **Fusion de deux sociétés. Prétendue liquidation de la société absorbée par la société absorbante.** — V. *suprà*, n° 16.

§ 2. — *Cessions d'actions et ventes de biens.*

46. (294). **Dissolution. Cession de part facultative. Réalisation. Tarif.** — Les actions ou parts d'intérêt dans les sociétés ne conservent le caractère mobilier qui leur est attribué par l'art. 529, C. civ., que pendant la durée de la

société. Lorsque l'être moral a disparu par l'effet de la dissolution, chaque associé devient propriétaire exclusif de sa part dans les biens sociaux et son droit, s'appliquant alors directement à ces biens, devient mobilier ou immobilier suivant leur nature : la cession qu'il consent alors de sa part est passible du droit de mutation d'après la nature des biens cédés.

En conséquence, lorsqu'il est stipulé, dans une société en nom collectif formée entre trois personnes, que, si l'un des associés vient à décéder, la société sera dissoute de plein droit et que les survivants pourront acquérir la part du prédécédé sur le pied du dernier inventaire, la réalisation de cet événement et de la cession prévue rend exigible le droit de mutation sur la part du prédécédé dans les biens sociaux d'après la nature de ces biens (Cass. civ., 3 janv. 1900) (1).

La jurisprudence est constante (2).

47. (299). **Cession conditionnelle. Réalisation. Prix. Imputation. Instruction n° 342. Liquidation du droit de mutation.** — Lorsqu'un acte de société porte : 1° qu'au décès de l'un des deux associés la société sera dissoute de plein droit ; 2° que l'associé survivant aura la faculté de se rendre acquéreur de la part du prédécédé sur le pied du dernier inventaire, et que cette double hypothèse se réalise, le droit de mutation à percevoir sur la cession à l'associé survivant, d'après la nature des biens sociaux, se liquide sur le prix, *proportionnellement à l'importance respective de chaque nature de biens*, et non en imputant le prix, d'abord sur les biens sujets au tarif le moins élevé, et ainsi de suite en remontant l'échelle du tarif, comme en matière de soulte de partage (Sol. 8 juill. 1896 ; R. E. 1253 ; — Conf. Bayeux, 1er déc. 1899 ; J. E. 25.957).

Au sujet de la non-application de l'Inst. 342, nous renvoyons le lecteur à ce que nous avons dit V° *Partage-licitation.*

48. (302-B et D). **Société en commandite simple. Immeubles apportés par les associés en nom. Amélioration au cours de la société. Plus-value. Licitation. Associés en nom adjudicataires conjoints et indivis. Droit de transcription.** — L'acte par lequel, à la dissolution d'une société en commandite simple, deux associés en nom sont déclarés conjointement et indivisément adjudicataires de biens apportés par eux moyennant un prix supérieur à la valeur initiale attribuée à l'apport, ne donne pas ouverture au droit de mutation sur la part revenant aux autres associés dans la plus-value provenant de constructions effectuées par la société, mais seulement au droit d'indemnité de 0 fr. 50 0/0.

Le droit de transcription n'est pas exigible sur cet acte, alors même qu'il laisse subsister l'indivision entre les acquéreurs conjoints (Villefranche, 5 avr. 1901 ; R. E. 2720).

Ce jugement nous paraît renfermer une double erreur.

D'une part, il y avait à distinguer les constructions faites par la société et la plus-value spontanée acquise par les biens sociaux. En ce qui concerne les constructions, il ne semble pas possible d'exempter du droit proportionnel la fraction du prix représentant les portions acquises par les adjudicataires.

D'autre part, puisque l'indivision ne cessait pas et que la licitation n'était pas accompagnée d'un partage comme dans l'affaire qui a donné lieu à l'arrêt du 12 mars 1900

(1) Inst. 2967, § 2 ; Bull., 1898, n° 109, p. 160 ; S. et P. 98.1. 468 ; R. E. 1769 ; J. E. 25.420 ; R. P. 9296 ; J. N. 26.660 ; J. Not., 99.53 ; Rev. prat., 4623.

(2) V. sur le premier point : Cass. req., 18 avr. et 8 juin 1859 ; Inst. 2160, § 6 ; S. 59.1.502 et 505 ; — Civ., 9 mai 1864 ; Inst. 2402, § 1 ; S. 64.1.239 ; — Req., 7 fév. et 5 déc. 1866 ; Inst. 2348, § 3, et 2356, § 4 ; S. 66.1.263 et 67.1.87 ; — Civ., 19 mai 1868 ; S. 68.1.345 ; D. 68.1.305 ; P. 68.905 ; — 27 juill. 1870 ; S. 70.1.401 ; D. 70.1.413 ; P. 70.1033 ; — 4 déc. 1871 ; Inst. 2447, § 2 ; S. 71.1.245 ; D. 71.1.339' ;

Sur le second point : Cass. req., 5 déc. 1866, précité ; — 30 déc. 1884 ; Inst. 2716, § 4 ; S. 85.1.387 ; D. 85.1.259 ; P. 85. 934 ; — 22 juin 1885 ; Inst. 2718, § 6 ; S. 86.1.229.

(1) Inst. 3015, § 1 ; S. et P. 1900.1.417 ; D. 1901.1.98 ; R. E. 2282 ; J. E. 25.827 ; R. P. 9726.

(2) Voir notamment : Cass. civ., 11 janv. 1875 ; S. 75.1.179 ; D. 75.1.146 ; — 1er mars 1875 ; S. 75.1.278 ; D. 75.1.369 ; — Req., 16 août 1875 ; S. 76.1.37 ; — 24 mai 1892 ; S. 92.1.469 ; D. 93.1.95 ; R. E. 151.

(*Châtelain*, R. E. 2352), l'acte était évidemment de nature à être transcrit pour parvenir à la purge des hypothèques inscrites du chef des colicitants vendeurs.

49. (303-A). **Apport conjoint d'un immeuble indivis. Dissolution. Acquisition par un seul associé de l'immeuble apporté. Prix inférieur à la valeur au jour de l'apport. Droit de mutation dû sur cette dernière valeur.** — Lorsqu'un immeuble est apporté en société par plusieurs propriétaires indivis qui y sont fondés dans des proportions égales et que, après la dissolution, l'un d'eux s'en rend acquéreur moyennant un prix inférieur à la valeur de l'immeuble au jour de la mise en société, c'est sur cette dernière valeur, et non sur le prix stipulé, que le droit de mutation doit être liquidé (1).

Ces décisions n'ont pas mis fin à la controverse que nous avons signalée au *T. A.*, sur le point de savoir si le droit de vente doit être assis sur la valeur des apports au moment de l'attribution, ou bien à l'époque de la mise en société.

Pour nous, nous persistons à penser que, pour déterminer le tarif à appliquer et la valeur imposable de l'objet transmis, la mutation doit être placée *à sa date*, alors même qu'elle a lieu sous forme de partage, et non à celle de la constitution de la société (Voir en ce sens R. E. 2029, observations, et *Journ. des sociétés*, art. 804, année 1900, p. 49 et suiv.).

50. (303-B). **Apport. Attribution en fin de société à un associé autre que l'apporteur. Adjudication. Prix. Assiette du droit proportionnel.** — Conformément à la doctrine enseignée au *T. A.*, le jugement du tribunal de Trévoux, rapporté au numéro précédent, a reconnu que, du moment où l'adjudication d'un apport à un associé autre que son auteur, constitue une véritable vente, il y a lieu, si l'apport comprend des meubles et des immeubles, de percevoir le droit au taux réglé pour les immeubles, à moins qu'il n'ait été stipulé un prix particulier pour les objets mobiliers et qu'ils n'aient été désignés et estimés article par article dans le contrat.

51. (308-C et D). **Attribution d'un apport à un autre que l'apporteur. Réalisation. Acte soumis à l'enregistrement. Droits simples et en sus. Prescription.** — V. *Prescription.*

§ 3. — *Partage de la société.*

52. (311-C). **Société en nom collectif. Transformation en société en commandite simple. Survie de l'être moral. Retrait partiel d'apports. Droit de partage.** — Lorsqu'une société en nom collectif se transforme en société en commandite simple par la substitution à un des associés primitifs d'un commanditaire, cette modification, alors même qu'elle serait accompagnée d'une réduction du capital et qu'elle n'aurait pas été expressément prévue par les statuts, n'a pas pour effet de substituer une nouvelle société à l'ancienne, si les statuts prévoient, d'ailleurs, pour certains cas déterminés autres que celui qui s'est produit, une transformation analogue. L'acte qui la constate ne donne, en conséquence, ouverture au droit de 0 fr. 20 que sur l'apport de l'associé nouveau.

Mais le droit de partage de 0 fr. 15 0/0 est exigible sur le remboursement d'apport fait à l'associé qui se retire (Seine, 1er juill. 1899 ; R. E. 2193).

(1) Arras, 17 mars 1897 ; R.E. 1499 ; — Conf. St-Affrique, 2 nov. 1893 ; J. E. 24.267 ; — Seine, 29 oct. 1897 ; R. P. 9193 ; — 20 avr. 1901 ; R.E. 2719 ; — *Contrà*, Trévoux, 17 janv. 1899 ; R. E. 2029.

52 *bis.* (311-D). **Apport attribué à l'apporteur. Droit de transcription.** — V. *infrà*, n° 62.

53. (313-C). **Partage. Apport attribué à un autre qu'à l'apporteur. Fonds de commerce. Propriété apparente. Clientèle non mentionnée. Éléments remplacés. Marchandises et matériel. Ventilation.** — De ce que l'apport pur et simple en société implique une mutation conditionnelle soumise à l'événement du partage, il résulte que, si le partage attribue à un associé un corps certain apporté par un autre associé, la condition suspensive se réalise dans le sens d'une mutation définitive et le droit proportionnel de mutation est dû rétroactivement sur la valeur au jour de l'apport en société du bien ainsi transmis d'une tête sur une autre. Cette règle est applicable à un fonds de commerce attribué à un associé autre que celui qui en avait fait l'apport.

Pour échapper à l'impôt, les parties ne sont pas fondées à prétendre que l'attributaire avait contribué par son industrie à la formation de la clientèle, s'il résulte des documents versés au débat qu'il n'y a jamais eu, entre l'ancien et le nouveau possesseur, qu'un contrat de louage de services, avec participation aux bénéfices, entre patron et voyageur.

Il importe peu également que les marchandises apportées par l'ancien possesseur du fonds, lors de la constitution de la société, aient été aliénées et que le matériel ait disparu, ces éléments ayant été remplacés par d'autres qui perpétuent l'existence du fonds de commerce, malgré les modifications qu'il peut subir.

Mais les parties sont admises à passer une déclaration distincte de la valeur du matériel et des marchandises apportés en société et évalués en bloc au moment de l'apport (Lille, 28 juin 1900 ; R. E. 2500).

Telle est également la doctrine adoptée par le tribunal de la Seine (Jug. 18 janv. 1901 ; R. E. 2643). Toutefois, ce jugement fait une distinction entre la clientèle et les marchandises. S'il admet que la rétroactivité s'opère en ce qui concerne la clientèle, il se refuse à reconnaître l'exigibilité du droit proportionnel sur la valeur des marchandises qui, au moment de l'attribution par voie de vente, ont disparu. Le droit n'est dû que sur les marchandises existant au jour de la dissolution.

Dans le même sens, le tribunal de Trévoux a reconnu, par le jugement du 17 janvier 1899 (V. *suprà*, n° 49), qu'il y a lieu de considérer comme une cession conditionnelle de fonds de commerce l'obligation imposée par les statuts à celui des associés qui deviendra adjudicataire du fonds de commerce apporté par un autre à la société, de reprendre les approvisionnements et marchandises qui en dépendent, par prix d'un inventaire à dresser avant l'adjudication. Les parties sont tenues, en conséquence, dans les délais et sous les peines établies par l'art. 8 de la loi du 28 février 1872, de présenter au bureau de l'enregistrement l'acte, ou à défaut d'acte, une déclaration de réalisation de la cession, ainsi que l'inventaire, et d'acquitter les droits exigibles.

54. (314). **Dissolution de société. Licitation. Immeubles apportés. Acquêts. Indivision ne cessant pas. Droit de transcription.** — Lorsque, après la dissolution d'une société en nom collectif, l'un des associés, qui était marié sous le régime de la communauté au jour de la formation de la société, se rend adjudicataire conjointement avec ses enfants — héritiers de leur mère décédée au cours de la société — de tous les immeubles sociaux comprenant tant ceux apportés par l'associé colicitant, par sa femme commune et par ses coassociés que ceux acquis pendant la durée de la société, le droit de mutation à 4 0/0 est dû sur la totalité des immeubles apportés en société par d'autres que les colicitants et sur la part des acquêts excédant leurs droits.

La licitation est passible, de plus, du droit de transcription de 1 fr. 50 0/0 sur la totalité du prix, par application du principe de l'indivisibilité du droit de transcription (Nancy, 29 oct. 1900 ; R. E. 2558).

55. (315, 326 et 330). **Liquidation. Partage prétendu pur et simple. Licitation. Soulte. Imputation la plus favorable aux parties. Instruction n° 342. Attribution d'apport à un associé autre que l'apporteur. Instruction n° 342 non applicable. Marchandises. Etat détaillé.** — Lorsque l'acte de liquidation d'une société en nom collectif attribue à l'un des deux associés la totalité du fonds de commerce, apporté pour moitié par chacun d'eux, charge cet attributaire seul du recouvrement à forfait des créances, sans obligation de rendre compte et avec faculté de désintéresser immédiatement son coassocié du montant de ses droits au moyen d'une somme convenue, et qu'enfin ce coassocié est rempli de ses droits par l'attribution d'une somme à prendre sur le numéraire et les créances, sans indication spéciale et privative de ces dernières valeurs, cette convention constitue non un partage, mais une licitation à forfait de la part du cédant dans les différentes valeurs composant l'actif social.

La perception des droits de mutation sur ces valeurs doit être opérée de la manière la plus favorable aux parties, conformément aux règles d'imputation tracées par l'Inst. n° 342.

Mais la mutation de la moitié du fonds de commerce apportée en société par l'un des associés et attribuée à l'autre remonte rétroactivement au jour même de la mise en société. Elle doit, dès lors, supporter intégralement le droit proportionnel de 2 0/0, sans que les règles de l'Inst. n° 342 puissent s'y opposer.

La cession de marchandises neuves non désignées ni estimées article par article ne peut bénéficier du tarif réduit de 0 fr. 50 0/0 (Montauban, 12 août 1898 ; R.E. 1987 ; R. P. 9550).

Sur le second point, relatif au mode d'imputation du prix, ce jugement confirme la règle que nous avons enseignée au T. A. (Conf. Vassy, 10 août 1898 ; R. E. 1869 ; R. P. 9552) ; mais il est contraire à la théorie soutenue par l'Administration (V. suprà, n° 49), et au jugement d'Abbeville du 25 juin 1901 (R. E. 2800) analysé suprà, V° Partage-licitation, n° 3.

Sur le troisième point, voir nos observations, suprà, n° 49.

56. (315 bis). **Partage. Attribution de l'apport à un autre que l'apporteur. Droit de mutation. Liquidation du droit de 0 fr. 15 0/0 sur le surplus de la masse partagée.** — Lorsque, à la dissolution de la société, les opérations de licitation et partage comportent l'attribution à l'un des associés d'un apport effectué par un autre, le droit de mutation est dû sur cette attribution, à l'exclusion du droit de partage de 0 fr. 15 0/0 qui ne peut être perçu que sur les autres valeurs partagées (Sol. 24 juill. 1895, suprà, n° 44 ; et 4 janv. 1897 ; R.E. 1691).

Supposons, par exemple, que Primus forme avec Secundus et Tertius une société en nom collectif à laquelle il apporte la moitié, évaluée 25.000 fr., d'un établissement industriel. Lors de sa retraite qui a pour effet de dissoudre la société, on lui attribue, non son apport, mais un autre établissement industriel de valeur égale, acquis par la société.

Il est dû :

1° Droit de mutation à 2 0/0 (fonds de commerce) sur la valeur de l'apport de Primus conservé par ses coassociés ;

2° Droit de partage à 0 fr. 15 0/0 sur les 25.000 fr. d'acquêts attribués à l'associé qui se retire ;

3° Même droit de 0 fr. 15 0/0 sur le surplus de la masse indivise attribuée in globo aux deux autres associés, déduction faite, bien entendu, des 25.000 fr. qui supportent le droit de mutation de 2 0/0.

57. (320-A et B). **Attribution d'un apport à un autre que l'apporteur. Mutation conditionnelle. Réalisation. Acte soumis à l'enregistrement. Droit simple et en sus. Prescription.** — V. Prescription.

58. (321 bis). **Apport conjoint d'immeubles indivis. Licitation. Attribution à un seul associé. Droit de partage.** — Si l'attribution, à la dissolution d'une société, d'un apport immobilier à un associé autre que celui qui l'avait effectué, donne en principe ouverture au droit de mutation, il n'en saurait être de même lorsque l'apport immobilier a été fait indivisément par plusieurs associés, et qu'à la dissolution il est attribué en totalité à l'un d'eux, les autres étant remplis de leur part au moyen d'acquêts sociaux ou d'autres valeurs communes (Lille, 6 mai 1897 ; R. E. 1448 ; J. E. 25.292 ; R. P. 9127).

Ce jugement vient à l'appui du système que nous avons soutenu au T. A. ; mais l'Administration n'en a pas accepté la doctrine, et elle a obtenu de la Chambre civile un arrêt de cassation du 3 juillet 1899 (1).

Le tribunal de Cambrai, devant lequel l'affaire avait été renvoyée, a statué dans le même sens que le tribunal de Lille (Jug. 22 nov. 1900 ; R. E. 2610).

C'est, dès lors, aux Chambres réunies qu'il appartient de trancher cette importante question.

59. (322). **Partage. Apport indivis. Attribution. Mutation.** — C'est par une faveur spéciale que les apports purs et simples en société ont été assujettis par la loi de frimaire à un droit fixe (aujourd'hui droit proportionnel de 0 fr. 20 0/0). Cette immunité n'est définitive que si l'apport est repris par l'apporteur à la dissolution de la société. Mais si, à ce moment, les valeurs mises en société passent, par suite du partage, sur la tête d'un associé autre que l'apporteur, il s'opère alors une transmission qui rend exigibles les droits de mutation à titre onéreux laissés en suspens.

Cette règle est applicable lorsqu'il s'agit de biens apportés indivisément par trois associés en nom collectif et attribués dans le partage ultérieur à deux d'entre eux, l'autre associé étant décédé et ayant été remplacé dans la société par sa veuve cessionnaire de sa part.

Lorsqu'un fonds de commerce mis en société passe, à la dissolution de l'être moral, sur la tête d'un des associés autre que celui qui a fait l'apport, le matériel et les marchandises neuves disparus ne sont plus représentés, pour la perception du droit et jusqu'à concurrence de leur valeur au jour de la constitution de la société, par les objets de même nature existants lors du partage (Lille, 8 déc. 1898 ; R. E. 1986).

60. (323). **Apport indivis d'immeubles. Cession obligatoire de part sous condition suspensive. Prédécès d'un coassocié. Survivants héritiers uniques.** — Renferme une cession obligatoire de part sociale, soumise à une condition suspensive, la clause d'un acte de société en nom collectif portant que, en cas de décès de l'un des associés avant la dissolution de la société, la part du défunt appartiendra aux associés survivants à charge,

(1) Inst. 3004, § 5 ; Bull. 1899, n° 90, p. 145 ; S. et P. 1900, 1.149 ; D. 1900.1.9 ; R. E. 2122 ; J. E. 25.703 ; R. P. 9592 ; Rev. prat., 4780.

par ceux-ci, d'en rembourser le prix fixé d'après les résultats du dernier inventaire. Mais, dans l'hypothèse où les associés survivants au profit desquels la mutation se réalise, sont en même temps les seuls héritiers de l'associé prédécédé, on ne saurait appliquer le principe suivant lequel un droit de mutation à titre onéreux est exigible, d'après la nature des biens transmis et sur la valeur de ces biens au jour de la mise en société, lorsqu'à la dissolution la propriété de la part indivise du prédécédé, dans les biens apportés conjointement par les coassociés, cesse de reposer sur la tête de l'être moral et passe aux mains des survivants. La transmission s'effectue alors à titre purement héréditaire et en vertu d'une dévolution prenant sa source en dehors des pactes sociaux (Lille, 1er avr. 1898; R. E. 1754). — Rappr. supra, n° 39.

61. (326). **Partage. Droit de soulte. Imputation.** — V. supra, n° 55, et Partage-licitation.

62. (327). **Société anonyme. Partage. Attribution d'immeuble à l'apporteur. Droit de transcription.** — Le partage opéré, à la suite de la dissolution d'une société anonyme par actions, qui contient attribution de l'immeuble social à l'actionnaire qui en avait fait l'apport, n'étant pas translatif et ne donnant pas lieu à purge, n'est pas de nature à être transcrit, dans le sens attaché à ces mots par l'art. 54 de la loi du 28 avril 1816, et, par suite, ne doit pas être assujetti au droit de transcription lors de l'enregistrement (Marseille, 2 janv. 1895; R. E. 1287; J. E. 24.843; — Castres, 11 avr. 1900; R. E. 2433).

L'Administration a renoncé, pour des raisons de principe, à se pourvoir contre ces jugements dont la doctrine doit, dès lors, servir de règle de perception (Comp. Villefranche, 5 avr. 1901; R. E. 2720).

63. (329). **Partage partiel.** — V. supra, n°s 44 et 56.

64. (330-B). **Cession déguisée sous forme de partage.** — V. supra, n° 55.

65. (333). **Partage. Paiement du passif. Soulte.** — Lorsque, dans le partage des biens dépendant d'une société en nom collectif, il est attribué à l'un des associés la totalité du fonds social, à charge de payer la part de son coassocié dans le passif, l'attribution a pour résultat d'opérer une transmission passible du droit de soulte sur l'excédent de la part du cessionnaire dans l'actif brut. Il en est ainsi même quand le passif comprend en tout ou en partie des sommes versées à la société, autrement qu'à titre de capital social, par l'associé attributaire, le prélèvement effectué présentant dans ce cas les caractères d'une dation en paiement (Lille, 3 déc. 1896; R. P. 8990).

66. (334). **Fonds industriel apporté par un seul associé. Modification des statuts. Attribution à l'autre associé de partie du fonds en représentation de sa part dans les bénéfices. Droit de donation (ou de cession de part) non exigible.** — V. Donation.

SECT. IV. — ASSOCIATIONS ET SOCIÉTÉS PARTICULIÈRES.

67. (343 bis). **Sociétés de construction à bon marché. Statuts non conformes aux prescriptions réglementaires. Pas d'immunité d'impôts.** — Lorsque les statuts d'une société de construction d'habitations à bon marché ne remplissent pas les conditions exigées par le décret du 21 septembre 1895, les actes nécessaires à la constitution des sociétés de l'espèce ne peuvent bénéficier de l'immunité d'impôt accordée par l'art. 11 de la loi du 30 novembre 1894 et l'accomplissement ultérieur des formalités exigées pour le bénéfice de l'immunité ne saurait rendre restituables les droits perçus sur les actes de

l'espèce (Sol. 20 août 1898; R. E. 2030; J. E. 25.688). — V. Habitations à bon marché.

68. (345). **Sociétés de secours mutuels. Timbre et enregistrement. Actes exempts du droit. Assistance judiciaire. Caisse de secours et de retraites des ouvriers mineurs. Caisse nationale des retraites pour la vieillesse. Syndicats professionnels. Mêmes exemptions. Loi du 1er avril 1898 relative aux sociétés de secours mutuels.** — La loi du 1er avril 1898 sur les sociétés de secours mutuels (J. off. 5 avr.; Inst. 2958; R. E. 1765; J. E. 25.368; R. P. 9295) contient plusieurs dispositions intéressant le timbre et l'enregistrement.

Les voici brièvement résumées :

I. DISPOSITIONS COMMUNES A TOUTES LES SOCIÉTÉS DE SECOURS MUTUELS. — Les pouvoirs (notariés ou sous seing privé) présentés à l'assemblée générale des membres des sociétés de secours mutuels sont affranchis de timbre et d'enregistrement (art. 6). — Tous les actes des instances relatives aux contestations électorales (déclarations, avertissements, notifications, requêtes, dénonciations quelconques, pièces et mémoires produits par les parties, minutes et expéditions de jugements et arrêts, et leurs significations) sont dispensés du timbre et enregistrés gratis (même article). — La même dispense est accordée aux actes de la procédure d'homologation de la dissolution d'une société de secours mutuels, y compris les jugements et arrêts et leur signification, tant en première instance qu'en appel (art. 11). — Les sociétés de secours mutuels sont soumises au droit commun en ce qui concerne le bénéfice de l'assistance judiciaire et sauf les immunités spéciales d'impôts qui leur sont acquises de plein droit (art. 13).

II. SOCIÉTÉS APPROUVÉES. — Le recours au Conseil d'Etat formé au sujet du refus d'approbation ou du retrait de l'autorisation accordée aux sociétés de secours mutuels est affranchi de tout droit; cette exemption s'étend aux actes de la procédure du recours et aux pièces produites (art. 16 et 30). — Tous les actes intéressant les sociétés de secours mutuels approuvées sont exempts du timbre et d'enregistrement.

Parmi les pièces exonérées figurent :

Les expéditions d'actes de l'état civil, si elles font mention de leur destination (Inst. 2003, § 6) ;

Les affiches (Inst. 2329, § 1er, et 2607, § 1er) ;

Les récépissés et déclarations de versement délivrés aux trésoriers par la Caisse des dépôts et consignations (Inst. 2823, § 12).

L'exemption s'applique, en ce qui concerne le timbre de 0 fr. 10, aux reçus des cotisations et des sommes versées aux pensionnaires ou aux malades, ainsi qu'aux registres à souche qui servent au payement des journées de maladies, et rapporte la règle contraire inscrite dans l'Inst. 2823, § 11. Mais elle ne s'étend pas aux transmissions de propriété, d'usufruit ou de jouissance de biens meubles ou immeubles, soit entre vifs soit par décès (art. 19). — Ne participent pas aux exemptions de droits prononcées par l'art. 19 les sociétés approuvées qui accordent à leurs membres ou à quelques-uns d'entre eux des indemnités moyennes ou supérieures à 5 fr. par jour, des allocations annuelles ou des pensions supérieures à 360 fr. et des capitaux en cas de vie ou de décès supérieurs à 3.000 fr. ou qui refusent d'exclure les sociétaires qui s'affilient à plusieurs sociétés en vue de se constituer une pension supérieure à 360 fr. ou des capitaux en cas de vie ou de décès supérieurs à 3.000 fr. (art. 28). Cet article ne concerne pas les sociétés libres.

III. SOCIÉTÉS RECONNUES COMME ÉTABLISSEMENTS D'UTILITÉ PUBLIQUE. — Les sociétés reconnues comme établissements d'utilité publique sont placées, au point de vue fiscal, sur le même pied que les sociétés approuvées (art. 33).

IV. Unions de sociétés. — Les unions de sociétés de secours mutuels ont droit aux mêmes avantages que les sociétés de même catégorie (libres, approuvées ou reconnues comme établissements d'utilité publique) qui les composent (art. 8, 16 et 32).

V. Dispositions transitoires. — Dans les deux ans de la promulgation de la loi, les sociétés anciennes, alors même qu'elles ne se seraient pas conformées aux prescriptions nouvelles, jouiront des dispenses de taxes octroyées par la loi du 1er avril 1898 aux sociétés libres, si elles sont simplement autorisées, et aux sociétés approuvées, si elles ont reçu l'approbation de l'autorité compétente (art. 37).

VI. Dispositions communes aux sociétés de secours mutuels approuvées, aux caisses d'assurances en cas de décès ou d'accidents et à la caisse nationale des retraites pour la vieillesse, aux caisses de secours et de retraites des ouvriers mineurs et aux syndicats professionnels. — L'art.19 porte : « Conformément aux art. 19 de la loi du 11 juillet 1868 et 24 de la loi du 20 juillet 1886, les certificats, actes de notoriété et autres pièces exclusivement relatives à l'exécution des lois précitées et de la présente loi seront délivrés gratuitement et exempts de droits de timbre et d'enregistrement. »

Cet article abroge l'art. 8 de la loi du 30 mars 1888 qui, par dérogation à l'art. 24 de la loi du 20 juillet 1886, avait déclaré l'immunité des droits de timbre et d'enregistrement non applicable aux quittances d'arrérages de rentes viagères par la Caisse nationale des retraites pour la vieillesse.

L'art. 8 de la loi du 30 mars 1888 a, d'ailleurs, été abrogé expressément par la loi du 30 mai 1899 (J. off. du 31 ; Inst. 2987 ; R.E. 2042) ; — V. Caisse nationale des retraites pour la vieillesse, n° 4.

Les avantages fiscaux accordés par la loi nouvelle aux sociétés de secours mutuels approuvées sont applicables aux caisses de secours et de retraites des ouvriers mineurs (art. 38), qui continueront de plus à jouir de plein droit du bénéfice de l'assistance judiciaire qui leur a été accordé par l'art. 27 de la loi du 29 juin 1894.

Les syndicats professionnels constitués légalement aux termes de la loi du 21 mars 1888, ayant prévu dans leurs statuts les secours mutuels entre leurs adhérents, bénéficieront des avantages de la loi nouvelle à la condition de se conformer à ses prescriptions (art. 40).

Observations générales. — Les dispenses octroyées par la loi nouvelle ne concernent que les droits de timbre et d'enregistrement ; elles ne s'étendent pas à la formalité de l'enregistrement qui devra être requise toutes les fois qu'elle sera nécessaire, et donnée gratuitement, s'il y a lieu.

Les actes et pièces appelés à jouir de ces dispenses n'y auront droit qu'autant qu'il résultera de leur contexte ou d'une déclaration inscrite, soit à la suite, soit en marge, que les conditions auxquelles la loi a subordonné les immunités se trouvent remplies. Pour les sociétés de secours mutuels, notamment, ils devront indiquer qu'il s'agit d'une société approuvée ou reconnue comme établissement d'utilité publique, n'accordant à aucun de ses membres, ni des indemnités moyennes supérieures à 5 fr. par jour, ni des allocations annuelles en pensions supérieures à 360 fr., ni des capitaux en cas de vie ou de décès supérieurs à 3.000 fr. (V. toutefois ce qui a été dit supra au sujet de l'art. 37 sur la période transitoire de 2 ans).

Ces énonciations seront considérées comme suffisantes ;

les agents seront, d'ailleurs, à même d'en contrôler l'exactitude en se reportant aux statuts, dont le dépôt doit être effectué à la sous-préfecture de l'arrondissement où la société a son siège social ou à la préfecture du département, et dont un extrait doit être inséré dans le recueil des actes de la préfecture. L'absence des constatations exigées pour l'application des immunités autoriserait la réclamation des droits de timbre et d'enregistrement, sans préjudice des pénalités qui pourraient être encourues.

Il y aurait également contravention si les actes ou pièces exemptés étaient détournés de leur destination spéciale et employés à un usage autre que celui en vue duquel l'immunité d'impôt leur a été accordée. — V. Assistance judiciaire et Caisse nationale des retraites pour la vieillesse.

La loi du 1er avril 1898 a été promulguée pour l'Algérie (Décr. 24 mars 1899 ; J. off. 9 mai 1899 ; R. E. 2044) avec la disposition additionnelle suivante :

Art. 2 (b). — Les sociétés de secours mutuels pourront obtenir l'assistance judiciaire dans les conditions déterminées par le décret du 2 mars 1859.

V. Assistance judiciaire.

69. (351). Association syndicale autorisée. Recouvrement. Procédure. — V. Établissement public.

70. (353-H). Sociétés de crédit agricole. Parts d'intérêt. Timbre de dimension. Parts cessibles suivant les formes commerciales. Timbre proportionnel. — Les titres de parts non négociables ni transmissibles, à délivrer aux membres des sociétés de crédit mutuel agricole, ne sont assujettis qu'au timbre de dimension. Le droit se calcule en tenant compte uniquement de la dimension du titre remis aux intéressés, abstraction faite de la souche et des coupons auxquels le titre lui-même ne se réfère pas.

Si les parts sont cessibles suivant les formes commerciales, elles sont assujetties au timbre proportionnel et à la taxe de transmission comme tous les titres négociables (Sol. 30 août, 29 sept. et 20 oct. 1900 ; R. E. 2644).

SOUSCRIPTION. — V. Don manuel, 20.

STIPULATION POUR AUTRUI. — (7-2°). **Acquisition par un porte-fort.** — En thèse générale, l'acquisition faite pour le compte d'un tiers par un contractant qui se porte fort pour celui au profit duquel il contracte a pour effet de transférer, tout au moins provisoirement et jusqu'à la ratification du tiers, la propriété de l'immeuble acquis sur la tête de celui qui s'est porté fort. Mais il en est autrement s'il résulte des circonstances que la validité de l'acquisition a été subordonnée à la condition suspensive de la ratification. Si donc une adjudication sur licitation est tranchée au profit d'un tiers non colicitant qui déclare acquérir pour le compte de l'un des colicitants dont il se porte fort, le droit de 4 0/0 est dû sur les parts acquises seulement, à l'exclusion du droit de 5 fr. 50 0/0 sur l'intégralité du prix (Sol. 26 nov. 1887 ; R. E. 1078).

Par les mêmes motifs, et comme la ratification ultérieure n'engendre pas une nouvelle mutation, cette ratification donne uniquement ouverture au droit fixe. Il a été ainsi jugé dans une espèce où l'acquisition avait été effectuée pour deux particuliers au nom d'une société en formation pour laquelle ils s'étaient portés fort (Saint-Nazaire, 4 août 1899 ; R. E. 2204).

La perception du droit de 5 fr. 50 0/0 auquel donne ouverture une acquisition réalisée par un porte-fort n'est pas, du reste, laissée en suspens jusqu'à la ratification, et si cette ratification n'est pas obtenue, les droits perçus restent acquis au Trésor (Nontron, 2 juin 1892 ; *J. E.* 24.417).

SUBROGATION. — (43). Vente. Prix payé par un tiers.

— Lorsqu'à la suite de deux ventes successives d'un immeuble, dont le prix était resté dû par le premier acquéreur à son bailleur de fonds, un tiers acquitte, de ses deniers et avec subrogation dans les droits du vendeur contre les acquéreurs, le prix de cette seconde vente, non entre les mains du vendeur, mais entre les mains du tiers qui avait fourni les fonds de la première vente et auquel toutes délégations nécessaires avaient été consenties, l'acte donne ouverture à deux droits distincts, indépendamment du droit de vente : 1° le droit de 1 fr. 0/0 sur la subrogation conventionnelle consentie par le second vendeur ; 2° le droit de 0 fr. 50 0/0 sur la quittance donnée par le bailleur de fonds en sa qualité de délégataire en même temps que par le vendeur (Orléans, 26 fév. 1896 ; *J. E.* 25.085).

SUBSTITUTION. — 1. (81-1°). Substitution prohibée. Testament. Droit de transcription.

— Le droit de transcription sur la valeur des biens substitués n'est pas exigible lors de l'enregistrement d'un testament contenant une substitution prohibée (Montdidier, 24 déc. 1896 ; *R. E.* 1449 ; *R. P.* 8966).

Ce jugement, qui n'a pas tenu compte du principe d'après lequel le receveur n'est pas juge de la question de savoir si une substitution est valable, ou non, est d'autant moins fondé qu'une substitution — même prohibée — peut être exécutée volontairement.

Ajoutons, toutefois, que, si la substitution était judiciairement [annulée avant que le droit non perçu fût acquitté ou que les parties fussent condamnées à le payer en vertu d'un jugement devenu définitif, l'action du Trésor serait éteinte (Cass., 28 janv. 1890 ; Inst. 2790, § 6).

2. (91). Partage testamentaire. Dispositions étrangères. Transcription partielle.

— Lorsqu'un partage testamentaire d'ascendant impose à l'un des enfants institués l'obligation de conserver et de rendre à son décès à ses propres enfants divers immeubles compris dans son lot, le droit de transcription n'est exigible, lors de l'enregistrement du testament, que sur la valeur de ces immeubles.

Si ce droit n'a pas été perçu et que l'acte soit ultérieurement présenté volontairement à la transcription au bureau des hypothèques, le droit de 1 fr.50 0/0 ne doit être liquidé que sur la valeur des immeubles substitués, à l'exclusion des autres biens compris dans le partage (Sol. 28 juill. 1899 ; *R. E.* 2437 ; *Rev. prat.*, 4731).

3. (118). Substitution permise. Droit de succession. Décès du disposant.

— Le legs par un testateur de la quotité disponible à ses enfants par égales parts à charge par eux de la rendre, sous réserve de l'usufruit, à leurs enfants nés ou à naître, constitue une substitution permise aux termes de l'art. 1048, C. civ.

Les biens qui en font l'objet doivent, en conséquence, supporter un premier droit de mutation au décès du testateur et un second droit au décès du grevé (Sol. 5 juill. 1897 ; *R. E.* 1588 ; *R. P.* 9179).

4. (134). Immeubles grevés partiellement. Adjudication au grevé. Droit de transcription.

— Ne donne pas ouverture au droit de transcription de 1 fr. 50 0/0 l'adjudication, au profit du grevé, héritier réservataire du testateur, d'immeubles qui lui ont été légués à charge de les rendre à ses enfants dans les limites de la quotité disponible, lorsqu'à la suite de l'adjudication, il intervient entre l'appelé et le grevé un acte de règlement qui attribue à ce dernier le prix de l'immeuble pour le remplir de sa réserve (Seine, 23 juin 1900 ; *R. E.* 2525).

L'Administration a renoncé à se pourvoir contre cette décision (1).

(1) Pour rejeter la demande du droit de transcription sur l'adjudication du 2 mai 1896, le tribunal de la Seine s'est fondé sur un double motif.

Il a prétendu en premier lieu qu'il existait entre le grevé et les appelés une indivision éventuelle à laquelle l'adjudication avait mis fin. Il en a conclu que cette adjudication rentrait dans la catégorie des partages et licitations dispensés de la transcription en vertu du paragraphe 4 de l'art. 1er de la loi du 23 mars 1855.

Il a soutenu, en second lieu, que la transcription de cette adjudication ne présentait aucune utilité, attendu, d'une part, qu'aucune disposition légale n'oblige les propriétaires à faire connaître aux tiers la disparition des conditions résolutoires qui peuvent grever leur droit, et, d'autre part, qu'il est sans intérêt pour un légataire grevé de substitution de purger les immeubles, qu'il détient à charge de restitution, des hypothèques pouvant exister du chef des appelés, ces hypothèques étant conditionnelles et s'évanouissant nécessairement par le fait même de l'adjudication prononcée au profit du grevé.

Comme on l'a fait justement remarquer, ces motifs sont en contradiction avec la doctrine qui résulte des arrêts de la Chambre des requêtes des 18 mars 1884 et 7 avril 1886.

Déjà, en effet, dans les affaires tranchées par ces arrêts, les redevables s'étaient prévalus de l'existence d'une indivision éventuelle pour assimiler les adjudications de l'espèce à une licitation ordinaire. La Cour n'a pas hésité à rejeter ce moyen. Ainsi que l'a fait remarquer le conseiller rapporteur dans la première affaire, « on n'est pas copartageant quand on n'a aucun droit actuel ».

De même, la Cour a écarté dans ces arrêts le moyen tiré d'une prétendue inutilité de la transcription. Elle a considéré que le grevé ne pouvant aliéner les immeubles compris dans la substitution que sous condition résolutoire, avait un intérêt réel à les affranchir de la charge à laquelle ils étaient soumis, en transportant par la procédure de purge les droits des appelés sur le prix de l'adjudication.

Cependant l'espèce soumise au tribunal de la Seine n'est pas exactement semblable à celles que la Cour a déjà eu à examiner. Dans les affaires qui ont donné lieu aux arrêts précités de 1884 et de 1886, le grevé s'était vu simplement adjudicataire de biens qui lui avaient été légués à charge de restitution. Il n'était intervenu entre le tuteur et l'héritier en premier ordre aucun acte dégrevant formellement les immeubles de cette charge. Il en est tout autrement dans l'espèce. A la suite de l'adjudication, il est intervenu un acte de règlement qui a attribué à Mme G..... le prix des immeubles pour la remplir de « ses droits libres sans charge de restitution », c'est-à-dire pour sa réserve. Un tel acte ne constitue pas sans doute un véritable partage. Mais on peut se demander si on ne doit pas l'assimiler à un acte de cette nature.

Il est de règle, en effet, que la réserve est inviolable et que l'héritier auquel elle est due peut rejeter en ce qui la concerne, toute espèce de charge. Or l'acte dont il s'agit a pour unique objet de faire le départ entre la réserve et la quotité disponible, c'est-à-dire entre les biens exempts de toute charge dans les mains de l'héritier et ceux grevés de la charge de conserver et de rendre.

Partant de cette idée, on pouvait donc soutenir, dans l'affaire soumise au tribunal de la Seine, que par suite de l'attribution faite à la suite de l'adjudication, les immeubles adjugés doivent être considérés rétroactivement comme n'ayant jamais été grevés de substitution, et dès lors que toute base manque à la perception du droit de transcription.

A un point de vue plus général, la doctrine des arrêts de 1884 et de 1886 ayant été très critiquée, il est prudent pour les préposés de ne l'appliquer que dans les cas identiques à ceux mêmes sur lesquels la Cour a été appelée à statuer.

5. (151). **Substitution permise. Droit de succession. Décès du grevé.** — V. *suprá*, n° 3.

6. (155). **Substitution. Restitution anticipée par le** grevé aux appelés des biens compris dans la substitution. **Droit de donation.** — Il est de principe que, tant que la substitution n'est pas ouverte, le grevé est, au cours de sa jouissance, propriétaire des biens substitués. Par conséquent, lorsque ce dernier abandonne par anticipation aux appelés, qui acceptent, les biens compris dans la substitution, il s'opère, du grevé aux appelés, une véritable mutation de propriété entre vifs, et cette mutation donne ouverture au droit de donation, si, en compensation, le grevé ne retire aucun avantage de l'abandon de ses droits (Melun, 22 fév. 1901 ; *R. E.* 2722).

7. (184). **Règles d'interprétation en matière de substitution. Jurisprudence.** — I. LEGS. CHARGE MORALE DE TRANSMETTRE. — La disposition par laquelle le testateur impose à son légataire le devoir de conscience de transmettre ses biens à un tiers ne constitue pas une substitution prohibée, attendu que la personne ainsi désignée n'a aucune action pour réclamer le bénéfice de la charge imposée en sa faveur (Cass. civ., 5 juin 1899 ; *R. E.* 9673).

II. LEGS CONDITIONNEL. NUE PROPRIÉTÉ. MINEUR. CONDITIONS D'ATTEINDRE UN AGE DÉTERMINÉ. — N'est pas entaché de substitution prohibée le legs de l'usufruit de la quotité disponible fait au profit d'un mineur sous la condition qu'il atteindra un âge déterminé et, à son défaut, au légataire de l'usufruit (Cass. req., 2 avr. 1895 ; *R. P.* 8854).

III. QUOTITÉ DISPONIBLE. LEGS A CHARGE DE RENDRE. USUFRUIT. — La disposition testamentaire par laquelle un père lègue, par égals parts, à ses enfants, la quotité disponible, à charge par les légataires de la rendre, sous réserve de l'usufruit, à leurs enfants nés ou à naitre, constitue une substitution permise, dans le sens de l'art. 1043, C. civ. (Sol. 5 juill. 1897 ; V. *suprá*, n° 3).

8. (226 et 227). **Substitution. Legs de eo quod supererit. Caractère non conditionnel.** — Le legs *de eo quod supererit*, lorsqu'il s'ouvre au profit du second institué, ne prend date qu'au décès du premier institué et n'a pas d'effet rétroactif. La disposition faite en faveur du premier institué est, en effet, pure et simple, et n'est soumise à aucune condition résolutoire (Sol. 26 mars 1901 ; *R. E.* 2721).

Cette solution confirme la règle enseignée au *T. A.* On doit en conclure qu'il n'y a pas lieu d'imputer sur le droit dû par le second légataire celui qui a été payé par le premier (*Contra*, Les Sables d'Olonne, 19 oct. 1897 ; *J. E.* 25.406 ; *R. P.* 9199).

SUCCESSION.

SOMMAIRE ANALYTIQUE.

CHAP. I. — **Généralités**, 1-6.

— II. — *De la déclaration des successions*, 7-54.

SECT. I. — *Principes généraux*, 7-11.

— II. — *Forme de la déclaration*, 12-24.

— III. — *Des personnes qui ont qualité pour souscrire la déclaration*, 25.

— IV. — *Des bureaux où la déclaration doit être souscrite*, 26-35.

— V. — *Des délais*, 36-51.

— VI. — *Des peines de retard*, 52-54.

CHAP. III. — *Des biens à déclarer*, 55-102.

SECT. I. — *Biens de diverses natures*, 55-80.

— II. — *Droits sociaux*, 81-82.

— III. — *Assurances sur la vie*, 83-102.

§ 1. — Caractères et effets juridiques du contrat d'assurance sur la vie, 83-87.

§ 2. — Des assurances sur la vie considérées au point de vue de l'application des droits de mutation par décès, 88-102.

CHAP. IV. — **Détermination de la valeur imposable des biens transmis par décès**, 103-142.

SECT. I. — *Des transmissions en toute propriété*, 103-136.

§ 1. — De l'évaluation des meubles par nature, 103-121.

§ 2. — De l'évaluation des meubles par la détermination de la loi, 122-129.

§ 3. — De l'évaluation des immeubles, 130-136.

SECT. II. — *Des transmissions en nue propriété et en usufruit*, 137.

— III. — *Règles particulières aux successions de personnes domiciliées en Corse ou possédant des biens ayant une assiette déterminée dans ce département*, 138-142.

CHAP. V. — **De la déduction des dettes**, 143-322.

SECT. I. — *Dettes existant au jour de l'ouverture de la succession*, 143-205.

§ 1. — Caractères généraux, 143-153.

§ 2. — Des dettes envisagées quant à leur existence et à leur liquidité, 156-160.

§ 3. — Des dettes envisagées quant à leur nature, à leur cause et à leur objet, 161-197.

§ 4. — Des dettes dont le défunt était tenu avec d'autres ou pour d'autres, 198-205.

SECT. II. — *Titres susceptibles de faire preuve en justice contre le défunt*, 206-242.

§ 1. — Généralités, 206-215.

§ 2. — Titres civils, 216-227.

§ 3. — Titres commerciaux, 228-242.

SECT. III. — *Justifications à fournir par les héritiers*, 243-264.

§ 1. — Dettes résultant de titres authentiques, 244-246.

§ 2. — Dettes ne résultant pas de titres authentiques, 247-254.

§ 3. — Règles spéciales aux livres de commerce, 255-256.

§ 4. — Attestation du créancier, 257-264.

SECT. IV. — *Exception au principe de la déduction des dettes*, 265-307.

§ 1. — Dettes échues depuis plus de trois mois avant l'ouverture de la succession, 266-273.

§ 2. — Dettes consenties par le défunt au profit de ses héritiers ou de personnes interposées, 274-282.

§ 3. — Dettes reconnues par testament, 283-284.

§ 4. — Dettes hypothécaires garanties par une inscription périmée, 285-290.

§ 5. — Dettes contractées à l'étranger, 291-293.

§ 6. — Dettes hypothéquées sur des immeubles situés à l'étranger, 294-297.

§ 7. — Dettes grevant des successions d'étrangers, 298-302.

§ 8. — Dettes prescrites, 303-307.

SECT. V. — *Des déductions autres que les dettes*, 308-322.

CHAP. VI. — **Du tarif des droits de mutation par décès et de son application**, 323-373.

SECT. I. — *Des diverses quotités de droits*, 323-342.

§ 1. — Tarif progressif, 323-332.

§ 2. — Tarif proportionnel. Legs de bienfaisance, 333-342.

SECT. II. — *De la liquidation des droits*, 343-373.

§ 1. — Détermination de l'actif net imposable, 344-351.

§ 2. — Fixation de l'émolument net de chaque ayant droit, 352-366.

§ 3. — De l'application des tarifs, 367-373.

CHAP. VII. — Des débiteurs des droits de mutation par décès et des garanties accordées au Trésor pour en assurer le recouvrement, 374-388.

SECT. I. — Des débiteurs des droits de mutation par décès, 374-376.

— II. — De l'action privilégiée du Trésor sur les revenus des biens à déclarer, 377-388.

CHAP. VIII. — Inexactitudes des déclarations et attestations de dettes. Preuves et pénalités, 389-395.

— IX. — Moyens de preuve des omissions et des insuffisances d'évaluation. Mesures de contrôle, 396-465.

SECT. I. — Fonds de commerce, 396-400.

— II. — Meubles et valeurs mobilières, 401-407.

— III. — Mesures destinées à assurer le payement des droits de mutation par décès sur les valeurs mobilières, 408-449.

§ 1. — Rentes sur l'Etat et titres nominatifs, 413-415.

§ 2. — Dépositaires, détenteurs ou débiteurs de titres, sommes ou valeurs héréditaires, 416-442.

§ 3. — Sommes, rentes ou émoluments dus par les compagnies d'assurances sur la vie, 443-448.

§ 4. — Pénalités, 449.

SECT. IV. — Immeubles, 450-458.

— V. — Successions de personnes domiciliées et décédées hors de France, 459-465.

CHAP. X. — De la prescription des droits de mutation par décès, 466-471.

— XI. — De la restitution ou de l'imputation des droits de mutation par décès, 472-482.

— XII. — Barème et formulaire.

SOMMAIRE ALPHABÉTIQUE.

A

Absence, 5.
Acte administratif, 216-III, 245-II.
— authentique, 216, 229, 244.
—   — force probante, 217.
— d'avoué, 216-V.
— déposé, 216-II, 245-I.
— de l'état civil, non dressé ou transcrit, 39-V.
— extrajudiciaire, 216-IV.
— judiciaire, 216-IX, 229.
— notarié, 216-I.
— nul comme acte authentique, 248, 245-VI.
— sous signature privée, 219, 230, 247.
Accident, indemnité, 74.
Acompte versé. Demi-droit en sus, 53 bis.
Actes (frais d'), 151, 152-I, 167.
Actif brut à déclarer, 344.
Actif net imposable, 344 et s.
Actions du Trésor, 377 et s.
— frappée de surenchère, 60.
Administrateurs provisoires, 424.
Agent d'affaires, 421.
Agent de change, 216-VI, 231, 419.
Algérie, 6.
Annuités, 182.
Application des tarifs, 367 et s.
Arbitrage de change, 218.
Arrérages, actions de la Banque de France, 62 bis.
Arrérages, rentes, 186.
—   rentes sur l'Etat, 62.

Arrêté d'agent de change ou courtier, 231.
Assistance, Legs, 333 et s.
Assurances contre le bris des glaces, 111-II.
Assurances contre les accidents, 101, 444.
Assurances maritimes, 111-I.
Assurances sur la vie, 83 et s., 187, 354.
—   Arrêt du 29 juin 1896, 87.
—   À terme fixe, 95.
—   au profit d'un tiers déterminé, 84.
—   bénéficiaire à titre onéreux, 89.
—   Certificat de payement des droits, 443 et s.
—   — Bureau compétent, 446.
—   — Choix laissé aux compagnies, 448.
—   — Collectivités assujetties, 444.
—   — Contrats dispensés, 445.
—   — Déclaration pour ordre, 11.
—   — Droits non exigibles, 447.
—   — Pénalités, 449.
—   contractées à l'étranger, 102.
—   entre époux, 96, 99.

Assurances Faillite du mari, 90.
—   Libéralité, 85.
—   Loi du 21 juin 1875, 88.
—   Nature du contrat, 83.
—   Objet de la libéralité, 86.
—   Prêts sur police, 91.
—   Primes dues au décès, 92.
—   Rapport de primes, 95.
—   Récompense à la communauté, 97.
—   Réduction, 94.
—   Quotité disponible, 98, 99, 100.
—   Usufruit du conjoint survivant, 101.
Attestation du créancier, 20, 257 et s.
—   Créance grevée d'usufruit, 260-III.
—   Créancier illettré, 262-I.
—   Créancier incapable, 260-II.
—   Dépôt au bureau, 263.
—   Effets entre les parties, 264.
—   Faculté pour le receveur, 258.
—   Forme, 262.
—   Héritier créancier, 260-IV.
—   Inexactitude, 395.
—   Obligation pour le créancier, 261.
—   Pénalités pour fausse attestation, 395.
—   Personnes tenues de la délivrer, 260.
—   Pluralité de créanciers, 260-I.
—   Production obligatoire, 259.
—   Société créancière, 260-IV.
Avances sur titres, 178.
Avenants, 113.
Avis à fournir par les dépositaires, débiteurs ou détenteurs de sommes ou valeurs dépendant d'une succession, 416 et s.
—   Coffres-forts, 429.
—   Collectivités assujetties, 417 et s.
—   Communauté conjugale, 431.
—   Connaissance du décès, 430.
—   Contrôle des employés supérieurs, 441.
—   Délai, 437.
—   Dépôts au nom d'un tiers, 433.
—   — conjoints, 433.
—   Dispense, 428.
—   Formes, 436.
—   Lieu de la remise, 438.
—   Lieu du décès, 434.
—   Nationalité du défunt, 434.
—   Opérations prévues, 424.
—   Payements successifs, 435.
—   Pénalités, 449.
—   Personnes assujetties, 417 et s.
—   Remises successives, 435.
—   Renvoi au bureau compétent, 439.
—   Société en nom collectif, 432.

Avis. Titres, sommes et valeurs visées, 427.
—   Utilisation par les receveurs, 440.

B

Bailleur de fonds, 189, 388.
Banquier, 419.
Barème. — V. chap. XII.
Belgique, 143, note.
Bénéfice d'émolument. — V. Dettes et Communauté.
Bénéfice d'inventaire, 337 bis. — V. Dettes.
Bienfaisance, legs, 333 et s.
Biens à déclarer, 54 et s.
Biens rentrés dans l'hérédité, 231.
Bilan, 216-X.
Billets à ordre, 234.
Bois, 134-VI.
Bon pour, 219-II.
Bons, 227.
Bordereau d'agent de change, 231.
Bureau de bienfaisance. — V. Etablissements publics.
—   Avis du conseil municipal, 45 ter.
Bureau du domicile, 26.
—   du lieu du décès, 30.
—   personne domiciliée et décédée hors de France, 32 et s.

C

Cachets, 227.
Caisse des dépôts et consignations. Sommes déposées, 191, 377 bis.
Caisses des retraites pour la vieillesse, 63, 64.
Caution réelle, 204.
Cautionnement, 203.
—   bailleur de fonds, 189, 388.
Certificat de payement des droits. Assurances sur la vie, 443 et s.
—   — Rentes sur l'Etat, 413.
—   — Titres nominatifs, 413.
Cession conditionnelle de part sociale, 82.
Cession des intérêts d'une créance héréditaire, 384 bis.
Changeurs, 419.
Charges déductibles sous l'ancienne législation, 308 et s.
—   Contrat de mariage portant quittance de dot, 316.
—   Dépositaire, 322.
—   Imputation des legs de sommes et rentes, 313.
—   Justifications, 309.
—   Legs de sommes non payées au décès de l'héritier ou légataire universel, 311.
—   Legs de rentes non existant en nature, 312.
—   Mandataire, 322.
—   Mode de déduction, 319.
—   Rentes données et non éteintes au décès du donateur, 318.
—   — éteintes au décès du donateur, 318-I.
—   — imputables sur la succession du donateur, 318-II.

Charges de rentes imposées comme condition d'un contrat à titre gratuit ou onéreux, 318-III.
— Sommes données entre vifs et non payées au décès du donateur, 315.
— Sommes données et payées par un tiers subrogé au donateur, 317.
— Sommes léguées à titre particulier et non existant en nature, 310.
— Sommes ou valeurs grevées d'usufruit, 320.
— Tuteur, 321.
— Usufruit, 314.
Charges imposées aux légataires, 149.
Charges n'ayant pas le caractère de dettes, 147.
Chasses, 134-II.
Châteaux, 134-II.
Coffres-forts, 429.
Colégataires non solidaires. Peines de retard, 54.
Colonies, 6, 102-III.
Commencement de preuve par écrit, 210.
Commissionnaire, 422.
Communauté entre époux. Assurance sur la vie, 98.
— Bénéfice d'émolument,202,349.
— Contribution aux dettes, 346 et s.
— Convention de mariage, 351.
— légale. Constitution de dot à l'un des époux, 87.
— Obligation aux dettes, 202.
Communes, 335, 340-II.
Communication, 442.
— des livres de commerce,256.
— des titres,249.
— Refus,251.
Compagnies d'assurances contre les accidents, 444.
Compagnies d'assurances sur la vie. Obligations spéciales.
— V. Avis.
Compensation, 75.
Compte, 211.
Compte courant, 177.
Concordat, 216-X.
Condition résolutoire, 158.
— d'un legs, 70.
— suspensive,39-VI,157.
Confusion, 76.
Conjoint survivant. Tarif, 329, 330.
Conseil municipal, avis, legs, 45 ter.
Consignations, 191.
Constructions, 66.
Contribution aux dettes, 198 et s., 346 et s., 363.
Contribution foncière,166.
Contribution judiciaire, 221,216-XI, 244-III.
Contribution personnelle mobilière, 166.
Contrôle, 23, 119, 236, 246, 256, 402, 444, 457, 460 et s.
Contumax, 39-I, 468.
Convention de mariage, 351.
Copie collationnée, 250, 254.

Copies d'actes, 226.
Correspondance, 222, 236.
Corse, 138 et s.
Coulissier, 420.
Coupon échu. Rentes sur l'Etat, 62.
— Actions de la Banque de France, 62 bis.
Courtier, 216-VI, 231.
Créances irrécouvrables, 123 et s.
— débiteur failli ou en état de déconfiture, 126.
— rapport de sommes données, 124.
— renonciation partielle, 124 bis.
— Supplément de droit, 125.
— Succession acceptée sous bénéfice d'inventaire, 124 bis.
— Surveillance, 126.
Créanciers des départements, communes et établissements publics, 409.
Crédit foncier. Emprunt, 190.
Curateurs de successions vacantes, 424.

D

Débiteurs des droits, 374 et s.
Débiteurs de sommes dépendant d'une succession. Obligations spéciales, 416 et s.
Décimes, 324.
Déclaration de succession, 17 et s.
— Bureau compétent, 26 et s.
— complémentaire, 370.
— Conservation des pièces déposées, 24.
— faite à un bureau incompétent,35.
— Formules spéciales, 12.
— nécessaires, 8.
— Offres réelles, 9.
— Personnes ayant qualité, 25.
— Personnes sans qualité, 25 bis.
— pour ordre, 11.
— Ratification,25 bis.
— Renseignements qu'elle doit contenir, 16.
— Textes législatifs, 7.
Déduction de dettes. — V. Dettes.
Délai, 36 et s.
Délai. — Acte de l'état civil non transcrit, 39-V.
— Bien rentré dans l'hérédité, 39-II.
— Condition suspensive, 39-VI.
— Contumax, 39-I.
— Corse, 138 et s.
— Legs aux établissements publics, 40 et s.
— Personne décédée à l'étranger, 39-IV.
— Point de départ, 38.
— Prorogation, 34, 38.
— Usufruit éventuel, 39-III.
Délégation, 494.
Demi-droit en sus. Acompte versé, 53 bis.
Départements, 335, 340-I.
Dépositaire, 322.

Dépositaires de valeurs dépendant d'une succession. Obligations spéciales, 416 et s.
Dépôt des livres de commerce, 256.
Détenteurs de valeurs dépendant d'une succession. Obligations spéciales, 416 et s.
Dettes agricoles, 224.
— alternatives, 162.
— Arrérages de rentes, 186, 272.
— à terme sans intérêts,180.
— Assurances sur la vie,187.
— Avances des officiers ministériels, 167.
— Avances sur titres, 178.
— Bénéfice d'émolument, 202, 349.
— Caisse des dépôts et consignations. Somme déposée, 191.
— Caution réelle, 204.
— Cautionnement, 203.
— Bailleurs de fonds, 189.
— certaines, 156.
— Charges déductibles sous l'ancienne législation, 308 et s.
— Charges n'ayant pas le caractère de dettes, 147.
— Communauté entre époux. Bénéfice d'émolument, 349.
— Contribution aux dettes, 346 et s.
— Convention de mariage, 351.
— Dettes communes. Femme acceptante, 347.
— Femme renonçante, 350.
— Dettes personnelles aux époux, 346.
— Obligation aux dettes, 202.
— Compte-courant, 177.
— Compte de tutelle, 160, 170.
— conditionnelles, 157, 158.
— conjointes, 199.
— contractées à l'étranger, 291 et s.
— Actes authentiques, 291.
— Actes sous signatures privées, 291.
— Dispense d'exequatur, 293.
— Exequatur, 292.
— Jugements rendus à l'étranger,245-V,291 et s.
— Contribution aux dettes, 198 et s., 346, 363 et s.
— Contribution foncière,166.
— personnelle-mobilière, 166.
— Déclaration estimative, 160, 181, 182.
— Délégation, 494.
— de ménage, 194.
— Dépenses de ménage,168.
— relatives à la profession du défunt,168.
— d'impôt contestée par le défunt, 174.
— Dommages-intérêts, 160, 174.
— dues aux héritiers,274et s.
— Dette indirecte, 277.
— Donataires, 275.

Dettes dues aux héritiers exclus, 279.
— — renonçants, 279.
— — Légataires, 275.
— — partie aux héritiers, partie à un tiers, 278.
— — Personnes interposées, 280.
— — Preuve contraire,281.
— — Modes de preuve,282.
— — Tous les héritiers créanciers, 276.
— échues depuis plus de trois mois avant l'ouverture de la succession, 266 et s.
— — Arrérages, 272.
— — Attestation du créancier, 273.
— — Date de l'échéance, 267.
— — Déchéance du terme, 270.
— — Echéance de la dette, 266.
— — Intérêts, 271.
— — Fermages, 272.
— — Loyers, 272.
— — Preuve contraire,273.
— — Terme de grâce,269.
— — Terme prorogé,268.
— existant au décès,145 et s.
— facultatives, 162.
— Failli, 146.
— Fermages, 184, 272.
— Forfait de communauté, 173.
— Frais d'actes,151, 152,167.
— Frais de dernière maladie, 165, 212.
— funéraires, 147.
— postérieurs au décès, 147 et s.
— grevant des successions d'étrangers, 298 et s.
— — Dettes déductibles, 302.
— — Dettes non déductibles, 301.
— — Etranger, 301.
— — Français domiciliés à l'étranger, 299.
— — en Algérie et aux colonies, 300.
— honoraires d'officiers publics, 167.
— hypothécaires, 169.
— hypothécaires garanties par une inscription périmée, 283 et s.
— — Dettes échues, 286.
— — non échues, 287.
— — Radiation de l'inscription, 290.
— — Réduction du chiffre de l'inscription,288.
— — Réduction du gage hypothécaire,289.
— hypothéquées sur des immeubles situés à l'étranger, 294 et s.
— Cautionnement, 297.
— Gage mobilier, 297.
— Immeubles français et étrangers, 296.
— Immeubles situés à l'étranger, 294.
— Immeubles situés aux colonies, 295.
— Impôts, 166.
— Incapables, 146.
— incertaines, 156.
— indéterminées, 160, 475.

Dettes indirectes, 277.
— indivisibles, 201.
— Inexactitudes (voir ce mot).
— Inscription périmée (voir *Dettes hypothécaires*).
— Intérêts, 185.
— — échus, 271.
— Inventaire postérieur au décès, 211-I.
— Justifications, 243 et s.
— liquides, 160.
— litigieuses, 159.
— Loyers, 184, 272.
— Mandataire, 179.
— Mari, 160.
— naturelles, 146.
— non liquides, 160.
— Obligation aux dettes, 198 et s., 345, 364.
— Ouverture de crédit, 176.
— payables en nature, 183.
— payées après le décès, 195.
— Pension alimentaire, 154, 155.
— personnelles aux époux, 346.
— Personnes interposées, 280.
— prescrites, 146, 303 et s.
— — Interruption, 306.
— — Prescription postérieure au décès, 304.
— — Règle, 303.
— — Renonciation à prescription, 305.
— — Suspension, 307.
— Prêt différé du Crédit foncier, 190.
— Prêts sur polices d'assurances, 91.
— Primes d'assurances, 92, 188.
— privilégiées, 164, 212.
— Prix d'acquisition, 175.
— Récompenses entre époux, 172.
— reconnues par testament, 283.
— — Reconnaissance antérieure, 284.
— remboursables par annuités, 182.
— Remise de dette, 196.
— Rentes, 181.
— Reprises des époux, 171, 348.
— Restitution, 472 et s.
— Saisie-arrêt, 192.
— Saisie immobilière, 193.
— Sans intérêts, 180.
— Simulation, 217.
— sociales, 81.
— solidaires, 200.
— Soulte, 175.
— Succession d'un héritier, 197.
— Tiers détenteur d'un immeuble hypothéqué, 205.
— Tuteur, 160, 170.
— verbales, 208.
Deuil de la veuve, 147.
— des domestiques, 147.
Distribution par contribution, 211, 216-XI, 245-III, 377, 385.
Domicile. Détermination, 28.
— et décès hors de France, 31.
— hors de France et décès en France, 30.
Dommages-intérêts, 160, 174.
Douanes. Préposés, 410.
Droit de mutation par décès, 147, 153.
Droits sociaux, 81 et s.

E

Echéance d'une dette, 266.
Emolument net, 352 et s.
— Droits dans l'actif, 353.
— Rapports à succession, 361.
— Répartition du passif, 362.
— Titres divers, 354.
Employés supérieurs, 23, 119, 236, 256-VI, 402, 441, 457.
Enfant naturel, 356 et s.
— Capacité de recevoir, 359.
— Descendants légitimes de l'enfant naturel, 357-VI.
— Dévolution de la succession de l'enfant naturel, 360.
— Exclusion en vertu de l'art. 337 C. civ., 347-II.
— Loi du 25 mars 1896, 356.
— Quotité des droits héréditaires, 357.
— Réserve. Applications, 358-II.
— — Concours avec des ascendants, 358-III.
— — — avec des frères et sœurs, 358-IV.
— — Conjoint survivant, 358-V.
— — Principe, 358-I.
— Solidarité, 376.
— Tarif, 327.
Enonciations incidentes des actes, 221.
Escompteurs, 419.
Etablissements d'utilité publique. Legs, 338.
— Autorisation d'accepter, 340-V.
Etablissements publics. Legs. Délais, 40 et s.
— Legs de bienfaisance, 336.
— Autorisation d'accepter, 340-III.
— Date d'application, 325-II.
Etangs, 134-VI.
Etat du passif ou des dettes, 19.
Etat estimatif des meubles, 18.
Etranger. Assur. sur la vie, 102.
— Dettes grevant les successions d'étrangers, 298 et s.
— Dettes hypothéquées sur des immeubles étrangers, 294 et s.
— Domicile en France, 29.
— Jugements étrangers, 245-V, 291 et s.
— Titres étrangers, 245-V, 291 et s.
Exequatur, 292.
— Dispense, 293.
Expertise. Fonds de commerce, 396.
— — Date d'application, 400.
— — Délai, 398.
— — Droit en sus et frais, 399.
— — Objet, 397.
— Immeubles non productifs de revenu, 135.
Expertise. Immeubles. Procédure, 453, 454, 455.

F

Factures, 232.
Faillite, 211, 216-XI, 245-III, 474.
Faillite du mari. Assurance sur la vie, 90.
Femme mariée. Reprises. Déduction, 171.
Fermages déductibles, 184.
Fermages dus et à recevoir, 65.
Fermes, 134-IV.
Feuilles volantes, 225-I.
Filiation naturelle. Preuve, 328.
Fonds de commerce, 59.
— Evaluation, 109.
— Expertise, 396.
Forêt, 134-VI.
Forfait de communauté, 173.
Formulaire. — V. *chap. XII*.
Formules de déclarations. Emploi, 12.
— Prix, 14.
Formules spéciales aux immeubles, 23, 451.
Frais d'actes, 151, 152, 167.
— de dernière maladie, 165, 212.
— de justice, 212.
— de partage, 147, 152.
— de scellés, 147, 152.
— de testament, 151.
— d'inventaire, 147, 152.
— funéraires, 147, 150, 212.
Frères et sœurs. Tarif, 331.

H

Héritiers. Bénéficiaires, 375.
— Contribution aux dettes, 363.
— Dettes consenties par le défunt, 274 et s.
— Obligation aux dettes, 364.
Honoraires des officiers ministériels, 167.
Hôtels particuliers, 134-III.
Hypothèque légale, 212.

I

Immeubles. Contrôle, 450 et s.
— dont la destination n'est pas de procurer un revenu, 130 et s.
— Evaluation, 130 et s.
— improductifs, 133.
— industriels, 134-V.
— situés à l'étranger, 294.
— — en Corse, 138 et s.
— en dehors de la circonscription du bureau, 22.
Impôts, 166.
Imputation des droits, 477 et s.
— Droits d'acte sur droits de succession, 480.
— Droits indûment perçus, 482.
— Legs aux établissements publics, 481.
— Même succession. Biens rentrés dans l'hérédité, 479.
— Recel, 477.
— Successions distinctes, 478.
Indemnités d'assurance, 118.
— en cas d'accident, 74.
Inexactitudes des déclarations ou attestations de dettes, 389 et s.
— Pénalités, 394 et 395.
— Prescription, 393.
— Preuve, 391.
— Procédure, 392.
Inscription hypothécaire périmée, 285 et s.
— radiée, 290.
— réduite, 288, 289.
Insuffisance de perception, 259, 390.
— d'évaluation mobilière. Droit en sus, 121.
— — Preuve, 401.
Intérêts, 185.
Intérêts des créances héréditaires. Cession, 384 *bis*.
Interversion de titre, usufruit, 320-II.
Inventaire, 105, 211.

J

Jetons, 227.
Jugement, 216-VII.
— frappé d'appel, 216-VIII.
— postérieur au décès, 211.
Justifications des dettes, 243 et s.
— Actes authentiques, 244.
— — non authentiques, 247.
— Charges déductibles sous l'ancienne législation, 309.

L

Légalisation, 257 et s.
Légataire universel, 311, 363-I, V et VI.
— Usuf. des legs partic., 78 *bis*.
Législation belge, 143 note.
Legs, 147, 148.
Legs de bienfaisance, 333 et s.
— Autorisation d'accepter, 340.
— Caractère, 334.
— Communes, 335.
— Départements, 335.
— Détermination du caractère de bienfaisance, 340.
— Etablissements charitables et hospitaliers, 336.
— Non-gratuité, 339.
— Sociétés de secours mutuels, 337.
— Sociétés reconnues d'utilité publique, 338.
Legs de rentes non existant en nature, 312.
— Etablissements publics. Délai, 40 et s.
— — Autorisation d'accepter, 340.
— — Prescription, 49.
— — Privilège du Trésor, 48.
— — Surveillance, 51.
— non payés au décès de l'héritier ou du légataire universel, 311.
— par préciput, 354, 363-IV et V.
— particuliers. Contribution aux dettes, 363-III.
— — déductibles, 310.
— — Obligation aux dettes, 364-III.

Legs payables à l'expiration d'une rente viagère, 78 bis.
— résolu pour inexécution des charges, 69.
— sous condition résolutoire, 70.
— universel fait par un mineur. Quotité, 79.
Lettres de change, 235.
Lettres missives, 222, 236.
Ligne directe. Tarif, 326.
Liquidation des droits, 343.
Liquidation judiciaire, 211, 216-XI, 245-III, 474.
Livres de commerce, 223, 237 et s.
— auxiliaires, 238-III, 240.
— communication obligatoire, 256-II, VI et s.
— du créancier, 241, 255.
— du défunt, 239.
— Durée du dépôt, 256-V.
— obligatoires, 238-I, 239.
— production volontaire, 236-I.
— régulièrement tenus, 238-II.
— sanction du refus de production, 256-III.
Locataire principal, 65.
Loi du 24 juin 1875, 88.
Loi du 23 février 1901. Date de mise à exécution, 3.
— Idée générale, 1.
— Non-rétroactivité, 4, 102-IV, 104, 131, 325.
— Promulgation, 3.
— Rétroactivité, 50, 400, 412.
— Travaux préparatoires, 2.
Loyers, 184.

M

Majorats, 373.
Mandataire, 322.
— Dettes, 179.
Manutention, 51, 259 et s., 403.
Marchandises, 117, 396.
Marchands en gros de boissons. Renseignements, 408.
Mari. Dettes, 160.
Messes, 149.
Meubles par la détermination de la loi, 122 et s.
— par nature. Déclaration estimative, 120.
— Evaluation, 103 et s.
— Fonds de commerce, 109.
— Inventaires, 105.
— Partages, 105.
— Polices d'assurances, 110 et s.
— Transactions, 105.
— Ventes amiables, 108.
— Ventes publiques, 106, 107.
Minimum du droit à percevoir, 369.

N

Nantissement, 61.
Neveux et nièces. Tarif, 331.
Notes des pharmaciens et des médecins, 233-I.
Novation de titre, usufruit, 320-II.
Nue propriété, 137.

O

Obligation aux dettes, 198 et s., 345, 364.
Obligations naturelles, 146.
Offices, 27, 372.
Officiers publics et ministériels, 425.
Offres réelles, 9.
Omissions. Présomptions, 404, 406, 407.
— Présomptions insuffisantes, 405.
— Preuve, 401.
— Successions des créanciers, 403.
— Titres produits pour obtenir la déduction des dettes, 402.
Oncles et tantes. Tarif, 331.
Ordre amiable, 216-XIII.
— consensuel, 216-XIV.
— judiciaire, 216-XII.
Ouverture de crédit, 176.

P

Papiers domestiques, 225.
Parcs, 134-II.
Parents au delà du 6e degré. Tarif, 332.
Part sociale du défunt, 81 et s.
— Cession conditionnelle, 82.
Partage, 105, 211.
— Dettes et charges non déductibles, 84.
— postérieur à la déclaration, 56.
— postérieur avec soulte, 57.
— Répartition inégale du passif, 365.
Passif déductible, 344.
— Répartition entre les successeurs, 362.
Payement des droits. Séparation des patrimoines, 377 ter.
— Sommes consignées, 377 bis.
Pays de protectorat, 102-III.
Pêche, 134-II.
Peine de retard, 52 et s.
Pénalités pour inexactitude des déclarations ou attestations de dettes, 394-395.
Pension alimentaire, 154, 155.
Péremption d'inscription, 285 et s.
Pièces produites. Timbre et enregistrement, 254.
Polices d'assurance, 110 et s.
— Recherche, 119.
— souscrites à l'étranger, 112-II.
Pouvoir d'appréciation du receveur, 213, 214.
Précis semestriel, 458.
Prescription, 466 et s.
— Contumax, 468.
— Dettes, 303 et s.
— Etablissements publics, 49, 470.
— Inexactitudes de déclarations ou d'attestations de dettes, 471.
— Remise de dette par le testateur, 467.
— Renonciation frauduleuse, 469.
Preuve en général. — V. Titres.
Primes d'assurances, 99.
Privilège du Trésor, 48, 378 et s.
— Cautionnement. Bailleur de fonds, 388.

Privilège. Distribution par contribution, 385.
— Frais d'habitation et de deuil de la veuve, 387.
— Immobilisation des revenus. Dispense de notification, 382.
— — Folle enchère, 383.
— Prix de récoltes, 381.
— Saisie immobilière, 381.
— Vente volontaire, 382.
— Intérêts des créances héréditaires. Cession, 384 bis.
— Nu propriétaire, 380.
— Rang, 387 et 388.
— Revenus grevés, 379.
— Tiers acquéreurs, 380.
— Tuteur en état de liquidation, 386.
— Usufruitier, 384, 384 bis.
— Vente mobilière, 385.
Prix d'acquisition, 175, 191.
Procédure, 392, 453 et s.
Procurations, 21.
Production des titres justificatifs des dettes, 247 et s.
Propriété apparente, 58.
Prorata de fermages, 65.
Prorogation de délai, 34.
Protêts, 235-II.

Q

Quotité disponible. Assurance sur la vie, 98, 99, 100.
— Mode de réduction, 80.

R

Radiation d'inscription, 290.
Rapports à succession, 361.
— Application du tarif progressif, 371.
— Primes d'assurances, 95.
Recel, 363-VII.
Récépissé de titre, 249.
Récompenses entre époux, 172.
— Primes d'assurances, 97.
Reçus de sommes, 233.
Réduction. Assurances sur la vie, 94.
— Donation entre vifs, 71.
— Dons et legs, 350.
Réduction d'inscription, 288.
— du gage hypothécaire, 289.
Registres domestiques, 225.
— des marchands. — V. Livres de commerce.
— des notaires, 224.
Reliures mobiles, 15.
Renonciation partielle, 78.
Rentes sur l'Etat. Certificat de payement des droits, 413.
— Coupon détaché, 62.
— Déclaration pour ordre, 11, 413.
Rentes viagères, 127, 127 bis, 128, 129, 181, 318.
Reprises, 171, 348.
— existant en nature, 171-IV.
— Justification, 77, 171-V.
— Liquidation, 171-III.
— Payement en argent, 72.
— Régimes exclusifs de communauté, 171-II.
— Renonciation à communauté, 171-I.

Réserve des enfants naturels, 358.
Restitution, 472 et s.
— Dette indéterminée, 475.
— Erreur de fait, 476.
— Faillite ou liquidation judiciaire, 474.
— Justification insuffisante de dettes, 473.
Retrait d'indivision. Droit d'option, 68.
Rôles des contributions, 219.

S

Saisie-arrêt, 192.
— Succession vacante. Notification au curateur, 378.
Saisie immobilière, 193.
Séparation des patrimoines, 377 ter.
Simulation, 217. V. Inexactitudes des déclarations de dettes.
Société, 81 et s.
Sociétés de secours mutuels, 337, 340-V.
Sociétés d'instruction et d'éducation populaire gratuites, 342.
Sociétés. Obligations spéciales, 418.
Sociétés reconnues d'utilité publique. Legs, 338.
— Autorisation d'accepter, 340, V.
Solidarité, 374.
— Enfants naturels, 376.
Sommes à employer dans l'achat de rentes viagères, 127.
Sommes arrondies, 368.
Sommes données entre vifs à déduire, 315 et s.
— léguées à déduire, 310 et s.
Soulte, 175.
Subrogation, 317.
Successeurs anormaux. Contribution aux dettes, 363-III.
Successeurs universels. Contribution aux dettes, 363-I et IV.
Succession de personnes domiciliées et décédées hors de France. Contrôle, 459 et s.
— Renvois, 460 et s.
— Table générale, 463.
Succession d'un héritier, 197.
— non déclarée dans le délai, 33.
— vacante. Notification officieuse au curateur, 378.
Surenchère, 60.
Surveillance. Créances irrécouvrables, 458.
— Legs aux établissements publics, 51.

T

Tarif, 323 et s.
— Application, 367 et s.
— Conjoint survivant, 329, 330.
— Enfant naturel, 328.
— Frères et sœurs, 331.
— Ligne directe, 326.
— Neveux et nièces, 331.
— Non-rétroactivité, 325.
— Oncles et tantes, 331.
— Parents au delà du 6e degré, 332.
— progressif, 323.
— proportionnel, 333 et s.

Télégrammes, 236-I.
Terme de grâce, 269.
— Déchéance, 270.
— prorogé, 270.
Terrains à bâtir, 134-I.
Testament. Reconnaissance de dettes, 283.
Tiers détenteur d'immeuble hypothéqué, 205.
Titres nominatifs. Certificat de payement des droits, 413.
— Déclaration pour ordre, 11.
— Propriété apparente, 58.
Titres susceptibles de faire preuve en justice contre le défunt, 206 et s.
— Actes administratifs, 216-III, 245-II.
— — authentiques, 216, 229, 244.
— — déposés, 216-II, 244-I.
— — extrajudiciaire, 216-V.
— — judiciaires, 216-IV.
— — nuls comme actes authentiques, 218, 245-VI.
— — sous signatures privées, 249, 230, 247.
— Agents de change, 216-VI, 231.
— Appréciation du receveur, 213, 244.
— Arrêtés d'agents de change, 231.
— Attestation du créancier, 257 et s. (V. ce mot).
— Bilan, 216-X.
— Billets à ordre, 231.
— Bon pour, 249-II.
— Bons, 227.
— Bordereaux d'agents de change, 231.
— Cachets, 224.
— civils, 216 et s.
— Commencement de preuve par écrit, 210.
— commerciaux, 228.
— Communication, 249.
— Compte, 211.
— Concordat, 216-X.
— Contribution judiciaire, 211, 216-XI, 245-III.
— Copie collationnée, 250.
— Copie d'acte, 226.
— Correspondance, 222, 236.
— Courrier, 246-XI.
— Définition, 208.
— Désignation, 215.
— Dettes agricoles, 224.
— Dettes verbales, 209.
— Distribution par contribution, 211, 216-IX, 245-III.
— Énonciations incidentes des actes, 221.
— Enregistrement, 254.
— Étranger, 244-V, 291.
— Factures, 232.
— Faillite, 211, 216-X, 245-III.
— Feuilles volantes, 225-I.
— Force probante des actes authentiques, 217.
— — sous seing privé, 219.
— Intention du législateur, 207.
— Inventaire, 211.
— Jetons, 227.
— Jugements, 211, 216-VII et VIII.

Titres Jugements étrangers, 245-V, 291.
— Lettres de change, 235.
— Lettres missives, 222, 236.
— Liquidation, 211.
— Liquidation judiciaire, 211, 216-XI, 245-III.
— Livres de commerce, 223, 237 et s.
— — auxiliaires, 238-III.
— — du créancier, 241, 255.
— — du défunt, 239, 256.
— — obligatoires, 238-I, 239.
— — régulièrement tenus, 238-II.
— notariés, 216-I.
— Ordre amiable, 216-XIII.
— — consensuel, 216-XIV.
— — judiciaire, 216-XII, 245-IV.
— Papiers domestiques, 225.
— Partage, 211.
— — postérieur au décès, 211.
— Preuve littérale, 208.
— Procès-verbal d'affirmation de créances, 211, 216-X, 245-III.
— Protêts, 235-III.
— Reçus de sommes, 233.
— Registres domestiques, 225.
— — des marchands, 223.
— — des notaires, 224.
— Règle générale, 206.
— résidant dans la loi, 212.
— Rôles des contributions, 219.
— Tailles, 227.
— Télégrammes, 236-I.
— Timbre des pièces produites, 254.
Transaction, 105.
Trésoriers généraux, 423.
Tuteurs. Dettes, 160, 170, 321.
— Peines de retard, 53.

U
Usufruit, 137, 314, 320.
— éventuel, 39-III.
— de legs particulier, légataire universel, 78 bis.
— légal du conjoint. Assurance sur la vie, 101.
— successif, 324-III.
Usufruitier légal ou testamentaire. Contribution aux dettes, 363-VIII.
— en vertu d'une convention de mariage. Contribution aux dettes, 363-X.

V
Valeur imposable des biens transmis par décès, 103 et s.
— des immeubles, 130 et s.
— des meubles par la détermination de la loi, 122 et s.
— par nature, 103 et s.
Valeurs dissimulées, 73.
Vente amiable, 108.
Vente publique, 106, 107.

CHAP. Ier. — GÉNÉRALITÉS.

1. Loi du 25 février 1901. — La loi du 25 février 1901 a introduit dans notre régime fiscal des successions des modifications profondes. Elle a supprimé le principe rigoureux de la non-distraction des dettes héréditaires, donné une nouvelle base d'évaluation aux biens transmis en nue propriété et en usufruit, réduit le taux de l'impôt applicable aux legs de bienfaisance et substitué aux droits proportionnels exigibles sur les mutations par décès un tarif progressif calculé d'après l'importance de la part nette revenant à chaque héritier ou légataire. En outre, par certaines dispositions de détail, comme l'emploi des polices d'assurances contre l'incendie pour la détermination de la valeur imposable des meubles corporels, la nécessité de l'estimation en valeur vénale des immeubles non productifs de revenu et les obligations imposées aux dépositaires ou détenteurs de titres ou de valeurs, elle a assuré, d'une manière plus efficace et plus exacte, le recouvrement de l'impôt.

2. Travaux préparatoires de la loi. — Mais ce n'est qu'après de longs et laborieux efforts que les réformes actuellement accomplies ont pu être réalisées. On en trouve la preuve dans les multiples travaux préparatoires et dans les nombreuses discussions parlementaires qui ont précédé le vote de la loi. Nous donnons en note la liste de ces documents officiels, dont l'étude présente le plus grand intérêt pour l'explication des dispositions souvent trop générales du texte législatif (1). Nous ne remon-

(1) Projet de loi présenté le 8 février 1894 par M. Burdeau, ministre des finances (Annexe n° 350; J. off. du 1er mars 1894, Doc. parl., Chambre, p. 124 et suiv.). — Rapport et rapport rectifié de M. Dupuy-Dutemps déposés le 5 juillet 1894 (Annexes nos 770 et 770 bis; J. off. des 13, 17, 18, 20 et 21 août 1894, Doc. parl., Chambre, p. 1088 et 1100). — Projet présenté le 24 juillet 1894 par M. Poincaré, ministre des finances (Annexe n° 885; J. off. des 17, 18, 20 et 27 oct. 1894, Doc. parl., Chambre, p. 1242 et suiv.), renvoyé, non à la Commission des successions, mais à celle du budget, afin que la réforme pût prendre place dans la loi de finances de 1895. — Premier rapport (spécial) de M. Doumer, déposé le 10 novembre 1894 (Annexe n° 968; J. off. du 17 nov. 1894, Doc. parl., Chambre, p. 1481 et suiv.). — Rapport général de M. Cochery au nom de la Commission du budget de 1895, déposé le 6 novembre 1894. (Annexe n° 948; J. off. du 20 nov. 1894, Doc. parl., Chambre, p. 1542, art. 3). — Démission du ministère avant le vote du budget de 1895. — Projet de loi portant modification au projet de budget de 1895, présenté le 9 février 1895 par M. Ribot, ministre des finances et proposant la disjonction de la loi sur les successions (J. off. du 26 févr. 1895, p. 151). — Disjonction votée le 16 mars 1895. — La Commission du budget étant restée saisie du projet de loi sur les successions par suite de la disjonction, rapport supplémentaire de M. Doumer déposé au nom de cette Commission le 22 octobre 1895 (Annexe n° 1553; J. off. des 19 et 20 nov. 1895, Doc. parl., Chambre, p. 893 et suiv.). — Chute du ministère Ribot remplacé le 1er novembre 1895 par le ministère Bourgeois avec M. Doumer comme ministre des finances. — Nomination de M. Trouillot comme rapporteur de la Commission. — Discussion du projet de loi à la Chambre dans les séances des 9, 12 et 15 (discussion générale), 16, 18, 19, 21 et 22 (discussion des articles) novembre 1895. — Vote du projet le 22 novembre 1895. — Dépôt du projet au Sénat le 25 novembre 1895, n° 24. — Rapport de M. Cordelet déposé au nom de la Commission spéciale du Sénat le 9 juillet 1896 (Annexe n° 171; J. off. des 10 sept. 1896 et 9 janv. 1897; Doc. parl., Sénat, n° 283 et suiv.). — Discussion générale au Sénat dans les séances des 7 et 8 février 1898 ; dans cette dernière séance, adoption d'un amendement Strauss-Peytral admettant le principe de la progression. — A la suite de ce vote, démission de la Commission du Sénat le même jour. — Nomination d'une nouvelle Commission le 10 février 1898 (J. off. du 11). — Rapport supplémentaire de M. Dauphin, déposé au nom de la nouvelle Commission du Sénat le 12 juillet 1898 (Annexe n° 295; J. off. du 1er nov. 1898, Doc. parl., Sénat, p. 526 et suiv.). — Adoption du projet par le Sénat en première

tions pas toutefois au delà de l'année 1894 ; car c'est dans la période qui s'est écoulée depuis cette date qu'ont été présentés les projets dont l'idée d'ensemble et les prescriptions de détail se rapprochent le plus de celles de la loi du 25 février 1901, si bien qu'on a pu dire que tous ces projets « sont parents en ligne directe » (rapport de M. Mesureur, *J. off.*, Doc. parl. Chambre, p. 1738, col. 3).

3. Date à laquelle la loi est devenue exécutoire. — Conformément à l'art. 2 du décret du gouvernement de la Défense nationale du 5 novembre 1870, la loi du 25 février 1901, promulguée au *Journal officiel* du 26 février, est devenue obligatoire à Paris, un jour franc après cette promulgation, c'est-à-dire le 28 février, et partout ailleurs, dans chaque arrondissement, un jour franc après que le *Journal officiel* du 26 février est parvenu au chef-lieu de cet arrondissement (1). La date d'arrivée du *Journal officiel* au chef-lieu de chaque arrondissement doit, en principe, être constatée sur un registre spécial tenu dans les préfectures et sous-préfectures (Ord. 27 nov. 1816, art. 4 ; — Dalloz, *Jur. gén.*, V° *Lois*, n° 93 ; Aubry et Rau, 5° édit., I, § 88 ; Fuzier-Herman, V° *Lois et décrets*, n° 195 ; — Circ. minist. int. 2 oct. 1871 ; *J. E.* 18,983). Si, en fait, ce registre n'est pas tenu, la date d'arrivée doit être officiellement constatée par tous les modes de preuve (Sol. 25 avr. 1901 ; *R. E.* 2682).

4. Non-rétroactivité de la loi. — La loi du 25 février 1901 n'a pas d'effet rétroactif, aucune disposition spéciale ne lui ayant attribué cet effet (2). Elle ne s'applique

(1) On ne saurait soutenir que la mise à exécution de la loi du 25 février 1901 doit être reculée jusqu'au 1er mars 1901, par le motif que les deux douzièmes provisoires votés avant le budget (lois des 30 déc. 1900 et 29 janv. 1901) n'ont pris fin qu'à cette date. Il n'est pas contestable que, par son caractère même, la loi portant ouverture des douzièmes provisoires cesse d'avoir effet à partir de l'entrée en vigueur de la loi nouvelle de finances dont elle tenait lieu provisoirement.

(2) « La loi de finances, déclarait le ministre dans la séance du Sénat du 22 janv. 1901 (*J. off.*, p. 79, col. 2), pas plus que toute autre loi, ne pouvant avoir d'effet rétroactif, il va de soi que la nouvelle disposition profitera aux successions qui seront ouvertes à partir du jour de la promulgation de la nouvelle loi. C'est tellement évident que si vous consultez le rapport général sur le budget, vous verrez que nous n'avons escompté la légère plus-value à attendre de la réforme que pour six mois. La loi accordant, en effet, aux héritiers, un délai de six

donc qu'aux successions ouvertes depuis le jour où elle est devenue exécutoire, en ce qui concerne, notamment, la déduction des dettes, la liquidation des droits au nouveau tarif, la détermination de la valeur imposable des meubles corporels au moyen des polices d'assurances, la substitution de la valeur vénale au revenu capitalisé pour les immeubles non productifs de revenu, le nouveau mode d'évaluation des biens transmis en nue propriété et en usufruit (*infra*, n°s 102-IV, 104, 131, 137, 325). Sur tous ces points, les règles anciennes restent applicables aux successions ouvertes avant l'entrée en vigueur de la loi nouvelle, quelle que soit l'époque du payement des droits.

Toutefois, les dispositions de la loi du 25 février 1901, relatives au contrôle des déclarations de succession, atteignent même les successions ouvertes sous l'empire de la législation de frimaire. Ces dispositions, en effet, ne font pas échec à des droits acquis, puisqu'elles sont édictées uniquement en vue de garantir un droit qui appartenait précédemment au Trésor (*infra*, n°s 50, 400, 412).

5. Absence. — L'art. 40 de la loi du 28 avril 1816 prescrit aux « héritiers, légataires et tous autres appelés à « exercer des droit subordonné au décès d'un individu « dont l'absence est déclarée », de faire, « dans les six mois « du jour de l'envoi en possession provisoire, la déclara- « tion à laquelle ils seraient tenus s'ils étaient appelés « par l'effet de la mort et d'acquitter les droits sur la « valeur entière des biens qu'ils recueillent ». Ce texte assimile, pour la liquidation et le payement des droits de mutation par décès, le patrimoine d'un absent à celui d'une personne décédée et le jour de l'envoi en possession provisoire à celui du décès. Si, d'ailleurs, les héritiers ou légataires, sans attendre une déclaration régulière d'absence, se mettent en possession des biens de l'absent, cette prise de possession est, au regard du Trésor, le fait générateur de l'impôt et détermine le point de départ de la mutation (*T. A.*, V° *Absence*, n° 15).

De ces diverses considérations il résulte que les règles nouvelles établies par la loi du 25 février 1901 deviennent applicables aux déclarations souscrites par les représentants d'un absent dans les mêmes conditions que s'il s'agissait d'une véritable succession. Dès l'instant que la jugement d'envoi en possession provisoire ou le fait de la prise de possession est intervenu depuis le jour où la loi nouvelle est devenue exécutoire, les polices d'assurance contre l'incendie devront servir à déterminer la valeur imposable des meubles de l'absent, ses immeubles non productifs de revenu seront évalués en valeur vénale, les dettes lui incombant personnellement et dont l'existence au jour de l'envoi provisoire ou de la prise de possession sera établie par des titres probants devront être déduites de la masse active de son patrimoine, les héritiers ou légataires seront tenus d'acquitter l'impôt d'après les nouveaux tarifs progressifs sur la part nette revenant à chacun d'eux, etc.

On sait que, d'après les art. 135 et 136, C. civ., les envoyés en possession ne peuvent réclamer au nom de l'absent les successions testamentaires ou *ab intestat*, les institutions contractuelles ou tout autre droit éventuel ouvert depuis la disparition de l'absent et auxquels celui-ci aurait été appelé. Il s'ensuit que les héritiers présomptifs n'ont pas à comprendre dans la déclaration des biens de l'absent ses droits successifs, parts héréditaires, etc., qui lui sont ainsi échus. Par voie de conséquence,

mois pour faire la déclaration de succession, nous avons supposé que pendant la première moitié de l'année 1901, les déclarations ne porteraient que sur des successions soumises à l'ancien régime et, par conséquent, aux anciens tarifs. »

23

les dettes qui grèvent ces droits ne sauraient être portées au passif du patrimoine de l'absent (Rappr. *T. A.*, V° *Absence*, n° 33).

6. Algérie et colonies. — Les dispositions de la loi du 25 février 1901 n'ont pas été déclarées applicables à l'Algérie et aux colonies.

CHAP. II. — DE LA DÉCLARATION DES SUCCESSIONS.

SECT. Iʳᵉ. — PRINCIPES GÉNÉRAUX.

7. (11). Dispositions législatives. — Les dispositions de l'art. 27 de la loi du 22 frimaire an VII relatives à la déclaration que les héritiers, donataires ou légataires doivent souscrire pour le payement des droits de mutation par décès, ont été modifiées sur deux points principaux.

D'une part, l'art. 11 de la loi du 6 décembre 1897 prescrit d'établir les déclarations de mutations par décès sur des formules imprimées, d'abord fournies gratuitement par l'Administration, mais actuellement délivrées aux déclarants moyennant payement de cinq centimes par feuille double et de deux centimes et demi par feuille simple (art. 22, L. 25 fév. 1901). « Ces déclarations seront « signées par les héritiers, donataires ou légataires, « leurs tuteurs ou curateurs. Elles seront écrites par le « receveur, si les parties le requièrent. »

D'autre part, l'art. 16 de la loi du 25 février 1901 porte que, désormais, « les mutations par décès seront enre- « gistrées au bureau du domicile du décédé, quelle que « soit la situation des biens mobilières ou immobilières « à déclarer. A défaut de domicile en France, la décla- « ration sera passée au bureau du lieu du décès ou, si le « décès n'est pas survenu en France, à ceux des bureaux « qui seront désignés par l'Administration. Les héritiers, « légataires ou donataires, leurs tuteurs ou curateurs se- « ront tenus, comme par le passé, de souscrire une dé- « claration détaillée et de la signer sur la formule créée « par l'art. 11 de la loi du 6 décembre 1897. Toutefois, en « ce qui concerne les immeubles situés dans la circons- « cription des bureaux autres que celui où est passée la « déclaration, le détail sera présenté, non dans cette « déclaration, mais distinctement, pour chaque bureau de « la situation des biens, sur une formule fournie par l'Ad- « ministration et signée par le déclarant ».

8. (12). Nécessité de la déclaration. — La déclaration à faire par les héritiers reste la base légale de la perception. Aussi les héritiers et les légataires ne sont pas recevables, tant qu'ils n'ont pas souscrit au bureau de l'enregistrement, la déclaration des biens à eux transmis par décès, à s'opposer à l'exécution de la contrainte décernée contre eux et à contester le chiffre des droits de mutation qui leur est provisoirement réclamé (Nice, 2 août 1897; R. E. 1545).

9. (14). Défaut de déclaration. Offres réelles. — La déclaration constituant la base fondamentale de la perception, les héritiers, donataires ou légataires ne sauraient y suppléer par des offres réelles. A défaut de déclaration régulière dans les délais fixés par la loi, l'Administration est fondée à poursuivre le recouvrement des droits, tels qu'ils sont arbitrés approximativement, et le débiteur ne peut être admis à en contester le chiffre tant qu'il n'a pas souscrit sa déclaration (Briey, 17 déc. 1897; R. E. 1617; Contra, Marseille, 8 août 1901, R. E. 2813).

10. (16). Déclaration partielle. — Sous l'empire de la

loi du 25 février 1901, qui a établi un tarif progressif dont le calcul se fait sur la part nette de chaque ayant droit, les héritiers ont la faculté de souscrire, comme par le passé, des déclarations partielles. La liquidation des droits sera effectuée sur chacune de ces déclarations suivant les règles prescrites par la loi nouvelle; mais il conviendra de tenir compte, lors de chaque déclaration complémentaire, des valeurs précédemment taxées, afin de déterminer, pour l'application du tarif progressif, l'importance de la part totale revenant à chaque ayant droit. Après l'expiration du délai fixé par la loi de frimaire, les déclarations partielles auraient pour objet des valeurs omises et donneraient ouverture au droit en sus.

11. (18). Rentes sur l'Etat. Titres nominatifs des sociétés, départements, communes et établissements publics. Sommes dues par les compagnies d'assurances sur la vie. Déclaration pour ordre. — Aux termes de l'art. 15 de la loi du 25 février 1901, les transferts ou mutations des inscriptions nominatives de rentes sur l'Etat, les transferts ou conversions de titres nominatifs de sociétés, départements, communes et établissements publics, le payement des sommes, rentes ou émoluments quelconques dus par les compagnies françaises d'assurances sur la vie et par les succursales établies en France des compagnies étrangères à des bénéficiaires autres que le conjoint survivant ou les successibles en ligne directe, ne pourront être effectués que sur la production d'un certificat du receveur constatant l'acquittement des droits de mutation par décès. Dans les cas exceptionnels où une déclaration dressée en la forme usitée ne peut être légalement exigée par l'Administration et est refusée par les parties, soit parce qu'aucun droit n'est exigible, soit parce que les droits exigibles sont prescrits, le receveur doit souscrire et signer, sur une formule classée à la date courante, une mention explicative et suffisamment détaillée qui tiendra lieu de déclaration et permettra à cet agent de délivrer le certificat prescrit par l'art. 15 (Inst. 2508, § 6 et 3051, p. 10; — Sol. 2 mai 1900; R. E. 2503; — V. *infra*, nᵒˢ 415 et 447).

SECT. II. — FORME DE LA DÉCLARATION.

12. Emploi de formules spéciales. — L'art. 27 de la loi du 22 frimaire an VII prescrivait aux héritiers, donataires, légataires ou à leurs représentants de passer déclaration détaillée des mutations par décès et de la signer sur le registre du receveur. Dans la pratique, les déclarations de mutations par décès faisaient très fréquemment l'objet de projets préparés par un notaire ou par un agent d'affaires, et ces projets étaient remis au receveur qui les recopiait plus ou moins littéralement. La transcription entraînait d'assez sérieuses complications pour les agents de l'Administration dont elle augmentait sans profit appréciable le travail matériel, et pour les contribuables auxquels elle occasionnait des démarches et des retards considérables.

Pour remédier à ces inconvénients, l'art. 11 de la loi du 6 décembre 1897 dispose que les déclarations de mutations par décès, au lieu d'être transcrites sur un registre, devront être établies sur des formules. L'emploi des formules est obligatoire, mais les parties conservent le droit de faire des déclarations verbales et peuvent exiger que la formule soit remplie par le receveur (Inst. 2954, p. 2).

13. Maintien des règles antérieures. — L'emploi obligatoire des formules n'a rien changé dans le régime légal des déclarations de mutations par décès. Ces déclarations restent l'œuvre exclusive des redevables ; elles continuent d'être souscrites et signées par les héritiers, donataires ou légataires, leurs tuteurs ou curateurs. Enfin, selon les termes de l'art. 27 de la loi de frimaire, reproduit dans l'art. 16 de la loi du 25 février 1901, elles doivent être « détaillées », c'est-à-dire contenir tous les renseignements exigés par le passé, indépendamment de ceux que comporte l'application de la loi nouvelle.

Quant à la liquidation de l'impôt, elle ne cesse pas d'appartenir au receveur exclusivement.

14. Prix des formules des déclarations. — Les formules créées par l'art. 11 de la loi du 6 décembre 1897 ne sont plus délivrées gratuitement par l'Administration. Depuis le jour où la loi du 25 février 1901 est devenue exécutoire, et même pour les successions ouvertes antérieurement elles donnent lieu au payement d'un droit de cinq centimes par feuille double et de deux centimes et demi par feuille simple, sans qu'il y ait à distinguer entre les feuilles de tête et les feuilles intercalaires (Inst. 3049, p. 19).

15. Reliures mobiles. — Au fur et à mesure de la réception des déclarations, les receveurs doivent les insérer et les fixer dans des reliures mobiles, munies de boutons-agrafes, suivant l'ordre des enregistrements et conformément aux règles tracées par les Inst. 2954 et 2996, § II.

16. (19). Des renseignements qui doivent être énoncés dans une déclaration de succession. — Les indications imprimées des formules fournies par l'Administration rappellent les renseignements nécessaires pour l'exacte application de la loi. Ce sont, d'abord, les nom, prénoms, qualité et domicile du déclarant ; les nom, prénoms, profession, domicile, lieu et date du décès du *de cujus* ; puis, à la suite, les noms, prénoms et domiciles des héritiers et légataires, ainsi que leur degré de parenté avec le défunt. Le receveur ou le déclarant analyse, s'il y a lieu, les dispositions testamentaires et le contrat de mariage du *de cujus*. Il établit ensuite le détail des biens, meubles et immeubles, en se conformant aux prescriptions des Inst. 445, § 1, n° 5, 1400, 2588 § 5, 2720-49 et 2832 § 2 (T. A., V° *Succession*, n°s 19 à 24) et en ayant soin de distinguer, pour les successions ouvertes depuis la promulgation de la loi du 25 février 1901, les immeubles qui doivent être imposés sur leur valeur vénale comme n'étant pas destinés à procurer un revenu, de ceux pour lesquels le revenu capitalisé continue à servir de base à la liquidation du droit. De plus, le détail des immeubles situés en dehors de la circonscription du bureau du domicile est fourni dans une formule distincte (*infrà*, n° 22), de sorte que la déclaration proprement dite ne contient qu'une évaluation en bloc de ces immeubles.

Les biens doivent, de préférence, être énumérés dans un ordre spécial adopté par l'Administration en vue de rendre plus rapide le contrôle des déclarations, de ménager, par suite, le temps des contribuables et, en outre, en vue de faciliter aux receveurs l'établissement des statistiques qu'ils peuvent avoir à dresser. Les agents doivent suivre cet ordre toutes les fois qu'ils sont appelés à transcrire la déclaration des parties, mais il est entendu que celles-ci ne sont pas tenues de s'y conformer lorsqu'elles rédigent elles-mêmes leur déclaration (Inst. 2954, p. 3).

Le montant en capital des biens compris dans les déclarations est tiré hors ligne, soit par les parties, soit par le receveur, dans la colonne établie à cet effet sur la formule, de manière à faire ressortir dans l'ordre suivant, d'une part, pour les biens de communauté, s'il y a lieu, d'autre part, pour les biens propres, l'importance totale de chacune des catégories de valeurs ci-après :

1° Rentes françaises et autres valeurs du Trésor ;
2° Rentes et effets publics des gouvernements étrangers ;
3° Actions dans les sociétés françaises ;
4° Actions dans les sociétés étrangères ;
5° Obligations négociables et non négociables des sociétés, départements, communes, établissements publics et établissements d'utilité publique français ;
6° Obligations négociables des sociétés, villes, provinces et corporations étrangères ;
7° Parts d'intérêt et commandites simples françaises ;
8° Parts d'intérêt et commandites simples étrangères ;
9° Numéraire ;
10° Assurances sur la vie ;
11° Dépôts dans les banques et comptes courants ;
12° Livrets des caisses d'épargne et de la caisse des retraites pour la vieillesse ;
13° Créances chirographaires et hypothécaires ;
14° Rentes sur les particuliers ;
15° Prix d'offices ;
16° Fonds de commerce, y compris les marchandises attachées au fonds ;
17° Meubles corporels (meubles et objets mobiliers, navires et bateaux, etc.) ;
18° Immeubles urbains (revenu capitalisé par 20) ;
19° Immeubles ruraux (revenu capitalisé par 25) ;
20° Immeubles dont la destination actuelle n'est pas de procurer un revenu (valeur vénale).

Chaque déclaration est terminée par une mention ainsi conçue : « Le déclarant affirme sincère et véritable, sous « les peines de droit, la présente déclaration contenue en « (*nombre*) pages et approuve (*nombre*) mots rayés nuls. » Le déclarant date ensuite la déclaration et la signe, en approuvant séparément chacun des renvois. Si le déclarant certifie qu'il est dans l'impossibilité de remplir cette formalité, le receveur constate son attestation à cet égard par une mention qu'il signe lui-même.

17. Age de l'usufruitier. — Lorsque la déclaration de succession s'applique à une mutation d'usufruit ou de nue propriété dont la valeur doit être déterminée conformément aux règles établies par l'art. 13 de la loi du 25 février 1901, c'est-à-dire d'après l'âge de l'usufruitier, le déclarant doit faire connaître la déclaration et la signe, en sance de cet usufruitier (V. V° *Usufruit*, n°s 58 et s.).

18. (20). Détail des meubles. État estimatif. — L'état estimatif, article par article, des biens meubles, prévu par l'art. 27 de la loi du 22 frimaire an VII, continue d'être fourni, sous l'empire de la loi du 25 février 1901, lorsque le déclarant n'est pas illettré et que l'évaluation des héritiers constitue la base légale de la perception (Inst. 3058, p. 32). Par conséquent, cet état n'est pas nécessaire lorsque l'estimation des meubles transmis par décès résulte d'un inventaire dressé dans la forme authentique, d'un procès-verbal de vente publique ou des énonciations d'une police d'assurance. Dans les deux premiers cas, les héritiers doivent faire mention, dans leurs déclarations, de l'inventaire ou de la vente, en rappelant la date de l'acte, le nom et la résidence de l'officier public qui l'a reçu. S'il s'agit d'une police d'assurance, il convient d'en constater la production au receveur et d'insérer dans la déclaration toutes les indications (date, désignation de l'assureur, etc.), de nature à permettre à l'Administration d'exercer son contrôle au moyen du droit de communication qui lui est ouvert au siège des compagnies d'assurances.

Aux termes de l'art. 16 de la loi du 25 février 1901, toutes les successions doivent être enregistrées au bureau du domicile du décédé, quelle que soit la situation des biens dépendant de l'hérédité. Il s'ensuit que les meubles ayant une assiette déterminée ne peuvent plus être déclarés au bureau dans l'arrondissement duquel ils se trouvent au jour du décès. Mais aucune prescription légale n'oblige les héritiers à établir, comme pour les immeubles, une déclaration spéciale et distincte des meubles dont la situation est hors du bureau du domicile. Ces meubles doivent être compris dans la déclaration globale ou dans l'état estimatif annexé, sans formalité particulière.

19. État du passif. — L'art. 4 de la loi du 25 février 1901 prescrit aux héritiers ou légataires de déposer, au bureau de l'enregistrement, à l'appui de leur demande en déduction du passif héréditaire, un état détaillé, article par article, des dettes grevant la succession. Cet état, distinct de la déclaration, est dispensé du timbre et de l'enregistrement ; il doit être certifié et signé par le déposant, c'est-à-dire par l'héritier ou le légataire, par son mandataire ou par son représentant légal. Si le déposant ne sait ou ne peut signer, l'état du passif n'en doit pas moins être remis au receveur qui, en le certifiant, constate par une mention spéciale, tant sur l'état que dans la déclaration, la cause qui empêche le déclarant de signer. Le dépôt de cet état est obligatoire : il ne peut y être suppléé ni par une énumération des dettes contenue dans le corps de la déclaration de succession, ni par la production d'un inventaire notarié ou de tout autre acte établissant en détail l'importance du passif.

La loi n'a pas prévu, pour l'état des dettes, la création d'une formule spéciale à fournir par l'Administration. La rédaction en appartient aux parties qui doivent, pour chacune des dettes dont la déduction est demandée, donner toutes les indications susceptibles de la déterminer d'une façon exacte et complète : somme due, nom du créancier, date et nature de l'acte, époque d'exigibilité, etc.

20. Attestation du créancier. — La loi du 25 février 1901 donne au receveur la faculté d'exiger, à l'appui de toute demande en déduction de dette, une attestation du créancier en certifiant l'existence au jour du décès du *de cujus*. Dans certains cas, cette attestation est indispensable pour que la déduction soit admise (V. *infrá*, n° 259). Les attestations doivent être produites au moment de la déclaration et restent déposées au bureau.

21. (25 *bis*). **Pouvoir.** — Lorsque la déclaration est passée par un fondé de pouvoir, la procuration doit être écrite sur papier timbré et certifiée par le déclarant ; elle n'est pas sujette à l'enregistrement, mais elle reste déposée au bureau.

22. Immeubles situés en dehors de la circonscription du bureau. — Le système de la déclaration unique au bureau du domicile aurait eu pour résultat d'enlever aux agents de la situation des immeubles le contrôle des évaluations, si le législateur n'avait pas pris des mesures particulières pour en assurer la révision.

Lorsque la succession comprend des immeubles situés en dehors de la circonscription du bureau où est passée la déclaration, le détail de ces immeubles doit être présenté pour chacun des bureaux de la situation sur une formule séparée et distincte de la déclaration elle-même. Cette formule, qui est fournie gratuitement par l'Administration, est signée par le déclarant. La déclaration souscrite au bureau du domicile rappelle simplement le total du capital imposable constaté par chacune de ces déclarations partielles.

La formule spéciale aux immeubles situés hors de la circonscription du bureau du domicile doit, comme celle relative à la déclaration proprement dite, être remplie,

soit par les parties elles-mêmes, soit par le receveur, sur la déclaration verbale des parties (*suprá*, n° 12, *in fine*). Le receveur est en droit de l'exiger et de refuser toute déclaration si la formule spéciale aux immeubles forains n'est pas fournie.

Si, par inadvertance ou par erreur, le receveur n'a pas exigé que le détail de ces immeubles, contenu, d'ailleurs, dans le corps de la déclaration principale, soit fourni sur une formule distincte, les parties, à défaut d'une disposition expresse de la loi, n'encourent de ce chef aucune pénalité. Il semble que l'omission commise peut facilement être réparée par le receveur, qui n'aura qu'à remplir, en la rectifiant, la formule spéciale, sans qu'il soit nécessaire d'appeler les héritiers ou légataires à passer une nouvelle déclaration.

23. Utilisation des formules spéciales aux immeubles. — Le premier soin du receveur qui a reçu la déclaration est de compléter chacune des feuilles relatives aux immeubles situés en dehors de la circonscription du bureau, par l'indication du nom de ce bureau et de la date de la déclaration, des nom, prénoms, profession et domicile du *de cujus* et des noms, prénoms et domiciles des héritiers ou légataires, conformément à l'imprimé spécial. A la place ménagée sur cet imprimé pour la mention des sommes à recouvrer, ce receveur inscrit *en toutes lettres* la valeur imposable totale des immeubles détaillés dans la formule.

Le 6 de chaque mois, au plus tard, il adresse au directeur de son département, en même temps que les renvois ordinaires, toutes les formules de cette nature reçues pendant le mois précédent. Sur l'état des renvois il fait mention, en une seule ligne, du nombre total de ces formules dont chacune doit être accompagnée d'un bulletin d'envoi distinct.

Le directeur fait parvenir, sans retard, dans la forme usitée pour les renvois d'article à recouvrer, ces formules et les bulletins qui y sont joints, tant aux receveurs de son département qu'à ses collègues des autres départements, suivant la situation des biens.

Le receveur du bureau de la situation des biens mentionne, de son côté, *en toutes lettres*, sur le certificat de prise en charge, la valeur imposable totale des immeubles détaillés dans la formule et indique le numéro sous lequel la déclaration a été classée à son bureau. Il transmet ensuite le bulletin d'envoi dûment annoté et muni du certificat de réception, au directeur de son département. Ce dernier détache le certificat qu'il fait parvenir au bureau expéditeur et comprend le bulletin parmi les documents de contrôle du bureau de la situation des biens.

Le receveur de ce bureau classe les formules contenant le détail des immeubles dans une reliure mobile distincte de celle où sont placées les déclarations souscrites à son propre bureau et suivant les règles tracées par l'Inst. n° 2954. Chacune des formules dont il s'agit est revêtue par ses soins d'un numéro d'ordre, de façon à former une série ininterrompue de numéros par volume. Le même receveur inscrit ensuite le décès sur la table des successions de son bureau, en portant dans la colonne 11, non seulement la date de la déclaration et le nom du bureau où elle a été souscrite, mais encore le numéro sous lequel elle a été classée, dans la reliure mobile spéciale, la formule contenant le détail des immeubles. Il procède enfin aux annotations prescrites au répertoire général ainsi qu'aux rapprochements utiles pour le contrôle de la déclaration (V. *infrá*, n° 451 et suiv.).

De son côté, le receveur du bureau du domicile joint chaque certificat de prise en charge aux autres pièces qui lui auront été déposées à l'appui de la déclaration principale (V. *infrà*, n° 24).

Rôle des employés supérieurs. — Les employés supérieurs doivent s'assurer que chacune, des formules contenant le détail des immeubles situés en dehors de la circonscription du bureau qui a reçu la déclaration est représentée, à ce bureau, par un certificat de prise en charge du receveur du bureau de la situation des biens. Si cette pièce ne figure pas au dossier, ils en réclament un duplicata et, le cas échéant, ils mentionnent l'irrégularité au rapport de gestion. Ils s'assurent également qu'il y a concordance absolue entre la déclaration elle-même et le certificat de prise en charge en ce qui concerne la valeur imposable des immeubles dont le détail a été renvoyé au bureau de la situation des biens (Inst. 3058, p. 41 et s.).

24. Conservation des pièces déposées à l'appui des déclarations. — Les pièces déposées à l'appui des déclarations (état du passif, attestations des créanciers, état du mobilier, procurations, certificats de prise en charge émanant des receveurs de la situation des immeubles, engagements des héritiers ou légataires relatifs aux créances sur débiteurs faillis ou en déconfiture) doivent être classées *par année* dans une liasse spéciale. Mais chacune de ces pièces est préalablement annotée de la date et du numéro de la déclaration correspondante de manière à établir entre ces divers documents une référence qui permette de se reporter facilement des unes aux autres.

De plus, pour éviter les chances de perte, les différentes pièces relatives à une même déclaration doivent être matériellement rattachées les unes aux autres, de façon à former, dans la liasse, un dossier particulier à chaque déclaration (Inst. 3058, p. 43).

SECT. III. — DES PERSONNES QUI ONT QUALITÉ POUR SOUSCRIRE LA DÉCLARATION.

25. (28). Héritiers, donataires ou légataires, tuteurs ou curateurs. — L'art. 16 de la loi du 25 février 1901 n'a rien innové en ce qui concerne les personnes tenues de souscrire la déclaration. Ces personnes sont, comme sous l'empire de la loi du 22 frimaire an VII, « les héritiers légataires ou donataires, leurs tuteurs ou curateurs ». Les règles anciennes restent donc pleinement applicables.

Toutefois, pour faciliter la délivrance du certificat de payement des droits exigés pour le versement des sommes, rentes ou émoluments dus par les compagnies d'assurances sur la vie (n°s 443 et s.), l'Administration admet que, dans le cas où une déclaration de mutation par décès ne peut être légalement demandée aux héritiers ou légataires, la déclaration soit souscrite par le représentant de la compagnie ou de l'agence (Inst. 3051).

25 bis. Déclaration souscrite par une personne sans qualité. Ratification par l'héritier. — La déclaration de succession passée par une personne sans qualité ne décharge pas l'héritier de ses obligations vis-à-vis du Trésor. Celui-ci est tenu, en conséquence, de passer lui-même une déclaration régulière dans le délai légal, à peine d'un demi-droit en sus. Cependant il peut éviter la pénalité en ratifiant, même après le délai, la déclaration passée en son nom, à la condition que cette ratification soit pure et simple (Sol. 6 déc. 1899 ; R. E. 2810).

SECT. IV. — DES BUREAUX OU LA DÉCLARATION DOIT ÊTRE SOUSCRITE.

26. Règle nouvelle. Bureau du domicile. — Aux termes de l'art. 16 de la loi du 25 février 1901, « les muta-

tions par décès seront enregistrées au bureau du domicile « du décédé, quelle que soit la situation des valeurs mobilières ou immobilières à déclarer. A défaut de domicile « en France, la déclaration sera passée au bureau du lieu « du décès ou, si le décès n'est pas survenu en France, à « ceux des bureaux qui seront désignés par l'Administration ».

L'adoption du principe de l'impôt progressif et la nécessité qui en résulte de liquider les droits sur l'ensemble de chaque part successorale impliquaient nécessairement l'abandon de la règle tracée par l'art. 27 de la loi du 22 frimaire an VII et d'après laquelle les biens meubles ayant une assiette déterminée et les immeubles devaient être déclarés à chacun des bureaux de leur situation.

Désormais, une même succession ne peut plus faire l'objet de plusieurs déclarations souscrites dans des bureaux différents. Chaque décès ne doit donner lieu à déclaration que dans un seul bureau, qui est, en principe, celui du domicile du défunt.

L'établissement d'un bureau unique pour la déclaration de chaque succession met fin aux difficultés que présentait, sous le régime antérieur, la détermination du bureau compétent pour recevoir le payement des droits sur les legs de sommes et de rentes n'existant pas en nature ou pour admettre, soit l'imputation des reprises sur les biens communs situés dans le ressort de plusieurs bureaux, soit la déduction des legs de sommes et de rentes ou de sommes données et non payées (Rapp. T. A., V° *Succession*, n°s 53 à 55).

27. Offices. — Aux termes de l'art. 9 de la loi du 25 juin 1841, lorsqu'un office transmis par décès passe à un héritier unique, le droit de 2 0/0 est perçu d'après une déclaration estimative de l'office, « qui doit être souscrite au bureau de l'enregistrement de la résidence du titulaire décédé ». Cette disposition, à raison de son caractère spécial, ne paraît pas abrogée par la disposition générale de la loi du 25 février 1901. Il faut reconnaître, d'ailleurs, que, dans la plupart des cas, le lieu de la résidence du titulaire de l'office se confond avec celui de son domicile, non seulement en fait, mais en droit. En effet, d'après l'art. 107, C. civ., les fonctionnaires nommés à vie et non révocables, c'est-à-dire dont la charge ne peut être *arbitrairement* retirée, sont domiciliés au lieu où ils exercent leurs fonctions. Cette règle s'applique aux notaires (Baudry-Lacantinerie et Houques-Fourcade, *Des personnes*, I, n° 972) et aussi aux autres officiers ministériels, tels qu'avoués, huissiers, commissaires-priseurs, depuis que la loi du 10 mars 1898 a enlevé, en ce qui les concerne, le droit de révocation au gouvernement et a décidé qu'ils ne pourraient plus être destitués que par le tribunal civil de leur résidence (Fuzier-Herman, V° *Discipline judiciaire*, n° 673). Seuls, les greffiers restent soumis aux règles antérieures (Fuzier-Herman, *eod. v°*, n° 423) et, par suite, ne peuvent être considérés comme domiciliés de droit au lieu où il exercent leurs fonctions.

28. Détermination du domicile. — La détermination du domicile du *de cujus* au jour de son décès présente, sous la nouvelle loi, une importance capitale. La question de savoir quels sont les traits caractéristiques du domicile doit être résolue, suivant les circonstances de chaque affaire, d'après les principes généraux du droit civil (C. civ. art. 102 à 111). Quand il y a doute sur le véritable domicile du défunt, l'Administration accepte, en général, les indications fournies par les héritiers.

Ainsi le lieu du dernier domicile du *de cujus* est suffisamment établi par les énonciations de l'acte de décès, corroborées par celles de l'ordonnance d'envoi en possession du légataire universel et par les déclarations de celui-ci et des héritiers, alors surtout qu'aucune preuve contraire n'est apportée (Sol. 28 janv. 1898 ; R. E. 1356).

29. Etranger domicilié en France. — La compétence du bureau du domicile n'est pas modifiée par la nationalité du défunt, dès l'instant que celui-ci était domicilié en France. Ainsi, c'est à ce bureau que doit être déclarée la succession d'un étranger domicilié dans notre pays, alors même que le décès serait survenu à l'étranger.

30. Absence de domicile en France et décès en France. — Si le défunt n'avait pas de domicile en France, la déclaration doit être souscrite au bureau du lieu du décès, sans qu'il y ait à rechercher si le défunt était de nationalité étrangère ou française. Cette déclaration devra comprendre tous les biens dont l'assiette matérielle ou présumée se trouve en France, même s'ils sont situés en dehors de la circonscription du bureau du lieu du décès.

31. Domicile et décès hors de France. — Lorsqu'il s'agit de la succession d'une personne domiciliée et décédée hors de France, la déclaration doit être souscrite, pour tous les biens soumis à l'impôt français, à l'un des bureaux désignés par l'Administration, et non plus,comme avant la loi du 25 février 1901, à chacun des bureaux de la situation réelle ou fictive des valeurs imposables en France. Cette règle s'applique non seulement aux successions d'étrangers ou de Français domiciliés et décédés à l'étranger, mais encore à la succession de toute personne domiciliée et décédée en Algérie ou dans les colonies françaises.

32. Désignation des bureaux. — D'après le projet primitif, un seul bureau devait être désigné pour recevoir toutes les déclarations de successions de personnes domiciliées et décédées hors de France. Mais, comme cette prescription vise les décès de nos nationaux survenus à l'étranger, il a paru « excessif d'imposer à des héritiers le lourd fardeau d'un voyage à Paris, par exemple, pour venir y régler les droits de succession de leur auteur ». On a pensé, en outre, qu'il serait bon d'accorder « aux bureaux-frontières le droit de recevoir les déclarations de successions des personnes décédées dans un pays voisin » (Observ. de M. Fernand David, J. off.; Débats, Chambre, séance du 16 nov. 1900, p. 2106, col. 1). La pluralité des bureaux compétents a été admise dans l'article 16.

Par application de cet article et pour tenir compte des observations qui en ont précédé le vote, l'Administration a autorisé les héritiers et légataires à souscrire les déclarations de l'espèce, à leur choix, à l'un des dix bureaux suivants : Paris (1er bureau des succ.), Lille (1er bureau des succ.), Nancy, Belfort, Annecy, Lyon (1er bureau des succ.), Nice, Marseille (1er bureau des succ.), Pau, Bordeaux (1er bureau des succ.) (Inst. 3049, 3051 et 3058).

33. Successions non déclarées dans le délai. — Cependant, les divers bureaux désignés par l'Administration ne peuvent recevoir indistinctement les déclarations de personnes non domiciliées et non décédées en France qu'autant que ces déclarations sont souscrites dans les délais fixés par l'article 24 de la loi du 22 frimaire an VII. Pour assurer le payement des droits et pour éviter les poursuites qui pourraient être simultanément exercées par plusieurs receveurs relativement à la même succession, l'Administration a dû attribuer compétence à un seul bureau après l'expiration du délai légal. C'est le premier bureau des successions de Paris qui, par le fait seul de l'expiration de ce délai, devient compétent pour recevoir les déclarations et, par conséquent, pour opérer le recouvrement des droits exigibles (Inst. 3058, p. 29).

34. Prorogation de délai. — En cas de demande en prorogation de délai, les pétitionnaires doivent faire connaître celui des bureaux ci-dessus désignés dont ils auront fait choix et, si leur demande est accueillie, la décision leur imposera, notamment, la condition de passer la déclaration à ce bureau.

35. (60). Déclaration faite à un bureau incompétent. — Comme par le passé, la déclaration souscrite à un bureau autre que celui désigné par la loi ou par l'Administration (art. 16, L. 25 fév. 1901) doit être regardée comme nulle. Les parties sont tenues de passer une nouvelle déclaration et d'acquitter les droits au bureau compétent, sous peine des bureaux ci-dessus,quand la déclaration régulière est passée après le délai, et sauf à demander, dans les deux ans de la première perception, la restitution des droits payés par erreur.

SECT. V. — DES DÉLAIS.

36. (61). Délais de la loi de frimaire. — Sauf une exception relative aux legs faits au profit des établissements publics (infrà, nos 40 et s.), la loi du 25 février 1901 n'a apporté aucune modification aux délais accordés aux héritiers ou légataires, par l'art. 24 de la loi du 22 frimaire an VII, pour souscrire la déclaration des biens qui leur sont échus ou transmis par décès.

37. Déduction du passif. — En ce qui concerne, notamment, la déduction du passif, l'obligation de produire au receveur les justifications de toute nature que cet agent est en droit d'exiger ne saurait avoir pour effet de prolonger les délais qui sont impartis aux héritiers ou légataires pour passer la déclaration et payer les droits exigibles, à peine d'un demi-droit en sus (Inst. 3058, p. 14).

38. (65). Prorogation de délai. — Dans les cas exceptionnels où les héritiers ne peuvent déterminer en temps utile la consistance de la succession, l'Administration se réserve la faculté de proroger, suivant les circonstances, le délai fixé par la loi, pourvu que la demande ait été formée un mois avant l'expiration de ce délai. La même règle doit évidemment être suivie lorsque les héritiers se trouvent dans l'impossibilité de connaître ou de justifier le passif de la succession avant l'époque ordinaire du payement des droits.

39. (68). Point de départ du délai. — En principe, le délai court du jour du décès du de cujus. Mais cette règle souffre exception dans certains cas spécifiés par la loi elle-même (art. 24 L.frim.),c'est alors le jour de la mise en possession des biens héréditaires qui sert de point de départ au délai.

I. CONTUMAX. — Ainsi, les droits de mutation par décès dus sur la succession d'un contumax ne deviennent exigibles que du jour de la mise en possession réelle des héritiers (Sol. 22 avr. 1899 ; R. E. 2268), du jour de la mainlevée du séquestre et de la remise des biens aux héritiers ou au curateur, si la succession est vacante (Sol. 6 mai 1899 ; R. E. 2033).

II. BIENS RENTRÉS DANS L'HÉRÉDITÉ. — Les biens qui font retour à une succession par suite de la consécration en justice d'une action ou d'un droit litigieux doivent être déclarés et assujettis à l'impôt de mutation par décès dans les six mois de la date du jugement de première instance qui les fait rentrer dans l'actif héréditaire, lorsque ce jugement n'est pas frappé d'appel et quand bien même le délai d'appel ne serait pas expiré (Lyon, 8 août 1898 ; R. E. 1911).

III. USUFRUIT ÉVENTUEL. — Lorsqu'un usufruit a été légué sous la condition suspensive du prédécès d'un premier usufruitier et que le bénéficiaire éventuel renonce à son droit au profit de l'acquéreur des biens soumis à usufruit, cette renonciation *in favorem* emporte de sa part acceptation du legs et il est tenu de payer les droits de succession sur la valeur de ce legs dans les six mois du décès du premier usufruitier (Rouen, 14 déc. 1899 ; *R. E.* 2501).

IV. Successions de personnes décédées a l'étranger. — La présentation et le dépôt en France du testament d'une personne décédée à l'étranger ne peuvent être considérés comme constituant un fait de prise de possession susceptible de faire courir le délai de la déclaration de succession à l'égard du légataire institué, dès l'instant que cette formalité a eu lieu en dehors du concours de ce légataire. Il en est autrement du compte de sa gestion rendu, en France, par le tuteur du *de cujus* aux héritiers (Sol. 1er mars 1900 ; *R. E.* 2514).

V. Acte de l'état civil non dressé ou non transcrit. — Nous avons enseigné au *T. A.* que la prescription décennale ne court pas contre la Régie si aucun acte n'a été dressé au registre de l'état civil pour constater le décès (1). Lorsque le décès d'un Français à l'étranger a été constaté, à sa date, par le consul de France, qu'une expédition de l'acte mortuaire a été envoyée par cet agent au ministre des affaires étrangères et transmise par ce dernier à la préfecture du département où le défunt avait en dernier lieu son domicile, la Régie doit être considérée comme ayant eu, par ces faits, la connaissance légale du décès. Il importe peu, dès lors, que ce décès n'ait pas été transcrit sur les registres de l'état civil du domicile d'origine du *de cujus*, si plus de dix ans se sont écoulés depuis la date de la notification du décès au ministère des affaires étrangères, et il y a prescription des droits de successions alors ouvert que les héritiers ont pris possession, depuis un plus long délai, des biens du défunt (Figeac, 9 mars 1899 ; *R. E.* 2024).

VI. Legs sous condition suspensive. — Lorsqu'un testateur lègue à son frère l'usufruit immédiat de ses biens et la nue propriété des mêmes biens sous la condition suspensive de survenance d'un enfant et de survie de celui-ci jusqu'à sa majorité, les droits de mutation ne peuvent être exigés, dans les six mois du décès, que sur l'usufruit, dès lors que la condition apposée au legs de nue propriété n'est pas réalisée. D'autre part, le legs de la nue propriété de sa succession fait par le même testateur à un établissement public sous la condition que son frère décéderait sans postérité est également sous condition suspensive et ne peut donner ouverture au droit de mutation aussi longtemps que la condition ne s'est pas réalisée (Marseille, 8 août 1901 ; *R. E.* 2813).

Rien ne s'oppose, en effet, à ce qu'un legs soit fait à deux personnes sous deux conditions suspensives distinctes. Mais, comme la nue propriété ne peut demeurer incertaine en attendant l'événement de l'une ou l'autre de ces conditions, il faut reconnaître qu'elle repose *interim* sur la tête des héritiers *ab intestat* du *de cujus* ; ce sont donc ces héritiers qui sont débiteurs des droits exigibles sur la nue propriété.

40. (68-9°). **Legs aux établissements publics. Règles anciennes.** — Les legs faits à des établissements publics et qui ne peuvent recevoir effet qu'autant que l'acceptation en a été autorisée par l'Administration supérieure, sont soumis à une condition suspensive. La jurisprudence a conclu que les biens légués restent dans le patrimoine de l'héritier ou du légataire universel jus-

qu'à l'obtention de l'autorisation et que c'est à celui-ci qu'incombe le devoir de souscrire la déclaration et d'acquitter les droits, d'après son degré de parenté avec le défunt, dans le délai ordinaire.

41. Règle nouvelle. — La loi du 25 février 1901 a prorogé pour les libéralités dont il s'agit, le délai établi par la loi de frimaire, afin d'empêcher que l'héritier puisse être « obligé de payer pour des biens dont le testateur l'a virtuellement dépossédé » (Rapp. de M. Monestier ; *J. off. Doc. parl.* Sénat, 1900. p. 940, col. 3). Le paragraphe 4 de l'art. 19 dispose qu' « à l'égard de tous les biens légués aux départements et à tous autres établissements publics ou d'utilité publique, le délai pour le payement des droits de mutation par décès ne courra contre les héritiers ou légataires saisis de la succession qu'à compter du jour où l'autorité compétente aura statué sur la demande en autorisation d'accepter le legs, sans que le payement des droits puisse être différé au delà de deux années à compter du jour du décès ».

42. Étendue de l'exception. — L'exception apportée par l'art. 19 vise les legs faits au profit des départements et de tous *autres* établissements publics ou d'utilité publique. Ces termes sont absolument généraux et comprennent aussi les legs faits aux communes. Le législateur paraît, en effet, assimiler les départements à des établissements publics et il n'y a aucune raison de ne pas étendre cette assimilation aux communes qui présentent les mêmes caractères que les départements.

D'autre part, il n'est pas nécessaire de distinguer suivant la destination de la libéralité et de rechercher, notamment, si le legs a, ou non, un caractère de bienfaisance. La disposition de faveur s'applique à tous les legs, quelle qu'en soit la nature ou l'objet (Inst. 3058, p. 26).

43. La prorogation de délai ne profite qu'à l'héritier ou au légataire universel. — D'après l'art. 19, le délai ne court « contre les héritiers ou légataires saisis de la succession » qu'à compter du jour de l'autorité compétente aura statué sur la demande en autorisation. Ce sont donc les héritiers et les légataires universels investis de la saisine qui restent débiteurs des droits jusqu'à cette décision et bénéficient de la prorogation du délai. Si la demande en autorisation est rejetée, ils doivent se libérer, dans les six mois, du montant des droits qui sont définitivement à leur charge. Si l'autorisation est accordée, l'obligation de payer l'impôt passe à l'établissement légataire.

44. Durée du sursis. — Le payement des droits dus sur les legs faits aux établissements publics ou d'utilité publique ne peut être différé au delà de deux années à compter du jour de l'ouverture de la succession. Si donc la décision de l'autorité supérieure n'est pas intervenue dans ce délai, l'héritier ou le légataire universel saisi doit verser, avant l'expiration des deux années qui suivent le jour du décès, les droits afférents aux biens légués d'après le taux réglé suivant son degré de parenté avec le défunt. A défaut de payement dans le délai de deux ans, le demi-droit en sus serait exigible.

45. Obligations des établissements légataires. — Les établissements publics ou d'utilité publique devenus légataires sont tenus, comme sous l'ancienne législation, d'acquitter le droit de mutation sur leur legs dans les six mois qui suivent la décision d'autorisation, alors même que ce délai de six mois expirerait avant que les deux années, qui sont accordées à l'héritier ou au légataire universel pour se libérer, se soient écoulées depuis le décès.

Lorsque l'autorisation de l'administration supérieure intervient après que l'héritier ou le légataire saisi a acquitté l'impôt sur la valeur des legs faits aux établisse-

---

(1) Cass. civ., 30 juin 1806, 8 mai 1809, 3 nov. 1813, 25 janv. 1815 ; Dall. *Rép.*, V° *Enregistr.*, n° 5622, notes 1 à 4 ; — V. cependant : Cass. civ., 21 juill. 1851 ; Inst. 1900, § 3 ; D.51.1. 201 ; S. 51.1.617 ; *J. E.* 15.248.

ments publics, le complément de droit auquel cette décision peut, le cas échéant, donner ouverture, devient, suivant les règles du droit commun, exigible dans les délais ordinaires à compter du jour de l'autorisation (Inst. 3058, p. 26). Pour déterminer l'importance de ce droit complémentaire, il faut rechercher, tout d'abord, quel est le montant total des droits que les héritiers ou légataires auraient eu à payer, au tarif progressif appliqué à chaque part nette, sur l'ensemble de l'actif héréditaire diminué du legs fait à l'établissement public ; le chiffre ainsi obtenu est retranché du montant des droits acquittés par les héritiers ou légataires et c'est la différence entre le reste de cette opération et la somme due par l'établissement public qui représente le supplément de droit exigible.

A l'inverse, si les droits payés par l'héritier ou le légataire sont supérieurs à ceux qui se trouvent réellement dus, par suite de l'acceptation, sur le legs fait à l'établissement public, la restitution de la somme acquittée en trop nous paraît devoir être accordée quand elle est demandée dans les deux ans qui suivent le payement fait par l'héritier ou le légataire. Une solution du 5 août 1893 (R. E. 972) a statué en ce sens pour les droits payés par l'héritier sur un legs fait à l'État.

45 bis. Legs en nue propriété. — Lorsque des libéralités faites à des établissements publics ou d'utilité publique sont grevées d'un usufruit, il n'y a pas lieu d'attendre, pour statuer sur l'autorisation d'accepter, que cet usufruit ait pris fin. D'autre part, le payement des droits exigibles sur la nue propriété ne peut être retardé jusqu'à l'extinction de l'usufruit (Avis Cons. d'Et. du 21 nov. 1900 ; R. E. 2801).

45 ter. Diligences non faites en vue de l'autorisation. Bureau de bienfaisance. — La circulaire du Ministre de l'Intérieur du 10 juin 1901 (R. E. 2568, p. 683 et 684), relative à l'exécution de la loi du 4 février 1901, indique dans quels cas une libéralité faite à un bureau de bienfaisance doit être considérée comme acceptée. La négligence ou le refus de délibérer, de la part du conseil municipal, équivaut à un acquiescement à l'acceptation de la libéralité par le bureau de bienfaisance.

Quant à savoir s'il y a négligence ou refus de délibérer, c'est le préfet qui, semble-t-il, est seul à même de trancher cette question.

Le point de départ du délai de 6 mois est la date de l'acte — avis du conseil municipal (legs sans charges) ou arrêté du préfet (legs avec charges) — qui rend l'acceptation définitive.

S'il y a négligence ou refus de délibérer constatés par un arrêté préfectoral décidant que la libéralité doit être considérée comme acceptée, le délai de 6 mois court du jour de cet arrêté. A défaut d'une telle constatation, si le conseil municipal néglige ou refuse de délibérer, le délai ne peut courir que du jour de l'entrée en possession ou de la délivrance du legs.

46. Acceptation provisoire. — D'après l'art. 8 de la loi du 4 février 1901, tous les établissements publics et d'utilité publique peuvent, sans autorisation préalable, accepter provisoirement ou à titre conservatoire les dons et legs qui leur sont faits. Mais cette acceptation n'est pas définitive et n'a réalise pas la condition qui tient le legs en suspens. Les droits de mutation par décès ne peuvent, par suite, être réclamés à l'établissement légataire tant que l'autorisation régulière n'a pas été accordée. Il en est ainsi, notamment, lorsqu'un hospice institué légataire universel a été envoyé par le président du tribunal en possession provisoire des biens légués, mais seulement à titre con-

servatoire et sous le bénéfice de l'autorisation administrative à intervenir (Sol. 15 déc. 1897 ; R. E. 1912).

47. Dispense d'autorisation. — Il est à remarquer qu'un délai de faveur n'est accordé pour le payement des droits qu'à l'égard des legs dont l'effet est subordonné par l'art. 910 C. civ. à une autorisation de l'administration supérieure. Le paragraphe 4 de l'article 19 ne prévoit, en effet, que le cas où « l'autorité compétente aura à statuer sur une demande en autorisation d'accepter le legs ». Toutes les fois que cette autorisation n'est pas exigée, la condition suspensive qui a motivé une exception à la règle générale fait défaut et les établissements gratifiés se trouvent dans la même situation que tout autre légataire. Les droits applicables aux legs faits en leur faveur doivent alors être acquittés dans les délais de droit commun (Inst.3058,p.27).

Nous exposons infrà, n° 340, les règles relatives à l'acceptation des dons et legs faits aux établissements publics et d'utilité publique.

48. Privilège du Trésor. — Le paragraphe 5 de l'art. 19 spécifie expressément que la prorogation des délais ordinaires accordée à l'héritier ne porte pas atteinte à l'exercice du privilège que l'art. 32 de la loi du 22 frimaire an VII accorde au Trésor sur les revenus des biens à déclarer. En conséquence, les mesures conservatoires autorisées par cette disposition pourront, s'il y a lieu, être prises comme par le passé, aussitôt que le créance du Trésor sera ouverte, c'est-à-dire à compter du jour du décès. En effet, quand il s'agit de mesures conservatoires destinées à sauvegarder les droits de l'État, l'Administration n'est pas tenue d'attendre l'expiration du délai accordé aux héritiers, donataires ou légataires, par l'art. 24 de la loi de frimaire. A plus forte raison doit-il en être de même lorsque le délai ordinaire est prorogé dans le seul intérêt des parties : la loi du 25 février 1901 écarte, par son texte formel, toute discussion sur ce point. Il va sans dire que le privilège de l'article 32 peut, à raison de son caractère général (T. A., V° Succession, n° 631), être exercé sur tous les revenus de la succession et non pas seulement sur les revenus des biens légués aux établissements publics, sauf le recours des parties entre elles.

49. Prescription. — Dès l'instant que la créance du Trésor s'ouvre au jour du décès malgré le sursis de deux ans accordé aux héritiers ou légataires, il faut en conclure que le point de départ de la prescription décennale doit être fixé à la date de l'ouverture de la succession en ce qui concerne les droits dus par ces héritiers ou légataires (Comp. R. E. 2691, obs. in fine). Mais, lorsque l'autorisation d'accepter le legs a été accordée à l'établissement légataire, c'est la date de cette autorisation qui, comme pour tout événement réalisant une condition suspensive, fait courir le délai de la prescription de dix ans à l'égard de cet établissement (Rapp. T. A., V° Prescription, n° 189).

50. Date d'application. — L'Administration a décidé que le bénéfice du délai de deux ans ne peut profiter qu'aux legs se rattachant à une succession ouverte depuis la mise à exécution de la loi du 25 février 1901 et ne saurait s'appliquer, par effet rétroactif, aux successions ouvertes avant cette date (Sol. 2 avr. 1901 ; R. E. 2691). Cette décision ne paraît pas susceptible d'être approuvée. La règle de la non-rétroactivité des lois dérive de ce principe d'équité que le législateur lui-même ne peut attaquer des droits acquis. Mais il ne faut pas confondre avec le droit lui-même ce qui constitue seulement son exercice, son mode d'usage ou son mode de conservation. Ces modes sont toujours régis par la loi actuelle, tandis que le droit se détermine d'après la loi sous l'empire de laquelle il est né (Baudry-Lacantinerie et Houques-Fourcade, des Personnes, I, n°⁸ 151 et 152). Il est reconnu, par application de ces principes, que les lois relatives à l'organisation judiciaire, à la compétence, à la procédure et *aux voies d'exécution* sont immédiatement applicables même aux créances ou droits nés avant leur promulgation (*ibid.*, h° 178). Or, au cas particulier, le droit acquis, c'est la créance du Trésor ouverte au jour même du décès. Le délai plus ou moins long que la loi accorde au débiteur n'est qu'un terme de payement (Inst. 3037, § 1, al. XIX) ; ce n'est pas un droit acquis, ni pour lui ni pour le Trésor. Nous en concluons que la Régie ne peut contraindre des successibles au payement de droits de mutation ouverts sous l'ancienne législation que dans le délai et sous les conditions fixés par la loi nouvelle.

L'Administration ne fait, du reste, que poser le principe contraire et l'abandonne aussitôt dans l'application pour se rallier à notre opinion, puisqu'elle décide, par la même solution, d'accorder aux héritiers, dans tous les cas où des biens ont été légués à des établissements publics, un délai de payement calculé suivant les règles posées par l'art. 19 de la loi nouvelle.

51. Mesures de surveillance. — Pour assurer le recouvrement des droits dûs sur les legs faits aux départements, communes, établissements publics et d'utilité publique, dès que ces droits deviendront exigibles, les receveurs doivent établir, au sommier de surveillance, un relevé, en forme de tableau, où seront mentionnées toutes les libéralités dont l'acceptation est subordonnée à une autorisation administrative. Chaque inscription est faite sur une ligne distincte et porte un numéro d'ordre qui est rappelé en marge de la déclaration souscrite par les héritiers. Les employés supérieurs ont soin de veiller à ce que chaque article de ce relevé soit exactement annoté de la date de l'acceptation et de celle de la recette des droits (Inst. 3058, p. 50).

On rappelle que la surveillance des autorisations d'accepter les dons et legs doit être exercée au moyen des relevés périodiques dressés en exécution de l'Inst. 2181, § 1ᵉʳ, et des renvois créés, au cours de leurs opérations dans les établissements publics et dans les préfectures (Inst. 2721-125 et 126), par les employés supérieurs auxquels doit être communiqué le Recueil des actes administratifs du département (Inst. 3058, p. 50).

SECT. VI. — DES PEINES DE RETARD.

52. (69). **Disposition générale.** — Aux termes de l'art. 39 de la loi du 22 frimaire an VII, les héritiers, donataires ou légataires, leurs tuteurs et curateurs, doivent souscrire dans le délai légal la déclaration des biens transmis par décès, à peine de supporter personnellement, à titre d'amende, un demi-droit en sus du droit dû pour la mutation. La loi du 25 février 1901 n'a ni étendu ni restreint cette disposition.

53. (71). **Tuteurs.** — Le tuteur peut être poursuivi personnellement en payement du droit en sus qui lui incombe pour n'avoir pas effectué dans le délai légal la déclaration d'une succession échue à son pupille. Mais il n'est pas tenu de faire de ses deniers l'avance du droit simple et il ne peut être poursuivi pour le payement de ce droit qu'en sa qualité d'administrateur légal des biens du pupille. Cette opinion que nous avons soutenue au T. A., V° *Succession*, n° 71, note 2, a été confirmée par un jugement du tribunal de Gray du 26 novembre 1897 (R. E. 1618 ; — *Contrà*, Bordeaux, 7 avr. 1897 ; R. E. 1540).

53 bis. (77). **Acompte versé dans le délai légal.** — Calcul du demi-droit en sus. — En cas de versement,

dans le délai légal, d'un acompte sur les droits de mutation par décès, le demi-droit en sus se liquide seulement sur la portion du droit simple restant due (Sol. 17 juill. 1899 ; R.E. 2806).

54. Colégataires non solidaires. — Lorsque la déclaration d'une succession échue à deux légataires universels conjoints est passée par l'un d'eux, tant en son nom qu'au nom de son colégataire pour lequel il se porte fort, celui-ci encourt un demi-droit en sus s'il n'a pas souscrit personnellement, dans le délai légal, la déclaration des valeurs à lui échues, et cette pénalité est due même pour les valeurs comprises dans la déclaration faite par le porte-fort et sur lesquelles le droit simple a été acquitté. En effet, les deux colégataires n'étant pas solidaires, l'un d'eux ne pouvait passer une déclaration régulière pour le compte de l'autre.

CHAP. III. — DES BIENS A DÉCLARER.

55. (87). **Disposition générale.** — L'art. 4 de la loi du 22 frimaire an VII porte que « le droit proportionnel est établi... pour toute transmission de propriété, d'usufruit ou de jouissance de biens meubles et immeubles... par décès ». Cette disposition est générale et s'applique à toutes les valeurs mobilières ou immobilières qui faisaient partie du patrimoine du défunt et qui, par le fait de son décès, sont transmises à ses héritiers, donataires ou légataires. Les applications diverses de cette règle ont été développées au T. A., V° *Succession*, n°⁸ 87 et suiv. Il suffit maintenant de rappeler les dernières décisions administratives ou judiciaires intervenues en cette matière au cours des dernières années.

SECT. Iʳᵉ. — BIENS DE DIVERSES NATURES.

56. (95). **Partage postérieur à la déclaration.** — Le partage pur et simple constitue la base de la déclaration et de la liquidation des droits. Ainsi le partage postérieur à la déclaration de succession peut donner lieu à la perception d'un supplément de droit, non seulement quand il développe la matière imposable en démembrant la propriété, mais encore lorsqu'un héritier reçoit une part de la succession excédant ses droits d'après la saisine, et que cette dévolution est assujettie à un tarif plus élevé que celle qui s'effectue au profit des autres héritiers (Seine, 28 juill. 1899 ; R. E. 2458).

Mais, lorsque deux héritiers qui ont recueilli un bien par indivis, chacun pour moitié, au décès de l'auteur commun, restent dans l'indivision jusqu'à leur propre mort et que leurs deux successeurs partagent le bien commun en attribuant à l'un la nue propriété, à l'autre l'usufruit, ce développement de matière imposable n'autorise pas la Régie à considérer les héritiers immédiats de l'auteur commun comme ayant recueilli, l'un la nue propriété, l'autre l'usufruit, et à réclamer un supplément de droit calculé, en conséquence, sur les biens prétendus rentrés dans l'hérédité primitive (Domfront, 1ᵉʳ déc. 1899 ; R. E. 2366).

Si l'Administration persiste dans le système adopté par elle et consistant à ne pas tenir compte des rapports pour le calcul de la part nette revenant à chaque ayant droit (V. 361-I, *infra*), il lui sera difficile de continuer à soutenir que le partage doit servir de base à la déclaration de succession.

57. (96). **Partage postérieur avec soulte.** — Un partage avec soulte postérieur à la déclaration de succession ne peut servir de base à la liquidation du droit de mutation par décès (Lille, 9 août 1893 ; *R. E.* 1961).

58. (112). **Propriété apparente. Transfert irrégulier de titres nominatifs.** — Les titres nominatifs continuent d'être la propriété de celui au nom duquel ils étaient inscrits, quoique celui-ci en ait fait opérer le transfert au nom d'un tiers, si ce transfert est irrégulier. En conséquence, si le titulaire primitif décède, les titres qu'il a irrégulièrement transférés doivent être compris dans la déclaration de sa succession (Sol. 29 avr. 1897 ; *R. E.* 1658).

59. (130). **Fonds de commerce à l'étranger. Domicile en France.** — Lorsqu'un fonds de commerce situé à l'étranger dépend d'une succession régie par la loi française, la clientèle constitue une valeur incorporelle qui doit être déclarée en France, à l'exclusion du matériel, des marchandises et des autres éléments corporels contribuant à former, avec la clientèle, la valeur totale du fonds (Sol. 22 juin 1897 ; *R. E.* 1503).

60. (140). **Adjudication frappée de surenchère.** — Lorsque l'acquéreur d'un immeuble frappé de surenchère du dixième, par application de l'art. 2185, C. civ., décède avant la validation de cette surenchère qui est contestée, il est réputé propriétaire de l'immeuble jusqu'à la nouvelle adjudication prononcée au profit d'un tiers, mais cette adjudication a un effet rétroactif, et, à partir du jour où elle est prononcée, le *de cujus* est censé n'avoir jamais été propriétaire de l'immeuble. Par conséquent, si les droits de succession n'ont pas été acquittés avant cette deuxième adjudication sur l'immeuble surenchéri, ils ne peuvent plus, du jour de celle-ci, être exigés. Mais ils sont dus sur les frais et loyaux coûts que l'adjudicataire sur surenchère doit rembourser à la succession, par application de l'art. 2188, C. civ., et sur les fruits de l'immeuble pendant la période intermédiaire, lesquels doivent être évalués comme usufruit temporaire (Sol. 6 nov. 1896 ; *R. E.* 1355).

61. (144). **Nantissement.** — Le contrat de gage ne confère au créancier que le droit de se faire payer sur la chose qui en est l'objet par privilège et préférence aux autres créanciers. Ce principe est applicable aux avances sur titres consenties par la Banque de France. Cet établissement jouit, il est vrai, du privilège de pouvoir réaliser le gage sans recourir à l'autorisation de la justice. Mais tant qu'il n'use pas de son droit, c'est-à-dire tant que le gage n'est pas réalisé, « le débiteur reste propriétaire du gage qui n'est dans la main du créancier qu'un dépôt assurant le privilège de celui-ci » (art. 2079, C. civ.). Par suite, doivent être comprises dans la déclaration de succession du débiteur et assujetties à l'impôt de mutation par décès, les valeurs déposées à la Banque de France et affectées à la garantie d'avances. Il importe peu que ces avances aient été exigibles antérieurement au décès, dès lors qu'en fait le gage n'a été réalisé que postérieurement (Lesparre, 2 déc. 1897 ; *R. E.* 1619). Mais, depuis la loi du 25 février 1901, la dette résultant des avances est déductible de l'actif héréditaire sous les justifications ordinaires.

62. (147). **Rentes sur l'Etat. Coupons détachés.** — L'article unique de l'ordonnance des 30 janvier-5 février 1822 dispose que les négociations de rente 5 0/0 à la Bourse de Paris, avec jouissance du semestre courant, seront fermées les 6 mars et 6 septembre (alors que l'échéance avait lieu les 21 mars et 21 sept.), c'est-à-dire 15 jours avant l'échéance. Le cours ne comprend donc pas le coupon non échu.

Il a été jugé, en conséquence, que, pendant la période de 15 jours comprise entre le détachement du coupon des rentes sur l'Etat et celle de l'échéance du coupon, la valeur

de la rente est représentée par le capital déterminé au moyen du cours de la Bourse et, en outre, par le coupon détaché que le cours de la Bourse ne comprend pas. Par suite, si le titulaire d'une rente sur l'Etat décède dans l'intervalle qui s'écoule entre le détachement et l'échéance du coupon, la valeur de ce coupon doit être comprise parmi les biens de la succession à déclarer, sous peine du droit en sus édicté en cas d'omission (Thiers, 12 janv. 1900 ; *R. E.* 2459).

62 bis. Banque de France. — De même, les actions de la Banque de France sont cotées à partir des 27 décembre et 26 juin, sans le coupon semestriel exigible les 1er janvier et 1er juillet suivants. Si donc un propriétaire de titres de cette nature meurt dans l'intervalle du 27 décembre au 1er janvier ou 26 juin au 1er juillet, la valeur de l'action sera représentée par son cours en Bourse augmenté du dividende du semestre (1).

63. (209). **Caisse des retraites pour la vieillesse. Versements par une compagnie de chemins de fer.** — Les versements opérés à la Caisse nationale des retraites par une compagnie de chemins de fer, pour le compte de l'un de ses employés marié sous le régime de la communauté, ne dépendent que pour moitié de la succession de cet agent, l'autre moitié appartenant à son conjoint (Sol. 22 fév. 1900 ; *R. E.* 2479). Mais il en est autrement des versements à une caisse d'épargne effectués par la compagnie au compte du même agent ou des achats de rente faits au nom de celui-ci : ces valeurs dépendent de la communauté (Sol. 12 mai 1896 ; *R. E.* 1297).

64. Caisse des retraites pour la vieillesse. Capital réservé et attribué à certains parents désignés dans les statuts d'une société de secours mutuels. — Lorsqu'il résulte des statuts d'une société de secours mutuels que les fonds versés, au nom de chaque sociétaire, à la Caisse nationale des retraites, avec capital réservé au profit de l'association, seront, au décès de ce sociétaire, remboursés à certains parents déterminés, à l'exclusion de tous autres, le droit de mutation par décès est dû sur les sommes remises auxdits ayants droit en vertu de cette clause (Sol. 21 nov. 1898 ; *R. E.* 2169).

65. (215). **Locataire principal. Prorata de fermages dus et à recevoir.** — Sous la législation antérieure à la loi du 25 février 1901, l'Administration a admis que lorsque le défunt, locataire principal d'un immeuble, en sous-louait une partie et que des prorata de fermages lui étaient dus à son décès, pour cette sous-location, il n'y avait pas lieu, néanmoins, de comprendre ces prorata parmi les biens à déclarer, si le *de cujus* devait lui-même au propriétaire des prorata de fermages égaux ou supérieurs (Sol. 28 fév. 1896 ; *R. E.* 1430). Avec le nouveau principe de la déduction des dettes, cette décision ne sera plus suivie. Les prorata dus au locataire principal décédé devront être portés à l'actif de sa succession, mais il conviendra d'inscrire au passif héréditaire l'intégralité des prorata dont il était débiteur à son décès, sous les justifications ordinaires.

66. (227). **Constructions imposées au preneur comme conditions d'un bail. Décès du bailleur.** — Lorsqu'un terrain est donné à loyer par un propriétaire pour une

---

(1) Le dividende des actions de la Banque est détaché les 24 juin et 24 décembre de chaque année, après la clôture de la journée, mais le chiffre n'en est officiellement arrêté que les 25 juin et 26 décembre par le conseil d'administration. Le détachement ne se fait en Bourse que lorsque l'avis de la décision a été transmis au syndicat des agents de change, c'est-à-dire pour la cote des 26 juin et 27 décembre (Sol. 22 déc. 1869 *D. E. Success.,* 1636).

longue durée (en l'espèce 25 ans) et que le preneur est tenu, aux termes du bail, d'élever sur le terrain loué des constructions dont la valeur minimum est fixée et qui deviendront en fin de bail la propriété du bailleur, ces constructions sont la propriété temporaire du preneur jusqu'à cette échéance. Si le bailleur décède au cours du bail, le terrain seul, à l'exclusion des constructions, dépend de sa succession, mais il y a lieu de considérer comme une charge de nature à être ajoutée au loyer annuel l'obligation imposée au preneur d'édifier des constructions. L'importance annuelle de cette charge peut être équitablement estimée en divisant par le nombre des années du bail l'évaluation des travaux de constructions contenue dans le devis annexé à l'acte de bail. Au cas de refus de paiement amiable de la part des intéressés, la Régie doit procéder contre eux par voie d'expertise (Sol. 17 fév. 1898 ; *R. E.* 1659).

67. (236). **Communauté légale. Constitution de dot à l'un des époux. Exclusion de la communauté.** — Le mobilier donné par contrat de mariage à l'un des époux mariés sous le régime de la communauté légale ne tombe pas dans la communauté, si le donateur a manifesté l'intention d'en gratifier *personnellement* l'époux donataire, à l'exclusion de la communauté. Il n'est pas nécessaire que cette intention soit formulée en termes exprès ; il suffit qu'elle ressorte des clauses de l'acte et des circonstances, comme de l'immatriculation, au nom de la femme, des titres à elle donnés (Sol. 12 mai 1897 ; *R. E.* 1589).

68. (238). **Retrait d'indivision. Droit d'option.** — Lorsque le mari s'est rendu acquéreur en son nom personnel d'une portion indivise de droits successifs mobiliers et immobiliers dans lesquels sa femme est déjà fondée pour partie et qu'il ne résulte d'aucune circonstance que la femme ait manifesté l'intention de garder l'acquisition à son compte, le droit d'option a passé à ses héritiers. L'intention de ceux-ci de répudier l'acquisition peut résulter suffisamment de ce fait qu'ils n'ont pas compris les droits acquis dans la déclaration de succession de leur auteur (Sol. 24 août 1898 ; *R. E.* 2084).

69. (241). **Biens rentrés dans l'hérédité. Résolution d'un legs pour inexécution des charges.** — Si un legs particulier est résolu, à la requête de l'héritier, pour cause d'inexécution des charges, cette révocation a lieu *ex causa nova* et ne fait pas rétroactivement rentrer dans l'hérédité l'objet légué. Par suite, l'héritier ne doit pas de droit de mutation par décès complémentaire sur ce legs, mais seulement sur l'action en résolution recueillie par lui dans la succession de son auteur (Sol. 14 oct. 1895 ; *R. E.* 1429).

70. (241). **Legs sous condition résolutoire. Réalisation de la condition.** — Lorsqu'un testateur lègue une somme d'argent à un tiers sous une condition résolutoire, par exemple sous la condition que cette somme fera retour à ses héritiers si le légataire meurt sans enfants, la réalisation de la condition a pour résultat d'opérer au profit des ayants cause du testateur, — vivants à l'époque de la réalisation de la condition, — une mutation effective de propriété rendant exigible le droit de succession sur la somme ainsi recueillie par eux. Mais un pareil droit ne peut être réclamé à raison des transmissions qui sont censées s'être opérées rétroactivement au sujet de ladite somme, tant au décès du testateur qu'au décès des héritiers appelés successivement à recueillir le bénéfice du legs résolu, dès lors que, en fait, ceux-ci n'ont pas pu profiter de ce bénéfice, comme étant eux-mêmes décédés avant le légataire dont le décès a opéré la rentrée d'une valeur dans l'hérédité (Mâcon, 18 janv. 1898 ; Cass.

req., 23 oct. 1900 et obs. de M. Naquet ; *R. E.* 2571).

71. (244). **Donation entre vifs. Réduction.** — Par une solution du 27 février 1897 (*R. E.* 2645), l'Administration a décidé qu'il y a lieu de soumettre au droit de mutation par décès comme biens rentrés dans l'hérédité, les valeurs qu'un donataire doit remettre à la masse successorale par suite de l'action en réduction exercée contre lui. Cette solution nous paraît contraire à la règle *non bis in idem*, ainsi qu'à la jurisprudence de la Cour de cassation qui considère comme sorties du patrimoine du donateur les sommes données par lui entre vifs et non encore payées à son décès (V. *infrà*, n° 311) (1).

72. (246). **Payement des reprises en argent.** — Lorsque, après le décès d'un époux commun en biens, on a déclaré que les reprises du survivant absorbaient la plus forte partie des biens communs (dont le surplus appartenait au prédécédé en payement de ses reprises) et que, néanmoins, on ne comprend, dans la déclaration de succession de l'époux décédé le dernier, que la moitié de la communauté, il y a omission, dans cette dernière déclaration, de la différence entre la valeur attribuée au survivant sur la communauté lors du décès de son conjoint et la valeur déclarée (1/2 de la communauté). La présomption de cette omission ne peut être repoussée que s'il est établi que les reprises du dernier vivant ont été payées en argent et non par voie de prélèvement sur la masse commune. Dans cette dernière hypothèse, il y a rentrée dans l'hérédité du conjoint prédécédé de la valeur nécessaire pour parfaire — avec les biens déclarés à son décès — sa part réelle, c'est-à-dire moitié, dans les biens de communauté (Sol. 7 août 1897 ; *R. E.* 1591).

73. (249). **Valeurs dissimulées. Rentrée dans l'hérédité.** — Lorsque deux conjoints décèdent à huit ans d'intervalle laissant les mêmes héritiers et que, dans l'acte de liquidation et partage dressé après le décès du second époux, il est dit que celui-ci a omis de déclarer, lors du décès de son conjoint, comme dépendant de la communauté, un chiffre important de valeurs mobilières énumérées en l'acte, la Régie n'est pas tenue d'accepter cette allégation dans son intégralité et d'admettre l'existence dans la première hérédité des valeurs prétendues omises. Ces valeurs doivent, en l'absence de toutes présomptions contraires, être présumées avoir été dissimulées par l'époux survivant seul, sans la participation des héritiers. Elles ont, en conséquence, le caractère de biens rentrés dans l'hérédité, par suite de la découverte qui en a été faite ultérieurement, et doivent être déclarées dans les six mois de cet événement; même en ce qui concerne la portion revenant à l'époux prédécédé dans lesdits biens (Chalon-sur-Saône, 21 juin 1898 ; *R. E.* 1915).

On peut se demander si, pour être logique avec lui-même, le tribunal n'aurait pas dû décider que les valeurs prétendues dissimulées par l'époux survivant dépendaient de la succession de celui-ci, puisqu'il en avait la propriété apparente et que le fait de la dissimulation était déclaré non opposable à l'Administration.

74. (254). **Indemnité en cas d'accident.** — Lorsqu'une compagnie de chemins de fer, pour indemniser un de ses employés victime d'un accident, s'engage à verser immédiatement une somme déterminée et, en outre, à verser après son décès, une autre somme à sa fille, si elle lui survit, aucun droit de mutation n'est dû, lors du décès, sur cette dernière somme (Sol. 30 sept. 1890 ; *R. E.* 2269).

En ce qui concerne les sommes payées, à titre d'indem-

(1) V. dans le même sens : *J. E.* 25.136, obs. ; *Rev. du notariat*, 10.207 ; *J. des notaires*, 26.518 et références.

nité, par les compagnies d'assurances contre les accidents, voir *infra*, n° 101.

75. (265). **Compensation.** — La compensation s'opère de plein droit, jusqu'à due concurrence, entre le prix d'une adjudication consentie au profit d'un créancier inscrit et la créance de ce dernier : 1° dès le jour de l'adjudication, lorsque l'immeuble est uniquement grevé de l'inscription prise au profit de l'acquéreur ; 2° dès le jour où les créanciers inscrits, entre lesquels l'ordre a pu être ouvert, se sont trouvés réduits à l'acquéreur seul par suite de la renonciation des autres à leurs droits ou de la satisfaction qui leur a été donnée, abstraction faite du point de savoir si le juge-commissaire a poursuivi ou non le règlement d'un ordre qui était inutile. En conséquence, si le créancier inscrit qui se rend adjudicataire de l'immeuble se trouve, à son décès, dans les conditions ci-dessus, il n'y a pas lieu de comprendre dans la déclaration de sa succession la créance éteinte par compensation antérieurement au décès (Sol. 24 mai 1897 ; *R. E.* 1513). Du reste, sous l'empire de la loi du 25 février 1901, la situation serait la même, au point de vue de la liquidation de l'impôt, si la compensation n'avait pas éteint la créance. Dans cette hypothèse, il conviendrait sans doute de porter cette créance à l'actif de la succession ; mais, en même temps, la dette résultant du prix de l'adjudication devrait être admise, sous les justifications prescrites, au passif héréditaire.

76. (266). **Confusion. Créance sur le légataire universel.** — Le débiteur qui succède à son créancier et qui se libère ainsi par confusion du montant de sa dette doit acquitter sur cette créance le droit de mutation par décès. Le tribunal de Coulommiers a fait l'application de ce principe dans l'espèce suivante (Jug. 14 mai 1897 ; *R. E.* 1541). Un testateur avait légué l'usufruit de tous ses biens à son conjoint et institué un légataire universel en stipulant que les droits de mutation et frais analogues seraient prélevés sur sa succession. Le conjoint survivant avait fait de ses deniers l'avance des frais funéraires, de dernière maladie, droits de mutation, etc., dus par la succession de l'époux prédécédé, lorsqu'il est mort à son tour en instituant le même légataire universel. Il a été décidé avec raison que cette avance constituait une créance de la succession du conjoint survivant et que le légataire universel, qui en était débiteur, devait néanmoins la comprendre dans l'actif de cette succession.

77. (280). **Reprises matrimoniales.** — Les reprises des époux, formant, sous le régime de la communauté légale ou conventionnelle, de véritables créances, doivent être justifiées par la partie qui en invoque l'existence. Ainsi c'est à l'Administration, qui réclame des droits de succession, à établir que le prix de propres au mari défunt vendus pendant la communauté a été encaissé par celle-ci et qu'elle en a profité ; faute de fournir cette preuve, la Régie ne peut poursuivre le recouvrement du droit de mutation par décès pour omission de reprises (Perpignan, 28 mars 1900 ; *R. E.* 2389). En sens inverse, le prix des propres aliénés par la femme doit être présumé, jusqu'à preuve contraire, avoir été touché par le mari administrateur de la communauté et, si celui-ci ne justifie pas en avoir fait emploi au profit de la femme, la communauté en doit récompense à la femme ou à ses héritiers (Cass. req., 18 janv. 1897 ; *R. E.* 1354).

78. (322). **Renonciation partielle à un legs universel.** — Le légataire universel est, en l'absence de réservataires, saisi de plein droit, au décès du testateur, de tous les biens de celui-ci et notamment de l'usufruit des sommes léguées à titre particulier et payables seulement au décès dudit légataire universel. La renonciation de ce dernier à cet usufruit seulement n'est pas valable et ne peut être opposée à la Régie réclamant les droits de mutation par décès sur ledit usufruit (Remiremont, 23 nov. 1899 *R. E.* 2267).

78 *bis.* (322). **Legs payables à l'expiration d'une rente viagère. Simple terme.** — Lorsqu'un testateur a légué certaines sommes payables à l'expiration d'une rente viagère également léguée à titre particulier, il n'y a là qu'un terme et non un usufruit constitué au profit du légataire universel et portant sur les sommes léguées à titre particulier. C'est ce que l'Administration a reconnu par une solution du 21 mars 1900 (*Rev. prat.*, n° 481) conformément aux décisions citées T. A., n° 322, note

79. (325). **Legs universel fait par un mineur. Erreur sur la quotité dont le testateur pouvait disposer.** — Lorsqu'une femme mariée décède après avoir institué pour légataire universel, alors qu'elle était encore mineure (mais âgée de plus de 16 ans), son frère et en laissant pour héritière réservataire une fille unique, le frère légataire universel a droit au quart de la succession, la testatrice mineure n'ayant pu lui léguer que la moitié de quotité disponible, qui était de la moitié de l'hérédité, l'époux survivant a droit, en vertu de la loi du 9 mars 1891, à l'usufruit du quart des trois autres quarts, soit aux 3/16, et l'héritière réservataire au surplus des biens. Lorsque les parties ont porté par erreur à moitié de l'hérédité, au lieu du quart, dans la déclaration, la quotité recueillie par le frère légataire universel, les droits perçus en trop de ce chef sont restituables (Sol. 12 mai 1894 ; *R. E.* 1640).

80. (325). **Quotité disponible. Modes de réduction.** — Lorsqu'une libéralité soumise à l'événement du décès du disposant excède la quotité disponible, si, dans la déclaration de succession du donateur ou testateur, les intéressés ont, d'une part, opté pour la quotité disponible et en ont arrêté définitivement le chiffre et si, d'autre part, un acte ultérieur constate que la libéralité a reçu son exécution au delà de la quotité disponible telle qu'elle a été déclarée, la prescription, pour la réclamation des droits supplémentaires, ne court qu'à partir de ce dernier acte. Mais si, au contraire, les parties n'ont pas, dans la déclaration de succession, exprimé leur option d'une façon ferme et indiqué en termes nets et précis la manière dont elles opéreront, il appartient au receveur de calculer quotité disponible et d'établir sa perception de la façon la plus avantageuse au Trésor. Dans le cas où les parties fixeraient ultérieurement un mode de réduction des libéralités qui rendrait exigible un supplément de droit de mutation par décès, la prescription, pour réclamer ce supplément courrait du jour de la déclaration de succession et non de celui de l'acte ultérieur (Sol. 29 déc. 1896 ; *R. E.* 1445).

SECT. II. — DROITS SOCIAUX.

81. (337 et s.). **Part sociale du défunt.** — La liquidation des droits de mutation par décès exigibles sur la part du défunt dans une société se règle d'après la distinction suivante :

1° *Société formant un être moral.* — Si la société a, au jour de l'ouverture de la succession, la personnalité civile, c'est-à-dire si, ayant été régulièrement constituée, elle n'est pas dissoute au décès ou se trouve à ce moment en liquidation, elle donne naissance à un être moral propriétaire de tous les biens sociaux, abstraction faite de la personne des associés. Dans ce cas, les héritiers de l'associé défunt doivent déclarer, non une part de copropriété dans les biens en nature de la société, mais seulement la part d'intérêt ou l'action, essentiellement mobilière, qui appartenait au défunt. Cette part se calcule sur l'actif *net* de la société, déterminé par l'inventaire social, déduction faite du passif sur l'actif. Cette règle, qui était déjà suivie avant la loi du 25 février 1901, continuera à être observée. Il convient, du reste, de remarquer que, dans cette hypothèse, le passif ne doit pas être justifié par la production d'un titre satisfaisant aux conditions de la loi nouvelle, puisque les dettes qu'il s'agit de déduire sont celles de la société considérée comme personne morale et non celles de l'associé défunt.

2° *Société n'ayant pas la personnalité civile.* — Si, au contraire, la société n'a pas la personnalité civile, c'est-à-dire si elle n'a pas été régulièrement constituée ou si, l'ayant été, elle est dissoute et ne se trouve pas en liquidation au jour du décès, le droit de l'associé défunt est représenté par une portion en nature des biens sociaux et est grevé d'une fraction correspondante du passif. La loi du 22 frimaire an VII n'autorisait pas la déduction de ce passif personnel au défunt, de telle sorte que les héritiers devaient acquitter l'impôt sur la valeur *brute* de la part de l'actif dont le *de cujus* était propriétaire par indivis, sans aucune déduction à raison des dettes corrélatives. Sous l'empire de la loi du 25 février 1901, il n'en est plus ainsi : la portion du passif dont le défunt est personnellement débiteur doit être déduite de l'actif héréditaire, dans lequel se trouve comprise la part de copropriété qui lui appartenait en nature dans les biens communs ; mais l'existence de ces dettes au jour du décès doit être justifiée par des titres susceptibles de faire preuve en justice contre le défunt, suivant les prescriptions de la loi nouvelle.

Lorsque le défunt est tenu indéfiniment des dettes sociales, il va sans dire que la part entière qui lui incombe doit être admise à déduction, alors même qu'elle excéderait ses droits dans l'actif de la société. Enfin, si le *de cujus* était obligé, par suite de l'insolvabilité de ses coassociés, de supporter le passif au delà de sa part contributive, il y aurait lieu d'appliquer les règles spéciales aux dettes solidaires (*infrà*, n° 200).

82. (342 et s.). **Cession conditionnelle aux survivants de la part sociale d'un associé décédé.** — Quand il a été convenu, dans un acte de société, qu'au décès de l'un des associés tout l'actif social appartiendrait aux survivants à charge de payer le passif et de rembourser aux héritiers du défunt les sommes revenant à celui-ci d'après le dernier inventaire, cette clause a le caractère d'une vente conditionnelle des droits du défunt dans la société.

Pour déterminer la valeur imposable des droits de l'associé lors du décès qui réalise la condition, la jurisprudence avait admis, sur le régime de la loi de frimaire, des règles différentes, suivant que la société avait, ou non, la personnalité civile au jour de l'ouverture de la succession.

Si l'être moral subsistait malgré le décès de l'associé prémourant, c'est le prix de la part d'intérêt appartenant au défunt, déterminé par l'inventaire social, déduction faite du passif sur l'actif, qui devait être déclaré par les héritiers pour le payement des droits de mutation par décès. Mais, lorsque le décès de l'associé entraînait la dissolution de la société, la valeur de la part de copropriété *brute* revenant au défunt se trouvait représentée : 1° par la somme que l'associé survivant devait verser à la succession, et 2° par la somme à payer par le même aux créanciers sociaux en l'acquit de l'associé décédé, et c'est sur ces deux sommes cumulées que l'impôt devait être assis.

La loi du 25 février 1901 a mis fin à ces distinctions. Désormais, il est inutile de rechercher si la société est dissoute par le décès de l'associé prémourant ou si elle survit à cet événement. Dans tous les cas, c'est sur l'actif *net* appartenant à la succession que le droit de mutation par décès doit être acquitté, c'est-à-dire sur le prix que l'associé survivant doit payer aux héritiers du défunt à raison de la réalisation de la cession, sans qu'il y ait lieu d'ajouter, en aucune hypothèse, la somme que le cessionnaire doit acquitter pour la part de passif du cédant (dans ce sens, Besson, n° 176).

SECT. III. — ASSURANCES SUR LA VIE.

§ 1er. — *Caractères et effets juridiques du contrat d'assurance sur la vie.*

83. (163). **Nature du contrat.** — Dans les rapports de l'assuré et du bénéficiaire, le caractère du contrat d'assurance sur la vie varie suivant que l'assurance a été stipulée au profit de personnes incertaines ou indéterminées, ou au profit de personnes certaines et suffisamment désignées. Dans le premier cas, l'assuré doit être considéré comme ayant stipulé pour lui-même et, par suite, pour ses héritiers ou ayants cause : s'il meurt sans en avoir disposé, le capital assuré fait partie de sa succession. Dans le second cas, le capital est recueilli par le bénéficiaire *jure proprio* et non *jure hereditario*, en vertu de la stipulation faite à son profit dans le contrat dont les effets remontent à la date même de sa souscription.

84. Assurance au profit d'un tiers déterminé. — Une personne a souscrit une police d'assurance, stipulant que, moyennant le payement de primes à verser par elle à la compagnie, celle-ci paierait, au décès de l'assuré, un certain capital à un tiers suffisamment dénommé ou désigné, c'est-à-dire à une personne déterminée, par exemple à son conjoint, à tel de ses héritiers présomptifs, ou à un tiers désigné ne rentrant dans aucune de ces deux catégories.

Une double question se pose alors :

1° Une pareille stipulation constitue-t-elle de la part du signataire de la police une libéralité indirecte au profit du bénéficiaire, libéralité pouvant entraîner l'obligation du rapport à la succession de l'assuré, en vertu de l'art. 843, C. civ., dans le cas où le bénéficiaire est du nombre de ses héritiers, libéralité réductible, quel que soit le bénéficiaire, si elle dépasse la mesure de la quotité disponible, et devant être réunie fictivement en tout cas à la masse des biens existants au décès de l'assuré, conformément à l'art. 922, C. civ., pour le calcul de la quotité de biens dont le défunt pouvait disposer à titre gratuit ?

2° Si on résout affirmativement cette première question, si l'on considère le bénéficiaire comme un gratifié, on se trouve en présence d'une autre difficulté : quel est l'objet exact de la libéralité ? Les opinions sont divergentes. Pour les uns, c'est le capital versé par l'assureur au bénéficiaire : ce serait donc ce capital qui devrait être rapporté à la succession de l'assuré par le bénéficiaire venant à cette succession, compris dans la masse pour le calcul de la quotité disponible et réductible en cas d'excès. Pour les autres, ce qui doit être rapporté réellement ou fictivement à la succession de l'assuré, conformément aux art. 843 et 922, C. civ., c'est seulement ce dont s'est appauvri l'assuré, ce qui est sorti de son patrimoine par suite de l'assurance contractée, c'est le montant des primes par lui versées à l'assureur et formant la contre-partie de l'engagement pris par la compagnie au profit du bénéficiaire. Et encore faut-il ajouter que le rapport des primes n'est pas toujours exigé, un certain nombre d'auteurs estimant que, si les primes ont été payées au moyen d'un prélèvement sur les revenus, elles sont par là même dispensées du rapport.

Il importe de rechercher la solution que la jurisprudence a donnée, à cette double question.

85. (168). L'assurance sur la vie constitue-t-elle une libéralité ? Pouvoir d'appréciation des tribunaux. — D'après la jurisprudence, on ne peut pas poser en thèse générale que l'assurance sur la vie constitue ou ne constitue pas une libéralité au profit du tiers qui en bénéficie. Le caractère gratuit ou onéreux de l'attribution dépend des circonstances de chaque espèce. Si l'assurance, sur la vie peut être faite dans une intention libérale, *cum animo donandi*, elle peut également être réalisée dans un tout autre but et ne pas être pour le bénéficiaire un avantage reçu sans équivalent. Ainsi, on ne peut regarder comme un donateur le mari qui, ayant compromis la dot de sa femme par une mauvaise gestion, contracte une assurance au profit de cette dernière en vue de lui garantir la restitution de cette dot. L'assurance n'a été qu'un moyen pris par le mari pour acquitter plus facilement une dette dont il était tenu vis-à-vis de sa femme. Il en est de même, d'ailleurs, toutes les fois que l'assurance contractée au profit d'un tiers a eu pour fin de libérer l'assuré d'une obligation qui le liait au regard du bénéficiaire ou en vue de fournir une garantie à un créancier. C'est ce que proclamait le tribunal de la Seine dans son jugement du 3 mai 1873 (*R. P.* 3633 ; Inst. 2562-2), décidant que la stipulation est à titre onéreux « quand elle est faite par l'assuré comme délégation ou garantie au profit de l'un de ses créanciers ». On ne peut cependant aller jusqu'à décider, avec certains tribunaux, que l'assurance contractée dans une pensée de prévoyance exclut toute idée de libéralité, parce qu'elle a eu pour but de réparer le dommage matériel que la mort de l'assuré pouvait causer aux siens. Dans ce cas, l'assuré accomplit un simple devoir moral dont il n'est pas légalement tenu ; le bénéficiaire reçoit sans fournir un avantage qu'il n'avait pas le droit d'exiger ; il est donc un acquéreur à titre gratuit (1).

Il ressort de ce qui précède que le caractère de l'attribution varie suivant les circonstances de chaque espèce ; aussi la Cour de cassation décide-t-elle que le juge du fond apprécie souverainement s'il y a ou non libéralité. On lit dans plusieurs arrêts ce considérant caractéristique : « Attendu qu'il a été souverainement reconnu *en fait* par l'arrêt attaqué que la convention en vertu de laquelle X... (le bénéficiaire) a reçu de la Compagnie la somme de.... stipulée en sa faveur par Y... (l'assuré) avait à son égard le caractère d'une pure libéralité » (V. not. Req., 21 juin 1876 et 9 mai 1881 ; D. 78.1.429 et 82.1.97).

86. (168). Objet de la libéralité. — Quand il est reconnu, en fait, que le contrat s'analyse en une libéralité indirecte faite par le souscripteur de la police, au bénéficiaire, la seconde question signalée se pose alors : est-ce le capital assuré qui fait l'objet de cette libéralité ? La Cour de cassation avait répondu affirmativement par plusieurs arrêts rappelés au *T. A.,* V° *Succession,* n° 168, et l'on en concluait que c'est ce capital qui était rappor-

table à la succession du stipulant et réductible, le cas échéant, à la quotité disponible, quand un revirement subit s'est manifesté dans la jurisprudence de la Chambre civile, en 1896, au sujet de l'affaire suivante.

Un mari, par deux contrats d'assurance, avait stipulé qu'un capital de 20.000 fr. serait payé par une compagnie à sa femme lors de son décès ; il avait, d'ailleurs, par un autre acte, fait donation à celle-ci de l'usufruit de l'universalité de ses biens meubles et immeubles. La femme bénéficiaire ayant survécu à son mari, qui ne laissait pour héritières *ab intestat* que sa mère et une sœur, la mère, en sa qualité de réservataire, émit la prétention de faire réunir à la masse des biens existants, pour le calcul de sa réserve, en vertu de l'art. 922, le montant du capital assuré. Sa demande ayant été repoussée par le tribunal de Melun (7 avr. 1892), elle interjeta appel, maintenant ses conclusions premières, mais demandant subsidiairement le rapport *réel* à la succession, par la veuve bénéficiaire, des primes payées par le défunt. La Cour de Paris, par un arrêt confirmatif du 30 mai 1894 (D. P. 97. 1.73), rejeta les conclusions principales et subsidiaires de l'appelante. En ce qui concerne les premières, la Cour se fonde sur ce que la veuve du *de cujus* avait été saisie directement de la créance contre la compagnie et que, cette créance n'ayant jamais fait partie du patrimoine du mari, le capital payé à la veuve ne pouvait figurer à l'actif de la succession pour le calcul de la réserve de la mère. Quant aux conclusions subsidiaires, la Cour prend soin de noter que la question qui lui est soumise n'est pas celle de savoir si le montant des primes doit être réuni fictivement à la masse pour le calcul de la réserve, et se dispense dès lors de statuer sur ce point ; prenant à la lettre les conclusions de l'appelante qui tendaient à obliger la veuve *à restituer* à la succession le montant des primes, elle les rejette par ce double motif : 1° que la veuve n'y était tenue ni en vertu d'un contrat, ni en vertu d'un quasi-contrat ; 2° que, n'étant pas appelée à la succession *ab intestat* de son mari (la succession s'était ouverte antérieurement à la loi du 7 mars 1891), elle ne pouvait être tenue de faire ce versement à titre de rapport. Sur le pourvoi formé par l'héritière à réserve, la Cour suprême a rendu, le 29 juin 1896, un arrêt par lequel elle adopte complètement la doctrine de la Cour de Paris sur la nature de l'attribution du bénéfice du capital assuré et approuve purement et simplement les motifs de la décision attaquée, en ce qui concerne les conclusions subsidiaires de la demanderesse (B. E. 1333) (1).

---

(1) V. sur ce point : P. Dupuich, *Traité pratique de l'assurance sur la vie,* n°⁵ 17 et 18 (Larose, 1900), et les autorités par lui citées.

(1) Attendu, en droit, porte notamment cet arrêt, que le contrat d'assurance sur la vie, par lequel il est purement et simplement stipulé que, moyennant le paiement de primes annuelles, une somme déterminée sera, à la mort du stipulant, versée à une personne spécialement désignée, doit avoir pour effet, au cas où le contrat a été maintenu par le paiement régulier des primes, d'une part, d'obliger, à la mort du stipulant, le promettant à verser le capital assuré entre les mains du tiers désigné, et, d'autre part, de créer, à ce même instant, un droit de créance contre le promettant ; attendu que ce droit est personnel au tiers bénéficiaire, ne repose que sur sa tête et ainsi ne constitue que une valeur successorale ; qu'en effet, le capital assuré n'existe pas dans les biens du stipulant durant sa vie, puisque ce capital ne se forme et ne commence d'exister que par le fait même de la mort du stipulant, et que, d'un autre côté, le contrat n'en attribue à celui-ci ni le bénéfice personnel, ni la disposition, et ne lui laisse que la faculté de rendre nuls les effets de la convention par le non-paiement des primes, au cas où elles ne seraient pas payées par d'autres, ou de révoquer la stipulation, si elle n'avait pas été ac-

87. Portée de l'arrêt du 29 juin 1896. — Ce qui résulte de cet arrêt, au point de vue doctrinal, c'est que le capital assuré acquis au bénéficiaire ne doit pas être considéré comme l'objet de la libéralité, admit-on que le contrat d'assurance lui a procuré un avantage indirect purement gratuit; que ce capital, par conséquent, ne peut être soumis au rapport réel ou fictif dont parlent les art. 843 et 922, enfin qu'il ne peut être exposé à l'action en réduction des héritiers réservataires. C'est là le renversement complet de la jurisprudence antérieure de la Cour de cassation.

Mais il faut se garder de voir dans cet arrêt ce qui n'y est pas, même en germe. Ainsi la question de savoir si un contrat d'assurance souscrit au profit d'un tiers déterminé contient, ou non, une libéralité indirecte reste absolument la même qu'autrefois, à savoir une pure question de fait et de circonstances. De même, la question du rapport réel ou fictif des primes n'est pas touchée par l'arrêt de 1896, car si la Chambre civile écarte le rapport réel, celui de l'art. 843, c'est uniquement parce que, dans l'espèce, la bénéficiaire n'étant pas héritière *ab intestat* de l'assuré n'avait aucun rapport à effectuer, puisqu'aux termes du même article le rapport n'est dû que par l'héritier ; elle ne dit pas ce qu'elle aurait décidé si le bénéficiaire avait été l'héritier du signataire de la police. Quant au rapport fictif des primes pour l'application de l'art. 922, comme la Cour d'appel n'avait pas eu à statuer sur la question qui ne lui était pas posée, la Chambre civile n'a pas eu davantage à la résoudre. Sur tous ces points, l'arrêt de 1896 ne peut être invoqué dans aucun sens et rien ne peut faire présager la solution qu'y aurait donnée ou qu'y donnera un jour la Cour de cassation. La Chambre civile n'avait pas davantage, dans l'espèce, à rechercher si le bénéfice de l'assurance contractée par un époux commun en biens au profit de son conjoint tombe dans la communauté ou reste propre à l'époux créancier du capital assuré (V. à ce sujet, *T. A.,* Vᵒ *Succession,* nᵒ 199).

§ 2. — *Des assurances sur la vie considérées au point de vue de l'application des droits de mutation par décès.*

88. (174). **Application de la loi du 21 juin 1875.** — En droit fiscal, le capital d'une assurance sur la vie est, en vertu de l'art. 8 de la loi du 21 juin 1875, censé dépendre de la succession de l'assuré, quels que soient les effets dévolutifs du contrat au point de vue civil. La jurisprudence inaugurée par l'arrêt de la Cour suprême du 29 juin 1896 ne change en rien l'obligation où est le bénéficiaire de l'assurance, s'il est bénéficiaire à titre gratuit, d'acquitter les droits de mutation par décès sur le capital assuré ou sur la fraction du capital qu'il est appelé à recueillir.

89. (175). **Bénéficiaire à titre onéreux.** — Mais, pour que le droit proportionnel soit exigible, il faut que l'indemnité d'assurance ne puisse pas être considérée comme ayant été dévolue à titre onéreux. Pour déterminer le caractère gratuit ou onéreux du contrat, les tribunaux ont un pouvoir d'appréciation très étendu.

Ainsi, lorsqu'une personne assure sur sa tête une somme payable à son décès, au profit d'un tiers dénommé, en s'obligeant à acquitter personnellement les primes annuelles, le tiers est présumé recevoir à titre gratuit le capital assuré. Il est, dès lors, tenu de payer, sur le montant de ce capital, dans les six mois du décès de l'assuré, le droit de mutation par décès sous peine d'un demi-droit en sus. Mais la présomption de gratuité peut être combattue par la preuve contraire ; et lorsqu'il résulte de faits constants au procès et d'actes enregistrés que la police d'assurance revêt un caractère onéreux, les droits de mutation par décès ne sont pas dus (Nice, 17 juill. 1899, R. E. 2160).

90. Faillite du mari. Restitution par la femme des primes payées depuis la faillite. Assurance à titre gratuit. — Lorsque, par une police d'assurance sur la vie, l'assuré stipule que la compagnie d'assurance paiera lors de son décès, s'il a lieu avant une date fixée au contrat, une somme déterminée à sa femme, celle-ci doit être considérée comme bénéficiaire à titre gratuit de l'assurance et acquitter, en conséquence, le droit de mutation par décès sur le capital stipulé, dès lors que les primes ont été payées jusqu'à la faillite du mari, de ses deniers personnels, et après sa faillite, par les syndics en son nom. La circonstance que la veuve bénéficiaire a restitué, à la succession de son mari, les primes payées depuis la faillite de celui-ci jusqu'à sa mort, n'a pu avoir pour effet de modifier le caractère à titre gratuit du contrat fixé au moment de sa formation et ne saurait, dès lors, faire obstacle à l'exigibilité du droit de mutation par décès (Cass. civ., 24 oct. 1896 ; R. E. 1282-1 ; Inst. 2935-2).

91. (186). **Prêts sur police.** — Sous l'empire de la loi de frimaire, l'Administration décidait que le montant des prêts consentis par une compagnie sur une police d'assurance ne s'imputait pas, pour le payement des droits de succession, sur le capital assuré à déclarer, lorsqu'en fait, ces prêts n'avaient pas été compensés, à due concurrence, avant le décès, avec le capital représentant la valeur de rachat de la police (Sol. 16 août 1897 ; R. E. 1503). Dans le système de la loi du 25 février 1901, le capital assuré devra toujours être porté à l'actif de la succession, mais le montant des prêts consentis par la compagnie sera admis au passif héréditaire, sous les justifications prescrites.

92. (189). **Primes encore dues au décès de l'assuré.** — Par une décision de faveur, on admettait, avant la loi du 25 février 1901, que les primes restant dues à une compagnie d'assurance au décès de l'assuré s'imputaient de plein droit sur le capital assuré dont l'excédent seul devait être compris dans la déclaration de succession. La question ne peut plus souffrir de difficulté avec le nouveau principe de la déduction des dettes (Rappr. Sol. 16 août, 1897 ; R. E. 1503).

93. (191). **Assurance à terme fixe.** — Lorsqu'une personne décède après avoir contracté une assurance sur la vie payable à une époque déterminée, soit à elle-même, soit, en cas de prédécès, à sa fille, le droit de mutation par décès est dû sur ce capital tout entier, alors même que la police réserverait au bénéficiaire de l'assurance la faculté d'exiger au décès de l'assuré le capital stipulé, sous déduction de l'escompte pour les années restant à courir avant l'échéance du terme. La réalisation même de cette clause de paiement anticipé ne met pas obstacle à l'exigibilité du droit de succession sur l'intégralité du capital assuré (Seine, 1ᵉʳ juill. 1899 ; R. E. 2337).

94. Non réduction du montant de l'assurance. — Avant l'arrêt de la Cour suprême du 29 juin 1896 (*supra,* nᵒ 86), le capital attribué par la police d'assurance au bénéficiaire risquait d'être diminué ou même d'échapper complètement au droit, puisque, considéré comme l'objet d'une libéralité de la part de l'assuré, il pouvait motiver

ceptée par le tiers bénéficiaire ; attendu que le capital stipulé n'ayant jamais fait partie du patrimoine du stipulant, ne constituant pas une valeur successorale, ne saurait, par suite, entrer en compte pour le calcul de la réserve.

une action en réduction à la requête des héritiers réservataires de celui-ci. Cette circonstance ne saurait se présenter avec la nouvelle jurisprudence de la Chambre civile, dès lors que le capital assuré ne peut plus être réduit sur la demande des héritiers. D'où il suit que le bénéficiaire devra l'impôt sur l'intégralité de ce capital, alors même que le défunt aurait fait des libéralités excessives, et la Régie pourrait critiquer la réduction qui aurait été opérée, en fait, sur le capital assuré, par les héritiers et percevoir ou rectifier la perception en conséquence. L'Administration s'est prononcée en ce sens par deux solutions des 17 octobre 1898 (*R. E.* 2351) et 11 octobre 1900 (*R. E.* 2802).

Si le bénéficiaire de l'assurance a reçu de l'assuré défunt d'autres libéralités entre vifs ou testamentaires, ces dernières seules pourront être frappées de réduction, conformément au droit commun. Le bénéficiaire devra donc l'impôt de mutation par décès, d'une part, sur le capital assuré, d'autre part, sur le montant des libéralités testamentaires à lui faites qui n'ont pas été atteintes par la réduction lors de la déclaration de succession (*T. A.*, V° *Quot. disp.*, n° 239 et s.).

95. Rapport des primes payées. — Si le bénéficiaire de la police vient, comme héritier, à la succession de l'assuré et que, d'après les circonstances, il doive être considéré comme ayant reçu par l'assurance un avantage indirect, il peut être obligé de rapporter à la succession, comme donataire, ce dont s'est appauvri le patrimoine de l'assuré, c'est-à-dire une somme égale au montant des primes acquittées par le défunt. La valeur ainsi rapportée à la succession par le gratifié augmente d'autant la masse héréditaire dont profitent tous les héritiers ; il faut en tenir compte pour le calcul des droits de mutation par décès dus par ceux-ci, car si l'on ne perçoit pas le droit de mutation par décès sur les valeurs données par le *de cujus* qui font l'objet d'un rapport à la succession, c'est uniquement parce que ces valeurs ont déjà subi l'impôt de transmission lors de la donation, et par application de la règle *non bis in idem* ; mais il n'en est pas de même pour les primes d'assurance payées par le défunt qui n'ont pas supporté le droit de mutation à titre gratuit ; il est donc juste que la somme rapportée à la succession en représentation de ces primes soit frappée, comme les autres valeurs héréditaires, des droits de mutation par décès (*T.A.*, V° *Rapport à succession*, n°ˢ 21 à 23). Enfin, d'autre part, ce rapport diminue d'autant l'émolument que recueille le bénéficiaire par suite de l'assurance et, dès lors, il semble équitable de déduire du capital qui lui a été versé par la compagnie, la somme qu'il rapporte à la succession, lorsqu'il s'agit de liquider le droit de mutation par décès dont il est débiteur à raison de l'assurance, car il ne doit évidemment l'impôt que sur l'émolument qu'il obtient.

96. (199). Assurance contractée par un époux au profit de l'autre sous le régime de la communauté. — La jurisprudence civile n'est pas encore bien fixée sur le point de savoir si le bénéfice d'une assurance contractée par un époux commun en biens au profit de son conjoint tombe dans la communauté ou forme un propre de l'époux bénéficiaire. Mais, en matière fiscale, il est généralement reconnu que le capital assuré dépend de la communauté et que les droits de mutation par décès ne sont dus par le bénéficiaire que sur la part afférente dans ce capital à l'époux qui a contracté l'assurance. L'arrêt du 29 juin 1896, qui considère le capital assuré comme ne constituant pas une valeur successorale et comme n'ayant jamais fait partie du patrimoine du signataire de la police, est sans influence sur la solution admise pour la

liquidation des droits de mutation par décès. Il ne faut pas oublier, en effet, qu'aux termes de l'art. 6 de la loi du 21 juin 1875, les droits de succession sont dus : « sous la réserve des droits de communauté, s'il en existe une ». Cette addition, comme l'attestent les explications données par le rapporteur de la commission, a été introduite dans la loi, précisément en parlant de cette idée que le capital assuré tombe dans la communauté et que le conjoint bénéficiaire ne doit pas payer le droit de mutation sur la part de ce capital qui lui revient en tant que commun en biens. Les règles suivies en pratique avant l'arrêt de 1896 subsistent donc dans leur intégralité. C'est ce qu'a reconnu l'Administration dans une solution du 5 juin 1897 (*R. E.* 1801) et ce qu'a décidé le tribunal de Cognac, par un jugement du 7 juin 1898 (*R. E.* 1800).

97. (169). Récompense à la communauté du montant des primes payées. — La question de savoir si l'époux bénéficiaire d'une assurance sur la vie doit récompense à la communauté du montant des primes payées par celle-ci, n'est pas définitivement tranchée par la jurisprudence civile. La nouvelle théorie inaugurée en 1896 par la Chambre civile ne peut aucunement influer sur la solution de cette question. Si, en fait, la récompense des primes est exigée de l'époux survivant, bénéficiaire de l'assurance, ce rapport augmentera d'autant l'actif commun et, par suite, la part des biens de communauté revenant à la succession, ce qui élèvera proportionnellement le montant des droits de mutation par décès dus par les héritiers ; mais l'équité veut, d'autre part, qu'on déduise ces récompenses du capital assuré recueilli par l'époux bénéficiaire, lorsqu'il s'agira de liquider les droits dus par lui à raison de l'attribution de ce capital.

98. Quotité disponible. — D'après le principe admis par la Cour de cassation en 1896, le capital stipulé payable au bénéficiaire lors du décès de l'assuré, ne doit pas entrer en compte pour le calcul de la réserve, puisque la créance de ce capital est déclarée n'avoir jamais appartenu au stipulant. La seule valeur dont on puisse exiger le rapport fictif pour la détermination de la quotité disponible sera représentée par le montant des primes payées par le défunt et qui, seules, lui ont occasionné un appauvrissement réel. Et encore, ne peut-on poser, de ce chef, un principe absolu : si les primes, vu leur importance et la fortune de l'assuré, ont été prélevées sur les revenus, comme les revenus sont destinés à être consommés et que, sans affectation sur la part des revenus consacrée au paiement des primes a reçue en fait, il est probable que le *de cujus* l'eût dépensée *lautius vivendo*, il n'est pas exact de dire qu'il a en pareil cas qu'il y a eu appauvrissement de son patrimoine. Pour déterminer si le paiement des primes diminué effectivement le patrimoine de l'assuré, il faut donc examiner les circonstances de l'espèce, comparer le quantum des primes annuelles aux revenus annuels de l'assuré (1).

Le principe posé par la Chambre civile doit recevoir son application non seulement en matière civile, mais aussi quand il s'agit d'établir l'assiette des droits de mutation par décès, et l'Administration ne saurait être admise à prétendre, à ce dernier point de vue, qu'on aurait dû pour le calcul de la réserve et de la quotité disponible réunir fictivement le capital assuré à la masse des biens laissés par le souscripteur de la police, ce qui aurait pour conséquence de modifier l'émolument revenant aux héritiers *ab intestat* d'une part, aux gratifiés de l'autre. L'a-

(1) V. Dupuich, *loc. sup. cit.*, n°ˢ 233 et 235 *in fine*.

ticle 6 de la loi du 21 juin 1875 déclare, il est vrai, que, pour la perception du droit de mutation par décès, il faut considérer le capital stipulé payable au décès de l'assuré comme faisant partie de la succession de celui-ci ; mais il importe de bien saisir la portée de ce texte et ne pas l'entendre d'une façon trop absolue. Le but unique du législateur a été de mettre fin à une controverse soulevée antérieurement sur le point de savoir si le bénéficiaire était passible des droits de mutation par décès sur les sommes qu'il était appelé à recueillir, par le fait de l'assurance, lors de la mort du stipulant. Ce qu'il faut déduire de cette loi, c'est uniquement que le bénéficiaire doit acquitter l'impôt sur l'émolument qu'il reçoit à ce titre, comme si cet émolument avait fait partie de la succession de l'assuré. Mais, dès qu'il ne s'agit plus de la perception, des droits exigibles des bénéficiaires de la police à raison du capital assuré, la loi de 1875 perd toute autorité. Veut-on former la masse des biens héréditaires, déterminer ce qui doit revenir à la succession ab intestat, ce qui doit aller aux successeurs testamentaires en vue de fixer la valeur imposable des parts des héritiers et des légataires, c'est au droit civil et non à la loi de 1875 qu'il faut recourir ; les règles sur la détermination de la réserve et de la quotité disponible s'imposent aussi bien au fisc qu'aux héritiers.

99. Assurances entre époux. Quotité disponible. — Il arrive fréquemment que le bénéficiaire d'une assurance sur la vie est le conjoint du souscripteur de la police. Supposons d'abord que l'époux survivant, au profit duquel le capital assuré a été nommément stipulé, a reçu d'ailleurs de son conjoint prédécédé d'autres libéralités entre vifs ou testamentaires en usufruit ; si le capital assuré n'est pas susceptible de réduction, il en est autrement des autres libéralités. Or, à supposer que le disposant laisse des enfants issus de son mariage avec le survivant, la quotité disponible est, d'après l'art. 1094, soit de un quart en propriété et un quart en usufruit, soit de moitié en usufruit seulement. La quotité disponible en usufruit est donc plus ou moins élevée suivant que le de cujus n'a pas disposé en propriété au profit de son conjoint ou suivant qu'il l'a fait. Dans notre espèce, a-t-il pu disposer en usufruit au profit de l'époux survivant de la moitié ou seulement du quart de ses biens ? La solution dépend évidemment du caractère qu'on reconnaît à l'attribution du capital assuré. Avec la jurisprudence de la Cour de cassation antérieure à 1896, qui considérait le capital assuré comme un bien donné, rapportable, réductible, on conduit à décider que l'époux, ayant disposé en propriété au profit de son conjoint, n'avait pu le gratifier en usufruit que du quart de ses biens ; mais, comme, d'après la théorie acceptée en 1896, le capital assuré n'est pas un bien donné, ne doit pas être imputé sur la quotité disponible, il faut en conclure que le défunt, n'ayant rien donné en propriété à son conjoint, a pu le gratifier en usufruit de la moitié de son patrimoine. Et cette règle est vraie en matière fiscale comme en matière civile. L'art. 6 de la loi du 21 juin 1875, comme nous l'avons expliqué suprà, n'a rien à faire ici, puisqu'il ne s'agit pas de régler la perception des droits sur le capital assuré par l'époux bénéficiaire, mais de fixer la part du patrimoine revenant à sa succession ab intestat et la part dont l'époux peut bénéficier comme gratifié.

100. Calcul du disponible spécial de l'art. 1098, C. civ. — Voici maintenant un époux qui, ayant des enfants d'un premier mariage, se remarie, et fait à son nouveau conjoint, soit par contrat de mariage, soit pendant le mariage, des libéralités subordonnées à l'événement de son décès. D'après l'art. 1098, ces libéralités ne peuvent

excéder une part d'enfant légitime le moins prenant, sans pouvoir jamais dépasser le quart des biens du disposant. L'auteur de la disposition avait fait d'ailleurs une assurance sur la vie au profit de tous ses enfants, nommément désignés dans la police. Faudra-t-il, pour calculer la quotité disponible au profit du nouvel époux, c'est-à-dire pour déterminer la valeur d'une part d'enfant, réunir fictivement à la masse des biens laissés par le défunt le capital assuré que les enfants doivent recueillir ? La négative s'impose avec la nouvelle jurisprudence de la Chambre civile ; du moment, en effet, que le capital assuré, recueilli par les enfants, ne constitue pas une valeur successorale, que la créance de ce capital n'a jamais été dans le patrimoine du défunt, les bénéficiaires le recueillent *jure proprio* et non *jure hereditario*, et il n'y a pas lieu, dès lors, de le comprendre dans la masse héréditaire pour calculer la part d'enfant qui forme le maximum du disponible au profit du nouvel époux. Si la Chambre civile a décidé le contraire, par un arrêt du 8 février 1888 (T. A., *Succession*, 168), c'est que la Cour partait alors d'un principe diamétralement opposé à celui qui a prévalu en 1896 ; elle considérait alors le capital assuré comme un bien donné. L'observation que nous venons de faire aura son intérêt au point de vue fiscal, lorsqu'il s'agira de déterminer le montant de la libéralité sur laquelle l'époux gratifié aura à acquitter les droits de mutation par décès et de vérifier si la réduction a été faite régulièrement.

Par identité de motifs, si l'époux remarié a légué à son nouveau conjoint, soit une part d'enfant, soit tout son disponible, et meurt ensuite, laissant des enfants de lits précédents, on ne devra pas, pour calculer ce qui doit revenir à l'époux gratifié, tenir compte du capital de l'assurance sur la vie contractée par le de cujus au profit de ses enfants, nommément désignés.

Enfin, si l'assurance a été souscrite par l'époux au profit de son nouveau conjoint, qu'il a gratifié d'ailleurs d'autres libéralités, en supposant que le disposant laisse des enfants issus d'un lit précédent, nous admettrons, par application de la théorie résultant de l'arrêt de 1896 et conformément aux principes ci-dessus exposés, que le nouvel époux pourra cumuler, d'une part, le capital assuré, non réductible, d'autre part, les autres libéralités qui lui ont été faites, ces dernières jusqu'à concurrence seulement d'une part d'enfant et au maximum de 1/4 du disposant. La Régie devra s'inspirer de ces règles pour l'application des droits de mutation par décès.

100 bis. Usufruit légal de la loi du 9 mars 1891. — Les questions que peut soulever l'attribution du capital provenant d'une assurance sur la vie pour le calcul des droits d'usufruit légal de l'époux survivant sont examinées, V° *Succession du conjoint*, nos 66 bis et 80.

101. Assurances contre les accidents. — En règle générale, l'indemnité due par une compagnie d'assurances contre les accidents, à raison d'un décès causé par un fait rentrant dans les prévisions de l'assurance, ne dépend pas de la succession de la victime et est acquise directement à ses héritiers qui ne sont pas tenus de la comprendre dans la déclaration de la succession de leur auteur. Il en est ainsi, notamment, de l'indemnité due aux héritiers d'une personne tuée par un véhicule appartenant à un entrepreneur de transports assuré pour les accidents causés par ses véhicules. De même, l'indemnité due en vertu de la loi du 9 avril 1898 par application d'une assurance collective naît sur la tête des héritiers, à moins qu'elle n'ait été reconnue au profit de la victime avant son décès. V. *Accidents du travail* (nos 50 et 51).

Mais la loi du 21 juin 1875 serait applicable et le droit

21

de mutation par décès exigible, s'il s'agissait d'une indemnité due en exécution d'un contrat individuel souscrit par l'assuré, au profit d'une personne déterminée, en prévision d'un accident mortel.

102. Assurance sur la vie contractée à l'étranger auprès d'une compagnie française. — Sous l'empire de la loi du 22 frimaire an VII, les sommes dues par les compagnies françaises d'assurances sur la vie, en vertu d'un contrat passé à l'étranger par un étranger domicilié et décédé hors de France, constituaient une valeur française passible dans notre pays des droits de mutation par décès (Sol. 16 août 1895 ; *R. E.* 1071 ; — Seine, 4 mai 1900 ; *R. E.* 2484). Il n'en était autrement que si le capital assuré avait été stipulé payable à l'étranger en monnaie étrangère, avec attribution de juridiction à un tribunal étranger (Sol. 6 déc. 1899 ; *R. E.* 2327).

L'application de ces principes entraînait des conséquences préjudiciables pour les compagnies françaises d'assurance qui avaient des succursales à l'étranger (1).

Aussi, dans le but de favoriser les opérations de ces compagnies hors de France, le législateur a introduit dans l'art. 15 de la loi du 25 février 1901 une disposition portant que l'art. 6 de la loi du 21 juin 1875 n'est pas applicable, « lorsque l'assurance a été contractée à l'étranger « et que l'assuré n'avait en France, à l'époque de son « décès, ni domicile de fait, ni domicile de droit ».

I. Conditions. — Pour que le capital provenant de l'assurance soit exempté du droit de mutation par décès, il est indispensable : 1o que l'assurance ait été contractée à l'étranger et 2o que l'assuré, quelle que soit sa nationalité, ne soit pas domicilié en France au jour de son décès. L'immunité ne serait pas acquise si l'assurance avait été contractée en France auprès d'une compagnie française, même par un Français n'ayant pas de domicile dans notre pays, ou si elle avait été contractée à l'étranger par un Français ou par un étranger domicilié en France au jour de l'ouverture de sa succession. Sur le point de savoir à quels caractères se reconnaissent le domicile de droit et le domicile de fait, voir *T. A.*, V° *Etranger*, n° 90, et *Suppl. eod. v°*, n°s 11 et 12.

II. Signature de la compagnie au siège social. — Toutes les assurances souscrites à l'étranger auprès d'une compagnie française doivent être considérées comme contractées à l'étranger, dans le sens de la disposition précitée, encore bien que la compagnie n'ait pas donné sa

(1) Dans son rapport du 9 juillet 1896, M. Cordelet s'exprimait à cet égard dans les termes suivants : « La prétention de l'Administration, si elle était maintenue, pourrait obliger ces compagnies à fermer leurs succursales établies à l'étranger, en les plaçant dans des conditions d'infériorité manifeste vis-à-vis des compagnies indigènes, soit qu'elles fussent amenées à prendre à leur charge l'impôt successoral, soit qu'elles se le fissent rembourser par les bénéficiaires, exposés ainsi à payer deux droits de mutation. Les compagnies françaises d'assurances sur la vie ont fondé depuis quinze ans, à l'étranger, en Belgique, en Hollande, en Suisse, en Russie et dans d'autres pays des agences qui sont comme une nouvelle forme de l'influence française au dehors et qui accomplissent ce qu'on a appelé d'un mot heureux, une œuvre de colonisation financière. Elles y réalisent un chiffre d'assurances qui représente à peu près le cinquième du total de leurs affaires. Elles y reçoivent des primes dont le montant, envoyé en France au moins en partie, y est placé, contribue à la prospérité du pays et y supporte les charges diverses dont les biens sont grevés en France. Cet apport de capitaux étrangers compense le drainage opéré en France par les compagnies étrangères. Les bénéfices provenant de ces agences sont soumis à l'impôt sur le revenu et, distribués en France aux actionnaires, y sont dépensés ou replacés » *J. off.*, p. 303, col. 2).

signature à l'étranger, mais à son siège social et n'ait été engagée que par cette signature (Inst. 3051, p. 11). L'exigibilité de l'impôt se détermine donc uniquement d'après le lieu où l'assuré a contracté et s'est obligé, sans qu'il y ait à rechercher dans quel pays l'obligation de la compagnie a pris naissance.

III. Pays de protectorat. Colonies. — Les pays sous mis au protectorat de la France sont, au regard de la loi fiscale, assimilés à des pays étrangers. Il en est de même des colonies françaises dans lesquelles l'enregistrement n'est pas établi.

IV. Non-rétroactivité. — La disposition qui accorde l'exemption des droits de succession aux capitaux assurés à l'étranger par une compagnie française fait exception au principe même de l'exigibilité de l'impôt. Elle ne pourrait donc avoir d'effet rétroactif que si l'Administration, par une mesure de faveur, lui attribuait cet effet.

CHAP. IV. — DÉTERMINATION DE LA VALEUR IMPOSABLE DES BIENS TRANSMIS PAR DÉCÈS.

SECT. Ire. — DES TRANSMISSIONS EN TOUTE PROPRIÉTÉ.

§ 1er. — *De l'évaluation des meubles par nature.*

103. (360). Loi du 25 février 1901. — D'après l'art. 3 de la loi du 21 juin 1875, la valeur des biens meubles transmis par décès est déterminée par l'estimation contenue dans les inventaires ou autres actes passés dans les deux années du décès, par le prix des ventes publiques réalisées dans le même délai et, à défaut, par la déclaration des parties.

Ces règles ont été complétées par l'art. 15 de la loi du 25 février 1901 qui, tout en maintenant les modes d'évaluation déjà existants, a placé les polices d'assurances contre l'incendie au rang des actes appelés à servir de base légale à la liquidation des droits exigibles sur les objets mobiliers transmis par décès. Les sept premiers paragraphes de cet article sont ainsi conçus :

« La valeur de la propriété des biens meubles est déterminée, pour la liquidation et le payement du droit de mutation par décès :

« 1o Par l'estimation contenue dans les inventaires ou autres actes passés dans les deux années du décès ;

« 2o Par le prix exprimé dans les actes de vente,lorsque cette vente a lieu publiquement et dans les deux années qui suivent le décès. Cette disposition s'applique aux objets inventoriés et estimés conformément au paragraphe 1er et dont l'évaluation serait inférieure au prix de vente ;

« 3o A défaut d'inventaire,d'actes ou de vente,en prenant pour base 33 0/0 de l'évaluation faite dans les polices d'assurances en cours au jour du décès et souscrites par le défunt ou ses auteurs moins de cinq ans avant l'ouverture de la succession, sauf preuve contraire. Cette disposition ne s'applique pas aux polices d'assurances concernant les objets inventoriés, les bestiaux et les marchandises ;

« 4o Enfin,à défaut de toutes les bases d'évaluation établies aux trois paragraphes précédents, par la déclaration faite conformément au paragraphe 8 de l'art. 14 de la loi du 22 frimaire an VII.

« L'insuffisance dans l'estimation des biens déclarés sera punie d'un droit en sus, si elle résulte d'un acte antérieur à la déclaration. Si, au contraire, l'acte est postérieur à cette déclaration, il ne sera perçu qu'un droit simple sur la différence existant entre l'estimation des parties et l'évaluation contenue aux actes. »

104. Date d'application. — La disposition relative aux polices d'assurances, constituant un nouveau mode de liquidation des droits, ne peut pas avoir d'effet rétroactif. Elle s'applique donc exclusivement aux successions qui se sont ouvertes depuis l'entrée en vigueur de la loi du 25 février 1901 (Rappr. Inst. n° 2517, *in fine*).

105. (362). Inventaires ou autres actes. — Les estimations contenues dans les inventaires ou autres actes, tels que partages, transactions, etc., sont toujours désignées, en première ligne, comme devant servir de base au calcul des droits, si ces actes sont passés dans les deux ans du décès.

Mais l'inventaire rectificatif dressé longtemps après le premier, avec le concours du même expert qui a procédé à la seconde estimation à l'aide de ses seuls souvenirs et après l'enlèvement des objets, ne peut être pris en considération par l'Administration qui a le droit de s'en tenir aux chiffres de l'estimation primitive (Sol. 25 août 1894 ; *R. E.* 1218).

106. (363). Ventes publiques. — Les ventes de meubles, effectuées publiquement dans les deux années du décès, doivent se combiner avec les énonciations de l'inventaire, s'il y a lieu, pour déterminer la valeur des meubles dépendant de la succession du *de cujus*. Par suite, le prix de la vente publique ne peut être accepté pour base de la perception que lorsqu'il est supérieur à la prisée de l'inventaire ; si, au contraire, le prix de la vente est inférieur à l'estimation de l'inventaire, c'est cette estimation qui doit servir de base à la liquidation des droits, alors même que l'inventaire contiendrait des protestations contre les chiffres fixés par l'expert dans son évaluation (Sol. 1er mai 1894 ; *R. E.* 1218).

Par application de ces règles, il a été décidé que, si les évaluations de l'inventaire sont dépassées,lors de la vente, pour certains objets, tandis que d'autres sont adjugés à un prix inférieur à leur estimation, le droit de succession doit se liquider d'après le prix de vente pour les premiers et d'après les chiffres de l'inventaire pour les seconds (Sol. 25 août 1894 ; *R. E.* 1218).

107. Vente publique. Frais à déduire. — C'est le prix *net* de la vente publique qui doit servir de base légale à l'impôt. On doit déduire, par conséquent, tous les frais faits pour parvenir à la vente et dont la preuve est rapportée. Mais, si quelques uns des objets héréditaires seulement sont imposés d'après leur prix de vente, la déduction à opérer ne doit consister qu'en une fraction proportionnelle des frais (Sol. 25 août 1894 ; *R. E.* 1218).

108. (365). Ventes amiables. — Les ventes amiables ne contenant pas d'estimation, mais la stipulation d'un prix, ne sauraient servir de base légale pour la liquidation des droits de mutation par décès. Elles peuvent seulement être utilisées à titre de simples présomptions pour aider la Régie à établir, suivant les règles posées par la loi de frimaire, l'existence d'une insuffisance. Mais cette présomption devra presque toujours être corroborée par d'autres indices pour autoriser une réclamation. C'est dans ce sens restreint qu'on doit entendre les paroles de M. Cordelet, déclarant, avec l'approbation du Ministre des finances, dans la séance du Sénat du 22 janvier 1901, qu' « aux termes du premier paragraphe de l'art. 11 (de la loi nouvelle), on pourrait invoquer la vente amiable et sous seing privé pour établir l'insuffisance d'une déclaration antérieure » (*J. off.*, p. 76, col. 3).

109. Fonds de commerce. — Sous l'empire de la loi du 21 juin 1875, on discutait la question de savoir si les fonds de commerce, constituant pour partie tout au moins une valeur incorporelle, tombaient sous l'application des dispositions de cette loi, et l'Administration inclinait vers l'affirmative (*R. E.* 1595-8 et 10). L'opinion contraire a prévalu dans la discussion de la loi du 25 février 1901 et, pour créer en cette matière un moyen de contrôle qui n'existait pas, le législateur a autorisé l'expertise des fonds de commerce transmis par décès. « Tous les receveurs de l'enregistrement, disait M. Dufoussat, dans la séance du Sénat du 28 janvier 1901, tous les hommes d'affaires savent parfaitement que les évaluations en capital des fonds de commerce et de clientèles, dans les déclarations de successions, sont faites pour des valeurs insignifiantes et, par conséquent, dissimulées. Et il est, certes, très facile d'en comprendre la raison : la loi fiscale est muette à ce sujet : aucune sanction de répression de la fraude n'existe en la matière ; par suite, les déclarants de successions, les héritiers, peuvent donner aux fonds de commerce l'évaluation en capital qu'il leur plaît de fixer. Des héritiers peuvent, par exemple, déclarer dans une succession les magasins du Bon-Marché ou quelque autre des établissements les plus considérables de Paris — je raisonne en droit — pour une valeur de 100 fr. ou de 1.000 fr., et l'enregistrement est obligé d'accepter cette évaluation. Le fisc doit percevoir les droits de succession seulement sur l'évaluation qui lui est faite par l'héritier, quelque dérisoire qu'elle soit. *La Régie est complètement désarmée : elle n'a, dans l'espèce, aucune base d'évaluation, aucun moyen de réprimer cette fraude*, cependant aussi évidente que la lumière du soleil luisant en plein midi... Les prescriptions contenues dans les premiers paragraphes de l'art. 10 (devenu l'art. 11) déjà voté ont pour objet de mieux prévenir les insuffisances d'évaluation que se produisent dans la déclaration de la consistance et de la valeur des meubles meublants et autres objets ; *mais ils n'est stipulé pour l'évaluation des fonds de commerce* » (*J. off.*, p. 110, col. 2). Il ressort manifestement de cette déclaration que les présomptions légales établies par les premiers paragraphes de l'art. 11 de la loi du 25 février 1901 ne sont pas applicables aux fonds de commerce (pour l'expertise, V. *infra*, n°s 396 et suiv.).

110. Polices d'assurances. — A l'avenir, à défaut d'inventaire, d'autres actes estimatifs ou de ventes publiques, la valeur des biens meubles sera déterminée « en « prenant pour base 33 0/0 de l'évaluation faite dans les « polices d'assurances en cours au jour du décès et souscri- « tes par le défunt ou ses auteurs moins de cinq ans avant « l'ouverture de la succession, sauf preuve contraire ».

Il est à remarquer que, d'après le texte même de la loi les polices d'assurances ne peuvent être invoquées que s'il n'y a ni inventaire, ni acte estimatif, ni vente publique. Par conséquent, l'estimation contenue dans un inventaire ou le prix d'une vente publique devra être accepté pour base du payement des droits, alors même que les 33 0/0 de l'évaluation d'une police d'assurance donneraient un chiffre supérieur. Les parties pourront donc toujours écarter les évaluations contenues dans les polices d'assurances souscrites par le défunt, en faisant dresser un inventaire ou un acte équivalent au point de vue de la liquidation des droits.

111. Assurances visées. — L'art. 11 ne désigne pas expressément les assurances dont les polices sont destinées à faire preuve de la valeur des objets mobiliers transmis par décès. Mais les travaux préparatoires démontrent clairement que les assurances contre l'incendie sont seules visées par la loi. Dès 1895, la Régie faisait connaître que « les polices d'assurances *contre l'incendie* engendreraient au profit de l'Administration une présomption légale, susceptible d'être combattue par la preuve contraire » (2ᵉ rapport de M. Doumer, *J. off.*, Doc. parl., Chambre, p.898, col. 1). De même, dans son rapport du 9 juillet 1896, M.Cordelet annonce que « l'Administration a pensé que les polices d'assurances *contre l'incendie* offriraient un sérieux élément d'appréciation » (*J. off.*, Doc. parl., Sénat, p. 304).

I. Assurances maritimes et fluviales. — Par suite, les assurances maritimes et fluviales ne rentrent pas dans les prévisions de l'art. 11. Les assureurs maritimes sont, il est vrai, responsables des dommages ou des pertes qui arrivent par le feu au navire ou à la cargaison, quand le sinistre provient d'une fortune de mer ou d'un accident qui a un caractère nautique (Alauzet, V, nº 2423 ; Pardessus, III, nº 771). Mais ce sinistre n'en est pas moins maritime et se confond avec les autres risques de cette nature que l'assurance est destinée à couvrir.

II. Assurances contre le bris des glaces, etc. — De même les assurances contre le bris des glaces ne peuvent être utilisées pour la fixation de la valeur imposable, avec d'autant plus de raison que ces glaces constituent souvent des immeubles par destination (Besson, nº 211). Les assurances contre le vol, la perte des objets, etc., ne paraissent pas non plus rentrer dans les prévisions de la loi.

112. Conditions que doivent remplir les polices. — Pour être admises à servir de base à l'impôt, il faut que les polices d'assurances contre l'incendie remplissent trois conditions. Elles doivent :

1º Avoir été souscrites moins de cinq ans avant l'ouverture de la succession. Il a paru que les polices souscrites cinq ans et plus avant le décès ne représenteraient pas la valeur réelle des meubles au jour de l'ouverture de la succession ;

2º Être encore en cours au jour du décès, c'est-à-dire n'être pas expirées ou n'avoir pas été résiliées antérieurement à cette date ;

3º Avoir été souscrites par le défunt ou par ses auteurs. Il faut, en effet, que le défunt ait été *personnellement* obligé par les stipulations de la police. Aussi ne saurait-on avoir égard aux assurances contractées par un tiers, dépositaire ou détenteur à tout autre titre d'objets mobiliers dépendant d'une succession, dès l'instant que ce tiers était sans qualité pour agir valablement au nom du défunt. Mais les polices souscrites par un représentant légal ou conventionnel du *de cujus* (tuteur, mari, mandataire, etc.) seraient évidemment opposables aux héritiers comme si elles avaient été souscrites par le défunt lui-même. D'autre part, le mot « auteurs » ne doit pas être restreint, dans son sens usuel, aux seuls ascendants du défunt : il doit être entendu dans son acception juridique et comprendre toute personne aux obligations de laquelle le défunt a succédé de plein droit comme *ayant cause universel*. Par suite, on doit prendre pour base de liquidation des droits sur les meubles assurés les polices souscrites par les personnes dont le défunt était héritier légitime ou naturel, légataire universel ou à titre universel. Si, au contraire, les meubles assurés n'appartenaient au défunt qu'en vertu d'une vente, d'une cession, d'une donation partielle ou totale, les polices souscrites par l'ancien propriétaire ne pourraient être opposées aux héritiers ; dans ces diverses hypothèses, le défunt n'était qu'un ayant cause à titre particulier et, comme tel, n'était pas tenu de plein droit des obligations personnelles du vendeur, cessionnaire ou donateur. La distinction à établir entre les successeurs universels et les ayants cause à titre particulier relativement à la transmission des obligations de la police est

rappelée, d'ailleurs, dans les clauses générales des polices d'assurances contre l'incendie.

I. Polices souscrites avant la promulgation de la loi. — La commission du Sénat de 1898 avait pensé que le polices souscrites avant la promulgation de la loi ne devaient pas avoir la même force probante que les autres « Les évaluations des polices d'assurances, disait M. Dauphin dans son rapport, sont dans l'usage aujourd'hui souvent exagérées, soit par l'affection pour les meubles possédés, soit par le désir qu'encouragent les compagnies d'augmenter les primes. Il est donc juste de ne donner force probante qu'à celles de ces polices qui auront été contractées en connaissance de cause après la promulgation de la loi » (*J. off.*, Doc. parl., Sénat, p. 527, col. 3). Mais toute distinction a été écartée, parce qu'on a considéré qu'avec la réduction à 33 0/0 et la possibilité de corriger par des avenants les polices anciennes, les intérêts des contribuables se trouvaient suffisamment sauvegardés (Rappr. rapport de M. Cordelet, *J. off.*, Doc. parl., Sénat p. 304, col. 2). Il n'y a donc pas à rechercher, pour l'application de l'article 11, si les polices ont été souscrites avant ou après la promulgation de la loi.

II. Polices souscrites à l'étranger. — La loi ne distingue pas non plus entre les polices d'assurances souscrites auprès d'un assureur français et celles souscrites auprès d'un assureur étranger ayant ou non une succursale en France. Il suffit que les risques s'appliquent à des objets mobiliers assujettis dans notre pays à l'impôt de mutation par décès.

113. Avenants. — L'avenant est l'acte additionnel destiné à constater les changements ou modifications qui se produisent au cours du contrat d'assurance. Il forme une police nouvelle, mais seulement pour les rectifications qu'il apporte à la police primitive.

En ce qui concerne l'évaluation des meubles transmis par décès, il y a lieu de considérer comme une police nouvelle l'avenant qui, modifiant ou non la quantité du mobilier assuré, augmente ou diminue la valeur de ce mobilier : c'est la dernière estimation qui doit servir de base à l'impôt, pourvu que l'avenant remonte à moins de cinq ans.

Si une police, souscrite depuis plus de cinq ans, a fait l'objet d'un simple avenant de prorogation, c'est la date de cet avenant qui doit être prise en considération pour déterminer si l'art. 11 est applicable.

Mais on ne devrait pas tenir compte d'un avenant modifiant seulement la quotité de la prime par suite de l'aggravation ou de la restriction des risques, ni d'un avenant retranchant de la police une partie du mobilier primitivement assuré sans estimer le mobilier qui reste assuré (Defrénois, nº 307).

114. Valeurs assurées. — On ne doit évidemment prendre pour base de l'impôt que l'évaluation des meubles et objets mobiliers dépendant de la succession.

D'autre part, on sait que la plupart des compagnies exigent une évaluation distincte pour les objets rares et précieux, tels que bijoux, pierreries, tableaux, médailles, dentelles, argenterie, etc. et qu'elles refusent d'assurer, en général, les monnaies, billets de banque, actions, obligations et titres de toute nature. Une lecture attentive des conditions générales de la police ou du détail des objets assurés permettra seule de déterminer exactement la valeur des meubles héréditaires.

Quant aux immeubles par destination assurés comme meubles, il convient d'en distraire la valeur, puisque ces immeubles sont compris, pour le payement des droits, dans la déclaration relative aux immeubles par nature.

115. Réduction. — L'impôt n'est pas liquidé sur la valeur des objets mobiliers, telle qu'elle est portée dans la police. Cette évaluation est, pour le calcul des droits, réduite au tiers (exactement 33 0/0), « parce qu'en général, les assurés ne tiennent pas compte de la dépréciation et assurent la somme qu'ils seraient obligés de débourser pour remplacer leur mobilier en cas de sinistre » (Rapp. de M. Monestier, *J. off.*, Doc. parl., Sénat, 1900, p. 978, col. 2).

116. Preuve contraire. — La loi permet aux parties de détruire par la preuve contraire les effets de la présomption légale attachée aux polices d'assurances. Les héritiers pourront donc établir que l'évaluation de la police a été majorée de telle sorte que la valeur réelle des objets assurés était inférieure, au moment du décès, à 33 0/0 de cette évaluation, ou qu'une partie des meubles figurant au contrat ont été vendus ou détruits sans que le fait ait été constaté par un avenant (*J. off.*, Déb. Chambre, 1900, p. 2102, col. 2 ; — Rapport de M. Monestier, *J. off.*, *loc. cit.*).

Cette preuve pourra être fournie par tous les moyens admis en matière d'enregistrement, notamment par la production des ventes partielles intervenues avant le décès. Il faut reconnaître, toutefois, qu'il sera souvent impossible de justifier, par des documents probants, de la diminution de valeur des objets mobiliers ou de leur destruction partielle ; en pareil cas, les parties éviteraient le payement des droits sur l'évaluation totale de la police en faisant dresser un inventaire régulier (*Journ. des not.*, n° 27.343, p. 287 ; *Journ. du not.*, 1901, p. 376 ; — *suprà*, n° 110 *in fine*).

La preuve contraire appartient également à l'Administration. La loi porte, d'une manière générale « sauf preuve contraire », sans spécifier que les héritiers auront seuls la faculté d'invoquer cette preuve. Le droit de l'Administration a, du reste, été formellement reconnu dans les travaux préparatoires. M. Guillain, en effet, dans son rapport à la Chambre du 15 février 1901, a proposé d'adopter la réduction à 33 0/0 votée par le Sénat, en faisant observer que l'Administration des finances restait suffisamment armée par « les mots sauf preuve contraire, insérés dans ce paragraphe » (*J. off.*, p. 105). La Régie est donc admise à discuter, suivant les circonstances, l'évaluation réduite à 33 0/0 et à prouver que cette base de perception ne correspond plus à la valeur réelle des meubles au jour du décès.

Il va sans dire que l'Administration serait toujours fondée à établir, par les modes de preuve qui lui sont propres, que le *de cujus* possédait d'autres meubles que ceux compris dans l'assurance.

117. Exceptions. — La présomption résultant de la police est déclarée inapplicable, par le texte même, « aux polices d'assurances concernant les récoltes, les bestiaux et les marchandises ». Il a paru à la commission du Sénat de 1896 que la généralité des termes du n° 3 de l'art. 11 donnait à l'innovation proposée une portée excessive et dangereuse. « On a fait remarquer, porte le rapport de M. Cordelet, que les assurances sont faites pour l'année et qu'il y a des moments où elles peuvent n'avoir plus aucun dire pas d'objet : cela est vrai des assurances de récoltes, de bestiaux pour l'engraissement et même de marchandises » (*J. off.*, p. 304, col. 2).

En ce qui concerne les marchandises dépendant d'un fonds de commerce, il importe de remarquer que la valeur n'en peut être établie, ni par les polices d'assurances, ni par l'expertise (*infrà*, n° 396). Les seules bases d'évaluation admises pour cette catégorie de meubles sont les estima-

tions des inventaires ou autres actes, le prix des ventes publiques et la déclaration des parties.

118. (148). **Indemnités d'assurances à la suite d'incendies.** — Si l'incendie qui détruit les meubles du *de cujus* s'est produit avant son décès, l'indemnité due par l'assureur constitue une créance de la succession qui doit être comprise à l'actif de la déclaration pour son montant total.

Si l'incendie n'a lieu qu'après le décès, c'est l'évaluation contenue dans la police d'assurance et réduite à 33 0/0, qui, à défaut d'inventaire ou de vente publique, doit être portée dans la déclaration de la succession, quelle que soit l'importance de l'indemnité due ou payée aux héritiers. Cette indemnité n'est pas censée représenter la valeur de la chose assurée ; elle forme simplement le prix du risque qui est l'objet réel de l'assurance (Rappr. *T. A.*, V° *Assurance*, n° 3).

119. Recherche des polices d'assurances. — Les polices d'assurances servant désormais de base légale pour l'évaluation des biens meubles transmis par décès, l'Administration s'est préoccupée d'en assurer la recherche et a pris à cet égard les dispositions suivantes.

Au cours de leurs opérations au siège principal et dans les agences des compagnies d'assurances contre l'incendie, les employés supérieurs doivent prendre note des polices susceptibles, par application de l'art. 11, 4° de la loi du 25 février 1901, de servir de base pour la détermination de la valeur imposable des biens meubles compris dans une succession et dont l'existence leur serait révélée par des avenants au nom des héritiers ou par toutes autres pièces soumises à leurs investigations.

Lorsqu'ils ne seront pas personnellement à même de rapprocher ces notes des déclarations, ils établiront pour les bureaux compétents des extraits sommaires des polices sur des feuilles de renvois de renseignements.

120. (361). **Déclaration estimative des parties.** — Enfin, à défaut d'inventaire ou d'autres actes estimatifs, de vente publique et de police d'assurance, c'est la déclaration estimative des parties qui doit servir de base à la liquidation du droit de mutation par décès sur les meubles par nature.

121. Droit en sus. — La loi du 25 février 1901, reproduisant les termes de celle du 21 juin 1875, dispose que l'insuffisance dans l'estimation des biens déclarés sera punie d'un droit en sus, si elle résulte d'un acte antérieur à la déclaration, mais que le droit simple sera seul perçu si l'acte est postérieur à cette déclaration (V. V° *Insuffisance*).

Une conséquence de cette disposition est que le droit en sus sera toujours encouru lorsque l'insuffisance résultera d'une police d'assurance. La police dont l'évaluation est prise pour base de la perception est, en effet, nécessairement antérieure au décès, et l'héritier ou le légataire ne peut arguer de son ignorance de la valeur exacte des meubles qu'il a recueillis dans la succession, puisque cette valeur a été fixée par son auteur. Il appartenait au déclarant, s'il jugeait cette valeur excessive, même après la réduction à 33 0/0, d'en démontrer l'exagération par les moyens légaux.

§ 2. — *De l'évaluation des meubles par la détermination de la loi.*

122. (366). **Maintien des anciennes règles.** — Les dispositions de l'art. 11 de la loi du 25 février 1901 ne sont applicables, d'après son texte même, « ni aux rentes, « actions, obligations, effets publics et autres biens meu-

« bles dont la valeur et le mode d'évaluation sont déter-
« minés par des lois spéciales ».

Les règles exposées au *T. A.*, V° *Succession*, n°ˢ 366 et
suivants, conservent donc toute leur force.

123. (368). Créances irrécouvrables. Renonciation.
— En principe, la liquidation de l'impôt de mutation par
décès se fait sur le capital nominal des créances (art. 14,
n° 2, L. 22 frim. an VII). Toutefois, lorsqu'une déclaration comprend une créance sur un débiteur dont la faillite a été déclarée antérieurement au décès ou dont l'état
de déconfiture remonte à la même époque, le receveur est
autorisé à liquider provisoirement le droit de succession
sur le montant de l'évaluation fournie par l'héritier ou le
légataire, pourvu que ce dernier dépose au bureau un
engagement formel d'acquitter les droits exigibles au fur
et à mesure de la distribution des dividendes (Inst. 2791,
§ 4).

Ces dispositions s'appliquent uniquement aux créances,
soit sur des commerçants en *état de faillite ou de liquidation
judiciaire*, soit sur des non-commerçants qui se trouvent
dans un état analogue par suite de distribution judiciaire.
Le même mode d'opérer ne saurait être étendu aux créances dues par des débiteurs d'une solvabilité douteuse. Ces
créances restent soumises aux principes généraux et doivent être assujetties intégralement à l'impôt sur le capital
nominal, à moins qu'il ne soit justifié de l'insolvabilité
complète des débiteurs et que les ayants droit ne confirment ces justifications par une renonciation expresse, conformément à la décision ministérielle du 12 août 1806
(Inst. 3058, p. 54).

Ces règles ont fait l'objet, lors de la discussion de la
loi du 25 février 1901, d'une déclaration formelle du Ministre des finances (1).

**124. (373). Créances irrécouvrables. Rapport de
sommes données.** — Lorsque, dans une déclaration de
succession, il a été compris des créances héréditaires pour
avances faites par le défunt à l'un des successibles, le droit
de mutation par décès est régulièrement perçu sur ces
créances. La renonciation à la succession faite postérieurement par l'héritier ne peut, *même jointe à son insolvabilité*, autoriser les parties à réclamer la restitution des
droits perçus (Seine, 31 juill. 1896 ; *R. E.* 1304).

**124 *bis*. (373). Créance irrécouvrable sur une suc-
cession acceptée sous bénéfice d'inventaire. Renonciation partielle.** — En principe, l'Administration admet
les héritiers qui recueillent une créance sur une succession acceptée sous bénéfice d'inventaire à ne payer l'im-

(1) Un député, M. Lauraine, avait demandé à la Chambre
de décider, d'une manière absolue, que les créances irrécouvrables n'entreraient pas en ligne de compte pour le calcul de
l'impôt. Cette proposition n'a pas été prise en considération
après les explications suivantes fournies par le ministre :
« Lorsque des créances sont notoirement irrécouvrables, lorsque les héritiers déclarent expressément y renoncer, il est admis que l'Administration peut ne les comprendre que pour
mémoire dans l'actif. S'il s'agit de créances partiellement
irrécouvrables, comme celles qui portent sur des débiteurs en
état de faillite ou de déconfiture, il est prescrit aux receveurs
de l'enregistrement de surseoir à la perception, à la condition
que les héritiers prennent l'engagement d'acquitter les droits
exigibles au fur et à mesure des distributions de dividendes.
Ces instructions sont maintenues, puisque la loi nouvelle est
spéciale à la déduction du passif et qu'elle ne touche en rien
aux règles applicables à la déclaration de l'actif. L'Administration continue à user du même libéralisme, — car
c'est du pur libéralisme, — dans les cas signalés par l'honorable M. Lauraine » (*J. off.*, Débats, Chambre, séance du 22 fév.
1901, p. 85, col. 2).

pôt de mutation par décès que sur la somme leur revenant d'après le compte présenté en vertu de l'art. 803,
C. civ.

Spécialement, lorsque les héritiers du mari n'ont accepté sa succession que sous bénéfice d'inventaire, la séparation des patrimoines s'oppose à ce qu'ils soient tenu
des dettes héréditaires au delà de l'émolument qu'ils re
cueillent dans la succession. Ils ne sont donc obligés en
vers la veuve du défunt, au paiement de ses reprises, qu
jusqu'à concurrence de cet émolument. Si celle-ci décède
à son tour et qu'ils en héritent, ils peuvent être admis
déclarer la créance en reprises sur eux-mêmes dans l
limite seulement où elle est recouvrable et à y renonce
pour le surplus (Sol. 1er mai 1900 ; *R. E.* 2805).

**125. (375). Créance irrécouvrable. Supplément d
droit. Absence de pénalité.** — Lorsqu'il dépend d'un
succession une créance sur un débiteur en état de décon
fiture et que l'héritier, afin d'être dispensé d'acquitte
immédiatement les droits sur cette créance, souscrit l'en
gagement prescrit par l'Inst. n° 2791, § 4, le droit simple e
seul dû, à l'exclusion du droit en sus, sur les sommes u
térieurement recouvrées par l'héritier sur la créance (So
17 nov. 1896 ; *R. E.* 1778).

**126. Créances sur débiteurs faillis ou en état d
déconfiture. Mesures de surveillance.** — Dans le c
où la créance due par un débiteur failli ou en état de dé
confiture n'est assujettie à l'impôt que sur une évaluatio
provisoire (supra, n° 123), l'engagement de l'héritier o
du légataire doit être classé avec les autres pièces dépo
sées à l'appui de la déclaration (supra, n° 24). Cet enga
gement est, en outre, mentionné sur un tableau qui e
établi au sommier des droits en surveillance du burea
qui a reçu la déclaration et qui contient les colonnes sui
vantes : 1° numéro d'ordre ; 2° date et numéro de la dé
claration de succession ; 3° nom et prénoms du défun
4° nom et prénoms du débiteur failli ou en déconfiture
5° désignation de la créance (titre et montant) ; 6° lie
d'ouverture de la faillite (indication du tribunal qui a pr
noncé la faillite ou la déconfiture) ; 7° observations (ind
cation sommaire des renseignements recueillis sur la situa
tion de la faillite ou de la déconfiture et, le cas échéan
de la date du payement des droits de mutation par décès

Une fois par an, le receveur prend, auprès de ses coll
gues des actes judiciaires (à Paris auprès du sous-inspe
teur chargé du service des faillites), les renseignemen
nécessaires pour effectuer sur le tableau de surveillan
les annotations utiles et poursuivre le recouvrement d
droits complémentaires dont l'exigibilité serait reconnu
Les employés supérieurs doivent veiller à ce que ces pre
criptions soient régulièrement observées.

Lorsque, en conformité de l'Inst. 2917, il est procédé
la vente des états de mobilier remontant à plus de dix an
il convient d'extraire des liasses et de conserver dans l
archives les engagements relatifs à des créances dont l
sort ne serait pas définitivement fixé (Inst. 3058, p. 54).

**127. (385). Somme à employer à l'achat de rent
viagère. Legs particulier.** — Lorsqu'un testate
charge son héritier (ou son légataire universel) de vers
à une compagnie d'assurances la somme nécessaire po
constituer sur la tête de tiers désignés des rentes viagèr
d'un chiffre déterminé, le droit de succession doit êt
liquidé sur le capital déboursé pour acquérir lesdites rent
et non sur le chiffre de celles-ci capitalisé par dix (S
21 oct. 1899 ; *R. E.* 2809).

Pour motiver cette solution, l'Administration a soute
que le testateur n'avait pas, dans l'espèce, constitué
rentes viagères au profit des légataires particuliers.

distinction nous parait bien subtile. Nous n'hésitons pas cependant à approuver la décision adoptée, mais par ce motif que les rentes avaient été créées avec expression de capital. Dire, en effet, que le service de la rente devra être fait par une compagnie d'assurances dont le tarif est déterminé à l'avance, c'est en fixer la valeur, le prix d'achat, et, pour employer les termes de la loi (L. 22 frim. an VII, art. 14-9°), en exprimer le capital. C'est, en conséquence, sur ce capital que le droit de mutation doit se liquider, conformément à la jurisprudence de la Cour de cassation (Arr. 26 messid. an XII et 4 mai 1807 ; Dall. *Rép.* V° *Enregistrement*, n°ˢ 4520 et 4521).

127 bis. (385). Rente viagère. Compagnie d'assurances. Prime unique. Capital imposable. — Lorsqu'une personne a constitué sur sa tête une rente viagère, avec réversion sur la tête d'un tiers, moyennant le versement d'une prime unique à une compagnie d'assurances sur la vie, au décès de la crédi-rentière le droit de succession auquel la réversion donne ouverture doit se calculer, non sur la rente capitalisée par 10, mais sur la prime unique représentant le capital constitué (Sol. 30 mars 1900 ; *R. E.* 2502).

128. (387). Rente viagère léguée. Caractères. — Le legs d'une rente viagère de 12.000 fr., payable mensuellement et d'avance et garantie par des titres au nom du défunt, a bien pour objet une rente de pareille somme et non l'usufruit des titres immatriculés au nom du légataire pour le service de la rente. Le droit de mutation par décès doit, en conséquence, être liquidé sur le capital par 10 de la rente et non sur la valeur de l'usufruit des titres, d'après le cours de la Bourse (Sol. 12 déc. 1896 ; *R. E.* 1357).

129. (390). Rente viagère. Réversion révoquée. Cession de la rente. Décès du dernier crédi-rentier avant le paiement du droit. — Si, pour les transmissions de rentes créées sans expression de capital, l'art. 14, n° 9, de la loi de frimaire fixe la valeur imposable à dix fois la rente viagère et si la jurisprudence applique cette disposition de la loi aux mutations par décès aussi bien qu'aux mutations à titre onéreux, l'Administration admet, par un tempérament d'équité, même au sujet des mutations à titre onéreux spécialement prévues par le texte de l'article précité, que dans le cas où la personne à la vie de laquelle le service d'une rente viagère avait été limité vient à décéder et où, par conséquent, le chiffre des arrérages échus est exactement déterminé, le droit proportionnel dû à raison de la réversion de la rente peut être exigé sur le montant seulement des arrérages réellement transmis, au lieu de l'être sur le capital au denier dix de la rente.

Il en est ainsi notamment, lorsque, le *de cujus* ayant vendu de son vivant un immeuble moyennant le service d'une rente viagère jusqu'au décès d'une tierce personne, au profit de laquelle était stipulée une réversion révoquée depuis, cette personne meurt quelques mois après le crédi-rentier. La rente viagère qui dépendait, en ce cas, de la succession peut être évaluée, pour le payement du droit de mutation par décès, d'après le montant exact des arrérages dus pour solde par le débi-rentier à la succession (Sol. 7 avril 1898 ; *R. E.* 1865).

§ 3. — De l'évaluation des immeubles.

130. Immeubles dont la destination actuelle n'est pas de procurer un revenu. — Aux termes des art. 15, n° 7, de la loi du 22 frimaire an VII et 2 de la loi du 21 juin 1875, la valeur imposable des immeubles transmis par décès en pleine propriété est obtenue, dans tous les cas, en multipliant par 20 pour les immeubles urbains et

par 25 pour les immeubles ruraux, le revenu déclaré par les héritiers ou résultant de baux courants.

La loi du 25 février 1901 a apporté, dans son art. 12, une exception à cette règle générale.

Désormais, « les droits de mutation à titre gratuit entre « vifs et par décès seront liquidés *sur la valeur vénale* en « ce qui concerne les immeubles dont la destination ac- « tuelle n'est pas de procurer un revenu ».

131. Date d'application. — La disposition de l'art. 12 établissant un nouveau mode de liquidation des droits ne peut s'appliquer qu'aux successions ouvertes après la mise à exécution de la loi du 25 février 1901 (*suprà*, n° 4).

132. Liquidation du droit sur la valeur vénale. — Dans le projet présenté par M. Burdeau et repris par M. Poincaré, le droit de mutation par décès devait, pour les immeubles en général, être calculé sur la valeur vénale, mais cette valeur ne pouvait pas être inférieure au produit de la capitalisation du revenu par 20 ou par 25 conformément aux règles actuelles. Ce projet a été abandonné, parce qu'il en serait résulté un surcroît de charges pour la propriété rurale et aussi parce que l'Administration n'aurait plus pu utiliser les nombreux documents et renseignements qu'elle a amassés sur le revenu des immeubles (2ᵉ rapp. de M. Doumer, *J. off.*, Doc. parl., Chambre, p. 898, col. 2).

Le nouveau mode de liquidation sur la valeur vénale est donc spécial aux immeubles désignés dans l'art. 12. De plus, l'Administration ne peut, pour ces immeubles, calculer l'impôt que sur la valeur vénale ; elle n'a pas le droit d'opter entre cette valeur et le revenu capitalisé et de choisir l'estimation la plus avantageuse pour le Trésor. Le Ministre des finances l'a déclaré formellement (*J. off.*, Déb., Sénat, séance du 23 janv. 1901, p. 105, col. 3). Au surplus, le texte de la loi ne laisse aucun doute à cet égard.

Par conséquent, l'erreur commise par le receveur dans l'appréciation de la nature d'un immeuble rendrait la perception irrégulière et autoriserait la rectification dans les deux ans de la déclaration, soit par une restitution, soit par la réclamation d'un supplément de droit simple.

133. Détermination des immeubles visés par l'art. 12. — La détermination des immeubles qui tombent sous l'application de l'art. 12 est une question de fait qui ne peut être résolue que d'après les circonstances spéciales de chaque espèce. La définition donnée par la loi contient deux termes distincts dont il importe de connaître le sens afin de faciliter cette détermination. Pour que la valeur vénale forme la base de la liquidation des droits, il faut : 1° que les immeubles ne procurent pas de revenus appréciables et 2° que telle soit leur destination actuelle.

I. IMMEUBLES IMPRODUCTIFS. — Bien que les termes de l'art. 12 paraissent exiger une absence complète de tout revenu, il résulte très nettement des travaux préparatoires que le but du législateur a été d'atteindre, suivant l'expression du Ministre des finances, les immeubles « dont « le revenu n'est pas en proportion avec leur valeur réelle » (*J. off.*, Débats, Chambre, séance du 16 nov. 1900, p. 2103, col. 1). « Si, déclare M. Mesureur, dans son rapport, le système de la liquidation de l'impôt sur le revenu capitalisé devait être conservé comme règle générale, il comportait cependant une exception pour le cas où il est dans la nature de l'immeuble transmis, soit de ne produire aucun revenu, soit de produire un revenu extrêmement faible et sans proportion aucune avec la valeur vénale » (*J. off.*, Doc. parl., Chambre, p. 1744, col. 3). « Cet article, ajoute le rapport de M. Monestier, a pour objet de faire disparaître le privilège fiscal dont (ces immeubles jouissent, en permettant de les imposer d'après leur valeur vénale et non en prenant pour base la capitalisation de leur insignifiant revenu » (*J. off.*, Doc. parl., Sénat, 1900, p. 978, col. 3).

II. Destination actuelle. — L'improductivité prévue dans l'art. 12 ne doit pas tenir à des causes accidentelles ou indépendantes de la volonté du propriétaire. Il faut que l'immeuble soit destiné par sa nature même à ne pas procurer de revenu et que cette destination découle de l'intention manifeste du *de cujus*. Ainsi une terre momentanément en friche, une maison de rapport temporairement vacante ne rentreraient pas dans les prévisions de l'art. 12. C'est au jour du décès qu'il faut se reporter pour apprécier à quel usage l'immeuble était affecté, sans qu'il y ait à tenir compte de la destination donnée à l'immeuble, soit avant, soit après l'ouverture de la succession.

134. Application. — On a cité, au cours des travaux préparatoires, plusieurs exemples d'immeubles dont la destination n'est pas de procurer un revenu. L'énumération n'en est point limitative.

I. Terrains a batir. — Les terrains à bâtir ou achetés pour la spéculation ne produisent, entre les mains du propriétaire, aucun revenu, alors qu'ils ont souvent une valeur vénale très élevée. C'est sur cette valeur que l'impôt de mutation par décès doit être acquitté. Il importe peu que des constructions provisoires aient été édifiées sur ces terrains ; le revenu que le propriétaire retire des locations ainsi consenties est évidemment sans rapport avec la valeur réelle de l'immeuble dont la destination reste la même.

II. Chateaux et parcs. Dépendances de chasse et de pêche. — Les châteaux, les parcs, les propriétés d'agrément, les dépendances de chasse et de pêche et tous autres immeubles somptuaires, doivent être imposés sur leur valeur vénale et non sur leur revenu capitalisé (Observ. de M. Dufoussat, *J. off.*, Déb., Sénat, séance du 2 mars 1900, p. 89, col. 2 ; — Rapport de M. Mesureur, *J. off.*, Doc. parl., Chambre, 1900, p.1744, col. 3 ; — Rapport de M. Monestier, *J. off.*, Doc. parl., Sénat, 1900, p. 978, col. 3).

Si, cependant, le château était loué habituellement ou à des époques périodiques, on pourrait le considérer comme susceptible, dans l'intention du propriétaire, de procurer un revenu, quand bien même le prix de la location serait inférieur au revenu qu'il serait possible de retirer de l'immeuble en l'affectant à une autre destination.

III. Hôtels particuliers. — Les hôtels particuliers ont été également désignés comme des immeubles improductifs. Il paraît cependant nécessaire de distinguer. Si l'immeuble est occupé par un locataire, il est destiné à produire des revenus et doit être imposé sur son revenu capitalisé ; il en est de même dans le cas où le propriétaire en fait sa demeure principale et habituelle. Mais, s'il sert simplement de pied-à-terre ou de lieu de villégiature au propriétaire, on a émis l'avis que c'est la valeur vénale qu'il convient de déclarer pour la liquidation du droit (Besson, n° 251).

Il nous semble difficile de se prononcer d'avance, abstraction faite des circonstances, sur une pareille question.

IV. Fermes. — Les bâtiments de ferme, bien que loués, sans un prix distinct, avec les terres qui les entourent, « ont un revenu indirect qui se répartit sur l'ensemble de l'exploitation » (Defrénois, n° 295). Il n'y a donc pas lieu de les estimer en valeur vénale ; ils sont compris dans le revenu déclaré pour la ferme entière.

V. Immeubles industriels. — Les immeubles industriels ont, de même, un revenu appréciable qui se confond avec le revenu total de l'entreprise. On ne saurait donc les isoler du reste de l'exploitation pour rechercher leur valeur vénale.

VI. Bois. Forêts. Etangs. — Les bois, forêts et étangs produisent un revenu qui se réalise à des intervalles plus ou moins rapprochés, mais qui, dans l'intention du propriétaire, représente un produit périodique appréciable. C'est donc le revenu capitalisé, qui, pour les immeubles de cette nature, doit servir de base à la liquidation de l'impôt. Il n'en serait autrement que pour les bois, forêts ou futaies dont le propriétaire ne tirerait aucun revenu et qu'il aurait convertis en une propriété d'agrément (V. *suprà*, II, en ce qui concerne les parcs).

135. Expertise en cas d'insuffisance. — Aux termes du même art. 12, « les insuffisances d'évaluation en valeur vénale seront constatées par voie d'expertise, s'il « a lieu, et, réprimées selon les règles actuellement en « vigueur... » Ces règles sont tracées par les art 17 et 18 de la loi du 22 frimaire an VII, 5 de la loi du 27 ventôse an IX et 15 de la loi du 23 août 1871 pour l'expertise de la valeur vénale des immeubles transmis entre vifs à titre onéreux (Inst. 3058, p. 34).

Par conséquent, l'expertise devra être requise dans le délai d'un an à compter du jour de la déclaration. Si la valeur déclarée n'excède pas 2.000 fr., elle sera faite par un seul expert nommé par toutes les parties, ou en cas de désaccord, par le président du tribunal et sur simple requête. Si la valeur déclarée excède 2.000 fr., c'est la procédure établie par l'art. 18 de la loi de frimaire qui devra être suivie. Lorsque l'insuffisance sera constatée par une expertise ou par une soumission amiable, le droit en sus ne sera encouru par l'héritier, le donataire ou le légataire que si la différence de valeur excède un huitième de la valeur déclarée ; les frais de l'expertise ne restent à la charge des parties que dans la même hypothèse. Enfin quand l'immeuble sera situé dans le ressort de plusieurs tribunaux, il y aura lieu d'appliquer l'art. 17 de la loi du 25 février 1901.

Il va sans dire que l'expertise ne peut avoir pour objet que la valeur vénale de l'immeuble et qu'elle ne saurait servir à établir une comparaison entre cette valeur et revenu capitalisé.

136. Adjudication ultérieure. Prix inférieur à valeur vénale déclarée. — Si, après la déclaration, l'immeuble fait l'objet d'une adjudication publique et est vendu pour un prix inférieur à la valeur vénale déclarée, les parties ne sont pas fondées à demander la restitution du droit qui a pu être payé en trop. Un amendement tendant à en autoriser le remboursement a été rejeté par le Sénat dans la séance du 28 janvier 1901 (*J. off.*, p. 11, col. 1).

SECT. II. — DES TRANSMISSIONS EN NUE PROPRIÉTÉ ET EN USUFRUIT.

137. (463). Loi du 25 février 1901. — La loi du 25 février 1901 a complètement modifié, dans son art. 1, les règles relatives aux transmissions par décès en nue propriété et en usufruit. Les règles nouvelles sont exposées au mot *Usufruit* auquel on voudra bien se reporter.

SECT. III. — RÈGLES PARTICULIÈRES AUX SUCCESSIONS DE PERSONNES DOMICILIÉES EN CORSE OU POSSÉDANT DES BIENS AYANT UNE ASSIETTE DÉTERMINÉE DANS CE DÉPARTEMENT.

138. Législation spéciale à la Corse. — Un arrêté pris par l'Administrateur général Miot le 24 prairial an

et qui a force de loi (Cass., 23 janv. 1876 ; *R. P.* 4412) a apporté en Corse deux dérogations aux règles tracées par la loi du 22 frimaire an VII, en ce qui concerne la liquidation et le paiement des droits de mutation par décès :

1° La valeur imposable des immeubles situés en Corse est déterminée en capitalisant par cent le montant de la contribution foncière ;

2° Tout délai est supprimé pour le payement des droits de mutation par décès qui sont exigibles en Corse en vertu des dispositions de la loi du 22 frimaire an VII. L'Administration est autorisée à poursuivre le recouvrement de ces droits dès qu'elle a connaissance de l'ouverture de la succession ; mais, de leur côté, les redevables n'encourent aucune pénalité s'ils ne les ont pas acquittés dans les six mois du décès.

139. Influence de la loi du 25 février 1901. — Les lois générales ne dérogeant pas aux lois spéciales sur les points que celles-ci ont réglés, ces dispositions particulières continuent d'être applicables sous l'empire de la loi du 25 février 1901. Mais, sous tous les autres rapports, notamment en ce qui concerne les tarifs, la déduction du passif, le mode d'évaluation de l'usufruit et de la nue-propriété, la désignation du bureau compétent pour recevoir la déclaration et encaisser les droits, cette loi est devenue exécutoire en Corse comme dans tous les autres départements français.

La combinaison des règles particulières, édictées par l'arrêté du 21 prairial an IX, avec les règles générales n'est pas sans soulever plusieurs difficultés dont la solution n'intéresse pas seulement la Corse, mais présente de l'importance pour tous les bureaux français. En effet, dans le système adopté par la loi nouvelle, la déclaration de la succession doit être souscrite, non plus au bureau de la situation des biens, mais seulement au bureau du domicile. Il en résulte que les receveurs de la Corse auront à percevoir, dans certains cas, les droits de succession sur des valeurs situées dans la France continentale et qui ne sont pas assujetties aux règles spéciales à l'île, de même que les receveurs des autres départements français pourront se trouver dans l'obligation d'appliquer à des valeurs corses, déclarées à leur bureau, les dispositions de l'arrêté Miot.

Plusieurs cas peuvent se présenter.

140. Défunt domicilié en Corse et ne possédant pas de biens ayant une assiette déterminée hors de ce département. — Lorsque le défunt était domicilié en Corse et ne possédait pas de biens ayant une assiette déterminée hors de ce département, rien n'est changé au régime institué par l'arrêté précité en ce qui concerne la détermination de la valeur imposable des immeubles et l'absence de délai pour le payement des droits. On ne saurait appliquer en Corse la disposition de l'art. 12 de la loi du 25 février 1901, d'après laquelle les droits de mutation par décès doivent être liquidés sur la valeur vénale en ce qui concerne les immeubles dont la destination actuelle n'est pas de procurer un revenu (*suprà*, n°ˢ 130 et suiv.).

Toutefois, les biens héréditaires ayant une assiette déterminée dans la circonscription de plusieurs bureaux de la Corse devront, le cas échéant, être déclarés désormais, comme les valeurs incorporelles dépendant de la succession, au bureau du domicile du défunt (Inst. 3058, p.30).

141. Défunt domicilié en Corse et possédant des biens ayant une assiette déterminée dans d'autres départements. — Lorsque le défunt était domicilié en Corse, mais possédait des biens ayant une assiette déterminée dans d'autres départements, toutes les valeurs

héréditaires, quelle que soit leur situation, doivent être déclarées en Corse, au bureau du domicile du défunt.

Mais, tandis que les valeurs incorporelles et les biens ayant une assiette déterminée en Corse restent, en ce qui concerne la détermination de la valeur imposable des immeubles et le payement des droits, régies par les dispositions spéciales à l'île, on doit appliquer aux biens ayant une assiette déterminée sur le territoire continental de la France la loi en vigueur au lieu de leur situation.

En conséquence, la valeur imposable des immeubles situés en France est obtenue, soit par la capitalisation du revenu par 20 et par 25, suivant qu'il s'agit d'immeubles urbains ou d'immeubles ruraux, soit par la déclaration de la valeur vénale, lorsqu'il s'agit d'immeubles dont la destination actuelle n'est pas de procurer un revenu. Au contraire, les immeubles situés en Corse sont imposés sur le chiffre de la contribution foncière multiplié par cent.

D'autre part, les redevables sont astreints, sous peine d'un demi-droit en sus, à acquitter au bureau du domicile du défunt en Corse, dans les six mois du décès, les droits applicables tant aux immeubles qu'aux meubles corporels situés en France. Au contraire, l'impôt afférent aux immeubles et aux meubles situés en Corse est présumé en Corse et est exigible dès le jour du décès, mais sans pénalité, quel que soit le retard apporté au payement.

Cette dernière solution peut, au premier examen, paraître anormale. En principe, les délais accordés par la loi pour le payement des droits de succession dépendent du lieu et de la date du décès (art. 24, L. 22 frim. an VII) et non de la situation des biens ; ils sont gradués en raison des difficultés que l'héritier peut rencontrer, soit pour avoir connaissance de l'ouverture de la succession, soit pour passer la déclaration. Il peut donc sembler contraire à toutes les règles qu'on doive, au point de vue des délais, scinder en deux parties une déclaration qui, depuis la loi du 25 février 1901, doit être souscrite au même bureau pour le même décès. Mais il ne faut pas perdre de vue que l'arrêté du 21 prairial an IX édicte une dérogation aux principes généraux de la loi de frimaire ; d'après les termes de cet arrêté, la suppression des délais et de la pénalité du demi-droit en sus est attachée aux droits mêmes que rend exigible la transmission par décès des immeubles et des meubles situés en Corse, indépendamment de toute considération tenant au lieu et à la date du décès. En définitive, quand une succession comprend des biens situés, les uns en Corse, les autres sur le territoire continental de la France, la créance du Trésor prend toujours naissance dans son ensemble au moment même de l'ouverture de la succession ; mais une partie peut être exigée immédiatement, tandis que l'autre jouit d'un terme de payement ; de plus, sous l'empire de la loi de frimaire, le lieu du payement variait avec la situation des biens. La loi du 25 février 1901 a modifié cette dernière règle, mais elle a laissé subsister celle qui concerne les délais, puisqu'elle n'a pas abrogé formellement et que, d'autre part, la législation spéciale de la Corse peut, comme on l'a vu, se concilier parfaitement avec les dispositions de la loi générale.

142. Défunt domicilié en France et possédant des biens ayant une assiette déterminée en Corse. — Deux particularités sont à noter dans le cas où le défunt, domicilié en France, possédait des biens ayant une assiette déterminée en Corse.

Les immeubles situés en Corse, bien que devant être déclarés en France au bureau du domicile du défunt, comme toutes les autres valeurs héréditaires, doivent être évalués, pour la perception, d'après le mode de capitalisation qui leur est propre, c'est-à-dire en multipliant par cent la contribution foncière. Quant aux immeubles situés en France, ils seront évalués, soit d'après la capitalisation par 20 ou par 25, soit en valeur vénale si leur destination actuelle n'est pas de procurer de revenu.

En outre, les redevables ne sont pas obligés d'acquitter, dans le délai fixé par l'art. 24 de la loi du 22 frimaire an VII, les droits applicables aux immeubles et aux objets mobiliers corporels situés en Corse ; ils n'encourent de ce chef aucune pénalité de retard. Pour les autres biens composant la succession, les délais ordinaires doivent être observés ; mais, à leur expiration, le demi-droit en sus est exigible (Inst. 3058, p. 31).

142 bis. Demi-droit en sus. Liquidation. — Lorsqu'une succession comprend des biens situés tant en Corse que sur le continent, le tarif progressif doit, pour le calcul du droit simple, être appliqué à l'ensemble des valeurs héréditaires, sans qu'il y ait à distinguer suivant la situation des biens. Mais, si la déclaration relative aux biens situés en France n'a pas été souscrite dans le délai légal, le demi-droit en sus exigible de ce chef ne doit être liquidé que sur la fraction des droits qui est censée frapper exclusivement les biens situés sur le continent. Cette fraction se détermine de la manière la plus favorable aux parties. Si les héritiers n'ont acquitté aucun droit dans le délai légal, il suffit de comprendre les biens français dans les tranches soumises aux taux les moins élevés. Si, au contraire, l'impôt applicable aux biens corses a seul été acquitté avant l'expiration du délai fixé pour les biens français, il y a lieu de rétablir d'une façon complète la liquidation des droits sur l'ensemble des valeurs héréditaires, de comprendre les biens français dans les tranches soumises aux taux les moins élevés et de considérer les droits déjà payés comme un simple acompte imputable sur l'impôt dû pour les biens corses.

CHAP. V. — DE LA DÉDUCTION DES DETTES

143. (494). **Dispositions législatives.** — La plus importante des réformes réalisées par la loi du 25 février 1901 consiste dans la déduction du passif pour la liquidation du droit de mutation par décès. Les dispositions des art. 14, n°s 8 et 11, et 11, n°s 7 et 8 de la loi du 22 frimaire an VII, qui prohibaient la distraction des charges héréditaires, se trouvent implicitement abrogées par les art. 2 et 3 de la loi nouvelle qui posent, dans toute sa généralité, le principe de la déduction des dettes. Ces articles sont ainsi conçus :

« ART. 2. — Les droits de mutation par décès de biens, « meubles ou immeubles, seront liquidés sur la part *nette* « recueillie par chaque ayant droit...

« ART. 3. — Pour la liquidation et le payement des « droits de mutation par décès seront déduites les dettes « à la charge du défunt, dont l'existence au jour de l'ou- « verture de la succession sera dûment justifiée par des « titres susceptibles de faire preuve en justice contre le « défunt. »

144. Division. — Le texte de la loi du 25 février 1901 autorise indistinctement la distraction des dettes de toute nature, civiles ou commerciales, hypothécaires ou chirographaires, nées d'un contrat, d'un quasi-contrat, d'un délit, d'un quasi-délit ou de la loi, à quatre conditions. Pour qu'une dette puisse être admise à déduction, il faut :

1° Qu'elle existe à la charge personnelle du défunt au jour de l'ouverture de la succession ;

2° Qu'elle résulte, à la même époque, d'un titre susceptible de faire preuve en justice contre le défunt ;

3° Qu'il en soit justifié dans les formes prévues par la loi ;

4° Et enfin que la dette ne rentre pas dans les exceptions formellement établies par le législateur.

Dans les quatre sections qui vont suivre, nous passerons successivement en revue chacune de ces conditions. Une cinquième section sera consacrée aux charges dont la déduction était déjà admise sous le régime antérieur (*T. A.*, V° *Succession*, n°s 520 et suiv.) (1).

SECT. Ire. — DETTES EXISTANT AU JOUR DE L'OUVERTURE DE LA SUCCESSION.

§ 1er. — *Caractères généraux.*

145. — **Définition.** — On doit entendre par dette, au sens de la loi fiscale, toute somme dont le défunt était personnellement débiteur au jour de l'ouverture de la succession et pour le payement de laquelle des poursuites pouvaient être exercées en justice contre lui. Cette définition exclut deux catégories de dettes : 1° celles qui, dépourvues de sanction civile, n'étaient pas obligatoires contre le défunt ; 2° et celles qui n'ont pris naissance qu'après le décès et dans la personne des héritiers.

146. Obligations naturelles. — Les obligations natu-

(1) Pour la solution des difficultés que l'application du principe nouveau de la déduction du passif ne manquera pas de soulever dans la pratique, il ne sera pas sans utilité de chercher des exemples dans les pays voisins qui ont, avant nous, admis ce principe. En Belgique, notamment, où notre Code civil est presque intégralement resté en vigueur, les décisions administratives et judiciaires qui ont réglé les rapports du droit civil et du droit fiscal en ce qui concerne la distraction des dettes offrent, à ce point de vue, une importance indéniable. Un exposé sommaire de la législation belge sur cette matière permettra de se rendre compte des différences et des ressemblances que cette législation présente avec la nôtre.

Pour les *droits de succession* proprement dits (transmission en ligne collatérale), la loi belge du 27 décembre 1817 autorise la déduction : 1° *des dettes à la charge du défunt constatées par des actes qui en existent* ou autres preuves légales et aux intérêts dus au jour du décès ; 2° des dettes relatives à la profession du défunt, telles qu'elles existent au jour du décès ; 3° des dettes relatives à la dépense domestique au jour du décès ; 4° des charges publiques, provinciales ou communales, des impositions pour l'entretien des polders, des moulins à pomper l'eau et autres contributions de cette nature au jour du décès ; 5° des frais funéraires (art. 12).

Les dettes dont la déduction n'est pas admise sont énumérées dans l'art. 11 de la loi du 17 décembre 1851. Ce sont : 1° *les dettes hypothécaires dont l'inscription était périmée* depuis un an ou radiée au jour de l'ouverture de la succession ; 2° toute dette acquittée, si la quittance ne porte pas une date postérieure au décès ; 3° les intérêts dus des dettes hypothécaires au delà de trois années ; ceux des dettes non hypothécaires, les loyers et fermages au delà de deux années et les dettes concernant la dépense domestique au delà de l'année échue et de l'année courante ; 4° les termes, échus depuis plus d'un an avant le décès, des dettes remboursables par annuités ; 5° *les dettes reconnues par le défunt au profit de ses héritiers, donataires ou légataires*, si elles ne sont constatées par titres enregistrés trois mois au moins avant son décès. Enfin, d'après l'art. 12 de la même loi, *toute dette reconnue par testament* sera considérée comme legs pour la liquidation du droit de succession.

En ce qui concerne les *droits de mutation en ligne directe*, qui frappent exclusivement les immeubles sis dans le royaume et les rentes ou créances hypothéquées sur ces immeubles, on ne déduit que les dettes hypothécaires grevant les biens soumis à l'impôt (L., 17 déc. 1851, art. 2).

relles sont celles dont le créancier ne peut poursuivre par les voies légales l'accomplissement à son profit. N'étant pas légalement obligatoires pour le défunt, les dettes de cette nature ne sauraient être déduites de sa succession. Tels sont : les engagements contractés par une personne incapable et susceptibles d'être rescindés ou annulés, les dettes de jeu et de pari auxquelles le législateur, pour des raisons d'utilité sociale, a refusé une action ; les créances prescrites dont l'art. 7 de la loi du 25 février 1901 interdit expressément la déduction (infrà, n° 303) ; l'obligation à laquelle reste soumis le failli concordataire de désintéresser complètement ses créanciers, malgré la remise qu'il a obtenue par le concordat, etc. (Aubry et Rau, IV, § 297, p. 4 à 7).

147. Charges. — On ne doit pas considérer comme dettes du défunt les charges héréditaires qui naissent de la transmission même de son patrimoine et se forment seulement dans la personne de l'héritier, obligé en vertu du quasi-contrat résultant de l'acceptation de la succession. Tels sont les legs, les frais funéraires, les frais de scellés, d'inventaire et de partage, les droits de mutation par décès, le deuil de la veuve et des domestiques, etc. Ces dettes, n'existant pas au jour de l'ouverture de la succession, n'étaient point à la charge personnelle du défunt.

148. Legs particuliers. — Les legs particuliers faits par le défunt, bien que constituant une simple charge de l'héritier. doivent cependant être déduits de l'actif héréditaire, non comme dettes, mais pour des motifs tout spéciaux. Si, en effet, les objets légués à titre particulier existent en nature dans la succession du testateur, ils ne sont jamais entrés dans le patrimoine de l'héritier ou du légataire universel ; ils sont passés, par une transmission distincte, des mains du défunt directement dans celles du légataire particulier. La jurisprudence antérieure à la loi du 25 février 1901 a admis la même doctrine en ce qui concerne les legs de sommes d'argent n'existant pas en nature dans la succession du testateur (T. A., V° Succession, n°s 520 et s.). Les legs particuliers représentent donc simplement, au point de vue fiscal, une fraction de l'hérédité transmise indépendamment de la part revenant à l'héritier ou au légataire universel et qui supporte, d'ailleurs, l'impôt de mutation par décès sur la valeur entière des objets légués.

149. Charges imposées aux légataires. — Mais, si le défunt a imposé à ses légataires des charges qui ne peuvent elles-mêmes être considérées comme des legs secondaires, il n'y a pas lieu de déduire de l'importance des legs la valeur de ces charges, qui n'ont pris naissance que par le fait même du décès. Telle serait l'obligation imposée à un légataire de faire dire des messes jusqu'à concurrence d'une somme déterminée, sans désignation de la personne chargée de les célébrer (Voir T.A., V° Fondation, n°s 25 et s.).

150. Frais funéraires. — A défaut d'une disposition formelle de la loi, les frais funéraires ne sont pas déductibles. Le rapport de M. Dupuy-Dutemps sur le projet de M. Burdeau s'explique formellement à ce sujet : « Quant aux frais funéraires...., la Commission les a considérés plutôt comme une dette de l'héritier que comme une charge de la succession, et ne voulant pas introduire dans la loi des éléments pouvant prêter à des difficultés, elle n'en propose pas la distraction » (J. off., Doc. parl.,Chambre, 1894, p. 1090, col. 3).

Les frais funéraires comprennent toutes les dépenses faites après le décès, soit par ordre du défunt, soit spontanément par les héritiers, et qui se rattachent aux funérail-

les. Tels sont les frais déboursés pour l'ensevelissement, l'embaumement, le cercueil, l'impression et la distribution des cartes de faire part, les voitures de transport du corps et du convoi, la tombe, le monument funèbre, le service religieux, les distributions d'aumônes, le repas funéraire, le deuil de la veuve et celui des domestiques (Rappr. Bastiné, 2° édit., II, n° 212).

Mais si, de son vivant, le de cujus avait fait élever un tombeau ou construire un monument funèbre destiné à sa sépulture, la somme due à son décès, soit pour l'achat du terrain, soit pour les fournitures et les travaux de construction, devrait être admise en déduction, pourvu qu'elle soit justifiée par un titre antérieur au décès.

151. Frais de testament. — Les honoraires proportionnels qui peuvent être dus au notaire pour la confection du testament du défunt constituent une dette non admissible au passif de la succession (Déc. belge, 4 juill. 1851 et 2 juin 1863). Il doit en être autrement des honoraires fixes qui n'auraient pas été acquittés par le testateur. Ceux-ci sont une dette du défunt ; les premiers sont la dette personnelle des héritiers et légataires (Bastiné, 1re édit., II, n° 189). Il va sans dire que les droits d'enregistrement du testament, ne devenant exigibles qu'après le décès, ne peuvent être déduits.

152. Frais de scellés, d'inventaire, de liquidation et de partage. — Les frais de toute nature relatifs aux scellés, à l'inventaire, à la liquidation et au partage, étant faits non seulement par les héritiers, mais encore dans leur intérêt, ne sont pas déductibles.

153. Droits de mutation par décès. — Les droits de mutation par décès, constituant tout à la fois une charge de la succession et une dette de l'héritier, ne peuvent être déduits, pour la liquidation de l'impôt, même lorsque la succession est acceptée sous bénéfice d'inventaire.

154. Pension alimentaire. — La pension alimentaire dont le défunt était tenu en vertu des art. 205 à 207, C. civ. et qu'il servait à son père, à sa mère, etc., n'est pas transmise passivement à ses héritiers. Si ceux-ci peuvent être obligés d'en continuer le service, c'est uniquement à cause de leur parenté avec le crédi-rentier. La dette leur devient personnelle et ne doit pas être déduite de la succession. Il en serait autrement si la pension, dont les héritiers n'étaient pas débiteurs, était due en vertu d'un contrat consenti par le défunt. La déduction devrait en être admise (Defrénois, n° 59).

155. Pension alimentaire due au conjoint survivant. — L'art. 205, C. civ., modifié par la loi du 9 mars 1891, accorde à l'époux survivant, qui est dans le besoin, le droit de demander une pension alimentaire à la succession du prédécédé. C'est comme créancier et non comme successible que le conjoint survivant a droit à cette pension.Mais cette créance n'a pris naissance qu'après le décès du de cujus, elle n'existait pas à sa charge personnelle au jour de l'ouverture de sa succession ; elle ne peut donc être déduite de l'actif héréditaire.

On peut objecter, il est vrai, que la pension a sa cause dans la personne même du défunt, puisque les héritiers n'ont aucune obligation personnelle vis-à-vis de l'époux survivant. Mais le texte de l'art. 3 de la loi du 25 février 1901 est trop précis pour qu'il soit permis de faire une distinction. C'est en la personne des héritiers seulement que la créance du conjoint survivant s'est formée ; eux seuls en sont débiteurs. Si, d'ailleurs, l'on se prononçait pour l'opinion contraire, il faudrait admettre que la justification pourrait en être faite par un titre émanant des héritiers seuls et qui, par suite, ne présenterait pas toutes les conditions de sincérité exigées par le législateur.

§ 2. — *Des dettes envisagées quant à leur existence et à leur liquidité.*

156. Dettes certaines. — Le bénéfice de la déduction est réservé aux dettes ayant une existence actuelle au jour de l'ouverture de la succession, à celles qui, à cette époque, confèrent au créancier un droit ferme et certain. De même qu'on ne doit soumettre à l'impôt que les biens qui appartenaient au *de cujus* au moment de son décès, de même on ne doit admettre en déduction que les dettes qui, à cette date, grevaient sa succession. « On a voulu exclure ainsi et l'on a exclu les dettes éventuelles, c'est-à-dire celles dont l'existence non encore réalisée au moment du décès » (Rapp. de M. Cordelet, *J. off.*, Doc. parl., Sénat, 1896, p. 290, col. 2).

157. Condition suspensive. — Ainsi, la dette contractée par le défunt sous une condition suspensive, c'est-à-dire celle dont l'existence dépend d'un événement futur et incertain, doit être considérée comme inexistante et ne peut être déduite de l'actif de la succession.

Si la condition se réalise dans l'intervalle compris entre le décès et la déclaration de la succession, la déduction doit être accordée dans les conditions ordinaires. L'accomplissement de la condition rétroagit, en effet, au jour même où l'obligation a été contractée, de telle sorte que la dette doit être réputée existante au moment du décès.

Mais si la condition ne s'accomplit qu'après la déclaration et le payement de l'impôt, les droits acquittés en trop, par suite de la non-déduction de la dette incertaine au décès, ne sont pas restituables. Il est clair, en effet, que la perception a été régulière, puisque le receveur a tenu compte de l'état exact du patrimoine au jour du décès, et au jour de la déclaration. L'événement ultérieur qui réalise la condition reste sans influence sur cette perception, conformément à la disposition précise de l'art. 60 de la loi du 22 frimaire an VII.

158. Condition résolutoire. — La condition résolutoire ne suspend ni l'existence ni l'exécution de l'obligation qu'elle affecte. Celle-ci doit être regardée comme pure et simple, mais soumise à une résolution conditionnelle. Par suite, tant que la condition prévue ne s'est pas accomplie, la déduction d'une dette soumise à une condition de cette nature ne peut être écartée.

Si la condition résolutoire se réalise avant la déclaration de la succession et le payement des droits, la dette est censée, par suite de l'effet rétroactif de la condition, n'avoir jamais existé. Il faut, par conséquent, l'éliminer du passif héréditaire pour la liquidation de l'impôt.

Enfin, lorsque l'événement dont dépend la résolution de la dette ne se produit qu'après la déclaration de succession, l'Administration est fondée à exiger une nouvelle déclaration dans les six mois de l'événement et à réclamer les droits sur la valeur dont l'actif net imposable se trouve accru. Il ne s'agit pas là, en effet, d'une simple rectification de la perception primitive, puisqu'au moment de cette perception, ni les parties, ni le receveur ne pouvaient régulièrement faire abstraction de la dette. C'est une valeur nouvelle qui rentre dans l'hérédité, dès lors que la réduction du passif a pour effet d'augmenter le patrimoine du défunt (Besson, n° 125).

159. Dettes litigieuses. — Les dettes litigieuses sont celles dont l'existence même dépend du résultat d'un procès. En cette matière, la décision du tribunal doit, dit M. Demante, « être assimilée à l'événement de la condition. Jusque-là, ces droits n'ont pas de consistance actuelle, puisque leur existence est en question ». Les

règles à suivre sont donc les mêmes que pour une dette affectée d'une condition suspensive. Si un jugement a reconnu, avant la déclaration de succession, l'existence de la dette d'abord litigieuse et incertaine, la déduction doit être admise, par suite de l'effet déclaratif de la décision judiciaire. Il en serait de même si, lors de la déclaration, le jugement se trouvait frappé d'appel : l'appel n'efface pas ce jugement, il en suspend seulement l'exécution (Voir *infrà*, 216-VIII). A plus forte raison, le pourvoi en cassation, qui n'a aucun caractère suspensif, reste sans influence actuelle sur la décision dont la cassation est demandée.

La demande en déduction n'est pas recevable lorsque la reconnaissance judiciaire de la dette n'intervient qu'après la déclaration. Dans ce cas, la perception est régulière, et, par application de l'art. 60 de la loi de frimaire, la restitution des droits perçus en trop ne peut être accordée.

DETTE D'IMPÔT CONTESTÉE PAR LE DÉFUNT. — Dans la séance de la Chambre du 15 novembre 1900, M. Lebret demandait qu'on admît au passif héréditaire le montant des droits réclamés par l'État au défunt et faisant, au moment du décès de ce dernier, l'objet d'un procès. Cette proposition a été repoussée à la suite des observations présentées par le commissaire du gouvernement. Il est inadmissible, en effet, qu'un héritier qui prétend en justice ne pas être tenu d'une dette puisse cependant en obtenir la déduction (*J. off.*, p. 2074, col. 3). D'ailleurs, au jour de l'ouverture de la succession, l'existence de cette dette est incertaine, puisque les tribunaux sont appelés à se prononcer sur sa réalité ; on doit donc appliquer dans cette hypothèse les règles relatives aux dettes litigieuses.

160. Dettes non liquides ou indéterminées. — Une dette peut être certaine dans son existence, mais indéterminée dans sa quotité. Le projet de M. Burdeau et celui de M. Poincaré prohibaient la déduction des dettes de cette nature, dès l'instant que la liquidité était établie au jour du décès. Cette restriction a disparu du texte définitif de la loi. Par conséquent, la déduction doit s'appliquer à toutes les dettes dont l'*existence* au jour de l'ouverture de la succession n'est soumise à aucune éventualité, alors même que le chiffre exact n'en serait pas déterminé, soit parce qu'il fait l'objet d'une contestation, soit parce qu'il est subordonné au résultat d'un compte ou d'une liquidation.

Les explications fournies par M. Cordelet et approuvées par le Ministre des finances, dans la séance du Sénat du 22 janvier 1901, font ressortir l'importance de cette règle (1).

(1) « Les anciens projets, déclare M. Cordelet, disaient : « dettes liquides au jour du décès », le projet actuel dit : « dettes existant au jour de l'ouverture de la succession ». La différence est essentielle entre les deux textes. Qu'est-ce qu'une dette liquide ? C'est une dette qui, non seulement est certaine dans son principe, mais qui est déterminée dans son quantum. Au contraire, une dette existante au jour du décès est sans doute aussi une dette certaine dans son principe, mais il n'est pas nécessaire qu'elle soit déterminée dans son quantum. Il y a, en effet, des dettes dont le principe sera certain, mais dont le quantum ne sera pas déterminé au jour du décès : telles sont les dettes du tuteur envers son pupille, celles du mari défunt envers sa veuve. Il peut y avoir aussi un jugement condamnant à des dommages-intérêts par état et qui n'auront pas été fixés au jour du décès par un jugement définitif. Et alors, quelle est la situation quand viendront à mourir, ou un tuteur, ou un mari, ou un débiteur contre lequel aura été rendu un jugement allouant des dommages-intérêts à fixer par état ? On ne pourra sans doute pas, au lendemain du décès, dire quel est le quantum de la dette ; mais si, dans les six mois, il y a un compte

Il résulte de ces explications que toute dette certaine est déductible, lorsque le montant en a été fixé avant la déclaration de succession. Mais que doit-on décider si le chiffre de la créance non liquide n'est pas déterminé au jour de cette déclaration ?

Dans cette hypothèse, il ne paraît pas possible d'admettre les parties à souscrire une déclaration estimative destinée à servir provisoirement de base à la liquidation des droits. La loi du 25 février 1901 ne renferme aucune disposition semblable à celle de l'art. 16 de la loi du 22 frimaire an VII. La dette indéterminée manque, pour la perception, de l'un de ses éléments constitutifs et, à défaut d'un texte formel, il n'appartient pas aux parties de substituer à la réalité des faits leur propre appréciation. Ce serait, d'ailleurs, laisser l'impôt à la discrétion des contribuables qui, après avoir fixé à la dette un chiffre exagéré, retarderaient ou dissimuleraient le résultat du compte ou de la liquidation et mettraient l'Administration dans l'impossibilité de contrôler la déclaration estimative. La loi seule pouvait conférer ce droit aux intéressés et elle ne l'a pas fait.

Le receveur sera donc fondé à refuser de déduire toute dette qui, certaine au décès, ne serait pas liquide lors de la déclaration de succession. Mais il ne s'ensuit pas que la déduction de cette dette soit définitivement écartée. Si, dans les deux ans de la déclaration, il est justifié, sous les conditions ordinaires, du chiffre exact de la dette, les parties seront fondées à demander la restitution des droits acquittés en trop par suite du refus de déduction. Le compte ou la liquidation intervenus postérieurement à la déclaration ne doivent pas être envisagés comme un événement ultérieur ; ils constatent, non pas un fait nouveau, mais une situation préexistante, puisque chacun des éléments du compte ou de la liquidation était certain au jour du décès et que l'*existence* en était démontrée par un titre remontant à cette époque : l'opération ultérieure a eu pour seul effet de dégager le montant total de la dette. Toutefois, pour que la restitution puisse être accordée, il est indispensable que les parties aient inscrit la dette *pour mémoire* dans l'état du passif déposé lors de la déclaration de succession et aient mis le receveur à même d'apprécier si la déduction pouvait ou non être admise (art. 5, L. 25 fév. 1901). A défaut de mention expresse de cette dette lors de la déclaration, la restitution ne pourrait plus être faite que pour cause d'erreur de fait et serait subordonnée au bon vouloir de l'Administration.

§ 3. — *Des dettes envisagées quant à leur nature, à leur cause et à leur objet.*

161. Principe général. — L'art. 3 de la loi du 25 février 1901 pose, au point de vue de la déduction du passif, « un principe général, une sorte de droit commun pour toutes les dettes » (Rapp. de M. Mesureur, *J. off.*, Doc. parl., Chambre, p. 1742, col. 1). Pourvu que les justifications nécessaires soient fournies dans la forme prévue par la loi, la déduction s'applique à toute dette du défunt, quels qu'en soient la nature, l'origine, la cause et l'objet. Il n'est pas possible d'énumérer les différents cas où le défunt devra être considéré comme tenu d'une obligation déductible. Il suffira de rappeler ceux qui peuvent se présenter le

de tutelle ou une liquidation de reprises ou un jugement déterminant le chiffre des dommages-intérêts, on se présentera à l'Administration avec une dette non seulement certaine, mais liquide *au jour de la déclaration* et cela suffira (*J. off.*, p. 76, col. 2).

plus fréquemment dans la pratique ou donner lieu à des difficultés particulières.

162. Dette alternative. — La dette alternative est celle qui a pour objet plusieurs prestations, mais sous cette modalité que le débiteur sera libéré en accomplissant une seule d'entre elles. Si l'obligation du défunt, existant au jour du décès, n'a pas été exécutée avant la déclaration de succession, on déterminera l'importance de la dette à déduire d'après les règles posées dans les articles 1190 et s., C. civ., qui donnent au débiteur le choix entre les diverses prestations, à moins que ce choix n'ait été expressément accordé au créancier.

163. Dette facultative. — A la différence de l'obligation alternative dans laquelle plusieurs objets sont également dus, l'obligation facultative ne s'applique qu'à un seul objet ; mais le débiteur a la faculté de se libérer par une autre prestation que celle qui fait l'objet de l'obligation. Dans le cas où le défunt est débiteur d'une dette facultative, il faut, pour la déduction, faire abstraction de la chose qui est seulement *in facultate solutionis* et s'en tenir à celle que le créancier a le droit d'exiger.

164. Dettes privilégiées. — Les dettes garanties par un privilège sur les meubles ou les immeubles du défunt doivent être déduites, sous les justifications ordinaires. Il n'est fait exception que pour celles qui n'ont pris naissance qu'à l'occasion du décès, comme les frais funéraires, le deuil de la veuve, les droits de mutation, etc. (V. *supra*, n° 147).

165. Frais de dernière maladie. — Les frais de dernière maladie sont déductibles comme les autres dettes privilégiées, puisqu'ils sont antérieurs au décès, mais à condition qu'il en soit régulièrement justifié.

Lorsqu'il s'agit des frais de dernière maladie d'un enfant soigné par ses parents, il y a lieu de distinguer.

On ne doit pas admettre au passif de la succession d'un *mineur* les frais de sa dernière maladie, qui font partie des dépenses d'entretien incombant à ses père et mère, à moins que le mineur décédé n'ait des revenus personnels et que ceux-ci ne soient pas perçus par ses parents en vertu de l'art. 384, C. civ. (Déc. belge, 9 oct. 1856, *Journ. de l'Enreg. belge*, n° 7569).

Lorsque les revenus d'un enfant *majeur* sont insuffisants pour subvenir aux frais de sa dernière maladie, le montant de ces frais ne peut être admis au passif de sa succession que jusqu'à concurrence du revenu de ses biens ou des ressources provenant de l'exercice de sa profession ; l'excédent reste à la charge de ses parents. Si la succession ne comprend activement que des biens en nue-propriété, les frais de maladie ne sont pas admissibles au passif (Déc. belg., 31 janv. 1867 et 4 fév. 1870, *Journ. de l'Enreg. belge*, n° 10.427 et 11.207).

166. Impôts. — Les impôts et autres charges publiques ou communales doivent être déduits de la succession du défunt, lorsqu'ils sont à sa charge personnelle.

Pour la contribution foncière et les autres impôts qui cessent d'être à la charge du défunt par l'effet du décès, la déduction ne peut être admise que jusqu'à concurrence du prorata couru au jour de l'ouverture de la succession, en ayant soin d'imputer les acomptes payés de ce chef sur les termes échus à cette date (Trib. Mons, 13 janv. 1866, *Journ. de l'Enreg. belge*, n° 10.150) ; ce sont, en effet, des fruits civils pour l'Etat qui les perçoit et une charge de la jouissance pour le propriétaire qui les paye (Rappr. Dalloz, *Jur. gén.*, V° *Disp. entre vifs et testam.*, n° 1159). Mais, en ce qui concerne la contribution personnelle-mobilière qui, malgré le décès du contribuable, est due pour l'année entière (L. 21 avr. 1832, art. 21), la déduction est admissible pour tout ce qui n'était pas payé au décès (Déc. belge, 8 mai 1867, *Journ. de l'Enreg. belge*, n° 9879).

167. Honoraires dus à un officier ministériel. — Les frais, avances et honoraires dus à des officiers ministériels à raison d'actes passés par le défunt ou dans son intérêt doivent être compris dans le passif de sa succession, dès lors qu'il en était *personnellement* débiteur *au jour du décès* (V. *supra*, n° 151) et que les héritiers ou légataires en justifient régulièrement. Ainsi devrait-on déduire le prix et les loyaux coûts d'une vente faite devant notaire au défunt par son père (Trib. Tournai, 22 fév. 1858 ; *Journ. de l'Enreg. belge*, n° 7880). Dans le cas où le montant de ces frais ne serait pas liquidé au jour de l'ouverture de la succession, il y aurait lieu d'appliquer les règles exposées pour les dettes indéterminées (*supra*, n° 160). La justification des frais résulte, d'ailleurs, suffisamment de la représentation des actes eux-mêmes, corroborée par la réclamation de l'officier public (L. 24 déc. 1897 ; *R. E.* 1596).

168. Dépenses de ménage ou relatives à la profession du défunt. — La déduction s'étend aux dépenses de ménage et aux dettes relatives à la profession du défunt, à condition qu'il en soit régulièrement justifié (*infrà*, n°s 206 et suiv.).

169. Dettes hypothécaires. — Les dettes garanties par une hypothèque judiciaire ou conventionnelle, étant constatées par des actes authentiques ou des jugements, présentent, tant au point de vue de leur réalité que de leur mode de justification, les plus grandes facilités pour la déduction. Lorsqu'il s'agit d'une dette jouissant d'une hypothèque légale, il ne peut s'élever d'autres difficultés que celles relatives à la détermination exacte du chiffre à déduire.

170. Tuteur. Compte de tutelle. — Les sommes dues par un tuteur à raison de l'exercice de ses fonctions sont admissibles au passif de sa succession ; mais, dans la plupart des cas, le montant n'en peut être connu qu'à la suite d'un compte régulier (V. *supra*, n° 160). Ce n'est évidemment pas le total des recettes effectuées par le tuteur pour son pupille qui doit être admis en déduction dans la déclaration de la succession du tuteur, mais seulement le reliquat mis à la charge de ce dernier par l'arrêté de compte, toute compensation faite entre les recettes et les dépenses.

171. (497 et s.). Femme mariée. Reprises. — En droit fiscal, les reprises sont prélevées sur les biens communs, non à titre de créances, mais en vertu du droit de copropriété appartenant à chacun des époux sur ces biens. La distraction doit donc en être opérée sur la masse des valeurs de communauté. Mais, quand ces valeurs sont insuffisantes pour couvrir les reprises de la femme acceptante, le mari devient débiteur sur ses biens personnels de l'excédent de ces reprises (art. 1436 et 1472, C. civ.). Sous l'empire de la loi du 22 frimaire an VII, cet excédent constituait une charge non déductible de la succession du mari. Il en est différemment depuis la loi du 25 février 1901. Désormais, en cas d'insuffisance de la communauté, l'excédent des reprises de la veuve sera déduit de l'actif de la succession du mari, pourvu qu'il en soit justifié conformément aux prescriptions de l'art. 3.

I. Renonciation a communauté. — En cas de renonciation à la communauté, la femme est censée y avoir toujours été étrangère et ses reprises forment une dette de la succession du mari. Sous le régime antérieur à la loi de 1901, ces reprises n'étaient pas déductibles. A l'avenir, les reprises de la femme renonçante seront admises au passif de la succession du mari, s'il en est justifié comme d'une dette ordinaire.

II. Régimes exclusifs de communauté. — La même déduction doit être autorisée pour les reprises de la femme dotale ou séparée de biens, lorsque ces reprises n'existent pas en nature au jour du décès du mari.

III. Liquidation des reprises. — Comme les reprises dues à la femme et les récompenses dont elle est débitrice se compensent entre elles jusqu'à due concurrence, une liquidation préalable peut être nécessaire pour déterminer l'importance de la dette du mari décédé envers la femme et, par suite, l'étendue de la déduction à opérer. Si cette liquidation, dans les cas où elle est nécessaire, n'est pas établie au jour de la déclaration de la succession du mari il conviendra de se conformer aux règles développées *supra* n° 160.

IV. Reprises existant en nature. — Si les reprises de la femme, consistant en corps certains, se retrouvent en nature, la femme les reprend purement et simplement et il n'y a pas lieu d'en déduire la valeur de la succession du mari.

Par des décisions de faveur, l'Administration admettait sous l'empire de la loi de frimaire, que les reprises de la femme pouvaient être déduites des biens personnels du mari, quand elles étaient représentées dans la succession de ce dernier par « de l'argent comptant ou des valeurs en tenant lieu » (*T. A.*, V° *Succession*, n°s 504 et suiv.). Ces décisions n'ont plus de raison d'être que pour le cas où ces reprises ne seraient pas justifiées conformément aux prescriptions de la loi du 25 février 1901 (Voir V ci-après). Si, au contraire, les justifications exigées par cette loi sont fournies, il convient de comprendre à l'actif de la succession du mari l'intégralité du numéraire et des valeurs assimilées, et au passif toutes les reprises justifiées de la femme.

V. Justification des reprises. — Sous l'empire de la loi du 22 frimaire an VII, il était admis que les reprises dont le montant était prélevé sur les valeurs communes pouvoient être justifiées par tous les modes de preuve compatibles avec les règles de la procédure écrite, notamment, par des inventaires, partages, liquidations, même postérieurs au décès. Il continuera à en être de même sous la législation nouvelle, tant qu'il s'agira d'un simple prélèvement des reprises sur les biens communs. Mais lorsque les reprises prendront le caractère de dettes proprement dites et ne pourront être déduites de la succession du défunt qu'à ce titre, la déduction n'en sera admise que si les règles de forme et de fond imposées par la loi du 25 février 1901 sont remplies (V. appr. *infrà*, n° 309).

L'imputation des reprises doit, d'ailleurs, se faire de manière la plus favorable aux parties, c'est-à-dire en commençant par prélever sur l'actif commun les reprises justifiées d'après les règles admises avant la loi du 25 février 1901. Soit, par exemple, une communauté présentant un actif net de 20.000 fr. ; les reprises de la femme, compensation faite avec les récompenses dues par elle, s'élèvent à 30.000 fr. et sont justifiées jusqu'à concurrence de 15.000 fr. suivant les règles anciennes et pour le surplus conformément aux prescriptions nouvelles ; les biens personnels du mari décédé ont une valeur de 30.000 fr. Si l'on prélevait tout d'abord, sur les biens communs les 15.000 fr. qui satisfont aux conditions de la loi de 1901, la distraction à autres reprises ne pourrait plus être admise que pour 5.000 fr., c'est-à-dire dans les limites de l'actif commun. Les biens personnels du mari supporteraient intégralement l'impôt. On ne saurait admettre cette manière de procéder qui aboutirait à un résultat contraire aux intentions du législateur. Il faut prélever sur l'actif de communauté, en premier lieu, les 15.000 fr. de reprises justifiées d'après les anciennes règles et, en second lieu, les autres reprises pour 5.000 fr. L'excédent de ces dernières reprises, soit 10.000 fr., sera ensuite induit, comme une dette ordinaire, des biens propres du mari et les droits de mutation par décès ne seront acquittés que sur 20.000 fr.

172. (502). **Récompenses entre époux.** — Les indemnités de toute sorte dues par l'époux prédécédé au conjoint survivant doivent être déduites de la succession de l'époux débiteur. Ainsi, lorsque deux époux ont constitué solidairement à l'enfant commun une dot fournie en entier au moyen d'un propre à l'un des époux, l'autre époux est libéré à l'égard du donataire, mais il devient débiteur de son conjoint d'une somme qui doit être admise au passif de sa succession. Il en est de même si l'époux survivant, après avoir prélevé en payement de ses droits, toute la masse commune, se trouve encore créancier d'un excédent de récompense dû par son conjoint prédécédé : cet excédent est déductible de la succession de l'époux débiteur. Il faut observer cependant que, toutes les fois que la déduction des récompenses s'opérera sur les biens personnels du *de cujus*, les justifications exigées par la loi du 25 février 1901 devront être fournies (Voir *suprà*, n° 171-V).

173. (500). **Forfait de communauté.** — Lorsqu'il a été convenu qu'à la dissolution de la communauté, l'un des époux ou ses héritiers n'auront pour tout droit qu'une somme fixe, cette stipulation, arrêtée à titre de forfait (art. 1520, 1522 et 1524, C. civ.), constitue au profit de cet époux un simple droit de créance qui doit être déduit de la succession de son conjoint au jour de la dissolution de la communauté.

174. **Dommages-intérêts.** — La dette en dommages-intérêts, soit qu'elle résulte d'une obligation conventionnelle, soit qu'elle soit la conséquence d'un délit ou d'un quasi-délit, doit être admise en déduction, dès lors que son existence est certaine au jour du décès et qu'il en est justifié. Si le jugement de condamnation déclare que les dommages-intérêts, dont le principe est reconnu, seront fixés par état, il y a lieu de procéder comme en matière de dettes indéterminées (*suprà*, n° 160).

175. **Prix d'acquisition. Soultes. Charges.** — Le prix d'une vente mobilière ou immobilière, les soultes d'échanges et de partages, les charges imposées comme conditions d'une vente, d'une donation ou d'un partage, doivent être déduites de la succession du débiteur, lorsqu'il est justifié qu'elles existaient encore au jour de son décès.

176. **Ouverture de crédit.** — L'ouverture de crédit est une promesse de prêt qui ne se réalise qu'au fur et à mesure des remises de fonds faites au crédité. Lors du décès de ce dernier, la déduction est admissible jusqu'à concurrence de la somme pour laquelle le crédit a été réalisé, à condition qu'il en soit justifié dans les formes ordinaires, notamment par la production des livres de commerce. Le surplus forme une dette conditionnelle qui ne peut plus prendre naissance qu'en la personne des héritiers.

177. **Compte courant.** — Le compte courant est « un contrat par lequel deux personnes, en prévision des opérations qu'elles feront ensemble et qui les amèneront à se remettre des valeurs, s'engagent réciproquement à laisser perdre aux créances qui en résulteront leur individualité, en les transformant en articles de crédit et de débit, de façon à ce que le solde résultant de la compensation finale soit seul exigible » (Lyon-Caen et Renault, *Man. de droit comm.*, n° 780). Pendant la durée du compte courant, il n'y a ni créancier ni débiteur. Mais, lorsque l'un des correspondants vient à mourir, son décès entraîne la clôture du compte et, comme conséquence, la

fixation de la balance finale. Si le règlement fait ressortir un solde contre le défunt, c'est ce solde seul qui doit être déduit de sa succession, et non l'ensemble du débit qui s'est compensé de plein droit avec les articles du crédit. L'opération qui consiste à déterminer la balance du compte peut, d'ailleurs, être postérieure au décès, dès l'instant qu'elle a simplement pour objet de fixer la quotité d'une dette non liquide (*suprà*, n° 160).

178. **Avances sur titres.** — Les avances sur titres, mises en dépôt, avals en pension, nantissements en garantie d'avances, ne sont autre chose que des prêts consentis par des banquiers ou des établissements de crédit, moyennant le simple dépôt en gage de titres au porteur ou nominatifs. Il y a lieu de comprendre, à l'actif de la succession de l'emprunteur, les titres et valeurs donnés en nantissement et, au passif, le montant de l'avance consentie par le prêteur.

179. **Dettes souscrites par un mandataire.** — Si les dettes sont souscrites par un mandataire du défunt, leur déduction doit en être accordée (Rapp. de M. Cordelet, *J. off.*, Doc. parl. Sénat, 1896, p. 290, col. 3), mais à deux conditions : 1° qu'il soit justifié du mandat par un titre qui aura nécessairement date certaine, puisqu'il émanera du défunt ; 2° et qu'il soit justifié, dans les formes ordinaires, de l'existence de la dette au jour de l'ouverture de la succession.

180. **Dette à terme sans intérêts.** — Quand une dette est payable à terme sans intérêts, on ne peut se prévaloir de ce terme pour demander à déduire du capital les intérêts légaux depuis le décès jusqu'à l'échéance de la dette. La loi n'a pas fait du taux de l'intérêt, ou même de l'absence d'intérêts, une cause de réduction de la dette admissible au passif de la succession (Déc. belge, 1er août 1864 ; *Journ. de l'Enreg. belge*, n° 9831 ; Bastiné, 1re édit., II, n° 196).

181. **Rentes viagères ou perpétuelles.** — Lorsqu'une succession est grevée de rentes qui ne s'éteignent pas par le décès du débiteur et que celui-ci devait à un autre titre qu'à celui d'héritier ou légataire universel (voir *infra*, n° 312), l'évaluation ne peut être établie, pour la déduction du passif, que par la déclaration estimative des parties. On ne saurait, en effet, appliquer les dispositions de l'art. 14, §§ 6, 7 et 9 de la loi de frimaire qui tarife les *constitutions et transmissions* de rentes, soit sur le capital aliéné et constitué, soit sur un capital formé de 20 fois la rente perpétuelle ou de 10 fois la rente viagère. Il faut déterminer de quelle somme l'obligation existant à la charge du défunt diminue réellement son patrimoine. L'importance en variera suivant les circonstances particulières de chaque affaire et ne peut être réglée par un forfait applicable à toutes les hypothèses. « Les rentes, est-il dit dans les travaux préparatoires, seront évaluées par les héritiers, d'après l'âge du crédi-rentier, sauf contrôle de l'Administration. Ce contrôle s'exercera comme il s'exerce aujourd'hui lorsque l'Administration est amenée à examiner le caractère gratuit ou onéreux d'un contrat de constitution de rente viagère moyennant l'aliénation d'un certain capital » (Rapp. de M. Cordelet, *J. off.*, Doc. parl. Sénat, 1896, p. 290, col. 3).

Il faut remarquer que, dans ce cas, il ne s'agit pas de déterminer, au moyen d'une déclaration estimative des parties, l'importance d'une dette non liquide (*suprà*, n° 160) : la quotité de l'obligation dont le défunt était tenu est parfaitement connue. Il s'agit seulement d'estimer, en capital, la valeur d'une dette qui ne s'exécute que par des payements périodiques, afin d'en permettre, pour la liquidation de l'impôt, la déduction de l'actif héréditaire.

182. Dettes remboursables par annuités. — Lorsqu'il s'agit de dettes remboursables par annuités comprenant à la fois l'amortissement du capital et les intérêts, la déduction ne peut être opérée que pour les annuités arriérées, s'il y a lieu, et pour la somme représentant le capital non éteint au décès. Les héritiers sont alors admis à fournir une ventilation de la dette, sauf à l'Administration à contrôler l'exactitude de leur évaluation au moyen, notamment, des tarifs des compagnies, comme le Crédit foncier et la Caisse des dépôts et consignations (Déclaration de M. Liotard-Vogt, commissaire du gouvernement, à la séance de la Chambre du 16 nov. 1895, *J.off.*, Débats, p. 2372).

183. Dettes payables en nature. — La loi ne fait aucune distinction entre les dettes de sommes d'argent et les dettes qui, par la convention des parties ou par suite d'une condamnation judiciaire, doivent être payées au moyen de valeurs mobilières, de denrées ou de marchandises. Il appartiendra aux héritiers d'évaluer, sous le contrôle de l'Administration, les objets qui doivent être livrés en payement, afin d'obtenir la déduction de cette valeur comme d'une dette ordinaire.

184. Loyers et fermages. — Les loyers et fermages des biens dont le défunt était locataire ou fermier, peuvent être compris dans le passif de la succession. Ceux du terme courant sont déductibles de plein droit, mais seulement pour le prorata dû au jour de l'ouverture de la succession et calculé depuis la dernière échéance jusqu'au moment du décès. Les termes échus ne sont admis en déduction que si l'échéance ne remonte pas à plus de trois mois, à moins que les héritiers ne produisent une attestation du créancier certifiant l'existence au jour du décès (art. 7-1).

Les loyers ou fermages payés d'avance sont la représentation d'une valeur (jouissance d'immeubles) sortie du patrimoine du bailleur et ne sauraient être déduits de la succession pour le payement de l'impôt (Rappr. *T. A.*, V° *Succession*, n° 214 et note).

185. Intérêts. — La déduction autorisée par l'art. 3 de la loi du 25 février 1901 n'est pas limitée au principal des dettes ; elle s'étend de plein droit, le cas échéant, au prorata d'intérêts courus depuis la dernière échéance jusqu'au jour du décès. Comme les loyers, ce sont des fruits civils qui s'acquièrent jour par jour et dont le montant est exactement arrêté à la date de l'ouverture de la succession. Quant aux intérêts arriérés, ils sont déduits sous les justifications de droit commun, pourvu que l'échéance ne soit pas antérieure de plus de trois mois (sauf l'attestation du créancier) et, d'autre part, que le délai de prescription ne soit pas accompli (*infrà*, n°ˢ 303 et s.).

186. Arrérages de rentes. — Les arrérages de rentes viagères ou perpétuelles sont soumis aux mêmes règles, tant pour le terme courant que pour les termes échus.

187. Assurances sur la vie. — Lorsqu'une police d'assurance sur la vie a été contractée par un débiteur au profit de son créancier en payement de sa dette, cette dette est éteinte au jour du décès jusqu'à concurrence des sommes qui peuvent être dues à ce moment par l'assureur (Rappr. *T. A.*, V° *Succession*, n° 175). On ne doit donc porter, ni le montant de l'assurance à l'actif de la succession de l'assuré débiteur, ni la dette au passif de cette même succession.

Mais la cession de l'assurance en garantie ou à titre de nantissement n'a pas pour effet de dessaisir l'assuré du capital stipulé dans la police. Ce capital fait, en droit fiscal, partie de l'actif de la succession de l'assuré lors de son décès et la dette dont il a pour but d'assurer le payement doit être déduite.

188. Primes d'assurances. — Les primes d'assurances de toute nature (sur la vie, contre l'incendie, maritimes, agricoles, etc.), payables le plus souvent en un seul terme et d'avance, sont admissibles pour la totalité au passif de la succession de l'assuré, lorsque le délai de l'échéance ne remonte pas à plus de trois mois, sauf les justifications ordinaires. L'Administration admettait déjà qu'en matière d'assurance sur la vie, la prime ou la fraction de prime non encore acquittée à la mort de l'assuré se compensait, à due concurrence, avec le capital dû par la compagnie et que le droit de succession n'était dû que sur la différence (*T. A.*, V° *Succession*, n° 189). Désormais, il n'y sera plus nécessaire d'invoquer cette compensation ; la déduction de la prime ou de la fraction de prime restant due devra être opérée dans les formes de droit commun.

189. (277). Cautionnement. Bailleur de fonds. — Les cautionnements en numéraire, versés par les comptables, officiers publics et fonctionnaires, sont la propriété du titulaire, alors même que c'est un tiers bailleur de fonds qui a fourni la somme nécessaire (Cass., 11 juillet 1861, S. 61.1.401) ; celui-ci est regardé comme un simple prêteur. Dès lors, en cas de décès du titulaire, le droit de mutation est exigible sur le capital et les intérêts courus du cautionnement ; mais la dette contractée à l'égard du bailleur de fonds doit être déduite de la succession.

190. (271). Emprunt au Crédit foncier. Prêt différé — Les fonds représentant un prêt différé consenti par le Crédit foncier et qui doivent rester déposés dans les caisses de la société pour désintéresser les créanciers inscrits doivent être compris dans la déclaration de la succession de l'emprunteur décédé avant le retrait. Mais, en revanche, les dettes que ces fonds étaient destinés à éteindre sont admissibles au passif de cette succession.

191. (272). Sommes déposées à la Caisse des consignations. — L'Administration soutient que la consignation volontaire ou forcée (art. 1257 à 1264, C. civ., 812 à 818, C. proc. civ.) ne libère le débiteur qu'autant qu'elle a été validée par l'acceptation du créancier ou par une décision judiciaire. Jusque-là, les deniers déposés restent la propriété du débiteur et, s'il vient à mourir, doivent être portés à l'actif de sa succession. Dans cet ordre d'idées, il a été reconnu que la somme déposée à la Caisse des consignations, à titre de garantie, par l'adjudicataire sur surenchère d'un immeuble, reste la propriété de celui-ci, même après qu'il a revendu l'immeuble, jusqu'à la clôture de l'ordre ouvert entre les créanciers inscrits. Si, en conséquence, le consignataire meurt avant cette époque, la somme déposée dépend de sa succession et doit supporter le droit de mutation (Béziers, 29 janvier 1899 ; R. E. 2270). Mais la consignation n'ayant pas libéré le *de cujus*, il y a lieu d'admettre en déduction les dettes que cette consignation avait pour but d'éteindre.

192. (331). Saisie-arrêt. — La saisie-arrêt n'emporte transport judiciaire qu'autant qu'elle a validé par un jugement *devenu définitif* (Cass. req., 2 fév. 1891 ; R. 7971). Si ce jugement n'a pas acquis l'autorité de la chose jugée avant le décès du saisi, il y a lieu de déduire de la succession de ce dernier la dette pour laquelle la saisie arrêt a été opérée et, en même temps, de comprendre à l'actif la créance du défunt contre le tiers saisi.

193. (332 et s.). Saisie immobilière. — Le débiteur exproprié n'est dessaisi de la créance représentée par le prix de l'adjudication qu'au jour du payement des bordereaux de collocation. Si son décès arrive avant ce payement, le droit de mutation est exigible sur la créance du prix, mais les dettes que les bordereaux doivent éteindre peuvent être déduites de la masse héréditaire.

194. (267). Délégation. — La délégation n'est parfaite et n'opère novation qu'autant qu'elle a été acceptée par le délégataire (art. 1275, C. civ.). Aussi, à défaut d'acceptation, le prix de vente d'immeuble délégué par le vendeur à des créanciers inscrits doit être compris dans la déclaration faite à son décès, mais sous la condition de déduire les dettes inscrites.

195. Dettes payées depuis le décès. — Les dettes que les héritiers ont payées depuis le décès doivent être comprises dans la masse passive au même titre que les autres, à condition qu'il soit justifié de leur existence au jour de l'ouverture de la succession. Mais les sommes qui ont été employées au payement de ces dettes doivent figurer à l'actif de la déclaration de succession, lorsqu'elles ont été prélevées sur les valeurs héréditaires (Déc. belge, 14 avr. 1863 ; *Journ. de l'Enr. belge*, n° 9943).

196. Remise de dette consentie à l'héritier. — Si le créancier du défunt a accordé, après le décès, une remise totale ou partielle de la dette à l'héritier, cette remise n'éteint ou n'atténue la créance qu'à l'égard de cet héritier et ne change rien à la masse héréditaire. La dette doit donc être déduite pour la liquidation de l'impôt (Rappr. Dalloz, *Jur. gén.*, V° *Disp. entre vifs et test.*, n° 1152).

197. (511). Succession d'un héritier. — Lorsqu'une personne à qui une succession a été dévolue vient à mourir elle-même avant la liquidation de cette succession, il faut tenir compte, dans la liquidation des droits dus sur la seconde hérédité, du passif qui grevait la première et *qui n'était pas encore éteint au jour du décès de l'héritier*.

Si l'héritier a accepté purement et simplement la succession de son auteur, il s'est trouvé tenu *ultra vires hereditatis* des dettes de celui-ci qui se sont divisées de plein droit entre lui et ses cohéritiers conformément à l'art. 873, C. civ. Par conséquent, la déclaration de la succession de l'héritier doit comprendre au passif, sous les justifications ordinaires, la totalité de la part lui incombant dans les dettes encore dues de la première hérédité, alors même que l'actif de cette hérédité serait insuffisant pour assurer le payement des dettes qui la grèvent.

Si l'héritier a accepté la succession sous bénéfice d'inventaire, il n'est tenu des dettes que jusqu'à concurrence de la valeur des biens qu'il a recueillis. Il s'ensuit que la déduction de ces dettes dans la déclaration de sa propre succession ne peut excéder la valeur de la part de l'actif net revenant dans la première hérédité (Defrénois, nos 63 et 104).

197 bis. Passif dû en nue propriété seulement ou en usufruit seulement. — Lorsque le défunt était tenu de la nue propriété ou de l'usufruit seulement d'une dette, c'est seulement la valeur en nue propriété ou en usufruit de cette dette qui peut être déduite. La loi n'ayant posé aucune règle spéciale pour cette évaluation, elle sera faite par une déclaration estimative des parties sauf à l'Administration à prouver l'excès d'évaluation, en invoquant notamment, à titre de présomption simple, les règles d'évaluation des créances actives établies par l'art. 13-3° de la loi du 25 février 1901.

§ 4. — *Des dettes dont le défunt était tenu avec d'autres ou pour d'autres.*

198. Intérêt de la question. — Lorsqu'une dette a été consentie par le défunt *seul* ou a été mise à sa charge *exclusive* par un jugement de condamnation, c'est la totalité de cette dette qui doit être déduite définitivement de l'actif de sa succession pour le payement des droits, si les parties justifient de son existence au jour du décès. Mais quand le défunt est tenu d'une dette avec d'au-

tres personnes, soit en vertu d'une convention ou d'un jugement, comme en matière d'obligations solidaires ou indivisibles, soit par l'effet des dispositions de la loi, comme dans les rapports entre les époux communs en biens, la question se pose de savoir si la déduction doit s'appliquer, non seulement à la part que le défunt doit supporter définitivement dans la dette (contribution), mais encore, au delà de cette part contributive, à la somme totale que le créancier est en droit d'exiger de lui et que le défunt peut être contraint d'acquitter, sauf son recours contre ses codébiteurs (obligation).

199. Dette conjointe. — Tout d'abord, il importe d'écarter le cas où plusieurs débiteurs se sont obligés simultanément envers le créancier, sans stipuler aucun lien de solidarité. C'est l'hypothèse de la dette simplement conjointe. Par exemple, Primus prête 1.000 fr. à Secundus et à Tertius qui se sont réunis pour les lui emprunter. Il est de principe, en cette matière, que la dette, pourvu d'ailleurs qu'il s'agisse d'une chose divisible, se divise en autant de portions égales ou viriles qu'il y a de débiteurs (Aubry et Rau, IV, § 298, p. 13). Ainsi, Primus ne peut réclamer que 500 fr. à Secundus et 500 fr. à Tertius. Si l'un ou l'autre de ces débiteurs vient à mourir, c'est cette somme de 500 fr. qui devra être déduite de sa succession.

200. Dette solidaire. — Dans l'obligation solidaire, au contraire, chacun des débiteurs doit, dans ses rapports avec le créancier, être considéré comme débiteur de l'intégralité de la dette (art. 1200, C. civ.), bien que, dans ses rapports avec ses codébiteurs, il ne soit définitivement responsable, à moins de stipulation ou de présomption contraire, que pour sa part virile (art. 1213, C. civ.). Lorsque le défunt était engagé dans une obligation solidaire, il y a lieu de faire quelques distinctions :

I. DETTE SOLIDAIRE PAYÉE AVANT LE DÉCÈS. — Si la dette a été payée intégralement par le défunt avant sa mort, il ne peut venir à l'esprit d'en opérer la déduction, puisqu'elle n'existe plus au jour de l'ouverture de la succession. Il est vrai qu'en fait, cette solution paraît manquer d'intérêt, car, si on ne déduit pas la dette, le patrimoine du *de cujus* a été diminué des sommes employées au payement de cette dette, en sorte que la matière imposable manque.

On observera toutefois que le défunt, en acquittant pour le tout une dette dont il n'était tenu que pour moitié (ou pour une fraction quelconque), a acquis une créance équivalente contre ses codébiteurs, laquelle a grossi son patrimoine. Soit une dette solidaire de 100.000 fr. contractée par Primus, le *de cujus* et Secundus. Primus a payé la dette entière et son patrimoine s'est trouvé du même coup appauvri de 100.000 fr. ; mais d'un autre côté, acquis contre Secundus une créance égale à la part que doit supporter celui-ci dans la dette, dans l'espèce 50.000 fr., et son patrimoine s'est enrichi de 50.000 fr. Si l'on soustrait 50.000 de 100.000 il reste 50.000 fr. qui seront sujets aux droits à la mort de Primus. Si, d'ailleurs Secundus est insolvable à ce moment, les héritiers de Primus seront autorisés à renoncer leur créance contre lui, et cette créance, ne figurant plus dans l'actif au regard du fisc, ne sera pas imposée. Le résultat sera donc le même que si l'ancienne dette de 100.000 fr. était admise en déduction.

Mais ce résultat tient uniquement à la condescendance de l'Administration et n'est acquis que si l'insolvabilité de Secundus est certaine. L'Administration peut toujours se refuser à accepter la renonciation des héritiers et, en fait, elle s'y refuse quand l'insolvabilité du débiteur lui paraît douteuse (Étude de M. Naquet ; R. E. n° 2703). Cette insolvabilité s'apprécie, du reste, au jour de l'ou-

25

verture de la succession (*T.A.* V° *Succession*, n°° 368 et s.).

II. Dette solidaire non payée au décès. — Il peut se faire que le débiteur n'ait pas acquitté, avant de mourir, la dette pour laquelle il est soumis à une action solidaire et que cette dette soit encore due au moment de la déclaration de succession.

Deux difficultés sont à prévoir : 1° doit-on déduire de la succession du débiteur la totalité de la dette pour laquelle il peut être poursuivi par le créancier ou seulement la quote-part dont il est réellement tenu dans ses rapports avec ses codébiteurs ; 2° cette dernière solution admise, convient-il d'augmenter le chiffre de la part déductible lorsque l'insolvabilité des codébiteurs ne permet pas d'exercer contre eux un recours utile ?

L'Administration belge se prononce sur ces deux points de la manière suivante. Lorsqu'on prouve, dit-elle, l'existence d'une dette solidaire contractée par le défunt, la dette devrait être admise pour la totalité au passif de la succession. Mais, comme la succession a un recours contre les autres débiteurs pour la part qui leur incombe, il y a lieu de tenir compte de ce recours qui forme une créance se compensant à due concurrence avec la dette, de telle sorte qu'on ne doit admettre à la déduction que la part du défunt. Dans le cas où les autres débiteurs sont insolvables, les héritiers peuvent déduire de l'actif tout ce qu'ils prouvent avoir payé ou à payer au créancier, sans espoir de recouvrement contre les codébiteurs. La solvabilité de ces derniers s'apprécie, d'ailleurs, au jour du décès et on ne doit pas prendre en considération les changements survenus depuis cette époque dans leur situation (Déc. belge, 11 fév. 1856, *Journ. de l'Enreg.belge*, n° 7365 ; — Bastiné, 2° édit., II, n°° 149 et 191).

Cette doctrine ne paraît pas exacte. Tout d'abord, si le défunt peut, en un sens, être considéré comme seul et unique débiteur, ce n'est qu'à l'égard du créancier au point de vue du droit de poursuite. Dans l'espèce, le créancier est hors de cause : il s'agit seulement de savoir de quelle somme la dette du défunt diminue son patrimoine. Or, si l'on suppose une dette solidaire de 12.000 fr. et trois débiteurs, chacun d'eux ne doit supporter dans la dette que 4.000 fr. et le patrimoine du défunt n'est réellement diminué que de 4.000 fr. Il ne viendrait à l'idée de personne de comprendre une *créance* solidaire pour la totalité à l'actif de la succession d'un seul des créanciers, bien que chaque créancier solidaire puisse poursuivre le débiteur pour le tout et recevoir de lui la totalité de la créance. La situation n'est pas différente à l'égard du débiteur solidaire. Sans doute, il se peut que l'un des codébiteurs devienne insolvable et que, le recours exercé contre lui restant inefficace, la dette du défunt augmente ; mais cette éventualité ne doit être envisagée qu'au moment où elle se réalise et ne peut être un motif suffisant pour comprendre dans le passif, lors de l'ouverture de la succession, ce qu'à ce moment le défunt ne devait point (Laurent, XII, n° 97 ; *Pand. franç.*, V° *Don. et test.*, n° 2585). D'un autre côté, le recours que le débiteur solidaire est fondé à exercer contre ses codébiteurs n'existe pas dès la formation du contrat ; il ne prend naissance qu'au moment où le payement de la dette est effectué par un seul pour le compte de tous. La différence de la caution, l'un des codébiteurs solidaires ne peut, en effet, même après l'échéance de l'obligation, agir contre les autres, tant qu'il n'a pas payé, pour les contraindre à contribuer avec lui au payement de la dette commune (Rapp. Aubry et Rau, IV, § 298 *ter*, p. 32). C'est le payement, fait par l'un des codébiteurs, dans l'intérêt de ceux qui étaient débiteurs comme lui et auxquels il a

procuré leur libération, qui est la vraie et unique cau[se] du recours (Demolombe, III, n°° 421 et 422).

En réalité, la dette du débiteur solidaire qui n'a p[as] payé se décompose en deux parties ayant chacune son c[a]ractère propre. Pour la part de ce débiteur, la dette e[st] actuelle. Elle est, au contraire, éventuelle jusqu'à concu[r]rence de la part de ses codébiteurs, puisqu'elle est soumi[se] à la condition que le créancier s'adressera exclusiveme[nt] à lui au lieu, de mettre en cause ses codébiteurs, il rec[e]vra de lui seul le payement de toute la dette ; mais à cet[te] dette éventuelle correspond une créance éventuelle, ce[lle] du recours. C'est le fait du payement total qui réalise [la] condition et donne à la fois l'existence à la dette du dé[-]biteur pour la somme qui excède sa part et à sa créan[ce] de recours contre ses codébiteurs.

Chacun des éléments qui composent la dette solida[ire] doit être envisagé distinctement pour la déduction [du] passif dans la succession d'un des débiteurs.

La partie certaine et actuelle de la dette, c'est-à-dire [la] part du défunt, doit toujours être déduite de l'actif, lor[s]que la dette existe encore au décès. C'est la règle qui [a] été posée dans les travaux préparatoires de la loi d[u] 25 février 1901 : « En cas de dettes dues solidairemen[t] sans indication de parts, par le défunt et d'autres, on [y] déduira que la part virile du défunt, puisque, jusqu[e] preuve contraire, cette part doit être réputée celle du dé[-]funt dans la dette. D'ailleurs, si l'on admettait la dédu[c]tion d'une part plus forte, l'héritier de chacun des déb[i]teurs pouvant s'autoriser de cette circonstance,on arriver[ait] ainsi à déduire de l'ensemble des successions des débiteur[s] une somme supérieure au montant de la dette » (Rap[port] Cordelet, *J. off.*, Doc. parl., Sénat, 1896,p. 290, col. 3).

Quant à la partie éventuelle, c'est-à-dire à la part d[u] codébiteur du défunt, on doit lui appliquer les règles d[es] dettes conditionnelles (*suprà*, n° 157). Si les héritiers [du] *de cujus* n'ont pas payé cette part avant la déclaration [de] succession, il faut en faire complètement abstraction po[ur] la liquidation de l'impôt, alors même que les codébiteu[rs] seraient insolvables ; on ne saurait, en effet, admettre l[es] héritiers à renoncer, pour cause d'insolvabilité des déb[i]teurs, à la créance de recours qui n'a pas encore pris na[is]sance. Si, au contraire, les héritiers ont, avant la déc[la]ration, acquitté la dette au delà de la part du défunt, [ils] sont en droit de déduire de l'actif la totalité de la somm[e] payée qui, par l'effet rétroactif de la condition accompl[ie] est devenue une dette du défunt. Mais, en même temp[s] ils ont acquis contre les codébiteurs du *de cujus* une créan[ce] qui, par le même effet rétroactif, fait partie de l'actif [de] la succession et doit être déclarée parmi les valeurs imp[o]sables. Dans le cas où, parmi les codébiteurs tenus [de] cette créance de recours, il se trouverait des insolvable[s] les héritiers du défunt doivent être admis à y renonce[r] sous les justifications ordinaires : bien que cette créan[ce] ne se soit formée qu'après le décès, ce n'est pas dans [la] personne des héritiers qu'elle a pris naissance mais r[é]troactivement dans la personne du défunt (*Contrà*, Naque[t] R. E. 2703).

Que l'on suppose, par exemple, une succession comp[o]sée d'un actif de 100.000 fr. et une dette solidaire d[e] 40.000 fr. dont le défunt était tenu pour moitié ; la dett[e] qui existait au jour du décès, n'a pas été payée avant [la] déclaration de succession. La mutation porte sur 80.0[00] (100.000 moins moitié de 40.000),sans que l'on ait à reche[r]cher si les héritiers seront poursuivis pour moitié ou pour [le] tout et quelle que soit la situation de fortune du codébi[-]teur. Admettons l'hypothèse contraire : les héritiers d[u] défunt ont acquitté la totalité de la dette dans l'interval[le] compris entre le décès et la déclaration de succession. Le capital héréditaire est alors réduit à 60.000 fr. par le versement de 40.000 fr. en espèces, mais il est augmenté d'une créance de 20.000 fr. contre le codébiteur. Si ce dernier est solvable, l'actif imposable sera encore de 80.000 fr. ; mais, s'il est justifié de son insolvabilité, c'est sur 60.000 fr. que les droits seront acquittés, sauf à répéter le supplément de droit exigible dans le cas où, notamment à la suite des nouvelles mesures de surveillance organisées par l'Administration (Inst. 3058, p. 54 ; *suprá*, n° 126), il serait établie le débiteur est revenu à meilleure fortune.

III. Dette solidaire payée après la déclaration de succession. — Lorsque la dette solidaire n'est payée par les héritiers qu'après la déclaration de succession, la perception, ayant été régulièrement effectuée sur la part du défunt dans la dette, ne peut faire l'objet d'une rectification. Il est évident qu'on ne saurait réclamer un supplément de droit à raison de la réalisation de la créance de recours, tout en opposant les prescriptions de l'art. 60 de la loi de frimaire pour refuser la déduction de la part de dette payée pour le compte des codébiteurs. Cette créance et cette dette sont corrélatives, et il serait illogique d'admettre l'existence de la première et de considérer l'autre comme inexistante. D'autre part, les parties ne pourraient prétendre à la restitution des droits payés en trop par suite de l'insolvabilité des codébiteurs : la créance et la dette éventuelles n'ont pris naissance que par un événement ultérieur et, dans ces conditions, tout remboursement de droits est impossible.

201. Dette indivisible. — En matière de dette indivisible, chacun des débiteurs peut être poursuivi pour l'accomplissement intégral de l'obligation (art. 1222 et 1223, C. civ.). Mais le débiteur qui a payé au delà de sa part a un recours contre les codébiteurs qu'il a libérés. Au point de vue de la déduction du passif, la situation des héritiers tenus d'une obligation indivisible contractée par le défunt est donc identique à celle que leur crée une dette solidaire. Par suite, les mêmes règles sont applicables (*suprá*, n° 200).

202. Dettes d'une communauté entre époux. — Lorsque le défunt était marié sous le régime de la communauté de biens, il peut se faire que, par le jeu des principes applicables en cette matière, la succession ait été obligée de payer la totalité d'une dette dont une partie incombe au conjoint survivant. Dans ce cas, il y a lieu de suivre le mode de liquidation proposé au sujet des dettes solidaires ou indivisibles. Pour démontrer l'importance de la question, il n'est pas sans intérêt de rappeler les principales règles qui gouvernent la contribution et l'obligation aux dettes des époux communs en biens (V. T. A., V° *Communauté conjugale*, n° 312).

Il convient de remarquer, tout d'abord, que ces règles sont spéciales aux dettes de communauté proprement dites, c'est-à-dire à celles qui sont tombées définitivement à la charge de la communauté. Si une dette, qui n'est entrée dans la communauté que *sauf récompense*, n'est pas payée au décès, l'époux débiteur en est seul tenu et peut seul être poursuivi.

Cette réserve faite, il faut distinguer entre le cas où la femme accepte la communauté et celui où elle y renonce.

I. La femme accepte la communauté. — Les règles de la contribution sont très simples : les dettes de la communauté sont : 1° à la charge du mari pour moitié et 2° à la charge de la femme pour moitié, ou seulement dans la mesure de son émolument lorsqu'elle a fait bon et fidèle inventaire (art. 1482 et 1483, C. civ.).

Quant à l'obligation aux dettes, c'est-à-dire au droit de poursuite des créanciers, la loi la détermine comme suit :

1° *Dettes provenant du chef du mari.* — Le mari peut être poursuivi pour la totalité des dettes par lui contractées avant le mariage ou durant le mariage, sauf son recours contre la femme ou les héritiers de celle-ci pour la moitié de ces dettes, ou seulement jusqu'à concurrence de son émolument (art. 1484). Pour ces mêmes dettes, la femme peut être poursuivie en payement de ces mêmes dettes, mais pour moitié seulement ou dans la mesure de son émolument : l'obligation et la contribution se confondent ;

2° *Dettes procédant du chef de la femme.* — La femme peut être poursuivie pour la totalité des dettes qui procèdent de son chef et étaient tombées dans la communauté, sauf son recours contre le mari ou les héritiers de celui-ci pour la moitié de ces dettes ou dans la mesure de son émolument (art. 1486, C. civ.). Les créanciers personnels de la femme ne peuvent poursuivre le mari, à raison de ces dettes, que pour moitié. Les dettes ainsi visées sont les dettes mobilières de la femme, antérieures au mariage, et celles qui grèvent les successions ou donations mobilières qui lui sont échues pendant le mariage. Quant aux dettes contractées par la femme avec l'autorisation du mari ou même de justice, le mari en est tenu envers les créanciers pour la totalité ;

3° *Dettes provenant du chef des deux époux.* — Si le mari et la femme se sont obligés conjointement au cours du mariage, le mari peut être poursuivi pour le tout et la femme pour moitié seulement. S'ils se sont obligés solidairement, chacun des époux est tenu pour le tout envers les créanciers.

Enfin, l'époux qui est poursuivi sur un immeuble hypothéqué pour la totalité de la dette de communauté a de plein droit son recours contre l'autre époux pour la moitié.

II. La femme renonce a la communauté. — La femme renonçante ou ses héritiers sont déchargés de toute contribution aux dettes communes, même pour celles qui sont entrées dans la communauté du chef de la femme. Toutefois celle-ci peut être poursuivie par les créanciers, avec la même étendue que si elle avait accepté : 1° pour les dettes contractées par elle avant le mariage, 2° pour celles qui grèvent les successions ou donations mobilières à elle échues et 3° pour celles qu'elle a contractées, soit conjointement ou solidairement avec son mari, soit avec l'autorisation de celui-ci ou même de justice dans les cas prévus par l'art. 1427, C. civ. Mais la femme renonçante, qui a été contrainte de payer une dette tombée définitivement en communauté, a un recours contre le mari ou ses héritiers.

203. Cautionnement. — Le cautionnement est une obligation éventuelle, puisque la caution n'est tenue au payement de la dette qu'à défaut du débiteur principal. L'éventualité qui en suspend l'effet se réalise, en cas de cautionnement solidaire, par le fait du payement et, en cas de cautionnement simple, soit par la constatation de l'insolvabilité du débiteur principal en vertu du bénéfice de discussion (art. 2022, C. civ.), soit par le payement. Lorsque le défunt s'est engagé comme caution personnelle d'un tiers, il faut, au point de vue de la déduction de cette dette conditionnelle, se placer à trois moments différents :

I. Au jour du décès. — Si, au jour du décès, l'événement qui rend le défunt débiteur pur et simple ne s'est pas accompli, la dette n'est pas certaine et ne doit pas être admise au passif de la succession. Si le défunt a payé avant sa mort, la déduction ne doit pas non plus être effectuée, puisque la dette est éteinte. Si, enfin, dans le cas de cautionnement non solidaire, l'insolvabilité du débiteur principal a été constatée avant le décès, mais sans que le défunt ait encore payé, la dette est déductible de sa succession. Dans ces deux dernières hypothèses, il y a lieu de comprendre à l'actif héréditaire la créance née du recours qui appartient au défunt, sauf aux héritiers à renoncer à cette créance sous les justifications ordinaires.

II. Au jour de la déclaration de succession. — Lorsque, dans l'intervalle compris entre le décès et la déclaration de succession, l'événement prévu s'est réalisé, il y a lieu de porter la dette au passif héréditaire et la créance de recours à l'actif. Les héritiers peuvent, d'ailleurs, lorsqu'il est justifié de l'insolvabilité du débiteur principal, renoncer à cette créance qui, par l'effet rétroactif de la condition, remonte au jour même de l'engagement souscrit par le défunt et fait partie de son patrimoine.

III. Après la déclaration de succession. — Quand le payement n'a lieu qu'après la déclaration de succession, la perception est régulière et ne peut être modifiée ni par la réclamation d'un supplément de droit ni par une restitution.

204. Caution réelle. — Lorsque le défunt a hypothéqué son immeuble pour garantir l'obligation d'un tiers et sans s'obliger lui-même, sa dette n'est qu'éventuelle. Ses biens ne sont engagés qu'accessoirement et pour le cas seulement où le débiteur principal n'acquitterait pas son obligation. La dette hypothécaire du défunt est donc subordonnée à une condition qui se réalisera au moment où le payement de l'obligation principale sera effectué par lui ou par ses héritiers. L'événement de la condition, en donnant à la dette du défunt une existence certaine, créera en même temps un droit de recours à son profit. Il y aura lieu de procéder comme en matière de cautionnement personnel (suprà, nᵒ 203).

205. Tiers détenteur d'un immeuble hypothéqué. — On ne saurait assimiler au cautionnement réel le cas où le défunt ou ses héritiers ont dû payer, uniquement en qualité de tiers détenteurs, la dette grevant un immeuble de la succession. Dans cette hypothèse, le défunt n'est pas obligé personnellement à la dette comme débiteur principal ou comme caution, et il n'a pas lui-même constitué l'hypothèque. Il paie simplement à raison de la détention de l'immeuble ; mais il n'est pas débiteur, puisqu'il n'a contracté aucun engagement. Dès l'instant qu'il n'y a pas dette née en sa personne, aucune déduction n'est possible. S'il a payé avant son décès, son patrimoine se trouve, en fait, diminué des valeurs employées au payement, mais est accru, d'un autre côté, d'une créance équivalente contre le débiteur réel. Si ce sont ses héritiers qui payent après sa mort, c'est leur propre patrimoine qui se trouve atteint et c'est en leur personne que la créance de recours se forme. En un mot, on ne peut admettre en déduction une somme qui est représentée par une dette n'ayant pas une existence juridique au jour du décès (Rapp. Maton, *Principes du droit fiscal belge*, I, nᵒ 352-1).

SECT. II. — TITRES SUSCEPTIBLES DE FAIRE PREUVE EN JUSTICE CONTRE LE DÉFUNT.

§ 1ᵉʳ. — *Généralités*.

206. Règle. — Pour qu'une dette soit admise à déduction, il ne suffit pas qu'elle existe au jour du décès ; il est, en outre, indispensable qu'elle résulte d'un titre « susceptible de faire preuve en justice contre le défunt » (art. 3, L. 25 fév. 1901).

207. Intention du législateur. — La formule employée par le législateur est absolument générale et s'applique à tous les titres, quelle qu'en soit la nature et date. Le projet de M. Burdeau restreignait la déduction aux dettes établies « par des actes authentiques ou des jugements » (*J. off.*, Doc. parl. Chambre, 1894, p. 12 col. 2). Le rapport de M. Dupuy-Dutemps proposait d'ajouter « les actes sous signatures privées enregistrés ou ayant acquis date certaine, autrement que par le décès du *cujus* trois mois au moins avant l'ouverture de la succession » (*J. off.*, Doc. parl. Chambre, 1894, p. 1099, col. 3). Enfin le projet de M. Poincaré ne visait que les actes authentiques antérieurs d'un mois au moins au décès les jugements » (*J. off.*, Doc. parl. Chambre, 1894, p. 128 col. 1). Toutes ces limitations ont disparu du texte définitif voté par le Parlement.

D'autre part, l'intention qu'a eue le législateur de prendre le mot titre dans son acception la plus large résulte nettement de la discussion et des travaux préparatoires de la loi. « Je me demande, déclarait M. Ribot dans séance de la Chambre du 15 novembre 1900, comment l'on a entendu le mot « titre ». Vous savez combien les administrations, et en particulier celle de l'enregistrement sont disposées à s'en tenir à la lettre stricte. Ne va-t-on pas entendre le mot « titre » dans le sens rigoureux, droit, c'est-à-dire dans le sens d'un acte dressé pour faire preuve en justice, soit authentique, soit sous seing privé. Il est clair que, si cette interprétation, un peu judaïque mais très facile à soutenir, devait être admise, vous exclueriez une grande partie du passif commercial, qui ne peut se prouver que par correspondance. Les négociants en général, n'appellent pas un notaire pour dresser des actes susceptibles de faire preuve en justice, ils ne dressent même pas d'actes sous seing privé. Le Code de commerce assimile la correspondance entre commerçants à un acte sous seing privé pour faire preuve en justice et il n'y a pas, en effet, de preuve qui vaille plus qu'une correspondance régulière. J'ai interrogé le gouvernement et la commission à cet égard, et leur pensée commune est que la correspondance commerciale pouvant faire preuve en justice constituera un titre suffisant. Le mot « titre » n'est donc pas pris ici dans le sens en quelque sorte sacramental dans le sens purement juridique ; il est pris dans un sens plus large ; si le gouvernement et la commission veulent bien le déclarer, nous en prendrons acte. » Et le ministre répondait à cette question en disant : « L'interprétation que nous attachons au terme « titre susceptible de faire preuve en justice » est bien celle qui a été indiquée par M. Ribot ». De son côté, le rapporteur de la Chambre ajoutait : « M. Ribot a dit ce que signifiait le mot « titre » : c'est toute pièce qui pourra, vis-à-vis du juge, faire preuve de la créance invoquée. Ces pièces, l'Administration les appréciera d'abord. Si elle les écarte, et c'est son droit de le faire, les tribunaux décideront. Ces pièces sont celles qui peuvent nettement et clairement établir la réalité d'un fait. Je crois qu'il serait inutile et superflu de les énumérer » (*J. off.*, p. 2075).

Le rapport de M. Monestier est tout aussi affirmatif « Le mot titre, porte ce document, est employé ici dans large acception de pièce écrite ; il vise notamment les actes authentiques, jugements, actes sous seing privé, livres de commerce, billets à ordre, lettres de change, reçus de sommes, procès-verbaux de vérification et d'affirmation de créances en cas de faillite ou de liquidation judiciaire susceptibles de faire preuve en justice contre le défunt (*J. off.*, Doc. parl., Sénat, p. 976, col. 3).

Ces observations et explications permettent de déterminer l'étendue des justifications admises par la loi.

208. Définition. — On doit entendre par titre, au sens de la loi fiscale, toute pièce écrite établissant par elle-même l'existence de la dette et de nature à permettre au créancier d'en poursuivre le recouvrement devant les tribunaux.

Cette formule compréhensive embrasse tous les écrits susceptibles de faire preuve, non seulement les actes instrumentaires dressés spécialement en vue de constater un engagement ou une convention, mais aussi les documents de toute nature dont il résulte « un degré de certitude suffisant pour faire tenir comme vrai le fait allégué » (Aubry et Rau, VIII, § 749, p. 160).

Mais la preuve littérale est seule admissible, puisque le titre écrit doit par lui-même démontrer la réalité de la dette. Tous les autres modes de preuve, notamment la preuve testimoniale et les présomptions, restent en dehors des termes de la loi, même dans le cas où la dette est inférieure à 150 fr. (art. 1341, C. civ.), et dans celui où les parties se sont trouvées dans l'impossibilité de se procurer une preuve écrite (art. 1348, C. civ.). La nécessité d'un titre écarte deux sortes de dettes : les dettes verbales et celles qui ne sont justifiées que par un commencement de preuve par écrit.

209. Dettes verbales. — Les dettes verbales sont celles qui existent sans être constatées par aucun écrit. Du moment où la loi exige un titre pour la déduction du passif, les dettes verbales ne peuvent être déduites. C'est ce qu'a déclaré formellement M. Cordelet, avec l'approbation du Ministre des finances, dans la séance du Sénat du 22 janvier 1901 (J. off., p. 76, col. 1).

Le projet de M. Burdeau donne de cette exclusion les motifs suivants :

« L'expérience fournie par les législations étrangères démontre que l'existence de dettes verbales ne peut être établie qu'au prix de mesures vexatoires et de discussions puériles ou irritantes ; en outre, dans la plupart des cas, le montant de ces dettes est acquitté au moyen de deniers comptants ou de fonds disponibles de la succession qui ne font l'objet d'aucune déclaration » (J. off., Doc. parl. Chambre, 1894, p. 127, col. 1).

210. Commencement de preuve par écrit. — L'art. 1347, C. civ. désigne sous le nom de commencement de preuve par écrit « tout acte par écrit qui est émané de celui contre lequel la demande est formée ou de celui qu'il représente et qui rend vraisemblable le fait allégué ». C'est une preuve insuffisante, qui donne de la vraisemblance à la prétention de la personne qui l'invoque, mais qui n'est pas de nature à convaincre entièrement le juge et à assurer le gain du procès ; aussi la démonstration commencée par l'écrit doit-elle être complétée, soit par la preuve testimoniale (art. 1347, C. civ.), soit par des présomptions (art. 1353, C. civ.), soit par le serment supplétif (art. 1367, C. civ.).

Dès lors qu'un titre formant preuve complète est indispensable pour justifier la déduction d'une dette héréditaire, un commencement de preuve par écrit, même avec l'offre de compléter la preuve par des présomptions graves, précises et concordantes ou par des témoignages, serait insuffisant » (Obs. de M. Cordelet dans la séance du 22 janv. 1901, J. off., p. 76, col. 1 ; — V. aussi son rapport du 9 juill. 1896, J. off., Doc. parl., Sénat, p. 290, col. 2).

Les écrits qui constituent un simple commencement de preuve peuvent être rangés en deux classes différentes, suivant la cause pour laquelle ils ne forment pas preuve complète. Les premiers sont ceux qui contiennent bien les énonciations nécessaires pour constater le fait allégué, mais aux-

quels il manque une condition de forme : tels sont les actes privés d'authenticité, soit par vice de forme, soit par incompétence ou incapacité de l'officier public qui les a reçus, lorsqu'ils ne sont pas signés par toutes les parties ; les transcriptions d'actes authentiques sur des registres publics ; les registres et papiers domestiques qui ne remplissent pas les conditions de l'art. 1331, C. civ. et, en général, toute espèce d'écritures privées non signées. Les seconds sont ceux qui ne constatent pas précisément le fait allégué, mais qui renferment des énonciations de nature à rendre ce fait vraisemblable ; tels sont : « les promesses de vendre ou d'acheter invoquées à l'appui de la conclusion d'une vente ; les lettres missives parlant d'une avance à faire par celui qui allègue que cette avance a été effectivement faite ; les billets portant promesse de payer le prix de marchandises à livrer par celui qui prétend en avoir effectué la livraison ; les reconnaissances de dettes qui n'en énoncent pas la quotité ou qui n'en indiquent pas la cause ; les déclarations judiciaires qui ne portent que sur des circonstances accessoires d'où l'on peut induire la vraisemblance du fait allégué », etc. (Aubry et Rau, VIII, p. 340 à 342).

Il convient donc de refuser la déduction de toute dette qui ne serait établie que par un commencement de preuve par écrit, quelle que soit la cause qui enlève à cet écrit la valeur d'une preuve complète. Alors même que le défaut de force probante tiendrait à une simple inobservation des formes légales, la dette doit être écartée, puisque, dans cette hypothèse, le juge ne pourrait prononcer de condamnation contre le défunt ou ses héritiers qu'après avoir entendu des témoins, constaté l'existence de présomptions ou reçu le serment supplétif. « Il serait absurde, disait M. Doumer dans son rapport supplémentaire du 22 octobre 1895, d'admettre que les héritiers du défunt puissent exiger du fisc la déduction de dettes dont le créancier serait dans l'impossibilité de poursuivre le recouvrement devant les tribunaux » (J. off., Doc. parl., Chambre, p. 897, col. 1). Pour qu'une dette soit admise à déduction, il faut qu'elle ait été dressée réellement contre la succession du débiteur. Or, si le de cujus peut repousser définitivement la demande de son créancier, non seulement par une exception portant sur le fond du droit, mais encore en invoquant une nullité de forme ou l'absence de force probante du titre, la dette n'existe pas légalement. Car il s'agit, non pas de rechercher si, à l'égard des tiers, le fait même de la dette peut paraître constant, mais seulement de déterminer si le titre produit suffit à lui seul à démontrer l'existence, entre le débiteur et le créancier, d'un lien obligatoire valable.

211. Titre postérieur au décès. — L'art. 3 de la loi du 25 février 1901 n'autorise la déduction que pour les dettes dont l'existence au jour de l'ouverture de la succession est établie par des titres susceptibles de faire preuve en justice contre le défunt. Or, pour être opposable au défunt, le titre justificatif de la dette doit être antérieur au décès. Il faut donc, en principe, exclure de la déduction toute dette dont l'existence au jour du décès ne serait justifiée que par un titre dressé après l'ouverture de l'hérédité, alors même qu'il s'agirait d'un acte authentique.

1. INVENTAIRE. PARTAGE. COMPTE. — Ainsi, les énonciations d'un inventaire, d'un partage, d'une liquidation ou d'un compte postérieurs au décès seraient insuffisants à former le titre des dettes verbales ou justifiées par un simple commencement de preuve par écrit ; ces énonciations ne pourraient être prises en considération que si elles se référaient à des titres antérieurs à l'ouverture de

la succession, dont les parties utiliseraient les éléments pour déterminer le montant exact de la dette ou dans tout autre but. Un inventaire, notamment, ne présente pas, comme acte justificatif, les garanties exigées par le législateur pour la déduction des dettes, même lorsqu'il est dressé à la suite d'une acceptation bénéficiaire : il ne renferme, en effet, qu'une énumération des dettes impuissante à faire preuve, par elle-même, contre la succession, et il contient, d'ailleurs, le plus souvent les protestations et réserves des héritiers ou légataires. En fait et en droit, ce n'est pas un titre opposable au défunt.

II. EXCEPTIONS. — La règle qui vient d'être exposée comporte cependant deux exceptions.

D'une part, la justification d'une dette peut résulter d'un jugement rendu après le décès et constatant que la dette est née avant l'ouverture de la succession dans la personne du défunt et non dans celle des héritiers. « Si des poursuites ont été commencées sans titre contre le défunt, lit-on dans le rapport de M. Cordelet, et si un jugement intervient contre les héritiers, ce jugement n'ayant qu'un effet déclaratif établira l'existence de la dette antérieure au décès et cette dette se trouvera ainsi rentrer dans les termes du paragraphe premier » (*J.off.*, Doc.parl., Sénat, p. 290,col. 2). Il n'est pas indispensable, d'ailleurs, que les poursuites qui aboutissent au jugement de condamnation aient été commencées avant le décès du débiteur. Le même caractère déclaratif devrait être reconnu à la décision qui interviendrait à la suite d'une instance engagée depuis le décès seulement et contre les héritiers pris comme représentants du défunt.

D'autre part, la loi dispose expressément (art. 5) que les dettes établies par le procès-verbal des opérations d'une faillite ou d'une liquidation judiciaire ou par le règlement définitif d'une distribution par contribution pourront être déduites, même si ce procès-verbal ou ce règlement est postérieur à la déclaration de succession (V. *infrà*, n° 216-X et XI).

212. Titre résidant dans la loi. — Par un amendement discuté dans la séance du Sénat du 22 janvier 1901, M. Dufoussat demandait que l'on admît *de plein droit* la déduction : 1° des créances privilégiées sur la généralité des meubles désignés dans l'art. 2101, C. civ., c'est-à-dire des frais de justice, des frais funéraires, des frais de dernière maladie, des salaires des gens de service pour l'année échue et ce qui est dû sur l'année courante et des fournitures de subsistances, faites pendant les six derniers mois, au défunt et à sa famille par les marchands en détail ; 2° de la créance due, d'après l'art. 23 de la loi du 9 avril 1898, à la victime d'un accident ou à ses ayants droit pour frais médicaux, pharmaceutiques et funéraires, ainsi que pour indemnités allouées à la suite d'une incapacité temporaire de travail ; 3° des créances résultant de fonctions emportant hypothèque légale, comme les dettes d'un tuteur vis-à-vis d'un mineur. « La commission des finances, disait l'honorable sénateur, a été unanimement d'avis d'admettre le principe de la déduction de ces sortes de dettes, alors même qu'il n'y aurait pas de titre écrit provenant du *de cujus*, *la loi elle-même devant tenir lieu d'écrit* », et encore « *parce que la loi elle-même dans ce cas tient lieu de titre* » (*J. off.*, Déb., Sénat, p. 78 et 79).

La proposition de M. Dufoussat a été retirée par son auteur à la suite des observations suivantes du Ministre des finances. « Si les mots : après justification, signifient pour M. Dufoussat : après production de titres susceptibles de faire preuve en justice, ce qui est l'économie tout entière de la loi, l'amendement est inutile. Si, au contraire, M. Dufoussat entend que les dettes visées par son amen-

dement pourront être déduites sans qu'elles résultent de titres susceptibles de faire preuve en justice, nous ne pouvons que repousser sa proposition. Il faut bien, en effet, que nous soyons certains de la réalité des dettes dont on nous demande la déduction. Nous avons pensé que, pour établir l'existence d'une dette, il était nécessaire d'exiger la production de titres susceptibles de faire preuve en justice. Je me demande à quelle règle plus libérale on aurait pu s'arrêter ? Le Sénat admettrait-il qu'on déduisît des dettes dont la réalité ne serait pas absolument établie ?... Il est impossible d'aller plus loin ; car je le répète... j'enserrerais M. Dufoussat dans ce dilemme : de deux choses l'une, ou la dette est justifiée et alors il est inutile d'insérer dans la loi l'énumération qu'il propose ; ou elle ne l'est pas et l'on ne peut admettre la déduction » (*J. off. eod. loc.*).

C'est avec raison que l'amendement de M. Dufoussat n'a pas été accepté. Tout d'abord, en ce qui concerne les dettes postérieures au décès, comme les frais funéraires, aucun doute ne pouvait s'élever : justifiées ou non par un titre, elles ne sont pas déductibles, puisqu'elles sont nées en la personne des héritiers (*supra*, n° 147). Pour les autres, il est inexact, au regard de l'impôt, de dire que le titre du créancier se trouve dans la loi. C'est confondre en effet, la cause juridique de la dette avec la pièce écrite destinée à en constater l'existence (Rapp. Larombière, IV, sur l'art. 1317, n° 3). Comme le fait observer très justement M. Besson, « ce n'est pas en ouvrant le Code, à l'art. 2101, que le receveur pourra s'assurer de l'accomplissement des deux conditions stipulées par la loi de 1901 à savoir : l'existence de la dette antérieurement au décès et, d'autre part, sa constatation dans un écrit susceptible de valoir comme titre » (n° 96).

La règle générale reste donc applicable aux dettes de l'espèce comme à toutes les autres. Sans doute, il est rare que les frais de dernière maladie, les dépenses domestiques, les salaires des ouvriers, etc., puissent être justifiés par des titres opposables au défunt. Mais ce n'est pas là une raison pour créer, sans un texte formel, une exception au principe absolu posé dans la loi. On ne saurait, d'ailleurs, comme on l'a vu (*supra*, n° 211), suppléer à la production d'un titre régulier par les mentions insérées dans les actes postérieurs au décès, tels qu'inventaires ou partages : ces mentions peuvent révéler l'existence des dettes, mais elles ne les justifient pas.

213. Pouvoir d'appréciation des receveurs. — D'après le paragraphe premier de l'art. 5, « toute dette au « sujet de laquelle l'agent de l'Administration aura jugé « les justifications insuffisantes ne sera pas retranchée de « l'actif de la succession pour la perception du droit, sauf « aux parties à se pourvoir en restitution, s'il y a lieu, « dans les deux années à compter du jour de la décla- « tion ». En cette matière, le receveur exerce un pouvoir d'appréciation analogue à celui qu'il tient de l'art. 28 de la loi du 22 frimaire an VII en ce qui concerne la liquidation des droits à exiger sur les actes présentés à l'enregistrement. Le redevable dont la demande en déduction aura été écartée ne pourra donc différer le payement des droits liquidés par le receveur, sous prétexte de contestation sur le point de savoir si la dette est ou non dûment justifiée. Il devra les acquitter ; mais un délai de deux années lui est accordé, à partir de la date de la déclaration, pour demander, dans les formes ordinaires, la restitution des droits payés en trop (Rappr. Inst. 3058, p. 15). Dans un seul cas, le receveur est obligé d'admettre de plein droit la déduction : c'est lorsqu'il s'agit d'une dette résultant d'un acte authentique et non échue au jour de l'ouverture de la succession ; il appartient seulement à l'Administration d'établir la simulation de la dette dans un délai de cinq ans à compter du jour de la déclaration (*infrà*, n° 217).

Les travaux préparatoires de la loi précisent l'étendue du pouvoir d'appréciation dont jouit le receveur. « Il ne s'agit pas ici, disait le Ministre des finances dans la séance de la Chambre du 16 novembre 1895, de réprimer la fraude, mais en quelque sorte de la prévenir. En effet, on donne et on est forcé de donner à l'agent du fisc le droit de décider si les justifications qui lui sont présentées peuvent être admises. Il ne faut pas que ce soit l'Administration qui ait à s'adresser aux tribunaux ; il faut laisser aux parties le soin de se pourvoir en restitution ». « En résumé, déclarait de son côté le Directeur général de l'enregistrement dans la même séance, il y aura là, jusqu'à un certain point, une question de fait, et c'est pourquoi il est essentiel que l'agent de l'Administration soit autorisé à apprécier, en premier ressort, la valeur de la justification qui lui sera fournie et à écarter, au besoin, les déductions qui ne lui paraîtraient pas justifiées. Ce ne sera là, d'ailleurs, que l'application d'un principe général consacré par la loi organique de l'enregistrement, application qui, sous le régime actuel, a lieu journellement sans la moindre difficulté, lorsqu'il s'agit de la déduction de reprises à exercer par le conjoint survivant ou de récompenses à la charge du défunt » (*J. off.*, Déb., Chambre, 1895, p. 2372, col. 1).

« La manière de procéder actuellement en usage pour l'actif, porte le rapport de M. Monestier, est étendue à la déduction des dettes. Le receveur apprécie, décide et perçoit ; si le contribuable se trouve lésé, il peut en appeler à l'Administration supérieure d'abord, aux tribunaux ensuite » (*J. off.*, Doc. parl. Sénat, 1900, p. 977, col. 2). En admettant « que les dettes alléguées par l'héritier et non admises par le receveur ne donnent lieu à la perception du droit qu'après la solution du litige », on laisserait « l'impôt à la merci des contribuables qui pourraient, à leur gré, retarder le payement des droits en alléguant un passif quelconque. L'actif existe, il est constaté ; c'est à celui qui prétend qu'il y a lieu de le diminuer à en rapporter la preuve » (Obs. de l'Admin. ; ann. III au rapport de M. Dauphin, *J. off.*, Doc. parl., Sénat, 1898, p. 532, col. 1).

214. Exercice du pouvoir d'appréciation des receveurs. — Dans l'exercice du pouvoir d'appréciation qui leur est conféré par la loi, les agents de l'Administration doivent s'attacher à concilier les intérêts du Trésor avec le respect dû aux droits des contribuables. Dans la séance de la Chambre du 16 novembre 1895, le Directeur général de l'enregistrement donnait l'assurance que « l'esprit libéral qui a inspiré le projet et qui l'animera ne sera pas méconnu par les agents du Trésor » (*J. off.*, p. 2372, col. 1). En prenant pas à ces paroles, M. Cordelet ajoutait dans son rapport du 9 juillet 1896 : « Nous souhaitons qu'elles demeurent la règle de l'Administration. Il serait regrettable d'avoir à constater une tendance à repousser les demandes en déduction comme insuffisamment justifiées, surtout à l'égard des petits redevables qui n'ont pas le moyen de plaider et qui hésiteraient à engager un procès contre une puissante Administration pour un intérêt le plus souvent modique » (*J. off.*, Doc. parl., Sénat, p. 291, col. 1).

« Les receveurs, porte l'Inst. 3058, ne devront user qu'avec circonspection du droit de rejeter comme insuffisantes les justifications en apparence régulières et complètes. S'ils n'ont pas à faire connaître aux redevables tous les motifs de leur refus de déduction, ils devront toujours en rendre compte lorsqu'ils seront appelés à instruire une demande en restitution formée dans ces conditions (p. 15). Pour que l'application de la réforme réalisée par la loi du

25 février 1901 réponde aux intentions du gouvernement et du parlement, les agents devront s'inspirer de l'esprit de bienveillante justice envers les contribuables qui a guidé le législateur et exercer, d'autre part, avec une grande fermeté, la surveillance et le contrôle dont ils sont chargés. La diminution de recettes qu'entraînera la déduction du passif doit se trouver compensée par le produit des nouveaux tarifs. Il faut que la réforme se suffise à elle-même. Si la déduction du passif doit être admise sans difficulté toutes les fois qu'elle sera justifiée, il est non moins essentiel de prévenir les fraudes qui compromettraient le succès de la réforme. Pour atteindre ce double but, le Directeur général compte sur le discernement et le zèle éclairé de tous ses collaborateurs » (p. 56).

215. Désignation des titres susceptibles de faire preuve en justice. — La loi fiscale a admis que la justification d'une dette peut résulter de toute espèce d'écrits formant preuve complète, qu'ils aient été ou non rédigés dans le but de constater la dette et d'en fournir la preuve. La variété des écrits susceptibles de faire titre est trop grande pour qu'on puisse en donner une énumération complète.

D'autre part, la loi civile n'a pas réglé la force probante de tous les genres d'écrit qui peuvent servir de preuve en justice. Elle n'a déterminé cette force que pour les actes proprement dits, les livres de commerce, les registres domestiques, les mentions faites à la suite, en marge ou au dos d'un acte (art. 1317 et suiv., C. civ.), les bordereaux ou arrêtés d'un agent de change ou d'un courtier, les factures acceptées, la correspondance commerciale (art. 109, C. com.). Il s'ensuit que la question de savoir quel degré de foi peuvent mériter d'autres écrits reste abandonnée à l'appréciation des tribunaux (Aubry et Rau, VIII, § 754, p. 198).

« Il n'est pas possible, fait observer avec raison l'Inst. 3058, p. 15, de tracer des règles absolues au sujet des conditions dans lesquelles le receveur pourra accepter la déclaration du passif, réclamer de nouvelles justifications ou même rejeter les déductions demandées. Ses exigences varieront nécessairement suivant le degré de confiance que le titre invoqué lui inspirera tant par lui-même qu'à raison des circonstances particulières à chaque affaire ».

Sous le bénéfice de ces observations, nous allons signaler les principaux écrits susceptibles de faire preuve des dettes successorales, en distinguant les titres civils des titres commerciaux.

§ 2. — *Titres civils.*

216. Actes authentiques. — L'acte authentique est celui qui est reçu par un officier public, dans les lieux et dans les cas où la loi lui permet d'instrumenter et avec les formalités requises (art. 1317, C. civ.). Les officiers publics qui peuvent dresser des actes authentiques sont, notamment, les notaires, les greffiers, les huissiers, les autorités administratives agissant en cette qualité, les agents de la police judiciaire ayant le droit de dresser des procès-verbaux.

I. ACTES NOTARIÉS. — C'est aux notaires que les parties s'adressent lorsqu'elles doivent ou veulent faire donner à leurs actes et contrats le caractère d'authenticité (art. 1er, L. 25 vent. an XI). Les actes régulièrement reçus par les notaires se placent donc au premier rang des actes authentiques destinés à faire titre, sans qu'il y ait à distinguer entre ceux dont la minute reste déposée chez le notaire rédacteur et les actes en brevet remis aux parties.

II. ACTES DÉPOSÉS. — Le dépôt chez un notaire confère aux écritures privées le caractère authentique et leur donne la même force et la même autorité qu'aux actes notariés, pourvu que la partie contre laquelle l'acte fait preuve ait concouru au dépôt et reconnu sa signature (T. A., V° Acte authentique, n° 3).

III. ACTES ADMINISTRATIFS. — Les contrats passés en la forme administrative constituent des actes authentiques, dès l'instant qu'ils ont été reçus par une autorité administrative agissant dans la limite de ses attributions et qu'ils ont été complétés par l'approbation de l'autorité supérieure, dans les cas où cette approbation est exigée (T. A., V° Acte administratif, n°° 2 et 7).

IV. ACTES EXTRAJUDICIAIRES. — On entend par actes extrajudiciaires ceux qui sont dressés par les huissiers et autres officiers ayant le pouvoir de verbaliser (T. A., V° Acte extrajudiciaire, n° 1). Généralement, ces actes ne formeront titre que lorsqu'ils contiendront un aveu opposable au débiteur. Tel serait un procès-verbal d'offres réelles portant reconnaissance de la dette par la partie à la requête de laquelle les offres sont signifiées.

V. ACTES D'AVOUÉS. — Bien que les avoués soient sous certains rapports revêtus d'un caractère public, il ne semble pas pourtant qu'ils jouissent du privilège d'imprimer à leurs actes le caractère authentique : ils ne peuvent créer de titre ni en faveur des parties qu'ils représentent ni à leur préjudice (Dalloz, Jur. gén., V° Avoué, n° 69 ; Fuzier-Herman, Rép. de droit français, V° Avoué, n° 347).

VI. AGENTS DE CHANGE ET COURTIERS. — Les agents de change et les courtiers ne donnent l'authenticité qu'aux cours des effets publics ou autres valeurs cotées et des marchandises. Mais les bordereaux ou arrêtés qu'ils établissent, quoique ayant une force probante certaine, ne peuvent être assimilés à des actes authentiques (Dalloz, Suppl., V° Bourses de commerce, n° 144 ; Fuzier-Herman, V° Agent de change, n° 263). Il en est de même de leurs registres obligatoires, livre-journal ou carnet (Dalloz, loc. cit., n° 147).

VII. JUGEMENTS. — Les jugements sont incontestablement des actes authentiques (Dalloz, Jur. gén., V° Obligations, n° 3042 ; Fuzier-Herman, V° Acte authentique, n° 3). Les travaux préparatoires de la loi du 25 février 1901 démontrent, d'ailleurs, que le législateur classait les jugements dans cette catégorie de titres. Le texte primitif de l'art. 5 portait en effet : « toute dette consentie par acte authentique ». Sur un amendement de M. Legrand (Séance du Sénat, 24 janv. 1901, J. off., p. 86, col. 2), le mot « consentie » a été remplacé par le mot « constatée » et le motif de cette modification est indiqué par le rapport de M. Guillain dans les termes suivants : « La substitution faite par le Sénat dans cet article du mot « constatée » au mot « consentie » ne change rien au fond de la disposition, mais elle constitue une amélioration de forme, en ce sens que la première de ces expressions s'applique aux dettes résultant aussi bien d'actes notariés que de décisions judiciaires, tandis que la seconde implique plus particulièrement l'idée d'une reconnaissance de dette conventionnelle » (J. off., Doc. parl., Chambre, 1901, p. 105).

Le mot « jugement » doit être entendu dans un sens absolument général ; c'est là « une expression générique embrassant toutes les décisions qui proviennent des diverses espèces de juridictions criminelle, correctionnelle, civile, administrative » (Rapp. suppl. de M. Boudenoot du 4 juill. 1892, J. off. du 14 oct. 1892, annexe n° 2239, Doc. parl., Chambre, p. 1474, col. 1). Les jugements des juges de paix, des tribunaux civils de première instance, des conseils de prud'hommes et des tribunaux de commerce, les arrêts des Cours d'appel, les jugements de simple police et les jugements correctionnels, les arrêts des Cours d'as-

sises, les arrêtés des Conseils de préfecture, du Conse[il] d'Etat et de la Cour des comptes constituent des titres au[x] thentiques susceptibles de justifier l'existence d'une dett[e]

Il n'est pas nécessaire que la décision judiciaire, péna[le] ou administrative, contienne une condamnation formel[le] au payement de la dette. Il suffit qu'il résulte de s[es] dispositions la preuve certaine de l'existence de la det[te] au jour du décès.

VIII. JUGEMENT FRAPPÉ D'APPEL. — L'appel est suspen[sif] (art. 457, C. proc. civ.). Mais cette règle a seulement po[ur] effet de suspendre l'exécution de la décision judiciai[re] (Naquet, Enregistrement, 2° éd., I, n° 372). Celle-ci ne co[n]serve pas moins, nonobstant l'appel, son autorité et con[sti]tue un titre de nature à être invoqué pour la déductio[n] de la dette reconnue par le juge. Si, après la déclaratio[n] de succession, le jugement au vu duquel la déduction [a] été opérée est réformé, l'Administration sera fondée [à] réclamer aux héritiers un supplément de droit pour la d[é]duction qui se trouve avoir été indûment faite. Dans [le] cas inverse, où l'existence d'une dette a été repouss[ée] par un jugement frappé d'appel au moment de la décl[a]ration de succession, la déduction ne pourra être admi[se] ni au moment de la déclaration, ni plus tard, alors mêm[e] que le jugement serait réformé et la dette reconnue p[ar] la Cour, car cette reconnaissance constitue un événeme[nt] ultérieur qui ne peut avoir aucune influence sur la pe[r]ception.

IX. ACTES JUDICIAIRES. — Le caractère authentique n'e[st] pas seulement attaché aux décisions de la juridiction co[n]tentieuse ; il s'applique à tous les actes judiciaires. O[n] peut citer dans cet ordre d'idées les procès-verbaux [de] conciliation en justice de paix, les procès-verbaux d[']arbitres nommés par les tribunaux de commerce, les bo[r]dereaux de collocation délivrés dans un ordre ou dans u[ne] contribution, etc.

X. FAILLITE OU LIQUIDATION JUDICIAIRE. PROCÈS-VERBAL [DE] VÉRIFICATION ET D'AFFIRMATION DE CRÉANCES. — Le proc[ès]verbal de vérification et d'affirmation de créances, dress[é] au cours des opérations d'une faillite ou d'une liquidati[on] judiciaire, par le greffier sous la surveillance du jug[e-]commissaire, rentre incontestablement dans la catégor[ie] des actes judiciaires authentiques. La loi du 25 févr[ier] 1901 autorise, dans son art. 4, la déduction des dettes d'[un] commerçant sur la seule indication, dans la déclarati[on] de succession, de « la date du jugement déclaratif de « faillite ou de la liquidation judiciaire, ainsi que de « date du procès-verbal des opérations de vérification « d'affirmation de créances ».Ce procès-verbal suffit à é[ta]blir l'existence de toutes les dettes admises au passif [de] la faillite ou de la liquidation, alors même que les créa[n]ciers ne pourraient justifier d'aucun autre écrit suscep[ti]tible de faire preuve en leur faveur. En effet, « l'adm[is]sion suivie d'affirmation vaut reconnaissance de la créan[ce] de la part des intéressés, elle équivaut à une sorte de co[n]trat judiciaire. On ne pourrait donc soutenir postérieur[e]ment qu'une créance est, en réalité, inférieure ou sup[é]rieure à la somme pour laquelle l'admission a été pr[o]noncée, qu'elle doit être écartée à raison d'une cause [de] nullité ou de résolution » (Lyon-Caen et Renault, Man. droit commercial, n° 1138). Par suite, comme le décla[re] M. Mesureur dans son rapport, « si le commerçant est d[é]cédé en état de faillite ou de liquidation judiciaire, [on] peut, sans aucun danger pour le Trésor, accepter à dédu[c]tion toutes les dettes régulièrement admises au passif [de] la faillite ou de la liquidation et que lesquelles le proc[ès] verbal de vérification constitue un titre » (J. off., Doc. pa[rl.,] Chambre, 1900, p. 1743, col. 2). La procédure d'affirm[a] tion et de vérification comprend, d'ailleurs, toutes les dettes du commerçant, qu'elles aient un caractère civil ou commercial ; cependant, les créanciers privilégiés et hypothécaires n'y sont soumis que lorsque, à défaut de gage suffisant, ils viennent concourir, pour le surplus de leur créance, avec la masse chirographaire ou lorsqu'ils viennent prendre part à des répartitions de l'actif chirographaire antérieures à la distribution du prix des immeubles (Rappr. Cass., 19 juin 1889, D., P. 89.1.377). Il va sans dire que, si une dette est contestée et si le tribunal compétent est saisi de la difficulté, il y a lieu de procéder comme en matière de dettes litigieuses (*supra*, n° 159).

L'admission d'une créance au passif de la faillite ou de la liquidation n'étant que la constatation d'un droit préexistant (Lyon-Caen et Renault, *loc. cit.*), le procès-verbal d'affirmation et de vérification peut, au point de vue de la déduction des dettes, intervenir après le décès du commerçant failli ou en état de liquidation. La loi du 25 février 1901 va même plus loin : par une dérogation formelle à la règle posée dans l'art. 3, elle admet que « les héritiers ou légataires seront admis, dans le délai de deux ans à compter du jour de la déclaration, à réclamer, sous les justifications prescrites à l'art. 4, la déduction des dettes établies par les opérations de la faillite ou de la liquidation judiciaire (ou par le règlement définitif de la distribution) *postérieures à la déclaration* et à obtenir le remboursement des droits qu'ils auraient payés en trop » (art. 5). Pour l'application de cette disposition, il importe peu que la faillite ou la liquidation n'ait été déclarée qu'après le décès du commerçant, l'époque de la cessation des payements devant toujours être fixée au plus tard le jour de sa mort (Lyon-Caen et Renault, *loc. cit.*, n° 1046). Il est à remarquer que la restitution des droits perçus en trop ne peut être effectuée que dans les deux ans qui suivent la déclaration. Ce délai sera rarement dépassé, la liquidation judiciaire ne pouvant être demandée que dans le mois du décès (art. 2, L. 4 mars 1889) et la faillite dans l'année qui suit la mort du commerçant (art. 437, C. com.).

On ne saurait considérer comme suffisamment justificatif le bilan dressé par le failli ou par les syndics conformément aux art. 439 et 474, C. com. Il se peut, en effet, que le failli ait, dans ce document, porté à sa charge, par erreur ou par fraude, des dettes éteintes, simulées, annulables ou résolubles. La loi n'a, du reste, organisé la procédure de vérification et d'affirmation que pour réviser et rectifier, s'il y a lieu, les indications du bilan (Rappr. Lyon-Caen et Renault, *loc. cit.*, n° 1134).

D'un autre côté, le concordat amiable, par lequel, avant toute déclaration de faillite, les créanciers accordent au débiteur des délais de payement ou lui font remise d'une partie de ses dettes, ne peut être admis comme titre susceptible de motiver une déduction que s'il a été conclu avec le défunt personnellement ; dans ce cas, il contient une reconnaissance formelle de sa part, permettant aux créanciers d'en poursuivre l'exécution par les voies légales contre sa succession. Mais si ce concordat, dépourvu de toute autorité judiciaire, est passé avec les héritiers du débiteur, il ne saurait valoir titre pour les dettes qui ne seraient pas établies par un document probant antérieur au décès.

XI. RÈGLEMENT D'UNE DISTRIBUTION PAR CONTRIBUTION. — Les dettes constatées dans le règlement définitif d'une distribution par contribution doivent être déduites dans les mêmes conditions que celles dont l'existence résulte des opérations d'une faillite ou d'une liquidation judiciaire. La procédure de contribution a pour but, en effet, de reconnaître judiciairement la sincérité des créances

réclamées et d'en déterminer le chiffre (Boitard, *Proc. civ.*, n° 890). Le règlement définitif constitue un titre complet qui dispense les héritiers d'en produire un autre à l'appui de leur demande en déduction ; s'il n'intervient qu'après la déclaration, il autorise le remboursement du droit payé en trop (art. 4, § 2 et 5, § 3, L. 25 fév. 1901). C'est au règlement définitif seul que cette faveur est attachée ; tout autre acte de la procédure de contribution serait impuissant à justifier une dette qui ne résulterait pas d'un titre antérieur au décès. Il faut remarquer, du reste, que ces règles ne seront guère applicables qu'au cas où le règlement définitif sera postérieur à l'ouverture de la succession : les distributions effectuées antérieurement au décès auront eu pour effet de dessaisir le *de cujus* des valeurs distribuées et, en même temps, d'éteindre les dettes colloquées.

En outre, le législateur n'a eu en vue, dans les art. 4 et 5, que les contributions judiciaires. Aucun doute ne peut s'élever à cet égard en présence des déclarations faites par M. Cordelet dans la séance du Sénat du 24 janvier 1901 (*J. off.*, p. 85, col. 3) et des énonciations suivantes du rapport de M. Guillain : « Le Sénat, d'accord avec le gouvernement, a voté à l'art. 4 une addition : les héritiers, à l'appui de leur demande en déduction du passif, outre les pièces déjà prévues, devront indiquer la date du procès-verbal de règlement définitif de la distribution par contribution. Les garanties de réalité des dettes établies par une contribution *judiciaire*, c'est-à-dire par une distribution *ouverte au greffe sous la surveillance d'un juge*, sont aussi sérieuses que celles offertes par la procédure de faillite ou de liquidation judiciaire » (*J. off.*, Doc. parl., Chambre, 1901, p.105). La distribution amiable, opérée conformément aux prescriptions de l'art. 656, C. proc. civ., ne remplit pas le vœu de la loi, puisqu'elle est conclue en dehors de la participation et du contrôle d'un juge ; l'intervention d'un notaire pour dresser acte de cette distribution entre les créanciers et les héritiers du débiteur a pour seul effet de donner l'authenticité à l'arrangement des parties, mais n'empêche pas le règlement d'être un acte conventionnel postérieur au décès et, par suite, inopposable au défunt.

XII. ORDRE JUDICIAIRE. — La loi du 25 février 1901 n'a pas disposé, par une mention spéciale, que le règlement définitif d'un ordre judiciaire puisse suppléer à la production d'un titre antérieur au décès. Le législateur a considéré sans doute que les créanciers inscrits sur l'immeuble dont le prix est distribué ont un titre authentique qu'il leur suffit de rappeler. Mais il n'en est pas toujours ainsi. L'ordre s'applique, en effet, à des créances privilégiées qui peuvent ne pas résulter d'un titre opposable au défunt. On ne saurait douter, malgré le silence de la loi, que ces dettes, dont la réalité et le montant sont établis avec les mêmes garanties que dans une contribution judiciaire, ne doivent être admises en déduction sur la simple indication du règlement définitif de l'ordre ou du jugement qui en tient lieu (art. 773, C. proc. civ.), même s'ils interviennent après la déclaration de succession.

XIII. ORDRE AMIABLE. — Dans l'ordre amiable, le juge-commissaire ne remplit pas le même rôle que dans l'ordre judiciaire. Il « n'est que le président d'une réunion dans laquelle il n'a même pas voix délibérative ; il dirige la discussion, il conseille, il exhorte les créanciers ; mais il ne décide ni n'ordonne rien » (Boitard, *Proc. civ.*, n° 1025). Les dettes reconnues par l'assemblée des créanciers échappent donc au contrôle du juge, et, par conséquent, ne se présentent pas avec les garanties de sincérité que le législateur a trouvées dans la procédure d'affirmation et de vérification de créances ou dans le règlement définitif d'une distribution par contribution ; elles ne peuvent alors être déduites que si elles sont justifiées, dans les conditions ordinaires, par un titre antérieur au décès. Le procès-verbal du juge-commissaire forme, il est vrai, un acte authentique ; mais l'authenticité conférée à l'écrit dressé pour constater l'ordre amiable n'enlève pas à cet ordre son caractère essentiel de règlement conventionnel, soustrait à l'appréciation et à la décision d'une autorité judiciaire.

XIV. ORDRE CONSENSUEL. — Les règles admises en matière d'ordre amiable sont applicables, à plus forte raison, aux ordres consensuels, même si ces ordres sont l'objet d'un acte notarié. Dès l'instant que le règlement intervient entre les héritiers du défunt et les créanciers, il ne peut justifier l'existence des dettes qui ne seraient pas établies par un titre opposable au défunt.

XV. COMPTES DE BÉNÉFICE D'INVENTAIRE OU D'UN CURATEUR A SUCCESSION VACANTE. — Les comptes d'un héritier bénéficiaire ou du curateur d'une succession vacante ne font pas, par eux-mêmes, preuve de l'existence des dettes du défunt, alors même qu'ils seraient présentés devant notaire ; ils peuvent uniquement servir à déterminer la quotité des dettes qui n'étaient pas liquides au jour du décès. L'héritier bénéficiaire ou le curateur sont donc tenus d'invoquer, à l'appui de leur demande en déduction, un titre antérieur à l'ouverture de la succession, à moins qu'ils ne puissent se prévaloir d'un jugement, d'un procès-verbal d'affirmation et de vérification de créances ou du règlement définitif d'une contribution judiciaire postérieurs au décès.

217. Force probante des actes authentiques. — La valeur probante des actes authentiques s'apprécie d'après la distinction suivante. L'acte authentique fait foi, jusqu'à inscription de faux, des faits que l'officier public affirme comme ayant été accomplis par lui-même ou comme s'étant passés en sa présence (Cass., 18 fév. 1889 ; S. 89.1. 161) ; au contraire, il ne fait foi que jusqu'à preuve contraire « de la sincérité ou de la vérité intrinsèque des déclarations que l'officier public y a consignées comme ayant été faites en sa présence par les parties » (Aubry et Rau, VIII, § 755, p. 211).

Au cours de la discussion de la loi de 1901, on avait proposé de tenir compte de cette distinction. « D'après le droit commun, disait-on, l'acte authentique prouve seulement vis-à-vis des tiers que les choses y énoncées ont été dites devant le notaire, mais ne fait pas preuve de la vérité de ces choses ; lui donner exceptionnellement cette force par une disposition légale, ce serait enchaîner les tribunaux à l'obligation de déduire une dette suspecte insuffisamment justifiée par le titre et prêter aide à l'organisation d'une fraude passant en usage permanent... Il serait plus sage de laisser les tribunaux, suivant la formule générale contenue en l'art. 8 du projet de loi (devenu l'art. 3 de la loi), maîtres d'apprécier la valeur des titres produits » (Rapp. de M. Dauphin, J. off., Doc. parl., Sénat, 1898, p. 527, col. 2).

Ces considérations n'ont pas prévalu. Le législateur a admis que, « quand les parties se sont rendues chez un officier public pour faire constater une convention ou une reconnaissance de dette, il y a présomption de sincérité » (Rapp. de M. Dauphin, loc. cit.). « Il n'est guère à redouter qu'une dette authentique, même non accompagnée d'une garantie hypothécaire, soit simulée. La solennité de l'acte, les frais qu'il entraîne sont autant de garanties de la sincérité des contractants » (Projet de M. Burdeau, J. off., Doc. parl. Chambre, p. 127, col. 2). Aussi l'art. 5 de la loi du 25 février 1901, après avoir posé en principe le pouvoir absolu d'appréciation du receveur, établit la restriction

suivante : « Néanmoins toute dette constatée par a « authentique et non échue au jour de l'ouverture de « succession ne pourra être écartée par l'Administrati « tant que celle-ci n'aura pas fait juger qu'elle est sim « lée. L'action pour prouver la simulation sera presc « après cinq ans à compter du jour de la déclaration » Par conséquent, lorsqu'une dette non échue résu d'un acte authentique, le receveur est obligé de l'admet en déduction. « Le seul surcroît de garantie à réclam le cas échéant, au moment de la déclaration, consist dans l'attestation du créancier » (Inst. 3058, p. 16). L'art qui confère au receveur le droit d'exiger cette attestati est absolument général et s'applique à toute dette don déduction est demandée.

218. Actes nuls comme actes authentiques. Lorsqu'un acte que les parties voulaient revêtir de l'a thenticité manque de ce caractère, soit par l'incompéten territoriale ou personnelle de l'officier public, soit p l'incapacité des témoins, soit par un défaut de forme vaut comme acte sous signatures privées, s'il est signé c parties (art. 1318, C. civ.). Au point de vue de la déduc tion des dettes, un tel acte reste soumis à l'appréciati du receveur et ne doit pas être admis de plein dr comme titre justificatif. Toutefois, s'il contient des co ventions synallagmatiques, il n'est pas nécessaire qu ait été fait en double, ni, quand il est destiné à cons ter une obligation unilatérale de somme, qu'il renferme mention bon ou approuvé de la part de l'obligé (Aubry Rau, VIII, § 755, p. 217 ; — V. infrà, n° 220-I et II).

219. Rôles des contributions. — On peut assimi aux actes authentiques les rôles des contributions pub ques et des taxes assimilées, rendus exécutoires par l'a torité publique (Inst. 3058, p. 4). Mais il conviendrait d tablir que les impôts à la charge du défunt n'ont pas é acquittés par lui avant le décès (Rappr. Maton, Princi, du droit fiscal belge, I, n° 373-2).

220. Actes sous seing privé. Force probante. En principe, la déduction d'une dette peut être justifi par une convention ou un engagement souscrit par le d funt dans la forme sous signature privée. L'article 3 de loi du 25 février 1901 n'exige aucune condition par culière. Il n'est donc pas indispensable que l'acte sc seing privé ait acquis date certaine antérieurement décès, ni que la signature du de cujus ait été reconn ou vérifiée en justice. Mais, à la différence des actes a thentiques, les actes sous signatures privées n'ont pa pour la loi fiscale, une valeur probante qui s'impose l'Administration. Ils peuvent être discutés par le receve et, suivant les circonstances, rejetés par lui comme formant pas un titre suffisant de la dette ou comme n' frant pas toutes les garanties de sincérité nécessaire La Régie recommande aux agents de perception réclamer, en cette matière, la production de l'attestati du créancier, non seulement quand l'examen du ti permet de concevoir des doutes sur la sincérité, m encore toutes les fois qu'il s'agira de dettes relativeme importantes, alors même qu'elles résulteraient de titres apparence régulière (Inst. 3058, p. 18).

I. FORMALITÉ DU DOUBLE POUR LES ACTES SYNALLAGMATIQUE — Lorsque la dette dont la déduction est demandée a s fondement dans un acte sous signature privée constata une convention synallagmatique, comme une vente, échange, un bail, etc., on doit se demander si le receve est fondé à refuser la déduction par le motif que l'acte pr duit ne porte pas « la mention du nombre des origina qui en ont été faits » (art. 1325, C. civ.). Pour la négativ on peut faire observer que, sans doute, la formalité de mention est requise à peine de nullité (Aubry et Rau, VIII, § 756, p. 231 ; Planiol, *Traité de droit civil*, II, n° 1203), mais que cette nullité ne peut être invoquée par les tiers (Dalloz, *Suppl.*, V° *Obligations*, n° 1663) et que l'Administration est un tiers pour le recouvrement de l'impôt (dans ce sens, Besson, n° 86).

Cette opinion ne paraît pas exacte. La mission confiée à la Régie en matière de déduction des dettes est bien différente du rôle qui lui est attribué pour la perception des droits d'enregistrement sur les actes. Si l'Administration n'est pas juge de la validité des actes qui sont présentés à la formalité de l'enregistrement et n'a pas qualité pour en discuter la régularité, c'est parce que l'intérêt du fisc n'est pas engagé et que la loi spéciale, n'ayant pas distingué entre les actes nuls et les actes valables, les atteint tous sans distinction. Au contraire, dans le système de la loi du 25 février 1901, il appartient au receveur d'apprécier si le titre invoqué à l'appui d'une demande en déduction est susceptible de former preuve en justice contre le défunt (*suprà*, n° 213). Or, un acte dont le débiteur est fondé à opposer la nullité vis-à-vis de son créancier et qui n'est pas capable de motiver une condamnation par sa seule force et sans l'admission de la preuve testimoniale ou des présomptions, ne fait pas en justice preuve *complète* contre le débiteur. Du reste, il est déjà reconnu que la Régie peut se prévaloir contre un redevable de la nullité d'un acte ou d'un contrat que celui-ci oppose en vue de se soustraire, en tout ou en partie, aux droits réclamés sur un *autre acte* ou *sur une mutation*; l'Administration est admise à démontrer que l'acte invoqué ne réunit pas les conditions voulues par la loi pour justifier l'exemption ou l'atténuation d'impôt réclamée sur l'acte ou la mutation actuellement soumise à la formalité (Rappr. T. A., V° *Nullité*, n°s 38 et 39). Si l'on considérait comme valable un titre qui ne lie pas le débiteur, on en viendrait à déduire une dette qui ne diminue pas le patrimoine du défunt (Rappr. *suprà*, n° 210).

II. OBLIGATIONS SOUMISES A LA FORMALITÉ DU BON POUR. — Les billets ou simples promesses par lesquels une seule partie s'engage envers une autre à lui payer une somme d'argent ou une chose appréciable doit, s'ils sont faits sous signature privée, être écrits en entier de la main de celui qui les souscrit ou, tout au moins, être revêtus de sa signature précédée de la mention : « Bon pour » ou « Approuvé pour » (art. 1326, C. civ.). Un acte qui ne satisferait pas à ces prescriptions ne formerait pas preuve complète de l'engagement qu'il renferme, mais constituerait un simple commencement de preuve par écrit rendant admissible la preuve testimoniale et les présomptions (Aubry et Rau, VIII, § 756, p. 244). Conformément aux considérations développées *suprà* (même numéro, I), cet acte ne serait pas un titre au sens de la loi fiscale et le receveur devrait refuser de déduire la dette dont il paraît révéler l'existence, mais sans la justifier. Telle est la règle suivie par la jurisprudence belge qui autorise l'Administration à repousser, pour la déduction des dettes, les actes sous seing privé, émanés du défunt, qui ne sont pas faits conformément à l'art. 1326, C. civ. (Verviers, 24 février 1849, *J. E. belge*, n° 4325 ; Charleroi, 8 juin 1850, *ibid.*, n° 4784 ; — Maton, *Principes du droit fiscal*, I, n° 373-1), bien que les actes soient, en ce qui concerne la perception des droits d'enregistrement, considérés comme formant titre (Bastiné, 2° édit., II, n° 198).

On sait que « les marchands, artisans, laboureurs, vignerons, gens de journée et de service » ne sont pas soumis à la formalité du « bon pour » (art. 1326). D'autre part, la nullité résultant de l'absence de cette formalité se couvre par une exécution partielle, mais à condition que les faits d'exécution soient de telle nature qu'ils puissent servir à déterminer la somme ou la quantité promise. Tels seraient un payement d'intérêts correspondant à la totalité de la somme due, une quittance d'acompte acceptée par le débiteur et représentée en justice, indiquant en même temps le montant de la dette (*Sic*, Larombière, sur l'art. 1326 n° 29 ; Rappr. Aubry et Rau, VIII, § 756, p. 245).

221. Énonciations incidentes des actes. — Aux termes de l'art. 1320, C. civ., les actes authentiques ou sous seing privé font foi entre les parties de ce qui n'y est exprimé qu'en termes énonciatifs, pourvu que l'énonciation ait un rapport direct à la disposition. On peut citer, comme exemples, la quittance dans laquelle il est énoncé que le principal de la dette qui a été augmenté d'autant, la vente portant, dans la partie relative au payement du prix, que le vendeur est débiteur envers l'acquéreur d'une somme exigible ou non exigible (*Sic*, Larombière, sur l'art. 1320, n° 2). Si l'acte n'a pas été dressé en vue de constater le fait exprimé en termes énonciatifs, il n'en produit pas moins des droits et des obligations entre les deux parties contractantes, et la dette résultant, soit de la capitalisation des intérêts, soit de la reconnaissance de dette faite par le vendeur, devrait être considérée comme suffisamment justifiée au regard du Trésor.

Au contraire, les énonciations étrangères à la disposition principale ne peuvent servir que de commencement de preuve par écrit. La distinction entre les deux catégories d'énonciations peut présenter des difficultés. Leur caractère se reconnaît et s'apprécie par l'intérêt ou le défaut d'intérêt que la partie à qui on peut l'opposer avait à empêcher son insertion dans l'acte. Plus cet intérêt est sensible, plus l'énonciation a un rapport direct avec la convention ou la disposition principale dont elle modifie les effets (Larombière, *loc. cit.*, n° 3) ; si cet intérêt manque, l'énonciation est sans portée.

222. Lettres missives. — La loi civile a gardé le silence sur le degré de foi qu'on doit attacher aux lettres missives. On a dit que l'appréciation en est abandonnée à la conscience et à la lumière du juge qui peut, soit les considérer comme faisant preuve complète, soit n'y voir qu'un commencement de preuve par écrit, soit les rejeter comme dénuées de toute force probante (Aubry et Rau, VIII, § 760 ter, p. 293). Ce n'est pas dans ces termes que la question doit être résolue, même en matière civile. « La lettre missive, fait observer M. Planiol dont l'opinion paraît fondée, est une des formes de l'aveu extrajudiciaire. Or la loi ne s'est occupée de ce genre d'aveu que pour exclure ou limiter la preuve testimoniale, quand il est fait oralement (art. 1355, C. civ.). L'emploi de l'écriture sous la forme de lettre missive dispense de la preuve testimoniale. Donc il faut admettre que la lettre missive, dont l'écriture est reconnue, fait *pleine foi* contre celui qui l'a signée de tout ce qui s'y trouve avoué à son désavantage. Seulement le contenu de la lettre peut laisser dans l'incertitude ou passer sous silence une partie des faits ou des conventions en discussion, de façon que la lettre ne suffise pas à en prouver l'existence d'une manière complète ; elle ne servira alors que comme commencement de preuve par écrit. Mais il ne faut pas confondre ces deux points de vue : le *degré de créance* dû à la lettre, la *quantité de renseignements* qu'elle contient. La lettre peut se réduire au rôle de simple commencement de preuve, mais en faisant pleine foi des choses qui y sont annoncées par son signataire » (*Traité de droit civil*, n° 114).

Par application de ces principes, il faut reconnaître

qu'une dette peut être justifiée au moyen de la production d'une lettre missive du défunt, renfermant les indications suffisantes pour établir l'existence d'un engagement valable. On conçoit facilement les dangers de fraude qui peuvent résulter pour le Trésor de l'emploi de ce mode de preuve. Aussi les receveurs agiront-ils avec prudence en exigeant, pour corroborer cette justification, l'attestation du créancier dans les formes ordinaires.

223. Registres des marchands. — Les livres de commerce, même lorsqu'ils sont régulièrement tenus, ne font pas preuve complète contre les non-commerçants, c'est-à-dire contre les personnes dont le commerce ne constitue pas la profession *habituelle* (art. 1329, C. civ.). Il importe peu à cet égard qu'il s'agisse d'une convention purement civile quant à la partie non commerçante ou d'une opération formant pour les deux parties un acte de commerce (Aubry et Rau, VIII, § 757, p. 269). Par conséquent, l'héritier ou le légataire d'une personne non commerçante ne pourrait prouver l'existence d'une dette du *de cujus* en représentant les livres de commerce du commerçant créancier.

Le projet de loi voté par le Sénat le 2 mars 1900 abrogeait cette règle en matière fiscale par une disposition ainsi conçue : « Les dettes contractées par des non-commerçants envers des commerçants et relatives au commerce de ces derniers pourront, à défaut de titre, être justifiées par les livres de commerce des créanciers. » L'innovation proposée était motivée par la commission du Sénat dans les termes suivants : « Une catégorie de dettes n'est pas comprise dans la formule (de l'art. 3), celles qui sont contractées par un non-commerçant envers un commerçant et relatives au commerce de ce dernier. Elles ne sont pas constatées par titre ; les livres de commerce du créancier ne font foi en justice qu'entre commerçants (art. 12, C. comm.), et non contre un non-commerçant, et voilà toute une série de dettes, parfois relativement considérables, qui sont privées du bénéfice de la déduction. Votre commission actuelle vous propose de dire que ces dettes pourront être prouvées par les livres de commerce du créancier. Ce mode de justification, assurément moins suspect qu'une inscription sur les livres du débiteur intéressé, aurait l'avantage de mettre autant que possible les contribuables sur le pied d'égalité et notamment les cultivateurs pour leurs achats de semences, d'engrais, d'outils agricoles et même de bestiaux, lorsqu'ils les font dans des maisons de commerce munies d'une comptabilité conforme à la loi. Cette disposition ne ferait pas échec au principe fixé en l'art. 12, C. comm. ; car il ne s'agirait pas de conférer au créancier le droit de contraindre au payement un débiteur récalcitrant, mais de donner à ce débiteur le moyen de justifier qu'entre devant le fisc l'existence d'une dette qu'il reconnaît ». (Rapp. de M. Dauphin du 12 juill. 1898, *J. off.*, Doc. parl., Sénat, p. 526, col. 3).

Le texte proposé qui, malgré les affirmations du rapporteur, avait pour effet d'admettre la déduction d'une dette en vertu d'un titre non opposable au débiteur d'après la loi civile, n'a pas été maintenu dans la loi. Par suite, les dettes agricoles dont le Sénat avait voulu favoriser spécialement la déduction restent soumises pour leur justification à la règle générale de l'art. 1329, C. civ. et ne peuvent être établies par les livres de commerce du créancier, dès l'instant que le débiteur n'est pas commerçant.

Les règles relatives à l'emploi des livres de commerce pour la justification du passif commercial sont exposées, *infrà*, n°s 238 et suiv.

224. Registres des notaires. — On a émis l'avis que les registres des notaires tenus régulièrement, en con-

formité du décret du 30 janvier 1890 et de l'arrêté ministériel du 15 février suivant, doivent être admis à fa preuve, non seulement contre le notaire, mais aussi con ses clients (Defrénois, n° 95).

Nous pensons qu'on doit suivre en cette matière distinction proposée ci-dessus pour les livres de commer et que si les registres tenus par le notaire peuvent fa titre du passif personnel de l'officier public, il n'en e pas de même en ce qui concerne le passif à la charge ses clients.

225. Registres et papiers domestiques. — On e tend par registres domestiques « une réunion de feuill reliées ensemble avec un certain caractère de fixité, s lesquelles une personne inscrit successivement les ac de son administration domestique, ses recettes, ses d penses, ses achats, ses ventes, etc. » (Aubry et Rau, VI § 758, p. 274). Quant aux papiers domestiques, le se doit en être déterminé par une relation avec l'expressi de registres domestiques qui les précède dans l'énum ration de l'art. 1331, C. civ. : ce sont les livres, cahiers, blettes, notes, quelles qu'en soient la forme et la teneur, q sans constituer des registres proprement dits, s'en rapp chent néanmoins par une destination semblable ; ce so ceux, quelque nom qu'on leur donne, sur lesquels le pè de famille a l'habitude d'inscrire et de relater les opé tions qui concernent la gestion de ses affaires privé (Larombière, sur l'art. 1331, n° 1).

Les registres et papiers domestiques tenus par un no commerçant font contre lui preuve complète, même s' ne sont pas signés, dans deux cas : 1° lorsqu'ils énonce formellement un payement reçu ; 2° lorsqu'ils contienne la déclaration ou reconnaissance d'une dette au pro d'un tiers, avec la mention expresse que l'énonciation été faite pour suppléer au défaut de titre en faveur créancier (art. 1331, C. civ.).

Il s'ensuit qu'une dette peut être déduite sur la seu production des registres ou papiers domestiques du défu contenant une inscription de reconnaissance de cet dette, mais à condition qu'il y soit formellement exprir que la note a été inscrite pour suppléer le défaut de titr Il n'y a point de termes sacramentels pour cette mentio mais, si elle fait défaut, la note ne peut plus servir q de commencement de preuve par écrit. Si l'inscription été biffée et barrée, elle cesse d'avoir aucune valeur ; e établit, dans ce cas, ou que l'engagement est resté imp fait, ou qu'il a été acquitté depuis.

I. FEUILLES VOLANTES. — Quant aux écritures sur feuill volantes, elles ne peuvent avoir, à raison de leur défa de fixité et de stabilité, la même autorité que les énonc tions des registres domestiques. Le plus souvent, ell seront dépourvues de toute valeur probante ou ne forn ront qu'un commencement de preuve par écrit (Laro bière, sur l'art. 1331, n° 13 ; — Aubry et Rau, VIII, § 7 p. 278). Dans des cas exceptionnels et pour des motifs tir des circonstances spéciales de chaque affaire, il sera pe être permis de trouver dans une inscription portée s une feuille volante la preuve complète d'une dette défunt. On a cité comme exemple la formule suivant « N... m'a prêté hier cinq cents francs, sans vouloir prendre d'écrit ; cette note renseignera mes héritiers, je venais à mourir. » Dans les hypothèses où une menti de cette nature paraîtrait former titre, il ne sera pas sa utilité de demander l'attestation du créancier pour conf mer la preuve fournie par l'écrit.

226. Copies d'actes. — Les copies d'actes authen ques ne font preuve complète *que lorsque l'original* *perdu* ; il faut, en outre qu'il s'agisse : 1° ou de gross ou premières expéditions ; 2° ou de copies tirées par l'autorité des magistrats, parties présentes ou dûment appelées ; 3° ou de copies tirées en présence des parties ou de leur consentement réciproque ; 4° ou de copies ayant trente ans de date et tirées, même sans l'autorité du magistrat et hors la présence des parties, par l'officier public dépositaire de l'original (art. 1335). Toutes les autres copies d'actes authentiques ne peuvent servir que de commencement de preuve ou de simples renseignements. Ces règles sont sans application pour la déduction des dettes, puisqu'il suffit aux parties d'indiquer la date de l'acte authentique, le nom et la résidence de l'officier public qui l'a reçu ou la juridiction dont il émane (infrà, n° 244).

Quant à la copie d'un acte sous seing privé, elle ne fait jamais foi, parce que rien n'assure que l'acte original n'était pas faux (Planiol, Traité de droit civil, II, n° 118). Néanmoins, la loi du 25 février 1901 considère comme suffisante, pour autoriser la déduction d'une dette, la production d'une copie collationnée de l'écrit sous signature privée qui en forme le titre (infrà, n° 250).

La transcription, c'est-à-dire la copie littérale et complète d'un acte sur des registres publics, ne peut former qu'un commencement de preuve par écrit et encore, moyennant certaines conditions, énumérées dans l'article 1336, C.civ., qui, d'ailleurs, ne peuvent jamais se réaliser pour l'acte sous seing privé.

La relation d'un acte sur les registres de l'enregistrement, n'étant faite que sommairement et par extraits, ne peut même pas servir de commencement de preuve par écrit et ne saurait suppléer à l'indication ou à la production du titre. Il en est de même, à plus forte raison, des énonciations contenues dans une déclaration de succession antérieure. Ainsi, les héritiers du débiteur ne sauraient se prévaloir, ni de la mention, dans l'actif déclaré après le décès du créancier, de la dette dont ils demandent la déduction, ni même de l'admission de cette dette au passif déclaré après le décès d'une personne dont le de cujus était l'héritier, tenu, comme tel, des charges héréditaires.

227. Tailles. Jetons. Bons. — D'après l'art. 1333, C.civ. « les tailles corrélatives à leurs échantillons font foi entre les personnes qui sont dans l'usage de constater ainsi les fournitures qu'elles font ou reçoivent en détail ». Mais ce n'est que très improprement que la loi assimile les tailles à la preuve littérale. On ne peut voir là un titre écrit au sens de la loi fiscale. Du reste, les tailles corrélatives aux échantillons ne constatent que le montant des fournitures et n'en établissent point le prix ; la difficulté subsisterait donc tout entière, dès lors qu'il n'existerait aucun titre émanant du défunt qui pût permettre de déterminer le montant de la dette.

La même règle doit être appliquée aux jetons, cachets ou cartes qu'on est dans l'usage de remettre aux fournisseurs pour constater la livraison d'une prestation ou d'une marchandise quelconque. Ces jetons, cachets ou cartes sont un signe matériel et symbolique des engagements contractés, mais nullement un titre écrit. Ils ne font aucune foi ni de l'existence ni du montant de ces engagements. En cas de contestation, le demandeur serait dans la nécessité de justifier ses prétentions conformément aux principes généraux de la preuve et ce n'est qu'après avoir préalablement établi, par l'un des moyens de preuve ordinaires, la convention arrêtée entre lui et son adversaire au sujet de l'emploi et de la valeur de ces signes ou symboles qu'il pourrait les invoquer comme pièces justificatives du montant de sa créance (Sic, Larombière, sur l'art. 1333, n° 9).

Au contraire, les bons manuscrits remis à un fournisseur en échange de ses livraisons peuvent constituer, entre les mains du créancier, un titre parfait de sa créance, s'ils sont signés et paraphés par le débiteur et s'ils contiennent, non seulement les indications relatives à la quantité de marchandises livrées, mais aussi les renseignements permettant d'en établir le prix, soit directement, soit indirectement, par exemple à l'aide des mercuriales. Toutefois, ce n'est qu'avec la plus grande réserve que ces écrits doivent être admis comme mode de justification d'une dette héréditaire pour le payement des droits de mutation par décès. Dans la pratique, en effet, ce sont toujours les mêmes bons qui sont indéfiniment utilisés dans les rapports entre les fournisseurs et leur client : restitués au débiteur à l'époque du payement, ils sont conservés par lui pour être de nouveau remis aux marchands au fur et à mesure des livraisons. Il s'ensuit qu'au décès du souscripteur, un certain nombre de bons peuvent se trouver entre les mains de ses héritiers. Pour éviter toute fraude, dans le cas surtout où les bons ne portent aucune date, le receveur ne devra considérer ces écrits comme titres justificatifs que s'il lui est démontré qu'ils étaient entre les mains du fournisseur au jour de l'ouverture de la succession ; de plus, en cette matière, l'attestation du créancier offrira un intérêt incontestable.

§ 3. — Titres commerciaux.

228. Etendue des preuves commerciales. — En matière de commerce, la liberté des preuves est beaucoup plus grande qu'en matière civile où le législateur a organisé, en quelque sorte, un système de preuves légales. Les livres de commerce et la correspondance commerciale constituent des titres tout spéciaux. En outre, les présomptions de fait ne sont exclues que pour les rares contrats commerciaux qui doivent être constatés par écrit, de telle sorte que, dans l'application de la loi fiscale, il peut être souvent très difficile de distinguer les hypothèses où un écrit commercial forme une preuve littérale complète, de celles où il ne doit être retenu qu'à titre de présomption simple abandonnée à la libre appréciation des juges.

La première difficulté à résoudre en cette matière consiste dans la détermination du caractère commercial de l'engagement ou du contrat dont résulte la dette du défunt. Les principes qui doivent être suivis à cet égard sont exposés au T. A., V° Acte de commerce, n° 7 et s.

Si l'on se trouve en présence d'une dette commerciale, les conditions auxquelles le titre doit satisfaire pour justifier la déduction varient selon la nature de l'écrit.

229. Actes authentiques. — Les actes authentiques volontaires sont rarement employés pour constater des dettes commerciales. On n'y recourt le plus souvent que pour constituer hypothèque, ou lorsqu'une partie ne sait pas ou ne peut pas signer. La force probante de ces actes est la même qu'en matière civile. Pour la loi fiscale, ils font pleine foi de la dette qu'ils constatent, sauf à l'Administration à en prouver la simulation dans les cinq ans.

Les jugements, procès-verbaux d'affirmation et de vérification de créances et autres actes judiciaires (suprà, n° 216) sont aussi des actes authentiques susceptibles de faire, par eux-mêmes, preuve complète des dettes commerciales.

Il ne faut pas perdre de vue que l'acte notarié contenant ouverture de crédit avec constitution d'hypothèque au profit du créancier ne constate ordinairement qu'une promesse de prêt et que la preuve de l'existence d'une dette à la charge du crédité doit être fournie au moyen de documents démontrant la réalisation du crédit (V. suprà, n° 176).

230. Actes sous seing privé. — Les contrats commerciaux sont établis le plus souvent dans la forme sous signature privée. Le receveur auquel est présenté un acte de cette nature en vue de la déduction d'une dette commerciale jouit du pouvoir d'appréciation qui lui appartient pour tous les actes non authentiques. Il faut observer, toutefois, qu'en matière de commerce, la formalité du double ne doit pas être observée, à peine de nullité, pour les contrats synallagmatiques (Lyon-Caen et Renault, *Traité de droit commercial*, III, n° 56) et que l'art. 1326, C. civ. dispense expressément les commerçants de la formalité du « bon pour » ou de l' « approuvé » pour leurs obligations unilatérales (Rappr. n° 219-I et II).

231. Bordereaux ou arrêtés d'agents de change ou de courtiers. — Les agents de change et les courtiers, qui font pour le compte des particuliers des opérations de commerce, délivrent à chacun de leurs clients un écrit, appelé *bordereau* ou *arrêté* de l'opération accomplie, qui en constate sommairement la nature et les principales conditions. L'art. 109, C. comm. exige que, pour faire preuve, le bordereau ou arrêté soit signé par les parties. Cette condition doit toujours être observée pour les bordereaux des courtiers, qui, à défaut de signature des parties, n'ont la valeur que de simples présomptions de fait. Mais les bordereaux d'agents de change ne peuvent pas être signés par les parties, puisque les agents de change contractent, en leur propre nom, pour leurs clients dont ils ne doivent pas révéler le nom, à moins d'y être autorisés par eux (Décr. 7 oct. 1890, art. 40 ; — Lyon-Caen et Renault, *Précis*, n° 390). Aussi admet-on que, revêtus de la seule signature de l'agent de change, les bordereaux fournissent, en matière commerciale, une preuve suffisante de la conclusion et des conditions de l'opération (Rappr. Dalloz, *Jurisp. gén.*, V° *Bourse de commerce*, n° 147).

232. Factures acceptées. — La facture est un écrit dressé par le vendeur pour constater les conditions d'une vente ; elle ne peut avoir force probante à l'égard de celui qui ne l'a pas rédigée, spécialement de l'acheteur, que si celui-ci l'a acceptée. Cette acceptation est suffisamment justifiée, notamment au point de vue fiscal, quand, par une lettre missive, l'acheteur a fait savoir au vendeur qu'il accepte ou lorsque, le vendeur ayant pris soin d'envoyer à l'acheteur deux exemplaires de la même facture, celui-ci a renvoyé l'un d'eux signé au vendeur (Lyon-Caen et Renault, *Traité de droit commercial*, III, n° 63).

Si une facture acceptée prouve que le défunt a été débiteur de la somme formant le prix de la vente, elle ne suffit pas à établir que cette dette existait encore au décès. Le receveur sera donc fondé à réclamer, suivant les circonstances, une justification complémentaire qui consistera, soit dans la production des livres de commerce, si le défunt était commerçant, soit dans la représentation d'une quittance du créancier postérieure au décès, soit enfin dans l'attestation de ce créancier (Rappr. Besson, n° 99). Mais une facture portant simplement l'acquit du vendeur n'est pas opposable au défunt ; elle forme titre du payement, mais n'établit pas par elle-même que la dette existait au jour de l'ouverture de la succession.

NOTES DE PHARMACIEN OU DE MÉDECIN. — Dans la séance du Sénat du 22 janvier 1901, on a demandé au Ministre des finances si une note de pharmacien ou de médecin pourrait servir de titre. « Lorsqu'une note de médecin ou de pharmacien sera produite, a répondu M. Caillaux, il appartiendra au receveur de l'enregistrement d'ap-

précier au vu, soit de cette note, soit des autres documents qu'il pourra être amené à réclamer, si la dette est établie par des titres susceptibles de faire preuve en justice et doit être admise en déduction » (*J. off.*, p. 79, col. 3). Ces paroles sont la confirmation, pour un cas particulier, des règles qui viennent d'être exposées au sujet des factures acceptées.

233. Reçus de sommes. — Les reconnaissances de sommes, données sous forme de reçus, constituent de véritables titres d'obligations. « Restent, déclarait M. Mesureur dans son rapport du 9 juillet 1900, les dettes commerciales résultant de reçus de sommes délivrés par le commerçant, un banquier, par exemple, à ses clients ; ces reçus rentrent dans la catégorie des titres susceptibles de faire foi en justice contre le défunt. Rien n'empêche donc que la réalité des dettes ainsi constatées soit justifiée, comme lorsqu'il s'agit de dettes civiles, par la représentation du titre lui-même ou d'une copie collationnée de ce titre » (*J. off.*, p. 1743, col. 1). Le reçu valant reconnaissance de somme peut, d'ailleurs, émaner du client aussi bien que du banquier et être délivré en matière civile comme en matière commerciale.

234. Billets à ordre. — Le billet à ordre n'est autre chose que la reconnaissance sous seing privé d'une dette avec promesse de l'acquitter, non à une personne déterminée, mais au *bénéficiaire ou à son ordre*, c'est-à-dire à la personne qui, lors de l'échéance, en sera porteur en vertu d'un endossement (Lyon-Caen et Renault, *Précis*, n° 709). Les héritiers d'un commerçant sont donc en droit de demander la déduction d'une dette fondée sur un billet à ordre souscrit par le défunt et non échu depuis plus de trois mois avant le jour du décès. « La création de billets à ordre qu'un commerçant garderait par devers lui pour augmenter fictivement son passif et diminuer ainsi les droits à payer par les héritiers n'est pas plus à craindre que la création dans le même but par un noncommerçant de reconnaissances de dettes supposées » (Rapp. de M. Mesureur, *J. off.*, Doc. parl. Chambre, 1900, p. 1743, col. 1). Toutefois, le receveur conserve la faculté de demander les justifications complémentaires qui lui paraissent indispensables (V. *infra*, n° 235-I).

235. Lettres de change. — La lettre de change, appelée aussi mandat ou traite, n'est pas, comme le billet à ordre, créée par le débiteur ; elle émane du créancier, du tireur seul. « Le tiré est étranger à la création de la lettre de change ; il n'y devient partie et n'est obligé envers le porteur que par son *acceptation*, c'est-à-dire par l'engagement qu'il prend d'acquitter la traite à l'échéance ». Mais, par l'acceptation, le tiré « devient débiteur et même débiteur principal de la lettre de change », et « l'acceptation est irrévocable en ce sens que le tiré ne peut pas se dégager par sa seule volonté » (Lyon-Caen et Renault, *Précis*, n°s 619 et 623). L'acceptation doit nécessairement être donnée par écrit (art. 122, C. comm.) ; elle est exprimée, soit par le mot *accepté*, soit par toute expression équivalente, comme *je ferai honneur*, suivie de la signature du tiré ; on admet même que cette signature pourrait suffire (Lyon-Caen et Renault, *op. cit.*, n° 622). Mais le tiré n'est définitivement lié que quand il s'est dessaisi du titre portant son acceptation, et non au moment où il appose sa signature, tant qu'il a le titre entre ses mains (*ibid.*, n° 624).

Il résulte de ces explications que les lettres de change tirées sur le défunt peuvent être admises comme titres justificatifs du passif commercial, à la condition expresse qu'elles aient été régulièrement acceptées par lui (1).

_____

(1) La nécessité de l'acceptation ressort très nettement de la

I. JUSTIFICATIONS COMPLÉMENTAIRES. — Au cours des travaux préparatoires, on a énoncé plusieurs moyens de s'assurer de la réalité des dettes résultant de lettres de change. Dans son rapport, M. Mesureur citait le cas où « les effets de commerce, traites ou billets auraient été endossés à une date antérieure au décès », et il ajoutait que « l'Administration agira prudemment, toutes les fois que les effets produits n'auront pas été endossés antérieurement au décès, en exigeant l'attestation du créancier certifiant l'existence de la dette au jour de l'ouverture de la succession » (J. off., p. 1743, col. 1). D'autre part, dans les observations rapportées en note, M. Ribot trouvait un moyen de contrôle dans les renseignements fournis par la correspondance commerciale. Enfin, le Ministre des finances a fait ressortir, dans la séance du Sénat du 22 janvier 1901, l'utilité des indications puisées dans les livres de commerce. « Lorsque, disait-il, les titres établissant le passif d'un commerçant consisteront en lettres de change ou billets à ordre, l'Administration aura intérêt à s'assurer, au vu des livres du défunt, que le passif n'est ni compensé ni atténué par un actif correspondant » (J. off., p. 78, col. 1). L'examen des livres de commerce permettra, en outre, de vérifier si les effets souscrits par le défunt sont représentés par un article corrélatif de son avoir et constituent une dette réelle.

L'Administration a résumé ces diverses règles dans les instructions suivantes adressées à ses agents. « Si les parties représentent des effets souscrits et acceptés par le défunt pour des échéances postérieures au décès et endossés par des tiers antérieurement à l'ouverture de la succession,

discussion qui a précédé le vote de la loi du 25 février 1901. Le texte proposé par la Commission de la Chambre de 1900 admettait la déduction des dettes justifiées, non seulement par des titres susceptibles de faire foi en justice contre le défunt, mais aussi « par des lettres de change tirées contre ce dernier », sans exiger formellement que ces lettres de change fussent acceptées. Dans la séance de la Chambre du 15 novembre 1900, M. Ribot demanda la suppression de cette seconde disposition dans les termes suivants : « Si une dette existe, on l'établira par les moyens de droit commun et notamment par la correspondance. Mais une lettre de change tirée sur le défunt doit-elle faire à elle seule preuve de la dette ? Vous ouvrez ainsi à la fraude une porte extrêmement large. Tout le monde sait qu'il y a, à Paris une circulation d'effets de commerce extrêmement considérable. S'il y a eu acceptation, la lettre de change constitue un titre susceptible de faire preuve contre le défunt. On peut craindre que l'acceptation ne soit pas une garantie suffisante de l'existence réelle d'une dette. Il arrive trop souvent qu'un commerçant gêné fasse tirer sur lui-même une lettre de change fictive et qu'il la revête de son acceptation. Une lettre de change, en dehors de la correspondance, ne peut être considérée comme une preuve décisive de la dette, d'autant plus que vous avez exclu le droit, pour l'Administration, de demander la production des livres et que l'Administration se trouvera le plus souvent dans l'impossibilité de se défendre. Il me paraît donc tout à la fois superflu et dangereux de viser spécialement les lettres de change. Le plus sage aurait été de s'en tenir à la première partie de l'article et de supprimer le dernier paragraphe. »

Cette suppression a été votée par la Chambre à la suite des observations présentées par le rapporteur de la Commission.

« Nous reconnaissons, a dit M. Mesureur, qu'il est inutile, après avoir établi en principe que toutes les pièces aptes à faire preuve en justice pouvaient être produites, d'ajouter ou de spécifier une catégorie de ces pièces... Les lettres de change ne seront pas plus exclues que les autres preuves ; mais l'Administration les appréciera, comme la loi lui en donne le droit, à leur juste valeur et avec la portée qu'elles peuvent comporter » (J. off., p. 2075, col. 2).

cet ensemble de circonstances constituera une présomption assez sérieuse pour faire admettre la déduction, sans autre justification, à la condition qu'aucun indice ne donne à supposer qu'il s'agit d'effets de complaisance. Mais, si les effets souscrits et acceptés par le défunt et produits par ses héritiers ou légataires n'ont pas été endossés antérieurement au décès, il sera prudent, en général, de réclamer, soit la communication des livres de commerce du défunt, soit l'attestation du créancier, soit même, au besoin, ces deux justifications » (Inst. 3058, p. 16).

A plus forte raison, les justifications complémentaires devront-elles être exigées, lorsque l'effet de commerce, même endossé, sera échu au jour du décès, la date de l'échéance remontât-elle à moins de trois mois. Il n'est pas inutile de rappeler à cet égard que le porteur d'une lettre de change est tenu, à défaut de payement à l'échéance, de faire dresser un protêt dès le lendemain de cette date (C. com. 162), à moins que la traite ne contienne une clause de retour sans frais (Rapp. Lyon-Caen et Renault, Précis, nos 659 et s.). L'inobservation de cette prescription constituerait une présomption des plus graves contre la réalité de la dette.

II. PROTÊTS. — D'après le rapport de M. Mesureur, la copie du protêt dressé pour défaut de payement d'un effet de commerce suffirait, dans tous les cas, à justifier la demande en déduction des héritiers. « Les dettes commerciales, porte ce document, sont, dans la généralité des cas, représentées, soit par des traites tirées sur le défunt, soit par des billets à ordre souscrits par lui. Il est tout à fait exceptionnel que les effets de commerce ne soient pas payables à trois mois de date au plus. Les héritiers ayant six mois pour déclarer la succession, ces traites ou ces billets auront été présentés à l'encaissement au moment de la déclaration. Si ces héritiers ont payé ces effets, ils auront été laissés entre leurs mains, et ils pourront, par conséquent, les représenter au receveur à l'appui de leur demande en déduction. S'ils ne les ont pas payés, un protêt aura été dressé et ils pourront produire la copie de ce protêt. C'est également la copie du protêt qu'ils auraient à produire pour les effets impayés par le défunt » (J. off., Doc. parl., Chambre, 1900, p. 1743, col. 1).

Sans doute, la copie du protêt contient, en conformité de l'art. 174, C. comm., la transcription littérale de l'effet ; mais il ne s'ensuit pas que l'on doive accepter, d'une manière générale, cette copie comme titre de la dette. Les motifs du refus de payement peuvent, en effet, démontrer que, ni le défunt, ni ses héritiers ne se considéraient comme débiteurs de l'effet protesté. D'autre part, une lettre de change qui n'aurait pas été acceptée par le défunt et dont les héritiers se reconnaîtraient néanmoins débiteurs dans le protêt ne devrait être accueillie qu'avec la plus grande réserve, puisqu'on ne peut y voir la preuve de l'existence de la dette au jour du décès ; il en serait de même d'un effet non revêtu de l'acceptation du de cujus et présenté par ses héritiers comme acquitté par eux depuis l'ouverture de la succession. On peut, dans une certaine mesure, assimiler cette hypothèse, surtout lorsqu'il n'existe pas d'endossement antérieur au décès, au cas où les héritiers prétendraient justifier une dette par la production d'une quittance du créancier postérieure à l'ouverture de la succession, mais sans représentation d'un titre émanant du défunt (supra, n° 232).

286. Correspondance commerciale. — Ainsi qu'on l'a vu, supra, n° 222, en matière civile, les lettres missives font pleine foi de leur contenu, mais elles ne forment pas toujours preuve complète, parce qu'elles ne renferment pas tous les renseignements nécessaires à la constatation

des éléments essentiels de l'engagement ou du contrat. En matière commerciale, les lettres missives n'ont pas une plus grande force probante ; mais, comme, par suite des habitudes de la pratique, elles sont destinées à remplacer les actes sous seing privé dans les relations des correspondants, les commerçants ont soin d'y porter toutes les conditions et stipulations auxquelles ils entendent soumettre leur engagement. Pour faciliter la production et le rapprochement de la correspondance, le Code de commerce a prescrit à tout commerçant « de mettre en liasse les lettres missives qu'il reçoit et de copier sur un registre celles qu'il envoie » (art. 8). La preuve par correspondance s'est trouvée ainsi organisée et l'art. 109, C. com. a pu la classer parmi les moyens de constater les contrats commerciaux.

L'existence d'une dette du défunt pourra donc être établie par des lettres missives échangées pour faits de commerce ; « il n'y a pas, en effet, disait M. Ribot, de preuve qui vaille plus qu'une correspondance régulière » (séance de la Chambre, 15 nov. 1900, J. off., p. 2075, col. 1). Mais, comme une lettre contient seulement le consentement de la personne qui l'a écrite, la conclusion d'un contrat ne peut être prouvée que par le rapprochement des lettres indiquant le consentement de toutes les parties (Lyon-Caen et Renault, Traité, III, n° 64). Par conséquent, à moins qu'il ne s'agisse d'un engagement purement unilatéral, les héritiers, qui demanderont la déduction d'une dette constatée par correspondance, devront produire à la fois la liasse des lettres reçues par le défunt et son livre de copies de lettres.

I. Télégrammes. — Sous le nom de correspondance, disent MM. Lyon-Caen et Renault, il faut comprendre l'échange des télégrammes comme celui des lettres. Le rapprochement des télégrammes comme celui des lettres peut servir à faire la preuve d'un contrat... Du reste, les télégrammes expédiés par un commerçant doivent être transcrits sur le livre de copie de lettres, et les télégrammes reçus par un commerçant doivent être conservés par lui en liasse, conformément à l'art. 8, C. com. Mais « les relations par télégrammes n'offrent pas la même sécurité que les relations par lettres missives. En effet, le télégramme remis au destinataire n'est qu'une copie des télégrammes expédiés, et des erreurs ont pu être commises dans la transmission. De plus, un télégramme peut même être expédié sous le nom d'une personne qui n'a entendu en expédier aucun ; on n'exige pas, en effet, d'ordinaire, de l'expéditeur une justification d'identité » (Traité de droit commercial, III, n° 66 bis). Ces considérations permettent d'apprécier le degré de foi qui devra être attribué, dans la généralité des cas, aux engagements justifiés par la correspondance télégraphique. Il est rare, d'ailleurs, que les parties se contentent de simples télégrammes pour constater leurs conventions et ne confirment pas, par des lettres missives ou par un acte régulier les contrats conclus trop brièvement au moyen d'un échange de télégrammes.

237. Emploi des livres de commerce comme mode de justification du passif. — Les livres de commerce forment un mode de preuve littérale (art. 109, C. com.) dans les conditions déterminées par les art. 1329 et 1330 C. civ. ; ils peuvent être produits, pour la justification du passif commercial, soit sur la demande des héritiers ou légataires, soit sur la réquisition de l'Administration.

I. Les héritiers ou légataires ont, tout d'abord, la faculté de se prévaloir des énonciations des livres de commerce tenus, soit par le défunt, soit par son créancier, pour demander la déduction d'une dette dont ces livres établissent l'existence au jour du décès. C'est l'application du principe général posé dans l'art. 3 de la loi du 25 février 1901, d'après lequel toute dette est déductible lorsqu'elle résulte d'un titre opposable au défunt. « Pour établir l'existence des dettes, disait M. Monestier dans son rapport, l'héritier a le choix des moyens parmi les pièces écrites susceptibles de faire preuve en justice contre le défunt au nombre desquelles peuvent se trouver les livres de commerce tenus conformément à la loi » (J. off., Doc. parl., Sénat, 1900, p. 977, col. 1).

II. En outre, le deuxième paragraphe de l'art. 3 autorise l'Administration à exiger des héritiers ou légataires la présentation des livres de commerce du défunt et à refuser la déduction du passif commercial si cette représentation n'est pas effectuée. Ce paragraphe est ainsi conçu : « S'il s'agit de dettes commerciales, l'Administration pourra exiger, sous peine de rejet, la production des livres de commerce du défunt. Ces livres seront déposés pendant cinq jours au bureau qui reçoit la déclaration. »

Cette prescription a un double but.

D'une part, elle permet de contrôler, à l'aide des livres du défunt, la sincérité des autres titres commerciaux invoqués par les héritiers à l'appui d'une demande en déduction. « La production des livres de commerce ne devient point par là l'unique mode de preuve du passif commercial. Les héritiers restent libres d'invoquer tels titres qu'ils jugeront, pour une raison quelconque, préférable de représenter ; mais l'Administration aura la faculté d'exiger la production des livres de commerce du défunt lorsque la demande en déduction sera basée sur des titres autres que ces livres » (Rapp. de M. Guillain, J. off., Doc. parl., Chambre, 1901, p. 105).

D'autre part, cette production empêche que la déduction ne se fasse sur un actif incomplètement déclaré. « Prenez garde, en effet, disait M. Cordelet dans la séance du Sénat du 22 janvier 1901, que, dans l'énumération des titres donnée dans le rapport (de M. Monestier), on cite les billets à ordre et les lettres de change, et il faut ajouter les correspondances. Par conséquent, un commerçant qui aurait des livres irrégulièrement tenus et non conformes à la loi pourrait être en mesure de produire des billets à ordre, des lettres de change et justifier d'un passif, sans que vous eussiez rien à dire, si vous étiez en face d'une déclaration d'actif correspondant seulement au passif déclaré. J'estime que, dans cette matière, les héritiers doivent procéder avec loyauté et, du moment où ils viennent demander la déduction du passif et réclamer le bénéfice de la loi nouvelle, ils doivent se soumettre à cette exigence qui permettra à l'Administration de constater l'actif » (J. off., p. 77, col. 2).

En résumé, les héritiers ou légataires ont la faculté de produire, à l'appui d'une demande en déduction, les livres de commerce du défunt et ceux de son créancier. Mais en ce qui concerne les livres de commerce du défunt, cette faculté devient une obligation lorsque la production est exigée par l'Administration.

238. Différentes espèces de livres de commerce. — On distingue deux sortes de livres de commerce : les livres obligatoires et les livres auxiliaires.

I. Livres obligatoires. — Les livres que tout commerçant est obligé de tenir sont, d'après les art. 8 et 9, C. com., au nombre de trois :

1° Le livre-journal qui présente, jour par jour, les dettes actives et passives du commerçant, les opérations de son commerce, ses négociations, acceptations et endossements d'effets et généralement tout ce qu'il reçoit et tout ce qu'il paye à quelque titre que ce soit, même pour des faits étrangers à son commerce, tout ce qui peut influer d'une manière quelconque sur l'état de sa fortune et de son crédit : la dot qu'il reçoit de sa femme, celle qu'il constitue à sa fille, la donation ou la succession qu'il recueille. Le livre-journal énonce, en outre, mois par mois, les sommes employées à la dépense de la maison. C'est le livre essentiel du commerçant, « le procès-verbal quotidien et détaillé de tous les actes de sa vie qui peuvent influer sur sa fortune », le tableau complet de sa position et de tout ce qui se réfère à ses ressources pécuniaires (Lyon-Caen et Renault, *Précis*, n° 83 ; — Fuzier-Herman, V° *Livres de commerce*, n° 29).

2° Le *livre de copie de lettres*, qui permet de rapprocher les lettres écrites par le commerçant avec celles qu'il a reçues et enliassées (*infrà*, n° 256).

3° Le *livre des inventaires*, sur lequel le commerçant transcrit l'inventaire qu'il est tenu de faire, au moins une fois par an, et qui doit comprendre l'universalité de son actif et de son passif, sans distinction entre ce qui concerne spécialement son commerce et sa fortune personnelle : effets mobiliers, marchandises, meubles de toute sorte, immeubles, et leur valeur ; dettes de toute nature et leur montant.

L'obligation de tenir les trois livres prescrits par les art. 8 et 9, C. comm. est absolument générale et s'applique à tous les commerçants, sans exception, même à ceux qui ne savent ni lire ni écrire, ou qui prétendraient trouver une excuse, soit dans leurs déplacements continuels, soit dans le chiffre minime de leurs affaires (Lyon-Caen et Renault, *Traité de droit comm.*, I, n° 275 ; — Fuzier-Herman, V° *Livres de commerce*, n° 19).

En outre, certains commerçants sont assujettis par la loi à l'obligation de tenir des registres spéciaux. Tels sont les agents de change et les courtiers (art. 84, C. comm.), les entrepreneurs de voitures publiques (art. 1785, C. civ.), les commissionnaires de transport (art. 102, C. comm.), les changeurs (loi des 15-27 mai 1791, chap. 9, art. 5), les personnes qui tiennent une maison de prêts (art. 411, C. pén.).

II. CONDITIONS DE RÉGULARITÉ DES LIVRES OBLIGATOIRES. — Les registres obligatoires ont été soumis par le Code de commerce à des formalités spéciales en vue d'assurer leur sincérité. Ils doivent, avant tout usage, être cotés, paraphés et visés, soit par un des juges du tribunal de commerce, soit par le maire ou un adjoint ; de plus, le livre-journal et le livre des inventaires (mais non le livre des copies de lettres) sont assujettis à un visa annuel, qui a pour but d'indiquer où en sont les écritures à une date déterminée et d'empêcher qu'on ne puisse après coup fabriquer un registre entier pour une ou plusieurs années (Lyon-Caen et Renault, *Précis*, n° 91). Tous les livres doivent être tenus par ordre de date, sans blancs, lacunes ni transports en marge (art. 10, C. comm.), même sous prétexte d'erreurs, qui ne peuvent être réparées qu'au moyen de nouvelles écritures portées à la date du jour où elles sont reconnues (Fuzier-Herman, V° *Livres de commerce*, n°° 69 et 71). Enfin, les commerçants sont tenus de conserver ces livres pendant dix ans (art. 11, C. comm.).

III. LIVRES AUXILIAIRES. — Indépendamment des livres exigés par la loi, les commerçants en tiennent habituellement d'autres, qui sont simplement facultatifs et varient suivant les besoins du commerce. Les plus usités sont : le *livre brouillard*, qui sert à consigner les opérations au fur et à mesure qu'elles se passent pour les reporter ensuite au livre-journal ; le *grand-livre*, qui est le relevé du livre-journal par articles de marchandises qui ont fait l'objet des opérations ou par noms des personnes avec lesquelles ces opérations ont eu lieu ; le *livre de caisse*, indiquant les

espèces qui entrent dans la caisse et celles qui en sortent ; le *livre d'achats et ventes*, qui contient la copie des factures envoyées aux acheteurs ou reçues du vendeur ; le *livre des traites et billets*, servant à l'inscription de tous les effets négociables qui entrent ou sortent ; le *livre des profits et pertes*, qui présente au commerçant la balance de ses affaires et lui indique, à chaque instant, si son commerce prospère ou non ; le *livre d'entrée et de sortie*, qui fait connaître l'état des magasins par la comparaison des marchandises qui en sortent et de celles qui y entrent, etc.

239. Livres obligatoires du défunt. — Les livres de commerce font preuve complète contre le commerçant qui les a tenus (art. 1330, C. civ.). « Il n'y a pas à distinguer suivant que le débat s'élève entre deux commerçants ou entre un commerçant et un non-commerçant, à propos d'un acte de commerce ou d'une opération purement civile » (Lyon-Caen et Renault, *loc. cit.*, III, n° 68). Mais « celui qui veut en tirer avantage ne peut les diviser en ce qu'ils contiennent de contraire à sa prétention » (art. 1330). Les énonciations des livres de commerce sont indivisibles ; l'une des parties ne pourrait invoquer une mention qui lui est favorable et en repousser purement et simplement une autre qui lui serait désavantageuse.

En outre, il importe peu que les livres soient irrégulièrement tenus. « Les énonciations d'un livre de commerce contraires aux prétentions d'un commerçant constituent de sa part des espèces d'aveux continuels, que la négligence de celui qui les tient ne peut en diminuer la valeur » (Lyon-Caen et Renault, *loc. cit.* ; — Fuzier-Herman, V° *Livres de commerce*, n° 200).

Par application de ces principes, les héritiers ou légataires d'un *commerçant* peuvent, dans tous les cas, invoquer les énonciations des livres de commerce du défunt pour justifier l'existence d'une dette, civile ou commerciale, de celui-ci. Mais, à raison du caractère indivisible de ces livres, l'Administration doit être mise à même de s'assurer que les mentions relatives aux dettes dont la déduction est demandée ne sont, à aucun degré, infirmées par d'autres mentions. Aussi la représentation des livres de commerce du défunt devra toujours s'étendre de la période courue depuis la date de la plus ancienne dette dont la déduction est réclamée jusqu'au jour du décès. De plus, dans l'exercice de son pouvoir d'appréciation, l'agent de l'Administration doit tenir le plus grand compte du degré de régularité des livres représentés. Sans doute, l'irrégularité des livres de commerce n'empêche pas la mention de dette de faire foi contre le commerçant qui l'a inscrite ; mais on doit reconnaître qu'elle ne permet pas d'appliquer dans toute son étendue le principe de l'indivisibilité, puisque la preuve de la nullité ou de l'extinction de la dette se serait peut-être trouvée dans le livre lui-même, s'il avait été correctement tenu (Inst. 3038, p. 17 ; — Rapp. Cass., 7 nov. 1860, S. 61.1.709).

L'Administration a transmis à cet égard les recommandations suivantes à ses agents :

« Si aucun article sur livres produits n'infirme la valeur des mentions de dettes invoquées par les héritiers, si ces livres sont dûment cotés, lorsqu'il y a lieu à cette formalité, si leurs écritures paraissent irréprochables et si, d'ailleurs, aucune circonstance particulière ne laisse supposer qu'on se trouve en présence d'une comptabilité fictive, les déductions réclamées pourront être accordées sans autre justification.

« Mais, pour peu que certaines mentions apparaissent contradictoires ou même simplement confuses, pour peu que la tenue des livres ne semble pas parfaitement régulière, le receveur ne devra pas hésiter, même en l'absence de tout indice particulier de fraude, à réclamer l'attestation du créancier, attestation dont la production est obligatoire, d'ailleurs, comme on l'a déjà dit, pour toute dette échue depuis plus de trois mois au jour du décès. Enfin, si l'attestation du créancier ne lève pas tous ses doutes, le receveur usera du droit que lui confère l'art. 5 et refusera la déduction » (Inst. 3058, p. 17).

240. Livres auxiliaires du défunt. — Les livres auxiliaires, n'étant pas soumis aux mêmes formalités que les livres obligatoires, n'offrent pas les mêmes garanties de sincérité. Aussi est-il admis qu'ils ne peuvent valoir qu'à titre de présomptions de fait (Lyon-Caen et Renault, Traité, III, n° 75). Ils sont insuffisants pour combler les lacunes ou suppléer les omissions des livres obligatoires, puisque leur production aurait pour résultat immédiat de démontrer l'irrégularité ou l'inexactitude des écritures essentielles et indispensables. Mais, s'ils étaient invoqués, à l'appui des énonciations du livre-journal, par exemple, « comme en contenant l'explication et le développement, ils ne feraient qu'ajouter à sa force probante » (Larombière, sur l'art. 1330, n° 5).

L'Administration ne pourrait donc retenir les renseignements fournis par les livres auxiliaires que comme éléments d'appréciation servant à corroborer les mentions de dettes inscrites sur les registres obligatoires du défunt; mais, en aucun cas, elle ne saurait être tenue de les considérer comme suffisant à justifier une déduction.

241. Livres tenus par le créancier du défunt. — Les livres de commerce font, dans certains cas, preuve au profit de celui qui les a tenus et forment ainsi un titre contre la personne qu'ils indiquent comme débiteur. A cet égard, il faut distinguer suivant que cette personne est ou non un commerçant.

Les livres de commerce ne font pas foi contre les non-commerçants (V. supra, n° 223).

Au contraire, entre commerçants et pour faits de commerce, les livres régulièrement tenus peuvent être admis par le juge pour faire preuve au profit de celui qui les tient (art. 12, C. com.). Trois conditions sont donc exigées : 1° le débat doit s'élever entre commerçants ; 2° il doit s'agir d'un acte de commerce ; 3° les livres doivent être régulièrement tenus. L'admission de ce mode de preuve n'est pas obligatoire pour le juge et dépend des circonstances. Ainsi, quand les deux parties ont des livres régulièrement tenus et que leurs écritures sont conformes, la preuve qui en résulte est complète ; si les écritures ne sont pas d'accord, elles se neutralisent respectivement ; enfin, si les livres étant contraires, ceux d'une des parties seulement sont réguliers, le juge pourra ne tenir compte que de ces derniers (Aubry et Rau, VIII, § 757, p. 272 ; — Lyon-Caen et Renault, Traité, III, n° 74). Du reste, la preuve contraire est toujours admissible.

Les héritiers ou légataires d'un commerçant peuvent donc, pour obtenir la déduction d'une dette, se prévaloir des mentions inscrites sur les livres des commerçants créanciers du défunt, comme d'un titre opposable à ce dernier, pourvu que la dette soit relative à un fait de commerce et que les livres des créanciers soient réguliers. « Pour ces livres, disait M. Cordelet dans la séance du Sénat du 22 janvier 1901, on invoque comme un titre contre l'Administration de l'enregistrement, il faut qu'ils soient régulièrement tenus. Ce sont les livres dont le Code de commerce exige la tenue et règle les conditions d'existence » (J. off., p. 77, col. 2). Les livres facultatifs ou auxiliaires des créanciers du défunt sont donc formellement exclus, tout aussi bien que les livres obligatoires qui ne rempliraient pas les conditions de régularité prescrites par la loi.

Le receveur devant lequel les mentions des livres d'un créancier du défunt sont invoquées comme titres de déduction du passif est fondé à n'accepter ce mode de preuve que lorsqu'aucun indice tendant à infirmer la demande ne se révèle à lui ; il ne doit pas oublier qu'en cette matière, la loi commerciale ne fait un devoir aux juges d'admettre les livres comme preuve, mais leur laisse un pouvoir discrétionnaire, une simple faculté (Fuzier-Herman, Livres de commerce, n°s 138 et 140). Après s'être rendu compte de la régularité des livres invoqués, l'agent de l'Administration ne manquera pas d'exiger la représentation des livres du défunt, afin de rechercher s'ils sont en concordance avec ceux du créancier. Enfin il pourra demander l'attestation de ce dernier, même si ses livres paraissent régulièrement tenus. La Régie décide le contraire en donnant comme motif que le créancier ne peut corroborer, par son attestation, des mentions qui émanent de lui (Inst. 3058, p. 18). Mais l'attestation du créancier n'a pas précisément pour but de démontrer que le défunt a été débiteur à un moment quelconque ; elle doit surtout établir que la dette existait au jour du décès. Or, il se peut que les livres de commerce du créancier, réguliers en apparence, contiennent la mention d'une dette à la charge du défunt, mais, par une omission qui rend ces livres irréguliers, ne renferment pas la mention de l'extinction postérieure de cette dette. Le receveur aura un moyen facile de s'en assurer, en réclamant l'attestation du créancier. En somme, dans cette hypothèse, l'attestation du créancier certifiant, dans les formes ordinaires, l'existence de la dette au jour du décès porte, non sur la réalité des mentions inscrites, mais plutôt sur le défaut d'insertion de toute mention susceptible de contredire les premières ; c'est, l'on veut, l'affirmation, sous les peines édictées par l'art. de la régularité des livres du créancier.

Il convient de remarquer, d'ailleurs, que, dans la plupart des cas, la représentation des livres du commerçant créancier ne servira qu'à confirmer les mentions inscrites sur les livres irréguliers du commerçant débiteur (Inst. 3058, p. 18).

La question de savoir dans quelle forme les héritiers ou légataires peuvent justifier auprès du receveur des énonciations contenues dans les livres du créancier est examinée, infra, n° 255.

242. Livres de commerce dont l'Administration peut exiger la représentation. — Les seuls livres de commerce dont l'Administration est en droit d'exiger la production, soit pour justifier le passif commercial, soit pour contrôler la déclaration de l'actif (supra, n° 237), sont ceux du défunt ; en aucun cas, le receveur ne serait fondé à réclamer la représentation des livres du créancier. « C'est entendu, disait M. Cordelet dans la séance du Sénat du 22 janvier 1901, qu'on ne pourrait pas contraindre un créancier à communiquer ses livres » (J. off., p. 77, col. 1), et le texte de l'art. 3 ne permet pas une interprétation différente.

Mais, parmi les livres du défunt dont la production ne peut être refusée à l'Administration, doit-on comprendre les livres obligatoires irrégulièrement tenus, qui, en ce qui concerne l'actif héréditaire, ne font pas titre au profit de cujus, et les livres facultatifs auxiliaires dont la tenue n'est pas prescrite par le Code de commerce ? Les observations développées par M. Cordelet, dans la discussion du texte modificatif de l'art. 3, paraissent conférer à la Régie un droit de réquisition applicable à tous les livres du défunt, quelle qu'en soit la nature ou la régularité. « Quant aux livres du défunt, déclarait l'honorable sénateur, je crois que, quelle que soit l'imperfection de leur forme, ils sont un élément nécessaire pour l'Administration, afin qu'en admettant, aussi largement que je le disais tout à l'heure, la déduction du passif, on ne fasse pas cette déduction sur un actif incomplètement déclaré. Un commerçant qui aurait des livres irrégulièrement tenus et non conformes à la loi pourrait être en mesure de produire des billets à ordre, des lettres de change, et justifier d'un passif sans que vous eussiez rien à dire, si vous étiez en face d'une déclaration d'actif correspondant seulement au passif déclaré.... Quand il s'agit de saisir l'actif, alors que le passif peut être établi autrement que par les livres de commerce, par de simples correspondances, il est nécessaire que les livres du défunt, *quels qu'ils soient*, soient produits. L'Administration en tirera ce qu'elle pourra. Quelle objection pourrait-on faire à la production des livres du défunt ? Que l'Administration y trouvera les éléments de l'actif sur lesquels la perception doit être assise ? Mais c'est cela même qui est désirable, et je n'aperçois pas de raison pour écarter la production de ces livres, *même irréguliers*, alors qu'on peut, en dehors de la comptabilité, établir par la correspondance ou des lettres de change un passif qui n'aurait plus la totalité de l'actif comme contre-partie » (*J. off.*, séance du Sénat, 22 janvier 1901, p. 77, col. 2 et 3).

Ces explications ont d'autant plus d'importance qu'elles avaient pour but de commenter l'amendement présenté par M. Cordelet lui-même et qui, intégralement accepté par le Parlement, est devenu le deuxième paragraphe de l'art. 3. On doit en conclure que la Régie n'est pas tenue de limiter sa demande aux seuls livres obligatoires réguliers. Il faut reconnaître, toutefois, que les héritiers pourront facilement écarter une réquisition portant sur les livres facultatifs, en soutenant que la comptabilité tenue par le *de cujus* se bornait aux trois livres obligatoires; et, dans cette hypothèse, le receveur n'aurait pas le droit de rejeter, pour cause de refus de production, la déduction demandée, à moins qu'il ne fût en mesure de démontrer, par les voies légales, l'existence des livres auxiliaires.

SECT. III. — JUSTIFICATIONS A FOURNIR PAR LES HÉRITIERS.

243. Généralités. — Pour établir l'existence des dettes dont ils demandent la déduction, les héritiers ou légataires ont le choix entre les divers écrits susceptibles de faire preuve en justice contre le défunt (art. 3, L. 25 fév. 1901). Mais les justifications à fournir à l'Administration varient suivant la nature du titre invoqué. L'art. 4 de la loi nouvelle oblige, tout d'abord, les héritiers ou légataires à déposer au bureau, lors de la déclaration de la succession, un état certifié par le déposant et contenant le détail, article par article, des dettes dont la déduction est demandée (V. *supra*, n° 19). Le même article précise ensuite le caractère des justifications nécessaires pour chaque titre.

§ 1er. — *Dettes résultant de titres authentiques.*

244. Règle. — Si la dette résulte d'un acte authentique, il suffit, d'après l'art. 4, que les redevables fassent connaître la date de l'acte ou du jugement, ainsi que le nom et la résidence de l'officier public qui l'a reçu ou la juridiction dont il émane. La représentation de l'acte authentique n'est exigée, dans aucun cas, au moment de la déclaration, même si l'acte n'a pas été enregistré au bureau qui reçoit la déclaration. Cette dispense de production au receveur paraît inspirée par un double motif : d'une part, le plus grand nombre des actes authentiques se trouvent

dans des dépôts publics d'où ils ne peuvent être déplacés que pour des causes exceptionnelles; d'autre part, l'Administration a toute facilité pour prendre connaissance de ces actes au moyen de son droit de communication dans les études, greffes, etc. où ils sont déposés (Rapp. de M. Monestier, *J. off.*, Doc. parl., Sénat, 1901, p. 977, col. 1). Mais, alors même qu'aucun de ces motifs ne serait applicable, soit parce que la minute de l'acte authentique aurait été perdue ou détruite, soit parce que l'acte aurait été reçu en brevet, la disposition formelle de l'art. 4 n'en devrait pas moins être observée et l'Administration ne serait pas fondée à exiger d'autre renseignement que la date de l'acte ou du jugement, le nom et la résidence de l'officier public ou la désignation de la juridiction dont il émane.

245. Indications spéciales. — La disposition de l'art. 4 doit cependant se combiner avec celles de l'art. 7, en ce sens que les intéressés auront à fournir, en outre, notamment au point de vue de la date d'exigibilité, ou, s'il y a lieu, de l'inscription hypothécaire, les indications de nature à établir que la dette ne rentre pas dans l'une des exceptions prévues par cet article (V. *infrà*, n°s 265 et s.).

I. Actes sous seing privé déposés. — Lorsqu'un acte sous signature privée n'a acquis l'authenticité que par le dépôt dans l'étude d'un notaire, il convient d'indiquer à la fois la date de l'acte sous seing privé, la date de l'acte de dépôt, le nom et la résidence du notaire dépositaire.

II. Actes administratifs. — Si un acte administratif constatant l'existence d'une dette du défunt est, par sa nature, soumis à l'approbation de l'autorité supérieure, les héritiers doivent faire connaître, outre la date de l'acte et le nom du fonctionnaire administratif qui l'a dressé, la date de l'approbation.

III. Faillite ou liquidation judiciaire. — A l'égard des dettes admises au passif d'une faillite ou d'une liquidation judiciaire, il faut indiquer, indépendamment de la date du procès-verbal des opérations de vérification et d'affirmation de créances, la date du jugement déclaratif de la faillite ou de la liquidation judiciaire et, bien que l'art. 4 n'en fasse pas mention spécialement, la juridiction dont ce jugement émane.

IV. Contribution ou ordre judiciaire. — En cas de distribution par contribution ou d'ordre judiciaire, il suffit de rappeler la date du règlement définitif et la désignation du tribunal aux archives duquel il est déposé.

V. Titres ou jugements étrangers. — Pour les titres ou jugements étrangers qui ne peuvent être admis comme justification qu'après avoir reçu l'*exequatur* d'un tribunal français, la désignation de ce tribunal et la date du jugement d'*exequatur* dispensent les héritiers de toute production. Le véritable titre de la dette est, dans ce cas, non l'acte ou le jugement étranger, mais le jugement français.

VI. Actes nuls comme actes authentiques. — En principe, l'acte nul comme acte authentique devrait être produit comme un acte sous seing privé. Toutefois, s'il est justifié que cet acte est resté en dépôt aux minutes de l'officier public qui l'a reçu, rien ne paraît s'opposer à ce que les héritiers se bornent à indiquer le nom de cet officier public et la date de l'acte.

246. Contrôle des énonciations relatives aux dettes constatées par des actes authentiques. — Comme les parties n'ont à rapporter aucune justification à l'appui des indications fournies pour les actes authentiques, il est nécessaire que l'Administration contrôle l'exactitude des renseignements de cette nature insérés dans la déclaration. En règle générale, le receveur qui a reçu la déclaration doit vérifier, dans l'état du passif, les indications qu'il peut

contrôler au moyen des documents de son propre bureau.
Il a soin de demander également à ses collègues les renseignements qu'il juge utiles au sujet des dettes résultant d'actes passés ou de jugements rendus en dehors de la circonscription de son bureau.

Les employés supérieurs doivent s'attacher à compléter sur ce point le contrôle des receveurs. Ils prennent notamment, dans ce but, au vu des états du passif déposés à l'appui des déclarations, des notes qu'ils utilisent ensuite au fur et à mesure de leurs opérations dans les différents bureaux et dépôts publics de leur division. Il leur est recommandé également, suivant les circonstances, soit de demander des renseignements dans les autres bureaux, soit de créer des bulletins de contrôle pour une partie des articles de l'état du passif qu'ils ne pourraient personnellement vérifier. Les directeurs ont le devoir de veiller à ce que ces bulletins de contrôle soient établis en nombre suffisant.

Toutes les fois que des renseignements ont été demandés à un autre bureau, soit par le receveur, soit par un employé supérieur, ou qu'un bulletin de contrôle a été créé, mention sommaire doit en être faite sur l'état du passif en marge de l'article correspondant. Les réponses reçues sont soigneusement classées et conservées avec les documents déposés à l'appui de la déclaration.

En ce qui concerne le passif hypothécaire, les tables et répertoires de la conservation des hypothèques fourniront aux employés supérieurs des renseignements très utiles (Inst. 3058, p. 46).

§ 2. — Dettes ne résultant pas de titres authentiques.

247. Règle générale. — Lorsque la dette dont la déduction est demandée ne résulte pas d'un titre authentique, les héritiers ou légataires doivent représenter au receveur, soit le titre lui-même, soit une copie collationnée de ce titre (art. 4, § 3).

Cette règle s'applique, sans aucune distinction, à tous les écrits privés, alors même qu'ils auraient été enregistrés. Les difficultés que les héritiers peuvent avoir à connaître le nom du créancier qui détient le titre, notamment en matière de billets en blanc ou au porteur souscrits par le défunt, ne peuvent les dégager de l'obligation imposée formellement par la loi (Rappr. R. P. 10.018-99). C'est, d'ailleurs, aux héritiers seuls qu'incombe le soin de se procurer le document qui doit être produit, et il n'entre pas dans le rôle du receveur de joindre ses investigations ou ses démarches à celles des intéressés en vue d'obtenir la représentation nécessaire.

La production du titre ou de sa copie ne peut être remplacée par aucun équivalent. Les indications les plus précises et les plus dignes de foi ne suffiraient pas, en l'absence de toute représentation, à faire preuve du contenu de l'écrit privé.

Mais, lorsque la production prescrite est effectuée, le receveur n'est pas fondé à exiger, en outre, ni que l'acte invoqué fasse l'objet d'une vérification d'écriture, ni que la signature des parties soit soumise à une légalisation quelconque. S'il présume la fraude, il ne peut que refuser la déduction demandée, sauf aux héritiers à porter leur recours devant l'Administration supérieure ou devant les tribunaux (supra, n° 213 ; R. P. n° 10.018-96).

248. Obligations du créancier. — Il arrivera souvent, notamment en matière de dettes commerciales, dont le délai d'exigibilité n'excède guère trois mois, que l'original du titre se trouvera entre les mains des héritiers ou légataires au moment de la déclaration de succession ; la pro-

duction ne souffrira, dans ce cas, aucune difficulté. Mais si, la dette n'étant pas payée, les héritiers ou légataires ne sont pas détenteurs de l'original du titre, ils doivent s'adresser au créancier, lequel ne peut, sous peine de dommages-intérêts, se refuser, soit à leur communiquer le titre, sous récépissé, soit à en laisser prendre une copie collationnée.

249. 1° Communication du titre. — Le créancier est tenu de communiquer son titre lorsqu'il en est requis par l'héritier ou le légataire, sur la simple justification du décès du débiteur et sans avoir à rechercher si le délai de payement des droits est ou non expiré. La communication est due pour la déclaration de la succession de chacun des débiteurs, alors même qu'elle aurait déjà été faite pour une déclaration antérieure. Dans chaque succession, elle n'est due qu'une fois, en vue de la production au receveur (Voir infra, n° 253) ; mais si, la déduction ayant été refusée, l'héritier se trouve obligé de demander aux tribunaux la restitution des droits qu'il prétend avoir acquittés en trop, la production du titre en justice peut être réclamée par les voies ordinaires.

I. Récépissé. — La communication du titre est faite par le créancier à l'héritier ou au légataire. Celui-ci est obligé d'en délivrer récépissé. La forme du récépissé n'a pas été réglée par la loi ; mais, comme cette pièce est destinée à garantir au créancier la restitution du titre et à le remplacer éventuellement en cas de perte, il est prudent de porter toutes les indications susceptibles d'établir, d'une manière complète, les obligations du défunt.

Rigoureusement, le récépissé devrait être soumis au timbre de dimension au moment de sa rédaction par application de la disposition générale de la loi du 13 brumaire an VII (art. 12). Mais l'intention du législateur qui, dans l'art. 4 de la loi du 25 février 1901, dispense expressément les copies collationnées du timbre et de l'enregistrement, paraît être d'accorder la dispense de tout droit aux documents d'ordre intérieur indispensables pour l'exécution de la loi nouvelle. Le récépissé ne semble donc sujet ni au timbre ni à l'enregistrement (Rappr. Défrénois, n° 207).

II. Durée de la communication. — La durée de la communication doit être restreinte au temps strictement nécessaire pour que le receveur puisse s'assurer de la réalité et de la sincérité de la dette. Bien qu'en principe, l'héritier soit tenu, par la production de l'original du titre, de servir d'intermédiaire entre le créancier détenteur et le receveur, rien ne s'oppose à ce que, dans la pratique, le créancier, ne voulant pas se dessaisir de son titre, se présente au bureau compétent au moment de la déclaration et produise lui-même au receveur, en vue des justifications utiles, l'écrit dont résulte la dette du défunt.

250. 2° Copie collationnée. — Au lieu de produire l'original du titre, l'héritier peut en représenter au receveur une copie collationnée.

Cette copie, aux termes de l'art. 4, doit être dressée par un notaire ou par le greffier de la justice de paix, à l'exclusion de tout autre officier public ou ministériel et, à plus forte raison, des parties elles-mêmes. Elle est prise « sans déplacement », c'est-à-dire au lieu même où se trouve l'original du titre ; le détenteur ne peut donc être contraint de se dessaisir de son titre ou à le porter dans l'étude du notaire ou au greffe de la justice de paix.

Pour satisfaire au vœu de la loi, la copie collationnée doit contenir la transcription entière et littérale du titre de la dette, « relater sa date et les signatures, ainsi que toutes les mentions qui peuvent avoir été ajoutées à la suite, si elles sont signées ou si, ne pouvant être supprimées; elles devraient être produites avec le titre, en cas d'usage en justice » (Defrénois, n° 216). La conformité de la copie avec l'original est certifiée par le notaire ou le greffier. Celui-ci n'a pas à apprécier la validité du titre, l'authenticité des signatures ni la réalité de la dette ; il se borne à constater l'existence et le contexte du document qui lui est présenté (Defrénois, n° 217).

La copie collationnée doit porter la mention de sa destination; c'est à cette condition seulement qu'elle est exempte du timbre et de l'enregistrement, tant qu'il n'en est pas fait usage en justice ou par acte public (voir *infra*, n° 254) ; elle n'est alors « un renseignement fiscal » (Rapp. de M. Dauphin, *J. off.*, Doc. Parl., Sénat, 1898, p. 527, col. 1). Mais l'absence de cette mention, qui a pour but exclusif d'assurer la dispense de l'impôt à la copie, ne lui enlèverait rien de sa force probante au point de vue de la justification de la dette.

Après sa rédaction, la copie collationnée est remise, comme un acte en brevet, au requérant qui a la faculté de l'utiliser, s'il est nécessaire, pour démontrer l'existence de la dette dans d'autres successions.

Bien que la loi n'ait prévu, pour suppléer à la production du titre que la copie collationnée, il semble qu'une copie figurée, reproduisant la forme matérielle de l'original, et même une épreuve photographique de l'écrit privé remplirait le même but, à condition que par une mention formelle, un notaire ou un greffier certifie leur conformité complète avec le titre (dans ce sens, *R. P.* 10.018-97).

251. **Refus du créancier.** — Si le créancier refuse de communiquer son titre ou d'en laisser prendre une copie collationnée, il devient, en vertu de l'art. 4, § 4, de la loi nouvelle, passible de dommages-intérêts envers l'héritier ou le légataire. L'action en dommages-intérêts, à laquelle l'Administration demeure entièrement étrangère, ne peut être valablement engagée que lorsque l'intéressé a fait constater, par une sommation ou un procès-verbal régulier, le refus par le créancier de donner connaissance du titre par l'un et l'autre des deux moyens mis par la loi à sa disposition. L'importance des dommages-intérêts se limitera le plus souvent au montant des droits, non restituables, que, par suite du défaut de déduction de la dette, l'héritier ou le légataire a payés en trop. Il n'y aurait pas de préjudice causé et, par suite, pas de droit aux dommages-intérêts, si la dette avait été déduite malgré le défaut de production ou si le titre dont communication était demandée ne faisait, à aucun degré, preuve de l'existence de la dette.

252. **L'Administration ne peut exiger qu'une seule production.** — La production du titre lui-même ou d'une copie collationnée de ce titre n'est exigée qu'au moment de la déclaration. De plus, le titre ou la copie collationnée produits doivent être rendus séance tenante, en même temps que la quittance des droits. Si la déduction a été admise par le receveur, l'Administration n'est plus autorisée à demander à l'héritier ou au légataire de lui représenter à nouveau le titre, *à moins qu'il ne s'agisse des livres de commerce* (Inst. 3058, p. 16; — V. *infra*, n° 256-VI). En matière d'écrits privés, le receveur est donc investi d'un pouvoir d'appréciation à peu près sans contrôle, puisque les employés supérieurs ne peuvent, dans la plupart des cas, avoir sous les yeux les pièces qui ont déterminé l'agent de perception à admettre la déduction d'une dette résultant d'actes non authentiques. Aussi la Régie recommande aux receveurs, dans l'intérêt du Trésor, d'examiner minutieusement le titre ou la copie collationnée au moment du payement des droits. Les employés supérieurs pourront,

d'après les énonciations de la déclaration et les mentions ou observations ajoutées par le receveur, se rendre compte de la façon dont ces agents se sont conformés à cette importante obligation ; ils doivent s'expliquer sur ce point, *dans tous les cas*, au paragraphe 3 du rapport de gestion.

Il n'est pas douteux, d'ailleurs, que, dans le cas où le receveur a refusé la déduction, les parties ne doivent fournir à l'appui de la demande en restitution formée devant l'Administration supérieure ou les tribunaux, toutes les justifications susceptibles d'établir l'existence de la dette.

253. **Constatation de la production.** — Bien que la loi ne contienne à ce sujet aucune prescription, il importe que la production des pièces représentées au receveur pour justifier une déduction de dette soit rappelée, au moyen d'une mention sommaire, soit par les parties dans l'état *détaillé* du passif, soit par le receveur lui-même à la suite de la déclaration. Ce mode de procéder est de nature à éviter toute contestation ultérieure sur la réalité ou le caractère de la justification, si les parties demandaient une restitution de droits ou si l'Administration voulait se prévaloir d'une inexactitude dans la déclaration.

254. **Timbre et enregistrement des pièces produites.** — Au point de vue du timbre et de l'enregistrement des pièces produites, il faut distinguer suivant que la production a pour objet le titre lui-même ou la copie collationnée de ce titre.

I. PRODUCTION DU TITRE ORIGINAL. — En principe, le fait seul de la production d'un écrit, soit à l'Administration en vue de justifier la déduction d'une dette, soit devant un tribunal à l'appui d'une action en restitution au cas où la déduction est refusée, ne rend pas cet écrit passible du timbre et de l'enregistrement. Mais ces droits peuvent être réclamés lorsque, par leur nature même, les titres produits doivent être timbrés et enregistrés (Obs. de M. Liotard-Vogt, commissaire du gouvernement, dans la séance de la Chambre du 16 nov. 1895 ; *J. off.*, p. 2372, col. 3 ; — Rapp. de M. Cordelet, *J. off.*, Doc. parl., Sénat, 1896, p. 290).

Par conséquent, si les héritiers représentent un écrit soumis au timbre par lui-même et non timbré, le receveur est fondé à exiger le droit de timbre qui n'a pas été acquitté et les amendes de contravention. En matière de déduction de dettes, l'obligation ou défense est la règle générale. En effet, la loi fiscale, sauf quelques rares exceptions, assujettit au timbre tous les écrits devant ou pouvant faire titre ou être produits pour obligation, décharge, justification, demande ou défense, susceptibles, en un mot, de faire preuve en justice. C'est aussi le caractère que la loi du 25 février 1901 exige des écrits à produire pour la déduction du passif.

Au contraire, les droits d'enregistrement ne seront exigibles, lors de la production des actes sous signatures privées, que si ces actes sont assujettis à l'enregistrement dans un délai déterminé. Ainsi la représentation d'un billet simple, d'une reconnaissance de somme, d'une vente de meubles autres qu'un fonds de commerce, n'autoriserait pas le receveur à réclamer les droits d'enregistrement applicables à ces actes. Il en serait autrement dans le cas où l'écrit représenté constaterait un bail ou une vente d'immeubles, une cession de fonds de commerce : si le délai prescrit pour l'enregistrement de ces actes était expiré, il y aurait lieu de relever les droits simples et en sus exigibles.

II. PRODUCTION DE LA COPIE COLLATIONNÉE DU TITRE. — La copie collationnée, pourvu qu'elle porte la mention de sa destination est dispensée du timbre et de l'enregistrement. Mais cette immunité cesse si, ultérieurement, il est fait usage de la copie soit par acte public, soit en justice ou devant toute autre autorité constituée, à moins qu'il ne s'agisse d'une instance relative à une dette contestée par l'Administration. Ce dernier point a été nettement mis en lumière lors de la discussion de l'art. 4 au Sénat, dans la séance du 24 janvier 1901 : « Si la déduction est refusée par le receveur, déclarait M. Cordelet, et que l'héritier soit obligé d'assigner l'Administration devant le tribunal et de produire la copie, il faut qu'il soit bien entendu que ce n'est pas le cas que l'on vise en disant que la production en justice emportera la nécessité de l'enregistrement du titre. Je préférerais de beaucoup la rédaction qu'avait autrefois proposée l'Administration de l'enregistrement et qui consistait à dire : Cette copie sera dispensée du timbre et de l'enregistrement tant qu'il n'en sera fait usage *que pour la détermination du passif héréditaire*. Cela couperait court à toute difficulté. » Et le Ministre des finances répondait : « Notre rédaction est analogue à celle qui existe dans un grand nombre de textes de loi ; c'est le seul avantage que je voie à la conserver. *Nous sommes d'accord avec vous sur la portée qu'elle peut avoir* » (*J. off.*, p. 86, col. 1).

La question se pose enfin de savoir si les énonciations de la copie collationnée peuvent rendre exigibles les droits de timbre et d'enregistrement sur le titre.

D'après l'art. 49 de la loi du 5 juin 1850, lorsqu'un acte public ou judiciaire est fait en conséquence d'un titre sujet au timbre qui ne doit pas être représenté au receveur, l'officier public ou ministériel est tenu, sous peine d'amende, de déclarer dans l'acte si le titre est revêtu du timbre prescrit et d'énoncer le montant du droit de timbre payé. Cette disposition n'est pas applicable au notaire ou au greffier qui dresse la copie collationnée ; il ne s'agit pas là, en effet, d'un usage véritable au sens de la loi de brumaire, mais d'un simple renseignement destiné à permettre la liquidation exacte des droits de mutation par décès ; à ce point de vue, la copie doit, tout au moins, être assimilée aux actes déclaratifs, tels qu'inventaires, comptes, partages, etc., dans lesquels les notaires sont dispensés d'insérer l'indication du payement du droit de timbre des titres qu'ils énoncent (*T. A.*, V° *Acte en conséquence*, n° 232). Du reste, si le notaire ou le greffier relatait dans la copie collationnée que l'original du titre n'est pas timbré, cette mention ne constituerait pas une preuve suffisante pour autoriser l'Administration à réclamer aux parties et à l'officier public l'amende et les droits de timbre dus sur cet acte ; il serait indispensable qu'un procès-verbal fût dressé et que l'écrit non timbré fût produit à l'appui (*T. A.*, *eod. verb.*, n° 244).

D'un autre côté, l'art. 4 de la loi du 25 février 1901 décide expressément que la copie collationnée ne rendra pas par elle-même obligatoire l'enregistrement du « titre ». Mais il paraît certain que, lorsque l'acte dont la copie est représentée constate une mutation d'immeubles ou de fonds de commerce, assujettie à l'impôt dans un délai déterminé indépendamment de tout écrit, le receveur est autorisé à utiliser les renseignements fournis par cette copie pour réclamer les droits simples et en sus exigibles à raison de la mutation. Il est entendu que, même dans cette hypothèse, le receveur ne devrait pas conserver la copie collationnée et serait tenu de la rendre avec les autres pièces produites à l'appui de la déclaration (Rappr. Defrénois, n° 226).

§ 3. — *Règles spéciales aux livres de commerce.*

255. Livres de commerce du créancier. — On sait que les héritiers ou légataires peuvent justifier de l'exi tence d'une dette du défunt commerçant en invoquant l énonciations des livres de commerce du créancier, pour que ces livres soient régulièrement tenus (*supra*, n° 241

S'ils usent de cette faculté, les déclarants doivent conformer à la règle générale posée par l'art. 4 pour actes non authentiques et produire, soit les livres et mêmes sur la communication du créancier, soit la co collationnée des énonciations de ces livres relatives à dette du défunt.

L'Administration estime, cependant, qu'une copie col tionnée et par extraits des livres de commerce du créa cier ne peut, même au cas où le défunt était lui-mê commerçant, être considérée comme une justificat suffisante. En effet, dit-elle, « la production d'une co collationnée ne fournira pas la preuve que le livre d cette copie aura été extraite est régulièrement tenu, qui est la condition essentielle pour que ces mentio fassent titre au profit de leur auteur et contre le défun (Inst. 3058, p. 18). Pour la Régie, la représentation ma rielle au receveur des livres de commerce du créanc serait la condition *sine qua non* de la déduction.

Cette décision est trop absolue. Elle est en contradic avec les termes formels de la loi du 25 février 1901 c dans son art. 4, autorise les héritiers à représenter, d' manière générale et sans aucune distinction, les titres r authentiques *ou une copie collationnée* de ces titres. plus, elle est fondée sur un motif de difficulté prati qu'il est possible d'écarter.

Si les livres du créancier étaient produits au receve cet agent aurait, tout d'abord, à s'assurer de la régu rité des livres représentés, puis à rechercher les énonc tions relatives à la dette dont la déduction est demand depuis la date de la plus ancienne mention jusqu'au j du décès. Or, sur ces deux points, l'intervention du no taire ou du greffier de la justice de paix peut facilem suppléer à la représentation des livres au receveur. S doute, l'agent de l'Administration, n'ayant pas eu sous yeux les livres eux-mêmes, pourra soutenir que certa indices matériels, dont le rédacteur de la copie ne s pas préoccupé, n'auraient pas échappé à ses propres inv tigations. Mais, lorsqu'il s'agit d'un acte sous seing p ordinaire, la situation est exactement la même ; la c établie par le notaire ou par le greffier ne met pas le ceveur en mesure d'apprécier si l'original ne présente des particularités matérielles susceptibles de motive rejet de la dette (*supra*, n° 250).

Enfin, comme le plus souvent, le créancier se refus à communiquer, sous récépissé, ses livres de comme à l'héritier ou au légataire, la solution adoptée par la gie aurait pour résultat de priver le déclarant d'un m de justification qui, dans certains cas, peut lui être in pensable pour faire preuve de la dette.

La copie collationnée des livres de commerce du cr cier nous paraît donc admissible pour démontrer l'e tence d'une dette du défunt, pourvu qu'elle satisfass deux conditions. D'une part, le notaire ou le gref chargé de la rédiger, devra constater la tenue régul des registres dont elle est extraite ; à cet effet, il s pellera que ces livres sont cotés, visés et parafés pa magistrat compétent, que le livre-journal et le livre inventaires ont été soumis au visa annuel, et enfin qu inscriptions y sont faites par ordre de date, sans bl lacunes ni transports en marge (*supra*, n° 238-II). D'a part, il sera tenu de relever sur la copie, par une trans tion littérale, toutes les énonciations relatives à la d dont les héritiers demandent la déduction et de cert que les énonciations transcrites sont les seules qui se rattachent à cette dette (Rappr. Defrénois, n°[s] 219 et 220). Il va sans dire que la copie ne peut être extraite que des livres obligatoires, puisque les livres facultatifs ne forment pas titre.

Sur la production de la copie collationnée, le receveur décidera, en vertu de son pouvoir d'appréciation ordinaire, si la dette doit ou non être admise à déduction ; mais, à notre avis, il ne serait pas fondé à rejeter la dette *de plano* et sans examen, sous prétexte que la copie produite n'a aucune valeur.

La représentation, lors de la déclaration, et la communication ultérieure des livres de commerce du *créancier* ne peuvent être exigées *en aucun cas* par l'Administration (Inst. 3058, p. 13).

256. Livres de commerce du défunt. — Comme on l'a vu, *suprà*, n° 239, les héritiers ou légataires peuvent invoquer, dans certains cas, les livres de commerce du défunt à l'appui de leur demande en déduction ; de son côté, l'Administration a la faculté d'exiger la représentation de ces livres, lorsque la déduction demandée a pour objet des dettes commerciales.

I. Production volontaire par les parties. — Lorsque les déclarants entendent se prévaloir des énonciations des livres de commerce du défunt, ils doivent produire ces livres mêmes depuis la date de la plus ancienne mention de dette invoquée par eux jusqu'au jour du décès, car les énonciations des livres de commerce ne peuvent être divisées (Inst. 3058, p. 11, *in fine*).

On ne peut songer à remplacer cette production par une copie collationnée. C'est seulement lorsque les héritiers ne sont pas détenteurs du titre et doivent s'adresser au créancier une communication ou copie, que l'art. 4 de la loi du 25 février 1901 est applicable. Du reste, la Régie peut toujours exiger, sous peine de rejet de la demande en déduction, la représentation matérielle des livres du défunt.

II. Communication obligatoire à l'administration. — Le receveur a la faculté de requérir la communication des livres de commerce du défunt, soit pour vérifier les déclarations de dettes, soit pour contrôler l'importance de l'actif, mais seulement, d'après le texte formel de la loi, « s'il *s'agit de dettes commerciales* ». Lorsque la déclaration de la succession, où la déclaration ne comprend aucune dette *commerciale*, cette communication ne peut être demandée. Il suffit, au contraire, que les déclarants sollicitent la déduction d'une dette *commerciale*, même en la justifiant par d'autres titres que les livres de commerce du défunt, pour que le receveur soit en droit d'exiger la production de ces livres.

Si le défunt faisait partie d'une société commerciale qui est dissoute au jour de son décès, ses héritiers sont obligés, pour obtenir la déduction de la part dont leur auteur était tenu dans les dettes sociales, de produire au receveur, si celui-ci l'exige, les livres de la société. Dans le cas, au contraire, où la société subsisterait au jour de l'ouverture de la succession, les droits de mutation par décès seraient dus, conformément aux règles anciennes, sur la valeur nette de la part d'intérêt ou de l'action appartenant au *de cujus* (V. *suprà*, n° 81).

Les héritiers de la femme, commune en biens, d'un commerçant, qui veulent déduire de l'actif de la communauté le montant des dettes relatives au commerce du mari, ne peuvent refuser à l'Administration la production des livres de ce dernier. Bien que la femme ne soit pas commerçante, les dettes qui grèvent la communauté n'en

conservent pas moins, au regard des deux époux, le caractère commercial (Rappr. Defrénois, n° 456).

III. Sanction du refus de production au receveur. — Si les héritiers ou légataires ne produisent pas les livres de commerce du défunt sur la réquisition du receveur, la déduction des dettes commerciales doit être rejetée (art. 3, § 2). Il n'est pas inutile de faire remarquer que ce rejet ne peut s'appliquer qu'aux dettes commerciales, mais qu'il porte sur toutes ces dettes sans distinction, alors même que certaines d'entre elles seraient dûment établies par des justifications suffisantes. La communication à l'Administration n'a pas, en effet, pour seul objet de permettre la vérification du passif commercial déclaré ; elle a aussi pour but de faire connaître si le passif réel n'a pas pour contre-partie des éléments non déclarés de l'actif.

IV. Époque de la représentation. — Dès l'instant que la production des livres de commerce du défunt est destinée à donner au receveur le moyen de se prononcer sur l'admission ou le rejet d'une dette, c'est au moment de la déclaration que cette production doit être effectuée. Mais, comme l'examen des livres peut donner lieu à des recherches longues et délicates, les parties agiront prudemment en déposant ces documents au bureau compétent tout au moins quelques jours avant l'expiration du délai légal. Si le receveur n'avait pas le temps matériel de procéder, dans ce délai, aux investigations qu'il juge nécessaires, il serait en droit de rejeter la déduction, mais en insérant dans la déclaration, qu'il accepterait pour le surplus, le motif de ce rejet. Les parties se pourvoiraient ensuite en restitution dans les formes et le délai fixés par l'art. 5 de la loi nouvelle.

V. Durée du dépôt au bureau. — Le receveur peut conserver au bureau les livres du défunt pendant cinq jours au plus pour y puiser tous les renseignements utiles sur la consistance du passif et de l'actif héréditaires.

Ce délai de cinq jours est un délai maximum et il ne saurait être étendu si le cinquième jour était férié (Inst. 3058, p. 12). Le Ministre des finances s'est expliqué catégoriquement à ce sujet dans la séance du Sénat du 22 janvier 1901 ; comme un sénateur faisait observer que « le dépôt, pendant cinq jours, des livres à l'enregistrement peut être préjudiciable », M. Caillaux a répondu : « Ce délai est un maximum. Il sera recommandé aux receveurs de garder les livres le moins longtemps possible, mais il faut cependant leur donner le temps de s'assurer de la réalité des dettes dont on demande la déduction » (*J. off.*, p. 78, col. 4).

L'Administration n'a organisé aucune mesure spéciale pour constater le dépôt des livres au bureau et leur retrait après vérification. Le moyen le plus simple de garantir à la fois les droits des contribuables et ceux du receveur consisterait dans la délivrance par le receveur aux déclarants d'un récépissé constatant le nombre et l'état matériel des registres déposés, ainsi que la date du dépôt. Ce récépissé serait rendu au receveur par les parties lors du retrait des livres déposés. Ce sont les déclarants qui doivent faire porter au bureau les livres réclamés, et les en faire retirer à l'expiration du délai de cinq jours ou, avant la fin de ce délai, au jour indiqué par le receveur.

VI. Responsabilité des agents. — Les agents sont responsables des livres déposés. Ils doivent, en outre, observer à l'égard du contenu de ces livres, la discrétion professionnelle à laquelle ils sont tenus, d'ailleurs, au sujet de tous les renseignements qui parviennent à leur connaissance dans l'exercice de leurs fonctions (Déclar. Min. fin. au Sénat, dans la séance du 22 janv. 1901 ; *J. off.*, p. 78, col. 4). Ils doivent veiller, sous leur responsabilité, à ce que ces livres ne puissent pas, pendant leur séjour au bureau, être consultés par des personnes étrangères au service (Inst. 3058, p. 12).

VII. Communication ultérieure des livres de commerce aux agents de contrôle. — Lorsque des dettes commerciales ont été déduites de l'actif d'une succession, et quelle que soit, d'ailleurs, la nature des justifications fournies au receveur, l'art. 3 dispose que les livres de commerce du défunt « seront, s'il y a lieu, communiqués une fois, sans « déplacement, aux agents du service du contrôle pendant « les deux années qui suivront la déclaration, sous peine « d'une amende égale aux droits qui n'auront pas été « perçus par suite de la déduction du passif ».

La communication postérieure à la déclaration est spéciale aux agents de contrôle. Le receveur qui a admis la déduction a épuisé son droit, qu'il ait requis ou non la production des livres du défunt (1).

VIII. Conditions et formes de la communication aux agents de contrôle. — Les agents de contrôle sont autorisés à requérir la communication des livres du défunt, par cela seul que le passif déduit comprend des dettes commerciales, ces dettes auraient-elles été justifiées autrement que par les livres du de cujus. La réquisition à fin de communication peut porter sur tous les livres du défunt dont l'Administration a le droit de demander la production, même sur ceux que le receveur n'a pas cru devoir se faire représenter lors de la déclaration, même si cet agent n'a usé en aucune façon de la faculté que la loi lui accordait. Le but du contrôle est de déterminer, non seulement si le receveur a sainement apprécié les écritures qu'il a eues sous les yeux, mais encore si ses recherches ont été complètes et se sont étendues à tous les écrits susceptibles de lui révéler la fraude. Restreindre les vérifications au cercle dans lequel le receveur a renfermé son propre examen, ce serait enlever au rôle des employés supérieurs toute son utilité et toute son efficacité. Au surplus, le texte de la loi est absolu : il vise les livres de commerce du défunt en général et ne prête à aucune distinction.

La communication aux agents de contrôle doit être faite sans déplacement, c'est-à-dire au lieu même où les livres se trouvent. Ce lieu devra être indiqué par les héritiers sur la demande des employés supérieurs. Ceux-ci ne doivent pas manquer, d'ailleurs, de se mettre préalablement en relation avec les représentants du défunt et de choisir d'accord avec eux, autant que les nécessités du

(1) Il est nécessaire, disait M. Cordelet dans la séance du Sénat du 22 janvier 1901, « dans l'intérêt des commerçants eux-mêmes, de régler par la loi le temps pendant lequel les livres seront mis à la disposition de l'administration de l'Enregistrement ; il est nécessaire aussi d'assurer le contrôle dans l'application d'une loi si importante, si grave dans ses conséquences financières possibles. Le plus souvent le contrôle ne s'exerce que six mois, un an peut-être après la déclaration faite au bureau... en moyenne peut-être un an et demi. Il est donc nécessaire de dire que le service du contrôle pourra, pendant les deux années qui limitent l'action de l'Administration, se faire communiquer, mais sans déplacement, les livres. Il ira en prendre communication chez l'un des héritiers, chez celui qui en sera resté dépositaire. Et qu'on ne dise pas que ce sera là une obligation onéreuse pour l'héritier, puisque le Code de commerce l'oblige à conserver ces livres pendant dix ans... Il est possible que le service du contrôle se déclare satisfait par les constatations faites par le receveur et qu'il ne réclame pas la communication des livres, mais il est possible aussi qu'il la juge nécessaire... Le Sénat comprend que la déclaration a été faite, la déduction accordée, et que c'est le contrôle qui veut s'assurer qu'elle a été accordée à bon droit » (J. off., p. 77, col. 1 et 2).

service le permettront, le jour où la communication pourra se faire (Inst. 3058, p. 12).

La loi limite à deux années le délai pendant lequel les agents de contrôle peuvent demander la représentation des livres du défunt. Bien que les omissions et les inexactitudes dans les déclarations de dettes ne se prescrivent que par cinq ans, il convenait de ne pas laisser les héritiers exposés pendant trop longtemps aux réquisitions de l'Administration.

Enfin cette communication ne peut être demandée qu'une fois : si le sous-inspecteur s'est fait représenter les livres, l'inspecteur n'a plus aucun droit à requérir une nouvelle communication. C'est en cas d'instance seulement que les parties pourraient être tenues de produire une autre fois les livres du défunt ; cette production ne serait faite que devant le tribunal.

IX. Constatation de la communication. — Lorsque le employés supérieurs se seront fait communiquer les livres de commerce du défunt, l'Administration leur prescrit d'inscrire en marge de la déclaration, une mention daté et signée, destinée à constater qu'ils ont épuisé le droit de communication accordé à la Régie (Inst. 3058, p. 46). Mais cette prescription, d'ordre purement administratif, ne met pas obstacle à ce que les héritiers, pour se prémunir contre une seconde réquisition, demandent, à l'employé supérieur auquel la communication a été faite, une attestation qu'ils conserveront par devers eux.

X. Sanction du refus de communication aux agents de contrôle. — Tout refus de communication, direct ou indirect, doit être constaté au moyen d'un procès-verbal dressé conformément aux art. 22 de la loi du 23 août 1871 et 7 de la loi du 21 juin 1875 (Inst. 3058, p. 12).

Lorsque l'employé supérieur ne connaît pas le nom de celui des héritiers qui est détenteur des livres du défunt il doit s'adresser à chacun des héritiers en l'invitant, soit à lui communiquer les livres, soit à lui indiquer quel en est le dépositaire. Il appartient aux représentants du défunt de s'entendre pour effectuer la communication demandée. Si l'employé supérieur ne peut déterminer le véritable détenteur, il dresse un procès-verbal de refus de communication contre tous les héritiers.

La sanction du refus consiste dans une amende égale aux droits « qui n'auraient pas été perçus par suite de la déduction du passif ». Pour le calcul de cette amende on ne doit prendre en considération que les dettes commerciales déduites, mais il faut tenir compte de toutes ces dettes ; le refus de communication laisse présumer, en effet, ou que ces dettes n'étaient pas justifiées, ou qu'elles étaient représentées dans l'actif de la succession par de valeurs correspondantes (supra, III).

Le chiffre de l'amende se liquide de la manière suivante : on établit le montant des droits qui auraient été exigibles sur l'actif déclaré, abstraction faite des dettes commerciales déduites ; puis on retranche de cette somme les droits qui ont été effectivement perçus. L'amende à réclamer est égale à la différence de ces deux sommes (Inst. 3058, p. 13), sans qu'il y ait lieu, bien entendu d'ajouter des décimes.

Mais le seul refus de communication aux agents de contrôle ne suffit pas à justifier, indépendamment de l'amende, la réclamation d'un supplément de droit (Besson n° 201 in fine). Si la preuve d'une omission d'actif ou d'une inexactitude dans la déclaration est faite ultérieurement fournie, le droit simple et les pénalités ordinaires deviendraient exigibles (voir infra, n°s 389 et s.) sans imputation de l'amende attachée spécialement au refus de communication.

§ 4. — *Attestation du créancier.*

257. Texte. — Aux termes de l'art. 6 de la loi du 25 février 1901, « l'agent de l'Administration aura dans « tous les cas la faculté d'exiger de l'héritier la produc- « tion de l'attestation du créancier certifiant l'existence « de la dette à l'époque de l'ouverture de la succession. « Cette attestation qui sera sur papier non timbré,ne pour- « ra être refusée sous peine de dommages-intérêts, toutes « les fois qu'elle sera légitimement réclamée. Le créan- « cier qui attestera l'existence d'une dette déclarera, par « une mention-expresse,connaître les dispositions de l'art. « 9, relatives aux peines en cas de fausse attestation ».

258. Le receveur a toujours le droit de requérir l'attestation du créancier. — L'attestation du créancier remplit un double objet : d'une part, elle est la confirma- tion par le créancier de la sincérité du titre désigné ou produit par les parties ; d'autre part, elle garantit que la dette n'était pas éteinte au jour de l'ouverture de la suc- cession. Cette attestation a donc pour but d'éviter la dé- duction des dettes fictives ou éteintes. Elle constitue pour l'Administration un moyen de contrôle essentiel. Aussi le receveur est-il autorisé à l'exiger dans tous les cas où il juge cette justification nécessaire, quelle que soit la date d'exi- gibilité de la dette ou la nature du titre invoqué et même s'il s'agit d'un acte authentique (Rappr. rapport de M.Dau- phin du 12 juill. 1898, *J. off.*, Doc. parl. Sénat, p. 527).

Le receveur n'a pas à donner de motif à sa demande ; il peut, suivant les circonstances, réclamer l'attestation du créancier pour toutes les dettes dont les héritiers pro- posent la déduction, ou pour quelques-unes seulement, ou encore s'abstenir de toute demande à cet égard, sauf dans les deux cas où l'attestation est obligatoire (*infrà*, n° 259). Du reste, malgré la production de l'attestation demandée, le receveur reste libre de rejeter la dette « et n'est pas tenu de s'incliner s'il a quelque soupçon de fraude » (Obs. de M. Chaumié, séance du Sénat du 24 janv. 1901, *J. off.*, p. 89, col. 2). Si cependant la dette non échue est établie par acte authentique et que l'attestation du créan- cier soit rapportée, la déduction ne peut être écartée (Inst. 3058, p. 15).

L'attestation, étant destinée à justifier la déduction de la dette, ne peut être réclamée, quand elle est facultative, qu'au moment même de la déclaration. Si la déduction a été admise par le receveur, l'Administration n'est pas autorisée à demander à l'héritier ou au légataire de lui rapporter une attestation du créancier. C'est un moyen de contrôle dont, à défaut d'un texte formel, les employés supérieurs ne peuvent user pour vérifier si la dette a été admise à bon droit au passif de la succession.

259. Cas où l'attestation est obligatoire. — Le re- ceveur ne peut se dispenser de demander l'attestation du créancier dans deux cas :

1° Quand la dette est échue depuis plus de trois mois avant l'ouverture de la succession (art. 7-1° ; *infrà*, n° 273) ;

2° Quand une dette hypothécaire non échue est garantie par une inscription périmée depuis plus de trois mois (art. 7-4° ; *infrà*, n° 285).

Dans ces deux hypothèses, l'attestation doit être présen- tée au receveur au moment de la déclaration, sous peine de rejet de la dette. Si la déduction a été admise sans la remise de ce document, il existe une insuffisance de per- ception imputable au receveur. Un supplément de droit *simple* peut donc être réclamé dans les deux ans de la déclaration. Mais l'héritier peut écarter cette réclamation en produisant après coup l'attestation du créancier et en effaçant ainsi la présomption de remboursement attachée,

soit à l'échéance de la dette, soit à la péremption de l'ins- cription.

260. Personnes qui doivent délivrer l'attestation. — C'est du créancier ou de son mandataire spécialement autorisé que doit émaner l'attestation.

I. PLURALITÉ DE CRÉANCIERS. — S'il y a plusieurs créan- ciers solidaires, il suffit que l'un d'eux délivre l'attesta- tion, puisque chacun de ces créanciers peut exiger du débiteur la totalité de la créance et qu'il représente les autres créanciers par une sorte de mandat légal (art. 1197 et s., C. civ.). Si les créanciers étaient simplement con- joints sans lien de solidarité, chacun d'eux devrait affirmer l'existence de la dette pour la portion qui lui revient.

II. INCAPABLES. — Lorsque le créancier est un incapable, on doit considérer que l'attestation constitue un simple acte de gestion, bien qu'elle puisse servir de titre à la ré- clamation de pénalités pécuniaires dans le cas où elle serait reconnue frauduleuse. Pour déterminer la personne qui a qualité pour délivrer cette attestation, il suffit d'observer les règles du droit commun. Le mineur et l'interdit seront régulièrement représentés par leur tuteur (art. 450 et 509, C. civ.) ; la femme mariée par son mari, à moins qu'elle n'ait l'administration personnelle de son patrimoine ; le mineur émancipé n'aura pas besoin de l'assistance de son curateur (art. 481 et 484, C. civ.), etc.

III. CRÉANCE GREVÉE D'USUFRUIT. — Si la créance est sou- mise à un usufruit, il semble que l'attestation du nu-pro- priétaire suffit à en certifier l'existence au décès ; mais l'intervention de l'usufruitier serait indispensable pour les intérêts dont la déduction serait demandée.

Pour l'évaluation du passif dû en nue propriété seule- ment ou en usufruit seulement, V. n° 197 *bis suprà*.

IV. SOCIÉTÉ. — Lorsque la dette est due à une société, l'attestation doit émaner d'un des représentants désignés par la loi ou par les statuts.

V. HÉRITIER CRÉANCIER. — Les dettes de l'héritier ne sont pas déductibles en principe. Si cependant la dette était démontrée sincère (*infrà*, n° 281), ou si elle n'avait pas été *consentie* à l'héritier personnellement (*infrà*, n°° 277 et suiv.), rien ne paraît s'opposer à ce que, pour surcroît de garantie, l'attestation soit délivrée, sauf au receveur à en apprécier la valeur probante.

On peut objecter, sans doute, que cette attestation est superflue, puisque la demande en déduction de la dette, formulée, dans la déclaration de succession, par le créan- cier agissant en qualité d'héritier ou de légataire, consti- tue, de sa part, une affirmation catégorique de l'existence de cette dette et suffit à l'exposer à la pénalité du triple droit applicable, en vertu de l'article 9 de la loi, aussi bien à la déclaration inexacte de dettes qu'à l'attestation mensongère (rappr. *infrà*, n° 274, *in fine*). Il convient de remarquer cependant que, si le créancier n'est pas seul héritier du débiteur, il serait, en cas de fausse attestation, tenu seul et définitivement au tiers de la pénalité, sans pouvoir exercer un recours contre ses cohéritiers ou colé- gataires. En outre, d'une manière générale, l'attestation délivrée par l'héritier pris comme créancier appelle, par son contexte même, l'attention de celui-ci sur les consé- quences pénales d'une affirmation inexacte et ne lui permettrait pas, le cas échéant, d'invoquer sa bonne foi à l'appui d'une demande en remise des pénalités encourues.

VI. PORTE-FORT. — L'attestation consistant dans l'affir- mation d'un fait personnel au créancier, il ne semble pas qu'elle puisse être délivrée par une personne se portant fort pour ce dernier. L'Administration ne pourrait, du reste, appliquer la pénalité encourue pour fausse attesta- tion, puisque cette pénalité est prononcée par la loi contre le créancier seul et que celui-ci n'est pas obligé par la fausse attestation du porte-fort.

261. Obligation du créancier. — C'est à l'héritier, et non au receveur, qu'incombe le devoir de demander l'attestation au créancier. La loi dispose, en effet, que « l'agent de l'Administration aura, dans tous les cas, la faculté d'exiger *de l'héritier...* » Le créancier, qui en est légitimement requis par les représentants du défunt, ne peut refuser son attestation, et l'on doit considérer la demande des héritiers comme légitime, par cela seul que le défunt était réellement débiteur de la personne requise et que la preuve du décès est fournie. Le créancier n'a pas à rechercher si, en fait, l'attestation qui lui est demandée est de nature à entraîner la déduction de la dette ou si le receveur a exigé des héritiers la remise de ce document.

Le refus de délivrance de l'attestation exposera le créancier au payement de dommages-intérêts qui, n'étant pas fixés par la loi, doivent correspondre au préjudice causé aux héritiers, c'est-à-dire à l'importance des droits que les héritiers ont acquittés en trop par suite du défaut de déduction de la dette (V. *suprà*, n° 251).

262. Formes de l'attestation. — L'attestation n'a été soumise par la loi du 25 février 1901 à aucune condition particulière de forme. Elle doit être fournie par écrit, soit authentique, soit sous signature privée (rapp. *infrà*, même n°, 1) ; elle est dispensée du timbre et de l'enregistrement, même si elle est produite dans une instance relative à la perception des droits de mutation par décès (Rappr. *suprà*, n° 254).

L'attestation, devant rester déposée au bureau qui a reçu la déclaration (V. *infrà*, n° 263), ne peut être comprise dans le corps d'un acte renfermant d'autres dispositions et destiné à demeurer, soit dans un dépôt public, soit entre les mains des parties. Notamment, l'attestation contenue dans un inventaire ne paraît pas satisfaire au vœu de la loi et l'Administration ne serait pas fondée, en cas de fausse attestation, à invoquer les énonciations de cet inventaire, auquel elle est restée étrangère, pour poursuivre contre le créancier le payement des pénalités. Toutefois, il faut bien reconnaître que la déclaration faite dans un acte passé devant notaire présente, au point de vue de l'authenticité des signatures, des garanties autrement sérieuses que le simple écrit remis au receveur.

Dans le contexte de l'attestation, le créancier est tenu de fournir les indications suffisantes pour permettre de reconnaître la dette. Il doit, notamment, rappeler le montant du capital qui lui est dû et, s'il en est requis, des intérêts échus et non payés. Il « certifie l'existence de la dette au jour de l'ouverture de la succession » et, par une mention expresse, déclare connaître les dispositions de l'art. 9 relatives aux peines portées en cas de fausse attestation. Cette mention, analogue à celle que les notaires doivent insérer dans les actes de ventes immobilières en vertu de l'art. 13 de la loi du 23 août 1871, a paru nécessaire pour que « le créancier se rendît parfaitement compte de l'importance de l'attestation qui lui est demandée et des pénalités auxquelles elle l'expose, si elle est reconnue fausse » (Rapp. de M. Mesureur, *J. off.*, Doc. parl., Chambre, 1900, p. 1743, col. 3).

Enfin, l'attestation, à raison des conséquences pécuniaires qu'elle peut entraîner, doit être signée par le créancier lui-même, ou par son représentant légal ou par son mandataire autorisé. Aucune garantie n'est exigée par la loi pour assurer l'exactitude de la signature (1). Le rece-

(1) En Italie, la déclaration du créancier est visée par un notaire ou le syndic local, comme moyen de garantie de l'authenticité des signatures.

veur ne saurait donc, en principe, exiger, ni visa, ni légalisation, ni vérification quelconque ; mais, s'il éprouve des doutes, il peut refuser la déduction en faisant connaître aux parties que la formalité complémentaire d'un visa ou d'une légalisation suffirait à justifier, à ses yeux, la sincérité de la dette. Les parties auraient alors le choix, ou de fournir au receveur le supplément de garantie qu'il demande, ou de porter leur recours devant l'Administration supérieure ou devant les tribunaux.

I. Créancier illettré. — Si le créancier est illettré, l'attestation peut être établie, soit par un notaire, soit par le maire du domicile du créancier, soit même par le receveur. Celui-ci la reçoit dans la déclaration de succession, lorsqu'il est requis de la rédiger, sinon sur une formule distincte. Dans l'un et l'autre cas, si le préposé ne connaît pas personnellement le créancier, il doit exiger que son identité soit certifiée par deux témoins.

C'est en ce sens que la pratique de l'Administration est établie.

263. Dépôt de l'attestation au bureau. — À la différence des titres ou copies collationnées qui sont simplement représentés au receveur, les attestations des créanciers doivent être retenues au bureau qui a reçu la déclaration. Ce n'est pas, en effet, à l'héritier ou au légataire, mais à l'Administration, que l'existence de la dette au jour de l'ouverture de la succession est certifiée, et cette attestation constitue le titre qui permettra, en cas d'inexactitude reconnue, de réclamer au créancier la pénalité prononcée contre lui par l'art. 9 (Inst. 3058, p. 13).

Dans une autre opinion, on soutient cependant que les héritiers ne sont pas obligés de laisser l'attestation entre les mains du receveur (R. P. 10.048-103 et Defrénois n° 441), et l'on se fonde sur les termes mêmes de l'art. qui donne à l'Administration la faculté d'exiger la *production* de l'attestation du créancier : les héritiers, conclut-on, doivent *produire* ce document de la même manière dans les mêmes conditions qu'ils doivent *produire* la copie collationnée du titre. Cet argument de texte n'est pas décisif. En effet, dans les divers projets qui, ayant précédé le vote de la loi, ont admis la faculté de l'attestation pour toutes les dettes, le mot *production* ne se retrouve pas : le texte porte seulement : « l'agent de l'Administration aura dans tous les cas la faculté d'*exiger l'attestation du créancier* (art. 2, 6° al., du projet de la Commission du Sénat de 1898 ; — art. 4 du projet du budget présenté par M. Mesureur le 31 mai 1900, J. off., Doc. parl., Chambre, 1900, p. 1151, col. 1 ; — art. 5 du projet annexé au rapport de M. Mesureur, J. off., Doc. parl. Chambre, 1900, p. 1749, col. 3 ; — art. 5 du projet annexé au rapport de M. Monestier, J. off., Doc. parl. Sénat, p. 977, col. 2). C'est dans l'art. 5 adopté par le Sénat, le 24 janvier 1900 que le mot « production » apparaît, sans qu'on ait attaché à cette expression le sens d'une modification aux projets primitifs (J. off., p. 86, col. 3). Même après le vote, l'ancien texte est inscrit de nouveau dans le rapport de M. Guillain (art. 5) qui autorise l'Administration à *exiger l'attestation* du créancier (J. off., Doc. parl. Chambre, 1901, p. 10, col. 1). On ne peut donc attribuer qu'à une inadvertance du législateur l'insertion, dans l'art. 6, de l'expression dont se prévaut pour refuser à l'Administration le droit de conserver dans ses archives un titre qui lui est indispensable (dans ce sens Besson, n° 186).

264. Effets de l'attestation entre les parties. — Le projet soumis au Sénat en 1900 portait que « toute déclaration d'existence de dettes, corroborée par l'attestation du créancier, vaut titre contre ce dernier ». Cette disposition a été supprimée, dans la séance du 24 janvier

1901, sur l'initiative de M. Cordelet (*J. off.*, p. 86 et suiv.).

Malgré cette suppression, on peut se demander si, dans une contestation ultérieure entre les parties au sujet de l'existence de la dette, le créancier ne serait pas fondé à se prévaloir, non comme d'un titre, mais tout au moins comme d'une présomption simple, de la déclaration du débiteur corroborée par sa propre attestation. C'est ce qui semble résulter de la discussion soulevée dans la séance du Sénat qui vient d'être rappelée. « La disposition proposée est inutile, déclarait M. Chaumié. Supposons, en effet, que le dernier paragraphe de l'art. 5 (celui qui a été supprimé) ne se trouve pas dans la loi, qu'arrivera-t-il ? Voici l'héritier d'un prétendu débiteur qui va au bureau de l'enregistrement et fait la déclaration d'une dette. Cette dette ne résulte pas évidemment d'un titre dans la forme ordinaire — sans quoi on le poursuivrait, — mais de correspondance, de documents dont la portée est vague, indécise. Il appelle, pour le corroborer, l'attestation du créancier. Cela fait, croyez-vous que, même en l'absence du paragraphe en question, le créancier n'aura pas de titre. Il n'en avait pas avant. Mais, à partir de ce moment, est-ce que la déclaration écrite du débiteur ne pourra pas être invoquée par lui comme un aveu ? Est-ce que l'enregistrement pourra lui refuser un extrait de cette reconnaissance à laquelle il a été partie par son affirmation sollicitée ? La déclaration est-elle mensongère ? Même en l'absence de l'article discuté, le débiteur va se trouver en face d'un titre qu'il dépendra de son créancier fictif de lui opposer et qu'il lui sera souvent bien difficile de détruire; car, en dehors d'une contre-lettre, la preuve de la simulation n'est pas admissible entre les parties qui y ont concouru (*J. off.* préc., p. 88, col. 2)... Laissons les deux complices se débattre entre eux : le créancier abuser de l'aveu mensonger de l'héritier, celui-ci essayer d'échapper aux conséquences de cet aveu. Les tribunaux les départageront, mais que la loi n'intervienne pas » (p. 89, col. 1).

Ces observations, qui reposent sur un fondement très sérieux, ne présentent pas d'intérêt au point de vue purement fiscal. Néanmoins, il n'est pas inutile de les signaler, afin de prémunir les héritiers contre les dangers que leur feraient courir, en matière civile, les fausses déclarations de dettes appuyées d'une attestation mensongère du créancier.

SECT. IV. — EXCEPTIONS AU PRINCIPE DE LA DÉDUCTION DES DETTES.

265. Texte. — L'art. 7 de la loi du 25 février 1901 apporte au principe de la déduction des dettes un certain nombre d'exceptions, toutes basées sur des présomptions « qui permettent de considérer la dette comme éteinte « ou comme ne constituant pas un passif réel » (Exposé des motifs du projet de M. Burdeau, Doc. parl., Chambre, *J. off.*, 1894, p. 126, col. 2). Le texte qui les établit est ainsi conçu :

« Toutefois ne seront pas déduites :

« 1° Les dettes échues depuis plus de trois mois avant l'ouverture de la succession, à moins qu'il ne soit produit une attestation du créancier en certifiant l'existence à cette époque, dans la forme et suivant les règles déterminées à l'art. 6 ;

« 2° Les dettes consenties par le défunt au profit de ses héritiers ou de personnes interposées. Sont réputées personnes interposées les personnes désignées dans les art. 911, dernier alinéa, et 1100, C. civ. Néanmoins, lorsque la dette aura été consentie par un acte authentique ou par acte sous seing privé ayant date certaine avant l'ouverture de la succession autrement que par le décès d'une des parties contractantes, les héritiers, donataires et légataires, et les personnes réputées interposées auront le droit de prouver la sincérité de cette dette et son existence au jour de l'ouverture de la succession ;

« 3° Les dettes reconnues par testament ;

« 4° Les dettes hypothécaires garanties par une inscription périmée depuis plus de trois mois, à moins qu'il ne s'agisse d'une dette non échue et que l'existence n'en soit attestée par le créancier dans les formes prévues à l'art. 6 ; si l'inscription n'est pas périmée, mais si le chiffre en a été réduit, l'excédent sera seul déduit, s'il y a lieu ;

« 5° Les dettes résultant de titres passés ou de jugements rendus à l'étranger, à moins qu'ils n'aient été rendus exécutoires en France ; celles qui sont hypothéquées exclusivement sur des immeubles situés à l'étranger ; celles, enfin, qui grèvent des successions d'étrangers, à moins qu'elles n'aient été contractées en France et envers des Français, ou envers des sociétés et des compagnies étrangères ayant une succursale en France ;

« 6° Les dettes en capital et intérêts pour lesquelles le délai de prescription est accompli, à moins qu'il ne soit justifié que la prescription a été interrompue. »

Les dettes énumérées dans cet article doivent être exclues du bénéfice de la déduction, alors même qu'elles rempliraient les conditions prévues à l'art. 3. L'énumération en est, d'ailleurs, limitative et ne saurait être étendue à des dettes que le législateur n'a pas formellement désignées. A l'inverse, la preuve contraire n'est admise, pour combattre la présomption de libération ou d'inexistence de la dette, que dans les cas et selon les formes autorisées par l'art. 7.

§ 1er. — *Dettes échues depuis plus de trois mois avant l'ouverture de la succession.*

266. Echéance de la dette. — La première exception est relative aux dettes échues depuis plus de trois mois avant l'ouverture de la succession. L'échéance du terme emporte présomption de payement, et plus la date de l'échéance d'une dette est antérieure à celle du décès, plus on est fondé à se demander s'il est bien exact qu'elle n'ait pas été acquittée (Rapp. de M. Monestier, Doc. parl. Sénat, 1900, *J. off.*, p. 977, col. 3). Le législateur, considérant toutefois que le débiteur a pu ne pas se libérer le jour même de l'expiration du terme, ni les jours qui l'ont suivi immédiatement, a fixé à trois mois le supplément de délai maximum que le créancier est censé avoir accordé au débiteur pour le payement.

L'art. 7-1° disposant que la dette doit être échue *depuis plus de trois mois* avant l'ouverture de la succession, il faut, pour que la déduction puisse en être refusée, qu'il se soit écoulé trois mois pleins entre la date de l'échéance et celle du décès. Cet intervalle se compte par mois et non par jours. Ainsi, pour une succession ouverte le 1er juillet, les dettes échues le 31 mars ne seront pas déductibles, mais on devra déduire, sous les justifications ordinaires, toutes celles qui ne sont arrivées à échéance que le 1er avril ou les jours suivants.

267. Détermination de la date de l'échéance. — La date de l'échéance est déterminée, suivant les règles du droit commun, par les énonciations du titre de l'obligation. Si le terme est certain, c'est-à-dire fixé à un jour précis, aucune difficulté ne peut se produire. Dans le cas de terme incertain, l'échéance se produit au jour où se réalise l'événement auquel se rattache le terme. Lorsque la convention porte que le débiteur paiera *quand il le* *voudra*, l'obligation ne devient exigible qu'au décès du débiteur (1). Si le débiteur a la faculté de payer *quand il le pourra*, il appartient au juge de fixer, d'après les circonstances, l'époque du payement (2). Enfin, si la dette est payable à la première réquisition du créancier, ou même, si aucun délai n'a été fixé pour l'exigibilité de la créance, le créancier ne saurait être admis à exiger le payement tout de suite ; ces clauses sous-entendent la concession d'un délai moral que le juge doit arbitrer (3). Par suite, la déduction ne pourra être refusée que si le juge a fixé ce délai et si l'échéance en est arrivée plus de trois mois avant le décès.

268. Prorogation de délai. — Lorsque le délai primitivement fixé pour l'échéance de la dette a fait l'objet d'une prorogation dont le terme est postérieur à l'ouverture de la succession ou ne lui est pas antérieur de plus de trois mois, la dette doit être comprise dans le passif héréditaire. Mais la prorogation doit être justifiée, dans les formes ordinaires, au moyen d'un titre antérieur au décès.

269. Terme de grâce. — Lorsqu'après l'expiration du terme établi par la convention des parties, le juge accorde au débiteur un terme de grâce pour se libérer, (art. 1244, C. civ.), c'est de ce second terme qu'il faut tenir compte. Il résulte évidemment de la décision prise par le juge que la dette existait encore au jour où il a rendu sa sentence et que le débiteur sera en mesure de l'acquitter au plus tôt le jour fixé pour la nouvelle échéance.

270. Déchéance du terme. — Lorsqu'en vertu de l'art. 1188, C. civ., le débiteur est déchu du bénéfice du terme, c'est le jour même où cette déchéance est encourue qui doit être considéré comme la date d'exigibilité de la dette. Il y a lieu de remarquer, d'ailleurs, qu'en matière de faillite, de liquidation judiciaire et de déconfiture, la preuve de l'existence des dettes au jour du décès du débiteur résultera, le plus souvent, des procès-verbaux de vérification et d'affirmation de créances ou du règlement définitif de la distribution par contribution (Voir *supra*, n° 216-X et XII).

271. Intérêts échus. — La formule de l'art. 7-1° est générale et s'applique aussi bien aux intérêts échus d'une dette non exigible qu'au capital d'une dette arrivée à échéance. Ces intérêts ne devront, par suite, être déduits que s'ils sont échus dans les trois mois qui précèdent le jour de l'ouverture de la succession (Besson, n° 143).

272. Loyers, fermages, arrérages. — La même règle doit être admise en ce qui concerne les loyers, fermages, arrérages et autres sommes ou prestations périodiques dont le terme d'exigibilité est antérieur de plus de trois mois au décès.

273. Preuve contraire. Attestation du créancier. — La présomption de fait résultant de l'échéance du terme n'est pas toujours exacte ; elle doit donc céder devant la preuve contraire. Aussi la loi dispose-t-elle que les dettes échues depuis plus de trois mois pourront être distraites de l'actif, si les héritiers ou légataires produisent une attestation du créancier rédigée dans la forme prescrite (*supra*, n° 259) et certifiant que le défunt ne s'était pas libéré de son vivant.

« Pour ces dettes, la faculté qu'a l'Administration de provoquer l'attestation du créancier se transforme en une obligation pour l'héritier de la produire » (Rapp. de M. Monestier, *J. off.*, Doc. parl. Sénat, 1900, p. 977, col. 3).

---

(1) Demolombe, XXV, 319 ; Aubry et Rau, IV, § 303, p. 86.
(2) Demolombe, XXV, 577 ; Aubry et Rau, *loc. cit.*
(3) Larombière, sur l'art. 1186, n° 6 ; *Pand. franç.*, V° *Obligation*, n°s 1300 à 1302 ; Dalloz, *Jur. gén.*, V° *Obligation*, n° 1262.

Cette attestation doit donc être nécessairement jointe, lors de la déclaration de la succession, à l'appui d'une demande en déduction de cette nature et le receveur devrait l'exiger pour admettre la dette au passif héréditaire. Si la déduction avait été accordée sans la production de ce document, il y aurait une simple insuffisance de perception donnant ouverture à un supplément de droit sans pénalité, sauf aux parties à écarter la réclamation en fournissant ultérieurement la justification prescrite (rappr. *supra*, n° 259).

§ 2. — *Dettes consenties par le défunt au profit de ses héritiers ou de personnes interposées.*

274. Dettes au profit d'héritiers. — La loi refuse, en second lieu, le bénéfice de la déduction aux dettes consenties au profit d'héritiers. Elle considère, en principe, ces dettes comme fictives et elle les rejette « pour ne pas donner trop de facilité à la fraude » (Exposé des motifs du projet de M. Burdeau, *J. off.*, Doc. parl., Chambre, p. 127, col. 2). En cette matière, « les rapports intimes de la parenté ou de l'affection rendent les combinaisons frauduleuses trop faciles et trop secrètes pour obliger l'Administration à les découvrir et à les prouver » (Rapp. de M. Dauphin, *J. off.*, Doc. parl., Sénat, p. 527, col. 2) et l'on ne saurait attacher aux actes intervenus entre les parties « la même autorité que lorsqu'ils constatent une obligation au profit d'un étranger » (Rapp. de M. Mesureur, *J. off.*, Doc. parl., Chambre, p. 1744, col. 1). « D'autre part, le Trésor serait privé de la garantie que lui offre l'attestation du créancier, puisque le créancier n'est autre que le bénéficiaire de l'obligation » (Rapp. de M. Mesureur, *loc. cit.* ; — sur ce dernier point, voir *supra*, n° 260-V).

275. Ce qu'on doit entendre par héritiers. — Le mot *héritiers* doit être pris dans son sens le plus large et s'applique, suivant l'expression de M. Burdeau (*loc. cit.*), à tous ceux qui sont appelés à recueillir la succession, aussi bien aux légataires ou aux donataires à cause de mort qu'aux héritiers proprement dits. Pour le démontrer, il suffit d'observer que la loi, après avoir posé la règle de la non déduction pour les dettes de cette nature, autorise ensuite les « héritiers, *donataires et légataires* » à en prouver la sincérité. Les donataires et légataires sont admis, à établir la sincérité de leur créance, c'est évidemment parce que, comme celle des héritiers, elle est présumée fictive.

276. Dette consentie au profit de quelques-uns seulement des héritiers. — Lorsque le défunt a laissé plusieurs héritiers, il importe peu que la dette ait été consentie au profit de tous, de quelques-uns seulement ou d'un seul : les combinaisons secrètes que facilitent les liens de parenté ou d'alliance sont à redouter dans un cas comme dans l'autre. Si, dans les relations des héritiers entre eux, ces combinaisons sont de nature à engendrer des difficultés, il ne s'ensuit pas que la simulation ne soit pas possible et que la loi n'ait pas entendu l'éviter dans toutes les hypothèses. L'expression dont s'est servi le législateur ne permet pas, du reste, de soutenir que la dette, pour être rejetée, doit être consentie au profit de *tous* les héritiers. Le partitif *de*, employé sans addition d'aucun terme général, autorise, au contraire, à envisager les héritiers, soit ensemble, soit par groupes, soit individuellement, suivant les circonstances (dans ce sens, *Journ. des not.*, n° 27343, p. 278).

Dans l'opinion opposée, on soutient que, lorsque la dette n'est pas consentie au profit de tous les héritiers, la déduction ne peut en être refusée que pour la part du créancier, à raison de la confusion qui s'opère en sa personne ;

et, par une conséquence nécessaire, on arrive à décider que, si la dette consentie au profit d'un légataire ou d'un donataire reste, non à la charge du créancier, mais à la charge de l'héritier, elle doit être déduite comme une dette ordinaire (*R. P.* n° 10.018, p. 424). C'est se mettre en contradiction formelle avec la loi qui interdit la déduction de la dette contractée envers un héritier, légataire ou donataire, sans se préoccuper des personnes qui devront la supporter en définitive. Si, du reste, on devait s'en tenir, en cette matière, aux effets de la confusion, il faudrait admettre que la dette consentie par le défunt au profit de son unique héritier serait toujours déductible lorsque cet héritier aurait accepté la succession sous bénéfice d'inventaire, puisque la créance de l'héritier bénéficiaire contre le défunt ne s'éteint pas par confusion (art. 802, C. civ.).

277. Dette indirecte. — Pour que la déduction puisse être refusée de plein droit, il faut que la dette ait été consentie *directement* par le défunt au profit des héritiers, donataires, légataires ou des personnes interposées. Il en serait autrement, et la déduction devrait être admise, dans le cas où le défunt aurait souscrit au profit d'un tiers une reconnaissance de dette qui plus tard, *ex post facto*, par voie de succession notamment, profiterait à ses héritiers, donataires, etc. Ainsi a-t-il été jugé dans une espèce où le *de cujus* s'était reconnu débiteur à titre successif envers une masse héréditaire dans laquelle ses légataires étaient intéressés (C. de Gand, 4 janv. 1877 ; *J. E. belge*, n° 13288 ; Brandner, V° *Succession*, n° 161).

On ne saurait, d'une manière générale, considérer comme échappant de plein droit à la prohibition de l'art. 7-2° la dette qui, originairement consentie à un tiers par le *de cujus*, aurait été acquise par l'héritier de ce dernier en vertu d'un acte volontaire, subrogation ou cession (art. 1250-1°, 1251 et 1689, C. civ.), auquel le débiteur n'est pas intervenu. Il importe de se prononcer que d'après les circonstances spéciales de chaque affaire. On doit reconnaître, toutefois, que le fait de la transmission de la créance par une subrogation ou une cession, constaté, du reste, le plus souvent dans un acte authentique ou sous signature privée à date certaine, forme une présomption des plus sérieuses en faveur de la sincérité de cette créance (*infrà*, n°s 281 et 282).

277 bis. Dettes ne résultant pas de contrats. — En prohibant la déduction des dettes *consenties* au profit des héritiers, légataires, etc., l'art. 7-2° de la loi nouvelle excepte par là même de la prohibition les dettes résultant, soit de la loi, comme les reprises de la femme survivante légataire de son mari, usufruitière en vertu de la loi ou successible à défaut de parents, — d'une décision judiciaire, — d'un quasi-délit, — ou même d'un quasi-contrat.

278. Dette due partie à un héritier et partie à un tiers. — Quand la dette du défunt est due en partie à un héritier ou légataire et en partie à une personne étrangère à la succession, la disposition de l'art. 7-2° doit être appliquée seulement à la partie de la dette qui concerne l'héritier ou le légataire (Bastiné, 2e part., 1re éd., n° 206).

279. Héritier exclu ou renonçant. — Pour déterminer si la dette a été consentie au profit d'un héritier, donataire ou légataire, c'est au jour de l'ouverture de la succession et non à la date où la dette a été souscrite qu'il faut se reporter. Il n'y a, en effet, intention de fraude que si, dans l'esprit du débiteur, le créancier est appelé à recueillir la succession. Avant le décès, on ne peut trouver que des héritiers présomptifs, des légataires en espérance. C'est l'instant du décès qui confirme leur titre. Il faut en conclure que la dette consentie par le défunt au profit d'un de ses héritiers présomptifs doit être distraite de l'actif, si cet héritier, non réservataire, se trouve complètement exclu de l'hérédité par la volonté régulièrement exprimée du *de cujus*.

Mais, lorsque le créancier ne devient étranger à la succession que par un fait postérieur au décès, pour cause d'indignité ou par suite de sa renonciation volontaire, la présomption de fraude n'est pas effacée. Sans doute, le créancier n'est plus héritier, mais il l'a été. Au point de vue spécial de la loi d'impôt, il ne s'agit pas de rechercher quels droits il aurait pu avoir sur l'hérédité, mais d'apprécier simplement si, à l'instant même de sa mort, le *de cujus* pouvait le considérer comme son héritier et si le successible lui-même pouvait prétendre à cette qualité. Dès lors qu'à ce moment, la création ou le maintien d'une dette fictive offrait un intérêt certain pour le créancier, les événements ultérieurs sont sans influence sur le caractère de cette dette qui, pour la loi fiscale, n'en reste pas moins fictive. Il convient de remarquer, d'ailleurs, qu'en matière civile, la jurisprudence et les auteurs comptent parfois les héritiers renonçants ou indignes comme s'ils venaient réellement à la succession. Ainsi, pour calculer le montant de la quotité disponible et de la réserve, il faut prendre en considération le nombre des enfants qu'a laissés le *de cujus* au jour de son décès, alors même qu'ils seraient devenus étrangers à l'hérédité par une déclaration d'indignité ou par leur renonciation [1].

C'est dans ce sens que s'est prononcée la jurisprudence belge. Un jugement du tribunal de Charleroi du 10 juillet 1880 décide que « la disposition qui déclare rejeter du passif les dettes reconnues par le défunt au profit de ses héritiers, donataires ou légataires, est générale, qu'elle s'applique, en conséquence, à tous les héritiers, acceptant ou renonçant, se justifie par l'intention présumée du défunt de vouloir affranchir ses héritiers du payement du droit sur une somme égale à celle qu'il reconnaît complaisamment leur devoir » (*Pasicrisie belge*, 1881.3.125).

Par suite, la déduction d'une dette souscrite au profit d'une personne qui a eu effectivement le titre d'héritier ou de légataire ne saurait être admise que si la sincérité en était démontrée dans les formes ordinaires.

280. Personnes interposées. — La disposition de l'art. 7-2° atteint, non seulement les dettes contractées par le défunt auprès de toute personne appelée à recueillir un émolument quelconque dans la succession, mais encore celles consenties au profit d'un certain nombre de personnes réputées interposées par application des art. 911, dernier alinéa, et 1100, C. civ. Ces personnes sont :

Les père et mère de l'un des héritiers, donataires ou légataires, même le père et la mère naturels ;

Ses enfants et descendants, dont l'on doit comprendre sous cette dénomination les enfants légitimes, les enfants adoptifs, les enfants naturels et même les enfants adultérins et incestueux (2) ;

Son époux, même après la séparation de corps (3) ;

Les enfants ou l'un des enfants issus d'un autre mariage de l'époux de l'un des héritiers, donataires ou légataires ;

Les parents dont cet époux était héritier présomptif (4).

(1) Cass., 25 juillet 1867 ; S. 68.1.12 ; — 21 juin 1869 ; S. 70.1. 432 ; — Paris, 18 février 1886, S. 88.2.225 ; — Aubry et Rau, VII, p. 173, § 684.
(2) Baudry-Lacantinerie et Colin, *Des donations*, I, n° 557.
(3) Baudry-Lacantinerie et Colin, *loc. cit.*, n° 559.
(4) Pour que la présomption d'interposition de personnes puisse se justifier, il faut que la personne réputée interposée se rattache à l'un des héritiers, donataires ou légataires (et non pas au défunt) par un lien très étroit de parenté, d'alliance ou au-

Pour qu'il y ait interposition, il suffit que la parenté ou l'alliance, de même que la qualité d'héritier présomptif de l'époux aient existé au jour même de la reconnaissance de dette. C'est, en effet, au moment où la dette a été consentie qu'il faut se placer pour déterminer si elle est réelle ou fictive, si un lien obligatoire s'est ou non formé entre le créancier et le *de cujus*. Quant à la qualité d'héritier et de légataire, elle s'apprécie au jour du décès (*suprà*, n° 279).

Les présomptions légales sont limitatives et ne sauraient, par exemple, être étendues aux ascendants autres que les père et mère (1), pas plus qu'aux frères et aux sœurs.

Mais si, en dehors des cas d'interposition légale, l'Administration pouvait démontrer qu'en fait, un créancier du défunt a été le prête-nom d'un héritier, donataire ou légataire, elle serait fondée à refuser de déduire la dette comme entachée de simulation.

281. Preuve contraire. Sincérité de la dette. — L'exclusion des dettes consenties au profit des héritiers ou des personnes réputées interposées n'est pas absolue. « On ne saurait méconnaître, en effet, qu'il est des cas où l'héritier est légitimement créancier de celui auquel il succède » (Rapp. de M. Mesureur, *loc. cit.*, p. 1744, col. 1). Aussi la loi a-t-elle admis les héritiers, donataires ou légataires à prouver la sincérité de la dette et son existence au jour de l'ouverture de la succession, lorsque le titre constitutif de leur créance est un acte authentique ou un acte sous seing privé ayant acquis date certaine avant l'ouverture de la succession autrement que par le décès d'une des parties contractantes.

282. Modes de preuve. — La condition préalable exigée par la loi est que la dette résulte d'un acte authentique ou d'un acte sous seing privé ayant acquis date certaine par son enregistrement ou par la constatation de sa substance dans un acte public (art. 1328, C. civ.). Cette condition remplie, le représentant du défunt ou la personne interposée devra établir deux faits distincts : 1° la sincérité de la dette et 2° son existence au jour du décès. La preuve pourra en être fournie par toutes sortes de documents. Si le receveur juge cette preuve insuffisante et refuse la déduction demandée, les parties auront à se pourvoir devant les tribunaux ; l'instance sera suivie, dans ce cas, selon les règles tracées par les art. 65 de la loi du 22 frimaire an VII et 17 de la loi du 27 ventôse an IX, c'est-à-dire sur mémoires respectivement signifiés, sans enquête et sans audition de témoins. Le texte de la loi nouvelle ne permet pas l'emploi de la procédure de droit commun.

---

tre. A cet égard deux erreurs ont été commises dans la discussion de la loi au Sénat (séance du 24 janvier 1901, *J. off.*, p. 91, col. 2).

D'une part, c'est à tort que M. Garreau a attribué la qualité de personne interposée aux père, mère, enfants, descendants et époux *du défunt* sans rapport (*J. off.*, Doc. parl., Sénat, 1896, p. 291, col. 2). M. Cordelet a fait ressortir avec juste raison qu'il s'agissait des père, mère, enfants, descendants et époux des *héritiers, donataires et légataires* (V. aussi le rapport de M. Guillain, *J. off.*, Doc. parl., Chambre, p. 105).

D'autre part, M. Garreau a énoncé que les personnes interposées de l'art. 1100 sont « les enfants de l'autre époux issus d'un autre mariage et les parents dont l'autre époux est héritier présomptif au jour du décès de son conjoint », et a semblé ainsi viser l'époux du *de cujus*. La rectification de cette inexactitude a été faite par M. Guillain qui, dans son rapport précité, spécifie qu'il s'agit des « enfants issus d'un autre mariage de l'époux de l'héritier » et des « parents dont cet époux était lui-même héritier présomptif ».

(1) Baudry-Lacantinerie et Colin, *Des donations*, I, 2e édit., n° 550.

§ 3. — *Dettes reconnues par testament.*

283. Reconnaissance par testament. — Les héritiers ou légataires ne sauraient invoquer, pour en obtenir la déduction, une reconnaissance de dette contenue dans le testament du défunt. Le législateur en édictant cette prohibition, a voulu empêcher « de transformer les légataires en créanciers pour les dispenser du payement des droits de succession » (Rapp. de M. Monestier, *loc. cit.*, p. 977, col. 3) (1).

La règle est absolue et ne comporte aucune exception. Si, par exemple, une dette était reconnue par testament au profit d'un héritier, donataire ou légataire et résultait uniquement des énonciations de ce testament, le bénéficiaire n'aurait pas la faculté d'en démontrer la sincérité et l'existence au jour du décès : la déduction devrait être rigoureusement refusée.

284. Reconnaissance antérieure. — Mais, si la dette dont le testament constate l'existence est établie par un titre antérieur et indépendant, les parties ont le droit d'en réclamer la déduction sous les justifications ordinaires. Le testament n'a plus qu'un effet déclaratif et ne forme pas le titre originaire de l'obligation du *de cujus*.

§ 4. — *Dettes hypothécaires garanties par une inscription périmée.*

285. Distinction à établir. — D'après l'art. 7-4°, ne doivent pas être déduites « les dettes hypothécaires garanties par une inscription périmée depuis plus de trois mois, à moins qu'il ne s'agisse d'une dette non échue et que l'existence n'en soit attestée par le créancier dans les formes prescrites à l'art. 6 ». Pour l'application de ce texte, il faut distinguer entre les dettes échues et les dettes non échues.

286. Dettes échues. — 1° La dette *échue* et garantie par une inscription *périmée depuis plus de trois mois* ne peut être déduite. La réunion de ces diverses circonstances constitue une présomption de remboursement contre laquelle aucune preuve contraire n'est admise (Inst. n° 3058, p. 8). « Généralement, ce n'est pas sans avoir été payé que le créancier abandonne les garanties hypothécaires accordées par son débiteur ; quand, à cette présomption, s'ajoute celle de l'échéance du terme, la dette est rationnellement présumée fictive » (Rapp. de M. Monestier, *J. off.*, Doc. parl., Sénat, 1900, p. 977, col. 3) ;

2° La dette échue depuis plus de trois mois et garantie

(1) Dans le projet primitif du gouvernement, les dettes reconnues par testament *devaient être considérées comme des legs*, « ce qui revient à dire, portait le projet de M. Burdeau, qu'elles seront déduites de l'actif héréditaire sous la condition du payement du droit afférent aux legs qu'elles sont présumées déguiser » (*J. off.*, Doc. parl., Chambre, 1894, p. 127, col. 2). Mais cette disposition a été supprimée par la commission du Sénat de 1896, parce qu'elle « autoriserait la Régie à réclamer le droit de mutation par décès » ; il a paru préférable de laisser les choses en l'état (Rapp. de M. Cordelet, *J. off.*, Doc. parl., Sénat, 1896, p. 291, col. 2). Il s'ensuit que le droit d'obligation à 1 0/0 continuera à être perçu, dans les conditions ordinaires, sur les reconnaissances de dettes contenues dans les testaments (V. *T. A.*, V° *Obligation*, n° 71-B-9 et *Testament*, n° 68-2). Le droit de mutation par décès ne serait exigible que s'il était démontré que la reconnaissance déguise un legs ; mais, dans ce cas, le montant devrait en être distrait de l'actif de la succession pour le payement du droit dû par l'héritier ou le légataire universel.

par une inscription non périmée ou périmée depuis trois mois seulement ne peut être déduite que sur la production de l'attestation du créancier, conformément aux prescriptions de l'art. 7-1°. L'existence de l'inscription ne suffit pas pour prouver que la dette subsiste et, par conséquent, ne détruit pas la présomption de remboursement attachée par la loi à l'échéance antérieure de plus de trois mois au décès (*suprà*, n° 266) ;

3° La dette échue depuis moins de trois mois et garantie par une inscription non périmée ou périmée depuis trois mois seulement est admise à déduction sous les justifications ordinaires.

287. Dettes non échues. — 1° La dette non échue, mais garantie par une inscription périmée depuis plus de trois mois, peut être déduite au vu de l'attestation du créancier. Dans ce cas, « la présomption est que le défaut de renouvellement de l'inscription provient d'une négligence du créancier » (1) ou est due « à la confiance dans le débiteur et à la complaisance pour ses intérêts » (2). Mais l'attestation du créancier paraît toujours indispensable, la loi portant : « à moins qu'il ne s'agisse d'une dette non échue et que l'existence n'en soit attestée par le créancier » ;

2° La dette non échue et garantie par une inscription non périmée ou périmée depuis trois mois seulement doit être déduite dans les conditions ordinaires.

288. Réduction du chiffre de l'inscription. — « Si l'inscription n'est pas périmée, ajoute l'art. 7-4°, mais si le chiffre en a été réduit, l'excédent sera seul déduit, s'il y a lieu ». La déduction ne peut donc être admise en ce cas que pour l'excédent, c'est-à-dire pour la portion de la créance qui reste garantie par l'inscription réduite. La réduction du chiffre de l'inscription constitue à elle seule une présomption de remboursement partiel de la dette. La preuve contraire n'est pas admise dans cette hypothèse, la loi n'en faisant aucune mention.

Si la portion de la créance qui reste garantie par l'inscription réduite n'était pas, pour d'autres causes, susceptible de déduction, il est évident qu'elle ne devrait pas être prise en considération pour la liquidation des droits. C'est ce que la loi exprime en disant que la déduction de l'excédent sera admise, *s'il y a lieu*.

Il n'est pas sans intérêt de faire remarquer que la réduction du chiffre de l'inscription peut résulter, soit d'une mainlevée partielle, donnée à la suite d'une quittance partielle de la dette (en dans ce cas l'extinction d'une partie de la dette n'est pas douteuse), soit même d'une simple mainlevée partielle consentie pour une somme dont l'acte ne constate pas le payement.

289. Réduction du gage hypothécaire. — La réduction du gage hypothécaire, qui a pour seul effet de dégrever certains des immeubles affectés à la garantie de la dette, n'emporte point présomption de remboursement partiel. Il n'en serait autrement que si le créancier avait, en même temps, donné une quittance partielle de sa créance ou réduit le chiffre de l'inscription.

290. Radiation de l'inscription. — Si, au lieu d'être arrivée à déduction, l'inscription a été radiée du consentement du créancier, la déduction de la dette devra-t-elle être nécessairement refusée ?

Aucune difficulté ne peut s'élever dans le cas où la radiation est autorisée comme conséquence du rembourse-

ment de la dette, ou à la suite d'un acte de mainlevée constatant le désistement de tous droits de privilège, hypothèque, action résolutoire *et autres*. On se trouve en présence d'actes libératoires (Cass. civ., 1er fév. 1898 ; D. P. 98. 1.227 ; Inst. 2965-10 ; *R. E.* 1625) ; l'extinction de la dette est certaine. Mais, lorsque la mainlevée n'est pas susceptible de prouver par elle-même la libération du débiteur, il ne semble pas possible de faire rentrer la radiation qui en dérive parmi les présomptions légales suffisantes pour faire, de plein droit, refuser la déduction de la dette.

Sans doute, la radiation de l'inscription constitue, encore mieux que la péremption, une présomption très grave du remboursement de la dette. Le créancier n'abandonne ses garanties que quand il a été payé, et la radiation ne peut, comme la péremption, être attribuée à la négligence du créancier, puisqu'elle intervient à la suite d'un acte voulu et réfléchi. Mais il ne faut pas oublier que les exceptions de l'art. 7 de la loi du 25 février 1901 sont limitatives et ne sauraient être étendues au delà des cas que le législateur a formellement prévus. Il peut paraître anormal que la déduction soit refusée lorsqu'il s'agit d'une simple réduction de l'inscription et que la même règle ne puisse pas être suivie pour la radiation totale. Si la loi contient une lacune, il n'appartient pas à l'interprète de la combler. Il semble donc plus conforme aux principes de décider que la dette dont l'inscription aura été rayée, ne devra pas nécessairement être regardée comme éteinte et qu'il y aura lieu d'admettre les parties à combattre, par tous les moyens en leur pouvoir, la présomption de *fait* qui s'attache à cette radiation.

§ 5. — *Dettes contractées à l'étranger.*

291. Titres passés et jugements rendus à l'étranger. — Le bénéfice de la déduction est refusé aux dettes résultant de titres passés ou de jugements rendus à l'étranger, « à cause de l'impossibilité d'en vérifier l'existence et surtout la réalité » (Exposé des motifs du projet de M. Burdeau, *J. off.*, Doc. parl., Chambre, 1894, p. 127, col. 3).

Cette disposition ne s'applique qu'aux actes authentiques et aux jugements. Les travaux préparatoires l'établissent formellement. « Il y a lieu de faire remarquer », porte le rapport de M. Cordelet (*J. off.*, Doc. parl., Sénat, 1896, p. 291, col. 3), « qu'il s'agit ici d'actes reçus par les officiers publics étrangers que l'art. 546, C. proc. civ. assimile, au point de vue de l'exécution forcée, aux jugements rendus par les tribunaux étrangers. Comme les jugements rendus à l'étranger, les contrats passés devant les officiers étrangers ne sont pas susceptibles d'exécution en France et ne peuvent emporter hypothèque sur les biens de France qu'autant qu'ils en ont été déclarés exécutoires par un tribunal français, à moins de dispositions contraires dans les lois politiques ou dans les traités » (art. 2123 et 2128, C. civ.). Il n'y a pas à rechercher, d'ailleurs, si les titres ou les jugements étrangers concernent des Français ou des étrangers.

Mais l'exception ne s'étend pas aux actes sous seing privé. « En ce qui concerne les titres sous signatures privées souscrits par des Français, il n'y a pas lieu de distinguer s'ils ont été passés en France ou à l'étranger » (*op. cit.*).

Les pays de protectorat doivent, au point de vue fiscal, être considérés comme étrangers, sauf ce qui est dit ci-après (n° 293) des jugements rendus par les tribunaux français établis dans ces pays.

Mais les actes passés et les jugements rendus aux colonies, émanant d'officiers publics et de tribunaux français,

(1) Rapport de M. Cordelet, *J. off.*, Doc. parl., Sénat, 1896, p. 291, col. 2.
(2) Rapport de M. Dauphin, *J. off.*, Doc. parl., Sénat, 1898, p. 527, col. 3.

sont assimilables, pour la déduction des dettes qu'ils constatent, aux actes passés et aux jugements rendus en France.

292. Exequatur en France. — D'après le texte même de la loi, l'acte ou le jugement étranger peut être admis comme justification du passif héréditaire lorsqu'il a été rendu exécutoire en France. Quand les actes ou les jugements intervenus à l'étranger « ont été rendus exécutoires en France, disait M.Darlan à la séance de la Chambre du 16 novembre 1895, c'est qu'ils ont été l'objet d'une procédure spéciale devant les tribunaux français ; ils sont, dès lors, devenus jugements français et ils ont acquitté les droits d'enregistrement. Il ne faut donc pas que les jugements ainsi rendus exécutoires en France pussent, par une interprétation trop étroite, être exclus du bénéfice de la déduction » (*J. off.*, Débats, p. 2375, col. 2).

L'exequatur consiste dans un jugement rendu par le tribunal français saisi, aussi bien pour une décision judiciaire émanant d'un tribunal étranger que pour un acte dressé par un officier public étranger (Cass., 25 nov. 1879 ; S. 80.1.257).

On ne saurait, du reste, considérer comme équivalent, ni l'enregistrement en France, ni l'annexe, à un acte notarié français, de l'acte ou du jugement étranger (Défrénois, nº 124).

Pour que la déduction puisse être admise, il faut que l'exequatur soit intervenu au plus tard avant la déclaration de succession. S'il n'en était pas justifié au moment de cette déclaration, le receveur serait incontestablement fondé à ne pas tenir compte de la dette pour le payement de l'impôt. Mais la perception ainsi effectuée ne serait pas définitive. En effet, l'obtention de l'exequatur après la déclaration ne constitue pas, à notre avis, un événement ultérieur dans le sens de l'article 60 de la loi de Frimaire. Cet article ne peut être invoqué en l'espèce par le Trésor parce que la loi nouvelle réserve au redevable la faculté de se pourvoir devant les tribunaux si la déduction de passif qu'il réclame est refusée par le receveur. Dès lors que, avant que le tribunal ait statué, l'exequatur a été donné, la restitution est de droit. Cet exequatur, en effet, ne forme pas le titre de la dette, mais la simple régularisation d'un titre préexistant.

293. Dispense d'exequatur. — Certains actes ou jugements, bien que passés ou rendus à l'étranger, sont exécutoires de plein droit en France, sans qu'il soit nécessaire de procéder à des formalités spéciales. Les dettes constatées par ces actes ou jugements dispensés de l'exequatur doivent être admises à déduction dans les mêmes conditions que si elles résultaient d'actes ou de jugements intervenus en France. Tels sont les jugements rendus par les tribunaux consulaires en Orient, pour lesquels la signature du consul doit seulement être légalisée par le ministre des affaires étrangères (édit de juin 1778, art. 35 ; ord. 25 oct. 1833, art. 19 et 107) ; les jugements rendus dans les pays de protectorat par les tribunaux exclusivement français ; les jugements rendus, dans l'empire ottoman, par les commissions mixtes, mais à condition que la sentence de la commission mixte soit homologuée par le consul du Français défendeur (Convention de 1820). Il en est également que jugements rendus par les tribunaux indigènes des pays de protectorat ou par les tribunaux mixtes d'Égypte, pour lesquels l'exequatur est toujours indispensable.

D'après les art. 2123 et 2128, C. civ., les lois politiques et les traités peuvent modifier les prescriptions relatives à l'exequatur. Il n'existe pas actuellement de loi politique réglant la question. Parmi les traités internationaux, aucun n'accorde *de plano* force exécutoire en France aux jugements étrangers (V. notamment : traité avec l'Italie du 24 mars 1760, confirmé en 1860 ; convention avec le Grand-Duché de Bade du 16 avr. 1846, étendue à l'Alsace-Lorraine par l'art. 18 du traité de Francfort ; traité avec la Suisse du 15 juin 1869). Mais, en ce qui concerne les actes, on peut citer la convention franco-belge du 8 juillet 1890 qui stipule, dans son art. 16 que « les actes authenti- « ques, exécutoires dans l'un des deux pays, peuvent être dé- « clarés exécutoires dans l'autre par le président du tribunal « civil de l'arrondissement où l'exécution est demandée ».

§ 6. — *Dettes hypothéquées sur des immeubles situés à l'étranger.*

294. Immeubles situés à l'étranger. — La loi interdit aussi la déduction des dettes « hypothéquées exclusivement sur des immeubles situés à l'étranger ».

Pour l'application de cette disposition, il n'y a pas à rechercher quelle est la nationalité du débiteur ; la déduction doit toujours être refusée, même si le débiteur est un Français ou un étranger domicilié de fait ou de droit en France. Il importe peu également que l'acte ait été réalisé en France. La situation seule des immeubles affectés en garantie doit, dans cette hypothèse, être prise en considération.

Dans les travaux préparatoires de la loi, l'exception est motivée en ces termes : « Les dettes hypothéquées sur des immeubles situés hors du territoire national ne sont pas déduites ; ces derniers n'étant pas assujettis en France à l'impôt de mutation par décès, il n'y a pas lieu de retrancher les créances en formant la contre-partie » (Rapp. de M.Monestier, *J. off.*, Doc. parl., Chambre, p. 977, col. 3). Le motif donné par le législateur est loin d'être concluant. L'hypothèque, en effet, ne constitue pas la créance, elle n'en est que l'accessoire : aussi admet-on qu'une créance contre un débiteur français, même garantie par une hypothèque grevant des biens étrangers, doit être déclarée dans l'actif de la succession du créancier (*T. A.*, Vº *Étranger*, nº 84). Par une juste réciprocité, on aurait dû autoriser la déduction de la dette correspondante dans la succession du débiteur, à la seule condition que l'acte eût été passé ou rendu exécutoire en France. Quoi qu'il en soit, le texte est trop précis et trop formel pour qu'on puisse tenter d'en atténuer la portée.

295. Immeubles situés aux colonies. — Le motif qui a déterminé le législateur à refuser la déduction des dettes hypothéquées sur des immeubles étrangers s'applique avec la même force, d'après l'Administration, lorsque les immeubles grevés sont situés dans les colonies : ces immeubles n'étant pas assujettis en France à l'impôt de mutation par décès, les créances qui en forment la contre-partie ne sont pas déductibles (Inst. 3058, p. 9).

Ce système nous paraît étendre les termes de la loi, qui vise uniquement les hypothèques sur des immeubles *situés à l'étranger*.

296. Immeubles français et étrangers. — La déduction n'est refusée qu'aux dettes hypothéquées *exclusivement* sur des immeubles étrangers. Par suite, si la dette est garantie par une hypothèque frappant à la fois des biens étrangers et des biens français, elle pourra être déduite *en totalité* de la valeur de l'actif déclaré en France, sans qu'il y ait lieu de se préoccuper de l'importance relative des biens français et des biens étrangers, ni de diviser la dette en proportion de la valeur de chacune de ces deux catégories de biens.

297. Gage mobilier. Cautionnement. — Toute exception étant de droit étroit, il ne faut pas étendre la disposition de l'art. 7-5°, 2° partie, à la dette garantie par un gage mobilier, même si le meuble engagé a une assiette déterminée à l'étranger.

Il en est de même si le payement de la dette est assuré par le cautionnement d'un tiers de nationalité étrangère et domicilié à l'étranger, sauf, bien entendu, dans le cas où il s'agirait d'un cautionnement réel en vertu duquel des immeubles étrangers seraient hypothéqués par une personne autre que le débiteur principal. Dans cette dernière hypothèse, la dette, étant garantie par une hypothèque sur des biens étrangers, ne serait pas déductible.

§ 7. — *Dettes grevant des successions d'étrangers.*

298. Successions d'étrangers. — La loi dispose en termes généraux qu'on ne doit pas déduire les dettes, « qui grèvent des successions d'étrangers ». Pour déterminer les successions qui tombent sous l'application de cette disposition, il suffit de rechercher si le *de cujus* était de nationalité étrangère. Cette seule qualité autorise l'Administration à refuser la déduction du passif qui grève la succession.

Aucune distinction ne doit donc être établie entre le cas où le défunt était domicilié en France, avec ou sans autorisation, et celui où il n'avait en France, au jour de son décès, ni domicile de fait, ni domicile de droit (Rapp. de M.Cordelet, *J. off.*, Doc. parl., Sénat, 1896, p.291,col. 3 ; Rapp. de M. Mesureur, *J. off.*, Doc. parl., Ch., 1900, p. 1744, col. 2). Et cependant, dans le premier cas, l'impôt de mutation par décès atteint les immeubles français et toutes les valeurs actives mobilières, *soit étrangères*, soit françaises, qui composent la succession, tandis que, dans le second, il n'atteint que les biens situés matériellement ou fictivement sur notre territoire (*T. A.*, V° *Etranger*, nos 93 et 94).

299. Succession d'un Français domicilié à l'étranger. — Pour le payement des droits de mutation par décès, la succession d'un Français domicilié à l'étranger est régie par les mêmes règles que celle d'un étranger (*T. A.*, V° *Etranger*, n° 96). Mais, tant que le Français n'a pas perdu sa nationalité, on ne peut pas dire que sa succession est celle d'un étranger. Aussi, malgré l'anomalie qui peut en résulter, paraît-il conforme au texte précis de l'art. 7 de décider que les dettes grevant cette succession doivent être déduites dans les mêmes conditions que celles de tout Français.

Cette solution ne souffre, d'ailleurs, aucune difficulté, lorsqu'un Français, domicilié en France, est décédé à l'étranger (Rappr. *T. A.*, V *Etranger*, n° 95).

300. Français domicilié en Algérie ou aux colonies. — Dès l'instant que la seule nationalité du *de cujus* doit être prise en considération pour l'admission ou le refus de déduction des dettes, il faut reconnaître que les dettes grevant la succession d'un Français domicilié en Algérie ou aux colonies devront être distraites des valeurs actives sujettes en France au droit de mutation par décès. Cette décision, qui conduit à défalquer tout le passif du défunt, même celui qui a pris naissance hors de France, d'une partie seulement du son actif, c'est-à-dire de l'actif français, peut paraître irrationnelle. Mais elle découle nécessairement des termes de la loi qui ne comportent aucune distinction.

301. Dettes non déductibles. — Par sa généralité, la loi exclut du bénéfice de la déduction toutes les dettes contractées par l'étranger décédé auprès d'un étranger, même si l'acte a été dressé en France, si elles sont garan-

ties par une hypothèque sur des biens français et si le payement doit en être effectué en France.

302. Dettes déductibles. — Toutefois, le législateur a admis la déduction des dettes « qui ont en quelque sorte le caractère de dettes françaises » (Rapp. de M. Mesureur, *loc. cit.*). « Ce sont celles qui ont été contractées en France et envers des Français ou envers des sociétés et des compagnies étrangères ayant une succursale en France ». Deux conditions sont donc cumulativement exigées pour la déduction d'une dette grevant la succession d'un étranger. Il faut :

1° Que la dette ait été contractée en France, c'est-à-dire que le titre dont elle résulte, authentique ou sous seing privé, ait été dressé dans notre pays ;

2° Que la dette ait été contractée envers un Français ou envers une société ou compagnie étrangère ayant une succursale en France.

Par conséquent, la dette contractée en France au profit d'un étranger et celle contractée à l'étranger auprès d'un Français ne sauraient être déduites.

Quant aux sociétés étrangères, créancières du défunt, il faut qu'elles possèdent sur notre territoire une succursale, une agence ou un établissement quelconque.

§ 8. — *Dettes prescrites.*

303. Règle. — Le dernier paragraphe de l'art. 7 prohibe enfin la déduction des dettes, en capital et intérêts, pour lesquelles le délai de prescription est accompli. Cette disposition « a pour but d'empêcher la fraude facile qui consisterait pour l'héritier à demander et à obtenir la déduction d'une dette ancienne, puis à opposer la prescription à la réclamation du créancier, de telle sorte que, après avoir tiré profit de la dette pour payer moins de droits de succession, il trouverait cependant de se libérer sans bourse délier » (Rapp. de M. Guillain, *J. off.*, Doc. parl., Chambre, 1901, p. 105).

L'expiration du délai fixé par la loi (art. 2219 et suiv. C. civ.; art. 189, C. com.) suffit donc pour que la créance soit considérée comme prescrite. Dans l'application de la loi fiscale, il n'est pas nécessaire que le débiteur ait invoqué la prescription. Les agents de l'Administration n'ont qu'à apprécier si le délai légal est ou non expiré pour déterminer si la dette doit être rejetée ou admise en déduction. « Le receveur de l'enregistrement, disait M. Garreau dans la séance du Sénat du 24 janvier 1901, n'aura, lorsque des déclarations de successions se produiront, qu'à se référer au texte de la loi qui vise précisément les cas d'extinction de la dette par prescription pour savoir quelles sont les dettes dont il devra refuser la déduction. Il n'aura qu'à appliquer la loi dans ses dispositions relatives à la prescription, et il n'y aura qu'un cas où les dettes prescrites pourront bénéficier de la déduction : c'est quand il sera justifié au receveur de l'enregistrement que la prescription a été interrompue dans les conditions de la loi » (*J. off.*, p. 91, col. 3).

304. Prescription postérieure au décès. — C'est au jour du décès qu'il faut se placer pour décider si la prescription est acquise. Lorsque le délai ne s'est accompli qu'après l'ouverture de la succession, la dette n'en doit pas moins être déduite, car elle existait au jour du décès et c'est en la personne des héritiers qu'elle s'est éteinte.

305. Renonciation à la prescription. — Aux termes de l'art. 2220, C. civ., « on peut renoncer à la prescription acquise ». Par conséquent, si, après l'expiration du délai de la prescription, le *de cujus* a renoncé à s'en prévaloir, une nouvelle prescription a commencé à courir (*T.*

27

A., V° *Prescription*, n°ˢ 5 et suiv.), et la dette doit être déduite, pourvu qu'il soit justifié de la renonciation, dans les formes ordinaires, par un titre susceptible de faire preuve en justice contre le défunt. Il convient de remarquer que la renonciation à la prescription acquise doit être restreinte à celui qui l'a faite (1) ; de telle sorte qu'en matière de dette solidaire et indivisible, la renonciation qui émanerait d'un codébiteur autre que le défunt n'empêcherait pas la dette d'être éteinte au regard de ce dernier et, par suite, non déductible.

Si ce sont les héritiers qui ont renoncé à la prescription acquise avant le décès, leur renonciation est inefficace, puisque la seule expiration du délai met obstacle à la déduction de la dette.

306. Interruption de la prescription. — D'après le texte même de la loi, la prohibition cesse si l'héritier rapporte la preuve que la prescription a été régulièrement interrompue (Inst. 3058, p. 9).

On sait que les causes d'interruption de la prescription sont : la citation en justice, la citation en conciliation suivie d'assignation, le commandement, la saisie, la reconnaissance expresse ou tacite du débiteur (art. 2244 à 2248, C. civ., — *T. A.*, V° *Prescription*, n° 35). La preuve de ces divers faits devra être fournie, dans les conditions ordinaires, au moyen d'un titre opposable au défunt.

Si l'interruption résulte d'une demande en justice, l'effet interruptif ne subsiste que si cette demande aboutit (*T. A.*, V° *Prescription*, n° 36). Il faut en conclure que si, après la déclaration de succession, l'Administration établit la nullité de cette cause d'interruption, elle est fondée à réclamer le droit qui n'a pas été perçu par suite de la déduction de la dette présumée prescrite.

Enfin, s'il s'agit d'une dette solidaire ou indivisible, il faut rappeler qu'il suffit que la prescription ait été interrompue à l'égard de l'un des codébiteurs pour l'être à l'égard de tous, sauf si l'interruption a eu lieu à l'égard d'un seul des héritiers de l'un des codébiteurs (art. 2248 et 2249, C. civ., — *T. A.*, V° *Prescription*, n° 37).

307. Suspension de la prescription. — Bien que la loi du 25 février 1901 ne parle que de l'interruption de la prescription, il est certain qu'on peut invoquer, à l'appui d'une demande en déduction, les causes qui ont suspendu la prescription et l'ont empêchée de s'accomplir avant le décès. On sait que ces causes tiennent, soit à la qualité du créancier (mineurs émancipés ou non, femmes mariées, interdits, époux, héritier bénéficiaire), soit à une modalité de la créance (condition suspensive, action en garantie, créance à terme non échue), etc. (art. 2251 et suiv. C. civ., — *T. A.*, V° *Prescription*, n°ˢ 38 et suiv.).

SECT. V. — DES DÉDUCTIONS AUTRES QUE LES DETTES

308. (519). Caractère des charges déductibles autres que les dettes. — Sous le régime de la loi du 22 frimaire an VII, qui prohibait la déduction des dettes pour le payement des droits de mutation par décès, la jurisprudence a admis que certaines sommes ou valeurs devaient, néanmoins, être défalquées de l'actif héréditaire pour la liquidation de l'impôt, parce que ces sommes ou valeurs, tout en diminuant le patrimoine du défunt, ne présentent pas le caractère de véritables dettes. « La dénomination de charges, porte l'Inst. 2394, § 1ᵉʳ, ne s'applique pas aux droits et actions qui affectent de telle sorte certaines choses du patrimoine, que ces choses sont censées n'en plus faire partie et qu'elles ne sont pas trans-

(1) Baudry-Lacantinerie et Tissier, *De la prescription*, n° 91.

mises aux héritiers, *soit parce que le défunt n'en était que le détenteur précaire, soit parce qu'il les en avait détachées par un acte entre vifs ou de dernière volonté.* »

Les déductions autorisées par la jurisprudence portent, d'une part, sur les sommes données entre vifs et non payées au décès du donateur, ou sur les sommes léguées à titre particulier et payables seulement au décès de l'héritier ou du légataire universel et, d'autre part, sur les sommes détenues par le défunt en qualité de mandataire, de dépositaire, de tuteur ou d'usufruitier.

On ne saurait, d'ailleurs, faire rentrer dans cette catégorie de charges, ni le prélèvement des reprises des époux sur les valeurs de communauté, ni l'opération consistant, pour la détermination de la part du défunt dans une société non dissoute par son décès, à retrancher le passif social de l'ensemble de l'actif commun (V. *suprà*, n°ˢ 171 et 81).

309. Justifications. — La loi du 25 février 1901 n'infirme point les règles anciennes d'après lesquelles il convient de déduire les charges qui viennent d'être rappelées pour la liquidation des droits (Inst. 3058. p. 6). Aussi, comme, d'après la jurisprudence, ces charges ne sont pas de véritables dettes, les justifications exigées par la loi nouvelle pour la déduction des dettes proprement dites, ne leur sont pas applicables. Ce n'est que dans le cas où les parties voudraient étendre la déduction au delà des limites antérieurement fixées qu'il faudrait produire, dans la forme prescrite, un titre satisfaisant aux conditions de la loi du 25 février 1901.

Aucun texte législatif n'ayant déterminé le mode de justification des charges qui ne présentent pas le caractère de dettes, il est admis que les héritiers sont fondés à recourir, en cette matière, à toutes les preuves du droit commun, pourvu que ces preuves soient en harmonie avec les règles de la procédure écrite organisée par la loi du 22 frimaire an VII (art. 65) et par celle du 27 ventôse an IX. Les contrats de mariage, partages, inventaires, transactions et généralement tous écrits, même postérieurs au décès, de nature à démontrer la réalité des faits allégués, y compris les registres, livres et papiers domestiques, peuvent être utilement produits à titre de justification. Quant à la force probante de chacun des documents invoqués, elle varie suivant les circonstances particulières de l'affaire. Les agents de l'Administration et les tribunaux jouissent à cet égard d'un très large pouvoir d'appréciation (*T. A.*, V° *Succession*, n° 565). De plus, il n'existe pas de formes de production spéciale pour ces justifications et il n'est pas nécessaire de les énumérer dans un état détaillé distinct de la déclaration.

Les charges autres que les dettes n'étant pas assujetties au régime institué par la loi de 1901, il importe d'en rappeler le caractère et l'étendue, afin de délimiter les cas dans lesquels les justifications reconnues suffisantes sous l'empire de la loi de frimaire devront être encore admises aujourd'hui.

310. (520). Sommes d'argent léguées à titre particulier et non existantes dans la succession du testateur. — Les legs particuliers sont considérés, au point de vue fiscal, comme faisant l'objet d'une transmission distincte du surplus de la succession dévolu aux héritiers. Ils doivent donc être déduits de l'actif net héréditaire pour le payement des droits, même s'ils portent sur des sommes d'argent n'existant pas en nature dans la succession (V. *suprà*, n° 148) ; mais ils sont passibles de l'impôt d'après le degré de parenté du légataire avec le défunt.

Si la valeur imposable des biens héréditaires est inférieure au montant des legs de sommes n'existant pas

---

dans la succession, chaque legs doit subir une réduction proportionnelle, de façon que l'impôt ne soit jamais perçu sur une somme supérieure à l'actif net de la succession (*T. A.*, Vᵒ *Succession*, nᵒ 523).

311. (525). Legs de sommes d'argent non payées au décès de l'héritier ou du légataire universel ou stipulées payables après ce décès. — Les sommes d'argent faisant l'objet de legs particuliers, non payées au décès de l'héritier ou du légataire universel ou stipulées payables après ce décès, constituent une charge que les héritiers de l'héritier ou du légataire universel peuvent déduire de sa succession. Si l'héritier ou le légataire universel a cédé ses droits successifs à un tiers à charge d'acquitter les legs particuliers, il y a lieu également de déduire de la succession du tiers cessionnaire ceux de ces legs non payés à son décès.

Le motif de cette déduction est que l'héritier ou le légataire universel est réputé, pour la perception de l'impôt, n'avoir eu aucun droit à la chose affectée aux legs particuliers et que cette chose entre dans les mains de ses héritiers ou du cessionnaire sous la même affectation (Cass., 16 août 1859 et 29 nov. 1865, S. 60.1.76 et 66.1.29).

On en a conclu, sous l'empire de la loi de frimaire, que les legs particuliers non payés au décès de l'héritier ou du légataire universel ne doivent être distraits de la succession de ce dernier que jusqu'à concurrence de la valeur imposable attribuée aux biens du testateur dans la déclaration passée à la mort de celui-ci (*T. A.*, Vᵒ *Succession*, nᵒ 526). Cette limitation paraît devoir être maintenue sous le régime de la loi du 25 février 1901. Si cependant on admettait que l'héritier ou le légataire universel sont tenus du payement des legs particuliers *ultra vires hereditatis* (Baudry-Lacantinerie et Wahl, *Des successions*, I, 2ᵉ édit., nᵒ 159, p. 124), il faudrait reconnaître que, pour tout ce qui excède la valeur des biens réputés affectés au payement de ces legs, ils sont personnellement débiteurs et que cet excédent doit être déduit de leur propre succession, à condition qu'il soit justifié de l'existence de cette dette, lors de leur décès, d'après les règles établies par la loi nouvelle (V. toutefois *suprà*, nᵒ 310, 2ᵉ al.).

312. (531). Legs de rentes non existantes en nature. — Les mêmes règles sont applicables aux legs de rentes viagères ou perpétuelles en nature. Le capital au denier 10 ou 20 des rentes léguées doit être déduit de la succession du testateur ; la même déduction sera faite au décès de l'héritier ou du légataire universel, si les rentes léguées existent encore à ce moment.

313. (531). Imputation des legs de sommes et de rentes non existantes en nature. — Lorsque le testateur a créé un usufruit universel, les legs de sommes d'argent non existantes en nature, constituent une charge de l'hérédité tout entière et non pas seulement de l'usufruit, doivent être distraits de la valeur entière de la succession, de telle sorte que l'usufruit ne s'exerce que sur le surplus. La même règle a été adoptée par la Cour de cassation en matière de legs de rentes viagères, mais dans des espèces où la rente devait continuer à être servie par les héritiers en cas de prédécès de l'usufruitier.

S'il résulte, au contraire, des termes du testament et de la volonté probable du testateur que le service des rentes viagères léguées est à la charge exclusive du légataire universel et ne doit jamais incomber au nu propriétaire, on a décidé que le capital des rentes doit s'imputer sur la seule valeur de l'usufruit. Cette solution paraît devoir continuer à être suivie pour l'application de la loi du 25 février 1901. On ne saurait objecter qu'aux termes de l'art. 3 de cette loi, lorsqu'une dette grève « une succession

dévolue à une personne pour la « nue propriété et à une autre pour l'usufruit, le droit de mutation sera perçu sur l'actif de la succession diminué du montant de la dette ». Le legs de rente viagère n'est pas une dette héréditaire déductible en vertu de la loi du 25 février 1901, puisqu'il constitue une charge de l'héritier prenant naissance par le décès du testateur. Si cette rente est imposée spécialement au légataire universel de l'usufruit, elle n'est qu'un legs secondaire qui doit, pour la perception des droits, être imputé sur le legs principal dont elle diminue l'importance. De même, l'on doit admettre encore qu'une rente viagère ne peut pas être déduite des biens qui appartiennent au défunt en nue propriété seulement ; l'imputation ne doit avoir lieu que sur les valeurs en toute propriété dépendant de la succession.

314. (534). Usufruit. — La disposition par laquelle un testateur stipule qu'un titre de rente française sera acheté et inscrit au grand-livre de la dette publique au nom de ses neveux comme usufruitiers et au nom de ses légataires universels comme nu propriétaires, constitue le legs de l'usufruit d'une rente sur l'État et non le legs d'une rente viagère. Dans le système de la loi de frimaire, la valeur de ce legs ne pouvait pas être déduite de l'actif héréditaire pour la perception des droits à la charge des légataires universels ; ceux-ci devaient acquitter l'impôt sur la valeur entière de la pleine propriété des biens qu'ils recueillaient, indépendamment des droits payés par l'usufruitier sur son propre legs (St-Palais, 30 déc. 1899 ; *R. E.* 2299).

Ces règles ont été modifiées par les prescriptions relatives au nouveau mode d'évaluation de l'usufruit et de la nue propriété (art. 13, l.. 25 fév. 1901). Sans doute, l'usufruit de la rente sur l'État qui fait l'objet du legs ne devra pas être déduit comme une rente viagère, c'est-à-dire pour son capital au dernier 10, de la valeur des biens revenant aux légataires universels. Mais, puisque, suivant les nouveaux principes, la transmission simultanée de l'usufruit et de la nue propriété ne peut jamais faire percevoir l'impôt sur une valeur supérieure à celle de la pleine propriété, il conviendra, après avoir déterminé la valeur de l'usufruit d'après l'âge de l'usufruitier légataire, de distraire cette valeur de l'ensemble des biens revenant aux légataires universels.

315. (540 et 541). Sommes données entre vifs et non payées au décès du donateur. — Les sommes données entre vifs et non payées au décès du donateur doivent être déduites des valeurs de sa succession pour la liquidation du droit de mutation par décès. La jurisprudence considère qu'au point de vue fiscal, ces sommes ont cessé de faire partie du patrimoine du donateur.

Pour que le bénéfice de la déduction soit accordé, il faut : 1ᵒ que la donation soit actuelle et opère dessaisissement immédiat du donateur ; 2 que les sommes données ne soient pas payées. Le non payement se présume si les sommes ont été stipulées payables au décès du donateur. Dans le .cas, au contraire, où le terme convenu serait expiré, il appartiendrait aux parties de démontrer par des actes probants, même postérieurs au décès, ou à l'aide de papiers domestiques ayant un caractère sérieux, que le payement n'a pas eu lieu à l'échéance.

316. (542). Contrat de mariage. Clause portant que le fait de la célébration vaudra quittance. — La clause d'un contrat de mariage, d'après laquelle le mari reconnaît la dot et en demeure chargé par le seul fait de la célébration du mariage, constitue une disposition attribuant à l'événement prochain du mariage la force d'une simple présomption libératoire qui peut céder à la preuve contraire. Il en résulte que le mari qui allègue, contrairement aux énonciations du contrat, n'avoir pas reçu la dot doit en faire la preuve. L'acte sous seing privé émané de la femme, partie intéressée, et par lequel celle-ci a déclaré que son époux n'a pas reçu la dot ne forme pas une preuve suffisante pour être opposée aux énonciations du contrat de mariage (Dijon, 13 avr. 1897 ; R. E. 1544).

317. (543). Somme donnée et payée par un tiers subrogé au donataire. — Lorsqu'une somme donnée entre vifs a été payée par un tiers subrogé aux droits du donataire et qu'elle est encore due au prêteur lors du décès du donateur, il y a lieu de la déduire de l'actif héréditaire, pour la liquidation du droit de mutation par décès, sans distinguer si la subrogation a été consentie, en vertu de l'art. 1250, § 1er, C. civ., par le donataire recevant directement son payement des mains du tiers, ou, en vertu de l'art. 1250, § 2, par le donateur empruntant la somme nécessaire à désintéresser le donataire (Lectoure, 16 avr. 1896 et Sol. 12 févr. 1898 ; R. E. 2069 ; J. N. 26.733).

318. (547). Rentes viagères et perpétuelles données et non éteintes au décès du donateur. — Les rentes viagères ou perpétuelles données entre vifs et encore existantes au décès du donateur sont assimilées aux sommes d'argent données et non payées. Il y a donc lieu, pour la liquidation du droit de mutation par décès, de déduire le capital des rentes données, pourvu qu'elles soient encore dues après le décès du débi-rentier. Mais, si elles sont éteintes, on ne retrouve plus dans la succession aucune valeur représentative des rentes sur laquelle le droit de mutation est censé avoir été acquitté.

I. Rente viagère éteinte au décès du donateur. — Ainsi, lorsque les père et mère ont constitué en dot à leur fils, en avancement d'hoirie, une rente viagère dans une proportion déterminée pour chacun d'eux, la rente due par chaque donateur s'éteint à son décès et le capital de cette rente ne peut être déduit de sa succession pour le payement des droits (Sol. 22 mai 1897 ; R. E. 1592).

II. Rente viagère imputable sur la succession du donateur. — De même, lorsque les père et mère ont constitué en dot à leur fille une rente annuelle et viagère, en stipulant que cette donation serait imputable d'abord sur la succession du prémourant des donateurs et subsidiairement sur celle du survivant, cette rente s'éteint de plein droit au décès du prémourant, dès lors que le donataire recueille dans la succession de celui-ci des valeurs plus que suffisantes pour représenter la rente donnée en avancement d'hoirie. Il n'y a pas lieu, par conséquent, de déduire de l'actif héréditaire le capital de la rente (1).

III. Rente viagère imposée comme condition d'un contrat à titre gratuit ou onéreux. — Lorsqu'une rente viagère est stipulée comme condition d'un contrat à titre gratuit ou à titre onéreux, par exemple par un donateur à son profit, la valeur en capital de cette rente ne peut, si l'on s'en tient aux principes de la loi de frimaire, être déduite de la succession du débi-rentier, au décès de celui-ci, pour le calcul du droit de mutation (Seine, 5 fév. 1898 ; R. E. 1657). Au point de vue fiscal, cette rente ne se trouve pas représentée, dans la succession du débiteur, par une valeur correspondante. Dans le système de la loi du 25 février 1901, la déduction doit être admise. La rente constituée par le défunt et que ses héritiers sont tenus de servir, après son décès, en vertu du titre constitutif, est une dette de la succession et rentre dans les prévisions

(1) Laval, 12 nov. 1897 ; R. E. 1620 ; et La Roche-sur-Yon, 7 mars 1899 ; — Contrà, St-Amand, 11 janv. 1901.

de l'art. 3 de la loi nouvelle. Mais il faut remarquer, d'une part, qu'elle ne peut être déduite que si les héritiers établissent, suivant les conditions de forme et de fond exigées par la loi du 25 février 1901, son existence au jour de l'ouverture de la succession et, d'autre part, que la déduction doit être faite, non pour le capital au denier 10, mais d'après une évaluation des parties (voir suprà, n° 181).

319. (548). Modes de déduction des sommes ou rentes non payées ou non éteintes au décès du donateur. — La déduction d'une somme donnée et non payée ou d'une rente donnée et non éteinte, qu'il s'agisse d'une donation en avancement d'hoirie ou par préciput, n'a d'autre limite que le chiffre de la somme donnée ou du capital de la rente, alors même que la libéralité excéderait la part du donataire dans la succession du donateur.

Mais, sous le régime organisé par la loi du 25 février 1901, la question se pose de savoir si la somme non payée, ou la rente non éteinte, doit être retranchée de l'ensemble de l'actif héréditaire, ou seulement de la part du donataire dans la succession. Si, en effet, la déduction s'opère sur la masse entière de la succession, l'émolument net de chaque cohéritier ou colégataire se trouve diminué d'une fraction de la somme ou de la rente correspondant à ses droits dans l'hérédité et peut, le cas échéant, échapper à la tranche supérieure du tarif progressif. Si, au contraire, la somme ou le capital donné est défalqué en entier de la part du donataire, l'émolument net des autres cohéritiers ou colégataires est augmenté d'une fraction corrélative et peut, par le jeu de la progression, être frappé d'un taux plus élevé.

A notre avis, c'est sur l'ensemble de l'actif héréditaire que la déduction doit être faite. En effet, avant de déterminer quels sont les biens de la succession revenant à tel ou tel ayant droit, il faut d'abord établir la consistance de l'actif net partageable. Or, au point de vue fiscal, les sommes ou le capital des rentes données sont sortis du patrimoine du donateur avant le décès de ce dernier et ne s'y retrouvent plus au jour de l'ouverture de la succession. Il est donc logique, pour établir le montant des valeurs réellement transmises par décès, sur lesquelles les droits des héritiers pourront ensuite s'exercer, de distraire, de l'ensemble des biens qui se retrouvent en nature à son décès, ceux qui sont réputés ne plus lui appartenir. On ne pourrait, d'ailleurs, admettre l'imputation des valeurs données sur la part héréditaire du donataire que si la donation avait pour résultat de diminuer effectivement cette part. Ce résultat ne se produit pas. Lorsque la donation a été faite en avancement d'hoirie, elle est résolue par le décès du donateur; et le donataire, n'ayant rien touché ou ayant reçu seulement les arrérages d'une rente, n'est tenu ni à imputation, ni à rapport. Si la donation a été faite par préciput, le donataire doit en recevoir le montant (du moins si la libéralité n'excède pas la quotité disponible) indépendamment de sa part dans la succession. Sans doute, le donataire a payé, lors de la donation, les droits de mutation sur la valeur donnée ; mais ce payement doit être considéré, dans tous les cas, comme une simple avance dont il appartient aux parties seulement de tenir compte pour le règlement à intervenir entre elles.

320. (552). Sommes ou valeurs grevées d'usufruit. — Il a été reconnu, pour l'application de la loi de frimaire, que les sommes ou valeurs retenues par un usufruitier, en vue de l'exercice de son usufruit, doivent être déduites de sa succession lors du payement des droits de mutation par décès, sans distinction entre le cas où ces valeurs se retrouvent ou non en nature, et quelle que soit la compo-

sition de l'hérédité. La distraction des sommes usufructuaires non retrouvées en nature au décès de l'usufruitier
repose sur cette fiction que ces sommes sont toujours
représentées par un équivalent dans la succession de l'usufruitier et qu'elles n'ont jamais cessé d'appartenir au nu
propriétaire.

De même, si, après que les valeurs usufructuaires ont
été déduites dans la succession de l'usufruitier, l'héritier
de celui-ci vient à mourir encore détenteur des mêmes
valeurs, la déduction doit en être opérée dans la déclaration de sa succession (R. E. 2241).

Loin de modifier ces règles, la loi du 25 février 1901
autorise, au contraire, la déduction dans des cas où la
jurisprudence antérieure ne la permettait pas. Pour que,
d'après les règles anciennes, les valeurs grevées d'usufruit
pussent être distraites de la succession de l'usufruitier, il
était indispensable que celui-ci eût continué à détenir en
sa qualité d'usufruitier les valeurs affectées à sa jouissance ; s'il les possédait à un nouveau titre lui imposant
une obligation personnelle de restitution, il n'était plus
qu'un débiteur ordinaire, à qui l'on appliquait le principe
de la non-distraction des dettes. Cette restriction n'a plus
de raison d'être. Il importe peu, sous l'empire de la loi nouvelle, que le défunt ait conservé son titre d'usufruitier
ou soit devenu personnellement débiteur : la déduction est
toujours possible.

I. Justifications. — L'ancienne distinction présente
cependant encore un intérêt en ce qui concerne les justifications à produire pour obtenir la déduction : si l'usufruitier doit être considéré comme débiteur pur et simple, l'existence de la dette au jour de son décès devra
être démontrée dans les conditions prévues par la loi du
25 février 1901 ; si, au contraire, il n'a pas perdu sa qualité d'usufruitier, les moyens de preuve admis autrefois
(suprà, n° 309) suffiront à justifier la déduction, puisque,
dans ce cas, il ne s'agit pas d'une véritable dette. A ce
point de vue spécial, il est donc important de déterminer
les circonstances qui peuvent nover le titre de l'usufruitier
et le transformer en celui de débiteur (Voir T. A., V° Succession, n° 534-2).

II. Novation. — Il a été reconnu, sous l'empire de l'ancienne législation, qu'une mère, usufruitière des biens de
son mari, a perdu cette qualité lorsqu'elle a donné des
créances, tenues en usufruit, à l'un de ses enfants, nu
propriétaire, avec le consentement de l'autre, et qu'elle
s'est déclarée responsable envers ses enfants de l'intégralité de leurs droits en nue propriété (La Réole, 10 août
1898 ; R. E. 1855). Les créances ont donc le caractère
d'un passif pur et simple au regard de la succession de la
mère.

Lorsqu'un mari, débiteur de reprises envers sa femme
prédécédée, recueille l'usufruit de la succession de celle-ci,
la délivrance du legs ou de la donation en usufruit, qui
lui est consentie par les héritiers, a pour effet de nover
son titre de débiteur des reprises en celui de détenteur
pour le compte des nu propriétaires. Ce résultat se produit
surtout si les héritiers n'ont pas fait inscrire l'hypothèque
légale de la femme sur les biens du mari pour sûreté du
remboursement des reprises. La délivrance est même inutile, et la novation se produit de plein droit dès l'instant
du décès du conjoint créancier des reprises, si le survivant
a la saisine et est dispensé de caution et d'emploi, c'est-
à-dire s'il a seul le droit, à l'exclusion des nu propriétaires,
de toucher les créances exigibles de la succession en rou-
tamment la créance en reprises (Nantes, 10 juill. 1900 ;
R. E. 2526).

Le tribunal de Péronne a jugé de même, le 31 juillet

1901, qu'il y avait eu interversion du titre de débiteur en
celui d'usufruitier dans les circonstances suivantes. Après
le décès de sa femme, le mari était demeuré nanti, en
qualité d'usufruitier, des reprises de la défunte, liquidées
par un acte authentique qui rappelait expressément ses
droits d'usufruit. il y a eu novation de son titre de débiteur
en celui d'usufruitier bien que le notaire ait employé plusieurs fois, au cours de l'acte de liquidation, les expressions « dette » et « débiteur », et ait stipulé le maintien de
l'hypothèque légale garantissant le payement des reprises.

Le tribunal de Mâcon s'est appuyé, au contraire, sur le
maintien de l'hypothèque légale et son inscription à la
requête des héritiers de la femme, pour repousser l'existence d'une novation et, par conséquent, la déduction des
reprises de l'actif brut (Jug. 27 déc. 1899).

Dans ce dernier système, l'inscription de l'hypothèque
légale ne se justifierait pas s'il s'agissait d'assurer la restitution par un usufruitier d'une valeur usufructuaire et
ne s'explique que parce que le mari est toujours considéré
comme débiteur pur et simple de la dot ou des reprises.
On peut invoquer, en faveur de ce système, un arrêt
d'Agen du 22 janvier 1900 (D. 1900.2.351) (1).

321. (558). Tuteurs. Deniers pupillaires. — Dans le
régime antérieur à la loi du 25 février 1901, les sommes
dont le tuteur était comptable envers son pupille n'étaient
déductibles que si elles existaient en nature à son décès
ou s'il dépendait de l'hérédité de l'argent comptant ou des
valeurs assimilables. La déduction ne pouvait s'appliquer,
ni au prix de vente que le tuteur devait originairement
à son pupille et dont il ne s'était pas encore libéré à son
décès, ni au reliquat de compte conservé par le tuteur
après l'expiration de ses pouvoirs (T. A., V° Succession,

(1) Le Recueil de Dalloz analyse ainsi cet arrêt :
Lorsque le mari est usufruitier des biens de sa femme, l'hy
pothèque légale de celle-ci peut disparaître au préjudice de ses
héritiers, par suite d'une novation résultant de la liquidation
de ses droits.
Mais il n'en est ainsi que lorsque le mari est mis en possession de l'usufruit après décompte et règlement.
En conséquence, l'hypothèque légale n'est pas éteinte si les
parties n'ont pas entendu faire novation de la créance primitive et ont stipulé, au contraire, que les valeurs liquidées resteraient aux mains du mari, non pas à titre d'usufruitier, mais
au même titre que celui auquel il les possédait auparavant,
c'est-à-dire comme mari débiteur de la dot.
Spécialement, l'hypothèque légale de la femme mariée ne
cesse pas, au décès de cette dernière, de grever les biens du
mari par le seul fait qu'il est, en vertu d'une institution contractuelle, usufruitier des biens de sa femme avec dispense de
faire inventaire et donner caution.
Cette dispense n'est pas suffisante pour établir que la femme
a voulu, après son décès, affranchir son mari de l'hypothèque
légale pour la conservation de ses reprises.
Il en est surtout ainsi alors que, loin de recevoir délivrance
des biens de sa femme à titre d'usufruitier, le mari a déclaré,
au contraire, renoncer à l'usufruit résultant de l'institution
contractuelle et a pris l'engagement de payer, pour restitution
de la dot, une somme de... dans un délai déterminé avec intérêts à 3 0/0.
Dès lors, l'acquéreur d'un immeuble de la femme vendu par
le mari doit se libérer aux mains des héritiers de la femme
jusqu'à concurrence du montant des reprises de celle-ci.
V. en ce sens : Dall. Rép., V° Privilèges et hypothèques,
n° 888 ; Supplément, eod. v°, n° 481 ; — Comp. Paul Pont,
Des privilèges et hypothèques, t. 1, n° 441 ; — Aubry et Rau,
Droit civil français, 5° édit., t. 3, § 264 quater, p. 414, texte
et notes 82 bis, 83 et 84 ; — Baudry-Lacantinerie et de Loynes,
Du nantissement, des privilèges et hypothèques, t. 2, n° 997,
p. 96 ; — Guillouard, Des privilèges et hypothèques, t. 2, n° 788,
p. 285.

n° 560). Désormais, il n'y a plus à faire aucune distinction pour le principe même de la distinction. Toutes les sommes dues par le tuteur au pupille, à raison de la tutelle ou pour une autre cause, devront être retranchées de l'actif de la succession. Mais, au point de vue des justifications, il est encore nécessaire de rechercher si la somme à déduire constitue une charge au sens de la jurisprudence antérieure à la loi nouvelle ou forme une dette proprement dite : dans le premier cas, il suffira de produire les preuves admises sous la législation de frimaire ; dans le second, l'existence de la dette au jour du décès devra être démontrée conformément aux règles établies par la loi du 25 février 1901.

1. IMPUTATION DE FERMAGES. — Lorsque le *de cujus* a eu la jouissance légale des biens appartenant à l'un de ses enfants, mineur de 18 ans, les proratas de fermages de ces biens, échus ou courus au décès de l'ascendant, dépendent en principe de sa succession ; mais il en serait autrement si le défunt avait encaissé, au début de sa jouissance légale, des proratas plus importants échus ou courus avant le commencement de la tutelle. Les fermages arriérés au moment du décès doivent, en cette hypothèse, être considérés comme remplaçant, jusqu'à due concurrence, les fermages applicables à la jouissance antérieure à l'usufruit légal. Ils ne sont pas, en conséquence, sujets au droit de mutation (Lannion, 1er fév. 1899 ; R. E. 2032).

322. (557 et 561). **Sommes dues par un dépositaire ou par un mandataire.** — Les sommes ou valeurs remises à un mandataire en cette qualité, ou à un dépositaire quelconque, étaient, avant la loi nouvelle, déductibles de la succession du détenteur, mais à condition qu'elles fussent retrouvées en nature lors de son décès. Si le mandataire ou le dépositaire avait dénaturé, dissipé ou employé à son usage personnel les valeurs qui lui avaient été confiées, la déduction n'était pas admise. Cette règle ne doit plus être observée. Si le droit de propriété du mandant ou du déposant a fait place à un droit de créance, il

convient de déduire de la succession du détenteur devenu débiteur le montant de la dette, sauf à produire les justifications prescrites par la loi du 25 février 1901.

322 bis. Inexactitude des déclarations de charges. — L'article 8 de la loi du 25 février 1901 permet de démontrer l'inexactitude des déclarations de dettes par tous les modes de preuve du droit commun, sauf le serment, et l'article 9 de la même loi punit toute déclaration inexacte de dette d'un triple droit en sus, au minimum de 500 fr. (*infrà*, n°s 389 et suiv.). Mais, si l'inexactitude porte sur une charge qui a été déduite en vertu des règles antérieures à la loi nouvelle, l'Administration ne doit user que des moyens de preuve compatibles avec la procédure écrite et ne peut réclamer, après l'expiration du délai légal, que le droit en sus pour simple omission. On déterminera la sphère d'application des art. 8 et 9 de la loi du 25 février 1901 d'après les distinctions développées dans la présente section.

CHAP. VI. — DU TARIF DES DROITS DE MUTATION PAR DÉCÈS ET DE SON APPLICATION.

SECT. Ire. — DES DIVERSES QUOTITÉS DE DROITS.

§ 1er. — *Tarif progressif.*

323. (570). **Loi du 25 février 1901.** — Sous l'empire de la législation antérieure à la loi du 25 février 1901, la quotité du droit applicable aux mutations par décès était proportionnelle et variait suivant le degré de parenté avec le défunt. L'art. 2 de la loi nouvelle a établi un tarif qui, comme autrefois, est gradué d'après le degré de parenté de l'héritier ou du légataire avec le défunt, mais qui, en outre, au lieu de rester proportionnel, est progressif d'après l'importance de la part nette recueillie par chaque ayant droit [1]. Ce tarif est indiqué dans le tableau ci-après :

INDICATION DES DEGRÉS de parenté	TAUX APPLICABLES A LA FRACTION DE PART NETTE COMPRISE ENTRE							
	1 fr. et 2.000 fr.	2.001 fr. et 10.000 fr.	10.001 fr. et 50.000 fr.	50.001 fr. et 100.000 fr.	100.001 fr. et 250.000 fr.	250.001 fr. et 500.000 fr.	500.001 fr. et 1 million	Au-dessus de 1 million
	p. 100	p. 100	p. 100	p. 100	p. 100	p. 100	p. 100	p. 100
1° Ligne directe.	1 00c	1 25c	1 50c	1 75c	2 00c	2 50c	2 50c	2 50c
2° Entre époux	3 75	4 00	4 50	5 00	5 50	6 00	6 50	7 00
3° Entre frères et sœurs	8 50	9 00	9 50	10 00	10 50	11 00	11 50	12 00
4° Entre oncles ou tantes et neveux ou nièces	10 00	10 50	11 00	11 50	12 00	12 50	13 00	13 50
5° Entre grands-oncles ou grand'tantes, petits-neveux ou petites nièces, et entre cousins germains	12 00	12 50	13 00	13 50	14 00	14 50	15 00	15 50
6° Entre parents aux 5e et 6e degrés	14 00	14 50	15 00	15 50	16 00	16 50	17 00	17 50
7° Entre parents au delà du 6e degré et entre personnes non parentes	16 00	15 50	16 00	16 50	17 00	17 50	18 00	18 50

324. (571). **Décimes.** — Les nouveaux tarifs sont affranchis de tout décime. Le législateur a considéré que la distinction des décimes et du principal est une source de complications pour la comptabilité des receveurs, si bien que, dans tous les documents budgétaires, on a dû confondre le montant des décimes dans le total des droits perçus. En outre, la réunion des décimes au principal a l'avantage

[1] Il est à remarquer que les tarifs édictés par l'art. 2 de la loi nouvelle cessent de progresser au-dessus de 1 million. Une proposition de loi, déposée par M. Klotz, en vue d'étendre la progression au delà de la limite ainsi fixée, a été votée par la *Chambre* dans la séance du 22 février 1901 (*J. O.* du 23, p. 500 col. 3). Le Sénat ne s'est pas encore prononcé sur la question (Voir l'extrait du commentaire de M. Naquet, reproduit dans la R. E. n° 2701).

de prémunir le contribuable contre les chances d'erreur résultant des indications portées à sa connaissance par les textes législatifs où figure le plus souvent seul le principal des impôts (Exposé des motifs du projet de M. Poincaré, *J. off.*, Doc. parl., Chambre, p. 1248, col. 3).

325. (571 *bis*). **Date d'application.** — C'est la loi en vigueur à l'époque où le droit de mutation s'est ouvert au profit du Trésor, qui détermine la quotité du tarif à appliquer : en matière de mutation par décès, c'est donc le jour de l'ouverture de la succession qui sert à apprécier si l'impôt doit être perçu d'après l'ancien tarif proportionnel ou d'après le nouveau tarif progressif.

I. Legs sous condition suspensive. — Ainsi, lorsqu'un legs, fait par une personne décédée sous l'empire de la loi ancienne, est soumis à une condition suspensive et que cette condition vient à se réaliser après la promulgation de la loi nouvelle, la mutation rétroagit au jour du décès et le droit doit être perçu au taux fixé par l'ancienne législation.

II. Établissements publics. Legs soumis a autorisation. — Par application de ce principe, il a été décidé que l'autorisation, à laquelle est subordonnée l'acceptation des dons et legs faits à des établissements publics, constitue une véritable condition suspensive dont l'accomplissement produit, conformément à l'art. 1179, C. civ., un effet rétroactif au jour du décès du testateur. Par suite, le droit de mutation par décès devenu exigible après l'autorisation d'accepter doit être liquidé d'après le tarif en vigueur au décès du testateur (D. M. F., 22 juin 1901 ; R. E. 2812).

III. Usufruit successif. — La même règle est applicable dans le cas où un usufruit légué successivement à deux personnes vient à s'ouvrir au profit du second bénéficiaire par suite du décès du premier. C'est d'après le tarif en vigueur au jour du décès du testateur que le droit doit être acquitté par le second usufruitier.

IV. Biens rentrés dans l'hérédité. — Si, par la réalisation d'une condition résolutoire, des biens rentrent dans l'hérédité, la déclaration complémentaire que les héritiers sont tenus de souscrire donne ouverture à l'impôt proportionnel, pourvu que le décès ait eu lieu avant la promulgation de la loi du 25 février 1901, et alors même que la condition se serait réalisée postérieurement à l'entrée en vigueur de cette loi.

326. Ligne directe. — Les divers taux du tarif progressif en ligne directe ne sont point majorés lorsque, par le prédécès du père, le petit-fils hérite directement de son aïeul, ni lorsque l'arrière-petit-fils hérite directement de son bisaïeul, ni lorsque ce sont les situations inverses qui se produisent. Les projets présentés dans ce sens ont été repoussés (V. rapp. de M. Mesureur, *J. off.*, Doc. parl., Chambre, 1900, p. 1741).

327. (582). **Enfant naturel.** — L'art. 8 de la loi du 25 mars 1896 porte que « l'enfant naturel légalement reconnu, appelé à la succession *ab intestat* ou testamentaire « de son auteur, sera considéré, quant à la quotité des « droits, comme enfant légitime ». Les divers taux du tarif afférent aux mutations en ligne directe doivent donc être appliqués, dans tous les cas, à l'émolument net recueilli, dans la succession de son père et mère, par un enfant naturel légalement reconnu.

328. Filiation naturelle. Preuve. — Lorsqu'une personne, instituée par testament légataire universelle du *de cujus*, a fait dresser un acte de notoriété attestant que celui-ci ne laissait ni ascendant ni descendant, qu'elle a obtenu son envoi en possession en vertu de cet acte et qu'elle a pris ainsi, vis-à-vis des héritiers du testateur, qualité de légataire universelle non parente de ce dernier, elle

ne peut revendiquer à l'égard de la Régie, et afin de se soustraire au paiement d'une partie des droits de mutation, la qualité d'enfant naturelle (Cass. civ., 27 juin 1899 ; R. E. 2146).

329. (576 et s.). **Conjoint survivant.** — L'art. 2 de la loi du 25 février 1901 prononce expressément l'abrogation des dispositions de l'avant-dernier alinéa de l'art. 53 de la loi du 28 avril 1816, concernant l'époux survivant, disposition qui avait été partiellement abrogée déjà, en ce qui concerne les enfants naturels, par la loi du 25 mars 1896 (*suprà*, n° 327).

L'époux survivant, appelé à la succession de son conjoint, à défaut de parents au degré successible ou d'enfants naturels (art. 767, C. civ.) ne sera plus, dès lors, assimilé, au point de vue fiscal, à un étranger, et les droits à sa charge seront désormais réglés, dans ce cas comme dans tous les autres, au taux fixé pour les mutations par décès entre époux (Rapp. de M. Mesureur, *J. off.*, Doc. parl., Chambre, 1900, p. 1741, col. 3).

330. Epoux. Legs. Divorce postérieur. — Lorsqu'une libéralité testamentaire a été faite par un époux à l'autre et que le divorce est ensuite prononcé au profit de l'époux légataire, la mutation à titre gratuit qui s'opère, au profit de celui-ci, lors du décès de son ex-conjoint, est soumise au tarif fixé pour les mutations par décès entre étrangers, à l'exclusion de celui auquel sont soumises les mutations entre époux (Sol. 27 oct. 1897 ; R. E. 1695 et 1764 ; — Seine, 17 mars 1899 ; R. E. 2099) (1).

331. Frères et sœurs. Oncles ou tantes et neveux ou nièces. — Sous le régime antérieur à la loi du 25 février 1901, les mutations par décès entre frères et sœurs, oncles et tantes, neveux et nièces, étaient soumises au même tarif proportionnel de 6 fr. 50 0/0 en principal. La loi nouvelle distingue, pour le tarif progressif, ces collatéraux en deux classes : les mutations entre frères et sœurs sont assujetties à des quotités de droits moins élevées que celles applicables aux mutations entre oncles ou tantes et neveux ou nièces.

332. Parents au delà du 6e degré. — Les parents au delà du 6e degré sont assimilés, pour les taux du tarif progressif, aux personnes non parentes. Par suite de cette innovation, le droit fiscal n'est plus en harmonie avec le droit civil qui étend le droit de succéder jusqu'au 12e degré.

§ 2. — *Tarif proportionnel. Legs de bienfaisance.*

333. Principe. — L'art. 19 de la loi du 25 février 1901 soustrait à l'application des tarifs progressifs, pour les soumettre à un droit proportionnel de 9 0/0, sans décimes, les legs faits aux départements, aux communes et aux établissements publics ou d'utilité publique, lorsque ces legs présentent un caractère de bienfaisance ou d'assistance. Les trois premiers paragraphes de l'article 19 sont ainsi conçus :

« Sont soumis à un droit de neuf francs pour cent francs (9 p. 100) sans addition de décimes, les dons et *legs* faits aux départements et aux communes, en tant qu'ils sont affectés par la volonté expresse du donateur à des œuvres d'assistance, ainsi que les dons et legs faits aux établissements publics charitables et hospitaliers, aux sociétés de secours mutuels et à toutes autres sociétés reconnues d'u-

(1) Cette question est actuellement soumise à la Cour de cassation par suite du pourvoi formé par les parties contre le jugement du tribunal de la Seine.

tilité publique dont les ressources sont affectées à des œuvres d'assistance.

« Il sera statué sur le caractère de bienfaisance de la disposition par le décret rendu en Conseil d'État ou l'arrêté préfectoral qui en autorisera l'acceptation.

« Sont également soumis à un droit de neuf francs pour cent francs (9 p. 100), sans addition de décimes, les dons et legs faits aux sociétés d'instruction et d'éducation populaire gratuites reconnues d'utilité publique et subventionnées par l'État ».

Ces dispositions sont limitatives et ne peuvent être étendues à des legs que le législateur n'a pas expressément prévus. Il n'est pas sans intérêt de rappeler que les établissements considérés comme des organes de l'État, tels que l'Institut de France, les Facultés, les Universités ou corps de Facultés, etc., n'ont aucun droit de mutation à supporter pour les dons et legs faits à leur profit, l'État ne se payant pas d'impôt à lui-même (art. 70, § 2-1°, L. 22 frim. an VII ; — 2° rapp. de M. Doumer, J. off., Doc. parl., Chambre, p. 901, col. 2).

334. Caractère d'assistance ou de bienfaisance. — On doit, d'une manière générale, considérer comme des œuvres d'assistance toutes les institutions qui ont pour objet d'apporter un secours matériel ou moral aux infirmes, aux malades, aux indigents, aux vieillards hors d'état de gagner leur vie, aux orphelins et aux enfants abandonnés.

On a cité plus particulièrement, au cours de la discussion de la loi de 1901, les hôpitaux, les hospices, les bureaux de bienfaisance, les asiles d'aliénés, les sociétés de charité maternelle, les orphelinats, les crèches, les dépôts de mendicité, les asiles de nuit (V. notamment : J. off., Déb. Chambre, séance du 19 nov. 1895, p. 2419 et s.). Mais il ne faudrait pas regarder cette énumération comme exclusive : l'esprit de charité se révèle sous tant de formes diverses qu'il est impossible d'en dresser la liste complète.

Mais toute libéralité ayant un but d'assistance ou de bienfaisance n'est pas, par cela même, soumise au droit proportionnel ; elle doit, en outre, être adressée à l'une des personnalités morales désignées dans l'art. 19.

335. Départements et communes. — Les legs faits aux départements et aux communes ne peuvent bénéficier du tarif de 9 0/0 qu'à deux conditions : 1° qu'ils soient destinés à des œuvres d'assistance et 2° que le donateur ait lui-même donné aux legs cette destination. Suivant l'expression de M. Cordelet, ces dons doivent avoir « une affectation formelle et précise de bienfaisance » (J. off.,Doc. parl., Sénat, 1896, p. 303). L'intention du donateur doit être manifestée, soit dans l'acte de disposition même, soit dans d'autres documents qui s'y rattachent et qui ne laissent aucun doute sur le caractère volontaire de l'affectation (R. P. n° 9995, p. 233).

Les sections et les syndicats de communes, créés conformément aux art. 116, 147 et 161 de la loi du 5 avril 1884 et à la loi du 22 mars 1890, doivent profiter de la réduction du tarif pour les legs réunissant les deux conditions qui viennent d'être indiquées. Il en est de même des hameaux ou quartiers de communes qui ne sont pas encore à l'état de section ayant la personnalité civile et qui, néanmoins, peuvent recevoir des dons et legs dans les conditions prévues par l'art. 3 de la loi du 4 février 1901.

336. Établissements publics charitables et hospitaliers. — Les établissements publics charitables et hospitaliers profitent de plein droit du tarif réduit, sans qu'il soit nécessaire que le donateur ou le testateur ait expressément destiné la libéralité à une œuvre d'assistance.

Pour ces établissements, l'affectation résulte de leur caractère même (Rapp. de M. Cordelet, J. off., loc. cit., p. 303). Ce sont, en particulier, les hospices, les hôpitaux, les bureaux de bienfaisance, les bureaux d'assistance médicale gratuite établis par la loi du 15 juillet 1893.

Si l'établissement légataire présente un caractère mixte et n'a pas pour objet exclusif les œuvres hospitalières ou charitables, le bénéfice de la réduction ne lui est acquis que si le testateur a spécifié que le legs est destiné à l'œuvre d'assistance ou de bienfaisance proprement dite. Dans cette hypothèse, le caractère de l'établissement ne permet pas, à lui seul, de déterminer avec certitude la destination de la libéralité.

337. Société de secours mutuels. — Les sociétés de secours mutuels sont, d'une manière générale, appelées à bénéficier du tarif réduit de 9 0/0 pour les legs qui leur sont faits. Ces sociétés doivent être régulièrement constituées dans les conditions prévues par la loi du 1er avril 1898 (Inst. n° 2958) ; mais il n'y a pas à distinguer, pour l'application du tarif de faveur, entre les sociétés de secours mutuels reconnues d'utilité publique, approuvées ou même libres : le texte de l'art. 19 ne contient aucune restriction. Le projet voté par le Sénat ne visait que les sociétés de secours mutuels « reconnues ou approuvées » (Rapp. de M. Mesureur, J. off., Doc. parl., Chambre, p. 1747,col. 1) ; ces trois derniers mots ont disparu de la rédaction définitive.

338. Sociétés reconnues d'utilité publique. — Les œuvres de bienfaisance qui émanent de la charité privée doivent satisfaire à deux conditions pour être dispensées d'acquitter l'impôt au tarif progressif sur les libéralités dont elles profitent. Il faut, tout d'abord, qu'elles aient été reconnues d'utilité publique. « Quand l'État a reconnu un établissement quelconque, quand il lui a donné l'investiture de l'utilité publique, vous devez considérer cet établissement comme faisant de la charité officielle » (Obs. de M. Brincard dans la séance de la Chambre du 19 nov. 1895, J. off., p.2424, col. 1). En outre, il est indispensable que les ressources de ces sociétés soient affectées à des œuvres d'assistance (V. supra, n°334).

Il a été reconnu, du reste, que le mot « société » est employé dans sa plus large acception et qu'il s'applique implicitement à des établissements d'assistance qui portent habituellement une autre dénomination (J. off., Débats, Sénat, séance du 29 janv. 1901, p. 135, col. 1). Telles sont les œuvres ou sociétés de sauvetage et les sociétés de patronage des prisonniers libérés, les crèches, orphelinats, l'œuvre de l'enfance abandonnée ou coupable, etc.

Les congrégations religieuses non autorisées sont exclues, par leur nature même, du bénéfice des dispositions de l'art. 19, puisque, n'ayant pas la personnalité civile, elles ne peuvent recevoir à titre gratuit.

Lorsque les sociétés reconnues d'utilité publique emploient, non la totalité, mais une partie seulement de leurs ressources à des œuvres d'assistance, leur caractère mixte n'autorise pas à affirmer que tous les legs qui leur sont faits ont un but de bienfaisance. Pour qu'il y ait lieu d'appliquer le tarif de faveur, il est nécessaire que la destination bienfaisante du legs résulte de la volonté expresse du testateur (supra, n° 336).

339. Non-gratuité. — Pour les établissements de toute nature visés par le premier paragraphe de l'art. 19, il n'est pas indispensable que l'assistance soit donnée d'une façon absolument gratuite. Cette condition de la gratuité absolue, qui existait dans les premiers projets de la loi, a été effacée « afin d'étendre l'avantage de la mesure à un certain nombre d'établissements dont l'assistance et la bienfaisance sont certaines, mais où la gratuité n'est pas complète » (J. off., Débats, Chambre, séance du 16 nov. 1900, p. 2110, col. 2).

340. Détermination du caractère de bienfaisance des legs. — Aux termes du deuxième paragraphe de l'art. 19, « il sera statué sur le caractère de bienfaisance de la disposition par le décret en Conseil d'Etat ou l'arrêté préfectoral qui en autorisera l'acceptation ». Cette prescription, dans l'esprit du législateur, a eu pour but de prévenir les difficultés qui se seraient produites sur le véritable caractère des dons ou legs (Rapp. de M. Mesureur, J. off., Doc. parl., Chambre, 1900, p. 1747, col. 1). Prévoyant, d'une manière générale, que c'est la libéralité elle-même dont le caractère doit être déterminé, elle concerne aussi bien les legs faits au profit des établissements publics et des sociétés que ceux dont bénéficient les départements et les communes.

Par suite, toutes les fois que l'acceptation du legs comportera l'autorisation du gouvernement ou du préfet, le rôle de l'administration de l'Enregistrement se bornera à appliquer le droit proportionnel de 9.0/0 ou le tarif progressif ordinaire, suivant que le décret ou l'arrêté d'autorisation aura reconnu que la disposition rentre ou non dans les prévisions de l'art. 19 (Inst. 3058; p. 24).

Les collectivités gratifiées auront, bien entendu, le droit de se pourvoir contre la décision qu'elles jugeront leur faire grief, le recours étant ouvert contre tous les actes de l'autorité administrative, même contre les actes qui interviennent après avis du Conseil d'Etat (Rapp. de M. Cordelet, J. off., Doc. parl., Sénat, 1896, p. 303, col. 3).

Mais l'acceptation des libéralités de cette nature ne nécessite pas toujours une autorisation par décret rendu en Conseil d'Etat ou par arrêté préfectoral. La loi du 4 février 1901 sur la tutelle administrative en matière de dons et legs, a même augmenté le nombre des cas où ces libéralités sont affranchies de l'autorisation. Pour déterminer le caractère des dons et legs de l'espèce, on ne peut s'adresser ni à l'autorité administrative, à laquelle la loi du 25 février 1901 n'a nullement attribué compétence à cet égard, ni aux représentants légaux de l'établissement légataire, dont la décision ne saurait s'imposer à la Régie. Par suite, toutes les fois qu'il n'y a pas lieu à autorisation, il appartient à l'Administration, sous le contrôle des tribunaux de l'ordre judiciaire, seuls compétents pour statuer sur l'application des droits d'enregistrement, d'apprécier si la libéralité a ou non une affectation de bienfaisance.

Les règles de la tutelle administrative en matière de dons et de legs peuvent se résumer comme il suit :

I. DÉPARTEMENTS. — Les dons et legs faits aux départements ne doivent être autorisés par décret en Conseil d'Etat que s'il y a réclamation des familles. Dans le cas contraire, ils peuvent être acceptés définitivement par le Conseil général (L. 10 août 1871, art. 46, § 5 et 4 fév. 1901, art. 2 ; — Inst. Min. Int. du 10 juin 1901, § II ; R. E. 2768).

II. COMMUNES. — Les dons et legs faits aux communes ne sont soumis à l'autorisation du Conseil d'Etat que dans le cas où il y a réclamation des familles. S'il n'y a pas de réclamation, c'est le conseil municipal qui prononce sur l'acceptation (L. 5 avr. 1884, art. 68 et 111, et 4 fév. 1901, art. 3 ; — Inst. Min. Int. du 10 juin 1901, § III ; R. E. 2768).

Si le don ou le legs a été fait à un hameau ou quartier de commune qui n'est pas encore à l'état de section,

un décret en Conseil d'Etat est nécessaire dans tous les cas. Il en est de même des dons et legs faits à une section de commune, lorsque le conseil municipal est d'avis de refuser la libéralité ou qu'il y a réclamation des familles (L. 4 fév. 1901, art. 3 et 7).

III. ETABLISSEMENTS PUBLICS. — Les établissements publics acceptent, sans autorisation de l'administration supérieure, les dons et legs qui leur sont faits sans charges, conditions ni affectation immobilière. Dans le cas contraire, l'acceptation est autorisée par arrêté préfectoral, si l'établissement bénéficiaire a le caractère communal ou départemental, et par décret en Conseil d'Etat, s'il a le caractère national.

Lorsqu'un hospice ou un bureau de bienfaisance a le caractère communal, le préfet statue définitivement, par arrêté motivé, sur les dons et legs qui leur sont faits, mais seulement en cas de désaccord entre la commune et l'hospice ou le bureau de bienfaisance gratifié (L. 4 fév. 1901, art. 4 ; — Inst. Min. Int. § IV ; R. E. 2768).

S'il y a réclamation des familles, un décret en Conseil d'Etat est toujours nécessaire (même loi, art. 6).

IV. ETABLISSEMENTS D'UTILITÉ PUBLIQUE. — L'acceptation des dons et legs faits aux établissements reconnus d'utilité publique est autorisée par le préfet du département où est le siège de l'établissement. Mais, si la donation ou le legs consiste en immeubles d'une valeur supérieure à 3.000 fr., l'autorisation est accordée par décret en Conseil d'Etat (L. 4 fév. 1901, art. 5). Il en est de même s'il y a réclamation des familles (même loi, art. 6 ; — Inst. Min. Int. § V ; R. E., 2768).

En ce qui concerne les congrégations religieuses autorisées, l'acceptation des dons et legs ne peut intervenir qu'après un décret délibéré par la section de l'intérieur, des cultes et de l'instruction publique, si la libéralité n'excède pas 50.000 fr. et s'il n'y a pas réclamation des familles ; dans le cas contraire, l'avis de l'assemblée générale du Conseil d'Etat est indispensable. Toutefois, l'autorisation préfectorale suffit pour l'acceptation des legs d'objets mobiliers n'excédant pas 300 fr. (Ord. 2 avr. 1817, art. 1 et 25 mars 1830, art. 1 ; Décr. 3-4 avr. 1886, art. 1-7° ; L. 4 fév. 1901, art. 6).

V. SOCIÉTÉS DE SECOURS MUTUELS. — Les sociétés de secours mutuels peuvent recevoir des dons et legs mobiliers avec autorisation du préfet. S'il y a réclamation des familles ou si la libéralité consiste en immeubles, l'autorisation du Conseil d'Etat est nécessaire (L. 1er avr. 1898, art. 15, 17 et 33, et 4 fév. 1901, art. 6).

341. Justifications à produire. — L'établissement qui demande l'application du tarif réduit doit justifier que le legs satisfait aux conditions nécessaires pour en bénéficier. Il est donc tenu de produire, soit le décret ou l'arrêté d'autorisation qui constate la destination du legs, soit les titres et documents de nature à établir : 1° que l'autorisation n'était pas exigée et 2° que la libéralité présente le caractère de bienfaisance. Dans le cas où le décret ou l'arrêté aurait omis de déterminer le caractère de bienfaisance d'un legs soumis à l'autorisation de l'Administration supérieure, le tarif progressif devrait être appliqué de plein droit, puisque, dans cette hypothèse, la Régie n'a pas le droit de prendre une décision qui est du ressort exclusif de l'autorité administrative. Mais, s'il était justifié ultérieurement de la destination de bienfaisance de la libéralité par la production d'un arrêté ou d'un décret nouveau, la restitution des droits perçus en trop devrait être effectuée, l'acte complémentaire se bornant à constater un état de fait préexistant à la perception (Rappr. R. P. n° 9995-12 bis).

342. Sociétés d'instruction et d'éducation populaire gratuite. — Sont également soumis à un droit de 9 0/0, sans addition de décimes, les dons et legs faits à certaines sociétés d'instruction et d'éducation. Pour ces sociétés, le texte exige, non seulement qu'elles soient reconnues d'utilité publique comme les autres sociétés d'assistance, mais de plus : 1° qu'elles soient des sociétés d'instruction et d'éducation *populaire* et *gratuite* ; 2° *qu'elles soient subventionnées par l'Etat.*

Il appartient aux agents de l'Administration de s'assurer, le cas échéant, que toutes ces conditions sont remplies ; la rédaction de l'art. 19 ne permet pas, en effet, d'exiger que cette vérification soit faite par l'autorité compétente pour autoriser l'acceptation de la libéralité (Inst. 3058, p. 25).

SECT. II. — DE LA LIQUIDATION DES DROITS.

343. Division. — Aux termes de l'art. 2 de la loi du 25 février 1901, les droits de mutation par décès doivent être liquidés sur la part nette recueillie par chaque ayant droit et perçus suivant un tarif progressif gradué d'après l'importance de chaque part. Pour l'application de cette disposition, il faut distinguer trois opérations successives : 1° la détermination de l'actif net imposable ; 2° la fixation de la part revenant à chaque héritier ou légataire dans cet actif net ; 3° et l'application du tarif progressif à cette part.

§ 1er. — *Détermination de l'actif net imposable.*

344. Règle générale. — L'actif net imposable d'une succession s'obtient en déduisant de l'actif brut, évalué conformément aux prescriptions de la loi fiscale, le passif héréditaire dûment justifié.

1° *Actif brut.* — L'évaluation des valeurs actives composant le patrimoine du *de cujus* est fournie suivant les règles antérieures à la loi du 25 février 1901, sauf deux exceptions apportées par la loi nouvelle ; d'une part, les immeubles dont la destination actuelle n'est pas de procurer un revenu doivent être estimés en valeur vénale ; d'autre part, la valeur des biens dont l'usufruit et la nue propriété sont transmis par décès se détermine en tenant compte, soit de l'âge de l'usufruitier, soit en cas d'usufruit temporaire, de la durée fixée pour l'usufruit.

2° *Passif déductible.* — Le passif dont la déduction peut être admise s'établit, selon les indications développées *supra* (n° 143 et suiv.), soit par le montant du capital et des intérêts de chaque dette, soit par une évaluation en capital lorsqu'il s'agit de rentes ou de dettes amortissables par annuités. La déduction du passif justifié s'effectue sur l'ensemble de l'actif brut et non sur telle ou telle partie de cet actif, à moins de disposition formelle du *de cujus*. Chaque créancier a, en effet, le patrimoine tout entier du défunt pour gage de sa créance. On ne saurait donc déduire une dette hypothécaire spécialement de l'immeuble affecté en garantie, ni faire porter la déduction du passif chirographaire uniquement sur les valeurs mobilières de la succession.

345. Défunt marié sous le régime de la communauté. — Lorsque le défunt était, au jour de l'ouverture de la succession, marié sous le régime de la communauté légale ou conventionnelle, la détermination de la valeur imposable de ses biens nécessite la liquidation préliminaire de cette communauté. La part que cette liquidation attribue au *de cujus* dans l'actif commun forme le premier élément de l'actif héréditaire ; d'un autre côté, la part du

passif commun qui en résulte à la charge du défunt doit être réunie aux autres dettes de la succession (Voir le formulaire, chap. XII).

Nous ne pouvons exposer en détail les règles qui gouvernent la liquidation d'une communauté conjugale. Nous renvoyons à cet égard aux développements contenus au *T. A.*, V° *Communauté*. Nous avons déjà énuméré les cas dans lesquels l'obligation, c'est-à-dire le droit de poursuite des créanciers, est supérieure à la contribution et nous avons posé la règle à observer en pareille matière (*supra*, n° 202). Il nous suffira de rappeler ici brièvement les principes applicables à la contribution des époux dans les dettes communes.

346. Dettes personnelles aux époux. — Il importe, tout d'abord, de remarquer qu'on ne peut faire rentrer dans les dettes de communauté proprement dites celles qui ne sont tombées dans la communauté qu'à charge de récompense contre l'époux du chef duquel elles proviennent ; ces dettes doivent être supportées définitivement par l'époux débiteur et il ne peut être question d'y faire contribuer l'autre. Ainsi, la femme était propriétaire, lors du mariage, d'un immeuble dont le prix était encore dû au vendeur ; la dette du prix est tombée dans la communauté, sauf récompense contre la femme (art. 1409-1°). Si cette dette n'est pas encore payée lors de la dissolution de la communauté, le mari ne devra y contribuer pour aucune portion (Baudry-Lacantinerie, *Précis*, 7° édit., III, n° 234). Par conséquent, en cas de décès de la femme, la dette sera déduite en entier de sa succession ; s'il s'agit, au contraire, de la succession du mari, aucune déduction ne pourra être admise de ce chef. De même, la dette échue à la femme comme grevant la succession de sa mère, ouverte pendant le mariage, n'est pas à la charge de la communauté si la succession maternelle est purement immobilière (Déc. belge, 30 sept. 1856 ; *J. E. belge*, n° 7549).

347. Dettes communes. Femme acceptante. — Lorsque la femme accepte la communauté, le passif commun se répartit, en principe, par moitié entre les époux (art. 1482, C. civ. ; V. *infrà*, n° 349). Par suite, au décès de l'un d'eux, la moitié de chaque dette commune doit être admise à déduction, sans qu'il y ait lieu de distinguer entre la succession du mari et celle de la femme. Ainsi, il a été décidé que s'il n'a pas été fait par la femme survivante bon et fidèle inventaire des biens de la communauté, on ne peut admettre plus de la moitié des dettes communes au passif de la succession de son mari, alors même que la femme aurait été instituée héritière universelle de celui-ci (Déc. belge, 14 sept. 1864 ; *J. E. belge*, n° 9761 ; Bastiné, 2° édit., II, n° 199, p. 221, note).

Aux termes de l'art. 1590, C. civ., la femme ou le mari ou leurs héritiers peuvent, par le partage qui intervient entre eux, être chargés de payer une part des dettes supérieure à la quotité qui leur incombe de droit, ou même la totalité. C'est une convention de partage qui peut avoir lieu entre les copartageants, mais qui n'est pas opposable aux tiers (Dalloz, *Jur. gén.*, *Suppl.*, V° *Contrat de mariage*, n° 916 ; — Rappr. *infrà*, n° 365).

I. DETTE CONSENTIE PAR LE MARI SEUL. DATE CERTAINE. — S'il s'agit de dettes consenties par le mari seul, comme administrateur de la communauté, il est admis par la jurisprudence civile que la femme ne peut opposer le défaut de date certaine et qu'elle est tenue, sous réserve de la preuve contraire, de contribuer, pour moitié, au payement de ces dettes qui, à raison de leur date apparente, semblent avoir été contractées au cours de la communauté (Cass. req., 13 mars 1854 ; S. 54.1.529 ; — Riom, 20 mai 1892 ; D. P. 93.2.438 ; — Baudry-Lacantinerie, Le

Courtois et Surville, *Du contrat de mariage*, II, n° 1183). La Régie n'exige pas non plus, dans cette hypothèse, que le titre de la dette ait date certaine. « En cas de décès d'une femme commune en biens, porte l'Inst. 3058 (p.4), la dette résultant d'un acte sous seing privé signé du mari seul pourra entrer en ligne de compte pour déterminer l'émolument net revenant à la succession dans l'actif commun, s'il est justifié que cette dette grevait réellement la communauté au moment où elle s'est dissoute ». La jurisprudence belge est plus rigoureuse : un jugement du tribunal de Gand du 26 juin 1843 décide que les dettes communes ne doivent pas, pour la perception des droits de succession, être admises pour moitié au passif hérédi-taire de la femme sur la seule production d'actes sous seing privé souscrits par le mari, sans le concours de la femme, si ces actes n'avaient pas date certaine au mo-ment de l'ouverture de la succession (*J. E. belge*, n° 2817 ; Bastiné *loc. cit.*, p. 224, note).

II. Dette éventuelle. — Lorsqu'un époux, pendant la communauté, a reçu une somme en dot de ses père et mère à titre d'avancement d'hoirie, il n'y a pas lieu, au décès de sa femme, d'en faire figurer la moitié au passif de la succession de celle-ci, le rapport éventuel de cette somme ne pouvant grever la communauté (Déc. belge, 11 juin 1861 ; *J. E. belge*, 8877).

348. Reprises des époux. — Les reprises du mari ne doivent être prélevées que sur les biens communs ; en cas d'insuffisance, elles tombent en non valeur. La femme n'en est pas débitrice personnelle et n'en doit rien sup-porter sur ses biens propres, alors même qu'elle n'aurait pas fait inventaire. Quant aux reprises de la femme, elles sont aussi, jusqu'à concurrence de la valeur des biens de la communauté, une dette commune ne devant être re-couvrée que sur les biens communs ; mais, pour le sur-plus, elles constituent une dette personnelle du mari (Baudry-Lacantinerie, Le Courtois et Surville, *op. cit.*, n° 1182).

Cette dette est déductible de la succession de ce der-nier (V. *suprà*, n° 174) même au cas où la femme est sa légataire, ou succède à défaut de parent, ou recueille une part d'usufruit *ab intestat*, car l'art. 7-2° de la loi de 1901 ne prohibe pas la déduction des dettes *consenties* au profit des héritiers, légataires, etc., (V. n° 227 *bis*, *suprà*).

349. Bénéfice d'émolument. — Aux termes de l'art. 1483, C. civ., « la femme n'est tenue des dettes de la communauté, soit à l'égard du mari, soit à l'égard des créanciers, que jusqu'à concurrence de son émolument, pourvu qu'il y ait eu bon et fidèle inventaire et en ren-dant compte tant du contenu de cet inventaire que de ce qui lui est échu par le partage ». Les héritiers de la femme jouissent du même privilège.

Le bénéfice d'émolument forme une exception au prin-cipe de la répartition des dettes communes par moitié. Pour qu'il soit acquis, il suffit qu'il y ait eu bon et fidèle inventaire dans les trois mois de la dissolution de la com-munauté ; on admet toutefois qu'un partage ou un acte équipollent dressé, dans les délais prescrits pour la rédac-tion de l'inventaire, peut lui suppléer (Rappr. Baudry-Lacantinerie, Le Courtois et Surville; *op. cit.*, n° 1184).

I. Montant de l'émolument. — On entend par émolu-ment tout le profit que la femme retire de la communauté, c'est-à-dire : 1° tous les biens communs qui lui sont échus par le partage, même à titre de préciput ; 2° les fruits de ces biens ; 3° les sommes dont la femme était débitrice envers la communauté et qui lui ont été précomptées sur sa part. Mais il ne faut pas y comprendre les biens qu'elle prélève à titre de payement de ses reprises ou des indem-

nités qui lui sont dues par la communauté, puisque ces biens ont pour but de combler un déficit dans le patrimoine propre de la femme (Baudry-Lacantinerie, *Précis*, 7e édit., III, n° 242 ; — *T. A.*, V° *Communauté*, n°s 318 et 319).

II. Effets en droit civil. — Dans ses rapports avec le mari, c'est-à-dire au point de vue de la *contribution* aux dettes communes, la femme qui a fait bon et fidèle in-ventaire n'est tenue de ces dettes, quelle qu'en soit l'ori-gine et la cause, que jusqu'à concurrence de son émolu-ment, alors même qu'elle se serait engagée solidairement avec son mari ou qu'il s'agirait d'une dette tombée de son chef dans la communauté et dont elle ne doit pas ré-compense.

III. Conséquences au point de vue fiscal. — Pour la liquidation du droit de mutation par décès, il y a lieu de faire application du principe en vertu duquel la femme n'est jamais tenue des dettes de la communauté à l'égard du mari que dans la limite de son émolument. En cas de prédécès du mari, il faut retrancher de sa succession toute la portion de la dette commune qui excède l'émolument de la veuve dans l'actif de communauté. Au contraire, en cas de prédécès de la femme, la déduction ne pourra pas porter sur ses biens personnels (Inst. 3058, p. 6 ; — Rap-pr. déc. belge, 30 janv. 1874 ; *J. E. belge*, n° 12.334). Il va sans dire que ces règles ne sont applicables que lorsque les biens communs sont insuffisants à désintéresser les créanciers.

Toutefois, il ne faut pas perdre de vue que, d'après la jurisprudence de la Cour de cassation rapportée au *T. A.*, V° *Communauté*, n° 274, la femme pour ses reprises n'est qu'une créancière comme une autre et vient en concur-rence avec les autres créanciers de la communauté, sauf à faire valoir son hypothèque légale sur les immeubles (Dalloz, *Jur. gén.*, *Suppl.*, V° *Contrat de mariage*, n° 851). Par suite et sous la réserve de cette hypothèque légale, si les créanciers de la communauté se présentent avant que la femme ait exercé ses prélèvements, celle-ci doit venir avec eux au marc le franc (Baudry-Lacantinerie, Le Cour-tois et Surville, *op. cit.*, n° 1220). Pour la liquidation ré-gulière des droits des époux, il n'est pas sans intérêt de faire, le cas échéant, application de cette règle (1). Sans

(1) Voici de quelle manière une décision belge du 1er avril 1880 (Circ. n° 934) établit, en pareille hypothèse, les droits de chacun des époux:

Communauté.

Actif.

Valeurs mobilières	8.000 fr.

Passif.

1° Reprises dues à la femme	6.000 fr.
2° Reprises dues au mari	4.000 »
3° Dettes dues à des tiers	26.000 »
Total du passif	36.000 »

« L'actif est insuffisant pour faire face aux dettes n°s 1 et 3 ; dès lors, les reprises du mari tombent à néant. La femme ne contribue au passif restant que dans la mesure des 4.000 fr. qui constituent son émolument. Il en résulte qu'elle se paiera à elle-même 750 fr. ($\frac{6000 \times 4000}{32000}$ = 750) et comptera 3.250 fr. aux tiers créanciers. Son mari lui sera redevable de 5.250 fr.

« L'actif de la femme comprend donc:

1° Des valeurs mobilières	4.000 fr.
2° Une créance contre le mari . . .	5.250 »
Total de l'actif	9.250 »

« Son passif comprendra des dettes dues à des tiers pour . . . . 3.250 »

« Ces calculs fournissent les éléments de la déclaration de la succession de la femme ou du mari. »

doute, le compte actif et passif de chacun des conjoints ne s'en trouvera pas modifié dans ses résultats définitifs. Mais une partie des reprises de la femme, au lieu d'être prélevée sur les biens communs, sera convertie en une créance personnelle contre le mari. Par conséquent, en cas de décès du mari, cette créance ne pourra être déduite de sa succession que sur la production des justifications prescrites par la loi du 25 février 1901 et, en cas de décès de la femme, les héritiers de celle-ci pourront être admis à y renoncer en justifiant de l'insolvabilité du mari (Voir le formulaire, chap. XII).

Pour déterminer, en vue de la perception, le montant de l'émolument, il convient de prendre pour base les actes intervenus entre les parties qui ont fixé la part incombant à la femme dans le passif commun. Si une liquidation ou un partage régulier n'a pas été dressé dans les six mois du décès, cet émolument « sera calculé sur l'actif et le passif de la communauté compris dans la déclaration de succession; l'importance de ces éléments sera établie comme pour la liquidation de l'impôt » (Rapp. de M. Cordelet, *J. off.*, Doc. parl., Sénat, 1896, p. 290). La valeur des meubles sera fournie par les énonciations de l'inventaire ou de l'acte équivalent qui est indispensable pour l'acquisition de ce bénéfice ; quant à la valeur des immeubles, elle résultera de la capitalisation du revenu déclaré et non d'une estimation en valeur vénale.

350. Dettes communes. Femme renonçante. — La femme ou ses héritiers, qui perdent, comme suite de leur renonciation, tout droit sur l'actif commun, sont dispensés, par voie de conséquence, de supporter les dettes et charges de la communauté. C'est ce que décide expressément l'art. 1494, C. civ. Le mari seul doit supporter tout le passif commun. Il ne peut exiger de l'épouse aucune contribution, même pour les dettes entrées du chef de cette dernière dans la communauté, par exemple, pour les dettes qu'elle avait contractées avant de se marier.

Il en résulte que si, après le décès de la femme, ses héritiers ont renoncé à la communauté, aucune portion des dettes communes ne peut être comprise au passif de la succession. Au contraire, si la renonciation de la femme intervenait après la mort du mari, tout le passif commun devrait être admis en déduction de l'actif héréditaire de ce dernier.

Mais le principe qui précède doit être combiné avec cette autre règle, à savoir que la femme renonçante est tenue envers son conjoint de toutes les récompenses dont elle était débitrice envers la communauté. Il s'ensuit que les dettes qui, provenant du chef de la femme, n'étaient tombées que provisoirement et sauf récompense dans le passif commun, doivent être supportées par la femme seule et pour le tout. Si la communauté les a payées, l'épouse en doit le remboursement au mari ; si elles existent encore, elle doit les prendre à sa charge (Baudry-Lacantinerie, Le Courtois et Surville, *op. cit.*, n° 1255). De toute manière, elles doivent être déduites de sa succession, s'il en est justifié.

351. Convention de mariage. Totalité des dettes à la charge du mari. — La dette contractée solidairement par deux époux est admissible en totalité au passif de la succession du mari, s'il est stipulé au contrat de mariage qu'il serait dû indemnité par le mari à la femme de toutes dettes contractées par elle, pour ou avec lui (Déc. belge, 14 mars 1867 ; *J. E. belge*, n° 10.461 ; Brandner, V° *Succession*, n° 143).

§ 2. — *Fixation de l'émolument net de chaque ayant droit.*

352. Émolument net. — Lorsque le montant de l'actif net imposable a été déterminé, il y a lieu de rechercher dans quelle mesure cet actif se répartit entre les diverses personnes, héritiers, donataires ou légataires, appelées à recueillir la succession. Dans l'économie de la loi, c'est, en effet, l'importance de la part nette recueillie par chaque ayant droit et non la valeur nette de la masse héréditaire qui doit être envisagée pour l'application du tarif progressif. En vue d'arriver à la fixation de cette part, il importe : 1° d'établir quels sont les droits conférés dans l'actif de la succession, à chaque héritier ou légataire par les dispositions de la loi ou par la volonté du défunt, 2° d'examiner si l'on doit imputer sur les sommes revenant à chaque héritier les rapports dont il peut être tenu envers ses cohéritiers, 3° et enfin de préciser la fraction du passif héréditaire que chacun des appelés doit supporter.

353. 1° Droits dans l'actif. — Sous l'empire de la loi de frimaire, la question de savoir quelles étaient les droits héréditaires de chacune des personnes appelées à la succession n'offrait d'intérêt que quand les héritiers ou légataires étaient soumis à un tarif proportionnel différent. Dans le système de la loi du 25 février 1901, cette question se pose dans tous les cas où plusieurs personnes se présentent pour recueillir l'hérédité. Elle sera résolue d'après les principes du droit civil et en tenant compte, le cas échéant, des dispositions de dernière volonté du défunt. Les règles de la dévolution successorale *ab intestat*, celles relatives à la réserve et à la quotité disponible, devront être soigneusement observées. Nous ne pouvons que renvoyer, pour l'examen des difficultés qui peuvent se produire, au texte même du Code civil et aux ouvrages spéciaux, notamment au T. A., V° *Quotité disponible*. Nous exposerons cependant ci-après (n°° 356 et s.) les modifications que la loi récente du 25 mars 1896 a apportées aux droits des enfants naturels venant à la succession de leurs père et mère.

354. Titres divers. Legs par préciput. Assurance sur la vie. — L'émolument de chaque ayant droit dans l'actif se compose de tout ce qu'il recueille effectivement dans la succession, même à des titres divers (Inst. 3058, p. 21).

Ainsi, le legs fait à un héritier et qui est réputé fait par préciput et hors part, à moins que le testateur n'ait exprimé le contraire (art. 843, C. civ., modifié par la loi du 24 mars 1898), doit être ajouté à la part virile de cet héritier dans le surplus de la masse héréditaire. Un époux usufruitier aux termes de la loi et nu propriétaire en vertu d'un legs sera soumis à la liquidation du tarif progressif sur l'ensemble des valeurs qui lui reviennent dans la succession, et non séparément sur l'usufruit, d'une part, et sur la nue propriété, de l'autre. De même, si l'un des héritiers ou le conjoint survivant recueille, à l'exclusion des autres héritiers, le bénéfice d'une assurance sur la vie contractée à son profit par le défunt, le capital assuré doit être réuni à l'émolument qui lui revient comme successible ou légataire ; bien qu'en droit civil, ce capital n'ait jamais fait partie du patrimoine du défunt, il doit, pour la perception des droits de mutation par décès, être considéré comme une valeur successorale (L. 21 juin 1875, art. 6 ; *supra*, n°° 88 et suiv.), quelles que soient les conventions des cohéritiers ou colégataires à cet égard.

355. Réduction des dons et legs. — Il n'est pas inutile de rappeler que la réduction des dons et legs qui excèdent la quotité disponible ne s'opère pas de plein droit, l'héritier réservataire pouvant renoncer expressément ou tacitement à la demander. Aussi n'appartient-il pas au receveur de réduire d'office les libéralités excessives et de percevoir les droits de mutation par décès en conséquence (T. A., Vᵒ Quotité disponible, nᵒ 239).

356. Enfants naturels. Loi du 25 mars 1896. — La loi du 25 mars 1896 a donné aux enfants naturels la qualité d'héritiers dans la succession de leurs père et mère. Il en résulte, au point de vue civil, qu'ils ont la saisine, qu'ils ne sont plus obligés de demander l'envoi en possession des biens héréditaires et qu'ils sont tenus des dettes *ultra vires hereditatis.* En droit fiscal, ils doivent acquitter l'impôt de mutation par décès solidairement avec les héritiers légitimes dont ils subissent le concours, dans les six mois du décès,aux taux fixés pour les héritiers en ligne directe. Mais la principale innovation de la loi du 25 mars 1896 consiste dans l'augmentation de la part successorale des enfants naturels et dans la fixation de leurs droits de réserve.Il faut observer préalablement que la loi «n'accorde de droits aux enfants naturels sur les biens de leurs père ou mère décédés que lorsqu'ils ont été légalement reconnus » (art. 756), et qu'elle ne leur donne « aucun droit sur les biens des parents de leur père ou de leur mère « (art. 757, C. civ.).

357. Quotité des droits de l'enfant naturel. — La quotité des droits héréditaires de l'enfant naturel varie suivant la qualité des parents légitimes avec lesquels il vient en concours.

I. Concours avec des descendants légitimes. — Si l'enfant naturel vient en concours avec des descendants légitimes, légitimés ou adoptifs du *de cujus,* sa part héréditaire est aujourd'hui de la moitié de celle qu'il aurait eue,s'il eût été légitime (art. 758). Pour déterminer cette part, il suffit donc de rechercher ce qu'il aurait eu, s'il eût été légitime, et de prendre la moitié du résultat obtenu.On procède de même si l'enfant naturel vient en concours avec des enfants légitimes et des descendants d'un degré plus éloigné appelés par représentation d'un ou de plusieurs enfants légitimes prédécédés, mais il faut observer que les descendants venant par représentation d'un même auteur ne comptent que pour une tête. Si, par suite de la renonciation ou de l'indignité de tous les descendants légitimes au premier degré, ce sont des descendants plus éloignés qui viennent de leur chef à la succession, l'enfant naturel aura la moitié de l'hérédité, puisqu'il aurait eu la totalité s'il eût été légitime.

Le même mode de calcul doit être suivi, quand le défunt laisse plusieurs enfants naturels ; on détermine ce qu'aurait eu chacun des enfants, si tous avaient été légitimes, et on attribue à chacun des enfants naturels la 1/2 de la fraction ainsi obtenue.

La part dévolue aux descendants légitimes, avec lesquels concourent les enfants naturels, se partage entre eux suivant les règles établies par le Code civil (art. 745).

II. Exclusion des enfants naturels dans le cas prévu par l'art. 337. — L'art. 337, C. civ. a été maintenu par le législateur de 1896, ainsi qu'il résulte des travaux préparatoires (1). Donc, l'enfant naturel reconnu pendant le mariage par un époux, qui l'a eu d'un autre que son conjoint, ne peut faire valoir ses droits comme héritier, dans la succession ab intestat de l'auteur de.la reconnaissance, au détriment des enfants nés de ce mariage.

(1) Séances du Sénat des 18 et 22 mars 1895, du 21 juin 1895 (J. off., 19 mars, p. 200 ; 23 mars, p. 226 ; 22 juin, p. 650).

III. Concours avec des descendants ou des frères et sœurs du de cujus ou avec des descendants légitimes de ses frères et sœurs. — Si l'enfant naturel vient en concours avec des ascendants, ou avec des frères et sœurs du défunt, ou avec des descendants *légitimes* des frères et sœurs du défunt appelés, soit de leur chef, soit par représentation de leurs auteurs prédécédés, son droit est des 3/4 de l'hérédité (art. 759 nouveau). Les droits de l'enfant naturel ont la même étendue, que le défunt laisse des ascendants dans les deux lignes ou dans une seule, ou même qu'il ne laisse aucun ascendant, pourvu que l'enfant se trouve en présence de collatéraux privilégiés, germains, consanguins ou utérins du de cujus. La partie de la succession dont ne profite pas l'enfant naturel dans cette hypothèse est dévolue aux ascendants, frères et sœurs légitimes du défunt ou descendants légitimes de ceux-ci et partagés entre eux suivant les règles du Code civil.

IV. Concours avec des collatéraux privilégiés ou défaut de parents légitimes au degré successible. — Quand le défunt ne laisse ni ascendants, ni frères et sœurs ou descendants de frères et sœurs, l'enfant naturel a droit à la totalité de la succession (art. 760 nouveau), de telle sorte que la présence de l'enfant naturel a pour résultat d'exclure de l'hérédité tous les collatéraux non privilégiés.

A fortiori, l'enfant naturel est-il un obstacle à ce que le conjoint survivant du défunt puisse prétendre succéder *en propriété,* à moins qu'il n'ait été reconnu dans les conditions prévues par l'art. 337, C. civ. (suprá, même nᵒ, II).

V. Renonciation ou indignité des héritiers légitimes. — En cas de renonciation des ascendants, l'enfant naturel qui se trouve en présence de collatéraux privilégiés prend la totalité de la succession. Dans les autres cas, la jurisprudence admet qu'on doit envisager l'état de la famille au moment du décès, sans tenir compte des renonciations ou des déclarations d'indignité des héritiers.

VI. Droits héréditaires des descendants légitimes de l'enfant naturel. — En cas de prédécès de l'enfant naturel, ses descendants légitimes, légitimés ou adoptifs ont les mêmes droits héréditaires que leur auteur.

VII. Abrogation des art. 760 et 761, C. civ. — La loi du 25 mars 1896 a abrogé formellement les art. 760 et 761, C. civ. Par suite, le père et la mère ne pourront plus écarter l'enfant naturel de leur succession par le moyen indiqué dans l'art. 761 ; d'autre part, l'enfant naturel qui a reçu des libéralités du de cujus ne pourra plus être tenu que du rapport.

358. Réserve des enfants naturels et de leurs descendants. — La loi du 25 mars 1896 reconnaît formellement, au profit de l'enfant naturel et de ses descendants l'existence d'une réserve que la jurisprudence antérieure admettait déjà.

I. Principe. — D'après le texte de l'art. 913, cette réserve est « une quotité de celle qu'il (l'enfant naturel) aurait eue s'il eût été légitime, calculée en observant la proportion qui existe entre la portion attribuée à l'enfant naturel au cas de succession ab intestat et celle qu'il aurait eue dans le cas où il eût été légitime ». Donc on recherchera quelle eût été la réserve de l'enfant naturel, s'il eût été légitime, et on diminuera le résultat obtenu dans la proportion dont la part héréditaire de cet enfant est elle-même diminuée, vu sa qualité d'enfant naturel : ou, ce qui revient au même, on déterminera la part héréditaire à laquelle a droit l'enfant naturel dans le cas particulier, et sur cette part on lui attribuera une réserve calculée d'après le même taux que celle d'un enfant légitime.

II. Applications. — Si le défunt ne laisse ni descendants, ni ascendants, ni collatéraux privilégiés, l'enfant naturel étant appelé à la totalité de la succession, sa réserve sera la même que s'il eût été enfant légitime. Il faut appliquer l'art. 913, al. 1.

En cas de concours de l'enfant avec des descendants légitimes, le procédé de calcul établi par l'art. 913, al. 2, aboutit aux résultats suivants : la réserve d'un enfant naturel unique sera de 1/6, si le défunt laisse un enfant légitime, de 1/8, s'il en laisse deux. S'il laisse 3 enfants légitimes ou un plus grand nombre, comme la quotité disponible est invariablement du 1/4 de la succession, la part de réserve de l'enfant naturel unique sera de la 1/2 de celle qu'il aurait eue dans les 3/4 formant la réserve des descendants.

On procède de même s'il y a plusieurs enfants naturels : ainsi 2 enfants naturels, en présence d'un enfant légitime, auront chacun une réserve de 1/8 (1/2 de 1/4) ; en présence de 2 enfants légitimes une réserve de 3/32, soit la 1/2 du 1/4 qui serait revenu à chacun d'eux dans les 3/4 réservés, s'ils eussent été légitimes, et ainsi de suite.

Pour le calcul de la réserve, si ce sont des descendants légitimes de l'enfant naturel qui viennent à la succession d'un auteur de celui-ci, soit par représentation, soit de leur chef, il est clair que les descendants issus d'un même enfant naturel ne comptent que pour une tête.

La loi de 1896 laisse d'ailleurs entière la question de savoir si la réserve des enfants naturels se prend sur la quotité disponible ou sur la réserve des descendants légitimes. Cette théorie est exposée au T. A. (V° Quot. disp., nos 51 et s.).

III. Règle spéciale quand l'enfant naturel est en concours avec des ascendants du de cujus. — Dans le cas où l'enfant naturel vient en concours avec des ascendants, le législateur a imaginé un système particulier. L'art. 915 nouveau est ainsi libellé : « Lorsque, à défaut d'enfants légitimes, le défunt laisse à la fois un ou plusieurs enfants naturels et des ascendants dans les deux lignes ou dans une seule, les libéralités par actes entre vifs et par testament ne pourront excéder la moitié des biens du disposant, s'il n'y a qu'un enfant naturel, le tiers s'il y en a deux, le quart s'il y en a trois ou un plus grand nombre. Les biens ainsi réservés seront recueillis par les ascendants jusqu'à concurrence d'un huitième de la succession et le surplus par les enfants naturels ». Ainsi, en pareil cas, pour fixer la quotité disponible, on tient compte uniquement du nombre des enfants naturels, en le réglant suivant les distinctions faites par l'art. 913, al. 1, pour l'hypothèse où le défunt ne laisse que des descendants légitimes. La réserve se distribue entre les ascendants et les enfants naturels de la façon suivante : les ascendants, quel que soit leur nombre, qu'il y en ait ou non dans les deux lignes, auront une réserve égale au huitième de la succession, ce qui forme la 1/2 de leur droit héréditaire en présence d'enfants naturels ; les enfants naturels prendront le surplus de la réserve. Ce système conduit aux résultats consignés dans le tableau suivant :

A. 1 enfant naturel :
Quotité disponible : 1/2.
Réserve totale : 1/2 ou 3/8, attribuée pour 1/8 aux ascendants, pour 3/8 à l'enfant naturel.

B. 2 enfants naturels :
Quotité disponible : 1/3 ou 8/24.
Réserve totale : 2/3 ou 16/24, attribuée pour 1/8 ou 3/24 aux ascendants, pour 13/24 aux deux enfants naturels réunis.

C. 3 enfants naturels ou un plus grand nombre.

Quotité disponible : 1/4 ou 4/16.
Réserve totale : 3/4 ou 12/16, attribuée pour 1/8 ou 2/16 aux ascendants, pour 5/8 ou 10/16 aux enfants naturels réunis.

L'art. 915 (nouveau) est applicable quand le défunt laisse pour héritiers avec des enfants naturels ou descendants d'eux, non seulement ses père et mère ou l'un d'eux, mais des frères et sœurs ou des descendants de frères et sœurs. Soit, par exemple, une succession de 48.000 fr., le de cujus laisse un légataire universel et, en outre, son père, sa mère, des frères et sœurs et deux enfants naturels ; la quotité disponible étant de 1/3, le légataire universel prendra 16.000 fr. ; la réserve des 2/3, soit 32.000 fr. se divisera de la façon suivante : 1/8 de la succession ou 6.000 fr. aux père et mère, le surplus soit 26.000 fr. aux enfants naturels ; les frères et sœurs, héritiers non réservataires n'auront rien.

IV. Quantum de la réserve des enfants naturels quand les héritiers légitimes sont exclusivement des frères et sœurs du de cujus ou descendants d'eux. — Si le défunt ne laisse pas d'ascendants, mais des collatéraux privilégiés, outre les enfants naturels, on n'est pas dans le cas textuellement prévu par l'art. 915. Il semble dès lors qu'il faille appliquer l'art. 913, ce qui produit les résultats suivants : un seul enfant naturel aura une réserve des 3/8 de la succession ; 2 enfants naturels ensemble une réserve des 6/12 ; 3 enfants naturels ou un plus grand nombre auront ensemble comme réserve les 9/16 de la succession. Cette solution entraîne cette anomalie que la réserve des enfants naturels, en présence de simples collatéraux privilégiés, sera presque toujours moindre que celle qu'ils auraient en présence d'ascendants, lesquels cependant sont héritiers réservataires. Mais l'art. 915 est clair et formel ; il ne vise que l'hypothèse où l'enfant vient en concours avec des ascendants. Il faut donc, malgré l'anomalie signalée s'en tenir à l'art. 913-2.

V. Disposition au profit du conjoint survivant. — On sait que le Code civil a fixé d'une manière spéciale le disponible entre époux (art. 1094). En cas de libéralités faites par le de cujus à son conjoint, comment se réglera la réserve des enfants naturels ? Diverses hypothèses peuvent se présenter.

Si le défunt laisse des descendants légitimes issus de son mariage avec le survivant et des enfants naturels, le disponible entre époux nous semble devoir être régi par l'art. 1094, al. 2, car la présence des enfants naturels ne peut modifier le disponible établi au profit de l'époux, ce disponible étant fixé uniformément, quel que soit le nombre des enfants. Sur la portion réservée, les enfants naturels n'auront que la 1/2 de ce qu'ils auraient obtenu s'ils eussent été légitimes. De même, si le de cujus laisse des enfants de précédents mariages, l'art. 1098 est applicable, mais la présence des enfants naturels, diminuant la part des enfants légitimes, diminuera par là même le disponible au profit de l'époux, puisque ce disponible est d'une part d'enfant légitime le moins prenant.

Si les héritiers légitimes sont des ascendants, il résulte de l'art. 1094, al. 1, que l'époux du disposant a pu recevoir tout ce qui aurait pu être donné à un étranger, plus l'usufruit de la réserve des ascendants. Le disponible au profit de l'époux sera donc : en présence d'un enfant naturel, de 1/2 en pleine propriété, plus l'usufruit du huitième de la succession réservé aux ascendants ; en présence de 2 enfants naturels, du 1/3 en pleine propriété, et de 1/8 en usufruit ; en présence de 3 enfants naturels ou d'un plus grand nombre, de 1/4 en pleine propriété, plus 1/8 en usufruit (Comp. T. A., V° Quot. disp., n° 82).

Si les enfants naturels sont appelés à la totalité de la succession à défaut de descendants, d'ascendants, de collatéraux privilégiés du *de cujus*, quelle sera leur réserve vis-à-vis du conjoint survivant gratifié par le prédécédé ? Aujourd'hui, l'on peut dire que le droit de l'enfant naturel est un droit de même nature que celui de l'enfant légitime, droit moins étendu sans doute quand il concourt avec certains parents légitimes, mais droit identique à celui de l'enfant légitime au cas où il recueille la totalité de la succession ; cela étant, le disponible au profit de l'époux survivant doit être le même, que le défunt laisse des enfants légitimes ou qu'il laisse des enfants naturels appelés à l'hérédité entière ; dans les deux cas, il faut appliquer l'art. 1094.

359. Capacité des enfants naturels de recevoir des libéralités de leur auteur. — D'après le Code civil, les enfants naturels étaient incapables de recevoir par donation entre vifs ou par testament des père et mère, vis-à-vis desquels leur filiation était légalement constatée, au delà de leur part héréditaire *ab intestat* (art. 908, C. civ.). La loi de 1896 a modifié cet article et réglé la capacité de l'enfant naturel différemment suivant le mode de disposition employé par son auteur.

Est-ce une donation entre vifs qui lui a été faite, l'incapacité ancienne subsiste : l'enfant ne peut recevoir par ce mode de libéralité au delà de sa part successorale (art. 908, al. 1) et, par conséquent, son auteur n'a pu lui faire une donation avec dispense de rapport. Cependant la situation de l'enfant naturel est améliorée, même à ce point de vue, puisque sa part héréditaire est plus élevée qu'autrefois. Au contraire, l'enfant naturel peut recevoir par disposition testamentaire tout ou partie du disponible ; il a la même capacité qu'un étranger, à la condition toutefois qu'il ne vienne pas à la succession en concours avec des descendants légitimes du *de cujus* ; dans le cas où le défunt laisse des descendants légitimes venant avec lui recueillir l'hérédité, il peut bien recevoir par legs au delà de ses droits héréditaires *ab intestat*, mais il ne faut pas qu'il arrive ainsi à recueillir plus que l'enfant légitime le moins prenant (art. 908, al. 2).

I. SANCTION DE L'INCAPACITÉ DE RECEVOIR PAR DONATION ENTRE VIFS. — Comme avant la loi de 1896, les donations qui excèdent la mesure permise sont réductibles lors du décès du donateur. Mais le nouveau texte mettant fin à des controverses qui existaient sur l'ancien art. 908, indique limitativement les personnes qui pourront provoquer la réduction : « Cette incapacité ne pourra être invoquée que par les descendants du donateur, par ses ascendants, par ses frères et sœurs et les descendants des frères et sœurs », en somme, par tous les héritiers légitimes dont la présence a pour effet de restreindre les droits successoraux de l'enfant naturel. Aussi ces personnes ne peuvent-elles provoquer la réduction qu'autant qu'elles viennent effectivement à la succession ; les parents primés par d'autres héritiers plus proches, les renonçants ou les indignes ne peuvent pas. Quant aux autres enfants naturels, au conjoint survivant, il ne leur appartient pas de se prévaloir contre le donataire de l'art. 908, al. 1. Il en est de même *à fortiori* des créanciers du *de cujus*. Si le défunt, dont les plus proches héritiers légitimes *ab intestat* sont, par hypothèse, des collatéraux privilégiés, a institué un légataire universel, les collatéraux exclus de la succession par ce dernier ne pourront demander la réduction des donations faites en contravention à l'art. 908 ; nous ne croyons pas que le légataire universel le puisse davantage, étant donné le texte de l'alinéa 1. Du reste, l'incapacité n'est établie que dans l'intérêt des héritiers légitimes qui sont ici hors de cause.

II. LIMITATIONS DES LIBÉRALITÉS TESTAMENTAIRES. — L'enfant naturel a la capacité de droit commun pour recevoir par testament ; mais, si le *de cujus* laisse des descendants légitimes, il faut que l'enfant naturel ne se trouve pas recevoir en tout, tant en vertu de la loi que du testament, plus que l'enfant légitime le moins prenant.

En présence d'ascendants appelés en première ligne à l'hérédité, l'enfant naturel institué légataire universel ne pourra prendre que les 7/8 de l'hérédité.

S'il se trouve en concours avec des descendants légitimes, il ne pourra pas toujours prendre tout le disponible, par suite de la restriction finale de l'art. 908-2. Supposons une succession de 24.000 fr. ; le défunt laisse 2 enfants légitimes et un enfant naturel auquel il a légué tout son disponible : ce dernier qui recueille *ab intestat* 1/6 de la succession, soit 4.000 fr. pourra prendre en outre comme légataire 4.000 fr., au total 8.000 fr., c'est-à-dire exactement la même part que chacun des enfants légitimes qui se partageront les 16.000 fr. restants ; il reçoit donc moins que la quotité disponible, qui est dans l'espèce des 3/8 de la succession, soit 9.000 fr.

III. PERSONNES QUI NE SONT PAS ATTEINTES PAR LES INCAPACITÉS DE L'ART. 908. — Les incapacités étant de droit étroit et l'art. 908 ne visant que l'enfant naturel reconnu, il y a lieu de décider que l'incapacité résultant de ce texte ne s'applique ni aux enfants naturels non reconnus, ni aux descendants légitimes de l'enfant naturel reconnu, sauf la présomption légale d'interposition de personnes (art. 911), dans le cas où le don est fait au descendant légitime de l'enfant naturel du vivant de celui-ci et par son auteur.

360. Dévolution de la succession de l'enfant naturel décédé. — La loi de 1896 n'a rien innové en ce qui concerne la dévolution de la succession de l'enfant naturel décédé, qui va : 1° à ses descendants ; 2° aux père et mère qui l'ont reconnu ou à celui des deux qui l'a reconnu ; 3° aux frères et sœurs naturels du défunt, sauf le droit de succession anomale des frères et sœurs légitimes. Toutefois, il semble résulter des textes de la loi de 1896 que les père et mère venant à la succession de leur enfant naturel ne sont plus, comme par le passé, de simples successeurs aux biens, non saisis, mais jouissent de la qualité d'héritiers avec les prérogatives et les obligations que cette qualité engendre. En effet, l'art. 765, qui établit les droits héréditaires des père et mère naturels, a été distrait du chapitre IV intitulé : « des successions irrégulières », pour être reporté dans le chapitre III exclusivement consacré aux « héritiers ». Il s'ensuit que les père et mère naturels sont tenus solidairement des dettes de succession et que le délai pour souscrire la déclaration court contre eux du jour de l'ouverture de la succession. Les frères et sœurs naturels restent, au contraire, de simples successeurs aux biens.

361. 2° Rapports. — Lorsque l'un des héritiers a reçu du défunt une donation sujette à rapport, conformément aux art. 843 et suiv. C. civ., doit-on tenir compte de ce rapport pour la détermination de la part de chacun des héritiers soumise à l'impôt ? Il faut observer, tout d'abord, que la question n'est pas de savoir si les sommes ou valeurs rapportables, qui ont déjà supporté la droit proportionnel lors de la transmission entre vifs, devront être frappées une seconde fois du droit de mutation : il a été reconnu par de nombreuses décisions administratives et judiciaires que le droit de mutation par décès n'est pas dû sur les valeurs rapportées, soit en nature, soit en moins prenant, à la succession du défunt, alors même qu'elles seraient, par un partage, attribuées en tout ou en partie à des cohéritiers autres que l'auteur du rapport (*T. A.*, V° *Succession*, n° 41). Toute la difficulté consiste à déterminer s'il ne convient pas de réunir aux biens existant au décès, par une opération fictive au regard du Trésor, les valeurs sujettes à rapport, de calculer sur l'ensemble de la masse ainsi obtenue la part revenant à chacun des cohéritiers et de déduire ensuite de la part de l'héritier donataire, pour la liquidation de l'impôt progressif, les valeurs rapportées qui ont déjà acquitté le droit de mutation.

Que l'on suppose, par exemple, une succession comprenant, au jour du décès, un actif net de 150.000 fr. et dévolue, par égales parts, à trois héritiers en ligne directe dont l'un a reçu du défunt une donation en avancement d'hoirie de 30.000 fr. Si l'on ne tient compte que des valeurs existant au décès, la part de chaque cohéritier est de 50.000 fr. et il est dû au total (720 fr. × 3) 2160 fr. Si, au contraire, on observe les principes du droit civil qui obligent chaque héritier donataire à remettre à la succession du donateur les valeurs données sans dispense de rapport, la masse héréditaire s'élève à 180.000 fr. et la part de chaque cohéritier à 60.000 fr. Mais l'héritier donataire ne recueille en valeurs existant au décès que 30.000 fr. ; le surplus de sa part étant représenté par des valeurs qui ont déjà supporté le droit proportionnel, il ne devra l'impôt progressif que sur 30.000 fr. (soit 420 fr.). Chacun des autres héritiers, recevant 60.000 fr. de valeurs successorales, est tenu de payer 895 fr. de droits ; de telle sorte qu'il est dû sur l'ensemble de la succession (420 + 895 × 2) = 2.210 fr.

I. Système de l'administration. — L'Administration n'admet pas qu'on puisse, pour établir la part de chaque héritier, faire état des rapports dus à la succession. Les biens donnés, porte l'Inst. 3058 (p. 21), sont, en effet, irrévocablement sortis du patrimoine du donateur et, au point de vue de l'application du droit de mutation par décès, les valeurs rapportées ne peuvent pas être comprises dans la masse héréditaire. La mutation *entre vifs*, réalisée par la donation et qui a supporté l'impôt d'après le tarif spécial aux contrats de cette nature, est complètement distincte de la transmission qui s'opère par le décès du *de cujus* ; chacune de ces mutations doit être considérée isolément pour l'application des tarifs. La loi du 25 février 1901 n'a nullement dérogé à cette règle toujours admise sous l'empire de la législation antérieure.

L'opinion adoptée par l'Administration ne nous paraît pas fondée. Sans doute, il est incontestable, en droit fiscal, que les rapports ne font pas partie de la masse successorale ; mais cette règle doit s'entendre en ce sens seulement que les valeurs rapportées, ayant supporté le droit de donation, ne peuvent être assujetties à un nouveau droit de mutation au moment du décès du donateur (Cass. 28 oct. 1899 ; *T. A.*, V° *Succession*, n° 550) : c'est une simple application de la règle *non bis in idem*. Or, au cas actuel, il n'est nullement question de décider que les rapports sont passibles de l'impôt progressif de succession ; il s'agit uniquement de rechercher, pour l'exécution de l'art. 2 de la loi du 25 février 1901, quelle est « la part nette recueillie par chaque ayant droit » dans les biens meubles et immeubles soumis à la taxe progressive, c'est-à-dire quelle est la fraction de l'actif net *existant au décès* que chaque héritier peut, dans ses relations avec ses cohéritiers, exiger en représentation de ses droits héréditaires. Cette part, cette fraction ne peut être déterminée qu'en faisant état des libéralités reçues du défunt par les héritiers, puisque l'obligation du rapport a pour but d'assurer l'égalité entre les cohéritiers. C'est donc à un véritable par-

tage qu'il y a lieu de procéder. Les règles du droit fiscal n'ont pas à intervenir dans cette opération qui relève exclusivement du droit civil.

Du reste, dans le système de la Régie, on se heurte à une difficulté très sérieuse dans le cas où les parties ont fait entre elles le partage de la succession. Ce partage détermine rétroactivement l'étendue de la mutation opérée au profit de chacun des héritiers (Naquet, 2ᵉ édit., II, n° 948). Comment la perception du droit de mutation par décès devra-t-elle être établie si les copartageants ont tenu compte des rapports et attribué à l'héritier donataire, à valoir sur sa part successorale, le montant du rapport qu'il a effectué à la masse ? Le receveur fera-t-il abstraction de ce partage qui, s'il est pur et simple, constitue cependant la base légale de la liquidation de l'impôt ? ou, contrairement à la règle générale posée dans l'Inst. 3058 (p. 21) et par une exception dont nous n'apercevons pas les motifs, devra-t-on se conformer, dans cette hypothèse, aux conventions des parties ? La solution de cette question nous échappe.

II. Notre avis. — En principe, on ne saurait donc écarter le rapport des sommes ou valeurs données en avancement d'hoirie pour fixer la part des héritiers dans l'actif existant au décès. Toutefois, en ce qui concerne l'imputation de la valeur rapportée sur la part successorale entière du donataire, il semble qu'il y a lieu de distinguer suivant que le rapport s'opère en nature ou en moins prenant.

Le rapport en nature consiste à replacer effectivement dans la succession l'objet même qui a été donné. Le titre du donataire est résolu par suite de l'ouverture de la succession et le bien rapportable devient rétroactivement la propriété de l'hérédité (*Pand. franç.*, V° *Donations entre vifs et testamentaires*, n° 10.762 ; Baudry-Lacantinerie et Wahl, *Des successions*, 2ᵉ édit., III, n°ˢ 2692 et 2693). Le droit exclusif du donataire sur l'objet donné cesse donc par l'événement du décès et fait place au droit indivis de tous les cohéritiers. On peut considérer la succession comme composée de deux parties, l'une ouverte rétroactivement au jour de la donation, l'autre ouverte au jour du décès, et, sur ces deux espèces de biens, les droits des cohéritiers sont les mêmes (Rapp. Championnière et Rigaud, III, 2523 ; — *Dict. Enreg.*, V° *Rapp. à succession*, n° 423 et 424). Il s'ensuit que le donataire a, dans la proportion des biens existants au décès, la même part que s'il n'avait jamais été donataire ; il ne peut donc profiter d'aucune imputation. Ainsi, pour reprendre l'exemple cité plus haut, si le bien donné, d'une valeur de 30.000 fr. est rapportable en nature, le donataire ne possède plus, par l'effet résolutoire du décès, que le tiers de ce bien, soit 10.000 fr. ; mais, en même temps, il a droit au tiers de l'actif net existant au décès, soit à 50.000 fr. ; c'est sur cette dernière somme qu'il doit acquitter l'impôt progressif, puisque c'est la part qu'il recueille réellement dans les meubles et immeubles transmis par décès. Dans ce cas, l'opération du rapport ne change en rien le chiffre total des droits exigibles.

Il n'en est pas de même quand le rapport doit être effectué en moins prenant. Les héritiers du donataire n'acquièrent alors, par le décès du donateur, aucun droit sur le bien donné. Le rapport en moins prenant est un rapport fictif : l'héritier garde ce qui a fait l'objet de la donation et il le *prend en moins* dans la masse, c'est-à-dire qu'on le lui déduit sur sa part (Baudry-Lacantinerie et Wahl, *loc. cit.*, n° 2835). Ce rapport consiste à imputer sur la portion héréditaire du successible donataire la valeur de l'objet qui a été donné, en ne lui attribuant des biens de la succession que *pour le complément* de cette portion (*Pand. franç.*, *loc. cit.*, n° 10.689). L'héritier avait reçu, lors de la donation, un acompte sur sa part héréditaire ; par le rapport, il reçoit sa part entière composée de l'acompte et d'une attribution complémentaire. Comme l'acompte a supporté le droit de mutation entre vifs, l'attribution complémentaire doit seule être soumise à l'impôt progressif de succession. Dans cette hypothèse, l'opération du rapport réduit la part imposable de l'héritier donataire.

Enfin, si les héritiers ont procédé entre eux au partage de la succession, la perception de l'impôt doit suivre exactement les attributions faites aux copartageants. Il convient, en conséquence, de liquider le droit progressif séparément sur la part que chacun d'eux reçoit en biens existants au décès, abstraction faite des valeurs rapportées qui pourraient se trouver dans leur lot.

III. Conclusion. — Les agents du Trésor sont tenus de conformer leurs perceptions aux règles posées par l'Administration ; ils doivent donc éliminer de l'actif héréditaire, pour la liquidation des parts imposables, les sommes ou valeurs sujettes à rapport. Nous reconnaissons, d'ailleurs, que ce système est très libéral, puisqu'il aboutit à une perception moindre que si les rapports entraient en ligne de compte (V. *supra*, I) ; mais nous ne serions pas surpris que la Régie ne fût contrainte d'abandonner sa première doctrine, à raison des difficultés que l'application ne manquera pas de soulever en cas de partage antérieur à la déclaration.

362. 3° Répartition du passif héréditaire. — La répartition du passif héréditaire entre les diverses personnes appelées à recueillir une succession soulève, pour la liquidation des droits de mutation par décès, deux questions distinctes : 1° à quels successeurs incombe la charge définitive des dettes et dans quelle mesure (*contribution*) ; 2° peut-on déduire de la part active d'un héritier ou légataire la dette ou la portion de dette dont il n'est pas définitivement tenu, mais qu'il a dû acquitter sur les poursuites du créancier (*obligation*) ?

363. Contribution aux dettes. — Deux principes dominent toute la matière (art. 870 à 882, C. civ.) :

1° Le passif héréditaire, étant une charge de l'universalité du patrimoine et non point de chacun des objets particuliers dont il se compose, ne peut être supporté que par ceux qui succèdent à l'universalité du patrimoine ou à une quote-part de cette universalité, mais non pas à ceux qui succèdent à des objets particuliers compris dans ce patrimoine (*Pand. franç.*, V° *Succession*, n° 9306). En un mot, les successeurs universels contribuent aux dettes, les successeurs à titre particulier n'y contribuent pas ;

2° Chaque successeur universel contribue aux dettes dans la proportion de la fraction de l'universalité qu'il recueille (*Pand. franç.*, *loc. cit.*, n° 9307).

I. Successeurs universels. — Doivent être considérés comme successeurs universels : 1° les héritiers légitimes ou naturels ; 2° les successeurs irréguliers ; 3° les légataires universels ou à titre universel ; 4° les héritiers contractuels. Chacun de ces successeurs est tenu de contribuer aux dettes héréditaires dans la proportion, et seulement dans la proportion, de la quote-part qu'il est appelé à recueillir dans l'actif héréditaire, eu égard au concours des autres successeurs universels appelés avec lui à l'hérédité. Si, par exemple, le défunt laisse deux enfants et un légataire universel de la quotité disponible, c'est-à-dire du tiers, les enfants et le légataire devront contribuer aux charges héréditaires chacun pour un tiers.

II. Successeurs anomaux. — Les successeurs anomaux sont de véritables héritiers à titre universel et tenus comme tels de contribuer aux dettes. Ainsi l'ascendant donateur qui exerce son droit de retour légal (art. 747, C. civ.), doit supporter les charges de la succession du donataire, proportionnellement à l'importance relative des biens auxquels s'applique ce retour. Si, par exemple, l'ensemble des biens laissés par le donataire, y compris les biens donnés, vaut 100.000 fr. et si la valeur du bien donné est de 25.000 fr., soit le quart de la masse totale, l'ascendant contribuera aux charges de la succession pour un quart. Dans le cas où l'ascendant donateur serait appelé à la fois à la succession anomale et à la succession ordinaire, il devrait contribuer à ces deux titres aux dettes de la succession (Rappr. Baudry-Lacantinerie et Wahl, *Des successions*, 2° édit., I, n° 692).

III. Legs particuliers. — Le légataire particulier n'est pas tenu de contribuer aux dettes de la succession (art. 1024, C. civ.) ; il peut être poursuivi en payement de la dette hypothécaire qui grève l'immeuble légué, mais il a son recours contre les successeurs universels et ne doit supporter définitivement aucune fraction du passif héréditaire. Par suite, aucune déduction de dette ne peut être opérée, pour le payement des droits de mutation par décès, sur un legs fait à titre particulier, quel qu'en soit le bénéficiaire (V. *infra*, même n°, IV et V). Il n'en serait autrement que si, par une déclaration expresse de volonté, le testateur mettait certaines dettes *existantes au décès* à la charge de son légataire particulier.

Toutefois, il faut remarquer que, lorsque le payement intégral des legs particuliers ne laisse pas dans l'actif de la succession une somme suffisante pour l'acquittement des dettes, les legs doivent subir une réduction proportionnelle. Dans ce cas, les légataires particuliers sont soumis d'une manière indirecte à la contribution aux dettes (Déc. belges, 26 janv. 1863, 19 juill. 1864, 28 mai 1877 ; *J. E. belge*, n°s 9334, 9679 et 13.295 ; Brandner, V° *Succession*, n°s 538 à 540).

IV. Legs particulier à un successeur universel. — Lorsqu'un legs particulier est fait au profit d'un successeur universel, celui-ci ne doit contribuer aux dettes de la succession que dans la proportion de ce qu'il recueille à titre universel. Si, par exemple, le défunt, laissant deux fils, a légué à l'un d'eux une *somme* équivalente au tiers de la succession, chacun des enfants doit contribuer aux payement des dettes pour moitié. Par suite, pour la liquidation de l'impôt progressif applicable à chacun de ces héritiers, il faut déduire le passif héréditaire, pour moitié des deux tiers de l'actif appartenant au légataire et pour moitié de l'autre tiers revenant à l'héritier non légataire (*Pand. franç.*, V° *Succession*, n° 9309).

La règle serait la même si l'un des deux enfants avait été chargé exclusivement par le défunt de délivrer le legs à un étranger (*Pand. franç.*, *loc. cit.*, n° 9310).

V. Légataire universel et légataires particuliers. — Le légataire universel ou à titre universel doit contribuer aux dettes proportionnellement à la part qu'il recueille dans l'universalité, sans qu'il y ait lieu de tenir compte des legs particuliers dont sa part peut être grevée. Ainsi, lorsque le légataire universel est en concours avec un héritier réservataire, celui-ci ne doit contribuer au payement du passif que dans la proportion du montant de sa réserve, alors même qu'il prendrait encore part dans la succession comme donataire préciputaire à titre particulier. Si donc la réserve est de moitié, l'héritier ne doit supporter que la moitié des dettes ; l'autre moitié est à la charge du légataire universel, quelle que soit la réduction que son legs puisse éprouver par suite de la disposition précipua-

taire faite au profit du réservataire (Bastia, 8 fév. 1837 ;
D. P. 37.2.104 ; — *Pand. franç.*, V° *Succession*, n° 9314 ;
— Déc. belge, 2 avr. 1868 ; *J. E. belge*, n° 10,794 ;
Brandner, V° *Succession*, n° 553).

VI. LEGS A TITRE UNIVERSEL D'UNE SEULE ESPÈCE DE BIENS. —
De même, si le défunt a légué tous ses meubles et a disposé, en outre, de quelques immeubles à titre particulier,
les dettes se répartissent entre le légataire à titre universel des meubles et l'héritier qui succède à l'universalité
des immeubles, proportionnellement à la valeur des meubles comparée à celle des immeubles, et sans aucune
distinction à raison des legs particuliers d'immeubles dont
l'universalité immobilière se trouve grevée (*Sic*, Baudry-
Lacantinerie et Wahl, *Des successions*, 2° édit., III, n° 3030,
in fine).

VII. RECEL. — Le recel commis par l'un des héritiers,
et qui entraîne pour lui la privation de toute part dans les
objets recelés, n'empêche pas le receleur de contribuer
aux dettes dans la proportion de la quote-part qu'il est
appelé à recueillir dans l'actif héréditaire (Aubry et Rau,
§ 637, texte et note 1, et § 520, texte et note 31).

VIII. USUFRUITIER LÉGAL OU TESTAMENTAIRE. — La loi du
25 février 1901 a prévu spécialement, pour la déduction
du passif héréditaire, le cas où il existe un successeur en
usufruit. « S'il s'agit, porte l'art. 3, § 5, d'une dette gre-
« vant une succession dévolue à une personne pour la
« nue-propriété et à une autre pour l'usufruit, le droit de
« mutation sera perçu sur l'actif de la succession diminué
« du montant de la dette, dans les conditions de l'art. 13. »
Cette règle n'est qu'une application des principes du droit
civil d'après lesquels le successeur à titre universel en
usufruit doit contribuer au payement des dettes héréditaires d'après la nature et l'importance de son droit
(art. 610 à 612, C. civ.).

Par conséquent, avant de liquider la part revenant dans
l'hérédité à chacun des successeurs en nue propriété et en
usufruit du défunt, il faut déduire de l'actif brut la totalité du passif de la succession, sans distinguer entre les
dettes en capital ou en rentes viagères, ni entre les dettes
productives ou non d'intérêts. L'excédent est ensuite réparti pour la perception entre les nus propriétaires et l'usufruitier, conformément au barème inséré dans l'art. 13 de
la loi (Inst. 3058, p. 6). Il n'en serait autrement que si,
par une disposition formelle, le défunt avait imposé spécialement à l'usufruitier la charge d'une dette ou d'une
rente viagère (V. *supra*, n° 343).

Dans le cas où l'usufruitier a, en même temps, droit à
une part en pleine propriété, le même procédé doit être
suivi. Le passif est déduit de la totalité de l'actif ; la valeur
de l'usufruit et de la pleine propriété revenant à l'usufruitier sont liquidés séparément sur le reliquat, puis sont
réunis pour former la part nette soumise à l'impôt progressif (Voir le formulaire, chap. XII).

IX. USUFRUITIER EN VERTU D'UNE CONVENTION DE MARIAGE. —
L'usufruit dévolu à un époux en vertu d'une convention
de mariage est exempt du droit de mutation par décès
(Rappr. *T. A.*, V° *Usufruit*, n°° 65 A et 87 A). Pour déterminer l'importance de la somme qui, de ce chef, doit être
retranchée de l'actif net imposable, il faut déduire,
tout d'abord, le passif total de l'ensemble de l'actif, conformément aux prescriptions de l'art. 3, § 5, puis calculer sur le reliquat, d'après le barème de l'art. 13, la valeur
de l'usufruit résultant de la convention de mariage. Les
droits de succession ne doivent être liquidés que sur le
surplus de l'hérédité.

364. Obligation aux dettes. — En principe, les dettes
héréditaires se divisent de plein droit entre les ayants

droit dans la proportion même de leurs droits dans la
succession, c'est-à-dire conformément aux règles de la
contribution (art. 873), de telle sorte que les créanciers
ne peuvent les poursuivre en payement de chaque dette
que pour la portion dont ils sont définitivement tenus.
Cette règle reçoit cependant exception dans plusieurs cas.
S'il s'agit d'une dette indivisible ou hypothécaire (art.
1221 et 873, C. civ.), si l'héritier légitime se trouve en concours avec des légataires universels ou des successeurs
particuliers (art. 893, C. civ.), si enfin il s'agit du légataire
particulier d'un immeuble hypothéqué (art. 871, C. civ.),
l'obligation aux dettes, c'est-à-dire le droit de poursuite
des créanciers, est supérieure à la contribution, et l'héritier
ou le légataire peut être obligé de payer une dette ou une
part de dette dont il n'est pas tenu. Cette circonstance
est-elle de nature à influer sur la liquidation de l'impôt ?

I. HÉRITIER. — Lorsqu'un héritier est obligé de payer
une dette du défunt au delà de sa part virile, peut-il obtenir la déduction totale de la dette qu'il a acquittée, ou seulement la déduction de sa part contributive dans la dette?

Soit une succession comprenant un actif brut de
100.000 fr. et une dette hypothécaire de 40.000 fr. Les
héritiers sont au nombre de deux. Primus reçoit dans
son lot l'immeuble hypothéqué qui vaut 50.000 fr. et Secundus prend 50.000 fr. en argent ou en valeurs mobilières. La part contributive de chacun d'eux dans la dette
n'est que de 20.000 fr. (1/2 de 40.000 fr.). En fait, Primus
détenteur de l'immeuble, est poursuivi hypothécairement
et obligé de payer le montant total de la dette (40.000 fr.) ;
il ne peut, d'autre part, recouvrer de Secundus les
20.000 fr. qui sont également à sa charge, parce que Secundus est insolvable, ce qui fait qu'il ne recueille effectivement que 10.000 fr. au lieu de 30.000 fr. Si les droits
de succession sont calculés sur 30.000 fr., il les paiera, jusqu'à concurrence de 20.000 fr. pour une somme qu'il n'a
pas, en réalité, touchée. Peut-il éviter cette imposition ?

La négative est certaine. C'est la part contributive de
chaque héritier qu'il faut prendre en considération pour
liquider les droits, et non pas la part qu'il a été obligé de
payer.

La succession comprend réellement un actif net égal à
l'actif brut diminué des dettes du défunt ; ainsi, dans
l'exemple donné, cet actif net s'élève à 60.000 fr., puisque
le patrimoine héréditaire se composait, activement, d'un
immeuble de 50.000 fr. et de 50.000 fr. en argent ou en
valeurs mobilières et, passivement, d'une dette de
40.000 fr. Or, l'idée dominante de la loi, c'est que l'impôt
soit prélevé sur l'ensemble de l'actif net. L'État ne peut
prétendre à plus, mais il ne peut recevoir moins. Il ne
peut pas se refuser à déduire des valeurs brutes recueil-
lies par Secundus la part contributive de celui-ci dans la
dette héréditaire (20.000 fr.), et c'est sur le reste, c'est-à-
dire sur 30.000 fr. seulement, que les droits dus par Secundus seront calculés. Mais, réciproquement, il ne peut
être forcé de déduire de la part successorale échue à Primus
plus que la part virile de la dette du défunt à la charge
de Primus, car s'il devait déduire cette dette en entier,
la déduction dépasserait le montant de la dette totale du
défunt : elle porterait sur 60.000 fr. (20.000 fr. pour la
part de Secundus, 40.000 fr. pour celle de Primus), alors
que la dette du défunt n'était que de 40.000 fr. On arriverait donc à ce résultat, qu'en présence d'une mutation nette
de 60.000 fr., l'impôt ne serait perçu que sur 40.000 fr.,
résultat manifestement contraire à la volonté du législateur.

Dira-t-on que le texte même de la loi implique qu'il
faut envisager séparément la part acquise à chaque suc-

cesseur ? Sans doute, mais il ne dit pas quelle est cette part, et le principe qui vient d'être exposé conduit nécessairement à décider qu'on ne peut faire entrer en déduction de cette part que la portion virile de la dette qui incombe à chaque héritier.

Au reste, chacun des héritiers acquiert réellement un actif net égal à l'actif brut réduit de la part contributive qu'il doit supporter dans la dette. Ainsi, pour conserver l'exemple déjà fourni, Primus et Secundus, cohéritiers d'une succession qui comprend 100.000 fr. d'actif et 40.000 fr. de dettes, acquièrent l'un et l'autre 30.000 fr. Primus, sans doute, a été obligé ultérieurement, sur les poursuites d'un créancier hypothécaire, de faire l'avance de la part de Secundus et il a déboursé 40.000 fr., mais ce débours, il l'a fait non point tant à titre d'héritier qu'à titre de tiers détenteur. Sa qualité d'héritier n'a été que la cause occasionnelle, non la cause efficiente de l'obligation *in rem* d'acquitter toute la dette. Il est vrai que Secundus étant insolvable, il ne peut pas récupérer ce qu'il a payé à sa décharge, mais cette insolvabilité de Secundus n'est qu'un accident postérieur à la mutation par décès et qui ne peut modifier l'étendue de cette mutation. La loi a prescrit que l'impôt serait calculé sur l'actif net, mais sur l'actif net tel qu'il se comporte au moment du décès. Il ne serait pas admissible que l'État eût à souffrir de l'insolvabilité de tel ou tel héritier et, rien, ni dans le texte, ni dans les travaux préparatoires de la loi ne permet de justifier, ni même de colorer, une pareille solution.

II. LÉGATAIRE PARTICULIER. — Si, au lieu d'un héritier, on suppose qu'il s'agisse du légataire particulier d'un immeuble hypothéqué, la même question se pose, avec une réserve, cependant, dérivant du principe supérieur qu'un légataire ne peut jamais acquérir au delà de l'actif net délaissé par le défunt : *bona non intelliguntur nisi deducto ære alieno*.

Dans le cas, par exemple, du legs d'un immeuble de 100.000 fr. et d'une succession se composant, activement, de ce seul immeuble, et, passivement, d'une dette hypothécaire de 50.000 fr., il est manifeste que le légataire ne pourra pas être obligé de payer des droits sur plus de 50.000 fr. Il ne s'agit pas, d'ailleurs, ici, de déduire une dette pour laquelle il peut être poursuivi, mais de déterminer le chiffre de son émolument, l'importance de la mutation qui s'opère à son profit.

A l'inverse, la question de la déduction de la dette hypothécaire s'élèvera si la succession comprend, en outre de l'immeuble, des valeurs suffisantes pour désintéresser le créancier hypothécaire et si, d'un autre côté, le légataire a été obligé de payer la totalité de la dette, sans pouvoir, en fait, obtenir le remboursement de cette dette à raison de l'insolvabilité des héritiers. Sera-t-il admis à réclamer la déduction de la dette ? Non, par les raisons déjà développées en ce qui concerne l'héritier. En effet, le légataire a acquis 100.000 fr. en vertu du legs, et s'il est dans l'impossibilité de rentrer dans les avances qu'il a faites, par suite de l'insolvabilité des héritiers, cette impossibilité découle d'une circonstance accidentelle qui ne peut modifier l'assiette de l'impôt. D'ailleurs, les héritiers ont légitimement obtenu la déduction de la dette entière et cette dette ne peut être déduite deux fois, *non bis in idem* (Étude de M. Naquet ; *R. E.* 2703).

365. Partage. Répartition inégale du passif. — Les héritiers et les légataires ont le droit de stipuler, dans les conventions qui interviennent entre eux, qu'ils ne seront pas tenus des dettes ou qu'ils en seront tenus seulement pour une part inférieure à leur part héréditaire. Mais les conventions de cette nature ne sont pas opposables aux tiers, alors même que le partage, dans lequel elles sont contenues, serait homologué (Cass. req., 27 nov. 1893 ; D. P. 94.1.438 ; — Baudry-Lacantinerie et Wahl, *Des successions*, 2e édit., III, n° 3030).

Par suite, le partage qui ne répartirait pas le passif héréditaire proportionnellement aux droits de chaque héritier ou légataire dans la masse ne serait pas opposable à l'Administration et ne devrait pas être pris pour base légale de la perception des droits. D'ailleurs, un partage ne peut produire son effet déclaratif sur la liquidation de l'impôt que s'il est pur et simple, c'est-à-dire s'il ne renferme ni soulte ni retour. Or, il est reconnu, en droit fiscal, que l'inégale répartition du passif dans un partage donne ouverture au droit de soulte sur la part de dettes que le copartageant paie au delà de sa part contributoire (T. A., V° *Partage*, n°s 191 et suiv.). La déduction du passif sur la part de chaque ayant droit doit donc être faite suivant les règles ordinaires et sans tenir compte des attributions de ce partage.

366. Partage. Dettes et charges non déductibles. — Lorsque le partage intervenu les héritiers ou légataires comprend au passif héréditaire, soit des charges qui n'ont pris naissance que par le décès (frais funéraires, de scellés, d'inventaire, etc., *supra*, n° 147), soit des dettes du défunt insuffisamment justifiées pour la déduction, cet acte ne peut servir debase à la liquidation des droits que si l'ensemble des dettes et charges non déductibles est réparti entre les copartageants proportionnellement à leurs droits héréditaires et diminue ainsi leur part dans une proportion égale à ces droits. Dans le cas, en effet, où ces dettes et charges, qui n'existent pas au regard du Trésor, seraient inégalement supportées par les cohéritiers ou colégataires, il en résulterait une répartition inégale du passif déductible et l'on devrait appliquer la règle exposée au n° précédent, bien qu'en fait, aucun droit de soulte ne fût exigible.

§ 3. — De l'application des tarifs.

367. Règle. — Lorsque l'émolument *net* revenant à chaque ayant droit a été déterminé conformément aux règles qui viennent d'être développées, il faut lui appliquer le tarif progressif. La progression, en effet, ne frappe pas la valeur nette totale de la succession ; elle ne s'exerce que dans la mesure de chaque part successorale nette.

Pour le calcul du droit, le receveur doit fractionner chaque part nette en tranches correspondant aux degrés du tarif et liquider distinctement sur chaque tranche le droit qui lui est spécial. A chaque tranche est attaché un taux plus élevé que celui de la tranche immédiatement supérieure ; c'est, d'ailleurs, en partant de la tranche initiale — celle de 1 à 2.000 fr. — que la perception doit être entamée. Le total des calculs partiels ainsi obtenus forme le montant des droits exigibles sur la part nette soumise au droit.

Que l'on suppose, par exemple, une succession d'une valeur nette de 900.000 fr. également répartie entre trois enfants. La valeur imposable de chaque part est de 300.000 fr. Chacune de ces parts doit être fractionnée en tranches et supporter, savoir :

1 fr. 0/0 sur 2.000 fr. . .	20 fr.
1 fr. 25 0/0 sur 8.000 fr. . .	100 fr.
1 fr. 50 0/0 sur 40.000 fr. . .	600 fr.
1 fr. 75 0/0 sur 50.000 fr. . .	875 fr.
2 fr. 0/0 sur 150.000 fr. . .	3.000 fr.
2 fr. 50 0/0 sur 50.000 fr. . .	1.250 fr.
Totaux 300.000 fr. . .	5.845 fr.

Pour les trois parts, le total des droits sera de 5.845 × 3, = 17.535 fr.

368. (609). **Sommes arrondies.** — L'art. 2 de la loi du 27 ventôse an IX, d'après lequel la perception du droit proportionnel suit les sommes et valeurs de vingt francs en vingt francs inclusivement et sans fraction, n'a pas été modifié par la loi du 25 février 1901. Il en résulte que la somme comprise dans la dernière tranche imposable *de chaque part* doit, le cas échéant, être arrondie de 20 fr. en 20 fr. puisque chacune des parts successorales donne lieu à une perception distincte (1).

369. Minimum du droit à percevoir. — D'après les dispositions combinées de l'art. 6 de la loi du 22 frimaire an VII et de l'art. 3 de la loi du 27 ventôse an IX, il est dû un droit de vingt-cinq centimes pour *chaque mutation* dont les sommes et valeurs ne produiraient pas vingt-cinq centimes de droit proportionnel. Ce minimum devra donc être exigé pour chaque part provenant d'une mutation distincte, c'est-à-dire échue à des successibles non solidaires. Ainsi une succession d'une valeur imposable de 20 fr. dévolue à cinq enfants, ne supportera, en tout, qu'un droit de 0 fr. 25 et non cinq fois ce droit. Depuis la mise à exécution de la loi nouvelle, il n'y a pas lieu d'ajouter de décimes au minimum, qui n'excédera plus désormais vingt-cinq centimes.

370. Déclaration complémentaire. — Toutes les fois qu'il y a lieu de procéder, après une première déclaration, à la liquidation de droits reconnus ultérieurement exigibles, par suite d'un fait ayant pour résultat d'augmenter la part de chaque ayant droit (omission, insuffisance, biens rentrés dans l'hérédité, déclaration partielle, etc.), il est indispensable de tenir compte des valeurs précédemment taxées et de constituer la masse totale des biens soumis à l'impôt. Sur cette masse, on liquide les droits exigibles comme s'il s'agissait d'une première déclaration ; on déduit ensuite les droits déjà perçus et la différence forme le supplément de droit simple à percevoir, sauf à ajouter, le cas échéant, le demi-droit en sus ou le droit en sus. Ainsi, en prenant pour exemple une succession, recueillie par deux enfants, dont les valeurs nettes, d'après la déclaration, se sont élevées à 100.000 fr., la part de chaque enfant a été taxée à raison de 1 0/0 sur 2.000 fr., de 1 fr. 25 0/0 sur 8.000 fr. et de 1 fr. 50 0/0 sur 40.000 fr. S'il est reconnu qu'une valeur de 2.000 fr. a été omise dans la déclaration, la part de chaque enfant sera accrue de 1.000 fr. et les droits simples en sus exigibles sur cette valeur seront liquidés au taux de 1 fr. 75 0/0 (Inst. 3058, p. 22).

Il est entendu que, si la succession s'était ouverte antérieurement à la loi du 25 février 1901, le tarif et le mode de liquidation applicables sous l'ancienne législation devraient servir à la perception des droits exigibles sur toute déclaration complémentaire (V. *supra*, n° 325).

371. Part d'un cohéritier réduite par l'imputation d'un rapport. — Dans l'opinion que nous avons soutenue en matière de rapport (*supra*, n° 361), et d'après laquelle il y a lieu, contrairement à l'avis de l'Administration, de retrancher les sommes rapportées à la succession de la part héréditaire du donataire et de ne percevoir l'impôt que sur l'excédent, on doit reconnaître que, pour le frac-

(1) Pour les successions de peu d'importance, divisées en plusieurs parts, l'application de l'article 2 de la loi de ventôse peut aboutir à des conséquences très rigoureuses. En vue d'y remédier, le projet du budget de 1902, amendé par la commission de la Chambre, contient une disposition ayant pour objet de fractionner la perception de franc en franc pour les parts nettes n'excédant pas 500 fr.

tionnement en tranches et l'application des tarifs progressifs, il faudrait faire complètement abstraction des sommes rapportées et procéder comme si la part du donataire comprenait uniquement le surplus. Que l'on suppose une succession d'une valeur nette de 20.000 fr. échue à deux enfants dont l'un doit un rapport de 10.000 fr. La masse successorale étant de 30.000 fr., la part du débiteur du rapport est de 15.000 fr. ; mais, comme il impute sur cette somme son rapport de 10.000 fr., il ne reçoit en biens existants au décès que 5.000 fr. C'est cette somme 5.000 fr. qui devrait être fractionnée en tranches, en partant de la tranche initiale de 1 à 2.000 fr., de sorte que l'impôt serait perçu à 1 fr. sur 2.000 fr. et à 1 fr. 25 sur 3.000 fr.

Mais les préposés doivent suivre la règle différente prescrite par l'Administration et diviser la masse nette également entre tous les successibles sans tenir compte des rapports, puis calculer les droits d'après le chiffre des parts ainsi obtenues.

372. Offices. — La loi du 25 juin 1841 a fixé à 2 0/0 en principal le droit minimum exigible sur les transmissions d'offices. Lorsque l'office passe à l'héritier unique du titulaire, ce droit est perçu sur une déclaration spéciale faite au bureau de la résidence ; lorsqu'au contraire, existe plusieurs héritiers et que l'un d'eux se rend acquéreur de l'office, la perception a lieu, au taux de 2 0/0, sur le prix exprimé dans l'acte de cession et augmenté du capital des charges qui peuvent s'ajouter au prix. Mais « le droit acquitté sur cette déclaration ou sur le traité fait entre les cohéritiers doit être imputé, jusqu'à due concurrence, sur celui que les héritiers auront à payer, lors de la déclaration de succession, sur la valeur estimative de l'office, d'après les quotités fixées pour les biens meubles d'après les lois en vigueur » (art. 8, L. 25 juin 1841). Il n'est donc dû qu'un droit de transmission, mais ce droit est dû au taux le plus élevé. Ces règles continueront à être observées sous l'empire de la loi du 25 février 1901. Par conséquent, comme l'explique l'Inst. 1640, si le droit minimum de 2 0/0 est inférieur au taux du droit exigible sur l'actif héréditaire, il ne sera rien perçu sur la déclaration de succession en ce qui concerne l'office ; s'il lui est inférieur, l'excédent sera payé par les héritiers lors de cette déclaration. La loi du 25 février 1901 n'a, d'ailleurs, pas supprimé, en ce qui concerne le droit minimum de 2 0/0, les décimes exigibles d'après l'ancienne législation. Le législateur de 1841 a voulu, en effet, que le droit exigible sur les transmissions d'office fût au moins égal, en cas de mutation par décès, au droit dû pour les cessions à titre onéreux. De plus, la suppression des décimes prononcée par la loi de 1901 ne s'applique qu'aux nouveaux tarifs progressifs (Voir art. 2).

Lorsque les droits de mutation par décès ont été acquittés avant la perception du droit minimum de 2 0/0 en principal, il y a lieu de se demander comment se fera l'imputation dans le cas où, la transmission s'étant opérée en ligne directe, plusieurs taux du tarif progressif ont été appliqués à l'actif héréditaire.

Nous pensons que la somme à imputer dans cette hypothèse, sur le droit de cession, sera une fraction du total des droits de succession acquittés, proportionnelle à la valeur de l'office par rapport au chiffre total de la masse héréditaire soumise au droit de mutation par décès. Si, par exemple, il a été payé, pour une succession totale de 150.000 fr., des droits en ligne directe s'élevant à 2.595 fr. et l'office d'une valeur de 30.000 fr. dépendant de cette succession aura supporté 1/5 du droit total, ou 519 fr. Lors de la cession ultérieure, il ne devra être perçu que 2 fr. 50 × 30.000 ou 750 fr., moins 519 fr., soit 231 fr.

373. Majorats. — Aux termes du décret du 24 juin 1808, art. 6, « les mutations par décès des biens composant un majorat ne donneront ouverture qu'à un droit égal à celui qui est perçu pour les transmissions de simple usufruit en ligne directe ».

La valeur imposable devra désormais être calculée conformément aux art. 13 et 14 de la loi du 25 février 1901, c'est-à-dire en raison de l'âge du majoratiaire et non plus en capitalisant le revenu du majorat par 10 ou 12 1/2 suivant les cas.

La pleine propriété sera, du reste, évaluée conformément au droit commun suivant qu'il s'agira de biens meubles, d'immeubles (ou de rentes immobilisées) susceptibles de produire un revenu, ou enfin d'immeubles improductifs. On appliquera au capital ainsi formé la fraction correspondante à l'âge de l'usufruitier pour obtenir la valeur imposable.

De plus, le tarif applicable est toujours celui de la ligne directe. Le motif en est que la transmission, alors même qu'elle a lieu au profit d'un membre d'une branche cadette, est toujours censée émaner du dotataire primitif, c'est-à-dire de l'auteur commun (Rappr. *Dict. des Dom.*, V° *Domaine extraordinaire*, n° 35). Ce motif doit être pris en sérieuse considération pour l'application de la loi du 25 février 1901 à la matière spéciale des majorats et dotations.

Voici comment les règles anciennes nous paraissent devoir se combiner avec les nouvelles. La déclaration de succession sera faite au bureau unique désigné par l'art. 16 de la loi du 25 février 1901, et les droits seront liquidés au tarif progressif de la ligne directe, mais seulement sur le majorat ou la dotation considérés isolément et comme formant l'objet d'une transmission spéciale, sans distinguer si le nouveau majoratiaire est le parent du défunt en ligne directe ou en ligne collatérale. Dans ce dernier cas, il serait matériellement impossible d'appliquer à une masse unique, formée de la part héréditaire et du majorat, le tarif de la ligne collatérale, puisque le majorat ne doit subir, en tout état de cause, que le tarif de la ligne directe. Nous pensons que la même règle doit être observée même au cas où le nouveau majoratiaire est l'enfant ou le descendant du défunt, car, même en cette hypothèse, ce n'est pas du *de cujus*, mais de l'auteur commun qu'il reçoit les biens affectés au majorat.

Supposons une succession de 500.000 fr. dévolue à deux enfants et un majorat d'un revenu de 20.000 fr. en immeubles urbains recueilli par l'aîné, âgé de 25 ans.

Il sera dû : 1° sur la succession proprement dite, deux fois 4.395 fr. pour deux parts nettes de 250.000 fr. ; 2° sur le majorat formant une part distincte de 6/10 de 400.000 ou 240.000 fr. ; 4.395 fr. Si, au lieu de deux enfants, ce sont deux neveux qui héritent, on percevra à 10 1/0, 10.50 0/0, 11 0/0, 11.50 0/0 et 12 0/0 sur chaque part nette de 250.000 fr. et les droits dus sur le majorat seront toujours de 4.395 fr.

Pour les autres questions relatives aux droits de mutation par décès sur les majorats, V. *Majorat.*

CHAP. VII. — DES DÉBITEURS DES DROITS DE MUTATION PAR DÉCÈS ET DES GARANTIES ACCORDÉES AU TRÉSOR POUR EN ASSURER LE RECOUVREMENT.

SECT. Iʳᵉ. — DES DÉBITEURS DES DROITS DE MUTATION PAR DÉCÈS.

374. (614, 615 et 619). Maintien des règles anciennes. — Le § 1ᵉʳ de l'art. 32 de la loi de frimaire a accordé au Trésor une action personnelle contre les héritiers, donataires ou légataires pour le recouvrement des droits de mutation par décès ; cette action est solidaire contre les *cohéritiers* (§ 2 du même article). Ces dispositions n'ont pas été modifiées par la loi du 25 février 1901. En ce qui concerne spécialement la solidarité, on doit admettre que la Régie est toujours fondée à poursuivre le recouvrement de l'impôt dû par tous les héritiers contre un seul d'entre eux, bien que, dans le système de la loi nouvelle, les droits de succession ne se calculent pas sur l'ensemble de l'hérédité, mais distinctement sur la part nette recueillie par chaque héritier. Il est entendu, d'ailleurs, que le principe de la solidarité se restreint aux seuls héritiers et ne saurait être étendu aux légataires universels, à titre universel ou particuliers.

375. (616). Héritier bénéficiaire. — L'héritier bénéficiaire est, au point de vue du payement des droits de mutation par décès, complètement assimilé à l'héritier pur et simple, c'est-à-dire qu'il est tenu, même sur ses biens personnels, de l'acquittement de ces droits. Mais la jurisprudence civile a considérablement tempéré les conséquences des principes fiscaux, en autorisant l'héritier bénéficiaire à porter dans son compte d'inventaire le montant des droits de succession.

La loi nouvelle n'a, non plus, apporté aucun changement à cet égard. Dans la séance de la Chambre du 19 novembre 1895, un député, M. Brune, avait présenté un amendement « tendant à faire prélever les droits de mutation sur l'actif de la succession bénéficiaire, sans que dans aucun cas, l'héritier pût être tenu d'en faire l'avance sur ses biens personnels ». Cette proposition a été repoussée à la suite des observations de M. Liotard-Vogt, commissaire du gouvernement, qui a fait remarquer que la question n'offre plus d'intérêt aujourd'hui, « puisque l'héritier bénéficiaire n'aura jamais à payer l'impôt de mutation que sur l'actif *net* de la succession ». De plus, ajoutait M. Liotard-Vogt, « l'adoption de l'amendement de l'honorable M. Brune conduirait nécessairement à des abus. Par exemple, voici un héritier parvenu à la veille de l'expiration du délai qui lui est accordé pour déclarer la succession de son auteur : il n'a pas encore pris parti ou plutôt rien n'a révélé encore son intention, bien arrêtée, de demeurer héritier pur et simple ; eh bien ! il lui suffirait de se porter alors héritier bénéficiaire pour s'octroyer en quelque sorte à lui-même une prorogation de délai et faire échec pendant un temps plus ou moins long à l'action du Trésor. Ce serait une porte ouverte aux abus et à la fraude » (*J. off.*, Débats, p. 2417, col. 1).

376. (621). Enfants naturels. — Depuis la loi du 25 mars 1896 les enfants naturels sont considérés comme de véritables héritiers. La règle de la solidarité pour le payement des droits leur est donc applicable (Rappr. *T. A.*, V° *Succession*, n° 28 *bis*).

SECT. II. — DE L'ACTION PRIVILÉGIÉE DU TRÉSOR SUR
LES REVENUS DES BIENS A DÉCLARER.

377. (624 et 626). **Le Trésor n'a pas de privilège sur les capitaux héréditaires. Distribution par contribution.** — L'Administration n'a pas de privilège sur les capitaux héréditaires pour le recouvrement des droits de mutation par décès (Inst. 2414, § 2). Elle a les mêmes droits qu'un créancier chirographaire sur ces capitaux. Aussi, lorsque, après la vente sur saisie d'un mobilier et l'ouverture d'une distribution par contribution sur le prix de vente, la partie saisie vient à décéder, le Trésor ne peut, pour le payement des droits de succession, agir par voie de saisie-arrêt sur le prix du mobilier déposé à la Caisse des consignations. Il lui appartient seulement de faire valoir ses droits dans la distribution ouverte entre tous les créanciers. Mais cette voie lui est fermée s'il s'est écoulé plus d'un mois depuis la sommation faite aux créanciers en vue de produire (art. 659 et 660, C. proc. ; — Hazebrouck, 19 mai 1899 et Sol. 29 déc. 1899 ; R. E. 2300).

377 bis. Bénéfice d'inventaire. Versement au Trésor des deniers consignés à la Caisse des dépôts. — Le versement opéré par le préposé de la Caisse des consignations au receveur de l'enregistrement sur des deniers déposés pour le compte d'une succession bénéficiaire est régulier, s'il a été opéré en l'absence d'opposition de la part de tout autre créancier et avec l'assentiment des créanciers héréditaires. Il est irrégulier si l'une de ces conditions, notamment la dernière, fait défaut. Dans cette hypothèse, la somme payée au receveur doit être reversée par celui-ci au préposé de la Caisse et distribuée ensuite entre les ayants droit suivant les formes légales (Sol. 26 juill. 1899 ; R. E. 2807).

377 ter. Séparation des patrimoines. — Le privilège de séparation des patrimoines, qui a pour but d'empêcher que la confusion du patrimoine de l'héritier avec celui du défunt porte préjudice aux créanciers personnels de celui-ci, peut être invoqué par la Régie qui est créancière de la succession pour les droits de mutation par décès (Sol. 8 juin 1901 ; R. E. 2788).

La séparation des patrimoines doit être demandée au tribunal par le créancier intéressé (Baudry-Lacantinerie et Wahl, Successions, III, n° 4083) ; cette action doit être, en principe, dirigée contre les créanciers de l'héritier, mais la jurisprudence admet qu'elle peut être intentée à celui-ci personnellement, si ses créanciers demeurent inconnus (Baudry-Lacantinerie et de Loynes, Privil. et hyp., I, n° 858).

Aucune formalité n'est exigée pour la conservation du droit de préférence sur les meubles de la succession ; mais, en ce qui concerne les immeubles, une inscription est, de plus, nécessaire (op. cit., n° 860). Prise dans les six mois de l'ouverture de la succession, elle rétroagit au jour du décès (art. 2141, C. civ.). Prise après ce délai, elle vaut à sa date comme hypothèque (Solut. précitée).

Le droit de demander la séparation des patrimoines se prescrit par trois ans pour les meubles et dure, pour les immeubles héréditaires, tant qu'ils existent dans la main de l'héritier (art. 880, C. civ.).

Il résulte des règles de la matière qui viennent d'être sommairement rappelées qu'il est prudent, avant de requérir l'inscription de séparation des patrimoines sur les immeubles héréditaires, de former la demande en justice que la majorité des auteurs et de la jurisprudence estiment nécessaire.

378. Succession vacante. Notification officieuse au curateur pour tenir lieu de saisie-arrêt. — Lorsqu'une succession a été déclarée vacante, il n'est pas nécessaire,

pour sauvegarder les intérêts du Trésor au sujet du paiement des droits de succession, de former une saisie-arrêt entre les mains du curateur ; il suffit de lui notifier administrativement la créance de l'État, en lui demandant de s'engager par écrit à appeler la Direction générale à la distribution qui doit intervenir.

379. (629). **Action privilégiée du Trésor sur les revenus des biens héréditaires.** — Par interprétation de l'art. 32 de la loi du 22 frimaire an VII, la Cour de cassation a reconnu que l'action appartenant à la Nation sur les revenus des biens héréditaires est une action réelle et privilégiée (Cass., 2 déc. 1862, S. 63.1.97 ; Inst. 2244, § 3). Cette jurisprudence se trouve formellement confirmée par la loi du 25 février 1901 qui, dans son art. 19, dispose que le délai de deux ans accordé, en cas de legs au profit d'un établissement public, aux héritiers ou légataires saisis de la succession (supra, n° 48) « ne porte pas atteinte « à l'exercice du privilège que l'art. 32 de la loi du 22 fri- « maire an VII accorde au Trésor sur les revenus des biens « à déclarer ». Aucune contestation ne peut s'élever désormais, en présence de ce texte précis, au sujet du caractère de l'action de l'Administration sur les revenus (V. en outre, L. 16 avril 1895, art. 7).

379 bis. (630). **Tous les revenus des biens héréditaires sont grevés du privilège.** — Ainsi, les revenus, intérêts et produits des biens dotaux d'une femme décédée sont affectés, en totalité et par privilège, au recouvrement des droits de mutation dont les héritiers et légataires de cette femme sont débiteurs envers le Trésor (Nice, 2 août 1897 ; R. E. 1545).

380. (637). **Tiers acquéreurs. Nu propriétaire acquéreur de l'usufruit.** — Toutefois, le privilège du Trésor ne peut être exercé entre les mains des tiers acquéreurs. Ainsi le nu propriétaire de biens héréditaires, qui reçoit de l'usufruitier la jouissance desdits biens à titre de donataire, est un tiers acquéreur au regard de l'Administration et celle-ci ne serait pas fondée à poursuivre sur les revenus de ces biens le payement des droits de mutation par décès dus par l'usufruitier. Le privilège du Trésor ne peut, en pareil cas, être exercé qu'après le décès de l'usufruitier, si, toutefois, les biens héréditaires sont encore, à ce moment, entre les mains d'un héritier du défunt ou plus généralement d'un continuateur de sa personne (Sol. 21 mai 1896 ; R. E. 1428).

381. (640). **Immobilisation des revenus. Saisie immobilière. Prix de récoltes.** — L'Administration peut exercer son privilège, soit sur les fruits et revenus des biens héréditaires, soit sur les intérêts du prix de la vente, tant qu'ils n'ont pas été immobilisés entre les mains des créanciers inscrits. En matière de saisie immobilière, c'est la transcription de la saisie qui empêche l'exercice de l'action privilégiée du Trésor.

Ainsi, les créanciers inscrits sur un immeuble héréditaire n'ont un droit de préférence sur le prix des récoltes de cet immeuble, après qu'elles ont été vendues et détachées du sol, qu'autant qu'une saisie de l'immeuble a été pratiquée et transcrite. Cette condition n'est pas remplie, si les créanciers inscrits se sont bornés à faire signifier au curateur de la succession vacante dont dépendent les immeubles un commandement aux fins de saisie, dès lors qu'ils n'ont pas donné suite à ce commandement.

D'autre part, on ne peut considérer comme équivalent à la saisie, pour l'immobilisation des fruits, l'ordonnance du président du tribunal qui a autorisé, à la requête du curateur, la vente des récoltes encore sur pied et ordonné que le prix en provenant serait déposé à la Caisse des dépôts et consignations sous la réserve du droit des créanciers hypothécaires (C. d'Angers, 30 nov. 1898 ; *R. E.* 2034 ; — Cass., 26 nov. 1900 ; *R. E.* 2572).

382. (643). **Ventes volontaires. Dispenses de notification.** — Lorsqu'un immeuble héréditaire est vendu par le légataire universel ou, en son nom, par son mandataire, l'Administration a privilège sur les intérêts du prix — encore dû — de la vente, pour le recouvrement des droits de mutation par décès. Ce privilège peut s'exercer tant que lesdits intérêts n'ont pas été immobilisés par suite de la notification de son contrat faite par l'acquéreur aux créanciers inscrits.

Les dispenses de notification, résultant de mainlevées partielles données par les créanciers inscrits qui ne peuvent venir en ordre utile, sont suffisantes pour faire considérer l'acquéreur comme débiteur définitif envers tous les créanciers et le dispenser de notifier son contrat

Si le prix de vente a été délégué à certains créanciers inscrits, cette délégation n'a pu avoir pour effet d'approprier les délégataires de la totalité du prix de la vente et des intérêts. Si, en fait, un certain nombre de créanciers inscrits ont accepté en temps utile la délégation à eux consentie, les intérêts de la portion du prix ainsi délégué sont seuls soustraits à l'action privilégiée de la Régie. Il n'en saurait être de même des intérêts de la portion du prix déléguée par l'acquéreur, après l'opposition à lui signifiée par l'Administration d'avoir à se dessaisir des intérêts du prix. L'acceptation par le créancier inscrit de la délégation à lui faite ne vaut qu'à sa date, au regard du Trésor, créancier privilégié, et ne saurait préjudicier à celui-ci, dès lors qu'elle intervient après l'opposition qu'il a fait signifier à l'acquéreur (C. Caen, 1er février 1897 ; *R. E.* 1641).

383. (650). **Folle enchère.** — La folle enchère substitue, au point de vue du droit de suite et du droit de préférence, un prix nouveau au prix ancien resté irrecouvré, et un adjudicataire nouveau à l'adjudicataire foi enchérisseur. Il en résulte que les intérêts non immobilisés du prix ancien ont disparu avec celui-ci pour faire place au prix nouveau, que la matière soumise au privilège du Trésor s'est évanouie et que sa créance reste purement chirographaire sur le principal du nouveau prix.

Les intérêts du nouveau prix sont immobilisés du jour même de la revente, au profit des créanciers hypothécaires, sans qu'il soit besoin de sommation de produire ou de notification aux créanciers,l'adjudication sur folle enchère ne donnant pas lieu à une nouvelle procédure (art. 779, C.proc.; — Le Havre, 12 fév. 1898 et Sol. 10 mars 1898 ; *R. E.* 1724).

384. (655). **Payement par l'usufruitier des droits dus sur la nue propriété. Subrogation.** — L'Administration peut actionner l'usufruitier sur les revenus des biens de l'hérédité pour obtenir le payement des droits de mutation par décès dus sur la nue propriété ; mais elle ne peut subroger dans le privilège du Trésor l'usufruitier qui a fait l'avance de ces droits. Toutefois, le nu propriétaire peut emprunter à l'usufruitier le montant des droits, qu'il reverse immédiatement au Trésor et subroger son prêteur dans les droits et action de celui-ci, le tout dans les termes de l'art. 1250-2º, C. civ. Rien ne s'oppose à ce que l'Administration intervienne, en cette hypothèse, à l'acte de subrogation pour reconnaître qu'elle a reçu des mains de l'usufruitier les droits dus par le nu propriétaire (Sol. 24 juill. 1895 ; *R. E.* 1402).

384 bis. (659). **Cession au Trésor par l'usufruitier des intérêts des créances héréditaires.** — L'acte contenant cession à l'Administration, par l'usufruitier d'une succession, des intérêts échus à échoir des créances de l'hérédité, pour le recouvrement des droits dus par le nu propriétaire, doit être passé devant un notaire et enregistré gratis par application de l'art. 70, § 2, nº 1 de la loi du 22 frimaire an VII.

Les débiteurs des créances dont les intérêts sont cédés doivent intervenir à l'acte pour accepter la cession. Celle-ci doit être signifiée aux débiteurs non acceptants (Sol. 1er mai 1897 ; *R. E.* 2804).

385. (653). **Vente mobilière. Distribution par contribution. Forclusion.** — Lorsque l'Administration exerce son privilège sur les intérêts courus, depuis le décès du saisi, du prix d'une vente mobilière déposé à la Caisse des consignations, elle agit toujours en qualité de créancière. Par suite, s'il s'est écoulé plus d'un mois depuis la sommation faite aux créanciers en vue de produire, la forclusion prévue par l'art. 660, C. proc. est opposable à l'Administration, non seulement pour les capitaux consignés, mais encore pour les intérêts (Hazebrouck, 19 mai 1899 et Sol. 29 déc. 1899 ; *R. E.* 2300).

386. **Mineur héritier. Tuteur en état de liquidation judiciaire. Procédure à suivre.** — Lorsqu'une succession est échue à des mineurs, que le tuteur est déclaré en état de liquidation judiciaire avant le payement des droits de mutation par décès et qu'une contrainte en payement a été signifiée, sans résultat, tant au tuteur qu'au liquidateur, il convient de leur signifier un nouvel exploit rappelant la contrainte et portant que l'Administration est créancière à la fois des mineurs et du tuteur, avec un privilège sur les revenus des biens à déclarer, qu'elle fait défense au liquidateur, par voie d'opposition, conformément à l'art. 503, C. com. (applicable en matière de liquidation judiciaire, art. 24, L. 4 mars 1899), de procéder à des distributions sans mettre le Trésor en cause et que le liquidateur engagerait sa responsabilité s'il remettait ou laissait remettre à des créanciers ou à d'autres, au préjudice des droits du Trésor, soit des valeurs revenant aux mineurs, soit des revenus des biens à déclarer (Sol. 21 déc. 1897 ; *R. E.* 1916).

387. (674). **Privilèges généraux. Frais d'habitation et de deuil de la veuve.** — Le privilège accordé par l'art. 2102-2º, C. civ. aux frais funéraires ne s'étend pas aux frais d'habitation et de nourriture de la veuve (C. civ., 1465), ni à son deuil (C. civ., 1481). En conséquence, si une somme provenant de la succession est mise en distribution, la veuve ne peut prétendre à être colloquée par privilège, pour ses frais d'habitation et de deuil, sur le reliquat disponible après prélèvement : 1º de la créance privilégiée de l'Administration sur les intérêts et loyers ; 2º des frais funéraires. Ce reliquat doit être distribué au marc le franc entre toutes les créances chirographaires comprenant celle de la veuve pour frais d'habitation et de deuil et celle de la Régie pour les droits de mutation non colloqués sur les intérêts et loyers (Cass. civ., 15 mars 1897 ; *R. E.* 1387 ; Inst. 2965-11).

388. (677). **Cautionnement. Privilège des bailleurs de fonds.** — Le privilège du Trésor sur les revenus des biens héréditaires est primé par le privilège de second ordre des bailleurs de fonds pour tout le cautionnement du *de cujus* et non pas seulement pour la partie fournie par les bailleurs de fonds. Les privilèges ne sont pas limités, dans leurs effets, à la fraction de la chose grevée correspondant au montant de la créance garantie ; il est de la nature des privilèges comme des hypothèques que la garantie conférée au créancier par le débiteur ou par la loi affecte indivisiblement en totalité et non en partie la chose grevée (Marseille, 11 mai 1900 ; *R. E.* 2745).

CHAP. VIII. — INEXACTITUDES DES DÉCLARATIONS ET ATTESTATIONS DE DETTES. PREUVES ET PÉNALITÉS.

389. Dispositions spéciales. — La loi du 25 février 1901 organise, dans son art. 8, les moyens de prouver l'inexactitude des déclarations et attestations de dettes et édicte, dans l'art. 9, les pénalités destinées à réprimer les fraudes commises dans la déduction du passif.

Ces dispositions n'apportent aucune modification aux règles applicables en matière de successions déclarées hors délai, d'omissions d'actif ou d'insuffisances d'évaluation (*T. A.*, V° *Succession*, n°ˢ 682 et suiv. ; — V. aussi *infrà*, n°ˢ 396 et suiv.). La preuve des contraventions de cette nature sera fournie suivant la procédure ordinaire ; d'autre part, le demi-droit en sus et le droit en sus continueront à être perçus d'après les règles anciennes, avec cette seule différence qu'ils ne comportent plus l'addition de décimes quand le droit simple en est dispensé.

Mais les art. 8 et 9 de la loi nouvelle ne sont pas applicables aux charges qui, déductibles en vertu des règles anciennes, n'ont pas le caractère de dettes (*suprà*, n° 322 *bis*).

390. Insuffisance de perception ou inexactitude de déclaration de dettes. — Il y a inexactitude dans les déclarations ou attestations de dettes toutes les fois que l'héritier, dans sa déclaration, ou le créancier, dans son attestation, a fourni un renseignement qui ne répond pas à la réalité des faits et qui a entraîné la distraction d'une dette non déductible. L'Administration n'est pas tenue de démontrer que la dette déclarée et déduite n'existait pas au jour du décès, soit parce qu'elle était fictive, soit parce qu'elle se trouvait éteinte à ce moment ; il lui suffit d'établir l'inexactitude d'un renseignement qui a *déterminé* la déduction de la dette. Il y a, au contraire, simple insuffisance de perception, lorsque le receveur a déduit une dette, sans avoir exigé les justifications prescrites par la loi ou en admettant des justifications insuffisantes. Dans le premier cas, les pénalités de l'art. 9 sont applicables ; dans le second, un supplément de droit simple est exigible, sans pénalité, puisque la faute est imputable au receveur (*suprà*, n° 259).

391. Preuve des déclarations ou attestations inexactes de dettes. — C'est à l'Administration qu'il appartient de fournir la preuve de la fraude qu'elle invoque. Aux termes de l'art. 8 de la loi nouvelle, « l'inexactitude des déclarations ou attestations de dettes pourra être établie par tous les moyens de preuve admis par le droit commun, excepté le serment ». La Régie jouit donc, à cet égard, d'un pouvoir analogue à celui qui lui a été conféré par l'art. 13 de la loi du 23 août 1871 en matière de dissimulation de prix dans les ventes d'immeubles (Inst. 2413, § 5, n° 2).

Ces règles sont spéciales aux déclarations ou attestations inexactes du passif, mais ne sauraient être employées pour démontrer l'existence d'une omission dans la déclaration de l'actif (*infrà*, n° 401).

I. Preuve littérale. — Tout d'abord, l'Administration est en droit d'invoquer les énonciations des actes et jugements intervenus entre les parties à l'effet de prouver l'inexactitude des déclarations ou attestations de dettes. Il importe peu que les écrits dont elle peut se prévaloir soient antérieurs ou postérieurs au décès ou à la déclaration, dès lors qu'ils établissent que la dette admise à déduction n'existait pas au jour de l'ouverture de la succession.

II. Présomptions. — Le droit pour l'Administration de démontrer par de simples présomptions l'existence d'une omission ou d'une insuffisance d'évaluation dans une déclaration de succession a été reconnu par la jurisprudence de la Cour suprême (V. *T. A.*, V° *Succession*, n° 716).

A plus forte raison, peut-elle user de cette faculté lorsqu'un texte formel, comme celui de l'art. 8 de la loi du 25 février 1901, met à sa disposition tous les moyens de preuve du droit commun.

III. Preuve testimoniale. — Ce mode de preuve s'exerce, soit par témoins, au moyen d'une enquête, soit par la comparution des parties, au moyen d'un interrogatoire (V. pour plus de détails, *T. A.*, V° *Dissimulation*, n° 30 et suiv.). Mais la commune renommée, ne constituant qu'un moyen exceptionnel, ne peut servir de base à une action tendant à établir une inexactitude d'attestation ou de déclaration de dette.

IV. Aveu. — On distingue l'aveu judiciaire, qui est fait devant le juge verbalement ou par écrit et l'aveu extrajudiciaire, qui est fait hors justice. L'aveu extrajudiciaire est fondée à opposer l'aveu à la partie de qui il émane, pourvu qu'il soit *précis*, c'est-à-dire qu'il caractérise nettement la déclaration ou l'attestation frauduleuse ; *formel*, c'est-à-dire que l'héritier ou le créancier reconnaisse expressément que la déclaration ou l'attestation était inexacte ; et *fait en connaissance de cause*, c'est-à-dire que la partie soit éclairée sur ses conséquences. Mais de simples énonciations ou déclarations insérées dans des écrits produits en justice ou parvenus autrement à la connaissance de l'Administration ne constituent pas l'aveu et ne peuvent être retenus par le juge que comme simples présomptions (Rappr. *T. A. loc. cit.*, n°ˢ 36 et suiv.).

V. Serment. — La loi du 25 février 1901 exclut formellement le serment des moyens de preuve dont la Régie peut disposer (V. au surplus le rapport de M. Cordelet, *J. off.*, Doc. parl. Sénat, 1896, p. 306, col. 1). Cette interdiction, à défaut de distinction dans le texte, s'applique aussi bien au serment décisoire qu'au serment supplétoire (Rappr. *T. A.*, *loc. cit.*, n° 39).

392. Procédure. — La procédure diffère suivant les modes de preuve auxquels la Régie a recours.

I. Procédure organisée par la loi de frimaire. — Les instances relatives aux inexactitudes de déclarations ou d'attestations de dettes sont instruites et jugées dans la forme spéciale aux matières d'enregistrement, toutes les fois que les moyens de preuve invoqués par l'Administration sont compatibles avec la procédure instituée par les art. 64 et 65 de la loi du 22 frimaire an VII et 17 de la loi du 27 ventôse an IX (Inst. 3058, p. 19), en d'autres termes, avec la procédure écrite, à l'exclusion de tout débat oral. « Cette procédure a sur celle du droit commun le grand avantage d'être à la fois plus rapide et moins coûteuse. Il importe donc, aussi bien dans l'intérêt du Trésor que dans celui des particuliers, de la maintenir pour tous les cas où l'instruction pourra se faire par écrit, c'est-à-dire toutes les fois que l'Administration invoquera la preuve littérale, les présomptions tirées d'actes ou de faits constants au procès ou l'aveu écrit de la partie » (Rapport suppl. de M. Doumer, *J. off.*, Doc. parl. Chambre, p. 902, col. 3).

II. Procédure de droit commun. — Lorsqu'au contraire, l'Administration aura recours, pour établir l'inexactitude de la déclaration ou de l'attestation, à l'un des genres de preuve qui impliquent un débat oral, comme l'enquête ou l'interrogatoire sur faits et articles, il y aura lieu de suivre les formes ordinaires, telles qu'elles sont tracées par le Code de procédure civile, et d'observer l'ordre des juridictions et des compétences (*T. A.*, *loc. cit.*, n° 41).

L'Administration recommande aux directeurs d'en référer au Directeur général par un rapport détaillé, avant d'engager aucune affaire comportant la procédure de droit commun.

393. Prescription. — En matière d'inexactitude de déclaration ou d'attestation de dette, la Régie ne peut exercer son droit de preuve que pendant cinq ans à compter du jour de la déclaration. L'art. 10 de la loi du 25 février 1901 dispose, en effet, que l'action en recouvrement des droits et amendes exigibles pour cette cause sera prescrite passé ce délai (Inst. 3058, p. 19). C'est par analogie avec le temps accordé à l'Administration pour former une réclamation en matière d'omission d'actif (L. 18 mai 1850, art. 11) que le délai de cinq ans a été adopté (1).

La prescription court du jour de la déclaration dans laquelle a été comprise la dette dont le renseignement inexact a fait admettre la déduction.

Il n'est pas sans intérêt de rappeler que, s'il s'agit d'une simple insuffisance de perception (supra, n° 390), c'est le délai de deux ans établi par l'art. 61, § 1er, de la loi du 22 frimaire an VII qui reste applicable.

La prescription de cinq ans est interrompue, soit par une contrainte signifiée et enregistrée avant l'expiration du délai, lorsque l'Administration emploie la procédure écrite, soit par une demande contenant assignation et signifiée avant l'échéance du même délai, lorsqu'elle a recours à la procédure du droit commun.

L'interruption régulière de la prescription peut être opposée, non seulement à l'héritier, mais aussi, en cas de fausse attestation, au créancier qui est solidaire avec l'héritier pour le payement de l'amende (Besson, n° 195).

394. Pénalités contre les héritiers. — Toute déclaration ayant indûment entraîné la déduction d'une dette est punie « d'une amende égale au triple du supplément de droit exigible, mais sans que cette amende puisse être inférieure à 500 fr., sans décimes...»

En conséquence, toutes fois qu'il sera reconnu qu'une dette a été déduite à tort, soit en totalité, soit en partie, par suite d'une déclaration inexacte des héritiers ou légataires, corroborée ou non par une fausse attestation, il y aura lieu de réclamer, indépendamment du droit simple non perçu par suite de la déduction irrégulière, une amende qui s'élèvera à trois fois le montant de ce droit, sans décimes et sans pouvoir descendre au-dessous de 500 fr. En définitive, le droit sera perçu quatre fois. Le minimum de l'amende est fixé à 500 fr. sans addition de décimes.

Les cohéritiers sont tenus solidairement au payement du droit simple et de la pénalité ; c'est l'application du principe général d'après lequel les débiteurs solidaires du

(1) Lors de la discussion de la loi du 25 février 1901, on avait demandé pourquoi le délai de recouvrement des droits et amendes exigibles par suite d'inexactitude des attestations ou déclarations de dettes était de cinq ans au profit du Trésor, alors qu'il est de deux ans au profit des particuliers pour réclamer la restitution des droits indûment perçus. Dans la séance de la Chambre du 19 novembre 1900, le ministre a fait la réponse suivante : « Si, dans le texte voté par le Sénat, comme dans le projet qui vous est soumis, il n'y a pas parité de délai pour l'État et les particuliers, c'est qu'en réalité — la Chambre le comprendra aisément — il n'y a pas identité de situation. Le particulier qui fait sa déclaration sait, en effet, au moment même de la liquidation des droits, quels sont les éléments du passif rejetés par l'enregistrement comme incomplètement justifiés : un délai de deux ans est largement suffisant pour réunir les preuves de la réalité de son passif. L'État, au contraire, ne connaît la consistance d'une succession que par la déclaration qui lui en est faite : il ne peut vérifier les énonciations de cette déclaration qu'en les rapprochant des renseignements qui lui parviennent ultérieurement. L'Administration a donc besoin d'un délai assez étendu pour pouvoir exercer son contrôle » (J. off., Déb., Chambre, p. 2139, col. 3).

droit simple, se représentant mutuellement dans l'exécution de l'obligation, sont obligés solidairement aux peines qui peuvent devenir exigibles.

Pour l'application du triple droit ou du minimum de l'amende, l'Administration n'a pas à rechercher si, en faisant une déclaration inexacte, l'héritier a agi dans une intention de fraude ou a commis une simple erreur. Il a été clairement expliqué, au cours de la discussion, qu'on ne pouvait investir les agents du droit de trancher les questions si délicates de bonne ou de mauvaise foi et d'infliger des peines en conséquence (J. off., Débats, Chambre, séance du 15 nov. 1895, p. 2378, col. 1). Mais le recours à la juridiction gracieuse permettra toujours d'atténuer l'amende dans les cas où elle serait excessive (Décl. Min. Fin., séance du Sénat, 24 janv. 1901, J. off., p. 92).

395. Pénalités contre le créancier. — Le prétendu créancier qui a faussement attesté l'existence d'une dette ne peut être mis en cause pour le supplément de droit simple exigible, mais il est tenu solidairement avec le déclarant au payement de la totalité de l'amende. L'Administration est donc autorisée à la poursuivre seul à l'exclusion de l'héritier, pour le recouvrement de la pénalité entière. Dans ses rapports avec ce dernier, le prétendu créancier devra supporter personnellement le tiers de cette pénalité.

Il n'est pas inutile de spécifier que le créancier ne peut être mis en cause pour le payement de l'amende qu'en cas de fausse attestation. Il ne serait passible d'aucune pénalité fiscale s'il avait simplement pris part à une fraude commise par les héritiers, qui, par exemple, auraient produit, pour obtenir la déduction d'une dette, un titre sans valeur existant entre les mains du créancier et communiqué par lui en connaissance du but poursuivi.

Lorsque l'attestation, qui doit émaner du créancier lui-même, a été délivrée par son représentant (V. supra, n° 260), ce n'en est pas moins le créancier qui doit être poursuivi en payement de la pénalité. Il est de principe, en effet, que le mandataire, même légal, n'est pas personnellement responsable de l'amende encourue par son mandant (Rapp. T. A., V° Amende, n° 10). Ainsi, lorsqu'une déclaration de succession a été passée par le mari, administrateur légal, au nom de sa femme, cette circonstance n'a pas pour effet de déplacer la responsabilité encourue pour insuffisance commise dans ladite déclaration, et le droit en sus est dû par l'héritier, c'est-à-dire par la femme, et non par son mandataire légal (Cass. civ., 10 nov. 1874 ; Inst. 2509, § 2 ; S. 75.1.432). Il faut en conclure, notamment, que si la fausse attestation a été délivrée par un tuteur au nom de son pupille créancier du défunt, c'est contre le mineur seul que l'Administration doit agir en recouvrement de l'amende exigible (Rapp. Cass., 7 mai 1901 ; R.E. 2734 et les observations qui suivent cet arrêt).

395 bis. Extinction des pénalités. — I. Prescription. — L'amende encourue pour inexactitude d'une déclaration ou attestation de dette se prescrit, conformément à l'art. 14 de la loi du 16 juin 1824, dans les deux ans qui suivent le jour où les préposés ont été mis à la portée de constater la contravention. En tout cas, elle ne peut survivre à la prescription du droit simple.

II. Décès des contrevenants. — D'autre part, les peines étant personnelles (1), l'amende prononcée par l'art. 9 s'éteint par le décès des contrevenants. On doit se deman-

(1) Tout au moins en matière de droits de succession (Inst. 2509, § 2). — Rapp. Inst. 340, § 4 ; T. A., Amende, 28. — En matière de mutation secrète, V. cependant, Cass. civ., 8 févr. 1893 ; R. E. 381 ; — et Sol. 9 août 1893 ; R. E. 646).

der ce qu'il adviendra au cas où soit l'héritier, soit le créancier complice de la fraude meurt après que le triple droit aura été encouru. La pénalité étant éteinte à l'égard du prédécédé, le survivant pourra-t-il, en raison de la solidarité, être poursuivi pour le tout?

Nous ne le pensons pas. L'extinction de la pénalité résultant du décès peut être comparée à celle qui résulte d'une remise de dette limitée à la part du codébiteur qui en profite. Or, aux termes de l'art. 1285, C. civ., le créancier ne peut, en ce cas, répéter la dette que déduction faite de la part du débiteur auquel la remise a été faite (1).

Nous en concluons que si le créancier qui s'est rendu complice de la simulation de passif décède avant que le triple droit ait été acquitté ou qu'une condamnation soit intervenue à ce sujet, l'héritier (ou les héritiers s'ils sont plusieurs) ne peut plus être poursuivi que pour les 2/3 à sa charge (2). A l'inverse, le créancier ne pourra être poursuivi que pour 1/3 si c'est l'héritier qui prédécède.

Nous pensons même que si le défunt, dont la succession a donné lieu à la simulation de passif, a laissé plusieurs héritiers solidairement responsables de la pénalité, le décès de l'un d'eux éteint la dette solidaire pour sa part et portion. En effet, chacun des héritiers coauteurs de la fraude ne doit contribuer au paiement de la pénalité que pour sa part; la remise de cette part étant faite à l'un d'eux, c'est le surplus seulement de l'amende ou du triple droit qui peut être réclamé aux autres. Le décès d'un codébiteur, étant assimilable à la remise partielle pour l'extinction de la dette, doit produire les mêmes effets.

CHAP. IX. — MOYENS DE PREUVE DES OMISSIONS ET DES INSUFFISANCES D'ÉVALUATION. — MESURES DE CONTRÔLE.

SECT. 1re. — FONDS DE COMMERCE.

396. Insuffisance. Expertise. — L'art. 8 de la loi du 28 février 1872 a donné à l'Administration la faculté de faire constater par voie d'expertise l'insuffisance du prix de vente des fonds de commerce ou de clientèles. Cette disposition était spéciale aux mutations à titre onéreux. L'art. 11, dernier alinéa, de la loi du 25 février 1901 en a autorisé l'application « aux déclarations comprenant des

(1) On peut citer de plus à l'appui de cette opinion la doctrine des auteurs qui enseignent qu'en matière d'amendes et de sommes dues comme réparation civile, en vertu des art. 1382 et 1383, C. civ., les codébiteurs sont tous obligés in solidum, c'est-à-dire tenus par un lien de solidarité imparfaite, tant que leur condamnation n'est pas intervenue et que la solidarité existant entre eux est purement légale. Il en résulte notamment que la remise obtenue par l'un des cobligés ne profite aux autres que dans la mesure de leur recours contre lui (Demolombe, Obligations, III, nos 298 et 299 ; — Aubry et Rau, 4e édit., IV, p. 19, § 298 ter ; — Dalloz, Suppl. au Rép., Vo Obligations, no 588).

(2) La difficulté a été résolue en ce sens au sujet de l'amende du quart encourue par plusieurs coacquéreurs ou plusieurs covendeurs en matière de dissimulation de prix (Sol. 19 avr. 1882, T. A., Fonds de commerce, 20 ; J. E. 22384 ; J. N. 23224 ; R. P. 6331). Si le contraire a été décidé au sujet du droit en sus encouru par les covendeurs d'un fonds de commerce dont l'un était indivisible, c'est qu'il s'agit en ce cas d'un fait indivisible — l'enregistrement — auquel la loi attache une clause pénale (Sol. 6 juill. 1884 ; T. A., Amende, 19 ; J. E. 22810 ; R. P. 6738). Encore cette dernière solution est-elle critiquable car, dès lors que la peine est encourue par l'expiration du délai fixé pour l'enregistrement, il n'y a plus obligation d'un fait indivisible, mais seulement d'une somme, divisible de sa nature.

fonds de commerce ou des clientèles dépendant de la succession ». Désormais l'Administration pourra donc provoquer l'expertise des fonds de commerce ou des clientèles transmis par décès, suivant les règles tracées par les deux derniers paragraphes de l'art. 8 de la loi de 1872 (Amendement de M. Dufoussat. J. off., Débats, Sénat, séances des 2 mars 1900, p. 88, et 28 janv. 1901, p. 110).

397. Objet de l'expertise. — Dans les fonds de commerce, l'expertise doit se restreindre au matériel, à la clientèle et au droit au bail, à l'exclusion des marchandises neuves (1) (T. A., Vo Fonds de commerce, no 90 ; — Inst. 3058, p. 36). Le mot « marchandises », qui était primitivement compris dans le texte de l'amendement de M. Dufoussat, en a été supprimé sur la demande de l'Administration.

Quant aux clientèles indépendantes d'un fonds de commerce (T. A., eod. vo, nos 13 et 93), le rapporteur au Sénat les a visées expressément (Séance du 28 janv. 1901, p. 111, col. 1) et les termes mêmes de la loi les soumettent à la nouvelle disposition.

398. Délai. — L'expertise ne peut être requise que dans les trois mois qui suivent la déclaration de succession.

La brièveté du délai accordé à l'Administration pour requérir l'expertise impose aux receveurs l'obligation de contrôler, avec la plus grande célérité, les évaluations des parties. Aussi, dans le cas particulier où la déclaration comprend un fonds de commerce situé en dehors de la circonscription du bureau du domicile du défunt, le receveur qui a reçu la déclaration doit, sans préjudice du renvoi qu'il est tenu de faire ensuite dans la forme ordinaire, en aviser immédiatement, par lettre, son collègue du bureau de la situation de ce fonds de commerce, comme cela se pratique en cas de cession à titre onéreux (Inst. 2720-15), afin que ce dernier puisse contrôler sans retard l'évaluation fournie par les redevables et provoquer, le cas échéant, l'expertise en temps utile (Inst. 3058, p. 39).

399. Droit en sus. Frais. — Le droit en sus sur le montant de l'insuffisance et, s'il y a lieu, les frais de l'expertise ne sont à la charge de l'héritier que dans le cas où l'insuffisance constatée excède un huitième de la valeur déclarée (art. 8, § 5, L. 28 fév. 1872) Il est à remarquer que l'admission de cette règle en matière successorale apporte une dérogation au principe posé par l'art. 39 de la loi du 22 frimaire an VII, d'après lequel les insuffisances constatées dans les déclarations de successions sont, quel qu'en soit le chiffre, punies d'un droit en sus, outre les frais.

400. Date d'application. — La disposition relative à l'expertise des fonds de commerce ou des clientèles transmis par décès est applicable à compter du jour où la loi du 25 février 1901 est devenue exécutoire, sans qu'il soit nécessaire de distinguer entre les successions ouvertes avant ou après l'entrée en vigueur de cette loi. Il est reconnu, en effet, que, si la loi nouvelle ne peut porter aucune atteinte aux droits acquis, « le mode d'exercice et d'exécution ne constitue pas un droit, il n'est que la ga

(1) « En ce qui concerne les fonds de commerce, déclarait M. Cordelet, qui emportent souvent cession d'une quantité très importante de marchandises, la Régie ne peut réclamer l'expertise que pour le fonds de commerce lui-même, qui comprend seulement le droit au bail, la clientèle et le matériel. Il est certain que la Régie ne peut pas recourir à l'expertise pour établir la consistance et la valeur des marchandises et l'importance des créances » (J. off., Débats, Sénat, séance du 22 janv. 1901, p. 76, col. 3).

rantie d'un droit et reste, par conséquent, dans le domaine de la loi » (Beudant, *Cours de droit civil*, Introd., p. 149). L'expertise, n'étant qu'un moyen de contrôle, ne lèse aucun droit acquis.

SECT. II. — MEUBLES ET VALEURS MOBILIÈRES.

401. (713). **Preuves admises.** — En dehors de l'expertise pour les fonds de commerce, la loi du 25 février 1901 n'a pas modifié la règle suivant laquelle les omissions et les insuffisances d'évaluation mobilières ne peuvent être prouvées que par les modes compatibles avec les formes de la procédure écrite, c'est-à-dire par la preuve littérale, l'aveu et les présomptions. Une disposition tendant à autoriser, en cette matière, tous les genres de preuve a cependant été insérée dans le deuxième projet de la commission du budget de 1895 (Rapp. supplémentaire de M. Doumer, *J. off.*, Doc. parl., Chambre, p. 902, col. 2 et 3) et votée à la Chambre dans la séance du 21 novembre 1895 ; mais elle a été repoussée par la commission du Sénat comme pouvant donner lieu à des abus (Rapp. de M. Cordelet, *J. off.*, Doc. parl., Sénat, p. 306, col. 1) ; elle n'a pas été reprise dans les projets qui ont suivi et n'est pas passée dans la loi. Aussi, à défaut d'un texte formel et en présence de l'intention contraire du législateur, ne saurait-on, pour démontrer les omissions ou les insuffisances d'évaluation, employer la preuve testimoniale que l'art. 8 de la loi du 25 février 1901 réserve aux inexactitudes dans les déclarations ou attestations de dettes.

402. Renseignements puisés dans les titres et livres produits pour obtenir la déduction des dettes. — Le législateur de 1901, considérant que la déduction des dettes n'est légitime que si elle porte « sur l'actif vrai », a reconnu formellement à l'Administration, par une juste réciprocité, le droit d'utiliser les indications contenues dans les titres produits à l'appui de la demande en déduction pour établir la consistance réelle de l'actif héréditaire. « L'Administration, porte l'art. 3, § 4, aura le droit de puiser dans les titres ou livres produits les renseignements permettant de contrôler la sincérité de la déclaration de l'actif, et, en cas d'instance, la production de ces titres ou livres ne pourra être refusée ». Bien que, dans la discussion de ce paragraphe, on ait eu surtout en vue d'obtenir, au moyen de la production des livres de commerce, une exacte déclaration de l'actif commercial (*J. off.*, Débats, Sénat, séance du 22 janv. 1901, p. 76, col. 3), la généralité des termes de la loi ne permet pas de distinguer, au point de vue du mode de contrôle qu'elle autorise, entre les successions des commerçants et celles des non-commerçants, ni entre les titres commerciaux et les titres civils. Le caractère et la force probante des différents titres et, notamment, des livres de commerce ont été déterminés *suprà*, nos 206 et suiv.

I. CONTRÔLE. — Pour exercer le droit de contrôle qui leur est ainsi conféré, les receveurs doivent examiner avec soin les titres produits et, en particulier, les livres de commerce qui leur sont représentés, soit spontanément, soit sur leur demande. Leur attention devra se porter sur le livre-journal et plus particulièrement sur le livre des inventaires qui présente annuellement le résumé de la situation active et passive du commerçant. S'il leur semble que la consistance de l'actif déclaré est incomplète ou allénuée, ils ont soin de prendre, d'une façon précise, les renseignements de nature à justifier une réclamation ultérieure, à moins que les héritiers ne consentent à rectifier séance tenante leur déclaration (Inst. 3058, p. 35).

Les employés supérieurs doivent, de leur côté, utiliser pour le contrôle de la sincérité de l'actif déclaré, la communication des livres de commerce qu'ils sont autorisés à requérir, postérieurement à la déclaration, dans les conditions déterminées (Inst. 3058, p. 35).

II. PRÉSOMPTION SIMPLE. — Les énonciations des titres ou des livres produits ne constituent pas, en ce qui concerne la détermination de l'actif, une base légale de liquidation de l'impôt, venant se joindre à celles qui résultent de l'art. 11 de la loi nouvelle. L'Administration ne peut y puiser que des éléments d'appréciation qui doivent céder devant la preuve contraire (Rappr. Besson, no 117).

III. PRODUCTION EN CAS D'INSTANCE. — Le texte ajoute qu'en cas d'instance, la production des titres ou livres ne pourra être refusée. Cette disposition a spécialement pour objet d'obliger les héritiers ou légataires à représenter en justice les livres de commerce du défunt en dehors des cas prévus limitativement par l'art. 14 C. com. (Inst. 3058, p. 36).

La production des titres et livres en cas d'instance relative à une omission ou à une insuffisance d'actif n'est assurée par aucune sanction. Le troisième paragraphe de l'art. 3 établit bien à la charge des héritiers une amende égale aux droits qui n'auront pas été perçus par suite de la déduction du passif ; mais cette pénalité est attachée spécialement au refus de communiquer les *livres de commerce* aux agents du service du contrôle dans les deux années qui suivent la déclaration. Elle ne saurait donc être étendue au refus de production en justice des *titres* et livres représentés déjà, soit aux receveurs, soit même aux agents de contrôle. Il appartiendra simplement au juge d'apprécier, suivant les circonstances, si le refus de production dans cette hypothèse ne laisse pas présumer que les énonciations des titres et livres sont conformes aux prétentions de l'Administration.

403. Succession du créancier. Dette comprise dans la déclaration de la succession du débiteur. — L'Administration est fondée à invoquer les déclarations de dettes afférentes à la succession du débiteur pour démontrer l'existence des créances corrélatives dans la succession des créanciers. « La distraction des dettes, disait M. Dufoussat dans la séance du Sénat du 2 mars 1900 (*J. off.*, p. 84, col. 2), donnera directement une certaine compensation de recettes, puisque les agents de l'enregistrement auront ainsi des éléments de recherches pour l'établissement de l'actif mobilier correspondant dans les successions des créanciers, ce qui empêchera des dissimulations fréquentes qui se pratiquent actuellement ». Et le commissaire du gouvernement, M. Fernand Faure, acquiesçait à cette manière de voir. C'est ainsi, d'ailleurs, qu'en Alsace-Lorraine, l'Administration se sert de l'attestation fournie par le créancier à l'appui d'une demande en déduction de dette dans la succession du débiteur pour porter cette dette, si le créancier vient à mourir, à l'actif de sa propre succession (Rapp. suppl. de M. Doumer, *J. off.*, Doc. parl., Chambre, 1895, p. 894, col. 3 ; Rappr. *T. A.*, Vo *Succession*, no 730).

I. MESURES PRISES POUR ASSURER L'UTILISATION DES RENSEIGNEMENTS FOURNIS PAR LES TITRES JUSTIFICATIFS DU PASSIF. — Toute dette admise à déduction dans la succession du débiteur doit être mentionnée au répertoire général, au compte du *créancier*, à condition : 1o qu'elle soit supérieure à 500 fr. ; 2o que son terme d'exigibilité excède d'une année au moins la date de la déclaration ; 3o qu'elle résulte d'un acte sous signatures privées *non enregistré*, autre qu'un billet ou effet négociable ; 4o et que la demande de déduction ait été justifiée par la production d'une attestation du créancier.

Si le créancier réside dans le ressort d'un autre bureau, e receveur qui a reçu la déclaration, doit adresser à son collègue du bureau du domicile un renvoi de renseignement.

L'état du passif doit être émargé, en regard de chacune des mentions de dettes remplissant les conditions qui viennent d'être spécifiées, du compte ouvert au répertoire général au nom du créancier ou du numéro du renvoi (Inst. 3058, p. 39).

404. (729). Présomptions. Rentes sur l'Etat nominatives. Conversion en titres au porteur peu de temps avant le décès. Arrérages postérieurs au décès touchés par l'héritier. — L'omission de titres de rentes sur l'Etat dans une déclaration de succession est suffisamment établie lorsqu'il est constaté que les titres nominatifs appartenant au défunt ont été convertis en titres au porteur, peu de mois avant le décès, par les soins de l'héritier présomptif, et que ce dernier a touché après le décès les coupons des titres convertis échus postérieurement à cette date (Rodez, 15 juin 1899 ; R. E. 2271).

405. Présomptions insuffisantes. — La Régie doit fournir la preuve que les valeurs omises existaient réellement dans la succession au moment du décès ou, du moins, à une époque assez rapprochée pour qu'on soit fondé à présumer qu'elles se trouvaient encore dans le patrimoine du défunt à la date de son décès. Ainsi un jugement, constatant que le *de cujus* a touché dans la succession de ses père et mère des sommes importantes, dont une partie insignifiante a été seulement déclarée, n'établit pas suffisamment le fait de l'omission de ces valeurs. Il faut qu'il fasse connaître, en outre, la date à laquelle le *de cujus* est entré en possession des valeurs dont il s'agit et qu'il s'explique sur le point de savoir si, des présomptions tirées des actes émanant des parties, il ressort la preuve que ces valeurs faisaient encore partie du patrimoine du défunt au moment où sa succession s'est ouverte (Toulon, 1er août 1893 et Cass. civ., 21 fév. 1898 ; R. E. 1651).

406. (735). Mandat de vendre. Décès du mandant avant la reddition de compte. — On doit reconnaître qu'il y a omission, dans une déclaration de succession, de valeurs mobilières, non comprises dans ladite déclaration, ou de leur prix, lorsque le défunt avait donné mandat à un tiers de les négocier et était décédé avant que le mandataire eût effectué sa reddition de compte (Draguignan, 23 juin 1898 et Cass. req., 9 avr. 1900 ; R. E. 2407 ; — Inst. 3037, § 3 ; S. 1901.1.52.

407. Voiture. Inscription du défunt au rôle. — La présomption légale de mutation résultant de l'inscription au rôle et du payement de l'impôt est spéciale aux transmissions d'immeubles et de fonds de commerce et ne peut être étendue par voie d'analogie à d'autres mutations que celles qui ont été expressément prévues. En conséquence, le fait qu'une voiture figurait au rôle sous le nom du défunt, l'année de son décès, et que le légataire était également inscrit, l'année suivante, pour une voiture ne constitue pas une présomption suffisante pour établir que le *de cujus* était propriétaire d'une voiture au moment de son décès, alors surtout que le partage authentique qui a servi de base à la déclaration de succession ne fait aucune mention de cet objet mobilier (Sol. 6 déc. 1897 ; R. E. 1918).

SECT. III. — MESURES DESTINÉES A ASSURER LE PAYE-MENT DES DROITS DE MUTATION PAR DÉCÈS SUR LES VALEURS MOBILIÈRES.

408. (738). Mesures administratives. Marchands en gros de boissons. — Les bulletins de renseignements fournis par les directeurs des contributions indirectes à leurs collègues de l'enregistrement en cas de décès des marchands de vins, débitants de boissons, et autres assujettis (Inst. 2522 et 2756) sont complétés, en ce qui concerne les marchands en gros de boissons, par deux nouvelles colonnes indiquant : 1° les quantités entreposées (introduites dans les magasins) entre le jour du décès et celui de l'inventaire qui le suit ; 2° celles qui, pendant le même intervalle, ont été régulièrement expédiées.

Ces indications complémentaires permettent de connaître exactement les quantités existantes, non seulement au jour de l'inventaire, mais encore à la date antérieure du décès. Pour déterminer ce dernier chiffre en vue de la liquidation de l'impôt, il faut avoir soin d'ajouter aux quantités inventoriées les quantités expédiées depuis le décès jusqu'au jour de l'inventaire et de déduire du total les quantités entreposées dans le même laps de temps (Inst. 2982).

409. (740). Créanciers des départements, communes et établissements publics. — Il a paru utile de donner connaissance aux agents de l'Enregistrement de tous les payements effectués par les trésoriers généraux ou les comptables placés sous leurs ordres à des héritiers, donataires ou légataires de créanciers des départements, des communes ou des établissements publics. Aux termes d'une décision ministérielle du 8 juillet 1899 (Inst. 3001), tout percepteur, receveur municipal ou receveur spécial est tenu : 1° d'établir, dans les premiers jours de *chaque trimestre*, pour l'ensemble des communes ou des établissements dont il assure la gestion financière, un relevé, même négatif, des payements qu'il a effectués entre les mains d'héritiers, de donataires ou de légataires ; 2° de faire parvenir ce relevé par la voie hiérarchique au trésorier-payeur général du département qui y joint un relevé de même nature concernant les payements faits par lui en qualité de comptable du département et transmet ces documents au directeur de l'Enregistrement avec un bordereau récapitulatif.

410. (742). Préposés des douanes. Prorata de traitement. Reliquat de solde. — Au moment de la délivrance de tout mandat de payement ayant pour objet un prorata de traitement ou un reliquat de solde dépendant de la succession d'un agent des douanes, de quelque catégorie que ce soit, les directeurs des douanes doivent créer un bulletin de renseignements faisant connaître le montant et la nature de la somme à payer, déduction faite de toute retenue au profit du Trésor. Ces bulletins sont transmis aux directeurs de l'Enregistrement dans la même forme que ceux relatifs aux reliquats de masse (Inst. 3016).

411. Mesures spéciales organisées par la loi du 25 février 1901. — L'art. 15 de la loi du 25 février 1901 contient un ensemble de dispositions tendant à mieux assurer le recouvrement des droits de mutation par décès sur les valeurs mobilières. Les mesures organisées par cet article atteignent :

1° Les inscriptions nominatives de rentes sur l'Etat et les titres nominatifs des sociétés, départements, communes et établissements publics ;

2° Les titres, sommes ou valeurs dont les sociétés ou compagnies, agents de change, changeurs, banquiers, escompteurs, officiers publics ou ministériels et agents d'affaires sont dépositaires, détenteurs ou débiteurs ;

3° Les sommes, rentes ou émoluments dus par les compagnies d'assurances sur la vie.

412. Date d'application. — L'Administration soutient avec raison (V. *suprà*, n° 400) que les obligations imposées par l'art. 15 s'appliquent « à toutes les opérations spécifiées par le texte et accomplies par les collectivités ou personnes y désignées, à partir du jour où la loi du 25 février 1901 est devenue exécutoire, quelle que soit la date de l'ouverture de la succession à laquelle elles se rapportent » (Inst. 3051, p. 2).

§ 1er. — *Rentes sur l'État et titres nominatifs.*

413. Règle. — Le § 1 de l'art. 15 est ainsi conçu :

« Le transfert ou la mutation au grand-livre de la dette publique d'une inscription de rente provenant de titulaires décédés ou déclarés absents ne pourra être effectué que sur la présentation d'un certificat délivré sans frais par le receveur de l'enregistrement constatant l'acquittement du droit de mutation par décès.

« Il en sera de même pour les transferts ou conversions de titres nominatifs des sociétés, départements, communes et établissements publics. »

« Ce texte, explique l'Inst. 3051, p. 2, étend aux transferts ou conversions de titres nominatifs des sociétés, départements, communes et établissements publics une prescription qui résultait déjà de l'art. 25 de la loi du 8 juillet 1852 pour les transferts ou mutations de rentes sur l'État. Il ne reproduit pas toutefois les parties de cette disposition qui exigeaient que le certificat délivré par le receveur fût visé par le directeur et que, dans les départements autres que celui de la Seine, la signature de ce chef de service fût légalisée par le préfet. Cette double formalité cessera donc d'être remplie pour les certificats se rapportant à des inscriptions au grand livre de la dette publique et n'aura pas à l'être pour les certificats relatifs aux titres des sociétés, départements, communes et établissements publics. Sous cette réserve, les receveurs se conformeront, pour la rédaction et la délivrance des certificats dont il s'agit, aux dispositions des Inst. n°s 1933 et 2508, § 6. Ils auront soin d'apposer sur ces certificats, à côté de leur signature, l'empreinte de la griffe du bureau (Inst. n° 2260). »

On ne saurait exiger, pour remplacer le visa du directeur, la légalisation de la signature du receveur par le maire, dont la signature serait elle-même légalisée par le préfet ou le sous-préfet. Une demande formulée dans ce sens par le service de la Dette inscrite n'a pas été accueillie (R. P. 10.038, n° 201).

414. Désignation collective. — « On remarquera, ajoute la même Instruction, que le texte est général et ne comprend pas seulement les transferts qui sont opérés au nom d'une personne désignée nominativement, mais encore ceux qui sont effectués au nom « des héritiers de » sans désignation individuelle. »

415. (18). Déclaration pour ordre. — Il n'est pas inutile de rappeler, par application de l'Inst. 2508, § 6, que, dans les cas exceptionnels où la déclaration ne pourrait être légalement exigée par l'Administration et serait refusée par les parties, le receveur devrait établir et signer, sur une formule spéciale et à la date courante, une mention explicative qui serait considérée, par la rédaction du certificat prévu par l'art. 15 de la loi du 25 février 1901, comme constituant une déclaration proprement dite (V. *suprà*, n° 11). Les sociétés et établissements publics

ne peuvent exiger, en outre du certificat prescrit, la preuve que le Trésor a réellement encaissé des droits sur les titres transférés ou convertis.

§ 2. — *Dépositaires, détenteurs ou débiteurs de titres, sommes ou valeurs héréditaires.*

416. Règle. — Au lieu d'exiger comme pour les titres nominatifs et les sommes provenant d'assurances sur la vie (*infrà*, n° 443), un certificat préalable de payement des droits, les paragraphes 3 et 4 de l'art. 15 se bornent, pour les valeurs qu'ils désignent, à imposer l'obligation de donner à l'Administration un avis qui peut être postérieur à la remise, au payement ou au transfert de ces valeurs.

Ces deux paragraphes portent ce qui suit :

« Les sociétés ou compagnies, agents de change, changeurs, banquiers, escompteurs, officiers publics ou ministériels ou agents d'affaires qui seraient dépositaires, détenteurs ou débiteurs de titres, sommes ou valeurs dépendant d'une succession qu'ils sauraient ouverte devront adresser, soit avant le payement, la remise ou le transfert, soit dans la quinzaine qui suivra ces opérations, au directeur de l'enregistrement du département de leur résidence la liste de ces titres, sommes ou valeurs. Il en sera donné récépissé. Ces listes seront établies sur des formules imprimées, délivrées sans frais par l'Administration de l'enregistrement. »

417. Personnes et collectivités tenues. — L'énumération du texte qui précède est limitative. L'observation formelle en a été faite par M. Cordelet dans son rapport du 9 juillet 1896 (J. *off.*, Doc. parl., Sénat, p. 305, col. 3). Elle ne comprend pas, notamment, « les simples particuliers, mais seulement les sociétés et les personnes qui, par leur profession sont en rapport, avec le public » (même rapport, *eod. loc.*).

418. Sociétés ou compagnies. — La loi n'établissant aucune distinction, toutes les sociétés sont soumises à ses dispositions, aussi bien les sociétés civiles que les sociétés commerciales, les sociétés de personnes que les sociétés de capitaux (Inst. 3051).

I. Sociétés étrangères. — Les sociétés étrangères qui ont une succursale en France se trouvent englobées, en ce qui concerne cette succursale, dans l'expression générale de « sociétés ou compagnies ».

II. Succursales étrangères de sociétés françaises. — De même, les succursales établies à l'étranger de sociétés françaises sont atteintes par la disposition précitée qui s'applique à tous les établissements des sociétés ayant leur siège en France. C'est en France, en effet, ou tout au moins sous la protection de la loi française, que s'est formé le contrat qui a rendu la société détentrice ou débitrice, sans qu'il y ait à distinguer si les valeurs à remettre sont déposées en France ou à l'étranger.

L'art. 37 de la loi du 5 juin 1850 qui assujettit à l'abonnement « le total des sommes assurées d'après les contrats en cours d'exécution » a de même été interprété comme s'appliquant à toutes les sommes assurées par les Compagnies françaises, même à l'étranger, pour des risques situés à l'étranger (Cass. civ., 23 janv. 1854 ; S. 54.1.247 ; Inst. 2010 § 11). Il a fallu l'intervention du législateur pour modifier cette règle (L. 30 déc. 1876).

418 bis. Caisses d'épargne. — Les caisses d'épargne sont des établissements d'utilité publique et ne peuvent être comprises sous la dénomination de sociétés ou compagnies. Les prescriptions de l'article 15 ne leur sont donc pas applicables. Du reste, le payement des droits de mutation par décès sur les sommes déposées aux caisses d'épargne a été assuré par l'art. 23 de la loi du 20 juillet 1895 qui, tout en maintenant l'immunité des droits pour les certificats de propriété relatifs aux livrets de caisses d'épargne, en a implicitement rendu l'enregistrement obligatoire (Inst. 2888, § 1).

419. Agents de change, changeurs, banquiers, escompteurs. — Les agents de change, changeurs, banquiers et escompteurs sont désignés expressément comme tenus des obligations de l'art. 15.

420. Coulissiers. — Les coulissiers n'y figurent pas nominativement ; mais ils y sont compris sous la qualification de banquiers ou agents d'affaires » (Rapport de M. Cordelet, *loc. cit.*).

421. Agents d'affaires. — On entend par agents d'affaires les personnes dont la profession habituelle consiste à s'occuper, moyennant salaire, des affaires d'autrui, litigieuses ou non litigieuses, et dont la spécialité s'annonce au public par une certaine publicité (Fuzier-Herman, Vᵉ *Agents d'affaires*, nᵒ 1). Il est impossible de prévoir dans leur détail les diverses formes sous lesquelles peut se présenter l'agence d'affaires et une large définition est préférable à une énumération qui serait forcément incomplète.

422. Commissionnaires. — Dans le projet du budget de 1901, la liste des assujettis comprenait les commissionnaires. Mais ce mot a été supprimé par la commission de la Chambre comme n'ayant pas « un sens *précis* tant au point de vue financier qu'au point de vue commercial. » (Rapp. de M. Mesureur, *J. off.*, Doc. parl., Chambre, p. 1745, col. 1). Les commissionnaires ne seront donc tenus des obligations de l'art. 15 que s'ils rentrent dans l'une des catégories de personnes désignées par la loi, notamment dans celle d'agents d'affaires. On doit décider de même en ce qui concerne les courtiers.

423. Trésoriers-payeurs généraux. — Les trésoriers-payeurs généraux rentrent incontestablement dans la catégorie des personnes visées par l'art. 15, tant à raison des opérations qu'ils réalisent comme banquiers que comme dépositaires de titres ou valeurs pour le compte des particuliers.

424. Curateurs de successions vacantes et administrateurs provisoires près le tribunal de la Seine. — Les curateurs aux successions vacantes près le tribunal de la Seine et les administrateurs provisoires près le même tribunal sont imposés à la contribution des patentes comme agents d'affaires (Cons. d'Ét., 15 avr. 1869, *Rousset*, Rec. Lebon, p. 362, et 19 mars 1880, Rec. Lebon, p. 327). L'art. 15 de la loi du 25 février 1901 leur est donc applicable.

425. Officiers publics et ministériels. — Les notaires, greffiers, huissiers, commissaires-priseurs, se trouvent particulièrement atteints par cette désignation générale.

426. Opérations prévues. — Tous les payements, remises ou transferts relatifs aux valeurs spécifiées dans le paragraphe 3 de l'art. 15 doivent être portés à la connaissance de l'Administration. « Le mot *transfert*, fait observer l'Inst. 3051, ne doit pas s'entendre ici, comme dans les paragraphes 1 et 2 de l'art. 15, du changement d'immatricule d'un titre nominatif ; il désigne l'opération par laquelle le compte ouvert au nom du défunt est porté au nom de l'héritier. »

427. Titres, sommes et valeurs visés par la loi. — La disposition de la loi est générale : la liste que les personnes et cohéritiers assujettis doivent adresser au directeur de l'enregistrement doit comprendre tous les « titres, sommes ou valeurs dépendant d'une succession qu'ils

sauraient ouverte » et dont ils seraient dépositaires, détenteurs ou débiteurs.

La généralité des expressions employées par le législateur interdit toute distinction fondée sur la cause ou la nature du dépôt, de la détention ou de la dette. En ce qui concerne notamment les sommes d'argent, il importe peu qu'elles aient été déposées en vue d'un placement déterminé ou pour être versées à un créancier, qu'elles forment le reliquat d'un compte courant ou soient le produit de ventes mobilières ou immobilières, qu'elles représentent un capital remboursé ou proviennent de l'encaissement d'arrérages ou d'intérêts (Besson, nᵒ 224 ; Defrénois, nᵒ 381). A s'en tenir strictement aux termes de la loi, il semble même qu'on ne doive pas rechercher si la dette est la conséquence d'une opération se rattachant à la profession de l'assujetti ou si elle résulte d'une obligation étrangère à la qualité de banquier, d'agent d'affaires, d'officier public, etc., et personnelle, pour ainsi dire, au débiteur envisagé comme simple particulier. Dans cet ordre d'idées, le prix non payé d'une maison acquise par un banquier pour son habitation personnelle, les sommes dont une société commerciale est débitrice envers ses fournisseurs, le montant d'une facture de marchand due par un notaire pour provisions de ménage, devraient, au décès des créanciers, être portés sur la liste prescrite par l'art. 15.

L'Administration paraît adopter cette interprétation rigoureuse. Dans l'Inst. 3051, elle prescrit, en effet, de donner avis de chaque payement effectué « à des héritiers d'employés ou de retraités, à titre soit de prorata de salaires ou de traitements, soit d'arrérages de pensions ». Or, il est évident que ces dettes dérivent d'un contrat du droit commun et non du caractère professionnel *spécial* des sociétés et autres assujettis.

On peut douter cependant que telle ait été l'intention du législateur. Le but à atteindre était de frapper les valeurs mobilières qui échappent trop souvent à l'impôt de mutation par décès. Il fallait donc s'adresser aux personnes ou collectivités dont les rapports habituels avec le public se manifestent par des opérations de dépôt, de détention ou de maniement de titres ou de sommes d'argent. En visant exclusivement ces personnes et collectivités, la loi a montré clairement que c'est à raison seulement de leurs opérations ordinaires qu'elle les soumettait à des obligations spéciales. Si elle avait entendu les poursuivre jusque dans leurs relations extra-professionnelles, il n'y aurait pas eu de raison pour que les mesures prescrites par l'art. 15 ne fussent pas généralisées et imposées aux simples particuliers. Il est à noter, d'ailleurs, que, dans les travaux préparatoires, les exemples proposés se rapportent tous à des comptes courants, à des sommes en dépôt dans les banques, à des fonds remis par un débiteur à un officier ministériel pour acquitter une obligation à échéance fixe, etc. (V. le rapport de M. Cordelet, p. 305, col. 1) et qu'ils n'ont jamais trait à des dettes de droit commun (dans ce sens, Besson et Defrénois, *loc. cit.*).

428. Dispense pour les opérations subordonnées à la justification préalable du payement des droits. — Lorsque les opérations prévues aux paragraphes 3 et 4 de l'art. 15 sont subordonnées à la représentation d'un certificat constatant, soit l'acquittement, soit la non-exigibilité de l'impôt de mutation par décès (transfert ou conversion de titres nominatifs, payement de sommes, rentes ou émoluments quelconques dus par les compagnies d'assurances sur la vie (*infrà*, nᵒ 443), l'avis prescrit par ces paragraphes serait une formalité surabondante. Aussi l'Administration a-t-elle reconnu, que, dans ces hypothèses, les sociétés et compagnies n'auraient pas à fournir cet avis (Inst. 3051, p. 4).

Mais cette dispense ne s'applique qu'à l'opération même pour laquelle le certificat est produit. « Si, par exemple, dit M. Besson (n° 225), une société, en procédant au transfert des titres nominatifs, payait aux héritiers les coupons de ces titres échus antérieurement au décès de leur auteur, il y aurait lieu, de ce chef, d'adresser à l'Administration l'avis prescrit par l'art. 15 ».

429. Coffres-forts. — Il a été entendu, au cours de la discussion, que les établissements de crédit qui mettent en location des coffres-forts n'auront pas à aviser l'Administration du décès du locataire, alors même que les héritiers de celui-ci auraient dû le leur notifier pour être autorisés à ouvrir eux-mêmes le coffre-fort (J. off., Débats, Chambre, séance du 16 nov. 1900, p. 2105, col. 2 et 3 ; — Inst. 3051, p. 5).

430. Connaissance du décès. — « L'avis à donner au directeur de l'enregistrement est, d'ailleurs, subordonné par la loi elle-même à la condition que les sociétés, compagnies, agents de change, etc., sachent que les titres, sommes ou valeurs faisant l'objet de la remise, du payement ou du transfert dépendent d'une succession. La connaissance que le législateur a voulu que ces sociétés ou personnes eussent de l'ouverture de la succession ne saurait résulter ni de la notoriété publique, ni d'une information indirecte, mais seulement du fait que pour obtenir la remise, le payement ou le transfert des titres, sommes ou valeurs, l'intéressé aura dû invoquer sa qualité d'héritier ou se prévaloir du décès » (Inst. 3051, p. 5).

431. Titres dépendant d'une communauté conjugale. — Ainsi, les titres dépendant d'une communauté conjugale et que le mari aurait déposés à son propre nom dans une banque pourraient lui être remis, même après le décès de la femme, sans qu'il y ait lieu d'en informer l'Administration, si cette remise lui était faite sur la simple décharge et sur la seule justification de son identité, dans l'ignorance légale du décès de la femme et des droits qu'elle pouvait avoir sur les titres. » « Le dépositaire, déclarait M. Berteaux dans la séance du 22 février 1901, n'a pas traité avec la femme, il ne la connaît pas. Il n'est pas tenu de savoir si telle ou telle personne peut avoir des droits éventuels sur tout ou partie des titres déposés » (J. off., Débats, Chambre, p. 487, col. 3).

432. Valeurs déposées au nom d'une société en nom collectif. — De même, si des valeurs ont été déposées au nom d'une société en nom collectif, l'établissement dépositaire n'aura pas à donner avis du retrait qui serait opéré postérieurement au décès de l'un des associés, si rien ne lui démontre que la société a cessé d'être propriétaire de ces valeurs » (Inst. 3051 ; — Rapp. observ. de M. Beauregard, J. off., Débats, Chambre, séance du 22 fév. 1901, p. 487). Mais si la société est dissoute par le décès de l'associé et ne survit pas pendant une période de liquidation, comme, par exemple, lorsqu'il s'agit d'une société en nom collectif formée entre deux personnes et dissoute par le décès de l'une d'elles, les titres de l'associé décédé dépendraient de sa succession et devraient être déclarés par le dépositaire (Sic, Naquet, n° 33, p. 59).

432 bis. Dépôt de sommes à verser à un tiers. — Si le défunt avait remis à l'un des intermédiaires visés par le § 3 de l'article 15 une somme avec mandat de la payer à un tiers et que son décès intervint avant que ce payement ait été effectué, l'intermédiaire doit-il donner avis à l'Administration de la remise ultérieure au tiers désigné de la somme dont il s'agit ? Non, à notre avis, car la remise

ou le payement prévus par la loi sont ceux qui ont lieu à raison même du décès, soit à des héritiers, soit à des ayants droit qui se prévalent du décès. Voir en ce sens l'Instruction 3051, citée plus haut, n° 430, in fine.

433. Dépôts au nom d'un tiers. Dépôts conjoints. — A plus forte raison, les assujettis ne sauraient-ils être tenus de donner avis à l'Administration, si le dépôt a été fait par le de cujus au nom d'un tiers, par exemple, par un tuteur au nom de son pupille.

Il en est de même en cas de dépôt effectué conjointement par deux personnes avec faculté pour chacune d'elles d'en opérer le retrait. Celui des déposants qui réclame la remise des titres ou valeurs déposés n'a pas, en effet, à justifier du décès de l'autre (Defrénois, n° 360). Dans cette dernière catégorie rentrent les comptes à deux signatures, « le titulaire du compte accréditant une deuxième signature pour le cas où il viendrait à mourir » (Rapp. de M. Cordelet, J. off., Doc. parl., Sénat, p. 305, col. 1). Mais, s'il était formellement spécifié que la deuxième signature ne peut être admise qu'en cas de décès du titulaire du compte, la justification de ce décès serait indispensable pour la remise des valeurs dues ou déposées et, par suite, l'avis prescrit par l'art. 15 deviendrait nécessaire.

434. Lieu du décès et nationalité du défunt. — « Du moment, porte l'Inst. 3051, où les conditions mêmes de la remise, du payement ou du transfert révéleront que les titres, sommes ou valeurs faisant l'objet de l'opération dépendent d'une succession, les sociétés et personnes énumérées au paragraphe 3 de l'art. 15 devront fournir la liste de ces titres, sommes ou valeurs, quels que soient le lieu du décès et la nationalité du défunt, ce qui ne saurait d'ailleurs préjuger la question de l'exigibilité du droit de mutation par décès. Il était évidemment impossible d'imposer aux dépositaires, débiteurs ou détenteurs l'obligation de trancher cette question à leurs risques et périls ; il appartiendra à l'Administration de la résoudre d'après les principes généraux et les circonstances particulières de chaque affaire. »

Les sociétés et autres assujettis n'ont donc pas à apprécier si les droits de mutation par décès sont ou non exigibles, et les pénalités éditées par l'art. 15 pour défaut d'avis pourraient être encourues même dans le cas où aucun droit ne serait dû (Rappr. Defrénois, n° 370 ; — V. toutefois, n° 450, infra).

435. Remises et payements successifs. — L'obligation de donner avis ne prend naissance que par le fait de la remise, du payement ou du transfert. Si les assujettis ont la faculté d'adresser, dès qu'ils ont connaissance du décès, la liste complète des titres, sommes ou valeurs qui leur ont été confiés par le de cujus, ils peuvent aussi borner leur avis à la partie de ces titres ou valeurs dont les héritiers demandent actuellement la remise, le payement ou le transfert. L'Inst. 3051 s'en explique expressément.

« Les sociétés et personnes indiquées au texte n'ont pas à rechercher si elles sont dépositaires, débitrices ou détentrices de titres, sommes ou valeurs autres que ceux faisant l'objet de la remise, du payement ou du transfert qui leur est actuellement demandé. Chaque opération successive engendre pour elles une obligation nouvelle et doit faire l'objet d'un avis particulier. »

436. Forme de l'avis. — L'avis qui doit être fourni à l'Administration est dressé sous forme de bordereau comprenant, d'une part, le montant des sommes dues ou déposées, d'autre part la liste des titres ; il rappelle, s'il y a lieu, la date de la remise ou du payement et est certifié par l'assujetti ou par son représentant légal. Des formules imprimées sont tenues gratuitement à la disposition des intéressés dans les bureaux d'enregistrement.

« Pour que le but poursuivi soit atteint,porte l'Inst. 3051, p. 6, il est indispensable que cette liste permette d'identifier les titres ou valeurs et qu'elle détermine, avec toute la précision possible, la cause du payement ou de la remise des sommes. En conséquence, elle devra mentionner non seulement la nature et le nombre, mais encore les numéros des titres. »

Par une Instruction postérieure (n° 3056), l'Administration a modifié sa première décision ; elle a accordé aux sociétés et autres assujettis, afin d'alléger dans une large mesure la tâche que la loi leur impose, la faculté de ne pas porter les numéros des titres sur les listes dressées par eux. Il appartiendra aux agents de réclamer ultérieurement ces numéros dans le cas où ils le jugeront nécessaire.

437. Délai. — La loi laisse les sociétés, compagnies, agents de change, etc., libres de fournir, soit avant la remise, le payement ou le transfert, soit dans la quinzaine qui suivra ces opérations, la liste des titres, sommes et valeurs qu'ils sauront dépendre d'une succession. Ce texte, qui paraît impliquer une option, comporte, en réalité, un seul délai et revient à dire que la liste prescrite devra être fournie au plus tard dans les quinze jours qui suivront la remise, le payement ou le transfert.

L'Instruction 3051 établit une dérogation à cette règle dans les termes suivants :

« On a été amené par une interprétation bienveillante à décider que, au lieu de donner à l'Administration un avis séparé de chaque payement effectué à des héritiers d'employés ou de retraités, à titre soit de prorata de salaires ou de traitements, soit d'arrérages de pensions, les sociétés, compagnies, etc., pourront, si elles le préfèrent, adresser dans les quinze premiers jours des mois de janvier, avril, juillet et octobre une liste comprenant le détail des payements de l'espèce effectués au cours du trimestre précédent. Cette liste sera fournie pour la première fois au mois de juillet prochain et comprendra exceptionnellement tous les payements faits depuis l'entrée en vigueur de la loi du 25 février 1901. »

La loi n'a fixé aucune limite de durée à l'obligation des personnes et collectivités assujettis. Par suite, quelle que soit l'époque du transfert, de la remise ou du payement, l'avis prescrit doit être fourni, alors même que la prescription de dix ou de cinq ans paraîtrait acquise aux droits de mutation par décès.

438. Lieu où les listes doivent être dressées et remises. — Les sociétés et compagnies peuvent, à leur gré, faire établir les listes, soit à leur siège social, soit à la succursale ou agence chargée de la remise, du payement ou du transfert,à la condition, bien entendu,qu'elles soient signées par un agent qualifié à cet effet.

« Ces listes, porte l'Inst. 3051,/p. 7, doivent être adressées par les sociétés ou compagnies au directeur de l'enregistrement du département de leur siège social ou du siège de l'agence qui les a rédigées, et par les agents de change, changeurs, banquiers, etc., au directeur de l'enregistrement du département de leur résidence.

« Ce chef de service leur en délivrera récépissé. La formule préparée à cet effet au bas de l'imprimé sera complétée par l'indication de la date de la liste.

« Toutefois, dans les localités qui ne sont pas le siège d'une direction, il sera loisible aux intéressés de faire parvenir les listes au directeur départemental, par l'intermédiaire du receveur de leur canton ayant dans ses attributions la recette des droits de succession, à la condi-

tion de faire reprendre les récépissés au bureau de cet agent, auquel le directeur les renverra dans le plus bref délai. »

Il est sans difficulté que la remise entre les mains de receveurs pourra être effectuée le dernier jour du délai fixé par l'art. 15. Les receveurs auront soin de s'assurer que la date indiquée sur la liste est bien celle du jour où la remise leur a été faite. Rien ne paraît s'opposer à ce que ces agents délivrent aux assujettis un récépissé provisoire qui devra être ultérieurement échangé contre le récépissé définitif signé par le directeur (Rapp. Defrénois n° 374).

Les listes et les récépissés, constituant des documents d'ordre intérieur, sont exempts de timbre et d'enregistrement.

439. Transmission des listes au bureau compétent. — Les directeurs qui reçoivent les listes collectives trimestrielles autorisées par l'Inst. 3051 (*suprà*, n° 437) en font établir, sur des formules de renvoi de renseignements des extraits pour chacun des bureaux compétents ; ils peuvent, d'ailleurs, faire grouper sur une formule de renvoi collectif de renseignements tous les articles intéressant un même bureau.

Ces extraits, ainsi que les listes ou avis individuels fournis par les assujettis en exécution du paragraphe 3 de l'art. 15 sont compris par le directeur dans le plus prochain envoi des renvois mensuels. Ces divers documents doivent figurer, selon la pratique déjà suivie, notamment pour les extraits des relevés des payements effectués sur le prix des adjudications et marchés, dans la situation mensuelle établie sur les registres des renvois de la direction et qui doit présenter la balance des renvois de toute nature reçus et expédiés chaque mois (Inst. 3058, p. 41).

440. Utilisation par les receveurs. — Les listes et extraits font, de la part des receveurs, l'objet des mêmes annotations et rapprochements que les autres renvois relatifs à des successions. Celles de ces listes qui ne pourraient être utilisées au bureau qui les a reçues, notamment parce que le défunt était domicilié dans le ressort d'un autre bureau, doivent être extraites de la liasse et réexpédiées, conformément aux prescriptions de l'Inst. n° 2320, § 2, après avoir été émargées des indications de nature à permettre de tirer parti des renseignements qu'elles contiennent.

441. Contrôle par les employés supérieurs. — Au cours de leurs opérations au siège des sociétés ou compagnies et chez les personnes assujetties aux vérifications de l'Administration, les employés supérieurs utiliseront les récépissés qui leur seraient représentés pour s'assurer que les prescriptions du paragraphe 3 de l'art. 15 de la loi du 25 février 1901 ont été exactement remplies (Inst.3051,p.7).

442. Droit de communication. — Il a été spécifié, au cours de la discussion et des travaux préparatoires (*J. off.*,Débats, Chambre, séance du 19 nov. 1895, p. 2428, col. 1 ; Rapp. de M. Cordelet, *J. off.*, Doc. parl., Sénat, p. 305, col. 3) que la disposition de l'art. 15,§ 3 et 4, n'entraîne aucune extension du droit de communication accordé à l'Administration par les lois en vigueur, ni quant aux personnes assujetties à l'exercice de ce droit, ni quant aux documents dont la représentation peut être requise (Inst. 3051, p. 8). Voir, sur l'étendue de ce droit, T. A., V° Communication.

§ 3. — *Sommes, rentes ou émoluments dus par des compagnies d'assurances sur la vie.*

443. Règle. — A l'égard des sommes de toute nature

que les compagnies d'assurances sur la vie doivent par suite du décès des assurés, la loi du 25 février 1901 ne s'en est pas tenue à la nécessité d'un simple avis ; elle exige, comme pour les titres nominatifs, qu'avant de se libérer, ces compagnies se fassent représenter un certificat de payement des droits. Le paragraphe 5 de l'art. 15, qui renferme cette règle est ainsi conçu :

« Les compagnies françaises d'assurances sur la vie et les succursales établies en France des compagnies étrangères ne pourront se libérer des sommes, rentes ou émoluments quelconques dus par elles à raison du décès de l'assuré à des bénéficiaires autres que le conjoint survivant ou les successibles en ligne directe, si ce n'est sur la représentation d'un certificat délivré sans frais par le receveur de l'Enregistrement, dans la forme indiquée au premier alinéa du présent article et constatant soit l'acquittement, soit la non-exigibilité de l'impôt de mutation par décès, à moins qu'elles ne préfèrent retenir, pour la garantie du Trésor, et conserver jusqu'à la présentation du certificat du receveur, une somme égale au montant de l'impôt calculé sur les sommes, rentes ou émoluments par elles dus. »

444. Collectivités assujetties. — Les *compagnies d'assurances sur la vie* sont seules visées par ce texte. L'interprétation restrictive que comporte la loi fiscale ne permet pas d'en étendre l'application aux assurances qui ne sont pas constituées en sociétés. L'alinéa 5 de l'art. 15 ne s'applique pas non plus aux compagnies d'assurances *contre les accidents*, même en ce qui concerne les sommes, payées par ces compagnies, qui présentent les caractères d'une assurance sur la vie : telles seraient les indemnités dues en vertu d'un contrat individuel souscrit par l'assuré en prévision d'un accident mortel et acquittées, en exécution de la police, à une personne déterminée. Les compagnies d'assurances contre les accidents tombent uniquement, comme toute société ou compagnie, sous les prescriptions de l'al. 3 de l'art. 15 (V. *supra*, n° 101). La pratique de l'Administration est fixée en ce sens.

445. Contrats d'assurances dispensés du payement préalable des droits. — Tous les contrats d'assurances sur la vie ne sont pas prévus par l'art. 15. Le législateur exempte formellement de la production préalable du certificat ceux dont les bénéficiaires sont : 1° les successibles en ligne directe, ascendants ou descendants ; 2° le conjoint survivant. Le contrôle, pour ces contrats, s'exercera comme précédemment, au moyen de recherches opérées au siège des compagnies.

446. Bureau compétent. — Le receveur compétent pour délivrer le certificat prescrit est le receveur du bureau auquel la succession doit être déclarée (Inst. 3051, p. 8. — V. cependant *infra*, n° 447 *in fine*).

447. Droits non exigibles. — Il peut arriver que les sommes, rentes ou émoluments dus à raison du décès de l'assuré ne soient point passibles du droit de succession: tel se produira, par exemple, lorsque l'assuré avait son domicile dans une colonie où l'enregistrement n'est pas établi, ou lorsque le bénéfice de l'assurance est affranchi d'impôt par application du paragraphe 6 de l'art. 15 de la loi du 25 février 1901 (V. *supra*, n° 102), ou encore lorsqu'il n'est pas acquis à titre gratuit à celui qui le recueille (T. A., V° *Succession*, n°s 175 et suiv.).

En pareil cas, le certificat n'en devra pas moins être exigé : la disposition qui le prévoit exclut, en effet, toute distinction. Il y aura lieu d'établir alors, comme en matière de titres nominatifs, une déclaration pour ordre (Inst. 2508, § 6 ; — V. *supra*, n° 11).

Par conséquent, lorsqu'une déclaration de mutation par

décès ne pourra être légalement exigée, le certificat sera délivré — au besoin sur la déclaration souscrite par le représentant de la compagnie ou de l'agence — par le receveur du siège de la compagnie ou par celui de l'agence chargée du payement (Inst. 3051, p. 10).

448. Choix laissé aux compagnies. — Pour permettre aux compagnies de dégager leur responsabilité dans le cas où le bénéficiaire de l'assurance refuserait de produire le certificat prescrit, la loi leur a donné le droit de retenir, jusqu'à la représentation du certificat, une somme égale au montant de l'impôt calculé sur les sommes, rentes ou émoluments dont elles sont débitrices.

En parlant de l'impôt calculé sur les sommes dues par les compagnies d'assurances la loi n'a eu évidemment en vue que le droit qui serait exigible au cas où la succession comprendrait uniquement cette somme. Les compagnies n'ont donc pas à rechercher l'importance totale de la succession pour le calcul du droit qu'elles retiennent : il suffit qu'elles le liquident d'après le taux correspondant au chiffre de leur dette (vis-à-vis de l'assuré).

§ 4. — *Pénalités.*

449. Amendes. — Toute contravention aux dispositions des cinq premiers paragraphes de l'art. 15 de la loi du 25 février 1901 est punie par le paragraphe 7 du même article d'une amende de 500 fr. *en principal* ; dans ce cas, les décimes restent exigibles, de sorte que l'amende s'élève en réalité à 625 fr. Il est dû autant d'amendes qu'il y a eu de contraventions commises. Tout transfert, payement ou remise effectué sans que les assujettis aient exigé la production du certificat préalable ou aient donné à l'Administration l'avis obligatoire dans le délai prescrit rend une amende exigible, alors même que les sommes ou valeurs remises ne donneraient pas ouverture au droit de mutation par décès.

RESPONSABILITÉ. — En outre, le contrevenant est tenu personnellement, sauf son recours contre le redevable, des droits simples et en sus de mutation par décès.

Toutefois, par une mesure de faveur, l'Administration recommande de ne réclamer le payement des droits et pénalités exigibles aux sociétés, compagnies et personnes visées par l'art. 15, qu'autant que le recouvrement de ces sommes n'aurait pu être amiablement obtenu des héritiers et que la solvabilité de ces derniers ne présenterait pas, en cas de poursuites, des garanties suffisantes pour le Trésor.

SECT. IV. — IMMEUBLES.

450. Nouvelles mesures de contrôle. — Sous l'empire de la loi du 22 frimaire an VII, les immeubles transmis par décès devaient, dans tous les cas, être déclarés au bureau de la situation. C'est aussi au receveur de la situation qu'appartenait le soin de rechercher si tous les immeubles situés dans le ressort de son bureau avaient été déclarés, de contrôler l'évaluation fournie par les héritiers pour ces immeubles et de poursuivre le recouvrement des droits reconnus exigibles.

En prescrivant de déclarer au bureau du domicile ou du lieu du décès tous les biens, meubles et immeubles, faisant partie de la succession, la loi du 25 février 1901 a rendu nécessaire l'établissement de nouvelles mesures de contrôle et de recouvrement pour le cas où la succession comprendrait des immeubles situés en dehors de la circonscription du bureau du domicile ou du lieu du décès. Le législateur est, du reste, intervenu lui-même et a déterminé les règles à observer lorsqu'une expertise aurait

29

pour objet des immeubles situés dans le ressort de plusieurs tribunaux (art. 17). Les autres prescriptions, d'ordre administratif, ont été édictées par l'Administration dans l'Inst. 3058 (p. 47 à 50).

451. Contrôle du receveur de la situation des immeubles. — On sait qu'aux termes de l'art. 16 de la loi du 25 février 1901, le détail des immeubles situés hors de la circonscription du bureau du domicile ou du décès doit, lors de la déclaration souscrite à ce bureau, être présenté, pour chacun des bureaux de la situation, sur une formule distincte de la déclaration elle-même. On a vu, d'autre part, que chacune de ces formules doit être transmise, dans des conditions déterminées (*suprà*, n° 23), au bureau de la situation des immeubles dont elle contient le détail.

Le receveur à ce bureau doit, au vu de la formule détaillée qu'il reçoit, opérer les mêmes recherches et les mêmes rapprochements que par le passé, afin de s'assurer que tous les immeubles situés dans le ressort de son bureau ont été déclarés et que les évaluations des parties ont été suffisantes.

Il consigne au sommier des découvertes les omissions et les insuffisances de revenu ou de valeur vénale que ses investigations peuvent lui révéler, ainsi que les successions immobilières hors délai qui, à raison du domicile du défunt ou du lieu de son décès, devraient être déclarées à un autre bureau ; mais il ne peut, *en aucun cas*, faire recette des droits exigibles. Cette recette ne peut être régulièrement effectuée qu'au bureau désigné par l'art. 16 de la loi du 25 février 1901.

Au point de vue de la suite à donner à la consignation, la compétence du receveur de la situation des biens varie, suivant que le recouvrement de l'article consigné doit, à défaut de payement volontaire, être poursuivi par voie de contrainte ou par voie d'expertise.

452. Recouvrement par voie de contrainte. — Dans le cas de succession hors délai, d'omission et d'insuffisance de revenu résultant d'un bail courant, le receveur du bureau désigné par l'art. 16 de la loi du 25 février 1901, c'est-à-dire du domicile ou du lieu du décès, a seul qualité pour adresser la réclamation aux parties et, le cas échéant, pour décerner contrainte.

Le receveur de la situation des biens se borne à renvoyer à son collègue une copie de la consignation, qu'il doit avoir le soin d'établir d'une façon assez complète et assez détaillée pour permettre à ce dernier de répondre, au besoin, aux objections des parties.

Suivant le mode actuellement en usage, cette copie est transmise au bureau compétent au moyen d'un bulletin de renvoi d'article à recouvrer, dont les deux parties sont utilisées conformément aux prescriptions des Inst. 1526 et 2720-122. Mais, comme le receveur de la situation des biens n'a pas les éléments nécessaires pour calculer les droits exigibles, il inscrit la mention *droits à liquider* à la place réservée sur le bulletin d'envoi pour l'indication des sommes à recouvrer.

Le receveur du bureau du domicile ou du lieu du décès, dès qu'il a reçu la copie de la consignation, doit liquider les droits exigibles et inscrire le montant de ces droits sur le certificat qu'il renvoie au bureau expéditeur. Il fait ensuite les diligences nécessaires pour assurer le recouvrement des sommes dues au Trésor.

Au vu du certificat de consignation qui lui est transmis, le receveur de la situation des biens complète sa consignation par la mention des droits exigibles.

453. Procédure en expertise. — Aux termes de l'art. 18 de la loi du 22 frimaire an VII, « la demande en « expertise sera faite au tribunal civil du département dans

« l'étendue duquel les biens sont situés » et, dans le cas où les premiers experts ne peuvent convenir du choix d'un tiers-expert pour le départager, c'est « le juge de paix du « canton de la situation des biens » qui doit y pourvoir. Ces prescriptions n'ont pas été modifiées par la loi du 25 février 1901, qui, au contraire, dans son art. 17, spécial aux expertises d'immeubles situés dans le ressort de plusieurs tribunaux, maintient expressément « les dispositions de l'art. 18 de la loi du 22 frimaire an VII, non contraires au présent article ».

La compétence du tribunal et du juge de paix de la situation des biens subsistant ainsi pour les expertises d'immeubles situés dans le ressort d'un même tribunal, c'est avec raison que l'Administration a confié, comme par le passé, le soin de suivre ces procédures aux agents exerçant leurs fonctions dans le ressort de ce tribunal.

En conséquence, lorsque le receveur de la situation des biens relève, au vu de la formule contenant le détail des immeubles situés dans la circonscription de son bureau, une insuffisance en revenu ou en valeur vénale ne pouvant être établie légalement que par la voie de l'expertise, il demande tout d'abord à son collègue du bureau du domicile les renseignements nécessaires pour liquider les droits présumés exigibles.

Il adresse ensuite une réclamation aux parties et, si l'accord s'établit, leur fait souscrire une soumission qui doit être approuvée par le directeur du département de la situation des biens.

A défaut d'entente amiable, c'est également à ce chef de service qu'il appartient de requérir et de suivre l'expertise suivant les règles en vigueur.

454. Expertise d'immeubles situés dans le ressort de plusieurs tribunaux. — Mais, sous le régime de la déclaration à un bureau unique de tous les biens héréditaires, il se peut qu'une même déclaration comprenne un immeuble ou un corps de domaine situé dans la circonscription de plusieurs tribunaux. Les règles établies par la loi de frimaire auraient obligé, en cas d'expertise, à entamer et à suivre une procédure distincte pour chaque partie de l'immeuble ou du domaine comprise dans le ressort d'un tribunal différent.

Pour éviter les frais et les difficultés qui résulteraient de cette pluralité de procédures, l'art. 17 de la loi du 25 février 1901 prescrit les mesures suivantes :

« Lorsqu'il y aura lieu de requérir l'expertise d'un im-
« meuble ou d'un corps de domaine ne formant qu'une
« seule exploitation situé dans le ressort de plusieurs tri-
« bunaux, la demande en sera portée au tribunal de pre-
« mière instance dans le ressort duquel se trouve le
« chef-lieu de l'exploitation ou, à défaut de chef-lieu, la
« partie des biens présentant le plus grand revenu d'après
« la matrice du rôle.
« Les experts et, le cas échéant, le tiers expert prête-
« ront serment devant le juge de paix du canton dans
« lequel se trouve le chef-lieu de l'exploitation ou, à défaut
« de chef-lieu, la partie des biens présentant le plus grand
« revenu d'après la matrice du rôle. Le tiers expert sera
« nommé par ce juge de paix si les experts ne peuvent en
« convenir. Les dispositions de l'art. 18 de la loi du
« 22 frimaire an VII, non contraires au présent article,
« sont maintenues. »

L'expertise doit être suivie, à la requête du directeur général, par le receveur du bureau dans le ressort duquel se trouve le chef-lieu de l'exploitation ou la partie des biens présentant le plus grand revenu matriciel, et par le directeur du département qui comprend ce bureau (Inst. 3058, p. 37).

Il importe de remarquer que ce sont les mêmes experts qui procéderont à l'expertise dans le ressort des diverses circonscriptions judiciaires et qu'ils n'auront à prêter serment que devant le juge de paix du canton dans lequel se trouve le chef-lieu de l'exploitation ou, à défaut de chef-lieu, la partie des biens présentant le plus grand revenu d'après la matrice du rôle. C'est aussi ce magistrat qui, en cas de désaccord, désignera le tiers expert.

La disposition de l'art. 17 constituant une règle de simple procédure peut s'appliquer aussi bien aux successions ouvertes avant la mise à exécution de la loi du 25 février 1901 qu'à celles ouvertes depuis cette date (Conf. *supra*, n° 400).

455. **Immeubles situés dans le ressort d'un même tribunal, mais dans la circonscription de plusieurs cantons.** — Lorsque l'expertise a pour objet des biens situés dans le ressort d'un même tribunal, mais dans la circonscription de plusieurs cantons, ce sont aussi les mêmes experts qui doivent procéder aux opérations d'expertise dans les divers cantons. D'autre part, l'Administration recommande aux directeurs de prier le tribunal de désigner celui des juges de paix devant lequel les experts devront prêter serment (Inst. 3058, p. 38). C'est, du reste, le receveur de la situation qui doit demeurer compétent pour l'ensemble de la procédure.

456. **Payement des droits exigibles sur soumission ou après expertise.** — A la différence de ce qui a lieu actuellement, la recette des droits reconnus exigibles par soumission ou à la suite d'une expertise ne peut être effectuée qu'au bureau du domicile du défunt où la déclaration aura été souscrite.

La soumission approuvée par le directeur ou, le cas échéant, la grosse du jugement homologuant le rapport des experts sont, par suite, transmises, comme titres de recouvrement, accompagnées d'un bulletin de renvoi, par le receveur de la situation des biens à son collègue du bureau du domicile, qui consigne les droits exigibles au sommier des droits constatés n° 1 (Inst. 3058, p. 49).

457. **Contrôle des employés supérieurs.** — Les employés supérieurs continuent, dans les mêmes conditions que par le passé, à s'assurer que le receveur du bureau de la situation des immeubles a utilisé pour la recherche des droits célés tous les renseignements à sa disposition. Ils consignent, au sommier des découvertes de ce bureau, les résultats de leurs propres investigations, sauf à se conformer aux recommandations faites aux receveurs (*supra*, n° 452) pour le renvoi de certains de ces articles au bureau qui aura reçu la déclaration ou qui sera compétent pour la recevoir.

458. **Précis semestriels des opérations des receveurs.** — 1° Le receveur *de la situation des biens* fait, suivant les règles actuelles, figurer dans ses précis semestriels les articles qu'il a personnellement consignés au sujet de découvertes de *toute nature* se rapportant à des immeubles situés dans la circonscription de son bureau et déclarés à d'autres bureaux (Inst. 3058, p. 49).

Pour être en mesure de dresser le tableau des découvertes au précis semestriel, ce receveur adresse à ses collègues, dans le courant des mois de juin et de décembre, un état des articles qu'il leur a transmis précédemment. Il a soin de rappeler, dans une colonne spéciale, le numéro de la consignation établie au bureau du domicile. Ces états doivent lui être renvoyés sans retard annotés, pour chaque article, du montant : 1° des droits payés ; 2° des droits annulés par suite de remise ou d'insolvabilité des débiteurs ; 3° des droits annulés pour d'autres causes ; 4° et des droits restant à recouvrer. Ces relevés sont an-

nexés à la minute du précis semestriel, après annotation des articles du sommier (Inst. 3058, p. 48).

2° Le receveur qui a reçu la déclaration ou qui est compétent pour la recevoir porte également à ses précis, mais en une seule ligne qu'il ouvre à la main sous la rubrique *articles provenant d'autres bureaux*, les articles qui lui ont été renvoyés pour qu'il en suive l'apurement (Inst. 3058, p. 50).

SECT. V. — SUCCESSIONS DE PERSONNES DOMICILIÉES ET DÉCÉDÉES HORS DE FRANCE. MESURES DE CONTRÔLE.

459. **Nécessité d'un contrôle.** — Lorsqu'une personne, quelle que soit sa nationalité, n'était pas domiciliée en France et n'y est pas décédée, ses héritiers ou légataires peuvent, à leur choix, souscrire la déclaration dans l'une des dix villes suivantes, désignées à cet effet par l'Administration (art. 16, L. 25 fév. 1901), au bureau chargé de la recette des droits de mutation par décès : Paris (1er bureau des successions), Lille (1er bureau des successions), Nancy, Belfort, Annecy, Lyon (1er bureau des successions), Nice, Marseille (1er bureau des successions), Pau, Bordeaux (1er bureau des successions).

Toutefois, après l'expiration du délai légal (sauf en cas de prorogation de délai), le 1er bureau des successions de Paris devient seul compétent pour recevoir les déclarations et opérer le recouvrement des droits exigibles (Inst. 3058, p. 28 et 29 ; — *supra*, n° 33).

La pluralité des bureaux où ces successions peuvent être déclarées nécessite une organisation particulière du contrôle. L'Administration a arrêté, à cet effet, les mesures qui suivent.

460. **Renvoi par tous les receveurs des actes relatifs aux successions de l'espèce.** — Tous les receveurs sans exception doivent faire au contrôle central à Paris le renvoi, dans la forme ordinaire, de l'enregistrement des actes révélant l'existence de valeurs mobilières ou immobilières dépendant de la succession, *non déclarée à leur bureau*, de toute personne domiciliée et décédée hors de France, que le délai légal pour souscrire cette déclaration soit expiré ou non (Inst. 3058, p. 51).

461. **Avis des déclarations passées aux bureaux désignés.** — En outre, les receveurs des dix bureaux spécialement désignés pour recevoir les déclarations de l'espèce adressent au contrôle central à Paris, par l'intermédiaire du directeur, dans les trois jours de chaque déclaration, un bulletin faisant connaître les noms, prénoms et nationalité du défunt dont la succession a été déclarée à leur bureau, ainsi que la date et le numéro de la déclaration. Ils donnent, de la même manière, avis au contrôle central des décisions portant prorogation de délai, avec indication du bureau choisi pour recevoir la déclaration, et ce sans préjudice de l'envoi ultérieur du bulletin relatif à la déclaration elle-même. Les receveurs utilisent à cet effet l'imprimé en usage pour les renvois de renseignements. Ils mentionnent l'envoi du bulletin en marge de la déclaration ou de l'article ouvert, en cas de prorogation de délai, au sommier des découvertes.

462. **Transmission des listes établies en exécution de l'art. 15 de la loi du 25 février 1901.** — Les bordereaux, fournis par les sociétés et personnes désignées dans l'art. 15 de la loi du 25 février 1901, des titres, sommes et valeurs dépendant de la succession de personnes domiciliées et décédées hors de France sont transmis par les directeurs au contrôle central dans les liasses mensuelles des renvois (Inst. 3051).

463. Constitution d'une table générale au contrôle central. — Au vu de ces divers documents, le contrôle central constitue une table alphabétique générale des successions des personnes domiciliées et décédées hors de France.

Cette table, qui permet de retrouver la date de la déclaration et le nom du bureau qui l'a reçue, fournit au contrôle central les indications nécessaires pour donner la direction convenable aux renvois provenant de tous les départements.

Elle est tenue dans la même forme que la table des successions et sur un registre du même modèle.

Les neuf premières colonnes sont remplies conformément aux indications de l'imprimé, au fur et à mesure que les divers documents dont le renvoi est prescrit portent à la connaissance du contrôle central le nom d'une personne domiciliée et décédée hors de France, et dont la succession présente un actif français apparent.

Il convient seulement de laisser entre les inscriptions un espace suffisant pour les annotations prévues ci-après.

La colonne 10 est réservée à la mention sommaire des renvois et documents parvenus *avant* que le contrôle soit à même de déterminer le bureau auquel ils devront être expédiés.

Dans la colonne 11, on mentionne, indépendamment de la date et du numéro de la déclaration, le nom du bureau où elle a été souscrite. Cette colonne est remplie au fur et à mesure que les renseignements à y inscrire parviennent au contrôle central.

La colonne 12, dont le titre doit être modifié à la main, sert à inscrire, au moment même où le décès est porté à la table, la date à laquelle expire le délai que la loi accorde aux héritiers ou légataires pour souscrire la déclaration.

La colonne 13 est utilisée pour l'inscription du nom du bureau où ont été transmis les documents mentionnés dans la colonne 10, ainsi que la date de cet envoi.

464. Utilisation des renvois reçus au contrôle central. — Les renvois de toute nature, reçus au contrôle central après l'avis de la déclaration de succession ou de la décision fixant le bureau auquel les droits doivent être versés, sont transmis au bureau compétent avec les autres renvois mensuels. Il est inutile, dans ce cas, d'annoter la table de ces divers documents.

Mais, si des renvois parviennent au contrôle central avant l'avis de la déclaration ou de la décision prorogeant le délai, il convient de mentionner dans la colonne 10, pour chacun de ces documents, le bureau expéditeur (localité et département), ainsi que la date et la nature du renvoi reçu. Provisoirement classés dans une chemise spéciale établie au nom du défunt, ces documents sont dirigés sur le bureau compétent, dès que ce dernier est connu, et sont compris dans le plus prochain envoi de renvois mensuels qui suit la réception au contrôle central de l'avis, soit de la déclaration, soit de la décision fixant le bureau où cette déclaration sera souscrite.

Si, à l'expiration du délai légal, aucun avis de ce genre n'est parvenu au contrôle central, les renvois et documents provisoirement conservés sont envoyés, dans les mêmes conditions, au 1er bureau des successions de Paris, devenu seul compétent pour poursuivre le recouvrement des droits exigibles et recevoir la déclaration. Il convient, dans ce but, de reviser la table tous les mois.

465. Conservation des bulletins d'avis. — Les bulletins d'avis des déclarations et des décisions de prorogation de délai sont conservés au contrôle central après avoir été classés par ordre alphabétique et émargés du folio et du numéro de la table des décès (Inst. 3058, p. 53 et 54).

CHAP. X. — PRESCRIPTION DES DROITS.

466. (744). Maintien des règles anciennes. — La loi du 25 février 1901 n'a apporté aucune modification aux règles qui, en vertu des lois antérieures, gouvernent la prescription des droits de mutation par décès. Les principes exposés et les décisions rapportées au T. A., V° *Succession*, n°˙ 744 et suiv., restent donc entièrement applicables aux successions ouvertes depuis la mise à exécution de la loi nouvelle.

467. (744). Remise de dette par le testateur. Prescription décennale. — Ainsi, la remise expresse d'une dette faite par le créancier dans son testament constituant un legs au profit du débiteur, l'action du Trésor, à l'effet d'obtenir le payement des droits de mutation par décès dus à raison de ce legs particulier, est soumise à la prescription décennale établie, en matière de successions non déclarées dans le délai, par les art. 61 de la loi du 22 frimaire an VII et 11 de la loi du 18 mai 1850 (Bagnères, 11 fév. 1898 ; R. E. 1685).

468. (750). Contumax, Succession vacante. — Les droits de mutation par décès dus sur la succession d'un contumax ne deviennent exigibles quedu jour de la mainlevée du séquestre et de la remise des biens aux héritiers ou au curateur si la succession est vacante. Par suite, c'est à compter de cette date que la prescription prend cours, alors même que le décès aurait été porté à la connaissance de la Régie depuis plus de dix ans (Sol. 22 avr. et 6 mai 1899 ; R. E. 2268 et 2033).

469. (752). Renonciation frauduleuse. Point de départ. — Lorsqu'un héritier ou un légataire s'est soustrait au payement du droit de mutation par décès en opposant à la Régie une renonciation régulière en la forme et que cette renonciation est ultérieurement reconnue frauduleuse, l'action du Trésor en payement des droits de succession de la part de le prétendu renonçant se prescrit par dix ans à partir du décès (Mamers, 17 mai 1899 ; R. E. 2135).

470. Legs à un établissement public. — Lorsqu'un legs, fait à un établissement public, est soumis à une autorisation de l'Administration supérieure, les héritiers ou légataires saisis de la succession ne sont tenus d'acquitter les droits de mutation par décès que si l'autorisation n'intervient pas dans les deux ans à compter du jour de l'ouverture de la succession (art. 19, L. 25 fév. 1901). Mais, malgré cette prorogation de délai, le point de départ de la prescription décennale n'en court pas moins contre l'héritier ou le légataire à partir du jour du décès (*supra*, n° 49). Au contraire, c'est la date de l'autorisation qui fait courir le délai de la prescription de dix ans à l'égard de l'établissement public légataire.

471. Inexactitude des déclarations ou attestations de dettes. — L'art. 8 de la loi du 25 février 1901 autorise l'Administration à prouver par tous les moyens du droit commun, excepté le serment, l'inexactitude des déclarations ou attestations de dettes. Aux termes de l'art. 10 de la même loi, l'action en recouvrement des droits et amendes exigibles par suite de l'inexactitude d'une attestation ou déclaration de dette se prescrit par cinq ans à partir de la déclaration de succession (V. *supra*, n° 393).

CHAP. XI. — RESTITUTION ET IMPUTATION DES DROITS.

472. (753). Restitution. Loi du 25 février 1901. — La loi du 25 février 1901 n'a pas supprimé la règle posée dans l'art. 60 de la loi du 22 frimaire an VII, d'après laquelle tout droit régulièrement perçu n'est pas restituable, quels que soient les événements ultérieurs. On sait qu'un droit est régulièrement perçu, lorsque le receveur a fait une exacte application de la loi aux actes présentés ou aux déclarations souscrites par les contribuables (*T. A.*, V° *Restitution*, n°ˢ 35 et s.).

Ces principes restent donc applicables sous la législation nouvelle. Par conséquent, si l'héritier ou le légataire n'a pas déclaré une dette héréditaire comme devant être comprise au passif de la succession et déduite pour le payement des droits de mutation par décès, le receveur, qui n'a pas eu connaissance de l'existence de cette dette et n'a pu en tenir compte pour la liquidation de l'impôt, a opéré une perception régulière ne donnant pas ouverture à une action en restitution.

Toutefois, la loi du 25 février 1901 autorise la restitution des droits perçus en trop, par suite du défaut de déduction d'une dette, dans les trois cas suivants :

473. 1° **Production de justifications insuffisantes lors de la déclaration.** — Lorsque le receveur a refusé d'admettre la déduction d'une dette qu'il considère comme insuffisamment justifiée,l'héritier ou le légataire est fondé à se pourvoir en restitution dans les deux années à compter du jour de la déclaration (art. 5). Mais, pour que la demande puisse être admise, il faut qu'il soit constaté, soit dans l'état du passif, soit dans la déclaration elle-même, que le déclarant a affirmé l'existence d'une dette déductible. A défaut de mention, la perception serait régulière, puisque le receveur serait présumé n'avoir pas été mis en mesure d'apprécier si la déduction pouvait être opérée.

Pour établir le bien-fondé de sa demande en restitution, la partie a le droit de produire toute pièce susceptible de démontrer la réalité de la dette dans les conditions déterminées par la loi nouvelle. Il importe peu que les pièces produites aient ou non été représentées au receveur lors de la déclaration ; il suffit qu'elles forment titre contre le défunt et soient antérieures à l'ouverture de la succession, exception faite, toutefois, en faveur des jugements intervenus entre le décès et la déclaration (*supra*, n° 211 ; — V. aussi *infrà*, n° 474). On ne peut assimiler à un événement ultérieur la production de ces documents, qui s'appliquent à des faits irrévocablement fixés (Rappr. *T. A.*, V° *Restitution*, n° 96) et servent uniquement à compléter l'affirmation d'existence de la dette présentée au moment de la déclaration, sans qu'il en résulte aucune modification, ni au fond du droit, ni dans la forme des titres justificatifs. Enfin, selon une juste remarque (*R. P.* 10.018-108), s'il était nécessaire que toutes les pièces justificatives du passif eussent été placées sous les yeux du receveur, les héritiers seraient obligés de se munir, au moment de la déclaration et avant toute réquisition de cet agent, des livres de commerce du défunt, lorsqu'ils demandent la déduction d'une dette commerciale, et de l'attestation du créancier dans tous les cas, sous peine de voir rejeter, sans espoir de restitution, les dettes qui auraient paru insuffisamment justifiées (1).

(1) Les explications fournies dans le rapport de M.Mesureur du 9 juillet 1900 ne font que confirmer cette interprétation. « La restitution, porte ce document, peut être étendue au cas exceptionnel où des traites tirées sur le défunt ou des billets souscrits par lui n'auraient pas été présentés à l'encaissement dans les six mois du décès et où, par conséquent, les héritiers ne pourraient fournir que postérieurement à la déclaration les justifications prescrites pour obtenir la déduction des dettes résultant de ces traites ou billets (représentation de l'effet ou copie du protêt) » (*J. off.*, Doc. parl. Chambre, p.1743, col. 2).

474. 2° **Faillite et liquidation judiciaire.** — Les héritiers ou légataires sont admis, dans le délai de deux ans à compter du jour de la déclaration, à réclamer la déduction des dettes établies par les opérations de la faillite ou de la liquidation judiciaire ou par le règlement définitif de la distribution par contribution postérieure à la déclaration et à obtenir le remboursement des droits qu'ils auraient payés en trop (art. 5).

Cette disposition forme une exception formelle au principe de l'art. 60 de la loi du 22 frimaire an VII. Le procès-verbal de vérification et d'affirmation des créances dans une faillite ou une liquidation judiciaire, ainsi que le règlement définitif d'une distribution *en justice*, sont, au regard du Trésor, lorsqu'ils interviennent après la déclaration, des événements ultérieurs. Ils n'en serviront pas moins de fondement à une action en restitution, alors même qu'ils constateraient l'existence de dettes dont l'héritier ou le légataire n'aurait pas fait mention dans l'état du passif déposé lors de la déclaration.

475. 3° **Indétermination de la dette.** — Lorsqu'une dette, dont l'existence au décès est certaine et démontrée par un titre régulier, n'est pas liquide au jour de la déclaration, la déduction n'en saurait être admise, les parties ne pouvant, à défaut d'un texte formel, fournir une évaluation provisoire du montant de cette dette (*supra*, n° 160). Mais, si, dans les deux ans de la déclaration, les parties justifient régulièrement de la quotité de la dette, le remboursement des droits acquittés en trop pourra être ordonné. La loi ne pose, en effet, qu'une condition à la déduction : c'est que l'*existence* de la dette au jour du décès soit établie par un document opposable au défunt lui-même ; mais elle n'exige la liquidité de cette dette ni au jour de l'ouverture de la succession ni au moment de la déclaration. Toutefois, il est indispensable, pour que la restitution soit accordée, que l'héritier ou le légataire ait compris la dette dans le passif déclaré et ait mis ainsi le receveur à même d'apprécier si, à ce moment, la déduction pouvait être admise. Autrement, la perception établie lors de la déclaration serait régulière et l'art. 60 de la loi de frimaire serait applicable.

476. Erreur de fait. — L'Administration a toujours la faculté d'user du droit qui lui appartient de rembourser, pour erreur de fait, les sommes payées par les héritiers sur des valeurs qui ne faisaient pas partie du patrimoine du défunt. En dehors des trois cas qui viennent d'être rapportés, elle pourra donc, *selon ses appréciations*, rectifier, par voie de restitution, une perception originairement régulière, toutes les fois que l'existence d'une dette non déclarée au passif héréditaire lui sera démontrée dans les conditions prescrites par la loi.

477. (757). Imputation. Recel. — En principe, l'imputation d'un droit sur un autre n'est possible que lorsqu'il s'agit de précompter un droit provisoirement perçu sur le droit définitivement exigible relativement à un même acte et à une même mutation. Elle ne saurait être admise à l'égard de deux perceptions qui procèdent d'actes distincts et de dispositions différentes.

Ainsi, il ne peut s'établir de compensation entre les droits de succession dus par l'ayant cause du cohéritier auquel profite la déchéance prononcée contre un légataire coupable de recel et les droits de même nature que les héritiers de ce dernier auraient naturellement payés sur les objets recélés (Cass., 23 fév. 1898 ; *R. E.* 1649).

478. (759). Mêmes biens. Successions distinctes. Héritiers différents. — Lorsque deux conjoints laissant des héritiers différents sont décédés successivement, les droits payés en trop, lors de la déclaration de succession du prédécédé, sur des biens déclarés propres par erreur alors qu'en réalité ils étaient communs, ne peuvent être imputés, après le décès du dernier vivant, sur les droits exigibles pour la mutation de moitié des mêmes biens (Sol. 11 sept. 1896 ; R. E. 1471).

479. (760). Même succession. Biens rentrés dans l'hérédité. — Lorsqu'une veuve commune en biens et légataire du disponible sur la succession de son mari défunt, après avoir acquitté les droits de mutation sur ce legs, renonce audit legs et à la communauté, les enfants ne peuvent imputer les droits de succession payés par la veuve sur les droits supplémentaires dont ils deviennent redevables par suite de la rentrée dans l'hérédité des biens auxquels leur mère renonce (Versailles, 7 avr. 1898 ; R. E. 1870).

480. (763). Droit d'acte à imputer sur les droits de mutation par décès. — Lorsqu'un jugement restitue à un acte — qualifié de reconnaissance de dépôt et enregistré comme tel — son véritable caractère, qui est celui d'une donation, le supplément de droit dû de ce chef par le donataire ne peut être imputé sur le droit de mutation par décès versé par l'héritier du donateur pour la transmission de la même valeur (Seine, 21 juill. 1899 ; R. E. 2151).

481. (758). Legs à un établissement public. Droits payés par l'héritier. — Lorsqu'un legs a été fait à un établissement public, l'héritier ou le légataire universel est obligé d'acquitter le droit de mutation sur l'objet de ce legs d'après son degré de parenté avec le défunt, si l'établissement légataire n'a pas été autorisé à l'accepter dans les deux ans du décès (art. 19, L. 25 fév. 1901). Quand l'établissement est postérieurement autorisé à accepter, il doit supporter le droit de mutation qui lui est personnel, mais sous imputation de celui payé par l'héritier ou le légataire universel (Rappr. Sol. 13 mai 1898 ; R. E. 2061).

S'il s'agit d'un établissement d'État, exempt de l'impôt de mutation, les droits acquittés par l'héritier sont restituables à la condition qu'il soit justifié, dans les deux ans, de l'acceptation du legs (Sol. 5 août 1893 ; R. E. 972).

I. DONATION NON ACCEPTÉE. — Si une donation a été faite à un établissement public et que le donateur décède avant que l'établissement ait été autorisé à accepter, les droits de succession sont dus par l'héritier dans les six mois du décès sur les biens qui n'ont encore fait l'objet que d'une offre de donation; mais l'autorisation d'accepter étant ultérieurement accordée à l'établissement gratifié, les droits de succession sont imputables sur les droits de donation devenus exigibles, alors surtout que la donation avait fait l'objet d'une acceptation provisoire de la part de l'établissement. L'Administration a statué en ce sens par une solution récente.

482. (761). Erreur de fait. Droits indûment perçus. Compensation. — Bien qu'en droit strict, on puisse soutenir que la créance des parties contre le Trésor, résultant d'un versement indûment opéré pour cause d'erreur de fait, ne soit pas liquide et exigible, tant que l'Administration n'a pas accueilli la demande en restitution, et qu'elle ne saurait, dès lors, se compenser de plein droit avec l'impôt dû pour une omission, il n'en est pas moins vrai que le fait générateur des deux créances réside dans le même événement et procède des mêmes causes.

Dans ces conditions et par des considérations d'équité, la Régie a constamment admis la compensation, jusqu'à due concurrence, entre les droits indûment perçus par suite d'une erreur de fait et les droits exigibles à raison d'une omission ou d'une insuffisance de revenu et elle n'exige comme droit en sus qu'une somme égale au droit simple restant dû (Sol. 28 juill. 1900 ; R. E. 2646).

CHAP. XII. — BARÈME ET FORMULAIRE

SOMMAIRE.

SECT. I. — *Barème.*
SECT. II. — *Formulaire.*

§ 1. — Pouvoir.

FORMULE 1. — Pouvoir à l'effet de souscrire une déclaration de succession.

§ 2. — État de mobilier.

— 2. — Succession.
— 3. — Communauté et succession.

§ 3. — État de dettes.

— 4. — Succession.
— 5. — Communauté et succession.

§ 4. — Récépissé de titre.

— 6. — Récépissé de titre.

§ 5. — Copie collationnée.

— 7. — Formule générale.
— 8. — Livres de commerce du créancier.

§ 6. — Attestation du créancier.

— 9. — Forme sous seing privé.
— 10. — Devant un notaire ou un maire.
— 11. — Dans la déclaration de succession.

§ 7. — Déclaration sans liquidation de communauté, ni calcul d'usufruit.

— 12. — Détail des biens. Part nette de chaque ayant droit.
— 13. — Déclaration complémentaire.
— 14. — Legs particulier à la charge d'un seul des héritiers.
— 15. — Dette à la charge d'un légataire particulier.
— 16. — Succession anomale. Répartition des dettes.

§ 8. — Liquidation de communauté.

— 17. — Valeurs communes. Reprises. Récompenses.
— 18. — Récompenses dues par le défunt.
— 19. — Reprises des époux absorbant ensemble l'actif commun. Décès de la femme. Décès du mari.
— 20. — Reprises de la femme absorbant seule l'actif commun. Décès de la femme. Décès du mari.
— 21. — Bénéfice d'émolument. Diverses hypothèses.
— 22. — Renonciation à communauté. Décès de la femme. Décès du mari.
— 23. — Assurance sur la vie.

§ 9. — Usufruit et nue propriété.

— 24. — Valeur imposable.
— 25. — Quotité disponible entre époux.
— 26. — Usufruit légal.
— 27. — Rapports fictifs.
— 28. — Convention de mariage.
— 29. — Legs conjoint d'usufruit.
— 30. — Usufruit successif.
— 31. — Valeur imposable de l'usufruit et de la nue propriété au cours du démembrement.

SECT. Irs. — BARÈME.

§ 1er. — *Addition d'une somme fixe.*

Le nouveau tarif des droits de succession est strictement proportionnel pour les parts nettes ne dépassant pas

2.000 fr. ; les parts excédant ce chiffre sont divisées en une série de tranches auxquelles s'appliquent des droits proportionnels de plus en plus élevés en commençant par la première tranche (de 2.000 fr.) : il en résulte que dans chaque ligne la somme des droits dus à un certain degré de l'échelle peut être facilement calculée à l'avance pour tous les échelons inférieurs. Ces sommes sont indiquées dans le barème que nous donnons ci-dessous.

Les droits nouveaux ne comportant pas de décimes, il suffira de deux calculs, comme antérieurement à la loi de 1901, pour liquider l'impôt.

On commencera par chercher à notre table-barème le montant des droits totaux pour la tranche immédiatement inférieure à celle comprise en la déclaration, puis on calculera le droit proportionnel sur l'excédent (1er calcul) et on ajoutera ce droit (2e calcul) au chiffre donné par la table.

Exemple : soit à calculer le droit en ligne directe sur une tranche de 125.000 fr. Le total des droits sur le plein de la tranche inférieure (100.000) est donné par le barème ; il est de . . . . 1.595 fr.

Le droit sur les 25.000 fr. excédant 100.000 fr. est de 2 0/0 de 25.000 fr. . . . . 500 fr.

Total cherché. . 2.095 fr.

Les chiffres du barème indiquant le total des droits sont extraits de l'annexe II du rapport de M. Monestier au Sénat (*J. off.*, Doc. parl., 1901, Sénat, p. 991).

PART successorale nette de	1° Ligne directe		2° Entre époux		3° Entre frères et sœurs		4° Entre oncles ou tantes, neveux ou nièces		5° Entre grands-oncles, petits-neveux et cousins germains		6° Entre parents aux 5e et 6e degrés		7° Entre parents au delà du 6e degré et étrangers	
	Tarif pour la tranche finissant à la somme portée en regard, col.1	Montant des droits pour la somme totale portée en regard, col.1	Tarif pour la tranche finissant à la somme portée en regard, col.1	Montant des droits pour la somme totale portée en regard, col.1	Tarif pour la tranche finissant à la somme portée en regard, col.1	Montant des droits pour la somme totale portée en regard, col.1	Tarif pour la tranche finissant à la somme portée en regard, col.1	Montant des droits pour la somme totale portée en regard, col.1	Tarif pour la tranche finissant à la somme portée en regard, col.1	Montant des droits pour la somme totale portée en regard, col.1	Tarif pour la tranche finissant à la somme portée en regard, col.1	Montant des droits pour la somme totale portée en regard, col.1	Tarif pour la tranche finissant à la somme portée en regard, col.1	Montant des droits portée en regard, col.1
Col. 1	Col. 2	Col. 3	Col. 4	Col. 5	Col. 6	Col. 7	Col. 8	Col. 9	Col. 10	Col. 11	Col. 12	Col. 13	Col. 14	Col. 15
(1) 2.000 fr.	1 °/o	20 fr.	3.75 °/o	75 fr.	8.50 °/o	170 fr.	10 °/o	200 fr.	12 °/o	240 fr.	14 °/o	280 fr.	15 °/o	300 fr.
10.000 »	1.25	120	4 »	395	9 »	890	10.50	1.040	12.50	1.240	14.50	1.440	15.50	1.540
50.000 »	1.50	720	4.50	2.195	9.50	4.690	11 »	5.440	13 »	6.440	15 »	7.440	16 »	7.940
100.000 »	1.75	1.595	5 »	4.695	10 »	9.690	11.50	11.190	13.50	13.190	15.50	15.190	16.50	16.190
250.000 »	2 »	4.595	5.50	12.945	10.50	25.440	12 »	29.190	14 »	34.190	16 »	39.190	17 »	41.690
500.000 »	2.50	10.845	6 »	27.945	11 »	52.940	12.50	60.440	14.50	70.440	16.50	80.440	17.50	85.440
1.000.000 »	2.50	23.345	6.50	60.445	11.50	110.440	13 »	125.440	15 »	145.440	17 »	165.440	18 »	175.440
au-dessus de 1 million	2.50	»	7 »	»	12 »	»	13.50	»	15.50	»	17.50	»	18.50	»

§ 2. — *Déduction d'une somme fixe.*

Un barème fondé sur cette seconde méthode a été dressé par M. André Prudhomme, clerc de notaire à Paris, et publié par M. Petit dans son *Manuel pratique des déclarations de successions.*

On calcule le droit, comme s'il était proportionnel, au tarif plein de la tranche à laquelle appartient la part nette transmise, puis l'on déduit du total ainsi obtenu une somme fixe représentant la détaxe accordée par le tarif pour les tranches inférieures. Soit, par exemple, une part nette de 200.000 fr, transmise entre époux. Le tarif pour la tranche de (100.001 à 250.000 fr.) dans laquelle cette part se trouve comprise est de 5 fr. 50 0/0. Calculons le droit au taux de 5 fr. 50 0/0 sur la part entière ; nous obtiendrons 11.000 fr.

Mais le droit n'étant que de 3 fr. 75 0/0 pour les deux premiers 1.000 fr., nous avons pris 1 fr. 75 0/0 de trop sur 2.000 fr. ; de même le droit perçu est trop fort de 1 fr. 50 0/0 (5,50 moins 4) de 2001 à 10.000 fr. ; il est trop fort de 1 0/0 (5,50 moins 4,50) de 10.001 à 50.000 fr., enfin il est trop élevé de 0 fr. ,50 0/0 (5,50 moins 5) de 50.001 à 100.000 fr. Le total de ces excédents jusqu'à 100.000 fr. est de 805 fr. Nous déduirons cette somme de 11.000 fr., et le reliquat représentera le montant exact de l'impôt progressif sur la part de 200.000 fr. prise comme exemple.

Cette méthode par voie de déduction d'une somme fixe est fondée sur le même principe que la nôtre qui procède par voie d'addition d'une somme fixe. Dans le barème publié par la *Revue de l'Enregistrement* dans son numéro du 1er mars 1901 (p. 263), au lendemain même de la promulgation de la loi, on calcule au taux proportionnel le droit dû sur la portion de la part nette appartenant à la dernière tranche et on y ajoute la somme des droits dus pour toutes les tranches inférieures.

Les deux méthodes peuvent être employées pour servir de preuve l'une à l'autre. Nous donnons dans le tableau ci-après le barème fondé sur la méthode de déduction en le disposant dans le même ordre que le nôtre et en le complétant par l'indication, qui ne figure pas dans l'ouvrage de M. Petit, de la somme fixe à déduire pour les parts supérieures à un million.

(1) **Parts de 500 fr. et au-dessous.** — Pour les parts ne dépassant pas 500 fr. la commission du budget propose d'établir le fractionnement de franc en franc (au lieu du fractionnement de 20 fr. en 20 fr.). Une disposition a été insérée à cet effet dans le projet de budget pour 1902.

PART successorale nette finissant à	1° Ligne directe		2° Entre époux		3° Entre frères et sœurs		4° Entre oncles ou tantes, neveux ou nièces		5° Entre grands-oncles, petits-neveux et cousins germains		6° Entre parents aux 5° et 6° degrés		7° Entre parents au delà du 6° degré et étrangers	
	Taux du droit à prendre sur la part nette totale	Somme à déduire	Taux du droit à prendre sur la part nette totale	Somme à déduire	Taux du droit à prendre sur la part nette totale	Somme à déduire	Taux du droit à prendre sur la part nette totale	Somme à déduire	Taux du droit à prendre sur la part nette totale	Somme à déduire	Taux du droit à prendre sur la part nette totale	Somme à déduire	Taux du droit à prendre sur la part nette totale	Somme à déduire
Col. 1	Col. 2	Col. 3	Col.	Col. 5	Col. 6	Col. 7	Col. 8	Col. 9	Col. 10	Col. 11	Col. 12	Col. 13	Col. 14	Col. 15
2.000 fr.	1 %	fr. »	3.75 %	fr. "	8.50 %	fr. »	10 %	»	12 %	fr. »	14 %	fr. »	15 %	fr. »
10.000 »	1.25	5	4 »	5	9 »	10	10.50	10	12.50	10	14.50	10	15.50	10
50.000 »	1.50	30	4.50	55	9.50	60	11 »	60	13 »	60	15 »	60	16 »	60
100.000 »	1.75	155	5 »	305	10 »	310	11.50	310	13.50	310	15.50	310	16.50	310
250.000 »	2 »	405	5.50	805	10.50	810	12 »	810	14 »	810	16 »	810	17 »	810
500.000 »	2.50	1.655	6 »	2.055	11 »	2.060	12.50	2.060	14.50	2.060	16.50	2.060	17.50	2.060
1.000.000 »	2.50	1.655	6.50	4.555	11.50	4.560	13 »	4.560	15 »	4.560	17 »	4.560	18 »	4.560
au-dessus de 1 million	2.50	1.655	7 »	9.555	12 »	9.560	13.50	9.560	15.50	9.560	17.50	9.560	18.50	9.560

SECT. II. — FORMULAIRE.

§ 1. — Pouvoir à l'effet de souscrire une déclaration de succession.

(*Soumis au timbre, mais non à l'enregistrement*).

FORMULE I

Je soussigné. . . . ., demeurant à. . . . ., agissant en mon nom personnel (*ou tant en mon nom personnel que pour mes cohéritiers, — ou en qualité de — tuteur, curateur, etc. — de M. . . . .*), donne pouvoir à M. . . . ., demeurant à . . . ., de souscrire au bureau de l'enregistrement compétent pour la recevoir (*ou au bureau de l'enregistrement de. . . . .*), la déclaration de la succession de M. . . . ., en son vivant . . . . ., décédé en son domicile à . . . . ., le . . . . . dont je suis seul héritier (*ou dont je suis légataire, — ou dont je suis héritier conjointement avec M. . . . ., — ou dont mon pupille est héritier ou légataire, etc.*).

A l'effet de quoi, M. . . . ., mon mandataire, est autorisé à produire ou déposer au bureau de l'enregistrement tous titres et documents relatifs à l'actif et au passif de la succession ; requérir toutes copies collationnées et attestations ; délivrer tout récépissé ; certifier tous états ; faire et signer toutes déclarations et affirmations ; acquitter tous droits ; retirer toutes quittances et tous certificats de payement de droits et généralement faire le nécessaire.

A. . . . ., le. . . . .

Bon pour pouvoir,

Signature.

§ 2. — Etat du mobilier.

(*Soumis au timbre, mais non à l'enregistrement*).

FORMULE II

Succession

Etat estimatif des meubles et objets mobiliers dépendant de la succession de M. . . . ., en son vivant . . . ., décédé en son domicile à. . . . ., le . . . . .,et compris dans la déclaration souscrite au bureau de l'enregistrement de . . . . ., le. . . . .

1° Un lit complet, estimé . . . . 120 fr.
2° Six chaises. . . . . 30 »
3°. . . . .

Total . . . . 485 fr.

Certifié exact et véritable par M. . . . . .,déclarant.

A. . . . . ., le. . . . .

Signature.

FORMULE III

Communauté et succession

Etat estimatif des meubles et objets mobiliers compris dans la déclaration souscrite au bureau de l'enregistrement de . . . ., le. . . . . et dépendant tant de la communauté légale (*ou conventionnelle*) ayant existé entre M. . . . . et Mme. . . ., que de la succession du mari (*ou de la femme*) décédé à. . . . ., le. . . . .

I. — COMMUNAUTÉ.

1°. . . . .
2°. . . . .

Total . . . .

II. — SUCCESSION.

1°. . . . .
2°. . . . .

Total . . . .

Certifié (*comme à la formule II*).

§ 3. — Etat des dettes.

(*Exempt de timbre et d'enregistrement*).

FORMULE IV

Succession

Etat des dettes grevant la succession de M. . . . ., décédé en son domicile à. . . . ., le 15 mars 1901 et dont la déduction est demandée dans la déclaration souscrite au bureau de l'enregistrement de. . . . ., le 16 août 1901.

1° (*Acte notarié*) Montant d'une obligation hypothécaire souscrite au profit de M. . . . ., demeurant à . . . . ., suivant acte de M°. . . . ., notaire à . . . . . le 1er juillet 1889, stipulée exigible le 1er juillet 1904 et garantie par une inscription prise au bureau des hypothèques de. . . . . le 20 juillet 1899,

vol. . . . . ., n° . . . . ., en renouvellement d'une inscription précédente du 25 juillet 1889, vol. . . . . ., n° . . . . .
   Capital . . . . 10.000 »
  (*Dette échue*) Intérêts à 5 0/0 échus au 1er juillet 1900 et encore dus au décès, ainsi qu'il résulte de l'attestation ci-jointe du créancier. . .   500 »
  Intérêts courus du 1er juillet 1900 au décès . .   354 16
  2° (*Jugement*) Somme due à M. . . . . ., demeurant à. . . . ., en vertu d'un jugement
rendu par le tribunal civil de. . . le 5 janvier
1901 . . . . 1.000 »
  Intérêts du 1er décembre 1900, jour de la demande, au décès. 14 58
  Frais taxés, suivant exécutoire du . . . à. . .   34 50
  3° (*Acte sous seing privé*) Billet sous signature privée souscrit au profit de M. . . . demeurant à. . . . le 23 mai 1899, dont une
copie collationnée est représentée au receveur.
   Capital exigible le 23 mai 1902 . . . .   400 »
  Intérêts à 5 0/0 du 23 mai 1900 au décès. . . .   16 23
  4° (*Loyers*) Prorata, calculé du 1er novembre
1900 au décès, du loyer des bâtiments appartenant à M. . . . . .et dont le défunt était locataire, aux termes d'un bail sous seing privé du
28 septembre 1898, enregistré à. . . . le. . .,
et représenté au receveur, moyennant un prix
annuel de 600 fr. payable à terme échu, par moitié, les 1er mai et 1er novembre. . . . .   225 »
  5° (*Facture*) Somme exigible le 1er septembre
1901 pour fournitures de marchandises faites par
M. . . . . demeurant à. . . . . le. . . ; ainsi
qu'il est justifié par la production d'une facture
de M. (*le créancier*) en date du. . . . ., acceptée par le défunt le. . . . .   570 »
  6° (*Lettre de change*) Lettre de change tirée
le. . . . . par M. . . . . ., négociant à. . . .,
sur le défunt, acceptée par celui-ci le 15 avril
1901, et représentée au receveur. . . . .   445 »
  7° (*Livres de commerce*) Somme due à M. . .,
négociant à. . . . ., pour fournitures de marchandises et exigible le 20 juin 1901, ainsi que le
constate l'inscription faite à la date du 20 janvier 1901 au livre-journal du défunt et confirmée par l'attestation ci-jointe du créancier. . .   372 »
   Total 13.931 47
Certifié exact et véritable par M. . . . . ., déclarant.
A. . . . ., le. . . . .
                       Signature.

FORMULE V
Communauté et succession.

État des dettes dont la déduction est demandée dans la déclaration souscrite au bureau de l'enregistrement de. . . . .
le. . . . . et qui grèvent tant la communauté légale (*ou conventionnelle*) ayant existé entre M. . . . et Mme. . . . que la
succession du mari (*ou* de la femme) décédé à. . . . le . . . .

     I. — DETTES DE COMMUNAUTÉ.

1°. . . . .
. . . .
  Total . . . . ______

     II. — DETTES DE SUCCESSION.

1°. . . . .
  Total . . . . ______

§ 4. — Récépissé de titre.
(*Exempt de timbre et d'enregistrement, sauf usage*).

FORMULE VI

Je soussigné. . . . ., demeurant à. . . . ., reconnais que
M. (*nom, profession et domicile du créancier*) m'a confié, pour

être produit au bureau de l'enregistrement de. . . . ., à l'appui d'une demande en déduction du passif grevant la succession de M. . . . ., décédé à. . . . ., le. . . ., dont je
suis héritier (*ou* légataire), un titre ainsi conçu : (*copier en entier l'écrit justificatif*) — (*ou, si l'on ne croit pas devoir donner
une copie entière de cet écrit*) un billet (*ou tout autre titre sous
seing privé à désigner*) en date du. . . ., par lequel le défunt a déclaré devoir à M. (*le créancier*), une somme de. . . .
productive d'intérêts à . . 0/0 et payable le. . . . .
  Je m'oblige à remettre à M. (*le créancier*) le titre dont il s'a-
git dans un délai de. . . . .
    A. . . . ., le. . . . .
                        Signature.

§ 5. — Copie collationnée.
(*Exempt de timbre et d'enregistrement*).

FORMULE VII
  Formule générale.

L'an. . . . ., le. . . . .
  A la requête de M. (*nom, prénoms, profession, domicile*),
agissant comme héritier (*ou* légataire *universel ou à titre universel* en vertu de testament, etc.), de M. . . . ., décédé en
son domicile à. . . . . le. . . . . (*ou agissant en qualité de
tuteur ou curateur de* M. . . . ., héritier *ou légataire* de M.
. . . .);
  Je soussigné. . . . ., notaire à. . . . . (*ou* greffier de la
justice de paix de. . . .), certifie que M. (*le créancier*), pour
satisfaire aux prescriptions de l'art. 4 de la loi du 25 février
1901, m'a représenté à. . . . ., en l'étude (*ou* en mon cabinet,
ou en son domicile où je me suis transporté), un billet (*ou
tout autre titre sous seing privé à désigner*) ainsi conçu :
  Copier en entier l'écrit justificatif.
  La présente copie, destinée à être produite au bureau de
l'enregistrement de. . . . . à l'appui d'une demande en déduction du passif grevant la succession de M. . . . . a été
collationnée sur l'original du billet (*ou du titre à désigner*) qui
a été aussitôt rendu à M. (*le créancier*).
  Fait à. . . . ., les jour, mois et an que dessus.

FORMULE VIII
Formule spéciale aux livres de commerce du créancier.

L'an. . . . .
  A la requête de (*comme ci-dessus*).
  Je soussigné. . . . ., notaire à. . . . . (*ou* greffier de la
justice de paix de. . . .) certifie que M. (*le créancier*), négociant
à. . . . ., pour satisfaire aux prescriptions de l'art. 4 de la loi
du 25 février 1901, m'a représenté à. . . . ., en l'étude (*ou* en
mon cabinet, *ou* en son domicile où je me suis transporté), un
livre-journal tenu par lui pour constater ses opérations de
commerce. Ce registre est régulièrement coté et paraphé : il
contient en tête (*ou* à la fin) le procès-verbal suivant : (*Copier
la mention inscrite par le magistrat qui a visé le registre*); il
renferme, en outre, les visas annuels ci-après : (*Reproduire ces
visas*) ; il est enfin régulièrement tenu par ordre de dates, sans
blancs, lacunes, ni transports en marge.
  De ce registre, j'ai extrait les mentions suivantes, qui, comme
je m'en suis assuré, sont les seules relatives à M. . . . ., décédé.
                    Folio 47.
  Du 25 avril 1900.
  M. (*le cujus*) (doit)
  à Marchandises générales.
  Notre vente de ce jour : 100 hectolitres de vin à 35 fr. l'hecto-
litre . . . . 3.500 fr.
                    Folio 56.
  Du 4 juin 1900.
  M. (*le cujus*) (doit)
  à Marchandises générales.
  Notre vente de ce jour : 40 hectolitres de vin à 25 fr., 1.000 fr.
                    Folio 60.
  Du 14 août 1900.
  Caisse (doit)
  à M. (*le de cujus*)
  Remise à compte de 2.500 fr.
  Les trois extraits qui précèdent, destinés à être produits au
bureau de l'enregistrement de . . . ., à l'appui d'une de-

mande en déduction du passif grevant la succession de M. .
. ., ont été collationnés sur le livre-journal qui a été aussitôt
rendu à M. (le créancier).

Fait à. . . . ., les jour, mois et an que dessus.

§ 6. — Attestation du créancier.

(Exempte de timbre et d'enregistrement).

FORMULE IX
Forme sous seing privé.

Je soussigné, (nom, prénoms, profession et domicile du créancier), atteste que M. . . . ., décédé à. . . . ., le . . . . .
était, au moment de son décès, débiteur envers moi d'une somme
de. . . . ., dont . . . . . en capital et . . . . . en intérêts
échus le. . . . . (ou courus), en vertu d'un acte d'obligation
hypothécaire reçu par M^e. . . . ., notaire à. . . . ., le. . .
. ., ou d'un billet à ordre en date (ou de tout autre titre authentique ou sous seing privé. Si la dette, quelle que soit sa
nature, était, au jour du décès, échue depuis plus de 3 mois ou
si l'inscription prise en garantie d'une créance hypothécaire
était périmée depuis plus de 3 mois (art. 7, n°s 1 et 4, L. 25 février 1901), il conviendrait de le rappeler).

Je délivre la présente attestation, sur la demande de M. . .
. ., demeurant à. . . . ., héritier (ou légataire) de M. . . . .
décédé. . . . ., pour être déposée au bureau de l'enregistrement de. . . . ., à l'appui d'une demande en déduction du
passif grevant la succession dudit M. . . . .

Je déclare connaître les dispositions de l'art. 9 de la loi du
25 février 1901, relatives aux peines en cas de fausse attestation.

A. . . . ., le. . . . .

                               Signature.

FORMULE X
Devant un notaire ou un maire.

Par devant M^e. . . . ., notaire à. . . . ., ou par devant
nous. . . . ., maire de la commune de. . . . .

A comparu (ou s'est présenté) M. . . . ., (nom, prénoms,
profession, domicile du créancier).

Lequel a attesté que (comme à la formule IX ci-dessus).

La présente attestation a été délivrée sur la demande (comme
ci-dessus).

M. (le créancier) a déclaré connaître (comme ci-dessus).

Fait, etc.

FORMULE XI
Dans la déclaration de succession.

. . . .

Devant le receveur s'est présenté M. (nom, prénoms, profession et domicile du créancier), lequel a, sur la demande de
M. . . . ., demeurant à. . . . ., héritier (ou légataire) de
M. . . . ., attesté que le dit M. (le de cujus) était, au moment
de son décès (le surplus comme au premier alinéa du § 1).

M. (le créancier) a affirmé connaître les dispositions de l'art. 9
de la loi du 25 février 1901, relatives aux peines en cas de
fausse attestation.

Après lecture M. (le créancier) a déclaré ne savoir signer.
L'identité dudit M. . . . ., a été certifiée, sous les peines de
droit, par MM. (désignation des deux témoins), qui ont signé
avec le receveur.

A. . . . ., le. . . . .   *Signatures.*

§ 7. — Déclarations de successions sans liquidation de communauté ni calcul d'usufruit ou de nue-pro- priété.

FORMULE XII

Déclaration entière. — Détail des biens, mobiliers et immobiliers. — Détermination de la part nette revenant à chaque
ayant-droit.

SUCCESSION de M. André Durand.

Le soussigné, Antoine Durand, avoué à Gien,
agissant en qualité d'héritier et comme mandataire suivant
pouvoir s. s. p. déposé de M. Adolphe Durand, ci-après nommé,
déclare que M. André Durand,

âgé de 26 ans,
célibataire,
exerçant la profession de négociant,
domicilié à Orléans, 25, place du Palais,
est décédé en son domicile,
le 20 mars 1901,
laissant comme héritiers :

1° M. Jules Durand, son père, propriétaire à Orléans, pour
1/4 ; et 2° MM. Antoine Durand, comparant et Octave Durand,
avocat à Orléans, ses deux frères, pour 3/4.

Et après avoir légué une somme de 100.000 fr. à M. Adolphe
Durand, son neveu, à Gien, suivant testament olographe du
15 octobre 1899, déposé en l'étude de Me Dupont, notaire à Orléans, le 28 mars 1901.

L'actif de la succession comprend :

I. — MEUBLES.

1° (Titre de rente) Un titre au porteur de 300 fr. de rente
3 0/0 sur l'État français n° 5380, série 4, représentant, au cours
du jour du décès (101 fr.), une somme de. . .   10.100 fr.

Coupon détaché au 16 mars. . . . .   75 fr.

2° (Actions ou obligations) 10 actions de la Compagnie du chemin de fer de Paris à Orléans,
formant, d'après le cours au jour du décès
(503 fr.) . . . .   5.030 fr.

3° (Part sociale) Part revenant au de cujus
dans l'actif net de la société en nom collectif
Robert , Durand et Cie, constituée par acte
M. . . . ., notaire à. . . . ., le. . . . ., et
non dissoute par le décès. L'importance des dettes et charges de la société a été établie par
la production de l'inventaire social . . . . .   20.734 fr. 70

(Si la société s'était trouvée dissoute par le décès et n'était pas restée en liquidation, il aurait
fallu comprendre à l'actif de la succession la
part du défunt dans l'actif brut de la société et
porter à l'état des dettes sa part dans le passif
social justifié conformément aux prescriptions
de la loi du 25 février 1901.

4° (Numéraire) Argent comptant trouvé au
décès. . . . .   546 fr.

5° (Assurance sur la vie) Assurance sur la
vie souscrite par le défunt à la Compagnie Le
Soleil et payable lors de son décès à ses héritiers aux termes d'une police du 7 octobre 1898,
n° 4762. . . . .   25.000 fr.

6° (Dépôts ou comptes courants) Solde de
compte au Crédit foncier . . . .   736 fr.

7° (Livrets de caisse d'épargne) Un livret de
la caisse d'épargne postale, n° 365-46.203 de la
succursale d'Orléans, s'élevant en principal et
intérêts, d'après le règlement de compte au décès, à. . . . .   432 fr. 30

8° (Créances sur particuliers) Créance hypothécaire sur M. Gustave Moreau à Orléans,
suivant acte Me Dupont du 8 juin 1899 . . . .   2.000 fr.

Intérêts courus au décès. . . . .   81 fr.

9° (Arrérages de loyers) Prorata couru au
décès du prix du bail consenti à M. Bernard
d'une partie de maison située à Orléans, rue du
Pilori . . . .   100 fr.

10° (Rentes sur particuliers) Une rente annuelle et perpétuelle de 40 fr. payable en un seul
terme le 30 janvier, constituée au capital de
1.000 fr. par M. Auguste Tarme, suivant acte
reçu par Me Dupont, le 30 janvier 1896 . . . .   1.000 fr.

Arrérages dus au décès. . . . .   48 fr.

Une rente annuelle et perpétuelle de 100 fr.,
payable le 1er juillet de chaque année due par
le même, suivant acte reçu par le même notaire,
le 29 juin 1898, formant au denier 20 un capital
de. . . . .   2.000 fr.

Arrérages courus au décès . . . .   72 fr.

              A reporter . . . .   67.955 fr.

Report.. . . . . . . 67.955 fr.

11° — *Meubles corporels*

a (Inventaire) Mobilier existant dans la mai
son sise à Orléans, place du Palais, estimé
dans un inventaire dressé par M⁰ Dupont, les 1ᵉʳ
et 4 avril 1901 . . . . 1.836 fr.

b (Vente publique) Autre mobilier ayant appartenu au défunt dans la maison sise à Orléans, rue du Pilori, estimé 734 fr. dans l'inventaire, mais vendu, suivant procès-verbal de
vente publique dressé par le même notaire, le
6 juin 1901, pour un prix net de. . . . . 847 fr.

c (Police d'assurance) Autre mobilier existant au château de Bel-Air, non inventorié, mais
ayant fait l'objet d'une police d'assurance contre l'incendie, souscrite par le défunt à la Compagnie Le Soleil, le 15 octobre 1897, pour une
valeur de . . . . 3.000 fr.
dont les 33 0/0 sont de. . . . . 990 fr.

d (Etat estimatif) Autre mobilier existant
dans une chambre de la ferme d'Arthenay, détaillé, à défaut d'inventaire et de police d'assurance, dans l'état estimatif ci-joint. . . . . 264 fr.

II. — IMMEUBLES.

12° (*Immeubles urbains*) Une maison située à
Orléans, place du Palais, occupée par le défunt,
déclarée d'un revenu annuel de . . . 1.000 fr.
Une autre maison située à Orléans,
rue du Pilori, dont une partie, occupée par le défunt, est déclarée d'un
revenu annuel de. . . . . 200 fr.
et dont l'autre partie est louée à M.
Bernard, par acte sous seing privé du
20 juin 1900, enregistré à Orléans le
1ᵉʳ juillet suivant, moyennant un prix
annuel de 400 fr. payable par trimestre à partir du 21 septembre 1901 . . 400 fr.
Total . . . . 1.600 fr.
Capital par 20. . . . . 32.000 fr.

13° (*Immeubles ruraux*) Divers immeubles
ruraux situés dans le canton d'Arthenay, détaillés et estimés dans la formule ci-jointe, d'un revenu total de. . . . . 1.000 fr.
Capital par 25. . . . . 25.000 fr.

14° (*Immeubles improductifs*) Un château à
Bel-Air, canton d'Orléans, habité une partie de
l'année par le défunt, d'une valeur vénale de. . 50.000 fr.
Total de l'actif . . . . 178.892 fr.
Le passif de la succession s'élève, d'après l'é-
tat détaillé ci-joint, à . . . . 6.460 fr.
Valeur imposable de la succession. . . . . . 172.432 fr.
Le déclarant affirme sincère et véritable la présente déclara-
tion contenue en trois pages et approuve deux mots rayés nuls.
A Orléans, le 15 septembre 1901.

Signature.

LIQUIDATION DE L'IMPÔT PAR LE RECEVEUR.

L'actif net de la succession est de . . . . . . 172.432 fr.
à prélever le legs fait au neveu . . . . 10.000 fr.
Reste aux héritiers . . . . 162.432 fr.
1/4 au père . . . . 40.608 fr.
3/4 aux deux frères . . . . 121.824 fr.
dont moitié à chacun . . . . 60.912 fr.

Il est dû par le père (*d'après notre barème*) :

$$\left(120 + \frac{30.620 \times 1.50}{100}\right) \dots \dots \quad 579 \text{ fr. } 30$$

— par chacun des frères :

$$\left(4.690 + \frac{10920 \times 10}{100}\right) = 5.782$$

soit pour les deux, 5.782 × 2 . . . . 11.564 fr.
— par le neveu . . . . 1.040 fr.
Total des droits . . . . 13.183 fr. 30

FORMULE XIII

Déclaration complémentaire.

SUCCESSION de M. Durand.

Le soussigné (*comme dans la formule qui précède*).
Déclare que, dans la déclaration souscrite le 15 septembre
1901, n° 197, après le décès de M. André Durand, décédé à Orléans le 20 mars 1901, on a omis de comprendre :
Une créance de 1.000 fr., due par M. Joseph Mordet, demeurant à Gien, en vertu d'un billet sous seing privé du 18 juin
1897 . . . . 1.000 fr.
et les intérêts courus au décès . . . . 36 fr.
Total . . . . 1.036 fr.
Le déclarant affirme (*comme dans la formule qui précède*).
Orléans le 30 décembre 1901.

Signature.

LIQUIDATION DES DROITS.

Valeurs déclarées le 20 septembre 1901. . . . 172.432 fr.
Valeurs omises . . . . 1.036 fr.
Total. . . . . 173.468 fr.
à prélever le legs fait au neveu . . . . 10.000 fr.
Reste aux héritiers . . . . 163.468 fr.
1/4 au père . . . . 40.867 fr.
3/4 aux deux frères . . . . . . 122.601 fr.
dont moitié à chacun . . . . 61.300 fr. 50

Il est dû par le père $\left(120 + \frac{30.880 \times 1.50}{100}\right)$ 583 fr. 20

— par chacun des frères
$\left(4.690 + \frac{11.320 \times 10}{100}\right) = 5.822$

soit pour les deux 5.822 × 2 . . . . 11.644 fr.
— par le neveu . . . . 1.040 fr.
Total des droits dus. . . . . . 13.267 fr. 20
Il a été perçu le 15 septembre 1901 . . . . 13.183 fr. 30
Différence . . . . 83 fr. 90
Droit en sus . . . . 83 fr. 90
Total des droits restant dus . . . . . 167 fr. 80

(*Il y a lieu de procéder de la même manière pour le calcul
du droit simple exigible en matière de biens rentrés dans l'hérédité, d'insuffisance de revenu, de déclaration inexacte de dette,
sauf à ajouter, le cas échéant, la pénalité applicable*).

FORMULE XIV

Legs particulier mis à la charge d'un seul des héritiers ou
successeurs universels.

*Aux termes de la déclaration, le défunt, ne laissant pas d'hé-
ritiers à réserve, a institué ses deux frères pour légataires universels par moitié, mais a chargé l'un d'eux de payer à une
personne non parente un legs de 10.000 fr. L'actif de la succession s'élève à 100.000 fr. et le passif à 60.000 fr.*

LIQUIDATION DES DROITS.

Actif héréditaire. . . . . 100.000 fr.
Passif . . . . 60.000 fr.
Reste net . . . . 40.000 fr.
dont 1/2 à chaque légataire universel. . . . . 20.000 fr.

Il est dû :
1° par le premier de ces légataires, sur 20.000 fr. 1.840 fr.
2° par le second, sur 20.000 fr. . . . . . . 10.000 fr.
(montant du legs particulier) soit sur 10.000 fr. 890 fr.
et 3° par le légataire particulier, sur 10.000 fr. . 1.540 fr.
Total des droits . . . . 4.270 fr.

FORMULE XV

Dette mise à la charge d'un légataire particulier.

*Aux termes de la déclaration, le défunt, laissant pour héri-
tiers deux enfants, a légué par préciput à l'un d'eux une
somme de 10.000 fr., mais à la charge d'acquitter seul une
dette de 2.000 fr. L'actif de la succession s'élève à 40.000 fr. et
le passif total à 8.000 fr.*

LIQUIDATION DES DROITS.

Actif héréditaire	40.000 fr.
Passif mis à la charge commune des deux enfants (8.000 — 2.000)	6.000 fr.
Différence	34.000 fr.
à prélever le legs fait à l'un d'eux	10.000 fr.
Reste à partager	24.000 fr.
dont 1/2 à chaque enfant	12.000 fr.

Il est dû :
1° par l'enfant légataire par précipt sur 12.000
+ 10.000 — 2.000, soit sur 20.000 fr. . . . . . . 270 fr.
2° par l'autre enfant, sur 12.000 fr. . . . . 150 fr.

Total des droits . . . . 420 fr.

FORMULE XVI
Succession anomale. — Répartition des dettes.

D'après la déclaration, le défunt, célibataire, laisse comme héritiers son père pour 1/4 et son frère pour le surplus. Sa succession comprend : 1° un immeuble d'une valeur de 10.000 fr. provenant d'une donation en toute propriété faite par son père et de biens d'autre origine d'une valeur de 20.000 fr. Le passif grevant l'ensemble de l'hérédité s'élève à 6.000 fr.

LIQUIDATION DES DROITS.

La succession anomale (10.000 fr.) représentant un tiers de l'ensemble des biens laissé par le défunt (30.000 fr.) doit supporter un tiers des dettes, soit $\frac{6.000}{3}$ = 2.000 fr. Le surplus du passif, soit 4.000 fr., est à la charge de la succession ordinaire.

Succession ordinaire	20.000 fr.
Passif à déduire	4.000 fr.
Reste net	16.000 fr.
dont 1/4 au père	4.000 fr.
et 3/4 au frère	12.000 fr.
Succession anomale	10.000 fr.
Passif à déduire	2.000 fr.
Reste net	8.000 fr.

Il est dû :
1° Par le père, sur 4.000 + 8000 = 12.000 fr. 150 fr.
2° Par le frère sur . . . . 12.000 fr. 1.080 fr.

Total des droits . . . . 1.230 fr.

§ 8. — Liquidations de communauté.

FORMULE XVII
Déclaration entière. Valeurs communes. Reprises. Récompenses.

SUCCESSION de M. Jean Manet.

Je soussigné, Pierre Manet, *demeurant à Montmirail.*
agissant en qualité d'héritier,
déclare que M. Jean Manet,
âgé de 67 ans,
époux de Madeleine Carel,
exerçant la profession de propriétaire,
domicilié à Montmirail,
est décédé en son domicile,
le 4 avril 1901.
laissant pour héritiers ses quatre *enfants :*
1° Pierre, comparant ;
2° Jacques, négociant à Epernay ;
Manet 3° Louise, épouse de Jean Vignot, agriculteur à Vitry ;
4° Jules, mineur sous la tutelle légale de sa mère.

Mme veuve Manet a renoncé à tout droit d'usufruit sur la succession de son mari, suivant acte Me Dert, notaire à Montmirail), du 1er mai 1901.
Les époux Manet-Carel étaient mariés sous le régime de la communauté réduite aux acquêts, aux termes de leur contrat reçu par Me Antoine, notaire à Montmirail, le 15 juin 1861.

I. — COMMUNAUTÉ.

L'actif de la communauté comprend :

1° 15 obligations au porteur de la Ville de Paris 1871, nos 15.060 à 15.074, représentant au cours de 406 fr. une somme de		6.090 fr.
2° Mobilier estimé dans l'inventaire dressé par Me Dert les 15, 17 et 18 avril 1901		2.065 fr.
3° Divers immeubles situés dans le canton de Vitry, détaillés et estimés dans la formule ci-jointe, d'une valeur totale de		25.000 fr.
Total de l'actif commun		33.155 fr.

Reprises des époux :

I. — Mme Manet.
1° Son apport en mariage . . . . 2.000 fr.
2° La dot constituée à son profit par ses père et mère, quittancée dans le contrat de mariage . . . . 10.000 fr.
3° Prix de vente d'un immeuble propre, payé comptant aux termes d'un acte reçu par Me Tol, notaire à Montmirail, le 10 octobre 1870 . . . 4.000 fr.

Total . . . . . 16.000 fr.

A déduire comme récompense : montant d'une soulte stipulée dans le partage de la succession de son père, dressé par Me . . . . et payée suivant quittance reçue par le même notaire le 18 juin 1869 . . . 3.000 fr.

Reste . . . . . 13.000 fr.

II. — M. Manet.
Son apport en mariage . . . . 10.000 fr.

Total des reprises . .	23.000 fr.	23.000 fr.
Reste à l'actif commun . .		10.155 fr.
Dont 1/2 à chaque époux . .		5.077 fr. 50

II. — SUCCESSION.

La succession se compose :

1° des reprises du de cujus	10.000 fr.
2° de sa part de communauté	5.077 fr. 50
3° d'une maison, située à Montmirail, occupée par les époux Manet et déclarée d'un revenu annuel de 300 fr.	
Capital par 20	6.000 fr.
Total à la succession . .	21.077 fr. 50

Mais elle est grevée :
1° De la moitié du passif de communauté qui s'élève, d'après l'état détaillé ci-joint, à 2.186 fr., soit $\frac{2.186}{2}$ . . . . 1.093 fr.
2° Des dettes personnelles comprises dans le même état . . . . 486 fr.

Total	1.579 fr.	1.579 fr.
Valeur imposable de la succession		19.498 fr. 50

Le déclarant affirme, etc..

LIQUIDATION DE L'IMPÔT PAR LE RECEVEUR.

L'actif net de la succession est de	19.498 fr. 50
dont 1/4 à chaque enfant	4.874 fr. 63

Il est dû sur chaque art (*d'après notre barème*) :
$$20 + \frac{2880 \times 1,25}{100} = 56 \text{ fr.}$$
soit pour les quatre enfants : 56 × 4 . . . . . 224 fr.

FORMULE XVIII
Récompenses dues par le défunt.

Décès du mari ou de la femme, mariés sous le régime de la communauté légale ou conventionnelle. Les héritiers sont quatre enfants et le conjoint survivant a renoncé à tout droit d'usufruit.

D'après la déclaration, l'actif commun s'élève à 50.000 fr. et le passif commun à 10.000 fr. Le défunt doit à la communauté une récompense de 15.000 fr. et à son conjoint une récompense de 5.000 fr. Les biens propres au défunt ont une valeur de 20.000 fr. et sont grevés de dettes personnelles pour 4.500 fr.

LIQUIDATION.

1° Actif commun. . . . . 50.000 fr.
2° Récompenses dues par le défunt . . . . . 15.000 fr.
    Total des valeurs actives de communauté. 65.000 fr.
dont moitié à chaque époux. . . . . 32.500 fr.

La succession se compose de :
1° La part du défunt dans l'actif de la communauté . . . . 32.500 fr.
2° Ses biens propres . . . . 20.000 fr.
    Total. . . . . 52.500 fr.

Mais il faut en déduire :
1° La moitié du passif de communauté $(\frac{10.000}{2})$
soit. . . . . 5.000 fr.
2° La récompense due à la communauté *(valeur fictive dès lors qu'elle peut s'imputer en entier sur la part du défunt dans la communauté)* . . . . . 15.000 fr.
3° La récompense due au conjoint survivant. . . . . 5.000 fr.
4° Les autres dettes personnelles du défunt . . . . 4.500 fr.
    Total . . . . 29.500 fr.   29.500 fr.
    Reste net. . . . . 23.000 fr.
dont 1/4 à chaque enfant. . . . . 5.875 fr.

(Dans le cas où les récompenses dues par le défunt seraient supérieures à sa part dans la communauté, l'excédent des récompenses sur cette part ne pourrait être admis à déduction que s'il en était justifié comme d'une dette ordinaire (V. supra, n° 172).
Il n'est pas inutile de rappeler, d'autre part, qu'on ne doit jamais compenser entre elles les récompenses que les époux peuvent respectivement devoir à la communauté (V. T. A. V° Communauté, n° 248).

FORMULE XIX
Reprises des époux absorbant ensemble l'actif commun.

Décès de l'un des époux mariés sous le régime de la communauté légale ou conventionnelle. Les héritiers sont quatre enfants et le conjoint a renoncé à tout droit d'usufruit. Il n'a pas été fait inventaire. D'après la déclaration, l'actif commun s'élève à 50.000 fr., et le passif commun à 8.000 fr. Les reprises de la femme sont de 50.000 fr. et celles du mari de 20.000 fr. Les époux n'ont pas de biens propres.

I. — Décès de la femme.
Liquidation.
Actif commun. . . . . 60.000 fr.
à déduire les reprises de la femme. . . . . 50.000 fr.
Reste à la communauté. . . . . 10.000 fr.
absorbés par les reprises du mari.
La succession comprend uniquement les reprises de la défunte . . . . 50.000 fr.
dont il faut déduire la moitié du passif commun à la charge de la femme en vertu de l'art. 1482, C. civ. $(\frac{8.000}{2})$. . . . . 4.000 fr.
Valeur imposable de la succession. . . . . 46.000 fr.
dont 1/4 pour chaque enfant. . . . . 11.500 fr.

II. — Décès du mari.
Liquidation.
Actif commun. . . . . 60.000 fr.
À déduire les reprises de la femme . . . . . 50.000 fr.
Reste pour les reprises du mari. . . . . . . 10.000 fr.

La succession comprend uniquement la partie des reprises représentée par le reliquat de communauté . . . 10.000 fr.
Mais il faut en déduire la moitié du passif commun à la charge du mari $(\frac{8.000}{2})$. . . . . 4.000 fr.
Valeur imposable de la succession . . . . . 6.000 fr.
dont 1/4 à chaque enfant . . . . 1.500 fr.

FORMULE XX
Reprises de la femme absorbant seules l'actif commun.

Décès de l'un des époux mariés sous le régime de la communauté légale ou conventionnelle. Les héritiers sont quatre enfants, le conjoint survivant a renoncé à tout droit d'usufruit. Il n'a pas été fait inventaire. D'après la déclaration, l'actif commun s'élève à 30.000 fr. et le passif commun à 10.000 fr. Les reprises de la femme sont de 40.000 fr. Les biens propres du mari ont une valeur de 80.000 fr. La femme n'a pas de biens propres.

I. — Décès de la femme.
Liquidation.
Les reprises de la femme absorbent l'entier actif commun, soit . . . . 30.000 fr.
et forment une créance contre la succession du mari pour le surplus, soit . . . . 10.000 fr.
    Total égal aux reprises . . . . . 40.000 fr.
Mais il faut déduire de cette somme la moitié du passif commun à la charge de la femme en vertu de l'art. 1482, C. civ. $(\frac{10.000}{2})=$ . . . . . 5.000 fr.
Valeur imposable de la succession . . . . . 35.000 fr.
dont 1/4 pour chaque enfant . . . . 8.750 fr.

II. — Décès du mari.
Liquidation.
Actif commun . . . . 30.000 fr.
Reprises de la femme . . . . 40.000 fr.
    Insuffisance de communauté. . . 10.000 fr.
La succession comprend les biens propres du mari . . . . 80.000 fr.
dont il faut déduire :
1° La dette formée par l'excédent des reprises de la femme . . . . 10.000 fr.
et 2° la moitié du passif commun. . . 5.000 fr.   15.000 fr.
Valeur imposable de la succession. . . . . . 65.000 fr.
dont 1/4 pour chaque enfant . . . . 16.250 fr.

FORMULE XXI
Bénéfice d'émolument.

Décès de l'un des époux mariés sous le régime de la communauté légale ou conventionnelle. Les héritiers sont quatre enfants, et le conjoint survivant a renoncé à tout droit d'usufruit. Un inventaire régulier a été dressé dans les trois mois du décès.
1° Hypothèse. — *La femme n'a pas de reprises à exercer.*
D'après la déclaration, l'actif commun s'élève à 40.000 fr. et le passif commun à 60.000 fr. Les biens propres du mari ont une valeur de 50.000 fr. et les biens propres de la femme une valeur de 70.000 fr.

I. — Décès de la femme.
Liquidation.
Actif commun. . . . . 40.000 fr.
dont 1/2 à chaque époux. . . . . 20.000 fr.
La succession comprend :
1° La part de la défunte dans l'actif commun . . . . 20.000 fr.
2° Les biens propres. . . . . 70.000 fr.
    Total . . . . 90.000 fr.
Mais il faut en déduire, pour la part du passif commun à sa charge, une somme égale à son émolument dans la communauté, soit. . . . . 20.000 fr.
Valeur imposable de la succession. . . . . . 70.000 fr.
dont 1/4 pour chaque enfant. . . . . 17.500 fr.

II. — Décès DU MARI.

Liquidation.

Actif commun	40.000 fr.
dont 1/2 à chaque époux.	20.000 fr.

La succession comprend :

1° La part du défunt dans l'actif commun. .	20.000 fr.
2° Ses biens propres	50.000 fr.
Total.	70.000 fr.

Mais il faut en déduire le passif commun

soit	60.000 fr.
diminué de la part à la charge de la femme jusqu'à concurrence de son émolument	20.000 fr.
Reste à la charge du mari.	40.000 fr.	40.000 fr.
Valeur imposable de la succession.	30.000 fr.
dont 1/4 pour chaque enfant.	7.500 fr.

2° Hypothèse. — *La femme a des reprises à exercer.*

A.

D'après la déclaration, l'actif commun s'élève à 40.000 fr. et le passif commun à 60.000 fr. La femme a 20.000 fr. de reprises qu'elle exerce par préférence aux créanciers de la communauté. Les biens propres du mari ont une valeur de 50.000 fr. et les biens propres de la femme une valeur de 70.000 fr.

I. — Décès DE LA FEMME.

Liquidation.

Actif commun.	40.000 fr.
à déduire les reprises de la femme.	20.000 fr.
Reste	20.000 fr.
dont moitié à chaque époux.	10.000 fr.

La succession comprend :

1° La part de la défunte dans l'actif commun. .	10.000 fr.
2° Ses reprises.	20.000 fr.
3° Ses biens propres.	70.000 fr.
Total	100.000 fr.

Mais il faut en déduire, pour la part du passif commun à sa charge, une somme égale à son émolument dans la communauté, soit. . . . . . 10.000 fr

Valeur imposable de la succession	90.000 fr.
dont 1/4 pour chaque enfant.	22.500 fr.

II. — Décès DU MARI.

Liquidation.

Actif commun	40.000 fr.
à déduire les reprises de la femme	20.000 fr.
Reste	20.000 fr.
dont moitié à chaque époux.	10.000 fr.

La succession comprend :

1° La part du défunt dans l'actif commun. . .	10.000 fr.
2° Ses biens propres.	50.000 fr.
Total.	60.000 fr.

Mais il faut en déduire le passif commun

soit	60.000 fr.
diminué de la part à la charge de la femme jusqu'à concurrence de son émolument	10.000 fr.
Reste à la charge de la succession .	50.000 fr.	50.000 fr.
Valeur imposable de la succession. . . .	10.000 fr.
dont 1/4 à chaque enfant.	2.500 fr.

B.

Si, dans la même hypothèse, la femme est obligée de venir au marc le franc avec les créanciers communs pour le payement de ses reprises (V. supra, n° 349-III), la liquidation des droits des époux s'établit de la manière suivante :

Actif commun.	40.000 fr.
dont moitié à chaque époux.	20.000 fr.

Passif commun :

1° Reprises de la femme.	20.000 fr.
2° Dettes dues à des tiers.	60.000 fr.
Total	80.000 fr.

La femme contribue au payement de ce passif global dans la mesure de son émolument, soit 20.000 fr. Elle se paie à elle-même $\frac{20.000 \times 20.000}{80.000} = 5.000$ fr. et compte aux tiers créanciers 15.000 fr. Son mari lui est débiteur de 15.000 fr. pour le surplus de ses reprises.

I. — Décès DE LA FEMME.

La succession comprend :

1° La part de la défunte dans l'actif commun brut.	20.000 fr.
2° Une créance contre son mari pour excédent de reprises	15.000 fr.
et 3° ses biens propres	70.000 fr.
Total	105.000 fr.

Mais il faut en déduire la part du passif qu'elle paie aux tiers créanciers sur son émolument. . . 15.000 fr.

Valeur imposable de la succession . . . . . 90.000 fr.

(Le résultat est le même qu'en A : mais il faut observer que l'actif de la succession comprend une créance de 15.000 fr. contre le mari, à laquelle les héritiers de la femme pourraient renoncer en démontrant l'insolvabilité de celui ci.)

II. — Décès DU MARI.

La succession comprend :

1° La part du défunt dans l'actif commun brut.	20.000 fr.
2° Ses biens propres.	50.000 fr.
Total	70.000 fr.

Mais il faut en déduire :

1° Le passif commun	60.000 fr.
diminué de la part à la charge de la femme	15.000 fr.
Reste	45.000 fr.
2° La dette envers la femme pour l'excédent de ses reprises . . .	15.000 fr.
Total	60.000 fr.	60.000 fr.
Valeur imposable de la succession.	10.000 fr.

(Le résultat est le même qu'en A ; mais il faut observer que l'excédent des reprises, soit 15.000 fr., n'étant pas prélevé sur l'actif commun et formant une dette personnelle du mari, devrait être justifié conformément aux prescriptions de la loi du 25 février 1901.)

FORMULE XXII

Renonciation à communauté.

Décès de l'un des époux mariés sous le régime de la communauté légale ou conventionnelle. Les héritiers sont quatre enfants ; le conjoint survivant a renoncé à tout droit d'usufruit. La femme ou ses héritiers ont renoncé régulièrement à la communauté. D'après la déclaration, les biens provenant de la communauté ont une valeur de 60.000 fr. et le passif commun est de 80.000 fr. Les reprises de la femme, compensation faite avec les récompenses dues par elle, s'élèvent à 20.000 fr. Les biens propres du mari ont une valeur de 50.000 fr.

I. — Décès DU MARI.

Liquidation.

La succession comprend :

1° La totalité des biens communs	60.000 fr.
2° Ses biens propres.	50.000 fr.
Total.	110.000 fr.

Mais il en faut déduire :

1° La totalité du passif de communauté	80.000 fr.
2° Les reprises de la femme (à condition qu'il en soit justifié conformément aux prescriptions de la loi du 25 février 1901).	20.000 fr.
Total.	100.000 fr.	100.000 fr.
Valeur imposable de la succession.	10.000 fr.
dont 1/4 pour chaque enfant. . . .	2.500 fr.

II. — Décès de la femme.

Liquidation.

La succession comprend uniquement les reprises de la femme qui forment une créance personnelle contre le mari . . . . 20.000 fr.
dont 1/4 pour chaque enfant . . . . 5.000 fr.

(Si la liquidation des reprises de la femme rendait celle-ci débitrice d'un excédent de récompenses envers la communauté, cette récompense formerait, pour son montant intégral, un élément actif de la succession du mari, mais, à l'inverse, devrait être déduite de la succession de la femme, pourvu que les justifications exigées par la loi de 1901 fussent fournies.)

FORMULE XXIII

Assurance sur la vie.

Voir *T. A.,* V° *Succession,* n° 199 et les modèles de la note 3.

§ 9. — Usufruit et nue propriété

FORMULE XXIV

Déclaration entière. Valeur imposable.

SUCCESSION de M. Hirta.

Les soussignés Joseph Noret, propriétaire, à Marseille, et Marie Hirta, veuve de Jean Noret, demeurant à Aix, *agissant en qualité de légataires, déclarent que* M. Jean Hirta, *âgé de* 60 ans, *célibataire, exerçant la profession* d'armateur, *domicilié* à Marseille, rue de Navarin, n° 7, *est décédé* en son domicile, *le* 28 avril 1901.

Après avoir, aux termes de son testament reçu par M° Perty, notaire à Marseille, le 30 janvier 1897, institué pour légataire universel M. Joseph Noret, son neveu; et légué à Mme Vve Noret, sa sœur, née à Marseille le 31 mars 1852, l'usufruit de tous ses biens.

L'actif de la succession comprend:
1° . . . .
2° . . . .

Total de l'actif . . . . 46.382 fr. 50
Le passif de la succession s'élève, d'après l'état détaillé ci-joint, à . . . . 18.497 fr. 45
Valeur imposable de la succession . . . . . 27.885 fr. 05
Les déclarants affirment, etc. . . . .
. . . .

LIQUIDATION DE L'IMPÔT PAR LE RECEVEUR.

L'actif net de la succession est de . . . . 27.885 fr. 05
Valeur de l'usufruit; 4/10, l'usufruitière étant âgée de 49 ans, soit . . . . 11.154 fr. 02
Reste pour la nue-propriété . . . . 16.731 fr. 03
Il est dû : 1° par l'usufruitière *(d'après notre barème :* 890 + $\frac{1.160 \times 9,50}{100}$) . . . . 1.000 fr. 20
2° par le nu-propriétaire (1.040 + $\frac{6.740 \times 11}{100}$) 1.781 fr. 40

Total des droits . . . . 2.781 fr. 60

FORMULE XXV

Quotité disponible entre époux.

Décès de l'un des époux laissant deux enfants, issus de leur mariage, pour héritiers et son conjoint donataire d'un quart en propriété et d'un quart en usufruit. L'actif de la succession s'élève à 100.000 fr. et le passif à 40.000 fr. L'usufruitier est âgé de moins de 70 ans révolus.

LIQUIDATION.

Actif . . . . 100.000 fr.
Passif . . . . 40.000 fr.

Resté net . . . . 60.000 fr.

Il revient au conjoint :
1° 1/4 en propriété. . . . . 15.000 fr.
2° La valeur de l'usufruit d'une même quotité, soit les 2/10 de 15.000 fr. . . . . 3.000 fr.

Total . . . . 18.000 fr.

Il revient aux enfants l'actif net de la succession . . . . 60.000 fr.
diminué des droits du conjoint. . . . . 18.000 fr.

Reste . . . . 42.000 fr.
dont moitié à chaque enfant . . . . 21.000 fr.

FORMULE XXVI

Usufruit légal.

Même hypothèse qu'à la formule XXV, mais l'époux survivant, au lieu d'être donataire de son conjoint, jouit seulement du bénéfice de l'usufruit légal.

LIQUIDATION.

Actif brut . . . . 100.000 fr.
Passif . . . . 40.000 fr.

Reste net . . . . 60.000 fr.
L'usufruit du conjoint porte sur 1/4 de l'actif net, soit 15.000 fr. Sa valeur, soit les 2/10, est de . . 3.000 fr.

Reste aux enfants . . . . 57.000 fr.
dont moitié à chacun d'eux . . . . 28.500 fr.

FORMULE XXVII

Rapports fictifs.

Même hypothèse qu'à la formule XXV ; mais pour calculer le montant du legs fait au conjoint, il y a lieu de rapporter fictivement à la masse des biens existants les valeurs données par le défunt par actes entre vifs, qui s'élèvent à 30.000 fr. (Voir *T. A.,* V° *Quotité disponible,* n° 200).

LIQUIDATION.

Actif brut existant au décès . . . . 100.000 fr.
Passif . . . . 40.000 fr.

Reste net . . . . 60.000 fr.
Rapports fictifs . . . . 30.000 fr.

Total . . . . 90.000 fr.

Il revient au conjoint :
1° 1/4 en propriété . . . . 22.500 fr.
2° La valeur de l'usufruit d'une même quotité, soit les 2/10 de 22.500 . . . . 4.500 fr.

Total. . . . . 27.000 fr.

Il revient aux enfants l'actif net existant au décès . . . . 60.000 fr.
diminué des droits du conjoint. . . . . 27.000 fr.

Reste . . . . 33.000 fr.
dont 1/2 à chaque enfant . . . . 16.500 fr.

On opérerait d'une manière analogue en matière d'usufruit légal (Pour les donations rapportables, voir Suppl., V° Succession du conjoint, n° 62).

FORMULE XXVIII

Convention de mariage.

Décès des deux époux mariés sous le régime de la communauté légale ou conventionnelle. Les héritiers sont deux enfants. Le conjoint survivant, âgé de moins de 70 ans révolus, a droit, à titre de convention de mariage, à l'usufruit de toutes les valeurs de communauté et a renoncé à tout autre droit. L'actif commun s'élève à 100.000 fr. et le passif commun à 40.000 fr. Les biens propres du de cujus ont une valeur de 20.000 fr.

LIQUIDATION.

Actif de communauté.	100.000 fr.
Passif commun.	40.000 fr.
Reste net.	60.000 fr.
Valeur de l'usufruit non soumise aux droits	12.000 fr.
Reste pour la nue-propriété	48.000 fr.

La succession comprend :

1° La nue-propriété des biens communs	48.000 fr.
2° La pleine propriété des biens propres.	20.000 fr.
Total.	68.000 fr.
dont 1/2 à chaque enfant	34.000 fr.

FORMULE XXIX

Legs conjoint d'usufruit avec clause d'accroissement.

Voir V° *Usufruit*, nᵒˢ 6-VI et 10.

FORMULE XXX

Usufruit successif.

Voir V° *Usufruit*, nᵒˢ 9 et 11.

FORMULE XXXI

Valeur imposable de la nue-propriété et de l'usufruit au cours du démembrement.

Voir V° *Usufruit*, nᵒˢ 25 et s.

BIBLIOGRAPHIE

Bastiné, Théorie du droit fiscal (belge), 2ᵉ partie.— Exposé des principes relatifs aux droits de succession, 1ʳᵉ et 2ᵉ éditions.
Besson, La réforme fiscale des successions, des donations et des mutations de nue propriété et d'usufruit.
Brandner, Répertoire général d'enregistrement, Bruxelles, 1886.
Defrénois, Commentaire pratique de la loi du 25 février 1901, sur les droits de mutation par décès et les donations entre vifs.
Jean, Traité pratique du régime fiscal des successions.
Journal de l'Enregistrement, art. 26.069, 26.082, 26.090, 26.107, 26.130, 26.138, 26.150 et 26.155.
Journal des notaires, art. 27.325, 27.343 et 27.367.
Journal du notariat, 1901, p. 337 et suiv.
Maton, Principes du droit fiscal (belge).
Naquet, Commentaire de la loi du 25 février 1901.
Petit, Manuel pratique et formulaire des déclarations de successions.
Répertoire périodique de l'Enregistrement, nᵒˢ 9995, 10.002, 10.008, 10.018, 10.029, 10.038 et 10.041.
Revue de l'Enregistrement, art. 2622, 2623 (*dons et legs*) 2703, (*Étude de M. Naquet*) et 2768 (*dons et legs*).
Revue du notariat, nᵒ 10.717.

SUCCESSION DU CONJOINT PRÉDÉCÉDÉ.
DROITS DE L'ÉPOUX SURVIVANT.

SOMMAIRE ANALYTIQUE.

Sect. I. — *Généralités*, 1-2.
—   II. — *Conditions auxquelles est soumis le droit successoral de l'époux*, 3-14.
—   III. — *Nature des droits du conjoint survivant*, 15-29.
  § 1. — Conséquences civiles, 16-23.
  § 2. — Conséquences fiscales, 24-29.
Sect. IV. — *Quotité des droits attribués par la loi au conjoint survivant*, 30-51.
  § 1. — L'époux succède en pleine propriété, 32-35.
  § 2. — L'époux ne succède qu'en usufruit, 36-51.
Sect. V. — *Comment se calcule le droit d'usufruit du conjoint survivant et sur quels biens il s'exerce*, 52-73.
  § 1. — Masse sur laquelle se calcule le droit d'usufruit, 53-66 bis.
  § 2. — Biens sur lesquels s'exerce l'usufruit du conjoint survivant, 66-73.
Sect. VI. — *Imputation des libéralités faites au conjoint*, 74-93.
—   VII. — *Conversion de l'usufruit en rente viagère*, 94-100.
—   VIII. — *Extinction de l'usufruit du conjoint survivant*, 101-102.
—   IX. — *Pension alimentaire*, 103-105.

SOMMAIRE ALPHABÉTIQUE.

A
Aliments, 103, 104.
Ascendant donateur, 32.
Assurance sur la vie, 66 bis, 80.

B
Biens dont le défunt a disposé à titre gratuit, 61, 68.
— existant au décès, 53.
— non transmissibles, 59.
— possédés en nue propriété, 58.
— soumis à l'usufruit, 67 et s.

C
Calcul de la masse, 53.
— du droit d'usufruit du conjoint, 36 et s.
Charge de rendre, 56.
Concours de réservataires et de non réservataires, 70.
Condition de non-convol, 21.
— d'existence d'enfants, 22.
— d'existence des droits de l'époux, 3 et s.
— suspensive (biens sous), 57.
Conventions matrimoniales, 82.
Conversion en rente viagère, 94 et s.
Convol, 21.

D
Déclaration pour le compte des héritiers, 26.
Déduction du passif, 28, 60.
Délai de payement des droits, 27.
Dettes. Contribution, 18.
— Déduction, 28, 60.
— de l'époux survivant envers le prédécédé, 85.
Dispense d'imputation, 78.
Distraction des biens donnés ou légués pour le calcul de l'usufruit, 92.
Divorce, 4 à 6.
Don manuel, 81.
Donation déguisée, 81.
— sous la condition d'existence d'enfants, 22.
Dot en avancement d'hoirie, 64.
Droits de mutation par décès, 24, 35, 51.
Droits de retour, 55, 73.

E
Enfant légitime, le moins prenant, 44.
Enfants adoptifs, 40, 43.
— adultérins, 34.

Enfants d'un précédent mariage, 41, 83.
— incestueux, 34.
— légitimes, 37.
— naturels, 40, 72 bis.
— nés du mariage, 38.
Envoi en possession, 17.
Époux et parent, 47.
Estimation des biens imputables, 88.
Évaluation de l'usufruit, 91.
Exhérédation directe du conjoint, 20.
Extinction de l'usufruit ou de la rente viagère, 101, 102.

I
Imputation, 14.
— des libéralités faites au conjoint, 74.
— Dispense, 78.

L
Libéralités au conjoint, 65.
— à un successible sans dispense de rapport, 66.
— caduques, 86.
— imputables, 76.
— en pleine propriété, 90.
— en usufruit, 89.
— par les parents du défunt, 79.
— révoquées, 86.
— sous condition de non-convol, 21.
Loi du 9 mars 1891, 1.
Lois spéciales. Cumul, 105.

M
Mariage annulé, 11.
— putatif, 11 et 12.
Mode d'évaluation de l'usufruit, 91.
— d'imputation, 89.

N
Nature des droits du conjoint, 15 et s.
Non-convol, 21.
Nouveau mariage, 7.
Nue propriété, 58.

P
Parents autres que des descendants légitimes, 46.
Part d'enfant légitime le moins prenant, 42.
Partage d'ascendants, 63.
Passif, 28, 60.

Pension alimentaire, 103.
—   déduction,
104.
Propriété littéraire, 103.

Q

Quotité des droits du conjoint,
30 et s.
—   —   en pleine
propriété,
31.
—   —   en usufruit,
36 et s.
—   disponible entre époux,
69-I à 111.

R

Rapport fictif, 62.
Réconciliation, 10.
Renonciation, 23.
—   à la succession
ab intestat, 77.
—   aux   libéralités
imputables, 87.
Rente viagère, 94 et s.
—   Extinction, 102.
Réserve. Absence pour le conjoint, 19.
—   des enfants naturels,
72 bis.
—   des héritiers, 69.
Retour légal ou conventionnel,
55, 73.

S

Séparation de corps, 8, 9.
Solidarité, 25.
Substitution (biens grevés de),
56.
Successeur irrégulier, 15.
Succession anomale de l'ascendant donateur, 32,
—   en pleine propriété,
31.

T

Tarif, 24, 35, 51.

U

Usufruit anéanti, 71.
—   des ascendants, 48 et s.
—   des père et mère, 48,
49, 50.
—   de toute la succession,
93.
—   Extinction, 101.
—   Mode d'évaluation, 91.
—   restreint, 72.
—   Valeur imposable, 29.

V

Valeur imposable de l'usufruit,
29.
Valeur des biens imputables, 88.

SECT. Ire. — GÉNÉRALITÉS.

1. Loi du 9 mars 1891. — Les droits de l'époux survivant dans la succession de son conjoint prédécédé sont
réglés actuellement par la loi du 9 mars 1891 (1). Cette

(1) Voici le texte de cette loi.

1. L'art. 767 C. civ. est ainsi modifié :

ART. 767. — « Lorsque le défunt ne laisse ni parents au degré successible, ni enfants naturels, les biens de la succession
appartiennent en pleine propriété au conjoint non divorcé qui
lui survit et contre lequel n'existe pas de jugement de séparation de corps passé en force de chose jugée.

« Le conjoint survivant non divorcé qui ne succède pas à la
pleine propriété, et contre lequel n'existe pas de jugement de
séparation de corps passé en force de chose jugée, a, sur la
succession du prédécédé un droit d'usufruit qui est :

« D'un quart si le défunt laisse un ou plusieurs enfants issus
du mariage ;

« D'une part d'enfant légitime, le moins prenant, sans qu'elle
puisse excéder le quart, si le défunt a des enfants nés d'un
précédent mariage ;

« De moitié dans tous les autres cas, quels que soient le
nombre et la qualité des héritiers.

« Le calcul sera opéré sur une masse faite de tous les biens
existant au décès du de cujus, auxquels seront réunis fictivement ceux dont il aurait disposé, soit par acte entre vifs, soit
par acte testamentaire, au profit de successibles dispensés de
rapport.

« Mais l'époux survivant ne pourra exercer son droit que sur
les biens dont le prédécédé n'aura disposé ni par acte entre
vifs, ni par acte testamentaire, et sans préjudicier aux droits
de réserve ni aux droits de retour.

« Il cessera de l'exercer dans le cas où il aurait reçu du défunt des libéralités, même faites par préciput et hors part, dont
le montant atteindrait celui des droits que la présente loi lui
attribue, et, si ce montant était inférieur, il ne pourrait réclamer que le complément de son usufruit.

« Jusqu'au partage définitif, les héritiers peuvent exiger,
moyennant sûretés suffisantes, que l'usufruit de l'époux survivant soit converti en une rente viagère équivalente. S'ils sont
en désaccord, la conversion sera facultative pour les tribunaux.

« En cas de nouveau mariage, l'usufruit du conjoint cesse,

loi, dont nous n'exposerons pas ici l'élaboration lente et
pénible, a modifié les art. 767 et 205, C. civ. La plus
grande innovation qu'elle renferme est assurément celle
qui donne à l'époux survivant relégué auparavant au
dernier rang des successibles ab intestat, exclu même par
des parents au 12e degré, un droit à la succession de son
conjoint prédécédé, alors même que ce dernier laisserait
des héritiers légitimes, fût-ce des enfants. Toutefois, le
désir de ne pas faire passer les biens du défunt d'une
famille dans une autre a conduit le législateur à une
distinction : tandis que l'époux survivant succède, comme
par le passé, en pleine propriété, à la totalité du patrimoine laissé par le de cujus, quand celui-ci ne laisse aucun parent légitime ou naturel au degré successible venant effectivement à la succession, il est réduit à une part
en usufruit dans le cas contraire.

La loi de 1891 innove aussi à un autre point de vue :
en prévision du cas où, par suite de circonstances diverses, l'époux survivant serait privé en fait, totalement ou
partiellement, de ses droits successoraux, on lui donne le
droit, s'il est dans le besoin, de réclamer une pension alimentaire à la succession.

2. Nécessité d'une étude de cette loi. — Une loi qui
touche au régime successoral ne peut manquer d'entraîner des conséquences importantes au point de vue fiscal ;
mais la détermination des effets spéciaux de la loi de 1891
sur les perceptions se complique, dans le silence de la
loi, par suite de quelques particularités. D'une part, le
droit successoral attribué au conjoint survivant n'est pas
toujours de même nature ; tantôt, c'est un droit de propriété, tantôt, c'est un droit d'usufruit ; d'autre part, la
loi établit un système assez complexe sur la manière de
calculer l'étendue de l'usufruit dont bénéficie l'époux qui
survit à son conjoint et qui vient en concours avec d'autres successibles. Qu'il s'agisse de la formation de la masse
en vue de déterminer cette part en usufruit, de la fixation des biens qui pourront être grevés de cet usufruit, le
nouveau système législatif n'a pas les dehors d'une loi
simple ; si l'on ajoute à cela l'obligation où est l'époux survivant d'imputer sur ses droits successoraux les libéralités
qu'il a reçues de son conjoint, ce qui peut modifier les parts
respectives de l'époux et des autres héritiers, les difficultés fiscales que soulève le procédé autorisé de la conversion de l'usufruit du conjoint en rente viagère, on se
rendra compte de l'importance d'une étude sérieuse de la
loi de 1891, non au seul point de vue de la perception
des droits d'enregistrement. C'est à ce point de vue spécial que nous nous attacherons en exposant, dans les
pages qui vont suivre, les règles principales de la loi du
9 mars 1891.

s'il existe des descendants du défunt. »

2. L'art. 205 C. civ. est ainsi modifié :

ART. 205. — « Les enfants doivent des aliments à leurs père et
mère et autres ascendants qui sont dans le besoin. La succession de l'époux prédécédé en doit, dans le même cas, à l'époux
survivant. Le délai pour les réclamer est d'un an à partir du
décès, et se prolonge, en cas de partage, jusqu'à son achèvement.

« La pension alimentaire est prélevée sur l'hérédité. Elle est
supportée par tous les héritiers, et, en cas d'insuffisance, par
tous les légataires particuliers, proportionnellement à leur émolument.

« Toutefois, si le défunt a expressément déclaré que tel legs
sera acquitté de préférence aux autres, il sera fait application
de l'art. 927, C. civ. »

3. La présente loi est applicable à toutes les colonies où le
Code civil a été promulgué.

30

SECT. II. — CONDITIONS AUXQUELLES EST SOUMIS
LE DROIT SUCCESSORAL DE L'ÉPOUX.

3. Règle générale. — Le droit de succession accordé
au conjoint survivant, qu'il succède en propriété ou en usufruit seulement, est soumis à certaines conditions communes aux deux cas et qu'il est important de connaître,
même au point de vue fiscal, ne fût-ce que pour contrôler
l'exactitude des déclarations de successions. Ces conditions peuvent se résumer dans la règle suivante emprun-
tée aux termes mêmes de la loi : la succession du défunt
appartient, soit en pleine propriété, soit pour une partie en
usufruit, « au conjoint *non divorcé qui lui survit et contre*
lequel n'existe pas de jugement de séparation de corps passé
en force de chose jugée.

4. Divorce. — Il faut d'abord que l'union par mariage
de l'époux survivant avec le défunt ait existé jusqu'au
décès de ce dernier. Donc, *en cas de divorce*, le droit éventuel et réciproque des conjoints à la succession l'un de
l'autre disparaît, même au détriment de l'époux au profit
duquel le divorce a été prononcé, car ce droit successoral
résulte de la qualité d'époux et cette qualité n'existe plus,
en cas de divorce, lors de l'ouverture de la succession. Le
nouvel art. 767, C. civ. se prononce, d'ailleurs, formellement, à ce sujet.

5. Divorce devenu définitif avant la mort de l'é-
poux prédécédé. — Pour que l'époux divorcé soit privé
de ses droits à la succession de son ex-conjoint, il faut
que le divorce soit devenu définitif avant la mort du prémourant. Nous estimons qu'il ne suffit pas, pour qu'il en
soit ainsi, que les voies de recours contre le jugement ou
l'arrêt ne soient plus possibles ou qu'elles aient été rejetées ; le divorce ne devient définitif en principe que quand
le jugement ou l'arrêt qui l'a prononcé a été transcrit sur
les registres de l'état civil, conformément à l'art. 252, C.
civ. Donc, si l'un des époux entre lesquels le divorce a été
prononcé vient à mourir avant cette transcription, son
conjoint peut lui succéder. La question est cependant
controversée (1), mais l'art. 244, alinéa dernier, C. civ.,
nous semble décisif : il en résulte bien que le jugement
de divorce ne devient irrévocable que par la transcription ;
d'autre part, l'art. 252, alinéa 4, déclare le jugement non
avenu si la transcription n'a pas été requise dans un certain délai ; c'est une preuve encore qu'il ne produit pas
des effets définitifs avant la transcription. Qu'il y ait là
une dérogation aux règles ordinaires, c'est incontestable,
mais elle s'explique : il faut que les effets du mariage qui
touchent à tant d'intérêts divers cessent à un moment
précis et déterminé, qu'ils ne soient pas en suspens pendant une période plus ou moins longue. D'ailleurs, avant
la loi du 18 avril 1886, le divorce n'existait qu'autant qu'il
avait été prononcé par l'officier de l'état civil, le juge se
bornait à l'autoriser ; or, le législateur de 1886, ne voulant
faire qu'une simple loi de procédure, n'a pas eu l'intention
d'innover quant au moment où le divorce produit des
effets ; l'exposé des motifs de la loi de 1886 dit, d'ailleurs,
au sujet de la transcription : « la nature de cette formalité
est seule modifiée ; les effets en subsistent ». C'est même
parce que le divorce ne produit des effets qu'à dater de la
transcription que l'art. 252, alinéa 2, oblige l'officier de
l'état civil à opérer la transcription à une date fixe, le
5e jour de la réquisition ; on n'a pas voulu qu'il dépendit
de son bon plaisir de hâter ou de retarder la dissolution
du mariage ; l'article du projet qui lui donnait un délai de

(1) *Contrà*, Baudry-Lacantinerie et Wahl, *Succession*, 2e édit.,
I, n° 522,

huitaine à dater de la réquisition pour opérer la transcription, de sorte qu'il pouvait choisir son moment pour remplir la formalité, a été modifié dans ce but (1).

6. Transcription du jugement de divorce requise,
mais non opérée avant le décès. — Dans notre système,
une difficulté surgit : qu'adviendra-t-il si la transcription du
jugement a été requise en temps utile, mais que l'un des
époux vienne à mourir avant qu'elle ait été effectivement
opérée ? Le survivant des époux succédera-t-il à son conjoint ? La question est délicate, car si l'on peut induire du
dernier alinéa de l'art. 244 que le jugement sera tenu pour
non avenu, il résulte implicitement de l'avant-dernier
alinéa de l'art. 252 que là réquisition de l'un des époux
doit suffire pour imprimer au divorce un caractère irrévocable. Cette dernière idée, plus équitable, a été admise
par le tribunal de Nancy (Jug. 9 déc. 1889), mais il est
difficile de la concilier avec l'art. 244, d'autant plus qu'a-
vant la loi du 18 avril 1886, le divorce était sans nul doute
comme non avenu, si la mort de l'un des époux survenait
antérieurement à la prononciation du divorce par l'officier
de l'état civil, et que le législateur de 1886 n'a voulu innover
que quant à la procédure. Nous nous rallierions volontiers
à une distinction proposée par quelques auteurs. Si la
mort est survenue après l'expiration du 5e jour à dater de
la réquisition, c'est-à-dire à une époque à laquelle la transmission aurait dû être effectuée, le divorce est irrévocable
et le survivant ne peut succéder à son conjoint, car il ne
peut dépendre de l'officier de l'état civil d'anéantir par
son fait les effets du jugement : si, au contraire, l'un des
époux meurt avant ce moment, le divorce sera considéré
comme non avenu, et le survivant jouira de ses droits
successoraux.

7. Nouveau mariage des époux divorcés. — Il est
vrai que si les époux divorcés se sont de nouveau unis par
un mariage que l'un d'eux aura dissous, le survivant a le
droit de succéder à son conjoint. Il n'en serait pas de
même en cas d'une simple réconciliation de fait, insuffisante pour renouer le lien légal (art. 295, C. civ.).

8. Séparation de corps. — La séparation de corps
laissant subsister le mariage, il semble qu'il n'y ait pas
d'obstacle juridique qui s'oppose à ce que l'époux succède
à son conjoint prédécédé. Mais, par une innovation qui
souleva de vives discussions au Sénat, le législateur de
1891 prononce cependant la déchéance contre l'époux *aux*
torts duquel la séparation a été prononcée (art. 767, al. 1 et
2). Il suit de là que, si la séparation a été prononcée aux
torts des deux époux, aucun ne peut succéder à l'autre.

9. Jugement de séparation de corps passé en force
de chose jugée. — Cette déchéance ne peut, d'après le
texte, être encourue par l'époux coupable qu'autant que le
jugement de séparation est passé en force de chose jugée,
à l'époque du décès de son conjoint, et on sait que ce jugement n'acquiert cette autorité que le jour où il n'est plus
susceptible d'être attaqué par les voies de recours ordinaires, ou si ces voies de recours ont été rejetées. Nous
appliquons ici un principe ; si donc l'arrêt qui a prononcé
la séparation ne peut plus être attaqué que par des voies
de recours extraordinaires, comme un pourvoi en cassation, on doit le considérer comme passé en force de chose
jugée ; mais, le pourvoi étant ici exceptionnellement suspensif de l'exécution du jugement, l'arrêt perdra provisoirement son autorité à partir du pourvoi formé et, le décès
d'un époux survenant avant le jugement du pourvoi, le

(1) V. en notre sens ; Dalloz, *Jur. gén.*, Suppl. V° *Successions*,
n° 337 ; Bouvier-Bangillon, *Rev. gén.*, 1891, p. 532 et s., etc.

survivant aux torts duquel la séparation avait été prononcée pourra succéder à son conjoint.

De cette disposition novatrice de la loi de 1891 résulte un cas nouveau de déchéance. Si l'un des époux séparés vient à mourir, ne laissant aucun parent au degré successible, l'État pourra appréhender la succession à l'exclusion du conjoint survivant contre lequel il existe un jugement de séparation passé en force de chose jugée (Inst. 2805).

10. Réconciliation des époux séparés. — La réconciliation faisant cesser les effets du jugement de séparation, l'époux survivant, qui pourra prouver que la vie commune a été reprise, conservera intacts ses droits héréditaires.

11. Mariage annulé. — Il résulte encore du principe posé *supra* (n° 3) que, si le mariage a été annulé avant le décès du premier mourant de l'un des époux, le survivant n'aura aucun droit à sa succession.

12. Mariage putatif. — Nous estimons que cette solution doit être maintenue même en cas de mariage putatif et à supposer que l'époux survivant soit de bonne foi, car l'opinion généralement enseignée est qu'un mariage putatif doit être assimilé, quant à ses effets au profit de l'époux de bonne foi et des enfants, à un mariage qui aurait été dissous le jour même où la nullité a été prononcée ; la qualité d'époux n'existant plus au jour du décès, cette circonstance supprime la vocation héréditaire du survivant (1).

13. Nullité du mariage putatif prononcée postérieurement au décès. — Si, au contraire, la nullité du mariage putatif n'est prononcée qu'après la mort de l'un des conjoints, le survivant, s'il était de bonne foi, ne peut se voir enlever les droits qu'il avait acquis à la succession de son conjoint, puisque le mariage est considéré à son égard comme ayant subsisté jusqu'au jour du décès du prémourant des époux. Il en serait autrement, vu la rétroactivité du jugement d'annulation; et, si le conjoint avait acquitté avant le jugement les droits de mutation par décès lui incombant, l'art. 60 de la loi de frimaire serait un obstacle au succès d'une demande en restitution, car, la déclaration des parties étant la base de la perception de l'impôt, les droits de mutation par décès ont été perçus régulièrement sur une déclaration et sont définitivement acquis au Trésor, malgré le jugement postérieur qui a anéanti rétroactivement le titre successoral de l'époux. La situation juridique est la même qu'au cas où, postérieurement à l'acquittement des droits par un légataire, le testament qui l'instituait vient à être annulé et qu'au cas où un héritier vient, après la déclaration de succession, à être évincé par une partie de la succession par un héritier d'un rang supérieur ou égal au sien ; ni la Régie ni la jurisprudence n'admettent en pareil cas la restitution des droits (*T. A.*, V° *Restitution*, nos 152 et 176).

14. Imputation des droits payés. — Les droits payés par l'époux, dans l'hypothèse qui vient d'être prévue, pourront-ils du moins être imputés sur ceux que pourraient devoir encore les héritiers auxquels fait retour l'usufruit attribué avant le jugement d'annulation à l'époux survivant ? Nous le pensons, étant donné que l'Administration admet l'imputation des droits payés par des héritiers évincés sur ceux que doivent les héritiers appelés à leur défaut, ainsi que l'imputation des droits perçus à l'occasion de legs annulés sur les droits dus par les héritiers auxquels reviennent les objets légués (*T. A.*, V°

(1) C'est l'opinion générale, sauf le dissentiment de Laurent, *Principes.*, t. II, n° 511 ; t. IX, n° 157).

Restitution, n° 413). La raison donnée, dans ces derniers cas, est « qu'une même mutation ne peut être assujettie qu'à un seul droit et que, comme il s'agit dans ces cas de la transmission des mêmes biens, du chef du même défunt, il y a unité et identité quant à l'objet et quant à la cause donnant ouverture à l'impôt » (*T. A.*, V° *Succession*, nos 758 et s.). Or ces circonstances se réalisent aussi dans notre espèce, et nous sommes fondés à croire que la Régie admettrait l'imputation des droits payés par l'époux avant l'annulation du mariage sur les droits que peuvent encore devoir les héritiers qui profitent de l'extinction rétroactive de l'usufruit successoral de l'époux, tout en faisant remarquer cependant qu'à notre sens, cette imputation repose plutôt sur des raisons d'équité que sur des principes juridiques bien certains, car elle équivaut au fond à une restitution de droits régulièrement perçus, restitution prohibée par l'art. 60. L'imputation ne nous paraît respecter ce texte que quand elle a pour objet un droit *provisoirement* perçu qu'il s'agit d'imputer sur le droit définitivement exigible à raison de la même opération juridique (Req., 18 juill. 1860, D. 61.1.62) ; mais, dans notre cas, le droit a été perçu régulièrement et définitivement (*T. A.*, V° *Succession*, n° 757).

SECT. III. — NATURE DES DROITS DU CONJOINT.

15. Principe. Successeur irrégulier. — Si la loi de 1891 a amélioré la situation du conjoint survivant au point de vue successoral, elle n'a cependant pas modifié la nature de ses droits. L'époux n'est pas un héritier, mais un simple successeur irrégulier. Il prend la place qu'occupe dans le Code civil l'art. 767 en fait foi, et d'ailleurs les travaux préparatoires ne laissent aucun doute à cet égard (V. not. *J. off.*, 15 nov. 1890, Débats parl., Sénat, p. 1031).

§ 1er. — *Conséquences civiles.*

16. Droit successoral. — Le conjoint survivant est appelé par l'art. 767 à un véritable droit de succession, soit qu'il recueille les biens de son époux en pleine propriété, soit qu'il lui succède en usufruit seulement. (Baudry-Lacantinerie et Wahl, *Successions*, 2e édit., I, n° 515).

17. Envoi en possession. — L'époux survivant est un successeur irrégulier. A ce titre il n'a pas la saisine : il doit, lorsqu'il succède en propriété, demander l'envoi en possession dans les formes prescrites par le Code civil (art. 769 et s.) et, lorsqu'il succède en usufruit seulement, demander la délivrance aux héritiers ou légataires, si elle ne lui est pas amiablement consentie.

18. Payement des dettes. — Lorsque le conjoint succède en pleine propriété, il est, comme tous les successeurs irréguliers, tenu de toutes les dettes. Lorsqu'il succède en usufruit, il est tenu des dettes dans les conditions où en sont tenus les légataires à titre universel de l'usufruit, c'est-à-dire que, conformément aux art. 610 à 612 C. civ., il doit à son choix avancer la somme nécessaire proportionnellement à l'usufruit qu'il recueille ou servir à la même proportion aux propriétaires les intérêts de la dette payés par ces derniers (Sic Baudry-Lacantinerie et Wahl, *op. cit.*, n° 602).

19. Absence de réserve. — L'époux, n'étant pas héritier, n'a pas droit à une réserve ; d'où il suit qu'il peut être privé de tout ou partie de ses droits successoraux par le fait de son conjoint. Aussi l'art. 767, al. 7, n'admet l'époux à exercer ses droits que sur les biens dont le prédécédé n'a pas disposé par acte entre vifs ou testamentaires ; si le défunt a donné ou légué tout son disponible, le survivant n'aura aucune part dans la succession ; nous verrons plus loin qu'en pareil cas l'époux survivant peut réclamer à la succession une pension alimentaire, s'il n'a pas des ressources personnelles suffisantes.

20. Exhérédation directe du conjoint. — On discute la question de savoir si un époux peut exhéréder directement son conjoint, sans disposer expressément de ses biens au profit de certaines personnes. Elle se rattache à la question générale de la validité des exhérédations directes dont le Code ne parle pas. Nous ne pourrions l'examiner sans sortir des limites que nous nous sommes imposées. A notre sens, une exhérédation directe faite par testament peut être efficace, à la condition de contenir implicitement une disposition ; pour cela, il faut que l'exhérédation ne soit pas absolue, ne s'étende pas à tous les successibles. Nous estimons donc que l'exhérédation de l'époux survivant doit produire son effet, si cet époux n'était appelé à recueillir *ab intestat* qu'un droit d'usufruit, vu son concours avec des parents légitimes ou naturels, cette exhérédation impliquant l'attribution implicite, au profit des parents appelés à recueillir la nue propriété, de l'usufruit que la loi donne au conjoint survivant. Au contraire, si l'époux exhérédé devait recueillir *ab intestat* la pleine propriété de la totalité de la succession à défaut d'autres successibles, nous considérerions l'exhérédation comme sans effet, car, personne n'étant appelé à recueillir la succession, l'exhérédation n'emporte pas une disposition tacite. Il est vrai que l'Etat se voit attribuer les successions en déshérence (art. 539 et 713), mais il ne les acquiert pas *jure hereditario* ; on ne peut supposer que le testateur ait voulu, en exhérédant son conjoint, faire implicitement une disposition au profit de l'Etat (*Sic*, Rennes, 25 févr. 1860, D. 60.2.160 ; — Comp. aussi note sous Civ., 17 nov. 1863 ; D. 63.1.441).

21. Libéralités faites au survivant sous condition de non-convol. — L'exhérédation du conjoint survivant ne peut-elle résulter d'autres circonstances ? La question s'est posée à propos de libéralités faites par un époux au conjoint sous la condition que le gratifié ne se remariera pas. Cette condition résolutoire venant à se réaliser, l'époux survivant peut-il prétendre conserver l'usufruit que l'art. 767 lui assure ? La solution ne fait aucun doute dans le cas où le défunt laisse des descendants, puisque l'usufruit légal s'éteint en pareil cas en vertu de l'art. 767, al. dernier. Mais que décider dans l'hypothèse contraire ? On a soutenu (*Rev. du Not.*, 1893, p. 407) que le survivant perdrait ses droits héréditaires *ab intestat* : « autoriser le conjoint à prendre comme héritier ce qu'il perd comme donataire, ce serait, dit-on, supprimer l'effet de la révocabilité ». La jurisprudence ne s'est pas montrée favorable à ce système ; elle a admis que l'époux qui encourt la résolution de ses droits comme gratifié ou qui renonce au bénéfice de la libéralité peut réclamer les droits héréditaires qu'il tient de la loi (Trib. des Andelys, 25 juin 1893, *Rev. du Not.*, 1894, p. 131 ; — Trib. d'Ussel, 16 mars 1895, *Gaz. Pal.*, 95.1.478 ; — C. de Bourges, 3 févr. 1896 ; R. E. 1222, *Gaz. Pal.*, 96.1.458). C'est qu'en effet, la clause de viduité n'affecte que la libéralité résultant de la volonté du défunt ; pour que le conjoint survivant soit exclu de son droit successoral *ab intestat*, il faut une exhérédation ne laissant planer aucun doute sur les intentions du défunt ; tel n'est pas le cas où la clause de viduité est stipulée dans une libéralité faite au conjoint ; il en résulte bien qu'en cas de convol, l'époux survivant sera privé des avantages que lui avait assurés le *de cujus*, mais non que ce dernier ait voulu lui retirer le droit de succession qu'il te-

nait de la loi. Du reste, quand la clause de viduité se rencontre dans une donation entre vifs, l'extension de cette clause aux droits de succession *ab intestat* constituerait un pacte sur succession future, nul en vertu de l'art. 1130. On admet en pratique qu'il s'agit dans l'espèce de deux usufruits absolument distincts et que l'époux survivant, déchu de son droit comme donataire ou légataire ou y ayant renoncé, conserve le droit successoral qu'il tient de la loi. Si le disposant veut priver le donataire de l'usufruit légal en cas de convol, il doit, soit exprimer par testament sa volonté de l'exhéréder, soit instituer ses héritiers légataires de la pleine propriété pour le cas où son conjoint viendrait à se remarier.

22. Donation sous la condition d'existence d'enfants. — Une question identique existe en cas de donation entre vifs d'un usufruit faite au conjoint sous la condition d'inexistence d'enfants. Elle doit recevoir la même solution, c'est-à-dire que, même s'il existe des enfants du mariage, au décès du disposant, le survivant peut néanmoins réclamer l'usufruit légal (Conf. Sol. 26 août 1891).

23. Renonciation à la succession par l'époux survivant. Formes. — L'époux survivant peut naturellement, comme tout successible, renoncer à ses droits héréditaires, pourvu qu'il le fasse postérieurement à l'ouverture de la succession (art. 791). Mais, pour être efficace au regard de la Régie et dispenser l'époux du paiement des droits de mutation par décès, la renonciation de l'époux doit-elle être faite au greffe, conformément à l'art. 784 ? L'Administration ne l'exige pas (Délib. 23 mars 1892 ; — Sol. 1er avr. 1892 ; R. E. 581 ; — Sol. 11 juin 1892) ; elle se contente d'une renonciation faite par acte notarié, comme elle l'admet du reste en ce qui concerne les renonciations à des legs particuliers (D. M. F. 20 avr. 1898 ; Inst. 386, n° 27 ; T. A. V° *Renonciation*, n° 86). C'est là, nous semble-t-il, une simple tolérance, car l'art. 784 ne distingue pas entre les successibles saisis ou non saisis, du moment qu'il s'agit de successeurs *ab intestat*. Si l'on peut admettre la validité d'une renonciation faite dans une forme quelconque de la part d'un légataire, c'est qu'il n'y a pas, au titre des donations entre vifs et testamentaires, de disposition analogue à celle de l'art. 784.

Rappelons, au surplus, qu'en *matière de succession ab intestat ordinaire*, la renonciation, pour être efficace, même au regard de la Régie, doit être passée au greffe (*T. A.*, V° *Renonciation*, n°s 86-II ; — Sol. 4 fév. 1896 ; R. E. 1122 ; V. *supra*, V° *Renonciation*, n°s 5 et 5 *bis*.

§ 2. — *Conséquences fiscales.*

24. Droits de mutation par décès. — Le conjoint survivant, investi, d'après l'art. 767, C. civ., d'un véritable droit successoral, est tenu d'acquitter les droits de mutation par décès sur les biens qu'il recueille en pleine propriété ou en usufruit. Ces droits sont perçus sur la part nette revenant à l'époux survivant et d'après le tarif progressif établi par l'art. 2 de la loi du 25 février 1901 pour toutes les successions ouvertes depuis l'entrée en vigueur de cette loi. Ce tarif est de 3 fr. 75 0/0 jusqu'à 2.000 fr. ; de 4 0/0 de 2.001 à 10.000 fr. ; de 4 fr. 50 0/0 de 10.001 à 50.000 fr. ; de 5 0/0 de 50.001 à 100.000 fr. ; de 5 fr. 50 0/0 de 100.001 à 250.000 fr. ; de 6 0/0 de 250.001 à 500.000 fr. ; de 6 fr. 50 0/0 de 500.001 fr. à 1 million ; de 7 0/0 au-dessus de 1 million. Il est à remarquer que, par suite de l'abrogation expresse de la disposition contenue dans l'art. 53 de la loi du 28 avril 1816, l'époux survivant acquitte toujours les droits aux taux ainsi fixés, alors même qu'il serait appelé à la succession de son conjoint à défaut de parents au degré successible (Inst. 3049, p. 6).

25. Absence de solidarité pour le payement des droits. — De ce que le conjoint survivant est un successeur irrégulier, l'Administration a conclu avec raison qu'il n'existe aucune solidarité pour le payement des droits de mutation par décès entre l'époux et les héritiers, l'art. 32 de la loi de frimaire n'établissant la solidarité qu'entre les héritiers (Sol. 6 oct. 1892 ; *J. E.* 24.100 ; *R. P.* 8856 ; — Délib. 2 mars 1893 ; *T. A.*, Vº *Succession*, nᵒˢ 41 et 621).

26. Déclaration pour le compte des héritiers. — On en infère encore que l'époux appelé à succéder en usufruit ne pourrait faire la déclaration de succession pour le compte des héritiers, si ces derniers ne lui avaient donné les pouvoirs nécessaires.

A l'inverse, la déclaration souscrite par les héritiers pour le compte de l'époux survivant, sans un mandat spécial de celui-ci, serait irrégulière.

27. Délai de payement des droits. — Les délais impartis au conjoint pour faire la déclaration de succession courent-ils du jour du décès du conjoint, ou du jour de l'envoi en possession ou de la délivrance ? Une délibération de la Régie du 13 octobre 1829 (*T. A.*, Vº *Succession*, nº 68, 13º, note 3) admet cette dernière opinion, qui nous semble fort contestable ; en effet, l'art. 24 de la loi de frimaire fixe uniformément le point de départ du délai au jour du décès, non seulement pour les héritiers, mais pour les légataires et donataires, qui, à l'exception du légataire universel, dans le cas particulier de l'art. 1006, n'ont pas la saisine. D'ailleurs, c'est au décès que s'opère la mutation, même pour les successibles non saisis ; la saisine n'a trait qu'à l'exercice des droits du défunt. Nous ne pouvons donc approuver la délibération susindiquée (V. cependant *Rép. gén.* de Garnier, Vº *Succession*, nº 534).

28. Déduction du passif. — Lorsque les droits de l'époux survivant portent sur la pleine propriété de la succession de son conjoint, la valeur nette imposable s'obtient, suivant les règles ordinaires établies par la loi du 25 février 1901, en déduisant de l'actif héréditaire le montant total des dettes. Si l'époux survivant ne succède qu'en usufruit, il y a lieu de faire application de l'art. 3, § 5, de la même loi, d'après lequel, « s'il s'agit d'une dette « grevant une succession dévolue à une personne pour la « nue propriété et à une autre pour l'usufruit, le droit de « mutation sera perçu sur l'actif de la succession diminué du montant de la dette ». Comme dans l'hypothèse précédente, il faut déterminer le montant de l'actif net total. Puis, sur le chiffre ainsi obtenu, la valeur de l'usufruit est calculée conformément aux dispositions nouvelles.

29. Valeur imposable de l'usufruit — La valeur imposable de l'usufruit est fixée d'après l'âge de l'usufruitier, suivant les règles posées dans l'art. 13 de la loi de 1901, dès lors que la succession s'est ouverte depuis l'entrée en vigueur de cette loi (V. au surplus, Vº *Usufruit*, nº 5).

SECT. IV. — QUOTITÉ DES DROITS DU CONJOINT.

30. Distinctions. — Le texte établit des distinctions quant à la nature et à la quotité des droits héréditaires du conjoint survivant ; tantôt il succède en propriété, tantôt en usufruit seulement, et la quotité de cet usufruit varie suivant la qualité des héritiers avec lesquels l'époux vient en concours.

§ 1ᵉʳ. — *L'époux succède en pleine propriété.*

31. Cas où l'époux succède à son conjoint en pleine propriété. — L'époux survivant a droit à la pleine propriété de la totalité de la succession, quand son conjoint prédécédé ne laisse ni parents légitimes au degré successible, ni enfants naturels ou adoptifs, ni père et mère naturels, ni frères et sœurs naturels (art. 767, al. 1). Si le texte ne parle pas des deux dernières classes de successeurs irréguliers que nous avons cités, la pensée du législateur est cependant certaine : ce n'est qu'en l'absence d'héritiers ou de successeurs irréguliers autres que l'État que le conjoint est appelé à succéder en propriété (Rapp. de M. Humbert à l'Assemblée nationale, *J. off.*, du 16 mars 1876, p. 1842). Il va sans dire qu'on n'a pas à tenir compte des successibles renonçants ou indignes qui ne peuvent faire obstacle aux droits du conjoint ; seuls, les successibles qui viennent effectivement à la succession peuvent empêcher l'époux de recueillir la pleine propriété.

32. Succession anomale de l'ascendant donateur. — Si le défunt a laissé pour seul héritier, en outre du conjoint, un ascendant appelé à la fois à la succession anomale et à la succession ordinaire, et que cet ascendant renonce à cette dernière, vu le principe généralement admis de l'indépendance des deux successions, l'époux aura en pleine propriété la totalité de la succession ordinaire.

33. Enfants naturels reconnus de l'art. 337, C. civ. — Observons aussi que les enfants naturels reconnus par le *de cujus* pendant le mariage et qu'il a eus avant le mariage d'un autre que son époux n'empêcheront pas celui-ci de succéder en pleine propriété à son conjoint. C'est une conséquence de la règle posée par l'art. 337.

34. Enfants adultérins ou incestueux. — Enfin les enfants adultérins ou incestueux de l'époux prédécédé, n'ayant pas de droits héréditaires, ne font pas non plus obstacle à l'application de l'art. 767, al. 1.

35. Quotité des droits de mutation par décès quand l'époux succède en pleine propriété. — Antérieurement à la loi du 25 février 1901, l'époux survivant appelé en cette qualité à recueillir la succession de son conjoint, à défaut de parents au degré successible, était considéré, au regard du fisc, comme un étranger et devait acquitter le droit proportionnel au taux de 9 0/0, décimes non compris (art. 53, L. 28 avr. 1816). La loi de 1901 a supprimé toute distinction : désormais, le tarif progressif spécial aux mutations par décès entre époux doit être appliqué à toutes les successions ouvertes depuis l'entrée en vigueur de cette loi, sans qu'il y ait à rechercher si l'époux survivant puise son titre dans la loi ou dans un acte de disposition testamentaire (V. *suprà*, nº 24).

Si l'époux survivant, parent de son conjoint, est appelé à la succession de celui-ci en qualité de parent, il est tenu de l'impôt au taux fixé par son degré de parenté avec le défunt (Délib. 30 mai 1806 ; *T. A.*, Vº *Succession*, nº 579).

§ 2. — *L'époux ne succède qu'en usufruit*

36. Cas où l'époux survivant ne succède qu'en usufruit. — Si le *de cujus* laisse des héritiers ou successeurs irréguliers autres que l'État, les droits héréditaires du conjoint survivant sont réduits à une part en usufruit dont la quotité varie suivant la qualité des successibles avec lesquels il vient en concours. On ne tient compte évidemment que des successibles venant effectivement à la succession, non des renonçants et des indignes.

37. Concours de l'époux avec des enfants ou descendants légitimes du de cujus. — Si le défunt laisse des enfants légitimes (1), la loi distingue suivant que ce sont des enfants issus de son mariage avec le conjoint survivant ou des enfants nés d'un précédent mariage.

38. Concours avec des enfants nés du mariage dissous par la mort du de cujus. — La succession est-elle recueillie par des enfants issus du mariage du défunt avec le conjoint survivant, ce dernier est appelé à l'usufruit du quart de la succession, quel que soit le nombre des enfants, pour éviter tout calcul intéressé qui eût été un obstacle à la fécondité du mariage (art. 767, al. 2 et 3).

39. Concours avec des descendants légitimes d'un enfant né du mariage dissous par la mort du de cujus. — Il faut donner au conjoint survivant la même quotité d'usufruit, si son époux laisse des descendants légitimes, en quelque degré que ce soit, issus d'un enfant légitime né du mariage, que ces descendants viennent à la succession de leur chef ou par représentation ; si l'on avait augmenté en pareil cas la part d'usufruit du conjoint survivant, ces descendants auraient souffert du prédécès ou de la renonciation de leur auteur.

40. Enfants naturels ou adoptifs. — Pour fixer la quotité de l'usufruit attribué au conjoint survivant, il ne faut pas assimiler aux enfants ou descendants légitimes les enfants naturels ou adoptifs. Cela n'est pas douteux pour les enfants naturels. On l'a contesté pour les enfants adoptifs en tirant argument de l'art. 350 ; mais le texte de l'art. 767, al. 3, nous semble trop formel pour permettre de penser que le législateur ait voulu mettre ici les enfants adoptifs sur la même ligne que les enfants légitimes. La situation des enfants naturels et adoptifs a sans doute paru moins favorable que celle des enfants issus du mariage et l'on s'explique ainsi que la quotité d'usufruit donnée au conjoint soit plus considérable en présence des premiers que des seconds (2).

41. Concours de l'époux survivant avec des enfants du de cujus nés d'un précédent mariage. — Si le défunt laisse des enfants nés d'un précédent mariage, le droit d'usufruit du conjoint survivant porte sur une part d'enfant légitime le moins prenant, sans qu'elle puisse excéder le quart de la succession (art. 767, al. 4). Le législateur s'est évidemment inspiré ici de la disposition de l'art. 1098, qui fixe la disposition entre époux dans le même cas.

42. Calcul de la part d'enfant légitime le moins prenant. — Pour calculer la part d'usufruit du conjoint dans l'hypothèse qui vient d'être indiquée (n° 41), on ajoutera fictivement au nombre d'enfants que le de cujus laisse, tant de ses mariages antérieurs que de la dernière union, l'époux survivant qui sera compté comme un enfant de plus, et on lui attribuera l'usufruit de la quotité qui lui serait revenue en propriété, s'il était un enfant du défunt. Si, par exemple, le défunt laisse quatre enfants en tout, l'époux survivant aura l'usufruit du cinquième de la succession ; s'il ne laisse que deux enfants, il n'aura que l'usufruit du quart, vu la restriction de l'art. 767, al. 4 (Sol. 25 juin 1895 ; R. E. 1006).

43. Concours du survivant avec des descendants légitimes issus d'un enfant du défunt né d'un précédent mariage. — Si le défunt laisse des descendants légitimes issus d'un enfant né d'un précédent mariage, la part en usufruit du conjoint sera calculée, non suivant le nombre des descendants, mais en les comptant tous en-

---

(1) Il faut assimiler les enfants légitimés aux enfants légitimes (art. 333).

(2) Sic, Huc, Droit civ., V, n° 124 ; — Baudry et Wahl, Successions, 2° édit., I, n° 530.

---

semble pour l'enfant dont ils prennent la place, peu importe qu'ils viennent à la succession de leur chef ou par représentation, l'époux ne devant pas équitablement subir un préjudice à raison de la mort des descendants du défunt plus proches en degré (T. A., V° Quotité disponible, n° 90).

44. Sens de l'expression : enfant légitime le moins prenant. — Par ces mots : « enfant légitime le moins prenant », la loi a prévu le cas où l'un ou quelques-uns des successibles aurait reçu plus que les autres dans les biens héréditaires par suite d'une libéralité préciputaire ; le conjoint n'aura pas l'usufruit d'une part égale à celle que prend l'enfant qui recevrait le moins, à supposer que le défunt ait laissé un enfant de plus (T. A., V° Quotité disponible, n° 91).

45. Les enfants adoptifs du défunt ne doivent pas être comptés. — Par les raisons données supra (n° 40), on ne doit pas tenir compte, pour calculer la part en usufruit de l'époux dans l'hypothèse visée par l'art. 767, al. 4, des enfants adoptifs laissés par le défunt (T. A., V° Quotité disponible, n° 90).

46. Concours de l'époux survivant avec des parents du défunt autres que des descendants légitimes. — La part en usufruit du conjoint survivant augmente quand le de cujus laisse pour successeurs que des parents autres que des descendants légitimes ; l'usufruit porte alors sur la moitié de la succession (art. 767, al. 5), il en est ainsi que les parents appelés à la succession soient des parents légitimes, ou naturels, ou des enfants adoptifs du de cujus.

47. Conjoint ayant une double vocation héréditaire, comme époux et comme parent. — Si l'époux survivant est parent du défunt au degré successible et appelé, en cette qualité, à concourir avec d'autres héritiers ou successibles, il prendra, comme parent, la part en propriété qui lui est attribuée par la loi, en outre de l'usufruit qui lui est attribué en sa qualité de conjoint survivant.

48. Concours de l'usufruit attribué au père ou à la mère par l'art. 754 et de l'usufruit du conjoint. — Si le défunt ne laisse comme héritiers son père ou sa mère dans une ligne, et des collatéraux dans l'autre ligne, on sait que, d'après l'art. 754, le père ou la mère a droit, en outre de la 1/2 en propriété, à l'usufruit de 1/3 des biens dévolus aux collatéraux ; comment combiner cet usufruit avec celui que l'art. 767 attribue au conjoint survivant ? D'après le premier projet présenté au Sénat en 1877 et voté sans discussion, l'usufruit du père ou de la mère sur la 1/2 déférée aux collatéraux ne devait s'exercer qu'après extinction de l'usufruit du conjoint. Cette disposition fut rejetée par la commission de la Chambre des députés ; elle fit valoir qu'une telle préférence accordée au bénéficiaire le plus jeune aurait le plus souvent pour résultat de réduire à néant l'usufruit de l'ascendant, ce qui serait d'autant plus injuste que la part revenant en propriété à ce dernier est déjà grevée par l'usufruit de l'époux survivant. En présence de ces objections, la Chambre finit par admettre que les deux usufruits du conjoint et de l'ascendant s'exerceraient non pas successivement, mais cumulativement, et le Sénat se rallia définitivement à ce système.

49. L'usufruit se prend pour 1/2 sur la part de l'ascendant et pour 1/2 sur la part des collatéraux. — Reste toutefois une difficulté à résoudre : l'usufruit du conjoint se prendra-t-il pour 1/2 sur la part de l'ascendant et pour 1/2 sur la part des collatéraux, ou devra-t-on l'imputer sur chaque part proportionnellement à la valeur de chacune ?

Si l'on admet le premier système, voyons quels en seront les résultats. A supposer que le *de cujus* n'eût pas laissé d'époux lui survivant, l'ascendant aurait eu 6/12 de la succession en propriété plus 2/12 en usufruit ; les collatéraux auraient été réduits à 4/12 en pleine propriété plus 2/12 en nue propriété. Si l'époux survivant prend 3/12 en usufruit sur la part de l'ascendant ainsi déterminée et 3/12 sur la part des collatéraux, il se trouvera que l'ascendant n'aura plus que 3/12 en pleine propriété, 3/12 en nue propriété, et 2/12 en usufruit ; quant aux collatéraux, ils ne recevront que 1/12 en pleine propriété et 5/12 en nue propriété de la totalité de la succession.

Ce mode de calcul trouve un appui considérable dans les travaux préparatoires, et notamment dans le rapport de M. Piou à la Chambre des députés (*J. off.*, 1886, ann. n° 565, p. 1292) et dans le rapport au Sénat de M. Delsol (*J. off.*, 1890, ann. n° 7, p. 10). On lit en propres termes dans ce dernier que le conjoint jouira de la 1/2 et le père ou la mère du 1/3 (au total des 5/6) des biens dévolus aux collatéraux, de sorte que ceux-ci n'auront sur la 1/2 qui leur est dévolue que 1/6 en pleine propriété et 5/6 en nue propriété, ce qui correspond bien à 1/12 en pleine propriété et à 5/12 en nue propriété de l'ensemble de l'hérédité. La loi fut votée sans aucune protestation après ces explications ; on peut donc légitimement en conclure que tel est bien le système que ses rédacteurs ont voulu adopter. Nous verrons, d'ailleurs, que l'esprit de la loi de 1891 a été toujours de sauvegarder plutôt les intérêts des ascendants que ceux des collatéraux [1].

Ajoutons cependant que cette opinion a rencontré des contradicteurs [2]. L'usufruit du conjoint, disent-ils, est une charge de la succession qui doit peser sur tous ceux qui recueillent la succession proportionnellement à leur part héréditaire. Dès lors, l'ascendant doit y contribuer non seulement pour la 1/2 (6/12) de l'hérédité qu'il recueille en propriété, mais pour les 2/12 en usufruit qu'il enlève aux collatéraux. Dans ce système, on prendra l'usufruit du conjoint pour 4/12 sur la part de l'ascendant et pour 2/12 sur la part des collatéraux, de sorte qu'il restera à ceux-ci 2/12 de la succession en pleine propriété et 4/12 en nue propriété ; quant à l'ascendant il aura 2/12 en pleine propriété, 2/12 en usufruit et 4/12 en nue propriété ; naturellement, le conjoint aura 6/12 en usufruit comme dans l'autre système.

Nous avons dit *supra* pourquoi nous préférons le premier système. Ajoutons que l'argument invoqué dans l'opinion contraire est défectueux, étant donné que le droit du conjoint n'est point un droit de créance, une charge héréditaire, mais un droit d'usufruit de même nature que le droit d'usufruit accordé à l'ascendant par l'art. 754 ; or ces droits d'usufruit pèsent naturellement sur la propriété, sans qu'on ait à examiner si elle est pleine ou démembrée ; la succession, quant à la propriété, se divisant par 1/2 entre l'ascendant et les collatéraux, il est rationnel que chacune des lignes supporte par égales portions l'usufruit de l'époux, et qu'on n'ait pas à tenir compte de ce fait que la 1/2 dévolue aux collatéraux est déjà grevée pour 1/3 de l'usufruit de l'ascendant.

50. Part des collatéraux insuffisante pour faire face à l'usufruit de l'ascendant et à celui du conjoint. — Cependant, dans des circonstances exceptionnelles, il peut arriver que la part revenant aux collatéraux soit insuffisante pour faire face à l'usufruit attribué à l'ascen-

dant par l'art. 754 et à l'usufruit dévolu au conjoint en vertu de l'art. 767. L'hypothèse s'est présentée en pratique devant le tribunal de Montpellier : un défunt avait laissé pour successibles, outre son conjoint, son père et des collatéraux ordinaires de la ligne maternelle, mais ce défunt, étant encore mineur, avait légué par préciput à son père tout ce dont il pouvait disposer. Une première question se posait dans l'espèce : à quelle part de la succession le père avait-il droit comme légataire du disponible ? Il semble que le disponible qui est des 3/4 de la succession, en présence d'ascendants dans une ligne seulement (art. 914 nouveau), réduit ici de 1/2 vu l'état de minorité du testateur (art. 904), conduisait à n'attribuer au père, comme légataire, que les 3/8 de la succession. Tel n'a cependant pas été le système admis par le tribunal de Montpellier : s'inspirant de l'idée déjà exprimée par la jurisprudence antérieure, notamment par un arrêt de la Cour d'Orléans du 13 juin 1878 (S. 79.2.22), à savoir que, le légataire du disponible étant précisément ici l'héritier réservataire, il était impossible de retourner contre lui le bénéfice de la réserve introduite en sa faveur, le tribunal décide qu'il faut calculer le disponible légué au père, comme si le défunt ne laissait pas d'héritier réservataire, lui attribuer par conséquent la 1/2 de la succession, comme légataire, puisque le *de cujus* eût pu disposer de la totalité s'il avait testé en temps de majorité. Cette théorie est, à notre sens, très contestable, car elle est en contradiction avec l'art. 919, lequel ne permet de donner, même aux héritiers, que le disponible : ajoutons qu'il n'y a pas deux manières de calculer le disponible, suivant que le gratifié est un héritier ou un étranger. A quel titre l'héritier, fût-il légataire, pourrait-il, lorsque sa réserve est intacte, se plaindre de la réduction qu'il subit dans son legs par suite de la réserve ?

Quoi qu'il en soit, dans le système admis par le tribunal de Montpellier, le père prenant la 1/2 de la succession comme légataire, l'autre 1/2, formant la succession *ab intestat*, devait se partager par portions égales entre lui et le collatéral de la ligne paternelle, ce qui réduisait la part de ce dernier au 12/48 de l'hérédité ; avec le système contraire, le père prenant comme légataire les 3/8 ou 18/48 de la succession, le surplus devant se partager également entre le père et le collatéral, celui-ci aurait 15/48 de l'hérédité.

Quelque système qu'on adopte sur l'importance du legs du disponible, la part qui revient au collatéral est trop faible pour qu'on puisse la grever simultanément de l'usufruit attribué au père en vertu de l'art. 754, c'est-à-dire du 1/3 de 12/48 ou de 15/48, et en outre de la 1/2 de l'usufruit légal du conjoint (12/48). Le tribunal de Montpellier a tranché la difficulté en décidant que les deux usufruits doivent en pareil cas subir une réduction proportionnelle aussi longtemps qu'ils coexisteront (19 mai 1894, *Rev. du Not.*, 1895, p. 199 et s.; note de M. Lamache).

51. Quotité des droits de mutation par décès quand le conjoint succède en usufruit. — Antérieurement à la loi du 25 février 1901, le droit à percevoir sur l'usufruit légal de l'époux survivant était calculé au taux de 3 0/0 comme au cas de legs entre époux (Inst., 2805). Le tarif progressif de la loi de 1901 doit être appliqué, à l'avenir, pour toutes les successions ouvertes sous l'empire de cette loi.

SECT. V. — CALCUL DES DROITS DU CONJOINT ET BIENS QUI Y SONT SOUMIS.

52. Système de la loi du 9 mars 1891. — D'après le projet voté primitivement par le Sénat (9 mars 1877), l'usufruit du conjoint survivant ne devait se calculer et s'exer-

---

[1] *Sic*, Baudry et Wahl, *Successions*, 2ᵉ édit., I, n° 562.
[2] Huc, V, n° 127 ; — *Rev. crit.*, 1892, p. 179 ; — Lamache, *Comm. de la loi du 9 mars 1891*, p. 31, etc.

cer que sur les biens existant réellement dans le patrimoine du *de cujus*, à son décès, et dont il n'avait pas disposé par testament. La Chambre des députés avait décidé, au contraire (22 mars 1890), que l'époux survivant aurait le droit d'exiger de tout héritier le rapport réel à la succession des biens donnés ou légués par le défunt à des successibles sans dispense de rapport, et que son droit d'usufruit devrait se calculer et s'exercer, non seulement sur les biens existants au décès, mais aussi sur les biens rapportés; Ce conflit entre les deux Chambres fut résolu au moyen d'une transaction proposée par la commission du Sénat (*J. off.*, 11 févr. 1891, annexe n° 7, p. 10) votée par la haute assemblée (2 déc. 1890) et ratifiée enfin par la Chambre des députés (6 févr. 1891). De cette transaction il résulte un système complexe d'après lequel le droit d'usufruit du conjoint ne s'exerce pas sur les mêmes biens qui composent la masse sur laquelle se calcule le montant de cet usufruit.

§ 1er. — *Masse sur laquelle se calcule le droit d'usufruit.*

53. Règle. — La règle est posée par l'art. 767, al. 6 : « Le calcul sera opéré sur une masse formée de tous les biens existants au décès du *de cujus*, auxquels seront réunis fictivement ceux dont il aurait disposé, soit par acte entre vifs, soit par acte testamentaire au profit de successibles, sans dispense de rapport. »

Donc, pour calculer l'émolument en usufruit à donner à l'époux survivant, il faut former une masse se composant : 1° des biens existants au décès du *de cujus* dans sa succession *ab intestat*, c'est-à-dire de ceux dont il n'a disposé ni par acte entre vifs ni par testament ; 2° des biens dont il a gratifié un ou plusieurs de ses successibles par donation ou testament, sans dispense de rapport.

54. Première partie de la masse : biens existants au décès. — Tous les biens appartenant au défunt lors de son décès doivent figurer dans la masse sur laquelle *se calcule* le droit d'usufruit du conjoint survivant. On y comprend même ceux sur lesquels cet usufruit ne peut pas s'exercer : tels sont les biens soumis à une réserve (V. *infrà*, n° 69).

55. Biens faisant l'objet d'un retour légal ou conventionnel. — Parmi les biens existants au décès dans le patrimoine du *de cujus*, il peut s'en trouver qui ne doivent pas être attribués aux appelés à recueillir l'hérédité : tels sont les biens qui avaient été donnés au défunt sous la condition de retour conventionnel (art. 951) ; tels sont encore les biens qui font partie d'une succession anomale (art. 351, 747, 766). Faut-il comprendre ces biens dans la masse par application de l'art. 767, al. 6 ? S'il s'agissait de la masse à former en vertu de l'art. 922 pour le calcul de la quotité disponible, il n'y aurait pas lieu, d'après une opinion assez accréditée, de tenir compte de ces biens (T. A., V° *Quotité disponible*, n°° 170 et s.). En est-il de même quand il s'agit du calcul de l'usufruit légal du conjoint survivant ?

L'affirmative nous semble s'imposer, si l'on décide avec la Cour de cassation (T. A., *loc. sup. cit.*, note 1) qu'en cas de retour légal, les biens qui en font l'objet constituent une succession anomale, tout à fait distincte et indépendante de la succession ordinaire. L'époux n'étant appelé qu'à cette dernière, son droit d'usufruit ne doit se calculer que sur les biens qui en font partie. Quant aux biens soumis à un retour conventionnel, ils ne font partie à aucun titre de l'hérédité du défunt, la condition résolutoire, qui affectait la donation, opérant avec effet rétroactif (art. 952) : dès lors ils ne doivent pas être compris dans la masse sur

laquelle se calcule l'usufruit du conjoint. Cette manière de voir semble confirmée par l'art. 767, al. 7, *in fine*, d'après lequel l'époux ne peut exercer son droit d'usufruit sur les biens qui font l'objet du retour.

Cependant l'opinion contraire a des partisans dans la doctrine (1), et la Cour de Nancy y a adhéré par un arrêt du 20 juillet 1893 (R. E. 1002). On invoque en faveur de ce dernier système un argument de texte : la réserve finale de l'al. 7 de l'art. 767 prouverait que les deux successions doivent être provisoirement confondues dans une seule masse pour calculer l'usufruit de l'époux survivant ; sinon, cette réserve serait complètement inutile : si les deux successions étaient distinctes et indépendantes, il irait de soi que l'époux, appelé à la succession ordinaire, ne peut exercer son usufruit sur les biens de la succession anomale. Ce texte ne se comprend qu'en partant du principe de l'unité de succession. On invoque également l'esprit de la loi, toute de faveur pour le conjoint survivant, auquel on a voulu assurer une position analogue à celle qu'il avait pendant le mariage ; on interprète donc l'art. 767 dans le sens le plus avantageux à ce dernier, ce qui, dit-on, n'a pas beaucoup d'inconvénients pour les héritiers, l'usufruit du conjoint devant faire retour plus tard à la nue propriété.

Ces raisons nous semblent peu concluantes car, tout en admettant que la disposition finale de l'art. 767, al. 7, aurait pu ne pas être exprimée, nous y puisons quelque raison de penser que le législateur s'est inspiré du principe de la dualité des successions, anomale et ordinaire, et nous estimons qu'on ne doit calculer l'usufruit de l'époux que sur les biens composant la succession ordinaire, la seule à laquelle l'époux soit appelé. Le système opposé a pour résultat que le droit de jouissance des héritiers sur les biens composant la succession ordinaire se trouve diminué par le fait de l'existence de la succession anomale, puisqu'en calculant l'usufruit de l'époux sur les deux successions réunies, on augmente l'étendue de cet usufruit.

A fortiori, considérons-nous comme plus inadmissible encore la thèse qui fait rentrer dans la masse les biens donnés à charge de retour conventionnel. Il suffit de nous référer à ce que nous avons dit *supra*.

C'est ce que la Cour de Poitiers a décidé pour le retour légal et le retour conventionnel par un arrêt du 15 mai 1899 (S. 99.2.160 ; J. E. 25.766). La Cour de Paris a admis la même doctrine pour le retour légal (Arr. du 31 oct. 1899 ; R. E. 2272).

56. Biens que le défunt ne possédait qu'à charge de rendre. — Une question analogue pourrait se poser en ce qui concerne les biens que le défunt ne possédait qu'à charge de rendre, comme grevés de substitution. Elle devrait, suivant nous, recevoir la même solution que la précédente, puisque ces biens ne font pas partie de la succession du *de cujus* ; l'appelé, fût-il un héritier du grevé, les tient directement du disposant (T. A., V° *Quotité disponible*, n° 169).

57. Biens dont le défunt était propriétaire sous une condition suspensive non réalisée au décès. — Il n'y a pas à comprendre dans la masse les biens dont l'acquisition par le défunt était subordonnée à une condition suspensive non réalisée au décès, sauf, si plus tard la condition se réalise, à rectifier le calcul par lequel on avait provisoirement déterminé la part d'usufruit du conjoint survivant à étendre son usufruit au bien ainsi rentré dans la succession (T. A., V° *Quotité disponible*, n° 167).

(1) Baudry et Wahl, *Successions*, 2° édit., I, n° 840.

58. Biens qui n'appartenaient au défunt qu'en nue propriété. — Aux termes de deux solutions des 7 mai et 12 mars 1894 (R. E. 1639 et 1640), l'Administration a décidé que, pour le calcul de l'usufruit attribué à l'époux survivant, il n'y a pas lieu de tenir compte des biens en nue propriété dépendant de l'hérédité de l'époux prédécédé, sauf à surveiller l'extinction du premier usufruit pour réclamer ultérieurement le supplément de droit de mutation que cet événement rendra exigible.

Les agents de l'Administration n'ont qu'à se conformer à cette doctrine et à calculer l'usufruit successoral du conjoint survivant sur les biens appartenant au défunt en pleine propriété. On pourrait objecter cependant que les biens en nue propriété, ayant une valeur, doivent être compris dans la masse sur laquelle se calcule l'usufruit (Baudry-Lacantinerie et Wahl, *Successions*, 2ᵉ édit., I, n° 541), sauf à ne faire exercer ensuite cet usufruit que sur les biens existants en pleine propriété.

59. Biens non transmissibles aux héritiers. — Il va de soi qu'on ne doit pas tenir compte, pour le calcul de l'usufruit du conjoint, des biens possédés par le défunt qui ne sont pas transmissibles à ses héritiers, puisqu'ils ne font point partie de la succession. Tel serait un droit d'usufruit dont le *de cujus* était titulaire, ou encore une rente viagère reposant sur sa tête (T. A., *loc. cit.*, n° 168).

60. Déduction des dettes. — Pour obtenir la valeur réelle des biens existants au décès, il est indispensable d'en déduire les dettes héréditaires, conformément aux principes exposés au T. A., Vᵒ *Quotité disponible*, nᵒˢ 181 et suiv. D'après la loi du 25 février 1901, cette règle doit être appliquée pour la perception des droits de mutation par décès. Par conséquent, lorsque la valeur des biens existants aura, lors de la déclaration de succession, été déterminée dans les conditions prescrites par la loi fiscale, il faudra en défalquer le total du passif à la charge du défunt, tel qu'il aura été justifié pour l'application de la loi de 1901, et c'est à l'actif net ainsi obtenu qu'on devra ajouter, pour le calcul du droit d'usufruit du conjoint, la valeur des biens dont le défunt aura disposé à titre gratuit.

61. Deuxième partie de la masse. Biens dont le défunt a disposé à titre gratuit. — L'art. 767, al. 6, prescrit de réunir aux biens existants ceux dont le défunt a disposé, par acte entre vifs ou testamentaire, au profit de successibles sans dispense de rapport. On ne doit donc tenir compte ni des biens donnés ou légués à des *non successibles*, ni même de ceux dont le défunt a disposé au profit de *successibles*, mais *avec dispense de rapport*. C'est qu'en effet, ces biens sont définitivement sortis de la masse attribuée aux héritiers *ab intestat*, et l'époux, n'ayant pas droit à une réserve, ne peut à aucun titre les faire rentrer dans la succession.

62. Rapport fictif. Règles qui le gouvernent. — Ce rapport dont parle l'art. 767, art. 6, est purement fictif d'après le texte ; les biens donnés ou légués aux successibles sans dispense de rapport entrent en ligne de compte avec les biens existants pour le calcul du droit d'usufruit de l'époux, mais nous verrons que celui-ci ne peut exercer son droit d'usufruit sur les biens rapportés. Il y a là un procédé analogue à celui que prescrit l'art. 922 pour la formation de la masse sur laquelle se calculent la quotité disponible et la réserve. Il faudrait cependant se garder d'assimiler l'art. 922 au rapport fictif établi par notre texte. L'art. 922 veut qu'on réunisse fictivement à la masse des biens existants au décès tous les biens donnés entre vifs par le défunt, sans distinction entre les donations précipitaires et les donations en avancement d'hoirie (T. A., Vᵒ *Quotité disponible*, n° 200) ; on y réunit même,

suivant une opinion généralement acceptée, les biens abandonnés par le défunt à des descendants au moyen d'un partage entre vifs (*eod.* vᵒ, n° 202). Dans le cas prévu par l'art. 767, al. 6, bien qu'il s'agisse d'un rapport fictif destiné simplement à calculer le montant de l'usufruit dont bénéficiera l'époux survivant, il faut appliquer les règles tracées par les art. 843 et suiv. pour la rapport à succession ; il s'agit ici d'un véritable rapport qui doit faire rentrer effectivement dans la masse héréditaire tous les biens rapportables, bien que l'époux ne puisse exercer son usufruit sur cette dernière classe de biens. Les travaux préparatoires ne laissent aucun doute à cet égard (Rapp. au Sénat, 11 nov. 1890, J. off., 11 févr. 1891, ann. n° 7, p. 10; observ. du rapporteur, séance du 21 nov. 1890, J. off., 22 nov. 1890, p. 1057).

63. Biens ayant fait l'objet d'un partage d'ascendants entre vifs. — Par une solution du 19 août 1896 (R. P. 8935), l'Administration a décidé que les biens ayant fait l'objet d'un partage d'ascendants entre vifs ne devaient pas être soumis au rapport édicté par l'art. 767, al. 6, pour la fixation de l'usufruit légal revenant au conjoint survivant. Ces biens sont, en effet, de l'avoué de tous, soustraits au rapport prévu par l'art. 843, puisqu'ils sont exclus nécessairement du partage à faire après la mort de l'ascendant.

64. Dot constituée en avancement d'hoirie et conjointement par des époux communs en biens à leur enfant, payée en biens personnels au survivant. — Dans une autre espèce qui a donné lieu à une solution du 15 septembre 1896 (R. P. 8936), il s'agissait d'une dot constituée conjointement par des époux communs en biens à leur enfant, en avancement d'hoirie sur leurs successions futures. En fait, la dot avait été payée en biens personnels des donateurs. A la mort du prémourant des constituants, l'Administration décida qu'il y aurait lieu d'exiger le rapport de la moitié de la dot à sa succession pour le calcul de l'usufruit légal revenant au conjoint survivant. C'est en effet la règle admise, lorsqu'il s'agit d'appliquer l'art. 843 ; on n'examine pas, dans ce cas, lequel des époux a fourni effectivement la dot ; du moment qu'elle a été constituée conjointement par les père et mère, chacun d'eux est donateur pour moitié, sauf stipulation contraire, et celui qui a payé la dot *de suo* est censé avoir fait ce paiement au nom des deux époux. L'art. 1438 est formel en ce sens.

65. Libéralités faites au conjoint survivant par le défunt. Rapport. — On doit aussi réunir fictivement à la masse les libéralités faites au conjoint survivant par le défunt, car c'est un successible qui, nous le verrons, est tenu du rapport.

66. Libéralités faites à un successible sans dispense de rapport. Renonciation ou indignité de ce successible. — Il ne faudrait pas, au contraire, comprendre dans la masse, sur laquelle se calcule l'usufruit de l'époux, les biens donnés ou légués à un successible, sans dispense de rapport, si ce successible avait renoncé à la succession ou en avait été écarté comme indigne, puisqu'en pareil cas il n'a pas de rapport à effectuer (art. 845).

66 bis. Bénéfice d'une assurance sur la vie. — Par un arrêt du 29 juin 1896 (V. *Succession*, nᵒˢ 87 et suiv.), la Cour de cassation a décidé, contrairement à la jurisprudence antérieure, que le capital acquis au bénéficiaire d'une assurance sur la vie en vertu d'une police souscrite par le défunt au profit de celui-ci n'est pas une valeur successorale, n'a jamais fait partie du patrimoine de l'assuré et, par suite, n'est pas rapportable à sa succession. Il faut en conclure que, pour le calcul de l'émolument en usufruit revenant à l'époux survivant à titre successoral, on ne doit pas réunir fictivement à la masse des biens existants dans le patrimoine du défunt lors de son décès, le capital assuré qui revient, soit à un ou quelques-uns des héritiers nommément désignés, soit au conjoint lui-même. Mais on peut se demander s'il y a lieu d'ajouter aux biens existants le montant des primes versées par le défunt à la compagnie d'assurances. La solution que cette question doit recevoir dépend des circonstances. Si, en principe, les primes sont rapportables, il est cependant des cas où le défunt, les ayant prélevées sur ses revenus, devra être réputé n'avoir pas diminué son patrimoine en les versant à la compagnie d'assurances et où, par suite, le rapport n'en pourra être exigé.

§ 2. — Biens sur lesquels s'exerce l'usufruit du conjoint survivant.

67. Texte. — Aux termes de l'art. 767, al. 7, « l'époux « survivant ne pourra exercer son droit que sur les biens « dont le prédécédé n'aura disposé ni par acte entre vifs « ni par acte testamentaire, et sans préjudicier aux droits « de réserve ni aux droits de retour ».

68. Biens dont le défunt a disposé. — Tout d'abord, le conjoint ne peut pas exercer son droit sur les biens dont le défunt a disposé par donation ou testament, alors même que les gratifiés seraient des successibles tenus au rapport. On s'expliquerait juridiquement cette solution, si l'époux survivant n'était qu'un créancier de la succession, puisque les créanciers héréditaires ne peuvent exiger le rapport ni en profiter. Mais l'époux a droit à l'usufruit comme successeur irrégulier; or les successeurs irréguliers peuvent exercer leurs droits, comme les héritiers, sur les biens rapportés. Il y a donc dans la loi nouvelle une dérogation aux principes généraux ; on peut même trouver bizarre la conception du législateur, car la masse sur laquelle s'exerce le droit d'usufruit n'est pas la même que celle sur laquelle se calcule l'émolument en usufruit attribué au conjoint survivant. Mais il faut voir là une transaction entre le système voté originairement par le Sénat et le système radicalement opposé adopté plus tard par la Chambre des députés. Peut-être, en excluant le droit du conjoint sur les biens rapportés, les rédacteurs de la loi ont-ils été inspirés par le désir de ne pas diminuer, en la grevant d'usufruit, la valeur acquise aux successibles obligés de rapporter les libéralités à eux faites.

69. Réserve des héritiers. — L'usufruit du conjoint ne peut pas davantage être exercé, aux termes du même article, sur la part de réserve à laquelle ont droit certains successibles, et cette règle s'applique aussi bien à la réserve des enfants naturels qu'à celle des héritiers légitimes, ainsi que l'atteste le rapport de M. Piou déposé à la Chambre des députés le 7 janvier 1890. On s'explique aisément qu'il en soit ainsi, car l'époux n'a pas droit à une réserve et il est rationnel qu'il ne puisse, par l'exercice de son droit successoral, entamer la réserve des héritiers. C'est la même idée qui avait déjà inspiré les rédacteurs de l'ancien art. 915 (aujourd'hui art. 914, L. 25 mars 1896) dans l'al. 2.

Il résulte en somme de l'art. 767 que l'époux ne bénéficiera de l'usufruit légal qu'autant que le prédécédé n'aura pas absorbé tout son disponible par des libéralités faites à des successibles ou à des étrangers ; le droit successoral du conjoint se trouve ainsi restreint dans les limites du disponible, puisqu'il ne peut porter atteinte à la réserve des héritiers (Sol. 2 oct. 1894).

I. Quotité disponible entre époux. — Une difficulté surgit toutefois. On sait que le Code civil établit un disponible spécial au profit de l'époux, disponible parfois plus élevé que le disponible au profit d'autres personnes (T. A., V° Quotité disponible, n°s 69, 77, 78) ; il permet à l'époux de gratifier son conjoint quand il laisse des descendants, de 1/4 en propriété et 1/4 en usufruit, ou de 1/2 en usufruit, quel que soit le nombre des enfants, ce qui diminue certainement la réserve de ces derniers, quand le défunt laisse trois enfants au moins (art. 1094 ; conf. art. 913 et s.).

On s'est demandé si le conjoint qui vient à la succession du de cujus, en qualité de successible ab intestat, peut prétendre faire porter son usufruit sur la quotité disponible, telle qu'elle est fixée à son profit par l'art. 1094 ou seulement sur la quotité disponible ordinaire réglée par les art. 913 et suiv.

La jurisprudence des tribunaux s'est prononcée jusqu'alors en faveur de ce dernier système (Aubusson, 21 mars 1893 ; J. E. 24.181 ; — St-Etienne, 23 janv. 1895 ; J. E. 24.648). Mais l'Administration a cru devoir au contraire accepter le premier (Sol. 16 févr. 1894 ; R. E. 714 et Sol., 22 févr. 1893). On peut rapprocher de ces décisions une solution du 8 avril 1895, autorisant à exécuter ce dernier jugement, mais par des raisons de pure opportunité et en faisant les plus expresses réserves sur sa valeur doctrinale.

II. Premier système. — Pour soutenir que l'époux peut exercer son droit d'usufruit légal dans les limites du disponible spécial de l'art. 1094, la Régie invoque l'esprit de la loi de 1891 : c'est, dit-elle, en prévision du cas où un époux surpris par la mort n'aurait pas eu le temps de disposer au profit de son conjoint, que la loi attribue au survivant un droit de succession ab intestat destiné à remplacer les libéralités que le prédécédé lui aurait sans doute faites, s'il ne s'était abusé sur la durée de sa vie ; ce droit de succession reposant sur la volonté présumée du de cujus, le survivant doit être traité aussi favorablement que s'il tenait ses droits de la volonté expresse du prémourant ; les droits de réserve qui lui sont opposables doivent être uniquement ceux que les héritiers auraient pu invoquer contre lui, s'il avait été légataire ou donataire.

III. Deuxième système. — Cette thèse de l'Administration ne nous paraît pas fondée. Elle revient à dire qu'il faut attribuer ab intestat au conjoint survivant tout ce dont le prédécédé aurait pu le gratifier par dispositions entre vifs ou testamentaires en dehors des libéralités qu'il a faites à d'autres personnes. Nous objectons d'abord qu'il n'est nullement démontré que le défunt ait eu l'intention de faire bénéficier le survivant de tout le disponible qu'il aurait pu lui donner ; en fixant la quotité disponible, le législateur indique un maximum que le testateur est libre d'épuiser ou non. Nous ajoutons que c'est une erreur de faire reposer exclusivement sur la volonté présumée du défunt les droits de succession en général et spécialement les droits du conjoint. Ces derniers ont été inspirés surtout par des considérations de justice et d'équité. Enfin, nous reprochons au système que nous avons exposé d'établir une confusion entre deux choses complètement distinctes : l'étendue des droits de l'époux en tant que successible ab intestat, et la quotité dont le prédécédé pouvait le gratifier, par donation ou testament. L'art. 1094 ne règle que cette dernière question : il déroge aux règles ordinaires tracées par les art. 913 et suiv. ; mais pour que cette disposition trouve son champ d'application, il faut supposer que l'époux prédécédé a disposé au profit de son conjoint ; dans le cas contraire, on n'a pas à rechercher de quelle quotité, le de cujus pouvait gratifier le survivant ; ce dernier vient à la succession en vertu de la loi qui détermine l'étendue de ses droits, et quand l'art. 767 ne permet pas qu'il les exerce au préjudice de la réserve des héritiers, il vise évidemment, puisqu'il ne dit pas le contraire, la réserve de droit commun, qui est fixée par les art. 913 et suiv. Cette manière de voir est tout à fait rationnelle : si l'on comprend qu'on autorise l'époux à donner à son conjoint plus qu'à tout autre aux dépens des héritiers réservataires, encore faut-il qu'il ait manifesté expressément sa volonté ; sinon, pourquoi supposer qu'il ait voulu diminuer la réserve de ses descendants ? Les droits de l'époux ne doivent pas être nécessairement les mêmes, quand il se présente comme successible *ab intestat* ou comme gratifié : cela n'est pas plus étonnant que de voir la réserve des héritiers varier suivant que le *de cujus* a disposé au profit du conjoint ou d'un autre bénéficiaire.

Les travaux préparatoires sont d'ailleurs favorables au système que nous soutenons : les derniers mots de l'art. 767 al. 7, n'existaient pas dans le projet soumis au Sénat ; ils n'y furent introduits qu'à la suite d'observations de M. Griffe dans la séance du 18 novembre 1890 ; or voici les paroles de l'honorable sénateur : « Je prends une espèce, disait-il, une succession de 80.000 fr. ; biens existants, 20.000 fr. : 3 enfants dotés de 20.000 fr. chacun, soit 60.000 fr. Supposez que le testateur ait disposé, en faveur d'un étranger, de la quotité disponible, c'est-à-dire de 1/4. Il a disposé de 20.000 fr. en faveur d'un étranger. Que deviendra dans ce cas la réserve des enfants, si vous prenez sur cette réserve une portion de l'hérédité que vous accordez à la femme ? » Et le rapporteur, M. Delsol, de répondre : « Mais non, les enfants prendront tout ! Nous n'enlevons rien à la réserve des enfants. » Or telle est bien la conséquence du système que nous avons adopté, tandis que la thèse contraire conduirait à dire que dans l'espèce la femme survivante prendra l'usufruit de 1/4 de la succession sur la réserve des enfants.

Nous ajouterons, à l'appui de notre opinion, que la loi du 14 juillet 1866, à propos du droit de jouissance attribué à l'époux survivant en matière de propriété littéraire et artistique, a tranché la même difficulté dans le sens que nous indiquons (art. 1, 3°).

La Cour de cassation n'a pas encore eu l'occasion de se prononcer sur la question.

IV. Loi du 14 février 1900. — Le premier paragraphe de l'art. 1094 C. civ., permettait à l'époux, qui ne laissait comme héritiers à réserve que des ascendants, de léguer à l'autre époux, outre le disponible ordinaire, l'usufruit de la portion réservée aux ascendants. Sous l'empire de cette disposition, la question qui vient d'être examinée au sujet de la réserve des descendants se posait également pour la réserve des ascendants. Une loi du 14 février 1900 a supprimé le disponible spécial de l'époux *en concours avec des ascendants* et décidé que, dans ce cas, la quotité dont le défunt pourrait disposer au profit de son conjoint serait la même que celle dont il pourrait disposer au profit d'étrangers (R. E. 2314). Toutefois, l'art. 2 de cette loi porte que les dispositions faites par contrat de mariage antérieur à sa promulgation et contenant donation de la totalité ou de partie de la réserve des ascendants conserveront leur plein et entier effet. Par suite, l'intérêt de la solution que nous avons défendue ne disparaîtra, pour les ascendants, que si la donation faite au conjoint est postérieure à la loi du 14 février 1900.

70. Concours d'héritiers réservataires et non réservataires. Mesure dans laquelle chaque catégorie doit supporter l'usufruit du conjoint. — Soit une succession de 100.000 fr. à partager entre 2 aïeuls appartenant à la même ligne et des collatéraux de l'autre ligne ; chaque ligne aura 50.000 fr. ; la réserve des aïeuls étant de 1/4 de la succession dans l'espèce, ceux-ci se trouvent donc avoir

25.000 fr. de plus que leur réserve. D'autre part, l'époux survivant a droit à l'usufruit de 1/2 de la succession, soit de 50.000 fr. Dans quelle mesure les aïeuls devront-ils contribuer à cet usufruit ? On a soutenu que pour résoudre cette question, il fallait faire abstraction de la réserve des ascendants et procéder comme si les aïeuls ne recueillaient que 25.000 fr., ce qui tendrait à décider que l'usufruit de l'époux ne se prendra que pour 1/3 sur la part des ascendants et pour 2/3 sur celle des collatéraux.

Cette opinion repose sur une interprétation inexacte des derniers mots de l'art. 767, al. 1. Nous estimons que, dans l'espèce, l'usufruit de l'époux doit se prendre par égales portions sur la part des ascendants et sur celle des collatéraux, ce qui aura pour effet de ne laisser aux deux aïeuls que 25.000 fr. en pleine propriété et 25.000 fr. en nue propriété ; mais, du moment que ceux-ci ont leur réserve intacte, ils n'ont pas le droit de se plaindre, et tel est le cas, puisqu'ils ont de la nue propriété en outre de leur réserve. Nous respectons le texte de l'article, car il ne dit pas que l'usufruit de l'époux ne pourra préjudicier aux droits successoraux des héritiers réservataires, mais aux droits de réserve, ce qui n'est pas la même chose (1). Est-ce que le conjoint survivant, venant en concours avec des enfants appelés à recueillir la totalité de la succession, ne leur enlève point une partie de leurs droits héréditaires ? Enfin l'opinion opposée détruit l'égalité entre les collatéraux et les ascendants, ce qui est une violation formelle de l'art. 753 (2).

Il faudrait décider, au contraire, que les héritiers non réservataires doivent supporter seuls l'usufruit du conjoint survivant dans le cas où les héritiers réservataires se trouvent n'obtenir à titre héréditaire que leur réserve, celle-ci devant rester intacte. Soit une succession dévolue pour moitié au père et mère du *de cujus* et pour l'autre moitié à ses frères et sœurs ou descendants d'eux ; les ascendants ne recueillant que leur réserve (art. 914 nouveau, C. civ.), l'époux devra prendre son usufruit exclusivement sur la moitié dévolue aux collatéraux, ce qui réduira les droits héréditaires de ces derniers à une nue propriété, conséquence d'autant plus regrettable, que souvent les collatéraux, aussi âgés que le conjoint survivant, n'auront guère d'espoir de voir l'usufruit faire retour à la nue propriété de leur vivant.

71. Usufruit de l'époux anéanti par suite de l'exercice des droits de réserve. — Il peut arriver que, par suite de l'art. 767, al. 7, l'usufruit de l'époux ne puisse s'exercer sur aucune fraction de la succession. Par exemple, le défunt laisse à son décès 100.000 fr. de biens ; il avait donné de son vivant à des non-successibles pour 200.000 fr. de valeurs ; un enfant est son unique héritier. L'usufruit du conjoint, calculé conformément à l'art. 767, al. 6, doit porter sur 25.000 fr., le quart des biens existants, mais la réserve de l'enfant étant de la moitié de 300.000 fr., par application de l'art. 922, tout le patrimoine laissé par le père au son décès se trouve absorbé par l'enfant et l'époux ne pourra exercer son droit d'usufruit (3).

72. Usufruit du conjoint restreint, bien que les héritiers aient plus que leur réserve. — Voici une hypothèse plus délicate : une succession se compose de

(1) Sol. 12 mars 1894.
(2) Sic, Baudry et Wahl, *Successions*, 2ᵉ édit., I, nᵒ 566. — *Contra*, Gerbault et Dubourg, *Code des droits successoraux des époux*, nᵒ 147.
(3) Huc, V, nᵒ 130 ; Baudry et Wahl, *Successions*, 2ᵉ édit., I, nᵒ 572.

60.000 fr. de biens existants ; le défunt avait donné entre vifs à des étrangers 40.000 fr. ; un enfant, son unique héritier, a donc une réserve de 50.000 fr. ; l'époux survivant a droit à l'usufruit du 1/4 des biens existants, soit de 15.000 fr. d'après l'art. 767, al. 6 ; mais, comme, d'autre part, il ne peut exercer cet usufruit ni sur les biens donnés ni sur la réserve de l'enfant, il semble qu'il soit réduit à le faire sur les 10.000 fr. qui restaient disponibles dans la succession. Cette solution conduit toutefois à un résultat bizarre et peu équitable ; d'une part, l'époux ne reçoit pas en usu ruit tout ce à quoi la loi lui donnait droit, et d'autre part, l'enfant recueille plus que sa réserve (50.000 fr. en pleine propriété et 10.000 fr. en nue propriété). On a proposé divers moyens d'éviter cette injustice.

Notre hypothèse présente quelque analogie avec celle qui est prévue par l'art. 917, C. civ. ; d'après cette disposition, celui qui a reçu en viager une libéralité dont la valeur excède la quotité disponible peut contraindre l'héritier réservataire ou à exécuter sa disposition ou à lui faire l'abandon de la propriété de la quotité disponible. Devra-t-on procéder de même ici, et le conjoint survivant pourra-t-il exiger de l'enfant qu'il lui laisse exercer son usufruit sur 15.000 fr. ou qu'il lui abandonne en pleine propriété le disponible existant, soit 10.000 fr. ? Un pareil système est inadmissible, car l'art. 917 est une disposition exceptionnelle qu'on ne peut étendre même par analogie ; il ne peut être appliqué pour déterminer les droits d'une succession *ab intestat*, puisqu'il ne vise que les droits du bénéficiaire d'une libéralité. Il serait d'ailleurs contraire à l'esprit de la loi de 1891 de permettre à l'époux, venant en concours avec d'autres héritiers, de succéder en pleine propriété.

On a proposé de décider que le disponible étant, dans l'espèce, de 10.000 fr., devrait être employé en acquisitions de biens ou valeurs susceptibles de procurer au conjoint l'usufruit d'une valeur se rapprochant le plus possible de l'émolument que lui attribue la loi, soit de 15.000 fr. dans notre cas.

D'autres disent qu'il faut évaluer en *capital* l'usufruit auquel a droit le conjoint, évaluation à faire d'après les circonstances d'âge, de santé et d'autres variant suivant les espèces ; si cette valeur n'excède pas le disponible existant, on donnera intégralement à l'époux l'usufruit qui lui revient d'après la loi ; dans le cas contraire, on diminuera cet usufruit de toute la somme dont la valeur en capital de cet usufruit excède le disponible resté dans la succession (*J. E.* 23.536, n° 18).

Tous ces systèmes nous paraissent en contradiction avec le texte : le droit d'usufruit de l'époux ne peut s'exercer que sur les biens existants, en respectant la réserve des héritiers. Donc il ne peut porter, dans l'espèce, que sur 10.000 fr.,et l'on ne voit pas en vertu de quel droit l'époux survivant pourrait contraindre l'héritier à faire un emploi plus fructueux de ces 10.000 fr. D'ailleurs, nous avons vu (*supra*,n° 69) que le conjoint peut être privé complètement de son usufruit à cause de la réserve des héritiers : il n'est pas étonnant que, par le même motif, il puisse voir ce même droit simplement restreint (1).

72 bis. Réserve des enfants naturels. — L'usufruit légal du conjoint survivant ne pouvant entamer la réserve des héritiers, les enfants naturels qui se trouveront en concours avec lui sont toujours assurés d'avoir intacte la réserve que leur accorde la loi du 25 mars 1896 ; mais, par

(1) Huc, V, n° 130 ; — Baudry et Wahl, *Successions*, 2ᵉ édit., I, n° 572.

contre, l'époux peut exercer son usufruit légal sur la fraction de la part héréditaire des enfants naturels qui excède leur réserve. Le droit héréditaire du conjoint survivant se trouvera quelquefois restreint par la nécessité de respecter la réserve de l'enfant naturel et dans d'autres cas la même cause imposera la charge exclusive de l'usufruit légal à d'autres héritiers. Quelques exemples vont nous fournir des applications pratiques de ces principes.

Si les enfants naturels sont appelés à recueillir la totalité de la succession, l'usufruit du conjoint survivant ne pourra, le défunt n'eût-il fait aucune libéralité, s'exercer que sur le 1/3 de la succession, s'il y a 2 enfants naturels, sur le 1/4, s'il y en a 3 ou un plus grand nombre, bien que l'art. 767 lui attribue en pareil cas un usufruit sur la 1/2 de l'hérédité.

Au contraire, le droit d'usufruit du conjoint, restreint à 1/4 de l'hérédité en présence de descendants légitimes du *de cujus*, pourra s'exercer intégralement, si le défunt n'a pas usé du disponible, malgré la présence d'enfants naturels, puisque la réserve cumulée de tous les enfants légitimes et naturels ne peut jamais dépasser les 3/4 de l'hérédité.

Si les héritiers légitimes, avec lesquels les enfants naturels viennent en concours, sont des ascendants, le conjoint survivant ne pourra exercer intégralement son usufruit légal, qui est de 1/2, si le nombre des enfants naturels est égal ou supérieur à deux, la réserve étant alors au moins des 2/3 de la succession.

Si le défunt laisse un enfant naturel, ses père et mère, des frères et sœurs ou descendants d'eux, les père et mère ayant alors à titre de réserve un 1/8 de la succession, l'enfant naturel recueillant les 3/4 (6/8) de la succession dont 3/8 à titre de réserve, enfin 1/8 de l'hérédité revenant aux collatéraux, le conjoint survivant, si le défunt n'a fait aucune libéralité, pourra exercer intégralement son usufruit, mais pour 3/8 seulement sur la part des enfants naturels et pour le surplus sur le 1/8 attribué aux frères et sœurs ou à leurs descendants.

Si, dans la même hypothèse, il y a 2 enfants naturels, l'usufruit du conjoint sera restreint à 1/3 de la succession ; en effet, la part héréditaire des 2 enfants naturels est des 3/4 ou 18/24 de la succession, le surplus (6/24) devant se partager également entre les père et mère d'une part, qui recueillent ensemble 3/24, et les collatéraux privilégiés qui ont la même fraction ; comme l'usufruit du conjoint ne peut porter sur la réserve qui est dans l'espèce des 2/3 ou 16/24 de l'hérédité, et qu'on doit imputer sur cette réserve le 1/8 de la succession attribué aux ascendants, soit 3/24, le surplus de la réserve (13/24) étant pris par les enfants naturels, l'usufruit du conjoint ne pourra s'exercer que sur les 5/24 formant la portion non réservée de la part des enfants naturels et sur les 3/24 attribués aux collatéraux non réservataires, en tout sur 8/24.

Par les mêmes procédés de calcul, on verra que dans la même hypothèse, s'il y a 3 enfants naturels ou un plus grand nombre, l'usufruit du conjoint sera réduit à 1/4 de la succession, la réserve des ascendants et des enfants naturels étant des 3/4 ou 18/24 dont 3/24 aux père et mère et que cet usufruit ne pourra s'exercer que sur la part des collatéraux, héritiers non réservataires (1/8 ou 3/24) et sur l'excédent de la part héréditaire des enfants naturels sur leur part de réserve, c'est-à-dire sur 3/24 de la succession, leur part héréditaire étant de 18/24 et leur part de réserve de 15/24.

Si le défunt ne laisse, outre des enfants naturels et des collatéraux privilégiés, que l'un ou l'autre de ses père et mère, l'usufruit du conjoint, ne pouvant s'exercer sur le 1/6 de la succession attribuée à l'ascendant, puisque ce 1/6 constitue sa réserve, sera restreint, d'une part, aux 3/16 revenant aux collatéraux et, d'autre part, à la portion non réservée de la part héréditaire des enfants naturels, portion qui variera suivant le nombre des enfants.

Enfin, si le de cujus ne laisse que des collatéraux privilégiés et des enfants naturels, l'usufruit de l'époux survivant se trouvera réduit à 7/16 de l'hérédité, s'il y a 3 enfants au moins, leur réserve étant des 9/16 ; il s'exercera sur la part des collatéraux (1/4 ou 4/16) et sur l'excédent de la part héréditaire des enfants sur leur réserve (3/16) ; s'il y a 2 enfants naturels, leur part héréditaire étant des 3/4 et leur réserve de 1/2 de la succession, l'époux exercera intégralement son usufruit, soit pour 1/4 sur la part des enfants et pour le surplus sur la totalité de la part des collatéraux ; de même, s'il n'y a qu'un enfant naturel, sa réserve étant des 3/8 de la succession et sa part héréditaire des 3/4 ou 6/8, l'usufruit du conjoint s'exercera d'une part sur les 3/8 formant l'excédent de la part héréditaire de l'enfant naturel sur sa réserve et sur 1/8 formant la 1/2 de la part des collatéraux.

73. Droits de retour. — D'après l'art. 767, al. 7, l'exercice de l'usufruit de l'époux survivant ne peut pas non plus préjudicier aux droits de retour. Cela allait de soi pour le retour conventionnel, dont l'effet est de faire considérer le de cujus comme n'ayant jamais été propriétaire des biens donnés sous condition de retour, car l'usufruit du conjoint ne peut frapper que les biens qui font encore partie du patrimoine du défunt. Ajoutons toutefois que rien ne s'oppose à ce que le contraire soit stipulé dans l'acte de donation. En ce qui concerne le retour légal, on aurait pu être tenté d'admettre la possibilité pour l'époux d'exercer son usufruit sur les biens qui en font l'objet, puisque celui-ci bénéficie de ce retour le fait à titre héréditaire et n'a pas de réserve. C'est précisément pour éviter cette interprétation que l'art. 767, al. 7, in fine, s'exprime d'une façon aussi absolue, comme le rapport de M. Piou à la Chambre des députés en fait foi. Cette solution de la loi peut d'ailleurs se justifier, car les biens qui font l'objet du retour légal n'appartiennent pas à la succession ordinaire sur laquelle seule le conjoint survivant a des droits ; ils constituent à eux seuls une hérédité distincte, la succession anomale.

On ne pourrait même, par voie de convention, faire porter l'usufruit du conjoint survivant sur les biens soumis au retour légal, car ce serait là un pacte sur succession future interdit par la loi (Cass. civ., 24 juill. 1901, Ménard) (1).

(1) Cet arrêt est ainsi conçu :

La Cour, sur le moyen unique du pourvoi :

Vu les art. 791 et 1130, § 2, C. civ. ;

Attendu que le jugement dont les motifs ont été adoptés par l'arrêt attaqué, constate, en fait, que les époux Ménard se sont réservé le droit de retour sur les biens qu'ils avaient constitués en dot à leur fille pour le cas où celle-ci décéderait sans enfants, et pour le cas encore où les enfants à naître du mariage viendraient eux-mêmes à décéder avant l'un des donateurs, sans laisser de postérité ; qu'il était, toutefois, expressément convenu que cette réserve du droit de retour ne ferait pas obstacle à l'effet de tous avantages et dispositions qui pourraient résulter au profit du futur époux, soit du contrat de mariage, soit de la loi ;

Attendu que les juges du fond, interprétant souverainement l'intention des parties à cet égard, ont déclaré que les donateurs, en promettant ainsi de respecter les avantages accordés par la loi au futur époux, n'avaient pu avoir d'autre but que d'autoriser l'exécution des dispositions de la loi du 9 mars

SECT. VI. — IMPUTATION DES LIBÉRALITÉS FAITES AUX CONJOINTS.

74. Principe. — La loi de 1891 ayant eu pour but d'empêcher l'époux survivant de tomber dans l'indigence par suite de la mort de son conjoint, il fallait prévoir le cas où le prédécédé avait pourvu par avance à l'avenir du survivant au moyen de libéralités faites à son profit par donation entre vifs ou par testament. Devait-on n'admettre ce dernier à succéder ab intestat qu'en l'absence de libéralités faites par son conjoint? Mais alors le plus modeste don faisait écarter le successeur de la succession ab intestat, alors même que rien n'eût fait apparaître l'intention du défunt de restreindre les droits de son conjoint aux biens donnés. Tel était cependant le système adopté en 1877 par le Sénat : le conjoint survivant ne devait suc-

1891 ; qu'ils en ont conclu qu'après le décès de sa femme qui ne laissait pas d'enfant, le sieur Roux était fondé à revendiquer sur les biens donnés le droit d'usufruit attribué par ladite loi à l'époux survivant, sans que les père et mère de la défunte pussent exercer, à son détriment, le droit de retour légal établi par l'art. 747, C. civ. au profit des ascendants donateurs ;

Attendu que, pour faire produire aux conventions des parties un pareil effet, l'arrêt attaqué s'est fondé sur ce que les époux Ménard ne pouvaient prétendre succéder, dans les termes de l'art. 747, aux biens donnés par eux à leur fille, parce que le droit de retour, limité par cet article au cas où le donataire décédé sans postérité avant l'ascendant donataire, avait été étendu par le contrat au cas où les enfants à naître du mariage seraient eux-mêmes décédés, sans postérité avant les époux Ménard ; que, dès lors, le litige ne portait plus sur l'exercice d'un droit successoral, mais sur les conditions d'un droit de retour conventionnel régi par l'art. 951, C. civ., et que les parties avaient pu valablement soumettre aux restrictions exprimées par le contrat ;

Mais attendu que la stipulation du droit de retour conventionnel, faite en conformité de l'art. 951, C. civ. ne peut dépouiller les ascendants donateurs du droit de réclamer le retour légal qui leur est assuré par l'art. 747 du même Code, lorsque les circonstances prévues par cet article se trouvent réunies ;

Attendu, en effet, que si le premier de ces deux droits rentre, comme son nom l'indique, dans le domaine de la convention, et si, par conséquent, les parties sont libres d'en régler, à leur gré, le mode d'exercice, il en est autrement du droit de retour légal ; que celui-ci est exclusivement régi par la loi et qu'il crée au profit des ascendants donateurs une vocation héréditaire spéciale, sur les choses par eux données à leurs enfants ou descendants décédés sans postérité, lorsque les objets donnés se retrouvent en nature dans la succession ; d'où il suit que tout accord intervenu du vivant du donataire et par lequel l'ascendant renoncerait à son droit ou consentirait, soit à en restreindre, soit à en ajourner l'exercice, constituerait un pacte sur succession future prohibé par les art. 791 et 1130, C. civ.

Attendu qu'on ne saurait admettre une exception à cette règle générale, sous le prétexte qu'il s'agirait d'une disposition faite par les père et mère en faveur du mariage de leur fille, et dans le but d'assurer au conjoint de celle-ci, pour le cas où il survivrait, la part d'usufruit qui lui est accordée par la loi ; qu'en effet, l'art. 767, C. civ., modifié par la loi du 9 mars 1891 porte expressément que l'exercice du droit successoral de l'époux survivant ne devra pas préjudicier aux droits de retour ;

Attendu que, par leurs conclusions prises, tant devant le tribunal que devant la Cour, les époux Ménard avaient spécifié que leur prétention se fondait uniquement sur les dispositions de l'art. 747 ; qu'en cet état la Cour avait le devoir d'apprécier la validité de la clause litigieuse, non pas comme elle l'a fait au point de vue du droit de retour conventionnel, mais à l'encontre du droit de retour légal ;

Attendu, par suite, qu'en statuant comme elle l'a fait, elle a violé les textes de loi ci-dessus visés ;

Par ces motifs, casse...

céder *ab intestat* au prédécédé en usufruit, qu'autant que le *de cujus* n'avait pas réglé ses droits par des dispositions entre vifs ou testamentaires. La Chambre des députés adopta un autre système auquel finalement la Chambre Haute se rallia, et l'art. 767, al. 8 est ainsi conçu : « Il cessera de l'exercer dans le cas où il aurait reçu du défunt des libéralités, même faites par préciput et hors part, dont le montant atteindrait celui des droits que la présente loi lui attribue et, si ce montant était supérieur, il ne pourrait réclamer que le complément de son usufruit. » Ainsi donc, l'on doit imputer sur l'usufruit légal du conjoint survivant le montant des libéralités qu'il a reçues du défunt : si ce montant est au moins égal à ce que la loi lui attribue, l'époux perd tout droit de succession *ab intestat* : dans le cas contraire, il ne peut réclamer que la différence entre ce qu'il a reçu par les dispositions du *de cujus* et ce à quoi il a droit d'après la loi (Sol. 6 févr. 1897).

75. Nature de cette imputation. — Il ne s'agit certainement pas ici d'un rapport en nature : l'époux gratifié n'est pas obligé de remettre effectivement dans la succession et de livrer aux hasards du partage les biens qui lui ont été donnés ou légués. Le texte en fait foi, car de deux choses l'une : ou le montant des libéralités faites au survivant est au moins égal à ses droits *ab intestat*, et alors il n'a aucun droit à la succession, n'a pas de rapport à effectuer, c'est-à-dire conserve les libéralités à lui faites, eût-il ainsi plus que sa part *ab intestat*, sauf la possibilité de la réduction à la quotité disponible en cas d'excès : ou bien il a reçu par la volonté du défunt moins que sa part *ab intestat*, et il ne peut alors réclamer que le complément de son usufruit légal, ce qui indique encore qu'il n'a pas à rapporter ce qu'il a reçu, mais simplement à imputer sur l'usufruit que lui donne la loi ce dont il a été gratifié. En somme, c'est un rapport en moins prenant.

76. Libéralités imputables. Dispositions préciputaires. — L'imputation doit comprendre toutes les libéralités que le survivant a reçues du *de cujus*, libéralités en propriété ou en usufruit, même les libéralités préciputaires, ce qui nous semble démontrer qu'il n'y a pas lieu d'appliquer à cette imputation les règles édictées pour les rapports à succession (1).

77. Renonciation à la succession par l'époux. Non-imputation. — L'époux ne pourrait se soustraire à l'imputation des libéralités qu'il a reçues, même avec dispense de rapport, qu'en renonçant à la succession *ab intestat*, auquel cas il conserverait ces libéralités dans les limites du disponible.

78. Clause dispensant de l'imputation. — On a soutenu que les libéralités faites au survivant ne devaient pas être assujetties à l'imputation, si le *de cujus* avait affranchi son conjoint de cette obligation par une disposition formelle (2). C'est douteux, suivant nous, car le législateur ne tient pas compte de la clause de préciput et lui refuse tout effet quant à l'imputation, et cependant cette clause ne peut s'expliquer que par la volonté du défunt de dispenser son conjoint de l'imputation, celui-ci n'étant pas soumis au rapport ordinaire de l'art. 843 (3).

(1) Sic, Bonnet, *Des droits de l'époux survivant sur la succession de son conjoint*, p. 34 ; — Bressolles, *Explication de la loi du 9 mars 1891*, p. 12 ; — Contrà, Baudry et Wahl, *Successions*, 2e édit., 1, n° 58 ; — Gerbault et Dubourg, *op. sup. cit.*, n°s 122 et s.

(2) Gerbault et Dubourg, *op. sup. cit.*, n° 98 ; — Mesnard, *Lois nouvelles*, 1891, 1re part., p. 513, n° 35.

(3) Baudry et Wahl, *Successions*, 2e édit., I, n° 587 ; — Bressolles, *op. sup. cit.*, n° 39.

79. Libéralités au profit du conjoint survivant émanant des parents du de cujus. — On ne doit imputer que les libéralités faites au survivant par le défunt lui-même, non celles qu'il aurait reçues des parents du *de cujus*, fût-ce par contrat de mariage.

80. Bénéfice résultant d'une assurance sur la vie. — L'arrêt de la Cour de cassation du 29 juin 1896 (*supra*, n° 66 *bis*), qui a refusé de voir, dans le capital provenant d'une assurance sur la vie, une valeur successorale ayant existé à un moment quelconque dans le patrimoine de l'assuré, prohibe implicitement l'imputation, sur les droits d'usufruit du conjoint survivant, de la somme recueillie par ce conjoint en vertu d'une assurance contractée à son profit par le défunt ; par suite, l'époux survivant cumulera le bénéfice de l'assurance et l'usufruit légal sur la 1/2 ou le 1/4 de la succession que lui attribue l'art. 767 nouveau ; car, s'il tient le capital assuré, non de son conjoint à qui il n'a jamais appartenu, mais de l'assureur, si ce capital n'est pas un bien donné par le *de cujus* à son époux, à quel titre lui imposera-t-on cette imputation sur sa part *ab intestat* ? Dira-t-on qu'il y a eu libéralité, au moins indirecte, du défunt à son conjoint ? C'est possible, à la condition de ne pas ériger cette idée en règle absolue, mais, en tout cas, ce n'est pas le capital qui est l'objet de la liberalité ; on peut soutenir que ce sont les primes payées par l'assuré, sous le bénéfice toutefois des distinctions déjà faites *suprà*, n° 66 *bis*. Nous ne pouvons approuver la solution de l'Administration du 5 juin 1897 (*R. E.* 1801), laquelle se prononce pour l'imputation sur le droit d'usufruit successoral attribué par la loi à une femme survivante de l'avantage résultant d'une assurance contractée par son mari. Nous ne voyons pas comment l'Administration a pu concilier cette affirmation avec les principes résultant de l'arrêt du 29 juin 1896, qu'elle vise cependant dans le document précité. En cette matière, tout se tient : si l'on décide, comme nous l'avons fait, qu'il n'y a pas lieu de réunir fictivement à la masse des biens laissés par le *de cujus* le capital assuré pour fixer l'étendue de l'usufruit légal de l'époux survivant, et il semble qu'il en soit ainsi dans l'hypothèse faisant l'objet de la solution de 1897, la logique veut qu'on n'admette pas l'imputation de cette valeur sur l'usufruit légal. De deux choses l'une : le capital assuré est un bien donné, ou non ; avec la première solution, il faut admettre et le rapport fictif en vertu de l'al. 6 et l'imputation en vertu de l'al. 8 de l'art. 767 ; avec la seconde, qui est celle de la Chambre civile, on doit proscrire l'un et l'autre ; mais le caractère de l'attribution du capital assuré ne peut avoir des aspects différents, suivant qu'il s'agit de la masse destinée à fixer l'étendue de l'usufruit du survivant ou de l'imputation à laquelle cet époux est assujetti.

La Régie s'est récemment prononcée dans le sens de notre opinion (Sol. 16 juill. 1900 ; *R. E.* 2803).

81. Dons manuels. Donations déguisées. — Il y a lieu d'imputer même les dons manuels, ainsi que les donations déguisées faites par l'époux prédécédé à son conjoint, bien que ces dernières soient dispensées du rapport ordinaire, d'après la jurisprudence. Nous ne considérons pas, en effet, qu'il y ait lieu d'appliquer ici les règles des rapports à succession, et l'on ne s'expliquerait guère que l'obligation d'imputation pût être écartée par une dispense tacite et douteuse, alors qu'elle ne peut l'être par une clause formelle.

82. Avantages résultant des conventions matrimoniales. — L'imputation ne peut être exigée que pour les avantages ayant le caractère de libéralités : quant à ceux qui résultent pour le conjoint des conventions matrimoniales, par exemple de la clause qui attribue toute la communauté au survivant, l'époux peut les cumuler avec son usufruit *ab intestat* ; le législateur, en effet, ne considère pas ces avantages comme le fruit d'une libéralité (art. 1525). Il en serait de même, par identité de motifs, de l'avantage résultant d'une clause de préciput (art. 1596) ou de toute autre clause relative au régime matrimonial des époux quant aux biens. Les travaux préparatoires ne laissent aucun doute à cet égard. Répondant aux observations de M. Humbert, M. Delsol, rapporteur du projet devant le Sénat, déclara que « les dispositions du contrat de mariage et le droit d'usufruit peuvent recevoir une application simultanée ». On peut critiquer cette doctrine en législation, la raison d'être de l'usufruit légal n'existant pas, quand les conventions matrimoniales ont assuré à l'époux survivant des moyens d'existence égaux à ceux que la loi a pour but de lui procurer ; mais la volonté des rédacteurs de la loi est bien certaine (1).

Signalons cependant une solution de la Régie de mars 1897 qui a admis l'imputation de l'avantage résultant pour la femme survivante d'une clause de préciput ; il est à observer que, dans l'espèce, il s'agissait d'un préciput stipulé même pour le cas de renonciation à la communauté et que la femme survivante y avait effectivement renoncé. Malgré cela, cette solution, couramment suivie en pratique, nous semble critiquable, car on peut soutenir avec une grande force que, même en pareil cas, la clause de préciput ne constitue pas une libéralité (2).

83. Enfants d'un lit précédent. — Le principe que les avantages résultant pour un époux des conventions matrimoniales ne sont pas considérés comme l'effet de libéralités souffre un tempérament, d'après les art. 1496 et 1527, lorsque l'époux prémourant laisse des enfants d'un précédent mariage ; ces avantages sont réductibles à la quotité disponible dans l'intérêt de ces enfants (*T. A.*, V° *Quotité disponible*, n° 102), ce qui implique qu'on les regarde comme de véritables libéralités au regard de ceux-ci. Il semble logique, par suite, de décider que ces avantages sont également imputables sur la part héréditaire de l'époux survivant, si le prémourant laisse des enfants de lits précédents. La Cour de Nancy (25 févr. 1891, D. 91. 2.333) s'est cependant écartée de ces principes en jugeant que ces avantages ne sont point, même en pareil cas, imputables sur la quotité disponible, d'où il faudrait conclure qu'ils ne sont pas davantage imputables sur l'usufruit de l'époux survivant. Mais cette jurisprudence a été combattue avec raison au *Traité alphabétique* (V° *Quotité disponible*, n° 235) (3) et nous n'avons qu'à y renvoyer le lecteur. Du reste, la Cour de Rouen, qui a été saisie de l'affaire après cassation de l'arrêt de Nancy, a décidé que ces avantages avaient tous les caractères d'une libéralité et devaient être soumis au rapport fictif prescrit par l'art. 922 pour le calcul de la quotité disponible (11 janv. 1892, D. 92.2.169 et note de M. Planiol). Nous pouvons donc invoquer cet arrêt en faveur de notre opinion.

84. Dettes de l'époux survivant envers le prédécédé. — L'art. 767 ne prescrit d'imputer sur l'usufruit du conjoint survivant que les libéralités par lui reçues ; nous en concluons qu'il n'y a pas lieu de le faire pour les dettes dont il pouvait être tenu envers le défunt. Le contraire a été soutenu par les auteurs qui assimilent l'imputation

au rapport réel et appliquent les règles du rapport à succession (1). Nous avons écarté cette dernière idée (*supra*, n° 75).

85. Autres droits légaux résultant pour le conjoint du Code civil et des lois spéciales. — Par le même motif, l'époux survivant n'est tenu d'imputer sur son usufruit ni les divers privilèges que les art. 1465 et 1481 confèrent à la veuve, relativement au logement, à la nourriture et aux frais de deuil, ni les avantages dont il bénéficie en vertu des lois spéciales, comme la loi du 14 juillet 1866 sur les droits des ayants cause des auteurs, ou celle du 25 mars 1873 (art. 13) sur la condition des déportés en Nouvelle-Calédonie. Il cumulera donc ces avantages avec ceux que lui assure la loi de 1891. Un amendement en sens contraire proposé au Sénat par M. Bozérian a été rejeté (séance du 2 déc. 1890, *J. off.* du 3, Déb. parl., p. 1108).

86. Libéralités révoquées ou caduques. — Il va de soi que l'imputation ne doit porter que sur les libéralités dont l'époux survivant tire profit, ce qui écarte les libéralités révoquées ou devenues caduques (2).

87. Renonciation aux libéralités. — Nous estimons que l'époux survivant peut prétendre à obtenir également sa part d'usufruit *ab intestat*, s'il a renoncé aux libéralités qui lui ont été faites par son conjoint, car on sait que le système du projet d'après lequel le conjoint ne devait succéder *ab intestat* qu'en l'absence de dispositions faites à son profit, a fini par être écarté (*supra*, n° 74) (3).

88. Estimation de la valeur des biens soumis à l'imputation. — A quel moment faut-il se placer pour apprécier la valeur des biens soumis à l'imputation ? Les auteurs qui soutiennent que l'imputation constitue un véritable rapport soumis aux règles prescrites par le rapport à succession par les art. 843 et suiv. décident naturellement qu'il y a lieu d'appliquer les art. 860 et 868, d'après lesquels le rapport en moins prenant des immeubles s'effectue d'après la valeur au moment du décès du *de cujus*, et celui des meubles d'après leur estimation à l'époque de la donation. Pour nous qui n'admettons pas ce principe (*supra*, n°s 75, 76), nous estimons au contraire qu'il faut toujours considérer la valeur des biens imputables au moment de l'ouverture de la succession ; cela nous paraît conforme à l'esprit de la loi de 1891, dont le but est d'assurer au survivant les ressources nécessaires pour conserver une situation sensiblement égale à celle qu'il avait du vivant de son conjoint ; si l'on estimait la valeur des biens à l'époque de la donation, l'époux survivant pourrait voir sa position de fortune singulièrement diminuée en cas de dépréciation notable des biens donnés dans l'intervalle de la donation au décès. D'ailleurs, si l'on applique l'art. 922 au rapport fictif imposé aux cohéritiers du conjoint par l'art. 767, al. 6, et si l'on décide, en conséquence, que les biens rapportés par eux sont estimés d'après leur valeur au temps du décès du donateur, abstraction faite des plus-values ou détériorations provenant du fait du donataire (4), il est logique de se placer ici à la même époque en ce qui concerne l'imputation imposée à l'époux (5).

89. Du mode d'opérer l'imputation. Libéralités en usufruit. — L'imputation n'offre aucune difficulté quand elle a pour objet des libéralités en usufruit. Il suffit de com-

(1) Sic, Huc, V, n° 129 ; — Baudry et Wahl, *Successions*, 2° édit. I, n° 582 ; — Souchon, *Rev. crit.*, 1891, p. 237, etc.
(2) Aubry et Rau, *Droit civil*, § 529, texte et note 5.
(3) Comp. Gaz. *Trib.*, 3 avril 1891 ; *Rev. du Not.*, n°s 8522, 8529 ; — Lamache, *Comm. de la loi du 9 mars 1891*, p. 47 et .

(1) Baudry et Wahl, *Successions*, 2° édit., I, n° 586.
(2) Baudry et Wahl, *Successions*, 2° édit., I, n° 589 ; — Bressolles, *op. sup. cit.*, n° 35.
(3) Sic, Les Andelys, 25 juillet 1893, *Gaz. Pal.*, 93.2.461 ; — Contra, Baudry et Wahl, *Successions*, 2° édit., I, n° 589.
(4) *T. A.*, V° *Quotité disponible*, n° 208.
(5) Josserand, *Des successions entre époux*, p. 193 et s.

parer l'usufruit donné ou légué à la part d'usufruit dévolue à l'époux d'après la loi. Si les deux usufruits ont la même valeur, le conjoint conserve purement et simplement l'usufruit qui lui a été donné ou légué : si, au contraire, le dernier est supérieur en valeur à l'usufruit légal, il y a lieu de le compléter pour attribuer à l'époux ce qui lui revient *ab intestat* ; si enfin il est supérieur, l'époux conserve l'usufruit légué ou donné dans les limites du disponible. Reste à savoir comment peuvent s'évaluer ces usufruits. C'est une question sur laquelle nous reviendrons (*infrà*, n° 91).

90. Libéralités en propriété. — Si le prémourant a fait à son conjoint des libéralités en propriété, comment se fera l'imputation ? Le législateur aurait pu appliquer ici un procédé analogue à celui qu'indique l'art. 917, mais il ne l'a pas fait, et il est impossible d'étendre une disposition exceptionnelle comme celle-ci (*suprà*, n° 74). Dans le silence des textes, des dissidences se sont produites.

Les uns partent de cette idée que c'est le montant en revenus des biens donnés d'une part et de l'usufruit légal de l'autre qu'il faut comparer, proposant de rechercher quels revenus procurent au conjoint les biens dont il a été gratifié et d'imputer ces revenus sur ceux que lui donnerait l'usufruit légal. Dans ce système, et c'est la critique qu'on peut lui faire, l'époux se trouve avoir, outre l'usufruit que la loi lui attribue, la nue propriété du capital donné ou légué ; or ce résultat est contraire au principe d'après lequel l'époux ne peut réclamer que le complément en usufruit de ce dont il a été gratifié.

Le tribunal de la Seine (11 juill. 1893, D. 94.1.405) a imaginé un autre procédé : connaissant le revenu annuel que procurerait dans le cas particulier l'usufruit légal dévolu à l'époux, on recherchera d'après son âge, quelle rente viagère il pourrait obtenir en aliénant le capital des libéralités à lui faites. Si cette rente est inférieure aux revenus que lui assurait son usufruit légal, on l'admet à réclamer de l'usufruit jusqu'à concurrence de ce qui lui manque pour avoir le revenu que lui aurait donné l'usufruit légal, indépendamment de toute libéralité.

Outre que ce système est un peu compliqué et n'est pas vraisemblablement entré dans la pensée du législateur, nous lui reprochons de ne pas répondre au vœu de la loi qui est d'assurer au survivant un revenu viager en rapport avec la situation qu'il avait avant la mort de son conjoint. Si l'on procède comme l'indique le tribunal, l'époux n'obtiendra ce résultat qu'à la condition d'aliéner à charge de rente viagère le capital des libéralités en propriété qu'il a reçues du défunt, car le revenu qu'il en tirerait directement serait nécessairement inférieur aux revenus de la rente viagère qu'il obtiendrait par cette aliénation. Si le conjoint survivant est âgé, des libéralités relativement minimes, grâce à la possibilité de les transformer en rente viagère, seraient évaluées, au point de vue de l'imputation, comme produisant un revenu assez considérable, et priveraient le conjoint en tout ou en notable partie de son usufruit légal, et cependant est-il possible de contraindre indirectement le conjoint à aliéner à charge de rente viagère les biens dont il a été gratifié en pleine propriété, pour se procurer les ressources nécessaires au maintien de la situation qu'il avait avant le décès du prémourant ? Nous écartons encore ce système.

Un nombreux parti dans la doctrine décide qu'on doit distinguer, dans la pleine propriété léguée ou donnée à l'époux survivant, les deux valeurs dont elle se compose, c'est-à-dire l'usufruit et la nue propriété, estimer ce que vaut en jouissance la nue propriété et n'attribuer au conjoint un complément d'usufruit qu'autant que le total des

deux valeurs n'atteint pas la part en usufruit que la loi lui attribue comme héritier (1).

Nous trouvons plus simple d'admettre qu'il suffira d'estimer la valeur en capital de l'usufruit déféré par la loi à l'époux dans chaque cas particulier et de comparer cette valeur à celle des biens donnés ou légués en pleine propriété, de telle sorte que l'époux ne puisse réclamer un complément d'usufruit que sur un capital représentant l'excédent de la valeur de l'usufruit ainsi établie sur la valeur des biens dont il a été gratifié. Tel paraît bien être le système admis par l'Administration (Sol. 14 janv. 1892, J. E. 23.744) ; il respecte en somme le texte de la loi, puisque, d'après ce texte, il faut comparer le montant des libéralités reçues et le montant des droits que la loi donne à l'époux ; les libéralités ayant été faites en pleine propriété, on ne peut établir la comparaison qu'en estimant en capital l'usufruit légal auquel l'époux a droit dans l'espèce, car il est impossible d'imputer directement un capital sur un usufruit.

91. Mode d'évaluation de l'usufruit. — Avec le système indiqué au numéro précédent, il faut évaluer en capital l'usufruit auquel le conjoint survivant aurait droit, d'après la loi, s'il n'avait pas reçu de libéralités. Comment faire cette évaluation ?

D'après la solution du 14 janvier 1892 citée *suprà* (n° 90), il faudrait, au point de vue de la perception de l'impôt, estimer l'usufruit, conformément aux règles de la loi fiscale, c'est-à-dire, pour les successions ouvertes antérieurement à la loi du 25 février 1901, à la moitié de la valeur de la pleine propriété et, depuis la mise à exécution de cette loi, à une fraction de cette pleine propriété déterminée d'après l'âge de l'usufruitier (art. 13 ; — V° *Usufruit*, n° 5).

Cette manière de procéder ne nous paraît pas à l'abri de toute critique. Sans doute, quand il y a un droit à percevoir sur un usufruit, il y a lieu, pour liquider ce droit, de se conformer aux règles établies par la loi fiscale en vue de percevoir cet usufruit. Mais il s'agit ici, non de liquider l'impôt, mais de fixer l'émolument en usufruit qui revient au conjoint survivant dans la succession *ab intestat*, pour pratiquer l'imputation sur cet émolument des libéralités qu'il a reçues du défunt. A cet égard, les parties ne sont pas liées par les règles de la loi fiscale ; pour l'estimation en capital de l'usufruit que la loi attribue à l'époux, elles peuvent tenir compte de son âge et des diverses circonstance qui peuvent influer sur la durée du droit. L'Administration, qui doit prendre pour base de la perception des droits de mutation par décès la déclaration de succession faite par les redevables, est tenue d'accepter le règlement qui a été fait entre les parties pour la détermination des droits du conjoint survivant, sauf à liquider l'impôt sur l'usufruit qui lui est attribué conformément aux procédés de la loi fiscale. Si, postérieurement à la déclaration, il intervient un partage qui modifie la situation respective de l'époux et des héritiers, telle qu'elle a été fixée dans la déclaration, ce règlement nouveau ne rendrait pas d'ailleurs les redevables fondés à obtenir la restitution d'une partie des droits régulièrement perçus lors de la déclaration (art. 60, L. frim.) ; l'Administration, au contraire, pourra réclamer un supplément de droits, si ce règlement confère à l'époux survivant un émolument en usufruit supérieur à celui qui résulterait de la déclaration de succession (7. A., V° *Succession*, n° 93 et s.). Quand, à défaut de déclaration

(1) Huc, V, n° 129 ; — Baudry et Wahl, *Successions*, 2e édit., I, n° 59 ; — Gerbault et Dubourg, *op.sup.cit.*, 136 ; — Bouvier-Bangillon, *Rev. gén.*, 1892 p. 149 ; — Lamache, *op.sup.cit.*, p. 45.

de succession, l'Administration poursuit le recouvrement de l'impôt par voie de contrainte contre l'époux survivant et les héritiers, elle peut évidemment estimer arbitrairement, sauf à augmenter ou à diminuer, l'usufruit qui revient au conjoint et prendre pour base les règles d'évaluation résultant de la loi fiscale.

92. Distraction des biens donnés ou légués pour le calcul des droits. — Signalons enfin des solutions de la Direction générale qui, pour le calcul des droits à percevoir au cas où l'époux survivant a été gratifié par le prédécédé en pleine propriété, décident que, si l'on doit exiger le droit sur l'importance totale de l'usufruit dérivant de la loi, il y a lieu par contre de distraire de la masse la valeur des objets donnés en toute propriété pour liquider les droits dus par les héritiers naturels (Sol. déc. 1891 ; 28 oct. 1893 ; 30 janv. 1894). Il nous paraît, en effet, évident qu'on ne peut réclamer les droits de mutation par décès aux héritiers sur les biens donnés ou légués en toute propriété au conjoint, puisque celui-ci n'a pas à les rapporter, mais à en imputer la valeur sur l'usufruit qui lui revient *ab intestat* ; les héritiers ne réunissent pas ces biens qui ne sont pas dans la succession et n'ont aucun droit à payer de ce chef. Quant à l'époux, il a évidemment à acquitter le droit de mutation par décès sur l'usufruit qu'il recueille en vertu de la loi, ainsi que sur les biens qu'il recueille en toute propriété en vertu d'une donation éventuelle ou d'un testament du *de cujus* ; quant aux donations de biens présents qui lui ont été faites par contrat de mariage ou pendant le mariage, comme elles ont acquitté l'impôt lors de l'enregistrement des actes, aucun droit nouveau n'est à percevoir au décès du donateur sur les biens donnés.

93. Epoux légataire en usufruit de la totalité de la succession. — Quand l'époux survivant est appelé par contrat de mariage ou testament à recueillir l'usufruit de la totalité de la succession du prédécédé, cette libéralité, valable du moment que le *de cujus* ne laisse pas d'héritiers réservataires, exclut en principe le conjoint de tout droit à la succession *ab intestat* ; l'impôt doit naturellement être perçu au taux ordinaire sur la valeur de l'usufruit légué, valeur déterminée suivant les procédés de la loi fiscale.

Mais si en pareil cas le défunt ne laisse ni parent légitime au degré successible, ni parents naturels, il se trouve que le survivant est appelé à la pleine propriété de la succession ; en réalité, il recueille l'usufruit comme légataire et la nue propriété comme successible *ab intestat*. Antérieurement à la loi du 25 février 1901, l'Administration décidait qu'il fallait calculer l'impôt au taux de 3 0/0 sur l'usufruit, évalué à la 1/2 de la valeur de la pleine propriété, et au taux de 9 0/0 sur la nue propriété, évaluée également à la 1/2 de la valeur de la pleine propriété (Sol. 11 oct. 1893 et 29 août 1893). Désormais, il n'y a plus lieu de faire aucune distinction entre l'usufruit et la nue propriété, puisque toutes les mutations par décès entre époux, quel qu'en soit le titre, sont soumises au même tarif. Les droits progressifs établis par l'art. 2 de la loi de 1901 seront donc perçus sur la valeur totale de la pleine propriété.

SECT. VII. — CONVERSION DE L'USUFRUIT EN RENTE VIAGÈRE.

94. But de la loi. — Les nouveaux droits successoraux accordés à l'époux par la loi de 1891 devaient avoir pour résultat de multiplier beaucoup les usufruits, au grand détriment de l'intérêt général ; or les usufruits sont une entrave à la circulation des biens, les nues propriétés se vendant d'ordinaire à des conditions désavantageuses, ce qui aggrave la situation des héritiers, obligés cependant

de payer les droits de mutation par décès sur la pleine propriété aussitôt la mort du *de cujus* ; de plus, les usufruits sont fréquemment une source de difficultés et de procès ; ils sont presque toujours la cause d'une mauvaise administration des biens. Pour éviter cette multiplication des usufruits, l'art. 767, al. 9 permet aux héritiers d'imposer à l'époux la conversion de l'usufruit que la loi lui attribue en rente viagère ; si tous les héritiers sont d'accord pour le faire, il n'y a pas de difficulté ; dans le cas contraire, les tribunaux ont mission de trancher le différend qui surgit entre les héritiers à ce sujet avec une liberté souveraine d'appréciation. Nous n'étudierons pas, à propos de cette faculté de conversion de l'usufruit en rente viagère, les questions n'offrant d'intérêt qu'au point de vue purement civil, tel que le mode de détermination du *quantum* de la rente viagère, la nature des sûretés à fournir pour garantir le service des arrérages, les conditions de capacité exigées des héritiers. Notons seulement que ceux-ci ne peuvent demander la conversion que jusqu'au partage définitif de la succession, afin de ne pas laisser l'époux trop longtemps incertain sur la nature de ses droits héréditaires, car le conjoint survivant, pouvant provoquer le partage, aura la faculté de mettre ainsi les héritiers en demeure de prendre parti.

95. Effets de la conversion. — Au point de vue fiscal, la question intéressante est de déterminer les effets de la conversion de l'usufruit en rente viagère. Opère-t-elle avec rétroactivité, de telle sorte que l'époux survivant soit considéré comme n'ayant jamais succédé en usufruit et comme tenant directement du défunt la rente viagère que lui assure la conversion ? Faut-il décider, au contraire, que la conversion produit une nouvelle mutation, laissant subsister la mutation en usufruit qui s'est d'abord produite, et opère une retranslation de cet usufruit aux héritiers ? La question n'est pas résolue expressément par la loi et cependant la solution est intéressante au point de vue civil et fiscal. Nous laissons de côté les conséquences purement civiles pour nous restreindre aux conséquences fiscales.

96. Intérêts multiples au point de vue fiscal de la détermination des effets de la conversion. — Si l'on admet l'effet rétroactif de la conversion, les droits de mutation par décès sont exigibles de l'époux sur la rente viagère et non sur l'usufruit, et ils se liquident sur une valeur imposable obtenue en multipliant par 10 les arrérages annuels (art. 14, n° 9, L. frim.). L'acte de conversion soumis à la formalité, ne peut donner ouverture, comme acte d'exécution ou comme acte innommé, qu'à un simple droit fixe de 3 fr. Cette solution a même de l'importance pour la liquidation des droits de mutation par décès dus par les héritiers ; si, en effet, la succession est considérée comme ayant été grevée dès le principe d'une rente viagère, les héritiers auront le droit de déduire de l'actif héréditaire, sur lequel les droits sont liquidés, le capital de la rente (T. A., V° *Succession*, n° 531).

Avec la thèse contraire, on est conduit à des résultats fort graves pour les redevables. L'époux doit l'impôt sur la mutation d'usufruit qui s'est opérée à son profit dès le jour du décès et qui n'est pas effacée dans le passé par l'acte de conversion. Quant aux héritiers, il s'opère à leur profit une nouvelle mutation, puisque l'usufruit de l'époux fait retour à la nue propriété. De ce chef, ils seraient redevables, sous l'empire de la législation antérieure à la loi du 25 février 1901, du droit fixe de 4 fr. 50 (L. 28 ayr. 1816, art. 44, n° 4 et L. 28 févr. 1872, art. 4) et, en outre, si l'usufruit porte sur des immeubles, du droit proportionnel de transcription de 1 fr. 50 0/0, l'acte de conversion étant de

31

nature à être transcrit au point de vue de la purge des hypothèques qui peuvent grever l'usufruit du chef du conjoint (L. 28 avr. 1816, art. 54) ; depuis la loi de 1901, ce système aboutirait à faire payer aux héritiers, lors de la réunion, le droit proportionnel de mutation qu'ils n'acquittent plus par anticipation sur la valeur de l'usufruit.

97. Premier système. — La Direction générale (Inst. 2805, du 6 juin 1891) s'était prononcée contre le système de la rétroactivité. Toutefois, c'était une décision d'attente, jusqu'à ce que la jurisprudence ait déterminé sur ce point les caractères et les effets de la loi nouvelle, ainsi qu'en témoignent les termes mêmes de l'Instruction. Cette doctrine fut maintenue dans deux solutions postérieures, du 29 août 1893 (*R. E.* 626) et du 12 janvier 1894 (*R. P.* 8249 ; *J. E.* 24.335) (1).

98. Deuxième système. — Presque tous les commentateurs de la loi de 1891 adoptent au contraire la thèse de la rétroactivité (2). Enfin la question ayant été portée devant les tribunaux, ceux-ci acceptèrent cette dernière théorie (Mayenne, 5 déc. 1894 ; *R. E.* 1005) ; aussi la Régie se rallia-t-elle à l'opinion adoptée par la jurisprudence (Inst. 2886, § 9 du 2 juill. 1895 ; — Sol. 1er août 1895 ; *R. E.* 1005), et il est peu probable qu'un revirement se produise dans la pratique administrative.

99. Notre avis. — Nous n'hésitons pas à considérer ce dernier système comme le seul fondé en droit. La raison principale qui nous détermine, c'est que la conversion de l'usufruit en rente viagère est une opération de partage qui a pour but de faire sortir l'époux de l'état d'indivision ; ce n'est donc pas un acte translatif qui puisse donner ouverture à un droit proportionnel auquel échappent les partages purs et simples ; c'est un acte déclaratif, dont l'effet, comme celui du partage, remonte au jour de l'ouverture de la succession. Avec l'opinion contraire, du reste, comme les héritiers, ayants cause du conjoint, seraient tenus de respecter les actes de disposition faits par l'époux quant à son usufruit et les hypothèques légales ou judiciaires générales grevant du chef de l'époux, la faculté de conversion que leur donne la loi serait en fait annihilée. Telle n'a pu être la pensée du législateur qui a précisément limité quant au temps le droit d'option des héritiers pour ne pas laisser les droits de l'époux trop longtemps incertains.

Observons toutefois que, si la conversion n'est opérée qu'après la déclaration de succession, les droits ayant été régulièrement perçus et sur l'usufruit dévolu à l'époux et sur la pleine propriété des biens héréditaires sans déduction, aucune restitution n'est possible à raison de la conversion postérieure (art. 60, L. frim.).

100. Quotité de la rente viagère non déterminée. Déclaration estimative provisoire. — Lorsque l'héritier fait connaître, lors de la déclaration de succession du conjoint prédécédé, qu'il entend convertir l'usufruit légal de la veuve survivante en une rente viagère, il doit être admis, si la quotité de cette rente n'est pas encore fixée, à en faire une évaluation provisoire, conformément à l'art. 16 de la loi du 22 frimaire an VII.

SECT. VIII. — EXTINCTION DE L'USUFRUIT DU CONJOINT SURVIVANT.

101. Extinction de l'usufruit du conjoint survivant. — Il va de soi que les événements qui amènent en géné-

(1) Conf. *T. A.*, Vo *Succession*, no 316.
(2) *J. E.* 23.536, no 24 ; *R. P.* 7782, no 20 ; *Rev. du Not.*, 1891, p. 705 ; — Lamache, *op. sup. cit.*, p. 77 et s. ; — Gerbault et Dubourg, *op. sup. cit.*, p. 300 et s. ; — Huc, V, no 138 ; — Baudry et Wahl, *Successions*, no 646 ; — V. cependant note dans *R. E.* 626.

ral l'extinction des usufruits (art. 617 et s.) produisent le même effet sur l'usufruit de l'époux ; de plus, cet usufruit s'éteint au cas de convol de l'époux survivant, s'il existe à ce moment des descendants encore vivants du *de cujus* (art. 767, al. 10). Nous passons sous silence l'explication de ce texte, intéressant au point de vue civil, mais sans intérêt au point de vue fiscal ; en effet, dans le cas de convol du conjoint usufruitier, comme au cas de son décès, la Régie ne peut exiger aucun droit. Cet usufruit s'éteint naturellement par l'événement de la condition à laquelle sa durée était subordonnée. Il n'y a pas transmission anticipée et l'art. 13 de la loi du 25 février 1901, confirmant les principes antérieurs, interdit dans ce cas la perception de tout droit (Vo *Usufruit*, no 31).

102. Extinction de la rente viagère attribuée au conjoint. — S'il y a eu conversion de l'usufruit en rente viagère, et que celle-ci vienne à s'éteindre par les causes ordinaires ou par application par analogie de l'art. 767, al. 10, il n'y aurait lieu non plus à la perception d'aucun droit, malgré la déduction qui a été faite pour la liquidation des droits dus par les héritiers, lors de la déclaration, du capital de la rente. Cette extinction de la rente n'efface pas son existence antérieure.

SECT. IX. — PENSION ALIMENTAIRE.

103. Pension alimentaire. — La loi de 1891 contient une deuxième innovation : l'époux survivant, qui est dans le besoin, peut réclamer une pension alimentaire à la succession du prédécédé (art. 205, nouvelle rédaction), c'est qu'en effet les droits héréditaires de l'époux survivant peuvent se trouver singulièrement réduits, anéantis même quand le prédécédé a disposé à titre gratuit de tout ou partie de la quotité disponible au profit d'autres que son conjoint. L'époux survivant qui n'a pas de fortune personnelle, peut ainsi tomber subitement, par suite de la mort d'un conjoint riche, de l'opulence ou au moins de l'aisance dans la misère. C'est à ce danger que notre disposition a pour but d'obvier. Nous n'en donnerons pas le commentaire développé, car elle ne présente guère que des intérêts civils.

104. Conséquences fiscales à déduire de l'art. 205 nouveau. — Au point de vue fiscal, il importe d'observer que l'époux survivant a droit à une pension alimentaire, non comme successible, mais comme créancier. Il n'y a donc pas lieu de frapper la pension alimentaire allouée au survivant des droits de mutation par décès, pas plus qu'on n'assujettit à cet impôt les avantages dont la veuve bénéficie en vertu des art. 1465, 1481 et 1570 (T. A., Vo *Succession*, no 317). Cependant une solution de la Régie du 27 juillet 1894 a décidé qu'en cas de renonciation du conjoint à son usufruit moyennant allocation à son profit d'une pension alimentaire, il y avait lieu de percevoir les droits de mutation par décès sur l'usufruit auquel le conjoint a renoncé.

Mais l'obligation alimentaire n'est pas une dette déductible au sens de la loi du 25 février 1901 ; en effet, elle n'est pas antérieure à l'ouverture de la succession, elle prend naissance seulement par le décès et, par suite, dans la personne des héritiers (Voir Vo *Succession*, no 154).

Quant aux droits à percevoir sur l'acte qui fixe le *quantum* de la pension due par la succession à l'époux survivant, on applique les principes ordinaires. Il nous suffit sur ce point de renvoyer au *Traité alphabétique* (Vo *Pension alimentaire*, nos 5 et suiv.).

105. Lois spéciales. Cumul. — Ainsi que nous le savons déjà, les lois du 14 juillet 1866, sur les droits d'auteur, et du 25 mars 1873, sur la condition des déportés en Nouvelle-Calédonie, avaient déjà accordé certains droits au conjoint survivant. La question s'est posée, à propos d'un amendement de M. Bozérian, de savoir si ces dispositions s'appliqueraient cumulativement avec la loi nouvelle et l'affirmative résulte du rejet de l'amendement et de la discussion. (Séance du Sénat, 2 déc. 1890 ; — Conf. T. A., Vᵒ Succession, nᵒ 318).

TAXE D'ACCROISSEMENT. — V. Congrégations religieuses.

TAXE SUR LES OPÉRATIONS DE BOURSE. — 1. (34). Loi du 13 avril 1898. Représentation des bordereaux. — En assujettissant à un droit spécial de timbre toute opération de Bourse ayant pour objet l'achat ou la vente, au comptant ou à terme, de valeurs de toute nature, la loi du 28 avril 1893 n'avait pas distingué entre les valeurs qui sont admises à la cote officielle et celles qui n'y sont pas admises et elle avait, en principe, obligé toutes les personnes qui interviennent dans les opérations d'achat et de vente, soit à justifier du paiement de la taxe par la représentation d'un bordereau d'agent de change ou par l'indication de la date et du numéro de ce bordereau ainsi que du nom de l'agent de change, soit à payer personnellement les droits.

La loi du 13 avril 1898, art. 14 (R. E. 1733), dans le but d'établir une harmonie plus complète entre la législation fiscale et l'art. 76, C. com., aux termes duquel les agents de change ont seuls « le droit de faire les négociations des effets publics et autres susceptibles d'être cotés », a introduit une distinction fondamentale entre les valeurs qui sont admises et celles qui ne sont pas admises à la cote officielle. Pour les premières, dont la négociation rentre dans le domaine exclusif du ministère des agents de change, tout moyen de suppléer à la représentation ou à l'indication du bordereau est supprimé. Quiconque fait commerce habituel de recueillir des offres et des demandes de valeurs de Bourse doit, à toute réquisition des agents de l'Enregistrement, en ce qui concerne les opérations sur valeurs cotées, représenter soit des bordereaux d'agent de change, soit faire connaître les numéros et les dates de ces bordereaux, ainsi que les noms des agents de change de qui ils émanent.

Pour les valeurs non admises à la cote officielle, l'art. 14 maintient purement et simplement la législation existante (Inst. 2956).

2. (56). **Obligations du Trésor à court terme.** — Les obligations à court terme du Trésor sont assujetties à la taxe des opérations de Bourse, à la différence des bons du Trésor proprement dits (Sol. 12 sept. 1896 ; R. E. 1546 ; J. E. 25.300).

3. (75). **Opérations directes.** — Les dispositions de la loi du 13 avril 1898 (nᵒ 1, supra) ne s'appliquent pas aux opérations directes proprement dites, c'est-à-dire à celles par lesquelles les banquiers, changeurs et autres assujettis achètent réellement des titres pour leur propre compte et les revendent de même, après les avoir possédés pendant un temps plus ou moins long (Inst. 2956 ; Comp. Inst. 2848-6).

Mais on ne peut considérer comme une opération directe une opération sur valeur cotée à laquelle un professionnel participe et qui a pour objet des titres dont le vendeur n'a pas la possession actuelle : une telle opération donne lieu, dans tous les cas, à la création d'un bordereau d'agent de change (Sol. 29 juill. 1898 ; R. E. 1939 ; J. E. 25.630 ; R. P. 9624). Il ne peut y avoir d'opération directe,

qu'autant qu'à l'époque du contrat le vendeur est propriétaire des titres vendus (Sol. 25 oct. 1898 ; J. E. 25.894).

4. (190). **Maisons de contre-partie.** — Les maisons dites « de contre-partie » qui n'exécutent pas en Bourse les ordres d'achat et de vente qui leur sont transmises par leurs clients, mais en font la contre-partie, sont assujetties à la taxe (Seine, 15 mai 1896 ; R. E, 1224 ; J. E. 24.873 ; R. P. 8871).

5. (225). **Répertoire spécial. Colonne 11.** — Les particuliers qui font commerce habituel de recueillir des offres et des demandes de valeurs de Bourse et qui, à ce titre, sont astreints à la tenue d'un répertoire, doivent continuer à inscrire, dans la colonne 11 de ce répertoire, même depuis la mise en vigueur de l'art. 14 de la loi du 13 avril 1898, le nom et le domicile du mandataire, assujetti lui-même à la tenue du répertoire, qui a été chargé de transmettre l'ordre de bourse, directement ou par intermédiaire, à l'agent de change auquel cet ordre doit, en définitive, aboutir. Ils ne peuvent être tenus, en vertu de la loi nouvelle, ainsi qu'il a été dit par erreur dans l'Inst. 2956, d'indiquer dans cette colonne 11 le nom de l'agent de change qui a exécuté l'ordre. L'indication du nom et du domicile du mandataire substitué ainsi que du numéro de son répertoire permet, en effet, à l'Administration de s'assurer, au moyen de références de répertoire à répertoire, que l'impôt a été acquitté dans les formes réglementaires (Sol. 23 mai 1899 ; R. E. 2070 ; J. E. 25.844 ; R. P. 9625).

6. (247). **Extraits. Groupage. Paiement de la taxe.** — Les assujettis peuvent s'abstenir de détailler les opérations auxquelles ils sont intervenus sur les extraits fournis au bureau de l'enregistrement et se borner à les y porter en bloc, suivant le mode tracé par la décision ministérielle du 5 octobre 1893, toutes les fois qu'elles se trouvent dans les conditions prévues par cette décision (Inst. 2848-15ᵒ).

La loi du 13 avril 1898 n'a apporté, à cet égard, aucune dérogation aux dispositions antérieures.

Le paiement de l'impôt reste, d'ailleurs, à la charge des assujettis autres que les agents de change, même pour les valeurs admises à la cote officielle, lorsqu'il s'agit des opérations directes visées plus haut pour lesquelles l'obligation de représenter le bordereau n'existe pas. Il ne faut pas perdre de vue, en effet, que, tout en étant affranchies de cette obligation, ces opérations tombent sous l'application de la loi du 28 avril 1893 et doivent, par conséquent, subir le droit proportionnel sous l'empire de la loi nouvelle, comme elles le subissaient auparavant (Inst. 2956).

7. (276). **Communication.** — Les communications que les agents de l'Administration sont autorisés à requérir comprennent :

1ᵒ Les bordereaux d'agents de change (L. 13 avr. 1898, art. 14) ;

2ᵒ Les registres à souche établis pour la délivrance de ces bordereaux (Décr. 20 mai 1893, art. 9 ; Inst. 2840, annexe, nᵒ 2) ;

3ᵒ Les répertoires des agents de change et autres personnes désignées dans les art. 29 de la loi du 28 avril 1893 et 14 de la loi du 13 avril 1898 (Inst. 2956).

8. (289). **Refus de communication.** — Tout refus de communication est constaté par un procès-verbal (Inst. précitées).

9. (307). **Pénalités pour défaut de représentation des bordereaux.** — La loi du 13 avril 1898 n'a pas édicté de pénalité spéciale pour défaut de représentation des bordereaux ou des indications en tenant lieu. Les contraventions de cette nature rentrent dès lors dans la catégorie des infractions que l'art. 32 de la loi du 28 avril 1893 punit d'une amende de 100 à 5.000 fr. (Inst. 2956).

TESTAMENT.— **1.** (34 *bis*). **Ouverture des testaments. Colonies.** — Une loi du 25 mars 1899 (*R. E.* 2315), portant modification de l'art. 1007 du Code civil dispose que « dans les colonies françaises et les pays de protectorat, le testament olographe des personnes ayant conservé leur domicile en France ou dans une autre colonie sera présenté au président du tribunal de 1re instance du lieu du décès ou au président du tribunal le plus voisin. Ce magistrat procédera à l'ouverture du testament et en constatera l'état dans un procès-verbal. Le greffier dressera une copie figurée du testament et la déposera dans les minutes du greffe. Le testament et une expédition du procès-verbal d'ouverture seront ensuite transmis, sous pli scellé, au président du tribunal du domicile du défunt, qui se conformera, pour l'ouverture et le dépôt, aux prescriptions contenues dans le paragraphe 1er (de l'ancien art. 1007). Les mêmes règles s'appliqueront au décès, en France, des personnes ayant leur domicile dans les colonies ».

Sous le régime antérieur, les testaments olographes devaient toujours être ouverts par le président du tribunal du lieu du domicile du testateur. Il en résultait que dans les hypothèses envisagées par le nouveau texte, l'administration coloniale, chargée, d'après les règlements, d'intervenir dans la liquidation de la succession pour la sauvegarde des intérêts en cause, se trouvait dans l'impossibilité de prendre, dans l'ignorance où elle se trouvait du testament, les mesures conservatoires nécessaires pour faire respecter la volonté du défunt. La disposition ci-dessus a eu pour but de remédier à cet état de choses.

2. (39). **Enregistrement. Tarif.** — Le droit fixe de 7 fr. 50 est applicable aux « testaments et à *tous autres actes de libéralité* qui ne contiennent que des dispositions soumises à l'événement du décès » (L. 22 frim. an VII, art. 68, § 3, n° 5).

Comme on le voit, le tarif spécial concerne exclusivement les actes de dernière volonté contenant des actes de libéralité. Il ne serait donc pas applicable aux actes qui ne contiendraient aucune disposition de tout ou partie des biens de leur auteur, tels qu'un acte notarié portant uniquement nomination de tuteur par un père à l'un de ses enfants ; et il a été reconnu qu'un acte de cette nature était seulement passible du droit de 3 fr. (Sol. 16 juin 1900 ; *R. E.* 2504). Il ne serait d'ailleurs pas assujetti obligatoirement à la formalité s'il était rédigé sous signature privée.

3. (39). **Règlement des obsèques.** — Une solution du 8 septembre 1891, citée au *Traité*, a décidé que l'acte sous seing privé réglant les conditions des *funérailles* doit être soumis à l'enregistrement, s'il en est fait usage, et qu'il est passible du droit de 7 fr. 50 (*R. E.* 262 ; *J. E.* 24.094 ; *R. P.* 7901). Cette solution est spécialement motivée sur ce que l'écrit dont il s'agit aurait été rédigé en conformité de la loi du 15 novembre 1887, sur la liberté des funérailles, qui dispose, dans son art. 3, que la volonté du défunt « exprimée dans un testament ou dans une déclaration faite en forme testamentaire... a la même valeur qu'une disposition testamentaire relative aux biens ». La loi distingue donc le testament proprement dit, qui est relatif aux biens, de la déclaration en forme testamentaire qui concerne seulement les obsèques. Nous pensons, quant à nous, que le tarif de 7 fr. 50 est spécial aux actes de la première catégorie et que les déclarations en forme testamentaire ne doivent être soumises qu'au droit de 3 fr., aussi bien lorsqu'elles ont pour objet le règlement des obsèques que la nomination d'un tuteur.

Nous admettons cependant que *sous le rapport du délai* et à titre d'acte de dernière volonté, la déclaration relative aux obsèques soit soumise aux mêmes règles que les testaments proprement dits, c'est-à-dire assujettie seulement à l'enregistrement dans les trois mois du décès du déclarant si elle a eu lieu par acte notarié (Conf. *R. E.* 2420-V).

4. (45). **Répertoire des notaires. Inscription des testaments olographes déposés** — V. *Répertoire*, n° 2.

5. (42-C et 73). **Enveloppe. Enregistrement et timbre.** — L'enveloppe portant la mention « mon testament » suivie de la signature du testateur est assujettie au timbre de dimension ainsi qu'au droit fixe d'enregistrement de 3 fr., dès lors qu'elle est déposée à un notaire en même temps que le testament qu'elle renfermait. Le droit de timbre n'est exigible, du reste, que par suite de l'usage, en vertu de l'art. 30 de la loi du 13 brumaire an VII et non au moment de la rédaction de l'écrit (Sol. 17 févr. 1900 ; *R. E.* 2611).

TIMBRE.

SOMMAIRE ANALYTIQUE.

§ 1. — Règles communes aux différentes espèces de timbres, 1-9.

§ 2. — Règles spéciales au timbre de dimension, 10-17.

SOMMAIRE ALPHABÉTIQUE.

Actes de l'état civil, 6 *bis*, 14, 16-VI.
Actes de poursuites en matière de contributions directes, 3, 14, 16-III.
Actes synallagmatiques, 10.
Antidate. Filigrane, 4.
Approvisionnement. Notaires, 1.
Asiles d'aliénés. 13-I.
Assistance médicale, 16-XI.
Automobiles, 13-IV.
Bois communaux, 16-II.
Bourses, 13-III, 16-I.
Brocanteurs, 12-II.
Caisse de retraites, 16-XIV et XV.
Certificats de médecin, 12-III, 16-V.
Certificats d'origine, 16-XI.
Chambres de commerce, 12-VII et 16-III.
Colonies, 17.
Commis-voyageurs. Cartes de légitimation, 16-XI.
Contraventions, 1, 15.
Contributions directes, 3, 14, 16-III.
Débitants distributeurs, 1.
Duplicata, 11.
Échanges de timbres, 5, 6.
Écrits commerciaux, 12-I.
Enfants abandonnés, 13-VI.
Exemption, 16.
Exportation. Certificats d'origine, 16-XI.

Fabriques, 16-VIII.
Filigrane. Antidate, 4.
Gens de guerre. 16-V et VIII.
Lettres missives, 12-I.
Mandats de paiement, 2, 6.
Mariage des indigents, 16-VI.
Mémoire de travaux, 13-II.
Oblitération, 3 14.
Octroi. Décomptes de fournitures, 16-XII.
Officiers ministériels, 1.
Pétition, 7.
Pigeons-voyageurs, 16-X.
Porteurs de contraintes, 16-IX.
Pourvoi en cassation, 8.
Primes culturales, 16-XVII.
Privilège du Trésor, 9.
Procès-verbal de carence, 16-IX.
Procès-verbal (double), 4 *bis*.
Registre des consentements à mariage, 16-VI.
Réservistes, 16-V.
Rôles des licences communales. 16-XVI.
Sanctions, 7, 8.
Secours mutuels, 16-XVIII.
Sinistres. Déclarations, 12-V.
Sommations, 16-III.
Testaments, 4.
Timbrage à l'extraordinaire, 2.
Timbres mobiles, 3, 14.
Vélocipèdes, 12 IV.
Vente clandestine de timbres, 1.

§ 1er. — *Règles communes aux différentes espèces de timbres.*

1. (18). **Débitants distributeurs. Contraventions.** — Il est interdit à toute personne non commissionnée de vendre ou distribuer des papiers timbrés, à peine d'une amende de 20 fr. pour la première fois, et de 300 fr. en cas de récidive. Le papier saisi chez ceux qui tiennent des *distributions clandestines* est confisqué au profit de l'État (L. 13 brum. an VII, art. 27 ; 16 juin 1824, art. 10 ; — Sol. 31 juill. 1879 ; *D. E.* V° *Timbre-comptabilité*, n° 131). Les contraventions à ces dispositions doivent être constatées par un procès-verbal émanant d'un agent de l'Administration, dûment assisté d'un officier de police judiciaire, ayant qualité pour faire les perquisitions utiles et pour saisir les papiers mis en vente (Sol. 6 mai 1898 ; *J. E.* 25.664 ; *R. P.* 9523).

Les distributeurs-auxiliaires commissionnés ne peuvent vendre les papiers timbrés qu'aux particuliers, à l'exclusion des *officiers publics et ministériels* (Arr. 15 nov. 1864 ; Inst. 2295). Le notaire qui, au mépris de cette prohibition, aurait fait usage, pour la rédaction de ses actes, de papiers timbrés débités par un débitant-distributeur après avoir gratté l'empreinte de la griffe spéciale, serait passible d'une peine disciplinaire, par application de l'art. 14 de l'ordonnance du 4 janvier 1843 (Toulouse, 27 sept. 1889 ; *J. E.* 24.188).

2. (28). **Timbrage à l'extraordinaire. Mandats de paiement. Actes de poursuites en matière de contributions directes.** — Il résulte d'un accord intervenu entre les départements de l'intérieur et des finances que les formules de mandats délivrés sur les budgets départementaux peuvent être soumises au timbrage à l'extraordinaire pour le payement du droit de timbre des quittances, dans les conditions fixées par l'art. 4 du décret du 27 novembre 1871 (Circ. min. int., 6 mars 1900 ; Inst. 3014). Pour le timbrage des *titres négociables*, V. ce mot.

3. (33). **Timbres mobiles. Actes de poursuites en matière de contributions directes et de condamnations pécuniaires.** — Le Ministre des finances a décidé, le 19 octobre 1900, que les formules d'actes de poursuites relatives au recouvrement des contributions directes, ainsi que des amendes et condamnations pécuniaires désignées dans l'art. 25 de la loi du 30 décembre 1873, peuvent être timbrées au moyen de timbres mobiles de dimension. La même décision accorde aux trésoriers-payeurs généraux et aux receveurs des finances la faculté d'apposer et d'oblitérer eux-mêmes ces timbres, avant tout usage des formules, dans les conditions prévues par l'Inst. 2941 (Inst. 3038-7).

4. (63). **Timbre de la débite. Filigrane. Force probante.** — La date d'émission du papier timbré, manifestée par le filigrane, est démonstrative de l'antidate des actes. Il a été fait d'assez nombreuses applications de ce principe en matière de testaments, et les tribunaux n'ont pas hésité à prononcer l'annulation d'actes de dernière volonté portant une date à laquelle, d'après l'attestation de l'Administration, le papier filigrané employé à leur rédaction n'avait pas encore été mis à la disposition du public (1).

Il a toutefois été décidé que la fausseté ou l'inexactitude de la date apposée à un testament ne peut être juridiquement établie que par des preuves intrinsèques et que si le filigrane imprimé dans la pâte du papier constitue une preuve intrinsèque, il n'en saurait être de même des timbres sec et humide. Et l'on en a tiré la conséquence que si un testament ne peut se concevoir écrit sur un papier non encore fabriqué à la date que le testateur y a inscrite, il n'est pas impossible, le papier existant à l'état blanc, que le testateur s'en soit procuré et y ait fait ensuite apposer les timbres sec et humide, soit avant, soit après la confection de son testament (Seine, 12 janv. 1900 ; *R. E.* 2368 ; et C. Paris, 4 avr. 1901 ; *J. N.* 27.462).

4 bis. (94). **Amendes répressives. Emploi frauduleux de papiers ayant déjà servi** — Nous avons vu au *T. A.* que les amendes répressives sont indépendantes des amendes fiscales et que lorsque ces pénalités se cumulent deux poursuites parallèles doivent être suivies devant les juri-

(1) Alençon, 9 déc. 1896 ; — Seine, 27 avr. 1897 ; — C. Paris, 9 déc. 1898 ; *R. E.* 2368 ; *J. E.* 25.217.

dictions respectivement compétentes. Il y a également lieu, en pareil cas, à la rédaction de deux procès-verbaux distincts (Inst. 2176 et 2225).

5. (100). **Interdiction aux comptables publics d'échanger des timbres de 0 fr. 25.** — Il est interdit aux comptables de deniers publics et notamment aux percepteurs et receveurs municipaux d'échanger entre eux ou avec les receveurs des finances des timbres mobiles à 0 fr. 25 soit pour se couvrir de frais de poursuites dont ils ont fait l'avance, soit pour former l'appoint de leur versement ou fournir l'équivalent d'une pièce de dépense rejetée (Circ. compt. 27 avr. 1895 ; *R. E.* 1537).

6. (109-11°). **Mandats de paiement annulés. Echange contre de nouvelles formules timbrées à l'extraordinaire.** — La décision ministérielle précitée (n° 2), relative au timbrage à l'extraordinaire des formules de mandats de payement sur les budgets départementaux, prévoyant le cas où des mandats ainsi timbrés seraient annulés en fin d'exercice, par suite de non-payement, en autorise l'échange contre de nouvelles formules. La même faculté s'étend aux formules avariées et devenues inutilisables, ainsi qu'à celles, remplies ou non, qui ne seraient pas revêtues de l'acquit à raison duquel le droit de 0 fr. 10 est exigible.

L'opération d'échange est effectuée gratuitement jusqu'à concurrence de 1.000 empreintes ; pour l'excédent, elle donne lieu à la perception, à titre de frais de timbrage, d'une indemnité de 1 fr. 50 par 1.000 empreintes, sans fraction de mille (Inst. 3014).

6 bis. (109-14°). **Actes de l'état civil.** — Des feuilles de papier timbré destinées à la formation de registres de l'état civil et altérées à l'impression, peuvent être échangées contre un nombre égal de feuilles du même prix si elles sont simplement cotées et paraphées, mais non si elles sont revêtues de formules de procès-verbal de cote et paraphe entièrement remplies (Sol. 18 janv. 1901 ; *R. E.* 2794).

7. (179). **Pétition non timbrée, Sanction. Refus de statuer.** — Les demandes d'abonnement adressées par les débitants à l'Administration des contributions indirectes doivent être écrites sur papier timbré, et il appartient à cette Administration de faire exécuter la loi du timbre, en refusant de donner suite à des demandes qui ne seraient pas rédigées sur ce papier et en considérant ces demandes comme non avenues (Cass. crim. 10 déc. 1898 ; *R. E.* 1919 ; — C. Besançon, 15 mars 1899 ; *R. E.* 2023).

8. (179 *bis*). **Pourvoi en cassation. Requête non timbrée.** — Les art. 1 et 24 de la loi du 13 brumaire an VII, d'après lesquels l'impôt du timbre est établi sur tous les papiers destinés aux actes judiciaires et qui défendent aux juges de prononcer un jugement sur un acte non écrit sur papier timbré, s'appliquent à la requête contenant les moyens d'un pourvoi en cassation, même devant la Chambre criminelle. Les moyens présentés par un demandeur en cassation sur papier non timbré sont donc non recevables (Cass. crim., 3 mars 1900 ; *R. E.* 2320).

9. (207). **Privilège du Trésor.** — V. *Titres négociables.*

§ 2. — *Règles spéciales au timbre de dimension.*

10. (241). **Actes synallagmatiques.** — Les contrats synallagmatiques passés entre les fabricants de sucre et les producteurs, pour l'achat et la livraison des betteraves, rentrent incontestablement dans la catégorie des écrits visés par l'art. 12 de la loi du 13 brumaire an VII. Rédigés pour servir d'instruments aux conventions des parties et pour arriver à leur exécution régulière, ces actes sont, en effet, par leur nature même, destinés à former *titre*, entre les intéressés, des engagements ou faits qu'ils constatent ; ils peuvent dès lors être produits en justice pour justification, demande ou défense. Ils sont, par conséquent, assujettis au timbre de dimension, sous peine d'amende, dès le moment de leur rédaction (D. M. F. 1er sept. 1899 ; R. E. 2612).

11. (244). **Duplicata.** — En principe, les duplicata des documents soumis au timbre y sont eux-mêmes assujettis. Une loi du 25 mars 1817 a toutefois exempté de l'impôt les pièces destinées à remplacer les registres de l'état civil perdus ou incendiés par les événements de guerre.

Par une extension bienveillante de cette disposition, l'Administration admet que les duplicata créés pour remplacer les pièces et documents de comptabilité des percepteurs et autres comptables publics, adirés ou incendiés, peuvent être visés pour timbre gratis, pourvu qu'il soit fait mention de leur destination (Sol. 20 fév. 1896 et 4 oct. 1898 ; J. E. 25.147 et 25.644 ; R. P. 9491).

12. (245). **Cas divers d'application.** — I. LETTRE MISSIVE. — Il ne suffit pas qu'un écrit revête la forme d'une lettre missive pour bénéficier des immunités accordées à ces écrits ; il faut encore qu'il en présente le caractère. Si l'écrit constitue un acte véritable, s'il a été rédigé dans le but évident de fournir au destinataire un titre juridique, il tombe incontestablement sous l'application de l'art. 12 de la loi de brumaire. Tel est le cas d'une lettre qui contient la consécration d'engagements antérieurs (Sol. 30 juin 1899 ; R. E. 2289) et, spécialement, d'une lettre missive qui confirme un marché de commerce et en rappelle les clauses principales ; un écrit de ce genre doit être rédigé sur papier timbré sous peine d'amende et il ne suffit pas qu'il soit soumis à l'impôt du timbre au moment de son usage en justice (Seine, 3 avr. 1897 ; R. E. 1403 ; J. E. 25.218 ; R. P. 9096).

Le même tribunal a également déclaré soumise au timbre de dimension, comme constituant un titre de nature à être produit en justice, la lettre qu'un commerçant, qui a consigné des marchandises chez un tiers, adresse à celui-ci pour lui donner l'ordre de mettre les marchandises à la disposition d'un camionneur chargé de les enlever (Seine, 25 juin 1896 ; R. E. 1251 ; J. E. 25.409 ; R. P. 8870 ; — Rappr. V° *Reçu*, n° 21).

De même le tribunal du Havre a jugé, le 27 juillet 1901, que les lettres missives, avis d'expéditions ou comptes de frais adressés par un transporteur à un expéditeur, saisis entre les mains de ce dernier, et aux termes desquels le transporteur reconnaît avoir chargé sur ses navires les marchandises que l'expéditeur lui a adressées pour les faire parvenir à destination, ne sont pas, à titre de reçus d'objets, passibles du timbre de 0 fr. 10, mais tombent, lorsqu'ils sont signés, sous l'application de l'art. 12 de la loi du 13 brumaire an VII, et sont, en conséquence, assujettis au droit de timbre de dimension, comme formant le titre d'un contrat de transport (R. E. 2815).

Ces deux dernières décisions ont été critiquées à juste titre par la *Revue de l'Enregistrement* comme ayant interprété la loi fiscale d'une façon trop rigoureuse.

En principe, les lettres missives, même échangées entre commerçants, dès lors qu'elles n'ont pas été écrites *dans le but de faire titre*, mais uniquement à titre indicatif ou confirmatif, ne tombent pas sous le coup de l'art. 12, mais seulement sous celui de l'art. 30 de la loi de brumaire et ne sont passibles du timbre qu'en cas d'usage en justice. Il en est ainsi alors même que, réunies à d'autres lettres écrites en réponse, elles formeraient la preuve d'un contrat synallagmatique.

Toutefois si la lettre missive contenait un reçu, une reconnaissance de sommes ou constituait l'instrument d'un contrat de transport, elle serait passible du timbre spécial établi par la législation particulière aux quittances et décharges, aux effets négociables ou non négociables ou enfin aux contrats de transport (lettres de voiture, groupage, connaissements, etc.). L'Administration a adressé à ses agents des instructions en ce sens.

II. BULLETIN D'INSCRIPTION DE BROCANTEUR. — La loi du 15 février 1898, relative au commerce de brocanteur, prescrit aux commerçants de cette catégorie de se faire inscrire sur les registres ouverts à cet effet à la préfecture de police, s'ils habitent Paris, ou à la préfecture du département de leur résidence, et il leur est remis un bulletin d'inscription qu'ils sont tenus de présenter à toute réquisition. Ces bulletins étant susceptibles d'être produits pour justification ou défense, tombent directement sous l'application de l'art. 12 de la loi de brumaire ; ils sont dès lors assujettis au timbre de dimension (D. M. F. 22 août 1899 ; Inst. 3038-4).

III. CERTIFICAT DE MÉDECIN. — Le certificat délivré par un médecin à la demande d'un particulier et constatant l'impossibilité pour celui-ci de quitter la chambre doit être rédigé sur timbre, alors même qu'il serait produit à l'officier de l'état civil en vue de la célébration d'un mariage (Loches, 5 mai 1898 ; R. E. 1802 ; J. E. 25.505 ; R. P. 9441).

IV. VÉLOCIPÈDES. AUTOMOBILES. — La déclaration de perte de la plaque de contrôle d'un vélocipède passée devant le maire en exécution de l'art. 5 de la loi du 27 février 1900 et de l'art. 1er du décret du 17 mai 1900 est sujette au timbre (Inst. 3022 ; R. E. 2533-V).

Le décret du 10 mars 1899, relatif à la circulation des automobiles, prescrit à tout propriétaire d'un véhicule de cette catégorie, avant de le mettre en circulation, d'adresser une déclaration au préfet du département où il réside (art. 8). Cette déclaration doit être rédigée sur papier timbré, par application des principes généraux de la loi fiscale (Circ. min. trav. publ., 10 avr. 1899 ; J. off. du 14 ; R. E. 2038).

V. DÉCLARATIONS DE SINISTRES. — Les déclarations de sinistres dressées en exécution d'une police d'assurance (incendie ou accidents), devant un magistrat de l'ordre administratif ou judiciaire, doivent être rédigées sur papier timbré. Il en est autrement lorsqu'elles constituent de simples avis donnés par les assurés à l'assureur et qu'elles ne contiennent, d'ailleurs, aucune clause qui puisse engendrer un lien de droit autre que ceux qui dérivent déjà de la police.

Les états de mobilier joints aux avis de sinistres, en matière d'incendie, ne sont pas sujets au timbre (Sol. 19 juin 1899 ; R. E. 2083 ; — Rappr. V° *Assurances*).

VI. ENFANTS MORALEMENT ABANDONNÉS. DÉCOMPTES DE FRAIS A REMBOURSER AUX HOSPICES. — Ces documents, dressés par les administrateurs des hospices et arrêtés par les préfets, constituent de véritables titres de créance.

Ils sont, par conséquent, sujets au timbre de dimension ainsi que l'implique, d'ailleurs, le règlement sur la comptabilité départementale du 12 juillet 1893 (Nomenclature des dépenses budgétaires, p. 154 ; — D. M. F. 3 juill. 1899 ; Inst. 3038-3).

VII. CHAMBRES DE COMMERCE. LIVRE-JOURNAL. — L'art. 12 de la loi de brumaire a assujetti au timbre de dimension « les registres des receveurs des droits et revenus des communes et des établissements publics ». Cette disposition est évidemment applicable aux Chambres de commerce, auxquelles la loi du 9 avril 1898 a attribué le carac-

tère d'établissements publics (V. *Chambre de commerce*, 1).
Le livre-journal tenu par les secrétaires-comptables des
Chambres de commerce, pour l'inscription des recettes et
des dépenses, doit donc être revêtu du timbre de dimension (D. M. F. 6 juill. 1901).

13. (247 et 248). **Écrits ne formant pas titre et sujets au timbre en cas seulement de production en
justice ou d'usage par acte public.** — I. Asiles d'aliénés. États de journées d'indigents. — Les états produits
par les asiles d'aliénés et dépôts de mendicité pour le recouvrement des frais d'entretien des indigents à la charge
des départements ou des communes sont, en principe,
sujets au timbre (Inst. nos 2823, § 6 et 2887, § 4). Mais lorsque l'asile d'aliénés, ou le dépôt de mendicité, est un établissement départemental, et que sa personnalité se confond ainsi avec celle du département, dont il est la propriété, les payements effectués par le comptable du département constituent, dans ce cas, de simples mouvements
de fonds entre comptables du département lui-même ;
les décomptes produits à l'appui de ces opérations, soit
en dépense, soit en recette, ne sont, par suite, que des pièces d'ordre établies uniquement pour la justification des
comptes et, par conséquent, exemptes du timbre. On conçoit, d'ailleurs, que l'immunité d'impôt ne saurait être
étendue à l'état rédigé pour recouvrer, sur les communes
ou sur les départements autres que celui dont l'établissement relève, les sommes dont ils sont débiteurs. On se
trouverait alors en présence d'un véritable rôle de recouvrement passible du droit de timbre. Ajoutons que les
extraits de cet état, destinés à être remis aux communes
ou aux départements à l'appui de la dépense, constituent
de véritables mémoires sujets au timbre (D. M. F. 11 sept.
1894 ; *J. E.* 25.262).

II. Mémoire de travaux. Règlement d'architecte. — C'est
seulement lorsqu'il est produit en justice ou à l'appui
d'une comptabilité publique qu'un mémoire de travaux,
bien que réglé par un architecte, est assujetti au timbre
de dimension (Seine, 22 juill. 1893 ; *J. E.* 24.186).

III. Bourses communales et départementales. — Les états
de liquidation ou décomptes annexés par les comptables
des lycées à leur comptabilité pour justifier de la recette des
bourses allouées par les départements ou les communes
sont sujets au timbre toutes les fois que le prix de ces
bourses ne doit être versé dans la caisse du lycée qu'autant que les boursiers en ont profité (D. M. F. 10 avril
1899, 27 oct. 1899 et 1er juin 1900 ; Inst. 3038-6). — Rapp.
n° 16 ci-après.

14. (282-291). **Timbres mobiles. Oblitération.** — Les
trésoriers généraux, les *receveurs particuliers* et les *percepteurs* ont la faculté d'employer, pour oblitérer les timbres
mobiles de dimension et de quittance qu'ils sont autorisés à apposer (1), soit les griffes spéciales dont le modèle
est déterminé par l'arrêté ministériel du 20 juillet 1863
(Inst. 2260), soit la griffe *Payé* qu'une circulaire de la
Comptabilité du 15 mai 1858 leur prescrit d'appliquer sur
les mandats au moment même du paiement. Cette autorisation nouvelle ne modifie en rien les autres conditions
imposées pour l'oblitération, c'est-à-dire que, comme par
le passé, il doit être fait usage d'une encre grasse de couleur noire et que la griffe doit être appliquée de telle sorte
qu'une partie de l'empreinte porte sur la feuille de papier
de chaque côté du timbre (2) (Inst. 2941 ; *R. E.* 1842).

Une décision ministérielle du 1er juin 1899 a autorisé

(1) D. M. F. 5 juill. 1897 ; Inst. 2929 ; *T. A.*, n° 284-3° ; —
V. *suprà*, n° 3.
(2) Circ. Compt. 27 sept. 1863, § 2, et 24 mars 1892, § 7.

l'usage des timbres mobiles pour le timbrage des formules imprimées destinées aux *expéditions des actes de l'état
civil*, sous la double réserve que seules les formules
n'ayant reçu aucun emploi ou commencement d'emploi
pourront être timbrées suivant ce mode et qu'il n'appartiendra qu'aux receveurs de l'enregistrement d'apposer
et d'oblitérer les timbres mobiles (Inst. 2989-6 ; *R. E.*
2197 ; *J. E.* 25.843 ; *R. P.* 9628).

15. (301). **Constatation des contraventions.** — Les
contraventions aux lois sur le timbre ne peuvent faire
l'objet de poursuites qu'autant qu'elles ont été constatées
par un procès-verbal (Seine, 17 déc. 1897 ; *J. E.* 25.430).

Les agents sont en droit d'opérer la saisie des pièces en
contravention aux lois sur le timbre qui leur sont présentées pour être enregistrées (Sol. 30 juin 1899 ; *R. E.*
2289).

Mais ils devraient s'abstenir de relever les contraventions qu'ils n'auraient été à même de découvrir qu'au
cours d'opérations suivies au seul point de vue domanial
(D. M. F. 18 nov. 1883 et Sol. 1er sept. 1886 ; *R. E.* 1306).
Il en est ainsi, notamment, en ce qui concerne les pièces
non timbrées existant dans le dossier d'un contumax.
Mais il est fait exception à cette règle pour les écrits libératoires rédigés en contravention à l'art. 18 de la loi du
23 août 1871 (Sol. 19 oct. 1897 ; *R. E.* 1306).

Les procès-verbaux de contravention ne peuvent être
dressés qu'au vu des pièces incriminées. L'Administration
ne peut donc fonder sa réclamation sur de simples présomptions et arbitrer les droits et amendes exigibles
(Rouen, 6 juill. 1893 ; *J. E.* 24.392 ; *R. P.* 8289).

16. (317 à 366). **Cas divers d'exemption.** — I. Bourses départementales ou communales. — Les états de liquidation ou décomptes sous les économes des lycées joignent à leur comptabilité pour justifier de la recette et de
l'emploi des bourses allouées par les départements ou les
communes sont exempts du timbre dès lors que ces bourses sont allouées à forfait et que leur versement n'est pas
subordonné à la présence permanente des bénéficiaires.
Même décision à l'égard des bourses allouées aux pensionnaires de l'Institution nationale des jeunes aveugles
(D. M. F. 10 août, 27 oct. 1899 et 1er juin 1900 ; Inst.
3038, § 6 ; — Rappr. n° 13, *suprà*).

II. Bois communaux. Travaux a la charge des adjudicataires. — On considère, en principe, comme des actes
administratifs exempts de timbre, par application de l'art.
80 de la loi du 15 mai 1818, les certificats délivrés en minute aux communes par les agents forestiers pour constater la bonne exécution des travaux dans les bois soumis à leur surveillance (D. M. F. 30 août 1889). Il n'en est
autrement et l'impôt n'est exigible qu'autant que le certificat tient lieu d'un mémoire produit par la partie prenante
à un comptable de deniers publics.

Lorsque des travaux ont été mis à la charge de l'adjudicataire d'une coupe de bois communaux et que le prix
en a été versé d'avance par l'adjudicataire au receveur
municipal chargé de payer l'entrepreneur ou les ouvriers,
le certificat de réception des travaux délivré à ce comptable par l'agent des forêts est un document de contrôle et
d'ordre intérieur qui ne peut être assimilé à un mémoire
émané des parties prenantes. Il est, en conséquence,
exempt de timbre par application de la règle générale rappelée ci-dessus (D. M. F. 27 janv. 1899 ; Inst. 2089-3).

III. Sommations directes. Sommations aux tiers détenteurs, au propriétaire ou au principal locataire. — La
sommation par les agents du Trésor aux tiers détenteurs
de payer en l'acquit des contribuables, sur les deniers
qu'ils détiennent, le montant des contributions dues par

ceux-ci est exempte de timbre. Il en est de même de la sommation faite au propriétaire ou au principal locataire de payer la contribution due par les locataires dont ils sont responsables (Circ. Compt. 27 avr. 1895 ; R. E. 1537).

IV. Mairies. Registre des consentements a mariage. — Les registres tenus dans les mairies et destinés à recevoir la mention sommaire des actes de consentement à mariage passés devant l'officier de l'état civil, en exécution de la loi du 20 juin 1896, sont exempts de timbre (Sol. 14 déc. 1896 ; R. E. 1289 ; J. E. 25.063).

V. Certificats médicaux. Fonctionnaires. Gens de guerre. Malades des hôpitaux. — Les certificats de maladie délivrés par les médecins non assermentés sont exempts de timbre lorsqu'ils concernent des agents accomplissant un service actif de l'Etat (L. 29 mars 1897 ; Inst. 2924 ; R. E. 1367).

Les certificats établis par des médecins pour constater la maladie de réservistes appelés sous les drapeaux pour une période d'exercices sont dispensés du timbre dans tous les cas et sans distinguer s'ils sont délivrés sur la demande des réservistes eux-mêmes, de la gendarmerie ou des maires. Mais, pour que la dispense soit justifiée, il est nécessaire que les certificats de l'espèce fassent mention de leur destination, c'est-à-dire indiquent qu'ils sont délivrés en vue d'établir aux yeux de l'autorité militaire l'impossibilité pour un réserviste de répondre à une convocation (D. M. F. 4 déc. 1896 ; R. E. 1288 ; J. E. 25.069 ; — Rappr. V° Certificat).

Les certificats délivrés aux malades soignés dans les hôpitaux sont également exempts de timbre (D. M. F. 27 oct. 1896 ; Inst. 2915).

VI. Mariage des indigents. — V. Actes de l'état civil.

VII. Fabriques. — Certains trésoriers de fabriques croient devoir établir, indépendamment des quatre expéditions du compte de gestion prescrites par l'instruction ministérielle du 15 décembre 1893 (Inst. 2868), une expédition supplémentaire pour leur usage personnel. Dès lors que ce double du compte n'est pas approuvé par le conseil de fabrique, il ne peut servir de décharge au comptable ni être considéré comme un titre dans le sens de l'art. 12 de la loi de brumaire. Il n'est pas assujetti dès lors au timbre de dimension (D. M. F. 1er sept. 1899 ; Inst. 3038-5).

VIII. Certificats de libération ou d'exemption du service militaire. — V. V° Certificat.

IX. Procès-verbaux de carence des porteurs de contraintes. — La disposition de l'art. 16 de la loi de brumaire, qui dispense expressément du droit et de la formalité du timbre les certificats d'indigence, a été déclarée applicable aux procès-verbaux de carence des porteurs de contraintes par une décision ministérielle du 4 août 1827. Bien que sujets à l'enregistrement, ces actes sont donc considérés comme exemptés du timbre par un texte spécial (Circ. Compt. 20 déc. 1895, § VIII ; Inst. 2913-4).

X. Pigeons-voyageurs. — Les expéditions, délivrées aux particuliers, des arrêtés préfectoraux portant autorisation d'ouvrir un colombier de pigeons-voyageurs doivent être délivrées sur papier au timbre de dimension de 1 fr. 80 (D. M. F. 28 nov. 1896 ; R. E. 1346).

XI. Chambres de commerce. Certificats d'origine et cartes de légitimation. — L'art. 23 de la loi du 25 février 1901 a dispensé du droit et de la formalité du timbre des certificats d'origine pour les marchandises françaises destinées à l'exportation et les cartes de légitimation des commis-voyageurs, qui sont délivrées par les Chambres de commerce en exécution de l'art. 16 de la loi du 9 avril 1898 (Inst. 3050-1).

XII. Octrois. Fournitures d'impressions et d'instruments de vérification faites aux communes par l'administration des contributions indirectes. — Les états produits pour le remboursement du prix de ces fournitures ont moins le caractère de mémoires en paiement que celui de réclamations purement administratives de la nature de celles adressées aux redevables d'une contribution accidentelle. Ces documents ont été reconnus exempts de timbre (D. M. F. 2 mai 1899 ; Inst. 2989-5).

XIII. Assistance médicale gratuite. — V. V° Assistance médicale.

XIV. Caisses privées de retraites. — Les mandats individuels remis au juge de paix pour la nomination du mandataire collectif chargé d'ester en justice dans les contestations relatives aux caisses privées de retraites (L. 27 déc. 1895, art. 5) sont exempts de timbre (Décr. 14 oct. 1897 ; R. E. 1671 ; J. E. 25.441).

XV. Caisse de prévoyance des marins. — V. V° Caisse des retraites.

XVI. Rôles des licences communales. — L'art. 4 de la loi du 29 décembre 1897 (J. off. du 31) autorise les communes à créer, en remplacement des droits d'octroi supprimés, un certain nombre de taxes nouvelles et notamment une licence municipale à la charge des marchands de boissons, en addition au droit de licence actuellement perçu pour le compte du Trésor. Le recouvrement des licences municipales doit avoir lieu en vertu de rôles établis par le directeur des Contributions directes et rendus exécutoires par le préfet (Décr. 16 juin 1898, J. off. du 21). Aux termes de la loi du 14 décembre 1900, les rôles ainsi émis pour le recouvrement des licences municipales sont dispensés de tout droit de timbre (Inst. 3040).

XVII. Primes d'encouragement a la culture du lin et du chanvre. — Le certificat délivré par le maire au cultivateur qui fait une déclaration en vue d'obtenir la prime d'encouragement à la culture du lin et du chanvre établie par la loi du 9 avril 1898 est exempt du timbre (Décr. 8 juill. 1898 ; R. E. 1813 ; J. E. 25.488).

XVIII. Sociétés de secours mutuels. Mémoires des médecins, pharmaciens et fournisseurs. — La comptabilité des sociétés de secours mutuels n'étant pas une comptabilité publique, mais privée, les mémoires présentés aux caisses de ces sociétés doivent être traités comme ceux des simples particuliers et, par conséquent, ne sont pas sujets au timbre (D. M. F. 17 juill. 1901 ; Rappr. Inst. 3029).

17. (368). Colonies. — V. V° Etranger. — Colonies.

TIMBRE DES AFFICHES.

SOMMAIRE ANALYTIQUE.

§ 1er. — Affiches de l'autorité publique, 1-2.
§ 2. — Affiches des particuliers, 2 bis-11.

Art. 1er. — Affiches sur papier, 2 bis-8.
Art. 2. — Affiches peintes, 9-11.

§ 3. — Contraventions. Pénalités. Prescription. Poursuites et instances, 12-17.

§ 1er. — Affiches de l'autorité publique.

1. (17-5°). Corps de troupes. — Les affiches relatives aux marchés de fournitures pour les corps de troupes sont exemptes de timbre (Sol. 7 déc. 1896 ; R. E. 1621).

2. (25). Etablissements dangereux. Enquête. — Les affiches apposées sur l'ordre du préfet pour annoncer une enquête de commodo vel incommodo au sujet de l'ins-

tallation d'un établissement dangereux sont également exemptes de timbre. Ces affiches se rattachent, il est vrai, à une entreprise particulière ; mais, prescrites par le décret du 15 octobre 1810 (art. 3) et l'ordonnance du 14 janvier 1815 (art. 2), elles ont particulièrement pour objet l'exercice de la surveillance et du pouvoir de police de l'administration supérieure ; elles rentrent dès lors dans la catégorie de celles visées par l'art. 56 de la loi du 9 vendémiaire an VI (Sol. 8 janv. 1898 ; *R. E.* 1644 ; *J. E.* 25.425).

§ 2. — *Affiches des particuliers.*

ART. 1er. — AFFICHES SUR PAPIER.

2 bis. (81). Lieu public. Affiches apposées à l'intérieur et vues de l'extérieur. — Les tableaux-annonces apposés derrière les vitres d'un magasin ou d'un café et exposés de manière à être vus de la voie publique constituent des affiches assujetties à l'impôt du timbre lorsqu'ils contiennent des renseignements de nature à provoquer les commandes directes aux fabricants des produits livrés à la consommation dans ces établissements (Sol. 26 sept. 1895 ; *R. E.* 4063 ; — Bordeaux, 28 juill. 1897 ; *R. E.* 1547).

Les magasins ouverts au public constituent, d'ailleurs, des lieux publics. Aussi l'affiche relative à un produit particulier, apposée dans le magasin d'un commerçant vendant des produits semblables, n'est exempte de timbre que si elle ne contient pas d'indications de nature à provoquer des commandes directes au fabricant (Seine, 15 janv. 1897 ; *R. E.* 1359 ; *J. E.* 25.143 ; *R. P.* 9072).

3. (82). Étiquettes et enseignes. — Lorsque des wagons de chemins de fer ont été loués en entier par la compagnie à un commerçant, les imprimés apposés sur les parois extérieures de ces wagons, même lorsqu'ils indiquent le nom, l'adresse et le genre de commerce de l'expéditeur, ne constituent pas des affiches sujettes au timbre (Orthez, 13 juill. 1899 ; *R. E.* 2162).

L'écriteau apposé sur une maison et indiquant qu'un commerçant qui l'occupait autrefois a transféré le siège de son établissement à une autre adresse est, en principe, sujet au timbre dès lors que le local où cet écriteau est apposé n'est plus occupé par l'auteur de l'affiche ni tenu en location par lui. Toutefois, il convient de ne pas insister au sujet de la réclamation de l'amende, aussi longtemps que le local où l'affiche est apposée n'est pas occupé par un nouveau locataire (Sol. 10 mars 1900 ; *R. E.* 2528).

Sont assujettis au timbre des affiches comme ne constituant pas de simples enseignes les tableaux-annonces apposés à la devanture d'un épicier lorsqu'ils contiennent — outre le nom d'un produit vendu dans l'épicerie et le nom du fabricant — l'adresse de celui-ci.

Il importe peu que l'adresse consiste uniquement dans l'indication du nom de la ville où le fabricant est domicilié, si cette désignation tend à faire connaître au public le fabricant et à lui amener des clients (Montargis, 14 mai 1901 ; *R. E.* 2746).

4. (85). Cartons porte-journaux des cafés. — Les annonces figurant sur la couverture des cartons porte-journaux d'un café ne sont pas passibles du timbre des affiches (Seine, 17 mars 1894 ; *J. E.* 24.453 ; — 30 avr. 1896 ; *R. E.* 1191 ; *J. E.* 24.943).

5. (88 et 90). Timbres mobiles. Débite. — Les débitants auxiliaires de papiers timbrés doivent être approvisionnés de timbres mobiles pour affiches (D. M. F. 21 mai 1897 ;

Inst. 2932, § 6 ; *R. E.* 1508 ; *R. P.* 9109). Les gérants des recettes auxiliaires des postes et des télégraphes peuvent également être autorisés à vendre au public des timbres de cette catégorie, sans toutefois pouvoir y être contraints administrativement (Arr. min. fin., 18 déc. 1899 ; Inst. 3005).

6. (99). Communes. Fêtes. Courses de chevaux. Œuvres de bienfaisance, etc. — Les affiches signées d'un maire, annonçant des courses de chevaux, doivent être timbrées lorsqu'elles sont apposées sur la voie publique (Sol. 28 oct. 1897 ; *R. E.* 1643 ; *J. E.* 25.432).

Les affiches annonçant des fêtes, bals, concerts, etc... donnés, sous le patronage des municipalités, au profit de crèches, bureaux de bienfaisance, caisses des écoles, doivent être timbrées, alors même qu'elles sont apposées par l'ordre du maire et revêtues de son visa. Il en est de même de celles, apposées dans les mêmes conditions, relatives à des cours professionnels ou autres, gratuits ou subventionnés, et à des conférences ou à des expositions organisées par les directeurs de ces cours (D. M. F. 17 juin et 18 déc. 1896 ; Inst. 2932, § 2 ; *R. E.* 1507 ; *J. E.* 25.233).

7. (117). Élections. — La période électorale, pendant laquelle les affiches des candidats sont affranchies du timbre, s'ouvre le jour où les électeurs sont appelés au scrutin et est close le jour de la décision de la commission de recensement s'il n'y a pas ballottage et, dans le cas contraire, le jour même de la clôture du second tour de scrutin (D. M. F. 2 mai 1898 ; Inst. 2948 ; Av. C. d'Ét., 20 mai 1898 ; *R. E.* 1884 ; *J. E.* 25.464).

8. (120). Affiches manuscrites pour demandes d'emplois. — L'affiche manuscrite, par laquelle une personne annonce qu'elle donne des leçons de français à domicile, présente le caractère d'une demande d'emploi et doit bénéficier de l'exemption de droit prononcée par l'art. 18 de la loi du 26 juillet 1893. Il en serait autrement et l'affiche ne bénéficierait plus de l'exemption s'il s'agissait de cours faits par le professeur *à son propre domicile* (Sol. 16 sept. 1896 ; *R. E.* 1378 ; *J. E.* 25.168).

8 bis. (155). Enregistrement. — Les affiches (non signées) ne constituent pas des actes et ne sont pas, en conséquence, passibles d'enregistrement, alors même qu'elles seraient produites en justice (Lille, 4 juillet 1901 ; *R. E.* 2850).

ART. 2. — AFFICHES PEINTES.

9. (128). Tarif. Décimes. — Les droits d'affichage établis par l'art. 19 de la loi du 26 juillet 1893 ne sont pas soumis aux décimes (Inst. 2850, p. 2).

9 bis. (133). Restauration des affiches peintes. — L'auteur d'une affiche peinte peut, sans être redevable d'un nouveau droit de timbre, procéder à des restaurations partielles, destinées à maintenir l'affiche apparente et lisible, pourvu que le texte primitif n'en soit pas modifié. Mais cette règle ne saurait être étendue à la restauration d'une affiche qui, par suite de vétusté, aurait complètement disparu. Il s'agit, dans ce cas, d'une réfection intégrale, c'est-à-dire d'une nouvelle affiche, dont l'apposition ne peut avoir lieu sans payement d'un nouveau droit de timbre (Sol. 5 août 1895 ; *J. E.* 24.680).

10. (135 bis). Carton goudronné. — Le tarif des affiches peintes est applicable aux annonces reproduites sur des feuilles de carton dont les deux faces ont été goudronnées puis recouvertes d'une peinture en couleurs vernissées (Sol. 22 juill. 1899 ; *J. E.* 2273).

10 bis. (144). Distributeur automatique. — Les inscriptions figurant sur un distributeur automatique et indiquant soit le nom et l'adresse de son constructeur, soit le mécanisme de son fonctionnement, soit enfin son objet, constituent de simples enseignes exemptes de timbre (Sol. 3 mars 1899 ; *Rev. prat.*, 4528).

11. (147). **Voiture recouverte d'affiches peintes circulant dans plusieurs communes. Tarif.** — Lorsqu'une voiture circule dans plusieurs communes, l'affiche peinte qui s'y trouve apposée doit être timbrée au tarif déterminé d'après la population de la moins importante des communes desservies. Contrairement à ce qui a été décidé en matière d'affiches peintes apposées dans les wagons de chemins de fer, appelés à circuler dans des communes de toutes importances (D. M. F. 7 déc. 1891 ; (Inst. 2823-15 ; *R. E.* 251), le droit de timbre minimum ne doit pas être appliqué dès lors que la population de la plus faible des communes traversées comporte un tarif plus élevé (Sol. 11 mai 1897 ; *R. E.* 1660 ; *J. E.* 25.228).

§ 3. — Contraventions. Pénalités. Poursuites et instances.

12. (160). **Contraventions fiscales. Loi sur la presse** — L'art. 68 de la loi du 29 juillet 1881, sur la liberté de la presse, qui déclare abrogées les dispositions antérieures, relatives notamment à l'exercice du droit d'affichage, n'a visé que les dispositions ayant un intérêt politique ou de police à l'exclusion des dispositions purement fiscales. Les lois d'impôt (LL. 28 avr. 1816, art. 65 ; 16 juin 1824, art. 10 et 18 juill. 1866, art. 4) qui ont prononcé des pénalités pour apposition d'affiches non timbrées sont, par conséquent, toujours en vigueur (Cass. crim., 24 déc. 1896 ; R. E. 1833 ; J. E. 25.297 ; S. 97.1.383).

13. (166). **Affiches imprimées. Tirage unique.** — En matière d'affiches imprimées, une seule amende est due tant par l'auteur que par l'imprimeur pour tous les exemplaires non timbrés qui proviennent d'un même tirage, à moins toutefois qu'il n'y ait eu récidive, comme, par exemple, lorsque l'apposition des affiches en contravention a été réitérée après un premier procès-verbal et après un laps de temps assez long pour que la contravention ainsi commise puisse être distincte de la première. Ce cas échéant, il appartient à l'Administration de faire la preuve des faits constitutifs de la récidive (Seine, 7 juill. 1894 ; R. E. 824 ; J. E. 24.530 ; R. P. 8390).

Il n'est dû également qu'une seule amende pour l'impression de plusieurs exemplaires d'une même affiche sur papier blanc (Montpellier, trib. corr., 23 déc. 1895 ; J. E. 24.885).

14. (169 *bis*). **Saisie des affiches. Action des parties en dommages-intérêts.** — Les parties sont non recevables à intenter une action en dommages-intérêts contre l'Administration qui a procédé à la saisie d'affiches présumées être en contravention, alors même que les poursuites en recouvrement des droits et amendes seraient elles-mêmes reconnues mal fondées. Du moment que la bonne foi des agents ne peut être suspectée, on ne saurait être admis à leur demander compte de l'exercice d'un droit qu'ils tiennent de la loi. L'action en dommages-intérêts devrait, dans tous les cas, être instruite et jugée avec l'instance suivie sur l'opposition à la contrainte de l'Administration, dans les formes prescrites par la loi de frimaire (Seine, 17 mars 1894 ; J. E. 24.453).

15. (173). **Débiteurs des droits et amendes.** — Les droits de timbre dus sur les affiches peintes et les amendes pour non-paiement de cet impôt peuvent être réclamés aux personnes dans l'intérêt desquelles les affiches ont été apposées, sans que la Régie ait besoin de prouver

que l'affichage a été fait par ces personnes ou sur leurs ordres. Le fait que l'affichage a eu lieu par les soins du précédent propriétaire de la maison de commerce annoncée au public ne suffirait pas, alors même qu'il serait établi, pour exonérer des droits et amendes le successeur qui profite de la publicité (Seine, 15 janv. 1897 ; R. E. 1358 ; J. E. 25.142 ; R. P. 9097).

On considère, au surplus, comme auteur de l'affiche, la personne qui y est désignée pour donner les renseignements au sujet de son objet plutôt que la personne même que cet objet concerne. Le mandataire auquel les amateurs sont invités à s'adresser pour visiter un immeuble mis en vente devrait donc, sauf appréciation des circonstances, être rendu responsable des droits et de l'amende encourue en cas de contravention, de préférence au vendeur lui-même (Versailles, 24 janv. 1896 ; J. E. 24.956 ; R. P. 8913).

16. (174). **Force probante des procès-verbaux.** — Les procès-verbaux de contravention en matière d'affiches font foi, jusqu'à preuve contraire, des faits qu'ils énoncent, et notamment de ce que des placards placés à l'intérieur d'une maison étaient visibles du dehors (Seine, 7 juill. 1894 ; R. E. 2824 ; J. E. 24.530 ; R. P. 8390).

17. (177). **Compétence.** — Les tribunaux civils sont seuls compétents, à l'exclusion des tribunaux de simple police, pour connaître des contraventions relatives à l'apposition, dans un lieu public, d'affiches non timbrées (Cass. crim., 18 fév. 1899 ; R. E. 1988). Inversement, il appartient exclusivement au tribunal de simple police du domicile de l'imprimeur de prononcer l'amende encourue pour tirage d'affiches sur papier blanc (Montpellier, trib. corr. 23 déc. 1895 ; J. E. 24.885).

18. **Prescription.** — Pour la fixation du point de départ de la prescription biennale applicable à l'amende, il n'échet de considérer la date de l'apposition de l'affiche, mais seulement le fait de son existence actuelle, la contravention provenant du défaut de timbre étant successive (Montargis, 14 mai 1901 ; R. E. 2746).

18. *bis.* (178 et 179). **Statistique.** — Le produit des droits sur les affiches sur papier tend à augmenter pendant que celui des affiches peintes tend plutôt à décroître. Ces produits ont été les suivants depuis 1897 :

Affiches sur papier		Affiches peintes	
1897	3.347.910	1897	120.453
1898	3.433.366	1898	93.967
1899	3.457.151	1899	101.308
1900	3.396.500	1900	94.500

TITRES NÉGOCIABLES.

SOMMAIRE ANALYTIQUE.

Sect. I. — *Droit de timbre*, 1-17.

§ 1. — Des actions, 1-10.

     Art. 1. — Droit au comptant, 1-3.
       — 2. — Droit par abonnement, 4-10.

§ 2. — Des obligations, 11-14.

     Art. 1. — Droit au comptant, 11-13.
       — 2. — Droit par abonnement, 14.

§ 3. — Payement des droits. Pénalités. Prescription 15-17.

Sect. II. — *Droit de transmission*, 18-31.

§ 1. — Droit de transfert, 18-19.
§ 2. — Taxe annuelle de transmission, 20-26.
§ 3. — Droit de conversion, 27.
§ 4. — Payement des droits. Contraventions. Pénalités. Restitution. Prescription, 28-31.

SOMMAIRE ALPHABÉTIQUE.

Abonnement. Timbre, 4-10, 14.
Actions, 1 à 10.
— d'apport non négocia-
ble, 3, 5, 26.
— de capital, 2 bis.
— de jouissance, 2 bis.
Assurances mutuelles, 20.
Augmentation d'actif, 9.
Bons algériens, 12.
— des loteries réunies, 12.
— différés, 8.
Caisse des dépôts, prêts, 18 bis.
Certificats nominatifs, 2.
Certificats nominatifs, titres au
porteur déposés, 18 ter.
Certificats provisoires, 2.
Colonies, 13.
Compensations successives, 17.
Conversion, 27.
Cote officielle, 23.
Cours de Bourse, 22, 24.
Crédit foncier, 12.
Déchéance quinquenuale, 6.
Délai d'épreuve, 7.
Dividendes fictifs, 16.
Emission, 21 bis.
Faillite, 25, 28, 29.
Habitations à bon marché, 6.
Improductivité. Preuve, 8,9,10.
Imputation, 31.
Inconstitutionnalité de l'art.22,
L. 5 juin 1850, 4.

Insuffisance de déclaration, 30.
Irrévocabilité de l'abonnement,
6.
Lettres de gage du Crédit fon-
cier, 12.
Liquidation (société en), 25, 28.
Mutation par décès. Justification
du paiement des droits,19 bis.
Nantissement, 14, 21.
Nue propriété, 19 ter.
Obligations, 11-14.
Option pour la forme au por-
teur, 27 bis.
Parts de fonds de garantie, 30.
Payements trimestriels, 21 bis.
Point de départ de la taxe de
transmission, 21.
Prescription, 19 bis, 31.
Privilège du Trésor, 15.
Réduction du capital social, 6.
Renouvellement de titres, 2.
Reprise de la vie sociale, 7.
Réserve, 9.
Restitution, 16, 31.
Sociétés coopératives, 1, 18.
Timbre, 1 et s.
— de dimension. 3.
Titres non cotés, 23 bis.
Transfert, 19, 19 bis.
Transmission, 18, 31.
— (Taxe annuelle
de), 20-26.

SECT. Ire. — DROIT DE TIMBRE.

§ 1er. — Des actions.

ART. 1er. — DROIT AU COMPTANT.

1. Sociétés coopératives. — Les parts d'intérêts créées par les sociétés coopératives de consommation et donnant droit à un intérêt fixe annuel ne sont pas soumises au droit de timbre proportionnel (R. E. 2821-I).

2. (29). Certificats provisoires. — Les titres provisoires nominatifs délivrés aux actionnaires d'une société, lors du premier versement, qui sont détachés d'un registre à souche et portent le nom du titulaire, l'indication du nombre d'actions,la signature d'un administrateur et d'un délégué du conseil, enfin des cases réservées : 1° aux énonciations relatives aux divers versements à faire pour libérer le titre ; 2° au paiement des dividendes des titres, tiennent en réalité lieu d'actions jusqu'au moment où le titre définitif est délivré et donnent, en conséquence, ouverture au droit de timbre proportionnel (Seine, 13 mai 1899 ; R. P. 9634).

2 bis. (38). Titres délivrés par suite de renouvellement. Actions de capital supprimées. Actions de capital et actions de jouissance délivrées en échange. — L'art. 17 de la loi du 5 juin 1850 aux termes duquel le titre ou certificat d'action délivré par suite de transfert ou de renouvellement est timbré à l'extraordinaire ou visé pour timbre gratis si le titre ou certificat primitif a été timbré, n'est applicable qu'autant que le titre délivré en remplacement du titre primitif est la représentation exacte de celui auquel il a été substitué. Si donc une société anonyme crée et délivre à ses actionnaires, en remplacement de chaque action de capital, deux actions nouvelles, l'une de capital, d'une valeur nominale égale à celle du titre ancien, et l'autre de jouissance, sans expression de valeur, les actions de jouissance créées et remises aux porteurs d'actions de capital constituent des titres distincts de ces dernières actions, correspondant à une valeur différente et passibles, par suite, d'un nouveau droit liquidé sur la valeur réelle à déclarer par la société. Dans les conditions dont il s'agit, les nouvelles actions de capital sont, en effet, seules substituées aux anciennes, au point de vue du capital de la société, et leur coexistence avec les actions de jouissance ne permet pas de dire que celles-ci représentent les titres supprimés (1).

La gratuité est, au contraire, acquise aux actions de jouissance délivrées aux actionnaires, à la suite d'amortissement, en remplacement des anciennes actions (Sol. 11 juill. 1895 ; J. E. 24.907 ; R. P. 8622).

3. (40-41). Actions d'apport laissées à la souche. Certificats nominatifs. Timbre de dimension. — Lorsqu'une société délivre à des associés apporteurs des certificats nominatifs en représentation des actions d'apports régulièrement timbrés qui, aux termes de l'art. 2 de la loi du 1er août 1893, doivent rester attachés à la souche pendant le délai de deux ans à partir de la constitution de la société, ces certificats sont passibles du timbre de dimension (Sol. 26 oct. 1895 ; R. E. 1307 ; J. E. 24.952 ; R. P. 8772).

ART. 2. — DROIT PAR ABONNEMENT.

4. (50). Timbre d'abonnement. — On a prétendu récemment que l'art. 22 de la loi de 1850 était inconstitutionnel comme n'ayant pas été soumis, lors du vote de la loi par l'Assemblée nationale, à la troisième lecture réglementaire ; et, d'autre part, qu'il devait être interprété en ce sens que l'abonnement ne doit pas être payé au delà de 20 années consécutives alors même que la durée de la société serait supérieure (Rev.critique de jurisprud., numéro de nov. 1901, p. 535 et suiv.). Ni l'une ni l'autre de ces critiques ne sont fondées. Tout d'abord la loi nous paraît exécutoire dans la teneur où elle a été promulguée. Quant à la seconde objection elle est évidemment contraire au texte de la loi.

5. (56 bis). Actions d'apport non négociables. — Lorsque les actions d'apport qui, en vertu de l'art. 2 de la loi du 1er août 1893, restent attachées à la souche, ne sont pas revêtues des signatures nécessaires pour leur conférer une valeur juridique, elles ne sont sujettes ni au timbre proportionnel, ni au timbre de dimension. Il en est autrement du certificat nominatif d'inscription délivré au propriétaire de ces actions. Ce certificat, ne pouvant être cédé que par les voies civiles, est soumis au timbre de dimension, en vertu de l'art. 25 de la loi du 5 juin 1850 et non au timbre proportionnel établi par les art. 14 et 22 de la même loi. Mais ce dernier droit devient exigible sur les actions d'apport (ou le certificat qui les représente) dès l'expiration de la période de non-négociabilité (Seine, 22 déc. 1899 ; R. E. 2369 ; J. E. 25.923).

La doctrine de ce jugement a été acceptée par la Régie.

6. (60). Irrévocabilité de l'abonnement. Réduction du capital social. Sociétés pour la construction des habitations à bon marché. — Sous le régime de la loi de 1850, la taxe d'abonnement au timbre demeure exigible sur l'intégralité du capital initial de la société représenté par des actions, même quand ce capital vient à subir une réduction.

Si, d'ailleurs, une société,après avoir réduit son capital, l'augmente ultérieurement et émet des actions nouvelles

---

(1) Cass. req., 24 oct. 1898 ; Inst. 2986-2 ; S. 99.1.145 ; D. 99. 1.142 ; R. E. 1891 ; J. E. 25.543 ; R. P. 9401.

ces titres nouveaux ne peuvent être considérés comme émis en renouvellement des actions anciennes juridiquement anéanties. Ils sont, en conséquence, passibles du droit de timbre proportionnel établi par l'art. 14 de la loi du 5 juin 1850. Ils doivent, dès lors, entrer en ligne de compte pour la liquidation de la taxe d'abonnement, qui n'est qu'un mode de payement du droit de timbre au comptant, à moins que la société ne préfère acquitter ce dernier droit sur les titres nouveaux (Seine, 16 juill. 1898 ; R. E. 1873).

De même, lorsqu'une société, après avoir amorti son capital et remplacé les actions de propriété par des actions de jouissance, crée des titres nouveaux dénommés « parts de propriété » donnant droit à une fraction de la propriété de l'actif social ainsi que dans les bénéfices réalisés, la taxe est due non seulement sur le capital des titres amortis, mais encore sur la valeur nominale des parts de propriété créées en remplacement (Seine, 18 mai 1901 ; R. E. 2766).

La loi du 30 novembre 1894, sur les habitations à bon marché, contient une exception à cette dernière règle, en faveur des sociétés de construction et des sociétés de crédit qui se consacrent à l'œuvre philanthropique visée par le législateur. Après avoir déclaré que l'abonnement au timbre souscrit pour leurs actions par les sociétés dont il s'agit ne subira aucune réduction, quelle que soit la diminution du capital social, ce qui n'est que la confirmation de la première des règles susénoncées, l'art. 12 de la loi de 1894 ajoute que « en cas d'émissions nouvelles, les droits de timbre resteront les mêmes tant que le capital social précédemment soumis à l'abonnement ne sera pas dépassé ». Les autres dispositions de la loi de 1850 demeurent néanmoins applicables ; on doit en conclure notamment que la dispense des droits de timbre n'implique pas la dispense de la formalité. Les sociétés qui procèdent à l'émission d'actions appelées à bénéficier de la disposition de faveur de l'art. 12 de la loi du 30 novembre 1894 doivent, par conséquent, souscrire, dans la forme ordinaire, une déclaration d'abonnement.

Il importe, au surplus, de remarquer que l'immunité est restreinte au cas où la société a opté pour le payement par voie d'abonnement. Si la société avait acquitté les droits de timbre au comptant, elle ne serait pas fondée à exciper d'une réduction précédente du capital social pour réclamer le timbrage gratuit des titres faisant l'objet d'une émission nouvelle, alors même que le capital ainsi augmenté resterait inférieur à celui pour lequel le payement du droit de timbre aurait eu lieu au comptant (Inst. 2901 ; R. E. 1562).

7. (64). Délai d'épreuve. Société en liquidation. Reprise de la vie sociale. Point de départ des deux années. — Les droits acquittés pour les deux années d'épreuve restent définitivement acquis au Trésor, alors même que la société abonnée ne produirait jamais de bénéfices (Seine, 13 août 1896 ; R. E. 1301 ; J. E. 25.086).

Lorsqu'une société est mise en liquidation au cours d'un exercice et après avoir opéré une distribution au cours du même exercice, et reprend sa marche, à la suite d'un concordat, dans le cours de l'exercice suivant, le délai des deux années d'épreuve au bout duquel elle est exempte de la taxe court, non du jour de la mise en liquidation, mais du jour de la dernière distribution (Seine, 29 mai 1897 ; R. E. 1431 ; J. E. 25.343 ; R. P. 9171).

8. (68). Prétendue improductivité. Paiement d'intérêts par la remise de bons différés. — Le bénéfice de l'art. 24 de la loi de 1850, aux termes duquel les sociétés qui, postérieurement à leur abonnement pour le timbre

de leurs actions, n'auront, dans les deux dernières années, payé ni dividendes ni intérêts, seront dispensés du droit tant qu'il n'y aura pas de répartition ou de paiement d'intérêts, ne saurait être réclamé par une société qui, pour chacun des exercices prétendus par elle improductifs, a payé les intérêts dus à ses actionnaires au moyen de la remise de bons différés (1).

9. (69 et 70). Mise en réserve. Augmentation de l'actif. Association religieuse. — L'art. 24 est applicable dès lors qu'aucune distribution, aucun paiement direct ou indirect n'a eu lieu. Mais doit-on considérer comme distribution indirecte la mise en réserve des bénéfices réalisés ou leur affectation à l'accroissement du capital social ? La jurisprudence s'est fréquemment prononcée pour la négative (Seine, 9 nov. 1895 ; R.E. 1141 ; — 19 mai 1900; R. E. 2461). Mais on peut citer en sens contraire un arrêt de la Chambre civile du 22 novembre 1899 (2) en matière d'association religieuse.

La Cour a considéré que les acquisitions réalisées constituaient le seul mode de distribution conciliable avec le caractère propre de l'association excluant toute répartition de bénéfices entre les associés qui ne poursuivent aucun avantage personnel.

D'après la théorie de l'Administration, c'est l'absence seule de bénéfices qui peut justifier la dispense provisoire des droits. Et, pour apprécier si un exercice est resté improductif, il faut déterminer la valeur de l'actif net au commencement et à la fin de l'année sociale : il y a bénéfice si l'actif net constaté à la fin de l'année est tout à la fois supérieur à celui constaté au commencement de la même année et au capital social (Sol. 23 mai 1896 ; R. E. 1725 ; J. E. 25.617 ; — 10 nov. et 16 déc. 1897 ; R. E. 1652 ; J.E. 25.469).

10. (71). Sociétés infructueuses. Point de départ du délai d'épreuve de deux ans. — Les deux années, dites d'épreuve, pendant lesquelles les sociétés infructueuses doivent payer la taxe annuelle de timbre d'abonnement avant d'en être dispensées, ont leur point de départ au jour où le droit a commencé à être exigible, c'est-à-dire au jour de la création matérielle des titres (Seine, 17 nov. 1900 ; R. E. 2789).

10 bis. (71). Emission d'actions nouvelles par une société improductive. — Lorsqu'une société infructueuse, après avoir payé le droit de timbre par abonnement, pendant les deux ans d'épreuve, sur ses actions anciennes, émet des actions nouvelles, la dispense du droit de timbre s'étend à celles-ci, du jour même de leur création. Si l'émission a lieu pendant le cours du délai d'épreuve, les titres nouveaux sont dispensés du droit, en même temps que les anciens, à l'expiration du délai de deux ans et sans qu'il y ait à considérer la date des diverses déclarations d'abonnement successivement souscrites. Il convient d'avoir égard uniquement, pour le calcul du délai de deux ans, à la date à laquelle le droit a cessé le paiement des intérêts et dividendes. Telle est la règle constamment suivie par l'Administration qui a notamment statué en ce sens par deux solutions des 26 avril et 30 décembre 1878 ; R. E. 2307-IV).

---

(1) Cass. req. 24 juill. 1899 ; Inst. 3004-6 ; S. 1900.1.145 ; D. 1900.1.185 ; R. E. 2145 ; J. E. 25.704 ; R. P. 9646. — V. supra, Impôt sur le revenu, 18.

(2) S. 1900.1.241 ; D. 1900.1.329 ; R. E. 2229 ; J. E. 25.769.

§ 2. — Des obligations.

Art. 1er. — Droit au comptant.

11. (75). **Base de la perception.** — Le droit de timbre doit être liquidé non sur le capital nominal mais sur le montant des obligations, c'est-à-dire sur le chiffre total de la somme à rembourser, sans qu'il y ait lieu de distinguer entre les divers éléments (capital, primes de remboursement, etc.) qui la composent (Seine, 16 juin 1894 ; R. E. 1009 ; J. E. 24.477 ; R. P. 8404).

12. (77). **Lettres de gage émises par le Crédit foncier. Tarif spécial. Bons algériens. Bons des loteries réunies.** — Le droit de timbre de 0 fr. 50 par 1.000 fr., qui peut être remplacé par une taxe annuelle d'abonnement de 0 fr. 50 par 1.000 fr., édicté par l'art. 29 de la loi du 8 juillet 1852 pour les obligations des compagnies de crédit foncier, est un tarif de faveur réservé exclusivement aux titres émis par ces sociétés et qui remplissent les conditions essentielles fixées par la loi pour la création des dites obligations ou lettres de gage. Or, d'après les art. 14 et 16 du décret du 28 février 1852, 1 et 5, § 1 de la loi du 6 juillet 1860 et 1er de la loi du 26 février 1862, déterminant ces conditions, les obligations foncières ou communales émises par le Crédit foncier de France portent intérêts, et leur valeur ne peut dépasser le montant des prêts par lui consentis aux propriétaires, aux départements, communes, associations syndicales, hospices et établissements publics, une proportion constamment égale devant être maintenue entre les fonds prêtés et les fonds produits par les émissions. On ne saurait, dès lors, considérer comme des obligations foncières ou communales, pour l'application du droit de timbre de 0 fr. 50 par 1.000 fr., les bons des loteries réunies et les algériens qui ne portent pas d'intérêts et dont le capital d'émission a été, pour une notable partie, remis gratuitement aux administrateurs des diverses loteries pour leur permettre de satisfaire à leurs engagements, soit au gouverneur général de l'Algérie pour venir en aide aux victimes de l'invasion des sauterelles. Ces bons, bien qu'émis par le Crédit foncier, doivent donc être assujettis au droit de timbre de 1 0/0 auquel sont soumis, en principe, par l'art. 27 de la loi du 5 juin 1850, les titres d'obligations négociables souscrits par les départements, communes, établissements publics et compagnies (1).

13. (80 bis). **Colonies.** — Lorsqu'une ville dépendant d'une colonie où ne sont établis ni le droit de timbre, ni la taxe de transmission qui frappent les titres négociables, émet en France des obligations négociables, ces titres ne sont passibles d'aucune des deux taxes précitées (D. M. F. 6 avr. 1892 ; R. E. 118).

Art. 2. — Droit par abonnement.

14. (84). **Titres remis en nantissement.** — La Chambre civile a décidé que lorsque des obligations sont créées par une société pour être déposées à un établissement financier en garantie d'un prêt, le fait du dépôt en nantissement caractérise suffisamment l'existence non pas seulement matérielle, mais encore juridique du titre négociable et suffit pour rendre exigibles les droits de timbre et de transmission sur ces titres, alors même que les obligations déposées n'auraient jamais fait l'objet d'une émission dans le public et auraient été toutes rendues à

(1) Cass. req., 6 janv. 1897 ; Inst. 2935-4 ; D. 97.1.533 ; R. E. 1321 ; J. E. 25.037 ; R. P. 8914.

la société emprunteuse après le remboursement du prêt et annulées par elle (1).

Mais le tribunal de renvoi (2) s'étant prononcé dans le même sens que les premiers juges et dans un sens contraire à la décision de la Chambre civile, l'affaire sera sans doute soumise aux Chambres réunies qui fixeront définitivement la règle à suivre.

§ 3. — Paiement des droits. Pénalités. Prescription.

15. (93). **Privilège du Trésor.** — Le privilège dont jouit le Trésor public pour le recouvrement du droit de timbre par abonnement créé par l'art. 22 de la loi du 5 juin 1850 (L. 28 avr. 1816, art. 76) ne s'applique que dans les limites où s'exerce le privilège même des contributions directes, c'est-à-dire seulement aux droits dus pour l'année échue et l'année courante (3).

Il est de principe, en effet, que les privilèges doivent toujours s'appliquer restrictivement. Avant 1850, l'impôt du timbre était, il est vrai, toujours payé comptant et la créance du Trésor, pour droits de timbre, appartenait alors nécessairement à l'année au cours de laquelle les droits avaient été réclamés aux parties. La difficulté relative à l'étendue du privilège ne s'élevait donc pas en pratique, dès lors que l'Administration avait le soin de faire valoir ses droits, en temps utile. Depuis 1850, le paiement du droit par annuités a été substitué, en certains cas, au paiement au comptant ; il résulte de là que la situation qui, en fait, ne se présentait pas en 1850, a pu se présenter depuis lors. Mais la loi doit être appliquée à ces faits nouveaux comme elle s'appliquait aux anciens ; une loi organique destinée à régler le recouvrement d'une certaine catégorie de droits régit toutes les taxes de même nature qui peuvent être successivement établies, à moins d'une disposition insérée dans la loi spéciale.

Vainement invoquerait-on le principe d'après lequel la prescription ne court pas contre celui qui est dans l'impossibilité d'agir par suite d'un empêchement résultant de la loi et soutiendrait-on qu'il en doit être de même pour les déchéances. Cette règle ne peut être opposée au texte formel de la loi du 28 avril 1816 (Rapp. Cass. req., 4 juill. 1900 ; R. E. 3527).

16. (101 et 105). **Restitution. Droits indûment perçus sur des dividendes fictifs. Déchéance quinquennale.** — Les droits perçus sur des dividendes fictifs distribués par une société improductive sont, en principe, sujets à restitution, et le droit à restitution s'ouvre non pas seulement à partir du jour où le caractère frauduleux de la distribution a été judiciairement constaté, mais de la date du paiement de l'impôt effectué sans cause, c'est-à-dire du jour où les paiements postérieurs aux deux années d'épreuve ont été effectués ; c'est, par conséquent, cette dernière date qui détermine l'exercice financier à partir duquel commence à courir la déchéance quinquennale (4).

17. (106). **Compensations successives.** — Nous avons rapporté sous le no 106 du Traité un jugement de la Seine du 18 mars 1893 (dont l'exécution a été autorisée par l'Administration le 28 octobre suivant) admettant, en matière de droits de timbre d'abonnement, le système des

(1) Cass. civ., 6 avr. 1897 ; Inst. 2965-2 ; D. 97.1.372 ; S. 98. 1.103 ; R. E. 1384 ; J. E. 25.098 ; R. P. 8963.
(2) Melun, 29 juill. 1898 ; R. E. 2163.
(3) Cass. req., 9 mai 1900 ; R. E. 2408 ; J. E. 25.906 ; Inst. 3037-4 ; S. 1901.1.150 ; Seine, 20 janv. 1900 ; R. E. 2460.
(4) Coulommiers, 24 avr. 1896 ; J. E. 24.868 ; R. P. 8949 ; — Seine, 13 avr. 1896 ; J. E. 25.086.

compensations successives qui a pour effet de reporter indéfiniment, d'exercice en exercice, le point de départ de la déchéance quinquennale que le Trésor est fondé, en principe, à opposer aux demandes en restitution des redevables. Après nouvel examen, nous croyons devoir répudier cette doctrine que nous avions acceptée d'abord et nous ranger à l'opinion longuement développée par M. Guillemin, substitut près le tribunal de la Seine, sous l'art. 2118 de la *Revue* (V. dans le même sens *J. E.* 25.746).

Les principales raisons que fait valoir le savant magistrat pour repousser la compensation légale en notre matière sont les suivantes :

1° Les règles de la compensation établies par le Code civil ne sont applicables qu'aux créances des particuliers entre eux et non aux créances contre l'Etat en remboursement d'impôts ni aux créances de l'Etat en paiement d'impôts ;

2° Les principes de la comptabilité publique s'opposent à ce que les impôts appartenant à un exercice soient payés autrement qu'en espèces, et par exemple « en monnaie de compensation », surtout en créances sur un autre exercice et que sa prétention a été admise ;

3° La dette de l'Administration ne peut être liquide et exigible, par conséquent entrer en compensation avec une dette réciproque du redevable, que lorsque celui-ci s'est régulièrement pourvu en restitution des droits indûment perçus ;

4° La jurisprudence de la Cour de cassation n'admet l'imputation d'un droit indûment perçu sur un autre droit exigible que lorsqu'il s'agit de précompter un droit provisoirement perçu sur un droit définitivement exigible relativement à un même acte et à une même perception (1). S'il s'agit, au contraire, de perceptions distinctes, ayant chacune leur autonomie et un caractère définitif, leur indépendance fiscale met alors obstacle à la compensation légale.

Or, pour l'abonnement au timbre, les annuités dues, nécessairement variables dans leur quantum, *forment des créances distinctes* dont chacune représente un capital particulier (Cass., 28 juill. 1875 ; Inst. 2531, § 7 ; S. 76.1.87 ; D. 75.1.425).

En matière d'impôt sur le revenu, l'imputation n'est autorisée que lorsque la liquidation définitive de l'impôt, qui a lieu une fois par an, fait ressortir un excédent de versement en faveur de la société. Cet excédent peut être imputé sur l'exercice courant (Décr. 6 déc. 1872).

En matière de droits de transmission, il existe un motif particulier qui s'oppose à la compensation, c'est qu'il s'agit de droits d'enregistrement perçus à l'occasion de mutations soit réelles (titres nominatifs), soit présumées (titres au porteur), et dus par des débiteurs distincts. L'ayant-droit à la restitution est un actionnaire ou un obligataire distinct du débiteur de la taxe nouvelle et celui-ci ne peut, par conséquent, opposer en compensation de sa dette la créance appartenant à un tiers.

Le tribunal de la Seine a décidé, le 30 juin 1899 (par deux jugements), conformément aux conclusions de M. Guillemin, que la perception du droit de transmission sur les titres négociables, opérée au commencement de chaque trimestre pour les faits imposables du trimestre précédent, a lieu en vertu d'une liquidation définitive, sans aucun lien avec les perceptions afférentes à d'autres trimestres.

(1) Cass., 23 févr. 1898 ; *R. E.* 1649 ; Inst. 2967, § 1 ; S. 98.
1.373 ; *J. E.* 25.374 ; — Rappr. Cass., 23 mars 1896 ; *R. E.* 1130 ; Inst. 2930, § 2 ; D. 96.1.318.

D'autre part, si cette perception a été exagérée, le droit à la restitution du trop-perçu ne constitue, pour la société qui l'a versé, une créance liquide et exigible que sous la condition qu'une demande en restitution ait été formée dans le délai légal et admise soit à l'amiable, soit en justice.

Il en résulte que les droits de transmission versés depuis plus de deux ans sans avoir fait l'objet d'une action en restitution sont définitivement acquis au Trésor et ne peuvent pas être compensés avec des droits de même nature devenus exigibles après le même délai (*R. E.* 2198).

En matière d'impôt sur le revenu, le même tribunal n'a pas tranché la difficulté au fond ; il s'est appuyé, pour repousser la compensation successive opposée par les redevables, sur ce que les parties intéressées peuvent valablement renoncer à la compensation légale soit expressément, soit tacitement, même après qu'elle s'est accomplie.

Une telle renonciation, dit le tribunal, résulte, en ce qui concerne la taxe sur le revenu et le droit de timbre par abonnement indûment perçus, pendant des exercices déterminés, sur les titres d'une société, de l'assignation en restitution formée par la société au sujet de ces droits. Si la demande ainsi formée par la société est rejetée par des décisions judiciaires, la société est irrecevable, après que ces décisions ont acquis l'autorité de la chose jugée, à reprendre l'exception de compensation à laquelle elle avait tacitement renoncé (Seine, 19 mai 1899 ; *R. E.* 2130).

La même thèse peut être soutenue en matière de droits de timbre et de transmission.

La question est actuellement soumise à la Cour de cassation, par suite du pourvoi formé contre les jugements précités du 30 juin 1899.

Ajoutons que par un jugement du 15 novembre 1901 (*R. E.* 2856), le tribunal de la Seine a revenu à sa jurisprudence primitive et a appliqué de nouveau le système des compensations successives au payement du droit de timbre par abonnement sur des obligations négociables.

SECT. II. — DROIT DE TRANSMISSION.

18. Sociétés coopératives. — Les parts d'intérêts créées par les sociétés coopératives de consommation, et donnant droit à un intérêt fixe annuel ne sont pas soumises à la taxe de transmission (*R. E.* 2824-I).

18 bis. (125). Emprunts des départements, communes et établissements publics près la Caisse des consignations. — Les départements, communes et établissements publics remettent à la Caisse des dépôts et consignations, en représentation des emprunts qu'ils contractent à cette Caisse, des bons ou obligations négociables à l'ordre de la Caisse des dépôts. Ces titres sont assujettis au régime fiscal des titres nominatifs moyennant l'accomplissement des mesures suivantes prescrites par l'Inst. 2430 : dépôt de ces valeurs dans une caisse spéciale, communication au service de l'Enregistrement à la fin de chaque trimestre du relevé des titres ainsi déposés, et remise au même service de bordereaux spéciaux indiquant ceux de ces titres que la Caisse des consignations négocierait à des tiers.

Les départements, communes et établissements publics n'ont donc ni droit à payer, ni relevé à fournir dans les 20 premiers jours de chaque trimestre, pour les bons et obligations qu'ils ont souscrits à l'ordre de la Caisse des consignations. Mais si la Caisse veut restituer aux titres la forme à ordre ou au porteur afin de les négocier, elle

en informe le directeur à Paris par la remise des bordereaux spéciaux et celui-ci en avise ses collègues intéressés
afin qu'ils fassent payer les droits qui deviendront exigibles et dont les départements, communes et établissements
publics doivent faire l'avance, sauf leur recours contre les
tiers entre les mains desquels sont passés les titres cédés.

Depuis 1890 la Caisse des dépôts paraît avoir renoncé à
ce mode d'opérer et effectue des prêts directs aux départements, communes, etc. sans se réserver, en se faisant
remettre des bons négociables, de jouer le rôle de simple
intermédiaire entre le public et les établissements emprunteurs. Les prêts ainsi consentis échappent non seulement
à la taxe annuelle de transmission, mais encore au droit
de timbre de 1 0/0 ou à celui d'abonnement qui en tient
lieu.

18 *ter.* (125). **Titres au porteur déposés dans les
caisses de la société qui les a émis. Certificats nominatifs délivrés au propriétaire.** — Certaines sociétés
et notamment les grandes compagnies de chemins de fer
émettent tous leurs titres sous la forme au porteur. Les
propriétaires qui désirent un titre nominatif reçoivent des
certificats nominatifs en échange des valeurs au porteur
qui sont déposées dans les caisses de la compagnie (V. *T.
A., Tit. nég.*, 40 ; — Rappr. *R. E.* 1307, obs.). Les titres
ainsi déposés ne sont pas assujettis à la taxe annuelle. Le
droit de 0 fr.50 0/0 est seulement perçu en cas de transfert
ou de conversion.

§ 1ᵉʳ. — *Droit de transfert.*

19.(133).**Règle générale de perception. Transfert régulier.** — Le transfert passible du droit de transmission de
0 fr. 50 0/0 ne peut être entendu que de celui qui est opéré,
en conformité des statuts, par une déclaration inscrite sur
le registre tenu à cet effet au siège de la société, signée par
le cédant et par le cessionnaire ou par leurs fondés de
pouvoir, visée par le gérant et mentionnée sur l'action cédée par une attestation du gérant. On ne saurait attribuer
une telle portée à la cession que les parties veulent faire
résulter d'une mention inscrite et signée par le gérant,
depuis décédé, au verso des titres dont il était propriétaire apparent, et indiquant que les actions sont transfé-
rées, à ses risques et périls, au profit d'un tiers, lequel,
d'ailleurs, déclare les détenir et n'avoir pas l'intention
de s'en défaire (Sol. 29 avr. 1897 ; *R. E.* 1658 ; *J. E.*
25.494 ; *R. P.* 9287).

19 *bis.* (139). **Mutation par décès. Justification du
paiement des droits de succession.** — Lorsqu'à raison
de la prescription, les droits de mutation par décès ne
peuvent plus être exigés sur les valeurs françaises nominatives dépendant d'une succession, les transferts sont
effectués sur la représentation d'un certificat du receveur
constatant qu'il n'est dû aucun droit de les valeurs qui
en font l'objet sont ensuite comprises par les compagnies,
parmi celles qui sont exemptes du droit de transmission,
dans l'état trimestriel à fournir en exécution de l'art. 2
du décret du 17 juillet 1857. La délivrance du certificat
du receveur doit toutefois être précédée d'une déclaration
de succession pour ordre, régulièrement souscrite par le
redevable (Sol. 2 mai 1900 ; *R. E.* 2503 ; *J. E.* 25.996 ; —
Rappr. Instr. 2508 § 6 et 3051-I ; — V. aussi *Succession*,
nᵒˢ 413 et suiv.).

19 *ter.* (142). **Liquidation du droit de transfert. Cession de la nue propriété. Valeur imposable.** — Le droit
de transfert auquel sont soumises, d'après l'art. 6 de la loi
du 23 juin 1857, les cessions de titres nominatifs ou assimilés doit être perçu sur le *prix des négociations* mentionnées
dans les relevés fournis en exécution de l'art. 2 du décret
du 17 juillet 1857. Cette règle est applicable sans contestation possible aux cessions de titres immatriculés pour la
nue propriété au nom d'une personne et vendus par celle-
ci à un tiers (Sol. 25 févr. 1899 ; *R. E.* 2037).

§ 2. — *Taxe annuelle de transmission.*

20. (146). **Obligations sous forme de parts de fonds
de garantie au porteur. Sociétés d'assurances mutuelles.** — Les sociétés d'assurances mutuelles tombent
sous l'application de l'art. 6 de la loi du 23 juin 1857, soit
qu'on les considère comme de véritables sociétés, au sens
de l'art. 1832, C. civ., soit qu'on les envisage comme des
collectivités ayant une existence propre. Les titres d'emprunt qu'elles émettent pour couvrir leurs dépenses d'organisation et de premier établissement, sous forme de
parts de fonds de garantie au porteur, sont donc passibles
de la taxe annuelle de transmission. Le paiement de la
taxe ne peut être éludé sous le prétexte que les prêteurs
n'ont aucune sûreté de remboursement ; le législateur a
entendu soumettre les titres d'obligations à l'impôt sans
se préoccuper du plus ou moins de garantie offerte par les
emprunteurs (Lyon, 13 déc. 1899 ; *J. E.* 25.867).

20 *bis.* (147). **Titres remis en nantissement.** — V. *suprà*, nᵒ 14.

21. (148). **Point de départ de la taxe. Paiements
trimestriels.** — La taxe de transmission de 0 fr. 20 0/0
payée par une société pour ses titres au porteur au cours
du premier trimestre de son existence s'applique aux droits
devenus exigibles à partir du 20ᵉ jour du trimestre qui
suit celui où le paiement a eu lieu. Il en résulte que, si
elle continue à opérer ses versements de trois mois en
trois mois, le dernier versement s'applique à la taxe à
échoir dans le trimestre suivant et la société peut s'abstenir, par conséquent, d'effectuer un versement pendant ce
trimestre, sauf à reprendre ensuite ses paiements à terme
échu (Sol. 13 juill. 1897 ; *R. E.* 1348).

FAITS CONSTITUTIFS DE L'ÉMISSION. — Doivent être considérées comme émises, et sont, par suite, passibles de la
taxe annuelle et obligatoire de transmission les actions
au porteur d'une société qui ont été attribuées aux souscripteurs lors de la constitution de cette société, créées
matériellement, revêtues du timbre à l'extraordinaire, et
dont un grand nombre a été négocié (Nice, 9 mars 1897 ;
R. E. 1550).

Le tribunal de la Seine a jugé que, pour que la taxe annuelle soit exigible, il n'est même pas nécessaire que les
titres aient été matériellement créés ; il suffit qu'ils aient
fait l'objet d'une émission, ce qui arrive notamment pour
des titres nominatifs à l'origine qui sont transformés en
titres au porteur. La taxe annuelle est due à partir de
l'option faite par les actionnaires pour la forme au porteur
(Jugement du 8 août 1901 ; *R. E.* 2855).

Cette décision ne nous paraît pas devoir être approuvée.
Dès lors que l'exigibilité de la taxe annuelle dépend de la
transformation d'une action nominative et transmissible
uniquement par voie de transfert en un titre au porteur,
il faut de toute nécessité que ce titre au porteur existe
matériellement pour que cette transformation soit accomplie et que la taxe annuelle soit due. On ne peut concevoir, en effet, d'action au porteur, transmissible *de la main
à la main*, sans titre matériel la représentant (Houpin,
Soc., 3ᵉ éd., 2ᵉ tirage, I, nᵒ 293). Il ne sert de rien d'ob-

jecter, comme le fait le tribunal de la Seine, que l'option — même non accompagnée ou suivie de la remise du titre nouveau, — a pour effet de rendre transmissible par toutes voies de droit commun le titre nominatif qui, jusque-là, n'était transmissible que par voie de transfert. C'est là une erreur. Le titre ne peut être que nominatif, tel qu'il a été créé, ou au porteur. Dès lors qu'il n'est pas encore au porteur il conserve son ancienne forme et il n'existe pas pour lui une troisième forme, intermédiaire en quelque sorte, dans l'intervalle qui s'écoule entre la réquisition des titres nouveaux et leur délivrance (Rappr. nos observations au T. A. n° 148 note 2 ; — V. aussi R. E. 853, observations).

22. (159). **Détermination de la valeur imposable. Cours de Bourse.** — Le prix d'une cession de titre négociable consentie pendant l'année forme, le cas échéant, le prix moyen devant servir de base à la perception de la taxe de transmission. S'il y a eu deux négociations, c'est la moyenne de ces deux cours qui représente le cours moyen (Sol. 10 avr. 1897 ; R. E. 1492 ; J. E. 25.090).

23. (161). **Cote officielle. 2° partie du bulletin.** — On doit considérer comme des titres cotés à la Bourse, dans le sens du décret du 17 juillet 1857, ceux dont les cours ont été inscrits au bulletin de la cote, qu'ils figurent à la première ou à la deuxième partie de ce bulletin, et ont, par suite, été constatés d'une manière authentique par la Chambre syndicale des agents de change, conformément aux dispositions des art. 72 et 73, C. com. (Bordeaux, 21 févr. 1898 ; R. E. 1696 ; J. E. 25.471 ; R. P. 9327).

23 bis. (163). **Titres non cotés. Évaluation.** — Nous avons analysé au T. A. un jugement de la Seine du 23 juin 1893 d'après lequel la taxe annuelle de transmission doit être assise sur la valeur moyenne des titres, même non cotés, *pendant l'année précédente*, et non pendant le trimestre auquel s'applique cette perception. La Régie a pris ce jugement pour règle aux termes d'une solution du 3 août 1893.

24. (167). **Titres cotés pendant une partie de l'année seulement.** — Le cours auquel des valeurs ont été cotées pendant une partie quelconque de l'année doit servir de base à l'évaluation de ces titres pour l'exercice tout entier (Bordeaux, 21 févr. 1898, précité).

25. (169). **Sociétés dissoutes, en liquidation ou en faillite.** — Une société dissoute et mise en liquidation continue de subsister, avec sa personnalité civile, jusqu'à la fin de la liquidation. Les titres d'actions restent soumis, jusqu'à la clôture des opérations de la liquidation, au droit de transmission établi par la loi du 23 juin 1857. Ce droit doit être acquitté dans les 20 jours qui suivent l'expiration de chaque trimestre, sous peine d'une amende de 100 à 5.000 fr. pour chaque trimestre en retard. Une société ne peut être considérée comme liquidée, tant que l'actif social n'a pas été réalisé et que le produit n'en a pas été distribué. Il en est ainsi spécialement lorsque la délibération de l'assemblée générale des actionnaires qui a prononcé la mise en liquidation de la société, a chargé le liquidateur de vendre le fonds social et d'en répartir le prix entre les actionnaires (Nice, 9 mars 1897 ; R. E. 1550).

Même solution à l'égard des sociétés en faillite (Seine, 20 janv. 1900 ; R. E. 2460).

26. (170 bis). **Actions d'apports non négociables.** — La cession des actions d'apports attachées à la souche, qui ne peuvent être négociées par les voies commerciales pendant le délai de deux ans fixé par l'art. 2 de la loi du 1er août 1893, est seulement passible, bien qu'elle ne puisse

s'opérer que par les voies civiles, du droit de 0 fr.50 0/0 sans décimes. C'est par erreur que l'opinion contraire avait été maintenue au Traité (n° 170 bis), l'arrêt de cassation du 4 février 1895 (T. A. 110 bis) ayant déclaré toutes les cessions d'actions assujetties au tarif de 0 fr. 50 0/0 sans décimes.

§ 3. — Droit de conversion.

27. (180). **Base de la perception.** — Le droit de 0. 50 0/0 dû pour la conversion d'un titre négociable doit être liquidé sur le dernier cours constaté (Sol. 10 avr. 1897 ; R. E. 1492 ; J. E. 25.090).

§ 4. — Paiement des droits. Contraventions. Pénalités. Restitutions. Prescription.

28. (186). **Sociétés en faillite ou en liquidation.** — L'Administration créancière, sur une société en faillite, de droits de transmission, a épuisé son droit lorsqu'elle s'est fait admettre au passif de la faillite pour le montant de sa créance et qu'elle a concouru au concordat homologué qui a clôturé les opérations. La vérification et l'admission d'une créance au passif d'une faillite, suivies de son affirmation, forment, en effet, un véritable contrat judiciaire qui lie, le cas de dol ou de fraude excepté, toutes les parties présentes ou régulièrement appelées et produit, en ce qui concerne l'existence et la quotité de la créance admise, des effets définitifs et irrévocables ; le contrat participe en outre, lorsqu'il a été homologué, de l'autorité de la chose jugée. L'Administration ne pourrait donc plus, dans l'hypothèse ci-dessus, s'adresser à une autre société qui, en vertu d'une convention spéciale antérieure à la faillite, aurait été chargée d'assurer le service des obligations, pour exiger le versement des retenues que celle-ci aurait opérées pour le paiement des droits de transmission (Cass. civ., 7 mars 1900 ; S. 1901.1.49 ; D. 1900.1.574 ; R. E. 2384 ; J. E. 25.855).

La juridiction consulaire serait, d'ailleurs, compétente pour statuer sur la demande de l'Administration tendant à se faire payer par préférence à la masse des créanciers, par le motif que des retenues correspondantes ont été opérées à cet effet sur les coupons payés aux obligataires ; cette question se rattacherait, en effet, de la manière la plus étroite, aux opérations de la faillite (C. d'Aix, 20 juill. 1896 ; R. E. 2384 ; J. E. 25.855).

29. (192). **Retard dans le paiement. Société en liquidation.** — Le représentant d'une société en état de liquidation judiciaire qui n'a pas acquitté, dans le délai de 20 jours à compter de l'expiration de chaque trimestre, la taxe annuelle de transmission exigible sur des titres d'obligations au porteur de cette société ne peut être passible de l'amende de 100 fr. à 5.000 fr. édictée par l'art. 10 de la loi du 23 juin 1857 (Seine, 20 janv. 1900 ; R. E. 2460 ; J. E. 25.925).

30. (193). **Insuffisance de déclaration.** — La société qui fournit, pour la perception du droit de transmission, une déclaration estimative des titres, au lieu de faire connaître le cours moyen et le cours constaté, commet, non une insuffisance du droit en sus, mais une contravention passible d'une amende de 100 fr. (Sol. 10 avr. 1897 ; R. E. 1492 ; J. E. 25.090).

Elle ne saurait, d'ailleurs, être rendue responsable des insuffisances de prix commises par les parties, et elle a rempli toutes ses obligations lorsqu'elle a énoncé sur l'état trimestriel des transferts déposé au bureau de l'enregistrement le détail des cessions opérées avec le prix indiqué par les parties. C'est contre ces dernières que l'Administration devrait agir pour faire la preuve des insuffisances et poursuivre le paiement des droits exigibles. La réclamation serait portée, le cas échéant, non devant le tribunal du ressort du bureau qui a enregistré la cession, mais devant le tribunal du ressort du siège social (Lunéville, 4 juill. 1895 ; *J. E.* 24.982 ; *R. P.* 8788).

31. (198 et 205). **Restitution. Imputation. Prescription.** — La perception du droit de transmission sur les titres négociables, opérée au commencement de chaque trimestre pour les faits imposables du trimestre précédent, a lieu en vertu d'une liquidation définitive, sans aucun lien avec les perceptions afférentes à d'autres trimestres. D'autre part, si cette perception a été exagérée, le droit à la restitution du trop perçu ne constitue, pour la société qui l'a versé, une créance liquide et exigible que sous la condition qu'une demande en restitution ait été formée dans le délai légal et admise soit à l'amiable, soit en justice. Il en résulte que les droits de transmission versés depuis plus de deux ans sans avoir fait l'objet d'une action en restitution sont définitivement acquis au Trésor et ne peuvent pas être compensés avec des droits de même nature devenus exigibles après le même délai (1).

TRANSACTION. — 1. (81-2). **Legs universel par testament olographe non suivi d'envoi en possession. Établissement public. Autorisation d'accepter. Usufruit légué à un héritier du sang. Echange.** — Lorsqu'un testateur ne laissant que des héritiers non réservataires a, par testament olographe, institué un hospice légataire de tous ses biens en nue-propriété et l'un de ses héritiers légataire des mêmes biens en usufruit, qu'une transaction intervient ensuite entre l'hospice et l'héritier légataire, aux termes de laquelle la propriété de l'hérédité est partagée par moitié entre les deux contractants, et qu'enfin un décret autorise l'hospice à accepter le legs aux conditions fixées par le testament et approuve la transaction, l'établissement public doit être considéré comme ayant recueilli la nue propriété de la succession entière dont il a cédé ensuite, à titre onéreux, la moitié au légataire de l'usufruit, en échange de la moitié de cet usufruit.

Il en résulte que le droit de mutation à titre onéreux est exigible sur la transaction qui a, en réalité, le caractère d'un échange de biens immeubles.

Il importe peu que l'hospice ne se soit pas fait envoyer en possession conformément à l'art. 1008, C. civ. L'envoi en possession du légataire universel institué par testament olographe n'est exigé que pour donner au titre la force exécutoire, et non pour conférer au légataire la saisine légale qui, *en l'absence d'héritier à réserve*, lui appartient de plein droit, dès le jour de l'ouverture de la succession (Cass. civ., 9 janv. 1899 (2).

Nous appelons l'attention de nos lecteurs sur cet arrêt qui modifie entièrement la règle de perception enseignée au *T. A.*

Nous fondant sur plusieurs solutions (V. notamment, Sol. 20 fév. 1896 ; *R. E.* 1142 ; *J. E.* 24.980), nous avons

(1) Seine, 30 juin 1899 ; *R. E.* 2198 ; *J. E.* 25.747 ; — Rappr. Seine, 19 mai 1899 ; *R. E.* 2130 ; *J. E.* 25.747 ; *R. P.* 9632. — V. également, V° *Compensation*, et ci-dessus n° 17.
(2) Inst. 2986, § 6 ; S. 99.1.299 ; *R. E.* 1944 ; *J. E.* 25.582 ; *R. P.* 9675-47.

dit que, lorsqu'un légataire universel, non parent du testateur, et institué par testament olographe, transige avec les héritiers du sang non réservataires et leur abandonne, afin qu'ils se désistent d'une action en nullité du testament, une partie de l'hérédité, il faut, pour apprécier si cette transaction a, ou non, le caractère translatif, distinguer si le légataire universel a été envoyé en possession ou non. Au premier cas, il a la propriété apparente, et l'abandon qu'il consent après son envoi en possession aux héritiers naturels constitue une mutation assujettie au droit proportionnel d'après la nature des biens transmis. Au second cas, il n'est pas saisi et c'est à titre de délivrance de legs qu'il est censé recevoir des héritiers les valeurs qu'il conserve.

D'après l'arrêt du 9 janvier 1899, *dès lors qu'il n'existe pas d'héritiers réservataires*, le légataire universel est saisi, *de plein droit*, de la propriété de la succession par le seul effet du testament, *même olographe*, et, s'il abandonne aux héritiers naturels, à titre de transaction, des valeurs héréditaires, ces valeurs font l'objet d'une mutation de propriété au profit des héritiers ; le droit de mutation doit, en conséquence, être perçu, *sans qu'il y ait à examiner si le légataire a été, ou non, envoyé en possession*.

Telle est la règle à laquelle les préposés devront désormais se conformer.

Si, au lieu d'abandonner des valeurs de la succession, le légataire universel s'oblige à verser une somme déterminée aux héritiers qui, de leur côté, consentent à l'exécution du testament, il est dû un droit d'obligation à 1 0/0, et l'acte constatant le payement de la somme promise est passible du droit de quittance (Seine, 2 déc. 1899 ; *R. P.* 9877).

2. (114 bis). **Jugement annulé en cassation. Abandon de recours. Droit de 1 0/0.** — Lorsque, après avoir été déclarés responsables d'un préjudice causé à une société et condamnés, par un arrêt annulé ensuite par la Cour de cassation, à payer au liquidateur une provision de 6 millions, les administrateurs d'une société anonyme s'obligent, par voie de transaction, à payer une somme de 1.850.000 fr. pour obtenir décharge de tout recours ultérieur, cette transaction est passible du droit de 1 0/0 ; et ce droit ne fait pas double emploi avec le droit de condamnation antérieurement perçu sur la somme de 6 millions, les effets de la transaction étant entièrement différents de ceux du jugement annulé et les administrateurs s'étant trouvés complètement déchargés des conséquences de la condamnation par suite de la cassation prononcée à leur profit (Seine, 27 janv. 1899 ; *J. E.* 25.624 ; *R. P.* 9606).

3. (159-1). **Transaction. Partage. Cessation partielle d'indivision. Soulte.** — V. *Partage*, n° 8.

TRANSPORT (CONTRAT DE). — 1. (13 et 14). Connaissements créés en France. Timbre. Distinctions. — La loi du 30 janvier 1893, art. 1er, a substitué aux anciennes classes de navigation (long cours, grand et petit cabotage) trois classes nouvelles (long cours, cabotage international et cabotage français) ; mais cette disposition ne peut avoir d'effet qu'en ce qui concerne l'objet de la dite loi, et principalement le droit aux primes de navigation, et elle a laissé subsister l'ancienne classification pour tous les autres objets (Cass. civ., 18 juill. 1898 ; *R. E.* 1920).

On doit donc continuer de suivre les règles anciennes relatives au timbre des connaissements (2 fr. 40 pour le long cours et le grand cabotage, 1 fr. 20 pour le petit cabotage).

32

2. (18). Connaissements collectifs venant de l'étranger. Mode de perception des droits de timbre. — I. Expéditions faites par voie de mer. — Aux termes des dispositions combinées de la loi du 30 mars 1872 et de l'art. 282, C. com., toutes les expéditions de l'étranger faites par voie de mer doivent être accompagnées d'un *connaissement par destinataire* et ce connaissement est passible d'un droit de timbre de 1 fr. 20 perçu au moyen de l'apposition d'un timbre mobile sur l'exemplaire du capitaine qui est représenté à la douane, à l'arrivée du navire.

Ce principe général comporte les applications suivantes :

1° Lorsqu'un connaissement collectif présenté à la douane porte des indications ne laissant aucun doute sur l'existence de destinataires différents, expressément dénommés, l'Administration exige le paiement d'autant de droits de timbre qu'il est mentionné de destinataires ou de consignataires distincts dans le connaissement.

La loi du 30 mars 1872 n'interdit pas, il est vrai, de comprendre sur un connaissement unique plusieurs colis adressés à un seul consignataire quoique devant être remis à des destinataires différents. Mais quand un tel connaissement constate dans son contexte même que les marchandises transportées sont à l'adresse de destinataires différents, ces destinataires doivent être réputés *parties directes au contrat de transport*, et il y a lieu de percevoir pour chacun d'eux, moins un, un droit supplémentaire, soit de 0 fr. 60, soit de 1 fr. 20, selon que l'on est en mesure d'établir qu'il a été rédigé pour les différents destinataires un double du connaissement collectif ou un connaissement particulier. Si, au contraire, le connaissement n'indiquait qu'un consignataire et si la désignation du véritable destinataire était inscrite en dehors de son contexte et sans les signatures prévues, il n'y aurait pas preuve suffisante que ces destinataires sont parties au contrat et le droit de 1 fr. 20 perçu sur le connaissement resterait seul exigible ;

2° Le connaissement peut être : par personne dénommée, au porteur ou à ordre.

Si le porteur régulièrement investi du connaissement, d'après le mode de transmission qui lui est applicable, opère lui-même en douane, le connaissement collectif ne doit donner lieu qu'à la perception du timbre de 1 fr. 20.

Si le connaissement est apuré par divers déclarants, le connaissement chef représenté ne doit être considéré comme valable que pour celui au nom duquel il est établi s'il est nominatif, ou pour celui qui en est porteur s'il est au porteur ou à ordre. Tous les autres déclarants doivent être assujettis au paiement du droit de 1 fr. 20, des timbres étant apposés sur les connaissements partiels s'il en est présenté ou, à défaut, sur chaque déclaration. Il s'ensuit que l'un des déclarants exhibe un permis partiel le connaissement relatif à la totalité de l'article, il bénéficie seul du timbre primitif.

Dans ces diverses hypothèses, la perception du droit de timbre de 1 fr. 20 est justifiée par cette présomption que les destinataires qui retirent eux-mêmes directement les marchandises envoyées sous le couvert du consignataire désigné au connaissement unique sont parties directes au contrat de transport puisque chaque retrait libère le transporteur des obligations lui incombant et que cette libération ne peut résulter que de la décharge donnée par un destinataire ayant qualité pour recevoir les marchandises ;

3° Lorsqu'un commissionnaire produit à la Douane un connaissement partiel pour retirer avant le dépôt du connaissement collectif des colis venant de l'étranger qui lui sont destinés, le droit de timbre applicable est de 0 fr. 60 ou 1 fr. 20 suivant la distinction suivante :

Si le connaissement partiel est au nom d'un commissionnaire consignataire ou tout autre désigné au connaissement collectif, ce connaissement partiel est considéré comme un connaissement supplémentaire et, par suite, passible d'un timbre de 0 fr. 60 ; mais, au moment du dépôt du connaissement collectif, le destinataire qui a produit le connaissement partiel n'a pas à acquitter un nouveau droit de timbre pour les marchandises qui lui sont afférentes. En d'autres termes, le droit de 1 fr. 20 exigible sur les connaissements venant de l'étranger (0 fr. 60 exemplaire du capitaine et 0 fr. 60 exemplaire du destinataire) ne peut, dans l'espèce, être perçu qu'une fois.

Si, au contraire, le titulaire du connaissement partiel n'est pas désigné au connaissement collectif, on se trouve en présence d'un connaissement spécial passible du droit de 1 fr. 20 (L. C. Dir. gén. Douanes, 19 avr. 1900 ; Inst. 3026 ; R. E. 2533-6) (1).

II. Expéditions faites par voie de terre. — Les receveurs des bureaux de douanes frontières de terre sont chargés de percevoir, au moyen de l'apposition de timbres mobiles, les droits de timbre applicables aux expéditions de provenance étrangère circulant sur les chemins de fer (Inst. 2279, 2773 et 2785).

Il leur appartient, en conséquence, de concourir à assurer l'exécution des dispositions de l'art. 2 de la loi du

---

(1) Pour éclairer la démonstration des principaux cas à envisager en matière de connaissements collectifs, la Lettre commune cite les exemples ci-après :

I. Connaissement à personne dénommée. — 100 sacs farine font l'objet d'un connaissement repris au n° 8 du manifeste du vapeur *Patria*. Le déclarant A, au nom duquel est établi le connaissement, apure l'article avec deux permis. Le connaissement étant représenté, il n'y aura naturellement pas lieu de soumettre les déclarations au timbre. Si l'intégralité de l'article est apurée avec cinq permis, trois au nom du déclarant A désigné sur le connaissement, deux au nom des déclarants B et C, le déclarant A sera exonéré du timbre tandis que B et C auront à faire timbrer chacun à 1 fr. 20 leur permis.

II. Connaissement à ordre. — N° 25 du manifeste. — 50 sacs café. — Le connaissement endossé au nom de A est représenté par celui-ci avec deux permis afférents à 10 sacs chacun. Ces déclarations ne seront pas revêtues du timbre. B réclamateur des 30 autres sacs lève trois permis. La première de ces pièces sera seule frappée du timbre. Les autres en seront affranchies.

III. Connaissement au porteur. — N° 50 du manifeste. — 30 barils huile de coton et 25 balles déchets de coton faisant l'objet d'un seul connaissement. Le déclarant A, porteur du connaissement, dépose une déclaration pour 15 barils huile de coton. Sa déclaration ne sera pas frappée du timbre. Tous les autres réclamateurs y seront assujettis.

Dans ces trois cas, la déclaration tenant lieu des deux exemplaires du connaissement distinct qui aurait dû être établi, il y a lieu d'apposer l'estampille de contrôle à côté du timbre portant indication du prix.

IV. Connaissement partiel représenté avant le dépôt du connaissement collectif. — 5 caisses fruits et 10 paquets paniers vides sont à destination de A qui, pour retirer les 5 caisses fruits, produit un connaissement partiel : 1° s'il résulte du connaissement partiel que ces marchandises sont également reprises au nom de A, sur le connaissement collectif, le service appose un timbre de 0 fr. 60, toute déclaration présentée ultérieurement par A est affranchie du timbre ; 2° si rien n'indique que A est désigné au connaissement collectif, le service appose un timbre de 1 fr. 20 sur le connaissement partiel représenté.

30 mars 1872 en ce qui concerne les colis groupés venant de l'étranger (Inst. 2441-2 et 2443-2).

On rappelle que l'application de cet article est subordonnée à la double condition que l'expédition soit faite au départ par un *intermédiaire* de transports et que les colis soient envoyés à des *destinataires réels différents* (Inst. 2856-4).

Étant donné que, dans la plupart des cas, chaque expédition venant de l'étranger est accompagnée d'une simple lettre de voiture n'indiquant,avec le nom de l'expéditeur, qu'un seul destinataire, la double constatation, à laquelle est subordonnée la réclamation des droits de timbre, présente des difficultés, toutes les fois que l'expéditeur n'est pas notoirement un intermédiaire de transports et que l'ouverture du groupe ne révèle pas que les divers colis le composant portent les noms et adresses de destinataires réels distincts.

Cependant, s'il résulte des indications de la lettre de voiture ou s'il est avéré que l'expéditeur est un intermédiaire de transports, si le destinataire est un commissionnaire, si les colis compris dans l'expédition unique sont revêtus de marques différentes, la réunion de ces diverses circonstances constitue une grave présomption en faveur d'une opération de groupage tombant sous l'application de l'art. 2 de la loi du 30 mars 1872. Il appartient alors au receveur des douanes de réclamer au correspondant de l'expéditeur les droits exigibles en raison du nombre des destinataires réels et, en cas de refus de payement de la part de ce correspondant, de dresser un procès-verbal suffisamment circonstancié pour permettre au service de l'Enregistrement de s'assurer de la réalité des contraventions et de liquider les droits et amendes exigibles.

Si, au contraire, l'ensemble des indices recueillis ne fournit pas de présomptions suffisantes pour justifier la rédaction d'un procès-verbal, les agents des douanes signalent aux sous-inspecteurs de l'Enregistrement, les maisons dont les agissements leur ont paru suspects. Ces derniers usent, le cas échéant, du droit de communication qui leur est accordé par les lois en vigueur pour compléter, s'il est possible, la preuve de la fraude.

D'autre part, il arrive fréquemment que des colis groupés venant de l'étranger sont adressés à un intermédiaire français, chargé de remettre les uns à des destinataires résidant dans la localité où est établi le bureau de douane et de réexpédier les autres à des destinataires habitant d'autres villes du territoire.

En ce qui concerne les colis de cette seconde catégorie, il importe que le payement des droits de timbre effectué à leur arrivée en France puisse être justifié pendant le trajet qu'ils ont encore à accomplir depuis le bureau de douane jusqu'à leur destination définitive.

En conséquence, le destinataire apparent doit remettre au bureau de douane d'arrivée un bordereau collectif des colis destinés à être réexpédiés et il est tenu de représenter à l'appui de ce bordereau des récépissés individuels timbrés, établis conformément aux prescriptions de l'art. 2 de la loi du 30 mars 1872, en nombre égal à celui des destinataires réels. Le receveur des douanes constate la représentation de ces récépissés au moyen d'une mention inscrite sur le bordereau collectif qu'il conserve. Quant aux colis à destination définitive de la localité où se trouve le bureau de douane, ils sont détaillés dans un autre bordereau collectif, qui reste également entre les mains de l'agent des douanes, après avoir été revêtu d'un nombre suffisant de timbres mobiles du type créé par le décret du 16 janvier 1890 (Inst. 2785).

En résumé, le nombre des récépissés individuels produits à l'appui du premier bordereau collectif et celui des timbres mobiles apposés sur le second doivent représenter au total, le nombre des destinataires réels des colis composant le groupe venant de l'étranger.

Les mesures qui précèdent, arrêtées de concert entre les services intéressés, ont été approuvées par une décision du Ministre des finances, du 22 août 1901 (L. C. Dir. gén. Douanes, 29 août 1901).

3. (54-55). **Lettre de voiture. Conditions d'exigibilité du droit de timbre.** — Pour présenter, au point de vue fiscal, les caractères d'une lettre de voiture et être soumis au timbre de dimension, il n'est pas nécessaire qu'un écrit contienne toutes les énonciations exigées par l'art. 102, C. com. Il suffit que cet écrit présente les caractères extérieurs d'un titre susceptible d'être produit en justice. Spécialement, le droit de timbre est exigible sur le bordereau saisi entre les mains d'un entrepreneur de transports, avant que la livraison ait été effectuée et indiquant la date de l'expédition, la nature et le poids des objets, les noms de l'expéditeur, du destinataire et du messager, alors même que cet écrit ne fait connaître ni le prix du transport, ni l'indemnité due en cas de retard (Rouen, 20 janv. 1898 ; R. E. 1661 J. E. 25.690 ; R. P. 9524).

4. (91 et 98). **Récépissés de chemins de fer et de tramways. Paiement des droits de timbre sur états.** — L'application de l'arrêté ministériel du 9 juin 1892 autorisant les compagnies de chemins de fer à percevoir sous leur responsabilité et à leurs risques et périls les droits de timbre des récépissés de grande et petite vitesse et à suppléer à l'apposition du timbre sur ces récépissés par une mention imprimée en caractères très apparents, ainsi conçue : « Droits de timbre perçus en compte avec le Trésor », avait été primitivement limitée aux six grandes compagnies de chemins de fer français.

Une décision du Ministre des finances, du 23 mars 1901 (Inst. 3053), a généralisé la faculté en faveur des compagnies secondaires de chemins de fer et de tramways.

L'autorisation d'acquitter sur états les droits de timbre des récépissés est expressément subordonnée, comme pour les grandes compagnies, à l'observation des conditions exigées par l'arrêté du 9 juin 1892, de manière que le contrôle de la perception de l'impôt puisse toujours s'exercer très régulièrement.

Les compagnies secondaires de chemins de fer et les compagnies de tramways qui demandent à bénéficier de cette autorisation sont donc tenues :

a) De justifier préalablement à l'Administration que leur comptabilité est établie par périodes mensuelles et sur le principe de la concordance absolue entre les expéditions et les arrivages ;

b) En second lieu, de s'engager formellement :

1° A faire ouvrir sur tous leurs registres et documents de comptabilité, tant dans les gares qu'au siège social, une colonne exclusivement destinée à recevoir, pour chaque expédition ou arrivage et pour l'ensemble des expéditions ou arrivages pendant chaque période d'un mois, l'indication des droits de timbre des récépissés de grande et de petite vitesse (art. 3 de l'arrêté) ;

2° A effectuer, aux époques et dans les conditions fixées par l'arrêté du 9 juin 1892, les payements provisionnels et les règlements définitifs, et à faire ces payements et règlements *exclusivement* au bureau du siège social ou, en cas de centralisation des écritures dans une autre ville, au bureau de cette ville (art. 4) ;

3° A conserver, pendant deux ans au moins à partir du jour du versement des droits, tous les documents de comptabilité et à les communiquer à toute réquisition aux agents de l'Administration, tant au siège social que dans toutes les gares ou stations du réseau (art. 7).

En ce qui concerne les compagnies nouvelles, le montant des versements provisionnels de 85 0/0 à effectuer pendant la première année est déterminé, à défaut d'éléments d'appréciation, par une évaluation du trafic probable, établie par la compagnie et soumise à l'approbation du directeur de l'Enregistrement du département.

Enfin, les compagnies anciennes pourvues de récépissés timbrés ne peuvent profiter des dispositions de l'arrêté réglementaire que trois mois après la date de l'autorisation de l'Administration et elles doivent limiter aux formules timbrées leur restant après l'expiration de ce délai la demande de remboursement prévue par l'art. 10 de cet arrêté (Inst. 3053 ; R. E. 2747).

I. CONTRÔLE. — Le contrôle est organisé par les Inst. 2822, p. 8 et 9 et 2985.

5. (111). **Groupage. Récépissés spéciaux pour chaque destinataire réel.** — La loi du 30 mars 1872 (art. 2) oblige les entrepreneurs de groupage à remettre aux gares expéditrices un bordereau détaillé faisant connaître le nom et l'adresse des destinataires réels. Il y a contravention et l'amende est due dès lors qu'un bordereau ne contient pas ces mentions (1). Il doit, d'autre part, être créé, au moment de l'expédition, autant de récépissés spéciaux timbrés qu'il existe de colis groupés (2).

Ces récépissés spéciaux doivent accompagner les colis expédiés, à peine d'amende à la charge de l'entrepreneur. La contravention ne serait pas couverte, d'ailleurs, par ce fait qu'au lieu d'accompagner la marchandise les récépissés spéciaux auraient été directement adressés par la poste aux destinataires réels. Il y a lieu d'appliquer ici la disposition de la loi de 1872 précitée complète, en effet, en ce qui concerne les entrepreneurs de groupage, l'art. 10 de la loi du 13 mai 1863 ; il s'ensuit que les récépissés spéciaux imposés à ces entrepreneurs doivent accompagner les colis expédiés, au même titre que les récépissés ordinaires délivrés par les compagnies de chemins de fer. La référence d'un texte à l'autre n'est pas, il est vrai, formellement inscrite dans la loi de 1872, mais elle résulte impérieusement de son esprit. Il n'est pas douteux, en effet, que le législateur a entendu assujettir les expéditions groupées aux mêmes obligations fiscales que les expéditions isolées. Les dispositions qu'il a édictées ne se comprendraient pas autrement, puisqu'elles resteraient sans sanction effective; c'est, en effet, au vu seulement des colis groupés, — vérifiés en cours de route ou à l'arrivée et rapprochés des récépissés créés pour chacun d'eux, — que les préposés peuvent s'assurer de l'exécution de la loi. L'objet transporté doit, en d'autres termes, porter avec lui, pendant toute la durée du trajet, la preuve du paiement du droit auquel le transport donne ouverture (Contrà, Seine, 10 nov. 1899, précité).

6. (117). **Colis destinés à la même personne.** — Les dispositions sur le groupage ne sont pas applicables aux envois de plusieurs colis effectués, même par l'intermédiaire d'un entrepreneur de transports, à un correspondant chargé d'en effectuer la remise aux destinataires réels (4). Il en serait autrement, toutefois, si l'envoi était fait par l'entre-

(1) Lille, 23 nov. 1899 ; R. E. 2434 ; J. E. 25.816.
(2) Même jugement de Lille, et Seine, 10 nov. 1899 ; R. E. 2434 ; J. E. 25.924.
(3) Rouen, 29 juill. 1897 ; R. E. 1551 ; J. E. 25.236 ; R. P. 9222 ; — Lille, précité.
(4) D. M. F. 31 mars 1897 ; Inst. 2932-5 ; R. E. 1509 ; J. E. 25.235.

preneur à une succursale de sa maison ou à un membre de sa famille chargé d'opérer la distribution à l'arrivée (Sol. 2 avr. 1896 ; J. E. 25.144 ; R. P. 8920).

7. (120). **Colis transportés comme bagages.** — La loi de 1872 n'atteint pas le groupage des colis expédiés comme bagages avec un bulletin de voyageur (Sol. 2 avr. 1896, précitée).

8. (133 et 135). **Envoi contre remboursement.** — Le récépissé applicable au retour des fonds doit être créé au moment de l'expédition des fonds et ne doit pas, en conséquence, accompagner la marchandise. En cas de transport *réel*, par voie ferrée ou autrement, le récépissé spécial doit toujours accompagner les espèces; en cas de transport *fictif*, il suffit qu'il soit établi par l'entrepreneur qui a fait le recouvrement, et il doit être extrait d'un registre à souche (Sol. 25 mai 1899 ; R. E. 2101 ; J. E. 25.733).

9. (144). **Colis postaux. Corse. Algérie. Tunisie. Etranger.** — En ce qui concerne les colis arrivant de l'étranger à destination de la Corse ou de l'Algérie avec emprunt du territoire de la France continentale, la perception du droit est effectuée par le service des douanes, dès l'entrée d'un colis dans une gare frontière ou dans un port de la France continentale.

Quant aux colis postaux acheminés de l'étranger sur la Tunisie et transitant par la France, les bulletins d'expédition qui les accompagnent sont exempts du droit de timbre, le territoire du protectorat étant assimilé aux pays étrangers (D. M. F. 12 nov. 1886). Il en est de même des colis postaux expédiés de la Tunisie à l'étranger, par la voie de la France. Dans l'un et l'autre cas, en effet, l'art. 1er de la loi du 24 juillet 1881 qui prononce l'exemption de droit est applicable.

Mais les bulletins accompagnant les colis postaux expédiés de Tunisie en France, en Corse ou en Algérie sont passibles du timbre de 0 fr. 10 à leur entrée dans l'un ou l'autre de ces pays (L. 3 mars 1881 ; Décr. 19 avr. 1881, 24 juill. 1881, art. 4, et 25 févr. 1899 ; Inst. 2648, 2652, 2978 et 2995 ; R. E. 2213 et 2214 ; J. E. 25.822).

10. (154-18). **Billets de place. Cartes, bons et permis de circulation gratuite.** — La loi du 29 mars 1897 (art. 5) a soumis à un droit de timbre d'une quotité variable les cartes, bons et permis de circulation, soit entièrement gratuits, soit avec réduction du prix des places, délivrés par les compagnies de chemins de fer subventionnées et par l'Administration des chemins de fer de l'Etat, en dehors des cas prévus par le cahier des charges et les tarifs homologués ou lorsque la gratuité ou la réduction du prix n'est pas le résultat d'une mesure d'ordre général préalablement approuvée par le Ministre des travaux publics (Inst. 2924 ; R. E. 1367-2). Un décret d'administration publique a été promulgué le 31 juillet 1897 pour l'exécution de cette disposition (Inst. 2931 ; R.E. 1455 ; J. E. 25.198).

Le tarif est ainsi fixé :

Pour les billets valables pour un seul voyage direct ou d'aller et retour :

1re classe	. . . .	0 fr. 20
2e —	. . . .	0 « 10
3e —	. . . .	0 « 05

Pour les permis valables pour un temps ou permanents :

1re classe	. . . .	1 fr. 00
2e —	. . . .	0 « 50
3e —	. . . .	0 « 25

Les contraventions sont punies d'une amende de 20 fr., en principal.

Ces dispositions sont applicables aux compagnies de chemins de fer d'intérêt local et de tramways (D. M. F. 4 déc. 1897 ; Inst. 2940). On entend d'ailleurs par compagnies subventionnées, d'une manière générale, celles qui ont le droit d'exiger pour la construction ou l'exploitation de leurs lignes une subvention provenant de deniers publics (D. M. F. 4 avr. 1898 ; Inst. 2955).

Les Inst. nᵒˢ 2940, 2968 et 2991 ont donné la liste des bons et permis de circulation non soumis au timbre comme délivrés aux services publics.

L'Administration décide que c'est l'*usage* du bon qui rend le droit de timbre exigible et non la création de l'écrit.

11. (154-21). **Décharge de colis par le destinataire.** — Lorsque des marchandises ont été expédiées par un industriel ou un négociant en gros à un entrepreneur de transports chargé de livrer les objets à leurs destinataires réels, les reçus ou décharges donnés par ces derniers sont passibles du timbre de 0 fr. 10 (D. M. F. 31 mars 1897 ; Inst. 2932-5 ; R. E. 1509 ; J. E. 25.135).

TRANSPORT DE CRÉANCES. — 1. (52).

Transport en garantie d'une créance éventuelle. Réalisation de l'événement. Désistement. — Le désistement par le cessionnaire des droits résultant à son profit d'un transport en garantie d'une créance éventuelle donne ouverture au droit fixe, à l'exclusion du droit de 1 0/0 pour rétrocession de créance (Sol. 25 mars 1898 ; R. E. 1726).

1 *bis.* (53). **Cession de créances par acte administratif.** — V. *Acte administratif*, nᵒ 13. — A la solution du 31 mai 1897 citée *hoc loco*, on peut ajouter une note du 7 février 1899 concluant dans le même sens (J. E. 26.123).

2. (54). **Intérêts courus, mais non échus compris dans la succession. Droit de cession à 1 0/0 sur ces intérêts.** — Le droit de 1 0/0 est dû, lors d'une cession de créances, non seulement sur le capital, mais encore sur les intérêts courus, cédés en même temps que le capital et qui doivent être touchés par le cessionnaire (Sol. 12 déc. 1895 ; R. E. 1143).

Mais, lorsqu'une cession porte sur une créance d'un capital déterminé, payable au moyen d'un certain nombre d'annuités comprenant les intérêts, le droit de 1 0/0 doit être liquidé sur le capital de la créance, et non sur le montant cumulé des annuités (Sol. 31 mai 1897 ; R.E. 1786).

3. (61). **Cession de fonds de commerce. Espèces en caisse et effets en portefeuille. Prix unique.** — V. *Fonds de commerce*, nᵒ 13.

4. (71). **Transport à titre de nantissement. Règle de perception.** — Nous avons dit au *T. A.* qu'il est souvent difficile de distinguer le nantissement de la cession de créance et que c'est là une question de fait.

Dans ce sens, la Cour d'Amiens a jugé, le 30 mars 1897, qu'il y a lieu de voir un transport de créance, et non un nantissement, dans l'acte par lequel un débiteur « cède, délègue et transporte à titre de nantissement » à son créancier une créance sur un tiers, lorsque, nonobstant ces dernières expressions, l'ensemble des clauses de l'acte démontre que l'intention des parties a été de consentir un véritable transport de créance, alors surtout que l'acte mentionne la subrogation dans tous les droits, actions et hypothèques du débiteur et confère au bénéficiaire du contrat le droit de recevoir directement les sommes déléguées et stipule qu'il aura la propriété de ces sommes (*Rev. prat.*, 4364).

5. (94). **Transport en garantie d'une créance actuelle. Désistement.** — V. *suprà*, nᵒ 1.

6. (107-2). **Livrets de caisse d'épargne.** — Lorsque la cession d'un livret de caisse d'épargne est faite à prix d'argent, nous pensons qu'elle n'est passible que du droit fixe ; en effet, le déposant conservant la propriété des deniers, la cession se résout en un transfert de propriété de numéraire.

Mais le droit de 1 0/0 pour *reconnaissance de dette* nous paraît dû, si la cession a lieu à titre de garantie pour sûreté d'une dette antérieure qui n'a pas fait l'objet d'un titre enregistré.

Enfin, si le transport du livret est destiné à éteindre une dette antérieure, la situation est la même que si cette dette était éteinte au moyen d'un payement en argent. Il semble, dès lors, que le droit de quittance est exigible (Voir *R. E.* 1921).

7. (107-5). **Assurance sur la vie. Cession de police en cours.** — V. *Assurance*, nᵒ 16.

TUNISIE.

SOMMAIRE ANALYTIQUE.

CHAP.   I. — Considérations préliminaires, 1-2.
—   II. — Timbre, 3-5.
—   III. — Enregistrement, 6-34.

SECT.   I. — *Mutations immobilières*, 6-29.
   § 1. — Mutations entre vifs, 6-10.
   § 2. — Mutations par décès, 11-29.

SECT.   II. — *Autres droits d'enregistrement*, 30-34.

CHAP. Iᵉʳ. — CONSIDÉRATIONS PRÉLIMINAIRES.

1. Usage en France d'actes passés en Tunisie. — (*T. A.* nᵒ 1).

2. (2). **Usage en Tunisie d'actes passés en France.** — Le décret du 20 juillet 1896 (art. 16) exempte du timbre les actes venant de France ou de l'étranger (*T. A.*, nᵒ 2, al. 2) ; mais l'exonération ne profite qu'aux écrits destinés à faire foi d'un fait juridique et comportant par eux-mêmes la preuve de leur origine étrangère (Sol. 21 janv. 1899) (1).

Au point de vue de l'enregistrement et sous la modification stipulée pour les actes de sociétés, les contrats de mariage, les partages, les délivrances de legs, etc. (*T. A.*, nᵒ 2, al. 3, *in fine*), les actes dressés hors du territoire de la Régence sont soumis au même régime que ceux établis en Tunisie ; la formalité est obligatoire : 1ᵒ *en cas de production en justice* pour tout acte ou écrit quelconque susceptible d'être enregistré (arg. art. 1 et 6 du décret du 20 juill. 1896) ; 2ᵒ dans *un délai déterminé*, pour les actes emportant mutation de propriété immobilière (*T. A.* nᵒ 55) et ceux expressément visés par l'art. 5 du décret du 20 juillet 1896 (*T. A.* nᵒ 76) (2).

En aucun cas, il n'y a lieu d'imputer sur les droits dus

(1) Cette preuve résulte : pour les actes publics du fait de leur établissement et pour les actes sous seing privé soit de l'apposition du timbre établi dans le lieu de leur confection, soit de la légalisation des signatures.

(2) Compléter en ce sens les dispositions du *T. A.*, nᵒ 2, al. 3, dont le sens se trouve dénaturé par suite de l'omission d'un alinéa.

au Trésor tunisien ceux déjà perçus en France ou à l'étranger.

CHAP. II. — TIMBRE.

3. (4 à 26). Formules, extraits et arrêts assujettis au droit de timbre. — Depuis le décret organique du 20 juillet 1896 (*T. A.* nᵒˢ 4 et s.) ont été expressément assujettis à l'impôt du timbre : les déclarations de logeurs, hôteliers etc., les extraits du registre d'immatriculation pour étrangers, les arrêtés d'autorisation d'ouverture ou de mutation de débits de boissons.

I. FORMULES DE DÉCLARATION DE LOGEURS, HOTELIERS, ETC. — Le décret du 21 novembre 1897 astreint les logeurs de profession à quelque titre que ce soit : aubergistes, maîtres d'hôtels garnis, logeurs en garni, tenanciers de cafés ou de fondouks, à faire une déclaration préalable à l'ouverture de leurs établissements devant l'autorité de police locale, soit au moment de leur installation, soit à l'occasion de chaque changement de domicile (art. 1 et 2).

Ces déclarations donnent lieu à la délivrance de récépissés qui sont établis sur des formules à souche timbrées au droit de 0 fr. 30 (*Ibid.* art. 2).

II. EXTRAITS DU REGISTRE D'IMMATRICULATION POUR ÉTRANGERS.— Tout étranger qui veut établir sa résidence en Tunisie ou y exercer un commerce ou une industrie quelconque doit, dans un délai de cinq jours, à partir de son arrivée, faire devant l'autorité de police locale une déclaration de résidence, en justifiant de son identité (Décr. 13 avr. 1898, art. 1, entré en vigueur le 1ᵉʳ mai suiv.).

Il est délivré au déclarant, pour être représenté à toute réquisition des agents de l'autorité, un extrait du registre d'immatriculation des étrangers.

Cet extrait est frappé d'un droit de timbre de 0 fr. 90 (*Ibid.* art. 2).

III. DÉBITS DE BOISSONS. — Les arrêtés d'ouverture ou de mutation de débits de boissons sont frappés d'un droit de timbre dont la quotité varie suivant la nature de l'autorisation donnée :

a) Les arrêtés d'autorisation de débits de *boissons alcooliques* sont passibles d'un droit de fr. 20 qui comprend le droit de timbre de 1 fr. 20 revenant au Trésor et une taxe spéciale de 5 fr. perçue pour le compte de l'Assistance publique (1) (Décr. 6 oct. 1900, art. 1).

(1) ASSISTANCE PUBLIQUE. TAXES CONCÉDÉES. — Le décret organique du 1ᵉʳ avril 1900 sur l'Assistance publique, stipule (art. 33) que la dotation des œuvres d'assistance sera alimentée, en dehors des dons et legs de particuliers, au moyen de taxes diverses qui lui seront affectées par des décrets spéciaux.

Additionnellement aux taxes superposées par décret du 9 juillet 1899 aux droits ordinaires de chancellerie sur les décorations du Nichan Iftikhar, à été concédé à l'Assistance publique, au cours de l'année 1900, les produits des impôts et revenus énumérés ci après :

A. *Ressources fournies par l'État.* — *a*) Droits de timbre perçus depuis le 1ᵉʳ janvier 1900, sur les bons de poudre et sur les permis de port d'armes (Décr. 6 oct. 1900, art. 1-1¹);

b) Principal net, après déduction des frais de perception et des ressources attribuées à des tiers, des amendes de condamnation en matière criminelle, correctionnelle et de simple police, prononcées, à partir du 1ᵉʳ janvier 1900, par les tribunaux français de Tunisie, à l'exclusion de celles intéressant les administrations de l'État, ainsi que des amendes civiles et de procédure (même décr., art. 1ᵉʳ-2ᵉ) ;

c) Droit de timbre spécial de 5 fr., créé à partir du 15 octobre 1900, sur les autorisations d'ouverture ou de mutation de

b) Les arrêtés relatifs aux *cafés maures* ne donnent lieu au paiement d'aucun droit lorsqu'ils intéressent des indigènes tunisiens ; ils sont assujettis au droit de timbre de 1 fr. 20, lorsqu'ils concernent des musulmans ou israélites d'autre nationalité, protégés étrangers, algériens, Tripolitains, Marocains, etc. (Décr. 13 janv. 1898 ; Circ. du Dir. des Fin. du 14 oct. 1900).

4. (28). Exemptions. — Postérieurement au décret du 20 juillet 1896 ont été exonérés du droit de timbre :

I. PETITS COLIS DE RAVITAILLEMENT. — Les bulletins ou bons d'expédition accompagnant les colis dits « petits colis de ravitaillement » de 5 kilog. expédiés par chemin de fer (Décr. 1ᵉʳ juill. 1897).

II. FACTURES ET MÉMOIRES. — Les factures et mémoires produits à l'appui des ordonnances et mandats délivrés pour le paiement des dépenses du Trésor tunisien (Décr. 1ᵉʳ août 1898, art. 1ᵉʳ),

III. SAISIES-ARRÊTS. OPPOSITIONS. CESSIONS DES PETITS TRAITEMENTS ET DES SALAIRES. — Tous les exploits, autorisations, jugements, décisions, procès-verbaux, avertissements, lettres recommandées, états de répartitions auxquels peut donner lieu l'exécution du décret du 1ᵉʳ août 1898, relatif aux salaires des ouvriers et des gens de service et aux appointements et traitements ne dépassant pas 2.000 fr. (Décr. 1ᵉʳ août 1898, art. 9).

5. (50). Actes antérieurs au décret du 20 juillet 1896. — Aux termes de l'art. 18 du décret du 20 juillet 1896, il a été accordé, à partir du 1ᵉʳ août suivant, un délai de 3 mois pour la régularisation, au tarif réduit et uniforme de 0 fr. 30, des actes et pièces en contravention aux lois antérieures au nouveau régime (*T. A.*, nᵒ 50). Ce délai a été prorogé par décret du 6 décembre 1896 jusqu'au 31 décembre de la même année.

A l'expiration des délais de faveur, les actes non régularisés se trouvaient soumis aux décrets et règlements en vigueur au moment de leur confection ; mais le décret du 20 août 1898, opérant, en matière de timbre, la réforme réalisée pour les mutations immobilières par le décret du 12 décembre 1895 (*T. A.*, nᵒ 72) a décidé que ces actes seraient dorénavant passibles des droits et amendes édictés par la nouvelle législation.

CHAP. III. — ENREGISTREMENT.

SECT. Iʳᵉ. — MUTATIONS IMMOBILIÈRES.

§ 1ᵉʳ. — *Mutations entre vifs.*

6. (54). Réduction du droit sur les mutations de biens ruraux de colonisation. — Le décret du 2 novembre 1893 qui soumet au droit de mutation de 4 0/0 toutes les transmissions de biens immeubles en propriété ou en usufruit, n'établissait aucune distinction entre les biens urbains et les biens ruraux, les ventes effectuées par les particuliers et celles consenties par l'État (Cpr. *T. A.*, nᵒ 55, al. 1).

Dans un intérêt de colonisation, un décret du 9 octobre 1900 a réduit de 4 0/0 à 2 0/0 le droit de mutation exigible

débits de boissons (Décr. 6 oct. 1900, art. 1 et 2).

B. *Ressources fournies par les municipalités.* — Attribution, à compter du 1ᵉʳ janvier 1900, de 50 0/0 sur le produit des droits de concessions dans les cimetières perçus par la municipalité de Tunis (Décr. 6 oct. 1900, art. 1ᵉʳ).

Le produit de ces taxes, recouvré par les agents de l'Administration des finances et ceux des municipalités, est versé ultérieurement au compte de l'Assistance publique.

sur les aliénations et sur les constitutions et cessions d'enzel des biens ruraux de colonisation, consenties par le domaine de l'Etat ainsi que sur les échanges en argent de biens habous réalisés au profit de particuliers par substitution au domaine de l'État dans les conditions prévues par le décret du 13 novembre 1898 (art. 4) (1).

7. (55). **Constitutions et cessions d'enzel.** — Sous l'empire du décret du 2 novembre 1893, les constitutions et cessions d'enzel étaient assujetties au droit de mutation immobilière de 4 0/0 sur un capital transitoirement réduit à 8 fois la rente et 8 fois le montant des autres charges à évaluer en capital (*T. A.*, n° 57-4).

Cette disposition qui tendait à favoriser les constitutions d'enzel fut détournée de son but et servit dans la pratique à éluder le paiement des droits.

En vue de remédier aux abus qui s'étaient produits, le décret du 5 mai 1898 (art. 2) a modifié l'assiette de l'impôt : « la valeur de la propriété est désormais déter-« minée pour les constitutions et cessions d'enzel par le « prix stipulé en capital, augmenté de la somme fixée pour « le rachat de la rente ; à défaut de stipulation de rachat, « le droit est liquidé tant sur le prix exprimé que sur le « capital formé de 16 fois la rente ».

A titre transitoire, les mutations antérieures au 5 mai 1898 ont continué à acquitter les droits sur l'ancienne majoration au denier huit, jusqu'au 1er juillet suivant ; mais depuis cette époque, le bénéfice de l'ancien taux de capitalisation ne profite qu'à celles de ces mutations constatées par des actes ayant acquis date certaine antérieurement à la promulgation du nouveau décret (*ibid.*, art. 2, al. 2).

8. (55). **Constitutions de habous.** — Considérant avec la jurisprudence algérienne que la constitution de habous opère immédiatement transmission : de la nue propriété au profit de l'œuvre pieuse, instituée dévolutaire définitif, et de l'usufruit au profit du premier bénéficiaire appelé, l'administration tunisienne a posé en principe que les actes de l'espèce doivent, en raison de la double transmission qu'ils opèrent, être imposés au droit de mutation entre vifs à titre gratuit sur chaque démembrement du droit de propriété (*T. A.*, n° 55, note 1, al. 5 et 6).

Le décret du 8 février 1897 sur les mutations par décès a innové en cette matière, en stipulant que, dans ses dévolutions successives, l'usufruit des biens habous ne sera pas évalué à la moitié de la valeur entière des biens transmis, mais taxé *comme la pleine propriété* (art. 1, 4e al. *in fine*). De cette disposition, on doit admettre qu'au regard de la loi fiscale, la nue propriété du habous n'a aucune valeur par elle-même et il en résulte cette conséquence : d'une part, que l'acte constitutif du habous ne donne ouverture à aucun droit de mutation sur la nue propriété et que, d'autre part, s'il emporte dessaisissement immédiat

---

(1) BIENS DE COLONISATION. — Les immeubles affectés à la colonisation comprennent dans la Régence deux grandes catégories de biens : 1° les *biens domaniaux* proprement dits vendus de gré à gré par la Direction de l'agriculture ; 2° *les habous publics* aliénés à enzel par la voie des enchères (Décr. 22 juin 1888) et exceptionnellement ceux qui, à concurrence d'un contingent minimum de 2.000 hectares, sont mis, chaque année, par la Djemaïa à la disposition de la Direction de l'agriculture pour les besoins de la colonisation et du peuplement (Décr. 25 sept. 1900).

Il a été affecté à la Direction de l'agriculture, pour les dépenses d'achats et de défrichements de terres, une dotation initiale de 1.500.000 fr. ; au fur et à mesure de son emploi, cette dotation se reconstitue par l'attribution des prix de vente du domaine immobilier de l'Etat (Décr. 25 sept. 1900).

---

de l'usufruit au profit des enfants ou d'un donataire institué, l'usufruit ainsi transmis est, au point de vue du droit de donation entre vifs, assimilé à la pleine propriété.

9. (56). **Exemptions.** — Les partages et les apports en société n'étant pas expressément visés par le décret du 2 novembre 1893, tombaient sous la règle générale d'assujettissement à l'impôt de toutes les transmissions immobilières : en droit strict, les partages donnaient, ou non, ouverture au droit suivant que, dans la loi civile qui les régissait, ils étaient translatifs ou déclaratifs de propriété ; de même, les apports en société y étaient assujettis toutes les fois que la loi civile des parties contractantes attribuait à l'apport un caractère translatif (T. A., n° 55 (b).

S'inspirant des principes établis par la loi française, le législateur tunisien a exempté du droit de mutation : 1° les apports purs et simples dans les sociétés civiles ou commerciales, sans équivalent à fournir ou à payer par la société ; 2° les partages de biens indivis, sans soulte ni retour de lots (Décr. 5 mai 1898, art. 1er).

10. (57). **Mutations entre vifs sous réserve d'usufruit.** — Dans le silence du décret du 2 novembre 1893 sur les transmissions d'immeubles sous réserve d'usufruit, le droit de mutation n'était exigible, suivant les principes du droit commun, que sur la nue propriété évaluée en valeur vénale.

Pour éviter que le Trésor ne se trouve frustré des droits exigibles sur la valeur de l'usufruit, le décret du 5 mai 1898 (art. 3) porte : « Lorsqu'en cas de mutation immobi-« lière à titre onéreux ou à titre gratuit, l'usufruit est ré-« servé par le vendeur ou le donateur, cet usufruit doit « être évalué à tout ce qui forme le prix du contrat ou à « la valeur attribuée à la nue propriété donnée, et le droit « est perçu sur la totalité ; mais il n'est dû aucun droit « pour la réunion de l'usufruit à la nue propriété. »

§ 2. — *Mutations par décès.*

11. (55). **Objet du décret du 8 février 1897.** — Le décret du 2 novembre 1893 a posé en principe que toutes les transmissions d'immeubles en propriété ou en usufruit sont assujetties au droit de mutation, soit qu'elles s'opèrent entre vifs à titre onéreux ou à titre gratuit, soit qu'elles s'opèrent par décès (T. A., n° 55).

Le législateur de 1893 ne s'est toutefois préoccupé que des règles de perception applicables aux mutations entre vifs ; il a ajourné la perception et la réglementation du droit de mutation par décès.

Cette réglementation a été édictée par un décret du 8 février 1897, qui est entré en vigueur le 1er avril suivant.

Le régime fiscal des mutations immobilières se trouve ainsi complètement défini.

12. **Mutations visées par le décret du 8 février 1897.** — Les transmissions d'immeubles dont le décret du 8 février 1897 réglemente l'assujettissement à l'impôt sont celles qui s'opèrent soit par le décès réel soit par le décès présumé du propriétaire apparent (art. 1 et 3 dernier al.). La présomption du décès résulte de la déclaration d'absence régulièrement prononcée par l'autorité judiciaire (trib. français, cadis ou rabbins).

Toutes les transmissions en suite de décès ou d'absence sont assujetties aux droits, qu'elles s'opèrent en ligne directe ou entre époux, en ligne collatérale ou entre personnes non parentes, soit en vertu des dispositions de la loi comme dans les successions *ab intestat*, soit en vertu de la volonté du défunt exprimée par testament ou par d'autres actes de libéralités subordonnées à l'événement du décès (donations conditionnelles, institutions contractuelles).

13. Quotité du droit. — La quotité du droit de mutation par décès a été fixée par l'art. 2 du décret du 2 novembre 1893, savoir : à 0 fr. 20 0/0 pour les transmissions qui s'opèrent en ligne directe et entre époux et à 4 0/0 pour les mutations en ligne collatérale et entre étrangers.

14. Assiette de l'impôt : évaluation de la pleine propriété, de la nue propriété et de l'usufruit ; évaluation des habous privés. — Le droit sur la mutation par décès de la pleine propriété est dû (art. 1er, 3e al.) sur la valeur vénale des biens ; mais, en aucun cas, cette valeur ne peut être inférieure à 16 fois le revenu des biens ou le prix des baux courants (Ibid.). Cette règle est applicable non seulement aux biens melk mais aussi aux habous privés (1) et aux biens grevés d'enzel (2).

La nue propriété ou l'usufruit s'évalue à la moitié de la valeur entière des biens (art. 1er, al. 4).

Il en est autrement pour les habous privés dont l'usufruit est taxé comme la pleine propriété (art. 1er, 4e al. in fine). Quant aux dévolutions successives de l'usufruit, il y a lieu d'observer que chaque dévolutaire de l'usufruit, bien que tenant son droit du constituant du habous, recueille les biens à l'occasion du décès du précédent dévolutaire ; la transmission qui s'opère à son profit doit, par suite, être réglée, au point de vue de la quotité du droit, suivant le degré de parenté du premier bénéficiaire avec le second, du second avec le troisième, sans tenir compte du degré de parenté de l'appelé avec le fondateur du habous.

15. Assiette de l'impôt, déduction du passif. — La valeur des biens transmis par décès doit être, pour l'assiette du droit, diminuée du passif qui les grève.

L'art. 2 du décret autorise la déduction :

1° Des dettes hypothécaires, pourvu qu'elles n'aient pas été contractées par le défunt envers ses héritiers ou légataires et, en outre, à la condition que le titre ait acquis date certaine au moins trois mois avant l'ouverture de la succession ;

2° Des reprises matrimoniales s'exerçant sur les immeubles lorsqu'il en sera justifié par un acte de liquidation en la forme authentique ;

3° Du capital des rentes d'enzel grevant les biens transmis calculé transitoirement à 16 fois la rente.

16. Déclaration des parties. — Le décret du 8 février

(1) DES HABOUS. — On distingue généralement deux sortes de biens habous : les habous publics et les habous particuliers.

Les habous publics s'entendent des immeubles dont la fondation pieuse ou l'établissement public possède la pleine propriété soit en vertu d'une constitution de habous à effet immédiat sans désignation de dévolutaires intermédiaires, soit parce que l'usufruit s'est réuni à la nue propriété à l'extinction des usufruitiers appelés : c'est notamment en quelque sorte des biens de mainmorte gérés par une administration spéciale, la « Djemaïa », susceptibles d'aliénations entre vifs (Décr. 18 août et 21 oct. 1885, 31 janv. et 22 juin 1888 — Comp. supra, n° 7), mais non de transmissions par décès.

Les habous privés comprennent les immeubles dont l'usufruit, non encore recueilli par la fondation pieuse ou l'établissement public institué dévolutaire final, est détenu par la descendance du constituant : ce sont les habous de cette catégorie que le décret du 8 février 1897 (art. 1er, al, 2 et 4) prescrit de traiter comme des biens en pleine propriété, sans s'arrêter au démembrement de la nue propriété et de l'usufruit.

(2) En ce qui concerne les biens tenus à enzel, il y a lieu de déduire de l'évaluation en valeur vénale le montant de la rente capitalisée (infrà, n° 15-3°).

1897 (art. 1) fait aux héritiers, légataires et donataires, une obligation de fournir une déclaration détaillée des immeubles à eux échus ou transmis par décès.

Les déclarations doivent être établies sur des formules fournies gratuitement par l'Administration : il en est de même des déclarations complémentaires ou rectificatives établies, soit spontanément, soit à la suite des réclamations du service.

17. Solidarité. — Les cohéritiers et les colégataires sont solidaires pour le paiement des droits ; cette solidarité s'applique aux droits simples et aux droits en sus (art. 1, al. 2).

18. Déclarations des indigènes. — Pour faciliter aux indigènes l'exécution de leurs obligations, l'art. 4 du décret dispose que leur déclaration est préparée avec le concours du caïd. A cet effet, les héritiers ou leurs mandataires font dresser par le cadi ou le rabbin de leur circonscription une Ouafat (sorte d'acte de notoriété) indiquant notamment les noms du défunt, la date du décès, les noms et qualité de chaque héritier naturel et la part revenant à chacun d'eux. Ils communiquent au caïd cette ouafat et, s'il y a lieu, le testament qui a pu instituer des légataires et, lui fournissent en même temps le détail des immeubles soumis aux droits.

Le caïd relève toutes ces indications sur un bulletin en original et duplicata, signé par lui et par les déclarants. L'original et le duplicata dressés sur des formules à souches imprimées portent le même numéro d'ordre. L'original, écrit sur papier de couleur, est conservé par le caïd qui, à la fin de chaque mois, réunit tous les bulletins de l'espèce et les adresse au Directeur des contributions diverses. Celui-ci les transmet périodiquement, une fois traduits, aux receveurs compétents avec un bordereau réglementaire d'envoi de titres.

Quant au duplicata du bulletin écrit sur papier blanc, le caïd le remet, séance tenante, aux déclarants, en les invitant à se présenter, munis de cette pièce, au bureau des contributions diverses pour y acquitter les droits exigibles.

Lorsque les parties négligent de satisfaire aux prescriptions ci-dessus, le caïd doit, dans le mois qui suit l'expiration du délai, établir d'office la déclaration d'après les renseignements qu'il lui appartient de recueillir notamment auprès des cheicks. Le bulletin sur papier de couleur est adressé au Directeur des contributions diverses et le bulletin sur papier blanc, destiné à la partie, est transmis directement au receveur, qui, avec le concours du caïd, poursuit sur les redevables le recouvrement de l'impôt.

Les caïds sont passibles d'une amende de 5 fr., pour chaque déclaration non fournie ; ils sont, en outre, responsables du paiement des droits. Il leur est alloué pour la rédaction des deux bulletins, blanc et de couleur, « une « rétribution fixée à 1 fr. pour les déclarations dont les « droits revenant au Trésor ne dépassent pas 20 fr. ; 2 fr. « pour les déclarations dont les droits sont supérieurs à « 20 fr., sans dépasser 100 fr., et 5 fr. pour les déclara-« tions qui donnent au Trésor plus de 100 fr. de droits » (Décr. 8 fév. 1897, 4e al. final). Cette rétribution est directement payée par les parties aux caïds.

La coopération des caïds à l'exécution du décret du 8 février 1897 a fait l'objet d'instructions détaillées contenues dans une circulaire du Directeur des finances du 25 mai suivant.

19. Déclarations des européens. — Les déclarations des européens doivent être établies sur des formules spéciales, signées des déclarants. Si ces derniers ne savent ou ne peuvent signer, ils sont admis à faire une déclaration verbale que le receveur transcrit sur la formule et qu'il signe après leur en avoir donné lecture.

20. Justifications à fournir par les parties pour obtenir la déduction du passif. — C'est aux parties qu'il appartient d'invoquer le bénéfice de la déduction du passif (V. *suprà*, n° 15) et de déclarer la nature, l'origine, les causes et le montant des charges susceptibles d'être admises en déduction de la valeur des biens transmis.

S'il s'agit d'indigènes, le caïd reçoit leur déclaration et la consigne dans son bulletin.

S'il s'agit d'européens, ces derniers précisent dans leur déclaration, suivant les indications de l'imprimé, la nature, les causes et le montant du passif.

Mais la déclaration des héritiers ou légataires n'est recevable que s'ils produisent à l'appui les actes, titres, et documents divers justifiant le passif à déduire. Le caïd, dans le premier cas, le receveur dans le second, apprécient l'authenticité et le caractère probant des titres produits. Ils rejettent les justifications insuffisantes et font état des autres en notant sur la déclaration la date et la nature des pièces produites, qu'ils restituent séance tenante, aux déclarants.

21. Bureau compétent pour la réception des déclarations. — La déclaration est reçue et les droits sont payés au bureau des contributions diverses du lieu du domicile du défunt s'il est en Tunisie et, dans le cas contraire, du lieu de la situation des biens (art. 4).

Dans cette dernière hypothèse, il doit être fait autant de déclarations qu'il y a de bureaux compétents et chacune d'elles doit comprendre uniquement les biens ressortissant au bureau où elle est faite, avec indication, s'il y a lieu, du passif dont ils sont grevés. Dans le cas où le passif porterait à la fois sur plusieurs immeubles situés dans des circonscriptions différentes, l'héritier ou légataire doit, dans chaque formule, indiquer outre la valeur propre de l'immeuble ou des immeubles déclarés celle de tous les immeubles grevés, et le caïd ou le receveur admet, en déduction de la valeur des biens sis dans la circonscription du bureau, une portion du passif correspondant à la valeur de ces biens par rapport à celle des autres immeubles affectés à la même garantie.

22. Délai pour passer la déclaration et acquitter les droits. — Le délai pour passer la déclaration et acquitter les droits est de trois mois à compter du décès s'il a lieu en Tunisie et de six mois s'il a lieu partout ailleurs (art. 3, al. 1).

En cas d'absence, le délai court à partir du jour de l'envoi en possession provisoire ou à compter du jour de la prise de possession, lorsqu'elle est antérieure à l'envoi en possession (art. 3, al. 2).

23. Pénalités. — Le défaut de déclaration dans les délais réglementaires, les omissions, les insuffisances d'évaluation, les fausses indications d'hérédité, les fausses déclarations de passif sont passibles, pendant les trois premiers mois à compter de l'expiration du délai, d'un demi-droit en sus qui ne peut en aucun cas être inférieur à 1 0/0 de la valeur soumise aux droits et, après l'expiration du délai, d'un droit en sus dont le minimum est fixé à 2 0/0 de cette même valeur (art. 5).

En conséquence, le droit en sus doit être liquidé : pour le défaut de déclaration et les fausses indications d'hérédité, sur la valeur des biens héréditaires ; pour les omissions et pour les insuffisances d'évaluation, sur le montant de l'insuffisance reconnue et sur la valeur des biens omis ; pour les attestations ou déclarations ayant indûment

entraîné la déduction d'une dette, sur les sommes ou valeurs indûment déduites.

24. Prescription. — Les droits simples et en sus se prescrivent : après trois ans, à compter du jour de la déclaration, pour toute insuffisance d'estimation, fausse attestation ou déclaration ayant indûment entraîné la déduction d'une dette ; après 15 ans, à compter du jour du décès, pour les mutations non déclarées ou pour les omissions (art. 6).

25. Constatation des insuffisances d'estimation. — Les insuffisances d'évaluation doivent, le cas échéant, être constatées dans la forme tracée par l'art. 5 du décret du 2 novembre 1893 (*T. A.*, n° 62). Toutefois, lorsque dans les trois années à compter du décès, un acte quelconque ou un jugement assigne aux immeubles transmis une valeur supérieure à celle déclarée, l'Administration peut, sans avoir recours à l'expertise, exiger un complément de droit sur la différence entre la valeur assignée et la valeur déclarée, indépendamment des peines encourues en cas de déclarations frauduleuses (art. 1, al. 5).

26. Obligations des notaires. — Les notaires sont les auxiliaires de l'Administration pour la surveillance du paiement des droits de mutation par décès : comme en matière de mutations entre vifs (*T. A.*, n°s 67 et 71), ils doivent, toutes les fois qu'ils sont appelés à relater dans un acte de leur ministère une mutation par décès postérieure au 31 mars 1897, s'assurer que les droits applicables à cette mutation ont été payés et faire mention dans leur acte de la quittance délivrée par l'agent de perception (art. 6 ; Circ. Dir. Fin. aux notaires, 25 mai 1897, n° 5).

27. Restitution de droits perçus. Evénements ultérieurs. — L'art. 7 du décret du 8 février 1897 (al. final) stipule expressément que tous droits régulièrement perçus ne pourront être restitués quels que soient les événements ultérieurs.

28. Privilège du Trésor. — Le privilège existant dans la Régence au profit du Trésor pour le recouvrement de ses créances de toute nature est expressément maintenu et peut être exercé sur les immeubles sis et sur leur produit, en quelques mains qu'ils se trouvent. Les acquéreurs sont tenus réellement du paiement des droits grevant les immeubles par eux acquis (art. 6).

29. Poursuites en paiement des droits. — Le recouvrement des droits et amendes, en matière de mutation par décès, est poursuivi dans les formes prévues par l'art. 8 du décret du 2 novembre 1893 (*T. A.* n° 63).

SECT. II. — AUTRES DROITS D'ENREGISTREMENT.

30. Application du décret du 19 août 1900 sur le crédit agricole. — Le décret du 20 juillet 1896 a réservé aux particuliers la faculté de requérir à leur choix l'enregistrement ou la transcription de leurs contrats (*T. A.*, n° 75).

Aux termes d'un décret du 19 août 1900 sur le crédit agricole, les actes de gage ou nantissement portant sur les récoltes détachées ou non, les produits industriels résultant de l'exploitation agricole, tels que le vin, l'huile, l'alcool « doivent être transcrits sur les registres du bureau « des finances du lieu où sont situés les objets affectés au « gage, ce sous peine de ne pas donner ouverture, à l'é-« gard des tiers, au droit de préférence spécifié en l'art. 2 « de ce décret ».

Les contrats de nantissements mobiliers n'étant pas assujettis à l'enregistrement dans un délai obligatoire sont passibles du droit fixe de 1 fr. s'ils sont présentés à la formalité dans les 30 jours de leur date, mais sous réserve de la perception; au cas de production en justice, de la moitié des droits exigibles (Arg. art. 6, décr. 20 juill. 1896 ; *T. A.*, n° 77, al. final). Passé le délai de 30 jours, ils donnent immédiatement ouverture au droit de 0 fr. 25 0/0 sur le montant du prêt garanti (même décr., tarif, § I, n° 1 ; *T. A.* n° 79). Les extraits du registre donnent lieu à la perception d'un droit fixe de 1 fr. au profit du Trésor (Arg. art. 4, même décr. ; *T. A.* n° 75, al. 3 *in fine*).

Les receveurs ont droit, pour la transcription des actes et la délivrance des copies, aux salaires fixés par le décret du 20 juillet 1896 (*T. A.*, n° 75 *ibid.*).

31. (85). Réorganisation du tribunal rabbinique. Exécution des décrets du 28 novembre 1898. — Avant la réorganisation du tribunal rabbinique, les actes et jugements de cette juridiction étaient, en matière de timbre, soumis au droit commun ; en matière d'enregistrement, ils suivaient le sort des actes notariés (*T. A.*, n° 85).

Cet état de choses a été modifié par un décret du 28 novembre 1898 qui, sans toucher à la compétence du tribunal rabbinique limitée aux questions d'état et de succession, a supprimé l'intervention des notaires et fait de ce tribunal une juridiction propre rendant des jugements définitifs et sans recours (art. 24).

En vertu des principes généraux édictés par le décret organique du 20 juillet 1896, sont assujettis au droit de timbre de dimension tous actes et écritures publics ou privés, extraits ou copies pouvant faire titre qui sont produits à la barre du tribunal rabbinique pour obligation, décharge, justification, demande ou défense et notamment tous les actes de procédure : les jugements doivent être rédigés sur papier de la débite timbré au droit de 0 fr. 60 ; les expéditions de jugements ne peuvent être établies sur papier timbré d'un format inférieur à celui appelé moyen papier de 0 fr. 90, mais elles sont exemptes du timbre dans les cas prévus, par le règlement de S. A. le Bey du 18 août 1896, pour l'ouzara et les tribunaux indigènes de province (*T. A.*, n° 92).

Les jugements du tribunal rabbinique sont exempts d'enregistrement (arg. art. 27).

Le décret de 1898, portant réorganisation du tribunal rabbinique, établit, en outre, des droits de chancellerie sur les copies et les expéditions délivrées par le greffier de ce tribunal ; un décret du même jour impose aux notaires rédacteurs de contrats de mariage entre israélites l'obligation de faire transcrire ces contrats, dans les trois jours de leur rédaction, au greffe du tribunal rabbinique et frappe d'un droit gradué les extraits, les augmentations de dot et autres libéralités faites par le mari à l'occasion du mariage. Les droits de chancellerie et de greffe sont liquidés et perçus par le greffier du tribunal rabbinique qui en reverse le montant à la recette générale des finances, à la fin de chaque mois grégorien (Cpr. *T. A.*, n° 87).

32. (44 et 81). Procédure de contrainte devant les tribunaux indigènes. Décret du 20 mai 1899. — Le décret du 2 novembre 1893 (art. 8) auquel se réfèrent les décrets de 1896 sur le timbre et l'enregistrement, a réglé la procédure de contrainte devant la juridiction française ; mais en ce qui concerne les tribunaux indigènes, il s'est borné à stipuler que la procédure serait « celle en usage devant ces tribunaux ».

Cette organisation a été complétée par le décret du 20 mai 1899.

Aux termes des art. 1 et 4 de ce décret, la contrainte décernée contre les sujets tunisiens doit être non seulement visée, mais rendue exécutoire, à peine de nullité, soit par le président du tribunal de province dans le ressort duquel se trouve situé le bureau, soit par le directeur des services judiciaires pour les territoires où il n'existe pas encore de tribunal de province.

Les caïds sont chargés de la signification et de l'exécution de la contrainte (art. 2).

En cas d'opposition à la contrainte, le contribuable doit en faire la déclaration au caïd qui en avise, suivant le cas, le président du tribunal de province ou le directeur des services judiciaires (art. 3).

Le magistrat saisi fait inscrire l'affaire au rôle civil, l'instruction de l'instance se fait sur simples mémoires, sans plaidoiries ; le jugement définitif, qui intervient, est toujours rendu en dernier ressort (art. 3).

Le tribunal compétent est le tribunal indigène dans le ressort duquel se trouve situé le bureau qui a décerné la contrainte ; à défaut de tribunal indigène, le jugement est préparé par la chambre civile de l'ouzara et rendu dans les formes usitées pour les sentences élaborées par cette juridiction (art. 1 et 4 ; *T. A.*, 85 et s.).

33. (95). Assistance judiciaire. — Les actes de procédure faits à la requête de l'assisté, les pièces produites par lui au cours de l'instance pour la justification de ses droits et qualités, continuent, en vertu des instructions de l'Administration des finances, à être visés pour timbre et enregistrés en débet (*T. A.*, n° 95).

Le gouvernement du Protectorat n'a pas jugé nécessaire de consacrer cette disposition par voie de décret à l'égard des justiciables des tribunaux français, et, pour des motifs d'ordre politique, il s'est abstenu, d'autre part, d'en étendre le bénéfice aux justiciables des tribunaux indigènes.

34. (96). Obligations spéciales aux notaires indigènes. Modifications apportées au règlement de S. A. le Bey du 31 juillet 1896. — Le règlement de S. A. le Bey du 31 juillet 1896 (*T. A.*, n°s 96 à 101) a été complété ou modifié sur certaines dispositions de détail ; parmi les innovations réalisées, nous signalons notamment les suivantes :

I. AUTORISATION D'ÉCRIRE PLUSIEURS ACTES SUR UNE MÊME FEUILLE DE PAPIER TIMBRÉ. — Les notaires ont été autorisés à transcrire à la suite les uns des autres, en dehors des actes énumérés à l'art. 9 du décret du 20 juillet 1896 (*T. A.*, n°s 101 et 42), ceux qui, relatifs à une même affaire, intéressant une même partie ou se rapportant à une même gestion, constituent un ensemble et gagnent à être consultés simultanément ; mais les actes de l'espèce doivent préalablement à leur clôture être présentés au receveur et revêtus par ses soins d'un timbre de 0 fr. 90 par 100 lignes de 50 lettres (Déc. Dir. Fin., 11 nov. 1896).

Quant aux actes mentionnés à l'art. 9 et à ceux transcrits sur les registres-minute, ils peuvent être rédigés, sans apposition de timbres mobiles, sur la même feuille de papier timbré à 0 fr. 90 ou sur plusieurs feuilles collées ou reliées ensemble.

II. PERCEPTION ET VERSEMENT DU DROIT D'ENREGISTREMENT. — Le versement des droits d'enregistrement par les notaires ne donne plus lieu, de la part des préposés des contributions diverses, à la délivrance d'une quittance à souche (Cpr. *T. A.*, n° 97, al. 3) ; le receveur ou agent en faisant fonctions donne immédiatement quittance de la somme perçue et, s'il y a lieu, des amendes, au moyen d'une mention inscrite sur le registre-minute des notaires à la suite ou en marge du dernier acte inscrit, sur le relevé (Mahrond, 13 août 1896).

Les notaires qui n'ont pas fait d'actes dans le délai de 30 jours prévu par le règlement de 1896 (*T. A.*, n° 97, al. 1) présentent un relevé négatif (Circ. Dir. Fin., 9 sept.

1896) ; ils sont dispensés, dans ce cas, de représenter au receveur leur carnet et leur registre-minute (Déc. Dir. Fin., 13 oct. 1896).

III. PÉNALITÉS. — Chaque acte de notaire indigène non enregistré dans les 30 jours de sa date est passible d'une amende de 10 fr. à la charge du notaire (Règl.1896, n° 7 ; adde, T. A., n° 99).

Le défaut de production dans les délais réglementaires du relevé négatif ou d'un relevé ne contenant aucun acte en contravention donne ouverture à une amende de 20 fr. (même règl. art. 8 et 10 ; Déc. Dir. Fin., 3 avr. 1897).

L'amende de 10 fr. par acte hors délai exclut celle de 20 fr. qui pourrait être exigible sur la production tardive du relevé (Déc. Dir. Fin., 3 avr. 1897).

USUFRUIT ET NUE PROPRIÉTÉ.

SOMMAIRE ANALYTIQUE.

CHAP. I. — Généralités, 1-4.
—   II. — Constitution de l'usufruit et de la nue propriété. Droits exigibles lors du démembrement, 5-24.
SECT. I. — Constitution à titre gratuit entre vifs et par décès, 5-13.
—   II. — Constitution entre vifs à titre onéreux, 14-20 bis.
—   III. — Règles spéciales aux créances à terme, rentes ou pensions, 21-24.
CHAP. III. — Transmissions successives de l'usufruit et de la nue propriété pendant le démembrement, 25-30.
—   IV. — Réunion de l'usufruit à la nue propriété, 31.
SECT. I. — Extinction naturelle de l'usufruit, 31.
—   II. — Réunion anticipée de l'usufruit à la nue propriété, 32-49.
—   III. — Mesures administratives de contrôle, 50-51.
CHAP. V. — Réunion de la nue propriété à l'usufruit, 52-57.
—   VI. — Justification de l'âge de l'usufruitier, 58-67.

SOMMAIRE ALPHABÉTIQUE.

A

Abus de jouissance, 31, 32.
Accroissement, 6-VI et 10.
Acquisition simultanée de l'usufruit et de la nue propriété, 34.
Adjudication d'usufruit et de nue propriété, 44.
Age de l'usufruitier. Contrôle, 65.
— Date inexacte, 63-I.
— Défaut d'indications ou de justifications, 61.
— Indications à fournir, 59.
— Justifications, 58, 60.
— Lieu de naissance inexact, 63-III.
— Prescription, 64.
— Relevés à établir, 66.
— Restitution après justification, 62.
— Vérification des relevés, 67.
Age déterminé, 7-III.

B

Barème, 5.

C

Cession de créance, 23.

Charge d'une donation. Période transitoire, 47.
Constitution à titre gratuit, 5.
— Donation, 6-II.
— Partage d'ascendants, 6-IV.
— Règle générale, 5.
— Réserve d'usufruit, 6-III.
— Succession, 6-II.
— à titre onéreux, 14.
Contrôle administratif, 50, 51, 65 et s.
Convention de mariage, 6-VII.
Créance à terme, 21 et s.

D

Démembrement antérieur à la loi de 1901, 9-A.
— Transmissions successives d'usufruit et de nue propriété, 30.
— Réunion d'usufruit à la nue propriété, 37.
— — Donation, 38-A.
— — Echange, 38-A.
— — Partage anticipé, 38-A.
— — Succession, 38-B.
— — Vente sous réserve d'usufruit, 38-C.
Démembrement à titre gratuit, 5 et s.
— à titre onéreux, 14 et s.
Donation. Démembrement, 6-II.
— — antérieur à la loi de 1901, 38-A.
Droit de transcription, 36, 38, 39-III, 36.
— de 0 fr. 50 0/0, 38-E.
Droit fixe, 35.
— Suppression pour les ventes inférieures à 2000 fr. 39.
Droit gradué, 20.

E

Echange, 19, 42.
— Immeubles non productifs de revenu, 19-I.
— Meubles, 19-II.
— pendant le démembrement, 28.
— Réunion d'usufruit à la nue propriété, 38-A.
Extinction naturelle de l'usufruit, 31.

H

Habitation (Droit d'), 18-II.

I

Immeubles non productifs de revenu, 13-I.
— échange, 19-I.

J

Jouissance réservée, 18-I.
Justification de l'âge de l'usufruitier, 58 et s.

L

Legs conjoint d'usufruit, 6-VI.
Legs d'une quotité en usufruit, 6-V.
Licitation, 55.
— au profit du nu propriétaire, 45.
Loi du 25 février 1901. Date d'application, 3.
— Texte, 2.

M

Marchandises et choses fongibles. Vente, 57.
Meubles. Echange, 19-II.
Meubles et immeubles, 16.

N

Non-rétroactivité de la loi du 25 février 1901, 3.
Nue propriété. Acquisition simultanée, 34.
— Créance, 21 et s.
— Démembrement à titre gratuit, 5 et s.
— à titre onéreux, 14 et s.
Echange, 19.
Pensions, 21 et s.
Rentes, 21 et s.
Réunion à l'usufruit, 52 et s.
Transmission pendant le démembrement, 25.
Valeur, 53.

P

Partage d'ascendant. Démembrement, 6-IV.
— Réunion. 38-II.
Pensions, 21 et s.
Période transitoire, 30, 37, 40 et s.
Personne morale, 7-III.
Prescription, 11-II, 64.
Prix de vente, 18.

R

Règles générales. Constitution à titre gratuit, 5 et s.
— à titre onéreux, 19 et s.
Relevés à établir. Contrôle, 66.
Renonciation, 31, 32, 48.
— Pluralité, 49.
— pure et simple non acceptée. Surveillance, 51.
Rente, 21 et s.
— temporaire, 24-I.
— transmise en pleine propriété, 24-II.
Répertoire général, 50.
Réserve d'usufruit. Démembrement, 6-III.
— de jouissance, 18-II.
Résolution, abus de jouissance, 31, 32.
Restitution. Usufruit successif, 11.
Réunion de la nue propriété à l'usufruit, 52 et s.
Réunion de l'usufruit à la nue propriété, 31 et s.
— antérieure à la déclaration de succession, 33.
— anticipée, 32.
— Décès de l'usufruitier, 31.
— Extinction naturelle de l'usufruit, 31.
— Période transitoire, 37.
— Renonciation, 31.
Réversion, 29.

S

Soulte de partage ou d'échange, 15.
Succession. Démembrement, 6-I.
— antérieur à la loi nouvelle, 38-B.
Supplément de droit, 12.

T

Taxe d'accroissement, 20 bis.
Terme. Age déterminé, 7-III.
Transcription (droit de), 36, 38, 39-III, 36.
— de 0 fr. 50 0/0, 38-E.
Transmissions de rentes ou de pensions, 24.
Transmissions successives pendant le démembrement, 25.
— à titre gratuit, 26.
— à titre onéreux, 27.

U

Usufruit. Accroissement, 10.
— Acquisition simultanée, 34.
— conjoint avec accroissement, 10.
— Constitution à titre gratuit, 5.
— à titre onéreux, 14.
— Convention de mariage, 6-II.
— Créances à terme, 21 et s.
— Donation, 6-II.
— Echange, 19, 28.
— Extinction naturelle, 31.
— Legs conjoint, 6-VI.
— Legs d'une quotité, 6-V.
— Partage d'ascendants, 6-IV.
— Pensions, 21 et s.
— Rentes, 21 et s.
— Réserve, 6-III.
— Réunion anticipée, 32.
— Réversion, 9.
— successif, 9.
— — Restitution, 11.
— — Supplément de droit, 12.
— Succession, 6-I.
— temporaire, 7.
— — au profit d'une personne morale, 7-III.
— — jusqu'à ce qu'un tiers ait atteint un âge

— déterminé, 7-IV.
— — pour 40 ans, et au delà, 7-I.
— — pour une très courte durée, 7-II.
— Terme incertain, 8.
— Transmissions successives pendant le démembrement, 25.
— Vente, 17 (voir ce mot).
— viager, 5 et s.

V

Vente. Abandon gratuit du prix par l'usufruitier au nu propriétaire, 47.
— de l'usufruit à une personne et de la nue propriété à une autre, 17, 38-D.
— de l'usufruit seul, 17.
— Détermination du prix, 18.
— inférieur à 2.000 francs. Suppression du droit fixe, 39.
— Marchandises et choses fongibles, 57.
— Prix payable sans intérêts au décès de l'usufruitier, 54.
— Réunion anticipée de l'usufruit à la nue propriété, 38-C.
— simultanée de l'usufruit, et de la nue propriété, 43, 44, 46.
— sous réserve d'usufruit, 47.
Vérification des relevés, 67.

CHAP. Ier. — GÉNÉRALITÉS.

1. (14). Régime de la loi du 22 frimaire an VII. —
Le régime organisé par la loi du 22 frimaire an VII pour la perception des droits d'enregistrement sur les transmissions d'usufruit et de nue propriété aboutissait à des conséquences très rigoureuses.

D'une part, la valeur de l'usufruit était fixée uniformément à la moitié de la pleine propriété, sans égard à l'âge de l'usufruitier.

D'autre part, la nue propriété se trouvait, suivant les cas, évaluée de plusieurs manières. Prise avec sa valeur réelle en cas de vente de la nue propriété et de l'usufruit à deux personnes distinctes, elle était estimée à une fois et demie sa valeur quand le vendeur, en l'aliénant, se réservait l'usufruit, et à deux fois sa valeur lorsqu'elle était constituée par un acte à titre gratuit ou par un échange.

2. Loi du 25 février 1901. — Ces règles ont cessé d'exister. Désormais, la nue propriété et l'usufruit ne supporteront plus l'impôt que sur leur valeur respective au moment de la transmission. Cette valeur sera représentée par une fraction de la valeur de la pleine propriété, de telle sorte que, même en cas de transmission simultanée, les droits ne seront jamais perçus sur un capital supérieur à celui de la pleine propriété des biens transmis (Inst. 3049, p. 8).

L'art. 13 de la loi du 25 février 1901, qui réalise cette importante réforme, est ainsi conçu :

« La valeur de la nue propriété et de l'usufruit des biens meubles et immeubles est déterminée, pour la liquidation et le payement des droits, ainsi qu'il suit, savoir :

« 1° Pour les transmissions à titre onéreux de biens autres que créances, rentes ou pensions, par le prix exprimé, en y ajoutant toutes les charges en capital, sauf application des art. 17 de la loi du 22 frimaire an VII et 13 de celle du 23 août 1871 ;

« 2° Pour les échanges et pour les transmissions entre vifs à titre gratuit ou celles qui s'opèrent par décès des mêmes biens, par une évaluation faite de la manière suivante : si l'usufruitier a moins de 20 ans révolus, l'usufruit est estimé aux 7/10 et la nue propriété aux 3/10 de la propriété entière, telle qu'elle doit être évaluée d'après les règles sur l'enregistrement. Au-dessus de cet âge, cette proportion est diminuée pour l'usufruit et augmentée pour la nue propriété d'un dixième par chaque période de 10 ans, sans fraction. A partir de 70 ans révolus de l'âge de l'usufruitier, la proportion est fixée à 1/10 pour l'usufruit et à 9/10 pour la nue propriété. Pour déterminer la valeur de la nue propriété, il n'est tenu compte que des usufruits ouverts au jour de la mutation de cette nue propriété.

« Toutefois, dans le cas d'usufruits successifs, l'usufruit éventuel venant à s'ouvrir, le nu propriétaire aura droit à la restitution d'une somme égale à ce qu'il aurait payé en moins si le droit acquitté par lui avait été calculé d'après l'âge de l'usufruitier éventuel ; mais cette restitution aura lieu dans les limites seulement du droit dû par celui-ci. L'action en restitution ouverte au profit du nu propriétaire se prescrit par deux ans à compter du jour du décès du précédent usufruitier.

« L'usufruit constitué pour une durée fixe est estimé aux 2/10 de la valeur de la propriété entière pour chaque période de dix ans de la durée de l'usufruit, sans fraction et sans égard à l'âge de l'usufruitier ;

« 3° Pour les créances à terme, les rentes perpétuelles ou non perpétuelles et les pensions créées ou transmises à quelque titre que ce soit, et pour l'amortissement de ces rentes ou pensions, par une quotité de la valeur de la propriété entière, établie suivant les règles indiquées au paragraphe précédent, d'après le capital déterminé par les paragraphes 2, 7 et 9 de l'art. 14 de la loi du 22 frimaire an VII.

« Il n'est rien dû pour la réunion de l'usufruit à la propriété lorsque cette réunion a lieu par le décès de l'usufruitier ou l'expiration du temps fixé pour la durée de l'usufruit. »

3. Date d'application des nouvelles dispositions. — La loi du 25 février 1901 n'a pas d'effet rétroactif. En conséquence, les droits ouverts au profit du Trésor antérieurement à l'entrée en vigueur des dispositions nouvelles seront perçus d'après le régime de la loi de frimaire, « alors même que le délai accordé aux parties pour les acquitter n'expirerait que postérieurement à cette date » (Inst. 3049, p. 16).

Mais le nouveau mode d'évaluation devra être appliqué à toutes les transmissions d'usufruit et de nue propriété qui sont devenues passibles de l'impôt depuis la promulgation de la loi nouvelle. La date dont il faut tenir compte à cet égard est celle de l'ouverture de la succession pour les mutations par décès, celle de l'entrée en possession pour les mutations entre vifs d'immeubles et de fonds de commerce, celle de l'acte pour les actes dont l'enregistrement est obligatoire dans un délai déterminé et celle de la présentation à la formalité pour les actes qui ne sont pas assujettis à l'enregistrement dans un délai préfix (Inst. 2542, § 3).

Il importe d'observer seulement que, sous l'empire de la loi du 25 février 1901, la réunion de l'usufruit à la nue propriété, même réalisée autrement que par le décès de l'usufruitier ou l'expiration du temps fixé pour la durée de l'usufruit, ne donnera ouverture à aucun droit quand l'impôt aura été acquitté par anticipation, lors du démembrement, conformément aux règles anciennes.

4. (15). **Division.** — Suivant l'ordre adopté au *T. A.*, nous examinerons successivement les principes qui, au point de vue fiscal, gouvernent actuellement : 1° la constitution de l'usufruit et de la nue propriété ; 2° les transmissions soit de l'usufruit, soit de la nue propriété pendant le démembrement ; 3° la réunion de l'usufruit à la nue propriété ; 4° la réunion de la nue propriété à l'usufruit.

CHAP. II. — CONSTITUTION DE L'USUFRUIT ET DE LA NUE PROPRIÉTÉ. DROITS EXIGIBLES LORS DU DÉMEMBREMENT.

SECT. Iʳᵉ. — CONSTITUTION A TITRE GRATUIT ENTRE VIFS ET PAR DÉCÈS.

5. (24). **Usufruit viager. Règle générale de perception.** — Pour les transmissions à titre gratuit, entre vifs et par décès, c'est-à-dire en matière de mutation ne comportant pas l'expression d'un prix, la valeur imposable de la nue propriété ou de l'usufruit s'obtient par la méthode suivante :

On commence par déterminer, d'après les règles en vigueur pour les diverses catégories de biens meubles et immeubles et selon la nature de la mutation, la valeur de la *propriété entière* de l'objet transmis en nue propriété ou en usufruit. Ainsi, en ce qui concerne les meubles, il faut prendre comme base d'évaluation pour les donations, la déclaration estimative des parties, et pour les successions, les inventaires ou autres actes estimatifs, les ventes publiques passées dans les deux ans du décès, les polices d'assurances ou la déclaration des héritiers ; à l'égard des immeubles on doit capitaliser le revenu par 20 ou par 25, ou, s'ils ne sont pas productifs de revenu, faire estimer, en capital, leur valeur vénale.

Lorsqu'on a établi, conformément aux prescriptions de la loi fiscale, la valeur imposable de la pleine propriété, on répartit ensuite cette valeur entre la nue propriété et l'usufruit d'après le barème suivant, fondé sur ce principe que la valeur de l'usufruit décroît tandis que celle de la nue propriété augmente au fur et à mesure que l'usufruitier avance en âge.

AGE DE L'USUFRUITIER	VALEUR DE L'USUFRUIT		VALEUR DE LA NUE PROPRIÉTÉ	
Moins de 20 ans révolus.	7/10		3/10	
— 30 » —	6/10	de la	4/10	de la
— 40 » —	5/10		5/10	
— 50 » —	4/10	propriété	6/10	propriété
— 60 » —	3/10		7/10	
— 70 » —	2/10	entière	8/10	entière
Plus de 70 » —	1/10		9/10	

Il est à remarquer que la valeur de la nue propriété est toujours complémentaire de celle de l'usufruit, de telle sorte que ces deux valeurs réunies sont exactement égales à la valeur de la pleine propriété.

On ne peut, d'ailleurs, fractionner chaque période de dix ans, et le forfait légal reste le même, quelles que soient les circonstances spéciales susceptibles de motiver une évaluation différente, dès l'instant que l'âge de l'usufruitier se trouve compris dans l'une des divisions établies par le législateur.

6. (25). **Applications diverses de la règle. — I.** SUCCESSIONS. — Sous le régime de la loi de frimaire, lorsque la nue propriété et l'usufruit étaient transmis, par voie

héréditaire, à deux personnes différentes, le nu propriétaire acquittait l'impôt sur la valeur entière du bien transmis et l'usufruitier sur la moitié de cette même valeur. Aujourd'hui l'impôt ne peut être payé sur une valeur supérieure à celle de la pleine propriété ; mais il est liquidé distinctement sur chacune des deux parties de cette valeur revenant respectivement au nu propriétaire et à l'usufruitier.

Que l'on suppose une succession d'une valeur nette de 100.000 fr. dévolue en usufruit à une personne âgée de 54 ans et en nue propriété à une autre personne. L'impôt sera acquitté par l'usufruitier sur une valeur de 30.000 fr. et par le nu propriétaire sur une valeur de 70.000 fr.

On rappelle que, lorsqu'une dette grève une succession revenant à une personne pour la nue propriété et à une autre pour l'usufruit, c'est sur l'actif de la succession diminué du montant de la dette que le droit de mutation doit être perçu (L. 25 févr. 1901, art. 3, § 5).

II. DONATIONS. — La même règle est applicable à la donation consentie à deux personnes différentes de l'usufruit et de la nue propriété du même bien. Si, par exemple, une personne donne, par acte entre vifs, une somme de 50.000 fr. pour l'usufruit à son frère âgé de 45 ans et pour la nue propriété à son neveu, le droit dû par l'usufruitier sera calculé sur les 4/10 de 50.000 fr., soit sur 20.000 fr., et le droit à la charge du nu propriétaire se liquidera par acte entre vifs, une soit sur 30.000 fr. (6/10 de 50.000 fr.).

III. RÉSERVE D'USUFRUIT. — Lorsque le donateur se réserve l'usufruit du bien donné, la transmission n'a pour objet que la nue propriété. C'est donc cette nue propriété seule qui doit être imposée sur sa valeur actuelle déterminée d'après l'âge du donateur usufruitier. Ainsi la donation sous réserve d'usufruit d'une somme de 50.000 fr. par une personne âgée de 65 ans ne donnera ouverture à l'impôt que sur une somme de 40.000 fr. (les 8/10 de la pleine propriété).

IV. PARTAGE D'ASCENDANTS. — Les partages d'ascendants sont gouvernés par les mêmes principes que les donations ordinaires. Si les ascendants donateurs se réservent l'usufruit des biens donnés, l'impôt ne sera plus perçu comme autrefois sur la valeur totale de ces biens, mais sera limité à la valeur de la nue propriété actuellement transmise. Il importe peu que, d'après l'acte de donation à titre de partage anticipé, l'usufruit réservé par les ascendants donateurs soit réversible au profit du survivant ; cette réversion étant purement éventuelle ne doit pas être prise en considération pour le calcul des droits (V. n° 9 *infrá*).

Elle peut seulement donner lieu, le cas échéant, à une restitution partielle de droits au profit des donataires (V. n° 29-1 *infrá*).

Les travaux préparatoires de la loi du 25 février 1901 ne laissent aucun doute sur les intentions du législateur. Dans la discussion d'une proposition tendant à étendre aux partages d'ascendants le principe de la déduction des dettes, le commissaire du gouvernement, M. Liotard-Vogt, s'exprimait ainsi : « En ce qui concerne les petits partages, je me permets de faire remarquer que le projet de loi ne peut guère leur préjudicier par cette raison qu'ils portent, en général, sur des propriétés rurales, composées d'une maison, d'un jardin, de quelques champs... La maison, le jardin, la partie de l'immeuble qui entoure la maison d'habitation, sont généralement, par le partage même, grevés d'usufruit au profit d'un des conjoints... Or, grâce à la seconde réforme du projet de loi, celle de l'usufruit, le partage anticipé ne donnera ouverture au droit,en ce qui concerne les biens grevés d'usufruit,que sur la valeur de la nue propriété ; par conséquent, le projet, sous ce rapport, favorise réellement les petits partages anticipés » (*J. off.*, Débats, Chambre, séance du 19 nov. 1895, p. 2419, col. 2).

Par exemple, dans un partage anticipé, le père et la mère donateurs, âgés respectivement de 65 ans et de 43 ans, abandonnent à leurs enfants, le premier des immeubles urbains d'un revenu de 250 fr. en se réservant jusqu'à son décès et celui de sa femme si elle lui survit, l'usufruit d'une maison d'un revenu de 100 fr., la seconde des immeubles ruraux d'un revenu de 200 fr. avec réserve de l'usufruit jusqu'au décès du survivant.

1° Les immeubles donnés par le père, d'un revenu de 250 fr., représentent un capital de (250 × 20). 5.000 fr.
Mais l'usufruit réservé par lui sur la maison d'un revenu de 100 fr., au capital de 2.000 fr. a, d'après son âge (65 ans), une valeur de 2/10, soit . . . . 400 »
Les valeurs données par le père, tant en pleine propriété qu'en nue propriété, s'élèvent donc à. . . . . 4.600 »
2° Les immeubles donnés par la mère, d'un revenu de 200 fr., représentent un capital de (200 × 25) . . . . 5.000 fr.
D'après son âge (43 ans), la valeur de la nue propriété donnée est des 6/10, soit. . . . . . 3.000 »
          Total. . . . . 7.600 fr.

Le droit proportionnel à 1 fr. 70 0/0 sera donc perçu sur cette somme de 7.600 fr., alors que, sous le régime antérieur à la loi du 25 février 1901, le droit de 1 fr. 50 0/0 (plus les décimes) aurait été acquitté sur 10.000 fr.

Il est sans difficulté que le droit fixe de 7 fr. 50 reste exigible dans les conditions ordinaires, à raison de la libéralité éventuelle résultant de la réversion d'usufruit (*T. A.,* Vo *Réversion,* n° 29 et s.).

V. LEGS D'UNE QUOTITÉ EN USUFRUIT. — Lorsque, au lieu de s'appliquer à l'intégralité d'un bien, l'usufruit ne porte que sur une quotité, il convient de déterminer d'abord la valeur de l'usufruit total eu égard à l'âge de l'usufruitier ; puis la quotité faisant l'objet de la transmission se calcule sur le chiffre ainsi obtenu. Soit, par exemple, le legs de l'usufruit du tiers d'une succession s'élevant à 60.000 fr., fait au profit d'une personne âgée de 32 ans. La valeur de l'usufruit total étant de 30.000 fr. (5/10 de 60.000 fr.), l'impôt sera dû par l'usufruitier sur le tiers de 30.000 fr., c'est-à-dire sur 10.000 fr.

VI. LEGS D'USUFRUIT A PLUSIEURS PERSONNES CONJOINTEMENT. — Lorsqu'un usufruit est légué conjointement à plusieurs personnes, de manière que les divers usufruitiers jouissent ensemble, indivisément et par égales parts, la pleine propriété doit, pour le calcul des droits, être divisée en autant de parties qu'il y a d'usufruitiers ; puis on opère sur chacune de ces parties d'après les règles ordinaires, en tenant compte de l'âge de chaque usufruitier (Inst. 3049, p. 10).

Que l'on suppose, par exemple, un usufruit portant sur une somme de 60.000 fr. et constitué conjointement au profit de trois personnes âgées de 35, 45 et 55 ans. On fractionne la pleine propriété par 1/3 ; chaque usufruit est censé s'appliquer à une valeur de 20.000 fr. Le premier usufruitier acquittera l'impôt sur les 5/10 de 20.000 fr., soit sur 10.000 fr., le second sur les 4/10 de 20.000 fr., soit sur 8.000 fr.,et le troisième sur les 3/10 de la même somme, soit sur 6.000 fr. La valeur totale de l'usufruit légué étant ainsi de 24.000 fr. (10.000 + 8.000 + 6.000), celle de la nue propriété s'élève à 36.000 fr.

VII. CONVENTION DE MARIAGE. — L'attribution à titre de convention de mariage, de l'usufruit de la totalité ou d'une partie de la communauté au profit de l'époux survivant ne constitue pas une mutation imposable. La valeur de l'usufruit sur laquelle les droits de succession ne sont pas exigibles sera déterminée d'après les règles qui précèdent, puis déduite du surplus de l'hérédité pour la liquidation de l'impôt dû ,soit par les nu propriétaires, soit par les autres usufruitiers (V. *Succession,* n° 363-IX).

7. (24 A). Usufruit temporaire. — Les règles d'évaluation qui viennent d'être exposées ne s'appliquent qu'aux usufruits viagers, c'est-à-dire à ceux dont la durée dépend de la vie d'une personne. Quant à ceux qui sont constitués, toujours à titre gratuit, pour une durée fixe, la loi les a évalués « aux 2 /10 de la valeur de la propriété entière pour chaque période de dix ans de là durée de l'usufruit, sans fraction et *sans égard à l'âge de l'usufruitier* ». La nue propriété aura toujours, même en ce cas, la valeur complémentaire, de telle sorte qu'en y ajoutant celle de l'usufruit, on obtienne un total égal à la valeur de la pleine propriété.

Ce mode légal d'évaluation est sujet à critique. L'usufruit étant, par définition, un droit qui ne peut durer plus que la vie du titulaire, s'éteint au décès de celui-ci, alors même que le temps pour lequel il avait été constitué ne serait pas expiré (Voir*T. A.,* *Usufruit,* n° 119, note 2, *in fine* ; — Rappr. Aubry et Rau, 5e édit., II, p. 721, texte et note 8 ; — Baudry-Lacantinerie et Chauveau, *des Biens,* n° 733, p. 634). L'évaluation à raison de 2/10 par période de dix ans n'aurait donc dû être prise que comme maximum, celle basée sur l'âge de l'usufruitier restant la règle toutes les fois qu'elle eût été inférieure à la première. Mais la loi est formelle et son texte ne comporte pas, à notre avis, cette interprétation. La règle établie par le législateur de 1901 doit donc être strictement observée, si peu équitable qu'elle soit (Naquet, n° 52, en note ; — *R. P.* n° 9995-28).

On doit seulement excepter le cas de fraude, ainsi qu'on le verra ci-après.

I. USUFRUIT CONSTITUÉ POUR UNE LONGUE DURÉE. — L'usufruit constitué pour plus de 40 ans a pour estimation 5 fois deux dixièmes ; il absorbe ainsi la pleine propriété. « Mais ces constitutions, supposant un usufruit à terme de près d'un demi-siècle, sont purement théoriques. Si, d'ailleurs, il s'en produisait, leur effet sur la nue propriété serait tel que, pendant la première période de dix ans, la valeur de cette nue propriété serait réellement illusoire » (Note additionnelle au projet de loi déposé le 20 mars 1880, *Code Manuel de l'Enreg.,* p. 706, col. 1). Ces considérations de l'exposé des motifs de 1880 nous paraissent absolument erronées. Dès lors que l'usufruit temporaire, si long qu'en soit la durée, cesse au décès du titulaire, les parties auront tout avantage à créer un usufruit de plus de 40 ans, afin de réduire à néant, par cet artifice, la valeur imposable de la nue propriété, par exemple en cas de vente ou de donation sous réserve d'usufruit. Cette situation appelle un prompt remède et une modification de la loi de 1901 nous paraît s'imposer sur ce point.

Toutefois, l'Administration interprète autrement le dernier alinéa de l'art. 13-2°. Se fondant précisément sur ce que l'usufruit temporaire s'éteint *ipso facto* par le décès de l'usufruitier survenant avant l'expiration de la durée fixée, elle soutient que l'évaluation à raison de 2/10 par période décennale doit s'entendre d'une évaluation *maximum* à appliquer seulement au cas où l'âge de l'usufruitier ne comporterait pas une évaluation inférieure. Dans ce système, les expressions de notre article « sans égard à l'âge de l'usufruitier » devraient être complétées par celle-ci : « si cet âge est tel qu'il comporte une évaluation supérieure à celle de 2/10 par période décennale de la durée fixée ».

Lorsque, par exemple, un père âgé de 55 ans fait donation à ses enfants de biens dont il se réserve l'usufruit pendant 25 ans, l'usufruit réservé devra être évalué, d'après l'Administration, non pas à 6/10, à raison de trois périodes décennales de durée, mais à 3/10 eu égard à l'âge du donateur. Les donataires acquitteront donc l'impôt sur les 7/10 de la pleine propriété.

C'est la règle de perception qui doit être suivie par les préposés (1).

Tout en refusant d'y adhérer, nous reconnaissons que l'usufruit devra, en certains cas, s'évaluer, non d'après la durée stipulée, mais en raison de l'âge du titulaire. Ce mode de liquidation devra être appliqué toutes les fois qu'il résultera des circonstances que la stipulation d'un usufruit temporaire a eu pour but manifeste de tourner la loi et de déguiser la constitution d'un usufruit purement viager. Tel sera le cas lorsque la durée de l'usufruit temporaire stipulé dépassera notablement la vie probable du titulaire.

II. Usufruit constitué pour une très courte durée. — La valeur de l'usufruit temporaire s'appréciant par périodes de dix ans *sans fraction*, il s'ensuit que l'usufruit réservé, dans une donation, pour un an ou pour une durée moin-

(1) Ce système nous paraît erroné pour deux motifs : d'abord, en ce qu'il ajoute à la loi sous prétexte de l'interpréter ; en second lieu, en ce qu'il est contraire à l'intention des premiers rédacteurs du projet, telle qu'elle est clairement exprimée dans la note additionnelle à l'exposé des motifs citée ci-dessus. L'auteur de cette note, supposant un usufruit constitué pour 40 ans, déclare formellement que la valeur de l'usufruit sera en ce cas de 5 fois 2/10, c'est-à-dire absorbera celle de la pleine propriété ! Or il est impossible, si l'on admet le système de l'Administration, d'imaginer une hypothèse où l'usufruit temporaire puisse être évalué aux 10/10 ou même aux 8/10 (plus de 30 ans) de la pleine propriété. En effet, si jeune que soit l'usufruitier, et alors même qu'il aurait moins de 20 ans, son droit — calculé à raison de son âge — ne pourra être évalué à plus des 7/10 de la pleine propriété.

En réalité, les auteurs du projet de 1880 ont cru — à tort — que l'usufruit temporaire se prolongeait toujours jusqu'à l'expiration du terme fixé, alors même que l'usufruitier décéderait dans l'intervalle. Le vice de la loi dérive de cette erreur initiale. Nous reproduisons ci-après certains extraits de la note de 1880 qui mettent ce point en évidence : « Les évaluations qui précèdent (à raison de l'âge de l'usufruitier) ne s'appliquent qu'aux usufruits viagers, c'est-à-dire dont la durée dépend de la vie d'une personne. Il en est d'autres qui sont constitués pour une durée fixe, *ad diem*, ou pour un temps indéterminé, tel que l'arrivée d'un événement incertain. Ces usufruits ne peuvent pas être estimés d'après *les mêmes bases que les usufruits viagers parce qu'ils ne sont pas exposés comme ceux-ci aux chances d'extinction résultant du décès de l'usufruitier*. Ils ont une durée plus certaine et *par conséquent une valeur plus grande*. Nous proposons de décider que cette valeur sera déterminée à raison de 2/10 de la valeur de la propriété entière pour chaque période de dix ans et sans fraction. Un usufruit temporaire de 20 ans sera donc évalué aux 4/10 de la pleine propriété. Celui qui devra durer 30 ans sera estimé aux 6/10 *et ainsi de suite*. Nous ne nous préoccupons pas des cas où l'usufruit temporaire serait d'une telle durée qu'il absorberait la pleine propriété. Il faudrait supposer un usufruit à terme de près d'un demi-siècle. Or, ces constitutions sont purement théoriques et, d'ailleurs, s'il s'en produisait, leur effet sur la nue propriété serait tel que, pendant la première période de dix ans, la valeur de cette nue propriété serait réellement illusoire » (*Code Manuel de l'Enreg.*, p. 706, col. 1 ; *T. A.*, *Usufruit*, p. 1317, col. 1, note 2).

dre devra être estimé à 2/10 de la propriété entière. Mais la stipulation d'une réserve aussi limitée pourrait être considérée, suivant les circonstances, comme ne donnant pas naissance à un droit d'usufruit proprement dit, mais à un louage de courte durée par le nouveau possesseur à l'ancien, ou comme constituant la fixation d'un simple terme (Rappr. *infrà*, n° 18-I) (1).

III. Usufruit constitué au profit d'une personne morale. — L'usufruit constitué au profit d'une personne morale ayant une durée qui ne peut excéder trente ans (C. civ., art. 619), la valeur de l'usufruit doit être fixée à 6/10 de la valeur de la pleine propriété.

IV. Usufruit établi jusqu'à ce qu'un tiers ait atteint un age déterminé. — Quant à l'usufruit constitué jusqu'à ce qu'un tiers ait atteint un âge déterminé, c'est un usufruit à durée fixe, puisqu'il doit persister jusqu'à la date indiquée, encore que le tiers meure auparavant (C. civ., art. 620).

8. Usufruit constitué à terme incertain autre que la vie du titulaire. — Il n'a pas paru à propos de fixer, au moyen d'une disposition spéciale de la loi, la valeur des usufruits d'une durée indéterminée ou dont l'expiration est subordonnée à un événement autre que le décès de l'usufruitier. On a considéré que, le plus souvent, les usufruits de cette nature devront être assimilés aux usufruits viagers, puisque, si l'événement ne se produit pas, la jouissance sera assurée à l'usufruitier jusqu'à son décès. Si des difficultés surgissent, il appartiendra à la jurisprudence d'apprécier le caractère de chaque usufruit et de le classer, selon les circonstances, dans la catégorie des usufruits viagers ou dans celle des usufruits à durée fixe (Note add. au projet de loi déposé le 20 mars 1880, *Code Manuel de l'Enreg.*, p. 706, col. 1).

Mais il faut prévoir les hypothèses où l'usufruit constitué pour une durée indéterminée ne pourra être assimilé ni à un usufruit viager, ni à un usufruit à durée fixe. Les parties devront alors être admises à fournir une évaluation de la durée probable de l'usufruit. Comme l'usufruitier et le nu propriétaire, tenus chacun, en cas de transmission simultanée, d'une déclaration estimative distincte, ont des intérêts opposés, des conflits s'élèveront lorsque le total des deux estimations sera inférieur à la valeur de la pleine propriété. Dans cette hypothèse, l'Administration devra accepter provisoirement les deux évaluations, alors même qu'elles ne concorderaient pas entre elles et lui paraîtraient toutes deux insuffisantes, sauf à en poursuivre la rectification devant le tribunal civil en demandant la jonction des instances.

9. Usufruits successifs. — L'usufruit peut être cons-

(1) En cette matière, disent MM. Baudry-Lacantinerie et Chauveau, il faut « négliger l'apparence des termes du contrat pour rechercher l'intention véritable des parties et ne voir dans la clause que l'expression d'une aliénation soumise à la modalité d'un terme, surtout si la jouissance a été réservée pour quelques mois seulement. Si le terme était plus long, les tribunaux pourraient se décider, suivant les circonstances, d'après la volonté probable des contractants. Du reste, d'une manière générale, soit en présence d'un contrat, soit en présence d'un testament, les tribunaux doivent rechercher avec soin la nature du droit que l'on a voulu établir ; le terme d'usufruit n'est pas sacramentel et ce droit peut se trouver établi, sans que le mot ait été prononcé dans l'acte. A l'inverse, on a pu employer ce mot d'une façon impropre, alors qu'on créait en réalité un droit différent, superficie, pleine propriété, ou même droit personnel ; l'on trouvera parfois dans l'acte des indications favorables à une pareille interprétation, des clauses inconciliables avec l'existence d'un droit d'usufruit » (*des Biens*, n° 456 ; — Rappr. Laurent, VI, n°s 342 et 343).

titué au profit de plusieurs personnes appelées à en jouir successivement. Dans ce cas, chacun des usufruitiers tient son droit directement du constituant et non du précédent propriétaire. Il existe donc autant d'usufruits distincts que d'appelés. Au décès du premier bénéficiaire, l'usufruit dont il jouissait s'éteint et le second bénéficiaire en acquiert un nouveau (*T. A.*, V° *Usufruit*, n° 3-B).

Au jour du démembrement, il n'y a, par suite, qu'un seul usufruit ouvert ; les autres sont conditionnels, puisqu'ils sont subordonnés à la survie des appelés. Or la perception de l'impôt de mutation est suspendue à l'égard des usufruits conditionnels, tant qu'ils ne sont pas ouverts. C'est ce motif qui a conduit le législateur à décider, par une disposition expresse, qu'il serait fait abstraction de ces usufruits pour l'évaluation de la pleine propriété. L'usufruit du titulaire actuel est donc évalué comme si les autres n'existaient pas et ne devaient jamais s'ouvrir.

En ce qui concerne les transmissions secondaires de l'usufruit ainsi constitué, la loi nouvelle ne modifie ni les délais dans lesquels ces mutations doivent être déclarées (Inst. 1200, § 15 ; 1422, § 8 ; 2389, § 3), ni la règle d'après laquelle l'impôt doit : 1° être liquidé sur le capital obtenu en appliquant à la valeur actuelle des biens (Inst. 2421 § 3) le mode de détermination de la valeur imposable de l'usufruit en vigueur au jour du démembrement ; 2° être perçu d'après les tarifs existant à la même époque (Inst. 1434 ; 1618, § 4 ; 2163, § 3 ; 2542, § 3 ; 2603, § 2). L'application de ces principes conduit aux résultats suivants :

A. Démembrement antérieur a la loi du 25 février 1901. — Si le démembrement s'est opéré par décès avant l'entrée en vigueur de la loi de 1901 et si le premier usufruitier décède après la mise à exécution de cette loi, le second usufruitier devra acquitter les droits à sa charge d'après les tarifs proportionnels existant sous l'ancienne législation et sur le capital au denier 10 ou 12,50 du revenu des immeubles au jour de l'ouverture de son usufruit (Inst. 3049, p. 12).

B. Démembrement opéré depuis la mise a exécution de la loi de 1901. — Ce n'est qu'autant que le démembrement aura eu lieu sous l'empire de la loi du 25 février 1901 qu'on suivra, pour l'évaluation de l'usufruit secondaire, les règles tracées par l'art. 13. Dans ce cas, la valeur de l'usufruit sera nécessairement déterminée d'après l'âge du bénéficiaire au moment où ce second usufruit prend naissance (Rapp. de M. Cordelet, *J. off.*, Doc. parl., Sénat, p. 292). Si, par exemple, un usufruit est légué à deux personnes âgées, la première de 61 ans et la seconde de 31 ans, pour en jouir successivement, l'impôt sera, lors du démembrement, acquitté par le premier bénéficiaire sur les 2/10 de la pleine propriété et, après le décès de celui-ci survenu 10 ans plus tard, sur les 4/10 de la même valeur.

Réversion. — Lorsqu'un usufruit est réservé par celui qui aliène la nue propriété avec réversion éventuelle au profit d'un tiers, il y a là en un certain sens constitution d'un usufruit successif qui diffère de celui dont nous venons de parler en ce qu'il ne rétroagit pas, quand il s'ouvre, au jour du démembrement (V. n° 29 *infra*).

10. Usufruit conjoint avec clause d'accroissement. — Le legs d'usufruit conjoint se complique d'une clause d'accroissement, lorsque le testateur déclare que cet usufruit restera en entier au survivant des colégataires. A la différence du legs d'usufruit successif, dans lequel la disposition en faveur du second légataire est purement éventuelle, le legs conjoint confère aux colégataires un droit actuel et irrévocable qui rend l'impôt immédiatement exigible sur la totalité de l'usufruit en tenant compte de l'âge de chacun des usufruitiers (*supra*, n° 6-VI). Aussi le décès

de l'un des colégataires n'opère-t-il pas une nouvelle mutation ; les survivants, auxquels leur titre confère une vocation à la totalité du legs, sont réputés tenir leur droit entier du testateur directement et *ab initio* (*T. A.*, V° *Accroissement*, n° 17). Il en résulte que le bénéficiaire de l'accroissement ne doit pas un nouveau droit de mutation et n'est tenu que d'un droit complémentaire, dans le cas où il serait parent du testateur à un degré plus éloigné que le légataire prédécédé ou moins âgé, *au moment de la constitution de l'usufruit conjoint*, que le colégataire décédé.

Si, par exemple, le premier usufruitier, âgé de 49 ans au décès du testateur, a payé sur moitié du bien légué en usufruit à raison de 4/10, le second usufruitier, s'il était âgé de 49 ans à la même époque, devra un supplément de droit sur les 3/10 de la part qui lui accroît, quelle que soit la date du décès du premier.

I. Démembrement antérieur a la loi du 25 février 1901. — Comme en matière d'usufruits successifs, le nouveau mode d'évaluation de l'usufruit ne doit être appliqué que si le testateur est décédé depuis la mise à exécution de la loi du 25 février 1901 (Inst. 3049, p. 12).

11. Restitution au profit du nu propriétaire. — Par une dérogation au principe inscrit dans l'art. 60 de la loi du 22 frimaire an VII, la loi nouvelle dispose, en cas d'usufruits successifs, que, si l'usufruit éventuel vient à s'ouvrir, le nu propriétaire aura droit à la restitution d'une somme égale à ce qu'il aurait payé en moins si le droit acquitté par lui avait été calculé sur l'évaluation de la nue propriété d'après l'âge de l'usufruitier éventuel. Le bénéfice de cette disposition est acquis également au nu propriétaire en cas d'accroissement d'un usufruit conjoint au profit d'un usufruitier plus jeune que son colégataire prédécédé (Inst. 3049, p. 13).

Que l'on suppose, par exemple, une succession d'une valeur de 40.000 fr., dévolue en nue propriété à Primus, en usufruit à Secundus et à Tertius pour en jouir successivement. Secundus, dont l'usufruit s'ouvre le premier, a 70 ans révolus ; Tertius a 39 ans. Le premier usufruit étant évalué à 1/10 de la propriété, soit à 4.000 fr., le nu propriétaire, Primus, acquittera les droits dont il est personnellement redevable sur les 9/10, soit sur 36.000 fr., comme s'il devait entrer en jouissance à la mort de Secundus et comme si le legs fait à Tertius n'existait pas. Secundus vient à mourir 10 ans après. L'usufruit de Tertius s'ouvre par le fait de ce décès et donne ouverture à un nouveau droit calculé d'après l'âge de Tertius à cette époque, sur les 4/10 de la valeur de la propriété. Mais, si l'usufruit s'était ouvert primitivement au profit de Tertius, le nu propriétaire, Primus, n'aurait acquitté l'impôt qui lui est propre que sur les 5/10 de la pleine propriété. Le décès de Secundus le place rétroactivement dans la même situation, puisque la durée de l'usufruit est subordonnée au décès de Tertius. Il a donc payé en trop et il convient de lui restituer la différence entre les droits calculés sur la nue propriété évaluée d'après l'âge de Tertius *au jour du décès du testateur*, soit sur 20.000 fr., et les droits effectivement perçus, qui ont été liquidés sur 36.000 fr.

I. Limites de la restitution. — Mais, d'après le texte même de la loi, cette restitution ne peut avoir lieu que dans les limites du droit dû par le second usufruitier : il s'agit « plutôt d'un moins perçu que d'une restitution proprement dite » (Rapp. de M. Cordelet, *J. off.*, Doc. parl., Sénat, p. 293, col. 3). En d'autres termes, la somme à rembourser au nu propriétaire ne doit jamais être supérieure à celle dont le second usufruitier est personnellement débiteur à raison de l'ouverture de son usufruit éventuel. Le Trésor conserve, *tout au moins*, une somme égale à celle qui a été perçue lors du démembrement ; mais cette somme se trouve répartie entre les usufruitiers et le nu propriétaire dans une proportion différente de celle établie au moment de la première perception. Il est clair que, si le montant du droit dû par le second usufruitier est supérieur à la somme payée en trop par le nu propriétaire, c'est cette dernière somme qui doit être seule remboursée.

Pour déterminer si le droit à restituer au nu propriétaire excède celui qui est dû par le second usufruitier, il suffit de rapprocher ces deux sommes l'une de l'autre, mais sans comparer entre elles les valeurs sur lesquelles ces droits portent, puisque les droits afférents à une même valeur peuvent ne pas être égaux en cas de différence dans le degré de parenté ou par suite de l'application du tarif progressif.

II. PRESCRIPTION. — L'action en restitution ouverte au nu propriétaire se prescrit par deux ans à compter du jour du décès du premier usufruitier.

Il va sans dire que, même après la prescription de cette action, l'Administration conserve le droit de réclamer l'impôt au second usufruitier pendant les dix ans qui suivent l'ouverture de son usufruit, sans qu'il soit possible d'établir une compensation avec les droits payés en trop par le nu propriétaire.

III. RÉVISION. — V. n° 29 infrà.

12. Supplément de droit non exigible. — Ne pourrait-on pas soutenir, à l'inverse, que, lorsque le second usufruitier est plus âgé que le premier, le nu propriétaire est débiteur d'un supplément de droit au moment où s'ouvrirait le second usufruit ? Si, en reprenant l'exemple précédent, Secundus est âgé de 39 ans et Tertius de 70 ans, la nue propriété vaut, lors du démembrement, les 3/10 de la propriété entière. Mais, dans l'hypothèse où Secundus meurt avant Tertius, la nue propriété est censée avoir toujours représenté les 9/10 de la pleine propriété. Doit-on réclamer au nu propriétaire un supplément de droit sur la différence, soit sur 4/10 ?

La négative ne paraît pas douteuse. La loi pose en principe que, lors du démembrement, on ne doit tenir compte que des usufruits ouverts à ce moment et elle n'apporte d'exception, au profit du nu propriétaire, que lorsque le droit acquitté est supérieur à celui qui aurait été réellement dû (Naquet, n° 55, p. 98). Du reste, l'impôt a été acquitté au jour du démembrement sur la valeur à ce jour, de la propriété entière ; le Trésor est donc complètement désintéressé.

13. Immeubles non productifs de revenu. — L'art. 12 de la loi du 25 février 1901 prescrit de liquider sur la valeur vénale les droits de mutation à titre gratuit entre vifs ou par décès afférents aux immeubles dont la destination actuelle n'est pas de procurer un revenu (V. Succession, n°° 13 et s.). Ce mode spécial de détermination de la valeur imposable doit être suivi pour les transmissions de nue propriété ou d'usufruit qui s'appliquent aux immeubles de cette nature. On ne saurait, d'ailleurs, prétendre que ces immeubles, étant improductifs, ne sont pas susceptibles d'usufruit. Dans le système de la loi, il n'est pas nécessaire que l'improductivité soit absolue. D'autre part, tout bien dans lequel le possesseur rencontre un avantage appréciable, soit matériel, soit moral, peut être l'objet d'un droit d'usufruit ; or, il n'est pas douteux que le possesseur d'un terrain à bâtir, d'un parc, d'un château, d'une chasse, ne retire de sa jouissance, soit des profits matériels, soit des avantages d'agrément (Rappr. T. A., V° Usufruit, n° 5).

SECT. II. — CONSTITUTION ENTRE VIFS
A TITRE ONÉREUX.

14. (17). Règle générale. — Lorsque le démembrement s'opère par un mode quelconque de transmission entre vifs à titre onéreux autre que l'échange et tel que vente, adjudication, cession, rétrocession, licitation, etc., la valeur imposable de la nue propriété ou de l'usufruit est représentée par le prix exprimé, en y ajoutant toutes les charges en capital.

15. Soulte de partage ou d'échange. — Cette règle doit être suivie en cas de soulte ou de retour dans un échange ou un partage. La somme que l'échangiste ou le copartageant doit payer en compensation de la plus-value de son lot présente, en effet, les mêmes caractères que le prix d'une vente.

16. Meubles et immeubles. — Il n'y a pas à distinguer entre les transmissions à titre onéreux de meubles ou d'immeubles ; pour les unes et pour les autres, c'est le prix exprimé qui sert de base à l'impôt. La loi n'apporte d'exception à cette règle qu'à l'égard des cessions de créances à terme, rentes ou pensions pour lesquelles l'art. 13, n° 3, a organisé un régime spécial (V. infrà, sect. III).

16 bis. Prix payables sans intérêts à l'expiration de l'usufruit. — Dès lors que c'est sur le prix exprimé que le droit proportionnel est exigible, il importe peu que ce prix, qu'il s'applique à la nue propriété ou à l'usufruit, soit payable à terme, par exemple à l'expiration de l'usufruit, sans intérêts (voir infrà, n°° 27 et 54 et T. A., Usufruit, 28-A).

La règle est la même dans le cas où, lors du partage de biens grevés d'usufruit, une nue propriété est attribuée à l'un des copartageants, à charge d'une soulte payable, sans intérêts, lors du décès de l'usufruitier : cette soulte, formant le prix exprimé, doit être assujettie à l'impôt sur son montant total sans aucune déduction (1).

S'il n'y a pas soulte stipulée, mais seulement plus-value d'un lot sur l'autre, c'est seulement la valeur nette de la nue propriété ou de l'usufruit qui devra être soumise au droit de mutation.

17. (17). Applications. — Trois cas de constitution d'usufruit à titre onéreux peuvent se présenter :

1° Si la nue propriété est seule transmise, le vendeur se réservant l'usufruit, le droit de mutation n'est perçu que sur le prix convenu, sans qu'il y ait lieu d'ajouter, comme autrefois pour les ventes d'immeubles, la moitié représentant la valeur de l'usufruit (Rapp. de M. Mesureur, J. off., Doc. parl., Chambre, 1900, p. 1745, col. 1). L'art. 15, n° 6, de la loi du 22 frimaire an VII se trouve donc abrogé. C'est la conséquence nécessaire du principe nouveau d'après lequel l'impôt doit frapper uniquement la valeur transmise au moment de la mutation ;

2° Si, par le même acte, la nue propriété est transmise à une personne et l'usufruit à une autre, le droit exprimé, soit pour l'usufruit, soit pour la nue propriété, est seul passible de l'impôt. La règle ancienne était la même.

3° Enfin la constitution à titre onéreux de l'usufruit ne donne, comme autrefois, ouverture au droit proportionnel que sur cette valeur, c'est-à-dire sur le prix exprimé.

18. Détermination du prix. — Le prix doit s'enten-

(1) L'opinion contraire enseignée par M. Defrénois (Commentaire, n°° 548 et 634) se fonde sur ce que le prix payable à la fin de l'usufruit sans intérêt est assimilable à la nue propriété d'une créance au profit du vendeur.
Cette thèse ne nous paraît pas admissible.

dre, conformément à l'art. 14, § 5, et à l'art. 16, § 6, de la loi de frimaire, non seulement de la somme directement payable au vendeur ou en son acquit, mais encore de toutes les charges en augmentation, sauf à l'Administration à requérir l'expertise ou à établir la dissimulation commise dans les cas où elle est autorisée à le faire par la législation en vigueur (Inst. 3049, p. 9).

Si aucun prix n'est exprimé, il faudra recourir à la déclaration estimative des parties, conformément à la loi du 22 frimaire an VII, et cette déclaration devra déterminer la valeur correspondant à l'usufruit ou à la nue propriété cédés. Le receveur ne pourrait, bien entendu, exiger que cette déclaration porte sur la valeur correspondant à la pleine propriété, afin d'appliquer ensuite à cette valeur le barême établi pour les transmissions à titre gratuit et les échanges.

Cependant les indications du barême légal pourront être invoquées, le cas échéant, par l'Administration, à titre de présomption simple, pour établir l'insuffisance de la déclaration relative à la part de l'usufruit ou de la nue propriété dans le prix.

I. RÉSERVE DE JOUISSANCE TEMPORAIRE.— Sous le régime institué par l'art. 13 de la loi du 25 février 1901, les transmissions à titre onéreux d'immeubles sous réserve d'usufruit ne sont plus imposées que sur le prix stipulé, sans qu'il y ait lieu d'y ajouter, comme sous l'empire de la loi de frimaire, moitié du prix en représentation de l'usufruit réservé (*supra*, n° 17-1°).

Cette règle doit être appliquée au cas où la réserve de jouissance, au lieu d'être stipulée pour toute la durée de la vie du vendeur, n'est que temporaire et est limitée à quelques années ou à quelques mois, dès lors qu'elle a un caractère réel et qu'elle restreint l'objet de la vente.

Sous l'empire de la loi nouvelle, en effet, la réserve temporaire de jouissance ne doit plus être considérée comme une charge de nature à être ajoutée au prix.

La jurisprudence contraire, suivie sous l'empire de la législation ancienne, se fondait principalement sur le dernier alinéa de l'art. 15, n° 6, de la loi de frimaire qui assimilait à une charge la réserve d'usufruit (V. les conclusions de l'avocat général Blanche reproduites au *T. A.*, V° *Vente d'immeubles*, n° 284, p. 1452, note 1). Maintenant que cette disposition est abrogée, la jurisprudence antérieure manque de base et les observations suivantes de Championnière, qui n'étaient pas en parfaite harmonie avec l'esprit de la loi de frimaire, deviennent vraiment d'actualité : « Cette réserve (temporaire de jouissance) n'est pas celle de l'usufruit dont nous avons parlé, *supra*, n° 3481 ; ce n'est pas non plus une charge de la vente qui doive être ajoutée au prix, pour la liquidation du droit. Les charges de cette espèce sont celles qui causent à l'acquéreur une diminution dans son avoir propre ; celles qui sont imposées à l'objet transmis et consistent dans une diminution de sa substance ou de sa valeur, sont des réserves ; la portion réservée n'est pas vendue et il serait absurde de supposer que l'acquéreur paie d'autant plus qu'il reçoit moins » (*Traité*, IV, n° 3489).

Cette doctrine, qui pouvait être contestée sous l'empire de l'ancienne législation, nous paraît conforme à l'esprit de la loi du 25 février 1901.

Elle a été enseignée par la *Revue de l'Enregistrement* (2668-VI) et adoptée par l'Administration, aux termes de sa jurisprudence la plus récente, en ce qui concerne le droit d'habitation réservé par le vendeur, pour lequel il y a même raison de décider.

Réserve personnelle. — Mais si le transfert de propriété porte sur tout l'immeuble et si le vendeur stipule qu'il touchera à son profit, outre le prix, certains fermages ou loyers appartenant à l'acquéreur, en d'autres termes, si la réserve de jouissance est purement personnelle, elle constitue une charge de nature à être ajoutée au prix conformément aux errements antérieurs (Voir *T. A.*, *Usufruit*, 54 et *Vente d'immeubles*, 282 et 284).

II. RÉSERVE DU DROIT D'HABITATION. — De même que la réserve réelle de jouissance temporaire, le droit d'habitation ne constitue plus une charge à ajouter au prix. La pratique la plus récente de l'Administration est fixée en ce sens.

19. (18). **Démembrement opéré par voie d'échange.** — L'échange, bien que constituant une convention à titre onéreux, est expressément soumis aux mêmes règles que les mutations entre vifs à titre gratuit. L'impôt doit toujours être perçu sur la valeur réelle de la nue propriété ou de l'usufruit au moment de la transmission. Après avoir obtenu, en capitalisant le revenu par 20 ou 25, la valeur en pleine propriété des immeubles échangés en nue propriété ou en usufruit, on déterminera la valeur respective de ces démembrements d'après l'âge de l'usufruitier conformément au barême reproduit, *supra*, n° 5.

Il n'y a pas à distinguer entre l'échange de deux usufruits, de deux nues propriétés, d'un usufruit et d'une pleine propriété ou d'une nue propriété et d'une pleine propriété. La nue propriété ne pourra, dans aucun cas, être assimilée à la pleine propriété, comme elle l'était sous la législation antérieure (*T. A., Échange*, 20).

Prenons, par exemple, Primus, âgé de 45 ans, qui cède à Secundus, âgé de 35 ans, la nue propriété d'un immeuble rural d'un revenu de 100 fr. dont il se réserve l'usufruit et qui reçoit en échange l'usufruit d'un immeuble de même nature et d'un égal revenu. La valeur de la pleine propriété de chacun des immeubles est de $100 \times 25 = 2.500$ fr. La nue propriété cédée par Primus, âgé de 45 ans, qui conserve l'usufruit, représente les 6/10 de la pleine propriété et a une valeur de 1.500 fr. L'usufruit que reçoit Primus se règle également d'après son âge et forme les 4/10 de la pleine propriété, soit 1.000 fr. Par suite, il y aura lieu de percevoir le droit d'échange à 3 fr. 50 0/0 sur la valeur de la plus faible part, soit sur 1.000 fr., et le droit de vente à 5 fr. 50 0/0, sur la plus-value de 500 fr. qui résulte de l'inégalité des deux lots.

I. IMMEUBLES NON PRODUCTIFS DE REVENU. — L'évaluation en valeur vénale des immeubles dont la destination actuelle n'est pas de procurer un revenu n'est prescrite que pour les mutations à titre gratuit. Par conséquent, en matière d'échange, la valeur en pleine propriété des immeubles dont il s'agit sera déterminée, comme par le passé, au moyen de la capitalisation du revenu par 20 ou 25.

II. ÉCHANGE DE MEUBLES. — Les échanges de meubles ou de meubles contre des immeubles sont considérés, au point de vue fiscal, comme de véritables ventes (*T. A.*, V° *Échange*, n°s 47 et 48). La valeur des meubles, qui entre le prix de la vente, devra donc être prise pour base imposable des transmissions de nue propriété ou d'usufruit, comme en matière de mutations à titre onéreux.

20. (21). **Droit gradué.** — La loi du 25 février 1901 n'a pas édicté de règles pour l'évaluation des démembrements de propriété constatés dans les actes passibles de l'ancien droit gradué (aujourd'hui 0 fr. 15 et 0 fr. 20 0/0), tels que contrats de mariage, partages, sociétés, etc. La valeur de la nue propriété et de l'usufruit sera, en ce qui concerne ces actes, déterminée, comme antérieurement, au moyen de la déclaration estimative des parties, sauf contrôle de l'Administration. Cette évaluation portera, bien entendu, sur le démembrement lui-même et non sur la pleine propriété. Pour l'exercice de son droit de contrôle, l'Administration pourra invoquer, à titre de présomptions simples, les indications fournies par le barême (supra, n° 3).

20 bis. Taxe d'accroissement. — Les biens possédés en nue propriété par une communauté, congrégation ou association religieuses sont soumis sur leur valeur brute à la taxe d'accroissement établie par la loi du 16 avril 1895 (Cass., 14 mai 1901 ; R. E. 2732). Jusqu'à la loi du 25 février 1901, la valeur de cette nue propriété devait, croyons-nous, être portée à la valeur entière de la pleine propriété ou seulement à la moitié de cette valeur, suivant que le droit proportionnel de mutation avait ou non été acquitté par anticipation, lors du démembrement, pour la réunion ultérieure de l'usufruit à la nue propriété. Sous l'empire de la loi nouvelle, il n'en sera plus de même et la nue propriété devra toujours être estimée sur sa valeur réelle conformément aux règles posées dans l'art. 13. Mais, à raison du caractère spécial de la taxe d'accroissement, il semble qu'il y ait lieu de recourir, dans l'espèce, à une déclaration estimative des parties pour établir cette valeur réelle, sauf à l'Administration à contrôler l'évaluation ainsi fournie par toutes les voies de droit et notamment par les présomptions tirées de l'âge de l'usufruitier.

SECT. III. — RÈGLES SPÉCIALES AUX CRÉANCES A TERME, RENTES OU PENSIONS.

21. Valeur de la pleine propriété. — Pour les transmissions de toute nature, à titre onéreux ou à titre gratuit, de l'usufruit et de la nue propriété, des créances à terme, rentes ou pensions, il faut, tout d'abord, déterminer la valeur de la pleine propriété conformément aux n°s 2, 7 et 9 de l'art. 14 de la loi de frimaire. La première base de la liquidation des droits sera donc :

1° Pour les créances à terme, le capital exprimé dans l'acte d'obligation, sans égard au prix stipulé ou à l'évaluation des parties ;

2° Pour les rentes perpétuelles, le capital constitué et, à défaut de capital constitué, un capital formé de 20 fois la rente ;

3° Pour les rentes non perpétuelles et les pensions, le capital constitué et, à défaut, un capital formé de 10 fois la rente ou pension.

22. (17). Evaluation de la nue propriété ou de l'usufruit. — Lorsque la valeur de la pleine propriété des créances, rentes ou pensions a été établie d'après les règles qui précèdent, la valeur imposable de la nue propriété et celle de l'usufruit sont fixées respectivement à une fraction du capital ainsi obtenu, cette fraction étant calculée d'après l'âge de l'usufruitier ou la durée assignée à l'usufruit, conformément aux règles tracées pour les transmissions à titre gratuit et les échanges.

23. Cession à titre onéreux de créance à terme. — Ainsi, en cas de cession ou de transport à titre onéreux de la nue propriété ou de l'usufruit d'une créance à terme, le droit proportionnel est assis non sur le prix stipulé, mais sur une fraction du capital nominal déterminée d'après l'âge de l'usufruitier ou la durée de l'usufruit, si celui-ci est à durée fixe. Il importe peu, d'ailleurs, qu'il s'agisse d'une cession de nue propriété sous réserve d'usufruit, d'un transport simultané de l'usufruit et de la nue propriété au profit de deux personnes ou d'une simple cession d'usufruit. Si, par exemple, une personne, âgée de 55 ans, cède, moyennant le prix de 4.000 fr., la nue propriété d'une créance à terme de 10.000 fr., en s'en réservant l'usufruit,

le droit sera perçu sur les 7/10 du capital nominal, soit sur 7.000 fr.

24. Transmissions de rentes ou pensions. — La même règle s'applique à la cession d'une rente perpétuelle ou viagère, sous réserve d'usufruit, et, inversement, à la cession de l'usufruit de la rente à un tiers, pendant la vie de celui-ci, ou enfin à l'amortissement et au rachat de la nue propriété ou de l'usufruit des rentes et pensions. Dans ces divers cas, le droit proportionnel est assis sur une fraction du capital constitué et, à défaut, sur une fraction du capital par 20 ou 10 de la rente, correspondant à la valeur soit de la nue propriété, soit de l'usufruit (1).

Il est à remarquer que la loi du 25 février 1901, au lieu de viser simplement, comme l'art. 14 de la loi de frimaire, les cessions ou transports de créances, rentes ou pensions, emploie le mot générique transmission qui s'applique aux mutations par décès ou aux donations comme aux cessions ou aux transports proprement dits.

I. RENTE TEMPORAIRE. — La loi de frimaire ne prévoyait que les rentes perpétuelles et les rentes viagères. Pour éviter le retour de certaines difficultés soulevées par l'interprétation de ce texte limitatif, le législateur de 1901 a substitué aux mots rente viagère l'expression rentes non perpétuelles, qui comprend à la fois les rentes viagères proprement dites et les rentes temporaires. On rappelle que la valeur de la pleine propriété d'une rente temporaire est déterminée par le total des annuités à courir (T. A., Rente, 18). Pour les rentes d'une durée incertaine ou indéterminée, voir T. A., n° 19.

II. RENTES TRANSMISES EN PLEINE PROPRIÉTÉ. — Comme le fait observer l'Inst. 3049, p. 14, l'art. 13 de la loi du 25 février 1901 vise uniquement les mutations de nue propriété et d'usufruit ; par conséquent, il reste étranger au mode d'évaluation de la pleine propriété des rentes perpétuelles ou non perpétuelles créées à titre onéreux ou transmises, à quelque titre que ce soit, en pleine propriété. La valeur imposable de ces rentes doit donc continuer à être déterminée, conformément aux paragraphes 6, 7 et 9 de l'art. 14 de la loi de frimaire, c'est-à-dire, selon les cas, soit par le capital constitué ou aliéné, soit par un capital formé de 20 fois la rente perpétuelle ou 10 fois la rente viagère, quel que soit l'âge du débi-rentier ou du crédi-rentier. Le texte de la loi de 1901 est formel et ne permet pas une autre interprétation.

On a critiqué le maintien de ces règles anciennes sous le régime nouveau et il a semblé contraire à la logique de ne pas adopter pour la rente viagère les règles établies pour l'usufruit. Il ne paraît pas rationnel qu'une personne de 65 ans, recevant l'usufruit d'une rente viagère de 1.000 fr., n'acquitte l'impôt que sur 2.000 fr., alors que, donataire d'une rente viagère de même somme, elle aurait à payer les droits sur 10.000 fr. ; ce résultat n'a pas échappé au législateur, mais il lui a semblé préférable de maintenir sur ce point le système existant. La réforme nécessiterait, en effet, la révision du mode général de capitalisation de la rente perpétuelle et du revenu des immeubles ; cette révision serait certainement préjudiciable aux parties. Car, si l'on appliquait à la rente viagère, estimée aujourd'hui comme si le crédi-rentier avait une vie probable de dix ans, les évaluations relatives à l'usufruit, la présomption de durée de la rente pourrait dépasser 30 ou

(1) Sous l'empire de la législation antérieure, en cas de cession de rente sous réserve d'usufruit, le droit proportionnel était assis sur la totalité du capital constitué ; en cas de cession de l'usufruit de la rente, il était liquidé sur la moitié du capital constitué (T.A., Rente, 58-E et F).

40 ans, c'est-à-dire produire la capitalisation de 30 ou 40 annuités de la rente. D'autre part, il serait illogique d'évaluer la rente viagère à un capital formé de 20 ou 30 fois son arrérage, et d'estimer une rente perpétuelle ou un immeuble à raison de 20 ou 25 fois seulement son revenu annuel. Du reste, le forfait attribue à la rente viagère une valeur moyenne tellement réduite qu'il n'a pas d'inconvénients réels pour les contribuables : il leur est plutôt avantageux, car il est bien rare qu'un crédi-rentier n'ait pas dix ans de vie probable (Voir *T. A.*, *Usufruit*, 121 *in fine*, note 1).

CHAP. III. — TRANSMISSIONS SUCCESSIVES DE L'USUFRUIT ET DE LA NUE PROPRIÉTÉ PENDANT LE DÉMEMBREMENT.

25. (26). Règle générale. — Sous l'empire de la loi de frimaire, les transmissions de l'usufruit qui s'opéraient au cours du démembrement étaient toujours taxées sur la valeur réelle de l'usufruit ; il n'en était de même pour les mutations de nue propriété réalisées à titre gratuit pendant la même période que si, lors du démembrement, la nue propriété avait supporté l'impôt sur la valeur de la pleine propriété.

La loi du 25 février 1901 a supprimé toute restriction. Lorsque, après le démembrement, chacun des droits qui en dérivent fait l'objet de transmissions successives, l'impôt doit être assis sur leur valeur réelle au jour de la mutation, sans distinguer, d'ailleurs, s'il s'agit de meubles ou d'immeubles et si la transmission a lieu à titre onéreux ou à titre gratuit.

26. (34). Transmissions entre vifs à titre gratuit. — Les mutations successives de nue propriété et d'usufruit qui s'opèrent au cours du démembrement, soit par succession, soit par donation, doivent être imposées sur une fraction de la pleine propriété déterminée, en cas d'usufruit viager, d'après l'âge de l'usufruitier conformément aux indications du barème (*supra*, n° 5) et, en cas d'usufruit temporaire, à raison de 2/10 par période de 10 ans restant à courir. En ce qui concerne la nue propriété, il n'y a pas à rechercher quelle a été l'importance du droit perçu lors du démembrement.

27. (27). Transmissions à titre onéreux. — La transmission à titre onéreux, soit de l'usufruit, soit de la nue propriété, ne donne lieu à l'impôt que sur le prix exprimé, en ajoutant les charges. Ainsi, en cas de vente d'une nue propriété moyennant un prix payable à l'extinction de l'usufruit sans intérêts, le droit sera perçu sur ce prix qui, cependant, paraît représenter la valeur de la pleine propriété (*T. A.*, *Usufruit*, 28).

28. (30). Échange. — En matière d'échange, la valeur réelle de la nue propriété ou de l'usufruit au jour de la mutation est prise comme seule base de la perception et déterminée comme pour les mutations à titre gratuit (*supra*, n° 26). Il est indifférent que la nue propriété ou l'usufruit échangés aient été constitués par un démembrement antérieur ou soient séparés par l'acte même d'échange.

29. Réversion d'usufruit. — Pour déterminer les droits exigibles sur les réversions d'usufruit, il convient de distinguer.

Si l'usufruit a été *acquis* en commun par plusieurs personnes avec clause de réversion au profit des survivants, le droit proportionnel de mutation *à titre onéreux* devient exigible, lors du décès de chaque acquéreur conjoint, sur la valeur des biens transmis à la date de ce décès, valeur

déterminée, à défaut de prix, par la déclaration estimative des parties (*T. A.*, *Réversion*, 23 et s.).

Si, au contraire, l'usufruit a été réservé dans un acte d'*aliénation* conjointe avec clause de réversion au profit du survivant des covendeurs ou des codonateurs, cette clause constitue une libéralité éventuelle donnant ouverture, lors du décès du prémourant, au droit de mutation par décès sur la valeur de l'usufruit transmis. La réversion s'opère directement de la tête du prédécédé sur celle du survivant et par le fait seul du décès sans rétroactivité. La mutation ne remonte donc pas, comme en matière d'usufruit successif, à la première transmission (1). Par suite, le tarif et le mode d'évaluation applicables à l'usufruit réversible sont déterminés par la loi en vigueur au jour du décès qui occasionne la réversion.

1. RESTITUTION. — Lorsque le second usufruit s'ouvre, il peut y avoir lieu à restitution au profit du nu-propriétaire, suivant les règles exposées au n° 11 *supra*.

30. Démembrement antérieur à la loi du 25 février 1901. — Les transmissions successives de nue propriété et d'usufruit qui sont devenues passibles de l'impôt depuis la mise à exécution de la loi du 25 février 1901 (V. *supra*, n° 3) tombent toutes, à la seule exception du cas d'usufruit successif (V. n° 9 *supra*), sous l'application de cette loi, sans qu'il y ait lieu de se préoccuper de l'époque à laquelle s'est produite la transmission originaire qui a démembré la propriété.

Si, par exemple, une donation intervenue depuis l'entrée en vigueur de la loi de 1901 a pour objet une nue propriété qui, séparée de l'usufruit sous le régime de la loi de frimaire, n'a pas, lors du démembrement, acquitté l'impôt sur la valeur de la pleine propriété, le droit de mutation entre vifs à titre gratuit devra être liquidé, non sur l'évaluation de cette pleine propriété, mais seulement sur la valeur de la nue propriété calculée d'après l'âge de l'usufruitier. A l'inverse, si, au moment du démembrement opéré par décès avant la mise à exécution de la loi nouvelle, le droit de mutation a été payé, d'une part par l'usufruitier sur la moitié représentant la valeur de son usufruit, d'autre part par le nu propriétaire sur l'entière valeur de la pleine propriété, la transmission ultérieure à titre gratuit, soit de l'usufruit, soit de la nue propriété, qui aura pour effet de réunir l'usufruit à la nue propriété, devra être assujettie à l'impôt d'après le forfait établi par la loi du 25 février 1901.

En effet, les mutations et les actes sont gouvernés, au point de vue du tarif et de la liquidation des droits, par la loi existante à l'époque où les mutations s'opèrent et où les actes sont dressés (Voir les distinctions rappelées *supra*, n° 3). Au cas actuel, c'est la date de la loi nouvelle et non celle du démembrement qui fixe la législation applicable.

On ne saurait objecter qu'un semblable mode de procéder viole le principe de la non-rétroactivité des lois. Ce principe n'est édicté que pour mettre les droits acquis à l'abri des dispositions d'une loi postérieure. Or, il est évident que le Trésor n'a pu acquérir, sous l'empire de la loi ancienne, un droit afférent à une mutation qui ne s'est accomplie que depuis son abrogation. Sans doute, la loi de

(1) Si, par exemple, l'usufruit successif a été constitué par testament ou donation à cause de mort, le droit actuel du premier usufruitier et le droit éventuel du second s'ouvrent au décès du constituant. S'il s'agit, au contraire, d'un usufruit réservé par un ascendant donateur avec réversion éventuelle au profit de son conjoint, le droit de ce dernier s'ouvre non au jour de la donation-partage, mais seulement au jour du décès de l'époux premier mourant.

frimaire prescrivait de percevoir, lors du démembrement, l'impôt de mutation à raison de l'expectative de l'usufruit; mais c'est là une disposition exceptionnelle qui doit être restreinte dans les limites assignées par le législateur et dont on ne doit tenir compte qu'au moment où l'usufruit se réunit à la nue propriété. Si, d'ailleurs, on peut comprendre que la loi ait taxé à l'avance une mutation qui, subordonnée au décès de l'usufruitier ou au terme fixé pour la durée de l'usufruit, devait fatalement se réaliser, on ne s'expliquerait pas qu'elle se fût occupée des transmissions successives de l'usufruit et de la nue propriété qui peuvent ne jamais s'accomplir. Ces transmissions sont complètement indépendantes de la mutation originaire et ne s'y rattachent par aucun lien direct. Il faut en conclure que toutes celles qui n'auront donné ouverture à l'impôt que depuis la loi nouvelle ne peuvent être régies par les règles antérieures (dans ce sens, Besson, n° 26; — Contrà, R. P. 10.002).

CHAP. IV. — RÉUNION DE L'USUFRUIT A LA NUE PROPRIÉTÉ.

SECT. Ire. — EXTINCTION NATURELLE DE L'USUFRUIT.

31. (39). **Règle.** — Aux termes de la loi du 25 février 1901, « il n'est rien dû pour la réunion de l'usufruit à la « nue propriété, lorsque cette réunion a lieu par le décès de « l'usufruitier ou l'expiration du temps fixé pour la durée « de l'usufruit ».

Cette disposition ne fait que consacrer législativement la règle déjà admise sur ce point sous le régime antérieur. L'Inst. 3049 en donne le motif suivant: « Dans l'économie de la réforme, l'impôt perçu pour la nue propriété, soit sur le prix convenu, soit sur l'évaluation fixée par la loi, atteint la valeur actuelle de cette nue propriété eu égard aux probabilités de la réunion plus ou moins prochaine de l'usufruit. Le nu propriétaire acquittant ainsi le droit sur l'expectative de l'usufruit telle qu'elle résulte pour lui du titre qui a opéré le démembrement, la consolidation de cet usufruit ne pouvait être assujettie à aucun droit, du moins quand elle a lieu par l'accomplissement du terme fixé ou de la condition prévue originairement » (p. 13).

Si la réunion a lieu par voie de renonciation, même pure et simple, de l'usufruitier, ou par suite de la résolution de son droit pour abus de jouissance, elle donne lieu à l'impôt, car ce fait constitue une mutation qui, quoiqu'elle ne fasse pas l'objet d'un contrat, c'est-à-dire d'un concours de volontés, n'en est pas moins imposable (T. A., Usufruit, 40 et s.). Mais la Régie doit prouver la mutation, c'est-à-dire l'entrée en possession par le nu propriétaire du droit délaissé par l'usufruitier.

Il est bien entendu que, si l'usufruitier renonce avant même d'être entré en jouissance, si par exemple le légataire d'un usufruit refuse ce legs, il est censé n'avoir jamais été usufruitier; par contre, l'héritier est censé avoir recueilli ab initio une pleine propriété et doit acquitter les droits en conséquence.

SECT. II. — RÉUNION ANTICIPÉE DE L'USUFRUIT A LA NUE PROPRIÉTÉ.

§ 1er. — Régime de la loi de 1901.

32. (44 et 46). **Règle.** — Antérieurement à la loi de 1901, tout acte translatif qui avait pour objet de réunir

l'usufruit à la nue propriété était passible du droit proportionnel de mutation, mais seulement lorsque ce droit n'avait pas été perçu par anticipation, au moment du démembrement, sur la valeur de la pleine propriété.

Dans le système organisé par la loi du 25 février 1901, la nue propriété n'est jamais taxée, lors du démembrement, que sur sa valeur actuelle et, dans aucun cas, le nu propriétaire ne doit payer l'impôt, par anticipation, sur la valeur de la pleine propriété. Par conséquent, le Trésor n'eût pas été désintéressé si la consolidation de l'usufruit avait pu s'opérer prématurément sans payement d'aucun droit. Aussi, d'une manière générale et contrairement à ce qui avait lieu sous le régime de la loi de frimaire (lorsque le droit de mutation avait été payé par anticipation), le nu propriétaire ou son ayant cause ne pourront plus entrer en possession de l'usufruit, avant l'expiration du terme normal ou convenu lors du démembrement, par l'effet, soit d'une renonciation de l'usufruitier (suivie de l'entrée en possession par le nu propriétaire du droit abandonné), soit d'une convention quelconque, sans acquitter l'impôt afférent à la mutation qui opérera à leur profit la consolidation anticipée. La valeur imposable de l'usufruit sera naturellement obtenue, en pareil cas, conformément aux règles tracées par la loi nouvelle; elle sera, par conséquent, déterminée par le prix stipulé, pour une mutation à titre onéreux, et, d'après l'âge de l'usufruitier, s'il s'agit d'une mutation à titre gratuit ou d'un échange (Inst. 3049, p. 13).

Ainsi, dès lors que le démembrement s'est opéré depuis la mise en vigueur de la loi de 1901, le droit de mutation est toujours dû sur l'acte qui réalise la réunion anticipée de l'usufruit à la nue propriété. Il importe peu que ce démembrement résulte d'une vente sous réserve d'usufruit, d'un legs, d'une donation ou d'un échange, puisqu'à ce moment aucun droit n'a été payé à raison de l'expectative de l'usufruit.

Le droit de mutation est encore dû au cas où la réunion s'opère à la suite d'une résolution pour abus de jouissance du droit de l'usufruitier (T. A., Usufruit, 43) ou d'une renonciation pure et simple de ce dernier. Dans l'hypothèse d'une renonciation pure et simple, à défaut d'acceptation expresse ou tacite du nu propriétaire, la réunion de l'usufruit n'est pas établie et si, par conséquent, le droit de mutation ne peut être immédiatement exigé, le receveur de la situation des biens doit ouvrir à son sommier de surveillance, au vu, soit de l'acte lui-même, soit du renvoi qu'il aura reçu, une consignation destinée à surveiller tout fait établissant l'entrée en jouissance du propriétaire et permettant à l'Administration de poursuivre le recouvrement du droit de mutation (Inst. 3058, p. 40).

33. (58). **Réunion de l'usufruit antérieure à la déclaration de succession.** — Sous l'empire de la loi de l'an VII, lorsque la cession de l'usufruit au nu propriétaire intervenait avant que ce dernier eût souscrit la déclaration de la succession qui avait opéré le démembrement et eût acquitté les droits sur la valeur de la toute propriété, l'impôt de mutation devait être perçu sur l'acte de réunion de l'usufruit à la nue propriété, sauf aux parties à en demander la restitution après le paiement des droits de succession. Cette règle n'a plus de raison d'être. Désormais, en cas de réunion de l'usufruit à la nue propriété antérieure à la déclaration de succession, il y aura lieu à deux perceptions distinctes et définitives: l'acte qui opère la consolidation sera taxé, d'après sa nature, sur la valeur de l'usufruit cédé et, lors de la déclaration de succession ultérieure, le nu propriétaire n'acquittera le droit que sur la valeur de la nue propriété qu'il recueille, indépendamment, bien entendu, du droit de mutation par décès à la charge personnelle de l'usufruitier.

34. (64). **Acquisition simultanée de l'usufruit et de la nue propriété.** — Toutes les fois que le nu propriétaire avait, lors du démembrement, acquitté l'impôt sur la valeur de la pleine propriété, la personne qui acquérait simultanément les droits de l'usufruitier et du nu propriétaire ne payait autrefois le droit de vente que sur la fraction du prix afférente à la nue propriété, alors même que, par une clause expresse du contrat, l'usufruit était reporté sur le prix. La loi du 25 février 1901, qui a supprimé la perception anticipée du droit représentant l'expectative de l'usufruit, ne permet plus de suivre la même règle. En cas d'acquisition simultanée de l'usufruit et de la nue propriété, l'impôt devra être acquitté sur l'intégralité du prix stipulé, sans aucune déduction de la valeur de l'usufruit, *pourvu que le démembrement résulte d'une transmission postérieure à l'entrée en vigueur de la loi nouvelle*.

35. (70). **Droit fixe.** — Le droit fixe de 4 fr. 50, établi par l'art. 68, n° 42, de la loi de frimaire pour les réunions d'usufruit à la nue propriété qui s'opèrent par acte de cession, ne s'applique qu'aux contrats relatifs à une cession d'usufruit effectuée dans des conditions où l'impôt de mutation ne doit pas être perçu. Il s'ensuit que ce droit fixe n'est pas exigible sur les actes contenant des réunions anticipées d'usufruit soumises aux règles de la loi de 1901, puisque ces cessions sont toujours passibles du droit proportionnel de mutation.

36. (76 et s.). **Droit de transcription.** — Antérieurement à la loi du 25 février 1901, les actes de réunion de l'usufruit à la nue propriété, bien que dispensés du droit de mutation, étaient assujettis au droit de transcription lorsqu'ils étaient de nature à être transcrits et que le droit de transcription n'avait pas été perçu par anticipation lors du démembrement.

Dans l'application des règles nouvelles, il arrivera rarement que le droit de transcription devra être perçu indépendamment du droit de mutation. En effet, sauf en cas de licitation, ces deux droits sont réunis dans le tarif applicable aux donations entre vifs comme aux ventes. Ils seront donc acquittés ensemble sur chaque acte de cession.

Toutefois, il y aura lieu à la perception distincte du droit de transcription lorsque la cession de l'usufruit, effectuée par voie de licitation et ne comportant en principe que le droit de 4 0/0, sera de nature à être transcrite. Il en est ainsi notamment quand la licitation intervient entre communistes non pourvus d'un titre commun, ou quand elle est tranchée au profit de l'héritier bénéficiaire ou de l'un des légataires particuliers (*T.A.*, V° *Hypothèque*, n° 276, note 2) (1).

Dans ces diverses hypothèses et dans les autres cas analogues, il conviendra d'appliquer le principe posé dans l'Inst. 3049, p. 13, et d'après lequel « le droit de mutation ouvert par la réunion anticipée restera indépendant du droit de transcription auquel peut donner lieu la prescription de l'art. 54 de la loi du 28 avril 1816 (V. également *infra*, n°s 38, 39-III).

§ 2. — *Période transitoire. Application du régime antérieur à la loi de 1901.*

37. Règle. — On peut résumer en deux propositions

---

(1) Le droit de mutation n'est dû dans les espèces ci-dessus, que sur les parts acquises (aucun droit de cette nature n'est même dû si l'héritier bénéficiaire est l'héritier unique), tandis que le droit de transcription est dû sur le prix total.

les règles qui doivent servir à déterminer dans quelle mesure la loi de frimaire demeure applicable aux cas où la réunion de l'usufruit à la nue propriété est intervenue depuis l'entrée en vigueur de la loi du 25 février 1901.

1° En principe, la loi nouvelle doit être observée pour toutes les mutations de cette nature qui sont devenues passibles de l'impôt depuis sa mise à exécution (*supra*, n° 3), *quelle que soit la date du démembrement*. C'est l'application de la règle d'après laquelle les mutations sont gouvernées par la loi existante à l'époque où ces mutations s'opèrent. Au cas actuel, la loi ancienne ne peut être suivie, puisque c'est après son abrogation seulement que la créance du Trésor a pris naissance (Rappr. *supra*, n° 30).

2° Toutefois, lorsqu'au moment du démembrement antérieur à la loi de 1901, le nu propriétaire a payé l'impôt, suivant les règles anciennes, sur la valeur de la pleine propriété, la réunion anticipée ne donnera plus ouverture qu'aux droits exigibles en vertu des prescriptions de la loi de frimaire. Mais il importe de remarquer que cette dernière règle dérive, non du principe de non-rétroactivité des lois, mais simplement du principe d'après lequel une même mutation ne peut supporter deux fois le droit proportionnel : *non bis in idem*. En effet, la perception qui a eu lieu par anticipation, sous l'empire de la législation antérieure, ne reposait sur aucune mutation effective et actuelle. C'est l'acte de cession ultérieur, établi sous la législation nouvelle, qui a réalisé la mutation et c'est sur cet acte que le droit est dû. Sans doute, l'impôt de mutation acquitté une première fois ne pourra faire l'objet d'une seconde perception. Mais les autres droits qui pourraient rester exigibles devront être assis sur la valeur du bien au jour de la réunion de l'usufruit à la nue propriété et liquidés d'après le tarif et le mode d'évaluation prescrits par la loi en vigueur à cette même date (Rappr. *T. A.*, V° *Usufruit*, n° 53).

38. Applications. — Si le démembrement s'est opéré depuis la mise en vigueur de la loi de 1901, les règles nouvelles sont toujours applicables.

Si le démembrement est antérieur à la loi actuelle, il y a lieu de distinguer suivant la nature de l'acte ou de la mutation qui a démembré la propriété.

A. DONATION, PARTAGE ANTICIPÉ OU ÉCHANGE. — Les droits de mutation et de transcription ayant été acquittés par anticipation lors du démembrement par donation entre vifs, partage anticipé ou échange, le droit fixe de 4 fr. 50 est seul dû (Voir *T. A.*, V° *Usufruit*, n° 5).

B. SUCCESSION. — Le droit de mutation a seul été perçu par anticipation lors de la déclaration de succession. Outre le droit fixe de 4 fr. 50, il faut, s'il s'agit d'un immeuble et que la réunion ne s'opère pas au moyen d'un partage ou d'un acte équivalent, percevoir, à raison de cette réunion, le droit de transcription liquidé, en cas de vente, sur le prix stipulé ou, à défaut de prix distinct, sur une déclaration des parties et, en cas de donation ou d'échange, sur la valeur de l'usufruit déterminée d'*après les règles nouvelles*. Le tarif du droit de transcription reste fixé à 1,50 0/0 en principal, dans les cas ordinaires et à 0,50 0/0 en principal si la réunion d'usufruit s'opère par voie de partage d'ascendant (V. *infra*).

C. VENTE SOUS RÉSERVE D'USUFRUIT. — Lors de la vente d'un immeuble sous réserve d'usufruit, les droits de mutation et de transcription ont été acquittés sur le prix augmenté de moitié. Le droit fixe est seul dû, à moins que la réunion, s'opérant par voie de cession, ne donne ouverture à un supplément de droit de vente sur la différence entre le prix actuel et la somme qui a servi de base à la perception primitive afférente à l'usufruit (art. 15, n° 6, dernier alinéa de la loi de frimaire ; — Inst. 3049, p. 14).

D. Vente par le même acte de la nue propriété et de l'usufruit a deux personnes différentes.—Aucun droit n'ayant été perçu, lors du démembrement, pour l'expectative de l'usufruit, la réunion de cet usufruit à la nue propriété doit être assujettie au droit proportionnel d'après le tarif et le mode d'évaluation établis par la loi de 1901, comme si le démembrement s'était opéré sous le régime actuel. Il en est de même dans tous les cas où la nue propriété a seule été imposée au moment où elle a été séparée de l'usufruit, par exemple, dans le cas où la propriété a été démembrée par voie de partage pur et simple.

E. Donation-partage aux nus-propriétaires postérieurement a la loi nouvelle, d'un usufruit démembré antérieurement. — L'usufruit transmis dans ces conditions ne doit subir que le droit de transcription. Encore ce droit n'est-il dû que lorsqu'il n'a pas été perçu par anticipation lors du démembrement. Mais à quel tarif est-il dû ? Celui de droit commun qui est de 1 fr. 50 0/0, ou le tarif de faveur fixé à 0 fr. 30 0/0 pour les partages d'ascendants par l'art. 1 de la loi du 21 juin 1875 ?

La raison de douter vient de ce que l'art. 18 de la loi de 1901 qui a fixé à 1 fr. 70 0/0, droit de transcription compris, le tarif sur les donations-partages d'ascendants supprime, en principe, à l'avenir tous les cas d'application du tarif réduit de 0,30 0/0 institué par la loi de 1875. Toutefois il pourra se présenter des hypothèses comme celle que nous examinons, où l'on devra tenir compte de la législation ancienne pour des mutations déjà taxées sous son empire. Aussi nous croyons que la loi de 1875 conserve encore sa force pour l'hypothèse spéciale et toute transitoire que nous examinons et nous sommes d'avis que le droit réduit de 0 fr. 30 0/0 est seul applicable en l'espèce.

Le système contraire aboutit à la perception, pour le seul droit de transcription, d'une taxe de 1,875 0/0 (décimes compris) supérieure au droit nouveau de 1,70 0/0 qui comprend les taxes de mutation et de transcription réunies. On peut même se demander si un droit de transcription, même au tarif réduit de 0,625 0/0 (décimes compris) est exigible au cas particulier. Nous croyons que la question doit être résolue affirmativement, la loi nouvelle n'ayant modifié en rien les règles d'exigibilité du droit de transcription (V. en ce sens Inst. 3049, p. 13 et 14).

39. Suppression du droit fixe de réunion d'usufruit sur les petites ventes. — L'art. 21 de la loi du 25 février 1901 contient une disposition transitoire applicable aux réunions d'usufruit qui, sous la législation nouvelle, s'opéreront conformément aux règles anciennes. Aux termes de cet article, le droit fixe de 4 fr. 50 cessera d'être exigible pour toute réunion de l'usufruit à la propriété, réalisée par acte de cession dont le prix principal ne dépassera pas 2.000 fr. Sous l'empire de la loi de frimaire, il arrivait, en effet, que le droit fixe était supérieur au droit proportionnel de mutation qui aurait été exigible s'il n'avait pas été perçu par anticipation. La disposition de l'art. 21 remédie à cet inconvénient. Comme le fait observer l'Inst. 3049, p. 18, ce dégrèvement n'est pas applicable aux réunions qui s'effectueront à titre gratuit; elle vise uniquement celles qui résulteront d'un contrat à titre onéreux et à la condition que le prix principal de l'usufruit cédé au nu propriétaire ou à son ayant cause ne dépasse pas 2.000 fr.

I. Prix principal. — Le prix principal se compose, suivant le sens donné à cette expression pour l'interprétation de la loi du 23 octobre 1884 sur les ventes judiciaires d'im-

meubles : 1º de tout ce qui est versé entre les mains du vendeur, quel que soit le titre du versement, et 2º de toutes les charges que l'acquéreur s'engage à supporter (T. A., Vº Ventes judiciaires d'immeubles, nos 31 et s.).

II. Détermination du prix. — Lorsqu'il est stipulé un prix distinct pour la cession de l'usufruit, aucune difficulté ne peut se produire : c'est ce prix qu'il faut envisager au point de vue de l'exigibilité du droit fixe.

Mais, en cas de vente simultanée de l'usufruit et de la nue propriété moyennant un prix unique, on doit déterminer la fraction de ce prix afférente à l'usufruit. On pourrait soutenir que cette fraction doit être fixée, conformément aux règles anciennes, en évaluant l'usufruit à la moitié de la propriété entière, par suite d'une sorte de relation avec la perception effectuée par anticipation lors du démembrement. Il paraît plus conforme aux principes de recourir, dans cette hypothèse, à une déclaration estimative des parties. La cession d'usufruit qui opère consolidation est, en effet, complètement indépendante de la transmission originaire. C'est une mutation nouvelle accomplie sous l'empire de la loi de 1901 et que la législation antérieure ne peut atteindre. Des règles spéciales posées par la loi de frimaire pour l'évaluation de l'usufruit, aucune disposition ne subsiste : le principe non bis in idem oblige seulement à tenir compte du fait du payement anticipé accompli sous le régime antérieur. Ce que le législateur de 1901 a eu pour but en supprimant le droit fixe, c'est d'éviter que ce droit fût supérieur au droit de mutation qui, à défaut de payement anticipé, aurait été exigible, d'après le droit commun, sur l'acte de réunion. Or, le droit commun n'aurait autorisé dans ces circonstances, que l'application des règles nouvelles, c'est-à-dire, en l'absence d'un prix distinct, la perception du droit proportionnel sur une valeur déterminée par l'évaluation des parties.

III. Droit de transcription. — Il va sans dire que l'exemption de l'art. 21 est spéciale au droit fixe de 4 fr.50 et ne modifie en aucune façon les règles d'exigibilité du droit de transcription (Inst. 3049, p. 18).

40. Prolongation de la période transitoire. — Ainsi qu'on peut le comprendre après les explications qui précèdent, la législation antérieure trouvera encore à s'appliquer pendant de longues années en cas de réunion anticipée de l'usufruit à la nue propriété. Aussi n'est-il pas inutile de reproduire les principales décisions, administratives ou judiciaires, qui sont intervenues en cette matière depuis la publication du T. A., en les modifiant conformément aux règles nouvelles.

41. (37-E et 64-B). Usufruit de moitié. Attribution ultérieure au nu propriétaire d'un quart en pleine propriété (art. 917, C. civ.). — Lorsque des biens sont échus, par succession, pour moitié en usufruit à la veuve du défunt et pour le surplus à deux enfants du premier lit, et que ceux-ci ont acquitté les droits sur la toute propriété de l'hérédité, sans préjudice des droits payés par la veuve pour son usufruit, il y a lieu de déduire du prix, lors de la vente ultérieure des biens héréditaires par toutes les parties, la valeur de l'usufruit de moitié dont la consolidation s'effectue. Cette valeur qui, sous la législation de l'an VII, était représentée par le quart du prix, sera déterminée désormais par une déclaration estimative des parties.

Ce mode d'opérer doit être suivi pour toutes les ventes partielles des biens héréditaires consenties par les enfants et la veuve, alors même que, dans un partage antérieur à la vente, mais postérieur à la déclaration de succession, la veuve aurait reçu, pour la remplir de ses droits, l'usufruit du prix total de certains lots, de sorte que son usufruit s'élèverait à moins de moitié pour les autres lots. Il importe peu, enfin, que, par un acte concomitant au partage, l'un des enfants ait déclaré vouloir ramener, par application de l'art. 917, C. civ., à un quart en propriété l'usufruit de moitié donné à la veuve sur sa part. Quoique les droits en usufruit de celle-ci soient réduits de moitié, par suite de cette option, et ne portent plus que sur le quart de l'hérédité, la déduction à opérer sur le prix des lots vendus à des tiers et pour lesquels il y a eu réunion de l'usufruit à la nue propriété n'en doit pas moins représenter,d'après une déclaration estimative des parties, l'usufruit de moitié pour lequel les droits ont été payés par anticipation (Rappr. Sol. 17 fév. 1900 ; R. E. 2462).

42. (57-F). Échange d'une partie de la nue propriété contre une partie de l'usufruit. Droits payés sur la pleine propriété lors du démembrement.Meubles et immeubles.Droit fixe. — Lorsque le légataire en usufruit des biens meubles et immeubles dépendant d'une succession et l'héritier de la nue propriété des mêmes biens conviennent que chacun d'eux sera attributaire d'une part en pleine propriété de l'hérédité, ce contrat a le caractère d'un échange de nue propriété contre un usufruit. Si les droits de mutation par décès ont été acquittés antérieurement, par le nu propriétaire, sur l'expectative de l'usufruit, la transmission des droits en usufruit qui lui est consentie contre l'aliénation d'une partie de ses droits en nue propriété n'est passible d'aucun droit proportionnel de mutation et il en est de même de la transmission corrélative de la nue propriété consentie au légataire en usufruit en retour d'une partie de ses droits. Il n'y a pas à distinguer, à ce point de vue, entre les meubles et les immeubles. L'acte n'est passible que du droit fixe de 4 fr. 50 augmenté, en ce qui concerne les immeubles, du droit de transcription à 1 fr. 50 0/0 sur le revenu multiplié, suivant la nature des biens, par 10 ou 12 fr. 50. Toutefois, si le capital de la nue propriété immobilière cédée à l'usufruitier est supérieur à celui de l'usufruit immobilier qu'il abandonne, il est dû de ce chef un droit de 5 fr. 50 0/0 sur la plus-value ou sur la soulte représentée par l'excédent de l'usufruit mobilier reçu par le nu propriétaire, si cette soulte est plus élevée que la plus-value (Sol. 3 mai 1900 ; R. E. 2411).

43. (63-E et 66-B). Vente simultanée de l'usufruit et de la nue propriété. — Lorsque le nu propriétaire et l'usufruitier d'un immeuble se réunissent pour échanger cet immeuble contre un autre dont ils reçoivent respectivement la nue propriété et l'usufruit, la vente de l'immeuble ainsi acquis ne donne ouverture au droit de mutation que sur la fraction du prix représentant, d'après une évaluation des parties, la valeur de la nue propriété, dès lors que l'échange qui l'a précédée a donné ouverture au droit proportionnel une fois et demie la valeur du lot dont l'échange a opéré le démembrement (Rappr. Sol. 11 juill. 1896 ; R. E. 1247).

44. (64-C). Vente simultanée d'usufruit et de nue propriété. Prix unique. Ventilation. — Lorsque le nu propriétaire et l'usufruitier d'un immeuble ont acquitté le droit de mutation par décès, lors du démembrement, sur une fois et demie la valeur de ce bien et le cèdent ensuite à un tiers moyennant un prix unique, le receveur doit exiger, lors de l'enregistrement, que les parties déclarent la portion du prix applicable à la nue propriété. S'il néglige de le faire, la perception opérée sur le prix total est irrégulière et les parties sont fondées à réclamer la restitution des droits indûment perçus et à offrir, à cet effet, de faire la déclaration estimative nécessaire (Sol. 3 juill. 1899 ; R. E. 2302). Cette solution, rendue sous l'empire

de la loi de frimaire, s'applique, à plus forte raison,depuis la loi du 25 février 1901. On ne saurait, en effet, sous la législation nouvelle,tenir compte,ni du forfait légal de moitié établi par la loi de frimaire, ni du forfait nouveau basé sur l'âge de l'usufruitier, qui est spécial aux mutations à titre gratuit, ainsi qu'aux transmissions de rentes et créances (Rappr. suprà, 39-H ; — Inst. 3049, p. 14).

L'opinion contraire, enseignée par la Revue de l'Enregistrement au lendemain de la loi nouvelle (2622-43 et 2726-V) ne nous paraît pas devoir être suivie.

45. (64-C). Licitation au profit du nu propriétaire. Usufruit reporté sur le prix. Concours de l'usufruitier à la vente ultérieure de la pleine propriété. — La licitation, avec le concours de tous les ayants droit, taire de cet usufruit et les copropriétaires du surplus de l'immeuble, a pour effet d'investir de la propriété exclusive du bien adjugé les colicitants déclarés adjudicataires et de reporter, sur le prix substitué à l'immeuble,les droits de tous les communistes. En cette hypothèse, l'usufruit qui grevait l'immeuble se trouve définitivement éteint et si, dans une vente postérieure consentie à un tiers par les colicitants adjudicataires, l'usufruitier partiel intervient en cette qualité comme covendeur et pour renoncer à son usufruit, il n'y a pas lieu de tenir compte de cette intervention et le droit de vente est exigible sur le prix total de la vente, sans déduction de la valeur afférente à l'usufruit primitivement démembré (Lyon, 1er mai 1900 ; R. E. 2435).

46. (64-C). Vente simultanée d'usufruit et de nue propriété. Acquisition par deux personnes, l'une de l'usufruit, l'autre de la nue propriété. — Lorsque la nue propriété et l'usufruit d'un immeuble sont vendus simultanément et moyennant un prix unique par le nu propriétaire et par l'usufruitier à deux personnes déclarant acquérir, l'une pour la nue propriété, l'autre pour l'usufruit, et contribuant au payement du prix dans une proportion déterminée, le droit de vente est dû sur la fraction du prix représentant la valeur de la nue propriété, dès lors que le droit de mutation a été acquitté à l'origine par le nu propriétaire sur la valeur entière.(Sol. 19 mars 1898 ; R. E. 1697).

47. (66-A).Charge d'une donation. Droits non payés par anticipation. Mutation ultérieure de la nue propriété. — Lorsque l'usufruit d'un immeuble en a été détaché, sous l'empire de la loi de frimaire,comme charge de la donation d'un autre immeuble, qui avait seul, sous la même législation, supporté le droit de mutation, la transmission ultérieure de la nue propriété ainsi démembrée donnait ouverture au droit proportionnel sur la valeur intégrale de la pleine propriété, dès lors que l'impôt n'avait pas été acquitté par anticipation au moment du démembrement, pour la réunion ultérieure de l'usufruit (Sol. 15 nov. 1899 ; R. E. 2370). Il n'en sera plus de même si cette transmission a lieu depuis la mise à exécution de la loi du 25 février 1901 : les prescriptions de cette dernière loi lui seront pleinement applicables.

47 bis. (69 bis). Vente. Abandon gratuit du prix par l'usufruitier au profit du nu propriétaire. — Lorsqu'une femme, usufruitière de la succession de son mari, et ses enfants, nus propriétaires,vendent ,conjointement et pour un prix unique, l'usufruit et la nue propriété des biens héréditaires, le droit de vente n'est pas exigible sur la portion du prix afférente à l'usufruit, si les nus propriétaires ont payé, par avance, le droit afférent à la réunion de cet usufruit. Mais l'exemption d'impôt ne s'étend pas à l'abandon gratuit fait ultérieurement par la mère, au profit de ses enfants, de sa part dans le prix de vente. Spécialement, lorsqu'il est attribué à la veuve, pour la remplir de cette part, l'usufruit partiel du prix, la renonciation à cet usufruit qu'elle consent en faveur de ses enfants, constitue une transmission entre vifs à titre gratuit en ligne directe et donne ouverture au droit de donation sur la valeur de l'usufruit transmis (Rouen, 25 janv. 1900; *E. H.* 2371).

48. (72-A et 74 *bis*). **Renonciation à usufruit. Appréciation.** — Lorsque l'époux survivant, usufruitier partiel — en vertu d'un contrat de mariage, d'un testament ou de la loi — de son conjoint prédécédé, acquitte les droits de succession sur ledit usufruit, sans faire aucun acte d'acceptation exprès ou tacite, et donne ensuite par voie de partage anticipé à ses enfants tous ses biens, à charge d'une rente viagère en rapport avec la valeur des biens donnés, ces faits ne suffisent pas à établir qu'il y a eu rétrocession d'usufruit de l'ascendant à ses enfants. On ne peut exiger, par conséquent, sur le partage, ni le droit fixe de réunion d'usufruit, ni le droit de transcription, ni le droit fixe de 3 fr., alors même qu'il serait stipulé que les donataires entreront en jouissance immédiate tant des biens paternels que des biens maternels (*R. E.* 2065).

49. (73-A-2-c). **Renonciation à usufruit. Pluralité.** — Lorsqu'un ascendant s'est fait attribuer, dans un acte de donation et partage, l'usufruit de biens appartenant aux donataires en se réservant de leur en faire ultérieurement l'abandon, l'acte qui constate cette renonciation *in favorem* constitue un acte de complément qui n'est assujetti qu'au droit fixe. La renonciation non translative à usufruit donne ouverture à autant de droits fixes qu'il y a de nus propriétaires sortis d'indivision auxquels elle profite et qui l'acceptent (Rambouillet, 28 janv. 1898; *R. E.* 1753).

SECT. III. — MESURES ADMINISTRATIVES DE CONTROLE.

50. Répertoire général. — Toute convention, dont l'effet est de réunir par anticipation à la nue propriété un usufruit *immobilier* ayant pris naissance sous l'empire de la loi du 25 février 1901, doit être mentionnée au répertoire général tant au compte du nu propriétaire qu'à celui de l'usufruitier, par les soins, soit du receveur qui aura enregistré l'acte, soit du receveur du bureau de la situation des biens, sur le renvoi qui lui sera fait par son collègue.

51. Renonciation pure et simple non acceptée. Surveillance. — Au cas d'une renonciation pure et simple par l'usufruitier et si, à défaut d'acceptation expresse ou tacite du nu propriétaire, le droit de mutation dû à raison de la réunion de l'usufruit à la nue propriété n'a pu être perçu immédiatement, le receveur de la situation des biens doit ouvrir à son sommier de surveillance, au vu, soit de l'acte lui-même, soit du renvoi qu'il aura reçu, une consignation destinée à surveiller tout fait établissant l'entrée en jouissance du nu propriétaire (L. 22 frim. an VII, art. 12, et 27 vent. an XI, art. 14) et permettant à l'Administration de poursuivre le recouvrement du droit de mutation (Inst. 3049, p. 13).

Si la renonciation ne fait pas connaître la consistance des biens soumis à l'usufruit et si le receveur qui l'a enregistrée ne trouve pas ce renseignement dans les documents de son propre bureau, il doit en faire le renvoi à son collègue du bureau qui aura précédemment donné la formalité à l'acte ou à la déclaration constatant le démembrement de la propriété. Ce dernier utilisera, le cas échéant, ce renvoi et créera, s'il y a lieu, d'autres renvois pour le bureau de la situation des biens immobiliers.

CHAP. V. — RÉUNION DE LA NUE PROPRIÉTÉ À L'USUFRUIT.

52. (85). **Maintien de l'ancienne règle.** — Aux termes de l'art. 15, n° 28, 2e al. de la loi de frimaire, lorsque l'usufruitier, qui a acquitté le droit pour son usufruit, acquiert la nue propriété, il doit payer l'impôt sur sa valeur seule, sans qu'il y ait lieu de joindre celle de l'usufruit.

Cette règle n'est pas modifiée par la loi du 25 février 1901 et reste applicable de quelque manière que la nue propriété se réunisse à l'usufruit, que ce soit à titre onéreux ou à titre gratuit, par acte entre vifs ou par décès.

53. (86). **Valeur de la nue propriété.** — Mais les nouvelles règles d'évaluation de la nue propriété doivent être observées pour toutes les transmissions de l'espèce qui sont devenues passibles de l'impôt depuis la mise à exécution de la loi de 1901, quelle que soit la date du démembrement (Inst. 3049, p. 14). Le droit sera donc perçu en cas de mutation à titre gratuit ou d'échange d'après l'âge de l'usufruitier, d'après les règles spéciales aux transmissions de créances, rentes ou pensions.

54. (89-A-II). **Vente. Prix payable sans intérêts au décès de l'usufruitier.** — Lorsque le prix de la vente est stipulé payable sans intérêts au décès de l'usufruitier, ce prix n'en doit pas moins être considéré comme la base de la perception. Ainsi, lorsque le légataire universel charge le légataire de l'usufruit de la succession d'acquitter le montant des legs particuliers et lui abandonne en retour de cette charge, la pleine propriété d'un immeuble héréditaire, cette convention se résout en une vente par le légataire universel à l'usufruitier de la nue propriété de l'immeuble moyennant un prix payable à l'extinction de l'usufruit. Une telle vente est passible du droit de 5 fr. 50 0/0 sur l'intégralité du prix stipulé, sans qu'il y ait lieu d'en rien déduire pour la valeur de l'usufruit (Seine, 16 déc. 1898 ; *R. E.* 2038 ; — Rapp. *suprà*, n° 16 *bis*).

55. (89 B). **Licitation.** — Lorsque l'usufruitier se rend acquéreur, par voie d'adjudication sur licitation, de la totalité ou d'une partie des biens sur lesquels porte son usufruit, le prix de l'adjudication s'applique, non seulement aux parts acquises par le colicitant, mais encore à l'usufruit qui lui appartenait antérieurement. Aussi, pour la perception du droit proportionnel, doit-on déduire du prix total la fraction afférente à cet usufruit. Sous le régime de la loi de frimaire, on suivait la règle d'après laquelle l'usufruit était évalué à la moitié de la pleine propriété. Les textes dont on déduisait cette règle étant abrogés par la loi du 25 février 1901 et, d'autre part, les estimations du barème établi par l'art. 13 de cette loi (*suprà*, n° 3) étant spéciales aux mutations à titre gratuit et aux échanges, il appartient actuellement aux parties de déterminer par une déclaration estimative la valeur pour laquelle l'usufruit est compris dans le prix de la licitation (dans ce sens, Besson, n° 333 ; *R. P.* n° 9995, p. 245).

56. (91). **Droit de transcription.** — Les règles antérieures concernant l'exigibilité du droit de transcription lors de la réunion de la nue propriété à l'usufruit restent en vigueur. Ainsi, lorsque l'usufruitier partiel se rend acquéreur de la pleine propriété de tout l'immeuble, le droit de transcription doit être perçu sur la totalité du prix, alors que le droit de 4 0/0 n'est exigible que sur les parts réellement acquises.

57. (97). Marchandises et choses fongibles. Vente. — Lorsque le mari, propriétaire de la moitié de la communauté et usufruitier de l'autre moitié est,aux termes du partage passé avec ses enfants, nus propriétaires de l'autre moitié, — déclaré attributaire du mobilier, du matériel et des marchandises constituant un fonds de commerce dépendant de la communauté, à charge d'abandonner aux enfants, pour les remplir de leurs droits, une somme en nue propriété égale à la valeur dudit fonds, — cette convention a le caractère d'une cession mobilière, pour le mobilier et le matériel, mais non pour les marchandises qui ont le caractère de choses fongibles et dont l'usufruitier est tenu seulement de rendre la valeur à l'expiration de sa jouissance (St-Quentin, 6 déc. 1899 ; *R.E.* 2333).

CHAP. VI. — JUSTIFICATION DE L'AGE DE L'USUFRUITIER.

58. Texte. — Dans le système organisé par la loi du 25 février 1901, il est indispensable de connaître l'âge de l'usufruitier pour déterminer, d'une manière générale, la valeur de l'usufruit et de la nue propriété transmis par voie de donation, de succession ou d'échange (*suprà*, n° 5) et, en outre, la valeur de l'usufruit et de la nue propriété des créances à terme, rentes ou pensions, quelle que soit la nature de la transmission (*suprà*, n° 22).

L'art. 14 de la loi de 1901 établit des termes suivants, les mesures nécessaires pour que ce renseignement soit fourni à l'Administration :

« Les actes et déclarations régis par les dispositions des deux derniers paragraphes de l'art. 13 feront connaître la date et le lieu de la naissance de l'usufruitier et, si la naissance est arrivée hors de France ou d'Algérie, il sera, en outre, justifié de cette date avant l'enregistrement ; à défaut de quoi, il sera perçu les droits les plus élevés qui pourraient être dus au Trésor, sauf restitution du trop perçu dans le délai de deux ans sur la représentation de l'acte de naissance, dans le cas où la naissance aurait eu lieu hors de France ou d'Algérie.

« L'indication inexacte de la date de naissance de l'usufruitier sera passible, à titre d'amende, d'un droit en sus égal au supplément de droit simple exigible. Le droit le plus élevé deviendra exigible si l'inexactitude de la déclaration porte sur le lieu de naissance, sauf restitution si la date de naissance est reconnue exacte. »

59. Indications à fournir. — Dans les actes et déclarations prévus par l'art. 14 (donations, échanges, déclarations de successions, transmissions de toute nature de créances à terme, rentes ou pensions), il faut indiquer la date et le lieu de naissance de l'usufruitier.

60. Justifications. — Si l'usufruitier est né en France ou en Algérie, aucune justification ne peut être exigée à l'appui de cette indication.

Si, au contraire, l'usufruitier est né hors de France ou d'Algérie, c'est-à-dire dans les colonies ou les pays de protectorat, les énonciations de l'acte ou de la déclaration devront être justifiées par des documents probants.

Le mode de justification n'est pas spécifié et les agents de l'Administration jouissent à cet égard d'un très large pouvoir d'appréciation. Le plus ordinairement, c'est un extrait de l'acte de naissance ou une expédition du jugement intervenu pour y suppléer qui sera représenté au receveur. Mais ce genre de preuve n'exclut pas les autres et l'on doit accepter tout acte conforme à la loi du pays où la naissance a eu lieu. Ainsi la date de la naissance d'une personne, même française, née à l'étranger pourrait être établie par un simple acte de baptême ou de notoriété, pourvu que cet acte soit admis comme preuve suffisante dans le pays où la naissance s'est produite (Baudry-Lacantinerie et Houques-Fourcade, *des Personnes*, I, 873). Il va sans dire qu'un titre écrit est indispensable et que les parties ne pourraient justifier de la date de la naissance de l'usufruitier en faisant comparaître des témoins devant le receveur,alors même que,d'après la loi du pays où l'usufruitier est né, la preuve testimoniale serait admise en pareille matière.

L'acte ou l'extrait rédigé dans les formes usitées en pays étranger ne pourra être produit à l'Administration, à moins de convention contraire passée entre la France et ce pays, que tout autant qu'il aura été légalisé par le consul français du lieu où il a été dressé (Baudry-Lacantinerie et Houques-Fourcade, *op. cit.*, n° 875). Cette légalisation est, notamment, une garantie de la compétence du fonctionnaire étranger qui a signé l'acte ou l'extrait (Fuzier-Herman, V° *Actes de l'état civil*, n°° 1362 et s.).

61. Défaut d'indications ou de justifications. — A défaut des indications et, s'il y a lieu, des justifications prescrites par l'art. 14, le receveur ne peut refuser d'enregistrer l'acte ou de recevoir la déclaration ; mais il est tenu de percevoir « les droits les plus élevés qui pourraient « être dus au Trésor ».

Pour déterminer quels sont les droits les plus élevés, il faut distinguer. S'il s'agit d'une transmission *séparée* de l'usufruit ou de la nue propriété, l'usufruit devra être estimé comme si l'usufruitier avait moins de 20 ans et la nue propriété comme si l'usufruitier avait plus de 70 ans (Inst. 3049, p. 15). Mais la même méthode ne peut être suivie dans le cas de transmission simultanée de l'usufruit et de la nue propriété. On ne peut songer, en effet, à attribuer deux âges à la même personne pour la même perception : on aboutirait ainsi à faire acquitter l'impôt sur une valeur supérieure à la pleine propriété, alors que, dans le système du législateur, la valeur de l'usufruit et celle de la nue propriété doivent toujours être complémentaires l'une de l'autre. Si, par exemple, l'âge de l'usufruitier n'est pas indiqué dans la déclaration d'une succession dévolue en nue propriété à une personne et en usufruit à une autre, il n'est pas possible d'évaluer en même temps la nue propriété à 9/10 (l'usufruitier étant réputé avoir plus de 70 ans) et l'usufruit à 7/10 (le même usufruitier étant censé avoir moins de 20 ans). En procédant de cette manière, on ne percevrait pas seulement « les droits les plus élevés qui *pourraient être dus* au Trésor » ; on percevrait des droits qui, dans aucune hypothèse, ne seraient exigibles. Pour satisfaire à la loi, il suffit d'attribuer à l'usufruitier l'âge le plus favorable pour la perception. Ainsi, lorsque le tarif applicable à l'usufruitier est supérieur à celui auquel est soumis le nu propriétaire, on fixera l'âge de l'usufruitier à moins de 20 ans et, par là même, on portera la valeur de l'usufruit à son maximum, soit à 7/10 ; mais la valeur de la nue propriété sera alors de 3/10. En sens inverse, si c'est le nu propriétaire qui est passible du tarif le plus fort, on supposera l'usufruitier âgé de plus de 70 ans : la nue propriété aura sa plus haute valeur, soit 9/10, tandis que l'usufruit sera estimé à 1/10. Par ce procédé, on obtiendra le chiffre de droits le plus élevé qui puisse légalement revenir au Trésor (*Journ. du not.*, n° 369-25).

62. Restitution après justification. — Lorsque, à défaut des indications ou justifications prescrites par l'art. 14, les droits les plus élevés auront été perçus, la différence entre le montant de ces droits et le chiffre de ceux qui sont réellement exigibles sera sujette à restitution dans le délai de deux ans.

Si l'usufruitier est né hors de France ou d'Algérie, cette restitution aura lieu sur la représentation de l'acte de naissance. Bien que la loi ne mentionne pas d'autre mode de justification, il paraît certain que la production de l'acte de naissance peut être remplacée par celle d'un document en tenant lieu : autrement la restitution serait impossible dans le cas où il n'aurait pas été dressé d'acte de naissance, soit parce que la loi du pays étranger ne le prescrit pas, soit pour tout autre motif.

Lorsque l'usufruitier est né en France ou en Algérie, la restitution doit, dans le silence de la loi, être accordée au vu de toute justification précise.

63. Déclaration inexacte. — L'art. 14 édicte les pénalités applicables en cas de déclaration inexacte, soit de la date, soit du lieu de naissance de l'usufruitier (Inst. 3049, p. 15).

I. DATE INEXACTE. — Si la rectification de la *date* déclarée rend exigible un supplément de droit simple, l'inexactitude commise sera passible, à titre d'amende, d'un droit en sus égal à ce supplément. Il va sans dire qu'aucune pénalité n'est encourue, lorsque la rectification de la date ne motive pas la réclamation d'un supplément de droit.

Si, au contraire, il est résulté de la déclaration inexacte un excès de perception, il appartiendrait à l'Administration d'apprécier si la restitution peut en être accordée pour erreur de fait (T. A., Vᵒ *Restitution*, nᵒ 190).

II. LIEU DE NAISSANCE INEXACT. — Lorsque l'inexactitude porte sur le lieu de naissance de l'usufruitier, le droit le plus élevé deviendra exigible (*suprà*, nᵒ 59). L'Administration se trouve, en effet, dans l'impossibilité de vérifier si la déclaration relative à la date de la naissance n'est pas erronée. Mais, s'il est reconnu ultérieurement que cette date est exacte, la différence entre les droits perçus et les droits exigibles devra être restituée.

Il peut arriver, dans la même hypothèse, que l'indication de la date, tout en étant inexacte, soit, au lieu de préjudicier au Trésor, occasionné, lors de l'enregistrement de l'acte ou de la déclaration, une perception supérieure à celle qu'une indication exacte aurait permis d'établir. Si le droit le plus élevé a été ensuite acquitté comme conséquence d'une fausse indication dans le lieu de naissance, l'excès de perception procède, pour une partie, de cette fausse indication et, pour l'autre partie, d'une erreur de fait imputable aux déclarants. Rigoureusement l'Administration serait fondée à limiter la restitution à la première partie de ces droits ; mais il n'est pas douteux qu'à raison des circonstances spéciales, elle ne rembourse aux intéressés la totalité de l'impôt perçu en trop.

Le délai de deux ans, prévu expressément par le premier paragraphe de l'art. 14, est applicable aux restitutions qui doivent ou peuvent être ordonnées en vertu des dispositions du second paragraphe du même article.

64. Prescription. — La loi du 25 février 1901 ne fixe aucune durée au délai pendant lequel pourra être réclamé le supplément de droit exigible par suite d'indication inexacte de la date ou du lieu de naissance de l'usufruitier. Il faut en conclure que c'est la prescription de droit commun qui est seule applicable. Il ne s'agit, en effet, ni d'une insuffisance de perception, puisque le receveur n'a pas été mis en situation de percevoir l'intégralité des droits exigibles, ni d'une omission qui existe dans le cas seulement où un bien ne figure pas dans une déclaration de succession, ni d'une insuffisance d'évaluation, dès lors qu'on ne peut, dans l'espèce, reprocher aux parties d'avoir

attribué à tel ou tel bien une estimation inférieure à celle qu'il comportait. L'erreur commise doit être assimilée à la déclaration inexacte du degré de parenté, ou encore au cas où un étranger domicilié en France est faussement déclaré comme domicilié à l'étranger (T. A., Vᵒ *Succession*, nᵒ 754). C'est donc la prescription de trente ans dont il faut tenir compte pour le supplément de droit simple.

Quant au droit en sus qui peut être exigible par application de l'art. 14, § 2, de la loi de 1901, il se prescrit par deux ans dans les conditions prévues par la loi du 16 juin 1824 (art. 14).

65. Nécessité d'un contrôle. — L'application des règles tracées par les art. 13 et 14 de la loi du 25 février 1901 pour l'évaluation de l'usufruit et de la nue propriété, implique pour l'Administration la nécessité de vérifier les déclarations qui lui sont faites touchant la date et le lieu de naissance des usufruitiers. Les mesures de contrôle suivantes ont été organisées par l'Administration dans l'Inst. 3058, p. 44.

66. Relevés à établir. — A mesure qu'ils enregistrent des actes ou reçoivent des déclarations régis par les paragraphes 2 et 3 de l'art. 13 de la loi du 25 février 1901, c'est-à-dire qui ne se rapportent pas à des transmissions à titre onéreux de biens autres que créances, rentes ou pensions, les receveurs doivent relever, *par arrondissement*, les nom, date et lieu de naissance de chaque usufruitier sur des imprimés spéciaux créés à cet effet.

Ces relevés sont arrêtés aux 30 juin et 31 décembre de chaque année et ils sont transmis à la direction en même temps que les renvois mensuels. Exceptionnellement, les relevés à fournir au mois de janvier 1902 doivent s'étendre à toute la période courue depuis l'entrée en vigueur de la loi du 25 février 1901.

Le directeur conserve les relevés concernant les arrondissements de son propre département et fait parvenir le surplus à ses collègues des autres départements avec les renvois du mois.

67. Vérification des relevés. — Ces relevés sont ensuite communiqués par le directeur une fois par an au moins et plus souvent, s'il est nécessaire, à un employé supérieur. Cet employé vérifie les rapproche des doubles des registres de l'état civil déposés au greffe du tribunal de l'arrondissement, mentionne dans la colonne réservée à cet effet les résultats de cette vérification et les renvoie à la direction qui les réexpédie, dans la liasse des renvois ordinaires, au bureau expéditeur.

Le receveur du bureau expéditeur doit immédiatement consigner au sommier des découvertes les droits et pénalités qui pourraient être exigibles par suite des inexactitudes reconnues dans les déclarations des parties et il en poursuit le recouvrement.

Lorsqu'ils établissent la situation sommaire du service dans un bureau, les employés supérieurs doivent se faire représenter les relevés en cours et les faire compléter, s'il y a lieu.

Les receveurs sont, bien entendu, dispensés de relever les noms des usufruitiers dont l'acte de naissance leur aura été représenté ; mais ils doivent mentionner cette production en marge de l'acte ou de la déclaration.

VALEURS MOBILIÈRES ÉTRANGÈRES

SOMMAIRE ANALYTIQUE.

CHAP. I. — **Titres et biens en France des sociétés, villes et provinces étrangères**, 1-25.

SECT. I. — *Notions générales*, 1-2.

Sect. II. — *Régime fiscal des titres circulant en France. Abonnement*, 3-12.

§ 1. — **Faits juridiques qui rendent les taxes exigibles. Mesures fiscales nouvelles**, 3-4.

§ 2. — **Du représentant responsable et du cautionnement**, 5.

§ 3. — **Liquidation des droits**, 6-12.

     Art. 1. — Droit de timbre, 6-9.
     — 2. — Taxe sur le revenu, 10-12.

— III. — *Régime fiscal des biens situés en France. Taxe sur le revenu*, 13-15.
— IV. — *Régime fiscal des titres des sociétés non abonnées. Timbre au comptant*, 16-25.

Chap. II. — **Titres de rente et effets publics des gouvernements étrangers**, 26-31.

SOMMAIRE ALPHABÉTIQUE.

Amendes, 24, 25.
Amortissement, 10 bis.
Annonces, 4-II.
Bénéfices affectés à l'amortissement, 10 bis.
Billets à ordre, 27.
Cautionnement, 5.
Cession de créances, 17 bis.
Colonies françaises, 3.
Communication (droit de), 4-IV, 15.
Concordat, 17.
Conversion, 30.
Contraventions, 24.
Déclaration de succession, 19.
Dédoublement de titres, 31.
Dépôt de l'acte de société,1,4-VII.
— de titre, 4-III, 21.
Dividendes nets, 11.
Droit de timbre, 6 et s., 16 et s.
Émission en France, 4-I.
Énonciation dans les actes, 16, 29.
Emprunt hypothécaire, 9.
Fonds d'État, 26 et s.
Impôts à la charge de la société, 11.
Improductivité, 7, 8.
Insertions au *Journal officiel*, 4-VI.
Interrogatoire sur faits et articles, 18.
Journal officiel, insertions, 4-VI.

Lots et primes de remboursement, 12.
Nationalité des sociétés, 2.
Négociation, 4-I.
Obligations hypothécaires négociables, 9.
Paiement des coupons, 4-III.
Partage, 20.
Pénalités, 1, 4-VII, 24.
Pluralité des amendes, 25.
Primes de remboursement, 12.
Prix de vente, 16.
Procuration, 19.
Quotité imposable, 14.
Recouvrement des titres, 30.
Restitution, 23.
Service financier, 4-III.
Statuts, dépôt en France, 4-VII.
Sociétés en faillite, 4-V.
Tarif, fonds d'État, 26.
Taxe sur le revenu, 10 et 14.
Timbrage à l'extraordinaire, 31.
Timbre au comptant, 16 et s.
Titres coloniaux, 5.
Titres créés sans expression de capital, 6.
Titres non cotés en France, 8.
Titres tombés au-dessous de la moitié du pair, 26-1 et note.
Transfert, 30.
Visa, 22, 31.

CHAP. 1er. — TITRES ET BIENS EN FRANCE DES SOCIÉTÉS, VILLES ET PROVINCES ÉTRANGÈRES.

SECT. 1re. — NOTIONS GÉNÉRALES.

1. (23). Loi du 13 avril 1898. — Aux termes de l'art. 4 de la loi du 29 juin 1872, les actions, obligations, titres d'emprunts, quelle que soit d'ailleurs leur dénomination, des sociétés, compagnies, entreprises, corporations, villes, provinces étrangères, ou de tout établissement public étranger, ne peuvent être cotés, négociés, exposés en vente ou émis en France qu'en se soumettant à l'acquittement de l'impôt sur le revenu, ainsi que des droits de timbre et de transmission (Inst. 2451).

D'après l'art.4 du décret du 6 décembre 1872 (Inst. 2457), aucune émission ou souscription de titres étrangers de cette nature ne peut avoir lieu en France qu'après qu'un représentant responsable des droits et amendes pouvant devenir exigibles a été agréé par le Ministre des finances.

Ces dispositions ne visaient que le fait même des sociétés

et autres collectivités étrangères à l'exclusion du fait des tiers (1).D'autre part,elles passaient sous silence certaines opérations qu'il a paru nécessaire d'interdire tant qu'un représentant responsable n'a pas été agréé, afin de réaliser complètement les intentions du législateur.

Les premier et deuxième paragraphes de l'art. 12 de la loi de finances du 13 avril 1898 (R.E.1733) ont eu pour objet de combler ces lacunes. Ils sont ainsi conçus : « L'amende prévue à l'art. 3 de la loi du 25 mai 1872 (2) est applicable à *toute personne* qui effectue en France l'émission, la mise en souscription, l'exposition en vente ou l'introduction sur le marché de titres étrangers désignés dans l'art. 4 de la loi du 29 juin 1872, qui annonce ou publie les opérations ci-dessus, et à toute personne qui fait le service financier de ces mêmes titres, soit en opérant leur remboursement ou leur transfert, soit en faisant le payement des coupons, tant qu'un représentant responsable des droits de timbre, de transmission et de l'impôt sur le revenu dont ces titres sont redevables n'aura pas été agréé. Cette amende ne pourra être inférieure à 50 fr. »

Les dispositions insérées dans ce texte ne constituent pas à proprement parler des nouveautés ; elles ont pour unique objet de rendre plus effective l'application du principe d'équivalence qui sert de base au régime fiscal des valeurs étrangères (Inst. 2953).

En premier lieu, l'art. 12 rend l'amende prévue par l'art.3 de la loi du 25 mai 1872 applicable à toute personne qui effectue en France la souscription, l'exposition en vente ou l'introduction sur le marché d'actions, obligations, titres d'emprunts, quelle que soit d'ailleurs leur dénomination, des sociétés, compagnies, entreprises, corporations, villes,provinces étrangères,ainsi que de tout autre établissement public étranger n'ayant pas fait agréer un représentant responsable. La pénalité ne peut être inférieure à 50 fr. en principal. La même amende est prononcée contre toute personne qui annonce au public les opérations ci-dessus, ou fait le service financier de ces mêmes titres.

Les sociétés et collectivités étrangères peuvent être dispensées de faire agréer un représentant responsable des droits et amendes en déposant un cautionnement en numéraire (Décr. 22 juin 1898 ; V. ci-après, n° 5).

Aux termes du même art. 12, elles sont tenues, préalablement à leur établissement en France, de déposer au bureau de l'enregistrement dans le ressort duquel se manifeste pour la première fois leur existence, un exemplaire certifié de leur acte constitutif, sous peine d'une amende de 100 à 5.000 fr.

Cette obligation est de rigueur et il ne peut y être satisfait par équivalence comme au moyen du dépôt d'extraits ou de certificats délivrés par les autorités du pays ; elle serait toutefois inapplicable aux sociétés en nom collectif constituées à l'étranger, conformément aux lois du pays, sans la rédaction d'un écrit (Sol. 16 mai 1899 : R.E. 2274 ; J.E. 25.798).

2. (25). Nationalité des sociétés. — La nationalité d'une société se détermine par le lieu où elle a véritablement et effectivement son siège social. Dès lors, il importe peu qu'une société constituée sous la forme anglaise soit composée en majeure partie d'actionnaires français et qu'elle ait pour objet la mise en valeur d'un brevet français dans une usine située en France. La société cons-

___
(1) Ainsi jugé par la Cour de cassation (Civ., 12 avr. 1897 ; R. E. 1385).

(2) Amende de 5 0/0 de la valeur nominale des titres annoncés ou émis.

tituée dans ces conditions, sous l'empire de la législation anglaise, n'en est pas moins valable, s'il est établi que c'est en Angleterre qu'elle a centralisé son administration et qu'elle a fonctionné. A plus forte raison doit-il en être ainsi alors que les actionnaires n'ont pu se méprendre sur la nationalité de la société dans laquelle ils entraient (Trib. com. Seine, 3 mai 1899 ; *R. E.* 2071).

Mais, il faut que le transport à l'étranger du siège social et du principal établissement ait un caractère sérieux :

« Attendu, dit un arrêt de la Cour de cassation (Req.) du 22 décembre 1896, que, si la nationalité d'une société dépend du lieu de son siège social et de son principal établissement, en quelque pays que se poursuivent les opérations dont s'alimente sa spéculation, c'est à la condition que ce siège social, effectif et sérieux, n'ait pas été transporté à l'étranger d'une manière purement fictive, dans le dessein d'échapper aux règles d'ordre public édictées par la loi française pour la création et le fonctionnement des sociétés ;... » (D.97.1.159).

La loi belge du 22 mai 1886 (art. 129) considère le principal établissement en Belgique comme caractéristique de la nationalité belge : « Toute société dont le principal établissement est en Belgique est soumise à la loi belge, bien que l'acte constitutif ait été passé en pays étranger ».

3. (26).Obligations négociables émises par une colonie française. Timbre. — Les titres de l'emprunt de Madagascar ne sont assujettis qu'au droit de timbre de 0 fr. 05 0/0 sans décimes, qui frappe les effets de commerce. Ce droit est dû sur les titres provisoires ainsi que sur les titres définitifs que ceux-ci remplacent (D.M.F. 9 juill. 1897 ; *R.E.* 1663).

Le même tarif est applicable aux titres de l'emprunt de l'Indo-Chine (Sol. déc. 1898 ; *Rev. prat.,* 4534).

SECT. II. — RÉGIME FISCAL DES TITRES CIRCULANT EN FRANCE. ABONNEMENT.

§ 1er. — *Faits juridiques qui rendent les taxes exigibles. — Mesures fiscales nouvelles.*

4. (39-40). Analyse de l'Instruction 2953. — I. ÉMISSION, MISE EN SOUSCRIPTION, EXPOSITION EN VENTE ET INTRODUCTION EN FRANCE. — D'après la loi nouvelle, *toute personne,* sans aucune exception, qui procède en France à une émission, mise en souscription, exposition en vente ou introduction sur le marché de valeurs ou d'obligations créés par une société ou collectivité étrangère qui n'aurait pas fait agréer au préalable un représentant français personnellement responsable des droits de timbre, de transmission et de l'impôt sur le revenu auxquels ces titres sont soumis ou qui n'aurait pas versé en cautionnement en garantie du payement de ces droits, est passible de la pénalité édictée par l'art. 3 de la loi du 25 mai 1872 (Inst. 2446), c'est-à-dire d'une amende de 5 0/0 de la valeur nominale des titres émis, mis en souscription, exposés en vente ou introduits sur le marché, sans que cette amende puisse être inférieure à 50 fr. en principal.

L'émission, la mise en souscription, l'exposition en vente, au sens de la loi, émanent toujours de la société ou de la collectivité.

Le mot *émission* est une expression générale qui comprend tout placement de valeurs mobilières nouvelles sur le marché français par la collectivité ou son mandataire (Cass., 17 janv. 1888; Inst. 2750, § 5).

Dès lors qu'une société étrangère émet en France des obligations négociables, elle est tenue d'acquitter sur ces titres la triple taxe de timbre, de transmission et sur le revenu et de faire agréer, en conséquence, un représentant responsable du payement des droits, ou de verser un cautionnement, sans qu'il y ait lieu de s'arrêter à ce fait que le souscripteur de toutes les obligations est de nationalité étrangère (Sol. 3 août 1898 ; *R. E.* 1875 ; *J. E.* 23.540 et Lille, 4 juill. 1901 ; *R. E.* 2816).

L'émission de titres faite par une société étrangère et annoncée par divers organes de publicité français avec indication de banquiers français qui reçoivent les souscriptions doit être considérée comme faite partiellement en France sur l'initiative de la société elle-même, alors même que celle-ci n'indique dans sa circulaire relative à l'émission que des banques étrangères comme autorisées à recevoir les souscriptions (Sol. 29 déc. 1897 ; *R. E.* 1834 ; *J. E.* 25.503 ; *R. P.* 9254).

La *mise en souscription* et l'*exposition en vente,* effectuées par la collectivité ou son mandataire, ne sont autre chose qu'une émission qui, au lieu d'être ouverte et close à dates fixes, se prolonge indéfiniment, jusqu'à ce que le but poursuivi soit atteint. C'est ainsi, par exemple, que les compagnies de chemins de fer émettent des obligations nouvelles en les mettant en souscription ou en les exposant en vente dans les différentes gares de leur réseau.

Quant à l'*introduction,* elle est le fait de l'établissement de crédit, du banquier, du professionnel en matière de vente et d'achat de valeurs de Bourse, qui écoule sur le marché français des titres qu'il a achetés en vue de créer sur la place un courant d'affaires sur ces valeurs ou d'accroître celui déjà existant. Par cela même qu'elle suppose l'idée de constituer un marché plus ou moins étendu ou de donner plus d'importance au marché existant, l'opération doit avoir pour objet une certaine quantité de titres. Cette quantité ne peut être déterminée dans chaque cas particulier qu'en tenant compte des circonstances ; il est donc impossible de la fixer d'avance, d'une manière uniforme et invariable, d'un certain chiffre.

La *négociation* n'a pas été nommément visée par la loi nouvelle ; elle n'y tombe pas par elle-même et en tant qu'elle se distingue de l'émission ou de l'introduction, sous l'empire de cette loi (Comp. Inst. 2750, § 5). Par suite, elle ne rend pas nécessaire l'agrément préalable d'un représentant responsable. Mais elle continue à donner ouverture au droit de timbre au complant sur les titres négociés qui n'ont pas déjà supporté cette taxe ou n'acquittent pas l'impôt par abonnement (LL. 30 mars 1872, art. 2 et 28 déc. 1895, art. 5 ; Inst. 2953).

II. ANNONCES OU PUBLICATIONS. — L'art. 12 de la loi de finances du 13 avril 1898 n'interdit pas seulement l'émission, la mise en souscription, l'exposition en vente et l'introduction sur le marché français des actions et obligations étrangères. Il prohibe, en outre, l'*annonce* ou la *publication* de ces opérations par voie d'insertions dans les journaux, d'affiches, de prospectus ou par tout autre mode de publicité, tant qu'un représentant responsable n'a pas été agréé, sous peine d'une amende de 5 0/0 de la valeur nominale des titres faisant l'objet de l'annonce ou de la publication. La loi nouvelle n'a d'ailleurs fait que reproduire, sur ce point, les termes de l'art. 3 de la loi du 25 mai 1872 concernant les titres des gouvernements étrangers. Elle comporte, par suite, la même interprétation (Inst. 2446). Toutefois, à la différence de la loi du 25 mai 1872 dont les termes s'étendent même à l'annonce ou à la publication relatives à des opérations faites à l'étranger, la loi du 13 avril 1898 ne prévoit que la publication ou l'annonce relatives à des opérations faites en France.

III. Paiement des coupons. Service financier. — Indépendamment de l'émission, de la mise en souscription, de l'exposition en vente, de l'introduction d'actions et d'obligations étrangères sur le marché français et de toute annonce ou publication en France des opérations dont il s'agit, l'art. 12 interdit à toute personne de faire dans notre pays le *service financier* de ces valeurs, tant qu'un représentant responsable du payement des taxes annuelles n'a pas été agréé.

En cas de contravention, l'amende de 5 0/0 prononcée par la loi est due sur la valeur nominale des titres dont le service financier est effectué.

La loi détermine avec précision le sens et la portée des mots *service financier*. Elle désigne par cette expression le service qui a pour objet soit le *remboursement* ou le *transfert des titres*, soit le *payement des coupons* et qui est effectué par des intermédiaires ou des représentants des sociétés et autres collectivités étrangères qui ont émis les titres. Elle exclut ainsi de ses dispositions le simple achat de coupons fait par un changeur, une maison de banque ou un établissement de crédit, les coupons achetés étant destinés à être présentés au payement soit aux guichets de la société, soit à ceux de son correspondant (Inst. 2953).

On ne saurait assimiler au service financier et considérer comme interdites à défaut d'agrément d'un représentant responsable, les opérations suivantes : 1° dépôt effectué dans la caisse d'une compagnie française de titres d'une société étrangère en vue de constater le droit des porteurs à assister à des assemblées générales ou à prendre part à des souscriptions à l'étranger ; 2° annonces et publications faites à cet égard en France ou relatives à l'avis de paiement de dividendes, dès lors que ces annonces n'indiquent pas que le paiement doive avoir lieu en France ; 3° négociation par un établissement de crédit français de chèques payables à l'étranger envoyés par des sociétés étrangères non abonnées au timbre à des actionnaires français en paiement de dividendes (Sol. 3 oct. 1898 ; R. E. 1962 ; J. E. 25.633).

Mais l'achat des coupons d'une société étrangère par l'agence de cette société établie en France constitue en réalité un paiement de coupons, c'est-à-dire un service financier des titres qui les rend passibles du timbre d'abonnement par application de l'art. 12 de la loi du 13 avril 1898 (Sol. 28 janv. 1899 ; R. E. 1963 ; J. E. 25.633).

IV. Droit de communication des agents de l'administration. — Il est à noter que, tout en édictant les mesures dont il vient d'être parlé et qui tendent indirectement à assurer de la part des sociétés et autres collectivités étrangères le payement des taxes annuelles dues à raison de l'émission ou de la circulation en France de leurs titres, l'art. 12 de la loi de finances n'a pas étendu le droit de communication qui appartient aux agents de l'Enregistrement en vertu de la législation antérieure. Il en résulte qu'ils ne peuvent, pour surveiller l'exécution des dispositions nouvelles, exercer leurs investigations chez des personnes, ni dans les sociétés ou établissements qui n'y étaient pas assujettis par les lois précédemment en vigueur. Ce point a été formellement précisé lors de la discussion qui a eu lieu au Sénat dans la séance du 1er avril 1898 (J. off. du 2, Sénat, p. 553, col. 3).

V. Sociétés étrangères en faillite ou en liquidation. Mesures nouvelles non applicables. — Il a été, de même, entendu que les dispositions du premier paragraphe de l'art. 12 de la loi de finances ne sont pas applicables quand il s'agit de titres d'actions ou d'obligations émis par une société étrangère mise en faillite ou en liquidation et n'ayant à distribuer aux actionnaires ou aux obligataires aucun dividende ni intérêt. Dans ce cas, mais dans ce cas seulement, la société n'a pas à constituer un représentant responsable (V. en ce sens la déclaration faite par le Ministre des finances au Sénat, 1er avr. 1898 ; J. off. du 2, p. 553, col. 2).

VI. Insertion au journal officiel. Faculté accordée aux sociétés et autres collectivités étrangères de substituer un cautionnement a la désignation d'un représentant responsable.— D'après le troisième paragraphe de l'art.12,des insertions périodiques au *Journal officiel* doivent faire connaître aux agents et au public la liste des valeurs étrangères pour lesquelles un représentant responsable aura été agréé. Et il résulte, d'autre part,du quatrième paragraphe du même article, que les sociétés et autres collectivités étrangères peuvent s'affranchir de l'obligation de faire agréer un représentant responsable en déposant un cautionnement (V. n° 5, *infrà*).

VII. Sociétés, compagnies et entreprises étrangères possédant des biens en France ou y faisant des opérations. Dépôt au bureau de l'enregistrement d'un exemplaire certifié de leur acte d'association. — Aux termes de l'art. 3, 3e alinéa, du décret du 6 décembre 1872, les sociétés, compagnies et entreprises étrangères qui ont pour objet des biens meubles ou immeubles situés en France, doivent la taxe sur le revenu, à raison des valeurs françaises qui en dépendent, et acquittent cette taxe d'après une quotité du capital social fixée par le Ministre des finances, sur l'avis préalable de la commission instituée par le règlement d'administration publique du 24 mai 1872. Elles doivent, à cet effet, faire agréer, avant toute opération en France, un représentant français personnellement responsable des droits et amendes.

Pour surveiller l'exécution de cette prescription, les agents ont besoin de connaître les statuts des sociétés, puisque certaines entreprises échappent par leur nature à l'impôt, telles, par exemple, les sociétés commerciales en nom collectif. Le décret du 6 décembre 1872 ne leur donne pas le moyen d'exercer cette surveillance. Pour y remédier, le paragraphe 5 de l'art. 12 de la loi de finances du 13 avril 1898 impose à toutes les sociétés, compagnies et entreprises étrangères, sans exception ni distinction, qui se proposent d'acquérir des biens en France ou d'y faire des opérations, de déposer, *préalablement à leur établissement en France*, au bureau de l'enregistrement dans le ressort duquel se manifeste, pour la première fois, leur existence, un exemplaire certifié de leur acte d'association sous peine d'une amende de 100 fr. à 5.000 fr. en principal. Le paragraphe 6 du même article a déclaré astreintes à la même obligation et sous la même peine,dans le délai de trois mois à compter de la promulgation de la loi nouvelle, les sociétés, compagnies ou entreprises étrangères qui, possédant déjà des biens dans notre pays ou s'y livrant à un commerce ou à une industrie, n'avaient pas de représentant responsable, soit qu'elles eussent omis d'en désigner un, soit qu'à raison de leur forme elles n'eussent pas eu à en faire agréer (Inst. 2953).

4 bis. Durée des obligations fiscales des sociétés. — La société étrangère qui a contracté un abonnement au timbre pour un certain nombre de ses titres destinés à circuler en France et a désigné un représentant responsable des divers impôts exigibles sur lesdites valeurs, est débitrice de la triple taxe aussi longtemps qu'elle ne rapporte pas la preuve que ses titres ne circulent plus en France. Il importe peu qu'elle allègue qu'elle ne fonctionne plus en France et n'y a plus de siège (Seine, 24 mai 1901 ; R. E. 2817).

§ 2. — *Du représentant responsable et du cautionnement.*

5. (43). **Cautionnement en numéraire.** — En exécution de l'article de la loi du 13 avril 1898 (V. *suprá*, n° 1), un décret du 22 juin 1898 a déterminé les conditions dans lesquelles les sociétés et autres collectivités étrangères, tenues de faire agréer un représentant responsable des impôts exigibles à raison de la circulation de leurs titres en France, sont admises à s'affranchir de cette obligation en fournissant un cautionnement.

Aux termes de l'art. 1er du décret, ce cautionnement doit être constitué en numéraire. Le montant en est fixé par le Ministre des finances ou, en vertu de la délégation du Ministre, par le Directeur général de l'Enregistrement, et le versement des fonds est effectué à la Caisse des dépôts et consignations.

D'après l'art. 2, le cautionnement ne peut être inférieur à la somme représentant approximativement le total des taxes exigibles pour une période de trois années et calculées à raison des cinq dixièmes des titres pour lesquels l'abonnement a été demandé. Toutefois, il peut être réduit, s'il y a lieu, après la fixation par le Ministre des finances du nombre des titres passibles des taxes.

L'art. 3 détermine les formalités à remplir pour le dépôt du cautionnement. C'est seulement après la remise au service de l'Enregistrement du récépissé de la Caisse des dépôts et consignations que peuvent être accomplies sans contravention l'émission, la mise en souscription, l'exposition en vente, l'introduction sur le marché français, ainsi que les annonces et publications et le service financier.

L'art. 4 spécifie que le capital du cautionnement est seul affecté à la garantie du Trésor ; mais il n'enlève pas à l'Administration la faculté d'exercer, le cas échéant, une action de droit commun sur les intérêts servis par le titre.

Les sociétés sont autorisées, par l'art. 5, à substituer un cautionnement en numéraire au représentant responsable déjà agréé, et réciproquement.

Le remboursement du cautionnement ne peut avoir lieu que sur une autorisation du Directeur général (art. 6) dont la surveillance s'exerce sur toutes les opérations relatives à la constitution des cautionnements, à leur réduction, à leur remboursement ainsi qu'à leur retrait au profit du Trésor (art. 7).

L'Administration publie deux fois par an, le 15 janvier et le 15 juillet, une liste des valeurs étrangères pour lesquelles un représentant responsable a été agréé ou un cautionnement a été versé et qui acquittent les taxes annuelles (art. 8 ; Inst. 2961 ; R.E. 1814 ; J.E. 25.414 ; R.P. 9292).

5 bis. **Durée des engagements du représentant responsable.** — Le représentant responsable est débiteur solidaire des droits et amendes pendant toute la durée de son engagement, lequel se continue tant qu'il n'a pas été dénoncé dans le délai fixé avant l'expiration de chaque période (Seine, 24 mai 1901 ; R. E. 2817).

§ 3. — *Liquidation des droits.*

ART. 1er. — DROIT DE TIMBRE.

6. (65). **Titres créés sans expression de capital.** — Lorsque des titres étrangers ont été créés sans expression de capital nominal, c'est la valeur réelle de ces titres au moment de la constitution de la société qui doit servir de base au droit de timbre, sans qu'il y ait lieu de tenir compte des augmentations ou des diminutions que cette valeur a pu subir depuis la formation de la société. En aucun cas le taux d'émission des titres ne peut être pris en considération (Sol. 25 août 1897 ; R. E. 1727).

7. (72 et 75). **Improductivité.** — Pour les sociétés françaises, l'abonnement au timbre peut être suspendu d'office dès qu'elles restent deux années sans *distribuer* ni intérêts ni dividendes. Les sociétés étrangères n'ont droit à la même exemption que si elles justifient qu'elles n'ont *réalisé* aucun bénéfice pendant les deux dernières années. En d'autres termes, on ne considère comme improductives, au point de vue de la perception du droit de timbre par abonnement, que les sociétés étrangères qui, non seulement n'ont payé ni intérêts ni dividendes, mais qui se sont trouvées en fait dans l'impossibilité de procéder à aucune distribution. Et dès lors qu'un bénéfice, si minime qu'il soit, a été réalisé dans un exercice, il n'y a pas à rechercher dans quelle mesure, à raison de leur plus ou moins d'importance, des intérêts ou dividendes auraient pu être payés : sous aucun prétexte l'abonnement ne peut être suspendu (Sol. 28 juill. 1899 ; R. E. 2201 ; J. E. 25.779).

8. (76).**Titres non cotés en France. Justification de l'improductivité.** — Nous avons exposé au *Traité* que les sociétés étrangères n'étaient pas fondées à invoquer l'immunité accordée aux entreprises infructueuses à l'égard de ceux de leurs titres non cotés, pour lesquels cependant l'abonnement au timbre était également obligatoire.

Un décret du 25 janvier 1899 (R. E. 1967 ; J. E. 25.563 ; R. P. 9501) a fait cesser cette anomalie en disposant que les sociétés, compagnies et entreprises étrangères, dont les titres, bien que non cotés aux Bourses françaises, sont néanmoins passibles de la taxe d'abonnement, jouiront désormais du bénéfice de l'art. 24 de la loi du 5 juin 1850.

Pour que l'immunité leur soit acquise, il est nécessaire que ces collectivités justifient qu'elles n'ont payé ni intérêts, ni dividendes, ni même réalisé des bénéfices pendant les deux dernières années (V. numéro précédent) ; elles font cette justification en produisant à l'Administration les procès-verbaux et délibérations des assemblées générales, les inventaires, balances, et tous autres documents de comptabilité, vérifiés et certifiés par les agents diplomatiques et consulaires français.

Cette preuve faite par la production du bilan et autres écritures sociales pourrait d'ailleurs être infirmée par des résolutions d'assemblées générales attribuant diverses sommes à la caisse de prévoyance des employés et mettant en réserve le solde du bénéfice net de l'exercice (Seine, 25 octobre 1901 ; R. E. 2857). Cette décision, motivée uniquement sur des considérations de fait, est une solution d'espèce, sans portée doctrinale.

Le décret ne vise expressément que le cas d'improductivité des sociétés. Mais il n'est pas douteux que l'impôt cesse également d'être exigible en cas de mise en liquidation. C'est en ce sens qu'a été entendu le décret du 28 mars 1868 relatif aux titres cotés (Inst.2373),et le décret nouveau, qui n'en reproduit purement et simplement les termes, doit recevoir la même interprétation.

Les dispositions nouvelles ne s'appliquent qu'à la taxe d'abonnement sur *les actions* ; il n'est rien innové notamment en ce qui concerne le droit de même nature qui est dû sur les obligations,circulant en France, des sociétés et autres collectivités étrangères (Inst. 2976).

9. (81 bis). **Emprunt hypothécaire. Obligations négociables.** — Un emprunt hypothécaire contracté par acte notarié, moyennant la remise aux prêteurs d'obligations négociables, ne constitue pas un contrat à part donnant ouverture à un droit proportionnel d'enregistrement. On ne doit voir dans cet acte et dans la remise ultérieure des obligations qu'une seule opération, la négociation de l'emprunt régie par les art. 27 et 31 de la loi sur le timbre du 5 juin 1850. Il en a été ainsi décidé au sujet d'un emprunt contracté par une société étrangère pourvue d'un représentant responsable. (Sol. 1er juin 1900 ; R. E. 2416).

ART. 2. — TAXE SUR LE REVENU.

10. (95). **Base de la perception.** — Lorsque le revenu distribué par une société étrangère est déterminé en monnaie étrangère, la société doit indiquer au receveur, lors du paiement de la taxe, la valeur représentative du revenu en monnaie française. Sa déclaration est contrôlée, soit par les énonciations des décrets rendus en exécution de la loi du 13 mai 1863 (Inst. 2250), soit par celles des bulletins authentiques du cours de la Bourse, ou par d'autres moyens analogues (Sol. 7 juill. 1898 ; R. E. 1874 ; J. E. 25.531).

10 bis. (97). **Bénéfices affectés à l'amortissement.** — Lorsqu'un dividende a été distribué purement et simplement à ses actionnaires par une société, celle-ci ne peut être admise à prétendre après coup que cette distribution n'avait en réalité que le caractère d'un remboursement partiel du capital, alors surtout qu'il existe en fait, une réserve sociale qui a été laissée intacte (1).

11. (103 et 104). **Charge des impôts supportés par la société.** — Lorsqu'une société étrangère paye à ses actionnaires un dividende net de l'impôt de 4 0/0 et du droit de transmission versés au Trésor français, la taxe sur le revenu est due sur les sommes ainsi payées par la société en l'acquit de ses actionnaires (2).

12. (106). **Primes de remboursement.** — Quand une société convertit un emprunt représenté par des obligations émises au-dessous du pair, la prime de remboursement passible de la taxe de 4 0/0 comprend la différence entre le taux auquel l'obligation ancienne a été émise et celui auquel l'obligation nouvelle est remboursable. L'obligation nouvelle est, en effet, donnée en paiement de l'ancienne et ce, jusqu'à concurrence de sa valeur nominale (3).

SECT. III. —RÉGIME FISCAL DES BIENS SITUÉS EN FRANCE. TAXE SUR LE REVENU.

13. (109). **Taxe sur le revenu.** — La loi du 29 juin 1872 et le décret du 6 décembre suivant frappent de l'impôt sur le revenu non seulement les sociétés étrangères dont les titres circulent en France, mais encore, celles qui ont pour objet des biens meubles ou immeubles situés sur le territoire. Il en est ainsi, notamment, de la société étrangère qui exploite des magasins situés en France, comme substituée au bénéfice de la concession faite par l'Etat à une ville (4).

Toute société étrangère qui a dans notre pays soit la totalité soit une partie de son exploitation doit la taxe

(1) Cass. req., 15 nov. 1899 ; Inst. 3011-2 ; S. 1900.1.420 ; D. 1900.1.187 ; R. E. 2253 ; J. E. 25.771.
(2) Cass. req., 5 déc. 1899 ; R. E. 2254 ; J. E.. 25.787 ; Inst. 3011-4 ; S. 1900.1.465 ; D.1900.1.545 ; — Cf. Seine, 18 déc.1896 ; R. E. 1405 ; J. E.25.135 ; R.P. 9015. — Ce jugement a été cassé pour vice de forme par arrêt du 19 nov. 1901.
(3) Cass., 5 déc. 1899, précité.
(4) Cass. civ., 19 fév. 1894 ; S. 94.1.97 ; D. 94.1.481 ; R. E. 658 ; J. E. 24.317 ; R. P, 8253 ; J. N. 26.012 ; — Cass. req., 15 nov. 1899, précité.

sur le revenu, bien que ses actions et ses obligations ne circulent pas en France, d'après une quotité fixée par le Ministre des finances, tant sur les dividendes distribués à ses actionnaires que sur les intérêts des obligations qu'elle a émises et des emprunts qu'elle a contractés. Le fait que ces obligations et emprunts ont été émis ou contractés exclusivement à l'étranger ne s'oppose pas à l'exigibilité de l'impôt (1).

Toutefois, le fait de posséder des biens en France ne rend les sociétés étrangères passibles de la taxe sur le revenu que lorsqu'il s'agit de biens, mobiliers ou immobiliers, servant à l'exploitation de l'industrie formant l'objet même de ces sociétés, mais non de ceux qui n'ont été acquis par ces sociétés que comme placement et en vue de faire un emploi de leurs capitaux (Sol. 16 juin 1893 ; R. E. 583 ; J. E. 24.262). Il faudrait prendre garde cependant de donner à cette interprétation une trop grande extension. On peut concevoir, en effet, tel emploi de capitaux qui, dans les circonstances ordinaires, n'aurait que le caractère d'un placement, et qui cependant constitue, pour la société qui le fait, une des opérations de son commerce ou de son industrie : il en serait ainsi d'une société immobilière qui achèterait des immeubles pour les dépecer et les revendre. La distinction est parfois malaisée à établir. Lorsque les capitaux employés font partie des réserves de la société, il y a présomption en faveur du placement ; la présomption contraire résulte, en général, du fait que les fonds employés font partie de l'actif engagé dans les spéculations de la société.

14. (120 à 126). **Quotité imposable.** — La quotité imposable applicable aux dividendes distribués par une société étrangère est fixée par l'évaluation ministérielle ; elle correspond à la période en cours au moment où les dividendes ont été mis en distribution (Belley, 6 fév. 1901 ; R. E. 2692).

La société étrangère doit être assimilée à une société française dans la limite de cette quotité. C'est, seulement, dans cette limite que doit être. acquitté l'impôt sur les intérêts des obligations circulant à l'étranger (Sol. 7 juill. et 3 août 1898 : R. E. 1874 et 1875 ; J. E. 25.531 et 25.540).

15. (130). **Droit de communication.** — Les succursales françaises des sociétés étrangères par actions nous paraissent assujetties au droit de communication de la Régie tout comme les sociétés françaises similaires. Le contraire a cependant été jugé par le tribunal de la Seine le 29 juillet 1899 (R. E. 2149). Ce jugement est actuellement déféré à la Cour de cassation.

SECT. IV. — RÉGIME FISCAL DES TITRES DES SOCIÉTÉS NON ABONNÉES. TIMBRE AU COMPTANT.

16. (140). **Enonciation dans les actes. Prix de vente.** — Les prohibitions des lois des 30 mars 1872 et 21 décembre 1895 relatives à l'énonciation, dans les actes ou écrits, de titres étrangers non timbrés ne s'appliquent pas aux mentions qui se réfèrent, non pas à l'existence ou à la négociation des titres, mais au prix qui les a remplacés aux mains de l'ancien détenteur (Sol. 16 mars 1898 ; R. E. 1964 ; J.E. 25.517 ; R. P. 9378).

17. (141). **Concordat.** — L'énonciation de titres étrangers dans un acte qui en constate l'abandon à forfait par un débiteur à ses créanciers rend exigible le droit de tim-

(1) Avesnes, 27 fév. 1901 ; — Belley, 6 fév. 1901 ; — Nantua, 15 mars 1901 ; R. E. 2692 ; — Cf. Rouen, 30 nov. 1899 ; R. E. 2303 ; J. E. 25.830 ; — Tulle, 18 janv. 1900 ; J. E. 25.831.

bre, et toutes les parties sont tenues solidairement vis-à-vis du Trésor (Seine, 3 juill. 1896 ; *J.E.* 25. 113 ; *R.E.* 1245).

17 *bis.* (141). **Cession de créance.** — L'énonciation de titres étrangers dans un acte sous seing privé de transport rend exigible le droit de timbre (Seine, 3 juill. 1896 ; *R. E.* 1245).

18. (142). **Interrogatoire sur faits et articles.** — Il y a lieu de classer au rang des inventaires et des actes assimilés qui sont dispensés du droit de timbre au comptant les procès-verbaux d'interrogatoire sur faits et articles (Sol. 3 déc. 1898 ; *R. E.* 2200 ; *J. E.* 25.731 ; *R. P.* 9554).

19. (142). **Déclaration de succession. État de mobilier. Procuration.** — On assimile également, à ce point de vue, aux inventaires, l'état de mobilier que les héritiers doivent déposer au bureau pour le paiement des droits de succession.

Mais l'immunité ne peut être étendue aux procurations données par les propriétaires d'actions d'une société étrangère pour se faire représenter à la liquidation de l'actif social (Gaillac, 16 déc. 1896 ; *J. E.* 25.133 ; *R. P.* 9076).

20. (144). **Partage.** — Même solution pour les comptes et partages. La circonstance que les titres mentionnés auraient été précédemment énoncés dans un inventaire resterait, d'ailleurs, sans influence sur l'exigibilité des droits et amendes exigibles, alors même que la mention aurait été effectuée dans des termes exclusifs de toute idée de transmission et même d'usage des titres (Poitiers, 27 nov. 1894 ; *R. E.* 974 ; *J. E.* 24.681 ; *R. P.* 8600).

21. (144). **Acte de dépôt.** — Si le dépôt de titres étrangers non abonnés, dans une banque française, donne lieu à la rédaction d'un acte qui n'a pas pour unique objet la garde ou la conservation des titres, l'énonciation des titres dans cet acte tombe sous l'application de l'art. 5 de la loi du 28 décembre 1895 (Sol. 3 oct. 1898 ; *R. E.* 1962 ; *J. E.* 25.633).

De même, lorsque des obligations, souscrites à l'étranger par une société étrangère, sont énoncées dans un acte passé en France contenant dépôt de l'acte d'emprunt en vertu duquel les obligations ont été émises et affectation hypothécaire en France pour la garantie des dites obligations, le droit de timbre est dû sur ces obligations, conformément à l'art. 2 de la loi du 30 mars 1872 (Bar-le-Duc, 23 mars 1899 ; *R. E.* 2102 ; *J. E.* 25.703).

22. (150). **Mode de paiement du droit au comptant. Visa.** — La mention du visa pour timbre est inscrite par le receveur sur le titre même et non en marge de cet titre ; elle est libellée dans les termes suivants : « Visé pour timbre (ou pour complément de timbre) à. . . . . le. . . . . n°. . . . . Reçu. . . . . » et accompagnée de l'empreinte du cachet du bureau ou, à défaut, de celle de la griffe en usage pour l'oblitération des timbres mobiles (L. C. 30 janv. 1896 et 5 avr. 1897).

23. (150 *bis*). **Droit perçu par double emploi. Restitution.** — Lorsque des titres d'obligations devant obligatoirement acquitter le droit de timbre annuel par abonnement ont été timbrés par erreur au comptant au droit de 2 0/0, ce dernier droit est imputable sur la taxe de timbre par abonnement due depuis le jour de l'émission des titres (Sol. 3 août 1898 ; *R. E.* 1875 ; *J. E.* 25.540).

24. (151). **Contraventions. Pénalités.** — L'amende de 5 0/0 de la valeur nominale des titres étrangers énoncés dans les actes doit être liquidée, aux termes de l'art. 5 de la loi du 28 décembre 1895, sur la valeur totale des titres, alors même qu'ils auraient acquitté les droits de timbre à l'ancien tarif et ne seraient plus passibles que du complément de droit établi par la loi précitée (Sol. 30 mars 1897 ; *R. E.* 1379 ; *J. E.* 25.208).

L'amende de 5 0/0 édictée par les lois du 25 mai 1872, art. 2, du 28 décembre 1895, art. 4, et du 13 avril 1898, art. 12, contre celui qui a fait en France, sans déclaration préalable, des annonces relatives à l'émission de valeurs mobilières étrangères ne peut être réclamée au banquier désigné dans lesdites annonces pour recevoir les souscriptions, dès lors qu'il n'est pas établi qu'il soit l'auteur direct de l'annonce (Sol. 5 déc. 1898 ; *R. E.* 2199 ; *J. E.* 25.753 ; *R.P.* 9355).

25. (153). **Pluralité des amendes.** — Les art. 2 et 3 de la loi du 25 mai 1872, étendus par la loi du 28 décembre 1895 (art. 4) aux sociétés étrangères, prévoient trois sortes de contraventions ayant leur cause dans les faits suivants : 1° *annonce* en France, sans déclaration préalable, d'une émission de titres devant avoir lieu sur le territoire français ; 2° *émission* en France de titres étrangers sans déclaration préalable ; 3° *livraison* par les intermédiaires établis en France à leurs souscripteurs et acceptation par ceux-ci de titres étrangers non timbrés. Chacune de ces contraventions donne lieu à une amende de 5 0/0 de la valeur nominale des titres annoncés, souscrits ou émis. De plus, la livraison des titres non timbrés est de nature à motiver la réclamation de droits de timbre dont le recouvrement peut être suivi solidairement contre le banquier et les divers souscripteurs dans la mesure de leurs souscriptions respectives. Mais la réclamation des droits de timbre au comptant n'aurait pas lieu d'être faite aux intermédiaires si la société consentait à faire auprès d'un représentant responsable et à acquitter la triple taxe à partir de l'émission de ses titres en France (Sol. 29 déc. 1897 ; *R.E.* 1834 ; *J.E.* 25.503 ; *R.P.* 9254).

N. B. — *A la ligne 4 du 2ᵉ alinéa du n° 153 du T. A. il faut lire* « une amende de 100 fr. » *au lieu de* « une amende de 50 fr. »

CHAP. II. — TITRES DE RENTES ET EFFETS PUBLICS DES GOUVERNEMENTS ÉTRANGERS.

26. (153). **Loi du 13 avril 1898. Élévation du tarif.** — L'art. 13 de cette loi a élevé à 1 0/0 sans décimes, à partir du 1ᵉʳ janvier 1899, le droit de timbre au comptant sur les titres d'État étrangers. Les titres déjà timbrés avant cette date, au droit de 0 fr. 50 0/0 (L. 28 décembre 1895, art. 3) sont toutefois été affranchis de la surtaxe. Les titres ayant supporté le droit de timbre fixé par la législation antérieure à celle du 28 décembre 1895 sont, au contraire, passibles d'un droit complémentaire, représentant la différence entre le tarif de 1 0/0 et le droit, inférieur à 0.50 0/0, antérieurement perçu (Inst. 2953, § 2).

1. TITRES TOMBÉS AU-DESSOUS DE LA MOITIÉ DU PAIR. — Exceptionnellement, le tarif est abaissé à 0 fr. 50 0/0 pour les titres de fonds d'État cotés à la Bourse officielle au-dessous de la moitié du pair, par suite d'une diminution d'intérêt imposée par l'État débiteur (Inst. 2953).

Le tarif réduit ne peut, d'ailleurs, être appliqué qu'aux valeurs dont le cours moyen est inférieur à la moitié du pair au jour où l'impôt devient exigible, c'est-à-dire au jour de l'usage, tel que cet usage est défini par l'art. 5 de la loi du 28 décembre 1895, ou au jour de la présentation volontaire à la formalité (Inst. 2975) (1).

(1) Cette Instruction est ainsi conçue : « Aux termes de l'art. 13, dernier alinéa, de la loi du 13 avril 1898 : « Resteront soumis au droit de 0 fr. 50 0/0 les fonds étrangers cotés à la Bourse officielle, dont le cours, au moment où le droit devient

34

27. (156). **Billets à ordre.** — Les billets à ordre souscrits par un Etat ou un gouvernement étranger et payables en France sont assujettis aux droits de timbre proportionnels des effets négociables créés en France (0 fr. 05 0/0) à l'exclusion du timbre des titres négociables (1 0/0) qui frappe les effets publics des gouvernements étrangers (Sol. 19 janv. 1899 ; R. E. 2648 ; J. E. 25.971).

28. (163). **Titres de sociétés convertis en fonds d'État.** — Lorsqu'un gouvernement étranger prend à sa charge l'amortissement et les intérêts d'un emprunt contracté par une société étrangère, représenté par des obligations et que ces titres sont, en conséquence, frappés d'une estampille et que l'Etat étranger est devenu débiteur direct des intérêts de l'emprunt, les titres ainsi estampillés peuvent être considérés comme des effets publics assujettis au timbre de 1 0/0 (à partir du 1er janv. 1899), à l'exclusion de celui de 2 0/0. Ceux de ces titres qui auraient déjà supporté ce dernier droit (ou l'ancien tarif de 1 fr. 20 0/0) ne sauraient, malgré le changement survenu dans leur nature, être frappés à nouveau du droit de 1 0/0 (Sol. 30 mars 1897 et 14 déc. 1898 ; R. E. 1379 et 2275 ; J. E. 25.208 et 25.908).

De même, sont considérés comme fonds d'Etat les titres de la Banque hypothécaire de Norwège dont la personnalité se confond avec celle de l'Etat auquel appartient exclusivement le capital de la Banque et dont les obligations doivent nécessairement être inscrites sur les livres du ministère des finances de ce royaume. Ne doivent pas, au contraire, être assimilées à des valeurs d'Etat, les obligations émises par des associations de crédit créées en Danemark et dans le Jutland entre propriétaires fonciers et soumises seulement à la surveillance du Ministre de l'intérieur.

L'Administration a statué récemment en ce sens.

29. (164). **Conditions d'exigibilité du droit de timbre. Énonciation dans un acte dont il est fait usage en France.** — Aux termes de l'art. 5 de la loi du 28 décembre 1895, la simple énonciation dans un acte de titres exigible, sera tombé au-dessous de la moitié du pair par suite d'une diminution de l'intérêt imposée par l'Etat débiteur. »

Les préposés trouveront ci-après (Annexe) la liste des fonds d'Etat appelés, jusqu'à nouvel avis, à bénéficier éventuellement de la disposition ci-dessus.

Seront seules admises à bénéficier du tarif réduit de 0 fr. 50 0/0 les valeurs comprises dans ce relevé dont le cours moyen sera inférieur à la moitié du pair, au jour où l'impôt deviendra exigible, c'est-à-dire au jour de l'usage tel que cet usage est défini par l'art. 5 de la loi du 28 décembre 1895, ou au jour de la présentation volontaire à la formalité.

A défaut de cours coté à la Bourse de Paris, ou à toute autre Bourse officielle, au jour de l'exigibilité de l'impôt, c'est le dernier cours coté qui devra, à moins de circonstances exceptionnelles, servir à déterminer le tarif à appliquer.

Le redevable qui réclamera l'application du tarif réduit devra souscrire une déclaration faisant connaître le cours de la valeur au jour de l'exigibilité de l'impôt. Cette déclaration sera souscrite sur un bordereau spécial du modèle déjà usité pour la présentation des effets publics étrangers à la formalité ou, s'il n'existe pas d'imprimés de cette nature au bureau où les droits sont acquittés, sur le registre du visa pour timbre.

Elle contiendra, dans tous les cas, une désignation des titres suffisante pour les individualiser.

Il appartiendra ensuite aux préposés d'apprécier, sous leur responsabilité, si les conditions exigées pour l'application du droit de 0 fr. 50 0/0 sont remplies. Ils contrôleront immédiatement la déclaration des parties à l'aide de l'extrait du cours authentique de la Bourse, inséré au Journal officiel, toutes les fois qu'il leur sera possible de consulter cette publication et, dans le cas contraire, au moyen des tableaux mensuels du cours de la Bourse qui leur sont adressés périodiquement

de gouvernements étrangers suffi présomption d'usage, pour rendr timbre applicables à ces titres. Il e que l'énonciation en est faite dans

l'Administration (Inst. n° 2593).

Les titres de cette espèce qui auron brés au tarif spécial de 0 fr. 50 0/0 so chis de l'impôt, alors même que leur rieurement au-dessus de la moitié du

ANNEXE

Relevé des fonds étrangers auxqu de l'intérêt a été imposée par

DÉSIGNATION DES VALEURS	C
Catamarca. — Emprunt 6 0/0 1888.	P
Cordoba. — Emprunt 6 0/0 1888. .	I
Corrientes. — Emprunt 6 0/0 1888.	I
Gouvernement hellénique. — Emprunt 5 0/0 1881..............	I
Gouvernement hellénique. — Emprunt 5 0/0 1884...............	I
Gouvernement hellénique. — Emprunt 4 0/0 1887...............	Ja
Honduras. — Emprunt 1869......	I
Mendoza. — Emprunt 6 0/0 1888..	I
Portugal. — Emprunt 3 0/0.......	E
Portugal. — Emprunt 4 1/2 0/0 1888-89	Pa
Portugal. Emprunt 4 0/0 1890....	I
Turquie. — Dette convertie ottomane 4 0/0, série B............	E
Turquie. — Dette convertie ottomane 4 0/0, série C............	Ja
Turquie. — Dette convertie ottomane 4 0/0, série D...........	Id

N. B. Sont appelés à bénéficier du tarif de en rente lorsque leur cours est inférieur à 50 lorsque leur cours est inférieur à 250, pour les à 150 pour les obligations de 300 francs.

Observations. — On remarquera que de la liste ci-dessus les fonds d'État qu sion forcée et dont les titres primitifs c cette conversion, par des titres nouvea tions mobilière de la dette. Les titres c 1895, et de l'Uruguay 8 0/0, 1891, notan

L'estampillage des titres anciens équi la jurisprudence administrative, à la c titre (D. M. F. 30 oct. 1897 ; R. E. 166

Cette observation s'applique aux oblig (300 fr., 5 0/0).

Cette décision, quelque rigoureuse o bri de toute critique.

Dès lors, en effet, que le titre sur lequ gible n'a pas subi, depuis qu'il a été i réduction d'intérêt, il ne peut bénéficie

Pour certaines catégories de valeurs(savoir si la modification dans le m(térêt n'équivalait pas, dans certains cas, térêt.

Les coupons des billets hypothécaires étaient payables en or, aux termes du c prunt. En exécution d'une loi récemmen ces coupons ne seront plus payables qu au change, 30 0/0 environ. Ce paieme monnaie dépréciée n'est-il pas une i l'intérêt ? Oui, sans doute. Mais la réduc ger, du moment où cet acte est annexé à un acte passé en France et enregistré en même temps que ce dernier. Spécialement, l'art. 5 de la loi précitée s'applique à une procuration donnée à l'étranger pour vendre des titres de rente italienne, dès lors que cette procuration est annexée à un acte authentique français passé en conséquence. Mais la disposition susvisée de la loi du 28 décembre 1895 n'est pas applicable à l'énonciation de valeurs étrangères dans un acte passé à l'étranger encore bien qu'une expédition de cet acte ait été timbrée et enregistrée en France et qu'il ait été fait usage de l'une de ses clauses dans un acte public français dès l'instant que ce dernier acte ne reproduit pas l'énonciation de la valeur étrangère, soit directement, soit par voie d'annexe de l'expédition du contrat passé hors du territoire (Sol. 20 oct. 1899 et Oloron, 14 fév. 1900 ; *R. E.* 2436 ; *J. E.* 25.496).

30. (176). **Titres en renouvellement. Conversion. Transfert.** — En cas de renouvellement de titres, les nouveaux ne peuvent être timbrés gratis que s'ils sont complètement identiques aux premiers qu'ils remplacent.

Les titres convertis sont soumis au paiement d'un nouveau droit de timbre sur leur valeur intégrale, sans imputation des droits payés antérieurement. Les titres anciens estampillés ne peuvent être remis aux porteurs qu'après le payement du nouveau droit de timbre (D. M. F. 30 oct. 1897 ; *R. E.* 1662 ; *J. E.* 25.627).

Lorsqu'à la suite de la conversion d'une dette belge, deux coupures ont été réunies en une seule, le nouveau titre, qui n'exprime ni le même capital ni les mêmes intérêts, donne ouverture à un droit de timbre indépendant de celui auquel les anciennes coupures avaient été assujetties (Sol. 16 mars 1896 ; *J. E.* 24.827 ; — *Contrà*, Sedan, 3 nov. 1896 ; *J. E.* 25.009).

La même solution s'impose en matière de transfert (Rappr. les décisions précédentes). Les titres immatriculés au nom des nouveaux propriétaires sont assujettis à un nouveau droit en cas de circulation ou d'usage en France et notamment en cas de présentation volontaire au visa. Il importe peu que ce visa ait été requis dans la croyance qu'il serait donné gratis (Rouen, 12 juill. 1900 ; *R. E.* 2505).

31. (177). **Mode de timbrage. Types spéciaux pour le timbrage à l'extraordinaire. Visa.** — Un décret du 31 décembre 1898, rendu pour l'exécution de la loi du 13 avril 1898, a prescrit la création de quatre nouveaux types destinés au timbrage à l'extraordinaire, à l'atelier général, à Paris, des titres de fonds d'État étrangers, savoir :

Le premier, pour les titres assujettis au tarif plein de 1 0/0 ;

Le second, pour les titres timbrés au tarif antérieur à la loi du 28 décembre 1895 et pour lesquels le droit de 1 0/0

et des circonstances plutôt que de la seule initiative du débiteur. Le change, actuellement défavorable, peut devenir favorable, si la situation économique du pays s'améliore ; on ne peut affirmer *a priori* que la substitution d'une monnaie à une autre dans les paiements constitue une réduction directe et définitive d'intérêt imposée par le débiteur. Or c'est pour cette dernière hypothèse seule que l'art. 13, dernier alinéa de la loi du 13 avril 1898 a maintenu le tarif antérieur de 0 fr. 50 0/0 et ce texte doit être interprété restrictivement, comme dérogeant au droit commun.

Tel est vraisemblablement le motif pour lequel cet article n'a pas été déclaré applicable aux billets hypothécaires de Cuba. La consolidation des coupons en un capital représenté par un titre nouveau ne constitue pas davantage une réduction de l'intérêt. C'est pourquoi, sans doute, les titres de l'emprunt du Brésil qui se trouvaient dans ces conditions n'ont pas été admis à jouir de la faveur du tarif réduit (*R. E.* 1965).

1 0/0 ne sera appliqué qu'imputation faite du montant de l'impôt payé ;

Le troisième, pour les titres qui restent soumis au tarif de 0 fr. 50 0/0 par suite de la baisse du cours au-dessous de la moitié du pair résultant d'une diminution de l'intérêt imposée par l'État débiteur ;

Le quatrième, pour les titres qui ont été admis à acquitter le droit de 0 fr. 50 0/0 avant le 1er janvier 1899 et qui n'ont pu recevoir, en fait, l'empreinte matérielle du timbre.

Dans le timbre, le fond est en noir pour le type de 1 0/0 à plein tarif et en rouge pour le type destiné au complément du même droit de 1 0/0 ; pour les deux autres types, le fond est en noir lorsque le droit de 0 fr. 50 0/0 est intégralement appliqué, et en rouge pour les titres déjà timbrés au tarif antérieur à la loi du 28 décembre 1895 et sur lesquels le droit de 0 fr. 50 0/0 n'est perçu qu'imputation faite du montant de l'impôt déjà payé.

L'apposition du timbre ne peut avoir lieu qu'à Paris. Les titres présentés au timbrage partout ailleurs, reçoivent la formalité du visa (Inst. 2973).

Un autre décret du 26 juillet 1900 (*R. E.* 2533 ; *J. E.* 23.969) a créé trois nouveaux types pour le timbrage gratuit de titres remis en remplacement de titres identiques antérieurement timbrés, savoir :

Le premier, pour les titres substitués à ceux qui étaient timbrés au droit de 0 fr. 75 en vertu de l'art. 1er de la loi du 25 mai 1872 (Inst. 2446) ;

Le second, pour les titres substitués à ceux qui étaient timbrés au tarif de 1 fr. 50 0/00 en vertu du même article ;

Le troisième, pour les titres substitués à ceux qui ont été timbrés à 0 fr. 50 0/0 avant l'expiration du délai fixé par la loi du 13 avril 1898 ou à 1 0/0, tarif établi par la même loi pour la période postérieure à l'expiration de ce délai (Inst. 2953-2).

D'après la même disposition, l'apposition du timbre est obligatoire ; elle ne peut être remplacée par la formalité du visa. Elle doit être effectuée à l'atelier général à Paris. Les agents du service départemental ne sont, d'ailleurs, pas autorisés, par les règlements, à prendre charge des titres pour les transmettre à l'atelier général (Inst. 2653).

Pour ces trois types, le fond est en noir et les mentions sont en blanc. Le mot « Paris » est encadré : à gauche, par le quantième ; à droite, par le numéro du mois ; au-dessous, par le millésime (Inst. 3020).

VENTE DE MEUBLES. — **1.** (2-2). **Boues et vidanges. Tarif.** — V. *Bail*, n° 2.

2. (2-7) **Droit proportionnel. Perception de 20 fr. en 20 fr. Pluralité de contractants.** — V. *Adjudication d'immeubles*, n° 1, et R.E. 2113.

3. (5). **Chevaux ayant gagné les « prix à réclamer ». Vente. Offres sous pli cacheté. Non-application de la loi du 22 pluviôse an VII.** — Les ventes des chevaux de courses qui ont gagné les prix dits « prix à réclamer » ayant lieu sur soumissions cachetées ne rentrent pas dans la catégorie des ventes publiques aux enchères régies par la loi du 22 pluviôse an VII (Sol. 30 juin 1899 ; *R. E.* 2243 ; *Rev. prat.* 4773).

4. (30). **Marchandises warrantées. Vente au détail. Courtiers. Commissaires-priseurs.** — Les courtiers de commerce investis par diverses lois du droit de faire aux enchères publiques et en gros des ventes de marchandises sont, en principe, sans qualité pour procéder à la vente forcée des meubles et marchandises. Ils sont notamment sans qualité pour procéder aux ventes publiques de marchandises warrantées ou de gages commerciaux faites au détail. Les commissaires-priseurs, dans les villes où ils sont établis, sont seuls compétents à cet effet (Cass. civ., 5 janv. 1898 ; R.E. 1700).

5. (40 bis). **Soumissions cachetées. Chevaux de courses.** — V. suprà, n° 3.

6. (82). **Vente en un seul lot d'objets assortis. Lois du 22 pluviôse an VII, art. 5.** — Si, aux termes de l'art. 5 de la loi du 22 pluviôse an VII, chaque objet adjugé dans une vente publique de meubles doit être porté de suite au procès-verbal et le prix écrit en toutes lettres, il convient d'interpréter et d'appliquer cette disposition en tenant compte des circonstances et de l'intérêt des vendeurs et de leurs créanciers, et, par suite, de ne pas prohiber l'adjudication en bloc d'objets qui sont assortis et qui ne pourraient être séparés sans dommage (Les Andelys, 17 juill. 1900 ; R. E. 2529).

7. (134). **Taxe additionnelle au profit de la Ville de Paris.** — Parmi les taxes que la loi du 31 décembre 1900 (J. off. du 1er janv. 1901) a autorisé la Ville de Paris à établir en remplacement des droits d'octroi sur les boissons hygiéniques, figure (art. 1-7°) « une taxe additionnelle au droit d'enregistrement sur les mutations à titre onéreux des meubles et objets mobiliers vendus aux enchères publiques à Paris ».

L'art. 10 de la loi fixe le taux de cette taxe à 1 0/0 « pour les ventes de meubles et objets mobiliers effectuées aux enchères publiques sur le territoire de la commune de Paris ».

La taxe n'est passible d'aucun décime.

La perception en est confiée à l'administration de l'Enregistrement, et elle est soumise à toutes les règles qui gouvernent l'exigibilité, la restitution et le recouvrement des droits auxquels elle s'ajoute (art. 10, dernier alinéa de la loi).

L'Inst. 3041 donne, au sujet de l'exigibilité de la taxe, les indications suivantes :

« La taxe additionnelle de 1 0/0 n'atteint, parmi les ventes de meubles et objets mobiliers effectuées aux enchères publiques, que celles qui sont soumises au droit d'enregistrement de 2 0/0, à l'exclusion de celles qui sont soumises à un tarif inférieur ; de plus, elle ne s'applique pas aux ventes qui ont pour objet des droits incorporels. Enfin, elle n'est exigible que sur les ventes effectuées dans les limites du territoire de la commune de Paris. »

L'intention de ne faire porter la taxe additionnelle que sur les ventes actuellement soumises au droit de 2 0/0 résulte également du rapport de M. Veber au conseil municipal de Paris (V. l'extrait de ce rapport inséré dans le n° 2568 de la Revue de l'Enregistrement).

Il est donc bien certain que, malgré les termes généraux de la loi, la taxe n'atteint, ni les ventes publiques de navires (assujetties au droit fixe), ni celles de marchandises en gros (0 fr. 10 0/0), ni celles faites après faillite (0 fr. 50 0/0).

Mais elle s'applique aux marchés par adjudication d'issues à provenir de certains établissements militaires. Les actes de l'espèce sont, en effet, assimilés aux ventes par l'art. 69, § 5, n° 1, de la loi du 22 frimaire an VII qui les soumet au droit de 2 0/0.

La pratique de l'Administration est établie en ce sens.

Cette solution doit s'étendre à tous les marchés-ventes passés aux enchères publiques à Paris.

8. (144-3). **Produits forestiers. Acte administratif. Paiement du droit sur l'un ou quelques-uns des lots. Liquidation.** — La règle posée par l'Inst. 2886, § 8, et d'après laquelle il y a lieu, lors de l'enregistrement des adjudications des coupes de bois passées par acte administratif, de liquider le droit sur le montant cumulé des lots vendus, n'est pas applicable lorsque chaque adjudicataire soumet isolément à l'enregistrement, comme il en a la faculté (Inst. 1896 et D. M. F. 21 janv. 1885), la partie du procès-verbal qui le concerne.

Dans ce cas, la liquidation du droit a lieu par fraction de 20 fr., conformément à la règle établie par l'art. 2 de la loi du 27 ventôse an IX (Sol. 3 fév. 1897 ; R. E. 1360 ; J. E. 25.206).

Mais le droit de cautionnement doit être calculé séparément sur chacun des lots appartenant à des vendeurs différents, même acquis par un seul adjudicataire, et il y a lieu, le cas échéant, d'appliquer la pluralité des droits fixes de certificat de caution (Sol. 29 nov. 1898 ; J. E. 25. 643).

9. (146-2). **Licitation. Calcul du droit proportionnel. Total des lots.** — Le droit de 2 0/0, auquel les ventes de meubles sont assujetties, doit être calculé, lorsqu'elles ont lieu aux enchères publiques, sur le total des prix de tous les lots adjugés.

Il en est ainsi, même dans le cas où l'adjudication a lieu à titre de licitation au profit de l'un des copropriétaires vendeurs, la part antérieure de ce colicitant dans la propriété des objets vendus ne pouvant être déduite du prix imposable.

C'est, du moins, la thèse que l'Administration a fait prévaloir devant le tribunal de Lesparre (jug. 20 déc. 1899 ; R. E. 2304 ; J. E. 25.975). Mais elle nous paraît difficile à concilier avec la règle admise par la solution du 28 novembre 1887 (T. A., n° 152), d'après laquelle le droit de 2 0/0 n'est pas exigible, lorsque les objets mis en vente sont adjugés au propriétaire vendeur.

Nous pensons que la Cour de cassation de Belgique a fait une interprétation plus exacte de la loi du 22 pluviôse an VII, en reconnaissant que, si cette loi « s'attache surtout au fait de l'adjudication, sans se préoccuper de l'adjudicataire dont la personnalité n'a pas d'importance dans les ventes qui, comme celles de l'espèce, sont généralement faites au comptant, il n'en reste pas moins certain qu'elle subordonne le payement du droit à la réalité de l'adjudication et qu'elle fixe le montant du droit d'après l'ensemble du prix de vente ; qu'en conséquence, quand le prétendu adjudicataire n'est autre que le vendeur, il n'y a ni adjudication réelle ni droit à percevoir » (Arr. 1er mars 1900 ; R. E. 2649 ; J. E. 25.976).

10. (152 bis). **Chevaux de courses.** — V. suprà, n° 3.

11. (196). **Salle de vente publique de marchandises en gros. Concessionnaire.** — Le Directeur de l'Enregistrement est chargé de recevoir le cautionnement fourni en immeubles par les personnes autorisées à ouvrir une salle de vente publique de marchandises en gros (Décr. 9 juin 1896 ; R. E. 1241).

12. (197). **Marchandises en gros. Notaire commis par le tribunal civil.** — Le tarif réduit de 0 fr. 10 0/0 s'applique aux ventes publiques de marchandises en gros auxquelles procède un notaire commis par le tribunal civil, à défaut de tribunal de commerce dans l'arrondissement (Sol. 21 juin 1900 ; R. E. 2798).

13. (203). **Marchandises warrantées.** — V. suprà, n° 1.

VENTE D'IMMEUBLE

SOMMAIRE ANALYTIQUE.

§ 1. — Application et exigibilité de l'impôt de mutation.

ART. 1. — IMMEUBLES PAR NATURE, 1-5.

Art. 2. — Immeubles par destination, 6-8.
Art. 3. — Vente simultanée de biens meubles et immeubles, 9-12.
§ 2. — Modalités de la vente. Influence sur l'exigibilité des droits, 13-16.
§ 3. — Liquidation de l'impôt. Charges, 17-23.

§ 1er. — Application et exigibilité de l'impôt de mutation.

Art. 1er. — Immeubles par nature.

1. (23). **Stipulation relative à la rédaction ultérieure d'un acte.** — V. *Mutation secrète*, n° 7.

2. (141-D). **Vente d'une mine moyennant un prix consistant dans une redevance proportionnelle à la quantité de minerai à extraire chaque année. Déclaration estimative. Caractère provisoire. Redevance payée supérieure au montant de la déclaration estimative. Droit proportionnel exigible sur la différence. Prescription trentenaire applicable à ce droit complémentaire.** — Lorsqu'il ressort des stipulations d'un contrat, constatant la vente d'une mine moyennant un prix qui consiste dans la prestation de redevances proportionnelles à la quantité de minerai, à extraire chaque année, que le prix ainsi stipulé, et sur lequel est assis le droit de mutation, est, au moment de l'enregistrement de l'acte, subordonné aux résultats ultérieurs et incertains de l'exploitation, le montant des redevances étant susceptible de varier suivant l'importance et la consistance des gîtes, il y a lieu, pour les parties, dans l'impossibilité où elles sont de faire du prix une détermination immédiate et précise, de recourir à une déclaration estimative. Mais cette déclaration a un caractère essentiellement provisoire, car l'exécution du contrat peut seule révéler quel est le chiffre exact de la somme payée au vendeur et si les prévisions des contractants ont, ou non, été dépassées. Si ce fait vient à se produire, la perception opérée lors de l'enregistrement sur le montant de la déclaration estimative ne saurait être considérée comme insuffisante au sens de l'art. 61-1° de la loi du 22 frimaire an VII; l'insuffisance de perception visée par cet article existe seulement lorsqu'un complément de droit est réclamé en vertu de faits accomplis et connus au jour où l'acte a été présenté à la formalité, et non pas quand il s'agit pour le Trésor public de l'exercice d'une créance principale née d'un événement ultérieur qui, seul, pouvait lui donner l'existence, à savoir, dans l'espèce, l'acquittement, au cours de l'exploitation, de redevances supérieures à la déclaration estimative. Chaque payement de redevance en sus de cette évaluation donne sans doute ouverture à l'action du Trésor et fait courir la prescription contre lui; mais, à défaut de dispositions particulières dans la loi fiscale, cette prescription ne peut, conformément au droit commun, être acquise que par 30 ans.

En le décidant ainsi, un jugement ne fait qu'une exacte application de la loi et les parties ne sont pas fondées à prétendre que les suppléments de droit qu'elles sont condamnées à payer font double emploi avec la perception effectuée lors de l'enregistrement du contrat de vente (Cass. civ., 12 janv. 1897) (1). Cet arrêt a consacré les règles de perception enseignées au T. A.

3. (181). **Arbres de haute futaie. Vente. Caractère**

(1) Inst. 2935, § 5; S. et P. 98.1.49; D. 98.1.33; R. E. 1319; R. P. 9395-5.

mobilier. — Sont meubles les récoltes encore pendantes et les arbres non abattus, vendus pour être détachés du sol. Par conséquent, l'acheteur des arbres n'acquiert aucun droit immobilier pouvant servir de base à une action en complainte (Cass. req., 14 fév. 1899; R. E. 2052).

4. (182). **Bois. Fonds et superficie. Cession simultanée au même acquéreur. Caractère immobilier pour le tout.** — Pour donner à des arbres sur pied le caractère de meubles, il ne suffit pas que le propriétaire du fonds les vende pour qu'ils soient abattus et que l'acquéreur les achète dans le même but. Il faut encore que le propriétaire ne cède pas simultanément le fonds à l'acquéreur de la superficie, car dès lors que ce dernier devient propriétaire du sol en même temps que des arbres, son engagement de les abattre se trouve annulé comme purement potestatif, puisqu'il est libre, dès l'instant où il est propriétaire exclusif du fonds et de la surface, de les abattre ou de les laisser sur pied.

La vente des arbres, consentie en même temps que celle du fonds, a donc le caractère immobilier, alors même qu'il serait stipulé que les arbres seront abattus (Jonzac, 23 janv. 1900; R. E. 2339; J. E. 25.917).

5. (184 bis). **Fonds et superficie. Adjudication. Prix unique. Déclaration de command. Acquéreurs distincts.** — La superficie d'un bois ne peut être mobilisée sans le consentement des vendeurs et, à défaut de ce consentement, le droit proportionnel de vente doit être perçu au taux de 5 fr. 50 0/0 établi pour les mutations d'immeubles à titre onéreux. Il en est ainsi alors même que l'adjudicataire d'une forêt a déclaré command au profit d'une personne pour la superficie et au profit d'une autre personne pour le terrain.

Il en est de même dans une adjudication judiciaire, lorsque les décisions qui ont ordonné la vente ne prévoient pas, non plus que le cahier des charges, la possibilité de séparer la superficie du terrain, surtout lorsque les parties ont elles-mêmes requis la transcription de l'adjudication, à l'effet de faire inscrire le privilège des vendeurs (Amiens, 16 juin 1898; R. E. 1876; J. E. 25.660).

Art. 2. — Immeubles par destination.

6. (196). **Immeubles par destination.** — I. Wagons et machines servant à l'exploitation d'une carrière. — Lorsque des immeubles par nature, comprenant notamment des gisements et carrières de kaolins en exploitation, sont cédés, en même temps que les pompes à vapeur, bélier hydraulique, voies ferrées, etc., affectés à ladite exploitation, et que, par un acte séparé du même jour, le même acquéreur se rend cessionnaire de la clientèle attachée à l'exploitation des carrières et, en outre, d'objets mobiliers affectés à la propriété, tels que wagons, locomobile à vapeur, machine à broyer, concasseur et outils divers, le droit de 5 fr. 50 0/0 est dû sur le prix distinct de ces objets mobiliers considérés comme immeubles par destination (Gannat, 31 mars 1899; R. E. 2019).

II. Tonneaux de brasserie. — N'ont pas le caractère d'immeubles par destination, à la différence des cuves et récipients affectés au service intérieur d'une brasserie, les tonneaux — destinés au service extérieur — facturés de plein droit à chaque client moyennant un prix déterminé lorsqu'ils les conservent au delà d'un certain délai (Corbeil, 24 juill. 1901; R. E. 2818).

L'Administration admettait déjà qu'il y a lieu de distinguer entre les chevaux et voitures destinés au service intérieur d'une brasserie et ceux destinés au service extérieur ; elle reconnaissait à ces derniers le caractère mobilier.

Une distinction semblable doit être faite, semble-t-il, entre les tonneaux, rondelles et autres récipients suivant qu'ils sont attachés à l'exploitation intérieure ou qu'ils sont employés au service extérieur, alors surtout que, comme en l'espèce, ils sont facturés, même sous condition suspensive, au compte du client.

Il y a lieu de croire que le jugement ci-dessus servira désormais de règle dans les cas semblables.

Mais la Régie continuera vraisemblablement de suivre les errements anciens dans les pays, tels que la région du Nord, où les fûts et rondelles restent, même chez le client, la propriété de la brasserie.

On peut se demander si ces objets ne devraient pas être considérés comme mobiliers au même titre que les instruments de transport affectés au service extérieur de la brasserie.

7. (197). Objets mobiliers ayant conservé leurs caractères propres. — Constituent des biens meubles et non des immeubles par destination: 1° les *appareils scientifiques* placés dans le cabinet du directeur d'une usine à gaz, lorsqu'ils sont portatifs et ne se trouvent pas exclusivement affectés à l'exploitation de l'usine ; 2° les *chevaux et voitures* affectés au transport à l'extérieur des produits de l'usine ; 3° les *tuyaux souterrains* servant à la canalisation extérieure, ainsi que le *matériel d'éclairage public*, tels que lanternes, candélabres, etc., et les *appareils de chauffage et d'éclairage placés chez les particuliers* (Sol. 25 janv. 1896 ; R. P. 8993).

Même solution en ce qui concerne les *clichés photographiques* (Montbéliard, 27 déc. 1894 ; R. P. 8500).

8. (200-A). Immeubles par destination. Séparation du fonds. Mobilisation frauduleuse. Nature immobilière. Preuve. — Il est de principe que l'Administration a le droit de restituer aux actes leur véritable caractère et aux biens dont la transmission fait l'objet desdits actes leur véritable nature.

Spécialement, lorsque, après la donation d'un fonds rural, les donateurs vendent aux donataires des objets mobiliers, des chevaux, bestiaux, un matériel de culture et autres objets placés sur le fonds pour son service et son exploitation, l'Administration est fondée à prétendre que cette vente a pour objet des immeubles par destination, que leur cession séparée de celle du fonds n'a pour but que de frauder les droits du Trésor et que cette vente doit, en conséquence, être assujettie au droit de 5 fr. 50 0/0 (1).

Il en est ainsi, alors même que les biens meubles vendus avec des immeubles, pour un prix unique, sont des

(1) Vitry, 7 mai 1896 ; R.E. 1406 ; R.P. 8992. — Conf. Seine, 20 nov. 1897 ; R.P. 9200 ; — Rouen, 27 juill. 1899 ; R. P. 9701.

ART. 3. — VENTE SIMULTANÉE DE BIENS MEUBLES
ET IMMEUBLES.

9. (210-B). Meubles et immeubles par destination. Prix unique. — La vente, moyennant un prix unique, d'un matériel immeuble par destination, et des objets mobiliers compris au même lot, alors que ceux-ci n'ont pas été estimés article par article, conformément au vœu de l'art. 9 de la loi du 22 frimaire an VII, est passible du droit de 5 fr. 50 0/0 sur la totalité du prix (Seine, 8 mai 1897 ; R. P. 9018 ; — St-Mihiel, 23 mars 1898 ; J. E. 25.498 ; R.P. 9447 ; — Toulouse, 28 mars 1899 ; R. P. 9652 ; — Rouen, 27 juill. 1899, R. P. 9701).

biens incorporels, tels qu'un fonds de commerce. Dans cette hypothèse, les objets mobiliers attachés au fonds de commerce doivent faire, ainsi que la clientèle, l'objet d'une estimation distincte et d'un prix particulier ; à défaut, le droit de 5 fr. 50 0/0 est exigible sur le prix unique stipulé (Beauvais, 7 novembre 1901).

10. (214-A-1). Vente cumulative de meubles et d'immeubles. Evaluation détaillée des meubles dans un état signé des parties et annexé au contrat de vente. Prix distinct égal au montant de cette évaluation et résultant d'une référence, établie dans l'acte de vente, à l'état estimatif. Tarif immobilier non applicable à ce prix. — En principe, lorsqu'un acte translatif de propriété comprend des meubles et des immeubles, le droit de mutation est perçu sur la totalité du prix stipulé pour les immeubles ; mais il est fait exception à cette règle générale lorsque, dans l'acte même qui réalise la transmission, il y a, à la fois, et distinctement, une désignation et une estimation des meubles, article par article, et la stipulation d'un prix particulier pour les meubles (L. 22 frim. an VII, art. 9). Cette seconde condition, non moins impérieusement exigée que la première, est remplie quand le prix spécial à payer pour les meubles est exprimé dans un document incorporé à l'acte et que les parties s'y réfèrent pour l'accomplissement distinct de cette condition.

Spécialement, cette double condition est remplie, lorsque l'acte de vente est accompagné d'un état détaillé et estimatif des meubles, annexé et faisant corps avec lui, si les parties, dans le contrat, se sont référées à cet état tout à la fois pour le détail estimatif des meubles, et pour la stipulation du prix particulier y afférent, lequel se trouve ainsi être représenté par le montant de l'estimation. D'où il suit que, dans ce cas, le droit proportionnel de vente immobilière ne saurait atteindre le prix des meubles (Cass. civ., 22 mars 1897 ; R.E. 1372-2 ; J.E. 25.080 ; R. P. 8962).

Il faudrait se garder de prendre cet arrêt pour une décision de principe.

Les parties étaient d'accord avec l'Administration pour reconnaître que l'application du tarif mobilier est subordonnée à la double condition d'une estimation détaillée des meubles, article par article, et de la stipulation, *dans le contrat*, d'un prix particulier.

Le débat portait uniquement sur le point de savoir si, dans l'espèce, cette dernière condition était remplie.

En se prononçant pour l'affirmative, la Cour s'est certainement montrée libérale dans l'interprétation des clauses du contrat, objet du litige.

Quoi qu'il en soit, l'Administration admet, sans difficulté, pour l'application, soit de l'art. 9 de la loi du 22 frimaire an VII, soit de l'art. 7 de la loi du 28 février 1872, que, lorsque les objets mobiliers ont été, non seulement détaillés, mais encore estimés article par article dans le contrat ou dans un acte auquel les parties se réfèrent, le total des estimations peut être considéré comme équivalent à la stipulation d'un prix particulier *quand il n'existe, d'ailleurs, aucune présomption de fraude* (Sol. 16 fév. 1895 ; R. P. 8584).

11. (214-B). Vente de meubles et d'i judication judiciaire. Mise à prix un lot. Ventilation et détail estimatif, enchères, dans le procès-verbal d'ad plication aux objets mobiliers du tar._ ___ ___ ___ propre. — Lorsqu'un jugement a commis un notaire pour procéder à la vente aux enchères, en un seul lot et sur une mise à prix unique, de l'actif mobilier et immobilier dépendant d'une entreprise industrielle, que le cahier des charges préalable à la vente porte qu'il sera fait dans le procès-verbal d'adjudication une ventilation des prix pour la portion s'appliquant aux objets mobiliers, d'après l'état qui en sera annexé au procès-verbal, ainsi que pour la portion du prix s'appliquant à la clientèle et aux concessions, il est satisfait par là, dans la mesure du possible, aux conditions exigées par l'art. 9 de la loi du 22 frimaire an VII, et les meubles adjugés concurremment avec les immeubles ne doivent être assujettis qu'au tarif qui leur est propre d'après leur nature (Sol. 27 oct. 1898 ; *R. E.* 1940 ; *J. E.* 25.632 ; *R. P.* 9421).

Par contre, la déclaration de la valeur estimative des meubles, dans un acte de vente comprenant à la fois des meubles et des immeubles, ne saurait lier les parties, ni par conséquent, être considérée comme de nature à suppléer à la désignation d'un prix particulier, lorsqu'elle est faite en marge de l'acte par l'acquéreur seul, et pour la perception des droits d'enregistrement seulement (Nérac, 14 août 1896 ; *R. P.* 9010).

12. (214-C). **Vente d'immeubles et de meubles. Prix distinct non stipulé. Ventilation ultérieure. Droit de 5 fr. 50 O/O.** — Le droit de 5 fr. 50 0/0 est dû sur la totalité du prix exprimé si, dans l'acte contenant vente de meubles et d'immeubles, un prix distinct n'a pas été stipulé pour les meubles dans le contrat même.

La ventilation contenue dans un acte *ultérieur* est inopérante et ne saurait tenir lieu du prix particulier qu'aurait dû contenir l'acte de vente, alors surtout que cette ventilation n'émane que de l'une des parties contractantes (Seine, 12 janv. 1900 ; *R. E.* 2530 ; *R. P.* 9804).

La jurisprudence est constante (V. Cass., 13 janv. 1880 ; Inst. 2637, § 1).

§ 2. — *Modalités de la vente. Influence sur l'exigibilité des droits.*

13. (225). **Condition suspensive. Condition résolutoire. Caractères distinctifs.** — Lorsqu'un immeuble a été légué à un établissement d'utilité publique, la vente qui en est consentie par l'héritier, avant que l'établissement ait été autorisé à accepter le legs, et sous la condition qu'elle n'aura d'effet que si le legs n'est pas accepté, ne donne ouverture qu'au droit fixe. La mutation est, en effet, subordonnée à une condition suspensive (Seine, 12 mars 1897 ; *R. E.* 1380).

14. (225-L et 229). **Condition suspensive. Acquisition pour le compte d'un tiers. Acceptation de celui-ci. Mutation unique.** — Lorsqu'un immeuble est acquis sous la condition suspensive qu'un tiers désigné ne manifestera pas dans un délai déterminé (en l'espèce un mois) la volonté de prendre l'acquisition à son compte et lorsque le tiers désigné use de cette option dans le délai prévu, les deux actes dressés pour constater ces conventions ne donnent ouverture qu'à un seul droit de mutation (Béthune, 2 nov. 1899 ; *R. E.* 2306 ; *R. P.* 9871).

15. (226-G). **Vente. Accord verbal. Réalisation ultérieure par acte authentique. Paiement partiel du prix. [...] quittance.** — Lorsqu'un premier acte [...] le consentement du vendeur et de l'a-[...] meuble transmis et sur le prix, le droit [...] sur ce premier acte. Si un second acte, [...]fier les diverses conditions de la vente [...]constater en la forme authentique, porte payement partiel du prix, le droit de quittance doit être perçu sur cette disposition (Seine, 3 nov. 1900 ; *R. E.* 2614).

16. (234). **Vente à la mesure.** — Nous avons dit, au

T. A., qu'en thèse générale, la vente faite à la mesure est conditionnelle, parce qu'elle reste soumise au résultat du mesurage ; mais qu'il peut en être autrement, si le prix, quoique non exactement connu, est certain dans ses éléments, en ce sens qu'il suffise, pour en fixer le montant, d'un simple calcul sur les bases arrêtées d'avance par les parties.

Lorsqu'une vente d'immeubles a été consentie sous la condition suspensive d'un mesurage, la quittance du prix constatant l'accomplissement de la condition, forme le titre de l'exigibilité du droit et doit être présentée à la formalité dans les trois mois de sa date (Cass., 27 nov. 1895 ; *R. P.* 8684 et 8860-28).

§ 3. — *Liquidation de l'impôt. Charges.*

17. (268-4-H). **Locataire. Indemnité de constructions.** — A le caractère d'une charge susceptible d'être ajoutée au prix, pour la perception du droit de mutation, l'obligation imposée à l'acquéreur de payer, à la décharge du vendeur, entre les mains des locataires ou concessionnaires du terrain vendu, la valeur de constructions édifiées par ces derniers (Toulon, 26 avr. 1899 ; *R. P.* 9649).

18. (276 *bis*). **Prix stipulé en capital. Conversion en rente viagère. Réserve d'usufruit. Perception sur le prix en capital augmenté de moitié.** — Lorsque le vendeur cède un immeuble moyennant un prix en capital qu'il abandonne immédiatement à l'acquéreur à titre de fonds perdus, à la double condition qu'il conservera jusqu'à son décès l'usufruit du bien vendu et que, de plus, d'acquéreur lui servira jusqu'à la même époque une rente viagère d'un chiffre déterminé, le droit de 5 fr. 50 0/0 est exigible sur le prix stipulé en capital augmenté de moitié par application de l'art. 15 de la loi du 22 frimaire an VII (Cass. civ., 13 févr. 1899) (1).

19. (273). **Réserve d'usufruit.** — Depuis la loi du 25 février 1901, cette réserve n'est plus assimilée à une charge augmentative du prix (V. *Usufruit*, n° 17-I°).

20. (284). **Prix payé comptant. Réserve temporaire de jouissance. Loyers cédés d'avance. Charge.** — En matière de mutation à titre onéreux, le droit d'enregistrement se perçoit sur le prix exprimé, en y ajoutant toutes les charges en capital (L. 22 frim. an VII, art. 14-5).

Conformément à une jurisprudence constante, le tribunal de Tarbes a reconnu, par un jugement du 8 mai 1901 (*R. E.* 2724), qu'il faut entendre par « charges » toutes les obligations imposées à l'acquéreur et qui, avec le prix, représentent exactement la valeur du fonds. Il en est ainsi spécialement de la privation des loyers pendant un temps plus ou moins long. Lorsque cette privation de loyers ne correspond pas à une dispense d'intérêts du prix, elle constitue une *charge* dans le sens de l'art. 14 de la loi de frimaire, et il y a lieu, pour la liquidation du droit de vente, de l'ajouter au prix exprimé dans le contrat.

Doit-il en être de même sous l'empire de la loi du 25 février 1901 ?

Il convient de distinguer.

La réserve de jouissance a-t-elle un caractère réel, c'est-à-dire constitue-t-elle un usufruit limité à une durée maximum, mais ayant par ailleurs les caractères de ce droit réel, entraînant notamment pour son titulaire l'obligation de supporter les frais d'entretien de la chose et de-

(1) Inst. 2997, § 3 ; S. et P. 99.1.293 ; D. 99.1.541 ; *R. E.* 1969 ; *R. P.* 9503 et 9946-8.

vant cesser au décès de celui-ci, même si ce décès arrive avant l'expiration de la durée prévue ?

En ce cas, la réserve de jouissance n'est pas une charge augmentative du prix, mais une simple restriction de l'objet vendu. Le droit proportionnel doit, en conséquence, être assis sur le prix, de même que lorsqu'il y a vente sous réserve d'usufruit.

Si, au contraire, le vendeur, tout en se dépouillant *hic et nunc* de l'immeuble en propriété et jouissance, stipule qu'il lui sera versé, outre le prix principal, une certaine somme sur les loyers à courir ou qu'il conservera ceux payés d'avance, ou enfin que l'acquéreur subira une délégation de loyers faite par le vendeur à des tiers, il y a là un supplément de prix qui concourt à former la valeur imposable (R. E. 2821-II).

21. (285). **Réserve du droit d'habitation.** — Lorsque le vendeur d'un immeuble se réserve un droit d'habitation, cette réserve ne constitue pas, sous l'empire de la loi du 25 février 1901, comme sous le régime antérieur, une charge de nature à être ajoutée au prix. En effet, le droit d'habitation, comme la réserve temporaire et réelle de jouissance au sujet de laquelle nous nous sommes expliqués ci-dessus, est un droit réel (Aubry et Rau, 5e éd., II, p. 745 et 750), au même titre que l'usufruit, et l'on ne concevrait pas que la réserve qui en est faite dût être ajoutée au prix alors que celui-ci n'est plus majoré en cas de réserve d'usufruit.

D'après la *Revue de l'Enregistrement* (art. 2821-II), l'Administration s'est prononcée récemment en ce sens.

22. (284-A). **Remboursement par l'adjudicataire de loyers payés d'avance.** — La privation de loyers imposée à l'acquéreur constitue une charge à ajouter au prix pour la liquidation du droit de vente.

Spécialement, lorsqu'un cahier des charges stipule que l'adjudicataire tiendra compte, en sus de son prix, aux différents locataires, des loyers qu'ils justifieront avoir payés d'avance et qui auront été déclarés, notamment dans un dire avant l'adjudication, si un locataire fait connaître, d'après les formes imposées, qu'il a payé une certaine somme applicable à une période de jouissance postérieure à l'adjudication, cette somme doit être ajoutée au prix pour déterminer la base de la perception.

Il en est ainsi alors même que le payement n'aurait pas été régulier et que l'adjudicataire aurait la possibilité de provoquer ultérieurement la reconnaissance de la fraude (Nice, 24 janv. 1898 ; J. E. 25.435).

23. (294 *bis*). **Algérie. Frais de délivrance des titres.** — D'après la loi du 16 février 1897 relative à la délivrance des titres de la propriété foncière en Algérie, les frais de cette délivrance incombent à la personne, quelle qu'elle soit, qui a pris l'initiative de la procédure ; ils ne sont, dès lors, susceptibles d'être ajoutés au prix d'une vente d'immeubles que dans l'hypothèse où le vendeur, après avoir requis la délivrance des titres, imposerait à l'acquéreur le remboursement des frais dont il serait personnellement tenu (Sol. 9 mai 1898 ; J. E. 25.525 ; R. P. 9352).

VENTES JUDICIAIRES D'IMMEUBLES.

INTERPRÉTATION DE LA LOI DU 23 OCTOBRE 1884.

SOMMAIRE ANALYTIQUE.

§ 1. — Ventes appelées à bénéficier de la loi, 1-10.

ART. 1. — CARACTÈRE JUDICIAIRE, 1-3.
ART. 2. — PRIX PRINCIPAL N'EXCÉDANT PAS 2.000 FR., 4-7.
ART. 3. — ACTES DE LA PROCÉDURE D'ADJUDICATION, 8-10.

§ 2. — Procédure de la restitution, 11-18.
ART. 1. — ORDRE DE RESTITUTION. CE QU'IL DOIT CONTENIR, 11-13.
ART. 2. — MODE DE RESTITUTION, 14-18.
§ 3. — Taxe des frais de justice. 19-21.

§ 1er. — *Ventes appelées à bénéficier de la loi.*

ART. 1er. — CARACTÈRE JUDICIAIRE.

1. (7). **Référé.** — L'art. 2, § 1, de la loi du 23 octobre 1884 étend le bénéfice de la restitution à trois espèces d'incidents qui se produisent fréquemment dans les ventes judiciaires d'immeubles, ceux de surenchère et de folle enchère, mais cette énonciation est limitative et il n'y a pas lieu notamment de restituer les frais de procédure de référé accessoire à une vente sur saisie (Morlaix, 13 juill. 1894).

2. (8). **Vente de meubles et d'immeubles.** — Nous avons dit au *Traité* que la restitution des frais exposés à l'occasion de vente de meubles et d'immeubles doit être opérée au moyen d'une ventilation. La jurisprudence s'est prononcée en ce sens (Meaux, 31 déc. 1896 ; — Laon, 23 juin 1897).

3. (17 et 18). **Licitation incidente à des opérations de partage.** — Le bénéfice de la loi du 23 octobre 1884 est limité aux droits des actes faits à partir des cahiers des charges inclusivement. Dans le même ordre d'idées, pour apprécier si le prix principal ne dépasse pas 2.000 fr., il n'y a lieu de déduire du montant de l'enchère que les frais afférents à la licitation à partir du cahier des charges inclusivement, lorsque l'adjudicataire doit payer les frais antérieurs à la vente en déduction de son prix (Joigny, 1er avr. 1896).

ART. 2. — PRIX PRINCIPAL N'EXCÉDANT PAS 2.000 FRANCS.

4. (43). **Frais payables en diminution du prix de la vente.** — Les frais qui profitent au vendeur et qui sont payés par l'adjudicataire, en diminution de son prix, doivent être déduits pour l'application de la loi de 1884 (Semur, 2 mars 1897 ; R. E. 1513).

Mais il n'y a pas lieu de considérer comme charges augmentatives du prix, ceux des frais antérieurs à la vente qui ont fait l'objet, dans le jugement, des ordonnances de restitution ou de réduction prévues par la loi de 1884 puisqu'en réalité, le surplus seulement doit être supporté par l'acquéreur en sus de son prix (art. 15, § 6, L. 22 frim. an VII). La pratique administrative est fixée dans ce sens.

5. (49). **Biens adjugés par deux actes.** — Lorsqu'il a été procédé par deux notaires commis et par deux actes distincts à l'adjudication d'immeubles dépendant de la même succession, et que le prix de l'une des ventes est inférieur à 2.000 fr. et l'autre supérieur à cette somme, les frais afférents aux actes préparatoires communs aux deux adjudications ne sont pas restituables (Châteauroux, 9 juin 1897 ; R. E. 1514 ; J. E. 25.913).

6. (58-C). **Adjudication totalement infructueuse.** — L'ordre de restitution ne peut être utilement formulé à la suite d'un procès-verbal constatant une tentative infructueuse d'adjudication judiciaire (Abbeville, 22 juin 1897 ; R. E. 1515 ; J. E. 25.309).

Mais, les frais exposés antérieurement à la tentative infructueuse peuvent être compris dans la restitution à effectuer après l'adjudication définitive (Versailles, 30 mars 1899 ; J. E. 25.756 ; R. P. 9602).

6 *bis.* **Promesse d'attribution.** — Le cahier des charges d'une adjudication judiciaire contient souvent la clause dite *de promesse d'attribution* aux termes de laquelle, si les feux s'éteignent sur une enchère portée par un colicitant, il ne sera pas déclaré adjudicataire, mais le fait même de l'extinction des feux vaudra engagement réciproque par les colicitants d'en faire l'attribution dans le partage définitif au profit du dernier enchérisseur. L'Administration connaît qu'en ce cas le droit de mutation n'est pas dû, mais elle réclame la taxe des frais de justice (R. E. 2684).

Ceci posé, lorsque l'adjudication ne dépasse pas 2.000 fr. y a-t-il lieu de restituer, en vertu de la loi du 23 octobre 1884, les droits de timbre et d'enregistrement afférents aux actes rédigés pour parvenir à l'adjudication ?

Nous ne le pensons pas, car la loi de 1884 est spéciale aux « ventes judiciaires » et il est reconnu qu'il n'y a pas vente en l'espèce (Conf. R. E. 2790).

7. (60). **Conversion de saisie en vente volontaire.** — Lorsque la procédure suivie pour parvenir à la vente sur saisie a été abandonnée à la suite de la conversion de la vente judiciaire en vente volontaire, on doit comprendre dans l'ordre de restitution les frais exposés avant la conversion (Bressuire, 19 janv. 1898 ; R. E. 1689 ; J. E. 5.476).

ART. 3. — ACTES DE LA PROCÉDURE D'ADJUDICATION.

8. (86). **Licitation.** — Peuvent être restitués les frais antérieurs au cahier des charges dressé en exécution d'un jugement qui, après avoir ordonné la licitation des immeubles, ajoute qu'il sera procédé s'il y a lieu aux opérations de liquidation et de partage.

Dans ce cas, la licitation doit être considérée comme constituant l'objet principal de l'instance et non comme incidente à des opérations de partage.

La pratique administrative est fixée en ce sens.

9. (92). **Incident de saisie.** — Le bénéfice de la loi de 1884 est acquis à un jugement décidant que les effets de la saisie doivent être restreints à la propriété des constructions à l'exclusion de celle du terrain, sur lequel ces constructions avaient été édifiées. Il doit être étendu, en outre, aux droits perçus sur les jugements de remise, rendus pendant la durée de l'incident et qui en ont été la conséquence (Seine, 26 mai 1900). Le tribunal a considéré que ces actes de procédure faisaient partie de l'instance principale.

Dans la même ordre d'idées, il a été décidé que les frais d'une procédure de saisie intentée par un créancier, au cours d'une licitation judiciaire, devaient être restitués, avec les frais de l'adjudication, bien qu'il n'ait pas été donné suite à la procédure de saisie et que la vente ait été effectuée par voie de licitation volontaire (Gap, 8 fév. 1895).

10. (100). **Centimes complémentaires.** — La restitution ne peut s'appliquer qu'aux sommes perçues par le Trésor, telles qu'elles sont liquidées par les agents de l'Administration sur les quittances délivrées (Vitry, 28 mars 1901 ; R. E. 2667.— V. en sens contraire : Nogent-le-Rotrou, 13 nov. 1896 ; R. E. 1552) ; mais les fractions de centimes perçues, lors de l'enregistrement, par application de l'art. 5 de la loi du 22 frimaire an VII, doivent être remboursées (Rouen, 28 mars 1900 ; J. E. 25.972).

§ 2. — *Procédure de la restitution.*

ART. 1ᵉʳ. — ORDRE DE RESTITUTION. CE QU'IL DOIT CONTENIR.

11. (114 bis). **Ordre de restitution.** — Est valable l'ordre de restitution, inséré par le notaire commis immé-

diatement après la signature du poursuivant ainsi que des témoins et signé de l'officier public seul, dès lors que cette mention complète l'acte et n'y est pas ajoutée après coup pour réparer une erreur ou une omission (Troyes, 15 nov. 1896 ; R.E. 2279 ; J.E. 25.817).

12. (117). **Ordre de restitution en blanc.** — Il n'y a pas lieu pour le receveur de déférer à un ordre de restitution contenu dans le jugement d'adjudication et où le chiffre des frais à restituer est laissé en blanc, alors même que cet ordre de restitution se référerait, pour la somme à restituer, à l'état de frais y annexé (Riom, 4 mai 1901 ; R. E. 2725).

13. (120). **Ordre de restitution ne liquidant pas les droits à restituer. Défaut d'état taxé.** — On doit considérer comme nul l'ordre de restitution, lorsque l'état taxé des frais de poursuite n'a pas été annexé au jugement et que le montant de la somme à restituer a été laissé en blanc (Riom, 29 mars 1901).

Les droits de timbre et d'enregistrement du cahier des charges d'une vente judiciaire ne sont pas restituables, alors même qu'ils sont compris dans l'ordre de restitution formulé dans l'adjudication, s'ils ne figurent pas dans l'état taxé (St-Omer, 25 juin 1897 ; R.E. 1593).

ART. 2. — MODE DE RESTITUTION.

14. (125). **Restitution à l'avoué poursuivant.** — La restitution doit être faite à l'avoué poursuivant ; par suite, il n'y a pas lieu de satisfaire à l'ordonnance de restitution d'après laquelle le Trésor doit rembourser au notaire commis une partie des frais exposés (Vitry-le-François, 28 mars 1901).

15. (133). **Prescription.** — La créance de l'avoué au profit duquel une restitution de droit a été ordonnée par un acte ou un jugement d'adjudication ne s'éteint que par la déchéance quinquennale. L'exercice financier auquel elle appartient se détermine, non par la date de l'acte ou du jugement d'adjudication contenant l'ordre de restitution, mais par celle du jour où les conditions exigées pour le remboursement se trouvent remplies, c'est-à-dire après que les délais de surenchère de huitaine et de quinzaine sont expirés (Inst.2704,§ 25) et lorsque le délai de trois jours accordé au receveur pour faire opposition a pris fin (Inst. 2704, § 26 ; Sol. 7 avr. 1897 ; R. E. 1407 ; R. P.9142).

16. (138). **Restitution illégale. Faits accomplis.** — A défaut d'opposition régulière à un ordre de remboursement, la Régie doit restituer le total des sommes qui y sont portées, alors même que ce total comprendrait des sommes qu'elle n'a pas encaissées, comme des salaires payés à un conservateur ou des frais d'impression (Sol. 5 fév. 1892 ; R. E. 1511).

La restitution est, d'ailleurs, définitive, lors même qu'elle a trait à une vente qui a été reconnue entachée d'une nullité radicale. Dans ce cas, s'il est procédé à une nouvelle adjudication et que toutes les conditions requises par la loi de 1884 soient remplies, les frais afférents à cette seconde opération doivent être remboursés sans imputation des droits restitués sur la première adjudication (Sol. 21 juin 1899 ; R. E. 2305).

Au surplus, le receveur peut être tenu de reverser dans sa caisse les sommes indûment restituées. Ce reversement est porté dans les écritures au compte des « recettes accidentelles à différents titres ». Si l'avoué ou ses clients consentent à rendre la somme qui leur a été indûment payée, il en est fait état dans les écritures du receveur au titre des « Produits divers du budget. Recettes accidentelles ».

La règle antérieure, d'après laquelle les remboursements de la sorte étaient effectués à la recette des finances, ne doit plus être suivie (Inst. 2949, § V).

17. (138). **Salaires des conservateurs. Déduction du quart.** — L'Administration a émis l'avis, dans l'Inst. 2704, § 17, que les salaires des conservateurs ne sont pas soumis à la réduction du quart imposée par les art. 3 et 4 de la loi du 23 octobre 1884 aux émoluments des officiers publics, lorsque la vente judiciaire n'excède pas 1.000 fr. (Sol. 11 mars 1895 ; R. E. 1512). Toutefois, les tribunaux auxquels la question a été soumise l'ont résolue dans le sens de la restitution (Fontainebleau, 11 juill. 1885 ; J. E. 22.763 ; — Lille, 31 mars 1887 ; J. E. 23.038 ; — Doullens, 23 nov. 1887 ; J. E. 23.177).

Aussi, en cas de difficultés, la Direction générale laisse aux intéressés le soin de soumettre la question à l'autorité judiciaire.

18. (143). **Placards et insertions. Réduction des frais.** — L'art. 5 de la loi du 23 octobre 1884 qui autorise le tribunal à ordonner certaines réductions de frais pour les placards et insertions, subordonne cette faculté à une seule condition, c'est que la mise à prix soit inférieure à 2.000 fr. Il importe peu que l'adjudication ou la revente sur surenchère dépasse ensuite ce chiffre. La réduction de frais prononcée n'en doit pas moins être maintenue, dès lors que la mise à prix n'atteignait pas 2.000 fr. (Cass. Req., 14 déc. 1896 ; R. E. 1335 ; R. P. 9124).

§ 3. — Taxe des frais de justice.

19. (167). **Lots non adjugés.** — Pour savoir si le prix principal d'une vente judiciaire d'immeubles ne dépasse pas 2.000 fr. et si, par conséquent, la vente doit bé-néficier de l'exemption de la taxe des frais de justice à 0 fr. 25 0/0, tous les lots mis en vente par le même acte doivent être réunis et la valeur des lots non adjugés entre dans ce calcul pour leur mise à prix. Ce mode de procéder est applicable au cas où les parties ont réuni dans le même procès-verbal d'adjudication les immeubles dont la vente a été ordonnée par deux jugements distincts, alors surtout que toute la procédure qui a suivi le jugement a été commune aux deux catégories d'immeubles et que l'un des vendeurs a des droits de propriété exclusifs ou indivis dans chacun de ces immeubles (St-Mihiel, 22 juin 1898 ; R.E. 1922).

20. **Promesse d'attribution.** — L'exemption de la taxe de 0 fr. 25 0/0 est spéciale aux *ventes judiciaires* au-dessous de 2.000 fr. et ne s'applique pas, en conséquence, aux adjudications contenant simplement une promesse d'attribution, même pour un prix inférieur à 2.000 fr. (R. E. 2790).

21. (167 *bis*). **Plusieurs lots. Surenchère de l'un des lots.** — Si l'on décide que l'incident de surenchère se lie intimement à la première vente et sert à fixer le prix définitif de l'adjudication pour apprécier s'il y a lieu, ou non, aux dégrèvements prévus par la loi du 23 octobre 1884, il n'en résulte pas que la même règle soit applicable à la perception de la taxe des frais de justice de 0 fr. 25 0/0. — Lorsqu'un lot, notamment, a été frappé d'une surenchère valable qui a anéanti les effets de la première vente, l'adjudication sur surenchère doit être considérée isolément pour la perception de la taxe de 0 fr. 25 0/0, et si le prix n'en atteint pas 2.000 fr., la taxe n'est pas due (Sol. 8 sept. 1897 ; R.E. 2531).

WARRANTS. — V. Effets négociables.

ERRATA

V° Actes administratifs, p. 18, n° 13 *in fine, ajouter* :
Conf. note du 7 février 1899 ; *J. E.* 26.123.

V° Command, p. 66, n° 7, 2° alinéa, *in fine, ajouter* :
R. E. 2853.

V° Communication, p. 70, n° 21 *in fine, ajouter* :
R. E. 2480 et observations de M. Ambroise Colin, D.
1901, 1, 433.

V° Crédit, p. 90, n° 5 *in fine, ajouter* :
R. E. 2854.

V° Délégation, p. 92, n° 5, *in fine, ajouter* :
et Cass. civ., 29 juillet 1901 ; *R. E.* 2844.

V° Donation, p. 98, n° 1, *in fine, ajouter* :
Le nouveau tarif comprenant le droit de transcription,
si ce droit a été perçu indépendamment du droit de donation, avant l'exigibilité de ce dernier droit, on doit l'imputer sur celui-ci devenu exigible. Ce cas se présentera
lorsqu'une donation sous condition suspensive, enregistrée
au droit fixe, sera présentée à la transcription avant que
la condition suspensive soit réalisée. Le droit de 1,50 0/0
(1,875 0/0 avec les décimes) perçu par le conservateur sera
imputable sur le droit de donation lorsque celui-ci deviendra exigible par suite de la réalisation de la condition.

V° Impôt sur le revenu, p. 211, n° 23 *in fine, ajouter* :
et Cass. req., 20 mai 1901 ; *R. E.* 2734 ;

eod. V°, p. 215, n° 41 *in fine, ajouter* :
et *Titres négociables*, 17.

Page 244, entre Marine marchande et Mutation secrète,
ajouter :

MONTS-DE-PIÉTÉ (4). **Bons ou obligations négociables.** — Nous avons enseigné au *T. A.* que les titres
négociables émis par les Monts-de-Piété étaient exempts
des droits de timbre et de transmission, par application de
l'art. 8 de la loi du 24 juin 1851.
Telle est bien la jurisprudence de l'Administration pour
les droits de timbre qui seraient à la charge du Mont-de-
Piété si on les exigeait. Mais en ce qui concerne les droits
de transmission, une solution différente a été admise et il
résulte d'une décision du Ministre des finances du 14 février 1873, toujours suivie, que l'exemption ne s'y applique pas. Cette décision est motivée sur ce que l'exemption prononcée par la loi pour les droits qui sont personnellement supportés par les Monts-de-Piété n'est pas susceptible d'être étendue aux droits de transmission dont
l'établissement emprunteur est tenu de faire l'avance,
mais qui, en définitive, demeurent à la charge des tiers
prêteurs et qui représentent des droits de cession, entre
particuliers, de créances sur les Monts-de-Piété.

Cette décision est fort critiquable, attendu que l'art. 8
de la loi du 24 juin 1851 exempte de timbre et d'*enregistrement* les obligations des Monts-de-Piété ; or la taxe de
transmission rentre dans la catégorie des droits de transmission. « L'exemption des droits de timbre et d'*enregistrement*, porte l'Inst. 1887, ne s'applique pas seulement aux reconnaissances et à tous les actes concernant
l'administration des Monts-de-Piété, *elle s'étend encore aux
obligations, c'est-à-dire aux emprunts que pourront contracter ces établissements pour pourvoir à leurs opérations.* »
Si les titres de l'espèce ont été reconnus passibles de la
taxe sur le revenu c'est que cette taxe a le caractère d'impôt direct et non d'un droit d'enregistrement. L'Inst. 2597,
§ 5 (p. 66 *in fine*) s'est, du reste, implicitement prononcée
dans le sens de notre opinion.

Quoi qu'il en soit, la décision de 1873 doit servir de règle
aux préposés jusqu'à ce qu'elle ait été rapportée. L'Administration en a fait récemment encore l'application.

Même en admettant la doctrine de cette décision, il
convient de ne soumettre au droit de transmission que les
obligations négociables proprement dites des Monts-de-
Piété, à l'exclusion des *bons* à courte échéance et à coupons variables qui ont le caractère d'effets de commerce
(Voir *T. A., Titres négociables*, 21 et suiv.).

V° Prescription, p. 266, col. 1, ligne 36 de la note, *lire* :
« du cas prévu » au lieu de « au cas prévu ».

V° Procédure, p. 298, col. 1, n° 177, 1er alinéa, *in fine,
ajouter* :
La signification, qui contient assignation devant la
Chambre civile, doit avoir lieu en la forme des ajournements, c'est-à-dire être faite à personne ou à *domicile réel*,
à l'exclusion du domicile élu.

www.ingramcontent.com/pod-product-compliance
Lightning Source LLC
Chambersburg PA
CBHW060905220326
41599CB00020B/2850